MICHELIN GUIDE

FRANCE & MONACO

2026

RESTAURANTS & HÉBERGEMENTS

MICHELIN

SOMMAIRE

ÉDITORIAL

Chère lectrice, cher lecteur,

Nous sommes heureux de vous présenter cette nouvelle édition du Guide MICHELIN France 2026, fidèle à sa mission : révéler la vitalité de la gastronomie et de l'hôtellerie françaises. De fait, la distinction des Clefs Michelin a franchi un cap décisif : une première cérémonie mondiale a réuni des hôteliers venus du monde entier, un moment fondateur pour le Guide et pour la profession. En France, cette sélection confirme une nouvelle référence de qualité, qui redéfinit les standards de l'hôtellerie et accompagne sa montée en exigence.

Côté gastronomie, nos inspectrices et inspecteurs ont sillonné le pays avec leur passion et leur exigence coutumières, à la recherche de ces tables où le goût, la précision et l'émotion s'accordent à chaque saison.

Partout, une génération de chefs affirme ses convictions : retour de la tradition sans nostalgie, généralisation des propositions végétariennes ; plébiscite des cuissons au feu ; sourcing devenu incontournable. Derrière nombre de ces petites maisons artisanales, le duo – voire le solo – demeure la pierre de touche de l'économie de la restauration contemporaine.

À travers ces adresses, c'est tout un pays qui mijote et se réinvente. Le plaisir, lui, demeure notre seule boussole : qu'on le goûte dans une auberge du Lot, un bistrot branché parisien ou une maison étoilée de la Côte d'Azur, il raconte toujours la même histoire – celle du partage, du savoir-faire et du goût des bonnes choses.

L'équipe du Guide MICHELIN ■

HÔTELLERIE & RESTAURATION...

LA QUÊTE DU BIEN-ÊTRE

L'hôtellerie française glisse vers un luxe plus discret, centré sur l'expérience, l'authenticité et le ressourcement. Des maisons comme le **Domaine de Rochevilaine** en Bretagne, avec ses chambres tournées vers l'Océan, ou La Cheneaudière en Alsace, qui cultive l'élégance d'une maison de famille haut de gamme, incarnent un bien-être contemporain, loin de la démonstration.

Parallèlement, la standardisation s'efface au profit d'une personnalisation poussée. Les hôtels lifestyle l'illustrent : à Bordeaux, **La Zoologie** plonge ses hôtes dans un univers « naturel » et mise tout sur la détente et le spa ; à Paris, **Dame des Arts** offre une expérience presque muséale où l'art colonise les espaces communs ; **Bleu Hôtel & Spa** (Carry-le-Rouet) revisite l'esthétique paquebot avec ses chambres-cabines. Autant d'adresses en phase avec cette demande pour des lieux singuliers et expressifs.

Le voyage devient aussi hybride : loisirs et télétravail s'entremêlent, au sein d'hôtels capables de répondre à ces usages. Le **Domaine de Verchant** (Montpellier) propose des chambres adaptées au travail sans sacrifier le confort du séjour.

Enfin, un bien-être global s'impose, entre programmes holistiques et séjours axés sur la déconnexion. **Lily of the Valley** (La Croix-Valmer) déploie une offre autour de la détox, de la nutrition et du sport,

tandis que **Le Domaine de Biar** (Lavérune) assume des chambres sans télévision.

Ce paysage en mutation célèbre des hôtels à la personnalité forte, des expériences plus conscientes et une manière de voyager qui valorise le local, la détox et la déconnexion.

Darwin à table ou la restauration française au 21e s.

Dans le contexte morose que l'on sait, la scène gastronomique française fait preuve d'une remarquable capacité d'adaptation. La crise resserre les marges mais aiguise la créativité : menus du midi à prix tenus, offres repensées dans les grandes maisons, bistrots adossés à des tables étoilées. Partout, les modèles évoluent. À Joigny, **Le Bistrot des Générations** renoue avec l'esprit pension de famille de la Côte Saint-Jacques ; grâce à son nouveau **Bistrot le Héron**, le Moulin de Cambelong complète l'offre de sa table étoilée ; à Meursault, le chef Takashi Kinoshita, qui tenait la table étoilée du Château de Courban, relance une ancienne auberge, rebaptisée **Les Murisaltiens**. À Bommes, **Lalique** propose un menu d'appel au déjeuner ; **Alain Llorca** tente le paiement en trois fois sans frais. Partout, le pragmatisme domine : il s'agit de tenir, de rester accessible, de rester ouvert.

Le dynamisme des maisons artisanales

Autre signe fort : l'essor de très petites structures artisanales, souvent tenues par des couples – comme **DAMES** à Dol-de-Bretagne ou **Le Pompon** à Cannes. Citons encore **Osméra** (Bayonne), **Rafales** (Royan), **P'tite Pomme** (Nantes) ou **Agapes** (Toulouse). Certaines adresses reposent même sur les épaules d'une seule personne : Maxime Chentouf (**Germaine**, Bayonne) cuisine seul derrière un comptoir face à quinze convives.

À la source du sourcing

Le sourcing est devenu incontournable. La mention des producteurs s'est imposée partout, du pain aux poissons. Les vitrines de maturation du poisson se multiplient. Cette transparence n'est plus l'apanage des grandes maisons : elle irrigue tout le paysage.

Sur l'île d'Oléron, **Le Jour du Poisson** ne travaille que des produits de l'île et des criées charentaises. À Paris, **La Borie** - une ferme avant d'être une table - incarne par excellence ce lien entre production et cuisine.

Silence, ça pousse

Véganisme et flexitarisme - diminuer sa consommation de protéines animales - poursuivent leur enracinement. En 2025, **Alain Passard** a renoncé à toute protéine animale. Souvent, les chefs privilégient une approche tout en souplesse et bienveillance. Si **Dialogues** (Biarritz) sert d'abord un menu entièrement végétarien, on peut y ajouter du poisson. Dans la plupart des maisons, au moins une entrée et un plat végétariens sont désormais inscrits à la carte, sans qu'il soit nécessaire d'en faire la demande intimidante...

Les progrès de la tradition

Autre phénomène marquant : le retour franc de la tradition - et pour de bon ! Œuf mayonnaise, poireaux vinaigrette, langue de bœuf, blanquette, pâté en croûte, crème caramel, île flottante ressurgissent dans des décors vintage, nappes à carreaux, ronds de serviette, plaques émaillées. En province comme à Paris, cette cuisine patrimoniale fait saliver... À Fontainebleau, **L'Orée des Sablons** fait briller les pâtés en croûte ; à Dunkerque, **Renée** rend hommage aux recettes de grand-mère ; à Paris, **À L'Improviste** assume pleinement la cuisine canaille. **Au Bistrot** (Bordeaux), **Chez Jean - La Métairie Dupont** (Castelnau-Magnoac), **La Table de Charrou** (Limogne-en-Quercy), **Clos d'Astorg** ou **Lissit** (Paris) : c'est la revanche des saveurs franches.

Tout feu, tout flamme

Les cuissons au feu, à la braise, au binchotan continuent de flamboyer dans nos assiettes. En Champagne, Philippe Mille (**Arbane** à Reims) travaille aux sarments de vigne. **FOGO** (Paris) poursuit son travail de grill. **Chez Élise, Poissons & Braise,** Alexandre Couillon passe à la braise la pêche de la criée de l'Herbaudière.

Malgré les violentes secousses qui traversent notre société et les fragilités économiques qui en découlent, l'impression dominante demeure toujours celle d'une scène vivante qui bouge et s'adapte en temps réel. Grâce lui soit rendue et longue vie à nos chefs !

LE PALMARÈS 2026

LES 3 ÉTOILES ✿✿✿

N : une étoile de plus cette année !

Annecy (74)	**Le Clos des Sens**
Les Baux-de-Provence (13)	**L'Oustau de Baumanière**
Cassis (13)	**La Villa Madie**
Le Castellet (83)	**La Table du Castellet**
Chagny (71)	**Maison Lameloise**
Courchevel (73)	**Le 1947 à Cheval Blanc**
Eugénie-les-Bains (40)	**Les Prés d'Eugénie - Michel Guérard**
Fontjoncouse (11)	**Auberge du Vieux Puits**
Île de Noirmoutier / L'Herbaudière (85)	**La Marine**
Jongieux (73)	**Les Morainières N**
Marseille (13)	**AM par Alexandre Mazzia**
Marseille (13)	**Le Petit Nice**

Megève (74)	**Flocons de Sel**
Menton (06)	**Mirazur**
Monaco	**Le Louis XV - Alain Ducasse à l'Hôtel de Paris**
Ouches (42)	**Troisgros - Le Bois sans Feuilles**
Paris 1er	**Kei**
Paris 1er	**Plénitude - Cheval Blanc Paris**
Paris 7e	**Arpège**
Paris 8e	**Alléno Paris au Pavillon Ledoyen**
Paris 8e	**Le Cinq**
Paris 8e	**Épicure**
Paris 8e	**Le Gabriel - La Réserve Paris**
Paris 8e	**Pierre Gagnaire**
Paris 16e	**Le Pré Catelan**
Reims (51)	**Assiette Champenoise**
La Rochelle (17)	**Christopher Coutanceau**
Saint-Bonnet-le-Froid (43)	**Restaurant Marcon**
Saint-Méloir-des-Ondes (35)	**Le Coquillage**
Saint-Tropez (83)	**La Vague d'Or - Cheval Blanc St-Tropez**
Valence (26)	**Pic**

lissa van beerendonk/Shutterstock

UNE TABLE AU SOMMET DE SON ART :

Les Morainières de Michaël Arnoult

à Jongieux (Savoie)

Né en 1977 à Orléans, Michaël Arnoult se forme d'abord en région parisienne puis à l'étranger, notamment à Windsor, avant de revenir en France. Il rejoint ensuite Emmanuel Renaut à Flocons de Sel, à Megève, dont il devient le second. Il développe dès cette époque sa vision de la haute cuisine alpine. En 2005, avec son épouse Ingrid, il ouvre Les Morainières à Jongieux, dans un cadre idyllique entre les vignes de Marestel et la vue plongeante sur le Rhône. La première étoile arrive en 2007, la seconde en 2012 : une progression régulière, sans tapage médiatique, bâtie sur la constance et l'exigence. Et, aujourd'hui, la consécration.

Son style culinaire s'impose aujourd'hui comme l'un des plus singuliers du paysage français : une écriture profondément ancrée dans le terroir lacustre et montagnard, portée par des jus, des

sauces et des extractions d'une précision rare. Les écrevisses du Rhône, déclinées en plusieurs services, figurent parmi ses plats emblématiques. Même constat pour le lavaret du lac du Bourget sublimé en filets nacrés, en consommé clair ou en tartelette. Quant aux champignons de la Motte-Servolex, ils se dégustent en rosace crue, cachant un crémeux en son cœur, nappés d'un bouillon mémorable et, à côté, d'une infusion de champignons chaude à se damner. Même approche, même puissance aromatique, avec les cardons à la truffe, la truite ou l'omble chevalier : autant d'assiettes articulant un produit autour de plusieurs expressions complémentaires, jouant sur textures, températures et lisibilité des saveurs.

Entre Rhône et lac du Bourget, cette cuisine d'émotion repose évidement sur des approvisionnements ultra-locaux, une maîtrise absolue des cuissons et une recherche de profondeur aromatique constante. Un travail patient, sans esbroufe, à l'image du lieu : discret et harmonieux ■

Les tables étoilées 2026

La couleur correspond à l'établissement le plus étoilé de la localité.
Paris ✻✻✻ La localité possède au moins un restaurant 3 étoiles
Dijon ✻✻ La localité possède au moins un restaurant 2 étoiles
Rennes ✻ La localité possède au moins un restaurant 1 étoile
Marcq-en-Barœul
Croix
Villeneuve-d'Ascq
Bry
Trosly-Loire
Courcelles-sur-Vesle
Reims
Montchenot
Vinay
Champillon
Châlons-en-Champagne
Colombey-les-Deux-Églises
Sens
Joigny
Courban
Chassy
Vault-de-Lugny
Malling
Montenach
Hagondange
Metz
Sarreguemines
Wingen-sur-Moder
Lembach
Faulquemont
Baerenthal
Laubach
Languimberg
Marlenheim
Drusenheim
Nancy
Monswiller
La Wantzenau
Lunéville
Obernai
Strasbourg
C
Rouvres-en-Xaintois
Kaysersberg
Illhaeusern
Épinal
Colmar
Langres
Mulhouse
Rixheim
Danjoutin
Sierentz
Gevrey-Chambertin
Prenois
Dijon
Saulieu
Sampans
Bonnétage
Pernand-Vergelesses
Beaune
Dole
Pommard
Levernois
Pupillin
Chassagne-Montrachet
Chagny
Malbuisson
St-Rémy
Châtel-Guyon
Tournus
Charolles
D
Veyrier-du-Lac
Clermont-Ferrand
Pouilly-sous-Charlieu
Vonnas
Talloires-Montmin
Vichy
Ouches
Collonges-au-Mont-d'Or
Annecy
Megève
Pont-du-Château
Chamalières
Lyon
Jongieux
Le Broc
Vienne
St Martin-de-Belleville
Courchevel
St-Bonnet-le-Froid
Alixan
Grenoble
Uriage-les-Bains
Le Puy-en-Velay
Valence
Corrençon-en-Vercors
Alleyras
Charmes-sur-Rhône
Autrans-Méaudre en Vercors
Saint-Théoffrey
Chaudes-Aigues
Veyras
Grane
Granges-lès-Beaumont
Charols
St-Germain
Malataverne
Laguiole
Aumont-Aubrac
Les Vans
Grignan
B
Roubion
Valdeblore
St-Hilaire-de-Brethmas
Les Baux-de-Provence
Moustiers-Ste-Marie
Menton
E
Monaco
Èze
Nîmes
Bonnieux
Calvisson
Flayosc
Nice
Montpellier
Lorgues
Garons
Le Cannet
Pézenas
Le Castellet
Les Arcs
Béziers
Marseille
Narbonne
Cassis
Lumio
Leucate
Flassans-sur-Issole
Le Lavandou
St-Tropez
Perpignan
Ramatuelle
St-Cyprien
La Croix-Valmer
Collioure
Porticcio
Olmeto
Porto-Vecchio
Sartène
Bonifacio

Les tables étoilées 2026

La couleur correspond à l'établissement le plus étoilé de la localité.

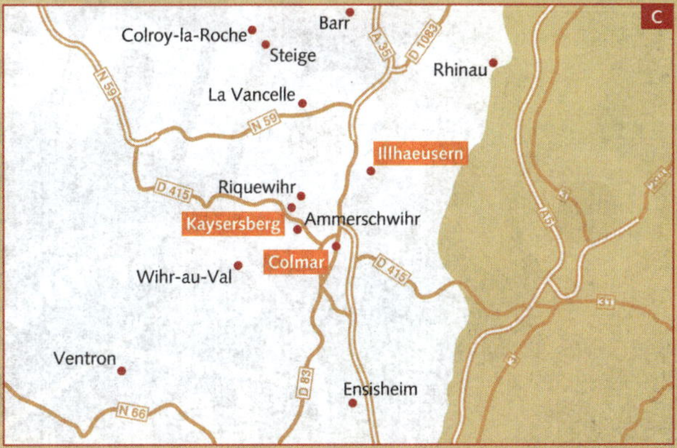
C
Colroy-la-Roche
Barr
Steige
Rhinau
La Vancelle
N 59
A 35
D 1083
Illhaeusern
D 415
Riquewihr
Kaysersberg
Ammerschwihr
Colmar
Wihr-au-Val
D 415
Ventron
D 83
Ensisheim
N 66
A 5

D
Montbellet
Charolles
Pont-de-Vaux
Replonges
N 79
Fuissé
Chaintré
Mâcon
A 40
A 6
Fleurie
Vonnas
Vaux-en-Beaujolais
D 1083
Poncin
Chasselay
N 7
Collonges-au-Mont-d'Or
Écully
Lyon
St-Genis-Laval
Chazelles-sur-Lyon
St-Galmier
Chonas-l'Amballan
Vienne
St-Alban-de-Roche
A 43
A 48
St-Didier-de-la-Tour
A 72
A 47
A 7
Évian-les-Bains
Margencel
D 1005
Douvaine
Vailly
Abondance
Machilly
Seytroux
Lucinges
A 41
A 40
A 9
Veyrier-du-Lac
Annecy
La Clusaz
Chamonix-Mont-Blanc
St-Gervais-les-Bains
Jongieux
D 1504
Talloires-Montmin
Megève
Hautluce
A 5
D 1090
Le Bourget-du-Lac
Tresserve
D 1006
St-Martin-de-Belleville
Tignes
Val-d'Isère
Courchevel
Méribel
A 43
St-Martin-sur-la-Chambre
Val-Thorens

E
D 6204
D 6202
A 10
Menton
Monaco
A 8
St-Paul-de-Vence
Èze
Nice
D 6007
D 6085
La Colle-sur-Loup
Èze-Bord-de-Mer
Villeneuve-Loubet
St-Jean-Cap-Ferrat
Beaulieu-sur-Mer
Tourrettes
Biot
Antibes
Le Cannet
Juan-les-Pins
Cannes
Mandelieu-la-Napoule
Théoule-sur-Mer
A 8
D N 7

#origine
Ici, commence
LE FAIT MAISON
RCS Nanterre 399 315 613
Jérôme Galis
Fournisseur des halles METRO
depuis 2018
Truffes noires - Uchaux
METRO.fr
les halles
METRO

#saveur
ici, commence
LE FAIT MAISON
RCS Nanterre 399 315 613
Jérôme Galis
Fournisseur des halles METRO
depuis 2018
Asperges vertes - Uchaux
METRO.fr
les halles
METRO

L'expérience
au service de la qualité !

LES ENGAGEMENTS DU GUIDE MICHELIN

Qu'il soit au Japon, aux États-Unis, en Chine ou en Europe, les inspectrices et inspecteurs du Guide MICHELIN respectent exactement les mêmes critères pour évaluer la qualité d'une table. Car si le guide peut se prévaloir d'une notoriété mondiale, c'est notamment grâce à la constance de son engagement vis-à-vis de ses lecteurs. Un engagement dont nous voulons réaffirmer ici les principes :

Première règle d'or, les inspectrices et inspecteurs testent les tables **de façon anonyme et régulière**, afin d'apprécier pleinement le niveau des prestations offertes à tout client, et ils s'acquittent toujours de leurs additions. Les avis de nos lecteurs nous fournissent, par ailleurs, de précieux témoignages, autant d'informations qui sont prises en compte lors de l'élaboration de nos itinéraires gastronomiques.

Pour garder un point de vue parfaitement objectif – dans le seul intérêt du lecteur –, la sélection des restaurants s'effectue **en toute indépendance**, et leur inscription dans le Guide est totalement gratuite. Les décisions sont discutées collégialement par nos équipes, et les plus hautes distinctions font l'objet d'un débat au niveau européen.

Loin de l'annuaire d'adresses, le Guide se concentre sur une **sélection** des meilleurs établissements, dans toutes les catégories de standing et de prix. Un choix qui résulte de l'application rigoureuse d'une **même méthode** par l'ensemble de nos équipes.

Si les distinctions sont revues chaque année par les inspectrices et inspecteurs, les informations pratiques sont quant à elles **mises à jour** en temps réel sur nos plateformes numériques afin d'offrir l'information la plus fiable à nos lecteurs.

Les critères de classification sont identiques pour tous les pays couverts par le Guide MICHELIN. à chaque culture sa cuisine, mais la **qualité** se doit de rester un **principe universel...**

De Tokyo à San Francisco, de Paris à Copenhague, la vocation du Guide MICHELIN est toujours la même : dénicher les meilleures tables du monde.

Diversité des cuisines et des savoir-faire, créativité débridée ou grande tradition, quel que soit le lieu ou le style, les inspectrices et inspecteurs du Guide n'ont qu'une quête : le goût et la qualité.

…Et l'émotion. Car un repas dans l'un de ces restaurants est d'abord un moment de plaisir : c'est l'art des plus grands chefs que de métamorphoser une bouchée éphémère en souvenir inoubliable.

Aussi, parmi toutes les tables sélectionnées dans le Guide, les plus remarquables se voient décerner une distinction : ce sont les étoiles – jusqu'à trois pour les tables qui vous transportent au sommet de la gastronomie. C'est également le Bib Gourmand, qui conjugue astucieusement prix et qualité.

Autant d'expériences gustatives à vivre et à tenter : la sélection du Guide MICHELIN, c'est tout cela – et plus encore !

LA SÉLECTION DU GUIDE MICHELIN

LES ÉTOILES

Les restaurants sont classés par qualité de cuisine. Nos étoiles - une ✿, deux ✿✿ ou trois ✿✿✿ - distinguent les cuisines les plus remarquables, quel que soit leur style. Le choix des produits, la maîtrise des techniques culinaires et des cuissons, l'harmonie et l'équilibre des saveurs, la personnalité de la cuisine et la constance de la prestation.

✿✿✿ Une cuisine unique. Vaut le voyage !
✿✿ Une cuisine d'exception. Vaut le détour !
✿ Une cuisine d'une grande finesse. Vaut l'étape !

BIB GOURMAND

De bons produits bien mis en valeur, une addition mesurée : une cuisine d'un excellent rapport qualité-prix.

GASTRONOMIE ENGAGÉE

Repérez le symbole "Gastronomie engagée" dans notre sélection de restaurants : il identifie les établissements qui, par leurs pratiques inspirantes, incarnent une gastronomie en pleine mutation, soucieuse d'une cuisine plus responsable. Une courte citation explique la démarche de ces établissements.

LES SYMBOLES
RESTAURANTS

N — Nouvel établissement dans le guide

Équipements & services

- Carte des vins particulièrement intéressante
- Belle vue
- Parc ou jardin
- Accès pour personnes à mobilité réduite
- A/C — Air conditionné
- Repas servi au jardin ou en terrasse
- Salons pour repas privés
- Service de voiturier
- P — Parking
- Cartes de paiement non acceptées

Gamme de prix

€	moins de 35 €
€€	de 35 à 60 €
€€€	de 60 à 100 €
€€€€	plus de 100 €

Mots-clés

Deux mots-clés pour identifier en un coup d'œil le type de cuisine et le style de décor de l'établissement.

CUISINE CRÉATIVE • DESIGN

À retrouver sur le site du GUIDE MICHELIN
www.guide.michelin.com

LA CLEF MICHELIN

UNE SÉLECTION **D'HÉBERGEMENTS** DANS LE MONDE ENTIER

La sélection du Guide MICHELIN rassemble aujourd'hui plus de 7 000 établissements de caractère, dénichés par ses équipes d'inspectrices et d'inspecteurs à travers le monde.

Autant d'établissements, à la personnalité et au niveau de service uniques, que le Guide MICHELIN est ravi de promouvoir et de rendre réservables sur ses plateformes numériques.

Et à l'image des Étoiles, qui célèbrent depuis un siècle les restaurants proposant une cuisine d'exception, le Guide MICHELIN a récemment créé une nouvelle distinction annuelle, dédiée aux hôtels et aux hébergements : la Clef MICHELIN, attribuée aux établissements offrant les expériences de séjour les plus remarquables.

Le présent ouvrage recense les Clefs du dernier millésime à sa date de publication, dévoilé en octobre 2025. L'information la plus actualisée est disponible en ligne, sur le site internet et l'application mobile du Guide MICHELIN.

dit26978/Getty Images Plus

LES DISTINCTIONS HÔTELIÈRES DU GUIDE MICHELIN

TROIS CLEFS MICHELIN

UN SÉJOUR EXTRAORDINAIRE

Ici, tout n'est qu'émerveillement – c'est le summum du confort et du service, du style et de l'élégance. C'est l'un des hébergements les plus remarquables et les plus extraordinaires du monde, une destination à part entière qui mérite un voyage en soi. Tous les éléments témoignant d'une hospitalité exceptionnelle sont réunis pour que chaque séjour reste gravé non seulement dans les esprits mais aussi dans les cœurs des voyageurs.

DEUX CLEFS MICHELIN

UNE SÉJOUR EXCEPTIONNEL

Un lieu exceptionnel à tous points de vue, qui garantit une expérience mémorable à chaque séjour. Un hébergement de caractère, qui allie charme et personnalité, et est tenu avec un soin considérable. Un design attrayant ou une signature architecturale notable, alliés à un fort ancrage local, font de cet établissement un lieu de séjour exceptionnel.

UNE CLEF MICHELIN

UN SÉJOUR SINGULIER

L'établissement est un véritable joyau avec son caractère et sa propre personnalité. Il peut sortir des sentiers battus, offrir une expérience différente ou simplement être l'un des meilleurs de sa catégorie. Le service est toujours à la hauteur et l'hébergement se distingue des établissements proposant des tarifs similaires.

Spa

LES SYMBOLES
HÉBERGEMENTS

Plus — Avantages « Programme Plus »

Équipements & services

- Accès pour personnes à mobilité réduite
- Voiturier
- Parking
- Borne de recharge pour véhicule électrique
- Animaux autorisés/non autorisés
- Air conditionné
- Belle vue
- Parc ou jardin
- Plage privée
- Piscine découverte/couverte
- Rooftop
- Spa
- Sauna, hammam, bain turc
- Activités thermales
- Fitness
- Location ou prêt de bicyclettes
- Court de tennis
- Activités pour les enfants
- Salle de conférences
- Service de restauration dans l'hôtel

Mots-clés

Deux mots-clés pour identifier en un coup d'œil le style de décor de l'établissement et son atmosphère :

CLASSIQUE • CHALEUREUX

Prix

Consultez le prix de chaque chambre et suite de notre sélection d'hébergements sur notre site Internet : www.guide.michelin.com/fr/fr/hotels

LÉGENDE DES PLANS

● Restaurants

Curiosités

Bâtiment intéressant
Édifice religieux intéressant

Voirie

Autoroute • Double chaussée de type autoroutier
Echangeurs numérotés: complet, partiels
Grande voie de circulation
Rue piétonne
Parking
Tunnel
Gare et voie ferrée
Funiculaire
Téléphérique

Signes divers

Office de tourisme
Édifice religieux
Tour • Ruines • Moulin à vent
Jardin, parc, bois • Cimetière
Stade • Golf • Hippodrome
Piscine de plein air, couverte
Vue • Panorama
Monument • Fontaine
Port de plaisance
Phare
Aéroport
Station de métro
Gare routière
Tramway
Transport par bateau :
passagers et voitures, passagers seulement
Bureau principal de poste restante
Hôtel de ville

VALRHONA
Imaginons le meilleur du chocolat®
Confection 80%
Soyez à l'avant-garde et repensez l'approche technique du chocolat dans vos créations avec ces4 chocolats Pure Origine. Dosez l'intensité cacaotée selon vos besoins grâce au travail innovant de l'École Valrhona, tout en préservant la signature typique de chaque origine.
Entreprise
B
RENDEZ-VOUS SUR VALRHONA.COM

PASSION DESSERT, POUR FAIRE BRILLER LA GASTRONOMIE SUCRÉE

Artisan couverturier depuis plus de 100 ans, la Maison Valrhona propose aux chefs et artisans du monde entier la plus belle des matières premières : un chocolat d'exception. De la fève de cacao à la fève de chocolat, des savoir-faire uniques et singuliers se perpétuent de génération en génération : 80 mains d'hommes et de femmes passionnés réalisent avec soin les 37 étapes nécessaires à la culture du cacao et à la fabrication du chocolat Valrhona. La construction de relations de long terme avec les producteurs de cacao fin, la recherche de la prochaine révolution chocolat et le partage des savoir-faire nous animent au quotidien. C'est en repoussant sans cesse les limites de la créativité que la Maison accompagne les chefs dans leur quête de singularité, pour bâtir ensemble la gastronomie de demain.

En créant et soutenant Passion Dessert avec le Guide MICHELIN pour la huitième année consécutive, nous sommes fiers de mettre à l'honneur la gastronomie sucrée et de faire briller les métiers de la pâtisserie.

VALRHONA
Imaginons le meilleur du chocolat®

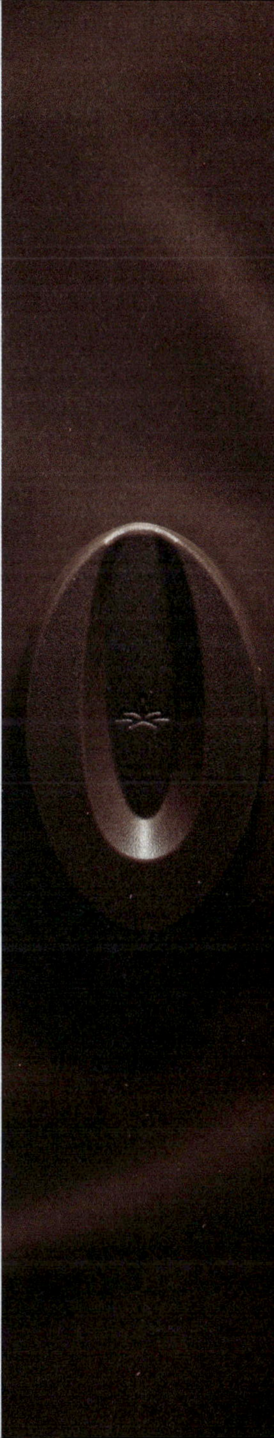

zodebala/Getty Images Plus

Index thématiques

INDEX DES RESTAURANTS ÉTOILÉS

Localité (Dépt)	Restaurant	Page
Annecy (74)	Maison Benoît Vidal	165
Aumont-Aubrac (48)	Cyril Attrazic	190
Blois (41)	Christophe Hay - Fleur de Loire	255
Bommes (33)	Lalique	257
Bonnieux (84)	La Table des Amis	260
Bordeaux (33)	Maison Nouvelle	262
Bordeaux (33)	L'Observatoire du Gabriel	262
Bordeaux (33)	Le Pressoir d'Argent - Gordon Ramsay	262
Busnes (62)	La Table de Christophe Dufossé	297
Le Cannet (06)	La Villa Archange	317
Carcassonne (11)	La Table de Franck Putelat	319
Charolles (71)	Frédéric Doucet	349
Chaudes-Aigues (15)	Serge Vieira	358
Ciboure (64)	Ekaitza	365
Clermont-Ferrand (63)	Le Pré - Xavier Beaudiment	368
Collonges-au-Mont-d'Or (69)	Paul Bocuse	380
Colmar (68)	JY'S	381
Courchevel (73)	Baumanière 1850	415
Courchevel (73)	Le Sarkara	415
Courchevel (73)	Sylvestre Wahid - Les Grandes Alpes	417
Dijon (21)	William Frachot	435
Èze (06)	La Chèvre d'Or	459
Garons (30)	Michel Kayser - Restaurant Alexandre	478
Illhaeusern (68)	Auberge de l'Ill	525
Joigny (89)	La Côte Saint-Jacques	532
Kaysersberg (68)	La Table d'Olivier Nasti	535
Langres (52)	Bulle d'Osier	542
Laubach (67)	La Merise	546
Lyon (1er)	Mère Brazier	586
Lyon (6e)	Le Neuvième Art	595
Lyon (6e)	Takao Takano	595
La Madelaine-sous-Montreuil (62)	La Grenouillère	609
Marcq-en-Barœul (59)	Rozó	617
Martillac (33)	La Grand'Vigne - Les Sources de Caudalie	631
Monaco (98)	L'Abysse Monte-Carlo	655
Monaco (98)	Les Ambassadeurs by Christophe Cussac	655
Monaco (98)	Blue Bay Marcel Ravin	657
Narbonne (11)	La Table Lionel Giraud	705
Nice (06)	Flaveur	711
Nîmes (30)	Duende	724
Obernai (67)	La Fourchette des Ducs	729

AUVERGNE - RHÔNE-ALPES

Localité (Dépt)	Restaurant	Page
Abondance (74)	Chalet Flachaire	**141**
Alixan (26)	Mandibule	**152**
Alleyras (43)	Le Haut-Allier	**153**
Annecy (74)	L'Esquisse	**166**
Annecy (74)	La Rotonde des Trésoms	**167**
Autrans-Méaudre en Vercors (38)	Palégrié Chez l'Henri	**192**
Le Bourget-du-Lac (73)	Atmosphères	**283**
Le Bourget-du-Lac (73)	Lamartine	**284**
Le Broc (63)	Origines	**295**
Chamalières (63)	Radio	**339**
Chamonix-Mont-Blanc (74)	Albert 1er	**342**
Charmes-sur-Rhône (07)	Le Carré d'Alethius	**349**
Charols (26)	Lavandin - Château Les Oliviers de Salettes	**350**
Chasselay (69)	Guy Lassausaie	**352**
Châtel-Guyon (63)	L'Impulsif	**357**
Chazelles-sur-Lyon (42)	Château Blanchard	**359**
Chonas-l'Amballan (38)	La Table de Philippe Girardon	**364**
Clermont-Ferrand (63)	Apicius	**368**
Clermont-Ferrand (63)	Jean-Claude Leclerc	**368**
Clermont-Ferrand (63)	L'Ostal	**369**
La Clusaz (74)	Le Cin5 - Au Cœur du Village	**375**
Corrençon-en-Vercors (38)	Asterales	**392**
Courchevel (73)	Alpage	**417**
Courchevel (73)	L'Altitude	**417**
Courchevel (73)	Le Chabichou by Stéphane Buron	**417**
Courchevel (73)	Le Farçon	**418**
Douvaine (74)	Ô Flaveurs	**445**
Écully (69)	Saisons	**449**
Évian-les-Bains (74)	Les Fresques - Hôtel Royal	**456**
Fleurie (69)	Auberge du Cep	**466**
Grane (26)	Le Kléber - La Maison Bonnet	**491**
Granges-les-Beaumont (26)	Les Cèdres	**491**
Grenoble (38)	Maison Fantin Latour - Stéphane Froidevaux	**493**
Grignan (26)	Le Clair de la Plume	**496**
Hauteluce (73)	Mont Blanc Restaurant & Goûter	**505**
Lucinges (74)	L'Auberge de Lucinges	**572**
Lyon (1er)	L'Atelier des Augustins	**586**
Lyon (5e)	Au 14 Février	**603**
Lyon (2e)	Burgundy by Matthieu	**586**
Lyon (1er)	Circle	**586**
Lyon (5e)	Les Loges	**603**
Lyon (6e)	Miraflores	**595**
Lyon (6e)	Ombellule	**596**

BOURGOGNE - FRANCHE-COMTÉ

BRETAGNE

Rennes (35)	Racines	944
Roscoff (29)	Nori	968
Saint-Avé (56)	Le Pressoir	983
Saint-Brieuc (22)	Aux Pesked	986
Saint-Malo (35)	Le Saint Placide	1016
Saint-Pol-de-Léon (29)	La Pomme d'Api	1034
Trébeurden (22)	Manoir de Lan-Kerellec	1118
Vannes (56)	La Table - Domaine du Liziec	1143
Vannes (56)	La Tête en l'air	1143

CENTRE-VAL DE LOIRE

Localité (Dépt)	Restaurant	Page
Amboise (37)	Château de Pray	156
Ardon (45)	La Table de Christophe Hay et Loïs Bée	178
Azay-le-Rideau (37)	Auberge Pom'Poire	201
Blois (41)	Assa	255
Boismorand (45)	Auberge des Templiers	257
Boulleret (18)	Maison Medard	279
Cellettes (41)	Granica	333
Chartres (28)	Le Georges	350
Cheverny (41)	Le Favori - Les Sources de Cheverny	361
Fondettes (37)	L'Opidom	468
Gien (45)	Côté Jardin	484
Loches (37)	Arbore & Sens	564
Montbazon (37)	L'Évidence	668
Montlivault (41)	Ezia	674
Le Petit-Pressigny (37)	La Promenade - Maison Dallais	903
Romorantin-Lanthenay (41)	Grand Hôtel du Lion d'Or	965
Saché (37)	Auberge du XIIème Siècle	979
Sancerre (18)	La Pomme d'Or	1056

CORSE

Localité (Dépt)	Restaurant	Page
Bonifacio (2A)	Finestra by Italo Bassi	396
Lumio (2B)	A Casa di Mà	402
Olmeto (2A)	La Verrière	403
Porticcio (2A)	Le Charlie	404
Sartène (2A)	La Table de la Ferme	409

GRAND EST

ALSACE - CHAMPAGNE-ARDENNE - LORRAINE

Localité (Dépt)	Restaurant	Page
Ammerschwihr (68)	Restaurant Julien Binz	158
Baerenthal (57)	L'Arnsbourg	202
Barr (67)	Enfin	209
Châlons-en-Champagne (51)	Jérôme Feck	338

HAUTS-DE-FRANCE

NORD-PAS-DE-CALAIS - PICARDIE

Localité (Dépt)	Restaurant	Page
Belle-Église (60)	La Grange de Belle-Église	234
Boeschepe (59)	Auberge du Vert Mont	257
Bry (59)	Le Camélia	296
Cassel (59)	Haut Bonheur de la Table	326
Chantilly (60)	Le Verbois	347
Courcelles-sur-Vesle (02)	La Table de Courcelles - Château de Courcelles	414
Croix (59)	Arborescence	424
Étouy (60)	L'Orée de la Forêt	453
Lille (59)	Ginko	555
Lille (59)	Pureté	555
Lille (59)	Le Restaurant du Cerisier	555
Saint-Omer (62)	Bacôve	1027
Le Touquet-Paris-Plage (62)	Le Pavillon - Hôtel Westminster	1109
Trosly-Loire (02)	Auberge de la Grive	1123
Villeneuve-d'Ascq (59)	Harmonie	1167

ÎLE-DE-FRANCE

Localité (Dépt)	Restaurant	Page
Couilly-Pont-aux-Dames (77)	Auberge de la Brie	412
Fontainebleau (77)	L'Axel	469
Gambais (78)	Ruche	476
Issy-les-Moulineaux (92)	Maison Avoise	530
Meudon (92)	L'Escarbille	650
Montreuil (93)	Villa9Trois	683
Paris (2e)	Accents Table Bourse	768
Paris (17e)	Agapé	873
Paris (7e)	Aida	798
Paris (8e)	Akrame	811
Paris (16e)	Alan Geaam	864
Paris (4e)	Aldehyde	779
Paris (11e)	Amâlia	842
Paris (3e)	Anne	774
Paris (17e)	Anona	873
Paris (8e)	Apicius	811
Paris (16e)	L'Archeste	864
Paris (6e)	Armani Ristorante	788
Paris (8e)	L'Arôme	811
Paris (16e)	Astrance	864
Paris (5e)	AT	783
Paris (8e)	L'Atelier de Joël Robuchon - Étoile	811
Paris (7e)	Auguste	798
Paris (11e)	Automne	842

NORMANDIE

Dieppe (76)	Les Voiles d'Or	433
La Ferrière-aux-Étangs (61)	Auberge de la Mine	463
Giverny (27)	Le Jardin des Plumes	486
Le Havre (76)	Jean-Luc Tartarin	505
Lyons-la-Forêt (27)	La Licorne Royale	608
Rives-en-Seine (76)	G.a. au Manoir de Rétival	954
Rouen (76)	L'Odas	969
Saint-Lô (50)	Intuition	1014
Servon (50)	Auberge Sauvage	1070
Valmont (76)	Maison Caillet	1141

NOUVELLE-AQUITAINE

AQUITAINE - LIMOUSIN - POITOU-CHARENTES

Localité (Dépt)	Restaurant	Page
Ainhoa (64)	Ithurria	144
Altillac (19)	Cueillette	154
Arcachon (33)	Le Patio	212
Arcangues (64)	Moulin d'Alotz	177
Arès (33)	Nacre	213
Biarritz (64)	L'Impertinent	244
Biarritz (64)	La Table d'Aurélien Largeau	244
Bidarray (64)	Lore Ttipia - Auberge Ostape	250
Bidart (64)	Les Frères Ibarboure	251
Bordeaux (33)	Amicis	263
Bordeaux (33)	Cent33	263
Bordeaux (33)	L'Oiseau Bleu	263
Bordeaux (33)	Le Pavillon des Boulevards	266
Bordeaux (33)	Ressources	266
Bordeaux (33)	Soléna	266
Bordeaux (33)	La Table d'Hôtes - Le Quatrième Mur	266
Bordeaux (33)	Tentazioni	267
Bouliac (33)	Le Saint-James	278
Bourg-Charente (16)	La Ribaudière	281
Brantôme (24)	Le Moulin de l'Abbaye	286
Brive-la-Gaillarde (19)	La Table d'Olivier	294
Cognac (16)	Les Foudres	376
Cognac (16)	Notes	376
Espelette (64)	Choko Ona	452
Eugénie-les-Bains (40)	L'Orangerie	455
Les Eyzies-de-Tayac-Sireuil (24)	Le 1862 - Les Glycines	458
La Flotte (17)	L'Écailler	522
Guéthary (64)	Briketenia	500
Hasparren (64)	La Maison de Pierre	504
Lormont (33)	Le Prince Noir - Vivien Durand	570
Magescq (40)	Relais de la Poste	610
Massignac (16)	Dyades au Domaine des Étangs	632
Moirax (47)	Auberge Le Prieuré	654
Monbazillac (24)	La Tour des Vents	661
Monestier (24)	Les Fresques - Château des Vigiers	662
Mont-de-Marsan (40)	La Table Mirasol	664

OCCITANIE

Localité (Dépt)	Restaurant	Page
Pézenas (34)	Restaurant De Lauzun	903
Pujaudran (32)	Le Puits Saint Jacques	926
Pujaut (30)	Maison Chenet - Entre Vigne et Garrigue	926
Puylausic (32)	La Maison Despouès	931
Quint-Fonsegrives (31)	En Pleine Nature	934
Rodez (12)	Restaurant Hervé Busset	964
Sabran (30)	Le Cèdre de Montcaud	978
Saint-Céré (46)	Les Trois Soleils de Montal	988
Saint-Cyprien (66)	L'Almandin	990
Saint-Hilaire-d'Ozilhan (30)	La Belle Vie	1003
Saint-Hilaire-de-Brethmas (30)	Le Saint Hilaire	1003
Saint-Médard (46)	Le Gindreau	1024
Toulouse (31)	Acte 2 Yannick Delpech	1100
Toulouse (31)	Agapes	1100
Toulouse (31)	L'Écorce	1101
Toulouse (31)	Michel Sarran	1101
Toulouse (31)	SEPT	1101
Toulouse (31)	Stéphane Tournié - Les Jardins de l'Opéra	1101
Uzès (30)	La Table d'Uzès	1130
Villeneuve-lès-Avignon (30)	Le Prieuré	1168

PAYS DE LA LOIRE

Localité (Dépt)	Restaurant	Page
Angers (49)	Lait Thym Sel	160
Bellevigne-en-Layon (49)	La Table de la Bergerie	236
Bouchemaine (49)	Lueurs	278
Brem-sur-Mer (85)	Les Genêts	288
Brétignolles-sur-Mer (85)	Jean-Marc Pérochon	291
Fontevraud-l'Abbaye (49)	Fontevraud L'Ermitage	470
Le Mans (72)	L'Auberge de Bagatelle	615
Mareuil-sur-Lay-Dissais (85)	Maison Desamy	618
Mayenne (53)	L'Éveil des Sens	634
Montaigu (85)	La Robe	666
Montréverd (85)	La Chabotterie	684
Nantes (44)	L'Atlantide 1874 - Maison Guého	697
Nantes (44)	Les Cadets	697
Nantes (44)	Freia	697
Nantes (44)	LuluRouget	699
Nantes (44)	Le Manoir de la Régate	699
Nantes (44)	Omija	699
La Roche-sur-Yon (85)	Les Reflets	957
Les Sables-d'Olonne (85)	L'Abissiou	975
Saint-Joachim (44)	La Mare aux Oiseaux	1010
Les Sorinières (44)	Le 1201 - Abbaye de Villeneuve	1075

PROVENCE-ALPES-CÔTE D'AZUR

Localité (Dépt)	Restaurant	Page
Aix-en-Provence (13)	Le Art	145
Aix-en-Provence (13)	Étude	145
Aix-en-Provence (13)	La Table de Pierre Reboul	145
Ansouis (84)	Garrigue	171
Antibes (06)	Louroc - Hôtel du Cap-Eden-Roc	172
Antibes (06)	Les Pêcheurs	172
Les Arcs (83)	Le Relais des Moines	178
Arles (13)	La Chassagnette ✿	181
Avignon (84)	Pollen	195
Bandol (83)	Les Oliviers	205
Barbentane (13)	Ineffable	207
Les Baux-de-Provence (13)	L'Aupiho - Domaine de Manville	219
Beaulieu-sur-Mer (06)	Le Restaurant des Rois - La Réserve de Beaulieu	225
Biot (06)	Les Terraillers	253
Bonnieux (84)	La Bastide	260
Bonnieux (84)	JU - Maison de Cuisine	260
Cadenet (84)	Le Goût du Bonheur - La Fenière ✿	299
Calas-Cabriès (13)	La Bastide Bourrelly - Mathias Dandine	307
Cannes (06)	La Palme d'Or	313
Carry-le-Rouet (13)	L'Oursin	325
Château-Arnoux-Saint-Auban (04)	La Bonne Étape	353
La Ciotat (13)	Couleurs de Shimatani	366
La Ciotat (13)	La Table de Nans	366
La Colle-sur-Loup (06)	Alain Llorca	378
La Croix-Valmer (83)	La Palmeraie - Château de Valmer	425
Cucuron (84)	La Petite Maison de Cucuron	428
Eygalières (13)	Maison Hache	457
Èze (06)	Château Eza	459
Èze-Bord-de-Mer (06)	La Table du Cap Estel	460
Flassans-sur-Issole (83)	Chez Jeannette ✿	465
Flayosc (83)	Le Jardin de Berne ✿	465
Gémenos (13)	La Magdeleine - Mathias Dandine	481
Gigondas (84)	L'Oustalet ✿	485
L'Isle-sur-la-Sorgue (84)	Le Vivier	527
Joucas (84)	La Table de Xavier Mathieu	533
Juan-les-Pins (06)	La Passagère - Hôtel Belles Rives	534
Le Lavandou (83)	L'Oursin - Hôtel Les Roches	548
Lorgues (83)	Bruno	566
Mandelieu-la-Napoule (06)	Bessem	613
Mane (04)	Le Feuillée - Le Couvent des Minimes	613
Manosque (04)	Restaurant Pierre Grein	614
Marseille (13)	Auffo	624
Marseille (13)	Belle de Mars	624
Marseille (13)	Une Table, au Sud	624

INDEX DES BIB GOURMAND

AUVERGNE-RHÔNE-ALPES

BOURGOGNE-FRANCHE-COMTÉ

BRETAGNE

Saint-Malo (35)	Doma	1016
Saint-Malo (35)	Fidelis	1017
Saint-Malo (35)	La Fourchette à Droite	1017
Trébeurden (22)	Vivace	1119
Vannes (56)	Boma	1143
Vannes (56)	Ryoko - Comptoir à ramen	1144
Vitré (35)	Entre Nous	1172

CENTRE-VAL DE-LOIRE

Localité (Dépt)	Restaurant	Page
Amboise (37)	Les Arpents	156
Azay-le-Rideau (37)	L'Épine	201
La Borne (18)	L'Épicerie	277
Bracieux (41)	Le Rendez-vous des Gourmets	286
Châteauroux (36)	Jeux 2 Goûts	355
Fougères-sur-Bièvre (41)	Avarum	473
Le Louroux (37)	La Table du Prieuré	572
Mont-près-Chambord (41)	Domus	665
Oucques (41)	Ô en Couleur	737
Richelieu (37)	Fossé Saint Ange	952
Saint-Georges-sur-Cher (41)	Fleur de Sel	998
Vendôme (41)	Le Malu	1151
Veuil (36)	Auberge Saint Fiacre	1157
Veuzain-sur-Loire (41)	La Croix Blanche	1157

CORSE

Localité (Dépt)	Restaurant	Page
Cuttoli (2A)	U Licettu	400
Pigna (22)	A Mandria di Pigna	404
Santa-Reparata-di-Balagna (22)	L'Aghjalle	409

GRAND EST

ALSACE - CHAMPAGNE-ARDENNE - LORRAINE

Localité (Dépt)	Restaurant	Page
Berrwiller (68)	L'Arbre Vert	239
Blienschwiller (67)	Le Pressoir de Bacchus	254
Écouviez (55)	Les Épices Curiens	449
Fouday (67)	Julien	472
Gundershoffen (67)	Le Cygne	502
Ingersheim (68)	La Taverne Alsacienne	526
Kaysersberg (68)	La Vieille Forge	536
Kaysersberg (68)	Winstub du Chambard	536
Labaroche (68)	La Rochette	539
Langres (52)	Mirabelle	543
Malroy (57)	Aux 3 Capitaines	613
Montcy-Notre-Dame (08)	L'Auberge du Laminak	671
Muhlbach-sur-Munster (68)	Perle des Vosges	690
Munster (68)	Les Grands Arbres - Verte Vallée	691

HAUTS-DE-FRANCE

NORD-PAS-DE-CALAIS - PICARDIE

ÎLE-DE-FRANCE

Paris (10e)	Brigade du Tigre	837
Paris (9e)	BRU	828
Paris (9e)	Caillebotte	828
Paris (9e)	Les Canailles Pigalle	828
Paris (14e)	Capsule	857
Paris (15e)	Le CasseNoix	860
Paris (11e)	Clamato	844
Paris (14e)	Le Cornichon	857
Paris (9e)	Le Coucou	828
Paris (11e)	Double Dragon	844
Paris (11e)	Épopée	844
Paris (18e)	Fana	881
Paris (13e)	Impérial Choisy	854
Paris (11e)	Jip	845
Paris (12e)	Jouvence	851
Paris (8e)	Kisin	816
Paris (6e)	Kodawari Ramen - Yokochō	790
Paris (19e)	Lao Siam	885
Paris (11e)	Lissit	845
Paris (2e)	Mắm From Hanoï	769
Paris (8e)	Mandoobar	816
Paris (17e)	Mova	875
Paris (18e)	Ose	881
Paris (9e)	Le Pantruche	828
Paris (15e)	Le Radis Beurre	860
Paris (7e)	Rosemarie	800
Paris (9e)	Le Savarin	829
Paris (6e)	La Table de Mee	790
Paris (9e)	Le Tire-Bouchon Rodier	829
Paris (7e)	20 Eiffel	801
Yerres (91)	Bird	1178

NORMANDIE

Localité (Dépt)	Restaurant	Page
Auzouville-sur-Saâne (76)	Auberge de La Mère Duval	194
Barneville-Carteret (50)	Le Restaurant des Isles	209
Bayeux (14)	L'Alcôve	220
Bayeux (14)	L'Angle Saint-Laurent	220
Bayeux (14)	La Rapière	220
Blainville-sur-Mer (50)	L'Athome	254
Coutances (50)	Kalamansi	422
Dieppe (76)	Bistrot du Pollet	433
Évreux (27)	La Gazette	457
Hambye (50)	Auberge de l'Abbaye	503
Le Havre (76)	Le Bouche à Oreille	505
Le Havre (76)	Le Margote	506
La Haye (50)	Le Petit Nor'Cat	507
Heugueville-sur-Sienne (50)	The Presbytere	508
Honfleur (14)	La Fleur de Sel	510
Honfleur (14)	SaQuaNa	510

NOUVELLE-AQUITAINE

AQUITAINE - LIMOUSIN - POITOU-CHARENTES

OCCITANIE

PAYS DE LA LOIRE

PROVENCE-ALPES-CÔTE D'AZUR

Guyon21/Shutterstock

GASTRONOMIE ENGAGÉE

A

B

C

D

pictafolio/Getty Images Plus

Les cartes
par départements

Pour situer toutes les localités citées dans le guide.

Localité possédant au moins...

- un restaurant
- un Bib Gourmand
- une table étoilée
- un restaurant reconnu pour sa gastronomie engagée

LA FRANCE PAR DÉPARTEMENTS

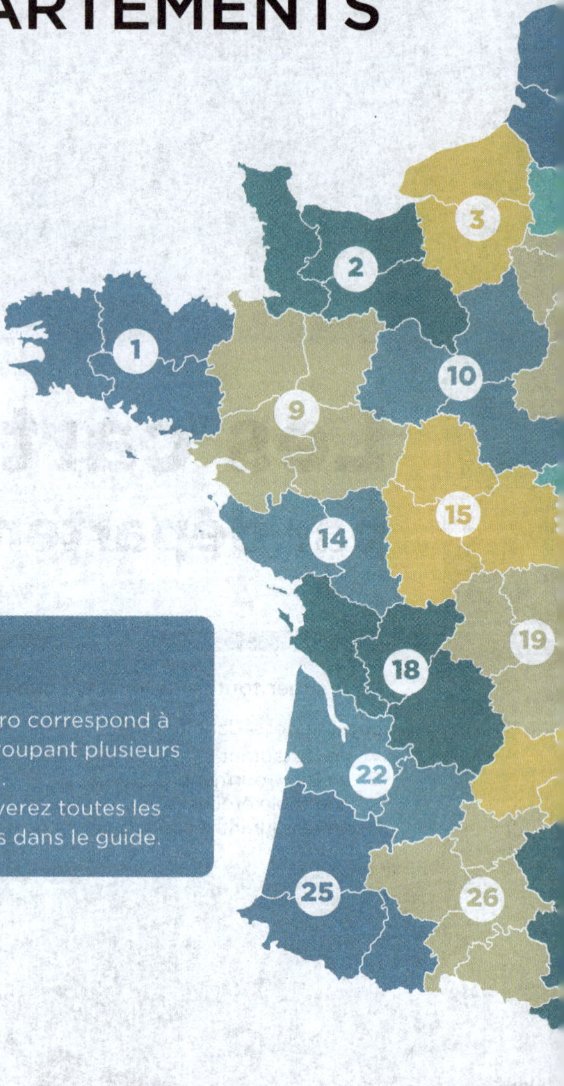

13

Chaque numéro correspond à une carte regroupant plusieurs départements.
Vous y retrouverez toutes les localités citées dans le guide.

CARTES

INDEX DES CARTES

A
B
1
2
3
OCÉAN ATLANTIQUE
Trébeurden
Roscoff
St-Pol-de-Léon
Locquirec
Plougasnou
Carantec
Plouguerneau
Plouider
Landéda
Morlaix
Porspoder
E 50
N 12
Brélès
FINISTÈRE
29
Aulne
Elorn
N 165
Brest
Plougonvelin
Crozon
Carhaix-Plouguer
E 60
Plomodiern
Plonévez-Porzay
Tréboul
Douarnenez
Locronan
Odet
Pont-Croix
Audierne
Quimper
Fouesnant
Combrit
Pont-Aven
Plomeur
Concarneau
Riec-sur-Belon
Penmarc'h
Névez
1
Côtes-d'Armor (22)
Finistère (29)
Morbihan (56)
OCÉAN ATLANTIQUE

C
D
OCÉAN
ATLANTIQUE
1
2
3
9
Ploumanac'h
Perros-Guirec
Trégastel
Paimpol
Tréguier
Lannion
Ploubezre
Pléhédel
Plourhan
Binic-Étables-sur-Mer
Guingamp
Pléneuf-Val-André
Saint-Cast-le-Guildo
St-Lunaire
St-Malo
Dinard
Plérin
St-Brieuc
Hillion
Plouër-sur-Rance
Pleudihen-sur-Rance
Dinan
CÔTES-D'ARMOR
22
Rance
Quédillac
Caurel
Mûr-de-Bretagne
Loudéac
Langoëlan
Pontivy
Rohan
ILLE-ET-VILAINE
35
Scorff
Blavet
MORBIHAN
56
Guer
Hennebont
Kervignac
Lorient
Port-Louis
Larmor-Plage
Ploemeur
Ste-Anne-d'Auray
Auray
Plescop
Meucon
St-Avé
Vannes
La Gacilly
Rochefort-en-Terre
Redon
Baden
Arradon
Crach
Plouharnel
Carnac
Port-Navalo
St-Pierre-Quiberon
La Trinité-sur-Mer
Sarzeau
Billiers
La Roche-Bernard
Missillac
Pontchâteau
Vilaine
Sauzon
Port-Goulphar
St-Joachim
La Turballe
Le Croisic
La Baule
St-Nazaire
Pornichet
Guérande
Saint-Michel-Chef-Chef
N 12
E 50
N 164
N 24
N 165
N 166
N 176
N 171
E 60
D 700
D 767
D 768
D 137
D 177
D 773

A
B
1
2
3
St-Germain-des-Vaux
Urville-Nacqueville
Cherbourg-en-Cotentin
St-Vaast-la-Hougue
Valognes
Barneville-Carteret
La Haye
MANCHE
50
Port-en-Bessin
Bernières-sur-Mer
Courseulles-sur-Mer
Bayeux
Audrieu
St-Lô
Blainville-sur-Mer
Coutances
Heugueville-sur-Sienne
St-Denis-le-Vêtu
Hambye
CALVADOS
14
Granville
St-Pair-sur-Mer
Villedieu-les-Poêles
Vire Normandie
St-Malo
Cancale
ST-MÉLOIR-DES-ONDES
Dinard
St-Quentin-sur-le-Homme
Le Mont-Saint-Michel
Beauvoir
Servon
La Ferrière-aux-Étangs
Bagnoles-de-l'Orne
Juvigny-sous-Andaine
Dol-de-Bretagne
St-Georges-de-Reintembault
ILLE-ET-VILAINE
35
MAYENNE
53
Fougères
Mayenne
Fontaine-Daniel
St-Grégoire
Rennes
Noyal-sur-Vilaine
2
Calvados (14)
Manche (50)
Orne (61)
9

C
D
Dieppe
Varengeville-sur-Mer
Auzouville-sur-Saâne
St-Léonard
Valmont
Étretat
SEINE-MARITIME
76
1
Rives-en-Seine
Le Havre
Isneauv
Jumièges
Rouen
Honfleur
Pennedepie
Trouville-sur-Mer
Deauville
Les Da
Cabourg
Houlgate
Ouistreham
3
Mathieu
St-Étienne-du-Vauvray
Hérouville-St-Clair
Le Breuil-en-Auge
EURE
27
Beuvron-en-Auge
Caen
Acquigny
Lisieux
Fleury-sur-Orne
Nassandres-sur-Risle
2
CALVADOS
14
Treis-Sants-en-Ouche
Évreux
ORNE
61
Le Pin-au-Haras
Verneuil-d'Avre-et-d'Iton
Argentan
EURE-ET-LOIR
28
10
St-Langis-lès-Mortagne
Réveillon
Rémalard-en-Perche
Le Pin-la-Garenne
Alençon
3
Bellême
Préaux-du-Perche
Nogent-le-Rotrou
SARTHE
72
La Ferté-Bernard
10
C
D

3
Eure (27)
Seine-Maritime (76)
A
B
1
2
3
St-Josse
Favières
Le Crotoy
St-Valery-sur-Somme
Mers-les-Bains
Le Tréport
SOMME
80
Dieppe
Varengeville-sur-Mer
Auzouville-sur-Saâne
SEINE-MARITIME
76
St-Léonard
Étretat
Valmont
Rives-en-Seine
Le Havre
Honfleur
Jumièges
Rouen
Isneauville
Lyons-la-Forêt
Les Damps
Le Vaudreuil
St-Étienne-du-Vauvray
Acquigny
Giverny
Gasny
Vernon
Rolleboise
Le Breuil-en-Auge
Lisieux
Nassandres-sur-Risle
Treis-Sants-en-Ouche
Évreux
CALVADOS
14
EURE
27
St-Ge
Thoiry
Gambais
Voisins-
Verneuil-d'Avre-et-d'Iton
Cherisy
EURE-ET-LOIR
28
Gazeran
Le Pin-au-Haras
ORNE
61
St-Langis-lès-Mortagne
Réveillon
Rémalard-en-Perche
Le Pin-la-Garenne
Bellême
Chartres
Epte
Andelle
Eure
Risle
Avre
4
5
11
2
10

A
B
1
2
3
Dunkerque
Calais
Audresselles
Ardres
Wierre-Effroy
Zuytpeene
Cassel
Boeschepe
St-Omer
Caëstre
Boulogne-sur-Mer
Renescure
Armentières
Morbecque
Sailly-sur-la-Lys
PAS-DE-CALAIS
62
Busnes
Illies
Le Touquet-Paris-Plage
Béthune
Attin
Étaples
La Madelaine-sous-Montreuil
Nœux-les-Mines
Lens
Montreuil-sur-Mer
St-Josse
Bermicourt
ARRAS
Favières
Gouy-en-Artois
Le Crotoy
St-Valery-sur-Somme
Abbeville
Mers-les-Bains
Le Tréport
Eaucourt-sur-Somme
SOMME
80
Amiens
Dury
Roye
OISE
60
SEINE-MARITIME
76
St-Omer-en-Chaussée
Yser
Ijzer
Lys
Aa
Authie
Somme
Epte
Thérain

C
D
4
Nord (59)
Pas-de-Calais (62)
Somme (80)
1
BRUGGE (BRUGES)
GENT (GAND)
Schelde
BELGIË
BRUXELLES (BRUSSEL)
Courtrai/Kortrijk
Dendre
Wambrechies
Tourcoing
Wasquehal
Bondues
BELGIQUE
Villeneuve-d'Ascq
Croix
Marcq-en-Barœul
Lille
Loos
Gruson
St-André-lez-Lille
Attiches
2
Lecelles
Mons
CHARLEROI
Valenciennes
Douai
Bry
Brebières
Saultain
Sambre
Maubeuge
NORD
59
Cambrai
Beauvois-en-Cambrésis
Oise
ST-QUENTIN
3
AISNE
02
ARDENNES
08
6
Laon
Ste-Preuve
5
C
Trosly-Loire
D
Rethel

5
Aisne (02)
Oise (60)
Le Touquet-Paris-Plage
Étaples
Attin
La Madelaine-sous-Montreuil
Montreuil-sur-Mer
Béthune
Nœux-les-Mines
Attiches
Lens
Bermicourt
Douai
Brebières
PAS-DE-CALAIS
62
ARRAS
Gouy-en-Artois
Abbeville
Eaucourt-sur-Somme
SOMME
80
Amiens
Dury
Roye
SEINE-MARITIME
76
St-Omer-en-Chaussée
OISE
60
Beauvais
Étouy
Compiègne
Rethondes
Le Meux
Lyons-la-Forêt
EURE
27
Apremont
Senlis
Belle-Église
Chantilly
Lamorlaye
VAL-D'OISE
95
Gasny
Méry-sur-Oise
Maffliers
Pontoise
Frépillon
Montmorency
Rolleboise
SEINE-ET-MARNE
77
Maisons-Laffitte
Meaux
St-Germain-en-Laye
Thoiry
Marly-le-Roi
PARIS
Couilly-Pont-aux-Dames
Plaisir
Versailles
Gambais
Villeneuve-le-Comte
Voisins-le-Bretonneux
Chevreuse
Yerres
Brie-Comte-Robert
Gazeran
Ste-Geneviève-des-Bois
Clairefontaine-en-Yvelines
A
B
4
3
11

St-André-lez-Lille
4
C
D
Attiches
Lecelles
Mons
CHARLEROI
BELGIQUE
Douai
Valenciennes
Brebières
Saultain
Bry
Sambre
NORD
59
Maubeuge
1
Cambrai
Beauvois-en-Cambrésis
Oise
ST-QUENTIN
ARDENNES
08
Ste-Preuve
Laon
AISNE
02
2
Rethel
Trosly-Loire
Rethondes
Soissons
Aisne
Courcelles-sur-Vesle
REIMS
Sillery
6
Vesle
Ourcq
Montchenot
Chigny-les-Roses
Champillon
Mézy-Moulins
Épernay
Marne
Vinay
Avize
Châlons-en-Champagne
Meaux
Couilly-Pont-aux-Dames
3
Petit Morin
MARNE
51
Vitry-le-François
bert
6
C
Provins
D
Aube

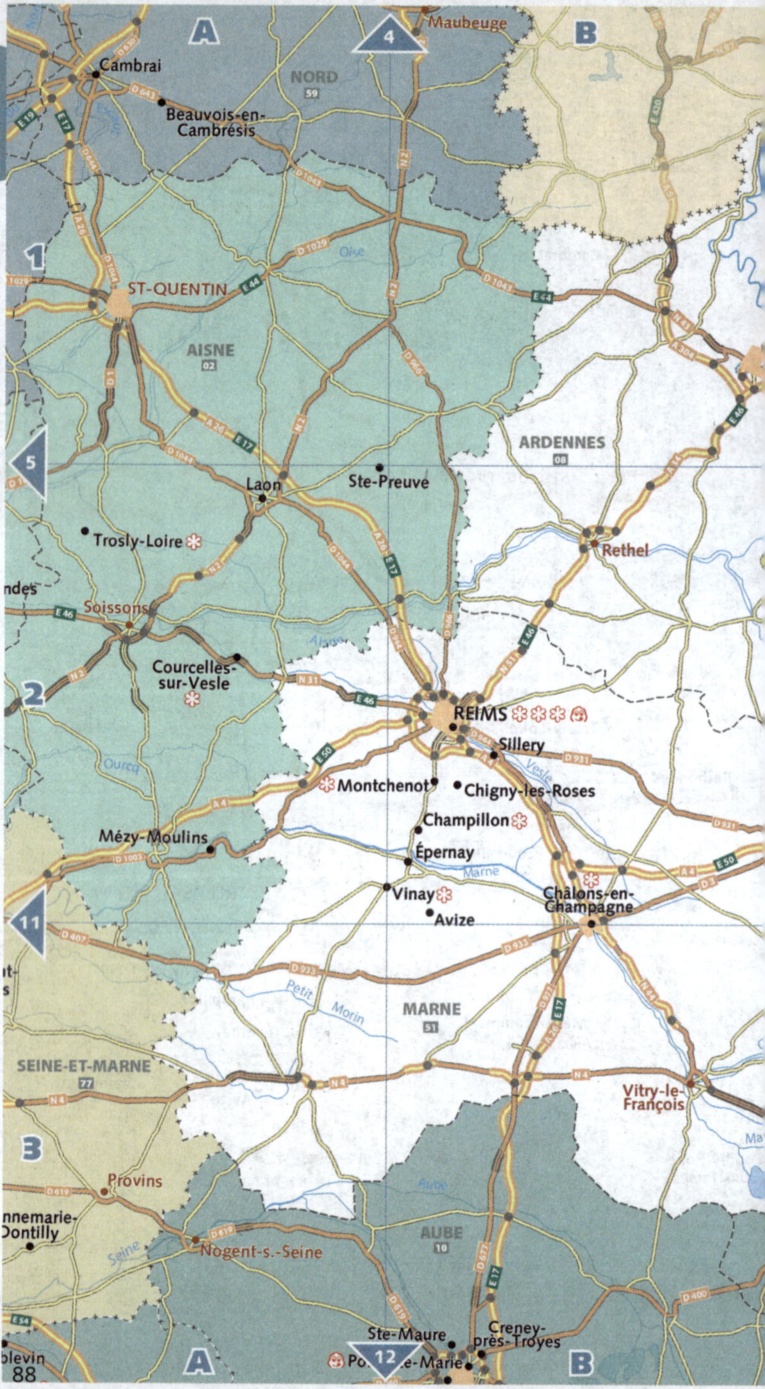

A
B
4
Maubeuge
Cambrai
Beauvois-en-Cambrésis
NORD
59
1
ST-QUENTIN
Oise
AISNE
02
5
Laon
Ste-Preuve
ARDENNES
08
Rethel
Trosly-Loire
Soissons
Courcelles-sur-Vesle
Aisne
2
REIMS
Sillery
Vesle
Ourcq
Montchenot
Chigny-les-Roses
Champillon
Mézy-Moulins
Épernay
Marne
Vinay
Avize
Châlons-en-Champagne
11
Petit Morin
MARNE
51
SEINE-ET-MARNE
77
3
Vitry-le-François
Provins
Aube
AUBE
10
Nogent-s.-Seine
Seine
Ste-Maure
Creney-près-Troyes
12
A
B

6
Ardennes (08)
Marne (51)
Meuse (55)
BELGIQUE
LUXEMBOURG
Ourthe
Sûre
Semois
Montcy-Notre-Dame
CHARLEVILLE-MÉZIÈRES
Carignan
LUXEMBOURG
Écouviez
Chiers
Malling
Thionville
Hagondange
Malroy
Plappeville
Metz
ARDENNES
08
MEUSE
55
Meuse
Orne
Verdun
Ste-Menehould
Les Monthairons
Aisne
MARNE
51
Nonsard-
Lamarche
MEURTHE-
ET-MOSELLE
54
Aire
Ornain
Bar-le-Duc
Toul
Nancy
St-Dizier
Marne
Marne au Rhin
Richardménil
HAUTE-
MARNE
52
Ceintrey
Canal
VOSGES
88
Chamagne
Neufchâteau
Rouvres-en-
C
D
1
2
3
7
12

A
B
1
2
3
6
12
13
7
LUXEMBOURG
Carignan
Écouviez
Malling
Thionville
Hagondange
Malroy
Plappeville
Metz
ARDENNES
08
Verdun
Ste-Menehould
Les Monthairons
MARNE
51
MEUSE
55
Nonsard-Lamarche
MEURTHE-ET-MOSELLE
54
Bar-le-Duc
Nancy
Toul
St-Dizier
Richardménil
Ceintrey
Chamagne
HAUTE-MARNE
52
Neufchâteau
Colombey-les-Deux-Églises
Rouvres-en-Xaintois
Chaumousey
Chaumont
VOSGES
88
HAUTE-SAÔNE
70
Meurthe-et-Moselle (54)
Moselle (57)
Vosges (88)

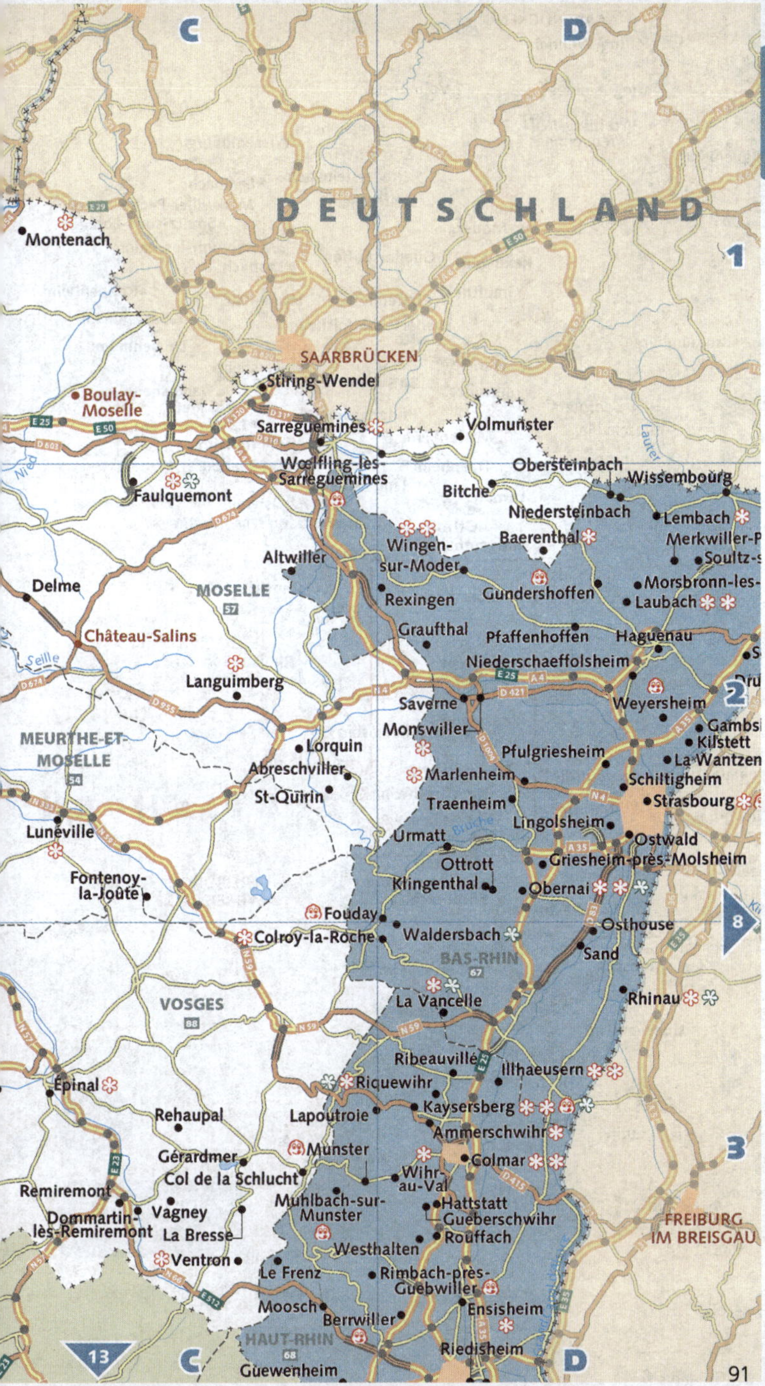
C
D
DEUTSCHLAND
1
2
3
8
13
Montenach
SAARBRÜCKEN
Stiring-Wendel
Boulay-Moselle
Sarreguemines
Volmunster
Wœlfling-lès-Sarreguemines
Obersteinbach
Wissembourg
Faulquemont
Bitche
Niedersteinbach
Lembach
Merkwiller-P
Baerenthal
Soultz-s
Wingen-sur-Moder
Altwiller
Morsbronn-les-
Delme
MOSELLE
57
Rexingen
Gundershoffen
Laubach
Graufthal
Château-Salins
Pfaffenhoffen
Haguenau
Seille
Niederschaeffolsheim
Languimberg
Saverne
Weyersheim
Monswiller
Gambsheim
MEURTHE-ET-MOSELLE
54
Lorquin
Pfulgriesheim
Kilstett
La Wantzenau
Abreschviller
Schiltigheim
Marlenheim
St-Quirin
Strasbourg
Traenheim
Lingolsheim
Lunéville
Urmatt
Ostwald
Bruche
Ottrott
Griesheim-près-Molsheim
Fontenoy-la-Joûte
Klingenthal
Obernai
Fouday
Osthouse
Colroy-la-Roche
Waldersbach
Sand
BAS-RHIN
67
VOSGES
88
La Vancelle
Rhinau
Ribeauvillé
Illhaeusern
Épinal
Riquewihr
Rehaupal
Lapoutroie
Kaysersberg
Ammerschwihr
Munster
Gérardmer
Colmar
Col de la Schlucht
Wihr-au-Val
Remiremont
Muhlbach-sur-Munster
Hattstatt
Dommartin-lès-Remiremont
Vagney
Gueberschwihr
La Bresse
FREIBURG IM BREISGAU
Westhalten
Rouffach
Ventron
Le Frenz
Rimbach-près-Guebwiller
Moosch
Ensisheim
Berrwiller
HAUT-RHIN
68
Riedisheim
Guewenheim
Lauter
Nied

SAARBRÜCKEN
Stiring-Wendel
Sarreguemines
Volmunster
Wœlfling-lès-Sarreguemines
Obersteinbach
Wissembourg
Bitche
Niedersteinbach
Lembach
Merkwiller-Pechelbronn
Soultz-sous-Forêts
MOSELLE
57
Altwiller
Wingen-sur-Moder
Baerenthal
Rexingen
Gundershoffen
Morsbronn-les-Bains
Laubach
Salins
Graufthal
Pfaffenhoffen
Haguenau
Roppenheim
Sessenheim
Niederschaeffolsheim
Languimberg
Drusenheim
Saverne
Weyersheim
Monswiller
BAS-RHIN
67
Gambsheim
Kilstett
Lorquin
Pfulgriesheim
La Wantzenau
Abreschviller
Marlenheim
Schiltigheim
St-Quirin
Traenheim
Strasbourg
MEURTHE-ET-MOSELLE
54
Urmatt
Bruche
Lingolsheim
Ostwald
Ottrott
Griesheim-près-Molsheim
Klingenthal
Obernai
Fouday
Osthouse
Colroy-la-Roche
Waldersbach
Sand
Kinzig
La Vancelle
Rhinau
VOSGES
88
Ribeauvillé
Illhaeusern
Riquewihr
Rehaupal
Lapoutroie
Kaysersberg
Ammerschwihr
DEUTSCHLAND
Gérardmer
Munster
Colmar
Col de la Schlucht
Wihr-au-Val
Hattstatt
Muhlbach-sur-Munster
Gueberschwihr
FREIBURG IM BREISGAU
La Bresse
Rouffach
Ventron
Westhalten
Le Frenz
Rimbach-près-Guebwiller
Moosch
Ensisheim
Berrwiller
Riedisheim
Guewenheim
Rixheim
Mulhouse
Hochstatt
HAUT-RHIN
68
Kembs
Belfort
Altkirch
Sierentz
Carpach
Rosenau
Danjoutin
Huningue
Tagsdorf
Hésingue
St-Louis
BASEL
Étupes
Feldbach
Bas-Rhin (67)
Haut-Rhin (68)
SUISSE
Doubs
A
B
1
2
3
7
8
13

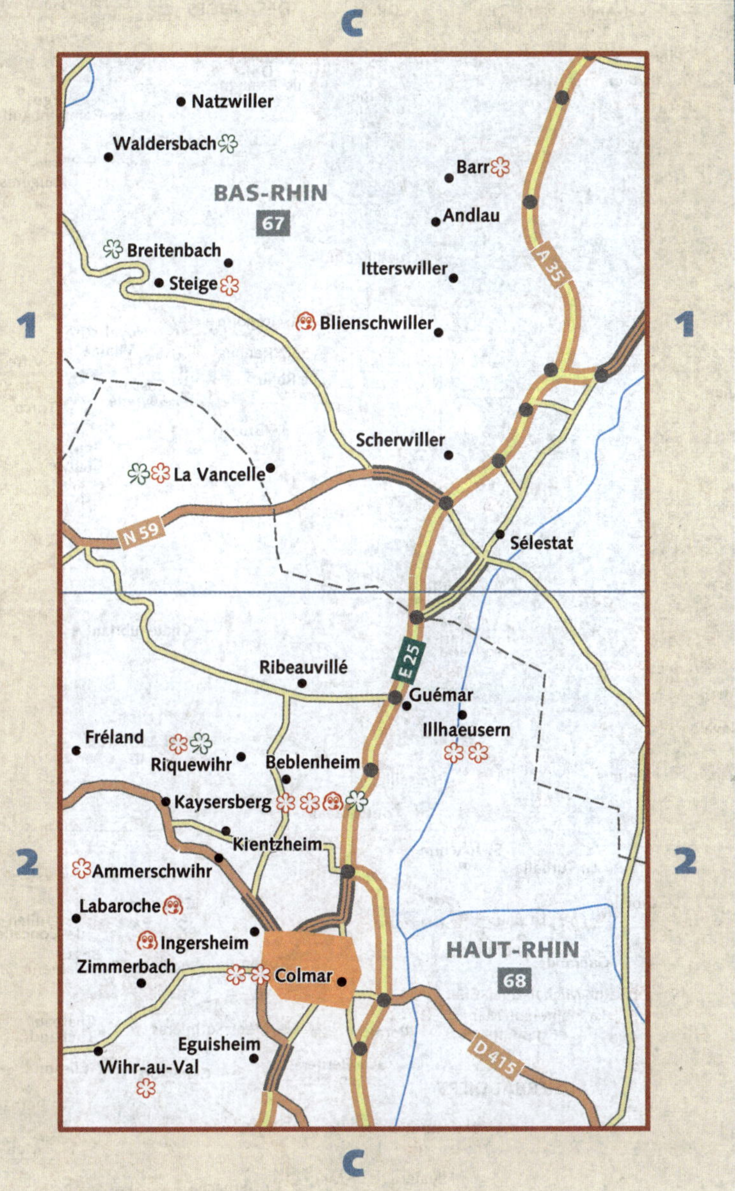
C
1
2
Natzwiller
Waldersbach
BAS-RHIN
67
Barr
Andlau
A 35
Breitenbach
Steige
Itterswiller
Blienschwiller
Scherwiller
La Vancelle
N 59
Sélestat
E 25
Ribeauvillé
Guémar
Illhaeusern
Fréland
Riquewihr
Beblenheim
Kaysersberg
Kientzheim
Ammerschwihr
Labaroche
Ingersheim
Zimmerbach
Colmar
HAUT-RHIN
68
Eguisheim
Wihr-au-Val
D 415

A
B
2
St-Malo
Cancale
St-Lunaire
Pléneuf-Val-André
Saint-Cast-le-Guildo
Dinard
ST-MÉLOIR-DES-ONDES
Beauvoir
Le Mont-Saint-Michel
Servon
Plérin
Hillion
Plouër-sur-Rance
Dol-de-Bretagne
Pleudihen-sur-Rance
Dinan
St-Georges-de-Reintembault
ILLE-ET-VILAINE
35
CÔTES-D'ARMOR
22
Fougères
Quédillac
St-Grégoire
Noyal-sur-Vilaine
Rennes
Vitré
Le Rheu
Cesson-Sévigné
Torcé
Bruz
Piré-Chancé
Guer
MORBIHAN
56
La Gacilly
Meucon
St-Avé
Rochefort-en-Terre
Châteaubriant
Vannes
Redon
Arradon
LOIRE-ATLANTIQUE
44
Billiers
La Roche-Bernard
Missillac
Pontchâteau
St-Joachim
La Turballe
Le Croisic
La Baule
St-Nazaire
Carquefou
St-Julien-de-Concelles
Guérande
Pornichet
Couëron
Nantes
Basse-Goulaine
Saint-Michel-Chef-Chef
La Plaine-sur-Mer
Préfailles
Pornic
Les Sorinières
Château-Thébaud
La Bernerie-en-Retz
Geneston
Clisson
L'HERBAUDIÈRE
La Bernardière
Noirmoutier-en-l'Île
Montaigu
Beauvoir-sur-Mer
La Garnache
OCÉAN ATLANTIQUE
Montréverd
Challans
VENDÉE
85
Le Perrier
14
1
3

Ille-et-Vilaine (35)
Loire-Atlantique (44)
Maine-et-Loire (49)
Mayenne (53)
9
2
10
15
14
3
C
D
ORNE 61
MAYENNE 53
SARTHE 72
MAINE-ET-LOIRE 49
INDRE-ET-LOIRE 37
VIENNE 86
DEUX-SÈVRES 79
La Ferrière-aux-Étangs
Bagnoles-de-l'Orne
Juvigny-sous-Andaine
Argen
au-Haras
St-Langis-Mortagne
Mayenne
Fontaine-Daniel
Laval
Loué
Le Mans
Fillé
Arnage
Solesmes
Château-Gontier
La Flèche
Segré
Loiré
Briollay
Avrillé
Angers
Les Ponts-de-Cé
Bouchemaine
Savennières
Mûrs-Erigné
Varades
Gennes-Val-de-Loire
Saumur
Bellevigne-en-Layon
Montsoreau
Coteaux-sur-Loire
Azay-le-Rideau
Chinon
Fontevraud-l'Abbaye
Ligré
L'Île-Bouchard
Richelieu
Cholet
Maulévrier
St-Laurent-sur-Sèvre
Herbiers
Bressuire
Châtellerault
Mayenne
Sarthe
Loir
Erdre
Sèvre Nantaise

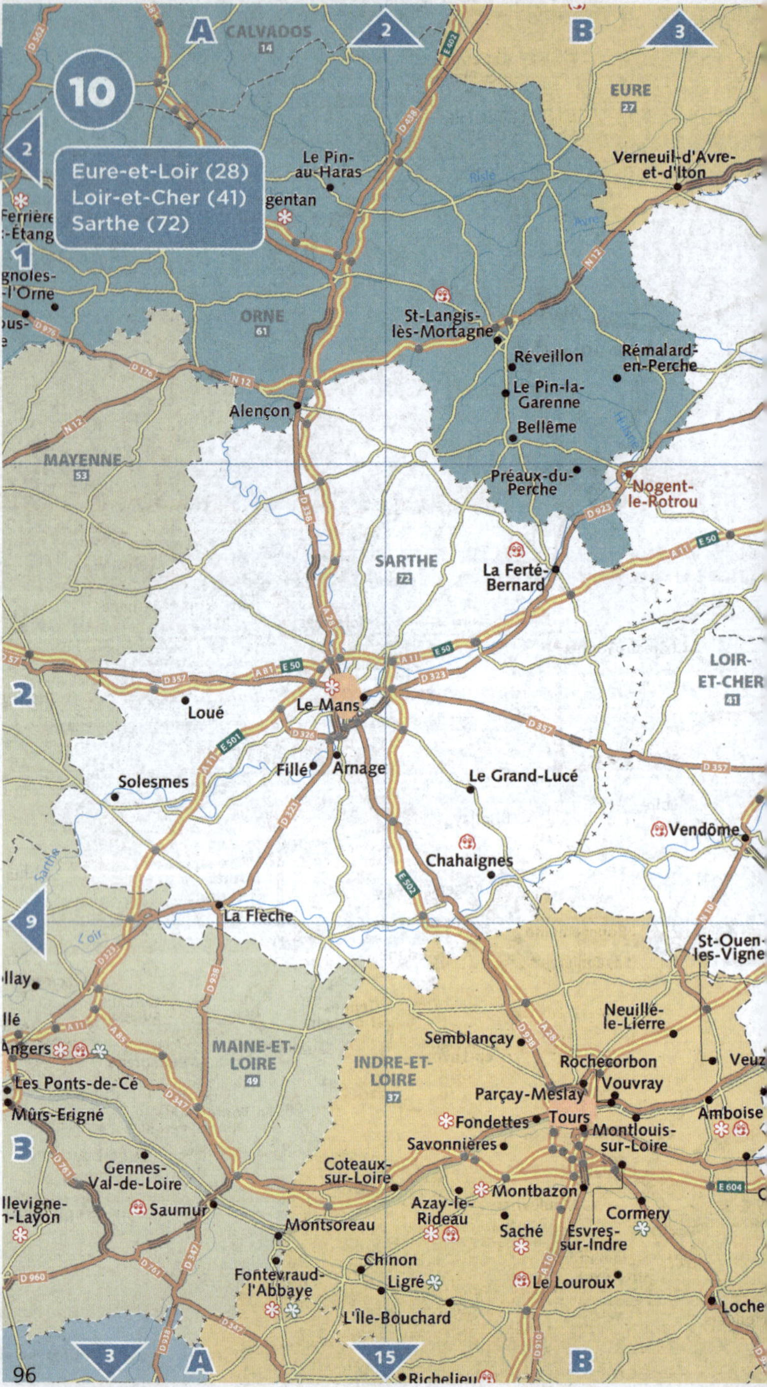
10
Eure-et-Loir (28)
Loir-et-Cher (41)
Sarthe (72)
A
B
2
3
9
15
1
CALVADOS
14
EURE
27
ORNE
61
MAYENNE
53
SARTHE
72
LOIR-
ET-CHER
41
MAINE-ET-
LOIRE
49
INDRE-ET-
LOIRE
37
Le Pin-
au-Haras
Verneuil-d'Avre-
et-d'Iton
St-Langis-
lès-Mortagne
Réveillon
Rémalard-
en-Perche
Le Pin-la-
Garenne
Bellême
Alençon
Préaux-du-
Perche
Nogent-
le-Rotrou
La Ferté-
Bernard
Le Mans
Loué
Fillé
Arnage
Solesmes
Le Grand-Lucé
Vendôme
Chahaignes
La Flèche
St-Ouen-
les-Vigne
Neuillé-
le-Lierre
Semblançay
Angers
Les Ponts-de-Cé
Mûrs-Erigné
Rochecorbon
Vouvray
Parçay-Meslay
Tours
Fondettes
Montlouis-
sur-Loire
Amboise
Savonnières
Gennes-
Val-de-Loire
Coteaux-
sur-Loire
Montbazon
Azay-le-
Rideau
Cormery
Saumur
Montsoreau
Saché
Esvres-
sur-Indre
Chinon
Fontevraud-
l'Abbaye
Ligré
Le Louroux
L'Île-Bouchard
Richelieu
Loire
Sarthe
Risle
Avre
Huisne
A 11
A 28
A 81
A 85
A 10
E 50
E 501
E 502
E 402
E 604
N 12
N 10
D 338
D 357
D 323
D 326
D 923
D 938
D 347
D 761
D 960
D 910
D 976
D 176
D 438

3
C
D
EURE
27
Maisons-Laffitte
St-Germain-en-Laye
Thoiry
Marly-le-Roi
PARIS
Plaisir
Versailles
Gambais
Verneuil-d'Avre-et-d'Iton
Cherisy
Voisins-le-Bretonneux
Chevreuse
Gazeran
Clairefontaine-en-Yvelines
Ste-Geneviève-des-Bois
1
Corbeil-Essonne
St-Vrain
Rémalard-en-Perche
EURE-ET-LOIR
28
Boutervilliers
Chartres
Étampes
Milly-la-Forê
Eure
Nogent-le-Rotrou
Loir
11
Pithiviers
LOIR-ET-CHER
41
Chilleurs-aux-Bois
LOIRET
45
2
Orléans
Oucques
Ardon
St-Benoît-sur-Loire
Vendôme
Beaugency
Cosson
Montlivault
La Ferté-St-Cyr
St-Ouen-les-Vignes
Blois
Mont-près-Chambord
Bracieux
Neuillé-le-Lierre
Candé-sur-Beuvron
Cellettes
Beuvron
Aubigny-sur-Nè
Veuzain-sur-Loire
Cheverny
Fougères-sur-Bièvre
Millançay
16
Vouvray
Vallières-les-Grandes
Contres
Amboise
Romorantin-Lanthenay
Montlouis-sur-Loire
Montrichard-Val-de-Cher
3
St-Georges-sur-Cher
Chenonceaux
St-Aignan-sur-Cher
CHER
18
Cormery
Céré-la-Ronde
Vierzon
INDRE
36
INDRE-ET-LOIRE
37
Loches
Veuil
St-Pierre-de-Jards
15
Le Subdray
Cher

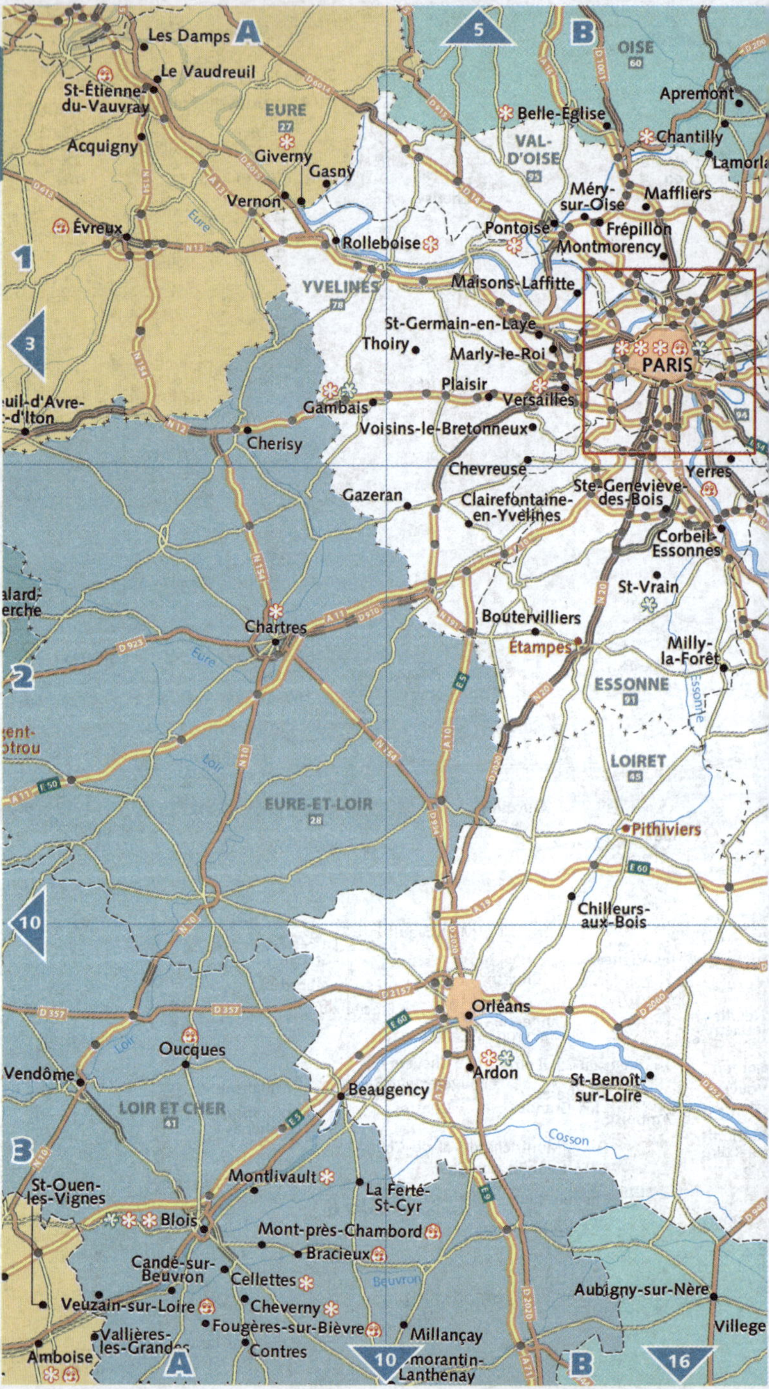

A
5
B
Les Damps
Le Vaudreuil
St-Étienne-du-Vauvray
EURE
27
Giverny
Gasny
Acquigny
Vernon
Évreux
1
OISE
60
Apremont
Belle-Église
Chantilly
VAL-D'OISE
95
Lamorl
Méry-sur-Oise
Maffliers
Frépillon
Pontoise
Montmorency
Rolleboise
YVELINES
78
Maisons-Laffitte
St-Germain-en-Laye
Thoiry
Marly-le-Roi
PARIS
3
Plaisir
Gambais
Versailles
Voisins-le-Bretonneux
Cherisy
Chevreuse
Yerres
Ste-Geneviève-des-Bois
Gazeran
Clairefontaine-en-Yvelines
Corbeil-Essonnes
St-Vrain
Boutervilliers
Chartres
Étampes
Milly-la-Forêt
2
ESSONNE
91
LOIRET
45
EURE-ET-LOIR
28
Pithiviers
Chilleurs-aux-Bois
10
Orléans
Ardon
Ouques
Vendôme
Beaugency
St-Benoît-sur-Loire
LOIR ET CHER
41
Cosson
3
Montlivault
La Ferté-St-Cyr
St-Ouen-les-Vignes
Blois
Mont-près-Chambord
Bracieux
Candé-sur-Beuvron
Cellettes
Beuvron
Aubigny-sur-Nère
Veuzain-sur-Loire
Cheverny
Fougères-sur-Bièvre
Millançay
Villege
Vallières-les-Grandes
Contres
Amboise
A
10
B
16
Eure
Loir
N 154
N 12
N 10
A 11
A 10
A 19
A 71
E 5
E 50
E 60
N 20
D 2020
D 357
D 2157
D 2060
D 923

11
Essonne (91)
Hauts-de-Seine (92)
Loiret (45)
Paris (75)
Seine-et-Marne (77)
Seine-Saint-Denis (93)
Val-de-Marne (94)
Val-d'Oise (95)
Yvelines (78)
Courcelles-sur-Vesle
Senlis
Sillery
Montchenot
Chigny-les
AISNE 02
Mézy-Moulins
Meaux
Couilly-Pont-aux-Dames
Villeneuve-le-Comte
SEINE-ET-MARNE 77
Brie-Comte-Robert
MARNE 51
Provins
Melun
Donnemarie-Dontilly
Nogent-s.-Seine
Seine
Fontainebleau
YONNE 89
AUBE 10
Ste-Maure
Pont-Ste-Marie
Troyes
Villeblevin
St-Martin-du-Tertre
Sens
Montargis
LOIRET 45
Boismorand
Gien
Ousson-sur-Loire
Boulleret
Cosne-Cours-sur-Loire
NIÈVRE 58
Lugny
VAL-D'OISE 95
SEINE-SAINT-DENIS 93
Colombes
Asnières-s-Seine
La Garenne-Colombes
Clichy
Aulnay-sous-Bois
Nanterre
Neuilly-sur-Seine
Puteaux
PARIS
Rueil-Malmaison
Suresnes
Montreuil
Vincennes
Boulogne-Billancourt
Ville-d'Avray
Le Perreux-s-Marne
Montrouge
St-Maurice
Meudon
Issy-les-Moulineaux
YVELINES 78
HAUTS-DE-SEINE 92
VAL-DE-MARNE 94
Rungis
Villecresnes
5
6
12
16

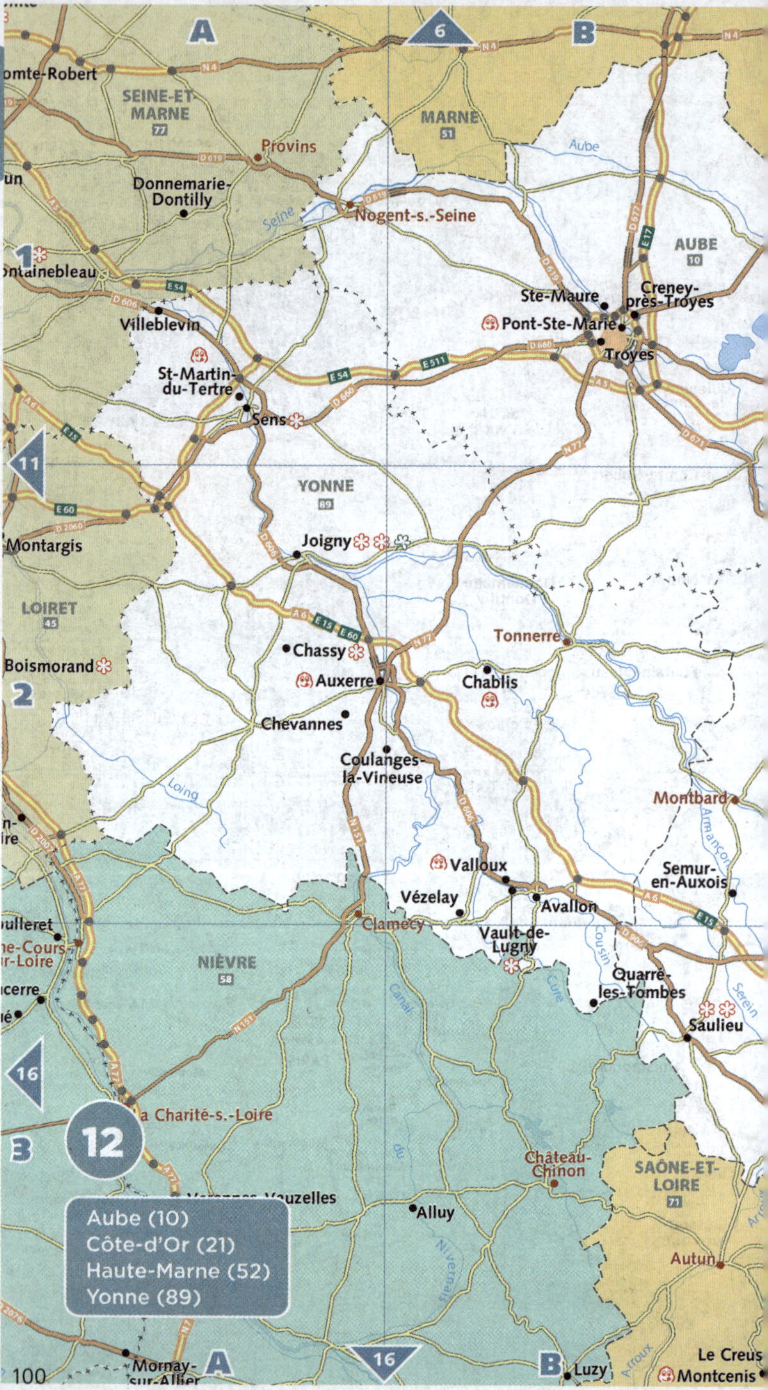
A
6
B
omte-Robert
SEINE-ET-MARNE
77
MARNE
51
Provins
Aube
Donnemarie-Dontilly
Nogent-s.-Seine
Seine
AUBE
10
ontainebleau
Ste-Maure
Creney-près-Troyes
Villeblevin
Pont-Ste-Marie
Troyes
St-Martin-du-Tertre
Sens
11
YONNE
89
Joigny
Montargis
LOIRET
45
Tonnerre
Chassy
Boismorand
Auxerre
Chablis
Chevannes
Coulanges-la-Vineuse
Loing
Montbard
Armançon
Valloux
Semur-en-Auxois
Vézelay
Avallon
Clamecy
Vault-de-Lugny
Cousin
NIÈVRE
58
Cure
Quarré-les-Tombes
Serein
Saulieu
Canal du Nivernais
16
a Charité-s.-Loire
12
Château-Chinon
SAÔNE-ET-LOIRE
71
Alluy
Aube (10)
Côte-d'Or (21)
Haute-Marne (52)
Yonne (89)
Autun
Arroux
Mornay-sur-Allier
A
16
B
Luzy
Le Creus
Montcenis

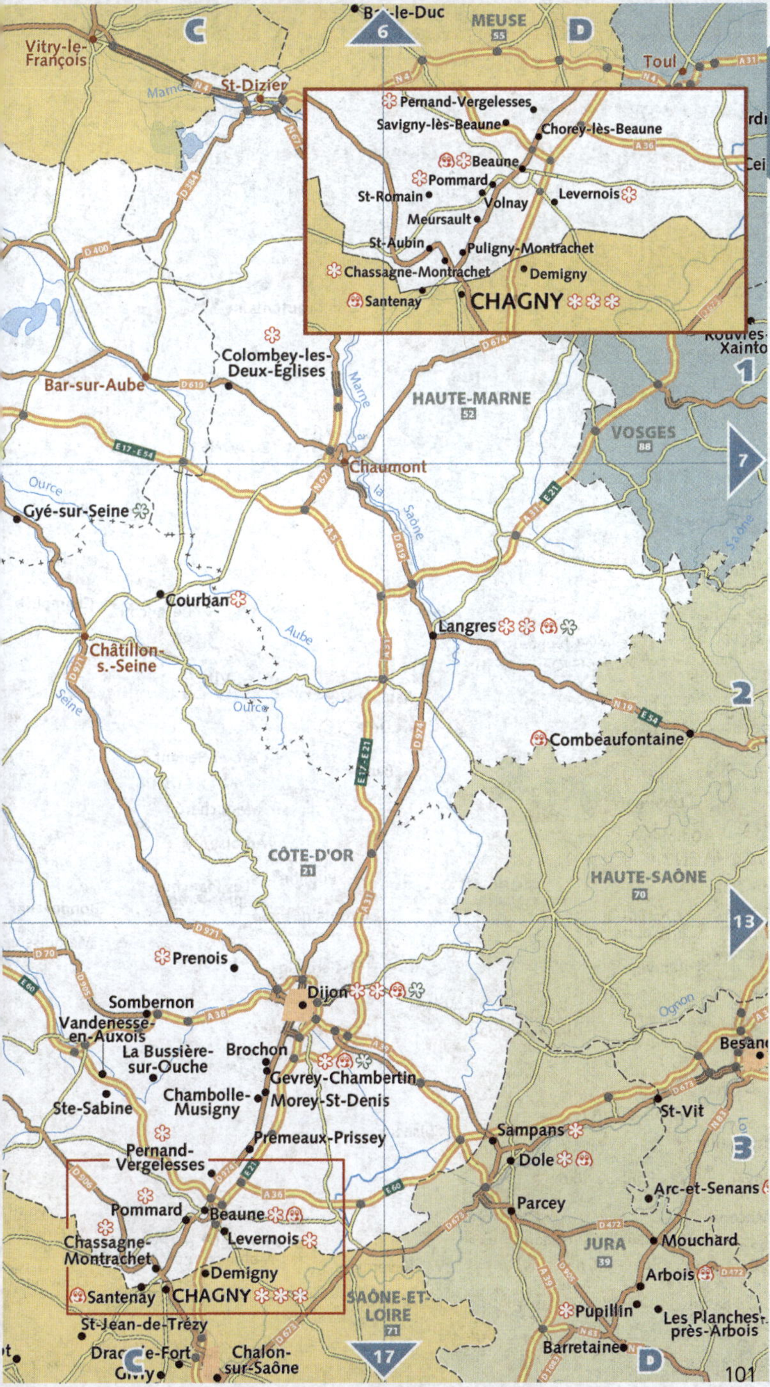
Vitry-le-François
St-Dizier
Marne
MEUSE
Toul
6
C
D
Pernand-Vergelesses
Savigny-lès-Beaune
Chorey-lès-Beaune
Beaune
Pommard
St-Romain
Volnay
Levernois
Meursault
St-Aubin
Puligny-Montrachet
Chassagne-Montrachet
Demigny
Santenay
CHAGNY
Colombey-les-Deux-Églises
Bar-sur-Aube
HAUTE-MARNE
52
VOSGES
88
Chaumont
Ource
Gyé-sur-Seine
Courban
Aube
Langres
Châtillon-s.-Seine
Seine
Combeaufontaine
CÔTE-D'OR
21
HAUTE-SAÔNE
70
Prenois
Dijon
Sombernon
Vandenesse-en-Auxois
La Bussière-sur-Ouche
Brochon
Gevrey-Chambertin
Chambolle-Musigny
Morey-St-Denis
Ste-Sabine
Prémeaux-Prissey
Pernand-Vergelesses
Pommard
Beaune
Levernois
Chassagne-Montrachet
Demigny
Santenay
CHAGNY
St-Jean-de-Trézy
Chalon-sur-Saône
SAÔNE-ET-LOIRE
71
Besançon
St-Vit
Sampans
Dole
Parcey
Arc-et-Senans
Mouchard
JURA
39
Arbois
Pupillin
Les Planches-près-Arbois
Barretaine
1
2
3
7
13
17

A
B
7
Chaumont
VOSGES
88
HAUTE-MARNE
52
Courban
Langres
Combeaufontaine
Vesoul
CÔTE-D'OR
21
HAUTE-SAÔNE
70
12
Prenois
Dijon
Besançon
Champlive
Bussière-
Brochon
Gevrey-Chambertin
Chambolle-Musigny
Morey-St-Denis
Premeaux-Prissey
Sampans
Dole
St-Vit
Arc-et-Senans
Parcey
DOUBS
25
Beaune
Levernois
Mouchard
Arbois
Demigny
CHAGNY
Pupillin
Les Planches-près-Arbois
SAÔNE-ET-LOIRE
71
Chalon-sur-Saône
Barretaine
Bonnevaux
Malbuisson
St-Rémy
St-Germain-lès-Arlay
Courlans
Lons-le-Saunier
Louhans-Châteaurenaud
17
Bonlieu
Ozenay
Tournus
Le Villars
JURA
39
Cuiseaux
Pont-de-Vaux
AIN
01
Coligny
Mâcon
St-Laurent-sur-Saône
Bâgé-le-Châtel
Replonges
Mézériat
Chaintré
Polliat
Val-Revermont
Septmoncel-les-Molunes
Gex
Yvoire
Nernier
Grilly
Douvaine
Crozet
Vonnas
Buellas
Bourg-en-Bresse
21
Montanges
GENÈVE
Bossey
Belleville-
Saône
Aube
Ognon
Loue
Seille
Ain
Bienne
Valserine

7
C
8
D
Rehaupal
Lapoutroie
Munster
Colmar
Gérardmer
Col de la Schlucht
Wihr-au-Val
Remiremont
Muhlbach-sur-Munster
Hattstatt
Gueberschwihr
Dommartin-lès-Remiremont
Vagney
La Bresse
Rouffach
Westhalten
Ventron
Le Frenz
Rimbach-près-Guebwiller
Moosch
Berrwiller
Ensisheim
Riedisheim
1
Guewenheim
TERR. DE BELFORT
90
Mulhouse
Rixheim
Roye
Lure
Kembs
Hochstatt
HAUT-RHIN
68
Sierentz
Belfort
Carspach
Altkirch
Rosenau
Danjoutin
Huningue
Vesoul
Tagsdorf
St-Louis
Hésingue
BASEL
Montbéliard
Étupes
Feldbach
Chamesol
Doubs
DOUBS
25
Champlive
Goumois
Aare
Bonnétage
2
Villers-le-Lac
Ville-du-Pont
BERN
Verrières-de-Joux
Saane
Bonnevaux
Malbuisson
SUISSE
SCHWEIZ
SVIZZERA
LAUSANNE
Sarine
13
3
Évian-les-Bains
Maxilly-sur-Léman
Yvoire
Nernier
Anthy-sur-Léman
Grilly
Margencel
HAUTE-SAVOIE
74
La Chapelle
Douvaine
Vailly
Abondance
Châtel
Machilly
Seytroux
Lucinges
Bossey
Bonne
C
21
D
Doubs (25)
Haute-Saône (70)
Jura (39)
Territoire de Belfort (90)

9
A
B
La Roche-Bernard
Missillac
Pontchâteau
St-Joachim
La Turballe
La Baule
St-Nazaire
Pornichet
Guérande
Couëron
Carquefou
Nantes
St-Julien-de-Concelles
Basse-Goulaine
LOIRE-ATLANTIQUE
44
Saint-Michel-Chef-Chef
La Plaine-sur-Mer
Préfailles
Pornic
Les Sorinières
Château-Thébaud
Clisson
La Bernerie-en-Retz
Geneston
L'HERBAUDIÈRE
La Bernardière
Noirmoutier-en-l'Île
Montaigu
Beauvoir-sur-Mer
La Garnache
OCÉAN ATLANTIQUE
Challans
Montréverd
Les Herbiers
Le Perrier
VENDÉE
85
Boulogne
Aizenay
Port-Joinville
St-Gilles-Croix-de-Vie
La Roche-sur-Yon
La Chaize-Giraud
Beaulieu-sous-la-Roche
Brétignolles-sur-Mer
Brem-sur-Mer
Lay
Mareuil-sur-Lay-Dissais
Les Sables d'Olonne
Luçon
Château-d'Olonne
Angles
ÎLE DE RÉ
St-Martin-de-Ré
L'Houmeau
La Flotte
Ste-Marie-de-Ré
LA ROCHELLE
St-Denis-d'Oléron
Châtelaillon-Plage
St-Georges-d'Oléron
St-Pierre-d'Oléron
ÎLE D'OLÉRON
Dolus-d'Oléron
Le Grand-Village-Plage
Marennes
Vaux-sur-Mer
Royan
1
2
3
14
Deux-Sèvres (79)
Vendée (85)

Briollay
Avrillé
Angers
Bouchemaine
Les Ponts-de-Cé
Savennières
Mûrs-Erigné
MAINE-ET-LOIRE
49
Bellevigne-en-Layon
Gennes-Val-de-Loire
Saumur
Cholet
Maulévrier
St-Laurent-sur-Sèvre
INDRE-ET-LOIRE
37
Semblançay
Fondettes
Savonnières
Coteaux-sur-Loire
Azay-le-Rideau
Saché
Montsoreau
Chinon
Fontevraud-l'Abbaye
Ligré
L'Île-Bouchard
Richelieu
VIENNE
86
Châtellerault
Dissay
Montamisé
Poitiers
Chauvigny
Croutelle
Coulombiers
Bressuire
DEUX-SÈVRES
79
Parthenay
Allone
Fontenay-le-Comte
Velluire
Niort
Bessines
Sèvre Nantaise
Sèvre Niortaise
Vendée
Thouet
Clain
Boutonne
Charente
Le Thou
CHARENTE-MARITIME
17
St-Jean-d'Angély
CHARENTE
16
Ruffec
Chasseneuil-sur-Bonnieure
Massigna
Saintes
Cognac
Bourg-Charente
Saujon
Angoulême
Puymoyen
Montbron
9
15
18
1
2
3
C
D

Solesmes
10
Le Grand-Lucé
A
B
SARTHE
72
Chahaignes
La Flèche
1
Briollay
Avrillé
Angers
Les Ponts-de-Cé
Mûrs-Erigné
MAINE-ET-LOIRE
49
INDRE-ET-LOIRE
37
Semblançay
Neuillé-le-Lierre
Rochecorbon
Vouvray
Parçay-Meslay
Tours
Fondettes
Montlouis-sur-Loire
Savonnières
Gennes-Val-de-Loire
Coteaux-sur-Loire
Montbazon
Azay-le-Rideau
Cormery
Bellevigne-en-Layon
9
Saumur
Montsoreau
Saché
Esvres-sur-Indre
Chinon
Fontevraud-l'Abbaye
Ligré
Le Louroux
L'Île-Bouchard
Richelieu
DEUX-SÈVRES
79
Le Petit-Pressigny
2
VIENNE
86
Bressuire
Châtellerault
Senillé-St-Sauveur
Dissay
Parthenay
Montamisé
Poitiers
Chauvigny
14
Allone
Croutelle
Coulombiers
Montmorillon
Niort
Bessines
3
15
Availles-Limouzine
Indre (36)
Indre-et-Loire (37)
Vienne (86)
Ruffec
CHARENTE
16
Confolens
St-Jean-d'Angély
18
Chabanais

10
11
C
D
Oucques
Vendôme
Beaugency
Ardon
St-Benoît-sur-Loire
LOIR ET CHER
41
LOIRET
45
Cosson
Montlivault
La Ferté-St-Cyr
St-Ouen-les-Vignes
Blois
Mont-près-Chambord
Bracieux
Candé-sur-Beuvron
Cellettes
Beuvron
Veuzain-sur-Loire
Cheverny
Aubigny-sur-Nère
Fougères-sur-Bièvre
Millançay
Vallières-les-Grandes
Contres
Amboise
Romorantin-Lanthenay
Montrichard-Val-de-Cher
St-Georges-sur-Cher
Chenonceaux
St-Aignan-sur-Cher
Céré-la-Ronde
CHER
18
16
Vierzon
INDRE-ET-LOIRE
37
Loches
Veuil
St-Pierre-de-Jards
Bourges
Le Subdray
St-Valentin
Issoudun
Indre
Buzançais
Châteauroux
INDRE
36
Arnon
Le Blanc
Creuse
La Châtre
Argenton-s.-Creuse
Crozant
HAUTE-VIENNE
87
CREUSE
23
Montlu
Fursac
Guéret
Bellac
Couze
Taurion
Aubusson
Nieul
19
1
2
3

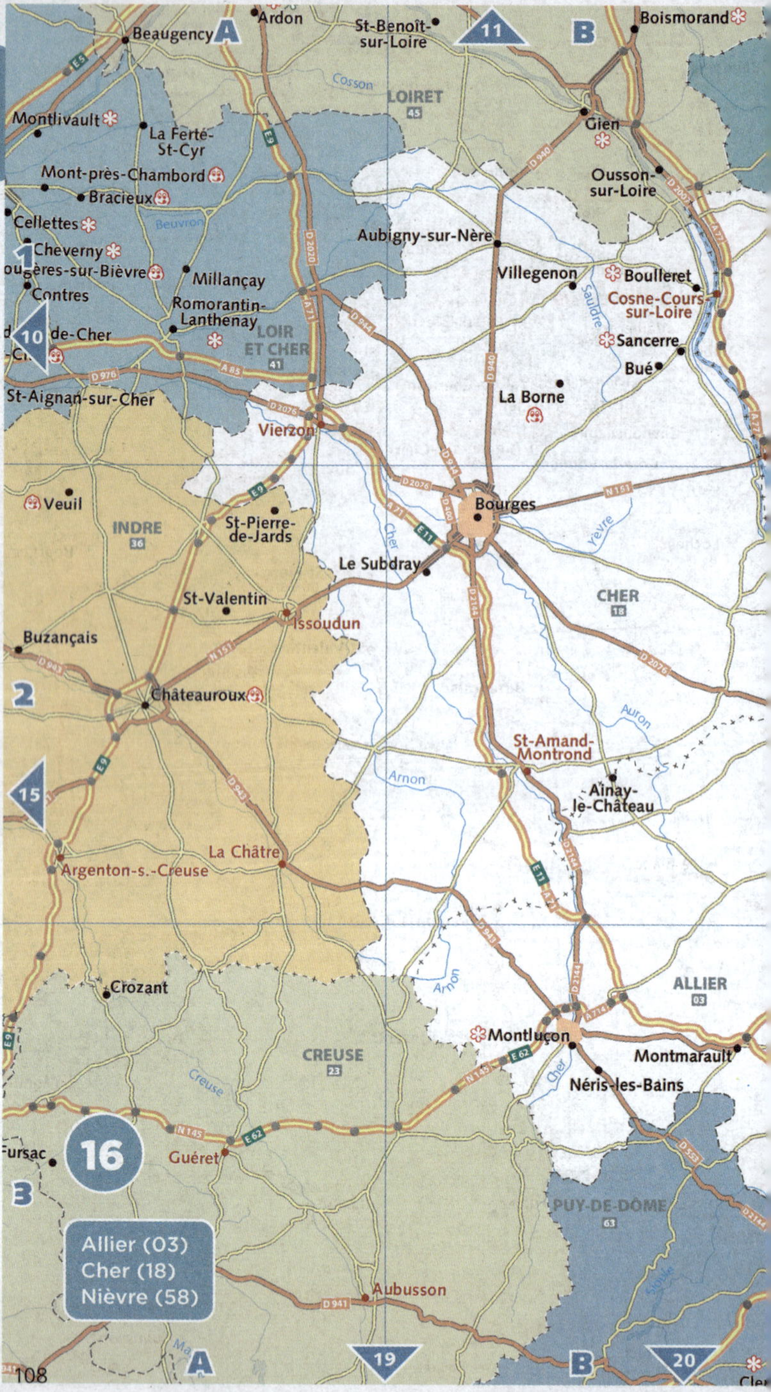
Beaugency
A
Ardon
St-Benoît-sur-Loire
11
B
Boismorand
Cosson
LOIRET
45
Montlivault
La Ferté-St-Cyr
Gien
Mont-près-Chambord
Bracieux
Ousson-sur-Loire
Cellettes
Beuvron
Aubigny-sur-Nère
1
Cheverny
Fougères-sur-Bièvre
Millançay
Villegenon
Boulleret
Contres
Romorantin-Lanthenay
Sauldre
Cosne-Cours-sur-Loire
10
LOIR ET CHER
41
Sancerre
Bué
St-Aignan-sur-Cher
La Borne
Vierzon
Veuil
Bourges
INDRE
36
St-Pierre-de-Jards
Yèvre
Cher
Le Subdray
CHER
18
St-Valentin
Issoudun
Buzançais
2
Châteauroux
Auron
St-Amand-Montrond
15
Arnon
Ainay-le-Château
La Châtre
Argenton-s.-Creuse
Crozant
ALLIER
03
Montluçon
CREUSE
23
Montmarault
Creuse
Néris-les-Bains
Fursac
16
Guéret
3
PUY-DE-DÔME
63
Allier (03)
Cher (18)
Nièvre (58)
Aubusson
19
20
A
B

C
Auxerre
12
D
Chevannes
Coulanges-la-Vineuse
YONNE
89
CÔTE-D'OR
21
Montbard
12
Semur-en-Auxois
1
Valloux
Vézelay
Avallon
Clamecy
Vault-de-Lugny
Quarré-les-Tombes
Saulieu
La Charité-s.-Loire
NIÈVRE
58
Château-Chinon
Varennes-Vauzelles
Alluy
Nevers
Autun
Mornay-sur-Allier
Le Creusot
Montcenis
Luzy
2
Montceau-les-Mines
SAÔNE-ET-LOIRE
71
Chassy
Moulins
Digoin
17
Paray-le-Monial
Charolles
ALLIER
03
Poisson
Briant
Billy
Iguerande
Charlieu
3
Vichy
Bellerive-sur-Allier
Pouilly-sous-Charlieu
St-Forgeux-Lespinasse
Renaison
Roanne
Le Coteau
St-Alban-les-Eaux
Villerest
Vaux-en-Beaujolais
RHÔNE
69
21
PUY-DE-DÔME
63
LOIRE
42
OUCHES
Châtel-Guyon
C
20
D

17
Saône-et-Loire (71)
YONNE 89
NIÈVRE 58
ALLIER 03
SAÔNE-ET-LOIRE 71
PUY-DE-DÔME 63
LOIRE 42
RHÔNE 69
Valloux
Vézelay
Avallon
Clamecy
Vault-de-Lugny
Semur-en-Auxois
Quarré-les-Tombes
Saulieu
La Charité-s.-Loire
Château-Chinon
Varennes-Vauzelles
Nevers
Alluy
Autun
Le Creusot
Montcenis
Luzy
Mornay-sur-Allier
Montceau-les-Mines
Chassy
Moulins
Digoin
Paray-le-Monial
Charolles
Poisson
Briant
Billy
Iguerande
Charlieu
Pouilly-sous-Charlieu
Vichy
Bellerive-sur-Allier
St-Forgeux-Lespinasse
Renaison
Roanne
Le Coteau
St-Alban-les-Eaux
Villerest
Châtel-Guyon
OUCHES
Clermont-Ferrand
Orcines
Royat
Seychalles
Pont-du-Château
Augerolles
Les Salles
Montbrison
Chazel sur-Ly
Vau Beau
amalières
ault

C
D
12
13
21
1
2
3
CÔTE-D'OR 21
HAUTE-SAÔNE 70
DOUBS 25
SAÔNE-ET-LOIRE 71
JURA 39
AIN 01
ISÈRE 38
Prenois
Dijon
Sombernon
Vandenesse-en-Auxois
La Bussière-sur-Ouche
Brochon
Gevrey-Chambertin
Morey-St-Denis
Chambolle-Musigny
Ste-Sabine
Prémeaux-Prissey
Pernand-Vergelesses
Pommard
Beaune
Levernois
Chassagne-Montrachet
Demigny
Santenay
CHAGNY
St-Jean-de-Trézy
Dracy-le-Fort
Givry
Chalon-sur-Saône
St-Rémy
Louhans-Châteaurenaud
Ozenay
Tournus
Le Villars
Montbellet
Viré
Cluny
Ste-Cécile
Mâcon
Chevagny-les-Chevrières
Solutré-Pouilly
Fuissé
Replonges
Chaintré
St-Amour-Bellevue
Fleurie
Vonnas
Buellas
Belleville-en-Beaujolais
L'Abergement-Clémenciat
Cercié
Montmerle-sur-Saône
Villefranche-sur-Saône
Anse
Reyrieux
Chasselay
Curis-au-Mont-d'Or
St-Didier-au-Mont-d'Or
Collonges-au-Mont-d'Or
Caluire-et-Cuire
Écully
Lyon
St-Genis-Laval
St-Priest
L'Isle-d'Abeau
St-Savin
Bourgoin-Jallieu
St-Alban-de-Roche
Pont-de-Vaux
Coligny
St-Laurent-sur-Saône
Bâgé-le-Châtel
Mézériat
Polliat
Bourg-en-Bresse
St-Denis-lès-Bourg
Poncin
Ambronay
Cuiseaux
Val-Revermont
Courlans
Lons-le-Saunier
St-Germain-lès-Arlay
Barretaine
Pupillin
Les Planches-près-Arbois
Arbois
Mouchard
Arc-et-Senans
Parcey
Dole
Sampans
St-Vit
Besançon
Bonlieu
Septmoncel-les-Molunes
Gex
Crozet
Montanges
Nâves-Pa
ANNEC
Menthon-St-Bernard
Alby-sur-Ché
La Biolle
Aix-les-Ba
JONGIEUX
Belley
Tresserve
Le Bourget-du-Lac
Ognon
Loue
Grosne
Seille
Ain
Saône
Valserine
Bienne

A
B
14
3
22
1
2
3
Angles
Velluire
VENDÉE
85
Niort
Bessines
Sèvre Niortaise
ÎLE DE RÉ
St-Martin-de-Ré
L'Houmeau
La Flotte
St-Rogatien
Ste-Marie-de-Ré
La Jarrie
LA ROCHELLE
Le Thou
St-Denis-d'Oléron
Châtelaillon-Plage
DEUX-SÈVRES
79
Boutonne
St-Georges-d'Oléron
St-Pierre-d'Oléron
ÎLE D'OLÉRON
Dolus-d'Oléron
Le Grand-Village-Plage
Marennes
CHARENTE-MARITIME
17
St-Jean-d'Angély
Saintes
Charente
Cognac
Saujon
Bourg-Charente
Vaux-sur-Mer
Royan
Seudre
Jarnac-Champagne
Jonzac
Lesparre-Médoc
Montendre
OCÉAN
ATLANTIQUE
Blaye
Cercoux
Dronne
Margaux
Labarde
St-André-de-Cubzac
Libourne
Pomerol
Vayres
Le Bouscat
Lormont
St-Émili
Mérignac
Bordeaux
Bouliac
Cestas
St-Je
de-Bla
Lège-Cap-Ferret
Arès
Martillac
Arcachon
Gujan-Mestras
La Teste-de-Buch
Le Teich
GIRONDE
33
Langon
Pyla-sur-Mer
Bommes
Sauternes

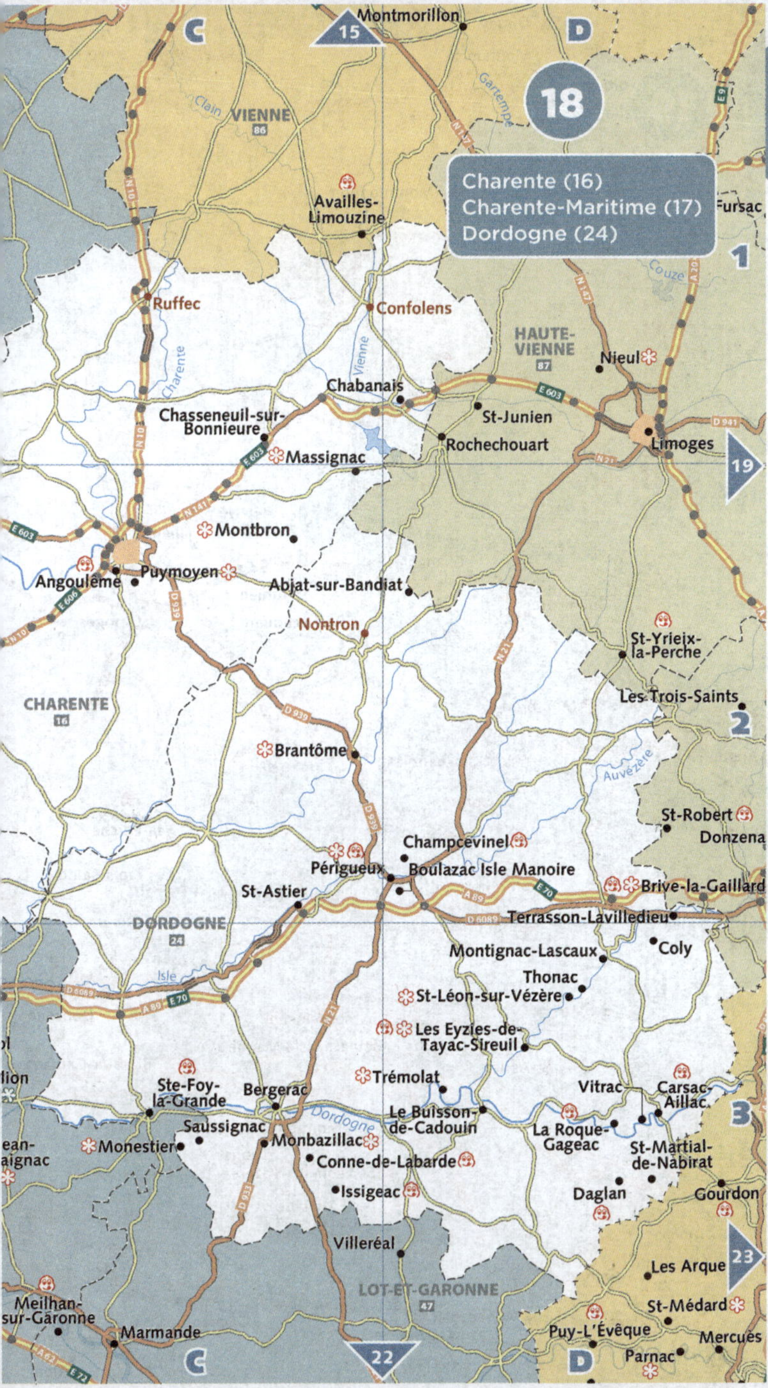
18
Charente (16)
Charente-Maritime (17)
Dordogne (24)
C
D
15
19
22
23
1
2
3
Montmorillon
VIENNE
86
Clain
Gartempe
Availles-Limouzine
Fursac
Couze
Ruffec
Confolens
HAUTE-VIENNE
87
Nieul
Charente
Vienne
Chabanais
St-Junien
Chasseneuil-sur-Bonnieure
Rochechouart
Limoges
Massignac
Montbron
Angoulême
Puymoyen
Abjat-sur-Bandiat
Nontron
St-Yrieix-la-Perche
CHARENTE
16
Les Trois-Saints
Brantôme
Auvézère
St-Robert
Donzena
Champcevinel
Périgueux
Boulazac Isle Manoire
Brive-la-Gaillard
St-Astier
Terrasson-Lavilledieu
DORDOGNE
24
Coly
Montignac-Lascaux
Isle
Thonac
St-Léon-sur-Vézère
Les Eyzies-de-Tayac-Sireuil
Ste-Foy-la-Grande
Trémolat
Vitrac
Carsac-Aillac
Bergerac
Le Buisson-de-Cadouin
Dordogne
Saussignac
La Roque-Gageac
Monestier
Monbazillac
St-Martial-de-Nabirat
Conne-de-Labarde
Issigeac
Daglan
Gourdon
Villeréal
Les Arque
LOT-ET-GARONNE
47
Meilhan-sur-Garonne
St-Médard
Marmande
Puy-L'Évêque
Mercuès
Parnac

19
Corrèze (19)
Creuse (23)
Haute-Vienne (87)
15
14
18
22
A
B
1
2
3
Dissay
Montamisé
Poitiers
Chauvigny
Le Blanc
Creuse
INDRE
36
Montmorillon
Clain
Gartempe
Availles-Limouzine
Fursac
Bellac
Couze
Ruffec
Confolens
CHARENTE
16
Charente
Vienne
HAUTE-VIENNE
87
Nieul
Chabanais
Chasseneuil-sur-Bonnieure
St-Junien
Rochechouart
Limoges
Massignac
Montbron
Angoulême
Puymoyen
Abjat-sur-Bandiat
Nontron
DORDOGNE
24
St-Yrieix-la-Perche
Les Trois-Saints
Brantôme
Auvézère
St-Robert
Donzenac
Champcevinel
Périgueux
Boulazac Isle Manoire
Brive-la-Gaillarde
St-Astier
Terrasson-Lavilledieu
Montignac-Lascaux
Coly
Isle
Thonac
St-Léon-sur-Vézère
Les Eyzies-de-Tayac-Sireuil
Trémolat
Ste-Foy-la-Grande
Bergerac
Vitrac
Carsac-Aillac
Saussignac
Le Buisson-de-Cadouin
La Roque-Gageac
Dordogne
Monestier
Monbazillac
St-Martial-de-Nabirat
Conne-de-Labarde
Issigeac
Gourdon

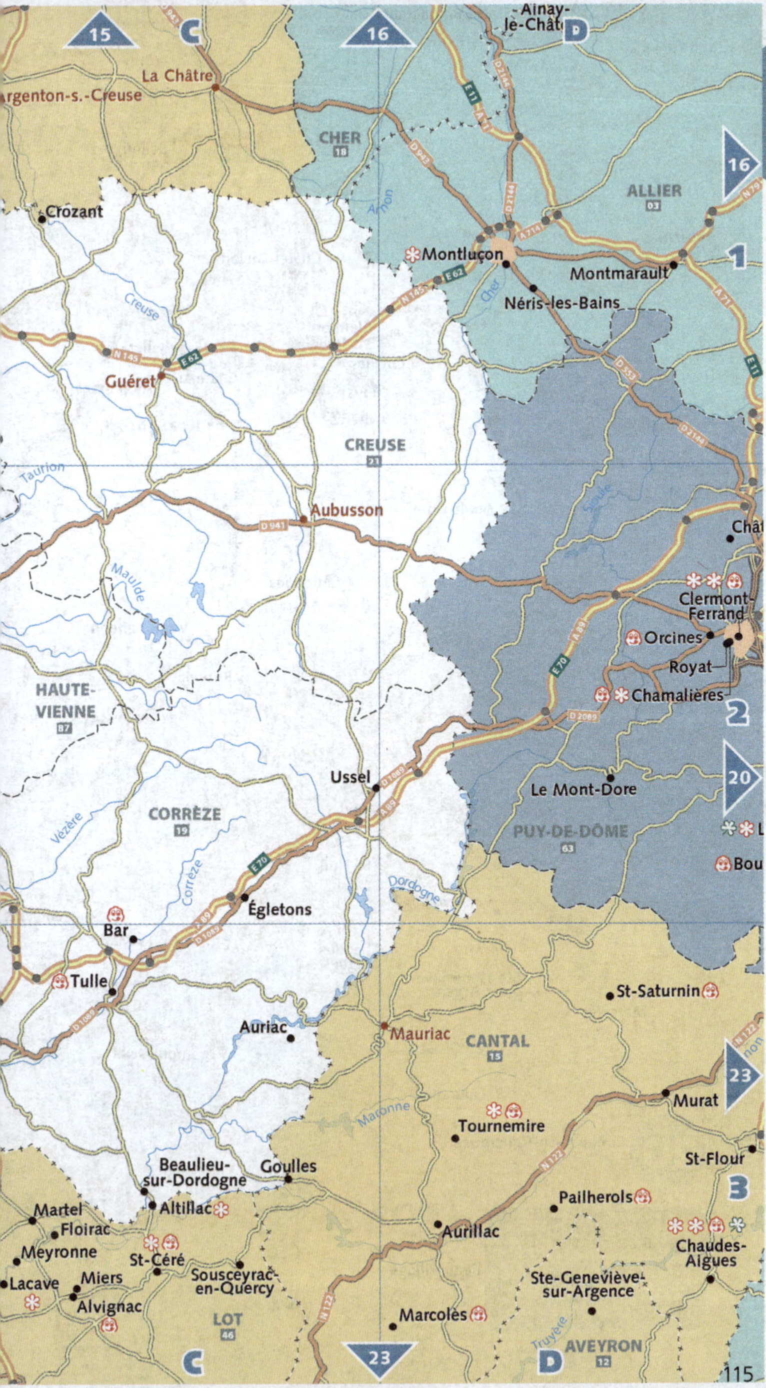
15
16
C
D
Ainay-le-Chât
La Châtre
rgenton-s.-Creuse
CHER
18
ALLIER
03
Crozant
Montluçon
Montmarault
Néris-les-Bains
Creuse
Cher
Guéret
CREUSE
23
Taurion
Aubusson
Maulde
Châ
Clermont-Ferrand
Orcines
Royat
Chamalières
HAUTE-VIENNE
87
Ussel
Le Mont-Dore
CORRÈZE
19
PUY-DE-DÔME
63
Vézère
Corrèze
Dordogne
Bou
Égletons
Bar
Tulle
St-Saturnin
Auriac
Mauriac
CANTAL
15
Murat
Maronne
Tournemire
St-Flour
Beaulieu-sur-Dordogne
Goulles
Pailherols
Martel
Altillac
Floirac
Aurillac
Meyronne
Chaudes-Aigues
St-Céré
Sousceyrac-en-Quercy
Lacave
Miers
Ste-Geneviève-sur-Argence
Alvignac
Marcolès
LOT
46
AVEYRON
12
Truyère
20
23
1
2
3
N 145
E 62
D 941
E 70
A 89
D 1089
D 2089
N 122
A 71
E 11
D 2144
D 943
A 714
D 353
N 79

20
Ardèche (07)
Haute-Loire (43)
Loire (42)
Puy-de-Dôme (63)
A
B
16
19
23
28
1
2
3
CREUSE
23
CORRÈZE
19
CANTAL
15
AVEYRON
12
LOZÈRE
48
HAUTE-LOIRE
43
PUY-DE-DÔME
63
ALLIER
03
Montmarault
Néris-les-Bains
Billy
Vichy
Bellerive-sur-Allier
Aubusson
Châtel-Guyon
Clermont-Ferrand
Orcines
Royat
Chamalières
Seychalles
Pont-du-Château
Augerolles
Ussel
Le Mont-Dore
Issoire
Le Broc
Boudes
Ambert
Vergongheon
Brioude
St-Saturnin
Mauriac
Murat
Tournemire
St-Flour
Pailherols
Aurillac
Alleyras
Albaret-Ste-Marie
Chaudes-Aigues
Ste-Geneviève-sur-Argence
Marcolès
Aumont-Aubrac
Laguiole
Conques-en-Rouergue
Espalion
Bozouls
Florac
Cocurè
Sioule
Dordogne
Maronne
Truyère
Alagnon
Allier
Lot
Aveyron
Tarn
Dore
E 62
E 11
E 70
A 89
A 75
N 122
N 102
N 88
N 106
D 2089
D 1089
D 907
D 2144

17
C
D
Briant
Solutré-Pouilly
Fuissé
St-Amour-Bellevue
Chaintré
Replonges
Bâgé-le-Châtel
Mézériat
Polliat
Vonnas
Buellas
Bourg-en-Bresse
Fleurie
Belleville-en-Beaujolais
L'Abergement-Clémenciat
Cercié
Vaux-en-Beaujolais
Montmerle-sur-Saône
St-Denis-lès-Bourg
Iguerande
Charlieu
Pouilly-sous-Charlieu
St-Forgeux-Lespinasse
Renaison
Roanne
Le Coteau
St-Alban-les-Eaux
Villerest
OUCHES
RHÔNE
69
Villefranche-sur-Saône
Anse
Reyrieux
AIN
21
1
Chasselay
Curis-au-Mont-d'Or
Les Salles
St-Didier-au-Mont-d'Or
Collonges-au-Mont-d'Or
Caluire-et-Cuire
Écully
Lyon
St-Genis-Laval
St-Priest
LOIRE
42
Chazelles-sur-Lyon
L'Isle-d'Abeau
21
Montbrison
St-Alban-de-Roche
St-Galmier
Loire-sur-Rhône
Chasse-sur-Rhône
Maubec
St-Bonnet-les-Oules
Vienne
Montarcher
St-Paul-en-Jarez
Farnay
Chonas-l'Amballan
St-Étienne
ISÈRE
38
Monistrol-sur-Loire
Bressieu
Solignac-sous-Roche
2
Dunières
Annonay
L'Alben
Autrans-Méaudre
HAUTE-LOIRE
43
St-Donat-sur-l'Herbasse
Yssingeaux
ST-BONNET-LE-FROID
Vaudevant
Espaly-St-Marcel
Tain-l'Hermitage
Tournon-sur-Rhône
Romans-sur-Isère
Le Puy-en-Velay
St-Julien-Chapteuil
Granges-les-Beaumont
Pont-de-l'Isère
Alixan
St-Julien-en-Vercors
St-Péray
VALENCE
Charmes-sur-Rhône
24
DRÔME
26
Usclades-et-Rieutord
Livron-sur-Drôme
Allex
Grane
Die
Veyras
Privas
Cliousclat
Neyrac-les-Bains
Mirmande
Baix
Aubenas
Ailhon
Charols
St-Germain
3
ARDÈCHE
07
Montélimar
Villeneuve-de-Berg
Vesc
Malataverne
Grignan
Les Vans
Condorcet
Vallon-Pont-d'Arc
St-Paul-Trois-Châteaux
Richerenches
Nyons
Vagnas
Ste-Cécile-les-Vignes
Villedieu
Barjac
28
Vaison-la-Romaine
Loire
Eyrieux
Ardèche
Drôme
Isère
Saône
Eygues
Ouvèze

17
13
20
24
A
B
1
2
3
Ozenay
Tournus
Le Villars
Cuiseaux
Montbellet
Viré
Cluny
Charolles
Pont-de-Vaux
JURA
Ste-Cécile
Mâcon
Coligny
Poisson
SAÔNE-ET-LOIRE
Chevagny-les-Chevrières
St-Laurent-sur-Saône
Briant
Solutré-Pouilly
Bâgé-le-Châtel
Val-Revermont
Fuissé
Replonges
Mézériat
St-Amour-Bellevue
Chaintré
Polliat
Vonnas
Buellas
Bourg-en-Bresse
Charlieu
Fleurie
Pouilly-sous-Charlieu
Belleville-en-Beaujolais
L'Abergement-Clémenciat
Cercié
Vaux-en-Beaujolais
Montmerle-sur-Saône
St-Denis-lès-Bourg
Poncin
Roanne
Le Coteau
RHONE
Villefranche-sur-Saône
Ambronay
AIN
Anse
Reyrieux
Chasselay
Curis-au-Mont-d'Or
St-Didier-au-Mont-d'Or
Collonges-au-Mont-d'Or
Caluire-et-Cuire
Écully
Lyon
St-Genis-Laval
St-Priest
Chazelles-sur-Lyon
L'Isle-d'Abeau
St-Savin
St-Alban-de-Roche
Bourgoin-Jallieu
St-Galmier
Loire-sur-Rhône
Chasse-sur-Rhône
Maubec
St-Didier-de-la-Tour
St-Bonnet-les-Oules
Vienne
St-Paul-en-Jarez
Farnay
St-Étienne
Chonas-l'Amballan
LOIRE
ISÈRE
Voiron
Bressieux
Dunières
Annonay
L'Albenc
Autrans-Méaudre en Vercors
Yssingeaux
St-Donat-sur-l'Herbasse
ST-BONNET-LE-FROID
Vaudevant
Villard-de-Lans
Tain-l'Hermitage
Tournon-sur-Rhône
Romans-sur-Isère
Granges-les-Beaumont
Corrençon-en-Vercors
Pont-de-l'Isère
St-Péray
Alixan
St-Julien-en-Vercors
ARDÈCHE
VALENCE
Gresse-en-Vercors
Charmes-sur-Rhône
DRÔME
Usclades-et-Rieutord
Livron-sur-Drôme
Allex
Veyras
Grane
Die
Neyrac-les-Bains
Privas
Cliousclat
Mirmande
Baix
Aubenas
Ailhon
Charols
St-Germain

13
C
D
LAUSANNE
Évian-les-Bains
Maxilly-sur-Léman
Yvoire
Nernier
Anthy-sur-Léman
Margencel
Septmoncel-les-Molunes
Gex
Grilly
Douvaine
Vailly
La Chapelle-d'Abondance
Crozet
Abondance
Châtel
Machilly
Seytroux
Lucinges
Montanges
GENÈVE
Bossey
Bonne
Les Gets
Viuz-en-Sallaz
Reignier
Samoëns
Cruseilles
Cornier
HAUTE-SAVOIE
74
Groisy
Le Reposoir
Les Carroz-d'Arâches
Nâves-Parmelan
Le Grand-Bornand
St-Jean-de-Sixt
Chamonix-Mont-Blanc
Pringy
Arve
ANNECY
Veyrier-du-Lac
La Clusaz
St-Gervais-les-Bains
Menthon-St-Bernard
Manigod
Combloux
Praz-sur-Arly
Duingt
Talloires-Montmin
Flumet
Les Contamines-Montjoie
Alby-sur-Chéran
MEGÈVE
JONGIEUX
Gruffy
Hauteluce
Dora Baltéa
La Biolle
Notre-Dame-de-Bellecombe
Belley
Tresserve
Aix-les-Bains
Albertville
Beaufort
Le Bourget-du-Lac
Monthion
La Rosière
Aillon-le-Jeune
Isère
St-Jean-d'Arvey
Cevins
Dullin
Chambéry
SAVOIE
73
St-Béron
Les Marches
Bozel
Val-d'Isère
COURCHEVEL
Tignes
Méribel
St-Martin-de-Belleville
St-Martin-sur-la-Chambre
Tencin
Val-Thorens
La Tronche
Val-Cenis
Corenc
Grenoble
St-Martin-d'Uriage
Uriage-les-Bains
Eybens
Romanche
Bresson
Le Pont-de-Claix
St-Théoffrey
Le Monêtier-les-Bains
Les Deux-Alpes
ISÈRE
38
21
Briançon
3
1
2
Ain (01)
Haute-Savoie (74)
Isère (38)
Rhône (69)
Savoie (73)
HAUTES-ALPES
05
Drac
Durance
24

22
Gironde (33)
Lot-et-Garonne (47)
A
B
1
2
3
18
25
OCÉAN ATLANTIQUE
Royan
Jarnac-Champagne
Jonzac
CHARENTE-MARITIME
17
Montendre
Lesparre-Médoc
GIRONDE
33
Blaye
Margaux
Labarde
St-André-de-Cubzac
Libourne
Vayres
Le Bouscat
Lormont
Mérignac
Bordeaux
Bouliac
Cestas
Lège-Cap-Ferret
Arès
Martillac
Arcachon
Gujan-Mestras
Le Teich
La Teste-de-Buch
Pyla-sur-Mer
Langon
Bommes
Sauternes
Parentis-en-Born
LANDES
40
Mimizan
Uza
Rion-des-Landes
Mont-de-Marsan
Magescq
Vieux-Boucau-les-Bains
St-Paul-lès-Dax
Seignosse
Dax
EUGÉNIE-LES-BAINS
Hossegor
Capbreton
St-Vincent-de-Tyrosse
Cer

C
D
18
19
23
26
1
2
3
Angoulême
Puymoyen
Nontron
CHARENTE
16
DORDOGNE
24
Brantôme
Périgueux
Champcevinel
Boulazac Isle Manoire
St-Astier
Brive-
Terrasson-Lavilledieu
Montignac-Lascaux
Thonac
St-Léon-sur-Vézère
Les Eyzies-de-Tayac-Sireuil
Trémolat
Pomerol
St-Émilion
Ste-Foy-la-Grande
Bergerac
Saussignac
Monestier
St-Jean-de-Blaignac
Monbazillac
Conne-de-Labarde
Issigeac
Le Buisson-de-Cadouin
Vitrac
La Roque-Gageac
Daglan
Villeréal
Meilhan-sur-Garonne
Marmande
LOT-ET-GARONNE
47
Castelmoron-sur-Lot
Puy-L'Évêque
Parnac
Floressas
Casteljaloux
Agen
Casteculier
Nérac
Moirax
Castelsarrasin
TARN-ET-GARONNE
82
Montech
St-Justin
Barbotan-les-Thermes
GERS
32
Condom
Lectoure
Castéra-Verduzan
L'Isle-
Dordogne
Lot
Baïse
Gers
Dronne
Isle
Midour
Douze
Save

A
B
19
18
22
26
27
1
2
3
St-Yrieix-la-Perche
Les Trois-Saints
DORDOGNE 24
Vézère
Corrèze
Égletons
Bar
St-Robert
Tulle
Donzenac
Champcevinel
Boulazac Isle Manoire
Brive-la-Gaillarde
Auriac
Terrasson-Lavilledieu
CORRÈZE 19
Montignac-Lascaux
Coly
Thonac
St-Léon-sur-Vézère
Les Eyzies-de-Tayac-Sireuil
Beaulieu-sur-Dordogne
Goulles
Altillac
Martel
Floirac
Trémolat
Meyronne
St-Céré
Vitrac
Carsac-Aillac
Le Buisson-de-Cadouin
Lacave
Miers
Sousceyrac-en-Quercy
La Roque-Gageac
Alvignac
St-Martial-de-Nabirat
Daglan
Gourdon
LOT 46
Figeac
Les Arques
St-Médard
LOT-ET-GARONNE 47
Puy-L'Évêque
Mercuès
Cajarc
AVEYRON 12
Parnac
Floressas
Cahors
St-Cirq-Lapopie
Limogne-en-Quercy
Cieurac
Villefranche-de-Rouergue
Aveyron
Puylaroque
TARN-ET-GARONNE 82
Monteils
Laguépie
TARN 81
Carmaux
Castelsarrasin
Montauban
Castelnau-de-Montmiral
Montech
Castelnau-de-Lévis
Albi
Tarn
Gaillac
GERS 32
Villemur-sur-Tarn
HAUTE-GARONNE 31
St-Lieux-lès-Lavaur
Lavaur
Rouffiac-Tolosan
Montrabé
Lavalette
Colomiers
Balma
A 89
E 70
A 20
E 9
A 62
E 72
A 68
N 122
D 802
D 926
D 813
D 928

Ussel
Le Mont-Dore
PUY-DE-DÔME
63
Issoire
Le Broc
Boudes
Ambert
Vergongheon
Brioude
St-Saturnin
Mauriac
CANTAL
15
Murat
Tournemire
St-Flour
HAUTE-LOIRE
43
Pailherols
Aurillac
Alleyras
Albaret-Ste-Marie
Chaudes-Aigues
Ste-Geneviève-sur-Argence
Marcolès
AVEYRON
12
Aumont-Aubrac
Laguiole
LOZÈRE
48
Conques-en-Rouergue
Espalion
Marcillac-Vallon
Salles-la-Source
Bozouls
Onet-le-Château Village
Belcastel
Rodez
Cocurès
Florac
Sauveterre-de-Rouergue
Naucelle
Le Rozier
Millau
GARD
30
Le Vigan
St-Affrique
Ambialet
TARN
81
HÉRAULT
34
St-Gervais-sur-Mare
Villemagne-l'Argentière
Aveyron (12)
Cantal (15)
Lot (46)
23

St-Étienne
A
21
B
LOIRE
42
Voiron
Bressieux
ISÈRE
38
L'Albenc
Dunières
Annonay
Autrans-Méaudre en Vercors
Yssingeaux
St-Donat-sur-l'Herbasse
1
ST-BONNET-LE-FROID
Vaudevant
Villard-de-Lans
Tain-l'Hermitage
Tournon-sur-Rhône
Romans-sur-Isère
Granges-les-Beaumont
Corrençon-en-Vercors
Pont-de-l'Isère
20
St-Péray
Alixan
St-Julien-en-Vercors
ARDÈCHE
07
VALENCE
Gresse-en-Vercors
Charmes-sur-Rhône
Usclades-et-Rieutord
Livron-sur-Drôme
Allex
Veyras
Grane
Die
Privas
Neyrac-les-Bains
Cliousclat
Mirmande
Drôme
Baix
Aubenas
DRÔME
26
Ailhon
Charols
St-Germain
Montélimar
Villeneuve-de-Berg
Vesc
2
Malataverne
Vans
Grignan
Vallon-Pont-d'Arc
Condorcet
St-Paul-Trois-Chateaux
Richerenches
Nyons
Eygues
Vagnas
Ste-Cécile-les-Vignes
Villedieu
Barjac
Ouvèze
Mondragon
Vaison-la-Romaine
Uchaux
Cairanne
Sabran
GARD
30
Gigondas
St-Hilaire-de-Brethmas
Orsan
St-Siffret
Caromb
Serviers-et-Labaume
Gaujac
St-Hilaire-d'Ozilhan
Châteauneuf-du-Pape
VAUCLUSE
84
Uzès
Castillon-du-Gard
28
Avignon
L'Isle-sur-la-Sorgue
Joucas
Villars
Collias
St-Maximin
Châteauneuf-de-Gadagne
Nîmes
Maillane
Taillades
Bonnieux
3
Calvisson
St-Rémy-de-Provence
Eygalières
Lauris
Cucuron
Garons
Ansouis
Sénas
Maussane-les-Alpilles
LES BAUX-DE-PROVENCE
Cadenet
Arles
Rognes
Durance
Aigues-Mortes
Salon-de-Provence
Le Puy-Ste-Réparade
Petit-Rhône
Le Sambuc
St-Cannat
Vauvenargues
29
St-Chamas
Ventabren
Le Grau-du-Roi
A
28
Aix-en-Provence
B

24
Alpes-de-Haute-Provence (04)
Drôme (26)
Hautes-Alpes (05)
ITALIA
ISÈRE 38
HAUTES-ALPES 05
ALPES-DE-HAUTE-PROVENCE 04
ALPES-MARITIMES 06
VAR 83
St-Béron
Bozel
Val-d'Isère
Tigne
Méribel
St-Martin-de-Belleville
Val-Thorens
Tencin
St-Martin-sur-la-Chambre
La Tronche
Corenc
Grenoble
St-Martin-d'Uriage
Uriage-les-Bains
Eybens
Bresson
Le Pont-de-Claix
St-Théoffrey
Les Deux-Alpes
Le Monêtier-les-Bains
Briançon
St-Crépin
Gap
Veynes
Barcelonnette
Laragne-Montéglin
Château-Arnoux-St-Auban
Digne-les-Bains
Les Mées
Roubion
Mane
Manosque
Montfuron
Moustiers-Ste-Marie
Castellane
Vence
Saint-Paul-de-Vence
La Colle-sur-Loup
Fayence
Grasse
Biot
Montauroux
Aups
Esparron
Tourtour
Callas
Tourrettes
Cannes
Flavosc
Cotignac
St-Antonin-
Puyloubier
Le Cann
Juan
Anti
Vill
Romanche
Drac
Durance
Ubaye
Bléone
Verdon
21
29
1
2
3
C
D

A
B
22
25
Hautes-Pyrénées (65)
Landes (40)
Pyrénées-Atlantiques (64)
1
2
3
GIRONDE
33
Pyla-sur-Mer
Parentis-en-Born
Mimizan
LANDES
40
OCÉAN ATLANTIQUE
Uza
Rion-des-Landes
Mont-de-Marsan
Magescq
Vieux-Boucau-les-Bains
St-Paul-lès-Dax
Seignosse
Hossegor
Dax
Capbreton
St-Vincent-de-Tyrosse
Pouillon
Bayonne
Urt
Guiche
Orthez
Biarritz
Bidart
Guéthary
Arbonne
Briscous
St-Jean-de-Luz
Arcangues
Ciboure
Hasparren
Urrugne
Cambo-les-Bains
St-Pée-sur-Nivelle
Sare
Itxassou
Ainhoa
Bidarray
Espelette
Irissarry
PYRÉNÉES-ATLANTIQUES
64
Oloron-Ste-Marie
Irouléguy
St-Étienne-de-Baïgorry
St-Jean-Pied-de-Port
Barcus
Larrau
ESPAÑA
PAMPLONA
Eyre
Midouze
Adour
Nive
Saison
Río Bidasoa
Río Salazar
Río Irati
Río Esca
Gave d'Aspe
A 63
E 70
D 824
D 810
D 817
A 64
E 80
D 933
E 7

C
D
22
26
1
2
3
Bommes
Sauternes
Meilhan-sur-Garonne
Marmande
LOT-ET-GARONNE
47
Castelmoron-sur-Lot
GIRONDE
33
Casteljaloux
Agen
Casteculier
Nérac
Moirax
LANDES
40
St-Justin
Barbotan-les-Thermes
Condom
Lectoure
Castéra-Verduzan
EUGÉNIE-LES-BAINS
St-Mont
GERS
32
Auch
L'Isle Jourda
Mirande
Puylausi
Lescar
Bizanos
Pau
Jurançon
Tarbes
Castelnau-Magnoac
Galan
HAUTE-GARONNE
31
PYRÉNÉES-ATLANTIQUES
64
Lourdes
Lézignan
Bagnères-de-Bigorre
HAUTES-PYRÉNÉES
65
St-Gaudens
Argelès-Gazost
Arcizans-Avant
St-Savin
Sauveterre-de-Comminges
Aulon
Sailhan
St-Lary-Soulan
Midour
Douze
Baïse
Gers
Arrats
Baïse-Darré
Adour
Gave d'Oloron
Rio Cinca

26
Ariège (09)
Gers (32)
Haute-Garonne (31)
Tarn-et-Garonne (82)
22
25
A
B
1
2
3
Sauternes
Marmande
Castelmoron-sur-Lot
GIRONDE
33
Casteljaloux
LOT-ET-GARONNE
47
Agen
Casteculier
Nérac
Moirax
LANDES
40
St-Justin
Barbotan-les-Thermes
Condom
Lectoure
-Marsan
Castéra-Verduzan
GERS
32
EUGÉNIE-LES-BAINS
St-Mont
Auch
Mirande
PYRÉNÉES-ATLANTIQUES
64
Lescar
Bizanos
Pau
Jurançon
Castelnau-Magnoac
Tarbes
Galan
Lourdes
Lézignan
St-Gaudens
Bagnères-de-Bigorre
Argelès-Gazost
Arcizans-Avant
St-Savin
Sauveterre-de-Comminges
HAUTES-PYRÉNÉES
65
Aulon
Sailhan
St-Lary-Soulan
ESPAÑA
Midour
Douze
Baïse
Gers
Arrats
Baïse-Darré
Río Cinca
Río Ara

Puy-L'Évêque
Mercuès
Cajarc
Marcillac-Vallon
23
Parnac
Floressas
Cahors
St-Cirq-Lapopie
Limogne-en-Quercy
Cieurac
Villefranche-de-Rouergue
Belcastel
LOT
46
Puylaroque
AVEYRON
12
Sauveterre
Naucell
TARN-ET-GARONNE
82
Monteils
Laguépie
Castelsarrasin
Carmaux
Montauban
Castelnau-de-Montmiral
Castelnau-de-Lévis
Albi
Ambialet
Montech
Gaillac
TARN
81
27
Villemur-sur-Tarn
HAUTE-GARONNE
31
St-Lieux-lès-Lavaur
Lavaur
Rouffiac-Tolosan
L'Isle-Jourdain
Montrabé
Lavalette
Colomiers
Castres
Balma
Cuq-Toulza
Puylaurens
Toulouse
Pujaudran
Ramonville-St-Agne
Lempaut
Cugnaux
Quint-Fonsegrives
Castanet-Tolosan
St-Félix-Lauragais
Muret
Auzeville-Tolosane
Puylausic
Aureville
Lastours
Lacroix-Falgarde
Pinsaguel
Pezens
AUDE
11
Carcassonne
Martres-Tolosane
Pamiers
Limoux
St-Lizier
St-Girons
Foix
ARIÈGE
09
Molitg-les-Bains
C
D
1
2
3

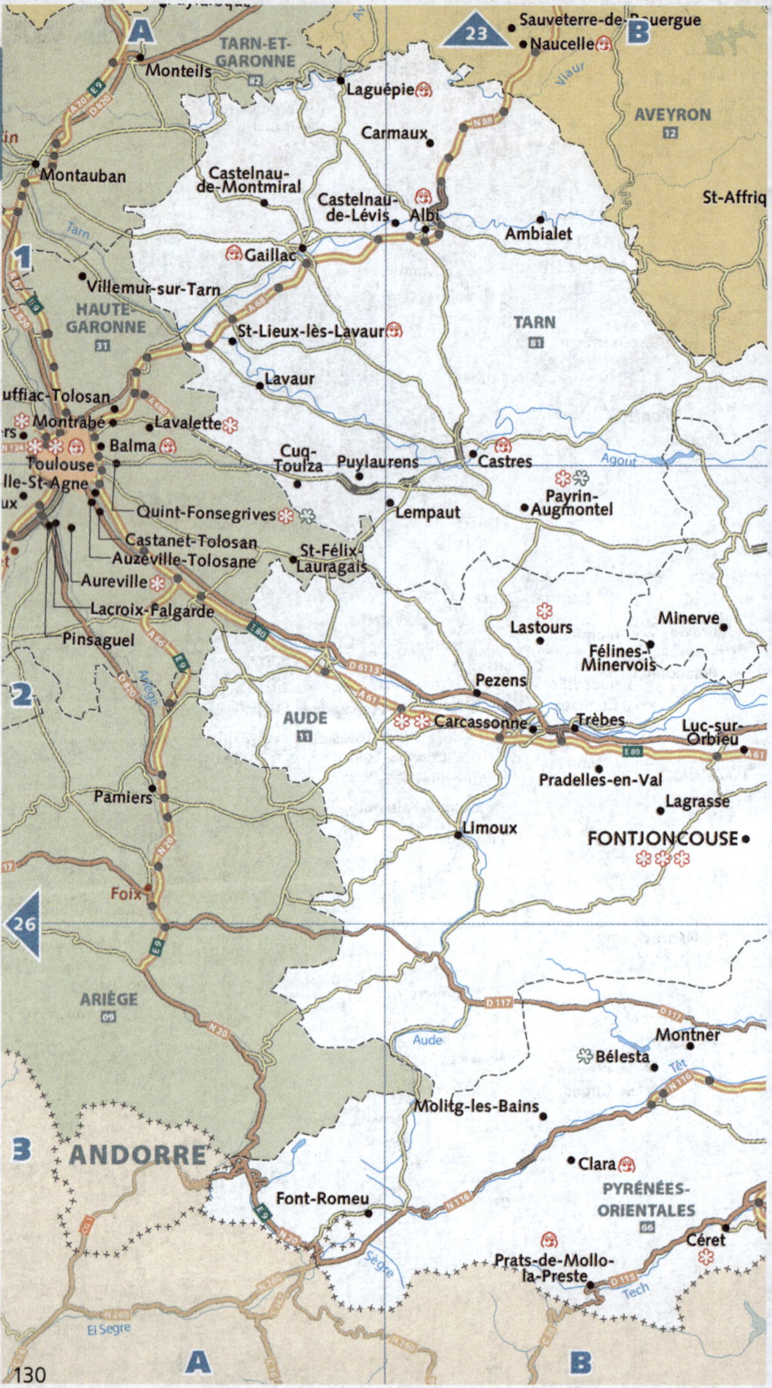
A
B
23
Sauveterre-de-Rouergue
Naucelle
TARN-ET-GARONNE
82
Monteils
Laguépie
Viaur
AVEYRON
12
Carmaux
Montauban
Castelnau-de-Montmiral
Castelnau-de-Lévis
Albi
St-Affriq
Ambialet
Tarn
Gaillac
1
Villemur-sur-Tarn
HAUTE-GARONNE
31
TARN
81
St-Lieux-lès-Lavaur
Lavaur
uffiac-Tolosan
Montrabé
Lavalette
Balma
Toulouse
lle-St-Agne
Cuq-Toulza
Puylaurens
Castres
Agout
Payrin-Augmontel
Lempaut
Quint-Fonsegrives
Castanet-Tolosan
St-Félix-Lauragais
Auzeville-Tolosane
Aureville
Lacroix-Falgarde
Pinsaguel
Lastours
Minerve
Félines-Minervois
2
Pezens
AUDE
11
Carcassonne
Trèbes
Luc-sur-Orbieu
Pradelles-en-Val
Pamiers
Lagrasse
Limoux
FONTJONCOUSE
Foix
26
ARIÈGE
09
D 117
Aude
Montner
Bélesta
Têt
Molitg-les-Bains
3
ANDORRE
Clara
PYRÉNÉES-ORIENTALES
66
Font-Romeu
Céret
Sègre
Prats-de-Mollo-la-Preste
Tech
El Segre
A
B

C
Le Rozier
Millau
AVEYRON
12
LOZÈRE
48
28
D
Alès
St-Hilaire-de-Brethmas
Serviers-et-Labaume
GARD
30
Le Vigan
Monoblet
Quissac
Nîmes
HÉRAULT
34
Hérault
St-Martin-de-Londres
Villevieille
Calvisson
Sommières
La Vacquerie-et-St-Martin-de-Castries
Orb
St-Gervais-sur-Mare
Aniane
St-Gély-du-Fesc
Lunel
Villemagne-l'Argentière
Montpellier
Castelnau-le-Lez
Aigues-Mortes
Lavérune
Lattes
Colombières-sur-Orb
Vailhan
Olargues
Caux
Palavas-les-Flots
Le Grau-du-Ro
Montagnac
Pézenas
Bouzigues
Sète
Marseillan
Béziers
Agde
Aude
Valras-Plage
Fleury
Narbonne
Leucate
MER
MÉDITERRANÉE
Rivesaltes
Perpignan
Saleilles
Toulouges
Corneilla-del-Vercol
St-Cyprien
Argelès-sur-Mer
Collioure
Port-Vendres
Laroque-des-Albères
1
2
3
27
Aude (11)
Hérault (34)
Pyrénées-Orientales (66)
Tarn (81)

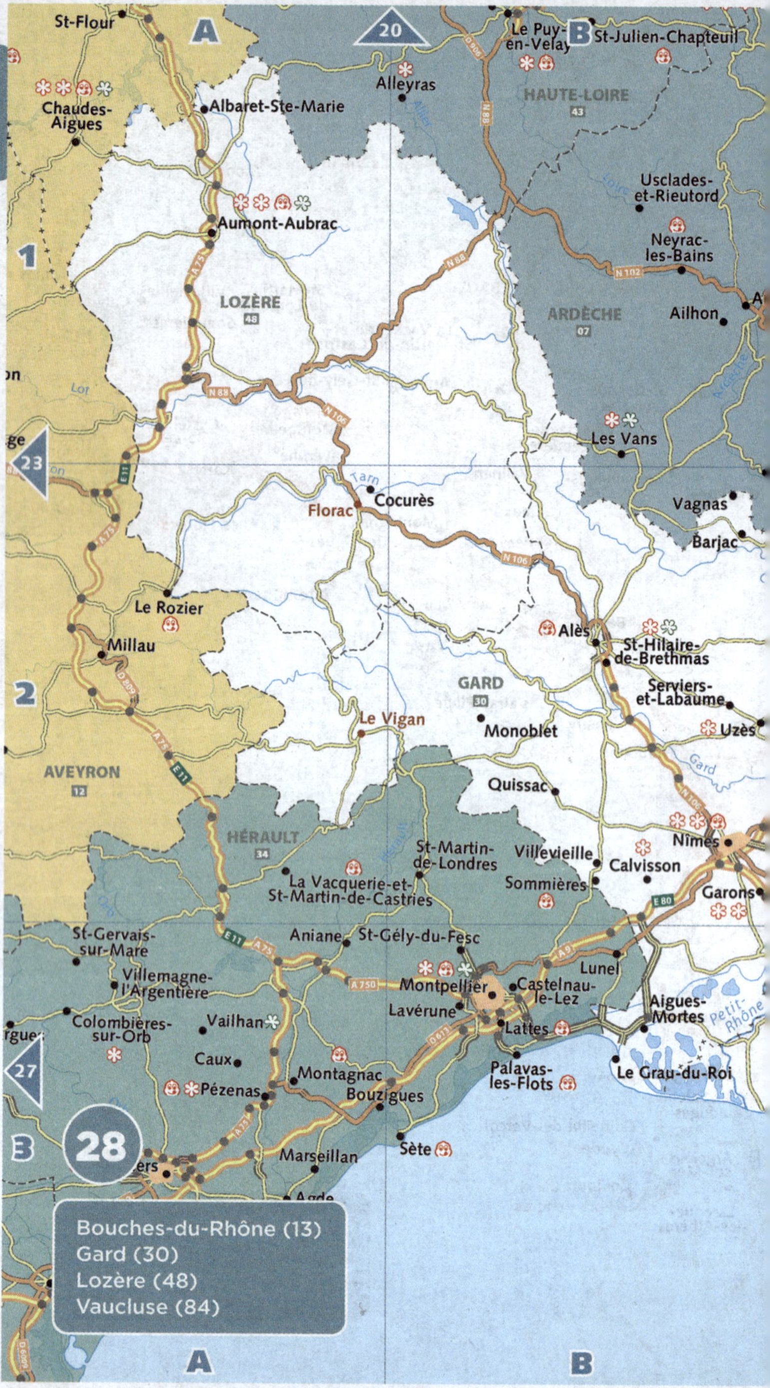
St-Flour
A
20
Le Puy-en-Velay
B
St-Julien-Chapteuil
Alleyras
HAUTE-LOIRE
43
Chaudes-Aigues
Albaret-Ste-Marie
Usclades-et-Rieutord
Aumont-Aubrac
Neyrac-les-Bains
1
LOZÈRE
48
ARDÈCHE
07
Ailhon
Les Vans
23
Florac
Cocurès
Vagnas
Barjac
Le Rozier
Millau
Alès
St-Hilaire-de-Brethmas
2
GARD
30
Serviers-et-Labaume
Le Vigan
Monoblet
Uzès
AVEYRON
12
Quissac
HÉRAULT
34
St-Martin-de-Londres
Villevieille
Nîmes
Calvisson
La Vacquerie-et-St-Martin-de-Castries
Sommières
Garons
St-Gervais-sur-Mare
Aniane
St-Gély-du-Fesc
Lunel
Villemagne-l'Argentière
Montpellier
Castelnau-le-Lez
Lavérune
Aigues-Mortes
Colombières-sur-Orb
Vailhan
Lattes
Caux
Palavas-les-Flots
Le Grau-du-Roi
27
Pézenas
Montagnac
Bouzigues
28
Marseillan
Sète
3
Agde
Bouches-du-Rhône (13)
Gard (30)
Lozère (48)
Vaucluse (84)
A
B

sur-Rhône
Romans-sur-Isère
Granges-les-Beaumont
Pont-de-l'Isère
Corrençon-en-Vercors
St-Théoffrey
St-Péray
Alixan
St-Julien-en-Vercors
ARDÈCHE
07
VALENCE
Gresse-en-Vercors
Charmes-sur-Rhône
21
ISÈRE
38
Livron-sur-Drôme
Allex
Veyras
Privas
Grane
Die
Cliousclat
Mirmande
Drôme
Baix
1
Aubenas
DRÔME
26
Charols
St-Germain
Villeneuve-de-Berg
Montélimar
Vesc
Veynes
Malataverne
HAUTES-ALPES
05
Grignan
Vallon-Pont-d'Arc
St-Paul-Trois-Châteaux
Condorcet
Richerenches
Eygues
Nyons
24
Ste-Cécile-les-Vignes
Villedieu
Ouvèze
Laragne-Montéglin
Mondragon
Vaison-la-Romaine
Uchaux
Sabran
Cairanne
Gigondas
Orsan
Carombe
St-Siffret
ALPES-DE-HAUTE-PROVENCE
04
Gaujac
St-Hilaire-d'Ozilhan
Châteauneuf-du-Pape
VAUCLUSE
84
2
Castillon-du-Gard
Avignon
L'Isle-sur-la-Sorgue
Joucas
Villars
Mane
Collias
St-Maximin
Châteauneuf-de-Gadagne
Manosque
Maillane
Taillades
Bonnieux
Montfuron
St-Rémy-de-Provence
Eygalières
Lauris
Cucuron
Ansouis
Maussane-les-Alpilles
Sénas
Cadenet
LES BAUX-DE-PROVENCE
Durance
Arles
Rognes
Le Puy-Ste-Réparade
Salon-de-Provence
St-Cannat
Canal de Provence
Esparron
VAR
83
Le Sambuc
BOUCHES-DU-RHÔNE
13
St-Chamas
Ventabren
Vauvenargues
Puyloubier
Beaurecueil
Aix-en-Provence
29
Calas-Cabriès
Martigues
3
Allauch
Carry-le-Rouet
Gémenos
La Roque
MARSEILLE
LE CASTEL
CASSIS
La Ciotat
MER
MÉDITERRANÉE
St-Cyr-sur-Mer
Le Beauss
La Cadière-d'Azur
Toulon
Bandol
Sanary-sur-Mer
C
D

A
B
24
28
1
2
3
Vesc
Veynes
HAUTES-ALPES
05
Condorcet
Nyons
Eygues
Ouvèze
DRÔME
26
Laragne-Montéglin
ALPES-DE-HAUTE-PROVENCE
04
Bléone
Vaison-la-Romaine
Caromb
Château-Arnoux-St-Auban
Digne-les-Bains
VAUCLUSE
84
Les Mées
Joucas
Villars
Mane
Bonnieux
Manosque
Moustiers-Ste-Marie
Montfuron
Lauris
Cucuron
Ansouis
Sénas
Cadenet
Verdon
Rognes
Durance
Le Puy-Ste-Réparade
Aups
Esparron
Tourtour
Callas
St-Cannat
Provence
Ventabren
Vauvenargues
Puyloubier
Flayosc
Cotignac
Aix-en-Provence
Beaurecueil
St-Antonin-du-Var
Lorgues
Argens
Les Arcs
Calas-Cabriès
Vidauban
BOUCHES-DU-RHÔNE
13
La Celle
Allauch
VAR
83
Flassans-sur-Issole
MARSEILLE
Gémenos
La Roquebrussanne
Grimaud
Cogolin
Gassin
LE CASTELLET
CASSIS
La Ciotat
St-Cyr-sur-Mer
Le Beausset
Bormes-les-Mimosas
La Cadière-d'Azur
Toulon
Hyères
Rayol-Canadel-sur-Mer
Bandol
Le Lavandou
Sanary-sur-Mer
La Croix-Valmer
Giens
Ile de Porquerolles
MER
29
Alpes-Maritimes (06)
Var (83)

24
C
D
ITALIA
Barcelonnette
Stura di Demonte
Tanaro
1
Roubion
Valdeblore
ALPES-MARITIMES
06
Tinée
Var
N 202
D 6202
D 900
E 717
E 74
E 80
ane
Vence
Saint-Paul-de-Vence
Èze
MENTON
MONACO
Nice
Èze-Bord-de-Mer
La Colle-sur-Loup
Fayence
Grasse
Biot
Beaulieu-sur-Mer
St-Jean-Cap-Ferrat
Villeneuve-Loubet
Montauroux
Antibes
Tourrettes
Juan-les-Pins
2
Cannes
Le Cannet
Théoule-sur-Mer
Fréjus
St-Raphaël
Ste-Maxime
ST-TROPEZ
Ramatuelle
MÉDITERRANÉE
3
C
D

E

1

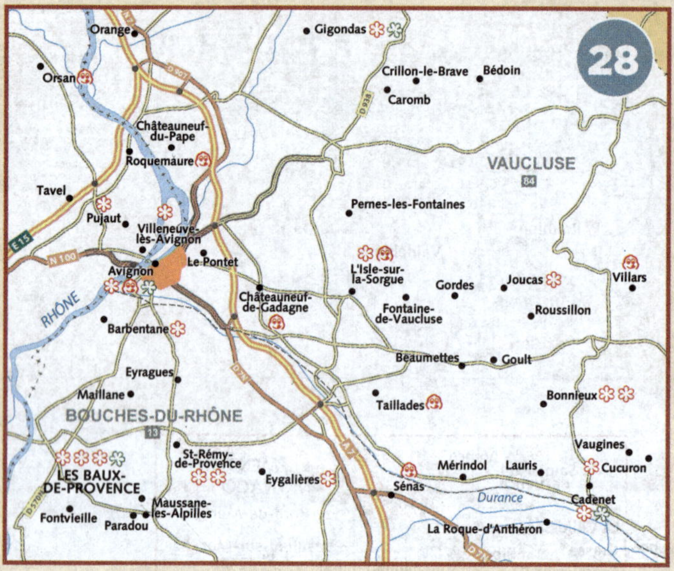
28
Orange
Gigondas
Orsan
Crillon-le-Brave
Bédoin
Caromb
D 907
D 938
Châteauneuf-du-Pape
Roquemaure
VAUCLUSE
84
Tavel
Pujaut
Villeneuve-lès-Avignon
Pernes-les-Fontaines
E 15
N 100
Avignon
Le Pontet
L'Isle-sur-la-Sorgue
Villars
Gordes
Joucas
RHÔNE
Châteauneuf-de-Gadagne
Fontaine-de-Vaucluse
Roussillon
Barbentane
Beaumettes
Goult
Eyragues
Maillane
Taillades
Bonnieux
BOUCHES-DU-RHÔNE
13
D 7N
Vaugines
St-Rémy-de-Provence
LES BAUX-DE-PROVENCE
Mérindol
Lauris
Cucuron
Eygalières
Sénas
A 7
Durance
Cadenet
Maussane-les-Alpilles
Fontvieille
Paradou
La Roque-d'Anthéron

1

29
ALPES-MARITIMES
06
Contes
Peillon
MENTON
La Turbie
Èze
MONACO
Vence
Tourrettes-sur-Loup
A 8
St-Paul-de-Vence
Nice
Èze-Bord-de-Mer
Le Rouret
La Colle-sur-Loup
Beaulieu-sur-Mer
Opio
St-Jean-Cap-Ferrat
Grasse
Cagnes-sur-Mer
Villefranche-sur-Mer
Biot
Villeneuve-Loubet
Mougins
Vallauris
Antibes
Le Cannet
Juan-les-Pins
Cannes
Golfe-Juan
Mandelieu-la-Napoule
VAR
83
Théoule-sur-Mer
St-Raphaël

2

2

E

A
B
30
Corse-du-Sud (2A)
Haute-Corse (2B)
1
2
3
Cagnano
Nonza
Erbalunga
Bastia
St-Florent
Pigna
Speloncato
Lumio
Sta-Reparata-di-Balagna
Calvi
T 30
T 11
T 20
Golo
HAUTE-CORSE
2B
Corte
Tavignano
CORSE-DU-SUD
2A
Gravona
Peri
Cuttoli
Ajaccio
Bastelicaccia
Taravo
Porticcio
T 40
T 10
Levie
Olmeto
Propriano
Sartène
Lecci
D 859
Porto-Vecchio
MER
MÉDITERRANÉE
Bonifacio

fakiii/Shutterstock

LYON page 576

PARIS page 742

La sélection 2026

Les restaurants et les hôtels sont classés par localité de A à Z. Retrouvez-les également en fin de guide grâce à l'index par département.

ABBEVILLE

✉ 80100 - Somme - Carte régionale n° **4**-A3

CRUSTUM (N)

CUISINE MODERNE • CONTEMPORAIN Sur la place du marché, Axel Folastre et Céline Mention ont installé ici leur univers : une salle claire au décor arty, une vitrine de traiteur (pâté en croûte, foie gras, tourtes...). Ils co-signent une cuisine personnelle et précise. Leurs assiettes équilibrées témoignent d'un authentique savoir-faire, à l'image du filet de bœuf, d'une cuisson exemplaire et relevé par un bel accord terre-mer mêlant huître, citron et fenouil. En salle ou en cuisine, ils œuvrent à deux, Céline prenant soin du sucré avec autant de rigueur que de sensibilité.

♿ - **€€€** - *30 place Jacques-Becq - ✆ 03 22 25 03 48 - www.restaurantboutique-crustum.fr - Fermé dimanche soir, lundi, mardi et le midi sauf vendredi et samedi*

L'ABERGEMENT-CLÉMENCIAT

✉ 01400 - Ain - Carte régionale n° **21**-B1

LE SAINT LAZARE

CUISINE MODERNE • ÉLÉGANT Dans la traversée de ce village des Dombes, une maison engageante, dans la famille depuis 1899 ! Aujourd'hui, père et fils cuisinent à quatre mains : ils déclinent un menu "carte blanche" inventif pour des assiettes très travaillées, à base de bons produits frais du marché. Une cuisine à déguster dans la salle à manger sobre et élégante ou sur la terrasse d'été.

♿ - **€€€** - *19 route de la Fontaine - ✆ 04 74 24 00 23 - www.lesaintlazare.fr - Fermé du lundi au jeudi et dimanche soir*

ABJAT-SUR-BANDIAT

✉ 24300 - Dordogne - Carte régionale n° **18**-D2

BANDIAT

CUISINE MODERNE • MAISON DE CAMPAGNE L'histoire commence par la découverte de cet immense domaine situé en lisière du parc naturel régional du Périgord-Limousin, au cœur du Périgord Vert. Il y coule le Bandiat, ruisseau qui a offert son nom à ce restaurant, une grande structure avec charpente flambant neuve, baignée d'une douce lumière dans une ambiance de maison de campagne. Le chef mitonne un menu surprise à partir des ingrédients de saison fournis par de petits producteurs locaux - une balade au vert qui inclut des champignons et des herbes cueillis sur place (parfois par le chef lui-même).

P - **€€€** - *2 chemin des Osmondes - ✆ 05 53 05 00 22 - www.domainedubandiat.com/manger - Fermé lundi et mardi, et dimanche soir*

ABLON

✉ 14600 - Calvados

LE DOMAINE D'ABLON — *Plus*

TRADITIONNEL • CHARME Tout près de Honfleur et de l'embouchure de la Seine, le Domaine d'Ablon répartit ses hébergements aux prestations haut-de-gamme dans des bâtiments au charme rural : 2 suites occupent une ancienne grange, une autre est installée dans un colombier rond du 17e s., et la chaumière indépendante du 14e s. dispose d'une terrasse et d'un jardin privatifs ainsi que d'une cuisine équipée.

P - **5 chambres** - *2504 route de Genneville - ✆ 07 89 08 58 14*

ABONDANCE

✉ 74360 – Haute-Savoie – Carte régionale n° **21**–D1

CHALET FLACHAIRE

Chef : Thomas Flachaire

CUISINE MODERNE • MONTAGNARD Sur les hauteurs du village, ce chalet a été transformé en restaurant intimiste par un jeune couple de passionnés : Thomas et Estelle Flachaire, qui se sont rencontrés chez les célèbres Troisgros. Auréolé d'un solide parcours dans des maisons étoilées, le chef élabore des assiettes saines et digestes, construites autour de produits de saison souvent locaux. Sous forme de menu unique aux intitulés énigmatiques (féra fleurie, bœuf acidulé, rhubarbe aromatique...), sa cuisine joue des notes fumées, fruitées et acidulées, en phase avec l'air du temps. Service attentionné.

– **€€€** – *24 impasse du Cottage – ✆ 06 59 63 09 34 – www.chaletflachaire.fr – Fermé lundi, mardi et mercredi midi*

ABRESCHVILLER

✉ 57560 – Moselle – Carte régionale n° **7**–C2

AUBERGE DE LA FORÊT

CUISINE MODERNE • ÉLÉGANT Cette auberge familiale contemporaine, nichée au cœur de la vallée d'Abreschviller, bénéficie d'un nouveau décor chic et cosy... sur le thème de la forêt, bien sûr. Fidèle aux saisons, le chef réalise des recettes actuelles et soignées : truite de la pisciculture voisine, risotto aux Saint-Jacques et girolles, l'incontournable tartare de bœuf au couteau... Profitez de la grande terrasse couverte, face au parc verdoyant.

– **€€€** – *276 rue des Verriers, à Lettenbach – ✆ 03 87 03 71 78 – www.aubergedelaforet57.com – Fermé lundi et le soir sauf vendredi et samedi*

ACQUIGNY

✉ 27400 – Eure – Carte régionale n° **3**–B2

L'HOSTELLERIE D'ACQUIGNY

CUISINE MODERNE • CONTEMPORAIN Moderne et vivante, cette petite auberge de village est tenue par le même couple depuis plus de vingt-cinq ans. Toujours aussi passionné, le chef Éric Georget y propose une cuisine actuelle, généreuse et gourmande à travers un menu et une carte aux intitulés alléchants. Gravlax de saumon d'Écosse et déclinaison de betteraves ; bavette Black Angus et jus au poivre voatsiperifery : les produits sont triés sur le volet et les préparations ne manquent pas de goût. Plaisante terrasse aux beaux jours et chambres agréables pour l'étape.

– **€€** – *1 rue d'Évreux – ✆ 02 32 50 20 05 – www.hostellerie-acquigny.fr – Fermé lundi et dimanche*

AGDE

✉ 34300 – Hérault – Carte régionale n° **27**–C2

LE BISTRO D'HERVÉ

CUISINE MODERNE • BISTRO Dans le centre du bourg d'Agde, un peu à l'écart de la frénésie touristique du Cap d'Agde, ce bistrot arbore un décor contemporain très coloré. On y déguste une cuisine d'aujourd'hui : onglet de bœuf fumé aux sarments de vigne ; cabillaud rôti à l'huile d'olive et mousseline de carotte à l'aneth ; brioche façon pain perdu au caramel laitier au beurre salé... Le bar à tapas se prête aux grignotages. Aux beaux jours, profitez de la terrasse ombragée.

– **€€** – *47 rue Brescou – ✆ 04 67 62 30 69 – www.lebistrodherve.com – Fermé lundi et dimanche*

AGEN

✉ 47000 - Lot-et-Garonne - Carte régionale n° **22**-D3

LA TABLE DE MICHEL DUSSAU

CUISINE MODERNE • CONTEMPORAIN En retrait du centre ville, non loin du stade de rugby, le chef Michel Dussau propose une cuisine gourmande dans un cadre moderne de brasserie contemporaine. Il valorise les produits du terroir au gré des saisons, avec une prédilection pour l'agriculture biologique. Et aussi : cave à vins vitrée, armoire de maturation des viandes.

♿ AC P - €€ - *1350 avenue du Midi - ✆ 05 53 96 15 15 - www.la-table-agen.com - Fermé lundi et dimanche*

MAISON K (N)

CUISINE TRADITIONNELLE • CONVIVIAL Depuis la cuisine ouverte de cette épicerie, bar à vins et restaurant, un chef expérimenté envoie des assiettes en parfaite adéquation avec ce lieu convivial : spontanées et précises, qui filent le sourire sans excès de sophistication intellectuelle. La remarquable cuisson à la braise du pigeon et des asperges vertes, nappés d'un bon jus réduit aux baies roses, en témoigne. La sélection de vins à prix doux de petits producteurs (pour la plupart en biodynamie ou nature) évolue constamment et l'équipe en salle, passionnée, conseille avec justesse le choix de la quille qui convient.

AC - €€ - *33 cours Victor-Hugo - ✆ 05 53 99 98 58 - Fermé lundi, dimanche, et mardi et samedi à midi*

AIGUES-MORTES

✉ 30220 - Gard - Carte régionale n° **28**-B3

L'ATELIER DE NICOLAS

CUISINE MODERNE • CONTEMPORAIN Dans ce restaurant situé au cœur de la cité, avec porte vitrée en fer forgé, le chef Nicolas concocte une cuisine au goût du jour, qu'il agrémente de quelques touches asiatiques, glanées lors de ses séjours en Thaïlande. Quelques exemples ? Tom kha kung de crevettes au lait de coco (une soupe de curry) ; kushikatsu de taureau de Camargue façon Wellington. Qu'on se rassure, ces plats frais et parfumés aux intitulés asiatiques sont servis en même temps que des explications claires ! Le chef travaille volontiers les produits bio de la région ainsi qu'une petite sélection de vins nature.

♿ AC - €€ - *28 rue Alsace-Lorraine - ✆ 04 34 28 04 84 - www.restaurant-latelierdenicolas.fr - Fermé mercredi, jeudi et dimanche*

LES REMPARTS

MODERNE • ÉLÉGANT Nichée entre la porte de la Gardette et la tour de Constance, cette ancienne caserne militaire du 18e s. bénéficie d'un magnifique emplacement dans la cité close. A l'intérieur, le vaste lobby ouvre sur un salon très joliment décoré qui met en avant les pierres anciennes associées à des éléments contemporains. Chambres élégantes et matériaux haut-de-gamme. Petit espace détente. Charmant.

♿ AC P Spa - **14 chambres** - *6 place Anatole France - ✆ 04 66 53 82 77*

AILHON

✉ 07200 - Ardèche - Carte régionale n° **20**-C3

MAISON AILHON

CUISINE CRÉATIVE • CONVIVIAL On savait l'Ardèche branchée et prisée des bobos, mais pas à ce point ! Ce bistrot installé dans un charmant village, qui ne déparerait pas dans l'Est parisien, propose un audacieux menu surprise, qu'on arrose de vins nature à prix abordables. Le chef, un ancien du Septime, au caractère bien trempé et à la technique sans faille, n'a peur de rien, à l'image de cette assiette de pâtes au foie et cœur de pigeon. Les produits locaux ont le premier rôle dans ces assiettes relevées d'assaisonnements percutants (safran, piments, sauce XO). Service pro et décontracté, qui se déroule aux beaux jours sur la terrasse ombragée, face à l'église.

– €€ – Place de l'Église – 04 75 93 42 20 – www.maisonailhon.fr – Fermé du lundi au mercredi et jeudi midi

AILLON-LE-JEUNE

73340 – Savoie – Carte régionale n° **21**–C2

AUBERGE D'AILLON ET D'AILLEURS

CUISINE MODERNE • COSY Cet écrin de nature préservée au cœur du massif des Bauges dévoile une auberge de luxe où l'expérience gastronomique côtoie le raffinement. Dans une salle à manger contemporaine, habillée de bois et ouverte sur un magnifique panorama alpin, le couple de chefs Marc et Raphaëlle Guy-Seigneur signe une cuisine végétale et locavore qui sonne juste et se renouvelle très régulièrement. Asperges croquantes sublimées par l'ail des ours, omble chevalier confit aux notes de sauge et navet, ou encore rhubarbe travaillée en textures légères et acidulées : chaque assiette célèbre les saveurs du terroir avec précision et créativité. L'accueil est chaleureux, et pour prolonger le plaisir, des chambres confortables et élégantes permettent de faire étape dans ce havre paisible. Un moment suspendu, à ne pas manquer !

– €€€ – 795 route de la Correrie – 04 58 39 01 30 – www.aillon-ailleurs.com – Fermé lundi et mardi, et dimanche soir

AUBERGE D'AILLON ET D'AILLEURS

CONTEMPORAIN • MONTAGNARD Dans le Massif des Bauges, cette auberge de montagne se révèle être un hôtel design. Ses quatorze chambres sont toutes différentes, de style contemporain mais chaleureux, certaines puisant dans les traditions savoyardes, d'autres plus originales, comme celle qui est équipée d'un télescope. Les vues s'ouvrent sur des pâturages, la forêt ou le village en contrebas, tandis que la nature environnante offre toute l'année des possibilités d'activités variées : ski, randonnée, parapente ou observation de la faune.

– **14 chambres** – *La Correrie*

Auberge d'Aillon et d'Ailleurs - Voir la sélection des restaurants

AINAY-LE-CHÂTEAU

03360 – Allier – Carte régionale n° **16**–B2

DORANGEVILLE

CUISINE MODERNE • CONTEMPORAIN Au cœur d'un charmant village médiéval, dans une jolie bâtisse du 14e s., une table au cadre contemporain et élégant, avec terrasse ouverte sur le jardin. Quentin Dorangeville, chef originaire de la Sarthe, propose une cuisine rythmée par les saisons, aussi soignée qu'ambitieuse, à base de jolis produits et aux associations qui font mouche. En témoigne ce médaillon de homard bleu, fondue de tomates comme une ratatouille, crème de courgette et gingembre. Une adresse gourmande avec un service tout sourire.

– €€€ – 3 rue du Vieux-Château – 04 70 64 18 48 – www.dorangeville.fr – Fermé lundi et mardi

AINHOA

64250 – Pyrénées-Atlantiques – Carte régionale n° **25**–A2

ITHURRIA

CUISINE MODERNE • AUBERGE Place du Fronton à Ainhoa, face au terrain de pelote : plus basque, tu meurs ! Cette belle maison traditionnelle et ô combien familiale a conservé ses tomettes au sol, ses poutres au plafond, ses cuivres rutilants et ses assiettes anciennes. Martin Isabal, passé par quelques établissements étoilés avant de revenir au bercail, et son frère Louis (en pâtisserie), ont repris le flambeau de leur oncle Xavier et développent une cuisine actuelle et fine en s'appuyant sur leurs racines basques. Pour composer son alléchante carte, le chef se fournit exclusivement auprès des producteurs locaux et de son propre potager. Le terroir est mis en valeur avec gourmandise : pressé de tomates du jardin en fine gelée et anchois fumés ; thon rouge de ligne ikejime de Saint-Jean-de-Luz et fleur de courgette farcie ; framboises, blanc soufflé et croustillant noisette de Saint-Pée-sur-Nivelle. Très bon service assuré par le maître d'hôtel-sommelier Thomas Rouch, fidèle à la maison depuis plusieurs années.

– €€€ – *218 Karrika Nagusia – 05 59 29 92 11 – www.ithurria.com/fr/restaurant – Fermé mercredi, et mardi et jeudi à midi*

ARGI EDER

CUISINE BASQUE • TRADITIONNEL Œuf piperade revisité ; veau Axuria, gnocchi et girolles ; tarte Argi Eder au caramel, vanille et citron jaune... Au menu de ce restaurant à la fois rustique et coquet, une fine cuisine aux accents du terroir basque, signée par un chef passionné par les produits locaux. Tenu par la même famille depuis des générations et entouré de verdure, l'hôtel qui l'héberge est un véritable havre de paix.

– €€ – *64 argiedereko bidea - quartier Boxate – 05 59 93 72 00 – www.argi-eder.fr – Fermé lundi, mardi et mercredi midi*

ITHURRIA CÔTÉ BISTROT

CUISINE TRADITIONNELLE • BISTRO Dans son bistrot, Xavier Isabal mitonne une savoureuse (et généreuse !) cuisine basque avec les produits locaux et les légumes de son potager : traditionnelle piperade avec œufs brouillés et jambon de Bayonne, cochon de lait cuit 6h et potxas de Navarre, gâteau basque... On est là pour se faire plaisir et se détendre dans une atmosphère décontractée, notamment sur l'agréable terrasse ombragée de platanes.

– €€ – *218 Karrika Nagusia – 05 59 29 92 11 – www.ithurria.com/fr/bistrot – Fermé mercredi, et mardi et jeudi à midi*

HÔTEL ITHURRIA

TRADITIONNEL • FAMILIAL Propriété familiale depuis les années 60, voici un petit hôtel de ferme dont les chambres associent le charme de l'ancien aux couleurs contemporaines. Les plus petites chambres sont intimes et confortables, tandis que les plus grandes peuvent accueillir jusqu'à cinq personnes. Belle vue sur les collines du Pays basque depuis la piscine.

– 26 chambres – *218 Karrika Nagusia – 05 59 29 92 11*

Ithurria • Ithurria Côté Bistrot - Voir la sélection des restaurants

AIX-EN-PROVENCE

✉ 13100 - Bouches-du-Rhône - Carte régionale n° **28**-D3

LE ART

CUISINE MODERNE • ÉLÉGANT Aux fourneaux de cette magnifique bastide du 18e s., le chef Matthieu Dupuis-Baumal propose des assiettes audacieuses, où les notes provençales se parent de subtiles influences japonaises. Les saveurs sont franches, toujours contrôlées, et chaque recette porte le sceau d'une personnalité culinaire affirmée. Un lieu magique et une terrasse magnifique, somptueux écrin pour un feu d'artifice de saveurs, associées à une splendide carte des vins (dont ceux du château, évidemment).

HORS PLAN - **€€€€** - *Château de la Gaude, 3959 route des Pinchinats - 04 84 93 09 30 - www.chateaudelagaude.com - Fermé lundi, mardi, mercredi midi et dimanche soir*

ÉTUDE

Chef : Loïc Pétri

CUISINE MODERNE • CONTEMPORAIN Iconoclaste, le chef Loïc Pétri a fait ses classes dans de belles maisons parisiennes (Jean-François Piège, Joël Robuchon) avant de revenir dans son sud natal. Dans son restaurant intimiste au style contemporain (seulement 12 couverts) au cœur du quartier historique d'Aix, il lâche la bride à son inspiration avec un menu unique de saison. Au gré d'accords audacieux et d'un usage pertinent d'huiles, épices et piments, sa cuisine libre sublime les beaux produits avec soin et dextérité (loup, homard, ris de veau...). On sent l'amour du bon travail et une envie de régaler les convives, des qualités qui se retrouvent tant dans l'assiette que dans le service !

PLAN : A1-1 - **€€€€** - *24 rue de l'Aumône-Vieille - 04 42 91 37 56 - www.etude-aix.fr - Fermé lundi et dimanche*

LA TABLE DE PIERRE REBOUL

Chef : Pierre Reboul

CUISINE CRÉATIVE • ÉLÉGANT L'olivier, fil conducteur de l'univers de Pierre Reboul, inspire autant le décor sobre et naturel de son restaurant que sa cuisine empreinte de créativité. Dans l'écrin élégant d'un grand hôtel contemporain, les matières nobles et tons vert olive se mêlent subtilement. Une terrasse encadrée de deux oliviers et un comptoir face à la cuisine ouverte complètent le tableau. Le chef célèbre les produits régionaux avec des créations aussi visuelles que gourmandes : les olives en trompe-l'œil, éclatantes en bouche ; la trilogie autour de la crevette méditerranéenne, délicate et inventive ; la fleur de courgette farcie à la langoustine, subtile et croquante. Une table raffinée et inspirée.

PLAN : A2-3 - **€€€€** - *Hôtel Renaissance, 320 avenue Wolfgang-Amadeus-Mozart - 04 86 91 53 53 - www.latabledepierrereboul.com - Fermé lundi et dimanche*

LES GALINAS

CUISINE PROVENÇALE • **BISTRO** Dans une ruelle fraîche de la vieille ville, trois jeunes associés ont monté ce bistrot pour faire revivre la cuisine provençale de grand-mère, avec pour credo la simplicité et le goût. Chez ces galinas ("grands garçons" en provençal), point de revisite alambiquée ou de recettes voyageuses, rien que du local, dans l'esprit comme dans l'assiette : des tomates à la provençale qui sont un modèle du genre, un aïoli de compétition, des tripes d'agneau ou encore un raïto de lotte à tomber... grâce à des produits de première fraîcheur et un tour de main sûr. Accueil sympathique.

PLAN : B1-2 – – **€€** – *10 rue Constantin* – *09 87 19 15 77* – *www.lesgalinas.eatbu.com* – *Fermé samedi et dimanche*

ÂMA TERRA

CUISINE MODERNE • **ÉLÉGANT** Choix cornélien dans le restaurant de cet hôtel magnifique ! Vous allez hésiter entre la salle et sa verrière Second Empire, ses lustres de cristal à pampilles et son immense vaisselier... ou cette terrasse irrésistible, bercée par le doux murmure des bassins et des fontaines, embaumée par les effluves typiquement méditerranéens. Dans l'assiette, le chef signe une cuisine d'esprit gastronomique aux accents provençaux, sur fond d'associations originales et percutantes.

HORS PLAN - €€€€ - *7 traverse Saint-Pierre - 04 42 95 10 10 - www.villasaintange.com/fr/restaurant-ama-terra.html - Fermé dimanche midi*

LICANDRO - LE BISTRO

CUISINE TRADITIONNELLE • **CONVIVIAL** Une petite affaire familiale tenue par Felipe Licandro, chef passé par de belles maisons partout en France, accompagné de son épouse Julie en salle. L'ardoise du midi propose une cuisine du marché bien faite ; le soir, on profite d'un choix plus étoffé, mais l'esprit bistronomie et tradition reste de mise.

PLAN : A2-4 - €€ - *18 rue de la Couronne - 06 27 20 03 99 - www.licandrolebistro.com - Fermé mardi, mercredi et jeudi midi*

LA TAULA GALLICI

CUISINE CLASSIQUE • **BOURGEOIS** Luxe et tradition, sans ostentation et en toute discrétion, sur les hauteurs de la ville. Au menu : une belle cuisine française gorgée de soleil, à déguster sur les tables basses des superbes salons, ou sous les platanes de la paisible terrasse. Quelques-unes des spécialités du chef : bisque de homard et gambero rosso rafraîchie ; tortellini façon vitello tonnato, ricotta, tomates séchées et olives taggiasche ; tiramisu "Gallici"... L'esprit du Sud !

PLAN : B1-8 - €€€€ - *Villa Gallici, 18 avenue de la Violette - 04 42 23 29 23 - www.villagallici.com - Fermé , lundi et mercredi à midi*

LE VINTRÉPIDE

CUISINE TRADITIONNELLE • **ÉLÉGANT** On tombe de suite sous le charme de ce décor contemporain et cosy (mobilier design, bois blond et murs de couleur vert-bleu) : une agréable petite adresse tenue par deux associés qui ont le souci de bien faire. L'un, en cuisine, prépare de délicieux plats de saison au gré de son inspiration. L'autre, sommelier, a toujours le bon conseil pour le choix des vins. Un duo gagnant.

PLAN : B1-7 - €€ - *48 rue du Puits-Neuf - 09 83 88 96 59 - www.vintrepide.com - Fermé lundi et dimanche*

CÉZANNE

Plus

MODERNE • **CONVIVIAL** De belles chambres design pour cet hôtel situé entre la gare et le centre-ville, à deux pas du cours Mirabeau. Business center, open bar, garage payant sur réservation, terrasse avec fontaine et petit-déjeuner maison. Accueil et service aux petits soins. Sélection de boissons en self-service.

55 chambres - *40 avenue Victor Hugo - 04 42 91 11 11*

CHÂTEAU DE LA GAUDE

Plus

CLASSIQUE • **CHARME** Entouré d'un domaine viticole biologique (à visiter) et de jardins paysagers, le Château de la Gaude n'est pas nouveau, mais ses chambres et suites, réparties entre les différents bâtiments ont connu une cure de jouvence. Les intérieurs ont conservé leurs détails d'époque : les chambres de la Bastide, classée monument historique, dévoilent des moulures ornées et des cheminées en pierre sculptée. Ce qui est nouveau en revanche, l'est vraiment : mobilier contemporain haut de gamme, équipements modernes et éléments de confort high-tech font de cet ensemble un hôtel ultramoderne au charme historique.

17 chambres - *3959 route des Pinchinats - 04 84 93 09 30*

Le Art - Voir la sélection des restaurants

GRAND HÔTEL ROI RENÉ

CONTEMPORAIN • CHALEUREUX À cent mètres du Parc Jourdan, le Grand Hôtel Roi René, revisité sur un mode contemporain, s'enroule autour d'un patio fleuri avec piscine. À l'intérieur, le moderne rencontre l'ancien sans heurts. Les chambres réchauffent leur décoration très actuelle d'une légère touche "zen provençal" : lignes claires, dégradés terriens, chaleur et soleil du sud en filigrane. Sans oublier la qualité de la literie et la baignoire grand luxe.

- 134 chambres - *24 boulevard du Roi René - 04 42 37 61 00*

LES LODGES SAINTE-VICTOIRE

BOURGEOIS • CHALEUREUX Sur la route de la montagne Ste-Victoire chère à Cézanne, ce domaine inauguré en 2013 cultive une quiétude toute provençale... Dans la belle bastide du 18e s. comme dans les superbes lodges indépendants (avec piscine privée) règne la même alliance de modernité et d'esprit bourgeois : un sommet du confort !

- 35 chambres - *2250 route Cézanne - 04 42 24 80 40*

MAISON JALON

CONTEMPORAIN • CHALEUREUX La Maison Jalon, c'est cet élégant rectangle de vitres et de béton posé dans un jardin luxuriant des environs d'Aix-en-Provence. Une architecture ultra contemporaine qui détonne avec le paysage provençal. Si les propriétaires occupent le rez-de-chaussée, l'étage est réservé aux quatre chambres avec balcon, dont la décoration brute est égayée de cadres colorés et d'objets amassés par des passionnés de déco. La piscine tout en longueur et le jardin piqué de cactus et de hamacs colorés revêtent un petit air de Marrakech, où les propriétaires avaient ouvert leur première maison d'hôtes.

- 4 chambres - *2575 route de Puyricard - 06 21 35 57 60*

LE PIGONNET *Plus*

CLASSIQUE • CHAMPÊTRE En périphérie d'Aix, dans un beau parc verdoyant, une imposante bastide dont les chambres cultivent le romantisme et l'élégance ; celles situées dans la partie "Résidence" adoptent un style moderne et chaleureux. Cézanne lui-même s'imprégna ici des parfums et couleurs de la Provence !

Spa **- 45 chambres** - *5 avenue du Pigonnet - 04 42 59 02 90*

VILLA GALLICI

CLASSIQUE • RAFFINÉ Cyprès, fontaine, jasmin et rosiers : voici quelques-uns des charmes du ravissant jardin provençal de cette discrète villa juchée sur les hauteurs d'Aix. Les chambres, au charme baroque, sont uniques et raffinées. Un lieu à part !

Spa **- 23 chambres** - *18 avenue de la Violette - 04 42 23 29 23*

La Taula Gallici - Voir la sélection des restaurants

VILLA SAINT-ANGE *Plus*

BOURGEOIS • RAFFINÉ Séjour aux anges garanti dans cette ancienne bastide du 18e s. réhabilitée en hôtel d'exception qui se mire dans une piscine chauffée toute l'année... Luxueuses chambres ravissantes, décorées dans l'esprit d'une maison bourgeoise avec tableaux et mobilier chinés, beaux papiers peints artisanaux. Espace détente et mille autres petits raffinements divins.

Spa **- 34 chambres** - *7 traverse Saint-Pierre - 04 42 95 10 10*

Âma Terra - Voir la sélection des restaurants

AIX-LES-BAINS

✉ 73100 - Savoie - Carte régionale n° **21**-C2

LE 59 RESTAURANT

CUISINE MODERNE • TENDANCE Au cœur d'Aix-les-Bains, cette adresse conviviale enchante par sa cuisine soignée et son cadre chaleureux mêlant pierres apparentes et touches contemporaines colorées. Dans l'assiette, des produits de saison mis en valeur par un travail solide et appliqué : asperges croquantes nappées d'une hollandaise onctueuse, omble de fontaine délicatement snacké, et un ananas rôti aux notes épicées. Une jolie table pour les gourmets !

*AC - **€€€** - 59 rue du Casino - ✆ 04 56 57 11 96 - www.restaurant-le59.fr - Fermé lundi, mardi et mercredi midi*

LE SENS UNIQUE

CUISINE MODERNE • COSY Sur les hauteurs du centre-ville, ce petit hôtel, dont la façade évoque encore l'époque faste des cures thermales, cache une sympathique table bistronomique emmenée tambour battant par un chef-patron très présent en salle. En plus d'un bar à vins, une table pimpante, qui a gardé son cachet d'époque, sert une cuisine bistrotière et canaille, réalisée avec des produits de saison et parfois plus nobles (bœuf Angus, maigre corse...). Service aux petits soins et charmante terrasse close et arborée sur l'arrière.

*♿ - **€€€** - Hôtel Gallia, 24 boulevard Berthollet - ✆ 04 79 61 21 09 - www.galliahotel.fr - Fermé mercredi et mardi soir*

LA TABLE FLORALIE

CUISINE MODERNE • CONTEMPORAIN Voici l'adresse du centre-ville dont on parle à Aix ! Ouverte par un jeune couple dont c'est la première affaire, elle offre un plaisant cadre moderne avec cuisine ouverte. Le chef, qui prend plaisir à évoluer en salle, notamment pour conseiller les vins de Savoie dont il est un ardent défenseur, concocte une cuisine actuelle bien tournée et savoureuse, en mettant en avant des produits de saison majoritairement locaux. Ambiance familiale.

***€€** - 6 rue Cabias - ✆ 04 79 88 76 21 - www.latablefloralie.fr - Fermé mardi et mercredi*

AIZENAY

✉ 85190 - Vendée - Carte régionale n° **14**-B2

LA SITTELLE

CUISINE MODERNE • ÉLÉGANT Cette jolie villa de la fin des années 1940 connaît une nouvelle jeunesse grâce à deux associés, anciens du château de Locguénolé. Le chef met en avant les produits de la région dans des recettes plutôt originales, avec de nombreux accords terre-mer. Accueil agréable et attentionné.

*♿ P - **€€** - 33 rue du Maréchal-Leclerc - ✆ 02 51 34 79 90 - www.restaurantlasittellecom.wordpress.com - Fermé mardi et mercredi*

AJACCIO - Corse-du-Sud (2A) ➔ Voir Corse

ALBARET-SAINTE-MARIE

✉ 48200 - Lozère - Carte régionale n° **28**-A1

LE THÉOPHILE - CHÂTEAU D'ORFEUILLETTE

CUISINE MODERNE • **ROMANTIQUE** Atmosphère châtelaine, feutrée et romantique pour une table associant élégance des vieilles pierres et esprit très contemporain. Ce château du 19e s., doté d'un grand parc arboré, décoré dans un style baroque et glamour - lustres à pampilles, tapisseries argentées - invite à prolonger l'étape dans ses chambres confortables situées dans le bâtiment principal. Chaque soir, le chef propose un menu surprise inspiré des produits locaux de saison, soigneusement sélectionnés sur les marchés de la région. Une cuisine actuelle, fraîche et bien construite, où l'on sent la main d'un artisan attentif.

- €€ - *La Garde* - *04 66 42 65 65* - *www.lesmaisonsbrunel.com* - *Fermé lundi, mardi et dimanche et le midi*

L'ALBENC

✉ 38470 - Isère - Carte régionale n° **21**-B3

BISTROT LOUISE

CUISINE MODERNE • **SIMPLE** Au cœur d'un village de nuciculteurs - producteurs spécialisés dans la culture du noyer au sein de vergers spécifiques - dans une charmante bâtisse en pierre, Yann Tanneau dévoile une cuisine inventive et savoureuse. Passé par de grandes maisons, ce chef tatoué et passionné travaille seul, en salle comme en cuisine, pour offrir des préparations parfaitement exécutées. En entrée, un œuf parfait associé à un crémeux de céleri, haddock fumé et lomo Ibérique - une belle harmonie de textures et de saveurs. En plat, un suprême de volaille tendre, sublimé par des notes de cardamome, combawa et curry vert. Ses assiettes élégantes et gourmandes se dégustent dans un cadre simple et accueillant. Réservations obligatoires pour une table qui vaut le détour à l'excellent rapport qualité/prix.

A/C - **€€** - *80 place Jean-Vinay* - *06 34 20 16 91* - *Fermé lundi, mardi, mercredi et jeudi à midi , et dimanche soir*

ALBERTVILLE

✉ 73200 - Savoie - Carte régionale n° **21**-C2

MILLION

CUISINE CLASSIQUE • **TRADITIONNEL** Une hostellerie familiale qui cultive la tradition, aussi bien à sa table, autour de recettes classiques, que dans ses chambres au cadre gentiment suranné.

A/C - **€€** - *8 place de la Liberté* - *04 79 32 25 15* - *www.hotelmillion.fr* - *Fermé lundi, et mardi, mercredi et dimanche soir*

ALBI

✉ 81000 - Tarn - Carte régionale n° **27**-B1

L'ÉPICURIEN

CUISINE MODERNE • **TENDANCE** Ce n'est pas un hasard si cette adresse, face à la fontaine Jean Jaurès, en plein cœur d'Albi, est devenue le rendez-vous local... des Épicuriens ! Un mot d'abord sur la déco, au design épuré, qui témoigne d'un bel esprit nordique : le chef est d'origine suédoise, ceci explique probablement cela. En cuisine, il revisite les classiques avec une maîtrise incontestable ; il en résulte de jolies assiettes dans l'air du temps, gourmandes, copieuses et bien ficelées. Notons aussi la judicieuse carte des vins et l'excellente prestation de l'équipe en salle, aussi professionnelle que conviviale.

A/C - **€€** - *42 place Jean-Jaurès* - *05 63 53 10 70* - *www.restaurantlepicurien.com* - *Fermé samedi et dimanche*

ALCHIMY

CUISINE MODERNE • ÉLÉGANT Au cœur de la vieille ville, cette belle bâtisse Art déco abrite une brasserie de style contemporain, sous une jolie verrière : impossible de manquer l'imposant lustre Murano ! Un cadre sympathique et une carte où tout fait envie. Dans l'assiette, le chef met en avant les produits locaux en revisitant joliment les classiques : gravlax de saumon servi snacké, salade de champignons ; belle pièce de cochon du Tarn ; tatin nouvelle version avec opaline Granny Smith. Alchimie réussie !

♿ AC - **€€** - *12 place du Palais - 05 63 76 18 18 - www.alchimyalbi.fr*

AMAPOLA KITCHEN

CUISINE MODERNE • BRANCHÉ L'emplacement vaut le détour : au pied du Pont Vieux, ce bistrot de poche, savamment looké, offre une vue imprenable sur la vieille ville et sa sublime cathédrale. Ex-historienne de l'art, la cheffe envoie une cuisine colorée, healthy et bien exécutée. DJ gourmande et décomplexée, elle mixe influences sud-américaines, italiennes et comoriennes, avec notamment des produits lactofermentés et un sourcing à dominante bio. Belle sélection de vins bios et nature.

- **€€** - *100 rue Porta - 05 63 77 63 04 - Fermé mardi, mercredi et jeudi midi*

ALCHIMY

CLASSIQUE • ÉLÉGANT Pour concilier le plaisir de la table et le confort d'un séjour à Albi, on optera pour cet hôtel, dont les chambres sont peut-être les plus jolies de la ville ! L'élégance est le maître-mot des lieux : meubles signés, marbre blanc dans les salles de bains, dans une veine Art déco qui distille le charme des années folles... L'alchimie fonctionne pleinement.

♿ AC P - **10 chambres** - *12 place du Palais - 05 63 76 18 18*

Alchimy - Voir la sélection des restaurants

ALBY-SUR-CHÉRAN

✉ 74540 - Haute-Savoie - Carte régionale n° **21**-C2

LE BOURGEON

CUISINE MODERNE • CONVIVIAL Un joli bourg médiéval, jadis renommé pour ses tanneurs et ses cordonniers, avec ses maisons colorées : voilà le décor où ce délicieux bourgeon a éclos ! Les deux jardiniers – le chef Enzo Duchesne et le sommelier Adrien Lavorel – cultivent de concert un jardin gourmand et moderne où les produits sont sourcés avec la plus grande rigueur. L'assiette accorde une place prépondérante au végétal, sans s'interdire pour autant viande et poisson, et va droit au but à grand renfort de parfums et de saveurs. Menu-carte à tous les services, complété d'un menu mystère le soir et le samedi midi.

- **€€** - *8 place du Trophée - 04 50 33 01 52 - www.restaurantlebourgeon.com - Fermé lundi, dimanche, et mardi et jeudi à midi*

ALENÇON

✉ 61000 - Orne - Carte régionale n° **2**-C3

LA SUITE

CUISINE TRADITIONNELLE • CHIC Dans une rue un peu à l'écart du centre historique, une cuisine traditionnelle de saison remise au goût du jour et 100% maison. En matière de gourmandise, le chef a de la suite dans les idées ! En témoignent ces ravioles de gambas, crémeux de chou-fleur, bisque onctueuse. La carte est courte, les produits de saison, les assiettes généreuses et les saveurs franches. À déguster dans une atmosphère chic et cosy, aux côtés des nombreux locaux.

♿ AC - **€€** - *19 place Auguste-Poulet-Malassis - 02 33 29 70 85 - Fermé samedi et dimanche*

ALÈS

⊠ 30100 - Gard - Carte régionale n° **28**-B2

ÉPICES ET TOUT

CUISINE MODERNE • CONVIVIAL Ce petit restaurant à la devanture discrète secoue les papilles. Cuisine soignée, produits frais, et des épices utilisées avec justesse. De jolis plats comme ce tartare de saumon fumé au deux lentilles, cette selle d'agneau et mousseline de champignons, ou cette poire pochée aux épices douces. Un menu appétissant à déguster en été sur la petite terrasse.

- **€€** - *15 avenue Carnot - 04 66 52 43 79 - www.epicesettout.fr - Fermé dimanche et le soir du lundi au mercredi*

ALIXAN

⊠ 26300 - Drôme - Carte régionale n° **24**-B1

MANDIBULE N

Chef : Maxime Szczepaniak

CUISINE MODERNE • CONTEMPORAIN Bec, gueule, mâchoire ou mandibule : il faut du mordant pour croquer la vie à pleines dents ! Maxime Szczepaniak en a fait la preuve en passant du BTP aux fourneaux, apprenant seul pendant le confinement avant de s'aguerrir dans de belles maisons étoilées. Aujourd'hui, il cuisine dans une maison en pierre classée, au centre du village. Salle brute, murs en pierre et sol en béton ciré, expos d'artistes locaux... et surtout, une cuisine vivante que l'on savoure dans un menu mystère centré sur les produits locaux : fleur de courgette farcie, sandre et asperge, cristivomer au cresson, fraise et reine-des-prés... Menu déjeuner à prix doux.

L'engagement du chef : Le chef privilégie les produits issus d'un périmètre de 20 km, travaillant avec une soixantaine de petits producteurs et allant parfois lui-même cueillir légumes et fruits le matin. Tout est fait maison, pain au levain compris. Les parures de légumes sont converties en bouillons, les carcasses exploitées jusqu'au bout, les poissons issus de la pêche ikejime, et les restes compostés. Même les manches des couteaux sont fabriqués par un ébéniste en Ardèche, à partir de chutes de bois.

- **€€€** - *5 place de la Mairie - 04 75 73 02 44 - www.mandibulerestaurant.com - Fermé lundi, dimanche et mardi midi*

ALLAUCH

⊠ 13190 - Bouches-du-Rhône - Carte régionale n° **28**-D3

IOD'IN

CUISINE MÉDITERRANÉENNE • CONTEMPORAIN À la périphérie du joli village d'Allauch, cette brasserie marine moderne et spacieuse mérite le détour. Le jeune chef Anthony de Filippo (passé à l'Alcyone de Lionel Levy et chez Dominique Frérard aux Trois Forts à Marseille) embarque son équipage de gourmets au fil d'une délicieuse cuisine iodée et décomplexée où le poisson et les crustacés sont rois. Bouillabaisse à la carte (sans réservation préalable).

- **€€** - *602 avenue du 7e-Régiment-de-Tirailleurs-Algériens - 04 91 07 67 80 - www.restaurantiodin.fr - Fermé lundi et dimanche*

ALLEX

✉ 26400 - Drôme - Carte régionale n° **24**-B2

L'AUBERGE D'ALLEX

CUISINE MODERNE • BISTRO Entre Valence et Montélimar, cette auberge de village continue sa vie gourmande grâce à un jeune couple qui en a fait une étape chaleureuse et cosy, d'esprit bistrot, panachée de quelques touches contemporaines. Dans l'assiette, la veine bistrotière se confirme à travers une cuisine simple dans l'air du temps. C'est du sérieux, à l'image de ce filet de merlu, sauce aux agrumes et embeurrée de chou rouge et butternut.

♿ AC - **€€** - *1 montée de l'Ancien-Hôpital - ✆ 04 75 62 61 66 - www.laubergedallex.fr - Fermé lundi et mardi, et dimanche soir*

ALLEYRAS

✉ 43580 - Haute-Loire - Carte régionale n° **20**-B3

✿ LE HAUT-ALLIER

Chefs : Clément et Philippe Brun

CUISINE MODERNE • CONTEMPORAIN Au cœur des gorges de l'Allier, cet hôtel-restaurant familial regarde le pont et la rivière depuis ses fenêtres. Bien ancrée dans son terroir, la famille Brun – Clément, le fils, en cuisine et Camille sa compagne en pâtisserie, épaulés par les parents Philippe et Michelle – magnifie ces rudes contrées. Ils célèbrent ainsi les nombreux produits qu'ils trouvent dans ce coin de nature : champignons, viandes et fromages auvergnats, saumon d'une pisciculture de l'Allier, mais aussi plantes et fleurs sauvages. On se régale d'un ceviche de truite au piment d'Espelette, condiment avocat et tarama, boulgour et ris d'agneau au beurre d'anchois, ou d'une originale association de framboises et orge malté avec un crémeux au pur malt d'une distillerie locale.

AC - **€€€** - *1 avenue de la Gare (Le Pont d'Alleyras) - ✆ 04 71 57 57 63 - www.hotel-lehautallier.com - Fermé mardi et mercredi*

ALLONE

✉ 79130 - Deux-Sèvres - Carte régionale n° **14**-C2

ASTORE (N)

CUISINE MODERNE • BISTRO Au cœur de la Gâtine poitevine, ce bistrot contemporain est l'œuvre d'un couple atypique : Benoît de Dreuille, Auvergnat passé par les Beaux-Arts de Bruxelles avant de rouler sa bosse en cuisine en France et en Belgique, et Margaux Voguet, Parisienne diplômée en histoire de l'art et en archéologie, qui orchestre la salle et les vins. Le chef concocte une savoureuse cuisine à base de produits frais et locaux : œuf, courgette et câpres ; cochon, ail et aubergine... C'est franc du collier, parfumé et non dénué de finesse.

♿ - **€€** - *2 place de l'Église - ✆ 09 82 45 34 58 - Fermé mardi, mercredi, samedi midi, et le soir du dimanche au jeudi*

ALLUY

✉ 58110 – Nièvre – Carte régionale n° **16**-C2

LA GRANGÉE

CUISINE MODERNE • AUBERGE Originaire et amoureux de la région, Jean-Baptiste Girard a transformé cette auberge communale avec son épouse japonaise Maiko. Il y met en avant la production locale (bœuf charolais, légumes bio, safran...) et la cueillette. Mention spéciale pour la brioche à l'ail des ours, qui est un vrai délice. Service aux petits soins, et jolies céramiques d'un artisan local. Un coup de cœur.

– **€€** – *Le Bourg – 03 86 76 11 56 – www.restaurantlagrangee.com – Fermé du lundi au mercredi et jeudi midi*

L'ALPE-D'HUEZ

✉ 38750 – Isère

AU CHAMOIS D'OR

MONTAGNARD • FAMILIAL Un grand chalet en bois aux balcons ciselés : sous la neige, une véritable image d'Épinal... Des feux crépitent, le décor évoque une demeure particulière, les enfants peuvent s'amuser dans "leur" salon (jeux, TV, etc.) et leurs parents profiter du spa : un vrai havre au cœur des Alpes...

– **42 chambres** – *169 rue Fontbelle 04 65 84 43 84*

LES GRANDES ROUSSES

MODERNE • ÉLÉGANT Cet établissement est le fruit d'une histoire familiale, démarrée à Huez au début du 20e s. Le cuivre et le rouge sont le fil conducteur de cet intérieur montagnard d'une grande élégance. Les chambres, confortables, se parent de parquet et de pierre. Et pour les amateurs, un beau spa.

– **105 chambres** – *Route du Signal – 04 76 80 33 11*

LE PIC BLANC

MODERNE • ÉLÉGANT Grande construction moderne d'esprit chalet campée dans le quartier des Bergers, sur les hauteurs de la station. Les chambres spacieuses, de style anglais, sont dotées d'un balcon ; la salle à manger fait face aux montagnes... Solarium, piscine, sauna.

– **92 chambres** – *Quartier des Bergers – 04 76 11 42 42*

ROYAL OURS BLANC

MODERNE • CHALEUREUX À 100 m des pistes, cet imposant hôtel tout en hauteur dévoile une déco moderne et design, qui multiplie les clins d'œil aux ursidés (moquette aux pattes d'ours, motifs de nids d'abeilles)... Original et très accueillant !

A/C – **46 chambres** – *Avenue des Jeux 04 76 80 35 50*

ALTILLAC

✉ 19120 – Corrèze – Carte régionale n° **19**-C3

CUEILLETTE

Chef : Oscar Garcia

CUISINE MODERNE • DESIGN Entre Lot et Corrèze, ce charmant manoir du 19e s. entièrement rénové abrite une belle salle lumineuse et design. Les pommes en céramique suspendues au plafond évoquent le verger (mais aussi le potager) que le restaurant cultive tout près de là. Passé chez Franck Putelat et à La Table d'Uzès, le jeune chef Oscar Garcia s'attelle avec talent à une cuisine de saison plutôt créative, avec des produits dénichés dans un rayon de 100 km : truite à la betterave, verveine et myrtille ; canard du Lot, chicorée et jus au poivre de cassis ; fougasse à la noisette avec dessert au raisin et tomate... Dans les étages, 5 confortables chambres. Formule plus simple au déjeuner.

- €€€€ - *3 La Raufie* - *05 19 90 00 19* - *www.restaurant-cueillette.fr - Fermé lundi, mardi et dimanche*

CUEILLETTE

MODERNE • CHALEUREUX Son nom fleure bon la nature et la gourmandise – une image idéale pour un hôtel axé sur la gastronomie et le vin dans la vallée de la Dordogne. Ses cinq chambres ont été réaménagées dans un style moderne et coloré, en conservant le caractère architectural d'origine, et équipées selon les normes d'un établissement de luxe.

- **5 chambres** - *3 La Raufie* - *05 19 90 00 19*

Cueillette - Voir la sélection des restaurants

ALTKIRCH

68130 - Haut-Rhin - Carte régionale n° **8**-A3

YIM (N)

CUISINE THAÏLANDAISE • COLORÉ Signifiant "sourire" en thaï, Yim est la troisième adresse des frères Klanklong, après L'Orchidée et Yam. L'établissement prolonge avec bonheur la lignée de ses aînés : une cuisine thaïlandaise moderne, expressive et équilibrée, fondée sur de beaux produits – porc ibérique, bœuf Angus, saumon corse label rouge. Pleines de peps, les assiettes séduisent par leurs accords nets entre épices et acidité.

€€ - *33 rue Gilardoni* - *03 89 88 50 39* - *www.restaurant-yim.com* - *Fermé lundi et dimanche*

ALTWILLER

67260 - Bas-Rhin - Carte régionale n° **8**-A1

RESTAURANT DE L'ÉCLUSE 16

CUISINE MODERNE • CONTEMPORAIN Cet ancien relais de chevaux de halage borde le canal des houillères de la Sarre. Le chef, originaire du Morbihan, offre une partition soignée et gourmande, comme en témoignent ce risotto safrané au chorizo accompagnant une volaille label rouge aux crevettes sauvages, ou le souvenir ému d'une tatin revisitée avec pertinence. Il utilise à l'occasion les produits du terroir local, agrémentés de condiments ou d'huiles aromatisées maison.

- **€€** - *Lieu-dit Bonnefontaine* - *03 88 00 90 42* - *www.ecluse16.com - Fermé lundi et mardi, et dimanche soir*

ALVIGNAC

46500 - Lot - Carte régionale n° **23**-B2

LE VOYAGE D'ERNESTINE

CUISINE MODERNE • BISTRO Entre Rocamadour et Padirac, cette belle table familiale régale les gourmets ! Trois associés (un frère et une sœur jumeaux, accompagnés du compagnon de cette dernière) invitent à un voyage culinaire où les produits locaux brillent : agneau de la ferme du Bouscarel, légumes de Tauriac, truite de la pisciculture du Blagour. Boucher-charcutier de métier, le frère connaît les bons morceaux sur le bout de la fourchette, tandis que le couple, riche de ses expériences autour du globe, apporte des notes d'ailleurs : zaatar, citron noir, ou encore une mayonnaise au ssamjang, ce fameux condiment coréen. Une adresse dans l'air du temps, à savourer sans hésiter. Réservation conseillée !

- **€€** - *182 Grand-Rue* - *05 65 11 76 20* - *www.le-voyage-ernestine.fr* - *Fermé mardi, mercredi et samedi midi*

AMBERT

✉ 63600 – Puy-de-Dôme – Carte régionale n° **20**–B2

LE M

CUISINE MODERNE • CONVIVIAL On « M » ce bistrot contemporain branché, pour son accueil charmant comme pour sa cuisine actuelle et savoureuse, à l'image de cet épais dos de cabillaud, fregola sarda et son jus de volaille. Le menu-carte restreint assure fraîcheur et qualité des produits de saison, et offre un très bon rapport qualité-prix le midi ! Ne passez pas à côté de l'excellent canelé, clin d'œil aux origines bordelaises du couple. Belle sélection de vins à l'ardoise.
♿ AC – **€€** – *1 place du Livradois – ✆ 04 73 82 28 91 – Fermé du lundi au mercredi et dimanche soir*

AMBIALET

✉ 81430 – Tarn – Carte régionale n° **27**–B1

RELAIS DE LA VALLÉE

CUISINE MODERNE • SIMPLE Caroline Blau et Tommy Medalle ont posé leurs valises à Ambialet, village natal de Tommy et méandre du Tarn sacrément photogénique. Ils ont transformé un ancien café au charme rustique un poil suranné, niché entre roche et rivière. Si la carte concoctée par la cheffe propose des mets simples, le résultat est exigeant et enthousiasmant, allant du classique comme l'os à moelle et la soupe du jour à des créations plus originales comme la poitrine de porc au daikon marinée et braisée au mirin et au saké, qui fleure bon l'effet nippon. La fraîcheur et la qualité des produits sont au rendez-vous, tout comme la simplicité et la gentillesse du service. Des tarifs très cléments !
– **€** – *75 route de la Vallée – ✆ 05 63 42 63 44 – Fermé dimanche soir, lundi et le soir sauf vendredi et samedi*

AMBOISE

✉ 37530 – Indre-et-Loire – Carte régionale n° **15**–C1

✿ CHÂTEAU DE PRAY

CUISINE MODERNE • ÉLÉGANT En amont d'Amboise, sur la rive sud de la Loire, ce château médiéval remanié à la Renaissance attire l'œil avec ses deux tours massives. L'édifice trône paisiblement au milieu d'un vaste parc à la française, où l'art de vivre ligérien perdure. On aime l'élégance de cette orangerie en partie troglodyte, taillée dans la roche du coteau, et l'on apprécie aux beaux jours la plaisante terrasse tournée vers les jardins. La cuisine du chef Arnaud Philippon flirte joliment avec notre époque : pressé de chevreau et foie gras, pied bleu, ail des ours et pâte de cacao mango ; mijoté de couteaux, asperges blanches et vin de Vouvray à la racine de primevère ; soufflé chaud au cassis de Touraine. Finesse d'exécution, équilibre des saveurs, approvisionnement auprès de producteurs locaux : la vie de château a du bon !
P – **€€€** – *Rue du Cèdre, à Chargé – ✆ 02 47 57 23 67 – www.chateaudepray.fr – Fermé lundi, mardi, mercredi midi et dimanche soir*

LES ARPENTS

CUISINE MODERNE • CONTEMPORAIN Pas très loin du château, derrière une traditionnelle façade couleur bordeaux, se cache un bistrot contemporain qui nous a tapé dans l'œil. Deux anciens copains, qui se sont rencontrés sur

les bancs de l'école hôtelière de Tours, assurent une partition gourmande sans faute. Ils puisent généreusement dans les produits locaux, asperges et fraises de Touraine en saison, porc roi rose et fromages de chèvre. Dans l'assiette, on se régale de noix de Saint-Jacques rôties, chou-fleur et huile de vanille ; ou encore d'une tarte au citron saupoudrée de citron noir séché, détail diabolique qui ne fait qu'augmenter notre plaisir.
- **€€** - *5 rue d'Orange - 02 36 20 92 44 - www.restaurant-lesarpents.fr - Fermé lundi et dimanche*

AU CHARME RABELAISIEN

BOURGEOIS • CHARME Cette demeure bourgeoise qui abrita une banque, une école et une étude notariale est devenue un hôtel de charme. Les chambres sont confortables (celles du dernier étage offrent une vue sur le château), et l'accueil familial. Petit jardin avec piscine et agréable espace bien-être.
- **10 chambres** - *25 rue Rabelais - 02 47 57 53 84*

AMBRONAY

01500 - Ain - Carte régionale n° **21**-B1

AUBERGE DE L'ABBAYE

CUISINE MODERNE • CONTEMPORAIN Au pied de l'abbaye bénédictine d'Ambronay, ce restaurant offre un décor contemporain soigné. En aubergiste moderne, le chef évolue entre salle et cuisine, mettant à l'honneur produits locaux et crus sélectionnés. Laissez-vous porter par ses menus sans choix, au déjeuner comme au dîner.
- **€€€€** - *47 place des Anciens-Combattants - 04 74 46 42 54 - www.aubergedelabbaye-ambronay.com - Fermé lundi, et mercredi et dimanche soir*

LA MAISON D'AMBRONAY

MODERNE • CONVIVIAL Retour en enfance : cette ancienne école s'était choisi pour cadre une bâtisse de 1870, pleine d'élégance, agrémentée d'un patio, de colonnes, d'arches en briques et d'escaliers en pierre et fer forgé. Métamorphosée en maison d'hôtes, elle a converti les quatre classes en chambres débordantes de vie, lumineuses et chamarrées, pleines de références enfantines. Les parties de baby-foot, de ping-pong et de flippers remplacent les interrogations surprises et un brunch convivial les goûters de la récré.
- **4 chambres** - *46 Grande-Rue - 07 82 32 90 79*

AMIENS

80000 - Somme - Carte régionale n° **4**-B3

AIL DES OURS

CUISINE MODERNE • CONTEMPORAIN Proche de la cathédrale, cette table sympathique et tendance est menée par le jeune chef Stéphane Bruyer. Dans une salle rénovée, aux tons naturels (et émaillée de nombreuses plantes), il sert une cuisine simple, de saison, valorisant les produits du marché, menu unique (choix entre poisson ou viande) : le restaurant est plébiscité à Amiens... et l'on comprend pourquoi.
- **€€** - *11 rue Sire-Firmin-Leroux - 03 22 48 35 40 - www.aildesours-restaurant.fr - Fermé lundi, dimanche et mardi midi*

LES ORFÈVRES

CUISINE MODERNE • CONTEMPORAIN Situé en plein centre, ce restaurant à la décoration moderne et colorée met en avant, dès l'entrée, une fresque réalisée par un artiste local. Le chef Frédéric Barrette déploie créativité et gourmandise dans des plats qui revisitent avec finesse les classiques : raviole de haddock accompagnée de poudre de peau et poivre de Timut, ris de veau croustillant avec sabayon moutarde et jus corsé. Une table conviviale où le savoir-faire culinaire se conjugue avec une ambiance chaleureuse et souriante.

- €€€ - 14 rue des Orfèvres - 03 22 92 36 01 - www.lesorfevres.com - Fermé lundi et mardi midi

MAROTTE

CLASSIQUE • CHALEUREUX Ce bel établissement, au cœur de la ville, prend ses aises dans une bâtisse de brique rouge du 19e s. (avec une extension contemporaine), dont il conserve le cachet – boiseries, moulures, etc. – et même l'esprit de demeure privée. Élégance, atmosphère feutrée et accueil charmant…

- 33 chambres - *3 rue Marotte - 03 60 12 50 00*

AMMERSCHWIHR

68770 - Haut-Rhin - Carte régionale n° **8**-C2

RESTAURANT JULIEN BINZ

Chef : Julien Binz

CUISINE MODERNE • ÉLÉGANT Sur la route des vins, au sud de Colmar, le charmant village viticole d'Ammerschwihr est niché dans la vallée du Kaysersberg, surnommée la vallée aux étoiles… Michelin, bien sûr ! Rompu aux ficelles du métier, ancien de la brigade de l'Auberge de l'Ill, Julien Binz maîtrise toutes les cordes de l'arc culinaire. Dans un cadre feutré et élégant, il compose une cuisine saisonnière inspirée par l'Alsace reposant sur de solides bases classiques : foie gras de canard en deux versions ; truite "en impression rayée", choucroute et crème de riesling Kaefferkopf ; tortellini au munster et son bouillon beurré… Une belle leçon de gourmandise.

- €€€€ - 7 rue des Cigognes - 03 89 22 98 23 - www.restaurantjulienbinz.com - Fermé lundi et mardi, et mercredi soir

LE VALTRIVIN N

CUISINE MODERNE • COSY Venue de Lapoutroie, l'équipe du Valtrivin s'est installée à Ammerschwihr, au cœur du vignoble du Haut-Rhin. Un choix judicieux pour cette maison qui fait découvrir avec passion les crus alsaciens – et bien d'autres. Dans cet ancien caveau, monsieur conseille avec malice l'un des trésors de son superbe livre de cave, tandis que madame concocte une jolie cuisine actuelle, élaborée avec de bons produits locaux et de saison, notamment des créations sucrées empreintes d'une certaine finesse. À recommander sans modération !

- €€ - 4 rue du Wetzelhof - 06 45 72 70 54 - www.levaltrivin.fr - Fermé mercredi, samedi midi, et mardi et dimanche soir

ANDLAU

✉ 67140 - Bas-Rhin - Carte régionale n° **8**-C1

PARTAGE

CUISINE MODERNE • CONTEMPORAIN Julie et Hugo, qui se sont rencontrés chez Lameloise, se sont installés entre les murs de la maison natale du peintre Alexis Kreyder (1839-1912), réputé pour ses natures mortes de fleurs et de fruits. Auberge traditionnelle couleur framboise à l'extérieur mais déco contemporaine à l'intérieur, le lieu séduit les gourmets. Dans les assiettes, ce chef talentueux cisèle de jolis plats parfumés et équilibrés aussi bons que beaux pour l'œil comme cette daurade marinée et subtilement fumée, crème façon bibalakas aux herbes, betteraves en copeaux. Une adresse à... partager !

*- **€€** - 19 rue du Docteur-Stoltz - ✆ 03 88 08 93 23 - www.restaurant-partage.com - Fermé lundi et dimanche*

ANGERS

✉ 49100 – Maine-et-Loire – Carte régionale n° **9**–C2

LAIT THYM SEL

Chef : Gaëtan Morvan

CUISINE CRÉATIVE • CONTEMPORAIN On vous recommande chaudement cette pépite tenue par un couple talentueux qui vient de prendre ses nouveaux quartiers de l'autre côté de la Maine dans une belle salle contemporaine. Côté cuisine, Gaëtan Morvan, jeune chef passé par de grandes tables étoilées, propose une expérience culinaire atypique en plusieurs séquences très originales qui valorisent les produits de la région. Inventivité, associations inattendues (rehaussées par l'usage d'épices venues du monde entier), on se laisse embarquer dans son univers gourmand. Côté salle, Fanny Morvan assure un service efficace et suggère de jolis vins respectueux de l'environnement.

L'engagement du chef : Notre maraîcher est installé à 50 km du restaurant. Nous travaillons les poissons de Loire en saison, les poissons de mer de Loire-Atlantique, de Bretagne ou de Normandie, la viande des Pays de la Loire. Pain réalisé sur place et possibilité d'emporter le pain non consommé pour lutter contre le gaspillage alimentaire. Carte des vins orientée nature et bio.

PLAN : B1-2 – AC – **€€€€** – *17 rue Boisnet – ✆ 07 89 65 89 07 – www.laitthymsel.com – Fermé lundi, dimanche, et mardi et samedi à midi*

L'ARDOISE

CUISINE MÉDITERRANÉENNE • COSY Sur la rive gauche de la Maine, les recettes du chef mêlent avec gourmandise tradition et touches méditerranéennes : sélection d'antipasti à partager (ou pas !), boudin au chorizo ibérique, jarret de veau confit et sa bisque de langoustine... Les desserts ne sont pas en reste (tiramisu, entremets à la pistache et fleur d'oranger, profiterole XXL). Le tout à prix sage, à déguster dans un agréable décor de brasserie contemporaine, ou sur la terrasse.

PLAN : A1-6 – ♿ AC – **€€** – *7 place Molière – ✆ 02 72 73 11 91 – www.lardoise-angers.fr – Fermé lundi et dimanche*

GRIBICHE

CUISINE TRADITIONNELLE • SIMPLE Ô le joli bistrot coup de cœur ! Quand ce chef sort son ardoise de plats traditionnels dépoussiérés et généreux, les papilles défaillent : pâté en croûte ; tête de veau sauce gribiche ; râble de lapin, purée, sauce moutarde ; gibier en saison, sans oublier une offre végétarienne. Beau choix de vins à prix sages. Réservation conseillée.

PLAN : A2-1 – AC – **€€** – *9 rue Max-Richard – ✆ 02 41 19 14 48 – Fermé mercredi soir, samedi et dimanche*

ANCESTRAL (N)

CUISINE MODERNE • CONTEMPORAIN Au cœur du quartier historique de la Doutre, un restaurant à la façade discrète. La petite salle moderne aux murs de pierres apparentes et son mobilier en bois distillent une atmosphère intimiste. Aux fourneaux dans sa cuisine ouverte, le chef sarthois Kévin Bougard caresse la tradition, mais légèrement à rebrousse-poil. Au programme : velouté délicat d'asperges blanches, gigot d'agneau confit escorté de légumes printaniers. Le soir, le menu unique proposé en plusieurs séquences continue de puiser dans la production locale.

PLAN : A1-5 – AC – €€ – *9 rue Beaurepaire – ✆ 02 41 86 87 88 – www.restaurant-ancestral.fr – Fermé samedi et dimanche, et le soir du lundi au mercredi*

AUTOUR D'UN CEP

CUISINE MODERNE • BISTRO Dans cette petite maison dont le millésime se perd entre le 15e et le 16e s., à mi-chemin entre la cathédrale et la Maine, le chef Thony Pohu signe une cuisine généreuse et savoureuse, ancrée dans l'air du temps et la saison, où le végétal occupe une large place. Les produits de bonne qualité sont sourcés localement ; les producteurs sont d'ailleurs bien mis en avant sur la carte. Carte des vins en majorité bio et natures de plus de 300 références.

PLAN : A1-3 – ✿ – €€ – *9 rue Baudrière – ✆ 02 41 42 61 00 – www.autourduncep.com – Fermé samedi et dimanche*

BOUILLON BARON

CUISINE TRADITIONNELLE • BISTRO Jérémie Baron (anciennement Autour d'un Cep) nous réchauffe avec son bouillon mijoté aux petits oignons dans une maison datant de 1895. Il régale un public nombreux, conquis et bruyant de joie, avec des recettes traditionnelles et populaires telles que la terrine de campagne et ses pickles ; l'œuf mimosa, betterave et vinaigrette ; la saucisse de Toulouse ; la tête de veau sauce ravigote ; un chou craquelin au chocolat et noix de pécan. Au déjeuner, le menu-carte, proposé sur ardoise, affiche un prix imbattable. Sélection de quilles à dominante ligérienne, en bio et en biodynamie.

PLAN : B1-9 – ♿ – € – *11 avenue Marie-Talet – ✆ 02 41 43 34 79 – Fermé samedi et dimanche, et le soir sauf vendredi*

CHEZ RÉMI

CUISINE TRADITIONNELLE • CONVIVIAL Chemise à carreaux et tablier bleu, Rémi officie derrière ce qui fut probablement le comptoir de cet ancien bar PMU, transformé en bon petit bistrot. Ce midi : goûteuse terrine de foie de volaille ; dorade sébaste et son savoureux fumet ; pêche pochée, financier et onctueuse glace vanille maison. L'un des atouts majeurs de l'établissement : son ambiance à la bonne franquette. Aux murs, des photos du chef et de ses anciennes équipes, une ardoise avec les menus du jour. À consommer sur place ou à emporter, la bouteille se récupère directement dans la cave à vins par les convives. Bienvenue chez Rémi !

HORS PLAN – €€ – *168 rue de Frémur – ✆ 09 55 17 96 10 – www.sites.google.com/view/restaurantchezremi/accueil – Fermé lundi, mardi, samedi et dimanche*

KAZUMI

CUISINE JAPONAISE • CONTEMPORAIN Kazumi Hatakenaka est un chef japonais arrivé en France à l'origine pour travailler dans une auberge traditionnelle du Beaujolais. Derrière son comptoir, il élabore un menu dégustation en-

tièrement consacré à la cuisine japonaise, qui révèle finesse et fraîcheur. Plats qui font saliver, cuissons et assaisonnements réussis : un joli parcours gourmand, qui exige trois heures à table.

PLAN : A2-8 - **€€€** - *3 rue d'Anjou - ✆ 02 53 57 21 42 - www.restaurant-kazumi.com - Fermé dimanche, et lundi, mercredi et samedi midi*

SENS

CUISINE CRÉATIVE • **ÉPURÉ** « Sens » a emménagé dans un lieu plein de cachet, sous des voûtes datant du 12e s. ... de quoi en prendre plein la vue ! La cuisine du chef Nicolas Adamopulos est moderne, sophistiquée, et ne manque pas de personnalité. Les produits, locaux et bio, sont souvent travaillés dans leur entièreté (miel d'arêtes de lieu jaune ; fond de tarte en peau de tomates...). Les cuissons sont précises et les préparations maitrisées. Menus changés régulièrement au fil des saisons et des marchés.

PLAN : A1-7 - **€€€** - *17 rue Beaurepaire - ✆ 02 41 05 12 28 - www.restaurant-sens.com - Fermé lundi, dimanche, et mardi et samedi à midi*

LE SOURIRE

CUISINE MODERNE • SIMPLE Dans le quartier de la Doutre, le chef japonais Yuma Nishioka prépare aussi bien une soupière de poisson en croûte qu'un pithiviers de canard et foie gras, ou encore un classique soufflé au chocolat. Il grille sa noix de bœuf au binchotan, fume son saumon mi-cuit au bois de sakura et relève sa mousse de carotte d'une gelée de dashi. En résumé, il a assez de bagage technique sous la baguette pour panacher de façon harmonieuse produits de l'Hexagone et du pays du Soleil-Levant.

PLAN : A1-10 – **€€** – *8 boulevard Arago – ✆ 09 81 39 76 50 – www.restaurant-le-sourire.fr – Fermé samedi et dimanche*

LA TABLE DE CLÉMENT PAILLARD N

CUISINE CRÉATIVE • CONTEMPORAIN Au pied de la cathédrale Saint-Maurice d'Angers, cette table contemporaine prend place dans une bâtisse moderne aux larges baies vitrées ouvrant sur l'édifice. La salle, lumineuse et intimiste, associe moquette bleu-gris, bois clair et cuisine ouverte. On retrouve Clément Paillard – ex-Jeunes Pousses – aux commandes d'une cuisine créative et de saison, fondée sur des produits locaux et jouant les variations de textures : ris de veau et artichaut, petits pois au wasabi, ou sole aux asperges déclinées en purée, tempura et brunoise. Menu dégustation plus ambitieux au dîner.

PLAN : A2-4 – ♿ A/C – **€€€** – *5 rue Saint-Christophe – ✆ 02 41 60 05 09 – www.clementpaillard.fr – Fermé samedi, dimanche et du lundi au mercredi à midi*

MARKUS

MODERNE • CHALEUREUX Situé face au passage du tramway, cet ancien hôtel particulier (1850) est le pied-à-terre idéal pour visiter le château et le centre-ville. Contemporain, décoré avec goût dans des tonalités très claires, l'atmosphère y est des plus sympathiques.

A/C – **14 chambres** – *21 boulevard du Maréchal Foch – ✆ 02 30 31 41 00*

ANGLES

✉ 85750 – Vendée – Carte régionale n° **14**-B2

RACINE RESTAURANT N

CUISINE MODERNE • CONTEMPORAIN Derrière sa devanture discrète, ce bistrot contemporain abrite la cuisine précise et sincère de Valentin Guignard, accompagné en salle par sa compagne Meggie Blanc. Le midi, pour un tarif anachronique, il renouvelle chaque jour un menu soigné autour de produits locaux et de saison. Il saisit le merlu comme il faut, l'accompagne d'une purée de butternut soyeuse, puis conclut par un crumble amande, meringue et granny smith tout en fraîcheur. Le soir, la partition monte encore en ambition.

♿ – **€€** – *7 square Docteur-Pierre-Prévost – ✆ 02 51 27 97 84 – www.racine-restaurant.fr – Fermé mardi et mercredi, et lundi soir*

ANGLET

✉ 64600 – Pyrénées-Atlantiques

BRINDOS, LAC & CHÂTEAU

CLASSIQUE • VERDOYANT Dormir au château ou dans un pavillon flottant sur le lac ? C'est le choix cornélien à faire en entrant cet hôtel unique en son genre. Il s'organise autour d'un manoir fastueux des années 1930 avec des

chambres glamour offrant des vues sur les jardins ou sur l'eau. Des bateaux électriques relient les dix pavillons flottants, dont les terrasses privées sont aménagées pour dîner ou s'y détendre. Les installations comprennent un spa, une piscine extérieure, une chocolaterie, un bar à cocktails et un bar extérieur.
- 39 chambres - *1 allée du Château - 05 59 51 53 63*

ANGOULÊME

16000 - Charente - Carte régionale n° **18**-C2

LA BISTRONOMIE

CUISINE MODERNE • BISTRO Dans ce bistrot contemporain, le chef cisèle des assiettes qui vont droit au but comme le nom de son restaurant : c'est réjouissant. Les recettes bistrotières (soupe à l'oignon, tartare de bœuf, mousse au chocolat) côtoient des préparations traditionnelles, retravaillées avec intelligence. C'est le cas de ce cromesquis d'aligot à la tome fraîche de l'Aubrac ou de cette raviole de volaille à l'estragon. Les desserts, gourmands et soignés, valent aussi le coup de fourchette à l'image de cet entremet autour de la pomme, insert de pomme caramélisée, sorbet granny smith, gel de pomme, crème pâtissière à la vanille de Madagascar et tuile croustillante.
- €€ - *16 rue Raymond-Poincaré - 07 89 60 54 52 - www.labistronomie-angouleme.eatbu.com - Fermé lundi et dimanche*

LE SAINT-GELAIS

CLASSIQUE • ÉLÉGANT Cet ancien prieuré réhabilité est l'un des plus agréables hôtels d'Angoulême. Les chambres, entre design et vintage, sont spacieuses et confortables : la garantie d'un séjour agréable. Terrasse arborée avec piscine, salle de séminaire.
- 16 chambres - *12 rue du Père Deval - 05 45 90 02 64*

ANIANE

34150 - Hérault - Carte régionale n° **27**-C1

SOUKA

CUISINE MODERNE • CONTEMPORAIN Dans ce petit village au cœur du vignoble des Terrasses du Larzac, Souka (« la souche », en occitan) met en valeur le marché et les producteurs du coin, à travers une carte courte de tapas et bons petits plats. Bons vins de la région, en vente sur place dans la partie caviste.
- €€ - *36 boulevard Saint-Jean - 04 67 57 44 83 - www.soukarestaurant.com - Fermé lundi, dimanche et mardi midi*

ANNECY

✉ 74000 – Haute-Savoie – Carte régionale n° **21**-C2

✿✿✿ LE CLOS DES SENS

Chef : Franck Derouet

CUISINE CRÉATIVE • CONTEMPORAIN Dans cette belle demeure des hauts d'Annecy, le chef Franck Derouet et son associé Thomas Lorival cultivent un univers culinaire tourné vers le végétal et le lacustre, avec une philosophie locavore évidente : tous les ingrédients proviennent du potager ou de producteurs situés à moins de 100 km. Fruits, légumes, fleurs et aromates de saison ponctuent chaque assiette, qui emprunte autant à la poésie qu'à l'art moderne. Impressionnant travail sur les poissons de lac, avec une réflexion poussée sur les textures et les modes de cuisson, qui permet par exemple d'expérimenter une féra crue mise en valeur par un puissant garum de plusieurs semaines, ou de déguster un brochet maturé cuit à la façon d'une viande grillée. Pour être encore plus proche des saisons, le chef introduit parfois quelques touches carnées dans ses assiettes, notamment pendant la période de fermeture de la pêche. En complément d'une carte des vins entièrement dédiée aux vignerons de l'arc alpin, les accords « mets et jus » (bouillons de légumes, infusions...) explorent de nouveaux champs de découvertes gustatives et célèbrent une complicité manifeste entre la salle et la cuisine. Dans ce clos, les sens sont bien à la fête.

✿ **L'engagement du chef** : Notre cuisine lacustre et végétale met en saveurs les produits de nos 1500 m2 de jardins potagers, aromatiques et fruitiers tous gérés selon la philosophie de la permaculture ainsi que les richesses des producteurs de saveurs locaux et engagés avec lesquels nous travaillons. Qu'il s'agisse de la mise en place d'un recyclage intelligent des déchets ou de la collecte et réutilisation de l'eau de pluie, nous nous efforçons d'amener du bon sens dans toute la vie du restaurant.

HORS PLAN – ✿ ⇐ ♿ AC ☂ ⊡ – **€€€€** – *13 rue Jean-Mermoz - à Annecy-le-Vieux – ✆ 04 50 23 07 90 – www.closdessens.com – Fermé lundi, dimanche, et mardi et jeudi à midi*

✿✿ MAISON BENOÎT VIDAL

Chef : Benoît Vidal

CUISINE CRÉATIVE • CONTEMPORAIN Dans sa maison de l'agglomération annécienne au sobre décor contemporain, Benoît Vidal, chef catalan passé chez Trama et Guérard, signe une cuisine légère et poétique enracinée dans la Savoie, son pays d'adoption. Il travaille avec justesse et personnalité des produits rigoureusement sourcés, mis en valeur par une technique sûre et des dressages très élaborés. Le point fort du chef se trouve peut-être dans ses préparations épurées d'une apparente simplicité, qui savent mettre en valeur avec sobriété et élégance brochet, truite ou écrevisses. Beau menu végétarien "Sentier à fleur d'eau", et menu déjeuner au prix attractif.

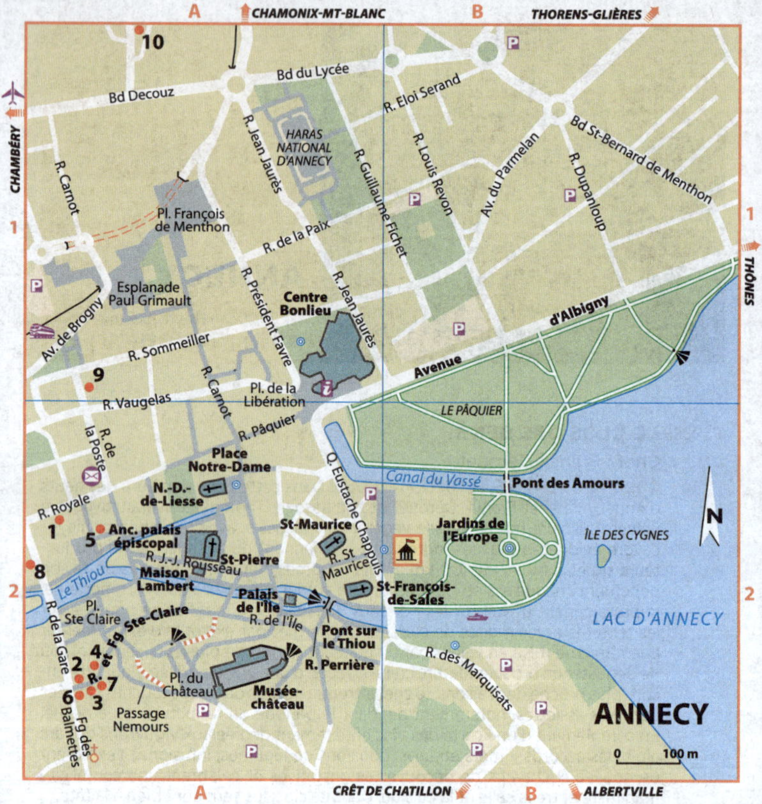

HORS PLAN – & ♿ A/C 🏞 P – €€€€ – *Sur-les-Bois, 79 route de Thônes – ✆ 04 50 88 73 18 – www.maison-benoit-vidal.com – Fermé lundi et mardi, et dimanche soir*

✿ L'ESQUISSE

Chef : Stéphane Dattrino

CUISINE MODERNE • INTIME Ancien second de Laurent Petit au Clos des Sens, à Annecy-le-Vieux, Stéphane Dattrino s'est dessiné pour lui tout seul une jolie pochade de restaurant. Derrière une façade discrète, les tables pour deux dominent (une préférence pour celles situées à l'étage) et le service, volontairement décontracté, ne prend pas la pose. Le coup de crayon du chef se révèle sûr. Riche en goûts et en couleurs, sa palette de saison marie des produits de belle qualité, comme les plantes et les aromates locaux. Merlu de ligne de Saint-Jean-de-Luz, compotée d'endives ; cœur de ris de veau croustillant et déclinaison de salsifis... Ses préparations pleines de goût méritent les honneurs du Salon.

PLAN : A2-1 – A/C – €€€€ – *21 rue Royale – ✆ 04 50 44 80 59 – www.esquisse-annecy.fr – Fermé lundi et dimanche*

LA ROTONDE DES TRÉSOMS

CUISINE MODERNE • CONTEMPORAIN La grande verrière de cette Rotonde est un véritable belvédère surplombant le lac d'Annecy : avant même le début du repas, nous voilà déjà en lévitation. Originaire d'Arcachon, le chef Eric Prowalski saupoudre de Sud-Ouest ses assiettes, qui mettent en avant des produits locaux issus de l'agriculture raisonnée. Excellent technicien, il déroule une partition légère et flatteuse, où la créativité n'empiète jamais sur le plaisir, savoureux "dialogue" entre sa terre d'adoption et sa région d'origine. Tout cela dans une salle épurée au maximum, mariage subtil de matériaux chaleureux comme le cuir et le chêne.
HORS PLAN – – **€€€€** – *Les Trésoms, 15 boulevard de la Corniche – ✆ 04 50 51 43 84 – www.lestresoms.com – Fermé lundi et dimanche*

ANTO

CUISINE MODERNE • CONVIVIAL Anto... comme Anthony Bisquerra, qui eut, on s'en souvient, 2 étoiles à La Table de l'Alpaga de Megève. Originaire du Sud-Ouest, passé par Bordeaux et La Rochelle, ce chef est tombé amoureux de la Haute-Savoie, de ses montagnes et de ses lacs. Il raconte cette histoire chez lui, au cœur du vieil Annecy, dans un décor harmonieux de chaux, de bois et de pierre. Judicieuse, cette partition d'équilibriste fait dialoguer la Savoie et d'autres terroirs bien connus du chef. Pour preuve, le pop-corn flirte avec le piment d'Espelette, le bourgeon de sapin avec le poireau et la truite gravlax ; au dessert, le chocolat et la glace au piquillos confit tiennent parfaitement tête à la piquante poudre de sriracha fumée.
PLAN : A2-4 – – **€€** – *14 faubourg Sainte-Claire – ✆ 04 50 45 21 68 – www.antorestaurant.fr – Fermé lundi et dimanche*

BRASSERIE BRUNET

CUISINE TRADITIONNELLE • COSY À deux pas de la gare SNCF, une équipe tout sourire en tenue noire et tablier de cuir vous accueille dans un cadre british, entre pierres apparentes, boiseries et banquettes en moleskine. Pâté en croûte "Brunet" ; boudin noir aux oignons, pomme, salade de mâche ; foie de veau, risotto de petit épeautre... Une avalanche de bonnes recettes servies dans une ambiance décontractée. Agréable terrasse pour les beaux jours.
PLAN : A1-9 – – **€€** – *10 rue de la Poste – ✆ 04 50 51 22 10 – www.brasseriebrunet.com – Fermé lundi et dimanche*

COZNA

CUISINE MODERNE • CONTEMPORAIN Après un parcours dans plusieurs belles tables en France et aux États-Unis, Sandra et Léo ont posé leurs valises dans une rue piétonne du vieil Annecy. La tradition est leur credo ("cozna" signifie "cuisine" en patois savoyard) et on ne va pas s'en plaindre : dans l'assiette, c'est délicieux, à l'image de cette volaille, déclinaison de carotte, sauce poulette ou bien encore de cette rose de pomme confite, sablé breton et glace vanille et le service est tout sourire. Attention, on joue souvent à guichets fermés.
PLAN : A2-2 – – **€€** – *22 faubourg Sainte-Claire – ✆ 04 50 65 00 25 – www.restaurantcozna.com – Fermé samedi et dimanche*

LE DENTI

CUISINE MODERNE • TRADITIONNEL Ce petit restaurant éloigné de l'agitation touristique de la ville est tenu par un couple d'amateurs de denti (poisson méditerranéen), deux fins cuisiniers tout-terrain. Ils proposent une savoureuse cuisine du marché qui valorise notamment le poisson à l'image de ce skrei, poireau et citron confit et suit le rythme des saisons. Le nombre de places est limité, pensez à réserver à l'avance !
HORS PLAN – – **€€** – *25 bis avenue de Loverchy – ✆ 04 50 64 21 17 – Fermé mardi, mercredi et dimanche*

LÀ-HAUT

CUISINE MODERNE • CONTEMPORAIN Au dernier étage de la Maison des Artisans, ce restaurant au cadre contemporain offre, à l'horizon des toits, une vue sur les montagnes. Le chef va droit au but avec sa cuisine savoureuse et sans artifice. Qualité des produits, générosité, sauces intenses : on passe un agréable moment, notamment grâce à un menu déjeuner à tarif appréciable.

HORS PLAN – **€€** – *8 rue du Baronnet – 04 50 44 62 07 – www.la-haut-restaurant.fr – Fermé lundi et dimanche, et mardi soir*

RACINES

CUISINE MODERNE • SIMPLE Les racines de ce bistrot-là plongent dans l'histoire familiale du jeune couple propriétaire, avec d'un côté, une boucherie spécialisée dans la viande de choix (notamment le veau de lait du Limousin), et, de l'autre, des poules et des vergers. Le bon produit, ça les connaît comme en témoignent les assiettes du chef, ancien second de l'Esquisse : tarte Tatin d'échalote, yaourt grec ; quasi de veau, déclinaison de champignons... Accueil tout sourire.

PLAN : A2-5 – **€€** – *8 passage des Bains – 04 50 09 12 43 – www.racines-annecy.fr – Fermé lundi, dimanche et mercredi soir*

LE BINÔME

CUISINE MODERNE • BISTRO Mathilde et Rémi forment un binôme bien rôdé, en cuisine comme en salle : lui au salé, elle au sucré, tous les deux assurant le service avec le sourire. On se régale d'assiettes de retour du marché, simples et bien exécutées comme ce paleron de bœuf à la chair fondante et sa purée de pomme de terre. Quelques places au comptoir face au chef. Accueil souriant.

HORS PLAN – **€€** – *32A avenue des Carrés - à Annecy-le-Vieux – 06 50 75 83 54 – www.le-binome-restaurant.fr – Fermé samedi et dimanche*

BLACK BASS

CUISINE MODERNE • TENDANCE Ambiance chic, décor tendance, vue imprenable sur le lac... et cuisine bistronomique gourmande et créative, au travers d'une courte carte où les poissons issus des piscicultures locales sont à l'honneur.

HORS PLAN – **€€€** – *Black Bass Hotel, 921 route d'Albertville, à Sevrier – 04 50 52 40 36 – www.blackbasshotel-annecy.com – Fermé , mardi et mercredi à midi*

LE BOUILLON

CUISINE MODERNE • BISTRO Dans ce bistrot au cadre moderne fraîchement rénové, dont le nom est un clin d'œil aux premiers restaurants créés au 18e s. à Paris, le chef réalise une sympathique cuisine du marché qui ne dédaigne pas quelques touches asiatiques, comme ce bouillon au curry rouge et curcuma qui flatte un joli dos de maigre en croûte de chorizo.

PLAN : A2-8 – **€€** – *9 rue de la Gare – 04 50 77 31 02 – www.lebouillon-annecy.fr – Fermé lundi et dimanche*

CAFÉ BRUNET

CUISINE TRADITIONNELLE • BISTRO Un vrai havre de paix que ce café de 1875 qui a su conserver son âme de bistrot authentique et convivial. Sur la terrasse ombragée, on laisse le temps filer en savourant une sympathique cuisine canaille et de bons petits plats mijotés servis en cocotte... Bonne sélection de vins au verre.

HORS PLAN – **€€** – *18 place Gabriel-Fauré - à Annecy-le-Vieux – 04 50 27 65 65 – www.cafebrunet.com – Fermé lundi*

CHORAL

CUISINE MODERNE • ÉPURÉ À dix minutes à pied du centre, dans le quartier des Romains, on s'attable avec plaisir dans une salle intimiste au décor mêlant l'épure japonaise et les codes du design scandinave. Au menu, des préparations de saison, saines et gourmandes, élaborées à partir de produits soigneusement sourcés : derniers haricots beurre snackés avec crème d'amandes, oseille, estragon et parmesan ; médaillons de lotte de Bretagne, le poisson nacré, servis avec chou pointu et bouillon d'arêtes au gingembre et à la citronnelle ; sans oublier la fameuse tarte au chocolat cubain. Carte de vins natures et boissons artisanales mise en scène par un sommelier vigneron à ses heures.

HORS PLAN - AC - **€€** - *33 avenue des Romains - ✆ 04 79 19 71 05 - www.choralrestaurant.com - Fermé lundi, mardi et dimanche*

MAZETTE !

CUISINE MODERNE • BISTRO Mazette, c'est tout bon ! Quand Laura la pâtissière et Maximilien le chef s'activent dans leur sympathique et convivial bistrot de poche et de tradition, on prend notre rond de serviette parmi la clientèle toujours aussi fidèle. Au menu : classiques du genre (pâté croûte, tourte au comté et jambon truffé, poitrine de cochon grillée), clins d'œil à leurs racines alsaciennes (spaetzle, vol-au-vent de volaille et morilles, tarte aux pommes, compotée de rhubarbe) et petite ardoise de plats à partager.

PLAN : A2-7 - AC - **€€** - *15 faubourg Sainte-Claire - ✆ 04 50 45 50 26 - www.mazette-restaurant.com - Fermé lundi et dimanche*

MINAMI

CUISINE JAPONAISE • ÉPURÉ Petit restaurant japonais situé dans le vieil Annecy au cadre restreint et épuré. Les spécialités japonaises (croustillants de crabe à carapace molle ; marmite de légumes et nouilles udon...) s'autorisent quelques incartades françaises : sushi de foie gras ; anguille caramélisée ou encore crème brûlée au thé jasmin... Quelques tables en terrasse aux beaux jours.

PLAN : A2-3 - terrasse - **€€** - *19 faubourg Sainte-Claire - ✆ 04 50 45 75 42 - Fermé lundi et dimanche, et mercredi soir*

LE RESTAURANT

CUISINE MODERNE • CONVIVIAL Le restaurant de Michaël Riss, situé à quelques encablures du centre-ville d'Annecy, offre un cadre contemporain et lumineux. Cette première affaire personnelle est le fruit d'un parcours solide effectué dans plusieurs tables étoilées. Au menu, on retrouve des produits en grande majorité locaux, cuisinés avec soin et gourmandise : pressé de volaille et de veau parfaitement assaisonné ; cuisson d'une belle justesse pour l'omble, accompagné de pleurotes nappées d'une sauce bien parfumée ; dessert sur la poire tout en gourmandise. L'établissement propose également une épicerie fine et une cave à vins avec une offre de "tapas" en soirée.

PLAN : A1-10 - ♿ AC terrasse - **€€€** - *2 avenue de Genève - ✆ 09 86 40 01 02 - www.le-restaurant-annecy.fr - Fermé samedi et dimanche*

SABA

CUISINE FUSION • CONVIVIAL (Transfert prévu au 41 rue Sommeiller au printemps) On connaissait nombre de chefs japonais passionnés par la gastronomie française, voici un chef français passionné par la cuisine nippone ! Et qui la met en œuvre de belle manière dans son restaurant de poche du vieil Annecy, avec des assiettes fraîches et vives, non sans caractère : gyozas d'anguille fumée et saba (maquereau en japonais) ; riz koshihikari, gambas et curry... Tout cela dans une démarche en faveur d'une agriculture et d'une pêche raisonnées. Service tout sourire.

PLAN : A2-6 - terrasse - **€€** - *21 faubourg Sainte-Claire - ✆ 09 87 39 45 25 - www.restaurant-saba.com - Fermé samedi, dimanche, et mardi et mercredi à midi*

LE CLOS DES SENS

MODERNE • CONVIVIAL Beaux matériaux, équipements dernier cri, vue sur le lac ou la ville d'Annecy : on se sent comme chez soi dans les chambres de ce Clos des Sens. Le petit coin salon, avec sa cheminée et ses fauteuils clubs, ravira les lecteurs ; quant au beau couloir de nage, il fera la joie de tous !

- 10 chambres - *13 rue Jean Mermoz - 04 50 23 07 90*

Le Clos des Sens - Voir la sélection des restaurants

HÉBÉ HÔTEL

MODERNE • RAFFINÉ Cet hôtel haut de gamme offre ce qu'il faut de contraste avec son cadre, sans jamais paraître déplacé. Dans les chambres, les planchers de bois sont un écho subtil au style "chalet alpin", tandis que l'ambiance dominante est celle d'une sophistication contemporaine aux lignes épurées : mobilier moderne, art contemporain et équipements de luxe. Certaines disposent de petites terrasses.Les produits bio d'origine locale s'invitent au petit-déjeuner, alors que le bar poursuit le service de restauration légère jusque tard dans la nuit.

- 28 chambres - *5 avenue d'Aléry - 04 50 32 73 01*

LES TRÉSOMS

MODERNE • CHAMPÊTRE Au-dessus du lac, dans un environnement boisé, cette demeure des années 1930 se modernise sans rien perdre de son charme Art déco ! Spa et piscines sont propices à la détente. Capteurs solaires ou places pour recharger sa voiture électrique : ici, la responsabilité écologique n'est pas un vain mot.

- 56 chambres - *15 boulevard de la Corniche - 04 50 51 43 84*

La Rotonde des Trésoms - Voir la sélection des restaurants

ANNONAY

07100 - Ardèche - Carte régionale n° **20**-D2

AZIMUT

CUISINE MODERNE • BAR À VIN Une cave à manger qui fait souffler un vent de liberté sans perdre le Nord. On y sert une cuisine locavore qui puise ses saveurs dans des produits bien sourcés et souvent bio : volaille fermière, escargots d'Eyrieu, pisciculture de Châtillon-en-Diois, olives de Nyons... Tarifs très doux au déjeuner. Sélection de vins peu ou pas soufrés.

€ - *21 rue Montgolfier - 09 87 50 02 97 - www.azimutrestaurant.com - Fermé mardi, mercredi et lundi midi*

ANSE

69480 - Rhône - Carte régionale n° **21**-A1

AU COLOMBIER

CUISINE MODERNE • CONVIVIAL En bord de Saône, une belle bâtisse du 18e s., entre guinguette branchée et maison de pays. La cuisine est résolument dans l'air du temps mais n'oublie pas les grands classiques, telles ces belles cuisses de grenouille poêlées. À déguster sur une terrasse paisible et cosy...

- €€ - *126 allée Colombier - 04 74 67 04 68 - www.aucolombier.com - Fermé lundi et mardi, et dimanche soir*

CAFÉ TERROIR CHEZ SAINT-CYR (N)

CUISINE DU TERROIR • BISTRO Jumeau de son homologue lyonnais, ce café bénéficie de l'hospitalité du domaine Saint-Cyr, planté à Anse, aux portes du Beaujolais. Préparations lyonnaises revisitées, belles pièces rôties à partager et généreuse carte des vins : le domaine y est à l'honneur, aux côtés de cuvées du Beaujolais et d'autres terroirs, toutes issues de vignerons propriétaires. L'ambiance est celle d'un bistrot rustique et chaleureux, avec une terrasse ouverte sur la campagne environnante.

- €€ - 31 chemin de Trechen - ✆ 04 51 26 18 53 - www.cafeterroir.fr/la-carte-saintcyr - Fermé dimanche

ANSOUIS

✉ 84240 - Vaucluse - Carte régionale n° **29**-D2

GARRIGUE (N)

Chef : Nicolas Seibold

CUISINE MODERNE • CONTEMPORAIN À l'entrée du village, cet établissement prend place dans une belle maison provençale dotée d'une terrasse sous tonnelle. D'un côté, une table d'hôtes face aux cuisines vitrées et, de l'autre, une salle cosy aux tons pastel et vert olive. Aux fourneaux, Nicolas Seibold (ex-La Mutinerie à Lyon, passé par Top Chef, Le Negresco, Ledoyen...) épaulé en salle de sa compagne Clémence Bellemin, qui assure un service tout sourire. Après avoir soupesé au trébuchet ses fournisseurs (pêcheurs du Grau-du-Roi, maraîchers locaux), ce chef créatif met au point des assiettes intenses grâce à des sauces et jus profonds (comme sur l'entrée "tomate-concombre-framboise"), des jeux de textures subtils et une bonne dose de gourmandise, comme sur ce dessert "vanille et pain grillé".

- €€€ - 69 boulevard des Platanes - ✆ 04 90 09 90 54 - www.garrigue-restaurant.fr - Fermé lundi et mardi, et dimanche soir

ANTHY-SUR-LÉMAN

✉ 74200 - Haute-Savoie - Carte régionale n° **21**-C1

L'AUBERGE D'ANTHY

CUISINE TRADITIONNELLE • AUBERGE Ce petit hôtel-restaurant-café traditionnel mise tout sur des joies simples ! L'adresse est idéale pour apprécier le poisson du lac Léman (perche, féra et omble), fourni par des pêcheurs locaux. Et le chef aime aussi mettre en valeur les charcuteries et fromages du terroir chablaisien.

- €€ - 2 rue des Écoles - ✆ 04 50 70 35 00 - www.auberge-anthy.com - Fermé lundi et dimanche soir

ANTIBES

✉ 06160 - Alpes-Maritimes - Carte régionale n° **29**-E2

✿ LOUROC - HÔTEL DU CAP-EDEN-ROC

CUISINE MÉDITERRANÉENNE • LUXE La table de ce palace mythique a mis toutes les chances de son côté. On y conjugue un service attentionné, l'art de la table réalisé en grande partie par des artisans provençaux, une vue époustouflante sur la Méditerranée, et le talent du chef Sébastien Broda. Dans le garde-manger, uniquement des légumes du potager de l'hôtel et des maraîchers locaux, des poissons de petite pêche et des viandes sur mesure. Cette cuisine méditerranéenne est illustrée par des plats d'une parfaite lisibilité.

PLAN : B2-1 - ✿ - €€€€ - *Boulevard J.-F.-Kennedy, au Cap d'Antibes - ✆ 04 93 61 39 01 - www.oetkerhotels.com/hotels/hotel-du-cap-eden-roc - Fermé les midis*

✿ LES PÊCHEURS

CUISINE MÉDITERRANÉENNE • ÉLÉGANT Ces Pêcheurs sont superbement ancrés au bord des flots, en léger surplomb, offrant ainsi une vue somptueuse sur les îles de Lérins et les contreforts de l'Estérel. Formé ici-même, le niçois Nicolas Rondelli a ensuite navigué derrière les fourneaux d'Alain Llorca, de Michel Del Burgo, du Negresco et de Jacques Chibois. Honorant les saveurs du Sud, sa cuisine actuelle, pleinement de saison, met à l'honneur les poissons de la Méditerranée : rouget, saint-pierre, chapon et loup. Côté terre, quelques belles viandes : pigeon, agneau de Sisteron, veau fermier. Dans les deux cas, il favorise les producteurs locaux à l'image de son pêcheur Tony du port du Croûton, situé à... 50 mètres du restaurant.

PLAN : B2-2 - ✿ - €€€€ - *10 boulevard du Maréchal-Juin, au Cap d'Antibes - ✆ 04 92 93 13 30 - www.ca-beachhotel.com - Fermé lundi et le midi*

AMARINES BY MAURO COLAGRECO (N)

CUISINE CRÉATIVE • ÉLÉGANT Au sein d'un luxueux boutique-hôtel de la presqu'île du Cap d'Antibes, cette table gastronomique et créative est pensée par le grand chef Mauro Colagreco. Le restaurant profite d'un ravissant pavillon annexe, niché dans le jardin de l'hôtel. La salle, au décor inspiré de la mer et de la nature, s'ouvre sur une terrasse arborée de mûriers platanes. La Grande Bleue et son terroir sont revisités avec finesse : carpaccio de gamberoni aux agrumes, huile de basilic ; poisson sauvage de Méditerranée, sauce vierge aux olives taggiasche, citron confit, câpres et fenouil ; île flottante comme un calisson, crème anglaise à la lavande.

PLAN : B2-10 - €€€€ - *Villa Miraé, 770 chemin de la Garoupe - ✆ 04 92 93 31 61 - www.villamirae-capantibes.com - Fermé lundi et le midi*

genekrebs/Getty Images Plus

L'ARAZUR

CUISINE MODERNE • COSY À la barre de ce restaurant de poche niché dans une ruelle du vieil Antibes, le chef-patron célèbre les saisons avec une cuisine fraîche et colorée, en toute simplicité. Les légumes y sont particulièrement bichonnés, et le goût est au rendez-vous : la garantie d'un super moment.

PLAN : D1-8 - **€€€** - *8 rue des Palmiers - 04 93 34 75 60 - www.larazur.fr - Fermé dimanche et le midi*

LE FIGUIER DE SAINT-ESPRIT

CUISINE RÉGIONALE • MÉDITERRANÉEN À cheval sur les remparts de la vieille ville, entre musée Picasso et marché provençal, cette maison de famille perpétue la tradition, avec notamment ces cannellonis de supions et palourdes, ou cette selle d'agneau des Alpilles cuite en terre d'argile de Vallauris. Le figuier qui orne le patio contribue à l'atmosphère paisible des lieux.

PLAN : D1-3 - **€€€€** - *14 rue Saint-Esprit - 04 93 34 50 12 - www.le-figuier-de-saint-esprit.com - Fermé mardi, et lundi et mercredi à midi*

MAISON DE BACON

CUISINE MÉDITERRANÉENNE • MÉDITERRANÉEN Le Bacon, institution antiboise depuis 1948, renaît sous le nom Maison de Bacon. En cuisine, Nicolas Davouze, ancien de Bocuse et du Bristol, célèbre les incontournables de la maison (soupe de poissons de roche, bouillabaisse, millefeuille), avec une belle offre de poissons grillés au feu de bois. Vue splendide sur la grande bleue.

PLAN : B1-5 - **€€€€** - *664 boulevard de Bacon - 04 93 61 50 02 - www.maisondebacon.fr*

MIRAÉ BY MAURO COLAGRECO

CUISINE MÉDITERRANÉENNE • CHIC Située sur le mythique Cap d'Antibes, cette table de boutique-hôtel de luxe, au calme en retrait de la fameuse plage de la Garoupe, est supervisée par le chef Mauro Colagreco (Mirazur). La partition offre aux chanceux convives des assiettes à la gloire des produits méditerranéens, de la Côte d'Azur à la Ligurie voisine. Les repas se déroulent dans une ambiance chic et décontractée sur une terrasse en rotin clair et au grand calme, dans le jardin luxuriant peuplé de pins parasols, de palmiers et de bougainvilliers.

PLAN : B2-9 - **€€€** - *Villa Miraé, 770 chemin de la Garoupe - 04 92 93 31 61 - www.villamirae-capantibes.com - Fermé soir*

NANANÈRE

CUISINE MODERNE • CONTEMPORAIN Un retour en enfance... mais avec raffinement ! Au cœur du centre-ville, cette brasserie moderne, lumineuse et élégante, donne sur une charmante place pavée et verdoyante. Terrasse accueillante au mobilier vert olive. Dans l'assiette, des spécialités locales revisitées avec brio, comme la salade niçoise façon « antiboise mais en mieux » ou la « Pinsa-ladière », une pissaladière au levain maison. Le suprême de volaille fermière et son risotto de petit épeautre aux morilles et sarriette, tout droit issu du potager familial à Vallauris, ravit les amateurs de cuisine bien tournée. Pour finir, un clafoutis aux fruits de saison, simple et gourmand. Service attentif et efficace, désormais ouvert à toutes les réservations.

PLAN : C2-6 - **€€** - *13 rue Championnet - 04 93 34 73 51 - www.resto-nananere.com - Fermé dimanche*

LE VAUBAN

CUISINE TRADITIONNELLE • ÉLÉGANT Dans une rue animée du vieil Antibes, ce Vauban nous sert une bonne cuisine française dans l'air du temps, réalisée avec technique et évoluant au gré des saisons, une attention particulière étant portée sur le choix des produits : carpaccio de sériole aux agrumes et caviar ; ballotine de pintade cuite à basse température ; soufflé aux fruits de la passion et sorbet banane... Il est préférable de réserver.

PLAN : D1-7 - ♿ A/C - **€€** - *7 bis rue Thuret - ✆ 04 93 34 33 05 - www.levauban.fr - Fermé lundi et mardi*

BELLES RIVES

Plus

CLASSIQUE • ÉLÉGANT Un petit joyau Art déco où vécut Francis Scott Fitzgerald. Bar d'époque classé, chambres joliment décorées (mobilier 1930) – préférez celles côté mer –, deux restaurants (dont un gastronomique), ponton et plage privés... Élégance et nostalgie.

A/C P - **42 chambres** - *33 boulevard Édouard Baudoin - ✆ 04 93 61 02 79*

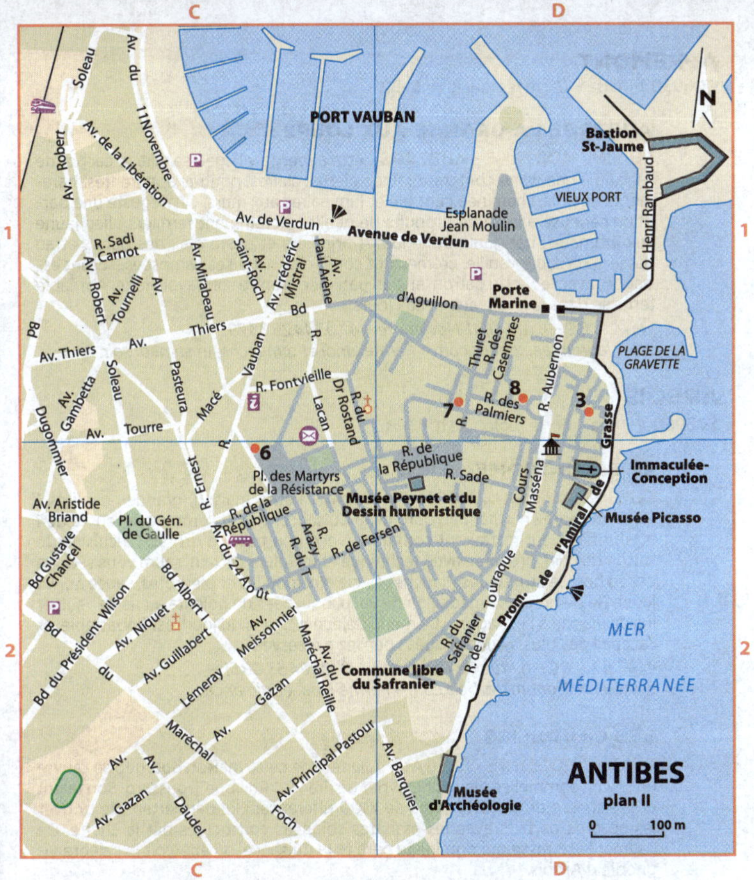

HÔTEL DU CAP-EDEN-ROC

CLASSIQUE • CHARME Depuis sa création au 19e s., ce palace n'a rien perdu de sa superbe, et le temps n'a fait qu'accentuer son charme. Les chambres et suites ont été dotées de tout le confort moderne, sans altérer leur esprit d'origine. Trois villas plus contemporaines peuvent accueillir jusqu'à dix personnes. Séparé du bâtiment principal, le pavillon de bord de mer s'adosse directement aux rochers, dans lesquels est creusée une piscine d'eau salée. Un spa et plusieurs bars et restaurants complètent l'attrait de ce perchoir entouré de pins, dressé face à la mer.

– 118 chambres – *167-165 boulevard JF Kennedy* – *04 93 61 39 01*

Louroc - Voir la sélection des restaurants

VILLA MIRAÉ BY INWOOD HOTELS

CLASSIQUE • CHAMPÊTRE Au bout du cap, la Garoupe et cette belle demeure méditerranéenne au cœur d'une végétation luxuriante (cactus et plantes grasses). Balcon, terrasse ou jardinet privé dans les chambres ; plage privée avec son restaurant et sa vue sur les flots...

– 35 chambres – *770 chemin de la Garoupe* – *04 92 93 31 61*

Miraé et Amarines by Mauro Caulagreco - Voir la sélection des restaurants

APREMONT

✉ 60300 - Oise - Carte régionale n° **5**-B2

AUBERGE LA GRANGE AUX LOUPS

CUISINE MODERNE • AUBERGE Cette auberge villageoise allie le cachet de l'ancien à une veine contemporaine : pierres claires, poutres apparentes, parements de bois, cheminée centrale et luminaires aux murs. On déguste une partition sérieuse à base de produits de qualité, notamment fermiers : lieu jaune aux aromates, barigoule de légumes primeurs et pesto d'ail des ours... et au dessert, un sablé vanille, crémeux et confit citron, fraises osmosées, sorbet estragon, avec lequel le patron, ancien pâtissier, montre son savoir-faire. Agréable terrasse dans le jardin aux beaux jours.

- **€€** - *8 rue du 11-Novembre - ✆ 03 44 25 33 79 - www.lagrangeauxloups.com - Fermé lundi et dimanche, et samedi soir*

ARBOIS

✉ 39600 - Jura - Carte régionale n° **13**-B2

LE BISTRONÔME

CUISINE MODERNE • CONTEMPORAIN Petite maison, grandes qualités ! Dans un cadre charmant au bord de la Cuisance, Lisa et Jérôme relèvent le défi et affirment leur restaurant comme un incontournable d'Arbois. La cuisine de saison du chef, préparée avec technique et un talent certain, saura vous séduire par sa finesse : truite des Planches farcie aux morilles et pleurotes, sauce au vin jaune (le plat phare) ; médaillon de veau, bouchées de polenta au ris de veau et jus de viande à l'estragon... Le menu déjeuner "Au fil du jour" est imbattable, et l'accueil des plus sympathiques : pensez à réserver.

- **€€** - *62 rue de Faramand - ✆ 03 84 53 08 51 - www.le-bistronome-arbois.com - Fermé lundi et dimanche*

LES CAUDALIES

CUISINE MODERNE • ÉLÉGANT A la tête de cette maison bourgeoise œuvre un savant sommelier, Meilleur Ouvrier de France : Philippe Troussard. Son talent et la richesse de sa carte (plus de 1000 références) lui permettent de trouver les accords parfaits avec les assiettes soignées concoctées par la cheffe. De l'agréable terrasse qui domine le parc et la Cuisance, on aperçoit le célèbre vignoble d'Arbois.

AC P - **€€€** - *20 avenue Pasteur - ✆ 03 84 73 06 54 - www.lescaudalies.fr - Fermé lundi et dimanche*

LE CLOS ALICE

CLASSIQUE • RAFFINÉ Autrefois retraite d'été de la comtesse de Broissia, cette demeure a su préserver les détails intemporels qui font son charme - murs en pierre d'origine, meubles dorés, cheminées - tout en modernisant les équipements. Toutes les suites sont décorées différemment, raffinées et aérées comme le reste de la propriété.

AC P Spa - **6 chambres** - *4 route de Besançon*

LA CLOSERIE DES CAPUCINES

ÉPURÉ • CHARME Ce couvent du 17e s. se niche dans une ruelle calme du centre-ville. Charme authentique, épure contemporaine dans les trois chambres et deux suites, patio, jardin exquis, piscine et sauna... Une parenthèse bienvenue.

- **5 chambres** - *7 rue de Bourgogne - ✆ 03 84 66 17 38*

ARBONNE

✉ 64210 - Pyrénées-Atlantiques - Carte régionale n° **25**-A2

LURRAK

CUISINE MODERNE • ÉPURÉ Sur la place du fronton, cette jolie maison basque rénovée des années 1900 cache bien son jeu. À l'intérieur : un délicieux esprit nordique minimaliste y souffle. Passé notamment par le restaurant de David Toutain, le chef Romain Goyeneche compose dans sa cuisine ouverte une partition fraîche et plutôt sophistiquée, tournée vers le végétal et ancrée dans le territoire : petit pois et fève, rhubarbe et œufs de truite ; fraise, miel de rose, lait fermenté et fenouil. Souvenir de Copenhague, il recourt aussi à certaines méthodes de conservation scandinaves.

- **€€€** - *8 route du Bourg - ✆ 09 88 37 70 09 - www.lurrak.fr - Fermé mardi et mercredi*

ARC-ET-SENANS

✉ 25610 - Doubs - Carte régionale n° **13**-B2

VERTFEUILLE N

CUISINE MODERNE • AUBERGE Au cœur du village, face à l'église et à un kilomètre de la saline royale, cette auberge rénovée (tommettes, pierres apparentes, poutres peintes, cheminée et mobilier contemporain) abrite la table de Léa Senot et Clément Bourdiaux, trentenaires passés chez Anne-Sophie Pic, Georges Blanc, Yoann Conte ou Xavier Beaudiment. En cuisine, ils signent une démarche d'aujourd'hui nourrie de clins d'œil régionaux : œuf bio meurette au trousseau, poulette de Bresse en deux cuissons sauce vin jaune "ancestrale", pomme Belle Fille de Salins caramélisée. Menus végétariens possibles et chambres pratiques pour visiter tranquillement le chef-d'œuvre de Claude-Nicolas Ledoux.

- **€€** - *9 place de l'Eglise - ✆ 03 81 57 40 60 - www.vertfeuille-restaurant.com - Fermé lundi et mardi*

ARCACHON - Gironde (33) ➜ Voir Bassin d'Arcachon

ARCANGUES

✉ 64200 - Pyrénées-Atlantiques - Carte régionale n° **25**-A2

MOULIN D'ALOTZ

Chef : Fabrice Idiart

CUISINE CRÉATIVE • COSY Dans ce moulin basque du 17e s. niché au fond d'un vallon bucolique, une verrière permet de profiter de la nature et du grand jardin verdoyant toute l'année. Tout l'univers écologique, humaniste et gastronomique du chef Fabrice Idiart est là. Désormais 100% végétariens, ses menus, où les légumes sont ponctués de sauces végétales et d'épices, sont le reflet d'un métissage singulier et original. Une partition qui séduit.

- **€€€€** - *1018 chemin Alotz-Errota - ✆ 05 59 43 04 54 - www.moulindalotz.com - Fermé lundi, mardi et dimanche*

GAZTELUR

CUISINE MODERNE • MAISON DE CAMPAGNE Bâtie en 1401, cette magnifique demeure aux meubles anciens ne doit pas faire oublier l'essentiel : une cuisine de première fraîcheur composée au gré du marché. Dans un charmant cadre bucolique, on déguste une cuisine familiale généreuse inspirée par les deux côtés des Pyrénées. Si le riz est le produit phare de la carte, ne faites pas l'impasse sur les poissons ou viandes cuits à la braise !

- €€€ - *Chemin de Gastelhur* - *05 59 23 04 06* - *www.gaztelur.com* - *Fermé lundi et dimanche*

ARCIZANS-AVANT

65400 - Hautes-Pyrénées - Carte régionale n° **25**-C3

AUBERGE LE CABALIROS

CUISINE TRADITIONNELLE • AUBERGE Cette sympathique auberge villageoise, à mi-chemin entre les célèbres cols d'Aubisque et du Tourmalet, tutoie les sommets pyrénéens. Dans l'assiette, de bonnes recettes de tradition – pavé de porc noir de Bigorre, ris de veau braisé, truite des Pyrénées –, goûteuses et joliment présentées. Et de petites chambres coquettes pour l'étape !

- €€ - *16 rue de l'Église* - *05 62 97 04 31* - *www.auberge-cabaliros.com/la-table*

LES ARCS

73700 - Savoie

L'AIGUILLE GRIVE

MODERNE • ÉLÉGANT Directement sur les pistes et à quelques minutes de la station d'Arc 1800, ce vaisseau de bois et de verre offre des vues spectaculaires sur le mont Blanc. Beaux tissus, mobilier chic, terrasse ensoleillée : tout n'est qu'ordre et sportivité, luxe, calme et sommets enneigés.

- **18 chambres** - *Charmettoger* - *04 79 40 20 30*

LES ARCS

83460 - Var - Carte régionale n° **29**-B2

LE RELAIS DES MOINES

Chef : Sébastien Sanjou

CUISINE MODERNE • AUBERGE Noyée dans la végétation, cette belle bastide du 16e s. contemple le massif des Maures et le village pittoresque d'Arc-sur-Argens. Fils de restaurateurs du Sud-Ouest, Sébastien Sanjou est venu s'installer dans le Var où il a été soutenu à ses débuts par Jacques Maximin et Alain Ducasse. Ce Tarbais a su s'approprier avec brio le terroir méditerranéen. Il cultive notamment une relation d'exception avec son maraîcher Philippe Auda. De superbes tomates mûres et juteuses à souhait, accompagnées d'un sorbet au basilic, de burrata et assaisonnées à l'huile d'olive et au baume de Bouteville, font une entrée ensoleillée de choix. Toute la cuisine du chef est à l'avenant : colorée et imaginative, avec au cœur de chaque assiette, un beau produit, travaillé avec soin dans le respect du goût.

- €€€€ - *Route de Sainte-Roseline* - *04 94 47 40 93* - *www.lerelaisdesmoines.com* - *Fermé lundi et mardi*

ARDON

45160 - Loiret - Carte régionale n° **11**-B3

LA TABLE DE CHRISTOPHE HAY ET LOÏS BÉE

Chefs : Christophe Hay et Loïs Bée

CUISINE MODERNE • CONTEMPORAIN Face au golf de Limère, Christophe Hay signe ici sa deuxième adresse, dans une salle contemporaine inspirée par la nature et les forêts – ses sources majeures d'inspiration, avec les légumes de son jardin. Depuis la grande cuisine ouverte, Loïs Bée orchestre les fourneaux : en parfaite harmonie avec l'esprit de la maison, il livre une partition très personnelle, portée par une technique affirmée. Sa cuisine, fine et résolument de saison, s'inscrit dans une démarche écoresponsable, privilégiant circuits courts et gibier en saison. Truite de Sologne, concombre, verveine, tapioca ; filet et andouille d'autruche, viennoise persillée, ail des ours, pomme de terre, échalote ; tarte aux morilles, boudin blanc, crêtes de coq, oignon grelot, noisette... chaque plat révèle une précision réjouissante. Plus de 600 références composent la remarquable carte des vins, et le service se montre particulièrement appliqué.

L'engagement du chef : Ici, chaque assiette puise directement dans le potager et l'élevage de bœuf Wagyu partagé avec le restaurant Fleur de Loire, et s'appuie sur un réseau d'artisans triés sur le volet, dont un pêcheur en eau douce attitré. La maison travaille aussi l'autruche élevée près de Gien, dont la carcasse est utilisée pour obtenir la plupart des fonds. En salle sont mis en lumière les artisans locaux ; les déchets partent au compost et un menu entièrement végétal complète cette philosophie.

€€€€ - *200 allée des Quatre-Vents, au golf de Limère - 02 38 61 48 07 - www.latabledacote.fr - Fermé lundi et dimanche*

ARDRES

62610 - Pas-de-Calais - Carte régionale n° **4**-A1

MAISON AKÈNE (N)

CUISINE MODERNE • ÉPURÉ Isma'il et Inès Guerre-Genton (ex-Empreinte à Lambersart) officient désormais à Ardres, sur la grande place du bourg. Derrière une façade pimpante, l'intérieur affiche une sobriété élégante : tons crème et beige, murs brossés, luminaires sable, vaisselle immaculée. En cuisine, le chef reste fidèle à son style, avec un menu unique qui mime les étapes du développement de la fleur - bourgeon, floraison, akène - et des assiettes personnelles aux saveurs franches. Les produits sont de belle qualité, locaux et de saison (lieu de ligne, volaille de Licques), les présentations toujours soignées et chaque plat porte la marque d'un engagement réel. Les sauces constituent un fil rouge savoureux - poivre vert sur l'entrée, jus de poisson délicat, jus de volaille intense - qui révèle le travail minutieux en coulisses.

- **€€€** - *57 place d'Armes - 03 21 19 00 00 - www.maison-akene.fr - Fermé lundi et mardi, et dimanche soir*

ARÈS - Gironde (33) ➜ Voir Bassin d'Arcachon

ARGELÈS-GAZOST

65400 - Hautes-Pyrénées - Carte régionale n° **25**-C3

AU FOND DU GOSIER

CUISINE MODERNE • COSY Truite de Lau-Balagnas, lapin de Julos, agneau du Val d'Azun, carottes de Lézignan, produits laitiers de la ferme Sayous, café torréfié à Sassis : Céline, la sommelière et responsable de salle, ne manque jamais une occasion de chanter les louanges des produits ultra-locaux que son compagnon Mathieu met en œuvre dans l'assiette. Formés à bonne école (notamment L'Artichaut à Montpellier), ces deux-là ont trouvé le chemin de notre gosier, et surtout celui de nos papilles : râble de lapin farci aux épinards, ail des ours, spoom à la noisette ; cabillaud, carottes en plusieurs façons, gnocchis maison et émulsion au fenouil.

€€ - *7 rue du Capitaine-Digoy - 05 62 90 13 40 - www.aufonddugosier.com - Fermé lundi et dimanche*

DES PETITS POIS SONT ROUGES

CUISINE MODERNE • CONVIVIAL Pas besoin d'être résident de l'hôtel Miramont pour apprécier la cuisine de swon chef. Ce dernier rend hommage au terroir pyrénéen, bien sûr, mais propose également de nombreux poissons à la carte. Côté déco, on baigne dans une ambiance résolument contemporaine : table centrale rehaussée, mobilier design...

€€ - *44 avenue des Pyrénées - 05 62 97 01 26 - www.hotel-argeles-gazost.com/fr/la-table - Fermé mercredi et jeudi midi*

ARGELÈS-SUR-MER

✉ 66700 - Pyrénées-Orientales - Carte régionale n° **27**-C3

LA BARTAVELLE

CUISINE CRÉATIVE • COSY C'est une adresse que les amoureux de la bonne chère s'échangent avec gourmandise – et pour cause : le chef, Thibaut Lesage, et son épouse Stéphanie, pâtissière, ravissent les papilles avec une cuisine actuelle composée de beaux produits du terroir catalan. Petit choix de vins locaux et nature. Un régal ! Attention : réservation indispensable. Avant de partir, un petit tour s'impose à l'étage afin de découvrir la galerie d'art.

A/C - **€€** - *24 rue de la République - ✆ 06 19 25 70 13 - www.restaurant-labartavelle.fr - Fermé lundi, mardi, jeudi, vendredi et samedi midi , et dimanche soir*

LE RELAIS DE LA MASSANE (N)

CUISINE RÉGIONALE • CONTEMPORAIN Cette table nous accueille à l'entrée d'Argelès-sur-Mer, au niveau du petit pont qui surplombe le fleuve côtier La Massane. Dans cette charmante bâtisse ancienne en pierres et briques apparentes, modernisée de quelques touches contemporaines, on déguste une cuisine régionale concoctée avec des poissons de la Méditerranée, des anchois issus de la pêche locale, des légumes et des agrumes gorgés de lumière. Des exemples ? Anchois "tradition catalane", légumes d'été, sorbet poivron grillé ; queue de lotte rôtie, gambas et coquillages, beurre citronné ; loup sauvage en pavé grillé, asperges et primeurs, sauce hollandaise...

♿ A/C - **€€** - *32 rue Marcelin-Albert - ✆ 04 68 29 53 12 - www.restaurantlerelaisdelamassane-argeles-sur-mer.eatbu.com - Fermé lundi et dimanche*

ARGENTAN

✉ 61200 - Orne - Carte régionale n° **2**-C3

✿ LA RENAISSANCE

Chef : Arnaud Viel

CUISINE MODERNE • ÉLÉGANT Dans la petite bourgade d'Argentan, la façade de La Renaissance tranche par sa modernité – un grand parallélépipède contemporain de couleur tabac. Enfant du pays, Arnaud Viel est ici chez lui, tout comme son voisin, le philosophe Michel Onfray, qui a préfacé les menus de son restaurant. La Normandie est mise en valeur, avec ses produits de la mer au top de leur fraîcheur, du homard de Carteret aux huîtres de Veules-les-Roses, en passant par la lotte de Port-en-Bessin, mais aussi ses carottes des sables de Créances et son foie gras du pays d'Auge. Cette cuisine moderne et fine est bien maîtrisée et tout en harmonie gourmande.

♿ P - **€€€** - *20 avenue de la 2ème-Division-Blindée - ✆ 02 33 36 14 20 - www.arnaudviel.com - Fermé lundi et dimanche*

HOSTELLERIE DE LA RENAISSANCE - TERITORIA

CONTEMPORAIN • COSY Non loin du centre de la cité, cette imposante demeure d'après-guerre cache un hôtel confortable et feutré. Toutes les chambres ont été récemment rénovées dans un style contemporain et non moins cosy – préférez celles au calme, côté piscine. Une étape plaisante !

P Spa - **18 chambres** - *20 avenue de la 2ème- Division-Blindée - ✆ 02 33 36 14 20*

✿ **La Renaissance** - Voir la sélection des restaurants

ARLES

✉ 13200 – Bouches-du-Rhône – Carte régionale n° **29**–C3

LA CHASSAGNETTE

Chef : Armand Arnal

CUISINE CRÉATIVE • ÉLÉGANT 8 jardiniers s'occupent à plein temps du potager de ce restaurant, pionnier dans l'autosuffisance. Ce mas est en effet entouré de trois hectares de potagers bio en permaculture, de vergers, de ruches et même d'une serre tropicale unique en France dans un restaurant. Le caféier, la banane et la papaye y poussent. Autant d'endroits à visiter avant ou après le repas ! À la tête de cet éden locavore, le chef Armand Arnal cultive avec naturel ce passage de la terre à l'assiette. Il montre toujours la même appétence pour une certaine licence créative, parfois tournée vers le Japon. Ce chawanmuchi d'allium, mousserons sauvages et caviar vert, avec ses petits pois grillés et légèrement fumés, est d'une élégance et d'une finesse incomparables. Joliment achalandée, la carte des vins bio comporte même un domaine installé à 100m du restaurant. Deux menus sans choix, dont l'un végétarien.

L'engagement du chef : Notre cuisine essentiellement végétale met les fruits et légumes de notre jardin-potager bio au cœur de nos assiettes. Pour les produits que nous ne cultivons pas, ils proviennent de petites exploitations camarguaises situées aux alentours du restaurant et expriment avec caractère l'identité de notre terroir métissé.

HORS PLAN – **€€€€** – *Route du Sambuc* – *04 90 97 26 96* – *www.chassagnette.fr* – *Fermé mardi et mercredi*

LE GIBOLIN

CUISINE DU MARCHÉ • BISTRO Arnaud Jourdan (passé notamment par les cuisines de la Chassagnette et des Maisons Rabanel) a habilement repris les rênes de ce bistrot qui propose toujours une cuisine du marché tout en gourmandise alliant simplicité et générosité, comme ce carpaccio de tête de veau sauce ravigote ; cette aile de raie à la grenobloise et radis glacés ou la délicieuse mousse au chocolat, olives noires et fleur de sel… En salle, une ambiance de copains, avec ou sans gibolin… Dans le verre, des vins nature et biodynamiques à prix sages. Vous boirez bien un p'tit coup ? Pour nous, c'est un coup de cœur !

PLAN : A2-6 – **€€** – *13 rue des Porcelets* – *04 88 65 43 14* – *Fermé lundi et dimanche*

L'ARLATAN

CUISINE MÉDITERRANÉENNE • DESIGN On flashe d'abord sur le décor flamboyant et photogénique réalisés par l'artiste cubain Jorge Pardo. On zoome ensuite sur l'album de recettes saisonnières et méditerranéennes. Des plats savoureux bien composés qui développent des saveurs franches et plaisantes à base de produits locaux : huîtres de Camargue, du bœuf mariné à la provençale, riz rouge de Camargue, millefeuille pistache à partager...

PLAN : A1-1 - ♿ AC - €€ - *26 rue du Sauvage - ✆ 04 65 88 23 10 - www.arlatan.com*

CHARDON

CUISINE MODERNE • BISTRO Ce Chardon accueille des cuisiniers en résidence temporaire, avec une constante : l'utilisation de produits des environs. C'est frais, c'est bon, et ça se déguste dans un chouette cadre de bistrot avec une belle sélection de vins vivants. Dans le mille !

PLAN : A2-4 - €€ - *37 rue des Arènes - ✆ 09 72 86 72 04 - www.hellochardon.com - Fermé lundi, mardi et du mercredi au vendredi à midi*

DRUM CAFÉ

CUISINE DU MARCHÉ • CONTEMPORAIN La silhouette de la tour LUMA Arles conçue par l'architecte Frank Gehry comme un phare et un hommage à la région n'est pas qu'une promesse d'art - c'est aussi un fanal gourmand. Ce lieu, forcément branché, affiche des volumes impressionnants avec son immense bar en inox au centre. L'ensemble du mobilier et des matériaux a été conçu à partir de matériaux recyclés et de ressources naturelles, comme la laine de mérinos d'Arles. Dans l'assiette, le passionné d'art contemporain profite de beaux produits frais du coin (agneau des Alpilles, riz et huîtres de Camargue, etc...) apprêtés avec liberté et gourmandise par des cheffes et chefs en résidence : aubergine laquée au soja et mirin, caviar au sésame et condiment chimichurri ; tartare de quasi de veau, aïoli d'aïl noir, citron confit et salade romaine ; riz au lait, caramel au beurre salé et noisettes chouchou.... La carte des vins, surtout bio, se concentre sur les petits producteurs.

PLAN : B2-3 - ♿ AC - €€ - *35 avenue Victor Hugo - ✆ 06 14 59 57 93 - www.luma.org/arles/nous-rendre-visite/se-restaurer-au-parc-des-ateliers/drum-cafe.html*

INARI

CUISINE FUSION • HISTORIQUE Passée par certaines tables parisiennes emblématiques (Ze Kitchen Galerie, Saturne, Septime), la cheffe Céline Pham, habituée des tables nomades, a posé ses couteaux au cœur d'Arles dans une ancienne chapelle à la déco vintage. On retrouve avec un vif plaisir les marqueurs de sa cuisine fusion franco-vietnamienne, précise et gourmande, où le végétal, on s'en doute, s'impose souvent. Un exemple ? Filet de rouget, pain d'épeautre, tomates confites, fumet de rouget à l'huile de garrigue, courgettes jaunes et chrysanthème. Petite carte de vins nature.

PLAN : B1-5 - €€€ - *16 place Voltaire - ✆ 09 82 27 28 33 - www.inari-arles.com - Fermé lundi, mardi et du mercredi au vendredi à midi*

LES MAISONS RABANEL

CUISINE CRÉATIVE • CONTEMPORAIN Le truculent Jean-Luc Rabanel est un trublion gourmand à l'accent chantant qui se réinvente perpétuellement sous le signe du végétal. Les Maisons Rabanel, un seul lieu, mais deux cuisines : d'un côté, le Greeniotage qui lorgne du côté du bistrot, de l'autre, le Greenstronome qui fait dans le gastro. Toujours sur la corde raide, ce chef attachant remet tout en cause à chaque service. Une personnalité à part.

PLAN : A2-2 - AC - €€€€ - *7 rue des Carmes - ✆ 04 90 91 07 69 - www.rabanel.com - Fermé lundi et mardi*

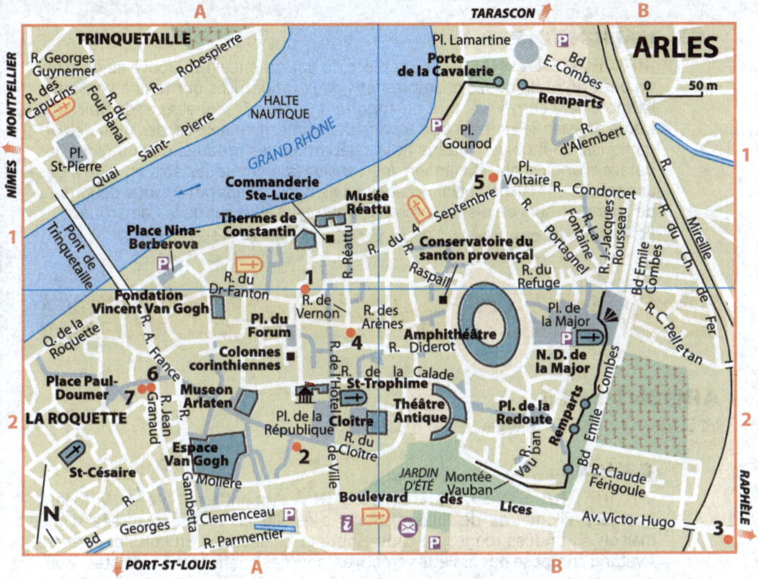

LE SEIZE

CUISINE MODERNE • BISTRO Un petit bistrot provençal comme on les aime, aux tons brique et crème, avec ses tables en fer forgé, niché dans le vieux Arles. Sarah et Julien Richard ont trouvé d'emblée la bonne formule : on se régale d'une tomate confite à l'huile de vanille et citron vert et son velouté de courgette au basilic ; de fines tranches de lotte au beurre d'algues, riz de Camargue au fenouil, jus de soupe de poisson… Le chef utilise les herbes aromatiques et les fleurs de son potager pour agrémenter ses assiettes. Excellent rapport qualité/prix du menu déjeuner ; menu dégustation plus onéreux le jeudi et le vendredi soir ; brunch le dimanche. Petit choix de vins régionaux.

PLAN : A2-7 – – €€ – *15 rue des Porcelets – 09 82 50 65 69 – www.maisonleseize.com – Fermé samedi et dimanche, et lundi et mardi soir*

HÔTEL JULES CÉSAR

MÉDITÉRRANÉEN • LUXE Christian Lacroix, l'enfant du pays, a fait souffler un vent de fraîcheur sur le vénérable Jules César. Avalanche de couleurs vives (52 teintes en tout), jeux avec les formes et le style du mobilier, des escaliers et des luminaires… tout en respectant l'esprit des lieux. D'une fantaisie impériale !

– **52 chambres** – *9 boulevard des Lices – 04 90 52 52 52*

L'HÔTEL PARTICULIER

CLASSIQUE • ROMANTIQUE Dans un quartier animé du centre historique, l'Hôtel Particulier affirme son caractère confidentiel. Retiré sur une cour verdoyante, il s'isole de l'agitation extérieure pour offrir à ses hôtes un havre de calme. La maison du 19e s. a été redécorée dans un style contemporain qui préserve tout son romantisme. Les chambres sont spacieuses et luxueuses, et un petit spa occupe le sous-sol. Petit-déjeuner somptueux.

– **8 chambres** – *4 rue de La Monnaie – 04 90 52 51 40*

MAISON VOLVER

URBAIN • CONVIVIAL En lieu et place du Bar Américain se trouve aujourd'hui un petit hôtel de douze chambres. Les deux fondatrices ont tenu à conserver l'atmosphère conviviale, tout en apportant un peu de jeunesse et de fraîcheur. L'âme arlésienne est bien là, à travers des teintes lumineuses, des matières organiques, un mobilier vintage et la célébration des produits de la région. Des détails d'origine ont également été conservés, comme les sols en pierre des années 50. La Maison Volver possède également un mas pittoresque débordant de charme (murs de pierre, tomettes, poutres...) au cœur de la Camargue.

- **18 chambres** - *8 rue de la Cavalerie* - *04 90 96 05 88*

ARMENTIÈRES

59280 - Nord - Carte régionale n° **4**-C2

OSMOSE

CUISINE MODERNE • CONTEMPORAIN À Armentières, cité de la toile à quelques kilomètres de Lille, Osmose s'installe au rez-de-chaussée d'une maison en briques rouges au cadre sobre et chaleureux. En cuisine, Baptiste Avetand compose des assiettes créatives, nourries d'influences nordistes, japonaises et nordiques, autour de produits locaux et de saison : tourteau, raifort et maigre sont quelques exemples de sa partition précise et personnelle. En salle, Florine Dewulf orchestre un service attentif.

- **€€€** - *20 place Saint-Vaast* - *03 20 87 93 05* - *www.restaurant-osmose.fr* - *Fermé lundi et dimanche soir*

ARNAGE

72230 - Sarthe - Carte régionale n° **10**-A2

AUBERGE DES MATFEUX

CUISINE MODERNE • ÉLÉGANT Proche du célèbre circuit automobile, décorée de motifs abstraits et utilisant une vaisselle signée par un artiste local, cette maison familiale établie depuis 1962 par les parents de l'actuel chef porte la Sarthe dans son cœur. Avec une solide maîtrise technique, le chef Xavier Souffront compose de savoureux plats dans l'air du temps qui gardent un œil sur la tradition, mettant en avant les produit du pays Sarthois. Ne manquez pas les ravioles de langoustines, un classique de la maison. Belle carte des vins qui ravira les amateurs de la dive bouteille.

- **€€€** - *289 avenue Nationale* - *02 43 21 10 71* - *www.aubergedesmatfeux.fr* - *Fermé lundi et dimanche*

LES ARQUES

46250 - Lot - Carte régionale n° **23**-A2

LA RÉCRÉATION

CUISINE MODERNE • CONTEMPORAIN L'école est finie ! Dans cette sympathique maison, l'ancienne salle de classe est devenue celle du restaurant, et le préau, une jolie terrasse. Mais ici point de nostalgie : le décor tout comme la cuisine sont bien dans l'air du temps.

- **€€** - *70 rue de la Vialotte, Le Bourg* - *05 65 22 88 08* - *www.la-recreation-restaurant.com* - *Fermé mercredi*

ARRADON

✉ 56610 - Morbihan - Carte régionale n° **1**-C3

VIVANT

CUISINE MODERNE • **ÉPURÉ** Dans une belle salle claire et lumineuse, évoquant une matinée de printemps, les anciens du Moulin du Ponceau (Chartres) ont souhaité se rapprocher du "vivant" et de leurs producteurs - un locavorisme qui s'impose naturellement à eux. Dans une assiette souvent colorée, le chef trousse une cuisine actuelle, axée sur la mer et le végétal, et faisant souvent appel aux fermentations.

- **€€** - *4 rue François-Jarlégan - 06 38 44 60 06 - www.restaurant-vivant.fr - Fermé lundi, mardi, du mercredi au vendredi à midi, et dimanche soir*

ARZON

✉ 56640 - Morbihan

MIRAMAR LA CIGALE HOTEL THALASSO & SPA

CONTEMPORAIN • **MARITIME** Réputé pour ses installations de thalassothérapie et de spa de classe mondiale, cet hôtel est un havre de tranquillité. Ses chambres et suites élégantes bénéficient toutes de la présence apaisante de l'océan. L'espace bien-être propose un sauna, un hammam, une douche sensorielle et une piscine d'eau de mer chauffée. Une escapade paisible et somptueuse, sur une côte époustouflante.

- **113 chambres** - *Port Crouesty 02 97 53 49 13*

ASNIÈRES-SUR-SEINE

✉ 92600 - Hauts-de-Seine - Carte régionale n° **11**-E2

RHAPSODY

CUISINE MODERNE • **TENDANCE** Au menu de ce bon bistrot de banlieue, découvrez des produits de qualité et des recettes bistronomiques savoureuses et élaborées. Des exemples de notre déjeuner ? Un bon feuilleté d'endive en compotée accompagné d'un condiment cancoillotte et grenade ; du filet de merlu avec courge spaghetti, fumet d'eau de mer et bergamote et en dessert, l'incontournable Mont-Blanc châtaigne et marmelade de mandarine. La terrasse située à l'arrière offre une vue privilégiée sur les cuisines.

- **€€** - *118 rue de Colombes - 01 47 93 33 94 - www.restaurant-rhapsody.fr - Fermé samedi et dimanche*

ASSIGNAN

✉ 34360 - Hérault

CHÂTEAU & VILLAGE CASTIGNO

TRADITIONNEL • CHARME Si Château Castigno est un producteur de vins bio, le Château & Village Castigno est aussi un hôtel "extra-ordinaire". Ses chambres occupent des maisons réparties dans tout le village, dont les rues sont ses espaces communs. De la luxueuse Villa Rouge (deux chambres, une cuisine complète et un jardin avec piscine privée) aux plus modestes chambres Vendangeur, les tailles et détails varient considérablement, mais toutes partagent le même style : un mélange vivant et coloré de contemporain et de traditionnel. A noter également le spa.

- 24 chambres - *9 avenue de Saint-Chinian* - *06 58 27 97 85*

ATTICHES

✉ 59551 - Nord - Carte régionale n° **4**-C2

L'ESSENTIEL

CUISINE MODERNE • CONTEMPORAIN Une belle bâtisse en brique rouge au croisement de deux rues, dans le hameau du Petit Attiches, tenue par un jeune couple impliqué. Salle contemporaine, jolie terrasse, accueil aux petits soins : il y fait bon vivre. Dans l'assiette, des plats actuels et gourmands, à accompagner d'une jolie sélection de vins.

- **€€** - *19 rue de Neuville* - *03 20 90 06 97* - *www.essentiel-restaurant.fr* - *Fermé lundi et dimanche*

ATTIN

✉ 62170 - Pas-de-Calais - Carte régionale n° **4**-A2

AU BON ACCUEIL

CUISINE TRADITIONNELLE • BISTRO Entre Montreuil et le Touquet, cette chaleureuse adresse décorée façon bistrot contemporain propose une bonne cuisine faite maison, qui célèbre les produits du marché, mais pas seulement. Ce jour-là, croquette de chèvre, poire pochée et roquette ; rascasse, polenta aux herbes, crudités et beurre de fenouil. Le tout à prix doux : que demander de plus ?

- **€€** - *52 route Nationale* - *03 21 06 93 55* - *www.aubonaccueil-attin.fr* - *Fermé lundi et dimanche soir*

AUBENAS

✉ 07200 - Ardèche - Carte régionale n° **20**-C3

L'AUBÉPINE

CUISINE MODERNE • BISTRO L'Aubépine s'épanouit grâce à un jeune chercheur reconverti dans les saveurs... Pour Manuel, le chef, les choses sont claires : le circuit court est la règle, tout est fait maison, le jeu consistant à respecter à la fois les textures mais aussi les qualités nutritives des produits. Carte renouvelée toutes les semaines au gré du marché.

A/C - **€€** - *13 boulevard Jean-Mathon* - *04 75 35 01 28* - *www.restaurant-aubepine.fr* - *Fermé lundi, mercredi et dimanche*

LES COLOQUINTES

CUISINE MODERNE • CLASSIQUE Installé dans un ancien moulin, ce restaurant propose une cuisine respectueuse des saisons, des circuits courts et des produits locaux (truite, châtaignes, fruits...), à déguster dans une salle contemporaine aménagée sous le plafond voûté. À l'été, profitez de l'agréable terrasse à l'ombre des tilleuls.

- € - 18 quai de l'Ardèche - 04 75 93 58 33 - www.les-coloquintes.com - Fermé mercredi, samedi midi et mardi soir

NOTES DE SAVEURS

CUISINE MODERNE • TRADITIONNEL Assis dans la salle voûtée en pierre, face aux ruines de l'ancien couvent bénédictin, on savoure une cuisine où les produits de qualité ont la part belle : dans l'assiette, c'est généreux, gourmand, parfumé et original. Une adresse conviviale et agréable, qui mérite amplement son succès !

- €€ - 16 rue Nationale - 04 75 93 94 46 - Fermé lundi et dimanche, et mardi et mercredi soir

LA VILLA TARTARY

CUISINE MODERNE • COSY De belles voûtes en pierres de taille, un mobilier design, une terrasse délicieuse... Cet ancien moulin à eau - qui intervenait dans la fabrication de la soie - ne manque pas de charme ! Belles saveurs à la carte.

P *- €€ - 64 rue de Tartary - 04 75 35 23 11 - www.restaurant-ardeche.com - Fermé lundi et dimanche*

AUBIGNY-SUR-NÈRE

18700 - Cher - Carte régionale n° **16**-B1

LA CHAUMIÈRE

CUISINE TRADITIONNELLE • FAMILIAL Ancien relais de poste du 19e s., cette auberge familiale est tenue depuis 1992 par Philippe Arnault, épaulé par son épouse, sa fille et son gendre Sébastien Provendier. On se délecte d'un dos de sandre au chou vert et beurre blanc perlé ou de noisette de biche et jus aux mirabelles, dans une agréable salle à manger solognote ouverte sur la cour intérieure. Aux beaux jours, terrasse ombragée.

A/C P *- €€ - 2 rue Paul-Lasnier - 02 48 58 04 01 - www.hotel-restaurant-la-chaumiere.com - Fermé lundi midi et dimanche soir*

AUCH

32000 - Gers - Carte régionale n° **26**-B2

DOMAINE DE BAULIEU

Chef : Maxime Deschamps

CUISINE MODERNE • CONTEMPORAIN Dans une salle élégante et moderne, avec ses grandes baies vitrées donnant sur la terrasse et la nature, on profite de la cuisine du chef Maxime Deschamps. Les assiettes sont bien ficelées et tirent le meilleur de la production locale. On passe un super moment.

L'engagement du chef : Nous utilisons essentiellement des produits locaux et de saison. Nos déchets verts sont donnés aux ânes qui entretiennent nos terres (éco-pâturage), ou compostés pour le potager, qui nous approvisionne en plantes comestibles et aromates. Nous récupérons l'eau de pluie et retraitons les eaux usées.

P *- €€ - 822 chemin de Lussan - 05 62 59 97 38 - www.ledomainedebaulieu.com - Fermé lundi midi, samedi midi et dimanche soir*

LA GRANDE SALLE

CUISINE TRADITIONNELLE • ÉLÉGANT Entièrement rénovée, cette élégante institution du centre-ville continue sa belle histoire sous l'égide d'une équipe familiale – trois frères, l'un en salle (Meilleur Ouvrier de France), l'autre en cuisine et le dernier en pâtisserie ! La cuisine soignée met en valeur le patrimoine gastronomique, notamment gersois : Saint-Jacques cuites et crues ; poireaux et porc noir de Bigorre ; tourte de canard et de foie gras découpée à table ; omelette norvégienne flambée au guéridon. Pour les gourmands, les sauces sont laissées sur table, idéales avec le bon pain fait maison. Cuisine du marché plus simple à la brasserie Le 9ème.

– €€ – Hôtel de France, place de la Libération – 05 62 61 71 71 – www.hoteldefrance-auch.com/restaurant/restaurant-gastronomique-gers-auch.html – Fermé lundi et mardi, et dimanche soir

AUDIERNE

29770 – Finistère – Carte régionale n° **1**–A2

ORIZHON

CUISINE MODERNE • CONTEMPORAIN Installés sur le port d'Audierne, ce Finistérien et cette Brésilienne font assurément voguer nos papilles vers de nouveaux horizons... Lui en salle, elle en cuisine, offrent le temps d'une escale une cuisine gourmande et parfumée. La cheffe puise évidemment dans le garde-manger local, majoritairement iodé, qu'elle agrémente de judicieuses touches de modernité et d'exotisme. On se régale de plats iodés et parfumés, tels que le bar confit avec betterave grillée et vinaigrette à la grenade ou les noix de Saint-Jacques snackées accompagnées d'orge perlé à la mangue et d'une sauce curry. Agréable salle contemporaine et colorée, terrasse avec vue sur le port.

– €€ – 2 quai Jacques-de-Thézac – 02 98 70 10 95 – www.orizhon-restaurant.fr – Fermé lundi et dimanche

AUDRESSELLES

62164 – Pas-de-Calais – Carte régionale n° **4**–A2

LA PLAGE

CUISINE MODERNE • CONTEMPORAIN Ce petit hôtel-restaurant d'un village côtier de la Côte d'Opale entre le cap Gris-Nez et le cap Blanc-Nez, est une aubaine. La jeune cheffe Solène Elliott, aidée de son compagnon en salle qui assure un service sympathique, a concocté une carte alléchante tournée vers la mer (daurade, maquereau, lieu jaune) mais pas uniquement. Des plats gourmands et joliment présentés : velouté d'asperges blanches, oignons caramélisés, ail noir et pain frit ; volaille de Licques, purée de pomme de terre à la cancoillotte, saucisse de Morteau et endive braisée...

– €€ – 21 rue Gustave-Danquin – 07 57 67 96 18 – www.hoteldelaplage-audresselles.com – Fermé lundi et mardi, et dimanche soir

AUDRIEU

14250 – Calvados – Carte régionale n° **2**–B2

LE SÉRAN - CHÂTEAU D'AUDRIEU

CUISINE MODERNE • ÉLÉGANT Dans un décor raffiné, on découvre une cuisine élégante en accord avec les lieux, un château classé du siècle des Lumières. Des créations franches inspirées de recettes classiques, faites de beaux produits locaux et de saison, qui vont droit à l'essentiel, à l'image de cette selle d'agneau à la marjolaine et pommes de terre aux algues. Beaux jus et sauces, cuissons impeccables : le savoir-faire du chef est indéniable.

– €€€€ – Château d'Audrieu – 02 31 80 21 52 – www.2lcollection.com/chateau-daudrieu-le-seran.html – Fermé dimanche et lundi

CHÂTEAU D'AUDRIEU
Plus

TRADITIONNEL • CHAMPÊTRE C'est un parfait exemple d'hôtel-château français que le Château d'Audrieu : un monument du 18e s. situé sur un domaine de 24 ha. entre Caen et Bayeux, dont les chambres et suites allient opulence rétro et confort moderne. Son spa est accompagné d'une belle piscine extérieure. De son côté, le bar 1715 (année de construction du château) propose toute la journée collations et boissons.

- **30 chambres** - *Château d'Audrieu - 02 31 80 21 52*

Le Séran - Voir la sélection des restaurants

AUGEROLLES
63930 - Puy-de-Dôme - Carte régionale n° **20**-B1

LES CHÊNES

CUISINE TRADITIONNELLE • RUSTIQUE Un vent de fraîcheur souffle sur cette adresse familiale (depuis 1975) avec l'arrivée derrière les fourneaux du fils, Léo, passé par de belles maisons. Toujours entourée par les forêts et les monts du Forez, la décoration a été revue et la cuisine traditionnelle, qui fait la part belle aux produits de la région (viandes, champignons, fromages...), a été modernisée par touches bien senties.

- **€€** - *Route de Courpière - 04 73 53 50 34 - www.restaurant-les-chenes.com - Fermé le soir*

AULNAY-SOUS-BOIS
93600 - Seine-Saint-Denis - Carte régionale n° **11**-F2

AUBERGE DES SAINTS PÈRES

CUISINE CRÉATIVE • ÉLÉGANT Dans un cadre épuré et élégant, on déguste une cuisine de bons produits élaborée par un chef à l'expérience incontestable, Jean-Claude Cahagnet, qui affirme son goût pour les herbes et épices. Les habitués retrouveront avec plaisir les belles viandes de race maturées, présentées dans une alléchante vitrine. La maîtresse de maison assure un accueil et un service irréprochables.

AC - **€€€** - *212 avenue Nonneville - 01 48 66 62 11 - www.auberge-des-saints-peres.fr - Fermé lundi et dimanche, et mercredi soir*

AULON
65240 - Hautes-Pyrénées - Carte régionale n° **25**-D3

AUBERGE DES ARYELETS

CUISINE TRADITIONNELLE • AUBERGE Il faut grimper un peu pour rejoindre ce village haut perché des Pyrénées qui défend avec une fierté justifiée un patrimoine naturel exceptionnel. Sur la place centrale, un jeune couple fait vivre cette maison avec allant, mettant à l'honneur la tradition et les produits de la région, comme avec cet œuf fermier parfait et jambon de porc noir de Bigorre. D'autres propositions se veulent plus actuelles, à l'image de la dorade royale façon sashimi et asperges. Jolie carte des vins avec près de 500 références.

- **€€** - *Place du Village - 05 62 98 23 50 - www.aubergedesaryelets.com - Fermé lundi et mardi*

AULT

80460 - Somme

LE CISE

MODERNE • CHAMPÊTRE Cet hôtel a failli disparaître, et cela aurait été bien dommage pour les citadins friands d'escapades déconnectées. A seulement deux heures de Paris, il jouit d'une situation royale : perché sur une falaise du bois de Cise, site naturel protégé, il surplombe la Manche et profite d'un calme monacal. Cinq villas réparties sur le domaine entre mer et bois ont pour mission le bien-être et la relaxation. Selon les envies : jacuzzi et spa finlandais tournés vers la mer, balades à vélo le long des falaises ou promenade sur la plage de galets, et restaurant gastronomique.

- **21 chambres** - *Route de la Plage - 03 22 26 46 46*

AUMONT-AUBRAC

48130 - Lozère - Carte régionale n° **28**-A1

CYRIL ATTRAZIC

Chef : Cyril Attrazic

CUISINE CRÉATIVE • CONTEMPORAIN Cyril Attrazic nous l'a confié : "Avant même la passion de la cuisine, j'ai eu celle de la Maison". Explication de texte : la Maison, c'est l'hôtel-restaurant familial, fondé par sa grand-mère au cœur de l'Aubrac, ce haut-plateau d'altitude aux faux airs de steppe mongole. Tradition paysanne et rude climat obligent, le restaurant ne badine pas avec l'hospitalité... version contemporaine. En cuisine, le chef applique le précieux conseil du maître Michel Bras : il faut "cuisiner son territoire, utiliser des produits identitaires". Il s'y emploie donc, en travaillant par exemple un cèpe géant d'un sous-bois voisin, ou en magnifiant la célèbre viande Aubrac, produit aux mille saveurs florales, qu'il sert "dans son écosystème...". Difficile de mieux goûter et humer la Lozère.

L'engagement du chef : Tous nos produits sont issus au jour le jour d'une agriculture raisonnée, respectueuse des saisons, des hommes et des femmes. Dans un monde où la cuisine se végétalise, l'Aubrac reste une terre d'élevage, de micro-exploitations. C'est à travers nos menus et cette sélection de produits que nous partageons avec nos clients cette passion pour notre territoire.

- **€€€€** - *10 route du Languedoc - 04 66 42 86 14 - www.cyrilattrazic.fr - Fermé lundi et mardi midi*

LA GABALE

CUISINE MODERNE • CONTEMPORAIN Cyril Attrazic tient avec cette brasserie le complément idéal à sa table gastronomique. Le décor moderne, paré de photos panoramiques des paysages d'Aubrac, est un bel écrin pour déguster des assiettes franches et bien réalisées ; on se régale le plus simplement du monde, à l'intérieur ou sur la jolie terrasse. Quelques exemples ? Pâté en croûte de volaille, monochrome de fruits et légumes de saison ; fondant de bœuf confit à basse température, rémoulade de sucrine et aligot ; abricot de pays, glace à l'huile d'olive et miel levuré.

- **€€** - *10 route du Languedoc - 04 66 42 86 14 - www.cyrilattrazic.fr*

CHEZ CAMILLOU

MODERNE • CONVIVIAL En léger retrait de la nationale, un hôtel récent avec des chambres agréables, d'esprit contemporain et frais. Les plus qui font la différence : un petit-déjeuner copieux (charcuteries et fromages locaux), et un accueil à la fois gentil et pro !

- **37 chambres** - *10 route du Languedoc - 04 66 42 80 22*

Cyril Attrazic • **La Gabale** - Voir la sélection des restaurants

AUPS

✉ 83630 - Var - Carte régionale n° **29**-B2

LE SAINT MARC

CUISINE PROVENÇALE • **CONVIVIAL** Au sud des gorges du Verdon, le petit village de Aups offre une jolie étape bistronomique. Le chef Alexandre Dimitch et sa petite équipe assurent une partition locale (la truffe y est souvent à l'honneur), généreuse et pleine de saveurs, avec une spécialité réconfortante de cuisson au feu de bois... Enfin, avis aux amateurs : la cave attenante se mue en bar à vins le soir venu.

- € - 7 rue Jean-Pierre-Aloisi - ✆ 04 94 70 06 08 - www.lesaintmarc.com - Fermé lundi et mardi, et dimanche soir

SOLEA

CUISINE MODERNE • **CONTEMPORAIN** Ce restaurant s'est refait une beauté entre les mains d'un jeune couple : la cheffe Valentine Lorcher (même pas 30 ans !) et le pâtissier Adrien Antelme – aidé en salle par son frère. Aux âmes bien nées, la valeur n'attend point le nombre des années ! Le duo trousse une bien jolie mélodie provençale et ensoleillée, à l'image de cette assiette de tomates anciennes marinées et confites, sorbet et huile de basilic, ou, au dessert, de ces fraises de Provence, glace à la cardamome et muesli croquant – un délice estival, frais et léger.

♿ AC - €€ - 12 rue du Maréchal-Foch - ✆ 04 94 67 02 41 - www.solea-restaurant.com - Fermé lundi, mardi et du mercredi au vendredi à midi

AURAY

✉ 56400 - Morbihan - Carte régionale n° **1**-C3

LA CHEBAUDIÈRE

CUISINE MODERNE • **COSY** Un écrin cosy – parquet blond, murs colorés, tables modernes, chaises en cuir marron – où François Demassard a tout loisir de déployer ses talents. Pour régaler à prix doux avec sa cuisine du marché qui titille les papilles, le chef-patron jongle avec des ingrédients d'une fraîcheur irréprochable, des cuissons et des saveurs précises, avec un petit faible pour les épices et agrumes qui viennent relever ses plats. Pensez à réserver !

- €€ - 6 rue Abbé-Joseph-Martin - ✆ 02 97 24 09 84 - Fermé samedi, dimanche et lundi midi

AUREVILLE

✉ 31320 - Haute-Garonne - Carte régionale n° **26**-C2

EN MARGE

Chef : Frank Renimel

CUISINE MODERNE • **CONTEMPORAIN** Dans un ancien corps de ferme, Frank Renimel et son épouse ont imaginé un loft gourmand de bois et de pierre, dont les larges baies vitrées embrassent les vallonnements d'une campagne bucolique. Calé sur les saisons, le chef change sa carte tous les mois, et marie les produits rustiques et terriens à des perles nobles comme le caviar, la truffe ou le cèpe. On est souvent bluffé par le travail dans l'assiette, où les émotions gustatives sont légion – ainsi son cassoulet revisité, un classique de la carte. Pour prolonger la douceur du séjour, cinq très belles chambres décorées avec goût sont idéales pour l'étape gastronomique. En Marge est au cœur du goût.

♿ AC P - €€€€ - Lieu dit Le Birol, 1204 route de Lacroix-Falgarde, - ✆ 05 61 53 07 24 - www.restaurantenmarge.com - Fermé lundi et dimanche

AURIAC

✉ 19220 - Corrèze - Carte régionale n° **19**-C3

LES JARDINS SOTHYS

CUISINE MODERNE • RUSTIQUE Carrés d'herbes aromatiques, clos japonais, roseraie... Créés par une célèbre marque de cosmétiques, ces jardins célèbrent à la fois la poésie du lieu et les vertus de la nature. Au restaurant, sous une belle charpente ancienne restaurée, le chef magnifie le terroir corrézien grâce à un jeu d'épices inspiré de ses années passées en Asie et aux Antilles, pour un résultat aussi parfumé que maîtrisé.

- **€€** - *10 rue Bernard-Mas - 05 55 91 96 89 - www.lesjardinssothys.fr - Fermé lundi et dimanche soir*

AURILLAC

✉ 15000 - Cantal - Carte régionale n° **23**-C2

LE CROMESQUIS

CUISINE MODERNE • CONVIVIAL Après un joli parcours dans des tables étoilées en Suisse, le chef est revenu aux sources : son épouse est originaire de la région. Dans ce lieu atypique - une ancienne forge réaménagée à grand renfort de bois, béton et baies vitrées -, il propose des recettes modernes et goûteuses.

- **€€** - *1 rue du Salut - 04 71 62 34 80 - www.restaurant-cromesquis.fr - Fermé lundi et dimanche, et du mardi au jeudi soir*

LES QUATRE SAISONS

CUISINE MODERNE • CONTEMPORAIN Sincère et bien tournée : telle est la cuisine de Didier Guibert, installé dans une petite rue calme du centre-ville, qui ne travaille qu'avec des produits triés sur le volet : viande fournie par ses deux frères bouchers, légumes du potager des beaux-parents, poisson livré tous les matins... Il réalise ses recettes à la minute, pour un résultat parfaitement maîtrisé, goûteux et coloré. Tout est soigné et malin. Comment mieux célébrer les quatre saisons ?

- **€€** - *10 rue Jean-Baptiste-Champeil - 04 71 64 85 38 - www.quatresaisons.onlc.fr - Fermé lundi et mardi, et dimanche soir*

HÔTEL DES CARMES

MODERNE • CHALEUREUX Dans le centre-ville, cet hôtel propose des chambres contemporaines et personnalisées, ainsi que de nombreux services de qualité : piscine couverte avec sauna, bar, salle de réunion... Un ensemble confortable et chaleureux. Cuisine bistrot au restaurant.

- **23 chambres** - *20 rue des Carmes - 04 71 48 01 69*

AUTRANS-MÉAUDRE EN VERCORS

✉ 38112 - Isère - Carte régionale n° **21**-B3

PALÉGRIÉ CHEZ L'HENRI

Chef : Guillaume Monjuré

CUISINE CRÉATIVE • COSY Dans cette grange familiale aménagée dans l'esprit d'une table d'hôtes, la passion de Guillaume Monjuré reste intacte. Affectionnant les cuissons à la braise, il a installé son four à bois à la vue des convives. Brute et naturelle, sa cuisine n'en demeure pas moins personnelle et créative. Il sublime les végétaux et les produits de la pisciculture locale, à l'image de cet omble ikejime maturé une quinzaine de jours, accompagné de courgettes et d'herbes du jardin. Ce cuisinier libre ne s'interdit pas pour autant quelques détours du côté de la Méditerranée, comme en témoigne ce crabe bleu agrémenté de laitue, raifort et livèche. Les menus peuvent changer quotidiennement.

La sélection pointue de vins, notamment bio et nature, est parfaitement conseillée avec le sourire par Chrystel, qui connaît ses crus sur le bout des doigts. Un projet de vie et de cuisine, authentique et touchant.

L'engagement du chef : Ici, pas de fourneau à gaz ni d'induction : les cuissons sont réalisées uniquement à la braise ou au four à bois. Le bois est aussi le matériau qui a servi à la rénovation du bâtiment ; le mobilier a été chiné. Le menu unique, rythmé par les saisons et servi dans une vaisselle fabriquée dans le village, s'inspire de la nature environnante : poissons de pêche ikejime, viandes sélectionnées sur pied chez les éleveurs des environs, fruits et légumes bio des maraîchers locaux.

- €€€ - 66 rue de la Tour - 04 76 46 07 83 - www.palegrie.fr - Fermé mardi, mercredi, jeudi midi et dimanche soir

AUXERRE

89000 - Yonne - Carte régionale n° **12**-A2

LE SARMENT

CUISINE MODERNE • SIMPLE On prête volontiers serment sur les fourneaux de ce Sarment sacrément savoureux. Deux compères complices mitonnent à quatre mains une cuisine qui ne triche pas. Les ingrédients et les produits - notamment les légumes - gardent toute leur saveur sans être dénaturés, à l'image de cette betterave rôtie avec son tataki de bœuf et sa note d'ail. Les desserts sont quant à eux tout aussi soignés, comme cette poire façon amandine à la cardamome verte et au yuzu. Un menu-carte aux propositions aguicheuses !

- €€ - 37 rue du Pont - 03 86 51 46 36 - www.lesarment-restaurant.fr - Fermé lundi et dimanche

L'ASPÉRULE

CUISINE MODERNE • ÉPURÉ Au pied de l'église Saint-Pierre, dans une vieille maison de ville à la déco sobre et épurée, le chef japonais signe une cuisine qui associe produits d'ici et précision technique de là-bas, à l'image de cette truite de Crisenon au beurre blanc, céleri-rave et algue nori, ou de ce carré de cochon de la ferme de Clavisy et sauce charcutière. Menu du marché à prix doux le midi, menu dégustation plus ambitieux le soir.

- €€ - 34 rue du Pont - 03 86 33 24 32 - www.restaurant-asperule.fr - Fermé lundi et dimanche

LE NOYO

CUISINE MODERNE • COSY À quelques pas du marché couvert, cette petite adresse joliment rénovée est l'œuvre de François Liebaert, chef icaunais bien connu. Il propose un menu-carte de saison bien pensé et attractif, avec un fil conducteur sur chaque assiette ainsi que quelques touches créatives, à l'image de ce merlu de ligne aux saveurs espagnoles. Les assaisonnements sont justes et équilibrés, le visuel est soigné également. Service dynamique et attentionné par Estelle.

- €€ - 26 rue du 24-Août - 09 87 13 26 75 - www.le-noyo-auxerre.eatbu.com - Fermé mardi, mercredi et samedi midi

AUZEVILLE-TOLOSANE

31320 - Haute-Garonne - Carte régionale n° **26**-C2

LA TABLE D'AUZEVILLE

CUISINE TRADITIONNELLE • CONVIVIAL Dans cette maison blanche au cœur d'un village de la banlieue de Toulouse, le chef propose une cuisine traditionnelle généreuse, comme avec ce filet de cannette et son jus réduit aux épices ou ce tournedos de bœuf aux morilles. En dessert, une tartelette aux fraises craquante accompagnée d'une glace pistache artisanale. À déguster sur la terrasse ombragée aux beaux jours.

- €€ - 35 chemin de l'Église - 05 61 13 42 30 - www.latabledauzeville.fr - Fermé du lundi au mercredi et dimanche soir

AUZOUVILLE-SUR-SAÂNE

✉ 76730 - Seine-Maritime - Carte régionale n° **3**-A2

AUBERGE DE LA MÈRE DUVAL

CUISINE MODERNE • COSY Alexandre et Mélanie Baranzelli s'épanouissent dans ce domaine où coule une jolie rivière, enjambée par deux ponts et veillée par un moulin : bucolique à souhait ! Le chef, passé par de belles maisons, aime les recettes traditionnelles de son terroir normand, mais sa cuisine se révèle de plus en plus personnelle avec le temps.

- **€€** - *Impasse de la Linerie - 02 35 04 18 26 - www.lamereduval.fr - Fermé mardi et mercredi, et lundi soir*

AVAILLES-LIMOUZINE

✉ 86460 - Vienne - Carte régionale n° **15**-B3

LA CHATELLENIE

CUISINE TRADITIONNELLE • CONTEMPORAIN Emilie et Thomas Fournier ont investi leur enthousiasme et leur talent dans cette auberge de charme nichée au fin fond de la Vienne, qui met à l'honneur les producteurs locaux. Des réalisations gourmandes au dressage soigné et à un bon rapport qualité-prix, comme ces asperges et canard confit, accompagnés d'une vinaigrette tiède, ou cet œuf mimosa revisité, parfumé à l'ail des ours. Une adresse qui vaut bien le détour.

- **€€** - *1 rue du Commerce - 05 49 84 31 31 - www.lachatellenie.fr - Fermé dimanche soir*

AVALLON

✉ 89200 - Yonne - Carte régionale n° **12**-B2

LE 1815

CUISINE MODERNE • BOURGEOIS Ce vénérable relais de poste du début du 18e siècle a vu défiler les personnalités les plus prestigieuses, de Napoléon 1er à Elizabeth Taylor. Aujourd'hui, l'antiquaire médiatique Julien Cohen lui a redonné son lustre en la décorant avec des objets de sa propre collection - tous à vendre ! Le restaurant arbore ainsi parquet, lustres, plafond peint d'époque, miroirs. Dans l'assiette, on déguste une cuisine moderne teintée de tradition, parfois piquée de touches de créativité et d'épices exotiques.

- **€€€** - *13 place Vauban - 03 10 45 16 16 - www.hoteldelaposteavallon.com - Fermé mercredi*

LES CORDOIS AUTREMENT

CUISINE TRADITIONNELLE • CONTEMPORAIN Tenue par la même famille depuis 1910, cette maison est désormais adossée à une église du 12e s. ; on s'installe au choix à l'intérieur, lumineux et coloré, ou sur la terrasse ombragée, pour se régaler d'une cuisine régionale remise au goût du jour : escargots de Bourgogne, œufs en meurette, rognon de veau à la graine de moutarde sans oublier quelques créations à l'image de cette escalope de saumon à la saucisse de Morteau, crème de cancoillotte...

- **€€** - *15 rue Bocquillot - 03 86 33 11 79 - www.lescordois.fr - Fermé mardi et mercredi*

HÔTEL DE LA POSTE

CLASSIQUE • CONFORTABLE L'ancien relais de poste entame une nouvelle page de sa longue histoire, après une profonde rénovation qui a préservé des éléments architecturaux et décoratifs d'origine. Les fresques, les ornements et le mobilier ancien ont été soigneusement restaurés ou minutieusement reproduits. Les chambres distribuées autour de la charmante cour sont claires et d'un classicisme respectueux des lieux, complété par tous les éléments de confort actuels.

- **30 chambres** - *13 place Vauban - 03 10 45 16 16*

Le 1815 - Voir la sélection des restaurants

AVIGNON

✉ 84000 - Vaucluse - Carte régionale n° **28**-E1

POLLEN

Chef : Mathieu Desmarest

CUISINE MODERNE • CONTEMPORAIN Au détour de vos butinages dans les ruelles d'Avignon, découvrez cette jolie salle à manger avec sa grande cuisine ouverte où les les cuisiniers assurent le service en salle, tandis qu'on profite des judicieux conseils bachiques d'un sommelier motivé (et bon connaisseur des vins en biodynamie). À travers son menu surprise, le chef Mathieu Desmarest propose une cuisine lisible, épurée et équilibrée qui évolue au fil des saisons en suivant les producteurs locaux. Il fait son miel de produits d'une qualité irréprochable (poulpe, thon rouge, pigeon...). Ses préparations teintées d'inventivité, ainsi que ses mariages de saveurs francs, séduisent sans effort.

PLAN : A2-3 - AC - **€€€€** - *18 rue Joseph-Vernet - 04 86 34 93 74 - www.pollen-restaurant.fr - Fermé samedi et dimanche*

L'AGAPE

CUISINE MODERNE • CONTEMPORAIN Courgette, poivron, artichaut, huile d'olive, rouget... Au cœur de la cité des papes, le chef Julien Gleize met la Provence à l'honneur dans de jolies compositions rehaussées de touches de basilic, sésame, citronnelle ou encore curcuma. À déguster dans un décor de style industriel ou sur la terrasse ombragée, au bord de la fontaine.

PLAN : A3-4 - AC - **€€** - *21 place des Corps-Saints - 04 90 85 04 06 - www.restaurant-agape-avignon.com - Fermé lundi et dimanche*

BIBENDUM

CUISINE MODERNE • TENDANCE Au cœur de cette belle bâtisse historique bourrée de cachet (un ancien cloître), on découvre un restaurant, un bar à vins et un bar à cocktails, ainsi qu'une terrasse dans la cour intérieure, promesse de délicieuses soirées d'été. Le chef du restaurant étoilé Pollen, Mathieu Desmarest, conçoit la carte, tandis que son épouse Émilie met en musique ce projet festif et convivial. Dans l'assiette, une cuisine à la page, réalisée minute avec des produits frais et de saison, aux discrets accents du Sud : ceviche de daurade, fenouil et cerises ; truite d'Ardèche, amandes, asperges blanches rôties et sauce au vin blanc...

PLAN : A2-14 - **€€** - *83 rue Joseph-Vernet - 04 90 91 78 39 - www.bibendumavignon.fr - Fermé dimanche et lundi*

ACTE 2

CUISINE MODERNE • CONTEMPORAIN Dans la ville du célèbre festival, le théâtre s'insinue jusque dans les assiettes. Premier acte : un jeune couple du métier, installé au centre historique. Deuxième acte : des assiettes qui respirent

haoliang/Getty Images Plus

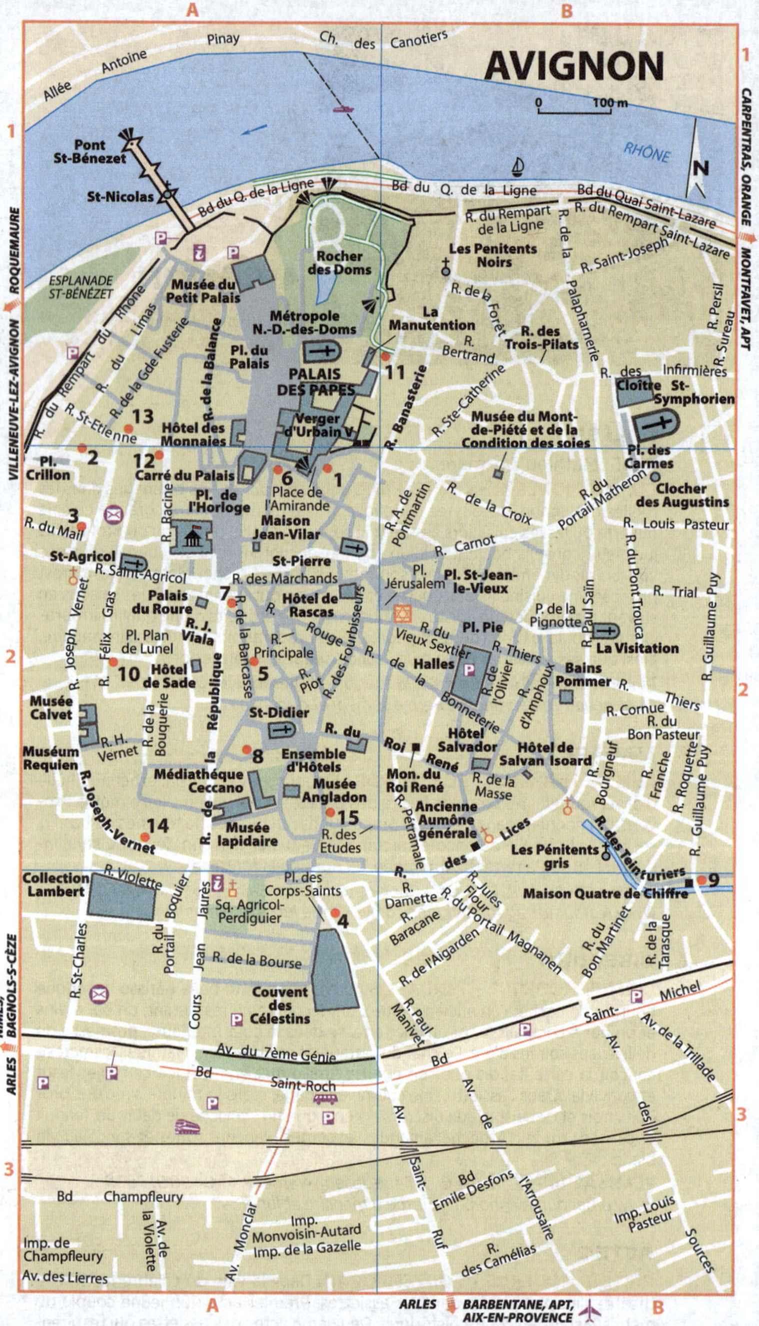
AVIGNON
0 100 m
N
RHÔNE
A
B
1
2
3
CARPENTRAS, ORANGE
MONTFAVET, APT
VILLENEUVE-LEZ-AVIGNON
ROQUEMAURE
NÎMES, BAGNOLS-S-CÈZE
ARLES
ARLES
BARBENTANE, APT, AIX-EN-PROVENCE
Allée Antoine Pinay
Ch. des Canotiers
Pont St-Bénezet
St-Nicolas
ESPLANADE ST-BÉNÉZET
Bd du Q. de la Ligne
Bd du Quai Saint-Lazare
R. du Rempart de la Ligne
R. du Rempart Saint-Lazare
R. Saint-Joseph
Rocher des Doms
Les Penitents Noirs
Musée du Petit Palais
Métropole N.-D.-des-Doms
La Manutention
Pl. du Palais
PALAIS DES PAPES
Verger d'Urbain V
R. du Rempart du Rhône
R. du Limas
R. de la Gde Fusterie
R. de la Balance
R. St-Etienne
Hôtel des Monnaies
R. de la Forêt
R. Bertrand
R. des Trois-Pilats
R. de la Palapharnerie
R. Persil
R. Sureau
R. des Infirmières
Cloître St-Symphorien
R. Ste-Catherine
Musée du Mont-de-Piété et de la Condition des soies
R. Banasterie
Pl. des Carmes
Clocher des Augustins
Pl. Crillon
Carré du Palais
Pl. de l'Horloge
Place de l'Amirande
Maison Jean-Vilar
R. Racine
R. du Mail
R. A. de Pontmartin
R. de la Croix
R. du Portail Matheron
R. Louis Pasteur
R. Carnot
St-Agricol
R. Saint-Agricol
St-Pierre
R. des Marchands
Pl. Jérusalem
Pl. St-Jean-le-Vieux
R. du Pont Trouca
R. Trial
R. Guillaume Puy
Palais du Roure
Hôtel de Rascas
R. Paul Saïn
P. de la Pignotte
R. Joseph Vernet
R. Félix Gras
R. J. Viala
R. de la Bancasse
R. Principale
R. Rouge
R. des Fourbisseurs
R. du Vieux Sextier
Pl. Pie
R. Thiers
La Visitation
Pl. Plan de Lunel
Hôtel de Sade
R. Piot
Halles
R. de l'Olivier
R. d'Amphoux
Bains Pommer
Musée Calvet
R. de la Bonneterie
R. Cornue
R. du Bon Pasteur
R. de la Bouquerie
R. de la République
St-Didier
R. du Roi René
Hôtel Salvador
Hôtel de Salvan Isoard
R. H. Vernet
Muséum Requien
Ensemble d'Hôtels
Mon. du Roi René
R. de la Masse
R. Bourgneuf
R. Franche
R. Roquette
R. Joseph-Vernet
Médiathèque Ceccano
Musée Angladon
R. Pétramale
Ancienne Aumône générale
R. des Lices
R. des Etudes
Musée lapidaire
Les Pénitents gris
R. des Teinturiers
Collection Lambert
R. Violette
Pl. des Corps-Saints
R. Dameette
R. Jules Flour
R. du Portail Magnanen
Maison Quatre de Chiffre
R. Boquier
Sq. Agricol-Perdiguier
R. Baracane
R. du Bon Martinet
R. de la Tarasque
R. du Portail Boquier
R. de la Bourse
R. de l'Aigarden
R. St-Charles
Cours Jean Jaurès
Couvent des Célestins
R. Paul Manivet
Bd Saint-Michel
Av. de la Trillade
Av. du 7ème Génie
Bd Saint-Roch
Av. Saint-Ruf
Av. de l'Arrousaire
Av. des Sources
Bd Champfleury
Av. de la Violette
Av. Monclar
Bd Emile Desfons
Imp. Louis Pasteur
Imp. de Champfleury
Av. des Lierres
Imp. Monvoisin-Autard
Imp. de la Gazelle
R. des Camélias
1
2
3
4
5
6
7
8
9
10
11
12
13
14
15

les bons produits frais locaux et de saison. Troisième acte : un excellent rapport qualité-prix, aussi bien au dîner en 5 temps qu'au déjeuner en 3 temps. Le décor est planté ! On se régale ainsi d'un carpaccio de Saint-Jacques et navet au citron et genièvre, ou d'un filet de veau à la truffe sauce Albufera.

PLAN : A2-10 - ♿ A/C - **€€** - *3 rue de la Petite-Calade - ✆ 09 53 99 36 88 - www.restaurantacte2.com - Fermé lundi, dimanche et le midi sauf samedi*

CAFÉ ROMA (N)

CUISINE MÉDITERRANÉENNE • SIMPLE Seconde adresse d'Italia Palladino (Italie là-bas), ce restaurant bénéficie d'un emplacement de choix dans le centre historique, au pied de l'une des tours du Palais des Papes, dont on profite depuis la terrasse. La salle colorée aux grands miroirs dorés complète le charme du lieu. L'assiette chante les saveurs méditerranéennes généreuses et parfumées, ouvertes à des notes asiatiques : gambas grillées laquées au gingembre et soja, riz vénéré façon thaï servi avec espadon et caponata.

PLAN : B1-11 - **€€** - *4 rue des Escaliers Sainte-Anne - ✆ 04 90 86 86 77 - www.caferoma.fr - Fermé lundi et dimanche soir*

LA FOURCHETTE

CUISINE TRADITIONNELLE • BISTRO Collection de fourchettes et de guides MICHELIN, vieilles photos, affiches du festival : un bistrot au décor original et à l'ambiance chaleureuse. Au menu, une cuisine traditionnelle aux savoureux accents du Sud, avec, en dessert, l'une des spécialités de la maison : la meringue glacée au pralin... Cette accueillante adresse familiale affiche souvent complet !

PLAN : A2-12 - A/C - **€€** - *17 rue Racine - ✆ 04 90 85 20 93 - www.la-fourchette.eatbu.com - Fermé samedi et dimanche*

LE GOÛT DU JOUR

CUISINE MODERNE • CONTEMPORAIN De bonnes idées, du savoir-faire... Julien Chazal, jeune chef originaire d'Avignon, fait ici une jolie démonstration ! Sa cuisine, ancrée dans les saisons, se révèle en plus soignée visuellement, avec des dressages qui ne doivent rien au hasard. Et n'oublions pas le service souriant.

PLAN : A1-13 - ♿ A/C - **€€** - *20 rue Saint-Étienne - ✆ 04 32 76 32 16 - www.legoutdujour84.com - Fermé mardi et mercredi*

HIÉLY-LUCULLUS

Chef : Gérald Azoulay

CUISINE MODERNE • VINTAGE "Pérouvence" : c'est ainsi que Gérald Azoulay, natif d'Avignon, nomme sa cuisine, étonnante union culinaire entre la Provence et le Pérou (où est née Patricia, son épouse). Avec pour fil conducteur les différents piments péruviens, et dans une démarche durable engagée, le chef nous emmène dans un savoureux voyage métissé où dominent acidité, piment et braise : truite à la brousse de brebis, aji chaparita et asperge verte ; picanha de veau marinée au piment aji panca et poivre Chapa ; cachaille provençale revisitée au huacatay... À déguster dans une salle à manger décorée façon Belle Époque. La sélection de vins rassemble bien entendu des crus des deux pays.

L'engagement du chef : Allier cuisine aux influences péruviennes et circuit court ? C'est possible ! La quasi-totalité des fournisseurs se trouve à moins de 100 km : les herbes péruviennes proviennent du potager familial, la plupart des légumes d'Amérique du Sud sont cultivés ici par des maraîchers locaux, et les poissons sont uniquement sauvages et issus de la pêche responsable. Dans une optique « zéro déchet », les ingrédients et condiments non utilisés sont séchés, puis servent de sels d'assaisonnement.

PLAN : A2-7 - A/C - **€€€€** - *5 rue de la République - ✆ 04 90 86 17 07 - www.hiely-lucullus.com - Fermé dimanche , mercredi et le midi*

ITALIE LÀ-BAS

CUISINE ITALIENNE • COSY L'Italie s'invite à table grâce à une cheffe passionnée et talentueuse qui élabore des plats transalpins créatifs à partir de produits de qualité, servis dans des menus dégustation, dont une version végétale. Vitello tonnato, scialatielli aux tellines, ou fleurs de courgettes croustillantes : chaque assiette est généreuse, maîtrisée et savoureuse, avec une touche de finesse méditerranéenne. Monsieur assure un service attentionné et chaleureux, complétant cette expérience gourmande marquée par l'authenticité et le goût dans un cadre accueillant.

PLAN : A2-5 - **€€€** - *5 rue Violette - 04 86 81 62 27 - www.italielabas.fr - Fermé dimanche soir, lundi et mardi*

LE JOAT (N)

CUISINE MODERNE • CONVIVIAL Au cœur du vieil Avignon, cette adresse discrète déroule une salle tout en longueur, entre parquet ancien, plafond à la française et touches contemporaines : suspensions design, fauteuils en Plexiglas, tables simplement dressées sur plateau de bois clair. Passé par de belles maisons (Pollen, Le Carré d'Alethius, Le 1920), le chef signe une cuisine moderne, directe, centrée sur des produits de saison. Il aime décliner un même produit en plusieurs préparations et textures, comme les petits pois qui accompagnent ce faux-filet de Salers ou encore ce soufflé fraise et fleur de sureau.

PLAN : A2-15 - **€€** - *19 rue des Trois-Faucons - 04 90 03 14 41 - www.lejoat.com - Fermé lundi et dimanche*

LA MIRANDE

CUISINE MODERNE • HISTORIQUE Les murs historiques de la Mirande, l'hôtel particulier qui touche le Palais des Papes, accueillent une table gastronomique au décor délicieux. On prend place dans une superbe salle 18e s. ou dans le ravissant jardin, pour déguster une savoureuse cuisine aux accents du Sud.

PLAN : A2-1 - **€€€€** - *4 place de l'Amirande - 04 90 14 20 20 - www.la-mirande.fr/fr/restaurant-avignon-provence.html - Fermé du lundi au mercredi*

NUMÉRO 75

CUISINE TRADITIONNELLE • CONVIVIAL Une demeure bourgeoise du 19e s. noyée sous la végétation (glycine, vigne vierge et clématite) : joli décor pour un repas sur la plaisante terrasse arborée... Cette adresse connaît un franc succès dans la ville : la faute à son cadre chaleureux et à une cuisine du marché sincère, aux notes provençales. Service convivial et efficace.

PLAN : B3-9 - **€€** - *75 rue Guillaume-Puy - 04 90 27 16 00 - www.numero-75.com - Fermé samedi et dimanche*

PREMIÈRE ÉDITION

CUISINE MODERNE • BISTRO Dans ce sympathique bistrot du cœur de ville à la déco indus', avec touches de street art et cuisine ouverte en béton ciré, John assure en salle un service sympa et pro, tandis que la cheffe Aurélie envoie des plats assez créatifs, inspirés de recettes bistrotières ou de la comfort food, twistés avec malice par des épices, herbes, baies ou fruits secs. On croise ainsi des œufs mimosa au curry rouge, une régressive pita à l'effiloché de bœuf braisé et crémeux sésame, un risotto carnaroli aux girolles, ou encore un filet de bœuf d'Aubrac et sa sauce poulette aux algues suji. Cela a du goût, c'est vivant et ludique, et la devise affichée "Venez, mangez, buvez" résume parfaitement la simplicité tout comme l'épicurisme des lieux.

PLAN : A2-8 - **€€** - *5 rue Prévôt - 04 84 14 59 85 - www.premiereedition.fr - Fermé lundi et dimanche, et mardi soir*

SEVIN

CUISINE MODERNE • ÉLÉGANT Dans cette demeure médiévale chargée d'histoire, installée en bordure immédiate du Palais des papes, le chef Guilhem Sevin compose une partition moderne, et profite du soutien d'une équipe jeune et motivée. Si possible, profitez de la terrasse surplombant la place. Belle carte des vins.

PLAN : A2-6 - ✿ - **€€€** - *10 rue de Mons - ✆ 04 90 86 16 50 - www.restaurantsevin.fr - Fermé mercredi et jeudi*

LA VIEILLE FONTAINE

CUISINE MODERNE • CLASSIQUE Boiseries, moulures et cheminée composent l'élégance provençale de cette maison historique. Le chef Pascal Auger décline une cuisine résolument méridionale, qui ne manque ni de couleurs ni de saveurs. Aux beaux jours - ils sont nombreux en Avignon -, on profite de ces douceurs sous le platane centenaire de la jolie terrasse, face à la vieille fontaine...

PLAN : A2-2 - ✿ - **€€€€** - *Hôtel d'Europe, 12 place Crillon - ✆ 04 90 14 76 76 - www.heurope.com - Fermé lundi et dimanche*

LA DIVINE COMÉDIE

CLASSIQUE • CONVIVIAL Cet hôtel particulier peut se targuer de posséder le plus grand jardin privé d'Avignon, un havre de paix verdoyant en plein cœur de la ville médiévale. S'y niche un petit hôtel de cinq suites, taille idéale pour un service personnalisé, des espaces communs magnifiquement tranquilles et une atmosphère conviviale de maison de campagne, dont le salon regorgerait d'œuvres d'art. Les suites sont luxueuses, éclectiques, toutes différentes et toutes extraordinaires. L'orangerie abrite la salle à manger, et la verdure dissimule un tout petit spa, un jacuzzi et une piscine.

- 5 chambres - *16 impasse Jean-Pierre Gras - ✆ 06 77 06 85 40*

MAS DE CAPELOU

CLASSIQUE • ÉLÉGANT L'architecture de l'ancienne ferme a été méticuleusement préservée et restaurée, tandis que la décoration de ses cinq chambres révèle un œil moderne : simplicité des intérieurs, caractère plus contemporain des quatre appartements, sans perdre de vue leur identité provençale. Ce plaisir esthétique ne fait pas ombrage aux autres atouts du lieu, comme la petite piscine idéale pour prendre le soleil, ou le terrain et ses ambiances bucoliques.

- 9 chambres - *1336 chemin des Poiriers - ✆ 07 66 76 21 58*

LA MIRANDE

✿✿ **TRADITIONNEL • RAFFINÉ** Cet hôtel particulier du 17e s. est absolument superbe : pierres ouvragées, déluge d'objets d'art et de tentures dans l'esprit provençal du 18e s. et un délicieux jardin clos, qui s'épanouit à l'ombre du palais des Papes. Raffinement exquis !

- 26 chambres - *4 place de l'Amirande - ✆ 04 90 14 20 20*

La Mirande - Voir la sélection des restaurants

AVIZE

✉ 51190 - Marne - Carte régionale n° **6**-B2

LES AVISÉS

CUISINE MODERNE • COSY Les avisés marqueront un arrêt au domaine Selosse. Stéphane Rossillon en cuisine, et sa femme au service, deux anciens de chez Anne-Sophie Pic, composent un menu unique, à base de produits sélectionnés, servis dans une charmante atmosphère "maison d'hôtes". Aux beaux jours, on profite de la grande terrasse... Carte des vins superbe.

- €€€ - *59 rue de Cramant - ✆ 03 26 57 70 06 - www.selosse-lesavises.com - Fermé mardi et mercredi*

AVORIAZ

✉ 74110 - Haute-Savoie

LES DROMONTS

MODERNE • FAMILIAL Cet hôtel mythique d'Avoriaz a réhabilité avec brio le style des années 1960 : son architecture singulière épouse harmonieusement le décor environnant. Cette station skis aux pieds et sans voiture ne tolère que les traîneaux, à la plus grande joie des amoureux de la nature. Les petites chambres tout confort et astucieusement aménagées dévoilent de superbes vues sur les monts enneigés. Petit spa.

- 35 chambres - *40 place des Dromonts - ✆ 04 56 44 57 00*

MIL8

AVANT-GARDE • CHALEUREUX Le luxe de Courchevel, mais avec l'atmosphère d'Avoriaz. Hissé à 1800 m d'altitude, le MIL8 sort le grand jeu : sous son enveloppe alpine ultra contemporaine, un spa entièrement vitré avec piscine à débordement, sauna, salle de sport et cabines de massage, ainsi qu'une terrasse nordique et un bar à cocktails conçu comme une bulle conviviale. Taillées comme des cabines réchauffées de fines lattes de bois, chambres et suites luxueuses et sophistiquées regardent à travers leurs hublots et baies vitrées les sommets alentour.

- 42 chambres - *241 rue des Traîneaux - ✆ 04 58 57 18 00*

AVRILLÉ

✉ 49240 - Maine-et-Loire - Carte régionale n° **9**-C2

PATACHÉE

CUISINE MODERNE • CONVIVIAL Au centre-ville, cette petite maison traditionnelle la joue esprit bistrot avec ces notes rustiques rappelant l'âge de la maison. Le chef, expérimenté, cuisine en fonction de l'arrivage de ses producteurs, dans une veine moderne et gourmande où les épices tiennent une place de premier choix : raviole de pigeonneau et bouillon thaï ; nage de homard et coques au curry ou bien encore lieu jaune de ligne et son émulsion aux épices Hanoï. Prix doux au déjeuner.

€€ - *116 avenue Pierre-Mendès-France - ✆ 02 41 88 11 70 - www.patachee.com - Fermé samedi et dimanche, et du lundi au mercredi soir*

AZAY-LE-RIDEAU

✉ 37190 - Indre-et-Loire - Carte régionale n° **15**-B1

AUBERGE POM'POIRE

Chef : Bastien Gillet

CUISINE MODERNE • CONTEMPORAIN Au beau milieu des vergers se cache cette auberge contemporaine, dont la salle lumineuse et chaleureuse aux lignes épurées s'ouvre sur la nature. Pleine de peps et de créativité, la cuisine colorée et acidulée de Bastien Gillet ne manque pas de justesse et de subtilité, tant sur les arômes que sur les textures : ses assiettes, composées avec de beaux produits fermiers de la région, débordent de saveurs... Et pour sublimer le tout, on déguste ses créations dans la ravissante céramique artisanale locale. La carte est susceptible de changer chaque jour, au gré de l'inspiration du chef. Bref, c'est aussi gourmand qu'audacieux : nul doute, Pom'Poire est une adresse à croquer !

- €€€ - *21 route de Vallères - 02 47 45 83 00 - www.aubergepompoire.fr - Fermé lundi, mardi et dimanche et jeudi midi*

L'ÉPINE

CUISINE MODERNE • CONTEMPORAIN Pas d'épine dans votre assiette mais un hommage au prunelier, un arbuste épineux qui peuple les haies sauvages des campagnes et dont les pousses servent à faire un vin. Dans cette ancienne école de 1866, le bon goût règne : un plafond aux poutres apparentes, de grandes ouvertures lumineuses qui donnent sur une terrasse arborée, des luminaires design, des œuvres d'art. Le chef signe une carte bistronomique de saison à prix doux qui célèbre les produits et les artisans locaux.

- €€ - *19 place de la République - 02 47 45 39 84 - www.restaurant-lepine.fr - Fermé samedi et dimanche*

L'AIGLE D'OR

CUISINE MODERNE • TRADITIONNEL À quelques centaines de mètres du château, voilà une adresse en or ! Dans cette maison de pays, on s'installe au coin de la cheminée ou sur la terrasse ombragée pour déguster une belle cuisine qui revisite la tradition. Au piano, le chef joue une savoureuse mélodie !

- €€€ - *10 avenue Adélaïde-Riche - 02 47 45 24 58 - www.laigle-dor.com - Fermé lundi, mardi, mercredi midi et dimanche soir*

BADEN

✉ 56870 - Morbihan - Carte régionale n° **1**-C3

LE GAVRINIS

CUISINE MODERNE • CONTEMPORAIN L'enseigne de cette maison de pays rend hommage à l'île de Gavrinis, toute proche. Le chef, formé par Pierre Gagnaire, y cultive l'âme bretonne et la fierté d'un terroir riche et vivant. En témoignent ce florilège de champignons locaux (pleurotes, shiitakés...) déclinés rôtis, en raviole ou en consommé, ce rouget-barbet au coulis de cerfeuil, vinaigrette de moelle de bœuf et andouille, ou encore le saint-pierre, artichaut, cochonnaille, coquillages et sauce au vin blanc. Une authentique étape gourmande, mise en valeur par une salle à manger "éco-design" où règnent le bois flotté et les teintes douces (écru, gris et beige). Une ravissante terrasse, très fleurie en été, met des points de suspension à votre bonheur.

- €€€€ - *1 rue de l'Île-Gavrinis - 02 97 57 00 82 - www.gavrinis.fr - Fermé lundi, mardi et dimanche*

LA CHAUMIÈRE DE POMPER

CUISINE BRETONNE • CONTEMPORAIN À deux pas du charmant village de Baden, cette crêperie au cachet breton séduit par son savoir-faire authentique, mais aussi par ses galettes "kraz" (fines et croustillantes), réalisées à partir de farines bio et d'œufs locaux. Laissez-vous tenter par la généreuse galette Ange Aigu, mêlant lard fumé, andouille de Guémené et jaune d'œuf coulant, ou une simple et efficace beurre-sucre à la pointe de sel. Belle carte de cidres avec une trentaine de références. Une terrasse plaisante aux beaux jours complète ce tableau gourmand.

P - **€** - *Le Moulin de Pomper, 14 hameau de Kerhervé - 02 97 58 59 66 - www.lachaumieredepomper.fr*

BAERENTHAL

57230 - Moselle - Carte régionale n° **7**-D2

L'ARNSBOURG

Chef : Fabien Mengus

CUISINE MODERNE • CONTEMPORAIN Laure et Fabien Mengus tiennent les rênes de cette maison emblématique. Fabien avait fait connaître son talent au Cygne, une table voisine, et il se montre à l'aise entre les murs de cette institution, multipliant les ponts entre tradition et modernité, aussi bien pour la décoration que pour l'assiette. En profitant de la quiétude des lieux grâce aux larges baies vitrées ouvertes sur la forêt, on déguste une cuisine tout en variations, qui met à l'honneur de beaux produits de saison.

AC P - **€€€€** - *18 Untermuhlthal - 03 87 06 50 85 - www.arnsbourg.com - Fermé lundi, mardi et mercredi midi*

L'ARNSBOURG

ÉPURÉ • RAFFINÉ Jouxtant l'Arnsbourg, table distinguée du chef Fabien Mengus, l'hôtel qu'il gère avec son épouse Laure offre une vue sur les collines boisées. Les chambres et les suites sont épurées et contemporaines, et toutes disposent d'un balcon.

AC P - **16 chambres** - *18 Untermuhlthal*

L'Arnsbourg - Voir la sélection des restaurants

BÂGÉ-LE-CHÂTEL

01380 - Ain - Carte régionale n° **21**-B1

LA TABLE BÂGÉSIENNE

CUISINE TRADITIONNELLE • RÉGIONAL Derrière la façade pimpante de cet ancien relais de poste se cache la généreuse cuisine bressane du chef Martin, aussi à l'aise avec les préparations typiques de la région qu'avec des plats aux influences plus lointaines. Du gâteau de foie de volaille et bisque d'écrevisse aux makis de saumon mi-cuit, mayonnaise au raifort ou bien au skrei parfumé aux épices douces, le chef nous invite à la découverte, à l'image de la décoration des tables où trône un globe. Parfumée, maîtrisée et délicate, cette cuisine est une invitation aux voyages des sens. Aux beaux jours, la banane flambée au rhum et sa glace noisette se dégustent sur l'agréable terrasse, au calme, à l'arrière.

€€ - *19 Grande-Rue - 03 85 30 54 22 - www.latablebagesienne.com - Fermé du lundi au mercredi et dimanche soir*

BAGNÈRES-DE-BIGORRE

65200 - Hautes-Pyrénées - Carte régionale n° **25**-C3

LA TABLE DU CINQ

CUISINE MODERNE • CONTEMPORAIN Le restaurant, situé dans une cour d'auberge, offre une ambiance douillette avec ses murs en pierre, un sol en marbre, une cheminée décorative et des éléments modernes comme des verrières et des claustras en bois. Un couple d'enfants du pays s'est installé au sein de l'auberge qui appartenait à la mère de la cheffe. La partition est réussie : le shiitaké sous toutes ses formes, poitrine fumée, sablé au parmesan ; quasi de veau, cromesquis au chorizo, jus corsé, fregola sarda et crémeux de panais ; arlettes croustillantes, mousse légère aux fruits de la passion et jasmin, et un excellent sorbet mangue. Les pains, glaces et sorbets, tous délicieux, sont réalisés maison.

- €€ - 5 route de Toulouse - 05 62 37 02 95 - www.latableducinq.com - Fermé mardi et mercredi, et lundi soir

O2C

CUISINE MODERNE • COSY Le ciel mène à tout : ancien pilote d'hélicoptère et grand passionné de cuisine, Christophe Belegaud tient les fourneaux de ce restaurant aux tons crème et chocolat, à la déco sagement moderne. Basée sur des produits locaux, cette cuisine du marché 100% maison et bien de son temps va droit au but. Quant à Chantal, le second "c" de ce charmant O2C, elle assure un service attentionné.

- €€ - 20 place de Strasbourg - 09 52 71 92 58 - www.o2crestaurant.eatbu.com - Fermé lundi, mardi et dimanche

HOTEL LA VOIE LACTÉE

MONTAGNARD • SPACIEUX Face au téléphérique desservant l'observatoire du Pic du Midi, cet hôtel offre une vue impressionnante sur les massifs alentour depuis les vastes espaces du salon, du restaurant, du bar et des chambres. Toutes celles-ci sont éclairées d'immenses fenêtres, et certaines possèdent des balcons privatifs surplombant les pistes. On retrouve à l'intérieur un style cosy typiquement montagnard qu'agrémente une touche vintage : lambris de bois clair, murs bleu nuit, lampes en céramique, fauteuils rétro. La partie bien-être possède un spa, un sauna et deux bains nordiques extérieurs, tandis que le petit-déjeuner et les boissons d'après-ski peuvent se prennent au coin du feu, face aux cimes.

- **20 chambres** - *22 avenue du Tourmalet - 05 62 36 84 32*

BAGNOLES-DE-L'ORNE

61140 - Orne - Carte régionale n° **2**-B3

LE MANOIR DU LYS

Chef : Franck Quinton

CUISINE MODERNE • COSY Que serait cette table aux boiseries claires et à l'agréable terrasse sans l'immense forêt d'Andaine qui l'entoure ? Aux confins du Maine, de la Normandie et de la Bretagne, ce poumon vert nourrit la cuisine forestière de Franck Quinton. À chaque saison, il prépare les champignons comme personne : cèpes rôtis au thym et au laurier, girolles sautées au romarin, abricots et noisettes, ou encore chou craquelin aux champignons... En bon locavore, ce chef passionné choisit ses viandes, pigeons et légumes à quelques dizaines de kilomètres tout au plus. Une cuisine fine et goûteuse, à déguster dans une atmosphère élégante et apaisante. Stages de cuisine et de cueillette.

- **€€€€** - *Route de Juvigny-sous-Andaine - 02 33 37 80 69 - www.manoir-du-lys.fr - Fermé lundi et du mardi au vendredi à midi*

Ô GAYOT

CUISINE TRADITIONNELLE • BISTRO Une jolie maison en pierre et son bistrot, pile dans l'air du temps. Dans l'assiette, on trouve de bonnes recettes... bistrotières, comme il se doit ! Pavé de cabillaud à la plancha, fricassée de cocos ; tartare de bœuf coupé au couteau ; sablé au beurre et sa glace au caramel...

- €€ - 2 avenue de la Ferté-Macé - 02 33 38 44 01 - www.ogayot.net - Fermé lundi, mardi midi et dimanche soir

LE MANOIR DU LYS

CLASSIQUE • CHAMPÊTRE Au milieu des bois et dans un superbe parc, cette belle demeure normande est empreinte de quiétude... Les chambres du manoir affichent un raffinement classique ou plus contemporain, toujours chaleureux ; dans le pavillon, des suites spacieuses.

- 30 chambres - *Route de Juvigny-sous-Andaine - 02 33 37 80 69*

Le Manoir du Lys - Voir la sélection des restaurants

BAGNOLS

69620 - Rhône

CHÂTEAU DE BAGNOLS

TRADITIONNEL • CHAMPÊTRE Les mots manqueraient presque pour décrire la magnificence de ce château du 13e s. dominant le vignoble beaujolais. L'accès par le pont-levis au-dessus des douves, les décors historiques (mobilier d'art, cheminées monumentales...), le superbe parc et son verger : tout est unique... jusqu'au spa, agencé à la manière d'une cuverie.

- 19 chambres - *118 place de la Mairie - 04 74 71 40 00*

BAILLARGUES

34670 - Hérault

HOTEL HORIZON RESORT MASSANE & SPA

CONTEMPORAIN • CHALEUREUX Associer golf, spa, design et durabilité était ambitieux. Avec 84 chambres, 39 appartements et une villa privée, ce complexe s'appuie sur des principes bioclimatiques, laissant la lumière et l'air pénétrer les intérieurs qui s'ouvrent directement sur la campagne ou le fairway. Le spa, les jardins en permaculture et les menus méditerranéens reflètent un engagement profond envers un mode de vie à faible impact. Les espaces communs sont conçus pour favoriser le lien, tout en offrant des refuges tranquilles, plus un espace bien-être, fitness et yoga. Un resort contemporain qui allie confort et respect de l'environnement.

- 123 chambres - *Domaine de Massane - 04 67 87 87 87*

BAIX

07210 - Ardèche - Carte régionale n° **20**-D3

EPONA

CUISINE TRADITIONNELLE • CONVIVIAL Déesse gauloise des voyageurs et de l'abondance, Epona veille sur cet établissement ardéchois accueillant et bien situé, entre Valence et Montélimar. Le soir et le weekend, on s'attable face à un menu sans choix et une carte de saison brève et appétissante. Rustique et chaleureuse comme il la définit lui-même, la cuisine du chef s'enracine

dans le terroir local. Avec de vrais jus et de jolies présentations, ses assiettes sentent le bon tour de main : velouté froid de courgette et saumon gravlax ; poitrine de cochon confite, légumes de saison. Le midi, uniquement un menu du jour.
- €€ - 928 route de Chomérac - 07 86 53 07 51 - www.restaurant-epona.fr - Fermé mardi et mercredi, et dimanche soir

BALMA

31130 – Haute-Garonne – Carte régionale n° **26**–C2

L'ÉQUILIBRE

CUISINE MODERNE • CONTEMPORAIN Formidable succès pour ce restaurant tenu par un couple dynamique, qui fait dans le bon et le simple. Le chef agrémente les produits frais du marché avec bonheur, comme en témoigne cet œuf coulant parfaitement cuit, avec oignons confits au vin blanc, effiloché de cochon à l'ail des ours... Rapport qualité-prix exceptionnel. Un sans-faute.
VOIR TOULOUSE PLAN I - D2 - 37 - *- €€ - 10 place de la Libération - 05 61 45 70 43 - www.restaurant-lequilibre.fr - Fermé lundi, samedi et dimanche*

BANDOL

83150 – Var – Carte régionale n° **29**–A3

LES OLIVIERS

CUISINE MODERNE • ÉLÉGANT Dans la baie de Renécros, on découvre avec bonheur cet intérieur lumineux, élégant et contemporain, offrant une vue imprenable sur la Grande Bleue. Le soir, Martin et Fleur Feragus proposent une cuisine méditerranéenne et provençale, colorée et parfumée, sous forme de menus à plusieurs étapes mettant en valeur les produits locaux : asperges vertes de Mallemort, fraises de Hyères... Le chef élabore une cuisine moderne, surtout marine et iodée, travaillant avec finesse poissons et fruits de mer tout en intégrant de belles pièces de viande, tandis que les desserts conçus par Fleur offrent une élégante conclusion. Le tout se savoure dans une salle à manger où le coucher de soleil constitue un ravissement permanent.
- €€€€ - Hôtel Thalazur Bandol - Île Rousse, 25 boulevard Louis-Lumière - 04 94 29 33 12 - www.restaurant-les-oliviers-bandol.fr - Fermé les midis

AU CLAIR DE LA VIGNE

CUISINE MODERNE • CONVIVIAL Animé avec chaleur par un passionné de vins, ce bistrot convivial s'appuie sur le talent d'un ancien cuisinier de Christophe Bacquié. L'ardoise, régulièrement renouvelée, célèbre une cuisine généreuse aux accents méridionaux : tartare de veau d'Aveyron aux herbes, câpres et moutarde ancienne ; picanha de cochon de montagne poêlée, courges rôties au miel et au romarin, sauce barbecue maison. La carte des vins, courte mais inspirée, met en avant de belles étiquettes locales à prix doux. Fromages et bouteilles s'emportent côté cave attenante. Réservation impérative pour profiter de cette adresse accueillante, à deux pas du front de mer.
- €€ - 25 rue du Docteur-Louis-Marçon - 04 94 32 28 58 - www.au-clair-de-la-vigne-restaurant-bandol.fr - Fermé mardi et mercredi

L'ESPÉRANCE

CUISINE MODERNE • COSY Maria et Gilles Pradines invitent à un moment de pur plaisir dans leur petit écrin gastronomique à deux pas du port de Bandol. Le chef y célèbre la richesse des produits de saison avec une cuisine généreuse et gourmande : bar sauvage de l'Île de Noirmoutier parfaitement cuit, fleurs de courgette farcies, risotto d'épeautre aux morilles ou encore un agneau du

Quercy fondant à souhait. En dessert, les fraises de Saint-Cyr accompagnées de meringue moelleuse et de gel de fraise clôturent ce festin avec fraîcheur. Le tout dans un cadre intimiste et soigné, avec un service chaleureux.
AC – **€€€** – *21 rue du Docteur-Louis-Marçon – 04 94 05 85 29 – www.lesperance-bandol.com – Fermé lundi et mardi, et dimanche soir*

LE SHARDANA

CUISINE MODERNE • COSY Au cœur de la station balnéaire, une adresse bienvenue, moderne et pimpante, cultive les charmes de la Sardaigne, et surtout ceux d'une cuisine de saison, renouvelée mensuellement, qui butine son goûteux ordinaire dans les produits locaux et les ingrédients sardes. Des exemples ? Rigatoni de Gragnano au ragoût de poulpe de pêche locale ou encore la seada, dessert sarde typique : une raviole garnie de pecorino frais au citron, frite et enrobée de miel de Sardaigne. En salle, le sourire de la compagne du chef est un atout décisif ! Petite carte des vins, essentiellement italiens et locaux.
AC – **€€** – *16 rue de la République – 04 94 32 17 79 – Fermé du lundi au vendredi à midi*

ÎLE ROUSSE - THALAZUR

CONTEMPORAIN • MARITIME Une situation idéale pour cet hôtel chic les pieds dans l'eau ! Tout séduit : le décor contemporain, le superbe centre de thalasso, le hall d'accueil ouvert sur la piscine d'eau de mer... sans oublier les deux plages où l'on prend le soleil en toute tranquillité.
AC Spa – **67 chambres** – *25 boulevard Louis Lumière – 04 94 29 33 00*
Les Oliviers - Voir la sélection des restaurants

BANGOR - Morbihan (56) → Voir Belle-Île

BANNE

07460 – Ardèche

AUBERGE DE BANNE

CONTEMPORAIN • ROMANTIQUE Sur sa colline à la limite de l'Ardèche et du Gard, le village de Banne a tout d'une carte postale : un panorama superbe, un climat délicieux et... une ravissante auberge. Tombés amoureux de l'endroit, ses propriétaires ont tout repensé dans un bel esprit à la fois contemporain et rétro. Une réussite, à découvrir !
AC – **11 chambres** – *Place du Fort – 04 75 89 07 78*

BANYULS-SUR-MER

✉ 66650 - Pyrénées-Orientales - Carte régionale n° **27**-C3

VILLA CAMILLE HOTEL & SPA

MODERNE • MARITIME Au cœur d'une ville pittoresque de la Côte Vermeille, cette villa de 1888 se révèle d'emblée conviviale, ses espaces extérieurs tenant le port à distance raisonnable. À l'intérieur, le minimalisme parvient à être chaleureux, le confort et les équipements, bien que discrets, rendent le séjour délicieux. Le spa propose un sauna, une grotte de glace et une piscine à côté de ses salles de soin.

- 42 chambres - *11 avenue Pierre Fabre - 04 48 07 24 42*

BAR

✉ 19800 - Corrèze - Carte régionale n° **19**-C3

L'ÉPICURIEUX N

CUISINE MODERNE • COSY Dans un paisible village de l'arrière-pays corrézien, cette table séduit par sa tranquillité et la vue sur la vallée de la Corrèze (surtout en terrasse). La salle lumineuse et conviviale est le terrain de jeu du chef Thomas Ceaux et de sa compagne Pauline Gane, en salle. Le chef mitonne une cuisine bien dans sa saison qui valorise le terroir : noix de veau du Limousin, crémeux de petit pois et chorizo ; chou craquelin aux fruits rouges, crème mascarpone-vanille et sorbet fraise-framboise de Tulle. Une adresse qui a ses fidèles.

- €€ - *8 rue du Puy-de-l'Hérène - 05 55 20 20 02 - www.lepicurieux19.eatbu.com - Fermé lundi et mardi, et mercredi et dimanche soir*

BAR-LE-DUC

✉ 55000 - Meuse - Carte régionale n° **6**-C3

BISTRO SAINT-JEAN

CUISINE MODERNE • CONTEMPORAIN Cette ancienne épicerie est devenue un bistrot contemporain plein de saveurs et de couleurs, pile dans la tendance. Le patron, fils de pâtissier, réalise une cuisine du marché soignée, et dans l'air du temps, renouvelée au quotidien, comme avec cette poitrine de cochon confite et son jus de braisage aux petits oignons. Et toujours : le respect des produits. Service efficace et discret.

- €€ - *132 boulevard de la Rochelle - 03 29 45 40 40 - www.bistrostjean.fr - Fermé lundi, samedi midi, et jeudi et dimanche soir*

BARBENTANE

✉ 13570 - Bouches-du-Rhône - Carte régionale n° **28**-E1

INEFFABLE

Chef : Nicolas Thomas

CUISINE MODERNE • ÉLÉGANT L'ineffable, le propre de la musique selon le philosophe, joue dans ce petit village provençal de caractère une savoureuse mélodie gourmande. Elle est finement interprétée par un couple de passionnés, Nicolas Thomas et Marie Salomez. 5 tables seulement profitent des murs de pierre calcaire, du mobilier contemporain et de chants d'oiseaux apaisants en fond sonore - hommage à Olivier Messiaen ? Dans l'assiette, le chef module sa verve gourmande au fil d'une trame poétique qui associe librement l'olive et l'olivier, le végétal et l'iode (et même la viande sur le grand menu). Ce mélomane a le sens de la mesure et de l'harmonie, à l'image de sa composition potagère nappée d'une crème fumée.

- €€€ - *3 rue Grande - 04 90 26 58 86 - www.restaurant-ineffable.fr - Fermé lundi, dimanche et le midi*

BARBOTAN-LES-THERMES

✉ 32150 - Gers - Carte régionale n° **26**-A1

LA BASTIDE

CUISINE MODERNE • ÉLÉGANT Dans le petit village thermal de Cazaubon, cette ancienne chartreuse, propriété de la famille Guérard, a été rénovée avec goût dans un esprit maison de campagne chic. En cuisine, le chef s'appuie sur les recettes classiques et diététiques du regretté Michel Guérard : une cuisine légère, digeste et moderne mais non sans gourmandise. Service agréable.

- €€€ - *Avenue des Thermes - ✆ 05 62 08 31 00 - www.bastide-gasconne.com - Fermé lundi et mardi*

LA BASTIDE EN GASCOGNE

CLASSIQUE • CHARME Omniprésence de l'eau (avec de superbes fontaines dans les jardins à l'andalouse, une galerie menant aux thermes et au centre de balnéo) ; décor raffiné mêlant brique, bois, marbre et pierre ; chambres douillettes : cette bastide a un charme fou !

- 25 chambres - *Avenue des Thermes - ✆ 05 62 08 31 00*

La Bastide - Voir la sélection des restaurants

BARCELONNETTE

✉ 04400 - Alpes-de-Haute-Provence

AZTECA

CONTEMPORAIN • RAFFINÉ Cette ancienne villa "mexicaine" de 1888 abrite aujourd'hui des chambres confortables, dont chacune est personnalisée dans un style contemporain. Dans les salons de l'hôtel, une galerie accueille le travail de nombreux artistes.

- 27 chambres - *3 rue François Arnaud - ✆ 04 92 81 46 36*

BARCUS

✉ 64130 - Pyrénées-Atlantiques - Carte régionale n° **25**-B3

MAISON CHILO

CUISINE MODERNE • AUBERGE Arnaud Chilo et sa sœur Marina incarnent la quatrième génération à la tête de cette auberge familiale créée en 1937. Ils font souffler un petit vent de fraîcheur dans cette maison, à l'image du nouveau mobilier et de cette salle réagencée qui a heureusement conservé une âme rustique attachante - sans oublier la vue sur la vallée verdoyante et les montagnes depuis la terrasse. L'assiette, gentiment troussée, comporte son lot de produits basques agrémentés selon la saison : truite fumée ; pavé de lieu jaune en croûte ; épaule d'agneau de 7 heures...

- €€ - *1410 rue Principale - ✆ 05 59 28 90 79 - www.maison-chilo.com - Fermé lundi et mardi, et dimanche soir*

BARJAC

✉ 30430 - Gard - Carte régionale n° **28**-B2

LE CARRÉ DES SAVEURS

CUISINE TRADITIONNELLE • TENDANCE Un intérieur résolument contemporain ou une agréable terrasse dans une jolie cour intérieure, c'est le cadre charmant et paisible de cette ancienne magnanerie cernée par les vignes et les oliviers. La cuisine cultive l'esprit du terroir et de la tradition, magnifiant les produits locaux : caviar d'aubergine à l'huile vierge ; daube provençale de bonne saveur ; financier pistache et mousseline vanille. Petit plus, on peut goûter les vins et l'huile d'olive produits directement sur le domaine. Chambres contemporaines spacieuses au grand calme.

- €€ - *1770 chemin du Mas-du-Terme - 04 66 24 56 31 - www.le-carre-des-saveurs.com*

BARNEVILLE-CARTERET

50270 - Manche - Carte régionale n° **2**-A2

LE RESTAURANT DES ISLES N

CUISINE MODERNE • CONTEMPORAIN Cette ancienne villa balnéaire, au bord de la grande plage de Barneville-Carteret et face aux îles anglo-normandes au loin, a été transformée en hôtel-restaurant accueillant et plaisant. Ici, on bichonne ses hôtes dans une grande salle à manger aux airs de vacances. La petite carte renouvelée quotidiennement - gage de fraîcheur - propose une cuisine nette et franche. Ce soir : œuf mollet et hareng fumé tout en rondeur et gourmandise, merlu au beurre monté aux œufs de hareng fumé, et dessert de saison associant fraise et menthe. Le prix du menu, midi et soir, est une aubaine.

- €€ - *9 boulevard Maritime - 02 33 04 05 99 - www.hotel-des-isles.com - Fermé lundi et mardi*

MARNAGE - HÔTEL LA MARINE

CUISINE MODERNE • CONTEMPORAIN Avec sa vue panoramique sur les flots et le port, cette institution de la presqu'île du Cotentin fait face aux îles de Jersey et Guernesey. Dans une agréable salle contemporaine, vous pourrez déguster des plats modernes et élégants mettant en avant le terroir normand, avec une prédominance des produits de la mer issus de la pêche locale, à l'image de ce lieu, fenouil confit et rôti, beurre monté au zeste de citron.

- €€€ - *11 rue de Paris - 02 33 53 83 31 - www.hotelmarine.com*

BARNEVILLE-LA-BERTRAN

14600 - Calvados

AUBERGE DE LA SOURCE

TRADITIONNEL • CHAMPÊTRE À l'entrée du village, cette jolie maison en brique rouge et sa longère à colombages semblent incarner l'idéal champêtre : un jardin et ses beaux arbres fruitiers, des bassins où fraient truites et esturgeons, des chambres d'esprit nature et cosy... Charmant !

- **15 chambres** - *Chemin du Moulin - 02 31 89 25 02*

BARR

67140 - Bas-Rhin - Carte régionale n° **8**-C1

ENFIN

CUISINE MODERNE • ÉPURÉ Dans cette ancienne menuiserie, le bois est utilisé comme élément central du décor, dans un esprit d'épure toute scandinave qui se retrouve jusque dans les plats, d'inspiration végétale et locale. Les cuisines ouvertes avec comptoir bruissent du fourmillement d'une jeune brigade efficace et engagée. Sous des intitulés parfois énigmatiques ("bœuf-carottes végétalisé", "barbecue au potager" ou encore "croisière alsacienne"), les assiettes sont claires, créatives et respectent à la lettre la saison : chou-rave, légumes verts croquants et caviar de Gironde ; ris de veau et beurre noisette ; fruits rouges d'Alsace associés à la vanille de Bretagne. Un lieu avec du cachet, une cuisine avec de la personnalité.

- €€€€ - *2 chemin du Château-d'Andlau - 03 69 61 37 30 - www.enfin-barr.com - Fermé lundi, mardi, du mercredi au vendredi à midi, et dimanche soir*

LA TABLE DU 5

CUISINE MODERNE • CONTEMPORAIN Au sein de l'hôtel 5 Terres, ce restaurant contemporain fait face à l'Hôtel de Ville de style Renaissance. Dans cette salle chaleureuse où dominent les matériaux nobles (chêne, cuir, velours), on déguste une cuisine raffinée, ancrée dans le terroir et les saisons, réalisée par une équipe de choc avec des produits locaux soigneusement sourcés. La carte des vins fait quant à elle forte impression, avec des centaines de références bio et nature.

- €€€ - *Hôtel 5 Terres, 11 place de l'Hôtel-de-Ville - 03 88 08 28 44 - www.5terres-hotel.fr - Fermé lundi, dimanche et samedi midi*

5 TERRES HÔTEL & SPA, MGALLERY

CONTEMPORAIN • CHALEUREUX Voici un lieu de retraite luxueux le long de la route des vins d'Alsace. L'architecte Jean-Daniel Seltz a rénové de main de maître l'hôtel, le restaurant et le spa, mêlant le charme alsacien authentique au luxe contemporain pour créer un ensemble accueillant et chaleureux. Le spa comprend une piscine intérieure, un hammam et un sauna.

- **27 chambres** - *11 place de l'Hôtel de Ville - 03 88 08 28 44*

La Table du 5 - Voir la sélection des restaurants

BARRETAINE

39800 - Jura - Carte régionale n° **13**-B2

MAISON ZUGNO

CUISINE MODERNE • MAISON DE CAMPAGNE Cet ancien relais de poste de la fin du 18e s. est devenu une halte de charme (avec ses 10 chambres, sa piscine et son spa) et un restaurant distribué en 3 petites salles à manger à l'atmosphère intime. Le chef-patron signe une cuisine moderne à base de produits de saison, souvent locaux, issus notamment du potager en permaculture.

- €€€ - *Les Monts de Vaux - 03 84 53 10 31 - www.maison-zugno.com - Fermé lundi, du mardi au vendredi à midi, et dimanche soir*

MAISON ZUGNO

BOURGEOIS • CHAMPÊTRE Cette maison du 17e s. au cachet bourgeois abrite des chambres confortables et personnalisées. Une adresse de renom réveillée par l'enthousiasme d'un jeune couple, qui a redonné vie à cette bâtisse perdue dans la nature.

- **8 chambres** - *Les Monts de Vaux - 03 84 53 10 31*

Maison Zugno - Voir la sélection des restaurants

BASSE-GOULAINE

44115 - Loire-Atlantique - Carte régionale n° **9**-B3

RESTAURANT DU PONT

CUISINE TRADITIONNELLE • ÉPURÉ Face au petit canal de Goulaine, une maison blanche au cadre contemporain sobre et dotée d'un agréable jardin-terrasse pour les beaux jours, qui fut jadis une buvette et une auberge. Après avoir roulé sa bosse à l'étranger, le chef Mathieu Corbineau fait le pont entre recettes plutôt traditionnelles et influences plus actuelles : croustillant de volaille aux épices tandoori, sabayon carotte cumin et kumquat ; criée du jour en croûte d'herbes, risotto de céréales et beurre d'agrume ; fraise gariguette, crémeux yuzu, guimauve givrée gariguette et glace nougat de Montélimar. Menu déjeuner à prix doux, et une carte des vins qui fait honneur au vignoble du muscadet.

- €€ - *147 rue du Grignon - 02 40 03 58 62 - www.restaurant-du-pont.fr - Fermé lundi, mercredi et dimanche*

VILLA MON RÊVE

CUISINE TRADITIONNELLE • COSY Sur les bords de Loire, cette jolie maison de maître de la fin du 19e s., au cadre élégant et feutré, régale fièrement ses convives depuis 75 ans – une institution donc. Le chef actuel propose une cuisine de tradition régionale avec de bons produits du cru : cuisses de grenouille au beurre persillé ou sauce gros plant aux herbes ; poissons de la région (brochet, sandre et bar) au beurre blanc ; cœur de ris de veau doré et crème de morilles. Accueil tout sourire et grande terrasse ombragée entourée d'un jardin arboré bucolique et coloré de parterres de fleur... Non, vous ne rêvez pas, c'est bien la douceur ligérienne !

– **€€** – *2 levée de la Divatte – ✆ 02 40 03 55 50 – www.villa-mon-reve.com – Fermé lundi et mardi, et dimanche soir*

BASSIN D'ARCACHON

✉ 33120 Gironde – Carta regionale n° **22**-A2

ARCACHON

✉ 33120 - Gironde - Carte régionale n° **22**-A2

LE PATIO

Chef : Thierry Renou

CUISINE MODERNE • ÉLÉGANT Le Patio dirigé par le chef Thierry Renou régale avec les beaux produits du Sud-Ouest : asperges bio des Landes, agneau de Pauillac, porc noir de Cambes, foie gras, caviar Diva de Biganos... Cette cuisine contemporaine et équilibrée est portée par des dressages inspirés et du tempérament. Ici le lieu jaune s'acoquine au pied de cochon, et la crème brûlée flirte avec le foie gras. Quant à la verrière - le fameux patio - elle permet toujours de déjeuner à l'air libre ou de dîner sous la voûte étoilée...

- €€€ - 10 boulevard de la Plage - ✆ 05 56 83 02 72 - www.lepatio-thierryrenou.com - Fermé lundi, dimanche et mercredi midi

ACACIA

CUISINE MODERNE • CONTEMPORAIN Repérez vite au cœur d'Arcachon, à deux pas de la plage, cette petite devanture noire et blanche qui cache une salle à la déco actuelle griffée d'une touche rétro. Le chef connaît son affaire, entre bistronomie et tradition revue avec intelligence : excellente truite du Pays basque au ponzu, traditionnel dos de sanglier sauce grand veneur, ou encore ce réconfortant chou au craquelin cacao et crème pralinée.

- €€ - 230 boulevard de la Plage - ✆ 05 57 15 92 21 - Fermé lundi et dimanche

FLEUR DES PINS N

CUISINE MODERNE • ÉPURÉ Grégory Colantuono, ancien chef du Bistro' 50 à La Hume, tient désormais table en cœur de ville, à deux pas du Théâtre Olympia, dans une villa arcachonnaise revisitée en décor clair et contemporain. Il propose un déjeuner gourmand au juste prix escorté d'une astucieuse proposition de vin de la semaine au verre. Le soir, une veine plus audacieuse où terroir girondin et touches exotiques s'entremêlent avec créativité et maîtrise : noix de Saint-Jacques, émulsion café, chou pé-tsaï au vinaigre d'hydromel, sésame kimchi ; pigeonneau, potimarron, blette, mélasse de grenade et poivre noir fermenté. Réservation indispensable.

- €€ - 6bis avenue du Général-de-Gaulle - ✆ 05 56 66 74 29 - www.restaurant-fleurdespins.com - Fermé lundi et dimanche, et mercredi soir

KO-SOMETSUKE 2K

CUISINE ASIATIQUE • SIMPLE Originaire du Cambodge, la famille Khong a posé ses valises à Arcachon, et désormais, c'est elle qui invite au voyage : de la Chine au Japon, et au sud-est asiatique, en utilisant des produits régionaux. Ne manquez pas les dim sum, les vraies stars de la maison, dont la pâte est d'une finesse rare...

- €€ - *156 boulevard de la Plage - ✆ 05 56 83 67 69 - Fermé lundi, mardi et mercredi midi*

LES VAGUES

CLASSIQUE • MARITIME À quelques pas de la plage, l'hôtel conçu par Christophe San José offre 45 chambres, dont 13 suites, façonnées par la lumière et la perspective. Les baies vitrées du sol au plafond ouvrent soit sur le bassin d'Arcachon, soit sur la Ville d'Hiver, faisant des paysages une partie intégrante de la décoration. Avec un spa, un restaurant panoramique et une terrasse sur le toit, l'hôtel est aux premières loges pour admirer la lumière changeante et les marées d'Arcachon.

- 45 chambres - *9 boulevard de l'Océan - ✆ 05 40 51 01 00*

VICTORIA BOUTIQUE HOTEL

MODERNE • CHARME Derrière cette façade discrète, toute proche du centre ville, se cache un hôtel qui allie le charme décontracté du bord de mer au design contemporain. Ses 24 chambres sont chatoyantes et pleines de caractère, certaines disposant d'une terrasse privée. La plage et la promenade ne sont qu'à quelques pas, et le toit, lieu des petits-déjeuners et des cocktails du soir, offre une vue séduisante sur la ville et la baie.

- 19 chambres - *24 avenue du Général de Gaulle - ✆ 05 33 09 28 40*

VILLE D'HIVER

MODERNE • CONVIVIAL Dans un quartier plein de cachet, cet ancien bâtiment de la Compagnie Générale des Eaux est devenu un charmant hôtel, ceinturé d'un beau jardin. À l'image de la station, il cultive un style balnéaire à la fois chic et décontracté. Les chambres sont douillettes, et l'espace détente invite à des moments des plus agréables.

- 18 chambres - *20 avenue Victor Hugo - ✆ 05 56 66 10 36*

VILLA DU MOULLEAU

Plus

CONTEMPORAIN • MARITIME Au cœur du village, cette villa arcachonnaise classique a été entièrement rénovée, ses chambres et suites redessinées dans un style chic et contemporain. Les chambres Mezzanine sont parfaites pour quatre personnes, d'autres s'ouvrent sur les jardins par des loggias ou balcons. L'hôtel, à deux pas de la plage, dispose d'une belle piscine extérieure et de deux bateaux pour des excursions à la journée.

- 21 chambres - *12 avenue Louis Garros - ✆ 05 25 02 00 00*

ARÈS

✉ 33740 - Gironde - Carte régionale n° **22**-A2

NACRE

Chefs : Adeline Lesage et Marc-Antoine Lepage

CUISINE MODERNE • ÉPURÉ Dans un décor épuré où le bois et le blanc dominent, Marc-Antoine Lepage (ex-restaurant Les Foudres à Cognac, mais aussi Mirazur à Menton) et Adeline Lesage (passée également par Les Foudres) unissent leurs talents pour délivrer une cuisine moderne pleine de douceur, dans un format de menu carte blanche. Tout en nuance et subtils contrastes, la déclinaison autour de l'artichaut (plat phare de la maison) ravit les papilles, tout comme ces noix de Saint-Jacques en deux façons (en carpaccio dans une vinaigrette au gin et à l'huile de poireau ; rôties et agrémentées d'une délicieuse émulsion de poireau au vin blanc). Un univers qui met la terre et la mer à l'honneur, avec une prédilection pour les jeux de textures. Accueil souriant.

- €€€ - 3 bis rue Sophie-et-Paul-Wallerstein - 05 57 05 48 99 - www.restaurant-nacre.com - Fermé lundi et mardi, et dimanche soir

GUJAN-MESTRAS

33470 - Gironde - Carte régionale n° **22**-A2

BISTRO' 50

CUISINE MODERNE • BRANCHÉ À 100 m de la plage et du port de la Hume, ce bistrot moderne à la jolie décoration est l'endroit idéal pour partager quelques petites entrées entre amis ou en famille, ou craquer devant des classiques joliment revisités par le chef Nicolas Vallois : pâté en croûte de volaille, canard et pruneau ; œuf mayo-verjus, rémoulade céleri-sucrine-Granny Smith, jaune confit au sel ; cromesquis de cochon confit, etc. La cave laisse une belle part aux petits producteurs bio ou nature, avec une jolie sélection de vin au verre. Aux beaux jours, on s'installe sur la vaste et agréable terrasse en bois ombragée pour un repas décontracté.

- €€ - 50 avenue de la Plage - 05 57 16 35 43 - www.bistro50.fr - Fermé mardi et mercredi

LANTON

33138 - Gironde - Carte régionale n° **22**-A2

VILLA LA TOSCA

CONTEMPORAIN • RAFFINÉ Considérée comme l'un des plus fins exemples d'architecture arcachonnaise, cette adresse marie avec brio la villa à l'italienne avec ce style "villégiature" typique du Sud-Ouest. Les intérieurs sont contemporains, lumineux, décorés d'antiquités asiatiques et d'objets d'art. Un moment de calme et sérénité sur le bassin d'Arcachon, à distance raisonnable des vignobles du Bordelais.

- **9 chambres** - *10 allée du Bassin - 05 56 60 29 86*

LÈGE-CAP-FERRET

33950 - Gironde - Carte régionale n° **22**-A2

L'AUBERGE DU BASSIN

CUISINE MODERNE • CONTEMPORAIN Grande voyageuse, la cheffe Mélanie Serre (ancienne collaboratrice de Joël Robuchon) a posé son sac au début de la presqu'île du Cap-Ferret, face à la mer (à marée haute) ou aux herbiers et aux plants de salicorne (à marée basse). Sa carte gourmande joue l'éclectisme avec ses nombreux clins d'œil à la cuisine bistrotière, voire classique. Ses recettes parfaitement exécutées sont souvent pimpées de touches plus créatives : excellent pâté en croûte, poireaux vinaigrette en mimosa, chou farci, bœuf Wellington, baba au rhum... Belle cave offrant des flacons pour toutes les bourses, du petit vin nature à la grande appellation.

- €€ - 38 avenue du Général-de-Gaulle - 05 56 60 70 22 - www.aubergedubassin.fr - Fermé du lundi au vendredi à midi

LA TURLUTTE N

CUISINE MODERNE • BISTRO À deux pas du phare, ce microbistrot affole les papilles. Aux manettes : un enfant du pays en salle et, en cuisine, un chef revenu sur ses terres de... vacances. Même énergie libre et joueuse ici, avec une carte de petites assiettes à partager : coques au chorizo, bouillon satay-lait de coco ; poulet frit, beurre au piment et fourme d'Ambert. Produits frais, poissons irréprochables, goût plein cadre : un bistrot moderne et joyeusement affranchi, sans chichi. Petite salle à manger autour d'un grand comptoir, avec tables et chaises patinées, mur d'azulejos aux motifs marins et assiettes vintage. Les manches de couteaux sont façonnés à partir de leurres typiques pour la pêche à la seiche – les fameuses turluttes.

– €€ – *22 rue des Goélands – 07 87 30 98 09 – Fermé lundi, mardi et le midi*

HOTEL DES DUNES

MODERNE • MARITIME Le nom de cet hôtel le situe parfaitement, à deux pas de la plage éponyme. Il affiche un style simple, inspiré des cabanes à huîtres de la région, mais à l'intérieur, on découvre l'influence de la culture surf californienne et une élégance décontractée. Les 11 chambres de l'hôtel sont confortables et un brin minimalistes, équipées de la climatisation mais sans télévision, pour une tranquillité sans faille. Certaines ouvrent sur de lumineux balcons ou terrasses orientés sud, à l'instar des trois suites qui s'étendent sur plus de 30 m². Mais l'important est ailleurs : salle de yoga et sauna, douche extérieure pour le retour de plage, vélos et planches de surf à louer...

– **13 chambres** – *119 avenue de Bordeaux – 05 56 60 61 81*

PYLA-SUR-MER

33115 – Gironde – Carte régionale n° **22**-A2

LE SKIFF CLUB

Chef : Stéphane Carrade

CUISINE MODERNE • COSY Au sein de cet hôtel basque des années 1930 lové au cœur d'une pinède et relooké par le designer Philippe Starck, le restaurant le Skiff Club est un cocon, installé dans une coquette petite salle à manger décorée façon yacht club. Stéphane Carrade est un capitaine émérite et talentueux : il décline une réjouissante cuisine de "terroir progressif", célébrant l'Aquitaine de belle manière. Ce chef allie générosité et finesse, à l'image de cette presa de porc noir de Bigorre façon sarcives, sauce diable aux pieds de cochon, asperges vertes aux morilles farcies. Les desserts enfin, signés Alexandre Blay, confirment les promesses de cette table : sa déclinaison autour de la vanille du Mexique, crème brûlée et raisin jumbo au rhum JM, gavotte caramélisée, glace et zéphir aux gousses grillées, allie finesse et originalité.

– €€€€ – *Hôtel Ha(a)ïtza, 1 avenue Louis-Gaume – 05 56 22 06 06 – www.haaitza.com – Fermé du lundi au vendredi à midi, et dimanche soir*

LA CO(O)RNICHE

MODERNE • CHAMPÊTRE Sur les hauteurs – entre sable et pinède – cette villa néobasque des années 1930 a été entièrement rénovée par Philippe Starck. Chambres d'une blancheur immaculée, échappées superbes sur le bassin ou les dunes, augmentées de seize autres, nichées dans la partie Village des Cabanes, contre la célèbre Dune du Pilat. Un endroit très en vue !

– **29 chambres** – *46 avenue Louis Gaume – 05 56 22 72 11*

LA GUITOUNE

DESIGN • MARITIME Cet hôtel familial a confié sa rénovation à l'architecte Bambi Sloan, qui a conservé la façade néo-basque et a transformé les intérieurs en une fantaisie vintage. Il garde tout ce que l'on attend d'un hôtel de bord de mer, ainsi qu'un restaurant et un bar élégants, en plus d'un accès à la dune de sable du Pilat, la plus grande d'Europe.

– **24 chambres** – *95 boulevard de l'Océan*

HA(A)ÏTZA

MODERNE • CHALEUREUX Tout près de la Dune du Pilat et de l'océan, cette villa des années 1930 en impose ! Intérieur design chaleureux et ultramoderne (signé Philippe Starck), jolies chambres lumineuses décorées avec raffinement, piscine sous verrière et spa... Un lieu d'exception.

- 38 chambres - *1 avenue Louis Gaume - 05 56 22 06 06*

Le Skiff Club - Voir la sélection des restaurants

LE TEICH

33470 - Gironde - Carte régionale n° **22**-A2

NAISSAIN

CUISINE MODERNE • CONTEMPORAIN Le naissain, ce sont les jeunes huîtres de moins d'un an. Ce bistrot moderne, ouvert par Thomas Iglesias, un chef qui a vogué sur les mers du monde entier, a toujours un plat consacré au mollusque. Il se fournit d'ailleurs auprès de l'élevage de son frère ostréiculteur à La Teste-de-Buch. Pour le reste, ce cuisinier nomade avoue un faible pour le végétal, traité avec imagination et goût, à l'image de cette entrée autour des champignons, miso, jambon et topinambour. Petite carte renouvelée chaque mois, menu déjeuner au très bon rapport qualité-prix.

- €€ - *10 rue des Castaings - 05 56 22 48 42 - www.restaurantnaissain.com - Fermé mardi et mercredi, et dimanche soir*

LA TESTE-DE-BUCH

33260 - Gironde - Carte régionale n° **22**-A2

L'AILLET

CUISINE MODERNE • BISTRO Mathieu en salle et Rémi en cuisine ont su associer amour des bons produits et convivialité dans ce chaleureux bistrot du centre-ville. A l'ombre des grands platanes l'été ou dans la salle à manger de poche l'hiver, on se régale d'une cuisine bistrotière actuelle qui fait bon usage des produits locaux, ponctuée de touches créatives bien senties, mais sans jamais trop s'éloigner de la vérité : cuissons traditionnelles et pièces rôties entières sont souvent de sortie. La belle sélection de vins au verre (et de bouteilles), pointue mais accessible à toutes les bourses, fonctionne au diapason des menus carte blanche du soir. Un incontournable de ce coin du Bassin.

- €€ - *16 place Gambetta - 05 40 70 23 98 - www.laillet.com - Fermé samedi et dimanche*

HALIOTIS N

CUISINE MODERNE • CONTEMPORAIN Dans un décor simple et chaleureux, un couple aguerri à l'école du goût fait danser la tradition. Mitonnée à quatre mains, la cuisine brille par sa lisibilité, ses ingrédients bien choisis, ses belles sauces et sa générosité : ceviche de mulet, citron confit vanillé et tapioca aux algues ; caille farcie au foie gras, petits pois à la française et jus corsé... Cette auberge moderne possède aussi une jolie terrasse en bois, ombragée de platanes. Service convivial.

- €€ - *3 avenue Charles-de-Gaulle - 07 62 88 28 73 - Fermé lundi et dimanche*

LA TABLE DE L'OLÉA

CUISINE MODERNE • BISTRO Située au bout du port, la terrasse en rotin de cette table offre une vue paisible sur les bateaux et le port ostréicole, véritable invitation au farniente gourmand. Le décor intérieur évoque aussi un bateau, avec son bar en arc de cercle et sa cuisine ouverte en bois clair. Le chef Brice Tomico y fignole une cuisine fraîche et iodée, où les huîtres du cabanon voisin font de l'œil aux poissons de ligne de la criée d'Arcachon.

– €€ – 62 bis avenue des Ostréiculteurs – 05 56 83 67 48 – www.restaurantlatabledelolea.com – Fermé mercredi et mardi soir

BASTELICACCIA - Corse-du-Sud (2A) ➜ Voir Corse

BASTIA - Haute-Corse (2B) ➜ Voir Corse

LA BAULE

✉ 44500 – Loire-Atlantique – Carte régionale n° **9**–A3

BRIS'ART CULINAIRE N

CUISINE MODERNE • CONTEMPORAIN Huit convives seulement prennent place au grand comptoir en prise directe avec la cuisine, prolongé de quelques tables au fond : ici, chaque jour, un menu unique s'improvise au gré de l'inspiration marine du chef Guillaume Brisard, au solide parcours (Fort de l'Océan au Croisic, Le Skipper à Saint-Nazaire). On savoure des assiettes composées de beaux produits, devant un chef ravi d'échanger avec ses hôtes.

€€ – 39 avenue Louis-Lajarrige – 02 85 95 94 57 – www.brisartculinaire.fr – Fermé lundi et mardi, et le soir

FOUQUET'S

CUISINE TRADITIONNELLE • CHIC Une table située au sein de l'hôtel Royal, typique des grands hôtels balnéaires du début du 20e s. Le décor cosy des boiseries et les photos d'acteurs signées du studio Harcourt évoquent l'ambiance du Fouquet's parisien. Carte d'inspiration brasserie (fruits de mer, sole meunière, filet de bœuf sauce béarnaise, andouillette, profiteroles), mais aussi des plats light - thalasso oblige !

– €€€ – Le Royal La Baule, 6 avenue Pierre-Loti – 02 40 11 48 48 – www.hotelsbarriere.com/la-baule/le-royal/restaurants-et-bars/fouquets-la-baule

14 AVENUE

POISSONS ET FRUITS DE MER • CONVIVIAL Simplicité et qualité sont les maîtres mots de cette adresse. Les produits de la mer y sont respectés : appétissants lors de la présentation sur assiette puis bien travaillés par le chef Antoine Le Moal. L'entrée de crabe, crevette et homard est fraiche et assaisonnée, l'aile de raie préparée avec soin et le baba au rhum apporte la touche de gourmandise finale. Le cadre moderne est élégant, le service aimable et souriant.

– €€€ – 14 avenue Pavie – 02 40 60 09 21 – www.14avenue-labaule.com – Fermé lundi et dimanche soir

LA TABLE DU CASTEL

CUISINE MODERNE • BOURGEOIS Témoin du style balnéaire baulois, ce manoir édifié au début du 20e siècle abrite un hôtel et une salle à manger bourgeoise aux grandes baies tournées vers le parc et la charmante terrasse. Le chef Jérémy Coirier, originaire de la région, s'inspire des produits du terroir local (poissons et coquillages, algue du Croisic, safran de Guérande, pigeon de Mesquer...) pour composer un menu évoluant au gré des saisons.

- €€€€ - *1 avenue Andrieu - 02 40 11 48 38 - www.hotelsbarriere.com/la-baule/le-castel-marie-louise - Fermé lundi et mardi*

LA TABLE DU SAINT-CHRISTOPHE

CUISINE MODERNE • COLORÉ Élégante villa du début du 20e s., au cadre coloré et cosy, avec de grandes fenêtres offrant une vue sur les jardins verdoyants. On profite aux beaux jours de la belle et agréable terrasse à l'ombre des parasols, au milieu des arbres et parterres de fleurs. Dans l'assiette, une cuisine traditionnelle avec des touches plus actuelles.

- €€ - *1 avenue des Alcyons - 02 40 62 40 00 - www.st-christophe.com - Fermé lundi et dimanche*

L'HERMITAGE BARRIÈRE

TRADITIONNEL • CHARME Malgré les modes et l'usure du temps, le charme reste intact dans cet hôtel de luxe des années 1920, dont la façade anglo-normande se dresse face à la plage, au milieu des pins. Des vastes chambres pleines de charme à la piscine chauffée et au hammam, tout ici conspire à votre bonheur...

- 200 chambres - *5 esplanade Lucien Barrière - 02 40 11 46 46*

LE ROYAL LA BAULE

BELLE ÉPOQUE • ÉLÉGANT Bien-être et confort sont les maîtres-mots de cet hôtel monumental né en 1896 face à la plage. Chambres contemporaines et lumineuses, imposante "suite royale". Sans oublier le bar à l'ambiance chic et feutrée, et le centre de thalasso : l'héritage de la Belle Époque reste bien vivace.

- 87 chambres - *6 avenue Pierre Loti - 02 40 11 48 48*

Fouquet's - Voir la sélection des restaurants

LE SAINT-CHRISTOPHE HÔTEL

CONTEMPORAIN • CONVIVIAL A quelques minutes de la célèbre plage de La Baule, l'Hôtel Saint-Christophe est un lieu unique : un ensemble de quatre villas centenaires abritant au total 39 chambres et suites, chacune différant par son agencement et sa décoration, mais toutes conçues dans un style contemporain mêlant l'ancien et le chic. L'atmosphère est à la fois tranquille et conviviale, les résidents se répartissant entre la bibliothèque, le bar et les jardins.

- 39 chambres - *1 avenue des Alcyons- 02 40 62 40 00*

La Table du Saint-Christophe - Voir la sélection des restaurants

LES BAUX-DE-PROVENCE

13520 - Bouches-du-Rhône - Carte régionale n° **28**-E1

L'OUSTAU DE BAUMANIÈRE

Chef : Glenn Viel

CUISINE CRÉATIVE • ÉLÉGANT Formidable ambassadeur de l'art de vivre méditerranéen, le domaine provençal de Baumanière offre un mélange unique de repos, de rusticité et d'élégance - un lieu qui séduit les artistes et les personnalités depuis des décennies. Entre ces murs séculaires, le chef Glenn Viel s'épanouit avec une liberté qui va grandissante. Il puise son inspiration dans la riche production locale (huile d'olive de la vallée des Baux, légumes bio du jardin de Baumanière, poules et cochons) mais aussi dans sa culture bretonne. Souvent servies dans une vaisselle créée sur place, ses compositions réhabilitent toutes les techniques traditionnelles de cuisson au feu, poussant très loin la réflexion sur l'inertie thermique – cette « cuisson après la cuisson ». Grand saucier, Glenn Viel sublime ses plats de jus puissants et de réductions prononcées, à l'image de ce jus de viande à la lavande. Le pâtissier Brandon Dehan inscrit ses originales créations gourmandes dans le même esprit de recherche de goûts authentiques, en toute complicité avec le chef. Service remarquable, carte des vins de 3000 références.

L'engagement du chef : Les légumes de nos potagers biologiques et les produits des producteurs locaux occupent une place de choix dans notre cuisine afin de valoriser le terroir provençal dans nos menus. Notre engagement s'inscrit dans une réflexion globale qui va de la lutte contre le gaspillage alimentaire à la gestion des déchets et du plastique en passant par un partenariat avec les artisans de la région.

– €€€€ – *500 route de Baumanière – 04 90 54 33 07 – www.baumaniere.com – Fermé mercredi et jeudi*

L'AUPIHO - DOMAINE DE MANVILLE

CUISINE MODERNE • ÉLÉGANT Au sein d'un hôtel luxueux avec golf, spa et piscine, une table soignée, rendant un vibrant hommage à la tradition régionale – comment pourrait-il en être autrement sur ces terres privilégiées, au pied des Alpilles et des Baux ? Paradoxe : cette passion du terroir provençal, on la doit à un jeune chef belge, Lieven Van Aken, qui a commencé sa carrière à Bruxelles puis chez Michel Guérard. Les recettes sont précises, ce qui n'exclut ni l'audace, ni l'intensité : bouillabaisse végétale et rouille au safran ; ris de veau fumé et grillé, tartare d'algues et langoustines de Méditerranée. La terrasse, sous des platanes centenaires, n'est pas moins délicieuse...

– €€€€ – *Route de la Terre-des-Baux – 04 90 54 40 20 – www.domainedemanville.fr – Fermé mardi, mercredi et dimanche*

LA CABRO D'OR

CUISINE PROVENÇALE • MÉDITERRANÉEN Le chef Michel Hulin réalise une généreuse cuisine provençale avec de beaux produits des Alpilles et de Camargue à l'image de ce poulpe de Méditerranée cuisiné comme une bouillabaisse en chaud-froid ou cette dégustation d'agneau rôti et confit puis fumé au foin de la Crau AOP, fleur de courgette et panisse du Moulin de Daudet... Dans un site superbe, avec une terrasse à l'ombre de mûriers-platanes et une jolie vue sur ces éperons rocheux qui ont fait la célébrité de la cité et de ses environs... Une adresse enchanteresse.

– €€€€ – *Mas de Baumanière – 04 90 54 33 07 – www.baumaniere.com/gastronomie/la-cabro-dor*

BAUMANIÈRE

Plus

CLASSIQUE • CHALEUREUX L'Oustau, la Guigou, le Manoir, la Flora et la Carita : cinq demeures provençales composent ce domaine exceptionnel, situé aux pieds des rochers qui conduisent au Val d'Enfer. Les chambres y sont confortables et raffinées. On profite aussi d'un beau jardin avec piscine et spa.

– **53 chambres** – *D27, Mas de Baumanière – 04 90 54 33 07*

L'Oustau de Baumanière • La Cabro d'Or - Voir la sélection des restaurants

BENVENGUDO

TRADITIONNEL • CHAMPÊTRE Le "bienvenue" provençal qui sert ici d'enseigne tient sa promesse : l'hospitalité est une vertu majeure dans cette bâtisse traditionnelle dressée sur 3 ha verdoyants, à l'ombre du Château des Baux-de-Provence. Le cadre est typique avec un horizon composé de champs de lavande, d'oliviers et au loin les sommets du massif des Alpilles. Les chambres et suites affichent un style traditionnel tout en jouant sur la légèreté et l'élégance, sans rien perdre de leur confort.

28 chambres – *Vallon de l'Arcoule (D78F) – 04 90 54 32 54*

DOMAINE DE MANVILLE

Plus

CLASSIQUE • CHAMPÊTRE Dans un ravissant vallon situé entre les Baux-de-Provence et Maussane-les-Alpilles, cet ancien domaine agricole a été magnifiquement reconverti : golf 18 trous, vastes chambres luxueuses, piscine, cinéma privé et spa... L'alliance du luxe, des vieilles pierres et de la nature provençale. Réparties dans plusieurs bâtiments, les chambres associent des meubles anciens soigneusement sélectionnés à des choix de décoration contemporaine tranchés.

30 chambres – *Route de la Terre des Baux – 04 90 54 40 20*

L'Aupiho - Voir la sélection des restaurants

BAYEUX

14400 – Calvados – Carte régionale n° **2**–B2

L'ALCÔVE

CUISINE MODERNE • CONVIVIAL Juste derrière la cathédrale, cette adresse propose une cuisine du marché fraîche et bien tournée, aussi savoureuse que sérieuse, qui tient ses promesses. Des exemples ? Tourteau émietté, vinaigrette des têtes et espuma fromage blanc ; ballottine de râble de lapin rôtie au beurre, cannelloni d'aubergines grillées et jus tranché. Le succès est toujours au rendez-vous, d'autant que les tarifs sont doux.

– **€€** – *31 ter rue Larcher – 02 31 92 30 08 – www.lalcove-bayeux.fr – Fermé lundi et dimanche, et mardi soir*

L'ANGLE SAINT-LAURENT

CUISINE MODERNE • COSY L'arrivée d'un nouveau couple aux manettes, qui a longtemps travaillé aux côtés des anciens propriétaires, n'a pas changé la formule et la philosophie de cette adresse : les produits de la région ont la part belle à la carte (cochon de Bayeux, huîtres normandes, gruyère de Carrouges...), à travers une cuisine gourmande. Le cadre est toujours aussi agréable, à l'angle des rues Saint-Laurent et des Bouchers : pierres apparentes, poutres peintes, éclairage tamisé. Voilà un Angle au carré !

€€ – *2 rue des Bouchers – 02 31 92 03 01 – www.langlesaintlaurent.com – Fermé samedi et dimanche*

LA RAPIÈRE

CUISINE TRADITIONNELLE • COSY Cette maison du 15e s., nichée dans une ruelle pittoresque, propose sous l'égide de son sympathique chef Simon Boudet une cuisine de saison savoureuse, qui ne saurait renier de solides bases traditionnelles. L'ensemble fleure bon le terroir, et s'enrichit même de touches actuelles : gravlax de saumon, aneth, betterave et wasabi ; suprême de poulet, abricot rôtis, frite de polenta et jus de volaille au romarin. Au dessert, l'excellente profiterole 100% maison allie moelleux et croustillant... En garde !

– **€€** – *53 rue Saint-Jean – 02 31 21 05 45 – www.larapiere.net – Fermé dimanche et le midi*

LE 1720 - CHÂTEAU DE SULLY

CUISINE MODERNE • ÉLÉGANT Ce château du 18e s. étire sa longue façade classique au milieu d'un parc à l'anglaise, peuplé de cèdres bleus du Liban, de tilleuls et de séquoias. Dans les salons cossus ou dans la lumineuse véranda, vous dégusterez les assiettes du chef, qui font la part belle au terroir normand : légumes, fromages, foie gras, et bien sûr poissons de ligne.

- **€€€** - *Route de Port-en-Bessin - 02 31 22 29 48 - www.chateau-de-sully.com - Fermé lundi et le midi*

LA TABLE DU LION

CUISINE MODERNE • CONTEMPORAIN Au Lion d'Or, le chef travaille les produits du terroir normand de belle manière, agrémentés de touches asiatiques. Une rencontre inédite inspirée par ses périples en Asie, notamment au Japon et en Thaïlande. Ajoutons à cela une bonne maîtrise des cuissons et des assaisonnements : un rugissement de plaisir !

- **€€** - *71 rue Saint-Jean - 02 31 92 06 90 - www.liondor-bayeux.fr - Fermé lundi, dimanche et samedi midi*

VILLA LARA

MODERNE • CHALEUREUX Dans le centre-ville médiéval qui entoure la cathédrale, ce petit hôtel moderne s'intègre harmonieusement. Les chambres sont à la fois contemporaines et classiques, avec des meubles de style revisités et des œuvres d'art. Une étape très appréciée pour son service et son petit déjeuner copieux.

AC P - **28 chambres** - *6 place du Québec - 02 31 92 00 55*

BAYEUX

71360 - Saône-et-Loire

CHÂTEAU DE SULLY

CLASSIQUE • CHAMPÊTRE De lourdes grilles, une grande allée : une très belle entrée en matière pour ce château du 18e s. plein de charme. Les chambres cultivent un luxe discret et l'on aime à flâner sous les frondaisons du parc. Piscine et jacuzzi associent la détente à l'histoire...

P Spa - **23 chambres** - *Rue du Château - 02 31 22 29 48*

BAYONNE

64100 - Pyrénées-Atlantiques - Carte régionale n° **25**-A2

BASA

CUISINE CRÉATIVE • BRASSERIE Réhabilité, l'ancien tribunal de commerce de la ville abrite notamment cette table pétillante, dont le décor de brasserie chic et contemporaine a conservé les portes et les bancs d'origine. Aux manettes, on retrouve Fabian Feldmann (L'Impertinent à Biarritz), accompagné de Sarah en directrice de salle. L'offre gastronomique se partage équitablement entre plats traditionnels (boudin noir, tête de veau...) et d'autres plus créatifs d'inspiration asiatique (bao avec steak épicé et kimchi). Tous les produits sont basques ou presque. La carte des vins, soigneusement étoffée, privilégie les vignerons indépendants (et tout particulièrement en bio et/ou nature). Toutes ces belles quilles sont disponibles à emporter.

VOIR PLAN 1 BIARRITZ-ANGLET-BAYONNE - C1 - 23 - AC - **€€** - *74 rue d'Espagne - 05 59 70 38 06 - www.brasserie-basa.com*

GERMAINE (N)

CUISINE CRÉATIVE • CONTEMPORAIN Germaine, la grand-mère, n'en croirait pas ses yeux. Son petit-fils, Maxime Chentouf, officie seul derrière son comptoir où il sert simultanément quinze convives. Une gageure, une prouesse et un succès dans l'assiette. À travers son menu unique – mais non à l'aveugle – le chef propose une partition créative où fermentation, cuisson japonaise au charbon de bois (robatayaki), agrumes et algues composent une harmonie subtile. Loin de l'évocation traditionnelle de la grand-mère Germaine, cette liberté poétique s'incarne dans des assiettes parfaitement maîtrisées et fondées sur d'excellents produits locaux.

VOIR PLAN 1 BIARRITZ-ANGLET-BAYONNE - C1 - 21 -**€€** - *27 quai Amiral-Dubourdieu - ✆ 06 87 62 06 07 - www.germainerestaurant.fr - Fermé lundi et le midi*

GOXOKI

CUISINE TRADITIONNELLE • CLASSIQUE Le goxoki, en basque, c'est « l'endroit chaleureux ». Un nom tout indiqué pour ce restaurant du petit Bayonne où officie la sympathique famille Hourcastagnou, dans un cadre élégant et intemporel. La cuisine y fait la part belle aux beaux produits locaux de saison, avec une alléchante carte de gibier : magret de palombe et pithiviers des cuisses, lièvre à la royale ou encore turbot sauvage et beurre blanc. Les habitués reviennent souvent apprécier les assiettes généreuses et gourmandes.

VOIR PLAN 1 BIARRITZ-ANGLET-BAYONNE - C1 - 18 -♿ AC - **€€** - *24 rue Marengo - ✆ 05 59 59 49 89 - www.restaurant-goxoki.fr - Fermé lundi et le soir*

LA GRANGE

CUISINE TRADITIONNELLE • CONTEMPORAIN Dans cette maison en plein cœur de la ville, les vieilles pierres se marient harmonieusement avec une déco plutôt contemporaine. Dans l'assiette, place à une cuisine du marché et quelques spécialités de bistrot à l'accent basque. Et l'été, profitez de la terrasse sous les arcades, au bord de la Nive...

VOIR PLAN 1 BIARRITZ-ANGLET-BAYONNE - C1 - 16 -♿ - **€€** - *26 quai Galuperie - ✆ 05 59 46 17 84 - www.lagrange-bayonne.fr - Fermé lundi et dimanche*

NUANCE

CUISINE MODERNE • CONTEMPORAIN Passés par Choko Ona à Espelette, Brice Goeuriot et Margaux Le Baillif ont le goût de la nuance, à l'image de leur décor épuré réalisé en matériaux naturels par des artisans basques. C'est chic et confortable, chaleureux et convivial : une réussite. Après avoir réalisé un gros travail de sourcing auprès des petits producteurs bio landais et basques, le chef délivre dans son menu à l'aveugle des assiettes complexes, où les produits sont souvent traités en plusieurs façons, à l'image de l'agneau (gigot, côtelette et épaule confite). Les plantes et herbes aromatiques sont quant à elles exploitées de manière savante et variée : sorbet à la fleur d'oxalis et à la criste marine, sabayon à l'ail des ours, extraction de capucine... Une partition délicate.

VOIR PLAN 1 BIARRITZ-ANGLET-BAYONNE - C1 - 17 -♿ AC - **€€** - *23 rue des Cordeliers - ✆ 05 59 59 83 44 - www.restaurantnuance.com - Fermé lundi, dimanche, et mardi et mercredi à midi*

OSMÉRA (N)

CUISINE MODERNE • SIMPLE Dans une rue du Petit-Bayonne, ce couple formé à Ferrandi Bordeaux signe une table discrète au cadre sobrement rénové. Ils orchestrent la maison à quatre mains : Loïc au salé, Faustine au sucré, fille de pâtissier. Ils déploient à l'unisson une cuisine millimétrée et goûteuse autour des beaux produits du pays, entre maigre de ligne et déclinaison de légumes anciens, risotto au cochon Kintoa et chanterelles en pickles, avant un superbe dessert à la pomme qui confirme un vrai talent de pâtissière.

VOIR PLAN 1 BIARRITZ-ANGLET-BAYONNE - C1 - 3 - ♿ - €€ -
55 rue Pannecau - ✆ 05 59 50 13 10 - Fermé mercredi et jeudi

RELIEF

CUISINE MODERNE • SIMPLE Au cœur du quartier Saint-Esprit, Thibault Deverre est aux commandes de ce bistrot refait à neuf. Chair de tourteau, glace asperge et tempura de pamplemousse ; thon rouge, polenta crémeuse, caviar d'aubergine fumé, salade croquante de chou rouge ; crémeux chocolat blanc, fraise et sorbet gariguette : des plats frais et spontanés, travaillés avec finesse et originalité, qui ne manquent pas de relief... Un carton plein, notamment auprès de la jeunesse bayonnaise et gourmande !

VOIR PLAN 1 BIARRITZ-ANGLET-BAYONNE - C1 - 4 - A/C ⛱ - €€ - *11 rue Sainte-Catherine - ✆ 05 59 93 42 38 - www.reliefrestaurant.fr - Fermé lundi et dimanche*

LA TABLE - SÉBASTIEN GRAVÉ

CUISINE DU MARCHÉ • BRANCHÉ Après le succès de son Pottoka parisien, le chef, personnalité incontournable de la bistronomie bayonnaise, revient sur sa terre d'origine. Tout sourire derrière ses fourneaux, il y compose des plats inspirés du meilleur de la production du Sud-Ouest, parmi lesquels le merlu de Saint-Jean-de-Luz au naturel, le maquereau mariné et brûlé ou encore l'échine de cochon Ibaïma. Possibilité de manger sur le comptoir en zinc, sur la grande table d'hôtes entre copains ou en cuisine (il y a une table de 2, pour une expérience plus immersive). Une adresse conviviale et chaleureuse !

VOIR PLAN 1 BIARRITZ-ANGLET-BAYONNE - C1 - 15 - ♿ A/C ⛱ - €€ -
*21 quai Amiral-Dubourdieu - ✆ 05 59 46 14 94 -
www.latable-sebastiengrave.fr - Fermé lundi, mardi et dimanche*

BEAUFORT

✉ 73270 - Savoie - Carte régionale n° **21**-D2

LES 9 NÉVÉS (N)

CUISINE MODERNE • MONTAGNARD Chalet perché sur les hauteurs de Beaufort, ce restaurant offre une vue imprenable sur le village d'Arêches et les cimes alentour. À l'intérieur, bois clair et atmosphère montagnarde composent un cadre chaleureux, prolongé d'une terrasse baignée de paysages alpins. Originaire du cru, le chef Benoît Chauchaix élabore un menu unique décliné en plusieurs services, centré sur des produits de saison locaux relevés de notes végétales originales (berce, achillée, reine-des-prés). Sa cuisine moderne, colorée et parfumée séduit par sa précision. En salle, son épouse Cindy veille avec soin. Cinq chambres complètent l'adresse.

⛱ P - €€ - *130 route des Balcons, Arêches - ✆ 04 79 32 69 22 -
www.les9neves.fr - Fermé dimanche soir, mercredi et le midi sauf dimanche*

BEAUGENCY

✉ 45190 - Loiret - Carte régionale n° **11**-A3

LE P'TIT BATEAU

CUISINE MODERNE • TRADITIONNEL Au cœur de la cité médiévale, ce restaurant, repris avec passion par un couple talentueux venu de L'Hibiscus à Orléans, séduit par une cuisine ancrée dans les produits locaux et les saveurs bien travaillées : échalotes confites à la farce de volaille, cochon et andouillette de Jargeau, accompagnées d'une glace à la moutarde d'Orléans ; agneau de Sologne, fondant et gourmand, accompagné d'une sauce parfumée. Cadre traditionnel et chaleureux, avec un agréable patio pour les beaux jours.

- **€€** - *54 rue du Pont - ✆ 02 38 44 56 38 - www.restaurant-lepetitbateau.fr - Fermé lundi et mardi*

BEAULIEU-SOUS-LA-ROCHE

✉ 85190 - Vendée - Carte régionale n° **14**-B2

LE CAFÉ DES ARTS

CUISINE MODERNE • COSY Dans cette paisible bourgade de la campagne vendéenne, un ancien café-restaurant de village joliment rénové, mené par Virginie et Antoine Préteux, jeune couple au solide parcours dans des maisons étoilées. Antoine mijote une savoureuse cuisine dans l'air du temps, fondée sur de solides bases classiques apprises tout au long de son parcours, inspirée par le marché et valorisant les produits régionaux (assiette potagère, bouillon crémé et épicé ; lieu jaune de belle fraîcheur en croûte de miso ; revisite savoureuse du mont-blanc). On se régale dans un cadre cosy et intime (une douzaine de couverts tout au plus... pensez à réserver !), embelli du service particulièrement soigné de Virginie.

♿ - **€€** - *2 rue de la Poste - ✆ 02 51 98 24 80 - www.lecafedesarts-beaulieu.com - Fermé lundi et mercredi, et dimanche soir*

BEAULIEU-SUR-DORDOGNE

✉ 19120 - Corrèze - Carte régionale n° **19**-C3

LE TURENNE

CUISINE MODERNE • CONTEMPORAIN Cuisine actuelle et de saison dans ce restaurant qui mêle des vieilles pierres à un cadre contemporain. Dans l'assiette colorée, quasi de veau du Limousin, petits pois, aillet et oignon nouveau, jus à la livèche. La terrasse, aux beaux jours, offre un prolongement rêvé à la gourmandise.

♿ AC - **€€** - *1 boulevard Rodolphe-de-Turenne - ✆ 05 55 28 63 60 - Fermé lundi et mardi, et dimanche soir*

BEAULIEU-SUR-LAYON

✉ 49750 - Maine-et-Loire

DOMAINE DE LA SOUCHERIE

MODERNE • CHAMPÊTRE Sur les coteaux du Layon, un château au cœur d'un domaine viticole de 28 ha. Les chambres, dans les dépendances, conjuguent à merveille mobilier ancien et confort moderne ! Le plus : la visite de la propriété s'achève par une dégustation. Une adresse raffinée.

P - **4 chambres** - *La Soucherie*

BEAULIEU-SUR-MER

✉ 06310 - Alpes-Maritimes - Carte régionale n° **29**-E2

LE RESTAURANT DES ROIS - LA RÉSERVE DE BEAULIEU

CUISINE MODERNE • LUXE C'est l'un des palaces les plus chics de la Côte d'Azur. Construit en 1880, puis agrandi dans le style de la Renaissance florentine, il accueille à partir des années 1900 têtes couronnées et stars hollywoodiennes, de Rita Hayworth à Sinatra. Les dîners sur la terrasse face aux flots bleus sont magiques. La cuisine est mise en œuvre par le chef Julien Roucheteau, arrivé de Paris (Table du Lancaster, Scène Thélème). Tout en restant fidèle à l'histoire de cette maison, il s'affirme grâce au graphisme de ses assiettes et à la finesse de leur l'exécution, avec une thématique précise pour chaque plat : fraîcheur, vivifiant, voluptueux, onctueux...

- **€€€€** - *5 boulevard du Maréchal-Leclerc - 04 93 01 00 01 - www.reservebeaulieu.com - Fermé les midis*

SO'METS

CUISINE TRADITIONNELLE • CONTEMPORAIN La cheffe Anne-Sophie Sabini, passée par de belles maisons (notamment la Vague d'or), vole de ses propres ailes dans ce lieu moderne et colorée, dotée d'une jolie terrasse. Elle a conçu une carte courte qui change tous les mois où elle revisite des classiques avec une touche de féminité et de modernité : crème de petits pois et son œuf poché à 64°, coppa, croûtons dorés et huile d'olive de Provence bio ; poulpe et boudin noir rôtis, purée de carottes, vinaigrette aux agrumes ; sorbet à la mandarine de Beaulieu, tuile à l'anis, praliné, réduction d'agrumes et bergamote au safran... Service dynamique, accueil charmant. Un bon plan (gourmand).

- **€€** - *5 rue du Lieutenant-Colonelli - 09 88 33 82 45 - www.somets-restaurant.fr - Fermé lundi et mardi*

LA TABLE DE LA RÉSERVE

CUISINE MÉDITERRANÉENNE • BISTRO Supervisée par le chef Julien Roucheteau, cette Table vient compléter avec gourmandise l'offre de restauration de ce superbe établissement, avec notamment un menu à prix très doux, renouvelé chaque semaine. La carte méditerranéenne et contemporaine revisite le terroir à l'image de ce crudo de thon blanc de ligne mariné : aubergines de Provence dans l'esprit d'un petit farci ; daube de bœuf, tombée de blettes et gnocchis maison. C'est l'occasion aussi de déguster une bouillabaisse (les vendredis et samedis), des plats de poulpe traditionnels méridionaux ou une soupe de poissons de roche. On s'attable dans une ambiance de bistrot, conviviale et décontractée.

- **€€** - *5 boulevard du Maréchal-Leclerc - 04 93 01 00 01 - www.reservebeaulieu.com*

LA RÉSERVE DE BEAULIEU

GRAND STYLE • ROMANTIQUE Entre Nice et Monaco, cette architecture digne d'un palais florentin (1880) se détache magnifiquement sur les falaises tombant dans la Méditerranée... Avec ses décors fastueux (mobilier ancien, tapisseries, boiseries, etc.), sa superbe piscine en balcon sur la Grande Bleue, son ponton privé, etc., voilà bien l'une des plus belles adresses de la Riviera !

- **39 chambres** - *5 boulevard du Maréchal Leclerc - 04 93 01 00 01*

Le Restaurant des Rois • La Table de la Réserve - Voir la sélection des restaurants

BEAUMETTES

✉ 84220 – Vaucluse – Carte régionale n° **28**-E1

DOMITIA - MAISON DE CUISINIER

CUISINE DU MARCHÉ • ÉLÉGANT Denti de Méditerranée tranché à cru, carvi, chou-fleur et vinaigre de sureau ; taureau de Camargue, tartare d'huître de l'étang de Thau et pesto salicorne pistache : aucun doute, le chef Jérôme Faure connaît sa grammaire gourmande sur le bout de la fourchette. Une cuisine aux accents créatifs, basée sur une rigoureuse sélection de produits locaux. Même démarche côté vins.

♿ – €€ – *440 rue des Micocouliers – ✆ 04 90 72 23 05 – www.domitia-maisondecuisinier.fr – Fermé mercredi et jeudi*

BEAUNE

✉ 21200 – Côte-d'Or – Carte régionale n° 12-D1

LE CARMIN

Chef : Christophe Quéant

CUISINE MODERNE • CONTEMPORAIN Sur la place Carnot, tout proche de l'Hôtel-Dieu, ce restaurant à la façade moderne occupe le rez-de-chaussée d'une vieille maison charmante. Passé dans les établissements de Robuchon et Ducasse, le chef Christophe Quéant y propose une cuisine au goût du jour et de saison, s'appuyant sur de solides bases classiques. Ses produits de belle qualité sont servis par des cuissons au cordeau et des préparations lisibles et sans chichis ! Attablé dans une salle contemporaine dans les tons beiges, avec pierres apparentes, on se régale alors d'un blanc de sole cuit au naturel, fondue de champignons et jeunes pousses, ou bien encore d'un soufflé à la vanille de Madagascar, façon crème brûlée...

PLAN : A2-2 – €€€€ – *4B place Carnot – 03 80 24 22 42 – www.restaurant-lecarmin.com – Fermé lundi, dimanche et mardi midi*

CLOS DU CÈDRE

CUISINE MODERNE • ÉLÉGANT Une élégante maison de maître vigneron, cossue et pleine de cachet, dans un jardin verdoyant où l'on s'attable l'été venu... Un cadre parfait pour déguster la cuisine de Jordan Billan, qui se montre très attachée au terroir bourguignon et met ses producteurs en avant. Le goût du chef pour la tradition – bœuf charolais maturé, os à moelle et jus réduit à la moutarde et à l'estragon – ne l'empêche pas de signer des préparations plus créatives ou voyageuses, à l'image de cette sole cuite sur l'arête, coques, risotto de kasha, algues et nashi. On apprécie aussi le charme intemporel des chambres.

PLAN : A1-3 – €€€€ – *12 boulevard du Maréchal-Foch – 03 80 24 01 01 – www.cedrebeaune.com – Fermé lundi, mardi et du mercredi au vendredi à midi*

LA TABLE DU SQUARE

CUISINE DU MARCHÉ • CONVIVIAL Ce bistrot planté sur le boulevard circulaire arbore une belle déco contemporaine avec parquet, murs rayés noir et blanc et portraits de Gabin, de Funès et Fernandel célébrant la bonne chère. Le chef connaît son affaire sur le bout de la fourchette et mitonne une cuisine du marché renouvelée fréquemment. Et nous sommes à Beaune : la carte des vins de plus de 1000 références donne furieusement envie de lever le coude !

PLAN : A1-12 – €€ – *26 boulevard du Maréchal-Foch – 03 80 24 03 32 – www.tabledusquare.com – Fermé lundi et dimanche*

A. Pistolesi/hemis.fr

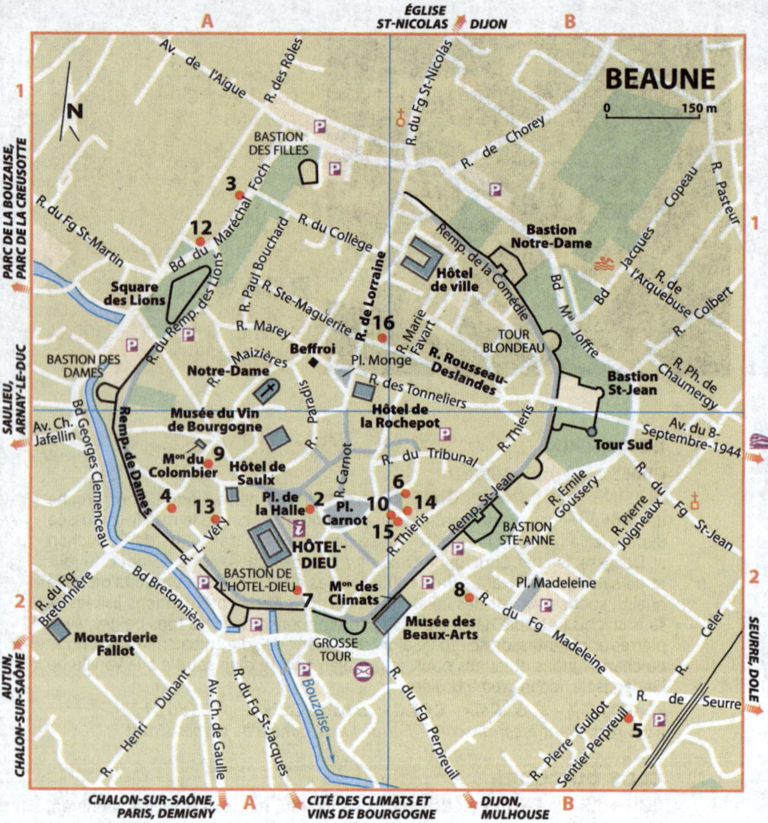

L'ALENTOUR

CUISINE MODERNE • CONVIVIAL Difficile de faire plus cosmopolite que cette table du centre-ville de Beaune : Tatenda Mhende, le responsable de salle, est originaire du Zimbabwe ; Natasha Watson, cheffe, vient de Calgary (Canada) ; Marc Marchetti, chef également, est né dans le Beaujolais. De cette alchimie amicale naît une formule gourmande particulièrement alléchante, soit une carte restreinte de plats généreux et bourrés de peps, à partager (ou pas, d'ailleurs !) : tomate cœur de bœuf au barbecue, eau de tomate fumée et mozzarella ; croquetas croustillantes aux champignons bruns à la moelle, gel de vinaigre de chardonnay ; poitrine de cochon, pâtisson et courgette.

PLAN : B2-15 – ♿ 🚆 – **€€** – *10 rue d'Alsace – ✆ 03 80 24 04 56 – www.lalentour.fr – Fermé lundi, mardi et mercredi midi*

LE BISTRO DE L'HÔTEL

CUISINE TRADITIONNELLE • CHIC Une élégante salle de style bistrot chic, au service d'une cuisine qui honore la tradition et les très beaux produits. La spécialité de la maison ? La volaille de Bresse rôtie ! Quant à la carte des vins, elle est tout simplement impressionnante…

PLAN : B2-6 – 🍇 ♿ ⛱ 🚆 – **€€€** – *5 rue Samuel-Legay – ✆ 03 80 25 94 10 – www.lhoteldebeaune.com – Fermé lundi et dimanche*

CAVES MADELEINE

CUISINE MODERNE • BISTRO À deux pas du centre-ville, cette cave à manger est un petit bijou. Martial, le chef, s'est acoquiné avec les meilleurs producteurs du coin – y compris les meilleurs vignerons ! – et compose une cuisine saine, savoureuse et pleine de peps à l'image de ces pommes de terre tièdes, haddock, sabayon à l'estragon. Service décontracté et sans chichi : la vérité est dans le verre et dans l'assiette. Aux beaux jours, profitez de l'agréable terrasse à l'ombre d'un figuier.

PLAN : B2-8 – – **€€** – *8 rue du Faubourg-Madeleine – 03 80 22 93 30 – www.cavesmadeleine.com – Fermé mercredi et dimanche, et mardi soir*

L'ÉCUSSON

CUISINE MODERNE • CONTEMPORAIN Un Écusson aux couleurs de la gourmandise ! Le chef, passé par des maisons de renom (La Côte Saint-Jacques, Lameloise et La Pyramide), concocte une cuisine fraîche et inspirée. Quelques exemples de ces assiettes colorées : truite de Crisenon cuite à la flamme, sorbet moutarde à l'estragon, condiment au miel ; pomme de ris de veau rôtie, fine tartelette au maïs, tournesol et courge acidulée, jus d'oignons caramélisés... à apprécier dans une salle lumineuse et contemporaine.

PLAN : B2-5 – – **€€€** – *2 rue du Lieutenant-Dupuis – 03 80 24 03 82 – www.ecusson.fr – Fermé lundi et dimanche*

L'EXPRESSION

CUISINE MODERNE • CONTEMPORAIN Cette adresse du centre-ville propose des produits nobles et de belles pièces à partager (poisson du marché entier, côte de bœuf de Galice, poularde de Bresse Miéral en crapaudine) dans une des deux salles à manger au cadre contemporain (cuisines ouvertes, cave vitrée, tables hautes). Ici, les cuissons se font au four à charbon de bois et dans une ambiance conviviale. Vins triés sur le volet.

PLAN : A2-9 – – **€€€** – *11 rue Maufoux – 03 80 80 05 89 – www.restaurant-l-expression-beaune.fr – Fermé mardi, mercredi, et jeudi et samedi à midi*

GARUM

CUISINE MODERNE • CHIC Dans un cadre cossu aux belles boiseries, Christophe Bocquillon propose une courte carte de bons produits à partager entre amis à l'apéritif (huîtres, charcuteries maison, frites à la graisse de bœuf...) ainsi que des plats traditionnels plus consistants (poitrine de cochon confite, chou et sauce à manger). Le chef, passionné par le garum, cette sauce fermentée antique, le décline notamment dans ses tartares.

PLAN : A2-7 – – **€€** – *10 rue de l'Hôtel-Dieu – 03 80 24 79 41 – www.garum-beaune.fr – Fermé dimanche et lundi midi*

8 CLOS

CUISINE TRADITIONNELLE • BISTRO Dans une salle tout en longueur, associant banquettes en skaï noir et pierres apparentes, le chef Stéphane Léger, ancien étoilé, nous fait plaisir avec sa cuisine bourguignonne et ses plats à l'accent méditerranéen. Au menu : œuf basse température et sauce meurette au chardonnay, bœuf bourguignon confit lentement, escargots, mais aussi carpaccio de gambas de Palamos, ou bouillabaisse de lotte.

PLAN : B2-10 – – **€€** – *8 rue d'Alsace – 03 80 21 04 19 – Fermé mardi*

LOISEAU DES VIGNES

CUISINE TRADITIONNELLE • CONVIVIAL Une cuisine griffée Loiseau dans une ambiance de bistrot chic (pierres, bois, banquettes en velours). On trouve à la carte des classiques tels que les œufs en meurette, le pâté en croûte, la joue de bœuf charolais ou le biscuit de silure de Saône... sans oublier ce tartare de veau de Bourgogne d'une grande fraîcheur et son anguille fumée. Large choix de vins au verre.

PLAN : A2-4 – ♿ AC – **€€€** – *31 rue Maufoux – ✆ 03 80 24 12 06 – www.bernard-loiseau.com/fr/loiseaudesvignes.html – Fermé lundi et dimanche*

LE RELAIS DE SAULX

CUISINE MODERNE • COSY Érigée en 1673 non loin des Hospices, cette maison de caractère est entre les mains du chef Charles Danet et de sa compagne Agnès Peyre, qui tenaient le Timbre à Paris. Dans une salle à la fois rustique et chaleureuse (poutres éclaircies, banquettes orange, table d'hôtes), il propose une cuisine du marché saine, goûteuse et franche, à l'instar de ce quasi de veau, betteraves, noisettes et olives noires, ou cette pomme cuite, crème à la bergamote et glace vanille maison. Jolie sélection de vins surtout de Bourgogne, avec une belle sélection de vins bio et en biodynamie.

PLAN : A2-13 – ♿ AC – **€€€** – *6 rue Louis-Véry – ✆ 03 80 22 01 35 – Fermé lundi, dimanche et le midi*

SOUL KITCHEN

CUISINE TRADITIONNELLE • CONVIVIAL Mathieu Guennal, chef et patron de ce petit restaurant du centre, anime sa table solo et avec passion. Travaillant main dans la main avec les producteurs locaux, présentés sur ardoise, il propose une cuisine sincère et savoureuse, habitée d'âme et de simplicité. Deux menus à prix doux : l'un aux accents du terroir (tarte à l'époisses, bœuf bourguignon, pot de crème au cassis), l'autre renouvelé chaque semaine. Dans cette salle chaleureuse au parquet blond et aux poutres apparentes, on partage un moment d'authenticité auprès d'un chef généreux.

PLAN : A1-16 – AC – **€** – *1 rue Rousseau-Deslandes – ✆ 03 80 24 15 32 – www.soulkitchen-beaune.fr – Fermé samedi et dimanche*

LA SUPERB

CUISINE TRADITIONNELLE • CONVIVIAL Situé au cœur de la vieille ville, ce "bar à manger" contemporain propose une cuisine du marché rythmée par les saisons. Installez-vous au comptoir face au chef qui cuit ses belles viandes maturées ou son thon Rossini à la plancha, ou dans la petite salle à manger avec murs en pierre et cave à vin vitrée, pour déguster une cuisine goûteuse et sans superflu. Menu déjeuner à prix doux !

PLAN : B2-14 – ♿ AC – **€€€** – *15 rue d'Alsace – ✆ 03 80 22 68 53 – Fermé lundi et dimanche*

LE CLOS SAINTE-MARGUERITE

CLASSIQUE • ROMANTIQUE Discrète, voire secrète, la maison se cache depuis le 14e s. en lisière du centre historique. Elle abrite une cour autour de laquelle se distribuent quatre chambres, qui sont autant de voyages dans le temps et les styles (colonial, Art Déco, bourguignon...). Deux d'entre elles, en duplex, sont plus grandes que bien des appartements... Petit-déjeuner composé de produits locaux de haute qualité.

♿ AC P – **5 chambres** – *17 rue Sainte-Marguerite – ✆ 03 80 22 82 84*

MAISON 1896

CONTEMPORAIN • COLORÉ Bastion de la tradition viticole française, Beaune s'encanaille avec cet hôtel contemporain aux intérieurs colorés conçus par un designer californien : logé dans une bâtisse historique, il propose des chambres mêlant de nombreuses touches anciennes - miroirs dorés, élégants bureaux, poutres en chêne d'origine, lucarnes pittoresques - et des équipements agréablement modernes. Un élégant bar à cocktail complète cette proposition inattendue.

- **16 chambres** - *2 place Fleury*

BEAURECUEIL

13100 - Bouches-du-Rhône - Carte régionale n° **28**-D3

LA TABLE DE BEAURECUEIL

CUISINE TRADITIONNELLE • COLORÉ Dans une ancienne bergerie au décor résolument contemporain, on apprécie une cuisine traditionnelle aux bons parfums de Provence. Jolie sélection de vin au verre.

- **€€€** - *66 allée des Mûriers - 04 42 66 94 98 - www.latabledebeaurecueil.com - Fermé du lundi au mercredi et dimanche soir*

LE BEAUSSET

83330 - Var - Carte régionale n° **29**-A3

LA FERME AUBERGE - DOMAINE DE LA FONT DES PÈRES

CUISINE MODERNE • RUSTIQUE Au milieu des restanques, en plein cœur de la Provence, cette Ferme Auberge offre depuis sa terrasse une vue saisissante sur la vallée et le massif de la Sainte-Baume. Les produits du domaine sont les stars en cuisine (poulailler dans la pinède, fruitiers, oliviers, herbiers et potager), travaillés par le chef dans une veine saine et créative, avec de bons vins du domaine pour arroser le tout. Jolies chambres ou villas pour l'étape.

- **€€** - *1306 chemin de Pontillaou - 04 94 15 21 21 - www.lafontdesperes.com*

BEAUVAIS

60000 - Oise - Carte régionale n° **5**-A2

AUTREMENT

CUISINE MODERNE • TENDANCE Un peu à l'écart du centre, cette petite table tranquille saura vous surprendre. Le chef maîtrise parfaitement cuissons et assaisonnements et travaille de bons produits. Sa cuisine, originale et colorée, est aussi soignée que savoureuse : boudin noir, tatin d'oignon et mesclun ; joue de bœuf confite au vin rouge et fondant de carotte... Ne manquez pas son dessert signature, le paris-brest.

- **€€** - *128 rue de Paris - 03 44 02 61 60 - www.autrement-restaurant.fr - Fermé lundi, dimanche et samedi midi*

LE SENSO

CUISINE MODERNE • ÉPURÉ Sur la place du marché, dans un décor contemporain de belle facture, Allan Castellote propose une cuisine de saison en toute simplicité, faisant la part belle aux produits locaux et dressée avec soin. En salle, son frère Tristan s'occupe de la sommellerie, dans un espace bar à vin et caviste attenant. Ne manquez pas la spécialité de la maison : le kouign amann.

♿ A/C - **€€** - *25 rue d'Agincourt - ✆ 03 64 19 69 06 - www.sensobeauvais.fr - Fermé lundi et dimanche*

BEAUVOIR

✉ 50170 - Manche - Carte régionale n° **2**-A3

LA TABLE DE L'ERMITAGE

CUISINE MODERNE • ÉLÉGANT Les bonnes adresses autour du Mont-Saint-Michel sont rares, victimes de la frénésie touristique qui entoure le quatrième monument le plus visité de France. Réjouissons-nous donc de cette table où l'on traite avec délicatesse un nombre limité de convives, en servant une cuisine traditionnelle axée sur les produits locaux : sole meunière, homard bleu ou carré d'agneau des prés salés, notamment. Gage de qualité : une page du menu est consacrée à ses producteurs.

♿ P - **€€€** - *14 route du Mont-Saint-Michel - ✆ 06 73 65 54 61 - www.lemsm.com/restaurant - Fermé le midi sauf dimanche*

ERMITAGE MONT-SAINT-MICHEL

ÉLÉGANT • CAMPAGNARD L'Ermitage Mont-Saint-Michel est un petit hôtel de luxe installé tout près de l'un des plus célèbres monuments de France. Dans une majestueuse villa du 19ᵉ s. entourée de verdure, ses sept chambres d'une élégance discrète respirent le charme de la campagne française, avec baignoires à l'ancienne et têtes de lit en bois. La plupart des logements profitent d'un balcon privé, et les espaces communs comme les services, allant d'un concierge attentionné à un somptueux petit-déjeuner, sont indubitablement à la hauteur de ce que ses propriétaires surnomment fièrement le « plus petit hôtel cinq étoiles d'Europe ».

♿ A/C P Spa - **7 chambres** - *14 route du Mont Saint-Michel - ✆ 06 73 65 54 61*

La Table de l'Ermitage - Voir la sélection des restaurants

BEAUVOIR-SUR-MER

✉ 85230 - Vendée - Carte régionale n° **14**-A2

RESTAURANT CÔTÉ MARAIS

CUISINE MODERNE • CONTEMPORAIN En entrée, un ceviche de mulet blanc (un poisson rarement présent sur nos tables) relevé d'une pointe acidulée de rhubarbe ; en plat salé/sucré, un lieu jaune de petit bateau, petits pois français croquants et quelques pointes de condiment sucré à la cerise. Le jeune chef travaille les produits locaux avec une patte gourmande bien à lui pendant que sa compagne officie en salle dans leur maison perdue au milieu des marais (et dotée d'une belle terrasse).

P - **€€** - *Le Grand Pont - ✆ 02 53 65 95 93 - www.restaurant-cotemarais.fr - Fermé mardi et mercredi, et lundi soir*

BEAUVOIS-EN-CAMBRÉSIS

✉ 59157 – Nord – Carte régionale n° **4**–C3

LE CONTEMPORAIN

CUISINE MODERNE • CONTEMPORAIN Un couple expérimenté tient les rênes de cette maison de famille datant du 19e s., devenue un restaurant en 2008. Lui assure le service et l'accueil, en plus de l'entretien du potager ; elle, aux fourneaux, met en valeur cette production maison dans des assiettes savoureuses à l'image de ce dos de cerf, betterave rouge confite, topinambour, spéculos et gingembre. Véranda moderne et lumineuse.

– €€€ – 4 rue Jean-Jaurès – ✆ 03 27 76 03 17 – www.restaurant-lecontemporain.fr – Fermé du lundi au mercredi et dimanche soir

BEBLENHEIM

✉ 68980 – Haut-Rhin – Carte régionale n° **8**–C2

AUBERGE LE BOUC BLEU

CUISINE MODERNE • CONVIVIAL Deux amis passés par de grandes tables en France et à l'étranger, le cuisinier Romain Hertrich et le sommelier Romain Lambert, œuvrent dans cette jolie auberge à pans de bois. Au programme : céleri bio rôti, jus de veau truffé, mascarpone et pousses d'hiver ; lotte de petit bateau dorée au beurre demi-sel, oignons confits et vinaigrette pomme-noix... Les produits sont bio ou en agriculture raisonnée. Accords mets et vins pointus.

– €€ – 2 rue du 5-Décembre – ✆ 03 89 47 88 21 – www.aubergeleboucbleu.com – Fermé mercredi, et jeudi et dimanche soir

BÉDOIN

✉ 84410 – Vaucluse – Carte régionale n° **28**–E1

LA COLOMBE

CUISINE MODERNE • TRADITIONNEL Au pied du Mont Ventoux et au milieu des vignes, cette douce colombe roucoule une bien jolie mélodie gourmande. Le chef Christophe Schuffenecker (qui était auparavant aux fourneaux étoilés du Château de Mazan) y propose une cuisine moderne, précise et lisible, sans fioriture, à l'image de son pigeon de Sarrians et purée de carotte au géranium. Pour s'attabler ? Choisissez aux beaux jours la terrasse à l'ombre des auvents qui regarde les vignes ou la salle à manger traditionnelle avec poutres apparentes et grande cheminée toute provençale...

– €€ – 3890 route du Mont-Ventoux – ✆ 04 90 65 61 20 – www.la-colombe.fr – Fermé lundi et mardi midi

BELCASTEL

✉ 12390 – Aveyron – Carte régionale n° **23**–C2

✿ VIEUX PONT

Chefs : Nicole Fagegaltier Rouquier et Bruno Rouquier

CUISINE MODERNE • COSY Niché dans la verdure et dominé par son château, le paisible bourg de Belcastel grimpe en étages sur la rive droite de l'Aveyron. Rien de mieux, pour s'ouvrir l'appétit, que ses rues couvertes de pavés ou de galets ainsi que ses calades escarpées ! Régaler les hôtes de passage, c'est une tradition dans cette maison familiale ouverte par les grands-parents des deux sœurs Nicole et Michèle Fagegaltier, désormais aux commandes. La carte, alléchante comme il se doit, met en avant l'agneau et le veau de l'Aveyron et du Ségala, le bœuf d'Aubrac, le porc noir de Bigorre mais aussi des poissons et des fromages fermiers. Bouillon d'oignons doux caramélisés, chou braisé au

Laguiole ; truite des Monts d'Aubrac, émulsion aux herbes du jardin, chou-rave en différentes texture et notes d'orange... C'est au Vieux Pont qu'on fait les meilleurs petits plats !

- €€€€ - *245 route des berges de l'Aveyron - 05 65 64 52 29 - www.hotelbelcastel.com - Fermé lundi et mardi, et dimanche soir*

BÉLESTA

66720 – Pyrénées-Orientales – Carte régionale n° **27**–B3

LA COOPÉRATIVE - DOMAINE RIBERACH

Chef : Dennys Teixeira

CUISINE MODERNE • CONTEMPORAIN Cet ancien chai a conservé sa charpente métallique : l'endroit, très spacieux et confortable, a un charme fou ! La cuisine suit de très près les saisons et s'appuie sur les petits producteurs des environs. Des assiettes soignées et colorées qui s'arrosent bien entendu des vins du domaine, produits sans intrants en agro-écologie. Agréables chambres pour l'étape.

L'engagement du chef : Le Domaine s'inscrit dans une démarche responsable depuis sa création. Nos vins sont produits en agro-écologie (sans pesticides, ni herbicides, ni produits de synthèse) ; nous chauffons les bâtiments par géothermie ; et notre piscine est filtrée par des plantes. Au restaurant nous avons une philosophie du km zéro pour l'approvisionnement.

- €€€ - *2 route de Caladroy - 04 68 50 30 10 - www.riberach.com - Fermé lundi, mardi, du mercredi au vendredi à midi, et dimanche soir*

DOMAINE RIBERACH

Plus

MODERNE • CHAMPÊTRE En pleine terre catalane, le Domaine Riberach est une ancienne coopérative viticole devenue une sorte d'écolodge moderne, à l'ombre du château médiéval. Ses propriétaires – architectes – ont privilégié le mobilier moderniste. Jouxtant les logements, un vignoble en activité et une cave naturelle fournissent la boutique de l'hôtel. Un spa et trois restaurants, du barbecue au gastronomique.

- **24 chambres** - *2 route de Caladroy*

La Coopérative - Voir la sélection des restaurants

BELFORT

90000 – Territoire de Belfort – Carte régionale n° **13**–C1

LE LIEN

CUISINE MODERNE • BISTRO Le lien, ici, est celui qui unit ce jeune couple de restaurateurs (elle en salle et lui aux fourneaux) aux vignerons et aux producteurs dont le travail finit dans les assiettes et les verres de ce bistrot chaleureux. Cette cuisine moderne, twistée d'une pointe de créativité, mise tout sur des produits de qualité et de saison, traités avec le respect qui leur est dû. Deux menus au déjeuner, et une offre plus travaillée le soir. Un bon plan.

- **€€** - *32 faubourg de Montbéliard - 03 84 58 05 59 - www.restaurant-lelien.com - Fermé lundi et dimanche*

BELLE-ÉGLISE

60540 – Oise – Carte régionale n° **5**–A3

LA GRANGE DE BELLE-ÉGLISE

Chef : Thomas Filippa

CUISINE CLASSIQUE • ÉLÉGANT Cette enseigne promet de déguster de belles recettes traditionnelles, réalisées à partir de bons produits issus pour partie des campagnes environnantes. Dans cette ancienne grange à charbon reconvertie en un havre paisible et cossu, la bonne chère revêt ses plus beaux atours. À la suite de Marc Duval, le chef Thomas Filippa fait assaut de classicisme, non sans s'autoriser des écarts modernes : asperge, coquillages, sabayon Noilly Prat et caviar ; bar de ligne, laitue rôtie et sauce vierge... À déguster dans une salle à manger ouverte sur un pimpant jardin.

- €€€ - *28 boulevard René-Aimé-Lagabrielle* - *03 44 08 49 00* - *www.lagrangedebelleeglise.fr* - *Fermé lundi, dimanche et mardi midi*

BELLE-ÎLE

- Morbihan - Carte régionale n° **1**

Bangor

56360 - Morbihan

CASTEL CLARA

CLASSIQUE • RAFFINÉ L'hôtel occupe un emplacement idyllique sur la côte sauvage, avec un panorama unique sur la mer. Centre "thalasso & spa", chambres et suites raffinées : le luxe discret... au bout du monde. Ou comment respirer l'air du large en profitant du meilleur confort !

- **63 chambres** - *Port-Goulphar* - *02 97 31 84 21*

Port-Goulphar

56360 - Morbihan - Carte régionale n° **1**-C3

LE 180°

CUISINE CRÉATIVE • ÉLÉGANT À la barre de ce bateau, avec vue imprenable sur l'anse de Goulphar, le chef concocte des recettes créatives, avec les meilleurs produits de l'île, comme ce beau menu homard. Une traversée vivifiante, pleine d'embruns, de talent et de fraîcheur.

- €€€ - *Castel Clara* - *02 97 31 84 21* - *www.castel-clara.com*

Sauzon

56360 - Morbihan - Carte régionale n° **1**-C3

HÔTEL DU PHARE

CUISINE MODERNE • CONTEMPORAIN Symbole de Belle-Île-en-Mer, l'Hôtel du Phare (1880) et sa table ont été revus et embellis par un célèbre architecte. Dans un décor original jouant avec les couleurs vives et le noir et blanc du drapeau breton, le restaurant propose une carte aux saveurs marines : araignée de mer en coque, bisque, ravioles végétales de rave à l'araignée ; viennoise de bar cuit sur galet, fricassée d'artichauts aux palourdes et ail noir. Le chef utilise autant qu'il peut des produits de qualité souvent nés sur l'île (comme de l'agneau élevé à Bangor, du miel, des légumes bio et du poisson d'un ligneur bellilois). Très belle terrasse surplombant le port, ainsi qu'une offre bistrot.

- €€€ - *Quai Guerveur* - *02 97 31 60 36* - *www.hotelduphare-belle-ile.fr*

BELLÊME

61130 - Orne - Carte régionale n° **2**-D3

PAYSAGES N

CUISINE MODERNE • MAISON DE CAMPAGNE Dans l'ancienne capitale du Perche, le jeune talent Sylvain Parisot, passé par de belles maisons comme l'Astrance ou la Maison Lameloise, exprime avec finesse une cuisine sensible et maîtrisée, nourrie par le terroir percheron et la cuisson au feu de bois qu'il manie avec brio. Le maquereau, rosé à l'arête, peau croustillante et sabayon au vin jaune, en est l'illustration parfaite. En salle, son épouse Keiko veille avec justesse sur cette adresse qui a conquis son public.

€€ - *2 place de l'Europe - ✆ 02 33 25 18 23 - www.restaurantpaysages.com - Fermé du lundi au mercredi et dimanche soir*

BELLERIVE-SUR-ALLIER

✉ 03700 - Allier - Carte régionale n° **16**-C3

CHÂTEAU DU BOST

CUISINE MODERNE • CONTEMPORAIN À quelques minutes de Vichy, dans un parc très paisible, ce château avec tours et douves en eau (15e-19e s.) décline un décor contemporain et cosy, complété d'une belle terrasse, et de quelques chambres confortables. Le restaurant au cadre épuré sert une goûteuse cuisine de saison allant à l'essentiel.

€€€ - *27 rue de Beauséjour - ✆ 04 70 59 59 59 - www.chateau-du-bost.com - Fermé lundi et dimanche soir*

BELLEVIGNE-EN-LAYON

✉ 49380 - Maine-et-Loire - Carte régionale n° **9**-C3

LA TABLE DE LA BERGERIE

Chef : David Guitton

CUISINE MODERNE • CONTEMPORAIN Près d'Angers, en plein vignoble des coteaux-du-Layon, ce restaurant mérite toute votre attention. Il abrite le talentueux David Guitton, originaire de Loire-Atlantique, formé auprès des plus grands aux quatre coins du monde : États-Unis, Londres, Monaco... Pas de carte ici, mais un menu volontairement court pour mieux coller aux saisons. Le chef se fournit chez les petits producteurs locaux et compose de belles recettes au style plutôt épuré pour en apprécier toutes les saveurs. La séduisante carte des vins valorise la région dont la production (bio) du domaine.

€€€ - *3 route de la Pierre - ✆ 02 41 78 30 62 - www.latable-bergerie.fr - Fermé lundi, dimanche et mardi midi*

BELLEVILLE-EN-BEAUJOLAIS

✉ 69220 - Rhône - Carte régionale n° **21**-A1

LE BEAUJOLAIS

CUISINE TRADITIONNELLE • CONVIVIAL Ce Beaujolais se devait de faire honneur à cette région riche en saveurs et en bons vins ! Le sympathique couple à la tête de la maison relève le défi avec panache, en nous gratifiant d'une appétissante cuisine du marché puisant dans la tradition. Les assiettes se révèlent aussi savoureuses que généreuses : on passe un excellent moment gourmand.

€€ - *40 rue du Maréchal-Foch - ✆ 04 74 66 05 31 - www.restaurant-le-beaujolais.com - Fermé lundi et mardi, et le soir sauf vendredi et samedi*

BELLEY

✉ 01300 - Ain - Carte régionale n° **21**-C2

LA FINE FOURCHETTE

CUISINE MODERNE • ÉLÉGANT Superbe vue sur le canal du Rhône et décor élégant pour cette adresse bugiste bien connue. Les assiettes font la part belle aux produits de l'Ain, servis avec générosité dans un style actuel bien maîtrisé par le chef, lequel propose des associations de saveurs harmonieuses et des présentations soignées. Mention spéciale pour le dessert autour de la fraise, qui saura ravir les fines bouches...

- €€ - *2500 avenue du Bugey, à Virignin* - *04 79 81 59 33* - *www.restaurant-lafinefourchette.fr - Fermé mardi et mercredi*

BÉNODET

29950 - Finistère

BATEAU LIBRE HÔTEL

ÉPURÉ • MARITIME Parfaite base pour les amateurs de navigation, le Bateau Libre offre de belles chambres claires et des vues inoubliables sur l'océan.

12 chambres - *17 rue de l'église* - *02 22 94 08 84*

CIT'HOTEL LE CORNOUAILLE HOTEL

CONTEMPORAIN • CHALEUREUX À deux pas des plages, cet hôtel a connu une transformation complète, orientée vers l'esthétique contemporaine, l'efficacité énergétique et le respect des normes environnementales. Les chambres et appartements allient une atmosphère accueillante à un grand confort. Côté détente, la piscine intérieure chauffée et le sauna sont à disposition. Port, casino et centre de thalassothérapie à 5 minutes de marche.

- **16 chambres** - *62 avenue de La Plage* - *02 98 57 03 78*

BERGERAC

24100 - Dordogne - Carte régionale n° **18**-C3

L'IMPARFAIT

CUISINE MODERNE • RUSTIQUE Dans cette bâtisse médiévale du vieux Bergerac, le chef tient une table de saison depuis plus de quinze ans et propose une goûteuse cuisine inspirée du terroir périgourdin. En terrasse ou près de la monumentale cheminée, on peut déguster des plats élégants et bien préparés, comme la panacotta d'asperge blanche, chair de crabe et aïoli ; le chou craquelin gourmand, compotée de fraise au poivre de Timut et ganache basilic : un sans-faute pour L'Imparfait !

- €€ - *8 rue des Fontaines* - *05 53 57 47 92* - *www.imparfait.com*

LA TABLE DU MARCHÉ

CUISINE CRÉATIVE • COSY Cela fait maintenant de nombreuses années que le chef propriétaire Stéphane Cuzin a ouvert ce bistrot chic et élégant, en face du marché couvert de Bergerac, où il se fournit d'ailleurs principalement. À l'intérieur de cette maison d'angle à la façade rouge, les recettes sont créatives et les assaisonnements originaux : tonka, muscade, cumin ou café jouent avec le veau, l'épinard ou l'asperge dans les assiettes.

- €€ - *21 place Louis-de-la-Bardonnie* - *05 53 22 49 46* - *www.table-du-marche.com - Fermé lundi et dimanche*

BERMICOURT

62130 - Pas-de-Calais - Carte régionale n° **4**-B2

LA COUR DE RÉMI

Chef : Sébastien De La Borde

CUISINE TRADITIONNELLE • CONVIVIAL Après une carrière professionnelle à l'étranger, le chef est revenu à sa première passion dans cet ancien relais de chasse familial. Un lieu convivial pour une cuisine traditionnelle, généreuse et parfaitement maîtrisée, de la cuisson à l'assaisonnement ! On raffole de la terrine avec le pain au levain maison et les cornichons du domaine au vinaigre. Le petit plus : une cabane perchée pour l'étape !

L'engagement du chef : À La Cour de Rémi, une maison de famille restaurée, on propose une généreuse cuisine locavore et de saison. Les produits sont soigneusement sélectionnés, soit dans le potager et les vergers du domaine, soit auprès d'un réseau de petits producteurs triés sur le volet. Tout est fait maison, du pain au levain réalisé avec des variétés anciennes de blé, à la brioche du petit-déjeuner. La carte des vins est composée de vins pour la plupart biologiques ou biodynamiques.

€€ - *1 rue Baillet - 03 21 03 33 33 - www.lacourderemi.com - Fermé mardi midi, samedi midi, dimanche soir et lundi*

LA BERNARDIÈRE

85610 - Vendée - Carte régionale n° **14**-B1

LA PAP RESTAURANT

CUISINE MODERNE • COSY Dans une bâtisse ancienne réhabilitée avec goût, à la fois rustique et chic, le couple Papin a installé sa table contemporaine. Cuisine ouverte, poutres apparentes et matériaux bruts composent un décor chaleureux où le chef, fils d'agriculteur et voyageur infatigable, déploie une cuisine moderne nourrie de ses expériences à Londres, Montréal ou Tokyo. Produits locaux, influences marines et touches créatives s'expriment avec justesse dans des assiettes léchées, comme ces huîtres en tempura ou ce savoureux secreto de porc aux palourdes et artichauts.

€€ - *1 rue des Jardins - 02 51 07 47 66 - www.lapaprestaurant.fr - Fermé lundi, dimanche, et mardi et mercredi à midi*

LA BERNERIE-EN-RETZ

44760 - Loire-Atlantique - Carte régionale n° **9**-A3

AU G'RETZ DES SAISONS

CUISINE MODERNE • CONVIVIAL Tout est dans le nom : le jeune Samuel Duchêne, chef voyageur, cuisine au gré des saisons. Sa courte carte, qui change tous les mois, met principalement en avant les producteurs et artisans du Pays de Retz - poissons, œufs fermiers, sel de mer. Betterave marinée au cidre, jaune d'œuf confit, coulis de cresson ou filet de bar, carotte, émulsion de coco, curcuma : du travail, de l'audace et du goût - sans oublier un très bon pain maison. Petite capacité, pensez à réserver.

€€ - *17 rue Jean-Duplessis - 02 51 74 61 60 - www.augretzdessaisons.fr - Fermé lundi et mardi, et dimanche soir*

BERNIÈRES-SUR-MER

14990 - Calvados - Carte régionale n° **2**-C2

L'AS DE TRÈFLE

CUISINE MODERNE • CONTEMPORAIN Légèrement en retrait des plages du Débarquement sur la côte de Nacre, nous voilà dans le repaire bien agréable d'Anthony Vallette, un chef normand natif de Condé-sur-Vire plein d'entrain. Au fil des saisons, il pioche dans le savoureux terroir local - poissons de la Manche, andouille de Vire, cochon de Bayeux - et compose des plats bien maîtrisés, avec juste ce qu'il faut d'audace ! Sa cuisine moderne évolue au gré du marché et de ses coups de cœur... qui se retrouvent d'ailleurs dans le menu !

€€€ - *420 rue Léopold-Hettier - 02 31 97 22 60 - www.restaurantasdetrefle.com - Fermé lundi*

BERRWILLER

✉ 68500 - Haut-Rhin - Carte régionale n° **8**-A3

L'ARBRE VERT

CUISINE MODERNE • CLASSIQUE Cinquième génération et toujours très Vert ! Cet Arbre pourrait bien être généalogique, tant son histoire se confond avec celle de la famille Koenig... Au menu : toute la fraîcheur du terroir alsacien, avec de beaux vins du cru.

- **€€** - *96 rue Principale - 03 89 76 73 19 - www.restaurant-koenig.com - Fermé lundi et mardi, et dimanche soir*

BESANÇON

✉ 25000 - Doubs - Carte régionale n° **13**-B2

ÉPICÉA

CUISINE MODERNE • CONTEMPORAIN Dans une ruelle proche du Doubs, ce couple formé dans les belles maisons travaille main dans la main en cuisine (ouverte, qui plus est) et assure en partie le service. Élaboré autour de produits de saison rigoureusement tracés, renforcés par des cueillettes sauvages, leur menu unique déroule une jolie leçon d'histoire naturelle : carotte / marjolaine / plantain / pimprenelle / laurier ; cochon noir / courge / jus de volaille / huile de cébette ; betterave / framboise / coriandre / nougat glacé.

AC - **€€€** - *11 rue Claude-Pouillet - 06 44 10 98 61 - www.restaurant-epicea.fr - Fermé lundi, dimanche, et mardi et mercredi à midi*

LES GAMINS

CUISINE MODERNE • CONTEMPORAIN Au cœur de la ville, ce restaurant contemporain et convivial offre un cadre chaleureux avec ses murs de couleur terracotta, ses tables en bois, ses chaises en velours et son éclairage original à base de roues de vélo et d'ampoules nues. La cuisine, largement inspirée du retour du marché, est bien maîtrisée : œuf poché avec émulsion de maïs au paprika fumé, huile thym-ail et guanciale ; pluma de cochon accompagnée de guacamole, kiwi et chimichurri. La carte des vins, essentiellement bio, met en avant la Bourgogne et le Jura.

- **€€** - *10 rue Pasteur - 03 70 27 37 26 - www.les-gamins-besancon.com - Fermé dimanche et du lundi au mercredi soir*

LOISEAU DU TEMPS

CUISINE MODERNE • CONTEMPORAIN Dans un ancien grenier à blé du 18e s., cette salle sous ogives agrémentée de touches contemporaines accueille l'antenne bisontine du groupe Bernard Loiseau. La cuisine fait la part belle aux produits et recettes de la Bourgogne-Franche-Comté : cassolette d'escargots, cancoillotte et saucisse de Morteau, fricassée de volaille façon Gaston Gérard, côte de cochon de la Côte d'Or gratinée à la tomme du Jura... Joli petit chariot de desserts, et bonne sélection de vins, notamment au verre.

♿ - **€€** - *27 rue des Boucheries - 03 81 48 64 05 - www.bernard-loiseau.com - Fermé lundi et dimanche*

LE MANÈGE

CUISINE MODERNE • CONTEMPORAIN Au pied de la citadelle, cet ancien manège militaire propose une cuisine délicate et savoureuse aux accents régionaux (comme la croûte aux champignons parfumée au vin jaune ou l'étonnant boudin noir en tranches), signée par un chef autodidacte et amoureux du travail bien fait. Une valeur sûre.

- **€€** - *2 faubourg Rivotte - 03 81 48 01 48 - www.restaurantlemanege.com - Fermé lundi, dimanche et mardi midi*

LE SAINT CERF

CUISINE MODERNE • DESIGN Ce bistrot contemporain au cadre agréable propose une cuisine mâtinée d'influences diverses, dont des touches asiatiques, maîtrisée de bout en bout, sans ostentation, et goûteuse. Ajoutez à cela une tendance affichée au "nature" (saisonnalité, produits), saupoudrez de plats végétariens et vous obtenez une valeur sûre du renouveau bisontin.

- **€€** - *1 rue Mégevand - 03 81 50 10 20 - Fermé samedi et dimanche, et du lundi au mercredi soir*

LE SAINT-PIERRE

CUISINE TRADITIONNELLE • ÉLÉGANT Une cuisine gastronomique mettant le poisson et les bons produits à l'honneur ; beaucoup de finesse relevée d'une pointe d'originalité ; un cadre élégant et cosy (pierres apparentes) : ce Saint-Pierre est un petit paradis des saveurs !

- **€€€** - *104 rue Battant - 03 81 81 20 99 - www.restaurant-saintpierre.com - Fermé lundi, dimanche et samedi midi*

LE SAUVAGE

CUISINE MODERNE • ROMANTIQUE Au pied de la citadelle Vauban, cet hôtel chic occupe l'ancien monastère des Clarisses. Son restaurant offre un cadre cosy entre parquet ancien et tables nappées, et un atout majeur, sa terrasse qui surplombe le parc ! Le chef Hugo Mathieu (formé dans les bonnes tables lyonnaises) n'a rien d'un sauvage si l'on en juge par ses assiettes bien léchées : velouté de petits pois glacé, dos de cabillaud cuit à 50°, tartelette croustillante à la pistache...

- **€€** - *6 rue du Chapitre - 03 81 82 00 21 - www.lesauvage-besancon.fr/le-restaurant - Fermé lundi, dimanche et samedi midi*

LE SAUVAGE

TRADITIONNEL • ÉLÉGANT Dans la vieille ville, le bâtiment est chargé d'histoire : couvent des minimes depuis le Moyen-Âge, saisi à la Révolution, il a été investi par les sœurs clarisses à partir de 1854... Salons intimes, belles boiseries et mobilier chiné, vues sur le Doubs et les remparts : les lieux ne sont qu'élégance et quiétude.

- **24 chambres** - *6 rue du Chapître - 03 81 82 00 21*

Le Sauvage - Voir la sélection des restaurants

BESSINES

✉ 79000 - Deux-Sèvres - Carte régionale n° **14**-C2

L'ADRESS...

CUISINE MODERNE • CONTEMPORAIN Un parallélépipède de verre, prolongé par une terrasse face à la verdure : voilà pour le cadre, moderne et élégant ! David Seguin y propose une cuisine inventive, composée de bons produits. Les cuissons sont maîtrisées, les présentations soignées et les saveurs bien équilibrées, comme dans ce boudin de langoustine et pétoncle, salicornes, céleri et bisque.

- €€ - *1 rue des Iris - ✆ 05 49 79 41 06 - www.restaurant-ladress.fr - Fermé lundi et dimanche*

BÉTHUNE

✉ 62400 - Pas-de-Calais - Carte régionale n° **4**-B2

MAISON RENARD

CUISINE MODERNE • CONTEMPORAIN Le chef Sébastien Renard (passé par Top Chef) a investi l'ancien fief somptueux de son mentor, le grand cuisinier Marc Meurin. Cette maison de maître en briques rouges ne manque pas de superbe ; son bar et son élégante verrière lui confèrent un cachet indéniable. Originaire de la région, le jeune chef met en valeur les produits locaux et leurs producteurs dans une démarche locavore assumée. Il propose une cuisine dans l'esprit d'un menu carte blanche, où son savoir-faire technique s'exprime pleinement : tagliatelles de calamar, pomme, céleri et gingembre ; queue de lotte, déclinaison d'asperge blanche et sabayon au foin.

- €€€ - *15 place de la République - ✆ 03 21 26 42 76 - www.maisonrenard-bethune.fr - Fermé lundi et mardi, et dimanche soir*

BEUVRON-EN-AUGE

✉ 14430 - Calvados - Carte régionale n° **2**-C2

LE PAVÉ D'AUGE

CUISINE MODERNE • ÉLÉGANT Au cœur du Pays d'Auge, entre Caen et Lisieux, Beuvron-en-Auge ressemble à une Normandie de carte postale, avec ses maisons à colombages des 17e et 18e s., ses manoirs et ses jardinières débordant de fleurs à la belle saison. Le restaurant occupe les anciennes halles du village, conservant le meilleur des matériaux d'origine. Le chef Adrien Haye met un point d'honneur à s'entourer de producteurs locaux pour travailler les meilleurs produits du terroir. Un menu-carte alléchant qui laisse le choix au client : huîtres de Saint-Vaast, homard de Carteret, saint-pierre, mais aussi foie gras et ris de veau, sans oublier l'andouille - Normandie oblige !

- €€€ - *Le Bourg - ✆ 02 31 79 26 71 - www.pavedauge.com - Fermé lundi et mardi*

BÉZIERS

✉ 34500 - Hérault - Carte régionale n° **27**-C2

✿ L'ALTER-NATIVE

CUISINE MODERNE • ÉLÉGANT L'Alter-Native, ou l'autre naissance, voire la renaissance : voilà ce que représente ce projet biterrois pour Gilles Goujon. Dans la ville où il a grandi et étudié, le chef de l'Auberge du Vieux Puits, que l'on ne présente plus, développe un concept de cuisine marine et végétale écoresponsable, avec la volonté de tracer un autre sillon. Avec des légumes du potager en aquaponie, et d'autres trésors bien du Sud, son chef exécutif réalise des assiettes pleines de générosité, franches et appétissantes, à l'image de ce poupeton de courgette "hommage à Roger Vergé". Agréable terrasse-patio pour les beaux jours.

- €€€€ - 12 rue Boieldieu - 04 67 49 90 00 - www.lalternativegoujon.fr - Fermé lundi et dimanche

CALICE

CUISINE MODERNE • CONTEMPORAIN Cette maison Art déco des années 1920 est embellie d'une extension moderne toute en courbes florales, qui accueille une salle à manger en rotonde vêtue de matières douces et végétales aux formes organiques. Le couple formé par Stéphan Paroche et Justine Viano (ex-Table de Castigno) élabore une cuisine moderne sous forme de menus surprise, complétés d'options végétariennes. Ce sont d'ailleurs les compositions à dominante végétale – comme les amuse-bouches ou la cueillette iodée en entrée – qui révèlent le mieux la qualité de leur tour de main. La belle carte des vins – riche en vins du Languedoc et du Roussillon, mais aussi en crus rhodaniens – mérite le coup d'œil.

- €€€€ - 30 boulevard Bertrand-Duguesclin - 04 67 28 29 40 - www.restaurantcalice.fr - Fermé du lundi au mercredi

PICA PICA

CUISINE MÉDITERRANÉENNE • CONTEMPORAIN Cette brasserie conviviale propose une cuisine méditerranéenne décomplexée et joliment métissée, à travers une sélection de tapas et picas (brochettes) : houmous de pois chiches, féta et Kalamata ; croquetas de jamón ; œufs mimosa de crabe bleu au raifort... mais aussi des plats soignés, comme cette pissaladière d'oignons doux et pétales de lotte ou ce kefté d'agneau catalan cuit au feu de bois. Un concept sans chichi, imaginé dans un esprit de partage. Le menu déjeuner est une aubaine. Une réussite.

- €€ - 20 boulevard Jean-Jaurès - 04 48 11 03 40 - www.pica-pica.fr

L'AMBASSADE

CUISINE MODERNE • ÉLÉGANT Fraîcheur des produits, équilibre des assiettes : Patrick Olry, chef bien connu dans la région, fait ici la démonstration de son savoir-faire et de sa constance. Surtout, ne manquez pas les menus-dégustation sur la truffe, la Saint-Jacques ou le homard, qui ne sont pas pour rien dans la réputation de la maison.

- €€€ - 22 boulevard de Verdun - 04 67 76 06 24 - www.restaurant-lambassade.com - Fermé lundi et dimanche

LA MAISON DE PETIT PIERRE

CUISINE MÉDITERRANÉENNE • CONVIVIAL Non loin des arènes, dans son restaurant à la déco chinée qui lui ressemble, Pierre Augé arbore un sourire contagieux. Ce chef passionné vient saluer chacun de ses clients car il est là pour faire plaisir, avec sa cuisine goûteuse et créative à base de produits locaux ! Loin de se reposer sur ses lauriers médiatiques, on sent chez lui une envie continuelle d'explorer de nouvelles pistes gourmandes. C'est réjouissant, à l'image de son pavé de bœuf mariné au whisky et mousseline de chou-fleur à la vanille ; du merlu en piperade et jus vert ; ou de la stracciatella aux asperges et tuile au lard. L'ambiance et la convivialité, notamment assurées par la personnalité du chef et le service souriant et chaleureux de son épouse, font le reste : on recommande !

- €€ - 22 avenue Pierre-Verdier - 04 67 30 91 85 - www.lamaisondepetitpierre.fr - Fermé lundi, mardi, mercredi et dimanche

LA TABLE DE JEAN (N)

CUISINE MODERNE • BISTRO Originaire de Béziers, ce chef-patron a posé ses couverts dans une rue piétonne non loin de la mairie. Son petit bistrot s'étend sur deux salles aux murs de pierre et tonalités vert amande, avec tables carrées et chaises de bistrot. La petite terrasse est bien agréable aux beaux jours. Sa cuisine marque les saisons à la culotte, comme ce bar vanillé finement dosé, et cette poire Belle-Hélène revisitée avec gourmandise.

♿ - **€€** - *23 rue des Anciens-Combattants - ✆ 06 76 68 86 01 - www.la-table-de-jean-restaurant-beziers.fr - Fermé lundi et dimanche*

L'HÔTEL PARTICULIER (BÉZIERS)

MODERNE • CHARME Cette belle maison bourgeoise de 1892 a su préserver le charme de l'ancien (parquet, mosaïques de marbre) sans renoncer à la modernité (moulures rétroéclairées, baignoires balnéo, bluetooth). Possibilité de massages en chambre. Petit-déjeuner jusqu'à midi. Le bonheur !

AC P - **9 chambres** - *65 bis avenue du 22 août 1944 - ✆ 04 67 49 04 47*

LA VILLA GUY

CONTEMPORAIN • ROMANTIQUE Ce splendide édifice à l'esthétique andalouse, classé monument historique, trône au milieu d'un parc d'inspiration mauresque, en plein centre-ville. Les chambres et suites mélangent toutes l'audace contemporaine avec le romantisme classique ; il n'y a pas un centimètre carré qui soit sans intérêt. Ajoutez deux salons, un bar, une salle de billard, une bibliothèque, une piscine, une rotonde avec une vue imprenable sur le parc, un spa somptueux. Le détail séduisant : le petit-déjeuner est servi dans l'un des charmants salons.

AC P Spa - **6 chambres** - *2 rue Giuseppe Verdi - ✆ 04 67 35 26 49*

BIARRITZ

✉ 64200 – Pyrénées-Atlantiques – Carte régionale n° **25**–A2

L'IMPERTINENT

Chef : Fabian Feldmann

CUISINE CRÉATIVE • CONTEMPORAIN (Fermé provisoirement pour travaux, réouverture prévue au printemps) Impertinent : insolent, effronté et même irrévérencieux, selon le dictionnaire. Il y a aussi un côté rock'n'roll chez l'Allemand Fabian Feldmann, un chef créatif qui aime casser les codes. Pourtant, les codes, il les connaît sur le bout de sa fourchette : notre rebelle a suivi le parcours classique des grandes maisons, comme L'Oasis à La Napoule et Pierre Gagnaire à Paris. Dans son repaire biarrot, il laisse libre cours à une imagination parfois débridée, mais toujours juste. De belles matières premières, notamment les poissons de la criée de Capbreton, sont cuisinées et assaisonnées avec originalité. L'impertinence a du bon !

PLAN : A1-2 – **€€€** – *5 rue d'Alsace – ✆ 05 59 51 03 67 – www.l-impertinent.fr – Fermé le midi sauf samedi*

LA TABLE D'AURÉLIEN LARGEAU

Chef : Aurélien Largeau

CUISINE MODERNE • CONTEMPORAIN À deux pas de l'Océan, le chef Aurélien Largeau fait danser ses créations dans un écrin intime du centre-ville. Cet enfant de La Rochelle tisse une partition tout en bleu, où la viande s'efface gentiment devant les trésors de l'Atlantique. Véritable promenade maritime, son menu en plusieurs séquences fait la part belle à la pêche locale (et raisonnée). Dans l'assiette, ces beaux produits se parent de jus intenses et de jeux de textures efficaces. Même le dessert garde le pied marin, conjuguant avec malice douceur et notes iodées. Une cuisine précise, vivante, qui pulse au rythme des marées. Mathilde Fesneau orchestre la salle avec brio.

PLAN : E2-24 – **€€€€** – *4 rue Jean-Bart – ✆ 05 59 24 76 08 – www.latabledaurelienlargeau.fr – Fermé lundi, dimanche et le midi sauf samedi*

AHPĒ

CUISINE MODERNE • BISTRO Excentré, ce bistrot hyper animé et coloré, avec ses murs couleur caramel et son joyeux mobilier dépareillé, fête chaque saison (comme les initiales de son nom l'indique) dans la bonne humeur. Adepte de la fermentation mais aussi des cuissons à la flamme et à la plancha, le chef Idir Fseil mitonne une bonne petite cuisine du marché : thon blanc, eau de concombre et orange en saumure ; poitrine de cochon au piment vert, crème crue et betteraves ; tartare de bœuf, radis noir fermenté, poutargue et grenailles. Réservation indispensable.

PLAN : A2-5 – **€€** – *34 avenue du Président-John-Fitzgerald-Kennedy – ✆ 06 48 81 49 75 – www.ahpe-restaurant.fr – Fermé lundi, dimanche et jeudi midi*

J.-F. Mallet/hemis.fr

LÉONIE

CUISINE MODERNE • BISTRO Le nom de ce restaurant rend hommage à la fondatrice de ce petit restaurant ouvert à la fin des années quarante. Il s'est mué en plaisant bistro gourmand contemporain sous l'impulsion d'un jeune couple qui connaît son métier. Originaire des Deux-Sèvres, le chef est tombé amoureux du Pays basque et de ses produits ; en saison, il a fait du gibier sa spécialité. Mais aujourd'hui, on s'est régalé d'une tarte sablée et compotée d'oignon, tomate et poivron, puis d'un pavé de merlu, pesto de basilic et huile vierge, et enfin d'un coulis de nectarine, crème diplomate et meringue.

PLAN : A1-8 – ♿ AC – **€€** – *7 avenue de Larochefoucault – ✆ 05 59 41 01 26 – www.restaurant-biarritz-leonie.com – Fermé mardi et mercredi*

L'ALCHIMIE (N)

CUISINE MODERNE • TENDANCE Autour de l'incontournable place des Halles, Paul Tur (ex-second de Py-R à Toulouse, passé chez Goujon et Gagnaire) signe une table conviviale à l'esprit canaille mais infusée d'influences plus ou moins lointaines. La partition mêle en effet mêle produits du cru et clins d'œil à l'Espagne, au Japon ou à l'Italie. Parmi les assiettes marquantes : tomate cœur de bœuf, pieds de porc panés et excellente sauce au poivre ; ou encore vitello tonnato aux langoustines, feuilles de câpre, parmesan et poutargue. Trois salles en enfilade : carreaux de ciment, bar en bois, marbre blanc et chaises bistrot pour la première ; béton ciré, cuir cognac et luminaires à bulles pour les deux autres.

PLAN : E2-27 – AC – **€€** – *9 rue des Halles – ✆ 06 64 37 56 46 – www.lalchimie-biarritz.fr – Fermé lundi et mardi à midi*

LE CAFÉ DE PARIS

CUISINE MODERNE • BRASSERIE La table du mythique hôtel Café de Paris bénéficie d'un emplacement de choix au cœur de la ville et juste au-dessus de la Grande Plage de Biarritz. On y apprécie une carte de brasserie habilement réinterprétée, inspirée par le terroir local et émaillée de clins d'œil ibériques, à l'image de ce suprême de volaille fermière doré au sautoir, piperade relevée au chorizo, grenailles confites. Terrasse agréable.

PLAN : E1-9 – ♿ AC – **€€€** – *5 place Bellevue – ✆ 05 59 24 19 53 – www.hotel-cafedeparis-biarritz.com/views/fr/restaurant.html*

CHERI BIBI

CUISINE MODERNE • BISTRO Contrairement au héros éponyme du roman de Gaston Leroux, ce Cheri Bibi-là ne sera pas accusé d'avoir commis un crime, judiciaire ou gastronomique ! Aux fourneaux de ce bistrot tendance, Adrien Witte, visible depuis la salle. Cet ancien financier breton reconverti par passion se donne du mal pour nous faire du bien. Ses assiettes à partager à base des meilleurs produits locaux sont interprétées de libre et goûteuse manière, avec des clins d'œil à son parcours international : œufs mimosa ; maïs doux grillé, pickles de pleurotes, cacahuètes d'Aquitaine, shiso et crispy chili oil ; dorade coryphène de ligne, sauce pil-pil et aubergine rôtie. Sa compagne accueille avec sourire et efficacité. On peut choisir sa bouteille dans l'espace caviste.

PLAN : A2-10 – ♿ AC – **€€** – *50 rue d'Espagne – ✆ 05 40 07 11 50 – www.cheribibibiarritz.com – Fermé mardi, mercredi, et le midi*

DIALOGUES (N)

CUISINE CRÉATIVE • TENDANCE Ce restaurant séduit par son élégance contemporaine : tables en bois massif, banquettes vert émeraude, fauteuils en tissu chiné, comptoir de marbre blanc rétroéclairé et superbe fresque murale aux volutes minérales réalisée avec des matériaux naturels. Aux commandes, Adrien Zedda et Thomas Bouanich (Culina Hortus, Lyon).

BIARRITZ-ANGLET-BAYONNE
plan I
0 750 m
OCÉAN ATLANTIQUE
LAHONCE
A 64 PAU HASPARREN
DAX, BORDEAUX
PAU, ORTHEZ
BOUCAU
LA BARRE
CHIBERTA
CAMBO-LES-BAINS
ARCANGUES
ARBONNE
ST-JEAN-DE-LUZ
STE-CROIX
CITADELLE
MOUGUERRE
ST-PIERRE D'IRUBE
MARRACQ
ANGLET
CINQ-CANTONS
CHAMBRE D'AMOUR
ST-JEAN
BASSUSSARRY
CHAPELET
LA NÉGRESSE
BEAU SOLEIL
LARREPUNTE
BIARRITZ
BEAU RIVAGE
ILBARRITZ
ADOUR
NIVE
Forêt du Pignada
Plaine d'Ansot
BIARRITZ-BAYONNE-ANGLET
Lac de Brindos
Lac Marion
Lac de Mouriscot
Plage de la Chambre d'Amour
Les plages
Pointe St Martin
Grotte
Plage Miramar
voir plan II
Av. de l'Impératrice
Grande Plage
Plage de la Côte des Basques
Musée du Chocolat
Plage de Marbella
Plage de la Milady
Cité de l'Océan
Plage D'Ilbarritz
Église orthodoxe russe
Asiatica - Musée d'Art oriental
Allées Marines
Allées Paulmy
Av. Maréchal Soult
Av. de Bayonne
Av. de Biarritz
Av. d'Espagne
Bd du B.A.B.
Bd de la Mer
Bd de l'Aritxague
Bd Marcel Dassault
Av. de Maignon
Av. de Montbrun
Av. Henri Grenet
Ch. de Laharie
R. de Hardoy
R. du Bois Belin
R. des Cinq Cantons
R. de Chassin
R. de Jouanetote
R. Jean-Léon Laporte
R. de Mirambeau
Pl. Gen. de Gaulle
Av. de Verdun
Av. du Braou
Av. de Pioche
R. Francis Jammes
R. Luis Mariano
R. Alan Seeger
Rte. de Bidart
Av. de Bayonne
Rte. de Pitoys
Rte. de Saint-Pée
Rte. des Pins
Ch. du Bosquet
Av. du 8 Mai 1945
A 63 / E 5
D 1 / E 80
Av. de la Soule
Av. des Pyrénées
Av. du Prissé
Côte de Losté
Ch. d'Harrichury
Rte. de Saint-Pierre-d'Irube
R. Vainsot
R. d'Arrousets
Ch. Pinède
Rte. des Salines
Rte. d'Ilbusty
Pont St. Frédéric

Le chef décline des menus 100 % végé ou végé-marin, émaillés de petits plats savoureux comme ces cocos de Paimpol au curry vert ou cette "signature" au céleri-rave rôti douze heures, champignons et beurre blanc à la livèche et Chartreuse. Offre complémentaire au sous-sol avec une cave à manger conviviale.

PLAN : E2-28 - **€€€** - *11 rue du Helder - 05 59 23 12 97 - Fermé lundi, dimanche, et mardi et mercredi à midi*

L'ENTRE DEUX

CUISINE MODERNE • BRANCHÉ Le chef Rémy Escale est aux manettes de ce bistrot branché, chaleureux et décoré avec goût. Objectif affiché en cuisine : rester au plus près du produit et du goût ! Il associe les saveurs avec brio et fait preuve d'une maîtrise technique sans faille : on passe un super moment.

PLAN : E2-11 - **€€€** - *5 avenue du Maréchal-Foch - 05 59 22 51 50 - www.lentredeuxbiarritz.com - Fermé dimanche et le midi*

FRENCHIE BIARRITZ

CUISINE MODERNE • COSY (Fermé provisoirement pour travaux, réouverture prévue en juillet) Située au cœur d'un hôtel qui domine la baie, cette table a été confiée à Grégory Marchand (Frenchie à Paris). Passé le vaste atrium qui fait office de bar (où l'on goûte déjà tous les détails du décor ravissant inspiré des années 20), on découvre une belle salle et une terrasse bercée par la musique des vagues. Le chef signe une carte inspirée du terroir basque avec quelques touches créatives, dans un style brasserie chic : aubergine fumée, condiment yuzu, pamplemousse et ail noir ; maigre façon meunière, artichaut barigoule, hollandaise à l'estragon, bisque de crustacés vanillée... Carte des vins étoffée, avec une quinzaine de vins au verre.

PLAN : A1-6 - **€€€** - *Hôtel Regina Experimental, 52 avenue de l'Impératrice - 05 59 41 33 20 - www.frenchie-biarritz.com*

FREYA

CUISINE CRÉATIVE • ÉPURÉ Déesse de la nature dans la mythologie nordique, Freya préside aux agapes végétales de cette table de poche du quartier Saint-Charles. Elle est orchestrée par un couple aguerri par de riches expériences et de nombreux voyages autour du globe. Le chef Guillaume Chatillon travaille exclusivement les végétaux, sublimés comme tout autre produit noble à grand renfort de préparations gourmandes et parfois d'accords audacieux, à l'image de sa déclinaison de chou-fleur aux algues, d'un bel équilibre gustatif. À noter : les convives d'une même table sont invités à partager une seule assiette. Majoritairement bio ou nature, toutes les bouteilles de vin sont disponibles au verre, conseillées avec le sourire par Margot.

PLAN : A1-1 - **€€** - *1 rue du Lycée - 06 10 46 37 54 - www.freya-biarritz.fr - Fermé mercredi et le midi*

KALDERA N

CUISINE MODERNE • COSY Impossible de manquer la devanture rouge aux grandes lettres blanches : Kaldera, « le chaudron » en basque, nouveau repaire gourmand du quartier Saint-Charles. À l'intérieur, murs ocre, lumières tamisées, banquettes en velours rouge-brun et parquet clair composent un cadre chaleureux. Guillaume Goyeneche, enfant du pays, et sa compagne Camille Hausseguy assurent un service complice. Le chef signe des assiettes simples mais

créatives, comme ces gambas avec beignet persillé, tapioca soufflé, cébettes et hollandaise de gambas. Desserts classiques – soufflé au Grand Marnier, tartelette framboise-foin – exécutés avec précision.

PLAN : A1-26 – – **€€** – *18 rue de la Bergerie – 06 12 48 81 09 – Fermé lundi, mardi et samedi midi*

MARIUS

CUISINE TRADITIONNELLE • AUBERGE Le chef bigourdan Sébastien Sanjou (Trente-Trois à Paris et le Relais des Moines aux Arcs, deux adresses étoilées) a ouvert cette table sur les hauteurs de Biarritz, bénie par une grande terrasse qui regarde la montagne de la Rhune. Au programme : convivialité et gourmandise ! Son chef exécutif, Kévin Bigot (ancien collaborateur du chef Jean-Marie Gautier au restaurant de l'Hôtel du Palais), revigore ses convives à grand renfort d'une cuisine familiale de partage (les garnitures sont servies au centre de la table), plutôt généreuse. Le tout est mitonné avec de bons produits locaux de référence : pot-au-feu de foie gras frais ; la caille "ortolan" bardée de lard ; savarin à l'Armagnac traditionnel. En résumé, voilà l'adresse idéale pour passer un bon moment en famille ou entre amis.

PLAN : A2-20 – – **€€** – *52 rue Alan-Seeger – 05 59 41 10 11 – www.marius-biarritz.com – Fermé mardi et mercredi*

LE PIM'PI BISTROT

CUISINE MODERNE • BISTRO Une bonne cuisine de bistrot, moderne et bien pensée, gourmande sans jamais peser sur l'estomac : voilà ce que propose le chef du Pim'Pi. Les habitués se pressent à cette table notamment pour le menu déjeuner (appelé « cocotte de la semaine ») au rapport qualité-prix imbattable et qui change chaque semaine. Pressé de filet de sardine, pomme de terre et pied de cochon ; comme un navarin de joues de cochon aux légumes de saison ; millefeuille au praliné et rhubarbe confite au jus de fraise... Si l'on ajoute à cela une ambiance très conviviale, difficile de résister à l'envie de s'attabler ici !

PLAN : E2-12 – – **€€** – *14 avenue de Verdun* – *05 59 24 12 62* – *Fermé lundi et dimanche*

LA ROTONDE

CUISINE TRADITIONNELLE • BOURGEOIS On ne présente plus l'Hôtel du Palais, établissement prestigieux et seul palace de la côte Atlantique. Dans ce décor somptueux face à l'océan, la grande tradition et les classiques de la cuisine française sont mis à l'honneur. L'offre de brasserie chic se révèle gourmande au déjeuner (servi sur la terrasse aux beaux jours), plus raffinée et ambitieuse au dîner, mettant en valeur des produits nobles (caviar, homard, foie gras) ainsi que le terroir basque (truite de Banka, volaille fermière, ossau-iraty). Le dessert, à l'image de la crêpe Suzy en hommage à Raymond Oliver, s'impose comme un moment fort.

PLAN : E1-13 – A/C P – **€€€€** – *Hôtel du Palais, 1 avenue de l'Impératrice* – *05 59 41 12 34* – *www.hyatt.com/unbound-collection/biqub-hotel-du-palais-biarritz/dining*

LE SALEYA

CUISINE MODERNE • BISTRO Une terrasse bien placée, un décor savamment stylisé d'esprit seventies, une carte locale et de saison, de belles assiettes généreuses mijotées à la sauce basque : voilà la recette à succès de cette adresse ! Œuf parfait, haricots verts, txistora et oignons rouges ; échine de cochon, seiche, pousses d'épinards et carotte : des plats savoureux qu'on déguste dans une ambiance décontractée.

PLAN : E2-25 – A/C – **€€** – *34 rue Gambetta* – *09 83 22 20 73*

LE SIN

CUISINE MODERNE • DESIGN Au sein de la Cité de l'Océan, immanquable avec son architecture en forme de vague, le Sin offre une vue magnifique sur la mer et le château d'Ilbarritz. Le chef, artisan habile, sélectionne des produits de belle facture et propose une cuisine élaborée, qu'il fait évoluer régulièrement. Un exemple : ce pigeon fermier, jus tranché à l'ail et écrasé de pomme de terre.

PLAN : A2-7 – A/C P – **€€€** – *1 avenue de la Plage* – *05 59 47 82 89* – *www.le-sin.com* – *Fermé lundi et dimanche soir*

BEAUMANOIR

CLASSIQUE • CHALEUREUX Mobilier baroque et design dans les huit chambres et suites, salle à manger d'esprit orangeraie, bar à champagne : un charme luxueux règne dans ce manoir du 19e s., à deux pas du centre et des plages.

A/C P Spa – **8 chambres** – *10 avenue de Tamamès* – *05 59 24 89 29*

LE CAFÉ DE PARIS

ART DÉCO • LUMINEUX Avec seulement 19 chambres, donnant toutes sur l'Atlantique, cette institution locale complète sa vocation de café de la meilleure des manières. Le design Art déco et le confort moderne sont à l'honneur,

avec de grandes baies vitrées, une literie somptueuse et des équipements réfléchis dans chaque chambre. D'ici, le meilleur de Biarritz est accessible à pied : le marché, le casino, la plage et le littoral propice au surf.
- **19 chambres** - *Place Bellevue* - *05 59 24 19 53*
Le Café de Paris - Voir la sélection des restaurants

HÔTEL DE SILHOUETTE

MODERNE • CONVIVIAL Une architecture noble et des décors originaux (notes colorées, papiers peints d'inspiration surréaliste, etc.) : cette demeure du 17e s. – ancienne propriété de la famille de Silhouette – a accompli sa mue. Déco tendance et détente, surtout dans les chambres avec vue sur la mer...
- **20 chambres** - *30 rue Gambetta* - *05 59 24 93 82*

HÔTEL DU PALAIS

GRAND STYLE • MARITIME Un véritable palais de bord de mer... Résidence d'été construite par Napoléon III pour son épouse Eugénie, il fut ensuite l'un des hauts lieux de la Belle Époque, puis devint hôtel en 1893. Grand escalier magistral, antiquités, confort dans les moindres détails... Luxe intemporel !
- **142 chambres** - *1 avenue de l'Impératrice* - *05 59 41 64 00*
La Rotonde - Voir la sélection des restaurants

HOTEL SAINT-JULIEN

CLASSIQUE • CONVIVIAL Cette demeure basque garde de nombreux éléments d'origine : parquets en pin, cheminées et escaliers anciens. Les chambres aux hauts plafonds conservent la fraicheur et offrent une vue sur les toits rouges ou la mer. Chacune a sa couleur, vert sauge, jaune moutarde ou lavande, et des éléments vintage. Pas de restaurant, mais des chefs invités l'été. Salle à manger confortable pour le somptueux petit déjeuner, bar en plein air sous les citronniers.
- **27 chambres** - *20 avenue Carnot* - *05 59 24 20 39*

REGINA EXPERIMENTAL BIARRITZ *Plus*

CLASSIQUE • MARITIME Construit pendant le premier âge d'or de Biarritz, le Regina est toujours un point de repère emblématique. Sa façade d'un blanc éclatant reste familière, de même que son monumental atrium central ; mais, preuve de son renouveau, ses espaces intérieurs ont été redécorés pour offrir toute l'originalité et le confort haut de gamme d'un hôtel de luxe. Les chambres et suites mêlent inspirations nautiques et références basques. Très élégants, le spa, le restaurant et le bar sont aussi soignés que le reste de l'établissement.
- **72 chambres** - *52 avenue de l'Impératrice* - *05 59 41 33 00*
Frenchie Biarritz - Voir la sélection des restaurants

BIDARRAY

64780 - Pyrénées-Atlantiques - Carte régionale n° **25**-A2

LORE TTIPIA - AUBERGE OSTAPE

CUISINE MODERNE • AUBERGE Sur les hauteurs de Bidarray et d'Itxassou, ce domaine bucolique, situé au sein d'un vaste territoire isolé, occupe les murs d'une ferme du 17e siècle. La magnifique terrasse panoramique permet de vibrer à l'unisson d'une nature grandiose. Le chef John Argaud, formé dans de belles maisons du Pays basque (La Table des Frères Ibarboure, Ithurria) et au Restaurant Le Meurice Alain Ducasse à Paris, honore avec soin des produits locaux de grande qualité. Les cuissons à la braise ou parfois terminées à la pierre chaude donnent un supplément d'âme à des assiettes évidentes, comme ces fleurs de courgettes farcies et seiche grillée. À noter : seule une cuisine bistronomique, plus simple mais tout aussi gourmande, est proposée du lundi au mercredi.

- €€€€ - *Domaine de Chahatoenia - 05 59 37 91 91 - www.ostape.com*

BIDART

64210 - Pyrénées-Atlantiques - Carte régionale n° **25**-A2

LES FRÈRES IBARBOURE

Chef : Patrice et Xabi Ibarboure

CUISINE MODERNE • ÉLÉGANT La troisième génération d'Ibarboure préside en douceur aux destinées de cette belle maison de famille. En cuisine, on retrouve les frères Xabi, le chef, et Patrice, MOF pâtisserie 2019, qui déroule son CV sucré construit entre Paris et New-York. On croise au fil des saisons les produits basques qui plantent le décor : saumon de l'Adour, porc noir de Kintoa, fruits rouges de Mendionde, piment d'Espelette, agneau des Pyrénées, fromage d'Ossau-Iraty... Dans leur potager et dans leur serre, ils cultivent eux-mêmes herbes, fleurs et agrumes qui ponctuent leurs assiettes fines et précises. Une réussite !

- €€€€ - *281 chemin Ttalienea - 05 59 47 58 30 - www.freresibarboure.com - Fermé mardi et mercredi*

AHIZPAK

CUISINE MODERNE • COSY Sur les hauteurs de la plage d'Erretegia, l'ancien repaire des sœurs (Ahizpak en basque) Arangoits est idéalement situé, face à l'océan. Delphine, seule aux commandes désormais, et son chef David Cerisier proposent une carte courte, moderne et abordable qui suit les saisons. Les assiettes – à déguster sur la terrasse aux beaux jours ! – sont généreuses et gourmandes à l'image du velouté froid de petit pois, vierge de carotte et citron vert ; onglet de bœuf, gratin de pomme de terre, coppa et comté ; crêpe soufflée à l'orange et au Grand Marnier.

- € - *Avenue de Biarritz - 05 59 22 58 81 - www.restaurant-ahizpak.fr - Fermé mardi, mercredi midi et dimanche soir*

EZKIA

CUISINE MODERNE • COSY Attablez vous sous les tilleuls (« ezkia » en basque) de la terrasse ou dans la petite salle cosy et intimiste de cette maison basque traditionnelle, située au cœur du délicieux village de Bidart – une ambiance tranquille et raffinée. Un couple, transfuge de la table de Michel Guérard, s'active en douceur pour servir de jolies assiettes de saison, pleines de bons produits locaux basques, mitonnés avec précision : cochon fermier, thon de ligne, cerise noire, fromages fermiers affinés...

- €€ - *6 avenue de la Grande-Plage - 05 59 47 78 92 - www.ezkia-restaurant.fr - Fermé jeudi et le midi sauf dimanche*

LES FRÈRES IBARBOURE

MODERNE • CALME Beaucoup de fraîcheur et de calme dans les chambres de cette grande demeure basque, qui est aussi une étape gastronomique reconnue dans la région. Bel atout : l'écrin de verdure du parc. Petit-déjeuner gourmand servi, l'été, au bord de la piscine.

- **13 chambres** - *281 chemin Ttalienea - 05 59 47 58 30*

Les Frères Ibarboure - Voir la sélection des restaurants

BILLIERS

✉ 56190 - Morbihan - Carte régionale n° **1**-D3

DOMAINE DE ROCHEVILAINE

CUISINE MODERNE • ÉLÉGANT Ce restaurant chic, rattaché au domaine familial du Grand Hôtel de Solesmes, offre un écrin de charme mêlant longères, manoirs et maisons traditionnelles, jardins fleuris et vue imprenable sur l'océan. Aux commandes, le chef Maxime Nouail, lui-même pêcheur, travaille de concert les produits de la mer, de belle qualité, et ceux du terroir breton, issus de circuits courts. Spécialité maison : le menu homard, à découvrir aux côtés d'une carte gourmande : carpaccio de langoustines, petit pois, coques ; Saint-Pierre rôti au beurre, déclinaison d'artichaut. Assiettes maîtrisées, saveurs marquées, très belle carte des vins et service attentif : une jolie expérience culinaire iodée dans un cadre enchanteur. Luxueuses chambres et spa pour un séjour marin.

- **€€€** - *À la Pointe de Pen-Lan - ✆ 02 97 41 61 61 - www.domainerochevilaine.com - Fermé lundi et mardi*

DOMAINE DE ROCHEVILAINE

ÉPURÉ • MARITIME S'étendant sur une péninsule rocheuse le long de la côte bretonne, le Domaine de Rochevilaine ressemble davantage à un petit hameau qu'à un hôtel. L'ancienne abbaye du 13e s. s'est étendue sur plusieurs bâtiments voisins, dont deux manoirs, un cottage de pêcheur et un château. Toutes les chambres donnent sur la mer, beaucoup étant décorées dans les mêmes tons gris et sable que le rude paysage alentour. Le spa propose des soins au sel marin et aux algues.

- **34 chambres** - *Pointe de Pen Lan - ✆ 02 97 41 61 61*

Domaine de Rochevilaine - Voir la sélection des restaurants

BILLY

✉ 03260 - Allier - Carte régionale n° **16**-C3

AUBERGE DU PONT

CUISINE MODERNE • AUBERGE À une dizaine de kilomètres de Vichy, dans une commune dominée par une forteresse du 12e s., cette auberge se situe près d'un pont sur l'Allier construit dans les années 1930. Dans une salle contemporaine, le chef sert le midi en semaine un menu du marché surprise à petit prix, et le soir une cuisine plus élaborée : aspic de tomates rôties, espuma de stracciatella dans un gaspacho, ou "blésotto" aux moules de bouchot et coques, écume iodée. Aux beaux jours, on profite de la terrasse ombragée dominant la rivière.

- **€€** - *1 route de Marcenat - ✆ 04 70 43 50 09 - www.auberge-du-pont-billy.fr - Fermé lundi et dimanche*

BINIC-ÉTABLES-SUR-MER

✉ 22520 - Côtes-d'Armor - Carte régionale n° **1**-C1

LA TABLE D'ASTEN

Chef : Samuel Selosse

CUISINE MODERNE • CONTEMPORAIN Il s'en passe de bien bonnes choses au premier étage de cette maison qui domine le port ! Après un parcours remarquable (Le Coquillage à Cancale, La Pyramide - Patrick Henriroux à Vienne, ou encore Le K2 à Courchevel), le chef Samuel Selosse a lâché la bride à son inspiration. Enracinée dans l'air du temps, l'assiette, toujours superbement présentée, ne travaille que le meilleur (aussi bien les poissons que les légumes) et accouche de délices comme ce chou-fleur aux agrumes et seiche cuite à la flamme, cette barbue de petit bateau, asperge et hollandaise aux algues, et même ce millefeuille comme une écorce à la crème de pin. En salle, son épouse sommelière fait preuve de la même ambition.

< - €€€ - 8 boulevard Clemenceau - ✆ 02 56 44 28 42 - www.asten-restaurant.fr - Fermé lundi et mardi, et dimanche soir

LA BIOLLE

✉ 73410 - Savoie - Carte régionale n° **21**-C2

LA TABLE DES BAUGES

CUISINE DU MARCHÉ • CONTEMPORAIN Le chef Clément Girod, passé chez Emmanuel Renaut, s'épanouit sur ses terres natales entre les deux lacs. Et il a tout bon : produits locaux, pain et glaces maison, carte des vins bio – avec en point d'orgue une cuisine du marché soignée, à l'image de cette truite rose servie avec une jolie déclinaison de carottes et un jus de carotte au gingembre.

♿ 🏠 P - €€ - 1821 route d'Annecy - ✆ 04 79 34 65 93 - www.restaurantlatabledesbauges.fr - Fermé lundi et dimanche, et mardi et mercredi soir

BIOT

✉ 06410 - Alpes-Maritimes - Carte régionale n° **29**-E2

✿ LES TERRAILLERS

Chef : Michaël Fulci

CUISINE MODERNE • INTIME Entre Antibes et Cagnes-sur-Mer, ce village doit sa renommée à ses verreries d'art et sa poterie tirée d'un terroir riche en argile. D'ailleurs, les parents du chef Michaël Fulci ont créé leur restaurant dans un ancien atelier de potier, dont même le four a été transformé en petit salon cosy ! Aux beaux jours, la belle terrasse ombragée d'une treille attire les convives comme le pollen les abeilles... Michaël Fulci a reçu une véritable formation de cuisinier méditerranéen, passant d'Alain Ducasse au légendaire Roger Vergé. On retrouve ainsi à la carte tous les fruits et légumes des marchés locaux, des fleurs de courgette au citron de Menton en passant par la figue. La truffe est également bien présente, qu'elle soit noire et vauclusienne ou bien blanche et d'Alba. Une cuisine aux accents du sud, raffinée et goûteuse.

AC 🏠 ⊕ P - €€€€ - 11 chemin Neuf - ✆ 04 93 65 01 59 - www.lesterraillers.fr - Fermé lundi, mardi et dimanche soir

BITCHE

✉ 57230 - Moselle - Carte régionale n° **7**-D2

LE STRASBOURG

CUISINE MODERNE • ÉLÉGANT Originaire de l'ex-RDA, ancien mécanicien agricole, Lutz Janisch a été formé par le chef Jean Albrecht (le Vieux Couvent à Rhinau). Il nous régale d'une cuisine actuelle et généreuse aux inspirations variées (italiennes avec strozzapreti maison pour accompagner un calamar frit farci de gambas et courgettes, japonaises avec une tempura de cuisses de caille et sa brochette de filet rôtie... et françaises pour les crêpes Suzette, glace Grand Marnier), souvent à base de produits locaux (truite d'Eguelshardt, légumes de Sturzelbronn, etc). Chambres pour l'étape.

❀ - €€€ - 24 rue du Colonel-Teyssier - ✆ 03 87 96 00 44 - www.le-strasbourg.fr - Fermé lundi, mardi midi et dimanche soir

BIZANOS

✉ 64320 - Pyrénées-Atlantiques - Carte régionale n° **25**-C2

L'ESBERIT

CUISINE MODERNE • ÉLÉGANT Cette belle maison en pierre classée du XIXe siècle, située en bordure de route à quelques minutes du centre-ville de Pau, dévoile tout son charme à l'arrière, grâce à sa terrasse jardin baignée de calme et ombragée d'un majestueux chêne centenaire. À l'intérieur, c'est la salle à manger ornée d'un parquet à chevrons et d'une belle hauteur sous plafond qui séduit. Pas étonnant que le chef Nicolas Lormeau s'y épanouisse depuis plusieurs années maintenant ! Sa cuisine inventive, moderne et soignée multiplie les jeux de textures et les saveurs harmonieuses ou toniques (comme sur la Saint-Jacques marinée au fruit de la passion et maïs en textures ou bien le lait de semoule à la truffe du Lot, kiwi et glace chocolat blanc yuzu). Les produits béarnais sont à l'honneur dans des assiettes créatives, joliment dressées, et servies avec soin et professionnalisme. Réservez (très) en amont !

- €€ - *34 boulevard du Commandant-René-Mouchotte - 09 83 97 58 58 - www.restaurant-lesberit.fr - Fermé lundi, dimanche et mardi midi*

BLAINVILLE-SUR-MER

✉ 50560 - Manche - Carte régionale n° **2**-A2

LE MASCARET

Chef : Philippe Hardy

CUISINE MODERNE • CONTEMPORAIN Amoureux de sa Manche natale, l'aventureux Philippe Hardy a officié dans de grandes maisons étoilées, et aux fourneaux de l'ambassadeur de France à Sofia. C'est là qu'il a rencontré sa femme, Nadia, ex-danseuse étoile. Grâce à leurs efforts, cette ancienne pension de jeunes filles a été métamorphosée en petit hôtel-restaurant chic et doux. Tout autour s'épanouissent le jardin et le potager, qui fournissent légumes et herbes aromatiques à partir de semences paysannes. L'autre grande affaire du Mascaret, c'est la mer : le chef ne rate pas une occasion d'apprêter le poisson sauvage et les crustacés. Un régal, y compris grâce au rapport qualité-prix tout doux.

- €€€ - *1 rue de Bas - 02 33 45 86 09 - www.lemascaret.fr - Fermé lundi et mercredi, et dimanche soir*

L'ATHOME (N)

CUISINE MODERNE • CONVIVIAL Dans ce sympathique bistrot de village doté d'un espace caviste, le chef Lionel Cotentin (ça ne s'invente pas !) s'appuie sur une solide expérience et de bons produits locaux - maraîchage bio, pêche artisanale - pour proposer une ardoise variant au gré des saisons. Une cuisine moderne, appliquée et aux saveurs franches : maquereau fumé maison, stracciatella et sauce vierge au basilic ; dos de julienne, risotto carnaroli et beurre blanc. Service souriant et efficace pour cette adresse à prix doux.

- €€ - *1 route du Hutrel - 02 33 47 19 61 - www.lathome-restaurant.fr - Fermé lundi, mardi et dimanche*

BLIENSCHWILLER

✉ 67650 - Bas-Rhin - Carte régionale n° **8**-C1

LE PRESSOIR DE BACCHUS

CUISINE MODERNE • CONTEMPORAIN On se presse dans cette petite maison située dans un charmant village de la route des vins : la cuisine à quatre mains des Grucker, mère et fils, justifie amplement ce succès ! Traditionnelle et inventive, elle met en avant les produits du terroir : soupe de choucroute, lard virtuel ; parmentier de canard, champignons, sauce aux 12 épices... aux côtés des spécialités immuables comme les escargots selon papy, les ravioles de carpe, sauce fumée et crémée et le vacherin glacé de Sylvie. Quant à la carte des vins, elle met à l'honneur les nombreux vignerons de la commune (une trentaine !).

- €€ - 50 route des Vins - 03 88 92 43 01 - Fermé lundi, mardi et mercredi midi

BLOIS

41000 - Loir-et-Cher - Carte régionale n° **10**-C3

CHRISTOPHE HAY - FLEUR DE LOIRE

Chef : Christophe Hay

CUISINE MODERNE • ÉLÉGANT Le chef Christophe Hay est, au sens propre, à fleur de Loire, dans cet établissement, un ancien hospice du 17e s. Les pierres séculaires regardent le fleuve d'où le chef tire toute son inspiration. Sa décoratrice Caroline Tissier a su recréer son univers au sein d'un bel hôtel qui comporte également une brasserie, une pâtisserie et un spa. Dans une salle moderne où l'on retrouve de belles matières, le chef a tout loisir de montrer son répertoire gastronomique créatif et ses classiques remarquables de légèreté, mais aussi de goût et de textures. Il met toujours un point d'honneur à mettre en avant les meilleurs produits du Val de Loire : poissons (exclusivement) de Loire de son pêcheur attitré, légumes de son propre potager et ceux des maraîchers locaux, viande de son élevage de Wagyu, caviar osciètre de Sologne...

L'engagement du chef : Le respect de l'environnement, mais aussi celui de nos convives et de nos équipes est au cœur de notre approche. Qu'il s'agisse d'une pêche dans le plus grand respect des espèces sur la Loire, de la culture de nos propres légumes en permaculture et de la serre aux agrumes, de notre élevage de bœuf Wagyu, ou encore de la gestion des déchets et de l'énergie du restaurant, c'est un travail à 360° qui s'inscrit dans le développement d'une économie locale que nous nous attachons à mener au quotidien.

- €€€€ - 26 quai Villebois-Mareuil - 02 46 68 01 81 - www.fleurdeloire.com/fr/restaurant-christophe-hay.html - Fermé lundi et dimanche

ASSA

Chef : Anthony et Fumiko Maubert

CUISINE CRÉATIVE • ÉPURÉ C'est en plein cœur de Blois qu'Anthony et Fumiko Maubert ont décidé de s'installer provisoirement, en attendant la rénovation de leur adresse des bords de Loire. Anthony a longtemps travaillé aux côtés d'Arnaud Donckele (La Vague d'Or), tandis que Fumiko cumule les talents de nutritionniste et de pâtissière - de fait, ses créations frappent par leur légèreté et leur faible teneur en sucre ajouté. Chaque matin (traduction du japonais "assa"), ils réécrivent à quatre mains le menu du jour en s'appuyant sur des produits impeccables et sur de nombreux condiments et ingrédients japonais. Baies de sansho, yuzu sauvage, bouillon aux algues nori, thé matcha et pâte de haricot rouge azuki : des produits qui se marient harmonieusement et sont sélectionnés chez les producteurs locaux tout proches (parmi lesquels Masato Fujisaki, cultivateur de légumes asiatiques, partenaire de longue date du restaurant).

L'engagement du chef : Nos producteurs, tous situés dans un rayon de 20 mn autour du restaurant, partagent le même respect de leur terre et de leurs animaux. Nous mettons en valeur tous les morceaux de nos bêtes, achetées entières, et nous faisons comprendre à nos clients que nous ne sacrifions pas un animal seulement pour les meilleurs morceaux. Chaque cagette est redonnée à nos producteurs : nous ne jetons aucun emballage. Les rares déchets alimentaires du restaurant sont consommés par nos poules.

- €€€€ - 26 avenue du Maréchal-Maunoury - 02 54 78 09 01 - www.assarestaurant.com - Fermé mardi, mercredi, et lundi et jeudi à midi

AMOUR BLANC

CUISINE MODERNE • CONTEMPORAIN Amour Blanc ? C'est le nom d'une espèce de carpe, et aussi celui de la seconde table de Christophe Hay. Elle est installée au premier étage d'une extension moderne en léger retrait de l'édifice historique. On aime de suite cette ambiance boisée, lumineuse et chaleureuse où de larges baies vitrées plongent dans la Loire. Le chef de Fleur de Loire laisse libre cours à sa passion des produits ligériens (fromages locaux, géline de Touraine, friture et mulet de Loire, agneau et caviar de Sologne), mais aussi le bœuf Wagyu issu de son propre élevage. Bref, que des beaux produits traités avec soin dans une veine plutôt classique.

- **€€€** - *Fleur de Loire, 26 quai Villebois-Mareuil - 02 46 68 01 61 - www.fleurdeloire.com/fr/restaurant-amour-blanc.html*

BRO'S

CUISINE MODERNE • BISTRO Deux cuisiniers passionnés, mais surtout très bons amis, ont ouvert cette table vite prise d'assaut au cœur de la vieille ville et toute proche des bords de Loire. Partition bistronomique à l'étage dans un cadre mêlant avec goût le cachet rustique des lieux à des touches plus contemporaines, pour une goûteuse cuisine de saison privilégiant les circuits courts, et qui s'accompagne d'un beau flacon de vin de Loire. Des tapas inspirées des spécialités du Sud-Ouest et de l'Espagne sont également proposées (uniquement le soir et sans réservation) dans la salle du rez-de-chaussée.

- **€€** - *36 rue de la Foulerie - 02 54 70 43 18 - www.brosrestaurant.fr - Fermé mardi et mercredi*

BRUT MAISON DE CUISINE

CUISINE MODERNE • CONTEMPORAIN Blois rime désormais avec "brut" : soit un bon bistrot d'esprit contemporain, avec cuisine ouverte, étagères remplies de bocaux de légumes fermentés et de livres, et quelques tables seulement qui obligent à réserver. Avec sa carte courte qui change régulièrement, le chef au solide parcours travaille selon trois axes : saison, produits locaux (comme cette volaille de Racan) et cuisine moderne, souvent audacieuse, à l'image de ce dessert qui associe un crémeux de topinambour naturellement sucré et une glace café au goût puissant. Petite carte de vins naturels et bio.

A/C - **€€** - *14 quai Villebois-Mareuil - 02 54 56 81 58 - www.brutmaisondecuisine.com - Fermé lundi et dimanche*

LE MÉDICIS

CUISINE MODERNE • CLASSIQUE Dans un cadre élégant, le chef Damien Garanger montre chaque jour son attachement au terroir et aux saisons, sans oublier quelques notes asiatiques et exotiques en souvenir de ses voyages. Parmi les classiques de sa carte : le foie gras mariné au vouvray ou le ris de veau rôti, jus forestier. Service chaleureux.

A/C - **€€€** - *2 allée François-1er - 02 54 43 94 04 - www.le-medicis.com - Fermé lundi et dimanche soir*

FLEUR DE LOIRE

CLASSIQUE • RAFFINÉ Bordé par la Loire, cet ancien palais royal du cœur historique de Blois arbore un nouveau visage grâce à l'architecte Caroline Tissier. Digne des rois du 21e s., l'établissement comprend 33 chambres et 11 suites de style actuel, avec un confort de pointe et un remarquable souci du détail. Comme le spa, très confortable.

A/C P - **44 chambres** - *26 quai Villebois Mareuil - 02 46 68 01 20*

Christophe Hay • Amour Blanc - Voir la sélection des restaurants

BOESCHEPE

✉ 59299 - Nord - Carte régionale n° **4**-B2

AUBERGE DU VERT MONT

Chef : Florent Ladeyn

CUISINE CRÉATIVE • CONTEMPORAIN Dans son auberge champêtre, installée en pleine nature, le chef Florent Ladeyn, écolo-responsable depuis toujours, fait figure de porte-étendard d'une cuisine solidement ancrée dans le terroir flamand, à la fois créative et instinctive, gourmande et attachante. Dans une salle au décor épuré avec charpente apparente et qui ouvre sur les Monts de Flandre, il s'est pris de passion pour la cuisine à la braise, exécutée devant les clients. Locavore, il émaille ses plats des fleurs et des plantes de sa région. Tout le monde, ou presque, a entendu parler de ses frites au maroilles. Mais son menu unique à l'aveugle, respectueux de chaque saison et servi à l'ensemble des convives, réserve bien d'autres surprises !

L'engagement du chef : La localité est le cœur de notre cuisine, qui est le reflet du terroir des Flandres. Nous ne travaillons qu'avec des produits de saison issus de producteurs locaux dans un cercle économique de proximité. Une approche 100% locale dictée par la nature.

- **€€** - *1318 rue du Mont-Noir - 03 28 49 41 26 - www.vertmont.fr - Fermé lundi et dimanche*

LE BOIS-PLAGE-EN-RÉ - Charente-Maritime (17) ➜ Voir Île de Ré

BOISMORAND

✉ 45290 - Loiret - Carte régionale n° **11**-C3

AUBERGE DES TEMPLIERS

CUISINE MODERNE • CLASSIQUE Certaines beautés ne se démodent jamais... Les plus vieilles pierres de cet ancien relais de poste remontent au 17e s. C'est la demeure solognote dans toute sa splendeur, avec sa façade à colombages et ses briques roses, une véritable "maison d'hôtes" familiale où séjournèrent Mistinguett et Maurice Chevalier. Dans ce décor immuable de poutres en chêne massif, de faïences de Gien et de cristal, la salle s'ouvre sur un magnifique parc aux essences centenaires. La cuisine du chef mêle classiques et inspirations modernes, tant pour les produits de la mer que pour les viandes, notamment le gibier. Fastueuse, la cave à vins, qui recèle quelques crus d'exception, saura étonner les plus blasés.

- **€€€€** - *20 route Départementale 2007 - 02 38 31 80 01 - www.lestempliers.com - Fermé mardi et mercredi*

BOMMES

✉ 33210 - Gironde - Carte régionale n° **22**-B2

LALIQUE

CUISINE MODERNE • LUXE Le château Lafaurie-Peyraguey est l'écrin idéal pour un repas de haute volée : une luxueuse salle à manger parée d'un lustre en feuilles de cristal Lalique (l'évidence même !), et dont la verrière est ouverte sur les vignes. Chef au parcours immaculé (Guy Lassausaie, Joël Robuchon, Thierry Marx... et MOF 2023), Jérôme Schilling, qui se présente comme un "cuisinier des vignes", construit ses menus autour du terroir sauternais, avec des plats intitulés "L'interprétation du millésime 2011" (langoustines, kalamansi et pollen) ou encore "Le pépin de raisin" (merlu confit, bergamote et fleur de sureau). Ces créations sont servies dans de magnifiques pièces de la cristallerie Lalique et autres créations en fine porcelaine, qui offrent un décor de table éblouissant. Un lieu hors du temps, une cuisine habile et précise au service de l'identité gustative du sauternes, qui figure bien sûr en place d'honneur dans la riche carte des vins.

- €€€€ - *1707 route des Gourgues - 05 24 22 80 11 - www.lafauriepeyragueylalique.com/art-de-la-table/le-restaurant - Fermé mardi, mercredi et samedi midi*

CHÂTEAU LAFAURIE PEYRAGUEY

Plus

BOURGEOIS • ÉLÉGANT Au cœur du vignoble de Sauternes, ce château du 17e s. a été joliment rénové par son propriétaire. Chambres sobres aux tons apaisants, avec une décoration largement signée Lalique, vue sur les vignes et grand calme : posez vos valises et profitez, tout simplement !

- **13 chambres** - *1707 route de Gourgues - 05 24 22 80 11*

Lalique - Voir la sélection des restaurants

BONDUES

59910 - Nord - Carte régionale n° **4**-C2

LE VAL D'AUGE

CUISINE MODERNE • CONTEMPORAIN Cette maison est typique du Nord ! Briques blanches avec auvents, fenêtres à petits carreaux et encadrements de couleur noire... mais elle cache une ambiance contemporaine et feutrée. En bon artisan, le chef Christophe Hagnerelle réalise une cuisine de saison sans esbroufe. On retrouve de beaux poissons et coquillages de la mer du Nord, mais aussi de la grouse et du lièvre à la royale en saison, des ris de veau et du pigeon... des Flandres, évidemment.

- €€€ - *805 avenue du Général-de-Gaulle - 03 20 46 26 87 - www.valdauge.com - Fermé lundi, dimanche, samedi midi et mercredi soir*

BONIFACIO - Corse-du-Sud (2A) → Voir Corse

BONLIEU

39130 - Jura - Carte régionale n° **13**-B3

AUBERGE DE LA POUTRE

CUISINE MODERNE • RUSTIQUE Au cœur de ce joli village de la région des lacs du Jura, cette auberge familiale de 1740 cultive son charme rustique. Le chef François Moureaux travaille de beaux produits et délivre une cuisine d'aujourd'hui délicate et savoureuse, sans oublier de revisiter les spécialités locales. Côté décor, la salle a donné son nom à l'établissement : la poutre qui soutient le plafond mesure 17 m et provient d'une grume de sapin de 3 m3 !

- €€€ - *25 Grande-Rue - 03 84 25 57 77 - www.aubergedelapoutre.com - Fermé du lundi au mercredi*

BONNE

74380 - Haute-Savoie - Carte régionale n° **21**-C1

BAUD

CUISINE MODERNE • CONTEMPORAIN Cet hôtel-restaurant familial joue la carte du contemporain (moquette zébrée, murs et plafond dans les tons rouge carmin). La cuisine s'inspire des saveurs du terroir haut-savoyard pour proposer des assiettes modernes : truite de Savoie pochée et rafraîchie, pesto d'estragon et émulsion d'herbes ; canette de Barbarie, céleri-rave, oignon de Roscoff et fruits rouges. Belle carte des vins, terrasse sous pergola au bord de la rivière et chambres pour l'étape.

- €€€ - 181 avenue du Léman - 04 50 39 20 15 - www.hotel-baud.com - Fermé lundi et dimanche

HÔTEL RESTAURANT BAUD

CONTEMPORAIN • CALME Les chambres standard sont élégantes et confortables, garnies de couettes moelleuses, d'oreillers en duvet d'oie, de fauteuils douillets et de salles de bains modernes aux douches immenses. Les suites, plus spacieuses, disposent d'un coin salon avec canapé, bureau, baignoire et vue sur les jardins. Partout prédominent des tons de pierres et des motifs audacieux, et quelques suites arborent un décor à thème, comme la Picasso aux teintes bleues et la splendide Vermeer. Les jardins invitent à fouler leur vaste pelouse, et à passer l'après-midi sur les rives de la Menoge.

- 16 chambres - *181 avenue du Leman - 04 50 39 20 15*

Baud - Voir la sélection des restaurants

BONNÉTAGE

25210 - Doubs - Carte régionale n° **13**-C2

L'ÉTANG DU MOULIN

Chef : Jacques Barnachon

CUISINE MODERNE • CONTEMPORAIN En été, on atterrit ici après une longue marche par les belles forêts jurassiennes, l'appétit en bandoulière. Et en hiver, c'est raquettes au pied qu'on s'installe dans ce décor de conte de Noël... Ce chalet, situé au pied des montagnes et au bord d'un étang, séduit avec un registre plutôt traditionnel. La cuisine de Jacques Barnachon fait la part belle au terroir, aux gibiers d'automne mais aussi aux produits nobles (saint-pierre, homard breton, filet de bœuf charolais). Le chef est également un spécialiste de la morille, célébrée à travers un fameux ragoût. Côté décor, le bois domine dans la salle du restaurant gastronomique où les convives aperçoivent les cuisines. Carte des vins pleine de bonnes surprises.

- €€€€ - 5 chemin de l'Étang-du-Moulin - 03 81 68 92 78 - www.etang-du-moulin.com - Fermé du lundi au mercredi, jeudi midi et dimanche soir

LE BISTROT

CUISINE TRADITIONNELLE • BISTRO Croûte forestière, entrecôte de veau, filet de truite, saucisse de Morteau : les produits et recettes de tradition sont au menu de cet agréable Bistrot, qui complète idéalement l'offre de restauration de l'Étang du Moulin. Une cuisine simple et bien réalisée : on en redemande !

- €€ - 5 chemin de l'Étang-du-Moulin - 03 81 68 92 78 - www.etang-du-moulin.com - Fermé lundi, mardi midi et dimanche soir

BONNEVAUX

25560 - Doubs - Carte régionale n° **13**-C3

AUBERGE DE LA HAUTE-JOUX

CUISINE MODERNE • AUBERGE Une ancienne philosophe (modèle de gentillesse et de pertinence pour les conseils en vins) et un globe-cooker biberonné aux étoilés sont à la tête de cette auberge familiale qui tombe à point au milieu de ce village rural. Dans leur décor rustique, ces deux-là proposent un beau moment avec une cuisine qui évolue tranquillement entre recettes régionales d'un côté et recettes plus actuelles de l'autre, ponctuées de références aux multiples voyages du chef. Bref, à cette table, il y a aussi bien du vin jaune et du safran comtois qu'une vinaigrette de cacahuètes, une émulsion aux algues ou des moules de bouchot parfumées à la thaï.

- €€ - 2 rue du Jura - 03 81 89 70 99 - www.aubergedelahautejoux.com - Fermé lundi et mardi, et dimanche soir

BONNIEUX

84480 - Vaucluse - Carte régionale n° **28**-E1

LA TABLE DES AMIS

Chef : Christophe Bacquié

CUISINE MODERNE • RÉGIONAL Christophe Bacquié vous reçoit comme des amis dans son joli mas du Luberon, dans cet environnement paisible et bucolique au milieu des vignes, des oliviers et des champs de lavande. Entouré de son épouse Alexandra et d'une petite équipe charmante et investie, réunie autour de sa passion pour le Sud, ses produits et ses vins, il propose un menu unique à l'identité méditerranéenne affirmée. Avec le goût comme maître-mot, il travaille de très beaux produits sans fioritures ; on retrouve aussi avec plaisir certains de ses plats signatures comme son aïoli moderne ou sa vision du calisson glacé. Le lieu idéal pour passer un très agréable moment de sincérité et de partage.

- €€€€ - Le Mas Les Eydins, 2420 chemin du Four - 06 33 63 81 24 - www.leseydins.com - Fermé lundi, mardi et le midi

LA BASTIDE

CUISINE MODERNE • ÉLÉGANT Cette maison emblématique du Luberon est aux mains d'une équipe talentueuse, à la tête de laquelle on retrouve le chef Noël Bérard. La cuisine provençale modernisée du chef s'exprime avec bonheur au travers de deux menus dégustation, dont l'un végétal. Des produits de belle qualité (veau de Gordes, truite de la Sorgue, huîtres de Camargue, cochon de Monteux...), des sauces et des jus percutants et un style délicat. Terrasse magnifique pour admirer le coucher de soleil. À noter également dans ce cadre enchanteur en pleine nature provençale : une cuisine au feu de bois à la Bergerie, et bien sûr les confortables chambres et suites.

- €€€€ - 550 chemin des Cabanes - 04 90 75 89 78 - www.beaumier.com/fr/proprietes/hotel-capelongue/gastronomie - Fermé lundi, dimanche et du mardi au jeudi à midi

JU - MAISON DE CUISINE

Chef : Julien Allano

CUISINE MODERNE • CHIC Le chef Julien Allano (La Mirande à Avignon, Le Clair de la Plume à Grignan) a choisi cette belle maison traditionnelle au cœur du village pour y cuisiner en son nom. Dans une salle aux pierres apparentes, le chef est à l'œuvre derrière un comptoir en bois, tandis que les convives prennent place au milieu d'un mobilier artisanal en noyer brut – un décor qui ne manque pas de cachet. Le menu carte blanche en plusieurs temps épouse la saison au jour le jour. Variétés anciennes de blé, cacahuètes de Malataverne, haricots verts d'une ferme voisine, pigeon de Sarrians : autant de produits locaux sourcés avec soin au service d'une cuisine harmonieuse, fine et riche en saveurs du Sud, auquel le chef voue une passion authentique. « L'expérience fromagère » se déroule dans une immense et superbe cave voûtée du 13e s.

- €€€ - 2 rue Lucien-Blanc - 04 90 75 88 62 - www.ju-maisondecuisine.com - Fermé du lundi au jeudi et dimanche soir

LA BERGERIE

SPÉCIALITÉS DE GRILLADES • RUSTIQUE Récemment repensée, la Bergerie de Capelongue régale en toute simplicité de spécialités provençales ou de belles pièces cuites au feu de bois sous vos yeux, dans la grande cheminée centrale : pissaladière aux oignons confits au miel, gigot d'agneau de Sisteron, volaille de Cabrières-d'Avignon... Depuis la terrasse, superbe vue sur le célèbre village de Bonnieux.

- €€ - *Chemin des Cabanes - 04 90 75 89 78 - www.beaumier.com/fr/proprietes/hotel-capelongue/gastronomie*

BISTROT FRANCIS

CUISINE MODERNE • TRADITIONNEL Quand on baptise son bistrot en l'honneur de son chien, la sympathie est gagnée d'emblée ! Au cœur du village, Antoine James et Sarah Mottay vous accueillent dans une salle pleine de cachet – tomettes, murs de pierre, plafond à la française... Le chef mitonne une douce mélodie gourmande, axée sur les produits locaux, aux accents du Sud mais ouverte sur le monde. L'Amérique latine s'invite par exemple avec un tiradito de sériole au citron vert et gingembre, associé avec justesse à un coulis de poivron jaune. Service décontracté, petite terrasse accueillante.

- €€ - *4 place Carnot - 06 84 64 54 46 - Fermé du mardi au jeudi*

CAPELONGUE, A BEAUMIER HOTEL

DESIGN • CHAMPÊTRE Toute la magie de l'hôtellerie à la provençale se révèle ici, avec des intérieurs marqués d'une palette subtile et un mariage harmonieux d'éléments modernes et campagnards. Si les chambres classiques sont résolument luxueuses, les suites frôlent l'extravagance, sans jamais se départir de leur distinction. Le domaine dispose de nombreux espaces extérieurs, notamment une piscine et des jardins, un spa et des bains de style romain. L'offre culinaire est, elle aussi, irréprochable, du copieux petit-déjeuner local au restaurant gastronomique.

- 57 chambres - *550 chemin des Cabanes*

La Bastide • La Bergerie - Voir la sélection des restaurants

LE MAS LES EYDINS

CONTEMPORAIN • CONVIVIAL Ce mas classique du Luberon est entouré de paysages provençaux typiques, bleutés de lavande. Les hôtes, Alexandra et Christophe Bacquié, ont imprimé leur empreinte personnelle sur l'atmosphère à la fois tranquille et conviviale. Les chambres de la ferme sont splendides, tout comme les gîtes ; la piscine extérieure et les terrains de pétanque invitent au farniente.

- 5 chambres - *2420 chemin du Four - 06 33 63 81 24*

La Table des Amis - Voir la sélection des restaurants

BORDEAUX

⊠ 33000 – Gironde –
Carte régionale n° 22-B2

✿✿ MAISON NOUVELLE

Chef : Philippe Etchebest

CUISINE MODERNE • ÉLÉGANT Sur la place du Marché des Chartrons, Philippe Etchebest vous reçoit comme chez lui dans cette jolie maison en pierre, et l'on se sent bien ! Dans ce lieu feutré et cosy, on reconnaît bien son goût des bonnes choses, et son exigence à ne travailler que de beaux produits locaux, qu'il sait faire partager à la talentueuse équipe qui l'entoure : caviar d'Aquitaine, crevette impériale de Charente, légumes d'un maraîcher de Léognan... Son menu dégustation rythmé par les saisons n'oublie pas quelques-uns de ses plats signature, comme la raviole de champignons et foie gras poêlé, ainsi que de jolies assiettes végétales. Service attentionné. Bienvenue chez "Etxe Beste" ("maison nouvelle" en basque) !

PLAN : C1-2 – ✿ ♿ AC ⊡ – **€€€€** – *11 rue Rode – ✆ 05 33 09 46 90 – www.maison-nouvelle.fr – Fermé lundi, dimanche et du mardi au jeudi à midi*

✿✿ L'OBSERVATOIRE DU GABRIEL

CUISINE MODERNE • ÉLÉGANT Installé dans le pavillon central de la célèbre place de la Bourse, face au miroir d'eau, cet établissement est dirigé par les propriétaires du Château Angelus et du Logis de la Cadène à Saint-Émilion. Les délicieux salons 18ᵉ s. sont réunis en un unique espace au confort cossu – parquet en chêne et moquette épaisse, boiseries et moulures. Le jeune chef Bertrand Noeureuil, qui officiait auprès d'Arnaud Donckele, régale avec une belle cuisine inspirée par la mer et les saisons : noisette de sole "Chambrelent" servie au plat, goujonnettes de sardines "Bacalan" à peine voilées, trempées d'une soupe en escabèche, poireaux en bonbons iodés... Il sait aussi magnifier les viandes dans un esprit plus classique et plus ancré dans le terroir, à l'image de ris de veau "Valencienne" en casserole, cèpes en tarte fine Florentine, nourris d'un jus au vin de noix. Superbe carte des vins de plus de 1000 références.

PLAN : C2-10 – ✿ ⋞ ♿ AC ⊡ – **€€€€** – *10 place de la Bourse – ✆ 05 56 30 00 80 – www.le-gabriel-bordeaux.fr – Fermé lundi, dimanche et le midi*

✿✿ LE PRESSOIR D'ARGENT - GORDON RAMSAY

CUISINE MODERNE • ÉLÉGANT Le chef britannique Gordon Ramsay (né en Écosse), véritable star et triplement étoilé en Angleterre, signe la carte du Pressoir d'Argent, et insuffle un vent de modernité à la cuisine classique. L'art de vivre à la française est valorisé par le décor opulent et raffiné, le service ultra compétent, la célébration des plus beaux produits du riche terroir bordelais et aquitain (foie gras, truffes, caviar, poissons)... jusqu'à la presse à homard

littleclie/Getty Images Plus

Christofle en argent massif qui circule de table en table. Sans oublier la remarquable compétence des trois sommeliers, au service d'une sélection de 1000 bouteilles aux 2/3 bordelaises, évidemment !

PLAN : C2-11 - - **€€€€** - *InterContinental Bordeaux - Le Grand Hôtel, 2-5 place de la Comédie - 05 57 30 44 44 - www.bordeaux.intercontinental.com/le-pressoir-dargent-gordon-ramsay - Fermé lundi, dimanche et le midi*

AMICIS

Chef : Alexandre Baumard

CUISINE CRÉATIVE • ÉLÉGANT Au cœur du Bordeaux chic, entre les allées de Tourny et la place des Grands-Hommes, le chef Alexandre Baumard (Logis de la Cadène à Saint-Émilion, L'Observatoire du Gabriel) s'est installé à son compte dans une adresse élégante sur deux étages. Au travers d'un menu dégustation servi uniquement au dîner, sa cuisine fine et lisible met à l'honneur de beaux produits, notamment de la mer, travaillés avec justesse et créativité, à l'image de cet encornet grillé à la plancha et de l'association puissante et bien sentie avec le grenier médocain. Les desserts de Damien Amilien, aussi gourmands que techniques, prolongent cette partition délicate, comme le pressé de coin et vanille brûlée. Cuisine bistronomique pour une offre plus accessible au déjeuner. Service attentif et belle carte des vins.

PLAN : B2-12 - - **€€€€** - *19 rue Mably - 05 56 52 80 41 - www.restaurant-amicis.fr - Fermé samedi et dimanche*

CENT33

Chef : Fabien Beaufour

CUISINE CRÉATIVE • CONTEMPORAIN Ambiance bistrot chic et cosy dans le restaurant du chef Fabien Beaufour, originaire de Grenoble, passé par de belles tables étoilées en France (Anne-Sophie Pic à Valence, Patrick Henriroux à Vienne...) mais aussi à New York et à Londres. Pas étonnant donc qu'il propose une cuisine originale, voyageuse et écoresponsable. Les saveurs sont intenses, contrastées, les cuissons parfaites et les assaisonnements percutants. Parmi les incontournables : le délicieux charbonnier laqué au miso puis cuit lentement au robatayaki, le ris de veau croustillant et sa sauce grenobloise à la passion, ou encore cette jolie noisette du Piémont en trompe l'œil et sa glace aux champignons de Paris...

PLAN : C1-8 - - **€€€** - *133 rue du Jardin-Public - 05 56 15 90 40 - www.cent33.com - Fermé lundi, samedi et dimanche*

L'OISEAU BLEU

Chef : François Sauvêtre

CUISINE MODERNE • CONTEMPORAIN Cette élégante maison en pierre bordelaise est une institution de la rive droite, dans un quartier où les bonnes tables se font rares. Passionné par le produit et le goût, le chef François Sauvêtre propose une cuisine épurée et lisible, à l'opposé des démonstrations techniques. Le menu surprise, décliné en plusieurs séquences, met en lumière les talents de saucier du chef, tandis que le menu "Balade de saison", disponible midi et soir, offre un excellent rapport qualité/prix. La salle, entièrement rénovée dans des teintes douces de blanc, bleu et gris, s'ouvre aux beaux jours sur une terrasse plein sud, au calme, avec vue sur le jardin.

HORS PLAN - - **€€€** - *127 avenue Thiers - 05 56 81 09 39 - www.loiseaubleu.fr - Fermé lundi et dimanche, et jeudi soir*

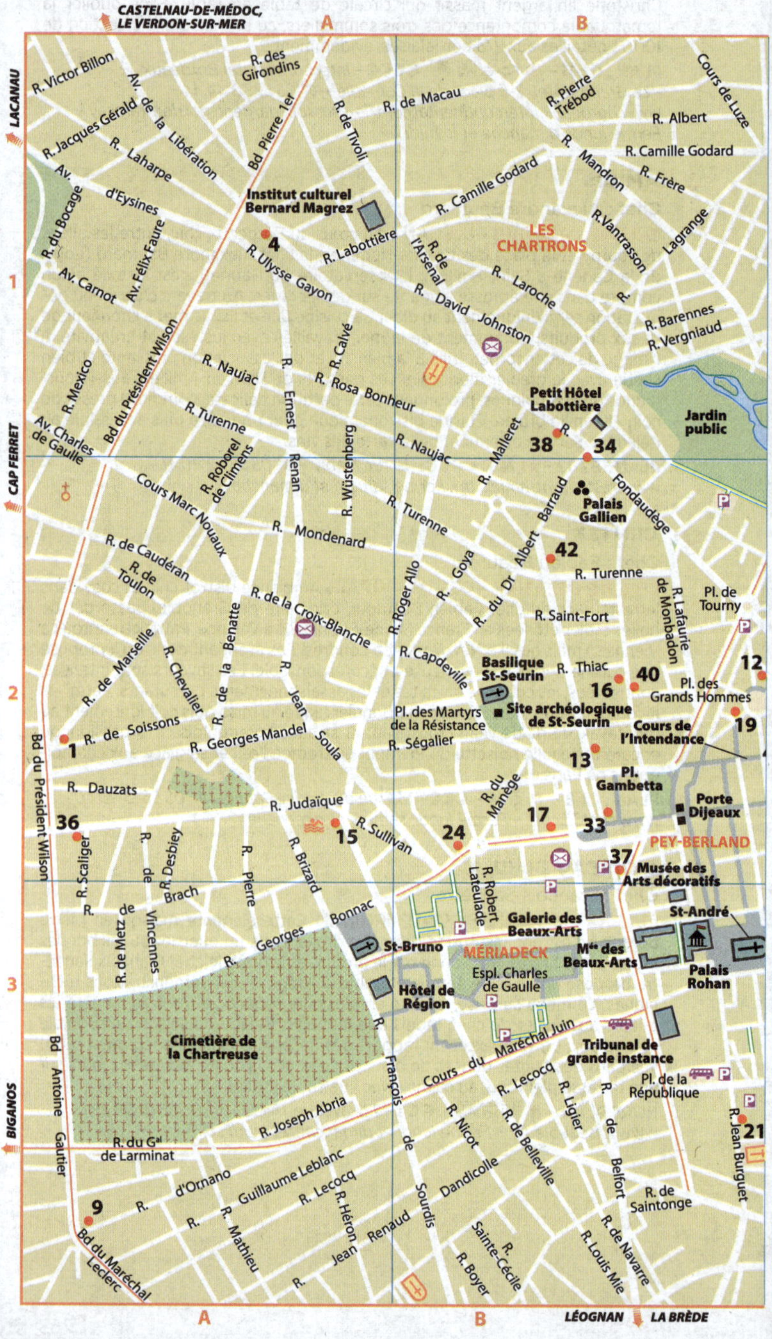
CASTELNAU-DE-MÉDOC, LE VERDON-SUR-MER
LACANAU
CAP FERRET
BIGANOS
LÉOGNAN
LA BRÈDE
A
B
1
2
3
LES CHARTRONS
Institut culturel Bernard Magrez
Petit Hôtel Labottière
Jardin public
Palais Gallien
Pl. de Tourny
Basilique St-Seurin
Site archéologique de St-Seurin
Pl. des Martyrs de la Résistance
Pl. des Grands Hommes
Cours de l'Intendance
Pl. Gambetta
Porte Dijeaux
PEY-BERLAND
Musée des Arts décoratifs
St-André
Galerie des Beaux-Arts
M^{ée} des Beaux-Arts
MÉRIADECK
St-Bruno
Hôtel de Région
Espl. Charles de Gaulle
Palais Rohan
Tribunal de grande instance
Pl. de la République
Cimetière de la Chartreuse
R. Victor Billon
R. des Girondins
R. de Macau
R. Pierre Trébod
Cours de Luze
R. Albert
R. Camille Godard
R. Frère
R. Mandron
R. Vantrasson
Lagrange
R. Jacques Gérald
Av. de la Libération
Bd Pierre 1er
R. de Tivoli
R. Laharpe
Av. du Bocage
Av. d'Eysines
Av. Félix Faure
R. Labottière
R. de l'Arsenal
R. Ulysse Gayon
Av. Carnot
R. David Johnston
R. Laroche
R. Barennes
R. Vergniaud
R. Mexico
Bd du Président Wilson
R. Naujac
R. Calvé
R. Rosa Bonheur
R. Ernest Renan
R. Turenne
Av. Charles de Gaulle
R. Roborel de Climens
R. Wüstenberg
R. Mallerret
Cours Marc Nouaux
R. Mondenard
Fondaudège
R. du Dr Albert Barraud
R. de Caudéran
R. de Toulon
R. Roger Allo
R. Goya
R. Lafaurie de Monbadon
R. de la Croix-Blanche
R. Saint-Fort
R. de Marseille
R. Chevalier
R. de la Benatte
R. Jean Soula
R. Capdeville
R. Thiac
R. de Soissons
R. Georges Mandel
R. Ségalier
R. Dauzats
R. Judaïque
R. du Manège
R. Sullivan
R. Scaliger
R. de Brach
R. Desbiey
R. Pierre
R. Brizard
R. Robert Lateulade
R. de Metz
R. de Vincennes
R. Georges Bonnac
Cours du Maréchal Juin
R. François de Sourdis
R. Lecocq
R. Ligier
R. de Belfort
Bd Antoine Gautier
R. Joseph Abria
R. Nicot
R. de Belleville
R. Jean Burguet
R. du Gal de Larminat
R. d'Ornano
R. Guillaume Leblanc
R. Héron
R. Dandicolle
R. de Saintonge
R. Mathieu
R. Jean Renaud
R. Sainte-Cécile
R. Boyer
R. Louis Mie
R. de Navarre
Bd du Maréchal Leclerc
1
4
9
12
13
15
16
17
19
21
24
33
34
36
37
38
40
42

BORDEAUX
NOUVEAU STADE, PARC FLORAL STADIUM
MACAU
CHÂTEAU DE REIGNAC, PLANÈTE BORDEAUX
PÉRIGUEUX, LIBOURNE
0 200 m
C
D
1
2
3
N
Musée du Vin et du Négoce
Musée de l'Histoire maritime
ACHARD
PORT DE LA LUNE
LES CHARTRONS
Cité mondiale
St-Louis
Darwin
Parc aux Angéliques
LA BASTIDE
Jardin botanique
Ste-Marie
Esplanade des Quinconces
Pl. des Quinconces
Pl. du Chapelet
Notre-Dame
Grand Théâtre
Pl. J. Jaurès
Pl. de la Comédie
Passage Sarget
PL. DE LA BOURSE
Pl. du Parlement
Musée national des Douanes
VIEUX BORDEAUX
Pl. St-Pierre
Ponton d'honneur
Pl. St-Projet
Pl. C. Jullian
Pl. du Palais
Porte Cailhau
Pont de Pierre
Pl. de Stalingrad
Caserne des Pompiers de la Benauge
Tour Pey-Berland
St-Paul-les-Dominicains
Porte de Bourgogne
GARONNE
St-Éloi
Musée d'Aquitaine
Porte de la Grosse Cloche
Pl. Meynard
Flèche St-Michel
Pl. Duburg
St-Michel
Pl. Canteloup
Pl. Léon Duguit
Pl. de Pressensé
Porte d'Aquitaine
Pl. de la Victoire
Pl. des Capucins
Abbatiale Ste-Croix
Pl. P. Renaudel
R. Marsan
Av. Émile Counord
R. Gouffrand
Cours Saint-Louis
Public
Jardin
R. Ducau
R. du
R. Frère
Cours Portal
R. Minvielle
Cours de la Martinique
R. Sicard
R. Raze
R. Latour
Q. des Chartrons
R. Poyenne
Cours du Médoc
R. Denise
Cours de Verdun
Cours du Maréchal Foch
R. Ferrère
Allées de Chartres
Allées de Bristol
R. Boudet
Allées d'Orléans
Q. de Brazza
R. Bouthier
Q. des Queyries
R. Jean Forton
R. Hortense
R. Gustave Carde
Ae Jean Giono
R. Nuyens
R. Léonce Motelay
Ae Serr
R. Jardel
Thiers
R. Paul Camelle
R. Honoré Picon
Av.
R. de la Benauge
R. Sem
Q. Deschamps
Rue
R. Neuve
Ste-Catherine
R. Saint-James
Cours Victor Hugo
Q. des Salinières
R. Magendie
Leyteire
R. Permentade
R. des Vignes
Q. Sainte-Croix
Bd des Frères Moga
Q. de Paludate
R. Paul Broca
R. Elie Gintrac
R. Villedieu
R. des Douves
1 2 3 5 6 7 8 10 11 14 18 20 22 23 25 26 27 28 29 30 31 32 35 41 43 44 45

LE PAVILLON DES BOULEVARDS

Chef : Thomas Morel

CUISINE MODERNE • ÉLÉGANT Institution de la gastronomie bordelaise depuis plusieurs décennies, cette échoppe traditionnelle invite à entrer. Aux commandes, le chef Thomas Morel, épaulé de son épouse Célia au service, laisse libre cours à son inspiration. Sur de solides bases classiques, ses assiettes se permettent des touches plus actuelles, à l'image de cette superbe sauce hollandaise agrémentée de raifort, accompagnant un lieu jaune cuit avec grande justesse. Le menu du déjeuner se révèle particulièrement attrayant.

PLAN : A1-4 - - **€€€€** - *120 rue de la Croix-de-Seguey - 05 56 81 51 02 - www.lepavillondesboulevards.fr - Fermé lundi et dimanche, et mercredi soir*

RESSOURCES

Chef : Tanguy Laviale

CUISINE MODERNE • COSY Dans son adresse de la rue Fondaudège, le chef Tanguy Laviale (ex-Garopapilles) s'émancipe tranquillement des codes traditionnels de la gastronomie, à l'aide de son associé le sommelier Maxime Courvoisier dont l'ouverture d'esprit fait sourire d'aise Bacchus. Pensez donc : une carte courte composée de huit plats, à associer en toute liberté (4 à 5 de ces petites assiettes font un repas). La patte technique de ce chef talentueux fait toujours mouche, de la pertinence des associations à la mise en valeur du beau produit sans esbroufe, en passant par les garnitures et les assaisonnements pointus. Quelques exemples : truite du Pays basque, tomates vertes préservées, émulsion livèche ; filet de biche, tagliatelles de poireaux au beurre d'anchois. Enfin, toute la place est faite ici au vin : plus de 700 références prêtes à boire (et bien plus en cave), allant des grandes étiquettes aux petits vignerons – à tous les prix ! Sommeliers avant tout, les chefs de rang se font un devoir de mettre en avant les jeunes vignerons.

L'engagement du chef : Outre le bio, le sauvage, les circuits courts, l'anti-gaspi alimentaire et le compostage qui constituent son ADN, l'établissement se distingue par un engagement social profond. Le Chef a co-fondé une association nommée « L'Assiette » qui promeut l'éducation à une alimentation saine et inclusive, ainsi que le « Projet Insight », un organisme de formation en management responsable et écologie sociale. Un engagement global : cuisine raisonnée, respect des ressources, attention portée aux équipes.

PLAN : B1-38 - - **€€€** - *126 rue Fondaudège - 09 70 66 72 32 - www.restaurantressources.com - Fermé samedi, dimanche et le midi*

SOLÉNA

CUISINE MODERNE • ÉPURÉ Légèrement à l'écart de l'hyper-centre bordelais, la façade discrète ouvre sur un intérieur confortable. Installé ici depuis 2016, le chef Victor Ostronzec fait preuve d'un talent incontestable. Il se distingue par une cuisine technique et créative, avec des dressages souvent inspirés, et trouve toujours le petit plus qui fait la différence. Sa volonté d'étonner se manifeste par le choix de ne proposer que des menus surprises, en plusieurs temps au dîner. Pour parfaire ces bonnes nouvelles, son travail est bien mis en valeur par un service aux petits soins.

PLAN : A2-15 - - **€€€€** - *5 rue Chauffour - 05 57 53 28 06 - www.solena-restaurant.com - Fermé lundi, dimanche, et mardi et mercredi à midi*

LA TABLE D'HÔTES - LE QUATRIÈME MUR

Chef : Philippe Etchebest

CUISINE MODERNE • CONVIVIAL Au Grand Théâtre de Bordeaux, magnifique exemple d'architecture néoclassique, même la gourmandise se donne en spectacle. Les 12 convives de "Chef Etchebest" partagent la même grande table dans une cave voûtée, et sont plongés dans les coulisses d'un restaurant, au milieu des annonces de plats et du va-et-vient des serveurs. Tout, ici, est surprise : du menu aux accords mets et vins, jusqu'aux couverts que l'on choisit soi-même. Même esprit dans les recettes du chef, franchement originales, qui témoignent d'une recherche poussée dans l'harmonie des saveurs, tout ceci avec une technique impeccable : superbe foie gras des Landes rôti entier puis frit à la graisse de canard ; penne réalisées à partir d'un intense consommé de champignon brun et crémeux au vin jaune... On se régale tout en faisant connaissance avec ses voisins de table. Et même quand Philippe Etchebest est absent, il est un peu là : en visioconférence avec les convives, avant le début du repas ! Une expérience, on vous dit...

PLAN : C2-14 – ✿ – **€€€€** – *2 place de la Comédie – ✆ 05 57 22 41 10 – www.quatrieme-mur.com – Fermé lundi*

✿ TENTAZIONI

Chef : Giovanni Pireddu

CUISINE ITALIENNE • CONTEMPORAIN Elle est bretonne, il est sarde, ils se sont rencontrés en Corse... et ils tiennent à Bordeaux une table petite par la taille, mais grande par le plaisir. Les assiettes du chef sont précises et toujours inspirées, surtout lorsqu'elles mettent en valeur des produits de haute volée : langoustine, araignée, thon rouge ou pigeon. Une cuisine très contemporaine, éclatante de saveurs et parcourue de fréquents clins d'œil à l'Italie, sans jamais verser dans la nostalgie ou la démonstration "identitaire". Les menus dégustation changent chaque semaine au gré de l'inspiration du chef. Un vrai plaisir du début à la fin, de l'intéressante sélection de vins italiens à l'excellent rapport qualité-prix du menu déjeuner.

PLAN : B2-16 – ✿ AC – **€€€€** – *59 rue du Palais-Gallien – ✆ 05 56 52 62 12 – www.tentazioni-bordeaux.com – Fermé lundi, dimanche, et mardi, mercredi et samedi midi*

KEDEM

CUISINE MOYEN-ORIENTALE • BISTRO Les deux complices de l'ex-Miles, Gil Elad et Ronan Cadoret, remettent le couvert dans un petit bistrot avec comptoir. Et c'est un festival d'assiettes célébrant les parfums et les épices du Proche et Moyen-Orient tout en recourant aux produits locaux du moment (poulet fermier des Landes mariné au sumac et jus de volaille aux épices ; shish barak farcis aux cèpes et chanterelles de saison). À noter aussi la grande diversité des succulents pains maison (comme ce kubaneh yéménite) et la bonne tenue des desserts, à l'image de ce chausson libanais garni d'un mélange de dattes et de fruits secs, accompagné d'une bonne glace pistache. Petite carte des vins orientée nature, avec notamment des références du bassin méditerranéen.

PLAN : B3-21 – **€€** – *16 rue Jean-Burguet – ✆ 05 57 80 04 30 – www.kedem.fr – Fermé samedi et dimanche, et du lundi au mercredi soir*

MADAME B

CUISINE MODERNE • CHIC Installée au sein de l'hôtel Burdigala, cette brasserie chic a particulièrement soigné son décor, un tantinet rétro : parquet en chêne, banquettes et fauteuils, tables noires et console en bois clair recouverte de marbre noir. Pour notre plus grand plaisir, le chef réalise ici un authentique travail de cuisinier, avec des plats inspirés par la tradition (poitrine de cochon confite, mijoté de cerf au vin rouge, chou farci), ponctués d'une touche contemporaine et émaillés de sauces sapides en diable. La pâtisserie fait également honneur à cette partition, à l'image de ce soufflé à la crème de marron et sorbet yuzu.

PLAN : B2-24 – ♿ AC – **€€** – *Hôtel Burdigala, 115 rue Georges-Bonnac – ✆ 05 56 90 16 16 – www.restaurantmadameb.com – Fermé lundi et dimanche*

METS MOTS

CUISINE DU MARCHÉ • BISTRO La recette gagnante de Mets Mots ? Un endroit riche de son histoire (une ancienne imprimerie), un trio de toques ayant travaillé chez Pierre Gagnaire, et une cuisine du marché bien troussée. Jour après jour, les habitués s'y pressent, ce qui est toujours bon signe... Le midi, saveurs et convivialité autour d'assiettes bien maîtrisées ; le soir, bar à vins et petits plats à partager.

PLAN : B1-34 – AC – **€€** – *98 rue Fondaudège – ✆ 05 57 83 38 24 – www.metsmots.fr – Fermé dimanche, samedi midi et lundi soir*

PANAILLE

CUISINE MODERNE • BISTRO Un trio d'amis soudé cartonne dans ce bistrot de quartier 4.0 qui fait salle comble. L'assiette, réglée au cordeau, navigue entre recettes plutôt traditionnelles et incursions voyageuses (asiatiques, sud-américaines...). Menu déjeuner à prix doux ; le soir, recettes plus élaborées avec notamment des entrées à partager. Agréable patio.

HORS PLAN – ♿ – **€€** – *137 rue du Tondu – ✆ 06 60 41 87 39 – www.panaille.fr – Fermé lundi et dimanche*

RACINES BY DANIEL GALLACHER

CUISINE CRÉATIVE • CONTEMPORAIN Ce chef autodidacte aux racines écossaises signe ici une cuisine inventive et pétillante, loin des conventions, et fait évoluer son menu chaque semaine au gré du marché. Il compose des assiettes fraîches et soignées, à l'image de cette lotte de l'Atlantique aux carottes, satay et passion : des racines aussi solides que goûteuses ! Récemment repensée dans une veine cosy et chic, l'adresse ne désemplit pas.

PLAN : B2-17 – AC – **€€** – *59 rue Georges-Bonnac – ✆ 05 56 98 43 08 – www.racines-bordeaux.com – Fermé lundi et dimanche*

SENS

CUISINE MODERNE • CONTEMPORAIN À l'écart du Bordeaux touristique, ce bistrot moderne et cosy, orchestré par le chef Alexandre Bru, charme par une cuisine précise et savoureuse, proposée à prix doux. Les classiques du bistrot traditionnel sont ici revisités avec intelligence et générosité : œuf poché au vin jaune et au comté, soupe à l'oignon au beaufort et piment d'Espelette, paleron de bœuf braisé et jus au vin rouge... Service souriant.

PLAN : A2-1 – ♿ AC – **€€** – *93 rue de Soissons – ✆ 09 83 45 52 29 – www.sens-restaurant-bordeaux.com – Fermé lundi, dimanche et samedi midi*

ARCADA

CUISINE MODERNE • CONTEMPORAIN Une bonne adresse discrète entre la place Camille-Jullian et Saint-Michel. Déco contemporaine dans une salle voûtée et cuisine bistronomique axée sur le produit, dont une partie est issue de petits producteurs locaux. Des épices ajoutent une subtile touche d'aventure dans l'assiette. On se régale à prix doux le midi d'un labneh aux herbes et betteraves rôties au miel de Bordeaux ou bien encore d'un dos de merlu confit à l'huile d'olive. Au dîner, partition plus ambitieuse avec des produits nobles et une carte renouvelée régulièrement. À noter, un accueil et un service d'une grande gentillesse.

PLAN : C3-28 – ♿ AC – **€€** – *13 rue de la Rousselle – ✆ 05 56 23 08 61 – www.arcada-restaurant.fr – Fermé lundi et dimanche*

AU BISTROT N

CUISINE TRADITIONNELLE • BISTRO Face au marché des Capucins, ce bistrot canaille, repaire de bons vivants, célèbre une cuisine sincère et roborative, sans complications inutiles. Comptoir en L, mosaïque au sol, chaises en bois patinées par le temps, des cocottes colorées en guise de déco : le décor annonce la couleur. Dans l'assiette, des plats de caractère, puisant dans le meilleur des halles voisines. Beaucoup de cochonaille, une garbure paysanne revigorante, un artichaut vinaigrette sans fioritures, une salade de langues de cochon qui fleure bon le terroir ou une joue de bœuf braisée fondante à souhait. Les sauces sont servies en bahut et nappées à la louche. Propositions pertinentes de vins au verre à prix doux.

PLAN : C3-5 – €€ – *61 place des Capucins – ✆ 06 63 54 21 14 – www.aubistrot.fr – Fermé dimanche*

AU COMPTOIR D'AUGUSTA (N)

CUISINE MODERNE • CONTEMPORAIN Le couple à l'origine du Clos d'Augusta signe ici une version plus intime et décontractée de sa table, à quelques rues de l'ancienne adresse. Dans une salle vêtue de briquettes et d'une cuisine ouverte façon indus chic, le chef propose une cuisine d'aujourd'hui aux accents gourmands (œuf mollet façon meurette, suprême de volaille sur la braise, millefeuille au chocolat blanc), fondée sur de solides bases classiques, avec des viandes désormais toutes cuites à la braise. Une convivialité sans esbroufe.

PLAN : A2-36 – ♿ AC – €€ – *284 rue Judaïque – ✆ 05 56 96 32 51 – www.leclosdaugusta.fr - Fermé dimanche et lundi*

BO-TANNIQUE

CUISINE MODERNE • BRANCHÉ Située sur une agréable place piétonne pavée, cette jolie adresse (déco dans l'air du temps, pierre bordelaise apparente) propose une cuisine tout en fraîcheur et en contrastes aux inspirations voyageuses, à l'image de ce foie gras rôti, olive, litchi, passion et toast d'avocat. Jolie carte des vins majoritairement bio et nature, et service tonique. Une réussite !

PLAN : C3-29 – 🏵 ♿ ⛱ – €€ – *2 rue Tustal – ✆ 05 56 81 34 92 – www.bo-tannique.fr – Fermé lundi et dimanche*

C'YUSHA

CUISINE MODERNE • CONVIVIAL Au cœur du vieux Bordeaux, un lieu cosy et intimiste où le chef travaille seul, sous le regard des gourmands. Il signe une cuisine actuelle relevée d'épices, de plantes et d'herbes, en travaillant les légumes de son potager. Une adresse charmante qui sied aux amoureux.

PLAN : C3-30 – AC – €€ – *12 rue Ausone – ✆ 05 56 69 89 70 – www.cyusha.com – Fermé lundi, dimanche et le midi*

LE CERCLE DE MONTAIGNE (N)

CUISINE MODERNE • CHIC Dans un hôtel particulier de 1895, le restaurant du Palais Gallien affiche un cachet certain dans l'esprit d'une brasserie chic : murs noirs, boiseries vert kaki, moulures, parquet en point de Hongrie, fauteuils Louis XV et tables en marbre noir. La carte revisite les classiques : sole meunière, linguine aux crevettes et bisque corsée, filet de bœuf en viennoise de poivre à la moelle et sauce bordelaise.

PLAN : B2-42 – ♿ AC – €€€ – *144 rue Abbé-de-l'Epée – ✆ 05 57 08 01 27 – www.hotel-palais-gallien-bordeaux.com/restaurant – Fermé lundi, dimanche et mardi midi*

LE CHAPON FIN

CUISINE MODERNE • CLASSIQUE En plein cœur de ville, cette institution locale a été créée en 1825. Quant à son surprenant décor de rocaille, il a été importé du Lot et réinstallé ici au début du 20e s. La cuisine moderne du chef Younesse Bouakkaoui joue sur des bases classiques, à l'image de ce ris de veau rôti au jus et morilles au vin de Sauternes, ou du lieu jaune poché à l'huile d'olive, pomme de terre fumée et champignons portobello. La cave est superbe avec plus de 1000 bouteilles !

PLAN : B2-19 – 🏵 AC – €€€ – *5 rue Montesquieu – ✆ 05 56 79 10 10 – www.chapon-fin.com – Fermé lundi et dimanche*

LE CHICOULA, BISTROT D'ART

CUISINE MODERNE • VINTAGE Dans ce chaleureux bistrot de poche, le chef maîtrise très bien son sujet, comme en témoigne son menu unique tout en saveurs originales et en dressages harmonieux, qui change tous les mois. La déco n'est pas en reste, qui se pare d'œuvres d'artistes locaux, avec vernissages occasionnels – le chef est lui-même peintre à ses heures…

PLAN : C3-31 – ♿ AC – **€€€** – *22 rue de Cursol – ✆ 06 52 40 64 54 – www.lechicoula.fr – Fermé lundi, mardi et du mercredi au vendredi à midi*

EPICENTRE

CUISINE MODERNE • CONTEMPORAIN Une adresse chaleureuse bien dans l'air du temps, à deux pas de la rue Sainte-Catherine. Depuis sa micro-cuisine ouverte sur la salle, le chef Benjamin Wavrant envoie un menu déjeuner bistronomique d'un excellent rapport qualité-plaisir, renouvelé chaque semaine au gré des saisons et des produits. Le soir, place à une version plus ambitieuse, au registre gastronomique assumé. Ambiance conviviale, cuisine sérieuse et savoureuse, service attentionné : une table simple, gourmande et attachante où l'on revient avec plaisir.

PLAN : C2-18 – **€€** – *15 rue des Piliers-de-Tutelle – ✆ 09 82 57 12 06 – www.epicentrebordeaux.eatbu.com – Fermé lundi et dimanche, et mardi et mercredi soir*

LA FINE BOUCHE

CUISINE MODERNE • ÉLÉGANT Connaissez-vous le capucin ? C'est avec cet entonnoir en fonte muni d'une longue tige, dans lequel on vient faire fondre des tranches de lard, que le chef réalise le flambage de ses Saint-Jacques, au léger goût de grillé et de fumé. Cette cuisine ne néglige ni les traditions régionales ni une certaine créativité. La salle entièrement rénovée avec goût - parquet, moulures, pierres apparentes - dégage le soir venu un capiteux parfum d'intimité.

PLAN : C3-41 – – **€€€** – *30 rue du Hâ – ✆ 05 56 38 75 23 – www.lafinebouche33.com – Fermé dimanche et lundi*

IL VICOLO ROSSO N

CUISINE ITALIENNE • OSTERIA Dans une petite cantine italienne façon cave-osteria, un chef originaire de Rimini cuisine en tandem avec son épouse française, qui veille sur une riche sélection de vins de petits producteurs et de domaines renommés – à boire sur place ou à emporter. Le menu décline deux entrées, deux assiettes de pâtes et deux desserts dans un esprit de cuisine familiale : savoureuse tarte au potimarron et à la sauge avec burrata crémeuse, maccheroni maison cacio e pepe, tiramisu classique soigné.

PLAN : B2-37 – – **€** – *6 rue Saint-Sernin – ✆ 05 56 81 42 04 – www.vicolorosso.com - Ferme samedi, dimanche et le soir*

INFLUENCES

CUISINE MODERNE • TENDANCE Véritable institution proche de la place Gambetta, cette adresse engageante en pierre bordelaise est le repaire d'un jeune couple : Kéveena en salle, qui distribue les sourires, et Ismaël aux fourneaux. Ses assiettes modernes et goûteuses puisent dans les produits du Sud-Ouest, qu'il rehausse de quelques touches créatives au fil de son menu surprise, à l'image de ce pigeon, sauce au chocolat, carotte et condiment myrtille. Service pro et convivial.

PLAN : B2-33 – AC – **€€€** – *36 rue Saint-Sernin – ✆ 05 56 81 01 05 – www.restaurant-influences.com – Fermé mardi, mercredi, et le midi*

INIMA

CUISINE CRÉATIVE • ÉPURÉ Dans son petit restaurant à la déco chic et épurée, la jeune cheffe d'origine moldave Oxana Cretu laisse libre cours à son imaginaire culinaire dans un menu imposé en plusieurs séquences. Cette passionnée déroule des assiettes colorées et parfumées : langoustine, kumquat, lavande et safran ; canette des Landes, sakura et châtaignes. La meringue bergamote, sorbet mandarine, mousse fleur d'oranger et coulis kalamansi, est un joli dessert tout en fraîcheur.

PLAN : B2-40 - ♿ - **€€€** - *48 rue du Palais-Gallien* - ✆ *05 56 81 17 52* - *www.inimarestaurant.com* - *Fermé dimanche, et le midi sauf jeudi et vendredi*

ISHIKAWA

CUISINE JAPONAISE • ÉPURÉ Le chef Yugo Ishikawa officie dans ce restaurant épuré tout en longueur situé dans une rue piétonne animée du centre. Avec passion et minutie, il travaille la cuisine traditionnelle japonaise qu'il affectionne. Sur l'ardoise du jour : échine de porc tonkatsu panée, tataki de thon oroshi ponzu, légumes marinés tsukémono... Au dîner, menu dégustation plus ambitieux. On se croirait presque dans un vrai izakaya tokyoïte. Une réussite.

PLAN : C3-32 - 🏮 - **€€** - *22 rue du Hâ* - ✆ *06 51 28 70 99* - *www.restaurant-ishikawa.com* - *Fermé lundi, dimanche, et mardi et samedi à midi*

JOKI

CUISINE MODERNE • COSY Au cœur du vieux Bordeaux, cette table à l'ambiance cosy et décontractée propose une cuisine créative maîtrisée, à base de produits sourcés avec soin : huîtres pochées, siphon de jambon et pickles de salicorne ; pigeon mariné aux épices orientales, duo de navets et jus harissa... Découvrez aussi les accords mets et cocktails, spécialité de la maison, concoctés par Jodie.

PLAN : C3-20 - **€€** - *33 rue des Bahutiers* - ✆ *05 57 83 23 94* - *www.jokirestaurant.fr* - *Fermé mardi, dimanche et samedi midi*

LOCO BY JEM'S

CUISINE MODERNE • BRANCHÉ Prisée des locaux, cette table jeune et dynamique accueille un chef, Jérémy, surnommé Jem's par ses amis qui le trouvent un peu fou (loco en espagnol) et qui puise son inspiration dans les produits... locaux, évidemment ! Il compose une cuisine aux saveurs bien marquées et contrastées. Du comptoir, on peut admirer la brigade à l'œuvre. Menu du jour au déjeuner (un très bon plan) et menu dégustation le soir avec suggestions d'accords mets et vins, menu végétarien sur demande.

PLAN : A3-9 - ♿ AC - **€€** - *293 rue d'Ornano* - ✆ *05 56 55 99 37* - *www.locobyjems.com* - *Fermé samedi et dimanche, et mercredi soir*

LUME

CUISINE ITALIENNE • ROMANTIQUE Dans une ruelle pavée du Vieux Bordeaux, Lume enchante par son atmosphère intimiste et sa cuisine italienne. Le chef vénitien Riccardo Suppa magnifie les produits de la mer et les légumes bio dans des assiettes élégantes, servies sur une vaisselle artisanale réalisée par une céramiste locale. Parmi les créations du menu unique, on se délecte d'une réinterprétation de la "pasta e fasoi" : haricot Zolfino, pasta mista et crudo de Saint-Jacques, ou encore d'un dessert mêlant poire, miel de Barena et touche d'umeboshi. Une table intimiste et authentique à savourer dans un cadre feutré et chaleureux.

PLAN : C2-3 - ❀ AC - **€€€** - *3 rue des Faussets* - ✆ *05 47 79 47 56* - *www.ristorantelume.fr* - *Fermé mardi, mercredi, et le midi*

LUNA (N)

CUISINE MODERNE • COSY Luna n'a pas changé de nom, ni de décor, mais tout a bougé en cuisine. Aux commandes, Olivier Peyronnet et Kim Buyse, duo aguerri formé entre Luxembourg et grandes maisons parisiennes, cultivent ici une modernité sans fioritures. Dans cette salle aux tons apaisants – lin, bois clair, vert amande – on savoure sans vergogne la réussite de cette cuisine de bistrot contemporain, sobre mais précise, où quelques éclats nippons viennent titiller la tradition juste ce qu'il faut. Ainsi, un beurre blanc au mirin adoucit un poisson de la criée, escorté de panais et de salsifis. Un coup de cœur qui décroche la lune !

PLAN : C1-43 – ♿ A/C – **€€** – *15 rue Albert-Pitres – ✆ 05 56 52 13 69 – www.luna-restaurant-bordeaux.com – Fermé lundi, dimanche et samedi midi*

LE 1544

CUISINE CLASSIQUE • CHIC Installé dans le pavillon central de la superbe place de la Bourse, ce 1544 sublime les produits régionaux grâce aux trésors de la ferme éponyme située à Saint-Loubès. On y déguste une cuisine française élégante et savoureuse, comme les poireaux à la mode de Sorges, la volaille de la ferme accompagnée d'une tarte friande aux champignons, ou encore un vacherin aux agrumes tout en fraîcheur. Le cadre chic de la salle à manger, avec ses boiseries vert-gris et ses fauteuils confortables, s'accorde à un service professionnel et attentionné. Une adresse coup de cœur où tradition et modernité s'harmonisent à merveille.

PLAN : C2-26 – ♿ A/C – **€€** – *10 place de la Bourse – ✆ 05 56 30 00 80 – www.le-gabriel-bordeaux.fr – Fermé lundi et dimanche*

OST (N)

CUISINE MODERNE • BRANCHÉ Dans le quartier Saint-Pierre, près de la Porte Cailhau, deux pros de l'accueil, passés par des maisons étoilées, ont lancé cette table conviviale au décor épuré, voûtes en pierre et cuisine ouverte. Aux fourneaux, un jeune chef propose des plats généreux et gourmands, pensés pour le partage (pour deux minimum), mêlant créativité et esprit comfort food. À l'image des gnocchi aux oursins relevés de cresson piquant, les saveurs tapent juste. Les entrées et les desserts sont, eux, au format individuel. Accueil chaleureux.

PLAN : C3-44 – A/C – **€€** – *8 rue Ausone – ✆ 05 56 01 05 01 – www.ostbordeaux.com – Fermé lundi, dimanche et le midi*

PASSAGE SECRET (N)

CUISINE CLASSIQUE • INTIME Caché dans un élégant passage couvert du 19e s., ce restaurant porte bien son nom. Il est installé au sein de la boutique Caviar de Neuvic, dont on retrouve les produits au rez-de-chaussée. Au-dessus, une salle à l'esprit bistrot chic ponctué de touches rétro accueille les convives lorsque la terrasse sous verrière n'est pas dressée. Aux commandes, le discret Thomas Pasquereau, ancien chef d'ambassade, formé notamment auprès de Richard Coutanceau, propose une cuisine d'inspiration classique à l'exécution remarquable, comme en témoigne ce pâté en croûte façon Richelieu dont la technique force l'admiration. Sa passion pour les grandes sauces françaises est également manifeste, à l'image de la sauce Choron, Foyot ou maltaise.

PLAN : C2-45 – 🍴 – **€€€** – *14 passage Sarget – ✆ 07 82 16 46 59 – www.restaurant-passage-secret.com – Fermé lundi, dimanche et le midi sauf samedi*

POINT ROUGE

CUISINE MODERNE • TENDANCE Sur le quai de Paludate, l'une des ailes du château Descas abrite un restaurant contemporain, avec un sol en béton ciré et des murs ponctués d'arches typiquement bordelaises. Dans une ambiance tamisée, sur fond de musique électro, les assiettes du chef Christophe Girardot (ex-Paradoxe à Cenon) coulent de source, à l'image de ce paleron de veau fondant, gnocchis aux herbes et jus de viande corsé. Cette cuisine s'accompagne d'un cocktail ou d'un bon cru pioché dans la longue carte des vins.

PLAN : D3-23 – *- €€€ - 1 quai de Paludate - 05 56 94 94 40 - www.pointrouge-bdx.com - Fermé dimanche et le midi*

QUANJUDE

CUISINE CHINOISE • CLASSIQUE Centenaire, cette vénérable enseigne des allées de Tourny, en plein centre historique, est spécialisée dans le canard laqué. Elle célèbre la cuisine pékinoise et, au-delà, la cuisine chinoise dans une veine gastronomique. Le canard y est découpé selon une technique ancestrale par un maître dépositaire de cette culture. Salles à manger d'esprit bourgeois, avec parquet et moulures.

PLAN : C2-7 – *- €€€ - 42-44 allées de Tourny - 05 57 14 91 35 - www.quanjude-bordeaux.com - Fermé lundi et dimanche*

LE QUATRIÈME MUR

CUISINE MODERNE • BRASSERIE Au théâtre, le quatrième mur est celui, invisible, qui sépare le public de la scène. Un nom tout choisi pour cette table installée dans les ors du Grand théâtre ! Un produit de qualité, une cuisson précise, une garniture et un jus : Philippe Etchebest va à l'essentiel et nous régale en toute simplicité. Installée sur une galerie latérale du grand théâtre, la terrasse est très agréable. Réservation impérative avec deux services à déjeuner et à diner. Les menus changent chaque semaine.

PLAN : C2-27 – *- €€ - 2 place de la Comédie - 05 56 02 49 70 - www.quatrieme-mur.com - Fermé lundi et dimanche*

LE 7 RESTAURANT PANORAMIQUE

CUISINE MODERNE • DESIGN La Cité du vin peut s'enorgueillir d'une bonne table : la carte est courte et les produits du sud-ouest sont à l'honneur : foie gras de canard de Chalosse, caviar d'Aquitaine, porc prince noir de Biscay, etc. Avec, en sus, un panorama imprenable sur la Garonne et le centre-ville de Bordeaux. Sélection de 500 vins du monde et 32 vins au verre.

HORS PLAN – *- €€€ - 4 esplanade de Pontac - 05 64 31 05 40 - www.le7restaurant.com - Fermé, lundi, mardi et dimanche soir*

SYMBIOSE

CUISINE MODERNE • BRANCHÉ Cette adresse chaleureuse et décontractée est le résultat de la symbiose entre quatre jeunes associés dont la recette fait mouche : une petite salle dans un style bistrot, un bar à cocktail façon speakeasy, mais surtout, une cuisine franche et maîtrisée. Les plats sont relevés par une grande variété de plantes aromatiques tout droit venues du potager en permaculture, les assiettes sont à partager dans une ambiance conviviale ! Clientèle plutôt jeune et branchée au rendez-vous.

PLAN : C1-35 – *- €€ - 4 quai des Chartrons - 05 56 23 67 15 - www.symbiose-bordeaux.com - Fermé lundi, dimanche et le midi*

TLALI

CUISINE FUSION • COSY Bonne surprise que cette table menée par un authentique enfant de Guadalajara, le chef Kristian de Anda, qui a tenu à Paris les fourneaux de Biondi. Loin des tacos et des enchiladas, il signe plutôt une partition moderne et créative, fusionnant la gastronomie française avec certaines techniques mexicaines ancestrales. Le menu-carte, élaboré à partir de produits frais et locaux, change en permanence. Restaurant ouvert uniquement le soir.

PLAN : C2-22 – *- €€ - 6 rue du Cancera - 05 57 59 40 79 - www.tlali.fr - Fermé lundi, dimanche et le midi*

LA TUPINA

CUISINE TRADITIONNELLE • RUSTIQUE Véritable institution, cette auberge champêtre a tout le goût d'autrefois… Sanguette, macaronade, frites à la graisse de canard : le terroir est défendu avec conviction, et l'on se régale de copieux plats du Sud-Ouest, mais aussi de légumes de saison et de viandes rôties… dans la cheminée visible à l'entrée ! De beaux produits exposés sur le comptoir et qui mettent en appétit. Incontournable !

PLAN : D3-25 – *– €€ – 6 rue Porte-de-la-Monnaie – 05 56 91 56 37 – www.latupina.com – Fermé lundi midi*

VIVANTS

CUISINE MODERNE • COSY Saint-Jacques en « clin d'œil à Ressources » ; gravlax de lieu jaune, beurre monté au miso ; gnocchi, navet Tokyo et ail des ours ; cochon de montagne, artichaut poivrade, condiment acidulé : on aura (peut-être) reconnu dès le premier intitulé gourmand de plat, la patte du chef Tanguy Laviale du restaurant Ressources. Derrière une jolie devanture vitrée et encadrée de bois à l'ancienne, il propose une version décontractée et canaille de sa table gastronomique. Menus déclinables en plusieurs séquences à choisir soi-même ou bien que l'on laisse à la discrétion du chef. Carte des vins de 1000 références, œuvre du sommelier Maxime Courvoisier, et orientée « nature ».

PLAN : C2-6 – *– €€ – 13 rue des Bahutiers – 09 78 81 13 55 – www.restaurantvivants.com – Fermé lundi, dimanche, et le midi sauf vendredi*

ZÉPHIRINE

CUISINE MODERNE • COSY Zéphirine : beau prénom désuet pour cette auberge urbaine au joli décor de bistrot, précédée d'un comptoir d'épicerie fine. Une histoire de famille aussi qui réunit trois professionnels qui ont roulé leur bosse. Et, de fait, dans l'assiette, le chef montre tout de suite une patte très sûre (mention spéciale pour les garnitures, à partager, comme les entrées). Il envoie une bonne cuisine traditionnelle dans le fond, mais moderne dans la forme et hausse le niveau le soir.

PLAN : B2-13 – *– €€ – 62 rue de l'Abbé-de-l'Épée – 09 72 45 55 36 – www.zephirine.fr – Fermé lundi, dimanche et mardi midi*

LE BOUTIQUE HÔTEL

DESIGN • CHALEUREUX Pour allier luxe et design dans un hôtel particulier du 18e s., Le Boutique a du composer avec le cadre. Résultat, des espaces publics riches d'un mélange d'architecture classique, d'antiquités bien patinées, de moulures d'origine et de mobilier milieu de siècle. Et dans les chambres, un minimalisme tout confort, très équipé, mêlant habilement pièces design et touches déco à l'ancienne. Ajoutez à cela un bar à vin, Bordeaux oblige…

– **29 chambres** – *3 rue Lafaurie de Monbadon – 05 56 48 80 40*

BURDIGALA BY INWOOD HOTELS

DESIGN • CHALEUREUX Occupant un bâtiment élégant en plein centre-ville, cet établissement n'est pas un simple hôtel contemporain, mais une création pleine de caractère, qui ne laisse pas indifférent. Les couleurs sont chaleureuses et influencées par le style rétro. Les chambres et suites associent l'audace du design et la subtilité d'un luxe discret. Des cocktails et une belle carte de vins sont disponibles au bar.

- 83 chambres - *115 rue Georges Bonnac - 05 56 90 16 16*

Madame B - Voir la sélection des restaurants

FIRSTNAME, JDV BY HYATT

DESIGN • URBAIN FirstName apporte un esprit éco-responsable et avant-garde au cœur de Bordeaux. Les 137 chambres et suites sont lumineuses et pratiques, avec des salles de bains généreuses et une foule de petits détails très agréables. Les plus grandes suites ajoutent des terrasses ou des baignoires, tandis que les produits durables renforcent l'orientation environnementale de l'hôtel. Grâce à son mélange de confort et de caractère, il convient aussi bien aux voyages d'affaires qu'aux week-ends de découverte de la ville.

- 137 chambres - *14 Claude Bonnier - 05 40 13 12 34*

HÔTEL CARDINAL

MODERNE • CHARME Situé à deux pas de la place Pey-Berland, ce très bel hôtel particulier du 18e s. a été transformé en hôtel de charme. Matériaux nobles (velours, laiton, marbre), mobilier contemporain et beaux parquets en chêne, dans un style inspiré des années 30. Atmosphère feutrée et cosy. Idéal pour une villégiature en terre bordelaise.

- 10 chambres - *4 rue Élisée Reclus - 05 56 01 62 32*

HOTEL 56

ÉPURÉ • URBAIN Dans un quartier en pleine réinvention, cet établissement pionnier propose 89 chambres contemporaines baignées de lumière naturelle. Certaines offrent une vue sur la Garonne, d'autres s'orientent vers l'horizon. La personnalité de l'hôtel transparaît dans son art : des œuvres d'Hervé Di Rosa sont présentes partout, apportant des éclats de couleur et d'irrévérence aux lignes architecturales épurées. Au sommet, la terrasse constitue un perchoir verdoyant où profiter du coucher du soleil au-dessus de la rivière et des toitures environnantes.

- 89 chambres - *56 quai de Paludate - 05 35 54 99 54*

HOTEL SINGULIER

MODERNE • ROMANTIQUE Derrière une façade discrète du quartier Gambetta, l'Hôtel Singulier dévoile un monde de seulement huit chambres et suites, plus un appartement privé. Les intérieurs allient romantisme et modernité : corniches, parquets, velours, osier, associés à un éclairage sculptural réalisé par des artisans locaux. Chaque chambre a son propre caractère, tandis que la suite Audacieuse surplombe les toits. Une cour verdoyante et une terrasse sommitale complètent l'agréable sensation d'une échappée privée et cachée.

- 7 chambres - *12 rue Toulouse Lautrec - 05 57 60 20 03*

INTERCONTINENTAL GRAND HÔTEL BORDEAUX

CLASSIQUE • COSY Sa façade néoclassique (1776), en parfaite harmonie avec celle du Grand Théâtre, est un petit joyau. Dans les chambres règne une atmosphère cossue, chatoyante et feutrée ; quant au spa de 1 000 m², il dispose d'une terrasse sur le toit offrant une vue imprenable sur Bordeaux. Un établissement de prestige, au cœur de la capitale du vin.

- 130 chambres - *2-5 place de la Comédie - 05 57 30 44 44*

Le Pressoir d'Argent - Gordon Ramsay - Voir la sélection des restaurants

MAMA SHELTER BORDEAUX

AVANT-GARDE • CHALEUREUX Mama Shelter, c'est un véritable concept : après Paris, Lyon et Marseille, il se décline en plein cœur de la métropole bordelaise. On retrouve avec plaisir cette déco très urbaine (béton brut, détails insolites et colorés, etc.) et cette ambiance éclectique (notamment au restaurant) qui en font toute la saveur !

- 97 chambres - *19 rue Poquelin Molière - 05 57 30 45 45*

MONDRIAN BORDEAUX LES CARMES

MODERNE • CHALEUREUX Ce château du 19e s. appartenait autrefois à la maison viticole Calvet. Aujourd'hui, les chambres et les suites modernisent le style bordelais classique avec des tons chauds, des miroirs, ornements, et le confort d'un établissement de luxe. Le spa, très élégant, comprend une piscine intérieure, des salles de soin, un hammam et une salle de sport.

- 97 chambres - *81 cours du Médoc*

LE PALAIS GALLIEN

CLASSIQUE • RAFFINÉ Près du Palais Gallien – un amphithéâtre romain, l'un des plus anciens vestiges de la ville –, cette maison de maître de la fin du 19e s. a été réhabilitée avec soin : chambres à l'identité affirmée (parquets anciens, moulures), jolies salles de bains, piscine dans la cour de l'hôtel...

- 28 chambres - *144 rue Abbé de l'Épée - 05 57 08 01 27*

Le Cercle de Montaigne - Voir la sélection des restaurants

SEEKO'O

AVANT-GARDE • CHALEUREUX Seeko'o ? Un "iceberg" en inuit. L'extérieur explique d'emblée cette analogie avec son parallélépipède blanc aux angles faussés. L'intérieur joue cette carte nordique avec une alliance de bleu, blanc et de bois clairs ; les chambres, confortables, ont été rénovées avec beaucoup d'élégance.

- 44 chambres - *54 quai de Bacalan - 05 56 39 07 07*

VILLAS FOCH *Plus*

MODERNE • ROMANTIQUE À deux pas de la place du même nom, une demeure édifiée en 1834 dans le plus pur style bordelais. Grande verrière ouverte sur une courette avec jardin, chambres spacieuses – sept modernes et épurées, superbement rénovées, et deux davantage dans l'esprit des lieux... Un indéniable caractère.

- 20 chambres - *25 cours du Maréchal Foch - 05 64 31 22 50*

YNDO

DESIGN • CALME Vu de l'extérieur, c'est un bel hôtel particulier du 18e s. Fort heureusement, l'intérieur n'est pas en reste : design et délicatement feutré, il est propice au repos... Les chambres sont confortables et ont chacune leur propre personnalité.

- 12 chambres - *108 rue Abbé de l'Épée - 05 56 23 88 88*

BORMES-LES-MIMOSAS

✉ 83230 - Var - Carte régionale n° **29**-B3

LE JARDIN

CUISINE MODERNE • COSY Dans une ruelle pittoresque du vieux village, ce petit restaurant séduit d'abord par son cadre rustique et sa délicieuse terrasse, avec fontaine et pergola, noyée sous la verdure et les fleurs. Aux fourneaux, Riccardo Berto mâtine ses assiettes colorées et méditerranéennes de touches péruviennes, fruit de son expérience de chef à l'Altiplano de Val d'Isère. Un exemple ? Cette sériole en ceviche, exaltée par un leche de tigre vivifiant, à la pêche et au maïs croustillant. On passe un super moment.

- €€ - 1 ruelle du Moulin - 04 94 71 14 86 - www.lejardinrestaurantbormes.com - Fermé lundi et le midi

MIMOSA

CUISINE MÉDITERRANÉENNE • TENDANCE À deux pas du port de plaisance, ce discret établissement séduit par son sérieux et sa cuisine moderne aux accents provençaux. Salade de tentacules d'encornet, aïoli et vinaigrette au citron vert ; pêche du jour, gnocchis au safran et émulsion à l'estragon ; râble de lapin farci à la sauge, jus corsé relevé au piment d'Espelette. Élégamment dressées, les assiettes marient des saveurs percutantes à des cuissons bien maîtrisées. Belle sélection de vins bio de Provence à déguster en terrasse aux beaux jours.

- €€ - 284 boulevard du Front-de-Mer - 09 87 36 49 46 - www.mimosa.eatbu.com - Fermé les midis

LA BORNE

✉ 18250 - Cher - Carte régionale n° **16**-B1

L'ÉPICERIE

CUISINE MODERNE • COSY Un restaurant-épicerie ? Une épicerie-restaurant ? Peu importe : il y a les deux, et l'on passe ici un superbe moment, c'est tout ce qui compte. Belle cuisine de saison, jolies inspirations croisées de Mathieu (salé) et Clémentine (sucré). Les produits locaux sont fièrement à l'honneur : maraîcher bio à quelques kilomètres, viandes fermières, herbes du jardin. Cette petite adresse de 20 couverts seulement a la cote localement, et on comprend pourquoi, pensez donc bien à réserver ! Toute la vaisselle - assiettes, porte-couteaux, carafes - sort des fours des potiers du village. Une charmante adresse hors du temps qui suit son petit bonhomme de chemin.

- €€ - 1 chemin des Usages - 02 48 59 57 50 - Fermé lundi et mardi, et mercredi et dimanche soir

BOSSEY

✉ 74160 - Haute-Savoie - Carte régionale n° **21**-C1

LA FERME DE L'HOSPITAL

CUISINE CLASSIQUE • ÉLÉGANT Les années passent... mais la tradition perdure dans cette maison réputée située à la frontière franco-suisse : salle élégante et chaleureuse, argenterie, service attentionné. Sur des bases classiques, le chef concocte des assiettes soignées et pleines de saveurs : ravioli de canard et foie gras, noisette de cerf au lard et sauce poivrade... Un très bon moment.

- €€€ - 272 rue de la Mollard - 04 50 43 61 43 - www.ferme-hospital.fr - Fermé lundi, mardi et dimanche

BOUCHEMAINE

✉ 49080 - Maine-et-Loire - Carte régionale n° **9**-C3

LUEURS

CUISINE MODERNE • **ÉLÉGANT** Le cadre élégant du Petit Serrant, une demeure du 18e s. située au confluent de la Maine et de la Loire, abrite une table où l'on vient autant pour la cuisine que pour le charme du lieu. Romain Zarazaga, chef formé chez Laurent Petit, Emmanuel Renaut ou encore la maison Troisgros, y déploie une jolie palette de goûts parfaitement dans l'air du temps. Sa cuisine se distingue aussi et surtout par des jus et sauces d'orfèvre. Exemple avec ce bar de ligne confit, accompagné d'un jus d'arêtes monté au beurre et parfumé au vermouth. Autre démonstration de maîtrise : un pigeonneau à la braise, escorté d'un condiment d'abattis et d'un jus réduit au sirop de sureau, profond, savoureux, d'une texture nappante remarquable.

- **€€€** - *2 quai de Port-Boulet - ✆ 02 41 77 23 00 - www.lueurs-restaurant.com - Fermé mercredi, samedi et dimanche*

BOUDES

✉ 63340 - Puy-de-Dôme - Carte régionale n° **20**-B2

LE BOUDES LA VIGNE

CUISINE TRADITIONNELLE • **AUBERGE** Cette sympathique auberge, bâtie sur d'anciennes fortifications, se trouve au cœur de ce village de vignerons où l'on produit... le boudes, l'un des cinq crus des côtes d'Auvergne. Derrière les fourneaux, Christian Coutarel, chef jovial qui réalise une cuisine traditionnelle généreuse et parfumée sans s'interdire des préparations plus modernes.

- **€€** - *Place de la Mairie - ✆ 04 73 96 55 66 - www.le-boudes-la-vigne.com - Fermé lundi et mardi, et dimanche soir*

BOULAZAC ISLE MANOIRE

✉ 24750 - Dordogne - Carte régionale n° **18**-D2

RICHARD LEQUET

CUISINE MODERNE • **COSY** Le chef Richard Lequet, anciennement étoilé à l'Amphitryon de Limoges, a trouvé un nouvel écrin dans cette élégante maison bourgeoise. Il y élabore une cuisine de saison, au plus près des produits locaux. Au dîner, le menu surprise propose par exemple un pavé de cabillaud sur fenouil croquant et pancetta fumée, ou un suprême de volaille des Landes en ballottine, accompagné de tagliatelles de carotte et purée de petits pois. Le chef confectionne son propre pain à partir de farines locales. Pour prolonger l'expérience, des chambres d'hôtes confortables accueillent les convives.

- **€€€** - *239 route d'Atur - ✆ 09 78 80 68 91 - www.richardlequet.fr/restaurant - Fermé lundi et mardi, et dimanche soir*

BOULIAC

✉ 33270 - Gironde - Carte régionale n° **22**-B2

LE SAINT-JAMES

CUISINE MODERNE • **CONTEMPORAIN** (Fermé provisoirement pour travaux, réouverture prévue au printemps) Adresse mythique s'il en est, le Saint-James fut longtemps le fief de Jean-Marie Amat. Cet avant-gardiste avait fait appel à l'architecte Jean Nouvel pour rénover son hôtellerie, devenue une référence du design - un lieu qui connaît une rénovation en profondeur. La table rend hommage aux producteurs de Nouvelle-Aquitaine, dont on magnifie les produits, du caviar de Gironde au bœuf de Bazas. Tout en fraîcheur, la cuisine d'auteur de Mathieu Martin déborde de raffinement et de délicatesse, avec souvent un goût évident pour le végétal. La légende du Saint-James est intacte.

- €€€€ - 3 place Camille-Hosteins - 05 57 97 06 00 - www.saintjames-bouliac.com - Fermé lundi, dimanche et le midi

BOULLERET

18240 - Cher - Carte régionale n° **16**-B1

MAISON MEDARD

Chef : Julien Medard

CUISINE MODERNE • COSY Saveurs franches, jus, émulsions et sauces qui fusent en bouche à l'image de ce médaillon de cabillaud poché dans un bouillon de lentilles sancerroises, vinaigre de citron et vert de poireau ou encore de ce fromage frais de bufflonne du Berry travaillé sous forme de mousse onctueuse sur une compotée de poire au safran et voile d'herbes. Cette cuisine actuelle et astucieuse s'empare des produits locaux pour offrir des assiettes subtiles et colorées ! Le chef Julien Medard et son épouse Delphine (en salle) accueillent les chanceux - pardon, les clients - dans une salle cosy et feutrée qui unit avec goût rustique et contemporain.

- €€€ - 19 place des Tilleuls - 02 48 72 39 62 - www.maisonmedard.com - Fermé lundi et mardi, et dimanche soir

BOULOGNE-BILLANCOURT

92100 - Hauts-de-Seine - Carte régionale n° **11**-E2

BACA'V - BOULOGNE

CUISINE TRADITIONNELLE • BISTRO Le chef Émile Cotte a donné un petit frère à son adresse parisienne. Dans un décor de bistrot moderne éclairé par de grandes baies vitrées (et divisé en plusieurs espaces avec notamment une table d'hôte), le chef fait ce qu'il aime : des classiques bistrotiers généreux revus au goût du jour, avec une simplicité terriblement gourmande, à l'image de cette cuisse de canard accompagnée de chou vert braisé et saucisson à l'ail fumé. Le Limousin, berceau du chef, est souvent à l'honneur dans l'assiette. Alléchante carte avec pâté en croûte, vol-au-vent, ris de veau, chou chocolat noir guanaja.

- €€ - 33 avenue du Général-Leclerc - 01 55 60 79 95 - www.bacav.fr - Fermé dimanche et samedi midi

ALBUFERA N

CUISINE MÉDITERRANÉENNE • CONTEMPORAIN Émile Cotte (Baca'v) a ouvert ce bistrot français chaleureusement teinté d'accents portugais. Le lieu conserve un charme simple et chaleureux, porté par la musique lusitanienne. La cuisine, confiée à un chef d'origine portugaise, s'exprime dans un registre méditerranéen lisible et savoureux : croustillants de sardines, vierge de piquillos parfumée et aïoli épicé ; cochon fermier, coques et champignons, servi avec une purée travaillée au jus et à la ciboulette. Le dessert, une crème citron-cannelle caramélisée, mise sur la fraîcheur et la simplicité.

- €€ - 38 rue de Meudon - 01 46 21 75 90 - www.albufera-boulogne.fr - Fermé dimanche soir et lundi

BONNOTTE

CUISINE MODERNE • CONVIVIAL À dix minutes à pied du Musée Albert Kahn, Antoine Guichard et Manon Negretti-Guichard forment un duo au solide parcours. Ils rendent hommage à l'île de Noirmoutier et à sa célèbre pomme de terre, mise en valeur par un tableau accroché au mur. Manon est aux commandes en cuisine, tandis qu'Antoine s'occupe également des clients en salle durant les services. Dans un décor sobre et chaleureux, la cuisine bistronomique fait la part belle aux produits frais et aux saveurs végétales : courgette à la plancha, fêta et olive noire ; cuisse de poulet jaune des Landes rôtie, purée et jus parfumé ; crumble aux pommes.

€€€ - *1 rue de Billancourt - ✆ 09 83 44 29 35 - www.bonnotte-restaurant.fr - Fermé samedi et dimanche*

LA MACHINE À COUDES

CUISINE MODERNE • BISTRO Accueillante et pétillante, la propriétaire Marlène sait toujours s'entourer d'une équipe motivée, qui travaille volontiers les produits de saison - coquilles Saint-Jacques et courge - autour d'un menu unique au déjeuner, plus créatif et ambitieux au dîner. Jolis accords mets-vins. Un bon moment de bistronomie.

AC - **€€€** - *57 rue Yves-Kermen - ✆ 06 75 42 45 37 - www.lamachineacoudes.fr - Fermé lundi et dimanche*

MANO

CUISINE MODERNE • BISTRO Dans une rue discrète d'un quartier résidentiel, ce bistrot contemporain à l'ambiance conviviale est l'antre gourmand de Maximilien Kuzniar. Ceviche de bar, purée de patate douce et sauce leche de tigre ; œuf parfait, purée de carotte et gingembre : des propositions qui sont le reflet d'une cuisine de saison simple et savoureuse. Très bon rapport qualité-prix pour les formules déjeuner, tandis que le dîner se fait plus ambitieux et créatif.

€€€ - *46 rue de l'Ancienne-Mairie - ✆ 07 88 62 81 49 - www.manoboulogne.com - Fermé samedi et dimanche*

PLANTXA

CUISINE MODERNE • COLORÉ Sous la houlette du célèbre Juan Arbelaez, le chef de ce bistrot signe une cuisine aux notes sud-américaines originale pleine de saveurs. Des assiettes soignées dont on se régale en toute décontraction, dans une ambiance conviviale et un décor arty. Vivifiant et bienvenu !

€€ - *58 rue Gallieni - ✆ 01 46 20 50 93 - www.plantxa.com - Fermé lundi, samedi et dimanche*

BOULOGNE-SUR-MER

✉ 62200 - Pas-de-Calais - Carte régionale n° **4**-A2

L'ÎLOT VERT

CUISINE MODERNE • CONTEMPORAIN Un véritable coup de cœur que ce restaurant aux airs de bistrot chic, où œuvre Tony Regnier, formé dans de belles maisons. Il signe une cuisine bien d'aujourd'hui - avec une pointe de créativité -, joliment tournée et savoureuse : couteaux en persillade, lard d'Arnad et piment d'Espelette ; navets confits aux deux currys, freekeh et jaune d'œuf confit ; gavottes, noix de cajou caramélisées, craquant praliné et sauce chocolat-gingembre... À déguster dans une salle décorée avec goût, ou sur la jolie terrasse fleurie.

♿ 🏞 🚌 - **€€** - *36 rue de Lille - ✆ 03 21 92 01 62 - www.lilotvert.fr - Fermé lundi et dimanche*

LA MATELOTE

CUISINE MODERNE • CONTEMPORAIN Une table familiale qui rend hommage aux femmes, c'est forcément de bon aloi ! La matelote est en effet la femme du... matelot, réputée experte en cuisson de poissons - tout comme cette table dédiée aux produits de la mer (mais pas seulement). Les poissons et les crustacés sont ici travaillés dans les règles de l'art et dans le respect d'une pêche durable. Côté desserts, on fait allégeance à la grande tradition de la pâtisserie française, à l'image du parfait chocolat tiède et biscuit noisette, un incontournable de la maison.

- €€€ - 80 boulevard Sainte-Beuve - 03 21 30 17 97 - www.la-matelote.com - Fermé jeudi midi

ORIZON

CUISINE MODERNE • CONTEMPORAIN Une sympathique adresse où les produits et les artisans de la Côte d'Opale et du Pas-de-Calais ont la cote ! Le chef Emmanuel Pillot et Laura Gambart se sont rencontrés au restaurant La Liégeoise à Wimereux — lui y était second, elle cheffe de rang. Dans l'assiette, aucun doute : ce chef expérimenté sait y faire. Jolie harmonie de saveurs en entrée avec cet œuf parfait, shiitakés de Wissant, persil et sarrasin ; gourmandise d'une volaille fermière moelleuse accompagnée de sa déclinaison de ratte du Touquet ; délicieux riz au lait revisité... Que du bonheur à l'Orizon !

- €€ - 124 boulevard Sainte-Beuve - 03 21 99 90 90 - www.restaurant-orizon.com - Fermé lundi et mardi, et dimanche soir

BOURG-CHARENTE

16200 - Charente - Carte régionale n° **18**-B2

LA RIBAUDIÈRE

Chefs : Thierry et Julien Verrat

CUISINE MODERNE • CONTEMPORAIN Une bâtisse contemporaine au charme bucolique, au bord de la Charente et face au château abritant la distillerie Grand Marnier. En salle comme en terrasse, le décor moderne met en valeur une cuisine d'auteur portée par le duo père-fils Thierry et Julien Verrat. Pain de campagne au levain et beurre à la truffe d'été ouvrent le bal, suivis de bouchées raffinées aux notes japonisantes : huître fumée au bois de hêtre, chawanmushi à l'anguille, mousse de foie de volaille au cognac XO. Les assiettes poursuivent ce voyage délicat : foie gras aux algues et dashi d'esturgeon, Saint-Pierre nacré au lard de Bigorre et civet végétal. Cuisine claire, franche, où la technique se fond dans le goût.

- €€€ - 2 place du Port - 05 45 81 30 54 - www.laribaudiere.com - Fermé lundi et mardi, et dimanche soir

LA TABLE DU FLEUVE

CUISINE DU MARCHÉ • DESIGN Signée Thierry et Julien Verrat, voilà une cuisine charentaise à la sauce bistronomique du plus bel aloi. Ici, le menu évolue au gré du marché. Ce jour-là, terrine de canard cloutée de foie gras et chutney de fruits secs ; soufflé de sandre, tombée d'épinard et beurre d'écrevisse ; ou encore une excellente tarte au citron meringuée. Aux beaux jours, on sert aussi sur quelques tables en terrasse. Un petit cocon chaleureux et plaisant, où la gourmandise se sent chez elle.

- €€ - 2 place du Port - 05 45 81 30 54 - www.latabledufleuve.com - Fermé lundi et mardi, et dimanche soir

BOURG-EN-BRESSE

01000 - Ain - Carte régionale n° **21**-B1

AGAVE

CUISINE FUSION • CONVIVIAL Dans une rue piétonne, Agave, comme la plante qui donne la téquila et le mezcal, dévoile une cuisine ouverte visible dès l'extérieur. Raphaël et Fernanda Pillon, couple franco-mexicain formé en pâtisserie, y fusionnent avec brio produits français et saveurs mexicaines. Après un passage au Mexique, ils reviennent sur les terres familiales du chef pour réaliser des assiettes équilibrées, parsemées avec justesse de multiples sauces et condiments : Saint-Jacques et salsa macha, rosbif façon pastrami flatté par une salsa verde, quasi de veau relevé d'un intense mole. Leur savoir-faire sucré achève l'expérience sur une agréable note gourmande.

- €€ - 27 rue Victor-Basch - 04 74 25 92 09 - www.agaverestaurante.com - Fermé lundi, mardi, et mercredi et dimanche à midi

METS ET VINS

CUISINE MODERNE • CONTEMPORAIN Ici œuvre Stéphane Prévalet, un chef adepte des produits du terroir local et du "fait maison", habile à s'extraire des sentiers battus de la tradition. On déguste ainsi une terrine de pot-au-feu de volaille de Bresse, mayonnaise à l'estragon ou une canette de la Dombes, purée de carottes au citron confit... le tout dans une salle épurée, décorée de troncs de bouleaux. Une adresse dans l'air du temps.

- €€ - 11 rue de la République - 04 74 45 20 78 - www.restaurant-metsetvins.com - Fermé lundi et mardi, et dimanche soir

L'AUBERGE BRESSANE

CUISINE CLASSIQUE • TRADITIONNEL Cette véritable institution fait la part belle aux spécialités régionales : cuisses de grenouilles fraîches, volaille de Bresse à la broche ou à la crème, et bien sûr l'incontournable quenelle de brochet, un modèle du genre. Terrasse avec vue sur l'église du monastère royal de Brou.

- €€€ - 166 boulevard de Brou - 04 74 22 22 68 - www.aubergebressane.fr - Fermé lundi et mardi

PLACE BERNARD

CUISINE TRADITIONNELLE • BRASSERIE Sous la houlette de Georges Blanc, cette imposante maison 1900 abrite une jolie brasserie ornée d'une fresque à la gloire de la dynastie familiale. Dans l'assiette, on retrouve avec plaisir le répertoire régional : volaille de Bresse à la crème, cuisses de grenouilles en persillade, quenelle de Brochet "comme à Nantua"... Agréable terrasse-véranda.

- €€ - 19 place Bernard - 04 74 45 29 11 - www.placebernard.com

SCRATCH RESTAURANT

Chef : Andréas Baehr

CUISINE MODERNE • CONTEMPORAIN Adhérents au mouvement Slowfood, Estelle et Andréas Baehr sont des passionnés qui mettent en avant de beaux produits frais, bio et parfois locaux. Parfaitement équilibrés et ficelés, les menus uniques, au déjeuner comme au dîner, administrent une véritable leçon gourmande où rien ne manque, à l'image de ce lieu jaune, pommes de terre grenaille safranées, coques et émulsion d'une soupe de poissons de roche. Bons conseils sur les vins, d'obédience naturelle.

L'engagement du chef : Nous proposons des menus uniques pour optimiser chaque produit en limitant les pertes. Nos produits locaux sont issus directement de petits producteurs dans leur quasi-totalité. Ces partenaires-artisans et nous-mêmes partageons un bon sens paysan, avec ou sans label. Les produits de la mer sont issus de filières de pêche française responsable.

- €€ - 2 bis rue Gustave-Doré - 04 27 53 49 86 - www.scratchrestaurant.fr - Fermé lundi et dimanche, et le soir sauf jeudi et vendredi

BOURGES

✉ 18000 - Cher - Carte régionale n° **16**-B2

LE BEAUVOIR

CUISINE MODERNE • CONTEMPORAIN Annie et Mickaël Landaud tiennent cette adresse familiale, élégante et accueillante, bien connue des Berruyers. Avec ses tons bleutés et ses esquisses d'inspiration végétale, la déco se veut une évocation des marais voisins... Le chef y concocte une appétissante cuisine actuelle, qui revisite avec malice les classiques de la gastronomie française. Pour finir le repas en beauté, le soufflé au chocolat, aérien, mousseux et au cœur crémeux... la spécialité de la maison, qui tient toutes ses promesses ! Agréable terrasse sur la cour à l'arrière.

- €€ - *1 avenue Marx-Dormoy - ✆ 02 48 65 42 44 - www.restaurant-lebeauvoir.com - Fermé mercredi, et mardi et dimanche soir*

HÔTEL DE BOURBON

MODERNE • ÉLÉGANT Une référence tant hôtelière qu'historique : l'ancienne abbaye, adjacente au charmant jardin des Prés Fichaux, abrite des chambres contemporaines.

- 58 chambres - *Boulevard de la République - ✆ 02 48 70 70 00*

VILLA C

MODERNE • RAFFINÉ Situé dans un quartier calme du nord de Bourges, non loin de la gare, ce manoir du 19e s. offre calme et discrétion. L'intérieur a gardé quantité de touches originelles, des vitraux à l'escalier de chêne, tandis que les vingt chambres (et une suite) sont de style contemporain. Le bar et le salon de l'hôtel servent des boissons et un menu léger toute la journée.

- 21 chambres - *20 avenue Henri Laudier - ✆ 02 18 15 04 00*

LE BOURGET-DU-LAC

✉ 73370 - Savoie - Carte régionale n° **21**-C2

ATMOSPHÈRES

Chef : Alain Perrillat-Mercerot

CUISINE CRÉATIVE • CONTEMPORAIN De Lamartine à Stendhal en passant par Maupassant, les écrivains sont nombreux à avoir célébré l'atmosphère du lac du Bourget et la vue sur le Revard. Le chef Alain Perrillat-Mercerot en a fait, lui, un splendide écrin pour sa cuisine créative et délicate, qui défend avec ferveur le terroir savoyard. Fort de solides bases classiques, il travaille avec une précision redoutable les poissons d'eau douce, les fromages locaux ou les myrtilles sauvages. À savourer au gré de deux menus uniques à la construction étudiée. Belle carte des vins, célébrant (entre autres) les cépages locaux.

L'engagement du chef : Le chef a toujours travaillé les produits locaux de saison - coopérative de fruits et légumes à La Motte-Servolex, maraîchers à Aix-les-Bains et Vimines, volailles de Bresse... Un jardin de simples permet à la cuisine de prélever des pousses d'herbes fraîches. Nous limitons nos emballages et nos déchets organiques sont valorisés en lien avec une plateforme agricole. Le linge est lavé sur place avec des lessives à faible impact environnemental.

- €€€€ - *618 route des Tournelles - ✆ 04 79 25 01 29 - www.atmospheres-hotel.com - Fermé lundi, mardi et dimanche*

LAMARTINE

Chef : Valentin Marin

CUISINE MODERNE • CONTEMPORAIN Perchée au-dessus du lac du Bourget, cette table familiale régale les gourmands depuis 1964. Aux commandes, Valentin Marin s'inspire notamment du terroir montagnard et lacustre mais ne s'interdit rien, ni le caviar, ni les autres produits de la mer. Pommes de terre fondantes aux œufs de brochet fumé, ris de veau caramélisé à la perfection, et dessert aérien autour de la fraise, empreint de fraîcheur. Le tout s'accompagne d'une mise en scène soignée, entre grandes baies vitrées et terrasse avec vue imprenable. Cette cuisine précise et généreuse est à la hauteur du cadre élégant et de l'ambiance vivante et vibrante.

- €€€€ - 3132 route du Tunnel, Bourdeau - 04 79 25 01 03 - www.lamartine-marin.com - Fermé lundi et mardi, et dimanche soir

BOURGOIN-JALLIEU

38300 – Isère – Carte régionale n° **21**–B2

MONSIEUR B

CUISINE MODERNE • BISTRO Voilà une adresse conviviale située en plein centre-ville piéton, où un jeune chef propose une bonne cuisine bistronomique sans esbroufe, fraîche et savoureuse. Les menus du midi et du soir changent chaque mois en suivant le marché et les saisons. Un exemple ? Le velouté de persil racine, Saint-Jacques, haddock, une entrée aux notes fumées délicates ; ou encore ce filet de poulet, petit épeautre, sauce suprême, bisque de crevette. Le menu du déjeuner est une aubaine !

- €€ - 80 rue de la Liberté - 09 70 66 15 11 - www.monsieurb-restaurant.com - Fermé lundi, dimanche et mardi midi

LE BOUSCAT

33110 – Gironde – Carte régionale n° **22**–B2

MAISON PAVLOV

CUISINE MODERNE • COSY Une ancienne chartreuse du 17e s. abrite désormais un petit boutique hôtel et sa table, dont la terrasse regarde la piscine ; on peut lui préférer aussi l'ambiance cosy de la salle, qui évoque un élégant boudoir (banquettes en velours, sièges en cannage et objets chinés). En symbiose avec cet écrin, on y déguste une cuisine soignée et réconfortante, puisant en partie dans le potager en permaculture de la maison, et mettant en avant des saveurs douces et délicates. Alléchant menu bistrot au déjeuner, carte résolument gastronomique au dîner.

- €€€ - 199 avenue de la Libération-Charles-de-Gaulle - 05 56 01 05 00 - www.maisonpavlov.com

RO'CHA

CUISINE MODERNE • CONVIVIAL Un cuisinier averti en vaut deux, surtout quand il arbore un col de MOF depuis 2007 : telle est la philosophie gourmande du chef Jean-Luc Rocha (qui a tenu les rênes de nombreux fourneaux étoilés). À chaque assiette, on goûte la patte d'un cuisinier sage et expérimenté qui maîtrise sans ostentation toutes les ficelles de son art, à l'image de cette délicieuse raviole d'escargot à la ricotta, accompagnée d'une sauce poulette. De bout en bout, les cuissons et les assaisonnements sont exécutés avec doigté, comme pour cette jolie noisette de veau rissolée, carotte au jus et asperges blanches. Très bon rapport qualité/prix dans un esprit bistrot le midi et cuisine plus ambitieuse le soir.

- €€ - 165 avenue d'Eysines - 05 57 65 15 29 - www.rocha-restaurant.fr - Fermé, lundi, samedi et dimanche soir

MAISON PAVLOV

MODERNE • CHARME Cette exquise chartreuse entourée d'un jardin exubérant offre un mélange de charme historique et de luxe moderne, loin de l'agitation de la ville. Personnes à mobilité réduite et familles avec enfants y trouvent tous les services aptes à satisfaire leurs besoins. Spa, séances de yoga privées et piscine chauffée pour un séjour réparateur.

- 8 chambres - *199 avenue de la Libération Charles de Gaulle - ✆ 05 56 01 05 00*

Maison Pavlov - Voir la sélection des restaurants

BOUTERVILLIERS

✉ 91150 - Essonne - Carte régionale n° **11**-B2

LA MAISON DES BLÉS - LE BOUCHE À OREILLE

CUISINE MODERNE • CONTEMPORAIN Un lieu contemporain, un intérieur moderne, et deux lieux pour se faire plaisir, la brasserie Louis et sa cuisine traditionnelle et la table gastronomique, le Bouche à Oreille... À chaque fois, du professionnalisme et des assiettes, qui mettent en valeur de beaux produits (homard, Saint-Jacques, foie gras entre autres) avec une pointe de créativité. Chambres modernes et confortables.

- €€€ - *19 rue du Périgord - ✆ 01 64 95 69 50 - www.lamaisondesbles.fr - Fermé dimanche soir*

BOUZIGUES

✉ 34140 - Hérault - Carte régionale n° **27**-D2

LA CÔTE BLEUE

POISSONS ET FRUITS DE MER • CLASSIQUE L'étang de Thau, haut-lieu de la conchyliculture languedocienne est réputé pour ses moules et les fameuses huîtres de Bouzigues. Mais il est également un espace de biodiversité magnifique sur terre, en mer ou dans les airs. Quelle chance donc de s'attabler en terrasse, surplombant ainsi les eaux de la lagune pour déguster des produits d'excellente fraîcheur : huîtres bien iodées, petits encornets en persillade, ou encore moules gratinées au beurre d'ail.

- €€ - *Avenue Louis-Tudesq - ✆ 04 67 78 31 42 - www.la-cote-bleue.fr - Fermé samedi soir et mercredi*

BOZEL

✉ 73350 - Savoie - Carte régionale n° **21**-D2

ACHILLÉE

CUISINE RÉGIONALE • MONTAGNARD Pieter Riedijk, l'ancien chef du Montgomerie (K2 Altitude), est descendu de Courchevel pour ouvrir ce bistrot de "cuisine de partage" au décor rustique chaleureux, centré sur de bons produits cuisinés simplement, dans un esprit "terroir et convivialité" : marmelade de cèpes et aubergine ; pièce de cochon rôti, pommes paille et béarnaise minute ; meringue à la rhubarbe... Souhaitant profiter davantage des richesses offertes par la région au printemps et à l'été, il sélectionne des produits fermiers des environs et pratique la cueillette. L'adresse qui manquait dans la vallée !

€€ - *87 rue Jean-Jaurès - ✆ 04 57 37 28 55 - www.restaurant-achillee.com - Fermé mardi, mercredi, et le midi sauf samedi et dimanche*

BOZOULS

✉ 12340 - Aveyron - Carte régionale n° **23**-C2

LE BELVÉDÈRE

CUISINE MODERNE • COSY Cette auberge rustique et chic offre une vue imprenable sur le fameux canyon de Bozouls, un cirque naturel creusé dans le causse. Le chef nourrit une passion contagieuse pour l'agriculture paysanne traditionnelle et les vins d'auteurs - à l'image de ce lard maison aux haricots verts, pommes de terre et yaourt des Causses.

- €€€€ - *11 route du Maquis-Jean-Pierre - ✆ 05 65 44 92 66 - www.belvedere-bozouls.com - Fermé du lundi au mercredi et dimanche soir*

LA ROUTE D'ARGENT

CUISINE TRADITIONNELLE • CONTEMPORAIN Au rez-de-chaussée de l'hôtel, un restaurant à la décoration moderne et lumineuse, dirigé avec énergie par Loïc et Océane Gay. Concoctés avec des produits de la région (truite et boeuf de l'Aubrac), on déguste des plats traditionnels généreux et gourmands à l'image de ce ris d'agneau en persillade, ou de cette poitrine de pigeonneau. Le traditionnel aligot est servi avec le plat principal.

♿ - €€ - *1 route de Gabriac - ✆ 05 65 44 92 27 - www.laroutedargent.com - Fermé lundi, mardi midi et dimanche soir*

BRACIEUX

✉ 41250 - Loir-et-Cher - Carte régionale n° **10**-C3

LE RENDEZ-VOUS DES GOURMETS

CUISINE TRADITIONNELLE • AUBERGE Depuis la création de cette chaleureuse table de campagne, Didier Doreau a su l'imposer comme un véritable rendez-vous de gourmets. Terrine de brochet à la Chambord ; petit pâté de gibier servi chaud et jus réduit ; tête de veau à l'ancienne ; gratin d'agrumes parfumé au Grand Marnier... Voilà le portrait-type d'un repas empreint de tradition et de fraîcheur, dans lequel on devine tout le soin apporté à la sélection des produits et à la construction gustative des plats. Autre signe distinctif du chef : son remarquable travail du gibier en saison (lièvre, chevreuil, cerf, sanglier et on en passe...) qui assure à sa table une solide réputation dans les parages !

♿ - €€ - *20 rue Roger-Brun - ✆ 02 54 46 03 87 - Fermé mercredi, samedi midi et dimanche soir*

BRANDO - Haute-Corse (2B) → Voir Corse

BRANTÔME

✉ 24310 - Dordogne - Carte régionale n° **18**-C2

LE MOULIN DE L'ABBAYE

CUISINE MODERNE • ÉLÉGANT Dans un village pittoresque où l'on voyage de la Préhistoire jusqu'à la Renaissance, ce restaurant occupe un environnement exceptionnel. Adossée à la falaise, cette dépendance de l'abbaye bénédictine de Brantôme déroule une magnifique terrasse au bord de la Dronne, face à un pont coudé du 16e s. La cuisine du chef, appuyée sur de bons produits, est fine et pourvue de jolies saveurs. Les cuissons sont justes et les dressages soignés. Charme contemporain et intemporel pour cette maison vénérable.

- €€€ - *1 route de Bourdeilles - ✆ 05 53 05 80 22 - www.moulinabbaye.com - Fermé lundi, mardi et du mercredi au vendredi à midi*

CHARBONNEL

CUISINE CRÉATIVE • COSY Une hostellerie emblématique du Périgord, située en plein cœur du charmant village de Brantôme. Confortablement installé dans la salle à manger s'ouvrant sur une plaisante terrasse qui surplombe la Dronne, on déguste une jolie cuisine de saison élaborée à partir de produits régionaux dûment sourcées et parsemée de touches asiatiques.

- **€€€** - *57 rue Gambetta - 05 53 05 70 15 - www.hotelrestaurantcharbonnel.com - Fermé lundi*

LE MOULIN DE L'ABBAYE

TRADITIONNEL • CHAMPÊTRE Un ravissant moulin et sa maison de meunier : voilà un cadre bucolique qui laisse rêveur ! Les chambres, empreintes de douceur romantique, sont bercées par le murmure d'une cascade. Quiétude, quand tu nous tiens...

- 20 chambres - *1 route de Bourdeilles - 05 53 05 80 22*

Le Moulin de l'Abbaye - Voir la sélection des restaurants

BREBIÈRES

62117 - Pas-de-Calais - Carte régionale n° **4**-C2

AIR ACCUEIL

CUISINE MODERNE • CONVIVIAL Près de l'aérodrome de Vitry-en-Artois, cette auberge spacieuse, à l'atmosphère chaleureuse, est le domaine de Franck Gilabert, passionné de jazz. Dans un décor évoquant cette musique, le chef propose une cuisine généreuse et authentique : parmentier d'oignon rouge et joue de bœuf confite ; carré de porc fermier avec saucisse de Morteau et boudin noir ; charlotte aux pommes et mascarpone. Aux beaux jours, la terrasse ensoleillée donnant sur le jardin est idéale pour savourer cette cuisine familiale.

- **€€** - *75 ter route Nationale - 03 21 50 01 02 - www.air-accueil-restaurant.com - Fermé lundi et mercredi, et dimanche soir*

BREITENBACH

67220 - Bas-Rhin - Carte régionale n° **8**-C1

NYD - 48° NORD N

Chef : Julien Schaffhauser

CUISINE MODERNE • ÉPURÉ Sur la route du Hohwald, en pleine nature, cet hôtel d'inspiration scandinave prône la sobriété et la déconnexion. Des valeurs que l'on retrouve à la table du restaurant, où l'on déguste, dans un décor rustique et intimiste, une généreuse cuisine faite avec des produits 100% bio et locaux, préparés en toute simplicité par un disciple du chef Jérôme Jaegle (Alchémille à Kaysersberg). Agréable terrasse avec vue sur l'Alsace sauvage et la Forêt-Noire au loin.

L'engagement du chef : Au cœur des Vosges alsaciennes, un modèle de sobriété : architecture scandinave, hyttes sans accès voiture ni écran, pour favoriser la déconnexion. Le domaine de 2 ha, classé Natura 2000, abrite un potager bio qui guide l'assiette. Les producteurs sont locaux et 100% bio, tout comme les 400 références de vins sélectionnées dans un rayon de 48 km. Même le spa suit cette logique avec un bain nordique chauffé au bois.

- **€€€** - *1048 route du Mont-Sainte-Odile - 03 67 50 00 05 - www.hotel48nord.com - Fermé lundi, dimanche le midi sauf samedi*

48° NORD

MODERNE • CHALEUREUX L'architecte paysagiste franco-danois Emil Leroy-Jönsson et l'architecte norvégien Reiulf Ramstad ont conçu ces cabines hautes, étroites et minimalistes, en bois nu. Dépassant des arbres d'un site protégé, elles offrent une vue imprenable sur la campagne. Certaines sont équipées de jacuzzis ou de saunas, et le style moderne nordique apporte sa note à la fois naturelle et chaleureuse aux intérieurs. Le lodge central sert le petit-déjeuner et le dîner, là encore avec vue sur les collines.

- **14 chambres** - *1048 route du Mont Saint-Odile - 03 67 50 00 05*

NYD - Voir la sélection des restaurants

BRÉLÈS

29810 - Finistère - Carte régionale n° **1**-A2

AUBERGE DE BEL AIR

CUISINE TRADITIONNELLE • AUBERGE Une charmante ferme en granit, posée au bord de l'Aber Ildut, avec un grand jardin et un étang. Dans l'assiette, une cuisine de la mer typique de la Bretagne, à l'image de ce filet de lieu jaune à la crème de homard. Quant au cadre, rustique, il prête à la tranquillité...

- €€ - *1 Moulin de Bel-Air - 02 98 04 36 01 - www.restaubergedebelair.com - Fermé lundi, mardi midi et dimanche soir*

BREM-SUR-MER

85470 - Vendée - Carte régionale n° **14**-A2

LES GENÊTS

Chef : Nicolas Coutand

CUISINE CRÉATIVE • CONTEMPORAIN À quelques kilomètres des Sables-d'Olonne, une maison de maître, rénovée avec originalité, accueille le couple talentueux formé par Nicolas et Amélie Coutand. Le chef a notamment travaillé chez les Troisgros à Roanne et à L'Amphitryon à Lorient. Adepte de la fraîcheur et la saisonnalité, il propose une cuisine créative, enlevée et savoureuse, et met un point d'honneur à cuisiner des produits de la région ou réputés moins nobles – comme la sardine, le maquereau et le merlu. Un grand potager de 1400 mètres carrés apporte une touche végétale à des assiettes légères, d'une grande finesse, et proposées à des prix raisonnables.

- €€€ - *21 bis rue de l'Océan - 02 51 96 81 59 - www.restaurant-les-genets.fr - Fermé lundi et mardi*

LA BRESSE

88250 - Vosges - Carte régionale n° **7**-C3

ANICO

CUISINE MODERNE • CONTEMPORAIN Au cœur de cette station des Hautes-Vosges, voici une sympathique adresse contemporaine qui tire son nom de la contraction des prénoms de ses propriétaires, Anita en salle, et Nicolas, en cuisine. Dans un cadre chaleureux de pierre et de bois, le chef mosellan propose une cuisine personnalisée qui marie les bons produits d'ici (bœuf Wagyu, truite, escargots, pois chiches et lentilles) avec des techniques et des saveurs glanées pendant ses nombreux voyages.

- €€ - *30 Grande-Rue - 03 29 25 41 97 - www.anico-restaurant.com - Fermé lundi et mardi, et dimanche soir*

BRESSIEUX

38870 - Isère - Carte régionale n° **21**-B2

AUBERGE DU CHÂTEAU

CUISINE MODERNE • CONVIVIAL Christèle et Xavier Vanheule, passionnés de cuisine et de bons vins, donnent le meilleur d'eux-mêmes pour faire de leur auberge une belle maison. Les produits viennent des fermes environnantes et débordent de fraîcheur. Tout en contemplant les monts du Lyonnais, on se régale de plats aux saveurs bien marquées, comme ce filet de canette de la Dombes, purée de pois cassés, poitrine de cochon grillée.

- €€€ - 67 montée du Château - 04 74 20 91 01 - www.aubergedebressieux.fr - Fermé mardi et mercredi, et lundi et dimanche soir

BRESSON

38320 - Isère - Carte régionale n° **21**-C3

CHAVANT

CUISINE CLASSIQUE • ÉLÉGANT Voilà une délicieuse maison familiale (ouverte depuis 1852) au cadre fort agréable, qu'on s'installe dans la salle à manger bourgeoise pleine de cachet (tables rondes et nappes de coton blanc, argenterie, plafond à la française, boiseries, cheminée) ou sur la terrasse idyllique aux beaux jours. C'est dans cette atmosphère que le chef Fabien Capogna délivre une partition classique sobrement modernisée. Un exemple ? Le ris de veau croustillant et laqué, carotte fondante et condiments acidulés, Porto rouge. Mme Chavant, présente en salle, vous réserve un accueil des plus chaleureux ; son seul mot d'ordre : le client est roi ! Chambres spacieuses et piscine pour prolonger l'étape.

- €€€ - 2 rue Émile-Chavant - 04 76 25 25 38 - www.chavanthotel-boutique.com - Fermé lundi et dimanche

BREST

29200 - Finistère - Carte régionale n° **1**-A2

L'EMBRUN

Chef : Guillaume Pape

CUISINE MODERNE • CONTEMPORAIN Guillaume Pape, ancien candidat de Top Chef passé par les cuisines du chef Olivier Bellin à l'Auberge des Glazicks, s'épanouit dans un lieu moderne, doté d'une cuisine ouverte, pour proposer une cuisine de saison et de terroir, fidèle à la qualité des produits. Parmi ses créations, on retrouve notamment le lieu jaune de ligne brûlé à la flamme, accompagné d'une raviole de butternut et de coquillages, le tout rehaussé d'une sauce champagne. En dessert, son emblématique "Douceur de Lait" séduit avec une mousse de riz au lait, confiture de lait, crème glacée à la vanille et opaline au lait.

PLAN : A1-1 *- €€€ - 48 rue de Lyon - 02 98 43 08 52 - www.lembrunrestaurant.fr - Fermé lundi, dimanche et mardi midi*

PECK & CO

CUISINE MODERNE • CONTEMPORAIN Le chef et sa compagne ont transformé leur ancienne table gastronomique en un lieu plus convivial et décontracté, dans l'air du temps, avec son décor contemporain et sa cuisine ouverte. Romain, le chef, n'a rien perdu de son talent. Il compose un menu au gré du marché avec de savoureuses recettes bien parfumées et soignées, comme ce pavé de merlu, déclinaison de chou de Pontoise et beurre blanc à l'estragon. Le rapport qualité/prix est excellent, les assiettes parfaitement pensées et le service aimable et souriant : la clientèle ne s'y trompe pas, c'est un vrai coup de cœur !

PLAN : A1-2 *- € - 23 rue Fautras - 02 98 43 30 13 - www.peckandco.fr - Fermé lundi et dimanche*

HINOKI

CUISINE JAPONAISE • ÉPURÉ Un vrai restaurant japonais sur Brest ? Hinoki est dirigé par le chef Xavier Pensec, Breton passionné de la cuisine de l'archipel. Les poissons de pêche locale sont choisis avec une précision remarquable, puis travaillés au comptoir où le chef déploie un réel savoir-faire dans l'art du sushi et une fine connaissance des produits. Sushis et makis façonnés sous vos yeux, geste sûr, virtuosité tranquille. Une expérience qui frôle le cérémonial.

PLAN : B1-3 – **€€€€** – *6 rue des 11-Martyrs – ✆ 06 64 21 68 46 – www.hinoki-sushi.com – Fermé lundi, dimanche et le midi*

LE M

CUISINE MODERNE • CONTEMPORAIN Au sein de cette charmante maison bourgeoise typiquement bretonne, dans le quartier de Kerinou au centre de Brest, l'ambiance est contemporaine et élégante. Dans l'assiette, on se laisse porter par la cuisine actuelle, colorée, parfois marquées par des influences voyageuses du chef Philippe Le Bigot. Il met d'ailleurs à contribution les producteurs locaux (poisson, volaille, légumes...). L'été, on met le cap sur l'agréable terrasse, cadre paisible et agréable.

HORS PLAN – **€€€** – *22 rue du Commandant-Drogou – ✆ 02 98 47 90 00 – www.restaurant-lem.com – Fermé lundi et dimanche*

LA TENTATION DES METS (N)

CUISINE TRADITIONNELLE • CONTEMPORAIN Une table en bleu au cœur de Brest ! Derrière une façade bleu océan, ce petit bistrot contemporain cultive une simplicité sans faux-semblant. Aux commandes, un enfant du pays qui a fait ses classes en ville avant de lancer sa propre adresse. L'esprit est direct : des assiettes lisibles, des produits bien choisis et une cuisine traditionnelle sans détour. Le midi, une formule sobre et efficace. Le soir, des produits plus nobles se glissent dans un menu plus charpenté : velouté de chou-fleur et amandes, lieu jaune parfaitement nacré, épinard, citron confit et wasabi. Un lieu à l'image de sa cuisine : sincère, vivant et convivial.

PLAN : A1-4 - **€€** - *2 rue de l'Observatoire - ✆ 02 98 85 22 72 - Fermé lundi, dimanche et samedi midi*

L'AMIRAUTÉ BREST

MODERNE • ÉLÉGANT Dans le cœur battant de Brest, l'hôtel est connu pour son service exceptionnel. Ses chambres spacieuses offrent tranquillité et confort, avec tous les équipements nécessaires. Restaurant privilégiant les produits locaux. Salles de réunions, séminaires et conférences bien équipées.

- **90 chambres** - *41 rue Branda*

BRÉTIGNOLLES-SUR-MER

85470 - Vendée - Carte régionale n° **14**-A2

JEAN-MARC PÉROCHON

Chef : Jean-Marc Pérochon

CUISINE MODERNE • CONTEMPORAIN Attablé derrière les grandes baies vitrées du restaurant, on admire les reflets du soleil sur l'Atlantique... Un sacré loup de mer y a posé l'ancre : Jean-Marc Pérochon a pris la mer à l'âge de 17 ans, quand il a traversé la Manche direction l'Écosse, avant de parcourir l'Europe et le monde jusqu'aux Antilles. Mais c'est dans son hôtel-restaurant vendéen que sa cuisine a atteint l'épure : tout en saveurs exotiques, en extractions, en jus et émulsions, elle se révèle très percutante. Il faut dire aussi qu'elle s'appuie sur des produits impeccables : notamment les poissons et les crustacés de la criée de Saint-Gilles-Croix-de-Vie (qui dominent la carte), mais aussi la volaille de Challans et les légumes des maraîchers locaux.

- **€€€** - *63 avenue de la Grande-Roche - ✆ 02 51 33 65 53 - www.lesbrisants.com - Fermé lundi et mardi*

LE BREUIL-EN-AUGE

14130 - Calvados - Carte régionale n° **2**-C2

LE DAUPHIN

CUISINE MODERNE • AUBERGE Avec ses colombages et sa charmante atmosphère, cette bâtisse typique du pays d'Auge est aujourd'hui le repaire d'un jeune couple qui rend hommage aux produits du terroir normand. La cheffe hollandaise réalise une cuisine moderne et inspirée, à l'image de cette lotte aux petits pois, caviar d'aubergine et émulsion florale, ou encore de cette tarte Tatin avec sa glace vanille, d'une gourmandise à se damner !

€€ - *2 rue de L'Église - ✆ 02 31 65 08 11 - www.ledauphin-restaurant.com - Fermé lundi, et mercredi et dimanche soir*

BRIANÇON

✉ 05100 – Hautes-Alpes – Carte régionale n° **24**–D1

AU PLAISIR AMBRÉ

CUISINE MODERNE • CONVIVIAL Dans la rue principale de la Cité Vauban, la devanture vitrée abrite une salle récemment rénovée, claire et boisée, où l'accueil souriant ajoute à la convivialité. On y savoure un gaspacho de courgette à l'huile d'olive, très parfumé, rehaussé d'un sorbet tomate et d'une mousse de chèvre frais, ou encore un magret de canard dodu et juteux, accompagné d'un houmous au citron vert et de framboises acidulées. Une table tenue depuis plus de dix ans par Michaël Chassigneux, devenue un repère incontournable de Briançon.

€€ – *26 Grande Rue – ✆ 04 92 52 63 46 – www.auplaisirambre.com – Fermé mercredi et jeudi*

LE PÊCHÉ GOURMAND

CUISINE MODERNE • CONTEMPORAIN Au bord de la Guisane, un restaurant tenu par un couple franco-australien passionné de gastronomie : Sharon élabore une cuisine de saison délicate et créative, tandis que Jimmy orchestre salle et choix des vins. Langoustine, homard bleu, pigeon royal ou turbot sont travaillés avec soin, et les saveurs méridionales s'invitent dans le tartare de bœuf aux tomates confites, mayonnaise à la livèche et sorbet tomate, ou dans la fleur de courgette en tempura farcie au yaourt de brebis et sauce piquillos. Service aimable et attentif.

P – **€€€** – *2 route de Gap – ✆ 04 92 21 33 21 – www.peche-gourmand.com – Fermé lundi, dimanche et samedi midi*

BRIANT

✉ 71110 – Saône-et-Loire – Carte régionale n° **17**–B2

AUBERGE DE BRIANT

CUISINE TRADITIONNELLE • CONTEMPORAIN La salle à manger, contemporaine et lumineuse, surplombe la campagne environnante. On profite des bons plats du chef, Filipe, mettant notamment en avant le bœuf de race charolaise... et des bons desserts d'Angélique, son épouse, qui assure aussi un accueil charmant !

♿ P – **€€** – *21 route du Brionnais – ✆ 03 85 25 98 69 – www.aubergedebriant.com – Fermé dimanche soir*

BRIE-COMTE-ROBERT

✉ 77170 – Seine-et-Marne – Carte régionale n° **11**–C1

LA FABRIQUE

CUISINE MODERNE • INDUSTRIEL Au cœur d'une ancienne tuilerie, ce loft d'esprit industriel est bien caché au bout d'une petite allée, et il fait bon s'y régaler dans une atmosphère jeune et décontractée... Une adresse d'aujourd'hui, une cuisine basée sur des produits exclusivement sélectionnés à Rungis, moderne et volontiers créative, avec quelques fulgurances !

♿ P – **€€€** – *1 bis rue du Coq-Gaulois – ✆ 01 60 02 10 10 – www.restaurantlafabrique.fr – Fermé lundi, dimanche, samedi midi, et mardi et mercredi soir*

BRIGNOGAN-PLAGE

✉ 29890 - Finistère

HÔTEL DE LA MER

MODERNE • CHALEUREUX L'Hôtel de la Mer, surplombant les récifs et la plage de la Côte des Légendes, est un lieu délicieux : chambres spacieuses avec vue sur le littoral, espace bien-être avec sauna, hammam et jacuzzi... Ici, on cuisine éco-responsable, à base de produits du terroir, et zéro déchet.

- 26 chambres - *Plage des Chardons Bleus - 02 98 43 18 47*

BRIOLLAY

✉ 49125 - Maine-et-Loire - Carte régionale n° **9**-C2

L'ATTILIO - BRIOLLAY

CUISINE MODERNE • ÉLÉGANT Beau petit château du 17e s. et charmant manoir du 15e s. dans un parc bordant le Loir. L'élégante salle à manger rénovée dans une veine contemporaine aux tons clairs et l'agréable terrasse dominant la vallée servent d'écrin à une cuisine modernisée par le chef italien Attilio Marrazzo. Ce dernier choisit des produits de qualité - notamment dans son potager - et livre des plats bien maîtrisés techniquement (volaille fermière, fricassée de girolles persillées, salade du potager façon César), qu'on peut accompagner de bons vins (carte principalement dédiée aux appellations de la région).

- €€€€ - *Château de Noirieux, 26 route du Moulin - 02 41 42 50 05 - www.lattilio-briollay.com*

CHÂTEAU DE NOIRIEUX

ÉLÉGANT • VERDOYANT Dans un joli parc planté d'arbres centenaires de la vallée du Loir, le Château de Noirieux est un hôtel de luxe qui comprend plusieurs bâtisses historiques magnifiquement restaurées : un château, un manoir du 16e s., une chapelle et une orangerie. Un soin extrême du détail préside à la décoration des élégantes chambres et suites aux palettes ivoire, tout comme des espaces extérieurs, spa et piscine inclus. Le somptueux petit-déjeuner est d'ailleurs servi dans la véranda ensoleillée.

- 19 chambres - *26 route du Moulin - 02 41 42 50 05*

L'Attilio - Briollay - Voir la sélection des restaurants

BRISCOUS

✉ 64240 - Pyrénées-Atlantiques - Carte régionale n° **25**-A2

MAISON JOANTO

CUISINE TRADITIONNELLE • CONTEMPORAIN Joanto, c'est "Petit Jean" en basque... et pourtant, voilà bien une demeure qui ne mérite aucun diminutif ! Sa belle architecture traditionnelle, son ambiance chaleureuse, tout séduit, et plus encore la cuisine généreuse de son chef, passé par de belles maisons. Cuisine goûteuse et soignée, où le terroir basque fait le plein de saveurs : pâté en croûte, agneau de lait des Pyrénées confit au jus, baba du Sud-Ouest. Le rapport qualité-prix a tout... d'un grand.

- €€ - *9 chemin du Village - 05 59 20 27 70 - www.maisonjoanto-restaurant.com - Fermé lundi et mardi, et mercredi, jeudi et dimanche soir*

BRIVE-LA-GAILLARDE

✉ 19100 – Corrèze – Carte régionale n° **19**-B3

LA TABLE D'OLIVIER

Chef : Pierre Neveu

CUISINE MODERNE • COSY À la Table d'Olivier, Pierre est en cuisine tandis que sa compagne Fanny, pâtissière de talent, participe également au service. Normand d'origine, il s'épanouit avec passion dans cette Corrèze qu'il a adoptée. Située au cœur de la ville, cette charmante maison aux pierres apparentes arbore un mobilier contemporain et des luminaires design, créant une ambiance élégante. Sa cuisine au goût du jour, offrant un excellent rapport qualité-prix, se distingue par son élégance, sa gourmandise et ses assiettes colorées : huîtres pochées, bar mariné aux agrumes accompagné d'un sorbet citron-vodka ; filet et ris de veau, raviole de chanterelle et ail noir ; biscuit moelleux au chocolat, crémeux aux noix de pécan, clémentine et sorbet aux agrumes. Une adresse qui mérite qu'on s'y attable sans tarder !

♿ A/C – **€€€** – *3 rue Saint-Ambroise – ✆ 05 55 18 95 95 – Fermé lundi, dimanche et mardi midi*

INSPYRATION

CUISINE MODERNE • COSY Le voyageur remarque forcément cette maison corrézienne en pierre du cru et toit d'ardoise sur la route principale qui mène à Brive-la-Gaillarde. À l'intérieur, on se sent bien d'emblée grâce à un décor apaisant (parquet, tables en chêne, fauteuils en cuir et tissu) et au sourire accueillant d'un chef décontracté. Le chef cuisine à l'instinct et propose des menus à l'aveugle en travaillant en vrai locavore. Ses assiettes gourmandes, comme cette poitrine de veau du Limousin, betterave fumée, ketchup de carotte et purée de panais ne manquent jamais ni de couleur ni de précision.

♿ A/C P – **€€** – *142 avenue du Président-Henri-Queuille – ✆ 09 81 02 36 76 – www.restaurant-inspyration.fr – Fermé lundi et dimanche, et le soir sauf vendredi et samedi*

EN CUISINE

CUISINE MODERNE • CONVIVIAL Dans ce restaurant raffiné, on s'installe dans un décor aux accents scandinaves, ou sur la terrasse ensoleillée. En cuisine, c'est un concentré de finesse et de saveurs, à l'image de ce bœuf limousin en deux façons, accompagné d'un croustillant façon pissaladière des plus gourmands. Tout est maîtrisé, on applaudit !

♿ A/C – **€€** – *39 avenue Édouard-Herriot – ✆ 05 55 74 97 53 – www.encuisine.net – Fermé lundi et dimanche*

MOON

CUISINE CRÉATIVE • CONTEMPORAIN Dans cette maison de pays briviste, le chef Nicolas Laval, d'origine corrézienne, a choisi une déco sobre et contemporaine dans des tons de bois clair, bleu et blanc, pour mieux évoquer l'univers marin qu'il affectionne. Dans l'assiette, viandes et volailles de provenance locale ne sont pas oubliées pour autant : effiloché de joue de bœuf, mousse de panais et réduction de vin rouge ; merlu de ligne, chou-fleur, gremolata à l'orange et vinaigrette aux agrumes. Une cuisine plutôt créative, toujours maîtrisée et soucieuse du petit détail gourmand qui fait plaisir !

♿ A/C – **€€** – *27 avenue Pasteur – ✆ 05 55 23 71 58 – www.restaurantmoon.fr – Fermé lundi, dimanche et mercredi midi*

LE BROC

✉ 63500 - Puy-de-Dôme - Carte régionale n° **20**-B2

ORIGINES

Chef : Adrien Descouls

CUISINE CRÉATIVE • DESIGN Est-ce l'Auvergne, sa région natale, qui inspire à Adrien Descouls cette cuisine pleine de fraîcheur ? Tout près d'Issoire, dans ce bâtiment moderne perché juste à côté d'un château du 14e s., le chef affirme ses qualités sans jamais en rajouter : choix du produit, capacité à mettre en valeur le terroir local (et le potager de la maison !), et cette jeunesse, qui permet parfois de déplacer des volcans ! Un style plutôt contemporain et épuré, mais qui peut toutefois lorgner vers une cuisine plus classique et réconfortante sur certains plats, à l'image de l'excellent médaillon de volaille farci, sabayon aux cèpes d'été et jus corsé. Au déjeuner, on propose uniquement la carte du bistrot Le Basalte : une option qui permet de profiter de la vue magique et d'apprécier la cuisine du chef dans une version plus simple.

L'engagement du chef : Le lieu cultive une cuisine de proximité : poissons de rivière, producteurs dans un rayon de 50 km et un potager de 2 000 m² en permaculture qui fournit les herbes aromatiques et sert de « laboratoire » pour introduire de nouvelles variétés. Chaque produit est utilisé dans son entièreté, le reste composté. La consommation énergétique est réduite grâce au parquet chauffant basse température et aux hottes récupérant la chaleur des cuisines. La carte des vins est bio ou biodynamique à 85 %.

- **€€€€** - *Rue du Clos-de-la-Chaux - 04 73 71 71 71 - www.restaurant-origines.fr - Fermé lundi et dimanche*

HÔTEL RESTAURANT ORIGINES PAR ADRIEN DESCOULS

MODERNE • CHALEUREUX Un établissement résolument moderne, aux chambres et suites décorées dans des tons neutres, chaleureux et apaisants. Le mobilier fait la part belle au chêne brut et aux matériaux naturels comme la pierre volcanique locale. Toutes regorgent de détails raffinés et originaux, quoique toujours dans l'épure, et la suite la plus luxueuse dispose d'un bain à remous au pied du lit. Petit-déjeuner composé des meilleurs ingrédients locaux.

- **12 chambres** - *Rue du Clos de la Chaux - 04 73 71 71 71*

Origines - Voir la sélection des restaurants

BROCHON

✉ 21220 - Côte-d'Or - Carte régionale n° **12**-C3

LA TABLE D'ÉOLE

CUISINE MODERNE • RÉGIONAL Sylvain Gauthey (ex-Maison des Cariatides à Dijon) et son épouse Valentine se sont installés dans une belle maison en pierre traditionnelle au cœur de ce village viticole bourguignon. Il n'y a pas de menu ici, mais une petite carte dont les intitulés font saliver. Tout au long du repas, le tour de main ne faiblit pas, soutenu par des associations de saveurs gagnantes (Saint-Jacques, mousseline de chou-fleur, vierge de pomme verte et noisette, touche de gingembre). La note sucrée finale vise juste dans la saison avec un dessert autour de la poire. En salle, deux ambiances se côtoient : la première, contemporaine, dans des nuances de gris, avec une cuisine vitrée ; la seconde, sous une voûte en pierre, plus chaleureuse et authentique.

- **€€** - *9 place Jolyot-de-Crébillon - 03 80 61 23 06 - www.la-table-deole.eatbu.com - Fermé samedi et dimanche, et le soir sauf jeudi et vendredi*

BRUZ

35170 – Ille-et-Vilaine – Carte régionale n° **9**-B2

RÉCOLTE

CUISINE MODERNE • ÉPURÉ On récolte ce que l'on sème : prenez un chef voyageur et aguerri (Le Chabichou, Saturne), des produits frais de saison, cuisinez le tout dans une veine bistronomique, et le tour est joué. Ce midi, velouté de lentilles crémeux à qui mieux mieux et abats de volaille ; impeccable rouget, crème de champignons et légumes racines savoureux ; pavlova croquante à l'extérieur, fondante à l'intérieur, et crème légère au poivre de Timut aux arômes d'agrumes prononcés. Mon tout se déguste dans un petit restaurant au cadre sobre (carrelage effet bois, murs blancs, cuisine ouverte).

*– **€€** – 2 rue Gaudrine – 02 99 01 96 59 – www.restaurant-recolte.com – Fermé lundi et dimanche, et mercredi soir*

BRY

59144 – Nord – Carte régionale n° **4**-C2

LE CAMÉLIA N

CUISINE MODERNE • CONTEMPORAIN Dans un château de 1800 en briques et pierres blanches typique du Nord, le décor pimpant et accueillant séduit par son alliance d'ancien et de moderne : bar et salons cosy, salle à manger baignée de lumière et ouverte sur un parc arboré. Le chef magnifie des produits rigoureusement sélectionnés dans une cuisine précise, savoureuse, aux cuissons millimétrées : turbot en croûte de pain, fondue de pousses d'épinards et beurre blanc au corail d'oursin ; filet de bœuf maturé flambé au poivre, poêlée de champignons en persillade... Lisibilité des assiettes, gourmandise et personnalité sont au rendez-vous.

*– **€€** – 17 rue de l'Église – 03 27 51 53 91 – www.lecameliadebry.com – Fermé lundi, mardi et dimanche*

BUÉ

18300 – Cher – Carte régionale n° **16**-B1

FLACONS

CUISINE MODERNE • CONTEMPORAIN Dans ce charmant village viticole du sancerrois, Momento est devenu Flacons, un concept plus simple de bistronomie et cave à manger. Dans une salle moderne et cosy, on apprécie une courte carte de saison renouvelée tous les mois. Ambiance conviviale.

*– **€€** – 5 rue de la Cure – 02 48 78 07 99 – Fermé lundi, mardi et mercredi midi*

BUELLAS

01310 – Ain – Carte régionale n° **21**-B1

L'INTIMISTE - AUBERGE DE BUELLAS

CUISINE MODERNE • CONTEMPORAIN Au centre du village de Buellas, le chef Christophe Favre propose une cuisine moderne teintée d'une créativité mesurée. Son originalité ? Un menu unique, sans choix, autour d'un ou plusieurs légumes ou fruits de saison et changeant tous les 15 jours. Aussi le navet est-il décliné en mousseline, rôti au beurre, en crémeux, confit (sans oublier le « navet boule d'or » en dessert), et accompagné de produits de qualité (bar de ligne,

paleron de bœuf charolais, orange de Nice) dont les cuissons sont maîtrisées. Menu homard présent presque toute l'année sur commande ; cuisine plus traditionnelle au bistrot de l'Auberge. Accueil des plus sympathiques.
- €€€ - 10 route de Buesle - 04 74 24 20 20 - www.auberge-buellas.com - Fermé du lundi au mercredi, jeudi midi et dimanche soir

LE BUISSON-DE-CADOUIN

24480 - Dordogne - Carte régionale n° **18**-D3

AUBERGE DE L'ESPÉRANCE

CUISINE TRADITIONNELLE • AUBERGE Âmes désespérées, courez dans cette adresse qui saura vous redonner foi en la vie ! L'accueil de la patronne n'est que sourire et chaleur, et la cuisine est pleine de jolies attentions, alliant fraîcheur et franche gourmandise. Voilà qui rappelle que les plaisirs simples sont parfois les plus marquants…
- €€ - 3 avenue des Sycomores - 05 53 74 23 66 - www.lesperance.eatbu.com/?lang=fr - Fermé mardi et mercredi

BUSNES

62350 - Pas-de-Calais - Carte régionale n° **4**-B2

LA TABLE DE CHRISTOPHE DUFOSSÉ

Chef : Christophe Dufossé

CUISINE MODERNE • ÉLÉGANT Le chef Christophe Dufossé s'épanouit pleinement dans sa région natale : sa cuisine le prouve. Dans cette belle demeure sise au milieu d'un parc, agrandie d'une lumineuse verrière contemporaine, il défend une gastronomie terre-mer organique, autonome et durable, axée sur le végétal et les produits du Nord. Chaque plat est travaillé avec une délicatesse qui n'exclut pas la générosité, relevé de sauces profondes de facture classique. Et la réussite est là, à l'image de cette lotte gratinée au sabayon iodé et son "petit ragoût instantané palourde, couteau, coque". Soulignons enfin le travail sur le pain et les douceurs, dont l'inénarrable et pantagruélique chariot de mignardises.

L'engagement du chef : Le restaurant s'appuie sur un réseau de plus de 30 producteurs locaux (bœuf Angus et échalote de Busnes, safran, pêche de la Côte d'Opale…) pour favoriser les circuits courts. Le potager (irrigué par les sources du domaine et les douves) et le verger assurent une grande partie des besoins du restaurant. Le parc abrite également un conservatoire d'agrumes, une fermette qui se visite, un jardin aromatique en permaculture, des ruches et des nichoirs.
- €€€€ - 1098 rue de Lillers - 03 21 68 88 88 - www.ledomainedebeaulieu.fr - Fermé lundi, mardi, jeudi midi et dimanche soir

CÔTÉ JARDIN

CUISINE MODERNE • CONTEMPORAIN La brasserie contemporaine du château de Beaulieu propose une cuisine entre tradition et modernité, imaginée par le chef Christophe Dufossé. Le lieu est superbe et les assiettes sont soignées et de belle qualité : œuf poché, champignon portobello frit et crémeux de la forêt ; maquereau de la Côte d'Opale, chou rouge cuisiné et poitrine fumée ; tarte aux noix, crémeux chocolat au lait et glace noix… Barbecue en été sur la grande terrasse, plats mijotés en hiver.
- €€ - 1098 rue de Lillers - 03 21 68 88 88 - www.ledomainedebeaulieu.fr

LE CHÂTEAU DE BEAULIEU

CLASSIQUE • CHARME Promesse d'un week-end de charme dans cette vénérable demeure en brique de 1680, sise dans un grand parc (jardin aromatique, vignes). Élégantes et feutrées, les chambres sont très confortables et d'une quiétude incomparable. Grand espace séminaires.

- 28 chambres - *1098 rue de Lillers - 03 21 68 88 88*

La Table de Christophe Dufossé • Côté Jardin - Voir la sélection des restaurants

LA BUSSIÈRE-SUR-OUCHE

21360 - Côte-d'Or - Carte régionale n° **12**-C3

LE 1131 - ABBAYE DE LA BUSSIÈRE

CUISINE MODERNE • HISTORIQUE Pouvait-on rêver lieu plus inspirant qu'une abbaye cistercienne du 12e s. ? Sous ces impressionnantes voûtes en croisées d'ogives, on propose une cuisine actuelle aux dressages soignés, qui fait la part belle aux produits nobles : saint-pierre, ris de veau, pigeon de Mesquer... Prolongez votre méditation dans le parc de 7 hectares ou dans l'une des luxueuses chambres.

- €€€€ - *Route départementale 33 - 03 80 49 02 29 - www.abbayedelabussiere.fr/fr/restaurant-1131.html - Fermé lundi, mardi et le midi*

ABBAYE DE LA BUSSIÈRE

CLASSIQUE • CALME A une trentaine de kilomètres de Dijon et des premiers Grands Crus de Bourgogne, l'Abbaye de la Bussière a troqué ses moines pour une clientèle plus hédoniste. Entourée de plusieurs hectares de parcs et de vignobles, cette abbaye cistercienne du 12e s., transformée en 2005, a intégré avec bonheur ses rosaces, arcades et colimaçons dans le contexte hôtelier. Toutes différentes, les douze chambres sobrement décorées ont su jouer avec les charpentes pour proposer de belles salles d'eau (bains à remous, porte-serviettes chauffants...).

- 20 chambres - *19 rue de Saint-Aubin - 03 80 49 02 29*

Le 1131 - Voir la sélection des restaurants

BUZANÇAIS

36500 - Indre - Carte régionale n° **15**-C2

PÉRÉGRINATIONS

CUISINE MODERNE • CONTEMPORAIN Non loin du parc naturel régional de la Brenne, Franck Gatefin poursuit ses pérégrinations gourmandes avec une attention particulière au choix des produits : il s'approvisionne en poissons d'eau douce qu'il prépare selon la méthode ikejime, et en légumes bio auprès de son jardinier attitré. Passionné de botanique, il cultive lui-même plus de 150 herbes aromatiques sur sa cour-terrasse. Ses belles assiettes, qui privilégient le poisson et le végétal, attestent de son engagement. Accueil aimable et attentionné.

- €€€ - *1 rue Victor-Hugo - 06 31 30 71 86 - www.restaurant-peregrinations.fr - Fermé lundi, mardi, du mercredi au vendredi à midi, et dimanche soir (transfert prévu 1er trimestre 2026 à Villedieu-sur-Indre au 42 avenue du Général-de-Gaulle)*

CABOURG

✉ 14390 - Calvados - Carte régionale n° **2**-C2

SYMBIOSE

Chef : Charles-Antoine Jouxtel

CUISINE MODERNE • CONTEMPORAIN Symbiose comme l'union de deux âmes, celle du chef et de sa compagne sommelière, celle de la cuisine et du vin, leurs passions respectives, symbiose enfin de deux formules servies dans deux salles différentes. La première se présente comme un "bar à dégustation" de plats aux influences plus ou moins lointaines à partager (ceviche de maigre, leche de tigre, guacamole) ; dans la seconde, le choix oscille entre deux menus dégustation (auxquels s'ajoute un troisième plus court pour le déjeuner). Le chef, passé par de grandes maisons, s'inspire essentiellement des traditions et produits normands, qu'il manie avec créativité. Une recommandation pour finir le repas en beauté : l'éloge de la pomme et de son eau de vie, sous forme de tarte Tatin revisitée et de son soufflé au calvados.

- €€€ - *7 avenue Jean-Mermoz - 02 31 24 46 67 - www.symbiose-cabourg.com - Fermé lundi, mardi, samedi et dimanche*

CABRIÈRES

✉ 34800 - Hérault

SOUKI LODGES & SPA

Plus

MODERNE • ROMANTIQUE Niché au milieu de collines boisées, cet hébergement de charme est le projet passionné d'un couple de designers locaux. Résultat : une paire de lodges ultra-modernes en bois, sur pilotis. Ils ont plus d'espace extérieur qu'intérieur, avec leur grande terrasse privée, équipée d'un jacuzzi et d'une cuisine de plein air. À l'intérieur, boiseries blondes et design contemporain, salons spacieux et baignés de lumière, salles de bains luxueuses. Les deux lodges accèdent à une piscine naturelle et une terrasse. Petit-déjeuner déposé chaque matin, dîners possibles.

- 2 chambres - *164 chemin des Caraygnasses - 06 83 48 44 41*

CADENET

✉ 84160 - Vaucluse - Carte régionale n° **28**-E1

LE GOÛT DU BONHEUR - LA FENIÈRE

Cheffe : Nadia Sammut

CUISINE CRÉATIVE • ÉLÉGANT S'engager pour un monde au goût meilleur : tel est le credo passionnant de Nadia Sammut. Ici, gluten, sucre blanc raffiné et lait ont été bannis au profit d'un travail impressionnant sur les farines et les sucres de fruit. En témoigne aussi un menu dégustation original et impétueux, tourné vers le végétal notamment, qui se nourrit de l'histoire de la région et de la famille de Nadia. Elle s'appuie aussi sur le potager maison pour nourrir cette gastronomie du Sud, saine et nature, ouverte sur l'avenir et le Grand Luberon.

L'engagement du chef : Nous nous engageons pour une alimentation bonne, propre et juste. Nous avons à cœur de cuisiner la récolte de notre jardin cultivé en permaculture ainsi que des produits de variétés anciennes, issus de l'agriculture locale et biologique, de la pêche et des élevages affichant une démarche responsable. Les farines sans gluten que nous utilisons sont moulues par nos soins et nous nous engageons à réduire au maximum notre production de déchets.

- €€€€ - *1680 route de Lourmarin - 04 90 68 11 79 - www.aubergelafeniere.com - Fermé lundi et mardi, et dimanche soir*

UNE TABLE À LA CAMPAGNE - LA FENIÈRE

CUISINE PROVENÇALE • RUSTIQUE Nadia Sammut concocte une savoureuse cuisine provençale de saison, sans gluten, au fort ancrage régional (partenariats avec les producteurs du coin, farines maison, légumes du potager...). Aux beaux jours, on se prélasse sur la terrasse, installée sous les canisses. Une adresse tonique et vertueuse.

- €€ - *1680 route de Lourmarin - 04 90 68 11 79 - www.aubergelafeniere.com/une-table-a-la-campagne - Fermé lundi, mardi, mercredi midi et dimanche soir*

AUBERGE LA FENIÈRE

CLASSIQUE • CHAMPÊTRE Dans ce petit hôtel, on a fait le choix d'un confort à la fois chic et minimaliste, où prédominent les matériaux naturels. La plupart des chambres donnent sur les jardins, les oliveraies et la piscine. Plus qu'une simple étape, l'établissement se veut un lieu de vie où bien-être, environnement, éducation et épanouissement sont les maîtres-mots, pour se reposer comme pour se restaurer.

- **16 chambres** - *1680 route de Lourmarin - 04 90 68 11 79*

Le Goût du Bonheur • Une Table à la Campagne - Voir la sélection des restaurants

LA CADIÈRE-D'AZUR

83740 - Var - Carte régionale n° **29**-A3

RIVA

CUISINE MÉDITERRANÉENNE • CONTEMPORAIN Située dans un village provençal typique, cette hostellerie familiale possède un restaurant au chaleureux cadre coloré (cuisine ouverte, poutres sablées, poteries italiennes) qui jouit d'une vue panoramique sur les vignobles de Bandol. La carte méditerranéenne, qui évolue régulièrement, ressemble à un périple qui suit les rives de la Ligurie jusqu'à la Provence : rouget froid à la niçoise, vinaigrette de bouillabaisse ; ravioli de foie gras, bouillon de canard en cappuccino et champignons du moment ; daurade royale, tian de légumes et jus safrané. Un moment gourmand qui s'écoule en douceur.

- €€ - *Maison Bérard, 6 rue Gabriel-Péri - 04 94 90 11 43 - www.hotel-berard.com - Fermé lundi et mardi*

CAEN

✉ 14000 – Calvados –
Carte régionale n° 2-C2

IVAN VAUTIER

Chef : Ivan Vautier

CUISINE MODERNE • CONTEMPORAIN Ivan Vautier, normand pur beurre, est installé depuis plus de trente ans dans cette maison excentrée du cœur de ville, devenue un lieu sobrement contemporain. Amoureux et fier de sa région, le cuisinier cherche à mettre en valeur les produits du terroir normand à travers chacune de ses recettes : asperges vertes de Bellengreville ; morilles sauvages d'un cueilleur du pays, crème fraîche d'Isigny-Sainte-Mère, cochon normand… sans oublier les poissons de pêche locale. La gourmandise n'est pas en reste, à l'image de ce millefeuille "haut comme un gratte-ciel".

HORS PLAN – **€€€** – *3 avenue Henry-Chéron – 02 31 73 32 71 – www.ivanvautier.com – Fermé lundi et dimanche*

À CONTRE SENS (N)

CUISINE MODERNE • CONTEMPORAIN Dans un élégant cadre contemporain, sur la presqu'île de Caen en bordure du bassin Saint-Pierre, le chef Anthony Caillot propose un menu unique en plusieurs étapes, privilégiant les produits du terroir normand. Il signe des assiettes créatives et audacieuses : raviole de foie gras de canard dans un bouillon parfumé à la fraise ; rouget à la peau dorée et croustillante, mousseline de chou-fleur et sabayon au yuzu ; agneau au barbecue, carotte à la fleur d'oranger et condiment aux épices.

HORS PLAN – **€€€** – *37 quai François-Mitterrand – 02 31 97 44 48 – www.acontresens.fr – Fermé lundi, mardi et dimanche*

AUGIA

CUISINE MODERNE • CONTEMPORAIN Au cœur du quartier touristique du Vaugueux, à deux pas du château de Caen, se niche cette adresse, clin d'œil latin au pays d'Auge, berceau du chef Grégoire James. L'intérieur marie avec élégance le charme de l'ancien – poutres apparentes, colombages et pierres de Caen – et un mobilier contemporain raffiné. La cuisine moderne s'exprime à travers une carte concise, mettant à l'honneur les produits locaux et bio : tartelette aux petits pois, chèvre et herbes fraîches ; déclinaison autour du cochon de Bayeux et jus réduit… Aux beaux jours, le patio-terrasse à l'arrière du restaurant offre un cadre paisible.

PLAN : B1-4 – **€€** – *18 rue Porte-au-Berger – 02 31 80 30 44 – www.augia.fr – Fermé lundi, mardi et dimanche*

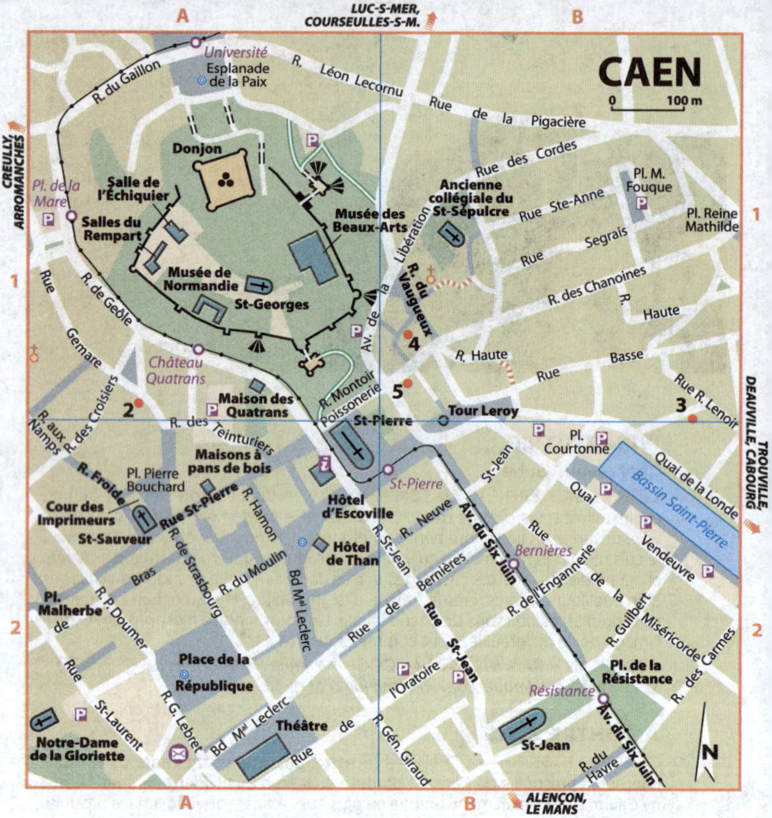

LE BOUCHON DU VAUGUEUX

CUISINE TRADITIONNELLE • BISTRO Au cœur du quartier historique du Vaugueux, ce petit bistrot convivial d'esprit bouchon mérite la pause gourmande. Le chef patron y propose à l'ardoise une généreuse cuisine de tradition, émaillée de discrètes touches modernes. On se régale en toute simplicité d'un faux filet maturé par le chef lui-même, accompagné d'une sauce béarnaise et au dessert, d'une crêpe normande aux pommes et caramel beurre salé. Jolie sélection de vins de producteurs.

PLAN : B1-5 – €€ – *12 rue Graindorge – ✆ 02 31 44 26 26 – www.bouchonduvaugueux.com – Fermé lundi, dimanche et mardi midi*

LE DAUPHIN

CUISINE MODERNE • ÉLÉGANT En plein centre ville, non loin du château, un bel édifice d'époque héberge cette table au cadre élégant et confortable. Le chef patron fait la part belle au terroir normand. Au menu, huître de la baie d'Isigny, andouille et, évidemment tripes de Caen.

PLAN : A1-2 – ⛋ – €€€ – *29 rue Gémare – ✆ 02 31 86 22 26 – www.le-dauphin-normandie.com - Fermé samedi midi et dimanche*

L'INTUITION D'ANDRÉ (N)

CUISINE MODERNE • BISTRO Le chef Kim Ortin, passé notamment par les cuisines de L'Espérance à Hérouville-Saint-Clair, a ouvert avec sa compagne Hélène sa première adresse, non loin de l'Abbaye aux Hommes. Dans ce petit bistrot gourmand, il ne revendique pas directement ses origines antillaises, mais puise plutôt dans ses nombreux voyages pour mitonner une cuisine actuelle et bien construite : tataki de thon aux graines de pavot et mayonnaise au wasabi ; cabillaud infusé au romarin, purée de patate douce à la vanille, crème au chorizo grillé… Le chef n'oublie pas pour autant les classiques réconfortants : camembert fermier rôti, filet de bœuf au beurre avec frites à la graisse de bœuf, crème brûlée.

HORS PLAN – **€€** – *16 rue Caponière – ✆ 09 80 82 91 70 – www.intuition-andre.fr – Fermé lundi et dimanche, et jeudi soir*

MAGMA

CUISINE MODERNE • CONTEMPORAIN Dans cette maison de ville à l'écart du centre-ville et à deux pas de l'Abbaye-aux-Hommes, Olivier Barbarin, un chef expérimenté familier des belles tables, concocte une cuisine à son image, décomplexée et gourmande, non sans un clin d'œil à son Auvergne natale – les murs violets évoquent d'ailleurs une roche volcanique comme la pouzzolane. Prix très attractifs le midi, et le soir menu dégustation renouvelé en fonction du marché et de ses inspirations.

HORS PLAN – **€€** – *24 rue Saint-Manvieu – ✆ 02 50 53 69 86 – www.magma-restaurant.fr – Fermé lundi et dimanche*

SÉQUENCE

CUISINE MODERNE • CONTEMPORAIN Si le chef Antoine Triquet a un parcours insolite (qui l'a mené des assurances à l'assiette), en cuisine, soyez assuré que les fondamentaux sont bel et bien là ! Des aliments sélectionnés avec soin qui mettent en avant les producteurs locaux, le respect de la nature et des saisons, des cuissons toujours justes… Voilà une cuisine moderne, lisible et épurée avec une démarche sincère, et même généreuse ! Au dîner, un menu en séquences : à chacune d'elle un ingrédient est développé en 3 assiettes, pour un travail du produit dans son intégralité. Un exemple ? Le veau, que l'on retrouve en croquette, en vitello sardinia, ou encore quasi rosé, accompagné de sa purée oignon et d'un très bon jus brun. À déguster dans un décor contemporain avec cuisine ouverte.

HORS PLAN – ♿ – **€€€** – *6 rue du 11-Novembre – ✆ 02 31 99 33 42 – www.sequence-restaurant-gastronomique.fr – Fermé lundi, mardi et dimanche et le midi*

SIMPLEXITÉ

CUISINE MODERNE • COSY Situé près de l'Abbaye aux Hommes, ce petit restaurant est le fief du chef Maxime Le Gallo (Château d'Audrieu, Manoir du Lys), qui confectionne une alléchante cuisine mettant à l'honneur le terroir normand. Ses assiettes sont souvent rehaussées d'une touche de créativité, comme dans cette entrée de cocos de Paimpol, andouille de Vire et algues, ou ce plat qui associe mignon de porc, céleri et réglisse. Simple et complexe à la fois !

HORS PLAN – **€€** – *102 rue Saint-Martin – ✆ 02 14 40 51 54 – www.restaurant-simplexite.com – Fermé lundi et dimanche*

STÉPHANE CARBONE

CUISINE MODERNE • CONTEMPORAIN À deux pas du port de plaisance, au cœur de la vie caennaise, le chef Stéphane Carbone explore les terroirs, du Lyonnais à la Bresse (où il a grandi et appris la cuisine) jusqu'à la Calabre natale de ses parents et grands-parents, en passant par la Normandie. À partir de produits de belle fraîcheur, il propose une cuisine moderne avec un brin de créativité, au gré de ses envies. Les plats signatures sont disponibles à la carte, avec notamment la pomme du ris de veau cuite au sautoir ou encore la coque en chocolat caraïbe et son velouté de chocolat chaud... À savourer dans la salle à manger contemporaine, d'où l'on peut observer la cuisine derrière une grande baie vitrée. Menu tout homard et cours de cuisine chaque samedi matin.

PLAN : B1-3 – ♿ AC – **€€€** – *14 rue de Courtonne – ✆ 02 31 28 36 60 – www.stephanecarbone.fr – Fermé lundi, dimanche et samedi midi*

CAËSTRE

✉ 59190 – Nord – Carte régionale n° **4**-B2

L'AUBERGE

CUISINE MODERNE • CONVIVIAL Non loin d'Hazebrouck, autrefois tannerie puis estaminet dans la plus pure tradition ch'ti, ce restaurant convivial met à l'honneur les produits de saison et le terroir flamand (incontournables welsh et carbonade revisités). Laissez-vous surprendre aussi par des associations telles que la langoustine au haddock et petits pois... Un pari réussi pour le chef Antonin, également passionné de bons vins, qui saura vous conseiller lui-même.

P – **€€** – *2590 route de Bailleul – ✆ 03 28 40 25 25 – Fermé lundi et mardi, et dimanche soir*

CAGNANO – Haute-Corse (2B) ➜ Voir Corse

CAGNES-SUR-MER

✉ 06800 – Alpes-Maritimes – Carte régionale n° **29**–E2

L'AGAPÈ

CUISINE MODERNE • DÉCONTRACTÉ Dans leur petit restaurant installé en front de mer, Morgane David et son compagnon, le chef au solide parcours Guillaume Winterstein, font salle comble – pensez à réserver, il n'y a que 20 couverts. Le menu, changé tous les deux mois, abonde en bons produits frais de saison et locaux. On s'est régalé d'une raviole de volaille, bouillon de légumes et miso d'orge ; d'une épaule d'agneau de lait confite, légumes primeurs façon navarin ; et, au dessert, d'un succulent riz au lait à la vanille de Madagascar et caramel au beurre salé... Très bon rapport qualité-prix au déjeuner et accueil tout sourire.

♿ AC – **€€** – *48 promenade de la Plage – ✆ 04 97 10 37 41 – www.restaurantlagape.fr – Fermé lundi et mardi*

FLEUR DE SEL

CUISINE MODERNE • MÉDITERRANÉEN Il y a du croquant, de la fraîcheur et de la saveur dans cette fleur de sel reprise par le couple de jeunes professionnels prometteurs Alexis Cachat et Chloé Feuillet, qui s'est rencontré dans une table étoilée du massif de l'Estérel. Ils régalent avec une cuisine méditerranéenne minutieuse, à l'écoute des saisons et d'un bon rapport qualité-prix :

fleur de courgette farcie de ricotta, olives, anchois, herbes fraîches, gaspacho et croquant de courgette de pays. Chloé, qui s'occupe aussi du service avec bienveillance, réalise également la partie sucrée comme ce brownie, noisettes torréfiées, crème vanille et abricots confits au romarin.
A/C – €€ – 85 montée de la Bourgade – ✆ 04 93 20 33 33 – www.restaurant-fleurdesel.com – Fermé mardi, mercredi et le midi

LA TABLE DE KAMIYA

CUISINE MODERNE • CONTEMPORAIN Le chef japonais Takayuki Kamiya et Claire, sa femme franco-nippone et cheffe pâtissière, se sont installés sur le front de mer de Cagnes-sur-Mer. Ils proposent une cuisine qui marie leur terre d'adoption (la Provence) à leurs cultures familiales. Les menus déclinent des plats d'inspirations française et provençale assorties de discrètes touches japonaises (wakame, sauce oloshi, yuzu). Mention spéciale pour le délicieux dessert au citron et le baba au rhum, un classique de la maison. Menu changé tous les mois.
A/C – €€ – 52 promenade de la Plage – ✆ 04 93 89 71 54 – www.la-table-de-kamiya.fr – Fermé lundi, dimanche et mardi midi

CHÂTEAU LE CAGNARD Plus

CLASSIQUE • ÉLÉGANT Perchée sur les remparts de ce bourg médiéval, cette belle bâtisse du 13e s. domine les environs. Chambres et parties communes sont empreintes de caractère et d'élégance, avec des touches provençales. Beauvoir, Saint-Exupéry, Pagnol : ils sont nombreux à s'être laissés séduire...
A/C P Spa – **28 chambres** – *54 rue Sous-Barri, le Haut-de-Cagnes – ✆ 04 93 20 73 22*

CAHORS

✉ 46000 – Lot – Carte régionale n° **23**-A2

BONNIE N

CUISINE MODERNE • COLORÉ Décidément, nos cheffes ont tous les talents : Charlotte Bauduret – Bonnie de son nom de jeune fille – marie à cette table ses deux passions : la cuisine (actuelle, colorée et gourmande, enracinée dans la tradition mais relevée de touches personnelles) et les arts appliqués. C'est elle en effet qui a peint les grandes fresques fleuries sur les murs et signe l'ensemble de l'identité visuelle du restaurant. Son compagnon, lui, assure le service avec entrain et conseille les vins avec justesse. Au menu : roll d'asperges aux pignons de pin et guanciale ; cabillaud, algues kombu et mousseline de petit pois à l'estragon ; gnocchis aux fèves et crémeux d'artichaut au parmesan...
A/C – € – 27 place Jean-Jacques-Chapou – ✆ 06 24 47 74 20 – www.bonnierestaurant.fr – Fermé lundi et dimanche, et mardi soir

L'Ô À LA BOUCHE

CUISINE MODERNE • COSY Oh, que cette table met l'eau à la bouche ! À la tête de ce sympathique restaurant, un couple de passionnés qui a sillonné les contrées et mers lointaines avant de jeter l'ancre à Cahors. La cuisine de Jean-François Dive puise dans les bons produits du marché, mais aussi dans les épices et condiments ramenés de ses différents voyages. En salle, Florence accueille ses hôtes en toute simplicité et propose une judicieuse sélection de vins nature et bio. On est conquis.
A/C – €€ – 56 allées Fénelon – ✆ 05 65 35 65 69 – www.loalabouche-restaurant.com – Fermé lundi et dimanche

CHEZ SUZANNE

CUISINE MODERNE • COSY Une adresse où se régaler en toute simplicité ! Le chef Julien Poisot (ex-Château de Mercuès) et sa compagne Justine tiennent table au bout du magnifique pont médiéval Valentré. Aussi simple dans la forme que sérieuse dans le fond, cette cuisine généreuse met l'expérience du chef au service d'assiettes goûteuses et méticuleuses, qui s'inspirent des produits de saison. Le midi, le menu verse goulûment dans la canaille (maquereau au vin blanc et crème de raifort ; farci de porc noir gascon et brioche perdue). Le soir, le chef invite quelques produits nobles au bénéfice de plats plus élaborés (daurade royale, pleurotes, soubise de poireaux, sauce crustacés).

- €€ - 32 avenue André-Breton - 05 65 22 13 04 -
www.chezsuzannerestaurant.fr - Fermé lundi et dimanche

TANDEM N

CUISINE MODERNE • ÉPURÉ Derrière une devanture aux encadrements rouges, un duo bien accordé trace sa route avec simplicité. Formés à Londres, Lisa en salle et Tanguy en cuisine ont choisi le Lot pour poser couteaux et assiettes. L'espace, sobre et lumineux, joue la carte de l'épure avec ses murs blancs, quelques touches de brique et des objets chinés qui lui donnent du caractère. La cuisine suit le même esprit : lisible, équilibrée, ancrée dans le produit. Rehaussée par une vinaigrette à l'orange et quelques éclats d'amande, la truite travaillée en gravlax conserve tout son fondant. Plus rustique, le chou farci s'aventure vers l'Orient avec une farce d'agneau confit aux abricots secs, escortée d'une purée de patate douce subtilement pimentée. Le service est charmant et la carte des vins suffisamment étoffée pour se faire plaisir avec des bouteilles à prix doux.

- €€ - 7 place Claude-Rousseau - 05 64 72 08 87 -
www.tandem-restaurant-cahors.fr - Fermé lundi et mardi

CAIRANNE

84290 - Vaucluse - Carte régionale n° **28**-C2

COTEAUX ET FOURCHETTES

CUISINE MODERNE • CONTEMPORAIN À Cairanne, les vignobles s'étendent à perte de vue : c'est là qu'est installé le chef Cyril Glémot. D'un ancien caveau de dégustation, il a imaginé un restaurant au cadre original avec ses murs en douelles de tonneaux. On y déguste des recettes parfumées, inspirées par le terroir. Caveau de dégustation et vente à emporter... à prix de vigneron.

- €€ - 3340 route de Carpentras - 04 90 66 35 99 -
www.coteauxetfourchettes.com - Fermé jeudi, et lundi et dimanche soir

CAJARC

46160 - Lot - Carte régionale n° **23**-B2

JEU DE QUILLES

CUISINE MODERNE • BISTRO À Cajarc, ce Jeu de Quilles s'épanouit sous la houlette de Grégory Dattiches, jeune chef lotois au parcours solide. Dans ce néobistrot convivial, il propose à l'ardoise un menu juste et inspiré, où se croisent gravlax de truite, paleron de bœuf confit en fines tranches au citron confit et chimichurri, ou encore queue de lotte rôtie sauce saté. Des assiettes actuelles, gourmandes, aux saveurs franches. En finale, abricots rôtis à la verveine et sorbet maison pour un repas réjouissant. Un coup de cœur gourmand !

- €€ - 7 boulevard du Tour-de-Ville - 05 81 24 01 43 -
www.jeudequilles.net - Fermé lundi, dimanche et jeudi midi

LA MAISON DU SAFRAN À L'ALLÉE DES VIGNES

CUISINE MODERNE • CONTEMPORAIN Le chef franco-mexicain Claude-Emmanuel Robin et son épouse russe Evgenia ont eu un coup de cœur pour l'ancien presbytère de Cajarc (petit bijou de village du Quercy). Ils en ont fait un lieu élégant et charmant, avec restaurant et boutique autour du safran. Dans une veine bistronomique, la carte propose une cuisine créative et savoureuse, à déguster sur la jolie terrasse aux beaux jours.

- € - 32 boulevard du Tour-de-Ville - 06 16 29 00 35 - www.alleedesvignes.com - Fermé lundi et le soir

CALAIS

62100 - Pas-de-Calais - Carte régionale n° **4**-A1

HISTOIRE ANCIENNE

CUISINE TRADITIONNELLE • BISTRO Si ce bistrot a gardé un esprit vintage et authentique (banquettes, miroirs, affiches style Art déco), c'est loin d'être de l'histoire ancienne ! Les plats traditionnels et gourmands de Patrick Comte y sont toujours d'actualité : escargots en persillade ; œuf à la bourguignonne et embeurrée de navet boule d'or ; faux-filet de bœuf Angus, gratin de pomme de terre au maroilles et sauce béarnaise ; éclair façon paris-brest et glace noisette... une histoire de générosité aussi.

- €€ - 20 rue Royale - 03 21 34 11 20 - www.histoire-ancienne.com - Fermé lundi et dimanche

AQUAR'AILE

POISSONS ET FRUITS DE MER • TRADITIONNEL Cette maison familiale jouit d'un panorama unique sur la mer du Nord et les côtes anglaises... un vrai paysage d'aquarelle ! La cuisine met notamment en valeur la pêche locale (fruits de mer, cocotte de homard, bar en croûte de sel, sole meunière...), sans négliger pour autant les desserts. À déguster avec un bon vin issu de la carte, composée avec soin par le propriétaire des lieux.

- €€ - 255 rue Jean-Moulin - 03 21 34 00 00 - www.aquaraile.fr - Fermé mercredi et jeudi, et dimanche soir

LE GRAND BLEU

CUISINE MODERNE • CONTEMPORAIN Le chef, Matthieu Colin, met à profit son expérience acquise dans des maisons étoilées. Dans un joli intérieur contemporain, il continue de rendre un joli hommage à la pêche locale, mais aussi aux produits du terroir, à travers des recettes créatives qui aiment cultiver la différence : bar en viennoise de chorizo, risotto paëlla, coulis de cresson. Service aimable et efficace.

- €€ - 8 rue Jean-Pierre-Avron - 03 21 97 97 98 - www.legrandbleu-calais.com - Fermé mercredi, et mardi et dimanche soir

CALAS-CABRIÈS

13480 - Bouches-du-Rhône - Carte régionale n° **28**-D3

LA BASTIDE BOURRELLY - MATHIAS DANDINE

Chef : Mathias Dandine

CUISINE PROVENÇALE • CONTEMPORAIN Le chef Mathias Dandine (une étoile à la Magdeleine) a eu le coup de cœur pour cette ancienne bastide provençale située au centre d'un petit bourg. Sur la terrasse ombragée de platanes ou dans l'élégante salle à manger contemporaine d'esprit méditerranéen, on sert ici la cuisine provençale inspirée du livre fameux du chef cuisinier Jean-Baptiste Reboul (1897). Produits locaux frais de saison de belle facture, cuissons aux petits oignons, sauces goûteuses, assaisonnements précis : le chef Guillaume Lemelle est l'interprète qu'il fallait pour se régaler, par exemple, d'une sériole grillée, artichaut frit au citron confit, agnolotti d'artichaut, et jus de barigoule à l'huile d'olive. Chambres pour l'étape.

- €€€€ - *Place Albert-Florens - 04 42 69 13 13 - www.labastidebourrelly.com - Fermé dimanche et lundi*

LA BASTIDE BOURRELLY - MATHIAS DANDINE

PROVENÇAL • CALME Un manoir de campagne rénové, dans le village de Cabriès, est devenu cet hôtel de luxe aux jardins paysagers ornés de platanes centenaires. Les chambres et suites modernes et élégantes affichent un décor tout de blanc et bois, de motifs botaniques et d'éléments rétro, avec de spacieuses salles de bains en marbre. Certaines possèdent des terrasses privées donnant sur les jardins ; les suites offrent de vastes salons baignés de lumière. Un petit-déjeuner gastronomique, local et bio est servi chaque matin dans la salle à manger ou sur la terrasse ensoleillée, et une jolie piscine extérieure attend les résidents.

- **30 chambres** - *Place Albert Florens - 04 42 69 13 13*

La Bastide Bourrelly - Mathias Dandine - Voir la sélection des restaurants

CALLAS

83830 - Var - Carte régionale n° **29**-B2

HOSTELLERIE LES GORGES DE PENNAFORT

CUISINE TRADITIONNELLE • CONTEMPORAIN Ce restaurant, à l'élégant décor contemporain, occupe les murs d'une ancienne bastide du 19e s. adossée au calcaire des gorges de Pennafort, et sa terrasse sous les tilleuls est très prisée en été... Le cadre est séduisant. Dans l'assiette, la cuisine marie tradition et générosité.

- €€€€ - *8660 route Départementale 25 - 04 94 76 66 51 - www.hostellerie-pennafort.com - Fermé lundi et mardi, et dimanche soir*

HOSTELLERIE LES GORGES DE PENNAFORT

MODERNE • CALME Le calme est envoûtant dans ce site naturel qui ravit l'œil : les gorges de Pennafort, escarpées, rouges et noyées sous la végétation... Un véritable cocon de verdure ! Confort aux couleurs de la Provence ; belle piscine et espace bien-être de l'autre côté de la route.

- **15 chambres** - *8660 route Départementale 25 - 04 94 76 66 51*

Hostellerie Les Gorges de Pennafort - Voir la sélection des restaurants

CALUIRE-ET-CUIRE

69300 - Rhône - Carte régionale n° **21**-A2

RESTAURANT FOND ROSE

CUISINE TRADITIONNELLE • BRASSERIE Une maison bourgeoise des années 1920 transformée en brasserie chic par le groupe Bocuse, avec sa terrasse entourée d'arbres centenaires : une certaine idée de la quiétude. La cuisine se révèle généreuse et savoureuse, dans la tradition des bords de Saône : grenouilles, quenelles, etc.

VOIR LYON PLAN I - B1 - 8 - - €€ - *25 chemin de Fond-Rose - 04 78 29 34 61 - www.brasseries-bocuse.com*

TRIBE LYON CROIX ROUSSE

DESIGN • CONVIVIAL Selon le credo de l'enseigne Tribe, le vrai luxe c'est la liberté. Les chambres y sont design, astucieusement fonctionnelles et joyeusement colorées, jusque dans la salle de bains vintage. Pour le reste, l'hôtel donne accès 24h sur 24 à la plupart de ses espaces conviviaux : un restaurant et un bar lumineux, un café animé par un torréfacteur local, un salon avec des espaces de travail, un patio de plein air et un centre de remise en forme.

- 97 chambres - *16 rue de Margnolles*

CALVI - Haute-Corse (2B) ➜ Voir Corse

CALVISSON

30420 - Gard - Carte régionale n° **28**-B2

MONIQUE

Chef : Julien Caligo

CUISINE MODERNE • ÉPURÉ Venu du Duende de Nîmes, Julien Caligo a retrouvé son pays natal de la Vaunage, une plaine enclavée entre des collines, située entre Nîmes et Montpellier. D'une ancienne remise agricole est né ce bel espace intérieur aux murs blancs, pierres apparentes et mobilier épuré en bois clair – une table qui rend hommage à Monique, la grand-mère du chef, qui lui a transmis les fondamentaux de la cuisine. Le menu carte blanche déborde de maîtrise technique, comme en témoigne la fusion audacieuse entre la fraise de veau et le rouget, tandis que le cochon baron des Cévennes est relevé d'une sauce au boudin noir et aux épices. L'innovation culinaire à l'œuvre ici est portée par la fine fleur des produits locaux, tout juste sortis de terre (ou de mer).

- **€€€** - *1 ter impasse du Charron - 04 66 68 05 41 - www.monique-restaurant.com - Fermé lundi, mardi et dimanche et mercredi midi*

CAMBO-LES-BAINS

64250 – Pyrénées-Atlantiques – Carte régionale n° **25**–A2

AMA

CUISINE MODERNE • CONVIVIAL Un aimable nom de restaurant qui ruisselle d'harmoniques amoureuses ! À sa tête, un couple de chefs : la Marseillaise Manon Grasset et l'Albigeois Adrien Layssac, qui se sont rencontrés à La Bastide de Moustiers, un établissement siglé Alain Ducasse, avant de s'installer au Pays basque il y a 10 ans. Inspirée du terroir, leur cuisine du marché et de saison à quatre mains rayonne de couleurs : déclinaison de choux, jaune d'œuf confit à l'huile d'olive, noix de pécan ; agneau de pays, asperges, cresson, bagna cauda ; salade de suprêmes d'agrumes, miel de bruyères, granola. Décor de bistrot avec poutres apparentes en blanc et mur bleu pour la touche colorée.

- **€€** - *6 allée Anne-de-Neubourg - 05 59 29 22 29 - www.restaurant-ama.fr - Fermé lundi et mardi, et dimanche soir*

LE BELLEVUE

CUISINE MODERNE • TENDANCE La salle est claire, et la carte courte. Deux raisons de s'attarder dans ce restaurant décoré avec goût. La cuisine traditionnelle y est revisitée avec entrain et un sens aigu de la gourmandise, à l'image de cette terrine de pieds de porcs désossés, ou en dessert, ce soufflé chaud à l'eau de vie de poire.

- **€€** - *29 rue des Terrasses - 05 59 93 75 75 - www.hotel-bellevue64.fr*

TERRAE

CUISINE MODERNE • COSY C'est une réussite d'avoir transformé cette ancienne poissonnerie en un charmant restaurant de poche. Lucile Voisin et Grégory Ménard (Choko-Ona et Grand Hôtel de Saint-Jean-de-Luz) n'ont rien n'a été laissé au hasard : murs terracotta, banquette couleur lin, tables en bois blond, et surtout un bel art de la table : argenterie, coutellerie et céramique basques artisanales. L'assiette se nourrit de l'inspiration du chef et des arrivages de produits locaux. Truite des Pyrénées marbrée à l'encre de seiche et pickles de betterave ; suprême de pintade fermière, caviar d'aubergine et yaourt de lait de chèvre acidulé : du travail, du goût, des couleurs et une pointe de créativité.

€€€ - *7 avenue de la Mairie - ✆ 05 59 64 63 77 - www.restaurant-terrae.fr - Fermé dimanche*

CAMBRAI

✉ 59400 - Nord - Carte régionale n° **4**-C2

MAISON DEMARCQ

CUISINE MODERNE • ÉLÉGANT Cette demeure bourgeoise a été marquée par l'histoire de la ville : Napoléon y a séjourné, tout près de l'endroit où la fameuse Paix des Dames aurait été signée en 1529. Dans ce cadre élégant, où se croisent ancien et moderne, cette affaire familiale mêle passion et savoir-faire avec une cuisine réalisée à quatre mains par un père et son fils. Le homard en bellevue et ses crevettes délicatement assaisonnées séduisent par des saveurs iodées et des touches d'agrumes. Le dessert, composé de madeleines chaudes à tremper dans un crémeux miel-citron, invite à un retour en enfance tout en douceur. La cuisine, plus simple et traditionnelle, de la brasserie l'Éphémère offre une alternative.

♿ 🍴 🚗 🅿 - **€€** - *2 rue Saint-Pol - ✆ 03 27 37 77 78 - www.maisondemarcq.com - Fermé lundi, samedi midi, et mercredi et dimanche soir*

CANAPVILLE

✉ 14800 - Calvados

LES MANOIRS DES PORTES DE DEAUVILLE *Plus*

CLASSIQUE • CALME L'élégant domaine où Corneille se retirait est devenu un hôtel de luxe. Une poignée de chambres et suites se trouvent dans le manoir du 16e s., avec parquet en chêne clair, poutres, lin clair et salles de bains modernes. Mais la plupart se situent dans les cottages voisins, où les suites de plain-pied ouvrent directement sur le jardin. Le décor est clair et lumineux, réchauffé de tapis, fauteuils en velours et objets anciens. Un trio de cottages privés offre encore plus d'espace et d'intimité, sur deux niveaux. Bar ouvert 24 h/24, jolie piscine, parc et verger planté de poiriers et de pommiers.

AC 🅿 - **25 chambres** - *30 route de Pont L'évêque*

CANCALE

✉ 35260 - Ille-et-Vilaine - Carte régionale n° **9**-B1

✿ LA TABLE BREIZH CAFÉ

CUISINE MODERNE • ÉPURÉ Au premier étage d'une crêperie, un restaurant gastronomique franco-japonais : bienvenue dans l'univers de Bertrand Larcher ! Passionné par le sarrasin et la culture bretonne, l'homme a commencé par créer des crêperies au Japon... puis en France avec le même bonheur. Ici, dans cette salle qui contemple la baie du Mont-St-Michel, le chef Fumio Kudaka marie les produits bretons avec les techniques et les condiments japonais. Le homard est associé à de la volaille fermière et des nouilles soba; le canard de Challans est juste rôti et relevé d'un condiment negimiso; la tarte aux pommes et sésame noir accompagnée d'une glace à la cannelle et d'un caramel de shiokoji. Produits au top, cuissons millimétrées, précisions des assaisonnements, légèreté des mets : les noces sont réussies.

- **€€€€** - *7 quai Thomas - 02 99 89 56 46 - www.breizhcafe.com/la-table-breizh-cafe - Fermé du lundi au mercredi, et jeudi et vendredi à midi*

BREIZH CAFÉ CANCALE

CUISINE BRETONNE • BISTRO Sur le port de Cancale, ce Breizh Café n'a qu'une devise : « La crêpe autrement ». Et pour cause : il est né... au Japon ! Son patron, Bertrand Larcher, a le premier exporté la galette bretonne à Tokyo, et après plusieurs enseignes nippones, a récidivé au sein de la mère patrie. Les produits utilisés sont biologiques (œufs, fromages, viandes...) et de qualité. Les galettes et crêpes réalisées comme il se doit, croustillantes et savoureuses pour les premières, fines et moelleuses pour les secondes. Selon nos envies, l'assiette sera classique ou plus originale : rolls artichaut, œuf brouillé, comté et algues wakamé de Saint-Malo. Belle vue sur le port de Cancale avec la façade vitrée. Une institution qui affiche souvent complet !

- **€€** - *7 quai Thomas - 02 99 89 61 76 - www.breizhcafe.com*

LE BISTROT DE CANCALE

POISSONS ET FRUITS DE MER • ÉLÉGANT Mené par Hugo Roellinger, ce restaurant est situé face à la plage de Port-Mer et aux petits bateaux au mouillage, avec, à l'horizon, le Mont-Saint-Michel. Côté assiette, voilà ce qui vous attend : huîtres, coquillages, langoustines, sole au jus pincé, turbot cuit sur l'arête, homard sur la braise – autant de produits d'excellence à la fraîcheur remarquable et souvent assaisonnés avec les fameux mélanges d'épices concoctés par Olivier Roellinger. Côté décor : une belle terrasse vue mer et à l'intérieur, un bistrot marin chic et modernisé, décoré de bibelots évoquant la Bretagne et la pêche, et illuminé par une fresque marine des années 1930 représentant une scène de vie sur le port de Saint-Malo.

- **€€€** - *À Port-Mer, 5 rue Eugène-et-Auguste-Feyen - 02 99 89 64 76 - www.maisons-de-bricourt.com*

CÔTÉ MER

CUISINE TRADITIONNELLE • ÉLÉGANT Un charmant petit port, des maisons de pêcheurs, l'air iodé du large... À Cancale, impossible de ne pas regarder Côté Mer ! Dans ce restaurant, face à la baie, on goûte une cuisine qui met en avant tous les produits de la côte, sans exclusive : coquilles Saint-Jacques, huîtres, agneau de prés salés, homards, ormeaux.

- **€€€** - *4 rue Ernest-Lamort - 02 99 89 66 08 - www.restaurant-cotemer.fr - Fermé lundi et dimanche*

L'ORMEAU

POISSONS ET FRUITS DE MER • TRADITIONNEL Comment refuser un plateau d'huîtres de Cancale, des noix de Saint-Jacques ou... des ormeaux ? Surtout lorsque le repas est proposé avec une vue directe sur la flottille de pêche garante de la fraîcheur des produits ! Dans ce cadre élégant doté d'une jolie terrasse, les amateurs de produits de la mer seront satisfaits, avec, par exemple, des couteaux farcis à la persillade, une soupe de poisson maison, ou des noix de Saint-Jacques côtières cuites en coquille au four, beurre blanc et risotto aux légumes. Et pour finir sur une touche sucrée, laissez-vous tenter par la crêpe farcie de pomme servie tiède.

- **€€** - *4 quai Thomas - 02 99 89 60 16 - www.hotel-cancale.com - Fermé mardi et mercredi midi*

CANDÉ-SUR-BEUVRON

41120 – Loir-et-Cher – Carte régionale n° **10**-C3

LE BISTROT DE LA CAILLÈRE

CUISINE MODERNE • CONTEMPORAIN À côté de sa table gastronomique, dans un cadre de bistrot contemporain aux teintes douces et apaisantes, le chef Éric Rialland propose 7 jours sur 7 une cuisine du marché rythmée par les saisons, à tarifs sages. Le menu oscille entre modernité et tradition, à l'image de ce saumon mariné aux légumes craquants façon poke hawaïen en entrée, contrastant avec un traditionnel riz au lait au caramel au beurre salé en dessert. Agréable terrasse aux beaux jours.

– € – *36 route des Montils – 02 54 44 03 08 – www.auberge-de-la-caillere.com*

LA TABLE DE LA CAILLÈRE

CUISINE MODERNE • CONTEMPORAIN Idéalement située pour visiter les châteaux de la Loire, cette auberge bien ancrée dans son époque est aux mains d'un couple entreprenant qui travaille et vibre à l'unisson avec ce cadre bucolique de forêts et de prairies. La ferme d'origine du 18e s. a fait place à un bâtiment moderne, à l'image de la cuisine du chef, qui fait la part belle aux produits locaux (girolles, légumes de la région, production de miel, pigeon de Racan, cochon de Touraine…), mais rend aussi hommage à sa terre d'origine, la Bretagne – en témoigne cette tarte fine d'araignée de mer nappée d'une mayonnaise tiédie aux langues d'oursins. Dans l'assiette, toujours claire, saveurs et dressages sont à l'honneur.

– €€€ – *36 route des Montils – 02 54 44 03 08 – www.auberge-de-la-caillere.com*

CANISY

50750 – Manche

CHÂTEAU DE CANISY

TRADITIONNEL • FAMILIAL Sur un terrain de 300 ha., cette propriété familiale, poussée au pays de Tocqueville et de Barbey d'Aurévilly, cernée de tours médiévales, de mâchicoulis et de douves, ne compte que dix-sept suites et chambres d'hôtes. Mais chacune est unique et porteuse d'histoire : réplique de la baignoire de Marat et de la salle de bains de Joséphine de Beauharnais, escalier de 1588, meubles et tableaux d'époque…Entre le Château et son parc, les activités abondent : balade à cheval, ball-trap, croquet, pétanque ou pêche parmi les cygnes. Et pour la soirée, après le salon de musique, le théâtre et le bar à l'anglaise, rendez-vous dans la cave discothèque.

– **17 chambres** – *6-8 rue de Kergorlay – 02 33 56 61 06*

CANNES

✉ 06400 - Alpes-Maritimes - Carte régionale n° 29-E20

LA PALME D'OR

CUISINE MODERNE • LUXE La table de l'emblématique Hôtel Martinez, olympe feutré des stars pendant le Festival de Cannes, rend un hommage vibrant au 7e art, l'une des passions du chef Jean Imbert. Revêtu de boiseries dignes d'un yacht hollywoodien de la grande époque, le décor déborde d'accessoires et d'affiches de cinéma authentiques. Le menu est rédigé comme un scénario, illustré de storyboards. Sous la houlette du metteur en scène Imbert, le chef op' Christophe Nannoni, pilier des lieux depuis plus d'une décennie, travaille en étroite collaboration avec le chef pâtissier Loïc Voron. La mer et la Provence sont les deux starlettes de cette partition qui se déguste sans ennui, tant s'en faut : gamberoni sauvages du golfe de Gênes, vierge de mangue et kumquat ; saint-pierre grillé et laqué au barbecue, pesto de roquette, cocotte lutée de coquillages et légumes d'ici ; palmier « minute » à la vanille. « Action ! »

PLAN : C2-4 - *- €€€€ - 73 boulevard de la Croisette - ✆ 04 92 98 74 14 - www.lapalmedor-restaurant.fr - Fermé lundi, dimanche et le midi*

AUX BONS ENFANTS

CUISINE PROVENÇALE • BISTRO Le téléphone est (enfin) arrivé dans cette institution familiale née en 1935 où l'on paye néanmoins toujours en liquide. La quatrième génération continue de concocter une authentique cuisine provençale, ainsi que des plats canailles bien gourmands. Tous les produits, fruits, légumes et poissons de petite pêche, viennent directement du marché Forville situé à 50m. On s'est régalé avec les petits farcis niçois ; la daube de joues de bœuf à la niçoise, gnocchis maison et le fameux baba au rhum, crème à la vanille...

PLAN : A1-3 - *- €€ - 80 rue Meynadier - ✆ 07 68 99 17 89 - www.aux-bons-enfants-cannes.com - Fermé lundi, dimanche et jeudi midi*

L'AFFABLE

CUISINE TRADITIONNELLE • CONTEMPORAIN Dans le centre de Cannes, ce bistrot contemporain toujours animé dévoile de beaux atouts... au premier rang desquels sa carte bien tournée : beignets de fleurs de courgettes, aïoli de morue, carré d'agneau rôti au thym... et l'incontournable soufflé au Grand Marnier, la spécialité de la maison.

PLAN : B1-2 - *- €€ - 5 rue La Fontaine - ✆ 04 93 68 02 09 - www.restaurant-laffable.fr - Fermé lundi et dimanche*

PamelaJoeMcFarlane/Getty Images Plus

CANNES
MARSEILLE, NICE
GRASSE, DIGNE
GOLFE-JUAN, CHÂTEAU-MUSÉE
NICE, ANTIBES
ÎLES DE LÉRINS
FRÉJUS, TOULON, MARSEILLE
ST-RAPHAËL
LE SUQUET
LE VIEUX PORT
Rue d'Antibes
Rue Meynadier
Allées de la Liberté
Bd de la Croisette
Boulevard de la Croisette
Malmaison
Palais des Festivals et des Congrès
Espace Miramar
N.-D.-d'Espérance
Musée des Explorations du monde
Pl. de la Castre
Quai St-Pierre
Quai Max Laubeuf
Jetée Albert Edouard
SQ. R. HAHN
SQ. F. MISTRAL
Bd d'Alsace
Bd de Lorraine
Av. Bachaga Boualam
Bd Carnot
Bd de la République
Bd Montfleury
Bd de Strasbourg
Bd du Gal Vautrin
Av. du Maréchal Juin
R. Jean Jaurès
R. Hoche
R. Buttura
R. du Mal Foch
R. du 24 Août
R. des Serbes
R. des États-Unis
R. Jean Macé
R. Hélène Vagliano
R. V. Cousin
R. Frédéric Amouretti
R. François Einesy
R. du Canada
R. Pasteur
Av. Branly
R. Rouaze
R. Latour Mauboug
Bd Jean Hibert
R. Georges Clemenceau
R. du Port
Bd Victor Tuby
R. Preyre
R. du Dr Budin
Bd Jean Guynemer
R. Louis Pastour
Pl. Stanislas
R. des Suisses
R. des Fauvettes
Av. de Grasse
R. du Lac
R. Marius Monti
R. de Belfort
R. Roger
R. de la Marne
R. L. Blanc
R. Henri Paschke
R. de la Croix
Av. de Grasse
R. Borniol
Av. Jean de Lattre de Tassigny
R. Edith Cavell
Av. St-Jean
R. du 11 Novembre
Av. du Mal Gallieni
Av. St-Nicolas
Ch. de St-Nicolas
R. Lycklama
Traverse de Mimont
R. de Mimont
R. L. Braille
R. Merle
R. Legoff
R. Baron
Av. Isola Bella
R. du Lys
R. Louis Nouveau
R. de Turckheim
R. Volta
Traverse de Beauséjour
Av. Beauséjour
Av. d'Orient
Av. Windsor
Av. St-Charles
R. Cirrode
R. Lacour
R. Vélasquez
R. Jeanne Bermondi
Av. de Madrid
A
B
C
1
2
0
150 m
N

LE POMPON (N)

CUISINE MODERNE • CONVIVIAL À deux pas du vieux port de Cannes, Clio Modaffari et Anne Legrand, ancien duo de L'Innocence à Paris, tiennent ce petit bistrot niché derrière la mairie. Tandis qu'Anne officie seule en cuisine, Clio se charge du marché matinal, choisissant poissons, légumes et fruits d'exception auprès de producteurs régionaux, avant d'assurer cave et service. La carte, courte et (é)mouvante, décline une dizaine d'assiettes à partager, franches et inspirées : agnolotti maison à la ricotta et au citron, copeaux de poutargue de Martigues ; épaule d'agneau confite au four, panisse croustillante, chou rouge et jus à la harissa et au piment Ancho ; poire rôtie et glace au kéfir de lait à la verveine.

PLAN : A1-5 – AC – **€€** – *4 rue Émile-Négrin – ✆ 04 93 30 31 23 – www.lepomponcannes.com – Fermé lundi, dimanche et mardi midi*

RIVIERA

CUISINE MÉDITERRANÉENNE • HISTORIQUE Le palace mythique de la Croisette, qui a fêté ses 110 ans en 2023, a désormais son restaurant tout de marbre vêtu, précédé d'une superbe terrasse qui donne sur la célèbre esplanade. Dans une salle cossue où le blanc joue avec le noir, où la porcelaine de Gien et les arts de la table à la française brillent de mille feux, on repère aussi la grande table d'hôtes du chef face à la cuisine ouverte. Le reste est à l'avenant : cuisine méditerranéenne, produits de belle qualité, locaux et de saison, service digne d'un palace, avec découpe de pièces de viandes et poissons au guéridon. On se régale d'un excellent carré d'agneau des Alpilles aux légumes et son jus, ou d'un étonnant saint-honoré au caramel vanillé et éclats de noix.

PLAN : C2-1 – **€€€€** – *Carlton Cannes, 58 boulevard de la Croisette – ✆ 04 93 06 46 00 – www.carltoncannes.com/eat-drink/riviera-restaurant*

LA TABLE DU CHEF

CUISINE TRADITIONNELLE • BISTRO Ouvert le soir uniquement, ce petit bistrot à deux pas de la rue d'Antibes est une valeur sûre. Dans sa cuisine ouverte, le jeune chef travaille les produits du coin au rythme des saisons pour réaliser des plats subtils et goûteux, comme ce délicieux velouté de carotte infusé à la badiane et sa crevette snackée. Menu "surprise" selon le marché à l'excellent rapport qualité-prix... Pensez à réserver !

PLAN : B1-9 – AC – **€€** – *5 rue Jean-Daumas – ✆ 04 93 68 27 40 – www.latableduchefcannes.com – Fermé lundi et le midi*

TABLE 22 PAR NOËL MANTEL

CUISINE TRADITIONNELLE • CONTEMPORAIN Dans ce quartier historique du Suquet, à deux pas du marché Forville, une équipe sérieuse et passionnée met en avant de bons produits et de jolies saveurs provençales : ravioli de homard et poireaux fondants ; carré d'agneau rôti, jus au thym frais et légumes de saison ; baba au rhum, crème fouettée et glace à la vanille. Gourmandise au menu, de l'entrée au dessert depuis plus de deux décennies.

PLAN : A1-6 – AC – **€€€** – *22 rue Saint-Antoine – ✆ 04 93 39 13 10 – www.restaurantmantel.com – Fermé les midis*

BELLE PLAGE

AVANT-GARDE • RAFFINÉ Ce classique des années 30 a connu une rénovation ambitieuse qui le projette à l'avant-garde, grâce au designer Raphaël Navot et aux architectes FAAR. Les chambres et suites révèlent des lignes accrocheuses, adoucies par des matériaux naturels et des couleurs typiques du sud. Le restaurant propose des saveurs méditerranéennes, tandis que le bar sur le toit sert tout, de l'apéritif au dernier verre, avec une vue spectaculaire sur les montagnes, la mer et la cime des arbres de la place Mistral. Le plus ? Le somptueux spa, qui dispose de son propre restaurant !

– 55 chambres – *2 rue Brougham, Square Mistral – ✆ 04 93 06 25 50*

CARLTON CANNES, A REGENT HOTEL

CLASSIQUE • ROMANTIQUE Le Carlton est en soi une des curiosités de la Riviera. Partie intégrante de la Croisette, ce vaisseau néoclassique à l'esprit Belle Époque est élu à vie annexe officieuse du palais des festivals par les stars et les têtes couronnées. Après deux ans de travaux, sa façade immaculée, son hall principal, son Grand Salon et ses escaliers monumentaux desservent à nouveau des chambres au confort irréprochable, fidèles à la volonté de son architecte, « le classicisme sans l'académisme, la sobriété sans la sécheresse, l'ordre sans l'ennui ».

– 332 chambres – *58 boulevard de la Croisette – ✆ 04 93 06 46 00*

Riviera - Voir la sélection des restaurants

FIVE SEAS

Plus

MODERNE • RAFFINÉ À deux pas de la Croisette, cet hôtel, imaginé dans l'ancien bâtiment de la Poste, cultive un charme indéniable : décor soigné, chambres personnalisées sur le thème du voyage, spa, piscine inox sur le toit... Une très agréable villégiature !

– 45 chambres – *1 rue Notre-Dame – ✆ 04 63 36 05 05*

GRAY D'ALBION

CLASSIQUE • RAFFINÉ Entre la Croisette et la rue d'Antibes, cet hôtel est une valeur sûre pour tous ceux - voyageurs d'affaires ou touristes - qui sont en quête d'un haut niveau de confort et de prestations contemporaines. Beau restaurant de plage en saison.

– 199 chambres – *38 rue des Serbes – ✆ 04 92 99 79 79*

HÔTEL MARTINEZ

CLASSIQUE • RAFFINÉ Un véritable monument ! Majestueusement dressée face à la Méditerranée, sa façade Art déco immaculée (1929) porte en elle l'histoire de la villégiature version Côte d'Azur. Des magnifiques chambres et suites azuréennes jusqu'au spa, au dernier étage, confort exquis et prestations haut de gamme cultivent le mythe de la Croisette.

– 410 chambres – *73 boulevard de la Croisette – ✆ 04 93 90 12 34*

La Palme d'Or - Voir la sélection des restaurants

LE MAJESTIC

CLASSIQUE • RAFFINÉ Le Majestic est une vedette incontournable du Festival de Cannes, mais diffuse toute l'année la même atmosphère glamour. Les chambres illustrent à merveille le classicisme français, tissus opulents et meubles d'époque compris, et offrent une vue dégagée sur la baie et beaucoup de lumière naturelle. Les services sont à la hauteur de cette réputation, notamment le restaurant, le club de plage privé et le casino.

– 349 chambres – *10 boulevard de la Croisette – ✆ 04 92 98 77 00*

MOB HOTEL CANNES

MODERNE • CONVIVIAL Installé dans une résidence des années 1980 entourée de jardins, le dernier-né du concept MOB dispose, comme ses aînés, de nombreux espaces communs intérieurs et extérieurs, de chambres économiques, d'un restaurant bio et d'un calendrier fourni d'événements culturels. Les chambres sont modernes et lumineuses, simplement équipées de meubles en bois clair et de kitchenettes pratiques. Les plus grandes sont dotées de terrasses privées et d'œuvres d'art originales. Au bord de la piscine encadrée de palmiers, un menu élaboré à partir des produits du potager est servi toute la journée.

- 43 chambres - *1 avenue de Lyon - ✆ 04 23 40 07 70*

LE CANNET

✉ 06110 - Alpes-Maritimes - Carte régionale n° **29**-E2

LA VILLA ARCHANGE

Chef : Bruno Oger

CUISINE MODERNE • ÉLÉGANT C'est une belle maison provençale du 18e s., perchée sur les hauteurs de Cannes. On s'installe dans l'une des petites salles à l'ambiance cosy pour savourer la cuisine du chef Bruno Oger. Breton d'origine et Méditerranéen d'adoption, il conjugue ses inspirations iodées et végétales entre Bretagne et Côte d'Azur : marinière d'ormeaux de l'île de Groix en persillade ; turbot rôti, céleri, échalotes et noix ; sablé sarrasin au citron et praliné au blé noir. Sa joue de cochon braisée et couteaux de plongée, tartelette au boudin noir révèle également son talent pour sublimer les viandes. Dans les cuisines, une table d'hôte offre l'occasion de vivre la cérémonie culinaire au plus près. Le service, attentif et souriant, complète l'expérience. Quant au menu déjeuner, proposé le vendredi et le samedi, il s'impose comme une excellente option : il permet de découvrir les mêmes plats que ceux des menus supérieurs et de la carte.

- €€€€ - *Rue de l'Ouest - ✆ 04 92 18 18 28 - www.bruno-oger.com - Fermé lundi, dimanche et du mardi au jeudi à midi*

BISTROT DES ANGES

CUISINE TRADITIONNELLE • CONTEMPORAIN Dans cette brasserie tenue par l'équipe de la Villa Archange, la déco est moderne, l'ambiance conviviale et les formules ensoleillées ! On se régale d'artichauts mimosa, crème florentine et basilic, d'un beau rognon de veau aux champignons ou encore d'un délicieux dessert qu'on choisit sur le chariot des douceurs… Un ange passe !

- €€ - *Rue de l'Ouest - ✆ 04 92 18 18 28 - www.bruno-oger.com - Fermé lundi et dimanche*

LE CANNET DES MAURES

✉ 83340 - Var

CHÂTEAU SAINT-ROUX

Plus

PROVENÇAL • VERDOYANT En activité depuis le 15e s. ce domaine provençal est un havre pour les amateurs de vin et les passionnés de nature, avec 40 ha de vignobles bio, un potager florissant et des sentiers pittoresques à travers la réserve Natura 2000 voisine. Les visiteurs peuvent s'initier à la fabrication du fromage, déguster les produits de saison de la maison, ou simplement se mettre au rythme de la vie champêtre.

- 12 chambres - *D17, route de la Garde Freinet*

CAPBRETON

✉ 40130 – Landes – Carte régionale n° **25**-A2

LA CUISINE

CUISINE MODERNE • CONTEMPORAIN Au centre du bourg, la cuisine est bel et bien à l'honneur dans ce charmant petit restaurant : le chef, Johann Dubernet – secondé en salle par sa souriante compagne Isabelle – signe des assiettes colorées, parfumées et visuelles aux multiples influences : tempura de cuisses de grenouilles au curry et sauce saté ; saint-pierre, chutney de tomate verte et feuilles de shiso ; brownie, ananas poché au combava et sorbet grenade au piment. Subtilité et gourmandise !

- €€ - 26 rue du Général-de-Gaulle - 06 41 75 22 61 - www.restaurantlacuisine.fr - Fermé lundi, et mardi et samedi à midi

GOUSTUT

CUISINE MODERNE • TENDANCE À la recherche d'une bonne table de copains aux saveurs riches et variées ? Servis dans une ambiance décontractée, les menus mezze – multitude de petits plats locaux à partager – sont la grande spécialité de la maison, avec une mise à l'honneur de la pêche de Capbreton et des légumes de la famille Bastelica. À retenir : le très bon pâté en croûte de seiche et foie gras, la raviole frite de merlan bleu et sauce pil-pil et le rouleau croustillant de bonite aux épinards asiatiques et purée de courgette.

- €€ - Quai de la Pêcherie - 05 58 42 18 38 - www.goustut.fr - Fermé dimanche et du lundi au jeudi à midi

LA PETITE TABLE

CUISINE MODERNE • CONVIVIAL En terrasse ou en salle, elle est bien chaleureuse et gourmande cette petite table en bordure du port de Capbreton. Des assiettes généreuses et colorées, relevées d'agrumes et d'épices, qui vont à l'essentiel en mettant en valeur notamment des poissons de pêche locale, l'agneau des Pyrénées ou encore les légumes d'un maraîcher de Tosse. Ne passez pas à côté de la tarte au chocolat, c'est une merveille !

- €€ - 7 quai de la Pêcherie - 05 58 72 36 72 - www.lapetitetablecapbreton.fr - Fermé mardi, et le midi sauf dimanche

CARANTEC

✉ 29660 – Finistère – Carte régionale n° **1**-B1

✿ NICOLAS CARRO - HÔTEL DE CARANTEC

Chef : Nicolas Carro

CUISINE CRÉATIVE • CONTEMPORAIN Après une expérience réussie à La Table d'Olivier Nasti, à Kaysersberg, Nicolas Carro, originaire de Loudéac, avait décidé de revenir dans sa région natale. Il a repris cette maison iconique du Finistère, ancien fief du chef Patrick Jeffroy. C'est en admirant la vue magnifique sur la baie de Morlaix que les convives apprécient à sa juste valeur la qualité du travail en cuisine. La partition gourmande célèbre les produits locaux, marins (crustacés et poissons de petite pêche) ou terrestres (légumes et viandes comme la pintade et l'agneau des Monts d'Arrée). Finesse et délicatesse, jeux de textures agréables, cuissons et assaisonnements rigoureux... Cette cuisine talentueuse emporte la mise sans difficulté.

P - €€€€ - 20 rue du Kelenn - 02 98 67 00 47 - www.hotel-carantec.fr - Fermé lundi et mardi

CARCASSONNE

✉ 11000 - Aude -
Carte régionale n° **27**-B2

✿✿ LA TABLE DE FRANCK PUTELAT

Chef : Franck Putelat

CUISINE MODERNE • CONTEMPORAIN La Cité médiévale fait partie du patrimoine immémorial de Carcassonne et sa région... et l'on pourrait presque en dire autant de Franck Putelat. Installé au pied des célèbres remparts, ce natif du Jura, Audois d'adoption, invite dans un intérieur contemporain et design à un séduisant voyage entre terre et mer. En utilisant notamment les produits de son grand potager, le chef détourne avec malice des classiques régionaux, qu'il emmène ailleurs au gré de son inspiration du jour. Des visuels appétissants, du goût et de la finesse : une partition tout en précision. Trois exemples, devenus des incontournables : parmentier au biju de Méditerranée, cassoulet au suprême de pigeonneau et saucisse de cuisse, ou encore bouillabaisse au foie gras de canard. Le pâtissier Alexis Pocinho cisèle quant à lui une partition sucrée particulièrement équilibrée. 7 belles chambres sont disponibles pour l'étape.

HORS PLAN - ✿ - **€€€€** - *80 chemin des Anglais, au Sud de la Cité - ✆ 04 68 71 80 80 - www.franckputelat.com - Fermé lundi et dimanche*

LA BARBACANE

CUISINE CLASSIQUE • HISTORIQUE Au sein de la Cité de Carcassonne, l'Hôtel de la Cité est un superbe exemple d'édifice néogothique, bâti en 1909 sur le site de l'ancien palais épiscopal, avec de merveilleux jardins qui regardent les remparts. À l'intérieur, les vitraux, les armoiries et autres boiseries délivrent une ambiance digne de Viollet-le-Duc ! Basée sur des produits de qualité, notamment les poissons et crustacés de la Méditerranée toute proche, ainsi que les gibiers et les champignons automnaux, la cuisine met le terroir régional à l'honneur, dans un style classique revisité.

PLAN : A2-3 - **€€€€** - *Place Auguste-Pierre-Pont - ✆ 04 68 71 98 71 - www.restaurant-labarbacane.com*

BRASSERIE À 4 TEMPS

CUISINE TRADITIONNELLE • BRASSERIE Une brasserie moderne, complétée d'une terrasse ombragée, où l'on profite de classiques revisités par l'ancien second de Franck Putelat. Pâté en croûte maison, tartare de bœuf, bouchée à la reine, ou encore le cassoulet... à la gourmandise avérée. Pensez à réserver, c'est souvent complet.

HORS PLAN - **€€** - *2 boulevard Barbès - ✆ 04 68 11 44 44 - www.brasserie4temps.com*

Martin Silva Cosentino/Getty Images Plus

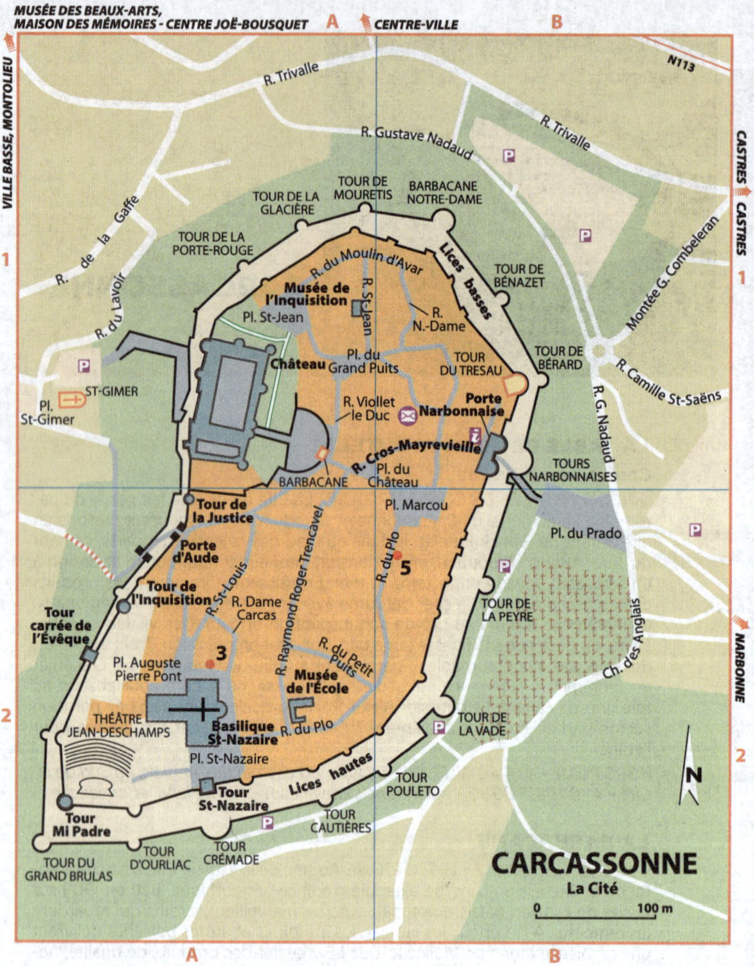

DOMAINE D'AURIAC

CUISINE CLASSIQUE • CLASSIQUE Sur les hauteurs de Carcassonne, cette maison bourgeoise du 19e s. pétrie d'histoire offre un cadre éminemment bourgeois : un décor qui sert à merveille une assiette tout en classicisme, relevée d'une pointe de modernité. Quand le temps le permet, on s'installe sur la terrasse ouvrant sur le parc. Plaisirs intemporels...

HORS PLAN – **€€€** – *2535 route de Saint-Hilaire – 04 68 25 72 22 – www.domaine-d-auriac.fr – Fermé lundi, mardi, mercredi midi et dimanche soir*

LA TABLE D'ALAÏS

CUISINE MODERNE • CONTEMPORAIN Au cœur de la cité, votre meilleur allié contre les pièges à touristes. On découvre à l'étage de sobres salles à manger s'ouvrant sur un patio-terrasse où l'on s'attable aux beaux jours. Tradition

et modernité se côtoient à la carte : œuf cuit à 64°, truffe et champignons de Paris ; cassoulet aux haricots de Castelnaudary et confit de canard ; pavlova aux fruits de saison et crème mascarpone vanillée...
PLAN : B2-5 - - **€€** - *32 rue du Plô* - *04 68 71 60 63* - *www.table-alais.fr* - *Fermé mercredi et jeudi*

BLOC G

CONTEMPORAIN • ÉLÉGANT À la création ce petit hôtel, les trois sœurs Gallinier, qui ont apposé leur initiale au fronton et leur patte décorative, pour un résultat radicalement contemporain. La bâtisse, en plein quartier historique, rassemble cinq chambres, un appartement, un restaurant et un bar à vin. Si à l'extérieur on croirait entendre le trot des chevaliers, à l'intérieur, c'est une toute autre époque : intérieurs dépouillés, presque monochromes, réduits au minimum pour ne pas faire d'ombre aux vieilles pierres de la cité. Pour un peu plus de caractère, optez pour l'appartement.
- **6 chambres** - *112 rue Barbacane*

DOMAINE D'AURIAC

BOURGEOIS • FAMILIAL Un grand parc arboré, un golf 18 trous et cette très belle maison de maître du 19e s. en pierre blonde. Toutes différentes et confortables, les chambres jouent la carte du classicisme bourgeois ou de la simplicité méridionale... Certaines, très spacieuses, sont idéales pour les familles.
- **21 chambres** - *2535 route de Saint-Hilaire* - *04 68 25 72 22*
Domaine d'Auriac - Voir la sélection des restaurants

HÔTEL DE LA CITÉ CARCASSONNE

CLASSIQUE • RAFFINÉ Au cœur de la vieille ville, les chambres et suites de cet hôtel offrent tout le confort actuel dans un cadre historique. Dominant la vallée du Lauragais et les remparts, elles sont toutes luxueuses, calmes et agréables, bénéficiant d'une décoration personnalisée. Deux restaurants et une brasserie sont installés dans les pièces de réception de l'ancien évêché.
- **61 chambres** - *Place Auguste Pierre Pont*
La Barbacane - Voir la sélection des restaurants

HÔTEL DU CHÂTEAU

MODERNE • RAFFINÉ Ce nom très discret cache un petit hôtel de prestige à l'atmosphère princière, situé littéralement dans l'ombre de la cité fortifiée de Carcassonne. Il s'agit d'un établissement familial de 17 chambres seulement, mais toutes sont aussi spectaculaires que luxueuses, et le spa est inoubliable. Le bar propose des repas légers sur la terrasse face à la Citadelle.
Spa - **17 chambres** - *2 rue Camille Saint-Saëns* - *04 68 11 38 38*

HÔTEL LE PARC

CONTEMPORAIN • CHALEUREUX Cet hôtel de charme complète l'offre de Franck Putelat. Les chambres et suites sont calmes et raffinées, dotées d'un éclairage sophistiqué et d'un décor moderne-primitif - tapis en peau d'ours, chaises sculptées, objets design inspirés par la nature. Chacune bénéficie d'une grande terrasse privée ouverte sur les remparts de Carcassonne, et plusieurs suites proposent un jacuzzi privé intérieur ou extérieur. Petit déjeuner copieux, dans la salle de restaurant ou sur la terrasse.
Spa - **7 chambres** - *80 chemin des Anglais* - *04 68 71 80 80*
La Table de Franck Putelat - Voir la sélection des restaurants

CARGÈSE - Corse-du-Sud (2A) → Voir Corse

CARHAIX-PLOUGUER

✉ 29270 - Finistère - Carte régionale n° **1**-B2

ERASMO

CUISINE MODERNE • CONTEMPORAIN Le chef vénitien Matteo Vianello (passé chez Alain Ducasse et Jean-François Piège,) s'est rapproché de la mer en plantant ses couteaux dans le Finistère. Dans son petit bistrot contemporain dédié à l'île de San Erasmo (où pousse le fameux artichaut violet), il n'a rien perdu de sa faconde gourmande : sa cuisine alléchante mélange avec efficacité les répertoires breton et transalpin, revisitant les classiques, à l'image de ses ravioles d'escargots, bouillon d'ail doux et sarrasin torréfié ou de son tiramisu.

♿ AC - **€€** - *4 rue du Général-Lambert - ✆ 09 73 89 46 47 - www.www.restaurant-erasmo.fr - Fermé lundi et dimanche*

CARIGNAN

✉ 08110 - Ardennes - Carte régionale n° **6**-C1

LA GOURMANDIÈRE N

CUISINE MODERNE • COSY Véritable institution ardennaise, cette maison bourgeoise de 1890 trouve un nouveau souffle grâce à deux jeunes frères associés. Présentées avec soin, les assiettes naviguent entre tradition et modernité : foie gras pressé au vieux rhum, ris de veau, filet de bœuf Rossini, turbot et fregola sarda en risotto... Agréable terrasse au calme sur l'arrière.

- **€€€** - *19 avenue de Blagny - ✆ 03 24 22 20 99 - www.www.lagourmandiere-carignan.fr - Fermé lundi et mardi, et dimanche soir*

CARMAUX

✉ 81400 - Tarn - Carte régionale n° **27**-B1

INICIO

CUISINE MODERNE • ÉLÉGANT Dans la patrie de Jean Jaurès, cette ancienne maison de la mine est, sans surprise, une imposante bâtisse dont la salle à manger bourgeoise - parquet à chevrons, moulures et cheminée en marbre - fait salle comble (une semaine de délai pour avoir une table). La cheffe mexicaine Yazmine Geze a trouvé une martingale gourmande pour séduire les palais des Carmausins et des Carmausines. Soit une cuisine méditerranéenne émaillée de quelques touches mexicaines comme les toastaditas végétariennes et la pièce de bœuf grillée à la flamme. Petit menu joliment troussé à base de produits frais de la région au déjeuner, et le soir, une carte plus élaborée.

♿ - **€€** - *32 avenue Bouloc-Torcatis - ✆ 07 55 67 94 85 - Fermé dimanche soir et du lundi au mercredi*

CARNAC

✉ 56340 - Morbihan - Carte régionale n° **1**-C3

CÔTÉ CUISINE

Chef : Stéphane Cosnier

CUISINE MODERNE • CONTEMPORAIN Entre modernité et convivialité, une perle gourmande de Carnac se dévoile. Niché dans l'hôtel Lann Roz, ce restaurant au décor lumineux joue sur l'élégance avec ses tables soigneusement dressées, ses étagères de livres culinaires et sa touche contemporaine. Aux fourneaux, le chef Stéphane Cosnier, formé au Bristol et chez Taillevent, sublime les produits bretons avec créativité et précision, tout en s'ouvrant à des saveurs exotiques. Raviole ouverte de langoustines et artichauts en barigoule, rouget de ligne aux coquillages et curry vert, ou encore une délicate tarte bourdaloue revisitée à la fraise : chaque assiette raconte une jolie histoire.

- €€€ - *36 avenue Zacharie-Le-Rouzic* - *02 97 57 50 35* - *www.www.lannroz.fr/fr/restaurant-gastronomique-etoile-carnac-morbihan* - *Fermé mardi et mercredi*

LE CAIRN - HÔTEL LE CELTIQUE

CUISINE ACTUELLE • ÉLÉGANT Au cœur de Carnac-Plage, à quelques pas du sable fin et de la mer, trône l'Hôtel Le Celtique, magnifié par une décoration très réussie dans un esprit Art déco. La carte mêle avec justesse bases traditionnelles et inspirations contemporaines, relevées de quelques touches exotiques, comme cette lotte accompagnée de pomme de terre confite, carmine, gingembre et coco..

- €€ - *82 avenue des Druides* - *02 97 52 14 15* - *www.www.restaurant-lecairn.com* - *Fermé lundi, du mardi au samedi à midi, et dimanche soir*

LA CALYPSO

POISSONS ET FRUITS DE MER • CONVIVIAL Les habitués ne s'y trompent pas : dans ce charmant bistrot marin, poissons, coquillages et crustacés sont d'une grande fraîcheur. Dans l'une des salles, dont le décor est à l'unisson, on fait même griller les mets dans la cheminée. Face au parc à huîtres, une adresse authentique à souhait !

- €€€ - *158 rue du Pô* - *02 97 52 06 14* - *www.calypso-carnac.com* - *Fermé lundi*

ITSASOA

CUISINE CRÉATIVE • CONTEMPORAIN Bienvenue au Pays basque, pardon, à Carnac en Bretagne ! Breton élevé dans les Pyrénées-Atlantiques, Erwann Le Pogam, ancien chef machiniste dans le cinéma, s'est reconverti dans la cuisine. Grand bien lui en a pris. En toute liberté, sans œillères, il n'a qu'un objectif : faire bon, frais et sincère – en respectant le produit, le producteur et le client. Quelques exemples piochés dans les menus du moment, qui changent fréquemment au gré des arrivages : foie gras poêlé, crevettes bouquet, haricots verts et consommé de champignons ; thon rouge de ligne grillé, sauce au poivre vert du Laos... À noter : le menu déjeuner offre un très bon rapport qualité-prix.

€€ - *1 rue Ker Anna* - *02 97 52 17 72* - *www.itsasoa-restaurant.fr* - *Fermé mercredi et jeudi midi*

LE CELTIQUE & SPA *Plus*

ART DÉCO • BALNÉAIRE À seulement deux rues de la Grande Plage et sa vue imprenable sur les îles de Houat et Belle-Île-en-Mer, cet hôtel Art déco est magnifiquement mis en valeur par une alliance d'élégance et de style côtier, d'influences déco et de luxe contemporain. Le centre de spa et de bien-être du Celtique est tout à fait remarquable.

- **53 chambres** - *82 avenue des Druides* - *02 97 52 14 15*

Le Cairn - Voir la sélection des restaurants

CAROMB

✉ 84330 - Vaucluse - Carte régionale n° **28**-E1

LE 6 À TABLE

CUISINE MODERNE • CONTEMPORAIN Dans ce village paisible, une placette qui coule des jours heureux dans l'ombre de l'église : digne d'une carte postale de jadis ! Le chef travaille un maximum de produits locaux : truite, fraises, figues, fromages, légumes... Une cuisine de saison à déguster sur la terrasse ou dans une agréable véranda.

- **€€** - *6 place Nationale - ✆ 04 90 62 37 91 - www.pascal-poulain.com - Fermé lundi et dimanche*

CARQUEFOU

✉ 44470 - Loire-Atlantique - Carte régionale n° **9**-B3

AUBERGE DU VIEUX GACHET

CUISINE MODERNE • CONVIVIAL Ici, la vaste terrasse, qui offre une vue sur le charmant château de La Gacherie, semble flotter juste au-dessus de l'Erdre. Tout autour, la nature a été préservée pour offrir ce havre de repos et de fraîcheur. Pas de panique : en cas de mauvais temps, la salle, totalement vitrée, procure la même vue apaisante sur les flots. Tout comme cette belle cuisine proposée par le chef propriétaire Walter Lescot qui travaille avec soin des produits qu'il aime : gravlax de saumon à la scandinave, crème citronnée ; dos de cabillaud, risotto de céleri au chorizo et sauce piquillos. La tartelette aux agrumes et sorbet citron vert est légère, savoureuse et fruitée, c'est parfait pour clore le repas ! La carte des vins flirte avec 350 références, l'atout charme.

- **€€** - *Le Vieux Gachet, au bord de l'Erdre - ✆ 02 40 25 10 92 - www.aubergeduvieuxgachet.com - Fermé lundi et dimanche*

CHÂTEAU DE MAUBREUIL

CLASSIQUE • ÉLÉGANT Il est difficile d'imaginer un hôtel de campagne français plus parfait que celui-ci, à la périphérie de Nantes. Le château du 19e s. et son parc semblent perdus dans le temps, mais les somptueuses chambres et suites sont élégantes, d'un éclectisme de bon ton, toutes différentes et rendant hommage à des lieux éloignés, de Venise au Rajasthan. L'hôtel dispose d'un spa ainsi que du trio Pilates-sophrologie-sylvothérapie.

- **14 chambres** - *Allée de Maubreuil - ✆ 02 21 70 03 70*

LES CARROZ-D'ARÂCHES

✉ 74300 - Haute-Savoie - Carte régionale n° **21**-D1

LES SERVAGES D'ARMELLE

CUISINE MODERNE • MONTAGNARD Ce beau chalet sur les hauteurs de la station abrite un restaurant d'esprit montagnard chic. Le chef réalise une cuisine actuelle, soignée et généreuse, avec des produits de belle qualité : poissons frais, crustacés, bœuf Angus, cochon de l'Aveyron... La carte évolue régulièrement ; agréable terrasse.

- **€€€** - *841 route des Servages - ✆ 04 50 90 01 62 - www.servages.com - Fermé lundi*

HÔTEL LES SERVAGES D'ARMELLE

TRADITIONNEL • CHARME Sur les hauteurs de la station, ce superbe chalet ancien a été transformé en un hôtel de grand charme. Une dizaine de chambres et de suites spacieuses, toutes en matériaux de prestige : vieux planchers, poutres, meubles polis par les ans... et vraies cheminées !

- **10 chambres** - *841 route des Servages - ✆ 04 50 90 01 62*

Les Servages d'Armelle - Voir la sélection des restaurants

CARRY-LE-ROUET

✉ 13620 – Bouches-du-Rhône – Carte régionale n° **28**-C3

L'OURSIN

CUISINE CRÉATIVE • CONTEMPORAIN Au sein d'un hôtel qui domine le port de Carry-le-Rouet, ce restaurant jouit d'un panorama imprenable sur la mer et les îles du Frioul. Derrière un joli bar en pierre de lave émaillée, on jette l'ancre dans un décor marin épuré. Pourvu d'un sérieux pedigree (La Villa Madie, Sylvestre Wahid), le jeune chef Ilane Tinchant met en scène la Méditerranée avec une maturité étonnante, dans un menu unique en 6 ou 8 escales mêlant avec finesse notes iodées et végétales : seiche en textures, confite dans son encre et nuage d'ail (son plat signature) ; saint-pierre grillé, raisin iodé et sucs infusés aux feuilles de figuier... Une table avec les yeux sur la mer, en terrasse comme dans l'assiette.

– **€€€€** – *Hôtel Bleu, 1 boulevard des Moulins – 04 51 68 00 00 – www.hotelbleucarry.com – Fermé lundi, dimanche et du mardi au jeudi à midi*

BLEU HÔTEL & SPA

Plus

CLASSIQUE • MARITIME Cette perle cachée de la Côte Bleue a donné à ses espaces intérieurs une livrée bleu et blanc éclatants. Les chambres, qui dominent la marina, sont logiquement appelées « cabines », en référence à leur ambiance maritime. Comme les vastes suites, elles sont chics et chaleureuses, et offrent une vue sur le port et la mer. Ceux que l'on peut qualifier de « passagers » profiteront également du spa et du bar.

– **44 chambres** – *1 boulevard des Moulins*

L'Oursin - Voir la sélection des restaurants

CARSAC-AILLAC

✉ 24200 – Dordogne – Carte régionale n° **18**-D3

Ô MOULIN

CUISINE MODERNE • COSY Ce couple de professionnels a transformé ce charmant moulin périgourdin – une scierie à eau précisément – en paisible restaurant campagnard. Le ruisseau qui alimente le mécanisme est visible sous le restaurant au travers du sol en partie vitré. Le chef fignole une cuisine gourmande, bien dans son époque, à l'image de ce filet de bœuf limousin rôti, nappé d'un bon jus de viande au vin rouge, et escorté de pommes de terre de Noirmoutier. Belle terrasse ombragée et service prévenant assuré par madame.

– **€€** – *1 place Martin-Dolt – 05 53 30 13 55 – www.latabledumoulin.com – Fermé mercredi, mardi midi et dimanche soir*

CARSPACH

✉ 68130 – Haut-Rhin – Carte régionale n° **8**-A3

AUBERGE SUNDGOVIENNE

CUISINE MODERNE • ÉLÉGANT Ce restaurant d'hôtel est très sympathique : tout y est avenant, contemporain et cosy, et l'on y apprécie une bonne cuisine d'aujourd'hui, concoctée par un chef soucieux de bien faire : poêlée de cèpes frais, dos de sébaste et soupe de poisson liée à la rouille, filet de boeuf sauce aux morilles... Belle carte de vins et chambres bien tenues pour l'étape.

– **€€** – *1 route de Belfort – 03 89 40 97 18 – www.auberge-sundgovienne.fr – Fermé lundi et mardi, et dimanche soir*

CASSEL

59670 - Nord - Carte régionale n° **4**-B2

HAUT BONHEUR DE LA TABLE

Chef : Eugène Hobraiche

CUISINE MODERNE • INTIME Au cœur des Flandres, entre Steenvoorde et Saint-Omer, Cassel est un pimpant village de briques. À petit village, petit restaurant : celui-ci offre une vingtaine de couverts dans une belle demeure du 18e s. Mais ses propriétaires affichent une grande passion pour la belle gastronomie. Artisan soigneux, Eugène Hobraiche concocte une cuisine bien dans l'air du temps, en osmose avec les saisons et nourrie des fruits et des légumes locaux ainsi que des poissons de la criée de Dunkerque : saumon confit au poivre de Sichuan, textures de choux et dashi de shiitaké ; lieu jaune rôti, gnocchis à la moutarde et multicolore de carotte... Pour prolonger le séjour, 5 chambres d'hôtes sont à deux pas, aussi soignées et accueillantes.

- **€€** - *18 Grand'Place - 03 28 40 51 03 - www.hautbonheurdelatable.com - Fermé dimanche soir, lundi soir, mardi et mercredi*

CASSIS

13260 - Bouches-du-Rhône - Carte régionale n° **28**-D3

LA VILLA MADIE

Chef : Dimitri Droisneau

CUISINE CRÉATIVE • CONTEMPORAIN Lovée dans l'anse Corton, une crique naturelle et sauvage face au Cap Canaille, La Villa Madie, belle bâtisse contemporaine, occupe avec sa terrasse un site de rêve au-dessus des flots bleus de la Méditerranée. Normand devenu amoureux transi de la Provence, Dimitri Droisneau en tire toute son inspiration. De plat en plat, celle-ci court, légère, subtile, savoureuse, fraîche et aromatique, percutante quand il le faut, toujours surprenante et renouvelée. Toute la magie du Sud - ses produits marins aussi bien que terrestres - est apprivoisée au sommet dans cette cuisine. Ainsi en est-il d'un très grand plat comme la crevette carabineros et sa tartelette aux fruits rouges, où l'association iodée et saline du crustacé avec les fruits relève de l'harmonie céleste. Côté vin, les propositions intelligentes ne manquent pas.

P - **€€€€** - *Avenue de Revestel - 04 96 18 00 00 - www.lavillamadie.com - Fermé mardi et mercredi*

LES BELLES CANAILLES

CUISINE MÉDITERRANÉENNE • ÉLÉGANT Tout simplement sublime est la vue depuis la terrasse de ce restaurant d'hôtel luxueux qui fait face au Cap Canaille. Le chef propose une cuisine d'inspiration méditerranéenne dominée par le poisson, mais où l'on retrouve aussi de l'agneau des Alpilles et de jolis légumes de saison. On accompagne le tout d'un vin de Cassis ou de Bandol, évidemment. Idéal face au coucher de soleil...

AC - **€€€€** - *Les Roches Blanches, 9 avenue des Calanques - 04 42 01 01 05 - www.roches-blanches-cassis.com*

LA BRASSERIE DU CORTON

CUISINE MODERNE • ÉPURÉ L'espace brasserie de la Villa Madie joue toujours la carte de la simplicité, avec des produits du marché et de séduisantes associations terre et mer. Les menus sont différents midi et soir, renouvelés chaque semaine, à moindre prix que celui de la maison mère mais pas moins savoureux pour autant (tartare de bœuf aux huîtres de Tamaris, véritable "sôcisse" de Marseille au fenouil, tarte au citron Madie...). Aux beaux jours, on profite de la terrasse offrant un point de vue splendide face à la jolie crique.

- €€€ - Avenue du Revestel - 04 96 18 00 00 - www.lavillamadie.com/la-brasserie-du-corton - Fermé du lundi au mercredi et dimanche soir

LES ROCHES BLANCHES

CLASSIQUE • ÉLÉGANT Cette magnifique bâtisse de 1878 devenue hôtel en 1920 et accrochée aux rochers de Cassis, se mire et s'admire dans la mer. Chambres spacieuses, matériaux nobles : l'âme des années 1930 et l'horizon comme unique infini. Sans doute le plus bel hôtel de front de mer des environs.

- 45 chambres - *9 avenue des Calanques - 04 42 01 09 30*

Les Belles Canailles - Voir la sélection des restaurants

CASTANET-TOLOSAN

31320 - Haute-Garonne - Carte régionale n° **26**-C2

LA TABLE DES MERVILLE

CUISINE MODERNE • ÉLÉGANT Une extension tout en verre sur une jolie place avec terrasse, des cuisines ouvertes sur la salle donnant l'impression que le chef travaille parmi les clients : Claudie et Thierry Merville ont su créer un lieu original pour déguster des assiettes soignées et contemporaines.

- €€€ - *3 place Pierre-Richard - 05 62 71 24 25 - www.table-des-merville.com - Fermé lundi et dimanche*

CASTECULIER

47240 - Lot-et-Garonne - Carte régionale n° **22**-D3

LE ROUERGAT

CUISINE MODERNE • CONVIVIAL Dans ce bistrot contemporain, le chef, enfant du pays au métier solide et à la passion contagieuse, travaille les produits locaux de saison. Pour rendre hommage à sa région, il propose un menu aveyronnais avec une diversité de préparations traditionnelles (saucisse sèche, fricandeau, farçous, tripou, flaune...). Mais on se laissera également séduire par la terrine de foie gras de canard, compotée de pruneaux aux épices douces, ou encore la gambas cuite de peur, risotto de petit épeautre aux carottes et noix de cajou, crème au Noilly Prat. Ambiance conviviale et prix doux.

- €€ - *4 place de la Mairie - 05 53 87 80 45 - www.lerouergat.fr - Fermé samedi et dimanche, et lundi et mardi soir*

CASTELJALOUX

47700 - Lot-et-Garonne - Carte régionale n° **22**-C2

LA VIEILLE AUBERGE

CUISINE MODERNE • CONTEMPORAIN Belle hauteur sous plafond, charpente cathédrale, grandes baies vitrées façon orangeraie donnant sur un agréable jardin : voici le superbe écrin de cette maison bien connue dans les parages. Matthijs Bartman délivre ici une cuisine gourmande et actuelle, à l'image de ce pastrami de bœuf bazadais, betterave fumée et myrtilles ; ou bien plus classique, comme cette religieuse avec crème diplomate tonka, caramel yuzu et sorbet mangue... Des recettes revisitées juste ce qu'il faut, déclinées principalement dans deux menus au bon rapport qualité-prix. Service enthousiaste et charmant.

- €€ - *13 avenue du 8-Mai-1945 - 05 53 93 01 36 - www.clos-castel.fr/le-restaurant - Fermé dimanche soir*

LE CASTELLET

83330 - Var - Carte régionale n° **29**-A2

✿✿✿ LA TABLE DU CASTELLET

CUISINE CRÉATIVE • LUXE Les murs de ce resort de luxe bien connu cachent une certaine définition de la félicité à la provençale. Un parc dominant l'arrière-pays varois, la Méditerranée à l'horizon, des bassins, des parterres de lavande... et une superbe cuisine méridionale. La sensibilité de Fabien Ferré aux produits méditerranéens est celle d'un artiste, et rappelle un Matisse qui aurait succombé à la lumière de la Provence. Il réalise une partition végétale et marine de haut vol, à l'image de ce turbot aux coquillages, cazette et caviar, du rouget aux crevettes grises et huile des têtes, ou de cet encornet à la marjolaine - un plat signature. Ses assiettes épurées et totalement maîtrisées subliment le goût naturel des produits, à grand renfort de sauces d'une profondeur mémorable. La cave à fromages vaut presque le voyage à elle seule. Très belle sélection de vins, superbe terrasse pour l'apéritif et le café.

- **€€€€** - *3001 route des Hauts-du-Camp, au Circuit Paul Ricard - 04 94 98 37 77 - www.hotelducastellet.net - Fermé lundi, mardi, jeudi midi et mercredi soir*

LE SAN FELICE

CUISINE MODERNE • BISTRO La San Felice n'est pas qu'un roman de Dumas, c'est aussi - au sein de l'hôtel du Castellet - un bistrot chic et inventif ! La carte est volontairement courte, bien de saison, mettant en avant de belles viandes maturées et des poissons cuits à la braise. Quant à la terrasse, le long de la piscine, elle offre une vue imprenable sur le golf et la verdure... Laissez-vous tenter par le menu gourmand du midi servi du lundi au samedi, un régal. et le dimanche, c'est autour du brasero que cela se passe !

- **€€€** - *3001 route des Hauts-du-Camp, au Circuit Paul Ricard - 04 94 98 37 77 - www.hotelducastellet.net - Fermé dimanche soir*

HÔTEL DU CASTELLET *Plus*

CLASSIQUE • ROMANTIQUE Douze hectares de pinède dominant l'arrière-pays varois, avec la Méditerranée à l'horizon. Si tous les paradis sont perdus, l'hôtel du Castellet en a conservé le goût : coursives, bassins, parterres de lavande... et un spa de 700m². Les chambres et suites marient les styles classique et contemporain ponctués de couleurs provençales traditionnelles. Même les plus modestes sont spacieuses et luxueuses ! Félicité à la provençale...

- **42 chambres** - *3001 route des Hauts-du-Camp - 04 94 98 37 77*

✿✿✿ **La Table du Castellet • Le San Felice** - Voir la sélection des restaurants

CASTELMORON-SUR-LOT

47260 - Lot-et-Garonne - Carte régionale n° **22**-C2

L'HERBORISTE

CUISINE MODERNE • BOURGEOIS Dans ce petit village bordé par le Lot, une belle et imposante maison de maître sert de cadre à cette table emménée par un ancien sous-chef du restaurant Le 1862 - Les Glycines, et sa compagne. En toute intimité (une douzaine de couverts), le décor mêle habilement l'histoire du lieu et le contemporain. Les assiette sont minutieusement dressées, souvent accompagnées de garnitures satellites. Une partition moderne et savoureuse, bien ancrée dans les produits locaux de saison, à l'image de ce bar au jus de crevette et safran. Dans ce pays de cocagne, c'est le choix du roi !

€€ - *1 avenue de Comarque - 09 84 15 42 50 - www.restaurant-lherboriste.fr - Fermé du lundi au mercredi, samedi midi et dimanche soir*

CASTELNAU-DE-LÉVIS

✉ 81150 - Tarn - Carte régionale n° **27**-B1

LA TAVERNE BESSON

CUISINE CLASSIQUE • TRADITIONNEL Amis gourmets, ne vous attendez pas à trouver ici une taverne comme dans les contes de Grimm mais plutôt une généreuse cuisine de tradition bien tournée (et un sympathique chariot de desserts), servie dans un cadre lumineux, ou sur la terrasse ouverte sur la campagne. On peut également réserver l'une des chambres.

- **€€** - *Rue Aubijoux - 05 63 60 90 16 - www.tavernebesson.com - Fermé lundi, mardi midi et dimanche soir*

CASTELNAU-DE-MONTMIRAL

✉ 81140 - Tarn - Carte régionale n° **27**-A1

L'AUBERGE DES ARCADES

CUISINE TRADITIONNELLE • BRASSERIE Déjà chef de Vigne en Foule à Gaillac, Julien Bourdariès vient d'ouvrir une table dans une ravissante maison en briques et colombages sur l'emblématique place des Arcades de ce village médiéval. Au déjeuner, cette auberge animée (ouverte du matin au soir) propose un épatant menu à prix plancher, une carte d'entrées à partager (charcuterie tarnaise, croquettes de pieds de cochon...) ainsi que des plats cuits au four à braises : cuisse de canard confite ou filet de veau. Vins régionaux bien sélectionnés.

- **€€** - *Place des Arcades - 05 63 42 08 35 - www.lesarcades.net - Fermé le soir du dimanche au mercredi*

CASTELNAU-LE-LEZ

✉ 34170 - Hérault - Carte régionale n° **27**-D1

MARCELLE - DOMAINE DE VERCHANT

CUISINE MODERNE • ÉLÉGANT À l'entrée du domaine de Verchant, le restaurant Marcelle est installé dans un bâtiment contemporain bénéficiant d'une salle à manger lumineuse et d'une terrasse en escalier avec vue dégagée sur la nature environnante. Les menus sont inspirés des produits locaux de saison, avec notamment les légumes issus du potager maison.

- **€€€** - *1 boulevard Philippe-Lamour - 04 67 07 26 00 - www.domainedeverchant.com/fr/restaurant-marcelle.html - Fermé lundi, dimanche et mardi midi*

DOMAINE DE VERCHANT

MODERNE • CHAMPÊTRE Trônant au cœur de 17 ha. de vignoble, le splendide hôtel de Verchant réussit avec brio le grand écart entre la pierre séculaire et le mobilier ultra-moderne. Ce grand manoir d'un blanc reposant propose vingt-deux chambres et suites décorées avec délicatesse, pour la plupart dans un esprit loft. Un moment d'évasion total où tout est agréable : la nature, le climat, la piscine en forme de lagon, le spa magnifique, ses soins aux huiles essentielles et aux oligo-éléments.

- **49 chambres** - *1 boulevard Philippe Lamour - 04 67 07 26 00*

Marcelle - Voir la sélection des restaurants

CASTELNAU-MAGNOAC

✉ 65230 - Hautes-Pyrénées - Carte régionale n° **25**-D3

CHEZ JEAN - LA MÉTAIRIE DUPONT (N)

CUISINE TRADITIONNELLE • MAISON DE CAMPAGNE Le domaine familial des Dupont renaît. Antoine, demi de mêlée du XV de France, et son frère Clément, éleveur de porc Noir de Bigorre, ont repris la propriété achetée par leur père Jean dans les années 1970. On est ici dans le vrai, entre goût du terroir et esprit de famille. Le cochon est décliné en salaison fine, abats mijotés, échine poêlée, voire œufs mimosa au cœur de porc. Le magret en cocotte, recette emblématique transmise par le père, demeure un incontournable. Salle animée, équipe souriante, accents du Sud-Ouest : une ambiance conviviale digne d'une troisième mi-temps !

- €€ - *12 route des Pyrénées - ✆ 06 88 05 43 21 - www.metairiedupont.com - Fermé lundi, mardi et dimanche*

LA TAULADA

CUISINE MODERNE • CONTEMPORAIN Au centre du village, cet imposant hôtel Dupont, s'il a conservé son enseigne d'origine, a subi une cure de jouvence dont sa terrasse donne une agréable idée, avec vue sur le lac de Castelnau-Magnoac et la campagne verdoyante. En cuisine, le chef va droit au but avec des assiettes savoureuses où il glisse quelques clins d'œil au terroir : ravioles de poule Noire d'Astarac Bigorre, consommé de volaille aux légumes, foie gras ; selle d'agneau de lait, pommes duchesse, ris d'agneau laqué...

- €€ - *23 place de l'Estelette - ✆ 09 75 48 72 57 - www.lataulada.com - Fermé lundi et mardi, et dimanche soir*

CASTÉRA-VERDUZAN

✉ 32410 - Gers - Carte régionale n° **26**-B2

LE FLORIDA

CUISINE TRADITIONNELLE • COSY Si les spécialités régionales tiennent toujours le haut de l'affiche de cette jolie maison traditionnelle ouverte dans les années 1930, quelques clins d'œil discrets aux origines mexicaines du nouveau propriétaire s'invitent dans l'assiette – comme ce chicharrón bien croustillant en amuse-bouche, ou ce condiment façon ketchup fumé et épicé. Une cuisine saine et fraîche à déguster, les jours de soleil, sur la terrasse ombragée.

- €€€ - *2 rue du Lac - ✆ 05 62 68 13 22 - www.lefloridagascony.fr - Fermé dimanche soir, mardi, mercredi et le soir sauf vendredi et samedi*

LE FLORIDA

MODERNE • RAFFINÉ Baptiste Ramounéda a quitté l'univers du luxe pour retrouver l'entreprise familiale, mais avec des idées de modernisation plei n la tête. Car le restaurant créé par son arrière-grand-mère en 1935 avait bien besoin d'un petit coup de jeune. L'hôtelier a conservé l'identité culinaire du Florida mais créé deux chambres et deux suites haut-de-gamme. Lumineuses et épurées, luxueuses et dynamiques (jacuzzi, climatisation) elles sont l'incarnation d'une nouvelle génération.

- **2 chambres** - *2 rue du Lac - ✆ 05 62 68 13 22*

Le Florida - Voir la sélection des restaurants

CASTILLON-DU-GARD

✉ 30210 - Gard - Carte régionale n° **28**-C2

L'AMPHITRYON

CUISINE MODERNE • COSY Cela fait maintenant un certain nombre d'années que le chef Stéphane Goudet régale vaillamment ses hôtes à la manière de l'Amphitryon de Molière, dans cette demeure à la salle voûtée en pierre, ornée de quelques touches modernes. Sa cuisine sérieuse met en valeur les produits frais locaux selon les saisons : autour de la truffe en hiver, du homard en été - à déguster dans le patio - et du lièvre à la royale en automne. Le service est aimable et efficace.

- **€€€** - *Place du 8-Mai-1945 - 04 66 37 05 04 - www.restaurant-lamphitryon.ovh - Fermé mardi et mercredi*

LE VIEUX CASTILLON

CUISINE MODERNE • CLASSIQUE Tout autour ce ne sont que ruelles médiévales et champs de lavande... Dans ce coin de Provence inondé de lumière, cette table élégante - aux couleurs du Sud - vit au rythme des saisons et des produits gorgés de soleil. Plats simples et légers au déjeuner, tandis que le soir l'offre est gastronomique.

P - **€€€** - *10 rue Turion-Sabatier - 04 66 37 61 61 - www.vieuxcastillon.fr*

LE VIEUX CASTILLON

TRADITIONNEL • ÉLÉGANT Au cœur de ce beau village médiéval, surplombant la région, un havre au luxe discret : vieilles pierres, patios, terrasses, décor provençal, grand confort... Le charme intemporel du sud, à quelques encablures du pont du Gard.

P - **31 chambres** - *10 rue Turion Sabatier - 04 66 37 61 61*

Le Vieux Castillon - Voir la sélection des restaurants

CASTRES

✉ 81100 - Tarn - Carte régionale n° **27**-B1

BISTROT SAVEURS

CUISINE MODERNE • COSY Le chef britannique Simon Scott a roulé sa bosse de Londres à la Provence, avant de s'installer dans le Tarn. Derrière une façade rouge éclatante se cache un décor (très) pop, coloré et cosy. Ce cuisinier éclectique aime assurément le bel ouvrage et ne travaille que les produits (locaux) de qualité pour servir à ses clients des assiettes précises, colorées et goûteuses qui changent régulièrement selon le marché. Décidément, ce Bistrot ne manque pas de Saveurs !

- **€€** - *5 rue Sainte-Foy - 05 63 50 11 45 - www.bistrot-saveurs-81.fr - Fermé samedi et dimanche*

LES METS D'ADÉLAÏDE

CUISINE MODERNE • CLASSIQUE Ces Mets d'Adélaïde prennent leurs aises dans l'ancienne école du village, avec un préau qui fait office de terrasse l'été. Le chef aime parsemer ses assiettes d'épices d'ailleurs et d'aromates. Accueil souriant.

- **€€** - *36 avenue Georges-Alquier-Les Salvages - 05 63 35 78 42 - www.lesmetsdadelaide.fr - Fermé lundi et mardi, et dimanche soir*

LA PART DES ANGES

CUISINE MODERNE • BRANCHÉ Une cuisine du marché qui suit les saisons et qui met souvent à l'honneur les petits producteurs des environs, voilà ce que mitonne le chef. Les gros appétits ne seront pas déçus : ici, l'assiette est généreuse ! Quant au service, il est attentionné. Une petite adresse fort appréciée des locaux.

- €€ - *5 boulevard Raymond-Vittoz - 05 63 51 65 25 - www.lapartdesangescastres.fr - Fermé lundi et dimanche, et mardi soir*

CAUREL

22530 - Côtes-d'Armor - Carte régionale n° **1**-C2

LE BEAU RIVAGE N

CUISINE MODERNE • COSY Au bord du lac de Guerlédan, la plus vaste étendue d'eau douce bretonne, ce restaurant offre un cadre naturel superbe et une vue panoramique (réservez de préférence la première salle). Le chef Teddy Le Padellec y décline une cuisine bistronomique généreuse et contemporaine : tartare d'asperge, anguille fumée, andouille et hollandaise ; cabillaud en beignet, vitelote écrasée ; tuile craquante, pamplemousse et meringue. Lumière, grandes baies vitrées, ambiance paisible : une halte à la fois gourmande et relaxante.

- €€ - *Lac de Guerlédan - 02 96 28 52 15 - www.le-beau-rivage.fr - Fermé lundi et mardi, et dimanche soir*

CAUX

34720 - Hérault - Carte régionale n° **27**-C2

MDL LE BISTROT

CUISINE MÉDITERRANÉENNE • BISTRO À quelques minutes de son établissement étoilé, Mathieu de Lauzun (MDL) donne une seconde vie à cette ancienne cave à vin privée. Bien à l'abri de ces épais murs en pierre, une clientèle décontractée s'abandonne au plaisir de vivre dans une atmosphère animée. L'ardoise puise avec bonhommie dans les trésors du terroir méditerranéen : tomates farcies, gaspacho andalou, pâté en croûte maison côtoient le tartare de daurade ou la joue de bœuf confite. Bien charpentée, la carte des vins, partagée avec le restaurant étoilé, ravira les spécialistes de la dive bouteille et tous les autres, en associant crus modiques et signatures reconnues.

- €€ - *3 impasse Pépi-Pages - 04 67 93 11 99 - www.restaurant-delauzun.com - Fermé lundi et dimanche, et mercredi soir*

CEINTREY

54134 - Meurthe-et-Moselle - Carte régionale n° **7**-B2

LA COUR DES SENS

CUISINE MODERNE • ÉLÉGANT Dans une maison de village, cette salle intimiste marie parquet et pierres apparentes. Le chef Benjamin Royer signe des assiettes qui démontrent un goût pour le beau produit ainsi qu'un savoir-faire évident, comme le montrent ces langoustines flambées sur galet à la mirabelle, ou cet agneau de chez Polmard confit. Accueil prévenant.

- €€€ - *9 rue de Benney - 03 83 47 09 95 - www.lacourdessens.fr - Fermé du lundi au mercredi, samedi midi et dimanche soir*

LA CELLE

✉ 83170 - Var - Carte régionale n° **29**-B2

HOSTELLERIE DE L'ABBAYE DE LA CELLE

CUISINE PROVENÇALE • HISTORIQUE Non loin de l'abbaye de la Celle, cette thébaïde gourmande occupe les murs d'une belle bâtisse classique du 18e s. Cette adresse de la galaxie Ducasse offre tous les agréments d'un hôtel de luxe, dont une cuisine méridionale pleine de sagesse et riche en légumes, à l'image de cet encornet sauté, pois chiches et poivrons à la flamme. La tradition sans ostentation.

- €€€€ - *10 place du Général-de-Gaulle - ✆ 04 98 05 14 14 - www.abbaye-celle.com - Fermé mardi et mercredi*

HOSTELLERIE DE L'ABBAYE DE LA CELLE

TRADITIONNEL • CHAMPÊTRE Cette ancienne hostellerie d'abbaye distille un bel esprit d'antan avec ses murs du 18e s. et son décor provençal bourgeois. Le matin, le soleil filtre à travers les grands arbres, et l'on découvre avec bonheur le jardin environnant, avec son potager et son conservatoire des vignes - 88 cépages différents !

- 10 chambres - *10 place du Général-de-Gaulle - ✆ 04 98 05 14 14*

Hostellerie de l'Abbaye de la Celle - Voir la sélection des restaurants

CELLETTES

✉ 41120 - Loir-et-Cher - Carte régionale n° **10**-C3

GRANICA

Chef : Alexis Letellier

CUISINE MODERNE • CONTEMPORAIN À Cellettes, juste en face de leur ancienne adresse, Alice et Alexis Letellier ouvrent un nouveau chapitre avec Granica. Dans ce cadre contemporain et élégant, où seule la charpente d'une ancienne grange rappelle le passé, le couple d'artisans s'épanouit dans ce nouvel écrin. Le chef propose une cuisine de l'instant, fine et maîtrisée, où de beaux produits s'accordent à la subtilité des herbes fraîches du jardin. Menu unique en plusieurs temps, cuissons précises, jus savoureux, assiettes harmonieuses. En salle, Alice, hôtesse élégante et sommelière avisée, complète l'expérience avec chaleur. Une adresse aboutie, réjouissante, et pleinement habitée.

- €€€ - *10 rue Nationale - ✆ 02 54 74 67 15 - www.granica.fr - Fermé lundi, dimanche et mardi midi*

CERCIÉ

✉ 69220 - Rhône - Carte régionale n° **21**-A1

L'ÉCUME GOURMANDE

CUISINE MODERNE • CONTEMPORAIN Cette adresse est emmenée par un jeune chef passé par de belles maisons. Il mitonne une cuisine aux bases classiques, sagement inventive, à l'instar de cet œuf bio cuit "parfait", duxelles de champignons, copeaux de Beaufort, noix de pécan et émulsion à l'huile de cèpes, ou de ces escargots de chez Gilles Nesme en cappuccino. Cave vitrée abritant des jolies références à prix raisonnables.

- €€ - *35 Grande-Rue - ✆ 04 37 55 23 06 - www.ecume-gourmande.fr - Fermé lundi et mardi, et dimanche soir*

CERCOUX

✉ 17270 - Charente-Maritime - Carte régionale n° **18**-B2

LE SILÈNE - AUBERGE DE CERCOUX N

CUISINE TRADITIONNELLE • CONTEMPORAIN Au cœur d'un village charentais niché dans une pinède, cette ancienne auberge modernisée a gardé son âme campagnarde et respire la convivialité. Le chef y cuisine aux côtés de sa fille pâtissière, tandis que son épouse veille à l'accueil avec chaleur. Le menu met en valeur des produits de qualité : foie gras du Sud-Ouest et millefeuille de pomme ; côte de veau au caviar d'aubergine, cromesquis de comté... Offre plus simple au bistrot.

♿ AC - **€€€** - *2 rue Charles-Henri-Bertet* - *✆ 05 46 49 95 57* - *www.auberge.decercoux.com* - *Fermé lundi et mardi, et mercredi et dimanche soir*

CÉRÉ-LA-RONDE

✉ 37460 - Indre-et-Loire - Carte régionale n° **15**-C1

AUBERGE DE MONTPOUPON

CUISINE MODERNE • AUBERGE Une bien sympathique auberge, installée au pied du château de Montpoupon. L'intérieur marie joliment le rustique (pierre apparente, poutres) et le plus contemporain, tandis que la cuisine nous emmène faire un tour du Val de Loire, dans un genre gourmand et goûteux. Prix sages, terrasse avec vue sur le château.

♿ P - **€** - *Le Moulin Bailly* - *✆ 09 70 37 22 55* - *www.auberge-montpoupon.fr* - *Fermé lundi et mardi, et dimanche soir*

CÉRET

✉ 66400 - Pyrénées-Orientales - Carte régionale n° **27**-B3

FARIO

Chef : Kevin de Porre

CUISINE MODERNE • CONTEMPORAIN Le chef Kevin de Porre (ex-Contraste à Paris) est revenu au bercail avec la volonté de rendre hommage à son terroir natal, comme en témoigne d'emblée le nom de son restaurant, celui de la truite fario. Avec talent et humilité, entouré par une équipe motivée et soudée, il montre son savoir-faire dans un menu surprise qui privilégie les produits de la mer et le végétal, et bannit avec conviction ce qui n'est pas local, à commencer par le chocolat ou le café. Ses assiettes incisives s'avèrent intenses et maîtrisées ; les assaisonnements font preuve de subtilité dès l'amorce du repas avec des amuse-bouches intelligents et gourmands. Le cadre intérieur de cette ancienne grange a été repensé avec l'aide d'artisans locaux (ferronnier, céramiste, coutelier).

♿ AC - **€€€€** - *12 rue Saint-Ferréol* - *✆ 04 68 82 39 62* - *www.farioceret.fr* - *Fermé lundi, dimanche et mardi midi*

CERNAY-LA-VILLE

✉ 78720 - Yvelines

ABBAYE DES VAUX DE CERNAY

DESIGN • CHARME L'abbaye cistercienne des Vaux-de-Cernay s'est muée en hôtel somptueux. Le lieu, niché dans un parc de 80 ha, répartit ses chambres et suites dans plusieurs bâtiments conventuels. Le tout dans une atmosphère très baroque'n roll : poufs en passementerie, moquette léopard, tartan, tapis orientaux... Côté restauration, quatre options ! S'ajoutent une piscine chauffée, un spa et des activités pour tous : tennis, yoga, marches en forêt, balades en vélos, salle de cinéma, salle de jeu pour les enfants.

P Spa - **104 chambres** - *Domaine de l'Abbaye des Vaux de Cernay*

CESSON-SÉVIGNÉ

✉ 35510 - Ille-et-Vilaine - Carte régionale n° **9**-B1

CUEILLETTE

CUISINE MODERNE • CONTEMPORAIN Une petite maison perdue dans la banlieue rennaise, une façade avenante, un intérieur contemporain, une terrasse couverte donnant sur les champs, et un accueil charmant. Et dans l'assiette, le chef a tout compris : des recettes efficaces, épurées et tout en finesse, des accords judicieux, des assaisonnements au cordeau. Une jolie cueillette urbaine.

♿ 🏖 🅿 - **€€** - *54 route de Fougères - ✆ 02 99 62 00 13 - www.cueilletterestaurant.fr - Fermé lundi, mardi et dimanche*

ZEST

CUISINE MODERNE • SIMPLE Le succès de ce Zest ? Une cuisine du marché, des recettes originales mâtinées de touches exotiques, de condiments et d'épices, une ambiance conviviale, et, à la belle saison, une terrasse au bord de la Vilaine. Service efficace.

🏖 - **€€** - *32 cours de la Vilaine - ✆ 02 99 83 82 06 - www.restaurant-zest.fr - Fermé samedi et dimanche, et le soir sauf jeudi et vendredi*

CESTAS

✉ 33610 - Gironde - Carte régionale n° **22**-B2

CHEZ GN N

CUISINE CRÉATIVE • CONTEMPORAIN Dans une jolie maison en pierres blondes bordelaises, ce jeune chef passé par Ursus à Tignes, le Quatrième Mur ou le Logis de la Cadène, propose une cuisine bistronomique précise et créative. Sa compagne, en salle, accueille avec chaleur dans un décor sobre et raffiné, prolongé par une véranda et un jardin. Le midi, menu à deux choix ; le soir, deux menus sans choix. Coup de cœur pour la déclinaison de courge qui accompagne un filet de dorade sébaste : risotto de butternut, mousseline onctueuse, cubes de Jack be Little, pickles acidulés et savoureuse pâte de graines torréfiées, presque pistachée, le tout relevé d'un beurre blanc vif et délicat. Cuisine lisible, très goûteuse, aux assaisonnements justes et à la technique irréprochable.

♿ 🏖 🅿 - **€€** - *53 avenue du Maréchal-de-Lattre-de-Tassigny - ✆ 07 45 22 25 71 - www.chezgn.fr - Fermé lundi soir, mercredi soir et mardi*

CEVINS

✉ 73730 - Savoie - Carte régionale n° **21**-D2

LA FLEUR DE SEL

CUISINE TRADITIONNELLE • CONVIVIAL Sur la route des stations, cette maison pimpante abrite une affaire familiale où l'accueil est chaleureux. La carte aux saveurs traditionnelles évolue à chaque saison avec souvent des notes asiatiques (panier de dim sum, tataki de thon rouge, entre autres), mais les grenouilles en persillade restent présentes toute l'année. Côté décor, la salle contemporaine et cosy s'organise autour de la belle cheminée. Aux beaux jours, une agréable terrasse s'ajoute au charme des lieux.

🏖 ⚙ 🅿 - **€€** - *15 route du Portelin - ✆ 04 79 37 49 98 - www.restaurant-fleurdesel.fr - Fermé lundi et mardi, et dimanche soir*

CHABANAIS

✉ 16150 - Charente - Carte régionale n° **18**-D1

LE VIEUX MOULIN

CUISINE DU MARCHÉ • TRADITIONNEL Ce restaurant, aménagé dans un vieux moulin et tenu par un couple chaleureux doté d'un vrai sens de l'accueil, vous accueille dans une salle lumineuse, avec sa belle cheminée pour les flambées hivernales. L'été, la terrasse bordant la rivière voisine permet de profiter d'une jolie cuisine du marché fraîche et colorée, autour de recettes originales et maîtrisées, privilégiant les circuits courts.

♿ A/C 🏖 P - **€€** - *Étang du Bouchaud - ✆ 05 45 84 24 97 - www.levieuxmoulin-chabanais.com - Fermé mardi et mercredi, et lundi soir*

CHABLIS

✉ 89800 - Yonne - Carte régionale n° **12**-B2

CHABLIS WINE NOT

SPÉCIALITÉS DE VIANDES • BISTRO Dans ce village vigneron mondialement connu, un bistrot à vins fait un tabac. Imaginez un entrepreneur du coin, deux chefs japonais fous de cuisine française, de beaux produits (tapas maison, charcuteries et viandes de race maturées à point), une carte des vins renversante à prix d'ami (à siroter sur place ou à emporter). Le tout dans une ambiance où se mêlent, dans la bonne humeur, locaux et touristes œnophiles en goguette. À consommer sans modération !

♿ - **€€** - *Rue des Moulins - ✆ 06 72 14 19 39 - www.chabliswinenot.com - Fermé lundi et mardi*

AU FIL DU ZINC

CUISINE MODERNE • CONTEMPORAIN Dans ce joli restaurant à cheval sur le Serein, le chef Mathieu Sagardoytho élabore des menus créatifs à la gloire de produits bien choisis (daurade grise de la baie de Quiberon en ceviche aux fraises, lapin de Bourgogne cuisiné aux moules de Groix, mirabelles de l'Yonne...), en harmonie avec une belle sélection de chablis et autres crus bourguignons.

♿ A/C - **€€€** - *18 rue des Moulins - ✆ 03 86 33 96 39 - www.aufilduzinc.fr - Fermé mardi, mercredi et dimanche*

LES TROIS BOURGEONS

CUISINE MODERNE • SIMPLE Ce bistrot contemporain, au décor tout simple, a fleuri entre les murs d'une ancienne cave du Domaine Laroche, fameux producteur de chablis. Un chef japonais, formé à Tokyo et dans de belles maisons françaises propose à ses clients une cuisine inspirée du répertoire régional et revisitée avec imagination. Bon rapport qualité/prix.

♿ A/C - **€€** - *10 rue Auxerroise - ✆ 03 86 46 63 23 - www.restaurant-chablis.fr - Fermé lundi et dimanche*

CHAGNY

✉ 71150 - Saône-et-Loire - Carte régionale n° **12**-D1

✿✿✿ MAISON LAMELOISE

Chef : Éric Pras

CUISINE MODERNE • ÉLÉGANT Impossible de résumer en quelques lignes l'histoire de cette institution qui entama son parcours étoilé en... 1926 ! Installée dans une charmante succession de petites salles chaleureuses aux ambiances différentes, cette vénérable maison n'a pas pour autant l'âme nostalgique. Ancien second de Jacques Lameloise, Éric Pras, devenu chef en 2009 à la suite du maître, le résume en une phrase programmatique : « La tradition, c'est l'avenir. » Fidèle à l'esprit des lieux, aussi inspiré que pointilleux, il rend hommage au terroir bourguignon (escargots, volaille de Bresse, bœuf charolais, cazette du Morvan) tout en restant en phase avec l'époque. Très belle sélection de vins, au verre notamment.

- €€€€ - 36 place d'Armes - 03 85 87 65 65 - www.lameloise.fr - Fermé mardi et mercredi

CHAHAIGNES

72340 - Sarthe - Carte régionale n° **10**-B2

SILEX

CUISINE MODERNE • CONTEMPORAIN Au cœur d'un village qui compte plusieurs centaines de caves creusées dans le tuffeau, ce restaurant rend hommage au terroir du jasnières et du coteaux-du-loir. Sous les poutres apparentes, on découvre une déco moderne, accentuée par des œuvres de street art. Les chefs Maïté Hervé et Florent Demas savent y faire, et mitonnent de bons petits plats en puisant dans le garde-manger local : asperges blanches, estragon et sauce légère au citron ; quasi de veau fumé au foin, croustillant d'échalote et crème de petits pois... Un sans-faute gourmand ! Excellent rapport qualité-prix au déjeuner.

- €€ - 15 place de l'Église - 02 43 44 62 62 - www.silex-restaurant.fr - Fermé lundi et mardi

CHAINTRÉ

71570 - Saône-et-Loire - Carte régionale n° **17**-C2

LA TABLE DE CHAINTRÉ

Chef : Sébastien Grospellier

CUISINE MODERNE • CONTEMPORAIN La maison régionale dans toute sa splendeur ! Dans ce village typique niché au milieu du vignoble de Pouilly-Fuissé, on trouve un couple sympathique et travailleur. Lui, en cuisine, pioche de beaux produits au marché et les magnifie avec des assiettes bien troussées. À titre d'exemple, citons ces langoustines bretonnes au naturel avec celtuce et les premières tomates, ces grenouilles au court-bouillon et panées en friture japonaise, ou encore cette poularde de Bresse avec poêlée de pâtissons, blettes et carottes multicolores... Le tout accompagné de beaux nectars de Bourgogne et du Beaujolais. Envie d'y retourner ? Aucun souci, le menu unique est renouvelé chaque semaine. On aurait tort de se priver.

- €€€ - 72 place du Luminaire - 03 85 32 90 95 - www.latabledechaintre.com - Fermé lundi et mardi, et dimanche soir

LA CHAIZE-GIRAUD

85220 - Vendée - Carte régionale n° **14**-A2

MAISON BRUME N

CUISINE MODERNE • TRADITIONNEL Au cœur d'un charmant village du bocage vendéen, le chef Tanguy Rattier signe une cuisine actuelle ancrée dans son terroir, nourrie de belles trouvailles locales chinées chez les producteurs. À table, les assiettes généreuses claquent des saveurs franches : pavé de merlu avec pulpe d'aubergines et artichauts, jus corsé ; tartelette aux pêches et myrtilles tout en douceur acidulée.

- €€ - 2 place du Marché - 02 51 22 75 33 - www.maisonbrume.fr - Fermé mardi et mercredi, et dimanche soir

CHALON-SUR-SAÔNE

✉ 71100 – Saône-et-Loire – Carte régionale n° **17**–C2

AROMATIQUE

CUISINE MODERNE • ÉPURÉ Ici, c'est en couple que l'on Aromatise ! Fabien, en cuisine, compose une cuisine au goût du jour avec une pointe de créativité et inspirée à base de bons produits frais… et une petite touche d'épices ; Émilie, en salle, accueille chaleureusement la clientèle. Aucun risque de déjà-vu : le menu proposé au dîner est renouvelé très régulièrement et celui présenté au déjeuner est une aubaine. Un coup de cœur.

*- **€€** - 14 rue de Strasbourg - ✆ 03 58 09 62 25 - www.aromatique-restaurant.com - Fermé dimanche, et lundi et samedi soir*

LE BISTROT

CUISINE MODERNE • CONTEMPORAIN Sur l'île St-Laurent, un bistrot au cadre contemporain où le chef propose un menu à prix tendre le midi bien ficelé à l'image de cette mousse tiède aux champignon parfumé au vin jaune et son émulsion au Mont d'Or et une partition plus élaborée le soir (foie gras, turbot, homard). À noter que légumes et fruits proviennent en partie du potager ; fraîcheur garantie.

*- **€€** - 31 rue de Strasbourg - ✆ 03 85 93 22 01 - www.restaurant-le-bistrot.fr - Fermé lundi et dimanche midi*

LES GOURMANDS DISENT

CUISINE MODERNE • COSY Dans la "rue des restaurants" de l'île St-Laurent, un duo de passionnés (Laurent au salé, Nadine au sucré) fait battre le cœur de cette petite adresse sympathique. Dans un cadre bourguignon avec pierres apparentes et plafond à la française, on déguste des plats maîtrisés et on en prend plein la vue avec des desserts en trompe-l'œil, comme ce Montecristo au chocolat. Les gourmands habitués vous le diront : mieux vaut réserver !

*- **€€** - 59 rue de Strasbourg - ✆ 03 85 48 75 21 - Fermé lundi, mardi, du mercredi au vendredi à midi, et dimanche soir*

CHÂLONS-EN-CHAMPAGNE

✉ 51000 – Marne – Carte régionale n° **6**–B2

✿ JÉRÔME FECK

Chef : Jérôme Feck

CUISINE MODERNE • ÉLÉGANT On vient dans cette ville pour sa cathédrale Saint-Étienne, sa collégiale Notre-Dame-en-Vaux, son charme indéniable et ses nombreux lieux de mémoire, témoins d'un riche passé. Dans son hôtel d'Angleterre, le chef Jérôme Feck œuvre en faveur de la tradition gastronomique champenoise et perpétue l'héritage de cette table emblématique de la ville. Également pâtissier, il a roulé sa bosse de Langres à Reims en passant par Épernay : c'est dire s'il connaît son terroir de Champagne. Ses points forts ? Les sauces et les jus qui se révèlent intenses, concentrés et équilibrés. Les produits sont rehaussés de saveurs étudiées, jouant tantôt sur l'acidité, tantôt sur le fumé… Délicieux. Cuisine plus traditionnelle au bistrot Les Temps Changent, mitoyen de la table gastronomique.

*- **€€€** - 19 place Monseigneur-Tissier - ✆ 03 26 68 21 51 - www.hotel-dangleterre.fr/fr/restaurant - Fermé lundi, dimanche et samedi midi*

AU CARILLON GOURMAND

CUISINE MODERNE • CONTEMPORAIN À cette adresse chic, design et élégante du centre-ville, juste à côté de la belle collégiale Notre-Dame-en-Vaux, le carillon sonne l'heure d'une cuisine moderne que l'on découvre au travers d'un menu-carte ou d'un menu dégustation. Un sans-faute pour la souris d'agneau basse température, polenta crémeuse et petits légumes façon tajine, accompagnée de son jus d'agneau balsamique. Accueil agréable, service efficace et prévenant.

- €€ - *15 bis place Monseigneur-Tissier - 03 26 64 45 07 - www.carillongourmand.com - Fermé lundi et mercredi, et dimanche soir*

CHAMAGNE

88130 - Vosges - Carte régionale n° **7**-B3

LE CHAMAGNON

CUISINE TRADITIONNELLE • CONTEMPORAIN Dans le village de Claude Gellée dit Le Lorrain, ce bistrot chaleureux propose une cuisine traditionnelle généreuse (filet de bœuf Hereford tendre à souhait et sa béarnaise maison, ris de veau aux morilles, crème brûlée aussi lisse que croustillante) parsemée de notes plus modernes (thon rouge et ses condiments). Des produits de qualité et une jolie carte des vins !

- €€ - *236 rue Claude-Gellée - 03 29 38 14 74 - www.restaurantlechamagnon.fr - Fermé lundi, et mardi, mercredi et dimanche soir*

CHAMALIÈRES

63400 - Puy-de-Dôme - Carte régionale n° **20**-B1

RADIO

CUISINE MODERNE • ÉLÉGANT Depuis les hauteurs de la ville, ce bel hôtel des années 1930 diffuse non-stop un hommage vibrant aux ondes hertziennes et à la lampe triode qui permit l'invention du cinéma parlant et de la TSF. Branché Art déco, son décor sonne comme au premier jour, avec ses mosaïques au sol, ses ferronneries d'art et son alliance du verre et du miroir. En studio, le chef Wilfrid Chaplain mixe les fréquences de sa région natale, la Normandie, et celles de son terroir d'adoption, l'Auvergne, dont il chante les douces harmonies méconnues. Technicien solide, il compose une cuisine ambitieuse, fine et délicate, qui charme le palais : foie gras de canard d'Auvergne, mûres et fruits du mendiant ; bar des côtes normandes, marinière de moules du Mont-St-Michel. Quant au plateau de fromages d'Auvergne, il fait le buzz à lui tout seul.

- €€€€ - *43 avenue Pierre-et-Marie-Curie - 04 73 30 87 83 - www.hotel-radio.fr - Fermé samedi, dimanche, et lundi et vendredi à midi*

LE WELCOME (N)

CUISINE MODERNE • SIMPLE Derrière ce nom digne de nos plus beaux bars de quartier se cache un bijou de bistrot, situé dans une ville chère à un ancien président de la République. Passé notamment chez Édouard Loubet et Hélène Darroze, le chef Sylvain Revelant concocte une cuisine comme on les aime. Les produits, locaux pour la plupart, sont mis au service d'assiettes nettes et parfumées : asperges et bourgeons de sapin ; maigre de ligne, mousserons et émulsion coquillage... Ambiance conviviale et bon enfant, service très souriant.

- €€ - *13 rue du Bosquet - 04 73 31 08 26 - Fermé samedi et dimanche, et du lundi au mercredi soir*

RADIO

CLASSIQUE • ÉLÉGANT Héritage des années 1930, cet hôtel des hauteurs de Chamalières offre un beau témoignage du style Art déco - celui des années radio ! À l'exception des chambres, spacieuses, décorées de manière contemporaine.

- **24 chambres** - *43 avenue Pierre-et-Marie Curie - 04 73 30 87 83*

Radio - Voir la sélection des restaurants

CHAMBÉRY

✉ 73000 - Savoie - Carte régionale n° **21**-C2

CARRÉ DES SENS

CUISINE MODERNE • BISTRO Joliment située sur l'une des places centrales de la ville, cette maison est le fief d'un chef qui revisite les classiques de la tradition française avec passion et précision : œuf mollet, asperges rôties et émulsion à la sauge ; mignon de porc lardé et jus corsé à l'ail noir ; soufflé chaud au Grand Marnier - de bons produits et des recettes gourmandes soigneusement exécutées.

- €€ - 32 place Monge - ✆ 04 79 65 98 07 -
www.carre-des-sens.eatbu.com - Fermé lundi et dimanche, et samedi soir

FOLIE CUISINE D'ÉMOTIONS

CUISINE MODERNE • COSY Au cœur du vieux Chambéry, dans un immeuble historique voisin du château des Ducs de Savoie, cette table occupe l'ancienne cour d'un hôtel de luxe. L'atmosphère feutrée se prête à la découverte des menus "carte blanche" du chef, inspirés par les saisons et ses voyages. Le midi, un menu-carte simplifié complète l'expérience. Terrasse ensoleillée protégée par de grands parasols blancs, ou expérience immersive face aux cuisines ouvertes : une adresse à vivre selon l'humeur.

- €€€ - 23 rue Bonivard - ✆ 04 85 86 03 65 -
www.restaurant-folie.com - Fermé lundi et dimanche

PINSON

CUISINE MODERNE • COSY Au cœur de Chambéry, cette adresse lumineuse séduit par sa terrasse verdoyante, ombragée par des figuiers, un véritable havre de paix en centre-ville. En cuisine, le chef, passé par Lasserre et Rech, propose une cuisine méditerranéenne moderne et généreuse, aux inspirations moyen-orientales : ceviche de sériole frais et coloré, relevé par des touches d'agrumes et de framboise ; gambas dorées à la plancha, sauce jalapeños et taboulé libanais parfumé et citronné. Une ambiance chaleureuse, un service souriant et des assiettes vibrantes de saveurs qui invitent au voyage.

- €€€ - 22 place Monge - ✆ 04 79 70 96 40 -
www.restaurant-pinson.fr - Fermé lundi et dimanche, et du mardi au jeudi soir

PETIT HÔTEL CONFIDENTIEL

MODERNE • CHALEUREUX Installé dans un bel immeuble ancien (15e s.), en plein cœur du centre historique, cet hôtel cache un intérieur au design ultra-moderne. Le verre y rencontre le parquet massif dans un esprit loft, pour diffuser une atmosphère feutrée que seuls les siècles savent patiner. C'est à la fois chaleureux et plein de caractère : les habitués espèrent qu'il restera confidentiel...

- **15 chambres** - *10 rue de la Trésorerie - ✆ 04 79 26 24 17*

Folie Cuisine d'Émotions - Voir la sélection des restaurants

CHAMBOLLE-MUSIGNY

✉ 21220 - Côte-d'Or - Carte régionale n° **12**-C3

LE MILLÉSIME

CUISINE MODERNE • CONTEMPORAIN Au cœur des belles vignes de ce village vigneron, cette bâtisse toute pimpante abrite un restaurant contemporain. Un chef y joue habilement de plusieurs registres gourmands, non sans une certaine audace (à l'image de son tartare de bulots bichonné par une émulsion au foie gras). Le déjeuner est une aubaine, comme on l'a constaté avec le gâteau de foie blond de volaille, sauce crustacés ou ce faux-filet Black Angus, jus pinot noir et condiments d'automne. La carte navigue entre recettes traditionnelles et préparations plus

élaborées, les œufs en meurette côtoient le homard breton en croûte de chorizo, nage de girolle, vin jaune. Mitoyen de l'établissement, le caveau des Musigny (qui appartient au propriétaire) propose des dégustations avant d'acheter du vin.
- €€ - *1 rue Traversière - 03 80 62 80 37 - www.restaurant-le-millesime.com - Fermé lundi et dimanche*

CHAMBORD

41250 - Loir-et-Cher

RELAIS DE CHAMBORD

MODERNE • ÉLÉGANT Au cœur du domaine de Chambord (dont le château a soufflé 500 bougies en 2019), cet hôtel a été rénové avec le concours du cabinet d'architecte de Jean-Michel Wilmotte. Relais de campagne chic, ses chambres élégantes (quoique pas très spacieuses) offrent de nombreux clins d'œil au château. Petit espace bien-être, et surtout l'accès libre au domaine, encore plus exclusif le soir après le départ des touristes... Un séjour de choix.
- **56 chambres** - *Place Saint-Louis - 02 54 81 01 01*

CHAMESOL

25190 - Doubs - Carte régionale n° **13**-C2

MON PLAISIR

CUISINE MODERNE • BOURGEOIS Dans cette accueillante maison de pays, le chef Christian Pilloud travaille chacune de ses assiettes avec sérieux. En chef classique ouvert à la modernité, il recherche les bons produits du terroir bourguignon et franc-comtois pour réaliser des plats généreux : champignons d'automne et escargots fermiers ; croustillant de souris et ris de veau aux morilles, jus au vin jaune ; pigeon royal en croûte de feuilletage...
- €€€ - *22 lieu-dit Journal - 03 81 92 56 17 - www.restaurant-mon-plaisir.fr - Fermé lundi et mardi, et jeudi et dimanche soir*

CHAMONIX-MONT-BLANC

✉ 74400 – Haute-Savoie – Carte régionale n° **21**-D1

ALBERT 1ER

CUISINE MODERNE • ÉLÉGANT Les générations se succèdent depuis 1903 dans cette maison emblématique de Chamonix. Servie dans un décor sobre et élégant, la cuisine du chef Damien Leveau enchante les produits de la région (omble chevalier et féra du Léman, escargots du pays du Mont-Blanc, cochon et agneau des fermes alentour...), rehaussés par tout ce qui pousse dans le jardin aromatique : oxalis, ache des montagnes, thym citronné, sarriette, mélisse ou sauge. Au sein de ce pimpant hameau, profitez également d'une cuisine plus traditionnelle à la Maison Carrier, située dans une ancienne ferme d'alpage.

PLAN : B1-1 – **€€€€** – *Hameau Albert-1er, 38 route du Bouchet – 04 50 53 05 09 – www.hameaualbert.fr – Fermé mercredi, jeudi, et le midi*

AKASHON

CUISINE MODERNE • CONTEMPORAIN Au pied du téléphérique de l'Aiguille du Midi (qui emmène ses passagers à 3842 m), la table de l'hôtel Héliopic marie bois brut, métal et granit dans un décor de brasserie moderne au mobilier design. La salle s'ouvre sur une terrasse en partie couverte offrant une vue sur la montagne. Côté assiettes, la cuisine vive et inspirée décline chorizo maison grillé sur les braises avec caviar d'aubergines, raviolis de crabe aux agrumes relevés d'une émulsion de crustacés et poivre Timut, ou encore noix de joue de porc braisé au cidre, servie avec spaetzles verts, cerises et oignons rouges. Pendant l'UTMB, un menu spécial est dédié aux coureurs.

PLAN : A2-5 – **€€** – *L'Heliopic, 50 place de l'Aiguille-du-Midi – 04 50 54 55 56 – www.restaurant-akashon.com – Fermé les midis*

ATMOSPHÈRE

CUISINE TRADITIONNELLE • CONVIVIAL Il faut emprunter un bel escalier en granit, abondamment fleuri, pour rejoindre la discrète entrée de ce restaurant "d'atmosphère". Le décor montagnard, épuré et cosy, mise sur la simplicité et la convivialité. Si l'opportunité se présente, demandez une table côté véranda : elle surplombe le cours de l'Arve et offre une échappée sur les aiguilles de Chamonix ! En cuisine, honneur à la tradition, aux spécialités régionales et au gibier en saison : un véritable festival de saveurs. Jolie carte des vins.

PLAN : A1-3 – A/C – **€€€** – *123 place Balmat – 04 50 55 97 97 – www.restaurant-atmosphere.com*

AUBERGE DU BOIS PRIN

CUISINE MODERNE • COSY Dans un cadre chic et contemporain face au Mont-Blanc, l'équipe d'Emmanuel Renaut élabore une carte dédiée au terroir alpin, qui s'appuie notamment sur le potager maison et la cueillette. Joli résultat dans l'assiette, avec des plats modernes, généreux et gourmands : betterave en tartare, céleri et crème de raifort ; dos de chevreuil rôti, chou farci, sauce gibier ; soufflé aux agrumes... En prime, la vue est époustouflante, en particulier depuis la terrasse.

HORS PLAN - **€€€** - *69 chemin de l'Hermine - 04 50 53 33 51 - www.boisprin.com - Fermé lundi, mardi et du mercredi au vendredi à midi*

LE COMPTOIR DES ALPES

CUISINE MODERNE • CONTEMPORAIN Niché dans un hôtel moderne, ce restaurant propose un menu-carte « Ascension » bien ficelé. Le chef prépare une cuisine moderne aux saveurs franches, qui refuse toute concession sur la qualité des ingrédients. Une terrasse côté rue, et une autre plus calme sur une placette.

PLAN : A2-8 - A/C - **€€** - *151 avenue de l'Aiguille-du-Midi - 04 50 53 57 64 - www.comptoir-des-alpes.com*

LA COURONNE N

CUISINE MODERNE • SIMPLE Érigée dans les années 1860 à proximité de la frontière suisse, cette imposante bâtisse a maintenu son nom et son activité hôtelière depuis plus de 160 ans. Après une belle rénovation, un jeune chef du coin propose d'appétissantes assiettes qui font de l'œil au terroir : tartare de courgette, œuf mollet, mousse de faisselle ; pièce de porc, polenta, harissa alpine. Formule plus simple le midi, agréable terrasse avec vue sur le massif.

€€ - *285 rue Charlet-Straton, à Argentière - 04 50 54 00 02 - www.hotelcouronne.com*

LE MATAFAN

CUISINE MODERNE • ÉLÉGANT Au sein du mythique hôtel Mont-Blanc, dans un cadre contemporain élégant avec cheminée centrale, on propose une cuisine qui évolue entre recettes traditionnelles (saucisson lyonnais à la truffe ; paleron de bœuf cuit au barbecue) et préparations plus modernes (pigeon, endives, bouillon gingembre) sans oublier le menu bien-être. Terrasse donnant sur la grande piscine pour les beaux jours.

PLAN : A1-7 - **€€€** - *62 allée du Majestic - 04 50 55 35 46 - www.hotelmontblancchamonix.com*

AUBERGE DU BOIS PRIN

MONTAGNARD • CONVIVIAL Ce joli chalet perche sur les hauteurs de la station, offrant une vue imprenable sur Chamonix et le massif du Mont-Blanc... et un calme olympien ! Les chambres, toutes de mobilier classique et de lambris, ont le goût de la simplicité ; deux suites plus contemporaines ont été aménagées dans un chalet voisin.

Spa - **14 chambres** - *69 chemin de l'Hermine*

Auberge du Bois Prin - Voir la sélection des restaurants

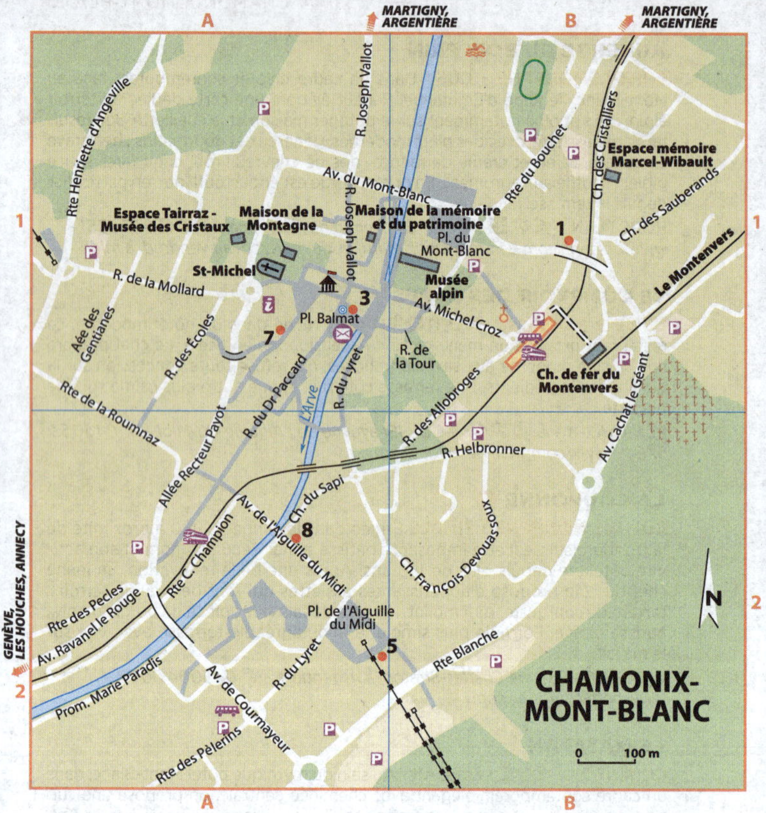

LE FAUCIGNY

MODERNE • COSY Petit hôtel de charme de la vallée de Chamonix, Le Faucigny joue la carte de l'élégance discrète et contemporaine. Bien que niché au pied du Mont-Blanc, il n'a rien du chalet rustique. Flambant neuves, ses chambres s'habillent d'une palette grise et blanche, de textures douillettes et d'un mobilier moderne aux délicates touches rustiques. Un style nordique cosy que l'on retrouve dans les espaces communs composés d'un salon, d'un coin bibliothèque avec cheminée, et d'un spa avec jacuzzi et sauna. Service de conciergerie efficace.

♿ P – **28 chambres** – *118 place de l'Église* – *04 50 53 01 17*

LA FOLIE DOUCE

AVANT-GARDE • FAMILIAL A Chamonix, La Folie Douce et les Hôtels Particuliers ont réussi le pari de tout offrir sous un même toit enneigé. 250 chambres, dont des chambres doubles, familiales et suites grand luxe, des dortoirs, mais aussi un bar à cocktails, un spa, un centre de remise en forme avec piscine extérieure chauffée, cours de fitness et yoga Yuj, un club pour enfants, une boutique de ski et une navette gratuite. Cet ancien hôtel The Savoy hérité des années 1900 a conservé son standing et adapté son caractère luxueux.

♿ P – **250 chambres** – *823 allée du Recteur Payot* – *04 50 55 10 00*

LE HAMEAU ALBERT 1ER

MONTAGNARD • RAFFINÉ Ce véritable hameau associant plusieurs chalets constitue un délicieux havre montagnard, sous un beau tapis de neige l'hiver, tout en vert tendre aux beaux jours... Noblesse des matériaux (dont des boiseries de vieux chalets d'alpage) et chic contemporain, confort extrême et spa d'exception : un sommet de luxe !

– **27 chambres** – *38 route du Bouchet* – *04 50 53 05 09*

Albert 1er - Voir la sélection des restaurants

HELIOPIC HOTEL & SPA

CONTEMPORAIN • CHALEUREUX Au départ du téléphérique de l'aiguille du Midi, ces deux grands chalets de pierre et de bois nous plongent dans un décor contemporain, parsemé de clins d'œil à l'alpinisme des années 1950. Plaids, coussins et rideaux donnent aux chambres une délicieuse touche vintage ; on passe de longs moments dans le superbe spa...

P – **102 chambres** – *50 place de l'Aiguille-du-Midi* – *04 50 54 55 56*

Akashon - Voir la sélection des restaurants

LE JEU DE PAUME CHAMONIX

CONTEMPORAIN • MONTAGNARD Niché dans le hameau de Lavancher, Le Jeu de Paume apporte à Chamonix ce qu'il faut du chic parisien, en troquant le glamour urbain contre le charme montagnard. À l'intérieur, le pin aux teintes chaudes et le feu crépitant devant de profonds fauteuils en cuir sont parfaits pour l'après-ski. Les balcons s'ouvrent sur le cadre paisible de la vallée d'Argentière et du Mont Blanc.

P – **22 chambres** – *705 route du Chapeau, Le Lavancher* – *04 50 54 03 76*

MONT-BLANC (CHAMONIX)

CLASSIQUE • ÉLÉGANT Une belle renaissance pour cet hôtel historique, grâce à une rénovation réussie, de pied en cap : la décoratrice Sybille de Margerie a su mettre en valeur tous les charmes du lieu, révélant la beauté des moulures anciennes et du grand escalier, et jouant partout la carte d'un chic à la fois contemporain et intemporel... À redécouvrir !

P – **41 chambres** – *62 allée du Majestic* – *04 50 53 05 64*

Le Matafan - Voir la sélection des restaurants

LE MORGANE

MODERNE • CHALEUREUX La nature est ici pleinement respectée : engagement environnemental (zéro carbone), cadre épuré et beaux matériaux (bois brut, pierre, coton bio)... L'hôtel de montagne du 21e s. en quelque sorte ! En sous-sol, on trouve spa, hammam, sauna, et bassin de relaxation.

P – **56 chambres** – *145 avenue de l'Aiguille du Midi* – *04 50 53 57 15*

Le Comptoir des Alpes - Voir la sélection des restaurants

LE REFUGE DES AIGLONS

MODERNE • RAFFINÉ Un hôtel de luxe alpin résolument moderne. Mais de luxe écologique : isolation optimisée, gaz naturel local, chauffage de la piscine aux copeaux de bois... Cette approche environnementale s'étend au spa et à la piscine extérieure. La décoration intérieure mixe des meubles et objets aux lignes épurées et des murs d'un rouge audacieux. Mais le décor insurpassable reste le mont Blanc lui-même.

P – **107 chambres** – *270 avenue de Courmayeur* – *04 50 55 90 93*

REFUGE DU MONTENVERS

MONTAGNARD • ÉLÉGANT Cette bâtisse en granite, perchée à 1913 m et édifiée en 1880 pour héberger les premiers alpinistes, est devenue un hôtel au calme, rénové avec goût dans l'esprit refuge. Le restaurant panoramique dévoile une vue splendide sur la Mer de glace. Accessible uniquement par train, ou à pied pour les plus courageux ! Authentique.

- **20 chambres** - *Montenvers - ✆ 04 50 53 87 70*

CHAMPCEVINEL

✉ 24750 - Dordogne - Carte régionale n° **18**-D2

LE BEL'ART

CUISINE TRADITIONNELLE • SIMPLE Sur les hauteurs de Périgueux, Sandrine et Vincent Cardoso tiennent table dans une bâtisse moderne et une salle fonctionnelle. Dans l'assiette, changement complet de décor et ce, toutes les semaines ! Les jus sont bons, les produits locaux de qualité et accompagnés de légumes de saison qui démontrent le vrai savoir-faire du chef. Tout est cuisiné avec sincérité et justesse. Le soin gourmand porté à chaque assiette se retrouve dans la brandade de saumon au vin moelleux, le suprême de volaille en cocotte au laurier et épinards de la ferme, ou la pomme golden travaillée en cubes sur un sablé généreux en beurre. Une aubaine avec un menu déjeuner très attractif servi par une patronne sympathique et souriante.

€€ - *2 allée Jean-Boiteux - ✆ 05 53 07 85 51 - www.le-bel-art-restaurant.fr - Fermé lundi et dimanche, et du mardi au jeudi soir*

LA TABLE DU POUYAUD

CUISINE MODERNE • COSY Sur les hauteurs de Périgueux, le chef (et enfant du pays) Gilles Gourvat reçoit depuis presque une quinzaine d'années dans cette ferme joliment rénovée. Sa cuisine, actuelle, revisite avec talent la tradition périgourdine en plus de quelques clins d'œil au Pays basque qu'il affectionne. Les produits locaux ont la part belle dans sa carte gourmande et généreuse : confit de canard et champignons sauvages ; brouillade aux truffes en saison ; foie gras de canard mi-cuit à la figue. Le service est agréable et la table de qualité !

€€ - *57 route de Paris - ✆ 05 53 09 53 32 - www.table-pouyaud.com - Fermé lundi et mardi, et dimanche soir*

CHAMPILLON

✉ 51160 - Marne - Carte régionale n° **6**-B2

LE ROYAL

CUISINE CRÉATIVE • LUXE Cet hostellerie de luxe située entre Reims et Épernay, sorte d'amphithéâtre contemporain de pierres claires, épouse les coteaux du vignoble champenois. Dédiée à ce nectar, avec son plafond patiné doré et son lustre monumental composé de 36 bulles ambrées en verre soufflé, la salle évoque aussi Napoléon, qui fit halte dans cet ancien relais de poste. L'écrin idéal pour une cuisine gastronomique de haut vol qui épouse les saisons et repose sur de solides bases classiques, mise en valeur par un service des plus professionnels. Belle carte des vins, richement dotée en champagne évidemment.

€€€€ - *Hameau de Bellevue, 9 rue de la République - ✆ 03 26 52 41 04 - www.royalchampagne.com/fr/le-royal.html - Fermé lundi, dimanche et le midi*

ROYAL CHAMPAGNE HOTEL & SPA

CONTEMPORAIN • RAFFINÉ Après une longue rénovation, le Royal Champagne propose à nouveau ses chambres sans vis-à-vis avec balcon ou terrasse, une décoration contemporaine avec des notes de bois rappelant la nature environnante, un spa de 1500m² et des piscines intérieure et extérieure… Du grand standing.

- 47 chambres - *9 rue de la République - 03 26 52 87 11*

Le Royal - Voir la sélection des restaurants

CHAMPLIVE

25360 - Doubs - Carte régionale n° **13**-C2

AUBERGE DU CHÂTEAU DE VAITE

CUISINE TRADITIONNELLE • CONTEMPORAIN Dans la famille depuis les années 1960, cette auberge décline une cuisine traditionnelle mettant en avant le terroir franc-comtois. Les morilles sont à l'honneur avec le sandre ou encore le poulet au vin jaune, sans oublier les grenouilles fraîches de l'étang du restaurant en saison. Étonnant : ce distributeur de plats faits maison mis en place à côté du restaurant !

- **€€** - *17 Grande Rue - 03 81 55 20 66 - www.auberge-chateau-vaite.com*

CHANTILLY

60500 - Oise - Carte régionale n° **5**-B3

LE VERBOIS

Chef : Guillaume Guibet

CUISINE MODERNE • CONTEMPORAIN Dans la famille Guibet, je demande le fils ! Dans la droite ligne de son père, Guillaume a repris les fourneaux de l'ancien relais de chasse (1886). Portée par les saisons, sa cuisine est créative et astucieuse, avec parfois des touches asiatiques (et pour cause, il a fait ses classes chez Kei, à Paris), toujours convaincante. Les beaux produits, traités avec malice et finesse, se succèdent comme ce ceviche de dorade royale, champignons de Paris et réduction de Xérès, ou ces morilles, jus de volaille, risotto ail des ours, sabayon au lard. Même dynamisme du côté du décor, entre bois, cuir et métal, d'une grande élégance.

- **€€€€** - *6 rue la Grande-Folie, à Saint-Maximin - 03 44 24 06 22 - www.leverbois.fr - Fermé lundi et mardi, et dimanche soir*

LA TABLE DU CONNÉTABLE - AUBERGE DU JEU DE PAUME

CUISINE MODERNE • ÉLÉGANT Après une visite au château royal de Chantilly, on s'attable dans cette luxueuse auberge contiguë aux jardins. Dans ce cadre opulent, entre tableaux, lustres et tentures, la cuisine se fait volontiers créative et donne toute leur place au végétal et aux produits de la mer : caillé de chèvre, brocoletti et main de bouddha ; carré de saint-pierre rôti, saucisse au barbecue et aubergine cajun ; figue de Solliès, lait cru émulsionné et vinaigre de miel… Au bistrot le Jardin d'Hiver, plats traditionnels et de saison sont servis dans la galerie ou l'agréable terrasse-patio.

- **€€€€** - *4 rue du Connétable - 03 44 65 50 00 - www.aubergedujeudepaumechantilly.fr*

AUBERGE DU JEU DE PAUME

TRADITIONNEL • RAFFINÉ Beaucoup de raffinement dans ce luxueux établissement en bordure du Domaine de Chantilly, entre les Grandes Écuries et le château. Les chambres spacieuses et à l'élégance classique (avec vue sur la ville ou le parc), le spa de 600 m²... tout est princier.

- 92 chambres - *4 rue du Connétable - 03 44 65 50 00*

La Table du Connétable - Voir la sélection des restaurants

LA CHAPELLE-D'ABONDANCE

74360 - Haute-Savoie - Carte régionale n° **21**-D1

LES CORNETTES

CUISINE TRADITIONNELLE • RÉGIONAL Ce restaurant, cité au guide Michelin depuis 1933, est une véritable institution dans tout le Chablais. Au menu : tourte au gibier, filet de féra à l'ail des ours et morilles, pintade rôtie sur l'os. Les charcuteries sont affinées et fumées sur place dans une atmosphère typiquement montagnarde. C'est simple, bon, et rustique à souhait.

- €€ - *43 route des Frasses - 04 50 73 50 24 - www.lescornettes.com*

LES GENTIANETTES

CUISINE TRADITIONNELLE • CONVIVIAL Un décor de chalet montagnard avec charpente apparente et cheminée centrale, une salle à manger traditionnelle décorée avec une collection de sonnailles : chaleureux, avez-vous dit ? La cuisine propose à la fois des plats traditionnels comme ce filet de bœuf, sauce morille et des recettes un tantinet plus modernes et créatives comme ce carpaccio de bar aux fruits de la passion. Pour les spécialités savoyardes, les convives peuvent se rendre à La Baratte, le carnotzet de l'établissement, pour savourer une cuisine authentique dans une atmosphère conviviale.

- €€€ - *73 route de Chevenne - 04 50 73 56 46 - www.gentianettes.fr - Fermé les midis*

CHARBONNIÈRES-LES-BAINS

69260 - Rhône

LE PAVILLON

CONTEMPORAIN • ÉLÉGANT À deux pas du casino et dans un beau parc arboré, cet hôtel luxueux mêle contemporain et discrètes touches Art déco. Certaines chambres disposent d'un hammam et d'une terrasse... et l'on sert un copieux brunch le dimanche ! Une très belle adresse en périphérie de Lyon.

- 22 chambres - *3 avenue Georges Bassinet*

CHARLIEU

42190 - Loire - Carte régionale n° **20**-C1

RELAIS DE L'ABBAYE

CUISINE MODERNE • CONTEMPORAIN Un relais contemporain, ouvert sur les prés environnants et bien ancré dans son terroir. Aux fourneaux, on trouve un chef passionné de beaux produits, qui célèbre la production régionale (andouille de Charlieu, viande charolaise, fromage, etc.) dans des assiettes actuelles et généreuses. Agréables chambres pour l'étape.

- €€ - *415 route du Beaujolais - 04 77 60 00 88 - Fermé dimanche*

CHARMES-SUR-RHÔNE

✉ 07800 - Ardèche - Carte régionale n° **20**-D3

LE CARRÉ D'ALETHIUS

Chef : Olivier Samin

CUISINE MODERNE • COSY Entre Drôme et Ardèche, il souffle comme un parfum de Provence dans cette "maison romaine" dédiée au sénateur Alethius. La villa est organisée autour de sa cour carrée, délicieux patio verdoyant où l'on s'attable aux beaux jours. Jeune légionnaire chez Jean-Michel Lorain à la Côte Saint-Jacques, Olivier Samin est devenu centurion chez Anne-Sophie Pic, où il a longtemps exercé le poste de second. Il compose une cuisine fraîche et sensible, au gré des saisons et du marché (fruits et légumes régionaux, escargots de l'Eyrieux, fromages locaux), avec un sens de l'équilibre certain : cuissons précises et dressages soignés.

- **€€€** - *4 rue Paul-Bertois - ✆ 04 75 78 30 52 - www.lecarredalethius.com - Fermé lundi, dimanche et mardi midi*

CHAROLLES

✉ 71120 - Saône-et-Loire - Carte régionale n° **17**-B2

FRÉDÉRIC DOUCET

Chef : Frédéric Doucet

CUISINE MODERNE • ÉLÉGANT La table de Frédéric Doucet, c'est une certaine idée du terroir et de la tradition, réinventés avec passion et créativité. Fils de bistrotiers, cet enfant de la balle a roulé sa bosse chez les plus grands, de Pierre Orsi à Paul Bocuse en passant par l'illustre maison Troisgros. Dans sa maison blottie au cœur d'un village aux tours pointues et aux toits patinés, le chef administre une solide leçon de choses : rien que de beaux produits de Saône-et-Loire (bœuf charolais, escargots, brochet ou fromage de chèvre), servis par une technique classique rigoureuse qui n'exclut jamais l'inspiration. Les "jambonnettes de grenouilles aux couleurs de nos prairies" ou "le bœuf est dans le pré" s'affirment ainsi comme des incontournables, tout comme le soufflé à la luzerne, cazette du Morvan, crème glacée au foin.

- **€€€€** - *2 avenue de la Libération - ✆ 03 85 24 11 32 - www.maison-doucet.com - Fermé lundi, mardi, jeudi midi et dimanche soir*

LE BISTROT DU QUAI

CUISINE BOURGUIGNONNE • BISTRO Dans la seconde adresse gourmande de la maison Doucet, le chef signe une cuisine traditionnelle célébrant le terroir bourguignon : escargots, œufs en meurette, tartare de bœuf charolais coupé au couteau, frites dorées à la graisse de bœuf... Le tout à savourer sur une terrasse surplombant le cours d'eau.

- **€€** - *1 avenue de la Libération - ✆ 03 85 25 51 75 - www.maison-doucet.com*

MAISON DOUCET

CLASSIQUE • CONFORTABLE La Maison Doucet a quelque chose de particulièrement chaleureux et accueillant. Ancrée dans son terroir au sein du village de Charolles, surnommé la petite Venise pour ses ponts et canaux romantiques, l'hôtel n'est que charme et tranquillité. Les chambres et suites sont lumineuses, pleines de caractère, avec des poutres apparentes au plafond, de grands lits douillets et des salles de bains modernes, certaines avec baignoire. Un spa complet, une piscine extérieure et un jacuzzi sont également de la partie.

- **15 chambres** - *2 avenue de la libération - ✆ 03 85 24 11 32*

Frédéric Doucet • Le Bistrot du Quai - Voir la sélection des restaurants

CHAROLS

✉ 26450 – Drôme – Carte régionale n° **24**-B2

LAVANDIN - CHÂTEAU LES OLIVIERS DE SALETTES

CUISINE MODERNE • HISTORIQUE Ce paisible château du 16e s., restauré dans les règles de l'art, est une idée du bonheur en Drôme provençale... Depuis la terrasse ouverte sur le parc et les champs de lavande, ou bien au chaud dans la salle à manger voûtée devant l'âtre qui crépite, embarquez pour un voyage poétique, inspiré par le terroir régional. La cuisine de Kévin Vaubourg et Lucille Routin offre une belle dimension gastronomique à la table du Lavandin. Chaque plat est pensé et travaillé dans le respect du produit et des saveurs, à l'image de cette tomate fondante fine et délicate, ou bien de cet agneau du pays travaillé en deux façons et rehaussé d'un jus au cerfeuil et d'un condiment olive. Accueil charmant. Pour prolonger ce moment, profitez des belles chambres.

- **€€€** - *1205 route du Château - ✆ 04 75 00 19 30 - www.chateaulesoliviersdesalettes.com - Fermé lundi, mardi, du mercredi au vendredi à midi, et dimanche soir*

CHÂTEAU LES OLIVIERS DE SALETTES

CLASSIQUE • ÉLÉGANT Situé en pleine campagne, ce beau château du 16e s. entouré d'un agréable parc arboré, est le lieu idéal pour se ressourcer. Chambres élégantes, accueil charmant et superbe piscine à débordement. Difficile d'en partir...

- **32 chambres** - *1205 route du Château - ✆ 04 75 00 19 30*

Lavandin - Voir la sélection des restaurants

CHARTRES

✉ 28000 – Eure-et-Loir – Carte régionale n° **10**-C1

LE GEORGES

CUISINE MODERNE • COSY Le Grand Monarque, qui abrite le Georges, traverse les siècles avec constance – l'hôtel était déjà cité dans le Guide Michelin 1900. Cette maison au décor élégant occupe une place idéale entre Paris et la Loire, au carrefour des régions de l'Ouest. Le chef Thomas Parnaud continue son travail de fond avec constance : mise en avant des producteurs locaux respectueux de l'environnement et utilisation des produits dans leur intégralité. On se régale d'un brochet du Perche aux champignons bruns d'Eure-et-Loir et son garum de poisson, ou d'une poulette de Racan, endive de pleine terre et kumquat. On ne manquera pas non plus son soufflé au Grand Marnier, classique d'entre les classiques, parfaitement exécuté. Enfin, la magnifique carte des vins soigneusement sélectionnés comporte 3000 références où le Val de Loire est à l'honneur. Cuisine plus simple et de saison servie dans l'agréable patio. Chambres charmantes.

- **€€€€** - *22 place des Épars - ✆ 02 37 18 15 15 - www.grand-monarque.com - Fermé lundi, dimanche et mardi midi*

BISTROT RACINES

CUISINE TRADITIONNELLE • BISTRO Eugène Viollet-le-Duc pensait que la cathédrale gothique de Chartres était la plus belle de toutes. Le propriétaire du Grand Monarque a eu la riche idée d'ouvrir ce bistrot et bar à vins convivial dont la terrasse fait face au monument. Chartrains, pèlerins et touristes y profitent d'une cuisine traditionnelle qui met en valeur les éleveurs et les maraîchers locaux : pâté en croûte ; poitrine de veau, jus au café et pommes dauphine ; île flottante servie à la louche, régressive à souhait. Sélection futée de petits vignerons.

- **€€** - *49 rue des Changes - ✆ 02 34 40 04 00 - www.bistrotracines.fr - Fermé dimanche soir et lundi*

LE MOULIN DE PONCEAU

CUISINE MODERNE • CONTEMPORAIN Située dans le cœur historique de la ville, cette table n'usurpe pas son nom : il s'agit bien d'un authentique moulin du XVIe siècle bâti au-dessus de l'Eure. La salle à manger fleure bon l'histoire, avec ses poutres apparentes et son dallage en pierre, tandis que les baies vitrées plongent le regard dans l'onde. L'assiette, elle, s'inscrit dans une veine contemporaine : silure en cannelloni de courgette ; cromesquis de porc confit et sa crème au pop-corn ; filet mignon de porc cuit à basse température, polenta frite, tombée d'épinards et jus au café ; rhubarbe, vanille et crumble croustillant. Service professionnel, terrasse au cadre bucolique.

- €€ - *21 rue de la Tannerie - ✆ 02 37 26 28 00 - www.restaurant-moulin-ponceau.fr - Fermé mardi et mercredi*

TERRA

CUISINE ITALIENNE • CONVIVIAL À deux pas du centre-ville, dans les faubourgs de Chartres, Terra est une invitation au voyage : le chef est italien et son épouse, la cheffe pâtissière, sud-africaine. Tout droit venue d'Italie, la cuisine est excellente et se déguste dans une ambiance conviviale. Laissez-vous tenter par les cannellonis façon fiorentina farcis au veau et aux épinards et leur sauce au parmesan... un délice !

P - €€ - *65 avenue du Maréchal-Maunoury - ✆ 02 37 84 81 47 - www.terrachartres.com - Fermé lundi, mercredi midi et dimanche soir*

LE GRAND MONARQUE

CLASSIQUE • ÉLÉGANT L'hôtel de tradition par excellence, déjà recommandé par le guide Michelin 1900 ! On s'y repose dans des chambres spacieuses et élégantes. Un tour au magnifique spa s'impose avant d'aller dîner au restaurant des lieux.

A/C P Spa - **58 chambres** - *22 place des Épars - ✆ 02 37 18 15 15*

Le Georges - Voir la sélection des restaurants

CHASSAGNE-MONTRACHET

✉ 21190 - Côte-d'Or - Carte régionale n° **12**-D1

ED.EM

Chef : Édouard Mignot

CUISINE MODERNE • COSY Voici une table qui mêle le talent d'Édouard, un jeune chef au solide parcours (Quai d'Orsay, Philippe Rochat, Lameloise), et celui d'Émilie, une pâtissière brillante qui parachève délicieusement le menu unique en plusieurs services. Dans une ambiance feutrée – salle aux murs bleu nuit, moquette, lampes Art Déco –, on savoure une cuisine à la fois personnelle et subtile, à base de bons produits : Saint-Jacques de plongée, topinambour et truffe ; ou bar de ligne, travail autour de la courge et hollandaise au thym citron... Une belle étape toute en gourmandise sur la route des vins.

A/C - €€€ - *4 impasse Chenevottes - ✆ 03 80 21 94 94 - www.restaurant-edem.com - Fermé du lundi au jeudi*

CHASSE-SUR-RHÔNE

✉ 38670 - Isère - Carte régionale n° **21**-A2

LES NYMPHÉAS N

CUISINE MODERNE • SIMPLE Perché sur les hauteurs de Chasse-sur-Rhône, le Domaine de Gorneton charme par son ambiance bucolique. Cette bâtisse du 17e s. en pierre abrite des chambres d'hôtes, une piscine et un restaurant dont le nom adresse un clin d'œil aux fleurs flottant à la surface de l'étang.

La salle à manger, simple et chaleureuse, mêle parquet clair et poutres au plafond. À table, le chef Loïc Plestin (ex-La Loge Bertin, Manosque) propose une cuisine sérieuse et goûteuse (notamment les jus) : poulet en fricassée, épinards fondants, jus tomaté parfumé et champignons ; pressé de pomme, ganache chocolat blanc et biscuit breton.

- €€ - 680 chemin de Violans - 04 87 76 85 15 - www.ledomainedegorneton.com - Fermé mardi, mercredi et lundi soir

CHASSELAY

69380 - Rhône - Carte régionale n° **21**-A2

GUY LASSAUSAIE

Chef : Guy Lassausaie

CUISINE MODERNE • ÉLÉGANT C'est en 1984 que Guy Lassausaie a pris place aux fourneaux de cette maison familiale, fondée quatre générations plus tôt, en 1906 ! Dans un élégant décor fraîchement rénové dans les tons gris, noir et blanc, ce chef Meilleur Ouvrier de France trace un sillon rudement efficace : il célèbre la tradition locale, et plus généralement française, avec enthousiasme et de jolies inspirations. Citons par exemple ce filet de sole cuit sur l'arête, confit de citron, salade d'épinard et jus au genièvre, ou encore cette poitrine de volaille de Bresse farcie de la cuisse confite, sauce Albufera et tartelette de foies blonds... Une cuisine étonnante et souvent attachante.

- €€€ - 3 rue de Belle-Sise - 04 78 47 62 59 - www.guy-lassausaie.com - Fermé du lundi au mercredi

CHASSENEUIL-SUR-BONNIEURE

16260 - Charente - Carte régionale n° **18**-C1

LE TILLEUL DU GOURMET

CUISINE TRADITIONNELLE • CONTEMPORAIN Situé en plein cœur de ville, ce charmant restaurant s'est installé dans une demeure du 19e s. À sa tête, Pascal Pressac et Patrice Devaine, anciens de la Grange aux Oies, proposent une expérience alliant gastronomie et épicerie fine. Dans un cadre chaleureux mêlant modernité et objets chinés, on peut déguster une cuisine traditionnelle mettant à l'honneur le terroir charentais. Le chef sublime des produits locaux avec des préparations savoureuses et bien ficelées comme la chaudrée façon La Rochelle ou le canard aux airelles. En été, la terrasse ombragée par un tilleul centenaire offre un cadre enchanteur.

- €€ - 7 rue du 8-Mai-1944-et-du-8-Mai-1945 - 05 45 93 53 92 - www.letilleuldugourmet.fr - Fermé lundi et dimanche, et mardi soir

CHASSY

71130 - Saône-et-Loire - Carte régionale n° **17**-B2

JK RESTAURANT

CUISINE MODERNE • CONVIVIAL Au cœur d'un petit village du bocage charolais, Jeanne-Louise et Kevin (J+K) signent à quatre mains une cuisine bien dans son époque, avec parfois quelques clins d'œil à l'Italie. Les produits sont rigoureusement sélectionnés, avec notamment une prédilection pour les légumes : pavé de cabillaud de ligne, petits légumes de saison et bouillon au miso de Bourgogne ; clafoutis aux pommes et sa généreuse crème montée à la vanille... Menu unique le soir et le week-end. Impressionnante sélection d'apéritifs et digestifs ; quelques pépites du vignoble italien.

- €€ - 350 route du Château - 07 87 33 03 62 - www.jk-restaurant-chassy.fr - Fermé lundi et mardi

CHASSY

✉ 89110 - Yonne - Carte régionale n° **17**-B2

ERRE (N)

CUISINE CRÉATIVE • CONTEMPORAIN Dans un beau domaine hôtelier avec golf et spa, cet ancien relais de chasse et ses dépendances abritent aujourd'hui une table gastronomique au sobre décor contemporain. Originaire des Cévennes, Clément Vergeat (ex Guy Savoy et Alliance à Paris, Kokkeriet à Copenhague) signe un menu surprise où s'entrelacent produits du Sud et techniques nordiques : huîtres de Camargue au canard séché ; tartare de crevette fumée façon smörrebröd ; côte d'agneau aux fruits rouges fermentés... Des assiettes précises et équilibrées, pour une partition créative dépaysante. La compagne du chef, Marine Mateos, pâtissière aguerrie, assure avec grâce le sucré ainsi que le service en salle.

- €€€€ - *Domaine du Roncemay - 03 86 73 50 50 - www.roncemay.com - Fermé lundi, mardi et du mercredi au vendredi à midi*

CHÂTEAU-ARNOUX-SAINT-AUBAN

✉ 04160 - Alpes-de-Haute-Provence - Carte régionale n° **24**-C3

LA BONNE ÉTAPE

CUISINE PROVENÇALE • ÉLÉGANT Dans ce mas à fière allure, il flotte comme des fragrances de thym, de sarriette et de lavande... on dirait bien le Sud ! Une affaire de famille où se succèdent les générations : Jany Gleize et sa fille Jane incarnent une certaine cuisine provençale, goûteuse et gourmande, qui se décline à travers plusieurs menus sans choix. Prolongez le séjour dans de spacieuses chambres au mobilier d'époque.

- €€€€ - *Chemin du Lac - 04 92 64 00 09 - www.bonneetape.com - Fermé lundi, mardi, du mercredi au vendredi à midi, et dimanche soir*

LA BONNE ÉTAPE

CLASSIQUE • ÉLÉGANT Un petit hôtel provençal fièrement classique, logé dans un ancien relais de poste du 18e s., qui accueille des hôtes à la recherche d'un rythme tranquille. Les chambres et suites sont traditionnelles mais osent intégrer dans leur décor quelques éléments contemporains ainsi que tout le confort moderne. Les meilleures suites junior disposent d'un balcon ou d'une terrasse donnant sur les magnifiques jardins de l'hôtel... Le restaurant éponyme, géré par le chef étoilé local Jany Gleize, est complété par un second restaurant, Bistro Gaby, qui sert des assiettes de bistrot aux produits frais du marché.

- 18 chambres - *Chemin du Lac - 04 92 64 00 09*

La Bonne Étape - Voir la sélection des restaurants

CHÂTEAU-D'OLONNE

✉ 85180 - Vendée - Carte régionale n° **14**-B2

CAYOLA

CUISINE MODERNE • ROMANTIQUE Dans la salle ou sur la terrasse, la vue sur l'Atlantique est superbe et l'on se prend à rêver de croisières au long cours. Mais l'évasion est déjà dans l'assiette, où les produits de la mer sont rois en ce royaume : saumon confit à 54°, fenouil du jardin de la chaume ; volaille de Challans, aubergine, parmesan et girolles.

- €€€ - *76 promenade de Cayola, anse de Cayola - 02 51 22 01 01 - www.le-cayola.com - Fermé lundi et dimanche soir*

CHÂTEAU-THÉBAUD

✉ 44690 - Loire-Atlantique - Carte régionale n° **9**-B3

AUBERGE LA GAILLOTIÈRE

CUISINE TRADITIONNELLE • RUSTIQUE Les vignes viennent presque caresser les murs et la terrasse de cet ancien chai au plaisant décor rustique. La cuisine jongle avec gourmandise entre bases traditionnelles et influences actuelles : velours tiède de carotte au cumin, gésiers de volaille confits et crumble au gorgonzola ; filet de julienne, crème d'oseille du jardin et légumes de saison... Le chef change son menu deux fois par mois. Belle carte des vins à prix sage, mettant le Val de Loire à l'honneur. Service tout sourire.

- € - Lieu-dit La Gaillotière - ✆ 02 28 21 31 16 - www.auberge-la-gaillotiere.fr - Fermé lundi et dimanche, et samedi soir

CHÂTEAUBRIANT

✉ 44110 - Loire-Atlantique - Carte régionale n° **9**-B2

LA CITADELLE

CUISINE MODERNE • CONTEMPORAIN Le restaurant occupe une place de choix au cœur de cette cité médiévale, riche en vieilles pierres et maisons à colombages. Maxime, le chef, un enfant du pays, et son épouse Patricia, originaire de Lima, reçoivent avec hospitalité dans un cadre au goût du jour. Dans l'assiette, de bons produits frais traités avec respect pour en révéler les saveurs et les goûts francs, le tout parfois pimenté de quelques touches sud-américaines (ceviche au leche de tigre et lait de coco...), et des plats à partager (charcuterie fine, croquetas, fromages).

€€ - 9 place de la Motte - ✆ 02 40 28 97 40 - www.lacitadelle-restaurant.fr - Fermé lundi et mardi, et dimanche soir

CHÂTEAUNEUF-DE-GADAGNE

✉ 84470 - Vaucluse - Carte régionale n° **28**-E1

LA MAISON DE CELOU

CUISINE MODERNE • COSY Cette jolie maison, perchée sur les remparts du vieux village, incarne à merveille les douceurs provençales. Le chef y compose des assiettes enlevées et savoureuses, à l'image de ce suprême de pintade fermière en ballotine, maïs et pané en textures. Mention spéciale pour les desserts, gourmands et addictifs. La terrasse offre une vue imprenable sur le mont Ventoux et le massif du Luberon.

- €€ - 5 rue Saint-Jouin - ✆ 04 90 16 08 61 - www.lamaisondecelou84.com - Fermé lundi et dimanche, et mercredi soir

CHÂTEAUNEUF-DU-PAPE

✉ 84230 - Vaucluse - Carte régionale n° **28**-E1

LE COMPTOIR DE LA MÈRE GERMAINE

CUISINE TRADITIONNELLE • CONTEMPORAIN Dans un cadre contemporain où domine le bois, doté d'un grand comptoir-cuisine avec une rôtissoire rutilante, on déguste une savoureuse cuisine bistronomique aux accents sud-américains. Agréable terrasse ombragée.

- €€ - 7 place Jean-Moulin - ✆ 04 28 69 00 60 - www.lameregermaine.com/le-comptoir

HOSTELLERIE DU CHÂTEAU DES FINES ROCHES

CUISINE MODERNE • CHIC Sur une hauteur, au cœur du prestigieux vignoble de Châteauneuf-du-Pape, ce flamboyant Palais des Papes miniature offre une vue superbe sur les vignes, les Alpilles, le Luberon et le mont Ventoux. On y déguste une fine cuisine inspirée par la Provence et la Méditerranée : pagre de ligne, fleur de courgette et ricotta, jus de coquillages ; pigeon des Costières de Nîmes cuit sur le coffre, maïs à l'ail noir et sauce Albufera... Le tout arrosé des vins du domaine.

- €€€ - *1901 route de Sorgues - 04 90 83 70 23 - www.chateaufinesroches.com*

LA MÈRE GERMAINE

CUISINE MODERNE • CHIC De Mistinguett à Gabin ou Fernandel, le Tout-Paris en partance pour le midi descendait autrefois dans ce village cher aux amateurs de vin. Le restaurant a d'ailleurs conservé le nom de sa fondatrice en 1922, Germaine Vion. La maison séduit avec sa salle à manger décorée d'immenses fresques murales évoquant le Paris Belle Époque façon Toulouse-Lautrec, et sa délicieuse terrasse panoramique. On y déguste une cuisine sudiste privilégiant les produits et légumes de Provence. Très belle carte des vins, avec bien sûr une solide sélection de châteauneuf-du-pape.

- €€€€ - *3 rue du Commandant-Lemaître - 04 90 22 78 34 - www.lameregermaine.com - Fermé lundi et mardi, et jeudi et dimanche soir*

HOSTELLERIE DU CHÂTEAU DES FINES ROCHES

CLASSIQUE • LUXUEUX Si le château pontifical est aujourd'hui en ruines, cet édifice néoclassique a, lui, résisté au temps. L'établissement cultive le luxe d'antan : la plupart des chambres et suites possèdent des lits à baldaquin, des lustres ornementés et des portes-fenêtres ouvrant sur les jardins, avec certaines originalités comme cet escalier en colimaçon menant à une salle de bains privative nichée dans une tourelle. Parmi ses points forts, le lieu compte une piscine côté cour, un salon-cheminée, un spa relaxant et un élégant restaurant avec terrasse panoramique plongeant dans les vignes.

- 11 chambres - *Route de Sorgues - 33 4 90 83 70 23*

Hostellerie du Château des Fines Roches - Voir la sélection des restaurants

CHÂTEAUROUX

36000 - Indre - Carte régionale n° **15**-C2

JEUX 2 GOÛTS

CUISINE MODERNE • ÉLÉGANT Bien implanté dans sa région natale après plusieurs années passées dans de belles maisons parisiennes, Christophe Marchais agite les papilles de Châteauroux. Stimulé par un lieu chargé d'histoire, il prépare des assiettes goûteuses et créatives aux influences multiples. Dans une atmosphère décontractée, les plus gourmands craqueront pour le chocolat gianduja crémeux, citron de Syracuse en sorbet et pistaches de Sicile cristallisées... un délice. La meilleure table de la ville, qui affiche souvent complet... c'est le jeu !

- €€ - *40 rue Grande - 02 54 27 66 28 - www.jeux2gouts.fr - Fermé lundi et dimanche*

L'ÉCRIN DES SAVEURS

CUISINE MODERNE • CONTEMPORAIN Père et fils tiennent ce beau restaurant au cadre de brasserie chic et léchée, un tantinet scandinave. Le premier, solide professionnel qui cuisine depuis ses 15 ans (passé au Lion d'Or à Romorantin ou aux Dryades), le second qui assure un accueil tout feu tout flamme. L'assiette ne badine pas avec le plaisir : on cuisine ici des produits fermiers et des poissons de Bretagne. La main sûre du chef fait le reste du job. Poêlée d'escargots et poulpe, légumes racines et jus à l'ail noir ; palet au sésame et citron Loumi, crumble à l'huile de sésame grillé.

♿ A/C – €€ – *133 avenue Marcel-Lemoine – ✆ 02 54 22 08 20 – www.lecrindessaveurs.com – Fermé lundi et dimanche*

ORBYS

CUISINE MODERNE • CONTEMPORAIN Pâtissier de formation et originaire de Châteauroux, le chef Adam Blondeau est retourné dans son bercail berrichon après un périple international et de solides expériences dans de grandes maisons. Malgré sa jeunesse, il affiche déjà plusieurs cordes à son arc : maîtrise des fermentations (à l'image de ses pickles), utilisation d'herbes issues de son propre jardin, et clins d'œil ludiques au terroir. Ses assiettes épurées ne trichent pas sur la qualité des ingrédients, à l'image du cerf de Chambord. Et pour cause : sa cuisine met le produit au centre de tout, jusqu'au mono-produit, comme dans ce dessert autour de l'avoine.

♿ A/C – €€€ – *8 rue de l'Amiral-Ribourt – ✆ 02 59 16 24 60 – www.orbysrestaurant.com – Fermé lundi et mardi, du mercredi au samedi à midi, et dimanche soir*

PLŪM

CUISINE MODERNE • CONVIVIAL Au cœur de la ville, cette table contemporaine est menée avec une énergie bienvenue par un jeune chef qui laisse libre cours à son inspiration, aussi gourmande qu'éclectique. Sa partition culinaire est panachée de nombreuses influences voyageuses au fil d'une carte renouvelée régulièrement selon les saisons et le marché. De nombreuses propositions sont à partager. La table offre également une jolie sélection de cocktails, une petite carte des vins et un bon choix de vins au verre.

A/C ⛱ – €€ – *11 rue de la Poste – ✆ 02 54 61 29 57 – Fermé lundi, dimanche, et mardi et mercredi à midi*

CHÂTEL

✉ 74390 – Haute-Savoie – Carte régionale n° **21**-D1

FLEUR DE NEIGE

CUISINE TRADITIONNELLE • CONVIVIAL Pâté croûte au canard, veau, cochon et foie gras ; filet de féra du lac Léman ; souris d'agneau confite à l'ail et au thym : cette cuisine soignée et généreuse se déguste dans une agréable salle ouverte sur la belle terrasse panoramique, face aux massifs du Chablais. Service attentionné.

< ♿ ⛱ P – €€€ – *564 route de Vonnes – ✆ 04 50 73 20 10 – www.hotel-fleurdeneige.fr – Fermé mardi et mercredi*

LA POYA

CUISINE TRADITIONNELLE • MONTAGNARD Dans un cadre montagnard, le chef s'applique à proposer une cuisine traditionnelle de bonne facture, à base de viande notamment... mais ne s'interdit pas quelques notes asiatiques (saumon gravlax façon tataki mariné à la betterave, sorbet moutarde). Les assiettes sont dressées avec soin et l'accueil est souriant. Une bonne adresse pour reprendre des forces après quelques descentes !

⛱ – €€€ – *196 route de Vonnes – ✆ 04 50 81 19 34 – www.lapoya-restaurant.fr – Fermé lundi et dimanche soir*

CHÂTEL-GUYON

63140 - Puy-de-Dôme - Carte régionale n° **20**-B1

L'IMPULSIF

Chef : Rémi Laroque

CUISINE CRÉATIVE • CONTEMPORAIN (transfert prévu en mai au 17 rue du Dr-Gubler) Installé dans un immeuble de style Belle Époque, le chef Rémi Laroque propose une cuisine actuelle et très voyageuse. Cet enfant du Puy-de-Dôme avec des origines vietnamiennes ponctue en effet sa cuisine de touches asiatiques, et en particulier japonisantes. Il y a beaucoup d'engagement gourmand dans ses plats, comme en témoignent ses assiettes satellites ou ses déclinaisons autour d'un produit (homard, omble chevalier...) - avec une jolie pertinence des accords, à l'image de ce médaillon de lotte et déclinaison de fenouil, huile à la livèche et crème de coco. Service attentionné.

€€€ - *19 avenue Baraduc - 04 73 86 48 89 - www.limpulsif-restaurant.com - Fermé du lundi au mercredi*

CHÂTELAILLON-PLAGE

17340 - Charente-Maritime - Carte régionale n° **18**-A1

LES FLOTS

CUISINE MODERNE • CONTEMPORAIN Sur le boulevard qui longe l'immense plage, partez à l'abordage de cette jolie maison bleu et blanc du 19e s. On s'installe dans une salle contemporaine offrant une très belle vue sur les flots pour déguster poissons et crustacés du jour, vedettes d'assiettes soigneusement dressées. Voici une table qui devrait ravir les amateurs de sensations iodées !

€€ - *52 boulevard de la Mer - 05 46 56 23 42 - www.les-flots.fr - Fermé lundi et mardi, et dimanche soir*

GAYA - CUISINE DE BORDS DE MER PAR PIERRE GAGNAIRE

CUISINE CRÉATIVE • ÉLÉGANT Au sein de l'hôtel La Grande Terrasse, non loin des Boucholeurs, on apprécie la cuisine libre du chef Pierre Gagnaire qui s'inspire du terroir local, naviguant entre terre et mer. Les plats, élégants, révèlent des jus, sauces et crèmes savamment travaillés. À l'image de ce jus perlé acidulé d'orange et curcuma, qui vivifie ce blanc de turbot sauvage de première fraîcheur. Le service, prévenant, se fait dans un cadre intimiste offrant une vue splendide sur l'océan. Belle carte des vins de près de 700 références.

€€€€ - *Avenue de la Falaise - 05 46 56 54 30 - www.la-grande-terrasse.com/restaurants/restaurant-le-gaya - Fermé lundi et mardi, et dimanche soir*

LA GRANDE TERRASSE - MGALLERY

MODERNE • MARITIME Cet établissement tient son nom de son emplacement sur une terrasse naturelle au-dessus de l'océan. Sa piscine à débordement, ses restaurants et son spa marin intérieur-extérieur offrent tous une vue spectaculaire sur les flots et les îles voisines (Ré, Aix et Oléron) ; un panorama que l'on retrouve souvent dans les chambres, égayées de tons marins et prolongées de spacieuses salles de bains modernes. La plupart disposent d'une terrasse ou d'un balcon privatif ; les suites en duplex profitent de baignoires et d'un espace de vie sur deux niveaux.

72 chambres - *La Falaise*

CHAUDES-AIGUES

✉ 15110 - Cantal - Carte régionale n° **23**-C2

SERGE VIEIRA

Chef : Aurélien Gransagne

CUISINE CRÉATIVE • DESIGN Un vaisseau contemporain de pierre, de fer et de verre avec une vue à 360° sur les alentours, niché dans une forteresse médiévale dont ils étaient tombés amoureux : Marie-Aude et Serge Vieira n'ont pas tardé à faire de ce lieu insolite une table réputée bien au-delà des frontières de l'Auvergne. La gentillesse et le talent du chef étaient appréciés de tous ; Marie-Aude continue d'incarner le sens de l'hospitalité qui lui était cher. En cuisine, Aurélien Gransagne, après avoir œuvré de nombreuses années aux côtés du maître, garde la passion intacte en sublimant les plus beaux produits du terroir auvergnat, sans s'interdire des détours bienvenus du côté de la Méditerranée ou de l'Océan.

L'engagement du chef : Les produits qui figurent sur notre carte sont pour l'extrême majorité le reflet de notre terroir auvergnat et issus de circuits courts, du maraîchage ainsi que de l'élevage bio. Notre logique se poursuit au-delà de l'assiette : nous sélectionnons soigneusement nos produits d'entretien et nous sensibilisons nos équipes au tri et au compostage.

- **€€€€** - *Le Couffour - ✆ 04 71 20 73 85 - www.sergevieira.com - Fermé lundi, mardi, mercredi midi et dimanche soir*

SODADE

CUISINE MODERNE • CONTEMPORAIN Sodade, c'est une chanson de Cesária Évora, et un clin d'œil aux origines portugaises du regretté Serge Vieira. Dans la grande salle à manger design ou sur la terrasse qui donne sur le ruisseau, on déguste une cuisine gourmande simple et savoureuse. Chambres plaisantes pour prolonger le séjour.

- **€€** - *21 avenue du Président-Georges-Pompidou - ✆ 04 71 60 10 23 - www.sergevieira.com - Fermé lundi et mardi*

CHAUMONT-SUR-LOIRE

✉ 41150 - Loir-et-Cher

LE BOIS DES CHAMBRES

CONTEMPORAIN • CHALEUREUX Est-ce une ferme futuriste ou un objet hôtelier non conformiste ? Les bâtiments d'origine en pierre ont été complétés par deux pavillons contemporains dont les formes respectent la silhouette traditionnelle, mais avec des matériaux résolument modernes. Les chambres d'hôtes y réinterprètent l'architecture de la vallée de la Loire avec des couleurs pastel.

- **31 chambres** - *327 Queneau - ✆ 02 36 65 84 00*

CHAUMOUSEY

✉ 88390 - Vosges - Carte régionale n° **7**-B3

MAISON GRANDCLAUDE

CUISINE MODERNE • CONTEMPORAIN À dix minutes d'Épinal, Nicolas Grandclaude tient cette jolie table dans une ancienne maison de maître à la décoration contemporaine. Le menu-carte déroule une cuisine moderne et gourmande, où le visuel léché à souhait rivalise avec les saveurs : ravioles des sous-bois au vin jaune ; cabillaud nacré, butternut, coquillages et safran... On se régale !

- **€€** - *37 rue d'Épinal - ✆ 03 29 66 80 77 - www.maison-grandclaude.com - Fermé mardi et mercredi, et dimanche soir*

CHAVAGNAC

15300 - Cantal

INSTANTS D'ABSOLU ECOLODGE & SPA

CONTEMPORAIN • CHAMPÊTRE Seul bâtiment sur les rives du lac du Pêcher, à l'exception d'un observatoire ornithologique, cette grande maison n'abrite que quelques chambres. Chacune a son caractère, sur une base commune : parquets, couleurs naturelles, pièces anciennes et détails rustiques comme ces chevets en billots. Le spa de style japonais débouche sur une grande terrasse face au lac. Sous les serres, on cultive les légumes et herbes du restaurant-grill. Ici, ni écran ni téléphone, mais des suites calmes et ensoleillées, des vues rafraîchissantes sur des paysages intacts tout autour.

12 chambres - *Le Lac du Pêcher*

CHAZELLES-SUR-LYON

42140 - Loire - Carte régionale n° **20**-C1

CHÂTEAU BLANCHARD

Chef : Sylvain Roux

CUISINE MODERNE • ÉLÉGANT Séduisante au milieu de son parc, cette grande maison des années 1920 s'inspire de la Renaissance italienne : peintures mythologiques en façade, marbre, mosaïques... Puis, dans l'élégante salle à manger à colonnes, la décoration fleure bon le contemporain avec son éclairage encastré, ses fauteuils profonds et son art de la table raffiné. Deux frères veillent sur cette affaire de famille : le sommelier Frédéric Roux et le chef Sylvain Roux, dont les réjouissantes assiettes mettent en valeur de beaux produits : homard breton maraîchère, madeleine à l'ail noir et jus de carotte fermentée ; longe de veau de la région rôtie à la fleur de thym ; abricot givré et poché, financier romarin et olive noire. En salle, Frédéric distille de judicieux conseils de vins, tirés d'une magnifique carte.

€€€€ - *36 route de Saint-Galmier - 04 77 54 28 88 - www.hotel-chateau-blanchard.com - Fermé lundi, mardi et dimanche*

CHENONCEAUX

37150 - Indre-et-Loire - Carte régionale n° **15**-C1

AUBERGE DU BON LABOUREUR

CUISINE MODERNE • ÉLÉGANT Dans cet ancien relais de poste bâti en 1786, cette table familiale centenaire creuse un sillon fertile : celui du produit et des saisons. Le chef Antoine Jeudi, assisté désormais de Julien Perrodin, connaît ses semences sur le bout des doigts, et ses savoureuses créations s'accompagnent d'un joli choix de vins. Un repas agréable, dans un cadre qui l'est tout autant. Grâce à la présence d'un petit potager, la carte propose également un menu végétal avec notamment une tomate farcie aux légumes de Touraine, coulis d'herbes fraiches et crème de pois chiche.

€€€ - *6 rue du Docteur-Bretonneau - 02 47 23 90 02 - www.bonlaboureur.com - Fermé mardi et mercredi*

AUBERGE DU BON LABOUREUR *Plus*

ÉLÉGANT • CONVIVIAL Le relais de poste de 1786 est devenu un magnifique hôtel de charme, ajoutant une poignée de maisons à l'auberge d'origine. Les chambres, réparties dans les différents bâtiments, allient l'atmosphère conviviale d'une résidence privée avec le service d'un établissement haut de gamme. L'hôtel dispose d'une piscine chauffée et d'un petit espace de bien-être tranquille, ainsi que d'un bar. Une halte parfaite pour visiter la Vallée de la Loire.

28 chambres - *6 rue Bretonneau - 02 47 23 90 02*

Auberge du Bon Laboureur - Voir la sélection des restaurants

CHERBOURG-EN-COTENTIN

✉ 50100 - Manche - Carte régionale n° **2**-A1

✿ LE PILY

Chef : Pierre Marion

CUISINE CRÉATIVE • CONTEMPORAIN Pierre et Lydie règnent désormais sur le pont tournant, dans une élégante bâtisse contemporaine tout en verre dotée d'une vue imprenable sur le port. Quel plus bel endroit pour célébrer les poissons de petit bateau, homards et crustacés du Cotentin que le chef affectionne ? Pas de viande ici mais des produits de la mer travaillés avec finesse et précision, non sans quelques touches créatives, et des influences japonaises ou exotiques revendiquées : moussette, émulsion vanillée ; lieu jaune, sauce chimichurri exotique.

- **€€€** - *1 rue du Pont-Tournant - ✆ 02 33 10 19 29 - www.restaurant-le-pily.com - Fermé lundi et dimanche soir*

CHERISY

✉ 28500 - Eure-et-Loir - Carte régionale n° **10**-C1

LE VALLON DE CHÉRISY

CUISINE TRADITIONNELLE • AUBERGE L'enseigne ? Un clin d'œil à une ode de Victor Hugo composée dans cette même auberge en 1821. Ici, la cuisine, copieuse et volontiers rustique, s'inspire des saisons et met en avant les produits locaux, en particulier les légumes et les herbes aromatiques... Côté dessert, ne manquez pas le soufflé chaud dont le parfum varie selon la saison.

P - **€€** - *12 route de Paris - ✆ 02 37 43 70 08 - www.le-vallon-de-cherisy.fr - Fermé mardi et mercredi, et jeudi et dimanche soir*

CHEVAGNY-LES-CHEVRIÈRES

✉ 71960 - Saône-et-Loire - Carte régionale n° **17**-C2

AGAPES (N)

CUISINE MODERNE • CONTEMPORAIN Dans un joli village viticole aux pierres dorées, proche de Mâcon, ce jeune couple passé par Lameloise et la Villa Madie a posé ses valises face à l'église, au bord du parvis. Une vingtaine de couverts dans une salle fraîche, parquet au sol et clins d'œil culinaires jusque dans les... toilettes. Lui en cuisine, elle en salle, ils défendent une jolie cuisine de marché, inspirée par des producteurs locaux en bio ou raisonné : pintade aux pâtissons et oignons nouveaux, sablé à l'abricot, sorbet et crème vanille... Menus surprise et prix tout doux, surtout le midi.

- **€€** - *123 place de l'Église - ✆ 03 85 32 10 16 - www.agapes-atablerestaurant.com - Fermé lundi, mercredi et dimanche*

CHEVANNES

✉ 89240 - Yonne - Carte régionale n° **12**-A2

LA TABLE - MAISON LOBIES

CUISINE TRADITIONNELLE • MAISON DE CAMPAGNE Au cœur d'un village, entre église et prairie, cette belle maison de maître du 18e s., précédée d'une cour, ouvre sur un décor traditionnel et raffiné. Elle fait à la fois office de foyer et d'outil de travail pour un couple passionné et tout sourire qui a tourné au sein de grands restaurants. Sun Young, pâtissière d'origine sud-coréenne, et le chef Jérémie fignolent à quatre mains une jolie mélodie gourmande, plutôt traditionnelle : volaille hyper moelleuse à la peau croustillante avec son excellente et généreuse fricassée de girolles, et sa purée riche en beurre ; effiloché de paleron de bœuf confit dans sa gelée agrémentée d'éclats de noisette et boosté par une vraie sauce moutardée aux échalotes ! Quant aux desserts (île flottante, crème anglaise à la vanille de Tahiti ou cheesecake aux framboises), c'est simple : ils font tous envie.

€€ *- 2 rue Porte-d'en-Haut - ✆ 09 85 07 05 27 - www.latable-lobies.fr - Fermé samedi, dimanche et du lundi au jeudi à midi*

CHEVERNY

✉ 41700 - Loir-et-Cher - Carte régionale n° **10**-C3

LE FAVORI - LES SOURCES DE CHEVERNY

CUISINE MODERNE • CONTEMPORAIN Au cœur d'un domaine verdoyant, le restaurant offre une expérience culinaire alliant finesse et audace sous la houlette de Pierre Frindel, ancien des Sources de Caudalie. Le chef travaille finement les produits locaux et d'ailleurs avec une technique impeccable et une subtile créativité. Chaque plat illustre un bel équilibre entre tradition et modernité, à l'image du suprême de volaille de Bresse, aubergine fondante, caviar fumé et haut de cuisse confit croustillant, souligné d'un jus safrané. Une harmonie qui se retrouve également dans le saint-pierre poché à l'huile de capucine. Une cuisine précise, des dressages élégants, et une salle lumineuse ouverte sur la nature.

- **€€€€** *- 23 route de Fougère - ✆ 02 54 44 20 20 - www.sources-hotels.com/valdeloire/restaurants/restaurant-le-favori - Fermé lundi, mardi et du mercredi au vendredi à midi*

L'AUBERGE - LES SOURCES DE CHEVERNY

CUISINE TRADITIONNELLE • BISTRO Au cœur d'un vaste domaine boisé, le bistrot chic de l'hôtel Les Sources de Cheverny propose une cuisine de saison fine et soignée, véritable tour d'horizon du Val de Loire, en même temps qu'ode aux circuits courts : légumes d'un maraîcher de Mont-Près-Chambord, fraises de Sologne, échine de porc roi rose de Touraine rôti à la cheminée... Cette dernière trône dans la salle à manger : ici, la cuisson au feu de bois, c'est une spécialité !

- **€€** *- 23 route de Fougère - ✆ 02 54 44 20 20 - www.sources-hotels.com/valdeloire/restaurants/restaurant-lauberge - Fermé lundi, mardi et du mercredi au vendredi à midi*

LES SOURCES DE CHEVERNY

MODERNE • CHAMPÊTRE Entouré par les forêts et les vignobles de la vallée de la Loire, un classique de la région viticole : un château et un domaine spectaculaire transformé en un petit hôtel luxueux. Dans ses chambres et suites, les éléments architecturaux d'époque se mêlent harmonieusement au mobilier moderne et au design contemporain. Une piscine et un spa sont à disposition, ainsi que des vélos électriques pour explorer la campagne, et un bar à vin.

- **49 chambres** *- 23 route de Fougères - ✆ 02 54 44 20 20*

Le Favori • L'Auberge - Voir la sélection des restaurants

CHEVREUSE

✉ 78460 - Yvelines - Carte régionale n° **11**-B1

LE CLOS DE CHEVREUSE

CUISINE MODERNE • TRADITIONNEL Aucun doute : le chef Laurent Gasnier, dont le parcours est évocateur (il a passé du temps au Bristol, au George V, chez les Troisgros), sait choisir de bons produits à maturité, légumes comme poissons. Il les transforme en belles assiettes généreuses aux cuissons et assaisonnements irréprochables : sablé aux olives, fromage frais, gambas et carpaccio de courgettes ; pressa de cochon ibérique rôtie, churros au chorizo et jus au balsamique. L'été, on court s'installer sur la coquette terrasse fleurie, au calme de la cour. Une adresse située, on le rappelle, dans le joli village de Chevreuse – raison de plus de faire le voyage.

- €€€ - 33 rue de Rambouillet - ✆ 01 30 52 17 41 - www.leclosdechevreuse.fr - Fermé lundi et mardi, et dimanche soir

CHIGNY-LES-ROSES

✉ 51500 - Marne - Carte régionale n° **6**-B2

COUVERT DE VIGNES

CUISINE MODERNE • CONTEMPORAIN Au cœur de la montagne de Reims, dans le village de Chigny-les-Roses, ce restaurant – une ancienne salle de classe – est effectivement tout entier entouré de vignes. Derrière l'insert vitré qui donne sur les cuisines, on aperçoit le chef Benjamin Gilles. Après diverses expériences, il vole de ses propres ailes en signant cette cuisine moderne, pleine de fraîcheur, rehaussée d'une pointe de créativité. Les légumes et les fruits sont fortement mis à contribution, à travers diverses préparations (crus, cuits, en pickles...).

- €€€ - 4 place Pommery - ✆ 03 26 05 86 31 - www.benjamingillescuisine.fr - Fermé lundi et dimanche, et mardi et mercredi soir

CHILLEURS-AUX-BOIS

✉ 45170 - Loiret - Carte régionale n° **11**-B2

LE LANCELOT

CUISINE MODERNE • COSY Au centre du village, cette accueillante maison fleurie avec jardin et terrasse est un véritable havre de tranquillité ! Cadre cosy et cuisine naviguant entre tradition et modernité (notamment le pithiviers fondant, crème à la gousse de vanille), sans oublier le gibier de Sologne en saison.

- €€ - 12 rue des Déportés - ✆ 02 38 32 91 15 - www.restaurantlelancelot.com - Fermé lundi et mardi, et mercredi et dimanche soir

CHINON

✉ 37500 - Indre-et-Loire - Carte régionale n° **15**-B2

LES ANNÉES 30

CUISINE MODERNE • CONTEMPORAIN Ne vous fiez pas au nom de cet établissement ! Ici, point d'esprit années 1930 mais un décor chic et tendance, avec des murs dans les teintes terracotta ou vert-de-gris et des fauteuils rétro. Les gourmands y apprécient une appétissante cuisine centrée sur les produits frais. Terrasse pour les beaux jours.

- €€ - 73 rue Haute Saint-Maurice - ✆ 02 47 93 37 18 - www.lesannees-30.com - Fermé mardi et mercredi

NEMROD

CUISINE MODERNE • ÉLÉGANT Tayaut ! Tayaut ! Voilà une table dédiée au roi-chasseur de la Bible, où l'on est assuré de giboyer dans le viseur d'un chef qui se présente lui-même comme un authentique chasseur-cueilleur-pêcheur. Après avoir braconné dans quelques belles maisons, le chef Nicolas Gaulandeau est revenu billebauder sur ses terres natales pour apprêter les beaux légumes et les belles viandes des maraîchers et des producteurs locaux. Résultat : une

cuisine travaillée et goûteuse à l'image de son maigre de ligne aux aromates, fenouil confit, houmous et hollandaise à l'ail noir. Service très pro dans une belle salle contemporaine.
- €€€ - 49 place du Général-de-Gaulle - 09 56 20 35 26 - www.nemrod-chinon.com - Fermé lundi et dimanche

L'OCÉANIC

POISSONS ET FRUITS DE MER • CONTEMPORAIN Le vent de l'Océan souffle jusqu'à Chinon ! Comme l'enseigne l'indique, les produits de la mer sont ici à l'honneur. En cuisine, le chef prépare des poissons très frais, y ajoutant un zeste d'originalité. En saison, les menus homard, et Saint-Jacques, sont les spécialités maison.
- €€ - 13 rue Rabelais - 02 47 93 44 55 - www.loceanic-chinon.com - Fermé lundi et dimanche

CHOLET

49300 - Maine-et-Loire - Carte régionale n° **9**-C3

L'OURDISSOIR

CUISINE MODERNE • COSY En léger retrait du centre, cette petite maison, dont le nom évoque le riche passé de tisserand, abrite un chaleureux décor de pierre et de bois servant d'écrin à une cuisine actuelle, portée par des produits de saison de qualité. Joliment mise en scène, la courte partition est originale avec parfois des associations de saveurs inédites, à l'image de ce tartare de veau, déclinaison de betterave et framboise où fraicheur, acidité et sucrosité s'équilibrent bien. Plus traditionnelle mais parfaitement ficelée et savoureuse, l'alliance coco de Paimpol, dos de cabillaud et son émulsion au curry doux. La gourmandise est bel et bien au rendez-vous, y compris dans les desserts. Ne passez pas à côté !
- €€ - 40 rue Saint-Bonaventure - 02 41 58 55 18 - www.lourdissoir.com - Fermé lundi et dimanche

LA P'TITE PATTE

CUISINE MODERNE • CONTEMPORAIN Au sein d'une belle maison bourgeoise, le rez-de-chaussée est occupé par La P'tite Patte, le bistrot au décor d'inspiration rétro de l'établissement Patte Noire. La qualité des produits prime dans cette savoureuse cuisine simple et de bon goût. L'excellent pâté de veau et foie de volaille se marie bien avec le chutney d'échalote relevé à point, tandis que la tapilla ibérique répond à merveille au croustillant des frites cuites à la graisse de bœuf. Une générosité et une gourmandise qui font du bien !
- €€ - 17 avenue de Nantes - 02 41 28 91 80 - www.maisonpattenoire.fr - Fermé lundi et mercredi, et dimanche soir

LA GRANGE

CUISINE MODERNE • AUBERGE Du bois omniprésent, une imposante mangeoire et des photographies stylisées : cette ancienne ferme excentrée revendique son esprit rural. Pourtant, des touches de décoration moderne nuancent la première impression comme la présence de la cave à vins vitrée et l'office aux vitres fumées noir. Dans la même veine, le chef propose une bonne cuisine actuelle sur des bases traditionnelles. La carte est courte et savoureuse : tartare de bœuf, entrecôte maturée sur l'os 30 jours, sole entière meunière, bar sauvage, paëlla revisitée.
- €€€ - 64 rue de Saint-Antoine - 02 41 62 09 83 - www.lagrangecholet.fr - Fermé lundi et dimanche soir

LE PATTE NOIRE

CUISINE MODERNE • ÉLÉGANT Dressée au milieu de son parc, cette charmante maison bourgeoise du 19e s. abrite à l'étage une belle salle à manger moderne et chaleureuse (moquette, murs beiges, papier peint coloré, moulures, miroirs au plafond, grande cheminée...). Pour ses menus, le chef Adrien Roux choisit d'une main experte des produits de belle qualité et de saison : œufs de truite, Saint-Jacques de plongée, homard breton, lapin de Vendée. Sans oublier le fameux pata negra bellota qui, non content de donner son nom au restaurant, émaille avec gourmandise plusieurs préparations. Générosité, couleurs et saveurs franches ponctuent chacune des assiettes de ce chef sérieux.

- €€€ - *17 avenue de Nantes - 02 41 28 91 80 - www.maisonpattenoire.fr - Fermé lundi et mercredi, et dimanche soir*

CHONAS-L'AMBALLAN

38121 - Isère - Carte régionale n° **21**-A2

LA TABLE DE PHILIPPE GIRARDON

Chef : Philippe Girardon

CUISINE MODERNE • ÉLÉGANT La quatrième génération est aux manettes de cette maison familiale, une belle demeure 18e s. nichée dans son parc, ancienne villégiature pour les évêques de Lyon. Et pourtant, nulle trace de routine ni d'ennui dans les assiettes réalisées par ce chef MOF 1997 et étoilé depuis 1993. Le terroir gonfle le torse, les produits sont impeccables, les assiettes finement travaillées dans une veine classique, sans pour autant tourner le dos à la modernité. C'est dans ce cadre chaleureux que l'on déguste, par exemple, une soupière de grenouilles aux mousserons et ail des ours, un omble chevalier à la grenobloise, confit au naturel, risotto de blé tendre et beurre noisette.

- €€€€ - *Domaine de Clairefontaine, 105 chemin des Fontanettes - 04 74 58 81 52 - www.domaine-de-clairefontaine.fr - Fermé lundi, mardi, mercredi midi et dimanche soir*

LE COTTAGE

CUISINE TRADITIONNELLE • CONTEMPORAIN Le restaurant du Cottage est emmené par Philippe Girardon, chef dont la passion et l'expérience sont incontestables ; il réalise ici une cuisine bistrotière à base de beaux produits frais, que l'on dévore dans la grande salle à manger ou en terrasse, à l'ombre des platanes...

- €€ - *616 chemin du Marais - 04 74 58 83 28 - www.domaine-de-clairefontaine.fr - Fermé mercredi et jeudi*

CHOREY-LÈS-BEAUNE

21200 - Côte-d'Or - Carte régionale n° **12**-D1

ERMITAGE DE CORTON

CUISINE MODERNE • COSY Dans cette maison entourée de vignes et face à la "montagne" de Corton, le chef ne manque pas de mettre en avant ses producteurs locaux et propose une cuisine moderne et soignée sur des bases classiques, sans toutefois délaisser les escargots ou les traditionnels œufs en meurette réalisés dans les règles de l'art. Décor élégant, terrasse agréable et chambres spacieuses pour l'étape.

- €€€ - *12 D974 - 03 80 22 05 28 - www.ermitagecorton.com*

CIBOURE

🖂 64500 – Pyrénées-Atlantiques – Carte régionale n° **25**–A2

✿✿ EKAITZA

Chef : Guillaume Roget

CUISINE CRÉATIVE • CONTEMPORAIN Sur les pittoresques quais de Ciboure, au-dessus du port, voici un lieu bien choisi pour un restaurant nommé "tempête" (Ekaitza en basque). Pas d'orage et de grisaille dans la déco, mais un lieu clair et vivant avec de jolies tables d'ébéniste, d'où l'on peut jeter un coup d'œil sur la cuisine en fond de salle. Guillaume Roget sublime ici le meilleur du terroir basque – en particulier les poissons de la criée de Saint-Jean-de-Luz, située juste en face. Des assiettes créatives, équilibrées avec talent, mariant avec justesse les beaux produits à des notes finement sucrées, acidulées ou encore végétales. On se délecte de sauces concentrées et profondes, comme ce jus de carapaces de langoustines monté au foie gras, ou ce fumet de poisson parfumé à la verveine et réduit au miel de châtaignier. Ajoutons que la gourmandise, bien présente, ne fait pas obstacle à une agréable sensation de légèreté. Une référence de la côte basque.

VOIR ST-JEAN-DE-LUZ - A2 - 7 – ✿ ♿ AC – **€€€€** – *15 quai Maurice-Ravel – ✆ 05 59 51 29 51 – www.restaurant-ekaitza.fr – Fermé lundi, dimanche, et mardi et mercredi à midi*

CHEZ MATTIN

CUISINE BASQUE • RUSTIQUE Ambiance très familiale dans cette maison de pays rustique à souhait, avec ses tables en bois massif et ses poutres apparentes. Spécialités basques et suggestions au gré du marché lancées à la cantonade, pour une cuisine spontanée, qui étonne et détonne : txangurro (spécialités à base de chair d'araignée de mer), ttoro (soupe de poisson), chipirons... Le poisson est à l'honneur et c'est un vrai bonheur !

VOIR TOULOUSE PLAN I - A1 - 3 – AC – **€€** – *63 rue Evariste-Baignol – ✆ 05 59 47 19 52 – www.chezmattin.fr – Fermé lundi et dimanche, et jeudi soir*

CROCODILES

CUISINE DU MARCHÉ • BISTRO Dans ce petit restaurant à l'ambiance familiale, légèrement en retrait de la plage de Ciboure, sur un square tranquille, un chef espagnol et sa compagne pâtissière concoctent une cuisine de marché alléchante. À travers un menu déjeuner (changé tous les 2-3 jours) ou une petite carte (renouvelée tous les 2 mois), le chef met en avant des produits de saison : bonite, leche de tigre et chips de patate douce ; pavé de merlu, sauce sriracha et piquillos farcis au pied de cochon. Le soir, en plus de la carte, un menu dégustation en plusieurs temps est proposé.

♿ – **€€** – *Place Koxe Arbiza – ✆ 05 59 22 86 15 – www.crocodiles-restaurant.fr – Fermé mercredi et dimanche*

CIEURAC

🖂 46230 – Lot – Carte régionale n° **23**–A2

LA TABLE DE HAUTE-SERRE

CUISINE MODERNE • CONTEMPORAIN Dans l'ancien chai d'un des meilleurs châteaux de Cahors, au cœur des vignes, ce restaurant dégage le parfum très particulier des lieux authentiques. Rack à charcuterie, billot, machine à jambon et caisses de vins annoncent un beau moment de gourmandise, auquel on associe les vins du domaine. Menu rôtissoire chaque dimanche midi. On se régale.

♿ AC P – **€€** – *Château de Haute-Serre – ✆ 05 65 20 80 20 – www.hauteserre.fr – Fermé mardi et mercredi*

LA CIOTAT

✉ 13600 – Bouches-du-Rhône – Carte régionale n° **28**-D3

COULEURS DE SHIMATANI

Chefs : Yuichiro et Mika Shimatani

CUISINE FUSION • ÉPURÉ Entre la Méditerranée et le Japon, le couple expérimenté formé par Yuichiro (le chef) et Mika Shimatani (la pâtissière) n'a pas choisi. Tant mieux : ils invitent dans leur restaurant de poche situé au cœur d'une rue piétonne à une délicieuse croisière gourmande entre ici et là-bas, au pays du Soleil Levant. Les produits de la mer mais aussi les légumes, tous d'une grande fraîcheur, bénéficient de cuissons, de présentations et d'assaisonnements japonisants d'une belle finesse. Une délicatesse qui est également au cœur du service assurée avec une extrême gentillesse par Mika. Table ouverte uniquement au déjeuner (vente à emporter le samedi soir).

A/C – **€€€€** – *35 rue Edgar-Quinet – ✆ 04 86 18 92 16 – www.shimatani.fr – Fermé du lundi au mercredi et le soir*

LA TABLE DE NANS

Chef : Nans Gaillard

CUISINE MÉDITERRANÉENNE • ÉPURÉ Nans Gaillard, enfant du pays et chef exigeant, avait un rêve de gamin : ouvrir son restaurant à La Ciotat, sa ville natale. Après une enfance bretonne et ses premiers pas en cuisine, de vrais postes à Paris, notamment chez Joël Robuchon, il trouve son bonheur : une auberge datant de l'entre-deux-guerres, construite en corniche face à la grande bleue avec sa terrasse magique et ses grands pins. Dans ce cadre de rêve, Nans rend hommage aux produits régionaux avec une cuisine classique revisitée avec finesse : déclinaison de tomates anciennes, chèvre frais et basilic ; saint-pierre en aïoli léger, fenouil, betterave, cébette et soupe de poissons ; croustillant de framboises fraîches et confites au vinaigre, crème diplomate et parfait glacé...

A/C P – **€€€€** – *126 corniche du Liouquet – ✆ 04 42 83 11 06 – www.latabledenans.com – Fermé lundi, dimanche et mardi midi*

ROCHE BELLE

CUISINE PROVENÇALE • RUSTIQUE Dans un chaleureux cadre provençal, une maisonnette couverte de vigne vierge et sa terrasse plantée d'oliviers. La cuisine est goûteuse, ensoleillée, et fleure bon le Midi. Comme le répète le chef Damien Arnaud : « Parfois, en cuisine, le meilleur c'est de rester simple ! » On se laissera ainsi facilement tenter par le menu à prix doux, tout aussi généreux et alléchant que le reste de la carte, qui comporte notamment des poissons cuits entiers. On se régale par exemple d'escargots en persillade et courge butternut aux noisettes ; d'une blanquette de veau aux girolles et riz rouge de Camargue ; de figues rôties au muscat et fenouil... Accueil et service très sympathiques.

A/C – **€€** – *455 corniche du Liouquet – ✆ 04 42 71 47 60 – www.roche-belle.fr – Fermé lundi et dimanche*

CLAIREFONTAINE-EN-YVELINES

✉ 78120 – Yvelines – Carte régionale n° **11**-B2

LES TERRASSES DE CLAIREFONTAINE

CUISINE MODERNE • CONTEMPORAIN Situé au cœur de la Vallée de Chevreuse et de la forêt de Rambouillet, ce restaurant en bordure de l'étang de Clairefontaine propose une chaleureuse cuisine au goût du jour, avec une prédisposition (en saison) pour les truffes et le gibier, et une jolie vue sur l'étang (en toutes saisons...).

A/C – **€€€** – *1 rue de Rambouillet – ✆ 01 30 59 19 19 – www.lesterrassesdeclairefontaine.com – Fermé dimanche soir, lundi et mardi*

CLARA

✉ 66500 - Pyrénées-Orientales - Carte régionale n° **27**-B3

LES LOGES DU JARDIN D'AYMERIC

CUISINE TRADITIONNELLE • AUBERGE Une adresse campagnarde comme on les aime, où l'on travaille avec une passion intacte ! Mordu de bons produits, le chef travaille les légumes de son potager, les agrumes des environs, et réalise lui-même son pain à base de farines anciennes. Pour le reste, service simple et familial, tarifs raisonnables : on passe un super moment.

- **€€** - *7 rue du Canigou - ✆ 04 68 96 08 72 - www.logesaymeric.com - Fermé lundi et dimanche soir*

CLERMONT-FERRAND

63000 – Puy-de-Dôme – Carte régionale n° **20**-B12

LE PRÉ - XAVIER BEAUDIMENT

Chef : Xavier Beaudiment

CUISINE CRÉATIVE • ÉLÉGANT "L'Auvergne que je veux vous présenter est celle que nous allons cueillir chaque matin sur nos montagnes, dans nos prés et nos forêts." Les paroles de Xavier Beaudiment, originaire de la région, ne sont pas de vains mots. Au Pré, il célèbre la quintessence de son terroir à travers une cuisine instinctive et poétique. Grenouille, brochet, foie gras, lapin... autant d'ingrédients cuisinés avec passion, en dialogue avec quelque 200 plantes et herbes sauvages cueillies au pied des volcans ou dans son jardin aromatique. Le tout soutenu par une superbe carte de vins.

PLAN : A1-2 – – **€€€€** – *3 route de la Baraque – 04 73 19 25 00 – www.restaurant-lepre.com – Fermé du lundi au mercredi*

APICIUS

Chef : Arkadiusz Zuchmanski

CUISINE MODERNE • CONTEMPORAIN Au cœur de la ville, à l'étage du marché Saint-Pierre, ce restaurant chic a choisi de prendre de la hauteur. Le lieu offre une succession de salles à manger à la décoration contemporaine très réussie, et les arts de la table y sont bien mis en valeur. Le chef Arkadiusz Zuchmanski, d'origine polonaise, s'est rapproché de la France pour fortifier une vocation née dans les cuisines de ses aïeux. Il voue une passion gourmande aux produits nobles et à l'Auvergne, qui lui rappelle les paysages de sa ville natale de Drzewica. Dans l'assiette, les produits sont toujours rendus dans leur vérité, à l'image de ce foie gras au poivre sauvage Voatsiperifery, ou ce ris de veau doré au sautoir, panais à la truffe.

PLAN : E1-5 – – **€€€€** – *Place du Marché-Saint-Pierre (à l'étage) – 04 73 91 13 61 – www.apicius-clermont.com – Fermé lundi, dimanche, et mardi et jeudi à midi*

JEAN-CLAUDE LECLERC

Chef : Jean-Claude Leclerc

CUISINE MODERNE • CONTEMPORAIN Dans cet établissement proche du palais de justice, point de convocation à une audience, mais une invitation à l'épicurisme ! Voilà plus de deux décennies que Jean-Claude Leclerc tient cette table clermontoise appréciée. Dans un cadre contemporain tout en élégance, le chef propose une cuisine classique revisitée et de saison, tout en équilibre et en maîtrise. Les assiettes ne manquent pas de gourmandise, comme ce pied de cochon et foie gras enroulés dans du lard paysan et relevés d'une vinaigrette à la truffe, ou cette sole, douceur de tourteaux, coques, citron confit et jus de bouillabaisse.

PLAN : E1-6 – – **€€€€** – *12 rue Saint-Adjutor – 04 73 36 46 30 – www.restaurant-jcl.com – Fermé lundi et dimanche, et mercredi soir*

Nataly Hanin/Getty Images Plus

L'OSTAL

Chef : Quentin Brunet

CUISINE CRÉATIVE • CONTEMPORAIN Venu de Polypode, Quentin Brunet anime avec aisance cet accueillant Ostal ("maison" en occitan auvergnat). Dans une salle intimiste d'une vingtaine de couverts à la déco chic et contemporaine (à base de matériaux naturels), il propose un menu unique en plusieurs temps qui révèle créativité et maîtrise technique : langoustine de Bretagne, tartare d'algues au raifort ; pintade fermière aux cèpes et butternut ; dessert autour de la myrtille, lait fermenté et oxalis... Une cuisine bien de son temps.

PLAN : F1-7 – ♿ AC – **€€€** – *16 rue Claussmann – ✆ 04 73 27 77 86 – www.lostal-restaurant.fr – Fermé lundi, mardi et dimanche*

LE BISTROT D'À CÔTÉ

CUISINE MODERNE • CONVIVIAL Dans un joli bistrot contemporain situé dans une rue piétonne jouxtant la place de Jaude et l'église St-Pierre-les-Minimes, le chef Valentin Chambonnière nous régale d'une cuisine actuelle et généreuse, faite de bons produits de saison bien travaillés. Le menu aux notes acidulées est créatif et maîtrisé : le topinambour – en gnocchi et chips – surmonté de morceaux de guanciale poêlé est canaille à souhait ; l'agneau, en gigot basse température et épaule confite aux épices, offre de belles saveurs contrastées et le duo agrumes et chocolat blanc sur biscuit sarrasin est une note rafraîchissante bienvenue. Belle carte de cocktails et d'alcools. L'accueil et le service sont efficaces et chaleureux.

PLAN : E1-9 – AC – **€€** – *16 rue des Minimes – ✆ 04 73 29 16 16 – www.restaurant-bistrotdacote.fr – Fermé dimanche*

LE CHARDONNAY

CUISINE MODERNE • BISTRO Hugues Maisonneuve est aux commandes de ce bistrot vintage. Derrière les fourneaux, un jeune chef propose une courte carte de saison et un menu du marché particulièrement alléchant. Tout ici est savoureux et plaisant visuellement. Cadre patiné, lumières tamisées et agréable terrasse.

PLAN : F1-8 – AC – **€€** – *1 place Philippe-Marcombes – ✆ 04 73 26 79 95 – www.lechardonnay.fr – Fermé lundi, dimanche et mardi midi*

IL VISCONTI

CUISINE ITALIENNE • TENDANCE Au cœur de la vieille ville, une jolie salle chic et confortable, parée d'un mobilier velours bleu nuit et de murs assortis, célèbre l'Italie. Le jeune chef y propose une cuisine d'inspiration transalpine simple et spontanée, dans un bel esprit bistronomique : courgettes tonnato ; poitrine de cochon confite, orzotto au pesto d'épinards et pistache ; pan di limone, crémeux citron et mascarpone framboise. Une carte courte le midi au bon rapport qualité/prix, plus étoffée le soir.

PLAN : F1-13 – AC – **€€** – *9 rue du Terrail – ✆ 04 73 74 35 26 – www.ilvisconti.com – Fermé lundi, dimanche et mardi midi*

LE 62

CUISINE MODERNE • CONVIVIAL Ce restaurant sait tenir nos papilles en alerte, notamment grâce à l'équilibre des assaisonnements et l'harmonie des saveurs, véritables points forts du jeune chef d'origine vietnamienne, formé à Chamalières puis à la Belle Meunière de Royat. Il réalise une belle cuisine bistronomique (française) percutante à l'image de cette longe de cochon d'Aveyron, farce blette/chorizo et sauce vierge aux agrumes. Du très bon aussi en dessert, avec ce praliné en crémeux, biscuit noisette et fraîcheur passion/roquette. Et le rapport qualité/prix, tout comme la petite terrasse, achèvent de rendre le lieu parfaitement séduisant.

PLAN : E1-14 – **€€** – *62 rue Fontgiève – ✆ 04 73 36 18 49 – www.restaurantle62clermont.fr – Fermé lundi, dimanche et du mardi au jeudi à midi*

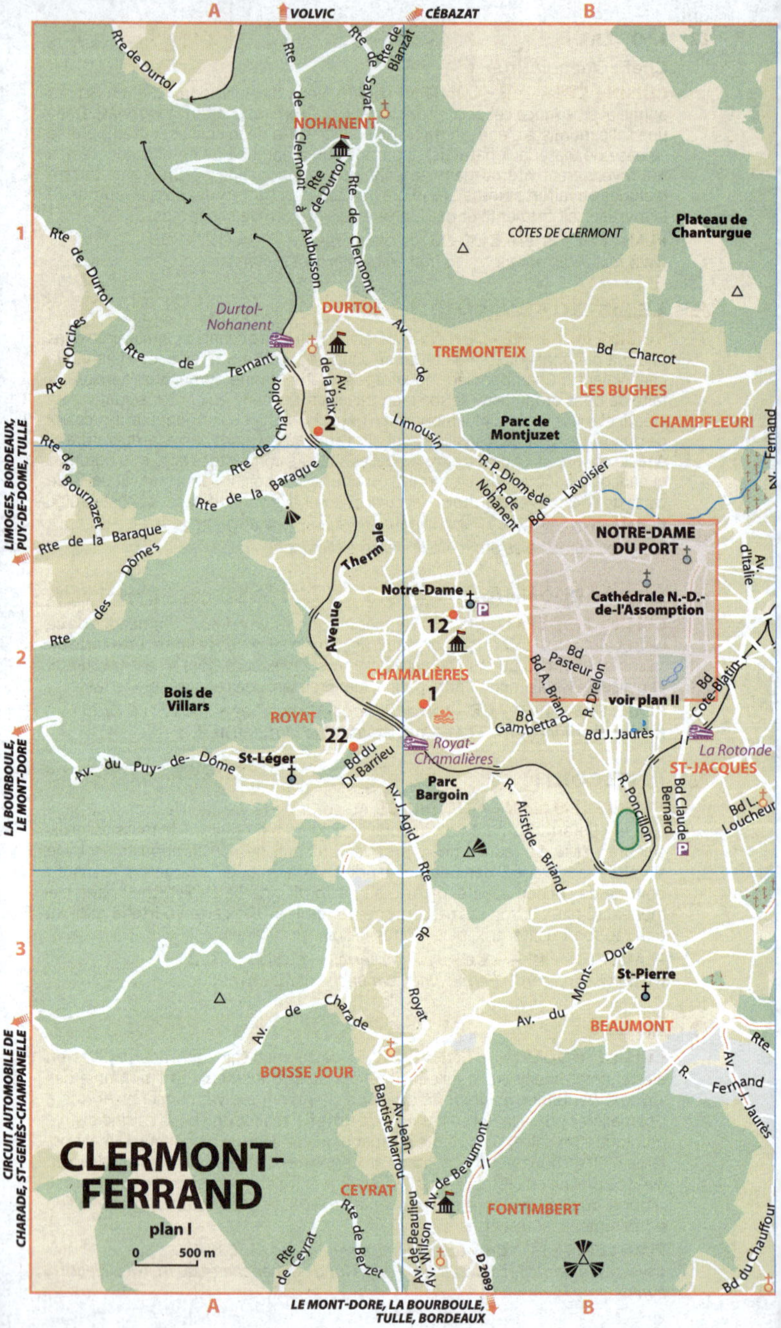
VOLVIC
CÉBAZAT
A
B
1
2
3
NOHANENT
DURTOL
Durtol-Nohanent
TREMONTEIX
CÔTES DE CLERMONT
Plateau de Chanturgue
LES BUGHES
CHAMPFLEURI
Parc de Montjuzet
NOTRE-DAME DU PORT
Cathédrale N.-D.-de-l'Assomption
voir plan II
Notre-Dame
CHAMALIÈRES
ROYAT
Bois de Villars
St-Léger
Royat-Chamalières
Parc Bargoin
La Rotonde
ST-JACQUES
St-Pierre
BEAUMONT
BOISSE JOUR
CEYRAT
FONTIMBERT
LIMOGES, BORDEAUX, PUY-DE-DÔME, TULLE
LA BOURBOULE, LE MONT-DORE
CIRCUIT AUTOMOBILE DE CHARADE, ST-GENÈS-CHAMPANELLE
LE MONT-DORE, LA BOURBOULE, TULLE, BORDEAUX
CLERMONT-FERRAND
plan I
0 500 m

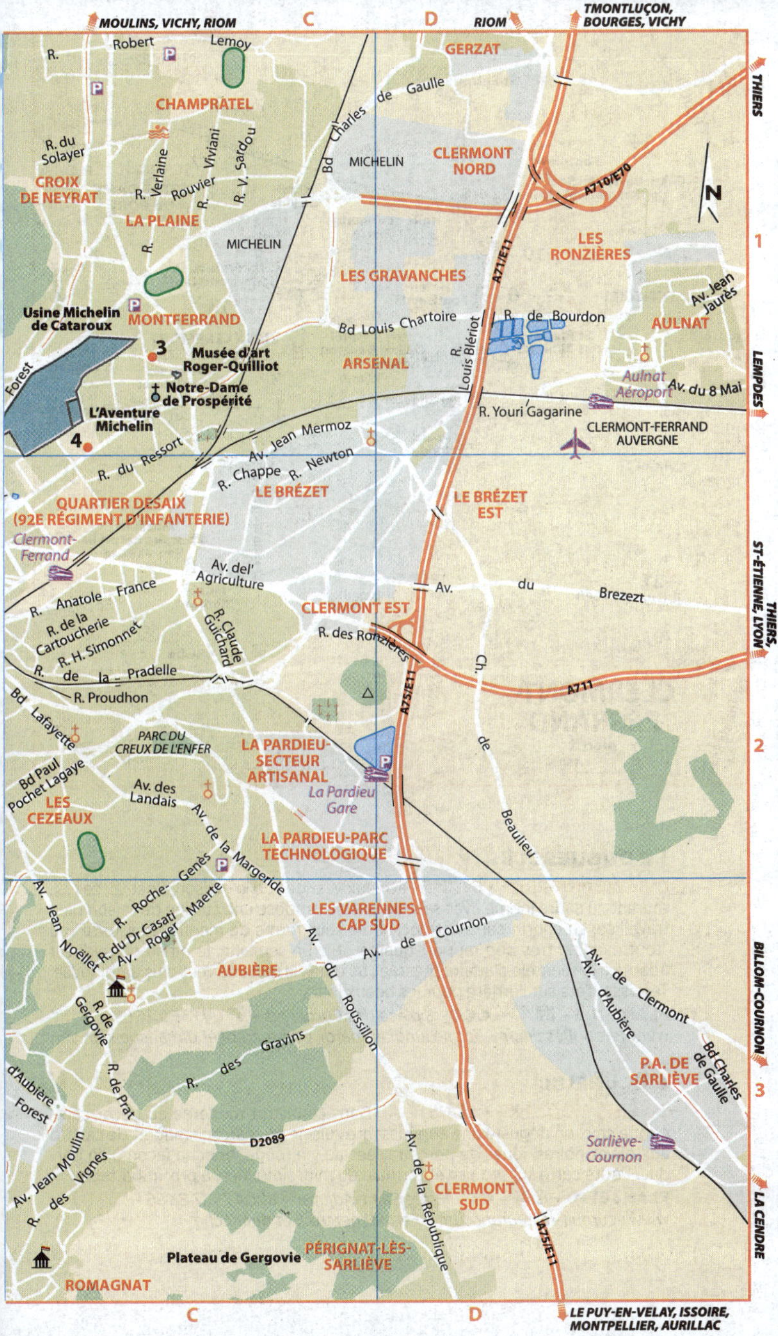

MOULINS, VICHY, RIOM
C
D
RIOM
TMONTLUÇON, BOURGES, VICHY
THIERS
GERZAT
CHAMPRATEL
Bd Charles de Gaulle
MICHELIN
CLERMONT NORD
CROIX DE NEYRAT
LA PLAINE
MICHELIN
A710/E70
N
LES RONZIÈRES
LES GRAVANCHES
A71/E11
Usine Michelin de Cataroux
MONTFERRAND
Bd Louis Chartoire
R. de Bourdon
AULNAT
Av. Jean Jaurès
Musée d'art Roger-Quilliot
ARSENAL
R. Louis Blériot
Notre-Dame de Prospérité
Aulnat Aéroport
Av. du 8 Mai
LEMPDES
L'Aventure Michelin
R. Youri Gagarine
CLERMONT-FERRAND AUVERGNE
Av. Jean Mermoz
R. du Ressort
R. Chappe
R. Newton
LE BRÉZET
LE BRÉZET EST
QUARTIER DESAIX (92E RÉGIMENT D'INFANTERIE)
Clermont-Ferrand
Av. del' Agriculture
Av. du Brezezt
THIERS, ST-ÉTIENNE, LYON
R. Anatole France
CLERMONT EST
R. de la Cartoucherie
R. Claude Guichard
R. des Ronzières
R. H. Simonnet
Ch. de Beaulieu
R. de la Pradelle
A711
R. Proudhon
A75/E11
Bd Lafayette
PARC DU CREUX DE L'ENFER
LA PARDIEU-SECTEUR ARTISANAL
Bd Paul Pochet Lagaye
LES CEZEAUX
Av. des Landais
La Pardieu Gare
Av. de la Margeride
LA PARDIEU-PARC TECHNOLOGIQUE
Av. Jean Noëllet
R. Roche-Genès
R. du Dr Casati
Av. Roger Maerte
LES VARENNES-CAP SUD
Av. de Cournon
AUBIÈRE
Av. du Roussillon
Av. de Clermont
Av. d'Aubière
BILLOM-COURNON
R. de Gergovie
R. des Gravins
P.A. DE SARLIÈVE
Bd Charles de Gaulle
d'Aubière Forest
R. de Prat
D2089
Sarliève-Cournon
Av. Jean Moulin
R. des Vignes
Av. de la République
CLERMONT SUD
A75/E11
LA CENDRE
Plateau de Gergovie
PÉRIGNAT-LÈS-SARLIÈVE
ROMAGNAT
C
D
LE PUY-EN-VELAY, ISSOIRE, MONTPELLIER, AURILLAC
1
2
3

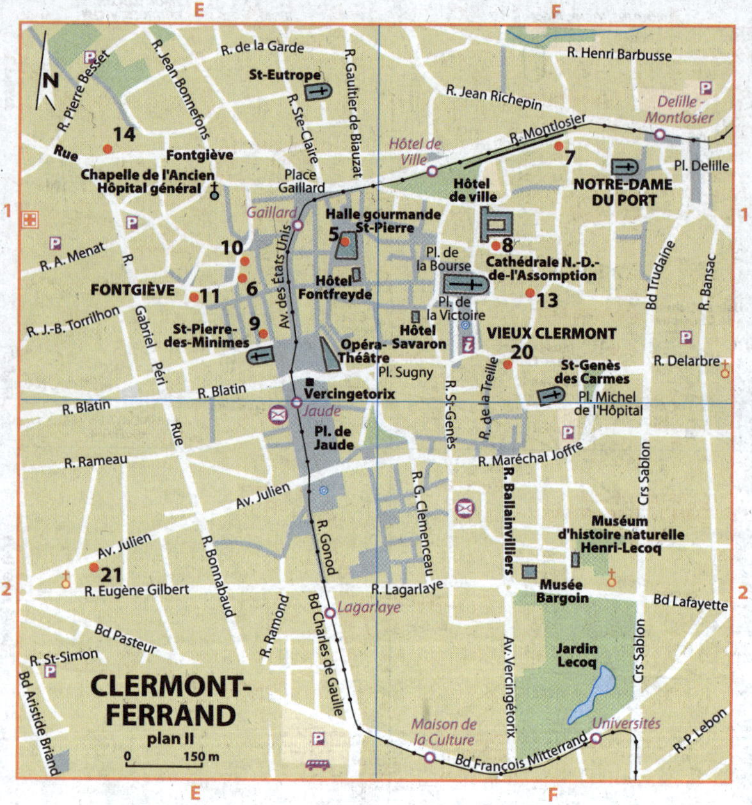

LE DUGUESCLIN

CUISINE MODERNE • INTIME Face aux vestiges de la maison d'octroi, ce restaurant au cadre intime avec sa salle voûtée propose une cuisine de saison bien travaillée. La courte carte est déclinable sous forme de menus "tout terre" ou "tout mer" au très bon rapport qualité-prix. En semaine, le menu du midi est adapté à la clientèle d'affaire pressée ; au dîner, la carte se veut plus ambitieuse. Terrasse d'été sur l'arrière pour les beaux jours.

PLAN : C1-3 – – **€€€** – *3 place des Cordeliers – 04 73 25 76 69 – www.le-duguesclin.fr – Fermé lundi et mardi, et mercredi et dimanche soir*

L'ÉCUREUIL

CUISINE MODERNE • CONVIVIAL Dans ce bistrot moderne au décor campagne chic, on déguste une appétissante cuisine du marché : magret de canard aux olives noires, joues de porc braisées au vin rouge, brioche façon pain perdu... Petite carte sur ardoise et formule du midi simplifiée, à prix imbattable.

PLAN : E1-10 – – **€€** – *18 rue Saint-Adjutor – 04 73 37 83 86 – www.ecureuil-restaurant.com – Fermé mercredi et dimanche*

L'EN-BUT

CUISINE MODERNE • CONTEMPORAIN Ce restaurant, situé dans l'enceinte du stade Marcel-Michelin, décline bien naturellement les valeurs du rugby, au travers des menus "En Avant", "Grand Chelem" ou "Chistera", autour d'une cuisine actuelle, les produits du Massif central qui jouent le rôle pivot. Imaginée dans l'esprit d'une brasserie contemporaine, la salle à manger offre une vue imprenable sur le stade et, depuis la terrasse, sur la chaine des Puys.

PLAN : C1-4 – **€€** – *107 avenue de la République – 04 73 90 68 15 – www.lenbut.com – Fermé samedi et dimanche, et lundi soir*

L'INSTANTANÉ

CUISINE MODERNE • BISTRO Ce bistrot contemporain situé dans le quartier des galeristes propose quelques instantanés de pure gourmandise, imaginés par un chef au beau parcours (Ritz, Lasserre, Plaza). Pâté en croûte de veau, volaille et cochon, bœuf braisé 12 heures en cocotte, dos de merlu rôti au beurre noisette, crème brûlée... Un régal jusqu'au dessert !

PLAN : F1-20 – **€€** – *2 rue de l'Abbé-Girard – 04 73 91 97 19 – www.linstantane-restaurant.fr – Fermé samedi et dimanche*

MOUFFU

CUISINE TRADITIONNELLE • BISTRO Voilà une bonne table de copains où venir s'encanailler en dévorant un pâté en croûte, un vol-au-vent ou un filet mignon de porc sauce moutarde, autour de jolis flacons natures, bien sélectionnés ! Le chef-patron, fils de boulanger reconverti sur le tard, fignole une petite ardoise aux intitulés limpides, véritable ode à la cuisine familiale et populaire. Décor simple de bistrot un brin vintage au mobilier chiné et dépareillé. Ambiance conviviale et rieuse.

PLAN : E1-11 – **€€** – *4 rue Ribeyre-Jaffeux – 04 63 22 30 41 – Fermé lundi, du mardi au jeudi à midi, et dimanche soir*

LE SONNEY N

CUISINE MODERNE • COSY Près de la place de Jaude, Sonney – nom de famille de la grand-mère du chef et clin d'œil au sonnet et à ses quatorze vers – est le projet très personnel du couple de cuisiniers Benjamin Faure et Caroline Vallance, totalement impliqués. Dans ce lieu intime, ils font tout eux-mêmes, du pain aux glaces, jusqu'à la décoration conçue à partir de matériaux recyclés. Chaque soir, le chef compose son propre « poème » en quatorze assiettes, inspiré de leurs souvenirs familiaux et du terroir auvergnat. Une adresse sincère et ancrée.

PLAN : E2-21 – **€€€** – *41 avenue Julien – 04 44 44 87 55 – www.lesonneyrestaurant.fr – Fermé lundi, mardi, et mercredi et jeudi à midi*

CLICHY

92110 – Hauts-de-Seine – Carte régionale n° **11**-E2

ROSETTE

CUISINE TRADITIONNELLE • BISTRO Baptisé Rosette en hommage aux racines lyonnaises des jeunes propriétaires, ce bistrot cultive le bon et le beau, notamment les légumes bio d'un producteur de l'Essonne. Le menu (sans choix) suit les saisons. Chouette décor dans l'esprit d'un bouchon contemporain, qui associe touches modernes et antiquités bien choisies. Petite capacité, cuisine ouverte et quelques places au comptoir. Belle carte des vins et même des pots lyonnais !

€€ – *77 rue de Paris – 01 47 72 67 51 – www.rosette-restaurant.fr – Fermé dimanche et samedi midi*

CAFÉ CÉSAR N

CUISINE MODERNE • CONTEMPORAIN Face à un square, dans une petite rue calme, le Café César joue la carte du bistrot moderne dans un décor lumineux et coloré (briques rouges ou peintes en blanc, comptoir carrelé de zelliges bleus, sol en béton ciré). Du matin au soir, on y vient pour un café, un déjeuner ou un dîner, avec une constante : une cuisine précise et soignée. Les sauces et les jus sont travaillés avec exigence, donnant du relief aux assiettes, comme cette chair de tourteau rehaussée de curry, ces Saint-Jacques servies avec une onctueuse sauce aux œufs de poisson, ou cette tartelette au chocolat servie chaude. Ici, tout est fait maison, le service est détendu, et le midi, l'addition est plus que clémente. Comme dirait Henry Miller, Jours tranquilles à Clichy !

♿ AC 🍽 - **€€** - *30 rue Chance-Milly* - *01 47 94 96 86* - *www.cafecesar.fr* - *Fermé lundi et dimanche*

CLIOUSCLAT

✉ 26270 - Drôme - Carte régionale n° **24**-A2

LA FONTAINE - L'ARTISTE ET LE CUISINIER

CUISINE MODERNE • BISTRO Au cœur d'un charmant village, caché dans une petite ruelle, ce bistrot dans l'air du temps se love dans une jolie maison ancienne adoptée par un couple de voyageurs... Lui, le cuisinier, et elle, l'artiste, nous invitent à goûter une cuisine bistronomique qui puise ses saveurs franches dans le rythme des saisons et l'offre des producteurs locaux. Le rapport qualité-prix est juste et la terrasse conviviale un vrai plus !

🍽 - **€€** - *Le village* - *04 75 63 07 38* - *www.lafontaine-cliousclat.fr* - *Fermé du lundi au mercredi et dimanche soir*

CLISSON

✉ 44190 - Loire-Atlantique - Carte régionale n° **9**-B3

VILLA SAINT-ANTOINE

CUISINE MODERNE • BRASSERIE Le point fort de l'ancienne filature des bords de Sèvre nantaise ? La belle terrasse au bord de l'eau, qui dévoile une vue superbe sur le château de Clisson. La partition du chef, goûteuse et particulièrement soignée, se révèle en parfaite harmonie avec la géographie des lieux.

♿ AC 🍽 P - **€€** - *8 rue Saint-Antoine* - *02 40 85 46 46* - *www.hotel-villa-saint-antoine.com*

CLOHARS-FOUESNANT - BÉNODET

✉ 29950 - Finistère

LES GARENNES - HÔTEL SPA BÉNODET

CLASSIQUE • CALME Sur la rive est de l'Odet, Les Garennes incarne l'élégance à la française dans un château magnifiquement préservé. Les jardins et le parc sont superbes, avec piscine extérieure ; l'intérieur foisonne d'éléments anciens, comme les cheminées, moulures, lustres et autres ferronneries. Le spa dispose d'un hammam, d'un jacuzzi et d'un sauna, tandis que les chambres, paisibles et baignées de lumière, arborent parquet, murs de briques et vastes fenêtres ouvrant sur le domaine.

P Spa - **15 chambres** - *Lieu-dit les Garennes* - *02 21 58 03 50*

CLUNY

71250 - Saône-et-Loire - Carte régionale n° **17**-C2

HOSTELLERIE D'HÉLOÏSE

CUISINE MODERNE • FAMILIAL Située au bord de la Grosne dans une cité au riche patrimoine - une abbaye, un haras national et un hippodrome - cette table propose une jolie cuisine de saison : asperges en vinaigrette, œuf cuit à basse température accompagné d'un espuma au parmesan, ou encore agneau en deux façons - selle farcie à l'ail des ours et souris en nem au curcuma. Avec une belle sélection de vins, une véranda lumineuse offrant une vue paisible sur la rivière, et un accueil chaleureux et souriant, cette hostellerie a plus d'un atout dans son jeu - y compris des chambres confortables.

- **€€** - *7 route de Mâcon - 03 85 59 05 65 - www.hostelleriedheloise.com - Fermé lundi, dimanche et mardi midi*

MAISON TANDEM

MODERNE • COSY En plein cœur de la cité, non loin de l'abbaye, cette maison fut élevée en 1904 par le cuisinier du dernier empereur d'Autriche. C'est aujourd'hui une maison d'hôtes élégante et cosy. Aux beaux jours, on prend son petit-déjeuner sur la terrasse, au-dessus du jardin et de la piscine.

P - **4 chambres** - *21 rue d'Avril - 06 67 27 82 46*

LA CLUSAZ

74220 - Haute-Savoie - Carte régionale n° **21**-C2

LE CIN5 - AU CŒUR DU VILLAGE

CUISINE CRÉATIVE • ÉLÉGANT Amoureux de l'Île Maurice, Vincent Deforce en rapporte idées, produits et épices, qu'il marie avec talent au terroir savoyard, dans des assiettes créatives et esthétiques. Une cuisine colorée, où le safran de Savoie côtoie les piments des îles, le marlin et l'ourite voisinent avec le crozet au sarrasin et le sandre du Léman... sans oublier la succulente tartiflette des îles, qui associe la patate douce au cochon confit ! Un voyage inattendu et plein de saveurs, porté par un service de qualité.

AC - **€€€€** - *26 montée du Château - 04 50 01 50 01 - www.hotel-aucoeurduvillage.fr/restauration/le-cinq - Fermé lundi, mardi et le midi*

AU CŒUR DU VILLAGE

TRADITIONNEL • CHALEUREUX Une harmonieuse variation sur les matières - bois, métal, grès - et les styles - design, alpestre : voici la principale réussite de cet hôtel, peut-être le meilleur de la station. Chambres chaleureuses, grand spa avec piscine couverte, hammam, et sauna... une étape de choix.

P Spa - **60 chambres** - *26 montée du Château - 04 50 01 50 01*

Le Cin5 - Voir la sélection des restaurants

ST-ALBAN HOTEL & SPA

CLASSIQUE • CHALEUREUX La station tient son charme d'avoir pré-existé au développement du ski, tout comme le Saint-Alban : l'hôtel rend hommage à l'hospitalité alpine traditionnelle tout en y apportant sa propre touche. Comme cette montagne... de livres qui habille son bar Art déco aux airs de club anglais. Les chambres piochent aussi bien dans le style montagnard classique — bois blond et couvertures en laine — que dans le minimalisme des hôtels design. Une association élégante qui ne sacrifie rien au confort. Son spa l'élève définitivement au rang d'hôtel de luxe et sa boutique de ski vous permet de vous équiper entièrement sur place. Petit-déjeuner copieux et room-service en plus des collations servies au bar.

- 48 chambres - *195 route de la Piscine - 04 58 10 10 18*

COCURÈS

48400 - Lozère - Carte régionale n° **28**-A2

LA LOZERETTE

CUISINE MODERNE • CLASSIQUE Au cœur des Cévennes, une auberge charmante, dont le chef propose des assiettes bien ficelées en utilisant la production régionale. Côté vins, même satisfaction : Pierrette, sommelière émérite, vous aide à choisir parmi les 300 références de la carte. N'oublions pas, enfin, le superbe plateau de fromages...

- €€ - *Route du Pont-de-Montvert - 04 66 45 06 04 - www.lalozerette.com - Fermé du lundi au mercredi à midi*

COGNAC

16100 - Charente - Carte régionale n° **18**-B2

LES FOUDRES

CUISINE MODERNE • ÉLÉGANT Le restaurant des Chais Monnet s'ouvre dans l'ancienne salle des foudres, ces vastes barriques centenaires utilisées pour le vieillissement du cognac ! Dans les salles à manger intimes à l'atmosphère feutrée, aucun détail n'a été négligé, de la superbe argenterie contemporaine à la verrerie fine. On y déguste une cuisine finement technique qui met en avant les produits du terroir charentais : volaille fermière, pêche de la criée, pommes de terre de l'Île de Ré... Le chef accorde une importance particulière aux dressages, élégants, ainsi qu'aux sauces, concentrées, et se plaît à décliner les légumes, à l'image de cet artichaut déstructuré, crémeux au pineau des Charentes et sabayon au miso vinaigré.

- €€€€ - *Chais Monnet, 50 avenue Paul-Firino-Martell - 05 17 22 32 23 - www.chaismonnethotel.com/restaurant - Fermé lundi, mardi et le midi*

NOTES

CUISINE MODERNE • ÉLÉGANT Un peu à l'écart du centre-ville, cette belle demeure bourgeoise du 19e s., devenue un hôtel de luxe, a fait l'objet d'une restauration exemplaire dont a bénéficié notamment la salle de restaurant, installée dans un salon intime et élégant. Fraîche et généreuse, déclinée en deux menus, la partition jouée par le chef Anthony Carballo s'inspire en partie du potager du domaine. Foie gras marbré de poudre de réglisse, réduction de réglisse et gel d'orange ; maigre au beurre blanc, févettes, petits pois et œufs de truite ; volaille contisée de foie gras et girolles, tartelette garnie des cuisses confites et sabayon au pineau oxydatif : une jolie symphonie gourmande, accompagnée par une carte des vins bien construite ! Il est aussi possible de s'attabler à la Brasserie des Flâneurs, établie dans l'ancienne distillerie du domaine.

- €€€ - *Hôtel La Nauve, 12 rue de la Nauve - 05 48 17 03 70 - www.almae-collection.com/lanauve/restaurants - Fermé lundi, mardi et du mercredi au vendredi à midi*

POULPETTE

CUISINE MODERNE • INDUSTRIEL De l'autre côté de la Charente, ce bistrot au style indus et arty séduit par son atmosphère décontractée et ses assiettes pleines de justesse. Antoine, passé par Lucas Carton et Jadis, compose une cuisine du marché centrée sur les circuits courts et sublimée par une belle vaisselle en céramique artisanale. Quelques exemples : foie gras mi-cuit et aubergine marinée au miso ; lieu jaune de ligne grillé au bouillon de haddock ; chocolat noir, sarrasin et framboise. Produits impeccables, saveurs franches, cuissons précises : un trio gagnant.

♿ AC - €€ - *46 avenue du Maréchal-de-Lattre-de-Tassigny - ✆ 05 45 82 22 08 - Fermé lundi, samedi et dimanche, et mardi soir*

CHAIS MONNET *Plus*

CLASSIQUE • CONVIVIAL La plus ancienne maison de négoce de Cognac (1838) a été entièrement transformée : on y trouve des appartements, un spa avec piscine intérieure et extérieure, un salon de thé... sans oublier le superbe bar à cognacs, riche de plus de 350 références. Un lieu rêvé, entre vignobles et détente.

AC P - **92 chambres** - *50 avenue Paul-Firino-Martell - ✆ 05 17 22 32 23*

Les Foudres - Voir la sélection des restaurants

LA NAUVE, HÔTEL ET JARDIN *Plus*

CLASSIQUE • RAFFINÉ Une ancienne distillerie bordée par le fleuve, juste en aval de la vieille ville : le bâtiment principal est le manoir Belle Époque, à l'intérieur grandiose, avec des marbres lumineux, un escalier romantique et des lustres modernes en verre de Murano. La plupart des chambres et suites sont ici ; les autres se trouvent dans les entrepôts de barriques restaurés juste à côté, et elles sont toutes élégantes, avec des parquets, des brocarts or et ivoire, des draperies. Certaines sont plus douillettes - plafonds voûtés et poutres apparentes -, d'autres encore disposent de balcons donnant sur les jardins. Deux restaurants, bar à cocktails et salon de thé. Petit déjeuner servi dans la bibliothèque.

♿ P - **12 chambres** - *12 rue de la Nauve*

Notes - Voir la sélection des restaurants

COGOLIN

✉ 83310 - Var - Carte régionale n° **29**-B2

LA GRANGE DES AGAPES

CUISINE MODERNE • ÉLÉGANT Comme tout véritable passionné, Thierry Barot est au four et au moulin. Non content de proposer une cuisine savoureuse et d'appétissants menus thématiques (tout légumes, provençal, asperges, truffe...), il donne aussi des cours de cuisine... Quelles agapes !

AC - €€ - *7 rue du 11-Novembre - ✆ 04 94 54 60 97 - www.grangeagapes.com - Fermé lundi, dimanche et samedi midi*

LA PETITE MAISON (N)

CUISINE MODERNE • COSY À l'entrée de Cogolin, cette maisonnette ocre cache une jolie table où officie Damien Levivien, pâtissier de formation passé chez Jean Sulpice et Yannick Alléno. Avec son épouse, il y déploie une cuisine de marché précise et élégante, aux tarifs souriants. Pâté en croûte maison, ravioles à la pâte façonnée sur place, assiettes soignées et desserts incontournables composent une partition maîtrisée. Dans ce décor intime, la terrasse ombragée de glycines et de mûriers platanes ajoute au charme, offrant une halte paisible aux portes de Saint-Tropez.

- €€ - *34 boulevard du Maréchal-de-Lattre-de-Tassigny - ✆ 04 94 54 58 49 - www.petite-maison-cogolin.fr - Fermé lundi et dimanche*

COL DE LA SCHLUCHT

✉ 88400 - Vosges - Carte régionale n° **7**-C3

LE COLLET

CUISINE MODERNE • MONTAGNARD Une cuisine du terroir, "instinctive et mitonnée minute", concoctée par un chef d'expérience, qui a formé de nombreux cuisiniers de la région, le tout servi dans un décor montagnard. Les produits des environs sont joliment mis en valeur.

P - **€€** - *9937 route de Colmar - ✆ 03 29 60 09 57 - www.chalethotel-lecollet.com - Fermé du lundi au samedi à midi*

COLIGNY

✉ 01270 - Ain - Carte régionale n° **21**-B1

AU PETIT RELAIS

CUISINE TRADITIONNELLE • COSY À l'entrée de ce village situé entre la Bresse et le Jura, ne manquez pas ce Petit Relais tenu avec soin par Vincent Debourg et son épouse depuis une trentaine d'années. Dans un cadre traditionnel et intimiste, le chef propose une cuisine particulièrement goûteuse, généreuse et soignée, où se côtoient produits nobles (Saint-Jacques, homard bleu, turbot ou encore veau fermier) et spécialités de la Bresse (escargots, poularde). Côté vins, une jolie carte de plus de 800 références, qui fait la part belle aux vins du Jura. Accueil sympathique.

AC - **€€** - *445 Grande-Rue - ✆ 04 74 30 10 07 - www.aupetitrelais.fr - Fermé mercredi, jeudi et dimanche soir*

LA COLLE-SUR-LOUP

✉ 06480 - Alpes-Maritimes - Carte régionale n° **29**-E2

ALAIN LLORCA

Chef : Alain Llorca

CUISINE PROVENÇALE • ÉLÉGANT Alain Llorca demeure l'une des figures emblématiques de la gastronomie azuréenne. Passé par le mythique Negresco et le Moulin de Mougins, entre autres aventures gourmandes, il s'épanouit aujourd'hui dans sa bastide de La Colle-sur-Loup, dont la terrasse domine Saint-Paul-de-Vence. Sa cuisine méditerranéenne, sensible et raffinée, célèbre les produits avec justesse : poisson de petite pêche, caponata et vert de blette juste saisi, sauce pili-pili ; filet de veau rôti aux aromates et crème de thon, ravioli de burrata à la sauge ; tarte tiède au chocolat grand cru, sorbet aux agrumes.

AC P - **€€€€** - *350 route de Saint-Paul - ✆ 04 93 32 02 93 - www.alainllorca.com - Fermé dimanche soir, lundi et mardi*

L'ATELIER DES SAVEURS BY STÉPHANE GARCIA

CUISINE MODERNE • CONTEMPORAIN Des fruits et légumes de producteurs locaux, des poissons issus de la pêche locale, des viandes du Sud-Ouest, une belle sélection de fromages basques : l'Atelier des saveurs porte bien son nom ! En témoigne le filet de bœuf de Galice, jus relevé au piment d'Espelette et fine purée de saison... Un menu basque est disponible sur commande, en hommage aux origines du chef.

AC - **€€€** - *51 rue Georges-Clemenceau - ✆ 04 93 59 75 71 - www.restaurant-latelierdessaveurs-sg.com - Fermé lundi, mardi, du mercredi au vendredi à midi, et dimanche soir*

COLLIAS

✉ 30210 - Gard - Carte régionale n° **28**-C2

L'HIRONDELLE - CHÂTEAU DE COLLIAS

CUISINE MODERNE • ÉLÉGANT Ce château en pierres blondes abrite une table gastronomique qui fait la part belle aux produits du Sud et notamment de Méditerranée, mis en musique avec savoir-faire. Offre bistronomique complémentaire au Bougainvillier, situé dans les salles à manger anciennes du château. Accueil chaleureux par le couple de propriétaires.

- **€€€€** - *8 bis chemin du Barry - ✆ 04 48 27 09 50 - www.chateaudecollias.fr - Fermé mardi, mercredi, et le midi*

CHÂTEAU DE COLLIAS

MODERNE • CHAMPÊTRE Le château millénaire de Collias a été agrandi à la Renaissance, puis rénové aux 18e et 19e s. dans un style italianisant. À l'intérieur, les propriétaires ont su créer huit chambres modernes, tout en conservant l'atmosphère médiévale. Le vaste parc du domaine nous immerge dans la nature, soit au bord de la piscine, soit en contemplant la réserve naturelle des gorges du Gardon.

- **8 chambres** - *8 bis Chemin du Barry*

L'Hirondelle - Voir la sélection des restaurants

COLLIOURE

✉ 66190 - Pyrénées-Orientales - Carte régionale n° **27**-C3

LA BALETTE

CUISINE CRÉATIVE • CONTEMPORAIN Laurent Lemal donne toute la mesure de son talent dans ce lieu idyllique qui surplombe la rade et Collioure, les pieds dans l'eau. Sa cuisine originale, centrée sur des produits de proximité immédiate, exalte toute la richesse du pays catalan. Plat "signature 2025", l'oignon rouge de Toulouges se décline en mousse, glace et confit avec une belle maîtrise. Le chef affectionne les associations terre-mer, travaillées finement, telle cette rascasse de Méditerranée accompagnée de courgettes "plurielles" au basilic et d'une fleur farcie d'une brandade. Son épouse Julie signe de délicats desserts à l'identité catalane, autour notamment de la framboise, du lait fermenté et de la périlla. Pour personnaliser l'expérience, le menu se construit sur mesure avec le directeur de salle, qui rencontre chaque convive en début de repas. La carte des vins met à l'honneur les meilleurs vignerons du Roussillon.

- **€€€€** - *Route de Port-Vendres - ✆ 04 68 82 05 07 - www.relaisdestroismas.com - Fermé lundi et mardi*

LE 5ÈME PÉCHÉ

CUISINE MODERNE • TRADITIONNEL Un chef tokyoïte passionné de mets français et de vins... et sa petite table du vieux Collioure : quand le Japon rencontre la Catalogne ! Alors bien sûr, on déguste ici une cuisine fusion, où le poisson ultrafrais est roi. En témoigne cette soupe de poisson de roche au lait de coco, joue de bœuf braisée au banyuls et gambas. Pour s'offrir ce petit péché mignon, penser à réserver bien à l'avance !

A/C - **€€** - *16 rue de la Fraternité - ✆ 04 68 98 09 76 - Fermé lundi, mercredi et dimanche et samedi midi*

MAMMA - LES ROCHES BRUNES

CUISINE MÉDITERRANÉENNE • COSY Perchées sur le rocher, les Roches Brunes en mettent plein les yeux : l'hôtel surplombe la mer et offre une vue imprenable sur le Château royal de Collioure, juste en face. Dans l'accueillant restaurant à l'ambiance bohème chic, la carte gourmande met à l'honneur les produits locaux. Profitez d'une cuisine catalane goûteuse et créative, principalement tournée vers la mer : gambas de Palamós, champignons et émulsion au café ; arros seco, supions et bouillon de crabe bleu ; filet de denti à la plancha et jus de suquet.

- **€€€** - *15 route de Port-Vendres - 04 11 30 07 55 - www.hotel-lesrochesbrunes.com - Fermé du mardi au jeudi à midi*

LES ROCHES BRUNES

MODERNE • CHALEUREUX Surplombant la baie de Collioure, un petit hôtel spectaculaire se cache à la vue de tous, accroché à la colline rocheuse. Ses 15 chambres et ses trois suites ont été entièrement habillées de couleurs neutres et apaisantes, dans un style à la fois minimaliste et chaleureux. Les terrasses descendent jusqu'aux rochers bruns qui ont donné leur nom à l'hôtel, jusqu'à une petite plage accessible par un escalier.

- **18 chambres** - *15 route de Port-Vendres - 04 11 30 07 55*

Mamma - Voir la sélection des restaurants

COLLONGES

01550 - Ain

LA COLONIE - MAISON D'HÔTES

TRADITIONNEL • CHALEUREUX Près de l'entrée du village s'est installée La Colonie, une réinterprétation de l'Hôtel parisien des années 1900. Ses chambres reflètent la tradition campagnarde française, rustique mais chic et chaleureuse. Deux lofts occupent le dernier étage, avec un plafond voûté généreux en volume. Possibilité de massage thaïlandais et spa thermal.

- **5 chambres** - *210 rue du Fort - 05 65 51 64 79*

COLLONGES-AU-MONT-D'OR

69660 - Rhône - Carte régionale n° **21**-A2

PAUL BOCUSE

CUISINE CLASSIQUE • ÉLÉGANT Le mythe Paul Bocuse est plus vivant que jamais. Le "primat des gueules", aussi doué aux fourneaux qu'en affaires, modèle pour tant de grands noms de la gastronomie mondiale, fut sans doute le premier des modernes. Dans cet esprit, la brigade d'élite (deux chefs et un directeur de salle MOF, un pâtissier champion du monde de desserts glacés) s'attache, tout en perpétuant l'héritage, à ancrer la maison dans le présent. Les recettes du maître sont reliftées avec dévotion, tandis que des créations tournées vers les saisons font leur apparition dans une carte repensée. Le spectacle est aussi dans la salle, grâce aux découpes et flambages au guéridon exécutés dans les règles de l'art, comme cette cannette des Dombes en deux services laquée aux agrumes et flambée. Le magnifique chariot de desserts, modernisé, est un plaisir toujours renouvelé. À Collonges-au-Mont-d'Or, la gastronomie est en mouvement.

- **€€€€** - *40 quai de la Plage - 04 72 42 90 90 - www.bocuse.fr - Fermé lundi et mardi*

COLMAR

✉ 68000 – Haut-Rhin – Carte régionale n° **8**–C2

✿✿ JY'S

Chef : Jean-Yves Schillinger

CUISINE CRÉATIVE • DESIGN Schillinger : en Alsace, ce nom résonne avec une force particulière. On connaissait bien Jean, le père, on connaît aussi Jean-Yves, son fils qui, après s'être exilé du côté de New York (Destinée, Olica), est revenu en 2002 dans sa ville natale. On le retrouve en lisière du parc du Champ-de-mars, bouillonnant d'idées. Bondissant d'une tradition à l'autre, sa cuisine salue tour à tour l'Alsace, les États-Unis, la Bretagne et le Japon avec une facilité déconcertante. Confiant en ses forces, il régale tous azimuts. En témoignent ce homard breton cuit dans une cafetière Cona accompagné de sa pince en spring rolls et d'agnolettis aux herbes fraîches, ou encore cette pomme verte en textures associée à un sorbet au citron iodé et au caviar... sans oublier le très beau chariot de mignardises. Une expérience unique et des goûts d'exception.

PLAN : A2-1 – *€€€€ – 3 allée du Champ-de-Mars – ✆ 03 89 21 53 60 – www.jean-yves-schillinger.com – Fermé lundi, dimanche et mardi midi*

✿ L'ATELIER DU PEINTRE

Chef : Loïc Lefebvre

CUISINE MODERNE • CONTEMPORAIN Martin Schongauer, l'un des plus grands graveurs et peintres rhénans de la fin du 15e s., avait son atelier juste en face de cette maison dont les murs eux-mêmes datent de la Renaissance. À l'intérieur, quelle rupture de ton ! Chic et cosy, le cadre est délibérément contemporain. Dans l'assiette, Loïc Lefebvre signe une cuisine moderne et précise aux accents créatifs, qui évolue évidemment au gré des saisons. Fraîcheur, finesse et aussi gourmandise marquent son huître de Marennes pochée à la pomme verte et à l'aneth, ou son filet de bœuf de Salers maturé sauce vin rouge.

PLAN : B1-3 – *€€€ – 1 rue Schongauer – ✆ 03 89 29 51 57 – www.atelier-peintre.fr – Fermé lundi, dimanche, et mardi et samedi à midi*

✿ RESTAURANT GIRARDIN

CUISINE CRÉATIVE • ÉPURÉ La Maison des Têtes, demeure Renaissance classée, richement décorée de visages grimaçants, est à l'image de Colmar : superbe. Le décor du restaurant joue quant à lui la carte du minimalisme, à l'instar du menu dégustation d'Éric Girardin, qui fait la part belle au terroir alsacien. Dans l'assiette, rien que du beau, du bon et des parfums d'une belle finesse : on se laisse séduire par la truite "en trois actes" et sa sauce hollandaise aux herbes, ou le pigeon au chou, orange et noix de cajou. Le lieu abrite également une brasserie et des chambres à l'élégance intemporelle.

PLAN : A1-2 – *€€€€ – 19 rue des Têtes – ✆ 03 89 24 43 43 – www.maisondestetes.com/fr/restaurant-girardin.html – Fermé lundi, dimanche et le midi*

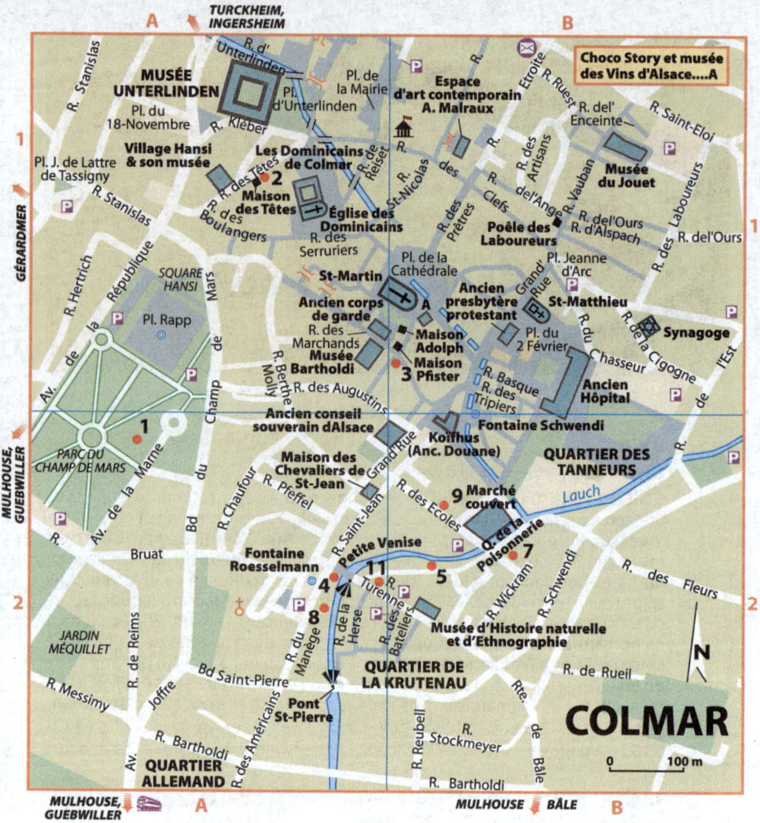

À L'ÉCHEVIN

CUISINE MODERNE • CLASSIQUE Au cœur de la "Petite Venise", cette bâtisse à colombages abrite l'hôtel Le Maréchal et sa table à la déco très classique. Essayez de réserver en priorité une place dans la salle bleue sous charpente offrant une vue sur la Lauch. Dans l'assiette, une cuisine moderne qui revisite les classiques du terroir et de la gastronomie.

PLAN : A2-8 – *€€€ – 4 place des Six-Montagnes-Noires – 03 89 41 60 32 – www.le-marechal.com – Fermé mardi et mercredi*

BORD'EAU

CUISINE MODERNE • COSY Au cœur de la Petite Venise, cette belle maison alsacienne située au bord de la Lauch appartient au chef Jean-Yves Schillinger. Dans un cadre contemporain de bon goût, on découvre un menu-carte aux influences multiples : cassolette de gambas aux légumes thaï ; rouget barbet, artichauts poivrade et sauce rouille au safran d'Alsace ; tarte fine aux pommes, caramel au beurre salé et glace vanille...

PLAN : B2-5 – *€€ – 17 rue de la Poissonnerie – 03 89 21 53 65 – www.jean-yves-schillinger.com – Fermé lundi, dimanche et mardi midi*

LE COMPTOIR DE GEORGES (N)

CUISINE ALSACIENNE • WINSTUB Cette ancienne boucherie de la Petite Venise a fait peau neuve pour devenir une plaisante brasserie aux allures de winstub moderne. À la carte, des spécialités alsaciennes cuisinées avec soin et, souvenir oblige, de belles pièces de viande... à déguster dans une ambiance animée. Aux beaux jours, la terrasse au bord de la Lauch est prise d'assaut.

PLAN : A2-4 – – **€€** – *1 place des Six-Montagnes-Noires – ✆ 03 89 20 60 72 – www.le-comptoir-de-georges.fr – Fermé mardi*

LA MAISON ROUGE

CUISINE TRADITIONNELLE • RUSTIQUE Le chef Jean Kuentz (dit Petit Jean), formé dans de belles adresses parisiennes, est à la tête de cette maison historique du vieux Colmar, à quelques encablures de la Petite Venise. Dans cette bâtisse du 11e s., il propose une cuisine gourmande, naviguant entre préparations régionales et assiettes plus actuelles, accompagnée d'une jolie sélection de vins.

PLAN : B2-9 – – **€€** – *9 rue des Écoles – ✆ 03 89 23 53 22 – Fermé samedi et dimanche*

LE QUAI 21

CUISINE MODERNE • COSY Embarquez sur les quais de la "Petite Venise" pour une balade ponctuée de gourmandise, grâce à cette savoureuse cuisine fleurant l'air de l'époque – on se délecte ainsi d'une tartelette de gambas aux salicornes et lait de coco épicé, ou d'une aile de raie bretonne associée à un risotto d'épeautre aux couteaux et escargots et sa crème de chorizo. Joli cadre contemporain.

PLAN : B2-7 – – **€€€** – *15 quai de la Poissonnerie – ✆ 03 89 58 58 58 – www.restaurant-quai21.fr – Fermé lundi et dimanche*

WISTUB BRENNER

CUISINE ALSACIENNE • WINSTUB Au cœur de la "Petite Venise", dans cette authentique winstub, la cuisine est forcément régionale : salade au comté et cervelas, tarte à l'oignon de Papi Lucien, choucroute et jarret de porc braisé, sauce au pinot noir. Production locale, ambiance conviviale et sympathique terrasse.

PLAN : A2-11 – AC – **€€** – *1 rue de Turenne – ✆ 03 89 41 42 33 – www.wistub-brenner.fr*

L'ESQUISSE

CONTEMPORAIN • ÉLÉGANT Bien qu'il soit situé dans le cœur historique de Colmar, à deux pas des ruelles sinueuses, cet hôtel est aussi contemporain que possible. Il côtoie le verdoyant parc du Champ de Mars, et ses 62 chambres et suites sont un écrin à l'esthétique moderne du 20e s. Le spa est complété d'une piscine intérieure chauffée, un jacuzzi, un sauna et un hammam. Restaurant réputé.

AC P Spa – **62 chambres** – *2 avenue de la Marne – ✆ 03 67 68 20 00*

JY'S - Voir la sélection des restaurants

LA MAISON DES TÊTES

MODERNE • ÉLÉGANT Le couple Girardin a rénové avec goût cette superbe demeure, bâtie au 17e s. sur les vestiges du mur d'enceinte de Colmar. On apprécie l'élégance intemporelle des chambres, mêlant subtilement touches historiques des lieux à des notes plus actuelles. Un cocon charmant, à cheval sur les siècles.

AC P – **21 chambres** – *19 rue des Têtes – ✆ 03 89 24 43 43*

Restaurant Girardin - Voir la sélection des restaurants

COLOMBES

✉ 92700 – Hauts-de-Seine – Carte régionale n° **11**-E2

CHEZ MIMI

CUISINE TRADITIONNELLE • BRASSERIE Au cœur de Colombes, à proximité de l'imposante église conçue par Jean Hébrard, cette ancienne brasserie datant de 1907, avec son comptoir en zinc, ses miroirs, ses moulures et son lustre à boule, attire l'œil. Dans ce cadre chic, on propose une cuisine traditionnelle réalisée avec sérieux, mettant en avant des produits de qualité. Le menu-carte comprend quelques plats signatures, tels que la côte de veau ou le filet de bœuf.

– **€€** – *3 place du Général-Leclerc – 01 47 84 84 06 – www.bistrot-chez-mimi.fr – Fermé lundi et dimanche*

COLOMBEY-LES-DEUX-ÉGLISES

✉ 52330 – Haute-Marne – Carte régionale n° **12**-C1

HOSTELLERIE LA MONTAGNE

Chef : Jean-Baptiste Natali

CUISINE MODERNE • ÉLÉGANT Dans ce paisible village de Haute-Marne cher au général de Gaulle, cette belle demeure en pierres du 17e s. est tout entière ceinte par un beau parc qui se prolonge vers la campagne. Mais à l'intérieur, point de nostalgie ! Ni dans le décor contemporain, ni dans l'assiette – ni même dans ce menu intitulé… « Je vous ai compris ! ». Le chef Jean-Baptiste Natali a beaucoup voyagé, de Marrakech à Londres en passant par New York. Il signe une gastronomie française à l'heure contemporaine (non sans clins d'œil à ses nombreux voyages) appuyée sur de beaux produits comme le chevreuil, le turbot, la langoustine ou le ris de veau. Chambres cosy et confortables pour l'étape.

– **€€€** – *10 rue Pisseloup – 03 25 01 51 69 – www.hostellerielamontagne.com – Fermé lundi et mardi*

COLOMBIÈRES-SUR-ORB

✉ 34390 – Hérault – Carte régionale n° **27**-C2

GRANIT - LA MÉCANIQUE DES FRÈRES BONANO

Chef : Clément Bonano

CUISINE MODERNE • AUBERGE Cette belle mécanique bien huilée, où travaillent deux frères, l'un en sommellerie, l'autre aux fourneaux, n'est autre qu'une ancienne filature de draps des bords de l'Orb. À l'intérieur, un décor tout de granit et de bois, avec au centre une grande cave vitrée : le raisin est ici chez lui ! En attestent la sélection très pointue, riche en références du Languedoc-Roussillon (mais pas seulement), et les judicieux accords proposés. Dans l'assiette, le chef Clément joue la carte de la tradition avec finesse et équilibre, à l'image de son bœuf d'Aubrac maturé (une viande remarquable, parfaitement préparée), sauce à l'échalotte confite, aubergine au basilic et foie gras. Ambiance conviviale grâce au service professionnel et souriant de Benjamin. Formules tapas au bistrot le Trou du kru.

– **€€€€** – *Lieu-dit La Mécanique – 04 67 97 30 52 – www.lamecaniquedesfreresbonano.fr – Fermé du lundi au mercredi*

COLOMIERS

✉ 31770 - Haute-Garonne - Carte régionale n° **26**-C2

✿ MAISON PELLESTOR VEYRIER Ⓝ

Chef : Quentin Pellestor-Veyrier

CUISINE MODERNE • DESIGN Le chef Quentin Pellestor Veyrier s'est installé avec sa compagne Camille Hubert dans l'ancien restaurant de Yannick Delpech (l'Amphitryon). Ce trentenaire s'est forgé un solide parcours, entre de grandes maisons du Sud (chez Franck Putelat ou Gilles Goujon) et une autre figure emblématique de la cuisine méditerranéenne, Alain Ducasse. Sa partition rend un hommage appuyé à l'Occitanie : côté sud-ouest, foie gras et magret, veau du Ségala, fraises parfumées et amandes grillées ; côté Méditerranée, rouille sétoise, huîtres de l'étang de Thau, olive noire ou encore blanquette de Limoux. Une cuisine goûteuse et ancrée dans le terroir, au style décomplexé.

- **€€€€** - *28 chemin de Gramont - ✆ 05 61 15 55 55 - www.maisonpellestorveyrier.com - Fermé lundi et dimanche*

COLROY-LA-ROCHE

✉ 67420 - Bas-Rhin - Carte régionale n° **8**-A2

✿ LA CHENEAUDIÈRE - LE FEUILLAGE

CUISINE CRÉATIVE • CHIC Sur les hauteurs du village, cet hôtel chic abrite une table gastronomique au cadre chaleureux et intimiste. Sagement créatif, le joli menu de saison enchaîne les bonnes idées gourmandes, mises en œuvre avec finesse et précision : caviar osciètre, haricots verts au thym frais, vinaigrette aux sucs de homard ; veau en deux façons (rosé aux algues et confit à la sarriette), pressé de courgettes et jus au crémant d'Alsace. Service prévenant.

- **€€€€** - *3 rue du Vieux-Moulin - ✆ 03 88 97 61 64 - www.cheneaudiere.com - Fermé les midis*

LA CHENEAUDIÈRE - LE CHÊNE

CUISINE MODERNE • CONTEMPORAIN Après un passage au spa de l'hôtel, pourquoi ne pas se régaler au Chêne dans un cadre nature chic ? La carte, courte et raffinée, fait d'alléchantes propositions : gaspacho de légumes de saison, tartine croustillante aux légumes confits, vinaigrette d'ail noir ; gambas au thym frais, bisque corsée, tagliatelles maison aux olives taggiasche ; cheesecake à la crème d'Alsace et compotée de fruits.

- **€€€** - *3 rue du Vieux-Moulin - ✆ 03 88 97 61 64 - www.cheneaudiere.com - Fermé les midis*

LA CHENEAUDIÈRE HÔTEL & SPA *Plus*

ART DÉCO • VERDOYANT Les chênes de la propriété ont inspiré le nom de cet établissement de luxe cerné par les montagnes. Une élégante destination entièrement dédiée au bien-être grâce au nec-plus-ultra du spa qui s'étend sur trois étages avec piscines intérieures et extérieures, bain nordique, fontaine à glace, saunas et hammam. L'établissement propose tout à la fois des chambres mansardées donnant sur la forêt et d'opulentes suites Art déco équipées de cheminées et de jacuzzi privatifs en plein air.

- **45 chambres** - *3 rue du Vieux Moulin*

✿ **La Cheneaudière - Le Feuillage • La Cheneaudière - Le Chêne** - Voir la sélection des restaurants

COLY

✉ 24120 – Dordogne – Carte régionale n° **18**–D3

LA TABLE DU COLY - MANOIR D'HAUTEGENTE

CUISINE MODERNE • CLASSIQUE Dans un manoir du 19e s. couvert de lierre et bordé d'un parc traversé par le Coly, le restaurant occupe l'aile droite de l'hôtel. Il se compose de petites salles à manger en enfilade, au style classique, dont la dernière est dominée par une cheminée. Le menu unique en plusieurs temps propose une cuisine contemporaine d'inspiration créative. Parmi les plats : un palet de butternut rôti surmonté d'une réduction de tomate, accompagné d'un beurre au pollen et d'une huile de lavande. À proximité, La Table de Jean propose une alternative bistrot plus simple, notamment pour les clients de l'hôtel.

€€€ – *Manoir d'Hautegente – 05 53 51 68 03 – www.manoir-hautegente.com – Fermé mercredi, jeudi, et lundi, mardi et vendredi midi*

COMBEAUFONTAINE

✉ 70120 – Haute-Saône – Carte régionale n° **13**–B1

LE BALCON

CUISINE TRADITIONNELLE • AUBERGE Jean-Philippe Gauthier perpétue la tradition de cet ancien relais de diligence, restaurant familial depuis 1951. Parmi les incontournables : terrine de lapereau au foie gras, poulet au vin jaune et aux morilles, splendide chariot de fromages affinés... que l'on savoure dans une salle alliant caractère et authenticité. Chambres pour l'étape.

€€ – *2 Grande-Rue – 03 84 92 11 13 – www.le-balcon-70.fr – Fermé lundi, mardi midi et dimanche soir*

COMBLOUX

✉ 74920 – Haute-Savoie – Carte régionale n° **21**–D2

ALEXPERIENCE

CUISINE TRADITIONNELLE • SIMPLE Posé à côté d'un plan d'eau et face à une vue magnifique sur le Mont-Blanc, le décor de ce chalet cultive la simplicité. Dans l'assiette, la tradition se donne librement cours à l'image de cet œuf parfait, lentilles, diot fumé, émulsion au lard, ou de ce bœuf bourguignon. Le chef a d'ailleurs remporté un concours avec son pâté en croûte.

€€ – *Plan d'eau Biotope – 04 50 90 17 50 – www.alexperiencerestaurant.fr – Fermé du lundi au mercredi et dimanche soir*

SIGNATURE

CUISINE TRADITIONNELLE • MONTAGNARD Du seuil de cette ferme classée du 19e s., le Mont-Blanc apparaît à l'horizon. Déco montagnarde (lambris, murs en chaux, parquet), mobilier chiné et une cuisine traditionnelle réalisée par Florent Meyer, qui a travaillé avec Emmanuel Renaut : on signe tout de suite, notamment grâce à cette sauce au vin jaune qui enveloppe un beau suprême de volaille fermière, ou cette gourmande tartiflette revisitée, clin d'œil malicieux au terroir local – une entrée signature. À noter : un accueil chaleureux !

€€€ – *62 chemin de la Promenade – 04 50 93 11 81 – www.signature-combloux.eatbu.com – Fermé mardi, et lundi, mercredi, jeudi et samedi midi*

COMBRIT

✉ 29120 – Finistère – Carte régionale n° **1**-B2

LES TROIS ROCHERS

CUISINE MODERNE • ÉLÉGANT Dans l'estuaire de l'Odet, face au port de Bénodet, on a les flots d'un côté et un parc de pins et de chênes de l'autre... Superbe situation pour cette maison bourgeoise construite au début du 20e s. par un amiral breton, aujourd'hui l'hôtel Villa Tri Men. Diplômé à Quimper, le chef a roulé sa bosse en Bretagne et en Suisse, et ce sont avant tout les artisans et producteurs bretons (bio, pour la plupart) qu'il met en avant dans sa cuisine. Il marie les trésors de la région avec des épices venues d'ailleurs, ainsi que des herbes fraîches, pour en sublimer le goût. À titre d'exemple, ses ravioles de langoustines et bouillon de crustacés sont un vrai délice...

– **€€€** – *16 rue du Phare, à Sainte-Marine – 02 98 51 94 94 – www.trimen.fr – Fermé dimanche et le midi*

HÔTEL DU BAC

MODERNE • MARITIME Campé face à l'Odet qui se jette un peu plus loin dans l'océan, l'Hôtel du Bac admire paisiblement les bateaux amarrés autour du port de Sainte-Marine. Ses chambres célèbrent la vie maritime avec simplicité et élégance : du bleu et du blanc évidemment, des motifs marins et quelques touches boisées.

– **10 chambres** – *19 rue du Bac – 02 98 51 33 33*

VILLA TRI MEN

BOURGEOIS • ROMANTIQUE Le jardin de cette belle villa de 1913 descend en pente douce jusqu'à la mer, et l'on peut, en toute quiétude, y lire ou prendre un verre. L'intérieur, feutré et cossu, donne à l'ensemble un charme indéniable ; les chambres sont spacieuses et élégantes dans leur parti pris minimaliste.

– **19 chambres** – *16 rue du Phare - Sainte-Marine*

Les Trois Rochers - Voir la sélection des restaurants

COMPIÈGNE

✉ 60200 – Oise – Carte régionale n° **5**-B2

RHIZOME

CUISINE MODERNE • CONTEMPORAIN Le rhizome, c'est la tige souterraine de certaines plantes, une réserve d'énergie apparentée à la racine. Choix judicieux pour ce jeune couple de Soissons, revenu en Picardie après des passages dans de belles maisons (Mère Brazier, Saturne à Paris, Auberge du Vert Mont). Énergie que l'on retrouve dans la cuisine du marché, vivante, instinctive et régulièrement renouvelée. Enracinement comme en témoigne la démarche locavore, assortie de vins bio et naturels. Le bon plan gourmandise de la ville, avec un menu (unique) au déjeuner. Une bien jolie adresse, où il est prudent de réserver.

€€€ – *6 rue des Pâtissiers – 09 83 77 42 22 – www.restaurant-rhizome.fr – Fermé lundi et dimanche, et mercredi soir*

CONCARNEAU

✉ 29900 – Finistère – Carte régionale n° **1**-B2

LE FLAVEUR

CUISINE MODERNE • CONTEMPORAIN Ce restaurant se niche dans une petite rue en retrait du port de plaisance et de la ville close. En cuisine, un couple complice réalise à quatre mains de véritables bouquets de fraîcheur. Ils se régalent, ils nous régalent... en jouant avec les produits du terroir : sarrasin, pêche quotidienne issue de petits bateaux, cochon breton, volailles de la Bruyère Blanche, œufs fermiers - et mention spéciale pour l'excellent pain maison.

- €€ - 4 rue Duquesne - 02 98 60 43 47 - Fermé lundi, mardi et dimanche

L'ATELIER DU NORD

CUISINE FUSION • CONTEMPORAIN Res nostra mare (la mer est notre loi) indique en exergue sur son site le chef Romain Paillet : sa cuisine moderne d'inspiration japonaise s'appuie donc uniquement sur les retours de la marée et de la pêche. Les produits iodés, à l'instar de cette ventrèche de thon à peine snackée, sont d'une fraîcheur irréprochable. Grâce à des condiments et des préparations bien dosées, chaque assiette a du peps à revendre, à l'image de ce chef passionné qui passe beaucoup de temps en salle parmi ses clients. Le cadre d'inspiration nippone aux murs bleu est en adéquation avec la partition du chef. La cuisine, située littéralement au centre, est le cœur battant du restaurant.

- €€€ - Dock 2, Quai Carnot Bâtiment Ouest Criée - 09 54 38 31 75 - www.atelierdunord.cc - Fermé lundi et dimanche

THALASSO CONCARNEAU SPA MARIN RESORT

CONTEMPORAIN • MARITIME Le point fort de l'établissement est évidemment son exceptionnel centre de thalassothérapie. Une équipe de professionnels propose des traitements personnalisés dans 20 cabines individuelles. Les logements, confortables et spacieux, sont conçus pour prolonger la relaxation, avec des vues imprenables sur la mer. Restaurant panoramique.

- 42 chambres *- 36 rue des Sables Blancs*

CONDOM

32100 - Gers - Carte régionale n° **26**-B1

CITRUS (N)

CUISINE MODERNE • COLORÉ Dans une vieille bâtisse traditionnelle dotée d'une jolie cour intérieure pour les beaux jours, ce restaurant aligne une petite salle carrée jaune citron, en écho à son nom, mêlant murs de pierre et mobilier de bistrot moderne. Aux fourneaux, Éric Sampietro (l'ancien chef de La Table des Cordeliers) concocte une cuisine solide et généreuse, entre bouillon de légumes aux ravioles de porc et poire rôtie au caramel gingembre, crumble et glace au yaourt.

- €€ - 1 rue Buzon - 05 62 28 01 16 - Fermé mardi midi, dimanche et lundi

CONDORCET

26110 - Drôme - Carte régionale n° **24**-B2

LA CHARRETTE BLEUE

CUISINE TRADITIONNELLE • RUSTIQUE Impossible de manquer ce relais de poste du XVIIIe siècle avec sa charrette bleue sur le toit ! Joli hommage à René Barjavel, dont l'œuvre du même nom racontait son enfance au pays. L'esprit de la région habite le décor (terrasse sous les canisses) comme cette cuisine généreuse et bien exécutée à l'instar de cette généreuse terrine de jambon persillé, salade de pommes de terre tiède sauce ravigote bien relevée et l'île flottante, grand classique des gourmands.

- €€ - 5 chemin Barjavel - 04 75 27 72 33 - www.lacharrettebleue.net - Fermé mardi et mercredi

CONFOLENS

✉ 16500 - Charente

DOMAINE DE LA PARTOUCIE

MODERNE • CHAMPÊTRE Logis féodal remanié au 18e s., cette demeure a su marier ses meubles anciens à un design contemporain, pour un confort moderne luxueux. Avec seulement cinq chambres, elle conserve l'atmosphère d'une résidence privée, avec une piscine d'eau salée, un court de tennis et la possibilité de pêcher carpes et brochets dans les douves. Petit déjeuner frais de la ferme.

- 5 chambres - *La Partoucie - ✆ 06 15 66 06 77*

CONNE-DE-LABARDE

✉ 24560 - Dordogne - Carte régionale n° **18**-C3

MAISON WESSMAN PAR THIERRY MARX (N)

CUISINE TRADITIONNELLE • COSY Au cœur du beau domaine viticole des Verdots, une maison indépendante d'architecture locale fait face aux vignes, précédée d'une terrasse en travertin. À l'intérieur, l'esprit bistrot de terroir se teinte de chic et de confort. Le chef Thierry Marx y signe une carte qui caresse la tradition à rebrousse-poil : tomates de plein champ avec chèvre frais, huile vanillée et fraises ; canard confit flanqué de lentilles à la carotte et d'une vinaigrette moutardée ; île flottante aux framboises et crème anglaise. La courte carte des vins met logiquement en avant le domaine et la région.

- €€ - *425 impasse des Verdots - ✆ 05 53 58 34 31 - www.maisonwessman-wines.com/fr/la-maison-wessman-par-thierry-marx - Fermé dimanche soir, lundi et mardi*

CONNELLES

✉ 27430 - Eure

MOULIN DE CONNELLES

CLASSIQUE • ROMANTIQUE Sur les rives de la Seine, ce moulin à eau a été transformé en manoir à colombages au début des années 1900. Au charme de l'époque se sont ajoutés des lustres en cristal de Baccarat, des boiseries et des terrasses au bord du fleuve. Les chambres sont élégantes et pittoresques, certaines avec balcons, d'autres avec coin lecture et jacuzzi, toutes meublées d'ancien. La piscine extérieure et les jardins offrent des panoramas idylliques pour se détendre après avoir ramé jusqu'à l'île privée de l'hôtel.

- 12 chambres - *40 route d'Amfreville-sous-les-Monts - ✆ 06 69 69 69 13*

CONQUES-EN-ROUERGUE

✉ 12320 - Aveyron - Carte régionale n° **23**-C2

ÉMILIE & THOMAS - MOULIN DE CAMBELONG

Chefs : Thomas et Émilie Roussey

CUISINE MODERNE • MAISON DE CAMPAGNE Belle bâtisse en pierre de pays et lauzes, ce moulin se dresse en bordure de rivière dans une nature bucolique. La salle à manger sous charpente en profite grâce à de larges baies vitrées. Frottés aux restaurants de Pierre Gagnaire, Michel Bras et Alain Ducasse, Émilie et Thomas Roussey, tous les deux chefs, ont échangé leur établissement avec celui d'Hervé Busset, désormais installé au cœur de Rodez. Réalisée à quatre mains, cette cuisine nature fait la part belle aux légumes et aux fruits de saison livrés par de petits producteurs locaux triés sur le volet. Tomate et basilic ; aubergine, agastache et sarrasin ; pleurotes et fleur de courgette : les noms des plats se réduisent à leurs produits, toujours ultra-frais...

- €€€ - 61 lieu-dit Cambelong - 05 65 72 84 77 - www.moulindecambelong.com

BISTROT LE HÉRON

CUISINE MODERNE • RUSTIQUE Au pied du splendide village de Conques, connu pour son abbatiale et les vitraux de Pierre Soulages, le moulin de Cambelong accueille cette table bistronomique, alternative conviviale et accessible au restaurant étoilé d'Émilie et Thomas. On y savoure une cuisine de chef gourmande : gaspacho de tomate, pistes de moule et vinaigrette vierge ; effiloché de cochon, sauce à l'oseille...

- €€ - 61 lieu-dit Cambelong - 05 65 72 84 77 - www.moulindecambelong.com - Fermé du lundi au mercredi

LE CONQUET

29217 - Finistère

SAINTE-BARBE HÔTEL & SPA LE CONQUET - MGALLERY

ÉLÉGANT • MARITIME À l'extrême ouest de la Bretagne, la façade de l'hôtel Sainte-Barbe surplombe la majestueuse mer Celtique. Le bâtiment a été rénové de fond en combles, des fenêtres installées partout pour profiter sur toute leur hauteur des vues incomparables. Les tons pastel et des courbes douces adoucissent encore l'ambiance littorale des chambres. Un spa, un jacuzzi et un sauna offrent plusieurs façons de se détendre, tandis que le bar à cocktails sur le toit est idéal pour admirer un coucher de soleil.

- **34 chambres** - *Pointe Sainte Barbe - 33 2 98 48 46 13*

LES CONTAMINES-MONTJOIE

74170 - Haute-Savoie - Carte régionale n° **21**-D2

L'Ô À LA BOUCHE

CUISINE MODERNE • CONTEMPORAIN Un lieu, deux atmosphères, mais toujours l'eau à la bouche... Au rez-de-chaussée, cadre contemporain autour d'une cuisine gastronomique fraîche et goûteuse, concoctée par un chef qui affectionne les produits frais et le poisson. Ne manquez pas non plus l'excellente charcuterie maison. Suggestions orales suivant le retour du marché. Une convivialité toute montagnarde.

- €€ - 510 route Notre-Dame-de-la-Gorge - 04 50 47 81 67 - www.lo-contamines.com - Fermé lundi et du mardi au samedi à midi

CONTES

06390 - Alpes-Maritimes - Carte régionale n° **29**-E2

PÈRE & FILS RAINGEARD

CUISINE MÉDITERRANÉENNE • CONVIVIAL Ancien chef d'un restaurant étoilé, Patrick Raingeard a relooké le bar-tabac de ce village situé dans l'arrière-pays niçois, y instaurant d'emblée une ambiance conviviale - qui a déjà conquis ses fidèles. Avec son fils Edouard en salle et aux vins, il mitonne une cuisine de saison soignée, à prix raisonnable. Son plat phare est toujours là : brandade de volaille aux cuisses confites en parmentier. La belle terrasse ombragée sous les platanes invite à la joie de vivre.

- €€ - 8 place de l'Abbé-Cauvin - 04 93 72 62 87 - www.perefilsraingeard.fr - Fermé lundi et mardi, et dimanche soir

CONTRES

✉ 41700 – Loir-et-Cher – Carte régionale n° **10**–C3

LA BOTTE D'ASPERGES

CUISINE MODERNE • CONTEMPORAIN Avec ce nom à vous donner des envies de printemps, ce restaurant joue la carte d'une cuisine savoureuse et met en avant producteurs et vignerons locaux ainsi que son joli jardin de plantes aromatiques dans des assiettes au visuel travaillé. Derrière cette bonne nouvelle pour nos papilles, un couple du métier et un chef au parcours solide, Stéphane Bureau, qui aime venir en salle et partager sa passion. Côté cadre, c'est confortable, dans un esprit bistrot contemporain.

A/C – €€ – 52 rue Pierre-Henri-Mauger – ✆ 02 54 79 50 49 – www.labottedasperges.com – Fermé lundi et mardi

CORBEIL-ESSONNES

✉ 91100 – Essonne – Carte régionale n° **11**–B2

AUX ARMES DE FRANCE

CUISINE MODERNE • COSY Un ancien relais de poste à la façade sobre et discrète qui abrite une lumineuse salle à manger. Le chef Yohann Giraud, passé par plusieurs maisons étoilées, y propose une cuisine moderne emprunte d'un classicisme marqué. Au menu : des recettes généreuses en saveurs, à l'image du plat signature, les macaronis farcis de foie gras, céleri rave et tartufata gratinés au parmesan, crème légère et jus de veau ; et des desserts réalisés dans les règles de l'art et pleins de gourmandise, comme ce soufflé au Grand Marnier et son sorbet orange. Accueil charmant.

♿ P – €€€ – 1 boulevard Jean-Jaurès – ✆ 01 60 89 27 10 – www.aux-armes-de-france.fr – Fermé lundi et dimanche, et mercredi soir

CORENC

✉ 38700 – Isère – Carte régionale n° **21**–C3

BRASSERIE CHAVANT N

CUISINE MODERNE • CONVIVIAL Au sein d'un paisible parc, cette troisième brasserie Chavant déploie une vaste terrasse ombragée par un cèdre tricentenaire, face aux courts de tennis. Le décor, en écho à l'esprit club, aligne moquette à carreaux vert et terracotta, affiches anciennes de Roland-Garros, raquettes d'époque et larges baies vitrées. La cuisine insuffle un petit air contemporain aux grands classiques, tout en proposant les signatures communes aux autres adresses : tartare de bœuf, ravioles de langoustines au foie gras et à la truffe, entrecôte Angus sauce béarnaise...

A/C – €€ – 15 chemin de la Croix-de-Montfleury – ✆ 04 76 01 20 35 – www.brasserie-chavant-corenc.fr

CORMERY

✉ 37320 – Indre-et-Loire – Carte régionale n° **15**–B1

LES ROSEAUX PENSANTS

Chef : Stéphane Enault

CUISINE MODERNE • CONTEMPORAIN Au cœur d'un charmant village riche en vieilles pierres, un couple autodidacte tient cette table qui se fournit exclusivement en bio et en local, après avoir rencontré les producteurs en personne. Le résultat est savoureux, avec une forte appétence pour le végétal et la fermentation, à l'instar de ce boudin noir végétal et son condiment pomme confite et ail noir. Mais viandes et poissons ne sont pas oubliés pour autant ! Délicieuse terrasse sous les tilleuls ; service précis et efficace.

L'engagement du chef : La carte s'articule autour de deux grands axes : un menu « Herbae » au printemps-été, inspiré de la cueillette et du potager, et un menu « Cerealis » en automne-hiver, mettant en lumière le terroir local. Les protéines animales cèdent souvent la place aux protéines végétales faites maison (tofu, seitan, tempeh) ; les menus sont disponibles en version végétarienne. Pour sensibiliser les convives, on organise des ateliers autour de la fermentation ou de la cuisine des plantes sauvages.

- €€ - *2 place du Mail - 02 47 43 40 32 - www.lesroseauxpensants.fr - Fermé lundi et mardi, et mercredi et dimanche soir*

CORNEILLA-DEL-VERCOL

66200 - Pyrénées-Orientales - Carte régionale n° **27**-C3

CERCLE N

CUISINE MODERNE • CONTEMPORAIN Au sud de Perpignan, à l'étage d'une bâtisse ancienne en pierres et briques apparentes, ce restaurant contemporain propose un menu unique décliné en plusieurs étapes, servi autour d'un comptoir en U ouvert sur la cuisine. La cuisine moderne et lisible du chef Julien Hermida, au parcours sérieux notamment en Asie aux côtés de Paul Pairet, est construite autour de produits de saison travaillés avec soin. Ce soir-là, petits pois légèrement croquants, jambon de Bayonne et noisettes torréfiées en ouverture ; filet de veau cuit rosé, parfum de basilic et fine tartelette aux échalotes en plat.

- €€€€ - *Rue Arago - 07 49 95 26 12 - www.cercle-restaurant.fr - Fermé dimanche soir, mardi, mercredi et le midi sauf dimanche*

CORNIER

74800 - Haute-Savoie - Carte régionale n° **21**-C1

CHEZ MOSSE

CUISINE MODERNE • BISTRO Ici, le boss, c'est (Mattéo) Mosse : un jeune chef originaire de Haute-Savoie qui a choisi de s'installer dans ce village afin d'être au plus proche de la nature et des petits producteurs. Poissons et viandes issus de l'agriculture raisonnée, circuits courts et plats végétariens définissent l'identité de cette « éco-table ». La cuisine moderne du chef travaille donc essentiellement ce que la nature lui apporte en saison et notamment de nombreux légumes bio. Cadre simple de bistrot dans une maison de village colorée bénéficiant d'une terrasse ombragée.

- €€ - *58 place du Tilleul - 04 50 03 98 13 - www.chezmosse.com - Fermé lundi, mardi et dimanche*

CORRENÇON-EN-VERCORS

38250 - Isère - Carte régionale n° **21**-B3

ASTERALES

CUISINE MODERNE • COSY Une jolie table dans un cadre montagnard sobre que ces Asterales, du nom poétique d'un ordre végétal. Le chef Ludovic Nardozza réalise une cuisine soignée et précise, qui sait mettre en valeur les beaux produits qu'il affectionne : langoustines rôties au beurre de marjolaine, girolles et bisque au vin jaune ; saint-pierre laqué au fenouil sauvage, fleur de courgette et seiche grillée ; pomme façon Tatin au miel de pays et cardamome noire... Service souriant et chambres agréables pour profiter du Vercors.

P - €€€ - *Hôtel du Golf, Les Ritons, 784 route du Clos-de-la-Balme - 04 76 95 84 84 - www.hotel-du-golf-vercors.fr/lhotel-2-2-2 - Fermé du lundi au vendredi à midi*

HÔTEL DU GOLF

BOURGEOIS • CHALEUREUX Quelle métamorphose pour ce qui n'était, il y a cinquante ans, qu'une minuscule auberge ! L'œuvre de trois générations successives, qui ont créé un bel établissement sans perdre l'esprit de famille (aujourd'hui, le benjamin de la fratrie, menuisier, assure le travail du bois !). Espace, calme, grand confort, prestations variées : on quitte les lieux à regret...

P – **22 chambres** – *Les Ritons*

Asterales - Voir la sélection des restaurants

CORSE

✉ Carte régionale n° **30**

AJACCIO

✉ 20000 – Corse-du-Sud – Carte régionale n° **30**–A2

A NEPITA

CUISINE DU MARCHÉ • CONVIVIAL Tombé amoureux de la Corse, Simon Andrews, chef anglais au parcours étoilé, fait son marché tous les jours. Sélectionnant ses produits avec soin, il met joliment en valeur le terroir corse : thon rouge, denti, loup, brocciu, veau, etc. Certains plats signature restent à la carte pour le plus grand plaisir des touristes et des habitués, comme le poulpe grillé ou le panaché de pêche locale. Sans oublier le calament népéta que le chef distille par petite touches dans ses assiettes, et à laquelle le nom du restaurant rend hommage. Service souriant assuré par son épouse Roberta, corse, évidemment !

A/C – **€€€** – *4 rue San-Lazaro – ✆ 04 95 26 75 68 – www.anepita.fr – Fermé lundi, dimanche et samedi midi*

L'ÉCRIN

CUISINE MODERNE • CONVIVIAL Légèrement à l'écart de l'agitation de la vieille ville, ce sympathique restaurant propose une cuisine méditerranéenne de saison, fraîche et bien troussée, à l'exemple de cette brandade de mostelle, poutargue et crème de piquillos. L'été, on s'installe sur la petite terrasse, s'il reste de la place ! Accueil des plus charmants. Un petit bijou !

– **€€** – *16 cours du Général-Leclerc – ✆ 04 95 24 94 32 – Fermé dimanche et le midi*

LE PETIT RESTAURANT

CUISINE MODERNE • COSY Au cœur de la vieille ville d'Ajaccio, le Petit Restaurant a tout d'un grand. Solide cuisinier, le chef Vincent Boucher est loin de se limiter à un répertoire méditerranéen, ayant surtout pour ambition de travailler les produits du moment à travers une cuisine moderne, un brin créative – avec parfois quelques clins d'œil exotiques. Au menu : œuf parfait, tombée d'oignons et charcuterie de porc nustrale ; suprême de volaille cuit basse température, légumes de saison, mousseline de pomme de terre et jus corsé ; crumble à la fleur de sel, sorbet à la verveine du jardin, siphon mascarpone, poudre de feuille de figuier et fraises corses. Côté salle, Kristel Paries est aux petits soins avec ses clients, qui sont assurés de passer un bon moment.

A/C – **€€€** – *3 rue Pozzo-di-Borgo – ✆ 04 20 01 88 81 – www.lepetitrestaurant.fr – Fermé samedi et dimanche*

LA TERRASSE DU FESCH

CUISINE MODERNE • CONTEMPORAIN Juchée sur un toit d'hôtel, cette table offre une belle vue sur Ajaccio, la baie et la montagne environnante. Avec ses parois modulables, elle s'ouvre et se ferme à volonté, en fonction de la météo. De la cuisine ouverte, on aperçoit le chef Franck Radiu s'activer sur fond de musique électro. Pâtissier de formation, cet enfant de la ville propose une partition bien rythmée grâce aux richesses du terroir corse. Ce soir, un cannelloni d'araignée de mer, twisté par des suprêmes de pamplemousse, un pagre sur des palets de pommes de terre nappés d'un bon jus de bouillabaisse, et un citron en trompe-l'œil en fine coque de chocolat blanc, dessert léger et acidulé.

- **€€€** - *Hôtel Fesch, 7 rue du Cardinal-Fesch - 04 95 51 49 49 - www.hotel-fesch.com - Fermé lundi et le midi*

HÔTEL LES MOUETTES

Plus

CLASSIQUE • ROMANTIQUE Cette grande demeure rose de 1880 offre une vue superbe sur la piscine et la plage privée. Chambres sobres et spacieuses, la plupart avec loggia, pour rêver en regardant les mouettes. Et le soir venu, les pieds dans la mer, compter les étoiles.

AC P - **27 chambres** - *9 cours Lucien Bonaparte - 04 95 50 40 40*

BASTELICACCIA

20129 - Corse-du-Sud - Carte régionale n° **30**-A2

AUBERGE DU PRUNELLI

CUISINE DU TERROIR • AUBERGE Ambiance cosy et chaleureuse dans cette auberge, ancien relais de diligences qui accueillait déjà des clients en 1860. Une affaire de famille depuis 1997, lorsque le père René Orlandazzi a racheté les lieux – ce sont aujourd'hui ses fils qui ont repris les rênes. Charcuterie, fromages et miel de la vallée, légumes du potager, petits plats mijotés des heures sur le coin du fourneau, tartes concoctées avec les fruits du verger, plus de 200 références de vins corses... Intemporel ! Aux beaux jours, on profite de la grande terrasse entourée de verdure surplombant le Prunelli.

- **€€** - *Pont de Pisciatello - 04 95 20 02 75 - www.auberge-du-prunelli.fr - Fermé mardi*

BASTIA

20200 - Haute-Corse - Carte régionale n° **30**-B1

ADN N

CUISINE MODERNE • CONTEMPORAIN Dans une élégante salle voûtée, le chef Quentin Sanchez célèbre le produit avec amour. Légumes bio, veau fermier, pêche locale, huile d'olive corse : le sourcing est soigné, sans exclure quelques beaux produits venus d'ailleurs, tels l'anchois de Cantabrie, le bœuf jersiais ou le homard breton. En cuisine, pas d'esbroufe : technique précise, assaisonnements justes, dressages nets... pour une partition franche et savoureuse.

AC - **€€€** - *1 rue de l'Ancienne-Poste - 04 95 45 63 67 - www.adnbastia.com - Fermé mardi et mercredi*

RADICHE N

CUISINE MODERNE • CONTEMPORAIN Radiche, ou « racines » : tout un programme pour ce chef bastiais revenu sur la "place du marché" (celle de l'Hôtel de Ville, en vérité) après plusieurs années sur le continent. Dans ce bistrot au charme brut, les trésors corses sont traités avec mordant : les assiettes sont franches, généreuses, et souvent traversées d'élans créatifs. C'est le cas de ce crudo de thon rouge dans un bouillon glacé de prisuttu, relevé de poutargue, ou de ces œufs à la neige nappés de crème au lait fermenté, accompagnés d'un sorbet à l'estragon.

- €€€ - 4 place de l'Hôtel-de-Ville - ✆ 04 95 59 87 70 - www.radichebastia.fr - Fermé mardi et mercredi

BONIFACIO

✉ 20169 - Corse-du-Sud - Carte régionale n° **30**-B3

FINESTRA BY ITALO BASSI

CUISINE ITALIENNE • CHIC Au milieu des enseignes traditionnelles, cette élégante façade détonne sur le port de Bonifacio. Située à l'étage, cette superbe salle design en forme de coque inversée, au décor subtilement marin, bénéficie d'une grande fenêtre ("finestra" en italien) ouverte sur le port. Le chef Italo Bassi, qui a un autre pied dans son restaurant en Sardaigne, a conçu une carte qui célèbre les épousailles gourmandes de l'Italie et de la Corse. Les produits, essentiellement locaux, sont triés sur le volet dans ces préparations maîtrisées. Le double ravioli en deux farces (burrata, mijoté de pintade et sa réduction) et sa crème légère de parmesan et thym frais, est un plat signature particulièrement réussi !

A/C - €€€€ - 51 quai Jérôme-Comparetti - ✆ 04 95 10 20 34 - www.finestra-d-amore.fr - Fermé les midis

L'A CHEDA

CUISINE MODERNE • MÉDITERRANÉEN Dans un décor romantique à souhait, on s'installe sur la charmante terrasse face à la piscine. Le chef privilégie les circuits courts et choisit ses fournisseurs avec grand soin : on se régale de poissons sauvages, viande bio corse, légumes frais du potager en permaculture... Service prévenant et carte des vins riches en jolies surprises.

P - €€€ - Route de Cavallo-Morto - ✆ 04 95 73 03 82 - www.acheda-hotel.com/restaurant-gastronomique-bonifacio - Fermé dimanche

D'AMORE BY ITALO BASSI

CUISINE ITALIENNE • CONTEMPORAIN Au rez-de-chaussée du restaurant gastronomique, ce bistrot séduit immédiatement par la qualité de sa décoration lumineuse et colorée, pensée jusque dans ses moindres détails. À la carte : crudos, antipasti, risottos et pâtes (évidemment maison et parfaitement cuites al dente). De l'huile d'olive à la pêche locale, en passant par les produits transalpins, cette table respire la qualité et le goût.

- €€€ - 51 quai Jérôme-Comparetti - ✆ 04 95 10 20 34 - www.d-amore.fr - Fermé les midis

DA PASSANO

CUISINE CORSE • DESIGN Face au port, ce restaurant et bar à vins revisite la tradition corse et ses produits (veau, noisettes de Cervione) dans un cadre moderne et design. Les plats en petites portions invitent naturellement au partage. Plaisante terrasse ombragée.

A/C - €€ - 53 quai Comparetti - ✆ 04 95 28 10 90 - www.da-passano.com

LE VOILIER

CUISINE MÉDITERRANÉENNE • CONVIVIAL Cap sur ce voilier situé le long de la marina, avec sa terrasse élégante. À bord, on déguste une cuisine méditerranéenne (soupe et carpaccio de poisson, ceviche, fleurs de courgette), où le

poisson de pêche locale (entier ou en portion) est mis à l'honneur. Les amateurs de viande ne sont pas laissés pour compte et pourront se régaler d'une côte de veau épaisse ou d'une selle d'agneau farcie.
- €€€ - *81 quai Comparetti - 04 95 73 07 06 - www.levoilier-bonifacio.com - Fermé dimanche midi*

A SPERANZA

CONTEMPORAIN • CALME Créé comme une extension de l'hôtel A Cheda, ce domaine est le fruit d'une collaboration entre le propriétaire Edmond Cridel et l'architecte corse Jean-Matthieu de Lipowsky. Les dix chambres ont été conçues dans une recherche d'intimité, en utilisant des formes courbes, des matériaux naturels et la végétation environnante, afin de créer un refuge contemporain, inspiré des pratiques architecturales locales. La promesse d'un séjour au calme, en bénéficiant de l'accès aux installations bien-être de la maison-mère.
- **7 chambres** - *Route de Porto Vecchio*

CALA DI GRECO

RÉGIONAL • COLORÉ Dominant la citadelle de Bonifacio et entouré de maquis, le Cala di Greco tire parti de son cadre. Ses suites blanchies à la chaux, dont certaines disposent de piscines privées à débordement, font face au sud, offrant des vues panoramiques sur la vieille ville et la mer. Le design joue de références grecques alliées aux matériaux corses : pierre de Bonifacio, bois et touches de bleu parmi les oliviers. Une villa moderniste de quatre chambres, située plus à l'intérieur du domaine, offre encore plus d'intimité pour de longs séjours.
- **20 chambres** - *Lieu-dit Bancarello - 04 95 73 70 74*

LODGE DE CHARME A CHEDA

CONTEMPORAIN • ROMANTIQUE Voici est un lieu de retraite romantique, une oasis de sérénité avec une piscine étincelante et des espaces de détente confortables. L'hôtel est certifié Ecolabel pour son engagement en faveur de l'environnement et des pratiques durables. Le sauna, le jacuzzi et les soins personnalisés complètent ce séjour délassant.
- **18 chambres** - *Cavallo Morto-BP3*

L'A Cheda - Voir la sélection des restaurants - *04 95 73 02 83*

U CAPU BIANCU

BALNÉAIRE • CALME Dominant le littoral sud de la Corse, U Capu Biancu est depuis plusieurs décennies un établissement familial, tenu avec cœur - voir le décor exubérant - mais aussi avec professionnalisme - apprécier le service impeccable. L'hôtel dispose d'un spa et d'une piscine à débordement, et juste en bas de la colline s'étendent trois plages.
- **39 chambres** - *Domaine Pozzoniello - 04 95 73 05 58*

VERSION MAQUIS CITADELLE

MODERNE • CHAMPÊTRE Sept bungalows fondus dans la nature, pour cet hôtel perché sur les hauteurs de Bonifacio. La superbe piscine à débordement offre une vue imprenable sur la citadelle. Chambres d'exception, contemporaines et design, toutes avec terrasses, matériaux haut de gamme, et le maquis, partout autour. Un lieu d'exception qui invite à la contemplation.
- **22 chambres** - *Quartier Padurella - 04 20 40 70 40*

VERSION MAQUIS SANTA MANZA

ÉPURÉ • CHAMPÊTRE Dans le calme du maquis corse, loin de la foule, des chambres épurées et une belle piscine à débordement. Le matin, on emprunte à pied le chemin menant à la mer, à une demi-heure de là... Dépaysement garanti !
- **11 chambres** - *Lieu-dit Canetto* - *04 95 71 05 30*

BRANDO

20222 - Haute-Corse

CASTEL BRANDO

Plus

CLASSIQUE • CHARME Cette demeure aristocratique du 19e s. habite un vieux village de pêcheurs, Erbalunga, niché sur le cap Corse. Et plutôt que de vous éblouir avec son opulence, elle vous séduira par son charme tranquille. Les chambres se partagent la vieille maison, l'orangerie et une poignée de villas annexes. Toutes sont élégantes, décorées d'un mobilier classique, mais arrangées de façon contemporaine, et déploient leur luxe sans ostentation. S'y trouvent également une piscine chauffée, un jacuzzi, un petit spa et suffisamment d'espace pour se détendre, du patio aux jardins en passant par le lounge de la demeure principale.
- **37 chambres** - *Erbalunga, route du Cap Lieu-dit* - *04 95 30 10 30*

CAGNANO

20228 - Haute-Corse - Carte régionale n° **30**-B1

LA TABLE (N)

CUISINE MODERNE • ÉLÉGANT Au cœur d'un hôtel lumineux, niché entre la végétation et la mer, La Table incarne avec élégance la bistronomie signée Reine Sammut. Cette cuisine sincère et généreuse, met en lumière les produits locaux - veau Abatucci, poissons de Centuri - et les saveurs fraîches du potager maison. Les assiettes, soignées et gourmandes à l'image du rouget aux agrumes, artichauts cuits en barigoule ou du cannoli à la brousse et cédrat confit, sont servies dans un cadre enchanteur, où la mer s'admire dans toute sa splendeur depuis la terrasse panoramique. Le service discret et attentionné complète cette expérience.
- €€€ - *Lieu-dit Misincu* - *04 95 35 21 21* - *www.hotel-misincu.fr* - *Fermé dimanche, mercredi et le midi*

DOMAINE MISINCU

Plus

MODERNE • RAFFINÉ Navigant habilement entre son statut d'hôtel de luxe et sa nature authentiquement corse, ce domaine atypique parvient à se fondre avec simplicité dans l'un des derniers lieux sauvages d'Europe, tout en proposant un niveau de service et de confort digne de son passé de refuge glamour pour les stars du cinéma français. Spa luxueux niché dans une oliveraie, restaurant avec vue sur la mer.
- **30 chambres** - *Lieu-dit Misincu* - *04 95 35 21 21*

La Table - Voir la sélection des restaurants

CALVI

20260 - Haute-Corse - Carte régionale n° **30**-A1

LA SIGNORIA

CUISINE MODERNE • MÉDITERRANÉEN À quelques minutes de Calvi se niche cet ancien domaine seigneurial génois, entouré de pinèdes et de vignobles, tandis que se découpent au loin les montagnes du cirque de Bonifatu... La terrasse donnant sur le jardin aux parfums méridionaux est un cadre idéal pour profiter d'une cuisine soignée privilégiant les produits locaux - le rouget de petite pêche, le porcu nustrale, ou les fraises du domaine – y sont à l'honneur. Pour prolonger l'expérience, de jolies villas et suites avec spa vous attendent, ainsi que le Bistrot dans l'herbe.

- **€€€€** - *Route de la Forêt de Bonifato - 04 95 65 93 00 - www.hotel-la-signoria.com - Fermé les midis*

LA TABLE BY LA VILLA

CUISINE MODERNE • ÉLÉGANT Au sein de la Villa, dont le luxueux décor s'efface devant la majesté du panorama – la baie, la citadelle, les montagnes... –, cette Table met en avant les produits régionaux de qualité, qui se marient avec les propositions de la carte à l'accent italien : côte de veau milanaise, carpaccio de veau corse mariné « al limone », parmigiana revisitée, etc. Le tout à déguster sur la superbe terrasse panoramique. Cuisine plus simple (mais gourmande) le midi.

- **€€€€** - *Chemin Notre-Dame-de-la-Serra - 04 95 65 83 60 - www.lavilla.fr*

LA SIGNORIA

TRADITIONNEL • FAMILIAL Nichée dans une pinède, cette demeure du 18e s. incarne à elle seule la Méditerranée : de l'ocre, du bleu, un mobilier corse d'époque, un beau jardin paysager et... des senteurs infinies, dans la plus grande quiétude ! Joli spa. Plusieurs villas et suites, idéales pour les familles.

- **25 chambres** - *Route de la Forêt-de-Bonifato - 04 95 65 93 00*

La Signoria - Voir la sélection des restaurants

LA VILLA CALVI *Plus*

ÉPURÉ • RAFFINÉ La vieille ville et toute la baie semblent envier cette Villa juchée sur les hauteurs ! Ce complexe hôtelier à l'élégance épurée, digne d'un couvent, distille l'essence de l'Île de Beauté... Joli spa, centre de soins, salon de coiffure, fitness, trois piscines extérieures, une intérieure : un ensemble haut de gamme, pour un séjour reposant.

- **50 chambres** - *Chemin de Notre-Dame de la Serra - 04 95 65 10 10*

La Table by La Villa - Voir la sélection des restaurants

CARGÈSE

20130 - Corse-du-Sud

MYLOS

RÉGIONAL • CONVIVIAL À l'endroit précis, dit-on, où les cultures grecque et corse se rencontrent, Mylos tire son nom du vieux moulin de pierre qui garde toujours la propriété. L'hôtel est fait de béton utilisant la terre locale, de bois naturel et de tissus texturés, pour créer des espaces lumineux et confortables. Les chambres offrent une vue sur la mer ou le village, et les espaces communs sont conçus pour favoriser la détente et le repos.

- **35 chambres** - *Chemin de Paomia - Montalbo - 04 65 65 20 13*

CORTE

20250 - Haute-Corse

DOMINIQUE COLONNA

CLASSIQUE • CHAMPÊTRE À l'entrée des gorges, dans l'arrière-pays de Corte, cet hôtel paisible, entre rochers et pins, ravira les amoureux de la nature. Confort idéal, jolies chambres et splendide terrasse qui surplombe les flots tumultueux de la rivière, où les moins frileux iront piquer une tête !

- **29 chambres** - *Lieu-dit Restonica - 04 95 45 25 65*

CUTTOLI

✉ 20167 - Corse-du-Sud - Carte régionale n° **30**-A2

U LICETTU

CUISINE TRADITIONNELLE • RUSTIQUE Et si on avait trouvé la vérité de la cuisine corse dans cette villa crépie de rose noyée sous les fleurs et qui domine le golfe ? Difficile à dire mais toujours est-il qu'ici la table est authentique et généreuse, que les produits sont tous de grande qualité, que le cochon est cuisiné des oreilles à la queue, que la cuisson douce au feu de bois est maîtrisée comme rarement, que la patronne veille à ce que chaque assiette soit finie. Boisson comprise dans le menu. Hautement recommandable !

- **€€** - *Plaine de Cuttoli - ✆ 04 95 25 61 57 - www.u-licettu.com - Fermé lundi et le midi*

ERBALUNGA

✉ 20222 - Haute-Corse - Carte régionale n° **30**-B1

LE PIRATE

CUISINE MODERNE • MÉDITERRANÉEN Une table réputée du Cap Corse, située sur le petit port pittoresque d'Erbalunga. Soupe de poisson, veau tigré, cochon de lait, poissons cuits au barbecue, toute la Corse est dans votre assiette... Une cuisine qui s'appuie sur des bases classiques, ponctuée de touches d'originalité, à l'image de ce chapon grillé, artichauts fondants, basilic frais et jus de tête fumé. Le cadre est idyllique, avec quelques tables sur un petit balcon et une grande terrasse au niveau de l'eau.

AC - **€€€** - *Au port - ✆ 04 95 33 24 20 - www.restaurantlepirate.com - Fermé lundi et jeudi à midi*

LAMA

✉ 20218 - Haute-Corse

CASE LATINE

RÉGIONAL • CALME Sculpté dans le flanc de la montagne au-dessus du village de Lama, ce petit hameau corse présente neuf suites et maisons accessibles par d'étroites allées de pierre. Chacune dispose d'une terrasse privée offrant une vue dégagée sur la vallée de l'Ostriconi, qui dévale des sommets à la mer. Les intérieurs sont sobres, avec des carreaux de terre cuite, des parquets, et une palette douce et neutre. Deux piscines et une terrasse partagent une vue splendide, tandis que les alentours proposent un choix de plages, de sentiers et d'excursions à la journée.

AC P - **9 chambres** - *Route du Haut-Village - ✆ 06 22 37 14 16*

LECCI

✉ 20137 - Corse-du-Sud - Carte régionale n° **30**-B3

EMPORIUM

CUISINE MODERNE • TENDANCE Avant de s'installer à San Ciprianu, le chef d'origine italienne Sébastien Salamon est passé par de belles maisons parisiennes (Guy Savoy, le V). En témoignent sa maîtrise technique et son assaisonnement précis des cappellettis à l'araignée de mer notamment. L'escalope de foie gras grillée et sa brioche feuilletée, tartare de cerise offre une belle gourmandise. En lien direct avec le terroir (pêche locale, maraîcher de Bonifacio, veau corse), la carte resserrée propose une cuisine contemporaine de très bonne facture qui s'apprécie dans un décor magnifique - une grande véranda lumineuse.

- **€€€** - *32 boulevard Napoléon, à San Ciprianu - ✆ 04 95 73 55 86 - Fermé du lundi au mercredi à midi*

LA PINÈDE

CUISINE MODERNE • MÉDITERRANÉEN Pour un déjeuner décontracté en bord de plage ou un dîner sous la tonnelle, le cadre est tout absolument magnifique, intimiste et romantique. La cuisine méditerranéenne simple et savoureuse du chef fait la fête aux produits locaux. Les herbes et légumes du potager bio de 3000 m² sont d'ailleurs souvent de la partie. Sans oublier la cave d'affinage pour les fromages et la belle carte de vins.

- €€€€ - *Strada di Cala Rossa* - *04 95 71 61 51* - *www.hotel-calarossa.com/fr/les-restaurants/restaurant-la-pinede-porto-vecchio*

LA PLAGE CASADELMAR (N)

CUISINE ITALIENNE • ÉPURÉ Sur la presqu'île du Benedettu, discrètement niché dans la végétation au bord de la plage, ce havre contemporain abrite le petit frère de Casadelmar : sa version « décontractée », les pieds dans le sable. Tout se passe sur la terrasse, face au golfe de Porto-Vecchio, sous des pergolas en bois flotté qui se fondent dans le paysage. Dans ce décor de rêve, la carte propose une cuisine de brasserie soignée aux accents italiens : vitello tonnato, crudo de thon, fritto misto, langouste grillée, pasta appétissantes et salades fraîches. Desserts classiques mais efficaces : profiteroles, tiramisu, tarte citron meringuée. La fraîcheur et la qualité des ingrédients inspirent confiance.

- €€€ - *Presqu'île du Benedettu* - *04 95 71 02 30* - *www.laplagecasadelmar.fr*

LEVIE

20170 - Corse-du-Sud - Carte régionale n° **30**-B3

A PIGNATA

CUISINE CORSE • RUSTIQUE Dans cette ferme-auberge au charme bucolique, la cuisine familiale fleure bon la tradition et la simplicité, avec un menu unique composé de produits de très belle qualité. La charcuterie corse fabriquée à partir des cochons de l'exploitation familiale est remarquable, l'agneau caramélisé au four est un délice, et l'emblématique daube farcie fait honneur au répertoire culinaire du terroir corse. Installez-vous sous la tonnelle et profitez de la vue magnifique sur les montagnes et le potager !

- €€€ - *Route de Pianu* - *04 95 78 41 90* - *www.apignata.com* - *Fermé lundi et mardi à midi*

A PIGNATA

RÉGIONAL • CONVIVIAL Voici une ferme en activité, ancrée dans les rythmes saisonniers, mais aussi une auberge familiale. La maison principale propose des chambres simples et climatisées avec vue sur le jardin, tandis qu'une cabane dans les arbres, entièrement équipée, domine la canopée. Les produits du domaine font l'ordinaire de la table, après quoi les convives sont invités à visiter les sites archéologiques voisins ou arpenter les sentiers de randonnée. Un séjour authentiquement corse, fondé sur les liens familiaux et la fierté régionale.

- **20 chambres** - *Route du Pianu* - *04 95 78 41 90*

A Pignata - Voir la sélection des restaurants

LUMIO

20260 - Haute-Corse - Carte régionale n° **30**-A1

A CASA DI MÀ

CUISINE MODERNE • CONTEMPORAIN Lumio, village de Haute-Corse baigné de lumière et de saveurs... Le chef réalise ici une partition fine et gourmande, relevée d'une petite note créative, et toujours respectueuse du beau

produit – dont l'île n'est pas avare. On se délecte par exemple de cette langouste pochée au beurre de carapace, sabayon aux crustacés et bisque tomatée ou d'un cabri confit 48 heures, jus d'un navarin à la moutarde de Meaux, curatella et pâte de citron. Le tout dans une salle au décor contemporain, ouverte sur une jolie terrasse : cadre idéal pour découvrir cette cuisine épurée, qui respire la Méditerranée et le terroir corse. Service affable et attentif. Un bel endroit, dont la magie se prolonge pour ceux qui passent la nuit à l'hôtel, face à la baie de Calvi.
- **€€€€** – *Route de Calvi – 04 95 60 61 71 – www.acasadima.com – Fermé mercredi, et le midi sauf dimanche*

MONTICELLO

20220 – Haute-Corse

A PIATTATELLA

CONTEMPORAIN • CHARME Piattatella, ou "cachette" en langue corse. Un nom tout trouvé pour ce bel hôtel au décor contemporain, niché sur les hauteurs du village. Un parcours de remise en forme, un espace bien-être, deux belles piscines, les paysages de Balagne et ce parfait sentiment d'exclusivité : tout est là !
– **17 chambres** – *Chemin Saint-François*

CASA PARADISU

ÉPURÉ • RAFFINÉ L'architecte français Christophe Pillet a conçu les bâtiments bas de cet hôtel moderne, niché au milieu de jolis jardins méditerranéens. Les chambres et suites sont sophistiquées et épurées, avec des fenêtres du sol au plafond, des murs d'un blanc éclatant et une palette de couleurs entièrement naturelle ; toutes les chambres disposent de balcons ou terrasses privés donnant sur les jardins ou sur la mer. Restauration et bar en terrasse, surplombant deux piscines à débordement chauffées toute l'année.
– **17 chambres** – *15 Lotissement l'Alivu – 33 4 95 39 12 55*

NONZA

20217 – Haute-Corse – Carte régionale n° **30**-B1

BOCCAFINE

CUISINE MODERNE • CONVIVIAL Dans ce petit village classé, sur la route du Cap Corse, ne passez pas à côté de ce restaurant discret à l'ombre d'une vigne vierge et d'imposants platanes. Le chef travaille avec savoir-faire des produits locaux et de saison, sélectionnés avec soin, comme ce maigre d'une fraîcheur absolue, panzetta et jus de cochon, une association terre/mer qui fonctionne à merveille. Un coup de cœur.
– **€€€** – *Place de la Fontaine et des Platanes – 06 80 95 85 07 – www.boccafine.fr – Fermé , lundi, mardi, jeudi et samedi midi*

DA NOI N

CUISINE CORSE • RUSTIQUE Accrochée à un éperon rocheux face à la baie de Nonza, cette ancienne bâtisse de pierres jouxte la tour génoise et surplombe la côte jusqu'à Saint-Florent. En contrebas de la tour Paoline, la terrasse en espalier, aménagée en salle à manger, offre une vue spectaculaire sur la mer. La cheffe y signe une cuisine corse traditionnelle aux accents italiens, mais solidement appuyée sur les produits du terroir corse : pêche locale de Centuri, agneau d'un éleveur voisin, huile d'olive du village et légumes du potager maison, quasiment exclusifs en saison. Une table authentique, qui propose aussi un menu à prix raisonnable.
– **€€** – *Poghjulellu – 06 49 02 74 24 – Fermé lundi, mardi et mercredi midi*

OLETTA

20232 – Haute-Corse

AETHOS CORSICA

Plus

ÉPURÉ • RAFFINÉ Installé dans une élégante maison nobiliaire du 17e s., cet hôtel de luxe abrite une impressionnante collection d'œuvres d'art contemporain : Anish Kapoor, Daniel Arsham, Paul de Pignol... Aethos Corsica s'apparente davantage à un domaine privé qu'à un hôtel, avec seulement neuf suites paisibles et raffinées. Toutes arborent un décor épuré, avec un mobilier chic et fonctionnel. Les plus petites affichent au minimum 32 m², le double pour les catégories supérieures. Quant aux activités, on pourra profiter de la piscine accrochée à flanc de colline, ou opter pour des excursions plus aventureuses, à pied, à cheval ou dans l'eau, vers le Cap Corse, Saint-Florent, ou les plus beaux villages de montagne.

– 9 chambres – *Lieu-dit Paganacce – 04 95 38 39 39*

LA DIMORA

Plus

BOURGEOIS • ÉLÉGANT Matériaux nobles, authenticité et luxe contemporain discret... Dans l'arrière-pays, cette villa du 18e s. vous reçoit en ami ; la piscine, l'espace bien-être et le jardin invitent délicatement au farniente.

– 17 chambres – *Route de Saint-Florent – 04 95 35 22 51*

OLMETO

20113 – Corse-du-Sud – Carte régionale n° **30**–A3

LA VERRIÈRE

CUISINE MODERNE • ÉLÉGANT Le chef Romain Masset signe ici une cuisine de haute précision qui met l'île de Beauté à l'honneur, sans s'interdire une pointe de créativité ni un passage obligé vers les champignons, qu'il vénère depuis ses années chez Jacques et Régis Marcon. À travers des menus aux intitulés prometteurs, il nous fait vivre une vraie promenade gustative entre huile d'olive, langoustines, coquillages, rouget ou agneau de lait, autant de produits sélectionnés avec soin et travaillés avec finesse et intelligence. Quant au cadre, il est idyllique : la terrasse offre une vue inoubliable sur le golfe de Valinco et Propriano.

– **€€€€** – *Hôtel Marinca, lieu-dit Vitricella – 04 95 70 09 00 – www.hotel-marinca.com – Fermé dimanche et le midi*

L'HOSTELLERIE DU MOULIN DES OLIVIERS

ÉLÉGANT • CALME Émanation du Marinca voisin, cet établissement intime et retiré répartit ses neuf chambres et suites entre une maison principale, une cabane dans les arbres et une pigeonnier au sommet de la colline. Toutes ont vue sur la mer et des jacuzzis extérieurs. La piscine et la terrasse panoramique surplombent la Méditerranée, entourées d'oliviers et de jardins. Un salon donne sur le littoral, où l'on rejoint en navette gratuite l'une des plages les plus pittoresques de Corse. Une escapade réussie, mariant l'espace et le calme.

– 9 chambres – *Vallinco – 04 95 70 09 00*

HÔTEL MARINCA & SPA

MODERNE • ROMANTIQUE Des paysages éblouissants mènent à ce nid d'aigle perdu est au milieu de nulle part, d'où son attrait, mais il n'y que des raisons de ne pas en sortir : plusieurs restaurants et bars, un spa avec hammam et salle froide, quatre piscines, une plage privée et un bateau de plaisance. La villa corse accueille la plupart des chambres et suites, presque toutes dotées d'une

terrasse ou d'un balcon privé côté mer. À l'intérieur, le décor est moderne et romantique, parquets à chevrons, palette blanc et ivoire, lits king-size et salles de bains lumineuses. Les suites proposent des terrasses en plein air avec jacuzzi, une piscine privée pour l'une, une vaste terrasse pour l'autre, en penthouse.
– **55 chambres** – *Domaine Vetricella* – *04 95 70 09 00*

La Verrière - Voir la sélection des restaurants

PERI

20167 – Corse-du-Sud – Carte régionale n° **30**–A2

CHEZ SÉRAPHIN

CUISINE TRADITIONNELLE • FAMILIAL Une maison corse typique dans un charmant village à flanc de montagne. Dans ce cadre splendide, on se régale d'une cuisine du terroir généreuse, élaborée en toute simplicité à partir de produits sélectionnés avec soin, parmi lesquels de l'excellente charcuterie corse et les fruits, légumes et herbes du jardin. Sur la grande et agréable terrasse, on contemple la vue magnifique sur la montagne et la forêt de chênes... Un ange passe ! Bon à savoir : la carte bleue n'est pas acceptée.
– **€€€** – *Au village* – *04 95 25 68 94* – *Fermé du lundi au mercredi et jeudi midi*

PIGNA

20220 – Haute-Corse – Carte régionale n° **30**–A1

A MANDRIA DI PIGNA

CUISINE CORSE • AUBERGE Cette ancienne bergerie, affaire familiale depuis plus de 15 ans, est à l'image du village qui l'accueille : attachante ! Ici, terroir et élevage local sont à l'honneur. Sur la terrasse ombragée, on savoure une cuisine généreuse réalisée dans les règles de l'art : légumes et herbes du potager, agneau et cochon de lait, en grillades ou à la broche... la cuisson au feu de bois étant la spécialité de la maison !
– **€€** – *Village* – *04 95 32 71 24*

PORTICCIO

20166 – Corse-du-Sud – Carte régionale n° **30**–A2

LE CHARLIE

CUISINE MODERNE • CONTEMPORAIN Richard Toix, après avoir été longtemps étoilé dans son restaurant du Poitou, a trouvé sur les hauteurs de Porticcio un cadre idéal pour sa cuisine fine et pleine de saveurs. Avec un goût et une main très sûrs, il délivre des assiettes précises panachant les influences corses, métropolitaines et asiatiques, fruit des voyages qui ont nourri son imaginaire et sa palette. Sa cuisine est particulièrement sensible aux parfums, comme en attestent cette entrée d'abricot, tomate et anchois, ou ce délicieux dessert qui marie le miel et le brocciu, ode à l'île de Beauté. La terrasse offre une superbe vue sur le golfe d'Ajaccio et les îles Sanguinaires.
– **€€€€** – *Bella Vista Hôtel* – *04 95 20 46 24* – *www.lapiscineporticcio.com* – *Fermé lundi, mardi, du mercredi au vendredi à midi, et dimanche soir*

L'ARBOUSIER

CUISINE CLASSIQUE • CHIC Un moment hors du temps dans cet établissement à l'ambiance légèrement surannée, où l'on vous sert une cuisine méditerranéenne aux accents corses sur la très agréable terrasse, face à la mer. Ho-

mard, poissons de petits pêcheurs locaux, sans oublier la fricassée de langouste avec embeurrée de capellini, spécialité de la maison. Service du vin au verre assuré au magnum, très appréciable ! Carte plus restreinte le midi.
- €€€€ - *D55 - Boulevard Marie-Jeanne Bozzi - 04 95 25 05 55 - www.lemaquis.com*

SOFITEL AJACCIO

CLASSIQUE • MARITIME Thalassa, déesse grecque de la mer, est bien la figure tutélaire de ce complexe hôtelier : situation isolée à la pointe du cap de Porticcio, institut de thalassothérapie, piscine à débordement, sports nautiques, chambres tournées vers la Méditerranée, et produits de la mer au restaurant, lui aussi face aux flots...
- **98 chambres** - *Domaine de la Pointe - 04 95 29 40 40*

PORTO-VECCHIO

20137 - Corse-du-Sud - Carte régionale n° **30**-B3

CASADELMAR

CUISINE MODERNE • CONTEMPORAIN Ici, la mer est au centre de toutes choses. L'ancienne cité génoise qui a résisté à toutes les invasions barbares a bien des motifs de fierté, dont le restaurant Casadelmar : une table au (grand) cœur iodé. Ne vous laissez pas distraire par la vue ensorcelante sur la baie, ni le cadre de ce superbe hôtel : le plus étonnant se passe dans l'assiette ! Le chef Fabio Bragagnolo navigue avec gourmandise entre Corse et Italie, à l'image de ce saint-pierre confit à l'huile d'olive, lentilles corail, cœur de burrata et émulsion d'eau de tomate. Le travail d'orfèvre se poursuit jusqu'aux desserts, légers en sucre et d'une grande finesse, comme cette composition autour de la framboise et du pomelo de Corse, genièvre en ganache et géranium rosat.
- €€€€ - *Route de Palombaggia - 04 95 72 34 34 - www.casadelmar.fr - Fermé lundi, dimanche et le midi*

DON CESAR

CUISINE MODERNE • ÉLÉGANT Avec son décor luxueux et raffiné, et ses larges baies vitrées ouvertes sur la terrasse, le restaurant de l'hôtel Don Cesar ne manque pas de charme ! On y sert une cuisine entre France et Italie, soignée et pleine de saveurs, qui fait la part belle aux produits de la mer, mais propose aussi un large choix de plats à base de pâtes confectionnées sur place !
- €€€€ - *Rue du Commandant-Quilici - 04 95 76 09 09 - www.hoteldoncesar.com*

LA TABLE DE MINA

CUISINE MODERNE • MÉDITERRANÉEN Installé confortablement au bord de la piscine, sous un toit de tuiles, on profite de la jolie vue sur le maquis et la mer... Dans l'assiette, la préférence est donnée à une cuisine moderne et méditerranéenne, où les produits corses sont mis en valeur : excellente charcuterie ; veau tigré aux olives et polenta crémeuse ; fiadone si léger au bon goût de citron. La carte courte joue la saison en choisissant des produits de belle qualité. Le mardi, menu unique autour des spécialités de l'île.
- €€€ - *Route de Palombaggia - 04 95 70 03 23 - www.hotel-palombaggia.com - Fermé les midis*

U SANTA MARINA

CUISINE MODERNE • CHIC Idéalement placée au bord de l'eau, cette belle maison offre une vue superbe sur le golfe de Santa Giulia : le soir venu, on pourrait croquer le soleil couchant ! L'assiette fait la part belle à la production locale : asperges vertes et vuletta, condiment aux agrumes corses, parmesan et capucine ; langoustines "de nos côtes" grillées au barbecue, déclinaison d'artichaut et jus carné ; baba au rhum et citron vert... La table romantique par excellence.

- **€€€€** - *Marina di Santa-Giulia* - *04 95 70 45 00* - *www.usantamarina.com*

LES BERGERIES DE PALOMBAGGIA

CLASSIQUE • RAFFINÉ Parmi les oliviers et les cyprès, plusieurs maisonnettes construites dans l'esprit des anciennes bergeries, mais très confortables... luxueuses même ! Matériaux bruts, vue sur la mer (en étage) : pour une belle et discrète villégiature à deux pas de la célèbre plage de Palombaggia.

- **20 chambres** - *Route de Palombaggia* - *04 95 70 03 23*

La Table de Mina - Voir la sélection des restaurants

CASADELMAR

Plus

AVANT-GARDE • MARITIME Une structure ultra moderne en cèdre rouge et en verre, une piscine de 25 m, un mobilier dans la lignée du Corbusier ou de Bertoia, des chambres et des suites d'un blanc minimaliste teinté d'orange ou le violet : le design de Jean-François Bodin est aux antipodes du style "rustique". Chaque chambre possède une terrasse privée qui domine la baie, et les espaces communs répondent à la même exigence de modernité et de caractère, comme le spa et le centre de fitness. Plage privée.

- **34 chambres** - *Route de Palombaggia* - *04 95 72 34 34*

Casadelmar - Voir la sélection des restaurants

DOMAINE LES OLIVIERS DE PALOMBAGGIA

ÉPURÉ • CHARME À flanc de colline, ce village-hôtel propose des cottages en pierre inspirés de l'architecture traditionnelle de l'île. Chaque chalet est unique, de style rustique-chic avec murs blanchis à la chaux, sols en pierre et poutres apparentes. Les villas supérieures disposent de piscines privées, de douches extérieures et de salles de bains spacieuses. Le calme et l'intimité sont garantis par la végétation, si bien qu'il est facile d'oublier que l'on se trouve dans un hôtel.

- **13 chambres** - *Route de Palombaggia* - *04 95 70 36 42*

GRAND HOTEL DE CALA ROSSA

TRADITIONNEL • MARITIME À demeure d'exception, écrin splendide : un jardin luxuriant, un ponton privé sur la plage et un spa de grand standing où l'on utilise des produits à base de plantes du maquis corse...

- **32 chambres** - *Route de Cala Rossa* - *04 95 71 61 51*

MARIOSA

CONTEMPORAIN • CONVIVIAL Les 25 chambres et suites de cet hôtel familial occupent deux bâtiments bas, où cohabitent bois vieilli, pierre locale et tons clairs. La plupart offrent une vue sur la mer ou le jardin, et des terrasses privées. Une seconde maison, à quelques pas, abrite des suites plus indépendantes. Bien que le style soit contemporain, l'atmosphère reste détendue, entre escapade méditerranéenne et auberge moderne, grâce à un sens de l'hospitalité transmis de génération en génération.

- **25 chambres** - *Route de Palombaggia* - *04 95 70 17 77*

RIVA BEACH

MODERNE • CALME Surplombant le golfe de Porto-Vecchio, le Riva Beach marie les lignes courbes et les teintes pastel. Coquet et soigné dans les moindres détails, c'est l'écrin rêvé des matins tranquilles et la base idéale d'escapades à la journée sur l'Île de Beauté. Les chambres, uniques, associent le rotin et les tissus artisanaux. À l'extérieur, une piscine, un jardin ombragé et une grande terrasse donnent sur le panorama.

- 18 chambres - *Route de Piccovaggia* - *04 95 24 96 13*

PROPRIANO

20110 - Corse-du-Sud - Carte régionale n° **30**-A3

CHEZ PARENTI

POISSONS ET FRUITS DE MER • CLASSIQUE Chez Parenti, on est aux fourneaux de génération en génération depuis 1935 ! Les amateurs de produits de la mer ne seront pas déçus : langouste et homard vendus au poids, poissons du golfe... mais également quelques viandes corses pour satisfaire tous les palais et de bons fromages, locaux eux aussi. Les cuissons sont maîtrisées, les préparations bien réalisées. À déguster confortablement installé sur la grande terrasse ombragée, face au golfe du Valinco et aux bateaux au mouillage.

- **€€€** - *10 avenue Napoléon-III* - *04 95 76 12 14* - *www.chezparenti.fr*

TEMPI FÀ

CUISINE DU TERROIR • BISTRO Bienvenue « au temps d'avant » (tempi fà), dans cette épicerie-bistrot tenue par un passionné qui sélectionne les plus beaux produits de l'île ! On entre par la boutique, reproduction d'un véritable marché local (charcuteries, fromages, vin de myrte...). À table, on se régale avec une côte de veau Abbatucci tendre et savoureuse, arrosée de son jus parfumé aux herbes du maquis... et d'un bon vin de l'île !

- **€€** - *11 avenue Napoléon-III* - *04 95 76 06 52* - *www.tempifa.com*

TERRA COTTA

POISSONS ET FRUITS DE MER • COSY Dans ce charmant petit restaurant, le chef Thomas Duval travaille chaque jour les poissons de son frère pêcheur, qu'il associe avec brio aux nourritures terrestres à travers une belle cuisine aux saveurs contrastées. En témoignent les beignets croustillants de gambas sauvages, fregola aux légumes et sauce aigre-douce, ou encore ce filet d'ombrine en basse température, fraîcheur citron, câpres, persil et beignets de courgette... un régal ! Magnifique terrasse qui prend ses aises le long des quais du port.

- **€€€** - *29 avenue Napoléon-III* - *04 95 74 23 80* - *Fermé dimanche*

SAINT-FLORENT

20217 - Haute-Corse - Carte régionale n° **30**-B1

LA GAFFE

CUISINE MODERNE • CONTEMPORAIN Le chef Yann Le Scavarec, natif du Morbihan, est aux commandes de ce restaurant idéalement situé sur les quais de Saint-Florent. Sa cuisine, actuelle et soignée, met en valeur la production des environs : agneau et veau d'Oletta, poissons en direct d'un pêcheur local, langouste au barbecue... Souvenir de ce thon rouge de ligne, croustillant au riz soufflé, en tartare à l'algue nori, aubergine au miso et condiment sésame - citron vert. Le cadre, moderne et élégant, prolonge la philosophie de l'assiette.

- **€€€** - *Promenade des Quais* - *04 95 37 00 12* - *www.restaurant-lagaffe.com* - *Fermé, mardi et mercredi à midi*

MATHY'S

CUISINE MODERNE • BISTRO Façade rouge pour ce restaurant de Saint-Florent, devancé par une jolie terrasse ombragée par un mûrier-platane. Dans un esprit « restaurant de village», on sert ici une cuisine méditerranéenne et corse (langoustines en carpaccio, huile d'olive et fleur de caviar, tartare de thon rouge mais également poulpe grillé au chorizo) avec quelques clins d'œil à l'Asie (gyoza au yuzu ou bien encore gambas croustillantes, nori et wasabi). Formule plus simple au déjeuner. Une jolie carte des vins complète l'agréable tableau.

- €€€ - *Place Furnellu - 04 95 37 20 73 - Fermé lundi et dimanche, et mardi et mercredi soir*

LA TABLE DE LA ROYA N

CUISINE MODERNE • ÉLÉGANT Sur plage de la Roya, avec une vue imprenable sur la baie de Saint-Florent, cet hôtel-restaurant déroule sa vaste terrasse jusqu'aux flots, entre jardin et horizon marin. Aux commandes, le duo César et Fanny Combe, voyageurs dans l'âme, formés à l'école des hôtels de luxe en Polynésie et au Vietnam. Cette expérience cosmopolite infuse aujourd'hui discrètement une cuisine méditerranéenne moderne, vive et colorée, effectivement mouchetée de quelques clins d'œil lointains – comme ce thon à la tahitienne ou la présence de gingembre, de coco ou de bok choï dans certaines assiettes. Une adresse les pieds dans l'eau tout en fraîcheur.

- €€€ - *La Plage - 07 61 68 69 41 - www.latabledelaroya.com*

BASGI BASGI

RÉGIONAL • MARITIME À quelques pas des plages de Saint-Florent, voici un hôtel familial façonné chaleureux et détendu. Ses 28 chambres en font un refuge méditerranéen proche de la maison d'hôtes, avec une piscine ombragée de pins et des espaces communs propices aux échanges. Les chambres de style marin sont calmes, pour la plupart avec balcons ou terrasses, et un studio est proposé pour les séjours plus longs.

- 28 chambres - *Lieu-dit Tettola - 04 95 36 99 01*

LA ROYA

CLASSIQUE • CALME Sur la plage de sable fin de la Roya (accès direct) et dans un jardin ravissant embaumant les senteurs méditerranéennes, cet hôtel récent est un havre de paix. Les lits sont si douillets qu'on pourrait ne plus quitter la chambre, mais la Corse est si belle... D'ailleurs, ici, on prête des vélos.

- 26 chambres - *Plage de La Roya - 04 95 37 00 40*

La Table de La Roya - Voir la sélection des restaurants

SAINTE LUCIE DE PORTO-VECCHIO

20144 - Corse-du-Sud

LE PINARELLO

CONTEMPORAIN • MARITIME Bel ensemble au luxe discret dans un cadre de rêve. Chambres et suites contemporaines, magnifique vue sur le golfe, centre de soins... et belle piscine sur le toit ! Déjeuner en terrasse face à la plage.

- 34 chambres - *Baie de Pinarello - 04 95 71 44 39*

LES REGALIA Plus

DESIGN • LUXUEUX Campé sur un domaine boisé surplombant la mer, cet élégant hôtel familial a fait le pari du design durable en utilisant la pierre locale et le bois recyclé. Le bar encadré par des oliveraies, la terrasse et la spectaculaire piscine à débordement regardent le large, comme de nombreuses chambres. Les meilleures suites disposent de terrasses vitrées, de vues dignes de cartes postales et de salles de bains de type spa, mais les chambres les plus simples sont également luxueuses, avec de hautes fenêtres et des balcons privés donnant sur les jardins méditerranéens.

- 24 chambres - *2667 Strada di Pinareddu*

SANTA-REPARATA-DI-BALAGNA

20220 - Haute-Corse - Carte régionale n° **30**-A1

L'AGHJALLE

CUISINE CORSE • RUSTIQUE Dans cette grande ferme un peu perdue dans un vallon nourricier de Balagne au charme sauvage, on exploite une oliveraie, on cultive des légumes, on élève des veaux... La propriétaire, une femme de caractère qui n'en oublie pas pour autant le sens de l'accueil, met à profit ces ressources dans un restaurant tout simple et rustique, aux allures de bergerie transformée en guinguette. On y sert une cuisine traditionnelle corse des plus goûteuses et généreuses (choux farcis à la viande de veau ; quenelles de brocciu et blette pochées à la sauce tomate ; stufatu de veau aux olives et polenta rôtie), à travers un menu-carte au bon rapport qualité-prix. On comprend aisément pourquoi l'adresse, qui fait la joie des locaux, ne désemplit pas. Service attentionné et efficace.

- €€ - *Toro Soprano* - *04 95 60 31 77* - *www.laghjalle.com* - *Fermé les midis*

SARTÈNE

20100 - Corse-du-Sud - Carte régionale n° **30**-A3

LA TABLE DE LA FERME

CUISINE MODERNE • CHAMPÊTRE Murtoli échappe aux définitions habituelles du tourisme. Un domaine gigantesque entre mer et colline, où l'on dort dans des bergeries ou villas avec piscine privative : le luxe campagnard associe ici modernité et charme de l'architecture traditionnelle corse. Que l'on opte pour la carte courte ou le menu dégustation, c'est un bel hommage aux produits corses les plus fins, dont une majorité issus du domaine : légumes, fromages, œufs, miel, veau, agneau et huile d'olive... Les plats paysans traditionnels sont revisités avec beaucoup de finesse et des visuels soignés : aubergine à la bonifacienne, courgette à la sartenaise, aziminu graphique et coloré, chapon à la bonifacienne... On se régale sur la terrasse, à l'abri des oliviers, servi par une équipe attentionnée.

- €€€€ - *Domaine de Murtoli, Vallée de l'Ortolo* - *04 95 71 69 24* - *www.murtoli.com*

SANTU PULTRU

CUISINE TRADITIONNELLE • RUSTIQUE À quelques kilomètres de Sartène, cette ferme auberge équestre, située en plein maquis, offre une expérience authentique de la Corse des montagnes. Dans un cadre rustique mêlant bois et pierre, l'établissement ne manque pas de charme, avec son jardin champêtre. Généreuse et savoureuse, la cuisine met à l'honneur les produits locaux : veau et bœuf bio élevés sur place, fruits et légumes du potager ou cultivés dans les environs. On se régale par exemple d'une soupe traditionnelle, de généreux cannellonis à la brousse ou d'une délicieuse salade de fraises aux herbes.

- €€ - *D48* - *06 82 33 61 28* - *www.randochevalcorse.fr*

LA TABLE DE LA GROTTE

CUISINE CORSE • CHAMPÊTRE Au-dessus du golf du domaine de Murtoli, presque perdu en plein maquis, ce restaurant charme les convives par son cadre absolument unique et sa cuisine gourmande et savoureuse, où sont mis en valeur les produits de qualité du domaine ou des producteurs voisins. Sur des bancs de bois installés au cœur de la roche, ou sur l'une des superbes petites terrasses à la vue splendide, c'est à la lueur romantique de la bougie que se dégustent des plats typiquement corses dans un menu unique : courgette à la sartenaise, épaule d'agneau confite... et cette sauce tomate aux herbes du maquis qui vaut à elle seule le trajet. Réservation indispensable.

- €€€ - *Domaine de Murtoli, Vallée de l'Ortolo - 04 95 71 69 24 - www.murtoli.com - Fermé lundi, mardi et dimanche et le midi*

LA TABLE DE LA PLAGE

CUISINE MÉDITERRANÉENNE • ROMANTIQUE Au bord de la plus jolie plage du domaine de Murtoli, ce restaurant au cadre exceptionnel inspiré par les cabanes en bois des pêcheurs se mérite. Poissons de pêche locale, langouste grillée, veau, bœuf ou agneau élevés sur le domaine : on se régale d'un saint-pierre cuit meunière, courgettes farcies à la caponata et jus de roche. La sélection de pâtes est un bon choix gourmand. Réservation indispensable pour pouvoir accéder à cette propriété très exclusive, où l'accès à la plage avec transat et serviette est possible en fin de repas...

- €€€€ - *Domaine de Murtoli, Vallée de l'Ortolo - 04 95 71 69 24 - www.murtoli.com*

A MANDRIA DI MURTOLI

ÉPURÉ • CHALEUREUX Dans la vallée de l'Ortolo, le domaine de Murtoli a ajouté dix nouvelles chambres et suites en restaurant des bâtiments de pierre. Certaines disposent de piscines privées, et sont parées de textures naturelles et de meubles simples. Des sentiers pédestres relient la propriété à la plage d'Erbaju, offrant un accès direct au littoral sans quitter la campagne.

- **10 chambres** - *1 Salcinaggio*

LE HAMEAU DE SAPARALE

CLASSIQUE • CAMPAGNARD Dans ce hameau, 25 familles produisaient l'huile d'olive et du vin, presque en autarcie. Il accueille aujourd'hui des hôtes, mais a conservé tout le charme rustique du 19e s., ses vignes, oliviers et orangers. Les 16 chambres, toutes situées dans le bâtiment principal, ont été décorées avec goût dans des tons neutres qui prolongent les murs de pierre, les parquets et les poutres. Certaines disposent de terrasses et de balcons surplombant les vignobles. Les trois anciennes bergeries sont aujourd'hui des villas indépendantes avec leurs propres piscines, hammams et jacuzzis. Le bien-être se vit en pleine nature, avec la piscine, le spa et les cours de yoga adaptés à l'extérieur.

- **16 chambres** - *Domaine Saparale - 06 15 21 37 68*

HÔTEL DE LA FERME - DOMAINE DE MURTOLI

CLASSIQUE • CHAMPÊTRE Cette ferme en activité répond parfaitement au concept italien d'"agriturismo". Les maisonnettes de pierre, où logeaient les bergers, ont été dotées d'une cheminée, d'une piscine et d'une cuisine extérieure. Certaines offrent une vue et un accès direct à la mer ; d'autres, noyées dans la verdure, privilégient un agréable sentiment d'isolement. Le domaine propose une plage privée, un golf de 12 trous, des chevaux et un bateau de pêche, mais aussi trois restaurants : gastronomique, fruits de mer et cuisine corse traditionnelle.

- **29 chambres** - *Vallée de l'Ortolo*

La Table de la Ferme • La Table de la Plage - Voir la sélection des restaurants

SPELONCATO

✉ 20226 - Haute-Corse - Carte régionale n° **30**-A1

I SALTI

CUISINE MODERNE • CHAMPÊTRE Dans la vallée du Reginu, à côté du golf, un ancien moulin converti en jolie petite maison, avec son cadre bucolique et son jardin d'esprit guinguette. Les beaux produits de Balagne (pêche locale, légumes bio) composent une carte savoureuse des plus gourmandes. Souvenir de ces arancini de gambas, bisque froide et pois gourmands. Accueil chaleureux et lieu plein de charme, loin de l'agitation : un coup de cœur.

- **€€€** - *Au golf du Reginu - Moulin de Salti - 04 95 34 35 59 - Fermé lundi et le midi*

ZONZA

✉ 20124 - Corse-du-Sud

DOMAINE LE MOUFLON D'OR

ÉLÉGANT • CHALEUREUX Jadis escale prestigieuse pour les voyageurs traversant l'Alta Rocca, l'ancien hôtel Belle Époque a été rénové sans perdre son âme. À l'intérieur, les chambres, personnalisées et vivantes, intègrent des pierres réemployées, des miroirs vintage, des objets anciens et des meubles artisanaux. Les sommets de la Bavella découpent l'horizon comme un souvenir.

- **22 chambres** - *Pian Di Santo*

CORTE - Haute-Corse (2B) → Voir Corse

LE COTEAU

✉ 42120 - Loire - Carte régionale n° **20**-C1

L'ATELIER LOCAVORE

CUISINE MODERNE • INDUSTRIEL En bordure de Loire, une adresse menée par un jeune chef originaire du coin qui propose une cuisine du marché goûteuse, avec un menu déjeuner à petit prix et un menu du mois plus élaboré. Des produits sourcés pour la plupart dans un rayon de 200 kilomètres, même si la carte peut afficher du poisson d'eau de mer (la lotte bretonne piquée à la langoustine saura aussi ravir les locavores).

- **€€** - *2 avenue de la Libération - 04 77 68 12 71 - www.atelier-locavore.fr - Fermé lundi et dimanche, et mercredi soir*

COTEAUX-SUR-LOIRE

✉ 37130 - Indre-et-Loire - Carte régionale n° **15**-B1

CHÂTEAU DE ROCHECOTTE

CUISINE MODERNE • HISTORIQUE Un élégant château datant des Lumières et son parc somptueux, non loin des vignobles de Bourgueil. Ici, la cuisine se décline dans un esprit gastronomique. Dans la verrière au décor contemporain et tournée vers la nature ou dans la salle à l'allure plus classique, on déguste par exemple une fricassée d'anguille fumée dans son jus thaï à la citronnelle et coriandre.

- **€€€** - *43 rue Dorothée-de-Dino, Saint-Patrice - 02 47 96 16 16 - www.chateau-de-rochecotte.com*

COTIGNAC

✉ 83570 - Var - Carte régionale n° **29**-B2

JARDIN SECRET

Chef : Benoît Witz

CUISINE PROVENÇALE • MAISON DE CAMPAGNE Redescendu du rocher monégasque, Benoît Witz s'est installé dans un joli domaine de 3 hectares, au cœur d'un charmant village provençal. À l'abri des oliviers, libéré des codes gastronomiques, il envoie des assiettes 100% authentiques, dans un esprit "cuisine de grand-mère" bien assumé. Tartare de tomates cœur-de-bœuf du jardin, retour de pêche et légumes d'été, fondant au chocolat... C'est gourmand et généreux : on se régale.

L'engagement du chef : Le menu change tous les jours, et même souvent entre le midi et le soir. Les fruits et les légumes sont cultivés dans le potager bio et les achats sont effectués en circuit court, notamment sur les marchés de la Provence verte. Le chef s'efforce d'utiliser les produits dans leur intégralité ; le peu de restes est donné aux animaux ou transformé en compost. Les bâtiments, sans climatisation, ont été construits en tenant compte de la nature existante.

- €€€ - *13 rue de l'Araignée - 04 94 78 30 51 - www.loucalen.com - Fermé mercredi et jeudi, et dimanche soir*

COUCY-LE-CHÂTEAU

✉ 02380 - Aisne

CHEZ RIC ET FER

MODERNE • CHALEUREUX Quand un photographe crée une maison d'hôtes à son image, le résultat est inspiré, coloré, un brin décalé. Ric(hard) et Fer(nanda) ont concentré leur créativité dans deux chambres et une suite aux accents fifties : mobilier design, pièces vintage, motifs géométriques. De quoi satisfaire les amateurs de design tout en faisant vivre l'une des plus anciennes maison de ce village fortifié, reconstruite avec les pierres du château après la Première Guerre mondiale.

P - **2 chambres** - *1 place du Marché - 03 23 52 38 07*

COUËRON

✉ 44220 - Loire-Atlantique - Carte régionale n° **9**-B3

LE FRANÇOIS II

CUISINE TRADITIONNELLE • CONVIVIAL En chef breton d'expérience, Jérôme Evain rend hommage à la tradition de sa région en travaillant des produits principalement locaux et de bonne qualité. L'adresse est attachante et alléchante, avec un excellent rapport qualité-prix le midi. On déguste par exemple un œuf parfait aux lentilles vertes et émulsion d'ossau-iraty, un cabillaud fondant cuit à basse température, ou un gâteau nantais avec une banane confite au caramel. Le service assuré par Solenn est rapide et sympathique.

- €€ - *5 place Aristide-Briand - 02 40 38 32 32 - www.francois2.com - Fermé lundi et mardi, et mercredi, jeudi et dimanche soir*

COUILLY-PONT-AUX-DAMES

✉ 77860 - Seine-et-Marne - Carte régionale n° **11**-C1

AUBERGE DE LA BRIE

Chef : Alain Pavard

CUISINE MODERNE • ÉLÉGANT Cette institution locale porte fièrement son étoile depuis plus de trente ans. Plébiscitée par ses nombreux fidèles, la coquette maison a effectivement plus d'une corde à son arc : son cadre classique et lumineux (la salle donne sur le jardin), sa cuisine actuelle personnalisée et d'une régularité à toute épreuve, et l'accueil tout sourire de Céline, l'épouse du chef Alain Pavard. Ce dernier séduit avec de beaux produits et des saveurs précises : légumes de Méditerranée, espuma burrata, basilic et tuile craquante au sarrasin ; lieu jaune, confit de fenouil, rouille et velouté de bouillabaisse ; millefeuille fraise, crème verveine et sorbet fraise.

- €€€ - 14 avenue Alphonse-Boulingre - 01 64 63 51 80 - www.aubergedelabrie.net - Fermé lundi, dimanche et mardi midi

COULANGES-LA-VINEUSE

89580 - Yonne - Carte régionale n° **12**-B2

J'MCA

CUISINE TRADITIONNELLE • SIMPLE Une cuisine du marché, traditionnelle et bien ficelée, qui laisse s'épanouir de bons produits comme cette fricassée de ris de veau laqué, cacahuète et chou-fleur. La carte propose aussi des classiques à l'instar de la terrine maison, de la tatin d'oignons et endives, de la tête de veau, et même du gibier en saison. Et l'accueil est tout sourire dans cette maison en pierre, installée à deux pas de l'église et de la place du village.

- €€ - 12 rue André-Vildieu - 03 86 34 33 41 - www.jmca-restaurant.fr - Fermé mercredi, et lundi, mardi, jeudi et dimanche soir

COULOMBIERS

86600 - Vienne - Carte régionale n° **15**-B3

AUBERGE LE CENTRE POITOU

CUISINE MODERNE • AUBERGE Depuis 1870, la même famille tient cette auberge qui fut autrefois un relais de poste et y cultive le sens de l'accueil. Mathias, en cuisine, apporte son énergie et concocte des plats savoureux, à base de beaux produits. La maîtrise rejoint le talent pour le plaisir des gourmands. Une expérience à déguster dans une salle élégante qui a conservé son charme d'antan, mêlé de touches de modernité. Service attentionné par Martial, le frère du chef. Formule plus simple au bistrot le midi, et quelques chambres pour l'étape.

- €€ - 39 rue Nationale - 05 49 60 90 15 - www.centre-poitou.com - Fermé lundi et dimanche

COURBAN

21520 - Côte-d'Or - Carte régionale n° **12**-C2

CHÂTEAU DE COURBAN

CUISINE MODERNE • ÉLÉGANT Ce château, une élégante maison de maître du 19e s. à la façade ocre rose, trône au milieu de son parc. Précédé d'un salon cossu avec cheminée qui crépite, le restaurant occupe l'ancienne grange, anoblie par un plafond bourguignon, des lustres et des miroirs. En bon artisan, le chef transforme sa belle matière première en une fine cuisine de saison dont le goût est le fil conducteur : tomate confite et ses trois condiments ; cabillaud de ligne sauce bonne-femme ; pigeonneau de Racan, saucisse pigeon-foie gras, chou et jus truffé... Le repas se conclut de belle manière grâce à des desserts épurés et faibles en sucre. Carte des vins particulièrement riche en champagnes et bourgognes.

- €€€€ - 7 rue du Lavoir - 03 80 93 78 69 - www.chateaudecourban.com - Fermé mardi, mercredi, et le midi sauf dimanche

CHÂTEAU DE COURBAN

CLASSIQUE • CHAMPÊTRE Charmante, champêtre, authentique et confortable : telle est cette belle gentilhommière de 1837. Les jardins, la piscine à débordement et le spa ajoutent encore au cachet du lieu. Et l'on est reçu comme dans une maison de famille... Sympathique !

- **24 chambres** - *7 rue du Lavoir - 03 80 93 78 69*

Château de Courban - Voir la sélection des restaurants

COURCELLES-SUR-VESLE

02220 - Aisne - Carte régionale n° **5**-C2

LA TABLE DE COURCELLES - CHÂTEAU DE COURCELLES

CUISINE MODERNE • ÉLÉGANT Depuis l'arrivée du chef italien au parcours impeccable Massimiliano Sena, originaire de Sorrente près de Naples, cette noble et élégante demeure esprit Grand Siècle est entrée dans une modernité gourmande de bon aloi. Les produits locaux et saisonniers sont à l'honneur, et l'ascendance transalpine du chef se fait délicate et subtile. Pas d'esbroufe ou de technique culinaire inutile : la maîtrise est suffisamment affirmée, et les harmonies préservées, pour apprécier cet œuf parfait et sa mousse de girolle aérienne, ou bien ce cabillaud, déclinaison de courgettes, framboise et ail noir. Belle carte des vins de plus de 700 références. Depuis la salle sous verrière, la vue sur le jardin à la française et le canal invite à la quiétude.

- €€€€ - *8 rue du Château - 03 23 74 13 53 - www.chateau-de-courcelles.fr*

CHÂTEAU DE COURCELLES

Plus

GRAND STYLE • RAFFINÉ De longues enfilades de fenêtres, des toits à la Mansart, des allées de buis taillé... la parfaite image d'un château français du 17e s., fréquenté en leur temps par Crébillon, Rousseau ou encore Cocteau. Grand style dans les chambres et belles prestations.

- **20 chambres** - *8 rue du Château - 03 23 74 13 53*

La Table de Courcelles - Voir la sélection des restaurants

COURCHEVEL

✉ 73120 – Savoie – Carte régionale n° **21**-D2

✿✿✿ LE 1947 À CHEVAL BLANC

CUISINE CRÉATIVE • CONTEMPORAIN Remarquable parcours que celui de Yannick Alléno ! Au fil de sa progression régulière au sein des plus grands restaurants, le chef francilien a toujours su mettre sa passion au service de son ambition. Au cœur de l'hôtel Cheval Blanc, il délivre pour une poignée de chanceux (cinq tables à peine) une saisissante partition de cuisine contemporaine, où la créativité et l'audace sont tout entières guidées par la recherche des saveurs. La Savoie est magnifiée à travers des produits superbes : chacun de ces trésors est travaillé avec le plus grand soin. Véritable marotte du chef, les sauces sont inoubliables – résultat d'un travail de longue haleine sur l'extraction et la fermentation –, et la maîtrise technique est totale : une leçon de haute cuisine.

PLAN : B3-1 – ✿ – **€€€€** – *Cheval Blanc, Le Jardin Alpin, Courchevel 1850 – ✆ 04 79 00 50 50 – www.chevalblanc.com/fr/maison/courchevel – Fermé lundi, mardi et le midi*

✿✿ BAUMANIÈRE 1850

CUISINE CRÉATIVE • ÉLÉGANT Nous voici à Courchevel, synonyme depuis 1947 de luxe alpin, station huppée où rien n'est trop beau ni trop bon. Dans ce chalet cossu et élégant, le talentueux chef Thomas Prod'homme, formé à l'Oustau de Baumanière aux Baux-de-Provence, slalome avec élégance entre produits locaux, influences hivernales et inspirations provençales. Avec ses souvenirs et ses goûts personnels comme fil conducteur, il accomplit un travail de haute précision qui ne craint pas d'affirmer des goûts francs, ni de faire montre d'une gourmandise réconfortante. On sent aussi que le chef aime s'amuser en cuisinant, créer la surprise, étonner avec des assiettes parfois ludiques... mais qui surtout font mouche, jusqu'à la partie sucrée très réussie. Créativité, ambition, prise de risque : le résultat est là, pour notre plus grand plaisir.

PLAN : B2-5 – ✿ – P – **€€€€** – *Le Strato, Route de Bellecôte, Courchevel 1850 – ✆ 04 79 41 51 80 – www.hotelstrato.com – Fermé dimanche et le midi*

✿✿ LE SARKARA

CUISINE CRÉATIVE • COSY Sébastien Vauxion, chef pâtissier de grand talent, entraîne ses convives dans une approche inédite (qui a d'ailleurs fait école) : une cuisine moderne et créative où les fruits et légumes occupent le premier rôle – en réalité, une partition végétale qui ne dit pas son nom. Ses créations, d'une grande finesse, s'appuient sur des jeux de saveurs complexes, sublimant chaque ingrédient par des herbes aromatiques, des épices, des agrumes et des laitages. Raviole de topinambour et airelles juste au sucre, jus brun et beurre rosé ; cerfeuil tubéreux poêlé aux pistils de safran des Bauges, jus d'arbousier

ultramarinfoto/Getty Images Plus

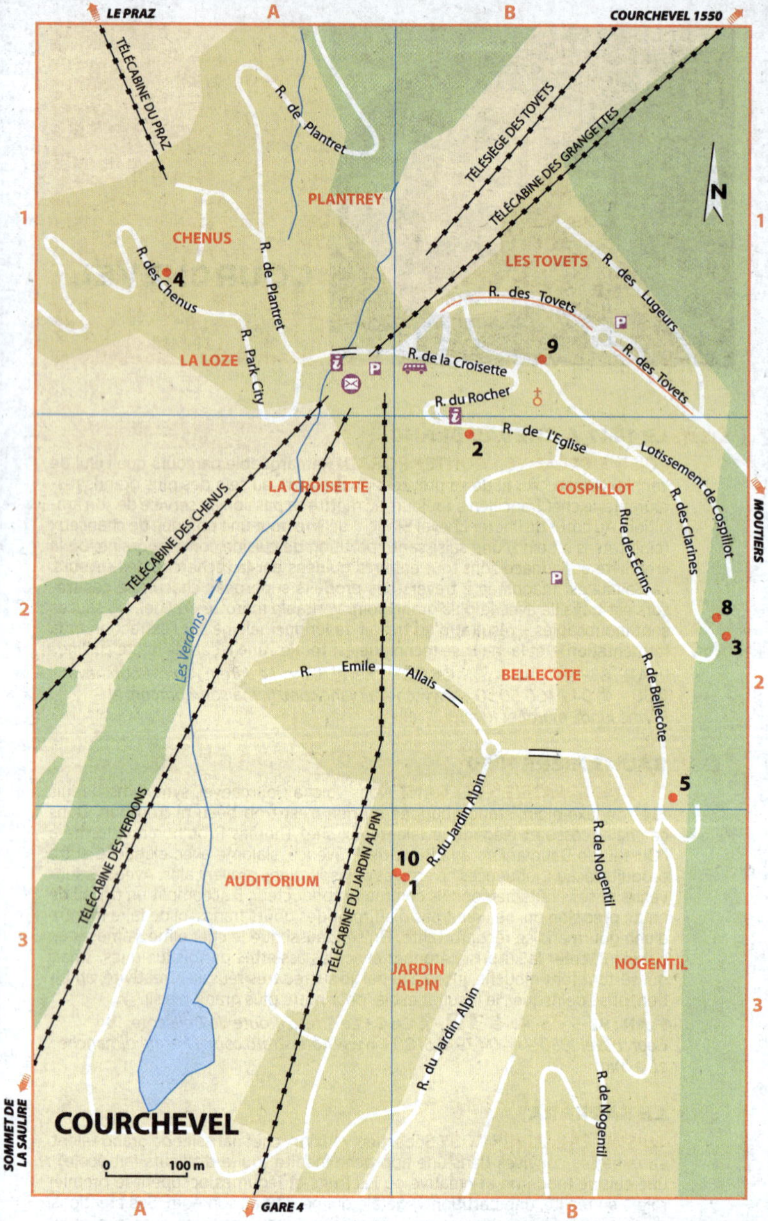
LE PRAZ
A
B
COURCHEVEL 1550
TÉLÉCABINE DU PRAZ
R. de Plantret
TÉLÉSIÈGE DES TOVETS
TÉLÉCABINE DES GRANGETTES
N
PLANTREY
CHENUS
LES TOVETS
R. des Lugeurs
R. des Chenus
4
R. de Plantret
R. des Tovets
R. Park City
LA LOZE
9
R. de la Croisette
R. des Tovets
R. du Rocher
R. de l'Eglise
2
Lotissement de Cospillot
LA CROISETTE
COSPILLOT
TÉLÉCABINE DES CHENUS
R. des Clarines
Rue des Écrins
MOUTIERS
Les Verdons
8
3
R. Emile Allais
BELLECOTE
R. de Bellecôte
5
TÉLÉCABINE DES VERDONS
TÉLÉCABINE DU JARDIN ALPIN
R. du Jardin Alpin
10
1
R. de Nogentil
AUDITORIUM
JARDIN ALPIN
NOGENTIL
R. du Jardin Alpin
R. de Nogentil
SOMMET DE LA SAULIRE
COURCHEVEL
0
100 m
GARE 4
1
2
3

parfumé à l'or piment : sa cuisine « pâtissière » repose sur un travail de haute précision qui surprend et enchante. Les accords mets et thés sont également remarquables, tout comme un service aussi rigoureux que chaleureux.

PLAN : B2-3 - ❀ - **€€€€** - *Le K2 Palace, 238 rue des Clarines, Courchevel 1850 - ✆ 04 79 40 08 80 - www.lek2palace.com/fr/deguster/le-sarkara.html - Fermé lundi, mardi et le midi*

✿✿ SYLVESTRE WAHID - LES GRANDES ALPES

CUISINE CRÉATIVE • ÉLÉGANT Dans un écrin intimiste de seulement quatre tables, Sylvestre Wahid, depuis sa cuisine ouverte où il est épaulé par ses fidèles, régale une quinzaine de convives. Cette expérience gastronomique sur mesure s'appuie volontiers sur les plats signatures du chef, revisités en altitude au gré de son inspiration, comme le tourteau de Roscoff ou le dessert citron et algues. Avec une belle audace, il marie avec brio le homard ou le tourteau à des ingrédients typés de la cuisine pakistanaise : épices, achards de piments et de citron, dahl de lentilles... Produits magnifiques, ingrédients de luxe, sauces délicates, assaisonnements pointus, technique irréprochable, et surtout émotion, illuminent un généreux menu dégustation.

PLAN : B2-2 - **€€€€** - *28 rue de l'Église, Courchevel 1850 - ✆ 04 79 00 00 00 - www.restaurantsylvestre.com - Fermé les midis*

✿ ALPAGE

CUISINE MODERNE • ÉLÉGANT Perché sur les hauteurs de Courchevel, le restaurant gastronomique Alpage, installé dans l'hôtel Annapurna, dévoile un moment unique et exclusif sous la direction du chef Jean-Rémi Caillon. Dans un décor intime, avec ses baies vitrées et ses cuisines ouvertes, il réinvente les saveurs de la Savoie en mêlant traditions paysannes et touches modernes. Ingrédients nobles, plantes locales et produits du terroir, tels que crozets ou Chartreuse, s'associent dans des créations équilibrées et élégantes. Chaque assiette, portée par des cuissons précises et des sauces raffinées, incarne un subtil mélange de nature et de technique. Le service attentif et soigné complète cette parenthèse rare, idéale pour les amateurs de gastronomie alpine.

HORS PLAN - **P** - **€€€€** - *Annapurna, 734 route de l'Altiport, Courchevel 1850 - ✆ 04 79 08 04 60 - www.annapurna-courchevel.com/fr/restaurant-alpage.html - Fermé lundi, mardi et le midi*

✿ L'ALTITUDE

CUISINE CLASSIQUE • CHIC Au K2 Altitude, cette table bénéficie d'un confortable cadre montagnard, à la fois chic et intimiste. À la carte, l'œil repère immédiatement les classiques français qui rappellent les grands restaurants parisiens, à l'image de la tartelette aux champignons des bois, jus de cèpes fermentés ou du canon de chevreuil rôti, betterave et airelles acidulées, sauce grand veneur. Le goût et la générosité sont au rendez-vous, jusqu'aux desserts modernes et subtils signés Sébastien Vauxion. Service très attentionné.

HORS PLAN - ❀ - **€€€€** - *Le K2 Altitude, 356 route de l'Altiport, Courchevel 1850 - ✆ 04 79 01 46 46 - www.lek2altitude.com/fr/deguster/l-altitude.html - Fermé les midis*

✿ LE CHABICHOU BY STÉPHANE BURON

CUISINE MODERNE • ÉLÉGANT Emblématique de la station, ce luxueux hôtel recèle un intérieur d'une élégance toute feutrée : moquette épaisse, plafond à caissons, fauteuils design d'un blanc neigeux, tables modernes avec plateau en verre fumé. Le chef MOF Stéphane Buron, épaulé de son fils Antonin, propose différents menus élaborés autour de trois axes : les souvenirs d'enfance du chef, le terroir savoyard et les voyages au Japon. Les produits sont de première qualité et les sauces d'une belle profondeur. Opulent chariot de fromages d'alpage, service charmant et riche carte des vins.

PLAN : A1-4 – ✿ – **€€€€** – *90 rue des Chenus, Courchevel 1850 – ✆ 04 79 08 00 55 – www.chabichou-courchevel.com – Fermé lundi, mardi et le midi*

✿ LE FARÇON

Chef : Julien Machet

CUISINE MODERNE • COSY Niché au cœur de la charmante station de La Tania, à deux pas de Courchevel, le restaurant de Julien Machet invite à une expérience culinaire pleine de personnalité. Accessible skis aux pieds, ce lieu singulier se distingue par une cuisine inspirée et authentique, où les produits locaux de la Savoie, du Piémont ou encore de la Méditerranée côtoient des ingrédients soigneusement sélectionnés des régions voisines. Le chef sublime ces trésors avec une créativité contemporaine et une technique irréprochable, offrant des assiettes aux saveurs intenses et parfaitement équilibrées. Tourtes dorées, jus parfumés, touches de Sicile... chaque plat raconte une histoire savoureuse et inattendue. Une adresse lumineuse où l'authenticité prend de la hauteur.

HORS PLAN – ✿ – **€€€€** – *Immeuble Kalinka, La Tania – ✆ 04 79 08 80 34 – www.lefarcon.fr – Fermé dimanche et lundi midi*

L'ALTIPLANO AU K2 PALACE

CUISINE PÉRUVIENNE • ÉLÉGANT Cette seconde table du palace K2 célèbre avec justesse la cuisine péruvienne. Dans une salle feutrée où bois et pierre s'équilibrent harmonieusement, la gastronomie joue sur les intensités du piment, élément central de cette culture culinaire. Les plats, généreux et savoureux – ceviche de Saint-Jacques, bao de cerdo – sont proposés aux côtés de préparations au wok ou à la braise, souvent à partager. Les desserts modernes et créatifs de Sébastien Vauxion clôturent parfaitement cette expérience gustative riche en parfums.

PLAN : B2-8 – **€€€€** – *Le K2 Palace, 238 rue des Clarines, Courchevel 1850 – ✆ 04 79 41 33 42 – www.lek2palace.com – Fermé les midis*

BASE KAMP BY AÏNATA

CUISINE LIBANAISE • CHIC Zaatar, freekeh, sumac, grenade, bourghol, houmous, tahine, mograbieh : pour monter à Courchevel, le chef franco-libanais Alan Geaam a pris soin de mettre dans son sac à dos tous les produits et épices du pays du Cèdre. Mezze et cuisine de partage à déguster le midi uniquement, dans la grande salle sous charpente ou sur la terrasse face aux pistes.

HORS PLAN – **€€€€** – *Le K2 Altitude, 356 route de l'Altiport, Courchevel 1850 – ✆ 04 79 01 46 46 – www.lek2altitude.com/fr/deguster/base-kamp-by-anaita.html – Fermé le soir*

LE BISTROT DU PRAZ

CUISINE MODERNE • MONTAGNARD Cette maison sympathique est située légèrement en retrait de la route dans la station de Courchevel. Dans un cadre agréable esprit bistrot de montagne, on déguste une cuisine gourmande et dans l'air du temps, que le chef patron réalise avec soin : carpaccio de Saint-Jacques, huile de livèche et agrumes ; raviole ouverte de veau et œuf poché. Conseils pour les accords mets et vins et terrasse en face du lac pour les beaux jours.

HORS PLAN – **€€€** – *Rue de la Chapelle, Le Praz – ✆ 04 79 08 41 33 – www.bistrotdupraz.fr – Fermé lundi et dimanche soir*

LE GRILL ALPIN

CUISINE MODERNE • ÉLÉGANT Sous la houlette de Yannick Alléno, la brasserie alpine chic du luxueux hôtel Cheval Blanc réinvente avec brio la restauration d'altitude, avec une offre gastronomique contemporaine et décomplexée. Les papilles ne savent plus où donner de la tête ! Très belle carte des vins haut de gamme.

PLAN : B3-10 – **€€€€** – *Cheval Blanc, Le Jardin Alpin, Courchevel 1850 – 04 79 00 50 50 – www.chevalblanc.com/courchevel*

LA SAULIRE

CUISINE TRADITIONNELLE • MONTAGNARD Un décor tout de bois blond, rehaussé de vieux objets montagnards... C'est dans ce cadre authentique et chaleureux que le chef Benoît Redondo propose une cuisine soignée, où la fameuse fondue savoyarde côtoie sans rougir la truffe du Périgord. Accueil et service des plus prévenants. À noter : le restaurant est fermé le midi par beau temps, pour laisser les skieurs profiter des pistes enneigées de la station.

PLAN : B1-9 – **€€€€** – *16 place du Rocher, Courchevel 1850 – 04 79 08 07 52 – www.lasaulire.com – Fermé mercredi*

LA TABLE DE L'ANNAPURNA

CUISINE TRADITIONNELLE • CHIC Dans une salle contemporaine nichée au cœur d'un palace d'altitude, ce bistrot chic met en valeur la gastronomie régionale. Les intitulés des plats réveillent les papilles : œufs en meurette, grenouilles en persillade, omelette norvégienne, soufflé à la Chartreuse... Le plaisir continue en salle avec des découpes, dressages et flambages au guéridon. Les amateurs de fromages découvriront un joli plateau composé par un fromager-affineur MOF. Terrasse ensoleillée au bord des pistes.

HORS PLAN – **€€€€** – *Annapurna, 734 route de l'Altiport, Courchevel 1850 – 04 79 08 04 60 – www.annapurna-courchevel.com/fr/guinguette.html*

AMAN LE MÉLÉZIN

Plus

CLASSIQUE • CHALEUREUX Au pied des pistes, cet hôtel se révèle très intime et propice à la détente : spa complet, grandes chambres lumineuses et zen, certaines avec un espace de repos en journée... Le tout décoré avec un goût très sûr. À noter aussi, le service de conciergerie performant.

– **31 chambres** – *310 rue de Bellecôte – 04 79 08 01 33*

ANNAPURNA

MONTAGNARD • RAFFINÉ Cet Annapurna-là n'a presque rien à envier à celui de l'Himalaya ! L'hôtel – le plus haut de la station – tutoie les cimes, dans un environnement immaculé. Décor d'esprit montagnard dans les chambres, qui dominent les pistes côté sud. Depuis la terrasse, on admire la Saulire tout en reprenant des forces.

– **67 chambres** – *734 route de l'altiport – 04 79 08 04 60*

Alpage • La Table de l'Annapurna – Voir la sélection des restaurants

L'APOGÉE COURCHEVEL

DESIGN • CHALEUREUX La décoration de cet établissement est signée par les fameux Joseph Dirand et India Mahdavi, au style inimitable : lignes rétro tout en rondeurs et notes colorées ! Après une journée sur les pistes – dont l'accès est direct –, le refuge se révèle aussi raffiné que chaleureux.

– **55 chambres** – *Jardin Alpin, 5 rue Émile Allais*

CHEVAL BLANC COURCHEVEL

CONTEMPORAIN • CHALEUREUX Du nom du célèbre château bordelais, un hôtel très "grand cru" ! Au sortir des pistes, on se réfugie avec plaisir dans ce chalet aménagé dans un superbe esprit contemporain, qui réinvente tout l'imaginaire de l'hiver... Luxe et confort dans les moindres détails, avec un spa délicieux.

– **36 chambres** – *Le Jardin Alpin* – *04 79 00 50 50*

Le 1947 à Cheval Blanc • Le Grill Alpin - Voir la sélection des restaurants

FAHRENHEIT SEVEN COURCHEVEL

DESIGN • CONVIVIAL Déjà implanté à Val Thorens, le Fahrenheit 7 prend d'assaut Courchevel, du haut de son grand chalet, avec une recette éprouvée : des teintes tranchées, des matières voluptueuses et quelques objets rétro, pour une identité bien marquée. Un design net, vibrant, cocooning et discrètement seventies, décliné en chambres et appartements. Le bar propose une carte d'alcools et des DJs qui font grimper le thermomètre.

– **66 chambres** – *Rue du Marquis* – *04 86 15 44 44*

LE K2 ALTITUDE

MONTAGNARD • CHALEUREUX Bois vieillis, tissus chauds, cheminées... Tout le charme des Alpes est ici rendu avec un grand raffinement : ainsi culmine ce K2 Altitude, véritable hameau de montagne constitué d'un ensemble de chalets au confort absolu.

– **32 chambres** – *356 rue de l'Altiport* – *04 79 01 46 46*

L'Altitude • Base Kamp by Aïnata - Voir la sélection des restaurants

LE K2 DJOLA

CLASSIQUE • ÉLÉGANT Tout le charme et l'élégance des établissements K2 sont déclinés ici en version "city hotel". Le résultat se révèle bluffant : chambres spacieuses décorées avec goût, service aux petits soins, espace bien-être au sous-sol... On est conquis.

– **24 chambres** – *79 rue de Plantret* – *04 79 22 11 99*

LE K2 PALACE

CLASSIQUE • RAFFINÉ C'est l'un des joyaux de la station ! Personnel d'un grand professionnalisme et prestations d'excellence attendent les clients de ce vaste établissement, qui s'enorgueillit d'un superbe spa, d'une salle de cinéma, et de belles chambres au luxe sans ostentation. Un vrai paradis montagnard...

– **29 chambres** – *238 route des Clarines* – *04 79 40 08 80*

Le Sarkara • L'Altiplano au K2 Palace - Voir la sélection des restaurants

LYS MARTAGON

MODERNE • RAFFINÉ Jouxtant les pistes de Bellecôte, un élégant chalet familial a été transformé en un luxueux lodge skis aux pieds. La décoration fantaisiste mêle des éléments d'Art déco et d'Art nouveau. Les chambres et les suites sont également soignées, se détournent du style alpin traditionnel : peintures murales métalliques, draperies à motifs, canapés en velours, lustres grandiloquents. Les salles de bains sont particulièrement exubérantes. Plusieurs chambres sont dotées de terrasses privées et de cheminées. Le spa, avec sa piscine et ses jacuzzis intérieur et extérieur, est un point fort, tout comme le restaurant (vue panoramique) et le bar.

– **7 chambres** – *464 rue de Bellecôte* – *04 79 00 12 50*

LES NEIGES

MONTAGNARD • CONVIVIAL Derrière un extérieur alpin classique se cache un hôtel qui combine des vues spectaculaires sur les forêts et les sommets avec un confort ultra luxueux. Avec la piste de ski de Bellecôte juste à côté, les Trois Vallées sont à vos pieds, tandis qu'au retour le spa vous attend... tout comme le feu de bois et l'agréable bar.

- **42 chambres** - *422 rue de Bellecôte - 04 57 55 22 00*

LA SIVOLIÈRE COURCHEVEL

MONTAGNARD • COSY Niché dans la forêt entre pistes et centre-ville, cet élégant chalet est tout de pierre et de bois, de baies vitrées et de cheminées ouvertes. Les chambres, somptueuses mais douillettes, sont réchauffées de boiseries et de velours. Les suites et les appartements plus spacieux bénéficient d'une cheminée et d'une cuisine. Le restaurant et le bar offrent une vue directe sur la montagne. Spa, piscine intérieure, local de ski.

- **35 chambres** - *444 route des Chenus - 0033 479 08 08 33*

LES TROIS VALLÉES, BEAUMIER HOTEL

MONTAGNARD • FAMILIAL Témoin historique des innovations de Charlotte Perriand, Jean Prouvé et Pierre Paulin, ce chalet alpin traditionnel a su conserver le charme rétro de son intérieur au fil des rénovations. Murs de pierre et meubles design cohabitent en toute harmonie. Certaines chambres ressemblent à de petits chalets individuels, d'autres sont plus modernes. Après une journée passée sur les pistes, le jacuzzi (de la taille d'une petite piscine !), le bar restaurant et la petite épicerie de l'hôtel apportent tout le réconfort mérité.

- **31 chambres** - *Rue Park City - 04 79 08 00 12*

COURLANS

39570 - Jura - Carte régionale n° **13**-A3

MICHEL BÉJEANNIN - AUBERGE DE CHAVANNES

CUISINE TRADITIONNELLE • ÉLÉGANT Une auberge contemporaine et chaleureuse avec cheminée qui crépite en hiver! Dans l'assiette, hommage à la Méditerranée avec la bouillabaisse (le chef a vécu à Marseille pendant 26 ans) mais aussi au terroir local avec la poularde de Bresse au vin jaune et morilles, clin d'œil à ses origines jurassiennes. Attrayante carte des vins axée bio et biodynamique. Chambres spacieuses pour l'étape.

- €€€ - *1890 avenue de Châlon - 03 84 43 24 34 - www.auberge-de-chavannes.com*

COURNON

56200 - Morbihan

LA GRÉE DES LANDES

MODERNE • CHALEUREUX Dans ce haut lieu de la cosmétique nature, voici un hôtel écologique tourné vers le bien-être. A l'orée du ravissant village, un paysage sauvage et paisible composé de landes, de bois et de fleurs des champs constitue le cadre parfait. Cette ode à l'environnement se retrouve dans l'architecture moderne drapée de bois et 100% verte de l'hôtel (collecte

de l'eau de pluie, panneaux solaires, chauffage au bois...). Mais aussi au spa, qui utilise exclusivement des produits à base de plantes. Vous pourrez réserver une suite botanique au milieu des fleurs ou une cabane dans les arbres.
- **29 chambres** - *Cournon* - *02 99 08 50 50*

COURSEULLES-SUR-MER

14470 - Calvados - Carte régionale n° **2**-B2

RESTAURANT DE L'ÎLE BENOIST

POISSONS ET FRUITS DE MER • CONTEMPORAIN On doit à une famille d'ostréiculteurs l'ouverture de ce restaurant contemporain et bien pensé, qui met à l'honneur pêche côtière, fruits de mer, et bien entendu les huîtres affinées juste à côté, sans oublier d'autres bons produits normands. Le chef attache un soin particulier au dressage des assiettes, qui se révèlent aussi jolies que savoureuses.
- € - *Route de Ver-sur-Mer* - *02 31 77 35 16* - *www.restaurant-degustationdelile.fr* - *Fermé lundi et mardi*

COUTANCES

50200 - Manche - Carte régionale n° **2**-A2

KALAMANSI

CUISINE MODERNE • CONTEMPORAIN Le chef Frédéric Michel a ouvert avec son épouse Manuella cette table réjouissante dans sa ville d'origine. Il décline des assiettes fraîches et franches, aux cuissons précises et aux saveurs bien marquées, en s'appuyant au maximum sur les circuits courts (pêche et maraîchage locaux, bœuf normand).
- **€€** - *10 place du Général-de-Gaulle* - *02 33 17 41 45* - *www.kalamansi.fr* - *Fermé mardi et mercredi, et lundi soir*

CRACH

56950 - Morbihan - Carte régionale n° **1**-C3

MAISON VANOBEL N

CUISINE MODERNE • CONTEMPORAIN Dans ce paisible village du golfe du Morbihan, une ancienne crêperie a changé de visage sous l'impulsion de Sophie Coulombel et Rémi Vanoverschelde, tous deux aguerris à l'école des belles maisons. Cuisine ouverte dans la première salle, véranda lumineuse dans la seconde : le décor est contemporain, chaleureux, tout comme l'ambiance. En cuisine, Rémi met à profit la grande cheminée d'époque pour des cuissons au feu de bois : tacos barbacoa, ssam langoustine et cochon confit, bao au fromage de brebis... Tout est mitonné avec des produits soigneusement sourcés. Le restaurant fait aussi salon de thé.
- **€€** - *12 rue d'Aboville* - *02 59 16 18 12* - *www.maison.vanobel.fr* - *Fermé lundi, mardi et mercredi midi*

CREISSELS

12100 - Aveyron

CHÂTEAU DE CREISSELS

CLASSIQUE • CHARME Un château du 12e s. sur un piton rocheux à l'écart de Millau, auquel on accède par une petite route. Les chambres mêlent avec élégance meubles anciens et style contemporain, avec du cachet dans la bâtisse principale, un esprit plus actuel dans son extension. Un charme auquel on succombe avec plaisir.
- **26 chambres** - *Place du Prieur* - *05 65 60 16 59*

CRENEY-PRÈS-TROYES

✉ 10150 - Aube - Carte régionale n° **12**-B1

L'AUBE DES SENS (N)

CUISINE MODERNE • CONTEMPORAIN Originaire de la région, le chef Thomas Valleron, ancien second de l'Hostellerie La Montagne à Colombey-les-Deux-Églises, a ouvert son restaurant dans une belle maison à colombages, typique et pleine de charme. On s'installe en terrasse, ou dans une salle qui allie poutres apparentes et mobilier contemporain. Les produits frais de saison sont au service d'une cuisine moderne et précise, pleine de saveurs : gaspacho de légumes, glace burrata et pignons de pin ; aile de raie pochée, sauce crémée aux œufs de saumon kéta... Très bon rapport qualité-prix au déjeuner.

- **€€** - *7 place de l'Église - ✆ 09 56 47 61 95 - www.laube-des-sens.fr - Fermé lundi, et mardi, mercredi et dimanche soir*

LE CREUSOT

✉ 71200 - Saône-et-Loire - Carte régionale n° **17**-B2

LA FLEUR DE SEL

CUISINE MODERNE • CONTEMPORAIN Heureuse initiative que l'ouverture de cette table par deux creusotins, le chef Willy Lardry et le responsable de salle Edwin Smietanski, qui se sont rencontrés lorsqu'ils travaillaient chez Yohann Chapuis à Tournus. Dans un décor en partie inspiré de la nature (avec notamment ce papier peint représentant une forêt dans la brume), le chef, seul en cuisine, fait preuve d'une maturité incontestable. La délicatesse et la finesse sont au rendez-vous avec la belle fleur de courgette à la farce de cabillaud et ce sabayon à l'huile d'olive qui accompagnent ce tournedos de cabillaud, ou avec le maquereau et sa raviole de concombre mariné.

- **€€** - *2 rue Albert-1er - ✆ 03 85 78 43 16 - www.lafleurdesel-restaurant.fr - Fermé mardi et mercredi, et lundi et dimanche soir*

CRILLON-LE-BRAVE

✉ 84410 - Vaucluse - Carte régionale n° **28**-E1

LA TABLE DU VENTOUX

CUISINE MODERNE • MÉDITERRANÉEN Bénéficiant d'une terrasse idyllique face au mont Ventoux, le restaurant de cet hôtel de luxe décline deux cartes selon les services : le midi, des assiettes à partager d'inspiration méditerranéenne et provençale, malignes et bien tournées (carpaccio de crevettes de Méditerranée, poulpe rôti à la flamme et sa mayonnaise épicée, gnocchis de pomme de terre au parmesan, kefta d'agneau de Sisteron...) ; le soir, une carte plus élaborée faisant place aux produits nobles (turbot grillé, salade de fenouil et condiment pêche-verveine ; veau au sautoir, haricots verts, artichauts et jus de foie gras et noisette ; volaille de Mazan pochée aux algues...). Service pro sans être guindé, par une équipe aux petits soins.

AC P - **€€€** - *Hôtel Crillon Le Brave, place de l'Église - ✆ 04 90 65 61 61 - www.crillonlebrave.com*

CRILLON LE BRAVE

TRADITIONNEL • CONVIVIAL Un village perché, le mont Ventoux pour horizon et ces belles bastides en pierre... Les chambres sont tout imprégnées de Provence et le jardin à l'italienne descend jusqu'à la piscine... Une élégance rare ! Pour se restaurer, on choisit entre la table gastronomique et le bistrot.

AC P Spa - **34 chambres** - *Place de l'Église - ✆ 04 90 65 61 61*

La Table du Ventoux - Voir la sélection des restaurants

LE CROISIC

✉ 44490 - Loire-Atlantique - Carte régionale n° **9**-A3

L'ESTACADE

CUISINE MODERNE • COSY Sur les quais, en face de la criée, cette adresse agréable propose une cuisine généreuse et soignée qui fait la part belle aux produits de la région (poissons, coquillages et algues bien sûr, mais aussi viandes). Accueil tout sourire et service attentionné.

- €€ - *4 quai du Lénigo - ✆ 02 40 23 03 77 - www.lestacade.fr - Fermé mardi et mercredi*

LE LÉNIGO

POISSONS ET FRUITS DE MER • RÉGIONAL Face à la criée, embarquez dans ce restaurant tenu par toute une famille très sympathique. Atmosphère marine (bois vernis, hublots) et cuisine de la mer fraîche et soignée.

- €€ - *11 quai du Lénigo - ✆ 02 40 23 00 31 - www.lelenigo.com - Fermé lundi*

L'OCÉAN

POISSONS ET FRUITS DE MER • CONTEMPORAIN Fondé en 1981 par Louis et Yolande André, rejoints depuis par leur fille Dominique et leur gendre Gérard Samson, L'Océan séduit autant l'œil que le palais grâce à une verrière aux proportions généreuses et à une cuisine mettant à l'honneur les produits de la mer de première fraîcheur et de belle qualité. Les classiques intemporels de la maison sont maîtrisés : sélection de fruits de mer, Saint-Jacques en saison, sole meunière ou bar entier en croûte de sel à partager. Ne pas faire l'impasse sur la bisque de homard savoureuse et bien relevée, où les morceaux de homard sont cuits avec précision et les croûtons croustillent à souhait. Et pour finir, le baba au rhum raisin est généreux et gourmand.

- €€€ - *Port-Lin - ✆ 02 40 62 90 03 - www.hotelrestaurant-locean.com - Fermé lundi et mardi*

L'OCÉAN

MODERNE • ÉLÉGANT Une situation unique pour cet hôtel (affaire familiale depuis trois générations), à même les rochers de la côte sauvage, magnifiquement illuminés le soir venu. Il abrite des chambres spacieuses, élégantes et confortables ; toutes disposent d'un grand balcon donnant sur les flots. Produits artisanaux au petit-déjeuner. Une séduisante adresse.

- 10 chambres - *La Plage de Port-Lin - ✆ 02 40 62 90 03*

L'Océan - Voir la sélection des restaurants

CROIX

✉ 59170 - Nord - Carte régionale n° **4**-C2

ARBORESCENCE

Chef : Félix Robert

CUISINE CRÉATIVE • ÉPURÉ Au sein d'une friche industrielle entièrement réhabilitée (un ancien château textile du début du 20e s.), dans un décor épuré et élégant, le chef Félix Robert et son épouse Nidta exercent leur talent en toute liberté, après avoir officié chez Alexandre Gauthier à La Grenouillère, à Tokyo puis chez Troisgros. Le chef déroule une partition créative et personnelle où l'iode et le végétal dominent, ponctuée de clins d'œil au Japon ou à l'Asie - curry vert, ponzu, shizo ou encore saké se dévoilent au fil de menus uniques. Citons ce homard mi-cuit et ses fines tuiles de bisque, associé aux agrumes et à la coriandre vietnamienne : un concentré de saveur et de gourmandise. Une table dont le succès est amplement mérité.

- €€€€ - *76 rue de la Gare - ✆ 03 20 00 01 82 - www.r-arborescence.com - Fermé lundi, mardi, et mercredi et jeudi à midi*

LA CROIX-VALMER

✉ 83420 - Var - Carte régionale n° **29**-B3

✿ LA PALMERAIE - CHÂTEAU DE VALMER

CUISINE MODERNE • MÉDITERRANÉEN Entre vignes, mer et verger, cet élégant hôtel-restaurant du début du 20e s. se cache dans un jardin luxuriant de palmiers centenaires et de magnolias. Un superbe atout, comme ce potager méditerranéen qui permet au chef de concocter des menus aux accents provençaux. Sa cuisine se révèle très habile, tout en jeux de textures et en jolies associations de saveurs. Le restaurant accueille de début mai à fin septembre dans le jardin ou sous la pergola de la terrasse.

- €€€€ - *81 boulevard de Gigaro - ✆ 04 94 55 15 17 - www.chateauvalmer.com - Fermé lundi et le midi*

LES SAISONNIERS

CUISINE MODERNE • FAMILIAL Bonne nouvelle : ces Saisonniers sont ouverts à l'année ! Leur cuisine méditerranéenne, élaborée à partir de produits frais, est préparée avec un authentique savoir-faire hérité des codes de la pâtisserie – Florent Manini et Anna Thillaye ont longtemps exercé dans ce domaine chez Arnaud Donckele à Saint-Tropez et au Sarkara de Sébastien Vauxion. Daurade marinée, salade de fenouil, vinaigrette à la vanille de Tahiti et au citron vert ; gnocchis, ricotta fumée et persillade herbacée ; clafoutis aux cerises ; glaces et sorbets maison : un régal en toute simplicité, avec en sus une vue sur la Grande Bleue ! Brunch le dimanche, et gourmandises à emporter.

- €€ - *Boulevard de Tahiti - ✆ 04 83 12 83 41 - Fermé lundi et mardi, et dimanche soir*

VISTA

CUISINE MÉDITERRANÉENNE • TENDANCE Juché sur une colline sauvage face à la mer, l'hôtel est sublime ; le restaurant ultra-chic et bohème ne déçoit pas non plus. Au bord de la piscine à débordement, dans un rare sentiment d'exclusivité, on savoure les plats du chef Vincent Maillard : épaule d'agneau de Sisteron braisée à la sarriette ; petits farcis façon Lucien Tendret ; fraise melba et millefeuille à la vanille. Des plats minceur sont disponibles sur le semainier, en lien avec le programme bien-être de l'hôtel. Service voiturier.

- €€€€ - *Lily of the Valley, colline Saint-Michel, quartier de Gigaro - ✆ 04 22 73 22 00 - www.lilyofthevalley.com/fr/restaurant-vista*

CHÂTEAU DE VALMER

CLASSIQUE • CHAMPÊTRE À l'extrémité de la baie de Saint-Tropez se cache le Château de Valmer, qui associe charme provençal, luxe contemporain et situation géographique exceptionnelle. Les chambres marient l'esprit campagne et les éléments plus actuels. Son restaurant gastronomique étoilé est complété par un bistro décontracté, un bar-restaurant, un spa avec piscine intérieure, et la plage à 500m.

- 44 chambres - *81 boulevard de Gigaro - ✆ 04 94 55 15 15*

✿ **La Palmeraie** - Voir la sélection des restaurants

LILY OF THE VALLEY

DESIGN • MARITIME À vingt minutes de Saint-Tropez, une retraite axée sur le bien-être, au design signé Philippe Starck. L'hôtel dispose d'un spa somptueux et d'une piscine extérieure de 25 m. La splendide plage de Gigaro s'étend à quelques pas, et le restaurant Vista (nombreuses options végétariennes et végétaliennes) donne sur la baie.

- 53 chambres - *Colline Saint-Michel*

Vista - Voir la sélection des restaurants

LA PINÈDE-PLAGE

CLASSIQUE • MARITIME Cet hôtel-restaurant porte bien son nom : ombragé de pins parasols et directement sur la plage, face aux îles d'Or ! Un établissement avec beaucoup de charme et de belles chambres ouvertes sur le large... Impression d'être loin de tout : parfait pour les vacances.

- 32 chambres - *382 boulevard de Gigaro - 04 94 55 16 16*

LE CROTOY

80550 - Somme - Carte régionale n° **4**-A2

AUBERGE DE LA MARINE

CUISINE MODERNE • BISTRO Une petite maison régionale proche des quais, où l'on met joliment en avant les produits locaux. Dans l'assiette : tartare de bar, mayonnaise de céleri et sorbet cerfeuil ; carbonade de sanglier confite à la bière d'abbaye, aligot à la tomme fraîche de Somme ; pomme de Vironchaux rôtie, crémeux chocolat Dulcey et financier noix de pécan... Une cuisine savoureuse et toujours maîtrisée !

- **€€** - *1 rue Florentin-Lefils - 03 22 27 92 44 - www.aubergedelamarine.com - Fermé mardi et mercredi*

CROUTELLE

86240 - Vienne - Carte régionale n° **15**-B3

MESA (N)

CUISINE MODERNE • COSY L'ancienne Chênaie, longtemps dirigée par André Chenu, a trouvé un nouveau souffle sous l'impulsion de Marc Paluszka et Alexandra Vincent. Le couple a transformé cette institution locale sans en trahir l'esprit. En cuisine, le sourcing local – avec mention des producteurs pendant le service – alimente une petite carte claire et précise. Cette cuisine moderne est ponctuée d'accents brésiliens (clins d'œil aux origines de la cheffe), comme en témoigne le rhum du baba qui cède la place à la cachaça.

- **€€** - *3 Champs de la Montée, lieu-dit La Berlanderie - 05 49 57 11 52 - www.mesa86.com - Fermé lundi et mardi, et mercredi et dimanche soir*

CROZANT

23160 - Creuse - Carte régionale n° **15**-C3

L'AUBERGE DE LA VALLÉE

CUISINE TRADITIONNELLE • CONVIVIAL Une sympathique auberge de campagne, perdue aux confins de la Creuse. Viandes d'éleveurs locaux (agneau, veau, bœuf), fromages de la région (chèvre, surtout !) et légumes de son grand potager... Le chef aime les produits du terroir, et cela se sent : il en tire une cuisine délicieuse, à apprécier dans un joli décor de maison bourgeoise.

- **€€** - *14 rue Armand-Guillaumin - 05 55 89 80 03 - www.laubergedelavallee.fr - Fermé lundi et mardi, et mercredi et dimanche soir*

CROZET

01170 - Ain - Carte régionale n° **21**-C1

JIVA

CUISINE MODERNE • COSY En sanskrit, "jiva" signifie la vie : un nom engageant, et même apaisant, pour ce resort au luxe discret. Au restaurant, on sert une cuisine française bien calibrée, fraîche et bonne, qui suit les saisons ; la clientèle profite dès que possible de la terrasse panoramique avec sa vue imprenable sur le massif du Mont-Blanc.

- **€€€** - *Jiva Hill Resort, Route d'Harée - 04 50 28 48 47 - www.jivahill.com/fr/restaurant-le-jiva.html - Fermé lundi et dimanche soir*

JIVA HILL RESORT

MODERNE • COSY Les lignes épurées et modernes sont ici tempérées par des couleurs et des matières généreuses, au service du confort. Les chambres deluxe portent bien leur nom, avec tous les incontournables high-tech et des salles de bains parfaitement contemporaines. Idem dans les six junior suites, qui comptent en plus une terrasse, un jardin et un jacuzzi privé. Le spa est étonnamment vaste vue la taille de l'hôtel.

- 50 chambres - *Route d'Harée - 04 50 28 48 48*

Jiva - Voir la sélection des restaurants

CROZON

29160 - Finistère - Carte régionale n° **1**-A2

CANTINE ET CANONS

CUISINE TRADITIONNELLE • BISTRO À Morgat, ancien port sardinier et thonier rattaché à Crozon, une ancienne crêperie retrouve vie sous l'impulsion d'un jeune couple. À cette table conviviale à la cuisine ouverte, la petite ardoise de saison donne le ton : rouget grondin et soupe corsée, lieu jaune au pain perdu de butternut, ou encore crème cacahuète, ganache chocolat et caramel au sésame. Plus d'une centaine de vins sont proposés au verre, à des prix désaltérants : que d'accords inédits en perspective !

- €€ - *1 rue du Cap-de-la-Chèvre - 02 98 86 48 76 - www.cantineetcanons-morgat.fr*

HOSTELLERIE DE LA MER

CUISINE MODERNE • CONTEMPORAIN Le chef propose une cuisine bien en phase avec l'époque, mariant à merveille le poisson et le terroir breton, à l'image de ce saumon fumé maison, crème acidulée aux herbes et blinis au blé noir ou encore de cette blanquette de lotte et saucisse de Molène, légumes et pommes de terre vapeur ... Les cuissons sont précises et magnifient des produits bien choisis !

- €€ - *11 quai du Fret - 02 98 27 61 90 - www.hostelleriedelamer.com - Fermé samedi et dimanche*

CRUSEILLES

74350 - Haute-Savoie - Carte régionale n° **21**-C1

L'ARBORESCENCE

CUISINE MODERNE • CONTEMPORAIN Entre Annecy et Genève, un chef formé à l'école des grands (Lionel Giraud, Christian Constant, Laurent Petit...) mitonne produits frais et souvent locaux à travers différents menus surprise. Accueil et service charmants par l'épouse du chef.

- €€€ - *175 route du Lac - 09 56 02 68 96 - www.arborescence-restaurant.fr - Fermé lundi et mardi, et dimanche soir*

LE M DES AVENIÈRES

CUISINE MODERNE • CLASSIQUE Sur les flancs du Salève, ce petit château du début du 20e s. niché dans un parc de 62 ha, abrite un joli hôtel-restaurant. On s'installe dans un décor d'époque (boiseries, cheminée en pierre, superbe plafond à la française, miroirs et lustres dorés, banquettes rétro) pour déguster une cuisine moderne teintée de tradition, comme cette côte de veau présentée en cocotte, accompagnée d'un gratin dauphinois avec sa note d'ail indispensable, ou encore ces conchiglie farcies au chèvre, noix de Grenoble et touche de miel. Les produits sont en partie issus du terroir local : fromages, miel, légumes du potager... tout comme les vins, bio pour la plupart. Superbe panorama sur les Alpes, allant du mont Blanc au lac d'Annecy !

- €€€ - *Château des Avenières, route du Château - 04 50 44 02 23 - www.chateau-des-avenieres.com - Fermé lundi et mardi*

CHÂTEAU DES AVENIÈRES

CLASSIQUE • CHIC À mi-chemin entre Genève et Annecy se dresse sur le versant du mont Salève une fantaisie architecturale érigée au début du 20e s. pour un magnat américain, puis convertie en hôtel de luxe. Les chambres du bâtiment principal arborent un style classique mêlant portes-fenêtres, motifs traditionnels et tête de lit en velours, tandis que les suites de la récente extension adoptent une approche plus moderne combinant inserts à bois et déco monochrome chic.

AC P - **12 chambres** - *1060 route du Château - 33 4 50 44 02 23*

Le M des Avenières - Voir la sélection des restaurants

CUCURON

84160 – Vaucluse – Carte régionale n° **28**–E1

LA PETITE MAISON DE CUCURON

Chef : Eric Sapet

CUISINE CLASSIQUE • RUSTIQUE C'est une petite maison jaune sur une place de carte postale, véritable bonbonnière mi-bourgeoise mi-rustique bourrée de charme... Le repaire d'Éric Sapet, qui magnifie comme personne les produits du marché : champignons, dont la truffe à laquelle il dédie un menu en saison, petits légumes des maraîchers locaux, fromages de Provence, gibier, mais aussi crustacés. Gourmand, passionné de vins et d'œnologie, ce chef au solide métier délivre une cuisine classique et provençale pleine de saveurs. Attention, l'adresse affiche souvent complet.

- €€€ - *Place de l'Étang - 04 90 68 21 99 - www.lapetitemaisondecucuron.com - Fermé lundi et mardi, et dimanche soir*

MATCHA

CUISINE MODERNE • SIMPLE Tout est frais et fait maison ici, des légumes de petits producteurs locaux aux viandes et volailles, élevées en plein air. Une cuisine au goût du jour, appétissante en diable ! Service souriant.

AC - €€ - *Montée du Château-Vieux - 04 86 78 55 96 - Fermé mardi soir, mercredi soir, samedi midi, dimanche et lundi*

LE PAVILLON DE GALON

MODERNE • CHAMPÊTRE Le qualificatif de chambre d'hôtes ne suffit pas à décrire les surprises qui vous attendent dans ce pavillon de chasse du 18e s. Restauré avec passion et entouré de 15 ha de vergers et de jardins, il vous loge dans trois suites de styles très différents, mais fourmillant de détails surprenants. Une belle piscine à débordement et des cours de yoga et de cuisine et dégustations de vin complètent le tableau.

P - **3 chambres** - *Le Pavillon de Galon, chemin de Galon - 33 6 11 48 77 11*

CUGNAUX

31270 – Haute-Garonne – Carte régionale n° **26**–C2

CIEL À TABLE

CUISINE MODERNE • CONTEMPORAIN Sur la place de l'église de cette bourgade de l'agglomération toulousaine, cette maison de brique rose typique est prolongée d'une grande salle sous verrière et d'un patio ombragé d'un châtaignier et d'un tilleul. La salle lumineuse arbore un décor contemporain et une grande cuisine ouverte. L'assiette est à l'image du lieu, flirtant avec l'air du temps, comme ce bao de thonine de Méditerranée aux notes de sésame ou encore ce pigeon travaillé en deux façons : la cuisse confite et le suprême cuit sur coffre. Service attentif et alerte.

- €€ - 24 place de l'Église - 05 61 92 36 05 - www.ciel-a-table.fr - Fermé lundi et dimanche, et mardi et mercredi soir

CUISEAUX

71480 - Saône-et-Loire - Carte régionale n° **17**-D2

LE BISTROT GOURMAND

CUISINE RÉGIONALE • BISTRO "Plaisir et tradition", telle est la devise de cette ancienne boucherie où Camille Maître, ayant repris l'affaire familiale, œuvre désormais seule en cuisine. Dans l'assiette, des produits des terroirs bressan et jurassien et des saveurs marquées comme avec cette quenelle de brochet, bisque de homard crémée. Et une jolie petite carte des vins en prime... Un bistrot gourmand, et souriant !

- €€ - 8 place Pierre-Puvis-de-Chavannes - 03 85 72 71 57 - www.lebistrotgourmand-cuiseaux.fr - Fermé lundi et dimanche, et mardi soir

CUQ-TOULZA

81470 - Tarn - Carte régionale n° **27**-A2

CUQ EN TERRASSES

CUISINE MODERNE • COSY Sur les hauteurs du village, cette charmante maison du 18e s. est un havre de paix, avec son insolite jardin en terrasses mettant en valeur les produits du potager. La table est menée par deux jeunes professionnels ayant travaillé dans des maisons toulousaines étoilées et qui proposent une cuisine essentiellement végétale et réalisée tout en finesse : artichaut gratiné aux herbes aromatiques, émulsion de chorizo ; truite fario de la pisciculture de Condax, farce fine aux amandes. Vue imprenable sur la plaine du Lauragais et la chaîne des Pyrénées depuis la véranda et la terrasse. Chambres de charme pour prolonger l'expérience au grand calme.

- €€€ - 8 chemin du Château - 05 63 82 54 00 - www.cuqenterrasses.com - Fermé lundi, mardi, et mercredi et jeudi à midi

CURIS-AU-MONT-D'OR

69250 - Rhône - Carte régionale n° **21**-A2

L'ÉPICURIEUX CHEZ LUC N

CUISINE TRADITIONNELLE • TENDANCE Après de longues années dans le groupe Bocuse, le chef Luc Abadie a posé ses couverts dans une cuisine partiellement ouverte qui lui permet de multiplier les allers-retours auprès de ses clients. Il y sert une partition traditionnelle, parfaitement maîtrisée où l'on reconnaît la patte du maître de Collonges, sans créativité forcée ni complication superflue. L'offre, identique midi et soir, repose sur un menu hebdomadaire à l'excellent rapport qualité-prix – royale de carotte au cumin, carré de cochon rôti aux herbes et haricots coco – ainsi qu'une carte de recettes tout aussi classiques, mais avec des ingrédients plus nobles : pâté en croûte de saison, sole meunière, côte de bœuf charolais sauce poivre vert, omelette norvégienne flambée au Cointreau.

- € - 1080 route des Monts-d'Or - 04 78 58 61 51 - www.lepicurieuxchezluc.fr - Fermé dimanche soir, mardi et mercredi

CUTTOLI - Corse-du-Sud (2A) ➜ Voir Corse

CUZANCE

✉ 46600 - Lot

MANOIR DE MALAGORSE

CLASSIQUE • COSY Ce domaine de 5 ha situé en pleine campagne vous promet un séjour mémorable : chambres personnalisées et salon-bibliothèque cosy logés dans une bâtisse régionale en pierre (19e s.).

- **5 chambres** - *Lieu-dit de Malagorse* - *06 89 33 54 45*

DAGLAN

✉ 24250 - Dordogne - Carte régionale n° **18**-D3

LE PETIT PARIS

CUISINE MODERNE • RUSTIQUE Au cœur d'un charmant village périgourdin, cette table sympathique bénéficie d'une grande terrasse tournée vers la place du village, et de deux salles joliment rustiques. Enfant du pays, le chef met un point d'honneur à valoriser chaque semaine des produits de sa région dans des recettes de saison twistées par ses souvenirs de voyage : nems de confit de canard et houmous aux noix du Périgord ; ris d'agneau au monbazillac et baies roses, traditionnel soufflé au Grand Marnier...

- **€€** - *18 rue de la République* - *05 53 28 41 10* - *www.le-petit-paris.fr* - *Fermé lundi et mardi*

LES DAMPS

✉ 27340 - Eure - Carte régionale n° **3**-B2

L'AUBERGE DE LA POMME

CUISINE MODERNE • CONTEMPORAIN Un nom hautement normand, une façade à colombages typique de la région... mais l'image d'Épinal s'arrête là ! La maison cache un décor très contemporain, notamment une salle lumineuse aux grandes baies vitrées qui regardent le jardin. Les assiettes qui mettent bien en valeur les producteurs locaux : carpaccio de coquilles Saint-Jacques de Normandie, lotte pochée et son coulis de cresson de Cailly-sur-Eure, côte de veau fermière rôtie en cocotte.

- **€€€€** - *44 route de l'Eure* - *02 35 23 00 46* - *www.laubergedelapomme.com* - *Fermé lundi, et mardi et dimanche soir*

DANJOUTIN

✉ 90400 - Territoire de Belfort - Carte régionale n° **13**-C1

LE POT D'ÉTAIN

Chef : Philippe Zeiger

CUISINE MODERNE • ÉLÉGANT À quelques minutes du Lion de Belfort, ce Pot d'Étain brille de gourmandise grâce à un argentier de talent, le chef Philippe Zeiger qui a fait de son restaurant un temple incontournable de la bonne chère. Il met à l'honneur une cuisine française aussi généreuse que goûteuse, appuyée sur de superbes produits de saison : langoustines, Saint-Jacques, lièvre à la royale, turbot, truffes... Les desserts ne sont pas en reste, notamment l'excellent soufflé chaud, dont les parfums varient avec les saisons. À noter aussi, une riche carte des vins et un service aussi souriant qu'attentif par l'épouse du chef.

- **€€€** - *4 avenue de la République* - *03 84 28 31 95* - *www.restaurant-potdetain.fr* - *Fermé lundi et dimanche*

DAX

✉ 40100 – Landes – Carte régionale n° **25**–B2

COMPLICES

CUISINE MODERNE • COSY Le sens du détail et la passion de la précision : il y a tout cela, et plus encore, dans la cuisine fraîche et franche du duo complice formé par Hugo au salé et Sophie au sucré. Ces deux belles têtes voyageuses, affûtées auparavant dans les maisons étoilées, brodent des assiettes où les produits locaux de saison sont parfois relevés par des préparations exotiques. Le délicieux sashimi de maquereau en témoigne : salsa verde bien relevée au piment vert landais, guacamole de pois cassés, concombre mariné dans une liqueur de menthe biarrotte et framboises. Le plaisir se poursuit jusqu'aux desserts gourmands et efficaces de la cheffe.

– **€€** – *44 cours Gallieni – 06 81 56 09 51 – www.complicesdax.com – Fermé lundi, mardi et dimanche*

DEAUVILLE

✉ 14800 – Calvados – Carte régionale n° **2**–C2

L'ESSENTIEL

Chef : Charles Thuillant

CUISINE MODERNE • CONTEMPORAIN Ce restaurant au cadre lumineux et moderne est le repaire du Français Charles Thuillant et de la Coréenne Mi-Ra, deux oiseaux migrateurs qui se sont rencontrés à Ze Kitchen Gallery, temple de la cuisine franco-asiatique à Paris. Finalement installés en plein cœur de Deauville, où Charles passait ses vacances étant enfant, ils signent à quatre mains une cuisine vive et enjouée, en mouvement, où les produits du terroir normand sont associés à des influences asiatiques bien dosées : poisson mariné, condiment mangue-passion ; bœuf Wagyu, jus fumé, samsang ; pâtes nodi marini, huître, wakame, légumes croquants... Service agréable dans un intérieur moderne et cosy.

– **€€€** – *29 rue Mirabeau – 02 31 87 22 11 – www.lessentieldeauville.com – Fermé mardi et mercredi*

MAXIMIN HELLIO

Chef : Maximin Hellio

CUISINE MODERNE • CONTEMPORAIN Situé en plein cœur de la station, ce restaurant à la devanture sobre et moderne a eu la bonne idée de laisser une partie vitrée en façade, qui permet d'observer les cuisiniers à l'œuvre depuis la rue. Le chef Maximin Hellio vous invite à choisir (dès la réservation en ligne) entre plusieurs menus dégustation qui rendent hommage au terroir normand autour de préparations soignées et créatives. Vous découvrirez ainsi son « Immersion à travers le terroir du Calvados » ou le « Voyage entre pâturages du pays d'Auge et le large de la côte fleurie ». Intéressants accords mets et vins proposés sur tablette.

– **€€€€** – *64 rue Gambetta – 07 71 93 79 97 – www.maximinhellio.fr – Fermé lundi et mardi*

LES MANOIRS DE TOURGÉVILLE

CLASSIQUE • RAFFINÉ En plein bocage du pays d'Auge, ce manoir est vraiment séduisant : chambres raffinées, apaisantes et spacieuses (nombreux duplex et triplex). Pour se détendre, il y a l'embarras du choix : piscine, vélo, massage, tennis, cinéma. Se lasser d'un tel endroit ? Impossible !

– **57 chambres** – *13 chemin de L'Orgueil – 02 31 14 48 68*

NORMANDY BARRIÈRE

TRADITIONNEL • COSY Ce fier manoir anglo-normand, édifié en 1912, est devenu l'emblème de la station. L'établissement a été entièrement rénové mais l'esprit des chambres, cosy et raffinées, demeure : toile de Jouy, boiseries... Pour se détendre, on peut profiter du magnifique spa. Un hôtel mythique avec sa brasserie chic.

– **290 chambres** – *38 rue Jean Mermoz – ✆ 09 70 82 13 14*

DELME

✉ 57590 – Moselle – Carte régionale n° **7**–C2

À LA 12

CUISINE MODERNE • CONTEMPORAIN Voici le petit royaume de la famille François, qui en tient les rênes depuis 1954. Après une belle expérience chez Bras à Laguiole, Thomas (en cuisine) et Laura sa charmante compagne (en salle) sont tous deux revenus au sein du fief familial. C'est donc aujourd'hui la troisième génération qui est aux commandes de cette auberge contemporaine, appréciée des locaux et des hôtes de passage. La carte se révèle à la fois gourmande et délicate, jouant entre tradition et modernité, avec une belle appétence pour les herbes et les épices : réjouissant.

– **€€€** – *6 place de la République – ✆ 03 87 01 30 18 – www.ala12.fr – Fermé lundi et mardi, et dimanche soir*

DEMI-QUARTIER

✉ 74120 – Haute-Savoie

MAGIC MEGÈVE BOIS

Plus

MONTAGNARD • CHIC Installé dans un élégant chalet en bois, cet hôtel abrite mille œuvres originales ainsi qu'une cave remplie d'innombrables bouteilles. Les chambres sont rustiques-chic, avec poutres apparentes, détails artisanaux, lampes en émail d'inspiration vintage, et ouvrent sur la montagne. Un salon cosy près de la cheminée sert également de bar à cocktails et de galerie d'art.

– **12 chambres** – *1410 route du Petit Bois*

DEMIGNY

✉ 71150 – Saône-et-Loire – Carte régionale n° **17**–C2

CAVE ET CUISINE

CUISINE TRADITIONNELLE • BISTRO Une maison de ville aux volets bleus au pied de l'église, une cave de plus de 1000 références, une cheffe, véritable enfant de la balle et un tour de main indéniable en cuisine pour aligner classiques (œufs en meurette, jambon persillé...), des plats au goût du jour (gravlax de saumon), et des spécialités comme le pigeon rôti et les ris de veau. Mon tout se déguste dans un décor de bistrot de bonne facture où le sourire est de mise et les conseils sur les vins judicieux.

– **€€** – *1 cour du Wauxhall – ✆ 06 81 51 95 71 – www.cave-et-cuisine.eatbu.com/?lang=fr – Fermé du lundi au mercredi et dimanche soir*

LES DEUX-ALPES

✉ 38860 - Isère - Carte régionale n° **21**-C3

LE P'TIT POLYTE

CUISINE MODERNE • **INTIME** Le Chalet Mounier, c'est une histoire de famille : celle de Marie et Hippolyte Mounier, qui ouvrent cet hôtel en 1933, le premier de la station. Vient ensuite le fils Robert, dès 1971, puis aujourd'hui Alban et sa compagne Angélique, qui perpétuent l'héritage. Dans une petite salle cosy propice aux confidences, on se régale d'un menu dégustation pensé avec intelligence, avec une sélection de produits rigoureuse et une large place accordée au végétal. Belle carte des vins, assortie des suggestions pertinentes du sommelier.

- €€€€ - *Chalet Mounier, 2 rue de la Chapelle - 04 76 80 56 90 - www.chalet-mounier.com - Fermé lundi, dimanche et le midi*

CHALET MOUNIER

MONTAGNARD • **CHALEUREUX** Tout en haut des Deux-Alpes, sur le site d'une ferme d'alpage, le doyen des hôtels de la station, né dans les années 1930 : les lieux ont la tradition de l'accueil chevillée au corps - des chevilles en bois, évidemment ! Tout pour un beau séjour à la montagne : grand confort, piscines, sauna, fitness...

P - **43 chambres** - *2 rue de la Chapelle*

Le P'tit Polyte - Voir la sélection des restaurants

DIEPPE

✉ 76200 - Seine-Maritime - Carte régionale n° **3**-B1

LES VOILES D'OR

Chef : Tristan Arhan

CUISINE MODERNE • **CONTEMPORAIN** Fort de son expérience, Tristan Arhan tient sur la falaise du Pollet une table sans malentendu : ici, c'est la pêche du jour qui fait la loi pour ce chef passionné par les produits de la mer, qui réussit le tour de force, seul en cuisine, de magnifier sans artifice Saint-Jacques, turbot ou barbue. Ici, aucune concession sur la fraîcheur de la matière première, qui est travaillée avec sobriété et délicatesse : on passe un excellent moment, dans un décor épuré en phase avec cette philosophie. À noter : une petite terrasse quand le soleil s'invite sur la côte normande.

- €€€ - *2 chemin de la Falaise, à Neuville-lès-Dieppe - 02 35 84 16 84 - www.lesvoilesdor.fr - Fermé lundi et mardi, et dimanche soir*

BISTROT DU POLLET

POISSONS ET FRUITS DE MER • **BISTRO** Qu'on se le dise : dans ce bistrot, c'est la mer qui décide, et les plats dépendent directement des arrivages de la pêche locale. La qualité et la fraîcheur sont au rendez-vous, et quelle générosité dans les préparations !

€€ - *23 rue Tête-de-Bœuf - 02 35 84 68 57 - Fermé lundi et dimanche*

DIGOIN

✉ 71160 – Saône-et-Loire – Carte régionale n° **17**–B2

L'ÉVIDENCE

CUISINE MODERNE • CONTEMPORAIN Nicolas Martin a pris les rênes du restaurant de l'hôtel VillaPona à Digoin, un ancien relais de poste du Grand Siècle entièrement rénové. La salle respire tout le charme de l'ancien, pimenté de quelques touches contemporaines. Originaire de la région, passé par les maisons Lameloise, Troisgros et le restaurant de Jérôme Brochot, le chef réalise de bonnes assiettes à partir de produits frais de saison : omble chevalier fumé, artichauts et chou-fleur ; poulet de Bresse, ail des ours et morilles...

♿ – **€€€** – *14 rue Nationale – ✆ 03 85 25 07 26 – www.restaurant-levidence-71.com – Fermé lundi et mardi, et dimanche soir*

DIJON

✉ 21000 – Côte-d'Or –
Carte régionale n° 12-C3

✿✿ WILLIAM FRACHOT

Chef : William Frachot

CUISINE MODERNE • CONTEMPORAIN Le terroir de Bourgogne a trouvé ici, dans cet ancien relais de poste du 19e s. situé en plein cœur du centre historique de Dijon, l'un de ses interprètes les plus talentueux. Fils de restaurateurs bourguignons et baroudeur émérite (Angleterre, Québec), William Frachot concocte des assiettes épurées à son image : sérieuses et appliquées, jonglant entre les saveurs d'ailleurs, les recettes et les produits locaux, avec ce qu'il faut d'inventivité et d'énergie. Il revisite les œufs en meurette et n'utilise que des poissons d'eau douce (perche, black bass, brochet, sandre...), à l'image de son omble de fontaine, sandre et soupe de poissons de rivière. Le tout à déguster dans un décor de caractère aux boiseries claires avec motifs de vignes et chaises "shark" pivotantes jaune moutarde – autant de clins d'œil au patrimoine régional. Une cuisine inspirée et aboutie, à la fois ancrée localement et voyageuse.

PLAN : A1-1 – ❀ ♿ AC – **€€€€** – *Hostellerie du Chapeau Rouge, 5 rue Michelet – ☎ 03 80 50 88 88 – www.chapeau-rouge.fr/fr/restaurant-gastronomique-dijon – Fermé lundi, dimanche et le midi sauf samedi*

✿ L'ASPÉRULE

Chef : Keigo Kimura

CUISINE MODERNE • CONTEMPORAIN C'est dans un décor sobre et contemporain que le chef Keigo Kimura élabore cette cuisine française mâtinée de Japon dont il a le secret. Autour de jolis produits – canard de Challans, bœuf Wagyu, homard et gibier –, il propose un menu dégustation mystère qui fait appel à des techniques de cuisson sophistiquées (grillades sur charbon binchotan) ainsi qu'à une grande maîtrise de l'épure dans les dressages. On garde en mémoire cette petite tourte de sanglier, sa pâte dorée et luisante, sa farce au goût intense et sauvage, accompagnée de pommes sarladaises, champignons shiitake et jus au porto. Dernier atout : sous le restaurant, la luxuriante cave à vins renferme des trésors. Formule plus courte le midi.

PLAN : B1-3 – ❀ ♿ AC – **€€€** – *43 rue Jean-Jacques-Rousseau – ☎ 03 80 19 12 84 – www.restaurant-asperule.fr – Fermé lundi et dimanche*

NatashaBreen/Getty Images Plus

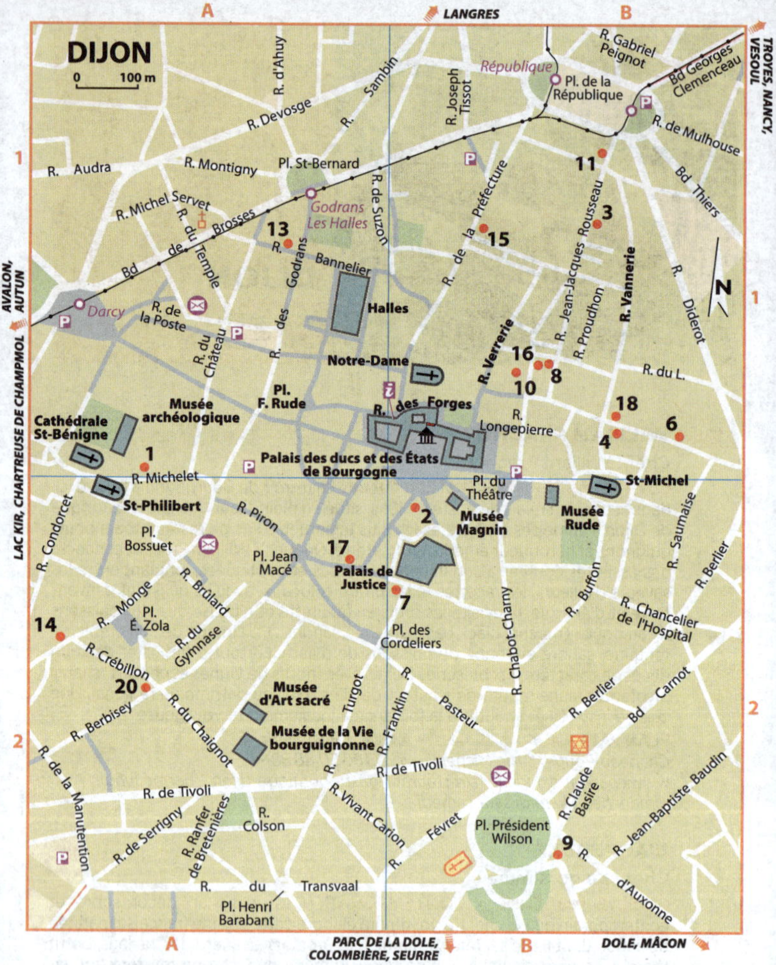

✿ CIBO

Chef : Angelo Ferrigno

CUISINE MODERNE • CONTEMPORAIN La salle contemporaine crée un contraste saisissant avec cette demeure en pierre de Bourgogne du 17e s. Le chef Angelo Ferrigno y propose une cuisine moderne judicieusement créative – ce qui ne l'empêche pas, tant s'en faut, de travailler des produits exclusivement locaux sélectionnés dans un rayon de 200 km. Il compose une cuisine naturelle et tendance, d'inspiration nordique, aux accents bruts, mais aux dressages d'une élégance rare. La betterave en pickles façon carpaccio, avec brunoise de silure fumé et vinaigre à la framboise, ou la côte de carpe de Haute-Saône au barbecue, laquée et nourrie au beurre comme une viande, avec petits pois, camérises (baies de chèvrefeuille) et jus d'arêtes, sont des modèles de gourmandise, tout comme les desserts (mention spéciale pour cette tartelette au sarrasin, flouve et fraises). Service attentif et conseils avisés du sommelier parachèvent ce moment. Réservation vivement recommandée.

L'engagement du chef : Les produits sont sourcés exclusivement dans un périmètre restreint. Les poissons de rivière – comme le silure de Saône ou la truite – occupent une place de choix, tandis que les protéines animales sont très limitées. Rien ne se perd : tout est transformé grâce à des fermentations (garum, pickles...) et d'autres techniques de conservation. Enfin, la carte des vins célèbre des domaines bio et biodynamiques, complétant un engagement sincère et ancré dans le terroir.

PLAN : B1-4 – **€€€€** – *24 rue Jeannin – 03 80 28 80 76 – www.cibo.restaurant – Fermé lundi, samedi et dimanche*

LOISEAU DES DUCS

CUISINE MODERNE • CHIC Près du palais ducal, cette table du groupe Bernard Loiseau se niche dans l'hôtel de Talmay, édifice du 16e s. classé monument historique. Le chef Iulian Fistos, ancien bras droit de Patrick Bertron à Saulieu, perpétue avec talent l'esprit d'une Bourgogne gourmande et les classiques de Bernard Loiseau dans une approche résolument contemporaine : escargots dijonnais en persillade, purée d'ail, tempuras de céleri branche et velouté de cresson ; filet de bœuf charolais, raviole de carottes et moelle de bœuf, jus au foin. Jolie sélection de vins au verre et menu déjeuner au bon rapport qualité/prix.

PLAN : B2-2 – **€€€** – *3 rue Vauban – 03 80 30 28 09 – www.bernard-loiseau.com – Fermé lundi et dimanche*

LA MAISON DES CARIATIDES

Chefs : Vincent et Marie-Cécile Gomis

CUISINE MODERNE • ÉPURÉ Dans le quartier des Antiquaires, cette bâtisse classée du 17e s., dont la façade est ornée de cariatides, est le fief de Vincent et Marie-Cécile Gomis, qui signent à quatre mains une fine cuisine actuelle aux associations de saveurs judicieuses. Produits de premier choix, températures et cuissons très maîtrisées, assaisonnements pointus et percutants : c'est un sans-faute ! Chaque élément est à sa place, avec un naturel et une simplicité qui ne peuvent que séduire, en particulier sur les préparations marines. On notera l'usage récurrent d'épices douces, maniées avec subtilité, et d'agrumes pour la vivacité.

PLAN : B1-8 – **€€€** – *28 rue Chaudronnerie – 03 80 45 59 25 – www.maisondescariatides.com – Fermé lundi et mardi*

ORIGINE

Chef : Tomofumi Uchimura

CUISINE CRÉATIVE • ÉLÉGANT Dans un décor élégant et feutré, le chef japonais Tomofumi Uchimura (qui a fait ses gammes chez Lameloise) impressionne par sa maîtrise de la cuisine française qu'il ponctue de discrètes touches japonisantes ; en témoigne ce cabillaud skrei en croûte de miso et pain d'épices aux notes d'umami, avec tempura de chou-fleur, tarama, citron bergamote, cacahuète et gingembre. Amoureux de la Bourgogne, le chef magnifie avec élégance les produits du terroir : légumes bio d'un maraîcher dijonnais, bœuf charolais, safran d'Auxonne, escargots du Jura voisin... Il ne s'interdit rien pourvu que la qualité soit au rendez-vous, et travaille aussi les poissons de mer selon l'arrivage. Une partition culinaire fine et précise, qui n'oublie pas d'inclure un menu végétarien. Belle cave.

PLAN : B2-9 – **€€€€** – *10 place du Président-Wilson – 03 80 67 74 64 – www.restaurantorigine.fr – Fermé lundi, dimanche et mardi midi*

CAVE

CUISINE MODERNE • BISTRO En face de CIBO, le chef Angelo Ferrigno signe dans cette cave à manger au décor de bois clair une version décontractée de son univers. Table d'hôte, comptoirs et casiers à vin composent un cadre chaleureux pour savourer une cuisine ancrée dans le terroir régional. Le midi, un menu unique met en avant la saison, tandis que le soir, les assiettes à partager célèbrent produits choisis et esprit de convivialité : planches de charcuterie et/ou fromages ; ceviche de truite, vinaigrette céleri et kalamansi ; entrecôte de bœuf du moment. Une adresse de poche sincère et vivante.

PLAN : B1-18 – **€€** – *29 rue Jeannin – 03 80 41 48 26 – www.cave.restaurant – Fermé lundi, samedi et dimanche*

L'ÉVIDENCE

CUISINE MODERNE • CONTEMPORAIN Passé par de grandes maisons, le chef Julien Burdin réalise une cuisine actuelle et de saison aux saveurs franches, à l'image de ce velouté de topinambour au pimentón de Murcia et brunoise de chorizo, ou cette volaille fermière de Bourgogne sauce vin jaune. En dehors du menu, quelques suggestions plus nobles, comme par exemple ces escalopes de foie gras de canard poêlées, truffe et purée de pomme de terre.

PLAN : B1-6 – AC – **€€** – *53 rue Jeannin – 03 80 67 69 37 – www.restaurant-levidence-dijon.com – Fermé samedi et dimanche*

SO

CUISINE DU MARCHÉ • SIMPLE Épaulé en salle par Rie, son épouse, le chef japonais, So Takahashi, seul aux fourneaux après avoir œuvré dans de belles maisons, travaille les produits qu'il achète directement au marché. Le résultat : une cuisine française légère et parfumée, à prix sage. Côté cave, une jolie sélection, notamment en bourgognes.

PLAN : B2-7 – **€** – *15 rue Amiral-Roussin – 03 80 30 03 85 – Fermé lundi, dimanche, et mardi et mercredi à midi*

SPICA

CUISINE MODERNE • BISTRO L'ancien Café de la Préfecture est emmené par le chef japonais Takaya Uchida. Au programme : mobilier de récup', fond jazzy, menu unique avec une cuisine du marché soignée et vins de Bourgogne à petits prix. On retient le velouté de chou-fleur, encornet snacké et chorizo ibérique, ainsi que ces filets de canette des Dombes avec pleurotes, aubergine et purée de carottes à l'orange.

PLAN : B1-15 – AC – **€€** – *48 rue de la Préfecture – 06 26 85 87 17 – www.restaurantspica.com – Fermé lundi, dimanche et mercredi midi*

L'ARÔME

CUISINE MODERNE • SIMPLE Venez goûter au bonheur dans ce petit havre de gourmandise. Le chef Kadoguchi réalise des assiettes soignées et travaillées, alternant recettes japonaises (gyozas) et franco-françaises (lieu jaune, sauce provençale) ou mixant les deux, avec cette excellente picanha et sa sauce asiatique. Textures et saveurs harmonieuses, cuissons au cordeau, belle sélection de vins et accueil parfait : un coup de cœur !

PLAN : B1-11 – AC – **€€** – *2 rue Jean-Jacques-Rousseau – 03 80 31 12 46 – www.restaurant-aromedijon.com – Fermé lundi et dimanche*

AZEROLE

CUISINE FUSION • BISTRO Originaire de Chine du Nord, Xin Gan, également épouse du chef du restaurant Parapluie, travaille à cette table fusion franco-asiatique réjouissante, installée dans un cadre simple de néo-bistrot (murs en pierre, tables et chaises en bois foncé). Seule en cuisine, la cheffe associe avec talent les épices, le tofu et autres kimchi, avec des produits français de saison et de qualité, à l'image de ce carré de porc, chimichurri, crème de courgette et curry vert, accompagné d'un trait de houmous onctueux et de rubans de carottes multicolores, liés d'une vinaigrette à l'orange – savoureux !

PLAN : A2-20 – – **€€** – *86 rue Berbisey – 03 80 60 03 94 – www.azerole-dijon.fr – Fermé samedi et dimanche*

MONIQUE, BOIRE ET MANGER

CUISINE MODERNE • **CONVIVIAL** Qu'aurait pensé Monique, la grand-mère de la cheffe Clara Reydet, de ce charmant bistrot où le légume de saison, utilisé de la tête aux pieds, joue la vedette ? Que du bien évidemment ! Clara cuisine en toute liberté, se joue d'influences diverses et nous séduit, nous les chics types, avec une crème de boudin noir, poireaux brûlés, condiment pommes et graines de tournesol, ou des gnocchi, butternut confit à l'ail, sauce blanquette et pesto de carottes. Cette cuisine métissée à tendance végétale se déguste dans un cadre simple et pimpant de bois clair. Petite terrasse sur rue piétonne.

PLAN : A2-17 – – **€€** – *33 rue Amiral-Roussin – 03 80 49 99 36 – www.moniqueboireetmanger.fr – Fermé lundi et dimanche, et mardi, mercredi et samedi soir*

PARAPLUIE

CUISINE MODERNE • **SIMPLE** Ce restaurant de poche propose une cuisine actuelle et voyageuse réhaussée parfois d'épices, à base de produits de saison, locaux pour la plupart. On la décline sous forme d'un menu unique mystère en plusieurs services le soir, et d'un menu avec choix au déjeuner à prix doux. Jolie petite sélection de vins, bières et autres alcools (whiskys, eaux-de-vie, etc).

PLAN : A2-14 – – **€€** – *74 rue Monge – 03 80 28 79 94 – www.parapluie-dijon.com – Fermé dimanche*

SAISON

CUISINE MODERNE • **CONVIVIAL** Dans le quartier des Antiquaires, cette table franco-italienne accueille dans une salle agréable aux tons clairs. Aux commandes, le chef milanais Riccardo Maiello, formé dans les maisons étoilées, nous régale avec une cuisine moderne qui alterne recettes françaises, avec des clins d'œil aux produits locaux (à l'image de cette entrée d'œuf parfait, fèves d'Arc-sur-Tille, shiitake, émulsion ail et cancoillotte fermière), et assiettes 100% italiennes comme ces paccheri alla carbonara al dente, pâtes artisanales provenant directement d'Italie et réalisées dans les règles de l'art avec pecorino et guanciale.

PLAN : B1-16 – – **€€** – *17 rue Lamonnoye – 03 65 67 15 81 – www.saison-restaurant.fr – Fermé lundi et dimanche, et mardi et mercredi soir*

SUBLIME

CUISINE MODERNE • **CONTEMPORAIN** À deux pas des halles, le chef sicilien Giovanni Spataro puise son inspiration autant dans sa terre d'adoption – en témoigne cette poitrine de porc, chou farci, caviar de Bourgogne et jus corsé à la moutarde – que dans ses origines transalpines, avec par exemple les ravioli del plin à la courge, pain d'épices et gorgonzola, ou la daurade royale façon beccafico, servie avec des oignons en plusieurs textures et un jus d'arêtes. Menu déjeuner en semaine au bon rapport plaisir/prix.

PLAN : A1-13 – – **€€€** – *24 rue Bannelier – 03 45 83 10 85 – www.sublime.restaurant – Fermé lundi et dimanche*

LA TABLE DES CLIMATS

CUISINE MODERNE • **CONTEMPORAIN** Au cœur de la Cité internationale de la gastronomie et du vin, ce restaurant se trouve à quelques pas de la Chapelle des Climats et des Terroirs. Le décor contemporain met également en valeur des éléments historiques de l'édifice, tels que pierres apparentes et plafond à la française. Ce cadre séduisant sert d'écrin à une cuisine qui célèbre les produits de la région : pôchouse de pêche d'eau douce à l'aïoli, jambon et chablis ; canard de la Dombes à l'abricot, aubergine et hysope ; dessert au cassis noir de Bourgogne, menthe aquatique, crème anglaise et poivre de cassis... Les accords mets et vins reçoivent une attention particulière.

HORS PLAN - *- €€€ - 12 parvis de l'Unesco - 03 80 41 74 98 - www.latabledesclimats.fr/menu-restaurant/ - Fermé lundi et mardi, et dimanche soir*

L'UN DES SENS

CUISINE MODERNE • ÉPURÉ Proche du quartier des Antiquaires, ce restaurant propose une cuisine actuelle aux dressages soignés, déclinée sous forme de menus surprise. Légumes et fruits proviennent souvent du potager du chef. Le midi, on bascule sur un menu du marché à prix doux. Agréable terrasse dans la cour.

PLAN : B1-10 - - €€€ - *3 rue Jeannin - 03 80 65 75 58 - www.lundessens-dijon.fr - Fermé lundi et dimanche*

GRAND HÔTEL LA CLOCHE

CONTEMPORAIN • ÉLÉGANT Il fait bon vivre dans cette bâtisse Belle Époque (1884), entièrement rénovée. Les chambres, aménagées dans un style contemporain chic, sont spacieuses et confortables. Restaurant lumineux sous sa verrière, donnant sur une plaisante terrasse. Le brunch du dimanche est très couru !

- **93 chambres** - *14 place Darcy - 03 80 30 12 32*

HOSTELLERIE DU CHAPEAU ROUGE

MODERNE • RAFFINÉ Une élégante "hostellerie" créée en 1863, mais toujours pleine de fraîcheur avec ses chambres au décor soigné, certaines très contemporaines. Le must : profiter de l'espace bien-être – massage, sauna, hammam – avant un bon dîner.

- **28 chambres** - *5 rue Michelet - 03 80 50 88 88*

William Frachot - Voir la sélection des restaurants

MAMA SHELTER DIJON

MODERNE • CONVIVIAL Un immeuble de bureaux brutaliste des années 1960 abrite désormais, en plein Dijon, le rejeton local de Mama Shelter. Impertinent et coloré, le décor, dû à l'architecte Benjamin El Doghaïli, optimise chaque espace par des trésors d'imagination. Les chambres sont aussi confortables que fonctionnelles, et les espaces publics très conviviaux, du jardin au restaurant polyvalent, de la terrasse au bar.

- **120 chambres** - *8 rue du Docteur Maret*

DINAN

22100 - Côtes-d'Armor - Carte régionale n° **1**-D2

COLIBRI

CUISINE MODERNE • **TENDANCE** Dans le vieux Dinan, un agréable bistrot contemporain avec bois blond, parquet en chêne, cheminée et cuisine ouverte sur la petite salle. Dans l'assiette, une pétillante cuisine qui mêle souvent terre et mer : homard, petits pois et fraise ; rouget, boudin basque et figues ; framboise, sorbet au poivron rouge et chiffon cake...

- **€€** - *14 rue de la Mittrie - 02 96 83 97 89 - www.colibri-dinan.com - Fermé lundi et dimanche*

LA MAISON PAVIE

TRADITIONNEL • **CHARME** Situé dans un bâtiment du 15e s. méticuleusement restauré, ce bed and breakfast de charme présente des détails architecturaux à l'intérieur et à l'extérieur, tels que des murs en torchis, des poutres massives et une cheminée «pattes de lion». La décoration de chaque chambre est inspirée d'une ville visitée par le célèbre explorateur français Auguste Pavie, né dans la maison en 1847, mais possède aussi tout le confort moderne. Copieux petit-déjeuner dans la salle à manger ou dans le romantique jardin clos.

P - **5 chambres** - *10 place Saint-Sauveur - 02 96 84 45 37*

DINARD

35800 - Ille-et-Vilaine - Carte régionale n° **9**-A1

POURQUOI PAS

CUISINE MODERNE • **ÉLÉGANT** Le restaurant de l'hôtel Castelbrac porte le nom du bateau du commandant Charcot, célèbre explorateur des zones polaires. Né à Dinan, le chef Julien Hennote a lui aussi exploré d'autres horizons (culinaires), comme ceux de la Côte d'Azur et même de la Polynésie. En cuisine, il privilégie les produits du terroir et la pêche côtière (coquilles Saint-Jacques et ormeaux de plongée, homard, algues) dans le respect des ressources. Ses recettes, ambitieuses, s'avèrent élégantes et savoureuses. Mention spéciale pour les délicieux desserts. Salle cosy et terrasse panoramique face à la mer, avec en ligne de mire, la cité corsaire.

- **€€€€** - *Hôtel Castelbrac, 17 avenue George-V - 02 99 80 30 00 - www.castelbrac.com - Fermé lundi et mardi*

DIDIER MÉRIL

CUISINE MODERNE • **CONTEMPORAIN** Dans un cadre cosy et contemporain, profiter d'un déjeuner avec une magnifique vue sur la baie du Prieuré laisse présager un bon moment. Les yeux rivés sur le large, les gourmands apprécient la cuisine plutôt créative du chef propriétaire Didier Méril. Ses produits, de qualité et de saison, sont principalement issus du marché et de la pêche locale (topinambour en plusieurs textures et marinière de coquillages ; le maquereau, courge spaghetti et jus de tête monté au beurre ; tartelette à la poire au croustillant à l'amande, crémeux vanille tonka et sorbet poire). Le déjeuner offre un bon rapport qualité/prix.

- **€€€** - *1 place du Général-de-Gaulle - 02 99 46 95 74 - www.restaurant-didier-meril.com*

OMBELLE

CUISINE MODERNE • **CONTEMPORAIN** Après avoir enchaîné les saisons dans les grandes maisons, le chef Alexandre Frin et sa compagne en salle Ludivine La Rosa ont jeté l'ancre dans cette belle maison du début de 20e s. en briques rouges et aux grandes baies blanches à petits carreaux. Le chef compose une carte moderne 100% saisonnière, sans œillères et sans extravagances, avec de beaux produits qui privilégient les circuits courts mais aussi les herbes et les fleurs aromatiques du potager du grand-père. Cuisson nacrée de la Saint-Jacques, subtil parfum à la fleur de cannelier de la glace associé à la patate douce et à la clémentine : un délicieux voyage.

- **€€** - *7 boulevard du Président Wilson - 09 88 03 35 35 - www.restaurant-ombelle.fr - Fermé dimanche, et lundi et mardi à midi*

LA VALLÉE

CUISINE TRADITIONNELLE • CONTEMPORAIN Si la salle est agréable avec ses grandes baies vitrées, on ne résiste pas à la terrasse, orientée plein sud juste au-dessus de la pittoresque cale du Bec de la Vallée. Idéale pour déguster de beaux produits de la mer (poireaux brûlés, coques de la baie aux herbes fraîches), mais également des incontournables du terroir breton (tranche de lard paysan du pays malouin, far breton de la Vallée...).

- **€€** - *6 avenue George-V - 02 99 46 94 00 - www.hoteldelavallee.com - Fermé lundi et mardi, et dimanche soir*

CASTELBRAC

Plus

MODERNE • CHALEUREUX Cette demeure du 19e s., qui accueillait autrefois un muséum d'histoire naturelle, est installée juste au-dessus des flots : une situation exceptionnelle ! Les chambres, modernes et chaleureuses, offrent toutes une vue splendide sur la baie du Prieuré et St-Malo.

- 23 chambres - *17 avenue George V - 02 99 80 30 00*

Pourquoi Pas - Voir la sélection des restaurants

EMERIA DINARD HÔTEL THALASSO & SPA

MODERNE • MARITIME Sur la pointe de St-Énogat, l'ex-Novotel Thalassa a changé de mains, mais dispose toujours d'un beau centre de thalassothérapie avec piscines d'eau de mer couvertes et chauffées, un bar et des salons de réception. Reposez-vous dans des chambres contemporaines, face à la mer.

- 106 chambres - *1 avenue du Château Hébert - 02 99 16 78 10*

GRAND HÔTEL DINARD

CLASSIQUE • ÉLÉGANT Ce "grand hôtel" du 19e s., qui domine la promenade maritime du Clair-de-Lune, accueille les stars de cinéma lors du Festival du film britannique. Les chambres sont aménagées avec sobriété et classicisme.

- 86 chambres - *46 avenue George V - 02 99 88 26 26*

ROYAL EMERAUDE

CLASSIQUE • CHALEUREUX Agatha Christie aurait aimé ce bel hôtel en pierre et brique rouge de 1876, dont l'intérieur est réchauffé de boiseries sombres et de fauteuils clubs. Quatre thèmes président à la décoration des chambres : paquebot, aviation, Orient Express et Indes britanniques.

- 47 chambres - *1 boulevard Albert 1er - 02 99 46 19 19*

VILLA HAUTE GUAIS

VICTORIEN • GLAMOUR Moitié hôtel, moitié résidence privée, la Villa Haute Guais jouit d'un emplacement de choix face à la mer, non loin du centre-ville. La décoration intérieure, confiée aux bons soins de la designer Sophie Bannier, joue crânement la carte british, avec des chambres et des suites qui mettent tout le charme du 19e s. au service d'une atmosphère glamour et contemporaine.

- 5 chambres - *17 avenue de la Vicomté*

DISSAY

✉ 86130 - Vienne - Carte régionale n° **15**-B2

Ô DISSAY

CUISINE MODERNE • BOURGEOIS À l'écart de Poitiers, le château de Dissay, superbe édifice du 15e s. magnifiquement conservé et transformé en hôtel de charme, abrite un restaurant installé dans un vaste salon élégant avec parquet et moulures. On y découvre une cuisine moderne et visuelle, ancrée dans la tradition bourgeoise, qui célèbre de beaux produits - cèpe, langoustine, pintade fermière, vanille Bourbon - relevés de sauces et de jus riches en goût, à l'image du turbot confit, moules de bouchot et sauce safran intense. Offre bistronomique en début de semaine et le midi hors weekend.

€€€ - *111 place Pierre-d'Amboise - 05 49 11 11 11 - www.chateaudedissay.com*

DOL-DE-BRETAGNE

✉ 35120 - Ille-et-Vilaine - Carte régionale n° **9**-B1

DAMES (N)

CUISINE MODERNE • CONTEMPORAIN Ancien relais routier entre Saint-Malo et le Mont-Saint-Michel, cette maison a été métamorphosée par Marine Hervouet (passée chez Alain Passard et Bruno Verjus) et Pascaline Albicini (formée chez Robuchon et Etchebest). Le lieu, rénové dans un esprit bucolique avec pierres apparentes et mobilier contemporain, évoque la chaleur du foyer familial. La carte, centrée sur des produits locaux choisis avec soin, révèle une rare exigence. Les agnolotti végétaux, garnis d'une compotée de tomate flammée et nappés d'une sauce au caramel de tomate, séduisent par leur relief aromatique. Le dessert ose (et réussit) l'inattendu avec un chou craquelin garni d'aubergine fumée, glace à l'oseille et caramel chaud.

€€€ - *23c rue de Rennes - 02 99 48 06 14 - www.restaurant-dames.com - Fermé lundi, mardi, et mercredi et jeudi à midi*

DOLE

✉ 39100 - Jura - Carte régionale n° **13**-A2

LA CHAUMIÈRE

Chef : Laurent Barberot

CUISINE MODERNE • ÉLÉGANT Dans cette auberge moderne située aux portes de Dole, le chef Laurent Barberot, fort d'un parcours éloquent (Plaza Athénée à Paris, La Pyramide à Vienne, La Côte d'Or à Saulieu, Le Clos des Sens à Annecy), propose un menu unique qui met en valeur les beaux produits de saison, avec quelques touches régionales : anguille fumée, Saint-Jacques de plongée, volaille de Bresse, fromages du Jura... À noter : le restaurant gastronomique n'est ouvert que du vendredi soir au samedi soir.

€€€€ - *346 avenue du Maréchal-Juin - 03 84 70 72 40 - www.lachaumiere-dole.fr - Fermé lundi, mardi, mercredi, jeudi, dimanche et vendredi midi*

LA BAGATELLE (N)

CUISINE MODERNE • CONTEMPORAIN L'adresse bistrotière de la Chaumière, ouverte seulement en semaine, propose une cuisine actuelle et gourmande, alliant précision et générosité. On y savoure par exemple un œuf moelleux aux champignons mijotés dans leur jus mousseux, ou un magret de canard escorté de figues rôties et de butternut. Aux beaux jours, l'agréable terrasse face au jardin prolonge l'expérience.

€€ - *346 avenue du Maréchal-Juin - 03 84 70 72 40 - www.lachaumiere-dole.fr - Fermé lundi, samedi et dimanche, et vendredi soir*

GRAIN DE SEL

CUISINE MODERNE • CONTEMPORAIN Dans un vaste pavillon du 19e s. entièrement rénové, on trouve dans ce Grain de Sel une carte exprimant une passion pour le local, l'artisanal et les produits frais de saison. Le chef Aurélien Moutarlier, qui fut second de Romuald Fassenet au Château du Mont Joly, réalise des créations toujours soignées, colorées, aux cuissons maîtrisées ; les assaisonnements sont tout aussi réussis. Le restaurant est lumineux, proposant plusieurs salles contemporaines aux tons clairs, ainsi qu'une terrasse.
- **€€** - *79 route Nationale - 03 84 71 97 36 - www.restaurant-graindesel.fr - Fermé mardi et mercredi, et dimanche soir*

IIDA-YA

CUISINE JAPONAISE • ÉPURÉ Confit de poitrine de porc sauce gingembre, sushis, makis ou tempura... Dans son restaurant zen et chic - et sous vos yeux -, le chef nippon concocte des mets raffinés, autour desquels se rencontrent (et s'apprécient) les cuisines française et japonaise. Belle carte de sakés. Adulé à Dole !
- **€€** - *18 rue Arney - 03 84 70 98 73 - www.iida-ya.fr - Fermé dimanche et lundi*

DOLUS-D'OLÉRON - Charente-Maritime (17) → Voir Île d'Oléron

DOMMARTIN-LÈS-REMIREMONT

88200 - Vosges - Carte régionale n° **7**-C3

LE KARELIAN

CUISINE MODERNE • CONTEMPORAIN Une salle feutrée, épurée, écrin idéal pour ce chef qui propose une cuisine moderne et créative, à l'image de cet omble chevalier à la cuisson impeccable accompagné de sarrasin grillé et de baby poireaux croquants saveur saté. En salle, on apprécie l'accueil et le professionnalisme de son épouse. Le séduisant chariot de desserts ravira les amateurs de douceurs.
- **€€** - *36 rue du Cuchot - 03 29 62 44 05 - www.lekarelian.com - Fermé lundi et dimanche soir*

DONNEMARIE-DONTILLY

77520 - Seine-et-Marne - Carte régionale n° **11**-C2

LA CROIX BLANCHE

CUISINE TRADITIONNELLE • CONTEMPORAIN Aucun doute, vous allez marquer votre passage dans ce restaurant d'une croix blanche ! Derrière les fourneaux, le chef - originaire du coin - met un point d'honneur à n'utiliser que de beaux produits de saison. Dans l'assiette, le goût est au rendez-vous : une bonne adresse.
- **€€** - *2 place du Marché - 01 64 60 67 86 - www.restaurant-croixblanche.fr - Fermé mardi et mercredi, et lundi et dimanche soir*

DONZENAC

✉ 19270 - Corrèze - Carte régionale n° **19**-B3

LE PÉRIGORD

CUISINE TRADITIONNELLE • RUSTIQUE À l'entrée du bourg, installez-vous dans cet intérieur habillé de bois massif, près de l'imposante cheminée. On y sert la spécialité de la maison : une tête de veau sauce gribiche, indémodable et toujours aussi savoureuse. Escargots, joue de bœuf ou soufflé chaud se révèlent tout aussi convaincants. Du rustique comme on l'aime.

♿ - **€€** - *9 avenue de Paris - ✆ 05 55 85 72 34 - Fermé mercredi, et mardi et dimanche soir*

DOUAI

✉ 59500 - Nord - Carte régionale n° **4**-C2

LA TABLE DES ÉCHEVINS

CUISINE MODERNE • CONTEMPORAIN Au cœur de Douai, sa ville natale, le chef Jérôme Prévost (ancien second du Cerisier à Laventie) a investi avec brio cette ancienne maison d'antiquaires. Les traces élégantes du passé, telles qu'une imposante cheminée en marbre, se marient à merveille à une décoration contemporaine voire design. Le chef fait son beurre des poissons de la Côte d'Opale, des légumes des producteurs locaux et du homard auquel il consacre d'ailleurs en saison un menu dédié. Au sein de la même maison, le bistrot Boterzing offre une cuisine plus simple.

♿ AC - **€€€** - *Maison Prévost, 10 rue de la Massue - ✆ 03 27 86 59 97 - www.maisonprevost.fr - Fermé lundi, dimanche et samedi midi*

DOUARNENEZ

✉ 29100 - Finistère - Carte régionale n° **1**-B2

L'INSOLITE

CUISINE MODERNE • TRADITIONNEL Au cœur de la ville, cette belle adresse dirigée par le chef Gaël Ruscart met à l'honneur une cuisine inventive et maîtrisée. Les produits marins y sont sublimés à travers des plats raffinés : langoustines, effeuillé d'araignée de mer, nuage de haddock fumé et crème de citron vert ; Saint-Jacques, mousseline de panais au citron confit, crème de langoustine. Harmonie des saveurs et maîtrise technique s'allient dans un cadre accueillant et élégant.

- **€€€** - *4 rue Jean-Jaurès - ✆ 02 98 92 00 02 - www.lafrance-dz.com - Fermé lundi et dimanche*

DOUVAINE

✉ 74140 - Haute-Savoie - Carte régionale n° **21**-C1

Ô FLAVEURS

Chef : Jérôme Mamet

CUISINE MODERNE • HISTORIQUE Ô saisons, ô châteaux, ô saveurs... comme dit le gourmet ! Avec ses pierres apparentes, ses poutres, son plancher et sa cheminée pour les rudes soirées d'hiver, cet authentique petit château du 15e s. ravira les âmes romantiques qui apprécieront à juste titre le menu mystère de Jérôme Mamet, très soucieux de l'esthétisme de ses assiettes. Ce chef inventif ne travaille que des produits de qualité, souvent bio et sélectionnés avec soin. Agréable terrasse.

P - **€€€€** - *Château de Chilly, 42 route du Crépy - ✆ 04 50 35 46 55 - www.oflaveurs.com - Fermé mardi et mercredi, et dimanche soir*

DRACY-LE-FORT

✉ 71640 - Saône-et-Loire - Carte régionale n° **17**-C2

LA GARENNE

CUISINE MODERNE • CONTEMPORAIN Une bien jolie Garenne où l'on se régale par exemple d'un crémeux carotte, espuma de pomme de terre et son saumon gravlax fondant en bouche, et en dessert, d'un chou craquelin, mousse citron yuzu, agrumes du moment. Un décor sobre, avec photos des vignes aux alentours, et une véranda donnant sur la terrasse et le parc. Côté hôtel, chambres plaisantes, piscine et spa.

- **€€** - *Le Dracy, 4 rue du Pressoir - 03 85 87 81 81 - www.ledracy.com - Fermé dimanche*

DRUDAS

✉ 31480 - Haute-Garonne

CHÂTEAU DE DRUDAS

CLASSIQUE • ÉLÉGANT Dans un joli coin de campagne au nord-ouest de Toulouse, ce château du 18e s. découvre un intérieur d'une grande élégance, et des chambres de caractère. Petit espace de remise en forme avec jacuzzi et sauna.

- **23 chambres** - *Le Village - 05 34 57 88 88*

DRUSENHEIM

✉ 67410 - Bas-Rhin - Carte régionale n° **8**-B1

AU GOURMET

Chef : Ludovic Kientz

CUISINE MODERNE • CLASSIQUE Ludovic Kientz (ex-Crocodile, sous le règne d'Émile Jung) et sa compagne Sandie Ling, sommelière (formée notamment chez Michel Bras), insufflent du goût à cette auberge de campagne, entourée d'un grand jardin. Le chef prend un plaisir évident à travailler les produits de la mer et les sauces, sans oublier les légumes de son propre potager, autour d'une cuisine bourgeoise, empreinte de modernité. Ce jour-là : carpaccio de Saint-Jacques en marinade de petits légumes, caviar, salade de quinoa et gel de citron vert ; filet de canette, rouleau de pomme de terre à la truffe, jus au vin rouge, gingembre et baies de genièvre.

- **€€€** - *4 route de Herrlisheim - 03 88 53 30 60 - www.au-gourmet.fr - Fermé lundi, mardi, mercredi midi et dimanche soir*

DUINGT

✉ 74410 - Haute-Savoie - Carte régionale n° **21**-C2

BEC

CUISINE MODERNE • CONVIVIAL Est-ce donc l'adresse où les cailles et les alouettes nous tomberont toutes rôties dans le bec ? C'est en tout cas la table où le chef Brice Collon et son épouse Élodie proposent une cuisine moderne à travers un menu-carte dédié aux produits de la Savoie (féra, escargot et brochet notamment), sans oublier foie gras, lotte et ris de veau au prix d'un petit supplément. Bien fichues, les assiettes sont goûteuses à l'image de cette pluma de cochon du mont Charvin, polenta et sauce barbecue.

- **€€** - *590 route d'Annecy - 04 50 19 63 13 - www.restaurantbec.com - Fermé lundi et dimanche*

LE CLOS MARCEL

MODERNE • ÉLÉGANT Sur un site privilégié au bord du lac d'Annecy (ponton privé), une architecture repensée dans un esprit écologique, des chambres design et confortables : un Clos Marcel résolument 21e s, face aux sommets qui se reflètent dans le miroir d'eau.

- 15 chambres - *410 allée de la Plage - 04 50 68 67 47*

DULLIN

73610 - Savoie - Carte régionale n° **21**-C2

LES QUATRE SAISONS N

CUISINE MODERNE • TRADITIONNEL D'origine péruvienne, Antonio Gérard Quintanilla tient les rênes de cet hôtel-restaurant blotti dans l'arrière-pays savoyard. Chez Antonio, pas de détour par les Andes : ce chef trace sa voie en réalisant des assiettes bien françaises charpentées de jus marqués, avec un goût prononcé pour les champignons. Sa volaille de Saint-Béron, flanquée d'une sauce Albufera onctueuse et d'un cortège forestier, illustre son attachement à la gourmandise maîtrisée. La salle, traditionnelle avec ses poutres et ses suspensions en bois de cervidés, s'ouvre largement sur l'extérieur grâce à ses baies vitrées. Chambres confortables pour prolonger l'étape.

- **€€€** - *54 route de la Mairie - 04 79 60 83 66 - www.restaurantlesquatresaisons.fr - Fermé lundi et mardi, et dimanche soir*

DUNIÈRES

43220 - Haute-Loire - Carte régionale n° **20**-C2

LA TOUR

CUISINE DU TERROIR • FAMILIAL Les produits locaux (lentilles vertes du Puy, escargots de Grazac, pintade fermière, etc.) se transforment en mets alléchants sous l'impulsion du chef. C'est bon, soigné, généreux, avec en prime, un beau chariot de fromages auvergnats. Tout est sympathique, y compris les chambres, bien pratiques.

- **€€** - *7 ter route du Fraisse - 04 71 66 86 66 - www.hotelrestaurantlatour.com - Fermé lundi et dimanche*

DUNKERQUE

59140 - Nord - Carte régionale n° **4**-B1

RENÉE N

CUISINE TRADITIONNELLE • CONTEMPORAIN Originaire de Dunkerque, Charles Bruneval, passé par les belles maisons, a ouvert cette table dont le patronyme rend hommage à sa grand-mère. Dans un cadre sans chichi, il mitonne une popote traditionnelle solide et précise : aile de raie à la grenobloise, pâté en croûte, croquettes de crevettes. Cuissons nettes, sauces riches : on sent à chaque bouchée la patte d'un chef de métier.

- **€€** - *12 place Paul-Asseman - 03 61 44 04 73 - www.renee-restaurant.fr - Fermé lundi et dimanche*

DURY

80480 - Somme - Carte régionale n° **4**-B3

L'AUBERGADE

CUISINE MODERNE • CONTEMPORAIN Cette table dirigée par Éric Boutté propose une cuisine classique empreinte de modernité, respectueuse des saisons et inspirée des terroirs. Parmi les plats emblématiques, le chou farci feuille à feuille, signature de la maison, ou encore la cuisse de lapin confite accompa-

gnée d'une déclinaison de panais. Pour les plus audacieux, les Saint-Jacques marinées sur mousseline de potiron, relevées d'œufs de hareng fumés, promettent une belle découverte. Le décor mêle harmonieusement murs en bleu « waide » et béton brut, rendant hommage à la région. Bon rapport qualité-prix.
♿ 🛋 - €€€ - *78 route Nationale - ✆ 03 22 89 51 41 - www.aubergade-dury.com - Fermé lundi et dimanche*

LA BONNE AUBERGE

CUISINE MODERNE • CONTEMPORAIN Dans cette pimpante auberge, on choisit combien de plats on souhaite déguster et on se laisse guider. Le jeune chef se montre assez audacieux dans sa cuisine, osant quelques accords de saveurs originaux (qui ne font pas de mal, dans cette région où la tradition règne en maître...). Service aimable et efficace, bon rapport qualité-prix. À noter, la création d'une boutique mitoyenne au restaurant, avec plats à emporter de l'entrée au dessert, concoctés par le chef.
♿ - €€ - *63 route Nationale - ✆ 03 22 95 03 33 - www.labonneauberge80.com - Fermé lundi, mardi et dimanche, et mercredi et jeudi soir*

EAUCOURT-SUR-SOMME

✉ 80580 - Somme - Carte régionale n° **4**-A3

LE SALTIMBANQUE - AUBERGE DU MOULIN

Chef : Sébastien Porquet

CUISINE MODERNE • CONTEMPORAIN Une adresse de caractère, nichée dans la campagne et surplombant la vallée de la Somme, tenue par un chef picard amoureux de son terroir. Son réseau de producteurs locaux témoigne de cet attachement. Le menu surprise, décliné en plusieurs séquences aux saveurs franches, met en valeur des produits issus de l'agriculture raisonnée et des poissons de petite pêche. Les assiettes séduisent par leur simplicité et leur élégance, offrant un moment des plus agréables. Belle cave avec environ 300 références. Agréable terrasse ouverte aux beaux jours.

L'engagement du chef : Notre cuisine est un reflet authentique du terroir de la Picardie maritime. Les produits qui dictent au quotidien notre carte sont ceux d'artisans et de producteurs locaux qui rendent respectueusement hommage à notre terre. Dans une optique de mutualisation, nous gérons la logistique avec un transporteur qui retire la marchandise à la ferme, et nous traitons les biodéchets par méthanisation.
♿ AC 🅿 - €€ - *1500 rue du 8-Mai (lieu-dit du Moulin) - ✆ 03 22 27 08 94 - www.lesaltimbanque.fr - Fermé lundi, mardi, mercredi midi et dimanche soir*

ÉCHIROLLES

✉ 38130 - Isère

POMO

MODERNE • ÉLÉGANT Le sud de l'agglomération grenobloise offre un environnement semi-urbain à quelques minutes des pistes de ski... et un hôtel inoubliable ! Le PoMo doit son nom, suppose-t-on, au style post-moderne de son architecture et de sa décoration, un mélange de couleurs contemporaines, de graphismes et de typographies audacieuses, ainsi que de beaux meubles d'inspiration moderniste. Les chambres sont polyvalentes, combinant élégance et fonctionnalité pour servir occasionnellement de bureau. Le bar mérite également la visite, ouvert sur une terrasse.
AC 🅿 Spa - **67 chambres** - *16 avenue de Kimberley - ✆ 04 76 33 60 60*

ÉCOUVIEZ

✉ 55600 - Meuse - Carte régionale n° **6**-D2

LES ÉPICES CURIENS

CUISINE MODERNE • CONVIVIAL En se baladant dans les parages, on passe facilement en Belgique sans s'en rendre compte... mais l'ancienne gare de ce village frontalier, transformée en un sympathique restaurant, saura vous retenir en France. On y déguste une cuisine inspirée et bien tournée, accompagnée de bons petits vins. Beaucoup de goût !

- **€€** - *3b place de la Gare - 03 29 86 84 58 - www.lesepicescuriens.com - Fermé du lundi au mercredi et dimanche soir*

ÉCULLY

✉ 69130 - Rhône - Carte régionale n° **21**-A2

SAISONS

CUISINE MODERNE • ÉLÉGANT Ce château du 19e s., qui abrite l'école hôtelière internationale "Institut Lyfe" (ex Institut Paul Bocuse), propose une partition culinaire signée Florian Pansin, entouré d'une large équipe tant en cuisine qu'en salle. On apprécie la finesse, les dressages précis, et les accords de saveurs équilibrés : éventail de Saint-Jacques à la noix, beurre monté au rancio ; filet de bœuf au poivre de Kampot flambé au rhum, pommes soufflées... Les cuissons sont justes, il y a ce qu'il faut de créativité dans l'assiette. En somme : une vraie et goûteuse cuisine de saison !

VOIR LYON PLAN I - A1 - 85 - **€€€€** - *1A chemin de Calabert - 04 26 20 97 57 - www.saisons-restaurant.fr - Fermé samedi et dimanche*

MAISON D'ANTHOUARD

MODERNE • ÉLÉGANT Pratique par sa proximité de l'autoroute, cette belle maison nichée dans un parc aurait appartenu au général d'Anthouard, de l'armée napoléonienne. Cela explique peut-être les dimensions "impériales" de l'escalier, qui distribue fièrement des chambres élégantes et feutrées.

- **16 chambres** - *2 route de Champagne - 04 78 36 56 89*

ÉGLETONS

✉ 19300 - Corrèze - Carte régionale n° **19**-C2

EKAINA N

CUISINE MODERNE • COSY Entre Tulle et Ussel, à Égletons, ce restaurant ouvert par un jeune couple originaire du Pays basque séduit par son sérieux et sa cuisine sans fioritures. Le midi en semaine, l'offre est délibérément plus simple, autour d'un menu ouvrier qui attire les habitués. Le soir, la carte s'affirme : boudin basque grillé avec galette de pommes de terre et pommes dorées ; tourteau mayonnaise relevé d'une crème carotte-curry, blinis à la farine de noix.

- **€€** - *10 rue Bernard-de-Ventadour - 05 44 41 11 16 - www.restaurant-ekaina.fr - Fermé dimanche soir, lundi soir, mardi et mercredi*

EGUISHEIM

🖂 68420 - Haut-Rhin - Carte régionale n° **8**-C2

AU VIEUX PORCHE

CUISINE TRADITIONNELLE • **AUBERGE** Cette demeure typique (1707) est installée sur le domaine viticole de la famille de la gérante. Son mari concocte de bons plats classiques et régionaux : marbré de foie gras "oie et canard" et confit d'oignons rouges ; rognons de veau poêlés, moutarde à l'ancienne et spaetzle maison, millefeuille de bœuf comme un Rossini... Accueil sympathique.

- €€ - 16 rue des Trois-Châteaux - 03 89 24 01 90 - www.auvieuxporche.fr - Fermé lundi et mardi, et dimanche soir

LE PAVILLON GOURMAND

CUISINE MODERNE • **CONTEMPORAIN** Cette maison de village (1683) offre un cadre lumineux mariant avec goût le cachet historique de la bâtisse à des notes plus contemporaines. On se régale d'une cuisine voguant entre recettes alsaciennes (tarte à l'oignon, choucroute, civet de sanglier) et préparations plus actuelles. Les vins du vignoble d'Eguisheim sont bien représentés, et la petite terrasse, fort appréciée l'été.

- €€ - 101 rue du Rempart-Sud - 03 89 24 36 88 - www.pavillon-gourmand.fr - Fermé mardi et mercredi

ENSISHEIM

🖂 68190 - Haut-Rhin - Carte régionale n° **8**-A3

L'ORCHIDÉE

Chef : Chatchai Klanklong

CUISINE THAÏLANDAISE • **CONTEMPORAIN** Dans son nouvel écrin, cette orchidée nous invite à un très agréable voyage gastronomique. Dans l'assiette, une cuisine thaïlandaise moderne et soignée, élégante et parfumée, à l'instar de ce tom yam de homard bleu au lait de coco et galanga, ou du pigeonneau des Vosges au maïs, girolles, polenta et curry rouge. On se régale du début à la fin : une réussite étincelante.

- €€€€ - 47 rue de la 1ère Armée-Française - 03 89 28 20 20 - www.hotelrestaurant-lorchidee.fr - Fermé lundi et dimanche

ÉPERNAY

🖂 51200 - Marne - Carte régionale n° **6**-B2

LA GRILLADE GOURMANDE

SPÉCIALITÉS DE GRILLADES • **CONVIVIAL** La spécialité de ce restaurant ? De jolis produits cuits au feu de bois, tels que le pigeonneau désossé au foie gras en feuilleté, les noisettes de chevreuil sauce poivrade, ou le bar entier grillé au fenouil. Le tout est préparé par un sympathique chef, Lyonnais d'origine. Côté cadre : la chaleur et la convivialité priment. Aux beaux jours, on profite du jardin d'été.

- €€ - 16 rue de Reims - 03 26 55 44 22 - www.lagrilladegourmande.com - Fermé lundi et dimanche

MARGAUX

CLASSIQUE • CONFORTABLE À partir d'une simple maison de ville, ce projet familial s'est étendu à l'ancien presbytère voisin, proposant 27 chambres et suites. Les intérieurs sont accueillants, avec des touches de chêne, un éclairage soigné et un agencement qui privilégie le confort. Une terrasse sur le toit, un petit spa et un bar décontracté viennent compléter l'atmosphère, mais c'est bien l'équipe qui donne au lieu son caractère : présente, chaleureuse et impliquée.

AC P - **27 chambres** - *7 rue des Minimes*

ÉPINAL

88000 - Vosges - Carte régionale n° **7**-C3

LES DUCS DE LORRAINE

Chefs : Stéphane Ringer et Rémi Gornet

CUISINE MODERNE • ÉLÉGANT Au cœur de la capitale des Vosges, Stéphane Ringer et Rémi Gornet règnent dans ce beau manoir de style néo-Tudor où hauts plafonds, vitraux, bois nobles et stucs chatoient de concert pour offrir un moment d'exception. Quatre mains exécutent une cuisine actuelle basée sur de beaux produits - homard, langoustines, turbot, caviar, ris de veau - et des cuissons impeccables. Final en beauté avec des chariots de fromages et de desserts bien achalandés. Cave riche notamment en vins de Bordeaux, terrasse/véranda avec toit escamotable.

- **€€€€** - *5 avenue de Provence - 03 29 29 56 00 - www.restaurant-ducsdelorraine.com - Fermé lundi et dimanche, et mardi et mercredi soir*

ERBALUNGA - Haute-Corse (2B) → Voir Corse

ESPALION

12500 - Aveyron - Carte régionale n° **23**-C2

MAISON BURGARELLA

CUISINE CRÉATIVE • ÉLÉGANT Entre Causses et Aubrac, la famille Burgarella vous accueille dans cette belle maison rénovée : au rez-de-chaussée, la brasserie la Table de Romane met à l'honneur les plats du terroir (tête de veau, tripoux de l'Aveyron...), tandis qu'à l'étage la table gastronomique la Tour permet au chef, depuis sa cuisine ouverte, de donner libre cours à sa créativité, sans jamais oublier ses racines aveyronnaises. Une belle pause gourmande sur les rives du Lot, sous l'égide du Château de Calmont.

AC - **€€** - *3 place Saint-Georges - 05 65 44 03 30 - www.maison-burgarella.fr - Fermé dimanche*

LE MÉJANE

CUISINE MODERNE • CONVIVIAL Cette institution est un agréable endroit tenu par deux anciens de chez Michel Bras qui mettent en avant la diversité des produits locaux : filet de truite, ris de veau ou roquefort notamment. Leur cuisine soignée et savoureuse puise dans le terroir aveyronnais, riche en saveurs : œuf poché et champignons en pickles, cappuccino froid ; veau de l'Aveyron croûté de sauge, purée à la moutarde à l'ancienne ; sans oublier le « baba du Méjane » aux pralines roses.

AC - **€€** - *8 rue Méjane - 05 65 48 22 37 - www.restaurant-mejane.fr - Fermé mercredi et dimanche soir*

ESPALY-SAINT-MARCEL

✉ 43000 – Haute-Loire – Carte régionale n° **20**–C2

L'ERMITAGE

CUISINE TRADITIONNELLE • COSY Cette ancienne grange a conservé son charme rustique et naturel. Doté d'un solide parcours (Jacques Maximin, La Grenouillère…), le chef réalise une cuisine de tradition fine et bien maîtrisée. La viande, bio et locale (Aurillac), est parfois proposée à la découpe en salle, ainsi que certains poissons. Terrine et saucisson faits maison, et joli chariot de fromage compris dans le menu. N'oublions pas la cheminée, en hiver, et la sympathique terrasse aux beaux jours. Un vrai plaisir.

- €€ - *73 avenue de l'Ermitage - ✆ 04 71 04 08 99 - www.restaurantermitage.fr - Fermé lundi et dimanche*

ESPARRON

✉ 83560 – Var – Carte régionale n° **29**–B2

BISTROT ÉCOLE

CUISINE MODERNE • BISTRO Courgette farcie au petit épeautre et chèvre frais ; poitrine de cochon de la Sainte-Victoire confite, écrasé de pomme de terre : c'est dans une ancienne école que nous est transmise cette leçon d'histoire naturelle gourmande, écrite à grand renfort de produits locaux. Situé au cœur de ce village perché de vignerons, bénéficiant d'une terrasse protégée par des mûriers, ce petit bistrot est l'œuvre de Grégory Brousse, l'ancien chef du Mas de Peint et de sa compagne Alima Louange. Outre son menu complet à prix doux, l'adresse vaut aussi pour son choix de produits et de vins locaux (à table ou à emporter).

- € - *2 rue des Écoles - ✆ 04 94 80 10 53 - Fermé mardi et mercredi, et dimanche soir*

ESPELETTE

✉ 64250 – Pyrénées-Atlantiques – Carte régionale n° **25**–A2

CHOKO ONA

Chef : Clément Guillemot

CUISINE MODERNE • CONTEMPORAIN Clément et Flora insufflent à cette maison un perpétuel air de jouvence, à l'image de ce potager d'herbes et de fleurs aromatiques qui s'invite entre les tables et dont les récoltes parsèment les assiettes. Sans oublier le piment emblématique ! Avec tout ça, le chef concocte une cuisine contemporaine, fine et subtile, aux produits sourcés au plus près d'Espelette : l'asperge blanche doucement grillée au barbecue à la tomme de brebis ; la belle langoustine snackée dans un bouillon safrané ; le foie gras confit et braisé accompagné d'une écume de maïs Arto Gorria (une variété basque). Une table délicieuse à tous points de vue.

L'engagement du chef : Nos produits sont sourcés au plus près en agriculture bio et raisonnée, avec nos 600 m2 de potager qui fournissent de nombreux légumes et herbes. Les vins sont bio et biodynamique. Pour agir en faveur d'une gastronomie plus responsable, nous avons réduit les plastiques à usage unique et les déchets ménagers et nous avons mis en place des récipients consignés avec nos producteurs. Tous les papiers du restaurant sont recyclés.

- €€€ - *155 rue Xerrendako-Bidea - ✆ 05 59 15 71 65 - www.choko-ona.fr - Fermé lundi, mercredi et dimanche*

ESVRES-SUR-INDRE

✉ 37320 – Indre-et-Loire – Carte régionale n° **15**-B1

ARDENT

CUISINE CRÉATIVE • CONTEMPORAIN Dans un ancien corps de ferme niché au cœur d'une forêt de 300 hectares, une table singulière guidée par la cueillette. Plantes sauvages glanées sur le domaine, produits du potager en permaculture et de la ferme bio voisine, reprise par les propriétaires des lieux, inspirent une cuisine créative aux accords inattendus. Solennité boisée en salle, lodges perchés et œuvres d'art tout autour. Dans le menu unique en plusieurs séquences se croisent crème glacée au petit pois et oseille sauvage, maquereau passé à la flamme et bourgeon de ronce ou encore foie gras enveloppé de feuilles d'épiaire des bois... Une promenade culinaire aux parfums de forêt.

– **€€€** – *Loire Valley Lodges, 1 allée de la Duporterie – ✆ 02 47 38 85 88 – www.loirevalleylodges.com/ardent-restaurant – Fermé mardi, mercredi, et le midi*

LOIRE VALLEY LODGES

Plus

MODERNE • CHAMPÊTRE Si ces lodges se sont installés au cœur de la nature, c'est pour s'en inspirer : vous logerez, perché sur des pilotis, parmi les chênes, les châtaigniers et les pins de cette forêt de 300 ha. Ici, pas de wifi ni de télé : c'est un havre de paix d'esprit nordique moderne, noyé parmi les arbres mais avec tout le confort haut-de-gamme, dont un jacuzzi sur chaque terrasse.

– **18 chambres** – *1 allée de la Duporterie – ✆ 02 47 38 85 88*

ÉTAPLES

✉ 62630 – Pas-de-Calais – Carte régionale n° **4**-A2

RACINES

CUISINE MODERNE • CONVIVIAL À deux pas du port d'Étaples, Pierre Chavatte régale dans un décor contemporain aux touches boisées, avec la cuisine en toile de fond. Généreuse et précise, notamment dans le travail autour des sauces, cette table séduit. Les crevettes aux épinards, ail noir et noix de cajou sont un pur délice ; le rouget fond sous la fourchette, sublimé par un bouillon façon bouillabaisse. En dessert, la poire au vin épicé s'amuse des textures. Une adresse sincère, chaleureuse, et résolument gourmande.

– **€€** – *46 boulevard de l'Impératrice – ✆ 03 21 94 07 26 – www.restaurant-racines.fr – Fermé mardi et mercredi*

ÉTOUY

✉ 60600 – Oise – Carte régionale n° **5**-B2

L'ORÉE DE LA FORÊT

Chef : Nicolas Leclercq

CUISINE MODERNE • ÉLÉGANT En lisière de la forêt de Hez, cette belle demeure de la fin du 19e s. accueille sereinement les clients dans son parc arboré. L'idéal pour se mettre au vert, l'appétit en bandoulière. Si la terrasse invite à la contemplation, l'intérieur, feutré et élégant, séduit grâce aux talents du chef Nicolas Leclercq et de son épouse Yolaine. La grand-mère de Nicolas avait ouvert le restaurant en... 1956 et faisait elle-même son beurre avec le lait de sa vache ! Le grand potager (flânerie obligatoire après le repas) approvisionne la table en légumes frais et herbes aromatiques - cueillette effectuée par le père du chef. Aujourd'hui, le cuisinier, qui fabrique lui-même son pain au levain, propose une cuisine directe, colorée et attentive aux saisons.

- €€€€ - *255 rue de la Forêt - 03 44 51 65 18 - www.loreedelaforet.fr - Fermé du lundi au mercredi et dimanche soir*

ÉTRETAT

76790 - Seine-Maritime - Carte régionale n° **3**-A2

LE BEL AMI

CUISINE MODERNE • CONVIVIAL À quelques centaines de mètres du front de mer, au milieu des crêperies et autres tavernes, attablez vous sans hésiter dans ce lieu charmant et coloré, cornaqué par le maître du Donjon - Domaine Saint-Clair, table des hauteurs d'Étretat. Ici, on se régale sans façon d'une cuisine d'inspiration méditerranéenne, en commençant par partager des mezze (fatteh de tataki de bœuf ; carpaccio de pastèque grillée et espuma camembert ; ceviche façon cappuccino), avant d'attaquer un pavé de maigre cuit en feuille de vigne, gnudi d'épinards et bisque à l'arak. C'est aussi une (petite) cave de vins à déguster sur place ou emporter.

- €€ - *25/27 rue Alphonse-Karr - 02 27 43 56 25 - www.lebelami.com - Fermé dimanche soir, lundi et mardi*

LE DONJON - DOMAINE SAINT-CLAIR

CUISINE MODERNE • ÉLÉGANT Cet élégant manoir normand a fait décorer sa salle à manger d'une fresque signée Jean-Charles de Castelbajac, et offre au coucher du soleil un cadre merveilleux avec Étretat et ses falaises en point d'horizon. Dans l'assiette, l'iode et le végétal se taillent la part du lion, tandis que les sauces et les jus apportent un supplément d'âme. Agréables chambres pour prolonger le séjour.

- €€€€ - *Chemin de Saint-Clair - 02 35 27 08 23 - www.hoteletretat.com - Fermé lundi, mardi, et mercredi et jeudi à midi*

LE DONJON - DOMAINE SAINT-CLAIR

CLASSIQUE • ROMANTIQUE Sur les hauteurs, à l'issue d'un chemin tortueux, un lieu à part, où l'on renoue avec les plaisirs de la Belle Époque... Le domaine réunit un castel et une villa : autant d'espaces intimes et charmants, décorés dans un esprit baroque, canaille ou moderne ! Les échappées sur la côte invitent, elles, à la contemplation...

- **25 chambres** - *Chemin de Saint-Clair - 02 35 27 08 23*

Le Donjon - Domaine Saint-Clair - Voir la sélection des restaurants

LES TILLEULS

CLASSIQUE • ÉLÉGANT Le jardin de tilleuls dissimule une grande bâtisse cossue bordée d'une cour en briques, un ancien hôtel particulier de 1738, dans le centre d'Étretat. La façade révèle des intérieurs tout aussi élégants qui ont conservé leur caractère 18e s. : un superbe escalier en bois souligné d'une dentelle en fer forgé, des sols en damier, un piano et un haut plafond mouluré. Dans les chambres et suites, le ton est aux tapisseries florales, au mobilier "royal" et aux cadres anciens. Un raffinement chargé d'histoire et des retraites bien-être (yoga, pilates, cuisine, detox...) pour se ressourcer. À l'origine de la recette, une jeune Belge qui a grandi dans les cuisines d'un restaurant étoilé. Tout s'explique !

- **5 chambres** - *45 rue Isabey - 02 35 27 76 76*

ÉTUPES

✉ 25460 – Doubs – Carte régionale n° **13**–C1

AU FIL DES SAISONS

CUISINE MODERNE • CONTEMPORAIN Dans la jolie maison de Stéphane et Fabienne Robinne se cache un intérieur savamment repensé, avec tables en bois brut et chaises en velours... Une simplicité qui n'ôte rien à la qualité de la table car en cuisine, la patte du chef est bien là, le tout dans le respect de la tradition.

– **€€** – *3 rue de la Libération – ✆ 03 81 94 17 12 – www.aufildessaisons.eu – Fermé lundi, dimanche et samedi midi*

EUGÉNIE-LES-BAINS

✉ 40320 – Landes – Carte régionale n° **25**–C2

✿✿✿ LES PRÉS D'EUGÉNIE - MICHEL GUÉRARD

CUISINE CLASSIQUE • ÉLÉGANT Certains chefs doivent autant leur réputation à leur travail en cuisine qu'à leurs qualités humaines : Michel Guérard, disparu en août 2024, était de ceux-là. Considéré comme l'un des précurseurs de la nouvelle cuisine, admiré par ses pairs dans le monde entier, il n'a jamais cessé de travailler avec la même passion et le même dévouement, léguant à ses équipes et à sa famille un patrimoine gastronomique incomparable. Aux Prés d'Eugénie, l'expérience est totale : cadre enchanteur – une magnifique demeure au cœur d'un parc verdoyant –, service attentif au moindre détail... et surtout, cuisine en tous points exceptionnelle. On retrouve dans l'assiette tout l'héritage du chef Guérard : la veine naturaliste, bien sûr, une légèreté jamais prise en défaut, et cette capacité à marier les saveurs les plus diverses avec justesse, à la façon des instruments de l'orchestre. Le restaurant se situe dans les salons boisés de l'Impératrice, pétris de l'histoire de la maison.

– **€€€€** – *Place de l'Impératrice – ✆ 05 58 05 06 07 – www.lespresdeugenie.com/les-tables/restaurant-etoile-michel-guerard – Fermé lundi, mardi et du mercredi au vendredi à midi*

✿ L'ORANGERIE

CUISINE CLASSIQUE • BOURGEOIS Confortablement installée dans les anciennes salles à manger des Prés d'Eugénie, cette Orangerie nous fait rougir de plaisir en jouant avec gourmandise sur plusieurs tableaux. D'une part, on y propose les plats et les recettes les plus emblématiques du père de la nouvelle cuisine, le regretté Michel Guérard ; d'autre part, on se régale de belles viandes landaises grillées à la cheminée (bœuf de race Blonde d'Aquitaine et Bazadaise, volailles locales...). Enfin, les entrées marient classiques et plats de brasserie (saumon fumé maison, crème de raifort et toasts ; avocat "cocktail" et grosses crevettes de Palamos...). Une adresse entre nostalgie et réconfort, à l'image de la tourte de pigeonneau au foie gras et cerises aigrelettes (millésime 1983) ou de l'appétissant chariot de desserts.

– **€€€€** – *Place de l'Impératrice – ✆ 05 58 05 06 07 – www.lespresdeugenie.com/les-tables/lorangerie*

LA FERME AUX GRIVES

CUISINE TRADITIONNELLE • AUBERGE Cette vieille auberge de village a retrouvé ses couleurs d'antan. Jardin potager, vieilles poutres et tomettes... Un cadre idéal pour savourer une cuisine du terroir joliment ressuscitée. Suites exquises, pour des nuits paisibles.

– **€€** – *Place de l'Impératrice – ✆ 05 58 05 05 06 – www.lespresdeugenie.com/les-tables/la-ferme-aux-grives – Fermé mercredi et jeudi, et dimanche soir*

LES PRÉS D'EUGÉNIE

CLASSIQUE • CHAMPÊTRE Voici un secret bien gardé : ce palais du 19e s., discrètement caché dans une station thermale, distille une élégance champêtre, avec lits à baldaquin, meubles anciens et magnifiques tapisseries, dans un cadre verdoyant. Il propose bien sûr un spa de qualité, alimenté par les sources naturelles : la promesse de moments uniques de bien-être et de « chouchoutage ».

- 45 chambres - *Place de l'Impératrice - 05 58 05 06 07*

Les Près d'Eugénie - Michel Guérard • L'Orangerie - La Ferme aux Grives - Voir la sélection des restaurants

ÉVIAN-LES-BAINS

74500 - Haute-Savoie - Carte régionale n° **21**-D1

LES FRESQUES - HÔTEL ROYAL

CUISINE MODERNE • LUXE Installez-vous dans la majestueuse salle à manger de ce luxueux palace pour profiter des fresques Art nouveau de Gustave Jaulmes. Le spectacle se déroule aussi dans l'assiette. Ici se déguste le meilleur du terroir rhônalpin, travaillé avec finesse et précision : pêche du Léman selon arrivage (omble chevalier, perches, écrevisses...), poularde de Bresse au vin jaune... Humble et passionné, le chef Patrice Vander ne propose que des produits nobles, et puise largement dans le potager du domaine. L'atmosphère exclusive et raffinée, tout comme la vue époustouflante et le service attentif, contribuent à ancrer cette expérience dans les mémoires.

- €€€€ - *960 avenue du Léman, à Neuvecelle - 04 50 26 85 00 - www.hotel-royal.evianresort.com/fr - Fermé lundi, dimanche et le midi*

LE MURATORE

CUISINE TRADITIONNELLE • BRASSERIE M. Muratore, liquoriste et confiseur, a donné son nom à cette maison située au cœur de la rue piétonne d'Évian, sur une ravissante placette pavée où trône une fontaine. Aux fourneaux, Marc Serres réalise une cuisine généreuse et savoureuse, ancrée dans la région. Menu au bon rapport qualité-prix, et produits plus nobles à la carte, dont les poissons du lac selon arrivage mais aussi quelques plats canailles du lyonnais. Aux beaux jours, profitez de la terrasse sous le tilleul.

- €€ - *8 place du Docteur-Jean-Bernex - 04 50 92 82 49 - www.muratore-restaurant-evian.com - Fermé lundi et dimanche soir*

AU JARDIN D'EDEN

CUISINE TRADITIONNELLE • BISTRO À l'entrée de la ville, cette table réunit bien des qualités : un chef-patron au beau parcours - dont 15 ans passés au Grand Véfour -, un retour aux sources à Évian (sans jeu de mots), une cuisine généreuse et attentive aux saisons. Fricassée de ris de veau aux petits pois ; cuisse de poulet fermier confite, citron confit et roquette ; tartare de bœuf charolais ; filets de perche frais...

- €€€ - *1 avenue Général-Dupas - 04 50 38 62 26 - www.jardin-eden-evian.com - Fermé lundi et mardi, et dimanche soir*

HÔTEL ROYAL

CLASSIQUE • RAFFINÉ Ce luxueux palace né en 1909, véritable mythe, a fait peau neuve pour retrouver l'esprit villégiature français des années 1930, entre fresques et coupole. Son splendide parc, sa vue imprenable sur le lac et les montagnes livrent un goût d'éternité !

- 150 chambres - *960 avenue du Léman - 04 50 26 85 00*

Les Fresques - Voir la sélection des restaurants

ÉVREUX

27000 – Eure – Carte régionale n° **3**–B3

LA GAZETTE

CUISINE MODERNE • CONTEMPORAIN Une valeur sûre que ce restaurant dont le décor mêle harmonieusement le contemporain et l'ancien, entre teintes claires et poutres centenaires... Aux fourneaux, Xavier Buzieux s'attache à mettre en valeur les petits producteurs locaux et à suivre les saisons. De quoi faire parler les gazettes !

- € - *7 rue Saint-Sauveur - 02 32 33 43 40 - www.restaurant-lagazette.fr - Fermé lundi, dimanche et samedi midi*

EYBENS

38320 – Isère – Carte régionale n° **21**–C3

LA TABLE DU 20 N

CUISINE MODERNE • CONVIVIAL Dans un cadre contemporain baigné de lumière, avec vue sur un jardin public, ce bistrot élégant est mené par le duo complice Franck Barbier en cuisine et Luc Brunner, sommelier, en salle. La cuisine est moderne et généreuse : tartare de thon à la tahitienne, suprême de volaille rôti, crumble aux abricots et glace bulgare... Belle sélection de vins, service attentionné, terrasse très agréable.

- €€ - *2 rue du Château - 04 76 24 76 93 - www.latabledu20.fr - Fermé samedi et dimanche*

EYGALIÈRES

13810 – Bouches-du-Rhône – Carte régionale n° **28**–E1

MAISON HACHE

Chef : Christopher Hache

CUISINE PROVENÇALE • ÉLÉGANT Dans sa Maison, le chef Christopher Hache compose un hommage savoureux à la Provence et aux Alpilles. En témoignent, dans le désordre, une sélection rigoureuse de fruits et légumes, l'agneau et les vins du terroir : on privilégie ici la proximité, les produits et producteurs du cru. Quant aux assiettes, elles sont simples dans la forme, brutes, à l'image des saveurs qui s'en dégagent, franches et pures (dont le superbe jus d'agneau), sans détours ni chichis. Ne passez pas à côté de l'huître de Camargue grillée, artichaut barigoule, jus des feuilles ; les pieds et paquets au thon rouge du Grau-du-Roi... un régal ! Ajoutons à ce tableau des pains faits avec du levain naturel dans la boulangerie Hache située à proximité, un cadre chic, une carte des vins inspirée, ainsi que des chambres de grand confort à l'étage. En somme : une excellente adresse.

- €€€€ - *30 rue de la République - 04 90 95 00 04 - www.maisonhache.com - Fermé lundi, dimanche, et mardi et mercredi à midi*

LE BISTROT DU BRAU

CUISINE TRADITIONNELLE • MÉDITERRANÉEN Une belle bastide isolée dans une chênaie provençale, le chant des cigales, la douceur de l'ombre, le clapotis de la piscine, une carte de cuisine traditionnelle supervisée par le chef Christopher Hache (dont la Maison Hache étoilée est voisine) et des produits frais et locaux : escargots de Mollégès au beurre persillé ; poitrine de porc du mont Ventoux confite et déclinaison de carottes ; comme une tartelette et sorbet citron... Un programme délectable à déguster sur les tables en fer forgé de la terrasse, ou dans la salle toute blanche au mobilier noir.

- €€ - *765 chemin de Pestelade - 04 90 95 90 06 - www.hotellabastide.com/le-bistrot-du-brau*

DOMAINE LA PIERRE BLANCHE

Plus

CONTEMPORAIN • CALME Au pied des Alpilles, l'un des hôtels de charme les plus tranquilles de toute la France. Les chambres et suites sont d'un style contemporain sobre qui complète l'architecture du lieu. Elles sont toutes confortables et certaines disposent d'un jacuzzi extérieur. Le contraste de la pierre brute et du bois patiné avec le mobilier moderne forme un style intemporel, léger et aéré. Les services ne sont pas en reste avec un petit spa, une piscine extérieure chauffée accompagnée d'un bar, des courts de tennis et de pétanque, des étendues infinies d'oliviers et de lavande.

- **15 chambres** - *2950 route d'Orgon - 06 47 40 17 00*

EYRAGUES

13630 - Bouches-du-Rhône - Carte régionale n° **28**-E1

LE PRÉ GOURMAND

CUISINE MODERNE • ÉLÉGANT Cette sympathique adresse, située à la sortie du village, propose une cuisine méditerranéenne en harmonie avec les saisons : courgettes, aubergines, huile d'olive et citron accompagnent les poissons de la grande bleue ou l'agneau de La Crau. La belle terrasse située plein sud s'ouvre sur un jardin charmant. Et au bout du pré recouvert de fleurs, quelques jolies chambres vous attendent...

- €€€ - *175 avenue Max-Dormoy - 04 90 94 52 63 - www.lepre-gourmand.com - Fermé lundi, samedi midi et dimanche soir*

LES EYZIES-DE-TAYAC-SIREUIL

24620 - Dordogne - Carte régionale n° **18**-D3

LE 1862 - LES GLYCINES

Chef : Pascal Lombard

CUISINE MODERNE • CONTEMPORAIN Des assiettes colorées et originales, aux cuissons impeccables et réalisées avec des produits de grande qualité, dont les légumes du potager : voici l'alléchant programme qui n'attend que votre coup de fourchette au 1862, la table principale de l'hôtel Les Glycines. Cet ancien relais de poste, situé entre la gare et la Vézère, propose une cuisine du marché aux harmonies de saveurs subtiles, ainsi que des sauces très abouties. Le chef magnifie les plus beaux produits du coin : agneau de lait, safran, foie gras et autres légumes ! On déguste tout cela dans une élégante salle contemporaine ouverte sur la terrasse-loggia donnant sur le parc. Service impeccable et bons conseils sur les vins assurés par Léa Lombard, la fille du chef.

- €€€€ - *4 avenue de Laugerie - 05 53 06 97 07 - www.les-glycines-dordogne.com - Fermé lundi et le midi*

LE BISTRO DES GLYCINES

CUISINE MODERNE • CONTEMPORAIN L'un des atouts indéniables de cet hôtel : son excellent bistrot ! Dans la salle en véranda joliment décorée, on se régale le midi uniquement de plats dans l'air du temps, à bon rapport qualité-prix, comme cette truite des Eyzies en gravlax avec crème de fromage blanc fumé ou cette épaule d'agneau confite et fumée en cocotte. Du goût, de la générosité et le respect de la saisonnalité dans cette carte créative et alléchante créée par le chef Pascal Lombard : on en redemande !

- €€ - *4 avenue de Laugerie - ✆ 05 53 06 97 07 - www.les-glycines-dordogne.com - Fermé lundi et le soir*

LA TABLE DU CENTENAIRE

CUISINE MODERNE • CLASSIQUE Ancien ostréiculteur du bassin d'Arcachon, le chef Mathieu Métifet s'inspire du terroir périgourdin qu'il marie à des touches marines afin de réaliser une cuisine généreuse et personnelle, à l'instar de son plat signature, "les incontournables couteaux du Centenaire à la crème de morilles et magret fumé maison". Petits producteurs locaux triés sur le volet.

- €€€ - *2 avenue du Cingle - ✆ 05 53 06 68 68 - www.hotelducentenaire.fr - Fermé dimanche midi*

LES GLYCINES

CLASSIQUE • CHAMPÊTRE Cet ancien relais de poste au bord de la Vézère respire la nature avec son parc, sa tonnelle de glycine et son potager. Les chambres se révèlent charmantes et confortables, en particulier les junior suites et les "écolodges". Espace bien-être et salle de soins.

- **25 chambres** - *4 avenue de Laugerie - ✆ 05 53 06 97 07*

Le 1862 • **Le Bistro des Glycines** - Voir la sélection des restaurants

ÈZE

06360 - Alpes-Maritimes - Carte régionale n° **29**-E2

LA CHÈVRE D'OR

CUISINE CRÉATIVE • ÉLÉGANT Le Château de la Chèvre d'Or jouit d'un site d'exception : niché sur les hauteurs d'un village médiéval à flanc de rocher, l'établissement offre une vue éblouissante sur l'arrière-pays azuréen et sur les reflets enchanteurs de la Méditerranée. Le chef et MOF Tom Meyer réussit à tenir en respect cette épiphanie visuelle grâce aux qualités de sa cuisine : maîtrise technique, jus et sauces d'une belle intensité et surtout d'audacieuses associations de saveurs, subtiles et originales. Refusant l'ennui, cette cuisine en mouvement, désormais bien enracinée dans le terroir local, alterne les notes végétales, herbacées, marines et iodées : moule de Méditerranée, morilles, pin sylvestre et sauce XO ; artichaut épineux, tagliatelles de seiche au parmesan, velours de menthe réglisse ; thon rouge, shiso, kiwi et concombre...

- €€€€ - *Rue du Barri - ✆ 04 92 10 66 61 - www.chevredor.fr/restaurant-gastronomique-chevre-dor*

CHÂTEAU EZA

CUISINE MODERNE • ROMANTIQUE Un lieu magique où la Méditerranée se dévoile en contrebas dans toute sa splendeur, depuis une terrasse suspendue entre ciel et terre. Réserver tôt pour profiter des meilleures places ! Le spectacle est également dans l'assiette, grâce au chef Justin Schmitt. Habitué des grandes maisons, il propose une cuisine moderne, précise et pleine de caractère. Parmi

ses créations : asperges vertes de Provence, crème glacée de chèvre frais et fleur de sureau ; cabillaud nacré enveloppé d'algue. Les douceurs complètent l'expérience : velours onctueux de riz au lait au matcha et sorbet estragon.
- €€€€ - *Rue de la Pise* - *04 93 41 12 24* - *www.chateaueza.com*

LES REMPARTS

CUISINE MÉDITERRANÉENNE • ROMANTIQUE Cette table, nichée au sein de la Chèvre d'Or, s'avère une option fort séduisante : terrasse moderne et confortable surplombant la falaise (effet wahou garanti), vue magique à flanc de rocher sur la Grande Bleue et Saint-Jean-Cap-Ferrat, cuisine méridionale chic et gourmande : ceviche de poissons d'excellente qualité, gelée à l'aloe vera, vinaigrette aux agrumes ; sériole grillée, fleur de courgette farcie et sauce bourride ; chariot de glaces et savoureuses pâtisseries.
- €€€€ - *Rue du Barri* - *04 92 10 66 61* - *www.chevredor.fr/les-remparts*

CHÂTEAU DE LA CHÈVRE D'OR

CLASSIQUE • MARITIME Un îlot céleste, agrippé aux rochers en surplomb de la Méditerranée. La plupart des chambres, disséminées dans le village, jouissent d'une vue splendide. Un petit paradis au-dessus de la mer.
- **45 chambres** - *Rue du Barri* - *04 92 10 66 66*
La Chèvre d'Or • Les Remparts - Voir la sélection des restaurants

CHÂTEAU EZA

CONTEMPORAIN • CHALEUREUX Dans cette demeure du 14e s. perchée entre ciel et mer, la vue sur la côte est littéralement... époustouflante ! Quant à la décoration des chambres, elle mêle charme des pierres anciennes et raffinement contemporain : c'est élégant et subtil.
- **14 chambres** - *Rue de la Pise* - *04 93 41 12 24*
Château Eza - Voir la sélection des restaurants

ÈZE-BORD-DE-MER

06360 - Alpes-Maritimes - Carte régionale n° **29**-E2

LA TABLE DU CAP ESTEL

CUISINE MODERNE • LUXE Niché à flanc de rochers, sur une presqu'île paradisiaque entre Nice et Monaco, cet hôtel figure parmi les adresses les plus secrètes et exclusives de la Côte d'Azur. On y accède après avoir franchi un portail discret, puis suivi un chemin tortueux qui semble s'éloigner du monde. Y dîner, en terrasse, bercé par les palmes d'un jardin méditerranéen, relève d'un privilège rare. La table de Kevin Garcia prolonge l'idylle. L'ancien chef exécutif de Frédéric Anton au Jules Verne élève une ode aux produits de la mer, aux herbes du jardin et aux meilleurs légumes du terroir. Évidentes et franches en saveur, les assiettes ne cherchent jamais à épater la galerie, mais révèlent une redoutable précision dans les préparations et un vrai brio technique : bonite à cru, condiments marins, crème de riz torréfié et caviar oscietre ; gamberoni, consommé de tomate et basilic, jus de tête à l'estragon ; sériole grillée, artichaut épineux et barigoule.
- €€€€ - *1312 avenue Raymond-Poincaré* - *04 93 76 29 29* - *www.capestel.com* - *Fermé lundi et dimanche*

CAP ESTEL

CLASSIQUE • RAFFINÉ Sur une presqu'île privée, cette villa enchanteresse, construite par un prince russe à la fin du 19e s, cultive l'art du luxe discret. Ses salons magnifiques, ses chambres et suites somptueuses, son spa, son parc et sa piscine à débordement au-dessus de la mer... tout invite à un séjour de rêve, à l'abri des regards.

- **20 chambres** - *1312 avenue Raymond Poincaré - 04 93 76 29 29*

La Table du Cap Estel - Voir la sélection des restaurants

FARNAY

42320 - Loire - Carte régionale n° **20**-D2

LA MAISON FORTE

CUISINE CRÉATIVE • CONTEMPORAIN Cette haute et imposante bâtisse en pierre n'a pas volé son nom. À l'intérieur, un certain dépouillement scandinave, entre murs aux pierres apparentes, tables en chêne blond et fauteuils en tissu et bois gris. C'est la première affaire d'un jeune couple de pros, affûté dans les maisons étoilées : Mickaël Marcoux au piano et Marie-Jeanne Rault en salle. Jouant sur toute la gamme des textures, l'assiette est judicieuse dans ses alliances (asperges vertes, sarrasin, œufs de brochet fumés et sabayon à l'ail des ours), et percutante dans ses saveurs (morilles farcies, risotto de fregola, émulsion au vin jaune et jus de viande). Service pro et attentif.

- **€€** - *Place de la Maison-Forte - 04 77 55 39 58 - www.restaurantlamaisonforte.fr - Fermé mardi, mercredi, lundi et jeudi à midi , et dimanche soir*

FAUGÈRES

07230 - Ardèche

DOMAINE DE CHALVÊCHES

CLASSIQUE • CHAMPÊTRE Ceux qui recherchent le silence et la nature adoreront cet hôtel moderne dont les chambres, disséminées dans le jardin, allient luxe et personnalisation. L'un des atouts de l'établissement est son exceptionnelle piscine, avec une superbe vue sur les bois et les collines alentours...

- **10 chambres** - *Lieu-dit Chalvêches - 04 75 35 76 16*

FAULQUEMONT

57380 - Moselle - Carte régionale n° **7**-C2

TOYA

Chef : Loïc Villemin

CUISINE CRÉATIVE • ÉPURÉ Tōya ? Un célèbre lac volcanique au nord du Japon, au cœur du parc national de Shikotsu-Tōya. Aux yeux du chef globe-trotter Loïc Villemin, cette région est en quelque sorte l'Éden de la gastronomie. Poissons, plantes et herbes sauvages y abondent, tandis qu'on y pratique l'élevage extensif et un maraîchage de qualité. De quoi inspirer cette table zen (ouverte sur la verdure d'un golf) et branchée nature ! Notre aspirant moine bouddhiste a fait retraite dans les meilleurs monastères gourmands, ceux de Jean-Georges Klein, Nicolas Le Bec, Bernard Loiseau et Arnaud Lallement. Il aime travailler les beaux produits au travers d'un menu mystère qui change chaque semaine. Technique pointue et créativité s'expriment avec force et saveur dans des compositions qui n'oublient pas la générosité. Immanquable.

L'engagement du chef : Depuis mon enfance j'ai été sensibilisé à l'écologie. Au Toya, nous pratiquons une démarche de réduction de déchets, zéro plastique et sans poissons de mer, victimes de surpêche. Pour la viande, nous valorisons des pièces entières, le lait et la crème proviennent de nos vaches jersiaises. Nos légumes sont cultivés en collaboration avec un maraîcher dans un jardin dédié au restaurant.

- €€€€ - Avenue Jean-Monnet - 03 87 89 34 22 - www.toya-restaurant.fr - Fermé lundi, mardi et dimanche

FAVIÈRES

80120 - Somme - Carte régionale n° **4**-A2

LA CLÉ DES CHAMPS

CUISINE MODERNE • CONTEMPORAIN Dans cette maison tenue par un couple de professionnels, on ne ménage pas sa peine pour faire plaisir au client. Vous y dégusterez une cuisine moderne et appliquée mettant les produits du terroir à l'honneur : œuf meurette, panais et vin jaune ; églefin en waterzoï et citron confit ; poire pochée cassis et vanille...

- €€ - 13 rue des Frères-Caudron - 03 22 27 88 00 - www.restaurant-lacledeschamps.com - Fermé lundi et dimanche

FAYENCE

83440 - Var - Carte régionale n° **29**-C2

LE CASTELLARAS

CUISINE PROVENÇALE • ÉLÉGANT Une affaire de famille (bien) tenue par Quentin et Hermance Joplet dans une maison au cadre rénové, avec sa cuisine ouverte prolongée de la terrasse jouissant d'un magnifique panorama sur la vallée et la cité de Fayence. On y déguste une cuisine aux couleurs de la Provence, inspirée par le marché et les saisons, à l'image de ce filet de maigre de Méditerranée, panisse et légumes du moment ou de cette tarte à la figue, crème d'amande et sorbet fruits rouges. Le service est attentif et personnalisé. Quelques chambres pour l'étape.

- €€€ - 461 chemin de Peymeyan - 04 94 76 13 80 - www.restaurant-castellaras.com - Fermé du lundi au jeudi

FELDBACH

68640 - Haut-Rhin - Carte régionale n° **8**-A3

CHEVAL BLANC

CUISINE TRADITIONNELLE • ÉLÉGANT Dans cette maison typique du Sundgau, la cuisine est une passion qui se transmet de génération en génération. Comme son père avant lui, le chef réalise de belles recettes traditionnelles teintées de modernité, avec un penchant particulier pour le gibier. Très beau choix de vins.

- €€ - 1 rue de Bisel - 03 89 25 81 86 - www.cheval-blanc-feldbach.fr - Fermé du lundi au mercredi

FÉLINES-MINERVOIS

34210 - Hérault - Carte régionale n° **27**-B2

GRAND CAFÉ OCCITAN

CUISINE RÉGIONALE • BISTRO Dans un village viticole du Minervois, cet ancien café est maintenant un bistrot-bar à vins, propriété du Château Maris voisin. Avec sa terrasse ombragée de canisses et son mobilier dépareillé, le repaire a tout d'une guinguette arty. Aux commandes, le chef franco-anglais Tristram

Bowden et sa belle-sœur lisboète Ana Dias ont concocté une petite ardoise qui met à l'honneur les produits locaux de saison, avec, parfois, une subtile touche british : langue de bœuf rémoulade, échine de porc confite aux courgettes braisées, tarte aux amandes et cerises. La carte des vins, gérée par Ana, propose une sélection de crus biodynamiques du Languedoc.

♿ - **€** - *7 rue de l'Occitanie - ✆ 04 30 16 62 72 - www.grandcafeoccitan.com - Fermé du lundi au mercredi, et jeudi et dimanche soir*

LA FERRIÈRE-AUX-ÉTANGS

✉ 61450 - Orne - Carte régionale n° **2**-B3

AUBERGE DE LA MINE

Chef : Hubert Nobis

CUISINE CLASSIQUE • ÉLÉGANT Autrefois cantine de la mine de fer locale (fermée en avril 1970), cette auberge accueille le même chef depuis plus de trente ans. Formé à l'ancienne école, son maître-mot est la simplicité. Pas de chichis ou d'excès : franchise et sincérité sont au programme. Ce qui n'empêche pas une technique solide et de belles inspirations : on pense notamment à cette royale de foie gras, avec sa fine gelée d'un poiré et chutney pomme-poire aux épices, un vrai moment de plaisir ! Une jolie partition de saison, à déguster dans deux petites salles à manger ultra-chic et élégantes, pas guindées pour un sou. On n'aura jamais eu autant de plaisir à aller à la Mine...

P - **€€€** - *8 rue de Champsecret - ✆ 02 33 66 91 10 - www.aubergedelamine.com - Fermé lundi et mardi, et dimanche soir*

LA FERTÉ-BERNARD

✉ 72400 - Sarthe - Carte régionale n° **10**-B2

RESTAURANT DU DAUPHIN

CUISINE MODERNE • TRADITIONNEL Dans la vieille ville, au pied de la porte St-Julien, cette jolie demeure chaleureuse du 16e s. propose une cuisine maison et dans l'air du temps, un brin exotique parfois, mais qui conserve toujours quelques classiques de derrière les fagots. En témoigne ce suprême de volaille aux coings, écrasé de pomme de terre aux noix et jus de carcasses à l'amaretto. En dessert, quel plaisir de retrouver un vacherin, un baba ou un moelleux qui fonctionne à tous les coups ! Belle sélection de vins au verre.

♿ - **€€** - *3 rue d'Huisne - ✆ 02 43 93 00 39 - www.restaurant-du-dauphin.com - Fermé lundi et dimanche*

AU BISTRONOME

CUISINE MODERNE • BISTRO L'intérieur, lumineux et haut de plafond, est décoré à la façon d'un bistrot contemporain. Même philosophie dans l'assiette, qui met en avant la tradition avec notamment de bonnes grillades au charbon de bois - côte de bœuf, entrecôte, andouillette, thon, sole... - préparées directement dans la salle. Simple et généreux !

♿ - **€€€** - *11 rue Bourgneuf - ✆ 02 43 93 21 58 - www.aubistronome.fr - Fermé lundi et dimanche, et mardi et mercredi soir*

LA FERTÉ-SAINT-CYR

✉ 41220 - Loir-et-Cher - Carte régionale n° **10**-D3

LA DILIGENCE

CUISINE MODERNE • AUBERGE Cet ancien relais de poste joliment restauré propose de goûteuses préparations, mettant en valeur le terroir local, et dispose de chambres confortables et d'une piscine d'été appréciée. L'accueil est particulièrement charmant. Une adresse aussi sympathique que coquette.

*- **€€** - 13 rue du Bourg - ✆ 02 54 87 90 14 - www.hotel-la-diligence.com - Fermé lundi, mardi et mercredi à midi , et dimanche soir*

FIGEAC

✉ 46100 - Lot - Carte régionale n° **23**-B2

LA RACINE ET LA MOELLE

CUISINE MODERNE • BAR À VIN Dans une ruelle du centre historique de Figeac, ce néobistrot séduit par son esprit convivial et sa cuisine actuelle. La cheffe Julie propose une carte en perpétuelle évolution, moderne et généreuse, où le poulpe grillé voisine avec une bavette d'Aubrac juteuse et un gourmand financier aux fruits rouges. À ses côtés, Michael veille sur une cave étoffée, orientée nature, qui prolonge l'expérience. Une adresse vivante qui a conquis les Figeacois.

*- **€€** - 6 rue du Consulat - ✆ 09 83 53 81 58 - Fermé lundi, mercredi et dimanche*

MERCURE FIGEAC VIGUIER DU ROY

TRADITIONNEL • CHARME De la charmante cour pavée aux tentures, en passant par le bistrot classique, cet hôtel de charme - autrefois une luxueuse résidence privée - est ancré dans l'histoire et la tradition locales. Les chambres sont simples et élégantes, avec des détails en pierre et en bois. L'esthétique s'articule autour de thèmes littéraires : bureaux anciens, calligraphies murales et lampes étudiées pour la lecture. Par temps chaud, l'hôtel dispose d'une piscine et d'une terrasse. Sinon, l'hôtel prête des vélos pour explorer les rues pavées de la ville et les petits cafés pittoresques.

A/C P - **21 chambres** - *52 rue Émile Zola - ✆ 05 65 50 05 05*

FILLÉ

✉ 72210 - Sarthe - Carte régionale n° **10**-A2

MAISON NIPA

CUISINE CRÉATIVE • CONTEMPORAIN Divine surprise que cette table tenue par un couple franco-philippin (Jason au salé, Sharon au sucré) qui nous régale avec cette cuisine française bercée par les effluves de l'archipel aux 7107 îles... Dans l'assiette, le voyage gustatif entre Sarthe et Philippines est garanti : l'encornet du Croisic façon "Adobong Pusit" farci d'un sisig de chorizo bellota et laqué de sa subtile sauce à l'encre de seiche ; le canard sauvage de Sologne avec cèpe au café et sauce "Adobo"... Des préparations parfumées aux équilibres maîtrisés, jouant parfois la carte du sucré-salé ou du terre-mer. Si la maison n'arbore pas de toit en feuilles de palmier (c'est le sens du mot "nipa"), on aime cette salle moderne qui mélange les matériaux avec habileté, mais aussi l'accueil et le service prévenants.

P - **€€€** - *13 rue des Gesleries - ✆ 02 43 87 40 40 - www.maisonnipa.fr - Fermé mardi, mercredi, samedi midi et dimanche soir*

FLASSANS-SUR-ISSOLE

✉ 83340 – Var – Carte régionale n° **29**–B2

CHEZ JEANNETTE

Chef : Benjamin Le Balch

CUISINE MODERNE • CONTEMPORAIN Au cœur d'un domaine viticole provençal, cette table invite à une expérience unique mêlant gastronomie et art contemporain. Dans un cadre design et épuré, le restaurant surplombe les vignes bio du domaine, où les drapeaux de Daniel Buren dansent au gré du vent. La cuisine, axée sur des produits de saison et locaux, reflète les engagements écologiques du lieu : potager bio, ricotta maison, cire d'abeille des ruches. Les assiettes, comme le thon rouge et sa fleur de courgette ou le dessert rhubarbe-framboise, sont légères, parfumées et savoureuses. Avec ses chambres d'hôtes, son centre d'art et ses jardins remarquables, ce domaine incarne une ode à la nature, à la culture et au (bon) goût.

L'engagement du chef : La table puise directement dans un vaste domaine agricole : potager de 5 000m², vignoble de 80 ha en agriculture biologique, huile d'olive produite sur place et ferme regroupant volailles, canards, porcs Noir de Bigorre, vaches et chèvres nourries en bio. Ce qui n'est pas produit sur place est sourcé chez les producteurs voisins. Tout ceci alimente un court menu de saison qui valorise les récoltes et élevages du domaine, dans une approche centrée sur la proximité et la sobriété.

– €€€€ – *1204 chemin de la Commanderie-de-Peyrassol – ✆ 04 94 69 71 02 – www.peyrassol.com/restaurants-hebergements/restaurants/chez-jeannette – Fermé mardi et mercredi*

FLAYOSC

✉ 83780 – Var – Carte régionale n° **29**–B2

LE JARDIN DE BERNE

Chef : Louis Rameau

CUISINE MODERNE • ROMANTIQUE Un vignoble (515 ha, excusez du peu...), un hôtel cinq étoiles et son spa, un restaurant étoilé et son potager bio. C'est dans ce cadre idyllique à l'atmosphère mi-provençale, mi-toscane qu'officient de concert le chef Louis Rameau et le chef pâtissier Éric Raynal. Ils célèbrent le terroir haut-varois grâce aux légumes, herbes et fleurs du potager, ainsi qu'à l'huile d'olive et aux vins du domaine. Les fromages et les autres produits travaillés avec maîtrise et finesse sont également bio et sourcés chez les meilleurs producteurs de la région : la tomate oubliée, en pain perdu, vinaigrette de tomates rôties au thym ; l'encornet enfumé, crème d'oseille et piment sucette de Provence ; l'huile d'olive fruitée verte, madeleine miel et huile d'olive, crème à l'huile d'olive sont présentés et servis par une chaleureuse brigade en salle qui connaît bien son métier. Table ouverte uniquement le soir.

L'engagement du chef : Le potager bio du domaine permet de fournir le restaurant en produits frais et de saison. Nous travaillons uniquement avec des producteurs locaux pour les viandes, les poissons et les légumes supplémentaires. Notre devise : du potager à l'assiette.

– €€€€ – *Château de Berne, chemin des Imberts – ✆ 04 94 60 49 79 – www.chateauberne.com – Fermé les midis*

LE BISTROT DU CHÂTEAU DE BERNE

CUISINE TRADITIONNELLE • CONVIVIAL Cette table assure une partition simple et ensoleillée, à base de produits qui rappellent les paysages du Var. Asperges du pays craquantes ; tranche de carré de porc Duroc de Bataillé aux saveurs d'Asie ; feuilleté de pommes, crème d'amande et caramel. C'est frais et décomplexé, et ça s'arrose des vins du domaine. Le tout à prix doux avec un service efficace, assuré par une équipe capable de discuter avec la clientèle souvent anglophone.

- €€ - *Château de Berne, chemin des Imberts - ✆ 04 94 60 43 51 - www.chateauberne.com/gastronomie/bistrot*

LE NID

CUISINE MODERNE • CONVIVIAL À Flayosc, un couple de passionnés mitonne une cuisine ensoleillée qui sent bon le jardin du Sud avec ses produits locaux choisis avec soin. Les artichauts y dansent avec la cébette dans un jus de barigoule parfumé à l'anis, et le repas s'achève avec un dessert pimpant : citron de la Crau, miel d'Ampus et tuiles croustillantes comme un rayon de soleil. Entre service aux petits oignons et chaleur du lieu, on y fait volontiers son nid.

- €€ - *37 boulevard Jean-Moulin - ✆ 04 98 09 57 62 - www.restaurantlenidflayosc.fr - Fermé lundi, dimanche, et mardi et mercredi à midi*

CHÂTEAU DE BERNE

MODERNE • CHAMPÊTRE C'est au terme d'un long chemin, serpentant à travers la garrigue, que se découvre la parenthèse bénie d'un domaine viticole de 500 ha. On partage son temps entre les chambres provençales (avec vue sur les vignes), les belles piscines intérieure et extérieure, le spa, les cours de cuisine, les dégustations de vin, les concerts...

- 34 chambres - *Chemin des Imberts - ✆ 04 94 60 49 79*

Le Jardin de Berne • Le Bistrot du Château de Berne - Voir la sélection des restaurants

LA FLÈCHE

72200 - Sarthe - Carte régionale n° **10**-A2

LE MOULIN DES QUATRE SAISONS

CUISINE MODERNE • CONTEMPORAIN Quelle que soit la saison, cette ravissante bâtisse du 16e s., posée sur les eaux du Loir en plein cœur de la ville, offre un cadre absolument enchanteur ! La cuisine, actuelle, est rythmée par les saisons et accompagnée d'une jolie sélection de vins (certains d'Autriche, pays d'origine de la propriétaire). Aux beaux jours, on s'installe en terrasse pour profiter de la féerie du lieu.

- €€€ - *14 rue Gallieni - ✆ 02 43 45 12 12 - www.moulindes4saisons.fr - Fermé lundi, et mercredi et dimanche soir*

FLEURIE

69820 - Rhône - Carte régionale n° **21**-A1

AUBERGE DU CEP

Chef : Aurélien Merot

CUISINE MODERNE • CHIC Inutile de présenter cette maison emblématique du Beaujolais, devenue fameuse grâce au talent de la cheffe Chantal Chagny - 44 ans aux fourneaux, tout de même ! Son successeur, Aurélien Merot, s'inscrit dans une veine similaire, alliance de finesse et de générosité. Il fait chanter le terroir régional (sandre de rivière rôti sur sa peau, carottes multicolores du jar-

din d'Augustin, sauce matelote au beaujolais) avec un travail particulier sur les jus et les sauces. Le rapport qualité-prix se révèle excellent (le menu de midi est une affaire !) et l'on arrose le repas d'une belle sélection de vins de la région.
- €€€ - 11 rue des Quatre-Vents - 04 74 04 10 77 - www.aubergeducep.com - Fermé lundi et dimanche

FLEURY

11560 - Aude - Carte régionale n° **27**-C2

LA TULIPE NOIRE

CUISINE MODERNE • AUBERGE Dans ce chai transformé avec goût, le chef et sa femme suivent les saisons au plus près, notamment grâce à leur propre potager qui fournit l'essentiel des légumes que vous dégusterez ici. Derrière les intitulés de plats volontairement simples se cache une cuisine finement technique qui revisite volontiers les classiques (pistou, soupe à l'oignon, tarte Tatin).
- €€ - 3 rue du Ramonétage - 04 68 46 59 80 - www.restaurant-tulipenoire.fr - Fermé mercredi, et jeudi et samedi à midi

FLEURY-SUR-ORNE

14123 - Calvados - Carte régionale n° **2**-C2

AUBERGE DE L'ÎLE ENCHANTÉE

CUISINE MODERNE • COSY Cet ancien bar de pêcheurs est située dans un cadre verdoyant a proximité de l'Orne. Fidèle à l'esprit de la maison, le chef propose une cuisine traditionnelle revisitée, qu'il fait évoluer au gré des saisons. Une maison sérieuse.
- €€ - 1 rue Saint-André - 02 31 52 15 52 - www.ileenchantee.fr - Fermé lundi et mardi, et dimanche soir

FLOIRAC

46600 - Lot - Carte régionale n° **23**-B2

LA MANGEOIRE

CUISINE MODERNE • VINTAGE Dans ce charmant village du Lot, le voyageur repère immédiatement cette jolie bâtisse en pierre calcaire et toit d'ardoises, avec sa terrasse et sa véranda de style Belle Époque, aujourd'hui toutes fenêtres ouvertes. Le chef, qui a exercé un peu partout dans le monde, en a rapporté le goût des mélanges exotiques : aubergines onctueuses « comme un houmous », pain de seigle brûlé, artichaut Camus frit, filet de porc séché à la cheminée ; secreto ibérique juste saisi, à la cacahuète et au gingembre, fenouil rôti et nouilles de blé. Une cuisine voyageuse d'esprit bistronomique, ponctuée de touches asiatiques ou d'épices du Maghreb.
- €€ - Le Bourg - 05 65 41 72 38 - www.la-mangeoire-restaurant-floirac.eatbu.com - Fermé mercredi, jeudi, et lundi, et le midi

FLORESSAS

46700 - Lot - Carte régionale n° **23**-A2

HOLODECK N

CUISINE MODERNE • CONTEMPORAIN Dans l'enceinte d'un vaste domaine viticole fondé en 1690, le restaurant s'épanouit au cœur d'une ancienne grange soigneusement restaurée. Derrière la façade de pierre et la haute charpente en bois, la salle marie la chaleur des matériaux anciens à des touches plus contemporaines : un mur noir, une cuisine ouverte aux équipements dernier cri, un mobilier confortable, et de larges baies embrassant les vignes et la campagne alentour. Le chef calligraphie des assiettes limpides et précises, bâties sur des produits nobles d'une qualité irréprochable. La langoustine bretonne y côtoie le saint-pierre ikejime, dont la chair nacrée s'auréole d'oseille et d'un jus de carotte infusé au safran du Quercy ; le quasi de veau occitan, lui, est escorté d'un condiment pissaladière et artichaut travaillé avec gourmandise. Les alliances s'expriment avec justesse, les jus se font intenses... Service prévenant.

- €€€ - *Château de Chambert, lieu-dit Chambert - 05 65 23 89 08 - www.chambert.com/holodeck.html - Fermé dimanche, lundi, mardi, mercredi et le midi sauf vendredi*

LA FLOTTE - Charente-Maritime (17) ➜ Voir Île de Ré

FLUMET

73590 - Savoie - Carte régionale n° **21**-D2

AUBERGE DES ÉGLANTIERS

CUISINE TRADITIONNELLE • RUSTIQUE Le chef Kevin Bieber, qui a longtemps œuvré aux Flocons de Sel à Megève, et sa compagne Mélanie Laugier ont ouvert cette bonne petite table dont la terrasse surplombe les gorges de l'Arly. Dans un décor chaleureux de lambris et peaux de bêtes, on se régale de cette balade gourmande de tradition qui conjugue bons produits (mention spéciale pour l'omble chevalier à l'oseille), assiettes bien tournées et générosité montagnarde.

- €€ - *170 rue du Mont-Blanc - 04 57 35 03 70 - www.auberge-des-eglantiers.com - Fermé mardi et mercredi*

FONDETTES

37230 - Indre-et-Loire - Carte régionale n° **15**-B1

L'OPIDOM

Chef : Jérôme Roy

CUISINE CRÉATIVE • CONTEMPORAIN De l'ambition, le chef Jérôme Roy n'en a jamais manqué, comme l'atteste son beau parcours (Gagnaire et Troisgros notamment, et une étoile gagnée au Couvent des Minimes à Mane). Natif de Loches, il officie sur ses terres d'origine, épaulé en salle par son épouse. Dans un cadre contemporain, on découvre avec plaisir sa cuisine actuelle et créative, rythmée par les saisons, et qui s'appuie sur une sélection rigoureuse de très beaux produits : Saint-Jacques poêlées, fumet des barbes au citron noir confit et piment d'Alep ; carré d'agneau aux herbes de Provence, artichaut et salicorne ; suprêmes de pamplemousse rose marinés dans un vin chaud aux épices douces...

- €€€ - *4 quai de la Guignière - 02 47 35 81 63 - www.lopidom.fr - Fermé lundi et dimanche*

FONT-ROMEU

66120 - Pyrénées-Orientales - Carte régionale n° **27**-A3

LA CHAUMIÈRE

CUISINE CATALANE • AUBERGE Rangez les skis ! À l'entrée de la station, on ne résiste pas à cette sympathique chaumière où le bois domine. Au menu : une belle sélection de mets catalans et de vins régionaux. Le patron est un amoureux des bonnes choses (viandes de choix, légumes locaux) et a même créé... une cave à jambons !

- €€ - *96 avenue Emmanuel-Brousse - 04 68 30 04 40 - www.restaurantlachaumiere.fr - Fermé lundi et mardi*

FONTAINE-DANIEL

✉ 53100 - Mayenne - Carte régionale n° **9**-C1

LA FORGE

CUISINE MODERNE • TRADITIONNEL Fontaine-Daniel, très joli village chargé d'histoire, est le berceau des fameuses toiles de Mayenne. Face à un étang et à la forêt, ce restaurant est abrité dans l'ancienne dépendance d'une abbaye cistercienne, devenue au 19e s. une entreprise de textile. Le chef William Blondel, qui est allé jusqu'en Nouvelle-Zélande, réalise une cuisine moderne avec des produits majoritairement locaux, qu'il n'hésite pas à ponctuer de touches créatives. C'est original, parfois déroutant, mais toujours juste et savoureux, à l'instar du maquereau, chou-fleur et sauce à base de café !

- **€€** - *8 place de l'Ondine - 02 43 00 34 85 - www.laforge.restaurant - Fermé lundi et mardi, et dimanche soir*

FONTAINE-DE-VAUCLUSE

✉ 84800 - Vaucluse - Carte régionale n° **28**-E1

PHILIP

CUISINE TRADITIONNELLE • SIMPLE L'emplacement de ce restaurant est formidable. Au pied de la célèbre fontaine d'où jaillit la Sorgue, cette adresse sait jouer de ses charmes bucoliques. Père et fille (la maison est dans la famille depuis 1926) proposent une cuisine qui joue efficacement la carte de la tradition. Service souriant et efficace. Réservation obligatoire en saison.

- **€€** - *510 chemin de la Fontaine - 09 75 59 28 63*

FONTAINEBLEAU

✉ 77300 - Seine-et-Marne - Carte régionale n° **11**-C2

L'AXEL

Chef : Kunihisa Goto

CUISINE MODERNE • ÉLÉGANT Au cœur de Fontainebleau se cache ce restaurant sobre et chic, où le chef japonais revisite la gastronomie française au plus près des saisons. Kunihisa Goto voue un culte sincère à la cuisine hexagonale, à ses vins et à ses produits emblématiques, du foie gras aux escargots. Formé à bonne école, il réinvente les classiques français avec un aplomb certain, à grand renfort de produits japonais - daïkon, racines de lotus, algue nori, feuilles de shiso, bœuf Wagyu... Sa variation sur l'œuf parfait est devenue un incontournable. Vous retrouverez dans chaque plat ce souci graphique, cet équilibre et cette gourmandise. Service réactif et courtois.

A/C - **€€€€** - *43 rue de France - 01 64 22 01 57 - www.laxel-restaurant.com - Fermé lundi, mardi et mercredi midi*

FUUMI

CUISINE JAPONAISE • CONTEMPORAIN Situé au cœur de Fontainebleau, Fuumi est la deuxième adresse du chef étoilé Kunihisa Goto. Ce restaurant propose une cuisine japonaise authentique, préparée directement devant les convives, notamment depuis les places au comptoir, parfaites pour profiter du spectacle. Les gyozas, ramens ou encore l'okonomiyaki, spécialité de la maison, témoignent de l'attention portée à chaque préparation. À midi, l'offre bento (menu teishoku) à prix attractif inclut soupe, petites assiettes et un plat au choix, idéale pour une pause gourmande. Ambiance conviviale et réservation fortement conseillée, car l'adresse est toujours complète !

A/C - **€€** - *39 rue de France - 01 60 72 10 32 - www.restaurant-fuumi.com - Fermé lundi et dimanche*

L'ORÉE DES SABLONS (N)

CUISINE TRADITIONNELLE • COLORÉ Dans une rue piétonne, cette table rend hommage à la chasse et aux concours culinaires : le chef, finaliste du championnat de lièvre à la royale, est également adepte du pâté en croûte. À la carte, les viandes dominent : oreiller de la Belle Aurore ; filet de pintade, haricots verts grillés, feuille de shiso en tempura et sauce des abats... sans oublier des desserts soignés. Service sympathique.

€€ - *1 rue des Sablons - ✆ 01 60 74 07 48 - www.loreedessablons.fr - Fermé lundi et dimanche*

L'AIGLE NOIR HÔTEL FONTAINEBLEAU - MGALLERY

MODERNE • RAFFINÉ Dans un écrin néoclassique, l'Aigle Noir accueille un ensemble harmonieux de chambres et suites aux tons de bijoux profonds, aux motifs répétitifs vibrants ou aux graphismes audacieux. Luxe, confort et grande qualité des services, y compris dans les nombreux espaces de réunion, la bar à cocktails et le restaurant.

- **53 chambres** - *27 place Napoléon Bonaparte - ✆ 01 60 74 60 00*

FONTENOY-LA-JOÛTE

✉ 54122 - Meurthe-et-Moselle - Carte régionale n° **7**-C2

L'IMPRIMERIE

CUISINE MODERNE • CONVIVIAL Il était une fois un petit village connu pour sa passion du livre... Quoi de plus naturel que l'ancienne imprimerie se transforme en haut lieu de culture des sens ? Ici, on propose, dans une ambiance décontractée, une cuisine moderne dans l'air du temps sous forme de menus surprises. Elle fait la part belle aux produits locaux et de saison pour le plus grand plaisir des convives. Le midi, une offre alléchante au prix imbattable ; le soir, un menu dégustation à l'aveugle.

P - **€€€** - *39 rue de la Division-Leclerc - ✆ 03 83 89 57 15 - www.restaurantlimprimerie.com - Fermé du lundi au mercredi*

FONTEVRAUD-L'ABBAYE

✉ 49590 - Maine-et-Loire - Carte régionale n° **9**-D3

FONTEVRAUD L'ERMITAGE

Chef : Thibaut Ruggeri

CUISINE CRÉATIVE • CONTEMPORAIN Au cœur de l'abbaye de Fontevraud, l'une des plus grandes cités monastiques d'Europe, se trouve le prieuré Saint-Lazare. Dans son cloître, devenu restaurant, le designer Patrick Jouin et l'architecte Sanjit Manku ont organisé la rencontre de l'épure monacale et des matériaux bruts, pour mieux laisser vibrer les plats du chef Thibaut Ruggeri. Ce dernier, Haut-Savoyard originaire de Megève, vainqueur du Bocuse d'Or 2013, a forgé sa foi chez les grands, de Michel Guérard à Georges Blanc. Apôtre du "beau et du bon" et de la biodynamie, il mise sur les produits du terroir local (volaille de Racan, pigeon d'Anjou...) et synchronise sa production potagère sur le calendrier lunaire. Délicieux programme !

L'engagement du chef : Dans le cadre du projet "Fontevraud - Cité durable", le restaurant met tout en œuvre pour relever les défis d'un avenir plus responsable. Les produits que nous travaillons sont tous issus du terroir local ou du potager et des ruches de l'Abbaye Royale. Notre menu change à chaque lune, tous les 29 jours et demi, pour respecter au mieux le rythme des produits.

P - **€€€€** - *38 rue Saint-Jean-de-l'Habit - ✆ 02 46 46 10 10 - www.fontevraud.fr - Fermé lundi, mardi et du mercredi au vendredi à midi*

FONTEVRAUD L'ERMITAGE

CONTEMPORAIN • ÉLÉGANT Cet hôtel, installé au sein même de la célèbre abbaye de Fontevraud, accueille les voyageurs dans un cadre unique, habilement mis en valeur à travers un style contemporain affirmé, dont la sobriété respecte parfaitement l'esprit monacal des lieux. Élégant et apaisant.

54 chambres - *38 rue Saint-Jean-de-l'Habit - 02 46 46 10 10*

Fontevraud L'Ermitage - Voir la sélection des restaurants

FONTJONCOUSE

11360 - Aude - Carte régionale n° **27**-B2

AUBERGE DU VIEUX PUITS

Chef : Gilles Goujon

CUISINE CRÉATIVE • DESIGN L'aubergiste des Corbières : ainsi surnomme-t-on parfois Gilles Goujon, à qui l'on doit d'avoir placé le minuscule village de Fontjoncouse, dans l'Aude, sur la carte de la haute gastronomie française. Ses marques de fabrique ? La sincérité et le savoir-faire. Les habitués le savent, chacune de ses assiettes est faite avec le cœur. Entouré de ses fils Enzo (en cuisine) et Axel (en pâtisserie), il n'a pas son pareil pour s'effacer derrière le produit et le laisser s'exprimer dans toute sa simplicité : la marque des grands. Des produits d'exception qu'il se fait un plaisir de présenter lui-même aux convives, et dont le dressage est souvent terminé au guéridon. On se contentera de citer son incontournable œuf "pourri" de truffes melanosporum avec purée de champignons, émulsion mousseuse à la truffe, briochine tiède et velouté : le plat superstar de la maison, à juste titre ! Le reste du repas est du même tonneau, précis et affirmé, soigné et généreux, jamais dans l'esbroufe : l'excellence, tout simplement.

- €€€€ - *5 avenue Saint-Victor - 04 68 44 07 37 - www.aubergeduvieuxpuits.fr - Fermé lundi, mardi, mercredi midi et dimanche soir*

FONTVIEILLE

13990 - Bouches-du-Rhône - Carte régionale n° **28**-E1

BELVÉDÈRE

CUISINE MÉDITERRANÉENNE • CONTEMPORAIN Une bien jolie cuisine que celle du chef japonais Kohei Ohata, qui parvient à retranscrire avec justesse et saveurs les influences méditerranéennes des marchés environnants. Sa femme assure la partie dessert avec un vrai talent. C'est frais, parfumé et facturé au juste prix. Voilà une excellente adresse, un peu cachée dans l'hôtel Belesso - réservée aux gourmets, donc, et c'est très bien comme ça.

- €€ - *Hôtel Belesso, 34 avenue des Baux - 04 90 18 31 40 - www.hotelbelesso.fr - Fermé lundi et dimanche soir*

LE RELAIS DU CASTELET

CUISINE PROVENÇALE • AUBERGE Véritable havre de paix, cet ancien relais de chasse cultive un esprit provençal et locavore : une cuisine copieuse et soignée essentiellement composée de légumes et d'herbes du potager, complétés par les producteurs du coin. Pari réussi pour Jean-Baptiste Bert qui a remis au goût du jour ce mas familial qui l'a vu naître, et où il fait bon se gorger de soleil, entre les oliviers et les collines.

- €€€ - *Mas le Castelet, quartier Montmajour - 09 80 40 74 81 - www.lerelaisducastelet.fr - Fermé lundi, dimanche, et mardi et mercredi à midi*

LA RÉGALIDO

TRADITIONNEL • CHAMPÊTRE Ce vieux moulin à huile, blotti au cœur d'un jardin fleuri, rappelle les photos sépia de notre enfance. La plupart des chambres, sobres et élégantes, sont prolongées par un balcon... et l'on prend son petit-déjeuner sur une belle terrasse verdoyante.

23 chambres – *118 avenue Frédéric Mistral – 04 90 54 60 22*

FORCALQUIER

04300 – Alpes-de-Haute-Provence

LA BASTIDE SAINT GEORGES

CLASSIQUE • CALME À la lisière de Forcalquier, cette bastide est posée milieu des oliveraies et des jardins. De nombreuses chambres se prolongent d'une terrasse ou d'une vue sur la campagne environnante, et les suites sont parfois de véritables retraites avec piscine privée. Les intérieurs s'habillent de pierre, bois et tissus naturels, inspirés par la Provence. Un spa et un restaurant complètent l'accueil de qualité, pour une simple escale ou un long séjour.

29 chambres – *Route de Banon – 04 92 75 72 80*

FOUDAY

67130 – Bas-Rhin – Carte régionale n° **8**-A2

JULIEN

CUISINE TRADITIONNELLE • RÉGIONAL Personnel en costume traditionnel, décor typique des Vosges (tout en bois) : on célèbre ici le folklore local dans ce qu'il a de meilleur. Dans une ambiance animée mais raffinée, on dévore de goûteuses – et copieuses – préparations régionales : choucroute, rognons et ris de veau, bouchées à la reine... Réjouissant, tout comme les chambres, le parc et le beau spa de l'hôtel.

– **€€** – *750 route de Strasbourg – 03 88 97 30 09 – www.hoteljulien.fr – Fermé du lundi au mercredi à midi*

FOUESNANT

29170 – Finistère – Carte régionale n° **1**-B2

LA POINTE DU CAP COZ

CUISINE MODERNE • CONTEMPORAIN Une petite maison blanche qui semble posée sur l'océan... C'est là, presque au bout du monde, qu'on apprécie la cuisine de ce chef. Elle valorise les produits de la pêche et du terroir, avec des présentations soignées, à l'image de ces joues de porc confites au vinaigre de cidre, choux cuisinés et pommes confites au beurre demi-sel.

– **€€** – *153 avenue de la Pointe, au Cap Coz – 02 98 56 01 63 – www.hotel-capcoz.com – Fermé lundi, mardi midi et dimanche soir*

FOUGÈRES

✉ 35300 - Ille-et-Vilaine - Carte régionale n° **9**-B1

L'ESSENCIEL

CUISINE MODERNE • CONTEMPORAIN Le chef Jean-Marie Baudic (ex-Youpala bistrot à Saint-Brieuc) a choisi ce restaurant contemporain pour proposer avec son second Julien Rault une partition bistronomique concoctée avec de bons produits de saison et des préparations bien ficelées : dorade et légumes croquants tout en fraîcheur ; une goûteuse aile de raie, brunoise croquante et jus de cuisson ; épaule d'agneau et arrancini... Formules différentes le midi, le soir et le weekend.

♿ - €€ - 37 boulevard Jean-Jaurès - ✆ 02 99 94 23 39 - www.lessenciel-restaurant.fr - Fermé lundi et dimanche, et mardi et mercredi soir

FOUGÈRES-SUR-BIÈVRE

✉ 41120 - Loir-et-Cher - Carte régionale n° **10**-C3

AVARUM

CUISINE MODERNE • CONTEMPORAIN Point n'est besoin de parler latin pour s'installer dans ce restaurant, un ancien relais de diligence du 19e s., qui fait face au château médiéval. Un duo complice, qui associe un chef et un sommelier, tient les rênes avec une compétence toute gourmande ! Les produits locaux et le retour de pêche sont apprêtés avec soin par le chef qui peaufine des assiettes bien appétissantes, à l'instar du porc roi rose de Touraine, parfaitement confit, aux saveurs sucrées-salées et servi avec de délicieux choux pak choï cuits à la vapeur et enfin passés à la flamme. Comme on le constate, il y a du travail, et de l'amuse-bouche au dessert, hormis le bon pain du boulanger du coin, tout est bien ficelé et fait maison. Un joli moment à table, sans oublier le service aimable et les conseils avisés du sommelier.

♿ A/C - €€ - 31 rue de l'Église - ✆ 09 51 98 54 65 - www.avarumrestaurant.fr - Fermé lundi et mardi

FRÉJUS

✉ 83600 - Var - Carte régionale n° **29**-C2

L'AMANDIER

CUISINE MODERNE • COSY Tarte feuilletée tomate et mozzarella, sorbet tomate verte et vinaigrette au basilic ; filet de daurade royale, tian de légumes et vinaigrette tiède aux câpres ; compotée d'abricots à la vanille, biscuit de semoule et glace pistache... Les jolies recettes proposées par ce couple charmant ont l'accent méridional. Une excellente adresse à prix sages !

A/C - €€ - 19 rue Marc-Antoine-Désaugiers - ✆ 04 94 53 48 77 - www.restaurant-lamandier-frejus.com - Fermé dimanche, et lundi, mercredi et vendredi midi

FRÉLAND

✉ 68240 - Haut-Rhin - Carte régionale n° **8**-C2

RESTAURANT DU MUSÉE

CUISINE MODERNE • RUSTIQUE Dans cet ancien moulin posé au bord de l'Ure, jouxtant le petit musée du pays welche, le chef Alain Schmitt propose une cuisine aux inspirations variées, émaillée de clins d'œil au terroir : gambas pochées dans un bouillon au safran d'Alsace ; côte de cochon ibérique au sautoir, chou en différentes textures ; mousse griotte et brownies dans l'esprit d'une forêt-noire...

♿ - €€ - 2 rue de la Rochette - ✆ 03 89 47 24 18 - www.restaurant-du-musee.eatbu.com - Fermé lundi, et mercredi et dimanche soir

LE FRENZ

✉ 68820 - Haut-Rhin - Carte régionale n° **8**-A2

LES QUATRE SAISONS

CUISINE MODERNE • COSY À 760 m d'altitude, entouré par la forêt, un chalet douillet en face de la remontée mécanique. Dans un cadre chaleureux, la cheffe Christelle mitonne une savoureuse cuisine de saison, tandis que Frédéric choisit avec soin de jolis crus... Chambres pour l'étape et bon petit-déjeuner. Pas de fausse note pour Les Quatre Saisons !

- €€ - 3 route du Frenz - 03 89 82 28 61 - www.hotel4saisons.com - Fermé mardi, mercredi, et lundi et jeudi à midi

FRÉPILLON

✉ 95740 - Val-d'Oise - Carte régionale n° **11**-B1

CHEZ ROMUALD

CUISINE MODERNE • CONTEMPORAIN La large façade vitrée de ce bâtiment moderne laisse entrevoir un intérieur lumineux, rythmé par un mur de briques et quelques touches végétales. Le chef déroule une cuisine précise, sans ostentation, où le beau produit va de soi. Les Saint-Jacques crues, servies dans leurs coquilles, s'apprécient en tranches épaisses, relevées d'une vinaigrette aneth-orange et d'un gel citronné qui apporte fraîcheur et relief. Plus ancré dans le terroir, le poulet fermier des Landes arrive fondant, escorté d'une purée de patate douce et d'un jus concentré. La prestation, maîtrisée et équilibrée, ancre cette table dans une cuisine de métier, attentive au goût.

- €€ - 1 rue Jean-Mermoz - 01 34 18 24 89 - www.chezromuald.fr - Fermé lundi, dimanche et samedi midi

FRONTIGNAN

✉ 34110 - Hérault - Carte régionale n° **27**-D2

IN-FINE

CUISINE TRADITIONNELLE • CONTEMPORAIN La jeune équipe dynamique du chef autodidacte Grégory Doucey privilégie la qualité du produit pour réaliser un appétissant menu-carte. Une savoureuse cuisine bistronomique qui évolue entre terroir et modernité, avec le goût comme fil conducteur : œuf parfait aux épinards et vieux Rodez ; bœuf braisé, purée de carotte, potimarron et épeautre du Mont-Ventoux ; figues rôties et glace au fromage blanc...

- €€ - 2 rue de l'Hôtel-de-Ville - 07 77 95 02 11 - www.infinerestaurant.fr - Fermé mercredi

LE MG PAR CÉCILE ET GRÉGORY DOUCEY

CUISINE MODERNE • COSY Le chef Grégory Doucey et son épouse Cécile dressent la table (et la terrasse) dans le port de Frontignan-Plage. À peine sortis de l'eau, poissons, coquillages et huîtres de l'étang de Thau sont au cœur d'une cuisine méditerranéenne tournée aussi vers le terroir. Les carnivores choisiront les viandes de l'Aveyron, et tous les gourmands profiteront des fruits et légumes héraultais.

- €€ - Zone Technique du Port - 07 82 62 97 98 - www.restaurant-mg.fr - Fermé mercredi, et lundi et mardi soir

FUISSÉ

✉ 71960 - Saône-et-Loire - Carte régionale n° **17**-C2

L'O DES VIGNES

Chef : Sébastien Chambru

CUISINE MODERNE • CONTEMPORAIN Cette bâtisse en pierre du Mâconnais embrasse un paysage de vignes, qui court jusqu'à la Roche de Solutré. Elle accueille un Bourguignon du cru, Sébastien Chambru, qui a fait un passage remarqué au Moulin de Mougins, avant de s'envoler pour le Japon : à Tokyo, il est subjugué par le respect que les chefs nippons témoignent au produit. Auteur de plusieurs livres de cuisine, il cisèle aujourd'hui à Fuissé une cuisine légèrement créative, et dont l'inspiration change en fonction de l'arrivage, à l'image de ce thon mariné et cuit à la flamme, condiments et vinaigrette betterave-yuzu. Dans le bistrot à vins adjacent, plats canailles et crus canons sont à l'ardoise.

♿ - **€€€** - *129 rue du Bourg - ✆ 03 85 38 33 40 - www.lodesvignes.fr - Fermé mardi et mercredi, et dimanche soir*

FURSAC

✉ 23290 - Creuse - Carte régionale n° **19**-B1

NOUGIER

CUISINE TRADITIONNELLE • CLASSIQUE Depuis trois générations, cette réjouissante auberge cultive l'art du bon accueil et du bien manger. Le chef concocte des plats soignés, entre tradition et modernité, comme autant d'hommages aux saisons. Alors, attablez-vous et commandez en confiance.

P - **€€** - *2 place de l'Église - ✆ 05 55 63 60 56 - www.hotelnougier.fr - Fermé lundi, mardi midi et dimanche soir*

LA GACILLY

✉ 56200 - Morbihan - Carte régionale n° **1**-D3

LES JARDINS SAUVAGES - LA GRÉE DES LANDES

Cheff : Anthony Le Fur

CUISINE MODERNE • CONTEMPORAIN Au sein du restaurant de l'hôtel du groupe Yves Rocher, on réalise une cuisine moderne, maîtrisée et goûteuse, faite à partir de produits majoritairement bios, du jardin et de producteurs locaux - la démarche est ici poussée à fond. Baignée de lumière, la salle vitrée du restaurant s'étend entre deux écrins de verdure. D'un côté, les lignes du potager, de l'autre, la véranda ouverte sur le jardin - une connexion organique avec la nature à l'image de cette table.

L'engagement du chef : Entièrement conçu avec des matériaux naturels, notre restaurant est certifié bio à 100% depuis 2013. Notre politique d'achats est locavore (dans un rayon de 70 km autour du restaurant) et nous gérons un potager bio. Nous avons mis en place un système de traitement et recyclage de nos déchets et nous avons un système de chauffage biomasse.

♿ **P** - **€€** - *Cournon - ✆ 02 99 08 50 50 - www.lagreedeslandes.com*

GAILLAC

✉ 81600 – Tarn – Carte régionale n° **27**-A1

VIGNE EN FOULE

CUISINE MODERNE • CONVIVIAL Un sympathique bar-restaurant qui propose une belle cuisine de bistrot revisitée, et quelques plats de viande à partager (cochon de lait, côte de veau...). Des assiettes modernes et gourmandes, à l'image de ce cabillaud au jus de suquet, patatas fritas à la rouille, qu'on déguste sur l'agréable terrasse dès le printemps. Laissez-vous emporter par la foule de vins affichés à la carte : près de 300 choix... de quoi vous faire tourner la tête !

*– **€€** – 80 place de la Libération – 05 63 41 79 08 – www.vigneenfoule.fr – Fermé dimanche*

GALAN

✉ 65330 – Hautes-Pyrénées – Carte régionale n° **25**-D3

SANDIKALA

Chef : Luke MacLeod

CUISINE MODERNE • MAISON DE CAMPAGNE Le chef australien Luke MacLeod accueille dans cette ancienne ferme rénovée avec goût dans une veine champêtre et raffinée. Il concocte une généreuse cuisine de saison qui marie produits du terroir et saveurs asiatiques, souvenirs de ses pérégrinations : foie gras poêlé et chou kimchi ; tempura de courge spaghetti et wasabi frais. Les produits sont bien ancrés dans le terroir local et les assaisonnements mêlent l'acide, le doux et le piquant.

L'engagement du chef : Nous travaillons main dans la main avec un groupe de producteurs de fruits et légumes bio dans un rayon de 30 km autour du restaurant. La volaille, le bœuf, l'agneau et le porc viennent de petites exploitations des Hautes-Pyrénées, tout comme les truites. Nous proposons un seul menu, ce qui aide à lutter contre le gaspillage. Nous avons un grand jardin aromatique et un petit potager, les deux irrigués par notre puits et nourris par le compostage des restes de légumes.

*– **€€€** – 9 rue de la Barsogue – 05 62 49 27 25 – www.sandikala.com – Fermé lundi, mardi, du mercredi au vendredi à midi, et dimanche soir*

GAMBAIS

✉ 78950 – Yvelines – Carte régionale n° **11**-A1

RUCHE

Cheffe : Cybèle Idelot

CUISINE CRÉATIVE • AUBERGE En lisière de la forêt de Rambouillet, la cheffe Cybèle, après avoir œuvré à Boulogne-Billancourt, a craqué pour ce domaine de 1850 où elle peut désormais cultiver en permaculture tout ce qu'elle souhaite cuisiner... Dictée par la nature, l'assiette privilégie donc la fraîcheur et le végétal, les fermentations et les circuits courts ; pain, beurre et yaourts sont maison. Dans un décor d'esprit scandinave, on découvre une cuisine personnelle d'une apparente simplicité, parfumée et lisible. Carte des vins orientée biodynamie et nature. Cinq jolies chambres, parfaites pour un weekend de silence et de bien-être.

L'engagement du chef : Le restaurant Ruche est au cœur d'un domaine d'un hectare de parc arboré. Le potager en permaculture avec ses buttes, son mandala, sa serre et sa forêt fruitière alimente la table de la cheffe Cybèle Idelot. Les viandes viennent des fermes voisines et les poissons de ligne de l'Île d'Yeu. L'ambition "zéro déchet" implique l'utilisation du produit entier (fanes, feuilles...) et des techniques de conservation (fermentation). Les vins sont en biodynamie ou «nature».

- €€€ - Domaine les Bruyères, 251 avenue de Neuville - 01 34 83 19 66 - www.domainelesbruyeres.com - Fermé du lundi au mercredi, jeudi midi et dimanche soir

GAMBSHEIM

67760 - Bas-Rhin - Carte régionale n° **8**-B1

FLEUR DE SUREAU

CUISINE MODERNE • CONTEMPORAIN Cette Fleur de Sureau a poussé face à la gare ! À ceci près que son jardinier est un chef qui a fait ses classes auprès de Jean-Georges Klein, à l'Arnsbourg, et qu'il y réalise une cuisine actuelle à base de beaux produits de saison: tartare de thon rouge, œufs de hareng fumés, brunoise de poivron vert et gel de mûres, ou carré de porcelet cuit en basse température, poêlée de chou-fleur et compotée de prunes...

- €€ - 22 rue du Chemin-de-Fer - 03 88 21 85 22 - www.fleurdesureau.fr - Fermé mardi, mercredi et samedi midi

LA GARENNE-COLOMBES

92250 - Hauts-de-Seine - Carte régionale n° **11**-E2

LE SAINT JOSEPH

CUISINE MODERNE • BISTRO Dans ce bistrot de quartier mijote une goûteuse cuisine au goût du jour. Imaginé par le chef Benoît Bordier, le menu-carte change régulièrement de thème en fonction des saisons et des envies. On se régale dans une ambiance familiale, jusqu'à la petite carte des vins, mettant en avant des femmes vigneronnes. Un coup de cœur.

A/C - €€ - 100 boulevard de la République - 01 42 42 64 49 - www.lesaintjoseph-restaurant.fr - Fermé lundi, dimanche et samedi midi

TATA YOYO N

CUISINE MODERNE • VINTAGE Dans un paisible quartier résidentiel, ce bistrot à la façade pimpante – terrasse au sol vert vif en prime – attire le regard. À l'intérieur, un décor néo-vintage savamment dosé : bois, papiers peints, grands miroirs, photos anciennes aux cadres dorés, étagères garnies de bibelots... L'accueil est chaleureux, le service aux petits soins. En cuisine, Arnaud Delvenne (finaliste Top Chef 2022) signe une carte futée, et un menu déjeuner à prix doux (avec quelques plats à supplément). Soupe de courgette froide pleine de fraîcheur, dorade juste saisie escortée d'une caponata savoureuse, et paris-brest parfaitement exécuté : une adresse sérieuse.

- €€ - 26 avenue de Verdun-1916 - 01 77 37 92 35 - www.bistrot-tatayoyo.fr

MAISON LAGURE N

CUISINE MODERNE • CONTEMPORAIN Dans ce bistrot, dont le nom évoque une plante dunaire, le chef Julien Dumas (Bellefeuille, Lucas Carton) propose une carte bistronomique alléchante, orchestrée avec talent par son complice Lucas Boisseau. Ici, la cuisine va à l'essentiel tout en intégrant quelques touches créatives : filet de lieu jaune, asperges sauvages grillées encore croquantes, coques et oignons dans leur jus ; pour conclure, un dessert fenouil-pamplemousse, tout en fraîcheur et en contraste. Carte courte, évolutive, avec un menu

déjeuner futé et des menus dégustation le soir. Le décor, sobre et élégant, mêle grand miroir moucheté, luminaires suspendus, murs effet béton ciré, parquet, cave à vin vitrée et objets chinés.
- €€ - 78 boulevard de la République - 01 47 84 48 27 - www.maisonlagure.fr - Fermé dimanche et samedi midi

GARGAS

84400 - Vaucluse

COQUILLADE - PROVENCE

Plus

TRADITIONNEL • ÉLÉGANT Un hameau provençal dont les origines remontent au 11e s. : tel est le cadre de ce luxueux domaine hôtelier. Les chambres, réparties au sein de petits mas provençaux, expriment la quintessence des lieux (vieilles pierres, charpentes). On profite même d'un superbe spa... Vendange de plaisirs !
- **69 chambres** - *Hameau Le Perrotet - 04 90 74 71 71*

LA GARNACHE

85710 - Vendée - Carte régionale n° **14**-A2

LE PETIT SAINT THOMAS

CUISINE MODERNE • TRADITIONNEL Ce sympathique restaurant familial accueille de nombreux habitués. Côté papilles, le chef, aux fourneaux depuis plus de vingt ans, mitonne des recettes plutôt traditionnelles parfois revisitées avec des petites touches exotiques (curry, soubressade, nori, mafé, coco).
- €€ - 25 rue de Lattre de Tassigny - 02 51 49 05 99 - www.lepetitsaintthomas.com - Fermé lundi et mardi, et dimanche soir

GARONS

30128 - Gard - Carte régionale n° **28**-B2

MICHEL KAYSER - RESTAURANT ALEXANDRE

Chef : Michel Kayser

CUISINE MODERNE • ÉLÉGANT Entre Nîmes et Arles, au sein d'un parc peuplé de cèdres centenaires, Michel Kayser fait ce qu'il sait faire de mieux à sa table : magnifier les produits, utiliser sa palette technique à bon escient pour susciter l'émotion des amoureux de la vraie cuisine réalisée avec le cœur. Rares sont les chefs à célébrer comme lui le Sud avec autant de précision, avec autant d'aplomb et de passion intacte : rouget de Méditerranée cuit sous la salamandre, raviole à la tapenade de picholine, jus d'arêtes torréfiées ; poitrine de pigeon des Costières cuite sur son coffre, cuisse farcie et croustillant d'abats, jus corsé au paprika fumé. Toutes les garnitures et autres satellites (comme le pain aux écailles de rouget qui permet, toute honte bue, de saucer le délicieux jus bien corsé dans l'esprit d'une rouille de bouillabaisse) soutiennent vraiment le produit principal (travaillé dans ses moindres parties comme le lapin en terrine). Sans artifice ni gadget inutile, la belle technique du chef demeure toujours au service du goût, percutant et harmonieux.
- €€€€ - 2 rue Xavier-Tronc - 04 66 70 08 99 - www.michelkayser.com - Fermé lundi et mardi, et mercredi et dimanche soir

GARRIGUES-ET-SAINTE-EULALIE

✉ 30190 - Gard

DOMAINE DE LA PRIVADIÈRE

CONTEMPORAIN • LUXUEUX Aux abords d'Uzès, dans la pittoresque campagne provençale, se niche une escapade de luxe. Le Domaine de Privadière se compose de plusieurs mas traditionnels dotés des commodités les plus modernes. Le jardin se déploie sur un hectare autour de quelques chambres spacieuses. Si généreuses soient-elles, les salles de bain s'effacent devant le spa, son sauna, son hammam et sa piscine. Un bar-lounge à l'ambiance décontractée complète le tableau.

- **14 chambres** - *Domaine de Privadière* - *33 4 66 75 69 59*

GASNY

✉ 27620 - Eure - Carte régionale n° **11**-A1

AUBERGE DU PRIEURÉ NORMAND

CUISINE MODERNE • AUBERGE Proche de Giverny, sur la place centrale de Gasny, cette belle bâtisse à colombages aux allures normandes abrite une auberge familiale. Le chef favorise les produits en circuit court pour une cuisine de qualité, aux sauces sapides et aux saveurs franches. Son plat signature : le risotto de langoustines. Un espace bar et cave, deux salles contemporaines et une terrasse pour les beaux jours.

- **€€** - *1 place de la République* - *02 32 52 10 01* - *www.aubergeduprieurenormand.fr* - *Fermé mercredi*

GASSIN

✉ 83580 - Var - Carte régionale n° **29**-B2

BELLO VISTO

CUISINE TRADITIONNELLE • AUBERGE Gassin - dont le nom provient de l'expression Guardia Sinus, le gardien du golfe - est un ancien village sarrasin, occupé par les Maures jusqu'au 10e s. Après avoir trouvé la maison, sur la place des "Barri", installez-vous sur la superbe terrasse et profitez de la vue sur le golfe de Saint-Tropez et sur les sommets alpins... On vient ici se régaler des spécialités maison (mitonnée de petits poulpes de roche, gnocchis à la truffe, soufflé au Grand Marnier) réalisées par un chef expérimenté et passionné, originaire de la région : sa grand-mère a vécu dans ce village ! Une très bonne table, avec quelques chambres pour l'étape.

- **€€€** - *Place deï Barri* - *04 94 56 17 30* - *www.bellovisto.eu*

LE BELROSE

CUISINE MODERNE • LUXE La Villa Belrose offre un cadre privilégié et intimiste, dominant tout le golfe de Saint-Tropez, pour une gastronomie méditerranéenne riche en saveurs, mise en musique par le chef Jimmy Coutel : écrevisse rôtie au beurre d'algues, févettes légèrement citronnées, poireaux flambés ; bar rôti, accompagné de morilles étuvées, petits pois et lard de Colonnata.

- **€€€€** - *Villa Belrose, boulevard des Crêtes* - *04 94 55 97 88* - *www.althoffcollection.com* - *Fermé les midis*

LA VERDOYANTE

CUISINE TRADITIONNELLE • CONTEMPORAIN Posée au cœur des vignes, cette ancienne ferme rustique jouit d'un très beau panorama... Mais la Verdoyante ne serait rien sans la passion du couple qui en tient les rênes ! Dans un décor coquet ou sur la charmante terrasse, on se régale d'une délicieuse cuisine provençale aux parfums de garrigue.

- €€€ - *866 chemin vicinal Coste-Brigade - 04 94 56 16 23 - www.la-verdoyante.fr - Fermé lundi, et mardi et vendredi à midi*

ALTHOFF VILLA BELROSE *Plus*

CONTEMPORAIN • MARITIME Ce "resort" ressemble plus à une résidence qu'à un hôtel : vaste, décoré d'une façon extravagante, avec tout le luxe rêvé. Les chambres sont de style contemporain, avec air et lumière à profusion pour une atmosphère de bord de mer. Chaque chambre possède sa propre terrasse, spacieuse, certaines avec vue sur la baie de St-Tropez, d'autres côté jardin. Salles de conférence, salle de fitness et piscine chauffée en extérieur. Une immense villa colorée et lumineuse qui semble tutoyer le soleil...

- **40 chambres** - *Boulevard des Crêtes - 04 94 55 97 97*

Le Belrose - Voir la sélection des restaurants

GAUJAC

30330 - Gard - Carte régionale n° **28**-C2

LA MAISON

CUISINE MODERNE • CONVIVIAL On se sent bien, un peu comme à La Maison, dans cette ancienne demeure de vignerons ! Dans les salles, magnifiques écrins de pierre, on savoure une cuisine créative à travers des assiettes travaillées qui juxtaposent nombre d'éléments. Ludovic Davouze n'oublie pas de mettre en avant les producteurs locaux et aime surprendre avec des associations de saveurs originales comme cette thonine juste saisie, marinée à la ciboule avec aubergine fumée et sauce miso. Aux beaux jours, le patio est fort agréable.

- €€€ - *1 rue du Presbytère - 04 66 39 33 08 - www.lamaison.gaujac.com - Fermé lundi et mardi*

GAZERAN

78125 - Yvelines - Carte régionale n° **11**-B2

VILLA MARINETTE

CUISINE MODERNE • ÉLÉGANT Atmosphère cosy et moderne pour cette ancienne auberge impeccablement tenue, entièrement remaniée dans des tons noir et jaune, avec parquet clair et motifs végétaux... et son agréable terrasse dressée dans le joli jardin clos. On y déguste une cuisine au goût du jour rythmée par les saisons, signée par un chef respectueux du produit. Souvenir de langoustines rôties, réduction de jurançon moelleux et nougatine d'ail doux... une entrée savoureuse et réalisée avec maîtrise.

- €€€ - *20 avenue du Général-de-Gaulle - 01 34 83 19 01 - www.villamarinette.fr - Fermé dimanche soir, lundi et mardi*

GÉMENOS

✉ 13420 – Bouches-du-Rhône – Carte régionale n° **28**-D3

✿ LA MAGDELEINE - MATHIAS DANDINE

Chef : Mathias Dandine

CUISINE MÉDITERRANÉENNE • ÉLÉGANT Mathias Dandine a réalisé son rêve de gamin en devenant le chef de cette superbe maison de maître du 18e s., située au cœur d'un domaine aux arbres centenaires, loin des bruissements urbains. Le chef se révèle en parfaite harmonie avec l'âme des lieux, et célèbre la Provence avec un talent époustouflant. Sa cuisine méditerranéenne épurée, sans chichi ni tralalas, se moque bien d'épater les foodistas. Derrière l'apparente simplicité, ses recettes révèlent une grande maîtrise des cuissons, textures et équilibres des saveurs. Quand viennent les beaux jours, profitez de la terrasse ombragée aux essences méditerranéennes.

- **€€€€** - *2 rond-point des Charrons – ✆ 04 42 32 20 16 – www.relais-magdeleine.com*

LES ARÔMES

CUISINE DU MARCHÉ • MÉDITERRANÉEN Dans cette maison des années 1930 cernée par les arômes de la Provence officient Françoise Besset, indéfectible hôtesse, et son époux Yannick. Celui-ci creuse avec réussite le même sillon : une âme d'aubergiste, un alliage de fraîcheur et d'inventivité. Une cuisine régionale à déguster dans l'une des charmantes petites salles à manger ou sur la véranda terrasse aux beaux jours, face à un jardin planté d'oliviers. Une table exemplaire.

A/C - **€€** - *230 avenue du 2ème-Cuirassier – ✆ 09 80 73 06 60 – www.lesaromesgemenos.fr – Fermé lundi et mardi, et mercredi et dimanche soir*

LE GRAND CAFÉ

CUISINE TRADITIONNELLE • ÉLÉGANT Sous les platanes centenaires de la terrasse ou le haut plafond à la française de cette belle maison de maître du 18e siècle, le chef Mathias Dandine propose une cuisine à la fois traditionnelle et canaille, assortie à son décor bistrot. Composée de bons produits frais, préparés avec soin, cette carte courte et appétissante rend les choix cornéliens ! Pâté en croûte et condiment échalotes ; côte de carré de cochon ibérique et risotto de fregola sarda ; tarte fine aux pommes, glace vanille. Un parcours gourmand sans faute, et un véritable régal, au bras d'un service détendu mais professionnel.

P - **€€€** - *2 rond-point des Charrons – ✆ 04 42 32 20 16 – www.relais-magdeleine.com – Fermé lundi et dimanche soir*

LA MAGDELEINE - MATHIAS DANDINE

TRADITIONNEL • CHARME Tout enchante, dans cette demeure provençale datant du 18e s. : cheminées anciennes, mobilier de style, tomette vernissée au sol, jusqu'au parc alentour avec ses platanes séculaires... Une plongée dans l'histoire et un séjour délicieux.

A/C P - **28 chambres** - *2 Rond-Point des Charrons – ✆ 04 42 32 20 16*

✿ **La Magdeleine - Mathias Dandine • Le Grand Café** - Voir la sélection des restaurants

GENESTON

✉ 44140 - Loire-Atlantique - Carte régionale n° **9**-B3

LE PÉLICAN

CUISINE MODERNE • CONVIVIAL Olivier Guenoun, chef de cette affaire familiale depuis 2010, prépare une cuisine dans l'air du temps autour d'un menu-carte ponctué de suggestions du jour, au gré du marché. À l'image des locaux habitués du Pélican, ouvrez grand le bec pour découvrir un grand classique régional : le gâteau nantais, ici revisité avec ananas rôti et sorbet mojito !

- €€ - *13 place Georges-Gaudet - 02 40 04 77 88 - www.restaurantlepelican.fr - Fermé dimanche et lundi*

GENNES-VAL-DE-LOIRE

✉ 49350 - Maine-et-Loire - Carte régionale n° **9**-D3

LE CASTELLANE - CHÂTEAU LE PRIEURÉ

CUISINE MODERNE • ÉLÉGANT Le Castellane, restaurant du Château du Prieuré, propose une cuisine actuelle, qui fait la part belle aux produits de saison, au maximum locaux. On en profite dans une salle à manger au décor Empire ou sur la terrasse, qui offrent un beau panorama sur la Loire. Tout comme les chambres à la décoration unique et qui fleurent bon la vallée des rois...

- €€€ - *Route du Comte-de-Castellane - 02 41 67 90 14 - www.prieure.com*

GÉRARDMER

✉ 88400 - Vosges - Carte régionale n° **7**-C3

LES BAS-RUPTS

CUISINE CLASSIQUE • ÉLÉGANT Sur les hauteurs de Gérardmer, cet imposant chalet abrite une hostellerie tenue par la même famille depuis 5 générations. On y déguste une cuisine classique, à connotation régionale, réalisée avec de beaux produits : foie gras de canard, escargots, gibier, poissons de rivière... Superbe carte des vins.

- €€€ - *181 route de la Bresse, les Bas-Rupts - 03 29 63 09 25 - www.bas-rupts.com - Fermé du lundi au mercredi à midi*

LA TABLE DU ROUAN

CUISINE MODERNE • BRASSERIE Julien Jeanselme, chef concerné et accueillant, réalise une cuisine franche et fraîche, dont l'ancrage régional n'interdit pas les clins d'œil, notamment à la Provence (il affectionne la soupe de poissons), ou les hommages - ici à l'arrière-grand-père, étoilé... en 1936! - avec la terrine de montagne "Ernest Jeanselme". Une valeur sûre.

- €€ - *2 boulevard de la Jamagne - 03 29 63 36 86 - www.jamagne.com - Fermé, lundi et mardi à midi*

LES GETS

✉ 74260 - Haute-Savoie - Carte régionale n° **21**-D1

LA R'MIZE

CUISINE TRADITIONNELLE • MONTAGNARD Dans le vieux village et proche de l'église, cette table propose une appétissante cuisine traditionnelle. Un chef expérimenté régale à coup de recettes bien ficelées : velouté de potimarron aux copeaux d'abondance et crème fouettée légèrement parfumée aux fruits de la passion ; carpaccio de Saint-Jacques et jus de carcasse de homard. Sa palette gourmande inclut aussi d'inoxydables spécialités savoyardes, à l'instar de cette gratinée gourmande ou cette fondue savoyarde au champagne !

♿ - **€€** - *160 rue du Vieux-Village - ✆ 04 50 79 75 57 - www.larmize.fr - Fermé mercredi*

ALPINA

CLASSIQUE • CONVIVIAL Non loin du téléphérique, ce beau chalet à l'ambiance familiale domine le bourg... Les chambres, au style alpin épuré, proposent de jolies vues sur la vallée. Le restaurant, réservé aux résidents, se révèle sympathique : cadre cosy et bonne cuisine aux accents du pays.

P - **39 chambres** - *55 impasse de la Grange Neuve - ✆ 04 50 75 80 22*

CRYCHAR

MONTAGNARD • CHALEUREUX Un petit chalet au pied des pistes, chaleureux et confortable. Le feu crépite dans le salon ; les chambres, tout en bois clair, sont pimpantes et jouissent d'un balcon, et le beau spa se révèle idéal pour la relaxation. Un concentré de Savoie !

P Spa - **20 chambres** - *136 impasse de la Grange Neuve - ✆ 04 50 75 80 50*

GEVREY-CHAMBERTIN

✉ 21220 - Côte-d'Or - Carte régionale n° **12**-C3

LA TABLE D'HÔTES - LA RÔTISSERIE DU CHAMBERTIN

Chef : Thomas Collomb

CUISINE MODERNE • CHIC À Gevrey-Chambertin, Thomas Collomb tient une remarquable Table d'Hôtes ! Il faut dire qu'il met toutes les chances de son côté : produits irréprochables, bio pour la plupart et issus de fournisseurs triés sur le volet, assiettes lisibles et soignées déclinées au fil d'un menu dégustation plein de surprises, cadre rustique-chic du plus bel effet... Mais ce n'est pas tout : la carte des vins vaut aussi son pesant de raisin (la région s'y prête, il faut dire !) et le service se révèle pro et prévenant, sans être envahissant. Une réussite sur toute la ligne.

L'engagement du chef : Notre cuisine est dictée par les saisons et la localité des produits que nous utilisons. Nous mettons ainsi un point d'honneur à privilégier les circuits courts et à sublimer des produits à première vue modestes. Nous luttons contre le gaspillage en achetant des bêtes entières, détaillées avec soin par la suite sur place.

♿ P - **€€€€** - *6 rue du Chambertin - ✆ 03 80 34 33 20 - www.rotisserie-chambertin.com/la-table-dhote - Fermé lundi, mardi, mercredi et dimanche*

BISTROT LUCIEN

CUISINE TRADITIONNELLE • BISTRO Au cœur de ce célèbre village de vignerons, un bistrot convivial avec ses pierres apparentes, ses banquettes et sa superbe carte des vins. Au programme, une cuisine généreuse et savoureuse : terrine de lapin avec datte Medjool, salade de racines et condiment noisette ; pintade fermière, olives vertes, blé sauvage et oignon caramélisé ; sans oublier quelques incontournables de la région (jambon persillé maison, œufs en meurette, volaille de Bresse...).

- **€€** - *La Rôtisserie du Chambertin, 6 rue du Chambertin – 03 80 34 33 20 – www.rotisserie-chambertin.com/bistrot-lucien – Fermé lundi et dimanche soir*

GEX

01170 - Ain - Carte régionale n° **21**-C1

LA TABLE DE LA MAINAZ

CUISINE MODERNE • CONTEMPORAIN Au col de la Faucille, entre bassin genevois et Haut-Jura, cette institution régionale offre une bien jolie vue sur le mont Blanc et le Léman depuis sa salle à manger contemporaine. On y déguste une agréable cuisine moderne teintée de tradition élaborée avec de beaux produits : ris de veau façon blanquette ; turbot à la grenobloise ; soufflé noisette, citron... Carte plus abordable au Panorama, l'autre table de la maison.

- **€€€€** - *Route du Col-de-la-Faucille, lieu-dit La Mainaz – 04 50 41 31 10 – www.la-mainaz.com – Fermé lundi, mardi et le midi*

LA MAINAZ

MODERNE • RAFFINÉ Atout incontestable de ce grand chalet en bois : la vue exceptionnelle sur le Léman et les Alpes ! L'hôtel a été rénové de la tête aux pieds : le style montagnard a cédé la place à un esprit alpin chic, jusque dans les chambres, très bien équipées. Au petit-déjeuner, priorité aux fromages de la région.

- **23 chambres** - *Route du Col-de-la-Faucille, lieu-dit La Mainaz – 04 50 41 31 10*

La Table de la Mainaz - Voir la sélection des restaurants

GIEN

45500 - Loiret - Carte régionale n° **11**-C3

CÔTÉ JARDIN

Chef : Arnaud Billard

CUISINE CRÉATIVE • CONTEMPORAIN Ce Côté Jardin porte bien son nom : un maraîcher local fournit plus de 300 variétés de légumes, fruits et aromates au chef Arnaud Billard, natif de Maubeuge, installé sur la rive gauche de la Loire et sur la route de Bourges. Sa cuisine de marché précise et inspirée sublime cette manne végétale, notamment grâce à de subtiles associations d'ingrédients (avec un petit faible pour les agrumes). Parsemée de touches asiatiques, la carte est surtout orientée poisson. En témoignent ces noix de Saint-Jacques sur un lit de poireaux, accompagnées d'une excellente sauce au yuzukosho, une pâte faite à partir de piment et d'écorce de yuzu vert.

AC - **€€€** - *14 avenue de Bourges – 02 38 38 24 67 – www.cotejardin45.fr – Fermé lundi, dimanche, mardi midi, et mercredi et jeudi soir*

LE P'TIT BOUCHON

CUISINE TRADITIONNELLE • CONVIVIAL Un vrai repaire bistronomique que cette petite adresse située entre le cœur de ville et la faïencerie de Gien ! La tradition est quelque peu revisitée autour d'un court menu rythmé par les saisons, mais le croustillant de canard confit avec sa sauce au coteaux-du-layon et le moelleux au chocolat font partie des incontournables. On ne boude pas son plaisir.

€€ - *66 rue Bernard-Palissy - ✆ 02 38 67 84 40 - Fermé lundi et dimanche*

GIENS

✉ 83400 - Var - Carte régionale n° **29**-B3

LA RASCASSE (N)

CUISINE MÉDITERRANÉENNE • ÉLÉGANT Au bout de la presqu'île de Giens, cet hôtel familial à la façade colorée rénovée offre une vue panoramique superbe sur la mer et les îles d'Or. Dans un cadre chaleureux et intemporel, Sébastien Graize signe une cuisine méridionale précise et locavore, célébrant maraîchers varois et pêcheurs du port du Niel. Incontournable, le retour de pêche en bouillabaisse, savoureux et plein d'arômes. Les chambres, rénovées avec soin, invitent au repos, tout comme la piscine d'eau de mer taillée dans la roche en contrebas.

€€€ - *Le Provençal, 113 place Saint-Pierre - ✆ 04 98 04 54 54 - www.provencalhotel.com - Fermé dimanche soir, lundi et mardi*

GIGONDAS

✉ 84190 - Vaucluse - Carte régionale n° **28**-E1

L'OUSTALET

Chef : Thomas Boirel

CUISINE MODERNE • ÉLÉGANT Dans ce village vigneron, une jolie maison dont la terrasse borde une placette ombragée de vieux platanes : on est déjà séduit ! Avec des produits de superbe fraîcheur qui font honneur à la Provence, le chef compose des recettes raffinées aux associations de saveurs pertinentes : daurade royale de Méditerranée, aubergine grillée et girolles ; veau de l'Aveyron, côtes de blettes et marjolaine ; figue, romarin et vinaigre balsamique... On passe un délicieux moment, d'autant que la carte des vins réserve de magnifiques surprises, même au verre.

L'engagement du chef : Si les circuits courts nous garantissent de travailler les meilleurs produits locaux et saisonniers, notre ambition se retrouve aussi dans tous les aspects de notre cuisine. Les méthodes d'élevage et de pêche sont des critères essentiels dans la sélection de nos viandes et poissons, mais aussi nous diminuons la place des protéines dans la conception de notre carte. Le recyclage est poussé au maximum, le conditionnement exclut le plastique et les déchets alimentaires sont donnés aux animaux.

€€€ - *5 place Gabrielle-Andéol - ✆ 04 90 65 85 30 - www.loustalet-gigondas.fr - Fermé lundi et dimanche*

BISTROT DE L'OUSTALET

CUISINE PROVENÇALE • ÉLÉGANT Précédé par une belle terrasse très disputée aux beaux jours, ce bistrot occupe l'emplacement de l'ancien fournil du village, avec un beau four à bois en pierre - un signe de bon augure ! Le chef cisèle des plats qui sentent bon le Sud autour d'une carte courte dans l'esprit d'une cuisine « retour du marché ». Belle sélection de vins au verre, Gigondas oblige.

- **€€** - *5 place du Rouvis - 04 90 37 66 64 - www.loustalet-gigondas.com - Fermé mercredi et jeudi*

GIVERNY

27620 - Eure - Carte régionale n° **3**-B2

LE JARDIN DES PLUMES

Chef : David Gallienne

CUISINE CRÉATIVE • ÉLÉGANT À quelques minutes à pied de la maison de Claude Monet, cette belle demeure anglo-normande à colombages de 1912 invite à la détente et à la gourmandise. Splendide nid douillet néo-Art déco (carrelage d'origine blanc cassé mâtiné de bleu, murs bleu paon, fauteuils d'esprit 1960 en cuir blanc et tables en verre et palissandre...) et plaisante terrasse entourée d'un ravissant jardin arboré. Le chef normand David Gallienne formé au Manoir du Lys a conservé certains de ses anciens producteurs de l'Orne, ses pêcheurs dieppois et en a trouvé de nouveaux. Les plats inventifs jouent avec les mariages de saveurs insolites et les textures. Le chef a également ouvert une maison d'hôtes à proximité pour l'étape, et une épicerie fine à Vernon.

- **€€€€** - *1 rue du Milieu - 02 32 54 26 35 - www.jardindesplumes.fr - Fermé lundi et mardi*

LA MUSARDIÈRE

CUISINE MODERNE • BISTRO Situé au cœur du bourg, proche de la maison de Claude Monet et du musée des Impressionnismes Giverny, La Musardière se décline en offre bistronomique au déjeuner au « M », plus ambitieuse au dîner avec « Révélations ». Le repas se déroule dans un cadre de bistrot contemporain et convivial, complété d'une plaisante terrasse ensoleillée aux beaux jours. Quelques chambres pour prolonger le séjour.

- **€€€** - *123 rue Claude-Monet - 02 32 21 03 18 - www.lamusardiere.fr*

GIVRY

71640 - Saône-et-Loire - Carte régionale n° **17**-C2

MAISON MINORI N

CUISINE MODERNE • CONTEMPORAIN Dans cette jolie bourgade viticole de la côte chalonnaise, cette maison à la façade jaune offre une salle spacieuse mêlant pierres et poutres apparentes, plafond en hourdis rouges, cheminée monumentale, béton ciré, acier corten et éclairage design. Originaire du Jura et fort de sept années au Japon, le chef régale ses convives avec un menu du marché inspiré : œuf cuit parfait, morteau et châtaignes au jus de veau ; poitrine de veau confite façon blanquette au vin jaune ; tarte au citron déstructurée et glace shiso... Minori, qui signifie "récolte" ou "mûrissement", incarne ce projet né de riches expériences en cuisine.

€€ - *5-7 rue de Varanges - 03 85 45 06 92 - www.maison-minori.fr - Fermé lundi et dimanche*

GOLFE-JUAN

✉ 06220 – Alpes-Maritimes – Carte régionale n° **29**–E2

LE BISTROT DU PORT

POISSONS ET FRUITS DE MER • CONTEMPORAIN Face au vieux port, le chef laisse libre cours à sa créativité débordante, inspirée notamment par ses voyages en Asie et sa passion des produits de la mer. Le menu « Plongée en plusieurs paliers » est une véritable ode à l'iode, comme en témoigne le tartare de calamar et de pagre, recouvert d'une feuille de riz et assaisonné d'une sauce soja au poisson fermenté et citron vert. Produits d'une fraîcheur remarquable, cuissons maîtrisées, prise de risque constante : une adresse élégante qui sort du lot, reconnue pour sa bouillabaisse, servie à partir de deux convives.

- **€€€€** - *53 avenue des Frères-Roustan - 04 93 63 70 64 - www.bistrotduport.com - Fermé dimanche, et lundi et mercredi à midi*

GORDES

✉ 84220 – Vaucluse – Carte régionale n° **28**–E1

LES BORIES

CUISINE MODERNE • ÉLÉGANT Dans le Luberon, les "bories" sont les cabanes en pierres sèches des anciens bergers. Un modèle pour l'architecture de cette bastide située sur la route de l'abbaye de Sénanque. Dans ce cadre idyllique ouvert sur la garrigue, avec son parc, ses jardins aromatiques, on sert une alléchante cuisine d'esprit provençal qui met à l'honneur les produits régionaux, de l'agneau de Sisteron aux poissons de la Méditerranée, en passant par les fruits et les légumes du Luberon. Offre bistrot au déjeuner.

P - **€€€** - *Route de l'Abbaye-de-Sénanque - 04 90 72 00 51 - www.hotellesbories.com*

LE MAS - ALEXIS OSMONT

CUISINE DU MARCHÉ • MAISON DE CAMPAGNE Autant le vieux mas semble hors du temps, autant la cuisine d'Alexis Osmont, inspirée par le marché, joue la spontanéité. Laissez-vous emporter "à l'aveugle" dans son univers créatif et savoureux, qui sait mettre en valeur avec malice les trésors du Vaucluse : asperges, girolles, artichaut...

P - **€€** - *Chemin de Saint-Blaise (Les Imberts) - 04 90 04 03 57 - Fermé mardi, mercredi, et le midi sauf samedi et dimanche*

LA TABLE DE LA BASTIDE

CUISINE MODERNE • CHIC Dans l'un des villages les plus courtisés du Luberon, cette ancienne demeure seigneuriale qui domine le vallon abrite un palace... et cette table qui jouit d'une délicieuse terrasse avec vue, à l'ombre des marronniers. À la manière d'une brasserie de luxe, la carte revisite sur un air provençal quelques classiques du genre, à l'image de l'agneau "Crau Alpilles" aux petits pois et anguille fumée. Service attentionné.

- **€€€€** - *La Bastide de Gordes, 61 rue de la Combe - 04 90 72 12 12 - www.airelles.com/fr/destination/gordes-hotel/restaurants/la-table-de-la-bastide-restaurant*

AIRELLES GORDES, LA BASTIDE

Plus

CLASSIQUE • CHALEUREUX Cette bastide, dressée à flanc de rocher face aux Alpilles, a rouvert ses portes après d'importants travaux. Plus qu'une simple rénovation, c'est une métamorphose : intérieur somptueux, évoquant avec goût l'esprit des châteaux de famille du 18e s. – tableaux, mobilier chiné –, piscines invitant à la détente...

– **40 chambres** – *61 rue de la Combe* – *04 90 72 12 12*

La Table de la Bastide - Voir la sélection des restaurants

LES BORIES & SPA

MONTAGNARD • RAFFINÉ Les "bories", ce sont ces cabanes en pierres sèches des anciens bergers de Provence... Un modèle pour l'architecture de ce luxueux établissement, qui semble vivre en communion avec la garrigue, entre lavandes et oliviers. Lumière, raffinement...

– **34 chambres** – *Route de l'Abbaye de Sénanque*

Les Bories - Voir la sélection des restaurants

GOULLES

19430 – Corrèze – Carte régionale n° **23**–B1

RELAIS DU TEULET

CUISINE TRADITIONNELLE • MAISON DE CAMPAGNE Agréable surprise que cet ancien relais de diligence, tenu par la même famille depuis... cinq générations ! Le chef propose une cuisine actuelle, simple et lisible, déclinée au gré d'une courte carte qui valorise les bons produits de la région – viandes de Corrèze, fruits et légumes d'Aurillac... sans oublier les recettes traditionnelles comme le bourriol, cette crêpe rustique de blé noir, ou l'incontournable truffade à la tome fraîche du pays.

– **€** – *19 route d'Aurillac, lieu-dit Le Teulet* – *05 55 28 71 09* – *www.relais-du-teulet.fr* – *Fermé du vendredi au dimanche*

GOULT

84220 – Vaucluse – Carte régionale n° **28**–E1

LA BARTAVELLE

CUISINE PROVENÇALE • RUSTIQUE Une petite mais charmante affaire familiale, située dans un pittoresque village du Luberon tenue par un couple expérimenté. Le chef propose un menu au choix volontairement limité pour assurer une meilleure qualité de cuisine. Et le résultat est probant : recettes soignées et parfumées, inspirées par la Provence et les beaux ingrédients du moment. Une valeur sûre de la région fréquentée par des habitués, ce qui est toujours bon signe. Il est prudent de réserver.

– **€€** – *29 rue du Cheval-Blanc* – *04 90 72 33 72* – *www.labartavellegoult.com* – *Fermé lundi, dimanche et le midi*

LE CARILLON

CUISINE MODERNE • ÉLÉGANT Face au carillon de la grande place de Goult, ce restaurant propose une bonne cuisine d'inspiration provençale mâtinée de notes contemporaines. On s'installe dans la petite salle au cadre actuel ou sur la terrasse, aux airs de village. L'accueil est charmant, la carte des vins joliment pensée, avec une attention particulière dédiée aux productions bio.

– **€€** – *10 avenue du Luberon (place de la Libération)* – *04 90 72 15 09* – *www.restaurant-goult.com* – *Fermé mardi et mercredi*

GOUMOIS

✉ 25470 – Doubs – Carte régionale n° **13**–D2

TAILLARD

CUISINE CLASSIQUE • VINTAGE La vue sur la vallée est très agréable et la cuisine du terroir concoctée par le chef – savoureuse et raffinée – n'a rien à lui envier ! Une maison de tradition où la fricassée de morilles en croûte de feuilletage est à l'honneur.

- €€€ - *3 route de la Corniche – ✆ 03 81 44 20 75 – www.hotel-taillard.fr – Fermé mercredi, et lundi et mardi à midi*

GOURDON

✉ 46300 – Lot – Carte régionale n° **23**–A2

DELICATESSENS

CUISINE MODERNE • CONTEMPORAIN Sur la terrasse ou à travers les grandes baies vitrées, le paysage s'invite entre les tables : belle vue panoramique sur le parc et les toits de la vieille ville de Gourdon au loin. Justine et Benoît Mouly mettent en avant leur terroir, avec des produits régionaux et des arts de la table façonnés par des artisans locaux. L'assiette célèbre la région à travers une cuisine traditionnelle revisitée, ponctuée de touches créatives et de saveurs bien choisies : courgette, fraise et fleur de sureau ; truite de Borrèze confite à l'huile d'olive, gaspacho de petits pois ; foie gras de Salviac comme un nougat aux noix et abricot.

- €€ - *Domaine du Berthiol, 725 route de Saint-Chamarand – ✆ 05 65 32 70 56 – www.delicatessens.fr – Fermé lundi et dimanche*

GOUY-EN-ARTOIS

✉ 62123 – Pas-de-Calais – Carte régionale n° **4**–B2

ORIGINE

CUISINE CRÉATIVE • CONTEMPORAIN Dans une belle ferme en briques rouges de l'Artois, Maëllie Poynard et Alexandre Laboureur cultivent l'esprit locavore avec une sincérité réjouissante. Ici, tout provient de petits producteurs de la région, des légumes de saison aux viandes locales, et la créativité s'exprime sans détour. La cheffe ose des alliances inattendues – jusqu'à marier caviar et chocolat dans un accord aussi audacieux qu'harmonieux. Cuisine précise, décor contemporain, calme lumineux d'un midi en campagne : Origine porte bien son nom. Cette table est enracinée, inventive, pleine d'élan et de goût.

- €€€ - *16 rue de Monchiet – ✆ 03 21 22 35 40 – www.originerestaurant.fr – Fermé lundi, mardi, samedi midi, et mercredi et dimanche soir*

LE GRAND-BORNAND

✉ 74450 – Haute-Savoie – Carte régionale n° **21**–C1

CONFINS DES SENS

CUISINE MODERNE • CONVIVIAL La spécialité de la maison ? La délicieuse soupe de foie gras au muscat, avec une compotée d'oignons rouges et ses cromesquis. Les deux chefs en cuisine rendent un bel hommage au terroir en respectant les saisons à l'image de ce velouté de pois vert et sa crème glacée associés au fromage frais de vache à l'ail des ours. Citons également ces joues de cochon braisées à la mondeuse sans oublier l'aile de poulet fermier farcie aux morilles escortée de son pressé de pomme de terre. Terrasse orientée plein Sud.

- €€ - *341 Le Villavit – ✆ 04 50 69 94 25 – www.restaurant-grand-bornand.com – Fermé mardi et mercredi, et dimanche soir*

LES CÎMES

MONTAGNARD • CHALEUREUX À 100 m des pistes de ski du Grand-Bornand, les cinq chambres et les trois suites de ce chalet familial conservent leur charme alpin d'antan, chaleureux et confortable. L'hôtel dispose également d'un petit spa très chic, d'un service de brunch somptueux et d'un bar rustique parfait pour l'après-ski.

– **8 chambres** – *Le Chinaillon*

LE GRAND-LUCÉ

72150 – Sarthe – Carte régionale n° **10**–B2

LE LUCÉ

CUISINE MODERNE • ÉLÉGANT Un cadre enchanteur pour ce palais du 18e s., une table dans son décor classique de miroirs et de lustres. Pour ce qui est de l'assiette, on a l'intelligence de servir une cuisine gourmande qui s'appuie sur les produits de la région et ceux du potager : l'asperge blanche à l'ail des ours, jus de légumes corsés, asperges rôties et pesto d'ail des ours ; la truite et les blettes, sabayon au beurre noisette, blettes croustillantes et fondantes. Et pour finir, quoi de mieux qu'une petite balade digestive dans les magnifiques jardins à la française ?

– **€€€** – *Château du Grand-Lucé, 7 place du Château – 02 55 48 40 40 – www.leluce.com – Fermé dimanche soir, lundi et mardi*

CHÂTEAU DU GRAND-LUCÉ

Plus

TRADITIONNEL • RAFFINÉ Diderot, Voltaire et Rousseau, mais aussi Mozart et Grimm ont séjourné dans ce splendide château néoclassique situé à quelques lieues des rives de la Loire. Il a d'abord été entièrement rénové par un architecte d'intérieur américain à grand renfort de meubles authentiques avant de devenir cet hôtel de luxe. Parterres et jardins à la française.

– **19 chambres** – *7 place du Château – 02 55 48 40 40*

Le Lucé - Voir la sélection des restaurants

LE GRAND-VILLAGE-PLAGE - Charente-Maritime (17) ➔ Voir Île d'Oléron

LA GRANDE MOTTE

34280 – Hérault

HÔTEL LA PLAGE

MODERNE • MARITIME Conçue dans les années 1960, la station balnéaire de La Grande-Motte n'est pas une escapade méditerranéenne ordinaire, et cet hôtel en est un témoin. Aussi avant-gardiste que les vagues pyramidales voisines, ce complexe associe l'audace et le luxe dans un coquillage géométrique posé sur la plage. Les vues sur la mer sont donc nombreuses, depuis les parties communes comme depuis les balcons ou terrasses privés des chambres. Le style est minimaliste et privilégie les teintes naturelles, le bois et lignes épurées. Le club de plage privé s'agrémente d'un bar à cocktails en plein air.

– **46 chambres** – *52 allée du Levant – 04 67 29 93 00*

GRANE

26400 – Drôme – Carte régionale n° **24**–B2

LE KLÉBER - LA MAISON BONNET

Chef : Sébastien Bonnet

CUISINE MODERNE • CONTEMPORAIN Julie et Sébastien Bonnet se sont installés dans un charmant village à quelques kilomètres de Crest, où se trouvait leur précédente adresse. Dans cet écrin cher à son cœur (il s'agit de l'ancienne Demeure de Grane, une institution locale où il a fait son apprentissage), le chef montre qu'il n'a rien perdu de sa verve et de son talent : sa cuisine de saison, axée autant sur la mer que la terre, est toujours aussi séduisante. Les assiettes, précises, raffinées et goûteuses, se dégustent dans deux petites salles contemporaines et intimistes. Et, pour ne rien gâcher, on arrose le tout d'une jolie carte des vins – notamment de la vallée du Rhône.

– €€€ – *2 place du Champ-de-Mars – 04 75 62 60 64 – www.lamaisonbonnet.fr – Fermé lundi et mardi, et dimanche soir*

LEN'K - LA MAISON BONNET

CUISINE MODERNE • BISTRO Len'K, c'est la partie bistronomique de la maison Bonnet. Installé sur la terrasse à l'ombre des platanes ou dans l'agréable salle, on passe un super moment en compagnie d'une terrine de pintade aux olives, ou d'un rouget grondin farci et sa bisque crémée. Service décontracté.

– €€ – *2 place du Champ-de-Mars – 04 75 62 60 64 – www.lamaisonbonnet.fr – Fermé lundi et mardi, et dimanche soir*

GRANGES-LES-BEAUMONT

26600 – Drôme – Carte régionale n° **24**–B1

LES CÈDRES

Chef : Jacques Bertrand

CUISINE CLASSIQUE • ÉLÉGANT Il est des tables discrètes, qui vivent à l'abri du tumulte médiatique : les Cèdres font partie de cette catégorie-là. Entre Romans et Tain-l'Hermitage, dans la Drôme, on pénètre dans cette maison toute de vert vêtue, installée à l'ombre des... cèdres, donc, pour y découvrir le travail des frères Bertrand : Jacques en cuisine et Jean-Paul en salle. Depuis 1988, ils ont développé leur restaurant à force de travail, d'humilité et de talent. Le résultat ? Une cuisine volontiers classique qui cultive le goût plutôt que la technique. Cerise sur le gâteau, l'accueil n'est pas en reste, chaleureux et efficace d'un bout à l'autre du repas.

– €€€€ – *25 rue Henri-Machon – 04 75 71 50 67 – www.restaurantlescedres.fr – Fermé du lundi au mercredi*

GRANVILLE

50400 – Manche – Carte régionale n° **2**–A2

L'EDULIS - JONATHAN DATIN

CUISINE MODERNE • DESIGN Le décor tendance du restaurant profite à l'assiette, imaginée par un chef enthousiaste et talentueux, petit-fils de boulanger. Cuisine soignée, beaux produits régionaux, gourmandise : tout simplement, l'adresse incontournable de Granville.

– €€ – *8 rue de l'Abreuvoir – 02 14 13 45 88 – www.restaurantledulis.com – Fermé lundi, et mardi et mercredi à midi*

GRASSE

✉ 06130 – Alpes-Maritimes – Carte régionale n° **29**–E2

LA BASTIDE SAINT-ANTOINE

CUISINE PROVENÇALE • ÉLÉGANT Cette bastide du dix-septième siècle, dont la terrasse donne sur l'arrière-pays, et une majestueuse oliveraie est la propriété de Jacques Chibois – l'un des chefs de file de la "cuisine du soleil". On y déguste des assiettes qui célèbrent pêle-mêle agrumes, herbes, huile d'olive, et autres spécialités régionales.

– **€€€€** – *48 avenue Henri-Dunant – 04 93 70 94 94 – www.jacques-chibois.com – Fermé lundi et dimanche*

LA BASTIDE SAINT-ANTOINE

CLASSIQUE • CALME Cette imposante bastide du 18e s. trône dans un parc magnifique, doublé d'une immense oliveraie aménagée en restanques. L'image même de la Provence éternelle ! Luxueux mais sans ostentation, l'établissement cultive l'élégance aussi bien que la discrétion : la promesse d'un séjour enchanteur...

– **16 chambres** – *48 avenue Henri-Dunant – 04 93 70 94 94*

La Bastide Saint-Antoine - Voir la sélection des restaurants

LE GRAU-DU-ROI

✉ 30240 – Gard – Carte régionale n° **28**–B3

L'AMARETTE (N)

POISSONS ET FRUITS DE MER • CONTEMPORAIN Près du port de plaisance, ce restaurant en étage offre depuis sa terrasse vitrée une belle vue sur la baie d'Aigues-Mortes et la Grande-Motte. Appliqué et passionné, le jeune couple aux commandes perpétue la tradition d'une cuisine de la mer franche et généreuse, autour de poissons issus de la criée du Grau-du-Roi : bouillabaisse servie dans les règles de l'art, sole meunière, turbot ou barbue grillés, plateau de fruits de mer... Service souriant.

– **€€** – *Centre Commercial Camargue 2000, Port-Camargue – 04 66 51 47 63 – www.lamarette.fr – Fermé mardi et mercredi*

GRAUFTHAL

✉ 67320 – Bas-Rhin – Carte régionale n° **8**–A1

AU VIEUX MOULIN

CUISINE MODERNE • AUBERGE Installez-vous dans cette maison familiale, nichée au fond de la vallée de Graufthal, pour déguster la cuisine pleine de peps de Guillaume Kassel. Tataki de chevreuil d'Alsace, fruits rouges et bourgeons de sapin ; dos de gros sandre rôti ; belle côte de veau... Et une carte des vins de plusieurs centaines de références. Agréables chambres pour l'étape.

– **€€€** – *7 rue du Vieux-Moulin – 03 88 70 17 28 – www.auvieuxmoulin.eu – Fermé lundi, mardi midi et dimanche soir*

GRENOBLE

✉ 38000 – Isère – Carte régionale n° **21**–C3

MAISON FANTIN LATOUR - STÉPHANE FROIDEVAUX

Chef : Stéphane Froidevaux

CUISINE MODERNE • ÉLÉGANT D'année en année, Stéphane Froidevaux étoffe sa palette de chef et affine son style, armé d'une sincérité à toute épreuve. Avec le temps il a trouvé un bel équilibre, et ses assiettes en témoignent. Un travail soigné, goûteux, créatif sans être débridé, et qui porte toujours la marque de la proximité avec la nature – à l'image de ces herbes et fleurs qu'il ramène lui-même de la cueillette, et lui permettent de composer notamment sa "ratatouille" qu'il varie au gré des saisons. La Brasserie du Fantin sert au déjeuner un menu d'un bon rapport qualité-prix, très prisé des habitués qui occupent très vite la terrasse aux beaux jours !

PLAN : B2-1 – **€€€€** – *1 rue Général-de-Beylie – ✆ 04 76 24 38 18 – www.maisonfantinlatour.fr – Fermé lundi et dimanche*

TOHU BOHU

CUISINE MODERNE • CONVIVIAL Une cuisine vivante et affûtée, décomplexée (mais pas trop !) et tout en saveurs. Elle est impeccablement déroulée au fil de menus hyper attractifs et variés (carte blanche le soir). Le maître d'œuvre de ce petit prodige ? Le chef Guillaume Dubœuf, passé chez Christophe Aribert, où il aura puisé la passion du produit frais au pic de la saison. Décor charmant de bistrot mi-vintage mi-contemporain au cœur d'une rue piétonne animée.

PLAN : B1-5 – **€€** – *16 rue Chenoise – ✆ 09 83 05 35 86 – www.tohubohu-grenoblerestaurant.com – Fermé lundi, dimanche, mardi midi et samedi soir*

L'AMÉLYSS

CUISINE MODERNE • ÉPURÉ Un jeune couple a fait de cette adresse un restaurant attachant, qui bouleverse un peu les codes. Les plats modernes de la cheffe Héloïse Pelletier sont pleins de fraîcheur et d'envie, les produits ultra-frais, les assaisonnements sont millimétrés et les associations de saveurs subtiles, jusqu'aux très bons desserts. Belle carte des vins bien ficelée par monsieur qui assure le service. Au top !

PLAN : A2-4 – **€€** – *3 boulevard Gambetta – ✆ 04 76 42 35 84 – www.sites.google.com/view/restaurant-l-amelyss – Fermé samedi et dimanche, et lundi soir*

BRASSERIE CHAVANT

CUISINE TRADITIONNELLE • CONTEMPORAIN En plein centre-ville, cette adresse en impose avec son décor chic et baroque ! La carte reprend des classiques de la brasserie française (œufs mayo, velouté de champignon, tartare de bœuf, entrecôte Angus d'Argentine, magret de canard, sauce à l'orange, poisson beurre blanc entre autres) et quelques préparations à base de produits plus nobles comme les incontournables ravioles de langoustine, foie gras et truffe. Pour l'anecdote : Chavant, nom des ancêtres du propriétaire, étaient restaurateurs depuis 1852.

PLAN : A2-3 – **€€** – *2 cours Lafontaine – ✆ 04 76 87 61 83 – www.brasserie-chavant.fr*

A
ST-PIERRE-DE-CHARTREUSE
B
ALBERTVILLE
CHAMBÉRY, TURIN
LYON
CHAMROUSSE, URIAGE-LES-BAINS
SASSENAGE, VILLARD-DE-LANS
1
2
3
Parc Guy-Pape
N
Rte de Lyon
Porte St-Laurent
CCSTI - La Casemate
Musée archéologique Grenoble St-Laurent
MUSÉE DE GRENOBLE
Q. Xavier Jouvin
Q. Jongkind
Musée Dauphinois
ST-LAURENT
R. M. Gignoux
Jardin des Dauphins
Av. Maréchal Randon
Hôtel d'Ornacieux
5
Anc. palais du Parlement du Dauphiné
Pl. de Lavalette
Q. de France
ISÈRE
Notre-Dame - Musée
Musée de l'Ancien Évêché
Q. Stéphane Jay
Jardin de ville
St-André
Place N.-Dame
N.-Dame
R. Très Cloîtres
Pl. Hubert Dubedout
Hôtel de Lesdiguières
4
Av. Félix Viallet
Musée Stendhal
Gde-Rue
Ste-Claire - Les Halles
R. Bayard
Couvent Ste-Cécile
R. de l'Alma
R. J.-J. Rousseau
Bd Gambetta
R. du Dr Mazet
Bd Edouard Rey
R. de Belgrade
Place Grenette
H. Dubedout - Maison du tourisme
Halles Ste-Claire
Musée de la Résistance et de la Déportation
R. Félix Poulat
R. St-Jacques
1
R. Cornelie Gemond
Av. Alsace Lorraine
Victor Hugo
R. de Bonne
R. Vicat
Lycée Stendhal
R. Hébert
Alsace-Lorraine
Pl. Victor Hugo
R. Millet
Pl. de Verdun
Muséum d'histoire naturelle
Cours Jean Jaurès
Verdun-Préfecture
3
Square Dr Léon Martin
R. C. Périer
Cours Berriat
Cours Lafontaine
R. Beyle Stendhal
R. Fantin Latour
R. Champollion
Bd Agutte Sembat
R. Lesdiguières
JARDIN DES PLANTES
R. Genissieu
R. Haxo
R. des Bergers
R. de Strasbourg
R. Thiers
R. Lakanal
Pl. Paul Vallier
R. Lesdiguières
R. François Raoult
Chavant
R. Condorcet
Bd Maréchal Lyautey
Bd Jean Pain
R. Humbert II
R. Hoche
Pl. Valentin Hauy
Pl. Paul Mistral
Tour Perret
R. Ch. Testoud
R. de Turenne
R. Berthe de Boissieux
JARDIN HOCHE
R. L. Carnot
Caserne de Bonne
Bd Gambetta
Av. Jean Perrot
JARDIN DE LA CASERNE DE BONNE
R. Marceau
R. Général Rambaud
Bd Maréchal Joffre
Gustave Rivet
Av. Albert 1er de Belgique
R. André Maginot
R. Colonel Lanoyerie
Albert 1er de Belgique
Bd Maréchal Foch
Foch-Ferrié
R. Général Ferrié
R. de Stalingrad
R. E. Reclus
GRENOBLE
0
200 m
A
B

PARK HOTEL GRENOBLE

CLASSIQUE • ÉLÉGANT À l'image de la ville, cet hôtel cache bien son jeu, et ne révèle qu'aux curieux son mélange de luxe urbain et de charme campagnard : ses intérieurs sont plus colorés et plus contemporains que ne le laisserait croire sa façade relativement modeste. Les chambres sont d'un monochrome subtil, agrémenté de touches de couleur. Les suites, naturellement, sont assez vastes pour une réunion d'affaires au milieu d'œuvres d'art. Un buffet de petit-déjeuner, un bar-salon, un beau centre de bien-être, et même une navette vers les stations de ski.

- 39 chambres - *10 place Paul Mistral - 04 76 85 81 23*

GRESSE-EN-VERCORS

38650 - Isère - Carte régionale n° **21**-B3

LE CHALET

CUISINE TRADITIONNELLE • RUSTIQUE Maison forte durant le Moyen Âge, couvent jusqu'en 1905, ce "chalet" est devenu un hôtel-restaurant sous l'impulsion de la famille Prayer, autour de deux valeurs primordiales : tradition et générosité. En témoignent les assiettes goûteuses, tels cette terrine de lièvre, ce filet de truite aux écrevisses et ravioles du Dauphiné, ou ce cœur coulant au chocolat, glace vanille. Chambres confortables pour l'étape.

- €€ - *2406 route de Monestier - 04 76 34 32 08 - www.hotellechalet.fr - Fermé mercredi midi*

GRÉSY-SUR-AIX

73100 - Savoie

CHÂTEAU BRACHET

CLASSIQUE • VERDOYANT Cette demeure du 19e s. abrite 15 chambres, dont les décors rendent hommage de façon personnalisée à un invité notable de la Belle Époque. Le parc s'étend sur six hectares, avec piscine, terrain de croquet, court de padel et un practice de golf entre les jardins et les allées forestières. Les dépendances ont été reconverties, mais l'atmosphère demeure aristocratique. Le temps semble s'écouler différemment ici, mais le service, le cadre et l'attention aux détails restent résolument ancrés dans le présent.

- 15 chambres - *48 Impasse des Couduriers - 04 58 62 01 04*

GRIESHEIM-PRÈS-MOLSHEIM

67870 - Bas-Rhin - Carte régionale n° **8**-A2

AUBERGE DE LA CHÈVRERIE

CUISINE MODERNE • CONVIVIAL Avec son décor soigné et contemporain, cette auberge perchée en pleine nature est un repaire de gourmands. Le menu-carte proposé y redessine le terroir alsacien grâce à de jolis produits de saison rigoureusement sélectionnés. Le fromage provient par exemple de la chèvrerie voisine, tenue par le frère du chef. On se régale d'un œuf parfait dans son nid croustillant et sa mousseline de céleri et truffe noire ou encore d'un banana split, régressif et addictif !

- €€€ - *1 rue des Puits - 03 88 38 83 59 - www.chevrerie.com - Fermé lundi et mardi, et mercredi et dimanche soir*

GRIGNAN

26230 - Drôme - Carte régionale n° **24**-B2

LE CLAIR DE LA PLUME

Chef : Benjamin Reilhes

CUISINE MODERNE • ÉLÉGANT Niché au pied d'un château – célèbre pour avoir été régulièrement fréquenté par Madame de Sévigné –, le Clair de la Plume incarne à merveille l'hospitalité et la gourmandise provençales : huile d'olive de Nyons, pintades et petits légumes de la Drôme sont judicieusement mis en valeur par le chef Benjamin Reilhes sous forme de trois menus dégustation en plusieurs étapes, dont un entièrement tourné vers le végétal. Une table qui célèbre les beaux produits méditerranéens ainsi que les vins de la vallée du Rhône. De son côté, le pâtissier Cédric Perret compose une partition sucrée en osmose avec la saison, et apporte souvent une touche originale et percutante à ses desserts.

L'engagement du chef : Une très grande majorité des produits que nous cuisinons sont issus d'exploitations situées à moins de 70 km. Les poissons sont pêchés de manière responsable en Méditerranée, l'agneau et les volailles proviennent de fermes de proximité, et les fruits et légumes bio sont cultivés dans la Drôme.

A/C – **€€€€** – *2 place du Mail – 04 75 00 01 01 – www.clairplume.com – Fermé lundi, dimanche et du mardi au jeudi à midi*

LE BISTRO CHAPOUTON

CUISINE MODERNE • RÉGIONAL La deuxième adresse du Clair de la Plume, située non loin de la maison-mère, est une charmante bâtisse traditionnelle du XVIIIe entourée d'un jardin fleuri. La carte bistrotière est élaborée à partir de produits frais et de saison : terrine maison foie gras et porc d'Ardèche ; volaille de la ferme des Blaches en suprême et la sélection de pâtisseries maison – difficile de n'en choisir qu'une seule d'ailleurs ! ... Depuis la vaste terrasse couverte, on profite d'une vue imprenable sur le château de Grignan.

A/C P – **€€** – *45 rue du Grand-Faubourg – 04 75 00 01 01 – www.clairplume.com/la-ferme-chapouton*

LE CLAIR DE LA PLUME

CLASSIQUE • CHARME Le nom de cet hôtel aurait plu à Mme de Sévigné, qui résida à Grignan ! Cette demeure provençale du 18e s. propose des chambres ravissantes avec leur mobilier chiné – et plus encore lorsqu'elles donnent sur le joli jardin de curé. Chambres et suites supplémentaires sont proposées dans d'autres bâtisses voisines, ainsi qu'une piscine naturelle charmante.

A/C P – **16 chambres** – *2 place du Mail – 04 75 91 81 30*

Le Clair de la Plume - Voir la sélection des restaurants

LA FERME CHAPOUTON

CLASSIQUE • RAFFINÉ Une ferme de 1760 s'est transformée en un splendide petit hôtel avec neuf chambres exquises, des espaces extérieurs bucoliques, un bistrot primé et une vue dégagée sur le pittoresque Château de Grignan et le Mont Ventoux. Les chambres allient les murs des bâtiments campagnards à une décoration contemporaine sobre. Salle à manger au coin du feu, terrasse avec vue.

A/C P – **29 chambres** – *200 route de Montélimar – 04 75 00 01 01*

Le Bistro Chapouton - Voir la sélection des restaurants

GRILLY

✉ 01220 - Ain - Carte régionale n° **21**-C1

AUBERGE DE GRILLY

CUISINE MODERNE • AUBERGE Entre Gex et Divonne, dans un charmant village, cette auberge est installée tout près de l'église : ô saints de la gourmandise, priez pour nous ! Si le décor est plutôt rustique, la cuisine, elle, fait dans le moderne et le beau produit, autour d'un unique menu dégustation bien pensé et généreux. Service souriant et plaisante terrasse.

*- **€€€** - 34 ruelle de l'Église - ✆ 04 50 20 25 14 - www.aubergedegrilly.com - Fermé lundi, mardi et dimanche et le midi sauf samedi*

GRIMAUD

✉ 83310 - Var - Carte régionale n° **29**-B2

PETIT JACQUES

CUISINE MODERNE • CONTEMPORAIN Le charme opère dès qu'on se met en marche vers les hauteurs de Grimaud pour découvrir dans une petite rue pavée cette terrasse aux murs recouverts de lierre. Répartie sur deux étages, cette maison procure immédiatement de l'agrément (parquet clair, poutres au plafond, murs à l'effet chaux, banquettes patinées et lumière douce). Le chef québécois et sa compagne en salle régalent avec une cuisine du marché gourmande à souhait et des plats traditionnels comme la soupe à l'oignon ou la brioche perdue (et sa délicieuse glace à la vanille de Madagascar). Tout est fait maison, même le (bon) pain !

*A/C - **€€€** - Place des Pénitents - ✆ 06 48 68 60 31 - www.restaurantpetitjacques.com - Fermé mardi, mercredi, et le midi*

LES SANTONS

CUISINE CLASSIQUE • RUSTIQUE Une belle auberge provençale pleine de caractère, avec ses poutres apparentes, ses compositions florales et sa collection de santons. L'assiette, jamais ennuyeuse, alterne entre cuisine classique et plats actuels joliment travaillés, à l'image de ce carré d'agneau et son croustillant d'ail nouveau, garni d'un millefeuille de poivron et blette confits. Mention spéciale au traditionnel baba au rhum vieux et sa chantilly vanillée.

*A/C - **€€€** - 743 route Nationale - ✆ 04 94 43 21 02 - www.restaurant-les-santons.fr - Fermé mercredi midi, lundi et mardi*

GROISY

✉ 74570 - Haute-Savoie - Carte régionale n° **21**-C1

AUBERGE DE GROISY

CUISINE TRADITIONNELLE • CONVIVIAL Elle est bien sympathique, cette ferme du 19e s. revue à la mode d'aujourd'hui : pierres apparentes et poutres lui assurent un joli cachet. C'est l'endroit idéal pour déguster une cuisine traditionnelle gourmande, qui valorise les produits de la région. Aux beaux jours, vue sur le Parmelan depuis la terrasse.

*- **€€€** - 34 route du Chef-Lieu - ✆ 04 50 68 09 54 - www.auberge-de-groisy.fr - Fermé lundi et mardi, et dimanche soir*

GRUFFY

✉ 74540 - Haute-Savoie - Carte régionale n° **21**-C2

ABÎME - L'AUBERGE DU PONT

CUISINE MODERNE • AUBERGE Cette ancienne auberge se tient évidemment près du pont qui surplombe l'abîme où coule la rivière Le Chéran quelque... centaines de mètres plus bas. Le chef est un enfant du pays qui aime à travailler la provende que les producteurs locaux lui apportent. Même les mycologues amateurs sont les bienvenus pour proposer leur cueillette de champignons du jour. Ce risotto lié à la courge, fricassée de pleurotes, shiitakés et polypores illustre bien son style gourmand, tourné vers le végétal et le jeu des textures. Menu découverte en plusieurs séquences le soir et le week-end. Menu déjeuner attractif.

♿ 🅿 - **€€** - *991 route du Pont-de-l'Abîme - ✆ 09 77 97 57 93 - www.auberge-abime.com - Fermé lundi, mardi, mercredi et jeudi à midi , et dimanche soir*

GRUSON

✉ 59152 - Nord - Carte régionale n° **4**-C2

L'ARBRE

CUISINE MODERNE • CONTEMPORAIN Perdu en pleine campagne, sur la célèbre route pavée du Paris-Roubaix, L'Arbre repousse sous l'impulsion du truculent Benoît Bernard (ex-La Laiterie). Le cuisinier nordiste change de braquet avec une cuisine du terroir actuelle, généreuse et pleine de fraîcheur. Le midi, le menu attractif séduit les habitués ; à la carte, les oursins ou les langoustines sont travaillés avec soin. Velouté de cresson et huître pochée de chez Cadoret, saint-pierre au risotto de moules, ou merveilleux revisité. L'ambiance est joyeusement décontractée : le chef, qui tutoie les clients, dispense sa gouaille sans compter, dans un cadre resté dans son jus.

♿ - **€€** - *1 pavé Jean-Marie-Leblanc - ✆ 03 20 79 55 33 - www.larbre.com - Fermé lundi et mardi, et dimanche soir*

GUAINVILLE

✉ 28260 - Eure-et-Loir

DOMAINE DE PRIMARD *Plus*

CLASSIQUE • ROMANTIQUE Dans l'atmosphère romantique d'une magnifique propriété du 18e s., le Château de Primard a repensé son décor Directoire pour offrir 40 chambres. Une esthétique classique et un accueil haut de gamme assurent une véritable relaxation. Reste à choisir entre la détente au spa, à la piscine extérieure chauffée, les nombreux chemins de randonnée, l'équitation ou le golf.

A/C 🅿 - **39 chambres** - *D16 - ✆ 02 36 58 10 08*

GUEBERSCHWIHR

✉ 68420 - Haut-Rhin - Carte régionale n° **8**-A2

UTOPIE

CUISINE MODERNE • CONTEMPORAIN Au centre d'un petit village vigneron, cette Utopie a fait son nid. Dans cette belle maison ancienne à la déco intérieure contemporaine, le chef au solide parcours (George V, Pierre Gagnaire...) travaille un menu unique en plusieurs séquences où le végétal trône en bonne place. Accords mets et vins judicieux.

♿ - **€€€** - *10 rue Haute - ✆ 06 08 65 84 96 - www.utopiealsace.fr - Fermé lundi, mardi, du mercredi au vendredi à midi, et dimanche soir*

GUÉMAR

✉ 68970 – Haut-Rhin – Carte régionale n° **8**-C2

MA.MAISON N

CUISINE ITALIENNE • CONTEMPORAIN Dans ce village typiquement alsacien situé entre Ribeauvillé et Illhaeusern, Manon Nasti et son compagnon, le chef italien Lucas Di Palma, ont rénové un ancien relais de chasse du 18e s. dans un esprit contemporain sobre et cosy. On découvre une cuisine italienne savoureuse qui rend hommage au grand-père du chef. Au gré des menus et de la petite carte, on retrouve des classiques revisités (risotto milanais, trocolli alla carbonara, saltimbocca d'agneau, tiramisu "contemporain") et des suggestions de saison avec des produits nobles (tagliatelles à la truffe, Saint-Jacques aux carottes et émulsion de guanciale). Le tour de main est moderne et maîtrisé.

♿ 🚌 🅿 - **€€** - *1 impasse du Cercle – ✆ 03 89 22 28 98 – www.ma.maison – Fermé mardi, et mercredi et jeudi à midi*

GUER

✉ 56380 – Morbihan – Carte régionale n° **1**-D2

✿ MAISON TIEGEZH

Chef : Baptiste Denieul

CUISINE MODERNE • ÉLÉGANT Tiegezh, c'est "famille" en breton, tout est dit ! Ses grands-parents ont fondé la première fabrique de galettes fraîches de Bretagne : Baptiste Denieul, chef talentueux (passé notamment par le Bristol d'Eric Frechon) vous accueille dans un intérieur élégant et raffiné, en totale adéquation avec sa cuisine. Il travaille poissons, légumes du potager et produits fermiers avec maîtrise et délicatesse. En salle, son épouse Marion s'occupe de mettre en musique la symphonie. La Maison Tiegezh intègre le restaurant gastronomique, le bistrot et un bel hôtel avec six chambres contemporaines et cosy qui permettent de prolonger l'expérience en douceur. Une halte bénéfique en terre de Brocéliande...

L'engagement du chef : Nous souhaitons que le client, au-delà de bien manger, s'engage pour une économie locale et responsable où l'humain est au cœur. Nous produisons nos propres légumes et fruits dans notre potager, nous sélectionnons nos producteurs dans un rayon de 200km, et nous pratiquons un tri assidu de nos déchets. L'eau est micro-filtrée, le mobilier et le matériel sont fabriqués en France.

🛏 ♿ A/C 🚌 - **€€€** - *7 place de la Gare – ✆ 02 97 22 00 26 – www.maisontiegezh.fr – Fermé lundi et dimanche soir*

BISTROT DE LA MAISON TIEGEZH N

CUISINE TRADITIONNELLE • CONTEMPORAIN Un bistrot de chef comme on les aime : simple et convivial ! On reconnaît tout de suite la patte étoilée du chef Baptiste Denieul qui, dans cette annexe, mitonne une bonne cuisine du marché à prix doux. L'ardoise est gourmande, et les produits sont beaux et bien travaillés, dans une veine plus traditionnelle mais efficace : maquereau à la flamme croustillant et mayonnaise chimichurri, filet de bœuf au poivre du Sichuan. Amateurs de douceur, gardez une place pour le chou profiterole : vous ne le regretterez pas ! Terrasse ouverte aux beaux jours.

♿ ⛱ - **€€** - *7 place de la Gare – ✆ 02 97 22 00 26 – www.maisontiegezh.fr – Fermé lundi et dimanche soir*

GUÉRANDE

✉ 44350 – Loire-Atlantique – Carte régionale n° **9**-A3

L'AGAPÉ BISTROT

CUISINE MODERNE • **BISTRO** À deux pas des célèbres remparts de Guérande, ce bistrot familial au sobre décor contemporain sert une appétissante cuisine qui marie au gré de l'envie ingrédients régionaux (pêche du jour, algues, cochon, lait ribot, sarrasin) et pointes plus exotiques (épices, gingembre, citronnelle, coco, etc). C'est généreux, soigné, équilibré : célébrons sans attendre nos agapes à l'Agapé.

€€ – *11 faubourg Saint-Michel – ✆ 02 40 11 78 78 – www.lagapebistrot.com – Fermé lundi et dimanche, et du mardi au jeudi soir*

BRUT.

CUISINE MODERNE • **COSY** Une jolie maison blanche abrite ce restaurant charmant aux salles à manger cosy et feutrées, en plein cœur des marais salants et d'un petit village de paludiers. Doté d'un bon parcours, le chef japonais Takashi Aoki propose une cuisine française sagement créative, rythmée par les saisons. Carte des vins bien construite, dont la majeure partie est proposée au verre.

♿ – **€€€** – *16 rue des Prés-Garniers, à Saillé – ✆ 02 40 42 33 10 – www.restaurantsbrut.com – Fermé lundi, mardi et mercredi midi*

LA TÊTE DE L'ART

CUISINE MODERNE • **COSY** Passage obligé avant les murailles de Guérande, ce manoir à la riche histoire, qui fut un temps couvent des Ursulines, abrite aujourd'hui un restaurant tenu par un couple sympathique. Dans une salle rénovée au goût du jour ou dans l'agréable jardin clos, on savoure une cuisine moderne aux saveurs franches, qui repose sur des produits de qualité, sourcés à 95% à moins de 20 km !

♿ P – **€€€** – *11 rue de la Porte-Calon – ✆ 02 40 88 53 40 – www.restaurantlatetedelart.fr – Fermé lundi et dimanche*

GUÉTHARY

✉ 64210 – Pyrénées-Atlantiques – Carte régionale n° **25**-A2

✿ BRIKETENIA

Chefs : David et Martin Ibarboure

CUISINE MODERNE • **ÉLÉGANT** Le petit village de Guéthary est le fief d'une partie de la famille Ibarboure. Dans cette demeure des années 1930 (un ancien hôtel), Martin le père et David le fils sont en cuisine. Marie-Claude, la mère, accueille ses hôtes avec une hospitalité toute basque, tandis que Camille veille avec dynamisme et professionnalisme sur le service en salle. Esprit de famille, quand tu nous tiens ! Notons tout de même que le fils s'est échappé jusqu'à Hong-Kong chez Pierre Gagnaire. Avec son père, il signe une cuisine de grande qualité : assaisonnements subtils, effets de transparence ou de contraste, produits choisis à leur parfaite maturité... Ces produits, très souvent basques évidemment, sont sublimés au naturel, et mis en valeur par un service charmant.

♿ A/C P – **€€€** – *142 rue de l'Église – ✆ 05 59 26 51 34 – www.briketenia.com/fr/restaurant-briketenia.html/fr – Fermé lundi et mardi*

BRIKET' BISTROT

CUISINE TRADITIONNELLE • DÉCONTRACTÉ Sur les hauteurs de Guéthary, l'hôtel de la famille Ibarboure accueille ce sympathique bistrot, indépendant du restaurant gastronomique. Le chef signe une cuisine soignée, pleine de goût, dans un cadre épuré. Les produits basques dominent logiquement la courte carte aux assiettes généreuses : jambon de Bayonne, chorizo bellota, truite de Banka, fromage Ardi-Gasna. L'équipe est jeune et avenante, les prix demeurent raisonnables. On se régale.

- €€ - *142 rue de l'Église - 05 59 26 51 34 - www.briketenia.com/fr/briket-cote-bistrot.html - Fermé lundi et mardi*

GETARIA

CUISINE MODERNE • CONVIVIAL Bonne idée que de s'arrêter dans l'un des plus beaux villages de la côte basque. En plus d'une petite salle lambrissée en blanc, cette auberge profite d'une ravissante terrasse ombragée de platanes... cachée à l'arrière. Sacré vice-champion du monde de pâté en croûte (qui change à chaque saison), le chef travaille avec doigté aussi bien les poissons ultra-frais de la criée (voir ce tataki de thon ou cette soupe de crustacés, le ttoro) que les produits ibérico-basques. Menu-carte et déjeuner à prix attractif.

- €€ - *360 avenue du Général-de-Gaulle - 05 59 51 24 11 - www.getaria.fr - Fermé du lundi au mercredi à midi*

BRIKETENIA

MODERNE • CALME Sur le site d'une ancienne briqueterie (d'où "Briketenia"), ce relais de poste du 17e s., blanc et rouge, offre une vue dégagée sur les environs. Refaites à neuf, les chambres allient confort et esprit contemporain.

- 14 chambres - *142 rue de l'Église - 05 59 26 51 34*

Briketenia • **Briket' Bistrot** - Voir la sélection des restaurants

GUEWENHEIM

68116 - Haut-Rhin - Carte régionale n° **8**-A3

LA GARE

CUISINE MODERNE • CONTEMPORAIN Depuis 1874, cette très contemporaine institution locale mixe élégance, peps et convivialité, en mêlant brasserie sur le pouce et jolie cuisine actuelle dans la lumineuse salle d'esprit véranda. Remarquable carte des vins.

- €€ - *2 rue Soppe - 03 89 82 51 29 - www.restaurantdelagare-guewenheim.fr - Fermé mardi et mercredi*

GUICHE

64520 - Pyrénées-Atlantiques - Carte régionale n° **25**-B2

LE GANTXO

CUISINE MODERNE • CONTEMPORAIN Bienvenue en terre basque. Ce Gantxo - du nom d'une passe de pelote - donne directement sur le "trinquet", l'aire de jeu du célèbre sport local. En cuisine, Isabelle et Laurent Miremont revisitent la cuisine basque de façon très personnelle ; ils composent des plats bien au goût du jour, souvent copieux, toujours goûteux. Un vrai coup de cœur !

- €€ - *130 chemin du Trinquet - 05 59 56 46 63 - www.restaurant-le-gantxo.fr - Fermé mardi et mercredi, et lundi, jeudi et dimanche soir*

GUINGAMP

✉ 22200 – Côtes-d'Armor – Carte régionale n° **1**–C1

LE CLOS DE LA FONTAINE

CUISINE TRADITIONNELLE • **RUSTIQUE** Un intérieur rustique et accueillant (tables nappées, vaisselle anglaise), un service bienveillant et une cuisine maîtrisée : Stéphane Ollivier et son épouse Corinne savent recevoir. Dans l'assiette (généreuse), de bons produits locaux (noix de Saint-Jacques, huîtres, fromages bretons...) et des plats de terroir savoureux, comme ces aiguillettes de canard rôties servies avec une sauce au cidre et à l'estragon.

– €€ – 9 rue du Général-de-Gaulle – 02 96 21 33 63 – Fermé lundi, et mardi, vendredi et dimanche soir

GUJAN-MESTRAS – Gironde (33) ➜ Voir Bassin d'Arcachon

GUNDERSHOFFEN

✉ 67110 – Bas-Rhin – Carte régionale n° **8**–B1

LE CYGNE

CUISINE MODERNE • **ÉLÉGANT** Cette noble demeure alsacienne a su évoluer avec son temps : on y découvre aujourd'hui une cuisine de bistrot modernisée, réalisée par un chef expérimenté. Fondez pour la marmite de poissons et ses croûtons à l'aïoli, ou la côte et le filet d'agneau croûtés aux épices, tian de légumes confits et crémeux de pois chiches.

– €€ – 35 Grande-Rue – 03 88 72 96 43 – www.aucygne.fr – Fermé lundi et mardi, et dimanche soir

LES JARDINS DU MOULIN

CUISINE MODERNE • **COSY** Ce restaurant s'intègre idéalement dans l'environnement du Moulin : à travers les baies vitrées de l'élégante salle à manger, on admire le jardin et la magnifique terrasse... On se régale de créations actuelles, bien tournées et rythmées par les saisons.

– €€€ – 7 rue du Moulin – 03 88 07 52 70 – www.jardinsdumoulin.fr – Fermé mercredi, jeudi et dimanche

GYÉ-SUR-SEINE

✉ 10250 – Aube – Carte régionale n° **12**–C2

LE GARDE CHAMPÊTRE

Chef : Kazuya Miyashita

CUISINE MODERNE • **TENDANCE** Quasiment au pied de Notre-Dame des vignes et tout proche du célèbre cru des Riceys, cet ancien entrepôt ferroviaire a été transformé en restaurant-ferme avec serres et un potager bio par un collectif d'associés acoquiné à deux vignerons du cru. Cuisine fraîche et tonique, imaginée autour des produits locaux et du jardin de qualité : tartelette de panais, stracciatella fumée, la-yu et noix de cajou ; lieu jaune, sauce pil-pil, crème de carotte et salade de puntarelle ; agrumes, crémet d'Anjou, praliné amande, espuma yaourt et chips d'orange. Aux beaux jours, la terrasse est un cadre bucolique fort appréciable.

L'engagement du chef : Transformation des produits bruts de notre potager biologique, fabrication de notre pain, techniques de fermentation, de fumage et cuisine autour du feu, nous mettons tout en oeuvre pour tendre vers le plus d'auto-suffisance possible. Notre restaurant est un lieu de vie et de rencontre pour les habitants et notre cuisine est directement inspirée de la nature que nous nous efforçons de protéger au quotidien.

- €€€ - 50 route des Riceys - 03 52 96 00 06 - www.legardechampetre.fr - Fermé mardi et mercredi, et lundi et dimanche soir

HAGONDANGE

57300 - Moselle - Carte régionale n° **7**-B1

QUAI DES SAVEURS

Chef : Frédéric Sandrini

CUISINE MODERNE • ÉLÉGANT Ceux qui l'aiment prendront le train ! Le chef Frédéric Sandrini a posé armes et bagages face à la gare d'Hagondange, toute vêtue de blanc et de grès des Vosges. Dans un joli cadre contemporain plutôt sobre, vos papilles ne resteront pas insensibles à sa cuisine imaginative et moderne, en mouvement constant, s'appuyant sur des fournisseurs-partenaires triés sur le volet : ormeaux de plongée de la baie de Saint-Brieuc, poissons de Saint-Quay-Portrieux ou Boulogne-sur-Mer, chariot de fromages de maîtres affineurs... Menus surprise et une petite carte de suggestions selon l'arrivage.

- €€€€ - 69 rue de la Gare - 03 87 71 24 98 - www.quaidessaveurs.com - Fermé lundi et mardi, et dimanche soir

HAGUENAU

67500 - Bas-Rhin - Carte régionale n° **8**-B1

GRAINS DE SEL

CUISINE MODERNE • CONTEMPORAIN Bien installé dans son restaurant près de la halle aux Houblons, Gilles Schnoering régale ses convives avec une courte carte de saison ; ses créations, fraîches et bien réalisées, doivent beaucoup à la qualité des produits utilisés. Judicieux accords mets et vins.

- €€ - 113 Grand-Rue - 03 88 90 83 82 - www.restaurant-grainsdesel.fr - Fermé lundi et dimanche

LE JARDIN

CUISINE MODERNE • CLASSIQUE Dans la famille depuis 3 décennies, ce restaurant, avec sa façade en trompe l'œil et son plafond Renaissance, est quasiment une institution. En cuisine aujourd'hui, c'est le jeune Romain Meyer, qui a travaillé en binôme avec son père pendant 8 ans et qui continue à proposer les classiques de la maison (soupe de poisson, carpaccio de thon, chateaubriand et sa béarnaise), tout en distillant une pointe de modernité.

- €€ - 16 rue de la Redoute - 03 88 93 29 39 - www.lejardinhaguenau.fr - Fermé mardi et mercredi

HAMBYE

50450 - Manche - Carte régionale n° **2**-A2

AUBERGE DE L'ABBAYE

CUISINE MODERNE • ÉLÉGANT À deux pas des ruines romantiques de l'abbaye de Hambye, cet hôtel-restaurant tenu par un couple accueillant et dynamique est une adresse bien connue des locaux. Le chef, qui y avait commencé son apprentissage (poursuivi dans de bonnes maisons), signe une cuisine savoureuse et sans superflu, aux solides bases traditionnelles, comme avec ce risotto au pont-l'évêque, andouille, soupçon de vinaigre de cidre et tuile croquante – une entrée gourmande et généreuse. Excellent rapport qualité-prix.

*– **€€** – 5 route de l'Abbaye – 02 33 61 42 19 – www.aubergedelabbayehambye.com – Fermé lundi et dimanche soir*

HASPARREN

64240 – Pyrénées-Atlantiques – Carte régionale n° **25**–A2

LA MAISON DE PIERRE

Chef : Nicolas Montceau

CUISINE MODERNE • CONTEMPORAIN Au centre du bourg, c'est dans une maison basque typique à colombages rouges et blancs, ancien temple de la pelote (la réception a gardé les vieux guichets en souvenir et une porte vitrée donnant sur le trinquet), que ce duo à l'enthousiasme communicatif a pris ses quartiers. Le chef Nicolas Montceau et son acolyte Julien Bonnal, en charge des dressages et de la pâtisserie, ne jurent que par la production locale. Autour d'un menu dégustation surprise en plusieurs séquences, ils nous régalent avec leurs associations de saveurs harmonieuses, leurs jus et sauces délicieux, leur créativité. N'hésitez pas à demander à être installé face à la cuisine ouverte pour profiter du spectacle ! Chambres confortables.

*– **€€€** – Hôtel Berria, 68 rue Francis-Jammes – 05 59 93 40 49 – www.lamaisondepierre.fr – Fermé mardi et mercredi*

ELIZABERRIKO ETXEBERRIA N

CUISINE TRADITIONNELLE • AUBERGE Cette bâtisse blanche aux volets verts abrite une table cravachée par le chef anglais Alex Mahood et sa compagne Eva Jaurena, issue du milieu de la restauration solidaire. Leur cuisine puise dans l'ADN du Pays basque espagnol : viandes et poissons entiers grillés au feu de bois sur une parilla traditionnelle, txuletas de races soigneusement choisies, turbot sauvage entier. L'exécution, sans artifice, impressionne : tortilla fondante à cœur d'anthologie, coq au lait soyeux et rhumé, tripes tomatées et pimentées, saucisse botifarra maison avec chou noir crémeux, tarama aux haricots plats frits ou glaces turbinées sur place. Des propositions simples, brillamment troussées, et déjà quelques incontournables qui font rayonner la tradition.

*– **€€** – 85 chemin d'Errelua, quartier Elizaberri – 05 64 72 15 87 – www.elizaberriko.com – Fermé lundi et mardi, et mercredi, jeudi et dimanche soir*

HATTSTATT

68420 – Haut-Rhin – Carte régionale n° **8**–A2

L'ALTÉVIC

CUISINE MODERNE • CONTEMPORAIN Dans un écrin contemporain en verre et métal, Jean-Christophe Perrin propose une cuisine dans l'air du temps, inspirée par le marché : pâté en croûte de cochon et volaille, effeuillé de céleri et chutney de mangue ; filet de canette au piment d'Espelette, betterave, navet et myrtilles ; soufflé à la rhubarbe de Munwiller...

*– **€€€** – 4 rue du Wiggensbach – 03 89 78 83 56 – www.restaurant-laltevic.fr – Fermé lundi, mardi et mercredi midi*

HAUTELUCE

✉ 73620 - Savoie - Carte régionale n° **21**-D2

MONT BLANC RESTAURANT & GOÛTER

Chef : Benoît Goulard

CUISINE MODERNE • ÉLÉGANT Cette hostellerie centenaire, située à l'entrée du village et rénovée avec goût, accueille l'enthousiasme d'un jeune chef, ancien pâtissier d'une maison étoilée. Face aux massifs du Beaufortain, Benoit Goulard propose des menus surprise élaborés avec les meilleurs produits de la région, de saison et soigneusement sourcés. Ici, on ne cherche pas à tout prix à "raconter une histoire" à chaque plat mais à faire beau et bon, tout simplement, en travaillant avec un grand souci du détail, dans un style culinaire actuel et élégant. Ceci jusqu'aux desserts, qui valent le détour ! Même dynamique en salle, où les arts de la table, l'accueil et le service de la maîtresse de maison Hélène Fleury s'avèrent irréprochables. On ne peut qu'être admiratif du travail réalisé ici, loin de tout, pour chercher à donner le meilleur, avec rigueur et exigence.

*- **€€€€** - 16 rue de la Voûte - 04 79 37 01 61 - www.montblanc-restaurant.com - Fermé lundi, mardi, et mercredi et jeudi à midi*

LA FERME DU CHOZAL

CUISINE MODERNE • MONTAGNARD Ce restaurant convivial cultive un style montagnard typique ; la cuisine n'en est pas moins actuelle et appétissante, réalisée avec de beaux produits du terroir. Sans oublier une riche carte des vins alpins, assortie de bons conseils.

*- **€€€** - 361 route des Combes - 04 79 38 18 18 - www.lafermeduchozal.com - Fermé mardi*

LE HAVRE

✉ 76600 - Seine-Maritime - Carte régionale n° **3**-A2

JEAN-LUC TARTARIN

CUISINE CRÉATIVE • COSY Normand de naissance et de cœur, le regretté Jean-Luc Tartarin a marqué la gastronomie française de son empreinte, avec sa cuisine tournée vers la mer, associant le modernisme du Havre et l'âme du terroir régional. En plein cœur du centre historique de la ville (inscrit au patrimoine mondial de l'Unesco), dans un agréable décor cosy aux tons beige apaisants, Annabelle et ses équipes ont à cœur de perpétuer cet héritage et de garder vivante cette philosophie.

PLAN : A1-1 - *- **€€€€** - 73 avenue Foch - 02 35 45 46 20 - www.jeanluc-tartarin.com - Fermé lundi, mardi et dimanche*

LE BOUCHE À OREILLE

CUISINE MODERNE • CONTEMPORAIN Derrière une sobre façade vitrée, on découvre une table de grande valeur. Le chef mitonne des plats généreux, francs et goûteux, dans un style volontairement traditionnel, mais pas dénué de personnalité et parfois accompagné d'une touche d'originalité, à l'image de ce tartare de crevettes, gyoza aux crevettes, coriandre et citronnelle, bisque et noix de cajou. En salle, son épouse se montre sympathique et efficace, prodiguant de judicieux conseils pour le choix des vins.

PLAN : A1-3 - **€€** - *19 rue Paul-Doumer - 02 35 45 44 60 - Fermé dimanche et lundi*

LE MARGOTE

CUISINE MODERNE • CONTEMPORAIN Dans son restaurant face au bassin du Roi, le chef Gauthier Teissere, épaulé en salle par son épouse Marguerite, compose une partition actuelle, volontiers créative, quelquefois rehaussée de touches asiatiques. Le cadre, élégant et cosy, est en phase avec une cuisine joliment rythmée par les saisons. Chaque assiette séduit, à l'image de la fondante poitrine de cochon, purée de céleri et émulsion fumée, ou encore du généreux lieu jaune, chou-fleur, câpres.

PLAN : B1-2 – *– €€ – 50 quai Michel-Féré – ✆ 02 35 43 68 10 – www.lemargote.fr – Fermé lundi, dimanche, et mercredi et jeudi à midi*

VENT D'OUEST

MODERNE • COSY Tout près de l'église Saint-Joseph, signée Auguste Perret, cet hôtel occupe un immeuble typique du Havre, mais propose des chambres cosy et feutrées à l'esprit british : meubles cirés, tableaux de marine, fauteuils en cuir patiné... Agréable espace bien-être, avec hammam et salles de massages.

P – **35 chambres** – *4 rue de Caligny – ✆ 02 35 42 50 69*

LA HAYE

✉ 50250 - Manche - Carte régionale n° **2**-A2

LE PETIT NOR'CAT

CUISINE MODERNE • CONTEMPORAIN Théo Hervy et Fanny Mandrau, respectivement originaires de Cherbourg et des Pyrénées-Orientales, ont fusionné leurs régions - Nor(mandie) + Cat(alogne) - au nom de leur passion commune pour la bonne chère. Au déjeuner, menu simple mais fort bien tourné, à partir de bons et beaux produits issus de la région, à un tarif imbattable. Au dîner, alléchante carte qui marie les deux terroirs. À noter : dans ce sympathique restaurant de poche, on ne sert que des vins de la Côte Vermeille !

♿ - **€€** - *16 rue du Docteur-Callegari - ✆ 02 33 46 23 61 - www.lepetitnorcat.fr - Fermé lundi, et mercredi et dimanche soir*

HENNEBONT

✉ 56700 - Morbihan - Carte régionale n° **1**-C3

RESTAURANT DU BLAVET N

CUISINE MODERNE • BISTRO Sur les quais, cette ancienne guinguette au charme vivant s'est réinventée sous la direction de Marine Nemesien et François Lagneaux. Le lieu, sobre et chaleureux, séduit par une cuisine soignée et contemporaine, ouverte sur le monde. Le midi, une formule simple ; le soir, une carte plus élaborée où l'araignée de mer aux cocos de Paimpol et bisque de homard côtoie le paleron de bœuf façon Rossini, crémeux de céleri rave et jus de viande. Dans l'assiette, justesse des cuissons et parfums équilibrés. Une adresse de poche bien attachante !

A/C - **€€** - *3 route de Port-Louis - ✆ 02 97 78 66 81 - www.restaurant-du-blavet.eatbu.com - Fermé lundi et dimanche, et jeudi soir*

L'HERBAUDIÈRE - Vendée (85) ➜ Voir Île de Noirmoutier

LES HERBIERS

✉ 85500 - Vendée - Carte régionale n° **14**-B2

L'ENVERS DU DÉCOR

CUISINE MODERNE • CONTEMPORAIN Côté décor, une ancienne boulangerie transformée en un restaurant contemporain, élégant et épuré. Côté chef, Aurélien Jousseaume, au parcours étoilé, passé notamment chez Philippe Etchebest, Guy Savoy, ou encore Guy Martin. Multipliant les allers-retours entre sa cuisine ouverte et la salle, le chef, dont l'épanouissement est manifeste, prend lui-même les commandes à table et présente ses créations. Sa goûteuse cuisine de saison reflète une attention particulière portée aux sauces et aux jus, qui se révèlent remarquables : jus crémeux aux œufs de truite, sabayon iodé au sel fumé, sauce au cresson et raifort, jus de veau à la livèche...

♿ A/C - **€€** - *23 rue de la Bienfaisance - ✆ 09 86 19 30 21 - www.envers-du-decor.fr - Fermé lundi et dimanche, mardi midi, et mercredi soir*

AROMA

CUISINE MODERNE • CONTEMPORAIN Ce restaurant du centre-ville, moderne et coloré, est tenu par un jeune couple plein d'allant, auteur d'une carte évolutive, ne dérogeant jamais à la sacro-sainte trilogie : fraîcheur, gourmandise et... produits vendéens !

♿ A/C - **€** - *7 rue du Brandon - ✆ 02 51 91 05 48 - www.restaurant-aroma.com - Fermé lundi et dimanche*

HÉROUVILLE-SAINT-CLAIR

✉ 14200 - Calvados - Carte régionale n° **2**-C2

L'ESPÉRANCE - STÉPHANE CARBONE

CUISINE MODERNE • CONTEMPORAIN Offrez-vous une escapade bucolique et gourmande à quelques encablures de Caen, dans la maison couleur rouille de Stéphane Carbone, chef bien connu des locaux. Il propose une cuisine traditionnelle avec une touche de modernité, à l'image de cette souris d'agneau, risotto de boulgour au curcuma, mini navet rôti au poivre sweet tonka. Chaque table offre une jolie vue sur le canal.

- **€€** - *512 rue Abbé-Alix - ✆ 02 31 44 97 10 - www.esperance-stephanecarbone.fr - Fermé lundi et mardi, et dimanche soir*

HÉSINGUE

✉ 68220 - Haut-Rhin - Carte régionale n° **8**-A3

AU BŒUF NOIR

CUISINE MODERNE • ÉLÉGANT Les produits frais de qualité rythment la vie de cette maison, de même que la fraîcheur et le goût dans les assiettes : carpaccio de Saint-Jacques aux agrumes, épaule d'agneau de 30 heures ou lièvre à la royale en saison... Jolie petite terrasse sur l'arrière.

- **€€€** - *2 rue Folgensbourg - ✆ 03 89 69 76 40 - www.auboeufnoir.fr - Fermé lundi, samedi midi et dimanche soir*

HEUGUEVILLE-SUR-SIENNE

✉ 50200 - Manche - Carte régionale n° **2**-A2

THE PRESBYTERE

CUISINE MODERNE • MAISON DE CAMPAGNE Dans un charmant petit coin de Normandie, le chef anglais Edward Delling-Williams est tombé amoureux de ce presbytère qu'il a transformé en gastro-pub locavore. Entre tables de bois brut, massacres de cerfs aux murs, imposante cheminée en pierre et poutres apparentes, le pèlerin affamé s'attable devant une douce assiette de moules à l'aïoli, puis enchaîne avec un confit de canard accompagné d'une inédite salade de concombre à la menthe bien rafraîchissante, et conclut avec un cake à la courgette moelleux comme il faut. Le chef possède aussi sa ferme, où il produit lui-même fruits et légumes.

- **€€** - *16 rue de la Sienne - ✆ 02 33 46 53 93 - www.thepresbytere.com - Fermé mardi, mercredi et lundi midi*

HILLION

✉ 22120 - Côtes-d'Armor - Carte régionale n° **1**-D1

LE BON ABRI (N)

CUISINE TRADITIONNELLE • CONTEMPORAIN Charmante bâtisse nichée au cœur du petit bourg côtier d'Hillion, face à l'église, voilà une table où il fait bon s'abriter. Entièrement rénovée dans un esprit contemporain mâtiné d'ancien, elle porte la signature de Christophe Le Fur (Auberge Grand'Maison). Dans ce bistrot convivial, il célèbre une cuisine de partage et de produits celtiques. On se régale ainsi d'une savoureuse terrine de volaille et foie gras façon pâté en croûte et, en dessert, d'un tiramisu maison, généreux et parfaitement gourmand. En salle, Sonia Quéro assure un accueil dynamique et souriant.

- **€€** - *7 place de l'Église - ✆ 06 12 76 21 97 - www.restaurantlebonabri.fr - Fermé lundi et mardi, et dimanche soir*

HOCHSTATT

✉ 68720 - Haut-Rhin - Carte régionale n° **8**-A3

AU CHEVAL BLANC

CUISINE MODERNE • **CONTEMPORAIN** Dans ce petit village aux portes du Sundgau, on se délecte de plats soignés et gourmands, réalisés par le chef au fil de son inspiration et du marché : carpaccio de thon sauce vierge, caille en crapaudine et champignons sauvages, fricassée de ris de veau aux cèpes... Une adresse pour le moins appétissante.

- €€€ - *55 Grande-Rue - ✆ 03 89 06 27 77 - www.au-cheval-blanc-hochstatt.com - Fermé mercredi, et lundi, mardi et dimanche soir*

HONFLEUR

✉ 14600 – Calvados – Carte régionale n° **2**-C2

LA FLEUR DE SEL

CUISINE MODERNE • COSY Dans une rue du quartier historique, Vincent Guyon réalise un travail admirable. Au menu, bar mariné aux agrumes, mangue fraîche, coriandre et gingembre ; siphon chocolat, sorbet aux herbes, tuile cacao et terreau chocolat fleur de sel... Ou bien un grand classique de la maison : le tartare de bœuf aux huîtres, accompagné de mizuna, vinaigrette caviar et riz grillé. Une cuisine inspirée et parfaitement maîtrisée.

PLAN : A1-2 – **€€** – *17 rue Haute – ✆ 02 31 89 01 92 – www.lafleurdesel-honfleur.com – Fermé lundi et mardi*

SAQUANA

CUISINE CRÉATIVE • CONTEMPORAIN Alexandre Bourdas a fait de son SaQuaNa un vrai lieu de vie, ouvert du matin au soir, avec l'idée de rendre la bonne cuisine accessible au plus grand nombre. La carte est variée, aux influences d'ici et d'ailleurs (elle comprend notamment une section japonaise), et affiche toujours certains incontournables comme sa lotte bouillon coco et huile de combawa, « notre bouillabaisse maison » ou encore l'emblématique pascade : une partition talentueuse, décomplexée, inspirante, pour des plats souvent « à partager ». Selon l'heure de la journée, le SaQuaNa est également une pâtisserie, une boulangerie ou un salon de thé.

PLAN : A1-3 – **€€** – *22 place Hamelin – ✆ 02 31 89 40 80 – www.alexandre-bourdas.com – Fermé lundi et mardi*

L'ÂTRE

CUISINE MODERNE • CONTEMPORAIN Après des passages dans de belles maisons étoilées parisiennes, puis au Château Cordeillan-Bages à Pauillac, le chef Julien Lefebvre, originaire de Normandie, s'est installé il y a quelques années dans cette charmante cité. Sa cuisine, rythmée par les saisons, s'inscrit tranquillement dans l'air du temps. Cuisine ouverte qui donne sur une salle à manger au cadre contemporain ou terrasse ouverte aux beaux jours.

PLAN : B2-5 – ♿ AC 🍽 – **€€€** – *25 cours des Fossés – ✆ 02 31 88 30 82 – www.restaurant-atre.com – Fermé lundi, dimanche et mardi midi*

ENTRE TERRE ET MER

CUISINE MODERNE • COSY Situé sur la place Hamelin, dans le quartier historique de Honfleur, ce restaurant serait la maison dans laquelle est né en 1768 le contre-amiral de Napoléon Bonaparte, J. F. E. Hamelin. On s'installe dans un cadre typiquement normand avec colombages et pierres apparentes pour dé-

kipgodi/Getty Images Plus

guster des assiettes naviguant entre terre et mer, dans le respect des saisons. Une belle présentation et une cuisson vapeur maîtrisée pour la dorade, rôti, jus d'herbes, haricots, groseilles. Petite terrasse aux beaux jours.

PLAN : A1-4 - **€€** - *12/14 place Hamelin - 02 31 89 70 60 - www.entreterreetmer-honfleur.com*

HUÎTRE BRÛLÉE

CUISINE MODERNE • **CONVIVIAL** Ici, pas d'Huître Brûlée... mais une cuisine actuelle et des produits de qualité privilégiant les circuits courts (légumes bio, poisson de petit bateau), mis en valeur dans une carte de saison resserrée. Une table sympathique et conviviale, emmenée par un couple de passionnés : le chef Paul Lacheray, originaire d'Honfleur, et sa compagne Chloé Woestelandt en salle.

PLAN : A1-8 - **€€** - *8 rue Brûlée - 09 82 57 90 18 - www.huitrebrulee.com*

LES IMPRESSIONNISTES - LA FERME SAINT-SIMÉON

CUISINE MODERNE • **ÉLÉGANT** À l'intérieur du luxueux hôtel La Ferme Saint-Siméon, abrité dans un bâtiment historique sur les hauteurs de Honfleur, cette adresse ne manque pas de cachet. L'intérieur de style normand, élégant et luxueux, le parc arboré, la terrasse offrant une superbe vue sur l'estuaire de la Seine : c'est enchanteur, bien sûr, mais pas de quoi nous détourner de l'assiette ! Le chef signe en effet une agréable cuisine contemporaine autour de jolis produits du terroir normand, faisant la part belle aux saisons. Le domaine héberge également "La Boucane", bistrot qui propose une cuisine tout aussi goûteuse mais plus traditionnelle.

HORS PLAN - **€€€€** - *20 rue Adolphe-Marais - 02 31 81 78 00 - www.fermesaintsimeon.fr*

LE LINGOT

CUISINE MODERNE • **ÉLÉGANT** Nichée rue des Lingots, loin de l'effervescence portuaire, cette adresse s'inscrit dans un décor médiéval de ruelles pavées, à deux pas de l'imposante église Sainte-Catherine, joyau d'architecture en bois. La déco du restaurant surprend par son élégance à la française : des tableaux ornent les murs de briques apparentes, des bougies illuminent les tables dressées de vaisselle ancienne, des lustres brillent au plafond. Le chef propose un menu évolutif et une cuisine limpide célébrant le terroir normand : huîtres, pêche locale et bœuf - une plongée au cœur du Calvados.

PLAN : A1-7 - **€€€** - *14 rue des Lingots - 02 31 81 07 76 - www.lelingothonfleur.com - Fermé jeudi midi, mardi et mercredi*

LE MANOIR DES IMPRESSIONNISTES

CUISINE MODERNE • **ÉLÉGANT** Installez-vous dans la lumineuse salle à manger ou sur la terrasse aux beaux jours pour profiter d'un joli panorama sur l'estuaire, et d'une cuisine actuelle, centrée autour d'une carte de saison courte et appétissante, privilégiant les produits du terroir normand et de la pêche locale.

HORS PLAN - **€€€** - *23 route de Trouville - 02 31 81 63 00 - www.manoirdesimpressionnistes.com - Fermé mardi et mercredi*

LA FERME SAINT-SIMÉON *Plus*

CLASSIQUE • **ROMANTIQUE** Haut lieu de l'histoire de la peinture, l'auberge que fréquentaient les impressionnistes est devenue un hôtel magnifique. Le parc domine l'estuaire - et ses lumières changeantes -, les chambres, au calme, réinventent le style rustique, version luxe. Intemporel comme un tableau ou une chanson de Jacques Brel.

- 35 chambres - *20 route Adolphe Marais - 02 31 81 78 00*

Les Impressionnistes - Voir la sélection des restaurants

HÔTEL SAINT-DELIS

CONTEMPORAIN • RAFFINÉ Ce monument local, qui fut autrefois la demeure du peintre Henri de Saint-Delis, est aujourd'hui un hôtel de luxe qui ne dépareillerait pas à Paris. Neuf chambres élégantes et contemporaines, toutes équipées de douche-hammam. Le petit-déjeuner est éventuellement servi dans la cour arborée.

AC P – **9 chambres** – *43 rue du Puits* – *02 31 81 78 10*

LES MAISONS DE LÉA

MODERNE • ÉLÉGANT En plein cœur de la ville, juste devant l'église Ste-Catherine, cette bâtisse est composée de plusieurs maisons élégantes, joliment décorées par thèmes (Campagne, Romance, Baltimore, Capitaine). Le confort est total, l'accueil est charmant : incontournable, tout simplement !

P Spa – **43 chambres** – *Place Sainte-Catherine* – *02 31 14 49 49*

HOSSEGOR

✉ 40150 - Landes - Carte régionale n° **25**-A2

LES HORTENSIAS DU LAC

CUISINE MODERNE • TENDANCE Environnement idyllique en bord du lac d'Hossegor pour cette institution locale à l'accueil charmant. Le chef Philippe Moreno, disciple de Gérald Passedat, y propose une cuisine soignée de qualité, aux assiettes bien maîtrisées, à travers une carte de saison ou un menu dégustation. Les poissons de la criée de Capbreton ainsi que la belle volaille des Landes sont à l'honneur. On en profite dans un intérieur de bistrot lumineux, ou sur l'agréable terrasse, dans une ambiance décontractée chic.

- **€€€** - *1578 avenue du Tour-du-Lac - ✆ 05 58 43 99 00 - www.leshortensiasdulac.com - Fermé mercredi, mardi midi et dimanche soir*

JEAN DES SABLES

CUISINE MODERNE • DESIGN Cadre épuré pour ce restaurant de plage : béton ciré, murs clairs, vivier, vue sur l'Océan... La cuisine est moderne, déclinée au fil d'une carte courte et bien ficelée, avec un menu spécial dédié au homard. Accueil et service aux petits soins.

- **€€€** - *121 boulevard de la Dune, à Soorts - ✆ 05 58 72 29 82 - www.jeandessables.com - Fermé lundi et mardi*

VILLA SEREN

MODERNE • RAFFINÉ Cette belle bâtisse, mélange de bois et de béton, s'intègre bien dans son environnement. L'intérieur, superbement décoré, accueille entre autres du mobilier d'artisans de la région ; les chambres, spacieuses et confortables, offrent une vue imprenable sur le lac d'Hossegor.

- **27 chambres** - *1111 avenue du Touring Club de France - ✆ 05 58 58 00 55*

LES HOUCHES

✉ 74310 - Haute-Savoie

ROCKYPOP CHAMONIX - LES HOUCHES

MODERNE • FAMILIAL Atypique et convivial, cet hôtel branché sur le thème des mangas et des jeux vidéos vintage propose des chambres récentes et bien conçues. Espace guinguette, terrain de boule, solarium, et un amusant food truck. They will "Rocky Pop" you.

- **148 chambres** - *1476 avenue des Alpages - ✆ 04 85 30 00 00*

HOULGATE

✉ 14510 - Calvados - Carte régionale n° **2**-C2

L'ÉDEN

CUISINE MODERNE • COSY Dans une rue discrète de ce charmant village de la Côte Fleurie, derrière une devanture simple se cache le restaurant du couple Tougard, ouvert au début des années 2000. Dans un cadre cosy et chic, le chef propose une cuisine naviguant entre tradition et modernité de manière habile. Pour ne garder qu'un exemple : la tête de veau réinterprétée avec talent. Une cuisine avec beaucoup de saveurs, appliquée, allant à l'essentiel. Ne passez pas à côté !

- €€ - 7 rue Henri-Fouchard - 02 31 24 84 37 - www.eden-houlgate.com - Fermé lundi et mardi

LES PASSANTES

CUISINE MODERNE • CONTEMPORAIN Si l'on chemine dans la rue principale d'Houlgate, on croise une jolie maison de ville au toit d'ardoise. Dans un décor contemporain et lumineux où le bois et les pierres vont de pair, l'enfant de la région est devenu un chef solide. Maxime Lehoucq travaille les produits de saison normands (veau, œufs et crème fermiers) mais aussi les poissons fournis par son frère marin-pêcheur à Trouville. Sa patte bistronomique, mâtinée de quelques touches exotiques fait le reste : maquereau grillé à la flamme, betterave, mayonnaise aux algues ; haut de cuisse de volaille du Prieuré, gnocchis, crémeux de champignon, comté et noisettes. Nouvelle carte tous les mois servie par une jeune équipe souriante et attentionnée. On y repassera !

- €€ - 41 rue des Bains - 02 61 92 39 69 - www.les-passantes.fr - Fermé lundi

L'HOUMEAU

✉ 17137 - Charente-Maritime - Carte régionale n° **18**-A1

BRIEMM

CUISINE TRADITIONNELLE • COSY Briemm, comme Brice et Emmanuelle, qui ont associé leurs prénoms (et leurs cœurs) pour créer ce charmant petit restaurant tout en pierre, où il cuisine avec générosité et elle accueille avec gentillesse. On découvre un menu-carte à bon prix d'inspiration traditionnelle, aux intitulés gourmands. Dans l'assiette, un vrai sens du détail et un beau bouquet de saveurs, à l'image de ce croustillant de pied de cochon, purée pomme granny smith et noix caramélisées, ou de ce maquereau flambé, velouté de cresson et sablé à l'encre de seiche. Le bon plan du coin !

A/C - €€ - 1 place du 14-Juillet - 05 46 50 95 90 - www.briemm.fr - Fermé lundi et mardi, et mercredi et dimanche soir

HUNINGUE

✉ 68330 - Haut-Rhin - Carte régionale n° **8**-B3

AUTOUR DE LA TABLE

CUISINE CLASSIQUE • TRADITIONNEL L'adresse revendique un côté "école hôtelière" avec sa carte classique (ballotine de foie gras de canard, filet de bœuf, poêlée de mirabelles flambées à l'armagnac), son service sérieux et appliqué. Quand la tradition et le classicisme ont du bon, autour et surtout sur la table...

A/C - €€€ - 17A rue de Village-Neuf - 09 81 11 40 17 - www.restaurant-autourdelatable.fr - Fermé dimanche soir, mercredi midi, jeudi midi, samedi midi, lundi et mardi

HYÈRES

✉ 83400 - Var - Carte régionale n° **29**-B3

LA COLOMBE

CUISINE TRADITIONNELLE • ÉLÉGANT Tataki de saumon au sésame et salade de légumes croquants ; filet de turbot, poêlée de girolles et jus à l'ail noir... C'est avec des assiettes généreuses, résolument provençales, que Pascal et Nadège Bonamy ont hissé leur restaurant, au pied du massif des Maurettes, parmi les bonnes tables de la région.

- **€€€** - *663 route de Toulon - ✆ 04 94 35 35 16 - www.restaurantlacolombe.com - Fermé lundi, mardi et le midi*

LES MINOTS DE LA GARRIGUE N

CUISINE MÉDITERRANÉENNE • DÉCONTRACTÉ Martin en cuisine et Léo en salle, deux frères, ont transformé un ancien bureau de tabac de la place Clemenceau en cantine méridionale joyeuse et végétalisée, autour d'un grand patio à ciel ouvert. Dans ce décor solaire aux couleurs bleu, rose et orange, ils proposent une cuisine sans chichi, fraîche et savoureuse, aux accents du marché, avec quelques options végétariennes : carpaccio de thon rouge de Méditerranée ; pavé de denti, gratin de courgettes et huile aux herbes ; tarte amandine à la figue. Accueil enjoué, ambiance détendue et prix très doux : un spot vivant, parfait pour un déjeuner au soleil.

- **€€** - *37 avenue Alphonse-Denis - ✆ 04 23 14 32 61 - Fermé lundi et dimanche, et mardi et samedi soir*

LILOU

ART DÉCO • MARITIME Au cœur de la vieille ville d'Hyères, le charme d'une maison particulière se mêle au raffinement d'un haut-lieu du design d'avant-garde. Derrière sa façade haussmannienne se cachent 37 chambres imaginées par le studio de design parisien Haddou Dufourcq, où l'Art déco graphique et la bohème se rencontrent dans une harmonie baignée de soleil. La terrasse et la piscine s'inspirent des villas locales, mariant le rotin, le pin et le calcaire clair. Même loin de chez vous, vous êtes chez vous.

- **37 chambres** - *7 boulevard Pasteur*

LA REINE JANE

MODERNE • MARITIME Celle qui veille sur les bateaux du port de Hyères depuis les années 50 s'est offert un lifting dans les règles de l'art. Derrière sa façade maritime emblématique, la Reine Jane dévoile aujourd'hui quatorze chambres redécorées sur le thème de la Méditerranée par autant d'artistes récompensés lors du festival annuel du design de la villa Noailles, dans les hauteurs varoises. Selon vos penchants esthétiques, vous aurez ainsi le choix de l'ambiance : un ultra minimalisme enduit de bleu pétrole, des fonds marins chamarrés à l'esprit dessin animé ou une ambiance Cyclades sous des alcôves immaculées. Là-haut, le toit terrasse de 200 m² élargit un peu plus votre horizon.

- **14 chambres** - *Port de l'Ayguade, 1 quai des Cormorans - ✆ 04 94 66 32 64*

IGUERANDE

✉ 71340 - Saône-et-Loire - Carte régionale n° **17**-B3

LA COLLINE DU COLOMBIER

CUISINE MODERNE • CHAMPÊTRE En pleine campagne, dominant la Loire, une ferme restaurée dans un style champêtre chic et épuré. Un lieu nature et design, pour déguster une cuisine actuelle aux intitulés poétiques, signée Léo Troisgros : «rose marine», «rouget entre fils acidulés» ou «à l'ombre du figuier»... Et pour prolonger l'étape, divers hébergements dont les fameuses «cadoles» sur pilotis !

- **€€€** - *850 chemin du Colombier - ✆ 03 85 84 07 24 - www.lacollineducolombier.fr - Fermé mardi et mercredi*

L'ÎLE-BOUCHARD

✉ 37220 – Indre-et-Loire – Carte régionale n° **15**–B2

AUBERGE DE L'ÎLE

CUISINE MODERNE • **COSY** Dans ce restaurant cossu ancré sur une île de la Vienne, le chef Pierre Koniecko réalise des recettes à la fois savoureuses et généreuses, comme cette déclinaison d'agneau (côte et selle grillées, épaule confite en pastilla). L'été venu, on profite de la terrasse en teck qui surplombe la rivière : un atout de charme indéniable !

♿ 🍽 ❄ P – **€€** – *3 place Bouchard* – ✆ *02 47 58 51 07* – *www.aubergedelile.fr* – *Fermé mardi et mercredi*

ÎLE DE NOIRMOUTIER

Carte régionale n° **14**

L'Herbaudière

✉ 85330 - Vendée - Carte régionale n° **14**-A1

✿✿✿ LA MARINE

Chef : Alexandre Couillon

CUISINE CRÉATIVE • ÉLÉGANT La Marine a fait peau neuve. Dans un nouveau décor élégant, on choisira avec profit le grand menu dégustation, constamment renouvelé au gré des arrivages pour profiter de cette cuisine du produit sublimé, d'une noblesse et d'une simplicité qui n'appartiennent qu'aux plus grands cuisiniers - de ceux qui savent épurer et enlever pour révéler les saveurs et libérer l'imaginaire du mangeur. La qualité des produits de la mer et des légumes est exceptionnelle. Autres attributs du talent d'Alexandre Couillon : la cuisson au feu, la cueillette maritime, les coulis de fruits et légumes condimentés, les réductions de fumets et jus corsés... sans oublier la cuisson millimétrée des poissons. Souvenir éclatant de ce maquereau cuit à la braise accompagné de betterave confite, ou encore de cette remarquable laitue grillée à la flamme, myrtilles au vinaigre de sureau. À l'épicerie "Le petit couillon", le chef met en avant ses artisans et producteurs.

L'engagement du chef : Nous vivons au rythme de la Nature, qui seule nous dicte, jour après jour, ce qui figurera à la carte de notre restaurant. Nous travaillons avec de petits pêcheurs locaux et essayons au maximum de n'utiliser que des produits de notre jardin. Tous les déchets organiques sont quant à eux valorisés en compost, avant de retourner à la Terre.

- **€€€€** - *3 rue Marie-Lemonnier - ✆ 02 51 39 23 09 - www.alexandrecouillon.com - Fermé mardi et mercredi*

ÉLISE, POISSONS & BRAISE

POISSONS ET FRUITS DE MER • CONTEMPORAIN Cet écrin maritime moderne propose un concept hybride avec une poissonnerie qui présente la pêche de la criée de l'Herbaudière et un espace restaurant épuré, dominé par un grand comptoir (douze places) et quelques tables près d'une cave vitrée. La cuisine se concentre sur les saveurs marines et la cuisson à la braise dans une carte courte et lisible, composée d'assiettes individuelles et de quelques plats à partager. Une expérience iodée signée du couple Couillon, à vivre au comptoir pour un véritable coup de cœur.

- **€€€** - *5 rue Marie-Lemonnier - www.alexandrecouillon.com - Fermé lundi, mardi et dimanche*

Noirmoutier-en-l'Île

85330 - Vendée - Carte régionale n° **14**-A1

L'ASSIETTE AU JARDIN

CUISINE TRADITIONNELLE • BISTRO On s'installe à l'intérieur d'une petite salle de bistrot aux étagères garnies de produits d'épicerie fine ou sur la coquette véranda pour déguster une partition pleine de gourmandise, où la tradition s'accommode joliment d'une âme voyageuse : influences asiatiques et maghrébines avec l'huître Fujiyama (spécialité de la maison), la pêche du jour et tajine de légumes de saison, ou encore le dessert « une nuit à Essaouira », à base de dattes, glace au lait frais et miel. Une charmante adresse.

- **€€** - *9 rue du Robinet - 02 51 54 93 95 - www.lassietteaujardin.fr - Fermé mardi, mercredi et jeudi midi*

LA MAISON DES TOQUÉS

CUISINE DU MARCHÉ • COSY Aurore et Sébastien Duchenne portent en eux la même passion pour les produits régionaux de fine qualité, souvent bio, valorisés par de belles recettes dans l'air du temps, imaginées au gré du marché. Arriver chez eux, c'est pénétrer dans un décor coloré et contemporain, où les œuvres d'art sur les murs en bleu et blanc offrent un contrepoint aux assiettes soignées qui mettent en valeur le homard, l'huitre de Noirmoutier, le saint-pierre ou le pigeon royal des Charmilles. Réservation fortement conseillée.

€€€ - *26 rue de la Prée-aux-Ducs - 02 28 10 15 12 - www.lamaisondestoques.fr - Fermé mercredi et dimanche*

LE PETIT BANC

CUISINE TRADITIONNELLE • BISTRO Originaires de la région lyonnaise, Véronique et Gilles ont investi cette jolie maison de pays située au pied du château depuis une dizaine d'années. On s'installe dans un décor charmant avec banquettes rouges en skaï, mobilier de bistrot, miroirs, vieux plancher etc. pour déguster charcuteries de Lyon et produits vendéens dans un menu unique à prix modique qui change régulièrement. Ambiance à la bonne franquette dans ce sympathique bouchon lyonnais gourmand, transporté au cœur de l'île de Noirmoutier pour notre plus grand plaisir !

- **€** - *7 rue des Douves - 02 28 10 93 21 - Fermé dimanche et le midi*

L'ILE Ô CHÂTEAU

CONTEMPORAIN • MARITIME L'île en question est Noirmoutier, avec son château du 12e s., à côté duquel se trouve ce bâtiment classique. Converti récemment en hôtel contemporain, il mêle le style maritime avec une touche moderne monochrome. Une piscine chauffée, un délicieux petit-déjeuner et des vélos à louer font apprécier cette délectable vie insulaire.

P - **24 chambres** - *11 rue des Douves - 02 51 39 02 72*

ÎLE D'OLÉRON

Carte régionale n° **18**

Dolus-d'Oléron

✉ 17550 - Charente-Maritime - Carte régionale n° **18**-A1

LA TABLE DU GRAND LARGE

CUISINE MODERNE • CONTEMPORAIN Situé à quelques pas de la plage de la Rémigeasse, au milieu des dunes et d'un environnement préservé, l'hôtel Le Grand Large domine l'Océan. Le restaurant regarde d'un côté la piscine intérieure et de l'autre la mer, qui s'embrase au dîner lors du coucher de soleil. Conçue par le MOF David Boyer, la carte exalte les beaux produits de la région : maigre de ligne en tartare, pomme verte et pannacotta d'asperge verte au cresson ; lieu jaune de ligne, huile d'estragon et beurre blanc aux œufs de poisson...

- **€€€** - *2 avenue de l'Océan - ✆ 05 46 75 77 77 - www.le-grand-large.fr*

HÔTEL & SPA LE GRAND LARGE

CONTEMPORAIN • MARITIME Dunes sauvages, panorama magnifique, brises marines... : tous les ingrédients d'une escapade reposante sont réunis ici. Les chambres et suites y participent avec des jacuzzis privés sur les terrasses ou les balcons. L'espace spa et bien-être comprend une piscine intérieure chauffée, un jacuzzi, un sauna, un hammam, une salle de massage. Nombreuses options de restauration, dont le bar sur le toit pour savourer des cocktails au couchant.

- **31 chambres** - *2 avenue de l'Océan*

La Table du Grand Large - Voir la sélection des restaurants

Le Grand-Village-Plage

✉ 17370 - Charente-Maritime - Carte régionale n° **18**-A1

LE RELAIS DES SALINES

POISSONS ET FRUITS DE MER • BISTRO Au menu de ce bistrot marin, saveurs iodées et produits top fraîcheur. La carte se partage entre indémodables (huîtres, poulpe confit, lentilles, sabayon à la moutarde, tarte au citron du patron) et inspirations du moment. La petite salle tire parti au mieux de cette ancienne cabane ostréicole. La partie terrasse est ouverte sur les marais. Une belle surprise.

- **€€** - *Port des Salines, 34E rue des Anciennes-Salines - ✆ 05 46 75 82 42 - www.le-relaisdessalines.fr - Fermé lundi et dimanche soir*

guy-ozenne/Getty Images Plus

Saint-Denis-d'Oléron

✉ 17650 - Charente-Maritime - Carte régionale n° **18**-A1

LE JOUR DU POISSON

Chefs : Cécile Chapet et Théo François

POISSONS ET FRUITS DE MER • BISTRO Emmené par une jeune équipe passionnée, ce petit bistrot convivial du bout de l'île ne désemplit pas. L'ardoise, aussi courte qu'alléchante, tient ses promesses : les fruits et légumes viennent dans leur immense majorité de l'île, le poisson, issu des criées locales, est travaillé sous toutes ses formes, les circuits courts et les vins naturels sont privilégiés, le pain est fait maison à la farine oléronaise. Le plat signature varie selon la saison : agnolotti aux langoustines ou aux crevettes impériales... d'Oléron - évidemment ! Réservation impérative tant l'adresse est prisée.

L'engagement du chef : Le restaurant privilégie légumes et fruits issus pour une grande part de l'île, et travaille des poissons et fruits de mer provenant uniquement des criées charentaises, favorisant les circuits courts. Mais on se challenge à aller encore plus loin : cacao de Martinique transporté par voilier, réduction maximale des déchets en travaillant l'entièreté des produits, réemploi des contenants... Enfin, la carte des vins ne propose que des domaines engagés en faveur d'une agriculture plus responsable.

AC - €€ - 3 rue de l'Ormeau - ✆ 05 46 75 76 21 - Fermé du mardi au jeudi

Saint-Georges-d'Oléron

✉ 17190 - Charente-Maritime - Carte régionale n° **18**-A1

MÉTIVE N

CUISINE CRÉATIVE • BRANCHÉ Après Baston à Bordeaux, le chef Julien Borie et Pauline Celle, boulangère, ont créé le même concept alléchant de restaurant-boulangerie, encore plus ancré dans le terroir. C'est l'occasion pour le chef, originaire du département, de se rapprocher des produits de la mer et des artisans du coin. En cuisine, une bistronomie affirmée et maîtrisée, où les produits locaux sont travaillés avec précision - notamment les poissons maturés, visibles en salle dans une vitrine. La boulangerie cuit des pains au levain naturel à base de farines bio, avec un vrai savoir-faire artisanal. Le décor mêle murs en pierre, affiches chinées et mobilier en bois clair ; on entre par le fournil avant de rejoindre la salle ouverte sur la cuisine et son comptoir.

♿ - €€ - 216 rue des Quatre-Moulins - ✆ 07 43 26 57 71 - Fermé dimanche soir, mercredi midi, lundi et mardi

Saint-Pierre-d'Oléron

✉ 17310 - Charente-Maritime - Carte régionale n° **18**-A1

SILLAGE

CUISINE MODERNE • CONTEMPORAIN Le chef piémontais Gabriele Ferri et son épouse Marie-Nolwenn tiennent table dans ce bistrot relooké façon marine, mêlant pierres blondes et mobilier contemporain. Dans l'assiette, une cuisine iodée et végétale maîtrisée, enrichie d'influences transalpines et de touches audacieuses, comme ce merlu poché d'inspiration nippone, accompagné de radis daïkon, de bouillon dashi et d'umeboshi (prunes salées). La viande, quant à elle, ne s'invite qu'en période de chasse. Un plat emblématique ? Le maigre rôti sur la peau, accompagné d'asperges, de fenouil, d'une pâte de citron brûlé et d'un beurre blanc à la bière.

♿ 🍽 - €€ - 4 ruelle de la Lanterne - ✆ 05 46 36 87 45 - www.restaurant-sillage.fr - Fermé lundi et dimanche, et mardi et mercredi soir

ILE DE PORQUEROLLES

✉ 83400 - Var - Carte régionale n° **29**-B3

LA PINÈDE

CUISINE MODERNE • CLASSIQUE Dans cet hôtel coupé du monde, où l'on vous conduit avec une navette depuis le village, voici le restaurant décontracté du Mas du Langoustier, ouvert uniquement au déjeuner. La carte met en valeur la Méditerranée et les plats provençaux : soupe au pistou, panier du pêcheur façon bourride, poissons et langouste grillés, etc. À savourer avec pour compagnonnage la flore méditerranéenne et la mer : il n'y a plus qu'à profiter du moment...

- €€€ - *Chemin du Langoustier - ✆ 04 94 58 34 83 - www.langoustier.com/restaurant - Fermé le soir*

ÎLE DE RÉ

Carte régionale n° **18**

Le Bois-Plage-en-Ré

✉ 17580 - Charente-Maritime

LES BOIS FLOTTAIS

CLASSIQUE • MARITIME Un petit hôtel à l'écart de l'agitation du village. Tomettes, lambris, bibelots marins... Ici, les chambres ont un décor très insulaire ; une partie d'entre elles donne sur l'une des piscines. Bons produits "maison" - confitures, gâteaux... - au petit-déjeuner.

A/C - **17 chambres** - *Chemin des Mouettes* - *05 46 09 27 00*

La Flotte

✉ 17630 - Charente-Maritime - Carte régionale n° **18**-A1

L'ÉCAILLER (N)

Chef : Arthur Da Costa

CUISINE MODERNE • TENDANCE Sur le port de La Flotte, une maison du 17e s. élégamment reprise par deux jeunes talents issus de maisons étoilées : Arthur Da Costa et Louis Grizeau. À l'intérieur, parquet blanchi, cheminée en pierre, mobilier design en bois et touches marines raffinées. La terrasse, tournée vers les quais, invite à profiter des beaux jours. Dans l'assiette, une cuisine soignée et locale qui fait la part belle au végétal et aux produits de la mer. Mention spéciale pour l'asperge blanche, accompagnée de cerises et d'un sabayon délicat au sureau, et pour le lieu jaune, grillé et servi avec une émulsion de coquillages et des fèves fraîches. Une table bienvenue qui enrichit l'offre gastronomique de l'île.

€€€ - *3 quai de Sénac* - *05 46 09 56 40* - *www.lecaillerlaflotte.fr* - *Fermé lundi et mardi*

CHAI NOUS COMME CHAI VOUS

CUISINE TRADITIONNELLE • BISTRO On se sent un peu comme chez soi dans ce restaurant de poche coquet et convivial. La carte, courte et alléchante, met en avant les produits de l'île et une jolie cuisine de la mer, à l'image de cette lotte de superbe qualité à la cuisson maîtrisée, accompagnée de son sabayon au chardonnay et d'asperges blanches. Des vins bien choisis, une touche d'inventivité et de sympathiques petites attentions !

€€€ - *1 rue de la Garde* - *05 46 09 49 85* - *www.chainouscommechaivous.fr* - *Fermé vendredi midi, samedi midi, mercredi et jeudi*

Saint-Martin-de-Ré

17410 - Charente-Maritime - Carte régionale n° **18**-A1

GEORGE'S

CUISINE MODERNE • CONTEMPORAIN Idéalement situé sur le port de Saint-Martin-de-Ré, ce restaurant chic au décor marin élégant propose des produits de première qualité, préparés avec sobriété et précision, enrichis de quelques grands classiques de la cuisine traditionnelle revisités, comme les escargots ou la sole meunière, ainsi que de belles pièces à partager, turbot ou côte de bœuf maturée. Terrasse lounge et bar à cocktails agréables et prisés. Service prévenant et attentif.

- **€€€€** - *Hôtel de Toiras, 1 quai Job-Foran - 05 46 35 40 32 - www.hotel-de-toiras.com - Fermé lundi*

LE SERGHI

CUISINE TRADITIONNELLE • BISTRO Sur le vieux port, cette table (précédée d'une agréable terrasse) appartient au club restreint des adresses rétaises ouvertes toute l'année. En cuisine, un chouette chef, Philippe Tredgeu (ex-Entredgeu et Les Cocottes à Paris), cisèle une cuisine très marquée bistronomie... parisienne. Gourmandise, beaux produits, saisonnalité répondent présents : maquereau fumé et tempura de poireaux, excellent pâté en croûte, pain de veau brioché et sauce blanquette ou encore un délicieux baba au rhum et agrumes. Un régal du début à la fin.

- **€€** - *15 quai Georges-Clemenceau - 05 46 66 59 59 - www.leserghi.com*

LA BARONNIE

BOURGEOIS • CALME Au cœur d'un beau jardin, ces deux hôtels particuliers du 18e s., restaurés avec goût dans un esprit bourgeois, permettent de se reposer au grand calme. Douceur de vivre, service aux petits soins : un véritable havre de paix et de sérénité.

- **23 chambres** - *17-21 rue Baron de Chantal - 05 46 09 21 29*

HÔTEL DE TOIRAS

Plus

BOURGEOIS • COSY Une maison d'armateur au charme douillet et bourgeois : décoration soignée, à la fois luxueuse et cosy, accueil particulièrement attentionné... Une adresse pleine de charme.

- **20 chambres** - *1 quai Job Foran - 05 46 35 40 32*

George's - Voir la sélection des restaurants

VILLA CLARISSE

Plus

MODERNE • RAFFINÉ En limite du centre ville, une escapade parfaitement tranquille, dans un cadre du 18e s., actualisé par le confort d'aujourd'hui et un service attentif et impeccablement discret. La maison est divisée en seulement quatre chambres et cinq suites, dans un style contemporain-classique lumineux, presque monochrome, avec des accents de bleu marine et une simplicité parfaitement dosée. Entourée par les jardins, la pièce maîtresse de l'hôtel est une belle piscine extérieure et son spa. Somptueux petit déjeuner, pique-nique en saison chaude et plats légers au salon.

- **9 chambres** - *5 rue du Général Lapasset - 05 46 68 43 00*

Sainte-Marie-de-Ré

✉ 17740 - Charente-Maritime - Carte régionale n° **18**-A1

LE CHAI

CUISINE MODERNE • BISTRO Sur la place du marché de Sainte-Marie-de-Ré, cette table décontractée fait montre d'un bel esprit culinaire bistronomique, avec une prédilection pour les légumes locaux de petits maraîchers et majoritairement bio. Renouvelée quotidiennement, la courte sélection de plats saisonniers met en avant les poissons de la côte ou les abats. C'est frais, bien fait et d'un bon rapport qualité-prix, comme ce pavé d'églefin à la chair fondante ou cet œuf parfait, crème de champignons et croustillant au lard.

- **€€** - *5 place d'Antioche - 05 46 30 03 55 - www.restaurantlechai.fr - Fermé mercredi et mardi soir*

HÔTEL ATALANTE

CLASSIQUE • MARITIME La mer d'un côté, les vignes de l'autre, le grand calme : on passe un bon moment dans cet hôtel, dont la vocation est principalement axée sur la thalassothérapie et la détente. En prime, deux piscines, dont une couverte.

- **97 chambres** - *Rue Port Notre-Dame*

ÎLE D'YEU

✉ - Vendée - Carte régionale n° **14**

Port-Joinville

✉ 85350 - Vendée - Carte régionale n° **14**-A2

VENT DEBOUT - HÔTEL LES HAUTES MERS

POISSONS ET FRUITS DE MER • ÉLÉGANT Plantons la scène : l'île d'Yeu, un joli petit hôtel face à la mer, avec son restaurant chic et décontracté, sa terrasse et sa salle à manger décorée de maquettes de vieux gréements... Bref, un véritable spot de charme gourmand. On se régale d'une cuisine régionale délicieusement iodée.

- **€€** - *27 rue Pierre-Henry - 02 51 37 01 12 - www.leshautesmers.fontenille-collection.com - Fermé mardi et mercredi*

LES HAUTES MERS *Plus*

CLASSIQUE • MARITIME Le confetti de l'Île d'Yeu est effectivement en haute mer, et ce luxueux refuge semble voguer en plein Atlantique. L'ambiance marine prévaut dans toutes les chambres et suites (certaines avec terrasse privée), magnifiant la lumière et l'espace. Restaurant orienté fruits de mer, bar, piscine extérieure chauffée.

- **25 chambres** - *27 rue Pierre Henry - 02 51 37 01 12*

Vent Debout - Hôtel Les Hautes Mers - Voir la sélection des restaurants

LA MISSION *Plus*

RÉTRO • FAMILIAL Caserne militaire, puis école, et enfin hôtel haut de gamme, voici une évolution intéressante pour cet ensemble de bâtiments groupés autour d'un jardin central. Le platane centenaire est d'époque, mais la piscine chauffée a été ajoutée lors de la transformation. L'atmosphère des chambres et suites est empreinte de nostalgie, avec des lambris clairs, des motifs joyeux et des objets anciens évoquant l'enfance, comme ces lits superposés bien pratiques pour les familles. Le vaste domaine propose des terrains de pétanque, des vélos en location ainsi qu'un camion à crêpes en été. Le rooftop rétro donne sur le clocher Saint-Sauveur à proximité.

- **22 chambres** - *12 rue de la Missionnaire - 02 52 63 20 10*

ILLHAEUSERN

68970 - Haut-Rhin - Carte régionale n° **8**-C2

AUBERGE DE L'ILL

Chef : Marc Haeberlin

CUISINE CLASSIQUE • LUXE L'Auberge de l'Ill est bien davantage qu'un simple restaurant : c'est l'auberge alsacienne dans toute sa splendeur. Un lieu convivial et chaleureux, hors du temps, où chaque client est accueilli comme un membre de la famille. Un symbole dans la région, mais aussi en France et dans le monde ! Dès sa création en 1882, entre Sélestat et Riquewihr, l'adresse se fait un nom avec sa matelote au riesling et ses préparations de gibiers alsaciens. Marc Haeberlin, petit-fils des fondateurs, fait aujourd'hui l'alliance entre ces créations historiques (terrine de foie gras servie à la cuillère, mousseline de grenouilles, saumon soufflé) et des plats plus modernes. Le mythe est toujours vivace.

- **€€€€** - *2 rue de Collonges-au-Mont-d'Or - 03 89 71 89 00 - www.auberge-de-l-ill.com - Fermé lundi et mardi*

HÔTEL DES BERGES

MODERNE • CHAMPÊTRE Ce délicieux refuge est niché au bord de l'eau, dans le parc de l'Auberge de l'Ill. Dans ces deux bâtiments rappelant les anciens séchoirs à tabac de la région, les chambres ont un cachet fou - meubles chinés, boiseries, tableaux, sculptures... Un magnifique ensemble, désormais doté d'un spa nature (800 m²).

- **19 chambres** - *4 rue de Collonges-au-Mont-d'Or - 03 89 71 87 87*

Auberge de l'Ill - Voir la sélection des restaurants

ILLIES

59480 - Nord - Carte régionale n° **4**-B2

L'ÉPICURIEUX

CUISINE MODERNE • CONVIVIAL Un bistrot pimpant et attachant sur la place d'Illies, où le chef Christophe Pirotais (ex-Top Chef) et sa compagne Julie Dieudonné régalent avec passion et panache. Leur cuisine, généreuse et pleine de goût, s'exprime dans un menu surprise inspiré et savoureux, comme cette délicate pannacotta d'asperge blanche et sa glace au radis ou un filet de dorade sébaste escorté de panisses et d'un jus crémé. En salle, l'accueil est charmant, le service attentionné, et aux beaux jours, on savoure tout cela sur l'agréable terrasse à l'arrière.

- **€€** - *5 rue Mermoz - 03 20 35 36 01 - www.restaurantlepicurieux.com - Fermé lundi, mercredi et dimanche, et jeudi soir*

INGERSHEIM

✉ 68040 - Haut-Rhin - Carte régionale n° **8**-C2

LA TAVERNE ALSACIENNE

CUISINE MODERNE • AUBERGE Dirigée par la famille Guggenbuhl depuis 1964, cette taverne à la façade saumon mérite amplement sa réputation. Même ceux qui ne connaissent rien à la cuisine alsacienne seront conquis, le tout accompagné de bons vins d'ici et d'ailleurs ! Beau souvenir d'un filet de sandre, choucroute poêlée et sauce au riesling.

A/C - **€€** - *99 rue de la République - ✆ 03 89 27 08 41 - www.tavernealsacienne-familleguggenbuhl.com - Fermé lundi et jeudi, et dimanche soir*

INGRANDES

✉ 36300 - Indre

SAINT-VICTOR LA GRAND' MAISON

TRADITIONNEL • RAFFINÉ Sous son nom modeste, la Grand' Maison est en réalité l'archétype du château de princesse : créneaux, tourelles, belvédère, coiffe d'ardoise et multiples façades mangées de lierre, on rêverait de tout quitter pour s'autoproclamer seigneur de ce domaine. De sa longue restauration, il a hérité un aménagement contemporain, mais le mobilier seigneurial, héritage familial ou collection de voyages, témoigne de son pedigree. Trois chambres logées dans le château, un studio dans les anciennes écuries, un deuxième dans un ancien atelier et quatre maisons indépendantes au style actuel composent un ensemble d'hébergement idéal pour un mariage princier. Un parc et deux piscines complètent le tableau.

P - **3 chambres** - *Saint-Victor - ✆ 02 54 37 46 55*

IRISSARRY

✉ 64780 - Pyrénées-Atlantiques - Carte régionale n° **25**-A2

ART'ZAIN

Chef : Henri Amestoy

CUISINE DU MARCHÉ • CONTEMPORAIN Artzain signifie "berger" en basque - hommage du propriétaire à son père. Située au centre du village, cette ancienne grange a gardé son esprit rustique, avec ses poutres et murs de pierre apparente, bien que le mobilier (œuvre de l'artisan basque Alki) soit contemporain. Au menu, pour notre plus grand plaisir, une cuisine de saison essentiellement locavore : en témoigne cette savoureuse terrine chaude de canard kriaxera, galette façon polenta de maïs Arto gorria, oignons nouveaux caramélisés et ventrèche croustillante.

L'engagement du chef : Nous avons une carte courte qui change toutes les six semaines ou qui évolue en suivant les productions et les cultures de nos producteurs. Nos fournisseurs sont tous installés dans un rayon réduit autour du restaurant. Nous confions nos déchets organiques à nos poules et à nos cochons.

A/C - **€€** - *20 place d'Ospitalia (Le bourg) - ✆ 05 59 37 23 83 - www.restaurant-art-zain.fr - Fermé lundi et mardi, et dimanche soir*

IROULÉGUY

✉ 64220 - Pyrénées-Atlantiques - Carte régionale n° **25**-A3

JARAPEA

CUISINE MODERNE • BISTRO Après avoir passé près de 15 ans au Chili, Michel Moutroustéguy et sa compagne ont décidé de revenir dans la région natale du chef. Dans ce paisible environnement verdoyant, leur table est ouverte le midi et le samedi soir. En toute simplicité, la courte ardoise présente un menu-carte au bon rapport qualité-prix, façon cuisine du marché. Les préparations

mettent en avant des produits locaux de saison, dévoilant le savoir-faire du chef au parcours solide : sauce et jus goûteux, montages et techniques maîtrisés, assaisonnements pointus. De l'entrée au dessert, tout est réussi !
- €€ - *94 rue du Fronton* - *06 59 24 15 16* - *www.jarapea-restaurant.eatbu.com/?lang=fr* - *Fermé lundi et le soir sauf samedi*

L'ISLE-ADAM

95590 – Val-d'Oise

LE DOMAINE DES VANNEAUX

MODERNE • CHAMPÊTRE Face au golf de L'Isle-Adam, voici l'interprétation – signée Jean-Michel Wilmotte – d'un corps de ferme traditionnel... Soit un luxueux hôtel niché dans un écrin de verdure, avec son golf et son spa. Idéal pour s'offrir une idylle nature aux portes de Paris, le temps d'un week-end.
- **65 chambres** - *1 route du Golf des Vanneaux* - *01 34 08 40 64*

L'ISLE-D'ABEAU

38080 – Isère – Carte régionale n° **21**–B2

LE RELAIS DU ÇATEY

CUISINE CLASSIQUE • CONTEMPORAIN À l'écart du centre-ville, cette maison dauphinoise du 18e s. abrite une salle à manger mêlant le charme traditionnel des dalles de Bourgogne à des touches plus contemporaines. En cuisine, Dominique Ducrettet signe une cuisine traditionnelle autour de produits choisis : volaille fermière de l'Ain rôtie dans un beurre mousseux de morilles, jus savoureux, tombée de girolles, ou encore tarte au citron caramélisée et ses fraises en lamelles et sorbet. Aux beaux jours, une terrasse s'ouvre sur le jardin. Chambres confortables pour prolonger l'étape.
- €€€ - *10 rue du Didier* - *04 74 18 26 50* - *www.le-relais-du-catey.com* - *Fermé lundi et dimanche*

L'ISLE-JOURDAIN

32600 – Gers – Carte régionale n° **26**–C2

L'ÉCHAPPÉE BELLE N

CUISINE MODERNE • CONTEMPORAIN Au rez-de-chaussée d'un hôtel contemporain, l'entrée encadrée de troncs de bouleau conduit à une salle design aux tons anthracite, banquettes rouges et fauteuils blancs, où s'exprime une cuisine de brasserie moderne, nette et savoureuse : velouté Dubarry, croûtons de focaccia et huile de cacahuète au piment d'Espelette ; gambas snackées, risotto au piquillos et chorizo, sauce armoricaine ; moelleux au chocolat, crème légère parfumée à l'armagnac et noisettes caramélisées... Agréable terrasse donnant sur la place principale.
- €€ - *2 place Gambetta* - *05 62 07 50 05* - *www.echappee-belle.fr* - *Fermé dimanche soir*

L'ISLE-SUR-LA-SORGUE

84800 – Vaucluse – Carte régionale n° **28**–E1

LE VIVIER

Chef : Romain Gandolphe

CUISINE MODERNE • ÉLÉGANT Dans cette capitale des antiquaires et des antiquités, cette table est un vivier de talents ! Le chef Romain Gandolphe propose des assiettes soignées, qui mêlent saveurs et textures, non sans délicatesse et subtilité. À déguster dans une salle contemporaine au décor chaleureux, ou sur la terrasse face à la Sorgue et ses rives verdoyantes, un véritable plaisir pour les yeux. Service attentionné et intéressante sélection de vins régionaux.
- €€€ - *800 cours Fernande-Peyre* - *04 90 38 52 80* - *www.levivier-restaurant.com* - *Fermé samedi midi, dimanche soir, lundi et mardi*

SOLELH

CUISINE MODERNE • DESIGN Tenu par les propriétaires du restaurant gastronomique Le Vivier, ce sympathique bistrot situé au cœur du Carré des Arts du Luberon bénéficie d'une double terrasse. Depuis sa cuisine ouverte, le chef envoie une bonne et franche cuisine bistrotière de style moderne, des grignotages pour l'apéritif, et de belles pièces grillées au barbecue binchotan : côte de bœuf de Galice maturée, poulpe, pressa ibérique... La petite sélection de vins régionaux (mais pas seulement) convient parfaitement à notre bon plaisir ensoleillé.

- **€€** - *30 avenue des Compagnons-de-la-Libération - 04 90 89 01 42 - www.solelh-restaurant.fr - Fermé mardi et mercredi, et lundi soir*

AGASTACHE

CUISINE MODERNE • CONVIVIAL Le nom du restaurant fleure bon l'amour de la nature, à l'image de Frédérique qui cultive fleurs et herbes aromatiques pour... Frédéric, son mari cuisinier qui en ponctue ses assiettes. Proposant un menu-carte aux saveurs méditerranéennes, leur table met en avant une cuisine moderne, bien construite et parfumée, travaillée à partir de produits locaux souvent bio. Le végétal y occupe une place de choix. On s'est régalé en entrée de ravioles de chèvre frais, délicatement fumées, courgettes et bouillon de verveine pour la fraîcheur limpide, puis d'un maigre accompagné d'un beurre blanc iodé, ragoût de pois chiches et poivron rouge.

- **€€** - *Place Xavier Battini - 09 73 69 12 45 - www.agastache-restaurant.fr - Fermé samedi, dimanche et le soir*

LA BALADE DES SAVEURS

CUISINE TRADITIONNELLE • CONTEMPORAIN Un couple sympathique - Benjamin et Sophie Fabre - règne sur ce restaurant plein de fraîcheur, dont la terrasse borde le cours pittoresque de la Sorgue. Les recettes cultivent aussi bien le caractère que la douceur de la Provence. Cette Balade des Saveurs est aussi... une ballade des gens heureux. Agréable terrasse le long du canal de la Sorgue.

- **€** - *3 quai Jean-Jaurès - 04 90 95 27 85 - www.balade-des-saveurs.com - Fermé lundi et dimanche*

LE PETIT HENRI

CUISINE PROVENÇALE • ÉLÉGANT La table du Grand Hôtel Henri est dans le prolongement direct de l'établissement qui l'accueille : décor soigné, avec cheminée centenaire et lustres chatoyants, terrasse ombragée de mûriers-platanes autour d'une fontaine... et jolie cuisine de saison à dominante régionale. Très bon rapport qualité-prix au déjeuner.

- **€€** - *Grand Hôtel Henri, 1 cours René-Char - 04 90 38 10 52 - www.grandhotelhenri.com - Fermé lundi et mardi*

GRAND HÔTEL HENRI

MODERNE • CONVIVIAL Au cœur de la ville des antiquaires, on tombe immédiatement sous le charme de cette vénérable maison rénovée en 2015. Escalier en marbre de Carrare, chambres élégamment décorées de lampes et miroirs anciens, tableaux et fauteuils... Un havre de confort, jusqu'au bar à l'ambiance jazz.

- **17 chambres** - *1 cours René Char - 04 90 38 10 52*

LA MAISON SUR LA SORGUE

CLASSIQUE • RAFFINÉ La Maison sur la Sorgue est un hôtel de charme familial de quatre chambres, dont les espaces communs et privés portent les souvenirs de voyages autour du monde. Chaque chambre est unique, l'une avec une baignoire autoportante, l'autre avec une terrasse, l'autre encore avec une jolie vue sur l'église. Et dans la cour, une petite piscine.

- **4 chambres** - *6 rue Rose Goudard*

ISNEAUVILLE

✉ 76230 - Seine-Maritime - Carte régionale n° **3**-B2

PRÉAMBULE

CUISINE MODERNE • CONTEMPORAIN Le chef, enfant du pays, est revenu chez lui après de belles expériences ici et là en France. Il mitonne d'honnêtes assiettes bistronomiques : mousseline de volaille, biscuit aux herbes et pickles de légumes ; comme une blanquette de veau, riz croustillant et crème thym-citron ; douillon aux pommes, crème glacée à la fève tonka. Côté salle, deux options également : la première traditionnelle genre bistrot, la seconde, contemporaine et plus cosy, donne également accès à la terrasse.

- €€ - 1370 route de Neufchâtel - 02 32 19 44 86 - www.preambule-isneauville.fr - Fermé lundi et mardi, et mercredi et dimanche soir

ISSIGEAC

✉ 24560 - Dordogne - Carte régionale n° **18**-C3

L'ATELIER

CUISINE MODERNE • COSY Le chef Fabrice Rodot est un gourmand et il le prouve dans ses assiettes qui mettent en avant les produits du terroir et de saison. Les classiques sont maîtrisés et il fait bon manger dans ce restaurant cosy aux notes rustiques : chou-fleur en croûte de brioche, crème mousseline ; veau bio, petit pois et carotte, jus façon sauce Périgueux ; crêpes Suzette flambées au guéridon. Sans oublier l'excellent pain maison ! Aux beaux jours, c'est près de la fontaine sur la terrasse qu'il faut s'installer.

- €€ - 62 Tour de Ville - 05 53 23 49 78 - Fermé lundi et dimanche soir

LA BRUCELIÈRE

CUISINE MODERNE • AUBERGE Cette authentique bâtisse typique de la région rénovée par le couple propriétaire ne manque pas de charme. Le chef au parcours étoilé, Anthony Hardy, aime s'entourer de personnes de confiance : sa compagne Marie pour le service, et dans les assiettes, il fait appel en majorité aux producteurs locaux. En bouche, on retrouve cette jolie complicité avec des produits de saison bien travaillés, assaisonnés avec soin et aux cuissons réussies. Maquereau cuit à la flamme et céleri bio mariné pour une entrée en relief ; filet de canette française rôtie sur la peau et carottes glacées dans un dressage soigné ; chou, crème à la noisette de Boisse pour finir sur une note minimaliste mais gourmande. Pour les beaux jours, la terrasse à l'arrière est bien agréable.

- €€ - 54 place de la Capelle - 05 53 73 89 61 - www.labruceliere.fr - Fermé lundi, mardi et dimanche soir

ISSOIRE

✉ 63500 - Puy-de-Dôme - Carte régionale n° **20**-B2

AGASTACHE

CUISINE MODERNE • TENDANCE Dans cette adresse bistrotière à la déco tendance d'esprit scandinave, on profite d'une cuisine de saison privilégiant les produits locaux. Les assiettes sont bien tournées et joliment présentées : côte de cochon du Breuil-sur-Couze, pressé d'aubergine au basilic et girolles ; mousse abricot, shiso et glace au miel d'Auvergne...

A/C - €€ - 95 rue de Brioude - 04 73 55 84 59 - www.agastache-restaurant.com - Fermé lundi et dimanche

LE P'TIT ROSEAU

CUISINE MODERNE • COSY Entre la gare et le joli square René Cassin, on déguste ici une cuisine contemporaine bien réalisée. Les préparations sont goûteuses, grâce à l'utilisation judicieuse de fleurs, d'herbes aromatiques et de jeunes pousses. Les assiettes sont donc joliment dressées et colorées : de quoi passer un moment de qualité. À déguster dans une salle épurée.

– €€ – 2 avenue de la Gare – 04 73 89 09 17 – www.lepetitroseau.fr – Fermé lundi et mardi, et dimanche soir

ISSY-LES-MOULINEAUX

92130 – Hauts-de-Seine – Carte régionale n° **11**-E2

MAISON AVOISE

Chef : Alexis Voisenet

CUISINE MODERNE • CONTEMPORAIN Passé par les brigades de Yannick Alléno, Jean-François Piège ou Guy Savoy, le chef Alexis Voisenet a choisi de faire parler la poudre en installant son restaurant dans les casemates de l'ancien fort d'Issy-les-Moulineaux. Ce lieu historique offre un cadre unique, avec sa voûte en pierre qui surplombe un beau mobilier contemporain. Avec la saisonnalité comme colonne vertébrale, la cuisine du chef s'avère créative et tout en finesse, à l'image de son ris de veau "signature". L'équipe de salle assure un service parfaitement huilé, et le lieu abrite également une cave à manger (charcuteries et salaisons maison).

– €€€ – 58 promenade du Verger – 01 45 07 00 10 – www.maisonavoise.com – Fermé lundi et dimanche

KOJI

TEPPANYAKI • ÉPURÉ C'est évidemment au comptoir que l'on profite le mieux de ce restaurant japonais de teppanyaki, cette cuisine théâtrale avec ses flambages spectaculaires. Le chef Koji Hashimoto prépare avec soin de beaux produits devant le client. Sa dextérité élégante, fruit d'une jolie expérience, ne vient jamais les dénaturer par des astuces faciles. Poissons comme viandes (un filet de bœuf de Normandie par exemple) sont cuits avec justesse, et rehaussés par des sauces impeccables (comme cette sauce au miso blanc et vinaigre de Xérès sur l'assortiment de poissons grillés). Décor traditionnel où le bois domine.

A/C – €€€ – 34 bis rue Ernest-Renan – 01 41 08 15 16 – www.koji-restaurant.com – Fermé lundi et dimanche

LA PASSERELLE

CUISINE MODERNE • CONTEMPORAIN En bord de Seine, La Passerelle du chef Mickaël Meziane invite à une halte gourmande dans un cadre lumineux, entre grand bar, mur végétal et terrasse agréable surplombant le fleuve. Royale de céleri, soupe de poissons de roche et pavlova aux fruits exotiques composent une partition juste et maîtrisée, servie avec soin par une équipe attentive. Une adresse sincère où la rigueur du produit et la précision du geste priment.

A/C – €€€ – 172 quai de Stalingrad – 01 46 48 80 81 – www.lapasserelle-issy.com – Fermé samedi et dimanche

ITTERSWILLER

67140 – Bas-Rhin – Carte régionale n° **8**-C1

WINSTUB ARNOLD

CUISINE ALSACIENNE • WINSTUB Plongez au cœur de l'Alsace dans cette winstub mettant à l'honneur de nombreuses spécialités régionales : kougelhopf, choucroute, boudin noir et purée de pomme, baeckeoffe servi en cocotte ou bien encore, comme suggestion du moment, cette bouchée à la reine façon Marie Leczinska... Le tout accompagné de vins du domaine familial, dans un cadre tout aussi typique.

♿ 🏡 🅿 - €€ - *98 route des Vins - ✆ 03 88 85 99 30 - www.hotel-arnold.com - Fermé lundi et mardi*

ITXASSOU

✉ 64250 - Pyrénées-Atlantiques - Carte régionale n° **25**-A2

RESTAURANT BONNET

CUISINE TRADITIONNELLE • RUSTIQUE Avec Beñat Bonnet, c'est la 3e génération qui est aux commandes de cette maison familiale dont la réputation n'est plus à faire dans la région. Les produits locaux y sont à la fête et la cuisine au goût du jour, comme avec le gravlax de truite de Baigorry et le grenadin de veau en viennoise de cèpes et chorizo. En dessert, craquez pour le finger sorbet coco, aussi croustillant que rafraîchissant !

< ♿ A/C 🏡 🅿 - €€ - *Place du Fronton - ✆ 05 59 29 75 10 - www.maison-bonnet.com - Fermé mardi et mercredi*

JARNAC-CHAMPAGNE

✉ 17520 - Charente-Maritime - Carte régionale n° **18**-B2

LE COUDE À COUDE (N)

CUISINE MODERNE • SIMPLE À dix minutes de Cognac, cette bâtisse en pierre de taille abrite un bistrot contemporain enjolivé d'une grande terrasse dominant un petit jardin. Le chef y propose une cuisine qui parle aux papilles, aux intitulés clairs et aux goûts nets : légumes d'une ferme voisine, fruits du verger, poissons de La Cotinière. Fraîcheur des mets, assaisonnements précis, bonne technique : tout est fait maison, du pain aux glaces.

♿ 🏡 - €€ - *8 rue de Saintonge - ✆ 05 46 49 66 53 - www.lecoudeacoude.com - Fermé lundi et dimanche, et mardi et mercredi soir*

LA JARRIE

✉ 17220 - Charente-Maritime - Carte régionale n° **18**-A1

L'HYSOPE

CUISINE CRÉATIVE • CONTEMPORAIN Dans un charmant petit village à une quinzaine de kilomètres de La Rochelle, ce restaurant situé au fond d'une ruelle est accessible à pied uniquement. Le chef alsacien Nicolas Durif affectionne les plantes (comme l'hysope), et en utilise jusqu'à 60 en été, de France et du monde entier. Sa patrie d'origine s'exprime par touches dans sa cuisine créative, ainsi que dans le beau livre de cave. Découvrez ses menus surprises proposés en plusieurs séquences, où agrumes et épices asiatiques sont également présents.

❀ ♿ A/C - €€€ - *25 rue de l'Aurore - ✆ 05 46 68 52 21 - www.lhysope.fr - Fermé lundi et dimanche, et mercredi soir*

JOIGNY

✉ 89300 - Yonne - Carte régionale n° **12**-A2

✿✿ LA CÔTE SAINT-JACQUES

Chefs : Alexandre Bondoux et Jean-Michel Lorain

CUISINE MODERNE • ÉLÉGANT Qu'elle est belle, cette bâtisse postée sur les bords de l'Yonne ! Fondée par Marie Lorain en 1945, la maison a gagné ses lettres de noblesse sous l'impulsion de son fils, Michel, puis de son petit-fils, Jean-Michel. Ce chef humble et travailleur laisse désormais à son neveu Alexandre Bondoux le soin de composer la carte. Les habitués retrouveront les plats signature (blanquette de homard ; noix de ris de veau au gingembre) comme de beaux éclairs d'inspiration (aile de raie meunière au beurre vert, céleri perpétuel et morilles ; agneau de lait des Pyrénées, gambero rosso et sabayon au café arabica). Harmonie des saveurs, cuissons, assaisonnements : une belle partition gourmande rythmée par un service de qualité, efficace et proche du client.

L'engagement du chef : Nous avons créé un jardin potager, nous privilégions les producteurs locaux et nous mettons en avant les vins nature et bio. Les déchets alimentaires sont recyclés au maximum et nous limitons l'usage du plastique dans l'établissement.

- **€€€€** - *14 faubourg de Paris - ✆ 03 86 62 09 70 - www.cotesaintjacques.com - Fermé lundi et mardi midi*

LE BISTROT DES GÉNÉRATIONS (N)

CUISINE TRADITIONNELLE • CLASSIQUE Sur les bords de l'Yonne, la Côte Saint-Jacques est née en 1945 comme pension de famille, avant de devenir le célèbre restaurant gastronomique que l'on connaît aujourd'hui. Sa déclinaison bistrotière mise sur une cuisine traditionnelle et généreuse : œuf parfait à la crème de cèpes et livèche, joue de bœuf confite à la moutarde, légumes du jardin... Bonne sélection de vins au verre.

AC - **€€** - *La Côte Saint-Jacques, 14 faubourg de Paris - ✆ 03 86 62 09 70 - www.cotesaintjacques.com - Fermé lundi et mardi midi*

LA CÔTE SAINT-JACQUES *Plus*

LUMINEUX • CHAMPÊTRE La modeste pension de famille fondée en 1945 est devenue un petit hôtel d'un grand raffinement, au luxe assumé. Les chambres et les suites, de même que la salle et la terrasse du restaurant, s'offrent d'un côté le panorama des eaux paresseuses de l'Yonne, et de l'autre celui des collines bourguignonnes. L'aménagement intérieur joue des matériaux nobles et d'une palette de couleurs lumineuse. Le petit-déjeuner est servi sur les berges verdoyantes, dans la chambre ou sur le balcon. Le spa sur deux niveaux, avec hammam et piscine intérieure, conclut le journée après une promenade viticole.

AC P Spa - **22 chambres** - *14 Faubourg de Paris*

✿✿ **La Côte Saint-Jacques • Le Bistrot des Générations** - Voir la sélection des restaurants

JONGIEUX

✉ 73170 - Savoie - Carte régionale n° **21**-C2

✿✿✿ LES MORAINIÈRES

Chef : Michaël Arnoult

CUISINE CRÉATIVE • CONTEMPORAIN Michaël Arnoult a transformé l'auberge des Morainières en une maison attachante à taille humaine, avec une salle épurée dominant le coteau planté de vignes et la vallée du Rhône. Son credo : la fraîcheur du produit et le respect de celui ou celle qui l'a fait grandir. Choisir les producteurs locaux, les connaître, travailler de concert avec eux : une priorité. Gibier, asperges, agneau de lait, truite ou lavaret... cette exigence se lit dans l'assiette. Un plat représentatif de son art ? Le tartare d'écrevisse en gelée, rehaussé d'un beurre mousseux mandarine et tagète, et accompagné d'écrevisses cuites sublimées par un jus de carcasse à se relever la nuit : l'excellence même ! Pour l'étape, six chambres confortables à quelques kilomètres du restaurant.

- €€€€ - *1400 route de Marestel - 04 79 44 09 39 - www.les-morainieres.com - Fermé du lundi au mercredi*

LA TABLE 1625 (N)

CUISINE TRADITIONNELLE • HISTORIQUE Dans le château de la Mar, belle demeure du 13e s. entourée de vignes à Jongieux, Michaël Arnoult a ouvert une adresse singulière, en contrebas de ses Morainières. Salle dépouillée aux tables de bois sous la pierre brute, cellier avec grande table d'hôte entre les barriques. À midi, menu sans choix, chaque semaine renouvelé, et carte courte où s'exprime le chef : poissons de lacs, champignons, herbes et jus bien troussés. Plats généreux, entrecôte Angus-frites, côte de cochon et polenta ou jarret de veau confit dix heures, sans oublier la truite de Savoie.

- €€ - *391 route de la Charvaz - 04 79 96 09 84 - www.chateaudelamar.fr/restaurant-la-table-1625 - Fermé samedi et dimanche*

JOUCAS

84220 - Vaucluse - Carte régionale n° **28**-E1

LA TABLE DE XAVIER MATHIEU

Chef : Xavier Mathieu

CUISINE MODERNE • ÉLÉGANT Grandi à Marseille, Xavier Mathieu a la Provence chevillée au corps. Le célèbre Roger Vergé, un ami de la famille, lui a ouvert les portes de la haute gastronomie. Il a complété son apprentissage chez Joël Robuchon, à Paris, avant de revenir dans le beau mas familial niché au cœur de la garrigue du Luberon. Ce chef à l'emblématique crinière blanche donne un second souffle à la tradition provençale : chaque plat est une variation sur les origines. Tian d'olives noires du jardin, gigot d'agneau des Alpilles cuit dans son sable chaud de garrigue, pieds et paquets marseillais en deux services... Des recettes étonnantes, toujours personnelles, à découvrir dans le cadre privilégié d'une luxueuse bastide édifiée sur des vestiges datant des Chevaliers de l'Ordre de Malte.

- €€€€ - *Le Phébus, 508 route de Murs - 04 90 05 78 83 - www.lephebus.com - Fermé du lundi au jeudi à midi*

LE CAFÉ DE LA FONTAINE

CUISINE MÉDITERRANÉENNE • RÉGIONAL La deuxième table du Phébus propose une cuisine de saison aux influences méditerranéennes : escargots de Roussillon, dorade farcie au beurre safrané, souris d'agneau de La Crau... Simple et efficace pour se régaler près de la fontaine !

- €€€ - *Le Phébus, 508 route de Murs - 04 90 05 78 83 - www.lephebus.com*

LE PHÉBUS

CLASSIQUE • RAFFINÉ Phébus... l'autre nom d'Apollon – et ce séjour que le dieu de la Beauté n'aurait sans doute pas renié ! Nichée dans la verdure, cette demeure provençale domine le Luberon ; la plupart des chambres jouissent d'un balcon, d'une terrasse voire d'une mini-piscine privée. Si loin du monde des hommes...

- **30 chambres** - *508 route de Murs - 04 90 05 78 83*

La Table de Xavier Mathieu • Le Café de la Fontaine - Voir la sélection des restaurants

JOUEY

✉ 21230 - Côte-d'Or

LE DOMAINE DES PRÉS VERTS & SPA *Plus*

MODERNE • COSY Huit logements répartis sur quatre communes ! Initié avec une seule suite dans les arbres, ce concept peu commun conquiert peu à peu la région viticole. Chaque hébergement bénéficie d'un jacuzzi couvert - en phase avec la recherche de relaxation et d'harmonie avec la nature de tout le projet - mais les autres équipements dépendent du lieu : jardin, cave à vin, spa... Dans l'ensemble, le style est moderne et rustique-chic, avec beaucoup de matériaux naturels. Malgré cette configuration dispersée, un bistrot et la boutique de l'hôtel font office de lieu de convivialité.

A/C P - **8 chambres** - *10 impasse des Prés Verts - ✆ 03 45 44 05 60*

JUAN-LES-PINS

✉ 06160 - Alpes-Maritimes - Carte régionale n° **29**-E2

LA PASSAGÈRE - HÔTEL BELLES RIVES

CUISINE CRÉATIVE • LUXE Dans cet hôtel qui fut le témoin des amours tumultueuses de Scott et Zelda Fitzgerald dans les années 1920, on est d'abord frappé par le cadre majestueux. Il n'est pas aisé pour un chef d'exister dans de telles conditions, mais le Vendéen Aurélien Véquaud y parvient haut la main. Bien que la partition gastronomique soit naturellement méditerranéenne (avec une superbe thonine, tomate mi-confite et vinaigrette roquette), les origines du chef transparaissent dans chaque assiette. La crème crue vient réveiller le tourteau dans le plat signature (un cannelloni moelleux d'esquinado, écume verveine, fenouil) et la marinière de coquillages relevée de caviar osciètre escorte le loup de mer. Depuis la terrasse, on peut profiter d'une vue exceptionnelle sur la mer et l'Estérel.

VOIR ANTIBES PLAN I - A2 - 4 - A/C - **€€€€** - *33 boulevard Édouard-Baudoin - ✆ 04 93 61 02 79 - www.la-passagere.com/fr - Fermé lundi, mardi et le midi*

LE 1932 HOTEL & SPA CAP D'ANTIBES - MGALLERY *Plus*

CLASSIQUE • ÉLÉGANT Un établissement dédié au glamour de l'entre-deux-guerres ! Cette institution règne ici depuis 1932 et, après une rénovation très complète, a retrouvé l'élégance de cette époque. Le style est moderne, mais fortement influencé par l'Art déco. Mieux qu'une copie, il se veut être un hommage contemporain et sobre. Les chambres et les suites les plus prisées donnent sur la mer depuis leur balcon privé et la plage de Belle Rives est à quelques pas : quoi de mieux ?

A/C P - **64 chambres** - *5 avenue Saramartel - ✆ 04 92 93 54 54*

JUMIÈGES

✉ 76480 - Seine-Maritime - Carte régionale n° **3**-A2

AUBERGE DES RUINES

Chef : Christophe Mauduit

CUISINE MODERNE • COSY Juste en face des ruines de l'abbaye, une jolie maison à colombages où un chef à la main verte, aussi passionné que sympathique, célèbre le terroir normand dans toute sa richesse, au rythme des saisons. Truite, bœuf et agneau, cidres et calvados, fromages de chèvre et de vache : tout vient de Normandie - sans oublier les fruits et légumes directement cueillis dans le potager du restaurant - le chef réalise lui-même ses semis. Verts et gras pâturages normands obligent, le magnifique chariot de fromages est composé à partir de la production des fermes voisines. Tout cela dans un décor contemporain et chaleureux, chic et feutré, ou dans la véranda ouverte sur la terrasse.

L'engagement du chef : L'objectif de la maison est d'atteindre une cuisine autosuffisante et 100% locale. Pain, farine de petit épeautre, huile de colza pressée sur place, moutarde réalisée à partir de plants cultivés en Normandie : tout est fait maison. Quand les produits ne proviennent pas de la cueillette ou de circuits ultra-courts, ils sont directement issus du potager et du grand poulailler du restaurant, où sont par ailleurs recyclés les déchets organiques.
- €€ - 17 place de la Mairie - 02 35 37 24 05 - www.auberge-des-ruines.fr - Fermé mercredi et jeudi, et dimanche soir

JURANÇON

64110 - Pyrénées-Atlantiques - Carte régionale n° **25**-C2

FLAVEURS - DOMAINE MONT-RIANT

CUISINE MODERNE • CLASSIQUE Sur les hauteurs de Jurançon, cette belle propriété du 19e s. blanche au toit d'ardoise, avec son grand parc arboré commence une nouvelle vie de restaurant grâce à un couple natif de la région, le chef basque Patxi et son épouse béarnaise Marilyn. Ils ont bien fait les choses : un décor bourgeois et revampé pour une salle dont les fenêtres embrassent une vue plongeante sur Pau. Dans l'assiette, aucun doute : ce chef expérimenté sait faire, entre plats traditionnels et inspiration moderne, le tout sur fond de pêche durable et de producteurs locaux - à l'image des ravioles de cèpes et de leur généreuse escalope de foie gras d'une qualité rare.
P *- €€ - 1 avenue des Frères-Barthélémy - 05 59 90 60 94 - www.domaine-montriant.fr/deguster - Fermé lundi et dimanche, et mardi et mercredi soir*

JUVIGNY-SOUS-ANDAINE

61140 - Orne - Carte régionale n° **2**-B3

AU BON ACCUEIL

CUISINE CRÉATIVE • CONTEMPORAIN L'enseigne ne ment pas : ici, on vous accueille à bras ouverts. Dans un cadre moderne et lumineux, le chef Gaëtan Crespin propose de bons produits de saison, locaux pour la plupart, pour une cuisine créative et réalisée avec technique, à l'instar des noix de Saint-Jacques, endive et clémentine ou du carré de porcelet, persil et petit épeautre... Le tout pour un excellent rapport qualité-prix. Coup de cœur assuré !
A/C *- €€ - 23 place Saint-Michel - 02 33 38 10 04 - www.aubonaccueil-normand.com - Fermé mardi et mercredi, et dimanche soir*

KAYSERSBERG

68240 - Haut-Rhin - Carte régionale n° **8**-C2

LA TABLE D'OLIVIER NASTI

Chef : Olivier Nasti

CUISINE CRÉATIVE • ÉLÉGANT Ah, Kaysersberg ! Sur la route des vins d'Alsace, le petit village se dévoile entre deux vallons... Impossible de rater la façade rouge du mythique hôtel Chambard, qui accueille la Table d'Olivier Nasti, Meilleur Ouvrier de France 2007. Magnifier le terroir, réinjecter la tradition dans des assiettes créatives, visuelles, voire ludiques : tel est l'objectif poursuivi par le chef. Pour cela, tous les ingrédients sont bons ! Gibier, morilles des Vosges, foie gras, truffe ou encore omble chevalier des montagnes... Il signe une carte personnelle, soucieuse des saisons, en portant une attention toute particulière aux sauces et décoctions. Enfin, côté vins, on profite de la présence de Jean-Baptiste Klein, sommelier aussi talentueux que passionné. Décor épuré et chic dans les chambres du Chambard, sans oublier l'agréable spa.
A/C *- €€€€ - 9-13 rue du Général-de-Gaulle - 03 89 47 10 17 - www.lechambard.fr - Fermé lundi, mardi, et mercredi et jeudi à midi*

ALCHÉMILLE

Chef : Jérôme Jaegle

CUISINE CRÉATIVE • ÉPURÉ C'est l'histoire d'un enfant du village, véritable bête à concours gastronomiques, qui a transformé ce bar PMU en "lieu de vie". Fils et petit-fils de boucher-charcutier, Jérôme Jaegle est tout autant maraîcher et fou de permaculture que chef – formé par des pointures comme Jean-Yves Schillinger et Christian Têtedoie. Quasi scandinave dans l'allure, son restaurant, tout de bois clair et de matières naturelles, porte le nom de la plante favorite des alchimistes. Sa cuisine, créative et personnelle, est évidemment axée sur les herbes et les légumes de son potager, ainsi que sur les produits locaux (poissons d'eau douce, gibier...) Menus déclinés en plusieurs services, avec le végétal en majesté.

L'engagement du chef : À l'Alchémille, nos cuisiniers sont également jardiniers. Ainsi, chaque journée commence par la cueillette des fruits, légumes et herbes aromatiques dans nos jardins maraîchers. Reconnecter la nature à l'assiette, travailler avec les meilleurs artisans locaux, tout cela nous permet de servir à nos clients l'expression la plus juste et la plus responsable de notre terroir.

- **€€€€** – *53 route de Lapoutroie – 03 89 27 66 41 – www.alchemille.alsace – Fermé lundi, jeudi et dimanche*

LA VIEILLE FORGE

CUISINE MODERNE • CONTEMPORAIN La façade rustique de cette charmante maison du 16e s. dissimule de bien jolies surprises : les assiettes de la cheffe Laurine Gutleben font la part belle aux produits frais et à la créativité, à l'instar de ce carpaccio de Saint-Jacques aux agrumes et jus de langoustines. Belle carte des vins d'Alsace, mais pas seulement.

- **€€** – *1 rue des Écoles – 03 89 47 17 51 – www.vieilleforge-kb.com – Fermé lundi et dimanche*

WINSTUB DU CHAMBARD

CUISINE ALSACIENNE • WINSTUB À la seconde table du Chambard, version winstub, Olivier Nasti réinterprète le terroir alsacien avec bonheur : tarte à l'oignon, presskopf, baeckeoffe, choucroute... Côté desserts, le kougelhopf glacé est un modèle du genre : goûteux et généreux, une ode à la gourmandise ! Toute la carte fait saliver, sans oublier les suggestions à l'ardoise. Ambiance conviviale.

- **€€** – *9-13 rue du Général-de-Gaulle – 03 89 47 10 17 – www.lechambard.fr*

LE CHAMBARD

Plus

ALSACIEN • RAFFINÉ Le Chambard ne fait pas semblant d'être alsacien, derrière ses murs à colombages, il l'est fièrement. Patricia et Olivier Nasti on su mêler le patrimoine local à une hospitalité raffinée. Les chambres proposent toutes des ambiances différentes, mais partagent cette si agréable sensation de chaleur : tons naturels, touches artisanales et lumière changeante des Vosges.

– **31 chambres** – *9-13 rue du Général de Gaulle*

La Table d'Olivier Nasti • **Winstub du Chambard** - Voir la sélection des restaurants

KEMBS

✉ 68680 - Haut-Rhin - Carte régionale n° **8**-A3

LE PETIT KEMBS

CUISINE MODERNE • **COSY** Cette jolie maison de village à colombages cache une petite salle à manger de 5 tables seulement, aux murs colorés, avec sa cuisine ouverte. Le chef s'occupe de tout, de la cuisine (moderne, gourmande, bien ficelée) et... du service ! Une démarche authentique qui force le respect. Dans l'assiette, des produits de saison, locaux, souvent bio. Tout est fait maison, à l'exception du pain (néanmoins délicieux !).

- **€€** - *49 rue du Maréchal-Foch - ✆ 03 89 48 17 94 - www.lepetitkembs.fr - Fermé mardi, mercredi et jeudi midi*

KERVIGNAC

✉ 56700 - Morbihan - Carte régionale n° **1**-C3

L'INATTENDU - DOMAINE DE LOCGUÉNOLÉ

CUISINE CRÉATIVE • **ÉLÉGANT** Rénové avec faste, le somptueux Domaine de Locguénolé comprend un château du 19e s., un manoir breton du 18e s. et un parc boisé de 120 hectares où s'ébattent poules, chèvres, canards et dindons. Le potager, le verger et les ruches approvisionnent en partie le restaurant. Le décor luxuriant et élégant, qui évoque les grandes heures de la Compagnie des Indes, se déploie sous une verrière de style victorien ornée de plantes. C'est dans cette atmosphère capiteuse que l'on savoure la cuisine précise et tout en finesse du chef Yann Maget, MOF 2023 et marqué par un fort beau parcours. Il met évidemment en valeur la Bretagne : kari-gosse, boudin noir, seiche ou andouille viennent ponctuer chaque assiette. Ces beaux produits sont accommodés avec savoir-faire et technicité, au service du goût - les sauces sont profondes et goûteuses -, à l'image de l'encornet associé avec brio au cochon et rehaussé d'une sauce charcutière, ou du bar aux coquillages et chou-fleur.

- **€€€€** - *Route de Port-Louis, Le Hingair - ✆ 02 97 76 76 76 - www.domaine-locguenole.com/restaurants-bars-restaurant-gastronomique-bretagne/linattendu-restaurant-gastronomique-morbihan - Fermé lundi, dimanche et le midi*

LA MAISON ALYETTE - DOMAINE DE LOCGUÉNOLÉ

CUISINE TRADITIONNELLE • **ÉPURÉ** Bistrot du domaine de Locguénolé, la Maison Alyette rend hommage à l'ancienne propriétaire du Château. Chapeautée par le chef MOF Yann Maget, la carte propose une cuisine traditionnelle, mettant en avant des produits du terroir de qualité. Les portions sont généreuses, à l'image de la poitrine de cochon et de son risotto crémeux de fregola sarda ; goûteuses, à l'instar des quenelles de merlan et leur bisque savoureuse ; gourmandes, comme cette religieuse à la mousse et glace caramel. Menu attractif au déjeuner. Vue sur les jardins, et jolie terrasse.

- **€€** - *Route de Port-Louis, Le Hingair - ✆ 02 97 76 76 76 - www.domaine-locguenole.com*

DOMAINE DE LOCGUÉNOLÉ & SPA *Plus*

ÉLÉGANT • **CHAMPÊTRE** Ce domaine boisé surplombant le Blavet est entouré de jardins, de pommiers, d'une petite serre de plantes aromatiques, des chèvres, poules et canards. Les chambres et suites élégantes sont réparties entre un manoir, un château, des écuries, l'ancien poulailler et un original voilier ancré sur la terre ferme. Des courts de tennis et une piscine extérieure complètent le charme du lieu, tout comme le bistro avec vue sur la mer.

- **47 chambres** - *Le Hingair*

L'Inattendu • La Maison Alyette - Domaine de Locguénolé - Voir la sélection des restaurants

KIENTZHEIM

✉ 68240 - Haut-Rhin - Carte régionale n° **8**-C2

CÔTÉ VIGNE

CUISINE MODERNE • **CONVIVIAL** Dans ce village typique, cette imposante maison à colombages du 16e s. est le fief d'une cheffe qui propose une savoureuse cuisine moderne parfois matinée de saveurs d'ailleurs. Menu plus simple au déjeuner. Côté vigne, vous pourrez déguster des vins bio du domaine familial. Terrasse très agréable aux beaux jours.

- **€€** - *30 Grand-Rue - 03 89 22 14 13 - www.cote-vigne.fr - Fermé lundi, samedi midi et dimanche soir*

KILSTETT

✉ 67840 - Bas-Rhin - Carte régionale n° **8**-B1

AU CHEVAL NOIR

CUISINE TRADITIONNELLE • **AUBERGE** C'est au galop qu'on se rend au Cheval Noir ! Derrière la façade de cette maison à colombages (18e s.), deux frères travaillent les beaux produits en tandem. Une cuisine traditionnelle à déguster dans de jolies salles... si tant est qu'on descende de sa monture.

- **€€** - *1 rue du Sous-Lieutenant-Maussire - 03 88 96 22 01 - www.restaurant-cheval-noir.com - Fermé lundi et mardi, et jeudi et dimanche soir*

KLINGENTHAL

✉ 67530 - Bas-Rhin - Carte régionale n° **8**-A2

À L'ÉTOILE

CUISINE TRADITIONNELLE • **CONVIVIAL** Nichée dans un petit village alsacien, sur la route du mont Sainte-Odile, cette auberge traditionnelle datant de 1920 est aujourd'hui tenue par la 4ème génération. Chaleureusement accueilli, on y déguste une cuisine traditionnelle du marché, proposée à l'ardoise : en entrée, une gaufre moelleuse, cœur de saumon fumé et agrumes... et pour les amateurs d'abats, fricassée de rognons et ris de veau.

- **€€** - *7 place de l'Étoile - 03 88 95 82 90 - www.restaurantaletoile.fr - Fermé mercredi et jeudi, et dimanche soir*

LABARDE

✉ 33460 - Gironde - Carte régionale n° **22**-B1

NOMADE

CUISINE CRÉATIVE • **COSY** Depuis sa cuisine ouverte sur la salle installée dans une ancienne maison de garde-barrière, le chef crée un menu unique surprise aux influences voyageuses multiples (Nomade oblige !) et aux associations étonnantes. Ainsi, le cabillaud au curry rouge et céleri poché au miso ; la poitrine de cochon confite, cumin et lait de coco ; le dessert au cassis, fève tonka et bissap. En salle, service agréable de Manon, la compagne du chef.

- **€€€** - *3 route des Châteaux - 05 56 35 92 38 - www.restaurant-nomade.fr - Fermé lundi, dimanche et du mardi au jeudi à midi*

LABAROCHE

✉ 68910 - Haut-Rhin - Carte régionale n° **8**-C2

LA ROCHETTE

CUISINE ALSACIENNE • CONTEMPORAIN Ce restaurant familial et cosy des Vosges alsaciennes régale ses nombreux habitués d'une alléchante cuisine traditionnelle, fine et savoureuse : baeckoffe aux escargots, matelote de poissons, ragoût de chevreuil... Service prévenant, et chambres rénovées pour l'étape.

- €€ - *500 lieu-dit La Rochette - 03 89 49 80 40 - www.larochette-hotel.fr - Fermé lundi et mardi*

LACAVE

✉ 46200 - Lot - Carte régionale n° **23**-B2

CHÂTEAU DE LA TREYNE

CUISINE MODERNE • HISTORIQUE Quel lieu splendide ! La Dordogne serpente au pied de ce château majestueux, entouré d'un vaste parc à la française. Depuis la terrasse, le panorama émerveille et laisse le voyageur rêveur. La salle à manger est telle qu'on l'imagine : sol de marbre, tentures murales, plafond à caissons, cheminée en bois sculptée. Depuis près de 25 ans, Stéphane Andrieux y compose une partition culinaire raffinée. On savoure l'agneau du Quercy (noisette et carré rôtis, tortellinis de carottes, condiment soja) ou le délicat sablé aux fraises et reine-des-prés, signé Marc Jean, fidèle pâtissier de la maison depuis 1995.

- €€€€ - *3135 route des Deux-Châteaux - 05 65 27 60 60 - www.chateaudelatreyne.com - Fermé mercredi, et le midi sauf dimanche*

LE PONT DE L'OUYSSE

CUISINE ACTUELLE • MAISON DE CAMPAGNE Au bord de l'Ouysse, un magnifique affluent de la Dordogne, cette maison demeure dans la même famille depuis cinq générations. Deux frères veillent aujourd'hui sur l'établissement, l'un en salle et l'autre en cuisine. Inspirée par la tradition, l'assiette met en valeur de beaux produits, comme cette selle d'agneau du Quercy rôtie au thym et à l'ail, artichaut violet en barigoule. La terrasse sous les tilleuls apporte une touche de charme irrésistible. Étape possible à l'hôtel.

- €€€ - *560 route du Vieux-Pont - 05 65 37 87 04 - www.lepontdelouysse.com - Fermé lundi, et mardi et mercredi à midi*

CHÂTEAU DE LA TREYNE

TRADITIONNEL • CALME Une situation idyllique, en surplomb de la Dordogne qui lui prête ses reflets... Vivre est un art en ce château des 14e-17e s. ! Le parc abrite un jardin à la française et une chapelle romane (expositions, concerts), les chambres sont somptueuses.

- 16 chambres - *La Treyne - 05 65 27 60 60*

Château de la Treyne - Voir la sélection des restaurants

LACROIX-FALGARDE

✉ 31120 – Haute-Garonne – Carte régionale n° **26**–C2

LE BELLEVUE

CUISINE MODERNE • CONTEMPORAIN Le chef propriétaire Yann Ghazal veille sur ce restaurant perché en bord d'Ariège, avec son atmosphère décontractée et sa salle rafraîchie. Au programme, des assiettes gourmandes et colorées : œuf crousti-coulant, chantilly de chorizo tiède et poudre d'ail noir ; joue de bœuf braisée au vin rouge, lard de Colonnata, raisins chasselas, carottes fondantes et purée de pommes de terre - le tout à prix doux. La terrasse ombragée au bord de l'onde est un pur régal.

A/C P – **€€** – *1 avenue des Pyrénées – ✆ 05 61 76 94 97 – www.restaurant-lebellevue.com – Fermé mardi et mercredi*

LAGRASSE

✉ 11220 – Aude – Carte régionale n° **27**–B2

LE BASTION

CUISINE MODERNE • CONVIVIAL On s'installe dans l'une des deux jolies salles rustiques pour déguster une "cuisine avant-garde rurale", inspirée d'Auguste Escoffier mais modernisée, avec de beaux produits de la région – tomates des jardins d'Estarac, vinaigre de Cyril Codina, poissons de la criée de Port-la-Nouvelle... Petite carte de tapas et grande terrasse.

– **€€** – *50 boulevard de la Promenade – ✆ 04 68 12 02 51 – www.restaurant-bastion-lagrasse.fr – Fermé lundi et dimanche soir*

BOUQUERIE LAGRASSE *Plus*

MODERNE • ÉLÉGANT Cette ancienne boulangerie, située « place de la boucherie » perpétue son destin gourmand. Transformée en un élégant petit hôtel, elle abrite un atelier ultramoderne qui délivre des menus dégustation et des cours de cuisine régionale. Les appartements sont dotés de cuisines modernes bien équipées. Leurs chambres sont baignées de lumière naturelle et bénéficient d'un décor minimaliste, de parquets clairs, de hauts plafonds à poutres apparentes et d'œuvres d'art colorées. La plupart disposent d'un balcon ou d'une terrasse privés.

A/C – **9 chambres** – *Place de la Bouquerie*

LAGUÉPIE

✉ 82250 – Tarn-et-Garonne – Carte régionale n° **27**–A1

L'ANGLE

CUISINE MODERNE • BISTRO Dans ce village lové entre les bras de l'Aveyron et du Viaur, cette table est une aubaine, façon petit bistrot d'artistes, avec ses œuvres d'art contemporain aux murs et ses tarifs alléchants. Du fond de sa petite cuisine vitrée, le chef Arnaud Ronxin façonne seul des assiettes astucieuses où les produits de saison reçoivent une belle leçon de goût, à l'image de cette pièce de veau aux pommes de terre confites, girolles et pieds de mouton, sauce vin rouge. Menu plus simple au déjeuner.

A/C – **€€** – *11 rue du 19-Mars-1962 – ✆ 06 79 59 31 49 – www.langle-laguepie.com – Fermé lundi et dimanche, et mardi et mercredi soir*

LAGUIOLE

✉ 12210 - Aveyron - Carte régionale n° **23**-C2

LE SUQUET - SÉBASTIEN BRAS

Chef : Sébastien Bras

CUISINE CRÉATIVE • DESIGN Inspiré depuis toujours par l'Aubrac, Sébastien Bras puise dans la nature environnante et dans ses jardins les produits qu'il révèle ensuite dans l'assiette : fleurs, herbes, légumes... Dans cette construction futuriste avec une vue à couper le souffle sur les monts d'Aubrac, on profite d'une cuisine orientée sur le terroir, et d'une plantureuse carte des vins. Envie de faire une étape ? De belles chambres vous accueillent, avec leurs baies vitrées ouvertes sur la campagne aveyronnaise. D'une génération à l'autre, le Suquet continue de tracer sa route singulière.

- €€€€ - *Route de l'Aubrac - ✆ 05 65 51 18 20 - www.bras.fr - Fermé lundi, dimanche et mardi midi*

HŌRA

CUISINE MODERNE • DESIGN Avec Hōra et sa salle à manger feutrée et élégante, Gilles Moreau réinvente son univers, tout en gardant les qualités d'une savoureuse cuisine appuyée sur le terroir : pièce de bœuf Aubrac, aligot et réduction de vin rouge aux échalotes ; truite bio des Monts d'Aubrac à l'écume de lard, risotto au vieux-rodez ; pintade fermière aux girolles, blé parfumé au jambon et jus de carcasse... Aux beaux jours, profitez de la terrasse au calme sur l'arrière.

- €€ - *2 allée de l'Amicale - ✆ 05 65 44 31 11 - www.gilles-moreau.fr/restaurant - Fermé mardi midi*

LAMA - Haute-Corse (2B) → Voir Corse

LAMORLAYE

✉ 60260 - Oise - Carte régionale n° **5**-B3

CHARNU (N)

CUISINE MODERNE • CONTEMPORAIN Sur la route du château de Chantilly – célèbre pour sa collection de peintures anciennes, la plus riche après celle du Louvre –, cette étape gourmande au cadre pimpant offre non pas une, mais bien deux terrasses. Avis aux beaux jours ! Dans l'assiette, une cuisine savoureuse d'arrivage et de saison, tout en séduction, relevée ici d'harissa (sur le gaspacho), là de pesto (sur la thonine, fèves, blette et poivron).

- €€ - *41 bis avenue de la Libération - ✆ 03 75 29 00 14 - www.charnu.fr - Fermé lundi et mardi, et dimanche soir*

LANDÉDA

✉ 29870 - Finistère - Carte régionale n° **1**-A1

LE VIOBEN

POISSONS ET FRUITS DE MER • CONTEMPORAIN Au menu, poissons de la pêche artisanale, homards et courte carte de fruits de mer, et plus généralement une cuisine gourmande basée sur les bons produits de la région... Cette adresse a la cote localement, notamment grâce à ce chaleureux décor contemporain avec ses éclairages tendance, et à l'atmosphère conviviale qui y règne.

- €€ - *30 Ar Palud - ✆ 02 98 04 96 77 - www.vioben.com - Fermé mercredi et jeudi*

LANGOËLAN

✉ 56160 – Morbihan – Carte régionale n° **1**–C2

L'ATELIER BISTROT

CUISINE DU MARCHÉ • RUSTIQUE Dans ce paisible village breton, siège depuis plus d'une décennie une discrète auberge de charme, authentique et chaleureuse, tenue par un couple passionné. Cuisine sincère, recettes bien ficelées, produits locaux en ligne de mire. À midi, un menu unique et parfumé, dans l'esprit du marché ; le soir, des plats plus élaborés invitant à s'attarder. Salle rustique, objets chinés, ambiance simple et conviviale.

– €€ – 24 rue du Chelas – ✆ 02 97 51 37 81 – Fermé du lundi au mercredi

LANGON

✉ 33210 – Gironde – Carte régionale n° **22**–B2

L'ATELIER FLAVIEN VALÈRE

CUISINE MODERNE • COSY Formé à bonne école dans le Sud-Ouest, Flavien Valère vient rythmer l'offre gastronomique de Langon. Il connaît ses gammes, aucun doute là-dessus : cuissons impeccables, assaisonnements au point, bons produits locaux travaillés avec soin… et tout est fait maison. On s'y régale ! Le menu déjeuner offre un remarquable rapport qualité-prix. Pensez à réserver.

– €€ – 62 cours des Fossés – ✆ 05 56 76 25 66 – www.restaurant-latelierfv.fr – Fermé lundi, et mardi, mercredi et dimanche soir

LA TABLE DE LA MAISON

CUISINE MODERNE • CONTEMPORAIN À Langon, la maison Darroze perpétue avec passion l'héritage de Claude sous l'œil attentif de son fils Jean-Charles. La table célèbre une cuisine traditionnelle revisitée, généreuse et ancrée dans le terroir, avec des plats emblématiques comme le carpaccio de thon, le canard aux olives ou le soufflé au Grand Marnier accompagné de son sorbet à l'orange sanguine. Service chaleureux, terrasse agréable.

– €€€ – 95 cours du Général-Leclerc – ✆ 05 56 63 00 48 – www.darroze.com – Fermé lundi, mardi et dimanche

LANGRES

✉ 52200 – Haute-Marne – Carte régionale n° **12**–D2

BULLE D'OSIER

Chef : Valentin Loison

CUISINE CRÉATIVE • DESIGN Ancien mess des officiers, ce fier hôtel particulier qui jouxte la porte des Moulins est aujourd'hui un établissement de charme, pensé et mis en œuvre par le chef Laurent Petit. Entourée d'un grand potager, cette table élégante rend hommage par son nom et sa décoration à la tradition de la vannerie à Fayl-Billot, pays d'origine du chantre de la cuisine lacustre. Le menu carte blanche conçu par son disciple jurassien Valentin Loison (ex-Clos des Sens et Mirazur) se montre créatif et percutant, s'inspirant de la cueillette (polypode), des légumes du jardin, de l'élevage local (bœuf Black Angus maturé), de la pêche de Saône (ventrèche de carpe, sandre maturé, silure) et de la chasse (chevreuil). Des compositions remarquables de finesse et d'équilibre, mises en valeur par sa compagne sommelière Anaïs, qui veille sur la salle avec professionnalisme et douceur, et distille de judicieux conseils sur les accords.

L'engagement du chef : Ancrée dans la nature locale, la cuisine s'appuie sur le potager de 3 000 m² et sa serre, complétés par la pêche de la Saône (méthode ikejime), la cueillette, le gibier et les maraîchers voisins. Ces ressources dictent un menu unique, avec option 100 % végétale. Chaque artisan est présenté en salle. Rien ne se perd : peau de poulet, gras de bœuf, parures ou épluchures, tout est valorisé grâce aux fermentations et autres conservations, le compost recueillant les restes.

- €€€€ - *Clos Vauban, 1 place du Colonel-de-Grouchy - 03 25 86 00 54 - www.closvauban.com - Fermé lundi, dimanche, et mardi et jeudi à midi*

MIRABELLE

CUISINE MODERNE • CONVIVIAL Cet agréable bistrot au doux nom fruité est la deuxième adresse du Clos Vauban. L'atmosphère y est délibérément chaleureuse et conviviale, afin de mieux savourer une cuisine gourmande qui met à l'honneur les produits du jardin et du terroir haut-marnais : pâté en croûte de volaille aux trompettes-de-la-mort, truite cuite à l'unilatérale en croûte de pain, ou encore millefeuille aux noisettes torréfiées. Un coup de cœur, au rapport qualité-prix canon !

- €€ - *Clos Vauban, 1 place du Colonel-de-Grouchy - 03 25 86 00 54 - www.closvauban.com/mirabelle - Fermé lundi, dimanche et jeudi midi*

LANGUIMBERG

57810 - Moselle - Carte régionale n° **7**-C2

CHEZ MICHÈLE

Chef : Bruno Poiré

CUISINE MODERNE • CONTEMPORAIN Ancien café de village, puis auberge... et enfin table gastronomique reconnue au cœur de la région des étangs de Moselle. Voilà une jolie trajectoire pour ce restaurant dorénavant tenu par Bruno Poiré, le fils de Michèle. S'il a fait ses premières gammes dans le restaurant familial dès l'adolescence, ce chef a beaucoup appris sur la route, et notamment chez Georges Blanc à Vonnas et au Buerehiesel d'Antoine Westermann. Il signe une cuisine d'aujourd'hui généreuse et précise, qui n'hésite pas à lorgner du côté du Sud : on se régale dans un cadre contemporain et lumineux, en profitant du service attentif.

- €€€€ - *57 rue Principale - 03 87 03 92 25 - www.chezmichele.fr - Fermé mardi et mercredi*

LANNION

22300 - Côtes-d'Armor - Carte régionale n° **1**-C1

L'ANTHOCYANE

Chef : Marc Briand

CUISINE MODERNE • COSY Au cœur de Lannion, le chef régale ses convives avec une cuisine contemporaine française ponctuée d'influences nippones, qui assume tranquillement sa passion pour le pays du Soleil Levant. Certaines de ses recettes millimétrées, basées sur des produits bretons ultra-frais (langoustine, homard, saint-pierre), sont régulièrement ponctuées d'ingrédients japonais comme le yuzu, les shiitakés, le miso... L'imagination, l'esthétisme, une élégance certaine et la précision technique font le reste ! Sans oublier un décor aussi cosy que coloré.

- €€€ - *25 avenue Ernest-Renan - 02 96 38 30 49 - www.lanthocyane.com - Fermé lundi et mardi, et dimanche soir*

LE BRÉLÉVENEZ

CUISINE MODERNE • CONTEMPORAIN Jolie maison en pierre de Brélévenez (un quartier de Lannion) tenue par Priscilla et Christophe Le Marrec. Les affaires marchent très fort, il est donc prudent de réserver... au moins deux mois à l'avance ! Ce succès ne doit rien au hasard : le chef, passé par La Ville

Blanche (Rospez), mitonne une généreuse cuisine bien pensée, savoureuse et techniquement maîtrisée. Les assiettes sont dressées avec finesse, le pain est fait maison ; le tout pour un excellent rapport qualité-prix, à déguster dans un décor moderne et épuré.
- €€ - 1 rue Stang-Ar-Béo - 02 56 14 07 91 - www.restaurant-lebrelevenez.fr - Fermé mardi, mercredi et samedi midi

LANTON - Gironde (33) → Voir Bassin d'Arcachon

LAON

02000 - Aisne - Carte régionale n° **5**-C2

ZORN - LA PETITE AUBERGE

CUISINE MODERNE • CONTEMPORAIN Risotto carnaroli, poêlée de champignons et émulsion truffe ; quasi de veau, sauce à l'estragon et purée de céleri ; crème brûlée au café et glace mascarpone... une cuisine du marché et un menu "carte blanche" : voici la proposition du chef expérimenté Willy-Marc Zorn, dans ce restaurant proche de la gare de Laon. Belle sélection de vins. Une valeur sûre.
- €€ - 45 boulevard Pierre-Brossolette - 03 23 23 02 38 - www.zornlapetiteauberge.fr - Fermé dimanche, samedi midi et lundi soir

LAPOUTROIE

68650 - Haut-Rhin - Carte régionale n° **8**-A2

LES ALISIERS

CUISINE MODERNE • COSY Depuis 1975, cette ferme familiale typique de la vallée de Kaysersberg perpétue avec constance l'esprit du terroir alsacien. Rénovée et agrandie au fil des ans, elle abrite aujourd'hui une table lumineuse ouverte sur la vallée, où une cuisine précise et maîtrisée travaille les produits du potager et ceux des producteurs locaux.
- €€ - Lieu-dit Faudé - 03 89 47 52 82 - www.alisiers.com - Fermé lundi et mardi

LARAGNE-MONTÉGLIN

05300 - Hautes-Alpes - Carte régionale n° **24**-C2

L'ARAIGNÉE GOURMANDE

CUISINE TRADITIONNELLE • FAMILIAL Installez-vous dans cet intérieur moderne et lumineux pour découvrir le talent de Thierry Chouin : si le chef breton affectionne particulièrement les plats à base de poisson, il ne dédaigne pas l'agneau et la pomme (tous deux de la région), qu'il célèbre dans des assiettes bien tournées. De beaux hommages à la tradition.
- €€ - 8 rue de la Paix - 04 92 65 13 39 - www.laraignee-gourmande.fr - Fermé mardi et mercredi

LARMOR-PLAGE

56260 - Morbihan - Carte régionale n° **1**-C3

ÉRIN - BISTROT DE LA DUNE N

POISSONS ET FRUITS DE MER • CONTEMPORAIN À quelques minutes de Lorient, dominant l'océan avec une vue imprenable sur l'île de Groix, l'hôtel Les Mouettes invite à une escale iodée hors du temps. Aux fourneaux, le chef Nicolas Le Tirrand (ex-Les Sources à Lorient) mitonne une sérieuse cuisine bistronomique aux accents bretons, valorisant la pêche locale, mais aussi quelques belles pièces de viande au barbecue.

- €€ - *Hôtel Les Mouettes, rue de Rennes - ✆ 02 97 65 50 30 - www.lesmouettes.com*

BEST WESTERN PLUS HOTEL LES RIVES DU TER

ÉPURÉ • CALME Cet hôtel récent bordant le Ter abrite des chambres spacieuses, au style épuré, avec terrasse ou balcon donnant sur l'étang, bien au calme. Une bonne option pour profiter des jolies plages des environs.

- **58 chambres** - *15 boulevard Jean Monnet - ✆ 02 97 35 33 50*

LAROQUE-DES-ALBÈRES

✉ 66740 - Pyrénées-Orientales - Carte régionale n° **27**-C3

CÔTÉ SAISONS

CUISINE MODERNE • BISTRO Une bâtisse du 19e s. noyée sous la verdure, avec de grandes baies vitrées, un jardin fleuri et une jolie terrasse pour être toujours... Côté Saisons, à l'instar des recettes, savoureuses et bien ficelées. Tête de veau tiède à la moutarde de Charroux, cochon de Cerdagne confit au miel-gingembre, paleron de bœuf fondant et foie gras poêlé... le tout servi avec le sourire.

- €€ - *10 avenue de la Côte-Vermeille - ✆ 04 34 10 39 56 - www.cotesaisons.fr - Fermé mercredi, et lundi et mardi à midi*

LARRAU

✉ 64560 - Pyrénées-Atlantiques - Carte régionale n° **25**-B3

ETCHEMAÏTÉ

CUISINE TRADITIONNELLE • RUSTIQUE Dans ces contrées montagneuses aux confins du Pays basque, cette charmante maison traditionnelle héberge une histoire de famille depuis quatre générations. Aux fourneaux, Ximun élabore une cuisine traditionnelle très gourmande, avec des portions généreuses et des sauces travaillées. Une cuisine réconfortante qui repose sur de bons produits locaux : raviole de canard aux champignons et bisque de langoustine ; pressé d'agneau "Axuria" au xipister, gratin de macaronis et jus corsé... À déguster dans une salle rustique à souhait, avec une vue superbe sur les Pyrénées !

- €€ - *Le Bourg - ✆ 05 59 28 61 45 - www.hotel-etchemaite.fr - Fermé du lundi au mercredi et dimanche soir*

LASTOURS

✉ 11600 - Aude - Carte régionale n° **27**-B2

LE PUITS DU TRÉSOR

Chef : Jean-Marc Boyer

CUISINE MODERNE • CONTEMPORAIN Jean-Marc Boyer est un véritable artisan, et sa passion ne fait aucun doute : lors de balades en solitaire dans les collines environnantes, il puise son inspiration pour la cuisine. Herbes aromatiques ou ail des ours viennent agrémenter des plats colorés aux saveurs franches et maîtrisées, comme ces asperges sauvages aux morilles de la Montagne Noire, la truite de Banka au lard de lomo et fricassée de fèves ou encore

cette rhubarbe confite, accompagnée de framboises et d'une crème glacée à la rhubarbe et au fromage blanc du Limousin. Le tout est proposé dans un menu unique, où l'on passe de surprise en surprise. Dans une veine japonisante, la décoration, signée Régis Dho, s'harmonise parfaitement avec cette cuisine qui aspire à l'épure. Petite note à l'attention des plus pressés : c'est un restaurant où l'on prend le temps de vivre.
– €€€ – 21 route des Quatre-Châteaux – 04 68 77 50 24 – www.lepuitsdutresor.com – Fermé lundi et mardi

LATTES

34970 – Hérault – Carte régionale n° **27**–D2

LE TEMPS D'AIME

CUISINE MODERNE • CONVIVIAL Située au bord de la marina de Port Ariane, cette adresse de famille gérée par un père et son fils est assurément un bon plan. Qu'on s'installe en terrasse ou dans la salle moderne, la petite ardoise évoluant chaque semaine autour des produits du marché est fort sympathique et ses prix tout à fait raisonnables. La cuisine est bien composée, harmonieuse dans ses alliances de saveurs marquées mais jamais compliquées : velouté de panais, brebis, olives noires et noisette ; pêche du jour, risotto de céleri et bacon ; pomme en sorbet, crème vanille, pécan et caramel. Le soir, un menu plus étoffé est aussi disponible.
– €€ – 2 rue des Consuls – 04 99 51 47 39 – www.restaurant-tempsdaime.com – Fermé lundi, samedi midi, et mercredi et dimanche soir

LAUBACH

67580 – Bas-Rhin – Carte régionale n° **8**–B1

LA MERISE

Chef : Cédric Deckert

CUISINE MODERNE • ÉLÉGANT Non loin d'Haguenau, cette maison alsacienne, étonnante construction récente réalisée à partir de matériaux anciens, épouse à merveille son cadre champêtre avec vue sur la campagne, entre collines et vergers. C'est le repaire de Christelle et Cédric Deckert. À partir de produits de belle qualité, le chef concocte des recettes d'un beau classicisme, jamais ennuyeuses, rehaussées par un art subtil des jus et des sauces.
– €€€€ – 7 rue d'Eschbach – 03 88 90 02 61 – www.lamerise.alsace – Fermé du lundi au mercredi

LAURIS

84360 – Vaucluse – Carte régionale n° **28**–E1

LA CUISINE D'AMÉLIE

CUISINE MÉDITERRANÉENNE • BISTRO Le restaurant du Domaine de Fontenille propose une agréable cuisine méditerranéenne, au gré d'une carte renouvelée au fil des saisons, ainsi qu'un menu déjeuner attractif. Installé sur la superbe terrasse tournée vers le parc, ne manquez pas de goûter aussi les vins bio du domaine.
– €€ – Domaine de Fontenille, route de Roquefraiche – 04 13 98 00 00 – www.domainedefontenille.fontenille-collection.com/restaurant-la-cuisine-d-amelie-lauris-luberon

DOMAINE DE FONTENILLE

Plus

CONTEMPORAIN • CHARME Sur le versant sud du Luberon, dominant la plaine de la Durance, cette belle bastide provençale a su conserver son charme d'antan. L'art contemporain est ici partout. Les chambres lumineuses marient parfaitement couleurs régionales et modernité. Cet hôtel de charme se situe dans un domaine viticole bio de 35 ha (visite possible).

- 18 chambres - *Route de Roquefraiche - 04 13 98 00 00*

La Cuisine d'Amélie - Voir la sélection des restaurants

LAVAL

53000 - Mayenne - Carte régionale n° **9**-C2

L'ANTIQUAIRE

CUISINE MODERNE • ÉLÉGANT Amis chineurs, ici, vous ne trouverez ni livres anciens, ni toiles du XIXe siècle, ni objets des années 1930... mais vous n'y perdrez pas au change ! Situé en retrait du centre-ville, cet Antiquaire-là est tout à fait plaisant et accueillant avec sa façade entièrement végétalisée. Dans l'assiette, on apprécie la cuisine généreuse et teintée de créativité du chef Jérôme Lebreton qui séduit le palais par des saveurs marquées, notamment avec son méli-mélo de ris de veau et kumquats. À noter, un menu entièrement végétarien.

- **€€** - *64 rue de Vaufleury - 02 43 53 66 76 - www.restaurant-lantiquaire.fr - Fermé lundi et dimanche*

L'EFFET PAPILLES

CUISINE MODERNE • CONTEMPORAIN Au cœur de la ville, à deux pas du château, le chef Adrien Barrier, un natif d'Évron qui connaît sa Mayenne sur le bout de la fourchette, a ouvert ce petit bistrot moderne et convivial à l'esprit atelier où bois et métal dominent. Passé entre autres chez Yannick Alléno et Philippe Mille, cet artisan de talent régale avec une cuisine savoureuse et bien sentie, qui va droit au but, à l'instar de l'asperge blanche et haddock, houmous et crumble noisette ou de la poitrine de porc confite, compression d'aubergines et jus de cochon.

- **€€** - *16 rue des Déportés - 02 43 65 68 03 - www.effetpapilles.fr - Fermé lundi et dimanche*

RACINES

CUISINE MODERNE • CONVIVIAL Le chef Clément Guyon est revenu dans sa ville natale après avoir fait, comme Ulysse, un beau voyage culinaire en France et à l'étranger (notamment aux Flocons de Sel à Megève et à l'Atelier Crenn à San Francisco). Devanture et terrasse en bois annoncent une salle à la décoration sobre. L'offre varie selon le moment de la journée : le midi, on sert une cuisine bistronomique ; le soir, place à une cuisine plus élaborée, mettant en valeur des produits locaux et de saison dans une ambiance vivante et conviviale.

- **€€** - *99 rue du Pont-de-Mayenne - 09 81 21 32 44 - Fermé samedi et dimanche, et lundi et mardi soir*

LAVALETTE

✉ 31590 - Haute-Garonne - Carte régionale n° **26**-C2

✿ AUBERGE DE LA FORGE

Chef : Théo Fernandez

CUISINE MODERNE • COSY Deux aubergistes de talent, le jeune chef et sa compagne pâtissière et passionnée de vin, se sont forgés une belle carrière (Christophe Bacquié au Castellet, Le Gabriel, Le Ritz) avant d'ouvrir un lieu bien à eux. Dans cette maison chaleureuse, Théo propose une cuisine d'auteur qui rend hommage aux produits du Tarn voisin, fruits et légumes de saison qu'il choisit lui-même au marché de Lavaur. On savoure un pain au levain aux farines anciennes, un thé glacé d'eau de tomate parfumé aux aromates du jardin, un gravlax de truite ikejime délicatement relevé, puis un homard bleu de Bretagne éclatant de saveur. La version de l'Opéra au café du Brésil, Pedro Ximénez et fève tonka de Claire est un pur moment d'émotion.

♿ A/C - **€€€** - *8 rue Jean-Parisot - ✆ 05 61 84 76 00 - www.laubergedelaforge.com - Fermé du lundi au mercredi, jeudi et vendredi à midi, et dimanche soir*

LE LAVANDOU

✉ 83980 - Var - Carte régionale n° **29**-B3

✿ L'OURSIN - HÔTEL LES ROCHES (N)

CUISINE MÉDITERRANÉENNE • CONTEMPORAIN L'Hôtel des Roches renaît, entièrement reconstruit en pierres de Bormes. Posé sur les rochers, juste au-dessus de la mer, il déploie une vue spectaculaire du cap Nègre aux îles du Levant. En cuisine, Antoine Gras (La Table de l'Ours à Val-d'Isère), en résidence estivale, retrouve ainsi la Méditerranée de ses débuts. Alliant sobriété (un beau produit, une sauce, une garniture) et ancrage local, sa cuisine fait la part belle aux poissons d'un pêcheur du Lavandou ainsi qu'aux herbes et légumes de son potager. Les huîtres de Tamaris sont cuites à l'étouffée dans un manteau d'algues et d'épinards, puis nappées d'un beurre blanc au caviar. Le loup de ligne, nacré à souhait, repose sur un ragoût de légumes infusé au pistou. En dessert : fruits rouges, brioche Melba croustillante, crème vanillée fouettée et vibrant coulis d'estragon.

♿ A/C - **€€€€** - *1 avenue des 3-Dauphins - ✆ 04 83 69 33 50 - www.hotellesroches.com/restaurant-gastronomique*

LE MAZET

CUISINE MÉDITERRANÉENNE • CLASSIQUE Mazette que ce mazet m'agrée ! Pardi : c'est Patrice Hardy, l'ancien étoilé de Neuilly, qui a repris du service avec sa mie, la jolie Corinne. En retrait de la belle plage Saint-Clair, il s'adonne à son hobby favori : le beau produit (et notamment cette truffe qu'il chérit). Et dans l'assiette, une jolie mélodie : velouté glacé de haricots de Paimpol, tomates, mini-croûtons et huile parfumée ; cochon fermier croustillant, lissé de purée et pommes fruits ; tarte à l'ananas rôti, sorbet...

€€€ - *1 chemin de la Cascade - ✆ 04 94 92 88 61 - www.lemazet.net - Fermé lundi et le midi*

LES TAMARIS - CHEZ RAYMOND

POISSONS ET FRUITS DE MER • RUSTIQUE Bourride, chapon farci, langouste de Méditerranée grillée... et surtout la fameuse bouillabaisse cuite au feu de bois, une rareté : sous la houlette de Raymond, son truculent patron,

cette véritable institution locale, située sur la plage Saint-Clair, met à l'honneur les poissons de la pêche du jour. Et l'on ne résiste pas à la terrasse face à la mer qu'il faut demander impérativement lors de la réservation (obligatoire).
- €€€ - *Boulevard de la Baleine* - *04 94 71 07 22* - *Fermé mardi*

LES ROCHES

CONTEMPORAIN • MARITIME Au-dessus de la baie d'Aiguebelle, les 40 chambres et suites de ce vaisseau surplombent l'eau, inspirées des cabines de paquebots, avec des panneaux en bois, du terrazzo et des vues panoramiques sur la Méditerranée. L'architecte Jean-Baptiste Pietri a restauré ce monument centenaire en mettant l'accent sur la lumière, la proportion et le détail des matériaux, ajoutant un spa et une collection d'art contemporain.
- **40 chambres** - *1 avenue des 3 Dauphins*
L'Oursin - Voir la sélection des restaurants

LAVAUR

81500 - Tarn - Carte régionale n° **27**-A1

L'ŒUF DE COQ

CUISINE MODERNE • CONTEMPORAIN Ancien étudiant des beaux-arts, le chef Mathieu Lacaze soigne la présentation de ses assiettes. Sa sensibilité artistique s'exprime au travers d'une cuisine du marché résolument moderne et attentive aux saisons, élaborée à partir de produits locaux de qualité sélectionnés auprès de maraîchers bio et de petits éleveurs. On en profite dans un cadre contemporain avec murs en pierres et tuiles apparentes, ou, aux beaux jours, sur la petite terrasse patio. Menu surprise le soir, et très belle sélection de vins indépendants, essentiellement bio et nature.
- €€€ - *1 place Pasteur* - *05 63 34 66 58* - *www.loeufdecoq.com* - *Fermé lundi et mardi, et dimanche soir*

LAVÉRUNE

34880 - Hérault - Carte régionale n° **27**-D1

LA TABLE DE BIAR N

CUISINE MODERNE • CHIC À quelques kilomètres de Montpellier mais en pleine campagne, cette folie montpelliéraine du 18e s. trône au milieu de 45 hectares de nature, entre bambouseraies et chevaux qui paissent. Un ancien chai abrite un restaurant au style un tantinet industriel. De la cuisine ouverte arrivent de belles assiettes de saison qui marient légumes, poissons méditerranéens et viandes de race locale, à l'image de cette escabèche de moules au fenouil ou de ce poulpe grillé. Menu surprise au déjeuner et carte.
- €€€ - *Chemin du Mas-de-Biar* - *04 12 04 18 06* - *www.domainedebiar.com/la-table-de-biar* - *Fermé lundi et dimanche*

DOMAINE DE BIAR *Plus*

CLASSIQUE • RAFFINÉ Restauré avec amour et serti comme une pierre précieuse au milieu de 50 ha de terrain, d'arbres centenaires et de vignes, à quelques kilomètres de Montpellier, ce domaine est une "folie" au sens architectural du terme. Avec quatre chambres seulement, plus une suite et un appartement, les lieux sont d'un calme absolu. Les chambres reflètent différents styles, de l'hédonisme Belle Époque avec ses rouges sensuels au cabinet de curiosités avec lampes-accordéons et croquis d'instruments scientifiques. Les détails déco à la fois luxe et fantaisie abondent : baignoires sur pieds, portes dérobées, terrasses privées, parfois une cheminée. Mais les partis-pris environnementaux sont aussi concrets, dans le choix des matériaux et des sources d'énergie.

13 chambres - *Chemin du Mas de Biar - 04 67 65 70 06*

LECCI - Corse-du-Sud (2A) ➜ Voir Corse

LECELLES

59226 - Nord - Carte régionale n° **4**-C2

LE PRESBYTÈRE

CUISINE MODERNE • CONTEMPORAIN Entre murs de briques rouges et jardin bucolique, ce lieu chargé d'histoire se transforme en un havre de saveurs locavores sous la houlette du chef Romain Vienne. Doté d'un parcours solide entre maisons étoilées (La Côte d'Or à Saulieu, Le Clarance à Lille) et brasseries de caractère, il a créé dans l'ancien presbytère une adresse gourmande à la décoration sobre et moderne. Chaque assiette raconte l'amour de la nature : beignets de fleurs de courgette légers, petit pois et menthe croustillante ; porc fermier à la cuisson maîtrisée, poireau grillé et pommes darphin fondantes ; beignets de fleurs d'acacia dorés, crème glacée maison à l'aubépine. Les produits, souvent cueillis le matin même dans le potager attenant, révèlent une fraîcheur et une qualité irréprochables.

- **€€€** - *1608 route de Roubaix - 03 27 43 47 20 - www.lepresbytère.fr - Fermé du lundi au mercredi et dimanche soir*

LECTOURE

32700 - Gers - Carte régionale n° **26**-B1

RACINETTE

CUISINE MODERNE • CONTEMPORAIN Elle est canadienne, il est belge, et ils ont pris racine dans le village de Lectoure, dans une ruelle pentue jouxtant la cathédrale. Le lieu, mi-café mi-bar, s'anime toute la journée : boire un verre, grignoter ou partager un repas, à toute heure. En cuisine, une carte resserrée qui marie tradition et accents contemporains : tranche de rôti de veau rosé aux girolles et pomme de terre confite, aubergine frite d'inspiration nipponne avec faisselle crémeuse, ou figues pochées au vin rouge, posées sur cake noisette et mousse mascarpone. Grande salle pastel et pierre, mezzanine conviviale, terrasse ensoleillée. Une halte chaleureuse pour pèlerins et habitués.

- **€€** - *6 rue Fontélie - 05 62 28 07 41 - www.racinette.fr - Fermé lundi, mardi et dimanche*

LA MANUFACTURE ROYALE DE LECTOURE

Plus

ÉLÉGANT • RAFFINÉ Une tannerie abandonnée dans un village reculé, mais sur le chemin de Saint-Jacques de Compostelle, tel est le point de départ de ce lieu. Une partie de la propriété offre des hébergements simples aux marcheurs, l'autre propose cinq chambres chics. Les détails de la décoration sont sophistiqués et subtils, comme les teintes élaborées sur mesure pour les murs chaulés, le mobilier de créateurs, les pièces vintage, les bureaux et spacieuses salles de bains. Les espaces communs et les jardins sont tout aussi esthétiques, et des spécialités locales sont servies au petit-déjeuner.

5 chambres - *19 rue Claude Ydron - 06 83 51 28 67*

LÈGE-CAP-FERRET - Gironde (33) → Voir Bassin d'Arcachon

LEMBACH

67510 - Bas-Rhin - Carte régionale n° **8**-B1

CHEVAL BLANC

Chef : Pascal Bastian

CUISINE MODERNE • ÉLÉGANT Carole et Pascal Bastian vous accueillent dans cet imposant relais de poste du 18e s., alliance du charme alsacien et du raffinement contemporain. Entre classicisme et inventivité, les recettes du chef, qui débuta ici même sous l'égide de Fernand Mischler, mettent les beaux produits à l'honneur. Parmi ses spécialités : les grosses morilles farcies et glacées au jus de viande, le chevreuil de chasse locale ou le paris-lembach. Et pour les amoureux de la région, sachez que de confortables chambres vous attendent.

- **€€€€** - *4 rue de Wissembourg - 03 88 94 41 86 - www.cheval-blanc-lembach.fr - Fermé lundi, mardi et mercredi midi*

CHEVAL BLANC LEMBACH

CONTEMPORAIN • ÉLÉGANT Ce relais de 1822 est aussi, depuis 1907, un incontournable de la scène culinaire alsacienne… Aujourd'hui dirigée par Carole et Pascal Bastian, l'Auberge du Cheval Blanc propose une hôtellerie étonnamment contemporaine, dont les 21 chambres et suites luxueuses sont assorties, depuis 2015, d'un spa bien équipé et joliment aménagé.

- **21 chambres** - *4 rue de Wissembourg - 03 88 94 41 86*

Cheval Blanc - Voir la sélection des restaurants

LEMPAUT

81700 - Tarn - Carte régionale n° **27**-B2

L'INTANGIBLE

CUISINE MODERNE • CLASSIQUE Ce château familial de 1850 a été réhabilité avec goût en 2022 par un jeune couple issu de l'univers d'Alain Ducasse et habitué des belles tables (Palais de l'Elysée et Plaza Athénée pour elle, Meurice pour lui). Le menu unique sublime le végétal et s'inspire du terroir local et du potager, tout en se métissant de touches voyageuses. Asperges blanches grillées et en royale accompagnées d'un sabayon à l'ail, raviole de shiitakés et pleurotes avec œuf confit, suprême de pigeon et cuisse enrobée de feuilles de blette. Au dessert, la cheffe pâtissière élabore des desserts fruités, légers à l'instar de cette pavlova fraise et piment d'Espelette. Belles chambres d'hôtes châtelaines pour un séjour bucolique.

- **€€€** - *Château de la Bousquétarié - 06 85 80 69 73 - www.labousquetarie.com - Fermé samedi, dimanche et le midi*

LÉOGNAN

33850 - Gironde

LA CHARTREUSE HAUT-BAILLY

ÉLÉGANT • CALME Au cœur des vignes de Haut-Bailly, cette résidence du 18e s., d'une élégante symétrie comme il se doit, s'ouvre sur le vignoble alentour. La propriété ne propose qu'un petit nombre de chambres, toutes privilégiant l'intemporel à l'ornemental. Séjourner ici, c'est vivre le patrimoine viticole de Bordeaux, non pas comme un visiteur, mais comme un invité du domaine.

- **5 chambres** - *25 chemin Le Thil - 07 77 94 98 43*

CHÂTEAU LÉOGNAN

CLASSIQUE • VERDOYANT Autrefois possession des moines de Saint-Jean, le Château Léognan est passé entre les mains d'armateurs et de négociants en vins, chacun laissant son empreinte. Aujourd'hui, le domaine de 70 ha abrite un hôtel avec des suites à la fois dans le château du 19e s. et sa chapelle, et dans des cabanes perchées dans les arbres. Un pavillon est dédié aux dégustations et ateliers autour du vin.

- 24 chambres - *88 chemin du Barp - 05 35 56 96 70*

LESCAR

64230 - Pyrénées-Atlantiques - Carte régionale n° **25**-C2

ARRADITZ

CUISINE MODERNE • CONTEMPORAIN Cette maison du 19e s. proche de Pau est le fief d'un duo formé dans de belles maisons étoilées : le chef Olivier Nicolau, originaire de Lescar, et sa compagne Karine, en charge du service. La cuisine, fine et bien exécutée, met en valeur les produits de la région : pigeonneau de Projan, champignons de Lucq-de-Béarn, citron de Bahus-Soubiran, piment béarnais de Poey-de-Lescar... Les associations terre et mer sont intelligentes, et les assiettes généreuses !

- €€ - *2 rue Cachau - 05 59 32 31 40 - www.arraditz.com - Fermé lundi et mardi, et dimanche soir*

LEUCATE

11370 - Aude - Carte régionale n° **27**-C3

LE GRAND CAP

Chef : Erwan Houssin

CUISINE MODERNE • CONTEMPORAIN Erwan Houssin et Pamela, son épouse pâtissière, ont décidé de jeter l'ancre sur le plateau de Leucate : la vue embrasse l'ensemble du littoral, de Sète jusqu'au massif des Albères. Breton d'origine mais élevé dans les montagnes de l'Hérault, Erwan Houssin navigue entre viande et poisson, entre Languedoc et Roussillon, et pousse même jusqu'en Galice. Il récolte lui-même, sur la falaise, le fenouil, le thym, le romarin et la sarriette sauvage, dont il tire de remarquables infusions, jus et sauces. Quelques plats ? Les coquillages en transparence aux jeunes poireaux d'Elne, velours vert acidulé au plancton marin ; sériole de Méditerranée laquée à l'olive noire, haricots verts à l'ail confit, sauce au vermouth de Lagrasse ; cerises burlat de Céret pochées aux épices douces, riz au lait à la vanille de Tahiti, sorbet yaourt et basilic. Difficile de résister au très beau chariot de mignardises confectionné par Pamela !

- €€€ - *Chemin du Phare - 09 67 78 13 73 - www.restaurant-grand-cap.fr - Fermé mardi et mercredi, et lundi et dimanche soir*

APHYLLANTHE

CUISINE MODERNE • CONVIVIAL À côté du phare du Cap Leucate, face au parc naturel marin du Golfe du Lion, c'est au printemps que s'épanouit la discrète aphyllanthe de Montpellier, fleur endémique éponyme du bistrot moderne situé sous le restaurant Le Grand Cap. Pamela et Erwan Houssin y supervisent les opérations et concoctent un menu essentiellement locavore tout en fraîcheur : daurade royale de Leucate en carpaccio avec ses blinis maison, crevettes sauvages à la plancha et émulsion d'une bisque. Les desserts revisitent avec gourmandise la pêche melba, le baba au rhum ou le finger au chocolat.

- €€ - *Chemin du Phare - 04 68 41 73 80 - www.restaurant-grand-cap.fr - Fermé mardi et mercredi, et lundi et dimanche soir*

LEVERNOIS

21200 - Côte-d'Or - Carte régionale n° **12**-D1

TABLE DE LEVERNOIS

CUISINE MODERNE • **ÉLÉGANT** La tradition de l'hospitalité se perpétue dans cette maison élégante, située au cœur d'un grand parc traversé par une rivière. Le chef Philippe Augé y cisèle une cuisine sur de belles bases classiques - risotto carnaroli au vert, cuisses de grenouilles et escargots ; cœur de ris de veau, petits pois à la française, jus au vinaigre de tilleul ; soufflé au Grand Marnier et son sorbet à l'orange sanguine. Gardez une petite place pour le plateau de fromages qui compte plusieurs dizaines de variétés. Cave riche en vins de Bourgogne.

- €€€€ - *Hostellerie de Levernois, 15 rue du Golf - 03 80 24 73 58 - www.levernois.com - Fermé du lundi au samedi à midi*

BISTROT DU BORD DE L'EAU

CUISINE TRADITIONNELLE • **RUSTIQUE** Une belle âme rustique - des pierres, des poutres, une cheminée - pour une cuisine traditionnelle et des plats du terroir où les légumes viennent souvent du potager attenant. Escargots en bouillon d'ail doux, dos de truite à la plancha, navarin d'agneau, à déguster au coin du feu ou sur la terrasse, au bord de la rivière... Ouverte tous les jours de la semaine, cette table conviviale et généreuse est un vrai coup de cœur !

- €€ - *Hostellerie de Levernois, 15 rue du Golf - 03 80 24 89 58 - www.levernois.com/fr/le-bistrot.html*

HOSTELLERIE DE LEVERNOIS

CONTEMPORAIN • **CHAMPÊTRE** Le chant de la rivière qui traverse le parc, une élégante gentilhommière du 19e s. et ses dépendances, un bistrot au bord de l'eau et un très bon "gastro"... Quant aux chambres, elles mêlent avec beaucoup de finesse le contemporain et l'ancien. Tenue parfaite, fonctionnement excellent, avec du style et du caractère !

- 34 chambres - *Rue du Golf - 03 80 24 73 58*

Table de Levernois • **Bistrot du Bord de l'Eau** - Voir la sélection des restaurants

LEVIE - Corse-du-Sud (2A) → Voir Corse

LÉZIGNAN

65100 - Hautes-Pyrénées - Carte régionale n° **25**-C3

LES PERSÉIDES

CUISINE MODERNE • **MAISON DE CAMPAGNE** Dans le village de Lézignan, aux environs de Lourdes, cette ancienne grange restaurée avec goût - décor boisé, tresses d'ail et grappes de piments, casseroles suspendues, étagères à vin - fait désormais office de cuisine ouverte pour le chef Christophe Dufau. Il a décidé de cuisiner en toute liberté et de prendre son temps à cette table d'hôtes singulière. Inédit chaque semaine, le menu unique en plusieurs temps s'enracine dans les produits locaux et ceux du grand potager qui entoure la grange. Tourte au faisan, palombe, pistache, foie gras et mirabelle fermentée ou bœuf d'Arcizac et datte : cette cuisine à la fois rustique et personnelle joue la carte du goût et de la générosité, au gré de jus joliment affinés. Les Perséides ? Des météores de saveurs !

- €€ - *4 rue de la Fontaine - 06 10 34 31 44 - www.perseides-maison-hotes.fr - Fermé du lundi au mercredi*

LIGRÉ

✉ 37500 – Indre-et-Loire – Carte régionale n° **15**–B2

LES JARDINIERS

Chef : Martin Bolaers

CUISINE CRÉATIVE • MAISON DE CAMPAGNE Le long de l'ancienne voie de chemin de fer transformée en voie verte, ce charmant bistrot est une ancienne maison vigneronne réhabilitée, avec pierres et poutres apparentes, cuisine ouverte et comptoir en étain à l'entrée. Un grand jardin potager alimente l'établissement en fruits et légumes, sans oublier une truffière. Ancien adjoint de Thibaut Ruggeri à Fontevraud le Restaurant, le chef belge Martin Bolaers met à profit le potager pour signer une cuisine saine et créative où le végétal domine à l'image de cette entrée baptisée « L'Instant T », création improvisée à partir des légumes cueillis le matin même. Les produits locaux – comme cette volaille ou le fromage – apparaissent également au générique.

L'engagement du chef : Aux Jardiniers, nous nous soucions de l'impact de notre cuisine sur la santé et sur l'environnement, nous nous intéressons aux méthodes de production qui favorisent la biodiversité, et nous nous préoccupons de notre consommation d'eau et d'énergie. Au cœur se trouve le potager, paillé et irrigué au goutte-à-goutte, traité avec des préparations à base de plantes et entouré de haies que l'on replante pour abriter la faune.

– **€€** – *1 La Gare – ✆ 02 47 93 99 93 – www.restaurantlesjardiniers.fr – Fermé lundi et mardi*

LILLE

✉ 59800 – Nord –
Carte régionale n° **4**-C2

GINKO

Cheffe : Valentina Giacobbe

CUISINE MODERNE • DESIGN Non loin de la Grand'Place, ce petit restaurant discret est l'œuvre d'un duo complice au brillant parcours : la cheffe Valentina Giacobbe, Italienne ayant grandi en Asie, diplômée de sciences politiques puis reconvertie dans la cuisine, qui s'est formée au Gaya de Pierre Gagnaire, avant de travailler chez Rozó et de prendre les fourneaux de SOlange ; Julien Ingaud-Jaubert, pâtissier de formation, qui a enchaîné les belles maisons (Pierre Gagnaire, Meurin, La Laiterie...). Le lieu a tout le charme d'un bistrot contemporain raffiné, avec même un mur de briques rouges... lilloises. La cuisine créative et délicate de la cheffe montre autant de personnalité que de justesse. Son menu saisonnier associe des préparations dominées par le végétal, des assiettes marquées par l'Italie et d'autres par l'Asie. Le menu est également disponible en version totalement végétarienne.

PLAN : C2-10 – A/C – **€€€** – *70 rue de l'Hôpital-Militaire – ✆ 03 20 77 64 03 – www.ginkorestaurant.fr – Fermé lundi, dimanche, et mardi et mercredi à midi*

PURETÉ

Chef : Gérald Guille

CUISINE MODERNE • CONTEMPORAIN Au cœur du vieux Lille, le chef Gérald Guille travaille dans un bel espace tout en longueur, avec cuisine ouverte, où les matériaux "purs" (terre cuite, béton, bois, cuir...) donnent le ton : sérénité et concentration. Un décor à l'image de ce cuisinier qui signe, comme il le dit, une « cuisine créative et décomplexée », personnelle et goûteuse. Il alterne audace et classicisme au fil de menus dégustation subtilement équilibrés : truite, betterave, orange sanguine et sauge ; Saint-Jacques, poireau, mimolette et limequat ; main de bouddha, miel et safran...

PLAN : C2-8 – A/C – **€€€** – *79 rue de la Monnaie – ✆ 03 59 51 87 91 – www.restaurant-purete.com – Fermé lundi, dimanche et mardi midi*

LE RESTAURANT DU CERISIER

CUISINE CRÉATIVE • CONTEMPORAIN Au premier étage d'un bâtiment ultracontemporain au cœur de la ville, la brigade s'affaire dans la cuisine ouverte sous les ordres de Guillaume Barengo. Auréolé d'un beau parcours dans les maisons étoilées, ce chef célèbre de beaux produits de saison choisis avec exigence, à l'exemple de ce rouget barbet au topinambour, poire et noix, ou de ce filet de biche au lard de Colonnata, courge muscade et coing, nappé d'une sauce poivrade corsée exécutée avec brio. La rigueur technique du chef sert son sens du goût : les fruits de ce cerisier promettent de belles récoltes.

PLAN : C1-7 – ♿ A/C – **€€€€** – *14 avenue du Peuple-Belge – ✆ 03 74 49 49 49 – www.lecerisier.com – Fermé lundi et mardi, et dimanche soir*

brirmoments/Getty Images Plus

LILLE
0 200 m
N
A
B
IEPER / YPRES
M949
M749
LAMBERSART
Écluse du Grand Carré
Grand Carré
JARDINS DU PETIT PARADIS
Av. du Bois
Av. de la République
Av. Henri Delecaux
Passerelle Vauban
Canal de la Deûle
Porte Royale
Citadelle
Parc de la Citadelle
Zoo de Lille
Pont Napoléon
Esplanade du Champs de Mars
Façade de l'Esplanade
Maison natale de Charles de Gaulle
4
R. du Guet
R. St-André
Rue Royale
R. Voltaire
R. Négrier
R. Ste-Catherine
9
Ste-Catherine
1
R. de la Barre
13
Sq. Daubenton
Monument aux Fusillés
Jardin Vauban
Av. Pasteur
Av. de l'Hippodrome
12
2
BOIS BLANCS
Av. Léon Jouhaux
Av. Marx Dormoy
VAUBAN
Av. Cordonnier
R. Solférino
Bd Vauban
R. de Bourgogne
R. de Tenremonde
Sq. Foch
Bd de la Liberté
ESQUERMES
R. Colbert
R. du Port
R. Colson
R. Nationale
Bd de Lorraine
R. Philippe-Laurent Roland
R. Jean Sans
Port de Lille
R. Auber
R. des Stations
R. Ratisbonne
R. Léon Gambetta
Pl. Sébastopol
Bd de la Moselle
R. de Turenne
R. de Canteleu
Pl. du Mal Leclerc
R. de Flandre
WAZEMMES
Gambetta
R. des Postes
Marché de Wazemmes
St-Pierre-St-Pau
Bd Bigo Danel
Cormontaigne
Pl. Nouvelle Aventure
R. Littré
R. Bonte Pollet
R. de la Bassée
Pl. de l'Arbonnoise
R. des Sarrazins
Centre d'arts plastiques et visuels
Sq. H. Ghesquière
Maison Folie Wazemmes
Wazemmes
Cité philanthropique
Bd Montebello
5
R. d'Isly
R. d'Esquermes
Pl. de la Solidarité
Cité des Jardins
R. de Wazemmes
Montebello
EURATECHNOLOGIES, ARMENTIÈRE
LOMME, ARMENTIÈRES
DUNKERQUE, BÉTHUNE
HAUBOURDIN
MAISONS DE MODE
1
2
3

OSTENDE / OOSTENDE
TOURCOING, ROUBAIX, GAND/GENT
C
D
1
2
3
LA MADELEINE
R. du Dr Legay
15
Av. Emile Zola
Av. Salomon
R. du Gén. de Gaulle
Av. des Fleurs
Av. Suzanne
Av. Germaine
Av. de la République
Botanique
R. Gay Lussac
R. Paul Doumer
Pl. Vauban
Av. Foubert
Romarin
R. du Ballon
R. de la Madeleine
Cimetière de l'Est
Jardin des Géants
M651
R. Paul Ramadier
Av. du Peuple Belge
R. du Metz
R. du Pont Neuf
Hôtel Bidé-de-la-Grandville
Porte de Gand
R. de Thionville
11
R. de la Halle
Pl. des Archives
3
7
8
R. d'Angleterre
Musée de l'Hospice Comtesse
17
N.-D.-de-la-Treille
Musée des Canonniers sédentaires
VIEUX LILLE
Bd Carnot
Parc Henri Matisse
LILLE-EUROPE
Gare de Lille Europe
Tour de Lille
R. du Faubourg de Roubaix
GRUE GOUNOD
ST-MAURICE PELLEVOISIN
R. du Château
R. Vantroyen
Porte de Roubaix
R. des Arts
R. Esquermoise
Pl. Pierre Mendès France
Pl. du Théâtre
Opéra
Lille Flandres
Centre Euralille
L'Aéronef
Tour Lilleurope WTC
R. Eugène Jacquet
PARC DES DONDAINES - EURALILLE
LE NOUVEAU SIÈCLE
Grand-Place
R. Faidherbe
Tripostal
Rihour
Vieille Bourse
Pl. de la Gare
LILLE-FLANDRES
St-Maurice
Pl. Rihour
10
R. de l'Hôpital Militaire
R. de Béthune
R. Pierre Mauroy
R. de Tournai
Pont de Flandres
R. de l'Alcazar
R. la Boétie
M651
N356
GAND/GENT, ROUBAIX, TOURCOING
ZÉNITH DE LILLE
Lille Grand Palais
R. du Molinel
Mairie de Lille
Av. du Président J. F. Kennedy
Bd E. Dubuisson
Peuf
CENTRE
République - Beaux Arts
Pl. Richebé
Pl. de la République
FIVES
Hôtel de ville
Pavillon St-Sauveur
Noble Tour
Hermitage Gantois
R. de Belle Vue
Porte de Paris
R. du Réduit
Lille Grand Palais
PALAIS DES BEAUX ARTS
Bd de la Liberté
Chapelle du Réduit
Bd D. Papin
Bd Louis XIV
Av. du Président Hoover
14
6
Pl. Philippe Lebon
Maison Coilliot
R. Jean Bart
Musée d'histoire naturelle de Lille
R. Camille Guérin
Parc Jean-Baptiste Lebas
Gare St-Sauveur
WAAO
R. Brûle Maison
R. Gosselet
R. Solférino
16
MOULINS
N356
Caumartin
R. de Lens
B.
R. Jeanne d'Arc
Delespaul
R. de Maubeuge
R. de Cambrai
R. d'Artois
Gantois
Bd Victor Hugo
Maison Folie Moulins
R. de Valenciennes
FLOW
JARDIN DES PLANTES
VALENCIENNES
PARIS

BLOEMPOT

CUISINE MODERNE • CONVIVIAL Au fond d'une cour de brique rouge du Vieux-Lille, Bloempot s'affirme comme l'une des plus belles expressions du locavorisme. Dans l'ancien atelier de menuiserie, parquet, verrières et bouquets de fleurs séchées composent un décor singulier. En cuisine, Florent Ladeyn et la cheffe Florence Grave déploient une identité culinaire forte, travaillée autour de produits régionaux et d'associations originales : truite et abricot grillé, filet de lieu noir au velouté de courgette, ganache sarrasin et tournesol avec glace au malt. Assiettes franches et soignées, service décontracté mais précis, rapport qualité-plaisir au déjeuner. Attention, il n'y a pas de téléphone ici, les réservations se font par le site internet ou sur place.

PLAN : B2-13 – ♿ A/C – **€€€** – *22 rue des Bouchers – www.bloempot.fr – Fermé lundi et dimanche*

LE BRAQUE

CUISINE MODERNE • TENDANCE Damien Laforce, ancien candidat de Top Chef, dirige une adresse conviviale où terroir et modernité se rencontrent. Dans un décor alliant brique et bois clair, sa cuisine gourmande valorise des produits de qualité qu'il connaît bien, étant lui-même chasseur et pêcheur. Saint-Jacques au vert, crumble de pain, ail d'Arleux ; aile de raie, risotto à la courge, émulsion orange et courge : chaque plat révèle une maîtrise sans superflu. Avec une carte de vins bio bien pensée et un comptoir ouvert pour les convives spontanés, cette table incarne un bel équilibre entre simplicité et créativité.

PLAN : C2-17 – ♿ A/C – **€€€** – *45 rue de la Monnaie – ✆ 03 20 04 25 38 – www.le-braque.fr – Fermé lundi et dimanche*

COUP DE MAIN

CUISINE CRÉATIVE • CONTEMPORAIN Victor Berthe (passé notamment chez Rozó) et Clément Delécluse (meilleur jeune sommelier de France 2021) ont élu domicile au cœur du quartier Saint-André. Les deux complices accueillent les gourmets avec bonne humeur dans ce restaurant caviste de poche mêlant cuisine ouverte et mobilier vintage. Entrées à partager, poisson, viande ou plat végétarien, et deux desserts au choix à la carte. Au dîner, un menu dégustation enchaîne avec brio les assiettes de saison, au fil d'une cuisine espiègle et variée autour des produits des petits producteurs, que le duo connaît presque intimement. Une carte des vins orientée "nature", et un menu déjeuner à prix doux.

PLAN : B1-4 – **€€€** – *112 rue Saint-André – ✆ 03 20 47 51 43 – www.coupdemain-lille.fr – Fermé lundi, et mardi et dimanche soir*

KREVETTE N

CUISINE MODERNE • TENDANCE Le chef Florent Ladeyn (Auberge du Vert Mont) a jeté son filet sur cette adresse iodée qui ne manque pas de sel... de mer ! Œuf mimosa à la livèche et œufs de truite ; filet de lieu au yakitori, aubergine au barbecue et fumet crémé ; beignets de fleurs d'acacia saupoudrés de feuilles de cassis : autant d'assiettes pleines de peps. Ces savoureuses préparations marines élaborées à partir de produits locaux et de saison reflètent l'engagement locavore du chef. Bonne pêche !

PLAN : C3-16 – **€€** – *66 boulevard Jean-Baptiste-Lebas – www.krevette-lille.fr – Fermé lundi et dimanche*

LA LAITERIE

CUISINE MODERNE • ÉLÉGANT Ancienne laiterie voisine du parc de la Citadelle et proche des bords de la Deûle, cette longère historique offre d'élégantes salles contemporaines entourées d'un grand jardin avec terrasse : une bien jolie scène pour une partition culinaire créative qui puise dans le terroir nordiste, et se plaît parfois à associer produits de la terre et de la mer.

PLAN : A2-2 – ♿ P – **€€€** – *138 avenue de l'Hippodrome, à Lambersart – ✆ 03 20 92 79 73 – www.lalaiterie.fr – Fermé lundi et mardi, et dimanche soir*

LIMPIDE (N)

CUISINE MODERNE • CONTEMPORAIN Dans cet ancien estaminet, le successeur d'Empreinte en a conservé le mobilier sobre. La petite salle profite d'un bel apport de lumière grâce à de grandes fenêtres habillées de vitraux anciens qui rendent hommage à l'art des brasseurs. Aux commandes, le jeune chef Karl Widmer (passé par Le Val d'Auge, chez Yannick Alléno et Damien Laforce) signe une cuisine personnelle et engagée dont témoigne un luxe de détails dans l'assiette. Mais ce chef aime aussi la ligne droite et limpide, à l'image de cette lotte en barigoule avec son beurre blanc délicat et ses cœurs d'artichauts fondants en persillade.

PLAN : A2-12 - ♿ AC - **€€€** - *170 avenue de l'Hippodrome, à Lambersart - ✆ 09 60 17 58 76 - www.restaurantlimpide.fr - Fermé mardi et mercredi, et dimanche soir*

PULPE

CUISINE MODERNE • BISTRO Le repaire bistrotier de Clémence Taillandier et Philippe Platel affiche un look contemporain aux accents rétro très séduisants (banquettes en velours, chaises design d'écoliers, appliques en laiton, carrelage mosaïque...). Dans une atmosphère décontractée, la cheffe, passée par Troisgros, l'Astrance et Rozó, cisèle avec beaucoup de talent une cuisine précise et efficace qui va droit au but : artichauts poivrade, escargots rôtis, pesto de livèche et béarnaise ; carré de cochon rôti, sucrine braisée, aïoli et jus réduit à l'estragon ; pavlova fruits rouges, crème montée et glace aux baies roses. Goût(s), cuissons, assaisonnements : tout y est ! On en redemande, à l'image, également, de la jolie carte des vins intelligemment ficelée.

PLAN : C1-3 - ♿ - **€€** - *7 rue Saint-André - ✆ 03 20 86 20 45 - www.restaurant-pulpe.fr - Fermé lundi, mardi et mercredi midi*

LE 49R

CUISINE MODERNE • CONTEMPORAIN Derrière un nom strictement administratif se cache un charmant ancien hôtel particulier dont le décor d'origine est agrémenté de touches modernes bienvenues. On apprécie aussi particulièrement la délicieuse terrasse sur cour située à l'arrière de cette maison. Les assiettes illustrent une jolie partition créative et rigoureuse dans son exécution : œuf de caille, morilles, radis blanc, émulsion vin jaune et noisettes ; colvert entier cuit sur coffre, cuisses confites, courge spaghetti, crémeux de marron et jus... Très belle carte des vins et de spiritueux.

PLAN : B2-9 - **€€€** - *49 rue Royale - ✆ 03 74 09 07 09 - www.49r-lille.com - Fermé lundi, dimanche, samedi midi et mercredi soir*

ROUGE BARRE

CUISINE MODERNE • CONVIVIAL Au cœur du Vieux Lille, Steven Ramon, passé par la Laiterie et Top Chef, fait désormais partie des personnalités gastronomiques de la ville. Dans un intérieur intimiste à la fois moderne et vintage (avec quelques fameux pans de murs en "rouge barre", ce mélange de pierre blanche, de brique rouge et de chaux typique du Nord), ce ch'ti pur et dur fait salle comble, notamment auprès de la jeunesse - il faut dire que la décontraction règne ! En chef inspiré, il esquisse des assiettes pétillantes, qui magnifient de beaux produits. Terrasse à l'étage.

PLAN : C1-11 - ♿ - **€€** - *50 rue de la Halle - ✆ 03 20 67 08 84 - www.rougebarre.fr - Fermé lundi et dimanche*

SAISONS - CAVE À MANGER (N)

CUISINE MODERNE • CONTEMPORAIN Deux compères et cuisiniers lillois, Antoine Dacquin et Pierre Bleuzé, se sont liés d'amitié derrière les fourneaux de Bloempot, le restaurant de Florent Ladeyn. Ici, l'un est en salle tandis que l'autre est en cuisine durant les services. Leurs menus surprise font des étincelles grâce à de beaux produits fermiers… de saison, bien sûr ! Aubergine rôtie, sauce rouille, salicorne et bouillon de bouillabaisse ; cabillaud confit, poireau rôti, blette et béarnaise à la marjolaine : il y a de la gourmandise et de la joie dans cette partition-là.

PLAN : D1-15 – ♿ – **€€** – *2 place Massenet, à La Madeleine – ✆ 03 20 06 04 20 – www.saisons-caveamanger.com – Fermé lundi et dimanche, et mardi soir*

SÉBASTOPOL

CUISINE MODERNE • CONVIVIAL Dans ce petit restaurant bien connu des Lillois, juste en face du théâtre Sébastopol, le chef propose une carte courte (complétée d'un menu dégustation), renouvelée régulièrement selon les saisons et parsemée d'associations personnelles. Les assiettes se révèlent gourmandes et généreuses, à l'image de ces noix de Saint-Jacques de Boulogne snackées, poitrine de cochon fermier, purée de chou rouge acidulée et gel de pomme. Atmosphère conviviale et service aux petits soins !

PLAN : C3-14 – A/C – **€€** – *1 place Sébastopol – ✆ 03 20 13 13 38 – www.restaurantsebastopol.com – Fermé dimanche*

SOLANGE

CUISINE MODERNE • BISTRO Un peu à l'écart du centre-ville, une cuisine qui se veut généreuse et créative autour de produits locaux (issus pour la plupart de petits producteurs), avec un changement de menu toutes les semaines. Accords audacieux, plats recherchés et goûteux, à l'instar du poulpe mariné au sésame et courges en textures ou encore du carré de cochon, potiron et crème de maïs…

PLAN : A3-5 – ♿ A/C – **€€** – *59 rue d'Isly – ✆ 09 86 37 22 50 – www.solange-restaurant.fr – Fermé lundi et dimanche*

SUZANNE

CUISINE MODERNE • CONTEMPORAIN Suzanne a été chantée par Leonard Cohen dans un tube interplanétaire… Dans cette adresse proche du palais des Beaux-Arts, on rend hommage aux talents de cuisinière de la grand-mère d'Elisa Rodriguez, la pâtissière et compagne du chef. Si ce dernier aime beaucoup travailler le végétal et les herbes aromatiques avec une constance certaine, il sait aussi percuter ses préparations créatives avec de bonnes sauces (comme la grand-mère d'Elisa !), classique comme ce beurre blanc ou plus exotique comme cette mayonnaise au wasabi qui accompagne la sériole.

PLAN : C3-6 – A/C – **€€€** – *4 place Philippe-Lebon – ✆ 03 20 00 81 21 – www.suzannelille.fr – Fermé lundi, dimanche et mercredi midi*

LA TABLE - HÔTEL CLARANCE

CUISINE MODERNE • ÉLÉGANT Au cœur du vieux Lille, cet ancien hôtel particulier du 18e s. abrite une table élégante installée dans des salles revêtues de boiseries d'époque et dans l'ancienne bibliothèque. L'ensemble du décor mêle habilement le patrimoine à des touches de déco contemporaine. Les menus, rythmés par les saisons, font la part belle aux produits régionaux et de saison : Saint-Jacques, daurade sébaste, selle d'agneau, champignons d'automne… Terrasse paisible aux beaux jours.

PLAN : B2-1 – **€€€** – *32 rue de la Barre – ✆ 03 59 36 35 59 – www.clarancehotel.com – Fermé lundi et dimanche*

L'ARBRE VOYAGEUR

MODERNE • CHALEUREUX Ce bâtiment des années 1960 (qui abritait autrefois le consulat de Pologne) est devenu un hôtel à la gloire du voyage. Ambiance chaleureuse, chambres charmantes et bien insonorisées...

- 48 chambres - *45 boulevard Carnot* - *03 20 20 62 62*

BARRIÈRE LILLE

MODERNE • RAFFINÉ Dans ce grand bâtiment de verre, on peut aller au théâtre, au casino et... regagner en un clin d'œil son hôtel - l'un des derniers-nés du groupe Barrière. Espace, lumière, luxe sans ostentation, brasserie contemporaine : de très séduisantes prestations.

- 142 chambres - *777 bis Pont de Flandres* - *03 28 14 45 00*

CLARANCE

CLASSIQUE • CHARME Installé dans un hôtel particulier du 18e s., cet établissement est pour le moins atypique ! L'Albatros, le Cygne, le Balcon ou le Flacon : les chambres, claires et lumineuses, ont pour thème des poèmes de Baudelaire ; la décoration a été en partie réalisée par des artistes et artisans locaux.

- 19 chambres - *32 rue de la Barre* - *03 59 36 35 59*

La Table - Voir la sélection des restaurants

L'HERMITAGE GANTOIS

CONTEMPORAIN • ÉLÉGANT Fondé vers 1460, cet ancien hospice est aujourd'hui un bel hôtel. Architecture pluri-centenaire, nouveau classicisme contemporain, cours et patios intérieurs... de quoi se convertir en ermite ! Le tout ne manque pas d'élégance, avec un estaminet qui cultive joliment l'esprit du Nord.

- 72 chambres - *224 rue Pierre Mauroy* - *03 20 85 30 30*

MAMA SHELTER LILLE

AVANT-GARDE • CHALEUREUX Au départ, une brasserie lilloise, que Mama Shelter a bousculée d'une explosion arty : une avalanche de motifs pour une stimulation visuelle permanente. Dans les chambres, le poudré se mêle au béton, les motifs ethniques à un mobilier hétéroclite, le tout baigné de lumière, pour un résultat unique et vibrant signé Jalil Amor. Pour couronner le tout, un rooftop.

- 112 chambres - *97 place Saint-Hubert* - *03 59 82 72 72*

LIMOGES

✉ 87000 – Haute-Vienne – Carte régionale n° **19**–B2

AMPHITRYON

CUISINE MODERNE • COSY Cette jolie maison à pans de bois, au cœur du pittoresque "village" des Bouchers, abrite le fief du chef Olivier Polla. Il y propose une cuisine moderne mettant à l'honneur des produits nobles (foie gras, Saint-Jacques, ris de veau, canette de Barbarie...), travaillés au gré de ses inspirations. Un vrai plaisir pour les papilles.

PLAN : A2-1 – 🍽 – **€€€** – *26 rue de la Boucherie* – ✆ *05 55 33 36 39* – *www.amphitryon-limoges.fr* – *Fermé lundi et dimanche*

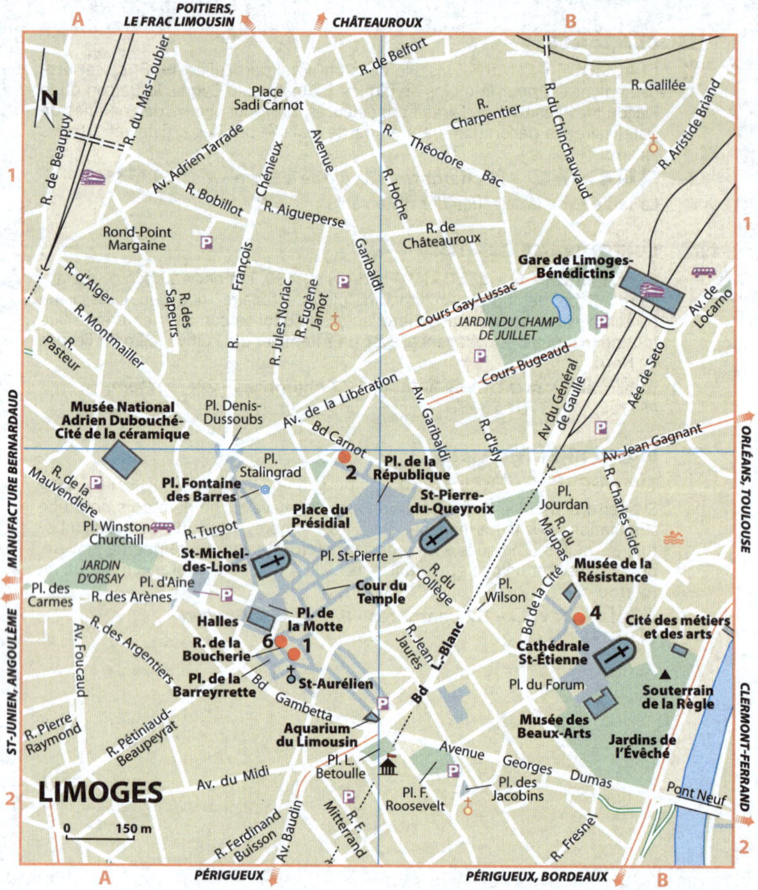

L'APARTÉ

CUISINE MODERNE • CONTEMPORAIN Le chef Arthur Buisson s'épanouit dans un joli décor actuel pour offrir une assiette à l'allure moderne et ludique grâce à l'utilisation choisie d'herbes aromatiques et de condiments variés notamment. Les nombreux voyages du chef se reflètent d'ailleurs logiquement dans sa cuisine de fraîcheur. Il se révèle également être un bon pâtissier !

PLAN : A2-2 - ♿ - **€€** - *39 boulevard Carnot - ✆ 05 87 08 25 20 - www.laparte-limoges.fr - Fermé lundi et dimanche*

LA CUISINE DU CLOÎTRE

CUISINE MODERNE • CONTEMPORAIN Au pied de la cathédrale, cet ancien cloître du 17ᵉ s. a du cachet avec ses vieilles pierres mêlées à une décoration et un mobilier plus contemporains. Au gré de ses envies (menus surprises en plusieurs temps le soir) et des saisons, le chef propose une bonne cuisine du marché. Cuissons maîtrisées, produits de qualité : une expérience sympathique, avec une offre plus simple et limitée le midi. Depuis la terrasse ombragée, les gourmets curieux peuvent même apercevoir le chef en cuisine.

PLAN : B2-4 - ♿ - **€€** - *6 rue des Allois - ✆ 05 55 10 28 29 - www.la-cuisine-du-cloitre.fr - Fermé lundi et mardi, et dimanche soir*

MARTIN COMPTOIR

CUISINE MODERNE • CONTEMPORAIN Non loin des halles (parfait pour les approvisionnements !), on vient profiter du travail du chef Martin Dumas, originaire de Limoges. Sa cuisine est bien dans l'air du temps, avec une courte carte de saison, de grosses pièces de viande à partager et l'incontournable "foie de veau en pavé épais", qu'il a appris auprès de Jean-Paul Arabian, à Paris. Petite terrasse dans la rue piétonne.

PLAN : A2-6 - **€€€** - *13 rue Lansecot - ✆ 05 55 34 25 53 - www.martincomptoir.fr - Fermé lundi et dimanche*

LIMOGNE-EN-QUERCY

✉ 46260 - Lot - Carte régionale n° **23**-B2

LA TABLE DE CHARROU N

SPÉCIALITÉS DE VIANDES • CONTEMPORAIN Sur les hauteurs du village, au cœur du Causse de Limogne, un ancien mas en pierre abrite ce restaurant atypique, œuvre d'un couple de passionnés revenus de Nouvelle-Zélande. Sommeliers de métier, ils ont appris l'art de la découpe chez le père de madame, boucher du village. Résultat : ils ne servent que des viandes locales (Lot, Aveyron, Tarn-et-Garonne), travaillées des cornes à la queue, puis maturées, fumées, mijotées, grillées ou transformées en terrine – à accompagner de succulentes frites croustillantes préparées à la graisse de bœuf. Le dimanche : l'immanquable gigot d'agneau au feu de bois, dans l'ancien four à pain du mas. La carte des vins bio et biodynamiques comporte quelque 200 références que la patronne connaît par cœur.

♿ AC P - **€€** - *Mas de Charrou, 300 route de Charrou - ✆ 05 65 24 81 63 - www.latabledecharrou.com - Fermé mardi et mercredi, et lundi et dimanche soir*

LIMOUX

✉ 11300 – Aude – Carte régionale n° **27**–B2

ME.

CUISINE MODERNE • CONVIVIAL Au sein du Grand Hôtel Moderne et Pigeon, un ancien couvent du début du 16e s. au cachet certain, avec une superbe fenêtre en verre taché du 17e s. Prolongé d'un élégant patio, le restaurant revêt des allures de bistrot bohème. Le chef Stéphane Castaing y est toujours aussi créatif : gravlax de saumon sur pannacotta de tomates, filet de bœuf à l'ail noir et condiment végétal... Service aussi décontracté que sympathique.

– €€ – 1 place du Général-Leclerc – ✆ 04 68 31 00 25 – www.grandhotelmodernepigeon.com – Fermé lundi soir, vendredi soir, samedi et dimanche

LINGOLSHEIM

✉ 67380 – Bas-Rhin – Carte régionale n° **8**–B2

L'ID

CUISINE MODERNE • CONTEMPORAIN Baptisé l'ID en clin d'œil aux initiales de ses chaleureux propriétaires, Isabelle et Denis Vetter, ce restaurant est niché dans une bâtisse cossue du 18e s., qui a conservé son escalier originel et grandiose. Le décor doux et contemporain voit défiler des assiettes rythmées par les saisons, entre recettes audacieuses (à l'image de ce pot au feu de la mer avec son aïoli à l'ail noir) et classiques rassurants, à l'instar du savoureux tournedos de bœuf, aligot à la tomme d'Alsace.

VOIR STRASBOURG PLAN I - A2 - 1 – *€€ – 11 rue du Château – ✆ 03 88 78 40 48 – www.restaurant-id.com – Fermé lundi et dimanche*

LIVRON-SUR-DRÔME

✉ 26250 – Drôme – Carte régionale n° **24**–A2

GARENNE

CUISINE MODERNE • CONTEMPORAIN Au pied des monts du Brézème, ce mas viticole baigné de lumière régale autant les yeux que les papilles. Dans une salle aux baies vitrées ouvertes sur les vignes, le chef Teddy Bidaux signe une cuisine moderne et inspirée. Carabinero laqué et jus corsé, filet de bar et moelle de veau en terre/mer audacieuse, paleron de fin gras du Mézenc escorté de pommes soufflées... Les pains maison, tous excellents, ponctuent avec brio cette partition savoureuse et personnelle qui utilise des produits souvent locaux et bio.

– €€€ – 710 rue Van-Gogh – ✆ 04 75 55 44 54 – www.garenne.net – Fermé lundi et dimanche

LOCHES

✉ 37600 – Indre-et-Loire – Carte régionale n° **15**–C2

✿ ARBORE & SENS

Chef : Clément Dumont

CUISINE MODERNE • COSY Aidé en salle par sa compagne sommelière Océane, un jeune chef originaire de la région au solide parcours, Clément Dumont, a fait de cette auberge située non loin de la citadelle royale une adresse incontournable. Amoureux du végétal et de la saison, technicien inspiré, il signe une cuisine créative, voire audacieuse (comme cette entrée autour de l'asperge blanche du Richelais, jaune d'œuf confit, sureau et saké), qui puise son inspi-

ration dans le terroir local, de la volaille au poisson de Loire, en passant par l'incontournable fromage de chèvre, les légumes de son propre potager, ou les herbes de sa cueilleuse, Juliette Krier. Agréable terrasse à l'ombre de la glycine.
- **€€€** - *22 rue Balzac - 09 67 15 00 50 - www.restaurant-arbore-et-sens.fr - Fermé lundi, dimanche et mardi midi*

LOCQUIREC

29241 - Finistère - Carte régionale n° **1**-B1

RESTAURANT DU PORT

CUISINE TRADITIONNELLE • BISTRO Après une balade sur la pointe où l'on ne compte plus les jolies plages, cap sur le petit port de Locquirec ! On y prend connaissance de la pêche du jour, dos de turbot, huîtres de Sterec ou bien cette belle sole meunière que le chef, un pro passé notamment chez Michel Trama et Stéphane Carrade, a agrémenté d'un bol de pommes grenailles, de fines asperges vertes, de pois gourmands et de poivrons rouges confits. Sympathique atmosphère informelle.
- **€€** - *5 place du Port - 02 98 15 32 98 - www.hotelduport-locquirec.fr*

LE GRAND HÔTEL DES BAINS

CLASSIQUE • ÉLÉGANT Nostalgie, nostalgie... : c'est ici que Michel Lang tourna "L'Hôtel de la Plage". Aucun vestige des années 1970 néanmoins, plutôt un style élégant très Nouvelle-Angleterre : parquets cirés, beaux matériaux, tonalités miel, gris perle, bleu rétro... Face à la baie, spa et restaurant sont tout aussi chic.
- **36 chambres** - *15 rue de l'Église - 02 98 67 41 02*

LOCRONAN

29180 - Finistère - Carte régionale n° **1**-B2

AR MAEN HIR

CUISINE MODERNE • CONVIVIAL Installé depuis 2018 à Locronan, village de caractère au patrimoine architectural remarquable, "Les Menhirs" (ou Ar Maen Hir en breton) de Thibaud Érard séduisent par un esprit bistrot contemporain. En salle comme en cuisine ouverte, il règne une belle atmosphère vivante et détendue. La partition se révèle actuelle, précise et gourmande, tout en restant fidèle aux saveurs du terroir : croq'monsieur à la volaille, filet de porc au millefeuille de pommes de terre, gavottes en millefeuille et caramel. Un lieu simple, sincère et chaleureux où l'on se sent bien.
- **€€** - *15 bis rue du Prieuré - 02 56 10 18 37*

LOIRÉ

49440 - Maine-et-Loire - Carte régionale n° **9**-C2

AUBERGE DE LA DILIGENCE

CUISINE MODERNE • RUSTIQUE Véritable institution trentenaire, l'auberge est un charmant écrin rénové de vieilles pierres illuminé par le charmant sourire de Tania Cudraz en salle. En cuisine, son époux Michel est un chef qui connait son métier et propose une cuisine variée et personnelle où brillent les saveurs des herbes du potager et les épices et condiments découverts au gré des pérégrinations du couple, en Asie notamment. Jolie carte des vins de plus de 400 références. La terrasse est située dans la cour intérieure de l'ancien relais de poste.
- **€€€** - *4 rue de la Libération - 02 41 94 10 04 - www.diligence.fr - Fermé lundi et mardi, et dimanche soir*

LOIRE-SUR-RHÔNE

✉ 69700 - Rhône - Carte régionale n° **21**-A2

MOUTON-BENOIT

CUISINE MODERNE • CONTEMPORAIN Au bord de la route, cet établissement fondé en 1822 abritait autrefois les fourneaux des "mères" Dumas. En hiver, on y déguste la spécialité du chef : le lièvre à la royale selon la recette immortalisée par le sénateur Couteaux... il y a plus d'un siècle ! Enfin, de délicieux desserts viennent conclure ce repas.

- **€€** - *1167 route de Beaucaire - ✆ 06 98 94 12 12 - www.restaurant-moutonbenoit.fr - Fermé lundi et mardi, et mercredi et dimanche soir*

LOOS

✉ 59120 - Nord - Carte régionale n° **4**-C2

FÉLICIE

CUISINE MODERNE • CONTEMPORAIN Dans un décor plutôt indus (béton ciré, briques, tables carrées brutes en fer dépoli et bois), une jeune équipe dynamique anime cette adresse de la banlieue lilloise. Les prix sont tout simplement canon pour une cuisine du marché aussi soignée et des poissons d'une fraîcheur sans pareille puisqu'ils viennent directement de leur propre bateau de pêche. Des produits frais, des assiettes maîtrisées : c'est certain, la félicité est bien au rendez-vous chez Félicie !

♿ AC P - **€€** - *78 rue du Maréchal-Foch - ✆ 03 20 48 23 85 - www.felicie-restaurant.com - Fermé lundi et dimanche*

LORGUES

✉ 83510 - Var - Carte régionale n° **29**-B2

✿ BRUNO

Chef : Benjamin Bruno

CUISINE CLASSIQUE • AUBERGE Une maison doit tant à ses propriétaires... Dans ce mas provençal rustique et attachant, ancienne demeure de l'arrière-grand-mère des années 1920, c'est toute la générosité de la famille Bruno qui s'exhale ! Ayant pris la suite de leur père Clément (connu pour son culte de la truffe), les deux frères, Benjamin en cuisine et Samuel en salle, poursuivent la tradition avec juste ce qu'il faut de modernité. Si le menu unique à base de truffe est toujours là (les diamants noirs changeant en fonction des saisons), les légumes sont désormais à l'honneur, en provenance du nouveau potager de 4000 m² cultivé en biodynamie. L'huile d'olive est faite maison, à partir des huit variétés d'olives récoltées sur les oliviers du terrain. On passe un délicieux moment, notamment grâce à un service aussi joyeux qu'attentionné.

P - **€€€€** - *2350 route des Arcs - ✆ 04 94 85 93 93 - www.restaurantbruno.com - Fermé lundi et dimanche soir*

L'ESTELLAN

CUISINE DU MARCHÉ • FAMILIAL Au milieu des vignes et des oliviers, cette maisonnette séduit au premier coup d'œil grâce à son cadre bucolique et champêtre qui invite immédiatement à prendre le temps de vivre. Le couple bien dans son métier (qui y régale ses convives) le mérite amplement. Ces deux-là ont déjà une solide expérience et savent où ils vont : avec de beaux produits régionaux, ils composent une cuisine moderne et savoureuse, déclinée à travers une ardoise courte et alléchante, à l'image de ce carré de cochon fermier et beurre de cèpes.

♿ AC P - **€€** - *1000 route de Saint-Antonin - ✆ 09 83 43 99 15 - www.estellanlorgues.com - Fermé mardi, mercredi et dimanche*

LA TABLE DE PÔL

CUISINE MODERNE • CONTEMPORAIN Quelle chance que d'avoir sa terrasse à côté de la fontaine de la Noix : on y profite aussi du spectacle les jours de marché. À l'intérieur, une déco mixte avec plafond aux poutres apparentes, parquet, pierres apparentes et lattes de bois, différents tons chaleureux. Le jeune chef, épaulé en salle par sa compagne d'origine écossaise au charmant accent, mitonne de bons petits plats : velouté de petits pois, cromesquis de chèvre pané, condiment menthe et petits pois ; quasi de veau grillé, pommes bouchons, févettes et jus de cresson ; kumquat confit, pain d'épice et mousse mascarpone vanillée... Menus et produits de saison.

♿ A/C 🏠 – **€€€** – *18 boulevard Georges-Clemenceau – ☎ 04 94 47 08 41 – www.latabledepol.fr – Fermé lundi midi*

LORIENT

✉ 56100 – Morbihan –
Carte régionale n° 1-C3

JackF/Getty Images Plus

LOUISE

Chef : Julien Corderoch

CUISINE MODERNE • COSY Louise, c'était l'arrière-grand-mère du chef Julien Corderoch, qui lui a donné le goût de la cuisine : la naissance d'une vocation ! Dans un cadre intime et contemporain, il propose des menus surprise composés de savoureuses recettes iodées, mais aussi végétales, notamment à partir de poissons de ligne ou de petit bateau qu'il sait maturer à bon escient : sashimi de daurade royale, pesto aux herbes sauvages et fleurs de carotte ; Saint-Jacques crues, bouillon tiède de crevettes grises à la coriandre et sauce ponzu ; lieu jaune cuit à la vapeur douce, crémeux de chou-fleur et shiitakés rôtis au beurre miso... Le menu du déjeuner est une véritable affaire. Carte des vins à prix sage.

PLAN : B2-2 – **€€€** – *4 rue Léo-le-Bourgo – ✆ 02 97 84 72 12 – www.restaurantlouise.fr – Fermé lundi, mardi et dimanche*

GARE AUX GOÛTS

CUISINE TRADITIONNELLE • CONTEMPORAIN Dans une rue paisible de Lorient, le chef Vincent Seviller invite à un délicieux voyage culinaire, fruit d'un parcours cosmopolite (Le Martinez à Cannes, Anne-Sophie Pic, l'Hôtel du Palais à Biarritz, mais aussi l'Irlande et les Caraïbes). Il cuisine avec le cœur des produits locaux de saison à travers une cuisine savoureuse qui file droit au but. Au déjeuner, un menu d'un excellent rapport qualité-prix régale avec des plats comme les rognons de veau, sauce moutarde. Le soir, la carte se fait plus ambitieuse au service d'une proposition plus raffinée. Une adresse conviviale et chaleureuse, idéale pour se régaler !

PLAN : B1-6 – ⛟ – **€€** – *26 bis rue Louis-Blanqui – ✆ 02 97 21 19 79 – www.gareauxgouts.fr – Fermé samedi et dimanche*

LE TIRE BOUCHON

CUISINE TRADITIONNELLE • ÉPURÉ À deux pas de l'arsenal, légèrement en retrait du cœur de Lorient, cette table a tout pour séduire les amateurs d'authentique cuisine de saison. Le chef valorise des produits frais et locaux dans des recettes souvent iodées : on fond ainsi pour le merlu posé sur son boulgour parfumé, ou encore pour l'araignée relevée d'une touche subtile de Kari Gosse. Le cadre intime et chaleureux, rythmé par les poutres apparentes et la grande cheminée, prolonge agréablement le repas, avec un service toujours souriant.

PLAN : B2-1 – **€€** – *45 rue Jules-le-Grand – ✆ 02 97 84 71 92 – www.restaurantalorient.com – Fermé lundi, mardi et samedi midi*

HENNEBONT
PORT-LOUIS, LANESTER
QUIMPERLÉ
RENNES, VANNES, QUIMPER
PLOMEUR
LARMOR-PLAGE
KERENTRECH
LE MOUSTOIR
MERVILLE
NOUVELLE VILLE
PORT DE PÊCHE DE KEROMAN
LORIENT LA BASE
Pont St-Christophe
Scorff
Pont des Indes
Pl. François Mitterrand
Pl. Alsace-Lorraine
N.-D.-de-Victoire
Pl. Paul Bert
Pl. J. Ferry
Enclos du port
Ancien arsenal
Hôtel Gabriel
Tour de la Découverte
Promenade du Péristyle
Q. des Indes
Q. de Rohan
Bassin à flot
GARE MARITIME
Cité de la voile Éric-Tabarly
Sous-marin Flore-S645
Musée sous-marin du Pays de Lorient
Bassin Long
Grand Bassin
Base de sous-marins de Keroman
K1
K2
K3
LORIENT
0
250 m
N

LE 26-28

CUISINE MODERNE • CONTEMPORAIN Dans un cadre contemporain avec cuisine ouverte, Arthur Friess (au beau parcours étoilé) propose des menus actuels et créatifs, principalement tournés vers le végétal et le marin, et des assiettes au dressage épuré. On est séduit par cette cuisine légère et digeste réalisée à partir de produits irréprochables, telles que ces langoustines du Guilvinec servies avec leur gelée de pinces. Accueil tout sourire par Charlotte, la compagne du chef.

PLAN : B2-4 - ♿ A/C - **€€** - *26-28 rue Poissonnière - ✆ 02 97 50 29 13 - www.le2628.com - Fermé lundi, dimanche et mardi midi*

LE YACHTMAN

POISSONS ET FRUITS DE MER • CONTEMPORAIN Sans surprise, les produits de la mer - poissons de la criée, notamment - ont la part belle dans cette jolie adresse située non loin du port de plaisance. Simplicité et justesse sont de mise dans l'assiette ; quant à la salle, elle joue la carte de l'épure et de l'intime.

PLAN : B2-5 - ♿ - **€€** - *14 rue Poissonnière - ✆ 02 97 21 31 91 - www.leyachtmanlorient.fr - Fermé lundi et dimanche*

LORMONT

✉ 33310 - Gironde - Carte régionale n° **22**-B2

✿ LE PRINCE NOIR - VIVIEN DURAND

Chef : Vivien Durand

CUISINE MODERNE • DESIGN Les écuries d'un château, un cube de verre et béton, une vue sur le pont d'Aquitaine et de la musique rock en fond sonore : la table détonne dans le paysage gastronomique bordelais. Mais pas autant que la cuisine de Vivien Durand, un chef qui fourmille d'idées originales et réinterprète la tradition française dans une veine gastronomique. Un pari osé, tant on semble avoir déjà tout déconstruit mais il faut admettre que son pari est réussi ! Tagliatelles d'encornet relevées au xipister, tête de cochon compressée, jus corsé et truffe du Périgord ou encore cette délicieuse version de la soupe à l'oignon, au bouillon d'oignons cuits à la braise : les saveurs sont souvent éclatantes, les produits (locaux pour l'immense majorité) sont superbement mis en valeur. Dans son travail prédomine un côté "brut de décoffrage" attachant, qui parle à l'instinct et au cœur. Ajoutons à cela une démarche écolo sincère, on se retrouve avec une table exemplaire.

L'engagement du chef : Au-delà de l'exigence que nous avons à l'égard des produits que nous sélectionnons, nous supprimons au maximum les emballages à usage unique, les bouteilles en plastique et les détergents polluants, nous mettons en place un tri sélectif rigoureux (y compris les coquilles des fruits de mer) et fabriquons notre compost végétal et substrat pour nos maraîchers.

♿ A/C P - **€€€€** - *1 rue du Prince-Noir - ✆ 05 56 06 12 52 - www.leprincenoir-restaurant.fr - Fermé lundi, samedi et dimanche*

LORQUIN

✉ 57790 - Moselle - Carte régionale n° **7**-C2

LE BOUT DES CANARDS

CUISINE MODERNE • CONTEMPORAIN Cette auberge à la pimpante façade prune et lavande est le repaire d'un couple de passionnés qui se sont rencontrés à la Villa René Lalique. Dans un décor de bois blond, on pioche dans une courte carte de saison autour de produits souvent locaux : jambonneau croustillant, chou-rave et vinaigre de cidre ; ris de veau aux baies de verveine, aubergine et épinards ; framboise, reine des prés et yaourt de brebis... Formule déjeuner à prix imbattable et accueil particulièrement sympathique !

♿ - **€€** - *104 rue du Général-Leclerc - ✆ 03 87 24 90 09 - www.leboutdescanards.fr - Fermé mercredi et jeudi*

LOUDÉAC

✉ 22600 - Côtes-d'Armor - Carte régionale n° **1**-C2

L'EMBELLIE (N)

CUISINE TRADITIONNELLE • COSY Au centre de Loudéac, on s'attable volontiers dans cette grande salle chaleureuse et colorée, dans l'esprit d'un bistrot contemporain, à la fois convivial et vivant. Un couple de professionnels réalise une cuisine à quatre mains - lui au salé, elle au sucré - et assurent ensemble le service. La proposition du déjeuner affiche un tarif imbattable. Le soir, le propos est plus ambitieux, comme en témoignent de beaux produits composant des plats aux intitulés alléchants : langoustines rôties au tandoori, lotte à l'armoricaine, tourte feuilletée charcutière volaille et cèpes. Dans tous les cas, les assiettes sont soigneusement ficelées.

♿ - **€€** - *28 rue de Pontivy - ✆ 02 96 28 76 27 - Fermé lundi, mardi, samedi midi, et mercredi, jeudi et dimanche soir*

LOUÉ

✉ 72540 - Sarthe - Carte régionale n° **10**-A2

RICORDEAU

CUISINE MODERNE • ÉLÉGANT Installez-vous sur l'agréable terrasse dressée dans le parc, au bord de la Vègre, et laissez-vous tenter par la bonne cuisine gastronomique du chef, toujours de saison. Des plats au goût du jour, sérieux et appliqués, réalisés avec de très bons produits locaux, parmi lesquels le suprême de poulet de Loué farci aux oignons et aux morilles, légumes primeur et jus de volaille crémé. La Table du Coq, le second restaurant de l'hôtel, propose une cuisine plus simple.

P - **€€€** - *13 rue de la Libération - ✆ 02 43 88 40 03 - www.hotel-ricordeau.fr - Fermé lundi, mardi, mercredi midi et dimanche soir*

LOURMARIN

✉ 84160 - Vaucluse

LE GALINIER, LOURMARIN, BEAUMIER GUESTHOUSE

PROVENÇAL • CHAMPÊTRE À la fois résidence secondaire et hôtel, cette bastide du 18e s. peut être louée entièrement, mais on peut aussi y réserver une chambre pour quelques nuits. Le corps de ferme d'origine et plusieurs dépendances s'égrènent dans un joli parc autour d'une piscine, un terrain de pétanque et une roseraie. Cette simplicité se retrouve dans les chambres et les suites aux murs imposants avec tomettes, planchers, canapés en lin et meubles chinés. L'établissement comprend aussi un appartement avec trois chambres et une cuisine, et une maison disposant de son propre jardin. La discrétion du personnel et les vélos à disposition renforcent ce sentiment de séjourner dans une maison de vacances.

- 9 chambres - *46 avenue du 8 Mai - 04 89 81 40 75*

LE MOULIN, BEAUMIER HOTEL

MODERNE • CHALEUREUX Une belle histoire d'hospitalité provençale : un moulin à huile du 18e s. dans un charmant village, devenu un gîte qui compta Albert Camus parmi ses clients, puis un hôtel de luxe moderne et intime. Ses chambres et suites aux couleurs ensoleillées lui donnent l'air d'une maison de campagne, avec bibliothèque de livres d'art et petite piscine. Plats régionaux servis dans la salle à manger ou le patio, bar animé.

- 36 chambres - *Avenue Raoul Dautry - 04 89 81 40 77*

LE LOUROUX

37240 - Indre-et-Loire - Carte régionale n° **15**-B2

LA TABLE DU PRIEURÉ

CUISINE MODERNE • CONVIVIAL Le chef sarthois Pierre Drouineau tient cette table installée à l'entrée d'un beau prieuré fortifié, fleuron d'un joli village de campagne. Le cadre est charmant et l'assiette aussi, notamment grâce aux produits du terroir souvent mis à l'honneur : lentilles de Touraine, épeautre de Manthelan, fraises de Chouzé-sur-Loire... Une cuisine de bistrot moderne, simple et goûteuse, à l'image de ce filet de canette, pomme de terre nouvelle de Louans et ketchup de carotte ; un plat aux saveurs bien marquées.

- €€ - *2 rue du Château - 02 47 19 26 75 - www.latableduprieure.fr - Fermé lundi et mardi, et mercredi et dimanche soir*

LUC-SUR-ORBIEU

11200 - Aude - Carte régionale n° **27**-B2

LA LUCIOLE

CUISINE TRADITIONNELLE • BISTRO Le chef a réalisé un rêve d'enfant en rachetant ce café sur la petite place du village. Autodidacte passionné, il concocte avec sa fille une cuisine simple et goûteuse, faisant la part belle aux produits locaux. Lapin et haddock en maki ; onglet de veau cuit à la plancha, sauce chimichurrri ; baba au rhum et sorbet piña colada. À déguster en terrasse, à l'ombre d'un platane centenaire.

- €€ - *3 place de la République - 04 68 40 87 74 - www.restaurantlaluciole.fr - Fermé mercredi, dimanche et samedi midi*

LUCINGES

74380 - Haute-Savoie - Carte régionale n° **21**-C1

L'AUBERGE DE LUCINGES

Chef : Benjamin Breton

CUISINE MODERNE • CONTEMPORAIN Le chef Benjamin Breton (ex-Fiskebar à l'hôtel Ritz-Carlton de Genève) propose une table gastronomique mitoyenne de son Bistrot de Madeleine, au cœur du village de Lucinges. Il y développe une cuisine moderne, subtilement créative, via un menu unique mensuel. Les produits sont rigoureusement sélectionnés et locaux - à quelques belles exceptions près : homard bleu, agneau de la ferme de Clavisy... Le végétal règne sur de beaux contrastes de saveurs, des sauces expressives, et les cuissons parfaites subliment ici un omble chevalier ikejime, et là ce fameux homard bleu à peine saisi. Le cadre, contemporain et clair, donne à admirer la cave à vin vitrée, qui privilégie la qualité et l'originalité des vins nature et bio.

- €€€€ - 67 place de l'Église - 04 50 39 64 74 - www.laubergedelucinges.fr - Fermé du lundi au mercredi, du jeudi au samedi à midi, et dimanche soir

LE BISTROT DE MADELEINE

CUISINE MODERNE • BISTRO Cette auberge de village est une madeleine pour les amateurs de bonnes (et saines) choses. N'hésitons pas à parler de cuisine programmatique dans ce bistrot un poil rustique : bêtes achetées sur carcasse, maraîchage local, poissons en direct des criées, carte changée chaque semaine... Dans l'assiette ? C'est savoureux, généreux et gourmand.

- €€ - 67 place de l'Église - 04 50 39 64 74 - www.laubergedelucinges.fr - Fermé du lundi au mercredi

LE BONHEUR DANS LE PRÉ

CUISINE DU MARCHÉ • TRADITIONNEL Dans cette ferme du 19e s. en pleine nature, on joue à fond la carte de l'authenticité ! En cuisine, le chef compose un menu unique (possible en version végétarienne) à partir de beaux produits locaux. Le tout bien accompagné d'un bouteille sélectionnée dans la cave à vin (environ 300 références) attenante à la salle à manger. Dès lors, comment ne pas être convaincu que... le Bonheur est dans Le Pré !

P - €€ - 2011 route de Bellevue - 04 50 43 37 77 - www.lebonheurdanslepre.ellohaweb.com - Fermé lundi, du mardi au samedi à midi, et dimanche soir

LUÇON

85400 - Vendée - Carte régionale n° **14**-B2

AU FIL DES SAISONS

CUISINE TRADITIONNELLE • CONTEMPORAIN Dans cette sympathique auberge de bord de route, on se sustente avec plaisir et simplicité d'une cuisine fraîche, d'inspiration traditionnelle et régionale (foie gras de canard aux baies de genièvre, suprême de pintade rôti aux herbes, etc). Le petit potager fournit quelques légumes et herbes aromatiques. Installez-vous dans la véranda ou le jardin... selon les saisons.

P - €€ - 55 route de la Roche-sur-Yon - 02 51 56 11 32 - www.aufildessaisons-vendee.com - Fermé lundi et dimanche, et jeudi et vendredi soir

LUMIO - Haute-Corse (2B) → Voir Corse

LUNEL

34400 - Hérault - Carte régionale n° **27**-D1

MAISON SOUBEIRAN

CUISINE MODERNE • BISTRO Dans cette maison familiale attachante, la cheffe prépare une cuisine locale spontanée, fraîche et saine, à base de produits de saison issus de maraîchers bio. Des saveurs de garrigue, de Camargue et de Méditerranée, accompagnées d'un très bon pain maison au levain naturel au blé ancien. Accueil chaleureux et ravissante terrasse sous la treille.

AC - €€€ - 129 cours Gabriel-Péri - 04 67 15 14 55 - www.maison-soubeiran.fr - Fermé lundi et mardi, et dimanche soir

LUNÉVILLE

✉ 54300 – Meurthe-et-Moselle – Carte régionale n° **7**–C2

CHÂTEAU D'ADOMÉNIL

Chef : Cyril Leclerc

CUISINE MODERNE • LUXE Au cœur de la campagne de Lunéville, ce charmant petit château classique se prélasse dans son parc boisé. On traverse une enfilade solennelle de salles au cachet historique intact, avec boiseries anciennes, parquets et cheminées... La salle à manger s'ouvre, elle, sur le parc. Quelques subtiles touches baroques et contemporaines viennent égayer ce décor de rêve qui est à l'unisson de la cuisine du chef, une cuisine classique, rehaussée de touches actuelles. Ancien pâtissier, Cyril Leclerc, lorrain talentueux et discret, aime les beaux produits. Il les traite avec respect comme en témoignent la justesse de ses cuissons et de ses saveurs. Célébrée par son épouse experte qui veille en salle, la carte des vins n'est pas en reste...

*– **€€€€** – 7 route Mathieu-de-la-Haye - Adoménil-Rehainviller – 03 83 74 04 81 – www.adomenil.com – Fermé lundi, mardi, du mercredi au vendredi à midi, et dimanche soir*

LUZY

✉ 58170 – Nièvre – Carte régionale n° **16**–D2

LA TABLE DE JÉRÔME

CUISINE MODERNE • CONTEMPORAIN Au sein de l'hôtel du Morvan, le chef Jérôme Raymond propose une cuisine au goût du jour qui fait la part belle au terroir local. Un menu unique, autour des meilleurs produits de saison – et où le bœuf charolais y est souvent roi ! Carte des vins de plus de 400 références, bien sûr majoritairement bourguignonnes, et confortables chambres pour prolonger l'étape.

*♿ – **€€€** – 26 rue de la République – 03 86 30 00 66 – www.hotelrestaurantdumorvan58.fr – Fermé lundi, mardi midi et dimanche soir*

littleclie/Getty Images Plus

LYON

Lyon est-elle, comme le claironna un critique gastronomique en 1935, la “capitale mondiale de la gastronomie” ? Une chose est sûre : ici, l’art de bien manger est une affaire sérieuse. C’est une histoire multi-centenaire, celle des bouchons, avec leurs spécialités passées à la postérité – saucisson truffé ou pistaché, cervelle de canut, quenelles de brochet, bugnes et cardons à la moelle –, celle des mères lyonnaises, ces cuisinières d’exception qui ont enchanté les palais rhodaniens jusqu’à l’entre-deux-guerres, c’est aussi celle des vins de la région, beaujolais ou crozes-hermitage... ou ces coteaux-du-lyonnais, longtemps restés dans l’ombre, qui reprennent des couleurs dans une veine bio et nature.

De fait, Lyon ne se repose pas sur ses glorieux lauriers. Dans le 1er, le 6e ou encore le Vieux-Lyon, fleurissent les bons bistrots sans prise de tête (Armada, Leptine, Osteria Matto), à la manière de l’Est parisien, tandis que la naturalité poursuit sa percée (Ombellule, Prairial, Rustique). Tradition et créativité se partagent la vedette d’un quartier à l’autre ; la cuisine ethnique fait maintenant partie du paysage, à l’image de l’étonnante partition latino-américaine d’Andrés Sandoval, le chef vénézuélien de Canaima, ou des inspirations mexicaines d’Alebrije dans le quartier de la Croix-Rousse.

LA SÉLECTION DU GUIDE MICHELIN

✿✿✿ 3 Étoiles
✿✿ 2 Étoiles
✿ 1 Étoile
Bib Gourmand
Gastronomie engagée

LES TABLES ÉTOILÉES

✿✿

Une cuisine d'exception. Vaut le détour !

✿

Une cuisine d'une grande finesse. Vaut l'étape !

Nos meilleurs rapports qualité-prix

LES TABLES SELON VOS ENVIES

LES TABLES PAR TYPE DE CUISINE

Максим Крысанов/Getty Images Plus

LYON

RESTAURANTS AVEC SALONS PARTICULIERS

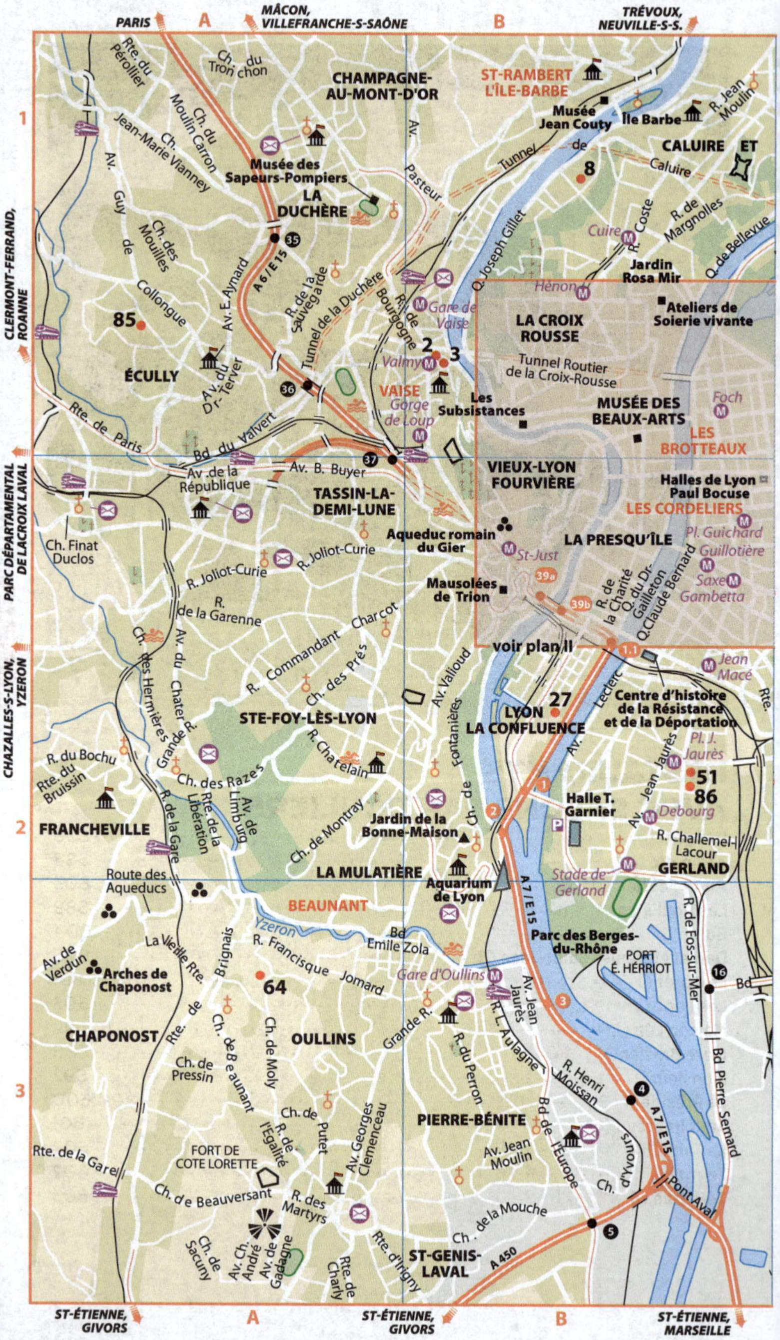

PARIS
A
MÂCON, VILLEFRANCHE-S-SAÔNE
B
TRÉVOUX, NEUVILLE-S-S.
CLERMONT-FERRAND, ROANNE
PARC DÉPARTEMENTAL DE LACROIX LAVAL
CHALLES-S-LYON, YZERON
CHAMPAGNE-AU-MONT-D'OR
ST-RAMBERT L'ÎLE-BARBE
Musée Jean Couty
Île Barbe
CALUIRE ET CUIRE
Musée des Sapeurs-Pompiers
LA DUCHÈRE
ÉCULLY
Jardin Rosa Mir
LA CROIX ROUSSE
Ateliers de Soierie vivante
Tunnel Routier de la Croix-Rousse
VAISE
Les Subsistances
MUSÉE DES BEAUX-ARTS
LES BROTTEAUX
VIEUX-LYON FOURVIÈRE
Halles de Lyon Paul Bocuse
LES CORDELIERS
TASSIN-LA-DEMI-LUNE
Aqueduc romain du Gier
LA PRESQU'ÎLE
Mausolées de Trion
voir plan II
STE-FOY-LÈS-LYON
LYON LA CONFLUENCE
Centre d'histoire de la Résistance et de la Déportation
FRANCHEVILLE
Jardin de la Bonne-Maison
Halle T. Garnier
LA MULATIÈRE
GERLAND
Aquarium de Lyon
BEAUNANT
Route des Aqueducs
Arches de Chaponost
Parc des Berges-du-Rhône
PORT É. HERRIOT
CHAPONOST
OULLINS
PIERRE-BÉNITE
FORT DE COTE LORETTE
ST-GENIS-LAVAL
ST-ÉTIENNE, GIVORS
ST-ÉTIENNE, MARSEILLE

LYON
plan I
0
750 m
COLLONGES
BOURG-ENB., MACÔN
MACÔN
BOURG, GENÈVE
GENÈVE
GROUPAMA STADIUM
MORESTEL, CRÉMIEU
EUREXPO
CHAMBÉRY, GRENOBLE, BOURGOIN-JALLIEU
HEYRIEUX
CORBAS
CORBAS
VIENNE, VALENCE
C
D
1
2
3
ÎLE DE LA PAPE
A 46
A 42 / E 611
A 43 / E 711
Ch. de Crépieux
Montée des Soldats
Av. des Cottages
CUIRE
Rte. de Strasbourg
RHÔNE
CITÉ INTERNATIONALE
Musée d'Art contemporain
Bd Laurent Bonnevay
Av. Albert Einstein
Av. Roger Salengro
Parc de la Tête d'Or
VILLEURBANNE
République-Villeurbanne
Gratte-Ciel
Masséna
Charpennes Charles-Hernu
Brotteaux
La Part Dieu
Av. Thiers
R. Anatole France
T.N.P.
Flachet
Cours Emile Zola
Cusset
LES GRATTE-CIEL
Institut d'Art contemporain
R. Maurice Flandin
R. Baraban
R. du Lac
R. Garibaldi
LA PART-DIEU
Garibaldi
Mémorial national de la prison de Montluc
Musée des Moulages
Sans-Souci
MONCHAT
Cours du Dr-Long
Rte. de Genas
Av. Paul Kruger
R. de La Balme
R. Trarieux
Monplaisir Lumière
Musée Lumière
Grange-Blanche
R. de l'Epargne
R. Marius Berliet
Bd Jean XXIII
Laënnec
MONPLAISIR
Bd des États-Unis
Musée urbain Tony-Garnier
Av. Jean Mermoz
Av. Paul Santy
Mermoz Pinel
R. des Essarts
R. de Vienne
R. du Professeur Roux
Rte. de Vienne
ÉTATS-UNIS
Av. Viviani
Bd Laurent Bonnevay
Parilly
Av. Francis de Pressensé
Bd Irène Joliot-Curie
Av. Jean Jaurès
VÉNISSIEUX
R. Carnot
R. Gabriel Péri
ST-FONS
Av. Pierre Semard
Gare de Vénissieux
Av. Maurice Thorez
Av. Jean Cagne
Av. d'Oschatz
Bd Ambroise Croizat
R. Descartes
Bd Yves Farge
Bd Lénine
Bd Urbain Est
R. Beethoven
VAULX-EN-VELIN
R. de Verdun
R. du Marais
ST-JEAN
Av. du 8 Mai 1945
R. Franklin
R. de la République
R. Jean Jaurès
Av. Marcel Cachin
Av. Charles de Gaulle
Av. S. Allende
Av. G. Dimitrov
Planétarium
Av. Gabriel Péri
Av. Karl Marx
R. Jacques Monod
R. P. Voyant
Pont de la Soie
Av. Jean Jaurès
L. Bonnevay
Av. de Bohlen
R. Léon Blum
La Soie
Av. des Canuts
R. Roger Salengro
R. Emile Zola
R. Raspail
Av. des Bruyères
R. Henri Legay
R. Alexandre Dumas
R. A. Chénier
Av. Roger Salengro
Rte. de Genas
R. Christian Lacouture
R. de la Pagère
Av. Pierre Brossolette
BRON
R. des Roberdières
Rte. de Lyon
Av. François Mitterrand
CHASSIEU
Bd Laurent Bonnevay
Av. Franklin Roosevelt
Bd Charles de Gaulle
AÉROPORT DE LYON-BRON
R. Lionel Terray
Av. Jean Monnet
Rte. de Grenoble
PARC DÉPARTEMENTAL DE PARILLY
Av. Pierre Mendès France
Av. Charles de Gaulle
R. du Dauphiné
Bd de la Porte des Alpes
R. de l'Aviation
R. Jean Zay
Rte. de Lyon
RENAULT VÉHICULES INDUSTRIELS
ST-PRIEST
Av. H. Boucher
Av. S. Allende
R. Danton
Grande R.
R. Gambetta
Av. Jean Jaurès
R. J. Jules Ferry
R. du Lyonnais
R. de Bourgogne
R. Aristide Briand
Rte. d'Heyrieux
R. de l'Égalité
R. de l'Industrie
Z.I. DE VÉNISSIEUX-CORBAS-SAINT-PRIEST
87

E
F
1
2
3
Ateliers de Soierie vivante
R. Petrus Sambardier
R. Henri Gorjus
R. Hénon
Hénon
Bd des Canuts
R. de Cuire
Grande R. de la Croix-Rousse
R. Belfort
Place M. Bertone
Maison des Canuts
Mur de Canuts
R. Dangon
R. Pernon
LA CROIX ROUSSE
R. Valentin Couturier
R. Jacquard
Pl. Tabareau
Croix Rousse
R. Chazière
R. Bony
Tunnel de la Croix-Rousse
R. Routier
R. de Crimée
Cours d'Herbouville
Q. Joseph Gillet
R. des Chartreux
R. du Bon Pasteur
R. Neyret
Pont de Lattre de Tassigny
Pl. Chardonnet
FORT ST-JEAN
R. Pierre Dupont
Pl. des Chartreux
R. Burdeau
Croix Paquet
Q. Chauveau
Amphithéâtre des Trois-Gaules
St-Polycarpe
Q. de Serbie
Cours Gal Giraud
Pl. Sathonay
Pont Morand
Les Subsistances
Q. St-Vincent
R. de la Martinière
Hôtel de Ville L. Pradel
Pl. des Terreaux
Opéra
Saône
Q. Pierre Scize
ST-PAUL
M1
Passerelle du Collège
Ch. de Montauban
Montée des Carmes-Déchaussés
Théâtre Le Guignol de Lyon
R. Gentil
Musées Gadagne
Pl. du Change
St-Nizier
M3
VIEUX LYON
N.-D. de Fourvière
R. du Boeuf
R. St-Jean
Ch. du Viaduc
Fourvière
Cordeliers
PRESQU'ÎLE
St-Bonaventure
FOURVIÈRE
Montée St-Barthélemy
St-Jean
Musée gallo-romain de Lyon-Fourvière
Vieux Lyon
R. Childebert
Pont Wilson
Grand Théâtre
Montée du Chemin-Neuf
Hôtel-Dieu
Aqueducs Romains
Odéon
Minimes
R. du Plat
Q. Tilsitt
St-Georges
Place Bellecour
Bellecour
R. de Trion
St-Just
Thermes
Montée de Choulans
Musée des Automates
R. Sala
RHÔNE
St-Martin d'Ainay
M2
M4
Montée des Génovéfains
Q. Fulchiron
Pont de l'Université
R. Claude Bernard
R. Cavenne
R. Pasteur
Mausolées de Trion
Ampère Victor Hugo
R. Franklin
R. de Condé
R. de l'Université
Montée Saint-Laurent
Q. des Etroits
A6 / E15
Place Carnot
R. Duhamel
Q. du Dr Gailleton
Perrache
R. Chevreul
R. Jaboulay
Av. Debrousse
Q. Rambaud
R. Claudius Collonge
Pont Galliéni
1
4
5
7
9
10
11
12
13
15
18
19
20
21
22
23
24
25
26
28
29
30
31
32
33
34
35
36
37
38
39
40
41
42
43
44
46
47
53
58
63
67
69
78
80
88

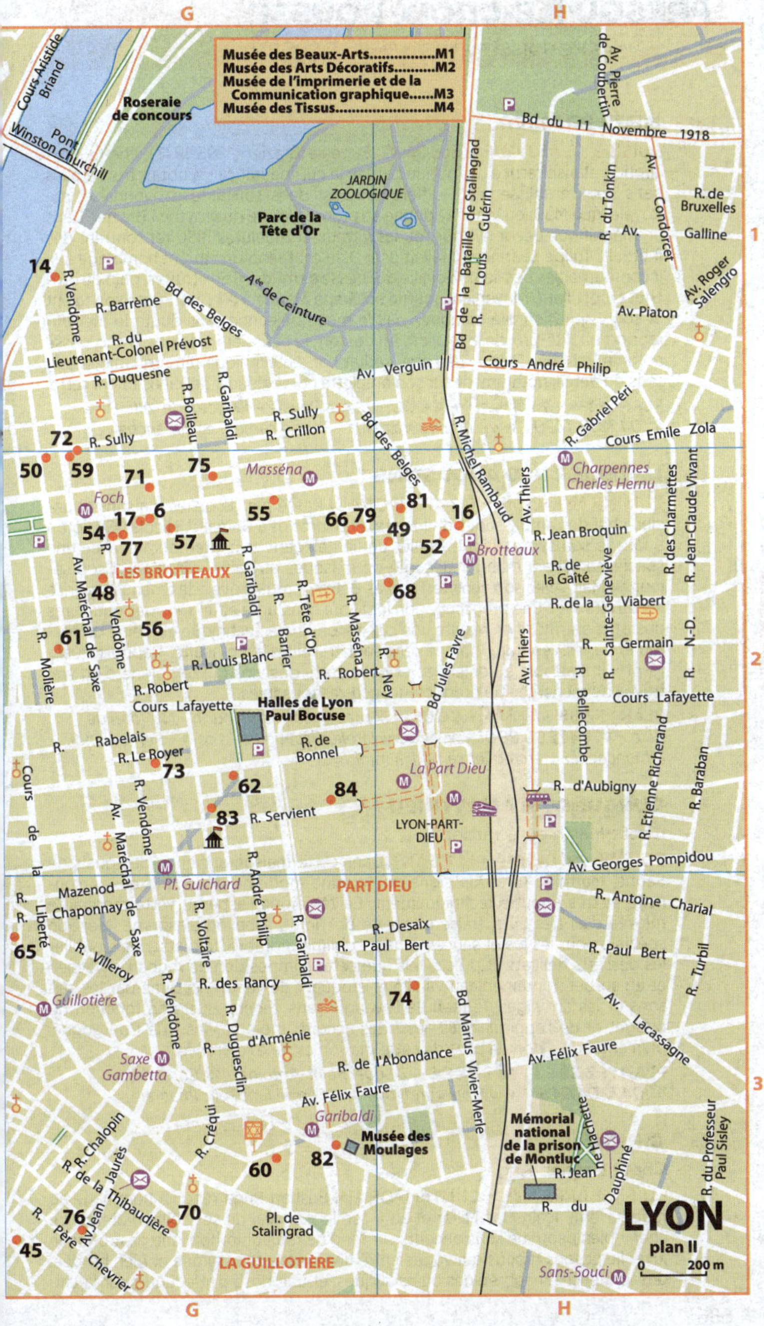
G
H
Musée des Beaux-Arts................M1
Musée des Arts Décoratifs..........M2
Musée de l'imprimerie et de la Communication graphique......M3
Musée des Tissus........................M4
Cours Aristide Briand
Pont Winston Churchill
Roseraie de concours
JARDIN ZOOLOGIQUE
Parc de la Tête d'Or
Ale de Ceinture
Bd du 11 Novembre 1918
Av. Pierre de Coubertin
Bd de la Bataille de Stalingrad
R. Louis Guérin
R. du Tonkin
Av. Condorcet
R. de Bruxelles
Av. Galline
Av. Roger Salengro
Av. Piaton
R. Vendôme
R. Barrème
Bd des Belges
R. du Lieutenant-Colonel Prévost
R. Duquesne
Av. Verguin
Cours André Philip
R. Boileau
R. Garibaldi
R. Sully
R. Crillon
R. Gabriel Péri
Cours Emile Zola
R. Michel Rambaud
Masséna
Foch
Charpennes Charles Hernu
Av. Thiers
R. des Charmettes
R. Jean-Claude Vivant
R. Jean Broquin
Brotteaux
LES BROTTEAUX
R. de la Gaîté
R. Sainte-Geneviève
R. de la Viabert
Av. Maréchal de Saxe
R. Barrier
R. Tête d'Or
R. Masséna
Bd Jules Favre
R. Ney
R. Germain
R. N.-D.
R. Molière
R. Louis Blanc
R. Robert
R. Bellecombe
Cours Lafayette
Halles de Lyon Paul Bocuse
R. Rabelais
R. Le Royer
R. de Bonnel
La Part Dieu
R. d'Aubigny
R. Etienne Richerand
R. Baraban
Cours de la Liberté
R. Servient
LYON-PART-DIEU
Av. Georges Pompidou
R. André Philip
Pl. Guichard
PART DIEU
R. Mazenod
R. Chaponnay
R. Voltaire
R. Desaix
R. Paul Bert
R. Antoine Charial
R. Villeroy
R. Turbil
R. des Rancy
Guillotière
Av. Lacassagne
R. Duguesclin
R. d'Arménie
Bd Marius Vivier-Merle
Saxe Gambetta
R. de l'Abondance
Av. Félix Faure
R. Créqui
Garibaldi
Musée des Moulages
Mémorial national de la prison de Montluc
R. Jeanne Hachette
R. Jean
R. du Dauphiné
R. du Professeur Paul Sisley
R. Chalopin
R. de la Thibaudière
Av. Jean Jaurès
R. Père Chevrier
Pl. de Stalingrad
LA GUILLOTIÈRE
Sans-Souci
LYON
plan II
0 200 m
1
2
3
14
72
50
59
71
75
55
66
79
81
16
49
52
17
6
54
77
57
48
68
56
61
73
62
84
83
65
74
60
82
76
70
45

PRESQU'ÎLE-CROIX-ROUSSE

1er - 2e - 4e ARRONDISSEMENTS

✿✿ MÈRE BRAZIER

CUISINE CLASSIQUE • ÉLÉGANT Eugénie Brazier (1895-1977), cheffe d'exception et inspiratrice de tout un pan de la cuisine française, obtint trois étoiles dans deux établissements différents. C'est dans son adresse lyonnaise, rue Royale, que Mathieu Viannay donne sa propre lecture du «mythe» Brazier. Dans un magnifique décor hybride, où les vitraux et moulures 1930 rencontrent des fauteuils Tulipe Saarinen (il fallait oser !), le chef rend un vibrant hommage aux incontournables des lieux (volaille de Bresse demi-deuil aux truffes, pain de brochet croustillant, renversant soufflé au Grand Marnier) en y insufflant son talent et son inspiration. Ne manquez pas le menu déjeuner, sans doute le meilleur rapport qualité-prix de la maison. Au dessert, le pâtissier Rodolphe Tronc, passé notamment chez Pierre Gagnaire, séduit par sa technique remarquable et son sens du détail, notamment sur son omelette norvégienne, délicieusement rétro.

PLAN : F1-4 – €€€€ – *12 rue Royale – Ⓜ Hôtel de Ville – ✆ 04 78 23 17 20 – www.lamerebrazier.fr – Fermé samedi et dimanche*

✿ L'ATELIER DES AUGUSTINS

CUISINE MODERNE • CONTEMPORAIN Passé par de belles maisons et ancien chef des ambassades de France à Londres et à Bamako, Nicolas Guilloton a fait de son sympathique Atelier un lieu élégant et contemporain, avec une spacieuse salle à manger décorée de masques africains, clin d'œil à son séjour au Mali. Avec son acolyte Thomas Belval, il régale avec des menus surprise construits avec une préoccupation locavore constante et un sens des équilibres gustatifs affirmé. Il en résulte une cuisine originale, technique et pleine de parfums, où les végétaux notamment sont travaillés avec acuité. Rapport qualité-prix imbattable au déjeuner, et belle carte des vins qui témoigne d'un vrai travail de recherche de producteurs éco-responsables.

PLAN : F2-38 – €€€€ – *17 rue Hippolyte-Flandrin – Ⓜ Hôtel de Ville – ✆ 04 72 00 88 01 – www.www.latelierdesaugustins.com – Fermé lundi, dimanche, et mercredi et samedi à midi*

✿ BURGUNDY BY MATTHIEU

Chef : Matthieu Girardon

CUISINE MODERNE • ÉLÉGANT Dans cette maison ancienne des quais de Saône, Matthieu Girardon signe une cuisine moderne décomplexée, personnelle et très aboutie techniquement. En témoigne l'asperge verte croquante relevée d'ail des ours, fraise et poivre de Timut, sabayon d'asperge. Mention spéciale pour les jus et sauces venant sublimer nombre de plats... sans oublier les desserts délicats et précis, tels que cette composition de rhubarbe pochée et en sorbet, fontainebleau vanillé et croquant de yaourt. Rythmé par les saisons et les arrivages, le menu à l'aveugle sans choix s'ajuste en fonction du budget et de l'appétit, mais aussi des accords mets et vins... de Bourgogne, bien entendu – dont la cave de cette maison est une référence.

PLAN : F2-29 – €€€€ – *24 quai Saint-Antoine – Ⓜ Cordeliers – ✆ 04 72 04 04 51 – www.burgundybym.fr – Fermé lundi et dimanche*

✿ CIRCLE

Chef : Bastian Ruga

CUISINE CRÉATIVE • CONTEMPORAIN Bastian Ruga rend ici hommage au rappeur américain Mac Miller et au « cercle » amical de ses collaborateurs. Le chef a bien peaufiné son concept : sur fond de rap et hip-hop, une gastronomie juvénile et sans tabous qui vogue entre une créativité assumée et bien bordée, des influences maghrébines ou asiatiques, et une dose d'affection pour la cuisine lyonnaise. Les accords mets-boissons originaux puisent aussi bien dans la bière, les infusions ou la carte de vins nature. Un exemple de plat ? Le cabillaud nacré à souhait, nappé d'une belle hollandaise relevée de yuzu kosho et doux crémeux de brocoli. Service pro et branché. Voilà une adresse qui ne tourne pas en rond !

PLAN : F2-28 – A/C – **€€€** – *11 rue Chavanne – Ⓜ Cordeliers – ✆ 04 78 27 86 93 – www.circlelyon.fr – Fermé lundi et dimanche*

PRAIRIAL

Chef : Gaëtan Gentil

CUISINE CRÉATIVE • **ÉPURÉ** Le chef Gaëtan Gentil cultive sa prairie dans le quartier Confluence, au sein d'un bâtiment entièrement écoresponsable du sol au plafond, en passant par les tables en chêne français. Depuis la cuisine centrale ouverte, il orchestre une symphonie saisonnière qui met en avant les saveurs du terroir rhodanien à grand renfort d'herbes et de plantes sauvages. Cette cuisine créative et instinctive, néanmoins très réfléchie, repose sur la sublimation des produits, soumis à de nombreuses variations et rehaussés de sauces pleines de personnalité. Tous les fournisseurs choisis participent d'un même engagement écologique : maraîchers en permaculture, élevage raisonné, poissons d'eau douce sauvages ou élevés proprement... Les presque 1000 références bio et nature de la carte des vins pointent dans la même direction : celle d'une gastronomie à la fois savoureuse et consciente.

L'engagement du chef : Nous avons choisi de nous installer dans un nouvel écoquartier et dans un bâtiment à énergie positive. Nous récupérons l'énergie perdue des moteurs des chambres froides pour chauffer l'eau. Tous nos produits sont attentivement sourcés, majoritairement issus de la région Auvergne-Rhône-Alpes et nous nous efforçons de les utiliser dans leur intégralité.

PLAN : B2-27 – ♿ A/C – **€€€€** – *1 place Hubert-Mounier – Ⓜ Perrache – ✆ 04 87 78 32 51 – www.prairial-restaurant.fr – Fermé lundi, dimanche et du mardi au jeudi à midi*

RUSTIQUE

Chef : Maxime Laurenson

CUISINE CRÉATIVE • **COSY** Un vent d'audace souffle sur le restaurant de Maxime Laurenson. Les assiettes, précises et lisibles, donnent à voir les produits dans leur simplicité, avec toujours une importance accordée au végétal et une certaine démarche locavore. Le menu unique sans choix se décline en une dizaine de séquences, composé avec le meilleur de la grande région, de l'Auvergne aux Alpes. On déguste le tout dans un décor inspiré de la nature, porté par un service attentif. Une adresse «naturalité» qui fait fureur à Lyon.

PLAN : E3-26 – ♿ – **€€€€** – *14 rue d'Enghien – Ⓜ Ampère-Victor-Hugo – ✆ 04 72 13 80 81 – www.rustiquelyon.fr – Fermé lundi, mardi et dimanche le midi*

LE COCHON QUI BOIT

CUISINE MODERNE • **COSY** Deux anciens de chez Têtedoie ont troqué l'ourson contre le cochon ! Ici, on déguste une viande goûteuse (pintade fermière de la Dombes, le filet rôti sur coffre et la cuisse confite, châtaigne et blettes) et on se laisse ravir par des associations malignes (ganache chaude au chocolat et glace aspérule odorante). Les produits locaux sont bien sourcés et cuisinés avec justesse : fruits et légumes bio, escargots des Monts du Lyonnais, veau de l'Ain, chocolat d'un maître chocolatier de Voiron. Le tout arrosé de vins d'auteur, et dans une chaleureuse ambiance bon enfant : tout est bon dans ce cochon !

PLAN : F1-12 – A/C – **€€** – *23 rue Royale – Ⓜ Croix-Paquet – ✆ 04 78 27 23 37 – www.lecochonquiboit.fr – Fermé lundi et dimanche*

LA MEUNIÈRE N

CUISINE LYONNAISE • BOUCHON LYONNAIS Ouvert en 1921, ce bouchon de la presqu'île n'a pas pris une ride. La truculente équipe insuffle autant de caractère à la salle qu'aux assiettes copieusement servies. Dans un décor rétro resté dans son jus, on sert une cuisine lyonnaise généreuse et canaille : tablier de sapeur sauce gribiche, quenelle maison aux escargots, ris de chevreau, tête de veau, flan pâtissier à la praline rose... Une adresse vivante et savoureuse, où se croisent habitués du quartier et touristes en quête d'authenticité.

PLAN : F2-42 – A/C – **€€** – *11 rue Neuve – M Hôtel de Ville – 04 78 28 62 91 – www.lameuniere.fr – Fermé lundi et dimanche*

ALEBRIJE

CUISINE MEXICAINE • COLORÉ La cheffe mexicaine Carla Kirsch, originaire de Veracruz, officie dans le quartier de la Croix-Rousse après une formation à l'Institut Paul Bocuse et de belles expériences ici et là (notamment chez Troisgros). Du décor à l'assiette, le ton est donné : inspiration mexicaine (présence du maïs en entrée et au dessert, piments...) et produits locaux de saison se métissent avec jubilation dans un cadre qui associe vieilles poutres et touches de couleur. Nouveau menu chaque mois, quelques vins mexicains, ainsi qu'un choix de tequilas et de mezcals.

PLAN : F1-1 – A/C – **€€** – *1 rue Justin-Godart – M Croix-Rousse – 04 72 00 03 02 – www.restaurant-alebrije.fr – Fermé lundi, dimanche et le midi*

LYON

AROMATIC

CUISINE MODERNE • CONTEMPORAIN À la Croix-Rousse, Frédéric Taghavi propose des recettes modernes et inventives, qui réinterprètent la tradition mais s'enrichissent également d'influences du monde entier : Saint-Jacques de la baie de Saint-Brieuc, patate douce et beurre blanc au vinaigre de mangue ; joue de cochon ibérique bellota, jus au foie gras et céleri rôti ; caille des Vosges, cuisse en pastilla, houmous et coulis de cresson.

PLAN : F1-9 – ♿ A/C – **€€** – *15 rue du Chariot-d'Or – M Croix-Rousse – 04 78 23 73 61 – www.aromaticrestaurant.fr – Fermé lundi et dimanche*

L'ARTICHAUT

CUISINE MODERNE • BOURGEOIS Nichée dans un ancien presbytère transformé en charmant hôtel, cette table au délicieux cadre cosy propose une goûteuse cuisine actuelle qui suit les saisons : crème de cèpe et brisures de marrons d'Ardèche ; filet d'esturgeon cuit meunière, sauce matelote... La cuisine moderne du chef est sobre et bien réalisée.

PLAN : F3-33 – ♿ A/C – **€€** – *Hôtel de l'Abbaye, 20 rue de l'Abbaye-d'Ainay – M Ampère-Victor-Hugo – 04 78 05 69 02 – www.hotelabbayelyon.com/restaurant-artichaut – Fermé lundi et dimanche*

LE BISTROT DES VORACES

CUISINE TRADITIONNELLE • BISTRO Êtes-vous simplement gourmand... ou franchement vorace ? Dans tous les cas, ce bistrot de quartier de la Croix-Rousse saura vous combler : passé par de bonnes maisons comme Les Crayères à Reims, le chef-patron Cédric Blin régale autour d'un menu-carte à prix vraiment doux, une affaire par les temps qui courent.

PLAN : F1-10 – **€** – *13 rue d'Austerlitz – M Croix-Rousse – 04 72 07 71 86 – www.bistrotdesvoraces.com – Fermé samedi et dimanche*

LES BOULISTES

CUISINE TRADITIONNELLE • BISTRO Sur le plateau de la Croix-Rousse, ce restaurant situé sur une grande place (haut lieu de la pétanque… d'où le nom !) propose une cuisine traditionnelle revisitée, avec notamment des cocottes à partager les mois d'hiver. À déguster dans un cadre de bistrot typique, ou sur la terrasse, installée dès les premiers beaux jours et prise d'assaut en été !

PLAN : E1-11 – – **€€** – *9 place Tabareau – Ⓜ Croix-Rousse – ✆ 04 78 28 44 13 – www.lesboulistes.fr – Fermé lundi et dimanche*

BRUTAL Ⓝ

CUISINE MODERNE • TENDANCE Ce néobistrot du quartier d'Ainay ne manque pas de style : bar-comptoir avec quelques places, colonnes en béton brut, cuisine ouverte derrière une verrière façon atelier, lumière tamisée et musique électro en fond. Le chef Alban Joriot (Têtedoie, Le Neuvième Art, L'Établi) trousse une cuisine de saison aux associations bien pensées, alliant précision et caractère : radis blanc mariné au piment, pita maison, légumes en tempura ; maigre parfaitement farci à l'ail des ours, sucrine braisée, tarama fumé. Le midi, un menu assez simple ; le soir, des propositions plus ambitieuses. Une adresse de qualité dans une ambiance détendue et branchée : une brute pleine de finesse !

PLAN : F3-21 – A/C – **€€** – *3 rue des Remparts-d'Ainay – Ⓜ Ampère-Victor-Hugo – ✆ 09 80 75 80 52 – www.brutal.restaurant – Fermé lundi, dimanche et mardi midi*

CAFÉ TERROIR

CUISINE DU TERROIR • CONVIVIAL Installée près du théâtre des Célestins, la maison de Jean-François Têtedoie cultive l'art de la bonne chère. La carte est un résumé de la gourmandise lyonnaise : les spécialités de la maison telles que la terrine de famille ou le gâteau lyonnais côtoient les pièces rôties entières, à partager et découpées sous vos yeux (volaille de Bresse, côte de bœuf…), ainsi que des beaux classiques comme le vol-au-vent de ris de veau ou les escargots des Monts du Lyonnais, girolles et cressonnette. Carte des vins de plus de 1500 références à très bon rapport prix-plaisir.

PLAN : F2-40 – A/C – **€€** – *14 rue d'Amboise – Ⓜ Bellecour – ✆ 09 53 36 08 11 – www.cafeterroir.fr – Fermé samedi et dimanche midi*

CANAIMA

CUISINE LATINO-AMÉRICAINE • COSY Ce petit restaurant au cadre tendance, ouvert seulement le soir et tenu par un couple charmant, propose une cuisine fusion entre l'Amérique du Sud et la France. Le chef vénézuélien, ancien de l'Institut Paul Bocuse, réalise des assiettes pétillantes, pleines de couleurs et de saveurs : croquetas de gambas, patacon végétarien, dulce de leche et gâteau de maïs. Les vins sont principalement chiliens et argentins. Service tout sourire et ambiance décontractée.

PLAN : F2-41 – A/C – **€€** – *24 rue René-Leynaud – Ⓜ Croix-Paquet – ✆ 09 87 05 87 25 – www.restaurantcanaima.fr – Fermé lundi, dimanche et le midi*

LE CANUT ET LES GONES

CUISINE MODERNE • BISTRO Dans un coin peu fréquenté de la Croix-Rousse, derrière une devanture discrète, se cache une véritable institution du quartier ouverte depuis plus de 30 ans. Chaleureusement accueilli, on s'installe dans une ambiance délicieusement rétro, avec le bar en Formica, la tapisserie vintage et la collection d'horloges anciennes aux murs. Aux fourneaux, le chef Junzo

Matsuno exécute une cuisine française traditionnelle soignée et maîtrisée, à laquelle il ajoute parfois quelques touches japonisantes discrètes... Très bon rapport qualité-prix au déjeuner.

PLAN : F1-5 - **€€** - *29 rue Belfort - Ⓜ Croix-Rousse - ✆ 04 78 29 17 23 - www.lecanutetlesgones.com - Fermé lundi et dimanche*

CHEZ PIMOUSSE (N)

CUISINE MODERNE • **MAISON DE CAMPAGNE** Pierre-Michaël Martin, dit « Pimousse », s'est posé sur le quai Saint-Vincent, face au Vieux Lyon et à la Saône, dans une salle lumineuse évoquant une villa de campagne : tables en bois vieilli, sièges bistrot, herbes séchées et bar en bois. Sourire aux lèvres, il salue les habitués tout en participant parfois au service. Il convainc avec des assiettes soignées et des menus surprise portés par la qualité irréprochable et la fraîcheur des produits. Un exemple ? Pavé de saint-pierre, petits pois et asperges relevés de petits fruits au vinaigre et sauce crémeuse aux œufs de brochet fumés. Aux beaux jours, agréable terrasse sous les platanes.

PLAN : E2-22 - A/C - **€€** - *27 quai Saint-Vincent - Ⓜ Hôtel de Ville - ✆ 09 82 47 73 60 - www.chezpimousse.com - Fermé lundi et dimanche*

CULINA HORTUS

CUISINE VÉGÉTARIENNE • **CONTEMPORAIN** Ce restaurant végétarien propose une cuisine travaillée, volontiers créative, au gré d'un menu dégustation (sans choix) composé au fil des saisons. Avec des conseils avisés pour guider les accords, on accompagne le tout d'une riche sélection de vins, dont on profite dans un décor cosy et contemporain - bois, béton, pisé.

PLAN : F2-34 - ♿ A/C - **€€€** - *38 rue de l'Arbre-Sec - Ⓜ Hôtel de Ville - ✆ 04 69 84 71 08 - www.culinahortus.com - Fermé lundi et dimanche*

CURNONSKY (N)

CUISINE MODERNE • **COSY** Le chef Benjamin Capelier revient aux commandes de cette adresse qu'il avait jadis dirigée. Rebaptisé Curnonsky, en hommage au célèbre critique et à son premier restaurant lyonnais, l'établissement reste fidèle à son esprit initial : un menu unique à prix doux au déjeuner, un dîner dégustation en plusieurs temps. Dans un cadre simplissime et convivial, ce chef discret et concentré livre une cuisine moderne et savoureuse, où chaque assiette témoigne d'une attention minutieuse aux textures et aux saveurs. Passionné de vin (un euphémisme), il propose une carte exceptionnelle à prix caviste et conseille lui-même les accords parfaits.

PLAN : F2-31 - A/C - **€€** - *6 rue Hippolyte-Flandrin - Ⓜ Hôtel de Ville - ✆ 06 68 38 30 15 - www.curnonskylyon.com - Fermé lundi, et mardi et mercredi midi*

DANIEL ET DENISE CROIX-ROUSSE

CUISINE LYONNAISE • **BOUCHON LYONNAIS** Ce Daniel et Denise Croix-Rousse - le troisième du genre, après la rue de Créqui et le quartier St-Jean - rencontre le même succès que ses grands frères. Pour se rassasier d'une cuisine lyonnaise roborative, dans un décor de bouchon à l'ancienne.

PLAN : F1-13 - ♿ A/C - **€€** - *8 rue de Cuire - Ⓜ Croix-Rousse - ✆ 04 78 28 27 44 - www.danieletdenise.fr - Fermé lundi et dimanche*

EPONA

CUISINE MODERNE • **CHIC** Hôpital pendant huit siècles, l'ancien Hôtel-Dieu a conservé tout son caractère historique. Le restaurant Epona y propose des spécialités régionales piquées de modernité, à déguster dans un beau cadre, façon brasserie de luxe. Et aux beaux jours, l'équipe vous accueille dans une superbe cour-jardin...

PLAN : F3-30 – ♿ AC 🍴 – €€€ – *InterContinental Lyon - Hotel Dieu, 20 quai Jules-Courmont – Ⓜ Bellecour – ✆ 04 26 99 24 24 – www.lyon.intercontinental.com/restaurant-epona*

L'ÉTABLI

CUISINE MODERNE • **CONTEMPORAIN** Un vrai coup de cœur que ce restaurant mené par un ancien de chez Christian Têtedoie. Menu déjeuner au bon rapport qualité-prix, plats de saison dans l'air du temps (perdrix, céleri et café ; prune, foin et amande) : on se régale d'un bout à l'autre, sans oublier le joli chariot de fromages. Pour ne rien gâcher, le service se montre attentionné.

PLAN : F3-35 – AC – €€€ – *22 rue des Remparts-d'Ainay – Ⓜ Ampère-Victor-Hugo – ✆ 04 78 37 49 83 – www.letabli-restaurant.fr – Fermé lundi et dimanche*

LE GARET

CUISINE LYONNAISE • **BOUCHON LYONNAIS** Une véritable institution bien connue des amateurs de cuisine lyonnaise : tête de veau, tripes, quenelles ou andouillettes se dégustent en toute convivialité dans un cadre exemplaire du genre. Le tout est complété par une ardoise du jour avec des plats du marché, aux prix raisonnables.

PLAN : F2-43 – AC ⚇ – €€ – *7 rue du Garet – Ⓜ Hôtel de Ville – ✆ 04 78 28 16 94 – Fermé samedi et dimanche*

LE GRAND RÉFECTOIRE

CUISINE MODERNE • **BRASSERIE** Au cœur de l'Hôtel-Dieu, dans une vaste salle du 10e s. baignée de lumière par de grands vitraux, cette adresse déploie une atmosphère majestueuse aux murs blancs, tableaux en nuances de gris, soubassements de bois et lustres monumentaux. Le chef consultant Marcel Ravin signe une cuisine actuelle aux accents antillais, exécutée par Anthony Clorennec. Velouté de courge bien mené, bavette grillée, chouquette vanillée généreuse. Agréable bar feutré à l'étage et terrasse dans la cour intérieure, avec en prime un menu déjeuner attractif.

PLAN : F2-36 – ♿ 🍴 – €€ – *3 cour Saint-Henri, Grand Hôtel-Dieu – Ⓜ Bellecour – ✆ 04 72 41 84 96 – www.legrandrefectoire.com – Fermé dimanche et lundi*

LEPTINE

CUISINE CRÉATIVE • **BRANCHÉ** Attention les décibels ! La sono fait partie des murs dans ce long couloir baigné de lumière rouge avec son comptoir-cuisine et ses tables collées contre le mur. Quant à la leptine, c'est une hormone régulant la satiété, pas question donc de ressortir d'ici le ventre vide ! Le chef se joue avec doigté des traditions culinaires, de France, d'Asie et d'ailleurs : on se régale d'un siu maï, de nombreuses préparations fermentées et d'assaisonnements japonais… C'est rudement bien fait et l'équipe pro n'est pas avare d'explications. Comptez 2 à 3 plats salés et 1 sucré pour faire un repas complet. Carte des vins nature, sélection de vins au verre intéressante, conseils avisés.

PLAN : F2-37 – ♿ 🍴 – €€ – *16 rue Hippolyte-Flandrin – Ⓜ Hôtel de Ville – ✆ 04 78 08 14 03 – www.leptine.fr – Fermé lundi, dimanche et du mardi au jeudi à midi*

LE LIMONADIER Ⓝ

CUISINE CRÉATIVE • **COSY** Dans ce café centenaire de la Croix-Rousse, on lève son verre autour de quelques assiettes à partager. Mais c'est à l'étage qu'on goûte la cuisine créative et végétale de Jorge Lara, chef mexicain passé chez Têtedoie. Là, les produits sourcés avec exigence – majoritairement bio et locaux – trouvent leur éclat dans des cuissons à la flamme et dans les nombreuses préparations fermentées, conservées dans des bocaux qui ornent la

LYON

salle. Les associations se révèlent précises et stimulantes, à choisir dans un menu-carte volontairement court. Légumes bio de Courzieu, vins de vignerons indépendants, souvent en biodynamie : l'écologie a du goût.

PLAN : F1-67 - €€ - *9 rue Justin-Godart - Ⓜ Croix-Rousse - ✆ 04 51 24 34 31 - www.lelimonadierlyon.fr - Fermé lundi, dimanche et le midi*

MAISON LÉA

CUISINE LYONNAISE • BOUCHON LYONNAIS Cette institution des quais de Saône bénéficie d'une jolie vue sur Fourvière et St-Jean. Les spécialités lyonnaises sont toujours en bonne place, avec deux menus au bon rapport qualité-prix et une carte bien ficelée. Recettes plus simples au Bouchon Léa mitoyen, qui est le berceau historique de la Mère Léa.

PLAN : F2-32 - A/C - €€ - *11 quai des Célestins - Ⓜ Bellecour - ✆ 04 78 42 01 33 - www.lamerelea.com - Fermé lundi et dimanche*

LE MERCIÈRE

CUISINE LYONNAISE • BOUCHON LYONNAIS Dans le quartier des Cordeliers, ce bouchon traditionnel créé par Jean-Louis Manoa fait figure de véritable sanctuaire de la cuisine lyonnaise traditionnelle : saucisson chaud, œuf meurette, quenelle de brochet ou encore andouillette de chez Bobosse tirée à la ficelle. Tout est fait maison dans les règles de l'art et avec générosité, dans une ambiance chaleureuse où locaux et touristes sont coude à coude, l'appétit aux aguets. Derrière une façade rouge appétissante, on découvre une double salle séparée par un passage piétonnier couvert - comme un passage parisien !

PLAN : F2-53 - - €€ - *56 rue Mercière - Ⓜ Cordeliers - ✆ 04 78 37 67 35 - www.lemerciere.com*

MONSIEUR P

CUISINE MODERNE • COSY Sur la place des Célestins, le restaurant de Florent Poulard (Monsieur P, c'est lui) est bien connu des locaux, notamment pour le bon plan du déjeuner. Fort de passages dans les cuisines de grands noms comme Alain Passard et Guy Savoy, le chef propose une solide cuisine sobre et maîtrisée, mettant à l'honneur des produits locaux et de saison : fines ravioles de volaille de l'Ain, foie gras et hysope, ou encore crevettes royales et leur jus des têtes savoureux. Service impeccable et carte des vins impressionnante avec près de 1000 références.

PLAN : F2-7 - ♿ A/C - €€€ - *8 place des Célestins - Ⓜ Bellecour - ✆ 04 81 18 70 24 - www.monsieurp.fr - Fermé samedi et dimanche*

MURMURES N

CUISINE CRÉATIVE • TENDANCE Dans une ruelle piétonne animée près de l'Opéra, ce restaurant mené par Noé Saillard propose une cuisine voyageuse. Passé par des tables tendance à Lyon, l'étranger et un détour par le Liban, le chef mêle influences asiatiques personnelles et savoir-faire technique dans un menu unique en plusieurs temps. Cuissons précises, assaisonnements justes, associations inspirées comme pour ce feuille à feuille fondant de rutabaga au beurre noisette et crème de katsuobushi. Cadre décontracté, bande-son léchée et petite terrasse complètent ce bon choix.

PLAN : F2-78 - A/C - €€ - *2 rue Giuseppe-Verdi - Ⓜ Hôtel de Ville - ✆ 09 87 52 61 69 - www.murmuresrestaurant.com - Fermé lundi, dimanche, et mardi et mercredi à midi*

LE MUSÉE

CUISINE LYONNAISE • BOUCHON LYONNAIS Un bouchon sincère et authentique, auquel on accède par la traboule du musée de l'Imprimerie. Nappes à carreaux, tables au coude-à-coude, et une sacrée ambiance : le décor est planté ! Côté cuisine, les assiettes sont généreuses et le chef réalise les classiques lyonnais avec un vrai savoir-faire : saucisson pistaché brioché fait maison, tablier de sapeur, tarte aux pralines... Que du bon.

PLAN : F2-44 - **€** - *2 rue des Forces - Ⓜ Cordeliers - ✆ 04 78 37 71 54 - www.bouchonlemusee.fr - Fermé lundi et dimanche, et samedi soir*

LA QUINTESSENCE Ⓝ

CUISINE MODERNE • COSY Installée dans un ancien réfectoire jésuite du 16e s., cette table de la Presqu'île ne manque pas de cachet, avec ses murs, colonnes et arches en pierre, ses voûtes, son parquet et ses hautes fenêtres. Le chef Anthony Baud propose une cuisine moderne et équilibrée, mettant en valeur la fraîcheur et la qualité des produits, à l'image de ce pavé d'omble chevalier au chou pak-choï, ou de ce dessert gourmand associant kaki, gingembre et praliné de graine de courge. Les menus sont renouvelés régulièrement pour laisser place aux produits du moment.

PLAN : F2-46 - AC - **€€€** - *31 rue du Bât-d'Argent - Ⓜ Hôtel de Ville - ✆ 04 72 00 08 08 - www.restaurant-laquintessence.fr - Fermé lundi et dimanche*

REGAIN

CUISINE MODERNE • CONTEMPORAIN Proche des quais de Saône, une jeune équipe propose une jolie cuisine du marché respectueuse des saisons (maquereau, gingembre, avocat et radis ; églefin en quenelle et poché, chou-fleur ; tagliatelle de riz, orange et coriandre) déclinée sous forme d'un menu avec choix le midi, ou des formules dégustation en plusieurs temps le soir. Grande salle lumineuse qui lorgne vers le style industriel avec sa cuisine visible depuis la salle. Si la dive bouteille vous tente, suivez les conseils de la sommelière, elle saura vous conseiller avec expertise !

PLAN : F2-39 - ♿ AC - **€€** - *3 rue d'Algérie - Ⓜ Hôtel de Ville - Louis Pradel - ✆ 09 81 10 65 08 - www.regainrestaurant.fr - Fermé samedi et dimanche*

THOMAS

CUISINE TRADITIONNELLE • BISTRO Le chef-patron Thomas Ponson n'est pas du genre oisif, il pourrait presque faire rebaptiser la rue Laurencin de son nom, tant ses affaires (bistrot, café, bouchon) y sont florissantes ! Dans son bistrot mère, il concocte de sympathiques menus le midi, et montre l'étendue de ses capacités techniques le soir, autour de produits plus nobles (noix de Saint-Jacques, pigeonneau, ris d'agneau du Bourbonnais, etc.). Incontournable...

PLAN : F3-47 - AC - **€€** - *6 rue Laurencin - Ⓜ Bellecour - ✆ 04 72 56 04 76 - www.restaurant-thomas.com/restaurant-thomas - Fermé samedi et dimanche*

TRÈFLE Ⓝ

CUISINE VÉGÉTALIENNE • CONTEMPORAIN Dans le quartier d'Ainay, la cheffe Emily Dader porte une table engagée qui déploie une cuisine végétalienne créative, travaillée et parfumée. Son menu bien pensé décline une proposition « iode » et une proposition « rouge », interprétations végétales du poisson et de la viande. Certaines assiettes se révèlent particulièrement séduisantes comme ce bouillon au foin et livèche accompagné d'un crackers de sarrasin et beurre de noix de Grenoble, ou le pressé de courges plurielles relevé d'un praliné de graines et condiment moutarde-sarriette.

PLAN : F3-88 - ♿ - **€€€** - *25 rue Franklin - Ⓜ Ampère-Victor-Hugo - ✆ 04 27 44 43 96 - www.trefle-restaurant.fr - Fermé lundi et dimanche, et mardi et mercredi midi*

LYON

LES TROIS DÔMES

CUISINE MODERNE • CONTEMPORAIN Au dernier étage du Sofitel, entre deux coups d'œil sur un panorama unique, on déguste dans un cadre épuré une plaisante cuisine d'esprit brasserie contemporaine : tartare de bar et langoustine, cannelloni de homard, carré d'agneau au sautoir...

PLAN : F3-25 - **€€€** - *Sofitel Lyon Bellecour, 20 quai du Docteur-Gailleton - Ⓜ Bellecour - 04 72 41 20 97 - www.les-3-domes.com - Fermé dimanche soir*

BOSCOLO LYON

Plus

CLASSIQUE • ÉLÉGANT Situé sur la presqu'île et à deux pas de la place Bellecour, cet hôtel entièrement rénové illustre l'architecture haussmannienne de bien charmante manière. À l'intérieur, c'est un luxe discret et italianisant qui s'exprime en douceur dans les chambres et les suites. Au sous-sol, piscine intérieure et espace bien-être.

- **133 chambres** - *11 quai Jules Courmont - 04 87 25 72 00*

HÔTEL DE L'ABBAYE

MODERNE • ÉLÉGANT Situé juste à côté de la Basilique de Saint-Martin d'Ainay, l'Hôtel de l'Abbaye a lui-même une longue histoire. Aujourd'hui hôtel de luxe, il mise sur une décoration parfaitement équilibrée entre héritage et esprit contemporain : ses designers ont réussi l'alliance de pièces vintage, des classiques du design et du luxe moderne.

- **21 chambres** - *20 rue de l'Abbaye d'Ainay - 04 78 05 60 40*

L'Artichaut - Voir la sélection des restaurants

INTERCONTINENTAL LYON - HÔTEL-DIEU

CONTEMPORAIN • RAFFINÉ Cet imposant édifice, sur les rives du Rhône, est constitué de deux bâtiments des 18e et 19e s. Dans un contraste réussi avec son architecture, ses intérieurs révèlent un pur luxe contemporain. Chambres et suites allient subtilement personnalité et rafinement, tandis que les espaces publics conjuguent de manière plus spectaculaire design contemporain et ornementation classique. Le salon, grandiose et accueillant, reçoit autant les Lyonnais que les visiteurs.

- **144 chambres** - *20 quai Jules Courmont - 04 26 99 23 23*

Epona - Voir la sélection des restaurants

MOB HÔTEL LYON CONFLUENCE

AVANT-GARDE • CONVIVIAL Fort de son concept «d'hôtel pour les gens», le Mob Hotel a choisi pour son adresse lyonnaise le nouveau quartier Confluence, jeune et vivant. La silhouette si particulière du bâtiment donne une identité bien marquée. Les chambres, quoique peu spacieuses, ont été pensées avec autant d'attention : un décor épuré, en béton et bois blond, avec quelques judicieuses touches de couleur et de textures. Mais la clientèle apprécie surtout les cours de yoga, concerts, boutiques pop-up et les divers événements qui animent le charmant restaurant méditerranéen et sa terrasse en bord de rivière.

- **99 chambres** - *55 quai Rambaud - 04 58 55 55 88*

LE ROYAL

CLASSIQUE • RAFFINÉ Difficile d'imaginer un grand hôtel plus élégant. Immeuble haussmannien éclairé par un dôme de style Renaissance, cette référence lyonnaise domine la place Bellecour. Grâce à une rénovation inspirée, l'esprit des lieux est intact : les étoffes aux motifs classiques et le décor à la palette de rouges et de bleus anoblissent mobilier et accessoires, anciens comme contemporains.

- **74 chambres** - *20 place Bellecour - 04 78 37 57 31*

LYON

SOFITEL LYON BELLECOUR

CONTEMPORAIN • RAFFINÉ Un Sofitel luxueux et élégant, de facture contemporaine, où la soie – fierté des célèbres canuts lyonnais – est à l'honneur ! Pour l'anecdote, Bill Clinton a séjourné dans la suite présidentielle.

- **164 chambres** – *20 quai Gailleton – 04 72 41 20 20*

Les Trois Dômes - Voir la sélection des restaurants

LES BROTTEAUX-LA PART-DIEU-LA GUILLOTIÈRE-GERLAND

3e - 6e - 7e - 8e ARRONDISSEMENTS

LE NEUVIÈME ART

Chef : Christophe Roure

CUISINE CRÉATIVE • CONTEMPORAIN C'est notamment dans les cuisines de Paul Bocuse ou de Régis Marcon que Christophe Roure, titulaire de trois CAP (cuisine, charcuterie, pâtisserie, qui dit mieux !) a fait son apprentissage. Meilleur Ouvrier de France en 2007, installé à Lyon depuis 2014, il fait jour après jour l'étalage de ses qualités : une subtile inventivité, une précision dans les mariages de saveurs, sans oublier un choix de produits irréprochable. Son ragoût de coquillages et mousserons est une merveille d'équilibre : la sauce hollandaise parfumée à la citronnelle vient révéler l'iode et les notes de sous-bois du champignon. Enfin, Tanguy Nourrisson, talentueux pâtissier, signe des desserts remarquables comme cette tarte fine au chocolat Ativao, sorbet poire williams.

PLAN : H2-49 – – €€€€ – *173 rue Cuvier – Brotteaux – 04 72 74 12 74 – www.leneuviemeart.com – Fermé lundi, dimanche et mardi midi*

TAKAO TAKANO

Chef : Takao Takano

CUISINE CRÉATIVE • COSY Comment ne pas admirer le parcours de Takao Takano ? Originaire de la préfecture de Yamanashi, au Japon, il a rapidement abandonné des études de droit pour se consacrer à sa véritable passion : la cuisine. Depuis 2013, il est installé dans le 6e arrondissement de Lyon, dans un intérieur tout en élégance et en sobriété. Si le restaurant, depuis son ouverture, fait presque toujours salle comble, c'est grâce à ses assiettes tout en originalité et en finesse, qui régalent et surprennent dans le même mouvement. La lotte des côtes bretonnes dans une nage crémeuse au vermouth, morilles et escargots des Monts du Lyonnais, ou le pigeonneau de Bresse accompagné de topinambour, guanciale et truffe noire remplissent à merveille l'objectif que s'est fixé le chef : «Faire simple et bon.» Équilibre gustatif, intelligence de la composition : tout Takao Takano est là.

PLAN : G2-50 – – €€€€ – *33 rue Malesherbes – Foch – 04 82 31 43 39 – www.takaotakano.com – Fermé samedi, dimanche et lundi midi*

MIRAFLORES

Chef : Carlos Camino

CUISINE PÉRUVIENNE • INTIME Le chef Carlos Camino, natif du Pérou, vous entraîne dans un réjouissant voyage culinaire franco-péruvien au cœur d'un bel espace contemporain, avec sa cuisine ouverte. Le lieu, chic et raffiné, accueille la cuisine sincère et personnelle d'un chef dont la maturité et l'engagement magnifient des produits de grande qualité. Saveurs percutantes et jeux sur les

LYON

textures : une cuisine intelligente et poétique, à l'image de ce ceviche hierba luisa, leche de tigre au cacao noir, ou cette pota (calmar géant) braisée palo santo, écume de mer et sauce nikkei. Une adresse savoureuse et voyageuse.

PLAN : H2-52 – ♿ AC – €€€€ – *112 boulevard des Belges – Ⓜ Brotteaux – ✆ 04 78 24 49 71 – www.restaurant-miraflores.com – Fermé lundi, dimanche et le midi*

OMBELLULE

Chefs : Tabata et Ludovic Mey

CUISINE CRÉATIVE • CLASSIQUE Dans l'écrin d'une ancienne brasserie de luxe, Tabata et Ludovic Mey (ex-Les Apothicaires) ont créé un restaurant dont l'atmosphère évoque celle d'un wagon de l'Orient-Express : boiseries sombres, fresques paysagères et banquettes rouge bordeaux qui rappellent les années 1930. Créative et technique, la cuisine du couple déroule le tapis rouge aux produits végétaux sans chercher la facilité, comme l'illustre cette entrée étonnante autour de la salade. Quant au ris de veau cuit au beurre noisette et légèrement fumé, artichaut Camus, vin jaune et noix, s'il relève d'une inspiration plus classique, il témoigne de la même précision culinaire. Offre complémentaire à la Brasserie Roseaux voisine.

PLAN : G2-6 – ♿ – €€€€ – *36 cours Franklin-Roosevelt – Ⓜ Foch – ✆ 04 51 68 08 90 – www.ombellule.fr – Fermé samedi et dimanche, et mardi soir*

LYON

ACCENTUÉ Ⓝ

CUISINE CRÉATIVE • COSY Au cœur du 7e arrondissement, dans un Gerland en pleine métamorphose, cette adresse joue la carte du voyage. À la barre, un couple complice : Jennifer Palopoli en salle, et son mari Ashwin Vijaykumar, né en Inde et formé à la pâtisserie et à la cuisine française en Nouvelle-Zélande. Dans un ancien bistrot de quartier transformé en lieu clair et contemporain, le chef déploie une partition aux... accents d'ailleurs, convoquant les épices de l'Inde et de l'Asie, mais aussi de l'Afrique, du Moyen-Orient ou des Amériques. On s'est laissé particulièrement séduire par un toast de crevettes grises aux fines herbes, caressé d'une mayonnaise au curcuma et tisonné d'un piment gochugaru, exemple d'assiette vive et généreuse. Une petite cour-terrasse sur l'arrière complète ce havre dépaysant.

PLAN : B2-51 – – €€ – *97 rue de Gerland – Ⓜ Place Jean-Jaurès – ✆ 04 37 26 96 07 – www.accentue-restaurant.fr – Fermé samedi et dimanche, et lundi soir*

AGASTACHE

CUISINE CRÉATIVE • CONTEMPORAIN Dans ce bistrot au décor simple mais actuel, on se régale d'une cuisine «d'instinct» contemporaine et fort travaillée. Produits, saisons, inspiration végétale : le résultat est bluffant d'élégance formelle et de cohérence gustative. Ajoutons à cela une générosité non feinte, une atmosphère conviviale et vous obtenez l'une des valeurs sûres de la rive gauche.

PLAN : G2-56 – ♿ AC – €€ – *134 rue Duguesclin – Ⓜ Foch – ✆ 04 78 52 30 31 – www.agastache-restaurant-lyon.fr – Fermé samedi et dimanche, et mercredi soir*

BERGAMOTE

CUISINE MODERNE • CONVIVIAL Dans un quartier en pleine évolution, soudain... une perle gastronomique ! Dans un joli cadre cosy et nature, le jeune chef Maxime Pujol démontre un vrai savoir-faire technique et nous régale de savoureuses assiettes de saison, nettes et soignées – le tout pour un prix très abordable au déjeuner. Cuisine plus ambitieuse autour de menus surprise le soir.

PLAN : B2-86 – AC – €€ – *123 rue de Gerland – Ⓜ Place Jean-Jaurès – ✆ 04 78 72 64 32 – www.restaurant-bergamote.fr – Fermé samedi et dimanche, et lundi et mardi soir*

DANTON

CUISINE MODERNE • BISTRO Dans ce néobistrot convivial, pas de tergiversation : la carte est courte et maitrisée, les recettes vont à l'essentiel, dans une veine aussi canaille que gourmande (avec une carte des vins faisant honneur à la région, mais pas seulement). Le petit plus qui fait la différence ? Le Chef démontre un vrai savoir-faire technique, à l'image des cuissons parfaitement maîtrisées ou des desserts qui n'ont rien à envier à un chef pâtissier. L'accueil est souriant et le service efficace. En cas d'affluence, allez sonner à l'annexe mitoyenne « L'Escapade Danton ».

PLAN : H3-74 – AC – **€€** – *8 rue Danton – Ⓜ Part-Dieu – ✆ 04 37 48 00 10 – www.danton-restaurant.fr – Fermé samedi et dimanche*

LE JEAN MOULIN

CUISINE MODERNE • CONTEMPORAIN Dans ce bistrot organisé autour d'une cave vitrée, on déguste une agréable cuisine du marché concoctée par le chef Grégoire Baratier. Le menu change régulièrement, mais citons ces deux exemples : fine tartelette croustillante aux escargots de Bourgogne, crémeux champignons et pesto de persil ; moelleux au marron d'Ardèche, clémentine confite, sorbet poire et cardamome. Une cuisine fraîche et bien réalisée, où affleurent parfois des clins d'œil à la tradition lyonnaise.

PLAN : G2-57 – ♿ AC – **€€** – *45 rue de Sèze – Ⓜ Masséna – ✆ 04 78 37 37 97 – www.lejeanmoulin-lyon.com – Fermé lundi et dimanche*

LYON

LE KITCHEN

CUISINE MODERNE • BRANCHÉ Dans le quartier des facultés Louis Lumière et Jean Moulin, ce Kitchen-là est une affaire qui roule. Le cadre design est délicieusement Art déco et scandinave (comme la patronne) ; la vitrine de pâtisseries/viennoiseries (à emporter ou à consommer sur place) de son compagnon pâtissier met l'eau à la bouche (le lieu ouvre du petit-déjeuner au goûter, mais pas au dîner). On y savoure des assiettes délicates et gourmandes, faisant la part belle aux produits bio – notamment légumes – de la région...

PLAN : F3-58 – ♿ terrasse – **€** – *34 rue Chevreul – Ⓜ Jean Macé – ✆ 06 03 36 42 75 – www.lekitchenlyon.com – Fermé mardi, mercredi et jeudi, et le soir*

M RESTAURANT

CUISINE DU MARCHÉ • CONTEMPORAIN Survitaminée ! La table de Julien Gautier met de la bonne humeur dans la chic avenue Foch, bordée de platanes. Imaginez un décor chic et sobre dans les tons bleutés, des fauteuils design en feutre gris, des tables nappées, un bar et sa vinothèque entourés d'une verrière... Même énergie côté service – assuré par une équipe pro et enthousiaste – et côté cuisine. Le chef, un ancien de Léon de Lyon, propose notamment un appétissant menu du marché. Il sait mettre la technicité et le savoir-faire acquis dans cette grande maison au service de fines saveurs tout à fait adaptées à l'esprit de notre époque. Superbes madeleines au miel avec leur sorbet au fromage blanc en dessert. Il faut le dire franchement : on M.

PLAN : G2-59 – AC terrasse – **€€** – *47 avenue Maréchal-Foch – Ⓜ Foch – ✆ 04 78 89 55 19 – www.mrestaurant.fr – Fermé samedi et dimanche*

SIPRÈS

CUISINE MODERNE • CONVIVIAL Deux Alexis, l'un au salé et l'autre au sucré, ont ouvert sur la place du Prado cette table conviviale avec ses murs de pierres apparentes et son carrelage mural. Leur complicité fait mouche dès l'entrée (gourmande) avec ce pâté en croûte fait maison à 4 mains, nimbé d'une pâte bien dorée et croustillante réalisée par le pâtissier, et entourant une goûteuse farce bien assaisonnée exécutée par le chef. Il est suivi d'un kefta de lieu jaune, pois chiche, ail confit et sauce tomate harissa, une réinterprétation intéressante de ce plat, en version parfumée et voyageuse. Adapté à la clientèle pressée du midi, le menu déjeuner change chaque semaine ; au dîner, on découvre un menu-carte plus ambitieux renouvelé au gré des saisons et du marché.

PLAN : G3-45 – ♿ A/C – €€ – *2 place du Prado – Ⓜ Jean Macé – ✆ 04 87 78 43 02 – www.sipresrestaurant.fr – Fermé samedi et dimanche, et lundi soir*

VERONATUTI

CUISINE ITALIENNE • Une salade d'inspiration sicilienne au fenouil et à l'orange en entrée, une recette d'Émilie-Romagne en plat (un stracotto de bœuf braisé au vin rouge, carottes et oignons) et enfin un dessert d'inspiration lombarde et piémontaise (une glace maison à la «farina bòna», à base de maïs torréfié, crumble de sbrisolona et fine feuille de chocolat) : c'est à un véritable voyage gastronomique à travers l'Italie qu'invitent les deux compères de cette authentique trattoria. Tout est frais et maison, et le café vient même d'un torréfacteur artisanal lyonnais. Un régal à prix doux.

PLAN : G3-70 – €€ – *122 rue Montesquieu – Ⓜ Saxe-Gambetta – www.veronatuti.com – Fermé lundi et dimanche, et mardi et samedi soir*

LA VIRÉE Ⓝ

CUISINE MODERNE • **BISTRO** À deux pas du métro Guillotière, ce néobistrot de quartier a élu domicile dans un ancien bouchon revisité, avec un esprit rétro assumé : tables en Formica, sol en granito et ambiance 70's. Aux manettes, un duo complice : Mathias Begin (ex-Substrat) en salle, passionné de sommellerie, et Matthias Lallemant en cuisine, passé par de belles tables lyonnaises. Ici, la cuisine est libre, maligne, généreuse, à partager sans chichis. Truite parfaitement cuite, crémeux de petits pois et girolles, siphon hollandaise, et des vins nature pour arroser le tout... Une belle virée gourmande !

PLAN : G3-65 – ♿ – € – *21 rue Jean-Larrivé – Ⓜ Guillotière Gabriel-Péri – ✆ 04 78 60 57 32 – Fermé lundi, dimanche et du mardi au jeudi à midi*

LYON

LE ZESTE GOURMAND

CUISINE MODERNE • **CONTEMPORAIN** Contrairement au nom du restaurant, ce n'est pas le zeste mais bien toute l'assiette qui se veut gourmande à la table de Benjamin Bouvard qui a fait ses classes chez Bocuse et la Pyramide. La cuisine est au diapason de la décoration de la salle, épurée et dans l'air du temps. Les produits sont de qualité et bien travaillés autour de variations de texture à l'image du cromesquis de joue de bœuf confite, jus réduit, crémeux persil racine, pickles. La volaille des Dombes twistée par une marinade thaïe est une proposition créative au dressage pensé. Pour finir le feuille-à-feuille chocolat et sapin montre la maîtrise du produit et le désir d'une présentation soignée. Le service en salle est bien rythmé et chaleureux.

PLAN : G2-66 – ♿ A/C – €€ – *93 rue Bossuet – Ⓜ Masséna – ✆ 04 78 26 07 97 – www.lezestegourmand.fr – Fermé samedi, dimanche et lundi midi*

L'ALEXANDRIN

CUISINE MODERNE • **CONTEMPORAIN** Voilà plus d'un quart de siècle maintenant que le chef Laurent Rigal régale discrètement à l'abri du Palais de Justice. Insensible aux modes, il trace tranquillement son sillon entre produits nobles (homard breton, volaille de Bresse...) et touches actuelles. Mention spéciale pour le menu «tendance légumes», où végétal et créativité s'entendent à merveille.

PLAN : G2-83 – A/C – €€€ – *83 rue Moncey – Ⓜ Place Guichard – ✆ 04 72 61 15 69 – www.lalexandrin.fr – Fermé lundi et dimanche*

L'ARGOT

SPÉCIALITÉS DE VIANDES • **CONVIVIAL** Dans le quartier des Brotteaux, un restaurant qui fait boucherie, à moins que ce ne soit le contraire... Le client choisit sa pièce de viande dans l'armoire vitrée – bœuf du Limousin, de Galice, d'Aubrac, agneau et veau d'Auvergne... – que le chef accompagne de la garniture du jour. Simple et savoureux.

PLAN : H2-68 – – **€€** – *132 rue Bugeaud – Ⓜ Brotteaux – ✆ 04 78 24 57 88 – Fermé lundi et dimanche, et mardi, mercredi et samedi soir*

BISTRO B

CUISINE MODERNE • BISTRO Ce néo-bistrot du 6ème propose une cuisine traditionnelle modernisée, qui se fait voyageuse selon les plats : tataki de bœuf au miso, céleri-rave mariné au vinaigre de noix ; cuisse de pintade, purée de pommes de terre truffée et champignons ; merlu au chou pak-choï, légumes de saison et sauce curry... Service convivial.

PLAN : G2-71 – – **€€** – *90 rue Duguesclin – Ⓜ Masséna – ✆ 04 78 89 12 21 – www.bistro-b.eatbu.com – Fermé lundi et dimanche, et mardi soir*

BRASSERIE ROSEAUX Ⓝ

CUISINE TRADITIONNELLE • BRASSERIE Tabata et Ludovic Mey (dont l'Ombellule est attenante) ont plus d'une corde à leur arc. La preuve avec cette brasserie où l'on s'attable volontiers pour déguster une cuisine française classique et bourgeoise : filet de bœuf sauce périgourdine, vol-au-vent de volaille et ris de veau, turbotin sauce bonne femme, savarin, millefeuille pour deux coupé et dressé à l'assiette sur guéridon... Une séduisante formule déjeuner complète une belle carte aux tarifs plus élevés. L'établissement propose la même carte des vins (environ 600 références) que la table gastronomique.

PLAN : G2-17 – – **€€€** – *34 cours Franklin-Roosevelt – Ⓜ Foch – ✆ 04 51 68 08 91 – www.brasserieroseaux.fr*

CELEST

CUISINE MODERNE • CONTEMPORAIN Au 32e étage de la Tour de la Part-Dieu (165m en tout), que les Lyonnais appellent «Le Crayon», on découvre à la fois la ville magnifique et une cuisine actuelle épurée qui fait la part belle au produit. Chou-fleur, maïs et miel ; canette des Dombes et champignons sauvages ; poire Williams, riz aux baies...

PLAN : G2-84 – – **€€€** – *Radisson Blu Lyon, 129 rue Servient – Ⓜ Part-Dieu – ✆ 04 78 63 55 46 – www.celest-bar-restaurant.com – Fermé lundi, dimanche et le midi*

DANIEL ET DENISE CRÉQUI

CUISINE LYONNAISE • BOUCHON LYONNAIS Joseph Viola, Meilleur Ouvrier de France, règne sur ce petit bouchon pur jus, au décor patiné par le temps. Il propose des recettes traditionnelles parfaitement réalisées (tête de veau, quenelle de brochet...), à base de superbes produits, avec quelques suggestions de saison. Son plat fétiche ? Le pâté en croûte au ris de veau et foie gras... Laissez-vous tenter !

PLAN : G2-73 – – **€€** – *156 rue de Créqui – Ⓜ Place Guichard – ✆ 04 78 60 66 53 – www.danieletdenise.fr – Fermé samedi et dimanche*

FUJIYAMA 55

SPÉCIALITÉS DE RAMEN • SIMPLE Un DJ japonais installé à Lyon a voulu cloner en France une institution du ramen au Japon. Son comptoir aux airs indus du quartier de la Guillotière accueille l'un de ses compatriotes, un musicien d'origine s'étant formé à la rude université du ramen. Tout est fait maison, gyozas et desserts compris, et les produits sont locaux s'ils ne sont pas asiatiques (comme le porc fermier). Jolie sélection de sakés pour éponger toute nostalgie nippone !

PLAN : G3-76 – **€** – *40 avenue Jean-Jaurès – Ⓜ Saxe-Gambetta – ✆ 06 52 95 55 62 – www.fujiyama55-ramen.com – Fermé dimanche*

LYON

MERTENSIA (N)

CUISINE MODERNE • ÉPURÉ Flavien Guarato, ex-second au restaurant Culina Hortus, prolonge l'aventure végétale dans les murs de l'ancien Passe-Temps. L'adresse conserve son style épuré, mêlant tons pastel, bois clair et branchages. Le chef propose une cuisine résolument végétarienne, déclinée aussi dans une version agrémentée de produits marins. Son style culinaire, nourri par une inspiration japonaise issue d'un séjour prolongé à Nagano, intègre des ingrédients comme le miso, l'algue kombu ou les shiitakés. Une cuisine appliquée, empreinte d'influences croisées.

PLAN : G2-75 – ♿ AC – €€€ – *52 rue Tronchet – Ⓜ Masséna – ✆ 04 28 29 53 75 – www.mertensia-lyon.fr – Fermé lundi et dimanche*

MILPRÉE (N)

CUISINE MODERNE • COSY Au cœur du quartier Foch (6e), un trio de pétulantes associées unissent leurs talents complémentaires : Amélie mène le service, Noémie signe la partie salée et Anne-Laure la pâtisserie. Renouvelée chaque mois, la carte courte à prix doux joue la saison en proposant une cuisine fraîche, axée notamment sur le végétal. Toutes les préparations maison sont maîtrisées, de la fine pâte à raviole aux sorbets, en passant par les éléments fermentés.

PLAN : G2-77 – terrasse – €€ – *25 rue de Sèze – Ⓜ Foch – ✆ 04 78 24 85 23 – www.milpree.com – Fermé lundi et dimanche, et mardi soir*

OSTERIA MATTO

CUISINE ITALIENNE • BISTRO Bon sang ne saurait mentir : celui qui coule dans les veines du chef Thomas Asti est en partie transalpin. Il a donc décidé d'ouvrir, avec son associée, une trattoria au décor de bistrot qui puise dans les meilleures recettes de la botte pour régaler une clientèle de quartier déjà fidèle. Bienvenus donc les vitello tonnato, bagna cauda, veau aux gnocchis de pomme de terre maison et autre tarte au citron de Sicile comme à la casa… le tout arrosé de vins italiens de qualité. Une adresse sérieuse.

PLAN : G2-54 – ♿ AC – €€ – *23 rue de Sèze – Ⓜ Foch – ✆ 04 72 71 79 66 – www.osteria-matto-lyon.fr – Fermé samedi et dimanche*

LE PRÉSIDENT

CUISINE MODERNE • CONTEMPORAIN Une institution lyonnaise tenue par Christophe Marguin, qui puise son inspiration dans la belle cuisine classique, modernisée dans la forme : macaronis farcis aux foies de volaille et truffe, jus de volaille et crème d'Etrez ; pomme de ris de veau meunière, carottes glacées, etc. Et le «Président» dans tout ça ? Il s'agit d'Edouard Herriot, alors maire de Lyon, qui avait l'habitude de venir y prendre son café…

PLAN : G1-14 – ♿ AC terrasse salon – €€€ – *11 avenue de Grande-Bretagne – Ⓜ Foch – ✆ 04 78 94 51 17 – www.restaurantlepresident.com – Fermé samedi et dimanche*

PY RESTAURANT

CUISINE MODERNE • CONTEMPORAIN Dans cette petite brasserie des quartiers chics, Pierre (en cuisine) et Yuko (en salle) font des merveilles. On s'attable dans un décor contemporain pour déguster des assiettes travaillées et généreuses. Le soir, le menu-carte s'enrichit de suggestions plus nobles, à l'image de ce pâté en croûte de lièvre.

PLAN : G2-55 – AC terrasse – €€ – *16 cours Vitton – Ⓜ Masséna – ✆ 04 78 52 71 30 – www.pyrestaurant.fr – Fermé lundi et dimanche*

ROUSILLE (N)

CUISINE MODERNE • COLORÉ Exit L'inaTTendu, bienvenue Rousille ! Romane Veyrac, ancienne sous-cheffe ici même, a pris les rênes de ce bistrot intime, joliment rafraîchi pour l'occasion. La cheffe trentenaire rejoue les classiques avec un twist malin. Au programme ? Des assiettes simples mais pas simplistes : filet de bar façon grenobloise, chou-fleur en textures et beurre noisette aux câpres ; filet mignon de cochon, aubergines panées au chorizo et jus au thym ; chou pâtissier citron-sésame...

PLAN : G2-79 – A/C – **€€** – *95 rue Bossuet – Ⓜ Masséna – ✆ 04 37 24 13 44 – www.rousille.fr – Fermé samedi et dimanche*

SAKU RESTAURANT

CUISINE MODERNE • SIMPLE Saku, c'est le surnom du chef de cette adresse abritée derrière une devanture discrète. Lui et son épouse, japonais tous deux, proposent une réjouissante cuisine française bien dans l'air du temps. Les produits sont frais, les assiettes soignées, les prix doux, l'accueil des plus sympathiques : on passe un bon moment.

PLAN : G3-60 – A/C – **€€** – *27 rue Rachais – Ⓜ Garibaldi – ✆ 04 78 69 45 31 – Fermé mercredi et dimanche*

SAUF IMPRÉVU

CUISINE DU MARCHÉ • BISTRO Avec ses chaises en bois bistrot, ses tables en bois vieilli dépareillées et son carrelage pâtiné, Félix Gagnaire reçoit avec chaleur dans ce bistrot animé, aux accents simples et vivants. La cuisine d'inspiration traditionnelle à prix doux est centrée sur la saison : tartare de saumon au sésame et gingembre ; bavette d'aloyau, navets et pommes grenaille, sauce au poivre ; abricot et pêche rôtis, glace fève tonka. Bar à vin du même nom juste à côté.

PLAN : G2-61 – A/C – **€€** – *40 rue Pierre-Corneille – Ⓜ Foch – ✆ 04 78 52 16 35 – www.sauf-imprevu.fr – Fermé samedi et dimanche, et lundi et mardi soir*

SINABRO

CUISINE CORÉENNE • SIMPLE Envie d'un excellent bibimbap et d'authentique cuisine coréenne ? Alors bienvenue dans ce bistrot de poche où tout est fait maison. On apprécie la carte resserrée, la belle qualité de la viande sélectionnée par un MOF, ainsi que le service pro et souriant. Une cuisine saine et savoureuse – jusqu'au dessert.

PLAN : H2-81 – A/C – **€** – *126 rue de Sèze – Ⓜ Masséna – ✆ 04 78 52 74 34 – www.sinabro.fr – Fermé lundi et dimanche*

LE SULLY

CUISINE LYONNAISE • BOUCHON LYONNAIS Un petit bistrot ouvert par Julien Gautier (propriétaire du M Restaurant voisin) dans un esprit de bouchon modernisé : gâteau de foies de volaille, foie de veau en persillade et tête de veau sauce ravigote sont à l'ardoise, pour notre plus grand plaisir. C'est gourmand et bien exécuté : on en redemande.

PLAN : G1-72 – A/C – **€€** – *20 rue Sully – Ⓜ Foch – ✆ 04 89 41 07 97 – www.lesullylyon.fr – Fermé samedi et dimanche*

LE SUPRÊME

CUISINE MODERNE • TRADITIONNEL Fruit de l'amour d'un couple de cuisiniers franco-coréen qui s'est rencontré à New-York, ce bistrot vintage de charme met à l'honneur l'iconique gallinacé. Le chef, ancien bras droit de Daniel Boulud, signe un gâteau de foies blonds de haute volée et une poularde demi-deuil, si réussie qu'elle est déjà classique. Il invite aussi avec brio la poire Nashi entre les Saint-Jacques et les choux de Bruxelles en tarte fine. En saison, on travaille le gibier local. Sélection de vins pointue.

PLAN : G3-82 – ♿ A/C – **€€** – *106 cours Gambetta – Ⓜ Garibaldi – ✆ 04 78 72 32 68 – www.lesupremelyon.fr – Fermé lundi, dimanche, samedi midi et mardi soir*

LA TABLE 101

CUISINE MODERNE • CONTEMPORAIN Dans le quartier de la Part-Dieu, non loin des halles Paul-Bocuse, l'adresse d'Olivier et Maryline Delbergues propose une cuisine du marché avec quelques touches créatives : tataki de truite de mer, radis red meat aigre-doux, pulpe de potimarron, pomme verte et noix de pécan...Jolie sélection de vins.

PLAN : G2-62 – €€ – *101 rue Moncey – Ⓜ Place Guichard – 04 78 60 90 23 – www.latable101.fr – Fermé samedi et dimanche*

TAGGAT

CUISINE CRÉATIVE • CONTEMPORAIN Dans ce bistrot de style contemporain doté de touches indus', le chef maîtrise bien son sujet, en l'occurrence une cuisine plutôt créative qui n'a pas peur des saveurs franches : burrata et concombre, mojo verde, chips de pain, ail confit et poudre d'olives noires ; saint-pierre, caponata, feuilletage à l'olive et jus de poivron rouge... Menu déjeuner, et le soir une carte dans le même esprit élaborée avec des produits plus nobles.

PLAN : G2-48 – €€ – *110 rue Vendôme – Ⓜ Foch – 04 78 52 09 31 – www.taggat.fr – Fermé dimanche et samedi midi*

YKA BAR & CEVICHE

CUISINE PÉRUVIENNE • CONTEMPORAIN Comptoir informel du restaurant gastronomique franco-péruvien étoilé Miraflores, Yka est un lieu idéal pour un after-work aux Brotteaux. Dans un décor chaleureux et contemporain (belle fresque murale colorée représentant des Péruviens de la région de Cusco), on goûte à un cocktail au pisco, on picore quelques empanadas et leur tiède pâte feuilletée fourrée de bœuf et de petits pois, ou l'on choisit un ceviche parmi ceux qui sont proposés.

PLAN : H2-16 – €€ – *112 boulevard des Belges – Ⓜ Brotteaux – 04 78 24 49 71 – www.restaurant-miraflores.com/yka – Fermé lundi et dimanche*

MAMA SHELTER LYON

AVANT-GARDE • CHALEUREUX Comme ses cousines, cette Mama Shelter met en avant une déco branchée (béton brut, objets design, détails décalés...) et des chambres résolument contemporaines, tendance minimaliste. Quant au brunch du dimanche, il ravira les amateurs !

– **156 chambres** – *13 rue Domer – 04 78 02 58 00*

OKKO LYON PONT LAFAYETTE

CONTEMPORAIN • CHARME Situé sur les rives du Rhône, dans l'ancienne préfecture du 6e arrondissement de Lyon, cet établissement fait partie d'une famille grandissante et française d'hôtels de charme. Et si son architecture est haussmannienne, ses intérieurs, signés Patrick Norguet, sont aussi contemporains que possible, du mobilier design aux couleurs saturées jusqu'aux tons de pierres précieuses. Il n'y a pas de restaurant, mais l'hôtel sert le petit-déjeuner, un apéritif quotidien à l'italienne, ainsi qu'un menu léger toute la journée.

– **85 chambres** – *14 bis quai Général Sarrail – 04 28 00 02 50*

VIEUX-LYON-VAISE

5e - 9e ARRONDISSEMENTS

AU 14 FÉVRIER

Chef : Tsuyoshi Arai

CUISINE CRÉATIVE • DESIGN Cette table est installée au cœur du vieux Lyon, parmi les hôtels particuliers Renaissance, les ruelles pavées et autres galeries à arcades... De quoi se mettre en appétit pour déguster le menu unique du chef Tsuyoshi Arai dont le talent et l'imagination ne sont plus à prouver. Natif de Yamanashi, il appartient à la grande famille des chefs japonais tombés amoureux du patrimoine culinaire gaulois. Il magnifie des produits d'une fraîcheur exceptionnelle (poissons de ligne, bœuf Wagyu) en jouant sur les textures, l'amertume et l'acidité : omble chevalier fumé et radis dans une gelée aux fleurs de cerisier ; galette de sarrasin au canard, datte et kumquat ; langoustine frite, curry vert et comté... À chaque repas, il enchante son auditoire avec sa symphonie saisonnière. Quant au service, il est d'une extrême gentillesse.

PLAN : E2-20 – *– €€€€ – 36 rue du Bœuf – Ⓜ Vieux Lyon – ✆ 04 78 92 91 39 – www.ly-au14fevrier.com – Fermé samedi, dimanche et du lundi au jeudi à midi*

LES LOGES Ⓝ

CUISINE MODERNE • ROMANTIQUE Après une complète métamorphose, Les Loges ont rouvert leurs portes au cœur du Vieux Lyon, dans un somptueux hôtel Renaissance. Sous la haute verrière d'une cour florentine ceinte de galeries, de colonnes et d'escaliers à vis, l'atmosphère romantique mêle patrimoine protégé à de subtiles touches de modernité. Fidèle au poste, Anthony Bonnet continue de sublimer les produits de la région à travers une cuisine délicate où le végétal occupe une place centrale. Ses assiettes s'avèrent vives et tranchantes, relevées de touches herbacées, poivrées ou ardentes, jusqu'aux desserts. Les arts de la table, œuvre d'artisans locaux choisis par le chef lui-même, mettent en valeur cette partition qui ne mérite que des... éloges.

PLAN : F2-69 – *– €€€€ – Cour des Loges, 6 rue du Bœuf – Ⓜ Vieux Lyon – ✆ 04 72 77 44 44 – www.courdesloges.com – Fermé lundi, dimanche et le midi*

TÊTEDOIE

Chef : Christian Têtedoie

CUISINE MODERNE • CONTEMPORAIN À l'instar de son mentor Paul Bocuse, Christian Têtedoie a bâti un petit empire gourmand. Juché sur la colline de Fourvière, véritable balcon sur la ville, son restaurant Têtedoie en est la vitrine gastronomique. Défenseur des traditions culinaires françaises, ce fan d'art contemporain ne cesse de les explorer avec talent, voire de les moderniser. Gâteau de foie gras au pied de cochon et jus corsé ; rose de maigre, kombu et cresson ; pigeon de Bresse, betterave et éclats de pistache : ces noms de plats ne ressemblent-ils pas à une exposition de peinture abstraite ? Enfin, impossible de ne pas mentionner son plat signature, ce homard en cocotte et cromesquis de tête de veau, désormais rebaptisé HTV. Générosité, sensibilité, jeux intelligents sur les textures et les saveurs : tout y est.

PLAN : E3-19 – *– €€€€ – 4 rue Professeur-Pierre-Marion – Ⓜ Minimes – ✆ 04 78 29 40 10 – www.tetedoie.com – Fermé mardi*

CINQ MAINS

CUISINE MODERNE • BISTRO Ce petit bistrot moderne et chaleureux, réparti sur deux niveaux, propose une cuisine de saison actuelle, revisitée avec des condiments judicieux, comme cette sauce au piment fermenté et ce gel de cassis en pickles qui rehaussent ces pièces de ris de veau panées et frites. Une carte de vin intéressante, orientée vers les vins nature, est proposée par une équipe connaisseuse.

PLAN : F2-23 – *– €€ – 12 rue Monseigneur-Lavarenne – Ⓜ Vieux Lyon – ✆ 04 37 57 30 52 – www.cinqmains.fr – Fermé lundi et dimanche*

RACINE

CUISINE MODERNE • CONVIVIAL Dans une impasse discrète, Racine explore avec créativité les produits locaux, tout en se permettant quelques touches voyageuses. Ce grand bistrot moderne propose une cuisine de saison à prix doux. Tartare d'ananas avec glace saté, lieu noir confit au lait de coco ou faux-filet de Holstein avec mousseline de céleri démontrent un travail soigné. Une adresse simple et conviviale, dans l'air du temps, idéale pour un repas accessible et bien exécuté.

PLAN : B1-2 – *– € – 1 rue du Chapeau-Rouge – Ⓜ Valmy – ✆ 04 26 18 57 15 – www.racinerestaurant-lyon.com – Fermé samedi et dimanche, et le soir du lundi au mercredi*

LE TIROIR

CUISINE MODERNE • CONTEMPORAIN Qu'elle est sympathique, cette adresse joliment décorée du quartier populaire de Vaise ! Emmené par une jeune équipe souriante et dynamique, on slalome entre les moules en vinaigrette au curry et poudre de patate douce et des préparations plus classiques (tartare de bœuf, terrine de foie gras). Ici, la carte et les menus sont régulièrement renouvelés. Le rapport qualité-prix est au rendez-vous, y compris le soir, ce qui fidélise une clientèle conquise.

PLAN : B1-3 – *– €€ – 20 grande rue de Vaise – Ⓜ Valmy – ✆ 04 78 64 75 96 – www.restaurant-letiroir.fr – Fermé samedi et dimanche, et lundi et mardi soir*

ARMADA

CUISINE CRÉATIVE • BRANCHÉ Une adresse du Vieux Lyon comme on les aime : une déco de bistrot branché et sympathique, avec ses incontournables pierres et poutres apparentes. Dans l'assiette, une cuisine de partage astucieuse et créative qui associe sans complexe moules, curry et citron noir, ou revisite joyeusement blanquette de veau et autre chou farci. Attention, peut vite devenir votre nouveau QG.

PLAN : F2-63 – *– €€ – 16 rue du Bœuf – Ⓜ Vieux Lyon – ✆ 09 83 22 88 47 – www.armada-lyon.fr*

BULLE

CUISINE MODERNE • CONTEMPORAIN Le chef Guy Lassausaie a ouvert cette table dans un ancien scolasticat jésuite datant de 1853 et entièrement réhabilité avec panache. L'heureux élu pénètre par le bar doté d'une terrasse panoramique époustouflante, où l'on bullera volontiers... avant de descendre au restaurant, en passant devant les fondations gallo-romaines du bâtiment ! Dans ce cadre chic (lustres en cristal, parquet, cuisines ouvertes) et historique, on déguste une cuisine de saison colorée, comme ce carré d'agneau rôti au beurre de sauge, petits pois et galette de sarrasin à l'épaule confite.

PLAN : E2-15 – *– €€€ – 9 place de Fourvière – Ⓜ Fourvière – ✆ 04 85 92 00 13 – www.bullerestaurantfourviere.fr*

DANIEL ET DENISE SAINT-JEAN

CUISINE LYONNAISE • BOUCHON LYONNAIS À deux pas de la cathédrale Saint-Jean, ce bouchon emblématique du Vieux Lyon est tenu par le chef Joseph Viola (Meilleur Ouvrier de France en 2004), déjà connu pour ses Daniel et Denise du 3e et 4e arrondissement. Au menu de cet opus, une cuisine lyonnaise traditionnelle, qui ravira les amateurs : quenelle de brochet, sauce Nantua ; gratin d'andouillette de fraise de veau gratinée, poireau et moutarde à l'ancienne. Un bouchon de qualité !

PLAN : E2-24 – **€€** – *36 rue Tramassac – Ⓜ Vieux Lyon – ✆ 04 78 42 24 62 – www.danieletdenise.fr – Fermé lundi et dimanche*

SÖMA Ⓝ

CUISINE MODERNE • BISTRO À deux pas de la gare Saint-Paul, ce petit bistrot fait vibrer. Ici, pas de nappe blanche ni de service ampoulé : une ambiance vivante, une déco simple et tendance, une serveuse stylée qui jongle entre les tables au rythme d'une playlist bien sentie, et une micro-cuisine ouverte. Aux commandes, Sarah Hamza, cheffe et propriétaire. Sa cuisine ? Fraîche, généreuse, dans l'air du temps, avec ce supplément d'âme qui vient de ses racines algériennes. La cheffe s'en inspire pour twister des assiettes astucieuses comme cette truite, ragoût de lentilles au beurre fumé, orange sanguine et carotte glacée à la harissa. La carte est courte, l'ardoise tourne souvent, et les produits parlent d'eux-mêmes.

PLAN : F2-80 – **€€** – *9 place Saint-Paul – Ⓜ Vieux Lyon – ✆ 04 72 07 91 94 – www.bistrotsoma.com – Fermé lundi, dimanche et le midi sauf vendredi et samedi*

LES TERRASSES DE LYON

CUISINE MODERNE • ÉLÉGANT Sur la célèbre colline de Fourvière, installé dans un ancien couvent Renaissance, ce restaurant profite d'une verrière panoramique qui dévoile une vue imprenable sur la ville, avec au premier rang les toits du Vieux Lyon et la cathédrale Saint-Jean. Le chef revisite la tradition française en y intégrant des produits régionaux : ravioles à la rigotte de Condrieu, pigeonneau fermier poêlé au beurre de Bresse, rumsteak des montagnes d'Auvergne et béarnaise siphonnée... À déguster dans un cadre élégant.

PLAN : E2-18 – **€€€€** – *Villa Florentine, 25 montée Saint-Barthélémy – Ⓜ Fourvière – ✆ 04 72 56 56 56 – www.villaflorentine.com/fr/restaurant.html – Fermé lundi, dimanche et mardi midi*

COUR DES LOGES

CLASSIQUE • RAFFINÉ Cette bâtisse du 14e s. aux quatre grandes tours est à présent un hôtel qui allie merveilleusement le style Renaissance Italienne et les éléments contemporains. La cour intérieure, avec ses arcades et ses escaliers labyrinthiques, vaut le détour à elle seule. De même, les chambres et leurs salles de bain Philippe Starck sont à la mesure de l'éclectisme de cet hôtel. Chacune d'elle est unique et mélange meubles toscans et design, parquets cirés, bleus discrets et rouges profonds. Certaines chambres ont gardé des cheminées ou des jardins privatifs et, dans certaines suites en duplex, des peintures murales. Piscine intérieure et spa.

– **60 chambres** – *6 rue du Bœuf*

✿ **Les Loges** - Voir la sélection des restaurants

FOURVIÈRE HÔTEL

CONTEMPORAIN • RAFFINÉ A deux pas des théâtres gallo-romains, ce couvent du 19e s. à la somptueuse architecture romano-byzantine vous accueille dans l'ancienne chapelle. Le cloître héberge le bar-restaurant donnant sur le

LYON

jardin. Si l'architecture et de nombreux motifs décoratifs d'origine rappellent le passé, chambres et suites ont adopté un ton contemporain bienvenu. Couloir de nage chauffé, spa tout équipé et autres plaisirs modernes.

– 75 chambres – *23 rue Roger Radisson – 04 74 70 07 00*

LA TOUR ROSE

MODERNE • CONVIVIAL Cet hôtel de luxe se compose de suites haut de gamme réparties dans six immeubles d'habitation du 18e s. Toutes ont un caractère spécifique, mais elles jouissent toutes d'aménagements modernes délicatement rehaussés de détails vintage, tant dans leur petite cuisine que dans leur salle de bains spacieuse et joliment carrelée. Le petit-déjeuner est déposé à votre porte chaque matin. L'idée ici est de vivre comme «chez soi» - un très beau «chez soi» !

– 12 chambres – *22 rue du Bœuf – 04 28 29 65 94*

VILLA FLORENTINE

CLASSIQUE • RAFFINÉ Les vues les plus spectaculaires de Lyon s'offrent aux terrasses et aux fenêtres de cet ancien couvent du 17e s. L'hôtel rappelle bien une villa florentine, avec ses dorés et ses roses de peinture de maître. Mais à l'intérieur, c'est un hommage à une Italie différente : les meubles transalpins modernes et un brin austères côtoient des reproductions Renaissance et des œuvres d'art contemporaines. Certaines chambres ont des mezzanines ou des terrasses, d'autres des plafonds à poutres apparentes, et beaucoup profitent de vues spectaculaires.

– 29 chambres – *25-27 montée Saint-Barthélémy – 04 72 56 56 56*

Les Terrasses de Lyon - Voir la sélection des restaurants

VILLA MAÏA

MODERNE • ÉLÉGANT Imposant bâtiment de béton aux lignes épurées, perché sur la colline de Fourvière, Villa Maïa, dessiné par Jean-Michel Wilmotte, est l'hôtel de tous les superlatifs : sol en marbre, bar bibliothèque, et somptueuses chambres d'esprit zen, ouvertes sur les toits de Lyon... jusqu'aux Alpes ! Piscine couverte, fitness etc. Le luxe absolu.

– 34 chambres – *8 rue du Professeur Pierre Marion – 04 78 16 01 01*

Têtedoie - Voir la sélection des restaurants

LYONS-LA-FORÊT

✉ 27480 - Eure - Carte régionale n° **3**-B2

LA LICORNE ROYALE

CUISINE MODERNE • ÉLÉGANT Au sein de cette ancienne maison à colombages d'un petit village normand, le chef se révèle un artisan méritant. Bon technicien (notamment sur les sauces et les émulsions), il est aussi à son aise quand il s'agit de mélanger produits de la mer, ingrédients locaux et saveurs du Sud. On en profite dans un cadre chic et empreint de classicisme, avec de nombreux clins d'œil aux batailles napoléoniennes. La licorne existe, nous y avons mangé !

- €€€€ - *27 place Isaac-Benserade - ✆ 02 32 48 24 24 - www.hotel-licorne.com - Fermé mercredi et jeudi*

LE BISTRO DU GRAND CERF

CUISINE TRADITIONNELLE • BISTRO Ce néobistrot rustique a vraiment du cachet. Des poutres, de la brique et une jolie terrasse dans la cour pavée, pour une cuisine bistrotière - of course - résolument tournée vers le terroir : voici ce que vous attend ici. Cerf, cerf, ouvre-moi !

- €€ - *31-32 place Isaac-Bensarade - ✆ 02 32 49 50 50 - www.grandcerf.fr - Fermé lundi et mardi*

HÔTEL LE GRAND CERF & SPA

BOURGEOIS • CHAMPÊTRE Sur la pittoresque place du village, célèbre pour sa halle du 18e s., ce Grand Cerf - arborant de beaux colombages - abrite des chambres au charme champêtre, voire «forestier», avec leur décor de branchages et même de bois de cerf ! Insolite et très cosy... À noter : on peut accéder au délicieux spa de l'hôtel La Licorne.

- 15 chambres - *31-32 place Isaac-Bensarade*

Le Bistro du Grand Cerf - Voir la sélection des restaurants

MACHILLY

✉ 74140 - Haute-Savoie - Carte régionale n° **21**-C1

LE REFUGE DES GOURMETS

Chef : Hubert Chanove

CUISINE MODERNE • ÉLÉGANT Dans ce petit village de Haute-Savoie qui fut longtemps un haut-lieu de la culture de la framboise, le gourmet trouvera refuge dans cette auberge familiale. Ce restaurant cossu, d'inspiration Belle Époque, a été entièrement rénové dans un esprit contemporain. Tandis que son épouse Fanny veille avec attention sur la salle, le chef Hubert Chanove compose une cuisine moderne aux touches créatives, inspirée des produits locaux et de la cueillette des fleurs et des herbes sauvages. Ses préparations s'articulent en général autour d'une saison ou d'un produit (poissons du Léman, chasse, truffe noire...). Le Côté Bistro est ouvert au déjeuner du jeudi au samedi, sur réservation uniquement.

- €€€ - *90 route des Framboises - ✆ 04 50 43 53 87 - www.refugedesgourmets.com - Fermé lundi, mardi, mercredi midi et dimanche soir*

MÂCON

✉ 71000 - Saône-et-Loire - Carte régionale n° **17**-C2

✿ PIERRE

Chef : Christian Gaulin

CUISINE CLASSIQUE • ÉLÉGANT Dans la plus méridionale des villes de Bourgogne, cette maison discrète d'une rue piétonne héberge une valeur sûre de la gastronomie locale. L'architecture traditionnelle - poutres apparentes, vieilles pierres chaleureuses, cheminée - s'y marie avec des touches contemporaines. Depuis 1991, Christian Gaulin y célèbre les noces classiques du terroir et de la modernité. Dès qu'il le peut, ce solide technicien rend un hommage subtil à la Bresse et à la Bourgogne. Dans l'assiette, le gourmet en goguette retrouve avec bonheur des ravioles de grenouille à la crème d'ail, un savoureux pigeon en deux services (poitrine rôtie sur l'os, cuisse confite aux échalotes), un tournedos charolais au foie gras poêlé, ou un soufflé au Grand Marnier réalisé dans les règles de l'art. Adepte des bons produits, le chef cuisine ce qu'il aime... et nous le fait aimer aussi.

♿ AC 🏛 - €€€ - 7-9 rue Joseph-Dufour - ✆ 03 85 38 14 23 - www.restaurant-pierre.com - Fermé lundi et mardi, et dimanche soir

CASSIS

CUISINE MODERNE • CONTEMPORAIN Voilà un chef passé par de belles maisons qui propose une cuisine soignée, goûteuse et sans chichis, à partir de produits de qualité (viande de Haute-Loire, légumes d'un maraîcher de la région). Ne manquez pas le mémorable pâté en croûte, ni le poulet de Bresse à la crème. Très bon rapport qualité-prix pour le menu du déjeuner, et menu mystère le soir.

♿ AC - €€ - 74 rue Joseph-Dufour - ✆ 03 85 38 24 53 - www.cassisrestaurant-macon.fr - Fermé samedi et dimanche, et mercredi soir

MA TABLE EN VILLE

CUISINE TRADITIONNELLE • CONVIVIAL Voilà peut-être l'archétype du bistrot du 19e s., avec son intérieur contemporain et coloré, ses ampoules et sa tuyauterie apparentes... Le chef, également présent en salle, a le souci du bon produit et réalise une cuisine traditionnelle avec savoir-faire. On aime notamment le velouté au chou-fleur, noix de cajou, œuf poché. Bon choix de vins régionaux, menu déjeuner attractif et accueil tout sourire.

AC 🏛 - €€ - 50 rue de Strasbourg - ✆ 03 85 30 99 91 - www.matableenville.fr - Fermé mardi, mercredi, et le midi

LA MADELAINE-SOUS-MONTREUIL

✉ 62170 - Pas-de-Calais - Carte régionale n° **4**-A2

✿✿ LA GRENOUILLÈRE

Chef : Alexandre Gauthier

CUISINE CRÉATIVE • DESIGN Rares sont les chefs qui démontrent une personnalité culinaire aussi affirmée que celui de la Madelaine-sous-Montreuil. L'histoire se déroule sous deux chapiteaux métalliques aux lignes épurées (signés de l'architecte Patrick Bouchain), qui couronnent une salle ouverte sur la nature et les fourneaux. C'est en ce laboratoire qu'Alexandre Gauthier propose une "cuisine contemporaine de racine française, libérée de ses certitudes et de ses a priori". Véritable alchimiste, il asticote les saveurs au gré d'assiettes tranchantes, autant d'instantanés de créativité, où le produit chante les louanges des saisons. Une cuisine d'art et d'essai ébouriffante, installée dans une ancienne ferme au luxe sauvage.

L'engagement du chef : La cuisine de La Grenouillère est une cuisine de territoire, celui de la Côte d'Opale, que nous explorons sous tous ses aspects géographiques, naturels et humains. C'est une cuisine éminemment personnelle, profondément ancrée dans une temporalité. Toujours en mouvement, elle est une capture de l'éphémère, une photographie d'un instant, d'une humeur, d'une émotion.

- €€€€ - *19 rue de la Grenouillère - 03 21 06 07 22 - www.lagrenouillere.fr - Fermé mardi, mercredi, et lundi et jeudi à midi*

MAFFLIERS

95560 - Val-d'Oise - Carte régionale n° **11**-B1

AUGUSTINE - LA TABLE DU CHÂTEAU

CUISINE CLASSIQUE • ÉLÉGANT Au sein d'une demeure 19e proche de la forêt de Montmorency, cette table défend un certain art de vivre à la française : vaisselle et mobilier d'époque, argenterie et cuivres, hauteur sous plafond – le tout dans un cadre feutré où les boiseries dominent. Dans l'assiette, on s'applique à servir une cuisine bourgeoise sérieuse, généreuse et gourmande : pâté en croûte, lapin à la moutarde servi en cocotte, riz au lait. Quelques chambres pour l'étape.

- €€€ - *Allée des Marronniers - 01 34 08 35 17 - www.augustinelatableduchateau-maffliers.fr - Fermé du lundi au mercredi, jeudi midi et dimanche soir*

MAGESCQ

40140 - Landes - Carte régionale n° **25**-B2

RELAIS DE LA POSTE

Chef : Jean Coussau

CUISINE CLASSIQUE • ÉLÉGANT Face à la pinède, la maison Coussau cultive le classicisme et rend hommage au terroir landais : foie gras, volaille, bœuf de Chalosse, saumon de l'Adour, pêche de Capbreton. Les habitués retrouveront avec plaisir les immuables brouillade à la truffe noire, foie gras de canard chaud aux raisins ou sole aux cèpes. En automne, place à la palombe rôtie ou au lièvre à la royale : ici, la tradition n'est pas un vain mot. Cuisine du marché au restaurant Côté Quillier, situé juste à côté.

- €€€€ - *24 avenue de Maremne - 05 58 47 70 25 - www.relaisposte.com - Fermé lundi et mardi*

RELAIS DE LA POSTE

CLASSIQUE • CHAMPÊTRE Des tapis de fleurs, un verger, des ceps de vignes, de belles allées de pins, une superbe piscine... On ne se lasse pas de ce parc de 8 ha, ni des chambres d'ailleurs, spacieuses et très confortables. Un castel landais plein de caractère.

- 16 chambres - *24 avenue de Maremne - 05 58 47 70 25*

Relais de la Poste - Voir la sélection des restaurants

MAILLANE

✉ 13910 - Bouches-du-Rhône - Carte régionale n° **28**-E1

MAISON BERNARD Ⓝ

CUISINE MÉDITERRANÉENNE • BISTRO Jérémy Scalia, trentenaire marseillais du quartier de Mazargues, et ex-chef de La Table de Tourrel à Saint-Rémy-de-Provence, a posé ses couteaux sur la place Frédéric-Mistral, juste à côté de l'église. Dans ce charmant bistrot au décor élégant, il propose une cuisine bistronomique décontractée, nourrie par une exigence intacte quant aux produits : pêche durable du Grau-du-Roi, fruits et légumes bio de petits producteurs locaux... Sa carte courte invite au plaisir, portée par une Provence moderne à dominante marine : ceviche de muge au curcuma ; daurade, fenouil confit et sauce vierge au basilic ; encornets cuisinés au vin rouge et riz camarguais... sans oublier ses panisses en guise d'amuse-bouche, à ne pas manquer. Trois chambres à l'étage offrent une possibilité de halte.

- €€ - 1 place Frédéric-Mistral - ✆ 09 73 35 39 33 - www.maison-bernard.fr - Fermé lundi, mardi et du mercredi au vendredi à midi

L'OUSTALET MAÏANEN

CUISINE PROVENÇALE • TRADITIONNEL Dans le village natal de Frédéric Mistral, on met à l'honneur la culture provençale, et notamment les fameuses "Arlésiennes" de Léo Lelée, représentées dans ce restaurant sous forme de verre soufflé intégré à de superbes lustres créés par un artiste verrier de Murano. La cuisine de Thomas Yvan est quant à elle ensoleillée et met en avant la production maraîchère des Alpilles et de la Camargue : bohémienne de légumes, brousse de chèvre des Alpilles et sablé au parmesan ; filet de merlu au fenouil rôti, sauce aux favouilles et aïoli ; pavlova aux fruits de saison et sorbet maison...

AC - €€ - 16 avenue Lamartine - ✆ 04 90 95 74 60 - www.restaurant-saint-remy-de-provence.fr - Fermé lundi et mardi

MAISONS-LAFFITTE

✉ 78600 - Yvelines - Carte régionale n° **11**-B1

LA PLANCHA

CUISINE MODERNE • COSY Une adresse discrète, certes, mais surtout une carte originale qui vaut bien une petite halte. Des recettes sobres, efficaces et un brin créatives, et des saveurs bien frappées comme sur ces pétales de lotte grillées à la flamme, siphon wasabi ou ce lieu jaune rôti, petits pois, verveine et abricot. Mention spéciale pour les profiteroles réalisées dans les règles de l'art.

AC - €€ - 5 avenue de Saint-Germain - ✆ 01 39 12 03 75 - www.laplanchadekiko.eatbu.com - Fermé mardi et mercredi, et dimanche soir

LE TASTEVIN

CUISINE CLASSIQUE • ÉLÉGANT En bordure de parc, cette maison bourgeoise élégamment décorée cultive un certain art de vivre à la française... et chante son amour des beaux produits ! Le chef Denis Rivoire, d'origine italienne, maîtrise bien son sujet ; il revisite les classiques en y apportant quelques touches méditerranéennes. Jolie carte des vins.

- €€€ - 9 avenue Eglé - ✆ 01 39 62 11 67 - www.letastevin-restaurant.fr - Fermé lundi et mardi, et dimanche soir

MALATAVERNE

26780 – Drôme – Carte régionale n° **24**-A2

LE COLOMBIER

CUISINE CRÉATIVE • ÉLÉGANT Sur les ruines d'un ermitage monastique situé au cœur de la Drôme provençale, cette fière bastide séduit d'abord l'œil par ses pierres apparentes, ses plafonds voûtés, son mobilier vintage et son patio-terrasse. Volontiers créative et soignée visuellement, la cuisine célèbre la région et les beaux produits méditerranéens avec à-propos : les cuissons sont précises, les préparations savoureuses et équilibrées, pensées dans une démarche durable.

P - **€€€€** - *270 chemin de Malombre - 04 75 90 86 86 - www.domaine-colombier.com - Fermé lundi, mardi et le midi*

LE BISTROT 270

CUISINE MODERNE • CONTEMPORAIN Au cœur du Domaine du Colombier, le bistrot propose une cuisine précise, mariant modernité et tradition autour de produits régionaux de belle qualité. Tartare de truite d'Ardèche, tournedos de volaille aux olives de Nyons, crème brûlée vanille-fève tonka : des assiettes soignées qui célèbrent les saveurs méridionales. Salle contemporaine avec cave vitrée, terrasse face à la campagne. Une table au calme, à quelques kilomètres de Montélimar.

P - **€€** - *270 chemin de Malombre - 04 75 90 86 86 - www.domaine-colombier.com - Fermé dimanche*

MALBUISSON

25160 – Doubs – Carte régionale n° **13**-C3

LE BON ACCUEIL

Chef : Marc Faivre

CUISINE MODERNE • COSY Une solide adresse qui ne fait pas mentir son nom : depuis quatre générations, ce chalet régional, chaleureux et confortable, pratique l'art jurassien de l'hospitalité au cœur du Haut-Doubs. Il y a le lac de Saint-Point juste de l'autre côté de la route, le Suchet et la Suisse, juste derrière. Ici, on met du cœur pour assurer un bon accueil... et une bonne chère ! Le chef Marc Faivre a travaillé chez Georges Blanc, Pierre Gagnaire et à la Maison Lameloise avant de revenir sur ses terres pour y faire chanter le terroir franc-comtois. Sa cuisine fine et savoureuse nous transporte : la truite au bleu ou à l'absinthe, le poulet fermier, morilles et sauce au vin jaune du Jura (évidemment !) ou encore le pigeon rôti, foie gras de canard et artichaut...

P - **€€€** - *1 chemin de la Grande-Source - 03 81 69 30 58 - www.le-bon-accueil.fr - Fermé du lundi au mercredi et dimanche soir*

MALLING

57480 – Moselle – Carte régionale n° **7**-B1

ALEXIS BAUDIN N

Chef : Alexis Baudin

CUISINE MODERNE • ÉLÉGANT Alexis Baudin a réalisé dans cette maison d'importants travaux pour en faire une salle contemporaine aux beaux volumes, élégante et sobre, dans les tons beige, ouverte sur un agréable jardin-terrasse où s'épanouit un cèdre centenaire. Dans ses menus "carte blanche", le chef cherche à mettre en valeur la production locale : légumes de petits maraîchers, champignons de Meuse, safran de Guémar, bœuf Wagyu élevé en Lorraine... Autant de bonnes choses qu'il sublime dans des assiettes au visuel très travaillé et aux équilibres gustatifs précis. Service sans fausse note.

- €€€ - 11 route Nationale, Petite-Hettange - 03 82 53 00 12 - www.alexisbaudin.fr - Fermé lundi, dimanche et mardi midi

MALROY

57640 - Moselle - Carte régionale n° **7**-B1

AUX 3 CAPITAINES N

CUISINE TRADITIONNELLE • AUBERGE Située dans un village bordé par la Moselle, cette institution locale trouve un nouveau souffle grâce au chef Benoit Potdevin (Le K au Domaine de la Klauss de Montenach). Dans la salle reliftée, ou sur la terrasse au calme à l'arrière, on retrouve avec plaisir les classiques du terroir, réalisés avec soin à partir de produits triés sur le volet : asperges sauce mousseline, quenelle de brochet et beurre blanc citronné, volaille fermière de Moselle aux morilles, jambon braisé sauce auxerrois, bouchée à la reine... C'est généreux, gourmand, savoureux. Le tout servi avec le sourire par Anaïs, qui sait conseiller les bons vins de la région.

- €€ - 43 rue Principale - 03 87 71 55 76 - www.aux-trois-capitaines.com - Fermé mardi et mercredi

MANDELIEU-LA-NAPOULE

06210 - Alpes-Maritimes - Carte régionale n° **29**-E2

BESSEM

Chef : Bessem Ben Abdallah

CUISINE MÉDITERRANÉENNE • ÉLÉGANT Le chef Bessem Ben Abdallah a longtemps travaillé dans l'ombre des grands chefs (Michel Del Burgo, Marc Meneau, Pierre Gagnaire...). Chez lui, dans sa maison de ville agrémentée d'une terrasse ombragée de platanes avec fontaine, il donne la pleine mesure de son talent. Il peaufine une cuisine personnelle et sensible d'essence méditerranéenne, à l'image de ces poissons de petit bateau grillés, servis avec une purée d'artichaut, des légumes de saison au parmesan, et un bouillon yuzu-combava rehaussé de tagète et livèche. Les desserts ne sont pas en reste, grâce à une pâtissière de talent. À noter que le chef sert sa propre sélection parcellaire d'huile d'olive tunisienne, et élève des poules pour avoir des œufs frais de qualité ! Table fermée le midi en saison estivale.

P - €€€€ - 183 avenue de la République - 04 93 49 71 23 - www.bessem-restaurant.com - Fermé lundi, mardi et du mercredi au vendredi à midi

MANE

04300 - Alpes-de-Haute-Provence - Carte régionale n° **24**-C3

LE FEUILLÉE - LE COUVENT DES MINIMES

CUISINE MODERNE • CONTEMPORAIN Au cœur du pays de Forcalquier, Mane recèle autant de charme que d'histoire, à l'instar de ce couvent des Minimes du 17e s. restauré dans un appréciable souci de pureté. Cet éden provençal abrite un hôtel luxueux avec piscine et spa, ainsi qu'un restaurant gastronomique baptisé en l'honneur de Louis Feuillée, botaniste de Louis XIV né dans ce village.

Les cuisines sont tenues de main de maître par le chef Louis Gachet, MOF 2023, un Bourguignon qui navigue suavement entre son terroir natal et la Provence. Ses assiettes audacieuses comme son art de saucier révèlent une cuisine créative maîtrisée.

- €€€€ - *Chemin des Jeux-de-Maï - 04 92 74 77 77 - www.couventdesminimes-hotelspa.com - Fermé lundi, mardi et le midi sauf dimanche*

PAMPARIGOUSTE - LE COUVENT DES MINIMES

CUISINE MODERNE • CONTEMPORAIN À côté de sa table gastronomique, le chef Louis Gachet veille soigneusement sur ce bistrot chic au cadre apaisant et relaxant, qui possède aussi une salle à manger-terrasse dont les baies vitrées s'ouvrent entièrement aux beaux jours. La carte mêle habilement préparations traditionnelles et assiettes contemporaines ponctuées de notes provençales.

- €€€ - *Chemin des Jeux-de-Maï - 04 92 74 77 77 - www.couventdesminimes-hotelspa.com*

LE COUVENT DES MINIMES

MODERNE • ROMANTIQUE Comme nombre d'édifices religieux, ce couvent du 17e s., était tout désigné pour devenir un hôtel de première catégorie, dont le spa s'étend sur 700m². Les chambres et les suites disposent de salles de bains particulièrement spacieuses, qui complètent le décor moderne. Le cloître reconverti en restaurant gastronomique et les trois bars vous accueillent à proximité de la piscine.

- **49 chambres** - *Chemin des Jeux-de-Mai*

Le Feuillée • Pamparigouste - Voir la sélection des restaurants

MANIGOD

74230 - Haute-Savoie - Carte régionale n° **21**-C2

LA TABLE DE MARIE-ANGE

CUISINE TRADITIONNELLE • MONTAGNARD La terrasse face aux Aravis est tout simplement magique, et il est difficile de quitter la Table de Marie-Ange... On se régale d'une jolie cuisine attachée au terroir et pétrie d'authenticité : rissole aux cèpes, filets de perche sauvage du Léman, filet de bœuf en cocotte aux bolets et gratin de Mamie, sans oublier le plantureux buffet de desserts. Chaleureux décor mêlant vieux bois et outils de paysans, accueil souriant.

- €€€ - *4910 route du Col-de-la-Croix-Fry - 04 50 44 90 16 - www.hotelchaletcroixfry.com - Fermé lundi et le midi du mardi au jeudi*

MANOSQUE

04100 - Alpes-de-Haute-Provence - Carte régionale n° **24**-C3

RESTAURANT PIERRE GREIN

Chef : Pierre Grein

CUISINE MODERNE • CONTEMPORAIN Aventurez-vous dans cette zone d'affaires pour découvrir cette belle adresse contemporaine : vous ne le regretterez pas ! Sous une véranda-salle à manger lumineuse et confortable, le chef Pierre Grein sert une cuisine moderne d'inspiration provençale, fine et technique : gnocchis et girolles, velouté de champignons ; pigeonneau des Alpes-de-Haute-Provence rôti sur le coffre et pommes dauphinoises ; fraise et pistache dans l'esprit d'une tarte... Mention spéciale pour le travail sur les sauces et jus. Service aimable et efficace.

- €€€€ - *180 avenue Régis-Ryckebusch - 04 92 72 41 86 - www.restaurantpierregrein.fr - Fermé lundi et dimanche, et du mardi au jeudi soir*

CHEZ BASTIEN

CUISINE MODERNE • **COSY** Au cœur du centre historique de Manosque, Bastien Delgado, enfant du village, invite à goûter sans réserve sa cuisine moderne et généreuse aux forts accents provençaux. Formé chez Dominique Bucaille, il cultive un goût sûr pour les viandes et notamment le ris de veau, tandis que son passage à la Bastide de Moustiers (Alain Ducasse) l'a marqué par le travail des légumes, omniprésents à sa carte. Son menu-carte au très bon rapport qualité-prix révèle une cuisine soignée, parfumée et créative : thon mi-cuit à l'ail des ours, ou clafoutis verveine-pêche aux agrumes et amandes.

- €€ - 6 place du Terreau - 04 92 72 13 00 - www.chezbastien.eatbu.com - Fermé mardi et mercredi

LE BISTROT DU CHEF

CUISINE MODERNE • **CONTEMPORAIN** Le bistrot de Pierre Grein prend place dans un décor contemporain, avec des étagères garnies de belles cuvées et de produits d'épicerie fine. On sent que le chef prend plaisir à envoyer des plats bistronomiques de saison, fort bien tournés, et aussi des classiques bistrotiers réconfortants : croque à la truffe, risotto Carnaroli dans l'esprit d'un rougail, filet de bœuf charolais avec frites et sauce béarnaise... Merci chef !

- €€ - 180 avenue Régis-Ryckebusch - 04 92 72 41 86 - www.restaurantpierregrein.fr - Fermé dimanche, lundi et le soir sauf vendredi et samedi

LE MANS

72000 - Sarthe - Carte régionale n° **10**-A2

L'AUBERGE DE BAGATELLE

Chef : Jean-Sébastien Monné

CUISINE MODERNE • **CONTEMPORAIN** Sarthois d'origine, le chef Jean-Sébastien Monné officie dans cette ancienne auberge qui marie l'esprit indus d'une structure métallique lumineuse au charme bucolique de son jardin et de sa terrasse. Il cultive l'art de la complicité avec les petits producteurs locaux, et s'adonne aux joies miellées de l'apiculture sur son toit. Grâce à ce travail minutieux dans la sélection d'ingrédients de qualité irréprochable, ses assiettes se jouent des classiques pour en proposer des versions modernes : bœuf Angus travaillé comme un tartare, œuf de caille pané et frit, pomme de terre soufflée ; canard de la maison Soulard, jeunes carottes, orange et sauce bigarade.

- €€€ - 489 avenue Bollée - 02 43 85 25 73 - www.aubergedebagatelle.fr - Fermé lundi et mardi, et dimanche soir

LE GRENIER À SEL

CUISINE MODERNE • **CONTEMPORAIN** À l'entrée de la cité Plantagenêt, dans cet ancien grenier à sel, un seul mot d'ordre : se faire plaisir et faire plaisir aux clients ! Dans un cadre contemporain, beaux produits – homard, turbot, foie gras... – et saveurs appuyées... le tout accompagné de jolis vins du Rhône, de Loire et de Bordeaux.

- €€€ - 26 place de l'Éperon - 02 43 23 26 30 - www.restaurant-le-grenier-a-sel.fr - Fermé samedi et dimanche

L'INSOUCIANT

CUISINE CRÉATIVE • COSY À proximité de l'église Sainte-Jeanne-d'Arc, ce restaurant discret est tenu par un attelage de charme, Corentin Courtien et Madeline Blais, qui propose une cuisine bistronomique le midi, et un menu plus ambitieux le soir. Le chef propose une cuisine créative qui donne le beau rôle aux épices et aux herbes. Les plats témoignent d'un travail minutieux et audacieux, à l'image de ce thon rouge à l'huile d'agastache, cuisson au barbecue, haricots verts et mûres lactofermentées. Ambiance intimiste et cosy, et service très souriant.

♿ AC - **€€€** - *6 rue de la Mission - ✆ 02 43 40 00 58 - www.restaurant-linsouciant.fr - Fermé lundi et dimanche, et mardi soir*

LA TABLE DE LUC (N)

CUISINE MODERNE • CONTEMPORAIN Jeune chef originaire du Mans, Luc Revert revient aux sources après plusieurs années passées dans le Sud puis à Paris, notamment chez Frédéric Simonin. Ce cuisinier régale dans une veine généreuse et carrée. La petite carte met en avant de beaux produits et des assiettes soignées. Le filet de bœuf illustre bien sa patte : viande grillée et tendre, gnocchis fondants, crème d'ail équilibrée, condiment d'ail noir, jus gourmand et huile de livèche parfumée. En dessert, la tartelette clémentine séduit par sa pâte croustillante, son crémeux yuzu-estragon, un sorbet clémentine vif. Service souriant et professionnel.

♿ - **€€** - *32 rue des Ponts-Neufs - ✆ 02 85 85 90 80 - www.latabledeluc.fr - Fermé lundi et dimanche*

LES MARCHES

✉ 73800 - Savoie - Carte régionale n° **21**-C2

LE K'OZZIE

CUISINE MODERNE • COSY Ce restaurant accueillant - et cosy ! - est le repaire de Maude et Sébastien, qui se sont rencontrés en Australie, pays des "Aussies" ou... "Ozzies". Vous n'aurez d'autre choix que de vous laisser guider par l'inspiration du chef ; seule vous sera présentée une liste (non exhaustive) de produits du moment. Enigmatique et savoureux.

€€€ - *20 route de Francin, Porte-de-Savoie - ✆ 04 79 36 91 76 - www.lekozzie.com - Fermé lundi, mardi et dimanche et mercredi midi*

MARCILLAC-VALLON

✉ 12330 - Aveyron - Carte régionale n° **23**-C2

AUPRÈS D'ANGÈLE

CUISINE MODERNE • CONVIVIAL Cette belle maison en pierre du pays est désormais un bistrot chic avec six chambres coquettes - un projet plein de charme signé Michel Bras et animé par sa nièce, Audrey. En cuisine, le couple Guillem et Zoé, anciens de la Halle aux Grains à Paris. La carte rend hommage aux recettes de la grand-mère d'Audrey et mère de Michel : suprême de volaille, graines de tournesol torréfiées, aubergine du marché et un gratin de coquillettes délicieusement régressif. Le décor, raffiné, arbore des luminaires en verre soufflé évoquant les grains de raisin du Marcillac, ce vignoble local en plein essor. La maison propose même sa propre cuvée, élaborée par un vigneron ami.

AC - **€€** - *2 avenue des Prades - ✆ 05 65 42 47 43 - www.aupresdangele.fr - Fermé lundi et mardi, et dimanche soir*

MARCOLÈS

✉ 15220 – Cantal – Carte régionale n° **23**-C2

OXALIS

CUISINE MODERNE • BISTRO Ce bistrot vient agréablement compléter l'Auberge de la Tour – une raison de plus de séjourner dans le village médiéval de Marcolès, au cœur de la châtaigneraie cantalienne. Dans une salle voûtée ou sur l'agréable terrasse, on savoure une cuisine du terroir bien ficelée, axée sur les produits locaux : truite des volcans, volaille fermière, fromages d'Auvergne, légumes du potager... Des exemples ? Truite fario panée aux graines, caille rôtie au bleu d'Auvergne, ou encore religieuse aux agrumes : un joli moment de gourmandise.

- **€€** - *2 place de la Fontaine - 04 71 46 99 15 - www.aubergedela-tour.com - Fermé dimanche, et mardi, mercredi et samedi soir*

AUBERGE DE LA TOUR

CUISINE MODERNE • CONTEMPORAIN Au cœur du village médiéval, cette bâtisse en pierre, avec sa tour d'angle et son escalier à vis, déborde de charme. Renaud Darmanin a modernisé et transformé cet ancien café en halte gourmande. Ne travaillant que de beaux produits frais et locaux (notamment la châtaigne), le chef réalise une cuisine généreuse qui marie terroir cantalou et saveurs d'ailleurs.

- **€€€€** - *2 place de la Fontaine - 04 71 46 99 15 - www.aubergedela-tour.com - Fermé lundi et dimanche*

MARCQ-EN-BARŒUL

✉ 59700 – Nord – Carte régionale n° **4**-C2

ROZÓ

Chef : Diego Delbecq

CUISINE CRÉATIVE • CONTEMPORAIN Le chef Diego Delbecq et sa compagne pâtissière Camille Pailleau ont investi avec toute leur énergie et leur talent cette ancienne imprimerie pour en faire un loft gourmand où l'on s'attable sous une vaste verrière et sa charpente métallique. Joli parquet, murs aux teintes claires, grandes cuisines vitrées donnant sur l'élégante salle à manger, complétée d'une mezzanine permettant au dîner d'apprécier les premières bouchées qui y sont servies avec l'apéritif. Dans l'assiette, une cuisine créative, inspirée et délicate, qui aime les sauces, les notes acidulées et amères, les condiments et les poivres – sans oublier bien sûr des clins d'œil au Nord (endive, tarte au sucre...). Le tout avec un sens frappant des équilibres gustatifs. Service des plus avenants.

- **€€€€** - *34 rue Raymond-Derain - 03 62 27 72 52 - www.restaurant-rozo.fr - Fermé lundi, dimanche et mardi midi*

RĒPU

CUISINE MODERNE • BRASSERIE Le chef Abdeldaker Belfatmi veut des convives satisfaits et repus ! Qu'il se rassure, son crémeux de maquereau fumé, coulis de cresson, radis daïkon au miso et cacahuètes ; son cabillaud, épinards, purée de pomme de terre et jus de Saint-Jacques au citron confit, ou encore son riz au lait et sorbet passion font le job ! Cette cuisine de brasserie moderne montre, s'il en était besoin, que le chef de l'ancien restaurant étoilé Le Marcq, n'a rien perdu de sa faconde gourmande.

- **€€** - *944 avenue de la République - 03 20 00 80 48 - www.repu.fr - Fermé samedi et dimanche, et mercredi soir*

MARENNES

✉ 17320 - Charente-Maritime - Carte régionale n° **18**-A1

MANGER & DORMIR SUR LA PLAGE

POISSONS ET FRUITS DE MER • CONVIVIAL Grand restaurant contemporain tourné vers la mer, avec terrasse panoramique pour admirer les couchers de soleil et cheminée suspendue réconfortante hors saison. L'équipe, souriante et attentive, met en valeur une carte centrée sur les poissons des criées locales et les célèbres huîtres élevées par la famille Gillardeau, propriétaire du lieu, mais aussi des spécialités carnées bien exécutées. Le chef insuffle une touche d'ailleurs avec ses assaisonnements épicés et influences variées. Quatre suites prolongent l'expérience, toutes ouvertes sur la mer par un balcon ou une terrasse.

- **€€€** - *61 avenue William-Bertrand - ✆ 05 46 38 41 93 - www.dormirsurlaplage.fr - Fermé lundi et mardi*

MAREUIL-SUR-LAY-DISSAIS

✉ 85320 - Vendée - Carte régionale n° **14**-B2

MAISON DESAMY

Chef : Simon Bessonnet

CUISINE MODERNE • ÉLÉGANT Ancien second d'Alexandre Couillon à La Marine, Simon Bessonnet s'est installé dans une maison de 1860 au cœur d'un village vigneron des Fiefs Vendéens. Mais foin de passéisme ! À l'image de la déco contemporaine qu'il a voulue chez lui, le chef est un cuisinier bien dans son époque. À partir d'un garde-manger régional, il ose des associations originales et choisit les bonnes émulsions, jus et condiments qui boostent intelligemment un plat. Les desserts sont quant à eux des modèles de gourmandise.

- **€€€** - *2 rue Hervé-de-Mareuil - ✆ 02 51 52 69 43 - www.restaurant-maisondesamy.fr - Fermé lundi et dimanche, et mercredi soir*

MARGAUX

✉ 33460 - Gironde - Carte régionale n° **22**-B1

AU MARQUIS DE TERME

CUISINE MODERNE • CONTEMPORAIN Au cœur du Château Marquis de Terme à Margaux (grand cru classé en 1855), dans le vignoble du Médoc, ce restaurant contemporain s'est installé dans une dépendance dont la terrasse s'épanouit dans une jolie cour jardin du domaine. C'est le Chef Grégory Couteanceau qui a signé la carte et propose ici une cuisine moderne et fraîche, bien dans son époque et sans fioritures inutiles. La jolie carte des vins comporte près de 600 références, dont une sélection de bordeaux rouges et de vins de prestige disponibles au verre.

- **€€€** - *3 route de Rauzan - ✆ 05 57 08 25 33 - www.au-marquis-de-terme.com - Fermé lundi et mardi*

MARGENCEL

✉ 74200 - Haute-Savoie - Carte régionale n° **21**-C1

SÉCHEX NOUS

Chef : Lucas Dumélie

CUISINE MODERNE • MAISON DE CAMPAGNE Sur les rives du Léman, une histoire d'amour et de poissons ! Manon Moleins-Plassat (en salle) et Lucas Dumelie (en cuisine) ont jeté l'ancre dans le petit port de Séchex. Précisons que Manon est originaire du village et issue d'une famille de pêcheurs (son frère Ludovic continue d'y lancer ses filets). Rien d'étonnant donc à ce que les eaux poissonneuses du lac jouent ici les premiers rôles : féra, brochet, truite ou écrevisses sont magnifiés par des cuissons rigoureuses. L'arrière-pays montagneux donne également de la voix avec ses légumes, ses herbes et ses plantes aromatiques, particulièrement choyés dans cette cuisine saine et légère : omble chevalier, épinards aux herbes du jardin et sauce marinière ; féra laquée au kalamansi, cornichon glacé et beurre blanc à l'estragon... Trois chambres sont disponibles pour l'étape.

- €€€ - 2 route des Meules (Port de Séchex) - 04 50 72 48 81 - www.sechex-nous.com - Fermé lundi, dimanche et mardi midi

MARLENHEIM

67520 - Bas-Rhin - Carte régionale n° **8**-A1

LE CERF

CUISINE MODERNE • CLASSIQUE Au cœur du joli village vigneron de Marlenheim, cet ancien relais de poste devenu une institution gastronomique offre un ensemble de jolies bâtisses, accessible par une cour intérieure pavée et un pimpant jardinet. La cuisine fait preuve de finesse et d'éclectisme gourmand, non sans oublier les classiques qui ont fait la tradition de la maison : feuilleté aux asperges blanches d'Alsace et sauce hollandaise, raviole de foie gras fumé et bouillon corsé à la truffe, bouchée à la reine de l'arrière-grand-père Paul Wagner... Un beau concentré de tradition.

- €€€ - 30 rue du Général-de-Gaulle - 03 88 87 73 73 - www.lecerf.com - Fermé mardi et mercredi

MARLY-LE-ROI

78160 - Yvelines - Carte régionale n° **11**-B1

LE POINT D'ORIGINE

CUISINE MODERNE • CHIC Située face à l'abreuvoir encadré de ses célèbres chevaux sculptés, cette ancienne maison de maître associe une épicerie, une cave et un restaurant, emmenés tambour battant par une équipe de passionnés. La salle occupe une belle véranda au sol de parquet en point de Hongrie avec vue imprenable sur l'abreuvoir. Le chef cisèle des assiettes modernes et bien léchées : œuf parfait bio, lentilles vertes du Puy, hareng fumé, coulis de persil et pickles d'échalote ; turbot confit aux baies de Cîmes, fenouil braisé, crémeux fenouil et agrumes. On n'oubliera pas la petite balade digestive dans le parc !

- €€€ - 5 place de l'Abreuvoir - 01 34 51 72 63 - www.lepointdorigine.fr - Fermé samedi et dimanche

LE VILLAGE TOMOHIRO

CUISINE CRÉATIVE • CONTEMPORAIN Derrière la façade avenante de cette jolie auberge, sise dans une ruelle pittoresque du vieux Marly, on découvre un restaurant moderne et contemporain, une maison familiale tenue par un couple franco-japonais. Le chef réalise des préparations au visuel soigné, à l'image de son plat signature, le goï cuôn de homard bleu et son foie gras en terrine, petits légumes confits à l'huile d'olive et caviar d'Aquitaine.

- €€€ - 3 Grande-Rue - 01 39 16 28 14 - www.restaurant-levillage.fr - Fermé lundi et dimanche

MARMANDE

47200 - Lot-et-Garonne - Carte régionale n° **22**-C2

BOAT AUX SAVEURS

CUISINE MODERNE • ÉLÉGANT Dans cette villa contemporaine à l'écart du centre ville tenue par une mère et sa fille, les gourmands se régalent d'une cuisine soignée bien dans son époque, en témoigne ce suprême de volaille snacké au sésame, émincé de poireau à la vinaigrette soja, aileron laqué et sauce aux épices. La carte change souvent et la cheffe met un point d'honneur à se fournir chez les producteurs locaux, quand ce n'est pas directement dans le potager de la maison !

- €€ - *36-38 avenue Jean-Jaurès - 05 53 64 20 35 - www.restaurantboatauxsaveurs.fr - Fermé lundi, mardi, samedi midi, et le soir sauf samedi*

MARSEILLAN

34340 – Hérault – Carte régionale n° **27**–C2

LA TABLE D'EMILIE

CUISINE MODERNE • ÉLÉGANT La maison natale du poète Achille Maffre de Baugé accueille un restaurant très couru : il faut dire qu'on y déguste une cuisine gourmande et appliquée, bien adossée à la tradition (excellent pâté en croûte !) et réalisée à partir de jolis produits frais... Des assiettes au dressage particulièrement soignées, servies sous les voûtes de la salle à manger ou dans un agréable patio.

- €€€ - *8 place Carnot - 04 67 77 63 59 - Fermé lundi et mardi*

DOMAINE TARBOURIECH

BOURGEOIS • CHARME Cette ancienne maison bourgeoise de vigneron, perdue dans les vignes de Picpoul, à deux pas de l'étang de Thau, pratique l'ostréathérapie, un traitement cosmétique à base de nacre de coquilles d'huîtres. Ici, les chambres se nomment Casanova, Japon, Nacre ou Jefferson. Superbe spa, détente assurée.

- **15 chambres** - *Chemin des Domaines - 04 48 14 00 30*

MARSEILLE

✉ 13007 – Bouches-du-Rhône – Carte régionale n° **28**-D3

✿✿✿ AM PAR ALEXANDRE MAZZIA

Chef : Alexandre Mazzia

CUISINE CRÉATIVE • ÉPURÉ Dans sa table nichée non loin du Vélodrome, ce chef-artiste à la créativité sans relâche porte la petite portion au rang d'art. Sa cuisine unique joue avec virtuosité des épices, du torréfié et du fumé, l'irriguant de ses souvenirs d'enfance au Congo. Les marqueurs maison s'enrichissent d'un travail unique sur les vinaigres (plus de 400 références maison) qui apportent relief et complexité aux jus. Fruit d'un travail colossal, les quelque quarante petites assiettes sont millimétrées, souvent saisissantes : couteaux à la vapeur de saké, graines d'orge soufflées, condiment iodé et algues ; cresson de fontaine, betterave fumée, lait de langoustines, granité de têtes de langoustines brûlées. Un rythme effréné porté par un chef humble tout en concentration, qui ne quitte pas le passe-plat.

HORS PLAN – ✿ AC – **€€€€** – *9 rue François-Rocca – ✆ 04 91 24 83 63 – www.alexandre-mazzia.com – Fermé lundi, mardi et dimanche*

✿✿✿ LE PETIT NICE

Chef : Gérald Passedat

POISSONS ET FRUITS DE MER • ÉLÉGANT Héritier d'une famille d'artistes, Gérald Passédat est quasiment né dans son restaurant, à quelques mètres de cette Grande Bleue qui « [le] porte et [l']inspire ». La Méditerranée, ses poissons et ses coquillages constituent le cœur de son identité culinaire. Le chef cisèle une cuisine personnelle, iodée, précise et épurée, fondée sur une fraîcheur absolue et l'utilisation intégrale du produit. On retient ce duo de sériole et canthe, crus et fumés maison, escortés de chou-fleur, caviar osciètre et poutargue, ou ce remarquable travail autour du rouget de roche : cuit au naturel, à cru maturé, ou encore en charcuterie, avec un consommé à l'anis étoilé. Les sauces et bouillons, puissants et très travaillés, naissent souvent des têtes, foies et sucs de cuisson. Le menu « Ma Bouille Abaisse », sa signature entre les signatures, se déroule quant à lui selon une fascinante gradation de saveurs. Plus de soixante-cinq espèces, pêchées à la palangre et dans le respect de l'écosystème marin, défilent au gré des saisons. La vue plongeante sur la Méditerranée ajoute au sentiment de plénitude. Le service, d'une grande justesse, conjugue attention et retenue.

PLAN : A3-1 – ✿ AC P – **€€€€** – *17 rue des Braves (Anse de Maldormé) – ✆ 04 91 59 25 92 – www.passedat.fr – Fermé lundi, dimanche et mercredi midi*

MARSEILLE
0
300 m
N
A
B
1
2
3
4
LYON, FOS, L'ESTAQUE, AIX-EN-PROVENCE
CORSE
TUNISIE, ALGÉRIE
CALANQUES, ÎLES DU FRIOUL, CHÂTEAU D'IF
MAC, POINTE-ROUGE
DIGUE DU LARGE
BASSIN
DE LA
GRANDE
JOLIETTE
Joliette
Bd des Dames
Q. de la Joliette
R. Mazenod
Av. Robert Schuman
R. de l'Evêché
Cathédrale de la Major
Ancienne Cathédrale de la Major
Le Panier
Musée Regards de Provence
Villa Méditerranée
Mucem
Esplanade de la Tourette
Préau des Accoules
Fort St-Jean
Av. Vaudoyer
Saint-Laurent
Palais du Pharo
Chantier naval Borg
Anse du Pharo
R. des Catalans
Esplanade du Pharo
Parc du Pharo
16
Bd Charles Livon
A 50
R. Robert
R. Ste
11
2
29
8
Plage des Catalans
R. Papety
Av. Pasteur
Fort St-Nicolas
Pl. St-Victor
Basilique St-Victor
9
Av. de la Corse
R. Capitaine Dessemond
R. d'Endoume
5
Kennedy
John Fitzgerald
R. Félix Frégier
R. Sollier
R. de Samatan
R. du Plateau
ST-LAMBERT
R. Joël Recher
R. Sauveur Tobelem
R. d'Endoume
Bd Tellène
Ch. du Roucas Blanc
Bd Augustin Cieussa
VALLON DES AUFFES
3
6
7
LA CORNICHE
R. Charras
R. Perlet
Bd Marius Thomas
R. Michel Gachet
Corniche du Président
R. d'Endoume
R. du Dr Frédéric Granier
Bd Bompard
Ch. du Vallond el'Oriol
ROUCAS-BLANC
R. Pierre Mouren
R. d'Endoume
ENDOUME
Traverse du Frioul
Théâtre Silvain
Bd Amédée Autran
R. de la Douane
1
Ch. du Pont
Parc Montvert
Imp. Vermeer
R. Etienne Mein

C
D
1
2
3
MUSÉE DU TERROIR MARSEILLAIS, LA ROSE
TOULON, AUBAGNE
R. Vincent Leblanc
R. de la République
R. Fauchier
R. Malaval
R. de Montolieu
R. Duverger
R. de la Joliette
Bd des Dames
J. Guesde
République Dames
Av. Camille Pelletan
Pl. J.-P. Guesde
Porte d'Aix
Bd Charles Nedelec
St-Charles
Tunnel Saint-Charles
R. Honnorat
Bd National
Bd Voltaire
R. Flégier
R. de la Rotonde
R. Sainte-Barbe
R. d'Aix
R. Francis de Pressensé
R. des Petites Maries
Bd de la Liberté
R. Saint-Bazile
Réformés-Canebière
R. Consolat
Colbert
Centre de la Vieille Charité
Sadi Carnot
R. Nationale
Bd d'Athènes
Aée Léon Gambetta
Belsunce Alcazar
Alcazar
Hôtel-Dieu
Musée d'Histoire de Marseille
R. du Tapis Vert
La Canebière
Saint-Vincent de Paul
R. Caisserie
Grand'Rue
Port antique
R. Thubaneau
Canebière-Garibaldi
R. Sénac de Meilhan
R. Curiol
R. St-Savournin
R. Bonneterie
R. de Bir Hakeim
Cours St Louis
Noailles
M7
M6
Q. du Port
17
Saint-Ferréol
M1
28
Pl. du Marché des Capucins
R. des Trois Mages
Pl. J. Jaurès
Vieux-Port-Hôtel de Ville
VIEUX PORT
R. de Beauvau
R. Jean Roque
31
R. Haxo
R. St-Ferréol
13
R. de Rome
R. du Moustier
14
Cours Julien
Q. de Rive Neuve
Opéra
Cours Lieutaud
R. Ferdinand Rey
Théâtre de la Criée
Pl. Thiars les Arcenaux
R. Ste
Rome Davso
R. Estelle
R. Fongate
N.-D.-du-Mont-Cours Julien
R. Fort N.-D.
R. Rigord
19
10
R. Grignan
12
Musée Cantini
Pl. de Rome
R. des Bergers
R. de Tilsit
Bd de la Corderie
30
Cours Pierre Puget
R. d'Armeny
R. Albert Chabanon
R. de Lodi
Jardin P. Puget
33
Estrangin Préfecture
R. Bel-Air
R. Berlioz
R. Edouard Delanglade
R. Breteuil
23
R. Sylvabelle
Rome Dragon
R. Perrin-Solliers
R. Vauvenargues
Montée de l'Oratoire
Bd André Aune
Bd N.-D.
R. Jules Moulet
R. Saint-Jacques
R. Edmond Rostand
R. Aldebert
R. de Village
R. Marengo
24
R. Dragon
R. Stanislas Torrents
R. Paradis
Castellane
Bd Baille
R. Bonnefoy
Av. de Toulon
R. du Fort du Sanctuaire
Bd Vauban
18
R. Jean Fiolle
R. Falque
Av. du Prado
R. du Rouet
Notre-Dame de la Garde
27
R. du Dr Escat
R. de la Martinique
R. du Bois Sacré
Av. Monfray
R. de Milly
Palais de la Bourse - Musée de la Marine et de l'économie de Marseille M1
Musée des Docks M6
Maison diamantée..............M7

AUFFO (N)

Cheffe : Coline Faulquier

CUISINE MODERNE • CONTEMPORAIN Accroché aux rochers à l'entrée du Vallon des Auffes, le nouveau restaurant de Coline Faulquier offre une vue saisissante sur la Méditerranée, le château d'If et les îles du Frioul. Derrière les baies vitrées, dans un décor contemporain aux lignes épurées, la pétillante cheffe déploie une cuisine marine inventive, vive et précise. Mêlant habilement notes iodées et végétales, les assiettes ne manquent pas de personnalité, notamment grâce à des sauces percutantes, comme cet excellent jus de bouillabaisse au vin rouge. La fraîcheur est garantie par les pêcheurs du port, en lien direct avec la cuisine.

PLAN : A3-3 – **€€€€** – *158 rue du Vallon-des-Auffes – 04 87 33 51 50 – www.auffo-restaurant.com – Fermé lundi et dimanche*

BELLE DE MARS

Chef : Michel Marini

CUISINE MODERNE • CONTEMPORAIN Derrière une grille en fer forgé, cette belle adresse de la Joliette dévoile un cadre tout en sobriété (murs blancs, parquet, tables et chaises en bois) où s'active dans une cuisine ouverte le chef Michel Marini. Il façonne une délicate cuisine tournée vers la Méditerranée et la Provence, fine et lisible, digeste, souvent émaillée d'herbes cueillies par ses soins. On retrouve dans chaque assiette des saveurs droites et expressives. Et les desserts, gourmands sans être trop sucrés, ne sont pas en reste !

PLAN : B1-4 – **€€** – *56 rue de Forbin – 09 86 57 24 58 – www.belledemars.fr – Fermé samedi et dimanche, et mercredi soir*

UNE TABLE, AU SUD

Chef : Ludovic Turac

CUISINE MODERNE • ÉLÉGANT Aux commandes de cette table résolument ancrée dans le Sud, au cadre bleu marine élégant : Ludovic Turac, cuisinier passé notamment par Le Bristol et Guy Savoy. À partir des légumes provençaux, de la pêche locale et des viandes des Alpes du Sud, il conçoit des menus marqués par une forte empreinte marseillaise, et parsemés de clins d'œil à ses voyages méditerranéens ainsi qu'à ses propres origines arméniennes. Ses recettes inventives ne manquent jamais de goût et vibrent à l'unisson du superbe panorama sur le Vieux Port et la Bonne Mère.

PLAN : C2-17 – **€€€€** – *2 quai du Port – 04 91 90 63 53 – www.unetableausud.com – Fermé lundi et dimanche, et mercredi soir*

PROSPER (N)

CUISINE MÉDITERRANÉENNE • BISTRO À deux pas du cours Julien, ce vieux rade marseillais, rafraîchi sans fioritures, garde toute son âme : murs blanc et vert bouteille, pierres apparentes, terrasse sur placette animée. Aux manettes, un duo franco-british passé par Frenchie (Paris et Londres), qui envoie des assiettes méditerranéennes pleines de nerf et de feu, avec un œil du côté de l'Espagne. Ce soir-là : terrine d'aile de raie, sauce au poivre ; aubergine, yaourt fumé, caponata, prune et fleur de sumac. Sans oublier l'arroz à l'encre de seiche, poulpe grillé et aïoli. Deux services le soir en été. Réservation chaudement conseillée.

PLAN : D2-14 – **€€** – *2 rue des Trois-Rois – 07 68 44 77 79 – Fermé samedi, dimanche et le midi*

ALIVETU

CUISINE MÉDITERRANÉENNE • BISTRO Dans le quartier Saint-Victor, adossé à la colline de la Garde, cette petite "oliveraie" (alivetu en corse) est une oasis de gourmandise répartie entre une salle à manger au sol de béton ciré et une mezzanine. Le chef mitonne une cuisine méditerranéenne à l'image de ce poulpe grillé, purée de patate douce, maïs et sauce vierge au poivron. Menu du marché sur ardoise le midi et menu surprise le soir.

PLAN : B2-11 – ♿ AC – €€ – *145 rue Sainte – ✆ 09 83 70 38 94 – www.alivetu-restaurant.fr – Fermé lundi, dimanche et mardi midi*

LES BORDS DE MER

CUISINE MODERNE • CONTEMPORAIN À deux pas de la plage des Catalans, ce restaurant aux grandes baies vitrées offre un panorama de rêve sur la baie de Marseille, entre le Cercle des nageurs et les îles du Frioul. D'origine philippine, Chester Tsai (qui a travaillé pour Alain Ducasse dans le monde entier) sert une cuisine méditerranéenne et des plats plus exotiques aux accents philippins et singapouriens : gaspacho tomate, poivrons et concombre, sauce blanche à l'ail et pignons ; daurade au fenouil glacé à l'orange, sauce au beurre et poivre de Timut.

PLAN : A2-9 – ⋞ ♿ AC – €€€ – *52 corniche du Président-John-Fitzgerald-Kennedy – ✆ 04 13 94 34 00 – www.lesbordsdemer.fontenille-collection.com/restaurant-les-bords-de-mer-vue-mer-marseille*

BUCADO Ⓝ

CUISINE BRÉSILIENNE • CONVIVIAL La cheffe brésilienne Danielle Barbosa (vainqueur de MasterChef Brésil 2020) est désormais seule à bord de l'ancien Būbo, dont la salle est habillée d'une fresque colorée inspirée de la flore sud-américaine. Dans l'assiette, un tempérament affirmé qui allie techniques modernes (lacto-fermentation, maturation des poissons) et références au Brésil (condiments et épices, manioc, tapioca...). Menu végétarien disponible et cocktails typiques. Souriant et attentif, l'accueil met immédiatement à l'aise !

PLAN : D3-18 – ♿ AC – €€ – *34 rue du Docteur-Jean-Fiolle – ✆ 09 50 13 58 28 – www.bucado-marseille.com – Fermé lundi, dimanche et mardi midi*

CÉDRAT

CUISINE MÉDITERRANÉENNE • CONTEMPORAIN Un couple, deux chefs, deux formules gastronomiques différentes : au déjeuner, la cheffe Maëlyss Vultaggio propose une ardoise à prix doux pendant que son compagnon Éric Maillet, jeune chef passé chez Passedat, lui sert de commis ; le soir, c'est le contraire, le chef est au piano et signe une partition plus gastronomique, épaulée par sa compagne. À l'image de ce poulet fermier au barbecue, céleri rave confit, oseille, sauce gingembre/citronnelle et jus réduit XO. Cette cuisine moderne d'esprit méditerranéen, non dénuée de punch, est préparée avec des légumes bio, des poissons de la pêche locale et des viandes bien élevées. Cadre contemporain.

PLAN : C2-23 – AC ⛱ – €€ – *81 rue Breteuil – ✆ 04 91 42 94 41 – www.cedratxmamakyuna.com – Fermé lundi, dimanche et mercredi soir*

CHEZ FONFON

POISSONS ET FRUITS DE MER • TRADITIONNEL Fraîcheur : le maître mot de cette institution familiale fondée en 1952 par Alphonse, dit "Fonfon". Bourride et bouillabaisse sont les immuables de la carte, réalisées avec le poisson sorti tout droit des "pointus" en bois que l'on aperçoit en face dans le petit port. L'adresse niche en effet dans le beau vallon des Auffes...

PLAN : A3-7 – ⋞ AC ⛶ – €€€ – *140 rue du Vallon-des-Auffes – ✆ 04 91 52 14 38 – www.chez-fonfon.com*

DAME JEANNE Ⓝ

CUISINE MODERNE • ÉLÉGANT Dame Jeanne, installée au-dessus du Vieux-Port, à deux pas du palais de justice, réunit un duo expérimenté : Samy Leroy, formé auprès de Jérôme Banctel au Gabriel et à La Villa Madie à Cassis, et le pâtissier Ohannes Kachichian, passé par l'InterContinental Hôtel-Dieu à Marseille. Dans un décor lumineux et élégant - murs blancs, parquet clair, banquettes de velours vert - ils proposent une cuisine inspirée, au fil de la pêche locale et des saisons : ceviche de sériole au citron et verveine, maigre de Méditerranée sauce carotte-orange-gingembre... Les desserts revisités, comme le baba au rhum ou les profiteroles à la vanille fumée, sont réalisés minute avec finesse.

PLAN : C2-10 - ♿ - **€€€** - *86 rue Grignan - ✆ 04 91 39 01 37 - www.dame-jeanne-restaurant-marseille.fr - Fermé lundi et dimanche*

EKUME

CUISINE MÉDITERRANÉENNE • BISTRO Après un parcours remarquable, le chef panaméen Edgar Bosquez a jeté l'ancre à Marseille, à quelques encablures de l'Abbaye Saint-Victor. Dans un décor actuel et chaleureux, il donne la parole aux produits de la mer et à la Provence, dans des menus composés avec adresse, dont l'un est consacré à la bouillabaisse.

PLAN : B2-2 - ♿ AC - **€€** - *139 rue Sainte - ✆ 04 91 73 46 91 - www.ekume-restaurant.com - Fermé lundi, dimanche et samedi midi*

LA FEMME DU BOUCHER

SPÉCIALITÉS DE VIANDES • BISTRO Installée dans une ancienne boucherie, Laëtitia Visse, patronne dynamique formée à l'école Ferrandi de Paris, avant de rejoindre de belles maisons étoilées et des tables bistrotières (Guy Savoy, Alain Dutournier, Cyril Lignac, Olivier Nasti à Kaysersberg), mitonne une cuisine viandarde : terrine maison, boudin grillé, saucisse, pieds et paquets, etc. Pour rester dans la tendance, on présente une petite carte de vins nature ou élevés en biodynamie. Service décontracté et atmosphère des plus informelles. Délicieusement canaille.

PLAN : D3-24 - AC - **€€** - *10 rue de Village - ✆ 04 91 48 79 65 - www.lafemmeduboucher.fr - Fermé samedi, dimanche, lundi midi, et mardi et mercredi soir*

GRENAT N

CUISINE MODERNE • TENDANCE À l'avant, un bistrot aux murs grenat, avec pierres apparentes et béton ciré ; à l'arrière, un patio verdoyant où poussent herbes et fleurs comestibles : deux ambiances, une même atmosphère de coolitude. Côté comptoir, on mange solo face à la cuisine ouverte et sa cheminée. Dans le jardin, les tables s'alignent sous des coursives aérées par des brasseurs d'air, dans une douce bohème. Tout ici fume, flambe, grille : une cuisine au feu vif, bien relevée, ancrée dans les circuits courts.

PLAN : C2-12 - ♿ 🌂 - **€€€** - *57 rue Grignan - ✆ 04 13 94 15 65 - www.grenat-restaurant.fr - Fermé samedi et dimanche, et lundi et mardi soir*

LES JARDINS DU CLOÎTRE

CUISINE DU MARCHÉ • HISTORIQUE Ouvert dans un ancien monastère, ce centre de formation géré par les Apprentis d'Auteuil abrite un restaurant ouvert au public. Encadrée par un chef professionnel, la brigade de jeunes cuisiniers en formation assure une prestation culinaire de bel aloi dans un esprit bistronomie et cuisine de saison, avec un approvisionnement régional, de préférence bio. Une belle démarche éthique pour construire l'avenir de la génération qui arrive.

HORS PLAN - ♿ 🌂 🍽 P - **€€** - *20 boulevard Madeleine-Rémusat - ✆ 04 91 12 29 42 - www.lesjardinsducloitredemars.fr - Fermé dimanche et du lundi au mercredi soir*

KIN

CUISINE AFRICAINE • CONVIVIAL Chef Hugues Mbenda, une assiette directe pour Kinshasa, en République Démocratique du Congo, s'il vous plaît ! Découvrez cette cuisine du terroir congolais sous forme d'un menu unique en plusieurs séquences, renouvelé tous les 15 jours : chips de manioc au piment doux et crème d'oignon brûlé ; onglet de bœuf Angus croustillant, sauce dibi, asperge blanche et thiéré soufflé… Les produits sont frais, les présentations soignées et les saveurs voyageuses. Au déjeuner, place à l'offre plus simple du Libala, le premier restaurant de street food métissée du chef.

PLAN : D2-13 – ♿ A/C – **€€€** – *10 rue Francis-Davso – ✆ 04 91 06 44 02 – www.kin-restaurant.com – Fermé lundi, mardi et dimanche et le midi*

LA MERCERIE

CUISINE MODERNE • BRANCHÉ Une avalanche de produits locaux de qualité, un savoir-faire incontestable, de la gourmandise… Comptez sur la jeune équipe pour soigner votre faim de la meilleure des façons. Côté vins, on découvre une carte composée avec amour et résolument « nature », avec un turn-over de bon augure : tous les ingrédients pour passer un super moment.

PLAN : D2-28 – ♿ A/C – **€€€** – *9 cours Saint-Louis – ✆ 04 91 06 18 44 – www.lamerceriemarseille.com – Fermé les midis*

MICHEL - BRASSERIE DES CATALANS

POISSONS ET FRUITS DE MER • VINTAGE Ambiance 100 % rétro dans cette institution (1946) de la plage des Catalans. Ici, la bouillabaisse – marseillaise, évidemment – est une religion… autant qu'un délice ! Au menu, donc, la pêche du jour, d'une remarquable fraîcheur : admirez le poisson exposé dans le "pointu" à l'entrée.

PLAN : A2-8 – A/C – **€€€€** – *6 rue des Catalans – ✆ 04 91 52 64 22 – www.restaurant-michel-13.fr*

MIJOBA

CUISINE MODERNE • BISTRO Le chef d'origine vénézuélienne David Mijoba, bien connu de la scène gastronomique marseillaise, a ouvert son propre bistrot dans le quartier Vauban, à l'ombre de Notre-Dame-de-la-Garde. Fruits et légumes de la région, pêche locale (mais pas uniquement), épices du monde entier : sa passion du produit, sans œillères, se manifeste dans chaque assiette, avec une indication de provenance pratiquement à chaque plat. Cette cuisine nomade et savoureuse voyage d'un continent à l'autre avec imagination – le déjeuner ayant une dominante plutôt légumière, le dîner plutôt iodée. Ce midi, on s'est régalé d'artichauts violets du Garlaban crus et cuits, de noix de Saint-Jacques de Deauville crues et marinées, accompagnées de chop suey et d'un bouillon de bœuf aux épices d'Hanoï ; et enfin, d'une tarte fine feuilletée aux pommes caramélisées et sa glace maison. Belle sélection de vins vivants, notamment du Jura.

PLAN : C3-27 – A/C – **€€** – *79 boulevard Vauban – ✆ 04 91 92 03 53 – www.mijoba.fr – Fermé lundi, mardi et dimanche*

NESTOU

CUISINE MODERNE • BISTRO Située à deux encablures de la plage des Catalans, l'enseigne rend hommage à Ernest (Nestou), le jeune fils de Jean-Philippe et Jeanne Garbin, respectivement chef et cheffe de cuisine de ce sympathique restaurant. Lui aux plats chauds, elle aux entrées et aux desserts composent une cuisine originale qui surfe entre influences méditerranéennes et inspirations plus voyageuses. Une bonne table à partager entre copains.

PLAN : A2-29 – ♿ A/C – **€€** – *43 rue de Suez – ✆ 09 87 08 17 00 – www.nestou.fr – Fermé lundi, dimanche et samedi midi*

OUREA

CUISINE MODERNE • COSY Descendu de Paris où il travaillait chez Semilla, Matthieu Roche a ouvert avec sa compagne Camille ce bistrot de poche aux couleurs et saveurs de la Provence, situé entre le port et le tribunal. Le chef, attentif aux saisons, se fournit en local (poissons méditerranéens en direct du port, légumes de maraîcher de Mallemort, agrumes du Domaine du Jasson...).

PLAN : C2-30 – A/C – **€€€** – *72 rue de la Paix-Marcel-Paul – 04 91 73 21 53 – www.ourea-restaurant.com – Fermé lundi et dimanche, et mardi soir*

PERON

POISSONS ET FRUITS DE MER • MÉDITERRANÉEN Sur la Corniche, cette bâtisse accrochée à la roche offre une vue à couper le souffle sur la baie de Marseille, ses îles, le château d'If... Un vent chargé d'embruns méditerranéens souffle sur la carte : pêche du jour locale et sauvage, farcis, mais aussi magret de canard et filet de bœuf, sans oublier la traditionnelle bouillabaisse, se dégustent sur la belle terrasse. Une institution depuis 1855.

PLAN : A3-5 – **€€€** – *56 corniche John-Fitzgerald-Kennedy – 04 91 52 15 22 – www.restaurant-peron.com – Fermé lundi et dimanche*

PRÉMICES

CUISINE MODERNE • BISTRO Dans ce bistrot tendance, choisissez entre le magnifique comptoir orné de zelliges, ou la salle à manger vintage de l'étage. Renouvelé deux fois par mois, le menu exhale un bon parfum de cuisine moderne, avec ses intitulés parfois audacieux. À titre d'exemples : un régal que ces bucatini maison au condiment épinard et sauge frite, tout comme la délicieuse tarte butternut et noix de muscade, accompagnée d'un condiment subtil à base de pâte de coing et de physalis. Très bon rapport qualité-prix au déjeuner.

PLAN : C2-31 – A/C – **€€** – *11 rue Beauvau – 04 91 06 64 02 – www.premicesmarseille.com – Fermé lundi, dimanche, et mardi et mercredi à midi*

SAGE N

CUISINE MODERNE • COSY SAGE, c'est l'acronyme de Saison, Artisanat, Goût et Émotion : tout un programme pour ce sympathique bistrot contemporain aux teintes sobres et douces. Des exemples ? Carpaccio de pastèque grillée, relevé de cassis, miso noir et tagète ; sébaste parfaitement cuite, fregola sarda safranée, vierge de courgettes jaunes. Même esprit de fraîcheur au dessert, avec cette pêche Melba moderne. Tout fait envie dans cette cuisine créative, adepte du circuit court et généreuse en propositions végétariennes.

PLAN : C2-19 – A/C – **€€** – *96 rue Grignan – 04 86 68 25 42 – www.sage-restaurant-marseille.com/site – Fermé lundi, dimanche et samedi midi*

SÉPIA

CUISINE MODERNE • TENDANCE Chez Sépia, on passe une soirée haute en couleurs : cette guinguette nichée sur la colline de Puget offre une vue plongeante sur la cité phocéenne et la grande bleue. En cuisine, le chef privilégie les produits de la mer mais aime aussi associer sauce de viande et poisson (ou l'inverse), à l'image de cette sériole et sa sauce façon Albufera. Une seconde adresse : le Julis, bar à vin & tapas, très prisé par les Marseillais du quartier Saint-Victor et d'Endoume après le travail pour l'apéro...

PLAN : C2-33 – **€€** – *2 rue Vauvenargues – 09 83 82 67 27 – www.restaurant-sepia.fr – Fermé samedi et dimanche*

TABI - IPPEI UEMURA

CUISINE JAPONAISE CONTEMPORAINE • CONTEMPORAIN Tabi, c'est le voyage en japonais : tout est dit ! Originaire de Kyoto, le chef a choisi Marseille comme ville d'adoption. Il met la pêche locale en valeur dans une cuisine japonaise traditionnelle, préparée directement devant le client. Accords mets-sakés pour les amateurs. Dépaysement garanti.

PLAN : A3-6 - ♿ AC - **€€€** - *165 corniche du Président-John-Fitzgerald-Kennedy - ✆ 04 91 22 09 33 - www.restauranttabi.com - Fermé lundi et dimanche*

LES TROIS FORTS

CUISINE MODERNE • ÉLÉGANT Tout Marseille est là : le Vieux Port et sa myriade de mâts, les quais qui fourmillent au loin, le ciel azuré... Au 7e étage du Sofitel, le panorama est sublime. L'assiette rend également un bel hommage à la cité phocéenne, entre inspirations provençales et saveurs d'ailleurs. Beau moment !

PLAN : B2-16 - AC - **€€€** - *36 boulevard Charles-Livon - ✆ 04 91 15 59 56 - www.sofitel-marseille-vieuxport.com*

LES BORDS DE MER

Plus

MODERNE • MARITIME À deux pas de la plage des catalans et en face du Frioul, cet ancien hôtel a quasiment les pieds dans l'eau... et a bénéficié d'une belle remise à flots. Chambres entre tons pastels et bois naturel, avec superbe vue sur la mer, mais aussi spa creusé dans la roche et rooftop : un séjour délicieux.

♿ AC Spa - **19 chambres** - *52 corniche John-Fitzgerald-Kennedy - ✆ 04 13 94 34 00*

Les Bords de Mer - Voir la sélection des restaurants

C2

DESIGN • CHALEUREUX Légèrement en retrait du vieux port, cet ancien hôtel particulier (1860) est à la pointe de l'avant-garde phocéenne. Il abrite des chambres design et luxueuses ainsi qu'un salon-bar, sans oublier le petit - mais très joli - spa : bassin couvert, hammam, massages...

♿ AC P Spa - **20 chambres** - *48 rue Roux de Brignolles - ✆ 04 95 05 13 13*

LE CORBUSIER

CONTEMPORAIN • FAMILIAL L'emblématique «Cité radieuse» de Le Corbusier n'est pas seulement l'une des premières (et des plus impressionnantes) structures brutalistes au monde, c'est un monument à l'utopie moderniste. Deux de ses étages sont désormais consacrés à un hôtel dont les clients vivent parmi les résidents permanents. Si les chambres ne sont ni particulièrement vastes ni excessivement luxueuses, elles sont chargées de l'atmosphère de l'époque - tout comme le restaurant, meublé de créations de Charlotte Perriand et Jean Prouvé.

♿ AC P - **21 chambres** - *280 boulevard Michelet - ✆ 04 91 16 78 00*

HÔTEL DIEU INTERCONTINENTAL MARSEILLE

MODERNE • ÉLÉGANT A deux pas de la mairie et du Vieux-Port, cet ancien hôpital abrite désormais des chambres confortables. Derrière la monumentale façade (18-19e s.), les lieux rivalisent d'espace, de sobriété et d'élégance - avec tous les services d'un établissement de luxe, à l'instar du vaste spa très bien équipé. Comme dans la chanson, préférez une chambre avec vue.

AC P Spa - **179 chambres** - *1 place Daviel - ✆ 04 13 42 42 42*

MAMA SHELTER MARSEILLE

AVANT-GARDE • CONVIVIAL Cet hôtel ultramoderne, créé dans un quartier populaire de la cité phocéenne, rassemble tout l'esprit de l'enseigne. Sous la signature de Philippe Starck, la déco joue une carte design assumée : murs et plafonds en béton brut, aplats de blanc, mobilier minimaliste...

– 127 chambres – *64 rue de la Loubière – 04 84 35 20 00*

NHOW MARSEILLE

AVANT-GARDE • MARITIME Qu'on se le dise : l'ancien Palm Beach, véritable institution locale, est devenu nhow (sans majuscule) ! L'établissement séduit avec des inspirations street art (reproductions de graffitis) et des chambres lumineuses qui donnent toutes sur la mer. Piscine, bars et spa avec hammam et jacuzzi.

– 160 chambres – *200 corniche J.F. Kennedy – 04 91 16 19 00*

LE PETIT NICE

Plus

MODERNE • MARITIME Sur la Corniche, ces architectures néoclassiques (des années 1910 !) semblent lancer des œillades à la mer et à ses îles immaculées. Toute la lumière du Sud, toute la magie du site de Marseille, que l'on admire à loisir dans le plus grand confort...

– 19 chambres – *Anse de Maldormé, 156 corniche JF Kennedy – 04 91 59 25 92*

Le Petit Nice - Voir la sélection des restaurants

SOFITEL MARSEILLE VIEUX PORT

Plus

CLASSIQUE • CONVIVIAL Sur les hauteurs du Pharo, dominant les forts, la passe... et tout le Vieux Port ! Plus d'une vingtaine de chambres jouissent d'une terrasse ouvrant sur le bassin. Le grand confort au cœur du mythe marseillais.

– 134 chambres – *36 boulevard Charles Livon – 04 91 15 59 55*

Les Trois Forts - Voir la sélection des restaurants

MARTEL

46600 – Lot – Carte régionale n° **23**–B2

LE PETIT MOULIN N

CUISINE MODERNE • BISTRO Dans une rue discrète de la cité médiévale de Martel, Adrien Castagné perpétue avec son frère Romain l'héritage familial autour de la noix et de son huile. Tandis que l'un gère le moulin et les vergers à quelques kilomètres de là (visite possible), l'autre accueille les gourmands dans une petite table à l'esprit bistrot, où l'on mange bien sans se ruiner. Le chef, aux commandes des fourneaux, compose une cuisine bistronomique précise et malicieuse, fidèle aux saisons et aux produits du coin à l'image de ce caillé de chèvre à l'abricot, feuille de figuier et noisette. L'huile de noix maison ouvre le bal, servie avec le pain, et le vin du domaine se goûte au verre.

– €€ – *Rue Droite – 06 59 59 27 66 – www.moulincastagne.com/les-restaurants/la-table-du-moulin*

MARTIGNARGUES

✉ 30360 - Gard

LA MAISON DU PASSAGE Plus

CLASSIQUE • RAFFINÉ Au pied de la chaîne des Cévennes, cette ancienne tour de guet du village offre depuis sa terrasse une vue imprenable sur la campagne. Les chambres d'hôtes qu'elle accueille, à l'atmosphère des plus paisibles, mêlent les vieux murs de pierre à un mobilier moderne et à une décoration éclectique, que l'on sent élaborée avec amour. L'établissement dispose d'un petit spa, avec un jacuzzi et un sauna infrarouge. En plus du copieux petit-déjeuner, les repas peuvent être servis sur la terrasse, sur demande.

AC - **5 chambres** - *127 rue de l'Église* - *04 66 25 62 91*

MARTIGUES

✉ 13500 - Bouches-du-Rhône - Carte régionale n° **29**-C3

GUSTO CAFFE

CUISINE ITALIENNE • TRATTORIA Devant le port de plaisance du canal Baussengue, une sympathique trattoria où serveurs et clients s'interpellent dans une ambiance joyeuse et très... italienne ! Pâtes maison (spaghettis, gnocchis, etc.), prosciutto di parma découpé à la trancheuse, grands classiques transalpins... La terrasse est prise d'assaut dès les beaux jours, tout comme l'ardoise du midi, véritable bon plan.

AC - **€€** - *4 quai Paul-Doumer* - *04 42 43 97 85* - *www.restaurantmartigues.com/restaurant-le-gusto* - *Fermé lundi et dimanche*

MARTILLAC

✉ 33650 - Gironde - Carte régionale n° **22**-B2

LA GRAND'VIGNE - LES SOURCES DE CAUDALIE

CUISINE MODERNE • ÉLÉGANT À quelques kilomètres seulement de Bordeaux se trouve un véritable petit paradis, niché au cœur du vignoble du Château Smith Haut Lafitte, grand cru classé de Graves. Aux fourneaux de la Grand'Vigne, la table gastronomique de l'hôtel, officie le chef Nicolas Masse, dont la partition est tournée vers un but : sublimer le terroir aquitain (caviar, agneau des Pyrénées...), y compris sa manne végétale, et les vins, notamment ceux de Pessac-Léognan. Aussi lisible que pure, sa cuisine de haute technique vise à l'essentiel : l'expression du goût au travers de produits du grand Sud-Ouest, soigneusement sourcés. Rien n'est ici trop beau pour le client, qu'il s'agisse du service ou de la sommellerie. Une expérience totale à vivre pleinement !

AC P - **€€€€** - *Chemin de Smith-Haut-Lafitte* - *05 57 83 83 83* - *www.sources-hotels.com/bordeaux/restaurants/restaurant-grand-vigne* - *Fermé lundi, mardi et du mercredi au vendredi à midi*

LA TABLE DU LAVOIR - LES SOURCES DE CAUDALIE

CUISINE TRADITIONNELLE • RUSTIQUE S'attabler dans ce cadre original rappelle le riche passé de la région ; les vêtements utilisés pour les vendanges étaient lavés dans cette halle tout en bois du 18e s. La cuisine joue ici la carte de la belle tradition gourmande avec notamment ce suprême de volaille fermière grillé, pommes de terre croustillantes, trompettes et sauce béarnaise. On retrouve l'atmosphère plaisante des auberges rustiques et soignées d'autrefois, avec un service souriant et une petite particularité bien agréable : il est possible de goûter au vin de la propriété qui n'est autre que le Château Smith Haut Lafitte (également disponible au verre).

AC P - **€€** - *Chemin de Smith-Haut-Lafitte* - *05 57 83 83 83* - *www.sources-hotels.com/bordeaux/restaurants/restaurant-table-du-lavoir*

LES SOURCES DE CAUDALIE

TRADITIONNEL • CHAMPÊTRE Dédié au bien-être, ce magnifique domaine se veut le berceau de la vinothérapie. Bois brut, meubles chinés, plaisirs gastronomiques : le luxe sans ostentation, en harmonie avec la nature. Les chambres, réparties dans plusieurs demeures au milieu des vignes, sont autant d'invitation à la détente, sans oublier le spa, superbe.

- **73 chambres** – *Smith Haut-Lafitte – 05 57 83 83 83*

La Grand'Vigne • La Table du Lavoir - Voir la sélection des restaurants

MARTRES-TOLOSANE

31220 – Haute-Garonne – Carte régionale n° **26**–C3

MAISON CASTET

CUISINE CRÉATIVE • CONTEMPORAIN Face à la gare, ce restaurant entièrement rénové affiche un style contemporain chic, avec un mobilier fabriqué en France et une terrasse très prisée en été. Le chef Florant Cluzel propose une cuisine de saison déclinée en menus uniques qui valorisent les produits du Pays de Comminges. On apprécie la lotte au chorizo de porc noir et riquette, le thon rouge de ligne grillé au citron noir ou encore le cheesecake à l'abricot et romarin. En été, un menu autour du homard. Belle carte des vins, accueil et service attentionnés.

- **€€** – *44 avenue de la Gare – 05 61 98 80 20 – www.maisoncastet.com – Fermé lundi et mercredi, et dimanche soir*

MASSIGNAC

16310 – Charente – Carte régionale n° **18**–C2

DYADES AU DOMAINE DES ÉTANGS

CUISINE MODERNE • ÉLÉGANT C'est un domaine de 1000 hectares avec bois et forêts, pâturages et prairies, fermes et étangs, et son château du 13e s. qui offre tous les agréments modernes de l'hôtellerie de luxe. Installée dans les anciennes écuries, la salle du restaurant joue sur un savant mélange d'ancien et de contemporain. Aux fourneaux, Matthieu Pasgrimaud (La Vague d'Or à St-Tropez, Daniel Boulud à New York) exploite avec talent toute la manne végétale produite sur place, agrémentant ses plats d'herbes aromatiques et de légumes du jardin. Des assiettes potagères (fleur d'artichaut Camus et amandon de pruneau) qui se disputent la vedette avec les assiettes à partager, les classiques et les plats signature du chef (comme le pain d'esturgeon et caviar de Neuvic), sur une carte où éclectisme et réussite vont de pair. Chloé Tardivel, la compagne du chef, veille avec élégance sur l'accueil et le service.

- **€€€** – *Domaine des Étangs – 05 45 61 85 05 – www.fr.auberge.com/domaine-des-etangs/dine – Fermé lundi et mardi, et dimanche soir*

DOMAINE DES ÉTANGS - AUBERGE COLLECTION

Plus

CLASSIQUE • CHAMPÊTRE Ce château de pierre, flanqué de tours fortifiées, abrite certaines suites et chambres, alors que d'autres occupent la longère ou l'une des six métairies, élégamment rénovées. Le vaste domaine offre des promenades bucoliques mais aussi deux piscines, un court de tennis et un grand lac.

- **17 chambres** – *Domaine des Étangs – 05 45 61 85 00*

Dyades au Domaine des Étangs - Voir la sélection des restaurants

MATHIEU

✉ 14920 – Calvados – Carte régionale n° **2**-C2

ROZE

CUISINE MODERNE • CONTEMPORAIN Au centre du bourg, cette vieille bâtisse a revêtu une déco contemporaine qui met en valeur le talent de Clémence Goupil et Alex Néel. Ces derniers connaissent bien leur métier et son histoire : le nom de l'établissement célèbre la figure de Mathurin Roze de Chantoiseau, « l'inventeur » du concept de restaurant. Dans l'assiette, les deux tourtereaux chantent la saison et les produits frais, avec sincérité et une touche d'audace : noix de veau en tartare iodé, condiment ponzu et saint-pierre fumé ; suprême de volaille poché au beurre d'estragon, crème de petits pois et condiment à l'ail noir.

- €€ - 4 rue Augustin-Fresnel - 02 31 44 10 17 - www.roze-restaurant.fr - Fermé lundi et mardi, et dimanche soir

MAUBEC

✉ 38300 – Isère – Carte régionale n° **21**-B2

L'ESPRIT BISTROT

CUISINE MODERNE • SIMPLE À 10 minutes de Bourgoin-Jallieu, ce bistrot de village mené tambour battant par Adrien Comberousse et sa compagne régale avec une cuisine franche, vive et généreuse. En entrée, un pavé de truite confite fond sous la dent, rehaussé de radis croquants, œufs de truite et d'une cervelle de canut aux herbes d'une fraîcheur printanière. En plat, le gigot d'agneau de Clavisy joue les tendres, joliment rosé, sur un minestrone vert pimpant de petits pois, ail des ours et pâtes al dente. Une cave à vins vitrée, une terrasse en cour intérieure et un service au diapason : on en redemande !

- €€ - 167 route du Dauphiné - 04 74 96 57 81 - www.restaurant-lesprit-bistrot.fr - Fermé mardi, mercredi et jeudi midi

MAULÉVRIER

✉ 49360 – Maine-et-Loire – Carte régionale n° **9**-C3

LE STOFFLET - CHÂTEAU COLBERT

CUISINE TRADITIONNELLE • HISTORIQUE Cet imposant château en tuffeau et granit du 17e s. est déjà une destination par son histoire riche de rebondissements et son potager bio de 800m² élu plus beau potager de France en 2016 et 2021. L'accueil se fait sous un magnifique dôme de 13 mètres de hauteur, avant de découvrir les hauts plafonds et lustres en cristal de l'une des deux salles à manger qui rehaussent encore l'expérience gourmande de cette cuisine actuelle et sobre : tarte fine au caviar d'aubergine, gambas et radis ; pintade, beurre d'herbes, mousseline de pomme de terre, brunoise d'automne ; figues rôties au Porto, pain de Gênes, miel et glace vanille.

P - €€ - Place du Château - 02 41 55 51 33 - www.chateaucolbert.com - Fermé lundi et dimanche

MAUSSANE-LES-ALPILLES

✉ 13520 – Bouches-du-Rhône – Carte régionale n° **28**-E1

AUX ATELIERS

CUISINE TRADITIONNELLE • BISTRO Ce bistrot détendu et chaleureux à l'atmosphère rétro ne désemplit pas. Le chef, un Normand amoureux des Alpilles, taquine votre gourmandise au gré d'une cuisine généreuse et sans afféterie :

petits farcis à la provençale ; terrine de campagne ; cuisse de lapin confite à l'huile d'olive ; épaule d'agneau de Maussane cuite toute la nuit ; tarte aux deux citrons et fleur d'oranger... Clientèle d'habitués et terrain de pétanque à l'extérieur.

- **€€** - *115 avenue de la Vallée-des-Baux - 04 90 49 96 58 - Fermé lundi, mardi, mercredi et jeudi à midi , et dimanche soir*

LES MAISONS DE L'HÔTEL PARTICULIER

CLASSIQUE • CHARME Fort de son succès, l'Hôtel Particulier a enrichi son adresse du centre-ville de deux résidences supplémentaires dans la campagne arlésienne. Dont cet ancien prieuré du 15e s., splendide construction en pierre ocre, orné de colonnes, d'arches et de toits de tuiles provençaux. Un décor aux accents romains qui invite à la langueur. Sous les voûtes fraîches, au bord de la piscine en pierre, à l'ombre des cyprès et oliviers, on médite sur la douceur des lieux. Deux maisons hôtelières s'y sont logées, abritant chacune cinq chambres et suites sophistiquées mariant la sobriété du blanc, des espaces sans mobilier superflu et des matériaux nobles (baignoires en marbre, cheminées en pierre, parquet Versailles...) pour un rendu sophistiqué. Installé dans l'ancienne orangeraie, un spa.

10 chambres - *11 rue de l'Escampadou - 04 90 52 51 40*

MAXILLY-SUR-LÉMAN

74500 - Haute-Savoie - Carte régionale n° **21**-D1

CHEZ MATHILDE

CUISINE MODERNE • CONVIVIAL Mathilde est la fille du célèbre pêcheur du Léman, Eric Jacquier. La voilà installée dans ce lumineux petit restaurant de centre du village avec comptoir en béton, luminaires décalés et mobilier bistrot en bois clair. Elle propose une petite ardoise à son image : spontanée, ludique et intuitive. Fort sympathique.

- **€€** - *97 route de Lugrin - 04 50 74 36 31 - www.www.restaurant-chez-mathilde.com - Fermé lundi et mardi*

MAYENNE

53100 - Mayenne - Carte régionale n° **9**-C1

L'ÉVEIL DES SENS

Chef : Nicolas Nobis

CUISINE MODERNE • CONTEMPORAIN À la sortie de la ville, il serait dommage de ne pas s'arrêter devant cette originale façade en résille métallique... Une fois passée la porte, c'est le bois qui est à l'honneur, dans un cadre sobre et épuré. Vous voici dans le fief du chef Nicolas Nobis et de son épouse Isabelle, qui ont appris le métier chez Bernard Loiseau et Georges Blanc. Simplicité et naturel, voilà des valeurs qui caractérisent bien la cuisine du chef, lequel aime travailler les plantes (hysope, verveine...) et les légumes des producteurs mayennais. Côté cuissons et assaisonnements, la précision est au rendez-vous, comme avec cet éclat de homard breton, fraise, pois gourmand et légèreté de bisque. Une expérience qui (r)éveille les papilles en douceur... avec un menu déjeuner au rapport qualité-prix imbattable !

- **€€€** - *429 boulevard Paul-Lintier - 02 43 30 42 17 - www.restaurant-leveildessens.fr - Fermé lundi et mardi, et dimanche soir*

MEAUX

✉ 77100 - Seine-et-Marne - Carte régionale n° **11**-C1

RESTAURANT DU CHAMP DE MARS

CUISINE MODERNE • CONTEMPORAIN En bord de route, une ancienne auberge au cadre élégant et cosy, où éléments anciens (poutres, murs en pierre, tomettes...) se marient avec goût à des touches plus contemporaines. Côté cuisine, le chef Romain Leydier propose une carte alléchante qui met en valeur des produits nobles dans des assiettes soignées et généreuses : tourteau, mayonnaise à la moutarde de Meaux et caviar de la Brie ; ris de veau de Corrèze façon grenobloise ; millefeuille praliné à la vanille de Madagascar... Terrasse arborée, appréciée aux beaux jours.

*- **€€€** - 16 avenue de la Victoire - ✆ 01 64 34 15 15 - www.restaurantduchampdemars.fr - Fermé lundi, mardi, samedi midi et dimanche soir*

LES MÉES

✉ 04190 - Alpes-de-Haute-Provence - Carte régionale n° **24**-C3

LA MARMITE DU PÊCHEUR

POISSONS ET FRUITS DE MER • CONTEMPORAIN Au pied des Pénitents, ces célèbres rochers pointus, les gourmands n'ont pas à faire profil bas ! Dans cet ancien moulin, on se régale de spécialités de poisson et de produits de la mer (bouillabaisse sur commande). Et la roue à aubes trône toujours dans la salle à manger.

*AC - **€€** - Boulevard des Tilleuls - ✆ 04 92 34 35 56 - www.lamarmitedupecheur.com - Fermé mardi et mercredi, et lundi et dimanche soir*

MEGÈVE

✉ 74120 – Haute-Savoie – Carte régionale n° **21**-D2

✿✿✿ FLOCONS DE SEL

Chef : Emmanuel Renaut

CUISINE MODERNE • ÉLÉGANT Tombé amoureux de la Haute-Savoie dans son enfance, bien avant d'arborer son col bleu-blanc-rouge, Emmanuel Renaut est viscéralement attaché au terroir alpin (brochet, omble et féra du lac Léman, champignons et herbes sauvages, fromages d'alpage...), sans rien s'interdire : avec malice, il prend parfois le contre-pied d'une cuisine de région attendue – comme avec ces superbes langoustines marinées au cédrat, caviar vivifié de pamplemousse et racines de gentiane. Le végétal prend également de plus en plus de place dans sa cuisine. Un chalet d'altitude enchanteur pour une gastronomie au sommet.

HORS PLAN – ✿ – **€€€€** – *1775 route du Leutaz, Le Leutaz – ✆ 04 50 21 49 99 – www.floconsdesel.com – Fermé mardi, mercredi, et le midi sauf dimanche*

✿ LA TABLE DE L'ALPAGA

CUISINE MODERNE • CONTEMPORAIN Qu'il est doux de s'attabler dans ce nid chic et douillet, où des matériaux bruts et nobles tels que marbre et chêne composent un décor authentique et intemporel. À la table gastronomique, le jeune chef Alexandre Baule, originaire de l'Isère, s'attache à sublimer le terroir savoyard, avec une prédilection pour le végétal. À noter aussi, les accords mets-cocktails (avec ou sans alcool) d'un barman talentueux. Au bistrot, ouvert tous les soirs, un joli répertoire régional est proposé. Et pour prolonger l'expérience, de confortables chambres aménagées dans des chalets vous attendent.

HORS PLAN – ✿ – **€€€€** – *Alpaga, 66 allée des Marmoussets, route du Prariand – ✆ 04 50 91 48 70 – www.beaumier.com/fr/proprietes/hotel-alpaga/gastronomie – Fermé lundi, mardi et le midi*

✿ VOUS

Chef : Julien Gatillon

CUISINE MODERNE • ÉPURÉ Une belle maison typique du cœur de Megève, un décor épuré où le bois prédomine, un élégant comptoir de 14 places, un accueil chaleureux : vous êtes chez Vous ! Sous la houlette de Julien Gatillon (ex 1920), le jeune chef Jean Pastre régale d'une cuisine moderne élaborée sous vos yeux avec les meilleurs produits de la région (et d'ailleurs) : omble chevalier, cresson de fontaine et caviar ; langoustine, pomme de terre et safran de Savoie ; filet de veau fermier, céleri confit et émulsion de livèche... Des plats lisibles aux saveurs franches, où finesse et élégance se donnent rendez-vous.

PLAN : A1-1 – **€€€€** – *36 rue Saint-François – ✆ 06 59 55 95 83 – www.juliengatillon.fr/vous – Fermé lundi, mardi et mercredi midi*

BREIZH CAFÉ MEGÈVE (N)

CRÊPES • CONTEMPORAIN Au cœur du village, sur la rue piétonne voisine de l'église et de son grand sapin de Noël en hiver, cet ancien chalet abrite une authentique ambassade bretonne. Ici, les huîtres d'Yvon Madec côtoient galettes de sarrasin et crêpes au froment, relevées de touches japonaises ou de clins d'œil savoyards, comme le Breizh Roll au reblochon ou la galette raclette au lait cru. Produits sourcés, fromage d'un affineur de Manigod, prix raisonnables et belle sélection de cidres et de vins complètent le tableau.

PLAN : A1-4 – *– €€ – 21 rue Monseigneur-Conseil – 09 51 98 93 43 – www.breizhcafe.com/megeve*

ANATA

CUISINE JAPONAISE • ÉPURÉ Sous le même toit que Vous, ce comptoir en bois clair situé à l'étage propose une cuisine japonaise traditionnelle. Les nigiri, california rolls, sashimi, maki, tempuras et autres gyozas sont préparés avec de très beaux produits, comme le bœuf Wagyu ou la ventrèche de thon otoro. Offre de bento au déjeuner.

PLAN : A1-2 – **€€€€** – *36 rue Saint-François – 06 59 55 95 83 – www.juliengatillon.fr/anata – Fermé lundi, mardi et mercredi midi*

BRASSERIE BENJAMIN (N)

CUISINE MODERNE • CHIC Au pied du Mont-d'Arbois, au sein du prestigieux hôtel de la famille Rothschild, cette brasserie élégante sait titiller l'appétit des skieurs, des randonneurs et des traileurs. Sole meunière, filet de bœuf façon Rossini, omelette norvégienne à partager ou millefeuille côtoient linguine aux coques et poutargue maison, risotto et même plats végétariens. Salle spacieuse et feutrée, service attentionné et superbe carte des vins.

HORS PLAN – – **€€€€** – *Four Seasons Resort Megève, 373 chemin des Follières – 04 50 78 62 65 – www.fourseasons.com/fr/megeve/dining/restaurants/brasserie-benjamin – Fermé dimanche et le midi*

KAITO

CUISINE JAPONAISE • CONVIVIAL Au sein de l'hôtel Four Seasons, sashimis, tatakis et sushis de belle fraîcheur côtoient, à la carte, des produits montagnards délicatement travaillés. Une cuisine fusion, dont on peut profiter dans une ambiance tamisée ou sur l'agréable terrasse.

HORS PLAN – – **€€€€** – *Four Seasons Resort Megève, 373 chemin des Follières – 04 50 21 12 11 – www.fourseasons.com/megeve/dining/restaurants/kaito – Fermé du lundi au vendredi à midi*

LE PRIEURÉ

CUISINE TRADITIONNELLE • CONVIVIAL Au cœur de Megève et de sa place, accolé à l'église, cet ancien prieuré s'est métamorphosé en restaurant dès 1930. Aujourd'hui, dans un beau décor montagnard, Emmanuel Renaut y propose sa cuisine de bistrot traditionnelle : œuf meurette savoyard, pâté en croûte, ravioles au fromage de montagne, tartare ou filet de bœuf, omble chevalier. L'établissement dispose également d'une grande terrasse.

PLAN : A1-3 – – **€€€** – *116 place de l'Église – 04 50 21 01 79 – www.leprieure-megeve.com – Fermé lundi*

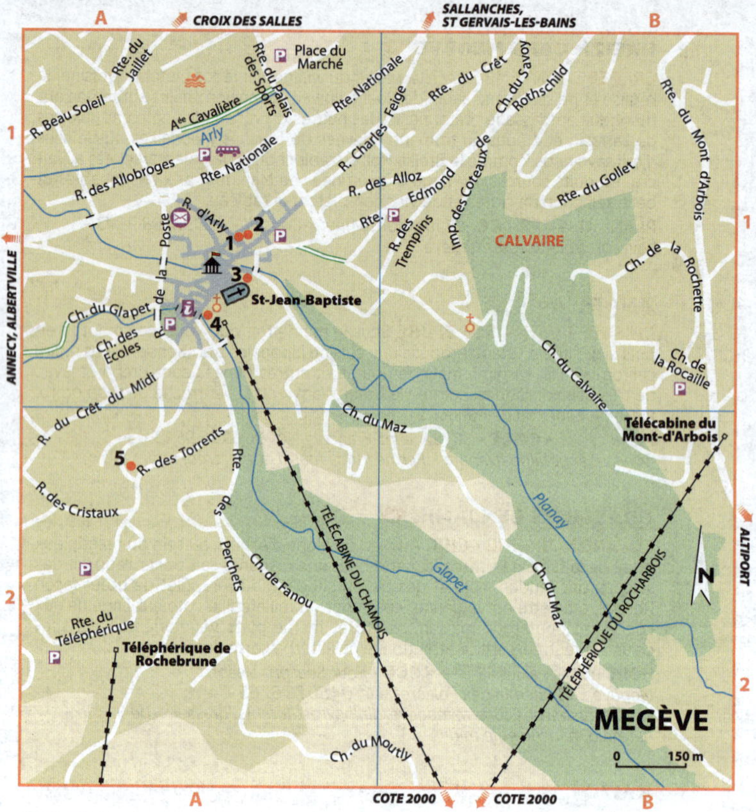

LE REFUGE

CUISINE TRADITIONNELLE • AUBERGE Après une balade au Leutaz, attablez-vous dans ce charmant refuge boisé prolongé d'une véranda et d'une agréable terrasse. C'est avec le sourire qu'on vous servira une cuisine gourmande et généreuse, proposant quelques grands classiques indétrônables de la maison (l'œuf aux lentilles vertes, morilles et copeaux de foie gras, ou la jatte de glace vanille avec son sablé breton et son chocolat chaud), sans oublier les incontournables savoyards.

HORS PLAN – **P** – **€€€** – *2615 route du Leutaz – ✆ 04 50 21 23 04 – www.refuge-megeve.com*

LE SAINT-NICOLAS - AU COIN DU FEU

CUISINE CRÉATIVE • COSY Dans ce joli chalet savoyard sur les hauteurs de Megève, la plaisante salle rustique chic, tout de bois vêtue, sert d'écrin pour une cuisine actuelle qui fait la part belle aux produits choisis avec soin : l'artichaut breton, anchois, olives taggiasche et piment d'Espelette ; le cochon de lait, tomates en trois façons et sarriette ; ou la framboise, avec sa vinaigrette au shiso pourpre et miel de montagne, et son sorbet shiso vert et basilic.

PLAN : A2-5 – **€€€€** – *252 route de Rochebrune – ✆ 04 50 21 04 94 – www.coindufeu.com/fr/restaurant.html – Fermé mercredi, et le midi*

CŒUR DE MEGÈVE

CONTEMPORAIN • CHARME Le bâtiment est tout à fait traditionnel, mais les intérieurs tout en fraîcheur : un subtil assemblage de luxe contemporain et de charme régional, réchauffé de couleurs profondes. L'hôtel offre une jolie variété d'espaces — de la chambre cosy nichée au dernier étage aux spacieuses suites prolongées de terrasses —, tous meublés et équipés de façon moderne. Un charmant petit spa, un restaurant et un bar idéal au retour des pistes comme en soirée.

- **39 chambres** - *44 rue Charles Feige*

LES FERMES DE MARIE

MONTAGNARD • CHALEUREUX On se verrait bien vivre dans ce hameau de fermes savoyardes reconstituées. Les chambres sont délicieusement montagnardes, boisées, décorées avec goût dans le style de la famille Sibuet, reconnaissable entre mille... Et le spa est superbe. Un véritable paradis des neiges !

- **70 chambres** - *163 chemin des Épis* - *04 50 93 03 10*

FLOCONS DE SEL

MONTAGNARD • COSY Les Flocons de Sel sont aussi un hôtel charmant ! Les chambres, réparties dans trois chalets, dévoilent le meilleur du chic montagnard : bois omniprésent, grands lits, salles de bains design... Le spa (avec sauna et hammam), la piscine couverte et le bain suédois achèvent d'en faire un lieu à part.

- **12 chambres** - *1775 route du Leutaz* - *04 50 21 49 99*

Flocons de Sel - Voir la sélection des restaurants

FOUR SEASONS MEGÈVE

CLASSIQUE • RAFFINÉ Trois ans de travaux, des chambres et suites allant jusqu'à 150 m², où le bois prédomine, dans un esprit chalet. Le superbe spa de 900 m² propose coiffeur, barbier, salles de massage et fitness, piscine extérieure et intérieure. Profitez aussi des activités exclusives : balade en traîneau à chiens, motoneige, et golf en été.

- **55 chambres** - *373 chemin des Follières* - *04 50 21 12 11*

Brasserie Benjamin • Kaito - Voir la sélection des restaurants

GRAND HÔTEL SOLEIL D'OR

MONTAGNARD • LUXUEUX L'hôtel qui a transformé le village en station de ski mondialement réputée en 1901 est toujours à la pointe de l'élégance et du luxe. Les témoignages du passé sont nombreux dans ses chambres chaleureuses, où même les baignoires offrent une vue sur la montagne, en particulier dans celles du dernier étage nichées sous les avant-toits. Les skieurs se restaurent à la pâtisserie et la fromagerie de l'établissement avant de monter sur le toit profiter de panoramas inoubliables.

- **29 chambres** - *255 rue Charles Feige*

LODGE PARK

MONTAGNARD • CHALEUREUX Atypique, chic et hors du temps : ce Lodge Park est tout cela à la fois. L'ambiance ? Celle d'une maison de trappeur dans le Grand Nord. Trophées de chasse, peaux de bêtes aux murs, cornes et bois... depuis les chambres, élégantes et chaleureuses, jusqu'au superbe spa !

- **49 chambres** - *100 rue d'Arly* - *04 50 93 05 03*

L'ALPAGA, BEAUMIER HOTEL

MONTAGNARD • CHALEUREUX Dix chalets ont été assemblés pour former ce hameau, l'un des hôtels les plus luxueux de Megève. Les chambres et suites sont réparties entre les plus grands chalets, et marient avec modernité les ma-

tériaux naturels. Elles disposent de balcons ou de terrasses, et d'équipements dignes des meilleurs hôtels urbains. Les chalets indépendants accueillent de huit à douze personnes dans un confort tout aussi chaleureux. Deux restaurants et un bar veillent aux plaisirs gustatifs, à proximité du spa avec bain suédois et de la piscine extérieure, qui profite de panoramas sur le Val d'Arly.
- **33 chambres** - *66 allée des Marmousets*
La Table de l'Alpaga - Voir la sélection des restaurants

M DE MEGÈVE
Plus

CLASSIQUE • CHALEUREUX L'esprit savoyard et le grand confort se sont donné rendez-vous dans cet imposant chalet du cœur de Megève. Le bois y est omniprésent, notamment dans les chambres, chic et chaleureuses ; on profite également d'un superbe spa, d'un hammam et d'une piscine avec jacuzzi.
- **42 chambres** - *15 route de Rochebrune* - *04 50 21 41 09*

MONT-BLANC (MEGÈVE)

CLASSIQUE • RAFFINÉ Le mythique doyen des hôtels mégevans, magnifiquement illuminé le soir venu : le «21e arrondissement de Paris» selon Cocteau, qui y a laissé son empreinte. Du faste, un bar à champagne, le charme des sports d'hiver... la belle vie, très mondaine, en plein cœur de la station !
- **38 chambres** - *29 rue Ambroise Martin* - *04 50 21 20 02*

ZANNIER LE CHALET
Plus

MONTAGNARD • RAFFINÉ Un ensemble de trois superbes chalets savoyards, possédant un joli centre de détente avec piscine, hammam et sauna. L'esprit de luxe montagnard règne dans les chambres, sobres et chic, jamais tape-à-l'œil, et dans les nombreux services (navette privée vers la station).
- **12 chambres** - *367 route du Crêt* - *04 50 21 01 01*

MEILHAN-SUR-GARONNE

47180 - Lot-et-Garonne - Carte régionale n° **22**-C2

CHEZ PIERRETTE N

CUISINE MODERNE • VINTAGE Face au canal latéral de la Garonne, au pied d'un village en pierres plein de charme, voici une pépite qui respire la nostalgie et le raffinement. Tenu par un jeune couple, ce bistrot contemporain séduit par son cadre vintage léché et une cuisine créative à la fois généreuse et audacieuse : anguille fumée, focaccia moelleuse et beurre citronné mousseux en entrée, ensuite, un cabillaud skrei parfaitement doré, chou-fleur brûlé et mojo verde vibrant, et un riz au lait crémeux, à la vanille et au caramel au beurre salé, un régal de dessert. À savourer sans hésiter face à un joli panorama.
AC - **€€** - *1 rue de la Roque* - *05 53 83 96 38* - *Fermé du lundi au mercredi et dimanche soir*

MELUN

77000 - Seine-et-Marne - Carte régionale n° **11**-C2

LA BODEGA

CUISINE ESPAGNOLE • CONVIVIAL On vient ici pour retrouver l'esprit de l'Espagne, en particulier celle des Asturies, d'où est originaire la famille propriétaire. Au menu, des produits de belle qualité, de succulentes recettes ibériques - pluma de cochon ibérique, paella bodega (poulet, chorizo, encornets, moules et gambas), chipirones à la plancha, délicieux turrones au dessert - et quelques suggestions du marché. On est comblé !

*- **€€** - 18 quai Hippolyte-Rossignol - 01 64 37 10 57 - www.bodega-melun.fr - Fermé samedi et dimanche, et lundi soir*

MÉNERBES

84560 - Vaucluse

LA BASTIDE DE MARIE

CONTEMPORAIN • CHAMPÊTRE La Bastide de Marie ressuscite à sa façon le genre oublié des fermes d'hôtes. Moderne et sophistiqué, cet hôtel respecte pourtant la région, ses traditions et la nature environnante. Appréciez ce style éclectique et contemporain, ces meubles d'antiquaires, l'originalité des salles de bain de Philippe Starck.

- **14 chambres** - *64 chemin des Peirelles - 04 90 72 30 20*

MENTHON-SAINT-BERNARD

74290 - Haute-Savoie - Carte régionale n° **21**-C2

LE CONFIDENTIEL

CUISINE MODERNE • COSY Parmi tous les restaurants (dont de grosses cylindrées !) qui entourent le lac, cette maison fait office de petit poucet… au grand talent. Dans une mini-salle se succèdent des plats aux saveurs franches d'une efficacité incontestable, à l'image de cet œuf basse température, céleri et poire, ou du merlu, nouilles aux légumes, bouillon gingembre citronnelle. L'ambiance est conviviale et détendue. C'est un coup de cœur… Maintenant que vous êtes dans la confidence, courez-y !

€€ - *24 route des Moulins - 04 50 44 00 68 - www.restaurant-leconfidentiel.com - Fermé lundi et dimanche*

LE PALACE DE MENTHON

CUISINE MODERNE • TENDANCE De la couleur, une vue imprenable sur le lac… Un restaurant trendy et cosy, au service d'une cuisine bistronomique bien tournée : opéra de foie gras et magret de canard, filet de Saint-Pierre rôti au beurre d'algues, sablé breton et marmelade exotique.

- **€€€** - *665 route des Bains - 04 50 64 83 01 - www.palacedementhon.com - Fermé lundi, mardi, du mercredi au vendredi à midi, et dimanche soir*

PALACE DE MENTHON

TRADITIONNEL • ÉLÉGANT Entre lac et montagne, cet imposant hôtel de 1906 a un vrai cachet et cultive avec élégance l'art de recevoir… Le parc verdoyant et délicieux, les chambres confortables (préférez celles situées côté lac, plus récentes), la belle piscine couverte creusée dans la roche, le sauna, le hammam : tout invite à la détente !

- **72 chambres** - *665 route des Bains - 04 50 64 83 00*

Le Palace de Menthon - Voir la sélection des restaurants

MENTON

✉ 06500 – Alpes-Maritimes – Carte régionale n° **29**-E2

✿✿✿ MIRAZUR

Chef : Mauro Colagreco

CUISINE CRÉATIVE • CONTEMPORAIN Le chef argentin Mauro Colagreco a élu domicile à la frontière italienne, entre ciel et mer : une vue hypnotique sur la Méditerranée. Ses créations épousent le calendrier lunaire : cueillettes, récoltes et recettes vibrent à l'unisson des phases de la lune – une pratique ancienne remise au goût du jour par les adeptes de l'agriculture biodynamique. Il récolte donc ses végétaux à l'acmé de leur maturité pour composer la trame d'un menu qui alterne chaque jour entre les univers "fleurs", "fruits", "feuilles" et "racines". Cette philosophie exigeante permet au chef de magnifier toutes les richesses de ses vastes potagers, sans oublier poissons, crustacés et viandes triés sur le volet. Portée par une équipe de talent, sa cuisine est assurée de ne jamais tomber dans la routine. Techniquement irréprochables, les assiettes demeurent d'une grande lisibilité, respectueuses de saveurs associées avec un parfait équilibre.

L'engagement du chef : Promouvoir une gastronomie pleine de sens au cœur d'un terroir, c'est le défi que nous essayons de relever quotidiennement. Vous pourrez donc savourer l'essence des produits que nous cultivons dans nos deux hectares de jardins potagers en permaculture, mais aussi les fruits de la cueillette sauvage, de la pêche et des élevages locaux. Nous tendons également à une ambition « zéro déchet », qui nous permet de retourner à la terre ce que nous lui avons emprunté.

– **€€€€** – *30 avenue Aristide-Briand – ✆ 04 92 41 86 86 – www.mirazur.fr – Fermé lundi et mardi midi*

L'ORANGERIE (N)

CUISINE MODERNE • SIMPLE En plein centre-ville, ce restaurant discret abrite pourtant une bombinette culinaire. L'ancien bras droit japonais de Bruno Cirino au Café de la Fontaine orchestre ici avec maestria une cuisine méditerranéenne addictive, mêlant terroir local en circuit court et touches nippones bien senties. Produits ultra-frais, cuissons nettes, assaisonnements justes : tout fonctionne à merveille, à l'image des cœurs d'artichauts à la barigoule et chips de jambon cru, du tataki de saumon et légumes marinés, ou encore du contre-filet au yuzu kosho... La terrasse en véranda donne sur une rue piétonne.

– **€€** – *3 rue de la Marne – ✆ 04 97 14 84 91 – www.orangeriementon.fr – Fermé lundi soir*

CASA FUEGO

SPÉCIALITÉS DE GRILLADES • CONVIVIAL Juste au-dessus du vaisseau amiral du chef italo-argentin Mauro Colagreco, voici son grill argentin façon hacienda, avec sa grande terrasse couverte et ouverte sur la mer, la ville et le port. Le dépaysement est complet avec cette cuisson au feu, typique de l'Argentine, qui est ici maîtrisée et si goûteuse, avec ses effluves fumées : empanadas, poulpe à la plancha, picanha de bœuf à partager, flan dulce de leche. Une réussite, tout en convivialité gourmande.

– **€€** – *80 bis boulevard de Garavan – ✆ 04 93 17 13 15 – www.casafuego.fr – Fermé lundi et du mardi au vendredi à midi*

LES MENUIRES

✉ 73440 - Savoie

CHALET HÔTEL KAYA

ÉPURÉ • CHALEUREUX À 2 000 m d'altitude, cet hôtel donne directement sur les pistes. Les chambres déclinent un style épuré et contemporain, rehaussé par la chaleur du bois. Le spa et la piscine sont bien agréables, tout comme le restaurant, qui joue dans la tendance.

- 54 chambres - *486 rue des cimes, Village de Reberty - ✆ 04 75 75 21 91*

MERCUÈS

✉ 46090 - Lot - Carte régionale n° **23**-A2

LA TABLE DE MERCUÈS

CUISINE MODERNE • ÉLÉGANT Perché au sommet d'une falaise dominant le Lot, ce château médiéval offre un cadre majestueux pour des chambres luxueuses et une table gastronomique contemporaine. On y déguste une savoureuse cuisine fondée sur des produits nobles – homard, foie gras, pigeon du Quercy – associés à d'autres plus enracinés, comme les girolles ou le rocamadour, que l'on peut accompagner de l'un des bons vins de la propriété. Aux beaux jours, on s'attable en terrasse dans la cour d'honneur. Au dîner, menu dégustation unique en plusieurs temps ; offre plus bistronomique au déjeuner.

- €€€€ - *Château de Mercuès, route du Château - ✆ 05 65 20 00 01 - www.chateaudemercues.com - Fermé lundi*

CHÂTEAU DE MERCUÈS

TRADITIONNEL • COSY Le Château de Mercuès a existé sous une forme ou une autre depuis l'an 650 avant J.-C., et fut pendant des siècles la résidence d'été des évêques de Cahors. Depuis, il a vu ses tours transformées en chambres somptueuses, et ses postes de guet dédiés à l'admiration béate du Lot, des vignes et des sentiers de campagne. Certaines chambres présentent des pierres et poutres apparentes, d'autres bénéficient de parquet, tapisseries de choix et penderies à l'ancienne. Celles de la Tour et de l'Évêque ont notre préférence, mais aucune n'est décevante.Le propriétaire Georges Vigouroux est d'abord vigneron, perpétuant avec talent la grande tradition du vin de Cahors.

- 30 chambres - *Route du Château - ✆ 05 65 20 00 01*

La Table de Mercuès - Voir la sélection des restaurants

MÉRIBEL

✉ 73550 - Savoie - Carte régionale n° **21**-D2

L'EKRIN BY LAURENT AZOULAY

CUISINE MODERNE • LUXE Dans ce chalet-hôtel de luxe au cœur de la station, voici un Ekrin qui porte bien son nom ! Dans un cadre feutré, avec un mobilier et des arts de la table pensés dans les moindres détails (à l'image de la vaisselle créée spécialement par une céramiste de Thônes), le chef Laurent Azoulay cisèle une cuisine créative et raffinée, qui joue habilement entre la Provence, sa terre natale, et la Savoie, sa terre d'adoption. Intransigeant sur le sourcing, il met ainsi en scène les plus beaux poissons de Méditerranée comme les volailles de la région ou les escargots savoyards, dans des préparations délicates souvent complétées d'assiettes satellite qui varient textures et saveurs. Très bon saucier, il est aussi à l'aise avec un jus de viande corsé qu'avec une intense soupe de roche safranée. Une technique sûre qui n'occulte jamais la gourmandise ni la générosité. À noter : une option 100 % végétale joliment baptisée "korti" ("potager" en patois savoyard) est également proposée, preuve d'une créativité sans limites.

- **€€€€** - *Le Kaïla, 124 rue des Jeux-Olympiques - 04 79 41 69 35 - www.lekaila.com - Fermé lundi et le midi*

LA COURSIVE DES ALPES

CUISINE MODERNE • CONTEMPORAIN Bienvenue dans l'ancien cinéma de la station – au rez-de-chaussée, le lounge bar pour un apéritif dînatoire et en mezzanine, le restaurant disposé en coursives. Le chef Laurent Hillairet mitonne tous les jours de la semaine, midi et soir, une cuisine moderne, bien ficelée et goûteuse : si le ris de veau est une valeur sûre, laissez-vous aussi tenter par le vitello tonnato rehaussé d'un condiment harissa, carotte et parmesan, ou bien la raclette aérienne sur base de brioche ou encore le bœuf confit « 7 heures » à la royale. Quant au riz au lait, poires confites, amandes grillées et glace vanille : un véritable appel à la gourmandise !

- **€€€** - *Galerie des Cîmes - 04 79 06 44 97 - www.meribel-restaurants.com/index.php/la-coursive-des-alpes.html*

LE 80

CUISINE TRADITIONNELLE • COSY Au 80, attablé sous quelques montgolfières, on cultive fièrement un esprit classique et traditionnel, autour d'une cuisine gourmande et bien tournée : pâté croûte Richelieu, côte de cochon fermier fumée au foin, île flottante aux pralines roses… Le soir, l'ambiance devient festive. Partez donc sur les traces de Jules Verne !

€€€ - *88 rue des Jeux-Olympiques - 04 79 41 69 79 - www.chaudanne.com/fr/restaurant-bar-meribel-le-80 - Fermé dimanche et le midi*

LE COUCOU

MODERNE • ÉLÉGANT Dernier né des 5 étoiles de la station, ce superbe chalet traditionnel, parfaitement intégré à l'environnement, bénéficie d'une situation idéale au pied des pistes, à flanc de montagne. Dix étages de lignes épurées, où le bois et la pierre contrastent avec la laine et le métal, le verre et le cuir. Chambres élégantes, spa luxueux, deux piscines chauffées, salle de fitness etc. La vue est époustouflante, le dépaysement total.

Spa - **55 chambres** - *464 route du Belvédère - 04 57 58 37 37*

LE KAÏLA

MONTAGNARD • CHALEUREUX S'il fallait illustrer le «luxe montagnard» , ce grand chalet, situé au cœur de la station, ferait un parfait exemple. On ronronne de plaisir à la découverte de ses chambres chaleureuses, aux matériaux nobles (bois alpin, lauze), et du superbe petit-déjeuner… Un must !

P Spa - **38 chambres** - *124 rue des Jeux Olympiques - 04 79 41 69 30*

L'Ekrin by Laurent Azoulay - Voir la sélection des restaurants

MÉRIGNAC

33700 - Gironde - Carte régionale n° **22**-B2

BLISSS

CUISINE CRÉATIVE • CONTEMPORAIN (transfert prévu au printemps à Cenon, au 61 rue Camille Pelletan) Dans la proche banlieue de Bordeaux, une belle surprise que cette table moderne au cadre intimiste et soigné, avec son mobilier fait sur mesure et une vaisselle en adéquation avec l'esprit de la cuisine.

Laissez-vous porter par les menus interactifs d'Anthony Aycaguer, déclinés en plusieurs énigmes autour de produits de saison (les clients doivent deviner les ingrédients). Une expérience atypique ! Réservation impérative.
A/C - **€€€€** - *98 avenue de Magudas - 05 56 98 66 72 - www.blisss.fr - Fermé du lundi au mercredi, et jeudi et vendredi à midi*

MÉRINDOL

84360 - Vaucluse - Carte régionale n° **28**-E1

LA TERRASSE DES CIGALES

CUISINE PROVENÇALE • **AUBERGE** Entre Durance et Sud Luberon, une auberge moderne qui porte bien son nom car elle bénéficie d'une agréable terrasse ombragée, rythmée par le chant des cigales... et par un service attentif et souriant ! Mathieu et Sébastien proposent une appétissante carte traditionnelle d'inspiration provençale, ainsi qu'un menu du jour d'un très bon rapport qualité-prix, avec des assiettes soignées et savoureuses qui vont à l'essentiel. On cherche à faire simple et bon, sans oublier une certaine générosité, avec des produits régionaux sélectionnés : légumes et huile d'olive du village, agneau des Alpilles, poissons de la baie de Cannes, bœuf des Alpes-de-Haute-Provence... En hiver, cuissons au feu de bois. Une adresse sympathique.
A/C P - **€€** - *21 rue des Cigales - 09 80 42 66 49 - www.laterrassedescigales.fr - Fermé lundi, et mardi et jeudi à midi*

MERKWILLER-PECHELBRONN

67250 - Bas-Rhin - Carte régionale n° **8**-B1

AUBERGE BAECHEL-BRUNN

CUISINE MODERNE • **COSY** Thomas aux fourneaux, Esther en salle : chez les Limmacher, la cuisine est une histoire familiale ! Le chef concocte des préparations plutôt traditionnelles avec une pointe bienvenue de modernité et de créativité ; en recourant à des produits de qualité souvent locaux : il revisite par exemple la tarte flambée tandis que le chevreuil de chasse locale est travaillé dans l'esprit d'un Wellington, avec sa sauce gibier veloutée à souhait. Et une carte qui change souvent, pour satisfaire les (nombreux) clients habitués.
A/C - **€€€** - *3 route de Soultz - 03 88 80 78 61 - www.baechel-brunn.com - Fermé du lundi au jeudi*

MERS-LES-BAINS

80350 - Somme - Carte régionale n° **4**-A3

L'ITINÉRANCE

CUISINE CRÉATIVE • **CONTEMPORAIN** En bord de plage, avec vue sur les cabines et au-delà sur la mer, ce restaurant, tout en nuances de bleu et de vert, a bénéficié des doigts de fée de la décoratrice Caroline Tissier. Le chef conçoit d'ambitieux menus inspirés par la mer et le terroir picard, avec des produits soigneusement sélectionnés : Saint-Jacques, maquereau de ligne, homard de pêche locale... Une Itinérance qui donne envie de rester !
- **€€€** - *24 esplanade du Général-Leclerc - 02 35 86 12 89 - www.litinerance.com - Fermé lundi et mardi*

MÉRY-SUR-OISE

95540 - Val-d'Oise - Carte régionale n° **11**-B1

LE CHIQUITO

CUISINE CLASSIQUE • **ÉLÉGANT** Cette maison francilienne du 17e s. poursuit sa tradition d'hospitalité gourmande et d'une certaine élégance bourgeoise. Dans une veine classique, la cheffe Anne-Sophie Godry prépare avec soin les plats emblématiques de la maison, comme le ris de veau au beurre mousseux, le turbot cuit sur l'arête ou le paris-brest praliné à l'ancienne avec sa crème anglaise à la chicorée. En salle, l'équipe met en œuvre un service souriant, compétent et efficace. Carte des vins de plus de 400 références.

- €€€ – *3 rue de l'Oise – 01 30 36 40 23 – www.lechiquito.fr – Fermé lundi et dimanche, et mercredi soir*

MÉTHAMIS

84570 – Vaucluse

MÉTAFORT

CONTEMPORAIN • RAFFINÉ Contrastant avec les spectaculaires reliefs du parc naturel du Luberon et du mont Ventoux, les intérieurs ultra-contemporains d'une villa provençale du 17e s. Cinq chambres, deux gîtes et une bonne dose de luxe : salles de bain flambant neuves, jacuzzi dans chaque chambre, piscine à débordement à couper le souffle et cuisine à l'esprit industriel ouverte sur le jardin. À vos pieds, les gorges de la Nesque et à 25km de là, le superbe village de Gordes.

- 5 chambres – *31 montée du Vieil Hôpital – 04 90 34 46 84*

METZ

✉ 57000 – Moselle – Carte régionale n° **7**-B1

TIMILÌA

Chef : Olivier Parise

CUISINE ITALIENNE • CONTEMPORAIN Une charmante petite table italienne tenue par un chef lorrain aux racines siciliennes et sa compagne milanaise. Loin du répertoire classique, le restaurant propose un menu dégustation « scoperta della pasta » (à la découverte de la pâte !) qui met à l'honneur les pâtes maison. Les plats, élaborés avec soin, incorporent des produits de qualité, voire nobles, souvent importés d'Italie : fusilli au caviar de Brescia, barba di frate et noisettes du Piémont ; raviole de queue de lotte à la sauce hollandaise ; tortellini di Bologna farcis de mortadelle et jambon de Parme, nappés d'une émulsion au parmesan. À déguster dans une salle épurée à l'ambiance contemporaine et intimiste. Sélection de bouteilles de la Botte, présentées avec le sourire.

PLAN : B2-4 – ♿ AC – **€€€** – *20 rue Vigne-Saint-Avold – ✆ 03 87 63 68 44 – www.ristorante-timilia.com – Fermé lundi, dimanche et mardi midi*

YOZORA

Chef : Charles Coulombeau

CUISINE CRÉATIVE • ÉPURÉ Au cœur du Centre Pompidou-Metz se niche l'une des rares tables gastronomiques situées dans un musée français. La salle, épurée et lumineuse, est logée dans un écrin de verre et de métal. Des voilages laissent entrevoir la canopée, tandis que le mobilier en bois et carton renforce la sérénité du lieu. Charles et Roxane Coulombeau ont veillé aux moindres détails : les arts de la table visent ici l'excellence. Fou du Japon où il a travaillé, le chef sait marier avec intelligence les produits lorrains de saison et sa passion pour le pays du Soleil Levant. Caille des Vosges, bœuf Wagyu élevé en Lorraine et truffe de la Meuse côtoient sans heurt chawanmushi, shiso, combawa dans les assiettes inspirées de ce cuisinier.

PLAN : B2-3 – ♿ AC – **€€€€** – *Centre Pompidou-Metz, 1 parvis des Droits-de-l'Homme – ✆ 03 87 78 68 96 – www.restaurant-yozora.com – Fermé lundi, mardi et le midi*

DERRIÈRE

CUISINE MODERNE • COSY Quelle belle surprise ! Le chef réalise une cuisine soignée et lisible, sans jamais céder aux effets de mode, avec un respect profond pour le produit, comme avec ce ris de veau rôti au beurre et accompagné de morilles. La petite salle de derrière (d'où le nom du restaurant) a été joliment aménagée ; le service est détendu. Un bonheur.

PLAN : B1-1 – terrasse – **€€** – *17 rue de la Chèvre – ✆ 03 87 66 23 63 – www.restaurant-derriere.com – Fermé dimanche, et lundi et jeudi à midi*

LE JARDIN DE BELLEVUE

CUISINE MODERNE • ÉLÉGANT Dotée d'un cadre élégant et confortable, cette maison centenaire est aujourd'hui le repaire gourmand d'Élise et Paul Fabuel. Ce jeune chef, passé par Objectif Top Chef, À Table (Metz) et À l'Échevin (Colmar), concocte de jolis plats de saison : foie gras aux saveurs de framboise et verveine ; filet de turbot rôti, petit épeautre et beurre mousseux parfumé aux agrumes ; suprême de poulet fermier de Condé-Northen, textures de mais et jus court fumé…

HORS PLAN – *- €€€ - 58 rue Claude-Bernard - 03 87 37 10 27 - www.lejardindebellevue.com - Fermé lundi, mardi, samedi midi et dimanche soir*

LA LANTERNE

CUISINE MODERNE • CONTEMPORAIN Cette "Lanterne" s'inspire de "La Lanterne du Bon Dieu", surnom de la cathédrale de Metz qui domine le restaurant. Outre "le Bon Dieu", cet établissement bénéficie de toutes les attentions d'un jeune couple, la cheffe Célia Bertrand, originaire de Metz, et son compagnon Romain Bouchesèche, jurassien, présent en salle et sommellerie. Célia propose une cuisine moderne (lieu jaune de ligne, morilles, vin jaune), assortie de clins d'œil au Jura où ils se sont rencontrés.

PLAN : A1-2 - - **€€€** - *17 place de la Chambre - 03 87 79 42 08 - www.lalanternemetz.fr - Fermé lundi, dimanche, et mardi et mercredi à midi*

83 RESTAURANT

CUISINE ITALIENNE • CONVIVIAL À 10mn à pied du Centre Pompidou-Metz, ce restaurant sympathique met à l'honneur la gastronomie italienne, à travers des produits triés sur le volet (charcuteries, burrata, pâtes, poissons sauvages, viandes de race). Et pour accompagner tout cela, une belle sélection de vins transalpins !

PLAN : B2-6 - - **€€** - *83 rue Mazelle - 03 87 75 20 20 - www.83restaurant.com - Fermé dimanche, samedi midi et lundi soir*

LA RÉSERVE

CUISINE MODERNE • CONTEMPORAIN Au sein de l'hôtel La Citadelle, ancien magasin aux vivres dont les origines remontent au 16e s., la cuisine s'avère tout à la fois gourmande et généreuse : turbotin rôti, potimarron au lait d'amande et petits légumes ; filet de bœuf bio de Moselle, tatin de pommes de terre et chou pak-choï... Une Réserve à apprécier sans réserve.

PLAN : A2-8 - - **€€** - *5 avenue Ney - 03 87 17 17 17 - www.lareserve-metz.com*

LA CITADELLE

CONTEMPORAIN • COSY Ce luxueux hôtel du centre-ville a su marier les contrastes : ses spacieuses chambres prennent leurs aises dans... un bâtiment militaire du 16e s. ! L'ensemble, aménagé dans un esprit contemporain feutré, est parfait pour un week-end chic à Metz.

- **68 chambres** - *5 avenue Ney - 03 87 17 17 17*

La Réserve - Voir la sélection des restaurants

DOMAINE DE LA RÉSIDENCE

MODERNE • CHAMPÊTRE Dès le premier regard, on comprend que cette architecture résolument moderne n'abrite pas un hôtel comme les autres. À quelques minutes du centre de Metz, c'est une immersion dans la nature, avec quatorze lodges répartis entre lac et forêt. Les couleurs primaires égayent leur décor, complétées par des éléments graphiques et un mobilier actuel. Les lodges Wikkel arborent quant à eux un style plus scandinave, dominé par le bois brut, mais toujours contemporain. Une serre accueille la piscine, un jacuzzi, un sauna, un hammam, et une douche sensorielle.

- **13 chambres** - *1 rue Cambout de Coislin - 03 39 57 71 28*

MAISON HELER CURIO BY HILTON

MODERNE • URBAIN Une surréaliste maison lorraine en zinc a atterri au sommet d'un monolithe de béton, comme posée au-dessus de la ville. Conçu par le designer Philippe Starck, ce nouvel hôtel messin mêle l'onirique et le fonctionnel à travers 104 chambres et suites. À l'intérieur, le bois, la terre cuite et le vitrail créent une chaleur contrastant avec l'aspect monumental du bâtiment, tandis que le jardin sur le toit offre des vues panoramiques.

- **104 chambres** - *31 rue Jacques Chirac - 03 56 63 16 31*

MEUCON

🖂 56890 – Morbihan – Carte régionale n° **1**-C3

AUBERGE DU ROHAN

CUISINE TRADITIONNELLE • RUSTIQUE Dans cette ancienne ferme bretonne située à l'entrée du parc naturel du Golfe du Morbihan, un chef autodidacte régale ses habitués avec une cuisine traditionnelle soignée et généreuse : raviole de girolles et foie gras, crémeux de champignons ; noix de Saint-Jacques dorées au beurre salé, sauce au champagne... Une offre bistrot est proposée en complément.

P – **€€** – *20 route de Vannes* – *02 97 44 50 50* – *www.aubergedurohan.com* – *Fermé lundi et mardi, et dimanche soir*

MEUDON

🖂 92190 – Hauts-de-Seine – Carte régionale n° **11**-E2

L'ESCARBILLE

Chef : Régis Douysset

CUISINE CLASSIQUE • CONTEMPORAIN Autrefois buffet de la gare, cette maison bourgeoise est devenue un restaurant gourmet à l'atmosphère chic et contemporaine, décoré de photos et tableaux. On déguste ici les recettes d'un chef expérimenté, Régis Douysset, secondé par une équipe de confiance. En cuisine, le produit a le beau rôle, préparé et assaisonné avec justesse et générosité, à l'image de ces cuisses de grenouilles sautées à l'ail et leur velouté de cresson de fontaine. À arroser de vins de petits producteurs sélectionnés avec minutie. Plaisante terrasse aux beaux jours.

– **€€€€** – *8 rue de Vélizy* – *01 45 34 12 03* – *www.lescarbille.fr* – *Fermé lundi et dimanche*

MEURSAULT

🖂 21190 – Côte-d'Or – Carte régionale n° **12**-D1

AU FIL DU CLOS

CUISINE MODERNE • CONTEMPORAIN Au milieu des vignes, cette petite maison engageante et son extension contemporaine abritent la table de Jean-Christophe Moutet, originaire de la région, ex-second de Jacques Lameloise à Chagny pendant plus d'une décennie. Dans la salle panoramique, entre un piano à queue et de belles armoires anciennes, les amateurs de vins de Bourgogne savourent une cuisine de saison goûteuse et fort généreuse ; à l'instar de ces escargots sauvages, royale, sauce et inflorescences de choux-fleurs et lard fumé, ou noix de Saint-Jacques poêlées à l'unilatérale, pied de cochon, topinambour, jus de viande et truffe.

AC P – **€€€** – *1 rue de Mazeray* – *03 80 20 40 82* – *www.aufilduclos.fr* – *Fermé lundi et dimanche*

LES MURISALTIENS N

CUISINE TRADITIONNELLE • RUSTIQUE À l'écart du centre du village, juste à côté de la gare, l'ancienne Auberge de la Gare renaît sous l'impulsion de Takashi Kinoshita, passé notamment par le Château de Courban. Ici, pas de chichi : un cadre simple et chaleureux, et une cuisine traditionnelle bien troussée. Escargots de Bourgogne au persil, noisettes et croûtons ; paleron de bœuf charolais braisé sauce marchand de vin ; tiramisu au cassis... Des assiettes franches et savoureuses, assorties d'une formule du midi à prix doux en semaine. Et pour mémoire : les Murisaltiens, ce sont bien les habitants de Meursault.

AC – **€€** – *38 rue de la Gare* – *03 80 24 02 68* – *www.les-murisaltiens.eatbu.com* – *Fermé lundi et mardi*

LE SOUFFLOT

CUISINE MODERNE • CONTEMPORAIN Dans ce célèbre village de la route des grands crus, ce restaurant prend place dans une ancienne maison de vigneron. Le chef Jérémy Pèze régale d'une cuisine gourmande, fine et délicate : potimarron au foie gras, endives et shiso, cajou de Bali ; truite de Crisenon, épinards au cédrat et écailles fumées ; soufflé au chocolat du Costa Rica, sorbet exotique... Ambiance décontractée, et carte des vins remarquable.
- €€€ - 8 route Nationale 74 - 03 80 22 83 65 - www.restaurant-meursault.fr - Fermé samedi et dimanche

MEYRONNE

46200 - Lot - Carte régionale n° **23**-B2

LA TERRASSE

CUISINE MODERNE • HISTORIQUE Aux beaux jours, on s'installe en terrasse sous la pergola ombragée de vignes, et l'hiver venu, on se réfugie sous les voûtes médiévales de cette ancienne place forte du 11e s., mise en valeur par un mobilier contemporain. Au menu : une cuisine aux parfums bien marqués, qui met en avant les producteurs régionaux : agneau du Lot, porc fermier et volaille de Mayrac, etc. Vue sur les falaises et la Dordogne.
- €€ - Place de l'Église - 05 65 32 21 60 - www.hotel-la-terrasse.com - Fermé mardi midi

MÉZÉRIAT

01660 - Ain - Carte régionale n° **21**-B1

LE PETIT MÉZÉRIAT

CUISINE MODERNE • CONTEMPORAIN Dans un petit village proche de Vonnas, le chef patron propose un menu déjeuner d'un excellent rapport qualité-prix et un menu surprise (en plusieurs séquences) selon son inspiration, le marché, la saison. Le tout composé de bons produits issus des circuits courts, et servi avec le sourire par Amandine, la femme du chef, dans un cadre contemporain arrangé avec goût.
- €€€ - 250 Grande-Rue - 04 74 25 26 08 - www.le-petit-mezeriat-restaurant.eatbu.com - Fermé lundi et dimanche, et du mardi au jeudi soir

MÉZY-MOULINS

02650 - Aisne - Carte régionale n° **5**-C3

LE MOULIN BABET

CUISINE TRADITIONNELLE • CONTEMPORAIN Cet ancien moulin à eau tout en pierre (19e s.) profite du seul voisinage de la verdure et du Surmelin, affluent de la Marne. L'intérieur donne dans le moderne et l'épure, avec plafond en bois clair et fauteuils de designers ; la cuisine de tradition prend des accents bucoliques. Et dans les chambres, pas un bruit...
- €€€ - 8 rue du Moulin-Babet - 03 23 71 44 72 - www.lemoulinbabet.com - Fermé mardi et mercredi, et lundi soir

MIERS

46500 - Lot - Carte régionale n° **23**-B2

AU FIL DE L'EAU N

CUISINE MODERNE • COSY Au bord du lac de Miers, tout près de la source Salmière, ce restaurant à la terrasse suspendue sur l'eau offre un cadre bucolique. Dans la salle vitrée aux tons chauds et à la charpente blanche, on savoure une cuisine de saison, colorée et inventive. Le chef y glisse des clins d'œil au terroir (agneau du Quercy, lentilles vertes de Carennac) et des associations originales, comme une piperade à la mangue avec le poisson du jour ou une île flottante fraise-rhubarbe.

- €€ - Source Salmière - 05 65 11 68 30 - www.aufildeleau-miers.fr - Fermé du lundi au mercredi, et jeudi et vendredi à midi

MILLANÇAY

41200 - Loir-et-Cher - Carte régionale n° **10**-D3

LE BRUADAN

CUISINE MODERNE • CONTEMPORAIN Aucun doute : Jean-Charles Boulmier et Christelle Cauli (ex-Épicurien) aiment la nature. Baptisé en hommage à la forêt qui borde le village où ils sont installés, leur restaurant agréable et moderne arbore un décor boisé où la couleur verte domine, comme pour mieux évoquer la Sologne. Ce chef au bon parcours (l'Espérance chez Marc Meneau, Le Grand Cœur à Méribel, La Villa à Calvi) suit évidemment les saisons à la trace avec ses assiettes alléchantes : mousse de poisson, moules et pied de cochon ; filet mignon de porc, polenta et maïs. Accueil chaleureux et service souriant.

- €€ - 2 rue du Plessis - 02 54 96 22 75 - Fermé mardi et mercredi, et lundi soir

MILLAU

12100 - Aveyron - Carte régionale n° **23**-D3

MAISON SEED N

CUISINE MODERNE • CONVIVIAL Dans une ruelle piétonne de Millau, à deux pas de la fontaine du Mandarous, ce restaurant de poche est emmené par une jeune équipe de baroudeurs. Dans la salle voûtée, on se régale d'assiettes généreuses et métissées. Tout est fait maison : huiles, vinaigres, pain au levain - à emporter si le cœur vous en dit. Une table intime et consciente, où le goût du local flirte avec les saveurs du bout du monde.

- €€ - 2 rue Peyssière - 07 57 63 81 41 - www.maisonseed.fr - Fermé lundi, mardi et dimanche et mercredi midi

MILLY-LA-FORÊT

91490 - Essonne - Carte régionale n° **11**-B2

LES COQS

CUISINE MODERNE • CONTEMPORAIN Dans cette maison installée dans un ancien magasin d'antiquités au cœur du village, on se sent comme un coq en pâte : un intérieur élégant mêlant le charme de la vieille pierre et un mobilier contemporain, une verrière, un patio-terrasse idéal pour les beaux jours... et surtout, des assiettes pleines de saveurs. Le chef Émilien Le Normand (passé par La Côte Saint-Jacques) réalise une cuisine moderne sur des bases classiques, soignée, colorée, remplie de parfums d'ici ou d'ailleurs et toujours harmonieuse, à l'image de ce filet de lotte rôti, gingembre, citronnelle et butternut, ou encore de l'exquise rose de poire et cédrat confit, sorbet poire... On se régale du début à la fin !

- €€ - 24 place du Marché - 01 64 98 58 58 - www.lescoqs.fr - Fermé mardi, mercredi et jeudi midi

MINERVE

✉ 34210 - Hérault - Carte régionale n° **27**-B2

RELAIS CHANTOVENT

CUISINE TRADITIONNELLE • AUBERGE Une charmante petite auberge en pays cathare où gourmands et pèlerins se rendent à pied pour se régaler de plats de viandes longuement confites, comme ce pavé de cochon cuit 24h en basse température, ou encore le gigot cuit 20h à 70°. Ici, les produits des marchés locaux sont de rigueur. Le must : la terrasse et sa vue plongeante sur la vallée du Briant.

- **€€** - *17 Grand-Rue - ✆ 04 68 91 14 18 - www.relaischantovent-minerve.fr - Fermé mardi et mercredi, et dimanche soir*

MIRMANDE

✉ 26270 - Drôme - Carte régionale n° **24**-A2

LA CAPITELLE

CUISINE TRADITIONNELLE • AUBERGE Au cœur de ce charmant village médiéval de la Drôme provençale, cette capitelle - joli nom chantant qui désigne un abri en pierres sèches pour les bergers et les vignerons - propose une petite carte et une ardoise du jour qui change régulièrement au gré des saisons. Les recettes traditionnelles, remises au goût du jour, se dégustent dans une jolie salle à manger voûtée, où trône une imposante cheminée. Aux beaux jours, la terrasse ouvre sur la vallée. Quelques chambres sont disponibles pour une étape.

- **€€** - *1 rue du Boulanger - ✆ 04 75 63 02 72 - www.lacapitelle.com - Fermé lundi et mardi, et dimanche soir*

MISSILLAC

✉ 44780 - Loire-Atlantique - Carte régionale n° **9**-A2

LE MONTAIGU - DOMAINE DE LA BRETESCHE

CUISINE MODERNE • CLASSIQUE Les dépendances de l'imposant château médiéval de la Bretesche abritent ce restaurant plein de cachet qui ouvre sur le parc et le plan d'eau. En pleine nature, le lieu ne manque pas de charme, avec notamment son bar installé dans les anciennes écuries. Le chef réalise une cuisine dans l'air du temps où les poissons et fruits de mer ont une place prédominante, à l'image de cette langoustine légèrement fumée, tomate confite et citron caviar, jus des têtes crémé à l'estragon.

P - **€€€€** - *Rue du Château - ✆ 02 51 76 86 96 - www.bretesche.com - Fermé du dimanche au mercredi*

DOMAINE DE LA BRETESCHE

CONTEMPORAIN • CAMPAGNARD Fort de ses tours et ses flèches, ce château du 15e s. se mire dans eaux qui baignent ses fortifications, au cœur du parc régional de la Brière. Ses chambres, suites et villas allient harmonieusement style contemporain, architecture originelle et charme campagnard. Un spa, un golf de 18 trous, un restaurant, une brasserie et un bar complètent les atouts de l'hôtel.

A/C P Spa - **36 chambres** - *Domaine de la Bretesche*

Le Montaigu - Voir la sélection des restaurants

MOIRAX

✉ 47310 - Lot-et-Garonne - Carte régionale n° **22**-D3

AUBERGE LE PRIEURÉ

Chef : Benjamin Toursel

CUISINE CRÉATIVE • CONTEMPORAIN Entre Bordeaux et Toulouse, au cœur d'un petit village pittoresque des environs d'Agen, ce restaurant de campagne occupe une belle maison en pierre de taille, plusieurs fois centenaire. La terrasse ombragée par de robustes platanes fait face à un prieuré clunisien fondé au 11e s. Ancien compagnon de route de Michel Trama à Puymirol, le chef Benjamin Toursel a su développer son propre style, moderne, créatif et audacieux, qui ne laisse jamais indifférent : Saint-Jacques, mandarine, tagète, nage infusée aux graines de carottes sauvages ; crémeux topinambour, sorbet argousier, pop-corn de couenne de cochon, consommé de topinambour au miso rouge. Un prieuré où l'on fait bonne chère...

- €€€ - *4 Grand'Rue - ✆ 05 53 47 59 55 - www.aubergeleprieure.fr - Fermé lundi et mardi*

MOLITG-LES-BAINS

✉ 66500 - Pyrénées-Orientales - Carte régionale n° **27**-B3

ÒLIBA

CUISINE MODERNE • ÉLÉGANT En plein cœur des Pyrénées catalanes, cette table raffinée au sein d'un hôtel romantique offre une cuisine pleine de goût, inspirée de la nature environnante et des produits de cueillette : la sauce chimichurri version locale aux plantes de montagnes exhale des arômes d'aneth sauvage et de fleurs de pimprenelle. On la déguste en terrasse ou devant les baies vitrées, en contemplant la cime enneigée du mont Canigou, au loin...

- €€€ - *Château de Riell - ✆ 04 68 05 04 40 - www.chateauderiell.com - Fermé mardi, mercredi, et le midi*

MONACO

✉ 98000 –
Principauté de Monaco –
Carte régionale n° **29**-E2

✿✿✿ LE LOUIS XV - ALAIN DUCASSE À L'HÔTEL DE PARIS

CUISINE MÉDITERRANÉENNE • **LUXE** Difficile de présenter le Louis XV sans évoquer Alain Ducasse. Son existence se conjugue au superlatif : l'enfant d'Orthez aux amours méditerranéennes, chef et homme d'affaires brillant devenu citoyen monégasque, se trouve à la tête d'un empire de plus de 30 établissements sur tous les continents du monde. Il n'a que 33 ans lorsqu'il décroche trois étoiles ici à Monaco, pour un niveau qui ne se démentira jamais. Le fameux menu "Jardin de Provence" autour des légumes, lancé le 27 mai 1987, a constitué l'une des pierres angulaires de la gastronomie française de ces dernières décennies. La signature Alain Ducasse est mise en scène par son fidèle lieutenant, Emmanuel Pilon, qui célèbre avec maestria la vérité du produit et la déesse Méditerranée.

PLAN : B1-9 – ✿ – **€€€€** – *Place du Casino – +377 98 06 88 64 – www.ducasse-paris.com – Fermé lundi, dimanche et le midi*

✿✿ L'ABYSSE MONTE-CARLO

CUISINE JAPONAISE • **CHIC** Yannick Alléno décline au sein de ce palace la formule magique couronnée de succès de son comptoir à sushis. Dans l'ancienne salle à manger du Vistamar entièrement modernisée, la salle (20 couverts) et le comptoir en bois clair (10 places) baignent dans une atmosphère blanche, ponctuée d'assises de couleur rose pâle. Le maître sushi prépare minute de délicates compositions et de superbes sushis, tandis que l'on retrouve la touche personnelle de Yannick Alléno dans des créations originales de sauces et jus d'une grande élégance. Une partition de haute volée qui puise son inspiration dans les abysses de la Grande Bleue.

PLAN : B1-13 – ✿ – **€€€€** – *Square Beaumarchais – +377 98 06 94 94 – www.montecarlosbm.com/fr/restaurant/labysse-monte-carlo – Fermé lundi, dimanche et le midi*

✿✿ LES AMBASSADEURS BY CHRISTOPHE CUSSAC

CUISINE MÉDITERRANÉENNE • **ÉLÉGANT** Palace mythique de style Belle Époque, édifié en 1886 et rénové par Jacques Garcia, l'Hôtel Métropole Monte-Carlo abrite ce luxueux restaurant aux tonalités chères au célèbre architecte – bronze, ivoire, jaune lumineux, or... Aux commandes, Christophe Cussac, ancien protégé de Joël Robuchon, navigue avec brio entre veine classique et inspirations plus modernes, la Méditerranée en fil d'Ariane. Sa cuisine précise et lisible, millimétrée dans les assaisonnements, les cuissons et les dressages, offre des assiettes harmonieuses : lasagne de homard, estragon, épinard et

MONACO
MONTE-CARLO
0
300 m
A
B
1
2
3
VENTIMIGLIA
MENTON
NICE
NICE, ÈZE
CAP-D'AIL
BEAUSOLEIL
LE LARVOTTO
MONTE-CARLO
LA CONDAMINE
MONACO-VILLE
Port Hercule
Collection de voitures de SAS le Prince de Monaco
Casino Monte-Carlo
COMPLEXE DES SPÉLUGUES
HEXA GRACE
ESPLANADE DES PÊCHEURS
Ste-Dévote
Pl. Ste-Dévote
Pl. de la Libération
Pl. d'Armes
Jardin animalier
Palais princier
Rampe Major
Chapelle de la Miséricorde
Musée des Timbres et des Monnaies
Pl. du Palais
Promenade Ste-Barbe
Cathédrale
Jardins St-Martin
POINTE ST MARTIN
Musée océanographique
ASCENSEUR (DU CHEMIN DES PÊCHEURS)
Anse de la Grue
PORT DE FONTVIEILLE
MER MÉDITERRANÉE
Quai Jean-Charles Rey
Chemin des Sculptures
Roseraie Princesse-Grace
Parc paysager
STADE LOUIS II
Pl. du Campanin
Av. des Castelans
Av. des Papalins
Av. Albert II
Av. des Guelfes
Av. des Ligures
Port du Cap-d'Ail
PORT DE CAP-D'AIL
ASCENSEUR
R. de la Crémaillère
Ch. de la Bordina
Bretelle du Centre
Av. de Villaine
Av. du Professeur
Av. du Maréchal Foch
R. des Roses
Av. Camille Blanc
Bd des Moulins
Av. de Grande-Bretagne
Bd du Larvotto
Av. de la Madone
Av. des Spélugues
Av. Saint-Michel
R. Pasteur
R. Bellevue
R. du Bel Respiro
Bd de la Princesse Charlotte
Av. de la Costa
Bd de Suisse
Av. d'Ostende
Bd Louis II
Q. des États-Unis
Bd de Belgique
Bd Rainier III
R. Louis Auréglia
R. Grimaldi
Bd du Jardin Exotique
R. Augustin Vento
R. de la Turbie
Tunnel Dorsale
Q. Albert I
Bd Albert 1er
R. Saige
Av. de la Quarantaine
1
2
3
4
5
6
7
8
9
10
11
12
13
14
15

spianata ; saint-pierre et artichaut, bouillon de coriandre. Les somptueux chariots de pains et de desserts, ainsi qu'un service aussi compétent qu'avenant, font de chaque repas une véritable fête.

PLAN : B1-10 – – **€€€€** – *Hôtel Métropole Monte-Carlo, 4 avenue de la Madone – +377 93 15 15 10 – www.metropole.com/fr/pages/restaurant-montecarlo/le-restaurant-les-ambassadeurs-by-christophe-cussac – Fermé mardi, mercredi, et le midi*

BLUE BAY MARCEL RAVIN

CUISINE CRÉATIVE • CONTEMPORAIN Après avoir bourlingué d'un rocher à l'autre, de la Martinique à Monaco et de l'Alsace à la Belgique, riche d'une personnalité culinaire affirmée, Marcel Ravin signe une cuisine créative qui nous transporte vers les Antilles. Avec une maîtrise technique sans faille (superbes sauces), il nous raconte son histoire et sa jeunesse heureuse passée à la Martinique, avec des clins d'œil aux plats mitonnés par sa grand-mère (le calalou, le blaff, le pain du lendemain...), qu'il réinterprète avec brio en s'appuyant sur les beaux produits du Sud : volaille et veau du Piémont, pêche de Méditerranée, légumes et herbes aromatiques du potager. Une cuisine attachante qui déborde de parfums antillais, parachevée par les créations à la fois fruitées et épicées de la cheffe pâtissière Floriane Grand. Le tout dans le cadre fastueux du Monte Carlo Bay Hotel and Resort, posé au bord de la presqu'île du Larvotto, avec pour superbe horizon une terrasse ouvrant grand sur la mer...

HORS PLAN – – **€€€€** – *40 avenue Princesse-Grace – +377 98 06 00 35 – www.montecarlosbm.com/fr/restaurant-monaco/le-blue-bay – Fermé lundi, dimanche et le midi*

ELSA MARCEL RAVIN

CUISINE MÉDITERRANÉENNE • LUXE Au sein du Monte-Carlo Beach, magnifique palace des années 1930 relooké par la designeuse India Mahdavi dans un esprit subtilement Riviera, la carte est conçue par le chef Marcel Ravin. Le chef d'origine italienne Domenico D'Antonio met en musique avec talent cette partition marine qui se nourrit des plus beaux produits de la Méditerranée : araignée de mer, asperge blanche, yuzu, kiwi et fenouil ; saint-pierre, sabayon à l'oseille, ravioli de poireau aux coquillages... Il n'y a rien de superflu dans cette cuisine qui rehausse les produits avec des assaisonnements intelligents et percutants. Un moment hors du temps sur la terrasse face aux flots bleus.

HORS PLAN – – **€€€€** – *Monte-Carlo Beach, avenue Princesse-Grace, Roquebrune-Cap-Martin – +377 98 06 50 05 – www.montecarlosbm.com/fr/restaurant-monaco/elsa – Fermé lundi et dimanche*

LE GRILL

CUISINE CLASSIQUE • CHIC Au huitième étage de l'Hôtel de Paris, sous un toit ouvrant, le Grill demeure plus que jamais un restaurant mythique, avec une vue à couper le souffle ! Le chef Dominique Lory effectue un travail précis sur les beaux produits enfantés par une Côte d'Azur toujours aussi munificente. Dans l'assiette, la cuisson au charbon de bois est de mise, et millimétrée : gamberoni de San Remo juste marinés et jus iodé, carré d'agneau à la sarriette, poussin fermier au doux parfum de Provence... Ici, la tradition du soufflé est défendue avec panache, à l'image de ce soufflé chaud framboise et pistache qui est une pure merveille.

PLAN : B1-1 – – **€€€€** – *Hôtel de Paris Monte-Carlo, place du Casino – +377 98 06 88 88 – www.montecarlosbm.com/fr/restaurant-monaco/le-grill*

✿ PAVYLLON, UN RESTAURANT DE YANNICK ALLÉNO, MONTE-CARLO

CUISINE MODERNE • ÉLÉGANT La gastronomie de comptoir de Yannick Alléno, déjà goûtée et approuvée à Paris, s'est installée à l'Hôtel Hermitage Monte-Carlo avec les mêmes recettes imparables. Soit une gastronomie décomplexée, un cadre élégant et bleuté, inspiré des infinies variations chromatiques de la mer, une cuisine ouverte face à la terrasse avec son impressionnant comptoir de dégustation en bois métallisé, et, dans l'assiette, une cuisine de saison et de bien-être, ancrée dans le végétal et l'iode, avec des desserts peu sucrés. Aux beaux jours, on prend évidemment place sur la terrasse végétalisée face à la grande bleue pour profiter d'une vue spectaculaire.

PLAN : B1-3 - [pictogrammes] - **€€€€** - *Square Beaumarchais - ✆ +377 98 06 98 98 - www.montecarlosbm.com/fr/restaurant-monaco/pavyllon-monte-carlo-un-restaurant-yannick-alleno-hotel-hermitage-monte-carlo*

✿ ROBUCHON MONACO (N)

CUISINE MODERNE • COSY Sur une esplanade surplombant le boulevard du Larvotto et le Jardin japonais, ce restaurant monégasque rend hommage au grand chef français. Derrière une très chic façade noire, une terrasse en rotin précède une salle cosy aux banquettes et fauteuils verts sur sol marbré. Si la célèbre purée Robuchon accompagne chaque plat, les clins d'œil au maître restent discrets. À la carte, une cuisine classique teintée d'inspirations méditerranéennes : carpaccio de sériole aux agrumes et baies roses, loup en croûte de sel, volaille fermière et morilles au vin jaune, filet de bœuf Rossini sauce Périgueux... Juste en face, Le Petit Café Robuchon est ouvert sans interruption.

PLAN : B1-15 - [pictogrammes] - **€€€€** - *Esplanade du Portier - ✆ +377 99 92 44 73 - www.robuchonmonaco.com - Fermé dimanche et lundi*

✿ LA TABLE D'ANTONIO SALVATORE AU RAMPOLDI

Chef : Antonio Salvatore

CUISINE ITALIENNE • INTIME Venu au monde dans le Basilicate, au sud de Matera, l'italien Antonio Salvatore n'a cessé de voyager grâce à son métier de chef, de l'Espagne à l'Angleterre, en passant par la Russie où il rencontre le nouveau propriétaire du Rampoldi. Dans l'ancien salon à cigares, il s'est taillé un écrin sur mesure (5 tables seulement) où il déroule avec une rigueur sans faille une cuisine italienne contemporaine de haute volée, savoureuse et précise. Comme il se doit, le sourcing est irréprochable, associant les petits producteurs autour de Menton et ceux de San Remo, mais aussi certains produits importés du sud de la botte. Quelques exemples : bottoni di vitello tonnato ; cabri dodici ore ; texture di cioccolato... Côté brasserie, la carte met en valeur quelques classiques modernisés.

PLAN : B1-4 - [pictogrammes] - **€€€€** - *3 avenue des Spélugues - ✆ +377 93 30 70 44 - www.rampoldi.mc/la-table-dantonio-salvatore - Fermé lundi, dimanche et le midi*

BEEFBAR

SPÉCIALITÉS DE VIANDES • TENDANCE Sur les quais du port de plaisance de Fontvieille, ce "bar à viandes" branché propose de belles viandes de bœuf (Wagyu, Black Angus, certaines issues du terroir français) mais aussi de la street food, des salades gourmandes et quelques poissons. Cadre tendance, très prisé de la clientèle locale, tout comme les belles vitrines de maturation des viandes !

PLAN : A3-6 - [pictogrammes] - **€€€** - *42 quai Jean-Charles-Rey, port de Fontvieille - ✆ +377 97 77 09 29 - www.beefbar.com/monaco*

CAFÉ DE PARIS

CUISINE TRADITIONNELLE • BRASSERIE C'est la première fois que le grand architecte britannique David Collins déploie un projet de rénovation à Monaco. Quelle réussite ! Avec intelligence, respect et raffinement, il a su garder l'esprit épuré Art déco cher aux habitués du Café de Paris et offrir ainsi un écrin chatoyant de fer forgé, mosaïques et vitraux pour la cuisine du chef Victor Marion qui, de son côté, reprend les classiques de la brasserie. Œufs mayonnaise au caviar, pâté en croûte, sole meunière et les emblématiques crêpes Suzette - inventées ici-même - flambées à table et accompagnées de zestes d'orange confits au sirop pour prolonger la gourmandise... Service continu 7 jours sur 7.

PLAN : B1-12 – ♿ A/C – €€€ – *Place du Casino – ✆ +377 98 06 76 23 – www.montecarlosbm.com/fr/restaurant-monaco/le-cafe-de-paris*

EM SHERIF

CUISINE LIBANAISE • CONTEMPORAIN Une adresse bienvenue où l'on fête les plaisirs de la cuisine libanaise, de la Méditerranée et du... partage, évidemment. Aux fourneaux, la cheffe Yasmina Hayek (passée par l'Institut Paul Bocuse, les tables de Mathieu Pacaud, Jean-François Piège et Rasmus Kofoed du Géranium à Copenhague) jongle habilement entre tradition et modernité à l'image de cette excellente salade de lentilles (addas), ou de ce délicieux fatteh d'aubergines au yaourt. Parfums, couleurs, saveurs : un vrai voyage qui se déroule sur la terrasse panoramique ou dans une salle de bistrot chic au rez-de-chaussée de l'hôtel de Paris.

PLAN : B1-2 – ♿ A/C – €€€€ – *Hôtel de Paris Monte-Carlo, place du Casino – ✆ +377 98 06 88 75 – www.montecarlosbm.com/fr/restaurant-monaco/em-sherif-monte-carlo – Fermé les midis*

MARIUS

CUISINE PROVENÇALE • CHIC Le chef bigourdan Sébastien Sanjou (Trente-Trois à Paris et le Relais des Moines à Arcs-sur-Argens, deux adresses étoilées) débarque sur le Rocher avec un "Marius" comme celui de Biarritz. Chamboulé chaque jour, le menu d'appel du déjeuner sans choix, au bon rapport qualité-prix, tape tout de suite dans l'œil. Quant à la belle carte, elle aligne classiques provençaux et monégasques alléchants : salade niçoise « Jacques Maximin », artichauts violets à la barigoule, aïoli, encornets farcis et braisés à la niçoise. Chaque assiette est agencée à partir de bons produits frais préparés avec savoir-faire. Décor de bistrot chic et décontracté.

PLAN : B2-14 – ♿ A/C – €€€ – *6 quai Antoine-1er – ✆ +377 97 97 95 95 – www.mariusmonaco.com – Fermé dimanche*

SONG QI

CUISINE ASIATIQUE • LUXE Face au Grimaldi Forum, ce restaurant chinois, chic et gastronomique, joue la carte des matériaux nobles et de la sérénité. On s'installe pour y déguster une carte alléchante qui offre un vaste panorama de la cuisine chinoise : soupe pékinoise au poulet fumé, crevettes croustillantes du dragon à la moutarde chinoise, classiques dim sum. Réservez !

PLAN : B1-7 – ♿ A/C – €€€ – *7 avenue Princesse-Grace – ✆ +377 99 99 33 33 – www.song-qi.mc*

LA TABLE D'ÉLISE

CUISINE PROVENÇALE • BRASSERIE Dans cette belle brasserie chic et tendance, située à deux pas du jardin japonais et du Grimaldi Forum, on est accueilli dans un cadre aussi moderne que spacieux sur fond de musique pop.

La cuisine d'esprit provençal est comme on l'aime, directe, généreuse et savoureuse, préparée à base de bons produits de saison. On profite du spectacle grâce à la cuisine ouverte. Le menu déjeuner est un bon plan.
PLAN : B1-8 – *– €€€ – 2 rue du Portier – +377 93 30 20 70 – www.latabledelise.mc – Fermé dimanche*

YOSHI

CUISINE JAPONAISE • ÉLÉGANT La table du Métropole rend hommage à la cuisine nippone, avec de bons produits et une technique sûre, à travers une carte plus fusion qu'authentiquement japonaise, qui a su s'adapter à une clientèle internationale. Des exemples de plats ? Le "ghindara no saiko yaki" (un filet de black cod mariné au saké, cuit au pot et enrobé dans une feuille de magnolia japonais), ou encore l'"ebi shinjo" (des boulettes de crevettes au kombu). Service stylé d'une belle prestance.
PLAN : B1-5 – *– €€€€ – 4 avenue de la Madone – +377 93 15 13 13 – www.metropole.com/fr/restaurant-montecarlo/yoshi – Fermé lundi, dimanche et le midi*

ZEFFIRINO

CUISINE ITALIENNE • BISTRO À deux pas du Jardin japonais, ce lieu décontracté, au chaleureux chic rétro tout italien (lampes sur table, murs vert amande, banquettes et chaises cannées) se consacre au culte de la pasta. La cuisine centrale et sa fabrique de pâtes fraîches trônent au milieu de la salle. L'authentique pesto génois (basilic, pignons de pin, pecorino, parmesan, huile d'olive et une pointe d'ail) est réalisé ici dans les règles de l'art. Aucun produit ne déroge à la qualité. Une adresse signée Riccardo Giraudi, l'homme des Beefbars, qui rend hommage au chef génois Zeffirino Belloni, réputé pour son pesto…
PLAN : B1-11 – *– €€€ – 11 rue du Portier – +377 97 77 03 04 – www.zeffirino-restaurant.com/monaco*

COLUMBUS MONTE-CARLO, CURIO COLLECTION

ÉLÉGANT • CHIC Derrière une façade blanche au petit air californien seventies, l'hôtel affiche un luxe discret très reposant. Les sofas, moquettes, lampes et fauteuils de jardin s'habillent de beige et d'écru, de carreaux ou de rayures sages, alors que la belle piscine creusée dans un jardin exubérant surplombe la Méditerranée. Adoptant la même palette sobre et chic, les chambres avec balcon, donnant sur la mer ou sur la roseraie Princesse Grace, sont de taille conséquente, notamment les Junior suites. En soirée, on prend le frais en terrasse, dans ce quartier de Fontvieille gagné sur la mer.
– **181 chambres** – *23 avenue des Papalins – +377 92 05 90 00*

FAIRMONT MONTE CARLO

CONTEMPORAIN • CLASSIQUE Ce gigantesque zigzag des seventies fait le lien entre les styles contemporain et rétro… et abrite l'un des plus luxueux hôtels de la principauté. Les intérieurs ont été remis au goût du jour, sans ostentation. Les chambres standard sont assez grandes, la vue sur la mer étant accessible dès les chambres supérieures et la plupart des suites. Le nouveau spa de l'hôtel, tout de blanc et de bleu ciel, accroît encore l'atmosphère de détente.
– **602 chambres** – *12 avenue des Spélugues – +377 93 50 65 00*

HÔTEL DE PARIS MONTE-CARLO

BELLE ÉPOQUE • LUXUEUX Emblématique de Monte Carlo, cet établissement demeure ce qu'il a toujours été : un palace du 19e s. La récente rénovation par l'architecte Richard Martinet et le designer d'intérieur Pierre-Yves Rochon a redonné à cette merveille de la Belle Époque toute sa splendeur, en rendant hommage à ce style sans chercher à le reproduire fidèlement. Une adresse au

luxe aussi moderne qu'intemporel, dont les suites affichent des dimensions particulièrement généreuses. Autre atout majeur, les Thermes Marins Monte-Carlo, célèbre spa désormais affilié à l'hôtel. Piscines, rooftop et bar.
– **182 chambres** –
Place du Casino – *+377 98 06 30 00*

Le Louis XV - Alain Ducasse à l'Hôtel de Paris • Le Grill • Em Sherif - Voir la sélection des restaurants

HÔTEL HERMITAGE MONTE-CARLO

BELLE ÉPOQUE • LUXUEUX Cet opulent hôtel fait honneur à son histoire : toujours en dehors des sentiers battus, perché sur une falaise dominant le port, suffisamment près du casino tout en restant en retrait de la circulation. La profonde rénovation n'a par changé son style, mais ajouté une cinquantaine de chambres. Toutes sont spacieuses et élégantes, parées de joyeuses couleurs méditerranéennes, beaucoup disposant de balcons faisant face à la mer.
– **280 chambres** –
Square Beaumarchais – *+377 98 06 40 00*

L'Abysse Monte-Carlo • Pavyllon, un restaurant de Yannick Alléno, Monte-Carlo - Voir la sélection des restaurants

HOTEL METROPOLE MONTE CARLO

BELLE ÉPOQUE • LUXUEUX Cette demeure italienne de la Belle Époque, loin d'être sobre ou discrète, offre toutefois une certaine intimité. Les chambres opulentes assument leur côté rétro : Jacques Garcia y a déployé des tissus généreux, des antiquités et des salles de bain en marbre. Le Métropole propose un excellent spa, doté d'une salle de sport, d'un sauna, d'un hammam, de douches sensorielles, d'une fontaine à glace, et d'un salon de manucure. Sans oublier la splendide piscine extérieure bordée de jardins paysagers, couverte hors-saison afin de rester accessible aux amateurs de baignade et de bronzette.
– **125 chambres** – *4 avenue da la Madone* –
+377 93 15 15 15

Les Ambassadeurs by Christophe Cussac • Yoshi - Voir la sélection des restaurants

MONTE CARLO BAY HOTEL & RESORT

CONTEMPORAIN • JOYEUX Récent, gigantesque et infiniment élégant, le Monte Carlo Bay est un complexe hôtelier nouvelle génération. Le design de Pierre-Yves Rochon est audacieux, jamais outrancier : les espaces communs ont des allures de palais, alors que les chambres sont beaucoup plus dépouillées. Une piscine intérieure-extérieure aux allures de lagon sablonneux et un spa somptueux complètent cette alternative moderne.
– **334 chambres** – *40 avenue Princesse Grâce* –
+377 98 06 02 00

Blue Bay Marcel Ravin - Voir la sélection des restaurants

MONBAZILLAC

24240 – Dordogne – Carte régionale n° **18**–C3

LA TOUR DES VENTS

CUISINE MODERNE • ÉLÉGANT Au sommet du vignoble de Bergerac, à côté d'un vieux moulin à vent, cette belle maison cossue offre une vue inoubliable. Le chef Damien Fagette cultive le terroir périgourdin en travaillant la blonde d'Aquitaine, le foie gras et le poulet fermier du Périgord. Soignée et maîtrisée, sa cuisine au goût du jour vaut par ses produits de grande qualité, la justesse de ses cuissons et ses saveurs bien marquées : tartare de langoustine, jus corsé des carapaces à la citronnelle et asperges vertes ; filet de bœuf piqué à l'olive de Kalamata et morilles farcies ; soufflé chaud au Grand Marnier. Un vent d'enthousiasme souffle sur cette bonne table.

- **€€€** - *450 route de Malfourat - 05 53 58 30 10 - www.domainedelatourdesvents.com - Fermé lundi et mardi, et dimanche soir*

MONDRAGON

84430 - Vaucluse - Carte régionale n° **28**-C2

LA BEAUGRAVIÈRE

CUISINE TRADITIONNELLE • AUBERGE Fort d'une belle et longue expérience derrière les fourneaux, le chef Guy Jullien régale avec une partition culinaire qui fait la part belle à la tradition : flan de foie gras et velouté de truffe, poularde de Bresse demi-deuil, carré d'agneau rôti au thym, vacherin glacé vanille-framboise... sans oublier des menus autour de la truffe à vous donner le vertige. Une cuisine généreuse dans une veine classique, à déguster paisiblement aux beaux jours sur la terrasse ombragée de cette auberge familiale. Côté vins, l'impressionnante cave recèle bien des trésors de la région ; à elle seule, elle mérite le détour !

- **€€€** - *214 avenue du Pont-Neuf (N7) - 04 90 40 82 54 - www.beaugraviere.com - Fermé lundi, et le soir sauf vendredi et samedi*

MONESTIER

24240 - Dordogne - Carte régionale n° **18**-C3

LES FRESQUES - CHÂTEAU DES VIGIERS

CUISINE MODERNE • ÉLÉGANT Situé au carrefour de la Dordogne, de la Gironde et du Lot-et-Garonne, le château des Vigiers est une belle demeure périgourdine du 16e s. entourée d'un parc, d'un vignoble et même d'un golf très réputé. Entre ces gros murs séculaires s'épanouit un restaurant aux murs décorés de fresques d'époque Renaissance. Didier Casaguana, peintre du goût, y dévoile une palette riche en goûts et en parfums, directement inspirée du terroir. Ce Toulousain confesse une passion dévorante pour la nature et les petits producteurs, travaillant aussi les produits nobles de ce Sud-Ouest opulent, qu'il distille au sein de menus en plusieurs temps : saint-pierre de ligne et champignons ; filet de Blonde d'Aquitaine avec artichaut farci et pressé de queue de bœuf ; dessert autour d'un chocolat grand cru du Pérou.

- **€€€** - *644 route Lars-Urban-Petersson, lieu-dit Le Vigier - 05 53 61 50 00 - www.vigiers.com - Fermé mercredi et dimanche, et lundi et jeudi midi*

LE MONÊTIER-LES-BAINS

05220 - Hautes-Alpes - Carte régionale n° **24**-D1

16ÂME

CUISINE MODERNE • CONVIVIAL Au cœur du village, Julien Momon et sa compagne accueillent dans une salle épurée au bois clair omniprésent, où la cuisine moderne s'appuie sur des produits locaux et de saison. En entrée, un crémeux d'aubergine accompagne courgettes croquantes, chèvre frais de La Grave, pesto de basilic et sorbet poivron rouge ; en plat, poitrine de cochon confite douze heures, jus au romarin, mousseline de pomme de terre et légumes glacés. Des assiettes fraîches, soignées et parfumées qui célèbrent le terroir et la maîtrise technique de ce chef passé par les cuisines de Christophe Bacquié et Gérard Boyer, pour un repas pleinement satisfaisant à l'excellent rapport qualité-prix.

- **€€** - *32 rue des Glaciers - 04 92 46 84 12 - www.16ame.fr - Fermé dimanche et le midi*

LE CHAZAL

CUISINE MODERNE • MONTAGNARD Perchée sur les hauteurs du hameau, cette ancienne bergerie conserve crochets de fumaison et mangeoires dans ses salles voûtées au cadre tamisé et mobilier soigné. Le chef Fabien Ferdinand y propose un menu unique en plusieurs services, associant produits d'ici - truite rose de Châteauroux-les-Alpes, safran bio de Saint-Crépin, herbes et fleurs issues de la cueillette - et produits nobles d'ailleurs - homard, turbot sauvage ou volaille du Bourbonnais. Colorées et parfumées, les assiettes sont gourmandes : brouillade d'œufs, émulsion de berce ; langoustines au sorbet à l'ache des montagnes et l'incontournable soufflé au Grand Marnier, un véritable coup de cœur.

€€€ - *Les Guibertes* - *04 92 24 45 54* - *www.restaurant-chazal.fr* - *Fermé lundi et le midi sauf dimanche*

MONISTROL-SUR-LOIRE

43120 - Haute-Loire - Carte régionale n° **20**-C2

CASA VERDE

CUISINE CRÉATIVE • CONVIVIAL Cette table se niche dans un petit immeuble en pierres locales. L'intérieur évoque une maison forestière : murs en pierre ou vert forêt, plafonds et poutres en bois. Deux frères, l'un en cuisine, l'autre en salle, réchauffent cette maison boisée, dont le nom rend hommage à leur grand-père garde forestier en Espagne. Cette partition gentiment créative fusionne influences locales et ibériques, agrémentées de touches japonaises - pays qui fait rêver cette paire complice. Le « Lagarto » (une pièce de porc ibérique) au barbecue shichirin, fuet et petits pois au ponzu illustre bien cette veine gourmande.

- €€ - *15 place Néron* - *04 71 75 41 54* - *www.casaverdemonistrol.com* - *Fermé lundi et dimanche soir*

MONOBLET

30170 - Gard - Carte régionale n° **28**-B2

AUBERGE DE VALESTALIÈRE N

CUISINE MODERNE • MAISON DE CAMPAGNE Sur une route des Cévennes, cette auberge au crépi blanc regarde la nature depuis sa terrasse. L'intérieur est simple et sans chichis (sol en terre cuite, tables en bois). Romain en cuisine et Suzanne en salle rendent hommage au paysage et aux produits cévenols (légumes et vins du terroir) : truite du Vigan servie en soupe froide ; volaille mijotée au citron confit. Une halte sincère et généreuse.

P - €€ - *855 route de Lasalle* - *04 66 85 45 79* - *www.aubergedevalestaliere.fr* - *Fermé lundi, mardi et dimanche*

MONSWILLER

67700 - Bas-Rhin - Carte régionale n° **8**-A1

KASBÜR

Chef : Yves Kieffer

CUISINE MODERNE • ÉLÉGANT Né en 1932, le Kasbür est lié à la famille Kieffer depuis trois générations. Cette adresse des abords de Saverne doit son nom à l'arrière-grand père, un paysan qui faisait ici-même ses fromages. Son arrière-petit-fils, Yves Kieffer, a fait entrer cette belle bâtisse dans la modernité avec sa salle à manger ouvrant sur l'opulente campagne alsacienne. Après avoir connu les cuisines de la Tour d'Argent et celles de Marc Meneau à Vézelay,

le chef est revenu, animé par la force de l'héritage et… une exigence jamais démentie. Il propose des produits de qualité et de saison à l'image de ce saint-pierre, mariné et nacré à la flamme, asperges vertes, févettes et petits pois.
- €€€€ - *8 route de Dettwiller* - *03 88 02 14 20* - *www.restaurant-kasbur.fr* - *Fermé lundi et mardi, et dimanche soir*

MONTAMISÉ

86360 - Vienne - Carte régionale n° **15**-B2

L'OUVRIÈRE

CUISINE MODERNE • **ÉPURÉ** À Montamisé, au cœur du village, cette table chaleureuse, installée dans une maison accueillante, poursuit son chemin et affine son identité. La cuisine de Ludovic Dumont, résolument moderne et créative, se révèle avant tout marine et végétale, déclinée en menus servis à l'aveugle, en plusieurs vagues, au rythme des saisons. Une véritable traversée gourmande. Le cadre, intime, lumineux et soigné, s'accompagne d'un service souriant. Trois gîtes accueillants prolongent l'escale.
- €€€ - *5 bis place de la Mairie* - *09 77 37 61 38* - *www.louvrierestaurant.com* - *Fermé lundi et mardi, et dimanche soir*

MONT-DE-MARSAN

40000 - Landes - Carte régionale n° **25**-B2

LA TABLE MIRASOL

CUISINE MODERNE • **ÉLÉGANT** Dans cette villa de 1912, véritable bijou de la Belle Époque, la table gastronomique est pilotée par le chef Philippe Lagraula. Il métisse habilement son terroir landais de touches voyageuses, notamment péruviennes – pays d'où est originaire son épouse. Le menu dégustation est un vrai plaisir, percutant, créatif et bien rythmé, mariant l'épure et le caractère : encornet farci des premiers cèpes, pigeon à l'armagnac, chocolat du Pérou et caviar d'Aquitaine. Sud-ouest oblige, très belle sélection d'armagnacs.
- €€€ - *2 boulevard Ferdinand-de-Candau* - *05 58 44 14 14* - *www.villamirasol.fr/fr/restaurant-gastronomique-mirasol* - *Fermé lundi et dimanche*

VILLA MIRASOL - BISTROT 1912

CUISINE DE SAISON • **COSY** La Villa Mirasol a confié les destinées de sa table centenaire au chef landais Philippe Lagraula (Troisgros, Bras). Au bistrot, il propose une cuisine de marché généreuse et gourmande. On connaît ses points forts : dressage, originalité, harmonie des saveurs, des qualités illustrées par une partition moderne et décomplexée, à l'image de cet œuf croustillant aux herbes et txistora grillée ou de cette truite de Geloux, betteraves colorées, beurre blanc à la verveine. Aux beaux jours, depuis la terrasse en bordure de la Midouze, se déguste l'île flottante, spécialité de la maison.
- €€ - *2 boulevard Ferdinand-de-Candau* - *05 58 44 14 14* - *www.villamirasol.fr/fr/restaurant-bistronomique* - *Fermé lundi et dimanche*

LES CLEFS D'ARGENT

CUISINE CRÉATIVE • COSY Cette table, rénovée avec goût dans un style contemporain et épuré, est installée à l'écart du centre-ville. Orientée nature et locavore, la cuisine du chef met à l'honneur le terroir du Sud-Ouest et plus particulièrement des Landes, à travers des menus carte blanche en constante évolution. Belle carte des vins de plus de 800 références.

- **€€€** - *333 avenue des Martyrs-de-la-Résistance - 05 58 06 16 45 - www.clefs-dargent.com - Fermé lundi et dimanche, et mercredi soir*

VILLA MIRASOL

MODERNE • COLORÉ À la confluence des trois rivières de la ville, un manoir Belle Époque entouré de jardins cache sept chambres et suites, élégantes et colorées. La balade le long des sentiers ombragés et le petit-déjeuner au bord de l'eau sont particulièrement agréables. L'ascenseur (très original !) et le bistrot sont à découvrir.

- **7 chambres** - *2 boulevard Ferdinand de Candau*

Villa Mirasol - Bistrot 1912 - Voir la sélection des restaurants

LE MONT-DORE

63240 - Puy-de-Dôme - Carte régionale n° **20**-A2

LA GOLMOTTE

CUISINE TRADITIONNELLE • AUBERGE Non loin du Mont-Dore, authenticité garantie dans cette auberge dont la salle à manger est une ancienne étable ! Des produits frais et des assiettes copieuses pour une cuisine traditionnelle goûteuse, avec par exemple ces joues de porc fondantes, purée de pomme de terre maison et sauce au Saint-Pourçain blanc... même si le chef ne s'interdit pas quelques plats plus au goût du jour, comme le saumon en gravlax.

- **€€** - *Le Barbier - 04 73 65 05 77 - www.aubergelagolmotte.com - Fermé mardi et mercredi, et dimanche soir*

MONT-PRÈS-CHAMBORD

41250 - Loir-et-Cher - Carte régionale n° **10**-C3

DOMUS

CUISINE MODERNE • TRADITIONNEL Domus (foyer en latin), c'est la maison d'une fine équipe - deux chefs et une responsable de salle - passés par de belles tables étoilées et des bistrots de qualité (les chefs se sont rencontrés à la Table du Connétable à Chantilly). Ils tirent le meilleur profit du terroir solognot et des produits de saison derrière des plats aux intitulés alléchants : foie gras mi-cuit, condiment aux champignons bruns ; esturgeon de Sologne fumé, boule de siam en pickles ; cabillaud cuit à basse température, siphon de tomate confite et courgette rôtie au basilic. Bon rapport qualité-prix pour cette adresse qui affiche souvent complet.

- **€€** - *2 rue des Vignes-d'en-Haut - 02 54 74 02 53 - www.domusrestaurant.fr - Fermé mercredi et jeudi*

LE MONT-SAINT-MICHEL

50170 - Manche - Carte régionale n° **2**-A3

LE LOGIS SAINTE CATHERINE N

CUISINE MODERNE • HISTORIQUE Si le Mont-Saint-Michel a toujours incarné un haut lieu de la spiritualité, dans l'assiette, c'était une autre histoire. Heureusement, cette table, installée dans l'ancienne caserne des pompiers au pied de l'Abbaye, vient racheter bien des péchés contre la bonne chère. La carte iodée chante les louanges des produits de saison, principalement locaux : poissons, coquillages et crustacés – avec aussi quelques viandes. Après la grande terrasse qui embrasse une vue imprenable sur la baie, apparaît la salle, tout de bois, de pierre et de cuivre.

- €€€ - *6 ruelle Sainte-Catherine* - *02 33 89 14 45 - www.lelogissaintecatherine.com - Fermé mercredi et dimanche, et lundi et mardi soir*

MONTAGNAC

34530 - Hérault - Carte régionale n° **27**-C2

CÔTÉ MAS

CUISINE MODERNE • CONTEMPORAIN Au cœur du domaine viticole, ce restaurant chaleureux et joliment décoré d'objets d'art contemporain, de mobilier en bois exotique et d'une vue sur les Cévennes est une mise en bouche raffinée pour mieux apprécier la bonne cuisine gourmande de bistrot contemporain qui se mitonne ici : magret de canard, jus épicé, melon rôti au sureau ; pannacotta au miel de lavande du Canet, abricot et mousse de lait. Beaucoup de produits sont locaux et de saison et l'huile d'olive délicieusement fruitée dans les assiettes est d'ailleurs produite sur le domaine. Belle carte des vins du domaine et des vignobles alentours, et jolie sélection de vins au verre à prix très doux.

- €€ - *Route de Villeveyrac* - *04 67 24 36 10 - www.cote-mas.fr - Fermé, lundi, mardi et dimanche soir*

MONTAIGU

85600 - Vendée - Carte régionale n° **14**-B1

LA ROBE

Chef : Xavier Giraudet

CUISINE MODERNE • CONTEMPORAIN Dans son adresse contemporaine et élégante organisée autour d'un agréable patio, Xavier Giraudet élabore une cuisine moderne de bon aloi, qui accorde une certaine place au végétal. Dans les différents menus, on retrouve avec bonheur des produits locaux et de saison (parfois même en provenance du potager familial), des cuissons maîtrisées, des saveurs gourmandes. En saison, ne ratez pas le lièvre à la royale façon Antonin Carême, un modèle du genre ! Une partition convaincante.

- €€ - *2 rue Neuve* - *02 51 47 79 27 - www.restaurant-la-robe.com - Fermé lundi et dimanche, et mercredi soir*

L'ATELIER

CUISINE TRADITIONNELLE • CONTEMPORAIN Le chef de La Robe, Xavier Giraudet, a ouvert un deuxième établissement de style bistrot. On y festoie en toute insouciance grâce à une cuisine traditionnelle, savoureuse et généreuse : pâté en croûte moelleux et parfumé, boudin noir fondant et purée de pommes de terre, et dessert d'inspiration paris-brest, gourmand à souhait. On sort de table avec le sourire, et les finances au beau fixe, grâce à des menus à prix doux à tous les services. Cadre moderne et lumineux, service accueillant par une équipe joviale et souriante.

- €€ - *2 rue Neuve* - *02 28 97 83 16 - www.restaurant-la-robe.com - Fermé lundi et dimanche*

MONTANGES

01200 - Ain - Carte régionale n° **21**-C1

L'AUBERGE DU PONT DES PIERRES

CUISINE MODERNE • TRADITIONNEL Sur la route de Monts Jura, cette auberge ne désemplit pas ! Enfant du pays, le chef Romain Blanc ne manque ni de talent ni d'idées pour cuisiner les produits de saison en circuit court : poisson du lac Léman ou de pisciculture voisine, porc et volaille de l'Ain, maraîchage local, potager d'herbes aromatiques. À cela s'ajoutent une belle maîtrise des cuissons et des jus, et un vrai travail maison (glace et pain compris). Le tout à petit prix et servi avec le sourire par Chloé, qui saura vous conseiller dans la jolie carte de vignerons indépendants.

- €€ - 754 rue Lieutenant Paul-de-Vanssay - 04 50 56 36 35 - www.pontdespierres.fr - Fermé mardi, mercredi et jeudi midi

MONTARCHER

42380 - Loire - Carte régionale n° **20**-C2

LE CLOS PERCHÉ

CUISINE CRÉATIVE • AUBERGE Il était une fois une auberge qui jouait à chat perché sur les hauts plateaux du Forez, à 1150 mètres d'altitude. C'est ici, à l'entrée de ce minuscule village, que Julien Magne a posé ses valises. Derrière les fourneaux, ce chef réalise une cuisine colorée, inventive et ludique, pour laquelle on se fait volontiers souris !

- €€ - Le Bourg - 04 77 50 00 08 - www.leclosperche.fr - Fermé mardi, mercredi midi, et lundi et dimanche soir

MONTARGIS

45200 - Loiret - Carte régionale n° **11**-C3

LA GLOIRE

CUISINE TRADITIONNELLE • ÉLÉGANT Une vénérable institution de Montargis, postée au bord de la N7. Depuis plusieurs générations, on revisite la tradition gastronomique avec une générosité certaine ; ne manquez pas l'imposant chariot de desserts.

- €€ - 74 avenue du Général-de-Gaulle - 02 38 85 04 69 - www.lagloire-montargis.com - Fermé mardi et mercredi, et lundi soir

MONTAUBAN

82000 - Tarn-et-Garonne - Carte régionale n° **26**-C1

LES 5 BOUCHONS

CUISINE MODERNE • CONVIVIAL Une adresse sympathique pour un déjeuner sous les arcades de la place Nationale de Montauban. 5 bouchons pour les 5 membres de la famille du chef expérimenté David Soulier qui travaille de concert avec son épouse Joan en salle. Tous les quinze jours, une nouvelle carte de saison met en avant les produits locaux bien sourcés dans des assiettes simples, colorées et gourmandes à l'image de cette noisette torréfiée du Tarn-et-Garonne qui accompagne le houmous de betterave, ou des bâtonnets de céleri rave fondant et graines de moutarde en pickles agrémentant l'échine de cochon cuite 5 heures. En terrasse ou dans la longue salle au plafond voûté, on passe un bon moment pour un prix fort raisonnable.

- € - 24 place Nationale - 05 63 93 65 64 - Fermé lundi et dimanche, et le soir sauf samedi

DU BRUIT EN CUISINE

CUISINE MODERNE • TENDANCE Voici un vrai repaire gourmand où œuvre un chef formé dans plusieurs maisons de la galaxie Ducasse. Mathieu Lévêque signe une cuisine contemporaine décontractée et appétissante sous forme notamment de petites assiettes façon tapas. Doté d'une belle expérience, il s'amuse avec les jus, les sauces et les cuissons précises à l'image de cette joue de bœuf confite, gnocchis aux champignons et céleri-rave. Des soirées musicales sont parfois organisées, ajoutant une touche festive au lieu. Une adresse qui devrait donc continuer à faire du bruit.

- €€ - 12 allée Mortarieu - 05 63 91 19 25 - www.dubruitencuisine.fr - Fermé lundi et dimanche

NOUS

CUISINE ACTUELLE • COSY Dans ce bistrot moderne où l'on se sent bien, le couple Campas régale la clientèle montalbanaise. Chez Raphaël et Elise, tout est fait maison, du pain jusqu'aux glaces. Dotés d'une expérience solide, ils sélectionnent leurs produits régionaux avec soin (légumes de petits maraîchers et fromages fermiers), au plus près des saisons, et le chef en tire de belles assiettes colorées et goûteuses. En salle, Elise est tout aussi professionnelle et organisée pour s'occuper des clients et, si le besoin se fait sentir, le chef n'hésite pas à sortir l'épauler et en profiter pour parler avec verve de sa cuisine. Une bonne petite adresse ouverte uniquement au déjeuner avec un menu unique à choix. Ce dernier change tous les mois : c'est l'occasion de revenir plus souvent.

- € - 7 rue Bessières - 05 63 91 97 03 - www.restaurant-nous.fr - Fermé dimanche et le soir

MONTAUROUX

83440 - Var - Carte régionale n° **29**-C2

LE CARRÉ D'ANGE

CUISINE MODERNE • ROMANTIQUE Une jolie auberge provençale à l'écart du centre, lumineuse et modernisée, où la cuisine du sud est savoureuse et généreuse... Il n'y a qu'à voir ce suprême de pintade contisé à la truffe, girolles et feuille à feuille de pomme de terre fondante. À déguster aux beaux jours sur la jolie terrasse.

- €€€ - 2169 quartier Narbonne - 04 94 47 71 65 - www.restaurant-carredange.fr - Fermé lundi et mardi midi

MONTBAZON

37250 - Indre-et-Loire - Carte régionale n° **15**-B1

L'ÉVIDENCE

Chef : Gaëtan Evrard

CUISINE CRÉATIVE • CONTEMPORAIN C'est dans cette maison de ville ancienne, à une quinzaine de kilomètres de Tours, que l'enfant du pays Gaëtan Evrard rend hommage aux saisons de son terroir. Légumes et viandes de la région, poissons en direct de Bretagne : le produit est ici à la fête, sublimé par la cuisine du marché d'un chef qui ne manque pas d'audace – à l'image de cette huître de Bretagne cuite vapeur, concombre et citron confit, ou de ce dessert autour de la tomate avec sorbet au basilic, mousse de chèvre frais et vanille. En accompagnement, une belle carte de vins de Loire, en parfaite harmonie avec les créations du chef.

- €€€ - 1 place des Marronniers - 02 47 38 67 36 - www.restaurant-levidence.com - Fermé lundi, mercredi et dimanche

MONTBÉLIARD

✉ 25200 - Doubs - Carte régionale n° **13**-C1

LE SAINT-MARTIN

CUISINE TRADITIONNELLE • CLASSIQUE Olivier Prévôt-Carme signe une cuisine riche de parfums, où le produit est roi. Pas de superflu, mais une justesse des recettes, cuissons et assaisonnements qui rehausse la saveur de chaque ingrédient. Rien de prétentieux, rien de compliqué... que du plaisir !

- **€€€** - *1 rue du Général-Leclerc - 03 81 91 18 37 - www.le-saint-martin.fr - Fermé lundi, dimanche et samedi midi*

MONTBELLET

✉ 71260 - Saône-et-Loire - Carte régionale n° **17**-C2

LA MARANDE

Chef : Philippe Michel

CUISINE MODERNE • ÉLÉGANT "Marander" en patois local signifie... aller manger. Sur la route de Tournus, cette belle maison bourgeoise en pierre de Bourgogne, entourée d'un beau jardin paysager, mérite assurément une halte gourmande avant un sommeil paisible. Dans ce cadre familial à l'élégance toute contemporaine, on sent la volonté des propriétaires, Élisabeth et Philippe Michel, de transmettre les gestes de l'hospitalité et la culture des produits de premier choix à leur équipe. Derrière ses fourneaux, le chef fait montre de maîtrise et de délicatesse à travers des assiettes particulièrement graphiques et généreuses. Cerise(s) sur le gâteau : le beau choix de bourgognes et la superbe terrasse.

- **€€€** - *1484 route de Lugny, hameau de Mirande - 03 85 33 10 24 - www.hotel-restaurant-la-marande.com - Fermé lundi et mardi*

MONTBRISON

✉ 42600 - Loire - Carte régionale n° **20**-C2

APICIUS

CUISINE MODERNE • CONTEMPORAIN Une petite adresse du centre-ville tenue par un couple au joli parcours. Dans un agréable cadre chic et tendance récemment rénové, ils proposent au déjeuner une cuisine du marché à prix imbattable, et un menu plus élaboré le vendredi soir. Le chef privilégie les produits du terroir ainsi que les fleurs et plantes sauvages. En un mot : généreux !

- **€€** - *29 rue Martin-Bernard - 09 82 38 34 65 - www.apicius-restaurant-montbrison.eatbu.com - Fermé samedi et dimanche, et le soir sauf samedi*

MONTBRON

✉ 16220 - Charente - Carte régionale n° **18**-C2

MOULIN DE LA TARDOIRE

Chef : Matthieu Brudo

CUISINE MODERNE • MAISON DE CAMPAGNE En pleine campagne, au cœur d'un site classé Natura 2000, l'ancien moulin du 16e s. a conservé son mécanisme visible dans la salle à manger, rénovée dans un esprit contemporain mêlant verre, bois et lignes épurées. Aux fourneaux, Matthieu Brudo valorise le terroir avec élégance : pluma de cochon de Vitrac-Saint-Vincent laquée au

ponzu et pois chiches de Mornac, bœuf du Limousin, esturgeon de Neuvic ou poissons pêchés en direct à Royan. La carte des vins, tournée vers les domaines nature et biodynamiques, complète une table sincère et généreuse.
- €€€ - *6 route du Bounit (Lieu-dit la Forge) - 05 45 66 41 46 - www.moulindelatardoire.fr - Fermé lundi et mardi, et dimanche soir*

MONTCEAU-LES-MINES

71300 - Saône-et-Loire - Carte régionale n° **17**-B2

JÉRÔME BROCHOT

CUISINE MODERNE • TRADITIONNEL Jérôme Brochot concocte une cuisine du marché renouvelée chaque semaine à travers un menu "côté cuisine", tandis que le week-end, un menu surprise gastronomique prend le relais. Pour les passionnés, des cours de cuisine sont proposés le dimanche matin.
- €€€ - *7 place Beaubernard - 03 85 67 95 30 - www.jeromebrochot.com - Fermé lundi et mardi, et dimanche soir*

MONTCENIS

71710 - Saône-et-Loire - Carte régionale n° **17**-B2

LE MONTCENIS

CUISINE TRADITIONNELLE • COSY Du cachet dans le décor (cave voûtée, pierres et poutres) comme dans l'assiette. Laurent Dufour propose une cuisine généreuse et sincère réalisée avec de beaux produits, comme ce filet de daurade cuit sur peau, légumes provençaux au pesto, ou ce pigeon rôti et escalope de foie gras poêlée, jus acidulé au xérès. La carte change régulièrement, et, l'hiver venu, met à l'honneur la truffe, passion du chef ! Accueil prévenant.
- €€ - *2 place du Champ-de-Foire - 03 85 55 44 36 - www.restaurant-lemontcenis.fr - Fermé du lundi au mercredi et dimanche soir*

MONTCHENOT

51500 - Marne - Carte régionale n° **6**-B2

LE GRAND CERF

Chefs : Dominique Giraudeau et Pascal Champion

CUISINE CLASSIQUE • ÉLÉGANT Au pied de la montagne de Reims et sur la route d'Épernay, cette auberge imposante affiche sans ambages son style cossu... Dans l'élégante salle à manger de bois clair, l'ambiance se fait romantique le soir venu : écrin parfait pour une belle cuisine classique. Elle est signée des chefs Dominique Giraudeau (qui a longtemps brillé dans les cuisines de Gérard Boyer aux Crayères) et son associé Pascal Champion, et met en valeur des produits nobles, du saint-pierre au veau de lait fermier, en passant par le gibier, le homard et la truffe.
- €€€€ - *50 route Nationale - 03 26 97 60 07 - www.le-grand-cerf.fr - Fermé mardi et mercredi, et dimanche soir*

MONTCY-NOTRE-DAME

✉ 08090 - Ardennes - Carte régionale n° **6**-C1

L'AUBERGE DU LAMINAK

CUISINE MODERNE • AUBERGE Dans cette charmante auberge en lisière de forêt, le Pays basque - origine du chef - rencontre les beaux produits des Ardennes. Résultat, des recettes savoureuses et maîtrisées, à l'image de ces piquillos farcis de brandade de morue et soupe de poisson, ou de cet agneau confit et sa piperade. Générosité et gourmandise sont au rendez-vous !

- €€ - Route de Nouzonville - ✆ 03 24 33 37 55 - www.auberge-du-laminak.eatbu.com - Fermé lundi et dimanche, et le soir sauf vendredi et samedi

MONTECH

✉ 82700 - Tarn-et-Garonne - Carte régionale n° **26**-C1

BISTROT CONSTANT

CUISINE TRADITIONNELLE • BISTRO La pimpante maison éclusière, installée au bord du canal latéral à la Garonne, abrite aujourd'hui un bistrot de chef de très bonne tenue. Christophe Marque, qui a succédé au chef montalbanais Christian Constant, fait perdurer la bonne cuisine bistrotière traditionnelle : œuf mimosa comme autrefois avec ventrèche de thon ; merlu en croûte de pain ou ris de veau croustillant et gratin de macaroni au parmesan ; île flottante aux pralines roses... du grand classique effectué dans les règles de l'art et avec générosité, comme on l'aime !

- €€ - 25 rue de l'Usine - ✆ 05 63 24 63 02 - www.bistrotconstant.com - Fermé lundi et mardi, et dimanche soir

MONTEILS

✉ 82300 - Tarn-et-Garonne - Carte régionale n° **26**-C1

LE CLOS MONTEILS

CUISINE TRADITIONNELLE • RUSTIQUE Françoise et Bernard Bordaries ont fait de ce presbytère de 1771 un lieu intime, telle une maison de famille. Elle vous accueille avec gentillesse, tandis que lui s'active aux fourneaux. Son credo : cuisiner sur des bases simples et mettre en avant les produits de saison avec des recettes bien ficelées.

- €€ - 7 chemin du Moulin - ✆ 05 63 93 03 51 - www.leclosmonteils.fr - Fermé du lundi au mercredi et dimanche soir

MONTÉLIMAR

✉ 26200 - Drôme - Carte régionale n° **24**-A2

LE MODERNE

CUISINE MODERNE • BISTRO Au bord de la mythique N7, voilà une affaire qui roule. Ce Moderne, au nom qui fleure bon le formica, n'a pas pris une ride. Associant une épicerie fine, une cave et une bonne table, cette adresse sympathique est une cure de jouvence. Marion (en cuisine) et Ben Franze (en salle) nous donnent le sourire grâce à leur savoureuse cuisine de saison, qui remporte un succès mérité : cromesquis d'escargots et jus de volaille ; faux-filet de bœuf charolais en deux cuissons, panisse frite et sauce chimichurri... Aux beaux jours, on file en terrasse.

- €€ - 25 boulevard Aristide-Briand - ✆ 04 75 01 31 90 - www.restaurant-lemoderne.fr - Fermé lundi et mardi

MONTENACH

✉ 57480 - Moselle - Carte régionale n° **7**-C1

LE K

CUISINE MODERNE • CONTEMPORAIN Cette imposante bâtisse en pierre de taille, située aux confins de la France, de l'Allemagne et du Luxembourg, a su garder un esprit familial. Au K, sous une belle charpente et un lustre en cristal de Trévise, le chef Benoit Potdevin propose une fine et délicate cuisine d'aujourd'hui : pattes et pinces de tourteau rafraîchies au vinaigre de kalamansi, accompagnées de caviar ; noix de Saint-Jacques rôtie, topinambour et jus des barbes au whisky de Moselle ; dos de chevreuil parfumé au gin, variation de carottes et jus corsé au genièvre... Un menu "collection maraîchère" est également disponible. Au Komptoir, plus décontracté, tapas et cuissons au four à bois.

- **€€€€** - *Domaine de la Klauss, 2 impasse du Klaussberg - 03 82 83 19 75 - www.domainedelaklauss.com - Fermé dimanche et le midi*

LE DOMAINE DE LA KLAUSS

MODERNE • RAFFINÉ Ce petit coin de Lorraine possède un caractère unique, comme le Domaine de la Klauss, dont les murs dignes d'une fortification médiévale abritent un hôtel moderne et luxueux. Les chambres et suites se distribuent entre le bâtiment d'origine et les dépendances plus contemporaines, elles aussi parées de pierre. Les plus modestes sont déjà spacieuses et très confortables, tandis que les suites atteignent l'exceptionnel, le point d'orgue étant la suite de 80 m² au sommet de la tour, avec son jacuzzi et sa vue panoramique. Spa de 800 m², nombreuses activités de plein air, et notamment des sports équestres. Un bistrot chauffé au feu de bois, ou une table gastronomique, au choix.

- **28 chambres** - *2 impasse du Klaussberg*

Le K - Voir la sélection des restaurants

MONTENDRE

✉ 17130 - Charente-Maritime - Carte régionale n° **18**-B2

LA QUINCAILLERIE

CUISINE TRADITIONNELLE • BISTRO Deux quincailliers de talent, Jérôme Douay en cuisine (qui réalise lui-même le pain au levain naturel et à partir de farine locale) et Guillaume Weil, qui navigue entre salle et cuisine, proposent une cuisine plutôt traditionnelle (du pâté en croûte au filet mignon de veau à la truffe, en passant par l'île flottante), ponctuée de quelques ouvertures sur le monde. Les saisons sont respectées à la lettre, et les assiettes pleines de goût. Cette ancienne quincaillerie au grand escalier en bois, qui dessert une salle au 1er étage, a conservé son cadre un peu rétro. Cuisine ouverte et espace vins à emporter au rez-de-chaussée.

- **€€** - *30 rue de l'Hôtel-de-Ville - 05 46 70 42 41 - www.restocavequincaillerie.fr - Fermé lundi et mardi, et dimanche soir*

MONTFURON

✉ 04110 - Alpes-de-Haute-Provence - Carte régionale n° **24**-C3

CHEZ ÉRIC

CUISINE TRADITIONNELLE • BISTRO Sur la place d'un charmant village, cette maison en pierre sèche a tout ce qu'il faut là où il faut, de la terrasse ombragée à la plaisante déco de bistrot. Le chef concocte de petits plats provençaux goûteux et généreux, à l'image de cette fleur de courgette farcie à la brousse et au pistou, ou de cette daube de bœuf aux oronges. Menu truffe en saison.

- €€ - *Place Daniel-Viguier - ✆ 04 92 77 75 32 - Fermé lundi et mardi, et dimanche soir*

MONTGENÈVRE

✉ 05100 - Hautes-Alpes

ANOVA

CONTEMPORAIN • CONVIVIAL Tout près de la frontière italienne, d'agréables moments en perspectives dans cet imposant chalet contemporain. On y profite notamment d'une kyrielle de services bien pensés - ski shop et casiers à skis, location de VTT, salle de jeux - et de chambres confortables (préférez les chambres plein sud, face aux pistes).

- **40 chambres** - *Hameau de l'Obélisque - ✆ 04 92 54 48 04*

LES MONTHAIRONS

✉ 55320 - Meuse - Carte régionale n° **6**-C2

HOSTELLERIE DU CHÂTEAU DES MONTHAIRONS

CUISINE MODERNE • BOURGEOIS Cette table châtelaine et familiale permet d'apprécier une cuisine soignée mêlant bases classiques et touches plus actuelles. Et, comme on l'imagine, le cadre de ce château du 19e s. situé dans la vallée de la Meuse est superbe : moulures, vieux parquet, tentures épaisses...

- €€€ - *26 route de Verdun - ✆ 03 29 87 78 55 - www.chateaudesmonthairons.fr - Fermé lundi*

MONTHION

✉ 73200 - Savoie - Carte régionale n° **21**-C2

LES 16 CLOCHERS

CUISINE MODERNE • RUSTIQUE Depuis la terrasse, très prisée en été, on jouit d'un panorama imprenable sur les seize clochers de la vallée. Le chef ne jure que par les produits locaux et bio, qu'il met au service d'une cuisine de marché créative influencée par ses voyages. Les assiettes sont généreuses et maîtrisées ; le menu, changé très régulièrement. Service par une équipe jeune et dynamique.

- €€ - *91 chemin des 16-Clochers - ✆ 04 79 31 30 39 - www.16clochers.com - Fermé lundi, mardi, mercredi midi et dimanche soir*

MONTICELLO - Haute-Corse (22) ➜ Voir Corse

MONTIGNAC

✉ 24290 - Dordogne

HÔTEL DE BOUILHAC

MODERNE • CHARME Un hôtel particulier du 17e s., inscrit aux monuments historiques, à quelques pas seulement des célébrissimes grottes de Lascaux... L'architecture est typique de la région (hauts plafonds, moulures, parquets massifs) et les chambres ne manquent pas de charme.

- **16 chambres** - *Rue du Docteur Mazel - ✆ 05 53 51 21 46*

MONTIGNAC-LASCAUX

✉ 24290 - Dordogne - Carte régionale n° **18**-D3

RO.BO

CUISINE CRÉATIVE • **COSY** Au cœur du Périgord noir, ce restaurant prend place dans un ancien hôtel particulier du 17e siècle doté d'une magnifique cour et de salons aux murs de pierre patinés par l'histoire. Aux fourneaux, on retrouve avec plaisir Nick Honeyman, le chef du Petit Léon. Les qualités de sa cuisine créative sont déjà connues : fraîcheur et parfums, notamment ceux des agrumes, qu'il utilise avec profit dans ses menus mêlant influences locales et voyageuses.

- €€€ - *Hôtel de Bouilhac, 6 avenue Professeur-Faurel - 07 61 52 73 41 - www.restaurantrobo.fr - Fermé lundi, dimanche et du mardi au vendredi à midi*

MONTIGNY-LA-RESLE

✉ 89230 - Yonne

CHÂTEAU DE LA RESLE

Plus

DESIGN • **CHALEUREUX** Un château-hôtel unique, où romantisme campagnard et hôtellerie dernier cri font chambre commune. Vu de l'extérieur, volets blancs, lierre de façade et jardins soigneusement tondus. Mais pousser la porte révèle un écrin de design et d'art contemporain, sous l'égide de deux collectionneurs versés dans le mobilier haut de gamme. Et le plus étonnant est la chaleur qui en résulte. Certaines chambres dégagent un parfum d'antiquaire, d'autres tutoient l'avant-garde, mais on retrouve, dans tous les cas, la lumière en abondance. L'endroit est grand, mais n'héberge que six chambres, une salle de petit-déjeuner ensoleillée, une piscine cristalline, et un spa.

AC P - **10 chambres** - *La Resle - 06 86 11 29 22*

MONTLIVAULT

✉ 41350 - Loir-et-Cher - Carte régionale n° **10**-C3

EZIA

Chef : Nicolas Aubry

CUISINE MODERNE • **CONTEMPORAIN** Nicolas Aubry, ex-chef exécutif de Christophe Hay, est désormais seul à bord de l'ancien restaurant de son mentor, dont le décor n'a pas changé : on retrouve avec plaisir cette salle moderne qui ménage une jolie vue sur la cuisine. Autour de menus uniques rythmés par les saisons et les produits du terroir ligérien, l'assiette, ciselée au cordeau, témoigne d'une cuisine fine et subtile qui sait faire preuve de beaucoup de personnalité.

AC - €€€ - *17 rue de Chambord - 02 54 20 62 30 - www.ezia-restaurant.fr - Fermé lundi et dimanche*

MONTLOUIS-SUR-LOIRE

✉ 37270 - Indre-et-Loire - Carte régionale n° **15**-B1

LE BERLOT

CUISINE MODERNE • **BISTRO** Installé dans un village vigneron, un couple d'épicuriens, Hervé et Patricia Chardonneau (ex-Casse-Cailloux à Tours), travaillent au cœur du terroir ligérien qui le leur rend bien. Hervé propose une cuisine cuisine canaille et giboyeuse en saison : lièvre à la royale, oreiller de la belle

Aurore version gibier, cervelle d'agneau... Une bonne bistronomie saisonnière qui puise son inspiration dans les arrivages. Jolie carte des vins orientée bio et nature. Bar à vins indépendant.

- €€ - 2 place François-Mitterrand - 02 47 56 30 21 - Fermé lundi et mardi

MONTLUÇON

03100 - Allier - Carte régionale n° **16**-B3

LA CHAPELLE - CHÂTEAU SAINT-JEAN

CUISINE CRÉATIVE • HISTORIQUE La table du Château Saint-Jean se distingue d'abord par son cadre exceptionnel, une ancienne chapelle dont la nef est habillée d'une résille de cuivre, qui rend le lieu plus intime. Un étonnant (et très heureux) mariage des styles et des époques ! Dans l'assiette, même engouement : le chef Olivier Valade montre que son beau parcours (La Côte d'Or à Saulieu, Hélène Darroze...) ne doit rien au hasard. Sa cuisine, exécutée avec une grande précision, met en valeur de beaux produits de saison, et se révèle pleine de personnalité : blanc de barbue légèrement fumé et sa blanquette truffée ; pigeonneau aux champignons des bois et jus à l'élixir de noix. Le service est à l'avenant, un sans-faute.

- €€€€ *- Avenue Henri-de-la-Tourfondue - 04 70 03 26 57 - www.chateau-saint-jean.com - Fermé lundi, mardi, du mercredi au vendredi à midi, et dimanche soir*

BISTROT SAINT-JEAN

CUISINE MODERNE • BISTRO Cette table partage avec La Chapelle du Château Saint-Jean son parc et son chef Olivier Valade. Il y décline au fil d'un menu-carte unique une cuisine de bistrot créative : filet de maquereau fumé, vinaigrette aux algues, rouelles d'oignon croustillantes ; tartare de veau, figues rôties, oignon rouges en pickles, dentelle sarrasin, copeaux de fumaison. Les cuisines ouvrent sur la salle à manger tout en longueur et la terrasse.

- €€ *- Avenue Henri-de-la-Tourfondue - 04 70 03 26 57 - www.chateau-saint-jean.com*

CHÂTEAU SAINT-JEAN

CLASSIQUE • RAFFINÉ Parmi les merveilles architecturales de Montluçon, cet ancien château des Templiers dresse ses tours devant un parc pittoresque où des cygnes flottent sur un étang alimenté par le ruisseau qui traverse des jardins plantés de roses et de chênes. L'édifice d'origine et une aile plus récente abritent des chambres et suites baignées de soleil, alliant classicisme et modernité. La chapelle du 12e s. accueille aujourd'hui un restaurant.

- 19 chambres *- Avenue de la Tourfondue - 33(0)4 70 03 26 57*

La Chapelle • Bistrot Saint-Jean - Voir la sélection des restaurants

MONTMARAULT

03390 - Allier - Carte régionale n° **16**-B3

RESTAURANT ANNE & MATTHIEU OMONT - HÔTEL DE FRANCE

CUISINE MODERNE • CONTEMPORAIN Dans ce village étape, cet établissement familial invite à la pause gourmande ! Matthieu Omont compose une partition maîtrisée, volontiers créative, à déguster dans un décor moderne et soigné. Attaché au terroir bourbonnais, le chef met à l'honneur les petits producteurs, le potager et le verger... mais aussi poissons et crustacés en direct de Bretagne : langoustines "pattes rouges" du Guilvinec croûtées au thym, artichaut et jus à

l'huile de noisette ; duo de caille, mousse de céleri et cèpes bronzés... Excellent pain maison à base de farines anciennes, qui sera le compagnon idéal du chariot de fromages d'Auvergne. Chambres confortables pour prolonger le séjour.
- €€€ - *1 rue Marx-Dormoy* - *04 70 07 60 26* - *www.hoteldefrance-montmarault.com* - *Fermé lundi et mardi, et dimanche soir*

MONTMERLE-SUR-SAÔNE

01090 - Ain - Carte régionale n° **21**-A1

ÉMILE JOB

CUISINE CLASSIQUE • TRADITIONNEL Voici une maison où l'on est chaleureusement invité à déguster des grands classiques qui valorisent le terroir : volaille de Bresse, grenouilles en persillade, poissons de lac, cerises jubilé et glace vanille... Le chef garde le cap de la tradition pour le plus grand bonheur des convives, qui se régalent sur la belle terrasse, à l'ombre des tilleuls centenaires et face au fleuve.
- €€ - *12 rue du Pont* - *04 74 69 33 92* - *www.restaurantemilejob.com* - *Fermé lundi et mardi, et dimanche soir*

MONTMORENCY

95160 - Val-d'Oise - Carte régionale n° **11**-B1

AU CŒUR DE LA FORÊT

CUISINE TRADITIONNELLE • AUBERGE À l'issue d'un chemin cahotant, vous voilà bien au cœur de la forêt... Si le dépaysement est garanti, la cuisine suit sans détour la voie de la tradition : au menu, rien que des valeurs sûres, au gré du marché ! Cadre élégant et champêtre, comme il se doit, avec une jolie terrasse face aux frondaisons.
- €€ - *Avenue du Repos-de-Diane* - *01 39 64 99 19* - *www.aucoeurdelaforet.com* - *Fermé lundi, et jeudi et dimanche soir*

MONTMORILLON

86500 - Vienne - Carte régionale n° **15**-B3

LE LUCULLUS

CUISINE MODERNE • CONTEMPORAIN On s'installe dans un cadre moderne pour profiter d'une cuisine qui mise sur les produits locaux. Et aux beaux jours, c'est au calme dans le patio que l'on songe au général romain Lucullus, passé à la postérité en raison du faste de sa table. Des assiettes goûteuses et joliment dressées, à l'image de cette caille d'Anjou rôtie sur le coffre, cuisses confites, purée de maïs brûlé et sauce façon royale.
- €€ - *4 boulevard de Strasbourg* - *05 49 84 09 09* - *www.hoteldefrance-lelucullus.fr*

MONTNER

66720 - Pyrénées-Orientales - Carte régionale n° **27**-B3

AUBERGE DU CELLIER

CUISINE MODERNE • AUBERGE Dans ce village catalan, l'enfant du pays Pierre-Louis Marin, en salle, et Yvon Rossignol, en cuisine, mettent avant tout à l'honneur les produits régionaux, travaillés avec savoir-faire, et une nette prédilection pour la truffe. Leur création signature ? Un vacherin surprenant au melon, Serrano et muscat de Rivesaltes, mariage audacieux et réussi. Une adresse sincère, attachée à son terroir et à ses saveurs. Menu déjeuner attractif.
- €€€ - *1 rue de Sainte-Eugénie* - *04 68 29 09 78* - *www.aubergeducellier.com* - *Fermé lundi et mardi, et dimanche soir*

MONTPELLIER

✉ 34000 – Hérault –
Carte régionale n° 27–D1

ÉBULLITION

Chef : Boris Caillol

CUISINE CRÉATIVE • INTIME Dans ce charmant petit restaurant tout en pierre du vieux centre de Montpellier, Boris Caillol (passé par de belles maisons comme Le Petit Nice et la Maison Troisgros) signe une cuisine résolument créative et moderne. Inventif et audacieux, voilà un chef qui met nos sens en ébullition ! Il va lui-même faire le marché (bio) pour être au plus près de la saison et s'en inspirer. Un repas tout en finesse, que l'on peut accompagner d'une des références de la jolie carte, bien enracinée dans la régionalité et la biodynamie. Dans un cadre intimiste et contemporain, on est accueilli avec bienveillance par sa compagne Coralie Semery, une hôtesse élégante qui nous fait passer un excellent moment.

PLAN : B1-13 – A/C – **€€€** – *10 rue du Pila-Saint-Gély – ✆ 09 86 10 84 84 – www.restaurant-ebullition.eu – Fermé lundi, samedi et dimanche*

JARDIN DES SENS

Chefs : Jacques et Laurent Pourcel

CUISINE MODERNE • ÉLÉGANT Jacques et Laurent Pourcel tiennent la table de l'hôtel Richer de Belleval, superbe maison du 17e s. installée sur les hauteurs de la ville. Sous les imposantes fresques des plafonds, on retrouve avec bonheur la cuisine des jumeaux montpelliérains : pensée dans les moindres détails, millimétrée dans l'exécution, relevant une trame de cuisine classique avec la touche créative qui a fait leur renommée. Richer de Belleval, botaniste et fondateur du Jardin des Plantes de Montpellier, n'aurait pas manqué d'apprécier une telle partition !

PLAN : A2-14 – A/C – **€€€€** – *Place de la Canourgue – ✆ 04 99 66 18 18 – www.hotel-richerdebelleval.com/jardin-des-sens – Fermé lundi, dimanche et du mardi au jeudi à midi*

LECLÈRE

Chef : Guillaume Leclère

CUISINE MODERNE • DESIGN Ce restaurant étonnant affiche une discrétion absolue depuis la rue : quelle surprise en effet, quand on découvre, après un tunnel habillé d'inox, cette belle salle au décor minéral et épuré qui marie métal, pierre montpelliéraine, carrelage et granit. Fidèle à sa "cuisine d'arrivage", le chef Guillaume Leclère propose un menu unique, renouvelé très régulièrement en fonction des produits régionaux ultra-frais, issus des circuits courts (poissons méditerranéens, veau des Pyrénées...). Seule la liste des ingrédients est

Smitt/Getty Images Plus

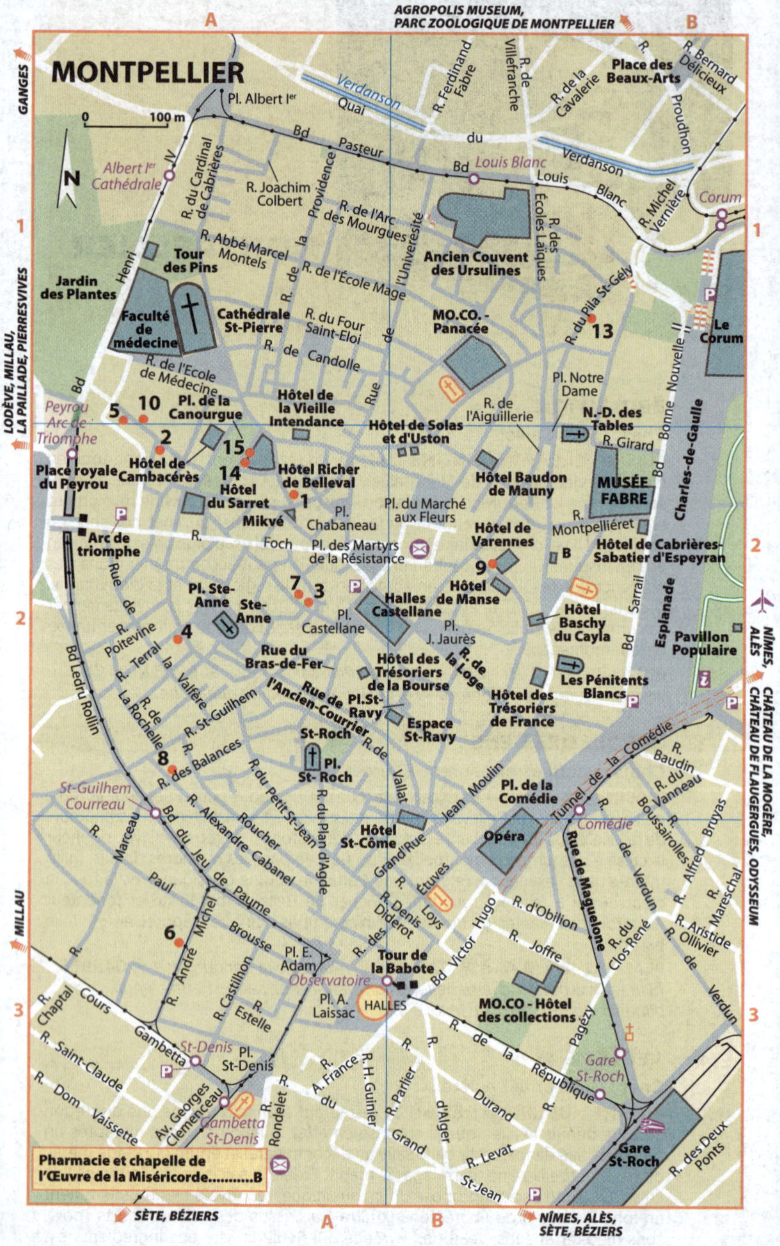

MONTPELLIER
AGROPOLIS MUSEUM, PARC ZOOLOGIQUE DE MONTPELLIER
GANGES
LODÈVE, MILLAU, LA PAILLADE, PIERRESVIVES
MILLAU
NÎMES, ALÈS
CHÂTEAU DE LA MOGÈRE, CHÂTEAU DE FLAUGERGUES, ODYSSEUM
SÈTE, BÉZIERS
NÎMES, ALÈS, SÈTE, BÉZIERS
A
B
1
2
3
0
100 m
N
Pl. Albert Ier
Albert Ier Cathédrale
Verdanson
Quai du Verdanson
Bd Pasteur
Bd Louis Blanc
Louis Blanc
Corum
Le Corum
Place des Beaux-Arts
R. Ferdinand Fabre
R. de Villefranche
R. de la Cavalerie
R. Bernard Délicieux
R. Proudhon
R. Michel Vernière
R. du Cardinal de Cabrières
R. Joachim Colbert
R. de la Providence
R. de l'Arc des Mourgues
R. de l'Université
Ancien Couvent des Ursulines
R. des Écoles Laïques
R. Abbé Marcel Montels
R. de l'École Mage
Tour des Pins
Jardin des Plantes
Bd Henri IV
Faculté de médecine
Cathédrale St-Pierre
R. du Four Saint-Eloi
R. de Candolle
MO.CO. - Panacée
R. du Pila St-Gély
13
R. de l'Ecole de Médecine
Pl. de la Canourgue
Hôtel de la Vieille Intendance
Hôtel de Solas et d'Uston
R. de l'Aiguillerie
Pl. Notre Dame
N.-D. des Tables
R. Girard
Bd Bonne Nouvelle
Esplanade Charles-de-Gaulle
Peyrou Arc de Triomphe
5
10
2
15
14
Place royale du Peyrou
Hôtel de Cambacérès
Hôtel du Sarret
Hôtel Richer de Belleval
1
Mikvé
Hôtel Baudon de Mauny
MUSÉE FABRE
Pl. du Marché aux Fleurs
Pl. Chabaneau
R. Foch
Arc de triomphe
Pl. des Martyrs de la Résistance
Hôtel de Varennes
R. Montpelliéret
Hôtel de Cabrières-Sabatier d'Espeyran
B
9
Hôtel de Manse
7
3
Pl. Ste-Anne
Ste-Anne
Halles Castellane
Pl. Castellane
Pl. J. Jaurès
Hôtel Baschy du Cayla
Bd Sarrail
Pavillon Populaire
Rue de Poitevine
R. Terral
4
R. de la Valfère
Rue du Bras-de-Fer
R. de la Loge
Hôtel des Trésoriers de la Bourse
Hôtel des Trésoriers de France
Les Pénitents Blancs
Bd Ledru Rollin
R. de La Rochelle
R. St-Guilhem
Rue de l'Ancien-Courrier
Pl. St-Ravy
Espace St-Ravy
R. des Balances
8
St-Roch
Pl. St-Roch
R. du Petit St-Jean
R. de Vallat
Tunnel de la Comédie
R. Baudin
R. du Vanneau
R. Boussairolles
R. Alfred Bruyas
Pl. de la Comédie
Rue Jean Moulin
St-Guilhem Courreau
R. Marceau
Bd du Jeu de Paume
R. Alexandre Cabanel
R. Roucher
R. du Plan d'Agde
Hôtel St-Côme
Grand'Rue
Opéra
Comédie
Rue de Maguelone
R. de Verdun
R. Maréschal
R. Paul Brousse
R. André Michel
6
R. Denis Diderot
R. des Étuves
R. Loys
Bd Victor Hugo
R. d'Obilion
R. Joffre
R. du Clos René
R. Aristide Ollivier
Pl. E. Adam
Observatoire
Tour de la Babote
Pl. A. Laissac
HALLES
MO.CO - Hôtel des collections
R. Pagézy
R. Castilhon
R. Estelle
R. Chaptal
Cours Gambetta
R. Saint-Claude
R. Dom Vaissette
St-Denis
Pl. St-Denis
Av. Georges Clemenceau
Gambetta St-Denis
R. Rondelet
R. A. France
R. H. Guinier
R. Parlier
R. d'Alger
R. Durand
R. de la République
Gare St-Roch
R. du Grand St-Jean
R. Levat
R. des Deux Ponts
Pharmacie et chapelle de l'Œuvre de la Miséricorde..........B

dévoilée aux convives. Les créations précises et épurées du chef ne manquent ni de personnalité, ni de panache, à l'image de son travail sur l'asperge, le raifort et la menthe ou encore celui sur le maigre et le romarin.

PLAN : A3-6 - ♿ AC - **€€€** - *8 rue André-Michel - ✆ 04 67 68 96 85 - www.restaurantleclere.com - Fermé lundi, dimanche, et mardi et mercredi à midi*

PASTIS RESTAURANT

Chef : Daniel Lutrand

CUISINE MODERNE • INTIME On se faufile dans l'étroite rue Terral pour découvrir ce restaurant confortable et joliment décoré. C'est l'une des tables les plus prisées de la ville, et l'on comprend rapidement pourquoi : impossible de résister à la cuisine de Daniel Lutrand, inspirée et inspirante, aussi fine que franche en goût, et qui met en avant les meilleurs producteurs des environs, à l'image de ces asperges vertes enrobées de gel d'algues nori, filet de daurade confit à l'huile d'olive, émulsion à la fleur de sureau. Deux menus déjeuner au très bon rapport qualité prix ; menu dégustation "surprise" le soir qui évolue au gré des inspirations du moment. Service mené avec sourire et entrain par le directeur et associé Jean-Philippe Vivant, belle carte des vins (avec plus de 600 références).

PLAN : A2-4 - ♿ AC - **€€€** - *3 rue Terral - ✆ 04 67 66 37 26 - www.pastis-restaurant.com - Fermé lundi et dimanche, et samedi soir*

REFLET D'OBIONE

Chef : Laurent Cherchi

CUISINE MODERNE • COSY Formé dans les restaurants suisses et français étoilés (mais aussi en Australie), le chef Laurent Cherchi est profondément sensible à l'environnement. Ses deux menus sont proposés en version lacto-ovo végétarienne ou carrément végétalienne (sans produit animal) – un positionnement rare pour une table étoilée française. Il pratique un locavorisme rigoureux, en sourçant des produits venus des Cévennes à la Méditerranée (bœuf de l'Aubrac, agneau de pré-salé de Camargue, tomme du Larzac) – l'équipe en salle multiplie d'ailleurs avec pédagogie les explications sur l'origine des produits. Dans les assiettes mûrement réfléchies du chef, technique (fermentation, extraction...) et précision sont de rigueur pour mettre en valeur le légume. Le décor joue la carte de l'épure à travers trois salles et les arts de la table privilégient évidemment l'artisanat local.

L'engagement du chef : Nous nous fournissons principalement chez les producteurs locaux - légumes de Villeneuve-lès-Maguelone, fleurs et plantes sauvages de Lattes, fruits du Gard et de la vallée du Rhône, viande d'élevage en plein air des Pyrénées et de l'Aubrac, poissons de ligne, produits secs et farines bio... Notre carte des vins est exclusivement composée de vins certifiés biologiques et biodynamiques.

PLAN : A1-5 - **€€€** - *29 rue Jean-Jacques-Rousseau - ✆ 04 99 61 09 17 - www.reflet-obione.com - Fermé lundi, dimanche et du mardi au jeudi à midi*

LA RÉSERVE RIMBAUD

Chef : Charles Fontès

CUISINE MODERNE • ÉLÉGANT "Montpellier la surdouée", comme elle s'est elle-même baptisée, a caché ce restaurant sur les bords du Lez. Un peu à l'écart certes, mais bénéficiant d'une superbe terrasse ombragée de platanes au-dessus de la rivière... Ô fraîcheur ! Moderne et raffinée, cette réserve-là, une vieille maison de famille, recèle aussi des trésors de gourmandises, puisées dans le répertoire méconnu du Languedoc-Roussillon. Ancien second d'Alain Dutournier au Carré des Feuillants, Charles Fontès signe des compositions judicieuses, centrées sur le produit. De subtils jeux de textures et de saveurs au service d'une authentique simplicité : rare et délectable ! Dorade, poulpe et rouget de roche, anguille de Camargue et olives lucques en amuse-bouche : c'est toute l'Occitanie qui s'invite.

HORS PLAN - ♿ P - **€€€€** - *820 avenue de Saint-Maur - ✆ 04 67 72 52 53 - www.reserve-rimbaud.com - Fermé samedi et dimanche*

L'ARTICHAUT

CUISINE MODERNE • CONVIVIAL Emmené par un chef à la passion communicative, voici le temple de la cuisine de saison. Les recettes du marché s'y déclinent sous forme d'un menu-carte renouvelé régulièrement : crabe tourteau en fine tartelette, avocat et pomme verte ; canette rôtie et chou farci des cuisses, duxelles de champignons. Produits frais, préparations maison, vins régionaux : un restaurant qui fera fondre les cœurs... d'Artichaut.

PLAN : A2-7 - **€€** - *15 bis rue Saint-Firmin - ✆ 04 67 67 91 86 - www.artichaut-restaurant.com - Fermé lundi, dimanche et mercredi midi*

ALIRO

CUISINE MODERNE • CONTEMPORAIN Dans le cœur historique près des halles Castellane, cette table a des allures de loft végétalisé, aux couleurs apaisantes et à la musique douce. Midi et soir, un menu surprise du chef Jean Gary-Bobo s'adapte à l'appétit du convive, avec des assiettes qui mettent en valeur les produits locaux (poissons des criées locales, viandes du boucher voisin, fruits et légumes de l'Hérault) : daurade marinée avec sorbet poire et copeaux de fenouil cru ; filet de canette aux girolles et butternut ; tartelette de figues fraîches avec mascarpone et crème glacée aux noix. Des accords œnologiques avec des vins régionaux sont également proposés au verre.

PLAN : A2-3 - A/C - **€€** - *17 rue Saint-Firmin - ✆ 04 99 67 10 39 - www.aliro-restaurant.com - Fermé lundi, dimanche et mardi midi*

AMBEIS (N)

CUISINE MODERNE • INTIME Près de la place de la Canourgue, ce petit restaurant se place sous le signe du partage. Partageons donc le plaisir de jolies assiettes créatives, assaisonnées d'ingrédients occitans de qualité et respectueux de l'environnement : soupe de poisson, rouille, concombre, céleri ; noix de veau, haricots pourpres, basilic, noisette, servis froids comme un carpaccio ; figue, ricotta, miel au dessert. À cette table sympathique, même le pain au levain est maison.

PLAN : A2-1 - A/C - **€€** - *4 rue du Puits-des-Esquilles - ✆ 04 30 96 92 72 - www.ambeis.fr - Fermé dimanche et le midi*

L'ARBRE

CUISINE TRADITIONNELLE • BRASSERIE Au rez-de-chaussée d'un immeuble au design foisonnant signé de l'architecte Sou Fujimoto, cette table joue la carte d'une cuisine gourmande aux accents bourgeois : ce très bon foie de veau, sauce madère et purée de pomme de terre, en témoigne ! Déco moderne où le blanc domine, dans un esprit de brasserie 2.0. Proche du canal, la terrasse entourée de verdure a tout pour plaire, mais n'hésitez pas à compléter l'expérience en montant au bar du 17e étage, d'où l'on peut apprécier une vue panoramique jusqu'à la mer !

HORS PLAN - ♿ A/C 🏖 - **€€** - *10 parvis Oscar-Niemeyer - ✆ 04 34 76 96 96 - www.larbre-restaurant.fr - Fermé lundi et dimanche*

LE BISTRO URBAIN

CUISINE MODERNE • TENDANCE À la barre de ce bistrot spacieux et lumineux du cœur de Montpellier, on trouve Cédric Sangenito, un chef au parcours sans accroc, qui maîtrise ses classiques. Sa cuisine, moderne et un brin inventive, affectionne les cuissons au barbecue japonais et la lactofermentation. Il met en valeur de bons produits frais, et notamment le végétal auquel il consacre un menu surprise midi et soir, élaboré selon les arrivages des maraîchers. La carte est renouvelée toutes les semaines - à l'exception du plat emblématique de la maison, le baba au rhum (mais dont le parfum change en permanence). Accueil assidu et pro.

PLAN : A2-8 - 🏖 - **€€** - *5 rue Alexandre-Cabanel - ✆ 06 60 94 96 16 - www.bistrourbain.com - Fermé lundi et dimanche, et mardi à midi*

LA CANOURGUE

CUISINE MODERNE • CHIC Installé sous une verrière, dans la superbe cour intérieure de l'hôtel Richer de Belleval, ce bistrot des frères Pourcel a de l'allure : corniches, moulures, grands lustres en cristal... La cuisine n'est pas en reste, maîtrisée et pleine de saveurs, revisitant la tradition avec ce qu'il faut de créativité. Un vrai plaisir.

PLAN : A2-15 – ♿ ☂ – **€€** – *Place de la Canourgue – ✆ 04 99 66 18 18 – www.hotel-richerdebelleval.com/la-canourgue*

CÉNA

CUISINE MODERNE • HISTORIQUE Le chef Clément Briand-Seurat est descendu du Pic Saint-Loup où il cuisinait pour ouvrir sa propre adresse (Cena signifie d'ailleurs dîner en latin) sous les voûtes en ogive d'un édifice médiéval au cœur du Montpellier historique. On aime cette atmosphère intimiste et romantique nimbée de pierres séculaires, chaque table en chêne brut éclairée par une bougie... Le chef signe un menu unique dans une veine créative, où les produits et les producteurs locaux sont mis en valeur à grand renfort de techniques (chutney, huiles, crumbles, tuiles et autres siphons...). Son consommé de champignons et balade en sous-bois est une réussite du genre.

PLAN : B2-9 – ♿ A/C ☂ – **€€€** – *2 place Pétrarque – ✆ 04 67 66 12 21 – www.cena-montpellier.fr – Fermé mardi et mercredi*

MAHÉ

CUISINE MODERNE • CONTEMPORAIN Richard Juste et Sabrina Delcros, qui tenaient auparavant "l'Idée Saveurs", sont aux commandes de ce Mahé chaleureux et spacieux, avec une terrasse paisible à l'abri des regards. Le chef réalise des assiettes "franches et sans chichis", selon ses propres termes, avec de la précision dans les cuissons et les assemblages. Des exemples ? Poireaux grillés, œuf mollet, gnocchi de pomme de terre, parmesan et truffe ; queue de lotte, chou-rave façon risotto, carottes à l'huile d'olive, vierge de fenouil... Petite carte de vins locaux.

HORS PLAN – ♿ A/C ☂ – **€€** – *581 avenue de la Pompignane – ✆ 04 67 20 25 26 – www.mahe-restaurant.fr – Fermé lundi, dimanche, samedi midi, et mardi et mercredi soir*

LE PETIT JARDIN

CUISINE MODERNE • CLASSIQUE Comme son nom l'indique, ce restaurant gastronomique traditionnel recèle l'une des plus jolies terrasses de la ville, nichée dans un jardin luxuriant, au calme. En salle, c'est dans une ambiance tamisée et bucolique, derrière une grande verrière, que défilent les petits plats de saison joliment tournés. Pour les becs sucrés, mention spéciale pour les desserts gourmands, à l'image de ce remarquable citron en trompe l'œil, sablé à la fleur de sel, sorbet citron. L'adresse abrite aussi une table de bistrot à la cuisine voyageuse.

PLAN : A1-10 – ☂ – **€€€** – *20 rue Jean-Jacques-Rousseau – ✆ 04 67 60 78 78 – www.petit-jardin.com*

SOULENQ

CUISINE MODERNE • SIMPLE Un restaurant et une cave, aménagés dans une ancienne pépinière par quatre jeunes associés pleins d'avenir. L'assiette est simple et gourmande, avec de belles réussites (salade d'hiver au poulpe de Galice, vinaigrette kalamansi ; chou farci aux légumes, riz, émulsion curry Thaï) mais aussi des pièces de viande à partager. Les produits sont du marché et de saison : on se régale.

HORS PLAN – ♿ ☂ P – **€€** – *469 rue de la Thériaque – ✆ 04 67 41 38 74 – www.soulenqrestaurant.fr – Fermé lundi et dimanche, et mardi soir*

TERMINAL #1

CUISINE MODERNE • BRANCHÉ Cet ancien chai upcyclé par les frères Pourcel offre un vaste espace mariant joyeusement pierre, acier et bois, dans un style industriel d'atelier chic. Les plats, qui puisent dans les ressources locales au meilleur de leur maturité, sont parfois pimpés d'inspirations lointaines. L'assortiment de daurade, rouget et loup de mer, palets de pomme de terre fondants et soupe de poissons de roche, ou l'encornet rôti, sa tête en tempura, crème de houmous et vinaigrette de citron confit, illustrent bien l'esprit "bistrot gastronomique" de la maison.

HORS PLAN - ♿ A/C 🌳 🚗 P - **€€€** - *1408 avenue de la Mer - ✆ 04 99 58 38 38 - www.terminalpourcel.com - Fermé dimanche soir*

UMAMI - LA CINQUIÈME SAVEUR

CUISINE CORÉENNE • SIMPLE (transfert prévu au 3 rue de l'Ancien Courrier au printemps) Juste au-dessous de la place de la Canourgue, ce petit bistrot de poche épuré invite à découvrir la cuisine franco-coréenne, mâtinée de touches japonisantes, de la cheffe. Elle met tout son talent à ne travailler que des produits frais, à changer la carte tous les deux mois environ (sauf les classiques comme le bibimbap), et, bien évidemment, à mettre en valeur la saveur umami, comme sur ce chawanmushi, un flan aux œufs avec crevettes, edamame et bouillon dashi. Réservation impérative.

PLAN : A2-2 - **€€** - *15 rue Jean-Jacques-Rousseau - ✆ 04 67 92 75 95 - www.umami-cinquiemesaveur.com - Fermé lundi, dimanche, et mardi et mercredi à midi*

🛏 RICHER DE BELLEVAL

CLASSIQUE • COLORÉ Autrefois demeure du 17e s., aujourd'hui mélange réussi de classicisme ornemental et de fantaisie moderne, cet établissement est un creuset où l'histoire s'incarne dans chaque détail : les boudoirs en velours sont éclairés de lampes de créateurs, les tapis contemporains réchauffent les volumes, la verrière donne un nouveau rôle à la cour rectangulaire. Une fondation d'art contemporain et des vues sur la Place de la Canourgue complètent la métamorphose : une escapade pleine d'âme, ancrée dans plusieurs époques.

A/C P - **20 chambres** - *Place de la Carnougue*

✿ **Jardin des Sens • La Canourgue** - Voir la sélection des restaurants

MONTRABÉ

✉ 31850 - Haute-Garonne - Carte régionale n° **26**-C2

✿ L'APARTÉ

Chef : Jérémy Morin

CUISINE MODERNE • CONTEMPORAIN Cette jolie maison toulousaine, entourée d'une végétation luxuriante, offre un cadre paisible qui fait vite oublier sa situation en périphérie. Sa terrasse sous pergola bioclimatique est idéale aux beaux jours, et la salle élégante mêle sobriété et confort. Le chef Jérémy Morin propose une cuisine créative et maîtrisée : carré de veau rôti, brioche au ris de veau façon pain perdu, artichaut vanillé et jus corsé, ou lotte rôtie au sumac avec sucrine braisée et condiment framboise, crémeux yaourt et sauce au vin rouge et vinaigre balsamique. En dessert, le nouveau chef pâtissier Nathan Beaumont signe une réalisation convaincante, avec sa mousse chocolat Nyangbo, ganache noisette et glace au lait de noisette.

VOIR TOULOUSE PLAN I - D1 - 1 - - **€€€** - *21 rue de l'Europe - 05 34 26 43 44 - www.restaurant-laparte.fr - Fermé lundi et dimanche*

L'INSTANT...

CUISINE MODERNE • CONTEMPORAIN L'Instant... d'une parenthèse gourmande non loin de Toulouse ! On s'installe dans un intérieur simple et moderne. Derrière les fourneaux, le chef régale avec les produits de la région, et s'autorise même quelques touches asiatiques. Ne manquez pas le menu "L'instant gourmet".

VOIR TOULOUSE PLAN I - D1 - 2 - **€€** - *13-14 chemin du Logis-Vieux - 05 61 48 25 24 - www.restaurant-linstant.fr - Fermé lundi et dimanche, et mardi soir*

MONTRÉAL

11290 - Aude

CAMELLAS LLORET

CLASSIQUE • CONVIVIAL Les douces collines de la campagne toulousaine abritent une ravissante petite maison d'hôtes dans laquelle se sont glissées quatre chambres raffinées ainsi qu'un vaste appartement. Celui-ci dispose d'une cuisine, d'un lounge privé et d'un jardin, alors que les chambres partagent une véranda avec une table commune ainsi qu'un salon rempli de livres à feuilleter au coin de la cheminée, un verre à la main. L'architecture traditionnelle abrite un mobilier à la fois contemporain et discret créant un éclectisme charmant aux tons doux et neutres. Ici le maître-mot n'est pas le luxe, mais le confort, comme en témoignent les matelas faits main, les draps de lin, les produits naturels des salles de bain.

- **5 chambres** - *4 rue de l'Angle - 06 45 73 96 42*

MONTREUIL

93100 - Seine-Saint-Denis - Carte régionale n° **11**-F2

VILLA9TROIS

CUISINE MODERNE • CONTEMPORAIN Dans cette villa du 19e s, dotée d'un petit jardin d'herbes aromatiques et même de ruches, on savoure une belle cuisine aux accents méditerranéens, orchestrée par un chef provençal. En entrée, un thon rouge de Méditerranée légèrement fumé posé sur des cocos de Paimpol, relevé d'une sauce ravigote façon pistou au basilic ; puis, un saint-pierre cuit nacré, accompagné d'un bouillon de favouilles à l'anis vert et d'une bourride ; en dessert, une figue de Solliès aux noisettes et fève tonka. Jolie carte des vins, d'autant que certains crus sont servis au magnum ou au jéroboam. Service jeune et attentif. Aux beaux jours, profitez de la terrasse.

- **€€€** - *71 rue Hoche - 01 48 58 17 37 - www.villa9trois.com - Fermé lundi et mardi*

ISOLÉ

CUISINE MODERNE • CONVIVIAL À proximité de la mairie, cette maison de plain-pied, nantie d'une terrasse et même d'un petit potager, se distingue joliment dans le paysage urbain. Aux commandes, Victor Gaillard et Alice di Cagno (ex-Chatomat à Ménilmontant) partagent dans la joie leur goût de la bonne chère et leurs engagements sociétaux ! Le duo propose au déjeuner un menu canon à prix doux qui mise sur des produits sans fioritures : arancini au cresson et noisettes, pecorino pepato ; effiloché de veau sauce blanquette, polenta crémeuse et champignons de Paris ; gâteau de semoule au rhum, poire pochée au thé fumé. Au dîner, pendant les trois derniers jours de la semaine, les assiettes montent en gamme et en créativité. Petite sélection de vins naturels et bio.

- €€ - 7 rue de Rosny - 01 48 51 65 04 - www.isolemontreuil.fr - Fermé lundi, dimanche, samedi midi, et mardi et mercredi soir

LÀ-BAS (N)

CUISINE MODERNE • BRANCHÉ À deux pas du métro Croix de Chavaux, cette nouvelle adresse attire l'œil. On entre dans une grande salle à manger avec cheminée, sol ancien en tasseaux de bois, canapé, mobilier chiné dépareillé, bibelots anciens et vieux piano dans la salle voisine, tandis que la cuisine se trouve à l'entrée. Aux beaux jours, le patio-terrasse complète le décor. Fondée par quatre associés, dont le propriétaire du restaurant Des Terres à Paris, la maison propose une cuisine moderne et conviviale, avec plats à partager et un menu en cinq temps le soir. Atout majeur : une cave remarquable de plus de 1 200 références, entre jeunes vignerons français, belles bouteilles étrangères et conseils avisés du sommelier.

- €€€ - 1 rue du Sergent-Godefroy - 01 88 50 44 16 - Fermé lundi, mardi et dimanche

MONTREUIL-SUR-MER

62170 - Pas-de-Calais - Carte régionale n° **4**-A2

ANECDOTE

CUISINE TRADITIONNELLE • BISTRO Dans ce bistrot d'Alexandre Gauthier, le chef Samuel Pesquet réalise une « cuisine de mémoire » qui rend hommage aux plats que concoctait Roland Gauthier dans les années 1980. Une cuisine généreuse et savoureuse, réalisée avec de beaux produits : calamars frits sauce gribiche, côte à l'os à la braise, crêpes Suzette, tarte Tatin...

- €€ - 1 rue des Juifs - 03 21 86 65 80 - www.anecdote-restaurant.com - Fermé lundi et dimanche

PIEUX

CLASSIQUE • CONVIVIAL Pour son retour aux sources, le chef Alexandre Gauthier a choisi d'ouvrir une maison d'hôtes. La demeure de 1800, douce et enveloppante comme une maison de famille aux couleurs ravivées, loge quatre chambres de caractère, un jardin d'hiver avec cheminée, un salon pour les jeux de société et une salle à manger à l'esprit de café parisien. Idéale pour un repos gourmand.

- 4 chambres - *1 rue des Étuves*

MONTRÉVERD

85260 - Vendée - Carte régionale n° **14**-B2

LA CHABOTTERIE

Chef : Benjamin Patissier

CUISINE MODERNE • ÉLÉGANT Dans l'élégant Logis de la Chabotterie, écrin historique niché au cœur de la Vendée, le chef MOF 2015 Benjamin Patissier propose une cuisine raffinée et créative, sublimant les produits du terroir avec justesse et élégance. Dans un cadre mêlant charme rustique et touches contemporaines, il enchante les papilles avec des plats signatures comme le maquereau des Sables-d'Olonne cuit à la flamme et son fenouil confit, ou la selle d'agneau vendéen en croûte de pain, accompagnée d'un artichaut barigoule et d'un jus délicatement parfumé à l'estragon. En point d'orgue, le talentueux chef pâtissier Élie Bremont clôture le repas avec un dessert mémorable autour des fraises de pays, délicatement relevées par une touche de romarin et une crème double à la pistache de Sicile. Un moment de gastronomie sincère et raffiné, sublimé par l'accueil chaleureux d'Audrey Patissier, directrice et sommelière attentive.

- €€€€ - Logis de La Chabotterie - 02 55 90 02 85 - www.lachabotterie.com - Fermé mardi et mercredi, et dimanche soir

MONTRICHARD-VAL-DE-CHER

41400 - Loir-et-Cher - Carte régionale n° **10**-C3

EN TANDEM N

CUISINE MODERNE • COSY Aurélie en cuisine et Marie en salle forment un tandem aussi complice qu'accueillant. Elles ont choisi cette petite cité médiévale bordée par le Cher, blottie au pied des vestiges de la forteresse de Montrichard, pour y dresser leur table. Dans un esprit de bistrot actuel, teinté de rusticité, la partition met à l'honneur les produits de saison et surtout locaux - champignons de la commune, porc de race Roi Rose de Touraine... - travaillés avec générosité et gourmandise. Le service, attentif et dynamique, parachève l'expérience.

- €€ - 74 rue Nationale - 02 54 32 29 44 - www.restaurant-en-tandem.fr - Fermé lundi et mardi, et dimanche soir

MONTROUGE

92120 - Hauts-de-Seine - Carte régionale n° **11**-E2

FAROUCHE N

CUISINE MODERNE • CONTEMPORAIN À deux pas de la mairie de Montrouge, ce restaurant dont la terrasse s'anime aux beaux jours insuffle un vent nouveau à la gastronomie locale. Aux commandes, Cécile Farnier et Hélia Maouch, formées à Ferrandi, signent une carte courte et évolutive. Produits de qualité, cuissons justes, service souriant : une adresse vite adoptée par les habitués.

- €€ - 36 avenue Henri-Ginoux - www.restaurantfarouche.com - Fermé samedi, dimanche et mercredi midi

LA TABLE DE MAÏNA

CUISINE FUSION • CONVIVIAL Au cœur de Montrouge, dans une rue paisible, un voyage culinaire entre l'Asie et l'Amérique du Sud vous attend. La cuisine nikkei, véritable fusion des traditions culinaires nippones et péruviennes, est née à la fin du 19e s., lorsque des migrants japonais ont découvert les saveurs criollas du Pérou. Dans ce petit écrin chaleureux, la cheffe globe-trotteuse Maïna-Sophie Conil explore cette alliance gastronomique avec des plats généreux et gourmands : ceviches parfumés au gingembre et citron vert ; poisson en tempura croustillante, ou carpaccio de bœuf Siemmenthal relevé d'un jus à la truffe. Aux beaux jours, on profite de la terrasse côté jardin.

€€ - 18 rue Perier - 01 57 21 25 82 - www.latabledemaina.com - Fermé lundi, mardi et dimanche, samedi midi, et mercredi soir

MONTSOREAU

49730 - Maine-et-Loire - Carte régionale n° **9**-D3

VERVERT

CUISINE TRADITIONNELLE • COSY Dans cette ancienne maison d'habitation réhabilitée en restaurant, le charme de l'architecture locale se marie à merveille à des éléments plus contemporains. Romain Butet cisèle une cuisine plutôt traditionnelle, revisitée juste ce qu'il faut : mi-cuit de truite, courgette, sauce vierge au piment d'Espelette, chèvre frais ; maigre de ligne, sauce citron gingembre, légumes du coin. Belle carte des vins à prix raisonnables et agréable cour-terrasse sur l'arrière.

- €€ - 7 place du Mail - 02 41 52 34 89 - www.ververt.com - Fermé mardi, jeudi et vendredi et mercredi midi

MOOSCH

68690 - Haut-Rhin - Carte régionale n° **8**-A3

AUX TROIS ROIS

CUISINE TRADITIONNELLE • CLASSIQUE Pâté en croûte, tête de veau... Ici, les éternels bistrotiers sont rois, mais ils partagent volontiers leur couronne avec les produits de la mer. À l'ardoise, des propositions sans cesse renouvelées et des vins qui sont de vraies petites trouvailles : un royaume du goût, de la qualité et de la convivialité !

- €€ - 35 rue du Général-de-Gaulle - 03 89 82 34 66 - www.aux-trois-rois.com - Fermé lundi et mardi, et dimanche soir

MORBECQUE

59190 - Nord - Carte régionale n° **4**-B2

AU CŒUR D'ARTICHAUT

CUISINE MODERNE • ÉLÉGANT Ce restaurant contemporain, tenu avec dynamisme par un jeune couple originaire du village, propose une cuisine dans l'air du temps, attentive aux produits et aux saisons. Service attentionné, et belle salle à manger sous véranda.

- €€ - 8 avenue des Flandres - 03 28 48 09 21 - www.aucoeurdartichaut.fr - Fermé mercredi, et lundi, mardi et dimanche soir

MOREY-SAINT-DENIS

21220 - Côte-d'Or - Carte régionale n° **12**-C3

CASTEL DE TRÈS GIRARD N

CUISINE MODERNE • CONTEMPORAIN Dans un ancien pressoir au cœur d'un village viticole, ce bistrot contemporain séduit par sa salle lumineuse ouverte sur la terrasse et le jardin. L'ambiance est décontractée et la cuisine actuelle joue sur de judicieuses associations : tartare de bœuf aux huîtres et gelée d'agrumes ; longe de thon rouge au lard de Colonnata, artichaut et parmesan... La carte des vins est un atout majeur : large, vivante, centrée sur la région, elle permet aussi bien de découvrir de petites appellations chez des vignerons réputés que de goûter quelques grands crus servis au verre. Ouvert tous les jours, midi et soir !

- €€ - 7 rue de Très-Girard - 03 80 34 33 09 - www.castel-tres-girard.com

MORLAIX

29600 - Finistère - Carte régionale n° **1**-B1

L'HERMINE

CUISINE BRETONNE • RUSTIQUE Poutres, tables en bois ciré, objets rustiques : une crêperie bien sympathique dans un pittoresque quartier piétonnier, avec une petite terrasse... On peut choisir parmi une cinquantaine de crêpes au sarrasin et au froment, avec une spécialité : la Godaille, une galette au thon, au beurre d'ail et aux algues.

- € - 35 rue Ange-de-Guernisac - 02 98 88 10 91 - Fermé dimanche

LE 21ÈME COMMIS

CUISINE DU MARCHÉ • CONTEMPORAIN Au centre de Morlaix, entourée par de belles bâtisses à colombages, cette table récente est emmenée par un chef au parcours étoilé qui y propose une cuisine originale, mariant ingrédients bretons et influences exotiques (notamment asiatiques). Des associations de saveurs qui ravissent les papilles et des portions généreuses, à l'image de ce lieu jaune de ligne, mousseline de chou-fleur et hollandaise kumquat.

€€ - *23 rue du Mur - ✆ 02 98 63 50 27 - www.le-21-eme-commis-restaurant-morlaix.fr - Fermé lundi et dimanche*

MORNAY-SUR-ALLIER

✉ 18600 - Cher - Carte régionale n° **16**-C2

LE CLOS D'ÉMILE

CUISINE MODERNE • MAISON DE CAMPAGNE Dans cette charmante maison de village, Maud Millet signe une cuisine personnelle élégante et savoureuse, entièrement faite maison - du pain aux charcuteries de porc gascon élevé en bio par son mari Benoît, également en salle. L'assiette met en valeur des produits locaux sourcés avec soin, à l'image de cette fleur de courgette garnie de brochet du val d'Allier, et son jus d'écrevisses de la Loire. Ensemble, ils défendent une cuisine artisanale et sincère, autour d'un menu unique, servie dans un cadre familial et chaleureux. Une adresse attachante.

- €€€ - *1 impasse de Bel-Air - ✆ 02 48 74 58 03 - www.closdemile.fr - Fermé lundi, mardi, mercredi et dimanche et jeudi et vendredi à midi*

MORSBRONN-LES-BAINS

✉ 67360 - Bas-Rhin - Carte régionale n° **8**-B1

LA SOURCE DES SENS

CUISINE MODERNE • CONTEMPORAIN Le cadre est résolument contemporain - moquette et murs noirs, lumière tamisée - et la cuisine se veut volontiers dans l'air du temps grâce à l'implication du chef Pierre Weller, qui fait quelques clins d'œil au Japon et réalise des dressages des plus soignés, à l'image de ces makis d'omble chevalier avec asperge verte, espuma orange et pistou. Spa pour prolonger le plaisir des sens et agréables chambres pour l'étape.

A/C P **- €€€** - *19 route d'Haguenau - ✆ 03 88 09 30 53 - www.lasourcedessens.com - Fermé lundi, mardi midi et dimanche soir*

LA SOURCE DES SENS

MODERNE • CALME Un hôtel très agréable dans cette station thermale du nord de l'Alsace. Chambres tendance au design sobre - plus calmes sur l'arrière du bâtiment -, espace bien-être complet avec un magnifique spa : tous les sens sont flattés.

A/C P Spa - **32 chambres** - *19 route de Haguenau - ✆ 03 88 09 30 53*

La Source des Sens - Voir la sélection des restaurants

MORZINE

✉ 74110 - Haute-Savoie

LA BERGERIE

MONTAGNARD • FAMILIAL Un chalet sympathique où règne une ambiance familiale : chambres cosy et presque toutes équipées d'une kitchenette, jeux pour les enfants et piscine chauffée. À l'intérieur ou en terrasse, bon choix de fromages savoyards pour le petit-déjeuner.

- 29 chambres - *103 route du Téléphérique - 04 50 79 13 69*

MOUCHARD

✉ 39330 - Jura - Carte régionale n° **13**-B2

LE COMPTOIR KOKAGUÉ

CUISINE MODERNE • SIMPLE Muscadiens, Muscadiennes et habitants des alentours font une fête méritée à cette adresse jurassienne improbable située à Mouchard, un village grand comme un mouchoir : une cuisine franco-japonaise à base de produits du Jura ! Dans une salle passe-partout émaillée seulement de quelques plantes vertes, on fait d'abord connaissance avec ce couple franco-japonais, elle en cuisine, lui en salle. On voyage ensuite entre produits du terroir et préparations nippones : la purée de céleri-rave est boostée au wasabi, la truite est marinée à l'algue kombu (sur le kawamatsu kobujimè), le filet de poulet de Bresse est travaillé en galette à base d'une farce au tofu et shiitaké, le tout parfumé au gingembre (tori daikon). La jolie sélection de vins classée par cépage met essentiellement en avant des vins nature.

A/C - **€€** - *8 rue Léopold-Alixant - 06 80 61 75 48 - www.lecomptoirkokague.fr - Fermé lundi, dimanche, et mardi, mercredi et vendredi midi*

MOUGINS

✉ 06250 - Alpes-Maritimes - Carte régionale n° **29**-E2

BOHÈME

CUISINE MODERNE • TENDANCE Dans cette adresse chic et cool, tout en matériaux nobles et bruts, l'assiette célèbre la viande de haute race, maturée et apprêtée selon les règles de l'art par le célèbre boucher Polmard. On apprécie les cuissons à la braise, mais aussi les ceviche de pêche sauvage et de jolies recettes méditerranéennes. La vue depuis la terrasse embrasse un panorama superbe.

A/C P - **€€€** - *47 avenue du Moulin de la Croix - 04 92 92 97 70 - www.boheme-mougins.com - Fermé lundi et dimanche*

LA PLACE DE MOUGINS

CUISINE MODERNE • ÉLÉGANT Sur la place du village, évidemment ! Dans ce charmant restaurant règne une atmosphère chic et cosy, tandis qu'en cuisine, c'est l'ébullition autour d'un chef créatif et passionné ; chaque mois, il met en valeur un produit de saison, magnifiant la truffe, l'asperge, etc. Pour profiter de l'expérience, demander une table en véranda !

A/C - **€€€** - *41 place du Commandant-Lamy - 04 93 90 15 78 - www.laplacedemougins.fr - Fermé mardi et mercredi*

LE MAS CANDILLE

MODERNE • CHAMPÊTRE Ce mas provençal du 18e s., refuge champêtre noyé dans les collines verdoyantes, affiche des installations résolument modernes, avec deux piscines chauffées et un spa. L'atmosphère des lieux se situe à mi-chemin entre la villa privée et le petit hôtel de luxe, auquel le designer Hugo Toro ajoute une petite touche californienne. Les chambres, toutes différentes mais œuvrant à une cohérence globale, possèdent tout le confort moderne, relevé de quelques touches anciennes. Les deux restaurants sont complétés par un bar.

- 46 chambres - *172 boulevard Clément Rebuffel - 04 92 28 43 43*

MOULINS

03000 - Allier - Carte régionale n° **16**-C2

LE BISTROT DE GUILLAUME

CUISINE MODERNE • CONVIVIAL Dans une rue tranquille, au cœur de Moulins, la salle intimiste donne déjà le "la", et l'on s'y attable sans se faire prier. Dans sa petite cuisine, le chef-patron compose une généreuse cuisine de saison, à l'image de cet aïoli provençal avec dos de cabillaud et bulot, ou de ce magret de canard grillé, polenta au citron et courgette farcie façon moussaka.

- **€€** - *13 rue de Pont - 04 43 51 23 82 - Fermé lundi et dimanche soir*

LA BULLE D'AIR

CUISINE MODERNE • CONTEMPORAIN Depuis sa cuisine ouverte, le chef vous concocte un omble chevalier en cuisson basse température parfaitement maîtrisée, qu'il accompagne d'une onctueuse sauce gribiche et d'une salade de fenouil. Pour le déjeuner, un menu unique à prix doux, dont on pourra profiter sur la charmante terrasse pavée en été... parfait pour buller au grand air.

- **€€** - *22 place d'Allier - 04 70 34 24 61 - Fermé lundi et dimanche*

MOUSTIERS-SAINTE-MARIE

04360 - Alpes-de-Haute-Provence - Carte régionale n° **24**-C3

LA BASTIDE DE MOUSTIERS

Chef : Valentin Fuchs

CUISINE MÉDITERRANÉENNE • ROMANTIQUE Dans cette belle bastide nichée au cœur d'un domaine de 4 hectares, le chef met à l'honneur une cuisine méditerranéenne de saison, portée par les légumes du potager et les cuissons sur braise. Dès l'apéritif, les légumes, travaillés avec soin, donnent le ton : nature, en tempura légère ou en pickles savoureux. On se laisse charmer par des assiettes délicates, comme le rouget mariné aux notes fumées ou encore le pagre braisé, accompagné de févettes et blettes du jardin. Le cadre, entre oliviers et terrasse ombragée, offre une ambiance paisible et provençale, idéale pour savourer cette cuisine sincère et axée sur le végétal.

L'engagement du chef : Notre cuisine est basée sur le produit et la saisonnalité. Nous disposons d'un parc de 4 hectares avec un jardin des simples de 200 m² et un potager de 2000 m² qui fournit la majorité de nos légumes. En conversion bio, nous travaillons la terre en bio-maraîchage intensif sur sol vivant. Nos producteurs et artisans sont situés dans un rayon de 80 km. Notre chef et son équipe travaillent les produits de la racine à la feuille.

- **€€€€** - *511 chemin de Quinson - 04 92 70 47 47 - www.bastide-moustiers.com - Fermé mardi et mercredi midi*

LA FERME SAINTE-CÉCILE

CUISINE MODERNE • ROMANTIQUE Poussez la grille et empruntez la belle allée pavée… au bout de laquelle cette ancienne ferme du 18e s. fait le bonheur des gourmands ! Derrière les fourneaux, le chef concocte avec délicatesse et subtilité une savoureuse cuisine du Sud à l'image de cette daurade royale, pistou de légumes et glace à l'ail rôti. L'une des meilleures tables de Moustiers.

- **€€** - *Route des Gorges-du-Verdon - 04 92 74 64 18 - www.ferme-ste-cecile.com/restaurant-moustiers/accueil.php - Fermé lundi et mardi, et dimanche soir*

LA BASTIDE DE MOUSTIERS

CLASSIQUE • CHAMPÊTRE Un petit chemin, une grille en fer forgé, des arbres fruitiers, des vieilles pierres, des faïences régionales, des draps en lin, un grand potager aromatique, un âne, des chevaux, un poney… Plus qu'un inventaire à la Prévert, le charme irrésistible d'une bastide du 17e s. !

- **13 chambres** - *511 chemin de Quinson - 04 92 70 47 47*

La Bastide de Moustiers - Voir la sélection des restaurants

MUHLBACH-SUR-MUNSTER

68380 - Haut-Rhin - Carte régionale n° **8**-A2

PERLE DES VOSGES

CUISINE MODERNE • TRADITIONNEL Dans cet hôtel-restaurant familial, on savoure d'abord la déco délicieusement rétro, avec son parquet et ses lustres à pampilles. Dans l'assiette, un registre qui englobe le classique (filet de bœuf et poêlée forestière), le régional (rognons de veau au pinot noir et spaetzle) et quelques touches plus actuelles (carpaccio de veau et tempura de homard). Coup de cœur pour le plateau de fromages de la vallée.

- **€€** - *22 route de Gaschney - 03 89 77 61 34 - www.perledesvosges.net - Fermé lundi midi*

MULHOUSE

68100 - Haut-Rhin - Carte régionale n° **8**-A3

IL CORTILE

Chef : Jean-Michel Feger

CUISINE MÉDITERRANÉENNE • ÉLÉGANT Dans une rue piétonne du vieux Mulhouse, bienvenue dans cette maison du 16e s. bien connue des Alsaciens. Présent ici depuis 2001, le chef Jean-Michel Feger compose une cuisine inspirée par la Méditerranée. Préparations modernes et techniquement abouties, et une gourmandise qui donnerait l'accent italien : ainsi le risotto mantecato au safran, poulpe, fèves et ventricina piquante. Aux beaux jours, le temps d'un repas, on vit la dolce vita sur la terrasse installée dans la paisible cour intérieure. Service agréable et détendu.

- **€€€** - *11 rue des Franciscains - 03 89 66 39 79 - www.ilcortile-mulhouse.fr - Fermé lundi et dimanche*

L'ESTÉREL

CUISINE MODERNE • BOURGEOIS Et oui, Mulhouse aussi possède son Estérel… Dans ce restaurant posté sur la route qui monte au zoo, on savoure une agréable cuisine du sud 100 % maison, 100% saisons. L'été, on profite de la terrasse ombragée. Le reste de l'année, l'agréable véranda en rotonde offre une alternative lumineuse.

- **€€€** - *83 avenue de la 1ère-Division-Blindée - 03 89 44 23 24 - www.esterel-weber.fr - Fermé lundi et mardi, et dimanche soir*

LE 4

CUISINE MODERNE • CONVIVIAL Le jeune couple à la tête de ce petit restaurant du cœur de Mulhouse propose une ardoise courte aux libellés gourmands. Leurs plats sont colorés et inventifs, teintés de touches méditerranéennes : vitello tonnato « à notre façon » ; dorade royale, spaghettis à la vongole et émulsion aux coques ; tagliata de bœuf, pommes grenaille, roquette, olives de Kalamata et copeaux de parmesan. Jolie carte des vins.

- €€ - 5 rue Bonbonnière - 03 89 44 94 11 - www.restaurantle4.com - Fermé lundi et dimanche

LA TABLE DE MICHÈLE

CUISINE MODERNE • COSY Michèle Brouet est une figure de la gastronomie locale. Sa table est à son image, généreuse et enjouée, tout comme l'atmosphère de la maison, très chaleureuse avec son décor d'objets hétéroclites et de bouquets de fleurs. Gourmandise et plaisir sont au rendez-vous !

- €€ - 16 rue de Metz - 03 89 45 37 82 - www.tabledemichele.fr - Fermé lundi, dimanche et samedi midi

MUNSTER

68140 - Haut-Rhin - Carte régionale n° **8**-A2

LES GRANDS ARBRES - VERTE VALLÉE

CUISINE MODERNE • CONTEMPORAIN Dans le sobre décor contemporain de ce confortable hôtel, on se régale grâce au savoir-faire du chef Thony Billon : poêlée de cèpes des Vosges aux noisettes ; pavé de bar rôti au champagne, tartare d'huîtres et gnocchis au cresson ; coque meringuée de torche aux marrons... Cette partition moderne et soignée s'arrose bien entendu d'un bon cru d'Alsace. Réjouissant, tout simplement !

- €€ - 10 rue Alfred-Hartmann - 03 89 77 15 15 - www.vertevallee.com - Fermé samedi midi

L'OLIVIER

CUISINE MODERNE • COSY Le chef Olivier Lamard propose une cuisine moderne agrémentée d'une touche de terroir alsacien : foie gras maison au gewurztraminer ; filet de pintade, velours de panais et champignons ; tarte inversée aux quetsches, crème mascarpone à la fève tonka et glace vanille. Des plats bien ficelés à base de jolis produits, dont une partie provient du potager du grand-père du chef. Une adresse sympathique.

- €€ - 2 rue Saint-Grégoire - 03 89 77 34 08 - www.lolivier-munster.com - Fermé mardi et mercredi, et lundi soir

AUBERGE AUX 4 SAISONS

CUISINE MODERNE • COSY Franchissez le seuil de cette grande bâtisse de style régional avec oriel et vitraux des années 1920, qui cache une belle salle chaleureuse. Pâté en croûte de volaille et citron confit ; mignon de cochon laqué au miel, crème de maïs et poêlée de champignons de saison ; tarte soufflée au chocolat : le jeune chef nous régale du début à la fin du repas. Petite carte de vins axée bio et biodynamie ; possibilité d'accords gin et tonic (avec des gins locaux, évidemment !).

- €€ - 40 Grand'rue - 03 89 30 37 16 - www.auberge4saisonsmunster.fr - Fermé jeudi, vendredi midi et mercredi soir

MÛR-DE-BRETAGNE

✉ 22530 - Côtes-d'Armor - Carte régionale n° **1**-C2

AUBERGE GRAND'MAISON

Chef : Christophe Le Fur

CUISINE TRADITIONNELLE • CONTEMPORAIN Dans cette maison à l'esprit chaleureux prime une tradition, à la fois classique, gourmande et toujours soignée. Originaire du Cap Fréhel, Christophe Le Fur s'épanouit sur ses terres natales. Il en profite pour signer une partition généreuse aux saveurs bien marquées. Le chef, qui ne manque pas de sélectionner ses produits avec soin, démontre ici tout son savoir-faire (notamment pour les sauces, un des points forts de la maison !). Homard breton et ris de veau raidi au beurre, crémeux de morilles au Noilly ; tourte de volaille et son jus lié à l'estragon ; sans oublier la crêpe flambée pour terminer, en lieu et place des mignardises.

- **€€€** - *1 rue Léon-le-Cerf - 02 96 28 51 10 - www.auberge-grand-maison.com - Fermé lundi et mardi, et dimanche soir*

MURAT

✉ 15300 - Cantal - Carte régionale n° **23**-C1

LE JARROUSSET

CUISINE MODERNE • COSY Dans un environnement verdoyant, ce restaurant cultive le goût des produits locaux : le chef, adepte du circuit court, s'approvisionne auprès d'un réseau de fermes sélectionnées avec soin. Des assiettes de saison à déguster dans un décor épuré et moderne (avec mobilier et vaisselle réalisés par des artisans locaux), à accompagner d'un vin savamment conseillé par la sommelière.

P - **€€** - *RN 122 - 04 71 20 10 69 - www.restaurant-le-jarrousset.com - Fermé lundi et mardi, et mercredi et dimanche soir*

MUTIGNY

✉ 51160 - Marne

LOISIUM WINE & SPA HOTEL CHAMPAGNE

CONTEMPORAIN • CALME Perchée sur les pentes de Mutigny, près du Parc naturel régional de la Montagne de Reims, l'immense courbe de bois qui épouse harmonieusement la colline rappelle les douelles des tonneaux de vin. À l'intérieur, 101 chambres offrent des vues sur les vignobles et la forêt, parées de textures douces et de teintes claires. Le spa est vaste, la carte de champagnes impressionnante, pour un séjour consacré à la nature et au vin.

A/C P Spa - **101 chambres** - *1 allée de la Sapinère*

NANCY

✉ 54000 -
Meurthe-et-Moselle -
Carte régionale n° **7**-B2

LA MAISON DANS LE PARC

Chef : Charles Coulombeau

CUISINE CRÉATIVE • CONTEMPORAIN Dans cette demeure bourgeoise accolée à l'opéra et située juste derrière l'une des plus belles places de France, Charles Coulombeau et son épouse Roxane animent la scène gastronomique de la ville. Passé notamment par Les Prés d'Eugénie et la Maison Lameloise, le chef réalise une cuisine créative émaillée de clins d'œil au Japon, où il a travaillé quelques mois : agrumes, algues et saveurs asiatiques côtoient de superbes produits tels que l'omble chevalier des Vosges ikejime ou la poularde de Bresse. Délicieuse terrasse face au parc, bien sûr !

PLAN : B1-6 - *€€€ - 3 rue Sainte-Catherine - ✆ 03 83 19 03 57 - www.lamaisondansleparc.com - Fermé lundi, mardi et dimanche*

BASTION

CUISINE MODERNE • CONVIVIAL Un Bastion qui résiste à la "malbouffe" et à l'industrie agro-alimentaire, tel est le credo de l'équipe qui a investi cette petite maison Art nouveau face au parc de la Pépinière. Le chef réalise une cuisine vivante, engagée dans la défense de l'agriculture locale... et avant tout pleine de saveurs. Très bon rapport qualité-prix au déjeuner.

PLAN : B1-3 - *€€ - 46 boulevard du 26ème-R.I. - ✆ 03 83 47 21 49 - www.bastion-nancy.fr - Fermé lundi, dimanche, samedi midi et mardi soir*

BISTROT GROS

CUISINE MODERNE • BISTRO Dans une rue pavée de la vieille ville, près de la basilique Saint-Epvre, une bonne petite adresse décontractée tenue par un jeune chef qui a déjà bourlingué. Changeant régulièrement avec les saisons et le marché, les plats de ce bistrot sont généreux et appétissants, à l'image de ces artichauts frits, siphon de cantal et jaune d'œuf confit, ou de ce filet de truite aux rösti, chermoula de chou-fleur et émulsion granny smith. Vins nature.

PLAN : A1-4 - *€€ - 18 rue de la Source - ✆ 03 83 23 30 09 - www.gros-nancy.com - Fermé samedi et dimanche, et mercredi soir*

CADET

CUISINE MODERNE • ÉPURÉ Entre la Villa Majorelle et le musée de l'École de Nancy, cet ancien salon de coiffure centenaire ne coupe pas les cheveux en quatre : 16 couverts et pas un de plus ! Dans une ambiance scandinave sobre et zen, le chef Théo Mareschal mitonne une jolie cuisine actuelle, simple et lisible, déclinée dans des menus "à l'aveugle".

HORS PLAN - *€€ - 3 rue du Sergent-Blandan - ✆ 03 83 47 95 23 - Fermé lundi et dimanche, et mardi soir*

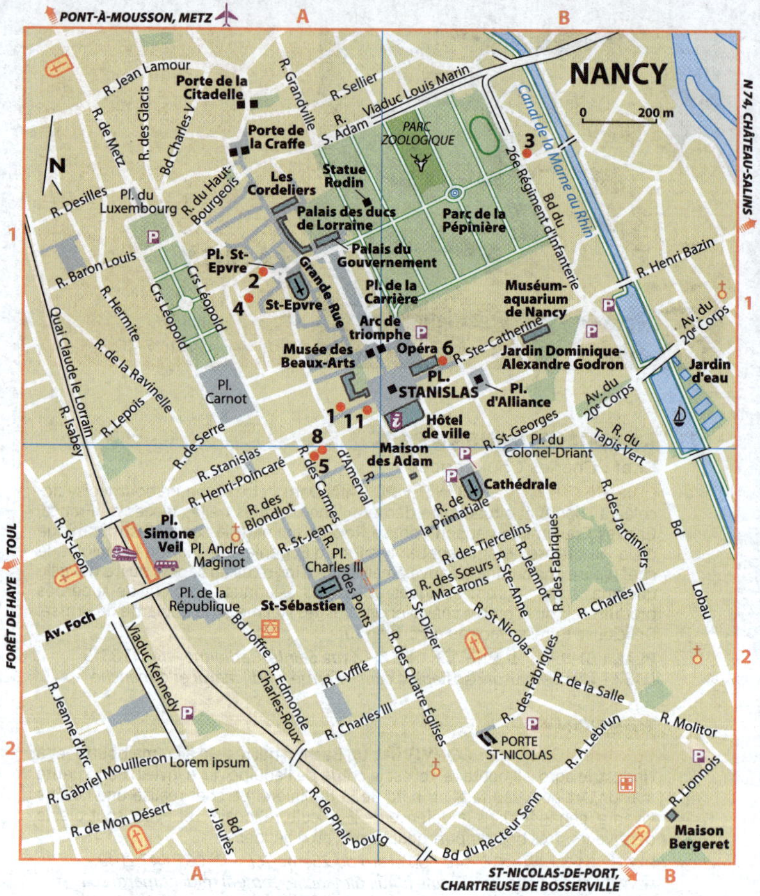

LE CAPU

CUISINE MODERNE • INTIME Idéalement situé à 300 mètres de la place Stanislas, ce restaurant offre un décor élégant, au chic contemporain affirmé, rehaussé de notes baroques... tout comme la cuisine, généreuse et colorée.
PLAN : A2-5 – ♿ AC 🚗 – **€€** – *31 rue Gambetta – ✆ 03 83 35 26 98 – www.lecapu.com – Fermé lundi et dimanche*

EV (N)

CUISINE MODERNE • CONTEMPORAIN Dans les faubourgs de la ville (non loin du musée de l'École de Nancy), cette discrète adresse tenue par une jeune cheffe de métier séduit par sa simplicité et sa sincérité. Dans un cadre sobre et chaleureux, elle propose une goûteuse cuisine bistrotière du marché bien exécutée : blettes farcies au chèvre, quasi de veau à l'ail noir, dessert raisin-noix. Une petite maison attachante, souriante, au juste rapport qualité-prix.
HORS PLAN – ♿ 🏡 – **€€** – *49 rue du Sergent-Blandan – ✆ 06 65 96 61 14 – www.restaurant-ev.fr - Fermé samedi, dimanche et le soir sauf vendredi*

RACINE

CUISINE MODERNE • **CONTEMPORAIN** À deux pas de la place Stanislas, le jeune chef Martin Debuiche et son associé, le célèbre boucher Alexandre Polmard, proposent une savoureuse cuisine du marché ancrée dans le terroir. Produits de saison bien sourcés, recettes bien ficelées : on se régale dans une ambiance conviviale.

PLAN : A1-11 – – **€€** – *9 rue Stanislas – 09 86 33 24 20 – www.racine-nancy.com – Fermé lundi et dimanche*

LA TOQ'

CUISINE MODERNE • **ÉLÉGANT** Dans la vieille ville, proche de la basilique Saint-Epvre, un restaurant engageant au cadre élégant et feutré, mêlant touches contemporaines et vieilles pierres, voûtes séculaires. Le chef propose des assiettes savoureuses à travers plusieurs menus qui évoluent au fil des saisons : Omble chevalier, mousseline d'asperges, raviole végétale de cerfeuil ; mille-feuille croustillant à la vanille, caramel liquide. Belle carte des vins.

PLAN : A1-2 – A/C – **€€** – *1 rue Monseigneur-Trouillet – 03 83 30 17 20 – www.latoq.fr – Fermé lundi et dimanche soir*

TRANSPARENCE - LA TABLE DE PATRICK FRÉCHIN

CUISINE MODERNE • **CONTEMPORAIN** Tout proche de la place Stanislas, dans une rue piétonne animée, le chef Patrick Fréchin a souhaité apparaître en toute Transparence : on peut donc le voir travailler derrière sa verrière d'atelier ! Dans ses différents menus (dont un tout homard), on retrouve des assiettes aux visuels étudiés, qui mettent en valeur de beaux produits de saison. Terrasse au calme sur l'arrière.

PLAN : A1-1 – – **€€€** – *28 rue Stanislas – 03 83 32 20 22 – www.restaurant-transparence.fr – Fermé lundi et dimanche*

LE 27 GAMBETTA

CUISINE MODERNE • **CONVIVIAL** À deux pas de la place Stanislas, ce restaurant allie charme rustique et touches contemporaines. Une salle lumineuse avec baie vitrée donne sur la cuisine, où l'équipe s'active pour offrir une bistronomie soignée. Au menu, des assiettes généreuses et bien pensées : tomate farcie à la burrata et pesto, duo de courgettes et lieu noir basse température, ou encore truffes au chocolat noir et passion. Une cuisine moderne et saisonnière, fidèle à son engagement pour des saveurs franches et des produits bien travaillés dans un cadre agréable et animé, avec un bon rapport qualité-prix.

PLAN : A2-8 – A/C – **€€** – *27 rue Gambetta – 06 43 45 91 21 – www.le27gambetta.fr – Fermé dimanche*

MAISON DE MYON

CLASSIQUE • **CHARME** Une charmante résidence aristocratique du 18e s., dans le cœur du vieux Nancy, est devenu un petit hôtel de luxe. Le résultat est fidèle à l'inspiration historique, mais les détails ont été choisis par un fin décorateur contemporain. Ses chambres, lofts et suites mêlent architecture d'époque et design éclectique. Plusieurs salons ainsi qu'une bibliothèque se déploient dans l'ancienne écurie et un espace de réunion occupe la grange. Également une splendide cour pour un petit-déjeuner en plein air en été.

P – **5 chambres** – *7 rue Mably – 03 83 46 56 56*

NANTERRE

✉ 92000 – Hauts-de-Seine – Carte régionale n° **11**-E2

CABANE

CUISINE MODERNE • TENDANCE Le chef Jean-François Bury, passé par le George V et le Shangri-La, fait souffler sur Nanterre un vent de bistronomie moderne des plus agréables, avec son alléchant menu-carte : œuf bio façon meurette ; poitrine de cochon confite au saté, spaetzle au sarrasin et bouillon de champignons à la citronnelle ; tarte Tatin et sa crème d'Isigny à la vanille de Madagascar... Des assiettes généreuses et gourmandes, qui offrent un très bon rapport qualité-prix : un vrai travail d'artisan.

– €€ – 8 rue du Docteur-Foucault – ✆ 01 47 25 22 51 – www.cabanerestaurant.com – Fermé lundi, mardi et dimanche

NANTES

✉ 44000 – Loire-Atlantique – Carte régionale n° 9-B3

✿ L'ATLANTIDE 1874 - MAISON GUÉHO

Chef : Jean-Yves Guého

CUISINE MODERNE • **ÉLÉGANT** À deux pas du petit musée Jules Verne, cette belle maison de 1874 surplombe la Loire, face à l'embouchure du fleuve et de l'île de Nantes. Par les grandes baies vitrées panoramiques de la salle du restaurant, on contemple le ballet des bateaux, le hangar à bananes et la grande grue grise, emblème de la cité portuaire de Nantes. Breton de Vannes, formé en Alsace à l'Auberge de l'Ill, cuisinier à la Nouvelle-Orléans et à Hong-Kong, Jean-Yves Guého extrait de beaux trésors de cette Atlantide. Le chef signe une cuisine très exacte et d'une belle finesse, qui fait la part belle au poisson. Intéressante carte de vins de Loire, quelques chambres avec vue pour l'étape.

HORS PLAN – *– €€€€ – 5 rue de l'Hermitage – ✆ 02 40 73 23 23 – www.atlantide1874.fr – Fermé lundi et dimanche*

✿ LES CADETS

Chefs : Charles et Tristan Bernabé

CUISINE MODERNE • **ÉLÉGANT** Ces deux frères reçoivent dans un cadre contemporain inspiré par le design des années 1950. Charles et Tristan Bernabé sélectionnent avec minutie les meilleurs légumes auprès des maraîchers du coin, ainsi que de très beaux poissons provenant des criées environnantes. Ils jonglent avec maestria entre des bases classiques, l'air du temps, la culture bretonne de leur grand-mère et même les origines pied-noir de leur père. Le tout sans jamais céder sur la lisibilité des assiettes ni le goût des sauces. Quelques exemples : coques du golfe du Morbihan, persil tubéreux et ail noir ; carré de veau, pomme de terre et échalote ; pomme confite, mélilot et sorbet cidre... Service charmant et très bon rapport qualité-prix au déjeuner.

PLAN : A1-2 – *– €€€ – 15 rue des Hauts-Pavés – ✆ 09 86 57 01 46 – www.restaurantlescadets.fr – Fermé lundi, samedi et dimanche*

✿ FREIA

Cheffe : Sarah Mainguy

CUISINE CRÉATIVE • **ÉPURÉ** Au sommet d'un bâtiment contemporain surgit cette serre aux arches de bois dédiée à la déesse Freia. Un lieu idéal pour faire croître un jardin où poussent notamment des herbes aromatiques et des petits fruits... et pour profiter d'une vue panoramique sur Nantes. Après le succès de Vacarme, Sarah Mainguy séduit ici par sa cuisine poétique et créative, fondamentalement végétale, agrémentée de touches scandinaves et asiatiques.

luchezar/Getty Images Plus

NANTES
NOZAY
RENNES
ANGERS, ANCENIS
CHOLET
CLISSON, VERTOU
PORNIC, LA ROCHELLE
LA ROCHE-SUR-YON
ST-NAZAIRE, VANNES, LA BAULE
ST-NAZAIRE
VANNES
Maison de l'Erdre
Île de Versailles
Jardin japonais
PARC DES CAPUCINS
Pl. Mal.-Foch
Cathédrale St-Pierre-et-St-Paul
Musée d'arts de Nantes
Château des ducs de Bretagne
BOUFFAY
Basilique St-Nicolas
Pl. du Change
Pl. Royale
Passage Pommeraye
Grand théâtre
Place Graslin
Muséum d'histoire naturelle
GRASLIN
Cours Cambronne
Musée de l'Imprimerie
ANCIENNE ÎLE FEYDEAU
SQUARE CHASSAIGNAC
MADELEINE - CHAMP-DE-MARS
SQUARE ELISA MERCŒUR
Mémorial de l'abolition de l'esclavage
Palais de justice
Square Mabon
L'Absence
Immeuble Manny
ENSA
Halles Alstom
Les Machines de l'Île
La Fabrique
Bâtiment B
ÎLE DE NANTES
Bras de la Madeleine
Erdre
0 150 m

Chaque assiette regorge de belles idées, à l'instar de cette asperge blanche accompagnée d'une sauce XO végétale à l'algue, ou de ces bigorneaux aux petits pois rehaussés d'une neige glacée de gwell.

HORS PLAN - *- €€€ - 22 boulevard de Berlin - 09 72 10 10 44 - www.freia-restaurant.com - Fermé lundi, dimanche, et mardi et samedi à midi*

LULUROUGET

Chef : Ludovic Pouzelgues

CUISINE MODERNE • CONTEMPORAIN Formé chez Michel Troisgros, Ludovic Pouzelgues incarne (avec d'autres !) le renouveau gastronomique de la ville. À deux pas des célèbres Machines de l'île, il tient cette table au cadre plaisant, contemporain et très confortable. Ici trônent en majesté les beaux produits (les criées de la Turballe et du Croisic sont proches), travaillés avec inventivité et précision autour de menus surprises composés au gré du marché. Une cuisine moderne, pleine de personnalité : une vraie réussite.

PLAN : A3-7 - *€€€€ - 4 place Albert-Camus - 02 40 47 47 98 - www.lulurouget.fr - Fermé lundi, dimanche et mercredi midi*

LE MANOIR DE LA RÉGATE

Chef : Mathieu Pérou

CUISINE MODERNE • CONTEMPORAIN Aux portes de Nantes, un nouvel écrin a vu le jour, métamorphosé avec soin pour offrir une expérience harmonieuse entre cuisine et décor. Dans cette belle demeure voisine de l'Erdre, le talent de Mathieu Pérou brille en cuisine. Passé par de grandes maisons étoilées, le chef sublime les produits locaux avec une créativité raffinée, mêlant fraîcheur, esthétique et élégance des saveurs. La transformation du lieu, confiée à des artisans et artistes du pays nantais, reflète cette même quête d'excellence : chaque détail, pensé avec soin, crée une atmosphère chaleureuse et contemporaine. Anne-Charlotte, la sœur du chef, assure un service tout en délicatesse et en professionnalisme, complétant avec élégance cette partition culinaire. Une adresse pleine de charme où cuisine et décor s'unissent pour un plaisir total.

L'engagement du chef : Nous travaillons avec un maximum de producteurs en circuit court. Notre potager, situé à 500m du restaurant, fournit une partie des légumes, fleurs comestibles et fines herbes, et nous avons fait le choix de ne cuisiner que des poissons de l'Erdre, la rivière qui borde le restaurant. Notre vaisselle et nos accessoires de table ont été réalisés en collaboration avec des artisans locaux.

HORS PLAN - *€€€€ - 155 route de Gachet - 02 40 18 02 97 - www.manoirdelaregate.com - Fermé lundi et dimanche*

OMIJA

Chef : Romain Bonnet

CUISINE CRÉATIVE • CONTEMPORAIN À la tête de son propre restaurant depuis 2019 et fort d'une belle expérience étoilée, Romain Bonnet propose à travers des menus à l'aveugle une cuisine créative d'inspiration asiatique : l'omija est une baie coréenne connue pour associer les cinq saveurs. Le chef ne transige donc pas sur le goût : les gnocchis radis et algues jouent sur l'acidité avec brio, la crevette grise offre un piquant maîtrisé. Les cuissons sont précises, les bouillons savoureux, et les sauces gourmandes ou corsées. Les produits principalement bio sont sourcés avec soin (crevettes grises de la Cotinière à Oléron, lieu jaune de ligne, pigeon de Vendée). Une adresse intime et attachante où le service est efficace et bienveillant !

PLAN : B3-19 - *€€€ - 54 rue Fouré - 02 40 74 81 05 - www.omija.fr - Fermé samedi et dimanche, et mercredi soir*

LA MANDALE

CUISINE DU MARCHÉ • BISTRO Le lieu : derrière une devanture bleue Klein, un bistrot tendance au mobilier chiné et aux nombreux bibelots, une salle comble, des sourires béats. Il semble bien que Léo Huet, le chef, comme d'autres de sa génération, ait trouvé la recette qui cartonne : une cuisine vive et enjouée autour de plats frais et goûteux - moules fumées, kaffir, basilic thaï et pistache ; faux-filet et poivre des gorilles, kimchi, shiso et cerise... tout en contraste de saveurs - qui nous mettent une petite mandale de plaisir. Au dîner, les recettes prennent du galon, les clients prennent davantage de temps pour savourer les bons petits plats conseillés par Maximilien, l'associé du chef, dans une atmosphère très décontractée.

PLAN : A2-4 – *– **€** – 32 rue Léon-Jamin – 02 28 44 21 34 – www.lamandalerestaurant.com – Fermé samedi, dimanche, lundi midi et mercredi soir*

MERAKI

CUISINE MODERNE • CONVIVIAL Meraki : une expression grecque qui signifie fait avec amour, passion et créativité ! Le ton est donné dans ce bistrot chaleureux et convivial. Maxime Bocquier en cuisine, et Clément Richard en salle (même s'il est aussi cuistot de formation) ont choisi de mettre l'accent sur le végétal et le marin. Tous les produits sont locaux et bios – y compris la burrata issue d'une laiterie nantaise. Le menu unique change tous les mois. On se régale notamment d'un excellent bouillon de crevette grise versé sur du concombre cuit au barbecue et de l'anguille fumée, venant inévitablement exalter les papilles. Côté cave orientée bio voire nature, les vins de la Loire sont à l'honneur, sans en oublier non plus les autres régions viticoles.

PLAN : A1-1 – **€€** – *2 rue Menou – 02 40 74 57 10 – www.meraki-nantes.com – Fermé mercredi, samedi et dimanche*

OBBO

CUISINE MODERNE • CONTEMPORAIN Antoine Gaudin, l'ancien chef pâtissier d'Alexandre Couillon, et son complice sommelier et responsable de salle, Guillaume Claireau, ont ouvert cette cave à manger où la bonne chère et le bon jus de raisin (200 références) se donnent la main. Dans l'assiette, le chef envoie en toute décontraction des associations heureuses et des sauces savoureuses : le jus de carotte, de gingembre et de miel sur les carottes glacées, servies en entrée, est bourré de pep's ; la sauce satay du filet de mulet relève le poisson avec brio. Quant au dessert (un crémeux d'avoine), il montre que le chef n'a rien perdu de sa patte sucrée. Le soir, la formule opte pour des assiettes à partager.

PLAN : A2-17 – – **€€** – *10 allée des Tanneurs – 02 55 10 39 23 – www.obbo-nantes.fr – Fermé lundi, dimanche, et mardi et samedi à midi*

P'TITE POMME N

CUISINE MODERNE • SIMPLE À deux pas de la Cité des Congrès et de la très animée rue Fouré, ce néobistrot bétonné affiche un esprit gentiment indus'. Ruddy Maisonneuve (P'tite Pomme, c'est lui) et sa compagne Juliette Jovelin (en salle) cultivent ce joli fruit ! Pâtissier de formation et ancien second chez Lulu Rouget, le chef envoie une cuisine ultra-fraîche et saisonnière, boostée aux produits du coin – certains légumes lui sont fournis par son frère paysan-boulanger. Fines et précises, ses assiettes débordent d'énergie et révèlent un vrai travail de cuisinier : croustillant de moules et courgettes avec feuilletage maison ; merlu nacré, risotto de betterave et émulsion à la sauge ; tartelette sésame et passion...

HORS PLAN – – **€€** – *18 rue de Mayence – 09 79 32 39 74 – www.ptite-pomme.fr – Fermé lundi, samedi et dimanche à midi , et mardi et mercredi soir*

L'ABÉLIA

CUISINE MODERNE • BOURGEOIS Le chef Vincent Berthomeau et son épouse Pascale ont installé leur restaurant il y a près de 20 ans dans ce quartier un peu excentré de Nantes. Leur charmante maison bourgeoise de 1900 est mise en valeur par une véranda, une terrasse et un jardin. Leurs clients fidèles viennent y chercher une cuisine de saison généreuse. Les menus varient en fonction des achats du chef qui se rend régulièrement au marché de Talensac. Les assiettes sont gourmandes à l'image de cette cassolette de langoustines et pleurotes, baignant dans une nage de crustacés savoureuse ou encore de cette tartelette chocolat caramel et cacahuètes caramélisées, twistée d'un sorbet à la carotte et coulis de carotte.

HORS PLAN – – **€€** – *125 boulevard des Poilus – ✆ 02 40 35 40 00 – www.restaurantlabelia.com – Fermé lundi, mardi et dimanche*

BAIROZ

CUISINE MODERNE • CONTEMPORAIN À deux encablures de la Loire, voilà une adresse charmante et moderne dont la déco fait mouche : luminaires suspendus, boiseries et pierres apparentes. Aux manettes, Estelle Méheust au salé et Jérôme Berdelou au sucré. Comment font-ils ? Ils se partagent la cuisine comme la salle, l'un commençant le service pendant l'envoi des entrées et des plats, l'autre prenant le relais au moment des desserts. Ce couple charmant et discret nous a séduits avec sa cuisine du marché au déjeuner, et sa partition plus gastronomique au dîner. Les jus sont particulièrement savoureux, à l'image de l'émulsion de champignon sur la raviole de brousse, ou de la bisque crémeuse sur le merlu, navets violets safranés et pommes de terre fondantes.

PLAN : B3-3 – **€€** – *40 bis rue Fouré – ✆ 02 40 48 26 24 – www.bairoz-nantes.com – Fermé lundi et dimanche*

LE BOUCHON

CUISINE MODERNE • BISTRO Sa bonne cuisine dans l'air du temps, réinventée jour après jour ; son intérieur joliment décoré (tomettes au sol, poutres anciennes, miroirs) ; sa terrasse incontournable, véritable havre de verdure en plein cœur de la ville... On comprend mieux pourquoi cette adresse est aussi prisée des Nantais !

PLAN : B2-14 – – **€€** – *7 rue Bossuet – ✆ 02 40 20 08 44 – www.le-bouchon-nantes.com – Fermé lundi, dimanche et samedi midi*

LES BOUTEILLES

CUISINE TRADITIONNELLE • BISTRO À côté du marché de Talensac, un bistrot à vins épatant : décor sympathique honorant Bacchus, belle cuisine de produits (charcuteries italiennes, plats canailles, poisson de la marée...) sans oublier – enseigne oblige – une mémorable carte des vins (1500 références !) faisant notamment honneur à la Bourgogne.

PLAN : A1-9 – – **€€** – *11 rue de Bel-Air – ✆ 02 40 08 27 65 – www.lesbouteillesnantes.fr – Fermé lundi, dimanche et samedi midi*

LES CHANTS D'AVRIL

CUISINE DU MARCHÉ • BISTRO Christophe François, chef passionné et passionnant, mitonne chaque jour une sympathique cuisine du marché à l'esprit bistronomie assumé. Les beaux produits de la région sont déclinés autour de menus surprises et sans choix servis dans un plaisant cadre bistrot. Côté cave, on se laisse aussi surprendre par de gouleyantes trouvailles dégustées à l'aveugle. Convivial !

PLAN : B2-15 – – **€€** – *2 rue Laennec – ✆ 02 40 89 34 76 – Fermé samedi et dimanche, et du lundi au mercredi soir*

ICI

CUISINE MODERNE • TENDANCE Le chef Xavier Rambaud, globe-trotter dans l'âme, a pas mal navigué avant de jeter l'ancre dans cette salle à manger d'esprit bistrot industriel (parquet, tables en bois, pierres apparentes et tuyaux en fonte) où il concocte une cuisine créative, travaillée avec du relief. Aile de raie, riz et ail noir ; Saint-Jacques, asperge et rhubarbe ; ou encore poitrine de porc, carotte et pomme : des plats équilibrés aux accords harmonieux, qu'on déguste ici (à des prix tout doux), et pas ailleurs !

PLAN : B2-16 – – **€€** – *1 rue Léon-Blum* – *02 40 48 62 27* – *www.restaurant-ici.fr – Fermé lundi, mardi, mercredi, jeudi et dimanche et samedi midi*

LAMACCOTTE

CUISINE MODERNE • TENDANCE De la générosité, du goût et des bons produits au cœur de la partition de Maxime Fillaut, qui a su tirer profit de son passage à la Mare aux Oiseaux et au Clarence à Paris. Chaque jour, le menu change en fonction du marché et les assiettes sont joliment dressées dans la salle moderne, claire et lumineuse du rez-de-chaussée d'un immeuble de pierre du centre-ville historique de Nantes. La cuisine est simple et gourmande : gnocchis maison fondants, pistou de fanes et amandes torréfiées ; carbonara végétales, émulsion au parmesan, céleri et héliantis laqués au paprika ; parfait glacé à la reine des prés, miel des fleurs et marmelade au citron, sablé sarrasin et fruits secs caramélisés. Service rapide et bien rythmé.

PLAN : B2-18 – **€€€** – *7 rue Saint-Denis* – *02 85 37 42 30* – *www.lamaccotte-restaurant-nantes.com – Fermé lundi et dimanche*

LE LION ET L'AGNEAU

CUISINE TRADITIONNELLE • CONTEMPORAIN Le Lion et l'Agneau font référence aux armoiries de la ville d'Auch, dont est originaire le chef. Ses recettes bistronomiques reposent sur de jolis produits : poulet de Janzé, morgates, moules de Pénestin... Bon rapport qualité-prix au déjeuner.

PLAN : B3-24 – – **€€** – *40 rue Fouré* – *02 55 10 58 74* – *www.le-lion-et-lagneau.fr – Fermé lundi et dimanche*

LULU LE BISTROT N

CUISINE TRADITIONNELLE • BISTRO L'immeuble est moderne mais le décor de l'établissement joue la carte du bistrot à l'ancienne comme en témoignent les assiettes : œuf mayo, terrine de campagne, steak au poivre, mousse au chocolat ou île flottante. Aux commandes, le chef Ludovic Pouzelgues (LuluRouget) bichonne ici une table décontractée, posée dans le quartier de la Création, à deux pas des Machines de l'Île. Une bonne cuisine traditionnelle servie en formule déjeuner à prix doux, parfaite pour une halte gourmande entre deux visites.

PLAN : A3-12 – ♿ – **€€** – *6 mail du Front-Populaire* – *02 53 35 26 65* – *www.lululebistrot.fr – Fermé lundi et dimanche*

L'OCÉANIDE

POISSONS ET FRUITS DE MER • VINTAGE Noix de Saint-Jacques rôties au chou et croustillant de blé noir, rouget grondin au coulis de crustacés... Cette Océanide-là est bien nymphe de la mer, même si l'on peut retrouver à la carte un foie gras de canard cuit au naturel et des rognons de veau sautés aux échalotes. C'est en voisin que le chef David Garrec va choisir ses produits au célèbre marché de Talensac, preuve de la fraîcheur des poissons travaillés. Cadre authentiquement vintage des années 1950, au charme désuet.

PLAN : B1-8 – – **€€** – *2 rue Paul-Bellamy* – *02 40 20 32 28* – *www.oceanide-nantes.fr – Fermé lundi et dimanche*

PICKLES

CUISINE MODERNE • COSY De la gourmandise et des saveurs franches dans ce restaurant lumineux au style industriel tenu par le chef britannique Dominic Quirke qui aime passer en salle et discuter des sons pop-rock... anglais of course ! Installé à Nantes depuis une dizaine d'années, il propose une cuisine moderne et goûteuse qui puise ses inspirations dans ses voyages en Asie et ses virées dans les campagnes environnantes auprès de maraîchers bio pour proposer une tourte de volaille au vin jaune ; un cochon vendéen, betterave, kale et blette ou un koulibiac chou-fleur, algue et kasha accompagné de champignons shiitakés. Les propositions végétariennes ne manquent pas non plus.

PLAN : B2-5 - ♿ - **€€€** - *2 rue du Marais - ✆ 02 51 84 11 89 - www.pickles-restaurant.com - Fermé lundi, mardi et dimanche*

ROZA

CUISINE MODERNE • ÉLÉGANT En plein centre-ville de Nantes, le chef Jean-François Pantaléon, grand passionné du terroir des Pays de Loire, en magnifie les produits emblématiques. La carte des vins fait la part belle à de petits vignerons triés sur le volet. L'intérieur cosy, ainsi que l'ambiance à la fois chaleureuse et décontractée, ajoutent au plaisir du repas.

PLAN : A2-6 - 🏖 🍷 - **€€€** - *3 place de la Monnaie - ✆ 02 40 54 01 87 - www.restaurantroza.com - Fermé samedi et dimanche*

SAIN

CUISINE MODERNE • BISTRO À la fois café, cantine et épicerie, ce restaurant conjugue décontraction côté ambiance, respect du produit et de la planète côté assiette : éventaire de légumes bio de l'exploitation familiale guérandaise, étagère de vins plutôt nature (à emporter) et service décontracté assuré par Samuel Huitric. Son frère Josselin envoie une cuisine du marché juste et bonne, sans y aller par quatre chemins : œuf parfait, crème de courgettes, menthe, pistache, chips de jambon ; polpettes de porc, tomate, cumin, purée...

PLAN : B2-10 - **€** - *93 rue Maréchal Joffre - ✆ 02 40 72 82 48 - www.sain-nantes.com - Fermé samedi et dimanche, et lundi et vendredi soir*

SÉPIA

CUISINE CRÉATIVE • CONTEMPORAIN Toute auréolée de son passage à Top Chef, Lucie Berthier Gembara fait salle pleine dans son bistrot design et branché au rez-de-chaussée d'un bel immeuble classique du 18e s. De ses expériences chez Gérald Passedat et Alexandre Mazzia, elle a gardé un sens certain de la créativité et une appétence pour les influences orientales du bassin méditerranéen. On se laisse agréablement surprendre par ses petites assiettes à l'image de ces aubergines, baba ganoush charbon, lait de poule, crumble feta. Des plats indubitablement ludiques qui prennent les codes gastronomiques à rebrousse-poil, non sans une certaine gourmandise. Menu déjeuner plus « light » qui s'allonge au dîner.

PLAN : B2-11 - 🏖 - **€€€** - *1 quai Turenne - ✆ 02 51 82 71 59 - www.sepia-restaurant.fr - Fermé lundi, dimanche et samedi midi*

SONG, SAVEURS & SENS

CUISINE ASIATIQUE CONTEMPORAINE • TENDANCE Autodidacte originaire du Vietnam, Nhung Phung grandit au Laos, au Cambodge et en Thaïlande. C'est à l'aune de ces terres de parfums qu'elle construit sa personnalité culinaire : une cuisine sensible, intelligente, mesurée, entre Asie du Sud-Est et France, épices subtiles et produits de qualité... Le tout dans un écrin de bleu, de noir et de métal mélangés qui nous emmène loin le temps d'un repas à prix doux.

PLAN : A2-20 - A/C 🏖 - **€€** - *5 rue Santeuil - ✆ 02 40 20 88 07 - www.song-saveurs-et-sens-restaurant-nantes.com - Fermé lundi et dimanche*

THELMA

CUISINE TRADITIONNELLE • BISTRO À quelques mètres de Roza, sa maison mère, le chef Jean-François Pantaleon a ouvert une seconde adresse dans le quartier Graslin, près du musée d'archéologie Dobrée. Dans ce bistrot vintage règne une atmosphère conviviale où l'on se régale sans prise de tête. Outre le menu déjeuner à prix doux, des suggestions figurent sur les miroirs : œufs mayo, terrine, tête de veau ou côte de veau purée. La carte du soir ajoute à ces classiques des assiettes à partager – ou pas. Une cuisine simple, traditionnelle et bien ficelée, en complément parfait de la table gastronomique.

PLAN : A2-21 – **€€** – *1 rue Montesquieu – ✆ 02 40 73 06 69 – Fermé samedi et dimanche*

OKKO NANTES CHÂTEAU

MODERNE • CONVIVIAL En créant cette chaîne hôtelière combinant luxe et dernières technologies, les fondateurs d'Okko s'adressent aux voyageurs ultra-connectés. Pour eux, un Club sur mesure comprenant des espaces de travail séduisants conçus comme des appartements (cuisine, coins détente, presse et snacks à disposition...) et animés le soir par un aperitivo de produits régionaux bio. Mais aussi une salle de sport avec sauna et conciergerie. Pour se reposer les méninges, des chambres zen, aux lignes pures et aux teintes apaisantes baignées de lumière. L'adresse nantaise s'offre également un emplacement royal face au château des ducs de Bretagne, en plein cœur de la ville.

– **80 chambres** – *15 rue de Strasbourg – ✆ 02 52 20 00 70*

LA PÉROUSE

DESIGN • ÉLÉGANT L'Hôtel La Pérouse est un joyau architectural du 20e s. situé au cœur de Nantes. Les chambres sont élégantes et minimalistes, mais dotées d'un confort haut de gamme et de mobilier signé. Le petit-déjeuner de qualité est servi avec le sourire. Belle sélection de spiritueux du monde entier au bar.

– **46 chambres** – *3 allée Duquesne cours des 50 Otages*

SOZO

ÉPURÉ • CHARME Proche voisin du Jardin des Plantes, cet hôtel a été créé dans une ancienne chapelle du 19e s. ! Chambres dans les absidioles ou le chœur, vitraux pour fenêtre, clés de voûte en guise de tête de lit et, partout, un aménagement des plus design... Le cachet d'un monument historique associé à l'épure contemporaine : unique !

– **24 chambres** – *16 rue Frédéric Cailliaud – ✆ 02 51 82 40 00*

SURPRENANTES DESTINATIONS

MODERNE • CONVIVIAL Implanté à Nantes, le groupe hôtelier Surprenantes célèbre Jules Verne, originaire de la cité, avec passion et inventivité. Une poignée d'appartements consacrés à son œuvre offrent aux visiteurs une redécouverte riche en aventures. Logés dans une majestueuse construction du 18e s. établie au bord de la Loire, ils jouissent d'un cadre sur-mesure. Agencées comme des cavernes d'explorateur à partir d'un mobilier et de trésors d'antiquaires piqués de détails industriels, les chambres nous plongent dans l'univers de l'écrivain. La cuisine fusée, la douche vaisseau spatial et le lit plateforme lunaire nous renvoient en enfance. Le groupe dispose aussi d'une chambre péniche et d'un château.

9 chambres – *86 quai de la Fosse – ✆ 09 67 20 97 81*

NARBONNE

✉ 11100 - Aude - Carte régionale n° **27**-C2

LA TABLE LIONEL GIRAUD

Chef : Lionel Giraud

CUISINE CRÉATIVE • CONTEMPORAIN Les arcades et les pierres nues de ce restaurant rappellent qu'il fut un asile pour les pèlerins en route vers Saint-Jacques-de-Compostelle. Dans un cadre des plus contemporains, Lionel Giraud puise son inspiration, volontiers poétique, dans les paysages de son enfance (comme le plateau de Leucate), les recettes de sa grand-mère et la richesse du terroir languedocien et de ses petits producteurs passionnés. Il cultive d'ailleurs avec eux une relation authentique. Créative, sa cuisine iodée et végétale (mais pas uniquement), fine et pourtant intense en goût, célèbre aussi bien le produit le plus noble que le plus simple (comme la carotte ou le pois chiche du Lauragais). Grâce à sa maîtrise de l'ikejime, il est aussi capable de proposer à sa table un thon rouge maturé 48 jours, dont la chair dense fond littéralement en bouche.

- €€€€ - *Rond-point de la Liberté, 68 avenue du Général-Leclerc - 04 68 41 37 37 - www.maison.saintcrescent.com - Fermé lundi et dimanche*

CAVE À VIN & À MANGER - MAISON SAINT-CRESCENT

CUISINE TRADITIONNELLE • CONVIVIAL "La Cave à Manger" de Lionel Giraud propose une cuisine de bistrot à base d'excellents produits d'Occitanie. Une partition brute, savoureuse et précise - on s'est régalé avec les petits farcis de champignons façon mamie Gyselle et leur sauce aïoli, sans oublier le rognon de veau cuit dans sa graisse à la moutarde du pays cathare et son aligot aveyronnais... Située sous le même toit, la "Cave à Vin" offre 2500 références, à consommer sur place moyennant un droit de bouchon. Un coup de cœur.

- €€ - *Rond-point de la Liberté, 68 avenue du Général-Leclerc - 04 68 45 67 85 - www.maison.saintcrescent.com - Fermé lundi et dimanche*

L'ART DE VIVRE

Chef : Laurent Chabert

CUISINE MODERNE • CONTEMPORAIN Dans ce domaine viticole niché en plein massif de La Clape, le chef Laurent Chabert tire une partie de ses produits de son propre potager (notamment les herbes aromatiques), et recourt par ailleurs à de beaux produits locaux (bio, majoritairement). Il cisèle des plats colorés et parfumés, comme ce mérou cuit sur les braises d'un barbecue, aubergine braisée et laquée dans les sucs de tomate... Des accords mets et vins sont proposés avec les crus de la propriété.

L'engagement du chef : À L'Art de Vivre, l'équipe travaille en harmonie avec la nature, au cœur du vignoble du domaine. Issus en grande partie de la ferme du château, les produits sont cultivés selon les principes de la biodynamie. En provenance de Méditerranée, les poissons sont pêchés selon une méthode raisonnée. Le linge de table est français et la vaisselle est réalisée par des artisans locaux.

- €€€€ - *Château de L'Hospitalet, route de Narbonne -Plage - 04 68 45 28 50 - www.chateau-hospitalet.com/pages/gastronomie-l art-de-vivre - Fermé du lundi au mercredi et jeudi midi*

MÉDITERRANÉO - CHÂTEAU CAPITOUL

CUISINE MÉDITERRANÉENNE • ÉLÉGANT Dans le massif de la Clape, entre Narbonne et la Méditerranée, vigne et garrigue, cette maison de maître trône au sein d'un domaine viticole tenu par la même famille depuis sept générations. Le chef Valère Diochet cuisine ici résolument méditerranéen. De nombreuses plantes aromatiques – basilic, pourpier, livèche – agrémentent cette cuisine esthétique raffinée, précise et légère : baudroie marinée, courgette à la livèche ; rouget cuit à l'unilatéral... La salle cossue du restaurant d'esprit Art déco regarde le vignoble et l'étang de Bages. Carte des vins pédagogique, faisant la part belle aux vins du domaine, à l'appellation La Clape et aux autres vins du Languedoc.

- **€€€** - *Route de Gruissan – ✆ 04 48 22 07 24 – www.chateaucapitoul.com – Fermé lundi, mardi, mercredi et jeudi à midi , et dimanche soir*

CHÂTEAU CAPITOUL

MODERNE • CHAMPÊTRE C'est au sommet d'une colline bordée de vignobles, dans la campagne languedocienne, que trône ce château de conte de fées. Le bâtiment lui-même comprend huit chambres et suites ultra-chic, tandis que 44 villas de luxe modernes, de quatre à huit personnes, sont disséminées dans le domaine de 80 ha, toutes possédant une terrasse et un jardin privés, et la plupart une piscine privative. Les services sont à l'avenant : tennis, spa, deux restaurants dont un grill.

- **8 chambres** – *Route de Gruissan – ✆ 04 48 22 07 24*

Méditerranéo - Château Capitoul - Voir la sélection des restaurants

CHÂTEAU L'HOSPITALET WINE RESORT *Plus*

ÉPURÉ • CHARME Cet ancien hôpital du 11e s. est aujourd'hui un hôtel de charme au milieu des vignes. Certaines chambres et suites se trouvent dans le château, les autres dans des bâtiments de l'ancien domaine viticole, où elles profitent de grandes terrasses privées. La décoration est élégante et minimaliste, les intérieurs baignés de soleil sont habillés d'une palette naturelle, des meubles en bois et des sols en parquet ou en travertin. Un luxueux club de plage, ouvert en saison à quelques encablures, complète ce domaine doté d'une piscine, d'un spa, d'un restaurant, d'une exploitation viticole et d'un parc paysager.

- **42 chambres** – *D168 – ✆ 04 68 45 28 50*

L'Art de Vivre - Voir la sélection des restaurants

NASSANDRES-SUR-RISLE

✉ 27550 – Eure – Carte régionale n° **3**-A2

L'AUBERGE DE LA VALLÉE

CUISINE MODERNE • CONTEMPORAIN Un jeune couple passé notamment chez Anne-Sophie Pic s'est installé à la campagne dans cette maison traditionnelle à colombages qui ne manque pas de cachet. Il souffle dans les assiettes un joli brin de modernité, à l'image de cet artichaut, poutargue et sarrasin, ou encore de cette côte de cochon, betterave et cacao. Le chef aime ponctuer ses plats de petites touches originales qui viennent agréablement surprendre le convive. Menu déjeuner en semaine à prix doux, service attentif.

- **€€** – *7 route de Brionne – ✆ 02 32 44 21 73 – www.restaurantlaubergedelavallee.com – Fermé mardi et mercredi, et lundi et dimanche soir*

NATZWILLER

✉ 67130 - Bas-Rhin - Carte régionale n° **8**-C1

AUBERGE METZGER

CUISINE TRADITIONNELLE • **CONTEMPORAIN** Depuis 1885, les générations se succèdent et chacune donne une touche particulière à cet établissement historique niché au cœur du massif des Vosges. Dans la grande salle à manger contemporaine et lumineuse, la carte met en avant les spécialités régionales - tête et langue de veau, choucroute garnie, filet de sandre au riesling - et l'ardoise propose des variations selon les saisons. Le service est familial et souriant.

- **€€** - *55 rue Principale - ✆ 03 88 97 02 42 - www.hotel-aubergemetzger.com - Fermé lundi et mardi*

NAUCELLE

✉ 12800 - Aveyron - Carte régionale n° **23**-C3

L'OBÉLIAS

CUISINE MODERNE • **CONTEMPORAIN** Au cœur de ce village du Ségala, réputé pour son église d'inspiration cistercienne, se niche un petit restaurant récemment rénové dans une maison à colombages. Un couple solidement formé et voyageur, Guilhem et Léonie, respectivement chef de cuisine et pâtissière, y revisite avec talent des plats traditionnels comme l'épaule d'agneau effilochée façon tajine ou, en dessert, le millefeuille aux agrumes, caramel et sorbet orange sanguine. Ils ont troussé une carte équilibrée qui fait envie, aux propositions colorées et fraîches, le tout pour un bon rapport qualité-prix. Bref, ils ont tout compris. Délicieuse terrasse à l'ombre d'un albizia et d'un magnolia.

- **€€** - *7 boulevard Eugène-Viala - ✆ 05 81 19 95 73 - www.restaurantobelias.fr - Fermé lundi et mardi, et mercredi et dimanche soir*

NÂVES-PARMELAN

✉ 74370 - Haute-Savoie - Carte régionale n° **21**-C1

LE CAFÉ DE LA POSTE (N)

CUISINE MODERNE • **BISTRO** Au cœur d'un village d'altitude, ce bâtiment de style régional concentre l'esprit du lieu : à la fois bureau de poste, dépôt de pain et bistrot, il incarne la convivialité montagnarde. L'ambiance boisée, les chaises Baumann, les assiettes Badonviller évoquent la chaleur d'une auberge d'autrefois. Pour autant, le jeune chef-patron y sert une cuisine actuelle : velouté de butternut, salade de pâtisson et cazette, poitrine de cochon à la bière, affogato local à la reine-des-prés et café de Villaz... Pièces à partager et grignotages généreux complètent cette halte pleine de vie.

- **€€** - *6 place du Capitaine-Anjot - ✆ 04 50 05 44 87 - Fermé mardi et mercredi, et lundi et dimanche soir*

NÉRAC

✉ 47600 - Lot-et-Garonne - Carte régionale n° **22**-C3

MR GUSS

CUISINE MODERNE • **CONTEMPORAIN** Ce joli restaurant contemporain, sis au pied d'une bâtisse en pierres de taille, est l'antre d'Augustin Guibert, dit Guss, jeune Chef au parcours solide. Ce cuisinier inventif épate avec son bagage technique substantiel qui lui permet de jouer des goûts et des textures comme avec cette tartelette croquante, soubise d'oignons et billes de carottes confites dans leur jus, gel de kalamansi, glace au pesto et cromesquis de féta et miel. À tous les coups, l'assiette, tout en couleurs et gourmandise, file le sourire. Félicitations également pour la mise en valeur des plus beaux produits locaux, légumes en tête.

♿ AC - €€ - *7 avenue Mondenard - ✆ 05 47 36 82 75 - www.mr-guss.fr - Fermé mardi, mercredi, et le midi*

NÉRIS-LES-BAINS

✉ 03310 - Allier - Carte régionale n° **16**-B3

CÔTÉ TOQUÉS

CUISINE MODERNE • CONVIVIAL La cuisine du chef Julien Chabozy, goûteuse et parfumée, révèle les meilleurs produits locaux et ne manque pas de personnalité. La qualité du service, sous la direction de son épouse Marie, rend la maison attachante et conviviale. Une épicerie fine et "La Cave des Toqués" voisine complètent ce coup de cœur.

♿ AC - €€ - *21 rue Hoche - ✆ 04 70 03 06 97 - Fermé lundi et dimanche, et mercredi soir*

NERNIER

✉ 74140 - Haute-Savoie - Carte régionale n° **21**-C1

LA TABLE DE NERNIER

CUISINE MODERNE • AUBERGE Sur les rives du Léman, entre Yvoire et Messery, le village médiéval de Nernier invite à franchir le seuil de cette charmante auberge. À l'intérieur, le rustique (tomettes, poutres) et le contemporain (suspensions lumineuses, chaises design) s'épousent avec naturel. Cette cuisine du marché, qui s'inscrit dans une veine traditionnelle, évolue au fil des jours pour rester au plus proche de la saisonnalité. Le chef est épaulé par sa compagne qui assure un service souriant et attentionné. Agréable terrasse sur une charmante placette.

- €€ - *11 place du Musée - ✆ 04 50 17 52 43 - www.la-table-de-nernier-restaurant.eatbu.com - Fermé mardi et mercredi, et lundi soir*

NEUILLÉ-LE-LIERRE

✉ 37380 - Indre-et-Loire - Carte régionale n° **15**-B1

LIBERTÉ

CUISINE MODERNE • COSY Liberté, j'ai écrit ton nom... gourmand, forcément gourmand ! À Neuillé-le-Lierre, dans l'ancien hôtel de la gare, Romain Thevenon, originaire de Chinon, compose une cuisine de saison qui met en valeur la région. Aux côtés de son épouse Nadège en salle, il s'appuie sur la cueillette sauvage et un jardin aromatique attenant. Du pain au levain au beurre fumé jusqu'aux glaces, tout est maison. Tomates aux herbes du jardin, vinaigrette cerise et colza grillé ; faux-filet de race Rouge des prés, mousseline d'aubergine et jus réduit ; nuage de crème brûlée à l'estragon, glace herbacée et cerise. Un menu dégustation en plusieurs temps qui exprime son terroir.

♿ P - €€€ - *19 rue de la République - ✆ 02 47 52 95 05 - www.liberte-restaurant.fr - Fermé mardi et mercredi midi*

NEUILLY-SUR-SEINE

✉ 92200 - Hauts-de-Seine - Carte régionale n° **11**-E2

YUSHIN

CUISINE JAPONAISE • ÉPURÉ Dans un quartier résidentiel de Neuilly, ce restaurant japonais sert différents menus qui font honneur à la tradition : sushis, bento, omakase. Préparés avec un soin tout nippon, les poissons d'une belle fraîcheur sont à l'honneur, sans oublier les desserts joliment présentés. Le cadre joue quant à lui l'épure du bois clair et des murs blancs.

AC - **€€€** - *77 rue Chauveau - ✆ 09 88 52 88 24 - www.yushin.fr - Fermé lundi et dimanche*

LE 5 PARTICULIER

MINIMALISTE • VERDOYANT Un manoir du 19e s. près du Bois de Boulogne est devenu un hôtel dont le style maison de campagne prend encore plus de valeur à quelques encablures de l'Arc de Triomphe. Ses chambres sont élégantes et d'un minimalisme apaisant, tandis que son restaurant et son bar à cocktails bénéficient d'un peu plus de glamour. Son atout majeur, bien sûr, est le jardin arboré qui en fait un lieu exceptionnellement paisible.

AC - **29 chambres** - *5 rue Paul Deroulède - ✆ 01 46 24 22 77*

NEVERS

✉ 58000 - Nièvre - Carte régionale n° **16**-C2

JEAN-MICHEL COURON

CUISINE MODERNE • CONTEMPORAIN Ce chef ravit les papilles de ses fidèles clients depuis plus de 30 ans avec une cuisine actuelle aux accents méditerranéens, à l'image de ce jus de bouillabaisse mi-pris et son carpaccio de grosses crevettes sauvages. Il s'autorise également quelques notes plus exotiques comme cette sauce yakitori avec un filet de canard. Côté ambiance, on a le choix entre une salle contemporaine et un ancien cloître du 14e s.

- **€€** - *21 rue Saint-Étienne - ✆ 03 86 61 19 28 - www.jm-couron.com - Fermé lundi et mardi, et dimanche soir*

NÉVEZ

✉ 29920 - Finistère - Carte régionale n° **1**-B3

AR MEN DU

Chef : Jerôme Gourmelen

CUISINE MODERNE • COSY À vos pieds, la lande sauvage est battue par l'Océan, et à quelques encablures, les rochers de l'îlot de Raguenès brillent au soleil... Ici, la gastronomie durable est une priorité : les produits sont rigoureusement de saison, issus du potager, de la pêche locale ou de petits producteurs. Bien installé face à la mer, on déguste avec bonheur les préparations de Jérôme Gourmelen, aux saveurs franches et aux dressages étudiés, à l'image de sa symphonie de poissons crus ikejime. Service chaleureux.

L'engagement du chef : Nos fournisseurs locaux (une dizaine de maraîchers, éleveurs de cailles et autres volailles...) pratiquent tous l'agriculture ou l'élevage biologique. Les poissons que nous cuisinons sont issus de la pêche de petits bateaux et nous avons mis en place un verger et un jardin aromatique, tous deux gérés en permaculture. Les déchets sont compostés, on vise le zéro plastique et nous sélectionnons avec soin nos produits d'entretien.

P - **€€€** - *47 rue des Îles, à Raguenès-Plage - ✆ 02 98 06 84 22 - www.men-du.com - Fermé du lundi au mercredi à midi*

NEYRAC-LES-BAINS

✉ 07380 - Ardèche - Carte régionale n° **20**-C3

BISTROT BRIOUDE

CUISINE TRADITIONNELLE • COSY Au sein de la maison mère Brioude, le bistrot propose un menu du marché malin, dans une veine traditionnelle : pâté en croûte de volaille, pistache et morilles ; paleron de fin-gras du Mézenc, cèpes et purée de carotte ; praliné feuillantine et glace café... Que dire, sinon qu'on se régale à prix doux ! En sus, on profite d'une agréable terrasse et d'un accueil bon enfant.

- **€** - *7 rue Mazade - 04 75 36 41 07 - www.claudebrioude.fr - Fermé lundi et dimanche*

BRIOUDE

CUISINE MODERNE • ÉLÉGANT Cette auberge familiale offre depuis 1887 une cuisine soignée et locavore : ici, on privilégie les producteurs du coin ! Dans une élégante salle ouverte sur les paysages de l'Ardèche méridionale, on déguste le savoureux menu "découverte" concocté par Claude Brioude : omelette revisitée au cresson d'Ardèche, gravlax de truite au poireau, trilogie d'agneau et sa tarte aux légumes...

- **€€** - *7 rue Mazade - 04 75 36 41 07 - www.claudebrioude.fr - Fermé lundi, et mardi et dimanche soir*

NICE

✉ 06300 – Alpes-Maritimes –
Carte régionale n° 29-E2

✿✿ FLAVEUR

Chefs : Gaël et Mickaël Tourteaux

CUISINE CRÉATIVE • ÉPURÉ Les frères Tourteaux, Gaël et Mickaël, sont inséparables. Même lycée hôtelier à Nice (avec passage d'examen dans la même salle !), formation commune au Negresco à l'époque d'Alain Llorca... et même envie de travailler le bon, le vrai, le savoureux, en étant son propre patron. Résultat de cette alliance fraternelle : Flaveur, leur bébé, auquel ils ont consacré toute leur énergie au point de décrocher une étoile Michelin en 2011, et une seconde en 2018. Comment résumer la "patte" Tourteaux ? Elle tient à une certaine forme de confiance, d'audace, de prise de risque bien dosée. Par exemple, entre le produit local et les épices lointaines, ils ne choisissent pas : ce sera les deux, mon capitaine ! Au détour d'une assiette, une rascasse de la pêche niçoise rencontre un bouillon de poisson rehaussé au vadouvan, un mélange d'épices indiennes au parfum puissant... c'était risqué, c'est une réussite. Une cuisine de caractère, fine et maîtrisée de bout en bout : bravo !

PLAN : C1-1 - ✿ ♿ A/C - **€€€€** - *25 rue Gubernatis - ✆ 04 93 62 53 95 - www.restaurant-flaveur.com - Fermé lundi, dimanche et samedi midi*

✿ LES AGITATEURS

Chefs : Samuel Victori et Juliette Busetto

CUISINE CRÉATIVE • COSY Prêts à vous faire secouer les papilles ? Alors rendez-vous dans le petit bistrot chic mené tambour battant par Samuel Victori (auparavant second au Passage 53). En cuisine, le chef s'agite pour concocter des plats aux textures, cuissons et saveurs sublimées, qu'il se fait un plaisir de venir expliquer en salle. Il ne travaille qu'avec des fournisseurs locaux et compose des recettes originales, dynamiques, ludiques, qui bousculent la tradition et dont les intitulés éveillent la curiosité... à l'image de « Ce que la mer a voulu nous donner », un magnifique filet de loup cuit poché, à la chair bien nacrée et délicate, accompagné d'un riz kochihikari, de fines lamelles de navet cru et de quelques algues, et servi avec un excellent beurre blanc monté au bouillon dashi avec de la bonite séchée... Un régal de subtilité. Au menu également, une ambiance conviviale sur fond de musique tendance et un service aux petits soins auquel participe parfois le chef avec énergie et enthousiasme.

PLAN : D2-5 - A/C - **€€€€** - *24 rue Bonaparte - ✆ 09 87 33 02 03 - www.lesagitateurs.com - Fermé mardi, mercredi, et lundi, jeudi et vendredi midi*

photosimysia/Getty Images Plus

✿ L'AROMATE

Chef : Mickaël Gracieux

CUISINE MODERNE • CONTEMPORAIN C'est au cœur de Nice, à proximité de la place Masséna, que se niche cette belle adresse. Salle contemporaine aux tons noir, blanc et doré, cuisines vitrées donnant sur la salle, matériaux bruts, bois et granit ; tout est en place pour accueillir la prestation gastronomique d'un chef au beau parcours (Oustau de Baumanière, Plaza Athénée, Le Bristol, Le Louis XV, etc.). Il propose une cuisine moderne et créative, à base d'excellents produits, et aux dressages particulièrement soignés, qui met Nice et le terroir méditerranéen à l'honneur (gamberonis de San Remo, courgette violon, favouilles, poulpe, agrumes...). Le chef a du métier et de la suite dans les idées.

PLAN : C2-3 – ♿ A/C – **€€€€** – *2 rue Gustave-Deloye – ✆ 04 93 62 98 24 – www.laromate.fr – Fermé lundi, dimanche et le midi*

✿ LE CHANTECLER

CUISINE MODERNE • ÉLÉGANT Sur la Promenade des Anglais, le Negresco trône superbe face à la mer. Virginie Basselot, MOF 2015, pilote les cuisines du Chantecler, la table gastronomique. Dans ce cadre d'exception, la Normande d'origine s'exprime sans arrière-pensée, avec une idée claire : celle d'offrir une cuisine actuelle et créative réalisée à partir de très beaux produits, grâce aux liens que la cheffe a su tisser avec les producteurs locaux. Cette simplicité em-

porte l'adhésion, à l'image de cette lotte de Méditerranée au beurre mélisse et citron du Var, ou ce rouget barbet de roche, purée de chou au combava et condiment lié au foie. Service élégant.

PLAN : B2-2 – ♿ AC P – **€€€€** – *Le Negresco, 37 promenade des Anglais* – *04 93 16 64 10* – *www.lenegresco.com/restaurants/le-chantecler* – *Fermé lundi, mardi et le midi*

ÉPICENTRE N

Chef : Selim M' Nasri

CUISINE MODERNE • CONTEMPORAIN À quelques rues du quartier de son enfance, Selim M'Nasri s'épanouit dans cet espace intimiste et harmonieux, où les matériaux naturels et le mobilier contemporain sont baignés d'une lumière tamisée. Formé pendant huit ans par Marcel Ravin (Blue Bay à Monaco), chez qui il a gravi les échelons de commis à second, il revendique l'influence de son mentor. Toutes les tables font face à la cuisine ouverte : le chef y orchestre une expérience immersive, ponctuée de passages au passe. Là, les convives découvrent les épices qui guideront le repas – sansho, Timut, cardamome verte, citron noir... Produits locaux, poissons et végétaux dominent, portés par une précision d'assaisonnement qui les laisse s'exprimer avec autant de profondeur que de naturel. Épicentre, une délicieuse secousse pour les papilles !

PLAN : D2-24 – ♿ AC – **€€€** – *8 rue Fodéré* – *07 43 46 13 32* – *Fermé mardi, mercredi, et le midi*

JAN

Chef : Jan Hendrik van der Westhuizen

CUISINE CRÉATIVE • **ÉLÉGANT** Tour à tour chef sur des yachts privés à Monaco et reporter-photographe pour un grand magazine, le Sud-Africain Jan Hendrik van der Westhuizen a déjà eu plusieurs vies... Dans son petit repaire intime et romantique, près du port, il signe une cuisine créative, personnelle, proposée sous forme de menu unique, dans lequel il joue des associations sucrée-salée, du fumé, du piquant, et de l'acide, proposant ainsi un aperçu de la cuisine sud-africaine. Au moment du fromage, on découvre en face du restaurant une salle à manger avec un buffet composé de plus d'une vingtaine fromages différents à déguster avec diverses boissons, confitures et fruits secs.

PLAN : D2-4 - ♿ A/C - **€€€€** - *12 rue Lascaris - ✆ 04 97 19 32 23 - www.janonline.com/fr/restaurantjan - Fermé lundi, dimanche et le midi*

ONICE

Chefs : Florencia Montes et Lorenzo Ragni

CUISINE MODERNE • **ÉPURÉ** Ô Nice, que tes saveurs nous enchantent ! Derrière cette adresse intimiste du quartier des Antiquaires, on trouve l'attachant et talentueux couple italo-argentin formé par Lorenzo Ragni et Florencia Montes. Après un parcours international étoilé, ils se sont rencontrés chez Mauro Colagreco au Mirazur. Ils signent aujourd'hui à quatre mains des assiettes incisives et punchy qui épousent les saisons et la pêche locale, et se permettent quelques audaces bienvenues dans les associations de saveurs : tagliatelle de seiche, vinaigrette de citron et cédrat ; loup de mer, émulsion au champagne et coques de mer ; sorbet d'orange sanguine, riz koji au lait et cardamome verte... Une table pleine de promesses.

PLAN : D2-22 - ♿ A/C - **€€€€** - *5 rue Antoine-Gautier - ✆ 07 86 55 50 33 - www.restaurantonice.com - Fermé lundi, mardi et le midi*

RACINES - BRUNO CIRINO

Chef : Bruno Cirino

CUISINE VÉGÉTARIENNE • **BISTRO** Bruno Cirino et son fidèle bras droit José Vidal servent dans ce petit restaurant un menu unique d'un très bon rapport qualité-prix, composé uniquement de fruits et légumes bio ou issus de cultures raisonnées de la région. Une cuisine potagère de produits récoltés à leur maturité optimale, cuisinés avec talent, qui magnifie la typicité azuréenne, notamment l'ail, l'huile d'olive et le basilic. On se régale de morilles farcies et soupe légère de champignons bruns ; de petits pois cuits au court-bouillon, cosses broyées et émulsion au lait de bufflonne ; ou d'une tarte au citron de Menton et sorbet à la mandarine... Le tout arrosé de bons crus à des tarifs intéressants, et servi avec le sourire. Attention, pensez à réserver !

PLAN : B1-26 - ♿ A/C - **€€€** - *3 rue Clément-Roassal - ✆ 04 93 76 86 17 - www.restaurant-racines-nice.com - Fermé lundi, dimanche et le midi*

L'ALCHIMIE

CUISINE MODERNE • **COLORÉ** Ce bistrot moderne et chaleureux fait le bonheur des amateurs de bonne cuisine à prix doux, alléchés par la bonne affaire de son menu déjeuner, une aubaine à Nice. Porc au bouillon Tom Ka Kaï, confit de bœuf aux petits pois et carottes, ou encore tartelette aux pommes façon Tatin : cette prestation sérieuse ne déçoit pas. Toujours complet au premier service, il est néanmoins facile d'y trouver une table à 14 h. Ouvert au dîner uniquement le vendredi et le samedi.

PLAN : B2-14 - **€€** - *14 rue Maccarani - ✆ 04 93 54 61 85 - www.lalchimie-restaurant.com - Fermé lundi et dimanche, et du mardi au jeudi soir*

BISTROT D'ANTOINE

CUISINE TRADITIONNELLE • BISTRO C'est l'accent du Sud qui chante dans ce bistrot de copains, où règne une ambiance très conviviale. En cuisine, c'est l'ébullition ! Côté papilles, que du bon, à l'instar de cette cocotte de cochon à l'ancienne et polenta crémeuse, de ce tartare de bœuf coupé au couteau ou de ce rognon de veau sur le grill, moutarde à l'ancienne et ses pommes de terre grenailles en persillade... Bondé, vous avez dit bondé ? Antoine connaît un franc (et mérité) succès.

PLAN : C2-7 - A/C - **€€** - *27 rue de la Préfecture - 04 93 85 29 57 - Fermé lundi et dimanche*

CAFÉ DES MUSICIENS N

CUISINE DU MARCHÉ • BISTRO Dans le quartier des Musiciens, le chef australien Christopher Edwards, venu de Paris, propose une ardoise courte qui obéit sans barguigner à la loi du marché : terrine d'automne aux figues, tripes niçoises, saucisses Pérugines et fregola sarda : de bonnes assiettes franches du collier. Le tout est servi dans un cadre simple où sa compagne Charlotte mène la salle avec chaleur. Elle veille aussi sur la sélection de vins nature bien ciblée. Déjeuner très abordable, dîner plus ambitieux mais toujours à tarif raisonnable.

HORS PLAN - A/C - **€€** - *13 avenue Auber - 04 83 93 84 12 - www.cafedesmusiciens.fr - Fermé mardi soir, mercredi soir, dimanche et lundi*

CHEZ DAVIA

CUISINE RÉGIONALE • BISTRO Voilà une adresse attachante tenue par la même famille depuis 1953, imaginée par Davia, la grand-mère, puis reprise en 1985 par Alda, la mère, aujourd'hui à la retraite. Depuis 2016, c'est Pierre Altobelli, la troisième génération, qui, après un impressionnant parcours dans des maisons étoilées en France et en Asie, mitonne de savoureuses recettes niçoises. Tout ici est soigné, notamment les produits, choisis avec attention. Linguine au pistou ; sardines farcies au vert de blette ; osso buco à la feuille de laurier. À déguster dans un sympathique décor de bistrot rétro dans son jus.

PLAN : B2-8 - **€€** - *11 bis rue Grimaldi - 04 93 87 91 39 - www.chezdavia.com - Fermé lundi et mardi midi*

LA MERENDA

CUISINE PROVENÇALE • BISTRO Derrière la façade de ce petit restaurant "à l'ancienne" d'une charmante simplicité se trouve une véritable institution niçoise. Dominique Le Stanc confectionne ici de bons petits plats de la région (pissaladière, tripes à la niçoise, stockfish, tourte de blettes, tarte au citron, etc.) aux saveurs franches et authentiques. À déguster au coude-à-coude dans de belles assiettes en céramique faites sur mesure, au milieu des œuvres d'art qui émaillent les murs. Attention, pas de téléphone : il faut réserver en ligne.

PLAN : C2-10 - A/C - **€€** - *4 rue Raoul-Bosio - www.lamerenda.net - Fermé lundi, samedi et dimanche*

OLIVE & ARTICHAUT

CUISINE RÉGIONALE • BISTRO Originaire de Nice, le chef est venu s'installer dans la région avec son épouse, bretonne, après plusieurs expériences à l'étranger. Il met les produits locaux à l'honneur dans une cuisine très gourmande, "entre mer et montagne" : tarte fine façon pissaladière au boudin noir rôti, paleron de veau braisé, crémeux de pois chiche, tarte au chocolat et praliné noisette...

PLAN : C2-11 - A/C - **€€** - *6 rue Sainte-Réparate - 04 89 14 97 51 - www.oliveartichaut.com - Fermé lundi et dimanche*

APOPINO

CUISINE MÉDITERRANÉENNE • BISTRO Niché dans un quartier chic, ce bistro au cadre bleu marin est le piano d'un chef piémontais. Il compose une cuisine de marché, évidemment méditerranéenne, aux influences italiennes : filet de loup accompagné d'un écrasé de courgettes trompette et olives taggiasche. Les suggestions, inscrites à l'ardoise, changent au gré des saisons et de l'inspiration. Tout est fait maison.

PLAN : B2-15 – A/C – **€€€** – *11 bis rue Grimaldi – ✆ 04 97 14 86 02 – www.apopinorestaurant.com – Fermé lundi et dimanche*

L'ATELIER

CUISINE RÉGIONALE • BISTRO Originaire de Vendée, le chef Stéphane Chenneveau a sans doute dû être un peu "fada" lorsqu'il a ouvert son restaurant ! Imaginez, revisiter la socca, cette incontournable galette à base de farine de pois chiche... Elle demeure un classique de la carte, mais sa cuisine a continué d'évoluer, offrant des recettes régionales savoureuses, ainsi que des menus carte blanche plus ambitieux, adaptés à son inspiration et aux saisons. Belle carte des vins en biodynamie.

PLAN : C1-12 – A/C – **€€€** – *17 rue Gioffredo – ✆ 04 93 85 50 74 – www.l-atelier-restaurant-nice.com – Fermé lundi, samedi et dimanche*

BAR DES OISEAUX

CUISINE TRADITIONNELLE • BISTRO Dans cette petite maison d'angle, le programme d'Armand Crespo ne manquera pas de réjouir les gourmands. La belle tradition (brandade, bourride) côtoie à la carte de bonnes pâtes artisanales : ravioles et volaille farcie, linguine de la mer, etc. Tout cela est proposé à prix doux, dans un décor inspiré par le pop art : on gazouille de plaisir.

PLAN : C2-18 – A/C – **€€** – *5 rue Saint-Vincent – ✆ 04 93 80 27 33 – Fermé lundi et dimanche*

LE BISTROT DE JAN N

CUISINE MODERNE • COSY Juste à côté du restaurant étoilé JAN, son petit frère décontracté ne manque ni d'élégance ni de panache. Murs et sol vert émeraude, lustres à pampilles, piliers en pierre apparente compositions végétales : l'ambiance est celle d'un bistrot, oui, mais glamour et raffiné ! Côté assiette, on retrouve un bel équilibre entre classiques bistrotiers français – tournedos Rossini, sole meunière, tarte Tatin – et influences plus personnelles. Le chef Jan Hendrik, d'origine sud-africaine, glisse avec malice quelques souvenirs d'enfance, comme un bobotie de lentilles ou le pudding malva à la glace vanille maison. Des options végétariennes aux accents voyageurs complètent la carte. Menu déjeuner à prix doux.

PLAN : D2-30 – A/C – **€€** – *12 rue Lascaris – ✆ 04 93 26 81 62 – www.janonline.com – Fermé lundi et dimanche soir*

LE BISTROT DES DOCKS

CUISINE MODERNE • BISTRO À l'écart des sentiers touristiques, ce bistrot modeste et gourmand s'est installé face à la cité marchande des Docks de la Riviera. La clientèle locale, qui fête la cuisine du chef Nicolas Mendjisky, ne s'y est pas trompée. Sa petite carte présentée sur ardoise, qui fait honneur aux produits frais et locaux, met l'eau à la bouche. Ses plats, comme les légumes du marché sur crostini ou le loup au beurre citronné, révèlent une cuisine bien léchée et généreuse, en phase avec les saveurs méditerranéennes de saison. Service et accueil souriants par la compagne du chef, Sofia.

HORS PLAN – A/C – **€€** – *2 rue Flaminius-Raiberti – ✆ 04 23 20 72 55 – Fermé lundi et dimanche, et mardi et mercredi soir*

LE CANON

CUISINE DU MARCHÉ • BISTRO Cette séduisante adresse au décor vintage propose une cuisine misant sur les produits de proximité, souvent bio : gaspacho de tomate, mozzarella di bufala et poivrons ; mulet de pêche locale, ratatouille de légumes des collines et riz venéré ; tarte Bourdaloue aux poires et noisettes de Cervione... Ardoise plus ambitieuse le soir, et vins 100 % nature.

PLAN : B2-19 – ♿ AC – **€€** – *23 rue Meyerbeer – ✆ 04 93 79 09 24 – www.lecanon.fr – Fermé samedi, dimanche et le midi*

LE CÈDRE N

CUISINE LIBANAISE • COSY Les (très) nombreux amateurs de cuisine libanaise ne manqueront pas de découvrir cette table discrète située du côté du palais des expositions. Les recettes du pays du Cèdre sont réalisées avec d'excellents produits frais gorgés de soleil comme dans le taboulé (persil, tomates juteuses, oignon rouge et jus de citron) et des tours de main impeccables, à l'image d'un baba ganoush crémeux à souhait au bon goût d'aubergine fumée. Au dessert, les douceurs feuilletées à la pistache et aux amandes sont à déguster avec un thé à la menthe, évidemment. N'hésitez pas à venir à plusieurs pour avoir l'occasion de tester le menu à partager.

PLAN : D1-32 – AC – **€€** – *4 boulevard Risso – ✆ 04 93 26 75 50 – www.restaurantlecedre-nice.fr – Fermé dimanche et le midi*

COLITA N

CUISINE MÉDITERRANÉENNE • CONTEMPORAIN Entre le port de Nice et la colline du Château, cette table conjugue les saveurs de la Colombie et de l'Italie dans une cuisine métissée et lumineuse, portée par les chefs Carlos et Daniele. Sur la grande terrasse aux fauteuils orange ou dans la petite salle en longueur aux tons terre cuite, l'ambiance est chaleureuse et décontractée. Dans la cuisine ouverte, les cuissons à la flamme – plancha et parrilla – donnent le ton. Le poulpe grillé, la côte de veau braisée ou les sardines à la sauce chimichurri offrent des arômes intenses. Le ceviche péruvien, vif et équilibré, associe poisson blanc, oignon rouge, maïs croquant et patate douce. Une adresse authentique et sincère, à la croisée de deux cultures.

PLAN : D2-20 – ♿ AC 🏖 – **€€** – *20 rue Catherine-Ségurane – ✆ 04 93 07 15 69 – www.colita-nice.fr – Fermé lundi et dimanche*

COMPTOIR DU MARCHÉ

CUISINE TRADITIONNELLE • BISTRO Au cœur de l'animation, dans une ruelle du vieux Nice, décontraction et convivialité sont au programme ! Le nom de ce joli bistrot rétro dit tout du travail du chef, dont les créations sont pleines des couleurs et des parfums du marché. Carte courte, fraîcheur garantie, prix raisonnables : on passe un bon moment.

PLAN : C2-21 – 🏖 – **€€** – *8 rue du Marché – ✆ 04 93 13 45 01 – www.comptoirdumarche.fr – Fermé lundi et dimanche*

LES DEUX CANAILLES

CUISINE MODERNE • CONTEMPORAIN Sous la houlette d'un chef japonais qui ne manque ni d'expérience ni de passion, ces Deux Canailles niçoises ne vous joueront aucun mauvais tour, bien au contraire. Le prix du menu déjeuner est une aubaine à Nice ! La cuisine ? Méridionale et épurée, fraîche et d'une belle finesse, elle se pare de jolies touches nippones. Bilan : un bon moment !

PLAN : C2-16 – AC – **€€** – *6 rue Chauvain – ✆ 06 34 15 64 91 – www.lesdeuxcanailles.com – Fermé lundi et dimanche*

EPIRO

CUISINE ITALIENNE • BISTRO À deux pas du port, le restaurant d'Alessandra et Marco charme les gourmets avec sa cuisine romaine artisanale. Les linguine maison, al dente, mariées à une ventrèche fondante, une sauce tomate relevée et des herbes fraîches, rappellent l'âme des trattorias. Le tataki de thon, accompagné d'artichauts frits et d'un crémeux à l'ail des ours, séduit par son équilibre. En dessert, le millefeuille citron-vanille, servi avec un sorbet fraise-basilic, allie légèreté et fraîcheur. Ambiance jazzy, déco bohème et service chaleureux complètent cette adresse accueillante.

PLAN : D2-29 – A/C – **€€** – *53 boulevard Stalingrad – 04 83 39 51 89 – Fermé lundi, mardi, et mercredi et jeudi à midi*

FINE GUEULE

CUISINE TRADITIONNELLE • TENDANCE Dans le vieux Nice, face à la mairie, la salle est organisée autour d'une cuisine ouverte et d'un comptoir où les clients peuvent prendre place. Mais le plaisir est aussi – et surtout – gustatif, avec des assiettes de tradition déclinées chaque jour à l'ardoise : pissaladière maison, œuf mimosa à l'estragon, calamars à la plancha, caille confite et jus à l'ail...

PLAN : C2-9 – A/C – **€€** – *2 rue de l'Hôtel-de-Ville – 04 93 80 21 64 – www.finegueule.fr – Fermé lundi et dimanche*

MARMAR N

CUISINE MÉDITERRANÉENNE • CONTEMPORAIN Dans une ruelle située derrière le port, Claudio Marsico, chef originaire du Sud de l'Italie, et Jacopo Marini, sommelier lombard, ont métamorphosé une ancienne adresse à burgers en une charmante table méditerranéenne, lumineuse et accueillante. On s'y régale d'une cuisine fraîche et spontanée, inspirée chaque jour du marché Saleya voisin, soulignée de touches épicées et acidulées : artichauts frits, vinaigrette de citron et ketchup de carottes ; filet de canette, patate douce, tombée de poireaux. Une carte des vins européenne, en constante évolution, accompagne cet agréable moment.

PLAN : D2-33 – A/C – **€€** – *7 rue Fodéré – 04 23 20 82 89 – Fermé dimanche, lundi midi et jeudi soir*

ONAKAYA N

CUISINE JAPONAISE • ÉPURÉ Après rénovation, Onaka devient Onakaya, en référence aux izakayas japonais où l'on partage une cuisine populaire et conviviale. Dans cette adresse niçoise nichée au fond d'une impasse (accès par la rue de la Liberté), on savoure tempura de légumes, saumon mi-cuit au yuzu-miso, makis, sushis, mais aussi des clins d'œil au terroir niçois : tacos de socca aux crevettes et dragon rolls débridés. Décor chic, bar à cocktails maison et belle sélection de sakés. Au niveau supérieur, Onakasé est un comptoir intimiste (12 places) qui propose un menu dégustation haut de gamme. Réservation indispensable.

PLAN : C2-34 – A/C – **€€€** – *12 passage Masséna – 04 22 91 69 71 – www.onaka-group.com – Fermé dimanche, et lundi et mardi à midi*

PEIXES BONAPARTE

POISSONS ET FRUITS DE MER • MÉDITERRANÉEN Entre la place Garibaldi et le port, le petit frère du Peixes Opéra possède aussi une grande terrasse, très prisée aux beaux jours ! On connaît la formule gagnante : une déclinaison de plats à partager iodés (poissons, tataki, sashimi, acras, huîtres) et des spécialités de ceviche. Le cadre de bistrot contemporain bleu et blanc marin évoque le Portugal et la Grèce. Derrière le comptoir, une mixologue confectionne ses cocktails. Très bon rapport qualité-prix de la formule déjeuner. Une adresse ouverte non-stop qui propose une carte réduite jusqu'à 19 h.

PLAN : D1-28 – ♿ A/C – **€€** – *5 rue Bonaparte – ✆ 04 93 56 30 90 – www.peixes.fr – Fermé dimanche midi*

PEIXES OPÉRA

POISSONS ET FRUITS DE MER • **CONVIVIAL** Près de la mairie et de l'opéra, Peixes – à prononcer « pêche », qui veut dire « poisson » en portugais. Dans cette petite salle de bistrot au carrelage blanc et bleu, on braconne de jolies préparations iodées d'esprit tapas (ceviche, carpaccio, tataki, fritures de poisson, accras de morue). Dans les assiettes, les influences méditerranéennes et sud-américaines se mêlent pour un résultat plein de peps et de fraîcheur. Adresse prisée avec un service non-stop de midi à minuit, sans réservation, et une carte resserrée sur ardoise de 14 h à 19 h ; la terrasse est souvent prise d'assaut.

PLAN : C2-25 – ♿ A/C – **€€** – *4 rue Jacques-Médecin – ✆ 04 93 85 96 15 – www.peixes.fr – Fermé dimanche midi*

PIROUETTE

CUISINE MODERNE • **INTIME** Dans ce bistrot intimiste – une ancienne épicerie – ouvert par l'équipe des Agitateurs, l'assiette tout en saisonnalité et fraîcheur fait effectivement des pirouettes, et même le grand écart ludique entre recettes classiques et plats plus exotiques : agneau en tacos de verdure, ravioles « Riviera Kwaï » ou, classique s'il en est, pithiviers de pigeon et foie gras. Dans cette courte carte, la plupart des plats sont à partager, sur fond de sono branchée. Carte de vins vivants qui surfe aussi sur la vague des vins oranges.

PLAN : D2-23 – A/C – **€€€** – *34 rue Bonaparte – ✆ 09 82 20 93 21 – www.lesagitateurs.com/pirouette – Fermé mardi, mercredi, et lundi, jeudi et vendredi midi*

LA RÉSERVE DE NICE

CUISINE MODERNE • **ÉLÉGANT** À l'écart de la ville, cette belle demeure jouit d'une situation exceptionnelle, en surplomb de la mer, face à la baie des Anges et au ballet des ferries reliant la Corse. Avec ses accents Art déco, la salle a l'allure d'un paquebot... et l'on embarque pour une croisière gastronomique raffinée, ancrée en Méditerranée.

PLAN : D2-13 – ♿ A/C – **€€€€** – *62 boulevard Franck-Pilatte – ✆ 04 97 08 14 80 – www.lareservedenice.fr – Fermé lundi et dimanche*

LA ROTONDE

CUISINE MÉDITERRANÉENNE • **CONTEMPORAIN** La brasserie – en forme de rotonde – du palace mythique est résolument entrée dans la modernité. Dans cet espace lumineux (qui bénéficie d'une terrasse), on pioche dans une carte (conçue par la cheffe étoilée Virginie Basselot) qui célèbre une cuisine franche et colorée aux accents méditerranéens, avec des clins d'œil à la tradition niçoise...

PLAN : B2-17 – A/C – **€€€** – *Le Negresco, 37 promenade des Anglais – ✆ 04 93 16 64 11 – www.lenegresco.com/restaurants/la-rotonde*

LE SÉJOUR CAFÉ

CUISINE MODERNE • COSY Des étagères garnies de livres, de bibelots et de plantes vertes, des tableaux et des photos aux murs... On se croirait dans la salle de séjour d'une jolie maison particulière, cosy et feutrée. Et c'est sans mentionner le charme exercé par la cuisine du marché et pleine de gourmandise rythmée par les saisons. Accueil et service des plus attentionnés.

PLAN : B2-27 – ♿ A/C – **€€** – *11 rue Grimaldi – ✆ 04 97 20 55 35 – www.sejourcafe.com – Fermé , lundi, mercredi et dimanche midi*

SHINTARO (N)

CUISINE JAPONAISE • ÉPURÉ Un comptoir à sushis intimiste en bois clair, et une petite salle épurée derrière une voûte de pierre : c'est là que le chef Shintaro Suzuki, méticuleux et concentré, déploie une cuisine authentiquement nippone, sans superflu, à des prix très raisonnables. Parmi les incontournables : l'aubergine confite marinée au soja et gingembre, le tataki de bœuf sauce yakiniku à l'oignon, le tonkatsu au yuzu-miso. Formule plus simple le midi ; réservation indispensable.

PLAN : C2-35 – A/C – **€€** – *8 rue Gubernatis – ✆ 09 87 40 00 16 – Fermé mercredi et jeudi*

LE SOCLE

CUISINE MODERNE • CONTEMPORAIN Proche de la place Garibaldi, ce petit bistrot est rondement mené par un binôme aguerri dans les meilleures maisons : la cheffe Dominique Roca et son compagnon en salle Mikhaël Lyoubi. Bons produits frais choisis avec soin et jolie sélection de vins de toutes les régions, le tout à prix raisonnable : l'affaire est entendue !

PLAN : D1-31 – ♿ A/C – **€€** – *17 rue Barla – ✆ 09 87 48 93 57 – www.lesocle.eatbu.com – Fermé mardi, mercredi et samedi midi*

TAULISSA (N)

CUISINE MÉDITERRANÉENNE • TENDANCE Perché au 6e étage de l'hôtel Maison Albar - Le Victoria, cet établissement déroule un panorama de carte postale : la ville d'un côté, la mer de l'autre, et entre les deux, une salle lumineuse aux accents marins, sobre et élégante. Dans l'assiette, Glenn Viel et son adjoint Fred Grava revisitent la cuisine du sud avec des produits locaux et des jus concentrés. La pêche du jour ou l'épaule d'agneau confite s'invitent au guéridon, ajoutant une touche de spectacle au service, précis et chaleureux. Un restaurant d'altitude où la Méditerranée se goûte autant qu'elle se contemple.

PLAN : B2-36 – ♿ A/C – **€€€** – *Maison Albar - Le Victoria, 6 avenue de Suède – ✆ 04 22 70 08 04 – www.maison-albar-hotels-le-victoria.com*

L'ABEILLE - BOUTIQUE APARTMENTS

MODERNE • CHALEUREUX Rares sont les appartements hôteliers aussi élégants que ces espaces ultra-modernes et colorés. L'Abeille fait fi des clins d'œil au folklore du sud de la France : le vieux quartier portuaire de Nice s'en charge. L'immeuble est récent, mais habillé d'une palette méditerranéenne classique. À l'intérieur, les lignes sont épurées, le bois nu, le béton brut et les teintes primaires saturées, ponctuées de quelques œuvres d'art contemporain judicieusement choisies. Chaque appartement dispose d'une cuisine moderne bien équipée, d'une salle de bains en marbre et d'un système audio.

A/C – **9 chambres** – *4 rue Bonaparte – ✆ 06 48 81 41 80*

ANANTARA PLAZA

MINIMALISTE • LUXUEUX L'un des bâtiments les plus emblématiques de Nice — parmi les tout premiers hôtels de luxe de la ville à son ouverture en 1848 — a connu une métamorphose cinq étoiles. L'architecte Jean-Paul Gomis et le studio londonien David Collins Studio ont imaginé un décor minimaliste avec une palette de couleurs naturelles. Les chambres sont sophistiquées avec des murs à caissons, des bureaux élégants et des salles de bain épurées ; les suites disposent de jolies terrasses surplombant l'eau. Le bar rooftop, avec ses banquettes courbes en cuir, donne sur la plage privée, semée de parasols rayés. Un rêve de Riviera.

- 151 chambres - *12 avenue de Verdun*

BOSCOLO EXEDRA NICE

Plus

CLASSIQUE • RAFFINÉ Une façade Belle Époque éclatante pour un vaisseau grandiose et immaculé, tout en luxe et sobriété… Comment résister au spa, à la piscine sur le toit terrasse du 6e étage ? Le Boscolo Exedra, ou l'art de vivre la Côte d'Azur à l'heure internationale et urbaine !

- 113 chambres - *12 boulevard Victor Hugo - 04 97 03 89 89*

HÔTEL AMOUR

BOHÈME • CHARME Après les hôtels Amour et Grand Amour à Paris, Nice bénéficie à son tour d'une adresse au charme rétro. Les chambres s'illustrent ici par un caractère bohème, une palette pastel sucrée et des chambres décorées de trouvailles chinées des années 30 à 50. Le rooftop offre une piscine et un bar avec vue panoramique sur la ville, en plus du patio verdoyant. Enfin, une plage privée court le long de la Promenade des Anglais. Un amour partagé !

- 38 chambres - *3 avenue des Fleurs - 04 65 27 10 10*

HOTEL DU COUVENT

ÉPURÉ • ROMANTIQUE Les religieux ont toujours su choisir leurs emplacements. Cet ancien couvent bénéficie d'une situation privilégiée dominant le Vieux Nice. Il a conservé ses jardins cloîtrés, ses terrasses en restanques et de multiples bassins aux airs de thermes romains. Les chambres sont spacieuses et simples, sans pour autant être dépouillées, et les espaces communs relevés d'objets raffinés.

- 88 chambres - *1 rue Honoré Ugo*

HYATT REGENCY PALAIS DE LA MÉDITERRANÉE

CLASSIQUE • CHALEUREUX Un véritable palais dédié à la Méditerranée… Derrière sa grandiose façade Art déco, on découvre un ensemble éminemment contemporain. Les grandes suites, la vue imprenable sur les flots (dans certaines chambres), le piano-bar feutré… Toute l'allure d'une villégiature made in promenade des Anglais !

- 187 chambres - *13 promenade des Anglais - 04 93 27 12 34*

MAISON ALBAR - LE VICTORIA

MODERNE • RAFFINÉ Idéalement située entre la Promenade des Anglais et le Vieux Nice, cette adresse accumule les atouts pour un séjour réussi. Les chambres et suites, à dominante gris chaud aux éclats turquoise, sont lumineuses et généreuses. Certaines font face à la Méditerranée et disposent même d'une terrasse, et toutes donnent accès à la piscine design perchée sur le toit. Le vaste spa propose une large gamme de soins revitalisants.

- 132 chambres - *6 avenue de Suède*

Taulissa - Voir la sélection des restaurants

MAMA SHELTER NICE

CONTEMPORAIN • URBAIN Des fresques dans le hall, des touches de couleur sur les murs, et une installation lumineuse inondant le bar : un nouveau Mama Shelter a touché terre dans le quartier animé de Riquier. Les designers ont puisé dans l'histoire maritime et l'œuvre de Matisse ou Picasso, entre autres artistes. Les chambres suivent la formule éprouvée, allant du Small à l'XXL avec des salles de bain au style vintage et une décoration bohème chic. Autour de l'élégant bar central, DJs et musiciens jouent live, puis sortent sur la terrasse ombragée par temps sec. En été, la piscine extérieure est également ouverte.

- **102 chambres** - *21 boulevard de Riquier*

LE NEGRESCO

GRAND STYLE • RAFFINÉ Bâti en 1912 par Henri Negresco, cet établissement mythique regorge d'œuvres d'art exceptionnelles et cultive la démesure dans un choc des styles qui n'appartient qu'à lui. De l'emphase, de la majesté...

- **128 chambres** - *37 promenade des Anglais - 04 93 16 64 00*

Le Chantecler • La Rotonde - Voir la sélection des restaurants

NIEDERSCHAEFFOLSHEIM

67500 - Bas-Rhin - Carte régionale n° **8**-B1

AU BŒUF ROUGE

CUISINE MODERNE • ÉLÉGANT Géré par la même famille depuis 1880, ce restaurant est une véritable institution locale. Le chef François Golla propose une cuisine moderne sans toutefois renier la tradition, comme avec cette langoustine royale en carpaccio mais aussi travaillée en croustillant, tandis que sa femme dirige la salle avec bienveillance. Côté sommellerie, la sœur du chef propose notamment des vins au verre souvent servis en magnum - très appréciable ! Une adresse attachante où il fait bon s'attabler, notamment grâce à ce cadre bourgeois où le bois domine.

- **€€€** - *39 rue du Général-de-Gaulle - 03 88 73 81 00 - www.francois-golla.com - Fermé lundi, mardi midi et dimanche soir*

NIEDERSTEINBACH

67510 - Bas-Rhin - Carte régionale n° **8**-B1

AU CHEVAL BLANC

CUISINE TRADITIONNELLE • RUSTIQUE L'âme d'une winstub... et le goût du pays porté avec amour : truite au bleu, pavé de biche sauce grand-veneur... mousse au kirsch, etc. Même esprit côté décor, tout en boiseries et composé de deux "stuben", ces salles rustiques typiquement régionales. Enfin, mention spéciale pour l'accueil, tout à fait exemplaire !

- **€€** - *11 rue Principale - 03 88 09 55 31 - www.hotel-cheval-blanc.fr - Fermé mercredi et jeudi*

NIEUL

✉ 87510 - Haute-Vienne - Carte régionale n° **19**-B2

✿ LA CHAPELLE SAINT-MARTIN

Chef : Gilles Dudognon

CUISINE MODERNE • BOURGEOIS À quelques minutes de Limoges, cette ancienne maison de porcelainier déploie son élégance dans un vaste parc. Entre œuvres d'art, arts de la table signés Bernardaud et atmosphère feutrée, l'expérience est raffinée. En cuisine, Gilles Dudognon et son fils Henri œuvrent à quatre mains autour de produits nobles, issus du jardin potager de la propriété ou des producteurs de la région notamment. La jolie carte propose classiques - pithiviers, lamproie à la bordelaise - et créations plus actuelles comme les langoustines juste saisies, lard de cul noir et écume des carapaces. Chambres charmantes.

€€€€ - *33 route Saint-Martin-du-Fault - ✆ 05 55 75 80 17 - www.chapellesaintmartin.com - Fermé lundi, et mardi et mercredi à midi*

NÎMES

✉ 30000 - Gard -
Carte régionale n° **28**-B2

✿✿ DUENDE

CUISINE MODERNE • ÉLÉGANT Duende ! Ou quand l'art du torero et de la danseuse de flamenco enflamment l'imaginaire de Pierre Gagnaire. L'adresse gastronomique de l'Hôtel Imperator bénéficie d'une entrée indépendante. Et d'indépendance, le maître n'en manque sûrement pas : produits de qualité, maîtrise technique avérée, spontanéité et originalité. Le menu dégustation met subtilement à l'honneur les plus beaux produits du Gard et de l'axe méditerranéen (porc baron des Cévennes, légumes de petits maraîchers, pêche de Méditerranée...) autour d'assiettes subtiles et délicates. Superbe carte des vins, riche de plus de 1000 références, avec une préférence régionale marquée. Accueil charmant, service d'un grand professionnalisme et d'une grande élégance.

PLAN : A1-8 - **€€€€** - *Quai de la Fontaine - ✆ 04 66 21 94 34 - www.maison-albar-hotels-l-imperator.com - Fermé du lundi au mercredi, jeudi midi et dimanche soir*

✿ JÉRÔME NUTILE

Chef : Jérôme Nutile

CUISINE MODERNE • ÉLÉGANT Jérôme Nutile n'est pas le premier venu : Meilleur Ouvrier de France 2011, il a notamment fait les beaux jours de l'Hostellerie Le Castellas, à Collias. Dans son repaire nîmois, une ancienne ferme agricole réaménagée, il célèbre les saisons de très jolie manière : tendres poireaux cuits sur la fleur de sel de Camargue, fondant de saumon sauvage confit ; traditionnel lièvre à la royale façon Antonin Carême et à la mode du sénateur Couteaux, un grand classique en deux façons, soigné et savoureux. Ajoutons à cela un service aimable et compétent, une belle carte des vins de la région, et le compte est bon !

HORS PLAN - **€€€€** - *351 chemin Bas-du-Mas-de-Boudan - ✆ 04 66 40 65 65 - www.jerome-nutile.com - Fermé dimanche*

✿ ROUGE

CUISINE CRÉATIVE • INTIME Ce magnifique hôtel particulier du 15e s. abrite une table gastronomique installée dans un joli intérieur feutré, avec son grand comptoir en prise directe avec la cuisine. Ancien second de Georgiana Viou, le chef Luka-Tao Debenath fait preuve d'une créativité certaine : en entrée, un jus de haricots verts herbacé précède un pain brioché fourré de brousse à l'ail, citron et menthe, haricots croquants, salicorne et fleurs d'ail, suivi d'un muge pané de poudre de feuille de figuier, servi froid avec un assortiment de tomates du jardin et d'herbes fraîches, relevé par une béarnaise à l'estragon et une eau de tomate. Quant au dessert de la jeune cheffe pâtissière Auriane Fougeray qui

bondarillia/Getty Images Plus

associe avec audace melon, miel et crème anglaise, c'est une réussite. Grande terrasse dans la cour pour les beaux jours. Menu déjeuner (boisson comprise !) extrêmement attractif.

PLAN : A2-6 – ❀ – **€€€€** – *Margaret - Hôtel Chouleur, 6 rue Fresque – ✆ 04 48 27 08 01 – www.margaret-hotelchouleur.com – Fermé lundi, mardi, mercredi midi et dimanche soir*

SKAB

Chef : Damien Sanchez

CUISINE MODERNE • CONTEMPORAIN Aux commandes de ce repaire de gourmandise situé derrière les arènes, juste en face du musée de la Romanité, on trouve le chef Damien Sanchez, un Nîmois qui a travaillé à la Cabro d'Or, à la Réserve de Beaulieu, chez Christopher Coutanceau à La Rochelle et, enfin, dans sa ville natale aux côtés de Jérôme Nutile. Il convainc aisément avec une cuisine à dominante légumière, pleine de fraîcheur et de vivacité qui met en valeur le terroir gardois : crevettes roses du Grau-du-Roi cuites au court bouillon, bavaroise de brocoli, rouleau de chou vert aux éclats de crevettes ; filet de Saint-Pierre juste snacké, potimarron grillé, patate douce, sauce au miel. Dès les premiers rayons de soleil, on s'installe dans le patio à l'ombre des érables.

HORS PLAN – ❀ – **€€€€** – *7 rue de la République – ✆ 04 66 21 94 30 – www.restaurant-skab.fr – Fermé lundi, dimanche et mardi midi*

LE BISTR'AU - LE MAS DE BOUDAN

CUISINE MODERNE • BISTRO Jérôme Nutile propose dans l'annexe de son adresse étoilée une ardoise composée au gré du marché. Ses préparations gourmandes revisitent les classiques et fleurent bon la bistronomie. Des exemples ? Velouté crémeux d'artichauts, relevé d'huile de truffe et foie gras ; demi coquelet au feu de bois, sauce miel et thym ; poisson du jour en provenance du Grau-du-Roi ; vacherin revisité façon mont-blanc, crémeux et glace marron, dôme et coulis cassis.

HORS PLAN – P – **€€** – *351 chemin Bas-du-Mas-de-Boudan – ✆ 04 66 40 60 75 – www.jerome-nutile.com – Fermé lundi et dimanche*

GIGI

CUISINE MÉDITERRANÉENNE • COSY Ce bistrot carmin et voûté, élégant et cosy, est la seconde table de la cheffe Georgiana Viou, qui régale ici d'une cuisine méditerranéenne gorgée de soleil : caillette d'agneau des Alpilles, poivrons rôtis, ail et crème d'herbes ; maquereau du Grau-du-Roi, farce fine dans l'esprit d'une escabèche catalane et textures de brocolis... Un sens du partage que l'on retrouve à la table d'hôtes.

HORS PLAN – **€€** – *Margaret - Hôtel Chouleur, 6 rue Fresque – ✆ 04 48 27 08 00 – www.margaret-hotelchouleur.com – Fermé lundi et dimanche*

MENNA

CUISINE MÉDITERRANÉENNE • CONVIVIAL Une affaire de famille : le papa en cuisine, sa fille en pâtisserie, au pain et aux amuse-bouches, Jonathan son compagnon à l'accueil et en salle, épaulé de sa belle-mère. Ici, tout est maison dans un registre méditerranéen traditionnel : huîtres du Mas Soula grillées et pulpe de cresson ; ris de veau rôti et poêlée de champignons sauvages ; tarte chaude châtaigne et coing. Du pigeon au riz de Camargue, en passant par l'huile d'olive et les viandes du boucher-éleveur des halles, tous les produits n'ont pas beaucoup voyagé pour finir dans notre assiette. Bistrot situé en plein centre-ville à quelques pas des arènes dans une rue piétonne. La terrasse donne sur une placette.

PLAN : A2-1 – **€€€** – *7 rue de Bernis – ✆ 04 66 21 04 45 – www.restaurant-menna.fr – Fermé mardi, mercredi et dimanche midi*

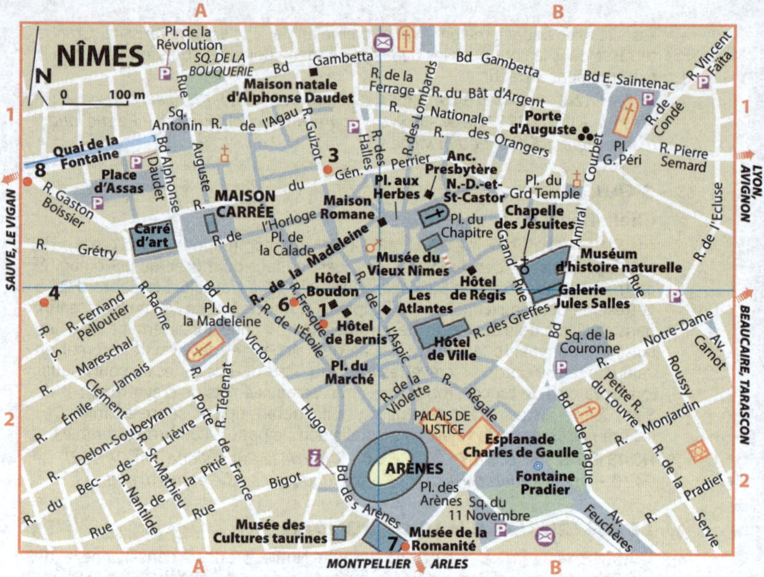

LA PIE QUI COUETTE

CUISINE MÉDITERRANÉENNE • **CONVIVIAL** Situé au cœur des halles de Nîmes, ce comptoir, tenu par un chef expérimenté, enchante les papilles en toute simplicité. La cuisine du marché est concoctée à partir des produits ultra-frais choisis sur les étals voisins. Au nombre des spécialités de la maison : viandes maturées, brandade de morue, tartare de bœuf au couteau et île flottante. Les portions sont généreuses, le choix des vins judicieux. On mange au coude à coude, c'est très convivial. Attention pas de réservation possible, service de 11H30 à 15H00 (le weekend, essayez de venir en décalé).

PLAN : A1-3 – A/C – €€ – *6a rue Guizot – ✆ 04 66 23 59 04 – www.lapiequicouette.fr – Fermé lundi et le soir*

LA TABLE DU 2

CUISINE TRADITIONNELLE • **BRASSERIE** Entité gourmande du musée de la Romanité, cette brasserie contemporaine est parfaitement accordée avec l'architecture du bâtiment. Elle offre une vue imprenable sur les arènes de Nîmes, ainsi qu'une carte de saison chapeautée par le chef étoilé Franck Putelat. Sans jamais y perdre son latin, on se délecte d'une vraie cuisine traditionnelle : œuf meurette ; ris de veau et pomme purée, jus au Maury ; truite meunière... et même d'indétrônables crêpes Suzette.

PLAN : B2-7 – ≤ ♿ A/C ⛱ 🚌 – €€ – *2 rue de la République – ✆ 04 48 27 22 22 – www.latabledu2.com*

VINCENT CROIZARD

CUISINE CRÉATIVE • **ÉLÉGANT** Dans une rue étroite près du Carré d'Art, il faut d'abord sonner à la porte de cette discrète maison de ville. Le chef, autodidacte, y compose une jolie cuisine créative, osant des mariages souvent surprenants. Et c'est à son épouse qu'on doit la superbe sélection de vins, qui fait la part belle au Languedoc-Roussillon.

PLAN : A2-4 – 🍇 ⛱ A/C ⛱ – €€€ – *17 rue des Chassaintes – ✆ 04 66 67 04 99 – www.restaurantcroizard.com – Fermé mercredi midi, lundi et mardi*

BIEN LOIN D'ICI

MODERNE • CHAMPÊTRE Trois éco-lodges plantés dans la garrigue provençale : l'objectif est rempli, la sensation d'ailleurs garantie. Dissimulé dans la végétation, cet hôtel offre un repli dans la nature, et dans le respect de celle-ci. Les deux Parisiens à l'origine de cette bulle de luxe écolo ont pensé à tout, de l'ossature en bois de leurs "maisons passives et bioclimatiques" jusqu'aux énergies vertes en passant par des matériaux 100% locaux, un jardin sec et un système de phytoépuration. Si vous redoutez de dormir sur un matelas de paille et de festoyer autour de fanes de carottes, la décoration ultra pointue, iPad, spa privé, guitare acoustique et vélos à disposition devraient vous rassurer.

- **3 chambres** - *386 traverse d'Engance* - *06 86 76 14 30*

JARDINS SECRETS

CLASSIQUE • RAFFINÉ Exquis et confidentiel... Au cœur de la ville, cet hôtel est une parenthèse : au sein d'un jardin semé de mille essences, le décor, imaginé par une propriétaire pleine de talents, puise dans tous les raffinements du 18e s. Le spa est très beau.

- **14 chambres** - *3 rue Gaston Maruejols* - *04 66 84 82 64*

MAISON ALBAR - L'IMPERATOR

CLASSIQUE • CHARME Superbement restauré, cet hôtel en cœur de ville a retrouvé tout son charme Art déco, depuis les chambres (bois, marbre, rappels minéraux, bleu et vert façon 1930) jusqu'au joli patio-terrasse. Spa, fitness, piscine : un séjour délicieux.

- **60 chambres** - *15 rue Gaston Boissier* - *04 66 21 90 30*

Duende - Voir la sélection des restaurants

MARGARET HOTEL CHOULEUR

ÉLÉGANT • RAFFINÉ Niché dans un somptueux manoir du centre historique, ce très romantique hôtel cumule les atouts de charme : un bar imposant, une élégante bibliothèque et un grand escalier circulaire qui mène aux chambres et suites. Celles-ci sont sophistiquées, dotées de parquets et de meubles en cuir. Mais le coup de cœur revient à la cour, encadrée de beaux murs et agrémentée de lumières scintillantes. C'est un lieu d'une beauté apaisante pour une baignade matinale dans la piscine à débordement ou un apéritif au coucher du soleil.

- **10 chambres** - *6 rue Fresque* - *04 48 27 08 00*

Rouge • Gigi - Voir la sélection des restaurants

NIORT

✉ 79000 - Deux-Sèvres - Carte régionale n° **14**-C2

AUBERGE DE LA ROUSSILLE

CUISINE MODERNE • **AUBERGE** On tombe forcément sous le charme de cette belle maison d'éclusier, installée dans le cadre bucolique des bords de Sèvre... un environnement enchanteur qui ne saurait masquer l'essentiel : la cuisine du chef, soignée et bien calibrée, dans laquelle les produits sont au top et agrémentés sans superflu. Un vrai bonheur.

♿ AC ⛱ - **€€€** - *30 impasse de la Roussille, St-Liguaire - ✆ 05 49 06 98 38 - www.laroussille.com - Fermé lundi et mardi, et dimanche soir*

NŒUX-LES-MINES

✉ 62290 - Pas-de-Calais - Carte régionale n° **4**-B2

LE CERCLE

CUISINE MODERNE • **COSY** Chic sans chichi, ce restaurant d'hôtel séduit par sa cuisine bien exécutée et ses assiettes pleines de saveurs. Le chef Loïc Constant régale depuis plus de 15 ans avec des produits de qualité, un savoir-faire sûr et une touche de générosité. On se délecte d'un carpaccio de bar au piment de Cayenne, aussi simple qu'irrésistible, avant de fondre pour de savoureuses profiteroles maison. Le service, attentionné et efficace, complète parfaitement l'expérience. Et autour, les étoiles du cinéma veillent, dans leurs cadres argentés.

♿ AC ⛱ P - **€€** - *374 rue Nationale - ✆ 03 21 61 65 65 - www.hotel-lamaisonrouge.com*

NOIRMOUTIER-EN-L'ÎLE - Vendée (85) ➜ Voir Île de Noirmoutier

NONSARD-LAMARCHE

✉ 55210 - Meuse - Carte régionale n° **6**-D3

LA MANGEOIRE

CUISINE MODERNE • **MAISON DE CAMPAGNE** Cette Mangeoire-là ne manque pas de finesse ! Tout près du lac de Madine, cette ancienne ferme décorée dans un esprit sobre et rustique est le fief de Quentin Pierre, un chef qui aime la nature et ne ménage pas ses efforts pour inviter les producteurs de la région dans ses assiettes : truite de Saint-Mihiel, porc de Vilotte-sur-Aire, légumes bio de Belleray... Il signe une jolie cuisine de saison, pleine d'idées et d'envie. Le menu dégustation propose quant à lui des produits plus nobles tels que foie gras, omble chevalier ou ris de veau. Côté vins, les Côtes de Meuse sont elles aussi à l'honneur.

♿ - **€€** - *13 rue du Bois-Gérard - ✆ 06 74 87 15 04 - www.restaurantlamangeoire.fr - Fermé lundi et mardi, et mercredi, jeudi et dimanche soir*

NONZA - Haute-Corse (22) ➜ Voir Corse

NOTRE-DAME-DE-BELLECOMBE

✉ 73590 - Savoie - Carte régionale n° **21**-D2

LA FERME DE VICTORINE

CUISINE RÉGIONALE • CONVIVIAL Une ferme plus vraie que nature ; l'hiver, depuis la jolie salle rustique, on aperçoit même les vaches dans l'étable... Le chef est un passionné du terroir savoyard, toujours à la recherche des meilleurs fromages et charcuteries. Une table éminemment sympathique et très gourmande !

- €€ - 141 route du Plan-Dessert - 04 79 31 63 46 - www.la-ferme-de-victorine.com - Fermé mercredi et lundi midi

NOYAL-SUR-VILAINE

✉ 35530 - Ille-et-Vilaine - Carte régionale n° **9**-B1

AUBERGE DU PONT D'ACIGNÉ

Chef : Sylvain Guillemot

CUISINE MODERNE • ÉLÉGANT Aux portes de Rennes, le long de la Vilaine, cette maison en granit mérite toute notre attention. Les propriétaires, Sylvain Guillemot et son épouse Marie-Pierre, se sont rencontrés chez Alain Passard. Sylvain revendique une "cuisine d'instant et d'instinct", travaille le terroir avec inventivité et une maîtrise de tous les instants. Il bichonne particulièrement ses relations avec ses amis producteurs - d'algues, de piment, de gingembre, de volaille et, bien sûr, de beurre. Le cadre, élégant et lumineux, la terrasse en bord de la Vilaine, comme le service, très agréable, ajoutent au plaisir de cette parenthèse gastronomique. Très beau choix de vins.

- €€€ - 8 Le Pont-d'Acigné (lieu-dit) - 02 99 62 52 55 - www.lepontdacigne.com - Fermé lundi et mardi, et dimanche soir

NYONS

✉ 26110 - Drôme - Carte régionale n° **24**-B2

LE VERRE À SOIE

CUISINE FUSION • CONVIVIAL Après une carrière chez Christian Têtedoie (Lyon), Fei-Hsiu et Jérome Lamy ont décidé de reprendre ce Verre à Soie. Lui œuvre toujours comme sommelier, proposant de séduisants accords mets et vins, mettant en valeur la jolie cuisine de son épouse, inspirée par ses origines taïwanaises. Un beau mariage franco-asiatique.

- €€ - 12 place des Arcades - 04 75 26 15 18 - Fermé du mardi au jeudi

OBERNAI

✉ 67210 - Bas-Rhin - Carte régionale n° **8**-A2

LA FOURCHETTE DES DUCS

Chef : Nicolas Stamm-Corby

CUISINE MODERNE • ÉLÉGANT Le chef Nicolas Stamm-Corby sait maintenir l'équilibre parfait entre la célébration des classiques et la pointe d'inventivité qui fait mouche. En toute saison, il nous gratifie d'assiettes de haute volée, dans lesquelles les plus beaux produits sont à la fête. En hiver, c'est par exemple le chevreuil de chasse d'Alsace en deux services et son jus façon grand veneur qui fait honneur au terroir. Même ambition côté sucré, avec notamment un chariot de mignardises absolument mémorable (tartes aux fruits, kougelhopf, financier à la griotte, madeleine au miel de lavande...). Mention spéciale enfin pour le sens de l'accueil du maître de maison Serge Schaal.

AC - €€€€ - 6 rue de la Gare - 03 88 48 33 38 - www.lafourchettedesducs.com - Fermé lundi, mardi, du mercredi au samedi à midi, et dimanche soir

THIERRY SCHWARTZ - TABLE NATURELLE

Chef : Thierry Schwartz

CUISINE CRÉATIVE • **RUSTIQUE** Pour Thierry Schwartz, "Alsacien de cœur et d'origine", la nature ne s'envisage qu'en plein cœur de l'assiette : son engagement en faveur des producteurs locaux en est la preuve, et lui a valu les insignes d'officier du Mérite agricole. Posons le décor : naturel et boisé, avec exposition de légumes du moment, tables en bois et cheminée qui crépite... Il concocte trois remarquables menus où le produit (alsacien et en permaculture) se suffit à lui-même : pur épeautre, omble chevalier, oseille sauvage, œufs bio fermiers... Tout cela s'arrose d'un bon cru, nature bien évidemment : vous aurez le choix, la carte comporte plus de 1500 références.

L'engagement du chef : Depuis l'ouverture du restaurant il y a plus de 20 ans, les circuits courts sont notre priorité. Nous contactons nos maraîchers et éleveurs tous les jours et nous prenons leurs produits à maturité. Notre carte change deux fois par semaine. Une grande majorité de nos producteurs travaillent en biodynamie et nous encourageons la réintroduction de variétés anciennes de fruits et de légumes. Nous transformons les déchets dans une ambition « zéro déchet ».

- €€€€ - 35 rue de Sélestat - 03 88 49 90 41 - www.thierry-schwartz.fr - Fermé lundi, dimanche et mardi midi

SIGNATURE

CUISINE MODERNE • **ÉLÉGANT** Voilà, dans les faubourgs de la ville, une imposante maison alsacienne où les générations se succèdent depuis la création de l'établissement en 1954. Dans l'élégante salle à manger, on se régale d'une bonne cuisine actuelle, réalisée avec soin. Ambiance chic.

A/C P - €€€ - Hôtel Yona, 169 route d'Ottrott - 03 88 95 50 08 - www.yonahotel.com - Fermé les midis

OBERSTEINBACH

67510 - Bas-Rhin - Carte régionale n° **8**-B1

ANTHON

CUISINE MODERNE • **MAISON DE CAMPAGNE** Georges Flaig représente la quatrième génération aux fourneaux de cette ravissante maison à colombages, datant de 1860. Nulle nostalgie chez lui : sa cuisine est moderne et savoureuse, et met volontiers en avant les producteurs des environs : bœuf de Highland du Windstein, truite de Wingen...

P - €€ - 40 rue Principale - 03 88 09 55 01 - www.restaurant-anthon.fr

OLARGUES

34390 - Hérault - Carte régionale n° **27**-C2

FLEURS D'OLARGUES

CUISINE MODERNE • **AUBERGE** Une véritable affaire de famille que cette adresse où le père Kasper, d'origine danoise, travaille avec son épouse et ses filles. Produits locaux, légumes du potager, foie gras et pain maison (comme ce smørrebrød) et subtiles touches nordiques (saumon mariné au jus de betterave, pommes de terre hasselback) : voici le programme culinaire de cette jolie adresse familiale. La terrasse bucolique donne sur le pont du Diable (12e s.) et le village, classé parmi les plus beaux de France.

- €€ - Au Pont-du-Diable - 04 67 97 27 04 - www.fleursdeolargues.com - Fermé lundi et mardi midi

OLETTA - Haute-Corse (22) ➔ Voir Corse

OLMETO - Corse-du-Sud (2A) ➜ Voir Corse

ONET-LE-CHÂTEAU VILLAGE

✉ 12850 - Aveyron - Carte régionale n° **23**-C2

LE CLOS - CHÂTEAU DE LABRO

CUISINE MODERNE • COSY Dans une dépendance du château, voici un restaurant qui affirme son style baroque : sol en béton ciré, chaises chinées et lustre à pampilles. Mais c'est surtout la cuisine gourmande et actuelle du chef qui retient l'attention. Les produits de bonne qualité offrent des saveurs franches et bien marquées à l'image de la belle carotte rôtie en entrée et sa tuile croustillante au vieux Rodez. La présentation de la volaille sur compotée de tomates cerises acidulées est impeccable. Quelques chambres et un Spa pour prolonger la détente.

- €€ - *Labro - 05 65 67 90 62 - www.chateaulabro.fr - Fermé lundi, dimanche et le midi*

OPIO

✉ 06650 - Alpes-Maritimes - Carte régionale n° **29**-E2

CAFFÉ CÉSAR L'INITIAL

CUISINE MODERNE • BRASSERIE Une grande terrasse, un intérieur moderne et spacieux avec cuisine ouverte : un écrin idéal pour savourer une bistronomie aux parfums de Provence et de Méditerranée, à la fois soignée et gourmande. Tartelette de rascasse et artichauts au sumac ; pagre, sauce citron-cardamome et panais en déclinaison ; opéra au chocolat. Une adresse conviviale où le service du vin au verre se fait... au magnum.

A/C **- €€ -** *2 route de Nice - 04 93 36 09 03 - www.caffecesar.fr - Fermé mardi et mercredi*

OPPÈDE

✉ 84580 - Vaucluse

LA BASTIDE DU MOURRE

Plus

CLASSIQUE • CHAMPÊTRE La Bastide du Mourre est une ferme du 17e s. assortie de gîtes au charme rustique. Les interventions modernes restent discrètes et élégantes, dans l'esprit du lieu, à la fois luxueux et champêtre. Un petit spa propose des produits à base de plantes, et la table de l'hôtel tire le meilleur parti des produits locaux.

A/C Spa **- 17 chambres** - *251 chemin du Moure*

ORANGE

✉ 84100 - Vaucluse - Carte régionale n° **28**-E1

LE MAS DES AIGRAS - TABLE DU VERGER

CUISINE PROVENÇALE • CONTEMPORAIN Un charmant mas en pierre, installé tranquillement au milieu des vignes et des champs. Le chef y prépare une goûteuse cuisine à tendance provençale et méditerranéenne de saison, simple et bonne, avec des produits bien choisis. S'il fait beau, direction l'agréable terrasse, abritée par des mûriers-platanes. Peu importe la saison, le service est des plus sympathiques. Pour l'étape, quelques chambres décorées dans un esprit contemporain.

- €€ - *Chemin des Aigras - 04 90 34 81 01 - www.masdesaigras.com - Fermé du lundi au mercredi à midi*

ORCINES

✉ 63870 - Puy-de-Dôme - Carte régionale n° **20**-B1

AUBERGE DE LA BARAQUE

CUISINE MODERNE • BOURGEOIS Cette Baraque-là, tout comme les plats qu'on y prépare, n'est pas faite de bric et de broc ! Dans le cadre cosy et feutré à souhait (cheminée, moulures et lustres à pampilles) de ce relais de diligence (1800), on apprécie une cuisine actuelle de qualité, savoureuse et bien présentée. Service agréable, prix raisonnables et jolie carte des vins.

- €€ - *2 route de Bordeaux - 04 73 62 26 24 - www.laubrieres.com - Fermé du lundi au mercredi*

AUBERGE DE LA FONTAINE DU BERGER

CUISINE TRADITIONNELLE • AUBERGE Sur la départementale reliant Clermont à l'autoroute, faites une halte dans cette auberge en pierres volcaniques et menuiseries rouges qui regarde le puy de Dôme et le Pariou. Dans les assiettes, une cuisine traditionnelle est mitonnée avec des produits de bonne qualité à l'image des noix de Saint-Jacques d'Erquy poêlées, endives et pleurotes au vin jaune, ou de la jambonnette truffée de poulet fermier. En dessert, ne passez pas à côté du délicieux paris-brest maison, monté au moment. L'accueil et la décoration de la salle à manger sont tout autant chaleureux.

- €€ - *167 route de Limoges - 04 73 62 10 52 - www.auberge.fr - Fermé lundi et mardi, et mercredi et dimanche soir*

ORGON

✉ 13660 - Bouches-du-Rhône

LE MAS DE LA ROSE

TRADITIONNEL • CHARME Dans un site bucolique, ces anciennes bergeries (17e s.) sont joliment réaménagées en adresse de charme. Les chambres, décorées avec soin, ont l'accent de la Provence... Superbe jardin paysager avec piscine.

- **12 chambres** - *2247 route d'Eygalières - 04 90 73 08 91*

ORLÉANS

✉ 45000 - Loiret - Carte régionale n° **11**-B3

LA DARIOLE

CUISINE MODERNE • TRADITIONNEL Au cœur de la vieille ville et non loin de la cathédrale, une petite rue pavée abrite cette maison à colombages du 15e s. À l'intérieur, un élégant mélange de styles - mobilier contemporain sur fond de pierres, briques et poutres apparentes. Le chef, formé jadis ici même, sait y faire avec sa cuisine dans l'air du temps. Menu aux intitulés laconiques, comme cet énigmatique tomate/tomate/tomate ou cet original pastèque/génépi/rostello... Laissez-vous surprendre !

PLAN : B2-2 - - €€ - *25 rue Étienne-Dolet - 02 38 77 26 67 - www.ladariole.fr - Fermé lundi et dimanche, et mardi et mercredi soir*

EUGÈNE

CUISINE MODERNE • COSY Décoré dans des tons blancs et beiges, ce restaurant élégant, niché dans une rue paisible du centre-ville, propose une cuisine moderne signée Alain Gérard. D'origine bretonne, le chef navigue avec maîtrise entre les saveurs iodées et les goûts méridionaux. Le filet de mulet rôti, à la peau croustillante et accompagné d'un beurre blanc citronné, séduit par sa finesse. En dessert, un financier moelleux à l'amande, compote de pomme verte et sorbet à la tomate, surprend agréablement.

PLAN : A2-4 - - €€€ - *24 rue Sainte-Anne - 02 38 53 82 64 - www.restauranteugene.fr - Fermé samedi et dimanche*

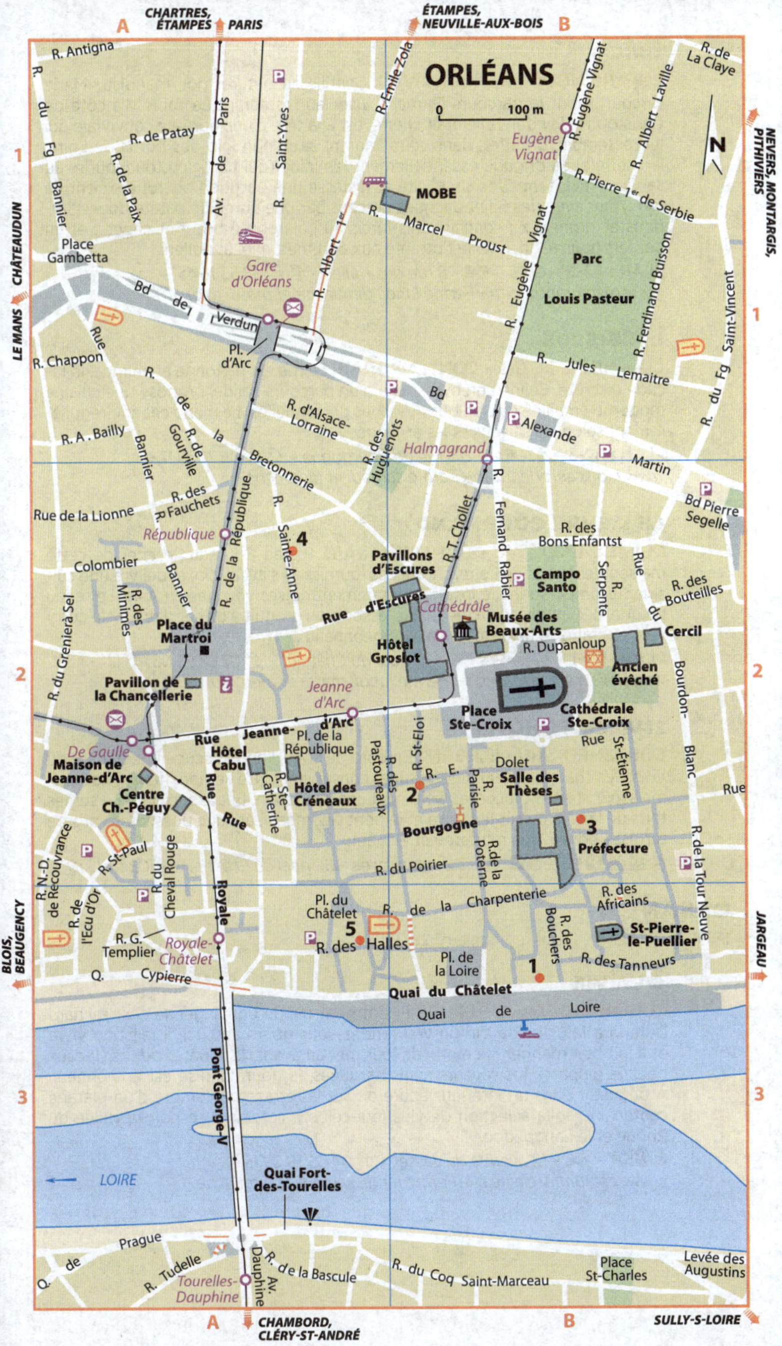
ORLÉANS
0 100 m
N
CHARTRES, ÉTAMPES
PARIS
ÉTAMPES, NEUVILLE-AUX-BOIS
NEVERS, MONTARGIS, PITHIVIERS
LE MANS CHÂTEAUDUN
BLOIS, BEAUGENCY
JARGEAU
CHAMBORD, CLÉRY-ST-ANDRÉ
SULLY-S-LOIRE
A
B
1
2
3
R. Antigna
R. du Fg Bannier
R. de Patay
R. de la Paix
Av. de Paris
R. Saint-Yves
R. Émile-Zola
R. Eugène Vignat
R. Albert Laville
R. de La Claye
Eugène Vignat
MOBE
R. Marcel Proust
R. Pierre 1er de Serbie
R. Albert 1er
Place Gambetta
Gare d'Orléans
Parc
Louis Pasteur
R. Eugène Vignat
R. Ferdinand Buisson
R. du Fg Saint-Vincent
Bd de Verdun
Rue R. Chappon
Pl. d'Arc
R. Jules Lemaitre
Bd Alexande Martin
R. d'Alsace-Lorraine
R. de la Bretonnerie
R. A. Bailly
R. Bannier
R. de Gourville
R. des Huguenots
Halmagrand
R. des Fauchets
Rue de la Lionne
République
R. de la République
R. Sainte-Anne
R. T. Chollet
R. Fernand Rabier
Bd Pierre Segelle
R. des Bons Enfantst
Colombier
R. des Minimes
Bannier
Pavillons d'Escures
Rue d'Escures
Cathédrâle
Campo Santo
R. Serpente
Rue du Bourdon-Blanc
R. des Bouteilles
R. du Grenierà Sel
Place du Martroi
Hôtel Groslot
Musée des Beaux-Arts
R. Dupanloup
Cercil
Ancien évêché
Pavillon de la Chancellerie
Jeanne d'Arc
Place Ste-Croix
Cathédrale Ste-Croix
Rue Jeanne-d'Arc
Pl. de la République
De Gaulle
Maison de Jeanne-d'Arc
Hôtel Cabu
R. Ste-Catherine
R. des Pastoureaux
R. St-Eloi
R. E. Dolet
Rue St-Étienne
Salle des Thèses
Centre Ch.-Péguy
Rue Royale
Hôtel des Créneaux
R. Parisie
Bourgogne
Préfecture
R. de la Tour Neuve
R. N.-D. de Recouvrance
R. St-Paul
R. du Cheval Rouge
R. du Poirier
R. de la Poterne
R. de l'Ecu d'Or
Pl. du Châtelet
R. de la Charpenterie
R. des Africains
R. G. Templier
Royale-Châtelet
R. des Halles
Pl. de la Loire
R. des Bouchers
St-Pierre-le-Puellier
R. des Tanneurs
Q. Cypierre
Quai du Châtelet
Quai de Loire
Pont George-V
LOIRE
Quai Fort-des-Tourelles
Q. de Prague
R. Tudelle
Tourelles-Dauphine
Av. Dauphine
R. de la Bascule
R. du Coq Saint-Marceau
Place St-Charles
Levée des Augustins
1
2
3
4
5

GRIC

CUISINE MODERNE • CONVIVIAL Gentillesse, naturel, gourmandise : Marie Gricourt, dont le parcours l'a mené jusqu'au restaurant La Table d'à côté de Christophe Hay dont elle était cheffe, est à la tête d'une adresse conviviale qui lui ressemble. En effet, dans ce restaurant situé non loin des bords de Loire, la cheffe et sa brigade essentiellement féminine (qui participe tout sourire au service) revisitent avec simplicité et justesse une partition bistrotière : entrée terre/mer avec des Saint-Jacques bercées par une purée de patate douce, lardons et pruneaux ; conchiglionis farcis au paleron de bœuf et cèpes ; et un dessert gourmand, une île flottante aux agrumes, miel et pollen...

PLAN : A3-5 – – **€€** – *8 rue des Halles – 02 38 53 16 45 – www.restaurantgric.fr – Fermé lundi, dimanche et mardi midi*

L'HIBISCUS

CUISINE MODERNE • CONTEMPORAIN La rue est piétonne et animée, la façade discrète. Céline Lefebvre, riche d'un parcours solide, propose une cuisine moderne émaillée de quelques touches personnelles. Le menu change régulièrement selon les saisons et les arrivages.

PLAN : B2-3 – – **€€** – *175 rue de Bourgogne – 02 38 72 74 11 – www.hibiscus-orleans.fr – Fermé samedi et dimanche*

LE LIÈVRE GOURMAND

CUISINE CRÉATIVE • CONTEMPORAIN Tristan Robreau, le chef de cette maison des bords de Loire, choisit ses fournisseurs avec soin, et délivre une cuisine fusion personnelle inspirée notamment de ses voyages en Asie. Le menu unique, déclinable selon les envies, associe un produit à un condiment : le curry vert au crabe, le tikka-massala au pigeonneau...

PLAN : B3-1 – – **€€€** – *28 quai du Châtelet – 02 38 53 66 14 – www.lelievregourmand.fr – Fermé lundi, mardi et mercredi midi*

EMPREINTE HÔTEL

CONTEMPORAIN • ÉLÉGANT En bord de Loire, l'hôtel occupe une bâtisse du 15e s. Ses chambres (et l'unique suite) conservent cette «empreinte» historique, mais leur style est incontestablement contemporain. Beaucoup ont vue sur les toits de la ville ou sur le fleuve et le pont Georges V, et l'une possède sa propre terrasse privée. Spa moderne et élégant.

– **32 chambres** – *80 quai du Châtelet – 02 38 75 10 52*

ORSAN

30200 – Gard – Carte régionale n° **28**–E1

C'LA VIE

CUISINE MODERNE • ÉPURÉ Fils et petit-fils de boulanger, le chef Richard Durand a fait de C'la Vie un vrai rendez-vous gourmand. Ici, il fait bon vivre et il fait bon manger : le menu du jour met en avant de super produits (locaux pour la plupart), les saveurs sont marquées, la gourmandise est à l'honneur. À déguster dans un intérieur épuré ou sur la terrasse, à l'ombre d'un platane centenaire. Jolie sélection de vins, qui célèbre comme il se doit la vallée du Rhône et le Languedoc.

– **€€** – *12 avenue du Jasset – 04 66 39 29 15 – www.restaurant-clavie.fr – Fermé lundi, samedi et dimanche*

ORTHEZ

✉ 64300 - Pyrénées-Atlantiques - Carte régionale n° **25**-B2

LA MAISON

CUISINE MODERNE • BISTRO Dans une rue piétonne du centre-ville d'Orthez, un ancien magasin de pêche abrite aujourd'hui un vaste bistrot au chaleureux décor chiné et dépareillé. Dans une salle comble, on s'attable joyeusement devant un cru-cuit de chou rouge, copeaux de jambon de pays et vinaigrette sésame ; un incontournable paleron de bœuf braisé et carottes fondantes ; un classique riz au lait au caramel salé et nougatine. Un seul menu au déjeuner, qui change chaque semaine. Les soirs et week-ends, courte carte avec des entrées à partager et des produits plus nobles, toujours mitonnés dans cette veine bistrotière.

♿ A/C - €€ - *32 rue de l'Horloge - ✆ 05 59 67 00 05 - www.lamaisondelhorloge.fr - Fermé lundi et dimanche soir*

OSTHOUSE

✉ 67150 - Bas-Rhin - Carte régionale n° **8**-B2

À L'AIGLE D'OR

CUISINE CLASSIQUE • AUBERGE Accroché à un coin de cette solide maison de village, l'aigle en fer forgé semble annoncer : "Vous êtes arrivé !" À l'intérieur, on se régale de grands classiques (marbré de foie gras d'oie maison et gelée au porto, mousseline de grenouilles façon Paul Haeberlin, sole meunière découpée en salle...) dans un cadre traditionnel et chaleureux. Ambiance plus décontractée côté winstub.

♿ A/C P - €€€ - *14 rue de Gerstheim - ✆ 03 88 98 06 82 - www.hotelalaferme.com - Fermé lundi et mardi, et dimanche soir*

OSTWALD

✉ 67540 - Bas-Rhin - Carte régionale n° **8**-B2

MIRO

CUISINE FUSION • CONVIVIAL Ouvrez les yeux sur ce Miro situé dans un parc bucolique au bord de l'Ill. Familier des gastronomies sud-américaine, japonaise et française, le chef régale avec une cuisine savoureuse et décomplexée, inspirée de ses nombreux voyages, à l'image de ce ceviche de loup à la thaï, ou de cette superbe entrecôte de bœuf argentin terminée sur les braises. Menu déjeuner à prix imbattable.

VOIR STRASBOURG PLAN I - A3 - 4 - ♿ P - €€ - *Rue de la Nachtweid - ✆ 03 88 66 58 88 - www.mirostrasbourg.com - Fermé lundi, dimanche et samedi midi*

OTTROTT

✉ 67530 - Bas-Rhin - Carte régionale n° **8**-A2

À L'AMI FRITZ

CUISINE ALSACIENNE • TRADITIONNEL M. Fritz, c'est le chef-patron, mais l'enseigne fait aussi référence au roman d'Erckmann et Chatrian (1854), dont le héros sacrifie tout à la bonne chère. Un sacré patronage pour une cuisine alsacienne bien exécutée, dans un décor qui porte également haut le charme de la région.

♿ P - €€ - *8 rue des Châteaux - ✆ 03 88 95 80 81 - www.amifritz.com - Fermé mercredi midi*

HOSTELLERIE DES CHÂTEAUX

CUISINE MODERNE • ÉLÉGANT Un cadre feutré et intime pour une cuisine actuelle, sur de bonnes bases classiques : millefeuille d'escargots de Rosheim à l'ail des ours et chlorophylle de persil, ou filet de turbot, beurre blanc au champagne et crémeux de cocos noirs... Chambres confortables qui marient le contemporain au style alsacien.

- €€€ - *11 rue des Châteaux - 03 88 48 14 14 - www.hostellerie-chateaux.fr*

LA TABLE DU 6717

CUISINE MODERNE • CONTEMPORAIN Envie de vous mettre au vert ? Ouvrant sur les bois, décoré en harmonie avec la nature, le restaurant La Table propose un menu gourmet le soir ainsi qu'une formule "découverte" selon les arrivages du jour. Une cuisine moderne dont certains légumes proviennent directement du potager. On retient le faux-filet de bœuf Herdshire, variation d'artichauts, oignons et jus corsé.

- €€€ - *17 route de Klingenthal - 03 67 68 67 17 - www.6717hotelspa.com - Fermé dimanche et le midi*

OUCHES

42155 - Loire - Carte régionale n° **20**-C1

TROISGROS - LE BOIS SANS FEUILLES

Chef : César Troisgros

CUISINE CRÉATIVE • ÉLÉGANT Au sein d'un décor naturaliste imaginé par l'architecte Patrick Bouchain, les salles à manger vitrées s'articulent autour d'un grand chêne centenaire : c'est dans cet écrin que César perpétue l'héritage familial de superbe manière, avec une cuisine qui porte plus que jamais la "patte" Troisgros. Les assiettes, originales, s'autorisent de pertinentes audaces végétales, assorties de subtiles pointes d'acidité et d'amertume. Produits sublimés, préparations fines et aventureuses, potager en permaculture et étang : un restaurant d'exception, dans un cadre à couper le souffle.

L'engagement du chef : Attachés à notre terre et aux hommes qui la cultivent, notre devoir est de la promouvoir et de la mettre en avant. Nous cuisinons avec joie les légumes de notre jardin. Inspirée par la permaculture, la biodiversité est merveilleuse : nous n'utilisons aucun intrant, la tonte des espaces verts est réduite au minimum, ruches, nichoirs à oiseaux, prairies, chevaux et animaux sauvages y cohabitent paisiblement.

- €€€€ - *728 route de Villerest - 04 77 71 66 97 - www.troisgros.fr - Fermé lundi, mardi et mercredi midi*

CHÂTEAU D'ORIGNY

CUISINE MODERNE • ÉLÉGANT Ouvrir un restaurant dans le village rendu célèbre par les Troisgros, il fallait oser ! Pari gagné haut la main grâce à Julien Laval, passé chez Serge Vieira à Chaudes-Aigues, mais aussi finaliste du championnat de France du dessert. Dans ce château du 16e s. où tomettes d'époque côtoient cheminées en pierre, ce chef s'épanouit en toute gourmandise, comme en témoignent ses plats d'inspiration classique dressés avec soin : crabe royal et tomates du jardin au vinaigre de sureau et citron fermenté ; lapin à la moutarde, pommes de terre rôties, oignons caramélisés et sauce charcutière ; mirabelles pochées au citron jaune, crémeux yuzu, biscuit cuillère et sorbet estragon. La vie de château !

- €€€€ - *2210 route de Roanne - 04 77 72 52 67 - www.restaurant.chateaudorigny.com - Fermé dimanche soir, lundi et mardi*

TROISGROS

ÉLÉGANT • CHALEUREUX Tout simplement Troisgros, comme un nom dynastique, dans ce berceau de la famille inscrite au Panthéon de l'art de recevoir. L'ancienne demeure et son domaine ont été transformés par l'architecte Patrick Bouchain, qui a multiplié les références tout en insufflant une véritable originalité qui fait parfaitement le lien entre passé et présent. 15 chambres, suites et appartements déploient un luxe discret et une élégance subtile entre rusticité et avant-gardismes.

P - **15 chambres** - *728 route de Villerest*

Troisgros - Le Bois sans Feuilles - Voir la sélection des restaurants

OUCQUES

41290 - Loir-et-Cher - Carte régionale n° **10**-C2

Ô EN COULEUR

CUISINE TRADITIONNELLE • COLORÉ Sous la verrière de la salle colorée au décor contemporain ou en terrasse dans le jardin verdoyant, on se régale des recettes bien ficelées concoctées par le chef avec de beaux produits. Fromage de tête façon gribiche, bœuf poêlé et ses abats en émiettés, petit pot de crème et sa madeleine... C'est flatteur au palais, et doux pour le porte-monnaie. Et pour prolonger l'étape, des chambres confortables... et hautes en couleurs, évidemment !

A/C P - **€€** - *9 rue de Beaugency* - *02 54 23 20 41* - *www.o-en-couleur-oucques.com*

OUISTREHAM

14150 - Calvados - Carte régionale n° **2**-C2

LA TABLE D'HÔTES

CUISINE MODERNE • COSY À deux pas de la station balnéaire, ce restaurant familial est le repaire d'un couple passé par de belles maisons. Joli symbole, Yoann Lavalley a racheté le fourneau sur lequel il a accompli son apprentissage... Il y conçoit une cuisine de saison gourmande et savoureuse. Son épouse vante les vertus d'une jolie carte des vins à l'excellent rapport qualité/prix. Poisson du jour, viande locale, fromages normands... Une sympathique adresse.

- **€€** - *10 avenue du Général-Leclerc* - *02 31 97 18 44* - *www.latabledhotes-caen.com* - *Fermé mercredi, et mardi et dimanche soir*

OUSSON-SUR-LOIRE

45250 - Loiret - Carte régionale n° **11**-C3

LE CLOS DU VIGNERON

CUISINE TRADITIONNELLE • CLASSIQUE Jouxtant les vignes des coteaux du Giennois, cette maison à colombages a bien du charme. Dans une salle lumineuse aux tons clairs, un chef blanchi sous le harnais propose une carte courte et soignée, gage de fraîcheur et de qualité. Tourteau, foie gras mi-cuit, turbot ou encore porc du Pays basque, chaque assiette met à l'honneur des produits de saison travaillés avec savoir-faire. L'accueil chaleureux de l'hôtesse, tout sourire, ajoute au plaisir du repas. Des chambres pour prolonger cette étape sur la... N7.

P - **€€** - *106 Grande Rue* - *02 38 31 43 11* - *www.hotel-clos-du-vigneron.com*

OZENAY

✉ 71700 - Saône-et-Loire - Carte régionale n° **17**-C2

LE RELAIS D'OZENAY

CUISINE MODERNE • CONTEMPORAIN Dans le joli village médiéval d'Ozenay, ne manquez pas cette auberge à la façade colorée. À l'intérieur, un cadre contemporain et une cuisine goûteuse et maîtrisée par un chef au joli parcours, qui dresse des assiettes particulièrement soignées et fleuries. On y savoure par exemple un onctueux crémeux de petits pois, œuf mollet, émulsion au lait fumé. L'une des deux terrasses offre une vue sur le château.

- €€€ - *1244 route de Brancion (Le Bourg) - 03 85 32 17 93 - www.le-relais-dozenay.com - Fermé mardi et mercredi*

PAILHEROLS

✉ 15800 - Cantal - Carte régionale n° **23**-C1

L'AUBERGE DES MONTAGNES

CUISINE TRADITIONNELLE • AUBERGE Perchée dans les monts du Cantal, cette auberge agréablement rustique cultive une belle saga familiale depuis six générations. On y savoure une cuisine traditionnelle généreuse, ancrée dans son terroir, où brillent l'incontournable truffade servie avec chaque plat et la recette familiale des tripoux à la tomate. Carpaccio de tête de veau en vinaigrette, cromesquis de cantal, noix de veau aux morilles, croustillant chocolat : des assiettes sincères et précises. Et toujours ce chariot de fromages de région où trône le salers produit à quelques mètres de là...

- €€ - *7 chemin de la Beauté - 04 71 47 57 01 - www.auberge-des-montagnes.com - Fermé du vendredi au dimanche et le midi*

PAIMPOL

✉ 22500 - Côtes-d'Armor - Carte régionale n° **1**-C1

LA SERRE

CUISINE MODERNE • COSY Verdure et lumière sont les compagnons de choix de belles assiettes qui s'autorisent quelques touches de créativité. Le goût est présent, les saveurs sont préservées et les dressages soignés. On s'attable dans une magnifique serre ou sur la terrasse au cadre fort plaisant.

- €€€ - *4 rue de Poulgoic - 09 52 49 36 17 - www.laserrepaimpol.fr - Fermé lundi, mardi, mercredi et jeudi à midi , et dimanche soir*

PALAVAS-LES-FLOTS

✉ 34250 - Hérault - Carte régionale n° **27**-D2

LE SAINT-GEORGES

CUISINE RÉGIONALE • CONVIVIAL Dans son restaurant, situé à deux pas du casino, Paul Courtaux ne joue pas à la roulette avec nos papilles. Il réalise une cuisine pétillante et savoureuse, dans laquelle les produits de la région sont joliment mis en avant, à l'instar de cette soupe de poisson froide en émulsion, poulpe et moule en aïoli, ou encore ce pavé de veau du Ségala, citron, basilic, aubergine, tomate et parmesan... Mention spéciale à la jolie carte des vins de la région et à l'accueil charmant.

- €€ - *4 boulevard Maréchal-Foch - 04 67 68 31 38 - www.restaurant-st-georges.fr - Fermé lundi et mardi*

PLAGE PALACE

ÉPURÉ • ÉLÉGANT Emplacement idyllique, face à la plage, pour cet hôtel haut de gamme qui porte la signature des frères Costes et dont la couleur discrète se fond dans le paysage. Toutes les chambres, épurées et élégantes, bénéficient d'un balcon ; préférez celles qui donnent sur la mer (à noter, les amusantes salles de bains nichées dans de fausses cabines de plage). Une très belle piscine de nage devance l'immense plage réservée aux clients.
- 72 chambres - *336 avenue Saint-Maurice - 04 34 08 63 00*

LA PALUD-SUR-VERDON

04120 - Alpes-de-Haute-Provence

HOTEL DES GORGES DU VERDON

MODERNE • CHARME C'est toujours un plaisir de faire une halte dans cet hôtel de charme, à l'écart du vacarme... On s'y repose dans de belles chambres colorées et design (dont quelques beaux duplex familiaux). Beau spa avec hammam, fitness, salles de massage, sauna et jacuzzi.
- 30 chambres - *50 chemin de Boulogne - 04 92 77 38 26*

PAMIERS

09100 - Ariège - Carte régionale n° **26**-C3

BASSAS

CUISINE MODERNE • CONTEMPORAIN Le couple Bassas, que l'on a connu auparavant chez Deymier (à Pamiers aussi), a totalement rénové cette ancienne bâtisse du centre-ville. Le résultat en jette, autant dans le décor sobre et chic que dans l'assiette, qui fait la part belle aux producteurs des environs. Jolie carte des vins de la région.
- €€ - *Place des Trois-Pigeons - 05 61 67 28 76 - www.restaurant-bassas.fr - Fermé lundi, mardi et dimanche*

PARADOU

13520 - Bouches-du-Rhône - Carte régionale n° **28**-E1

ALLEGRIA !

CUISINE PROVENÇALE • ÉLÉGANT Dans ce hameau de luxe, entouré d'oliviers et d'amandiers, et composé de maisonnettes avec chambres, on s'attable en terrasse sous les platanes, bercé par le chant des cigales, ou dans la salle à manger cosy. La cheffe Julie Chaix, qui a travaillé chez Anne-Sophie Pic et pour Alain Ducasse, trousse un joli menu du marché qui pioche son inspiration dans le panier des produits et des traditions provençales. On se goberge d'une terrine de cochon avec son pain toasté au jus de viande et à l'huile d'olive des Baux-de-Provence, d'une thonine poêlée avec aubergine et eau de tomate réduite, ou encore d'une pannacotta aux fruits rouges. Bon rapport qualité-prix du menu déjeuner.
- €€€ - *Les Petites Maisons - Hameau des Baux, 285 chemin de Bourgeac - 04 48 70 00 23 - www.les-petites-maisons.com/restauration*

BEC N

CUISINE MODERNE • COSY Installé dans un vieux mas provençal à l'ombre d'une petite église, ce restaurant tenu par un jeune couple propose une cuisine méridionale pleine de fraîcheur, parsemée de jolies notes transalpines chères au chef italien : tomates, burrata au basilic ; lotte, épinards et bisque de crabe bleu de Méditerranée... À déguster dans la plaisante salle rustique ou sur la ravissante terrasse égayée de lauriers-roses et de vigne vierge. Service attentionné.

- €€€ - *55 avenue de la Vallée-des-Baux - 04 86 63 57 52 - www.bec-restaurant.com - Fermé mercredi et jeudi*

LE BISTROT DU PARADOU

CUISINE PROVENÇALE • BISTRO Comme dit la chanson, c'est une maison bleue... enfin aux volets bleus, et surtout, une véritable institution locale où la réservation par téléphone est obligatoire et où le plat du jour change quotidiennement mais revient chaque semaine dans un menu unique – comme le cassoulet du mercredi. Sinon, aïoli, volaille de Bresse à la broche, tête de veau sauce ravigote et tartes maison célèbrent le répertoire provençal avec des plats généreux et goûteux, à dévorer dans une ambiance joyeuse et bon enfant, au rythme turbulent d'un service à la bonne franquette. Vin et copieux plateau de fromages à discrétion compris dans le menu unique.

- €€€ - *57 avenue de la Vallée-des-Baux - 04 90 54 32 70 - Fermé lundi et dimanche*

NANCY BOURGUIGNON

CUISINE TRADITIONNELLE • CONTEMPORAIN Qu'il est doux le moment que l'on passe à cette table, où vous serez accueillis avec naturel et sympathie par la famille Bourguignon. Dans ce charmant restaurant, la cheffe passionnée concocte de subtiles recettes parfumées, mâtinées de jolies touches provençales. La terrasse, voisine de la piscine et entourée de végétation méditerranéenne, invite aux rêveries. Une oasis de quiétude et de charme.

- €€€ - *Lieu-dit de Bourgeac, 1 chemin de l'Ancienne-Voie-Ferrée - 04 90 54 56 78 - www.ducotedesolivades.com - Fermé lundi*

B DESIGN & SPA

MODERNE • CALME La modernité au service du confort et du bien-être résume l'esprit de cet hôtel, à l'entrée de la propriété. Vastes suites dessinées par un designer, terrasses, espace de remise de forme. Pour un beau séjour au calme...

- 14 chambres - *1 chemin de l'Ancienne Voie Ferrée - 04 90 54 56 78*

Nancy Bourguignon - Voir la sélection des restaurants

PARÇAY-MESLAY

37210 - Indre-et-Loire - Carte régionale n° **15**-B1

L'ARCHE DE MESLAY

CUISINE MODERNE • CONTEMPORAIN On oublie très vite le quartier (une zone d'activités) pour se concentrer sur la cuisine fine et fraîche, véritablement pleine de saveurs... À l'image de la spécialité du chef breton : la bouillabaisse à la tourangelle – rouget, rascasse, rillons et andouillette !

- €€ - *14 rue des Ailes - 02 47 29 00 07 - www.larchedemeslay.fr - Fermé lundi et dimanche*

PARCEY

✉ 39100 - Jura - Carte régionale n° **13**-A2

LES JARDINS FLEURIS

CUISINE TRADITIONNELLE • CLASSIQUE Dans cette maison de tradition bien tenue, le chef réalise des assiettes généreuses et savoureuses aux accents du terroir : terrine de chevreuil au foie gras, tournedos de lapin à la duxelle de champignons et jus brun aux morilles, soufflé glacé au marc d'Arbois... Plaisante terrasse sur l'arrière et accueil charmant.

- **€€** - *35 route Nationale 5 - ✆ 03 84 71 04 84 - www.restaurant-jardins-fleuris.com - Fermé lundi et mardi, et dimanche soir*

PARENTIS-EN-BORN

✉ 40160 - Landes - Carte régionale n° **25**-B1

CHEZ FLO

CUISINE MODERNE • BISTRO Un restaurant convivial qui accueille avec le sourire... On retrouve cette même générosité derrière les fourneaux, où officie Florent Carle, chef passionné qui renouvelle sa carte tous les mois. Sa cuisine de bistrot moderne réjouissante sent bon les produits du cru : piment doux des Landes, canard de Chalosse, safran de Gastes, cacahuète d'Aquitaine. C'est une adresse gourmande et fort sympathique à ne pas manquer, notamment le midi avec la formule d'un excellent rapport qualité-prix.

- **€€** - *9 rue Saint-Barthélémy - ✆ 05 58 78 40 21 - www.chezfloparentis.fr/restaurant - Fermé lundi et dimanche, et jeudi soir*

encrier/Getty Images Plus

PARIS

Disons-le sans ambages : on n'a jamais aussi bien mangé à Paris. Ce n'est pas un hasard si c'est ici même, autour du Palais Royal, qu'a été forgé, à la fin du 18e s., le concept de restaurant : plus qu'aucune cité au monde, la capitale bat au rythme de sa vie gastronomique. Une preuve parmi d'autres ? Des quartiers populaires de l'Est et du Nord, autrefois délaissés, sont devenus de véritables eldorados pour gourmets.

Cette évolution, on la doit, pêle-mêle, à une bistronomie qui tutoie les étoiles, à l'inlassable travail de « sourcing » de jeunes chefs passionnés d'agriculture raisonnée et de bio, ou encore à l'excellence de chefs étrangers (japonais, argentins, brésiliens etc.) qui subliment la cuisine française en apportant leurs histoires particulières. Petite notule, adressée aux puristes du confort « gastronomique » : de nombreux établissements risquent de vous dérouter : absence de nappes, service détendu, dîner à la bonne franquette...

Rien de plus logique : l'assiette et la qualité de la cuisine demeurent pour nous les seuls critères de décision. Avec une motivation essentielle : votre satisfaction.

LA SÉLECTION DU GUIDE MICHELIN

✿✿✿ 3 Étoiles
✿✿ 2 Étoiles
✿ 1 Étoile
Bib Gourmand
Gastronomie engagée

LES TABLES ÉTOILÉES

✿✿✿

Une cuisine unique. Vaut le voyage !

✿✿

Une cuisine d'exception. Vaut le détour !

Une cuisine d'une grande finesse. Vaut l'étape !

Nos meilleurs rapports qualité-prix

LES TABLES SELON VOS ENVIES

LES TABLES PAR TYPE DE CUISINE

Cuisine du marché

Cuisine fusion

Cuisine grecque

Cuisine indienne

Cuisine israélienne

Cuisine italienne

Cuisine italienne contemporaine

Cuisine japonaise

Cuisine polonaise

Cuisine thaïlandaise

Cuisine traditionnelle

Cuisine végétalienne

Cuisine vietnamienne

Izakaya

Poissons et fruits de mer

Spécialités de grillades

TABLES EN TERRASSE

RESTAURANTS AVEC SALONS PARTICULIERS

ervinarda/Getty Images Plus

PARIS

Artit_Wongpradu/Getty Images Plus

CLICHY
PORTE DE ST-OUEN
PORTE DE CLICHY
COURBEVOIE
LEVALLOIS-PERRET
SEINE
LA DÉFENSE
PORTE D'ASNIÈRES
BOULEVARD PÉRIPHÉRIQUE
17e
PORTE DE CHAMPERRET
NEUILLY-S-SEINE
PUTEAUX
Pl. de Clichy
PORTE MAILLOT
PALAIS DES CONGRÈS
PARC MONCEAU
GARE ST-LAZARE
ARC DE TRIOMPHE
PORTE DAUPHINE
8e
STE-MARIE-MADELEINE
AV. DES CHAMPS ÉLYSÉES
Pl. de la Concorde
GRAND PALAIS
BOIS DE BOULOGNE
PORTE DE LA MUETTE
MUSÉE DU QUAI BRANLY - JACQUES CHIRAC
PALAIS DE CHAILLOT
PORTE DE PASSY
HÔTEL DES INVALIDES
MUSÉE D'ORSAY
16e
TOUR EIFFEL
7e
MAISON DE LA RADIO
ÉCOLE MILITAIRE
PORTE D'AUTEUIL
ROLAND GARROS
STADE JEAN BOUIN
PARC DES PRINCES
15e
GARE MONTPARNASSE
TOUR
PORTE DE ST-CLOUD
BOULOGNE-BILLANCOURT
QUAI D'ISSY
PORTE DE SÈVRES
PARIS EXPO
PORTE DE LA PLAINE
PORTE BRANCION
PORTE DE VANVES
14e
PORTE DE CHÂTILLON
PORTE D'ORLÉANS
VANVES
MALAKOFF
ISSY-LES-MOULINEAUX
MONTROUGE

ST-OUEN-SUR-SEINE
D 14
A 1
ST-DENIS
AUBERVILLIERS
N 2
PORTE DE LA VILLETTE
0
1 km
PORTE DE CLIGNANCOURT
Bd Ney
PORTE DE LA CHAPELLE
PORTE D'AUBERVILLIERS
Bd Ney
Bd Macdonald
PANTIN
Ney
Bd Ornano
R. de la Chapelle
R. d'Aubervilliers
Avenue de Flandre
PARC DE LA VILLETTE
N 3
18e
Bd Barbès
R. Marx Dormoy
Bassin de la Villette
Av. Jean Jaurès
PORTE DE PANTIN
Bd d'Indochine
LE PRÉ-ST-GERVAIS
SACRÉ-CŒUR
Bd de la Chapelle
Bd de Clichy
Rochechouart
GARE DU NORD
Pl. de la Bataille de Stalingrad
R. Manin
PORTE DU PRÉ-ST-GERVAIS
R. de Maubeuge
R. La Fayette
19e
LES LILAS
9e
R. La Fayette
Bd Magenta
GARE DE L'EST
Canal St-Martin
Bd de la Villette
Bd Sérurier
D 117
PORTE DES LILAS
10e
Rue de Belleville
OPÉRA GARNIER
R. du Fg du Temple
R. des Pyrénées
Bd Mortier
BAGNOLET
2e
R. Réaumur
Av. de l'Opéra
Bd de Sébastopol
Av. de la République
Bd de Ménilmontant
Av. Gambetta
PORTE DE BAGNOLET
A 3
R. Belgrand
1er
R. de Rivoli
CENTRE POMPIDOU
3e
PÈRE LACHAISE
MUSÉE DU LOUVRE
Bd Beaumarchais
11e
Bd Voltaire
Av. Philippe-Auguste
Bd de Charonne
20e
R. des Pyrénées
Bd Davout
MONTREUIL
HÔTEL DE VILLE
R. de Rivoli
Bd St-Germain
NOTRE-DAME
4e
R. du Fg St-Antoine
PORTE DE MONTREUIL
6e
OPÉRA BASTILLE
PÉRIPHÉRIQUE
Bd St-Michel
PANTHÉON
Av. Diderot
Crs de Vincennes
JARDIN DU LUXEMBOURG
Bd Daumesnil
R. de Picpus
PORTE DE VINCENNES
D 120
JARDIN DES PLANTES
Q. de la Rapée
GARE DE LYON
12e
5e
R. Monge
GARE D'AUSTERLITZ
Bd de Bercy
Av. Soult
BOULEVARD
PORTE DE ST-MANDÉ
Bd de Port Royal
Bd St-Marcel
Bd de l'Hôpital
Pl. F. Éboué
R. de Charenton
Daumesnil
ACCORHOTELS ARENA
ST-MANDÉ
Bd Arago
Av. des Gobelins
Bd Vincent Auriol
Q. de Bercy
PORTE DORÉE
Bd St-Jacques
Bd Auguste Blanqui
B. N. F. F. MITTERRAND
Bd Poniatowski
BOIS DE VINCENNES
13e
R. de Tolbiac
PORTE DE CHARENTON
R. d'Alésia
R. de Tolbiac
Av. d'Italie
Av. de Choisy
PORTE DE BERCY
QUAI D'IVRY
Bd Masséna
Jourdan
Bd Kellermann
D 19
A 4
CHARENTON-LE-PONT
SEINE
STADE CHARLÉTY
PORTE DE GENTILLY
PORTE D'ITALIE
PORTE D'IVRY
IVRY-S-SEINE
D 19
D 52
D 5
MARNE
A 6
A 6
GENTILLY
LE KREMLIN-BICÊTRE

PALAIS-ROYAL • LOUVRE • TUILERIES • LES HALLES

1er ARRONDISSEMENT

✿✿✿ KEI

Chef : Kei Kobayashi

CUISINE MODERNE • ÉLÉGANT «Kei», c'est Kei Kobayashi, chef né à Nagano et formé notamment par Gilles Goujon et Alain Ducasse. Son père était cuisinier dans un restaurant traditionnel kaiseki (gastronomie servie en petits plats, comparable à la grande cuisine occidentale), mais sa vocation naît véritablement en regardant un documentaire sur la cuisine française. Aujourd'hui, son travail tutoie la perfection : virtuose des alliances de saveurs, toujours juste dans la conception de ses assiettes, il magnifie de superbes produits avec mesure et sobriété. Quelques exemples ? Ce homard au binchotan et son condiment de piment doux, ou ce bœuf de Galice maturé, servi avec son persillé, jus de viande et béarnaise comme un sabayon : des plats lisibles et d'une construction sans faille.

*– **€€€€** – 5 rue Coq-Héron – Ⓜ Louvre - Rivoli – ✆ 01 42 33 14 74 – www.restaurant-kei.fr – Fermé lundi, dimanche et du mardi au jeudi à midi*

✿✿✿ PLÉNITUDE - CHEVAL BLANC PARIS

CUISINE CRÉATIVE • ÉLÉGANT La Samaritaine réinventée accueille le luxueux hôtel Cheval Blanc, et ce Plénitude où œuvre le discret Arnaud Donckele, triple étoilé également à La Vague d'Or à St-Tropez. Totalement impliqué, le chef navigue en permanence de la cuisine à la salle, afin de toujours mieux partager sa passion avec ses convives. Cette « nouvelle cuisine classique », qu'il revendique, est un voyage entre la Normandie, sa région d'origine, la Méditerranée, sa terre d'adoption et le terroir d'Île-de-France... Impossible de ne pas être impressionné par son travail ici où la finesse le dispute à la générosité et à la qualité exceptionnelle des produits. Ce saucier hors pair, comparable seulement à un parfumeur ou un œnologue, apporte un soin inouï aux jus, vinaigrettes et sauces qui doivent être dégustés en premier pour mieux s'imprégner de l'univers aromatique si complexe de chaque plat, au final parfaitement équilibré. Côté sucré, l'impeccable Maxime Frédéric, ancien du George V, hausse la pâtisserie à un niveau rarement égalé. Une table de haute couture.

*– **€€€€** – 8 quai du Louvre – Ⓜ Pont Neuf – ✆ 01 79 35 50 11 – www.chevalblanc.com/fr/maison/paris – Fermé lundi, dimanche et le midi*

✿✿ HAKUBA

CUISINE JAPONAISE • ÉPURÉ Que pouvait-on attendre d'une table japonaise associant le chef Takuya Watanabe, Arnaud Donckele himself et son pâtissier complice Maxime Frédéric ? Le meilleur, évidemment ! Appartenant au cercle restreint des grands maîtres de la capitale, Takuya Watanabe investit toute sa passion et son savoir-faire dans chaque sushi qu'il façonne à la minute devant le client. De son côté, Arnaud Donckele vient apporter tout son art des sauces, des jus et des bouillons, à l'image du dashi de coquillages, purée d'ail doux, coulis de shiso vert ou de celui qui accompagne le ramen, aussi limpide que puissant. Rareté dans un restaurant japonais, la partie dessert est incontournable, orchestrée avec maestria par le chef pâtissier de Plénitude. Le décor et le service, à l'avenant du repas, magnifient l'élégance et la pureté des matériaux.

*– **€€€€** – Cheval Blanc Paris, 8 quai du Louvre – Ⓜ Pont Neuf – ✆ 01 79 35 51 20 – www.chevalblanc.com/fr/maison/paris/restaurants-et-bars/hakuba – Fermé lundi, dimanche et le midi*

✿✿ RESTAURANT LE MEURICE ALAIN DUCASSE

CUISINE CRÉATIVE • LUXE Prenez un célèbre palace installé face au jardin des Tuileries, ajoutez-y un chef surdoué, Alain Ducasse, saupoudrez d'un luxe insensé très versaillais (plafond blanc paré de dorures, lustres en cristal), et vous obtenez Le Meurice, dont le décor suscite l'admiration des fortunes étrangères venues chercher ici l'âme parisienne. La griffe Ducasse est mise en œuvre par Amaury Bouhours, un fidèle, au gré de menus dégustation déclinés en mets servis en petites portions, mariant hommage à la tradition française et créativité. Côté desserts, le très médiatique Cédric Grolet crée des compositions qui font le tour des réseaux sociaux.

- €€€€ - *Le Meurice, 228 rue de Rivoli* - Ⓜ *Tuileries* - *01 44 58 10 55 - www.dorchestercollection.com/paris/le-meurice/dining/restaurant-le-meurice-alain-ducasse - Fermé samedi, dimanche et le midi*

✿ LE BAUDELAIRE

CUISINE MODERNE • ÉLÉGANT On se sent bien dans ce restaurant raffiné, niché au cœur d'un jeune palace arty et feutré célébrant le nouveau chic parisien. La salle s'ordonne autour de la cour intérieure de l'établissement, un beau jardin d'hiver où il fait bon lire Les Fleurs du mal. Reflets du dehors sur les tables en laque noire, confort douillet des fauteuils, grandes verrières, murs immaculés : un havre de paix. Le chef élabore une cuisine fine et délicate appuyée sur des produits triés sur le volet, à l'image de ce rouget barbet cuit à la perfection avec sa peau dorée et croustillante, rehaussé de safran et riz sauvage. Les desserts se révèlent tout aussi séduisants.

- €€€€ - *Le Burgundy, 6-8 rue Duphot* - Ⓜ *Madeleine* - *01 71 19 49 11 - www.lebaudelaire.com - Fermé lundi, dimanche et le midi*

✿ ESPADON

CUISINE CRÉATIVE • LUXE Auguste Escoffier, premier chef des cuisines du Ritz et complice de César Ritz – le fondateur en 1898 de ce palace mythique de la place Vendôme – y a érigé la cuisine en symbole de l'art de vivre à la française. Dans une salle à l'opulence subtilement allégée, couronnée d'un herbier en feuilles de cristal, c'est Eugénie Béziat qui mène les agapes. Depuis sa cuisine vitrée, la cheffe mêle habilement réminiscences de son enfance africaine et influences méditerranéennes issues de son parcours culinaire. Le résultat est aussi étonnant que convaincant : des assiettes qui associent avec sensibilité des notes tantôt fumées, acidulées ou torréfiées. Deux réussites éclatantes : l'huître grillée avec brède mafane et brousse, et le homard grillé accompagné d'une ballotine d'épinard au manioc, et condimenté de bissap aux framboises écrasées.

- €€€€ - *Ritz Paris, 15 place Vendôme* - Ⓜ *Opéra* - *01 43 16 33 74 - www.sites.ritzparis.com/espadon - Fermé lundi, dimanche et le midi*

✿ GRANITE

CUISINE MODERNE • CONTEMPORAIN À deux pas du Louvre, cette adresse discrète cultive une élégance feutrée. Avec une qualité de produits irréprochable, chaque assiette est réalisée avec justesse, finesse et précision. Le chef intègre subtilement des notes japonaises à ses préparations, comme le riz koshihikari avec les Saint-Jacques rôties, ou l'umeboshi avec le pigeon de Racan. Les compositions sucrées du chef pâtissier s'inscrivent avec souplesse dans cette partition inventive, à l'image de ce dessert autour du raisin blanc, tout en nuances. L'équipe de salle veille quant à elle sur ce cocon précieux avec un mélange de «coolitude» et de professionnalisme.

- €€€€ - *6 rue Bailleul* - Ⓜ *Louvre - Rivoli* - *01 40 13 64 06 - www.granite.paris - Fermé samedi et dimanche*

✿ JIN

CUISINE JAPONAISE • ÉLÉGANT Dans une rue discrète entre le musée du Louvre et la place Vendôme, une adresse chic et intime, exclusive, réservée à une dizaine de privilégiés tout au plus, qui ont la chance de prendre place autour d'un joli comptoir pour observer les chefs japonais composer avec dextérité d'authentiques sushis et sashimis. Un menu unique et «omakase», c'est-à-dire à l'entière discrétion du chef, confectionné à partir d'ingrédients de premier ordre (le poisson, en provenance de Bretagne ou d'Espagne, est maturé pour être servi au meilleur moment). Service discret et efficace, carte des vins privilégiant d'excellents sakés.

A/C – €€€€ – 6 rue de la Sourdière – Ⓜ Tuileries – ✆ 01 42 61 60 71 – www.jin-paris.com – Fermé lundi, dimanche et du mardi au jeudi à midi

✿ MAISON RUGGIERI PALAIS ROYAL Ⓝ

Chef : Martino Ruggieri

CUISINE CRÉATIVE • ÉLÉGANT Dans sa nouvelle adresse intimiste du Palais Royal, Martino Ruggieri laisse libre cours à sa créativité. Libellée sous forme d'un véritable poème en vers libres, la carte donne le ton immédiatement, avec ses intitulés sibyllins qui convoquent autant les sens que la sensibilité artistique, non sans rappeler parfois Mallarmé ou Léo Ferré : "Blanche", "La mer ne console pas", "La force"... Dans l'assiette, on retrouve le goût du chef italien pour les associations audacieuses (oursin et foie gras, lard et amande, ris de veau et algue dulce...), les saveurs puissantes et les sauces profondes. Un atelier culinaire qui ose s'affranchir des normes.

♿ A/C 🚗 – €€€€ – 111 Galerie de Valois – Ⓜ Palais Royal - Musée du Louvre – ✆ 06 74 09 76 67 – www.maisonruggieri.com - Fermé lundi midi, samedi et dimanche

✿ NHOME

Chef : Matan Zaken

CUISINE CRÉATIVE • INTIME Matan Zaken casse les codes ! Longtemps nomade, un temps chef privé de grandes maisons de couture, passé chez Frenchie à Londres, au George V avec Christian Le Squer et chez Saturne avec Sven Chartier, le chef franco-israélien reçoit dans cette étonnante cave voûtée face au Palais-Royal. Dans une ambiance chaleureuse autour d'une unique table d'hôtes, il déroule un menu de format «scandinave» qui dévoile une cuisine créative aux influences multiples (notamment Japon et Moyen-Orient) et aux techniques variées (basse température, binchotan, fermentations, saumure...). Un exemple ? Ce délicieux homard breton, relevé d'une bisque à la cardamome, chou-fleur rôti au corail avec condiment de pistache et tubercule d'orchidée. Service prévenant.

A/C – €€€€ – 41 rue de Montpensier – Ⓜ Palais Royal - Musée du Louvre – ✆ 01 89 33 48 43 – www.nhomeparis.com – Fermé samedi, dimanche et du lundi au mercredi à midi

✿ OMAR DHIAB

Chef : Omar Dhiab

CUISINE MODERNE • CONTEMPORAIN Tout près de la place des Victoires, Omar Dhiab officie dans un lieu épuré, avec cuisine ouverte et magnifique comptoir en marbre blanc. Sa cuisine déploie une savoureuse palette qui ose des associations créatives, avec un travail approfondi sur les sauces et condiments, dont certains sont inspirés de ses origines égyptiennes. Citons par exemple cet oursin au naturel et lentilles corail parfumées au cumin, ou le cerf rôti avec condiment herbacé et moutarde fumée. Les desserts célèbrent quant à eux la saison avec légèreté et gourmandise. Le service est assuré par une jeune équipe sympathique.

♿ – €€€€ – 23 rue Hérold – Ⓜ Louvre - Rivoli – ✆ 01 42 33 52 47 – www.omardhiab.com – Fermé samedi et dimanche

PARIS

PANTAGRUEL

Chef : Jason Gouzy

CUISINE MODERNE • COSY À deux pas du jardin du Palais Royal, derrière une jolie devanture bleu clair, Pantagruel affiche un décor éclatant, mêlant rouge vif, bleu électrique et fauteuils Directoire. Jason Gouzy, Rémois passé par Ferrandi, l'Assiette Champenoise, Le Bristol et Le Baudelaire, y déploie une cuisine moderne et enjouée. L'œuf pantagruélique, jeu de textures autour du riz et du poireau, et le croq'homard, mousseline et bisque concentrée de homard breton illustrent un goût sûr et précis. Service jeune, attentif, atmosphère colorée – un lieu qui donne chair à la maxime rabelaisienne : «Appétit vient en mangeant.»

- €€€€ - *10 rue de Richelieu - Ⓜ Palais Royal - Musée du Louvre - 01 40 20 05 72 - www.restaurant-pantagruel.com - Fermé samedi et dimanche*

LE TOUT-PARIS

CUISINE MODERNE • CONTEMPORAIN Cette brasserie à la déco colorée, signée Peter Marino, est nichée au 7e étage de l'hôtel Cheval Blanc. Sous la houlette d'Arnaud Donckele, le chef William Bequin, au parcours impeccable, n'est pas là pour faire de la figuration. Certes, on reprend ici certains des codes traditionnels de la brasserie, mais l'assiette, tout en finesse d'exécution, parle vite pour elle, à l'image des macaronis au foie gras, truffe et artichaut, ou de ce bar grillé en portefeuille et vierge de printemps. Les desserts sont signés Maxime Frédéric. Détail de taille : la terrasse, avec sa vue plongeante sur la Seine et la rive gauche.

- €€€€ - *Cheval Blanc Paris, 8 quai du Louvre - Ⓜ Pont Neuf - 01 79 35 50 22 - www.letoutparis.fr*

L'ASSAGGIO

CUISINE ITALIENNE • CLASSIQUE L'Assaggio, c'est le goût ! Le chef Ugo Alciati (du Guidoristorante, dans le Piémont) a conçu la carte de cette élégante table installée dans l'hôtel Castille. Comme prévu, l'Italie du Nord est à l'honneur dans l'assiette – agnolotti préparés maison, risotto minute… Les pâtes sont ici dignes d'éloge, à l'image de ces spaghettone au homard, citron jaune râpé, tomates confites, œufs de truite – un délice. On s'attable dans le ravissant patio intérieur, avec fontaine et fresques.

- €€€ - *Castille Paris, 37 rue Cambon - Ⓜ Madeleine - 01 44 58 45 67 - www.collezione.starhotels.com/fr/nos-hotels/castille/restaurant-et-bar/restaurant-lassaggio.html*

BRASSERIE DU LOUVRE

CUISINE TRADITIONNELLE • BRASSERIE Dans ce bâtiment typiquement haussmannien, on s'installe dans une vaste salle élégante entourée de grandes baies vitrées pour admirer une vue follement parisienne sur la Comédie-Française, le Conseil d'État et le Louvre. Alléchante carte d'indémodables de brasserie : soupe à l'oignon gratinée, escargots de Bourgogne au beurre persillé, sole meunière… Agréable terrasse sous les arcades.

- €€€ - *Place André-Malraux - Ⓜ Palais Royal - Musée du Louvre - 01 44 58 37 21 - www.hyattrestaurants.com/fr/paris/restaurant-bar/la-brasserie-du-louvre*

PARIS

PARIS

CAMPELLI

CUISINE CRÉATIVE • CONTEMPORAIN Cette adresse de poche précédée d'une petite devanture bleu nuit et or mise sur la sobriété et le chic discret. Est-ce pour mieux mettre en valeur la partition créative du chef Vartivar Jarkezian au joli parcours multiculturel ? Sa cuisine, bien enracinée dans la tradition hexagonale, multiplie néanmoins les ingrédients et les influences orientales (cumin, pistache, curcuma, sauce yaourt...), mais par touches discrètes.

- €€ - 36 rue Croix-des-Petits-Champs - Ⓜ Palais Royal - Musée du Louvre - ✆ 09 53 84 21 19 - www.campelli.paris - Fermé samedi et dimanche

CHARBON KUNITORAYA

CUISINE JAPONAISE • VINTAGE Dehors, une jolie façade rétro en bois aux airs japonisants. À l'intérieur, vieux zinc, faïence métro, miroirs, boiseries et moulures, et deux longues tables en bois massif. C'est dans ce cadre rétro chic que le chef Nomoto - pionnier des restaurants de udon en France - propose principalement des menus dégustation en plusieurs temps, composés de préparations traditionnelles, dont des yakitoris de poulet de Bresse, une de ses spécialités. Et goûtez à l'un des wagashi, ces pâtisseries traditionnelles japonaises, une offre qui évolue au fil des saison.

AC - €€€ - 5 rue Villedo - Ⓜ Pyramides - ✆ 06 73 68 71 25 - www.charbon-kunitoraya.com - Fermé lundi et dimanche

CLOVER GRILL

SPÉCIALITÉS DE GRILLADES • TENDANCE D'appétissantes viandes maturées - noire de la Baltique, bœuf de Bavière, blonde d'Aquitaine, Black Angus - trônent en vitrine comme autant de pierres précieuses, à dévorer d'abord du regard... avant de les engloutir pour de bon ! De l'entrée au dessert, tout est cuit à la braise ou à la broche, ce qui donne à ce moment une saveur particulière. Une réussite.

AC - €€€ - 6 rue Bailleul - Ⓜ Louvre - Rivoli - ✆ 01 40 41 59 59 - www.jeanfrançoispiege.com/clover-grill - Fermé lundi, et mardi et mercredi midi

19 SAINT ROCH

CUISINE CRÉATIVE • BRANCHÉ Pierre Touitou - l'un des chefs emblématiques de la nouvelle bistronomie parisienne - a jadis fait vibrer des adresses plébiscitées par la foodosphère branchée. Des tomettes noires et blanches pavent le chemin vers la cuisine ouverte et son comptoir en inox où l'on peut savourer au cœur de l'action une cuisine créative tout en fraîcheur. Les assaisonnements et les condiments ne laissent rien au hasard, comme cette harissa maison sur la langue de bœuf, ou les câpres, pignons grillés et épine-vinette qui accompagnent la bonite. Comme il se doit, la carte des vins est orientée nature. Une adresse plaisir.

AC - €€€ - 19 rue Saint-Roch - Ⓜ Tuileries - ✆ 01 40 15 00 89 - www.19saint-roch.com - Fermé lundi, samedi et dimanche

HALLE AUX GRAINS

CUISINE MODERNE • CONTEMPORAIN L'ancienne halle aux blés, où trône une partie de la collection Pinault, héberge une table des plus créatives. En hommage à l'histoire du lieu, Michel et Sébastien Bras déclinent une cuisine saine et actuelle sur le thème des graines, céréales et légumineuses. Sans oublier de savoureux desserts, comme ce biscuit tiède coulant au chocolat et vanille grillée, interprétation de la version originelle de 1981. Vue imprenable sur les toits de Paris.

- €€€ - Bourse de Commerce, 2 rue de Viarmes - Ⓜ Louvre - Rivoli - ✆ 01 82 71 71 60 - www.halleauxgrains.bras.fr - Fermé mardi midi

LANGOSTERIA

CUISINE ITALIENNE • TENDANCE Au 7e étage de la Samaritaine, dans l'écrin feutré de l'hôtel Cheval Blanc, cette brasserie chic signée Langosteria allie gastronomie italienne et ambiance mondaine. Chaque soir, elle accueille résidents de l'hôtel et clientèle huppée dans une vaste salle élégante. La carte célèbre la mer avec des crudos raffinés (tartare de sériole, gambero rosso) et des pâtes savoureuses : spaghetti aux oursins de Galice, paccheris au bar de ligne, câpres, olives et citron d'Amalfi. En dessert, craquez pour la meringue soufflée à l'orange, pamplemousse et limoncello. Service impeccable, cave italienne généreuse : une adresse où l'on dîne aussi bien qu'on se fait remarquer.

- **€€€€** - *Cheval Blanc Paris, 8 quai du Louvre - Ⓜ Pont Neuf - 01 79 35 50 33 - www.langosteria.com/it/langosteria-paris - Fermé lundi et mardi midi*

LIQUIDE

CUISINE CRÉATIVE • CONVIVIAL Saluons cette déco foutraque et amusante : lustre en corne, fauteuils, canapés, table d'hôte de 12 m de long en marbre signée Starck... Une atmosphère branchée et conviviale pour s'attabler avec des copains, partager les assiettes, goûter les cocktails et de jolis flacons. Dans cette adresse signée Matthias Marc, variété et créativité convergent dans l'assiette.

- **€€€** - *39 rue de l'Arbre-Sec - Ⓜ Louvre - Rivoli - 01 42 36 50 05 - www.liquide.paris - Fermé lundi et dimanche*

LOULOU

CUISINE ITALIENNE • TENDANCE Le musée des Arts décoratifs vous invite à une parenthèse enchantée face aux jardins du Louvre. Le chef réinvente les classiques méditerranéens en sélectionnant les produits avec soin. En terrasse ou dans l'élégante salle à manger, le service est tout aussi exquis que les plats. C'est cosy, raffiné et savoureux.

- **€€€** - *107 rue de Rivoli - Ⓜ Palais Royal - Musée du Louvre - 01 42 60 41 96 - www.loulou-paris.com*

NODAÏWA

CUISINE JAPONAISE • ÉPURÉ Unique adresse hors du Japon de la maison Nodaïwa, ce restaurant spécialisé dans l'anguille trône depuis près de 30 ans rue Saint-Honoré. Fidèle aux traditions japonaises, il propose l'anguille sous toutes ses formes : grillée, laquée, en soupe, flan ou gelée. Les autres spécialités, comme la soupe miso, le chawanmushi ou le tofu, sont préparées sur place, attirant une clientèle nippone exigeante. La maison s'engage également en faveur de la traçabilité et de la préservation de l'espèce, un véritable gage de respect et d'excellence.

- **€€** - *272 rue Saint-Honoré - Ⓜ Palais Royal - Musée du Louvre - 01 42 86 03 42 - www.nodaiwa.com - Fermé dimanche*

NOLINSKI LE RESTAURANT

CUISINE TRADITIONNELLE • VINTAGE Sur l'Avenue de l'Opéra, proche de la Comédie-Française, brasserie chic au cadre rétro entre Art déco et années 1970, avec miroirs, dorures, marbre jaune et velours côtelé. Dans les assiettes, une cuisine bourgeoise de tradition (pot-au-feu, vol-au-vent de volaille et ris de veau, côte de veau aux morilles...).

- **€€€** - *16 avenue de l'Opéra - Ⓜ Pyramides - 01 42 86 10 10 - www.nolinskiparis-restaurant.com - Fermé dimanche soir*

PARIS

PARIS

ODETTE

CUISINE MODERNE • COSY Non loin des Halles, au sein du luxueux hôtel Albar, la famille Rostang montre avec cette «auberge urbaine» qu'elle n'a pas perdu la main. Odette nous régale à grands coups de belles pièces à partager (bar en croûte feuilletée – succès garanti –, côte de veau, pintade rôtie) et d'assiettes efficaces avec une touche de fantaisie, comme cette poitrine de veau associée à la pomme Gala ou ces noix de Saint-Jacques snackées avec topinambour et noix de cajou. Les desserts sont gourmands, à l'image de ce généreux mille-feuille noisette et pistache, zestes d'orange confits.

A/C – **€€€** – *25 rue du Pont-Neuf – Châtelet – 01 44 88 92 78 – www.maison-albar-hotels-le-pont-neuf.com/fr/page/restaurant-odette-paris.2488.html*

LA POULE AU POT

CUISINE TRADITIONNELLE • VINTAGE Les grands classiques du répertoire culinaire français sont ici réhabilités par Jean-François Piège. Service sur plateau d'argent, décor suranné de bistrot, comptoir en zinc : il ne manque rien. On se croirait chez Audiard... jusque dans l'assiette : gratinée à l'oignon, quenelle de bar, hachis parmentier de paleron de bœuf, goujonnettes de sole limande et sauce tartare.

A/C – **€€€** – *9 rue Vauvilliers – Châtelet – 01 42 36 32 96 – www.jeanfrançoispiege.com/la-poule-au-pot – Fermé lundi et dimanche*

LA RÉGALADE SAINT-HONORÉ

CUISINE TRADITIONNELLE • BISTRO Bruno Doucet régale les épicuriens dans sa célèbre Régalade Saint-Honoré, une adresse emblématique du quartier des Halles. Ce bistrot séduit par une carte courte et savoureuse qui met à l'honneur le terroir et le marché. Après avoir goûté à la délicieuse terrine maison, laissez-vous tenter par un tartare de veau, salade frisée et vieille mimolette, ou encore une barbue de Bretagne rôtie, petits pois à la française et bisque. En dessert, le riz au lait au caramel laitier fait des merveilles. Le tout s'apprécie dans un cadre chaleureux, avec une belle sélection de vins pour parfaire l'expérience.

A/C – **€€€** – *106 rue Saint-Honoré – Louvre - Rivoli – 01 42 21 92 40 – www.laregalade.paris – Fermé lundi et dimanche*

ZEN

CUISINE JAPONAISE • ÉPURÉ Cette table japonaise séduisante associe un décor traditionnel agréable et une authentique cuisine nippone : la carte, étoffée, est fidèle aux classiques sushis, grillades et autres tempuras, auxquels s'ajoutent les gyozas et le chirashi, deux grandes spécialités de la maison. Même les mochis sont maison. Attention : pas de réservation au déjeuner (où la carte est réduite), et c'est vite complet !

A/C – **€€** – *8 rue de l'Échelle – Palais Royal - Musée du Louvre – 01 42 61 93 99 – www.zenrestaurantparis.fr*

LE BURGUNDY

Plus

MODERNE • RAFFINÉ Luxueux, feutré et arty... Dans cet hôtel de standing, le chic parisien se décline de manière artistique : meubles design et œuvres d'art contemporain – spécialement créées – émaillent les lieux. Une réussite...

A/C P Spa – **59 chambres** – *6-8 rue Duphot – 01 42 60 34 12*

Le Baudelaire - Voir la sélection des restaurants

CASTILLE PARIS

MODERNE • COSY Le voisinage des plus grands palaces ne semble pas effrayer le Castille, hôtel particulier établi depuis le 18e s. à deux portes de l'atelier de Coco Chanel. Ses deux ailes réconcilient des références supposées incompatibles : les suites rendent hommage à la célèbre créatrice – lignes pures, palette sobre, sou-

venirs d'un Paris en noir et blanc –, les chambres sont plus vénitiennes, toutes de tentures de soie, de salles de bain en marbre et de tonalités chatoyantes. Un sauna, un espace fitness et plusieurs salles de conférence complètent les services.
- 108 chambres – *33-37 rue Cambon* – *01 44 58 44 58*

L'Assaggio - Voir la sélection des restaurants

CHÂTEAU VOLTAIRE

Plus

MODERNE • CHALEUREUX Un hôtel pensé comme une maison, telle est la philosophie des lieux ! Ici, tout repose sur une atmosphère cosy, ainsi que sur un sens de l'accueil chic et décontracté. Déco signée Sarah Lavoine, chambres tout confort : impeccable à tout point de vue.
- 32 chambres – *55-57 rue Saint-Roch* – *01 53 45 91 00*

CHEVAL BLANC PARIS

MODERNE • RAFFINÉ La réinvention totale de l'emblématique grand magasin Art Déco La Samaritaine, donnant sur le Pont Neuf, tient ses promesses. Avec seulement 72 chambres et suites, Cheval Blanc Paris a choisi de viser - avec succès - le luxe absolu : la suite la plus extravagante s'étend sur deux niveaux et possède sa propre piscine. Les points forts incluent le spa et une vaste piscine intérieure à débordement.
- 72 chambres – *8 quai du Louvre* – *01 40 28 00 00*

Plénitude • **Hakuba** • **Le Tout-Paris** • **Langosteria** - Voir la sélection des restaurants

LA CLEF LOUVRE

Plus

CONTEMPORAIN • RAFFINÉ Face à la Comédie-Française, « l'une des adresses les plus recherchées de la capitale » s'est ouvert un hôtel de grand luxe, dont les logements sont à mi-chemin entre la suite cinq étoiles et l'appartement de standing. L'esthétique donne dans le chic contemporain, mélange post-moderne d'air du temps et d'Art nouveau. À la lumière de ces éléments et des équipements (fitness, salons, service limousine, business corner), on peut affirmer que La Clef Louvre est déjà un classique.
- 51 chambres – *8 rue de Richelieu*

GRAND HÔTEL DU PALAIS ROYAL

Plus

MODERNE • ÉLÉGANT Voisin du Palais-Royal, du ministère de la Culture et du Conseil d'État, cet immeuble du début du 18e s. est idéalement situé. À l'intérieur, de l'élégance mais point de faste : les chambres jouent la sobriété, et l'on profite, des étages supérieurs, d'une vue splendide sur le Paris historique. Hammam, fitness et salon de coiffure.
- 59 chambres – *4 rue de Valois* – *01 42 96 15 35*

HÔTEL DU LOUVRE

Plus

CLASSIQUE • RAFFINÉ Cet hôtel d'excellence situé juste en face du plus célèbre musée au monde tient sa double promesse : être unique et extrêmement sophistiqué. La façade haussmannienne ouvre sur un intérieur contemporain. Les chambres et les suites sont exceptionnellement calmes, et nombre d'entre elles s'offrent pour vis-à-vis le Louvre, la Comédie française, l'avenue de l'Opéra ou le Palais-Royal. L'Officine du Louvre, le bar de l'hôtel, profite d'une magnifique verrière.
- 164 chambres – *Place André Malraux* – *01 73 11 12 34*

Brasserie du Louvre - Voir la sélection des restaurants

PARIS

MADAME RÊVE

AVANT-GARDE • ÉLÉGANT Le grand édifice haussmannien, encore récemment la Poste du Louvre, renaît après une restauration très approfondie sous la baguette du directeur artistique Laurent Taïeb et de la designer Andrée Putman. Leur travail fait ressortir le hall d'époque postmoderne, ainsi que les chambres et suites contemporaines, parées de tons chauds et décorées d'œuvres d'art sur le thème du courrier. Les plus calmes donnent vers l'intérieur, sur le "sky garden" du restaurant, d'autres admirent les toits et les flèches gothiques de l'église Saint-Eustache.Un petit spa de luxe et deux restaurants, l'un en terrasse côté rue, l'autre en hauteur, sur les toits de la ville.

83 chambres - *48 rue du Louvre* - *01 80 40 77 70*

MAISON ARMANCE

ÉLÉGANT • URBAIN Autrefois domicile de Stendhal, puis lieu de prédilection de Serge Gainsbourg et Nina Simone, ce refuge dans l'un des quartiers les plus emblématiques de la ville ressemble plus à une résidence particulière qu'à un hôtel. Les intérieurs s'inspirent de la haute couture, mêlant les textures riches à une palette sobre, inspirée de la vue sur les toits. L'entrée discrète est en harmonie avec le service attentif et le petit-déjeuner près de la cheminée.

20 chambres - *5 rue Cambon* - *01 42 61 46 40*

MAISON BARRIÈRE VENDÔME

Plus

CLASSIQUE • COLORÉ Nouvelle adresse en plein cœur de la ville pour un groupe de référence de l'hôtellerie haut de gamme. Les sculptures et la décoration affichent le degré d'élégance de l'établissement, tandis que les 26 chambres, dont une partie donne sur une cour paisible, portent le nom d'une femme inspirante, de Nina Simone à Simone de Beauvoir. Les couleurs du bar rendent hommage à Frida Kahlo. Espace fitness et spa.

26 chambres - *17 rue du Mont Thabor*

MANDARIN ORIENTAL PARIS

CLASSIQUE • RAFFINÉ Le vaisseau amiral du groupe hongkongais à Paris. Fidèle à ses principes, celui-ci a signé un établissement d'un extrême raffinement, à la croisée de l'élégance française et de la délicatesse orientale. Jeux de lignes, d'espace, de quiétude, etc. Au cœur de la capitale, un palace capital !

138 chambres - *251 rue Saint-Honoré* - *01 70 98 78 88*

LE MEURICE, DORCHESTER COLLECTION

GRAND STYLE • RAFFINÉ L'un des premiers hôtels de luxe parisiens, né en 1835. Face aux frondaisons du jardin des Tuileries, les lieux sont fastueux, dans un esprit très classique auquel le designer Philippe Starck a su apporter une touche contemporaine. Un spa superbe, un bar très intime : Le Meurice ou l'art du raffinement.

160 chambres - *228 rue de Rivoli* - *01 44 58 10 10*

Restaurant Le Meurice Alain Ducasse - Voir la sélection des restaurants

NOLINSKI PARIS - EVOK COLLECTION

Plus

MODERNE • ÉLÉGANT Entre l'Opéra et la Comédie Française, un hôtel très chic, lieu d'art et de vie à la française, dont l'élégance haussmannienne illumine l'avenue. Marbre de Carrare, mobilier chic, chambres lumineuses : rien n'a été laissé au hasard, jusqu'au splendide spa (hammam, massages, etc.) et la grande piscine couverte.

45 chambres - *16 avenue de l'Opéra* - *01 42 86 10 10*

Nolinski Le Restaurant - Voir la sélection des restaurants

RITZ PARIS

GRAND STYLE • ÉLÉGANT Il n'existe qu'un seul Ritz, qui a retrouvé, grâce à une rénovation récente, toute sa splendeur d'antan. L'architecte Thierry Despont a ouvert des espaces et des entrées de lumière, dont un toit vitré rétractable au sommet du restaurant. Les chambres et les suites restent donc classiques, et conservent leurs emblématiques lampes tulipes et leurs sonnettes. Les suites Prestige comptent parmi les plus somptueuses de Paris. S'ajoutent à cela un spa et un club élégants qui côtoient des bars et restaurants légendaires.

- 142 chambres – *15 place Vendôme – 01 43 16 30 30*

Espadon - Voir la sélection des restaurants

LE ROCH HOTEL & SPA

Plus

MODERNE • COSY Un hôtel pensé comme une maison, tel est la philosophie des lieux. Ici, tout repose sur une atmosphère chaleureuse, ainsi que sur un sens de l'accueil chic et décontracté. Déco signée Sarah Lavoine, chambres tout confort : impeccable à tout point de vue.

- 37 chambres – *28 rue Saint-Roch – 01 70 83 00 00*

THÉRÈSE

Plus

MODERNE • COSY Une adresse charmante située dans une petite rue calme, nichée entre le Palais-Royal et l'avenue de l'Opéra. Son décor se révèle très cosy et chic, avec par exemple des pièces de mobilier inspirées des années 1950 et des références néo-industrielles... Les chambres sont douillettes et bien agencées : une réussite !

- 40 chambres – *5-7 rue Thérèse – 01 42 96 10 01*

PARIS

BOURSE • SENTIER

2e ARRONDISSEMENT

SUSHI YOSHINAGA

CUISINE JAPONAISE • ÉPURÉ Cette adresse d'exception n'a rien laissé au hasard : des céramiques conçues par un artiste japonais, des baguettes en bois de rose disposées sur un petit plateau de cèdre, un écrin d'érable sycomore nimbé de douce lumière... Pour les 10 privilégiés qui prennent place à son comptoir, le maître sushi Tomoyuki Yoshinaga travaille des poissons remarquables de fraîcheur, dont différents thons gras exceptionnels, objets d'une découpe experte et d'assaisonnements qui ne le sont pas moins. Un travail de joaillerie sur les textures, maturations, températures de service, et des saveurs aux nuances variées selon les moments de ce menu omakase.

Notons aussi des recettes et des techniques plus personnelles, notamment dans la confection maison de nombreuses marinades et sauces soja, ou dans les subtiles créations chaudes du début de repas. Enfin, le tandem que le chef forme avec le directeur de salle fonctionne à merveille, avec une complicité qui laisse souvent place à l'humour.

- **€€€€** - *27 rue du 4-Septembre – Quatre-Septembre – 07 57 81 46 46 – www.27quatre.com/sushi-yoshinaga – Fermé lundi, dimanche et le midi*

✿ ACCENTS TABLE BOURSE

Cheffe : Ayumi Sugiyama

CUISINE MODERNE • CONTEMPORAIN «L'accent nous indique l'origine de la personne ; il nous renseigne sur son pays, sa région et son histoire. C'est cette idée d'ouverture et de découverte que je veux défendre, une cuisine faite de rencontres et d'échanges» : ainsi s'exprime Ayumi Sugiyama, patronne japonaise et cheffe pâtissière de ce lieu contemporain d'esprit scandinave. Les assiettes du chef Romain Mahi marient recettes classiques, créations plus audacieuses et travail subtil autour des arômes torréfiés et des saveurs fumées : l'omble chevalier cuit au four, céleri et chou-fleur cuits dans un jus de clémentine, graines de cumin et marmelade de peau d'orange aux épices grillées. De bout en bout, équilibre et précision... jusqu'aux créations sucrées, légères et bien construites. Service tonique et chaleureux.

♿ A/C - **€€€€** - *24 rue Feydeau - Ⓜ Bourse - ✆ 01 40 39 92 88 - www.accents-restaurant.com - Fermé lundi, dimanche et mardi midi*

✿ FLEUR DE PAVÉ

Chef : Sylvain Sendra

CUISINE MODERNE • TENDANCE Au sein de ce resto bien d'aujourd'hui, le chef Sylvain Sendra se livre à une stimulante exploration culinaire, avec une fougue et un panache intacts. Il trousse des assiettes modernes et voyageuses, faussement brutes dans le dressage, avec des produits de superbe qualité – et en particulier les légumes très exclusifs issus du potager yvelinois du maraîcher Asafumi Yamashita. Voici un chef qui n'essaie pas d'étourdir par sa technique, mais plutôt à mettre l'accent sur les saveurs et à se montrer fidèle à l'énoncé de ses plats – qu'il en soit remercié. Pour une maison de cette taille, la carte des vins frappe par sa qualité.

A/C - **€€€** - *5 rue Paul-Lelong - Ⓜ Sentier - ✆ 01 40 26 38 87 - www.fleurdepave.com - Fermé dimanche et samedi midi*

✿ FRENCHIE

Chef : Grégory Marchand

CUISINE MODERNE • CONVIVIAL Drôlement Frenchy, le chef Grégory Marchand, qui a fait ses classes dans plusieurs grandes tables anglo-saxonnes (Gramercy Tavern à New York, Fifteen – par Jamie Oliver – à Londres, Mandarin Oriental à Hong Kong...). Dans son restaurant de poche, au cœur du Sentier, la salle (briques, poutres, pierres apparentes...) est vite comble, grâce à cette cuisine qui partage tout du goût international contemporain, tout en s'enracinant dans un sourcing sourcilleux (de l'assiette en céramique aux fruits et légumes de Terroirs d'Avenir ou de la Ferme de l'Envol). Les associations de saveurs sont originales, centrées sur le produit, et le twist anglo-saxon bien présent, surtout sur les desserts.

A/C - **€€€€** - *5 rue du Nil - Ⓜ Sentier - ✆ 01 40 39 96 19 - www.frenchie-restaurant.com - Fermé les midis*

✿ PUR' - JEAN-FRANÇOIS ROUQUETTE

CUISINE MODERNE • CONTEMPORAIN Dans une toute nouvelle et élégante salle créée sur mesure par un architecte franco-mexicain, Jean-François Rouquette continue d'exprimer toute la palette de son talent, à l'image de cet agneau de lait des Pyrénées dont les variations (en carré rôti, en selle farcie...) et les garnitures (artichauts poivrade farcis de quinoa et tartare d'algues) procurent un plaisir intense. Sa cuisine, créative et inspirée, accorde avec finesse d'excellents produits. Un «pur» plaisir !

♿ A/C - **€€€€** - *Park Hyatt Paris-Vendôme, 5 rue de la Paix - Ⓜ Opéra - ✆ 01 58 71 10 60 - www.paris-restaurant-pur.fr - Fermé dimanche, lundi et le midi*

SHABOUR

CUISINE CRÉATIVE • TENDANCE Derrière Shabour, on trouve Assaf Granit, chef israélien médiatique : déjà propriétaire d'une douzaine de restaurants à Jérusalem, Londres et Paris, il anime également la version locale de Cauchemar en cuisine. Il a jeté son dévolu sur un immeuble du 17e s dans un quartier animé, entre les rues Saint-Denis et Montorgueil. On retrouve ici ses marques de fabrique : ambiance débridée, déco brute émaillée notamment de gaines techniques métalliques au plafond, lumières tamisées... et surtout cette cuisine créative aux influences méditerranéennes, généreuse et surprenante, qui emporte tout par sa fraîcheur à l'image de ces carottes, œuf mollet, écume de tahini, œufs de saumon et tzimmes, de ce rouget snacké dans l'idée d'une bouillabaisse orientale ou encore de ce gâteau de semoule à la fleur d'oranger et crème anglaise à la citrouille.

AC - €€€€ - 19 rue Saint-Sauveur - Ⓜ Réaumur - Sébastopol - ✆ 06 95 16 32 87 - www.restaurantshabour.com - Fermé lundi, dimanche et du mardi au vendredi à midi

SUSHI B

CUISINE JAPONAISE • ÉPURÉ Aux abords du très agréable square Louvois, ce restaurant de poche (8 places seulement) mérite que l'on s'y attarde. Si l'on adore le cadre zen et dépouillé – marbre, fauteuils en tissus, verreries fines – on vient surtout ici pour constater par soi-même le grand talent du chef. En excellent artisan, il ne travaille que des produits de qualité et de première fraîcheur, avec une précision chirurgicale. Il faut voir, par exemple, la qualité d'exécution de ses sushis et makis, sans jamais d'excès de soja ou de wasabi : le sens de la mesure personnifié ! Les plats sont équilibrés, les textures complémentaires : filet de bar grillé, épinard et sauce dashi au citron ; daurade royale frite, radis blanc râpé, ciboulette façon agedashi ; sashimi de sériole, sauce soja au sésame, fleur de shiso et wasabi. Un coup de cœur.

AC - €€€€ - 5 rue Rameau - Ⓜ Bourse - ✆ 01 40 26 52 87 - www.sushi-b-fr.com - Fermé du lundi au mercredi

MÁM FROM HANOÏ

CUISINE VIETNAMIENNE • SIMPLE Dans un coin du Sentier, cette table authentiquement vietnamienne fait un carton mérité (réservation plusieurs jours à l'avance). Le couple, natif de Hanoï, mitonne une authentique cuisine du Nord du Viêtnam – le mot « mam » désignant un condiment à base de poisson très populaire là-bas. D'origine française, les légumes et les viandes sont rigoureusement sélectionnés. La carte va à l'essentiel. Elle comporte les incontournables nems de porc, servis avec la fameuse sauce mam, ainsi qu'une excellente soupe pho, typique du Nord, légèrement salée et d'autant plus digeste – quintessence de cette cuisine parfumée et flatteuse, qui fusionne l'air de rien simplicité de l'exécution et complexité des saveurs.

AC - € - 39 rue de Cléry - Ⓜ Sentier - ✆ 01 42 33 12 31 - www.mamfromhanoi.com - Fermé dimanche et lundi soir

L'ALTRO FRENCHIE

CUISINE ITALIENNE • CONVIVIAL L'éclectisme gourmand de Grégory Marchand a encore frappé ! Dans ce bistrot moderne à l'italienne, on retrouve aussi les influences anglo-saxonnes que le chef affectionne. On se régale d'un crudo misto agrémenté de condiments végétaux ingénieux, de classiques comme les pappardelle au lapin ou l'incontournable côte de veau milanaise pour deux.

La recette du gâteau au chocolat, quant à elle, rend hommage à celle de Jamie Oliver au River Café de Londres. La carte des vins provient de la cave Frenchie voisine.

A/C - €€€ - *9 rue du Nil - M Sentier - 01 42 21 96 92 - www.altro-frenchie.com*

L'APIBO

CUISINE MODERNE • BISTRO Dans son petit bistrot du quartier Montorgueil (esprit feutré, parquet en chêne, pierre apparente), le chef Antony Boucher, au solide CV, signe une belle cuisine de produits, originale et délicate. Il est réputé pour ses deux classiques que sont le filet de bar, riz noir et sauce paprika et le cochon confit huit heures et sa mousseline de patate douce. Le service gentiment impertinent (et très pro) évoque l'esprit canaille qui flottait naguère sur les Halles...

A/C - €€ - *31 rue Tiquetonne - M Étienne Marcel - 01 55 34 94 50 - www.restaurant-lapibo.fr - Fermé lundi, dimanche et le midi*

AUX LYONNAIS

CUISINE LYONNAISE • BISTRO Dans ce bistrot fondé en 1890, au cadre délicieusement rétro, on se régale d'une savoureuse cuisine qui explore la gastronomie lyonnaise. Ainsi les terrines, quenelles de sandre aux écrevisses, ou le gâteau de foie blond disputent la part belle aux suggestions à l'ardoise et aux desserts convoquant la gourmandise.

A/C - €€ - *32 rue Saint-Marc - M Richelieu - Drouot - 01 42 96 65 04 - www.auxlyonnais.com - Fermé lundi, samedi et dimanche*

CAFÉ COMPAGNON

CUISINE MODERNE • BRANCHÉ Après Richer et 52 Faubourg, le restaurateur, sommelier et torréfacteur Charles Compagnon frappe encore ! Ce restaurant propose une carte variée, allant des grignotages à partager jusqu'aux glaces maison, le tout dans un esprit de cuisine bistrot moderne, originale et bien faite : entrée tout en fraîcheur, échine de cochon canaille. Une vraie comfort food 100% maison, à déguster sans modération.

A/C - €€ - *22-26 rue Léopold-Bellan - M Sentier - 09 77 09 62 24 - www.cafecompagnon.com - Fermé dimanche*

DROUANT

CUISINE TRADITIONNELLE • ÉLÉGANT Un lieu mythique et bien vivant que ce restaurant intemporel au cadre chic et élégant où l'on décerne le prix Goncourt depuis 1914 et le Renaudot depuis 1926 ! Fort de son savoir-faire acquis notamment auprès de Cyril Lignac et Yannick Alléno, le chef Romain Van Thienen exécute avec talent des grands classiques de la cuisine de brasserie française tels que le vol-au-vent, la sole meunière, le tartare préparé minute ou encore la fameuse madeleine de Proust... On s'attable ici autour de plats bien travaillés et savoureux (la fraîcheur des produits est indéniable), portés par une équipe au service alerte et souriant. Très belle carte de vins avec près de 2000 références et une sélection réduite, mais bien composée, de vins au verre.

A/C - €€€ - *16-18 place Gaillon - M Quatre-Septembre - 01 42 65 15 16 - www.drouant.com*

PARIS

ERH

CUISINE MODERNE • ÉLÉGANT E, R et H comme Eau, Riz, Hommes : intitulé aussi mystérieux que poétique pour cette table atypique, qui compagnonne avec une boutique de sakés et un bar à whisky. Etonnante salle à manger contemporaine sous une grande verrière, assortie d'un long comptoir devant la cuisine ouverte, où le chef japonais concocte une cuisine française savoureuse et japonisante dans ses effets.

AC - **€€€€** - *11 rue Tiquetonne - Ⓜ Étienne Marcel - ✆ 01 45 08 49 37 - www.restaurant-erh.com - Fermé lundi, dimanche et du mardi au jeudi à midi*

HALO PARIS

CUISINE MODERNE • TENDANCE Cette table se cache au fond d'un concept store de mode et de design dédié aux jeunes créateurs. Derrière une porte en bois, on découvre un espace lumineux sous verrière avec sa cuisine ouverte et son sol en béton brut. Véritable hub culturel, le lieu comprend au sous-sol une petite salle d'exposition, un bar à cocktails et une table d'hôtes. Découvert à Top Chef en 2023, passé par l'Arpège et NESO, le chef Victor Blanchet propose une cuisine inspirée par la Méditerranée et le Pays basque. Des assiettes colorées, légères et bien composées, à l'image de ce tataki de loup de mer flambé au pastis, mousseline de betterave et citron confit. Réservation en ligne uniquement.

- **€€€** - *12 rue Saint-Sauveur - Ⓜ Sentier - www.halo-paris.com - Fermé lundi, dimanche et le midi*

LIZA

CUISINE LIBANAISE • TENDANCE Originaire de Beyrouth, Liza Asseily met la cuisine de son pays à l'honneur. Dans un décor ensoleillé parsemé de touches orientales, on opte pour des mezze à partager, des grillades ou un fattet batinjan (une panade d'aubergine avec agneau haché et yaourt). Nombreuses options végétariennes, et sélection de vins libanais.

AC - **€€** - *14 rue de la Banque - Ⓜ Bourse - ✆ 01 55 35 00 66 - www.restaurant-liza.com*

MORI VENICE BAR

CUISINE ITALIENNE • ÉLÉGANT Installez-vous face à la Bourse pour savourer les grandes spécialités de la cuisine vénitienne et du nord-est de l'Italie. Le décor, signé Starck, évoque le raffinement vénitien. Le choix des produits fait quant à lui l'objet d'un soin particulier : approvisionnement direct en légumes du «potager respectueux» et pêche raisonnée, à l'exemple de ce turbot cuit au beurre et au prosecco, tombée d'épinard et crème de céleri. N'oublions pas les cicchettis ni les délicieuses glaces, à agrémenter de noisettes du Piémont !

♿ AC - **€€€€** - *27 rue Vivienne - Ⓜ Bourse - ✆ 01 44 55 51 55 - www.mori-venicebar.com - Fermé dimanche et samedi midi*

OMASAKE (N)

CUISINE JAPONAISE • DESIGN Au rez-de-chaussée du restaurant étoilé de Tomoyuki Yoshinaga, ce bar au décor futuriste et à l'ambiance tamisée propose une courte carte d'assiettes pensées pour accompagner la sélection de beaux sakés. Sashimis impeccables, makis copieux, quenelle de poisson blanc façon satsuma age à la mayonnaise au yuzu, mais aussi plats de thon rouge (poisson favori du chef), bœuf wagyu, puis panna cotta au matcha et figue.

♿ AC - **€€** - *27 rue du 4 septembre - Ⓜ Quatre-Septembre - ✆ 07 57 81 46 46 - www.27quatre.com/omasake - Fermé dimanche, lundi et le midi*

PARIS

PANURGE N

CUISINE TRADITIONNELLE • COSY Panurge, le fidèle compagnon de Pantagruel, a désormais sa propre table. Le cadre, cosy et confortable, mêle tables ovales ou carrées dans une atmosphère rétro très parisienne. Aux murs, de vieilles gravures évoquent l'univers de Rabelais – clin d'œil au patronyme du lieu. Ancien second de l'Arcane (18e), Tomoyuki Uchida s'empare de la tradition française avec style, pour en proposer une lecture personnelle, vive et non figée. Son sens du détail et ses assiettes bien campées en goût donnent le ton : langue de veau confite, marinée au shio-koji, servie avec chou romanesco et sauce tonnato ; truite à l'oseille et petits pois à la française. Et la dive bouteille n'est jamais loin...

A/C – **€€€** – *24 rue du Sentier – M Sentier – ✆ 01 73 74 77 28 – www.restaurant-panurge.com – Fermé lundi et dimanche*

QASTI GREEN

CUISINE LIBANAISE • TENDANCE Le chef Alan Geaam ajoute une corde à son arc avec cette adresse de cuisine libanaise végétarienne. Derrière les fourneaux, on retrouve sa nièce, Zeinab Hachem, formée par la mère du chef aux subtilités de la cuisine libanaise traditionnelle. Certains plats font déjà figure d'incontournables comme le shawarma végétarien au céleri et aux champignons ou le daoud bata, composé de boulettes de lentilles aux amandes et aux épices, servies dans une sauce tomatée. On retrouve aussi les saveurs authentiques du Liban, sagement revisitées à prix doux : freekeh de légumes ; houmous au soujouk ; mama ganoush (caviar de chou-fleur). À l'image de la cuisine, le décor zen se pare de matières naturelles et végétales. Réservation indispensable.

A/C – **€€** – *41 rue des Jeûneurs – M Bourse – ✆ 01 53 40 86 82 – www.qasti.fr – Fermé dimanche soir*

RACINES

CUISINE ITALIENNE • BISTRO Simone Tondo, chef d'origine sarde, pilote ce bistrot-cave de charme qu'il a judicieusement transformé en "osteria" à l'ancienne. Cuisine bien ancrée dans le terroir transalpin. Libre cours à la créativité du chef avec un menu carte blanche, ou une ardoise du jour présentant un choix de recettes italiennes sans chichi et aux saveurs franches, confectionnées avec soin à partir de produits bien choisis : vitello tonnato, polpette al sugo, ravioli de ricotta, épinards et encornets...

– **€€** – *8 passage des Panoramas – M Grands Boulevards – ✆ 01 40 13 06 41 – www.racinesparis.com*

RESTAURANT DES GRANDS BOULEVARDS

CUISINE ITALIENNE • BRANCHÉ Sous la verrière centrale de l'hôtel, une décoration moderne et tendance, un accueil chaleureux... Conçue par le chef Giovanni Passerini, la carte courte, influencée par l'Italie, est une leçon de simplicité et de gourmandise. En témoignent la seiche grillée, risotto de petit épeautre et aubergine grillée ; le ravioli de Giovanni, épinard, ricotta et beurre de sauge ou encore la lotte aux épices, haricots beurre et blette, émulsion de savagnin. Intéressante carte des vins et cocktails. Un lieu résolument branché et festif, notamment le soir !

A/C – **€€** – *17 boulevard Poissonnière – M Grands Boulevards – ✆ 01 85 73 33 32 – www.grandsboulevardshotel.com*

STERN RISTORANTE

CUISINE ITALIENNE • HISTORIQUE Dans le passage des Panoramas, l'ancien atelier de gravure Stern a été reconverti en trattoria chic, sans rien perdre de son cachet de l'époque (gravures, photos et boiseries anciennes). À la carte, on trouve une cuisine italienne bien troussée et volontiers originale, servie dans de généreuses assiettes : risotto de saison ; tagliolini à l'aneth avec araignée de mer, palourdes, et sauce aux olives noires ; glace à la pistache «Stern». Service tout sourire.

- **€€€€** - *47 passage des Panoramas - Grands Boulevards - 01 75 43 63 10 - Fermé lundi et dimanche*

TEKÉS

CUISINE ISRAÉLIENNE • CONVIVIAL L'une des adresses du chef Assaf Granit, Tekés, est tout entière résumée par son nom, qui signifie «cérémonie» en hébreu. Plus qu'un simple restaurant, c'est aussi un véritable spectacle musical. La brigade réalise un show survolté et brûlant, en cuisinant notamment les légumes à la braise, pendant qu'un ballet de serveurs se tient dans les starting-blocks. Poireaux grillés à la flamme avec purée de pomme de terre et feta, salade fatoush au labneh et zaatar, gnocchis frits au curry jaune et yaourt en savent quelque chose ! Ce voyage culinaire entre tradition levantine et Orient s'exprime pleinement à travers des saveurs intenses et des épices soigneusement sélectionnées. Le menu, principalement végétarien (mais non végan), se décline en plats à partager – la convivialité étant obligatoire entre ces murs !

- **€€** - *4 bis rue Saint-Sauveur - Réaumur - Sébastopol - 07 81 42 54 74 - www.tekesrestaurant.com*

BACHAUMONT

CONTEMPORAIN • ÉLÉGANT Idéalement situé entre la rue Montmartre et la rue Montorgueil, cet hôtel typiquement parisien du début du 20e s., un temps transformé en clinique, renaît avec élégance (porche en verre et fer forgé, couloir en marbre etc.). Les chambres, contemporaines, sont confortables. Petit fitness au sous-sol.

- **49 chambres** - *18 rue Bachaumont - 01 81 66 47 00*

GRANDS BOULEVARDS EXPERIMENTAL

Plus

BOURGEOIS • CHALEUREUX Dans ce quartier animé, l'hôtel est installé dans un immeuble dont l'histoire remonte au 18e s. On retrouve cette identité dans les chambres, coquettes et originales, qui donnent sur la cour intérieure ou le boulevard.

- **50 chambres** - *17 boulevard Poissonnière - 01 85 73 33 33*

Restaurant des Grands Boulevards - Voir la sélection des restaurants

HOTEL HANA

CONTEMPORAIN • RAFFINÉ Entre l'Opéra Garnier et la Bourse se trouve l'hôtel Hana, un établissement de charme dont le style est à la fois parfaitement parisien et tout à fait japonais. Cette fusion culturelle donne à chaque chambre une personnalité bien marquée.

- **26 chambres** - *17 rue du 4 septembre - 01 87 89 61 98*

PARK HYATT PARIS - VENDÔME

Plus

MODERNE • CHALEUREUX Le luxe se dissimule discrètement derrière les élégantes façades de la place Vendôme. À l'intérieur, l'architecte américain Ed Tuttle a redonné vie à des matériaux familiers : calcaire beige et acajou foncé, pour une palette noire et claire subtilement zen. Les chambres, toutes somptueuses et paisibles, jouent sur un nuancier neutre et de riches textures. Les équipements comprennent un splendide spa et un hammam, des salles de réunion et de nombreux lounges et salons. Côté cuisine, il est bien sûr question de haute gastronomie et, au bar, les cocktails sont servis face à une cour intérieure s'ouvrant sur le cœur de Paris.

– 153 chambres – *5 rue de la Paix – 01 58 71 12 34*

Pur' - Jean-François Rouquette - Voir la sélection des restaurants

THE HOXTON, PARIS

MODERNE • ÉLÉGANT Près des Grands Boulevards, cet ancien hôtel particulier abrite une adresse tendance, fort prisé des bobos, startupers et fashionistas. Les chambres, décorées dans l'esprit des années 50, proposent confort et élégance. A l'étage, un bar cosy ouvert en soirée.

– 172 chambres – *30-32 rue du Sentier – 01 85 65 75 00*

LE HAUT MARAIS • TEMPLE

3e ARRONDISSEMENT

ANNE

CUISINE MODERNE • LUXE Le Pavillon de la Reine, magnifique demeure de la place des Vosges, rend hommage à Anne d'Autriche, reine de France et épouse de Louis XIII, qui a vécu dans ces murs. La salle à manger rénovée affiche un style chic et feutré, l'écrin idéal pour déguster les menus préparés par Thibault Sombardier et son chef exécutif. Des assiettes fines et précises, à l'image de ces Saint-Jacques à l'huile de noisette, citron et gelée au champagne, ou de cette tourte forestière aux ris de veau et sabayon au persil. Charmante terrasse dans la paisible cour à l'écart de l'agitation de la ville.

– **€€€€** – *28 place des Vosges – Ⓜ Bastille – 01 40 29 19 19 – www.pavillon-de-la-reine.com/restaurant – Fermé lundi et mardi, et dimanche soir*

DATIL

Cheffe : Manon Fleury

CUISINE MODERNE • CONTEMPORAIN La cheffe Manon Fleury a multiplié les expériences de haute volée (avec les chefs William Ledeuil, Pascal Barbot, Alexandre Couillon...) et les résidences éphémères avant d'ouvrir sa propre maison, à la sobre déco d'esprit scandinave. Sa philosophie gastronomique, faite de respect de la nature et de la personne, de défense des circuits courts (sourcing millimétré et local) et du zéro déchet, s'exprime avec une passion authentique, bien loin d'un certain green washing. L'assiette met en valeur le végétal avant tout (fruits et légumes à égalité), agrémenté d'un soupçon de protéine animale. Une partition d'un style épuré qui dévoile toutes les subtilités et complexités aromatiques des céréales en particulier (auxquelles elle a consacré un livre), mais également des fruits dont l'équilibre sucré-acide est subtilement canalisé. Ambiance décontractée portée par une équipe de choc.

L'engagement du chef : Une cuisine pensée pour valoriser le vivant et l'humain : produits bio en circuits courts d'agriculteurs engagés, dont les pratiques sont mises en avant. Travail précis sur l'acheminement des produits et la gestion des déchets avec la valorisation intégrale des ingrédients au travers de fermentations, extractions, etc. La cheffe est engagée dans l'association Bondir.e, soutenant les femmes et donnant une visibilité à leur combat contre les violences dans la restauration.

€€€€ - *13 rue des Gravilliers - Ⓜ Arts et Métiers - ✆ 01 80 05 74 98 - www.datil-restaurant.fr - Fermé samedi, dimanche, et lundi et mardi à midi*

AUBERGE NICOLAS FLAMEL

CUISINE MODERNE • CONTEMPORAIN La plus ancienne maison de Paris (1407) doit son nom à l'alchimiste Nicolas Flamel. Dans un décor contemporain épuré qui se joue des pierres et des poutres anciennes, c'est grâce aux équipes d'Alan Geaam que la bonne alchimie se trouve aujourd'hui dans l'assiette, et que les beaux produits sont transformés en propositions actuelles et harmonieuses : jardin du chef, carotte, abricot, petit pois et cerfeuil ; selle et ris d'agneau, aubergines et prune ; pêche pochée, thé earl grey et lait d'amande.

- **€€€€** - *51 rue de Montmorency - Ⓜ Rambuteau - ✆ 01 42 71 77 78 - www.auberge.nicolas-flamel.fr - Fermé lundi et dimanche*

BISTROT INSTINCT

CUISINE MODERNE • CONTEMPORAIN Un bistrot de poche contemporain tenu par le chef Maximilian Wollek et sa jeune équipe motivée. Au menu, une cuisine du marché et des grands classiques modernisés, dans un esprit bistronomique. Ici, tout est fait maison, jusqu'aux sirops utilisés pour des cocktails originaux.

- **€€** - *19 rue de Picardie - Ⓜ Filles du Calvaire - ✆ 01 42 78 93 06 - www.bistrotinstinctparis3.fr/fr - Fermé dimanche*

DESSANCE

CUISINE MODERNE • CONTEMPORAIN Dans un ancien hôtel particulier du Marais, ce restaurant au cadre élégant évoque un jardin d'hiver avec sa grande hauteur sous plafond - un endroit plein d'agrément qui ne manque ni de charme ni de style. Le chef réalise une cuisine de saison inspirée, à travers deux menus carte blanche, l'un axé sur les saveurs terre-mer, l'autre végétarien. La carte des vins comporte son lot de propositions nature ou en biodynamie.

- **€€€** - *74 rue des Archives - Ⓜ Arts et Métiers - ✆ 01 42 77 23 62 - www.dessance.com - Fermé lundi, dimanche, et mardi et mercredi à midi*

ELMER

CUISINE MODERNE • BRANCHÉ Tout près de République, on aime cette table chic où officie Simon Horwitz, chef au riche parcours (Oustau de Baumanière, Pierre Gagnaire, voyages en Asie et en Amérique latine). Il compose une partition savoureuse et pleine de mordant, avec notamment de belles viandes cuites à la braise ou en rôtissoire.

♿ A/C - **€€€** - *30 rue Notre-Dame-de-Nazareth - Ⓜ Temple - ✆ 01 43 56 22 95 - www.elmer-restaurant.fr - Fermé lundi, dimanche et samedi midi*

PARIS

LES ENFANTS ROUGES

CUISINE DU MARCHÉ • BISTRO À l'origine, un chef d'origine japonaise, ayant fait son apprentissage chez Yves Camdeborde et Stéphane Jégo. À l'arrivée, un beau bistrot parisien proposant une savoureuse cuisine du marché à la française. Terrine du canard en gelée, pickles de pruneaux et concombre ; tempura de maigre de ligne, bouillon dashi aux algues, chou et fèves ; baba au rhum vieux de Martinique, crème chantilly, etc... Et cerise sur le gâteau, c'est ouvert le week-end.

€€€ – *9 rue de Beauce – Ⓜ Filles du Calvaire – ✆ 01 48 87 80 61 – www.les-enfants-rouges-paris.fr – Fermé mardi, mercredi et jeudi midi*

L'OYAT

CUISINE MODERNE • CONTEMPORAIN Même à deux pas de la place de la République, un chef ch'ti originaire de Dunkerque comme Jérémy Sergeant continue de penser aux grandes plages de son Nord natal où pousse... l'oyat, petite plante capable de fixer le sable des dunes. Dans une veine moderne et légère, il travaille avec sincérité de bons produits du marché. Excellent rapport qualité-prix au déjeuner, tandis que la carte s'embourgeoise gentiment avec des produits plus nobles le soir. Ambiance cosy et contemporaine.

€€ – *11 rue Notre-Dame-de-Nazareth – Ⓜ République – ✆ 01 42 72 51 77 – www.restaurantloyat.fr – Fermé lundi et dimanche*

MATKA

CUISINE POLONAISE • RUSTIQUE Le chef polonais Piotr Korzen tient table dans une vieille maison d'une étroite rue historique du 13e siècle. Cette auberge est un tableau vivant de sa cuisine natale : pierres et poutres apparentes, banquettes en cuir rouge et surtout un poêle en faïence comme dans l'Est. Hommage à la cuisine maternelle (Matka, c'est la mère en polonais), la carte est un voyage gustatif dont les dressages nets aiguisent l'appétit : soupe au levain aux accents rustiques, pommes de terre, râpée de poitrine de cochon séchée et œuf parfait, pierogis ruskie, raviolis au fromage, oignon grillé et crème aigre. En conclusion, une szarlotka, gâteau aux pommes et cannelle, glace à la vanille, recette familiale et réconfortante.

€€ – *78 rue Quincampoix – Ⓜ Rambuteau – ✆ 01 44 93 58 14 – www.matkarestaurant.fr – Fermé lundi et mardi*

LE MAZENAY

CUISINE DU MARCHÉ • BISTRO Ici, l'accent est mis sur la belle cuisson, le bon jus et le beau produit. Pas de tintamarre inutile quand on se régale d'escargots sauvages aux herbes ou d'une poulette fermière pochée. Mais le chef n'a qu'une hâte : que commence la saison du gibier ! Grouse d'Écosse rôtie, lièvre à la royale... Une adresse pour bons vivants.

♿ A/C – **€€** – *46 rue de Montmorency – Ⓜ Rambuteau – ✆ 06 42 83 79 52 – www.lemazenay.com – Fermé samedi et dimanche*

OGATA

CUISINE JAPONAISE • DESIGN Ogata est un temple dédié à l'art de vivre nippon, installé dans un hôtel particulier du Marais et signé du designer Shinichiro Ogata, véritable esthète contemporain. La cuisine japonaise, plutôt traditionnelle, s'inscrit dans l'esprit omakase, un menu dégustation composé de produits saisonniers de qualité (très bons sashimis). Les meilleures places se trouvent au comptoir. Un voyage à poursuivre à travers la boutique ou la galerie d'art...

A/C – **€€€€** – *16 rue Debelleyme – Ⓜ Filles du Calvaire – ✆ 01 80 97 76 80 – www.ogata.com/paris/restaurant - Fermé lundi et mardi*

PARCELLES

CUISINE TRADITIONNELLE • BISTRO Atmosphère, atmosphère ! Dans une ruelle entre Arts et Métiers et Beaubourg, voici un bistrot de 1936 sorti tout droit du Minuit à Paris de Woody Allen : mobilier typique, murs en pierres nues ou beige, sol en mosaïque rétro, plafond doré, comptoir bois et cuivre. Mais la cuisine est loin d'être en carton pâte, comme l'attestent le pressé de jarret de cochon, le bar de ligne, son risotto d'épeautre et sa sauce à l'anguille fumée, ou encore la tarte au chocolat noir et noix de pécan caramélisées. Du tout bon pour une adresse qui fait un carton (essayez de réserver...).

– **€€€** – *13 rue Chapon – Ⓜ Arts et Métiers – ✆ 01 43 37 91 64 – www.parcelles-paris.fr – Fermé samedi et dimanche*

TERRA

CUISINE MODERNE • ÉLÉGANT Un long couloir mène à ce restaurant aménagé sous une verrière nichée dans la cour d'un vieil immeuble parisien, entre jardin d'hiver et esprit néo-industriel. Le jeune chef Louis Gallet cuisine avec franchise et efficacité des produits sélectionnés avec soin : œuf parfait, houmous au citron confit ; faux-filet de bœuf Simmental au barbecue, sauce Choron ; biscuit de Savoie au chocolat, cassis. Les plats principaux (pluma de porc Bellota sauce chimichurri ; côte de veau basque sauce Choron) sont à partager. Belle sélection de vins aux tarifs assez raisonnables.

– **€€€** – *21 rue des Gravilliers – Ⓜ Arts et Métiers – ✆ 01 45 30 02 58 – www.terraparis.fr – Fermé lundi, dimanche et le midi*

LES BAINS *Plus*

MODERNE • CHALEUREUX Tel un phénix, les Bains renaissent toujours. Ils prennent aujourd'hui la forme d'un hôtel de caractère, mêlant habilement les styles (contemporain, design, Art déco) jusque dans les chambres, confortables et bien insonorisées. On profite aussi d'un bar à cocktails, de salons privés et... d'un club avec piscine !

– **39 chambres** – *7 rue du Bourg-l'Abbé – ✆ 01 42 77 07 07*

EXPERIMENTAL MARAIS *Plus*

AVANT-GARDE • CONVIVIAL On entre dans cet hôtel de luxe comme en religion : son nom signifie en effet "pécheur". Ambiance gothique, concept-store dans une crypte, business-corner dans un confessionnal, bénitier dans les chambres : un concept détonnant en plein cœur du Marais. Changement radical d'ambiance avec le restaurant, festif et coloré.

– **43 chambres** – *116 rue du Temple – ✆ 01 42 72 20 00*

HÔTEL NATIONAL DES ARTS ET MÉTIERS

CLASSIQUE • CHALEUREUX Haussmannien au-dehors, contemporain à l'intérieur, l'Hôtel National des Arts et Métiers affirme son caractère spécifique, inspiré de la célèbre école d'ingénieurs voisine. Les chambres aux murs en béton texturé, couleurs sombres et œuvres d'art sont équipées de salles de bains en terrazzo, certaines avec balcons, et le penthouse ajoute une kitchenette, une salle à manger et une terrasse privée. Parmi les commodités, un petit spa et un centre de remise en forme et deux bars.

– **64 chambres** – *243 rue Saint-Martin – ✆ 01 81 66 47 10*

PARIS

MAISON PROUST

BOURGEOIS • RAFFINÉ Conçue par Jacques Garcia en hommage à l'une des plus grandes figures littéraires françaises, cette maison est à l'opposé du minimalisme : richement colorée, texturée et garnie d'objets et d'œuvres d'art en lien avec son homonyme, c'est un hôtel intime qui dispose de suites séduisantes et cossues, portant le nom d'un personnage proustien. Le spa est d'inspiration mauresque, et le bar sert des cocktails "littéraires" ainsi que quelques en-cas.

- 23 chambres - *26 rue de Picardie - 01 86 54 55 55*

LE PAVILLON DE LA REINE

Plus

TRADITIONNEL • RAFFINÉ L'élégance du Paris historique, tout en noble discrétion. Passé les voûtes de la place des Vosges, première illumination à la vision de la belle cour verdoyante. Et le ravissement continue avec les chambres, feutrées et raffinées. Le luxe sans ostentation !

- 57 chambres - *28 place des Vosges - 01 40 29 19 19*

Anne - Voir la sélection des restaurants

LE PETIT MOULIN

Plus

CONTEMPORAIN • RAFFINÉ Christian Lacroix a imaginé le décor "couleur du temps" de cet hôtel du Marais. C'est inédit, raffiné et chaleureux, entre tradition et modernité. Baignoires à pieds, tons flashy : chaque chambre est une création originale !

- 17 chambres - *29-31 rue de Poitou - 01 42 74 10 10*

SOLLY HOTEL PARIS

CLASSIQUE • ÉLÉGANT Autrefois demeure de l'architecte de la Renaissance Salomon de Caus, cet hôtel de charme se dissimule derrière une élégante façade de marbre et de pierre. Les espaces communs sont agréables, comme cette salle de petit-déjeuner sous sa verrière Art nouveau. Certaines chambres donnent sur la cour intérieure et d'autres sur une jolie place grâce à leur balcon, mais toutes sont lumineuses, animées de peintures et de lithographies. La cuisine ouverte invite à déguster une assiette de fromages et un verre de vin, et une série de salons élégants donnent envie de siroter un café.

- 51 chambres - *4 rue Salomon de Caus - 01 42 72 08 15*

ÎLE DE LA CITÉ • ÎLE SAINT-LOUIS • LE MARAIS, BEAUBOURG

4e ARRONDISSEMENT

L'AMBROISIE

CUISINE CLASSIQUE • LUXE Dans l'atmosphère intemporelle de la place des Vosges, cette célèbre table est décorée de miroirs anciens, d'une immense tapisserie, d'un sol en marbre blanc et noir, ainsi que d'étonnants panneaux muraux contemporains éclairés par des diodes rouges. C'est ici que Bernard Pacaud a œuvré tant d'années en artisan pointilleux, imperméable aux modes et intraitable sur l'excellence des produits. Après avoir formé nombre de cuisiniers, il a passé la main à Shintaro Awa, qui fut durant plus de 10 ans le lieutenant d'Eric Frechon au Bristol. Le chef japonais s'inscrit avec humilité dans

PARIS

l'esprit de la maison (feuillantine de langoustines aux graines de sésame, sauce au curry ; poularde de Bresse rôtie contisée ; pomme de ris de veau mijotée à la financière...), tout en y insufflant son propre style.

AC – €€€€ – *9 place des Vosges – Ⓜ Saint-Paul – ✆ 01 42 78 51 45 – www.ambroisie-paris.com – Fermé lundi et dimanche*

✿ ALDEHYDE

CUISINE CRÉATIVE • COSY Dans cet établissement intimiste situé près des quais de Seine, le chef Youssef Marzouk orchestre une délicieuse partition culinaire depuis son comptoir-cuisine, sous la forme d'un menu surprise qui mêle subtilement tradition française et parfums du Maghreb. Sa technique assurée se dévoile dans des assiettes aux dressages minutieux, tandis que sa sensibilité tunisienne se manifeste dans l'usage judicieux d'épices, herbes et agrumes : selle d'agneau en deux façons, écume de légumes d'été grillés, jus de viande à l'anguille fumée... Harmonie et fraîcheur sont au rendez-vous.

AC – €€€€ – *5 rue du Pont-Louis-Philippe – Ⓜ Pont Marie – ✆ 09 73 89 43 24 – www.aldehyde.paris – Fermé samedi, dimanche et lundi midi*

✿ RESTAURANT H

Chef : Hubert Duchenne

CUISINE CRÉATIVE • INTIME «H», comme Hubert Duchenne, chef normand passé chez Akrame Benallal, et Jean-François Piège... Derrière une devanture élégante et discrète, moins de vingt couverts pour cette salle à manger intime, au cadre aussi chic que cosy. Les recettes, bien maîtrisées, vont toujours à l'essentiel. Vous réclamez des preuves ? Les couteaux de mer en persillade (plat signature), le lieu jaune, graines d'amarante soufflées et en risotto, le bœuf de Jersey au barbecue, crémeux de carotte et charbon végétal : chaque plat ou presque envoûte le palais grâce à des notes torréfiées et acidulées remarquablement dosées. C'est inventif et très maîtrisé : on se régale, au fil d'un menu unique composé en fonction de l'arrivage d'excellents produits...

♿ AC – €€€ – *13 rue Jean-Beausire – Ⓜ Bastille – ✆ 01 43 48 80 96 – www.restauranth.com – Fermé lundi, dimanche et le midi*

✿ LE SERGENT RECRUTEUR

Chef : Alain Pégouret

CUISINE MODERNE • CONTEMPORAIN Le chef Alain Pégouret a hérité de Joël Robuchon l'amour du geste précis et la rigueur du travail. Il suffit, pour s'en assurer, de pousser la porte du Sergent Recruteur, taverne historique de l'île Saint-Louis, reconvertie en table gastronomique. L'ancien chef du Laurent fait preuve d'une impressionnante maîtrise. Ses assiettes fines, aux saveurs ciselées – et qui révèlent, en filigrane, de solides bases classiques –, laissent le souvenir d'une belle cohérence gustative, avec un travail subtil sur les jus et les sauces (excellente sauce Périgueux nappant la mousseline d'œuf et de truffe noire, sauce à la royale se mariant tout aussi bien sur le lièvre en saison de chasse que sur l'encornet), ainsi qu'une attention aux belles cuissons. La maison distille une ambiance élégante et feutrée, associant habilement design contemporain et murs anciens.

AC – €€€€ – *41 rue Saint-Louis-en-l'Île – Ⓜ Pont Marie – ✆ 01 43 54 75 42 – www.lesergentrecruteur.fr – Fermé lundi, dimanche et mardi midi*

BAFFO

CUISINE ITALIENNE • TENDANCE Originaire du sud de la Toscane et passionné de cuisine, Fabien Zannier rend hommage aux saveurs de son enfance dans cette petite table italienne forte en goût et en couleurs, où priment les produits frais et bio souvent sourcés directement de l'autre côté des Alpes (riz arborio, lard de Colonnata, pâtes artisanales de Pitigliano). Des antipasti origi-

PARIS

naux, des menus thématiques à partager (saveurs de la mer, truffe…), et une cave de crus italiens… l'occasion d'un «pranzo con i baffi», un repas à s'en lécher les moustaches !

AC – €€€ – 12 rue Pecquay – M Rambuteau – 07 61 88 73 04 – www.baffo.fr – Fermé lundi, dimanche et du mardi au jeudi à midi

BENOIT

CUISINE CLASSIQUE • BISTRO Dans ce bistrot parisien typique au charme Belle Époque intact (boiseries, cuivres, miroirs, banquettes en velours…), chaque élément, jusqu'aux assiettes siglées d'un «B», participe au cachet de la maison. À la carte, recettes traditionnelles à souhait et plats canailles : pâté en croûte, tête de veau ravigote, cassoulet, millefeuille à la vanille…

€€€ – 20 rue Saint-Martin – M Châtelet – 01 42 72 25 76 – www.benoit-paris.com

BOMBANCE

CUISINE MODERNE • BISTRO Dans ce bistrot du Marais, on s'attable entre copains sur l'une des grandes tables pour faire bombance. Dans une ambiance décontractée et conviviale, on déguste une cuisine d'inspiration bistrotière pleine de croquant : œuf façon meurette et siphon de chou-fleur ; poitrine de cochon braisée, déclinaison de carottes et jus aux épices ; baba au rhum et sa compotée d'agrumes…

€€ – 40 rue des Blancs-Manteaux – M Rambuteau – 01 45 35 44 62 – www.bombanceparis.fr – Fermé lundi et dimanche

EME N

CUISINE CRÉATIVE • TENDANCE Ce restaurant intimiste est tenu par un couple venu d'Amérique du Sud, formé dans de belles maisons en Europe, en Asie et aux États-Unis. En cuisine, le chef passé par Astrid y Gastón, David Toutain ou Mauro Colagreco compose des menus à l'aveugle, le midi comme le soir, portés par des produits d'une grande fraîcheur et un sens aigu du contraste. L'acidité, les vinaigres et les condiments rythment les assiettes, sans folklore mais avec une vraie personnalité. En salle, Mara a signé elle-même ce décor épuré aux tons vert kaki : une atmosphère feutrée où l'on déguste, par exemple, un accord percutant shiso, ail noir et bouillon de champignon, ou de fines lamelles de Saint-Jacques au chou-fleur et combawa.

€€€€ – 4 impasse Guéménée – M Bastille – 01 44 61 11 76 – www.eme.restaurant - Fermé mardi midi, mercredi midi, dimanche et lundi

GRANDCŒUR

CUISINE MODERNE • VINTAGE On s'installe dans une ambiance chaleureuse en salle (poutres et pierres apparentes, tables en marbre et banquettes en velours), ou sur l'agréable terrasse dans la jolie cour pavée du Centre de danse du Marais. Imaginée par le chef Mauro Colagreco, la cuisine agrémente la tradition française de touches voyageuses où l'Italie prime… Bonne pioche que ces petits farcis d'agneau confits à la provençale, olives taggiasche et jus de viande, tout en gourmandise.

€€€ – 41 rue du Temple – M Rambuteau – 01 58 28 18 90 – www.grandcoeur.paris

ILÔ

CUISINE FUSION • SIMPLE Derrière un noren (le rideau que l'on accroche à la porte d'entrée des magasins), ce petit restaurant mêle avec justesse esprit japonais et accents français. Soba maison au chashu fondant, onglet de bœuf saignant au jus de kombu, dessert créatif autour de l'ananas et du citron vert : une cuisine fusion précise et équilibrée. Accords mets, vins et sakés d'une belle intelligence.

€€ - *6 rue Castex* - Ⓜ *Bastille* - ✆ *01 44 54 06 61* - *www.ilo-restaurant.eatbu.com* - *Fermé lundi, dimanche et du mardi au jeudi à midi*

PLUTO Ⓝ

CUISINE CRÉATIVE • INDUSTRIEL Au cœur du Marais, au sein de Lafayette Anticipations – une fondation d'art signée Rem Koolhaas –, le restaurant s'inscrit dans un décor brut : béton apparent, cuisine vitrée, tables en bois asymétriques. En cuisine, Thomas Coupeau compose des assiettes voyageuses à partager, sans jamais se perdre dans la diversité des influences : crackers au pralin de graines ; manti d'agneau et yaourt fermenté, d'inspiration turque ; pâté sô' en feuilletage, saucisse citronnelle et jus de tamarin ; cheesecake à la rhubarbe... Ambiance loft, bande-son choisie, clientèle jeune et arty. Un bon plan au déjeuner.

♿ - **€€** - *44 rue Sainte-Croix-de-la-Bretonnerie* - Ⓜ *Hôtel de Ville* - *Fermé lundi et mardi, et dimanche soir*

SOÉ

CUISINE CRÉATIVE • COSY Cet ancien bistrot célèbre les saveurs asiatiques, grâce à un propriétaire qui a longtemps sillonné l'Asie. Le menu unique ne travaille pourtant que les bons produits français (poissons de criée, viandes soigneusement sélectionnées, volailles fermières). Mais ce terroir dialogue en toute complicité avec des condiments, des sauces et des épices bien dosés, jusque dans leur intensité. Un exemple emblématique : le carré de cochon basque, parfaitement cuit rosé, est relevé d'une émulsion de ssamjang, cette pâte de soja épicée au piment rouge coréen. Le décor, charmant, est au diapason de cette partition gustative.

€€ - *18 rue Beautreillis* - Ⓜ *Sully - Morland* - ✆ *01 40 24 54 09* - *www.soe-restaurant.com* - *Fermé lundi, dimanche, et mardi et mercredi à midi*

TAVLINE

CUISINE ISRAÉLIENNE • CONVIVIAL Un petit bout de Tel-Aviv entre Saint-Paul et Hôtel de Ville, un zeste de Maroc, un soupçon de Liban. Telle est la recette de Tavline, où les épices, provenant du «Shuk Ha'Carmel», le plus grand marché de Tel-Aviv, agrémentent une cuisine bien fagotée, comme le kstsitsot daguim, des boulettes de poisson grillées aux herbes et épices sur lit de lentilles au yaourt et citron confit, ou encore ce mémorable memoulaïm (oignons farcis d'agneau), recette héritée de la mère du chef.

€€ - *25 rue du Roi-de-Sicile* - Ⓜ *Saint-Paul* - ✆ *09 86 55 65 65* - *www.tavline.fr* - *Fermé lundi et dimanche*

THAÏ SPICES

CUISINE THAÏLANDAISE • COSY Entre le quai des Célestins et le village Saint-Paul officie un chef, Willy Lieu, qui fut le cuisinier personnel de Jacques Chirac ! Chez lui, la cuisine thaïe est à l'honneur, en version authentique : les grands classiques généreux et savoureux sont au rendez-vous de la courte carte : pad thaï, tom yam. Tarifs plutôt modérés et service agréable pour cette adresse prisée des habitants du quartier qui y retrouvent simplicité et convivialité.

A/C - **€€** - *5-7 rue de l'Ave-Maria* - Ⓜ *Sully - Morland* - ✆ *01 42 78 65 49* - *www.thaispices.fr* - *Fermé dimanche et samedi midi*

PARIS

COUR DES VOSGES - EVOK COLLECTION
Plus

MODERNE • RAFFINÉ L'élégance du Paris historique, tout en noble discrétion. Passées les voûtes de la place des Vosges, première illumination à la vision de la belle cour verdoyante. Et le ravissement continue avec les chambres, feutrées et raffinées. Le luxe sans ostentation !

- **12 chambres** - *19 place des Vosges* - *01 42 50 30 30*

LE GRAND MAZARIN

DESIGN • CONVIVIAL Même à Paris, le Grand Mazarin ne passe pas inaperçu avec son décor aux couleurs chatoyantes. Cet hôtel est l'un des plus prisés des amateurs de mode et de design, grâce notamment aux créations de Martin Brudnizki. Partie prenante de la vie sociale du quartier, le restaurant du lieu propose une interprétation de la cuisine ashkénaze.

- **61 chambres** - *17 rue de la Verrerie* - *01 83 64 00 65*

SO/ PARIS
Plus

MODERNE • CONVIVIAL Entre Bastille et le Marais, le SO/Paris est un hôtel à part. Occupant un bâtiment fonctionnel de 1966, il réussit pourtant à s'inscrire dans la tradition des hôtels de luxe parisiens, grâce à des éléments originaux d'architecture contemporaine. Les espaces communs regorgent d'œuvres d'art, les chambres et suites sont spacieuses et lumineuses, avec de larges fenêtres donnant sur la Seine et les toits de zinc, voire sur la Tour Eiffel pour une bonne moitié d'entre elles. Le somptueux spa est complété par un centre de fitness et une impressionnante piscine intérieure. Les deux derniers étages accueillent quant à eux un un club, un bar et un restaurant, dont la salle à manger et la terrasse jouissent d'une vue inégalée sur la ville.

- **162 chambres** - *10 rue Agrippa d'Aubigné* - *01 78 90 74 00*

PARIS

QUARTIER LATIN • JARDIN DES PLANTES • MOUFFETARD

5e ARRONDISSEMENT

ALLIANCE

Chef : Toshitaka Omiya

CUISINE MODERNE • ÉPURÉ Entre les quais et le boulevard Saint-Germain, ce petit restaurant intimiste célèbre l'Alliance de Shawn et Toshi, en charge respectivement de la salle et de la cuisine, complices dans cette belle aventure. Le chef Toshitaka Omiya préfère la vérité à l'esbroufe ou l'artificiel : sa cuisine s'appuie sur des produits de saison de premier choix et va à l'essentiel, tant visuellement que gustativement, pour donner lieu à de vrais éclairs de simplicité ainsi qu'à des harmonies subtiles. Ses menus surprise, façonnés quasiment sur mesure pour chacune des 8 tables, recèlent des trésors d'imagination pour sublimer les asperges vertes de Sylvain Erhardt, les Saint-Jacques de la baie du Mont-Saint-Michel ou le pigeon de Racan. Un mot sur la salle épurée, aux subtiles touches nipponnes : on s'y sent bien, d'autant qu'elle permet de voir l'équipe de cuisine à l'œuvre. On notera aussi le sens de l'accueil et le service élégant de Shawn Joyeux.

- **€€€€** - *5 rue de Poissy* - *Maubert - Mutualité* - *01 75 51 57 54* - *www.restaurant-alliance.fr* - *Fermé samedi et dimanche*

AT

Chef : Atsushi Tanaka

CUISINE CRÉATIVE • ÉPURÉ Dans une rue proche des quais de Seine, cette façade sans enseigne cultive la discrétion. L'intérieur est à l'avenant : décor minimaliste, contemporain, et surtout sans esbroufe ! Le chef, Atsushi Tanaka, formé notamment chez Pierre Gagnaire, aime la fraîcheur et la précision. Armé d'une imagination et d'une créativité sans faille, il compose des assiettes séduisantes et sait nous tenir en haleine tout au long du repas. Enfin, pas d'inquiétude s'il vous prend l'envie – ô combien légitime ! – d'y retourner : le menu unique change très régulièrement.

- €€€€ - 4bis rue du Cardinal-Lemoine - Cardinal Lemoine - 01 56 81 94 08 - www.atsushitanaka.com - Fermé lundi, dimanche et mercredi midi

BAIETA

Cheffe : Julia Sedefdjian

CUISINE MODERNE • CONTEMPORAIN «Ici, la bouillabaisse tutoie l'aïoli et la pissaladière jalouse la socca, juste sortie du four à charbon»: Julia Sedefdjian est chez elle, heureuse et épanouie. En témoigne sa cuisine de saison, colorée et parfumée, qui chante la Méditerranée : dos de cerf rôti, épaule confite en ragoût, puntarelle et gnocchis ; ou encore ce cochon Kintoa, bao garni de poitrine fumée cuite au barbecue, chou farci et jus réduit... La cheffe sélectionne avec justesse de bons produits qu'elle travaille en y mettant toute sa créativité, sans jamais oublier ses racines niçoises. La «Bouillabaieta», une superbe bouillabaisse revisitée, est un incontournable ! Les papilles se délectent en embrassant le menu surprise de Baieta – « bisou » en patois niçois !

- €€€ - 5 rue de Pontoise - Maubert - Mutualité - 01 42 02 59 19 - www.restaurant-baieta-paris.fr

MAVROMMATIS

Chef : Andreas Mavrommatis

CUISINE GRECQUE • ÉLÉGANT Le chef chypriote Andreas Mavrommatis et son équipe délivrent une cuisine maîtrisée et colorée, fondée sur des bases classiques françaises associées au meilleur des saveurs helléniques : poulpe grillé, croustillant phyllo, confit d'oignons au xinomavro ; agneau de Lozère, l'épaule fondante, la selle rôtie au halloumi, dolmadès de blette et condiment aux olives de Volos ... Au gré des saisons et des inspirations du chef, ce voyage se poursuit dans un écrin feutré et épuré, propice au dépaysement.

- €€€€ - 42 rue Daubenton - Censier - Daubenton - 01 43 31 17 17 - www.mavrommatis.com - Fermé lundi, dimanche et du mardi au vendredi à midi

SOLA

CUISINE CRÉATIVE • ÉPURÉ Tout près des quais donnant sur Notre-Dame et... déjà au Japon ! Voilà Sola et son décor tout en contrastes, entre le bois clair d'esprit zen et le plafond à la française ou les lourdes portes en bois massif. Sans oublier, au sous-sol, la cave voûtée où se situe le salon japonais (attention, prière de retirer ses chaussures). Le chef japonais Kosuke Nabeta propose une savoureuse passerelle entre exigence et précision de la gastronomie nippone et richesses du terroir français. Il nous donne à découvrir les techniques japonaises traditionnelles, qu'il manie avec art (fumaisons, séchages, marinades, fermentations, modes de cuisson alternatifs...) à base d'ingrédients tels que le soja, le saké, le ponzu et le mizuna. Une cuisine harmonieuse, raffinée et personnelle.

- €€€€ - 12 rue de l'Hôtel-Colbert - Maubert - Mutualité - 01 42 02 39 24 - www.restaurant-sola.com - Fermé lundi, dimanche et du mardi au jeudi à midi

PARIS

SOLSTICE

Chef : Eric Trochon

CUISINE MODERNE • CONTEMPORAIN S'il existe des «écrivains pour écrivains», il y a des chefs pour chefs. MOF, pilier de l'école Ferrandi, promoteur du design culinaire, restaurateur à Tokyo, Éric Trochon est de cette trempe – admiré autant que méconnu. En compagnie de son épouse sommelière, il règne sur ce restaurant intime et élégant dont la déco navigue entre mobilier en palissandre et œuvres d'un artiste-céramiste coréen. La carte aussi joue le minimalisme, avec des propositions percutantes (dont un menu omakase) qui révèle une cuisine actuelle aux touches asiatiques, à l'image de ce filet de bœuf aux champignons eryngii et shimeji, gochujang et salade amère à la coréene. Deux places sont disponibles au comptoir face aux cuisines.

AC – €€€€ – 45 rue Claude-Bernard – M Censier - Daubenton – 09 88 09 63 52 – www.solsticeparis.com – Fermé lundi, mardi et dimanche et mercredi midi

TOUR D'ARGENT

CUISINE MODERNE • CLASSIQUE Fondée en 1582, cette adresse mythique continue d'enchanter avec sa vue magique sur la Seine et Notre-Dame, son immense cuisine ouverte sur la salle, son plafond en acier à effet cinétique. Côté cuisine, le chef MOF Yannick Franques trouve le juste équilibre entre tradition et modernisme, grâce notamment à un beau travail sur les sauces. Dans une carte présentée sous forme d'un élégant triptyque, on retrouve avec plaisir les grands classiques de la maison, modernisés et terminés au guéridon avec maestria, ainsi que des touches plus personnelles qui reflètent les quelques années passées par le chef dans le sud de la France. Quant à l'extraordinaire cave, elle renferme plus de... 300 000 bouteilles. Enfin, le Bar des Maillets d'Argent vous accueille au rez-de-chaussée dans un esprit british 1930, et le Toit de la Tour, un toit-terrasse végétalisé et panoramique, vous permet de prendre un verre en admirant Paris.

AC – €€€€ – 15 quai de la Tournelle – M Maubert - Mutualité – 01 43 54 23 31 – www.tourdargent.com – Fermé lundi et dimanche

BACA'V PAR GILLES CHOUKROUN

CUISINE TRADITIONNELLE • BISTRO Gourmandise et bonnes quilles : Gilles Choukroun a fait sienne la devise de son ami Émile Cotte ! Dans une ambiance animée de bistrot parisien, il envoie une généreuse cuisine canaille qui réinterprète les classiques du genre : hareng mariné et salade de pomme de terre ; tête de veau, langue et cervelle ravigotées ; île flottante au pralin et crème anglaise... Menu-carte à l'ardoise attractif.

– €€ – 6 rue des Fossés-Saint-Marcel – M Saint-Marcel – 01 47 07 91 25 – www.bacav.paris – Fermé samedi midi et dimanche

ATELIER MAÎTRE ALBERT

CUISINE TRADITIONNELLE • CONVIVIAL Une cheminée médiévale et des rôtissoires cohabitent avec un bel intérieur tamisé et design signé J.-M. Wilmotte. Guy Savoy a imaginé la carte, avec des produits de belle qualité. T-Bone, volaille fermière, ribs et gigot d'agneau de lait cuisent à la broche et il ne reste plus qu'à choisir l'accompagnement, par exemple le gratin dauphinois ou la purée, tous deux réalisés dans les règles de l'art !

AC – €€ – 1 rue Maître-Albert – M Maubert - Mutualité – 01 56 81 30 01 – www.ateliermaitrealbert.com

CALICE

CUISINE MODERNE • CONVIVIAL L'équipe de Baillote récidive avec brio. Située dans une toute petite rue pittoresque, cette adresse conviviale dévoile une salle aux tons ocre avec ses banquettes de cuir, une cuisine ouverte avec comptoir et une arrière-salle sous un puits de lumière. Le chef Louis Fedide (qui a travaillé au Gavroche de Londres) conquiert les palais des convives grâce à une cuisine moderne qui panache produits français et petites touches japonisantes – on sent là l'influence du copropriétaire Kazuma Chikuda –, notamment des cuissons au charbon binchotan, comme sur le filet mignon de cochon, jus à la cerise, pomme anna et pak-choï. Menu-carte savoureux le midi ; petites préparations gourmandes et belles pièces à partager le soir.

*AC – **€€€** – 5 rue de Bazeilles – Ⓜ Censier - Daubenton – ✆ 09 81 11 72 78 – www.calicerestaurant.fr – Fermé lundi*

CIASA MIA

CUISINE ITALIENNE CONTEMPORAINE • MONTAGNARD Dans une ruelle proche du Panthéon, ce petit restaurant à l'allure de chalet séduit par son cadre rustique, entre pierres apparentes et mobilier en bois. Aux commandes, un couple de quadras italiens venus des Dolomites : lui en cuisine, elle en salle, vêtue de la tenue traditionnelle. Ici, la cuisine se décline en menus dégustation surprise, mêlant produits du pays, touches inventives et un travail subtil sur l'amertume, signature d'une cuisine italienne raffinée. Une belle sélection de vins complète l'expérience.

*– **€€€** – 19 rue Laplace – Ⓜ Maubert - Mutualité – ✆ 01 43 29 19 77 – www.ciasamia.com – Fermé dimanche, et lundi et samedi à midi*

LES DÉLICES D'APHRODITE

CUISINE GRECQUE • TAVERNE Dans ce sympathique restaurant aux allures de taverne, on se croirait presque en Grèce ! Poivrons grillés marinés, brochette de gigot d'agneau rôtie à la broche, etc. Cette cuisine fraîche et ensoleillée tire le meilleur parti de produits de qualité.

*AC – **€€** – 4 rue de Candolle – Ⓜ Censier - Daubenton – ✆ 01 43 31 40 39 – www.mavrommatis.com/les-delices-daphrodite*

FLOCON

CUISINE DU MARCHÉ • BISTRO Situé dans une rue commerçante, le restaurant des frères Flocon vous réserve un accueil chaleureux dans une ambiance conviviale. Dans l'assiette, une sympathique cuisine de saison où le végétal est souvent en bonne place – poireau brûlé, lard de Colonnata, pickles d'oignons et vinaigrette au vermouth ; chou farci de poissons, beurre blanc à la pistache, coques et choux de Bruxelles. Pour les amateurs de viandes, quelques belles pièces à partager le soir, comme le «tomahawk» de bœuf normand... Cerise sur le gâteau, les prix sont doux, y compris côté vins.

*AC – **€€** – 75 rue Mouffetard – Ⓜ Place Monge – ✆ 01 47 07 19 29 – www.restaurantflocon.com – Fermé lundi, mardi, et mercredi et jeudi à midi*

HESTIA

CUISINE MODERNE • ÉLÉGANT Hestia, déesse du foyer et du repas, nous a menés jusqu'à cette table au cachet indéniable, avec ses poutres blanches, murs en pierre et miroirs. Le chef normand Loïc Dantec (ex-114 Faubourg) travaille uniquement une carte de saison aux libellés qui ne trompent pas, à l'image de cette entrecôte de porc du Cantal cuite à la braise aux épices douces. Toutes les viandes sont d'ailleurs grillées au barbecue avec une pré-

PARIS

cision d'orfèvre, puis découpées au guéridon. Le chef cuisine sans démonstration, au bénéfice du goût. Son associé Filipe Fernandes dirige la salle avec sérieux et compétence.

AC ⌂ - €€€ - 8 rue de la Huchette - Ⓜ Cluny - La Sorbonne - ✆ 01 84 74 95 20 - www.hestia-restaurant.com - Fermé lundi et dimanche

HUGO & CO N

CUISINE MODERNE • BISTRO Face aux arènes de Lutèce, ce bistrot contemporain porte la griffe de Tomy Gousset, le chef talentueux de Tomy & Co. Il signe ici une table simple et conviviale : cuisines ouvertes, mobilier bois et acier, bocaux, bouteilles, livres et touches pop art. La carte voyage entre thon rouge au gaspacho tomate-pastèque, cabillaud gratiné au miso et piperade, ou côte de bœuf à partager. Sans oublier le plat signature, les gnocchis frits, déclinés selon les saisons - girolles, jambon de pays, parmesan... L'esprit maison vibre aussi grâce à la présence de Constance et de l'équipe, donnant tout son sens au collectif « & Co ».

€€ - 48 rue Monge - Ⓜ Cardinal Lemoine - ✆ 09 53 92 62 77 - www.tomygousset.com/hugo-and-co - Fermé samedi et dimanche

L'INITIAL

CUISINE MODERNE • CONTEMPORAIN Le chef japonais au palmarès étincelant propose une cuisine française d'une remarquable précision à base de beaux produits (bar de ligne, Saint-Jacques, langoustine, morilles) pour un bon rapport qualité/prix. Coup de cœur pour le carré d'agneau de Lozère rôti, purée de céleri, condiment citron et jus d'agneau réduit. Le service, très attentionné, se fait dans un cadre épuré et lumineux. Zénitude garantie.

AC ⌂ - €€€ - 9 rue de Bièvre - Ⓜ Maubert - Mutualité - ✆ 01 42 01 84 22 - www.restaurant-linitial.fr - Fermé lundi, dimanche et du mardi au vendredi à midi

KITCHEN TER(RE)

CUISINE MODERNE • CONTEMPORAIN Dans cette troisième adresse dédiée aux pâtes, William Ledeuil façonne un kaléidoscope de l'épure et du goût, où brillent des créations de haut-vol réalisées par l'artisan Roland Feuillas à base d'épeautre, blé dur, engrain ou barbu du Roussillon. En cuisine, le chef Julien Jéquier (passé par Le V et L'Écrin) développe une partition harmonieuse, où les saveurs asiatiques et les herbes fraîches jouent en accord majeur avec le palais. De la présentation sur table au dressage, l'équilibre prime, notamment pour ces coquillettes réalisées à base de farine fraîche de blé khorasan kamut, aileron de poulet, olives taggiasche, épinard et bouillon...thaï bien entendu ! C'est vivant, vibrant et charmant.

AC - €€ - 26 boulevard Saint-Germain - Ⓜ Maubert - Mutualité - ✆ 01 42 39 47 48 - www.zekitchengalerie.fr - Fermé lundi et dimanche

LAVA

CUISINE MODERNE • BISTRO Comment marier la passion d'un chef pour les volcans et le feu avec celle d'un sommelier pour son métier ? Avec cette table qui combine les talents de deux professionnels ayant fait leurs armes dans des établissements renommés. Dans l'assiette, le chef propose une cuisine au feu et à la braise, particulièrement alléchante. Les produits français sont associés avec précision à des ingrédients pleins de caractère, souvent des épices, ramenés des nombreux voyages du chef. Un exemple ? Volaille du Perche grillée au binchotan, premières courgettes et calçots, jus de volaille au genièvre. Une partition vivante et colorée, mise en valeur par les mille et une nuances des crus présents sur la carte des vins.

AC ⌂ - €€€ - 9 rue de la Montagne-Sainte-Geneviève - Ⓜ Maubert - Mutualité - ✆ 01 43 29 12 12 - www.lava-paris.com - Fermé lundi, dimanche, et mardi et mercredi à midi

PARIS

LESAR (N)

CUISINE MODERNE • CONTEMPORAIN Dans une rue calme en retrait de l'avenue des Gobelins, cette adresse contemporaine au décor épuré – cuisines ouvertes, mobilier en bois blond, quelques places au comptoir – est portée par deux jeunes chefs formés chez Ferrandi. Le midi, ils mitonnent une partition simple à prix imbattable. Le soir, de bonnes petites assiettes à partager : spaetzle aux petits pois et consommé d'oignon, carpaccio de daurade au zaatar et grenade, pastilla d'épaule d'agneau confite au condiment poivron et herbes fraîches... Il n'y a pas de lézard !

♿ – €€ – 4 rue du Petit-Moine – Ⓜ Les Gobelins – ☎ 01 82 83 19 94 – www.lesar-restaurant.fr – Fermé lundi, dimanche, et mardi et samedi à midi

OTTO

CUISINE MODERNE • CONVIVIAL Une adresse bienvenue dans la rue Mouffetard : un bistrot au cadre minimaliste, béton au sol et plafond, calqué sur le modèle des izakayas japonais. Otto offre une cuisine de partage à travers une courte carte axée sur le produit, simplement accompagné d'un condiment ou d'une sauce pour apporter du peps. C'est ainsi que chimichurri, sauce vierge ou diable, sauce ponzu ou condiment citron escortent viandes et poissons, souvent cuits au binchotan. Attention, pas de réservation possible.

A/C – €€ – 5 rue Mouffetard – Ⓜ Cardinal Lemoine – www.otto-paris.com

LES DAMES DU PANTHÉON

MODERNE • ROMANTIQUE Le Panthéon, la Sorbonne, le jardin du Luxembourg : pas de doute, nous sommes en plein cœur du Quartier latin ! Face au "temple des grands hommes", le décor des chambres s'inspire... de femmes françaises ayant marqué l'histoire : Duras, Gréco, Sand ou encore Piaf. Un hôtel romanesque et raffiné.

A/C P – **35 chambres** – *19 place du Panthéon – ☎ 01 43 54 32 95*

HOTEL GRAND COEUR LATIN *Plus*

CONTEMPORAIN • URBAIN Partout dans cet hôtel, un motif d'arc évoque à la fois une porte voûtée médiévale et un aqueduc romain : sous le bâtiment actuel subsistent les vestiges d'une abbaye du 13e s. et une ruine antique, qui justifient ce nom de Quartier Latin. S'inspirant des bains romains, le spa contemporain jouit d'une piscine impressionnante. Au-dessus, les chambres s'étendent sur sept étages, chacune décorée selon une palette de couleurs soigneusement choisie. Les chambres simples sont chics et confortables, tandis que les suites sont réellement luxueuses.

♿ Spa – **75 chambres** – *20 rue cujas – ☎ 01 89 40 57 40*

MONGE *Plus*

BOURGEOIS • ÉLÉGANT Cet hôtel de charme, situé dans le Quartier Latin, devant les arènes de Lutèce, a conservé le caractère des maisons bourgeoises du 19e s. (salons en enfilade, moulures, parquet...). La décoration des chambres, entre faune et flore, louche du côté du Jardin des Plantes. Toute l'élégance à la parisienne.

♿ A/C Spa – **30 chambres** – *55 rue Monge – ☎ 01 43 54 55 55*

PILGRIM

CLASSIQUE • COLORÉ Au cœur du quartier bohème, ce refuge tranquille dispose de chambres cosy, agrandies par de larges et hautes fenêtres. Leur lumière éclaire une palette grège, acidulée de jaune rétro et d'orange. L'hôtel a réussi à intégrer un petit spa et une piscine, tandis qu'au septième étage un toit-terrasse offre une vue sur les toits emblématiques de la ville.

♿ A/C Spa – **53 chambres** – *11 rue de Poissy – ☎ 01 80 27 33 11*

SEVEN

Plus

AVANT-GARDE • CONVIVIAL L'hôtel a pris le parti du rétro-futurisme, amenant la fibre optique jusque dans les salles de bain pour des effets renversants. L'une d'elles, toute en fluorescences violettes, évoque plutôt un vaisseau spatial ! Les suites sont un monde parallèle à elles seules, et dans son ensemble, le Seven réussit le grand écart entre boîte de nuit éclairée au laser et néo-boudoir au luxe extrême. Ajoutez à cela une grande cave à vins, un bar à champagne, un lounge tout en miroirs, entre délire et voyage intersidéral.

A/C Spa - **32 chambres** - *20 rue Berthollet* - *01 43 31 47 52*

ST-GERMAIN-DES-PRÈS • ODÉON • JARDIN DU LUXEMBOURG

6e ARRONDISSEMENT

GUY SAVOY

Chef : Guy Savoy

CUISINE MODERNE • LUXE Dans le cadre exceptionnel de l'hôtel de la Monnaie, Guy Savoy poursuit l'histoire entamée quelques décennies plus tôt : lorsque, jeune garçon, il passait la tête au-dessus des casseroles familiales dans la cuisine de la Buvette de l'Esplanade, à Bourgoin-Jallieu... Ici, il a vu les choses en grand : six salles parées de toiles contemporaines et de sculptures – dont un grand nombre prêté par François Pinault –, avec des fenêtres à huisseries anciennes donnant sur la Seine. Ce faste ne détourne pas le chef de son travail : rendre chaque jour hommage à la cuisine française. On apprécie à leur juste valeur ce marbré de suprême de volaille, foie gras et artichaut, avec sa vinaigrette à la truffe, ou ce homard, « cruit » sur le corail.

A/C - **€€€€** - *11 quai de Conti* - *Saint-Michel* - *01 43 80 40 61* - *www.guysavoy.com* - *Fermé lundi, mardi et dimanche*

MARSAN PAR HÉLÈNE DARROZE

CUISINE MODERNE • CONTEMPORAIN Dans un décor cosy et élégant, on retrouve dans l'assiette ce qui fait la particularité de cette héritière d'une famille de cuisiniers du Sud-Ouest : la capacité à dénicher dans les terroirs de ces contrées (Aquitaine, Landes, Pays basque...) de quoi nourrir ses intentions culinaires, et la capacité à les mettre en valeur dans l'assiette : foie gras de canard des Landes rôti aux graines de sésame et sarrasin, homard bleu aux épices tandoori (un incontournable), baba imbibé à l'armagnac. On y retrouve aussi la rigueur, une insatiable curiosité, et ce mélange de talent et d'intuition qui fait toute la différence. Une réussite incontestable.

A/C - **€€€€** - *4 rue d'Assas* - *Sèvres - Babylone* - *01 42 22 00 11* - *www.marsanhelenedarroze.com* - *Fermé lundi, samedi et dimanche*

ARMANI RISTORANTE

CUISINE ITALIENNE • CONTEMPORAIN Emplacement original pour ce restaurant, situé au 1er étage de la boutique Armani de St-Germain-des-Prés (non loin de l'église). La salle est épurée et élégante, dans le style du créateur bien sûr : camaïeu de beiges, banquettes, murs laqués, lumière tamisée... N'aurait-on affaire là qu'à un autre type de vitrine ? Au contraire, ce ristorante compte parmi les meilleures tables italiennes de la capitale. Le chef Massimo Tringali accommode des produits de grande qualité dans l'esprit de la cuisine transalpine contemporaine. C'est frais, goûteux et bien maîtrisé : de la belle ouvrage.

♿ AC - €€€€ - 7 place du Québec - Ⓜ Saint-Germain-des-Prés - ✆ 01 45 48 62 15 - www.armani.com/fr-fr/experience/armani-restaurant - Fermé lundi, mardi, et mercredi et jeudi à midi

QUINSOU

Chef : Antonin Bonnet

CUISINE CRÉATIVE • BISTRO En face de la fameuse école Ferrandi chante un pinson (Quinsou en occitan), dont les suaves vocalises gastronomiques risquent fort d'influencer les grandes toques de demain. Le chaleureux chef-patron Antonin Bonnet cultive une cuisine d'artisan, précise et sincère, servie dans un décor de bistrot vintage aux carreaux de ciment et au comptoir de zinc. À midi, l'excellent rapport qualité-prix séduit : deux menus au choix, construits autour de beaux produits du marché. Le pâté en croûte de colvert et foie gras, décliné au fil de la saison, frôle la perfection : pâte sablée, farce moelleuse, équilibre magistral. Une adresse de poche où le plaisir se conjugue à la simplicité.

♿ - €€€€ - 33 rue de l'Abbé-Grégoire - Ⓜ Saint-Placide - ✆ 01 42 22 66 09 - www.quinsourestaurant.fr - Fermé mardi midi, mercredi midi, dimanche et lundi

RELAIS LOUIS XIII

Chef : Manuel Martinez

CUISINE CLASSIQUE • ÉLÉGANT Une table chargée d'histoire, bâtie sur les caves de l'ancien couvent des Grands-Augustins : c'est ici que, le 14 mai 1610, une heure après l'assassinat de son père Henri IV, Louis XIII apprit qu'il devrait désormais régner sur la France... La salle à manger semble se souvenir de ces grandes heures du passé : colombages, pierres apparentes, boiseries, vitraux et tentures, tout distille un charme d'autrefois, avec çà et là quelques éléments contemporains (cave vitrée, sculptures modernes). Une atmosphère particulièrement propice à la découverte de la cuisine du chef, Manuel Martinez, tenant d'un noble classicisme culinaire. Après un joli parcours chez Ledoyen, au Crillon, à la Tour d'Argent, ce Meilleur Ouvrier de France a décidé de s'installer en ce Relais pour y perpétuer la tradition. Quoi de plus logique ? L'histoire continue donc et les habitués sont nombreux, plébiscitant notamment la formule déjeuner, d'un très bon rapport qualité-prix !

AC - €€€€ - 8 rue des Grands-Augustins - Ⓜ Odéon - ✆ 01 43 26 75 96 - www.relaislouis13.fr - Fermé lundi et dimanche

YOSHINORI

Chef : Yoshinori Morié

CUISINE MODERNE • INTIME Le chef Yoshinori Morié (ex-Petit Verdot, Encore, L'Auberge du 15) nous régale d'une cuisine raffinée et esthétique, déclinée sous forme de menus uniques. Ainsi, la truite du Pays basque, asperge blanche rôtie, gel de sapin et jus au vinaigre de pomme ; la noix de Saint-Jacques dorée, émulsion d'oignon doux des Cévennes et lait d'amande, sauce cacao... sont autant d'hymnes, non dissimulés, à l'élégance et à la gourmandise. Dans ce secteur animé du Quartier latin, c'est une aubaine que cette table d'auteur logée dans un écrin assez intimiste avec pierres apparentes, poutres blanchies, boiseries japonisantes, éclairage design, lin blanc et porcelaine. Une formule agréable est proposée le midi. Service proche du client et tout sourire.

- €€€€ - 18 rue Grégoire-de-Tours - Ⓜ Odéon - ✆ 09 84 19 76 05 - www.yoshinori-paris.com - Fermé samedi et dimanche

PARIS

ZE KITCHEN GALERIE

Chef : William Ledeuil

CUISINE CRÉATIVE • CONTEMPORAIN Plus de 20 ans déjà, et pas une ride : sous son nom hybride, Ze Kitchen Galerie de William Ledeuil joue sur les frontières entre art et cuisine, avec une envie et une fraîcheur intactes. Dans des volumes épurés cohabitent mobilier et vaisselle design, tableaux colorés (un décor imaginé avec le jazzman Daniel Humair), autour d'une cuisine vitrée pour suivre en direct le spectacle de la brigade. Aux fourneaux, William Ledeuil, devenu le mentor d'une génération de chefs et de cheffes (Adeline Grattard, Adrien Ferrand...), donne libre cours à sa passion pour les saveurs de l'Asie du Sud-Est (Thaïlande, Vietnam) où il puise son inspiration. Galanga, ka-chaï, curcuma, wasabi, gingembre... Autant d'herbes, de racines, d'épices et de condiments du bout du monde qui relèvent avec brio les recettes classiques françaises. Sa carte – à base de poissons, bouillons, pâtes, plats à la plancha – décline ainsi une palette d'assiettes inventives, modernes et ciselées, pour un voyage entre saveurs et couleurs. Le menu déjeuner est un coup de cœur à prix imbattable. Sans oublier un accueil et un service souriants.

A/C – **€€€€** – *4 rue des Grands-Augustins – Ⓜ Saint-Michel – ✆ 01 44 32 00 32 – www.zekitchengalerie.fr – Fermé samedi et dimanche*

KODAWARI RAMEN - YOKOCHŌ

CUISINE JAPONAISE • EXOTIQUE Dans ce décor recréant une ruelle tokyoïte, lampions, fausses façades et bande son de rue plongent le visiteur au Japon. Au comptoir, les bouillons fluide (shio) ou épais (shoyu) mijotent sous les yeux des clients, réalisés avec volaille fermière du Loiret et sojas artisanaux Shibanuma. Les ramen, faits à partir de blés maison, séduisent par leur texture et leur goût. Spécialité du lieu, le «kurogoma ramen» au sésame noir et au porc pata negra. Une adresse chaleureuse et vivante, véritable hommage à l'esprit des ramen-ya japonais. Évitez les heures de pointe, tant l'adresse est courue.

€ – *29 rue Mazarine – Ⓜ Mabillon – ✆ 01 43 29 37 67 – www.kodawari-ramen.com*

LA TABLE DE MEE

CUISINE CORÉENNE • ÉPURÉ Dans un décor boisé et épuré (où l'on peut prendre place au comptoir pour regarder le chef travailler sur sa grande plancha), voilà une table coréenne qui met à l'honneur les spécialités du pays. Saveurs et sauces relevées sont au rendez-vous, grâce aux incontournables kimchi, «KFC» et autres délicieux ssams. Mention spéciale aux filets de maquereau mijotés dans un bouillon au soja, piment et radis blanc. Jauge totale de 24 places, réservation fortement conseillée !

€€ – *6 rue des Ciseaux – Ⓜ Saint-Germain-des-Prés – ✆ 01 43 54 42 56 – Fermé dimanche et lundi*

ALLARD

CUISINE TRADITIONNELLE • BISTRO Au cœur de l'animation de Saint-Germain-des-Prés, cet authentique bistrot parisien, qui fait aujourd'hui partie du groupe Ducasse, a su garder tout son charme depuis... 1932. Les plats hésitent entre registre bistrotier et plats canaille : la tradition a du bon ! Menu attractif au déjeuner.

A/C – **€€€** – *41 rue Saint-André-des-Arts – Ⓜ Saint-Michel – ✆ 01 43 26 48 23 – www.restaurant-allard.fr*

AMBOS

CUISINE MODERNE • TENDANCE Face au Sénat et au Jardin du Luxembourg, voici un bistrot contemporain, chic et chaleureux, avec sa cuisine ouverte et son petit comptoir. Les deux – ambos en espagnol – ce sont Pierre Chomet et sa femme vénézuélienne Cristina. Ils ont usé leurs fourchettes de Bangkok à Londres, en passant par Paris et... Top Chef pour Pierre. Avec leurs quatre mains amoureuses toujours proches du client, ils concoctent une cuisine personnelle, généreuse, enjouée et pleine de peps qui mélange diverses influences, tant européennes (lotte du Guilvinec, butternut, tapioca et coquillage) que thaïlandaises (soupe de langoustine façon tom kha kai) ou sud-américaines (bœuf de Castille, maïs, cachapa, condiment mole).

A/C – €€€ – *38 rue de Vaugirard – Ⓜ Odéon – ✆ 01 43 54 91 39 – www.ambos-restaurant.fr – Fermé samedi, dimanche et vendredi midi*

ANICIA, TABLE NATURE

CUISINE MODERNE • CONTEMPORAIN Natif de Haute-Loire, François Gagnaire sélectionne soigneusement les petits producteurs de là-bas, et s'offre une excellente matière première pour sa cuisine : lentille verte du Puy, limousine des Monts-du-Velay, fin gras du Mézenc, fromage de vache aux artisous, bière Vellavia... Ses assiettes sont gourmandes et joliment présentées : on se régale, sans compter que le menu déjeuner est une affaire dans le quartier. Salon de thé l'après-midi et offre plus gastronomique au dîner.

A/C – €€€ – *97 rue du Cherche-Midi – Ⓜ Vaneau – ✆ 01 43 35 41 50 – www.anicia-paris.com – Fermé lundi et dimanche, et mercredi soir*

AUX PRÉS

CUISINE MODERNE • VINTAGE Un bistrot germanopratin ouvertement vintage avec ses banquettes en cuir, ses miroirs fumés et son papier peint floral. Dans l'assiette, une cuisine voyageuse (de l'Amérique du Sud à l'Asie en passant par l'Italie) signée Cyril Lignac, dont la créativité garde toujours un pied dans la tradition, avec notamment de belles pièces de viande à partager.

A/C – €€€ – *27 rue du Dragon – Ⓜ Saint-Germain-des-Prés – ✆ 01 45 48 29 68 – www.restaurantauxpres.com*

BAILLOTTE

CUISINE MODERNE • TENDANCE Humilité toute japonaise oblige ? Toujours est-il que le chef Satoshi Amitsu (ex-Georges Blanc) parle curieusement de cuisine « semi-gastronomique » sur son site. Pourtant, ce bistrot, précédé d'une devanture rouge appétissante, ne le cède en rien à d'autres tables. Fort d'une précision toute japonaise, le chef régale avec des assiettes d'obédience française, riches en couleurs, contrastes, ainsi qu'en jus et sauces millimétrés : daurade royale fumée, voile de chou rave, chèvre frais, œufs de truite, vinaigrette abricot fermenté ; tatin de pomme caramélisée, sablé à la cannelle, crème fromage blanc, glace rhum-raisin. Bonne sélection de vins au verre sortant des classiques références, bien conseillés par un service pro.

A/C – €€ – *16 rue du Dragon – Ⓜ Saint-Germain-des-Prés – ✆ 09 84 29 93 48 – www.restaurantbaillotte.fr – Fermé lundi et dimanche soir*

LE BON SAINT-POURÇAIN

CUISINE MODERNE • BISTRO Planqué derrière l'église St-Sulpice, en plein cœur de St-Germain-des-Prés, cet ancien restaurant bougnat montre du soin et de la passion. En salle, mosaïque au sol, banquette en skaï et joyeuse rumeur d'habitués. En cuisine, une terrine de boudin maison, goûteuse et bien poivrée, précède une volaille fermière à la cuisson parfaite, peau dorée et croustillante, pommes de terre fondantes, blettes, champignons et intense sauce au poivre. Millefeuille vanille en final. Un modèle de bistrot parisien, généreux et sincère. Réservez !

- €€€ - 10 bis rue Servandoni - Ⓜ Mabillon - ✆ 01 42 01 78 24 - www.bonsaintpourcain.com - Fermé lundi et dimanche

BOUTARY

CUISINE CRÉATIVE • CHIC Voilà le lieu idéal pour s'initier ou parfaire sa connaissance sur le caviar (oscietre, sterlet et baeri) : les propriétaires élèvent depuis plusieurs générations leurs propres esturgeons en Bulgarie du sud. On y apprécie, dans un esprit chic, les menus «carte blanche» du chef... avec dégustation de caviar à la royale, sur le dos de la main.

- €€€€ - 25 rue Mazarine - Ⓜ Odéon - ✆ 01 43 43 69 10 - www.boutary-restaurant.com - Fermé mardi midi, samedi midi, dimanche et lundi

BRASSERIE LUTETIA

POISSONS ET FRUITS DE MER • CHIC Tartare de bar sauvage, sole meunière, escargots de Bourgogne au beurre persillé : la célèbre brasserie du Lutetia affiche fièrement les classiques qui ont fait sa réputation, ainsi que quelques créations plus contemporaines. Les esthètes et les habitués ne se lassent pas de cette atmosphère Art déco chic et décontractée. Véranda, mezzanine ou patio : choisissez votre table !

- €€€ - 45 boulevard Raspail - Ⓜ Sèvres - Babylone - ✆ 01 49 54 46 92 - www.hotellutetia.com/fr/gastronomie-paris/brasserie

LE CHRISTINE

CUISINE CRÉATIVE • COSY Plus de vingt ans déjà que cette adresse se tient dans cette ruelle au calme, juste à côté d'une abbaye reconvertie en délicieux boutique-hôtel. Un jeune chef talentueux, passé par de belles maisons, prend son envol ici avec une cuisine voyageuse, influencée par les fermentations, les saveurs fumées et ses souvenirs d'enfance. Soupe à l'oignon revisitée au foie gras et à l'Appenzeller ; rouget à la braise relevé d'une bouillabaisse corsée et d'un trait de crème de foie de volaille ; île flottante, riz au lait, crème anglaise au koji grillé et caramel au shio koji. L'option végétarienne conserve toute sa place.

- €€€ - 1 rue Christine - Ⓜ Saint-Michel - ✆ 01 40 51 71 64 - www.lechristine.becsparisiens.fr

COLVERT

CUISINE MODERNE • BISTRO Dans ce bistrot du Quartier latin à l'atmosphère animée et au charme vintage, la cuisine, vive et soignée, twiste les plats traditionnels avec créativité et fougue bien dosées : supions farcis, canard colvert rôti ou clafoutis aux prunes révèlent une belle maîtrise technique et un goût juste. Service attentif, assiettes gourmandes et décor typiquement parisien composent une adresse sûre, où l'on revient avec plaisir !

- €€€ - 30 rue des Grands-Augustins - Ⓜ Odéon - ✆ 01 42 03 73 67 - www.colvert.paris

LE COMPTOIR DU RELAIS

CUISINE TRADITIONNELLE • BISTRO Sur les brisées de Yves Camdeborde qui lui a confié les clefs, le chef Bruno Doucet nous régale avec une carte bistronomique disponible non-stop de 12h à 23h (chose rare), qui navigue entre terroir et cuisine du marché, dans un respect absolu du bon produit. Soupe à l'oignon, pieds de porc, et en dessert, une île flottante excellente... et immense ! À déguster dans la minuscule salle à l'esprit bistrot rétro où les tables sont à touche-touche, ou bien sur la terrasse chauffée face au carrefour de l'Odéon, souvent bondée ! Pas de réservation possible.

- €€ - 9 carrefour de l'Odéon - Ⓜ Odéon - ✆ 01 44 27 07 50 - www.hotel-paris-relais-saint-germain.com/restaurant-le-comptoir

EMPORIO ARMANI CAFFÈ

CUISINE ITALIENNE • CONTEMPORAIN Juste en face des célèbres Deux Magots, au rez-de-chaussée de l'Armani Ristorante étoilé, voici la brasserie chic et contemporaine cornaquée allegreto par la même équipe à l'accent chantant. Verdure alla griglia arrosés d'une huile d'olive des Pouilles, linguine alle vongole veraci al dente accompagnées d'une bonne boutargue, classique tiramisu et sa crème au mascarpone légère et savoureuse, mais aussi spaghetti al pomodoro, ravioli del plin, risotto, tortellini : tous les classiques de la cuisine transalpine répondent présents, exécutés dans les règles de l'art.

- €€€ - 149 boulevard Saint-Germain - Ⓜ Saint-Germain-des-Prés - ✆ 01 45 48 62 15 - www.armani.com/fr-fr/experience/armani-restaurant

LA MÉDITERRANÉE

POISSONS ET FRUITS DE MER • MÉDITERRANÉEN Face au théâtre de l'Odéon, cette maison à la sobre élégance célèbre la mer et le goût du produit juste. Dans une ambiance lumineuse aux fresques méditerranéennes, on savoure un œuf mayo au crabe royal et citron vert, une bouillabaisse parfumée ou une sole meunière délicatement dorée. Accueil attentionné et service d'un grand professionnalisme complètent ce moment gourmand.

- €€€ - 2 place de l'Odéon - Ⓜ Odéon - ✆ 01 43 26 02 30 - www.la-mediterranee.com

OKTOBRE

CUISINE CRÉATIVE • CONTEMPORAIN Dans l'une des rues les plus littéraires du quartier Saint-André-des-Arts, le décor d'Oktobre ne manque pas de chaleur, à l'image de l'été indien. Dans le garde-manger du chef, des produits sélectionnés avec soin, traités avec fougue et créativité, et ponctués d'épices variées ou de nombreuses touches asiatiques. À la carte : linguine de seiche, pesto tomate et cacahuète ; lieu jaune de ligne de Saint-Gilles-Croix-de-Vie, haricots coco et beurre blanc de miso et rhubarbe ; échine de porc, curry de maïs et condiment de figue ; pomme caramélisée, praliné aux amandes, sorbet cidre aux herbes, sarrasin. Une adresse sympathique et animée.

- €€€ - 25 rue des Grands-Augustins - Ⓜ Odéon - ✆ 01 46 33 00 85 - www.oktobre.fr - Fermé lundi et dimanche

PIMPAN N

CUISINE MODERNE • TENDANCE Ce restaurant d'hôtel de charme au cœur du Quartier latin propose une comfort food créative servie dans un havre de calme : murs en bois clair, banquettes en velours bleu nuit, tables cerclées de laiton et large baie vitrée ouvrant sur une terrasse arborée. Un jeune chef du sérail déboule avec une cuisine d'instinct, voyageuse et réjouissante (sashimi

PARIS

de bar, leche de tigre ; pad thaï ; aubergine panée façon milanaise, sauce arrabiata). Même exigence sur les desserts, bien exécutés et légers. Le menu déjeuner s'impose comme un vrai bon plan.

- €€ - 4 rue Danton - Ⓜ Saint-Michel - ✆ 01 81 69 00 60 - www.damedesarts.com/restaurant

SAGAN

CUISINE JAPONAISE • ÉPURÉ Ce restaurant de poche tout près de l'Odéon, avec son comptoir et son décor épuré, propose une cuisine japonaise inventive et précise : sashimi de saumon mi-cuit au caviar, soupe miso aux palourdes marinées au saké... Belle carte des vins, avec une impressionnante sélection de bourgogne et bordeaux.

- €€ - 8 rue Casimir-Delavigne - Ⓜ Odéon - ✆ 06 69 37 82 19 - www.saganparis.fr - Fermé lundi, dimanche, et mardi et mercredi à midi

SEMILLA

CUISINE MODERNE • BRANCHÉ Dans une rue qui fourmille de restaurants et de galeries d'art, voici une bonne «graine» (semilla en espagnol) que ce bistrot à l'ambiance (hyper) conviviale et à la déco branchée d'esprit industriel. Dans la cuisine ouverte sur la salle, une équipe jeune et passionnée travaille avec des produits frais triés sur le volet : ceviche de dorade, leche de tigre, coing confit à l'hibiscus et chou-rave ; cabillaud rôti, coques de Granville, oignon de Roscoff, sauce au poiré. Gourmand et efficace !

A/C - €€€ - 54 rue de Seine - Ⓜ Odéon - ✆ 01 43 54 34 50 - www.semillaparis.com - Fermé lundi, mardi et du mercredi au vendredi à midi

SÉTOPA

CUISINE CORÉENNE • ÉPURÉ À deux pas du carrefour de l'Odéon, Sétopa (pour Seoul To Paris) propose une cuisine coréenne raffinée sous la direction de la cheffe et entrepreneure Linda Lee. Elle s'est entourée de deux grands noms de la gastronomie coréenne : Chang-ho Shin et Mingoo Kang, qui ont élaboré une carte alliant tradition et élégance (raviole d'huître, racine de tofu, gochujang ou encore mochi châtaigne et armoise). Le service, assuré par une équipe coréenne, est attentionné et professionnel, faisant de ce lieu une belle adresse parisienne pour voyager à travers les saveurs du pays du Matin calme.

A/C - €€ - 6 rue Dupuytren - Ⓜ Odéon - ✆ 09 77 91 95 01 - www.setopaparis.com - Fermé dimanche

TAOKAN

CUISINE CHINOISE • CONTEMPORAIN Au cœur de St-Germain-des-Prés, on pousse la porte de ce joli restaurant pour célébrer une cuisine cantonaise légère et parfumée, avec quelques détours par l'Asie du Sud-Est : incontournables dim-sum, magret de canard sauce hoisin, crabe mou sauté au poivre et piment frais... De belles présentations, de bons produits : une vraie ambassade.

A/C - €€ - 8 rue du Sabot - Ⓜ Saint-Germain-des-Prés - ✆ 01 42 84 18 36 - www.taokan.fr - Fermé dimanche midi

TOYO

CUISINE CRÉATIVE • ÉPURÉ Dans une autre vie, Toyomitsu Nakayama était le chef privé du couturier Kenzo ; aujourd'hui, il excelle dans l'art d'assembler les saveurs et les textures. Lotte panée, main de bouddha, algues et mimolette ; boeuf, gingembre mioga et sauce au shiso rouge... Une cuisine fraîche et parfumée, à accompagner d'un verre de Bourgogne et servie par une équipe attentive et discrète. Impeccable.

A/C - €€€€ - 17 rue Jules-Chaplain - Ⓜ Vavin - ✆ 01 43 54 28 03 - www.restaurant-toyo.fr - Fermé lundi, dimanche et du mardi au vendredi à midi

YEN

CUISINE JAPONAISE • ÉPURÉ Un restaurant au décor très épuré pour amateurs de minimalisme zen. On s'y régale d'une cuisine japonaise soignée : sushi, tempura, black cod mariné au miso et grillé, sakura mochi... Mais la spécialité ici ce sont les sobas (nouilles de sarrasin), servies froides ou chaudes et faites maison. Mets authentiques et service rigoureux.

A/C - **€€€** - *22 rue Saint-Benoît - Ⓜ Saint-Germain-des-Prés - ✆ 01 45 44 11 18 - www.yen-paris.fr - Fermé dimanche*

BEL AMI

Plus

DESIGN • CONVIVIAL Une ancienne imprimerie, d'où sortit le premier exemplaire de Bel Ami, le célèbre roman de Maupassant. Une adresse pour urbains chic, avec un bar tendance et des chambres à la mode 1970 revisitées. Espace fitness et soins, brunch le week-end.

- **108 chambres** - *7-11 rue Saint-Benoît - ✆ 01 42 61 53 53*

LA BELLE JULIETTE

Plus

MODERNE • CHALEUREUX Chaque étage de l'hôtel est décoré selon un thème différent : Madame Récamier au 1er (la fameuse Juliette, de style Empire), l'Italie au 2e, Chateaubriand au 3e, etc. Un cadre de caractère(s) qui marie avec justesse l'ancien et le moderne, en restant toujours chaleureux.

- **45 chambres** - *92 rue du Cherche-Midi - ✆ 01 42 22 97 40*

HÔTEL BAUME

MODERNE • ROMANTIQUE A deux minutes du boulevard Saint-Germain, dans une ruelle au charme parisien, cet hôtel puise son inspiration dans les années 30 – soie à motifs, bois exotiques, chromes et miroirs. Jetez donc quelques vers dans votre carnet, le Quartier Latin n'est pas loin. Pour des nuits Art déco et inspirées.

- **35 chambres** - *7 rue Casimir Delavigne - ✆ 01 53 10 28 50*

HOTEL DE BUCI

CLASSIQUE • LUXUEUX Sur le quartier culturel et intellectuel de Saint-Germain-des-Prés règne l'Hôtel de Buci. Ses chambres et suites présentent des couleurs profondes et de luxueuses draperies, en harmonie avec le mobilier de style 18e s. L'héritage des Lumières se poursuit jusqu'au bar, mais le spa propose bien une qualité de soins d'aujourd'hui.

A/C - **19 chambres** - *22 rue de Buci*

HÔTEL LOUISON

Plus

CLASSIQUE • COSY Dans un immeuble 19e s., un lobby soigné, plusieurs étages de chambres coquettes et ensoleillées qui misent sur l'essentiel : lumière, parquet, lits douillets, meubles à l'ancienne, douches à l'italienne, balcon sur les toits pour la Suite Vaugirard. La rénovation récente a harmonieusement respecté son histoire tout en lui donnant un air plus contemporain.

A/C P - **42 chambres** - *105 rue de Vaugirard - ✆ 01 53 63 25 50*

HÔTEL PAS DE CALAIS

MODERNE • CHALEUREUX Dans l'emblématique quartier de Saint-Germain-des-Prés, cet hôtel familial conjugue un caractère affirmé et un confort très respectable. Les intérieurs sont élégants mais aussi variés, certaines chambres pleines de couleurs saturées, d'autres plus sobres, mariant toutes une architecture classique avec un design contemporain.

A/C - **38 chambres** - *59 rue des Saints-Pères - ✆ 01 45 48 78 74*

PARIS

HÔTEL RÉCAMIER

Plus

CLASSIQUE • ROMANTIQUE Tout près de l'église Saint-Sulpice, l'élégance et le confort ont rendez-vous : tableaux orientalistes et moquette léopard dans le salon-bibliothèque, style feutré jusque dans les chambres, où une réelle attention est portée à votre bien-être.

A/C P Spa - **24 chambres** - *3 bis place Saint-Sulpice* - *01 43 26 04 89*

L'HÔTEL

Plus

DESIGN • CHALEUREUX C'est à "L'Hôtel" que mourut en 1900 le grand Oscar Wilde. Le décor, signé Jacques Garcia, n'est pas sans rappeler les fastes de l'art pour l'art, avec des allusions aux styles baroque, Empire, oriental... Esthétique et atypique.

A/C Spa - **20 chambres** - *13 rue des Beaux Arts* - *01 44 41 99 00*

MANDARIN ORIENTAL LUTETIA, PARIS

Plus

CLASSIQUE • RAFFINÉ Unique palace de la rive gauche, bâti en 1910, le Lutetia et redevenu emblématique de l'élégance et du raffinement parisiens. Confort et mobilier contemporain haut de gamme fusionnent à la perfection avec son âme Art déco, du grand salon sous verrière aux fresques de la brasserie, jusque dans les chambres lumineuses. Du patio central au spa de 700 m² avec piscine : le luxe « rive gauche ».

A/C P Spa - **137 chambres** - *45 boulevard Raspail* - *01 49 54 46 00*

Brasserie Lutetia - Voir la sélection des restaurants

RELAIS CHRISTINE

Plus

MODERNE • CHALEUREUX Cet hôtel particulier conserve ce raffinement propre au 17e s. avec son salon, ses beaux parquets, ses tapisseries d'Aubusson... Les chambres sont modernes et chaleureuses. Vous apprécierez la grande piscine et le spa de 400 m² - rares, Rive gauche ! Et selon les jours, on organise des soirées jazz au Café Laurent, où résonnent encore les solos de trompette de Boris Vian.

A/C P Spa - **48 chambres** - *3 rue Christine* - *01 40 51 60 80*

Le Christine - Voir la sélection des restaurants

VILLA-DES-PRÉS

CONTEMPORAIN • URBAIN Installé dans un immeuble Art nouveau de 1911, cet hôtel dissimule derrière ses balcons en fer forgé des intérieurs signés Bruno Borrione, au caractère contemporain : panneaux de bois nervurés, mobilier épuré et subtile influence Art Déco. Les 34 chambres, dont 14 suites, sont exceptionnellement spacieuses pour Paris, chacune décorée d'œuvres d'art. Les suites du dernier étage offrent une vue panoramique de la tour Eiffel au Sacré-Cœur. Un bar raffiné et d'excellents petits-déjeuners complètent ce séjour parfait sur la Rive Gauche.

A/C P Spa - **34 chambres** - *29 rue de Buci*

LA VILLA SAINT-GERMAIN-DES-PRÉS

MODERNE • CONVIVIAL Au cœur de la Rive Gauche, dans l'un des quartiers les plus piétonniers de Paris, cet hôtel est entouré de librairies, de galeries et de cafés, à quelques minutes à pied du Louvre et du Musée d'Orsay. À l'intérieur, les 31 chambres présentent des papiers peints sur le thème de Paris, des photographies vintage et des céramiques qui ajoutent texture et chaleur. Les vues varient de la vivante rue Bonaparte aux toits de Saint-Germain.

A/C P Spa - **22 chambres** - *29 rue Jacob* - *01 43 26 60 00*

TOUR EIFFEL • ÉCOLE MILITAIRE • INVALIDES

7e ARRONDISSEMENT

✿✿✿ ARPÈGE

Chef : Alain Passard

CUISINE CRÉATIVE • ÉLÉGANT «Le plus beau livre de cuisine a été écrit par la nature.» Ainsi parle Alain Passard. Une philosophie verte qu'il met plus que jamais en pratique dans sa cuisine, désormais débarrassée de toute protéine animale. L'homme qui célèbre le fruit et la fleur ne se sent jamais aussi bien que dans l'un de ses trois potagers de l'Ouest de la France, où se conjuguent les mains du cuisinier et du jardinier. Il va y cueillir ses inspirations et explorer les possibilités culinaires du légume, pour en rapporter des recettes aussi abouties que ses «sushis fantaisies» ou ses pommes de terre fumées au bois de hêtre et leur sauce marchand de vin. À déguster en admirant la fresque bucolique qui décore la salle de restaurant.

L'engagement du chef : Depuis 2001, la cuisine légumière règne au sein de l'Arpège et les saisons donnent le tempo à notre cuisine. Le plus beau livre de cuisine a été écrit par la Nature. Nous sublimons les légumes, fruits et aromates 100 % naturels de nos trois potagers de Fillé-sur-Sarthe, du Bois-Giroult et de la Baie du Mont-Saint-Michel.

AC – €€€€ – *84 rue de Varenne – Ⓜ Varenne – 01 47 05 09 06 – www.alain-passard.com – Fermé samedi et dimanche*

✿✿ DAVID TOUTAIN

Chef : David Toutain

CUISINE CRÉATIVE • CONTEMPORAIN Petit-fils d'agriculteurs, le Normand David Toutain a commencé chez Bernard Loiseau avant d'associer son nom à un brillant parcours (Arpège, Agapé Substance…). Il a métamorphosé une rue discrète du quartier des ministères en laboratoire de recherche gastronomique où la technique est au service de la lisibilité. Dans ce cadre moderne, façon loft, il cartographie sans relâche les goûts contemporains (un peu à l'image de son meilleur ami, Alexandre Mazzia) à travers une cuisine d'auteur aux ambitions assumées, sous forme de menus imposés «surprise». Les desserts de la cheffe pâtissière Émilie Gérardi méritent un accessit. La belle carte des vins comporte toujours quelques flacons à tarif raisonnable.

AC – €€€€ – *29 rue Surcouf – Ⓜ Invalides – 01 45 50 11 10 – www.davidtoutain.com – Fermé samedi, dimanche et mercredi midi*

✿✿ LE JULES VERNE

CUISINE MODERNE • ÉLÉGANT Frédéric Anton préside aux destinées de ce restaurant emblématique situé au second étage de la Tour Eiffel. Accessible par ascenseur privé, la salle culmine à 125 m du sol. La magie opère instantanément et l'assiette se révèle, elle aussi… à la hauteur. L'équipe de cuisine réalise chaque jour une prouesse pour sublimer d'excellents produits et délivrer une cuisine fine et précise, dont les harmonies de saveurs tombent toujours juste. On se régale par exemple d'une sublime galette soufflée de Saint-Jacques avec sa sauce dieppoise au caviar oscietre, ou d'un ris de veau caramélisé à la grenobloise, d'une exécution parfaite et sans artifice inutile. Les desserts ne sont pas en reste. Pensez à réserver très à l'avance votre table près des baies vitrées : la vue sur Paris à travers les poutrelles métalliques de la tour est tout simplement spectaculaire. Accueil irréprochable et service très impliqué.

AC – €€€€ – *Tour Eiffel - 6 avenue Gustave-Eiffel – Ⓜ Bir-Hakeim – 01 72 76 16 61 – www.restaurants-toureiffel.com/fr/restaurant-jules-verne.html*

AIDA

Chef : Koji Aida

CUISINE JAPONAISE • **ÉPURÉ** La façade blanche de ce petit restaurant niché dans une ruelle se fond si bien dans le paysage qu'on risque de passer devant sans la remarquer. Grave erreur ! Derrière se cache un secret jalousement gardé, celui d'une délicieuse table nippone. L'intérieur se révèle élégant et sans superflu, à l'image des établissements que l'on trouve au Japon. Au choix, attablez-vous au comptoir (seulement neuf places) pour être aux premières loges face aux grandes plaques de cuisson (teppanyaki), ou dans le petit salon privé sobrement aménagé avec son tatami. Au gré d'un menu dégustation unique, vous découvrirez une cuisine fine et pointue, tissant de beaux liens entre le Japon et la France ; les assaisonnements, les cuissons et les découpes ne font que souligner l'ingrédient principal, servi dans sa plus simple expression. Sashimis, homard de Bretagne, chateaubriand ou ris de veau cuits au teppanyaki, s'accompagnent de bons vins de Bourgogne, sélectionnés avec passion par le chef. Service très attentif et prévenant.

AC - **€€€€** - *1 rue Pierre-Leroux - Ⓜ Vaneau - ✆ 01 43 06 14 18 - Fermé lundi et le midi*

AUGUSTE

Chef : Gaël Orieux

CUISINE MODERNE • **CONTEMPORAIN** La petite maison de Gaël Orieux – à peine une trentaine de couverts – offre un calme inattendu dans son élégant cadre contemporain, aux lignes épurées. Ce lieu chic et raffiné est le théâtre d'une cuisine moderne et maîtrisée : soupe de tétragones aux herbes, grenouilles et anguilles fumées ; Saint-Jacques, pleurotes et pulpe de raisins, bouillon de châtaignes «expresso» et truffe noire ; ris de veau croustillant aux cacahuètes, girolles aux abricots secs et vin du Jura. Fidèle à ses engagements, Gaël Orieux s'approvisionne au marché et ne sert que des poissons issus d'espèces préservées (mulet noir, maigre, tacaud). Le choix des vins, varié et soigné, invite à de belles découvertes, d'autant plus appréciées lorsque les vins au verre sont servis en magnum, gage de qualité supérieure.

AC - **€€€€** - *54 rue de Bourgogne - Ⓜ Varenne - ✆ 01 45 51 61 09 - www.restaurantauguste.fr - Fermé samedi et dimanche*

DIVELLEC

POISSONS ET FRUITS DE MER • **CHIC** Le célèbre restaurant de Jacques Le Divellec (de 1983 à 2013) est aujourd'hui tenu par Mathieu Pacaud. Toujours orientée vers le grand large, la carte est composée au gré de la marée, sacralisant de beaux produits iodés : sole meunière de petit bateau, aïoli de cabillaud et légumes de saison, langoustines grillées à l'estragon... Une cuisine d'inspiration classique, franche et lisible, à déguster dans un cadre élégant.

♿ AC - **€€€€** - *18 rue Fabert - Ⓜ Invalides - ✆ 01 45 51 91 96 - www.divellec-paris.fr*

ES

Chef : Takayuki Honjo

CUISINE MODERNE • **ÉPURÉ** L'adresse de Takayuki Honjo, chef japonais adepte de cuisine et de culture françaises. Formé dans des maisons prestigieuses (Astrance à Paris, Quintessence à Tokyo, Mugaritz au Pays basque), il a pensé son restaurant dans les moindres détails : une salle blanche et très épurée, presque monacale, où le mobilier moderne ne cherche pas à attirer l'attention. Dans ce contexte, le repas s'apparente à une forme de cérémonie. Foie gras et oursins, ou pigeon et cacao : les associations détonnent, les saveurs se mêlent intimement. L'harmonie des compositions, toujours subtiles, rappellent avec talent les racines nippones du jeune homme.

AC - **€€€€** - *91 rue de Grenelle - Ⓜ Solférino - ✆ 01 45 51 25 74 - www.es-restaurant.fr - Fermé lundi, dimanche et le midi*

GAYA PAR PIERRE GAGNAIRE

CUISINE MODERNE • CHIC Gaya par Pierre Gagnaire affiche tous les signes distinctifs d'un temple de la gourmandise : sa façade bleu vif et ses beaux auvents attirent l'œil comme les bonnes adresses savent le faire. Une clientèle triée sur le volet vient y faire relâche dans un cadre de brasserie chic épuré et confortable. Seule compte ici la liberté de se faire plaisir, grâce à une cuisine actuelle fine et précise, principalement inspirée par les produits de la mer : carpaccio de dorade royale glace à l'huître ; plateau de fruits de mer ; turbot de ligne au beurre de Froment du Léon ; tarte aux pommes Gaya, chantilly au coquelicot.

- **€€€** - *6 rue de Saint-Simon - Rue du Bac - 01 45 44 73 73 - www.restaurantgaya.com - Fermé lundi et dimanche*

HANADA

Chef : Masayoshi Hanada

CUISINE JAPONAISE • ÉPURÉ Rive gauche, quai Voltaire : derrière une sobre façade noire, sans enseigne, simplement marquée du numéro 15, se dissimule l'un des temples parisiens du sushi. Masayoshi Hanada (ex-Sushi B) y orchestre un menu omakase unique, bâti autour de poissons d'exception – thon rouge méditerranéen, truite d'Auvergne, pêches bretonnes – travaillés avec une maîtrise absolue du geste et de la découpe. Une poignée de convives seulement prennent place au superbe comptoir en hinoki massif (le cyprès du Japon), face au ballet précis du chef et de ses assistants. Nigiris ciselés, makis, soupes et grillades au binchōtan s'enchaînent dans une vaisselle raffinée, entre tradition et design contemporain. Une courte carte de vins et de sakés parachève cette expérience rare et précieuse. Il est simplement demandé de ne pas prendre de photos pendant le repas.

A/C - **€€€€** - *15 quai Voltaire - Rue du Bac - 07 44 31 80 70 - www.sushihanada.com - Fermé samedi, dimanche et le midi*

NAKATANI

Chef : Shinsuke Nakatani

CUISINE MODERNE • INTIME Après dix années passées auprès d'Hélène Darroze, Shinsuke Nakatani préside aux destinées de cette table feutrée et reposante, habillée de douces couleurs et de matières naturelles. Avec un sens aigu de l'assaisonnement, des cuissons et de l'esthétique des plats, ce chef japonais pétri de talent compose une belle cuisine française au gré des saisons ; les saveurs et les textures s'entremêlent avec harmonie et de l'ensemble émane une cohérence certaine. On se régale d'un menu unique (4 plats le midi, 6 le soir), servi par un personnel discret et efficace. Étant donné le nombre de places (16 couverts), il faudra penser à réserver à l'avance. Le menu unique change tous les deux mois.

A/C - **€€€€** - *27 rue Pierre-Leroux - Vaneau - 01 47 34 94 14 - www.restaurant-nakatani.com - Fermé lundi et dimanche*

PERTINENCE

Chefs : Ryunosuke Naito et Kwen Liew

CUISINE MODERNE • DESIGN C'est au restaurant Antoine, en 2011, que Ryunosuke Naito et Kwen Liew se sont rencontrés : lui, le Japonais formé dans quelques-unes des maisons les plus prestigieuses de la place parisienne (Taillevent, Meurice), elle la Malaisienne. C'est tout près du Champ-de-Mars qu'ils tiennent cette maison au cadre épuré – lattes de bois clair et chaises Knoll –, tout en pudeur, intimiste et chaleureuse, bref : à leur image. Aux fourneaux, ils composent à quatre mains une cuisine du marché aux saveurs intenses, offrant au passage un délicieux lifting à la tradition française. Leur talent ne fait décidément aucun doute.

€€€€ - *29 rue de l'Exposition - École Militaire - 01 45 55 20 96 - www.restaurantpertinence.com - Fermé lundi, dimanche et mardi midi*

PARIS

PRÉVELLE

Chef : Romain Meder

CUISINE MODERNE • CONTEMPORAIN « Prévelle », un nom tout en douceur, comme la cuisine de Romain Meder. L'ancien complice d'Alain Ducasse y rend hommage à son enfance rurale, avec une partition végétale exclusivement francilienne, que viennent enrichir volailles, poissons et coquillages. Sa cuisine, moderne et résolument saisonnière, fait preuve d'une grande maîtrise technique : les assaisonnements ont du nerf, les cuissons de légumes se travaillent comme des viandes rôties, avec cette recherche des sucs et des arômes profonds issus de la réaction de Maillard, chère à son mentor. Après un passage devant la cuisine ouverte et sa table attenante, on grimpe à l'étage, où règnent le calme et la clarté d'un décor sobre et feutré.

– €€€€ – 34 rue Saint-Dominique – Invalides – 01 40 67 12 12 – www.prevelle.fr – Fermé samedi, dimanche et lundi midi

TOMY & CO

Chef : Tomy Gousset

CUISINE MODERNE • CONVIVIAL À deux pas de la rue Saint-Dominique, cette adresse porte l'empreinte de Tomy Gousset, chef d'origine cambodgienne, qui trace sa route sans complexes, et avec le sourire. Le garçon, venu sur le tard à la cuisine (à 23 ans), se perfectionne au Meurice, chez Taillevent et Boulud à New York. Il invente aujourd'hui une partition gastro-bistrot ancrée dans son temps, et place son «karma» (selon ses mots) au service du goût et du produit, avec une vraie démarche locavore. Son crédo ? «Simplicité et sophistication», ce qui se traduit dans notre jargon par : «On se régale».

– €€€ – 22 rue Surcouf – Invalides – 01 45 51 46 93 – www.tomygousset.com/tomy-and-co – Fermé samedi et dimanche

LE VIOLON D'INGRES

CUISINE TRADITIONNELLE • CHIC Au sein de cette néobrasserie de luxe, les chefs célèbrent le Sud-Ouest avec une belle maîtrise technique, et des produits de grande qualité. La noix de ris de veau dorée au sautoir servie avec une sauce au vin jaune, ou le millefeuille et sa crème légère à la vanille restent des grands classiques de la carte. Authenticité et convivialité règnent aimablement dans cette maison animée par une brigade très professionnelle. Un restaurant fréquenté par les bons vivants où il faut absolument réserver (c'est souvent complet).

– €€€€ – 135 rue Saint-Dominique – École Militaire – 01 45 55 15 05 – www.leviolondingres.paris

BISTROT DES FABLES

CUISINE TRADITIONNELLE • BISTRO Ces Fables-là ne fabulent pas : filets de harengs, pommes à l'huile ; œuf mimosa ; coquilles Saint-Jacques rôties au beurre ; blanquette de veau ; profiteroles, glace vanille et chocolat gianduja – un solide répertoire bistrotier mis en chantier et en bouche dans l'esprit Christian Constant par David Bottreau, longtemps proche collaborateur du maître. Cette cuisine savoureuse et généreuse s'apprécie dans une atmosphère conviviale.

– €€ – 139 rue Saint-Dominique – La Tour-Maubourg – 01 47 53 73 34 – www.bistrotdesfables.fr

ROSEMARIE

CUISINE TRADITIONNELLE • BISTRO Crème, beurre, zinc, moleskine et œuf mayo : voilà la véritable recette du bonheur distillé dans ce bistrot tenu par deux experts en la matière, Nina et Philippe Cadeau (ex-Beurre-Noisette et ex-Cocottes de Christian Constant) – leur enseigne rend aux hommages à leurs deux mamans. Leur savoir-faire n'a rien perdu de sa superbe ! Nina pétille

PARIS

en salle, tandis que Philippe fait assaut de tradition et de gourmandise saisonnière : œufs mimosa, truite marinée aux zestes de citron, entrecôte et pommes de terre rissolées, tarte au chocolat ou profiteroles à la vanille...

♿ - €€ - 149 rue de l'Université - Ⓜ Invalides - ✆ 01 45 51 03 71 - www.rosemariebistrotparis.com - Fermé samedi et dimanche

20 EIFFEL

CUISINE TRADITIONNELLE • CLASSIQUE Dans une rue résidentielle à deux pas de la Tour Eiffel, ce restaurant vous accueille dans un cadre sobre et lumineux. Dans l'assiette, on trouve une cuisine traditionnelle, teintée de quelques recettes plus actuelles. Aujourd'hui, goûteuse soupe de potiron et ses croûtons de pain d'épice, un bon bœuf bourguignon et ses pommes de terre grenaille, et une classique crème brûlée à la vanille réalisée dans les règles. Même si le soufflé sucré tient toujours ici son rang de dessert signature ou... presque.

€€ - 20 rue de Monttessuy - Ⓜ Alma - Marceau - ✆ 01 47 05 14 20 - www.restaurant20eiffel.com - Fermé lundi et dimanche

À TABLE

CUISINE MODERNE • CONVIVIAL La jeune cheffe Camille Guérin a relooké tout en sobriété cet ancien bistrot, avec une lumineuse véranda et un chaleureux mobilier en bois clair. Ardoise concise au déjeuner et un seul menu le soir qui démarre avec un assortiment de 3 entrées à partager. Une seule philosophie gourmande : revisiter les classiques de manière bistronomique et offrir quelques plats végétariens tout en donnant la priorité aux circuits courts ! Pari réussi : les assiettes sont bien ficelées et les tarifs sympathiques. Œuf parfait aux champignons en persillade ; potimarron rôti et galette de courge façon falafel ; faux-filet de bœuf et jus de viande à la sauge ; poire en texture et croustillant miel-amande.

A/C - €€€ - 28 rue du Général-Bertrand - Ⓜ Duroc - ✆ 01 47 34 30 26 - www.atable-restaurant.fr - Fermé samedi et dimanche, et lundi et mardi soir

AKABEKO

CUISINE FUSION • ÉLÉGANT Dans un écrin ravissant sur deux niveaux – une salle avec comptoir au rez-de-chaussée et la confortable bonbonnière raffinée de l'étage – officie le chef japonais Yasuo Nanaumi, formé dans les tables étoilées. Midi et soir, il exécute librement un menu omakase (littéralement « je m'en remets à vous »), reflet de sa culture japonaise et de sa passion pour la gastronomie française à l'image de ce foie gras, sauce teriyaki ou de ces goujonnettes de sole au dashi. L'équipe attentionnée est tout entière au service du bien-être du client.

A/C - €€€€ - 40 rue de l'Université - Ⓜ Rue du Bac - ✆ 01 42 61 26 64 - www.akabekorestaurant.com - Fermé lundi et dimanche

L'AMI JEAN

CUISINE TRADITIONNELLE • CONVIVIAL Passionné du beau produit de saison, Stéphane Jégo sert une cuisine pleine de générosité et de saveurs. Sans oublier le riz au lait de Maman Philomène ! Vu le succès, c'est toujours bondé, animé et sympathique. Des plats au caractère bien trempé. Réservation indispensable.

€€€ - 27 rue Malar - Ⓜ La Tour-Maubourg - ✆ 01 47 05 86 89 - www.lamijean.fr - Fermé lundi et dimanche, et samedi soir

ARNAUD NICOLAS

CUISINE MODERNE • CONVIVIAL Un véritable écrin pour les amateurs de charcuterie d'exception, situé à deux pas de la Tour Eiffel. Arnaud Nicolas, Meilleur Ouvrier de France, propose un généreux menu dégustation où pâté en croûte, terrines maison, et rillettes côtoient des plats raffinés comme la tourte de cochon aux ris de veau et truffe noire ou un cabillaud nacré accompagné d'une hollandaise fumée. Le tout s'apprécie dans un cadre élégant et convivial, où le service attentionné s'accorde à une belle carte des vins. Une adresse remarquable qui allie haute charcuterie et gastronomie avec talent. À l'entrée du restaurant, un coin boutique permet de prolonger l'expérience culinaire.

- €€ - 46 avenue de la Bourdonnais - Ⓜ École Militaire - 01 45 55 59 59 - www.arnaudnicolas.paris - Fermé lundi et dimanche

L'ATELIER DE JOËL ROBUCHON - ST-GERMAIN

CUISINE MODERNE • DESIGN Plongés dans une semi-pénombre étudiée, deux bars se répondent autour de la cuisine centrale où les plats sont élaborés sous le regard des hôtes, assis au comptoir sur de hauts tabourets. Une idée de «cantine chic», version occidentale du teppanyaki et des bars à sushis nippons, avec au menu une cuisine «personnalisable» sous forme de petites portions dégustation ou d'assiettes plus consistantes : caviar sur un œuf de poule mollet et friand au saumon fumé ; côtelettes d'agneau de lait et purée de pommes de terre Joël Robuchon...

- €€€€ - 5 rue de Montalembert - Ⓜ Rue du Bac - 01 42 22 56 56 - www.atelier-robuchon-saint-germain.com

LES BOTANISTES

CUISINE TRADITIONNELLE • BISTRO Non loin du Bon Marché, dans une petite rue tranquille, un bistrot aux mains d'un chef qui ne triche ni avec les produits, ni avec le goût ! Prenez place sur les banquettes pour déguster un onglet de bœuf tendre à souhait et un généreux baba au rhum et sa crème fouettée, frais et moelleux. Une carte des vins bien achalandée viendra compléter votre repas. Sympathique, gourmand et convivial !

€€€ - 11 bis rue Chomel - Ⓜ Sèvres - Babylone - 01 45 49 04 54 - www.lesbotanistes.com - Fermé dimanche

CAFÉ DES MINISTÈRES

CUISINE TRADITIONNELLE • BISTRO Les amateurs d'authentique cuisine française (notamment du Sud-Ouest) et de belles sauces gourmandes s'échangent volontiers l'adresse de ce bistrot aux allures de café de quartier. Le vol-au-vent au ris de veau, volaille et jus truffé, ainsi que le chou de Pontoise farci (champion de France 2022) ont fait la réputation de la maison, laquelle a un agenda de ministre : réservez à l'avance !

- €€ - 83 rue de l'Université - Ⓜ Assemblée Nationale - 01 45 33 73 34 - www.cafedesministeres.fr - Fermé samedi, dimanche et lundi midi

L'ESCUDELLA

CUISINE MODERNE • CONVIVIAL Dans ce petit bistrot guilleret et coloré proche de l'École Militaire et des ministères, Rémi Poulain, passé notamment par la Tour d'Argent et le Laurent, réalise une cuisine bistronomique fort bien tournée. Parmi les spécialités de la maison : un pâté croûte de volaille, foie gras et pistache, ou des viandes de Galice maturées. Menu déjeuner à prix doux et service affable.

- €€ - 41 avenue de Ségur - Ⓜ Ségur - 09 82 28 70 70 - www.escudella.fr - Fermé dimanche

PARIS

LE FLORIMOND

CUISINE TRADITIONNELLE • BISTRO Florimond – du nom du jardinier de Monet à Giverny – a l'esprit bistrotier et convivial… Pour faire honneur à ce prénom chantant, le chef agrémente sa cuisine du terroir (nombreux produits de Corrèze, sa région d'origine) de beaux légumes. Et ce fils de charcutier fait lui-même ses saucisses, boudins et conserves !

*A/C – **€€€** – 19 avenue de La Motte-Picquet – Ⓜ École Militaire – ✆ 01 45 55 40 38 – www.leflorimond.com – Fermé samedi et dimanche*

GEMELLUS

CUISINE MODERNE • CHIC Une petite adresse chic et moderne, où quatre murs couleur ficelle forment une salle carrée avec moulures peintes, joli plafond à caissons et lustre à pampilles, fauteuils en velours. Maxime Le Meur a été formé à bonne école auprès de grands chefs. Technicien solide, il ne laisse rien au hasard et exécute une cuisine inspirée aussi bien par la saison que par ses doubles racines bretonnes (accords terre et mer comme ce très beau pigeon du bocage breton au homard) et grenobloises (la Chartreuse n'est jamais bien loin) : une cuisine franche et précise qui fourmille de bonnes idées. Menu déjeuner à prix intéressant.

*A/C – **€€€€** – 37 avenue Duquesne – Ⓜ Saint-François-Xavier – ✆ 01 45 55 87 57 – www.gemellus-restaurant.fr – Fermé samedi et dimanche*

LE GENTIL

CUISINE MODERNE • SIMPLE Cette table de la gourmande rue Surcouf, ouverte par le chef japonais Fumitoshi Kumagai, épaulé de son épouse japonaise en salle, propose une cuisine française actuelle agrémentée de quelques touches asiatiques : pieds de porc farcis avec chou pak choi, faux-filet de bœuf à la sauce japonaise…

***€€** – 26 rue Surcouf – Ⓜ Invalides – ✆ 09 52 27 01 36 – www.restaurantlegentil.com – Fermé samedi et dimanche, et mercredi soir*

L'INCONNU

CUISINE ITALIENNE • CLASSIQUE Le chef, longtemps second au Passage 53, compose une cuisine d'inspiration italienne aux touches hexagonales, avec des clins d'œil au Japon, sa terre natale. Il ne travaille que de beaux produits et en tire une cuisine inédite et créative, ainsi ces queues de langoustines bretonnes surmontées d'une émulsion au cidre et citron confit…

***€€€** – 4 rue Pierre-Leroux – Ⓜ Vaneau – ✆ 07 45 28 53 30 – www.restaurant-linconnu.fr – Fermé mardi et mercredi*

L'IZAKAYA DASSAI YANNICK ALLÉNO Ⓝ

IZAKAYA • CONTEMPORAIN Version chic et signée Alléno de l'izakaya japonais, ce restaurant s'est installé dans un passage végétalisé à ciel ouvert, loin du tumulte urbain. Grande terrasse en L, salle contemporaine aux murs en béton brut ornés de dessins de mangas en noir et blanc, cuisine ouverte. À la carte, tempura, teriyaki, tofu, sashimi, chirashi, soba, karaage ou dashimaki, mais aussi un menu déjeuner avec curry. À savourer avec les excellents sakés de la maison Dassai. Service et accueil très professionnels.

*♿ A/C – **€€** – Beaupassage - 53 rue de Grenelle – Ⓜ Rue du Bac – ✆ 01 84 74 21 21 – www.lizakaya-alleno.com – Fermé dimanche soir*

PARIS

PARIS

MILAGRO

CUISINE MODERNE • BRANCHÉ Chef américain originaire du Nouveau-Mexique, Justin Kent a du métier (il a notamment travaillé avec Alain Passard et David Toutain) et du goût : la déco de son petit bistrot néo-rétro tape dans le mille (comptoir en marbre blanc et chêne, parquet, tables en chêne blond, fauteuils rétro en bois et velours vert). Influences internationales et bistronomie parisienne se marient chez lui sans problème avec gourmandise et maîtrise : croquettes de chorizo et patate douce, yahourt grec ; côtelettes d'agneau, émulsion maïs, risotto de petit épeautre ; crémeux de cèleri rave au chocolat blanc, glace et meringue.

€€€ – 85 avenue Bosquet – Ⓜ École Militaire – ✆ 09 54 50 83 31 – www.milagroparis.com – Fermé lundi, dimanche et samedi midi

MOJJU

CUISINE CORÉENNE • ORIENTAL Le chef Thibault Sombardier a ouvert cette cantine coréenne dont le décor fait un clin d'œil au hanok traditionnel du pays du matin calme. La carte est rudement bien conçue et exécutée aux petits oignons par une équipe coréenne : bouillon de bœuf au tofu, shiitaké et chips d'ail ; lotte laquée au miso ; crème prise au sarrasin grillé et caramel soja. Cuits sur les braises de charbon de bois au barbecue, les viandes maturées et les poissons marinés sont accompagnés de leurs traditionnels banchan, ces petites assiettes de légumes fermentés ou marinés, escortées de leurs sauces bien condimentées et de leurs feuilles de salades croquantes pour préparer un ssam. Petite carte des vins originale, complétée de quelques alcools de riz coréen.

AC – €€ – 4 rue de l'Exposition – Ⓜ Ecole Militaire – ✆ 01 45 51 88 38 – www.mojju-restaurant.com – Fermé du lundi au jeudi à midi

LES PARISIENS

CUISINE TRADITIONNELLE • ÉLÉGANT Au sein d'un somptueux nouvel hôtel du Faubourg-Saint-Germain, cette table reprend tous les codes de la brasserie de luxe. Boiseries, grands miroirs, sol en mosaïque, banquettes ourlées en velours, dorures, tables en marbre noir : c'est élégant, légèrement rétro et très cosy – une réussite. Chaperonnée par Thibault Sombardier, la carte joue la tradition, rafraîchie et actualisée. Belle carte des vins éclectique, ponctuée de jolies références.

♿ AC – €€€ – 1 rue du Pré-aux-Clercs – Ⓜ Rue du Bac – ✆ 01 42 96 65 43 – www.pavillon-faubourg-saint-germain.com/restaurant-les-parisiens

PENATI AL BARETTO

CUISINE ITALIENNE • ÉLÉGANT Les Italiens, on le sait, ont du goût. Le chef milanais Alberico Penati s'est installé dans ce lieu chic tout en boiseries claires dont les baies vitrées ouvrent face au jardin des Invalides – une situation ô combien désirable. La marotte du chef, c'est la tradition. Sans concession aux modes, sa carte égrène en effet les classiques transalpins, avec des produits triés sur le volet. La pasta maison reste le point fort de cette adresse, à l'image de ces ravioli del plin piemontesi nappés d'un très bon jus de rôti. La carte des vins 100% italienne met en valeurs les crus piémontais, notamment le barolo et le barbaresco.

♿ AC – €€€€ – 94 boulevard de la Tour-Maubourg – Ⓜ École Militaire – ✆ 01 42 99 80 00 – www.penatialbaretto.eu – Fermé lundi et dimanche

PETROSSIAN

POISSONS ET FRUITS DE MER • CHIC Un nom mythique pour les amateurs de caviar depuis 1920, quand les frères Petrossian, d'origine arménienne, se lancèrent dans son importation. Le restaurant honore l'histoire de la maison avec de la dégustation «classique» de caviar, mais aussi des plats bien pensés où il apparaît sous d'autres formes (pressé, séché, maturé, liquide).

AC – €€€ – 13 boulevard de la Tour-Maubourg – Ⓜ Invalides – ✆ 01 44 11 32 32 – www.restaurant.petrossian.fr – Fermé lundi et dimanche

PIERO TT

CUISINE ITALIENNE • CHIC Bienvenue dans ce restaurant italien de l'univers Pierre Gagnaire, où le grand chef propose sa version personnelle et créative de la cuisine italienne, joliment exécutée à partir de produits rigoureusement sélectionnés. Dans un registre de plaisir et de gourmandise, les assiettes sont ponctuées de subtiles dissonances : végétaux aux plaisantes notes amères, épices, condiments... Atmosphère chic et cossue mais décontractée, accueil chaleureux, et conseils avisés du sommelier qui propose les meilleurs crus de la péninsule. Réservation très conseillée.

A/C - **€€€€** - *44 rue du Bac - Ⓜ Rue du Bac - ✆ 01 43 20 00 40 - www.restaurantpiero.com - Fermé lundi et dimanche*

SANCERRE RIVE GAUCHE

CUISINE MODERNE • CONVIVIAL Sancerre, une colline, un vin et même un bon petit resto parisien dans ce quartier huppé – une adresse qui fut jadis le fief du grand vigneron sancerrois Alphonse Mellot. Dans une ambiance de bistrot moderne, Anne-Cécile Faye, rompue à l'art de l'hospitalité, accueille avec une verve réconfortante. Quant au chef Éric Lecerf, il réalise au cordeau une cuisine canaille aussi épatante que réjouissante : des pâtés, des abats et autres victuailles roboratives, sans oublier le plat phare de la maison, le chou farci, une vraie réussite. Tous présentés sur le comptoir, tartes et gâteaux entiers sont découpés par le serveur à la réclame.

€€€ - *22 avenue Rapp - Ⓜ Alma - Marceau - ✆ 01 43 06 87 98 - www.sancerrerivegauche.com - Fermé samedi et dimanche*

TABLE PENJA

CUISINE MODERNE • CONTEMPORAIN Après avoir fait les beaux jours du Garde-Temps à Pigalle, le chef d'origine camerounaise Pierre Siewe, ancien disciple d'Yves Camdeborde, tient table dans un décor de bistrot moderne, où la déco chaleureuse évoque subtilement l'univers africain. Dans l'assiette, le chef assaisonne sa bistronomie d'ici aux épices (djansang, pèbè, curcuma et ce fameux poivre de Penja) et aux ingrédients d'Afrique (hibiscus, igname, cacao...). Cette approche confère une personnalité unique à ses plats : le paleron de bœuf parfaitement braisé est relevé d'un condiment café, câpres, oignons rouges et d'une moutarde à l'hibiscus ; le classique mont-blanc est escorté d'une glace au poivre vert qui apporte une fraîcheur fruitée et tonique au dessert.

A/C - **€€€** - *2 rue Sédillot - Ⓜ École Militaire - ✆ 01 45 51 95 82 - www.tablepenja.paris - Fermé lundi et dimanche*

VENDÉMIAIRE

CUISINE MODERNE • CONTEMPORAIN À deux pas du tombeau de Napoléon, ce restaurant célèbre le mois révolutionnaire des vendanges ! Dans un esprit de brasserie, chic et chaleureux, la déco se décline dans les tons bleu et orange autour d'un impressionnant bar-comptoir en marbre et de banquettes soyeuses. La partition, entre révolution et classicisme, revisite en douceur la tradition (œuf mayonnaise, bœuf bourguignon gratin dauphinois, crème brûlée...) avec des produits frais de qualité. Enfant du Gros-Caillou (le nom du quartier), le propriétaire travaille beaucoup avec les commerçants et amis des rues voisines. Bon rapport qualité-prix le midi.

A/C - **€€€** - *54 boulevard de la Tour-Maubourg - Ⓜ La Tour-Maubourg - ✆ 01 71 32 33 23 - www.vendemiaire.paris - Fermé dimanche*

VIA DEL CAMPO

CUISINE ITALIENNE • ÉLÉGANT Le plaisir de savourer une authentique cuisine italienne en France n'est pas si courant... C'est le cas de cette trattoria contemporaine qui, aux beaux jours, dispose sur le trottoir de quelques tables sur une terrasse végétalisée. Les plats du chef sarde Enrico Masia transportent les convives à travers toutes les régions d'Italie, avec une attention particulière pour la Sardaigne, le berceau du chef, qui reçoit ici les hommages les plus nombreux. Les habitués consultent sans hésiter la carte du jour, élaborée en fonction des arrivages et de l'inspiration du chef. Aujourd'hui, au menu : puntarella croquante et sauce aux anchois, foie de veau à la vénitienne, paccheri aux palourdes avec artichauts frais et poutargue râpée. En salle, Tatiana, la compagne du chef, assure un service discret et compétent tout en prodiguant de judicieux conseils sur les vins de la Botte.

€€€ - *22 rue du Champ-de-Mars* - Ⓜ *La Tour-Maubourg* - *01 45 51 64 59* - *www.via-del-campo.paris* - *Fermé dimanche*

LE CINQ CODET

Plus

MODERNE • RAFFINÉ A deux pas des Invalides, cet hôtel design a tout pour plaire : un emplacement rêvé, un mobilier chic et confortable, des équipements dernier cri, plus de 400 œuvres d'art contemporain... sans oublier l'espace bien-être et la belle terrasse patio. Concierge et voiturier.

67 chambres - *5 rue Louis Codet* - *01 53 85 15 60*

LA COMTESSE

BOURGEOIS • ROMANTIQUE Ici, les chambres donnent le choix entre "vue latérale tour Eiffel" ou "vue face tour Eiffel". En contrepoint, les chambres ne sont pas immenses, mais leur décoration relève d'un équilibre subtil entre esthétique moderne et romantisme hérité des salons littéraires du 18e s. Les espaces publics se parent de fresques ou de moulures rouge sang au-dessus rayonnages de livres d'art ou de design. L'hôtel propose également un petit-déjeuner continental chic, une petite salle de fitness et un hammam.

40 chambres - *29 avenue de Tourville* - *01 45 51 29 29*

LE GRAND HÔTEL CAYRÉ

ART DÉCO • PARISIEN Haut-lieu du Saint-Germain-des-Prés artistique des années 1920, ce monument Art déco a su préserver sa façade en pierre et ses charmants balcons, dont certains donnent sur la tour Eiffel. Les chambres standard proposent des parquets de bois clair, des lampes chinées et de petites salles de bain au style rétro. Les chambres supérieures ajoutent d'agréables coins lecture, et les suites disposent de lits à baldaquin et de terrasses privatives. Dans l'opulente Suite du Collectionneur, chaque élément est disponible à l'achat ! Brasserie et bar Années folles à l'atmosphère vibrante.

123 chambres - *4 boulevard Raspail* - *01 45 44 38 88*

J.K. PLACE PARIS

Plus

CONTEMPORAIN • RAFFINÉ À quelques pas de l'Assemblée Nationale et non loin de Saint-Germain-des-Prés, cet hôtel du groupe italien J.K. réchauffe l'ancienne ambassade de Norvège de son charme transalpin. Cet écrin discret tout en raffinement offre des chambres et suites luxueuses dans un style résolument contemporain. Spa et piscine.

29 chambres - *82 rue de Lille* - *01 40 60 40 20*

MONTALEMBERT
Plus

CLASSIQUE • ÉLÉGANT Un noble bâtiment Belle Époque (1926) idéalement situé entre la Seine, le musée d'Orsay et St-Germain-des-Prés – la terrasse du restaurant, côté rue, voisine les éditions Gallimard... Décoration chic et chambres confortables, réinventées par le décorateur Pascal Allaman.

– **50 chambres** – *3 rue de Montalembert – 01 45 49 68 68*

PAVILLON FAUBOURG SAINT-GERMAIN
Plus

CLASSIQUE • ÉLÉGANT Au cœur du Carré Rive gauche, quartier célèbre pour ses antiquaires et ses galeries d'art, cet hôtel particulier respire l'élégance et le bien-être : parquet, meubles anciens et tons doux dans les chambres, salle de fitness avec hammam et soins...

– **47 chambres** – *3 rue du Pré-aux-Clercs – 01 42 61 01 51*

Les Parisiens - Voir la sélection des restaurants

SAX PARIS, LXR HOTELS & RESORTS

CONTEMPORAIN • URBAIN C'est bien un hôtel de caractère qui a investi cet ancien central téléphonique, dans lequel des éclairages spectaculaires et du marbre zébré insufflent une dose de glamour réinventé. Le hall d'accueil est occupé par un salon-galerie d'art du dernier chic. À l'étage, se déploie une vue dont peu peuvent se prévaloir, avec la tour Eiffel au premier plan.

– **118 chambres** – *55 avenue de Saxe*

THOUMIEUX

MODERNE • CHALEUREUX Élégance, tons bruns ou vert amande : la décoratrice, India Mahdavi, a imaginé des chambres décalées, tout en imprimés chatoyants, et des salles de bains en marbre aux formes courbes. Un style unique, à voir et à vivre...

– **15 chambres** – *79 rue Saint-Dominique – 01 47 05 49 75*

CHAMPS-ÉLYSÉES • CONCORDE • MADELEINE

8e ARRONDISSEMENT

ALLÉNO PARIS AU PAVILLON LEDOYEN

Chef : Yannick Alléno

CUISINE CRÉATIVE • LUXE Cette prestigieuse institution parisienne, installée dans un élégant pavillon des jardins des Champs-Élysées, incarne l'image même du grand restaurant à la française : le luxe du décor, la culture des arts de la table, le service orchestré avec élégance, tout dessine un écrin unique à la gloire de la gastronomie. De vastes baies vitrées ouvrent sur les Champs-Élysées. La cuisine de Yannick Alléno est éblouissante et technique, avec une mention spéciale pour les jus et les sauces (ce que le chef appelle «le verbe de la cuisine française»), magnifiés à travers de savantes extractions : ou comment l'avant-garde se met au service de la grande tradition culinaire française.

– **€€€€** – *8 avenue Dutuit – Champs-Élysées - Clemenceau – 01 53 05 10 10 – www.yannick-alleno.com/les-etablissements-du-groupe/alleno-paris – Fermé samedi, dimanche et le midi*

PARIS

✿✿✿ LE CINQ

CUISINE MODERNE • LUXE Quel style, quel luxe opulent, entre colonnes altières, moulures, ou hautes gerbes de fleurs, sans oublier la douce lumière provenant du jardin intérieur... C'est ici, dans le plus grand des palaces parisiens, que le chef Christian Le Squer fait des merveilles année après année et force le respect. Sa cuisine intemporelle, toujours au service des meilleurs produits, déploie une technique virtuose et une finesse mémorable. Au cœur de Paris, cet enfant du Morbihan ne cesse d'évoquer sa Bretagne natale, signant de superbes hommages à ce terroir et aux produits de la mer : le lait ribot associé au caviar et au bar, le beurre salé qui accompagne le homard... Côté sucré, le chef pâtissier Michael Bartocetti compose une partition de haute volée, proche de la nature, délaissant le sucre au profit des fruits et du miel. Empathique et tout en prestance, le service est proche de la perfection.

- €€€€ - *Four Seasons Hotel George V, 31 avenue George-V - Ⓜ George V - ✆ 01 49 52 71 54 - www.fourseasons.com/fr/paris/dining/restaurants/le_cinq - Fermé lundi, dimanche et le midi*

✿✿✿ ÉPICURE

CUISINE MODERNE • LUXE Le Bristol est un monde de luxe absolu, de suites en spa, du superbe jardin à la française à la piscine sur les toits, jusqu'à cette salle à manger avec mobilier Louis XVI, miroirs, grandes portes-fenêtres ouvertes sur la verdure... Aux fourneaux de la table amirale, Arnaud Faye allège et affine ses préparations pour tendre à l'épure. Une pureté dans les saveurs qui n'oublie pas pour autant la générosité dans l'assiette. Inutile d'insister sur l'excellence des produits, la parfaite maîtrise des cuissons et des températures, le pain fabriqué sur place avec des variétés anciennes de blé, les sauces légères et extrêmement concentrées à la fois, l'esthétique des assiettes. Quel style !

- €€€€ - *Le Bristol, 112 rue du Faubourg-Saint-Honoré - Ⓜ Miromesnil - ✆ 01 53 43 43 40 - www.oetkerhotels.com/fr/hotels/le-bristol-paris/restaurants-bars/epicure - Fermé lundi et dimanche*

✿✿✿ LE GABRIEL - LA RÉSERVE PARIS

CUISINE CRÉATIVE • ÉLÉGANT À deux pas des Champs-Élysées, ce restaurant est installé dans le décor élégant et luxueux de La Réserve, un ancien hôtel particulier 19e de style Napoléon III, revu et corrigé par Jacques Garcia. La salle à manger rivalise de raffinement, décorée de matériaux magnifiques : cuir de Cordoue patiné à l'or, parquet Versailles... Jérôme Banctel affirme sa personnalité culinaire singulière à travers deux menus : «Virée», qui rend hommage à sa Bretagne natale, et «Périple», qui invite à voyager autour de la planète, au Japon mais aussi en Turquie où le chef a découvert la cuisson à l'eau de chaux et les textures incomparables qu'elle confère au produit ; sans oublier un menu consacré à la chasse en saison, et un choix à la carte au déjeuner. Ces partitions gourmandes de haute volée révèlent une vaste gamme de sensations et de saveurs - acidulé, sucré-salé, épicé, iodé - qui s'harmonisent grâce à son talent d'alchimiste cosmopolite. Les sauces, profondes et concentrées, illustrent parfaitement cette cuisine hautement technique mais qui n'en laisse rien paraître. Un moment d'exception.

- €€€€ - *La Réserve Paris, 42 avenue Gabriel - Ⓜ Champs-Élysées - Clemenceau - ✆ 01 58 36 60 66 - www.lareserve-paris.com - Fermé samedi et dimanche*

PARIS

✿✿✿ PIERRE GAGNAIRE

Chef : Pierre Gagnaire

CUISINE CRÉATIVE • ÉLÉGANT Dans un écrin dominé par une œuvre magistrale et animale – un «Lascaux urbain» réalisé au fusain par l'artiste Adel Abdessemed –, Pierre Gagnaire continue d'asticoter la scène culinaire française avec sa cuisine d'auteur exploratrice, entière, excessive. Ce grand amateur de jazz et d'art contemporain cherche sans relâche. Son restaurant, trois étoiles depuis 1996, est à l'image de son hôte : moderne et sobre, jouant la note du raffinement discret, ton sur ton avec le service. Les assiettes aussi, poétiques et en réinvention permanente, petites portions «satellites» mises en orbite par le chef, si bien qu'il est impossible de citer un plat emblématique, ou même une qualité principale. Si ce n'est l'excellence.

- €€€€ - 6 rue Balzac - Ⓜ George V - ✆ 01 58 36 12 50 - www.pierregagnaire-lerestaurant.com - Fermé lundi, samedi et dimanche

✿✿ L'ABYSSE PARIS

CUISINE JAPONAISE • DESIGN Un maître sushi, des produits d'une remarquable qualité (poissons ikejime de l'Atlantique) et la patte créative de Yannick Alléno... Le programme est alléchant. La salle, élégante et épurée, a été décorée par des artistes contemporains. Ajoutons à cela un service de grande maison, un somptueux livre de cave riche de sakés recherchés, et douze places au comptoir en bois blond, pour se trouver au cœur de l'action. Détonant !

- €€€€ - 8 avenue Dutuit - Ⓜ Champs-Élysées - Clemenceau - ✆ 01 53 05 10 30 - www.yannick-alleno.com/les-etablissements-du-groupe/abysse-paris - Fermé samedi et dimanche

✿✿ LE CLARENCE

CUISINE CRÉATIVE • LUXE Tout proche des Champs-Élysées, ce somptueux hôtel particulier de 1884 offre un décor luxueux incarnant la quintessence de l'art de vivre à la française. À la suite de Christophe Pelé, Andrea Capasso poursuit l'ambition d'une cuisine libre et pourtant disciplinée, aux accords audacieux. Féru d'associations terre et mer, le chef glisse des touches italiennes dans ses nombreuses assiettes « satellites », tout en creusant intelligemment un même thème à l'intérieur de chaque séquence. Quant à la carte des vins, elle donne le vertige avec ses deux parties, dont l'une consacrée aux crus prestigieux du propriétaire. Pour l'apéritif ou le café, les salons des étages supérieurs sont délicieux.

- €€€€ - 31 avenue Franklin-D.-Roosevelt - Ⓜ Franklin D. Roosevelt - ✆ 01 82 82 10 10 - www.le-clarence.paris/la-table - Fermé lundi et dimanche

✿✿ LE GRAND RESTAURANT - JEAN-FRANÇOIS PIÈGE

Chef : Jean-François Piège

CUISINE CRÉATIVE • ÉLÉGANT Bienvenue dans le «laboratoire de grande cuisine» de Jean-François Piège : une salle intimiste surplombée d'une verrière en angles et en reflets, où le chef exprime toute l'étendue de son expérience et de son savoir-faire : soit une cuisine d'auteur intemporelle qui puise aux sources livresques de l'histoire de la gastronomie française (le chef possède probablement l'une des plus belles bibliothèques culinaires de la place de Paris). Plus de carte ici mais un menu dégustation à travers les terroirs de la France, autour no-

PARIS

tamment de ses «mijotés modernes». Jean-François Piège montre sa capacité à créer, d'un geste, l'émotion culinaire et le goût sans jamais céder à la démonstration purement visuelle. Et il reste à chaque instant capable de surprendre avec un plat aussi simple que délicieux comme ce succulent ris de veau cuit sur des coques de noix, bulots et bouillon de cuisson épicé lié d'une laitue de printemps.

♿ AC – €€€€ – 7 rue d'Aguesseau – Ⓜ Madeleine – ✆ 01 53 05 00 00 – www.jeanfrançoispiege.com/le-grand-restaurant – Fermé dimanche, et lundi, mardi, mercredi et samedi midi

✿✿ L'ORANGERIE

CUISINE MODERNE • ÉLÉGANT La table du chef Alan Taudon prend place sous une verrière aménagée dans la cour de l'hôtel George V, où une impressionnante sculpture en porcelaine enveloppe les convives de ses milliers de pétales de bougainvilliers. Une parfaite introduction à l'univers «diététique» du chef, qui privilégie les légumes ainsi que les produits laitiers et marins, en faisant volontairement l'impasse sur la viande. Produits superbes, très grande précision dans les cuissons et équilibres de saveurs, à l'image du homard bleu au binchotan et sa saucisse de pinces façon merguez, avec une salade croquante aux herbes et un jus betterave-raifort. Les sauces sont quant à elles remarquables de légèreté, mariant avec subtilité l'iode et le végétal, et parviennent à surprendre à chaque plat, tout en gardant un fil conducteur structurant. On ne s'ennuie pas un instant, porté par un service élégant et discret.

♿ AC – €€€€ – Four Seasons George V, 31 avenue George-V – Ⓜ George V – ✆ 01 49 52 72 24 – www.fourseasons.com/fr/paris/dining/restaurants/l-orangerie – Fermé les midis

✿✿ LA SCÈNE

Cheffe : Stéphanie Le Quellec

CUISINE MODERNE • ÉLÉGANT Stéphanie Le Quellec continue de «désacraliser la grande cuisine» avec une approche généreuse et gourmande, où chaque plat raconte un pan de sa vie. Ses menus, déclinables en plusieurs actes – scène oblige –, offrent des assiettes en apparence simples, mais minutieusement travaillées, avec des sauces profondes souvent sublimées par un vieux vinaigre de Xérès. Parmi les plats signature, évoquons le fameux rouget «cuit de peur», dont les versions évoluent sans cesse. L'atmosphère se veut décontractée, tant en cuisine qu'en salle, où les convives savourent l'instant avec enthousiasme. Une équipe dynamique et attentionnée veille à un service chaleureux et précis. Côté vins, laissez-vous séduire par une sélection originale, incluant des verres servis en magnum et même en jéroboam. Au déjeuner, le bistrot propose une carte de saison alléchante et généreuse.

♿ AC – €€€€ – 32 avenue Matignon – Ⓜ Miromesnil – ✆ 01 42 65 05 61 – www.la-scene.paris – Fermé samedi et dimanche

✿✿ LE TAILLEVENT

CUISINE CLASSIQUE • LUXE Voici un établissement mythique créé en 1946, summum de classicisme à la française, propriété de la famille Gardinier (Les Crayères à Reims). Véritable institution, cette maison vénérable, l'ancien hôtel particulier du duc de Morny (19e s.), est un lieu feutré à l'écart du monde. C'est le chef Giuliano Sperandio qui anime les fourneaux. La grande tradition est à l'honneur grâce à des préparations au guéridon, comme le chariot de viande ou poisson en deux services (côte de veau, pigeon de Pornic, pêche de petit bateau...) ou les inamovibles crêpes Suzette, flambées d'abord au Grand Marnier puis au cognac. Louons enfin la superbe carte des vins qui est une encyclopédie à elle seule...

♿ AC – €€€€ – 15 rue Lamennais – Ⓜ Charles de Gaulle - Étoile – ✆ 01 44 95 15 01 – www.letaillevent.com – Fermé samedi, dimanche et lundi midi

PARIS

AKRAME

Chef : Akrame Benallal

CUISINE CRÉATIVE • DESIGN À deux pas de la Madeleine, Akrame Benallal, chef vibrionnant s'il en est, travaille pourtant dans un lieu bien protégé des regards, derrière une immense porte cochère. En admirateur éclairé de l'œuvre de Pierre Soulages, il a voulu son intérieur dominé par le noir et résolument contemporain – on y trouve des photographies, sculptures... Dans l'assiette, beaux produits, inventivité et soin apporté aux présentations sont au rendez-vous, dans des menus «carte blanche» qui fourmillent de surprises et d'audaces.

- €€€€ - 7 rue Tronchet - Ⓜ Madeleine - ✆ 01 40 67 11 16 - www.akrame.com - Fermé samedi et dimanche

APICIUS

Chef : Mathieu Pacaud

CUISINE MODERNE • ÉLÉGANT Installé dans un somptueux hôtel particulier du 18e s. aux airs de petit palais, Apicius tient son nom de cet épicurien de l'Antiquité romaine qui aurait écrit le premier livre culinaire. Le chef Mathieu Pacaud continue d'écrire l'histoire de ce lieu mythique qui possède une terrasse magnifique, véritable jardin bucolique au cœur de Paris. Les assiettes perpétuent la belle tradition bourgeoise et réalisent la synthèse entre classicisme et créativité. Le temps passe, Apicius change... mais demeure !

A/C - €€€€ - 20 rue d'Artois - Ⓜ Saint-Philippe du Roule - ✆ 01 43 80 19 66 - www.restaurant-apicius.com - Fermé dimanche

L'ARÔME

Chef : Thomas Boullault

CUISINE MODERNE • CHIC Humer un arôme, un parfum, un bouquet : un alléchant programme proposé par cette élégante adresse proche des Champs-Élysées. Grand amoureux des produits de saison, le chef Thomas Boullault élabore une cuisine contemporaine raffinée. Les menus changent régulièrement au gré du marché. Vous tomberez sous le charme de la délicatesse et de l'équilibre des saveurs : ravioles de homard à l'estragon mexicain, dos de biche frotté aux baies de Manakara... Arômes, senteurs et saveurs... à apprécier dans un agréable cadre feutré.

A/C - €€€€ - 3 rue Saint-Philippe-du-Roule - Ⓜ Saint-Philippe du Roule - ✆ 01 42 25 55 98 - www.larome-paris.com - Fermé samedi et dimanche

L'ATELIER DE JOËL ROBUCHON - ÉTOILE

CUISINE MODERNE • DESIGN Avec deux pieds dans la capitale française, les célèbres Ateliers de Joël Robuchon font, au sens propre, le tour du monde. Beau symbole : cet opus est né à deux pas de l'Arc de Triomphe, au niveau -1 du Publicis Drugstore des Champs-Élysées. Un décor tout en rouge et noir, un grand comptoir autour duquel on prend place sur de hauts tabourets, face à la brigade à l'œuvre, une ambiance feutrée et recueillie. L'enseigne incarne une approche contemporaine de la gastronomie, tout en incluant un menu végétarien. La carte laisse au client le choix entre petites portions dégustation ou portions normales. Enfin, le petit plus qui plaira aux œnophiles : tous les vins au verre sont servis en magnum.

A/C - €€€€ - 133 avenue des Champs-Élysées - Ⓜ Charles de Gaulle - Étoile - ✆ 01 47 23 75 75 - www.atelier-robuchon-etoile.com

PARIS

✿ 114 FAUBOURG

CUISINE MODERNE • ÉLÉGANT Au sein du Bristol, une brasserie unique, assurément ! La salle interpelle au premier coup d'œil : traversée d'imposantes colonnes dorées, elle arbore sur ses murs orangés de grands motifs de dahlias luminescents... En son cœur s'ouvre un grand escalier, qui dessert le niveau inférieur où les tables côtoient les cuisines ouvertes. Chic, chatoyant, à la fois animé et confidentiel, ce lieu est une réussite. Aux fourneaux, on revisite les grands classiques hexagonaux avec ce qu'il faut d'originalité. Les assiettes sont soigneusement dressées et les saveurs s'y marient joliment. Une prestation dans les règles de l'art.

– €€€€ – Le Bristol, 114 rue du Faubourg-Saint-Honoré – Ⓜ Miromesnil – 01 53 43 44 44 – www.oetkerhotels.com/fr/hotels/le-bristol-paris/restaurants-et-bar/114-faubourg – Fermé samedi et dimanche à midi

✿ CONTRASTE

CUISINE MODERNE • ÉLÉGANT Des contrastes, cette adresse n'en manque pas, à l'image de son décor qui mêle le cachet ancien des lieux à des touches plus contemporaines. «Contraste», c'est aussi le nom d'une fameuse cuvée de champagne d'Anselme Selosse, que l'on retrouve entre autres flacons dans une carte des vins de belle envergure. Une table où l'on déguste une cuisine d'orfèvre actuelle et savoureuse, travaillée autour de très beaux produits de saison et déclinée au gré de menus à l'aveugle en plusieurs séquences.

– €€€€ – 18 rue d'Anjou – Ⓜ Madeleine – 01 42 65 08 36 – www.contraste.paris – Fermé samedi et dimanche

✿ GALANGA

CUISINE MODERNE • CHIC Dans ce petit restaurant d'hôtel chic et intimiste d'esprit Art déco, on est d'abord séduit par l'atmosphère feutrée sans être guindée. Aux commandes de son restaurant un chef d'origine niçoise signe une cuisine moderne et inspirée, fondée sur une technique sûre et un vrai sens des saveurs. Sa carte évoque la Méditerranée : plats empreints de soleil, où le végétal joue un rôle central, relevé d'épices dosées avec finesse. Les cuissons au cordeau, les jus concentrés, et l'équilibre des assaisonnements ne laissent pas indifférents. Le filet de maquereau mariné au vinaigre tosazu illustre parfaitement ce style, vibrant de contrastes. La partie sucrée est également très aboutie : on se régale de bout en bout. Service agréable.

– €€€€ – Hôtel Monsieur George, 17 rue Washington – Ⓜ George V – 01 87 89 48 49 – www.monsieurgeorge.com/Restaurant-Gastronomique-Galanga-par-Monsieur-George-Champs-Elysees – Fermé lundi, dimanche et le midi

✿ LE GEORGE

CUISINE ITALIENNE • ÉLÉGANT Magistral lustre Baccarat, blancheur immaculée du décor et délicates compositions florales... Le décor chic et décontracté, signé Pierre-Yves Rochon, ne laisse aucun doute : on est bien au sein du prestigieux hôtel Four Seasons George V ! Au George, Simone Zanoni y imprime sa patte culinaire, dont l'empreinte a évidemment la forme de la botte transalpine. On est sous le charme de cette cuisine aérienne, qui mise toujours sur la légèreté et les petites portions, avec un respect particulier des saveurs et des méthodes de cuisson propres à la Méditerranée. À déguster à l'intérieur ou sous la haute véranda, pour profiter de la cour par tous les temps.

– €€€€ – Four Seasons George V, 31 avenue George-V – Ⓜ George V – 01 49 52 72 09 – www.fourseasons.com/fr/paris/dining/restaurants/le_george

PARIS

HÉRITAGES (N)

Chef : Clément Leroy

CUISINE MODERNE • ÉLÉGANT Aux commandes de cette petite adresse intimiste, on retrouve le chef Clément Leroy, formé chez Taillevent et Lasserre, et passé notamment par Le Chiberta de Guy Savoy. Armé d'un solide bagage classique, il conçoit une carte épurée, centrée sur de beaux produits associés à une épice, une herbe ou un fruit. Il promeut une cuisine moderne et fraîche – qui n'exclut pas, dans l'assiette, la générosité et la puissance des sauces, très techniques et d'inspiration traditionnelle : homard bleu laqué, butternut et thé fumé ; chevreuil, burrata et cassis ; soufflé Arlequin... Service prévenant.

– €€€€ – 11 rue Treilhard – Miromesnil – 01 45 61 09 46 – www.heritagesparis.fr – Fermé samedi et dimanche

IL CARPACCIO

CUISINE ITALIENNE • ÉLÉGANT Au cœur du Royal Monceau, un couloir nacré, orné de milliers de coquillages, mène à votre table. Une belle évocation des nymphées du baroque italien qui transporte en Italie, version artiste et raffinée. La salle ressemble à un véritable jardin d'hiver, entièrement ceint de verrières aux couleurs printanières. Aux fourneaux, Oliver Piras et Alessandra Del Favero jouent avec subtilité la carte d'une gastronomie transalpine, sans sophistication inutile ni fioritures. Une cuisine pourtant hautement maîtrisée, aux saveurs séduisantes : les assiettes cultivent le goût des bons produits et des saveurs naturelles, autour d'ingrédients phares sélectionnés avec soin. Même esprit du côté des vins, principalement en provenance du Piémont et de la Toscane.

– €€€€ – Le Royal Monceau, 37 avenue Hoche – Charles de Gaulle - Étoile – 01 42 99 88 12 – www.raffles.com/fr/paris/dining/il-carpaccio – Fermé lundi, dimanche et samedi midi

IMPERIAL TREASURE

CUISINE CHINOISE • ÉLÉGANT À deux pas des Champs-Élysées, cette table distinguée est l'une des meilleures introductions à l'art culinaire chinois le plus noble : partage, abondance des préparations, recettes parfois ancestrales. Sous le regard attentif d'un chef épaulé par une brigade talentueuse et nombreuse, chaque mets devient un hommage aux traditions : le canard laqué pékinois, découpé au guéridon avec une maîtrise captivante, les dim sum d'une finesse exquise, ou encore le poulet au vin jaune chinois, délicatement imprégné de saveurs subtiles. Dans un décor de grande classe, les convives sont choyés par une équipe passionnée. Elle fait office de guide pour évoluer dans cet univers de raffinement asiatique. Ici, tout invite à une dégustation empreinte d'authenticité.

– €€€€ – 44 rue de Bassano – George V – 01 58 56 29 13 – www.imperialtreasure.com/france – Fermé lundi

IRWIN (N)

Chef : Irwin Durand

CUISINE MODERNE • CONTEMPORAIN Formé à L'Oustau de Baumanière et à L'Atelier de Joël Robuchon, Irwin Durand a affiné sa cuisine auprès d'Alan Geaam avant de rejoindre Guy Savoy (second à l'hôtel de la Monnaie de Paris, puis chef du Chiberta). À moins de 40 ans, il n'a pas perdu son temps. Son restaurant au cadre élégant et contemporain joue la carte de l'intimité : seulement 7 tables, ainsi qu'une table d'hôtes qui fait face à la cuisine ouverte. Soutenu par des talents féminins – la cheffe exécutive Camille Larquemin et la cheffe pâtissière Tessa Ponzo –, Irwin propose un menu mystère de saison. Les beaux

PARIS

produits du moment y reçoivent un vibrant hommage technique : maigre en ballotine dans l'esprit d'une grenobloise ; ris de veau à la moutarde de Meaux, petits pois et jus de veau réduit ; déclinaison de vanille et crémeux au miso...
- €€€€ - 22 rue Cambacérès - Miromesnil - 01 89 40 04 19 - www.irwin.paris - Fermé samedi et dimanche

JEAN IMBERT AU PLAZA ATHÉNÉE

CUISINE CLASSIQUE • LUXE Au sein du mythique palace de l'avenue Montaigne, l'équipe de haut vol s'attelle à revisiter avec générosité et gourmandise les trésors classiques du répertoire national : bar dieppoise, poulette Albufera, chevreuil à la royale, et l'irrésistible «grand dessert»... Attablé à la majestueuse table d'hôte centrale en marbre, parmi les ors du salon Régence, choyé par le service orchestré par Denis Courtiade, comment ne pas être séduit ?
- €€€€ - 25 avenue Montaigne - Alma - Marceau - 01 53 67 65 00 - www.dorchestercollection.com/fr/paris/hotel-plaza-athenee/restaurants-bars/jean-imbert-au-plaza-athenee - Fermé lundi, dimanche et du mardi au jeudi à midi

LASSERRE

CUISINE CLASSIQUE • LUXE Tout près des Champs-Élysées, cet hôtel particulier de style Directoire marque immanquablement les esprits. René Lasserre (disparu en 2006), monté à Paris pour apprendre le métier alors qu'il était adolescent, a élevé son restaurant au rang de symbole. Depuis plus de 80 ans, la salle à manger arbore un luxueux décor : colonnes, jardinières d'orchidées et de plantes vertes, vaisselle et bibelots en argent, lustres en cristal, porcelaines de Chine... Autre élément propre à la magie de l'endroit : le célèbre toit ouvrant, qui illumine les tables au gré des saisons. Le chef Jean-Louis Nomicos peaufine la tradition avec un zeste de personnalité, emprunté aussi à la Méditerranée qui lui est chère : macaronis farcis, truffe noire, céleri et foie gras de canard en léger gratin ; pigeonneau André Malraux, petits pois à la française ; carabineros à la plancha, crème d'amande et petits pois à la tagète ; tarte soufflée au chocolat grand cru...
- €€€€ - 17 avenue Franklin-D.-Roosevelt - Franklin D. Roosevelt - 01 43 59 02 13 - www.restaurant-lasserre.com - Fermé lundi, dimanche et le midi

LUCAS CARTON

CUISINE MODERNE • HISTORIQUE Pénétrer dans ce lieu chargé d'histoire, avec son célèbre décor en boiseries signées Majorelle, est toujours un moment unique. Passé notamment chez Marsan, Pic ou La Vague d'Or, le chef Hugo Bourny a pour ambition de transposer l'Art nouveau dans ses assiettes. Il délivre ainsi une cuisine personnelle et volontiers créative, axée sur le végétal, avec sur chaque réalisation un fil conducteur d'aromates, épices et notes acidulées : des saveurs toujours tranchées mais qui tombent juste. À noter : cette institution est ouverte également pour le goûter !
- €€€€ - 9 place de la Madeleine - Madeleine - 01 42 65 22 90 - www.lucascarton.com - Fermé lundi et dimanche

MAISON DUBOIS

Chef : Arthur Dubois

CUISINE MODERNE • INTIME L'esprit « maison » est bien au rendez-vous dans ce salon gastronomique feutré et intimiste de 6 tables. Autant dire que le chef Arthur Dubois - passé chez Jacques Maximin, Éric Frechon et Pierre Gagnaire dont il fut le second plusieurs années durant, excusez du peu - ne propose que du sur-mesure. Produits soigneusement choisis, savoir-faire éprouvé, technique

PARIS

irréprochable : le chef maîtrise son sujet, qui s'inscrit dans un classicisme revisité par l'influence de son mentor de la rue Balzac. En effet, le chef affectionne les déclinaisons « satellite » comme sur les langoustines en trois saveurs à la nage de lait ribot, ou sur le rouget aux algues fraîches et son jus de roche lié au foie gras.

- €€€€ - 2 rue de Vienne - Saint-Augustin - 01 87 02 60 83 - www.maisonduboisparis.fr - Fermé samedi et dimanche

MONSIEUR DIOR BY YANNICK ALLÉNO

CUISINE MODERNE • ÉLÉGANT Au premier étage de l'historique et somptueuse boutique Dior, fondée ici avenue Montaigne par le célèbre couturier en 1946, la lumineuse et élégante salle à manger séduit d'emblée, jusqu'aux arts de la table signés Dior. Yannick Alléno a cousu main une carte inspirée du vocabulaire de la haute couture pour décliner des assiettes raffinées : le drapé de bar "New Look", l'œuf Christian Dior au jambon de Paris et caviar, la sole pochée au beurre blanc et coquillages, ou encore la volaille "cousue main" et macaronis à la truffe noire. Une table exclusive, à la hauteur des lieux.

- €€€€ - 32 avenue Montaigne - Franklin D. Roosevelt - 01 40 73 53 63 - www.dior.com/fr_fr/fashion/30-montaigne/le-restaurant-monsieur-dior - Fermé le soir

ONOR

Chef : Thierry Marx

CUISINE MODERNE • CONTEMPORAIN Dans ce décor marin aux airs de petite brasserie de luxe – autrefois La Marée, où il fit ses débuts – Thierry Marx rend hommage à ce qui l'anime : transmission des savoirs, respect de la nature et de la personne, attachement aux produits et à ceux qui les cultivent, sans oublier l'innovation culinaire. Aux côtés du chef associé Ricardo Silva, il signe une fine cuisine moderne, précise et délicate, ponctuée de clins d'œil à l'Asie et de classiques marxiens comme le risotto de soja ou, selon la saison, les pétales de Saint-Jacques ou de daurade.

- €€€€ - 258 rue du Faubourg-Saint-Honoré - Ternes - 01 85 61 60 60 - www.onor-thierrymarx.com - Fermé samedi et dimanche

ORIGINES RESTAURANT

Chef : Julien Boscus

CUISINE MODERNE • CONTEMPORAIN Dans un cadre contemporain, le chef aveyronnais Julien Boscus peaufine une cuisine aux saveurs tranchées, qui s'appuie sur de solides bases classiques. Offrant une vraie carte (ce qui devient rare...), il élabore des plats savoureux et maîtrisés, composés de très beaux produits de saison. En témoigne cette délicieuse tartelette croustillante aux morilles crémées au vin de voile, ou encore ce ris de veau doré au sautoir aux asperges vertes du Vaucluse étuvées au cédrat. Mention spéciale enfin pour son superbe lièvre à la royale, présenté dans une très belle version légèrement revisitée. Impressionnante sélection de tous les vignobles français, servis par une équipe très pro. Un lieu attachant et convivial.

- €€€€ - 6 rue de Ponthieu - Franklin D. Roosevelt - 09 86 41 63 04 - www.origines-restaurant.com - Fermé samedi et dimanche

PAVYLLON PARIS

CUISINE MODERNE • CONTEMPORAIN Sous l'égide de Yannick Alléno, la troisième table du Pavillon Ledoyen est un comptoir chic de trente couverts, où l'on déguste une cuisine élaborée autour de belles bases classiques, mêlée

PARIS

de saveurs et de touches étrangères. Aucune fausse note, c'est fin, délicat, servi dans une ambiance chic et décontractée : on passe un excellent moment. Délicieuse terrasse entourée de verdure.

- €€€€ - *8 avenue Dutuit - Champs-Élysées - Clemenceau - 01 53 05 10 10 - www.yannick-alleno.com/les-etablissements-du-groupe/pavyllon-paris*

TRENTE-TROIS

CUISINE MODERNE • BOURGEOIS Dites «33» pour accéder à ce magnifique salon de style Belle Époque aux murs recouverts de boiserie, caché dans un hôtel de luxe du triangle d'or. Dans cette ambiance chic et intimiste, le chef Sébastien Sanjou sait choisir ses produits, tous excellents, composer une carte – délibérément courte – et signer une fine cuisine actuelle de saison où tout tombe juste : les cuissons, les jus et les sauces, l'équilibre des goûts. Le raffinement dans la discrétion.

- €€€€ - *Maison Villeroy, 33 rue Jean-Goujon - Alma - Marceau - 01 45 05 68 00 - www.restaurant-trente-trois.com - Fermé lundi et dimanche*

KISIN

CUISINE JAPONAISE • SIMPLE Quand un chef de Tokyo arrive à Paris, il ouvre un restaurant, sitôt ses valises posées, et nos papilles frémissent d'aise. Ici, on déguste produits japonais, et vrais udon, fabriquées devant le client. Une cuisine naturelle, sans additif, qui nous vient tout droit du pays du Soleil-Levant. Sain et goûteux.

- €€ - *7-9 rue de Ponthieu - Franklin D. Roosevelt - 01 71 26 77 28 - www.udon-kisin.fr - Fermé samedi et dimanche*

MANDOOBAR

CUISINE CORÉENNE • SIMPLE Les vraies bonnes tables coréennes ne courent pas les rues à Paris, et cette petite salle d'esprit comptoir en est une. Aussi agile que précis, le chef Kim Kwang-Loc réalise sous nos yeux les fameux mandu (les ravioles coréennes) et les tartares de thon et de bœuf qui composent l'essentiel de sa carte minimaliste. Passionné d'herbes coréennes, il relève chacune de ses assiettes fines et goûteuses de parfums addictifs, à la recherche probablement de ses premiers émois culinaires en Corée...

€€ - *7 rue d'Édimbourg - Europe - 01 55 06 08 53 - www.mandoobar.fr - Fermé lundi et dimanche*

AKIRA BACK PARIS

CUISINE JAPONAISE • CONTEMPORAIN Au sein de l'hôtel Prince de Galles, voici la première adresse européenne du chef américano-coréen Akira Back. Après une carrière de snowboarder, il s'est tourné vers la cuisine pour devenir un disciple du grand chef Nobuyuki Matsuhisa. Sa cuisine japonaise revue et corrigée est un véritable melting-pot de cultures et de saveurs, à l'image de sa spécialité, la «AB Tuna pizza». On goûte aussi le décor fastueux de cette grande salle moderne à la lumière tamisée, dominée par les lustres Art Déco, tandis que la brigade s'affaire sur le comptoir en marbre.

- €€€€ - *Prince de Galles, 33 avenue George-V - George V - 01 53 23 78 50 - www.akirabackparis.com - Fermé les midis*

L'ATTILIO

CUISINE MODERNE • CONTEMPORAIN Ancien collaborateur de Joël Robuchon, le chef Attilio Marrazzo (Château de Noirieux) s'est installé entre les murs d'une ancienne adresse de son mentor. Il a composé une carte étoffée où il est facile de trouver son bonheur : cette cuisine navigue avec aisance entre plats

PARIS

transalpins emblématiques (vitello tonnato, côte de veau à la milanaise...) et classiques français (tartare de bœuf et pièces de viande d'exception). Les desserts sont l'un des points forts de la maison - comme le soufflé chaud à la noisette.
A/C - €€€€ - 184 rue du Faubourg-Saint-Honoré - M Saint-Philippe du Roule - 01 59 30 10 72 - www.lattilio-paris.com - Fermé dimanche et samedi midi

BISTROT MARLOE

CUISINE MODERNE • BISTRO À l'angle de deux rues cossues, Marloe affiche son élégance de bistrot chic et animé : parquet, boiseries, miroirs, banquettes vertes. Au centre, une trancheuse rouge Berkel pour partager une belle charcuterie à l'apéritif. En cuisine, fraîcheur et précision : carpaccio de dorade aux fruits d'été, cabillaud nacré aux accents méditerranéens. En saison, le menu «truffe noire» reste incontournable. Service attentif et souriant.
A/C - €€€ - 12 rue du Commandant-Rivière - M Saint-Philippe du Roule - 01 53 76 44 44 - www.marloe.fr - Fermé samedi et dimanche

BRAISE

CUISINE MODERNE • CONTEMPORAIN Ambiance boisée, murs de brique, lumière douce - un lieu où l'on vient pour la viande, le plaisir du feu et la convivialité retrouvée, fidèle à l'esprit bistrot. Devant les frigos de maturation, on savoure une cuisine simple, centrée sur la cuisson au barbecue japonais au charbon binchotan : entrecôte Noir de Baltique parfaitement saisie, pâté en croûte moelleux et parfumé, ou authentique crème caramel.
A/C - €€ - 19 rue d'Anjou - M Madeleine - 01 44 70 00 99 - www.braise.paris - Fermé samedi et dimanche

LES 110 DE TAILLEVENT

CUISINE TRADITIONNELLE • CHIC Sous l'égide de la prestigieuse maison Taillevent, une brasserie très chic, qui joue la carte des associations mets et vins. Une réussite, aussi bien le choix remarquable de 110 vins au verre, que la cuisine, traditionnelle et bien tournée (pâté en croûte, bavette sauce au poivre, etc.). Cadre élégant et chaleureux.
A/C - €€€ - 195 rue du Faubourg-Saint-Honoré - M Charles de Gaulle - Étoile - 01 40 74 20 20 - www.les-110-taillevent-paris.com - Fermé lundi, dimanche et samedi midi

CHEZ MONSIEUR

CUISINE TRADITIONNELLE • BISTRO Voilà le bistrot parisien dans toute sa splendeur (comptoir en zinc, banquettes en velours grenat, miroirs, carrelage à motifs), avec l'immuable - et bonne ! - cuisine qui l'accompagne : soupe à l'oignon gratinée au comté, blanquette de veau servie en cocotte, rognon de veau à la moutarde à l'ancienne, crêpes Suzette... sans oublier un large panel de vins de toutes les régions de France.
A/C - €€€ - 11 rue du Chevalier-de-Saint-George - M Madeleine - 01 42 60 14 36 - www.chezmonsieur.fr

CLOS D'ASTORG N

CUISINE TRADITIONNELLE • BISTRO On annonce la couleur dès la devanture : «cuisine au beurre», «chou farci»... spécialité maison, ce dernier arrive généreux, bien ficelé, avec une farce moelleuse, légère et parfumée, lovée dans une feuille de chou vert toute fine. À l'intérieur, l'esprit bistrot se prolonge : sol en mosaïque et parquet, murs en pierre et brique, nappes blanches et chaises en bois clair. Droite dans ses bottes, la cuisine va à l'essentiel. À l'ardoise : poireau vinaigrette, œufs mayo ou asperges vertes à la mousseline. Côté plats,

les viandards sont choyés : ris de veau meunière, onglet au bleu de Bresse ou boudin noir... Et côté desserts, les plus gourmands ne sont pas en reste : mousse au chocolat, riz au lait à la noisette et au caramel.
- €€ - 22 rue d'Astorg - Ⓜ Saint-Augustin - ✆ 01 55 06 18 16 - Fermé samedi et dimanche

19.20 BY NORBERT TARAYRE

CUISINE TRADITIONNELLE • CHIC Le Prince de Galles, fleuron légendaire de l'Art déco parisien bâti en 1928, a choisi de démocratiser la cuisine de palace en confiant ses fourneaux à Norbert Tarayre, le chef et trublion découvert à Top Chef en 2012. Dans un écrin cosy qui rend hommage à la vie artistique parisienne, il met en scène une cuisine traditionnelle dans l'esprit d'une savoureuse popote de terroir de grand-mère : carottes râpées, poireaux vinaigrette, céleri rémoulade, échine de cochon et pommes anna, tournedos de saumon - sans oublier un chariot de desserts. Tout est ici exécuté avec soin, et le prix du menu est bluffant.
- €€€ - Prince de Galles, 33 avenue George-V - Ⓜ George V - ✆ 01 53 23 78 50 - www.19-20paris.fr

HELEN

POISSONS ET FRUITS DE MER • ÉLÉGANT Dans ce restaurant élégant des beaux quartiers, le chef travaille des pièces sauvages issues de la pêche quotidienne de petits bateaux, avec simplicité et sobriété. Dans l'assiette, une seule règle compte : mettre en valeur les saveurs naturelles et iodées du poisson (cru, grillé, à la plancha, à la vapeur...). La carte varie au gré des arrivages.
- €€€€ - 3 rue Berryer - Ⓜ George V - ✆ 01 40 76 01 40 - www.helenrestaurant.com - Fermé lundi, dimanche et samedi midi

PARIS

IL RISTORANTE - NIKO ROMITO

CUISINE ITALIENNE • CONTEMPORAIN Le chef Niko Romito, triplement étoilé dans les Abruzzes, actualise les classiques de la cuisine italienne dans une carte qui se concentre essentiellement sur le produit et ose la légèreté (peu de matière grasse, peu de sauces, cuissons à la vapeur, panures à l'amidon de riz...). En témoignent ce risotto safrané au parmesan subtil et digeste, ou cette magnifique côte de veau à la milanaise, à découvrir dans une salle d'une élégante sobriété ouverte sur le jardin intérieur.
- €€€€ - Hôtel Bulgari, 30 avenue George-V - Ⓜ George V - ✆ 01 81 72 10 80 - www.bulgarihotels.com/fr_FR/paris/dining/il-ristorante-niko-romito

LAZARE

CUISINE TRADITIONNELLE • BRASSERIE Au cœur de la fameuse gare St-Lazare, on doit à Éric Frechon l'idée de cette élégante brasserie «ferroviaire» qui respecte les canons du genre : œufs mimosa, quenelles de brochet ou maquereaux au vin blanc, la belle tradition française est sur les rails ! Sympathique et très animé.
- €€ - Parvis de la gare Saint-Lazare, rue Intérieure - Ⓜ Saint-Lazare - ✆ 01 44 90 80 80 - www.lazare-paris.fr

MARIUS ET JANETTE

POISSONS ET FRUITS DE MER • MÉDITERRANÉEN Dans cet élégant décor façon yacht, la clientèle sélecte s'attable au milieu des cannes à pêche, filets et autres hublots en cuivre. Le chef met les produits de la mer à l'honneur, au gré d'une carte renouvelée chaque jour en fonction de la marée. Carpaccio de saumon au basilic, loup grillé à partager ou linguine au homard (une spécialité de la maison) : on se régale.
- €€€€ - 4 avenue George-V - Ⓜ Alma - Marceau - ✆ 01 47 23 41 88 - www.mariusetjanette-paris.com

LE MERMOZ

CUISINE MODERNE • BISTRO Ce néobistrot du quartier des Champs-Élysées ne désemplit pas, et pour cause ! Dans une ambiance conviviale, on y sert une jolie cuisine bistronomique à cheval entre tradition et modernité : tartare de bœuf, coques et asperges sauvages et côte de veau et sa poêlée de girolles. Produits irréprochables, assiettes percutantes et gourmandes, saveurs bien marquées. Carte des vins abordable et intéressante, notamment en références bio et nature. Une bonne table dans le secteur !

*– **€€€** – 16 rue Jean-Mermoz – Ⓜ Franklin D. Roosevelt – ✆ 01 45 63 65 26 – www.lemermozparis.fr – Fermé samedi et dimanche*

NEVA CUISINE

CUISINE MODERNE • ÉLÉGANT La Néva n'est pas seulement un fleuve russe, c'est aussi ce restaurant où officie la cheffe mexicaine Beatriz González, passée dans les grandes maisons, notamment Lucas Carton et la Grande Cascade. Dans le cadre convivial d'un bistrot parisien moderne, elle y signe une cuisine au goût du jour aux influences variées, à l'image de ce foie gras à la flamme, anguille fumée et bouillon dashi, ou encore de cette raie meunière et ses petits légumes en aïoli. Gourmandise et saveurs sont au rendez-vous.

*A/C – **€€€** – 2 rue de Berne – Ⓜ Europe – ✆ 01 45 22 18 91 – www.nevacuisineparis.com – Fermé samedi et dimanche*

NONOS PAR PAUL PAIRET

CUISINE MODERNE • BRASSERIE Au sein de l'hôtel de Crillon, cette brasserie de luxe signée Paul Pairet déploie un élégant décor Art déco aux tons clairs. Tables en alcôve, quelques places au comptoir face à la mixologue. À la carte, une cuisine généreuse pensée pour être dégustée à plusieurs, avec de belles pièces de viande grillées, mais aussi des assiettes individuelles : tartare de sériole, entrecôte Hereford, gratin dauphinois et cerises jubilé flambées au guéridon. Service précis, ambiance vive, prix raisonnables pour un tel lieu.

*♿ A/C – **€€€** – Le Crillon, 10 place de la Concorde – Ⓜ Concorde – ✆ 01 44 71 15 17 – www.rosewoodhotels.com/fr/hotel-de-crillon/dining/nonos-comestibles-paul-pairet*

LE PETIT LUCAS

CUISINE TRADITIONNELLE • CLASSIQUE À l'étage du restaurant Lucas Carton, dans un décor plus sobre qu'au rez-de-chaussée (mais avec vue sur l'église de la Madeleine), voici la partie bistrot de la table gastronomique. La cuisine du chef Hugo Bourny s'inscrit dans une tradition de bonne tenue (sole meunière, pâté en croûte, mousse au chocolat…), notamment grâce à la qualité des produits employés. Le menu affaire, certes sans choix, est une aubaine dans ce quartier.

*A/C – **€€€** – 9 place de la Madeleine – Ⓜ Madeleine – ✆ 01 42 65 22 90 – www.lucascarton.com – Fermé lundi et dimanche*

LE RELAIS PLAZA

CUISINE CLASSIQUE • ÉLÉGANT Au sein du Plaza Athénée, comment résister au charme de cette brasserie au beau décor Art déco inspiré du paquebot Normandie ? Une ambiance unique pour une cuisine qui joue la carte de la belle tradition, entre «la cuisine de mamie» chère à Jean Imbert (gratin de daurade, blanquette, crème caramel) et les classiques qui ont fait la réputation de la célèbre adresse du triangle d'or.

*A/C – **€€€€** – 25 avenue Montaigne – Ⓜ Alma - Marceau – ✆ 01 53 67 64 00 – www.dorchestercollection.com/fr/paris/hotel-plaza-athenee*

PARIS

SUPER HUIT

CUISINE MODERNE • **BISTRO** L'équipe de Mieux (9e) a encore frappé, en transformant ce café d'angle en bistrot au décor brut mais pas trop, avec touches seventies et cuisine ouverte. C'est la version Plaine Monceau du bistrot tendance façon Est parisien ! À la carte, de la bistronomie de saison bien tournée, comme ce carpaccio de Saint-Jacques au shoyu, poire et mandarine, non exempt d'une certaine finesse, ou cet agneau de pré salé en deux services, goûteux et bistrotier à souhait. Service sympa et petite sélection de vins orientée bio et nature.

€€ - *95 rue de Miromesnil* - Ⓜ *Villiers* - ✆ *01 42 89 29 24* - *www.superhuit-restaurant.com* - *Fermé samedi, dimanche et lundi midi*

LE 39V

CUISINE MODERNE • **DESIGN** La clientèle internationale se presse au sixième étage du 39 de l'avenue George-V... et pour cause ! Sur les toits de Paris, on profite d'une cuisine de bonne facture, avec de solides bases classiques. Chaque détail du décor a fait l'objet d'un soin particulier, du parquet en bois debout aux banquettes sur mesure, en passant par les assiettes haute couture.

A/C - **€€€** - *39 avenue George-V* - Ⓜ *George V* - ✆ *01 56 62 39 05* - *www.le39v.com* - *Fermé samedi et dimanche*

24 - LE RESTAURANT

CUISINE TRADITIONNELLE • **CONVIVIAL** Dans une petite rue calme à deux pas des Champs Elysées, cet établissement propose des assiettes bien travaillées sur des bases classiques avec quelques touches plus personnelles comme ce suprême de canette des Dombes, chutney de pêche jaune, pignons de pin et jus de canette relevé au vin chaud. Le tout agréablement servi avec le sourire, dans un cadre élégant.

A/C - **€€€** - *24 rue Jean-Mermoz* - Ⓜ *Franklin D. Roosevelt* - ✆ *01 42 25 24 24* - *www.24lerestaurant.fr* - *Fermé samedi et dimanche*

ZEFFIRINO

CUISINE ITALIENNE • **VINTAGE** Riccardo Giraudi, le fondateur des Beefbar, ouvre cet établissement qui, comme celui de Monaco, rend hommage au chef génois Zeffirino Belloni, réputé pour son pesto. Déjà adoptée par la jet-set (Rihanna, notamment, a été l'une des premières à s'y rendre), cette table des beaux quartiers offre une cuisine italienne de famille, réalisée avec rigueur et goût : une sélection d'antipasti variés, une belle carte de pâtes fraîches maison, un loup en croûte de sel, un chevreau confit à la Ligure, ou encore un superbe millefeuille en dessert. La décoration, dans un style «Italie des années folles», ne décevra pas les amateurs de néo-vintage.

♿ - **€€€** - *9 rue Marbeuf* - Ⓜ *Alma-Marceau* - ✆ *01 84 21 09 19* - *www.zeffirino-restaurant.com/paris*

LE BRISTOL PARIS *Plus*

GRAND STYLE • **RAFFINÉ** Art déco à l'extérieur, fastueux à l'intérieur, le Bristol se révèle particulièrement agréable au printemps, quand son vaste jardin à la française est baigné du parfum des magnolias. Bien des hôtels ont tenté de redonner vie au Paris d'autrefois, mais le Bristol le fait tout simplement perdurer avec son mobilier 18e s. et ses tapisseries des Gobelins. Un service discret considéré comme l'un des meilleurs de Paris, un spa de rêve et une piscine vitrée expliquent aussi son succès.

A/C P Spa - **189 chambres** - *112 rue du Faubourg-Saint-Honoré* - ✆ *01 53 43 43 00*

Épicure • **114 Faubourg** - Voir la sélection des restaurants

BVLGARI HÔTEL PARIS

MODERNE • RAFFINÉ Il en faut beaucoup pour percer dans le haut de gamme des hôtels parisiens, mais l'incroyablement ultra-luxe Bulgari s'est immédiatement imposé. L'avant-gardiste milanais Antonio Citterio a su marier le plus grand luxe avec un goût d'une originalité peu commune. Le Bulgari Bar est un lieu de rencontre pour les dénicheurs de tendances, et le vaste spa est aussi somptueux que les autres équipements.

- **76 chambres** - *30 avenue George V - 01 81 72 10 00*

Il Ristorante - Niko Romito- Voir la sélection des restaurants

CHÂTEAU DES FLEURS

Plus

CLASSIQUE • ÉLÉGANT Au cœur de la capitale, le Château des Fleurs occupe une élégante bâtisse de 1910 qui rend hommage au Paris glamour du siècle dernier. L'intérieur parvient à être à la fois original et emblématique de cette période, avec un style d'inspiration Belle Époque mais résolument contemporain dans son interprétation. Le spa est complété par une piscine et un sauna.

- **37 chambres** - *19 rue Vernet - 01 47 20 41 73*

LA CLEF CHAMPS-ÉLYSÉES

Plus

CLASSIQUE • ÉLÉGANT Dans un immeuble haussmannien de 1907, ancienne résidence Belle Époque de la famille Hennessy, un hôtel de luxe est né, à la fois traditionnel et actuel. Les marbres et l'architecture d'époque contrastent de manière vivante avec un mobilier moderne épuré et des couleurs neutres, illuminées d'une touche d'or. Même les plus petites chambres sont généreuses, tandis que les duplex s'étendent sur plus de 50 m², sans compter leurs terrasses sur le toit. Un restaurant et un bar, résolument chinois, parachèvent le voyage.

- **70 chambres** - *46 rue de Bassano - 01 53 75 01 60*

LE DAMANTIN

Plus

BOURGEOIS • RAFFINÉ Mêlant brique rouge et pierre de taille, cet hôtel a pris ses quartiers en bord de Seine. L'intérieur joue la carte du luxe sans ostentation : mobilier classique, velours tressés, tissus des maisons Pierre Frey, etc. Piscine, sauna et fitness, massage sur demande.

- **44 chambres** - *1 rue Bayard - 01 53 75 62 62*

LA DEMEURE MONTAIGNE

Plus

CLASSIQUE • CHARME Les murs de cet hôtel particulier haussmannien, bâti en 1883, ont l'étoffe des lieux historiques. Palace réputé dès les années 1920, l'adresse devient le refuge de nombreux jazzmen américains à partir des années 1960. Sa clientèle fidèle aime aujourd'hui ses chambres sobres d'esprit néo-rétro avec moulures, jolis tissus tendus, marbre noir et blanc dans les salles de bains...

- **93 chambres** - *18 rue Clément Marot - 01 53 57 49 50*

ELYSIA

ÉLÉGANT • CALME Cet hôtel exploite pleinement son emplacement exceptionnel en restant très intime et confidentiel. Un calme remarquable enveloppe ses chambres et suites, habillées de tissus raffinés et d'élégance, et possédant chacune son œuvre d'art. Un spa, un bar et un restaurant le classent dans les établissements hautement recommandables.

- **39 chambres** - *35 rue de Berri*

PARIS

FAUCHON HÔTEL PARIS *Plus*

BOURGEOIS • ÉLÉGANT Un bel établissement, idéalement situé. Les chambres, spacieuses, ont du style (dans une veine "hôtel gourmand" chère à la marque), et donnent sur l'église de la Madeleine ou le boulevard. Espace bien-être avec hammam, fitness et cabines de soins.

- 54 chambres - *4 boulevard Malesherbes - 01 87 86 28 00*

FLORIDA *Plus*

ART DÉCO • ORIGINALE Ce bâtiment haussmannien triangulaire date du début des années 1900, comme en atteste la marquise en fer forgé de l'entrée. Mais l'hôtel qu'il abrite est presque entièrement refait par le cabinet d'architecture parisien Liautard and the Queen. L'équilibre parfait entre charme vintage et glamour moderne revitalise les intérieurs du monument avec des panneaux en noyer, du mobilier Art Déco et un papier peint tropical. Les chambres sont fraîches et originales, avec des tapis rétro et des fauteuils à motif, et les salles de bains arborent du carrelage vert olive ou brun chocolat. Un restaurant et un bar à vins apportent une ambiance vivante.

- 39 chambres - *12 boulevard Malesherbes*

FOUR SEASONS GEORGE V

GRAND STYLE • RAFFINÉ Ce palace mythique, né en 1928, s'est paré des splendeurs et raffinements du 18e s. Ses chambres, luxueuses et spacieuses, ses collections d'œuvres d'art, son spa superbe et sa belle cour intérieure : voilà bien un ensemble d'exception !

- 244 chambres - *31 avenue George V - 01 49 52 70 00*

Le Cinq • L'Orangerie • Le George - Voir la sélection des restaurants

GRAND POWERS *Plus*

CLASSIQUE • ÉLÉGANT L'ex-Hôtel Powers a été entièrement rénové en 2018. La décoration classique de cet immeuble haussmannien (cheminées et moulures ouvragées) s'associe au contemporain chic et discret. Une nouvelle adresse très élégante à deux pas des Champs-Élysées. Petit espace fitness au sous-sol.

- 50 chambres - *52 rue François 1er - 01 47 23 91 05*

HOTEL BALZAC PARIS *Plus*

MODERNE • PARISIEN L'hôtel Balzac se dresse à l'adresse même de l'auteur de la Comédie Humaine. Sa nouvelle décoration intérieure, œuvre des designers parisiens Charlotte de Tonnac et Hugo Sauzay, s'inspire du glamour du début du 20e s. et s'inscrit dans la lignée d'un luxe parisien moderne et sobre. Ses chambres et ses suites sont remarquables, sans pour autant être clinquantes. Il en va de même des commodités, convaincantes sans être ostentatoires.Spa japonisant, bar-lounge raffiné.

- 58 chambres - *6 rue Balzac - 01 44 35 18 00*

HÔTEL BARRIÈRE FOUQUET'S PARIS *Plus*

CLASSIQUE • CHALEUREUX Né dans le sillage de la mythique brasserie, ce luxueux hôtel a été décoré par Jacques Garcia : styles Empire et Art déco, foisonnement d'acajou, de soie, de velours, associés à des équipements high-tech et un spa superbe. Une authentique expérience parisienne.

- 101 chambres - *46 avenue George V - 01 40 69 60 00*

PARIS

HÔTEL BOWMANN

Plus

CLASSIQUE • ÉLÉGANT Au cœur du triangle d'or, dans un immeuble du 19e s., l'hôtel ouvre à nouveau ses portes après deux ans de travaux. Chambres spacieuses, entre confort moderne et élégance haussmannienne (dont une grande suite au dernier étage, avec vue sur les toits !), espace bien-être : rien ne manque.

– 53 chambres – *99 boulevard Haussmann* – *01 40 08 00 10*

HÔTEL DE CRILLON, A ROSEWOOD HOTEL

Plus

GRAND STYLE • RAFFINÉ Saluons la renaissance d'un chef-d'œuvre de l'architecture du 18e s., dont la façade, magnifiant la place de la Concorde, a conservé sa fastueuse ornementation. Chambres luxueuses, appartements à thème (dont l'un interprété par Karl Lagerfeld). L'art de vivre à la française, dans sa pure et intemporelle splendeur. Un palace mythique.

– 124 chambres – *10 place de la Concorde* – *01 44 71 15 00*

Nonos par Paul Pairet - Voir la sélection des restaurants

HÔTEL DE MONTESQUIEU

CLASSIQUE • COSY Sous des dehors respectueux du canon haussmannien, l'hôtel révèle un goût bien plus personnel, équilibrant le charme classique avec une sensibilité dépouillée. Les suites sont dotées de meubles anciens, de tentures en brocart et d'œuvres d'art, harmonieusement intégrés aux éléments modernes, parquet clair et murs aux tons chauds. Certaines disposent d'un balcon et de lits à baldaquin, d'autres d'un salon lambrissé et de canapés chatoyants. Les chambres mansardées sont douillettes et lumineuses. Au rez-de-chaussée, un salon pour chaque moment gourmand de la journée : petit déjeuner, thé, cocktails...

– 18 chambres – *8 rue Frédéric Bastiat* – *01 42 56 17 00*

HÔTEL DE SERS

Plus

MODERNE • ROMANTIQUE Le marquis de Sers ne reconnaîtrait pas son hôtel particulier de la fin du 19e s. Il faut dire qu'il mélange les styles avec succès : si le hall a conservé son caractère d'origine, les chambres sont résolument contemporaines et tendance. Les suites avec terrasse donnent sur toute la ville, Tour Eiffel comprise ! Le service est irréprochable, un spa et une salle de gym sont situés dans les étages, et le bar est de grande qualité.

– 52 chambres – *41 avenue Pierre 1er de Serbie* – *01 53 23 75 75*

HÔTEL LANCASTER PARIS

MODERNE • CALME À quelques pas des Champs-Elysées, le Lancaster est un havre de paix. L'un des lieux les plus sophistiqués de Paris fut créé par Émile Wolf dans les années 1930, et reçut les stars les plus glamour — Marlene Dietrich, Gene Kelly, Noel Coward, etc. Les chambres sont remplies d'antiquités, dont beaucoup acquises par le propriétaire d'origine, et les salles de bains en marbre ont été redécorées en préservant le style Art déco. Quelques œuvres de Boris Pastoukoff, peintre des années 1930 qui payait sa chambre avec ses toiles, sont toujours accrochées aux murs. Le service est impeccablement discret. Le restaurant et le salon complètent cette offre de grand standing. Le plus magique, cependant, reste le petit jardin du Lancaster, si calme au cœur de l'effervescence parisienne.

– 54 chambres – *7 rue de Berri* – *01 40 76 40 76*

HÔTEL PLAZA ATHÉNÉE

GRAND STYLE • RAFFINÉ Palace parisien par excellence, inauguré en 1911, le Plaza Athénée vit merveilleusement le passage des années. Rien n'altère la primauté de l'établissement, véritable sommet de luxe et d'élégance à la française. Des services d'exception, dont le somptueux spa, une cour-jardin pour prendre un repas léger aux beaux jours : le mythe continue...

- 208 chambres - *25 avenue Montaigne - 01 53 67 66 65*

Jean Imbert au Plaza Athénée • Le Relais Plaza - Voir la sélection des restaurants

HÔTEL VERNET

Plus

CLASSIQUE • RAFFINÉ L'Hôtel Vernet réunit le meilleur de la splendeur du Paris d'hier et du style impeccablement contemporain du Paris d'aujourd'hui. François Champsaur, architecte d'intérieur, a mis les deux tendances à égalité parfaite, de sorte qu'un séjour dans l'une des cinquante chambres ne dépayserait pas la clientèle de la Belle Époque. Le bar est remarquable ainsi que la salle du restaurant : mobilier moderne et art contemporain sous une monumentale verrière du maître verrier Charles Champigneulle, sur une armature signée Gustave Eiffel.

- 50 chambres - *25 rue Vernet - 01 44 31 98 00*

PARIS

HYATT PARIS MADELEINE

CLASSIQUE • CHALEUREUX Une belle verrière réalisée par Eiffel, d'agréables chambres contemporaines : un hôtel sobre et chaleureux tout à la fois. Sauna, hammam, mais aussi centre d'affaires...

- 85 chambres - *24 boulevard Malesherbes - 01 55 27 12 34*

INTERCONTINENTAL CHAMPS-ÉLYSÉES ÉTOILE

CLASSIQUE • COSY Un immeuble des Années folles dans une petite rue près des Champs-Élysées... qui abrite un hôtel entièrement rénové ! Il se dégage de ces lieux un je-ne-sais-quoi de très parisien, du hall d'entrée lumineux aux chambres, dont on appréciera le décor soigné et feutré.

- 55 chambres - *64 avenue Marceau - 01 44 43 36 36*

LES JARDINS DU FAUBOURG

MODERNE • RAFFINÉ À un jet de pierre de l'ambassade de Grande-Bretagne, un petit bijou associant modernité et classicisme très "parisien", avec une petite cour-terrasse aux jasmins envoûtants... Espace bien-être au sous-sol.

- 36 chambres - *9 rue d'Aguesseau - 01 86 54 15 15*

MAISON DELANO PARIS

MODERNE • CHALEUREUX Nouveau vaisseau parisien du label né en Floride, cet hôtel du 18e s. a été adapté par le designer Lázaro Rosa Violán à l'élégance urbaine du Faubourg Saint-Honoré. Les chambres et suites sont d'un confort parfait, l'histoire des murs ajoutant à leur charme. Les suites Héritage et Présidentielle sont particulièrement somptueuses. Les soins de spa sont dispensés en chambre et un bar élégant complète une prestation de qualité.

- 56 chambres - *4 rue d'Anjou - 01 83 96 88 88*

MAISON VILLEROY

Plus

CLASSIQUE • ROMANTIQUE Dans l'un des quartiers les plus huppés de la capitale, une rue discrète accueille cet hôtel - ou plutôt cette luxueuse maison privée, avec majordome pour chaque chambre ! Onze chambres et suites, avec toutes de superbes baignoires en marbre, des meubles sur mesure et matelas faits main. Malgré sa petite taille, le Villeroy dispose d'un spa et d'un fitness haut de gamme. Le bar n'est pas en reste avec ses moulures dorées et sa sélection inégalée de whiskies japonais.

- 11 chambres - *33 rue Jean Goujon - 01 45 05 68 00*

Trente-Trois - Voir la sélection des restaurants

MARIGNAN CHAMPS-ELYSÉES

CLASSIQUE • RAFFINÉ Le luxe discret : voilà le parti pris de cet ancien hôtel particulier, voisin des Champs-Élysées. Toutes les chambres révèlent une décoration élégante et épurée, avec parquet en chêne, mobilier chic des années 1950 et 1960, grandes literies... Du style et de la subtilité !

- 50 chambres - *12 rue de Marignan - 01 40 76 34 56*

MARQUIS FAUBOURG ST-HONORÉ

Plus

CLASSIQUE • CHARME Cet hôtel doit son nom au marquis de La Fayette, le "héros des deux mondes", qui vécut dans cet hôtel particulier du 18e s. De vastes chambres, une décoration chic et sobre, de luxueuses salles de bains : l'adresse ne manque ni de charme ni de panache !

- 15 chambres - *8 rue d'Anjou - 01 44 80 00 00*

MONSIEUR GEORGE

Plus

CLASSIQUE • ÉLÉGANT Marlène Dietrich appréciait le charme discret de cet hôtel particulier, construit en 1889 à deux pas des Champs-Élysées : parquets d'époque et cheminées, mobilier des 18e et 19e s., œuvres d'art, etc.

- 46 chambres - *17 rue Washington - 01 87 89 48 48*

Galanga - Voir la sélection des restaurants

NORMAN HÔTEL & SPA

Plus

DESIGN • RAFFINÉ L'artiste américain du 20e s. Norman Ives a laissé son nom mais aussi son influence graphique dans cet hôtel, à travers un hommage au modernisme et au Paris des années 1960. Sobrement chics et luxueuses, les chambres sont parées de matériaux raffinés (bois de rose, cuir, marbre...) généreusement baignés de lumière naturelle, tandis que des tapis géométriques et des œuvres d'art ajoutent un caractère affirmé. Les suites les plus haut perchées ouvrent sur une - voire deux - terrasse privative. Un salon-bibliothèque, un restaurant franco-thaï et un spa complètent une belle gamme de services.

- 37 chambres - *9-11 rue Balzac - 01 42 99 80 80*

LE PAVILLON DES LETTRES

Plus

MODERNE • ROMANTIQUE Un hôtel littéraire en plein cœur de Paris ? Vingt-six chambres pour les vingt-six lettres de l'alphabet, chacune portant le nom d'un écrivain et déclinant son œuvre dans leur décoration. Élégant et subtil : parfait pour réviser ses classiques et découvrir la ville autrement.

- 26 chambres - *12 rue des Saussaies - 01 49 24 26 26*

PARIS

PERPETUAL ELYSÉE MONTAIGNE *Plus*

MODERNE • CHALEUREUX Situation pratique et centrale pour cet hôtel à deux rues des Champs-Élysées. Matériaux naturels (bois, cuivre, laiton et tapisseries tissées main sur les murs) et lignes sobres et design en font une halte choisie. Cour intérieure végétalisée très agréable.

– **24 chambres** – *34 rue Jean Mermoz* – *01 49 52 99 70*

LA RÉSERVE PARIS *Plus*

CLASSIQUE • RAFFINÉ Parquet Versailles, larges canapés, corniches dorées à l'or fin : c'est vers le chic parisien de la Belle Époque que lorgne ce superbe hôtel particulier du 19e s., décoré par Jacques Garcia. Suites avec vue sur les jardins de l'Élysée, le Grand Palais ou la Tour Eiffel. Cuisine internationale "sur la route des épices" proposée à la Pagode de Cos.

– **40 chambres** – *42 avenue Gabriel* – *01 58 36 60 60*

Le Gabriel - Voir la sélection des restaurants

LE ROYAL MONCEAU - RAFFLES PARIS

AVANT-GARDE • CHALEUREUX Ce palace du 21e s., décoré par un Philippe Starck débridé, se joue des codes en vigueur : galerie d'art, librairie, salle de cinéma high-tech, spa superbe, club pour enfants, salles de conférence... Luxueux et impeccable, mais aussi assurément arty ! En un mot : Royal.

– **149 chambres** – *37 avenue Hoche* – *01 42 99 88 00*

Il Carpaccio - Voir la sélection des restaurants

SAN REGIS *Plus*

CONTEMPORAIN • EXCENTRIQUE À la fois en centre-ville et à l'écart de l'agitation, l'hôtel San Régis s'offre en outre le luxe de briller par son style, grâce à une décoration intérieure signée Pierre-Yves Rochon. Ce soupçon d'excentricité le rapproche davantage d'une très grande et très originale maison que d'un hôtel haut de gamme. Chaque chambre y est différente et l'on trouve un peu partout les traces d'une histoire plus que séculaire.

– **42 chambres** – *12 rue Jean Goujon* – *01 44 95 16 16*

SOFITEL PARIS LE FAUBOURG *Plus*

MODERNE • FAMILIAL Élégant hôtel dans deux demeures des 18e et 19e s. Les chambres, décorées dans un style moderne et épuré, ne manquent pas d'élégance : on profite d'un salon sous verrière, ainsi que d'un joli fitness avec hammam et salles de massage.

– **147 chambres** – *15 rue Boissy d'Anglas* – *01 44 94 14 14*

SPLENDIDE ROYAL PARIS *Plus*

CLASSIQUE • LUXUEUX Une façade vert forêt cache une douzaine de suites, dont les plus vastes (105 m²) peuvent accueillir une famille entière dans un décor inspiré du luxe parisien classique. Le plus petit cinq-étoiles de Paris est presque une résidence semi-privée ultra-discrète, dont le service irréprochable est à la hauteur d'un palace. Au rez-de-chaussée se trouve un bar-lounge chaleureux.

– **12 chambres** – *18 rue du Cirque* – *01 43 87 10 10*

PARIS

NESO

Chef : Guillaume Sanchez

CUISINE CRÉATIVE • CONTEMPORAIN L'attachant – et très tatoué – Guillaume Sanchez propose une cuisine tout feu tout flamme dans un lieu sobre et élégant au cadre arty où le noir et le doré dominent parmi des matériaux bruts. Bienvenue chez Neso ! Toujours puissante et équilibrée, sa cuisine témoigne d'une identité forte et assumée. Le chef manie avec justesse les saveurs explosives : piquant du kimchi sur le plat de rouget ou de la sauce au raifort sur la langoustine smashée, note herbacée de l'huile de livèche sur le « trou normand ». Extractions de vapeur à froid, fermentation des légumes : le chef, qui ne travaille que des produits d'une grande qualité et exclusivement français, a toujours de l'imagination et de la technique à revendre. Variations de saveurs et de textures, dressages originaux et très soignés, les réussites s'enchaînent. Prendre place au comptoir assure une expérience optimale !

*– **€€€€** – 3 rue Papillon – Poissonnière – 01 42 29 05 50 – www.neso.paris – Fermé samedi, dimanche, et lundi et mardi à midi*

ABRI SOBA

CUISINE JAPONAISE • BISTRO Connaissez-vous les soba, des pâtes japonaises au sarrasin ? Ce restaurant en a fait sa spécialité et les propose, pour ainsi dire, à toutes les sauces : au déjeuner comme au dîner, froides ou chaudes, avec bouillon et émincé de boeuf par exemple. Le soir, on sert aussi des assiettes à partager (maquereau «mirin-boshi», poulet karaage, tonkatsu, sashimi...). C'est simple et savoureux : à vos baguettes ! Pas de réservation possible.

***€€** – 10 rue Saulnier – Cadet – 01 83 92 14 11 – Fermé lundi et dimanche*

ADAMI

CUISINE ITALIENNE • BISTRO Ce petit restaurant italien de pâtes a eu la bonne idée de s'éloigner des codes traditionnels du resto transalpin pur jus, pour privilégier une approche plus contemporaine – à l'image du décor brut et moderne et de ce long comptoir pour manger face à l'équipe. Plats à partager et convivialité font ici partie de l'expérience ! Le chef italien propose une cuisine fraîche et riche en saveurs percutantes, comme cette salade romaine grillée, sauce aux pignons et assaisonnement à la puttanesca, ou encore ces gnocchis de ricotta liés d'une crème de mozzarella fumée, gourmands en diable. Menu déjeuner attractif, tout comme cette carte qui titille l'appétit...

***€€** – 19 bis rue Pierre-Fontaine – Blanche – 07 60 87 02 64 – www.adamiparis.com – Fermé lundi et dimanche*

AUX 2 K

CUISINE MODERNE • SIMPLE Ces deux K-là – comme Kagy (Samantha, au salé) et Kinoshita (Kimiko, au sucré) – font désormais la paire, après de riches expériences dans de belles maisons (Violon d'Ingres, l'Ours, Atelier Joël Robuchon, Taillevent...). Quatre mains qui font preuve d'une belle maîtrise technique au service d'une cuisine aussi alléchante que ses intitulés... On citera cette «spécialité» de pigeon rôti, anguille fumée, échalote et sauce salmis. Quelques clins d'œil au Sud-Ouest rappellent l'influence de Christian Constant.

***€€** – 5 rue Louise-Émilie-de-la-Tour-d'Auvergne – Cadet – 01 40 34 27 40 – www.aux2k.fr – Fermé lundi, mardi midi et dimanche soir*

BRU

CUISINE MODERNE • BISTRO Aux commandes de cette jeune adresse, Julia de Laguarigue, une cheffe martiniquaise au beau parcours. Elle mijote une savoureuse cuisine bistrotière et canaille aux influences créoles bien présentes, qu'elle qualifie elle-même de «tropico-franchouillarde». Dans ses assiettes, la gourmandise fait assaut d'accords et de mariages réussis. Les plats changent régulièrement, accompagnés de garnitures à choisir (crème de manioc à l'ail ou haricots blancs au lait de coco, par exemple). Le midi, un menu attractif à choisir dans la carte ; le soir, une offre plus riche. Réservation uniquement par internet.

€€ – *28 rue Jean-Baptiste-Pigalle – Ⓜ Saint-Georges – – www.bruparis.com – Fermé samedi et dimanche, et lundi et mardi soir*

CAILLEBOTTE

CUISINE MODERNE • CONVIVIAL Franck Baranger, le chef, compose des assiettes fraîches et résolument modernes dont il a le secret : tartelette à l'oignon, jaune d'œuf confit, moutarde violette et émulsion de thym et lard ; chou farci aux champignons, salade de choux de Bruxelles, jus végétal... Une cuisine aux saveurs bien marquées, gourmande et colorée, qui va parfaitement de pair avec l'ambiance conviviale des lieux.

€€ – *8 rue Hippolyte-Lebas – Ⓜ Notre-Dame-de-Lorette – ✆ 01 53 20 88 70 – www.lapantruchoise.com – Fermé dimanche*

LES CANAILLES PIGALLE

CUISINE TRADITIONNELLE • BISTRO Parfaite pour s'encanailler, cette sympathique adresse a été créée par deux Bretons formés à bonne école. Ici, place à la bistronomie et aux recettes de saison : carpaccio de langue de bœuf, sauce gribiche ; faux-filet poêlé, pleurotes et pommes dauphine ; baba au rhum et sa chantilly à la vanille... On se régale ! Astuce : si la salle est pleine, rendez-vous au Comptoir Canaille, situé à quelques pas, pour une cuisine dans un esprit plus actuel.

A/C – **€€** – *25 rue La Bruyère – Ⓜ Saint-Georges – ✆ 01 48 74 10 48 – www.restaurantlescanailles.fr – Fermé samedi et dimanche*

LE COUCOU N

CUISINE MODERNE • CONTEMPORAIN Ancienne éditrice devenue cheffe, Pauline Labrousse affiche son goût pour les herbes, les légumes et les épices : toutes et tous infusent ses assiettes parfumées et inventives. Le principe est simple : on choisit d'abord une garniture (carottes rôties, sauce gingembre-abricot ; blettes farcies, riz gluant, houmous et carpaccio de concombre), puis une viande ou un poisson du jour – ou, pour les plus veggies, deux garnitures. Un chouette bistrot signé La Pantruchoise, le collectif emmené par le chef Franck Baranger.

€€ – *14 rue Bochart-de-Saron – Ⓜ Anvers – ✆ 01 48 74 15 78 – www.lapantruchoise.com/lecoucou – Fermé dimanche*

LE PANTRUCHE

CUISINE MODERNE • BISTRO Pantruche, c'est Paris en argot... Un nom tout trouvé pour ce bistrot au décor rétro-chic, qui cultive volontiers l'atmosphère gouailleuse et canaille des années 1940-1950. Côté papilles, le chef et sa petite équipe concoctent de jolis plats de saison bien maîtrisés, pile dans la tendance bistronomique. Un exemple ? Le soufflé au Grand Marnier, onctueux et léger, digne d'une grande table. Depuis le trottoir, cette adresse ressemble à n'importe quelle autre : ne passez pas à côté ! Cette table authentique affiche en plus des prix compétitifs.

€€ – *3 rue Victor-Massé – Ⓜ Pigalle – ✆ 01 48 78 55 60 – www.lapantruchoise.com – Fermé samedi et dimanche*

LE SAVARIN

CUISINE MODERNE • BISTRO Dans un décor sans fard, un brin patiné par le temps, l'esprit bistrot est ici sous la houlette de Franck Baranger et de son collectif La Pantruchoise. On retrouve leur cuisine franche, enracinée dans le répertoire classique - pâté en croûte, tripes au vin blanc, tartare de bœuf au couteau accompagné de frites et de sucrine - mais qui se permet aussi des envolées plus personnelles, à l'image de ce vol-au-vent marin à la lotte. Ce midi, les cannellonis au crabe et sauce tom kha kaï tout en fraîcheur précèdent un goûteux pot-au-feu sans viande, relevé d'une quenelle de crème moutardée, avant de finir par une île flottante au praliné, légère et généreuse.

- €€ - 4 rue de Navarin - Ⓜ Saint-Georges - ✆ 01 42 81 11 00 - www.lapantruchoise.com/lesavarin - Fermé dimanche

LE TIRE-BOUCHON RODIER

CUISINE TRADITIONNELLE • BISTRO Le restaurant de Marc Favier incarne l'esprit d'un bar à vin convivial, avec son comptoir et ses tables propices au partage. Ici, l'ardoise évolue au fil des inspirations et propose des «picorages» (dixit le chef) dont les intitulés mettent l'eau à la bouche : fricassée de ris de veau aux champignons de Paris et vin jaune ; côte de bœuf de race normande, sauce béarnaise ; brioche perdue, caramel au beurre salé et crème légère... Cuisinés avec de très bons produits, les plats, d'inspiration majoritairement traditionnelle, sont aussi réconfortants que généreux. La carte des vins, quant à elle, s'étoffe en permanence.

- €€ - 47 rue Claude-Rodier - Ⓜ Anvers - ✆ 01 86 04 27 17 - www.letirebouchonrodier.com - Fermé lundi, dimanche et mardi midi

ALLEUDIUM

CUISINE MODERNE • CONTEMPORAIN Keiichi Shinohara, chef japonais aux références solides (notamment passé par le Violon d'Ingres époque Christian Constant) tient cette table au sobre décor contemporain. On sent l'envie de bien faire à tous les niveaux et en particulier dans l'assiette, moderne et inspirée, avec quelques touches rappelant les origines du chef.

A/C - €€€ - 24 rue Rodier - Ⓜ Anvers - ✆ 01 45 26 86 26 - www.alleudium.com - Fermé lundi, dimanche et du mardi au jeudi à midi

ARGILE

CUISINE MODERNE • BISTRO Quand la terre et ses produits s'expriment en sauce et en gourmandise : Argile ! Romain Lamon - déjà repéré chez Polissons - a posé ses couteaux dans le 9e, à deux pas de la gare Saint-Lazare. Derrière une façade vitrée, dans une petite salle au charme brut (sol rouge, murs de brique noirs ou blancs, métal apparent), il façonne une cuisine à saucer jusqu'à la dernière goutte. Le midi, un menu à prix presque anachronique. Et dans l'assiette ? Une tourte de pomme de terre feuilletée, moelleuse, bien assaisonnée, escortée d'une gremolata herbacée et d'une sauce parmesan au goût franc ; dorade à la sauce savoureuse et polenta fondante ; millefeuille gourmand. Service détendu, vins nature et ambiance vivante.

€€ - 4 rue de Milan - Ⓜ Saint-Lazare - ✆ 06 46 63 57 50 - Fermé samedi midi et dimanche

PARIS

ASPIC

CUISINE MODERNE • BISTRO Après avoir plaqué le monde de la finance pour entrer à l'école Ferrandi, le fondateur de ce petit restaurant a multiplié les expériences (ministère des Affaires étrangères, L'Épi Dupin entre autres) avant d'ouvrir ici sa propre table. Dans un cadre d'esprit rétro avec cuisine ouverte sur la salle, le chef élabore un menu surprise volontiers créatif, qui met en valeur des produits sélectionnés avec soin : viandes et volailles fermières, poissons de ligne et de petit bateau, agrumes, herbes et épices, le tout issu des circuits courts, autant que possible.

A/C - **€€€€** - *24 rue Louise-Émilie-de-la-Tour-d'Auvergne - Ⓜ Cadet - ✆ 09 82 49 30 98 - www.aspic-restaurant.fr - Fermé samedi, dimanche et le midi*

BENJAMIN SCHMITT RESTAURANT

CUISINE TRADITIONNELLE • CONTEMPORAIN Au cœur de Pigalle, ce restaurant rend hommage à la terre et à ceux qui la cultivent. Le jeune chef pratique un éclectisme gourmand, en passant habilement d'un style de cuisine à l'autre, de la tradition à la cuisine moderne. Les intitulés accrocheurs tiennent leur promesse : pâté en croûte de canard, foie gras et cochon ; pintade fermière en deux cuissons, aubergine herbacée et cerises au vinaigre de vin rouge ; mousse au chocolat noir de Tanzanie, praliné café-noisette et glace café... Menu déjeuner à prix doux, menu dégustation et carte le soir.

A/C - **€€€** - *41 rue Catherine-de-La-Rochefoucauld - Ⓜ Saint-Georges - ✆ 01 42 81 00 17 - www.schmittrestaurant.fr - Fermé lundi et dimanche*

BRION

CUISINE MODERNE • CONTEMPORAIN Fort d'un CV doré sur tranche (Pierre Gagnaire, Jérôme Banctel, entre autres), le chef Geoffrey Lengagne a ouvert une adresse à l'épure bien sentie : sol en béton ciré, mobilier en bois clair, cuisine ouverte. Épris de saisonnalité, il cisèle une cuisine à dominante végétale et iodée, portée par des produits d'une fraîcheur irréprochable. La tartelette de cèpes en escabèche, figue et cacao, parfait de volaille au porto ou encore les agnolotti de poulpe et morue braisée, chou kale, pleurote et purée d'artichauts camus, illustrent parfaitement sa patte moderne. Menu au bon rapport qualité-prix le midi, partition plus travaillée le soir.

€€€ - *17 rue Lamartine - Ⓜ Notre-Dame-de-Lorette - ✆ 01 40 18 10 93 - www.brion-restaurant.fr - Fermé dimanche et samedi midi*

CHENAPAN

CUISINE MODERNE • COSY Dans leur restaurant de poche de Pigalle, ces deux chenapans-là - le chef Bruno Laporte et le directeur de salle et sommelier Florentin Fraillon, notamment passés par Ze Kitchen Galerie, la « pouponnière » de William Ledeuil - affichent plutôt des allures de premiers de la classe. Et, ici, les assiettes récoltent des bons points comme cette entrée végétale (haricots beurre, févettes, petits pois, feuilles et herbes fraîches) dopée par sa sauce au jus de rhubarbe relevée de piment dans l'esprit d'un beurre blanc ou encore ce délicieux dessert autour du blé, régressif à souhait. Cadre de bistro intimiste et contemporain avec cuisine ouverte, service souriant et aimable.

A/C - **€€€** - *28 rue Louise-Émilie-de-la-Tour-d'Auvergne - Ⓜ Cadet - ✆ 01 45 23 99 13 - www.chenapan-restaurant.fr - Fermé lundi, dimanche et du mardi au jeudi à midi*

LE COMPTOIR BOUTARY

CUISINE MODERNE • BISTRO Troisième adresse de la célèbre famille de producteurs de caviar, qui mise sur la simplicité et la convivialité dans une atmosphère de bistrot chic, avec cuisine ouverte. La table séduit par des plats

PARIS

bien ficelés, dont certains, bien sûr, mettent à l'honneur le produit phare de la maison : pomme de terre fumée au bois de hêtre, beurre d'algue, crème d'Isigny et caviar ; mousse au chocolat, crémeux yuzu, sorbet chocolat, siphon aux trois algues. Les desserts conjuguent saveurs originales et gourmandise : gardez une petite place ! Le menu déjeuner vaut le détour.
♿ - **€€** - *32 rue Catherine-de-la-Rochefoucauld - Ⓜ Saint-Georges - ✆ 01 53 16 44 56 - www.comptoir-boutary.com - Fermé lundi et dimanche*

LA CONDESA

CUISINE CRÉATIVE • COSY La Condesa est un quartier de Mexico, et c'est aussi le restaurant d'Indra Carrillo, venu du Mexique pour intégrer l'Institut Paul Bocuse (aujourd'hui «Lyfe»), avant de rejoindre de grandes maisons comme Épicure au Bristol ou l'Astrance. Formé chez des MOF, notamment en poissonnerie et boulangerie, il a également travaillé au Japon. Ses techniques sont françaises, mais ses inspirations font la part belle à différentes cultures culinaires. Des propositions originales et bien maîtrisées techniquement, à déguster dans une salle chic et épurée.
A/C - **€€€€** - *13 rue Rodier - Ⓜ Notre-Dame-de-Lorette - ✆ 01 53 20 94 90 - www.lacondesa-paris.com - Fermé lundi, dimanche, et mardi, mercredi et samedi midi*

DAME N

CUISINE MODERNE • VINTAGE Ambiance pop seventies et convivialité assurée dans ce bistrot d'une rue animée, véritable maison de copains où l'on vient autant pour le plaisir des papilles que pour le plaisir d'être ensemble. La formule ? Des plats généreux à partager (ou pas), servis en portions modulables. Ce soir-là : thon rouge de ligne, viande d'Aubrac parfaitement saignante, œuf snacké au cœur coulant, broccolinis croquants... C'est précis, gourmand et joyeux. La carte des vins, futée avec ses 150 références, le service décontracté, les vinyles et la playlist rétro donnent envie de vite revenir !
A/C - **€€** - *38 rue Condorcet - Ⓜ Pigalle - ✆ 09 87 46 72 89 - www.dame-resto.fr - Fermé lundi et dimanche*

L'ÉVADÉ

CUISINE MODERNE • CONTEMPORAIN Dans cette agréable salle de style brasserie chic (fauteuils rouges et noirs, tables laquées noires, poutres et pierres apparentes), on vient déguster une cuisine bistronomique qui fleure bon la tradition... comme à l'Escudella, l'autre adresse du tandem formé par le chef Rémi Poulain et son associé Anthony Rivière. Dans l'assiette, donc : suprême de poulet fermier farci à la sarriette, pomme darphin et sauce foie gras ; tartelette aux figues, crème légère à la vanille et glace noix.
€€ - *23 rue Clauzel - Ⓜ Saint-Georges - ✆ 01 48 78 74 40 - www.levade.fr*

FELINI N

CUISINE MODERNE • VINTAGE Dans ce bistrot franco-italien, le décor mêle boiseries en chêne rouge et mobilier vintage des années 1960, pour une atmosphère moderne, épurée et chaleureuse. En cuisine, une inspiration transalpine sur base française s'exprime à travers une courte carte de saison. La technique est sûre, les produits d'une grande qualité, avec un approvisionnement exigeant. Les assiettes, lisibles et colorées, éclatent de saveurs, à l'exemple de ce voile de potimarron au jaune d'œuf confit, gingembre, ricotta et romarin, d'une finesse parfumée, ou de ces délicieux tortellonis maison à la mozzarella, tomate confite et basilic, nappés d'une sauce tomate-poivron aux herbes.
€€ - *50 rue Saint-Georges - Ⓜ Saint-Georges - ✆ 06 95 79 40 57 - www.feliniparis.cargo.site - Fermé lundi, dimanche et le midi*

FRENCHIE PIGALLE

CUISINE MODERNE • TENDANCE Dans la famille Frenchie, donnez-moi Pigalle ! Le chef Grégory Marchand met désormais l'ambiance au rez-de-chaussée de cet hôtel où il propose des plats à partager dans une joyeuse ambiance de cantine. Les papilles batifolent entre comfort food de terroir, classiques impeccables et world food. En outre, jolie sélection de fromages et vins d'obédience naturelle.

♿ AC - €€€ - 29 rue Victor-Massé - Ⓜ Pigalle - ✆ 01 85 73 10 46 - www.frenchie-pigalle.com

LAZU

CUISINE MODERNE • CONVIVIAL Le chef, qui fut à bonne école (second de Bruno Doucet à La Régalade St-Honoré pendant trois ans) compose ici une cuisine bistronomique bien ficelée, avec de judicieuses associations de beaux produits de saison... Si la carte change chaque semaine, des spécialités comme le ris de veau caramélisé et le pâté en croûte de pomme de terre se dégustent depuis l'ouverture. Ambiance chaleureuse.

♿ AC - €€ - 47 rue Marguerite-de-Rochechouart - Ⓜ Poissonnière - ✆ 09 51 18 66 59 - www.lazu.fr - Fermé lundi et dimanche

MAGNOLIA Ⓝ

CUISINE MODERNE • VINTAGE Sur la vivante place Gustave-Toudouze, ce bistrot parisien aux airs d'appartement seventies mêle béton ciré, velours orangé et œuvres d'art modernes dans une atmosphère branchée et chaleureuse. Le soir, les bougies scintillent derrière un rideau de lin, attisant la curiosité des passants. La carte ramassée fourmille d'idées bien balancées : maquereau de ligne flammé-salsa verde qui claque, tartelette échalote-moelle-comté qui réchauffe. Les incontournables vins nature sont bien sourcés, le service est cool et affûté. La salle est souvent pleine à craquer !

€€ - 5 rue Henry-Monnier - Ⓜ Saint-Georges - ✆ 01 86 04 45 37 - www.restaurant-magnolia.fr - Fermé lundi, dimanche, et mardi et mercredi à midi

PARIS

MAISON BRUT

CUISINE MODERNE • CONTEMPORAIN Une table de quartier qui reflète parfaitement l'esprit du chef Bastien Djait, d'origine bretonne. Après un parcours parisien étoilé, il s'exprime désormais au travers d'assiettes inspirées : lentilles vertes aux oignons doux ; cabillaud, hure et végétal marin ; volaille, maïs et cameline. Le respect du produit brut est une règle d'or, et le chef ne travaille qu'avec des produits de l'Hexagone - excepté le café.

♿ - €€ - 18 rue d'Abbeville - Ⓜ Poissonnière - ✆ 09 83 95 96 01 - www.maisonbrutparis.fr - Fermé lundi, dimanche et le midi

MANTRA Ⓝ

CUISINE CRÉATIVE • CONTEMPORAIN Dans une rue gourmande, cette façade vitrée et noire cache une salle sombre et intimiste où la cuisine ouverte autorise les échanges avec le chef malaisien Manogeran Shasitharan. Il invite ses convives à voyager au fil d'un menu dégustation présenté sous forme de bouchées. Le palais se promène à travers la plupart des traditions culinaires malaisiennes, à l'image de la Saint-Jacques déclinée crue, pochée, associée à une poitrine de porc, rôtie enfin et servie avec une soupe de poisson au tamarin et un aïoli au piment. Une partition iodée et parfumée.

♿ - €€€ - 17 rue Rodier - Ⓜ Cadet - ✆ 06 18 15 99 36 - www.mantra-paris.fr - Fermé samedi, dimanche et du lundi au jeudi à midi

MARIE AKANEYA

CUISINE JAPONAISE • ÉPURÉ Voici le premier restaurant parisien de style sumibiyaki. Il s'agit d'une cuisine populaire, particulièrement à Kyoto, élaborée avec des produits de première qualité, et surtout le Wagyu qui provient ici de la ferme d'Ito Ranch dans les environs de la ville de Matsusaka, la meilleure race de bœuf de Kobe selon les Japonais eux-mêmes. La cuisson est exclusivement réalisée avec le fameux charbon binchotan, fabriqué principalement à partir de bois de chêne Ubame – un barbecue trône au milieu de chaque table du restaurant. Certains des menus vous feront découvrir le célèbre melon Crown de Fukuroi, dont le prix peut parfois atteindre plusieurs milliers d'euros.
- €€€€ - 12 rue Godot-de-Mauroy - Ⓜ Madeleine - 09 87 52 36 38 - www.marieakaneya.com - Fermé lundi, mardi et du mercredi au vendredi à midi

MIEUX

CUISINE MODERNE • CONVIVIAL Trois associés ont ouvert cette adresse sympathique, archétype de la bistronomie décomplexée qui comble les papilles des gourmets : tarte à l'échalote, pomme granny et aneth ; lotte de Plouguerneau, petits pois du Vésuve, moules, n'duja et sauce pil pil ; tarte Tatin, crème crue et sobacha... La cuisine célèbre le marché et les bons produits, toujours au plus près de la saison. Le tout dans une ambiance décontractée, conviviale et sans prétention, et pour un bon rapport qualité-prix le midi... Qui dit mieux ?
- €€ - 21 rue Saint-Lazare - Ⓜ Notre-Dame-de-Lorette - 01 71 32 46 73 - www.mieux-restaurant.com - Fermé dimanche

MINORE

CUISINE MODERNE • BISTRO Ce bistrot parisien à l'allure décontractée réunit à la fois une cuisine d'auteur et une carte de cocktails bien pensée. Aux commandes, le chef Katsuaki Okiyama (ex-Abri) et le bartender Hugo Combe. Dans ce décor épuré, le chef maîtrise parfaitement son sujet comme en témoigne son plat signature : « cocotte » d'artichauts, morilles, moelle de bœuf et foie gras poêlé, échalotes et fleurs de ciboulette. Plats à partager, petites assiettes ou recettes plus généreuses : on pioche selon l'envie. À l'intérieur, comptoir et salle cosy ; aux beaux jours, la terrasse fait le bonheur des habitués.
- €€€ - 4 avenue Trudaine - Ⓜ Anvers - 01 86 04 08 45 - www.minore.fr - Fermé lundi, dimanche et mardi et mercredi à midi

PASSIONNÉ

CUISINE MODERNE • ÉLÉGANT Derrière les grands boulevards, cette adresse joue la carte de l'épure avec son bar aux mosaïques bleu nuit, ses murs et son sol sombre, ses luminaires épurés. On parlera d'élégance toute japonaise pour cette adresse où officie le chef Satoshi Horiuchi, natif de l'île d'Hokkaïdo, à quelques kilomètres de Sapporo, une préfecture très riche en petits producteurs, notamment maraîchers. Toujours passionné, il signe une cuisine française moderne où la recherche du bon produit et de la cuisson juste donne le ton.
A/C - €€€€ - 17 rue Bergère - Ⓜ Bonne Nouvelle - 01 71 25 26 88 - www.restaurantpassionne.com - Fermé lundi

PERCEPTION

CUISINE MODERNE • CONTEMPORAIN Dans le 9e, Perception déploie sous la houlette du chef coréen Sukwon Yong une cuisine précise et vivante, entre France et Corée. Dans ce décor sobre au béton ciré et à la lumière douce, les menus dégustation du midi comme du soir célèbrent des produits justes

PARIS

et savoureux, tels les mandus (raviolis coréens) à la sauce KFC (Korean Fried Chicken) au gochujang ou le maquereau grillé à la flamme, billes de daikon, glace tarama et yuzukoshô d'inspiration nippone. Les assiettes sont expressives, relevées et fidèles à l'esprit maison.

€€€ - *53 rue Blanche - Ⓜ Blanche - 01 40 35 78 32 - www.restaurant-perception.com - Fermé lundi, dimanche*

PÉTRELLE

CUISINE MODERNE • INTIME Deux anciens des Caves Legrand, le sommelier Luca Danti et la cheffe Lucie Boursier-Mougenot, ont remis au (bon) goût du jour cet ancien resto people. Dans ce boudoir romantique et intimiste mâtiné d'esprit brocante, la cheffe signe une belle cuisine du marché délicate et saine, aux influences méditerranéennes revendiquées. Belle cave de plus de 150 références, à tous les prix et un accueil des plus sympathiques.

€€€ - *34 rue Pétrelle - Ⓜ Anvers - 01 42 82 11 02 - www.petrelle.fr - Fermé lundi, mardi et du mercredi au vendredi à midi*

LE RICHER

CUISINE MODERNE • BRANCHÉ Véritable lieu de vie, cette maison séduit autant par son esprit de cantine arty que par ses assiettes, qui dévoilent une cuisine du marché fraîche et goûteuse : filet de bar, concombre, salicorne et ail des ours ; magret de canard, pois gourmands, feta et poivrons jaunes...

- **€€** - *2 rue Richer - Ⓜ Poissonnière - 09 67 29 18 43 - www.lericher.com*

ADÈLE & JULES

Plus

CLASSIQUE • CHALEUREUX Joyau poli au cœur des Grands Boulevards, Adèle & Jules est le petit frère des hôtels Thérèse et Récamier. Les lignes classiques d'un mobilier élégant sont réchauffées par des couleurs douces qui invitent à la détente, éventuellement sur le balcon. Pour pousser le dépaysement à son degré le plus chic, les suites junior recréent l'atmosphère d'un appartement parisien. Au pied de l'hôtel, les mythiques Folies Bergères, la salle des ventes de l'hôtel Drouot, le majestueux Opéra Garnier... ainsi que des boutiques de créateurs et une myriade de tables inventives.

- **60 chambres** - *2 et 4 bis Cité Rougemont - 01 48 24 60 70*

LE BALLU

Plus

MODERNE • CONVIVIAL Cet hôtel pas comme les autres s'inspire de la Syldavie, un pays imaginaire des Balkans tiré des Aventures de Tintin : décor fantaisiste, design des années 50 et accents d'Europe de l'est, pour un résultat coloré, plein d'inventivité. Les chambres sont pourvues de kitchenettes et, pour certaines, de baignoires îlots et/ou de terrasses privatives. Sans oublier la piscine à l'ambiance de bains russes.

- **37 chambres** - *30 rue Ballu - 01 86 54 21 21*

CHOUCHOU

MODERNE • CONVIVIAL À deux pas de l'Opéra, un hôtel abordable et élégant ! Ses chambres bénéficient de détails bien pensés et d'une déco chic et colorée. Et l'hôtel dispose d'espaces publics assez vastes, notamment une salle de restauration de style "marché" avec un service au comptoir et des tables communes, ainsi qu'une salle de spectacles et le Bar Guingette, avec comptoir en zinc et animation. Parfaitement parisien.

- 63 chambres - *11 rue du Helder - 01 87 44 54 79*

LA FANTAISIE

MODERNE • COSY Le Faubourg Montmartre est l'emplacement idéal pour une telle fantaisie, inspirée par les jardins classiques du quartier. Le designer Martin Brudnizki, bien connu de Londres à New York, ne s'y est pas trompé, signant ici son premier hôtel parisien. Les chambres sont délicieusement cosy avec leur papier peint intissé, leur mobilier mêlant vintage et design, et leurs tissus aux teintes douces. Mais le must reste lerooftop et le jardin, véritable éden romantique au cœur de Paris.

- 73 chambres - *24 rue Cadet - 01 55 07 85 07*

GRAND PIGALLE EXPERIMENTAL

Plus

MODERNE • CONVIVIAL Au cœur du Pigalle branché, l'art de vivre parisien et la convivialité typiquement frenchie sont au programme de cet hôtel rétro-chic dont le lobby s'orne d'un long bar. Chambres design et confortables habillées de couleurs dans l'air du temps.

- 37 chambres - *29 rue Victor Massé - 01 85 73 12 00*

Frenchie Pigalle - Voir la sélection des restaurants

HÔTEL DE NELL

Plus

CONTEMPORAIN • CHALEUREUX Un fort bel établissement voisin du Conservatoire national supérieur d'Art dramatique. Serait bien comédien celui qui se plaindrait de ses aménagements, au style affirmé, signés Jean-Michel Wilmotte. Bois brut, tons clairs, lignes épurées... ou tout l'esprit du luxe contemporain.

- 33 chambres - *7-9 rue du Conservatoire - 01 44 83 83 60*

HOTEL PULITZER PARIS

Plus

MODERNE • COSY Un mariage séduisant de chic façon 20e s. et de design contemporain, à la fois animé et intime. Les chambres au style 100% parisien sont un véritable modèle d'agencement : les Petites Mansardes, nichées sous les toits, extrêmement douillettes et parfaitement fonctionnelles, disposent d'un mobilier sur-mesure. Le décor est chic, classique et surprenant, jusque dans la salle des petits-déjeuners. Un bar accueillant propose cocktails et tapas dans un élégant espace aux allures de jardin.

- 44 chambres - *23 rue du Faubourg Montmartre - 01 53 34 98 10*

HÔTEL ROCHECHOUART

Plus

CLASSIQUE • CONVIVIAL Façade Art déco, brasserie animée sur la rue : cet hôtel de l'ancien quartier rouge incarne toujours l'esprit bohème typiquement parisien. Il a conservé l'ascenseur d'origine, les moulures et le grand escalier de marbre, mais rénové les espaces et les chambres avec une palette de tons chauds et des accessoires chinés. Au dernier étage, les vues sur le Sacré-Cœur sont saisissantes. Outre sa brasserie, l'hôtel propose une boîte de nuit en sous-sol et, avec une vue imprenable sur Paris, l'un des meilleurs bars en plein air de la ville.

- 105 chambres - *55 boulevard Marguerite-de-Rochechouart - 01 42 81 91 00*

HOY PARIS - YOGA HOTEL

Plus

MODERNE • COSY HOY Paris (entendez House of Yoga) est la fusion des deux passions de Charlotte Gomez de Orozco, hôtelière et professeure de yoga. Des cours de yoga donc, en salle chauffée avec lumière infrarouge. Mais aussi une table végétalienne au menu latino-américain, célébrant les racines mexicaines de la propriétaire. Également sur place, une fleuriste japonaise et un espace de soins basés sur l'énergie, l'ostéopathie et la gynécologie. Et bien sûr des chambres, où tout a été pensé pour le bien-être, de l'eau purifiée au charbon japonais binchotan jusqu'aux produits de beauté bio français en passant par la barre d'étirement.

- **21 chambres** - *68 rue des Martyrs* - *01 77 37 87 20*

KIMPTON ST-HONORÉ

MODERNE • ÉLÉGANT L'édifice Art Nouveau qui accueille cet hôtel se distingue par ses détails turquoise, cuivre et or. À l'intérieur, il a été (respectueusement) remis au goût du jour par le designer parisien Charles Zana : à la fois déco et moderne, pour un résultat élégant sans être sévère. Les chambres et les suites représentent une version idéalisée d'un appartement parisien. Un spa et une piscine intérieure tout en mosaïques.

- **149 chambres** - *25-29 boulevard des Capucines* - *01 80 40 76 10*

MAISON SOUQUET

AVANT-GARDE • ROMANTIQUE Une authentique "maison de plaisir" de Pigalle transformée en hôtel cinq étoiles par Jacques Garcia : le décorateur parisien a créé une fantaisie à la fois opulente, mystérieuse et un brin surréaliste. Les chambres et les suites sont tamisées et romantiques, luxueuses et raffinées, comme les espaces publics, et le bar ressemble à une bibliothèque avec cheminée. Ici, le spa est à usage privé : pas de vestiaire ou de salle d'attente, juste une clef qui ouvre l'endroit le plus fantastique de la Maison. Un luxe flirtant avec la décadence, jamais avec l'ennui !

- **20 chambres** - *10 rue de Bruxelles* - *01 48 78 55 55*

LE PIGALLE PARIS

Plus

MODERNE • CHALEUREUX Dans une rue discrète du 9e arrondissement, en plein cœur de la Nouvelle-Athènes, cet "hôtel de quartier", comme il se présente, tient ses promesses : c'est un vrai lieu vie, dont le rez-de-chaussée accueille parfois les voisins de passage, pour un verre ou plus. Chambres sobres, aux murs blancs et parquets massifs, décorés de bibelots uniques, de disques et d'affiches.

- **40 chambres** - *9 rue Frochot* - *01 48 78 37 14*

RÉSIDENCE NELL

Plus

MODERNE • CONVIVIAL Cette adresse revendique un esprit "contemporain mais parisien", en plein Faubourg Montmartre, à deux pas des Grands Boulevards. Davantage que sur le charme, le lieu mise sur sa grande fonctionnalité et une attention soutenue portée aux détails. Parquet en chêne massif, mobilier conçu sur mesure, salle de bain décorée de mosaïques en pâte de verre, kitchenette séparée par une cloison gainée de cuir… autant d'éléments qualitatifs qui contribuent à valoriser l'espace. Une carte de petit déjeuner ainsi qu'une formule de livraison depuis 13 restaurants permettent de vivre ici comme à l'hôtel, même si de nombreux clients de longue durée — voyageurs d'affaires ou touristes — préfèrent y cuisiner comme à la maison…

- **17 chambres** - *60 rue Richer* - *01 53 24 98 98*

SOHO HOUSE PARIS

BOURGEOIS • CHALEUREUX Jadis habité par la famille de Jean Cocteau, cet immeuble de Pigalle est aujourd'hui un hôtel qui s'inspire de la villa de l'artiste au Cap Ferrat. Les chambres, coquettes, toutes de grand confort, fourmillent

PARIS

de petites touches Art déco d'un luxe discret. Une collection d'œuvres d'art orne les espaces communs tels que le jardin d'hiver, le salon et la terrasse de la piscine, où l'on se retrouve pour dîner ou boire un verre. Espace fitness (remarquable), hammam et sauna complètent les services haut-de-gamme de l'établissement. Au sous-sol, salle de spectacles et d'événements.

- **36 chambres** - *45 rue la Bruyère - 01 88 24 05 00*

GARE DE L'EST • GARE DU NORD • CANAL SAINT-MARTIN

10e ARRONDISSEMENT

BRIGADE DU TIGRE

CUISINE ASIATIQUE • CONVIVIAL Tous les deux passés chez William Ledeuil, tous les deux grands amoureux de l'Asie qu'ils ont arpenté, les compères de Eels ont uni leurs baguettes pour célébrer la joyeuse diversité de la cuisine asiatique dans un duplex d'esprit bistrot. Résultat : des petites pépites parfumées concoctées à partir de produits de qualité à l'image de cet onigiri au sésame noir, comté 14 mois et épinards, ou bien encore de cette joue de bœuf laquée à la sauce hoisin, céleri, pamplemousse et dattes medjool.

- **€€** - *38 rue du Faubourg-Poissonnière - Ⓜ Bonne Nouvelle - 01 45 81 51 56 - www.brigadedutigre.fr*

BLOOM GARDEN

CUISINE MODERNE • MÉDITERRANÉEN L'esprit méditerranéen règne ici généreusement, depuis les tapis berbères qui recouvrent le parquet et les suspensions en osier jusqu'aux murs émaillés de zelliges. Aux beaux jours, on s'attable à l'une des tables disposées autour du bassin de l'agréable patio. Le chef réalise des recettes gorgées de soleil, composées à partir de produits rigoureusement sélectionnés.

- **€€€** - *Bloom House, 23 rue du Château-Landon - Ⓜ Louis Blanc - 01 83 64 38 30 - www.bloomhouse-hotel.com/restaurant - Fermé dimanche, samedi midi et lundi soir*

BONHOMME

CUISINE MODERNE • CONVIVIAL De la bonhomie, ils n'en manquent pas, les trois bonhommes qui ont créé ce bistrot animé du faubourg Poissonnière ! Dans cette déco brute et tendance (murs grattés, guéridons de marbre, cave vitrée), le chef a l'intelligence de trousser une bistronomie gourmande sans effets de mode : raviole à la truite, butternut, coriandre, cacahuètes et beurre blanc ; volaille du Gâtinais, persillade, mini carottes glacées, ail noir et jus corsé ; mousse au chocolat noir, caramel beurre salé… Bonne ambiance assurée.

- **€€** - *58 rue du Faubourg-Poissonnière - Ⓜ Poissonnière - 09 87 71 69 17 - www.bonhomme-resto.fr - Fermé lundi, mardi et dimanche*

CHEZ MICHEL

CUISINE TRADITIONNELLE • BISTRO Depuis 2015, le chef japonais Masahiro Kawai tient les cuisines de cette adresse historique. Il s'inspire de ses expériences nippones, espagnoles et françaises (auprès de Y. Camdeborde et de C. Etchebest) pour décliner une cuisine de bistrot traditionnelle mais néanmoins joyeuse, où les produits de la mer tiennent une place notable. Les classiques sont là - foie gras rôti, gibier en saison - les saveurs sont bonnes et les cuissons précises, notamment sur ce maquereau grillé, ratatouille et pistou.

€€ - *10 rue de Belzunce - Ⓜ Gare du Nord - 01 44 53 06 20 - www.restaurantchezmichel.fr - Fermé samedi et dimanche*

PARIS

CHOCHO

CUISINE CRÉATIVE • CONVIVIAL Chaud, chaud devant ! Dans cette adresse conviviale, souvent pleine à craquer, la cuisine de Thomas Chisholm, passé par Top Chef, célèbre le partage et la gastronomie engagée. Poissons ikejime, bocaux et fermentations, produits de l'agroforesterie... Dans un style créatif, parfois ludique et aux influences variées, la petite musique du chef séduit : carottes des sables glacées à l'orange, crème de tournesol et kumquat préservé ; Saint-Jacques et foie gras cru arrosés d'un consommé de céleri-rave rôti, parfumé à la sauce soja, à la citronnelle et au galanga...

♿ – **€€€** – *54 rue de Paradis – Ⓜ Poissonnière – ✆ 01 42 28 26 03 – www.chocho.becsparisiens.fr – Fermé du lundi au vendredi à midi*

52 FAUBOURG ST-DENIS

CUISINE MODERNE • CONVIVIAL Vous aimez le décor des néobistrots ? Vous allez être ravis : ici, on s'installe dans un décor de béton brut et de pierres apparentes pour déguster une cuisine mâtinée de saveurs asiatiques, mais aussi de grands classiques bistrotiers comme le pâté de campagne ou les poireaux vinaigrette. Un repas qu'on arrose de jolis vins ou de bière artisanale... et qu'on termine par un café sélectionné et torréfié par le patron. Attention : pas de réservation.

♿ – **€€** – *52 rue du Faubourg-Saint-Denis – Ⓜ Strasbourg - Saint-Denis – ✆ 01 48 00 95 88 – www.faubourgstdenis.com – Fermé dimanche*

DANTE

CUISINE MODERNE • TENDANCE Après une période de purgatoire, cette adresse tendance de la rue de Paradis a retrouvé des couleurs sous la houlette d'une jeune cheffe passionnée, Rébecca Beaufour, convertie à la gastronomie à la suite d'un stage chez Alain Passard. Elle envoie de petites assiettes bistronomiques efficaces et bien tournées ainsi que quelques belles pièces à partager.

♿ – **€€** – *14 rue de Paradis – Ⓜ Gare de l'Est – ✆ 06 60 39 09 01 – www.danterestaurant.info – Fermé lundi, dimanche et du mardi au vendredi à midi*

EELS

CUISINE MODERNE • TENDANCE Entre Bonne Nouvelle et l'église Saint-Vincent-de-Paul, cette adresse est une bonne nouvelle. On n'y sert pas que de l'anguille (eel en anglais) ! Certes, l'anguille fumée, réglisse, vierge de pomme golden saupoudrée de chapelure frite est bien ancrée à la carte. Mais le chef a plus d'un tour dans sa... bourriche. Disciple de William Ledeuil, c'est un grand voyageur qui a parcouru l'Amérique du Sud et du Nord, et l'Asie. Épaulé par des complices solides, le chef fait preuve d'une précision, d'un souci du détail et du visuel qui épate dans chaque assiette. Cette cuisine d'auteur est servie dans une salle bistrot avec comptoir ouvrant sur la cuisine ouverte, des murs en pierre ou brique mises à nue, des lampes « suspension » design.

– **€€€** – *27 rue d'Hauteville – Ⓜ Bonne Nouvelle – ✆ 01 42 28 80 20 – www.restaurant-eels.com – Fermé lundi et dimanche*

ELSASS Ⓝ

CUISINE MODERNE • INDUSTRIEL Elsass réinterprète l'Alsace loin des clichés : pas de nappes à carreaux ni de boiseries rustiques, mais un loft industriel aux lignes épurées et à l'ambiance intimiste. Ici, tout tourne autour des vins alsaciens et d'une cuisine moderne qui les met en valeur : quenelle de brochet, duxelles et émulsion de champignons au crémant d'Alsace ; ris de veau au sautoir, spaetzle façon carbonara et jus corsé à la truffe... Une adresse où tradition et créativité se rencontrent avec justesse.

♿ AC – **€€€** – *153 avenue Parmentier – Ⓜ Goncourt – ✆ 09 55 66 77 68 – www.elsass.restaurant – Fermé lundi, dimanche, et mardi et samedi à midi*

FAUBOURG DAIMANT

CUISINE VÉGÉTALIENNE • BISTRO Dans une rue connue des gourmets, où les adresses bistronomiques se suivent au fil des numéros, ce bistrot à la déco simple mise sur une cuisine de partage vegan et épicurienne, loin de certaines injonctions. L'idée ? Réconcilier gourmandise et cuisine végétale, en s'inspirant de la tradition culinaire bourgeoise. Les appellations en témoignent : chou farci, saucière de jus, croquettes cochonnes, rillettes du Puy, oreilles de chardon laquées... Ce pari aussi « dément » que savoureux est tenu grâce à des sauces généreuses et des associations audacieuses où le végétal déploie toute sa palette de goût : on oublie vite l'absence de beurre et de crème.

€€ – *20 rue du Faubourg-Poissonnière – Ⓜ Bonne Nouvelle – ✆ 07 88 09 73 48 – www.daimant.co/faubourg-daimant.html*

FUGUE Ⓝ

CUISINE MODERNE • BISTRO À deux pas de la gare de l'Est, ce bistrot contemporain séduit grâce à son comptoir convivial, ses pierres apparentes, ses poutres patinées et ses murs habillés de bouteilles. Un décor chaleureux où Hitoshi Minatani déploie une cuisine personnelle, précise et gourmande : gyozas de canard, bisque de pigeon ; aile de raie, légumes printaniers, anchoïade et bisque de langoustine ; vacherin aux agrumes. En salle, Victor Baraton-Dorat accompagne chaque assiette de vins bio et biodynamiques soigneusement sélectionnés. Le midi, un menu à prix doux pour une belle découverte.

€€ – *128 rue du Faubourg-Saint-Martin – Ⓜ Gare de l'Est – ✆ 09 54 94 96 68 – www.fugueparis.fr – Fermé lundi, dimanche, et mardi et mercredi à midi*

PARIS

JJII

CUISINE CRÉATIVE • SIMPLE Murs en pierre, câbles électriques apparents et musique en streaming dans cette salle à manger tout en longueur, tout comme cette cuisine ouverte où l'on reconnait le chef coréen Jaywook Hur. Seul en cuisine, le chef déroule une cuisine française moderne et créative saupoudrée de quelques touches asiatiques (tempura, sésame, kimchi ce soir) au fil d'un menu mystère : entrée surprenante et tout en fraîcheur que ce bar, kimchi et avocat, accompagnés de framboises et d'une quenelle d'œufs de hareng fumé ; ou encore ce fondant faux-filet Simmenthal maturé, fenouil, betterave et son jus de caractère.

€€€ – *92 rue du Faubourg-Poissonnière – Ⓜ Poissonnière – ✆ 01 48 74 53 22 – www.restaurantjjii.fr – Fermé lundi, dimanche, et mardi, mercredi et samedi midi*

MÂCHE

CUISINE CRÉATIVE • TENDANCE Monochrome orange de butternut, carotte et haddock ; pigeon et asperge en duo puissant, croquant et tendre à la fois : il n'y a pas que de la mâche dans la cuisine inventive de Michaël Gamet (passé par l'Astrance), il y a aussi des couleurs et des saveurs qui percutent (notamment les produits fermentés ou confits, et les condiments apportant de l'intensité aux plats), échos des voyages qui ont sans doute formé le palais du chef. Dans cette belle salle qui mêle éléments anciens et déco géométrique contemporaine, convivialité et service chaleureux vont aussi de pair.

AC ⇔ – **€€€** – *61 rue de Chabrol – Ⓜ Poissonnière – ✆ 09 83 40 60 04 – www.mache.restaurant – Fermé lundi, dimanche et le midi*

POULICHE

CUISINE MODERNE • CONTEMPORAIN Dans ce néo-bistrot convivial, Amandine Chaignot célèbre le marché, la spontanéité et la créativité, sans jamais trahir le goût des ingrédients, sélectionnés avec soin. C'est d'ailleurs ainsi qu'elle a pensé son menu unique : seul le plat principal est choisi par le convive – viande, poisson ou offre végétarienne – le reste du repas étant laissé à l'appréciation de la cheffe. Le mercredi, menu exclusivement végétarien. Le dimanche, esprit cuisine bourgeoise familiale autour du poulet. Bon rapport qualité/prix le midi. Une Pouliche dont on s'entiche.

♿ AC - €€ - *11 rue d'Enghien* - Ⓜ *Strasbourg - Saint-Denis* - ✆ *01 45 89 07 56* - *www.pouliacheparis.com* - *Fermé dimanche soir*

LES RÉSISTANTS

CUISINE MODERNE • CONVIVIAL Les Résistants ? Ceux qui luttent encore (fournisseurs, producteurs, cuisiniers etc.) contre les sirènes de l'agroalimentaire, et qui placent toujours, au centre de leurs préoccupations, goût et traçabilité. Tel est le credo des associés de la maison : oui, il est possible de bien se nourrir, tout en respectant le bien-être animal et les cycles naturels. Ils le prouvent avec talent dans cette sympathique adresse où l'on déguste une cuisine du marché, qui change tous les jours. Carte des vins exclusivement nature, cela va de soi...

♿ AC - €€ - *16 rue du Château-d'Eau* - Ⓜ *République* - ✆ *01 77 32 77 61* - *www.lesresistants.fr*

LES RÉSISTANTS - LA TABLE

CUISINE MODERNE • TENDANCE Voici la deuxième adresse des Résistants, fervents défenseurs de l'agriculture paysanne. On trouve donc dans l'assiette viandes de race locale, pêche de petit bateau et, dans le verre, des vins «vivants» - issus d'une sélection de 150 producteurs. Le cadre reflète cette philosophie de la nature : matériaux bruts, bois, pierre et verrière laissant passer la lumière, le tout avec une dominante de vert. Le chef délivre une cuisine moderne et instinctive, en phase avec la saisonnalité des produits, comme cette entrée d'agnolotti del plin, ragoût de brebis et abricot confit.

♿ - €€ - *7 rue de la Fidélité* - Ⓜ *Gare de l'Est* - ✆ *09 81 41 01 07* - *www.lesresistants-latable.fr* - *Fermé lundi*

VERTUEUX Ⓝ

CUISINE MODERNE • CONTEMPORAIN À deux pas du canal Saint-Martin, cette adresse au cadre chic et contemporain met en lumière la cuisine de Raul Meza, jeune chef d'origine équatorienne formé dans de belles maisons parisiennes. Il compose des assiettes fusion qui marient produits français et inspirations sud-américaines avec un subtil équilibre, comme suspendu entre deux continents. On découvre ses tacos croustillants garnis d'effiloché de bœuf façon bourguignonne, condiment oignon et guacamole, ou un cabillaud encocado à la cuisson nacrée, relevé d'une émulsion coco, coriandre et piment, accompagné de patacones (fines feuilles de banane plantain) dorés. En dessert, une pomme déclinée en gelée, granité, confit et glace vanille sur sablé breton.

AC - €€€ - *34 rue Beaurepaire* - Ⓜ *République* - ✆ *01 80 98 03 61* - *www.restaurantvertueux.com*

BLOOM HOUSE HOTEL

MODERNE • ÉLÉGANT Voisin des gares de l'Est et du Nord, ce lieu contraste volontairement par son ambiance florale, de la végétation et des matériaux naturels aux tons chauds. Ses chambres compensent leur taille par leur élégance et leur originalité, avec parfois de grands balcons. Spa avec piscine intérieure de 18 m. Plats aux accents méditerranéens et bar aux choix pointus.

♿ AC Spa - **91 chambres** - *23 rue du Château-Landon*

Bloom Garden - Voir la sélection des restaurants

PARIS

HÔTEL LES DEUX GARES

MODERNE • COSY Les deux gares en question sont celles de l'Est et du Nord, entre lesquelles se dresse l'incroyable hôtel designé par l'Anglais Luke Edward Hall. La précision de ses recherches et l'audace de sa palette donnent une vision d'un Paris de rêve, plus parisien que nature. Les chambres, dont quelques-unes avec balcon, sont toutes douillettes et offrent un régal pour les yeux. L'hôtel ne dispose pas de restaurant, mais le café Les Deux Gares, juste en face, est également une réalisation de L. E. Hall.

- 33 chambres - *2 rue des Deux Gares* - *01 85 73 11 83*

HÔTEL PARADIS

MODERNE • CONVIVIAL En phase avec son époque, l'Hôtel Paradis ressemble à son quartier : artiste, abordable, dynamique et au cœur du cool. Il brasse allègrement les styles — loft sous verrière, atelier récup', rétro scandinave — sans tomber dans le patchwork. Les chambres se révèlent chaleureuses, claires et agrémentées de touches de déco originales. À noter également la Suite Paradis du 6e étage, avec salon mansardé, salle de bain immaculée et vue parfaite sur le Sacré-Cœur. Les parties communes reflètent le même esprit voyage et mixité : comptoir en malles récupérées, châssis d'usine pour la verrière du lobby, Peter Tosh sur la platine vinyle du salon lecture, lui-même très axé mode du monde et design vintage.

P **- 38 chambres** - *41 rue des Petites Écuries* - *01 45 23 08 22*

PROVIDENCE

Plus

CLASSIQUE • COSY Dans une rue tranquille derrière les grands boulevards, un immeuble haussmannien joliment restauré accueille cet hôtel cosy et plutôt cossu. La déco sur mesure, le mobilier chiné, les chambres avec petit bar à cocktails : l'ensemble est soigné et très avenant !

Spa **- 18 chambres** - *90 rue René Boulanger* - *01 46 34 34 04*

25HOURS TERMINUS NORD

Plus

AVANT-GARDE • CONVIVIAL Face à la gare du Nord, cet hôtel de 1865 (premier établissement parisien du groupe hôtelier allemand 25 hours) joue désormais la carte cosmopolite d'une culture urbaine, pop et décomplexée, mélangeant graffiti et motifs africains - à l'image de ce quartier multicolore.

P **- 237 chambres** - *12 boulevard de Denain* - *01 42 80 20 00*

PARIS

NATION • VOLTAIRE • RÉPUBLIQUE

11e ARRONDISSEMENT

AMÂLIA

Chef : Eugenio Anfuso

CUISINE MODERNE • CONTEMPORAIN Contrairement à d'autres adresses de l'Est parisien, cette table a adopté un parti-pris d'élégance classique : cadre épuré, nappage sur table, service précis... Serait-ce la marque du bon goût du couple italien formé par Cecilia Spurio (pâtisserie) et Eugenio Anfuso (cuisine), familiers des maisons étoilées ? Travaillé avec de petits morceaux d'agrumes et de noix de cajou, le tartare fumé de veau de Galice est servi dans une coquille d'oursin, surmonté d'une quenelle de glace à l'oursin. Pour son rouget à la bourguignonne, le chef a déposé le poisson sur un effiloché de bœuf et des feuilles de chou puis nappé le tout d'une superbe sauce. Il signe là une partition française et moderne, ponctuée de quelques touches italiennes, voire plus lointaines, exécutée avec précision et un goût certain pour les notes acides.

€€€€ – *32 rue de la Fontaine-au-Roi – Ⓜ Goncourt – ✆ 09 75 79 05 77 – www.amaliarestaurant.com – Fermé lundi, mardi et du mercredi au vendredi à midi*

AUTOMNE

Chef : Nobuyuki Akishige

CUISINE MODERNE • BISTRO Le chef japonais Nobuyuki Akishige, qui peut s'enorgueillir d'un parcours impeccable (l'Atelier du peintre à Colmar, la Vague d'Or à Saint-Tropez, avec Arnaud Donckele, le K2 à Courchevel, la Pyramide à Vienne) signe une cuisine de saison, subtile et maîtrisée, autour de produits de très belle qualité. En guise d'écrin, le cadre simple d'un bistrot pour une partition lisible, aux saveurs harmonieuses nées de cuissons précises, à l'instar de l'asperge blanche, oseille et amandes ou du maigre, déclinaison de courgettes, couteau de plongée et verveine.

A/C – **€€€€** – *11 rue Richard-Lenoir – Ⓜ Charonne – ✆ 01 40 09 03 70 – www.automne-akishige.com – Fermé lundi et mardi*

FIEF

Chef : Victor Mercier

CUISINE MODERNE • CONTEMPORAIN FIEF comme Fait Ici En France : le chef Victor Mercier, découvert à la télé en 2018, met un point d'honneur à ne cuisiner QUE des produits français. Poivre du Sichuan du gersois, cacahuètes de Soustons, pigeon du Poitou, poissons bretons, yuzu montpelliérain, satay français, miso bourguignon... et même une crème glacée au mélilot qui remplace la vanille. À partir de ce lexique exigeant, le chef écrit un roman savoureux et plein de brio, parfaitement maîtrisé, des cuissons aux saveurs, en passant par les sauces profondes - une vraie personnalité. Installez-vous sans hésiter au comptoir d'hôtes pour y vivre l'expérience au plus près et échanger avec le chef et son équipe qui prodiguent en temps réel le pourquoi du comment sur chaque plat : passionnant !

L'engagement du chef : Coupler environnement urbain et éco-responsabilité est souvent un vrai défi. Ici, pas de compromis : légumes achetées à de petits producteurs, « épices » franciliennes (benoîte urbaine, reine-des-prés...), bannissement des produits non français, tout comme la viande bovine, à laquelle on préfère celle à faible impact carbone ou issue de la chasse réglementée. On limite le gaspillage au maximum en travaillant sur les jus et les fermentations ; les déchets restants sont collectés.

A/C – **€€€€** – *44 rue de la Folie-Méricourt – Ⓜ Oberkampf – ✆ 01 47 00 03 22 – www.fiefrestaurant.fr – Fermé samedi, dimanche et le midi*

GÉOSMINE

Chef : Maxime Bouttier

CUISINE CRÉATIVE • CONTEMPORAIN La géosmine, c'est le délicieux parfum qui monte de la terre fraîchement labourée ou mouillée. Tout un programme « nature » pour la table de Maxime Bouttier, qui nous accueille du côté d'Oberkampf dans une maison de ville sur deux étages, dans un esprit et un décor qui fleurent bon l'Est parisien. Originaire de la Sarthe, ce jeune chef élabore des assiettes percutantes et épurées, déclinées dans un menu dégustation rythmé par les saisons et qui ne tombe jamais dans l'excès de complexité. Carte des vins très intéressante mettant en avant vins naturels ou en biodynamie, mais aussi de jolis flacons italiens, espagnols ou autrichiens.

*- **€€€€** - 71 rue de la Folie-Méricourt - Ⓜ Oberkampf - 09 78 80 48 59 - www.geosmine.com - Fermé lundi, dimanche, et mardi et jeudi à midi*

QUI PLUME LA LUNE

CUISINE MODERNE • COSY Qui Plume la Lune, c'est d'abord un joli endroit, chaleureux et romantique... Sur l'un des murs de la salle trône une citation de William Faulkner : «Nous sommes entrés en courant dans le clair de lune et sommes allés vers la cuisine.» Pierres apparentes et matériaux naturels (bois brut, branchages, etc.) complètent ce tableau. C'est aussi un havre de délices, porté par une équipe déterminée à ne sélectionner que de superbes produits - selon une éthique écologique, ainsi de beaux légumes bio - et à régaler ses clients d'assiettes tout en maîtrise et en précision : une véritable démonstration de vitalité, de fraîcheur et de senteurs. Très agréable moment, donc, sous la clarté de cette table aussi lunaire que terrestre...

*- **€€€€** - 50 rue Amelot - Ⓜ Chemin Vert - 01 48 07 45 48 - www.quiplumelalune.fr - Fermé lundi et dimanche*

SEPTIME

Chef : Bertrand Grébaut

CUISINE MODERNE • BISTRO Des bonnes idées en pagaille, beaucoup de fraîcheur et d'aisance, de la passion et même un peu de malice, mais toujours de la précision et de la justesse : mené par Bertrand Grébaut, Septime symbolise le meilleur de cette nouvelle génération de tables parisiennes à la fois très branchées et... très épicuriennes. Au milieu de la rue de Charonne, le lieu exploite à fond les codes de la modernité : grande verrière d'atelier, tables en bois brut, poutres en métal... Une vraie inspiration industrielle, plutôt chic dans son aboutissement, d'autant que le service contribue à faire passer un bon moment. Comme on peut l'imaginer, tout cela se mérite : il faudra réserver précisément trois semaines à l'avance (et en ligne uniquement) pour avoir une chance d'en profiter.

L'engagement du chef : Développement humain et respect de l'environnement sont au cœur de notre engagement. Les denrées maraîchères que nous cuisinons proviennent en majorité d'Île-de-France, les viandes et les poissons sont issus de l'élevage ou de la pêche responsables, nous travaillons les produits entiers pour lutter contre le gaspillage et nos bio-déchets partent en plateforme de lombricompostage pour être recyclés.

***€€€€** - 80 rue de Charonne - Ⓜ Charonne - www.septime-charonne.fr - Fermé samedi et dimanche*

VAISSEAU

Chef : Adrien Cachot

CUISINE CRÉATIVE • ÉPURÉ Depuis son passage à Top Chef en 2020, Adrien Cachot a acquis une popularité qui ne se dément pas. Dans une salle épurée à l'atmosphère intimiste, le chef fait assaut de créativité et élabore des assiettes souvent audacieuses en terme d'accords, à l'instar de ces mochis «Cachot e

PARIS

pepe» préparés à la façon d'un risotto au poivre et aux agrumes : décoiffant ! Il affectionne aussi les ingrédients moins conventionnels, comme les abats, qui offrent des textures rares, ainsi que les mariages terre et mer, comme ce superbe centrolophe, un poisson des fonds marins de Méditerranée judicieusement associé aux tripes et au vin jaune. À travers un menu carte blanche volontiers ludique, une personnalité culinaire singulière se dégage, qui bouscule les habitudes gustatives et convainc de bout en bout.

& AC - €€€€ - 35 rue Faidherbe - Ⓜ Charonne - ✆ 01 88 61 70 41 - www.restaurant-vaisseau.com - Fermé samedi, dimanche et lundi et mardi à midi

AUBERGE PYRÉNÉES CÉVENNES

CUISINE TRADITIONNELLE • AUBERGE (Fermé provisoirement pour travaux) Le chef Pierre Négrevergne s'épanouit à merveille dans cette maison qui a plus de 100 ans. Il régale avec une savoureuse cuisine «de grand-mère» qui met en valeur le patrimoine gastronomique français (terrine maison, blanquette de veau à l'ancienne et riz grillé, millefeuille), servie en portions généreuses. Cette auberge régale toujours autant.

AC - €€ - 106 rue de la Folie-Méricourt - Ⓜ République - ✆ 01 43 57 33 78 - www.auberge-pyrenees-cevennes.fr

CLAMATO

POISSONS ET FRUITS DE MER • TENDANCE Inspirée des bars à huîtres de la côte Est des États-Unis, cette annexe de Septime doit son nom à un cocktail très populaire au Québec, sorte de Bloody Mary agrémenté d'un jus de palourde... à découvrir ici, évidemment ! L'endroit a tout du «hit» bistronomique, avec ce décor tendance et cette carte courte qui met en avant la mer et les légumes, avec de jolies influences internationales. Les produits sont choisis avec grand soin et travaillés le plus simplement du monde, puis déclinés dans des assiettes à partager. Attention, la réservation est impossible : premier arrivé, premier servi !

AC - €€ - 80 rue de Charonne - Ⓜ Charonne - ✆ 01 43 72 74 53 - www.clamato-charonne.fr

DOUBLE DRAGON

CUISINE ASIATIQUE • DÉCONTRACTÉ À cette sympathique table, les sœurs Katia et Tatania Levha proposent des petits plats d'inspiration diverses (Chine, Philippines, Thaïlande, etc.) dans un esprit «streetfood» amélioré. Une cuisine pleine de caractère, aux saveurs marquées, parfois délicieusement épicées. Une table ludique et savoureuse.

€€ - 52 rue Saint-Maur - Ⓜ Rue Saint-Maur - ✆ 01 71 32 41 95 - www.doubledragonparis.com - Fermé dimanche, et lundi et mardi à midi

ÉPOPÉE N

CUISINE MODERNE • CONTEMPORAIN Thomas Legrand, sommelier amoureux des vins bio et nature, et sa compagne Megumi Terao, ont choisi la cheffe japonaise Yurika Kitano, passée par Pilgrim, Passage 53 et Clamato, pour entamer cette épopée. Dans leur vaste restaurant aux multiples recoins, l'accueil est tout sourire. Velouté de pomme de terre au haddock ; échine de porc fumée avec chou et condiment poire ; chou à la crème au praliné kaki et crème crue : c'est une cuisine fraîche et fine qui table sur la saison, les sauces et les assaisonnements vifs. Pain bio, légumes d'une microferme du Perche et poissons de petite pêche complètent cette jolie partition.

& - €€ - 52 rue Léon-Frot - Ⓜ Charonne - ✆ 09 85 18 01 57 - www.epopee-charonne.fr - Fermé lundi et dimanche

PARIS

JIP

CUISINE CORÉENNE • SIMPLE Après plusieurs expériences entre l'Australie et la France, le chef coréen Esu Lee ouvre son Jip – qui signifie «foyer» – , un minuscule restaurant à la décoration épurée, où l'on partage le comptoir au coude à coude. Il fait dialoguer la France et la Corée avec sensibilité : champignon eryngii au jalapeño et à la béarnaise ; mandu à la duxelles et gochujang ; ragoût de poulpe au sambal et sabayon de cébette. Cette cuisine d'auteur franco-coréenne reflète l'intelligence et la personnalité du chef.

€€ – *112 rue de la Roquette – Ⓜ Voltaire – www.jip.paris – Fermé lundi, dimanche et le midi*

LISSIT

CUISINE MODERNE • CONTEMPORAIN Murs grattés, cuisine ouverte au fond, serveurs en mode cool : pas de doute, on est bien dans un spot qui fleure bon le 11e. La cheffe affirme une certaine idée de la tradition : volailles farcies, terrines et pâtés en croûte sont ici choyés sans réserve. Elle explore les cochonnailles de manière personnelle, à l'image de cette tatin de poire et boudin noir. Une cuisine gourmande et généreuse.

€€ – *48 rue de la Folie-Méricourt – Ⓜ Oberkampf – ✆ 01 80 87 22 68 – www.barlissit.com – Fermé lundi, dimanche et le midi*

ALLUMA

CUISINE MÉDITERRANÉENNE • CONTEMPORAIN Un ancien du Balagan, le chef Liran Tal, a relooké avec goût cette adresse tout de blanc vêtue. Il y propose une savoureuse cuisine méditerranéenne mâtinée d'influences israéliennes : délicieux houmous massabaha, crudo de sériole aux figues et épices, faux-filet d'agneau et condiment abricot-miso... Choix de vins en bio et biodynamie, notamment d'Italie, Espagne et Arménie.

AC – **€€€** – *151 rue Saint-Maur – Ⓜ Goncourt – ✆ 09 85 11 88 33 – www.alluma-paris.com – Fermé lundi, dimanche et samedi midi*

BIONDI

CUISINE ARGENTINE • BISTRO À proximité du Cirque d'Hiver, ce chef talentueux a baptisé son restaurant convivial et animé en souvenir de Pepe Biondi, célèbre clown argentin. Il délivre une jolie cuisine d'inspiration sud-américaine : ceviche de thon, empanadas de carne, churrasco de las Pampas cuit à la braise, ou encore ce flan au caramel et mousse dulce de leche, un modèle de gourmandise ! Sélection de vins argentins.

– **€€€** – *118 rue Amelot – Ⓜ Oberkampf – ✆ 01 47 00 90 18 – www.biondi-restaurant.fr – Fermé dimanche*

BISTROT PAUL BERT

CUISINE TRADITIONNELLE • BISTRO Sur la façade de ce sympathique bistrot s'affiche : «Cuisine familiale». Traduisez : feuilleté de ris de veau aux champignons, côte de cochon fermier du Perche et cocos de Paimpol, cerf rôti aux airelles et purée de céleri... Des assiettes copieuses et goûteuses d'esprit classique, préparées sans tralala. Vous en redemanderez, mais attention à bien garder de la place pour le baba au rhum !

– **€€** – *18 rue Paul-Bert – Ⓜ Faidherbe - Chaligny – ✆ 01 43 72 24 01 – www.bistrotpaulbert.fr – Fermé lundi et dimanche*

PARIS

BON KUSHIKATSU

CUISINE JAPONAISE • ÉLÉGANT Pour un voyage express à Osaka, à la découverte de la spécialité culinaire de la ville : les kushikatsu (des minibrochettes panées et frites à la minute). Bœuf au sansho, foie gras poivré, champignon shiitaké : les préparations se succèdent et révèlent de belles saveurs. Et l'accueil délicat finit de transporter au Japon...

A/C – €€€ – 24 rue Jean-Pierre-Timbaud – Ⓜ Oberkampf – ✆ 01 43 38 82 27 – Fermé mercredi et dimanche

LE CAFÉ DE L'USINE Ⓝ

CUISINE MODERNE • CONTEMPORAIN Dans une ancienne usine de chaussures, la cheffe Alice Arnoux officie dans ce bistrot au style loft industriel épuré. Ouvert du matin au soir, on y mange, prend un café ou un verre. La carte est simple : le soir, un menu dégustation sans choix ; le midi, un menu-carte avec deux options reprenant les plats du soir. Seiche grillée, fenouil nouveau et tapenade verte ; veau fermier, asperges glacées, moutarde fermentée : chaque plat, à base de produits frais, est dynamisé par un détail gourmand.

€€ – 5 passage Piver – Ⓜ Belleville – ✆ 07 69 08 56 69 – www.cafedelusine.fr – Fermé lundi, dimanche et mardi midi

LE CHARDENOUX

CUISINE MODERNE • BISTRO Dans ce bistrot parisien fondé par la famille Chardenoux et inscrit au titre des Monuments historiques, le regard oscille entre le magnifique plafond peint et le décor Art nouveau avant de revenir à l'essentiel, une assiette délicieusement iodée. Car, ici, c'est la mer qui s'invite à table. Les incontournables signés Lignac sont présents : lobster roll, bar en croûte de sel, tartare de thon, avocat, ponzu, wasabi, sans oublier l'excellent millefeuille ou le baba au rhum ! Une jolie mention pour la très bonne galette craquante, tourteau au curry et avocat dont les saveurs sont justes, savoureuses et équilibrées.

€€€ – 1 rue Jules-Vallès – Ⓜ Charonne – ✆ 01 43 71 49 52 – www.restaurantlechardenoux.com

CLUTCH

CUISINE CRÉATIVE • BISTRO Dans ce cadre typique de l'est parisien (grandes baies vitrées, murs bruts, tables bistrot, cuisine ouverte, quelques places au comptoir), on déguste une cuisine bistronomique créative émaillée d'influences asiatiques. Ambiance conviviale.

€€ – 62 rue de Montreuil – Ⓜ Rue des Boulets – ✆ 07 44 80 04 04 – www.restaurant-clutch.fr – Fermé lundi, dimanche et mardi midi

DEUX BISTROT DE CHEFS

CUISINE MODERNE • BISTRO Tiphanie Mollard et Romain Casas, l'une savoyarde, l'autre béarnais, unissent leur joie de vivre contagieuse et leurs terroirs dans un lieu chaleureux et lumineux qui leur ressemble : cuisine ouverte, étagères remplies de bouteilles, des bibelots, des photos et des plantes. Tomates, crème de burrata, gelée de vinaigre ; sardines grillées, vierge, salade de haricots verts, pistou, pêche : c'est joyeux et gourmand, franc du collier, sans superflu. Tarifs doux.

€€ – 58 rue de la Fontaine-au-Roi – Ⓜ Goncourt – ✆ 09 74 97 47 52 – www.deux-restaurant.fr – Fermé lundi et dimanche

ERSO

CUISINE MODERNE • BISTRO Marine Bert en salle et Yann Placet aux fourneaux, qui se sont rencontrés au Pantruche, œuvrent dans cette salle accueillante à dominante bleu et bois. La cuisine ouverte – avec quelques places au comptoir – met de la gourmandise dans l'air. On se délecte de cette bistronomie moderne où le chef cherche avant tout à faire plaisir, à l'image de ce millefeuille de cèpe et émulsion café. Formule alléchante au déjeuner ; réservation fortement conseillée le soir.

€€ – *18 rue Saint-Ambroise – Ⓜ Rue Saint-Maur – ✆ 01 81 69 96 55 – www.erso-restaurant.fr – Fermé lundi et dimanche*

EUNOÉ

CUISINE MODERNE • CONTEMPORAIN Deux amis, le chef japonais Ryuji Sato et Félix Perotte (salle), passionnés de cuisine et de vin, offrent l'hospitalité dans cette adresse proche du square Maurice Gardette. Dans un cadre moderne et brut, aux couleurs sable et ocre, le chef propose sa version fine et décomplexée de l'air gourmand du temps, en insistant sur le goût dans chaque assiette : échine de cochon bien mouillée dans son jus corsé au vieux vinaigre de Xéres à la saveur de thym, purée de pomme de terre fumée, et petite salade d'herbes fraîches assaisonnée à l'envoi. Au dîner, la partition se fait plus élégante.

€€ – *6 rue Rochebrune – Ⓜ Saint-Ambroise – ✆ 07 67 96 86 36 – www.eunoe-restaurant.com – Fermé lundi*

PARIS

KORUS

CUISINE MODERNE • BISTRO Dans ce restaurant animé près de la Bastille, Charly Cohen signe une cuisine mettant en valeur les trésors du terroir français, avec des produits de qualité et des assiettes goûteuses comme les cocos de Paimpol au thon blanc et basilic ou l'aile de raie aux pommes de terre et câpres, le pain au levain moelleux et les desserts aux saveurs franches, servis dans une salle accueillante et vivante.

€€€ – *73 rue Amelot – Ⓜ Chemin Vert – ✆ 01 55 28 53 31 – www.restaurantkorus.com – Fermé lundi, mardi et du mercredi au vendredi à midi*

MAGMA

CUISINE MODERNE • INTIME Comme le magma, le chef japonais Ryuya Ono fusionne la gastronomie française, son inspiration sans cesse renouvelée et ses instincts gourmands, à travers un menu dégustation qui se concentre sur le respect des saisons. Les associations de saveur sont pertinentes, à l'image de cette excellente truite aux chanterelles. Attendez-vous aussi à des desserts inventifs, comme cette version du mont-blanc au potimarron ! Décor charmant et service attentif.

€€€ – *9 rue Jean-Pierre-Timbaud – Ⓜ Oberkampf – ✆ 01 48 05 56 90 – www.restaurantmagma.com – Fermé lundi, mardi*

MAISON

CUISINE MODERNE • DESIGN Sota Atsumi, passé par de belles maisons (Le Clown, Saturne, Toyo, Michel Troisgros à Roanne, etc.), nous émeut avec sa cuisine française piquée de modernité, autour d'un menu fixe composé des meilleurs produits du marché. La salle à manger prend des allures de loft post-industriel avec son toit en v inversé, son immense table d'hôte centrale, sa cuisine

ouverte (avec four à bois) prolongée d'un comptoir. Dans l'assiette : thon rouge de Méditerranée, asperges blanches grillées et sabayon à l'ail, rascasse grillée et navet... le tout à déguster dans une ambiance décontractée.
A/C – €€€€ – 3 rue Saint-Hubert – Ⓜ Rue Saint-Maur – ✆ 01 43 38 61 95 – www.maison-sota.com – Fermé lundi, mardi, mercredi midi et dimanche soir

MANSOU' Ⓝ

CUISINE MAROCAINE • COLORÉ Ouvert dans les années 1980 par Fatéma Hal et repris par sa fille en 2021, Mansouria a quitté son adresse historique pour renaître rue de Charonne sous le nom de Mansou'. Entre objets traditionnels et touches contemporaines, le cadre conjugue chaleur et modernité. La carte reste fidèle à l'esprit de la maison : couscous, tajines, pâtisseries marocaines et thé à la menthe y tiennent le haut du pavé. Les briwattes au poivron croustillent à souhait, le tajine de poulet aux olives et citron confit est mené avec savoir-faire. Une table sincère, sans prétention, où l'on retrouve les saveurs du Maroc dans leur simplicité généreuse.
♿ – €€ – 60 rue de Charonne – Ⓜ Ledru-Rollin – ✆ 06 11 15 73 50 – www.mansoutraiteur.com – Fermé lundi, mardi midi et dimanche soir

MASAIKUTA Ⓝ

CUISINE MODERNE • CONTEMPORAIN Formé au Japon avant de s'installer en France (où il a collaboré avec Stéphane Jégo, Bruno Verjus et Bertrand Grébaut), le chef Masahide Ikuta travaille dans un décor brut typique du quartier : murs grattés, béton ciré et miroirs mouchetés. Son menu unique à l'aveugle marie France et Japon, appuyé sur de beaux produits : coques du Mont-Saint-Michel, bœuf Simmental maturé, anchois de Cantabrie... Il compose des assiettes lisibles aux sauces pleines de relief, à l'image de cette dorade royale façon sashimi, relevée de tigre de leche, œufs de truite, mangue, oxalis et criste marine pour une touche acidulée et herbacée. Cave des vins riche de près de 400 références.
– €€€ – 26 bis rue de la Fontaine-au-Roi – Ⓜ Goncourt – www.masaikuta.fr – Fermé dimanche soir, lundi et le midi sauf dimanche

OSTERIA FERRARA

CUISINE ITALIENNE • OSTERIA Attention, refuge de gourmets ! L'intérieur est élégant mais c'est dans l'assiette qu'a lieu la magie. Le chef sicilien Fabrizio Ferrara travaille une carte aux recettes italiennes bien ficelées, goûteuses et centrées sur le produit, à l'image de ce carpaccio de maigre, puntarelle et cédrat de Sicile, ou de ces raviolis farcis au castelmagno et pomme de terre. Un bistrot qui a une âme et une jolie carte des vins, ce qui ne gâche rien.
♿ – €€ – 7 rue du Dahomey – Ⓜ Faidherbe - Chaligny – ✆ 01 43 71 67 69 – www.osteriaferrara.com – Fermé dimanche

PIANOVINS

CUISINE MODERNE • ÉPURÉ Dans cette salle intimiste de 20 couverts avec cuisine ouverte et tables au coude-à-coude, deux frères pleins d'énergie unissent leurs forces : Emmanuel en cuisine, Raphaël en salle. Sérieuses et appliquées, les assiettes évoluent chaque jour au fil du marché, et n'oublient pas la gourmandise. Très bon rapport qualité-prix au déjeuner.
A/C – €€€ – 46 rue Trousseau – Ⓜ Ledru-Rollin – ✆ 09 81 68 94 05 – www.pianovins.fr – Fermé lundi et dimanche

PIERRE SANG IN OBERKAMPF

CUISINE CRÉATIVE • BRANCHÉ Qui est adepte de l'émission Top Chef connaît forcément Pierre Sang, finaliste de l'édition 2011. On retrouve ici toute la gentillesse du chef, qui délivre une cuisine sensible et partageuse, souvent ponctuée de notes coréennes. D'un bon rapport qualité-prix, les menus changent très régulièrement. Installez-vous au comptoir, face à la cuisine ouverte, et laissez-vous emporter.

AC – €€ – 55 rue Oberkampf – Ⓜ Parmentier – ✆ 09 67 31 96 80 – www.pierresang.com/in-oberkampf

PIERRE SANG ON GAMBEY

CUISINE CRÉATIVE • TENDANCE La seconde adresse de Pierre Sang, déjà installé non loin « in Oberkampf ». On y retrouve le même esprit et le même concept, et toujours l'attachement du célèbre chef aux beaux produits. Des produits travaillés avec soin et créativité, pour des assiettes inventives et voyageuses, teintées ici et là de quelques notes coréennes. L'originalité n'est pas que dans l'assiette, puisque le client est invité à deviner la composition des plats dégustés ! Un beau moment de partage dans un lieu chaleureux.

– €€ – 6 rue Gambey – Ⓜ Parmentier – ✆ 09 67 31 96 80 – www.pierresang.com – Fermé lundi, mardi, mercredi et vendredi midi

SENSATION Ⓝ

CUISINE CHINOISE • CONTEMPORAIN Après dix ans au Shang Palace, Samuel Lee Sum est désormais chez lui dans ce « néo-bistrot festif ». Inspiré par une scène de banquet de la dynastie Song, il a imaginé un lieu brut et décontracté, où les serveurs en tablier plaisantent avec les clients sur fond de musique d'ambiance soutenue. La carte cantonaise, volontairement courte, se décline aussi en menu en cinq temps. Plat phare : le demi-canard laqué, à réserver deux jours à l'avance, servi en deux actes. Peau croustillante, chair tendre et juteuse, fines crêpes, julienne de poireaux et sauce brune épaisse et parfumée en font un must absolu !

€€ – 32 rue Saint-Maur – Ⓜ Voltaire – ✆ 01 40 31 32 24 – www.sensationparis.com – Fermé lundi, dimanche et du mardi au jeudi à midi

LE SERVAN

CUISINE MODERNE • BISTRO Le Servan, plus qu'un restaurant, un mot de passe ! Katia et Tatiana Levha, deux sœurs d'origine philippine en ont fait l'un des bistrots gourmands les plus courus de la place parisienne (réservation impérative). L'endroit a fière allure, avec ses fresques d'époque. Tatiana a interrompu ses études d'anglais pour s'adonner à sa passion : manger et faire à manger ! Formée chez Alain Passard et Pascal Barbot, elle compose une cuisine française vive et joyeuse, panachée d'influences asiatiques. Un soin tout particulier est apporté aux sauces et aux jus, à l'instar de la bisque et rouille safranée servie avec le bar, fenouil et chou kale ou du beurre de soja et piment qui nappe les raviolis de porc et langoustine. Le piment bien dosé vient d'ailleurs fouetter pas mal de recettes.

€€ – 32 rue Saint-Maur – Ⓜ Rue Saint-Maur – ✆ 01 55 28 51 82 – www.leservan.fr – Fermé dimanche

VANTRE

CUISINE MODERNE • BISTRO Le «vantre» au moyen-âge signifiait «lieu de réjouissance». C'est bel et bien aujourd'hui un lieu de réjouissance pour notre ventre, dans un cadre néo-bistrot. Un ancien sommelier (Le Bristol, Le Taillevent) et son chef proposent une cuisine gourmande à base de produits sélectionnés avec soin. Goût et dressage répondent présents à chaque assiette à l'image de ce bar rôti, sauce marinière, salicorne au dressage vertical. Plus de trois milles références de vins, et succès mérité.

AC – €€€ – 19 rue de la Fontaine-au-Roi – Ⓜ Goncourt – ✆ 01 48 06 16 96 – www.vantre.fr – Fermé samedi et dimanche

PARIS

LE VILLARET

CUISINE TRADITIONNELLE • CONVIVIAL À deux pas d'Oberkampf, ce bistrot propose une cuisine traditionnelle gourmande et de saison réalisée par le chef passionné Olivier Gaslain. Nougat de queue de bœuf au foie gras, pickles, salade d'herbes ; tête de veau, langue et cervelle en ravigote ; et un baba parfumé au rhum, clémentines gingembre, mousse mascarpone... qui vous laissera bouche bée ! Superbe carte des vins avec plus de 1000 références, dont un échantillon vous est présenté dans une belle armoire à vins vitrée.
- €€€ - *13 rue Ternaux* - *Parmentier* - *01 43 57 89 76* - *www.levillaret-restaurant.fr* - *Fermé lundi et dimanche*

FABRIC

Plus

DESIGN • CONVIVIAL Dans une ancienne fabrique de textiles, à mi-chemin de République et de Bastille, un bel hôtel qui a gardé un peu de son héritage industriel : poutres et luminaires en métal, mobilier ancien, nuances de gris, belle hauteur sous plafond... Et des chambres design et élégantes, pour les amateurs !
- **33 chambres** - *31 rue de la Folie-Méricourt* - *01 43 57 27 00*

MAISON BRÉGUET

MODERNE • COSY A deux pas de la place de la Bastille, cet hôtel de charme propose des chambres confortables et cosy, certaines avec petite terrasse. Espace bien-être avec bassin de nage à contre-courant, et restauration.
- **50 chambres** - *8 rue Bréguet* - *01 58 30 32 31*

LA NOUVELLE RÉPUBLIQUE

CLASSIQUE • CHARME Avec son charme rétro et ses intérieurs contemporains à la palette naturelle, cet hôtel invite à un séjour agréable, à la fois accessible et confortable, dans un quartier plus tendance que jamais. En plus de ses textures douillettes, on apprécie toutes les petites attentions qui améliorent le confort, comme le triple vitrage et les lampes de lecture. Petit-déjeuner servi au café de l'hôtel.
- **30 chambres** - *9 rue Moret* - *01 47 00 15 09*

OH LA LA! HOTEL - PARIS BASTILLE

MODERNE • CHALEUREUX Pénétrez dans ce bar à cocktails sur la place de la Bastille, et poussez contre la bibliothèque. Une porte secrète ouvre sur un escalier en colimaçon qui mène aux niveaux supérieurs de cet ancien immeuble d'habitation. Aménagé en pièces lumineuses donnant sur la place, il révèle des chambres compactes à l'esthétique minimaliste, certaines offrant une vue sur la place, d'autres sur cour compensant par leur calme. Quelques chambres triples.
- **16 chambres** - *6 rue de la Roquette* - *01 88 33 55 11*

PARIS

✿✿ TABLE - BRUNO VERJUS

Chef : Bruno Verjus

CUISINE MODERNE • CONTEMPORAIN Choisir les plus beaux produits, les cuisiner avec humilité et un respect absolu : tel est le credo de Bruno Verjus, étonnant personnage qui dans une autre vie fut entrepreneur, blogueur et critique gastronomique. Derrière son comptoir-cuisine (où l'on prend place sur des chaises hautes), il parle de ses fournisseurs avec passion, et l'envie de s'effacer devant l'artisan qui a produit la matière de son travail – d'ailleurs, qu'il s'agisse de recettes ou de produits, ce chef se considère avant tout comme un passeur. Tout est cuisiné à la minute avec des garnitures et des sauces qui n'ont qu'un but : magnifier le produit sans le dénaturer ! Laissez-vous porter par le grand menu, répondant au nom poétique de «Couleur du jour» et élaboré au quotidien selon l'arrivage : huître naturelle Utah Beach, cervelle de veau et anémone de mer en beignet, homard de casier de l'Île d'Yeu, rouget de roche grillé sur peau, poularde gauloise «rôtie en patience»... Des produits d'exception qui ont un prix. Réservation en ligne uniquement.

L'engagement du chef : Notre engagement au service d'une cuisine de l'instant nous engage dans un rapport direct avec nos producteurs locaux. Ils nous fournissent au quotidien ce que la nature est en mesure de leur offrir, sans pesticide et s'efforçant de respecter la nature sauvage des sols. Nous ne passons aucune commande de quantité, seule la qualité oblige.

– €€€€ – 3 rue de Prague – Ⓜ Ledru-Rollin – www.table.paris – Fermé lundi, samedi et dimanche

✿✿ VIRTUS

CUISINE MODERNE • COSY À quelques pas du marché d'Aligre, cette belle façade bleu sombre abrite un intérieur vintage émaillé de touches Art déco – un décor signé de l'architecte argentin Marcelo Joulia qui évoque presque un appartement parisien. C'est le fief d'un couple talentueux formé par Frédéric Lorimier aux fourneaux et Camille Gouyer, qui veille avec beaucoup de douceur et d'élégance sur la salle. Fort de son parcours parmi les grands (notamment chez Arnaud Donckele à Saint-Tropez), le chef cuisine au millimètre des produits de saison, délivre des cuissons au cordeau et de belles sauces parfumées, à l'image de cette barbue de ligne meunière, ragoût de petits pois, morilles farcies et sauce des cosses au vin jaune, ou de cette volaille fumée, rôtie au beurre de sarriette, tarte fine des cuisses confites et girolles sautées, jus de rôti.

AC – €€€€ – 29 rue de Cotte – Ⓜ Ledru-Rollin – ✆ 09 80 68 08 08 – www.virtus-paris.com – Fermé lundi, dimanche, et le midi sauf vendredi

JOUVENCE

CUISINE MODERNE • VINTAGE Située non loin de la rue de Cîteaux, cette ancienne pharmacie 1900 ne se repose pas sur ses lauriers décoratifs ; on y sert une cuisine actuelle et riche de produits de qualité, comme ces noix de Saint-Jacques en ceviche ou cette belle entrecôte Angus. Le chef n'oublie ni le goût ni la générosité, et le service est attentionné.

AC – €€ – 172 bis rue du Faubourg-Saint-Antoine – Ⓜ Faidherbe - Chaligny – ✆ 01 56 58 04 73 – www.jouvence.paris – Fermé lundi et dimanche

À LA BICHE AU BOIS

CUISINE TRADITIONNELLE • BISTRO Dans un décor typique de vieux bistrot parisien à deux pas de la gare de Lyon, habitués et voyageurs de passage dégustent au coude-à-coude une cuisine traditionnelle sans chichi. À la carte, terrines, escargots de Bourgogne et ravioles du Royans se partagent la vedette avec le magret de canard au miel, le filet de bœuf landais (cèpes et foie gras) ou bien encore le coq au vin (spécialité de la maison), sans oublier le gibier (la biche, bien sûr, mais aussi la grouse d'Écosse !). Quant à la crème caramel, elle est tout simplement addictive...

€€ – *45 avenue Ledru-Rollin* – Ⓜ *Gare de Lyon* – *01 43 43 34 38* – *www.alabicheaubois.fr* – *Fermé samedi et dimanche*

AMARANTE

CUISINE TRADITIONNELLE • BISTRO On décline dans ce bistrot situé entre Bastille et gare de Lyon une partition généreuse et sans fioritures, au doux parfum d'antan, qui donne toute leur place à des produits bien choisis tels que ces grosses crevettes nantaises «triple zéro», ce cochon kintoa ou bien encore cette lotte de petite pêche. Le décor est aussi simple et vintage que la cuisine : carrelage au sol, banquettes en skaï rouge, tables en bois. Pourquoi faire compliqué ?

A/C – **€€€** – *4 rue Biscornet* – Ⓜ *Bastille* – *07 67 33 21 25* – *www.amarante.paris* – *Fermé mercredi et jeudi*

AU TROU GASCON (N)

CUISINE MODERNE • VINTAGE Dans l'ancien repaire d'Alain Dutournier (de 1973 à 2023), connu pour sa cuisine bourgeoise orientée vers le terroir du Sud-Ouest, le nouveau cadre se veut plus décontracté : cuisines ouvertes, mobilier vintage et bar à cocktails. Les assiettes sont toujours aussi gourmandes, avec parfois une touche sudiste : tortellini aux artichauts, vol-au-vent à la seiche...

A/C – **€€€** – *40 rue Taine* – Ⓜ *Daumesnil* – *01 88 61 56 31* – *www.autrougasconparis.fr* – *Fermé dimanche et lundi*

BISTRO S

CUISINE MODERNE • BISTRO S comme secret, savoureux, sapide ou Spinoza, non pas le philosophe, mais le propriétaire, numismate spécialiste des monnaies grecques antiques et passionné de vin, qui couve des yeux son discret bistrot du quartier Ledru-Rollin, dont l'esprit indus est adouci par le cuir et le bois omniprésents. Le talentueux chef japonais Shimpei Oié y cuisine un menu unique sain, juste et frais, fort d'une technique impeccable. Ne passez pas à côté de la daurade royale : juste brûlée à la flamme, entourée de raisins blancs et jus au kiwi. S comme super !

€€€ – *7 rue Saint-Nicolas* – Ⓜ *Ledru-Rollin* – *01 43 43 49 40* – *www.bistros.fr* – *Fermé lundi, dimanche et samedi midi*

LE COTTE RÔTI

CUISINE MODERNE • BISTRO Un restaurant à l'image de son chef, convivial et bon vivant, qui revisite avec finesse la tradition bistrotière : au gré du marché et de l'humeur du jour, il compose des plats savoureux et gourmands, qui vont droit au cœur ! Souvenir de cet œuf parfait associé au poireau, à la saucisse de Morteau et hollandaise. Et pour accompagner le tout, rien de tel que quelques bons crus de la vallée du Rhône...

€€ – *1 rue de Cotte* – Ⓜ *Ledru-Rollin* – *01 43 45 06 37* – *www.lecotteroti.fr* – *Fermé samedi, dimanche et lundi midi*

DERSOU

CUISINE CRÉATIVE • ÉPURÉ Dans une agréable ruelle toute proche de la Bastille, Dersou propose une expérience inédite : associer mets et cocktails, dans une ambiance musicale branchée. Ainsi, les poireaux vinaigrette à la crème de moutarde à l'ancienne et oseille sont accompagnés d'un cocktail à l'aneth, yuzu, gin et granny smith, tandis qu'un cocktail whisky, porto et orange escorte judicieusement la pintade et sa purée de betterave acidulée. Les produits sont de première qualité et la mixologie tient ses promesses.

AC - €€€ - *21 rue Saint-Nicolas - Ⓜ Ledru-Rollin - ✆ 09 81 01 12 73 - www.dersouparis.com - Fermé lundi, dimanche et le midi*

GODAILLE

CUISINE MODERNE • BISTRO Godaille, en argot, c'est l'art de festoyer entre amis. Cette popote de potes célèbre les épices et les herbes fraîches, comme dans ce morceau de volaille frit, moelleux à cœur, rehaussé d'une panure dorée et d'une sauce gingembre-citron. Le midi, un menu unique change chaque semaine ; le soir, la carte se renouvelle autour de propositions inspirées, telles que les moules de bouchot au coco-curry vert et herbes thaï, ou la poitrine de veau confite. Le tout dans un cadre chaleureux à l'esprit légèrement rétro. Belle sélection de vins nature et bio.

- €€ - *9 rue Antoine-Vollon - Ⓜ Ledru-Rollin - ✆ 01 45 85 30 65 - www.restaurantgodaille.fr - Fermé lundi, dimanche et mardi midi*

GUEFEN

CUISINE MODERNE • CONTEMPORAIN Juste à côté de la mairie du 12e, cette adresse attire par sa façade vitrée et son sobre décor contemporain. Le chef y propose un menu unique, sans cesse renouvelé au fil des saisons et du marché, où s'exprime une inspiration levantine discrète autour des produits de la mer. Les intitulés, audacieux mais justes, annoncent des assiettes travaillées : tartare de sériole au quinoa soufflé, gaspacho de concombre et coulis de pastèque pimentée ; thon rouge laqué au bouillon végétal, relevé d'aïoli yuzu et de carottes blanches au thym. Accueil charmant et souriant.

AC - €€€€ - *212 bis rue de Charenton - Ⓜ Dugommier - ✆ 09 80 62 94 69 - www.guefen.fr - Fermé vendredi, samedi, et le midi*

HUTHOPI N

CUISINE MODERNE • CONTEMPORAIN À deux pas du marché d'Aligre, trois amis - Hugo, Thomas et Pierre, alias HuThoPi - sont à la tête de cette adresse de poche au décor brut et vivant : pierres apparentes, parquet, bocaux de légumes fermentés et cuisine ouverte. Passés par de belles maisons entre palaces et tables branchées (Le Meurice, Plaza Athénée, Oka, Cobéa, L'Ours...), ils proposent une cuisine d'esprit végétal, digeste et équilibrée, fondée sur les produits de saison : tomate Marmande et espuma piperade, crudo de sériole et ajoblanco, rouget barbet au sabayon safrané, cocos de Paimpol et lard de Colonnata.

€€€ - *53 rue de Charenton - Ⓜ Ledru-Rollin - ✆ 01 43 46 12 94 - www.huthopi.fr - Fermé samedi, dimanche, et lundi et mardi à midi*

NOUS 4

CUISINE TRADITIONNELLE • BISTRO Cochon en crousti-fondant, lentilles, sauce moutarde ; œuf poché, chou, crème au lard : vous l'aurez peut-être compris, ici, on se régale sans chichis, et à un rapport plaisir/prix aussi aimable que le chef, avec qui vous pouvez échanger, grâce à la cuisine ouverte. Une adresse décidément bien sympathique comme on aimerait en voir plus souvent à Paris.

♿ - €€ - *3 rue Beccaria - Ⓜ Gare de Lyon - ✆ 06 06 70 64 92 - www.nous4restaurant.com - Fermé lundi, dimanche et samedi midi*

PASSERINI

CUISINE ITALIENNE • CONTEMPORAIN Dans son restaurant convivial, Giovanni Passerini nous régale de plats italiens soignés et goûteux, comme ces trippa alla romana qui sont un modèle du genre. Ici, primauté aux produits et à l'authenticité : les plats à partager sont une spécialité de la maison, comme l'agneau de lait Manech tête noire ou le pigeon entier en deux services. L'adresse est très courue, pensez à réserver !

- €€ - 65 rue Traversière - Ledru-Rollin - 01 43 42 27 56 - www.passerini.paris - Fermé lundi, dimanche, et mardi et samedi à midi

LE QUINCY

CUISINE TRADITIONNELLE • BISTRO Une ambiance chaleureuse règne dans ce bistrot indémodable, longtemps dominé par « Bobosse », son patron truculent et haut en couleurs dont la gouaille a fait les belles heures des lieux. Désormais, ses visites se font plus rares, mais il incarne toujours l'âme de ce repaire de gourmands. Depuis 50 ans (à la louche !), les amateurs de bonne chère se régalent des généreuses et savoureuses spécialités du Berry et de l'Ardèche. Le chef ne triche ni avec la qualité, ni avec les quantités lorsqu'il s'agit de la terrine maison au chou et ail, de la volaille à la crème ou de la glace au rhum... à discrétion ! Une table comme on n'en fait plus.

- €€€ - 28 avenue Ledru-Rollin - Gare de Lyon - 01 46 28 46 76 - Fermé lundi, samedi et dimanche

TOWA

CUISINE MODERNE • CONTEMPORAIN Le chef japonais Shin Okusa est aux commandes de Towa, tout près du trépidant marché d'Aligre. Passionné par la tradition française, véritable disciple d'Escoffier, il reprend les grands classiques (navarin d'agneau, pithiviers de magret de canard) mais aussi les sauces, pâtés chauds et autres tourtes avec un aplomb imparable.

€€€ - 75 rue Crozatier - Ledru-Rollin - 01 53 17 02 44 - www.towarestaurantparis.fr - Fermé lundi, mardi et mercredi midi

HÔTEL PARADISO

MODERNE • CHALEUREUX MK2, acteur majeur du cinéma, dédie cet hôtel au 7e art. Chaque chambre est une salle privée : projecteur, écran, sonorisation de qualité et accès à quelque 10 000 films. Certaines sont moins spacieuses que d'autres, mais toutes sont élégantes et personnalisées de couleurs vives, de meubles modernes et d'œuvres d'art liées au cinéma. Et pour partager l'amour du grand écran, un cinéma "public", une salle de karaoké, un café et un bar sur le toit avec vue sur la ville (et son propre écran extérieur). La véritable capitale du cinéma est un hôtel.

*- **26 chambres** - 135 boulevard Diderot - 01 88 59 20 01*

PLACE D'ITALIE • GARE D'AUSTERLITZ • BIBLIOTHÈQUE NATIONALE DE FRANCE

13e ARRONDISSEMENT

IMPÉRIAL CHOISY

CUISINE CHINOISE • SIMPLE Au cœur du Chinatown parisien, un restaurant chinois apprécié par de nombreux Asiatiques qui en ont fait leur cantine. Dans une salle qui ne désemplit pas (service non-stop, voire un peu expéditif !), on se régale au coude-à-coude de belles spécialités cantonaises, dont le porc croustillant et le canard laqué. Un vrai goût d'authenticité, sans se ruiner ! Pas de réservation possible ici, il faut se rendre sur place et attendre d'être placé.

- €€ - 32 avenue de Choisy - Porte de Choisy - 01 45 86 42 40 - www.imperialchoisy.fr/menu

DAME AUGUSTINE

CUISINE MODERNE • BRASSERIE Voici l'autre restaurant du chef Lilian Douchet : une salle à manger véranda dans l'esprit d'une petite brasserie à l'ambiance décontractée. Il y sert plusieurs menus, dont l'un au déjeuner qui offre un bon rapport qualité-prix. On se régale par exemple d'un florilège de tomates anciennes, pesto d'herbes fraîches, sablé au parmesan et son sorbet mizuna, ou d'un filet de merlan mijoté de cocos de Paimpol et émulsion de thym citron. Une adresse bienvenue dans ce quartier résidentiel.

€€ – *32 avenue des Gobelins – Ⓜ Les Gobelins – ✆ 01 83 92 85 98 – www.dameaugustine.com – Fermé lundi et dimanche*

L'HOMMAGE

CUISINE MODERNE • CONTEMPORAIN Dans ce quartier où fleurissent les cantines chinoises, cet établissement se démarque par sa partition bistronomique à la française, mais aussi par sa décoration épurée, façon loft nordique. Dans l'assiette c'est un sans-faute : produits de qualité, cuissons et assaisonnements maîtrisés, comme ces ravioles d'ossau-iraty, sauce au pimiento fumé, poudre de chorizo, rhubarbe pochée et huile de roquette ou encore ce dos de maigre aux asperges, miso, câpres et sauce matelote au vin rouge...

♿ A/C – **€€** – *36 avenue de Choisy – Ⓜ Maison Blanche – ✆ 01 44 24 38 70 – www.lhommageparis.com – Fermé lundi et dimanche*

MARSO & CO

CUISINE MÉDITERRANÉENNE • BRANCHÉ Tomy Gousset (Tomy & Co, près des Invalides) tient ici une table avant tout voyageuse : l'assiette pioche dans tout le bassin méditerranéen, de la Grèce au Portugal en passant par l'Italie et le Liban, mais aussi en Amérique latine – à l'image de cet aguachile de daurade et crevettes, pomelo, concombre et coriandre réalisé par la cheffe d'origine colombienne. Le tout servi dans une salle à manger aux murs décorés de pieuvres peintes par l'artiste de street art Kraken. Le résultat est réjouissant, les saveurs font mouche, la fraîcheur est au rendez-vous : on passe un bon moment.

€€ – *16 rue Vulpian – Ⓜ Glacière – ✆ 01 45 87 37 00 – www.tomygousset.com/marso-and-co – Fermé samedi et dimanche*

NOSSO

CUISINE MODERNE • CONTEMPORAIN La cheffe brésilienne Alessandra Montagne est tout sourire dans son nouveau restaurant contemporain et chaleureux de béton et de bois, entièrement ouvert sur l'extérieur avec ses grandes baies vitrées. Dans l'assiette, la recette du succès (et du plaisir) est au rendez-vous : dressages soignés, cuisine de saison locavore, pleine de saveurs et panachée d'influences multiples, notamment du Brésil. 100% nature et zéro déchet. Menus dégustation le soir.

♿ A/C – **€€€** – *22 promenade Claude-Lévi-Strauss – Ⓜ Bibliothèque François-Mitterrand – ✆ 01 40 01 95 17 – www.nosso-restaurant.fr – Fermé samedi et dimanche, et lundi et mardi soir*

PHO TAI

CUISINE VIETNAMIENNE • SIMPLE Dans une rue isolée du quartier asiatique, Monsieur Té et son épouse surveillent comme le lait sur le feu cette petite cantine vietnamienne qui a son lot d'habitués. Dans une ambiance tonitruante, on déguste au coude-à-coude une cuisine familiale parfumée et pleine de saveurs : poulet croustillant au gingembre frais, bo-bun, et mention spéciale pour la soupe phô et les raviolis vietnamiens (ba'nh cuô'n). Prix tout doux.

A/C – **€** – *13 rue Philibert-Lucot – Ⓜ Maison Blanche – ✆ 01 45 85 97 36 – Fermé lundi*

PARIS

SELLAE

CUISINE MODERNE • BISTRO Avec Mensae dans le dix-neuvième arrondissement (table en latin), Sellae (chaise), est une autre adresse de Thibault Sombardier. Le chef y propose une cuisine moderne de saison, qui louche vers le Sud et surtout la gourmandise ! Dans cette salle à manger d'esprit bistrot, on se régale de beaux produits traités avec un savoir-faire certain : ravioles d'escargots au beurre d'herbes ; risotto aux girolles et parmesan ; et le dessert signature du chef, mousse au chocolat tiède, glace vanille et crumble à la fleur de sel...

€€ - *18 rue des Wallons - Ⓜ Saint-Marcel - ✆ 01 43 31 36 04 - www.sellae-restaurant.com - Fermé lundi et dimanche*

SIMONE, LE RESTO...

CUISINE DU MARCHÉ • BISTRO Une double adresse pour deux fois plus de plaisir : une cave à vins orientée majoritairement en biodynamie (située à une centaine de mètres) et cette bonne petite table de copains, au coude à coude, dans un décor de bistrot. L'assiette se concentre sur une cuisine actuelle et locavore, saine et savoureuse (carte de saison aux intitulés séduisants et menu-déjeuner d'un excellent rapport qualité-prix). On se régale d'asperges blanches, sauce mousseline, pickles d'oignons ou encore d'un boudin basque au piment d'Espelette, betteraves, sauce betterave au vin rouge.

€€ - *33 boulevard Arago - Ⓜ Les Gobelins - ✆ 01 43 37 82 70 - www.simonelerestolacave.com - Fermé lundi, dimanche et samedi midi*

LE SIROCCO

CUISINE MAROCAINE • ORIENTAL Le souffle chaud du Sirocco est monté jusqu'aux Gobelins apporter ses effluves de tajines, couscous et hariras dans les anciennes écuries du château de la Reine Blanche, où est installé ce restaurant marocain au décor typique. Le propriétaire importe lui-même l'huile d'argan qui parfume ses préparations traditionnelles. Bien entendu la semoule est maison, très fine comme il se doit.

€€ - *8 bis rue des Gobelins - Ⓜ Gobelins - ✆ 01 43 31 13 13 - www.restaurantlesirocco.fr - Fermé lundi*

SOURIRE LE RESTAURANT

CUISINE MODERNE • COSY Banquettes en velours bleu, tables bistrot rétro, producteurs triés sur le volet (veau rouge de Galice, agneau de Clavisy) : la recette est efficace et éprouvée, à l'image de ces coquilles Saint-Jacques de la Baie de Morlaix, variation de choux, citron confit. Menu à double choix le midi, et une seconde adresse dans le 5e arrondissement pour une offre de tapas le soir et brunch le week-end... de quoi donner le sourire !

AC - **€€€** - *15 rue de la Santé - Ⓜ Gobelins - ✆ 01 47 07 07 45 - www.sourire-restaurant.com - Fermé lundi, dimanche et du mardi au jeudi à midi*

C.O.Q HÔTEL PARIS *Plus*

MODERNE • CONVIVIAL Community of Quality : voilà ce que cache le sigle de cet hôtel chic et décontracté, proche de la place d'Italie. Les chambres sont confortables et bien décorées, et l'on profitera aussi d'un agréable jardin d'hiver avec verrière et canapés...

AC - **50 chambres** - *15 rue Édouard Manet - ✆ 01 45 86 35 99*

PARIS

MONTPARNASSE • DENFERT ROCHEREAU • PARC MONTSOURIS

14e ARRONDISSEMENT

MOSUKE

Chef : Mory Sacko

CUISINE MODERNE • TENDANCE Le nom du restaurant fusionne le prénom du chef, Mory, et celui de Yasuke, le premier et unique samouraï africain ayant existé au Japon. Tout est dit : la référence à ses racines malienne et sénégalaise, sa fascination pour le pays du Soleil Levant et, bien sûr, sa passion pour la gastronomie française et ses techniques. Et c'est une vraie réussite dans l'assiette, toujours inspirée et originale. Le résultat est singulier, métissé, abouti : langoustine à la flamme, sauce achu, piquillos et bouquet aromatique ; maigre de ligne confit, kik alicha, chou fermenté et agrumes confits ; bœuf d'Aubrac maturé au karité, sauce mafé, tamarin et togarashi shichimi. Une cuisine qui ouvre de nouveaux horizons !

AC – **€€€€** – *11 rue Raymond-Losserand – Ⓜ Gaîté – ✆ 01 43 20 21 39 – www.mosuke-restaurant.com – Fermé samedi et dimanche*

AUX PLUMES

CUISINE MODERNE • CONVIVIAL Un chef japonais au joli parcours réalise ici une cuisine inspirée et généreuse, avec les meilleurs produits du quartier. Filet de bonite mi-cuite, sauce aigre-douce et blette braisée à la tapenade verte ; échine de porc, crème à la moutarde et purée de patate douce ; cheesecake à la bergamote, fruits rouges et noirs confits au piment d'Espelette... Des préparations originales et soignées, qui changent chaque semaine et régalent à tous les coups. Le midi, selon le marché, une trilogie d'entrées avec un plat du jour au tarif imbattable.

AC – **€€** – *45 rue Boulard – Ⓜ Mouton-Duvernet – ✆ 01 53 90 76 22 – www.auxplumes.com – Fermé lundi et dimanche*

CAPSULE

CUISINE TRADITIONNELLE • BISTRO Au rez-de-chaussée d'un bel immeuble haussmannien, ce bistrot respire le charme parisien : à l'entrée, un comptoir-bar convivial et quelques tables ; à l'arrière, une salle à manger rétro-chic (banquettes en moleskine vert flashy, murs blancs, suspensions vintage) et une cuisine ouverte évoquant... une capsule. Le chef propose une cuisine familiale, simple et réconfortante, mais exécutée avec précision à partir de produits frais. Mention spéciale pour le jus de poulet rôti ! Côté desserts, l'île flottante au caramel au beurre salé et amandes torréfiées est tout aussi convaincante.

♿ – **€€** – *2 rue Cassini – Ⓜ Saint-Jacques – ✆ 01 56 81 22 39 – www.capsule.restaurant – Fermé samedi et dimanche*

LE CORNICHON

CUISINE MODERNE • BISTRO Armé d'un CV très costaud (Atelier Guy Martin, Lucas Carton, Le Grand Véfour), Sébastien Dagoneau fait des merveilles depuis sa reprise du Cornichon en janvier 2020. Originaire du Perche, le chef travaille beaucoup en direct les produits des fermes de sa région natale, notamment le cochon et la volaille : pintade cuisinée en cocotte sauce morille, pavé de cochon fondant et gnocchi de pomme de terre... En dessert, on craque pour le chou croustillant fourré de crème à la vanille Bourbon. Sympathique carte de vins bio et nature.

€€ – *34 rue Gassendi – Ⓜ Denfert-Rochereau – ✆ 01 43 20 40 19 – www.lecornichon.fr – Fermé samedi et dimanche*

PARIS

L'ASSIETTE

CUISINE CLASSIQUE • **BISTRO** Une adresse franche et généreuse où l'on peut voir ce qui se trame en cuisine. Cassoulet maison (aussi disponible à l'épicerie attenante), pâté en croûte, pickles de légumes ; paleron de bœuf braisé au vin rouge et carottes fondantes ; baba au rhum... La cuisine de tradition prend l'accent bistrot chic.

€€€ - *181 rue du Château - Ⓜ Mouton-Duvernet - ✆ 01 43 22 64 86 - www.restaurant-lassiette.paris - Fermé lundi et mardi*

BISTROT AUGUSTIN

CUISINE TRADITIONNELLE • **BISTRO** Repris en main par Guy Martin en 2020, ce bistrot a toujours les mêmes valeurs : cadre feutré, petite terrasse sur la rue Daguerre, et la belle cuisine du marché à la gloire du produit : terrine de lapin et compotée d'oignons rouges ; quasi de veau fermier cuit au sautoir, légumes de saison au lard paysan...Table d'hôte au fond de la salle et appétissant menu-carte.

♿ AC - **€€** - *79 rue Daguerre - Ⓜ Gaîté - ✆ 01 43 21 92 29 - www.augustin-bistrot.fr - Fermé dimanche*

LE DUC

POISSONS ET FRUITS DE MER • **VINTAGE** On a beau être au cœur de la rive gauche, on se croirait dans une cabine de yacht, où viennent prendre leur ration d'air marin des fidèles de longue date... car cette table est une institution depuis la fin des années 1960 où le père du chef actuel a osé cuire les poissons rosés à l'arête, une démarche révolutionnaire à l'époque ! Ces poissons d'une grande fraîcheur, provenant toujours de petits bateaux, ont fait la réputation de la maison. Les cuissons sont justes, les assaisonnements simples et harmonieux. Langoustines raidies, shiso et crème d'oursins ; homard sauté à l'orange ; saint-pierre grillé et sole meunière... Embarquement immédiat !

AC - **€€€€** - *243 boulevard Raspail - Ⓜ Raspail - ✆ 01 43 20 96 30 - www.restaurantleduc.com - Fermé dimanche*

KIGAWA

CUISINE TRADITIONNELLE • **ÉLÉGANT** Kigawa comme Michihiro Kigawa, le chef de cet établissement tout simple. Fort de son expérience dans un restaurant français à Osaka, le voilà à Paris pour vous régaler de pâté en croûte, pigeon rôti et autres beaux classiques de l'Hexagone... On se régale d'autant plus que le service assuré par Junko, sa femme, est tout simplement parfait.

AC - **€€€** - *186 rue du Château - Ⓜ Mouton-Duvernet - ✆ 01 43 35 31 61 - www.kigawa.fr - Fermé lundi et dimanche*

MONTÉE

CUISINE MODERNE • **ÉPURÉ** À cette table, un chef japonais talentueux partage son amour de la gastronomie française en y associant ses racines nippones : des préparations simples et épurées, pour des assiettes minimalistes et graphiques. Brandade de morue et mousse aux amandes ; saint-pierre cuit à la plancha ; sauce à la menthe et sauté de pomme de terre ; carré de veau rôti, viennoise et crémeux d'épinard... le tout à déguster dans un décor sobre et design.

€€€ - *9 rue Léopold-Robert - Ⓜ Notre-Dame-des-Champs - ✆ 01 43 25 57 63 - www.restaurant-montee.fr - Fermé lundi et dimanche*

LES PETITS PARISIENS

CUISINE TRADITIONNELLE • **BISTRO** Dans une ambiance conviviale, on s'attable à cette adresse pour se régaler d'une cuisine bistrotière à la page, et pour un bon rapport qualité-prix. Ici, les grands classiques sont revisités avec brio, à l'image de la blanquette de veau ou du chou farci, pour ne citer que deux exemples. Les amateurs de desserts se laisseront tenter par le riz au lait à la vanille ou la mousse au chocolat noir 70%... Finesse et gourmandise sont au rendez-vous !

A/C – €€ – 49 avenue Jean-Moulin – Ⓜ Porte d'Orléans – ✆ 01 45 43 72 97 – www.petits-parisiens.fr – Fermé samedi et dimanche

DRAWING HOUSE
Plus

MODERNE • RAFFINÉ Organisateurs d'une foire d'art, galeristes, les instigateurs de la Drawing House se font hôteliers avec succès. Leur établissement, élégant et moderne, vaut la visite, tant il est rempli d'œuvres d'artistes français contemporains. Chaque chambre recèle des peintures murales ou de petites créations, et l'accrochage est encore plus généreux dans les espaces communs. La situation légèrement excentrée permet une piscine, un spa et un restaurant ouvert toute la journée.

A/C Spa – **143 chambres** – *21 rue Vercingétorix – ✆ 01 89 89 27 27*

HÔTEL CABANE
Plus

MODERNE • CHAMPÊTRE Un jardin à Montparnasse ! L'élégant bâtiment ivoire, avec son toit d'ardoise et ses lucarnes dispose d'un jardin intérieur luxuriant où trône un bungalow. Son lit king-size et sa déco scandinave chic en font la chambre la plus luxueuse. Les autres se trouvent dans le bâtiment principal : compactes et charmantes, avec des boiseries modernes. Le joli jardin abrite un bar noyé de verdure. Petit déjeuner servi à l'extérieur, dès que possible, avec des gourmandises artisanales.

A/C P – **42 chambres** – *76 rue Raymond Losserand – ✆ 01 40 52 12 40*

PARIS

PORTE DE VERSAILLES • VAUGIRARD • BEAUGRENELLE

15e ARRONDISSEMENT

CHAKAISEKI AKIYOSHI

Chef : Yuichiro Akiyoshi

CUISINE JAPONAISE • ÉPURÉ Attention, unique en France ! Chakaiseki Akiyoshi est le premier restaurant de l'Hexagone dédié à la cérémonie traditionnelle du thé – le cha-kaiseki étant plus précisément le repas qui l'accompagne, et Yuichiro Akiyoshi le nom du chef. Le restaurant se cache derrière une discrète façade en bois et accueille seulement 16 couverts. Sériole et gelée de ponzu ; tempura de crevettes grises et son bouillon ; daurade royale marinée au saké, mirin et sauce soja puis grillée au charbon de bois ; sushi de maquereau ; riz au saumon grillé ; bouillon miso à l'artichaut : une cuisine de produits et de fraîcheur où tout est préparé devant le client par le chef, aidé de son épouse vêtue d'un kimono. Harmonie des couleurs et des saveurs, recherche esthétique et zen : vivez une expérience exclusive hors du temps dans un décor qui s'inspire des authentiques maisons de thés japonaises.

A/C – €€€€ – 59 rue Letellier – Ⓜ La Motte-Picquet - Grenelle – www.chakaiseki-akiyoshi.fr – Fermé lundi, mardi et mercredi midi

NEIGE D'ÉTÉ

Chef : Hideki Nishi

CUISINE CRÉATIVE • ÉPURÉ Neige d'Été... Un nom d'une poésie toute japonaise, et pour cause : l'adresse est l'œuvre d'un chef nippon, Hideki Nishi, formé chez Taillevent et au George V, à Paris. Un nom en figure d'oxymore, surtout, qui annonce des jeux de contraste et une forme d'épure : telle est en effet la marque du cuisinier. Précision toute japonaise et répertoire technique hautement français s'allient donc à travers des recettes finement ciselées et subtiles, privilégiant les arrivages directs de Bretagne pour les légumes et les poissons, et les cuissons au charbon de bois. Un travail en justesse et en contrepoint, qui brille comme la neige en été...

A/C - €€€€ - 12 rue de l'Amiral-Roussin - Ⓜ Avenue Émile-Zola - ✆ 01 42 73 66 66 - www.neigedete.fr

PILGRIM

CUISINE MODERNE • CONTEMPORAIN Masaki Nagao revient en bon pèlerin à la capitale après deux années au Duende à Nîmes et insuffle à cette table une énergie nouvelle. Passé par Vantre et Le Clarence, ce chef japonais signe une cuisine française moderne, précise et délicatement inventive, guidée par la pleine saison. Il affectionne la salinité des coquillages, qu'il utilise crus, cuits ou en consommé pour structurer ses assiettes. On goûte une composition végétale autour de la carotte, du radis et du navet relevée d'un consommé de coquillage, ou de splendides noix de Saint-Jacques en sashimi associées à la poire, ricotta fumée et castelfranco. Offre réduite au déjeuner.

A/C - €€€ - 8 rue Nicolas-Charlet - Ⓜ Pasteur - ✆ 01 40 29 09 71 - www.pilgrimparis.com - Fermé samedi et dimanche

L'ANTRE AMIS

CUISINE MODERNE • CONTEMPORAIN Entrez dans cet Antre, dont le chef-patron assure la cuisine avec passion. Avec de jolis produits de saison, il compose une courte carte actuelle, mais ne s'interdisant pas de piocher dans la tradition (pâté en croûte de gibier et foie gras ; dos de cabillaud en croûte de pistache, cannelloni épinards et ricotta) ainsi que des plats à partager façon tapas, le tout accompagné de plus de 500 références de vins. Agréable cadre contemporain et terrasse sur rue calme.

A/C - €€ - 9 rue Bouchut - Ⓜ Ségur - ✆ 01 45 67 15 65 - www.lantreamis.com - Fermé samedi et dimanche

LE CASSENOIX

CUISINE TRADITIONNELLE • BISTRO Vieilles affiches, pendules et meubles vintage : le décor est planté. Côté petits plats, l'authenticité prime aussi : délicieuse cuisine canaille, dont boudins blancs et pâtés en croûte, inspirés au chef par son papa, Meilleur Ouvrier de France à Orléans... Amusante collection de casse-noix chinés par la maman du patron. Ce «CasseNoix» casse des briques !

€€ - 56 rue de la Fédération - Ⓜ Bir-Hakeim - ✆ 01 45 66 09 01 - www.le-cassenoix.fr - Fermé samedi et dimanche

LE RADIS BEURRE

CUISINE TRADITIONNELLE • BISTRO On vient ici pour l'accueil chaleureux, l'ambiance conviviale, la carte écrite sur une grande ardoise où tout donne envie... et surtout pour la cuisine goûteuse et bien ficelée du chef Jérôme Bonnet, qui porte la marque de ses origines sudistes. Un exemple ? Cette épaule de cochon de lait au sautoir, haricots tarbais au jus, légumes rôtis, qui déchaîne l'appétit, ou cet excellent riz au lait, caramel laitier aux cristaux de sel. Ici, on aime la cuisine réconfortante et les cocottes qui mijotent. Un coup de cœur et l'adresse idéale pour célébrer les joies de l'amitié entre potes !

€€ - 51 boulevard Garibaldi - Ⓜ Sèvres - Lecourbe - ✆ 01 40 33 99 26 - www.restaurantleradisbeurre.com - Fermé samedi et dimanche

L'ACCOLADE

CUISINE MODERNE • BISTRO Dans une ambiance franchement conviviale, le chef, un ancien prof de sport qui a bifurqué, propose une cuisine goûteuse, renouvelée chaque jour, dans laquelle on croise de nombreux produits du Sud-Ouest (poitrine de cochon, chou pointu et lentilles vertes), mais aussi quelques saveurs venues d'Asie (carpaccio de navet Tokyo, chair de crabe, coriandre et ail noir). Une adresse attachante.

€€ - 208 rue de la Croix-Nivert - Ⓜ Boucicaut - ✆ 01 45 57 73 20 - www.laccoladeparis.com - Fermé samedi et dimanche

BEURRE NOISETTE

CUISINE DU MARCHÉ • BISTRO Un bistrot savoureux, bien connu des habitués ! Thierry Blanqui puise son inspiration au marché : carpaccio de tête de veau, ravigote de lentilles ; poitrine de cochon caramélisée, chou rouge braisé ; ou l'incontournable baba au rhum ambré, crème légère vanillée ! Un pied dans la tradition, l'autre dans la nouveauté : on se délecte... Une valeur sûre.

- €€ - 68 rue Vasco-de-Gama - Ⓜ Lourmel - ✆ 01 48 56 82 49 - www.restaurantbeurrenoisette.com - Fermé lundi, dimanche et samedi midi

BISCOTTE

CUISINE MODERNE • CONTEMPORAIN Maximilien (au salé) et Pauline (au sucré), deux habitués de prestigieuses maisons parisiennes (Bristol, Lasserre, Arpège, George V) proposent une cuisine du marché, goûteuse et appliquée, qui évolue au gré des saisons et des approvisionnements. Ils ont toujours à cœur de favoriser les produits locaux ou les producteurs artisanaux. Une adresse comme on les aime.

€€ - 22 rue Desnouettes - Ⓜ Convention - ✆ 01 45 33 22 22 - www.restaurant-biscotte.com - Fermé lundi, dimanche et le midi

LA BORIE N

Chefs : Tanguy Hanoun et Raphaëlle Bathellier

CUISINE MODERNE • ÉPURÉ Cuisinier devenu producteur, Tanguy Hanoun s'est lancé un défi audacieux : maîtriser l'ensemble de la chaîne alimentaire en s'approvisionnant directement auprès de sa ferme de Haute-Loire. Fruits, légumes, herbes aromatiques, œufs, volailles, agneau, miel, escargots... Même le beurre est maison ! Une fois par semaine, ces produits ultra-frais rejoignent les fourneaux du restaurant et constituent la matière première des menus surprise élaborés par la cheffe Raphaëlle Bathellier, qui évoluent au gré des saisons et des récoltes. Des préparations empreintes de simplicité, relevées de vinaigres, pickles et autres poudres maison. Une cuisine en circuit (très) court, au plus près du produit.

L'engagement du chef : Ici, l'autosuffisance guide chaque choix : tous les produits proviennent de la ferme de 70 ha en Haute-Loire, dont un potager de 3 ha. Beurre, crème, farine, huile, vinaigre et pain sont maison. Pas d'épice exotique ; seuls compromis : le sel et le café. Viandes élevées sur place uniquement, poissons de l'Allier. Mais on va encore plus loin : cuisson au gras de volaille, pas de clim mais des ventilateurs de plafond, tables en pierre volcanique d'Auvergne, savon rechargeable...

€€€ - 9 rue de Pondichéry - Ⓜ La Motte-Picquet - Grenelle - ✆ 07 75 75 70 70 - www.laborie-ferme-et-restaurant.fr - Fermé lundi et mardi, et dimanche soir

ÉBÈNE N

CUISINE MODERNE • ÉPURÉ Un duo formé à l'Arpège s'est installé dans cette rue située à côté de la Tour Montparnasse. En salle, Simon Plantrou mène un service précis tandis que, face aux convives, Jihyun Kim travaille une cuisine dépouillée, centrée sur des produits de saison et de beaux légumes venant

PARIS

principalement de l'Oise. La carte se concentre sur quelques grandes pièces à partager, comme le colvert de Sologne ou le carré d'agneau, complétées par un menu dégustation en plusieurs séquences. Les assiettes vont à l'essentiel, avec un traitement net des légumes et des jus maîtrisés. Le décor, minimaliste et élégant, aligne nappes blanches, bois clair et un comptoir ouvert sur la cuisine.
AC – €€€ – *8 rue Falguière* – M *Falguière* – *01 42 19 98 01* – *www.ebeneparis.com* – *Fermé dimanche et lundi*

JIUM

CUISINE CORÉENNE • TRADITIONNEL Derrière une devanture anonyme, une authentique cantine coréenne à la déco vintage soignée, et une clientèle issue du pays du Matin calme. Un lieu créé par un ancien photographe et patron de guest house, Kim Hong-Seung, et sa femme Sun-Hee, ex-styliste. Outre les incontournables bibimbap, la carte regorge de spécialités authentiques (crabe mou frit, beignets d'huîtres) et de propositions originales (crêpes aux fruits de mer, ragoût de kimchi, échine de porc et tofu, etc.). Ces pépites s'assaisonnent (ou pas) d'une sauce soja maison, avant de conclure avec un dessert, également fait maison, à l'image de ce riz au lait à la vanille aux haricots rouges et noix de pécan caramélisées.
€€ – *26 rue Tiphaine* – M *La Motte-Picquet - Grenelle* – *01 45 75 20 00* – *www.jium.art* – *Fermé lundi et dimanche*

SHARMA JI

CUISINE INDIENNE • CONTEMPORAIN Manoj Sharma est LE chef indien qui, à travers plusieurs adresses, a entrepris de sortir la cuisine indienne de ses clichés (les tandooris et autre poulet korma...). Dans ce lieu pimpant, moderne et coloré, la cuisine, véritable bistronomie, puise dans un répertoire traditionnel indien décapé esthétiquement et techniquement : poulet sauté masala du chef, coco et feuilles de curry ; piment corne de bœuf garni de masala cheese, sauce yaourt ; caramelized ginger cake. Mitonnées à grand renfort d'épices et d'aromates, les assiettes goûteuses de Manoj ménagent néanmoins les délicats palais occidentaux en dosant parfaitement le piment. Le menu déjeuner est un bon plan. Carte renouvelée régulièrement.
– €€ – *16 rue Frémicourt* – M *Avenue Émile-Zola* – *09 78 80 52 78* – *www.sharmaji.fr* – *Fermé lundi et dimanche soir*

HÔTEL AMI *Plus*

ÉPURÉ • COSY Installé dans un bâtiment centenaire, l'hôtel a fait l'objet d'une rénovation moderne dans le plus pur style danois. Les couleurs riches contrastent avec le bois blond et les espaces sont agrémentés d'œuvres d'art, d'artisanat et de bibelots. Son salon intérieur-extérieur est un petit bijou, au calme. C'est désormais une option élégante et abordable, suffisamment éloignée des quartiers touristiques pour vivre un authentique séjour parisien.
AC P – **108 chambres** – *7 rue du Général Beuret* – *01 56 56 63 90*

MAMA SHELTER PARIS WEST

AVANT-GARDE • CONVIVIAL Pour transformer l'ouest de Paris façon west-coast, un rooftop esprit bord de mer avec vue panoramique sur la ville, un restaurant bariolé au parfum californien et une brochette de DJs. Dessinées par l'architecte Jean-Michel Wilmotte et le cabinet de design Dion & Arles, les chambres du groupe donnent toujours la pêche avec leurs motifs ethniques et leurs palettes gorgées de soleil.
AC – **207 chambres** – *20 avenue de la Porte de la Plaine* – *01 75 77 52 52*

VILLA M

MODERNE • CHALEUREUX Une végétation vivante et saisissante habille cette structure moderne, alors qu'à l'intérieur, atmosphère chaleureuse et nature font bon ménage. Les chambres exubérantes - et apaisantes - conçues par Ph. Starck répondent à des espaces publics très accueillants : un restaurant qui s'ouvre sur une terrasse extérieure , un bar "inversé" et un programme de musique live, plus un deuxième bar sur le toit-terrasse, avec vue sur la Tour Eiffel et les toits de la ville.

– 73 chambres – *24 boulevard Pasteur – 01 70 61 70 40*

TROCADÉRO • ÉTOILE • PASSY • BOIS DE BOULOGNE

16e ARRONDISSEMENT

LE PRÉ CATELAN

CUISINE CRÉATIVE • LUXE Tempus fugit ! Voilà plus de 25 ans que Frédéric Anton est le chef du Pré Catelan, le fameux pavillon Napoléon III du bois de Boulogne révolutionné par Pierre-Yves Rochon à grand renfort de mobilier design et de tons vert, blanc et argent. Né à Nancy, issu d'un milieu modeste, ce Meilleur Ouvrier de France a surtout forgé son art chez Joël Robuchon. Son menu dégustation, qui met en valeur des produits de qualité remarquable (Saint-Jacques, langoustine, saumon, caviar), est époustouflant de sobriété et de précision technique. Construite crescendo, cette partition atteint une forme d'épure gustative, tout en témoignant de l'expérience du chef et de sa vision personnelle de la gastronomie. Incontournable.

– **€€€€** – *Route de Suresnes - bois de Boulogne – 01 44 14 41 14 – www.www.leprecatelan.com – Fermé lundi, mardi et dimanche*

BLANC

Chef : Shinichi Sato

CUISINE CRÉATIVE • DESIGN Shinichi Sato avait marqué les esprits dans son Passage 53. Ici, sous une voûte de lattes de bois enchevêtrées comme une corolle, dans cette salle circulaire qui forme une scène épurée et capitonnée, la magie opère toujours. Tout commence avec des produits de première qualité, sublimés par une grande maîtrise technique, un sens aigu du détail et une rigueur absolue : oignon de Roscoff caramélisé et restructuré au chorizo Bellota, bœuf de Galice cuit au charbon accompagné de cecina... Carte des vins remarquable, notamment de Bourgogne, et collection de whiskys à déguster dans un bar à l'ambiance feutrée.

– **€€€€** – *52 rue de Longchamp – Trocadéro – 01 70 60 12 00 – www.blanc-paris.com – Fermé lundi, dimanche, mardi midi, jeudi midi et vendredi midi*

L'OISEAU BLANC

CUISINE CRÉATIVE • CHIC Le restaurant de «gastronomie française contemporaine» du Peninsula, ce luxueux hôtel installé à deux pas de l'Arc de Triomphe. Son nom fait référence à l'avion avec lequel Nungesser et Coli tentèrent la première traversée de l'Atlantique nord en 1927 : une reproduction grandeur nature de l'appareil est suspendue au sommet de l'hôtel, comme si elle allait partir à l'assaut des cieux. Un bel hommage rendu aux deux pionniers autant qu'au ciel de Paris ! Sous sa verrière posée sur les toits, le restaurant semble en effet voler

PARIS

au-dessus de la capitale, et la terrasse offre une vue magistrale de la tour Eiffel au Sacré-Cœur. Un cadre parfait pour déguster la fine cuisine du chef David Bizet où tout tombe juste : cuissons, jus et sauces, visuels. En dessert, ce sont nos papilles qui prennent de la hauteur, grâce aux talents sucrés de la pâtissière Anne Coruble. Une réussite.

*– **€€€€** – 19 avenue Kléber – Kléber – 01 58 12 67 30 – www.peninsula.com/fr/paris/hotel-fine-dining/french-rooftop-loiseau-blanc*

ALAN GEAAM

Chef : Alan Geaam

CUISINE CRÉATIVE • ÉLÉGANT On parle toujours du rêve américain... Alan Geaam, lui, préfère parler du rêve français ! Après une enfance marquée par la guerre civile au Liban, il a débarqué à Paris à 24 ans avec une idée en tête : intégrer le monde de la gastronomie, sa véritable passion. Successivement plongeur, puis commis, il se forme à travers les livres et gravit un à un les échelons du métier. Désormais chez lui, il éclate au grand jour et réalise la synthèse de ce qu'il a appris tout au long de son parcours. Ses recettes originales marient le patrimoine français et des influences libanaises avec une grande justesse – le terme de «métissage» n'a jamais été aussi approprié –, et chaque assiette respire la passion et le travail. Une bien belle table.

*– **€€€€** – 19 rue Lauriston – Charles de Gaulle - Étoile – 01 45 01 72 97 – www.restaurant.alangeaam.fr – Fermé samedi et dimanche*

PARIS

L'ARCHESTE

Chef : Yoshiaki Ito

CUISINE MODERNE • ÉPURÉ Devanture engageante et cadre épuré (peinture sombre effet brossé, structure en bois, grande vitre apportant de la luminosité) pour ce restaurant imaginé par un passionné de produit qui a officié dix-huit ans chez Hiramatsu, dont dix en tant que chef. Il émerveille son monde avec une cuisine française éclatante de modernité, précise et cohérente, qui fait la part belle à des produits d'excellente qualité tout en épousant les saisons de fort belle manière. Pas de carte ici : les menus évoluent chaque jour au gré des humeurs du chef. Au fait, pourquoi l'Archeste ? Dans ce nom, il faut voir un hommage à Alain Senderens et à son restaurant l'Archestrate, mais aussi un savant mélange d'artiste, d'artisanal, d'orchestre et d'art. Au final, l'important, c'est qu'on s'y régale... et figurez-vous que c'est le cas.

*– **€€€€** – 79 rue de la Tour – Rue de la Pompe – 01 40 71 69 68 – www.archeste.fr – Fermé lundi, dimanche, et mardi et mercredi à midi*

ASTRANCE

Chef : Pascal Barbot

CUISINE CRÉATIVE • ÉLÉGANT Pascal Barbot et son complice Christophe Rohat ont choisi de s'installer dans une adresse mythique qui fit les beaux jours de Joël Robuchon, au temps du Jamin : un pari audacieux ! Ils en ont fait un lieu empreint de sobriété et de modernisme, qui n'oublie pas de rendre hommage au grand chef avec le «salon Joël». Avec une passion intacte pour le produit, le chef élabore une cuisine innovante qui ne se refuse aucun détour, avec une prédilection particulière pour l'Asie et le végétal. En salle, on peut compter sur le talent du maître de maison pour mettre ses hôtes à l'aise... et leur trouver la perle rare parmi les crus qui garnissent la superbe cave vitrée.

*– **€€€€** – 32 rue de Longchamp – Iéna – 01 40 50 84 40 – www.astranceparis.fr – Fermé samedi et dimanche*

BELLEFEUILLE - SAINT JAMES PARIS

Chef : Grégory Garimbay

CUISINE CRÉATIVE • LUXE Érigé en 1892, cet hôtel particulier a des airs de véritable petit château environné de verdure, en plein cœur de Paris. C'est au début des années 1990 qu'il devient hôtel, et en 2013 seulement que son restaurant s'ouvre à la clientèle extérieure... Un établissement parmi les plus exclusifs de la capitale ! Le chef Grégory Garimbay élabore une belle cuisine végétale et marine qui met en avant les produits de l'immense potager de la maison, fournissant plus de 250 variétés de fruits, légumes et herbes. Cette sensibilité à l'agriculture durable est portée par une équipe de salle à la fois pédagogue et tout en élégance. Même ambition côté sommellerie, avec d'originales propositions qui sortent des sentiers battus.

L'engagement du chef : Un potager et un verger d'Île-de-France (Nonville, en Seine-et-Marne), cultivés en agriculture biologique, fournissent la majorité des légumes, herbes et fruits du restaurant ; leur acheminement est assuré par un véhicule électrique. Les producteurs-artisans (maraîchers, pêcheurs, éleveurs) sont choisis pour leur engagement en faveur de l'environnement. Le menu unique suit les saisons et utilise tout le produit, avec très peu de viande. Les déchets organiques sont transformés en compost.

AC P – **€€€€** – *5 place du Chancelier-Adenauer – Ⓜ Porte Dauphine – ✆ 01 44 05 81 88 – www.saint-james-paris.com – Fermé samedi, dimanche et le midi*

COMICE

Chef : Noam Gedalof

CUISINE MODERNE • ÉLÉGANT Un couple de Canadiens, Noam Gedalof et Etheliya Hananova, tient cette belle table parisienne. Le chef s'inspire des bases de la cuisine française, qu'il saupoudre de modernité. Son obsession : mettre en valeur des produits de la saison avec le plus grand soin, à travers un menu unique concocté au gré de ses trouvailles. Cette séduisante partition se déguste dans une jolie salle moderne aux murs bleu profond, agrémentés de tableaux d'artistes contemporains. Quant à l'accueil et au chaleureux service orchestrés par l'épouse du chef, ils font honneur à la réputation de ses compatriotes !

AC – **€€€€** – *31 avenue de Versailles – Ⓜ Mirabeau – ✆ 01 42 15 55 70 – www.comice.paris – Fermé lundi, samedi et dimanche et le midi*

DON JUAN II

CUISINE MODERNE • ÉLÉGANT Amarré rive droite face à la Tour Eiffel, ce magnifique yacht Art déco revêtu de boiseries et d'une moquette épaisse n'attend plus que vous. Embarquez pour une croisière luxueuse et gourmande sous la houlette d'un capitaine hors norme : Frédéric Anton. Le chef du Pré Catelan a sélectionné quelques-unes de ses créations emblématiques pour régaler ses passagers : crabe au parfum de curry, raviole de langoustine, soufflé chaud au chocolat...

AC P – **€€€€** – *Port Debilly – Ⓜ Trocadéro – ✆ 01 83 77 44 40 – www.donjuan2.yachtsdeparis.fr – Fermé lundi, dimanche et le midi*

GEOÉLIA (N)

Chef : Camille Saint-M'Leux

CUISINE MODERNE • CONTEMPORAIN Dans ce quartier chic, ce restaurant d'angle séduit par sa salle lumineuse aux lignes contemporaines, rehaussée d'un parement de béton blanc et de deux majestueux lustres en verre de Murano. Le chef breton Camille Saint-M'Leux (ex-Villa9Trois à Montreuil) a choisi un nom qui rend hommage au voilier de ses grands-parents. Embarquement immédiat ! La cuisine suit les marées et les saisons : tourteau de casier et mayonnaise coraillée, lieu jaune de ligne de la criée de Roscoff, homard bleu

PARIS

breton en cocotte lutée... Des assiettes architecturées où l'iode et le végétal dialoguent à égalité. Que les amateurs de viande se rassurent, ils trouveront aussi leur bonheur au fil de la carte ou des menus (chevreuil rôti, ris de veau, bœuf jersiais au charbon).
AC – €€€€ – 125 rue de la Tour – Ⓜ Rue de la Pompe – ✆ 01 45 04 35 35 – www.geoelia.com – Fermé samedi et dimanche

LA GRANDE CASCADE

CUISINE CLASSIQUE • ÉLÉGANT Transformé en restaurant pour l'Exposition universelle de 1900, ce pavillon mêle les styles Empire, Belle Époque et Art nouveau : un charme incomparable se dégage de la rotonde, aménagée sous une grande verrière, et de la magnifique terrasse. La clientèle d'affaires vient y respirer le chic du Paris d'autrefois et l'air de la campagne en plein bois de Boulogne. Georges Menut veille amoureusement sur cette Grande Cascade, prenant soin de cultiver son image de grande dame. Mais l'établissement vit aussi avec son temps grâce à la cuisine du chef Frédéric Robert, passé par L'Ambroisie, le Vivarois et Lucas Carton, et aux desserts du jeune pâtissier Joris Vée.
– €€€€ – Allée de Longchamp, Bois de Boulogne – ✆ 01 45 27 33 51 – www.restaurantsparisiens.com/la-grande-cascade

NOMICOS

Chef : Jean-Louis Nomicos

CUISINE MODERNE • ÉLÉGANT Après avoir dirigé de nombreuses années durant les cuisines du restaurant Lasserre – l'un des temples de la cuisine classique –, Jean-Louis Nomicos est bien installé dans ce restaurant qui porte son nom. Pour ce chantre de la belle tradition, qui est né près de Marseille et a grandi dans le culte de la bouillabaisse, l'art et la technique doivent avant tout rester au service des sens et du plaisir. Telle est la condition pour révéler toutes les potentialités des grandes recettes et des produits de choix – méditerranéens, si possible ! On y retrouve notamment le plat signature : les macaronis aux truffes noires et foie gras de canard. Quant au décor contemporain, il se révèle parfaitement en phase avec le travail du chef.
AC – €€€€ – 16 avenue Hubert-Germain – Ⓜ Victor Hugo – ✆ 01 56 28 16 16 – www.nomicos.fr – Fermé lundi et dimanche

ŌRTENSIA

Chef : Terumitsu Saito

CUISINE MODERNE • CONTEMPORAIN On ne le dira jamais assez : le chef japonais est souvent l'un des meilleurs interprètes de la grande cuisine française, mâtinée ici de discrètes touches nippones, toujours distillées à bon escient. Comme l'hortensia, cette cuisine change de couleur(s), au diapason de la saison et du temps... Côté décor, le cadre intimiste contemporain joue l'épure et les tons clairs grâce à l'omniprésence du bois, tandis que les murs en miroir ouvrent l'espace. Réservation en ligne uniquement.
AC – €€€€ – 4 rue Beethoven – Ⓜ Passy – www.restaurantortensia.com – Fermé lundi, dimanche et du mardi au jeudi à midi

PAGES

Chef : Ryuji Teshima

CUISINE MODERNE • ÉPURÉ Dans un décor épuré comme une page blanche, le chef japonais Ryuji Teshima, dit Teshi, propose une vision contemporaine et personnelle de la cuisine française, basée sur des produits de premier ordre : crustacés et poissons de Normandie et Bretagne, poularde du Perche, bœuf

PARIS

Wagyu maturé... Autour d'un menu surprise, il imagine des mélanges colorés de saveurs qui fonctionnent parfaitement dans l'assiette. Les cuissons sont au cordeau, dont certaines réalisées au barbecue. Service attentionné.

€€€€ - *4 rue Auguste-Vacquerie - Ⓜ Charles de Gaulle - Étoile - ✆ 01 47 20 74 94 - www.restaurantpages.fr - Fermé samedi et dimanche*

SUBSTANCE

CUISINE CRÉATIVE • CONTEMPORAIN Dans ce restaurant contemporain des beaux quartiers, l'équipe de choc compose un menu surprise qui privilégie les circuits courts et évolue au gré des saisons. Une cuisine décomplexée et vivante, avec une patte créative et volontiers végétale. Les desserts modernes sont faibles en sucre. Très belle carte des vins, en majorité bio ou nature. En substance, une excellente adresse !

- **€€€€** - *18 rue de Chaillot - Ⓜ Alma - Marceau - ✆ 01 47 20 08 90 - www.substance.paris - Fermé samedi et dimanche*

ZOSTERA

Chef : Julien Dumas

CUISINE CRÉATIVE • ÉLÉGANT Dans un quartier résidentiel du 16e, Julien Dumas (ex Lucas Carton et Bellefeuille - Saint James Paris) a trouvé son port d'attache dans un cadre sobre et élégant, l'ancien restaurant Pergolèse. Ce chef talentueux voue un culte à l'Océan, auquel il rend un bel hommage à travers une partition marine d'une finesse rare (la zostère est une plante marine). Omble chevalier fondant au beurre et tanaisie, asperges confites dans la cire, ou Saint-Jacques de plongée saisies dans leur plus noble simplicité : la précision des assaisonnements, la justesse des cuissons et la finesse des associations révèlent tout le potentiel de produits iodés méticuleusement sourcés. Portée par une technique sans faille, la partition fait également la part belle au végétal, l'autre passion du chef. Le service est charmant et attentionné.

AC - **€€€€** - *40 rue Pergolèse - Ⓜ Porte Maillot - ✆ 01 45 00 21 40 - www.zostera.fr - Fermé samedi et dimanche*

L'AUBERGE DES CRUS N

CUISINE TRADITIONNELLE • BISTRO Un bistrot traditionnel comme on les aime (boiseries, comptoir en bois années 1940, grande cave à vin avec espace dégustation), qui propose une alléchante carte de classiques bistrotiers réalisés avec de bons produits : pâté en croûte au ris de veau et foie gras, escargots sauvages de Bourgogne, tartare d'onglet Black Angus, chateaubriand sauce poivre, tarte Tatin, mousse au chocolat Guanaja 70%... Des réalisations goûteuses et bien exécutées, servies dans une ambiance conviviale esprit bar à vin, avec notamment de jolies références au verre à prix mesuré.

€€ - *13 rue Bosio - Ⓜ Michel-Ange - Auteuil - ✆ 01 56 07 10 38 - www.aubergedescrus.com - Fermé samedi et dimanche*

BRACH

CUISINE MÉDITERRANÉENNE • DESIGN Dans le cadre luxueux de cet ancien centre de tri de la Poste réhabilité et décoré par Philippe Starck, on se régale d'une carte aux saveurs de la Méditerranée, exécutée avec finesse et précision par le chef Adam Benthala, dont le CV pourrait faire rougir plus d'un. La partition saine et équilibrée devient gourmande lorsqu'il s'agit par exemple de partager les kemias, où se mêlent textures, parfums et épices de l'Orient - une inspiration venue des origines du chef.

♿ AC - **€€€** - *1-7 rue Jean-Richepin - Ⓜ La Muette - ✆ 01 44 30 10 00 - www.brachparis-restaurant.com*

PARIS

DISCIPLES

CUISINE TRADITIONNELLE • CONTEMPORAIN Dans une salle à manger lumineuse et contemporaine, le chef Jean-Pierre Vigato et son disciple Romain Dubuisson proposent une carte courte pour une cuisine gourmande et généreuse, ainsi que des suggestions et de belles pièces de viande à partager : côte de veau, échine de cochon fermier...

- **€€€** - *136 boulevard Murat - Ⓜ Porte de Saint-Cloud - ✆ 01 45 27 39 60 - www.disciples.paris - Fermé samedi et dimanche*

DUCASSE BACCARAT

CUISINE CRÉATIVE • ÉLÉGANT L'ancien hôtel particulier de Marie-Laure de Noailles (1902-1970), mécène de l'avant-garde, est aujourd'hui la vitrine parisienne de la maison Baccarat. Ce lieu exceptionnel a été mis en lumière et en beauté par de nombreux artistes tout au long du 20e s. La salle de restaurant ressemble maintenant à une bibliothèque avec des étagères qui accueillent des collections de cristal. Accompagné de Christophe Saintagne, Alain Ducasse propose un véritable voyage culinaire, depuis son Sud-Ouest natal jusqu'à la Côte d'Azur, en passant par de nombreuses escales autour du monde. L'ensemble est frais, soigneusement sourcé et tout en finesse, comme ce «homard bleu, blanc, rose» ou bien l'offre délicieusement gourmande de desserts.

- **€€€€** - *11 place des États-Unis - Ⓜ Boissière - ✆ 01 84 75 13 15 - www.ducasse-baccarat-paris.com*

PARIS

DUCASSE SUR SEINE

CUISINE MODERNE • CONTEMPORAIN Décidément, Alain Ducasse ne manque pas d'idées. La preuve une fois de plus avec Ducasse sur Seine : ce bateau électrique, amarré au quai du port Debilly, dans le très chic 16e, propose une promenade gastronomique écolo et silencieuse. En même temps que les monuments de Paris, on découvre une cuisine au goût du jour rondement menée par une brigade digne des grandes maisons.

A/C - **€€€€** - *Port Debilly - Ⓜ Trocadéro - ✆ 01 58 00 22 08 - www.ducasse-seine.com - Fermé du lundi au vendredi à midi*

EDITH

CUISINE TRADITIONNELLE • CONTEMPORAIN Dans une rue discrète proche des Champs-Élysées, cette table est nichée au rez-de-chaussée de l'hôtel Padam, à la belle façade en brique rouge et en pierre. Une décoration réussie : moquette tigrée, chaises et banquettes en velours vert, papier peint à rayures. Asperges mimosa, poulet rôti avec fèves et petits pois, ou encore tarte fine aux pommes accompagnée de sa glace vanille : une aubaine que cette cuisine traditionnelle et de bon goût, à prix serrés, dans l'un des quartiers les plus chers de Paris. Petite carte le midi, un peu plus de choix le soir. Service sympathique et dynamique.

♿ A/C - **€€** - *9 rue Jean-Giraudoux - Ⓜ George V - ✆ 01 87 53 56 54 - www.padam-hotel.com/restaurant - Fermé samedi et dimanche, et le soir*

ÉTUDE

CUISINE CRÉATIVE • ÉPURÉ Nourri par ses rencontres avec des petits producteurs, Keisuke Yamagishi, originaire de la province rurale japonaise de Nagano, propose des menus surprise autour des produits de saison. Dans un cadre épuré, sous des plafonniers signés Serge Mouille, le chef partage sa créativité, sa sensibilité esthétique et sa passion pour les vins de Bourgogne notamment.

A/C - **€€€€** - *14 rue du Bouquet-de-Longchamp - Ⓜ Boissière - ✆ 01 45 05 11 41 - www.restaurant-etude.fr - Fermé dimanche, et lundi, mercredi et samedi midi*

FEEL LING (N)

CUISINE CANTONAISE • SIMPLE Dans cette cantine asiatique qui ne paie pas de mine, la cheffe réalise une vraie bonne cuisine cantonaise à partir de produits d'une étonnante qualité : volaille fermière, bar de ligne... et même du homard bleu du Cotentin ! Tout fait envie dans cette carte présentée à l'ardoise (servie le soir uniquement), et les dim sum notamment sont parfaitement exécutés. C'est plein de saveurs et de fraîcheur, on se régale en toute simplicité. Le midi, street food fusion.

€€ – *24 rue Lauriston – Ⓜ Kléber – ✆ 01 45 53 60 22 – www.feel-ling.fr – Fermé dimanche, samedi midi et lundi soir*

LA FERME DU PRÉ

CUISINE TRADITIONNELLE • MAISON DE CAMPAGNE Dans une dépendance à l'architecture normande située en face de son Pré Catelan, le chef MOF Frédéric Anton rend ici hommage aux classiques bistrotiers simples et généreux : boudin noir, chou farci, aile de raie au beurre blanc, profiteroles... La salle tout en longueur sous poutres apparentes possède un charme délicieusement rétro et bucolique, avec sa déco chinée et sa vaisselle style grand-mère.

– **€€€** – *Route de Suresnes - Bois de Boulogne – ✆ 01 44 14 41 40 – www.leprecatelan.com/bistrot-la-ferme-du-pre – Fermé lundi, mardi et dimanche*

HOKUSAÏ (N)

CUISINE JAPONAISE • CHIC Cet hôtel de la place de Mexico inaugure un nouveau concept de cuisine japonaise teinté de touches sud-américaines. Dans un décor contemporain zen, rolls «signature», sushis et autres poulet teriyaki côtoient ainsi ceviche et ingrédients hispaniques tels que sauce chimichurri ou jalapeno. Fraîcheur et saveurs sont au rendez-vous.

€€€ – *Metropolitan Paris Tour Eiffel, 3 rue des Belles-Feuilles – Ⓜ Rue de la Pompe – ✆ 01 56 90 40 12 – www.marriott.com/fr/hotels/parxt-le-metropolitan-paris-tour-eiffel-a-tribute-portfolio-hotel/dining – Fermé lundi et dimanche*

KEN YAMAMOTO

CUISINE MODERNE • CONTEMPORAIN Une façade bleu nuit abrite l'établissement de Kenichi (Ken) Yamamoto, chef au beau parcours. Son établissement intimiste allie décor contemporain et touches Art déco. Le regard est attiré d'emblée par les arts de la table soigneusement sélectionnés, comme les beaux couteaux à viande et la vaisselle japonaise. La cuisine du chef, ancrée dans le présent, intègre subtilement des éléments nippons : miso saikyo accompagnant le foie gras, yuzu dans la sauce au vin blanc nappant le lieu jaune de ligne, ou encore pimientos del padrón en tempura avec le filet de bœuf. Menu unique le soir ; avec choix au déjeuner.

A/C – **€€€** – *144 rue de la Pompe – Ⓜ Victor Hugo – ✆ 01 45 62 64 97 – www.kenyamamoto.fr – Fermé lundi et dimanche*

LILI

CUISINE CHINOISE • EXOTIQUE Créé par le groupe hôtelier de luxe hongkongais du même nom, le célèbre hôtel Peninsula abrite comme il se doit une table asiatique. Dans un décor très théâtral, la longue carte révèle un large éventail de spécialités chinoises (certaines mises au goût européen). Une ambassade gastronomique pour l'Empire du Milieu.

♿ A/C – **€€€€** – *19 avenue Kléber – Ⓜ Kléber – ✆ 01 58 12 67 50 – www.peninsula.com/fr/paris/hotel-fine-dining/lili-cantonese-chinese – Fermé lundi et dimanche*

PARIS

PARIS

MARIUS

POISSONS ET FRUITS DE MER • CONTEMPORAIN À deux pas du Parc des Princes, une adresse chic emmenée par l'équipe de Disciples (au 136 du même boulevard). Dans un cadre sobre et contemporain, on propose une savoureuse cuisine de la mer : soupe de poissons et sa rouille, merlan Colbert, belles pièces entières selon la pêche... En parallèle, quelques mets terrestres et carnés, comme ce suprême de volaille fermière, ce ris de veau croustillant ou même un risotto du jardin.

€€€ – 82 boulevard Murat – Ⓜ Porte de Saint-Cloud – ✆ 01 46 51 67 80 – www.restaurantmarius.fr – Fermé dimanche et samedi midi

MONSIEUR BLEU

CUISINE MODERNE • BRANCHÉ Comme emplacement dans Paris, on fait difficilement mieux que cette adresse... Nichée dans le palais de Tokyo, elle est superbe avec sa salle Art déco tout en gris, vert et or, et sa terrasse regardant la Seine et la tour Eiffel. L'assiette n'est pas en reste, sophistiquée et savoureuse. Un endroit très en vue !

♿ A/C – €€€ – 20 avenue de New-York – Ⓜ Iéna – ✆ 01 47 20 90 47 – www.monsieurbleu-restaurant.com

OSMOSSI - MAISON MAVROMMATIS

CUISINE GRECQUE • CONTEMPORAIN Dans ce bistrot contemporain et lumineux, à l'étage de la boutique traiteur et cave à vins, on déguste mézédés chauds et froids, poulpe poêlé et fava de Santorin, ou l'inamovible moussaka traditionnelle. C'est frais et savoureux.

A/C – €€ – 70 avenue Paul-Doumer – Ⓜ La Muette – ✆ 01 40 50 70 40 – www.mavrommatis.com – Fermé lundi et dimanche

PLEINE TERRE

CUISINE MODERNE • CLASSIQUE Derrière une devanture discrète, passé quelques marches vers le sous-sol, on découvre un chef passionné d'agrumes, d'épices et de poivre : il développe une cuisine au plus près des saisons, et met en valeur le travail de petits producteurs triés sur le volet. Une partition inventive, mise en musique par une équipe souriante et enthousiaste : bonne pioche.

A/C – €€€€ – 15 rue de Bassano – Ⓜ Kléber – ✆ 09 81 76 76 10 – www.restaurant-pleineterre.com – Fermé lundi, dimanche et samedi midi

RESTAURANT F

CUISINE MODERNE • CONTEMPORAIN Dans ce petit restaurant au cadre contemporain cosy, le chef d'origine espagnole Francisco Merino réalise une cuisine actuelle travaillée, aux dressages soignés, émaillée de touches méditerranéennes bien senties. Une partition des plus savoureuses.

€€€ – 10 rue Saint-Didier – Ⓜ Boissière – ✆ 09 83 05 21 72 – www.restaurantf.fr – Fermé lundi et dimanche

SHANG PALACE

CUISINE CHINOISE • ÉLÉGANT Le Shangri-La, superbe palace parisien, évoque un voyage aux confins de l'Asie, vers un paradis luxueux et imaginaire. Ce restaurant transporte ses hôtes dans un voyage aux accents feutrés au sein de la gastronomie chinoise. Si la cuisine traditionnelle cantonaise est à l'honneur, le chef pioche aussi dans le répertoire culinaire du Sichuan : canard laqué en deux services ; homard bleu Gong Bao de belle fraîcheur, aubergines laquées et noix de macadamia ; salade des neiges et sauce sésame, rouleau de riz rouge aux crevettes ; carte de dim sum au déjeuner.

- €€€€ - *Shangri-La, 10 avenue d'Iéna* - Iéna - *01 53 67 19 92 - www.shangpalaceparis.com - Fermé mardi et mercredi*

BRACH PARIS - EVOK COLLECTION

Plus

AVANT-GARDE • CHALEUREUX Un hôtel surprenant et séduisant : des chambres signées Starck, habillées d'un mélange de matières naturelles et industrielles - bois, cuir, béton, verre, marbre et métal -, mais aux couleurs chaudes, par l'apport d'influences africaines et asiatiques... sans oublier le jardin urbain sur le toit, avec vue sur Paris !

- **59 chambres** - *1-7 rue Jean Richepin - 01 44 30 10 00*

Brach - Voir la sélection des restaurants

HÔTEL BOTANISTE

MODERNE • RAFFINÉ L'Hôtel Botaniste offre un degré de tranquillité difficile à trouver dans les quartiers parisiens plus centraux. C'est aussi un endroit étonnamment verdoyant, en accord avec le nom : un joli jardin privé relie les deux bâtiments de l'hôtel. Les chambres sont chic d'une manière discrète, un peu bohème, sans jamais sacrifier le confort. Un petit-déjeuner impressionnant est servi dans la salle à manger ou dans le jardin, et des plats légers sont disponibles au salon toute la journée.

- **42 chambres** - *11 rue Molitor - 01 78 95 77 77*

KEPPLER

Plus

MODERNE • COSY Le décor, tout en luxe et raffinement, est signé Pierre-Yves Rochon. Que ce soit dans les salons, la bibliothèque ou les petites chambres, la magie opère... Hammam, sauna et fitness complètent cet ensemble pour le moins cosy.

- **39 chambres** - *10 rue Kepler - 01 47 20 65 05*

MOLITOR

MODERNE • CHARME Véritable emblème de l'Ouest parisien depuis les années 1920, la piscine Molitor est réapparue sous la forme de cet hôtel de luxe au charme ravageur. Clins d'œil à l'histoire (façade bleue et jaune autour de la piscine, en particulier), épure ultramoderne dans les chambres : le mythe renaît sous nos yeux.

- **124 chambres** - *13 rue Nungesser et Coli - 01 56 07 08 50*

PADAM HOTEL

ÉLÉGANT • COLORÉ À l'aune d'un quartier réputé pour ses hôtels luxueux, cet établissement s'avère remarquablement subtil et discret : ses 34 chambres et suites, cossues et élégantes mais jamais ostentatoires, sont réchauffées par des textures de bois brut et égayées par des imprimés graphiques colorés. Un hammam et un centre de remise en forme sont de la partie.

- **34 chambres** - *9 rue Jean Giraudoux - 01 87 53 57 57*

Edith - Voir la sélection des restaurants

PARIS

SAINT JAMES PARIS

AVANT-GARDE • CHALEUREUX La patte de Bambi Sloan a réveillé le décor de cet hôtel particulier de la fin du 19e s. De superbes matières, des imprimés chatoyants : le style Napoléon III flirte avec une originalité toute british ! La délicieuse bibliothèque, le majestueux escalier, les volumes harmonieux : l'empreinte d'un lieu unique...

- 50 chambres – *5 place du Chancelier Adenauer – 01 44 05 81 81*

Bellefeuille - Voir la sélection des restaurants

SHANGRI-LA PARIS

CLASSIQUE • RAFFINÉ L'ancienne demeure du Prince Roland Bonaparte connaît une nouvelle vie, fidèle à son style d'origine. Fastueuses, mais jamais tapageuses, les chambres et suites immenses sont une preuve de la vitalité du « style français », harmonieux et élégant, succession de commodes en marqueterie, bureaux ministre, fauteuils Empire. Si le 19e s. sert de fil rouge à la décoration, les salles de bain nous projettent au 21e s., avec baignoires de relaxation, sol chauffant et écran plat. Les parties communes, tout en lustres, marbres, moulures, dorures, mènent aux restaurants cantonais et français.

- 100 chambres – *10 avenue d'Iéna – 01 53 67 19 98*

Shang Palace - Voir la sélection des restaurants

THE PENINSULA PARIS

CLASSIQUE • RAFFINÉ Le bâtiment restauré renoue avec son lustre haussmannien, sa façade néo-classique et ses intérieurs somptueux. La griffe Peninsula, c'est un sens de l'hospitalité sans faille, un service au-dessus de tout soupçon et une étonnante flotte automobile, de la Rolls Royce Phantom II de 1934 à la fourgonnette Citroën. Pas moins de six bars et restaurants sont à votre disposition. Chambres et suites jouent la carte de l'espace, de la lumière et du luxe de bon aloi. Quant au centre bien-être, avec ses 1800 m², sa piscine de 20 m et ses multiples jacuzzis, il vous promet la grande détente.

- 200 chambres – *19 avenue Kléber*

L'Oiseau Blanc • LiLi - Voir la sélection des restaurants

PARIS

PALAIS DES CONGRÈS • WAGRAM • TERNES • BATIGNOLLES

17e ARRONDISSEMENT

MAISON ROSTANG

CUISINE CLASSIQUE • ÉLÉGANT Le chef Nicolas Beaumann perpétue avec enthousiasme la tradition du goût pratiquée depuis toujours dans cette maison emblématique, en allant vers toujours plus de modernité, à l'instar de la salle fraîchement rénovée. Au fil de la courte carte ou des menus dégustation (dont un végétal), on se délecte ainsi d'un artichaut poivrade «en velouté de ses feuilles, farce de câpres et d'olives», de l'incontournable quenelle de brochet et sa crème de homard, ou d'une volaille de Bresse aux salsifis et jus au vin jaune. La partition sucrée de David Boudinet n'est pas en reste, avec par exemple ce beau dessert au chocolat Madagascar 65% agrémenté de gavottes croustillantes, sorbet aux herbes fraîches et sauce amère au yuzu, finement équilibré. Quant au décor, feutré et rajeuni, il séduit nouveaux venus comme habitués de la maison, avec sa verrière ouverte sur la cuisine, ses touches Art nouveau, sa collection d'œuvres d'art et, désormais, ses briques apparentes.

- €€€€ - 20 rue Rennequin - Ⓜ Ternes - ✆ 01 47 63 40 77 - www.maisonrostang.com - Fermé lundi et dimanche

AGAPÉ

CUISINE MODERNE • CONTEMPORAIN Dans cette salle en teintes douces, cosy et intimiste, la carte décline des produits de premier choix, au gré de l'inspiration du chef Yoshi Nagato (Maison Rostang, Le Cinq, Épicure) et de sa compagne Asuka Ishiba côté pâtisserie : salade de homard breton, haricots beurre, noisettes du Piémont et vinaigrette corail ; canette de Challans laquée au miel et poivre de Sichuan ; noix de ris de veau rôtie et fricassée de girolles... Des assiettes élégantes et précises, qui n'oublient pas la générosité. Sélection pointue de vins vivants et nature.

- €€€€ - 51 rue Jouffroy-d'Abbans - Ⓜ Wagram - ✆ 01 42 27 20 18 - www.agape-paris.fr - Fermé samedi et dimanche

ANONA

Chef : Thibaut Spiwack

CUISINE MODERNE • CONTEMPORAIN Une jolie cuisine actuelle pour cette adresse d'un secteur animé et populaire. Le chef Thibaut Spiwack, au beau parcours étoilé, flatte avec talent et originalité le terroir d'Île-de-France, dans une démarche de développement durable et une volonté de bousculer les codes académiques. Menu attractif et courte carte au déjeuner ; en soirée, menu unique réalisé au plus près du marché. Un beau moment de gastronomie.

L'engagement du chef : Proposer une cuisine responsable est notre raison d'être : sourcing de produits locaux et saisonniers, réduction des déchets et de la consommation en eau, alimentation en énergie renouvelable, attention portée au bien-être de nos équipes, notre engagement est total. Notre mobilier est également le fruit du travail d'artisans franciliens et notre vaisselle est faite en matériaux naturels.

- €€€€ - 80 boulevard des Batignolles - Ⓜ Rome - ✆ 01 84 79 01 15 - www.anona.fr - Fermé dimanche et lundi midi

ÉPISODES

CUISINE CRÉATIVE • CONTEMPORAIN Après OKA, un nouvel épisode s'ouvre dans cet élégant restaurant de la plaine Monceau. Confortablement installé dans un décor contemporain de marbre, pierre et bois, on retrouve avec plaisir la cuisine du chef MOF Guillaume Goupil, qui élabore un menu dégustation des plus modernes, élaboré avec des produits d'excellence et une technique sûre. La finesse est au rendez-vous, comme en témoigne cet agneau en deux façons (selle rosée et effiloché aux graines de moutarde) et sa variation de carotte. Un joli moment de gastronomie.

- €€€€ - 8 rue Meissonier - Ⓜ Wagram - ✆ 01 56 79 81 88 - www.episodes-paris.fr - Fermé lundi, samedi et dimanche et le midi

LE FAHAM

Chefs : Kelly Rangama et Jérôme Devreese

CUISINE MODERNE • CHIC Le faham est une orchidée endémique de l'île de La Réunion, connue pour son subtil arôme d'amande. C'est la fleur choisie par Kelly Rangama (ex-Top Chef 2017) pour symboliser son union civile et culinaire avec le pâtissier Jérôme Devreese, et leur création commune. Au sein de cette table élégante et épurée, nichée au cœur des Batignolles, la cheffe peut laisser libre cours à la cuisine qui lui ressemble : pleine de peps et de tonus, épicée mais

PARIS

toujours maîtrisée, avec la pointe d'exotisme qui fait la différence, à l'image de la délicieuse lotte au tandoori, ou, pour la touche sucrée, de la rhubarbe pochée, sorbet gingembre-mangue et mousse fontainebleau... Un vrai bonheur.
AC - **€€€** - *108 rue Cardinet - M Malesherbes - ✆ 01 53 81 48 18 - www.lefaham.com - Fermé samedi, dimanche, et lundi et mardi à midi*

FRÉDÉRIC SIMONIN

Chef : Frédéric Simonin

CUISINE MODERNE • COSY Frédéric Simonin a grandi au contact des belles tables et des grands chefs, de Ledoyen au Meurice, en passant par Joël Robuchon, avant de devenir Meilleur Ouvrier de France en 2019. Exit le noir et blanc et les lignes géométriques : il s'est créé un lieu bien à lui, tout en parquet, murs blancs et miroirs biseautés. Cet « appartement parisien » (selon ses mots) sied parfaitement à sa cuisine, précise, fine et juste, avec une mention spéciale pour les jus et les sauces. Menus dégustation en plusieurs séquences avec quelques touches inventives, belle formule déjeuner et jolis vins au verre.
AC P - **€€€€** - *25 rue Bayen - M Ternes - ✆ 01 45 74 74 74 - www.fredericsimonin.com - Fermé samedi et dimanche*

JACQUES FAUSSAT

Chef : Jacques Faussat

CUISINE TRADITIONNELLE • CONTEMPORAIN Jacques Faussat, Gersois et fier de l'être, n'aime rien tant que la simplicité inspirée de ses racines et de son enfance. Une simplicité également apprise auprès de Michel Guérard et surtout d'Alain Dutournier – sa rencontre avec cet homme de passion, qui partage les mêmes origines que lui, sera déterminante dans sa carrière, à commencer par dix années passées aux fourneaux du Trou Gascon. Il propose une cuisine pleine de saveurs, misant tout sur de bons produits travaillés pour en faire ressortir le meilleur. Bon rapport qualité-prix.
AC - **€€€** - *54 rue Cardinet - M Malesherbes - ✆ 01 47 63 40 37 - www.jacquesfaussat.com - Fermé samedi et dimanche*

MALLORY GABSI

Chef : Mallory Gabsi

CUISINE MODERNE • ÉLÉGANT Demi-finaliste de Top Chef en 2020, le chef bruxellois Mallory Gabsi se sent bien dans sa cuisine. Il transmet cet état d'esprit dans une partition travaillée et en relief qui joue avec justesse sur les notes acides et amères. Ce vent de liberté dans l'assiette dynamise ainsi l'ambiance feutrée des lieux, qui évoquerait plutôt les luxueux paquebots de la Cunard avec ses marqueteries claires vernissées, ses fauteuils en laine et ses appliques Art déco. Cette idole d'une nouvelle génération de gourmets signe « un menu turquoise » (sa couleur préférée) émaillé de savoureux clins d'œil au plat pays (sa version de l'anguille au vert, laquée à la bière), et ose des associations de saveurs détonantes comme ce dessert qui mêle avec talent tabac, vanille et café.
♿ - **€€€€** - *28 rue des Acacias - M Argentine - ✆ 09 52 96 09 99 - www.mallory-gabsi.com - Fermé samedi et dimanche*

OXTE

Chefs : Montserrat Estrada et Enrique Casarrubias

CUISINE MEXICAINE • TENDANCE Ce petit restaurant cosy et sympathique, dans une rue discrète du quartier de l'Étoile, propose une savoureuse cuisine au goût du jour, aux influences mexicaines. Les produits français sont travaillés avec des condiments, herbes et épices par un chef mexicain, le talentueux et passionné Enrique Casarrubias, qui participe d'ailleurs au service et travaille en binôme avec son épouse et cheffe Montserrat Estrada. Sa cuisine en mouvement évolue selon les produits du moment et invite à la découverte, au voyage où le Mexique est au cœur de l'assiette. À l'image du poulpe, boudin noir maison et recado negro, ou du pigeon, mole Oxte, poireau, raisins pickles, le maître des fourneaux signe des plats réfléchis, maîtrisés, aux justes cuissons et aux assaisonnements toniques. C'est coloré, punchy et bien condimenté : une mention pour le dessert emblématique de la maison, avocat, mezcal et citron vert.

€€€€ - *5 rue Troyon* - Ⓜ *Ternes* - ✆ *01 45 75 15 15* - *www.restaurant-oxte.com* - *Fermé samedi et dimanche*

LA SCÈNE THÉLÈME

CUISINE MODERNE • CONTEMPORAIN Au 18 de la rue Troyon, l'art rejoint la gastronomie. Le nom de ce discret restaurant à la devanture moderne rend hommage à l'abbaye de Thélème, utopie imaginée par Rabelais. Rudy Langlais signe, avec son équipe, une cuisine pleine de personnalité, où produits rigoureusement sélectionnés et saveurs du pays du Soleil-Levant se rencontrent dans des assiettes épurées et délicates, mariant avec efficacité les codes français et japonais. Un travail au cordeau, avec une addition qui reste sage le midi. Bons conseils du sommelier.

♿ A/C - **€€€€** - *18 rue Troyon* - Ⓜ *Charles de Gaulle - Étoile* - ✆ *01 77 37 60 99* - *www.lascenetheleme.fr* - *Fermé lundi, dimanche, et mardi et samedi à midi*

À L'IMPROVISTE (N)

CUISINE TRADITIONNELLE • BISTRO Le chef Jean-Marc Notelet (ex-Caïus) rend un hommage sincère à la cuisine bourgeoise et aux plaisirs simples du bistrot. Dans ce décor ancien resté dans son jus – mobilier en bois, plaques émaillées, serviettes à carreaux rouges, étagère à ronds de serviette pour les habitués – l'ardoise change au fil des jours : pâté des copains aux noisettes, joue de bœuf fondante au vin rouge, riz au lait au caramel beurre salé. Une table vivante, généreuse et attachante.

€€ - *21 rue Médéric* - Ⓜ *Wagram* - ✆ *09 61 55 60 77* - *www.restaurant-alimproviste.fr* - *Fermé samedi et dimanche*

MOVA

CUISINE MODERNE • CONTEMPORAIN À partir de beaux produits sélectionnés en fonction des saisons (aussi bien les légumes que les poissons), François Merle propose une cuisine moderne et gourmande, à l'image de ces rillettes de daurade, pickles de céleri, sorbet coriandre et œufs de poisson : une entrée fraîche et légère dont les saveurs franches se mêlent avec harmonie. Menu unique au déjeuner et menu dégustation le soir.

A/C - **€€** - *39 rue des Dames* - Ⓜ *Place de Clichy* - ✆ *01 45 22 46 07* - *www.mova-paris.fr* - *Fermé samedi, dimanche et lundi midi*

LE BISTROT FLAUBERT

CUISINE MODERNE • BISTRO Jouxtant la maison mère Rostang, cette adresse authentique rythme la vie du quartier depuis plusieurs décennies, et régale avec des assiettes bien tournées et riches en goût. Dans ce bistrot chic qui séduit parlementaires et hommes d'affaires, on aime aussi ces étagères en bois où trônent de jolies bouteilles et de vieux Guides Michelin. Le chef signe une partition moderne rythmée par les saisons, et revisite aussi quelques classiques avec justesse.

A/C - **€€€** - *10 rue Gustave-Flaubert* - Ⓜ *Ternes* - ✆ *01 42 67 05 81* - *www.bistrotflaubert.com* - *Fermé samedi et dimanche*

BLOOM

CUISINE VÉGÉTALIENNE • TENDANCE Bloom (« fleurir ») : un nom judicieux quand on confectionne, comme le chef mexicain Christian Ventura, des sushis végétaux ! Riz croustillant pané délicatement vinaigré, brunoise de shiitaké,

PARIS

pleurote et avocat, futo makis et sauce pesto, gyozas aux légumes accompagnés d'une sauce kimchi : le pari du chef, grand défenseur des ressources naturelles, est gagné grâce à ses préparations vegan goûteuses et pleines de peps. Cadre zen qui joue sur différentes textures de bois.

- €€ - 99 rue Jouffroy-d'Abbans - Ⓜ Wagram - ✆ 01 42 27 26 16 - www.bloomsushi.fr

BOLEA Ⓝ

CUISINE TRADITIONNELLE • BISTRO Dans ce bistrot du 17e s., Léa Lestage (également à la tête d'a.lea dans le 18e) orchestre une partition bistrotière intelligente, où une tradition sans faux col se laisse enlacer par une modernité toute épicurienne. La cheffe soigne ses dressages au cordeau et travaille des produits de belle origine, livrant des assiettes précises et pleines de goût : bisque de langoustine relevée d'agrumes et d'un aïoli fougueux ; truite en deux façons, caressée d'une crème d'oseille ; mousse au chocolat poudrée de fleur de sel et nappée d'un fil d'huile d'olive fruitée.

- €€ - 30 rue du Printemps - Ⓜ Wagram - ✆ 09 60 07 99 08 - www.bolearestaurant.com - Fermé dimanche et lundi

CAÏUS

CUISINE MODERNE • CONTEMPORAIN Dans ce restaurant tout proche de l'Étoile à la façade sobre et discrète, on se délecte d'une savoureuse cuisine du marché à tendance bistronomique : bouchée à la reine, pintade et sauce Albufera ; joue de bœuf braisée au poivre vert, purée de pomme de terre, oignons brûlés et champignons de Paris... Atmosphère chic et décontractée.

- €€ - 6 rue d'Armaillé - Ⓜ Charles de Gaulle - Étoile - ✆ 01 42 27 19 20 - www.caius-restaurant.paris - Fermé samedi et dimanche

CAVES PÉTRISSANS

CUISINE TRADITIONNELLE • VINTAGE Cette belle affaire de famille voit se succéder avec réussite les générations Allemoz depuis 1895. Poussez la porte et laissez-vous tenter par la terrine de foie de volaille et sa confiture d'oignon, l'onglet grillé ou la tête de veau sauce ravigote. En dessert, crème brûlée ou île flottante comptent parmi les nombreux classiques bistrotiers de la carte. Une maison éminemment sympathique ! Belle carte des vins.

- €€ - 30 bis avenue Niel - Ⓜ Pereire - ✆ 01 42 27 52 03 - www.cavespetrissans.fr - Fermé samedi et dimanche

COMME CHEZ MAMAN

CUISINE MODERNE • CONVIVIAL Au cœur des Batignolles, près d'un square, un bistrot contemporain où l'on se sent... comme chez maman ! Le chef belge, Wim Van Gorp, joue la carte de jolies recettes contemporaines assaisonnées de touches créatives, dont certaines rendent de délicieux hommages à ses origines flamandes...

- €€ - 5 rue des Moines - Ⓜ Brochant - ✆ 01 42 28 89 53 - www.comme-chez-maman.com

CORETTA

CUISINE MODERNE • DESIGN Dans le quartier Clichy-Batignolles, face au parc Martin-Luther-King (dont l'épouse s'appelait Coretta), la cheffe Beatriz Gonzalez, originaire du Mexique et passée par des établissements étoilés tels Senderens et la Grande Cascade, propose une cuisine de saison bien réalisée et généreuse. Servi par une équipe jeune et dynamique, on s'installe dans un cadre design, clair et lumineux, avec vue sur les cimes à l'étage.

- €€ - 151 bis rue Cardinet - Ⓜ Brochant - ✆ 01 42 26 55 55 - www.restaurantcoretta.com - Fermé lundi, mardi et dimanche

PARIS

LE CYRANO

CUISINE MODERNE • **HISTORIQUE** À deux pas de la place Clichy, le Cyrano cache derrière sa façade une histoire aussi dense que ses mosaïques dorées. Ce qui fut jadis une maison close, puis le repaire d'André Breton et des surréalistes, vibre désormais sous la houlette d'une bande de quatre amis. Dans ce cadre Art déco incroyable (fresques murales illustrant le chef-d'œuvre d'Edmond Rostand, mosaïques, miroirs), les clients se pressent au coude-à-coude. Au fond du bar, deux cuisinières orchestrent un ballet culinaire millimétré où le végétal tient le premier rôle : carbonara de céleri-rave, œuf parfait et amandes torréfiées ; tourte de cochon, patate douce, cheddar et jus d'oignons ; pour le final, un riz au lait au sésame noir bien parfumé. Et la note sait rester légère.

- €€ - 3 rue Biot - Ⓜ Place de Clichy - ✆ 01 40 07 55 05 - www.lecyranoparis.com

DESSIRIER

POISSONS ET FRUITS DE MER • **CHIC** Maison historique fondée en 1883 et dirigée par la famille Rostang depuis 1996, le Dessirier s'affirme comme une élégante brasserie contemporaine tournée vers la mer. Le chef Olivier Fontaine y signe une cuisine précise et savoureuse, entre tradition et modernité : émincé de Saint-Jacques et truffe, bouillabaisse, aïoli de cabillaud ou encornets aux cocos et champignons du moment. Les huîtres et coquillages complètent cette carte marine. En dessert, un soufflé au chocolat célèbre la tradition. Une adresse chic et vivante, solidement ancrée à Paris.

- €€€ - 9 place du Maréchal-Juin - Ⓜ Pereire - ✆ 01 42 27 82 14 - www.restaurantdessirier.com

FOGO

CUISINE MODERNE • **ÉLÉGANT** Dans un décor très soigné composé essentiellement de matériaux nobles (comme le marbre veiné) et naturels (comme le bois et la pierre), le chef s'adonne dans sa cuisine ouverte aux joies de la cuisson à la braise. Les plats sont généreux, relevés et pleins de pep's.

- €€€ - 8 rue Meissonier - Ⓜ Wagram - ✆ 01 56 79 81 88 - www.fogoparis.fr - Fermé dimanche

GARE AU GORILLE

CUISINE MODERNE • **BISTRO** Marc Cordonnier a trouvé son rythme aux Batignolles. Lieu vivant, cuisine de marché, carte courte renouvelée chaque semaine : le chef au solide parcours signe des assiettes créatives, de saison et goûteuses, aux saveurs affirmées et aux associations précises, comme la bonite, ajo blanco, groseille ou les ravioles de bœuf et bouillon à l'huile pimentée. En salle, Louis Langevin veille sur une belle sélection de vins nature. Une valeur sûre.

€€ - 68 rue des Dames - Ⓜ Rome - ✆ 01 42 94 24 02 - www.gareaugorille.fr - Fermé samedi et dimanche

JUPI

CUISINE MODERNE • **CONTEMPORAIN** Dans ce bistrot moderne de poche, non loin de l'avenue de Clichy (sol en béton ciré, luminaires branchés, tables en bois), ambiancé par un fond musical éclectique, on savoure une cuisine excitante et pleine de pep's. La formule à prix canon au déjeuner n'y est pas pour rien. Le soir, place aux assiettes à partager : moules, haddock, ricotta et sauce épicée ; gnocchis, crumble et émulsion parmesan ; tarte feuilletée, asperge blanche, fromage frais, orange sanguine.

€€ - 25 rue des Dames - Ⓜ Place de Clichy - ✆ 06 68 57 93 28 - www.jupi-paris.fr - Fermé lundi, dimanche et mardi midi

MADAME FAN

CUISINE CHINOISE • ÉLÉGANT Ce restaurant célèbre les plaisirs de la cuisine chinoise. La carte révèle une cuisine maîtrisée et soignée, avec des produits de belle qualité. Quelques exemples de plats incontournables : xiao long bao au porc ibérique, magret fumé au thé vert Long Jing, bar en bouillon aigre... Le tout servi dans un élégant cadre contemporain avec une salle sous verrière.

– €€ – 18 rue Bayen – Ⓜ Ternes – ✆ 01 53 81 79 77 – www.madame-fan.com

PETIT BOUTARY

CUISINE MODERNE • BISTRO Ce Petit Boutary-là, frère cadet de celui de la rive gauche, ne démérite pas ! Dans ce bistrot raffiné, avec son sol en damier, son comptoir en zinc, ses banquettes en cuir et ses ampoules suspendues, on apprécie une cuisine moderne et créative, réalisée autour d'un menu surprise unique qui se décline en plusieurs séquences. Vous tomberez peut-être sur le plat signature de la maison : la «Pomme de terre au caviar Boutary».

– €€€ – 16 rue Jacquemont – Ⓜ La Fourche – ✆ 01 46 27 76 23 – www.petitboutary.com – Fermé lundi et dimanche

PETRUS

CUISINE TRADITIONNELLE • BISTRO Derrière une façade vitrée dissimulée par des voilages, se cache une salle de bistrot typique, avec longues banquettes en velours, murs rouges et tables serrées nappées de blanc. En harmonie avec le décor, le chef Sylvain Sendra (Fleur de Pavé) propose ici les grands classiques du genre : pâté en croûte, filet de bœuf au poivre (cuisson impeccable) et crème caramel, exquise. Des produits de belle qualité, une exécution maîtrisée et des assiettes généreuses. Pour une expérience plus gastronomique, réservez à Persimmon, la table du chef, ouverte sur la cuisine.

– €€€ – 12 place du Maréchal-Juin – Ⓜ Pereire – ✆ 01 43 80 15 95 – www.restaurant-petrus.fr – Fermé dimanche

PHÉBÉ

CUISINE TRADITIONNELLE • BISTRO Situé à côté de la place du Maréchal-Juin, ce charmant petit restaurant 1900 séduit par sa façade vitrée, ses boiseries vertes et ses faïences classées. Pauline Nicolas, cheffe formée dans la galaxie Rostang, propose des intitulés de plats alléchants qui tiennent leurs promesses dans l'assiette. Pour le déjeuner : une délicieuse entrée à base de saucisse de Morteau, champignons et sauce au vin jaune, suivie d'une truite accompagnée d'une sucrine braisée, puis, au dessert, une tartelette à la poire pochée, gourmande à souhait. Les bons produits sont traités avec le respect qu'ils méritent.

€€ – 190 rue de Courcelles – Ⓜ Pereire – ✆ 01 46 22 33 23 – www.restaurantphebe.fr – Fermé lundi et dimanche

ROOSTER

CUISINE MODERNE • BISTRO Formé chez les grands (de Passedat à Darroze), le marseillais Frédéric Duca a trouvé son port d'attache dans une partie animée et populaire du 17eme arrondissement. En guise d'écrin, un ancien café en angle de rue : le chef marseillais signe une cuisine de produits qui multiplie les clins d'œil à ses racines méditerranéennes et provençales. Très bon rapport qualité-prix du menu du jour au déjeuner. Carte plus ambitieuse le soir.

€€€€ – 137 rue Cardinet – Ⓜ Villiers – ✆ 01 45 79 91 48 – www.rooster-restaurant.com – Fermé samedi et dimanche

LE 703

CUISINE TRADITIONNELLE • BISTRO Naviguant entre la France et le Japon, le chef Naomi Ogaki a été formé en Alsace chez Antoine Westermann et en Provence chez Christian Étienne. Dans son sympathique bistrot avec long comptoir, il sert une excellente cuisine française traditionnelle, aux fortes influences alsaciennes en automne-hiver et... méridionales aux beaux jours. Ici, on célèbre pâté en croûte, gibier, spaetzle, boudin noir maison, aïoli de poisson – sans oublier de vrais bons desserts classiques.

€€ – *9 rue Fourcroy – Ⓜ Ternes – ✆ 01 71 20 47 63 – www.le703.fr – Fermé lundi, vendredi, et mardi midi*

SORMANI

CUISINE ITALIENNE • ROMANTIQUE Ambiance feutrée pour cette table italienne courue des célébrités parisiennes, avec ses lustres en verre de Murano, moulures et miroirs. Ici, on rend hommage aux spécialités transalpines, avec par exemple les spaghetti alle vongole et piment de Calabre, ou des desserts phares comme le gigantesco : une glace vanille à l'italienne turbinée minute, agrémentée de meringue, nougatine et caramel liquide.

€€€€ – *4 rue du Général-Lanrezac – Ⓜ Charles de Gaulle - Étoile – ✆ 01 43 80 13 91 – www.sormanirestaurant.com – Fermé samedi et dimanche*

LA TABLE DU CAVISTE BIO

CUISINE MODERNE • ÉLÉGANT À quelques encablures du Parc Monceau, ce restaurant offre l'agrément d'une salle d'esprit moderne, et d'une cuisine en phase avec son époque, fraîche et raffinée, concoctée par la cheffe japonaise Junko Kawasaki. Le tout au diapason avec les vins, exclusivement bio, eux aussi.

€€ – *55 rue de Prony – Ⓜ Monceau – ✆ 01 82 10 37 02 – www.latable.bio – Fermé lundi et dimanche*

VINELLO (N)

CUISINE ITALIENNE • CONTEMPORAIN Au cœur des Batignolles, les fourneaux de cette belle table italienne sont tenus par un chef sicilien au parcours international. Dans ce lieu tendance où se mêlent pierres apparentes, cuisine ouverte et miroirs fumés, on déguste une cuisine de bistrot contemporaine, technique et soignée, aux saveurs résolument transalpines. Les produits sont impeccables et sublimés sans artifice. Le tout à marier avec de beaux crus italiens et internationaux, sélectionnés avec soin.

€€ – *106 rue Nollet – Ⓜ Pont Cardinet – ✆ 01 42 26 01 02 – www.vinello-restaurant.com – Fermé samedi et dimanche*

VIVE, MAISON MER

POISSONS ET FRUITS DE MER • ÉLÉGANT Le restaurateur alsacien Adrien Rech ouvre cette institution dédiée aux produits de la mer en 1925. Après Ducasse, c'est au tour des époux David et Stéphanie Le Quellec, dont le patronyme breton sent déjà l'iode, de célébrer la cuisine des poissons et des crustacés. Le décor est fastueux, avec son immense bar, sa salle à manger à l'étage et ses longues banquettes. David Le Quellec sert une cuisine de partage composée d'excellents produits ultra-frais en provenance des criées françaises, de l'Atlantique à la Méditerranée. Le ceviche de daurade au lait de coco citron vert et coriandre tient déjà son rang de classique de la maison – sans oublier les plats préparés à base de poissons maturés sur place dans la cave de maturation.

€€€ – *62 avenue des Ternes – Ⓜ Ternes – ✆ 01 42 94 07 90 – www.vive-restaurant.com – Fermé dimanche*

PARIS

LA FONDATION

CONTEMPORAIN • CHALEUREUX Tout récemment inauguré derrière une façade moderne, cet hôtel est coiffé d'un bar en rooftop, qui offre des vues imprenables sur la Paris, Tour Eiffel comprise. Les 58 chambres arborent un design contemporain, sans sacrifier chaleur et confort grâce aux boiseries. Originalité : en plus de la piscine grand format et du centre de bien-être, un mur d'escalade incite à varier les exercices physiques.

- 58 chambres - *40-42 rue Legendre*

HOTEL ELDORADO PARIS

Plus

DESIGN • CHALEUREUX Le propriétaire de cet hôtel a un goût sûr pour l'éclectisme ; il a rassemblé plusieurs époques dans un décor harmonieusement unifié. Les chambres, avec leurs papiers peints et leurs textiles à motifs, ont de la personnalité à revendre. L'une des suites dispose d'un sauna privatif, et de nombreux logements ont une terrasse ou un balcon donnant sur le jardin.

- 26 chambres - *18 rue des Dames - 01 45 22 35 21*

MISS FULLER

Plus

BELLE ÉPOQUE • MODERNE La danseuse américaine Loïe Fuller a enflammé les Folies Bergère et les toiles de Toulouse-Lautrec. Si le bâtiment fantaisiste du 19e s. lui rend hommage, cinq artistes d'aujourd'hui ont été missionnés pour revitaliser l'intérieur dans l'esprit de la Belle Époque. Une installation de Raphaëlle Peria occupe le rez-de-chaussée ; un niveau se pare d'audacieuses fleurs noir et blanc ; un autre d'oniriques images de nature... Les chambres, toutes différentes, ont reçu une décoration sur mesure, mais conservent des éléments antérieurs, comme les cloisons de verre dépoli, les balcons en fer forgé ou les coins de lecture cosy.

- 48 chambres - *11 avenue Mac Mahon*

TRIBE PARIS BATIGNOLLES

Plus

AVANT-GARDE • COSY Hors des sentiers battus, cette adresse est à l'image du quartier, décontractée et vivante. Esthétique et clair, l'intérieur a choisi l'option moderne, industrielle et chic, avec de beaux espaces lounge. Les chambres sont douillettes et colorées, certaines ont des petits balcons, et le confort est au rendez-vous. Le soir, l'ambiance studieuse du café devient plus festive.

- 79 chambres - *176 rue Cardinet - 01 42 63 50 00*

ZOKU PARIS

MODERNE • CONVIVIAL Dans le quartier Clichy-Batignolles, en pleine réhabilitation, l'appartement hôtelier moderne et polyvalent a trouvé son adresse parisienne : les designers de Zoku ont réussi à aménager, dans un volume assez compact, des espaces nuit, travail, cuisine et repas bien distincts et de tout confort. Les locataires peuvent également profiter d'un bar et d'une terrasse dotée d'un potager. Le Stream Building abrite aussi des commerces, une brasserie et un café, bref tout ce qu'il faut pour s'adapter aux travailleurs nomades d'aujourd'hui.

- 109 chambres - *48 avenue de la Porte de Clichy - 01 86 26 10 67*

PARIS

MONTMARTRE • PIGALLE

18e ARRONDISSEMENT

SUSHI SHUNEI

CUISINE JAPONAISE • ÉPURÉ Sur la colline de Montmartre, cette table arbore avec autant de dépouillement que d'élégance les codes esthétiques des tables nippones : boiseries claires et long comptoir, magnifique plafond façon «origami» créé par un cabinet d'architectes. Chizuko Kimura et le maître sushi Takeshi Morooka y officient cérémonieusement, perpétuant l'héritage de Shunei Kimura, qui avait inauguré cette table avec succès. Le menu unique omakase est décliné en deux variations, à choisir dès la réservation. Dans les deux cas, le voyage sensoriel est garanti grâce à la dextérité dans la confection des nigiris, l'utilisation de superbes poissons travaillés sous différentes formes, et des assaisonnements tout en subtilité. Sans oublier ce service unique à la japonaise, mélange de bienveillance et d'attention.

AC - **€€€€** - *3 rue Audran* - Ⓜ *Abbesses* - *06 44 66 11 31* - *www.sushishunei.com* - *Fermé lundi, dimanche et du mardi au vendredi à midi*

FANA

CUISINE MODERNE • CONTEMPORAIN Fanatiques de gastronomie, Gabriel Gras Fernandez (au salé) et Jorice Sardain (au sucré), le sont assurément. Dans leur petit restaurant d'une rue piétonne de Montmartre (où fleurissent d'ailleurs de plus en plus de tables intéressantes), ils mitonnent à quatre mains une cuisine de saison intelligente et des assiettes soigneusement travaillées : pleurotes, sabayon café, persil, brioche ; volaille jaune, butternut, endive et orange ; et un dessert bluffant autour du chocolat en plusieurs textures.

€€ - *14 rue Ferdinand-Flocon* - Ⓜ *Jules Joffrin* - *09 86 37 80 77* - *www.fanabistro.fr* - *Fermé lundi et dimanche*

OSE

CUISINE MODERNE • BISTRO Deux chefs, deux pros passés par les grandes tables de New-York à Paris, alternent chacun leur place tous les quinze jours, un coup aux fourneaux, un coup en salle. Les plats sont donc présentés avec beaucoup de pertinence, et pour cause ! Dans ce bistrot du quartier des Abbesses avec cuisine ouverte, l'esprit de la bistronomie souffle sur l'ardoise du jour où tous les fondamentaux de la gourmandise répondent présents derrière l'apparente simplicité des recettes. On ose - surtout au déjeuner, avec ce menu à tarif doux pour la capitale !

€€ - *3 rue Durantin* - Ⓜ *Abbesses* - *01 42 59 98 35* - *www.oseabbesses.fr* - *Fermé lundi, dimanche, et mardi et mercredi à midi*

A.LEA

CUISINE MODERNE • VINTAGE Pas d'aléas chez a.lea, mais une séduisante bistronomie : œuf parfait, crémeux de petit pois, vierge de petits pois, abricot, feta et verveine ; filet de canette, patate douce, orange sanguine, condiment curry doux et jus de viande... Les recettes tombent juste, dans un esprit « retour du marché », avec un excellent rapport qualité/prix au déjeuner, y compris le samedi midi. Au dîner, l'assiette se fait plus travaillée et raffinée. En salle, William Atlan, également chef, assure un service attentif.

€€ - *39 rue Lamarck* - Ⓜ *Lamarck - Caulaincourt* - *01 81 69 96 93* - *www.alearestaurant.com* - *Fermé lundi et mardi, et dimanche soir*

ADRABA

CUISINE MÉDITERRANÉENNE • CONTEMPORAIN Aux commandes de cette table festive et branchée, un collectif d'amis emmené par le chef israélien Elior Benaroche, ancien chef du Balagan et compagnon de route d'Assaf Granit depuis ses débuts au cœur de la vieille ville de Jérusalem. Cette cuisine puise dans la géographie du Levant et dans l'histoire familiale du chef. C'est un festival d'épices et de préparations : hilbeh (pâte de fenugrec), ezme (salade turque de légumes rôtis au charbon), tahini, zaatar, harif (piments marinés), tulum (fromage turc), sans oublier une belle carte de cocktails. Un voyage, assurément.

AC - €€€ - 40 rue Véron - Ⓜ Abbesses - ✆ 07 83 57 38 99 - www.adraba-paris.com - Fermé les midis

L'ARPAON

CUISINE MODERNE • BISTRO Ce bistrot de poche affiche une joyeuse devanture verte. À l'instar des trois compères qui ambiancent les lieux, l'assiette est joyeuse et libre, comme ce vol-au-vent garni d'un tajine de veau, qui associe avec naturel deux classiques issus de cultures différentes. Cette cuisine plaisir sans complexe puise aussi dans l'univers de la street food, comme en témoigne cette brioche de tourteau 100% gourmande. Service souriant.

€€ - 57 rue Montcalm - Ⓜ Jules Joffrin - ✆ 01 44 85 54 69 - www.larpaon.com - Fermé samedi, dimanche et le midi

LE BORÉAL

CUISINE MODERNE • BISTRO À l'angle de la rue du Pôle-Nord, la cheffe Philippine Jaillet et son compagnon Charles Neyers vous accueillent avec chaleur dans un troquet typiquement parisien, avec cuisine ouverte, comptoir en laiton et inoxydables chaises Thonet. Côté assiette, leur boussole gourmande ne perd pas le Nord : de beaux produits frais ancrés dans la saison, travaillés dans l'air du temps avec une touche créative et décalée, à l'image de ce chawanmushi de champignons, praliné de cèpes, pickles et champignons grillés, ou encore de ce pithiviers végétarien au céleri-rave.

€€ - 39 rue Montcalm - Ⓜ Jules Joffrin - ✆ 09 78 81 17 38 - www.grandnordgroupe.com/home-1-1 - Fermé lundi et mardi, et dimanche soir

LA CHAISE HAUTE Ⓝ

CUISINE MODERNE • CONTEMPORAIN Dans ce quartier animé, esprit maison et cuisine de saison ancrée dans les classiques signalent cette adresse à notre appétit. Un chef au parcours solide trace sa propre voie grâce à des assiettes justes, fidèles aux produits du moment. La sole meunière, le ris de veau croustillant et la tarte Tatin, indéboulonnables de la carte, côtoient Saint-Jacques rôties, poularde confite et son jus bien corsé, et tarte au citron meringuée. En salle, son épouse assure un service chaleureux et attentif.

♿ - €€ - 42 rue Veron - Ⓜ Blanche - ✆ 01 42 51 14 21 - www.lachaisehaute.fr - Fermé dimanche et lundi

CHANTOISEAU

CUISINE MODERNE • ÉPURÉ En 1765, Mathurin Roze de Chantoiseau ouvre le premier restaurant moderne (des tables individuelles et des plats à choisir sur un menu) dans le quartier du Louvre. En son hommage, les frères Nicolas et Julien Durand travaillent à 4 mains au bénéfice d'une jolie cuisine actuelle, qui s'inspire aussi des classiques et recourt parfois aux produits nobles à l'image de cette délicieuse tourte de palombe feuilletée.

♿ AC - €€€ - 63 rue Lepic - Ⓜ Lamarck - Caulaincourt - ✆ 01 42 51 39 95 - www.chantoiseau-paris.fr - Fermé lundi, samedi et dimanche et mardi midi

LES COLLONGES (N)

CUISINE MODERNE • BISTRO Au pied de la butte Montmartre, ce bistrot centenaire (ex-Les Inséparables) a trouvé un nouveau souffle sous la houlette d'un jeune chef formé à la Brigade du Tigre. Sa cuisine malicieuse s'appuie sur une carte courte, renouvelée régulièrement et intégrant toujours quelques propositions végétariennes. On se régale d'un millefeuille de courges au vadouvan, d'encornets poêlés à la betterave ou d'une coupe glacée à la sauge, dessert original et rafraîchissant. La carte des vins, courte mais bien choisie, fait preuve d'intelligence et de mesure, avec des prix qui restent doux. Le succès est au rendez-vous.

€€ – *12 rue Francœur – Ⓜ Lamarck-Caulaincourt – ✆ 01 73 75 54 57 – www.lescollonges.com – Fermé mardi midi, dimanche et lundi*

L'ESQUISSE

CUISINE MODERNE • BISTRO Deux jeunes passionnés se sont associés pour créer ici ce bistrot vintage et accueillant : parquet massif, banquettes en bois... On y passe un bon moment autour de recettes volontiers voyageuses et originales. Au déjeuner, menu du jour sans choix et mini carte ; au dîner, choix plus étoffé.

€€ – *151 bis rue Marcadet – Ⓜ Lamarck - Caulaincourt – ✆ 01 53 41 63 04 – www.esquisse-paris18.fr – Fermé lundi et dimanche*

ETSI

CUISINE GRECQUE • CONVIVIAL Mikaela Liaroutsos, jeune cheffe d'origine grecque, est revenue à la cuisine de son enfance après un apprentissage dans des maisons reconnues. Elle propose des mezze à partager percutants de fraîcheur et ponctués d'audace tel le chou-fleur rôti, anchoïade, câpres de Sérifos ou les excellentes Saint-Jacques beurre de pistache au myzithra et estragon. Feta, olives, câpres, charcuteries, fromages, huile d'olive et vins arrivent directement de Grèce, et se dégustent dans une ambiance hyper-conviviale.

*– **€€** – 23 rue Eugène-Carrière – Ⓜ Place de Clichy – ✆ 01 71 50 00 80 – www.etsi-paris.fr – Fermé lundi, du mardi au vendredi à midi, et dimanche soir*

LE MAQUIS

CUISINE MODERNE • BISTRO Paul Boudier et Albert Touton, deux anciens du Chateaubriand, proposent une cuisine goûteuse et sans chichis, bistrotière à souhait : velouté, saucisse purée, crumble gourmand, à déguster dans un cadre rétro (comptoir en zinc et banquettes en simili cuir de rigueur) et une ambiance des plus conviviales... Rapport qualité-prix imbattable le midi ; menu unique (en plusieurs étapes) plus ambitieux le soir. Prenez le Maquis !

€€ – *53 rue des Cloÿs – Ⓜ Jules Joffrin – ✆ 01 42 58 87 82 – www.lemaquisrestaurant.fr – Fermé lundi, samedi et dimanche*

LE MATRÉ

CUISINE MODERNE • BISTRO Ce petit bistrot à l'atmosphère contemporaine se niche à deux pas de la rue Lepic, au cœur du quartier des Abbesses. L'intérieur est tout en simplicité : murs bruts, baie vitrée, mobilier moderne, cuisine ouverte. Aux commandes : Lucas Tresse (passé par l'Avant Comptoir chez Camdeborde) réalise une cuisine actuelle et franche inspirée du marché. Sa carte, volontairement courte, évolue très régulièrement au gré des produits et des envies du chef : cèpes, gnocchis, sauce au vin rouge ; échine de porc panée, champignons sautés, purée de céleri. Une proposition à prix raisonnable pour Paris, qui fait la part belle à la spontanéité et à la fraîcheur des produits.

€€ – *42 rue Véron – Ⓜ Abbesses – ✆ 01 53 41 15 40 – www.lematre.com – Fermé du lundi au mercredi et dimanche soir*

MOKKO

CUISINE MODERNE • CONTEMPORAIN Formé sur le tard (il a d'abord travaillé dans la musique), Arthur Hantz ne nourrit pas le moindre complexe et tient au pied de la butte Montmartre un bistrot moderne, simple et convivial. Dans l'assiette, il applique une méthode diablement efficace : une cuisine du marché, créative et pleine de peps, où la gourmandise est au rendez-vous ! Exemple : boudin noir snacké, trévise et prune en entrée ; merlu de ligne, carottes confites aux épices, beurre blanc et olives en plat principal ; et pour le dessert, mousse chocolat 80 % grué de cacao et fleur de sel... simple mais terriblement efficace !

- **€€** - *3 rue Francœur - Ⓜ Lamarck - Caulaincourt - ✆ 07 60 38 57 53 - www.mokko-restaurant.com - Fermé lundi, dimanche et du mardi au vendredi à midi*

L'OUZERI

CUISINE GRECQUE • BISTRO Fromage saganaki, merida giro, mizythropita, spanakopita : aucun doute, on est ici dans la taverne hellénique de la cheffe franco-grecque Mikaela Liaroutsos, à deux pas de son autre restaurant Etsi. En fond sonore, des chants traditionnels invitent presque à esquisser un pas de sirtaki après un verre d'ouzo... Dans l'assiette, une succession de petits plats grecs à déguster les yeux dans le bleu, avant les vacances au pays d'Homère.

€€ - *41 rue du Ruisseau - Ⓜ Jules Joffrin - ✆ 09 73 88 24 17 - www.etsi-paris.fr/l-ouzeri - Fermé lundi, du mardi au vendredi à midi, et dimanche soir*

PARIS

SIGNATURE MONTMARTRE

CUISINE FUSION • SIMPLE Dans ce coin très touristique, un restaurant de poche au cadre très simple mais à l'ambiance animée. C'est un couple franco-coréen qui tient cette adresse au succès bien mérité (réservation fortement recommandée !). Lui prodigue un accueil chaleureux en salle (ainsi que de judicieux conseils pour le vin), tandis qu'elle aide en cuisine pour la pâtisserie. Sobre, efficace et bien pensée, la cuisine franco-asiatique qu'on déguste ici se pare de parfums subtils. En témoigne cette bonite en tataki, condiment de pickles de concombre, crêpe de cresson de fontaine et sa sauce vitello tonnato relevée à la menthe, gourmande et étonnante ! On signe sans hésiter !

€€ - *12 rue des Trois-Frères - Ⓜ Abbesses - ✆ 01 84 25 30 00 - www.signature-montmartre.fr - Fermé lundi, mardi et le midi*

ELYSÉE MONTMARTRE

SOBRE • FAMILIAL Derrière l'animation du boulevard Rochechouart, cet hôtel apporte une touche de sobriété dans l'un des quartiers les plus prisés de Paris, entre deux salles de spectacles emblématiques : l'Élysée Montmartre et le Trianon. Les intérieurs privilégient une lumière douce, des meubles sur mesure en bois d'eucalyptus et une esthétique claire et épurée. Les chambres sont spacieuses et aux tons neutres, certaines avec vue sur les toits, d'autres donnant sur la rue. Avec un café réservé aux clients, une salle de projection et des espaces conviviaux pour les enfants, il offre une façon simple de se connecter à l'ambiance de Montmartre.

AC P - **16 chambres** - *74-78 boulevard Marguerite de Rochechouart*

L'HÔTEL PARTICULIER MONTMARTRE

CLASSIQUE • RAFFINÉ Un hôtel très... particulier. À l'issue d'un étroit passage montmartrois, on découvre une demeure Directoire au cœur d'un jardin luxuriant. Salons raffinés, chambres élégantes au décor personnalisé. Charmant bar et délicieuse véranda.

AC - **5 chambres** - *23 avenue Junot - ✆ 01 53 41 81 40*

MONSIEUR ARISTIDE

CLASSIQUE • CHALEUREUX Monsieur Aristide habite évidemment Montmartre, et il reçoit dans un bâtiment 19e s. où la réception en bois, le bar à cocktails aux cabines incurvées et son jukebox Wurlitzer sont d'origine. Le reste de l'établissement marie les trésors chinés au marché aux puces et le sol en béton, pour un décor différent dans toutes les chambres et suites. Celles-ci entourent un jardin intérieur, avec terrasses privées à l'étage supérieur. Le petit déjeuner est servi dans le jardin et le bar reste ouvert tard.

– 25 chambres – *3 rue Aristide Bruant – 01 42 64 33 33*

LA VILLETTE • BUTTES CHAUMONT • GAMBETTA & PÈRE LACHAISE

19e & 20e ARRONDISSEMENTS

LAO SIAM

CUISINE ASIATIQUE • SIMPLE Lao Siam, une cantine asiatique de Belleville parmi d'autres ? Que nenni ! Créée en 1985 par les parents de l'actuel patron, originaires de Thaïlande et du Laos, cette institution locale met à l'honneur les cuisines de ces deux pays. Tout est fait maison par les trois frères Souksavanh ; c'est fin, parfumé avec du relief : tigre qui pleure et sa sauce relevée, nem thadeua, soupe Tom Kha, rubis au lait de coco. En cas d'affluence, optez pour Ama Siam, la table contiguë qui propose une petite carte de suggestions.

€€ – *49 rue de Belleville – Ⓜ Pyrénées – 01 40 40 09 68 – www.laosiam.com – Fermé mardi et mercredi midi*

LE BARATIN

CUISINE TRADITIONNELLE • BISTRO La bistronomie doit beaucoup à la chef argentine Raquel Carena et nombre de jeunes chefs reconnaissent son héritage. L'occasion de revenir aux sources de la gourmandise, avec ce bistrot dans son jus. L'ardoise est plaisante à lire, les prix sont sages et les vins séduisants. Réservation fort conseillée.

€€ – *3 rue Jouye-Rouve – Ⓜ Pyrénées – 01 43 49 39 70 – Fermé lundi, dimanche et mardi midi*

LE CHEVAL D'OR

CUISINE ASIATIQUE • TENDANCE Dans le quartier animé de Jourdain, au cœur d'une ambiance de village parisien, n'hésitez pas à parier sur Le Cheval d'Or. Derrière la façade rouge de Chine, on s'installe dans un décor contemporain épuré (béton ciré, murs bruts, cuisine ouverte) pour déguster la cuisine d'un chef australien aux racines philippines. Gastronomies française et chinoise s'entremêlent avec habileté, pour le plus grand régal d'une clientèle internationale et branchée. Cabillaud à la vapeur, endive braisée au gingembre, sauce pomme et cébette ; croque-madame, crevettes et huile de piment ; tortellini, veau haché, shiitakés et sauce mapo tofu... des plats revisités avec brio !

A/C – **€€€** – *21 rue de la Villette – Ⓜ Pyrénées – 07 45 11 16 47 – www.chevaldorparis.com – Fermé samedi, dimanche et le midi*

DANDELION

CUISINE MODERNE • BISTRO Antoine Villard, ancien chef de Double Dragon et sous-chef chez Septime, et Morgane Souris, sommelière passée par Parcelles, ont déniché une petite perle de bistrot contemporain dans l'Est parisien, avec son sol en béton ciré et sa façade qui s'ouvre sur une place arborée. Le chef en a suffisamment sous le pied pour réussir une cuisine précise et créative aux influences variées. Il marie avec brio des saveurs inattendues : thon rouge à la groseille et tagète ; crevettes crues au kimchi et gingembre – c'est aussi la vertu de produits de qualité choisis avec soin. Service attentionné, décontracté et souriant.

€€ – *46 rue des Vignoles – Ⓜ Buzenval – ✆ 01 42 50 01 55 – www.restaurantdandelion.com – Fermé lundi, dimanche et du mardi au jeudi à midi*

DES TERRES

CUISINE MODERNE • BISTRO Ambiance joyeuse et bon enfant dans ce bistrot de quartier du 20e. Entouré de vins nature exposés sur une étagère, on attaque dans la bonne humeur les assiettes bien léchées du chef : chou-fleur, sauce hareng, noisette et huile verte ; duo de betteraves rôties, lard de Colonnata et crème de chèvre cendré. Une jolie balade gourmande de saison à prix doux au déjeuner.

€€ – *82 rue Alexandre-Dumas – Ⓜ Alexandre Dumas – ✆ 01 43 48 42 49 – Fermé lundi*

PARIS

DILIA

CUISINE CRÉATIVE • OSTERIA À l'ombre de Notre-Dame-de-la-Croix, ce petit restaurant perdu au fin fond du 20e arrondissement, aux allures de maison de campagne, dégage un charme fou. C'est le fief de Michele Farnese, un chef toscan, aux solides références internationales et passé en France par les cuisines de Saturne et de Thoumieux. Le nom rend hommage aux aïeux du chef, Dino et Illia, qui font ensemble Dilia. Le chef propose une cuisine italienne en joyeuse liberté. La sauge prend toute sa place au côté des moelleux gnocchis de betterave et des lamelles de Saint-Jacques crues ; réalisées dans les règles de l'art, les pâtes se marient à merveille à la poutargue et au pain à l'ail... Si la formule déjeuner est un bon plan, au dîner, la partition en plusieurs séquences hausse le ton. La sélection de vins français et italiens est très bien faite. Le service effectué par le responsable et sommelier est chaleureux et souriant. Une table secrète à (re)découvrir d'urgence.

€€€ – *1 rue d'Eupatoria – Ⓜ Ménilmontant – ✆ 09 53 56 24 14 – www.dilia.fr – Fermé mardi, mercredi et lundi midi*

LE GRAND BAIN

CUISINE MODERNE • BISTRO Dans le cœur fourmillant de Belleville, on aime ce bistrot tendance aux airs d'ancien atelier industriel, avec son comptoir en îlot central, ses verrières, ses matériaux bruts (briques et béton) et ses tables numérotées. On y picore de savoureux plats en petites portions, présentés à l'ardoise. Ambiance musicale pointue pour mieux plaire au noctambule hipster et à la foodista exigeante...

€€ – *14 rue Dénoyez – Ⓜ Belleville – ✆ 09 83 02 72 02 – www.legrandbainparis.com – Fermé lundi, mardi et le midi*

LE JOURDAIN Ⓝ

CUISINE MODERNE • BISTRO Dans les ruelles pentues entre Ménilmontant et Belleville, ce bistrot patiné garde son vieux comptoir et ses boiseries chaleureuses. Menu déjeuner précis et savoureux, à un prix imbattable. Le soir, petites assiettes canailles à partager : charcuteries, terrines et boudins issus d'un élevage de cochon noir du Tarn ; tempura de lieu noir avec sauce tartare ; bouchée à la reine au poulet, girolles et comté ; moelleux aux prunes à la verveine... Réservation indispensable.

€ – 101 rue des Couronnes – Ⓜ Jourdain – ✆ 01 43 66 29 10 – www.lejourdain.fr – Fermé samedi et dimanche

KALANK Ⓝ

CUISINE MÉDITERRANÉENNE • COLORÉ Kalank, ou l'esprit de Marseille au bord du boulevard de Charonne – un défi ! Le décor, qui évoque une paillote de plage, séduit avec ses abat-jour en paille, ses sièges en bambou et son sol en jonc de mer. À midi, la terrasse ensoleillée invite à une parenthèse estivale, où l'on savoure une cuisine méditerranéenne pleine de soleil et au rapport qualité-prix imbattable. Le soir, ambiance plus raffinée, avec une carte et un menu unique. Le chef trousse de jolis plats parfumés : panisses à l'aïoli, petits farcis veggie, artichauts poivrades en barigoule, ou encore cigaline de cochon ibérique aux courgettes vertes et jaunes à la sauge.

– €€ – 52 boulevard de Charonne – Ⓜ Avron – ✆ 01 43 73 60 96 – www.kalank-sud.fr – Fermé lundi et dimanche

MENSAE

CUISINE MODERNE • BISTRO Une cuisine de l'instant, pleine de fraîcheur, dans laquelle les saveurs tombent juste. Parmi les incontournables, proposés toute l'année, les cuisses de grenouilles, ail et persil ou la mousse au chocolat praliné provoqueraient des émeutes. Le décor a le bon goût de se faire discret. Petite terrasse trottoir bienvenue en été.

AC – €€ – 23 rue Melingue – Ⓜ Pyrénées – ✆ 01 53 19 80 98 – www.mensae-restaurant.com – Fermé lundi et dimanche

PAULOWNIA

CUISINE MODERNE • BISTRO Un paulownia poussait naguère sur ce bout de trottoir du 20e, face au restaurant du chef Geoffrey Belin et de sa compagne sommelière Tess Duteil. Depuis leur rencontre chez Alain Passard, ces deux-là ont gardé le goût du végétal et des produits d'excellence, ceux-là mêmes qu'on utilise dans les restaurants étoilés (pigeon, canard, pintade). En entrée : petit pâté chaud feuilleté au cochon d'Auvergne, parfumé et moelleux ; pintade en croûte de sel concentrée en saveur ; chou craquelin croustillant, glace à la verveine maison en dessert. Ambiance de bistrot avec grand bar central, lambris aux murs et parquet. Service particulièrement chaleureux.

€€€ – 15 rue des Vignoles – Ⓜ Buzenval – ✆ 01 43 73 57 88 – Fermé lundi, dimanche et du mardi au jeudi à midi

PLOC

CUISINE MODERNE • BISTRO « Les villes devraient être construites à la campagne, l'air y est tellement plus pur » (Alphonse Allais) : dans l'ancien village de Charonne, c'est presque le cas avec ce bistrot de quartier, enclavé dans une rue pavée bucolique. Une atmosphère décontractée et animée y flotte sur un fond débonnaire de convivialité. La carte s'inspire de jolis produits sains, sélectionnés avec soin auprès de petits producteurs. Dans l'assiette, ni le tour de main ni le goût ne font défaut, à l'instar de la salsa verde accompagnant les poireaux et le pesto à l'ail des ours sur la brioche toastée, tartinée d'un labneh aux noix, d'asperges vertes, de petits pois et de champignons de Paris rôtis. Sélection de vins naturels.

– €€ – 15 rue Saint-Blaise – Ⓜ Porte de Bagnolet – ✆ 01 43 71 31 64 – Fermé dimanche soir

PARIS

QUEDUBON

CUISINE TRADITIONNELLE • BISTRO Grâce à ce genre de bistrot/bar à vins, Paris demeure Paris ! Pensez donc : le taulier lui-même en personne, casquette vissée sur la tête et barbe en goguette, sympathique en diable, vous accueille et vous place à table avant de vous conseiller une bonne quille dont il connaît personnellement le producteur. Aux fourneaux, le chef Ollie Clark (ancien second de Bruno Doucet) dévoile une ardoise canaille (chouette : il y a souvent des abats) où il mitonne les bons produits triés sur le volet par le proprio : pâté en croûte à la pintade, foie gras et cochon ; vol au vent de volaille, chanterelle et crème de vin jaune...

A/C - **€€** - *22 rue du Plateau - Ⓜ Buttes Chaumont - ✆ 01 42 38 18 65 - www.restaurantquedubon.fr - Fermé dimanche, et lundi et samedi à midi*

SOCES

CUISINE MODERNE • BISTRO Un petit bijou de brasserie parisienne barrée par l'ancien chef du Clamato, Marius de Ponfilly, acoquiné avec Kevin Deulio, un ancien du bar Vendôme au Ritz, qui navigue en salle comme un poisson dans l'eau. Ces deux-là ont trouvé la formule, aussi irrévérencieuse que percutante : de belles pièces de viandes et des assiettes à partager entre potes («soces» en argot parigot), sans oublier leur marque de fabrique, les poissons et fruits de mer... On recommande la truite des Pyrénées et sa gourmande sauce au basilic, ou encore ces délicieuses tellines du Guilvinec en persillade bien relevée.

€€ - *32 rue de la Villette - Ⓜ Jourdain - ✆ 01 40 34 14 30 - www.soces.fr - Fermé lundi, mardi et du mercredi au vendredi à midi*

PARIS

MAMA SHELTER PARIS EAST

ÉPURÉ • CONVIVIAL Philippe Starck a signé le décor, à la fois épuré, design et fantaisiste, de ce vaste hôtel moderne. Une ambiance jeune et urbaine, à l'image de ce quartier en plein renouveau.

A/C P - **172 chambres** - *109 rue de Bagnolet - ✆ 01 43 48 48 48*

SCARLETT

MODERNE • COSY Entre le parc de Belleville et les Buttes-Chaumont, cette ancienne pension de famille a été reprise en main et rénovée avec goût. Les chambres, modernes et cosy, sont tout à fait dans l'esprit parisien, et l'accueil est charmant.

A/C - **30 chambres** - *1 rue Jouye-Rouve - ✆ 01 77 38 81 81*

PARNAC

✉ 46140 - Lot - Carte régionale n° **23**-A2

LES JARDINS

Chef : Marius Halter

CUISINE CRÉATIVE • CONTEMPORAIN Ce restaurant de campagne fait les délices d'un paisible village vigneron situé dans une boucle du Lot. Dans les chais d'un ancien domaine viticole, le chef Marius Halter réalise une jolie cuisine actuelle avec les bons produits des environs, non sans omettre des touches créatives bien maîtrisées et équilibrées (épices, sucré-salé, inspirations voyageuses). C'est juste et bon. Service plein de gentillesse par Astrid, qui s'occupe également de la jolie sélection de vins bios. Agréable terrasse donnant sur le beau jardin taillé à la française.

- **€€** - *1533 route du Port-de-l'Angle - 05 65 23 58 24 - www.restaurant-lesjardins.fr - Fermé mercredi et jeudi, et lundi, mardi et dimanche soir*

PAU

✉ 64000 - Pyrénées-Atlantiques - Carte régionale n° **25**-C2

JUMO & CO

CUISINE MODERNE • CONTEMPORAIN Au cœur de la cité paloise, deux frères jumeaux, l'un cuisinier et l'autre pâtissier, ont brillamment lancé cette affaire de famille, dans un cadre de style bistrot moderne sur deux étages, avec comptoir à pâtisserie et salon de thé. L'ardoise fait saliver, tout comme le rapport qualité-prix. Derrière des mets apparemment simples, ces deux-là ont de l'or au bout des doigts. Jus aigre-doux et divers condiments viennent relever à point nommé cette cuisine astucieuse et généreuse mais toujours légère, à l'image de la poitrine de cochon confite, jus barbecue, légumes en pickles, radis, croquette de polenta.

PLAN : A2-2 - A/C - **€** - *6 rue Henri-IV - 05 24 36 04 18 - www.jumoandco.com - Fermé dimanche soir*

OMNIVORE

CUISINE MODERNE • BISTRO À deux pas du château de Pau, sur la belle place Gramont, un bistrot gourmand et chaleureux avec zinc, boiseries et banquettes capitonnées. Les épicuriens palois aiment à s'y retrouver dans la bonne humeur pour déguster le poisson de la criée ou l'échine de cochon cuite 24h. L'ardoise fait la part belle à des plats de tradition servis en portions généreuses, rehaussés parfois de touches d'agrumes ou de notes fumées bien balancées. Service plein de gaieté en prime.

PLAN : A1-5 - P - **€€** - *1 place Gramont - 05 59 27 98 08 - www.omnivorepau.fr - Fermé lundi, dimanche et samedi midi*

L'INTERPRÈTE

CUISINE CRÉATIVE • TENDANCE Au cœur du centre-ville, dans un cadre bohème chic, on se régale d'une bistronomie créative attachée aux saisons, autour de menus carte blanche bien construits. Le chef Quentin Maysou s'en donne à cœur joie : noix de Saint-Jacques poêlées, miso banane et quinoa lié aux épinards ; filet de veau, salsifis au jus, clémentine rôtie, noix de cajou et poivre fumé... Ambiance conviviale.

PLAN : B2-1 - A/C - **€€** - *8 rue des Orphelines - 05 59 04 52 29 - www.linterprete-pau.fr - Fermé lundi et dimanche*

MAYNATS

CUISINE CRÉATIVE • TRADITIONNEL Dans leur nouvelle adresse, les Maynats ("gamins" en béarnais) continuent à nous faire aimer leur cuisine à la fois instinctive et ludique, notamment avec ces associations terre et mer qui font mouche. Dans cette verrière octogonale, on la joue cool et sympa ! Ce mélange d'ambition dans l'assiette et de décontraction dans le service s'est taillé une place de choix dans le cœur des Palois. Menu surprise en plusieurs temps le soir. Carte des vins plutôt pointue en références bio.

PLAN : B2-3 – *– €€€ – 24 avenue Gaston-Lacoste – 05 59 27 68 65 – www.maynats.fr – Fermé lundi, dimanche et jeudi midi*

L'OSSAU

CUISINE TRADITIONNELLE • BISTRO La spécialité de la maison ? Une succulente poule au pot, entièrement désossée et farcie d'une bonne farce de veau, foie gras et morilles, nappée d'une sauce suprême crémeuse, accompagnée de son bouillon de poule à boire et de garnitures servies dans de petites casseroles en cuivre. Au déjeuner, le semainier, renouvelé toutes les 3 semaines, déroule des recettes classiques de bistrot (poulet aux olives et citron confit ; bar rôti au thym et bayaldi...). On l'a compris, ce bistrot contemporain tenu par deux amis envoie une cuisine traditionnelle et soignée qui donne le sourire.

PLAN : A1-8 – *– €€ – 32 rue Tran – 05 59 27 08 90 – www.restaurantlossau.com – Fermé samedi et dimanche*

PAUTE

CUISINE MODERNE • **DÉCONTRACTÉ** Deux "potes" de Pau (Paute) ont tapé dans le mille avec ce lieu pittoresque, planqué dans une ruelle en escalier de l'un des plus vieux quartiers de la ville. Herbes aromatiques, épices, vinaigres "arrangés", agrumes, vrais jus : autant de qualités gustatives à apprécier dans une cuisine qui regorge d'idées personnelles et de souvenirs d'enfance.

PLAN : A1-7 - *- €€ - Passage Darracq, 1 rue du Hédas - ✆ 05 59 98 43 77 - www.restaurantpaute.com - Fermé samedi et dimanche*

LES PIPELETTES

CUISINE MODERNE • **BISTRO** Ici, la partition évolue au gré des produits du marché et des récoltes d'une trentaine de producteurs proches de Pau. La cheffe connaît son sujet et ses assiettes sont aussi travaillées que gourmandes à l'image de la raviole de bœuf, courge et achillée, du merlu de ligne de Saint-Jean-de-Luz, ou de la crème de lait de chèvre à la vanille et framboise des Landes. Menus imposés, midi et soir, mais le rapport plaisir/prix est excellent. Les pipelettes n'ont pas usurpé leur nom, ça tchatche ferme dans ce sympathique petit bistrot.

PLAN : B1-6 - **€€** - *3 rue Valéry-Meunier - ✆ 05 59 98 88 06 - www.lespipelettes-pau.fr - Fermé lundi, mardi et dimanche*

RESTO DIT VIN

CUISINE MODERNE • **CONVIVIAL** Dans une rue piétonne centrale de Pau, une table chaleureuse et gourmande qu'on garderait bien pour soi car la salle et la terrasse sont souvent prises d'assaut ! Depuis sa cuisine semi-ouverte, le chef Alexis Bourdrel met à l'honneur les produits de la région qu'il connaît autant que ses producteurs : les légumes viennent des parents maraîchers de son épouse qui œuvre en salle, la bière est brune et de Béarn et les bouteilles de la carte sont à la vente, à emporter à prix caviste. La petite ardoise change régulièrement (noix de Saint-Jacques snackées et topinambour glacé au jus de viande, truite des Pyrénées en gravlax et dessert au lin des Pyrénées et poire pochée au jurançon) - sauf les incontournables pieds de cochon, sauce gribiche.

PLAN : A2-4 - **€€** - *8 rue de Foix - ✆ 05 59 60 00 14 - Fermé mardi, mercredi et dimanche, et samedi soir*

PARC BEAUMONT

MODERNE • **ÉLÉGANT** Ce bâtiment de style contemporain est proche du parc et du Palais des Congrès ; ses chambres sont confortables, élégantes et design. Un bel hôtel polyvalent où rien n'a été oublié pour la détente (piscine, jacuzzi, spa) et les affaires.

- 80 chambres - *1 avenue Édouard VII - ✆ 05 59 11 84 00*

PAUILLAC

33250 - Gironde

CHÂTEAU CORDEILLAN-BAGES *Plus*

CLASSIQUE • **ÉLÉGANT** Cette chartreuse du 17e s., alanguie au cœur du vignoble, est prolongée par une construction abritant des chambres agréables. Préférez celles qui ont été rénovées, plus élégantes et tout en sobriété. Nombreuses options loisir : piscine extérieure, salle de sport et sauna, et une table raffinée pour accompagner les 1 800 bouteilles de la cave.

- 28 chambres - *Route des Châteaux - ✆ 05 56 59 24 24*

PAYRIN-AUGMONTEL

✉ 81660 – Tarn – Carte régionale n° **27**-B2

VILLA PINEWOOD

Chef : Thomas Cabrol

CUISINE CRÉATIVE • CONTEMPORAIN Locavores inconditionnels, Thomas et Anne Cabrol donnent une priorité absolue aux produits du coin et font tout pour limiter l'empreinte écologique de l'établissement. Les assiettes profitent au mieux d'un environnement situé entre le terroir sec du Causse, avec ses truffes et plantes aromatiques, et la Montagne Noire humide, riche en espèces des sous-bois (baies, champignons, plantes sauvages). Des exemples ? Le bouillon de l'aurore, une infusion de racines avec 35 plantes et fleurs donnant un bouquet aromatique et une fraîcheur incomparable ; la truite de la Montagne Noire imprégnée à l'huile de caprifiguier, servie avec un sabayon à la myrte odorante ; ou encore le pigeon du Mont Royal rôti sur coffre, fumé au flambadou avec du lard de cochon laineux. Au cours du dîner, le chef explique son univers culinaire créatif à l'aide d'un écran sur lequel défilent ses producteurs et ses cueilleurs. Accords mets et vins remarquables.

L'engagement du chef : La démarche est avant tout locavore. Dans le menu unique, le meilleur des petits producteurs dans un rayon de quelques dizaines de kilomètres est allié à la cueillette (le terroir sec du versant méditerranéen des Causses apporte les herbes aromatiques et les truffes ; la Montagne Noire, au terroir humide, les champignons, racines et autres plantes sauvages). Les déchets alimentaires sont collectés pour le poulailler, les contenants des fournisseurs sont limités à des cagettes réutilisables.

AC P – **€€€€** – *590 chemin du Nègre – www.villapinewood.com – Fermé du lundi au mercredi, du jeudi au samedi à midi, et dimanche soir*

PEILLON

✉ 06440 – Alpes-Maritimes – Carte régionale n° **29**-E2

LES PLAISIRS

CUISINE RÉGIONALE • RUSTIQUE Voilà tout ce qu'on aime : une bien sympathique petite auberge familiale perdue dans un village perché de l'arrière-pays niçois. Le sympathique chef-patron, issu d'une famille de restaurateurs, cuisine des recettes provençales avec passion grâce à des produits régionaux qu'il sélectionne avec amour. Saveurs franches, sans chichi, assiettes goûteuses, à prix sages. Qui dit mieux ?

€€ – *2 rue Puada-dau-Gourguet – ✆ 04 93 87 06 01 – www.lesplaisirs-peillon.com – Fermé mercredi, et le soir*

PENMARC'H

✉ 29760 – Finistère – Carte régionale n° **1**-A3

HAUT-LINAGE

CUISINE MODERNE • CONTEMPORAIN Ancré non loin du phare d'Eckmühl, ce restaurant dévoile une déco contemporaine dans les tons blanc, gris et or. Le charme opère naturellement grâce à ce couple de bretons pur sucre aux manettes : le chef Corentin Ogor et sa compagne Klervi Tanniou en salle, pétillante et souriante en diable. Dans l'assiette, butternut, Saint-Jacques du Finistère et émulsion d'amandes torréfiées ; pêche de petit bateau, pesto d'épinards et coquillages. Pour chaque plat, un produit frais cuit à point, et une sauce ou un jus approprié, le tout porté par une cuisine moderne et raffinée. Le soir, la cuisine est plus ambitieuse.

♿ – **€€€** – *Place du Maréchal-Davout – ✆ 02 98 90 77 38 – www.hautlinage-restaurant.fr – Fermé lundi et mardi, et dimanche soir*

STERENN

POISSONS ET FRUITS DE MER • CONTEMPORAIN Ce sympathique restaurant de la pointe de Penmarch propose une cuisine ancrée dans son terroir avec des produits de bonne qualité. Le chef s'applique à dresser des assiettes travaillées, notamment sur les plats de poisson. En dessert, place à la tradition et au savoir-faire avec ce kouign-amann servi tiède, bien beurré, caramélisé, moelleux et croustillant à la fois... Jolie vue sur la baie et le phare d'Eckmühl.

- **€€** - *432 rue de la Joie - 02 98 58 60 36 - www.hotel-sterenn.com - Fermé lundi, samedi midi, et vendredi et dimanche soir*

PENNEDEPIE

14600 - Calvados - Carte régionale n° **2**-C2

LE CAPUCINE

CUISINE MODERNE • MAISON DE CAMPAGNE Au cœur de la Normandie, un manoir du 17e s. s'est transformé en un écrin hôtelier d'exception niché dans un vaste parc. Derrière une belle porte sculptée, un bar intimiste avec une cheminée d'époque et un pommier évoquant le verger environnant, puis une salle baignée de lumière s'ouvre sur le jardin, avec une cuisine ouverte en toile de fond. La carte saisonnière, courte et inspirée, invite à prendre le large : des créations fraîches et savoureuses aux influences voyageuses subtiles, comme ce céleri cuit dans un lait de laurier, accompagné de couteau de mer au naturel et de mayonnaise au kalamansi.

- **€€** - *Les Jardins de Coppélia, 478 route du Bois-du-Breuil - 09 85 60 23 00 - www.jardins-coppelia.com/fr/restaurant.html - Fermé mardi, mercredi et lundi midi*

LES JARDINS DE COPPÉLIA

DESIGN • COLORÉ Un manoir du 17e s. domine la mer de sa façade en bois et ardoise aux pignons escarpés, surmontés d'une tour de conte de fées. Le charme d'autrefois des chambres et suites émane des plafonds voûtés, poutres apparentes et parquet rustique, mais il est contrebalancé par des accents audacieux et colorés ainsi que par le mobilier design. Chaque chambre est unique, certaines conservent leur cheminée d'origine, d'autres offrent des baignoires sur pieds. Spa, produits locaux et bio au bar de la piscine, plage à quelques minutes.

- **27 chambres** - *478 route du bois du Breuil - 09 85 60 23 00*

Le Capucine - Voir la sélection des restaurants

PERI - Corse-du-Sud (2A) → Voir Corse

sugar0607/Getty Images Plus

PÉRIGUEUX

✉ 24000 - Dordogne - Carte régionale n° **18**-D2

L'ESSENTIEL

Chef : Éric Vidal

CUISINE MODERNE • COSY Inutile de se perdre en conjectures, mieux vaut aller à L'Essentiel. Dans ce restaurant familial voisin de la cathédrale, le produit est roi... et Éric Vidal, le chef, son brillant (et humble) serviteur. Pour une trentaine de convives, il organise une véritable explosion de saveurs, en se concentrant sur la justesse des préparations. Turbot sauvage rôti à l'huile d'olive, pressé de céleri à la truffe noire ; tartare de mangue et ananas en fine gelée de passion et financier cuit minute... Une émoustillante partition, rehaussée par une sélection de vins qui l'est tout autant. Et un service attentionné, par-dessus le marché !

PLAN : B1-1 – **€€€** – *8 rue de la Clarté – ✆ 05 53 35 15 15 – www.restaurant-perigueux.com – Fermé lundi et dimanche*

CAFÉ LOUISE

CUISINE ITALIENNE • COSY Mixer la cuisine italienne et les plats du terroir périgourdin dans un bistrot cosy ? Cette belle idée est joliment mise en scène par Maryse Benoit-Gonin et son mari. Les assiettes généreuses et soignées mêlent le meilleur des deux cuisines : gnocchis de pomme de terre à l'huile de noix du Périgord ; terrine de pintade et pancetta au foie gras ; boulette de bœuf du Périgord à la milanaise.

PLAN : A1-3 – **€€** – *10 place de l'Ancien-Hôtel-de-Ville – ✆ 05 53 08 93 85 – Fermé lundi, mardi et dimanche*

L'ÉPICURIEN

CUISINE MODERNE • HISTORIQUE Tout le charme d'une vieille maison croquignolette, au cœur de Périgueux, pour une cuisine épicurienne signée Gilles Labbé. Des assiettes délicatement travaillées ; une jolie inspiration légumière assortie de cuissons précises. Sur l'ardoise, de belles viandes d'Aubrac et de Salers maturées sur place pendant 6 semaines... ou comment allier finesse et gourmandise. Service particulièrement agréable, par une équipe attentionnée et enthousiaste.

PLAN : B1-7 – **€€** – *1 rue du Conseil – ✆ 05 53 09 88 04 – www.lepicurien-restaurant.fr – Fermé mercredi et dimanche*

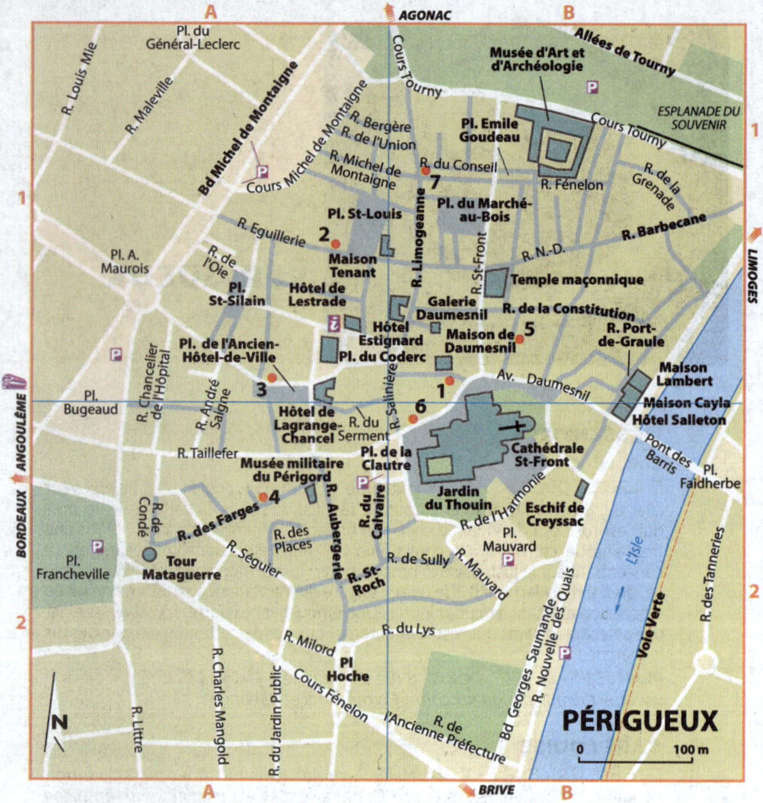

HERCULE POIREAU

CUISINE MODERNE • TRADITIONNEL Au pied de la cathédrale Saint-Front, on s'installe sous les voûtes de pierres blondes d'une salle périgourdine du 16e s. Papilles en alerte, tout bon détective culinaire saura apprécier la cuisine sincère et dépoussiérée d'un terroir d'exception. Dans l'assiette, terrine de foie gras mi-cuit et pickles de rhubarbe au monbazillac ; magret de canard poêlé ; tarte Tatin et sa glace caramel au beurre salé... De quoi se friser les moustaches ! Accueil souriant et service dynamique.

PLAN : B1-5 – A/C – **€€** – *2 rue de la Nation – ✆ 05 53 08 90 76 – www.restaurant-perigueux-hercule-poireau.fr – Fermé mardi et mercredi*

OXALIS

CUISINE MODERNE • CONTEMPORAIN Cette maison ancienne, dont les plus vieilles pierres remontent au 13e s., ne manque pas de cachet historique – poutres et pierres apparentes, caveau voûté privatisable –, auquel la cuisine ouverte derrière sa verrière et les belles tables en bois brut ajoutent une petite touche contemporaine. Le chef et patron, passé notamment par de belles maisons parisiennes, propose au déjeuner de bonnes petites assiettes dans une veine bistronomique (burrata à la truffe condiment betterave ; daurade royale, caviar d'aubergines), et une partition plus noble le soir (asperge blanche et corail de Saint-Jacques ; bar, artichaut poivrade et noix de cajou).

PLAN : A2-4 - *€€ - 11 rue des Farges - 05 47 14 37 64 - www.restaurant-oxalis.fr - Fermé lundi et dimanche, et mardi et jeudi soir*

LE PÉTROCORE

CUISINE MODERNE • CONTEMPORAIN Les Pétrocores étaient un peuple gaulois établi en Dordogne – c'est dire si le chef tient à ses racines. Au cœur de la cité de Périgueux, sous des arcades centenaires, il s'est forgé un joli lieu. L'assiette décline un concept à deux vitesses avec un déjeuner bistrotier à prix malin et, au dîner, une offre plus gastronomique proposée en plusieurs moments. Sa cuisine actuelle aux dressages soignés s'empare des produits locaux et les retravaille avec légèreté, à l'image de ce porc noir du Périgord aux haricots noirs et condiment aillé.

PLAN : A1-2 - *€€ - 15 rue Éguillerie - 07 60 25 38 47 - www.restaurant-lepetrocore.fr - Fermé lundi, mardi, mercredi midi et dimanche soir*

LA TAULA

CUISINE RÉGIONALE • TRADITIONNEL À la Taula (prononcez taola qui signifie "table" en occitan), Christine Maurence nous concocte une cuisine familiale et sans chichi. Parmi ses spécialités, le rognon de veau cuit entier à la graine de moutarde, le cou de canard farci maison et le foie gras mi-cuit sont incontournables. Voilà une adresse authentique, située juste à côté de la cathédrale, où l'on ne badine pas avec les traditions !

PLAN : B2-6 - *€€ - 3 rue Denfert-Rochereau - 05 53 35 40 02 - www.restaurantlataula-perigueux.com - Fermé mercredi et lundi midi*

PERNAND-VERGELESSES

21420 - Côte-d'Or - Carte régionale n° **12**-D1

LE CHARLEMAGNE

Chef : Rudy Villien

CUISINE CRÉATIVE • CONTEMPORAIN Originaire de Beaune, Rudy Villien a fait ses premiers pas au Charlemagne avant de reprendre, avec sa compagne Léa Matéos, cette maison posée au cœur du vignoble de corton-charlemagne. Dans un décor zen et contemporain, la cuisine marie France et notes exotiques (souvent japonaises) au fil de créations personnelles : bouchées apéritives au furikake et caviar, tourteau et tomate fumée au yuzu kosho, maigre de Corse au kaffir lime... Potager et ruches fournissent de belles ressources, complétées par des produits locaux choisis avec soin. Une carte des vins magnifique accompagne cette partition inventive, jouée dans un cadre lumineux et ouvert sur les vignes.

€€€€ - 1 route des Vergelesses - 03 80 21 51 45 - www.lecharlemagne.fr - Fermé mardi, mercredi, et lundi, jeudi et vendredi midi

PERNES-LES-FONTAINES

✉ 84210 - Vaucluse - Carte régionale n° **28**-E1

AU FIL DU TEMPS

CUISINE DU MARCHÉ • BISTRO Dans un quartier piétonnier, juste en face de la vieille église - transformée en centre culturel -, cette ancienne épicerie est devenue un charmant petit restaurant. On y privilégie l'agriculture raisonnée, au gré de plats bien troussés, inspirés du marché. Charmante terrasse, située au bord d'une vieille fontaine.

- €€ - 51 place Louis-Giraud - 04 90 30 09 48 - Fermé lundi, dimanche et le midi

L'ESTEVÃO (N)

CUISINE MODERNE • CONVIVIAL À deux pas de la halle couverte et de la porte Notre-Dame, ce petit restaurant discret est dirigé par la cheffe Charlène Estevão. Formée chez Sinicropi, Lionel Lévy ou Coline Faulquier, elle propose un menu du marché le midi et, le soir, une formule unique en plusieurs services. Sa cuisine moderne, aux accents du Sud et nourrie de voyages, joue des épices avec subtilité. Mention spéciale à la pissaladière revisitée : tartelette à l'oignon confit tiède, crème d'anchois, espuma d'oignon aérien, poudre d'olive noire, pickles et gel d'oignon. Tous les marqueurs de la spécialité niçoise sont là, sublimés avec malice.

- €€ - 5 quai de Verdun - 06 22 48 25 43 - www.restaurant-lestevao.fr - Fermé lundi, mercredi et dimanche

PERPIGNAN

✉ 66000 - Pyrénées-Orientales - Carte régionale n° **27**-C3

LA GALINETTE

Chef : Christophe Comes

CUISINE CRÉATIVE • DESIGN Christophe Comes ou la passion du végétal ! Voilà un chef authentiquement investi dans ses deux potagers et ses collections d'agrumes et d'oliviers (des variétés endémiques dont il tire ses huiles d'olive). Dans l'assiette, la note végétale s'impose du début à la fin avec finesse et intensité. La pluralité de concombres épineux, sashimi de thon blanc et shiso décline le légume de mille et une manières au gré d'assaisonnements qui montent en puissance ; la dorade s'offre sur un jus de bouillabaisse anisé au fenouil sauvage, escortée de courgettes, de basilic et d'une rouille aillée façon aïoli. Des fraises du jardin s'épanouissent sur un biscuit joconde à l'amande, coiffées d'un smoothie et d'un sorbet fraise, avec gelée, ganache chocolat blanc-vanille et, en satellite, une glace à la flouve sur crumble.

L'engagement du chef : La Galinette, c'est un restaurant mais aussi un potager, un verger et une oliveraie, soit deux hectares cultivés en agriculture biologique depuis plus de 20 ans. Le chef sélectionne les graines pour assurer un maximum de diversité dans les textures, les saveurs et les couleurs dans l'assiette, ce qui favorise aussi la préservation du patrimoine génétique des plantes. Les déchets organiques de la cuisine sont transformés en compost.

PLAN : A1-1 - *- €€€ - 23 rue Jean-Payra - 04 68 35 00 90 - www.restaurant-galinette.com - Fermé lundi, mardi et dimanche*

LE GARRIANE

CUISINE MODERNE • SIMPLE "Garriane" pour Garry et Ariane... L'originalité est ici de mise ! Aux fourneaux, Garry, venu d'Australie, concocte une cuisine de saison ouverte sur le monde, dans laquelle le produit est roi. Attention, l'adresse

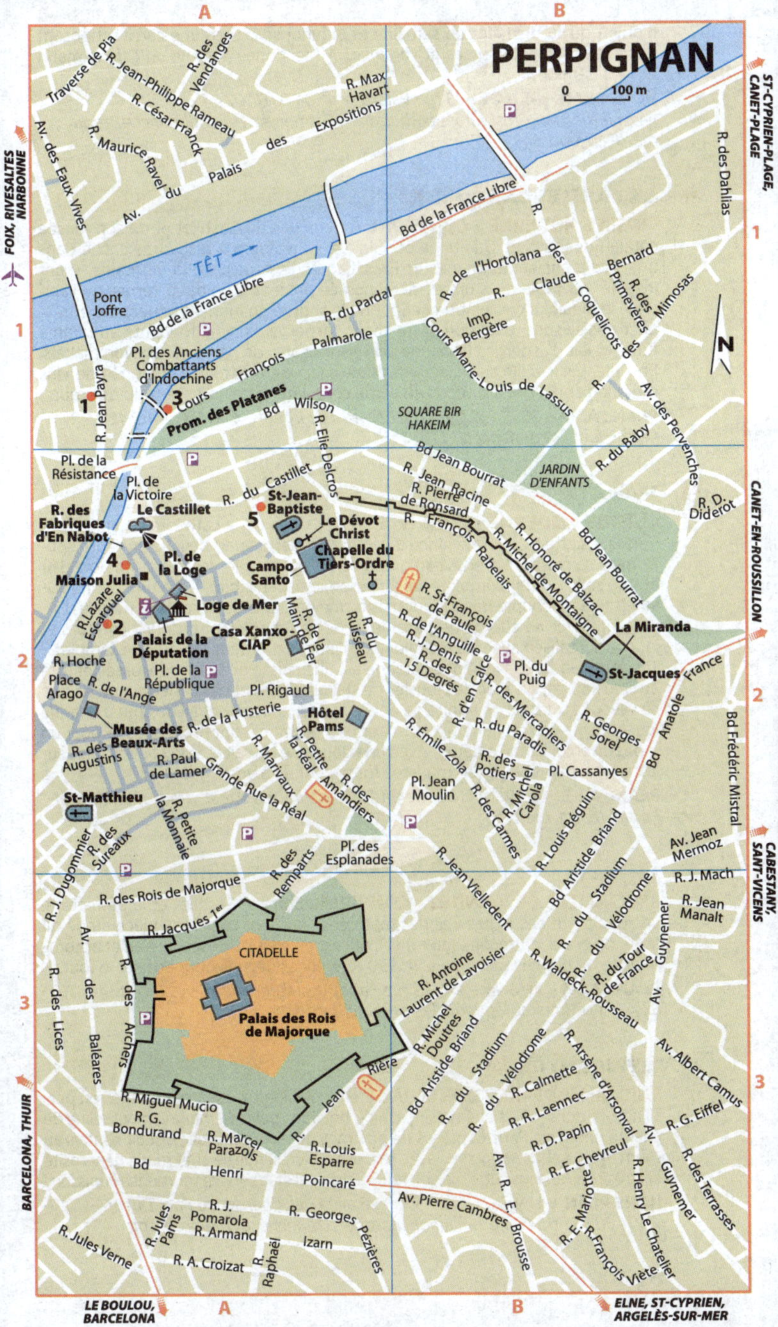
PERPIGNAN
0 100 m
N
A
B
1
2
3
TÊT
Pont Joffre
Bd de la France Libre
Pl. des Anciens Combattants d'Indochine
Cours François Palmarole
Prom. des Platanes
Bd Wilson
SQUARE BIR HAKEIM
JARDIN D'ENFANTS
Pl. de la Résistance
Pl. de la Victoire
Le Castillet
R. des Fabriques d'En Nabot
Maison Julia
Pl. de la Loge
Loge de Mer
Palais de la Députation
Casa Xanxo - CIAP
Campo Santo
St-Jean-Baptiste
Le Dévot Christ
Chapelle du Tiers-Ordre
La Miranda
St-Jacques
Pl. de la République
Pl. Rigaud
Hôtel Pams
Place Arago
Musée des Beaux-Arts
St-Matthieu
Pl. du Puig
Pl. Cassanyes
Pl. Jean Moulin
Pl. des Esplanades
CITADELLE
Palais des Rois de Majorque
FOIX, RIVESALTES NARBONNE
ST-CYPRIEN-PLAGE, CANET-PLAGE
CANET-EN-ROUSSILLON
CABESTANY, SANT-VICENS
BARCELONA, THUIR
LE BOULOU, BARCELONA
ELNE, ST-CYPRIEN, ARGELÈS-SUR-MER

n'ouvre qu'au déjeuner en semaine et le lundi soir, avec une carte proposant des options végétariennes et véganes, et fonctionne comme un café le matin et l'après-midi.

HORS PLAN – A/C – €€ – *15 rue Valette – ✆ 04 68 67 07 44 – www.le-garriane-restaurant.eatbu.com – Fermé samedi et dimanche, et du mardi au jeudi soir*

LAZARE ESCARGUEL (N)

CUISINE MODERNE • CONVIVIAL À deux pas du Castillet et de son musée catalan des Arts et Traditions populaires, ce restaurant discret se cache dans une ruelle ancienne. Charles et Élise Lagrange, tout juste la vingtaine, y ont installé leur table dans un rez-de-chaussée précédé d'un patio-terrasse à l'abri de la chaleur. La cuisine du chef donne le sourire en mariant générosité et respect des saisons, précision et fraîcheur : asperge blanche fondante au tarama fumé et lait d'asperge, lieu jaune nacré sur risotto de navet et sabayon maltais. En salle, Élise veille sur le service d'une main de maître. Une poignée de vins régionaux bien choisis, servis au verre, complète cette adresse coup de cœur.

PLAN : A2-2 – A/C – €€ – *5 rue Lazare-Escarguel – ✆ 04 68 21 60 42 – Fermé lundi et dimanche*

MANAT

CUISINE MODERNE • CONVIVIAL À deux pas de la cathédrale Saint-Jean-Baptiste, cette maison ancienne aux murs de pierre épais dévoile un cadre épuré, avec sa cuisine ouverte, son grand comptoir d'angle, ses tables en bois clair et une salle... archi-complète (réservation indispensable). Il y a une bonne raison à cela : le couple franco-japonais formé par Yuka et Marc Meya rivalise d'inventivité avec sa cuisine de partage et de saison, mêlant produits catalans et japonais, réalisée avec les techniques culinaires des deux pays. Des exemples ? Toujours à la carte, l'iconique karaage est une cuisse de poulet désossée et frite au shio koji, servie avec des feuilles de shiso fraîches et des cébettes ; ou encore ce savoureux tataki de bonite de pêche locale, poireaux et ail des ours. Chaque jour, une dizaine de généreuses assiettes à partager sont proposées (3 pour un repas en solo, 5 ou 6 à deux). Avec une douzaine de sakés à prix abordables sur la carte des vins, vous en trouverez forcément un à votre goût !

PLAN : A2-5 – ♿ A/C – €€ – *3 rue Cité-Bartissol – www.restaurant-manat.com – Fermé mardi, mercredi, et le midi*

LE DIVIL

SPÉCIALITÉS DE VIANDES • CONVIVIAL Entre le Castillet et la préfecture, un spécialiste des belles viandes maturées : le client choisit sa pièce au détail (côte de bœuf, entrecôte, faux-filet), qui est en ensuite pesée, grillée et accompagnée de bonnes frites maison. 300 références de vins pour arroser le tout.

PLAN : A2-4 – ♿ A/C – €€ – *9 rue Fabriques-d'en-Nabot – ✆ 04 68 34 57 73 – www.restaurantledivil.fr – Fermé dimanche*

L'ÉPICENTRE (N)

CUISINE MODERNE • CONVIVIAL Crème d'épinards, escargots sautés en persillade, lardons grillés et émulsion d'aïgo boulido ; pavé de maigre, mousseline de champignons de Paris et pressé de pommes de terre confites ; biscuit nantais au rhum et à l'orange sanguine : avec sa cuisine bien sentie, le chef marie générosité et savoir-faire. Dans cette maison ronde, l'accueil et le service tournent à l'unisson !

HORS PLAN – ♿ A/C P – €€ – *25 allée des Chênes, au Parc Ducup – ✆ 04 68 85 56 54 – Fermé lundi, mardi et dimanche, et mercredi soir*

MAMÉNAKANÉ (N)

CUISINE MODERNE • ÉPURÉ De l'autre côté de la Têt, dans un quartier résidentiel un peu en retrait, ce restaurant séduit d'emblée par la sobriété de son décor, quelque part entre Japon et Scandinavie. En salle, Kotaro Ike, sommelier autodidacte, orchestre une carte des vins d'une belle maturité, choisis pour accompagner le menu unique en plusieurs séquences. En cuisine, son épouse Maiko, formée à Kyoto et passée par L'Axel à Fontainebleau, cisèle une partition claire et subtile : sériole marinée au sel et passée à la flamme, daurade vapeur au yuzu, pain perdu à l'huile d'olive et agrumes. Une cuisine équilibrée où le végétal, la mer et l'assaisonnement dialoguent avec justesse.

HORS PLAN - ♿ AC - **€€€** - *9 rue des Pêcheurs - ✆ 06 28 64 61 87 - www.mamenakane.fr - Fermé samedi, dimanche et le midi*

LA PASSERELLE

CUISINE MODERNE • ÉLÉGANT La cheffe a repris les cuisines de ce restaurant aux accents marins où elle s'était formée avec son père, modernisant à sa sauce la tradition familiale. Elle aime associer des beaux jus concentrés à ses plats (poulpe au jus de cochon) ainsi que des saveurs sucrées-salées (langoustine, navet, amandes). Également sommelière, elle met tout son cœur à conseiller des accords mets et vins très pertinents !

PLAN : A1-3 - AC - **€€€** - *1 cours François-Palmarole - ✆ 04 68 51 30 65 - www.restaurant-lapasserelle.com - Fermé lundi, dimanche et mardi midi*

LE PERREUX-SUR-MARNE

✉ 94170 - Val-de-Marne - Carte régionale n° **11**-F2

LES MAGNOLIAS

CUISINE CRÉATIVE • ÉLÉGANT Ces Magnolias se sont imposés en douceur auprès des gourmets du Perreux-sur-Marne. Le chef met un soin particulier dans la présentation de ses plats, goûteux et volontiers créatifs, à l'image de cet agneau en croustillant de riz, petits pois, basilic thaï et citronnelle. Autour de lui, en cuisine et dans l'élégante salle, s'affaire une jeune équipe soucieuse de bien faire.

AC - **€€€** - *48 avenue de Bry - ✆ 01 48 72 47 43 - www.lesmagnolias.com - Fermé lundi, dimanche et samedi midi*

LE PERRIER

✉ 85300 - Vendée - Carte régionale n° **14**-A2

ROSÔ

CUISINE MODERNE • CONTEMPORAIN Situé dans une commune bâtie au milieu des marais bretons, le restaurant est barré par un jeune couple de professionnels : Mathieu Blanchet en cuisine et Pauline Merceron en salle. Cette cuisine de saison apprécie les produits locaux de qualité, comme l'illustrent cette pannacotta de courgettes, condiment citron, mâche et pickles d'oignon et ce pressé d'aile de raie, beurre de câpres, makis de poireau et sésame noir. Dans ce décor sobre et épuré, la cuisine est ouverte derrière un long comptoir en bois clair. Service sympathique et souriant. Menu déjeuner, dîner à la carte et menu dégustation.

♿ - **€€** - *1 route du Grabat - ✆ 02 51 93 53 89 - Fermé lundi, mercredi et dimanche*

PERROS-GUIREC

✉ 22700 - Côtes-d'Armor - Carte régionale n° **1**-C1

BALAFENN (N)

CUISINE MODERNE • COSY Dans un petit village, cette discrète maison ancienne, métamorphosée en restaurant cosy, est aussi dotée d'une terrasse ouvrant sur un jardin bucolique. Emblème de cette table et de sa cuisine, le motif du papillon (balafenn en breton) se pose partout, aussi bien sur la décoration que sur les parterres fleuris. Le chef signe une partition moderne et soignée, mettant en lumière les produits bretons au fil des saisons. La lotte aux petits pois, carottes et pickles de cerises en est l'exemple parfait : cuisson précise, équilibre des saveurs, assiette pensée. Accueil chaleureux de son épouse.

- **€€** - *42 rue Gabriel-Vicaire - ✆ 02 56 39 21 15 - www.balafenn.eatbu.com - Fermé mardi, mercredi et samedi midi*

LES BASSANS (N)

CUISINE MODERNE • CONTEMPORAIN Perchée sur la Côte de Granit Rose, face à l'archipel des Sept-Îles, cette demeure marie esprit breton dans l'air du temps et panorama d'exception. Depuis la salle du restaurant ou le bar, la vue spectaculaire embrasse la Manche. Dans l'assiette, le terroir breton s'exprime avec générosité. Poissons et crustacés donnent la cadence d'une carte fidèle à l'iode.

- **€€** - *67 chemin de la Messe - ✆ 02 96 23 25 42 - www.les-bassans.com - Fermé lundi, mardi midi et dimanche soir*

LE BÉLOUGA

CUISINE MODERNE • CONTEMPORAIN Dans une bâtisse en granit, verre et acier, cette table offre un panorama saisissant sur la côte et la baie des Sept-Îles depuis la lumineuse salle à manger au cadre chic en duo de noir et de blanc. La cuisine, subtile et soignée, navigue entre classicisme et créativité, teintée parfois de notes plus voyageuses, à l'image de cette raviole de foie gras de canard et crème à la fève tonka, ou de ce homard breton frotté au saté et houmous de lentilles corail. Une cuisine qui se révèle plus ambitieuse au dîner du mardi au samedi, dans une veine plus bistronomique pour les autres services.

- **€€€** - *L'Agapa, 12 rue des Bons-Enfants - ✆ 02 96 49 01 10 - www.lagapa.com*

GWINIZH DU (N)

CUISINE BRETONNE • SIMPLE À deux pas du centre-ville, Gwinizh Du - "blé noir" en breton - dépoussière le genre crêperie avec une proposition aussi locale que libre. Ici, pas de folklore en toc, mais une salle intimiste façon bistrot contemporain, cuisine ouverte et galettes bien ancrées dans leur terroir : 90 % des produits viennent d'un rayon de 30 km. À la carte, des créations originales qui évoluent au fil des saisons, parfois même à base de produits fermentés. Et pour les puristes, des galettes et crêpes à composer soi-même, en piochant dans une liste d'ingrédients soignés qui est griffonnée à la craie sur ardoise.

€ - *48 rue du Sergent-l'Heveder - ✆ 06 82 75 38 34 - www.gwinizhdu.com - Fermé samedi et dimanche*

L'AGAPA HÔTEL - SPA CODAGE

AVANT-GARDE • MARITIME Pour en profiter pleinement de l'air vivifiant de la Bretagne, rien ne vaut la Côte de granit rose. Et son joyau est l'Agapa, mélange parfait de l'esprit villégiature des années trente et d'un cinq étoiles de bord de mer. Ce petit complexe futuriste abrite 48 chambres confortables, équipées chacune d'un "totem" domotique : écran, mini-bar, coffre-fort, commande de l'éclairage, du chauffage, des rideaux. Notre coup de cœur : la suite l'Altitude, ouverte sur la splendide baie de Trestraou. En plus du patrimoine des côtes bretonnes — plages magnifiques, phares, villages pittoresques et tables renommées –, l'Agapa propose un spa creusé dans le granit du sous-sol, qui donne directement sur la Manche et l'archipel des Sept-îles, la plus grande réserve ornithologique de France.

- 45 chambres - *12 rue des Bons-Enfants - 02 96 49 01 10*

Le Bélouga - Voir la sélection des restaurants

CASTEL BEAU SITE

MODERNE • ÉLÉGANT Castel Beau Site affiche une alliance harmonieuse de modernité et d'authenticité. Les chambres sont spacieuses et élégamment conçues, augurant un séjour confortable et luxueux. Un jacuzzi pour se détendre et un délicieux petit déjeuner pour se rassasier complètent les promesses du lieu.

- 33 chambres - *Plage de Saint-Guirec*

LE PETIT-PRESSIGNY

37350 - Indre-et-Loire - Carte régionale n° **15**-B2

LA PROMENADE - MAISON DALLAIS

Chef : Fabrice Dallais

CUISINE MODERNE • ÉLÉGANT C'est une "promenade", certes, mais aussi une véritable aubaine que cette auberge de famille en pleine campagne ! Fabrice et Clément Dallais, troisième et quatrième génération, jouent une partition aux notes actuelles, à la fois savoureuse et festive, fortement enracinée dans le terroir local : poulette et pigeon de Racan, géline de Touraine, abats et gibier, légumes bio de maraîchers, brochet... Des menus surprise à déguster dans un cadre contemporain de belle facture. Remarquable carte des vins, assortie des conseils judicieux du sommelier.

- €€€ - *11 rue du Savoureulx - 02 47 94 93 52 - www.restaurantdallaislapromenade.com - Fermé lundi et mardi*

PÉZENAS

34120 - Hérault - Carte régionale n° **27**-C2

RESTAURANT DE LAUZUN

Chef : Matthieu De Lauzun

CUISINE MODERNE • ÉLÉGANT Pézenas n'est pas seulement la ville de Molière : c'est aussi celle de Matthieu De Lauzun ! Installée au cœur du domaine viticole dans le prieuré de Saint-Jean de Bébian, cette adresse permet au chef de déployer tout son talent. Le beau cadre contemporain, fait de pierre, de bois et de cuivre, se révèle l'écrin idéal pour accueillir sa cuisine sudiste fine et savoureuse, faite de souvenirs d'enfance et d'impressions de voyage. La belle sélection de vins du Languedoc ajoute au plaisir de la dégustation.

- €€€€ - *Route de Nizas - 04 99 47 63 91 - www.restaurant-delauzun.com - Fermé lundi et dimanche*

LE PRÉ SAINT JEAN

CUISINE MODERNE • BISTRO La devanture en Corten – un acier à l'aspect de rouille – s'inscrit dans une belle façade en pierre, sur le boulevard circulaire de la ville. En cuisine, le chef réalise une cuisine inspirée, goûteuse et gourmande. Saumon bio d'Écosse en gravelax, tacos d'avocat et salicorne, crème aigrelette ; pavé de lieu jaune de ligne confit à l'huile d'olive, aïoli mousseux et légumes vapeur ; pomme fondante sur un palet breton moelleux, crème mousseline à la vanille... Une réussite pour ce menu tout en finesse !

- €€ - *18 avenue Maréchal-Leclerc - 04 67 98 15 31 - www.restaurant-leprestjean.fr - Fermé lundi et dimanche, et jeudi soir*

PEZENS

✉ 11170 - Aude - Carte régionale n° **27**-B2

L'AMBROSIA

CUISINE MODERNE • ÉLÉGANT Sur la route de Toulouse, faites une étape dans cette maison moderne : la cuisine du chef se révèle soignée, cohérente et bien dans l'air du temps, d'autant qu'il s'appuie sur des produits de qualité. Ses pêchers mignons ? Foie gras, thon et soufflé au Grand Marnier. Original : réservez une table pour quatre personnes dans la cave réfrigérée située dans la salle à manger.

♿ AC 🍽 P - €€ - *Carrefour la Madeleine, sur D 6113 - ✆ 04 68 24 92 53 - www.ambrosia-pezens.com - Fermé lundi et mardi, et dimanche soir*

PFAFFENHOFFEN

✉ 67350 - Bas-Rhin - Carte régionale n° **8**-B1

À L'AGNEAU

CUISINE TRADITIONNELLE • AUBERGE Dans cette auberge alsacienne datant de 1769, la restauration est une affaire de famille depuis sept générations. Les deux sœurs à la tête de l'établissement servent une cuisine traditionnelle attentive aux saisons, parsemée de touches de modernité (on recommande la souris d'agneau confite pendant trois nuits, accompagnée d'un boulgour aux raisins secs et parfumé à la coriandre).

AC 🍽 - €€ - *3 rue de Saverne - ✆ 03 88 07 72 38 - www.hotel-restaurant-delagneau.com - Fermé du lundi au mercredi*

PFULGRIESHEIM

✉ 67370 - Bas-Rhin - Carte régionale n° **8**-B1

BÜRESTUBEL

CUISINE ALSACIENNE • WINSTUB Cette ferme à colombages respire l'Alsace ! Joli décor régional et spécialités (très) locales : bibalaskas, jambon fumé, lard, ail et persil ; fleischnacka de veau à la crème et champignons ; tartes "flammées" à la pâte au levain... et l'incontournable "vrai flan caramel comme le faisait ma grand-mère". Une adresse sûre.

VOIR STRASBOURG PLAN I - A1 - 2 2 - ♿ 🍽 P - €€ - *8 rue de Lampertheim - ✆ 03 88 20 01 92 - www.burestubel.fr - Fermé lundi et dimanche, et jeudi soir*

PIGNA - Haute-Corse (22) ➜ Voir Corse

LE PIN-AU-HARAS

✉ 61310 - Orne - Carte régionale n° **2**-C3

LA TÊTE AU LOUP

CUISINE TRADITIONNELLE • AUBERGE Stéphane et Agnès Mabille vous réservent un accueil chaleureux dans cette petite auberge traditionnelle à l'intérieur rustique bien entretenu. En vieux loup de mer, le chef concocte des terrines maison et autres spécialités normandes. Aux beaux jours, on profite du jardin champêtre avec vue sur les chevaux de l'école du célèbre haras du Pin ! Une adresse vivante et conviviale.

🍽 P - €€ - *Lieu-dit la Tête-au-Loup - ✆ 02 33 35 57 69 - www.lateteauloup.fr - Fermé lundi et mardi, et dimanche soir*

LE PIN-LA-GARENNE

61400 - Orne - Carte régionale n° **2**-D3

LA CROIX D'OR

CUISINE TRADITIONNELLE • AUBERGE Une auberge accueillante comme une maison de famille... La demeure appartenait déjà aux arrière-grands-parents du chef ! Après avoir fait ses classes dans de grands établissements, celui-ci est revenu au pays avec son épouse, originaire du Sud-Ouest comme l'indique son accent chantant. La tradition a du bon, surtout lorsqu'on déjeune sur la petite terrasse aux beaux jours !

- **€€** - *6 rue de la Herse - 02 33 83 80 33 - www.lacroixdor.free.fr - Fermé mardi et mercredi, et lundi soir*

PINSAGUEL

31120 - Haute-Garonne - Carte régionale n° **26**-C2

LE GENTIANE

CUISINE TRADITIONNELLE • SIMPLE Entre autres vertus, la gentiane est connue pour stimuler l'appétit... tout comme ce restaurant familial ! Aux fourneaux, Nicolas Bachon et son père composent à quatre mains, déclinant des plats de tradition modernisés dans la forme (à l'image de ce mignon de bœuf rôti au sautoir) servis avec le sourire par leurs épouses respectives. En semaine, le menu déjeuner est une aubaine !

- **€€** - *7 rue du Cagire - 05 62 20 55 00 - www.legentiane.fr - Fermé lundi et mardi, et dimanche soir*

PIRÉ-CHANCÉ

35150 - Ille-et-Vilaine - Carte régionale n° **9**-B2

LA TABLE DES PÈRES - DOMAINE DU CHÂTEAU DES PÈRES

CUISINE CRÉATIVE • DESIGN Au sein de ce vaste domaine, l'étonnement est à son comble : un château classique du 18e s., un château d'eau du 19e s., des œuvres d'art, un hôtel composé de bulles futuristes accrochées à une structure métallique et, enfin, ce restaurant circulaire en forme d'ovni au toit végétalisé posé au cœur d'un potager. Le chef Jérôme Jouadé y exerce son art avec une vraie sensibilité à la nature et au végétal. Il profite aussi d'une serre, d'un enclos à escargots, d'un verger et pratique lui-même la cueillette sauvage. Lieu jaune, radis red meat et ail des ours ; aile de raie, asperge blanche de la Torche et beurre blanc à la vanille ; volaille fermière, purée de carotte et courge, bisque d'étrille : ses recettes inspirées du marché visent dans le mille. Belle carte des vins majoritairement bio ou en biodynamie.

- **€€€** - *Route de Boistrudan - 02 23 08 40 80 - www.chateaudesperes.fr - Fermé lundi, mardi, mercredi et jeudi à midi , et dimanche soir*

LA PLAGNE-TARENTAISE

73210 - Savoie

ARAUCARIA HOTEL & SPA

MODERNE • CONVIVIAL Au pied des pistes, cet établissement se révèle moderne et cosy, adapté à une clientèle jeune et connectée. Agréable spa, espace bien-être et piscine, complétée d'un bassin pour les enfants en bas âge. Sans oublier la table de jeux, le baby-foot, une scène pour les concerts... Un hôtel qui ne manque pas d'arguments !

Spa - **84 chambres** - *80 Montée de la Lovatière - 04 58 24 11 11*

LA PLAINE-SUR-MER

✉ 44770 - Loire-Atlantique - Carte régionale n° **9**-A3

ANNE DE BRETAGNE

Chef : Mathieu Guibert

CUISINE CRÉATIVE • ÉLÉGANT (Fermé provisoirement pour travaux, réouverture prévue au printemps) Sur la rive sud de l'estuaire de la Loire, cette grande maison contemporaine fait face au petit port de Gravette. Aux fourneaux, Mathieu Guibert, un chef talentueux natif du pays de Retz et fils d'agriculteur, a su tisser des liens solides et respectueux des valeurs humaines avec des producteurs de la région aussi passionnés que lui. Sans surprise, les produits de la mer tiennent ici les premiers rôles. Au gré de la pêche du jour : crevettes bouquet juste cuites, pommes soufflées et infusion à la cardamome verte ; risotto au haddock, carpaccio de langoustines et émulsion parmesan ; lotte farcie, champignons et céleri, jus de bœuf au homard... Service impeccable et souriant orchestré par Claire Bâcle. Un très beau moment !

- €€€€ - *Port de Gravette, 163 boulevard de la Tara - 02 40 21 54 72 - www.annedebretagne.com - Fermé dimanche et lundi*

ANNE DE BRETAGNE

ÉPURÉ • MARITIME Une grande bâtisse contemporaine, toute blanche, posée sur une dune. À l'horizon : le petit port de la Gravette et... rien que la mer ! Idéal pour une escale marine rassérénante, d'autant que le décor - au design épuré - repose les sens...

- 19 chambres - *163 boulevard de la Tara - 02 40 21 54 72*

Anne de Bretagne - Voir la sélection des restaurants

PLAISIR

✉ 78370 - Yvelines - Carte régionale n° **11**-B1

LA MAISON DES BOIS

CUISINE TRADITIONNELLE • AUBERGE Sous un toit de chaume veillé par le temps et enlacé de vigne vierge, cette auberge centenaire raconte des histoires depuis 1926. Trois générations se sont succédé, préservant l'authenticité des lieux tout en y insufflant une nouvelle jeunesse grâce à une rénovation soignée. À la carte, des recettes traditionnelles côtoient les suggestions du marché, réalisées avec des produits de belle qualité. En saison, le navarin de homard est une spécialité de la maison. Terrasse ombragée sous des vieux platanes.

- €€€ - *1467 avenue d'Armorique, Sainte-Apolline - 01 30 54 23 17 - www.lamaisondesbois.fr - Fermé mardi et mercredi, et dimanche soir*

LES PLANCHES-PRÈS-ARBOIS

✉ 39600 - Jura - Carte régionale n° **13**-B2

CASTEL DAMANDRE

CUISINE TRADITIONNELLE • AUBERGE Au bout de cette Reculée des Planches qui porte si bien son nom, surgissent en pleine nature de magnifiques bâtiments - un ancien moulin du 15e s. transformé en papeterie au 19e s. Si la salle traditionnelle - dalles de pierre au sol et cheminée - ne manque pas de charme, la terrasse située à proximité de la Cuisance fait aussi honneur à cette table. Le chef propose une cuisine plutôt traditionnelle autour d'une carte très resserrée. La truite y est particulièrement bien traitée, à l'image de ce tartare aux fruits exotiques et yuzu, sorbet mangue, passion et coriandre. Quant à la poularde de Bresse aux morilles et vin jaune en ballotine, c'est évidemment le plat signature du chef.

- **€€€€** - *18 rue de la Cascade - 03 84 66 08 17 - www.casteldamandre.com - Fermé du lundi au samedi à midi*

PLAPPEVILLE

57050 - Moselle - Carte régionale n° **7**-B1

EMOTIONS

CUISINE MODERNE • CONTEMPORAIN Au cœur de ce village paisible, les deux frères Mickaël et Morgan Emo font vivre avec enthousiasme cette vieille maison de vigneron à l'intérieur remis au goût du jour. Le chef nous régale avec des assiettes actuelles, soignées et appétissantes, comme ce carpaccio de Saint-Jacques au céleri, ou ce pigeonneau à la truffe, courge et sauce madère. Belle sélection de vins avec crus "d'exception" au verre.

- **€€€** - *50 rue du Général-de-Gaulle - 03 87 30 36 68 - www.restaurant-emotions.fr - Fermé lundi, dimanche et mardi midi*

PLÉHÉDEL

22290 - Côtes-d'Armor - Carte régionale n° **1**-C1

MATHIEU KERGOURLAY - CHÂTEAU DE BOISGELIN

CUISINE MODERNE • ÉLÉGANT Le chef Mathieu Kergourlay accueille ses hôtes au cœur d'un domaine de 450 hectares, dans un château qu'il a rénové et décoré avec sa compagne. Dans l'assiette, une cuisine goûteuse, généreuse et maîtrisée, qui offre de belles surprises, comme cette Saint-Jacques et saucisse de Morteau en brioche, épinards et jus de cochon réduit. L'ensemble de la carte et des menus est élaboré sans gluten ni lactose.

P - **€€€** - *Domaine de Boisgelin - 02 96 22 37 67 - www.mathieu-kergourlay.com - Fermé mardi et mercredi, et lundi soir*

HÔTEL DE BOISGELIN

CLASSIQUE • ROMANTIQUE Entrez dans le tableau : un château du 15e s. doté d'une tour d'angle, entouré d'un domaine de 400 ha (avec un golf), des touches anciennes dans la décoration des chambres (robinetterie rétro, meubles de style Directoire, scènes de chasse au mur)... Bref, du cachet !

P - **14 chambres** - *Domaine de Boisgelin - 02 96 22 37 67*

Mathieu Kergourlay - Voir la sélection des restaurants

PLÉNEUF-VAL-ANDRÉ

22370 - Côtes-d'Armor - Carte régionale n° **1**-D1

LE BINIOU

CUISINE TRADITIONNELLE • CONTEMPORAIN Le chef puise son inspiration dans la Bretagne à l'image de son farz noir brujuné et lipig. Mais il n'est pas fermé à d'autres influences, comme en témoigne son dos de maigre rôti, condiments grenobloise, bisque de crustacés. Une cuisine soignée, un service souriant, une note digeste et une adresse située à quelques encâblures de la plage.

€€ - *121 rue Clemenceau - 02 96 72 24 35 - www.restaurant-lebiniou.fr - Fermé mardi et mercredi*

PLÉRIN

🖂 22190 – Côtes-d'Armor – Carte régionale n° **1**-C1

LA VIEILLE TOUR

Chef : Nicolas Adam

CUISINE MODERNE • CONTEMPORAIN Le décor contemporain de ce restaurant, jouant sur la lumière et les matières, est en adéquation avec les saveurs fines et iodées de cette maison de pays située face au chenal. Le cadre intime se prête à la dégustation de produits de qualité traités avec justesse. Le chef Nicolas Adam ne se contente pas de titiller les saveurs : il est aussi le créateur épanoui d'une boulangerie, et du festival Rock'n Toques, qui propose, une fois l'an et en musique, de la street food de qualité. Jolie cave vitrée, riche de 350 références.

€€€ – *75 rue de la Tour – 02 96 33 10 30 – www.la-vieille-tour.com – Fermé lundi, dimanche et samedi midi*

PLESCOP

🖂 56890 – Morbihan – Carte régionale n° **1**-C3

LÀ DN

CUISINE MODERNE • CONVIVIAL Ouvert uniquement le midi en semaine, ce petit restaurant emmené par un chef d'expérience propose un menu-carte gourmand à tarif doux. Une bistronomie plaisante inspirée du marché, où l'on déguste par exemple un grondin aux topinambours et colombo de légumes, ou une poitrine de veau laquée, polenta croustillante et champignons en persillade.

€ – *11 rue Blaise-Pascal – 02 97 13 74 73 – www.restaurant-ladn.bzh – Fermé samedi et dimanche, et le soir sauf vendredi*

PLEUDIHEN-SUR-RANCE

🖂 22690 – Côtes-d'Armor – Carte régionale n° **1**-D1

L'OSMOSE

CUISINE MODERNE • CONVIVIAL Dans un charmant village breton, le chef au parcours étoilé Ludovic Dirscheri propose une cuisine raffinée mêlant inspirations locales et saveurs d'ailleurs. Carpaccio de Saint-Jacques à l'huile d'olive et coulis de betterave, dos de sanglier rôti accompagné d'une crème de panais et jus au vin rouge, ou kouign-amann à la pistache et glace halva sont autant d'exemples d'une carte à la fois savoureuse et soignée. Le cadre chaleureux, habillé de bois brut et de pierres locales, offre une ambiance cosy, idéale pour savourer le menu découverte à prix doux.

€€ – *7 place de l'Église – 02 96 83 38 75 – www.restaurant-losmose.com – Fermé mercredi et jeudi*

PLOEMEUR

🖂 56270 – Morbihan – Carte régionale n° **1**-C3

LE VIVIER

POISSONS ET FRUITS DE MER • ÉPURÉ Dans cet établissement posé face au large, la cuisine est évidemment vouée à Neptune : les pieds presque dans l'eau, avec en toile de fond l'île de Groix, on fait le plein d'iode avec de beaux produits de la mer, servis par une cuisine ponctuée de quelques touches de modernité.

€€€ – *9 rue de Beg-Er-Vir, Lomener – 02 97 82 99 60 – www.levivier-lomener.com – Fermé dimanche soir*

PLOMEUR

✉ 29120 - Finistère - Carte régionale n° **1**-B2

NUANCE

CUISINE MODERNE • CONTEMPORAIN La table du chef Jules Rolland se tient au cœur du village, non loin de la Pointe de la Torche. Issu d'une famille de restaurateurs, cet enfant de la balle a pris le pli très tôt. Il sait choisir de beaux produits (langoustines, saint-pierre, girolles...) valorisés par des cuissons impeccables, et rehaussés de jus intenses. Le travail engagé sur chaque assiette, notamment le jeu sur les textures, n'empêche ni la lisibilité ni la gourmandise. Preuve en est cette langoustine royale au beurre maltais relevé de saté et sa déclinaison de courge. Service souriant par Roxane et son équipe.

- €€€ - *35 roz An Tremen - 02 30 14 02 74 - www.nuance-restaurant-plomeur.eatbu.com - Fermé du lundi au mercredi*

PLOMODIERN

✉ 29550 - Finistère - Carte régionale n° **1**-B2

L'AUBERGE DES GLAZICKS

Chef : Olivier Bellin

CUISINE CRÉATIVE • ÉLÉGANT Cette ancienne maréchalerie, transformée en ferme-auberge par la grand-mère du chef, attirait autrefois ouvriers et habitants du coin, autour de menus simples et revigorants – soupe, bouchée à la reine, gigot d'agneau... C'est sous l'impulsion d'Olivier Bellin, de retour au pays en 1998, que l'Auberge familiale accomplit sa mue : inventif et touche-à-tout, le chef y est devenu lui-même, affirmant une personnalité culinaire de plus en plus forte. Il travaille avec un extraordinaire réseau de petits producteurs du Finistère, sélectionnés avec soin – sur chaque table, une carte recense l'origine de tous les ingrédients et l'identité de chaque producteur. Dans l'assiette, il marie la mer et la terre avec un naturel confondant : homard bleu, voile de tête de cochon et boudin noir fermier ; Saint-Jacques dorée à la bretonne, mijoté de tripette de bardes, lard blanc...

- €€€€ - *7 rue de la Plage - 02 98 81 52 32 - www.aubergedesglazick.com - Fermé lundi, mardi, mercredi midi et dimanche soir*

PLONÉVEZ-PORZAY

✉ 29550 - Finistère - Carte régionale n° **1**-B2

LA PLAGE

POISSONS ET FRUITS DE MER • ÉLÉGANT Depuis 1924, cette table domine la plage et le va-et-vient des marées. Le cadre est idyllique et la cuisine met à l'honneur de beaux produits, en particulier de la mer : exemple, ce lieu jaune de ligne, échalote, pomme de terre, champignons des sous-bois et émulsion Iodée...

- €€€ - *Lieu-dit Sainte-Anne-la-Palud - 02 98 92 50 12 - www.plage.com - Fermé, lundi, mardi, mercredi et vendredi midi*

HÔTEL DE LA PLAGE

MODERNE • MARITIME Un emplacement superbe, directement sur la plage, au pied de la chapelle ! Les chambres, cossues comme toute la demeure, donnent sur la baie ou sur le jardin fleuri. Mobilier de famille, antiquités, esprit contemporain... Comment mieux profiter de la plage ?

- **19 chambres** - *Lieu-dit Sainte-Anne-la-Palud - 02 98 92 50 12*

La Plage - Voir la sélection des restaurants

PLOUARZEL

✉ 29810 – Finistère

LA MAISON DES EMBRUNS

BOURGEOIS • MARITIME Bon nom ne saurait mentir : la Maison des Embruns vous expose à tous les plaisirs de l'océan, vue et parfums iodés compris. Dans ce bout du monde, chaque chambre conjugue un décor de bon goût et des équipements modernes. Restaurant en phase avec l'atmosphère marine, bar, spa et centre de remise en forme.

- 6 chambres – *750 Stréat Lambaol*

PLOUBEZRE

✉ 22300 – Côtes-d'Armor – Carte régionale n° **1**-C1

INSEME N

CUISINE TRADITIONNELLE • CONTEMPORAIN Dans un village au sud de Lannion, cette ancienne crêperie a été reprise par la cheffe Laure-Marie Darteyron et François Spenlehauer, pâtissier assurant aussi le service. Ensemble, comme le suggère le nom corse du lieu, ils signent une cuisine sincère centrée sur les produits bretons avec des touches méditerranéennes : pâtes maison à la chair d'araignée, carpaccio de Saint-Jacques aux agrumes, lieu jaune à la frégola sarda et curry breton. Atmosphère chaleureuse, pierres apparentes et bois complètent cette adresse conviviale.

- €€ - *8 rue Jean-Marie-le-Foll – 06 34 29 07 55 – Fermé lundi, mardi, samedi midi et dimanche soir*

PLOUËR-SUR-RANCE

✉ 22490 – Côtes-d'Armor – Carte régionale n° **1**-D1

L'EPIKUR N

CRÊPES • AUBERGE Cette crêperie, posée au pied de l'église de Plouër-sur-Rance, propose des galettes bien dorées et croustillantes, typiques du pays gallo. Elles sont garnies avec les produits des fermes voisines : légumes de la Matz, lait de la Renaudais, chèvre frais de Pleudihen, andouille de Dinan ou charcuterie de la Paumerais. Le sarrasin est quant à lui cultivé sur les bords de la Rance. Quelques plats de brasserie et un choix de cidres complètent l'offre.

€ - *14 place Michel-Rouvrais – 02 96 86 99 87 - Ferme samedi, dimanche et le soir sauf jeudi et vendredi*

PLOUGASNOU

✉ 29630 – Finistère – Carte régionale n° **1**-A2

LA MAISON DE KERDIÈS

CUISINE TRADITIONNELLE • CONTEMPORAIN Cette maison de la pointe du Trégor fut à l'origine un sémaphore, avant d'être transformée en colonie de vacances puis en restaurant. Depuis la salle lumineuse, on profite d'une vue panoramique sur la baie de Morlaix... Mais on se recentre vite sur l'assiette qui balance entre plats régionaux et cuisine plus traditionnelle. Très bon rapport qualité-prix.

- €€ - *5 route de Perherel, à Saint-Samson – 02 98 72 40 66 – www.maisonkerdies.com – Fermé lundi*

PLOUGONVELIN

✉ 29217 – Finistère – Carte régionale n° **1**–A2

HOSTELLERIE DE LA POINTE SAINT-MATHIEU

Cheffe : Nolwenn Corre

CUISINE MODERNE • ÉLÉGANT Face au site grandiose de la pointe Saint-Mathieu, Nolwenn Corre œuvre dans cette Hostellerie ouverte en 1954 par ses grands-parents, et reprise par ses parents. Une affaire de famille, donc, qui a évolué tout en gardant son esprit originel : vieilles pierres, cheminée monumentale d'une part, mobilier franchement contemporain de l'autre. La cheffe se montre tout à fait à son aise en cuisine, et surtout très déterminée. Ses assiettes doivent autant à son tour de main qu'aux bons produits 100% locaux qu'elle utilise : langoustines du Guilvinec, Saint-Jacques de la rade de Brest, poissons du Conquet, légumes locaux. Profitez des chambres oxygénées par le grand large et de la cuisine plus simple du Bistrot 1954.

- €€€€ *- 7 place Saint-Tanguy – ✆ 02 98 89 00 19 – www.pointe-saint-mathieu.com – Fermé lundi et mardi*

PLOUGUERNEAU

✉ 29880 – Finistère – Carte régionale n° **1**–A1

À LA MAISON

CUISINE MODERNE • SIMPLE Ici, on réalise une cuisine bistrotière de bel aloi, mettant en avant les produits de la région. Le chef affectionne travailler les plats en déclinaison, comme le cochon ou l'agneau. Parmi les spécialités maison : le boudin noir, l'œuf parfait, et l'andouille de Guéméné. Une adresse attachante.

- €€€ *- 21 place de l'Europe – ✆ 02 98 01 76 21 – Fermé mardi, mercredi, et lundi et dimanche à midi*

CASTEL AC'H

CUISINE MODERNE • ÉPURÉ Il y a des lieux bretons magiques et la région des Abers en est un ! À quelques encablures des phares de l'île Vierge et de celui de l'île de Wrac'h, cette grande maison au style néo-breton profite donc d'un emplacement remarquable, face à la charmante plage de Lilia. Dans l'assiette, une cuisine d'inspiration régionale avec de bons produits "terre et mer" ; le midi, menu du jour à prix sage. Au dîner, les deux menus et la carte jouent le registre bistronomie bretonnisante : huîtres, ormeaux, pêche du jour, légumes du potager, algues, sarrasin...

- €€ *- Plage de Lilia – ✆ 02 98 37 16 16 – www.castelach.fr*

PLOUHARNEL

✉ 56340 – Morbihan – Carte régionale n° **1**–C3

GRANIT

CUISINE MODERNE • SIMPLE Entre Carnac et Quiberon, cette bâtisse moderne posée en pleine campagne bretonne est une véritable aubaine gourmande. Le chef Charles Moreau, fort d'un parcours qui l'a mené de la Chine aux cuisines belges de Sang Hoon Degeimbre (deux étoiles à l'Air du Temps), signe une cuisine précise et équilibrée, nourrie de marqueurs locaux : whisky breton, sarrasin, artichaut, huître, gwell, andouille de Guémené. Quelques notes créatives complètent l'ensemble. Belle carte des vins, avec de nombreuses références bio ou biodynamiques.

- €€€ *- 5 Kerhuéno – ✆ 02 97 29 10 17 – www.granit-restaurant.fr – Fermé mardi, et lundi et mercredi à midi*

PLOUIDER

✉ 29260 – Finistère – Carte régionale n° **1**-B1

LA TABLE DE LA BUTTE

Chef : Nicolas Conraux

CUISINE MODERNE • ÉLÉGANT Nicolas et Solène Conraux incarnent la troisième génération de cet établissement désormais pionnier en matière de cuisine et de développement durables. Ici, le produit local est roi : huîtres, homard, ormeaux mais aussi algues, légumes et même le plateau de fromages exclusivement bretons dessinent la carte d'un Finistère gourmand. La Bretagne est présente aussi bien dans l'assiette qu'en salle, à travers la décoration et l'art de la table mettant en avant les artisans locaux, et on ne manque pas de raconter au client les produits et les procédés – notamment l'art de la fermentation et de la macération. Le pain maison est un délice, comme les différents beurres made in Bretagne (aux algues, cristaux de sel...). Enfin, la carte des vins fait la part belle aux petits producteurs et au bio.

L'engagement du chef : Travailler avec la conscience de la nature, c'est être en vérité avec moi-même. A la Butte, nous avons un potager en permaculture, une serre bioclimatique et des ruches. Nous mettons en valeur nos producteurs (pêcheurs, maraîchers, éleveurs) et nos artisans locaux (assiettes en bois de récupération, verres fabriqués à base de coquilles d'ormeaux, uniformes en lin et coton bio) et nous sensibilisons nos équipes à une démarche plus respectueuse de l'environnement.

– €€€€ – *12 rue de la Mer – ✆ 02 98 25 40 54 – www.labutte.fr – Fermé lundi, mardi et du mercredi au vendredi à midi*

LE COMPTOIR DE LA BUTTE

CUISINE TRADITIONNELLE • CONTEMPORAIN Cette annexe de la table gastronomique La Butte séduit par son cadre contemporain, avec une cuisine ouverte et une boutique. Le chef Nicolas Conraux y propose une cuisine de tradition généreuse, profondément ancrée dans le Finistère. La formule est à la fois efficace et accessible, et les gourmands seront bluffer par le buffet des desserts, proposé à volonté.

– €€ – *12 rue de la Mer – ✆ 02 98 25 40 54 – www.labutte.fr*

PLOUMANAC'H

✉ 22700 – Côtes-d'Armor – Carte régionale n° **1**-C1

LA TABLE DE MON PÈRE - CASTEL BEAU SITE

CUISINE MODERNE • CONTEMPORAIN Bien au chaud dans une salle élégante et épurée, venez profiter des dernières lueurs du couchant sur la plage de St-Guirec. Face à cette vue magnifique, vous dégusterez une cuisine au goût du jour, présentée avec soin, et qui met en valeur des produits d'une qualité incontestable tels que le pigeon du Ménez Bré, la lotte, l'araignée ou encore les asperges blanches.

– €€€ – *Plage de Saint-Guirec – ✆ 02 96 91 40 87 – www.castelbeausite.com*

PLOURHAN

✉ 22410 – Côtes-d'Armor – Carte régionale n° **1**–C1

ROLLAND

Chef : Pierre Bonnefont

CUISINE MODERNE • CONTEMPORAIN Niché au creux d'un vallon où coule une rivière, cet ancien moulin est aujourd'hui un restaurant à la déco d'esprit industriel. Deux frères, l'un en cuisine, l'autre au maraîchage, s'attellent à concocter une cuisine saine et naturelle basée sur les produits de la mer (poissons, coquillages, crustacés) et les légumes, en partie cultivés sur place – les viandes sont exclues. Entrée 100% végétale comme cette variation de topinambour et sa purée de citron et d'ail noir, ou plat marin à l'image de ce saint-pierre accompagné de chou-fleur, shiitakés au vinaigre et jus d'arêtes : la gastronomie à la Rolland, ça roule !

L'engagement du chef : C'est l'esprit « du potager à l'assiette » qui guide chaque geste ici : à la belle saison, 100 % des légumes viennent du potager certifié bio cultivé par Emmanuel, frère du chef reconverti en maraîcher. Le potager est complété d'arbres fruitiers et de pieds de vigne. On ne sert pas de viande ; les poissons proviennent uniquement de la criée située à proximité. Même le beurre est fait maison ! Pour accompagner les plats, les boissons sont 100 % locales et/ou bio.

– **€€** – *12 chemin du Moulin-Rolland – 02 96 33 11 10 – www.restaurant-rolland.fr – Fermé lundi, mardi, mercredi midi et dimanche soir*

POISSON

✉ 71600 – Saône-et-Loire – Carte régionale n° **17**–B2

LA POSTE ET HÔTEL LA RECONCE

CUISINE MODERNE • CONTEMPORAIN Le Restaurant de la Poste est emmené par un chef originaire du village, avec l'aide de son épouse. Son ambition est claire : régaler ses convives avec une cuisine dans l'air du temps, et célébrer les bons produits locaux – ce jarret de bœuf charolais, en feuille de cèleri, bouillon de pot-au-feu et wasabi, en témoigne ! Chambres coquettes et bien tenues pour l'étape.

– **€€** – *25 route des Michelets – 03 85 81 10 72 – www.hotelreconce.com – Fermé lundi et mardi, et dimanche soir*

POITIERS

✉ 86000 – Vienne – Carte régionale n° **15**–B2

PAPILLES

CUISINE MODERNE • ÉPURÉ Fils et petit-fils de restaurateurs, Sébastien Boireau a pourtant embrassé une autre carrière avant de succomber aux saveurs de la gastronomie. Derrière une petite devanture élégante au cœur de la ville, cet enfant de la balle s'est taillé une salle tout en épure avec fauteuils en bois et assise en cuir crème, murs blancs, miroirs végétalisés. Dans l'assiette, il convainc avec une cuisine fraîche et moderne, assez épurée, à l'image du décor : carpaccio de Saint-Jacques au kumquat ; filet de veau, mousseline de carotte violette et jus à l'orange sanguine... Une qualité qui se ressent jusqu'aux desserts.

€€ – *40 rue Carnot – 05 49 92 29 47 – www.papilles-poitiers.fr – Fermé lundi, mardi, du mercredi au vendredi à midi, et dimanche soir*

POLLIAT

✉ 01310 - Ain - Carte régionale n° **21**-B1

TÉJÉRINA - HÔTEL DE LA PLACE

CUISINE TRADITIONNELLE • CONTEMPORAIN L'auberge familiale par excellence, où l'on vous sert avec le sourire une goûteuse et généreuse cuisine du terroir dans une salle à manger moderne. Tête de veau, poulet à la crème, soufflé aux foies de volaille et grenouilles sont à l'honneur ! Chambres bien tenues pour prolonger l'étape.

- €€ - *51 place de la Mairie - ✆ 04 74 30 40 19 - www.restaurant-tejerina-logis.fr - Fermé lundi, mardi midi et dimanche soir*

POMEROL

✉ 33500 - Gironde - Carte régionale n° **22**-C2

LA TABLE DE CATUSSEAU

CUISINE MODERNE • CONVIVIAL Aux commandes, Kendji Wongsodikromo, né en Nouvelle-Calédonie, et son épouse Nadège, attentive en salle. Dans une sobre bâtisse en pierres bordelaises aux larges baies vitrées, le chef signe une cuisine moderne et colorée, inspirée du marché, mêlant influences d'ici et d'ailleurs : ceviche de dorade coryphène coco-gingembre-verveine, sorbet tomates-piment d'Espelette, pressé de lapereau aux herbes potagères.

- €€ - *86 rue de Catusseau - ✆ 05 57 84 40 40 - www.latabledecatusseau.fr - Fermé lundi et dimanche*

POMMARD

✉ 21630 - Côte-d'Or - Carte régionale n° **12**-D1

AUPRÈS DU CLOCHER

Chef : Rémi Genot

CUISINE MODERNE • COSY Au cœur du célèbre village vigneron, le jeune chef Rémi Genot, de retour aux sources après un parcours régional éloquent, rend hommage aux producteurs locaux et aux belles pièces parées par son père dans la boucherie voisine. Aussi à l'aise avec le végétal qu'avec le poisson et la viande, il réalise des assiettes colorées, minutieuses et pleines de tempérament, et sait jouer habilement sur les textures : déclinaison de tomates, chèvre frais fumé, géranium rosat ; barbue de petit bateau, petits pois, girolles, jus de coquillages et mélisse... Superbe carte des vins, qui réserve bien entendu une place de choix à la Bourgogne. Anna, la compagne du chef, assure un service sympathique et discret.

- €€€€ - *1 rue de Nackenheim - ✆ 03 80 22 21 79 - www.aupresduclocher.com - Fermé mardi, mercredi, et jeudi et vendredi à midi*

LE CLOS DU COLOMBIER

CLASSIQUE • RAFFINÉ Une belle demeure de maître (1835) raffinée - beaux parquets et moulures, trumeaux, mobilier ancien - et pleine de personnalité. L'espace bien-être (jacuzzi, sauna) donne directement sur les vignes qui entourent la maison... Restauration sur réservation pour les hôtes.

- 11 chambres - *1 rue du Colombier - ✆ 03 80 22 00 27*

PONCIN

✉ 01450 - Ain - Carte régionale n° **21**-B1

AINTIMISTE

Chef : Jérôme Busset

CUISINE MODERNE • CONTEMPORAIN Tout près des vignes de Cerdon, ce joli village médiéval aux confins du Bugey et du Revermont abrite une adresse de valeur ! Dans une agréable salle dotée d'un puits de lumière et prolongée d'une véranda sous les voûtes, Jérôme Busset se dépense sans compter (des deux côtés du fourneau) pour envoyer un menu surprise bien pensé, déclinable en plusieurs formules. On déguste une cuisine moderne, personnelle et intuitive, élaborée avec des produits locaux sourcés avec soin : asperges et carottes de maraîcher, escargots aux herbes sauvages, miel de Poncin... Bons conseils sur les vins.

- €€€€ - *4 rue de la Pompe - 04 74 38 06 66 - www.aintimiste.fr - Fermé lundi et dimanche*

PONT-AVEN

✉ 29930 - Finistère - Carte régionale n° **1**-B2

ROSMADEC LE MOULIN

CUISINE MODERNE • ÉLÉGANT Premier restaurant à décrocher une étoile dans le Finistère (en... 1933 !), étape emblématique de la gastronomie bretonne et lieu chargé d'histoire datant du 15e s., le Moulin de Rosmadec jouit d'un cadre enchanteur, avec sa terrasse fleurie au bord de l'Aven. La cuisine de Sébastien Martinez est tout à la gloire du terroir breton (sarrasin, lait ribot, fraises de Plougastel) et de la pêche locale (araignée de mer, langoustines, homard). Le chef délivre des assiettes fines et délicates, avec des saveurs affirmées et des sauces pleines de caractère : une partition de haute volée.

- €€€€ - *Venelle de Rosmadec - 02 98 06 00 22 - www.rosmadec.com*

LA PASSERELLE DE PONT-AVEN

MODERNE • CHALEUREUX Face au port animé, cet hôtel est installé dans une maison familiale du début du 20e s. La lumière naturelle qui baigne l'ensemble de l'établissement renforce l'atmosphère chaleureuse et accueillante. Idéal pour les amateurs d'art et les amoureux de la nature.

P - 4 chambres - *17 rue Auguste Brizeux - 06 46 34 04 86*

PONT-CROIX

✉ 29790 - Finistère - Carte régionale n° **1**-A2

GLAZ N

CUISINE MODERNE • CONVIVIAL Sur la place du village, Glaz - mot breton désignant les nuances changeantes de la mer, entre vert, bleu et gris - mêle avec équilibre ancien et moderne : bois, fer forgé, faïence et tapis côtoient panneaux de bois, cuivre et végétation. Aux commandes, Tanios Nakhle Cerruti en cuisine et Émeline Macé en salle et à la cave. Né à Saint-Malo d'une mère italienne et d'un père libanais, le chef puise dans ses origines et ses voyages pour composer une bistronomie précise et métissée, aux bases françaises. La carte met en avant des produits locaux, souvent bio, relevés par des épices bien dosées.

- €€ - *9 place de la République - 02 98 54 43 47 - Fermé lundi, mardi et dimanche*

LE PONT-DE-CLAIX

✉ 38800 - Isère - Carte régionale n° **21**-C3

LE ROUSSEAU

CUISINE MODERNE • CONTEMPORAIN Dans un cadre sobre et contemporain, le chef Élie Michel-Villaz, qui a fait de la simplicité son mantra et sa principale qualité, déroule une partition fraîche et travaillée, mariée à des flacons choisis avec amour (plusieurs centaines de références, beaucoup de nature et biodynamie)... et servie en toute convivialité. Une affaire (locavore) qui roule. Menu plus simple au déjeuner ; terrasse au calme sur l'arrière.

- **€€** - *16 bis cours Saint-André - 04 76 14 86 75 - www.lerousseaugrenoble.fr - Fermé dimanche et samedi midi*

PONT-DE-L'ISÈRE

✉ 26600 - Drôme - Carte régionale n° **24**-A1

MAISON CHABRAN - LA GRANDE TABLE

CUISINE MODERNE • FAMILIAL Installée au bord de la mythique N7, cette maison familiale en a fait du chemin ! Le petit bistrot des années 1930 est devenu une étape entre Dauphiné et Provence, défendant une certaine idée de la cuisine, naviguant entre tradition et modernité.

- **€€€€** - *26 avenue du 45ème-Parallèle - 04 75 84 60 09 - www.chabran.com*

MAISON CHABRAN - LE 45ÈME

CUISINE MODERNE • CONVIVIAL Sur la route des vacances en bordure de la mythique N7, offrez-vous une halte dans un cadre verdoyant avec, aux beaux jours, l'agréable terrasse ombragée face au jardin. Cette table bistronomique est une sympathique alternative à la maison mère, véritable institution de la gastronomie régionale. On s'y régale tous les jours de la semaine avec des formules légères et décontractées autour de plusieurs choix de menus. Quelques chambres pour l'étape.

- **€€** - *29 avenue du 45ème-Parallèle - 04 75 84 60 09 - www.chabran.com*

PONT-DE-VAUX

✉ 01190 - Ain - Carte régionale n° **21**-B1

LE RAISIN

Chef : Frédéric Michel

CUISINE TRADITIONNELLE • CLASSIQUE Dans cette maison cossue et élégante, en plein cœur de Pont-de-Vaux, la tradition est entre de bonnes mains. Noix de Saint-Jacques, wakame, vichyssoise ; ris de veau croustillant, courge verdaline ; poulet de Bresse en deux façons... Les classiques sont revisités subtilement par un chef au métier solide, qui cultive autant la finesse que l'originalité, et qui renouvelle chaque mois son menu au fil de son inspiration et du marché. À noter que la carte des vins aussi vaut le coup d'œil, avec notamment un bon choix de bourgognes. Service attentif et souriant.

- **€€€** - *2 place Michel-Poisat - 03 85 30 30 97 - www.leraisin.com - Fermé lundi et dimanche*

PONT-DU-CHÂTEAU

✉ 63430 - Puy-de-Dôme - Carte régionale n° **20**-B1

AUBERGE DU PONT

Chef : Rodolphe Regnauld

CUISINE MODERNE • CONTEMPORAIN Au bord de l'Allier, l'un des derniers fleuves sauvages, Rodolphe Regnauld possède la fougue du vent breton (il a grandi dans la péninsule) et la passion des produits de sa région d'adoption - l'Auvergne. Il marie ces deux terroirs à grands renforts de petits légumes de producteurs du coin, de fruits rouges locaux, de poissons arrivés en direct de Bretagne, mais aussi de pieds de cochon ou de truite délicieusement auvergnats. On aime aussi ce décor joyeux et contemporain d'esprit loft.

- €€€ - 70 avenue du Docteur-Besserve - ✆ 04 73 83 00 36 - www.auberge-du-pont.com - Fermé lundi et mercredi, et dimanche soir

PONT-SAINTE-MARIE

✉ 10150 - Aube - Carte régionale n° **12**-B1

BISTROT DUPONT

CUISINE TRADITIONNELLE • BISTRO Au bord de la Seine, ce sympathique bistrot traditionnel au service des plus plaisants joue la carte des bonnes recettes à l'ancienne : rognons de veau à la moutarde, coq au vin, cuisses de grenouilles en persillade, que l'on dévore dans une ambiance animée... Et ne ratez pas la spécialité de la maison : l'andouillette.

- €€ - 5 place Charles-de-Gaulle - ✆ 03 25 80 90 99 - www.bistrotdupont.com - Fermé lundi, et jeudi et dimanche soir

PONTARLIER

✉ 25300 - Doubs

LA MAISON D'À CÔTÉ

CLASSIQUE • ROMANTIQUE Miroirs dorés, commodes vernies, lustres, draps brodés et baignoires à pied confèrent une allure romantique chic à cette maison d'hôtes jurassienne nichée dans une demeure historique du centre-ville de Pontarlier. L'escalier 17e s. fut régulièrement emprunté par Rouget de Lisle qui logea au premier étage. Au dernier niveau, une chambre a conservé ses boiseries et son plafond sculpté. Elle s'ouvre comme un passage dans le temps, tapissée d'objets chinés qui évoquent des souvenirs de maison de famille. La deuxième se veut plus contemporaine, aux lignes franches et sombres réveillées par des notes orange. Une cuisine conviviale permet de louer l'ensemble.

- 2 chambres *- 11 rue Jules-Mathez - ✆ 03 81 38 47 18*

PONTCHÂTEAU

✉ 44160 - Loire-Atlantique - Carte régionale n° **9**-A2

LE 11 BISTROT GOURMAND

CUISINE TRADITIONNELLE • CONTEMPORAIN Au cœur de Pontchâteau, ce bistrot urbain est mené par Gilles Charpy, un chef qui a du métier. Dans un cadre contemporain, il sert d'appétissantes recettes composées au gré du marché ; par exemple : velouté d'asperge blanche et serrano ; navarin d'agneau et légumes printaniers; chou chantilly, fraises et rhubarbe. Service tout sourire.

- €€ - 11 rue de Verdun - ✆ 02 40 42 23 28 - www.restaurant-le11.fr - Fermé lundi et dimanche, et mercredi soir

LE PONTET

✉ 84130 – Vaucluse – Carte régionale n° **28**–E1

AUBERGE DE CASSAGNE & SPA

CUISINE PROVENÇALE • CLASSIQUE Une ancienne bastide provençale aux abords d'Avignon, qui perpétue la tradition de ces demeures bourgeoises dédiées aux plaisirs de la table. Produits nobles et classicisme sont de mise, même si l'on s'autorise ici et là quelques préparations plus actuelles, tel ce tataki de saumon fumé maison sur sa pannacotta de légumes verts. Beau livre de cave privilégiant la vallée du Rhône méridionale, plaisante terrasse aux beaux jours et accueil charmant.

– €€€€ – 450 allée de Cassagne – ✆ 04 90 31 04 18 – www.aubergedecassagne.com

PONTIVY

✉ 56300 – Morbihan – Carte régionale n° **1**–C2

HYACINTHE & ROBERT

CUISINE MODERNE • CONTEMPORAIN Damien Le Quillec, le chef, a baptisé sa table en hommage à ses deux grands-pères, Hyacinthe et Robert. Dans le cadre atypique d'un ancien garage à pneus réinventé en loft contemporain, il cisèle avec talent des assiettes ambitieuses et bien dans l'air du temps, qui mettent à l'honneur les produits de la mer et du terroir breton. Au "Numéro 100" attenant, il a ouvert un petit "bistrot de copains", pour une cuisine version bistronomique.

– €€ – 100 rue Nationale – ✆ 06 43 68 26 45 – www.hyacinthe-et-robert.fr – Fermé lundi et mardi, et dimanche soir

PONTOISE

✉ 95000 – Val-d'Oise – Carte régionale n° **11**–B1

L'OR Q'IDÉE

Cheffe : Naoëlle d'Hainaut

CUISINE MODERNE • COSY La cheffe Naoëlle d'Hainaut a choisi cette petite rue du centre-ville de Pontoise, en contrebas de la cathédrale, pour ouvrir son premier restaurant. Résultat : une vraie réussite, de l'élégant décor (style scandinave, couleurs claires, cave sous écrin de verre, cuisine visible) aux assiettes bien dans l'air du temps. Souvenirs savoureux d'un homard glacé au jus réduit, quinoa torréfié, shiitakés et écume au beurre noisette. Partout, une même maîtrise technique, de belles harmonies gustatives, une cuisine franche. Service bien rythmé, décontracté et professionnel par une équipe jeune et efficace. Une adresse très recommandable.

– €€€€ – 14 rue Marcel-Rousier – ✆ 01 34 35 47 10 – www.lorqidee.fr – Fermé lundi, samedi et dimanche, et mercredi soir

LES PONTS-DE-CÉ

✉ 49130 – Maine-et-Loire – Carte régionale n° **9**–C3

LE POIS GOURMAND

CUISINE TRADITIONNELLE • CONVIVIAL Flambant neuve, cette imposante grange de bois clair au sol en béton ciré est l'œuvre d'un célèbre producteur de graines et semences biologiques de la région. Sur les murs en panneaux de peuplier, les nombreux casiers à bouteilles en disent long sur le patron, ancien caviste, qui a mis une attention toute particulière dans le choix des vins, tous

bio ou naturels. Ces quilles quintessentielles se marient bien à la cuisine bistrotière et simple du chef : une courte ardoise au déjeuner au rapport qualité-prix avantageux ; des tapas à partager le soir (cromesquis de pied de cochon, tartare de champignons, etc.).
- € - 35 chemin des Grandes-Maisons - 02 41 74 19 61 - Fermé samedi et dimanche, et du lundi au mercredi soir

LES 3 LIEUX - LA TABLE

CUISINE CRÉATIVE • TENDANCE Sur les bords de Loire, on goûte volontiers cette cuisine créative pleine de fougue, réalisée par le chef Sylvain Justice qui propose une offre culinaire créative et généreuse : soupe de moules de bouchot au kari-gosse, petits pois, citron confit et croûtons ; lotte rôtie, risotto de bisque de homard, parmesan et basilic ; mirabelle, sablé breton et hydromel. Le tout est soigné et maîtrisé. Pour une option plus simple, essayez le bistrot contigu.
- €€ - 10 Port-des-Noues - 02 14 03 03 53 - www.les3lieux.com - Fermé lundi, dimanche et du mardi au jeudi à midi

PORNIC

44210 - Loire-Atlantique - Carte régionale n° **9**-A3

L'ORANGERIE

CUISINE MODERNE • CONTEMPORAIN Formé à bonne école (Alain Dutournier, Jean-Michel Lorrain, Alain Ducasse), le chef Julien Lainé réalise chez lui une agréable cuisine qui surfe entre tradition (poireau vinaigrette ; vol-au-vent au veau ; moelleux au chocolat et sorbet cacao) et modernité (carpaccio de maigre et vinaigrette d'orange sanguine ; bar de ligne snacké à l'émulsion de haddock). Dans une ville touristique comme Pornic, c'est une aubaine que ces deux petites salles au cadre coloré avec cuisine ouverte.
- €€ - 9 rue de la Prépoise - 02 40 82 88 52 - www.restaurant-orangerie.com - Fermé lundi et mardi

LE 21

CUISINE MODERNE • CONTEMPORAIN Cette table jouit d'une situation très enviable, en surplomb de la plage de la Birochère, une crique de rochers et de sable visible depuis la salle du restaurant. Sylvain Belouin et sa femme Valérie, œnologue et sommelière, animent avec brio cette institution pornicaise. Après 10 ans passés à la tête du Pigeon Blanc à Vern-d'Anjou, ce chef sait faire ! En témoigne sa manière simple et savoureuse de régaler avec les produits du terroir, viandes (pigeon, cochon) et poissons, à l'image de sa belle sole meunière bien croustillante. Riche carte des vins, principalement en biodynamie, et service chaleureux à la bonne franquette.
- €€€ - 21 rue de la Plage-de-la-Birochère - 02 51 18 15 95 - www.le21-pornic.fr - Fermé mardi et mercredi

PORNICHET

44380 - Loire-Atlantique - Carte régionale n° **9**-A3

POPS

CUISINE MODERNE • CONTEMPORAIN « Pops » ont dû faire nos deux oisillons en quittant le nid douillet de la Mare aux Oiseaux d'Éric Guérin, véritable couveuse à talents. Dans leur resto légèrement à l'écart du front de mer, Corentin Leverger et Océane Maisonneuve mettent les petits plats dans les grands pour régaler avec des girolles ou du rouget de première fraîcheur. Leur bistronomie un brin créative multiplie les jeux de textures et les saveurs franches à l'instar de cette jolie tartelette aux champignons travaillés en diverses façons (crus, cuits, en gelées, en crème, en pickles...).

AC - €€ - *96 avenue du Général-de-Gaulle - ✆ 02 51 76 87 51 - www.pops-restaurant.com - Fermé dimanche, lundi et mardi et le midi sauf vendredi*

PORSPODER

✉ 29840 - Finistère - Carte régionale n° **1**-A1

LE CHÂTEAU DE SABLE

CUISINE MODERNE • COSY Un lieu hors du temps, apaisant, face à la côte sauvage et à la presqu'île Saint-Laurent que l'on peut apercevoir depuis les baies vitrées d'une salle à manger cosy et feutrée. Le chef travaille de beaux produits du terroir breton, autour de préparations traditionnelles ou parfois plus ambitieuses et créatives.

P - **€€** - *38 rue de l'Europe - ✆ 02 29 00 31 32 - www.lechateaudesablehotel.fr - Fermé lundi, dimanche et du mardi au jeudi à midi*

LE CHÂTEAU DE SABLE

CLASSIQUE • MARITIME Face à la presqu'île St-Laurent - un lieu hors du temps -, un établissement à la pointe des préoccupations environnementale (bois, verre, etc.). Les chambres sont lumineuses, aux teintes douces et tournées en grande partie vers la côte sauvage et l'océan... Idéal pour se reposer entre deux châteaux de sable !

P Spa - **27 chambres** - *38 rue de l'Europe - ✆ 02 29 00 31 32*

Le Château de Sable - Voir la sélection des restaurants

PORT-EN-BESSIN

✉ 14520 - Calvados - Carte régionale n° **2**-B2

LE BOTANISTE - LA CHENEVIÈRE

CUISINE MODERNE • ÉLÉGANT Boiseries, parquet, mobilier du 18e s. : élégance et noblesse du cadre ! Menée par un chef sérieux qui puise son inspiration dans le potager du château et dans le panier des petits producteurs, la cuisine délicate multiplie les jolies variations autour du terroir normand et d'agréables mariages de saveurs. Des exemples ? Poulet fermier en basse température, effiloché de cuisse confite aux pleurotes et sauce à la gelée de sureau ; barbue nacrée, fenouil confit, condiment de carotte et bisque de homard. Service de haute qualité, tout en prévenance.

P - **€€€** - *À Commes - ✆ 02 31 51 25 25 - www.le-botaniste.com - Fermé lundi, dimanche et le midi*

LE PETIT JARDIN - LA CHENEVIÈRE

CUISINE MODERNE • MAISON DE CAMPAGNE Entre jardin et piscine, le bistrot du Château de la Chenevière est aménagé dans l'ancienne orangerie, décorée dans un style cottage anglais plein de charme. Sous une grande verrière, on déguste une bonne cuisine de saison bistronomique : œuf basse température, crème de céleri, coques, salicorne et moutarde à l'ancienne ; risotto au chèvre, pois gourmands, champignons et crème d'ail...

AC P - **€€** - *À Commes - ✆ 02 31 51 25 22 - www.restaurantlepetitjardin.com - Fermé mardi et mercredi*

CHÂTEAU LA CHENEVIÈRE

ÉLÉGANT • CALME Autrefois à la tête d'une production de chanvre pour les cordages, cet hôtel honore son passé (le nom signifie « champs de chanvre ») en conservant et les pièces d'origine ainsi que les jardins clos. La serre a été transformée en bistro moderne près de la piscine, et les écuries abritent d'élégants logis. Les chambres et suites lumineuses dégagent un charme douillet fait de décoration soignée, de motifs raffinés et de matériaux nobles. Quelques-unes disposent de patios privés, et toutes donnent sur les arbres centenaires de parc.

- 30 chambres - *Escures, Commes*

Le Botaniste • Le Petit Jardin - Voir la sélection des restaurants

PORT-GOULPHAR - Morbihan (56) ➜ Voir Belle-Île

PORT-JOINVILLE - Vendée (85) ➜ Voir Île d'Yeu

PORT-LESNEY

39600 - Jura

CHÂTEAU DE GERMIGNEY

CLASSIQUE • CHARME Dans la campagne jurassienne, les designers Roland et Véréna Schön ont transformé un pavillon de chasse du 18e s., entouré d'un beau terrain boisé, en un idyllique hôtel de luxe. Spa-vinothérapie, restaurant gastronomique... et chaque chambre garde avec soin la trace de l'histoire de la maison, mariée judicieusement à un style contemporain.

- 28 chambres - *31 rue Edgar Faure - 03 84 73 85 85*

PORT-LOUIS

56290 - Morbihan - Carte régionale n° **1**-C3

AVEL VOR

Chef : Camille Lacome

CUISINE MODERNE • CONTEMPORAIN À deux pas de la mer, portés par l'Avel Vor ("vent de mer" en breton), Camille Lacome et Agathe Richou élaborent de savoureuses recettes à l'ancrage régional affirmé (produits de la mer à la fraîcheur irréprochable, sarrasin, andouille de Guémené, gwell, lait ribot...) ponctuées de discrètes touches méditerranéennes (huile d'olive, thym, eau de tomate). Une cuisine précise et parfumée à déguster dans un cadre contemporain.

- €€€ - *25 rue de Locmalo - 02 97 82 47 59 - www.avelvor.com - Fermé lundi et mardi, et dimanche soir*

PORT-NAVALO

56640 - Morbihan - Carte régionale n° **1**-C3

GRAND LARGUE

POISSONS ET FRUITS DE MER • CLASSIQUE À l'étage de cette villa, on savoure aussi bien la vue panoramique sur le golfe du Morbihan qu'une cuisine basée sur les beaux produits de la mer (homard, bar de ligne, coquillages). Au rez-de-chaussée, un vent marin souffle sur le bistrot Le P'tit Zeph.

- €€€ - *1 rue du Phare - 02 97 53 71 58 - www.grandlargue.fr - Fermé lundi et dimanche soir*

PORT-VENDRES

✉ 66660 - Pyrénées-Orientales - Carte régionale n° **27**-C3

LES CLOS DE PAULILLES

CUISINE RÉGIONALE • CONVIVIAL Entre vignes et mer, à deux pas de la plage, le site laisse rêveur. Sous l'égide de la famille Cazes, ce domaine viticole de 90 hectares offre une table bistronomique où l'on déguste une cuisine régionale fraîche et actuelle, dominée par les poissons locaux et les légumes bio. Superbe terrasse face aux vignes... et bar à tapas convivial !

- €€€ - *Baie de Paulilles - ✆ 04 68 81 49 79 - www.lesclosdepaulilles.com/restaurant-clos-de-paulilles*

LES JARDINS DU CÈDRE

CUISINE MODERNE • COSY Ici, la cuisine met en valeur l'incontestable richesse du terroir catalan, et varie librement au fil des saisons : impossible de se lasser ! Quant au cadre, il appelle à la rêverie : la baie vitrée donne sur la belle terrasse et, au-delà, le port et la mer... Ce Cèdre ne manque décidément pas d'attraits.

- €€€ - *29 route de Banyuls - ✆ 04 68 82 62 20 - www.restaurant-jardinsducedre.com - Fermé lundi et mardi*

PORTICCIO - Corse-du-Sud (2A) ➜ Voir Corse

PORTO-VECCHIO - Corse-du-Sud (2A) ➜ Voir Corse

POUILLON

✉ 40350 - Landes - Carte régionale n° **25**-B2

L'AUBERGE DU PAS DE VENT

CUISINE TRADITIONNELLE • RUSTIQUE Un vent d'authenticité souffle sur cette auberge des Landes qui propose une cuisine franche, habitée, loin des modes, et où la carte rend hommage au terroir - bœuf des fermes de Chalosse, canard gras élevé en liberté, veau de lait sous la mère, fromage pur brebis d'un berger du village et pain au levain maison sans additif. Rémoulade de céleri et fenouil, crème de pois cassés et coppa snackée ou bien ris de veau au Jurançon servi en poêlon : les assiettes, généreuses, chantent la France de nos grands-mères. Accueil chaleureux, service attentif, pro et efficace. Un coup de cœur.

- €€ - *281 avenue Pas-de-Vent - ✆ 05 58 98 34 65 - www.auberge-dupasdevent.com - Fermé mercredi, et lundi, mardi et dimanche soir*

POUILLY-SOUS-CHARLIEU

✉ 42720 - Loire - Carte régionale n° **20**-C1

RESTAURANT DE LA LOIRE

Chef : Fabien Raux

CUISINE MODERNE • CONTEMPORAIN Cette auberge des bords de Loire, entièrement rénovée dans un goût contemporain, est le repaire de Marie et Fabien Raux (un chef originaire du Nord-Pas-de-Calais au parcours éclectique, passé par de belles maisons notamment au Maroc et en Alsace...). Ce dernier élabore une cuisine au goût du jour, autour d'un menu fixe qui fait la part belle aux produits de saison. Côté légumes, il se sert directement dans le potager-verger de près de 2 hectares, qui alimente le restaurant à 90%, même en hiver ! Pour le reste, les petits producteurs locaux sont privilégiés : sandre de Loire, agneau, lapin... Du goût dans les assiettes et une bonne dose d'énergie en salle : de quoi passer un agréable moment ! L'été, très jolie terrasse sous les tilleuls côté jardin.

L'engagement du chef : À quelques mètres des cuisines se trouve un superbe potager qui fournit la quasi-totalité des légumes, ainsi qu'un grand verger, irrigués grâce aux puits et à la récupération des eaux de pluie. Pour le reste, on s'approvisionne principalement dans un rayon de 50km. Les menus, uniques et qui évoluent chaque semaine, ont une forte empreinte végétale et sont même disponibles en version totalement végétarienne. Tout le produit est utilisé, de la peau aux graines, en passant par les feuilles.

- €€€ - *30 rue de la Berge - 04 77 60 81 36 - www.restaurantdelaloire.fr - Fermé mardi et mercredi, et dimanche soir*

PRADELLES-EN-VAL

11220 - Aude - Carte régionale n° **27**-B2

LA BOURDASSO

CUISINE ITALIENNE • VINTAGE Cette belle bâtisse traditionnelle, perdue dans les Corbières, a été investie de la fougue d'une famille italienne, tombée amoureuse de la région. Au programme, mozzarella artisanale divine faite maison (avec du lait de bufflonnes ramenées d'Italie !), et pâtes et pains travaillés à partir de blés anciens cultivés par leurs soins. La large terrasse laisse apprécier la nature environnante.

- €€ - *La Bourdasse - 04 68 78 08 31 - www.bourdasso.com - Fermé du lundi au vendredi à midi*

PRATS-DE-MOLLO-LA-PRESTE

66230 - Pyrénées-Orientales - Carte régionale n° **27**-B3

BELLAVISTA

CUISINE MODERNE • ÉLÉGANT Au pied des remparts, un plaisir sans cesse renouvelé... La carte fleure bon le terroir régional, et pour cause : le chef met en valeur les petits producteurs locaux, qui viennent dans la cité uniquement pour le livrer. Le quasi de veau primeur des Pyrénées en cuisson douce, picada catalane à la noisette et millefeuille de pomme de terre est un régal... sans oublier les fromages des Pyrénées ! Chambres pour l'étape.

- €€ - *Place du Foiral - 04 68 39 72 48 - www.hotel-le-bellevue.fr - Fermé du lundi au mercredi*

PRAZ-SUR-ARLY

74120 - Haute-Savoie - Carte régionale n° **21**-D2

LES RONINS

CUISINE MODERNE • MONTAGNARD Les ronins, dans la culture japonaise, sont des "samouraïs sans maître" - façon de dire pour Anthony et Émilie à la fois leur liberté et, bien évidemment, leur cuisine franco-asiatique joliment troussée, à l'image de cet onglet de bœuf Angus, sauce tigre qui pleure et son gratin dauphinois. Déco montagnarde à la page et service tout sourire !

- €€€ - *9 route de Megève - 04 50 21 90 31 - www.les-ronins.fr*

PRÉAUX-DU-PERCHE

✉ 61340 – Orne – Carte régionale n° **2**–D3

OISEAU - OISEAU

CUISINE TRADITIONNELLE • MAISON DE CAMPAGNE Sven Chartier et son épouse Marianne ont bâti leur nid dans ce petit village du Perche, face à une église pluriséculaire. Désormais loin de l'agitation urbaine, le chef s'épanouit dans ce décor style campagne chic où il régale avec simplicité dans le droit fil de la tradition. Saint-Jacques, lait d'amande, chou-fleur et cédrat ; paleron croustillant : la précision et le goût du temps retrouvé...

♿ – €€ – 5 place Saint-Germain – ✆ 02 33 73 51 24 – www.oiseau-oiseau.fr – Fermé du lundi au jeudi, vendredi midi et dimanche soir

PRÉFAILLES

✉ 44770 – Loire-Atlantique – Carte régionale n° **9**–A3

LE SAINT PAUL

CUISINE MODERNE • CONTEMPORAIN Dans cette charmante petite commune située sur la côte atlantique, cette table offre une ambiance claire et lumineuse avec une déco épurée. Enfant du pays, le chef Maxime Roullier (passé chez Éric Guérin à la Mare aux Oiseaux et au George V à Paris) a rénové la brasserie de ses parents pour y proposer aujourd'hui une cuisine du marché créative : tartelette de petits pois et espuma de burrata ; poitrine de porc confite 48h laquée au vinaigre de framboise, miel et soja. Service appliqué et bien rythmé sous la houlette de Johanna, l'épouse du chef.

♿ AC – €€ – 26 place du Marché – ✆ 02 40 21 68 98 – www.le-saint-paul.fr – Fermé lundi et mardi

PREMEAUX-PRISSEY

✉ 21700 – Côte-d'Or – Carte régionale n° **12**–C3

PREMNORD

CUISINE MODERNE • CONTEMPORAIN Le restaurant du domaine Prieuré-Roch apparaît comme un édifice résolument contemporain tout de bois et d'acier en forme de U avec, en son centre, une grande terrasse tournée vers les vignes. À l'intérieur, coin lounge avec parquet, bar en bois clair et grande salle à manger contemporaine aux immenses baies vitrées. En cuisine, la cheffe Céline Dedinger (qui a travaillé avec Thomas Collomb à la Rôtisserie du Chambertin ainsi qu'à la Maison des Cariatides) propose une cuisine moderne à base de produits souvent locaux mis en avant sur la carte qui évolue au fil des saisons.

♿ AC P – €€ – 6 RD 974 – ✆ 03 80 42 23 35 – www.premnord.com – Fermé samedi et dimanche

PRENOIS

✉ 21370 – Côte-d'Or – Carte régionale n° **12**–C3

✿ AUBERGE DE LA CHARME

Chefs : Nicolas Isnard et David Le Comte

CUISINE CRÉATIVE • AUBERGE Au cœur d'un village bourguignon situé non loin de Dijon et du circuit automobile, une auberge au charme rustique accueille ses convives dans un cadre chaleureux fait de murs en pierre, plafond à la française et vieux four à pain. Aux commandes, deux chefs complices au talent complémentaire : Nicolas Isnard et David Le Comte. Inspirée de leurs voyages, la cuisine fait escale en Asie, au Moyen-Orient et même à l'île Maurice, tout en valorisant des produits de qualité irréprochable. Un menu unique présenté sur

une boarding card guide les hôtes dans une aventure gustative à travers des assiettes créatives et généreuses. Une expérience qui sort des sentiers battus et invite à l'évasion.
- €€€ - 12 rue de la Charme - 03 80 35 32 84 - www.aubergedelacharme.com - Fermé du lundi au mercredi et dimanche soir

PRINGY

74370 - Haute-Savoie - Carte régionale n° **21**-C1

LE CLOS DU CHÂTEAU

CUISINE MODERNE • TENDANCE Accolée au château de Proméry, cette imposante bâtisse contemporaine est tenue depuis 17 ans par Pascal Avertis, natif du village. Le chef est aussi à l'aise sur des recettes traditionnelles (paleron braisé, excellente sauce à la Mondeuse, croquettes de pommes de terre à tremper dans un délicieux ketchup maison) que sur des préparations plus modernes et créatives comme ce maki de poireau et nori, vinaigrette thaï et caviar fumé, un vrai régal ! À déguster sur l'agréable terrasse, à l'ombre des platanes.
P - €€ - *70 route de Cuvat - 04 50 66 82 23 - www.le-clos-du-chateau.com - Fermé lundi et dimanche*

PRIVAS

07000 - Ardèche - Carte régionale n° **20**-D3

L'INITIAL N

CUISINE MODERNE • TRADITIONNEL Au cœur de Privas, sur une place ornée d'une fontaine, ce restaurant déploie sa terrasse estivale et deux petites salles au charme traditionnel (parquet, murs de pierre, plafond à la française). Le chef revisite les classiques avec gourmandise et une pointe de fougue. Dans chaque assiette, le fond reste solide et lisible, comme dans ce ris de veau laqué, jus réduit parfumé, légumes al dente, zeste de citron en relief. En dessert, un bel accord abricot confit, glace minute à l'huile d'olive d'Ardèche et granola de noix de pécan.
- €€ - *2 place de la République - 04 75 64 75 75 - www.initial.fr - Fermé du lundi au jeudi*

PROPRIANO - Corse-du-Sud (2A) ➜ Voir Corse

PUISSALICON

34480 - Hérault

CHÂTEAU ST PIERRE DE SERJAC

CONTEMPORAIN • RAFFINÉ Les chambres du château ont été transformées en huit suites spacieuses dont le style contemporain intègre cheminées en marbre, miroirs dorés, lustres en cristal et portes en bois cintrées. Les appartements et les cottages indépendants accueillent jusqu'à dix personnes et disposent d'une cuisine, d'une terrasse privée et d'une vue sur les vignobles, parfois d'une piscine privée. Piscine principale face à la façade majestueuse du château, spa méditerranéen. Ingrédients frais du jardin pour le petit déjeuner.
AC P Spa - **8 chambres** - *D30*

PUJAUDRAN

✉ 32600 - Gers - Carte régionale n° **26**-C2

✿ LE PUITS SAINT JACQUES

Chef : William Candelon

CUISINE MODERNE • **ÉLÉGANT** Cette belle maison gersoise de tradition, jadis relais sur la route de Compostelle, abrite une salle à manger raffinée qui fait la synthèse entre l'ancien (poutres, briques, tomettes) et le moderne (luminaires, mobilier, art de la table). De même, la savoureuse cuisine du chef William Candelon allie terroir, gourmandise et sobriété contemporaine, en mettant les beaux produits à l'honneur : ris d'agneau, morille, truffe, pintade fermière, canard de Challans...

- **€€€€** - *57 avenue Victor-Capoul - ✆ 05 62 07 41 11 - www.lepuitssaintjacques.fr - Fermé lundi, mardi et dimanche*

PUJAUT

✉ 30131 - Gard - Carte régionale n° **28**-E1

✿ MAISON CHENET - ENTRE VIGNE ET GARRIGUE

Chefs : Serge et Maxime Chenet

CUISINE MODERNE • **ÉLÉGANT** Tout près d'Avignon, cette ferme provençale isolée, entre falaise et vignoble, ne transige pas sur l'authenticité. La garrigue est là, avec ses effluves qui embaument une salle habilement rénovée, mélange harmonieux de l'ancien et du contemporain. En cuisine, Maxime est aidé par son père, Serge Chenet, Meilleur Ouvrier de France. Tous deux partagent le même amour du naturel et du beau produit de saison que la région leur sert sur un plateau gorgé de soleil. Ces Bretons, qui n'ont pas renoncé au beurre et à la crème, concoctent à quatre mains une savoureuse cuisine du marché d'inspiration provençale : filet de rouget de Méditerranée en rouille de fenouil, jus de bouillabaisse ; duo de fraises et olives noires confites, glace à l'huile d'olive, madeleine tapenade... Aménagées dans un mazet du 17e s., les 6 chambres d'hôtes invitent au farniente.

- **€€€€** - *600 chemin des Falaises - ✆ 04 90 95 20 29 - www.maison-chenet.com - Fermé lundi et mardi*

PULIGNY-MONTRACHET

✉ 21190 - Côte-d'Or - Carte régionale n° **12**-D1

LE MONTRACHET

CUISINE MODERNE • **ÉLÉGANT** Murs en pierre et en saule tressé, charpente apparente avec d'imposantes sphères lumineuses et tables en pierre de lave, sans oublier la terrasse ombragée face au jardin parfaitement entretenu : ce restaurant récemment rénové allie charme et élégance ! L'assiette est tout aussi soignée que le cadre, à l'image du tartare de saumon, fruit de la passion, crème de cresson, parfaitement assaisonné. Menu végétarien proposé, et très belle cave avec plus de 1200 références dont plus de 200 grands crus.

- €€€ - *10 place du Pasquier-de-la-Fontaine* - *03 80 21 30 06* - *www.comohotels.com/burgundy/como-le-montrachet*

OLIVIER LEFLAIVE

CUISINE MODERNE • CHIC Une maison cossue au centre du village, une magnifique cave vitrée, une salle chic et chaleureuse : bienvenue chez Olivier Leflaive ! Le célèbre vigneron de la Côte de Beaune a créé deux enseignes de restauration, le Bistro d'Olivier qui offre un joli menu de saison et Klima, le soir, aux ambitions plus gastronomiques. Belle carte des vins évidemment, grâce aux 80 climats du domaine.

- €€€ - *10 place du Monument* - *03 80 21 95 27* - *www.hotel.olivier-leflaive.com/restaurant-klima* - *Fermé lundi et dimanche*

COMO LE MONTRACHET

Plus

CONTEMPORAIN • ÉLÉGANT Cet exceptionnel petit hôtel du 19e s. a su s'adapter aux normes de luxe du 21e s. La plupart des chambres se trouvent dans l'auberge, et l'hôtel n'a pas hésité à moderniser ses intérieurs dans un style contemporain discret. Autre option, la Villa Christine, une résidence indépendante contenant deux suites et une chambre.

- **28 chambres** - *10 place du Pasquier-de-la-Fontaine* - *03 80 21 98 57*

Le Montrachet - Voir la sélection des restaurants

OLIVIER LEFLAIVE HÔTEL RESTAURANT

MODERNE • COSY Dans une grande maison en pierre du 17e s. qui abrite les deux restaurants du domaine, en surplomb de la place du village de Puligny-Montrachet, vous accueillent les chambres de style contemporain aux influences Art Déco et agréablement cossues.

- **17 chambres** - *Place du Monument* - *03 80 21 95 27*

Olivier Leflaive - Voir la sélection des restaurants

PUPILLIN

39600 - Jura - Carte régionale n° **13**-B2

LA TABLE DU GRAPIOT

Chef : Vivien Sonzogni

CUISINE MODERNE • CONTEMPORAIN Au cœur d'un paisible village vigneron jurassien, en face de la mairie, une architecture contemporaine marie bois, verre, acier et zinc. À sa tête, une jeune équipe d'associés, pour la plupart amis depuis le lycée, dont le chef Vivien Sonzogni et son épouse Noémie. Ce cuisinier expérimenté (Le Château de Germigney, Le Parc à Besançon, mais aussi Caprice à Hong Kong et Gleneagles en Écosse) compose une partition actuelle, qui met souvent le terroir à l'honneur (escargots rôtis au beurre d'ail, espuma de cancoillotte ; volaille de Bresse, sauce au vin jaune et estragon, etc.), ponctuée çà et là d'une touche de créativité. Belle sélection de vins, notamment du Jura.

- €€€ - *3 rue Bagier* - *03 84 37 49 44* - *www.legrapiot.com* - *Fermé du lundi au mercredi et dimanche soir*

PUTEAUX

✉ 92800 - Hauts-de-Seine - Carte régionale n° **11**-E2

L'ANDOUILLE (N)

CUISINE TRADITIONNELLE • BISTRO Jean-Pierre Vasseur a ouvert avec sa femme Jarlène une adresse de quartier chaleureuse à l'angle d'une rue résidentielle de sa ville natale. Passé par les maisons de Thierry Breton, il y propose une cuisine bistrotière aux accents bretons, sincère et généreuse. Velouté de potiron versé minute, andouille de Guémené et poitrine grillée à la purée beurrée, kouign amann aux pommes ou Paris-Brest-Paris en hommage à son ancien chef : des plats goûteux et bien faits dans un cadre simple mais vivant.

€€ - *6 rue Collin - ✆ 01 45 06 45 20 - www.restaurantlandouille.eatbu.com - Fermé dimanche soir et lundi*

L'ESCARGOT 1903 PAR YANNICK TRANCHANT

CUISINE MODERNE • COSY Sur les hauteurs calmes de Puteaux, non loin de la gare, le cadre est élégant et chaleureux. Le chef Yannick Tranchant, pâtissier et cuisinier de talent, propose une cuisine maîtrisée et savoureuse. Élaborées à partir de produits de saison d'une grande qualité, les assiettes sont généreuses : crémeux de chou-fleur aux accents fumés ; œuf parfait, crémeux de pommes de terre et émulsion de lard paysan ; tendre volaille et déclinaison de petits pois ; fraise « comme un vacherin ». Et, s'il fait beau, autant en profiter sur l'agréable terrasse ombragée.

€€ - *94 rue Sadi-Carnot - ✆ 01 47 75 03 66 - www.lescargot1903.com - Fermé samedi, dimanche et lundi midi*

SAPERLIPOPETTE !

CUISINE MODERNE • BRANCHÉ Dans une ruelle paisible de Puteaux, ce restaurant lumineux séduit avec sa grande terrasse au calme. On y savoure une cuisine généreuse et bien tournée, servie en menus accessibles. Exemple gourmand : une salade césar croquante, riche en saveurs et joliment réalisée. Service souriant, parfait pour un déjeuner convivial ou un dîner détendu.

♿ AC - **€€** - *24 rue Mars-et-Roty - ✆ 01 41 37 00 00 - www.saperlipopette1.fr*

LE PUY-EN-VELAY

✉ 43000 - Haute-Loire - Carte régionale n° **20**-C2

✿ LE CHAMARLENC

Chef : Yoan Delorme

CUISINE CRÉATIVE • COSY Cette institution du Velay est tenue par un jeune couple passé notamment par La Mirande (Avignon), le chef Yoan Delorme et sa compagne Cellia Baudelier en salle. Tartelette façon pissaladière aux anchois, mousse au lard et oignon ; salade de blette et haricots verts à l'estragon et à la coriandre ; noix de cochon au maïs grillé, graines de moutarde fermentées, pâte de citron confit et polenta crémeuse : c'est goûteux, précis et imaginatif. Cette réussite va évidemment de pair avec le respect du cycle des saisons et une complicité évidente avec les meilleurs producteurs du coin, et aussi d'ailleurs (les poissons viennent de Méditerranée).

€€€ - *19 rue Raphaël - ✆ 06 59 01 64 04 - www.restaurantlechamarlenc.com - Fermé du lundi au mercredi*

L'ÉMOTION

CUISINE MODERNE • **DESIGN** D'année en année et d'adresse en adresse, Michaël Ruat, enfant du pays, régale toujours autant les chanceux du Puy-en-Velay. La déco fait la part belle aux matériaux naturels dans un esprit design (belle cave vitrée). Quant à la cuisine, elle trace sa voie entre produits du terroir de Haute-Loire (lentilles vertes, bœuf Fin Gras du Mézenc) et un répertoire très actuel (thon rouge, pastèque grillée et féta, sauce vierge et chorizo bellota).

€€ - *13 place Cadelade - 04 71 09 74 23 - www.restaurant-lemotion.fr - Fermé lundi, dimanche et mercredi midi*

PUY-L'ÉVÊQUE

46700 - Lot - Carte régionale n° **23**-A2

LES DODUS (N)

CUISINE MODERNE • **BISTRO** Au cœur du vignoble de Cahors, ce couple formé dans des maisons étoilées a trouvé le ton juste pour son bistrot convivial dominant le Lot. Le chef Antoine Pépin signe une cuisine de l'instant, fraîche et précise, tandis qu'Amandine accueille avec chaleur et conseille les vins avec justesse. Produits locaux, arts de la table d'artisans, vins du Lot : ici, le terroir est célébré avec sincérité. À midi en semaine, menu unique simplifié.

€€ - *11 bis rue Ernest-Marcouly - 05 65 22 91 82 - www.lesdodus.com - Fermé lundi et mardi, et dimanche soir*

LE PUY-SAINTE-RÉPARADE

13610 - Bouches-du-Rhône - Carte régionale n° **28**-D3

LA TABLE DE L'ORANGERIE - CHÂTEAU DE FONSCOLOMBE

CUISINE MODERNE • **ÉLÉGANT** Entouré d'un parc classé aux nombreuses essences (dont un cèdre de l'Atlas planté par la reine d'Angleterre), ce château du 18e s. dresse ses tables au cœur de salons bourgeois et cossus (au premier étage) ou sur le perron monumental aux beaux jours. Fils d'agriculteurs de la Loire qui taillait déjà le cochon avec son frère boucher-charcutier dès sa tendre enfance, le chef Marc Fontanne (ex-Prieuré de Villeneuve-lès-Avignon) sert ici trois menus dégustation dont l'un entièrement végétarien. Brocoletti en tempura et rôti, jus d'oignon rouge et basilic ; tomate brunie à la flamme, olives lucques dans leur sirop, granité tomate ; raviole d'artichaut à la marjolaine, noisette et parmesan, émulsion vanillée. Ses assiettes combinent fraîcheur des produits locaux, visuels ludiques et graphiques, jeu subtil entre l'amertume, le sucré et l'anisé (du fenouil, par exemple).

P - **€€€€** - *Route de Saint-Canadet - 04 42 21 13 13 - www.fonscolombe.fr - Fermé lundi, dimanche et le midi*

LA PETITE VERRIÈRE

CUISINE MODERNE • **CONTEMPORAIN** Une jolie verrière lumineuse ouvre sur une petite place tranquille du charmant village du Puy-Sainte-Réparade. En cuisine, le duo Nadège Serret et Olivier Charmadiras propose une cuisine du marché actuelle et gourmande, avec un menu de saison évoluant chaque semaine selon les arrivages, tout en laissant aux habitués le plaisir de retrouver régulièrement le foie gras de canard et son confit de fruits du moment ou le chou en dessert garni d'une onctueuse crème praliné. Cuisine soignée, tarifs sages, où transparaît l'envie sincère de bien faire et de satisfaire.

- €€ - *16 avenue de la Bourgade – 04 88 41 74 98 – www.restaurantlapetiteverriere.com – Fermé mercredi et jeudi, et dimanche soir*

FRANCIS MALLMANN AU CHÂTEAU LA COSTE

SPÉCIALITÉS DE VIANDES • RUSTIQUE La philosophie du célèbre chef argentin est ici respectée à la lettre : entrecôte fumée lentement au bout de son fil, pomme de terre écrasée et chimichurri ; agneau à la flamme dans notre dôme, aubergine, poivrons au feu... à déguster dans un cadre étonnant, évoquant les haciendas argentines.

- €€€€ - *2750 route de la Cride – 04 42 91 37 37 – www.chateau-la-coste.com/fr/restaurants/restaurant-argentin-francis-mallmann.html – Fermé du lundi au vendredi à midi*

LE TEMPS SUSPENDU - CHÂTEAU DE FONSCOLOMBE

CUISINE MODERNE • ÉLÉGANT Dans une extension moderne du château, Le Temps Suspendu dévoile un décor sobre et chic, avec une belle charpente apparente et des baies vitrées donnant sur la terrasse et le parc. La cuisine, élégante et bien tournée, fait de jolis clins d'œil à la Méditerranée.

- €€€ - *Route de Saint-Canadet – 04 42 21 13 13 – www.fonscolombe.com/fr/le-temps-suspendu.html*

CHÂTEAU DE FONSCOLOMBE

Plus

CLASSIQUE • CHAMPÊTRE Ce château du 18e s., ancienne propriété des marquis de Saporta et Fonscolombe, offre désormais tout le confort et le luxe qu'on attend d'une telle ascendance. Les chambres provençales (de très bon confort) sont plus classiques et authentiques dans la partie ancienne, mais climatisées dans la récente. Belle piscine de plein air, balades en vélo, pétanque, fitness et beau hammam. Le parc classé, les arbres séculaires et la jolie chapelle inspirent la sérénité.

- **50 chambres** – *Route de Saint-Canadet – 04 42 21 13 13*

La Table de l'Orangerie • Le Temps Suspendu - Voir la sélection des restaurants

VILLA LA COSTE

Plus

MODERNE • RAFFINÉ Frank Gehry, Oscar Niemeyer et Tadao Ando, pour l'architecture, Tracey Emin, Hiroshi Sugimoto, Louise Bourgeois, Richard Serra et Ai Weiwei pour les œuvres... Cet hôtel atypique, situé au cœur des vignes de Château La Coste, a des allures de musée d'art contemporain : les suites (certaines avec piscine privative) offrent une vue exceptionnelle sur le Luberon. La terrasse accueille une belle piscine entourée de pins. Spa de 750 m² avec parcours thermal. Vous ne trouverez aucun établissement comparable, ni en Provence ni ailleurs.

- **28 chambres** – *2750 route de la Cride – 04 42 50 50 00*

Francis Mallmann au Château La Coste - Voir la sélection des restaurants

PUYLAROQUE

✉ 82240 - Tarn-et-Garonne - Carte régionale n° **26**-C1

CAUSSES TOUJOURS

CUISINE TRADITIONNELLE • CONVIVIAL À l'entrée de la bastide de Puylaroque - perchée sur les hauteurs du Quercy Caussadais - ce petit restaurant est tenu par un duo tout-terrain de la restauration, fraîchement débarqué d'Alsace, qui a troqué les vignobles de l'Est contre les reliefs du Sud-Ouest. Dans l'assiette, pas de coups d'épée dans l'eau : ici, on propose une cuisine honnête et sérieuse, entre tradition et produits frais comme ce vol-au-vent de champignons de saison et une sauce poulette au vin jaune. Ambiance conviviale garantie.

- **€€** - *2 place de la Libération - ✆ 05 63 02 82 25 - www.caussestoujours.fr - Fermé lundi et mardi*

PUYLAURENS

✉ 81700 - Tarn - Carte régionale n° **27**-A2

CAP DE CASTEL

CUISINE MODERNE • COSY Sur la charmante terrasse, toisant les Pyrénées lointaines et la Montagne noire toute proche, on déguste une cuisine moderne mâtinée de tradition qui met joliment en valeur le terroir, à l'image du veau élevé à Puylaurens, sa noix snackée et cuite rosée, servie avec un wellington de légumes et un jus de veau au café. De très jolies chambres permettent de prolonger cet agréable moment.

- **€€** - *36 rue Cap-de-Castel - ✆ 05 63 70 21 76 - www.capdecastel.com - Fermé dimanche et le midi*

CAP DE CASTEL

ÉPURÉ • ÉLÉGANT Ici, tout est beau dans sa simplicité : l'accueil souriant, le charme d'une maison du pays, les chambres pleines de caractère réparties dans deux demeures historiques (16e et 18e s.)... Sans oublier la petite piscine et sa vue sur la campagne !

P - **11 chambres** - *36 rue Cap-de-Castel - ✆ 05 63 70 21 76*

Cap de Castel - Voir la sélection des restaurants

PUYLAUSIC

✉ 32220 - Gers - Carte régionale n° **26**-C2

LA MAISON DESPOUÈS

Chef : Julien Razemon

CUISINE MODERNE • ÉLÉGANT L'ancienne maison du chanteur Pierre Vassiliu (« Qui c'est celui-là ? », n°1 au hit-parade en 1973) chante désormais les louanges de la sériole, fricassée de girolles et sabayon au parfum de sous-bois, ou des figues et feuilles de figuier travaillées à cru, en chutney et en sorbet. Au piano, le chef landais Julien Razemon, formé notamment par la famille Coussau à Magescq, développe une mélodie gastronomique raffinée et épurée, avec, comme panorama pour certaines tables, les collines du Gers et la chaîne des Pyrénées par temps clair. De la technique, de la créativité et une belle sélection de produits pour un excellent rapport qualité-prix : succès assuré !

P - **€€€** - *911 route de Montadet - ✆ 05 42 54 15 76 - www.lamaisondespoues.fr - Fermé mardi et mercredi*

PUYLOUBIER

✉ 13114 - Bouches-du-Rhône - Carte régionale n° **28**-D3

LE RELAIS DE SAINT SER

CUISINE MODERNE • CONVIVIAL En surplomb du village de Puyloubier, au pied de la Sainte-Victoire immortalisée par un certain Cézanne, cette ancienne ferme provençale rénovée offre un panorama saisissant sur la vallée. Julien Courtin, chef sérieux passé notamment par des brigades étoilées parisiennes, signe une cuisine spontanée et gourmande, avec un choix de pièces de bœuf maturées sur place et de plats du terroir élégamment dressés. Aujourd'hui au déjeuner : ceviche de thon aux légumes grillés, foie de veau et gnocchi maison. Terrasse ombragée et chambres au calme complètent l'adresse.

- **€€€** - *Avenue Paul-Cézanne - ✆ 04 42 66 37 26 - www.relaisdesaintser.com - Fermé lundi, mardi et dimanche soir*

PUYMOYEN

✉ 16400 - Charente - Carte régionale n° **18**-C2

AUMÌ

Chef : Mickael Clautour

CUISINE MODERNE • ÉLÉGANT Tellement recherché qu'il faut réserver des semaines, parfois des mois à l'avance. Face à l'église, une maison claire et paisible où Mickaël Clautour et Laura Legeay composent une cuisine de cœur et de saison. En salle, la chaleur d'un accueil juste et attentionné ; en cuisine, la précision d'un geste qui vise le goût avant tout. Flan chawanmushi au tourteau et pamplemousse, truite confite aux agrumes, pomme et châtaigne en douce harmonie : des assiettes qui murmurent l'évidence, simples, fines, profondément gourmandes, portées par un rapport qualité-prix exemplaire.

- **€€€** - *6 chemin des Rochers - ✆ 05 45 70 76 19 - www.aumirestaurant.com - Fermé lundi, mardi, mercredi midi et dimanche soir*

PYLA-SUR-MER - Gironde (33) ➜ Voir Bassin d'Arcachon

QUARRÉ-LES-TOMBES

✉ 89630 - Yonne - Carte régionale n° **12**-B3

LE MORVAN

CUISINE MODERNE • TRADITIONNEL Une vraie ambiance de dimanche à la campagne... et une cuisine traditionnelle soignée, au plus près des saisons. L'été, attablez-vous dans le jardin fleuri et musardez au soleil ! Une bonne étape à l'entrée du Parc naturel régional du Morvan.

- **€€** - *6 rue des Écoles - ✆ 03 86 32 29 29 - www.le-morvan.fr - Fermé lundi et mardi*

QUÉDILLAC

✉ 35290 - Ille-et-Vilaine - Carte régionale n° **9**-A1

LE RELAIS DE LA RANCE

CUISINE TRADITIONNELLE • AUBERGE Dans cette bâtisse de granite de 1880 au décor intérieur résolument contemporain, Steven Carré déploie une cuisine qui revisite les classiques à sa manière. Passé par Guy Savoy, Le Bristol, la Tour d'Argent puis New York, le jeune chef signe des assiettes soignées :

tartare de Saint-Jacques bretonnes aux algues, agrumes et noisettes ; paleron de bœuf braisé douze heures, crémeux de panais et grenailles confites ; kouign-amann maison, caramel au cidre et sorbet citron... À ses côtés, Nadège assure un accueil chaleureux et attentif. La salle est très souvent complète !

♿ - €€ - 6 rue de Rennes - ✆ 02 99 06 90 70 - Fermé lundi, mercredi et dimanche midi

QUIMPER

✉ 29000 – Finistère – Carte régionale n° **1**–B2

✿ ALLIUM

Chef : Lionel Hénaff

CUISINE CRÉATIVE • CONTEMPORAIN Selon une légende, l'ail des ours, également appelé Allium, émergerait de terre au moment précis où l'ours quitte sa tanière après l'hibernation. L'animal, en quête de forces nouvelles, s'en nourrirait avidement, conférant à cette plante son nom évocateur, devenu symbole de puissance et de fertilité. Frédérique et Lionel Hénaff ont réalisé ici leur rêve en créant un restaurant en retrait du centre-ville, où ils célèbrent la Bretagne gourmande. Dans les assiettes, les produits de la mer occupent une place de choix, tels les Saint-Jacques de la baie de Morlaix ou les ormeaux. La cuisine inventive du chef, profondément enracinée dans la nature, marie avec audace une profusion d'ingrédients – herbes et fleurs – et révèle un penchant pour les sauces aériennes réalisées au siphon. L'atmosphère sobre et élégante invite à une expérience culinaire raffinée, avec la possibilité de s'attabler face à la cuisine ouverte au comptoir. Une adresse bretonne à ne pas manquer !

♿ – €€€ – 88 boulevard de Créac'h-Gwen – ✆ 02 98 10 11 48 – www.restaurant-allium.fr – Fermé lundi et dimanche

ÉCLOSION

CUISINE MODERNE • CONTEMPORAIN Au cœur de Quimper, ce bistrot moderne et inventif orchestré par deux jeunes talents propose une cuisine généreuse dans un cadre coloré et musical. En entrée, le velouté de champignons au café avec brunoise de céleri-rave et espuma céleri-café est une véritable révélation. La limande en ballottine accompagnée d'un condiment citron-pistache allie fraîcheur et équilibre. Le service, souriant et attentionné, complète cette expérience, qui donne envie de revenir. Réservation recommandée.

♿ – €€ – 3 rue Laennec – ✆ 07 89 05 18 82 – www.eclosion-restaurant.fr – Fermé lundi, mardi et dimanche

TI-COZ

CUISINE TRADITIONNELLE • COSY Cette charmante auberge en pierre est à la fois rustique et élégante, avec son intérieur digne d'un club anglais. Le chef y prépare une savoureuse cuisine plutôt traditionnelle, qui fait la part belle aux meilleurs produits du terroir breton. Également sommelier, il accompagne ses recettes d'une riche carte des vins.

♿ – €€ – 4 Hent-Koz – ✆ 02 98 94 50 02 – www.restaurantticoz.com – Fermé lundi, mardi midi et dimanche soir

ESKEMM (N)

CUISINE MODERNE • BISTRO À quelques pas de la cathédrale Saint-Corentin, cette table s'abrite dans une bâtisse de pierre chargée d'histoire. Derrière la façade discrète, un petit salon au rez-de-chaussée, une cave vitrée, et à l'étage, une salle intimiste de vingt couverts où bois et pierre se répondent. La cuisine, moderne tout en étant ancrée dans le terroir breton, s'autorise quelques escapades, influencées par des saveurs venues d'ici et d'ailleurs. Le crémeux de panais se marie à la douceur de la ricotta et de la poire. Le soir, le chef propose un menu en plusieurs séquences, plus ambitieux, mais aussi une petite carte. Aux beaux jours, la discrète terrasse prolonge l'instant, à l'abri des regards et de l'agitation du centre-ville.

♿ - €€ - *14 rue Treuz - ✆ 09 52 24 84 15 - www.eskemmrestaurant.fr - Fermé lundi, mardi et dimanche*

SAO

CUISINE CRÉATIVE • CONTEMPORAIN Au bord des quais de l'Odet au centre-ville de Quimper, dans un chaleureux cadre contemporain, le talentueux jeune chef Kevin Gourret, précédemment au restaurant Le Goyen à Audierne, propose des recettes originales inspirées par les produits de la région (langoustine, pêche locale, algues, sarrasin, lait ribot) et marquées par l'Asie (ponzu, gomasio, sésame, gingembre...). Le soir, la carte, plus ambitieuse, révèle toute l'étendue de sa maîtrise technique, notamment avec des sauces et jus bien marqués. La partie sucrée n'est pas en reste comme le démontre ce dessert vanille, châtaigne et yuzu.

♿ - **€€€** - *1 quai Neuf - ✆ 02 98 55 04 71 - www.sao-kevingourret.com - Fermé lundi et dimanche*

GINKGO

TRADITIONNEL • CHARME Un établissement plein de charme, installé dans les pierres de l'ancien prieuré de Locmaria, au bord de l'Odet. Cadre historique préservé, vastes chambres décorées avec goût, espace détente et parking... Une étape de choix.

♿ AC P Spa - **20 chambres** - *1 rue du Chanoine Moreau - ✆ 02 30 99 75 35*

QUINT-FONSEGRIVES

✉ 31130 - Haute-Garonne - Carte régionale n° **26**-C2

✿ EN PLEINE NATURE

Chef : Sylvain Joffre

CUISINE MODERNE • CONTEMPORAIN Le chef Sylvain Joffre tient promesse : sa cuisine fraîche, subtile et parfumée naît comme « en pleine nature ». Cet authentique cuisinier-jardinier-cueilleur tire en effet le meilleur des légumes et herbes de son potager, ainsi que de produits régionaux scrupuleusement élus. Sincère, son style exclut tout effet de manche : le beau produit est travaillé dans sa vérité, magnifié de jus, de coulis, blasonné de plantes et de fleurs du jardin... tout cela avec le souci constant de contenir les prix. Côté décor, un intérieur sobre, ou une agréable terrasse à l'ombre des parasols. Très engagé dans le respect de la nature, le chef propose une boutique annexe avec viennoiseries, brioches et pains à la farine bio.

L'engagement du chef : La cuisine trouve son inspiration dans la nature (le potager du chef, la cueillette...) et dans le travail des producteurs locaux, mis en avant dans le menu surprise. Dans un souci d'exemplarité, et afin de sensibiliser les clients et les collaborateurs aux enjeux environnementaux, on réduit au maximum les produits importés et on instaure progressivement des actions en faveur de pratiques plus responsables.

♿ AC - **€€€** - *6 place de la Mairie - ✆ 05 61 45 42 12 - www.en-pleine-nature.com - Fermé lundi, samedi et dimanche*

QUISSAC

✉ 30260 - Gard - Carte régionale n° **28**-B2

L'ARTYSAN

CUISINE MODERNE • CONTEMPORAIN Yohann Boucard a transformé la gare de Quissac en un restaurant très agréable : lignes épurées, ferronneries d'artisans locaux... Dans l'assiette, la prestation se révèle tout aussi emballante, grâce à des produits bien choisis et des associations de saveurs toniques et originales. Service pro et efficace.

- **€€** - *35 plan de la Gare* - *04 66 77 02 45* - *www.lartysan.com* - *Fermé mercredi et jeudi, et dimanche soir*

RAMATUELLE

✉ 83350 - Var - Carte régionale n° **24**-C3

✿✿ LA VOILE - LA RÉSERVE RAMATUELLE

CUISINE MODERNE • ÉLÉGANT Au sein de cet hôtel exclusif parfaitement intégré à son environnement naturel, ce restaurant couve le talent d'Éric Canino, un chef marqué par sa collaboration avec Michel Guérard. Il s'inspire du maître de la cuisine du bien-être pour composer sa propre partition provençale, avec fruits et légumes, poissons et fruits de mer (plus quelques volailles), relevés d'herbes aromatiques et d'huile d'olive. Sa palette de cuisinier inclut aussi bien un usage moderne des agrumes qu'un travail "classique" sur les sauces et les réductions qui donnent une vraie personnalité à ses assiettes. Son plat de rouget poché à l'eau de mer (cuisson de prédilection du chef) accompagné de sa concassée de tomates aux agrumes, réduction des têtes, en est une démonstration idéale. Au dessert, le pâtissier Julien Coulomb (passé par le Cinq et Plénitude avec Maxime Frédéric) signe une composition autour de la fraise et de la rhubarbe tout en légèreté et subtilité, avec une grande maîtrise technique.

- **€€€€** - *Chemin de la Quessine* - *04 94 44 94 44* - *www.lareserve-ramatuelle.com/restaurant/restaurant-gastronomique-saint-tropez* - *Fermé les midis*

BYBLOS BEACH

CUISINE MÉDITERRANÉENNE • TENDANCE Sur la plage de Pampelonne, pensée dans une perspective durable, ce bibelot brillant tout de bois sablé et de coton n'est pas réservé aux seules bimbos ! Au programme : de délicieux poissons, des viandes grillées au feu de bois et des pâtes très prisées - à déguster les pieds dans le sable, face à la mer... sous le soleil exactement.

- **€€€** - *Boulevard Patch* - *04 94 43 15 00* - *www.byblos-beach.com*

JARDIN TROPEZINA

CUISINE MÉDITERRANÉENNE • ÉLÉGANT Intégré en douceur sur la mythique plage de Pampelonne, ce jardin-terrasse méditerranéen, où domine le bois et les plantes, tient ses promesses. Un cadre irrésistible face à la mer, une déco de luxe avec vaisselle de Vallauris et argenterie, un personnel nombreux aux petits soins, un voiturier à l'arrivée et... des soirées animées par un DJ. Conçue par Jean-François Piège, la carte fait la part belle aux plats estivaux et provençaux, mais aussi italiens : courgettes violon du pays sauce tonnato et parmesan ; filet de poisson grillé au barbecue et sabayon acidulé ; glace verveine du jardin.

- €€€€ - *Route de Tahiti* - *04 94 97 36 78* - *www.airelles.com/destination/chateau-de-la-messardiere-hotel/restaurants/jardin-tropezina-saint-tropez-restaurant*

LA RÉSERVE À LA PLAGE

CUISINE MÉDITERRANÉENNE • DÉCONTRACTÉ Voici la Réserve Ramatuelle, version plage de Pampelonne, sous les atours charmeurs de ce restaurant de plage, chic et décontracté, et signé... Philippe Starck. Aux fourneaux, le chef normand Nicolas Cantrel séduit une clientèle aux anges avec une cuisine d'esprit riviera, de belles viandes, la pêche du jour et toujours des produits de qualité.

- €€€€ - *Chemin de l'Épi* - *07 85 14 72 90* - *www.lareserve-plage.com*

LA FERME D'AUGUSTIN SAINT-TROPEZ

PROVENÇAL • CONVIVIAL Cet hôtel au-dessus de la Plage de Tahiti porte le nom de son ancien propriétaire, qui invitait les passants à sa table. Les chambres sont aérées et pittoresques avec des sols en terre cuite, des objets provençaux et des peintures d'artistes locaux ; certaines disposent de puits de lumière ou de balcons sur la mer, et les suites offrent de jolies jardins privés. Des fleurs fraîches parfument le salon près de la cheminée, des agrumes encadrent la jolie piscine extérieure, et la plage se trouve à quelques pas. L'huile d'olive et le vin sont produits sur place, et les fruits du potager constituent le magnifique petit-déjeuner servi en plein air.

- **52 chambres** - *979 route de Tahiti*

LA RÉSERVE RAMATUELLE

CLASSIQUE • RAFFINÉ L'hôtelier Michel Reybier et le designer Jacques Garcia ont créé ici un lieu intemporel où se côtoient des éléments provençaux classiques et des touches résolument modernes inspirées des artistes qui ont « fait » la Côte d'Azur. Le cadre est magnifique, le confort de premier ordre et l'atmosphère discrètement feutrée. Chaque chambre, suite ou villa offre un remarquable sentiment d'intimité. À cela s'ajoute un vaste spa doté d'une piscine intérieure, quatre restaurants et un bar.

- **40 chambres** - *736 chemin des Crêtes*

La Voile - Voir la sélection des restaurants

VILLA MARIE

BOURGEOIS • RAFFINÉ Raffinement, luxe et charme réunis sous le même toit en cette villa enchanteresse nichée dans une pinède dominant la baie de Pampelonne. Les chambres, soigneusement décorées dans un esprit de demeure bourgeoise provençale, ont un charme fou ! Ajoutez à cela un spa, véritable centre de soins, une superbe piscine aux reflets céladon creusée dans la roche, et une atmosphère décontractée.

- **45 chambres** - *1100 chemin de Val-de-Rian* - *04 94 97 40 22*

RAMONVILLE-SAINT-AGNE

31520 - Haute-Garonne - Carte régionale n° **26**-C2

LA TABLE DE LAURENT

CUISINE MODERNE • CONVIVIAL Laurent Prat travaille de jolis produits (langoustine, lotte, etc.), entre recettes classiques et plus modernes, toujours bien ficelées et aux influences voyageuses : poêlée de gnocchi aux épinards ;

gambas marinées à la mexicaine puis snackées ; mérou grillé, roulé d'aubergine au houmous de betterave. Salon de thé l'après-midi avec pâtisseries maison, dans un intérieur boisé et chaleureux.

♿ AC 🏖 - €€ - *28 rue Jacques-Prévert* - *☎ 05 61 73 61 62* - *www.latabledelaurent.com - Fermé samedi et dimanche*

RAYOL-CANADEL-SUR-MER

✉ 83820 - Var - Carte régionale n° **29**-B3

LE RELAIS DES MAURES

CUISINE TRADITIONNELLE • VINTAGE Cette grande auberge cultive le goût du Sud. Le chef réalise une cuisine pétrie de tradition provençale, calée sur le marché et bien ficelée, pour un excellent rapport plaisir/prix : daurade et aïoli ; loup en persillade, crème de parmesan ; fraises de Solliès au pistou sucré. Quelques chambres pour prolonger le séjour à quelques dizaines de mètres de la plage du Débarquement. Une adresse familiale bien sympathique.

♿ 🏖 P - €€ - *1 avenue Charles-Koecklin* - *☎ 04 94 05 61 27* - *www.lerelaisdesmaures.fr - Fermé lundi et dimanche soir*

LE BAILLI DE SUFFREN

CONTEMPORAIN • MARITIME Superbe vue sur les îles d'Hyères depuis ce bel hôtel les pieds dans l'eau, entièrement rénové dans une veine contemporaine méditerranéenne jaune (sable, soleil) et bleu (mer, ciel). Plage privée, balcons et terrasses face aux flots... Ou comment vivre en intimité avec la mer ! Petit espace bien-être, avec salles de soins.

AC P Spa - **55 chambres** - *Avenue des Américains* - *☎ 04 98 04 47 00*

LA VILLA DOUCE

Plus

ÉPURÉ • ÉLÉGANT L'enseigne tient sa promesse de vie douce, mais d'un style plutôt moderne : presque nordique dans son minimalisme, décoré de bleus et de gris faisant écho aux paysages méditerranéens. Chambres et suites offrent des vues sur la mer, et leurs intérieurs contemporains sont animés d'œuvres d'art et des textiles aux motifs de faune et de flore. Les chambres standard sont douillettes mais confortables, avec des douches à l'italienne, tandis que les suites s'agrandissent aux dimensions généreuses, et la "Flat Suite" familiale à deux chambres ajoute une baignoire. Sous le bleu du ciel, piscine, solarium et une salle de soins pour le spa. Petit-déjeuner en terrasse face à la mer, bar à cocktails.

♿ AC P Spa - **31 chambres** - *8 corniche de Paris* - *☎ 04 94 15 30 30*

REHAUPAL

✉ 88640 - Vosges - Carte régionale n° **7**-C3

LA TABLE DU HAUT JARDIN N

CUISINE MODERNE • CONTEMPORAIN Au cœur du massif des Vosges, cette auberge familiale est devenue un bel hôtel avec spa, entouré d'un paisible parc arboré. Dans un cadre chic et contemporain, le chef Luc Masson signe une savoureuse cuisine inspirée par le terroir, ponctuée de plantes et herbes sauvages qu'il va cueillir lui-même dans les forêts vosgiennes : lamier jaune, ciste, ortie ou pimprenelle... Aux beaux jours, profitez de l'agréable toit-terrasse.

🏖 - €€€ - *43 bis Le Village* - *☎ 03 29 66 37 06* - *www.domaine-du-haut-jardin.com - Fermé du lundi au vendredi à midi*

REIGNIER

✉ 74930 – Haute-Savoie – Carte régionale n° **21**-C1

LA TABLE D'ANGÈLE

CUISINE TRADITIONNELLE • BISTRO Ce restaurant avec véranda propose une appétissante cuisine de bistrot dans un cadre contemporain. Au hasard de la carte : ris de veau rôti, poêlée de girolles et lardons, sauce meurette ; entrecôte Angus et frites fraîches des pays de Savoie... Terrasse calme sur l'arrière.

♿ 🏖 – €€ – *273 Grande-Rue – ✆ 04 50 31 16 16 – www.tabledangele.com – Fermé lundi et dimanche*

REIMS

51100 – Marne –
Carte régionale n° **6**–B2

✿✿✿ ASSIETTE CHAMPENOISE

Chef : Arnaud Lallement

CUISINE CRÉATIVE • LUXE Arnaud Lallement a pour ainsi dire grandi à l'Assiette Champenoise, créée par ses parents. Formé par les plus grands (Roger Vergé, Michel Guérard, Alain Chapel), il élabore une cuisine de haute volée d'inspiration classique, généreuse et surtout très gourmande, où pointent aussi ses origines bretonnes (du côté de sa mère). Proche de ses hôtes, pédagogue et truculent, l'"aubergiste" Lallement régale en toute simplicité, entouré d'une équipe dévouée et chaleureuse. Assiettes lisibles et rehaussées de sauces mémorables, superbes produits travaillés avec amour comme ce homard bleu "hommage à mon papa" ou ce pigeonneau fermier d'Onjon en tourte. Une partition synonyme de plaisir.

HORS PLAN – **€€€€** – *40 avenue Paul-Vaillant-Couturier, à Tinqueux – 03 26 84 64 64 – www.assiettechampenoise.com – Fermé mardi et mercredi*

✿✿ ARBANE

Chef : Philippe Mille

CUISINE CRÉATIVE • CHIC Après de nombreuses années au Parc Les Crayères, le chef MOF Philippe Mille officie dans un élégant hôtel particulier de 1874 à fière allure. Dans un cadre contemporain aux tons sobres, émaillé de touches qui évoquent le vignoble champenois, le chef d'origine sarthoise peaufine depuis sa cuisine ouverte sa vision « enracinée » du terroir de Champagne. Il pratique la cuisson aux sarments de vigne, s'inspire des sept cépages (dont l'arbane), et intègre aussi de superbes produits de la mer (lotte, turbot, homard...), pour signer des assiettes d'une précision époustouflante, avec notamment un talent particulier dans le maniement des poivres, et de discrètes touches d'agrumes pour la fraîcheur. Carte des vins de Champagne évidemment digne d'attention, et salon cossu à l'étage, embelli par la sculpture d'un célèbre maître verrier rémois.

PLAN : A1-6 – **€€€€** – *7 rue Noël – 03 26 89 60 70 – www.arbane-philippe-mille.com – Fermé mercredi, jeudi et dimanche*

✿✿ LE PARC LES CRAYÈRES

CUISINE MODERNE • LUXE L'ancien hôtel particulier de Louise Pommery, entouré de son superbe parc, est un petit château du début du 20e s. empreint d'une élégance toute classique. À grands renforts de produits nobles, le chef Christophe Moret calligraphie des assiettes raffinées et lisibles où la générosité le dispute à la gourmandise, à l'image de cette araignée de mer rafraîchie aux parfums de poivre de mer, ou de ce canard colvert laqué au genièvre et sureau. Les desserts de Rosalie Boucher jouent avec intelligence la carte de la légèreté.

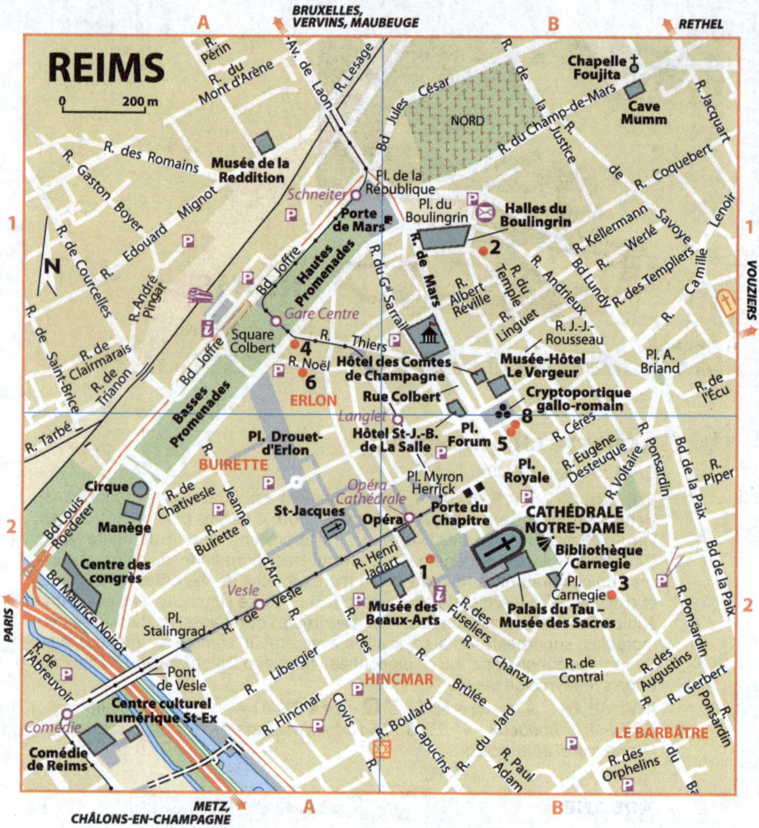

Ces pépites figurent dans les divers menus mais aussi, plaisir de plus en plus rare, à la carte. Le livre de cave comporte près de 900 références de champagnes. Superbes chambres et suites.

HORS PLAN - **€€€€** - *64 boulevard Henry-Vasnier - ✆ 03 26 24 90 00 - www.lescrayeres.com/fr/restaurant-le-parc.html - Fermé lundi et mardi*

✿✿ RACINE

Chef : Kazuyuki Tanaka

CUISINE CRÉATIVE • ÉPURÉ Au cœur de Reims, il se passe assurément quelque chose dans ce petit restaurant au ravissant cadre contemporain épuré dont les baies vitrées donnent sur un charmant jardin japonais. Un cadre en parfaite harmonie avec la cuisine de Kazuyuki Tanaka, chef japonais. Il cisèle d'élégantes recettes créatives aux saveurs et influences multiples, et utilise avec malice herbes aromatiques, légumes, plantes, condiments… On se laisse surprendre par chaque assiette, tant par la qualité exceptionnelle des ingrédients (à l'image de la langoustine ou du homard) que par leur maîtrise technique et leur esthétique. Très belle carte des vins, avec notamment 250 références de champagnes.

PLAN : B2-3 - **€€€€** - *6 place Godinot - ✆ 03 26 35 16 95 - www.racine.re - Fermé mardi, mercredi, et lundi et jeudi à midi*

LE MILLÉNAIRE

CUISINE MODERNE • ÉLÉGANT Non loin de la place Royale et de la cathédrale, cette table au décor contemporain élégant est bien connue des Rémois. Elle offre un terrain de jeu gourmand au chef Benjamin Andreux, qui nous fait découvrir son ambitieuse vision de la gastronomie, et notamment une certaine prédilection pour les produits de la mer. La licence créative est toujours soigneusement dosée pour offrir des préparations originales et maîtrisées, dans le respect des saisons.

PLAN : B2-5 – **€€€€** – *4-6 rue Bertin – 03 26 08 26 62 – www.restaurant-lemillenaire.com – Fermé lundi et dimanche*

BRASSERIE LE JARDIN

CUISINE TRADITIONNELLE • CONTEMPORAIN Une alternative à la table gastronomique que cette brasserie située dans un joli pavillon au sein du parc du domaine Les Crayères ; une impression de campagne en pleine ville. Dans un cadre chic et contemporain, sous la majestueuse véranda ou sur la terrasse bucolique, on apprécie une savoureuse cuisine de saison réalisée avec de beaux produits. Très belle carte des vins avec la Champagne à l'honneur. Service tout sourire.

HORS PLAN – **€€** – *7 avenue du Général-Giraud – 03 26 24 90 90 – www.lescrayeres.com*

LE CRYPTO

CUISINE MODERNE • BISTRO En face du célèbre cryptoportique de Reims (une galerie souterraine datant de l'époque romaine), ce bistrot est tenu par Frédéric Dupont, un chef au parcours éloquent. Cuisine de saison goûteuse et généreuse, solide carte des vins notamment en champagnes, service attentionné : une belle adresse qui fait souvent salle comble.

PLAN : B2-8 – **€€** – *14 place du Forum – 03 26 25 27 81 – www.restaurantlecrypto.eatbu.com – Fermé lundi et dimanche*

L'EXTRA

CUISINE MODERNE • CONTEMPORAIN En face des halles du Boulingrin (classées monument historique), ce restaurant est installé dans un bâtiment des années 1920 aux influences Art déco. Joli projet : la majeure partie de l'équipe, en salle comme en cuisine, est constituée de personnes présentant un handicap mental, encadrée par un binôme expérimenté. Dans un cadre épuré et contemporain, on pioche dans une carte actuelle bien tournée : carpaccio de poulpe, haricots de Soissons et sauce picalilli ; cabillaud skrei, crémeux de maïs et roulé de poireau au lard ; soufflé au Grand Marnier, cœur coulant agrumes et sorbet orange sanguine. Service prévenant et souriant.

PLAN : B1-2 – **€€€** – *23 ter rue du Temple – 07 66 08 24 92 – www.lextra-reims.fr – Fermé lundi et dimanche, et mardi et mercredi soir*

LE FOCH

CUISINE MODERNE • CLASSIQUE Dans cette maison installée au bord des fameuses Promenades, le chef Jacky Louazé attire à lui une clientèle fidèle, qui vient retrouver avec plaisir une carte où les produits de qualité sont rois, notamment les poissons et crustacés : huîtres et Saint Jacques marinées, granité de concombre ; lotte rôtie, cocos de Paimpol et siphon à la sauge...

PLAN : A1-4 – **€€€** – *37 boulevard Foch – 03 26 47 48 22 – www.lefoch.com – Fermé lundi, dimanche et samedi midi*

LA GRANDE GEORGETTE

CUISINE MODERNE • CONTEMPORAIN La Grande Georgette ? L'échelle des pompiers, baptisée du prénom de la femme du capitaine ! Dans l'ancienne caserne Chanzy (1926), le chef Julien Raphanel déroule une carte actuelle des plus soignées : langoustine juste saisie et sabayon iodé d'algues, pigeon de Racan au sautoir, pomme caramélisée et espuma sarrasin... Depuis la terrasse avec vue imprenable, on ne se lasse pas d'admirer la façade de la cathédrale Notre-Dame. Pour profiter d'une cuisine bistronomique généreuse et abordable, poussez la porte du Little Georgette attenant.

PLAN : B2-1 – – **€€€** – *18 rue Tronsson-Ducoudray – 03 26 83 18 18 – www.lacasernechanzy.com*

LA TABLE SAINT THOMAS N

CUISINE TRADITIONNELLE • SIMPLE Au calme d'un quartier résidentiel, cette table – installée dans une ancienne menuiserie – est emmenée par un couple de pros. Dans l'assiette, le chef marie la tradition aux quatre saisons pour offrir une cuisine de bon goût, simple et honnête : saumon Label Rouge en gravlax, émulsion au poivre de Sichuan, gel de betterave ; turbot, asperges gratinées et sauce champagne ; baba au rhum, brunoise d'ananas.

HORS PLAN – – **€€** – *58 rue du Docteur-Thomas – 03 26 05 02 76 – www.la-table-saint-thomas.fr – Fermé lundi et dimanche, et mercredi soir*

LA CASERNE CHANZY

MODERNE • ÉLÉGANT Une caserne, cet édifice Art déco au teint blond ? Oui, mais occupée désormais par le seul hôtel de luxe de la ville. La plupart de ses chambres et suites donnent sur la majestueuse cathédrale Notre-Dame (14e s.). À l'intérieur, en revanche, elles sont purement contemporaines, avec leur nuancier champagne, leurs matières nobles et leurs équipements ultramodernes. Dans les étages supérieurs, les suites sont remarquables pour leur vue, mais aussi pour leur taille généreuse. L'hôtel dispose d'un spa et d'un centre de fitness tout équipé.

– **89 chambres** – *18 rue Tronsson Ducoudray – 03 26 83 18 18*

La Grande Georgette - Voir la sélection des restaurants

DOMAINE LES CRAYÈRES

BOURGEOIS • RAFFINÉ Dans un grand parc, un décor pétillant comme... du champagne. Faut-il préciser que cette superbe demeure est entourée des caves les plus renommées ? Un vrai symbole du luxe à la française que cet établissement, tout en raffinement : tentures épaisses, mobilier bourgeois, pour un séjour sous le signe de l'élégance.

– **20 chambres** – *64 boulevard Henry Vasnier – 03 26 24 90 00*

Le Parc Les Crayères • **Brasserie Le Jardin** - Voir la sélection des restaurants

L'ASSIETTE CHAMPENOISE *Plus*

ÉPURÉ • ÉLÉGANT À Assiette incontournable, chambre remarquable. De l'extérieur, l'imposante demeure reste sagement rémoise ; à l'intérieur, les aménagements sont modernes, épurés, tout en formes géométriques et palette sombre. Au rez-de-chaussée, plusieurs salons dotés de cheminées et d'œuvres d'art, ainsi qu'une magnifique piscine intérieure ouvrant sur la verdure environnante. Les chambres et les suites sont simples, avec des murs colorés, un mobilier design. Les suites disposent d'un balcon et d'un jacuzzi, et la plus grande possède son propre hammam et son jardin privé. Buffet du petit déjeuner avec vue sur les jardins.

– **25 chambres** – *40 avenue Paul Vaillant-Couturier – 03 26 84 64 64*

Assiette Champenoise - Voir la sélection des restaurants

RÉMALARD-EN-PERCHE

🖂 61110 - Orne - Carte régionale n° **2**-D3

D'UNE ÎLE

CUISINE DU TERROIR • MAISON DE CAMPAGNE L'annexe campagnarde de Septime. On y réalise une cuisine durable, saisonnière et rustique ancrée dans son environnement, ne se nourrissant que des produits de qualité des marchés environnants (Sarthe ou Normandie) - et dans une moindre mesure, de la récolte du potager de la ferme. Côté salle, un lieu rustique chic, décoré avec goût. Dans le même esprit, quelques chambres invitent à s'attarder sur cette colline boisée du Perche, avec arbres fruitiers, ruches ainsi qu'un sauna donnant sur la nature. Une démarche culinaire et humaine très louable.

- €€ - Domaine de l'Aunay, lieu-dit l'Aunay - ✆ 02 33 83 01 47 - www.duneile.com - Fermé les midis

REMIREMONT

🖂 88200 - Vosges - Carte régionale n° **7**-C3

LE CLOS HEURTEBISE

CUISINE MODERNE • ÉLÉGANT À l'écart de l'agitation, cette maison bourgeoise tenue par un couple sympathique propose une cuisine dans l'air du temps - ainsi cet omble chevalier mariné aux agrumes et sa mousse de petits pois, ou cette pavlova aux fraises gariguette. La terrasse d'été offre une jolie vue sur les ballons des Vosges.

P - €€ - 13 chemin des Capucins - ✆ 03 29 62 08 04 - www.leclosheurtebise.fr - Fermé lundi et mercredi, et dimanche soir

RENAISON

🖂 42370 - Loire - Carte régionale n° **20**-C1

LE RESTAURANT 1451

CUISINE MODERNE • CONTEMPORAIN Au centre de cette petite bourgade non loin de Roanne, la devanture bleu nuit de cette belle bâtisse en pierre semble bien engageante de prime abord. Cela se confirme par l'atmosphère moderne et élégante du lieu : la charmante terrasse dans la cour est idéale aux beaux jours. Le chef Jérémie Louis réalise une cuisine moderne et fraîche, où les légumes ont le beau rôle et les assiettes sont dressées au cordeau. Mention spéciale pour le magnifique chariot de fromages. En salle, Océane, la compagne du chef, assure un service tout sourire. Une maison familiale qui donne envie de revenir !

A/C - €€€ - 15 rue Robert-Barathon - ✆ 04 77 64 25 34 - www.restaurant1451.fr - Fermé mardi et mercredi

RENESCURE

🖂 59173 - Nord - Carte régionale n° **4**-B2

LA TABLE DE ROMAIN

CUISINE TRADITIONNELLE • CONVIVIAL Située au cœur du bourg, cette maison de village typique de l'architecture locale est le quartier-général d'un chef qui propose une cuisine du marché à un bon rapport qualité-prix. Recettes et produits changent régulièrement. Le tout dans un intérieur chic et convivial.

- €€ - 1 rue Gaston-Robbe - ✆ 09 67 35 23 60 - www.tablederomain.kazeo.com - Fermé lundi, samedi midi, et le soir du dimanche au jeudi

RENNES

✉ 35000 – Ille-et-Vilaine – Carte régionale n° **9**-B1

IMA

Chef : Julien Lemarié

CUISINE CRÉATIVE • CONTEMPORAIN "La cuisine a toujours été pour moi un moyen de voyager", explique le chef Julien Lemarié, qui a promené ses couteaux de Londres à Tokyo, en passant par Singapour. Le nom de son restaurant, IMA, signifie "maintenant" en japonais. Une cuisine d'instinct et de technicien talentueux autour de menus dégustation surfant avec subtilité entre influences régionales et asiatiques. Le chef transcende chacun des plats à coups de bouillons, d'infusions, d'épices, de plantes aromatiques et d'algues. Ceux qui veulent vivre l'expérience à la japonaise s'installeront au comptoir. C'est désormais à vous de voyager !

L'engagement du chef : Nos produits - œufs, beurre, crème, poissons, viande, légumes, herbes sauvages, algues pêchées à pied, tofu, miso - sont issus des circuits courts. Nous faisons également des commandes groupées avec plusieurs restaurants rennais, notamment pour les agrumes, certains poissons et bêtes sur pied. Nous réduisons le volume des déchets d'origine animale et végétale avec un déshydrateur-compacteur. Le substrat qui en est issu est donné à un producteur de légumes.

PLAN : A3-3 – 🚗 – **€€€€** – *20 boulevard de la Tour-d'Auvergne – ✆ 02 23 47 82 74 – www.ima.restaurant – Fermé lundi, dimanche et mardi midi*

RACINES

Cheffe : Virginie Giboire

CUISINE MODERNE • ÉLÉGANT Quand une cheffe rennaise pleine de talent, Virginie Giboire, flatte ses "Racines", cela donne une plaisante cuisine dans l'air du temps aux assiettes élégantes. Forte d'un CV en or massif (dont on retiendra seulement ses postes aux côtés de Guy Martin et de Thierry Marx qui, dit-elle "lui a tout appris"), elle compose une cuisine intelligente et limpide, qui tombe toujours juste, organisée autour d'une carte courte. Jeux de textures intéressants, subtilité des associations de saveurs, et toujours ces beaux produits, venus des nombreux petits producteurs bretons. Le tout dans un joli cadre moderne et lumineux.

PLAN : A3-1 – ♿ A/C 🚗 – **€€€** – *4 passage Antoinette-Caillot – ✆ 02 99 65 64 21 – www.racines-restaurant.fr – Fermé lundi, dimanche et samedi midi*

BOMBANCE

CUISINE MODERNE • BISTRO Faire bombance : manger, boire, faire la fête ! Autant de promesses tenues entre les murs de pierre de ce bistrot avec cuisine ouverte et quelques places au comptoir pour déjeuner ou dîner autour d'un menu-carte avec choix – pak-choï rôti, sabayon paprika et noisette torréfiée ; aile

Suphansa Subruayying/Getty Images Plus

de raie, beurre d'agrumes, crème de céleri, topinambour fumé, marrons et jus de langoustine – ou bien des assiettes à partager qu'on arrose d'un cru en biodynamie ou nature choisi dans la jolie carte des vins. Chaque assiette contient son lot de produits frais, très bien cuits et assaisonnés avec peps et doigté.

PLAN : A2-4 – **€€** – *23 rue de la Chalotais* – *✆ 07 78 52 39 94* – *www.bombance-restaurant.fr* – *Fermé samedi, dimanche et du lundi au mercredi à midi*

BREIZH CAFÉ RENNES

CUISINE BRETONNE • **CONTEMPORAIN** Pourquoi changer une recette qui marche ? Bertrand Larcher, l'homme qui a révélé la crêpe bretonne au Pays du Soleil Levant, a posé ses billigs à Rennes à deux pas du marché des Lices. Cette adresse-là s'est installée dans un espace moderne d'esprit indus avec cuisine ouverte. Les ingrédients de la réussite sont toujours les mêmes : des produits de qualité, bio pour la plupart (froment cultivé en Bretagne et moulu à la pierre, farine de sarrasin moulue à Vitré, œufs biologiques, charcuteries basques de Pierre Oteiza). À côté des galettes classiques, il y a des versions plus originales, certaines avec une touche japonaise comme cette crêpe Kinako avec sucre noir d'Okinawa et glace matcha. Petite carte de grignotages et d'huîtres.

PLAN : A2-8 – ♿ – **€€** – *1 place de la Trinité* – *✆ 09 55 88 10 02* – *www.breizhcafe.com/rennes*

ESTIME

CUISINE MODERNE • **COSY** Éclose dans une petite rue piétonne du centre-ville, cette adresse est l'œuvre de Maxime (en cuisine) et Estelle Besnier (en salle), frère et sœur. Dans un décor plaisant et coloré (poutres blanches, murs à la chaux, miroirs, cheminée en pierre et brique, parquet ancien), ce chef à la main sûre mitonne avec précision, générosité et gourmandise : sot-l'y-laisse de volaille et crème de champignons ; merlu, pommes de terre, chorizo et salicorne ; coco, kiwi et oseille. Excellent rapport qualité-prix du menu déjeuner. Un concentré de bonheur.

PLAN : A2-10 – **€€** – *15 rue du Chapitre* – *✆ 02 22 66 90 42* – *www.estime-restaurant.com* – *Fermé lundi et dimanche*

FEZI

CUISINE MODERNE • **BISTRO** (Transfert prévu au 2 rue des Carmes 1er trimestre) Voici un restaurant à prix doux, comme il en faudrait à chaque coin de rue, avec autant d'animation que de décontraction ! Fezi signifie "fait maison" en "gallo". Le jeune chef Cédric Bruneau prépare une bonne cuisine du marché sans fioriture, privilégiant les produits de la région : carpaccio de vieille, betterave, crème fumée et main de bouddha ; aile de raie, écrasé de courge et crème de moules ; curd citron, shortbread, meringue vapeur et citron noir... Vin nature ou en biodynamie.

HORS PLAN – **€€** – *42 avenue du Sergent-Maginot* – *✆ 02 99 36 69 51* – *www.fezi-restaurant.fr* – *Fermé lundi, dimanche, samedi midi et mardi soir*

LA PETITE OURSE

CUISINE DU MARCHÉ • **CONTEMPORAIN** Dans le petit chariot de Charlotte, en salle, et Germain, en cuisine, se trouvent de bons produits régionaux, principalement bio et à prix doux. Sans négliger les volailles ou les poissons, la carte met néanmoins l'accent sur le végétal : asperges blanches, praliné de graines de tournesol et citron confit ; œuf vapeur, crème de sarrasin, jus de légumes rôtis et côtes de blettes ; cake fenouil vanille, crème citron et zestes d'orange confite. La réservation s'impose car les Rennais ont compris que la table était bonne et généreuse !

PLAN : A2-6 – **€** – *48 boulevard de la Liberté* – *✆ 09 52 84 33 61* – *www.restaurantlapetiteourse.com* – *Fermé samedi et dimanche, et le soir*

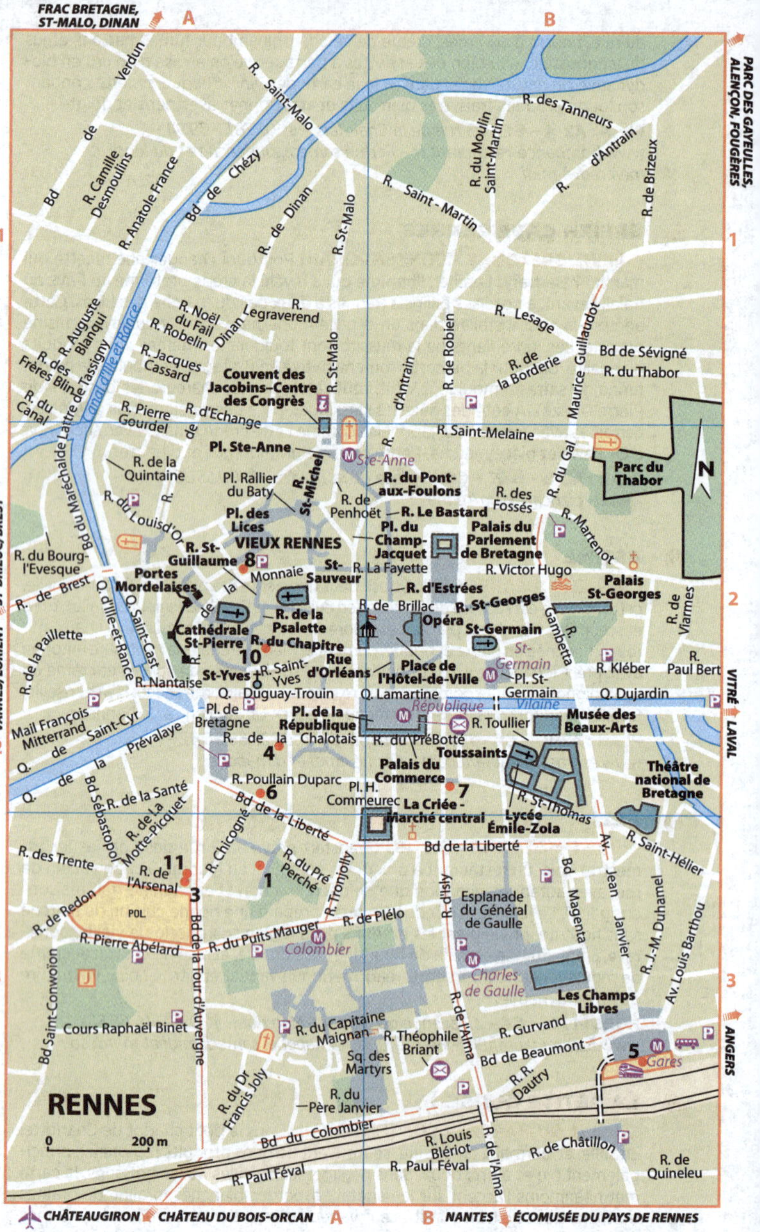
RENNES
0
200 m
FRAC BRETAGNE, ST-MALO, DINAN
PARC DES GAYEULLES, ALENÇON, FOUGÈRES
VANNES, LORIENT
ST-BRIEUC, BREST
VITRÉ
LAVAL
ANGERS
CHÂTEAUGIRON
CHÂTEAU DU BOIS-ORCAN
NANTES
ÉCOMUSÉE DU PAYS DE RENNES
A
B
1
2
3
Couvent des Jacobins–Centre des Congrès
Pl. Ste-Anne
Ste-Anne
R. du Pont-aux-Foulons
R. Le Bastard
Pl. du Champ-Jacquet
Palais du Parlement de Bretagne
Parc du Thabor
N
Pl. des Lices
VIEUX RENNES
R. St-Guillaume
Portes Mordelaises
Cathédrale St-Pierre
R. de la Psalette
R. du Chapitre
St-Sauveur
R. d'Estrées
R. St-Georges
Opéra
St-Germain
Palais St-Georges
St-Yves
Rue d'Orléans
Place de l'Hôtel-de-Ville
Pl. de la République
République
Musée des Beaux-Arts
Toussaints
Palais du Commerce
La Criée - Marché central
Lycée Émile-Zola
Théâtre national de Bretagne
Esplanade du Général de Gaulle
Charles de Gaulle
Les Champs Libres
Colombier
Gares
Sq. des Martyrs
Vilaine
Canal d'Ille et Rance
POL.
Bd de Verdun
R. Camille Desmoulins
R. Anatole France
Bd de Chézy
R. Saint-Malo
R. de Dinan
R. St-Malo
R. Saint-Martin
R. des Tanneurs
R. du Moulin Saint-Martin
R. d'Antrain
R. de Brizeux
R. Noël du Fail
R. Robelin
R. Legraverend
R. Lesage
R. de la Borderie
Bd de Sévigné
R. du Thabor
R. Maurice Guillaudot
R. de Robien
R. Saint-Melaine
R. Auguste Blanqui
R. des Frères Blin
R. du Canal
Bd du Maréchal de Lattre de Tassigny
R. Jacques Cassard
R. Pierre Gourdel
R. d'Echange
R. de la Quintaine
Pl. Rallier du Baty
R. St-Michel
R. de Penhoët
R. des Fossés
R. du Gal
R. Martenot
R. du Louisd'Or
R. du Bourg-l'Evesque
R. de Brest
R. La Fayette
R. Victor Hugo
Monnaie
R. de Brillac
R. de Viarmes
R. de la Paillette
Q. d'Ille-et-Rance
Q. Saint-Cast
R. Gambetta
R. Kléber
R. Paul Bert
R. Nantaise
R. Saint-Yves
Q. Duguay-Trouin
Q. Lamartine
Pl. St-Germain
Q. Dujardin
Pl. de Bretagne
R. de la Chalotais
R. du PréBotté
R. Toullier
Mail François Mitterrand
Q. de Saint-Cyr
Q. de la Prévalaye
R. Poullain Duparc
Pl. H. Commeurec
R. St-Thomas
Bd Sébastopol
R. de la Santé
R. de La Motte-Picquet
Bd de la Liberté
R. Chicogné
R. du Pré Perché
R. Tronjolly
R. Saint-Hélier
R. des Trente
R. de l'Arsenal
R. de Redon
R. Pierre Abélard
R. du Puits Mauger
R. de Plélo
R. d'Isly
Bd Magenta
Av. Jean Janvier
R. J.-M. Duhamel
Av. Louis Barthou
Bd Saint-Conwoïon
Bd de la Tour d'Auvergne
Cours Raphaël Binet
R. du Capitaine Maignan
R. Théophile Briant
R. de l'Alma
R. Gurvand
Bd de Beaumont
R. R. Dautry
R. du Dr Francis Joly
R. du Père Janvier
Bd du Colombier
R. Louis Blériot
R. Paul Féval
R. de Châtillon
R. de Quineleu
1
3
4
5
6
7
8
10
11

YOKO

CUISINE JAPONAISE • BISTRO Voici l'annexe de la table étoilée et japonisante du chef Julien Lemarié (IMA). Dans une ambiance décontractée, on profite le midi d'un menu à petit prix : salade de légumes croquants au sésame, okonomiyaki, effiloché de pintade aux shiitakés et au céleri... Le soir, des assiettes contemporaines savamment revisitées à la sauce japonaise, à l'instar de ce saint-pierre juste nacré, chou-fleur et shichimi. Le tout servi avec le sourire.

PLAN : A3-11 – **€€** – *20 boulevard de la Tour-d'Auvergne – ✆ 02 99 52 03 46 – www.yoko-restaurant.com – Fermé lundi, dimanche et mardi midi*

LE PARIS-BREST BY CHRISTIAN LE SQUER

CUISINE MODERNE • CONTEMPORAIN Christian Le Squer réinvente le buffet de gare en revisitant avec malice la cuisine traditionnelle bretonne. Alliance du design, de la bistronomie et d'une carte des vins élaborée par Eric Beaumard : une sympathique escale.

PLAN : B3-5 – ♿ AC – **€€** – *Gare de Rennes – ✆ 02 99 53 59 89 – www.parisbrest.bzh*

POF

CUISINE CRÉATIVE • CONTEMPORAIN Le midi, menu du jour annoncé à l'ardoise ; au dîner, petite carte de « ty plats » à partager aux noms évocateurs et ludiques ("c'est de la boulette" ; "l'œuf de la mort qui tue" ; "ton tataki" ; "galette du coin-coin") : les associés, qui ont bourlingué sur la planète, aiment la convivialité, le métissage (crème de chou-fleur au curry breton, crumble de wakame ; croustillant de quinoa, jus réduit à la mexicaine ; poire pochée myrte et badiane, mousse mascarpone au thé matcha) et la cuisine du marché au goût du jour.

HORS PLAN – **€** – *35 boulevard Georges-Clemenceau – ✆ 02 99 77 88 88 – www.pof-resto.fr – Fermé samedi et dimanche, et du lundi au mercredi soir*

LA TABLE DU BALTHAZAR

CUISINE MODERNE • CONTEMPORAIN Un repas dans un esprit brasserie chic et contemporain, réalisé avec savoir-faire par Benjamin Jourdren. Dans le cadre du restaurant de cet hôtel – sans doute le plus élégant de Rennes – la cuisine met à l'honneur le terroir breton avec des produits de qualité, principalement locaux. Les plats sont twistés tel ce beurre travaillé au sarrasin qui accompagne le pain blanc au pavot, les Saint-Jacques snackées et travaillées au lait ribot, les ravioles de chou frisé au citron cédrat, ou bien la quenelle de crème au parfum de foin qui accompagne la pomme. La mise en place est de qualité, la vaisselle fine et le regard se pose souvent sur le patio extérieur qui se découvre grâce à une belle verrière.

PLAN : B2-7 – ♿ AC – **€€€** – *19 rue du Marechal-Joffre – ✆ 02 99 32 76 14 – www.hotel-balthazar.com – Fermé dimanche soir*

BALTHAZAR

MODERNE • CHALEUREUX Depuis 2014, l'établissement s'est imposé comme le meilleur de la ville : derrière une belle façade classique, peinte de gris perle, les aménagements allient lignes élégantes et larges volumes, matières naturelles et ambiance feutrée, services de qualité et agréable spa... Un ensemble contemporain qui fait référence.

AC P Spa – **56 chambres** – *19 rue du Maréchal Joffre – ✆ 02 99 32 32 32*

La Table du Balthazar - Voir la sélection des restaurants

MAMA SHELTER RENNES

MODERNE • CONVIVIAL Assez sage au-dehors, ce vaisseau-amiral de la chaine française devient plus turbulent et postmoderne une fois la porte franchie. L'ambiance est conviviale, du restaurant au bar, de la terrasse aux salles de karaoké. Les chambres sont bien agencées, décorées de façon ludique et parfaitement équipées. Un spa, une piscine intérieure et une salle de sport sont à votre disposition.

- 119 chambres – *3 place de la Trinité*

MARNIE & MISTER H

CLASSIQUE • CHARME Le centre historique de Rennes cache un îlot à l'accent british dans une jolie maison de ville du 16e s. ornée de colombages. Au-delà de son nom choisi en référence à Alfred Hitchcock, l'esprit britannique des lieux est bien lisible : canapé Chesterfield, tapisseries fleuries, tissus écossais, tea time... mais dosé avec justesse, se glissant avec élégance dans un décor contemporain agrémenté d'objets vintage. Les cinq chambres pastel sont baignées de lumière, et la plus grande dispose d'une cuisine équipée et d'un coin salon. La terrasse ombragée est un délice.

- 5 chambres – *3 rue du Chapître – ✆ 06 50 37 47 69*

LE SAINT-ANTOINE

MODERNE • ÉLÉGANT Une grande façade de verre sur une avenue passante entre gare et centre-ville, pour cet hôtel récent. Le décor des chambres joue la sobriété et la modernité. Au sous-sol, le joli spa propose hammam et bassin de nage à contre-courant.

- 61 chambres – *27 avenue Jean Janvier – ✆ 02 23 44 33 33*

REPLONGES

01750 – Ain – Carte régionale n° **21**-B1

LA HUCHETTE

Chef : Didier Goiffon

CUISINE MODERNE • TRADITIONNEL Aux portes de Mâcon, cette auberge des années 1950 conserve ses fresques de chasse signées Zuber et un cachet historique joliment entretenu. Dans ce décor singulier, Didier Goiffon compose une cuisine personnelle, inventive et appliquée, où les produits régionaux se marient volontiers aux épices. Menus à l'ardoise ou propositions autour d'un produit de saison, tel un menu tout homard, rythment l'offre. La créativité s'exprime jusque dans le dessert signature, une poire tapée associée à la morille et au savagnin. Cette maison affirme son identité avec panache. Confortables chambres pour l'étape.

- €€€€ – *1089 route de Bourg – ✆ 03 85 31 03 55 – www.la-huchette.com – Fermé lundi, dimanche et du mardi au jeudi à midi*

LE REPOSOIR

✉ 74950 - Haute-Savoie - Carte régionale n° **21**-D1

LA CHARTREUSE

CUISINE MODERNE • TRADITIONNEL Ce bourg situé sur la route des grandes Alpes a longtemps bénéficié de la générosité des moines de l'ordre des Chartreux. Au menu de ce restaurant qui leur rend hommage (et qui change tous les mois), une cuisine moderne bien exécutée, qui accommode avec gourmandise les produits de saison, souvent locaux. En effet, l'incontournable œuf parfait matche bien avec une jolie déclinaison de champignons ; le classique paleron de bœuf est mitonné à la mondeuse et à la gentiane ainsi qu'à la cervelle de canut ; le chou craquelin s'acoquine à un praliné à la noix de Grenoble, une glace à la noisette et un chocolat fondu - efficacité régressive garantie ! Option végétarienne possible. Grande terrasse au cœur du village.

- **€€** - *622 route de Béol - ✆ 04 50 98 17 11 - www.lachartreuse74.fr - Fermé lundi et mardi, et dimanche soir*

RETHONDES

✉ 60153 - Oise - Carte régionale n° **5**-C2

AUBERGE DU PONT DE RETHONDES

CUISINE TRADITIONNELLE • ÉLÉGANT Nichée dans un charmant village bordant l'Aisne, au cœur de la forêt de Compiègne, cette auberge séduit par sa façade traditionnelle et sa salle à la décoration moderne et épurée. Aux beaux jours, la terrasse aménagée dans un jardin paysager offre un cadre idéal pour déguster une cuisine de tradition : pâté en croûte, rognons de veau à la moutarde, crème brûlée ou soufflé. Le chef sublime avec soin les produits de saison, pour une expérience à la fois authentique et raffinée.

- **€€€** - *21 rue du Maréchal-Foch - ✆ 03 44 85 60 24 - www.aubergedupont-rethondes.fr - Fermé du lundi au mercredi et dimanche soir*

REUGNY

✉ 37380 - Indre-et-Loire

CHÂTEAU LOUISE DE LA VALLIÈRE

GRAND STYLE • ROMANTIQUE Ce domaine du 13e s. a retrouvé toute sa grandeur. L'intérieur est digne d'un musée, des tapisseries aux peintures, et le dîner aux chandelles respecte le protocole du 17e s, servi par un personnel en costumes d'époque. Si chaque suite est unique, toutes sont opulentes, ornées de tentures, meubles en velours, riches boiseries, miroirs dorés, cheminées, lustres et salles de bains en marbre. Certaines occupent les dépendances au milieu de roseraies, de vergers et d'un parc aux arbres bicentenaires. Spa et piscine chauffée, nombreuses activités.

- **20 chambres** - *Château de La Vallière - ✆ 06 12 51 56 47*

RÉVEILLON

✉ 61400 - Orne - Carte régionale n° **2**-D3

SAUGE

CUISINE MODERNE • AUBERGE Au cœur de ce Perche qu'elle affectionne tant, voici le nouveau fief d'Amandine Chaignot : une auberge de village à l'atmosphère chaleureuse, qui a su garder son âme avec ses pierres et poutres apparentes, mais aussi quelques notes plus modernes comme l'acier et le béton brut. On a trouvé la place d'y installer deux restaurants : d'un côté le bistrot, de l'autre la table, qui se veut plus gastronomique. Dans les deux cas, les menus mettent en avant les producteurs, paysans et fournisseurs locaux, et s'inspirent de la nature et de la richesse du terroir.

€€ - *9 place de l'Église - ✆ 02 33 83 63 23 - www.sauge-aubergepercheronne.fr - Fermé du lundi au mercredi*

REXINGEN

✉ 67320 - Bas-Rhin - Carte régionale n° **8**-A1

LA CHARRUE

CUISINE TRADITIONNELLE • AUBERGE Cette sympathique auberge familiale propose une généreuse cuisine traditionnelle, préparée avec sincérité : foie gras de canard au gewurztraminer et chutney de quetsche, poitrine de cochon confite et poêlée de cèpes des Vosges, nage de framboises d'Alsace... Ambiance conviviale.

€€ - *13 rue Principale - ✆ 03 88 01 77 36 - Fermé lundi et mardi, et mercredi et dimanche soir*

REYRIEUX

✉ 01600 - Ain - Carte régionale n° **21**-A1

L'INATTENDU

CUISINE MODERNE • FAMILIAL Dans une élégante maison de pierres blondes posée au bord de la Saône, L'inaTTendu porte bien son nom. Le chef y signe une cuisine créative et généreuse, enracinée dans la tradition régionale mais pimentée de touches asiatiques. Une adresse surprenante, à savourer sur la terrasse bucolique offrant une vue unique sur le fleuve.

€€ - *311 chemin de Port-Bernalin - ✆ 04 78 98 30 81 - www.linattendulyon.fr - Fermé lundi et dimanche soir*

LE RHEU

✉ 35650 - Ille-et-Vilaine - Carte régionale n° **9**-B2

LES TOURELLES - CHÂTEAU D'APIGNÉ

CUISINE MODERNE • ROMANTIQUE Restaurant à l'atmosphère romantique niché dans un élégant château néo-Renaissance bâti en 1833 au cœur d'un vaste parc. Dans ses charmants salons on sert une appétissante cuisine d'aujourd'hui valorisant les produits locaux. En été, belle terrasse. Chambres pour prolonger l'expérience.

€€ - *20 route de Chavagne - ✆ 02 99 14 80 66 - www.chateau-apigne.fr - Fermé lundi, du mardi au samedi à midi, et dimanche soir*

RHINAU

✉ 67860 – Bas-Rhin – Carte régionale n° **8**-B2

AU VIEUX COUVENT

Chef : Alexis Albrecht

CUISINE MODERNE • CONTEMPORAIN On repère de loin cette engageante maison couleur terre, ornée de quelques colombages emblématiques du Bas-Rhin, et située près des berges fleuries du Brunnwasser. Dans l'assiette, on profite du travail d'Alexis Albrecht, passé par de grandes tables (au Crocodile, chez les frères Pourcel et chez Jacques Maximin). Sa cuisine généreuse et respectueuse des saisons ne badine pas avec le terroir et les produits locaux. Ainsi, les poissons du Rhin et le gibier du Ried sont ici chez eux... sans oublier les nombreux légumes et autres herbes aromatiques du potager familial qu'il cultive avec son père.

L'engagement du chef : Nous avons 80 ares de potager depuis la création du restaurant. Notre production nous rend autonome dans une grande mesure. Nous travaillons avec des pêcheurs professionnels sur le Rhin, des chasseurs locaux pour le gibier et des fermes locales pour le veau, les volailles, le cochon, les escargots, le lait...

– €€€€ – *6 rue des Chanoines – ✆ 03 88 74 61 15 – www.auvieuxcouvent.fr – Fermé mardi et mercredi, et lundi soir*

RIBEAUVILLÉ

✉ 68150 – Haut-Rhin – Carte régionale n° **8**–C2

AU RELAIS DES MÉNÉTRIERS

CUISINE MODERNE • COSY Le temps est loin où les ménétriers, ces violonistes itinérants, allaient d'auberge en auberge... mais l'hospitalité est toujours la règle en ce relais, comme les bons plats ! Le chef concocte une cuisine dans l'air du temps qui suit les saisons et met en valeur le terroir alsacien.

€€ – *10 avenue du Général-de-Gaulle – ✆ 03 89 73 64 52 – www.restaurant-menetriers.com – Fermé lundi et jeudi, et dimanche soir*

AUBERGE DU PARC CAROLA

CUISINE MODERNE • MAISON DE CAMPAGNE Dans ce joli pavillon situé à quelques pas de la source Carola, la cheffe Michaela Peters continue de régaler les gourmands. Épaulée de son compagnon pâtissier, elle signe une cuisine sincère et inspirée : tortellini à la truffe noire ; pavé de cerf poêlé aux épices, panais rôti et sauce grand veneur ; pommes d'Alsace au caramel beurre salé... Agréable terrasse sous les arbres.

– €€€ – *48 route de Bergheim – ✆ 03 89 86 05 75 – www.auberge-parc-carola.com – Fermé mardi et mercredi, et lundi soir*

LE CAMMISSAR

CUISINE MODERNE • CONTEMPORAIN En voilà un jeune chef qui n'a pas froid aux yeux ! Dans cette bâtisse rouge à colombages du 15e s. restaurée à grand frais, il signe une cuisine moderne pleine de saveurs, en choisissant avec soin de beaux produits : omble chevalier d'Alsace, homard bleu breton, bœuf Simmental, cochon du Ventoux... Service attentionné.

– €€€ – *81 Grand'Rue – ✆ 03 89 86 60 87 – www.cammissar.fr – Fermé mardi et mercredi*

RICHARDMÉNIL

✉ 54630 – Meurthe-et-Moselle – Carte régionale n° **7**-B2

AU BON ACCUEIL

CUISINE MODERNE • SIMPLE Non loin de Nancy, cette maison au charme suranné des années 1960, proche du canal Rhin-Rhône, offre un petit air de campagne. Une affaire familiale depuis trois générations, jadis guinguette, avec une agréable terrasse ombragée pour les beaux jours. Cuisine dans l'air du temps au fil des saisons – pied de cochon, sardine, oignon confit ; crumble abricot, crème vanille – réalisée par le chef patron, que l'on accompagne d'un bon choix de vins.

– **€€** – *1 rue de Laval – ✆ 03 83 25 62 10 – www.aubonaccueil-restaurant.com – Fermé lundi, et mardi, mercredi et dimanche soir*

RICHELIEU

✉ 37120 – Indre-et-Loire – Carte régionale n° **15**-B2

FOSSÉ SAINT ANGE

CUISINE TRADITIONNELLE • BISTRO Johann (en salle) et Collis (en cuisine), régalent leurs convives dans cette institution bien connue du joli village érigé par le Cardinal au 17e s. La façade d'époque en bois verni ouvre sur un intérieur de bistrot à l'atmosphère chaleureuse et conviviale, où bonne humeur et bonne chère sont de bon aloi. Côté cuisine, une proposition simple : un menu-carte qui évolue toute l'année, autour d'une cuisine traditionnelle bien ancrée dans la saison et parfois pimpée de touches exotiques, à l'image de cette raviole de pintade aux influences asiatiques. Les desserts ne sont pas en reste.

– **€€** – *2 rue du Chantier – ✆ 02 47 58 54 97 – Fermé lundi, mardi, mercredi et jeudi à midi , et dimanche soir*

RICHERENCHES

✉ 84600 – Vaucluse – Carte régionale n° **28**-C2

O'RABASSE

CUISINE MODERNE • FAMILIAL Au cœur de la "capitale de la truffe", O'Rabasse célèbre la gourmandise dans le respect de la tradition. Tout est fait maison par le chef, avec l'appui de fournisseurs locaux, et en fonction des saisons. On passe un agréable moment, d'autant que l'accueil est souriant et le service efficace.

A/C – **€€€** – *5 place de la Pompe – ✆ 09 52 97 34 93 – www.orabasse.com – Fermé mardi, mercredi, et lundi et jeudi à midi*

RIEC-SUR-BELON

✉ 29340 – Finistère – Carte régionale n° **1**-B2

L'ATELIER MÉLANIE

CUISINE MODERNE • CONTEMPORAIN Ce restaurant rend hommage à Mélanie Rouat, amie de Curnonsky et cheffe auréolée de deux étoiles en son temps. Son arrière-arrière-petit-fils, le chef Jean-Baptiste Caillarec, et sa compagne pâtissière, Laura Martinon, tous deux passés par des maisons sérieuses, nous reçoivent dans un espace contemporain et lumineux, précédé d'une cour-terrasse appréciée aux beaux jours. Le duo travaille de bons produits avec soin pour composer des assiettes savoureuses : palourdes en chaud-froid, crémeux de persil et dulse ; homard "Mélanie" à la sauce crème ; flan d'avoine déstructuré.

– **€€€** – *20 place de l'Église – ✆ 02 98 09 63 64 – www.lateliermelanie.com – Fermé lundi et dimanche*

RIEDISHEIM

✉ 68400 – Haut-Rhin – Carte régionale n° **8**–A3

MAISON KIENY

CUISINE MODERNE • ÉLÉGANT Non loin de Mulhouse, ce chaleureux relais de poste de 1850 occupe une imposante maison alsacienne au cœur du village. Dans une élégante salle à manger au cadre feutré et cossu, le chef propose une belle cuisine de saison, sagement contemporaine, à l'instar de cet œuf à 64°, petits pois et velouté des cosses, ou de cet agneau cuisiné en deux façons accompagné d'une crème de pois chiche au curry français. Formule bistrot le midi en semaine.

– **€€€** – *7 rue du Général-de-Gaulle – 03 89 44 07 71 – www.restaurant-kieny.fr – Fermé lundi et mardi, et dimanche soir*

RIEZ

✉ 04500 – Alpes-de-Haute-Provence

HÔTEL DES COLONNES

CLASSIQUE • CALME Pour le nez, la profusion de lavande des gorges du Verdon. Pour les yeux, un village typique de la région, enrichi d'un château des Templiers et bâti sur monticule piqué de cyprès. Pour profiter de la source thermale, un ancien hôtel particulier du 17e s. entièrement rénové. On y trouve désormais trois chambres modestes, imprégnées des couleurs de la région, ainsi qu'une table provençale, une piscine extérieure et un petit spa, thématique thermale oblige.

– **3 chambres** – *Rue René Cassin – 04 92 72 29 24*

RIMBACH-PRÈS-GUEBWILLER

✉ 68500 – Haut-Rhin – Carte régionale n° **8**–A3

L'AO - L'AIGLE D'OR

CUISINE RÉGIONALE • CONVIVIAL Dans un plaisant décor contemporain récemment rénové, cette maison familiale célèbre toujours le terroir et la tradition (presskopf à l'alsacienne, cuisses de grenouilles, cordon-bleu de volaille au bargkass...), mais la jeune génération entend la faire entrer dans la modernité avec des recettes et dressages plus actuels. Saveurs et gourmandise sont au rendez-vous ! Accueil prévenant, et chambres bien tenues pour prolonger l'étape.

– **€€** – *5 rue Principale – 03 89 76 89 90 – www.hotelaigledor.com – Fermé lundi*

RION-DES-LANDES

✉ 40370 – Landes – Carte régionale n° **25**–B1

MAISON DEVAUX

CUISINE MODERNE • MAISON DE CAMPAGNE Cette maison Devaux, une bâtisse landaise traditionnelle à colombages, est celle de... Mathis Devaux, un enfant de la balle, fils, petit-fils et neveu de cuisiniers. Dans un décor entre tomettes et poutres apparentes, il mitonne une cuisine de bistrot moderne avec des produits locaux (comme ce cochon noir de Gascogne) dans une vaisselle et sur des tables dessinées et fabriquées par des artisans locaux. Des exemples ? Lotte pochée, poireaux fondants à l'aïoli et zestes de citron noir, ou encore cette génoise au chocolat et fleur de sel, crème mascarpone vanille et gelée de cerise...

– **€€** – *70 rue du Commerce – 05 58 72 46 79 – www.maisondevaux.com – Fermé lundi et mardi, et dimanche soir*

RIQUEWIHR

✉ 68340 - Haut-Rhin - Carte régionale n° **8**-C2

LA TABLE DU GOURMET

Chef : Jean-Luc Brendel

CUISINE CRÉATIVE • CONTEMPORAIN À Riquewihr, Jean-Luc Brendel a construit tout un écosystème : en plus de son restaurant gastronomique, il supervise une winstub moderne, de belles chambres d'hôtes, et surtout le superbe jardin de Kobelsberg, qui lui assure une quasi auto-suffisance. Dans sa maison du 16e s. au cœur de la cité, le chef travaille les plus beaux produits de la saison avec finesse, créativité et une certaine poésie. Ses menus mettent en valeur les délices d'Alsace et de son jardin en permaculture, à l'image de ce "feuille à feuille sur sève de laitue et brochet" ou ce remarquable "navet à collet rose et jus complexe". Le vignoble est mis à l'honneur dans deux livres de cave, dont l'un est entièrement dédié aux crus d'Alsace, judicieusement classés en fonction des sols et expliqués avec une précision redoutable par la sommelière Anne Humbrecht.

L'engagement du chef : A 500 m du restaurant, nous avons créé un jardin en permaculture avec plus de 350 variétés d'herbes, plantes, légumes et fruits, dont de véritables raretés. Une serre garantit une production de mi-février à fin décembre. Compostage et tri sélectif font partie de notre quotidien, un poulailler assure une partie de nos œufs et nos ruches produisent notre miel.

*AC - **€€€€** - 5 rue de la 1ère-Armée - ✆ 03 89 49 09 09 - www.jlbrendel.com - Fermé mardi, mercredi et jeudi midi*

AOR LA TABLE, LE GOÛT ET NOUS

CUISINE CRÉATIVE • CONTEMPORAIN Un ovni dans le monde de la gastronomie alsacienne... Cuisinier voyageur, Serge Burckel est aussi un chef poète et rocker – on place des vinyles en guise de sous-assiette ! Il travaille en famille dans un cadre bohème, avec un menu surprise et une ambiance cool.

*♿ P - **€€€** - 2 rue de la Piscine - ✆ 03 69 34 14 59 - www.table-aor.fr - Fermé lundi, mardi et du mercredi au samedi à midi*

LA GRAPPE D'OR

CUISINE TRADITIONNELLE • RUSTIQUE Cette maison de 1554, joliment fleurie, vous invite à pousser sa porte. À l'intérieur, la décoration typique a tout le charme d'autrefois. Viennent ensuite les délices du terroir : choucroute, baeckeoffe, jambonneau, paupiettes de truite... auxquelles viennent s'ajouter quelques préparations plus actuelles.

*AC - **€€** - 1 rue des Écuries-Seigneuriales - ✆ 03 89 47 89 52 - www.restaurant-grappedor.com - Fermé mercredi, et jeudi et vendredi à midi*

RIVES-EN-SEINE

✉ 76490 - Seine-Maritime - Carte régionale n° **3**-A2

G.A. AU MANOIR DE RÉTIVAL

Chef : David Goerne

CUISINE MODERNE • COSY Dans ce manoir perché au-dessus de la Seine, officie David Goerne, un chef allemand fou de gastronomie française. Adepte de la simplicité, il reçoit à sa "table d'hôte" dans sa cuisine vintage. Aux murs, les cuivres rutilent. Aux beaux jours, on pourra aussi s'attabler dehors sur la terrasse panoramique, surplombant la Seine et dominant le pont de Brotonne. Le chef aime improviser devant ses convives : subtil et créatif, notamment dans l'usage des herbes, des poivres et autres assaisonnements, il va droit à l'essentiel. Rehaussée par une brassée d'herbes et de fleurs et d'une émulsion au citron, sa divine poêlée de légumes frais du jardin sur un jaune d'œuf mariné à la sauce soja fleure bon le miracle printanier. S'il est fou de végétal, David Goerne n'est pas moins à l'aise avec le homard, le foie gras ou encore le pigeonneau, au gré d'une inspiration sans cesse renouvelée.

L'engagement du chef : Nous sommes convaincus que chacun à son rôle à jouer dans la préservation de la Nature et de ses ressources et que chaque action compte. Nous avons ainsi banni le plastique de notre cuisine, compostons nos déchets et les menus que nous élaborons au quotidien mettent en saveurs les produits des champs situés à proximité du restaurant.

P - €€€€ - *2 rue Saint-Clair - 06 50 23 43 63 - www.restaurant-ga.fr - Fermé du lundi au mercredi et dimanche soir*

SKÁLI

CUISINE MODERNE • CONTEMPORAIN Skáli, plus qu'un nom, un gage de convivialité normande ! Ce terme issu de la culture viking désignait la maison du chef, où avaient lieu les banquets. C'est dans une ambiance cosy dominée par le bois et les tons verts que l'on fait aujourd'hui ripaille, grâce à deux passionnés du terroir normand. Reposant sur un sourcing pointu (truite et escargots de Saint-Wandrille, maraîchers locaux...), les assiettes font mouche avec leurs saveurs franches, à l'image de cette déclinaison de champignons agrémentée d'un crumble au sarrasin et d'une vinaigrette à l'ail. Terrasse agréable.

A/C - €€ - *2 place de l'Église - 06 69 51 75 99 - www.skalirestaurant.fr - Fermé lundi et mardi, mercredi et dimanche soir*

RIVESALTES

66600 – Pyrénées-Orientales – Carte régionale n° **27**–C3

LA TABLE D'AIMÉ

CUISINE MODERNE • CONVIVIAL Dans cette adresse bucolique, installée dans les locaux d'une maison viticole, on se régale d'une cuisine du marché inspirée, privilégiant les produits bio, à arroser d'un des beaux vins du domaine – idéal pour une petite dégustation avant achat à la cave ! Aux beaux jours, la terrasse ouverte sur les chais invite à prolonger l'instant de gourmandise.

A/C P - €€ - *4 rue Francisco-Ferrer - 04 68 34 35 77 - www.latabledaime.com - Fermé lundi et dimanche*

RIXHEIM

68170 – Haut-Rhin – Carte régionale n° **8**–A3

LE 7ÈME CONTINENT

Chef : Laurent Haller

CUISINE MODERNE • CONTEMPORAIN Un véritable continent gastronomique, à l'image de la décoration du restaurant (extérieure et intérieure) signée du peintre et décorateur François Zenner, naturaliste amateur passionné par le végétal. Autre passionné, marqué par son passage chez Bernard Loiseau, le chef Laurent Haller ne manque jamais d'idées pour partager son amour de la bonne chère. Il aime revisiter les grands classiques de la cuisine française et pratique les mariages terre et mer... Sa carte, une véritable ode au marché et aux produits en bonne partie locaux (veau de Rixheim, pois cassés de Petit-Landau...), est renouvelée tous les mois.

A/C P - €€€€ - *35 avenue du Général-de-Gaulle - 03 89 64 24 85 - www.le7emecontinent.com - Fermé lundi et dimanche*

ROANNE

✉ 42300 - Loire - Carte régionale n° **20**-C1

LE CENTRAL

CUISINE MODERNE • BRASSERIE L'adresse bis gourmande de la famille Troisgros. Michel et Marie-Pierre ont imaginé ce "bistrot-épicerie" dans un hôtel des années 1920. Ambiance de brasserie à l'ancienne, aussi délicieuse que désuète. On se délecte d'un court menu "au jour le jour", assorti de quelques suggestions à la carte puisant dans le registre traditionnel, souvent revisitées de touches plus créatives, à l'image de cette belle profiterole accompagnée d'une glace à la moutarde. L'affaire ne désemplit pas : un succès amplement mérité

♿ A/C - **€€** - *58 cours de la République - ✆ 04 77 67 72 72 - www.troisgros.com - Fermé lundi et dimanche, et jeudi soir*

MAISON BOUQUET

CUISINE MODERNE • CHIC Cet hôtel particulier 1900 bénéficie d'un plaisant cadre cosy avec ambiance tamisée. Le chef y déploie une partition moderne et épurée, où cuissons et techniques sont impeccables. Une cuisine sans fioriture inutile, qui ne manque cependant pas d'équilibre ni de gourmandise. Le service est soigné et bienveillant.

♿ A/C - **€€€** - *17 place du Marché - ✆ 04 77 69 07 26 - www.maisonbouquet.fr - Fermé lundi et dimanche*

LA ROCHE-BERNARD

✉ 56130 - Morbihan - Carte régionale n° **1**-D3

AUBERGE DES DEUX MAGOTS

CUISINE MODERNE • CONTEMPORAIN Tout le charme d'une vieille demeure bretonne située sur une place au cœur d'une jolie petite cité de caractère, avec un intérieur moderne et coloré dans un esprit bistrot contemporain. Raffinée et créative, la cuisine valorise les produits régionaux de saison, sélectionnés et préparés avec soin. Le midi, appétissant menu du marché au rapport qualité-prix remarquable. Le lieu jaune de ligne et son risotto breton sont à vous faire fondre ! Cerise sur le gâteau, le chef fait le pain lui-même.

♿ - **€€** - *1 place du Bouffay - ✆ 02 99 90 60 75 - www.aubergedesdeuxmagots.fr - Fermé lundi et dimanche soir*

L'AUBERGE BRETONNE

CUISINE MODERNE • CLASSIQUE Au cœur de la cité de caractère de La Roche-Bernard, la maison de granit abrite la table de Benoît Gauchet, formé auprès de Jacques Thorel, Olivier Roellinger et Jean-François Piège. Une cuisine moderne qui met en avant le terroir et les circuits courts des marchés voisins, avec une belle place donnée aux poissons et fruits de mer. Élégante salle ouverte sur un jardin d'herbes aromatiques. Quelques chambres permettent de prolonger l'escale gourmande.

€€ - *2 place Duguesclin - ✆ 02 99 90 60 28 - www.auberge-bretonne.com - Fermé lundi, dimanche, et mardi et mercredi à midi*

LA ROCHE-SUR-YON

✉ 85000 – Vendée – Carte régionale n° **14**–B2

LES REFLETS

Chef : Nathan Cretney

CUISINE MODERNE • COSY À deux pas de l'église Saint-André d'Ornay, Nathan Cretney, chef originaire du Pays de Galles, et sa compagne Solen Pineau tiennent cette jolie maison au charme discret. Teintes douces et pierre apparente composent un décor actuel et chaleureux, idéal pour une salle intimiste où l'on se sent choyé. En cuisine, les produits régionaux et les producteurs locaux sont mis à l'honneur dans un menu unique, à la fois créatif et raffiné, imaginé selon le marché. Pour une immersion totale, on s'installe à la table du chef, au plus près des fourneaux.

♿ – **€€€** – *227 rue Roger-Salengro – ✆ 09 83 25 83 71 – www.restaurantlesreflets.fr – Fermé lundi, mardi, du mercredi au samedi à midi, et dimanche soir*

ROCHECHOUART

✉ 87600 – Haute-Vienne – Carte régionale n° **19**–B2

LA TABLE DE FLORENT N

CUISINE MODERNE • CONTEMPORAIN Dans une ancienne grange pleine de charme, Florent Linard signe un lieu à son image. La cuisine ouverte sous la charpente donne le ton d'une maison qu'il incarne totalement, passant des fourneaux aux tables pour accueillir et prendre les commandes. Il propose une cuisine directe et franche du collier, centrée sur le produit et les saveurs : langue de bœuf croustillante relevée de poutargue, foie gras poêlé ; truite de Dordogne à l'unilatérale, rillettes et beurre blanc aux escargots.

♿ AC P – **€€** – *3 rue Joliot-Curie – ✆ 05 44 24 58 87 – www.latabledeflorent.com – Fermé dimanche soir, lundi et mardi*

ROCHECORBON

✉ 37210 – Indre-et-Loire – Carte régionale n° **15**–B1

LES HAUTES ROCHES

CUISINE CLASSIQUE • ÉLÉGANT Grâce à des travaux de rénovation, ce beau manoir du 18e s. qui fait corps avec la falaise de tuffeau creusée de belles chambres troglodytiques, a retrouvé son âme noble et classique. Le chef livre une cuisine qui privilégie les produits nobles (langoustine, foie gras, homard, ris de veau), travaillés avec soin et maîtrise technique. Autre incontournable, la terrasse au-dessus du fleuve.

P – **€€€** – *86 quai de la Loire – ✆ 02 47 52 88 88 – www.leshautesroches.com – Fermé lundi, mardi, et mercredi et jeudi à midi*

HOTEL LES HAUTES ROCHES

BOURGEOIS • ROMANTIQUE Installé dans un ancien monastère en partie troglodytique, face à la Loire, cet hôtel creusé dans le tuffeau a du caractère ! Seules les fenêtres percées dans la falaise indiquent la présence de chambres. Une adresse insolite pour un séjour inédit.

P – **14 chambres** – *86 quai de la Loire*

Les Hautes Roches - Voir la sélection des restaurants

ROCHEFORT

✉ 17300 - Charente-Maritime

MERCURE LA CORDERIE ROYALE

MODERNE • COSY Sur les berges de la Charente, la fameuse Corderie Royale de Rochefort accueille cet hôtel superbe, rénové avec soin : vaste réception décorée de fresques coloniales, chambres cosy et élégantes, au grand calme, sans oublier le restaurant et sa verrière Eiffel... Une délicieuse plongée dans l'histoire.

- 51 chambres - *Rue Audebert - ✆ 05 46 99 35 35*

ROCHEFORT-EN-TERRE

✉ 56220 - Morbihan - Carte régionale n° **1**-D3

MAISON CACHÉE

CUISINE MODERNE • COSY Au cœur de Rochefort-en-Terre, village au charme médiéval, cette bâtisse de 1478 à pans de bois et visages sculptés raconte l'Histoire. Autrefois auberge, puis crêperie, elle abrite aujourd'hui une table chaleureuse où Alban Chartron et Sarah Alba insufflent leur savoir-faire acquis dans de prestigieuses maisons étoilées (Ducasse, Pic, Crillon) dans une carte qu'ils qualifient de champêtre. Leur cuisine est généreuse, bien ficelée, souvent relevée par des poivres et épices savamment dosés. Sur la table, des plats aux accents authentiques : carré de cochon juteux, betterave et thon fondants, ou encore crème de riz au lait garnie de graines torréfiées. Une bistronomie à prix doux à déguster dans une déco originale et panachée.

- €€ - *9 rue Haute-Candre - ✆ 02 97 61 04 71 - Fermé du lundi au mercredi*

L'ANCOLIE

CUISINE MODERNE • COSY Vieilles pierres, maisons historiques à pans de bois, situation pittoresque sur une crête rocheuse : le village de Rochefort-en-Terre ne manque pas de charme, tout comme cette belle adresse nichée dans une bâtisse du 16e s. à la décoration chic et romantique. Dans l'assiette, le chef Kevin Hardy (Hélène Darroze à Londres, Le Taillevent) propose une jolie cuisine gourmande, avec ses recettes carrées, parfois rehaussées d'une touche créative, mettant toujours les produits bretons à l'honneur.

♿ **- €€** - *12 rue Saint-Michel - ✆ 02 97 43 33 09 - www.lancolie.restaurant - Fermé lundi et mardi, et dimanche soir*

LA ROCHELLE

✉ 17000 - Charente-Maritime - Carte régionale n° **18**-A1

✿✿✿ CHRISTOPHER COUTANCEAU

Chef : Christopher Coutanceau

POISSONS ET FRUITS DE MER • ÉLÉGANT Sur la plage de la Concurrence, la devanture du restaurant annonce la couleur : "Christopher Coutanceau, cuisinier et pêcheur". Tout est dit ! La pêche, une passion de famille depuis toujours... Christopher va plus loin en militant pour la pêche durable et contre le gaspillage. Sa cuisine sincère et lisible est le prolongement de cet engagement : un bouquet de senteurs marines, une ode régénératrice à l'Océan. Les plus beaux produits de la mer comme le turbot, la sole, les oursins, sont travaillés avec tendresse et imagination, au même titre que la lisette ou la sardine, que le chef parvient à sublimer avec la même dévotion et la même maîtrise. Les chanceux qui pourront déguster le pithiviers de Saint-Jacques (seulement en saison bien sûr !) en garderont un souvenir inoubliable. Quant aux créations sucrées de Benoît Godillon, elles atteignent la synthèse parfaite entre légèreté et gourmandise. Service précis et élégant sous la direction de Nicolas Brossard. Une maison qui vaut le voyage.

✿ **L'engagement du chef** : Avec la conviction que le cuisinier est avant tout citoyen, notre démarche s'inscrit au-delà du restaurant, auprès de différentes associations de préservation des ressources marines. Seuls les poissons issus d'une pêche artisanale, responsable et locale figurent sur notre carte. Nous travaillons main dans la main avec notre producteur de légumes à La Rochelle et pour éviter le gaspillage, nous nous efforçons d'utiliser les produits dans leur intégralité et nous valorisons les déchets.

PLAN : A2-1 - ✿ < ♿ A/C P - **€€€€** - *Plage de la Concurrence - ✆ 05 46 41 48 19 - www.christophercoutanceau.com - Fermé lundi, dimanche, et mardi et mercredi à midi*

ANNETTE

CUISINE MODERNE • BISTRO Elle est rhétaise, il est anglais de Bristol ; ils se sont rencontrés dans un restaurant d'Amsterdam avant d'ouvrir ce bistrot rochelais moderne - mobilier en bois blond, cuisine vitrée au fond, pan de mur en zellige, et petite terrasse donnant sur une rue piétonne. Voilà pour le cadre. Dans l'assiette, une cuisine française tout en fraîcheur et en goût ! Le chef a de la technique et du talent, comme l'atteste ce pavé de merlu aux choux-fleurs caramélisés, noisettes et citron. Quant à elle, la compagne du chef régale avec des desserts rendant hommage à sa grand-mère Annette.

PLAN : B2-7 - ♿ - **€€** - *14 rue Bletterie - ✆ 06 82 24 86 77 - www.bistrot-annette.fr - Fermé lundi et dimanche*

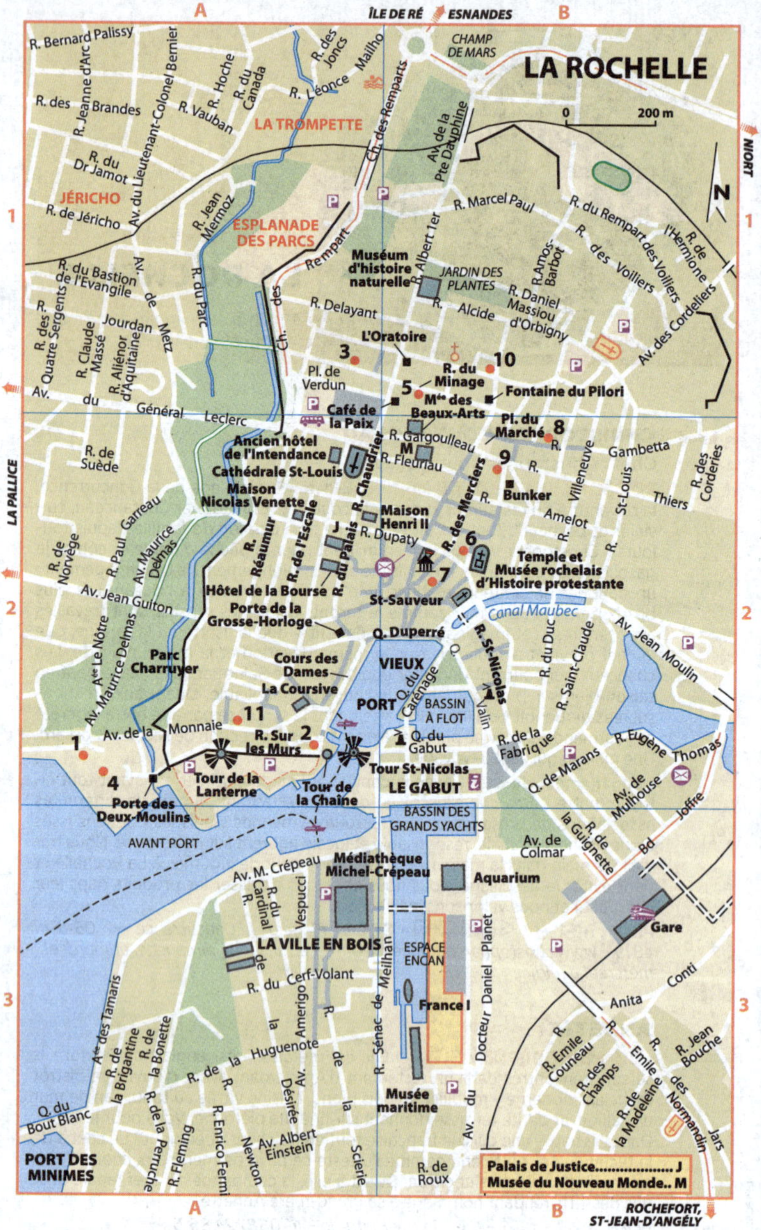

LA ROCHELLE
ÎLE DE RÉ
ESNANDES
NIORT
LA PALLICE
ROCHEFORT, ST-JEAN-D'ANGÉLY
CHAMP DE MARS
LA TROMPETTE
JÉRICHO
ESPLANADE DES PARCS
Muséum d'histoire naturelle
JARDIN DES PLANTES
L'Oratoire
Café de la Paix
Fontaine du Pilori
Ancien hôtel de l'Intendance
Cathédrale St-Louis
Maison Nicolas Venette
Maison Henri II
Hôtel de la Bourse
Porte de la Grosse-Horloge
St-Sauveur
Temple et Musée rochelais d'Histoire protestante
Canal Maubec
Parc Charruyer
Cours des Dames
La Coursive
VIEUX PORT
BASSIN À FLOT
Tour de la Lanterne
Tour de la Chaîne
Tour St-Nicolas
LE GABUT
Porte des Deux-Moulins
AVANT PORT
BASSIN DES GRANDS YACHTS
Médiathèque Michel-Crépeau
Aquarium
Gare
LA VILLE EN BOIS
ESPACE ENCAN
France I
Musée maritime
PORT DES MINIMES
Bunker
Pl. du Marché
Palais de Justice.................... J
Musée du Nouveau Monde.. M

ARCO (N)

CUISINE MODERNE • ÉLÉGANT Sous les arcades de la rue du Minage, la façade vitrée de ce restaurant prolonge l'hôtel Maison des Ambassadeurs, mais avec une entrée indépendante. L'intérieur feutré allie pierres apparentes, moquette bleu nuit, fauteuils gris et bleu paon, et banquettes en velours. Atout de charme : une terrasse s'étend dans le patio à l'arrière. La carte propose deux formules : un menu attractif le midi, et des propositions plus travaillées le soir. Cette cuisine iodée et végétale ne recule pas devant des associations originales : asperge verte à la réglisse et mélisse, bar de ligne aux olives et anchois, endive aux coquillages, pommes au safran et thym citron. La petite carte des vins, ouverte à toutes les influences venues du large, autorise des accords dépaysants.

PLAN : B1-5 - **€€€** - *43 rue du Minage - ✆ 05 46 28 06 06 - www.restaurantarco.com - Fermé lundi et dimanche*

L'ASTROLABE

CUISINE FUSION • TENDANCE En forme d'assiette, l'astrolabe sert à déterminer les longitudes et les latitudes : voici donc une table qui invite à voyager d'un pays à l'autre (de la Finlande au Guatemala), d'une cuisine voyageuse à une autre, où chaque plat est inspiré d'une tradition culinaire différente – le mohinga de merlan de ligne est un bel exemple de cette fusion réussie. Un voyage immobile à savourer dans un lieu plaisant et très lumineux, dans une ambiance conviviale de bistrot chic.

PLAN : B2-8 - **€€** - *35 rue Gambetta - ✆ 05 46 41 52 55 - www.restaurant-lastrolabe.com*

LE BOUILLON

CUISINE MODERNE • ÉLÉGANT Jemmy Brouet, passé par Le Jules Verne, a ouvert ce bistrot chic aux briques rouges et couleurs ensoleillées, écrin d'un menu du marché goûteux, avec options végétariennes. Le soir, le chef propose des menus surprise dont le nombre de plats varie en selon l'appétit et le budget des convives. Un peu excentré, mais facile d'accès. Terrasse au calme.

HORS PLAN - **€€** - *15 rue du Docteur-Bigois - ✆ 05 46 42 05 29 - Fermé dimanche et lundi*

LES FLOTS

POISSONS ET FRUITS DE MER • COSY Cet ancien estaminet du 18e s. offre un emplacement idéal sur le port de La Rochelle, avec sa délicieuse terrasse au pied de la Tour de la Chaîne. On y sert une cuisine raffinée où les saveurs de l'océan sont à l'honneur, en témoigne le « civet gourmand de homard aux légumes de saison juste glacés, champignons en ravioli aux œufs de homard, jus des sucs de homard et effluves de gingembre », plat signature du chef Grégory Coutanceau.

PLAN : A2-2 - **€€€** - *1 rue de la Chaîne - ✆ 05 46 41 32 51 - www.les-flots.com*

HOST (N)

CUISINE MODERNE • CONTEMPORAIN À deux pas du marché, Alice Roger et son compagnon ont posé leurs couteaux dans une adresse sobre et contemporaine, inspirée de leur rencontre au Royaume-Uni. L'accueil, simple et chaleureux, reflète l'esprit de la maison : aller droit à l'essentiel. La cheffe déploie une partition aux saveurs bien campées, avec des formules déjeuner inspirées du marché et un menu dégustation plus ambitieux composé de produits nobles.

Des assiettes comme le thon rouge, escorté de betterave et d'oseille, et ce dessert en camaïeu de couleurs et de saveurs — café, fève tonka, noisette et chocolat du Pérou — témoignent en sa faveur !

PLAN : B2-9 – A/C – **€€** – *33 rue des Dames* – *05 46 29 97 28* – *www.host-restaurant.fr* – *Fermé lundi et dimanche*

IMPRESSIONS

CUISINE MODERNE • CONTEMPORAIN Au centre de La Rochelle, ce petit restaurant conçu comme un atelier moderne par le chef David Etcheverry propose des assiettes épurées, et d'une gourmandise implacable : araignée de casier au raifort et bouillon de tomate, barbue au soja et chou pak-choï... On se régale.

PLAN : B2-6 – A/C – **€€€** – *7 rue Saint-Michel* – *05 46 09 03 98* – *www.restaurant-impressions.fr* – *Fermé lundi, dimanche et jeudi midi*

MARAH N

CUISINE MODERNE • BISTRO Issu de l'hébreu signifiant « amer », mais évoquant aussi le verbe aimer et le prénom Marie — celui des grands-mères de Louis Robergeau et Léa Viano —, ce nom résonne comme une déclaration. Dans leur bistrot intimiste du vieux quartier de Cougnes, le duo accueille ses hôtes en amis, alternant les rôles entre cuisine et salle. Leur réseau de producteurs locaux fait merveille : poissons et crustacés des criées voisines, canard de Vendée, produits laitiers de Surgères. Des formules simples au déjeuner et plus ambitieuses le soir mettent en valeur le meilleur de chaque saison, avec un rapport plaisir-prix qui force l'adhésion.

PLAN : B1-10 – ♿ A/C – **€€** – *13 rue du Cordouan* – *05 79 97 94 79* – *Fermé mardi, mercredi et jeudi midi*

NOUCHE N

CUISINE MODERNE • BISTRO Après une formation solide et des passages chez les maraîchers, la cheffe Chloé Clamens a ouvert ce bistrot niché dans un rue animée du port. On s'y sent immédiatement bien accueilli par une équipe attentive et chaleureuse. Le décor joue l'authenticité : pierres apparentes et bois clair au rez-de-chaussée, belle cave voûtée en pierre de taille au sous-sol, et quelques tables en terrasse. Côté assiette, la carte concise refuse les fioritures comme les intitulés alambiqués pour mieux mettre en lumière la qualité des produits, travaillés avec justesse et simplicité. On retrouve ainsi un pâté Grand-Mère ou encore un onglet de veau aux morilles accompagné de fregola sarda.

PLAN : A2-11 – A/C – **€€** – *46 rue Saint-Jean-du-Pérot* – *05 46 51 05 37* – *www.nouche.restaurant* – *Fermé lundi, dimanche et mardi midi*

OPALINE

CUISINE CRÉATIVE • CONTEMPORAIN Dans ce petit restaurant moderne et pimpant situé du côté du théâtre la Comédie, la cuisine est tricotée à quatre mains par un jeune couple passionné qui s'est rencontré chez Alexandre Mazzia. La marque de fabrique du duo ? Une cuisine créative et colorée qui propose pour chaque plat trois variations dans un esprit satellite comme sur ce merlu, petits pois et chou, accompagné, sur le côté, de lentilles nappées d'une émulsion de haddock et aussi d'un blini aux algues et tarama maison. Formule de style bistronomique le midi, menus uniques gastronomiques en plusieurs séquences le soir, qui changent tous les quatre mois environ.

PLAN : A1-3 – **€€€** – *20 rue Rambaud* – *06 21 12 39 44* – *www.restaurantopaline.com* – *Fermé lundi, dimanche et jeudi midi*

LA YOLE DE CHRIS

POISSONS ET FRUITS DE MER • TENDANCE Cette pétillante adresse de Christopher Coutanceau offre deux plaisirs incomparables, celui des yeux et celui des papilles. Un long comptoir en forme de yole (embarcation légère, longue et étroite), abrite la cuisine ouverte où s'active la brigade. Ici, la carte fait la part belle aux produits de la mer (huîtres, coquillages et crustacés) et à la pêche du jour... à déguster sur la terrasse face à la mer, aux beaux jours. Réservation recommandée pour embarquer !

PLAN : A2-4 – **€€€** – *Plage de la Concurrence – 05 46 41 41 88 – www.christophercoutanceau.com/fr/la-yole-de-chris.html*

MAISON DES AMBASSADEURS

ÉLÉGANT • MARITIME À quelques pas du vieux marché couvert et du port, cet hôtel haut de gamme fut l'élégante demeure d'un diplomate rochelais qui recevait fastueusement dans ses salons 18e s. Une atmosphère mondaine qui résonne encore aujourd'hui dans le bar animé à l'imposante cheminée. Têtes de lit en cuir, lampes vintage, parquets et bureaux anciens, les lieux cultivent un style maritime. Piscine abritée dans une des deux cours intérieures ; prêt de vélos électriques pour parcourir les marais salants.

– **58 chambres** – *43 rue du Minage*

Arco - Voir la sélection des restaurants

LA MONNAIE

CLASSIQUE • ROMANTIQUE Près de la tour de la Lanterne, un hôtel particulier du 17e s., où l'on frappait jadis la monnaie, d'où son nom. Il arbore aujourd'hui un décor contemporain : beaucoup de noir et blanc, des douches à l'italienne, un espace bien-être, une cour intérieure où l'on prend le petit-déjeuner l'été...

– **36 chambres** – *3 rue de la Monnaie – 05 46 50 65 65*

LE SAINT NICOLAS

SCANDINAVE • LUMINEUX Non loin du Vieux-Port, dans une rue calme, une modeste porte voûtée s'ouvre sur le Saint-Nicolas. Derrière sa façade sans prétention se cache un hôtel moderne et minimaliste à l'ambiance scandinave, baigné de lumière naturelle. La façade arrière vitrée ensoleille un bel espace lounge. Équipé d'un élégant poêle à bois et de confortables banquettes, le salon donne sur la cour intérieure verdoyante. À l'étage, les chambres, parées de tons neutres, accentuent l'atmosphère reposante. Un appétissant buffet de petit-déjeuner, un petit bar, quelques tables dressées sur la placette complètent les attraits du lieu.

– **86 chambres** – *13 rue Sardinerie*

VILLA GRAND VOILE CHRISTOPHER COUTANCEAU

MODERNE • CHALEUREUX C'est un armateur du 18e s. qui fit bâtir cet hôtel particulier sur le vieux port de La Rochelle. Aujourd'hui, ses chambres et suites combinent des influences Art déco et maritimes avec un regard contemporain aiguisé et un luxe subtil. L'attention aux détails, le service personnalisé et professionnel, l'atmosphère chaleureuse : tout concourt à un séjour parfait... sans compter la plage, à quelques rues de là !

– **11 chambres** – *12 rue de la Cloche – 05 46 44 81 14*

RODEZ

✉ 12000 – Aveyron – Carte régionale n° **23**-C2

RESTAURANT HERVÉ BUSSET

Chef : Hervé Busset

CUISINE MODERNE • CONTEMPORAIN De Conques à Rodez où il est devenu citadin en reprenant le restaurant d'Émilie et Thomas Roussey, le chef Hervé Busset continue de se présenter comme un cuisinier cueilleur. Cette provende qu'il glane dans les champs et les forêts alentour est complétée par des achats sur le marché en face de sa nouvelle adresse. La cuisine créative d'Hervé est rythmée par la nature : consoude, tagète, épiaire des bois, reine-des-prés et fleurs de capucines assaisonnent les assiettes avec harmonie et finesse tout au long d'un menu surprise. Entièrement rénové, le cadre feutré et chaleureux veille sur l'intimité des convives. Le sommelier est d'excellent conseil.

- **€€€** - *24 place du Bourg - ✆ 05 65 68 95 00 - www.restaurant-herve-busset.fr - Fermé lundi, mardi et mercredi midi*

CAFÉ BRAS

CUISINE MODERNE • DESIGN Le café Bras, installé au cœur du musée Soulages, rend un bel hommage aux produits aveyronnais. Deux expériences à vivre ici (côté Comptoir pique-nique à emporter ou au restaurant). L'équipe de cuisine offre une prestation ciselée, aromatique, légère mais généreuse, colorée et parfumée, à l'image de ce tartare de thon mariné au calamansi et cucurbitacées à la grecque ou de cette poitrine de canette rôtie, jus court acidulé, pomme de terre nouvelle, chou pointu et courgette tigrées sur sauce vierge. On apprécie l'attention portée aux saveurs, comme à l'accueil et à l'espace. Un succès mérité qui ne se dément pas.

- **€€** - *Jardin du Foirail - ✆ 05 65 68 06 70 - www.cafebras.fr - Fermé lundi, mardi, et le soir sauf samedi*

OPÉRA

CUISINE MODERNE • CONTEMPORAIN Après avoir fréquenté des restaurants 3 étoiles en Italie, et plus localement la famille Bras, le chef italien Vasco Baldisserotto a pris ses quartiers dans ce restaurant chic et sobre situé à l'écart du centre-ville. Il y signe une cuisine d'obédience française où pointent néanmoins des influences transalpines et plus précisément vénitiennes, en hommage à sa région d'origine. Familier des grands produits, il choisit les meilleurs, au terme d'un sourcing local exigeant. Jarret de bœuf aveyronnais braisé, sauce carbonara ; raviolis farcis de chocolat et noisette, sorbet orange... Les menus changent au gré des saisons et de ses fournisseurs, qu'il ne manque jamais de valoriser. Ajoutons à cela un accueil charmant et professionnel : cet opéra mérite bien qu'on chante ses louanges !

- **€€** - *1 rue d'Athènes - ✆ 05 65 68 40 07 - www.opera-rodez.fr - Fermé lundi et mardi, et dimanche soir*

ROGNES

✉ 13840 - Bouches-du-Rhône - Carte régionale n° **28**-D3

LE PRÉAU

CUISINE MODERNE • BISTRO Dans son village natal, Antonin Wishart tricote une cuisine jubilatoire avec les produits ultra-frais du marché et du potager familial. Changé quotidiennement, son menu fait saliver ; ce fils de viticulteurs a également concocté une jolie carte des vins. En résumé : un bistro branché urbain, au service décontracté et efficace, et situé en pleine campagne ! Le charme opère à bloc.

- **€€** - *1 cours Saint-Étienne - ✆ 09 83 94 02 77 - Fermé lundi, mardi, mercredi midi et dimanche soir*

ROHAN

✉ 56580 - Morbihan - Carte régionale n° **1**-C2

L'EAU D'OUST

CUISINE TRADITIONNELLE • RÉGIONAL Dans cette ancienne ferme située près de la rivière de l'Oust, la salle à manger sagement contemporaine, égayée de poutres apparentes, est une belle invite à s'attabler. Le chef propose une cuisine d'inspiration traditionnelle, mâtinée de quelques touches plus actuelles, réalisée à partir de produits frais de saison. Plaisante terrasse et service souriant.

- **€€** - *6 rue du Lac - ✆ 02 97 38 91 86 - www.leaudoust.fr - Fermé mercredi, et lundi, mardi et dimanche soir*

ROLLEBOISE

✉ 78270 - Yvelines - Carte régionale n° **11**-A1

✿ LE PANORAMIQUE - DOMAINE DE LA CORNICHE

CUISINE MODERNE • ÉLÉGANT Cet hôtel de charme perché sur une falaise de craie a été construit en 1908 par le roi belge Léopold II dans le but d'y accueillir son amour Blanche de Vaughan. Désormais, il accueille les amoureux de la bonne chère. Ici, place aux produits de proximité, dans une démarche locavore aboutie : Saint-Jacques de la baie de Seine, agneau fermier des fermes des environs, petits fruits et légumes de producteurs locaux. Il en résulte une cuisine pleine de fraîcheur, où les recettes débordent de goût et de saveurs marquées. Et aux beaux jours, on dîne en terrasse, face aux méandres de la Seine. De l'autre côté de la rue, le bistrot Le 20 du Domaine propose une cuisine plus simple pour une (autre) pause gourmande.

- **€€€** - *5 route de la Corniche - ✆ 01 30 93 20 00 - www.domainedelacorniche.com - Fermé lundi, mardi et dimanche*

ROMANS-SUR-ISÈRE

✉ 26100 - Drôme - Carte régionale n° **24**-B1

L'INSTANT

CUISINE MODERNE • ÉLÉGANT Excentrée dans un quartier résidentiel proche de la gare, cette belle maison bourgeoise - datant des années 1930 - vous accueille dans un joli décor contemporain ; on vous sert une délicieuse cuisine du marché, réalisée à partir de bons produits frais. Des assiettes qui s'avalent... en un Instant !

- **€€** - *10 rue de Delay - ✆ 04 75 45 40 72 - www.restaurant-instant.com - Fermé lundi, mardi et dimanche, et mercredi et jeudi soir*

ROMORANTIN-LANTHENAY

✉ 41200 - Loir-et-Cher - Carte régionale n° **10**-D3

✿ GRAND HÔTEL DU LION D'OR

Chef : Didier Clément

CUISINE MODERNE • ÉLÉGANT Magnifier l'univers poétique de la Sologne ? C'est le pari réussi de Marie-Christine et Didier Clément dans cette institution régionale historique, rénovée avec faste. En effet, le décor en carton-pierre - une technique du 18e s. - évoque la nature solognote, à laquelle le chef voue une véritable passion. Dans l'assiette, l'interprétation gourmande de ce terroir est mise en valeur grâce à un travail de recherche poussé sur les herbes et épices oubliées : graine de paradis, rocambole, angélique, thym de bergère... Une cuisine sans afféterie, dans une veine classique, avec en particulier de succulents jus et sauces. Sans oublier une superbe carte des vins, où les plus belles maisons vigneronnes de la Loire sont représentées.

- €€€€ - 69 rue Georges-Clemenceau - 02 54 94 15 15 - www.hotel-liondor-romorantin.fr - Fermé du mardi au jeudi à midi

LE BOIS BLANC

CUISINE MODERNE • CONVIVIAL Asperges de Chambord et fraises de Sologne, poissons d'eau douce comme le brochet, le silure et la carpe, gibiers en saison : le chef Maxime Valleye, qui a travaillé chez Georges Blanc et dans l'établissement de ses parents, rend hommage à sa région dans ses assiettes. Et même avec le nom de son restaurant – qui évoque le bouleau, caractéristiques des forêts solognotes. Il réalise avec sérieux des plats de saison empreints de classicisme : cochon, jaune œuf confit, coulis d'épinards et crumble de chèvre. Cadre sobre d'esprit bistrot contemporain avec tables en bois vernis et luminaires avec ampoules à filament. Carte des vins essentiellement constituée de référence du Val-de-Loire.

- €€ - 11 rue de la Sirène - 06 32 12 35 00 - www.le-bois-blanc-romorantin-restaurant.eatbu.com - Fermé lundi, mardi et dimanche

ROPPENHEIM

67480 - Bas-Rhin - Carte régionale n° **8**-B1

AUBERGE À L'AGNEAU

CUISINE TRADITIONNELLE • TAVERNE Généreuse table que celle de cette institution familiale datant de 1902, située dans une belle bâtisse à colombages du 17e s. En cuisine, les petits plats mijotent sous l'œil attentif du chef, amoureux de sa région. Dans l'assiette, on apprécie les spécialités du pays et de viandes. Une cuisine sans esbroufe, généreuse et authentique, servie dans un cadre chaleureux… et un accueil aux petits oignons !

- €€ - 11 rue Principale - 03 88 86 40 08 - www.auberge-agneau.com - Fermé lundi, mardi et dimanche

LA ROQUE-D'ANTHÉRON

13640 - Bouches-du-Rhône - Carte régionale n° **28**-E1

LE JAS

CUISINE MODERNE • RUSTIQUE La Roque-d'Anthéron abrite dans son église l'un des plus célèbres festivals de piano du monde. Enfant du village passé chez Michel Kayser et Édouard Loubet, le chef Émeric Corbon a eu la très bonne idée d'ouvrir ce restaurant à quelques mètres de l'église, dans une ancienne bergerie en pierres sèches (un jas en provençal). Sous les voûtes séculaires ou en terrasse, on se régale d'une cuisine soignée et élaborée, à l'influence provençale évidente : délicieux papeton d'aubergine et concassé de tomate aux herbes fraîches, coulis au basilic ; goûteux pigeonneau rôti sur coffre, les cuisses, gésiers et cœur en samossa, crémeux de petits pois…

- €€€ - 10 bis rue de l'Église - 04 42 50 50 58 - www.lejas-restaurant.fr - Fermé mercredi et jeudi

LA ROQUE-GAGEAC

24250 - Dordogne - Carte régionale n° **18**-D3

LA BELLE ÉTOILE

CUISINE TRADITIONNELLE • CLASSIQUE À la belle étoile ou en plein jour, bienvenue dans cette jolie demeure au milieu d'un charmant village de Dordogne. En cuisine, cela fleure bon le terroir… depuis maintenant 4 générations ! Des assiettes

joliment dressées mettent en valeur des recettes dans une veine traditionnelle et gourmande, comme ce savoureux ris de veau doré, tartelette croustillante de céleri-rave et lait d'oignon. De petites chambres permettent de prolonger son séjour.
- **€€** - *285 promenade de la Batellerie (Le Bourg) - 05 53 29 51 44 - www.hotel-belle-etoile-dordogne.fr - Fermé lundi, et mardi et mercredi à midi*

O'PLAISIR DES SENS

CUISINE MODERNE • COSY Cette jolie maison en pierre a su se faire un nom dans le Périgord noir. Bruno Marien, chef passionné, imagine une cuisine actuelle avec le meilleur du terroir local : oie fermière, perdreau, viande achetée sur carcasse, fruits et légumes de maraîchers locaux... Que ce soit en choisissant la formule bistro au déjeuner, ou gastronomique le soir, on y passe toujours un excellent moment. L'été, on prolonge le plaisir sur la terrasse ombragée autour de la fontaine.
- **€€€** - *1315 route des Résistants - 05 53 29 58 53 - www.restaurant-o-plaisirdessens.com - Fermé dimanche*

ROQUEBRUNE-CAP-MARTIN

06190 - Alpes-Maritimes

THE MAYBOURNE RIVIERA

MODERNE • MARITIME Cette curiosité ultra-moderne se dresse sur une falaise de Roquebrune-Cap-Martin comme une proue de paquebot. Mais un paquebot du luxe le plus extravagant ! Les vues sont spectaculaires, que ce soit depuis les chambres ou depuis la piscine à débordement, creusée dans le roc. Chambres et suites - souvent avec terrasses - sont d'un minimalisme blanc rehaussé de bleu azur.
- **69 chambres** - *1551 route de la Turbie - 04 93 37 50 00*

LA ROQUEBRUSSANNE

83136 - Var - Carte régionale n° **29**-B2

LA TABLE DU BAGUIER N

CUISINE PROVENÇALE • CONTEMPORAIN Proche de la montagne de la Loube et du massif de la Sainte-Baume, cette table vigneronne moderne cultive le bon goût de la tradition provençale. C'est l'occasion de déguster des plats mijotés typiques comme les pieds-paquets ou le bœuf en daube, ainsi que des plats du terroir revus et corrigés (risotto de petit épeautre aux champignons ; artichauts violets en barigoule et lard fumé). On s'attable ici devant une cuisine bourgeoise et gourmande, qui s'accorde bien aux vins bio du domaine, en appellation Coteaux Varois. Dans ce coin isolé du Var, on apprécie aussi les chambres d'hôtes, qui permettent de randonner alentour.
- **€€€** - *Domaine du Baguier, 435 chemin du Baguier - 04 94 37 19 18 - www.maguise.fr/nos-domaines/domaine-du-baguier - Fermé lundi et mardi*

ROQUEMAURE

30150 - Gard - Carte régionale n° **28**-E1

TRIBU N

CUISINE MODERNE • BISTRO Au cœur du bourg, une vaste terrasse ombragée par un platane accueille les beaux jours. À l'intérieur, une déco néo-rétro assumée : zelliges, tables de bistrot, banquettes en moleskine et bibelots chinés. Le lieu, imaginé par Mathieu Desmaret (Pollen, Avignon) et sa compagne, propose une carte courte, saisonnière et locale, exécutée par un chef qui tient la barre. Gaspacho verde aux petits pois, brousse et pickles ; steak de thon, huile vierge, fenouil et yaourt au paprika fumé.

- €€ - *2 rue de la Liberté - 04 66 39 66 67 - www.tribu-roquemaure.fr - Fermé lundi et dimanche, et mercredi soir*

ROSCOFF

29680 - Finistère - Carte régionale n° **1**-B1

NORI

CUISINE MODERNE • RUSTIQUE Ce restaurant est bien élégant avec sa grande cheminée en pierre et ses fenêtres voûtées s'ouvrant sur le spectacle splendide de la baie et de l'île de Batz. Dans la salle à manger panoramique, on savoure une gastronomie marine faisant la part belle aux beaux produits bretons. Loïc Le Bail ose des accords audacieux, souvent influencés par la cuisine japonaise - clin d'œil à sa femme et à son sous-chef, tous deux Japonais. Le cadre magnifique en bord de mer invite à la méditation et à un séjour paisible dans l'une des chambres de l'hôtel.

P - €€€€ - *Hôtel Le Britanny, 22 boulevard Sainte-Barbe - 02 98 69 70 78 - www.hotel-brittany.com - Fermé lundi et le midi*

LA BRISE ROSCOFF

CONTEMPORAIN • INTIME La ville portuaire de Roscoff, sur la côte du Finistère, accueille La Brise, une belle maison ancienne qui a bénéficié d'une rénovation intérieure contemporaine par ses propriétaires actuels. Transformée en maison d'hôtes, comptant seulement quatre chambres et deux appartements, elle est aussi intime par sa taille que généreuse par son atmosphère. Idéalement placée, elle donne un accès facile aux différents quartiers.

P - **6 chambres** - *57 rue Albert de Mun - 33 6 64 13 06 56*

LE BRITTANY

CLASSIQUE • CHARME Ce beau manoir du 17e s. fut démonté puis reconstruit à l'identique sur le port de la petite cité corsaire ! Chambres au charme discret, salons cossus, spa avec piscine, sens de l'accueil : tout est mis en œuvre pour que l'on se sente bien.

P - **32 chambres** - *Boulevard Sainte-Barbe - 02 98 69 70 78*

Nori - Voir la sélection des restaurants

ROSENAU

68128 - Haut-Rhin - Carte régionale n° **8**-B3

AU LION D'OR - CHEZ THÉO

CUISINE MODERNE • AUBERGE Cette auberge sympathique et élégante est tenue par la même famille depuis 1928, la cinquième génération aujourd'hui ! Un monument historique ? Nullement, car le chef mêle avec brio richesses du terroir et saveurs d'aujourd'hui. La jolie salle, sobre et cosy, a tout pour séduire ; toutefois, aux beaux jours, on lui préfère la grande terrasse couverte qui donne sur le jardin fleuri. Une maison accueillante où l'on aime le travail bien fait.

P - €€ - *5 rue Village-Neuf - 03 89 68 21 97 - www.auliondor-rosenau.com - Fermé lundi et mardi*

LA ROSIÈRE

⊠ 73700 - Savoie - Carte régionale n° **21**-D2

LE TERROIR DES VIGNOBLES

CUISINE MODERNE • MONTAGNARD Terroir et vignoble(s) : tout est dit de la passion de ce jeune couple pour la bonne chère, les bons produits (locaux mais pas uniquement : il y a du thon et de la dorade) et les bonnes quilles dont la carte présente une sélection de références en bio, aussi bien en Savoie qu'ailleurs. Après ou avant le ski, le VTT ou la randonnée, les recettes du chef ouvrent l'appétit : râble de lapin, compotée de chou rouge ; dos de cabillaud, purée de panais et petits légumes ; sablé vanille, crémeux et sorbet myrtille, crème pistache. Ce bistrot de montagne sympathique au cadre rustique est juché au dernier étage d'un immeuble de la station.

- €€ - CC Le Valaisan 2, Montvalezan - ✆ 09 81 50 38 02 - www.leterroirdesvignobles.fr - Fermé du lundi au jeudi à midi

ILY HÔTELS LA ROSIÈRE

CONTEMPORAIN • ÉLÉGANT Cet hôtel haut de gamme, mariant harmonieusement contemporain et montagne chic, propose chambres confortables et suites d'exception, bénéficiant d'une superbe vue sur la vallée de la Tarentaise, digne d'une carte postale ! Agréable spa de 420 m², piscine, jacuzzi (intérieur et extérieur) , hammam et sauna.

- **69 chambres** - *Les Eucherts - ✆ 04 79 04 12 34*

ROUBION

⊠ 06420 - Alpes-Maritimes - Carte régionale n° **29**-C1

AUBERGE QUINTESSENCE

Chef : Christophe Billau

CUISINE MODERNE • MONTAGNARD Au col de la Couillole, isolé en plein Mercantour, cet ancien refuge tenu par Pauline et Christophe Billau est une étape de choix pour les gourmets. Ces deux-là vous réservent un accueil chaleureux et un menu unique aux inspirations montagnardes, qui change à chaque saison. On déguste ainsi un cappuccino à l'ortie des montagnes bien crémeux, des magnifiques asperges blanches rôties, acidulées par des agrumes confits ou en sabayon, ou encore un thon de Méditerranée légèrement fumé à la texture confite, que des notes végétales d'oxalis viennent subtilement équilibrer. Le veau du plateau de Longon aux échalotes confites et fleur de courgette farcie aux pignons de pin et crème d'herbes est tout en saveurs maîtrisées, tandis que les fromages sont affinés avec soin. Pas de place ici pour le superflu ou l'artificiel ! Quelques jolies chambres pour l'étape.

P - €€€ - *Route du Col-de-la-Couillole - ✆ 04 93 02 02 60 - www.auberge-quintessence.com - Fermé mardi, mercredi, et le midi*

ROUEN

⊠ 76000 - Seine-Maritime - Carte régionale n° **3**-B2

L'ODAS

Chef : Olivier Da Silva

CUISINE CRÉATIVE • CONTEMPORAIN Idéalement situé en plein cœur de la vieille ville, ce restaurant offre trois espaces : la salle principale avec vue sur la cuisine, une agréable terrasse à l'abri des regards, enfin "Le Balcon de l'Odas" qui est un salon privatisable avec vue sur la cathédrale. Bien de saison, la cuisine de la cheffe Suzanne Da Silva ne manque pas d'audace, valorisant tour à tour ses origines nordistes et les produits du terroir normand : légumes d'un maraîcher de l'Eure, moules du Mont-Saint-Michel, safran du pays de Caux... À apprécier au fil d'un menu mystère bien pensé.

PLAN : B2-2 - ♿ AC 🏠 🚆 - **€€€** - *4 passage Maurice-Lenfant - ✆ 02 35 73 83 24 - www.lodas.fr - Fermé lundi et dimanche*

PAUL-ARTHUR

CUISINE MODERNE • CONTEMPORAIN Un ancien Top-Chef, natif du Sud, a posé ses valises dans cette maison à colombages de la place de la Pucelle. Dans ce bistrot contemporain, qui arbore toujours ses fières poutres d'époque, le chef propose de jolies créations : tagliatelles de seiche, carbonara au guanciale ; filet de chinchard cuit à la flamme, aubergines confites et pesto rosso ; mousse au chocolat noir et praliné, fleur de sel fumé, piment d'Espelette et glace à la cacahuète. On l'a compris, la patte est moderne juste ce qu'il faut, les produits de saison et la partition du dîner plus ambitieuse que celle du déjeuner.

HORS PLAN - 🏠 🚆 - **€€** - *23-25 place de la Pucelle - ✆ 02 35 71 19 54 - www.paul-arthurrestaurant.fr - Fermé lundi et dimanche*

AU FLAMÉRON N

CUISINE MODERNE • COSY Au cœur du centre historique de Rouen, dans une ruelle pavée située face à l'église Saint-Maclou, un nouveau foyer gourmand réchauffe les cœurs et les corps. On y savoure une cuisine de saison française, directe et lumineuse, infusée d'accents nippons. Elle est ciselée en toute fraîcheur par un passionné de gastronomie hexagonale, le chef japonais Takahiro Oikawa. Pâté en croûte au poulpe confit et yuzu, caviar d'aubergine au miso, ris de veau façon karaage, flan soyeux en dessert : ce cuisinier maîtrise son art de A à Z.

HORS PLAN - **€€** - *236 rue Martainville - ✆ 09 87 36 44 24 - www.auflameron.com - Fermé lundi, dimanche et du mardi au vendredi à midi*

L'EPICURIUS

CUISINE MODERNE • CONTEMPORAIN Dans une charmante rue piétonne chère aux antiquaires du cœur historique de Rouen, ce discret bistrot dans l'air du temps propose une cuisine fine et savoureuse, à l'image de ce retour de pêche, légumes verts à la sarriette et sa hollandaise aux œufs de truite ; tartelette grué de cacao, crème mousseline pralinée et glace cacahuètes caramélisées... Le chef maîtrise bien son sujet avec des préparations soignées faisant preuve de goût et offrant des harmonies de saveurs plaisantes. Les produits, sélectionnés avec soin, se dégustent dans un intérieur contemporain ou dans la nouvelle salle à l'étage. Accueil charmant. Pensez à réserver !

PLAN : B2-5 - ♿ 🏠 🚆 - **€€** - *31 rue Damiette - ✆ 09 75 30 04 67 - www.lepicurius.fr - Fermé lundi et dimanche*

OKTO

CUISINE MODERNE • CONTEMPORAIN À deux pas de la place du Vieux-Marché, cette devanture bleu marine tape dans l'œil. Un couple de professionnels, Laure Touyre en salle et Brice Legrand en cuisine, mise sur une cuisine moderne et efficace. Une carte resserrée autour de quelques propositions permet au chef de proposer une cuisine du marché avec des produits de belle qualité, comme ce maigre de ligne et asperges vertes - c'est gourmand et parfumé. Un bistrot contemporain bien dans sa peau avec un service aimable et souriant.

HORS PLAN - 🏠 - **€€** - *26 rue du Vieux-Palais - ✆ 02 35 03 10 91 - www.okto-restaurant.fr - Fermé lundi et dimanche, et mardi et mercredi soir*

TEMPO

CUISINE MODERNE • CONTEMPORAIN Entre la Seine et la cathédrale, cette table arbore une déco géométrique noire et rouge. Le chef, fils de maraîcher passionné de légumes, insuffle dans sa cuisine des parfums et des saveurs bien d'aujourd'hui. Il laisse libre court à son imagination et à la créativité dans son menu carte blanche : Saint-Jacques, fenouil et cassis ; Black Angus, champignons, céleri et vin jaune.

HORS PLAN – A/C – €€ – *5 place de la République – 02 32 08 07 06 – www.temporestaurant.fr – Fermé lundi et dimanche*

HÔTEL DE BOURGTHEROULDE

TRADITIONNEL • RAFFINÉ Tourelle gothique, meneaux, galerie Renaissance : ce monument historique (16e s.) est un joyau... Ses chambres et son spa superbes, son bar, son brunch du dimanche : tout contribue à un séjour d'exception.

A/C P Spa – **78 chambres** – *15 place de la Pucelle – 02 35 14 50 50*

ROUFFACH

68250 – Haut-Rhin – Carte régionale n° **8**-A2

RESTAURANT BOHRER

CUISINE MODERNE • ÉLÉGANT Une belle demeure régionale à l'élégance bourgeoise et champêtre, pour une cuisine gastronomique associée à un judicieux choix de vins, notamment régionaux. Le chef prend plaisir (et nous avec lui !) à sortir des sentiers battus, grâce à ses plats d'inspiration classique émaillés de touches créatives. Ambiance conviviale à la Brasserie Chez Julien, aménagée dans un ancien cinéma.

A/C P – €€€ – *Rue Raymond-Poincaré – 03 89 49 62 49 – www.domainederouffach.com – Fermé lundi, dimanche et mercredi midi*

ROUFFIAC-TOLOSAN

31180 – Haute-Garonne – Carte régionale n° **26**-C2

Ô SAVEURS

CUISINE MODERNE • COLORÉ Récemment rénové dans un style contemporain et coloré, ce restaurant proche de Toulouse offre un cadre agréable et reposant. À travers son menu surprise en plusieurs séquences, le chef David Biasibetti propose une jolie cuisine actuelle, à l'image de cette lotte aux épinards et cresson ou de ce terre-mer de Saint-Jacques et oreilles de cochon : des produits de saison mis en valeur par des présentations soignées.

A/C – €€€ – *8 place des Ormeaux – 05 34 27 10 11 – www.o-saveurs.com – Fermé lundi, dimanche et samedi midi*

LE ROURET

06650 – Alpes-Maritimes – Carte régionale n° **29**-E2

LE BISTRO DU CLOS

CUISINE TRADITIONNELLE • BISTRO À l'ombre des micocouliers ou en salle, d'esprit bistrot et décorée de vieux bibelots, avec sa cuisine ouverte ? Toutes les places sont bonnes à prendre dans cette adresse très prisée d'une clientèle locale fidèle. Et pour cause : le chef a tout compris ! Gratifié d'un vrai savoir-faire, il arrange des assiettes de saison généreuses en sélectionnant de bons produits frais dans un registre provençal qui nous va : paleron de bœuf, légumes de pot au feu, vinaigrette à la tomate fraîche ou pannacotta aux fruits rouges. L'adresse est installée dans l'aile gauche de la Maison des Terroirs, vitrine des produits de la région.

– €€ – 9 route d'Opio – 04 97 05 08 34 – www.bistro-du-clos.com – Fermé lundi et dimanche

LE CLOS SAINT-PIERRE

CUISINE PROVENÇALE • AUBERGE Au cœur du Rouret, face à l'église et sous les platanes de la place du jeu de boules, passez la porte de cette auberge de pierre à l'âme provençale. Catherine et Daniel Ettlinger, accompagnés du jeune chef Augustin Dupuis, y proposent un menu unique qui suit le rythme du marché : moules à la crème de safran, poêlée de cèpes et haricots coco, volaille fermière du Tarn au jus d'olive, poire rôtie au feuilleté croustillant ; menu truffe en saison. Terrasse ensoleillée et intérieur chic et chaleureux offrent un joli cadre pour une cuisine limpide et sincère, où le goût prime.

– €€€ – Place de la Mairie – 04 93 77 39 18 – www.le-clos-saint-pierre.com – Fermé mardi et mercredi

HÔTEL DU CLOS

CLASSIQUE • CHARME Dans le haut du village, voilà bien un hôtel de charme... Un grand jardin planté d'oliviers centenaires et d'arbres fruitiers, des murs en pierre, des toits de tuiles, de jolies chambres toutes différentes, etc. : l'ensemble est résolument orienté côté Provence.

– **12 chambres** – *3 chemin des Écoles – 04 93 40 78 85*

ROUSSILLON

84220 – Vaucluse – Carte régionale n° **28**–E1

OMMA

CUISINE MODERNE • COSY Spectaculaire : telle est la vue sur le Luberon et les célèbres falaises ocres de Roussillon, dont on profite depuis les baies panoramiques ! Côté cuisine, on découvre une courte carte de saison, à tendance bistronomique et aux influences provençales : aubergine croustillante, baba ganoush à la coriandre et fromage blanc au citron vert ; cochon du Ventoux grillé, poivrons farcis de haricots coco, piperade et condiment abricots ; courge de provence confite à la vanille, biscuit moelleux pistache. Un moment gourmand à l'écart de l'animation touristique.

– €€€ – 38 rue de la Poste – 04 90 05 60 13 – www.ommaluberon.com – Fermé jeudi et vendredi

LE PIQUEBAURE

CUISINE PROVENÇALE • CONTEMPORAIN Située au pied du village de Roussillon, cette jolie maison en pierres sèches propose une bonne cuisine d'inspiration provençale autour d'un menu séduisant, à base de produits frais. L'atout majeur du restaurant est sa seconde terrasse tournée vers la campagne du Luberon.

– €€ – 166 avenue Dame-Sirmonde – 04 32 52 94 48 – Fermé dimanche et le midi

ROUVRES-EN-XAINTOIS

✉ 88500 – Vosges – Carte régionale n° **7**–B3

BURNEL

Chef : Maye Cissoko

CUISINE MODERNE • CONTEMPORAIN Dans ce village de la plaine des Vosges, non loin des villes thermales, cet hôtel-restaurant est tenu depuis 1919 par la même famille. Les voyageurs affamés s'attablent avec plaisir dans cette grande salle sous charpente aux couleurs chatoyantes – l'ancien lavoir du village. Le chef Maye Cissoko peaufine avec assurance une partition de saison classique, au travers de deux menus où les beaux produits ne se contentent pas de faire de la figuration. En témoignent ce maigre de ligne poêlé au beurre noisette, petits pois à la française et sauce marinière ou, en dessert, ces cerises burlat jubilé infusées à la verveine, chiboust citron jaune et sorbet à la cerise.

- €€ - *22 rue Jeanne-d'Arc – ✆ 03 29 65 64 10 – www.burnel.fr – Fermé lundi, mardi midi et dimanche soir*

ROYAN

✉ 17200 – Charente-Maritime – Carte régionale n° **18**–A2

RAFALES N

CUISINE MODERNE • BRANCHÉ À Royan, un vent de fraîcheur souffle sur la scène gastronomique, porté non pas par un jeune loup aux dents longues, mais par un couple de toulousains quinquagénaires. Philippe et Laurence ont quitté Le Tire-Bouchon, leur cave à manger de la ville rose, pour poser leurs couteaux plus proche des origines de Madame. Le couple se démène dans un esprit proche de la bistronomie parisienne. Philippe orchestre la salle et la cave (plus de 200 références en nature et biodynamie), tandis que Laurence envoie des assiettes fraîches et généreuses qui fleurent bon la cuisine de famille : tarte feuilletée aux légumes printaniers ; sauté de joues de porc aux cives et soja, purée de patate douce ; sablé aux fraises et mascarpone...

- €€ - *122 bis rue Gambetta – ✆ 05 46 08 91 25 – Fermé lundi et dimanche, et du mardi au jeudi soir*

ROYAT

✉ 63130 – Puy-de-Dôme – Carte régionale n° **20**–B1

LA FLÈCHE D'ARGENT

CUISINE MODERNE • COSY La Flèche d'argent, surnom des incroyables Mercedes-Benz en Formule 1 dans les années 1930, rappelle le proche circuit automobile de Charade. C'est dans un décor feutré que le chef Clément Lorente signe une cuisine actuelle à l'excellente technique avec des touches créatives, déclinée sous forme de menus en plusieurs temps. Les produits sont d'une très belle qualité : foie gras de la Plaine de Limagne, artichaut du Roussillon, safran de Mazayes, thon rouge de Méditerranée. Le dessert, hommage au flan au pruneau d'Agen de la grand-mère du chef, est une vraie réussite, flambée qui plus est au guéridon. Menu du marché le midi et brunch le dimanche.

- €€€ - *Hôtel Princesse Flore, 5 place Allard – ✆ 04 73 35 63 63 – www.princesse-flore-hotel.com – Fermé lundi et dimanche soir*

ROYE

✉ 70200 – Haute-Saône – Carte régionale n° **13**-C1

LE SAISONNIER

CUISINE MODERNE • MAISON DE CAMPAGNE Un chef au beau parcours et son épouse font vivre cette ancienne ferme avec panache. Dans l'assiette, des recettes bien ficelées, travaillées, aux présentations soignées, avec des associations de saveurs pertinentes. Une cuisine qui revisite parfois certains classiques à base de produits bien ancrés dans la région : morilles, vieux comté, vin jaune, saucisse de Morteau... Agréable terrasse au calme.

- €€ - *56 rue de la Verrerie - ✆ 03 84 30 46 00 - www.restaurant-lesaisonnier.com - Fermé lundi et mardi, et dimanche soir*

ROYE

✉ 80700 – Somme – Carte régionale n° **4**-B3

LA FLAMICHE

CUISINE CLASSIQUE • TRADITIONNEL Derrière les grandes vitres de La Flamiche, un intérieur classique où déguster une cuisine aux sérieuses bases traditionnelles agrémentées d'un brin de modernité, comme ce foie gras de canard et truite fumée en gelée de granny smith, pickles de concombre et chutney de pommes – une entrée joliment travaillée. On poursuit avec de beaux médaillons de lotte citron vert, carotte et roquette, dont la cuisson au beurre à l'ancienne est parfaitement réalisée.

- €€ - *20 place de l'Hôtel-de-Ville - ✆ 03 22 87 00 56 - www.laflamiche.fr - Fermé lundi et mardi, et dimanche soir*

LE ROZIER

✉ 48150 – Lozère – Carte régionale n° **23**-D3

L'ALICANTA

CUISINE MODERNE • FAMILIAL On connaît depuis longtemps cette Alicanta, nichée au bord de la rivière Jonte, dans le cadre exceptionnel des gorges du Tarn... Son chef y exécute une partition solide, sa cuisine fait la part belle aux saveurs franches et ses assiettes se révèlent diablement bien ficelées. Tout ici est fait maison et la carte est renouvelée à chaque saison. Miam, miam et re-miam !

- €€ - *Route de Meyrueis - ✆ 05 65 62 60 25 - www.hotel-restaurant-gorgesdutarn.com - Fermé du lundi au jeudi à midi*

RUEIL-MALMAISON

✉ 92500 – Hauts-de-Seine – Carte régionale n° **11**-E2

OCHRE

Chef : Baptiste Renouard

CUISINE MODERNE • ÉLÉGANT Bienvenue chez Baptiste Renouard, un chef talentueux formé auprès des plus grands noms tels que Lasserre, Robuchon et Alléno. Installé dans une charmante rue pavée du centre-ville de Rueil, son restaurant au décor contemporain met à l'honneur une cuisine créative et soignée. Au déjeuner, un menu accessible propose des créations telles que l'œuf poché aux asperges vertes, la ballottine de skrei et déclinaison de chou-fleur, et un dessert autour de la fraise, où la fraîcheur et les textures sont à l'honneur. Les menus dégustation dévoilent une belle maîtrise technique et une attention particulière au végétal, avec des produits locaux et des herbes cueillies par le chef lui-même, sur l'île des Impressionnistes.

- €€€€ - *56 rue du Gué - ✆ 09 81 20 81 69 - www.ochre.fr - Fermé lundi, dimanche et jeudi midi*

SAPRISTI (N)

CUISINE MODERNE • VINTAGE Situé à Rueil-Malmaison, sur une grande place, ce bistrot soigne autant l'assiette que sa décoration : parquet, murs peints, papier peint floral et ces tableaux décalés de personnages anciens exhibant des accessoires modernes. Quant à la grande terrasse, c'est un puissant atout de charme ! La carte est courte et alléchante, les recettes bien exécutées, les produits de bonne qualité : mimosa d'asperges, vol-au-vent, île flottante. Service sympathique.

- €€ - 20 boulevard du Maréchal-Foch - ✆ 01 47 10 01 02 - www.sapristi.com

RUNGIS

✉ 94150 - Val-de-Marne - Carte régionale n° **11**-E3

AU CŒUR DU MARCHÉ (N)

CUISINE MODERNE • CONTEMPORAIN Au cœur du marché de Rungis - cocorico, le plus grand du monde - ce restaurant est cornaqué par Nicolas Sale, bien connu de nos fourchettes. Une grande cuisine ouverte occupe le centre de la salle, entourée de tables en chêne et de banquettes contemporaines. La carte orale, dictée par les arrivages, mise sur des classiques revisités : terrine de bœuf aux pickles de girolles ; lieu jaune, cocotte de légumes et purée de pommes de terre ; tarte à la mirabelle et glace sarrasin... Les plats à partager sont copieux et bien sûr faits maison.

A/C P - €€€ - 4 avenue de Bourgogne (Marché International de Rungis) - ✆ 01 85 41 05 01 - www.alasource-als.com - Fermé samedi et dimanche, et le soir

LES SABLES D'OLONNE

✉ 85340 - Vendée - Carte régionale n° **14**-A2

L'ABISSIOU

Chef : Boris Harispe

CUISINE MODERNE • CONTEMPORAIN Dans une ruelle discrète entre les halles et la belle église Notre-Dame-de-Bon-Port, le nom de cette table gastronomique évoque en patois sablais les petits poissons pêchés par les enfants dans le port. A la barre, l'équipage composé de Mélanie Roussy et de Boris Harispe, passé par plusieurs restaurants étoilés notamment à La Villa Madie (Cassis), s'est bâti un vaisseau contemporain à la hauteur de son talent. Au sein d'une carte iodée (mais pas seulement) renouvelée en permanence, le chef suit scrupuleusement les saisons, travaille de beaux produits frais, nobles ou pas, de la sardine à la Saint-Jacques, avec un sens affûté des cuissons et des sauces. Une réussite !

€€€€ - 81 rue des Halles - ✆ 09 86 36 42 29 - www.labissiou.fr - Fermé lundi et le midi

ALICE, LE BISTROT - MANOIR DE LA MORTIÈRE (N)

CUISINE TRADITIONNELLE • CONTEMPORAIN Le bistrot du Manoir de la Mortière s'inscrit dans un décor chaleureux mêlant murs en chaux brossée, poutres anciennes, tomettes et cheminée d'époque. Empreinte d'authenticité, la cuisine invite à la convivialité, portée par des plats réconfortants exécutés avec précision : œuf bio poché en meurette ; poulet fermier à la basquaise ; tournedos de filet de bœuf cuit à la braise, sauce béarnaise ; soufflé chaud façon cappuccino...

- €€ - 1 rue Eugène-Nauleau - ✆ 02 51 23 17 91 - www.lemanoirdelamortiere.com - Fermé lundi et mardi, et dimanche soir

BISTRO'QUAI

CUISINE TRADITIONNELLE • COSY Sur le quai animé du port, ce restaurant au look contemporain, coloré et cosy propose une cuisine de la mer, élaborée selon le retour de la criée des Sables. On se laisse aussi tenter par les spécialités du chef François Gauthier à l'image du poulpe et boudin de seiche accompagnés d'un coulis de poivron à l'Espelette ou bien des pieds et oreilles de cochon, sauce aux graines de moutarde. Amis gourmands, pensez à terminer votre repas par la très bonne île flottante aux pralines roses, façon Alain Chapel.

€€ *– 17 quai René-Guiné – ✆ 02 51 95 07 50 – www.bistroquai-ls.com – Fermé lundi et mardi midi*

LA COTRIADE

POISSONS ET FRUITS DE MER • BISTRO Sur les quais, face au port de pêche, le banc de poissonnier trône en majesté devant ce restaurant, avec ses poissons et ses crustacés. Dans la salle, à l'ambiance évidemment marine, le chef s'active dans sa cuisine ouverte. Au menu, plateaux de fruits de mer, poissons frais annoncés sur l'ardoise du jour, quelques plats plutôt traditionnels et des spécialités comme la daurade royale cuite dans sa feuille de bananier, citron vert et lait de coco, le pavé de turbot rôti aux coquillages ou la... fameuse cotriade, cette manière de « bouillabaisse » bretonne. Quelques viandes sont également présentes.

*– **€€** – 18 quai Emmanuel-Garnier – ✆ 02 51 32 58 92 – www.restaurant-la-cotriade.com – Fermé lundi et jeudi midi*

LA CUISINE DE BERTRAND

CUISINE TRADITIONNELLE • COSY Face au port de pêche, cette discrète affaire entourée par de nombreux restaurants mérite que l'on s'y attarde. Le chef y réalise une cuisine traditionnelle assumée valorisant des produits frais de qualité autour de recettes allant à l'essentiel. Service attentionné.

*♿ – **€€** – 22 quai de Franqueville – ✆ 02 51 95 37 07 – Fermé mardi et mercredi*

GAIA - MANOIR DE LA MORTIÈRE (N)

Chef : Nicolas Ferré

CUISINE MODERNE • CONTEMPORAIN Cette superbe maison forte médiévale, devenue tour à tour relais de poste puis demeure familiale, abrite aujourd'hui un restaurant gastronomique qui prend place dans des salles élégamment rénovées, où parquet massif, chaux et pierres apparentes dialoguent avec la modernité. « Gaia », la terre mère nourricière, illustre l'esprit du chef : poissons et crustacés de la criée des Sables, légumes, fleurs et herbes issus de la ferme de Beauregard composent une cuisine aboutie, portée par des saveurs franches et précises.

L'engagement du chef : L'établissement s'appuie sur la Ferme de Beauregard, créée par le chef Nicolas Ferré : trois hectares de légumes, fruits, herbes et fleurs comestibles certifiés bio. Cette production maison structure la carte, tandis que la rénovation du lieu et l'art de la table font appel à des artisans locaux, prolongeant une démarche engagée du champ à l'assiette. On valorise aussi chaque ingrédient (parures, bouillons), pratique tri et compost en cuisine, et présente l'origine des artisans en salle.

*– **€€€** – 1 rue Eugène-Nauleau – ✆ 02 51 23 17 91 – www.lemanoirdelamortiere.com – Fermé lundi et mardi, et dimanche soir*

L'ESTRAN

CUISINE MODERNE • SIMPLE Ceviche de bar, lait de coco, gingembre et guacamole de patate douce ; gambas sauvages snackées au piment d'Espelette, artichauts glacés à l'estragon et émulsion de langoustines... Dans cette petite salle en bordure des quais, le chef Xavier Audren suit son inspiration bistronomique au gré de la saison et de la criée située à quelques encablures. La carte est courte et son exécution de bonne qualité, avec des saveurs et des couleurs. Terrasse sur le port.

- €€ - 8 quai Emmanuel-Garnier - 02 51 95 44 67 - www.lestran-restaurant-les-sables-dolonne.eatbu.com - Fermé mardi, mercredi, et dimanche soir

LACERTUS

CUISINE MODERNE • CONTEMPORAIN Bonne humeur et convivialité, produits de qualité locaux essentiellement, cueillette sauvage, cuisine moderne un brin inventive : voilà la recette gourmande et gagnante de ce petit restaurant logé à deux pas du Remblai, dont le nom, Lacertus, signifie maquereau en latin. Régalez-vous d'une saucisse de poisson au poivron et kalamansi, d'un maquereau grillé associé à la fraise, à l'algue et à la moutarde, ou encore d'une "harmonie cacao" aux petits pois et citron vert.

€€ - 4 boulevard Franklin-Roosevelt - 09 86 49 00 42 - www.lacertus-restaurant.fr - Fermé mardi, mercredi et jeudi midi

LE QUAI DES SAVEURS

CUISINE CRÉATIVE • COSY Face à la mer, Estelle et Maxime Dourdin vous accueillent chaleureusement. Passé par de grandes tables, parmi lesquelles le Four Seasons George V à Paris, le chef signe un menu unique évoluant fréquemment, au gré du marché. Des recettes au goût du jour, originales et soignées, à l'image de ces moules marinières, sauce jalapeño, condiment au lait ribot et perles du japon aux herbes.

AC - €€€ - 8 place de Strasbourg - 02 51 23 84 91 - www.lequaidessaveurs.net - Fermé du mercredi au vendredi à midi

LA SUITE S'IL VOUS PLAÎT

CUISINE MODERNE • CONTEMPORAIN Située derrière le casino et les plages, cette table fait souffler un vent de fraîcheur sur la restauration sablaise. Dans un décor de bistrot branché, sur des rythmes de jazz et de R&B, la cheffe Mélanie Sire propose des plats renouvelés au gré du marché, jouant habilement sur les textures et les saveurs. Des préparations simples mais savoureuses, à l'image de cette trilogie d'huîtres joliment dressée, ou encore de cette pluma ibérique à la cuisson parfaitement maîtrisée. On en redemande... s'il vous plaît !

AC - €€ - 20 boulevard Franklin-Roosevelt - 02 51 32 00 92 - www.lasuitesvp.com - Fermé lundi, dimanche et mardi midi

LA TABLE DE VILLENEUVE

CUISINE MODERNE • CONTEMPORAIN Dans un quartier résidentiel à l'écart de l'agitation de la station, cette table sympathique propose un menu-carte bien conçu, à base de produits soigneusement sélectionnés : haddock et carpaccio de betterave ; boudin noir et sauce hollandaise à la Savora ; ballotine de volaille fermière, polenta frite et caviar de tomate...

AC - €€ - 28 rue du Pré-Étienne - 06 42 14 47 32 - www.latabledevilleneuve.com - Fermé lundi et dimanche soir

CÔTE OUEST THALASSO - MGALLERY COLLECTION

CLASSIQUE • MARITIME Face à l'Atlantique, les chambres et suites s'inspirent des cabines de paquebot et offrent un mélange de baies vitrées et de balcons pour profiter des vues sur l'eau ou la forêt environnante. Le thème se poursuit au bar, tout en fauteuils de cuir et touches marines. Le point fort est l'espace bien-être de 1500 m² spécialisé en thalassothérapie, équipé de piscines d'eau de mer chauffées intérieures et extérieures, de jacuzzis, de nombreuses salles de soins, dont trois donnant sur l'océan, ainsi que d'une salle de sport, d'un hammam, d'un sauna et d'une salle d'aromathérapie.

- **97 chambres** - *Lac de Tanchet*

SABRAN

30200 - Gard - Carte régionale n° **28**-C2

LE CÈDRE DE MONTCAUD

CUISINE MODERNE • ÉLÉGANT La table gastronomique du Château de Montcaud est placée sous l'égide du talentueux Matthieu Hervé, chef au parcours international. Au fil d'un menu surprise en constante évolution, les belles assiettes minutieuses se succèdent : tourteau bleu, consommé de langoustine gélifié ; saint-pierre, sauce romesco, soupe de poisson de roche (un plat baigné de soleil) ; filet de veau en croûte d'herbes fraîches, crème de girolles et espuma de foin (plat ponctué de magnifiques sauces). Enfin, il n'y a que six ou sept tables, afin d'assurer une prestation de haute qualité, dans l'intimité d'une ravissante cour intérieure tapissée de vigne vierge.

- **€€€€** - *Hameau de Combes - 04 66 89 18 00 - www.chateaudemontcaud.com/fr/restaurants/le-cedre-de-montcaud - Fermé du lundi au mercredi et le midi*

BISTRO DE MONTCAUD

CUISINE TRADITIONNELLE • BISTRO Le bistrot chic du château de Montcaud propose une cuisine traditionnelle méridionale, où la priorité du chef Mathieu Hervé est donnée aux produits locaux souvent bio : pâté en croûte de volaille et foie gras, pickles de légumes ; gaspacho de tomates, granité pastèque et feuille de shiso ; trilogie de poissons de roches, soupe de poisson comme une bouillabaisse. La terrasse ombragée face au parc est agréable, l'accueil comme le service sont sympathiques.

- **€€** - *Hameau de Combes - 04 66 89 18 00 - www.chateaudemontcaud.com/restaurant/bistro-de-montcaud - Fermé lundi et mardi, et dimanche soir*

CHÂTEAU DE MONTCAUD *Plus*

CLASSIQUE • CHALEUREUX Cette noble demeure du 19e s., au cœur d'un parc arboré, est un havre de paix. Meubles de style et tons chauds rehaussent l'élégance des chambres. Avis aux amateurs de la note bleue : le brunch dominical s'accompagne de concerts de jazz en été.

- **29 chambres** - *Château de Montcaud - 04 66 33 20 15*

Le Cèdre de Montcaud - Voir la sélection des restaurants

SACHÉ

✉ 37190 – Indre-et-Loire – Carte régionale n° **15**-B1

AUBERGE DU XIIÈME SIÈCLE

Chef : Kevin Gardien

CUISINE MODERNE • AUBERGE Balzac séjournait régulièrement au château de Saché, situé juste à côté de cette auberge à colombages qui a conservé tout son charme authentique, derrière sa façade recouverte de lierre. Poutres apparentes, sol dallé, cheminée et arts de la table plus contemporains : le chef Kevin Gardien et sa compagne Stéphanie Marques savent recevoir. Les produits du terroir ligérien sont à l'honneur : volaille d'Ingrandes-de-Touraine, truite d'une pisciculture de Langeais, safran de Cheillé, fromage de Sainte-Maure-de-Touraine... La cuisine du chef, moderne, mais sans effets de mode inutiles, offre des assiettes lisibles et gourmandes, avec notamment de très jolies sauces comme sur le pigeon de Racan accompagné de betterave en croûte de sel, cassis et géranium rosat.

- €€€ - *1 rue du Château - 02 47 26 88 77 - www.auberge12emesiecle.fr - Fermé lundi et dimanche, et mercredi soir*

SAIGNEVILLE

✉ 80230 – Somme

AU PRESBYTÈRE DE SAIGNEVILLE

CLASSIQUE • CHARME Cette petite maison d'hôtes de la baie de Somme ne fait pas mystère de son passé. Les bancs d'église, la façade au portique religieux et l'ancienne chambre du prêtre témoignent de son histoire. Les trois chambres et la suite, équipées chacune d'un coin salon, s'accompagnent de deux roulottes aux couleurs ensoleillées campées au fond du jardin. L'une d'elles dispose de sa propre cuisine. La propriété s'entoure d'une cour fleurie d'un cerisier du japon, d'un jardin et d'un terrain de pétanque. La baie de Somme, la campagne, le charmant village de Saigneville et la mer à 10km coloreront vos balades.

P - 4 chambres - *3 rue de la Falise - 03 22 60 98 34*

SAILHAN

✉ 65170 – Hautes-Pyrénées – Carte régionale n° **25**-D3

ERASSENS

CUISINE MODERNE • MONTAGNARD Perché sur les hauteurs du village de Saint-Lary-Soulan, ce joli petit chalet est un havre aussi confortable que gourmand : mur aux pierres apparentes, poêle à bois et grandes baies vitrées qui embrassent le clocher de l'église et la montagne en toile de fond. Le chef, qui a fréquenté avec profit de belles tables du Pays basque, travaille des produits majoritairement du Sud-Ouest (légumes du coin, poissons de la criée de Ciboure, veau fermier...). Sa spécialité ? Le pigeon de Souraïde en deux cuissons, filet rôti et cuisse confite, terminés au barbecue, pour plus de saveur et de tendreté. Une cuisine qui marie finesse et générosité – le montagnard a de l'appétit.

P - €€ - *10 route de Saint-Lary (lieu-dit Erassens) - 05 62 40 16 73 - www.erassens.fr - Fermé lundi, mardi, et mercredi et jeudi à midi*

SAILLY-SUR-LA-LYS

✉ 62840 – Pas-de-Calais – Carte régionale n° **4**-B2

LA CONCIERGERIE

CUISINE MODERNE • CONTEMPORAIN Au cœur du parc du château de Bac-Saint-Maur, La Conciergerie séduit par son élégant et lumineux cadre de verre et de bois ouvert sur les jardins. En cuisine, Guillaume Riffaut propose une partition moderne et personnelle, travaillée avec des produits locaux et de saison. Gougère à la mimolette, cappuccino de courgette au café, homard de nos côtes relevé de concombre et de menthe, lotte de la mer du Nord ou dessert de fraise et d'oseille : des assiettes franches, soignées et maîtrisées. En salle, le service est attentif et précis.

- €€ - *4405 rue de la Lys - 06 42 85 24 38 - www.restaurantlaconciergerie.fr - Fermé lundi, mardi, samedi midi, et mercredi et dimanche soir*

SAINT-AFFRIQUE

12400 - Aveyron - Carte régionale n° **23**-C3

LA TABLE DE JEAN

CUISINE MODERNE • TENDANCE Il n'y a pas de secret : quand on fait bon, c'est le carton ! La gourmandise est au rendez-vous avec cette cuisine qui oscille entre plats de brasserie traditionnelle (filet de bœuf, tartare au couteau, carré de veau rôti, etc.) et touches méditerranéennes à l'image de risotto de pâtes aux chipirones, chorizo et jus de crustacés. Réservation vivement conseillée.

- €€ - *7 boulevard Émile-Trémoulet - 05 65 49 50 05*

SAINT-AIGNAN-SUR-CHER

41110 - Loir-et-Cher - Carte régionale n° **10**-C3

LA SALAMANDRE

CUISINE MODERNE • CONTEMPORAIN Installé sous une belle charpente, ce restaurant contemporain occupe une dépendance du château de Saint-Aignan, jolie bourgade médiévale en balcon au-dessus du Cher. Un chef hollandais expérimenté propose une cuisine fraîche et colorée comprenant aussi un menu végétarien. Terrasse au pied du château.

- €€ - *7 place de l'Église - 02 54 93 20 66 - www.restaurantlasalamandre.fr - Fermé mardi et mercredi*

SAINT-ALBAN-DE-ROCHE

38080 - Isère - Carte régionale n° **21**-B2

L'ÉMULSION

Chef : Romain Hubert

CUISINE CRÉATIVE • COSY Dans cette ferme du Bas-Dauphiné rénovée avec goût, le chef Romain Hubert propose des menus carte blanche entre tradition et créativité. Sa cuisine, qui doit également beaucoup à des produits triés sur le volet - à 99% locaux et en direct -, marie judicieusement ingrédients et textures : soupe à l'oignon revisitée ; veau maturé en deux façons accompagné de salsifis... Les jus et les sauces sont maîtrisés, les cuissons parfaites. Ne manquez pas son dessert signature, le cube à l'Antésite.

- €€€€ - *57 route de Lyon, lieu-dit La Grive - 04 74 28 19 12 - www.lemulsion-restaurant.com - Fermé lundi, dimanche et du mardi au jeudi à midi*

LO FIEU

CUISINE RÉGIONALE • RUSTIQUE Dans sa « table campagnarde au feu de bois » (Lo Fieu signifie "le feu" en patois local), Romain Hubert et sa jeune équipe souriante s'attachent à faire vivre la cuisine dauphinoise de tradition. Préparées sous nos yeux, des assiettes réconfortantes et pleines de saveur s'enchaînent pour notre plus grand plaisir : soupe au chaudron aux pois chiches de

Trept, friture du lac du Bourget, saucisse de cochon (ou poisson) et son gratin dauphinois, joli chariot de desserts. À déguster dans une ancienne grange aux dimensions impressionnantes, restaurée dans un esprit rustique à souhait.
- €€ - 55 route de Lyon, lieu-dit La Grive - 04 74 93 44 08 - www.lemulsion-restaurant.com/fr/lo-fieu - Fermé lundi et dimanche

SAINT-ALBAN-LES-EAUX

42370 - Loire - Carte régionale n° **20**-C1

LE PETIT PRINCE

CUISINE MODERNE • COSY Ce charmant restaurant n'est pas tombé d'un astéroïde : il a été fondé au début du 19e s. par les arrière-grands-tantes de l'actuel patron ! Le chef concocte des menus en plusieurs séquences avec des assiettes joliment dressées et appétissantes. La formule plus courte n'est disponible que le midi en semaine car, le soir, l'ambiance et la carte changent pour s'envoler vers des propositions plus ambitieuses. Outre le restaurant, une autre offre est proposée dans un ancien salon rebaptisé Le 1534 (date de la construction des lieux) avec une cuisine orientée bistronomie. La jolie cave se visite et accueille également des ateliers dégustation. Une belle surprise !
- €€€ - 28 rue des Marronniers - 04 77 65 87 13 - www.restaurant-lepetitprince.fr - Fermé lundi, mardi et dimanche

SAINT-AMOUR-BELLEVUE

71570 - Saône-et-Loire - Carte régionale n° **17**-C3

AUBERGE DU PARADIS

CUISINE CRÉATIVE • COSY Deux restaurants en un ! Chez Lucienne fait des siennes, la petite carte de suggestions créatives propose des plats à partager où les épices trônent : kebab de poulet fermier, marinade au ras-el-hanout ; gyoza d'agneau aux herbes et curry, poireau et mayonnaise au soja ; Saint-Jacques en panko, girolles en pickles tikka massala. Du côté de chez Joséphine à Table, c'est un bar à vin avec entrées traditionnelles et plat du jour : jambon persillé, pâté croûte, brochette de poulet, riz au lait. Dans les deux cas, terrasse plaisante, convivialité assurée et jolis flacons du mâconnais et du beaujolais avec des vins au verre au magnum. Pour les amateurs de brunch le samedi, c'est chez Lucienne que ça se passe.
- €€ - 70 route des Crus-du-Beaujolais (Le Plâtre-Durand) - 03 85 37 10 26 - www.aubergeduparadis.fr - Fermé lundi, mardi et dimanche

AUBERGE DU PARADIS

CONTEMPORAIN • CONVIVIAL Un petit "paradis", en effet, avec ses chambres originales et contemporaines, décorées avec goût comme l'ensemble de l'établissement. Autres atouts : le couloir de nage, le salon de lecture, l'exceptionnel petit-déjeuner, et le choix entre une restauration créative chez Lucienne ou, plus traditionnelle, au bistrot Joséphine à Table (pâté en croûte, etc.).
- **13 chambres** - *Le Platre Durand - 03 85 37 10 26*

Auberge du Paradis - Voir la sélection des restaurants

SAINT-ANDRÉ-DE-CUBZAC

✉ 33240 - Gironde - Carte régionale n° **22**-B1

LA TABLE D'INOMOTO

CUISINE MODERNE • SIMPLE Ce bistrot très attachant est bien connu des habitués, ravis du renouvellement hebdomadaire du menu. La cuisine franco-japonaise bien maîtrisée du chef Seiji Inomoto sublime la "modestie" des produits par des cuissons parfaites et des assaisonnements bien sentis (chapelure panko, miso, légumes marinés au soja). C'est bon, souvent original, et le rapport qualité-prix laisse bouche bée. Courez-y.

- €€ - 85 rue Nationale - ☎ 06 50 72 69 01 - www.latabledinomoto.fr - Fermé lundi et dimanche, et mardi et mercredi soir

SAINT-ANDRÉ-LEZ-LILLE

✉ 59350 - Nord - Carte régionale n° **4**-C2

LE MANA N

CUISINE MODERNE • CONTEMPORAIN À l'entrée du village, cette table s'intègre discrètement dans une maison de brique rouge du 19e s. À l'intérieur, la lumière traverse une véranda contemporaine, soulignant l'élégance d'un décor où le noir et le velours vert dominent. La cuisine, ouverte sur la salle, permet d'observer Valentine et Maxime, couple à la ville et duo de pros, concentrés sur leurs assiettes séduisantes aux accords justes. Le filet de lieu se pare d'une viennoise d'anchois, soutenu par un crémeux de brocolis et une émulsion coque-lait d'amande. En dessert, la clémentine se décline en transparence d'épices, accompagnée d'un sorbet dattes et d'un sabayon à la fleur d'oranger. Précision technique et générosité révèlent une envie sincère de bien faire, sans artifice.

- €€ - 625 avenue du Maréchal-de-Lattre-de-Tassigny - ☎ 03 76 05 58 64 - www.lemana.fr - Fermé mardi, mercredi midi, et lundi et dimanche soir

SAINT-ANTONIN-DU-VAR

✉ 83510 - Var - Carte régionale n° **29**-B2

LA TABLE DE MENTONE

CUISINE PROVENÇALE • MAISON DE CAMPAGNE Le chef Sébastien Sanjou est venu en voisin (depuis son Relais des Moines aux Arcs-sur-Argens) superviser les fourneaux de cette table somptueusement installée dans le caveau de ce domaine viticole, l'un des plus beaux du Haut Var. Tandis que l'on profite d'un cadre séduisant (panorama naturel, vignes et oliviers à l'extérieur, grande salle design à l'intérieur), on déguste une bonne cuisine provençale de saison qui tire profit au maximum des nombreux produits du domaine (poulailler, verger, potager, oliveraies). Des exemples ? Pot-au-feu végétal et herbes fraîches ; râble de lapin farci, olives noires et polenta crémeuse ; poire rôtie à l'amande, crème vanillée... On arrose le tout avec l'un des vins bio du domaine. Quelques chambres d'hôtes pour prolonger le séjour en beauté.

- €€ - 401 chemin de Mentone - ☎ 04 94 04 42 00 - www.chateaumentone.com - Fermé lundi et mardi

SAINT-AQUILIN

✉ 24110 - Dordogne

CHÂTEAU DE BELET *Plus*

CLASSIQUE • ROMANTIQUE Peu de châteaux sont aussi photogéniques que ce décor de conte du 15e s., doté de créneaux et de tours. Ses murs historiques abritent un bed & breakfast au luxe moderne et au service hôtelier de qualité.

Dans la tour, la chambre Monet présente des pierres brutes et une salle de bains luxueuse sous des poutres séculaires. Pas de restaurant, mais un petit-déjeuner quotidien.

- **8 chambres** – *402 Pierre de Brune*

SAINT-ASTIER

24110 – Dordogne – Carte régionale n° **18**-C2

LES SINGULIERS

CUISINE MODERNE • CONTEMPORAIN Au cœur du Périgord blanc, cette maison traditionnelle en pierre dissimule un lieu contemporain séduisant qui entend valoriser les artisans – avis aux amateurs de belle coutellerie ! – et les produits locaux : herbes aromatiques du jardin, légumes de Chantérac, esturgeon de Neuvic, etc. Depuis sa cuisine ouverte, Louis Festa, jeune chef au bon parcours, réalise un menu unique surprise modulable en fonction de l'appétit. Les assiettes ambitieuses et spontanées sont inspirées par la saison à l'image des lentilles vertes du Puy préparées en trois façons, paleron de bœuf limousin de Ribérac au barbecue japonais.

– **€€** – *6 rue Montaigne – 05 53 45 72 07 – www.restaurantlessinguliers.fr – Fermé lundi et dimanche*

SAINT-AUBIN

21190 – Côte-d'Or – Carte régionale n° **12**-D1

PROSPER

CUISINE MODERNE • CONTEMPORAIN Quand un vigneron de la côte de Beaune rencontre un chef étoilé, cela donne Prosper ! Un joli bistrot contemporain au sein du château de Saint-Aubin, fruit de la collaboration entre le domaine Prosper Maufoux et le restaurateur Édouard Mignot (Ed.Em à Chassagne-Montrachet). Le chef propose une jolie carte actuelle : gnocchis et shiitakés à la crème de comté et vin jaune ; filet mignon de porc, espuma de maïs et tombée de chou du jardin au lard de pays... Plaisante terrasse avec vue sur les vignes.

– **€€** – *3 rue des Lavières – 03 80 20 23 82 – www.chateau-st-aubin.com/fr/restaurant – Fermé lundi*

SAINT-AVÉ

56890 – Morbihan – Carte régionale n° **1**-C3

LE PRESSOIR

Chef : Vincent David

CUISINE MODERNE • COSY Le chef Vincent David, natif de Saint-Brieuc, a fréquenté cette institution vannetaise en culotte courte avec ses grands-parents. C'est d'ailleurs là qu'il a pris goût à la cuisine des restaurants étoilés. Quelques décennies plus tard, après avoir convaincu de son talent des chefs comme Dominique Bouchet ou Marc Meneau, il a repris cette maison emblématique au décor désormais épuré. Passionné par les mariages terre-mer, exigeant sur la qualité des produits, il signe une cuisine d'auteur ponctuée de touches asiatiques, à l'image de cette langoustine croustillante, dont les versions varient en fonction des saisons.

– **€€€** – *7 rue de l'Hôpital – 02 97 60 87 63 – www.le-pressoir.fr – Fermé lundi et mardi, et dimanche soir*

SAINT-BENOÎT-SUR-LOIRE

✉ 45730 – Loiret – Carte régionale n° **11**-B3

LE GRAND SAINT-BENOÎT

CUISINE TRADITIONNELLE • CLASSIQUE Dans le village chargé d'histoire où repose le poète Max Jacob, cette maison de tradition offre un cadre authentique avec ses murs en pierre, son plafond à la française et une jolie terrasse sur la placette. Le chef propose une cuisine classique et soignée, où brillent notamment ses escalopes croustillantes de ris de veau, accompagnées de garnitures généreuses. Service attentionné.

– **€€** – *7 place Saint-André – ✆ 02 38 35 11 92 – www.restaurant-grand-saint-benoit.com – Fermé lundi et dimanche soir*

SAINT-BÉRON

✉ 73520 – Savoie – Carte régionale n° **21**-C2

LE PÉROU

CUISINE PÉRUVIENNE • COLORÉ Pulpo anticuchero, lomo saltado, tiradito, arroz cremoso et, bien sûr, les incontournables ceviches : tous les classiques de la cuisine péruvienne sont ici réunis dans les Alpes par une cheffe et son équipe, tous natifs du Pérou. Les produits sont aussi directement importés des Andes, via l'Espagne. Ceux qui ont goûté cette cuisine en Amérique du Sud retrouveront avec plaisir l'incroyable palette de saveurs et de goûts de cette gastronomie riche en aromates et en ingrédients originaux.

– **€€** – *341 rue Jules-Ferry – ✆ 04 76 66 35 05 – www.restaurant-leperou.fr – Fermé du lundi au mercredi*

SAINT-BONNET-LE-FROID

✉ 43290 – Haute-Loire – Carte régionale n° **20**-C2

RESTAURANT MARCON

Chefs : Jacques et Régis Marcon

CUISINE CRÉATIVE • DESIGN Chez les Marcon, je demande le père : Régis, auvergnat-transalpin autoproclamé, cuisinier d'exception, entrepreneur et sommité gastronomique... et les fils : Jacques, qui assure la relève avec aplomb, et Paul, sacré Bocuse d'Or en 2025. Ici, les choses sont claires : c'est le marché et la cueillette qui dictent la carte. Il y en a pour tous les goûts : viandes du plateau, lentilles vertes du Puy, asperges, fèves, escargots... et surtout champignons, la grande spécialité de la famille, qu'ils vont cueillir en automne dans l'intimité des sous-bois rougissants. Une cuisine enracinée, à l'image de ce pigeonneau de la Vocance rôti entier, ragoût de petits pois et morilles farcies, ou de ce filet d'omble chevalier poêlé et fenouil confit au beurre de fleurs de sureau. Sans oublier le beau plateau de fromages où salers, fourme et saint-nectaire nous font les yeux doux ! En salle, Noémie, l'épouse de Paul, s'occupe du service avec prestance.

L'engagement du chef : Entre Haute-Loire et Ardèche, notre cuisine reflète les liens forts que nous avons noués avec cette terre et cette culture. Mise en avant des meilleurs produits locaux, réécriture hebdomadaire de notre carte, réduction maximale des déchets, économies en électricité et en eau : le respect et la promotion de notre terroir passent par la mise en place de tout un système vertueux.

– **€€€€** – *Larsiallas, 18 chemin de Brard – ✆ 04 71 59 93 72 – www.lesmaisonsmarcon.fr – Fermé du lundi au mercredi*

L'ACTE 2

CUISINE MODERNE • CONTEMPORAIN Avant de remettre au goût du jour cette adresse, Julie (salle et sommellerie) et Lucas (cuisine) se sont rencontrés chez Régis et Jacques Marcon, une table de référence s'il en est. Avec cet Acte 2, ils sont chez eux dans cette petite salle à manger moderne. Œuf parfait, crème de chou-fleur, émulsion d'oignon grillé, pousses d'épinards et cacahuète ; pintade en deux façons, risotto d'orge perlé, carotte fane et champignons, jus corsé : le chef ne ménage pas ses efforts gourmands pour signer des assiettes bien travaillées.

- €€ - *7 place aux Champignons - 04 71 75 85 93 - www.lacte2-restaurant.fr - Fermé lundi et mardi, et dimanche soir*

BISTROT LA COULEMELLE

CUISINE TRADITIONNELLE • RUSTIQUE Au cœur du village, voici la délicieuse "annexe bistrotière" du grand restaurant de Régis et Jacques Marcon. Traditionnel pâté en croûte changeant chaque saison ; filet de poulet rôti, rillettes de cuisse aux noisettes et déclinaison de courge ; fromages d'Ardèche et d'Auvergne : rien à dire, tout est généreux et diablement bon. Et les cuisines ouvertes ajoutent un côté chaleureux à l'ensemble.

- €€ - *2 rue du Fanget - 04 71 65 63 62 - www.lesmaisonsmarcon.fr - Fermé mardi et mercredi*

SAINT-BONNET-LES-OULES

42330 - Loire - Carte régionale n° **20**-C2

SYMBIOSE N

CUISINE MODERNE • COSY En retrait du centre, cette ancienne auberge aux façades orangées attire l'œil au bord de la départementale. À l'intérieur, le décor conjugue authenticité et confort : charpente en bois brut, murs de pierre, parquet clair et mobilier scandinave diffusent lumière et chaleur. Samuel Roche et Fahim Touloum, deux amis cuisiniers, ont rénové le lieu et cultivent derrière la maison un vaste potager de 3 000 m², complété de quelques poules. Leur cuisine, technique et généreuse, célèbre les produits de saison et revisite des recettes locales (à base de perche ou de silure par exemple), ainsi que des desserts aux petits fruits.

- €€ - *138 route de Lapra - 04 77 20 92 60 - www.symbioserestaurant.com - Fermé lundi et mardi, et dimanche soir*

SAINT-BRIAC-SUR-MER

35800 - Ille-et-Vilaine

CHÂTEAU LE NESSAY

CONTEMPORAIN • CALME Plantée au bout de sa péninsule, tel une carte postale, ce château est visible depuis tout Saint-Briac-sur-Mer. Ses chambres, réparties entre la demeure principale et plusieurs dépendances, donnent toutes sur la plage ou offrent une vue sur la mer. La décoration intérieure est plus contemporaine, mais l'ensemble reste sobre et sans prétention.

- **17 chambres** - *Boulevard du Bechay - 02 99 21 02 10*

SAINT-BRIEUC

✉ 22000 – Côtes-d'Armor – Carte régionale n° **1**-C1

✿ AUX PESKED

Chef : Mathieu Aumont

POISSONS ET FRUITS DE MER • DESIGN En retrait du centre de Saint-Brieuc, Aux Pesked offre un voyage sensoriel entre terre et mer. Dans un décor contemporain baigné de lumière, cette table marine célèbre le monde aquatique avec une cuisine iodée et végétale. Produits locaux et légumes de saison sont sélectionnés par un chef expert, qui connaît chaque maraîcher ou pêcheur par son prénom. À la carte : tartare de Saint-Jacques sublimé par des herbes fraîches, raviole d'araignée juteuse au bouillon parfumé, ou encore une symphonie de coquillages, leur jus monté au beurre d'algues. Ajoutez à cela une carte des vins pointue (bio, biodynamie, Demeter) et un service chaleureux orchestré par Sophie Aumont. Et l'on profite, encore en ville mais déjà à la campagne, d'une vue plongeante sur les rives verdoyantes du Gouët.

- €€€ - *59 rue du Légué – ✆ 02 96 33 34 65 – www.auxpesked.com – Fermé lundi, dimanche et samedi midi*

L'AIR DU TEMPS

CUISINE MODERNE • DESIGN Une jolie maison ancienne à la façade en granit gris au cœur de la ville, le mariage réussi du décor d'origine et d'éléments dans l'air du temps, un patio pour manger au calme. Côté fourneaux, la cheffe mitonne toujours des recettes traditionnelles proposées à des prix plutôt doux, pour la plupart servies en cocotte, comme l'échine de porc en longue cuisson.

- €€ - *6 rue Sainte-Barbe – ✆ 02 96 68 58 40 – www.airdutemps.fr – Fermé lundi et dimanche*

LE MONDE DES CHIMÈRES (N)

CUISINE CRÉATIVE • CONTEMPORAIN Épaulé en salle par sa compagne Jane Morvant, le chef Stanislas Laisney (Aigue Marine à Tréguier) dirige ce restaurant briochin, entièrement redécoré. Attachée aux produits locaux et de saison, cette cuisine créative ose des accords surprenants, notamment à travers des associations terre-mer audacieuses : langoustines à la plancha et boudin noir sur risotto de sarrasin ou encore un dessert fraise, laitue de mer et fenouil...

- €€ - *1 boulevard Harel-de-la-Noé – ✆ 02 96 33 82 54 – www.lemondedeschimeres.com – Fermé lundi, et mardi, mercredi et dimanche soir*

Ô SAVEURS

CUISINE MODERNE • CONTEMPORAIN Nichée au cœur de Saint-Brieuc, à quelques pas de la gare, cette table moderne et chaleureuse vous propose une partition culinaire légère et inventive : pâté en croûte de volaille aux abricots secs, confit d'oignons rouges ; poisson de la criée, kasha comme un risotto et crème de béarnaise ; mont-blanc à la vanille, gelée de kalamansi et sorbet cassis...

- €€ - *10 rue Jules-Ferry – ✆ 02 96 94 05 34 – www.osaveurs-restaurant.com – Fermé lundi et dimanche, et mardi et mercredi soir*

LA TABLE D'EDGAR

CUISINE MODERNE • CONTEMPORAIN Le chef Sébastien David signe une cuisine contemporaine axée sur des produits de qualité, principalement locaux et bretons. Les associations de saveurs sont précises, les cuissons maîtrisées, et l'audace se glisse dans certaines créations, comme un lieu jaune relevé d'un condiment papaye-salicorne-marjolaine, ou un dessert autour du fenouil, marié à une ganache chocolat blanc et un sorbet bergamote. L'attention portée aux détails se retrouve aussi dans le cadre : clair, harmonieux et convivial, il s'organise autour d'un salon sous verrière qui apporte lumière et chaleur, au cœur de la ville.

€€ - *15 rue Jouallan - ✆ 02 96 60 27 27 - www.saint-brieuc-hotel.fr - Fermé lundi, dimanche et samedi midi*

EDGAR HÔTEL & SPA

BOURGEOIS • CONVIVIAL Edgar occupe une maison d'armateur où chaque chambre, mansardée, côté cour ou côté jardin, est habillé avec goût de tons apaisants et équipée de tous les équipements modernes. Ambiance intime, services sur mesure, espaces de travail fonctionnels, bar-salon confortable, spa luxueux, espace événementiel polyvalent, parking privé : tout est prévu pour un séjour parfait.

AC P Spa - **28 chambres** - *15 rue Jouallan - ✆ 02 96 60 27 27*

La Table d'Edgar - Voir la sélection des restaurants

SAINT-CANNAT

13760 - Bouches-du-Rhône - Carte régionale n° **28**-D3

LE MAS BOTTERO

Chef : Nicolas Bottero

CUISINE MODERNE • ÉLÉGANT Installé près d'Aix en Provence, le chef patron Nicolas Bottero (autrefois à Grenoble) propose une cuisine enthousiasmante, savoureuse et parfumée. Enfant, il venait dans la région chez sa grand-mère : il en a conservé la nostalgie des couleurs du sud, et un attachement au terroir. En témoignent ces asperges vertes de Mallemort, sautées à la minute, morilles à la crème et émulsion au vin jaune ou encore ces oranges sanguines sur un baba au rhum infusé à la badiane et son sorbet rafraichissant... Les producteurs des environs sont mis à contribution, un petit potager fournit les herbes aromatiques. La terrasse située sur l'arrière de la maison donne sur un petit jardin. Nicolas Bottero ? Discrétion, humilité, passion. Un coup de cœur.

AC P - **€€€** - *2340 route d'Aix-en-Provence - ✆ 04 42 67 19 18 - www.lemasbottero.com - Fermé lundi et mardi, et dimanche soir*

SAINT-CAST-LE-GUILDO

22380 - Côtes-d'Armor - Carte régionale n° **1**-D1

LE JARDIN DÉLICE

CUISINE MODERNE • CONTEMPORAIN Au cœur de cette station balnéaire de la Côte d'Émeraude, ce restaurant à la déco pimpante est dirigé par deux talents confirmés qui ont fréquenté les grandes adresses. À sa table, Julien Gourmelen veut rendre hommage aux goûts et aux produits de sa Bretagne natale. Asperges blanches rôties, émulsion au lait d'amande, haddock, kumquat, herbes fraîches ; filet de pagre croustillant, barigoule d'artichauts, coriandre : ce cuisinier expérimenté s'engage dans chaque assiette et on lui en sait gré. Accueil tout sourire et service bien rythmé de la compagne du chef, Adeline Moiroud.

AC - **€€** - *23 boulevard Duponchel - ✆ 02 96 81 05 27 - www.lejardindelice.fr - Fermé lundi et dimanche soir*

SAINT-CÉRÉ

✉ 46400 – Lot – Carte régionale n° **23**-B2

LES TROIS SOLEILS DE MONTAL

Chef : Frédérik Bizat

CUISINE MODERNE • ÉLÉGANT Le soleil brille sur ce domaine situé sur le causse de Gramat, tout près de Saint-Céré : un hôtel avec ses restaurants, un parc au calme, une piscine, un golf non loin... La salle à manger élégante et bourgeoise, ouverte sur l'odorante terrasse d'été et le parc, fait la part belle aux tapisseries et aux céramiques de Jean Lurçat, artiste apprécié du chef, Frédérik Bizat, antiquaire dans une vie antérieure. Aujourd'hui, ce dernier se consacre uniquement à régaler ses hôtes d'une cuisine saine, tout en fraîcheur, avec des produits de qualité – notamment dans le travail des herbes produites localement – et beaucoup de finesse d'exécution. Le tout pour un excellent rapport qualité-plaisir, sans oublier l'accueil attentionné de Madame Bizat. Une maison de famille de qualité.

P – **€€€** – *687 route de Montal, Saint-Jean-Lespinasse – 05 65 10 16 16 – www.3soleils.fr – Fermé lundi, mardi midi et dimanche soir*

PHILIA (N)

CUISINE MODERNE • RUSTIQUE Dans une maison de caractère installée sur la jolie place du Mercadial, l'adresse dévoile un décor plein de charme, avec ses murs en pierre brute et sa salle à manger intime. Originaire de Carcassonne, le chef Thomas Biasutti est passé par plusieurs tables bistronomiques toulousaines avant de s'ancrer dans le Lot, où il met le terroir régional à l'honneur : légumes bio des maraîchers voisins, pintade fermière, agneau de l'Aveyron, cochon du Cantal... Des assiettes actuelles, fraîches et bien construites, où jus et herbes viennent relever des bases classiques sans jamais les compliquer.

– **€€** – *3 place du Mercadial – 05 65 10 66 82 – www.restaurant-philia.com – Fermé lundi et dimanche, et mardi et mercredi soir*

L'INFORMEL

CUISINE TRADITIONNELLE • CONVIVIAL L'annexe gourmande du restaurant étoilé "Les Trois Soleils de Montal". Le chef propose une cuisine traditionnelle généreuse et goûteuse, concoctée à base de produits frais et de saison. On pense notamment au filet de bœuf d'Aubrac, échalote confite et émulsion d'estragon, d'une belle qualité. Convivial et informel.

P – **€€** – *186 chemin de l'Informel, Saint-Jean-Lespinasse – 05 36 48 00 30 – www.3soleils.fr/les-restaurants/linformel – Fermé vendredi, et lundi et samedi à midi*

SAINT-CHAFFREY

✉ 05330 – Hautes-Alpes

GRAND HÔTEL & SPA NUXE SERRE CHEVALIER

MODERNE • CHALEUREUX Entièrement rénové, le Grand Hôtel mise sur une gamme imposante de services (spa avec jacuzzi, hammam, sauna et douche sensorielle, ski-shop, casiers à ski) et des chambres sobres et épurées, entre modernité et esprit montagnard.

P – **71 chambres** – *Place du Téléphérique – 04 92 24 15 16*

SAINT-CHAMAS

13250 - Bouches-du-Rhône - Carte régionale n° **29**-C3

LE RABELAIS

CUISINE DU MARCHÉ • AUBERGE Installé dans la jolie salle voûtée du 17e s. d'un vieux moulin à blé, un restaurant familial que n'aurait pas renié le héros de Rabelais, l'insatiable Gargantua ! On y sert une goûteuse cuisine, ancrée dans les saisons et préparée avec soin (le menu change plusieurs fois par semaine). Le chef est aussi l'auteur d'une jolie spécialité : un pâté en croûte de volaille et légumes verts, mayonnaise à l'ail noir. Une adresse située à proximité immédiate de la poudrerie de Saint-Chamas fondée en 1690. Histoire, littérature, gourmandise : qui dit mieux ?

- €€ - 8 rue Auguste-Fabre - 04 90 50 84 40 - www.restaurant-le-rabelais.com - Fermé lundi, mardi et dimanche

SAINT-CIRQ-LAPOPIE

46330 - Lot - Carte régionale n° **23**-B2

AUBERGE DU SOMBRAL - LES BONNES CHOSES

CUISINE DU TERROIR • AUBERGE Dans cette maison située au pied du château, on sait ce que sont Les Bonnes Choses ! La preuve : on y savoure une sympathique cuisine du terroir où les produits locaux ont la part belle (agneau, foie gras, fromages...). Quelques jolies chambres pour prolonger la visite de ce village dominant le Lot.

- €€ - Place du Sombral - 05 65 31 26 08 - www.aubergelesombral.wordpress.com - Fermé mercredi, et lundi soir

SAINT-CRÉPIN

05600 - Hautes-Alpes - Carte régionale n° **24**-D2

LES TABLES DE GASPARD N

CUISINE MODERNE • ROMANTIQUE Au cœur du village, cette bâtisse du 16e s., ancienne écurie et étable, conserve son charme avec ses voûtes en pierre, mangeoires d'époque et piliers rétroéclairés. Depuis mai 2024, l'argentin Ivan Labrador et son épouse en salle y proposent une cuisine mêlant produits locaux et influences sud-américaines : empanada façon bourguignonne ; râble de lapin farci à l'estragon, fenouil et radis.

- €€€ - 731 rue de la Charrière (Le Village) - 04 92 24 85 28 - www.lestablesdegaspard.fr - Fermé mardi, mercredi et jeudi midi

SAINT-CRICQ-CHALOSSE

40700 - Landes

LA PETITE COURONNE

MODERNE • CHAMPÊTRE Défenseurs de la planète, cette adresse est faite pour vous ! En pleine campagne, l'établissement, tout en bois, joue la carte écolo, et les chambres, confortables et bien tenues, respectent les normes environnementales. Petit-déjeuner copieux, servi face à la piscine.

AC P - **11 chambres** - *Route d'Amou - 05 58 79 38 37*

SAINT-CYPRIEN

✉ 66750 – Pyrénées-Orientales – Carte régionale n° **27**–C3

L'ALMANDIN

CUISINE MODERNE • ÉLÉGANT Un site pour le moins étonnant que cette île artificielle séparée de la Méditerranée par un cordon littoral, et qui abrite un complexe hôtelier avec piscine et spa. La terrasse au bord de l'eau séduit, tout comme la cuisine généreuse du chef Frédéric Bacquié, qui privilégie les beaux produits du terroir catalan et de la pêche locale. Justesse des assaisonnements et maîtrise des cuissons sont bien au rendez-vous, dans des assiettes précises et élégantes : saint-pierre de la pêche d'Olivier à Argelès-sur-Mer, basilic, courgette et sauce au verjus ; rouget de roche, filet contre-filet, légumes d'Adrien ; figue de Saint-Génis-des-Fontaines à la vanille et au Banyuls... Le menu déjeuner offre un très bon rapport qualité-prix et, en complément, l'Aquarama propose une cuisine gourmande dans une version bistrot chic.

– **€€€** – *Boulevard de l'Almandin, St-Cyprien Sud – 04 68 21 01 02 – www.almandin.fr – Fermé lundi et mardi, et dimanche soir*

HÔTEL ÎLE DE LA LAGUNE

MODERNE • MARITIME Il s'agit d'un charmant complexe de style villa, qui se définit comme "une grande maison de vacances". La plupart des chambres se trouvent dans le bâtiment principal et sont décorées dans un style méditerranéen teinté de modernisme. Six autres chambres occupent le pavillon Newport et s'inspirent de la Nouvelle-Angleterre. Piscine extérieure chauffée sur le toit, spa, excursions à vélo ou en mer, et deux restaurants : un gastronomique et, au bord de la piscine, une table italienne.

– **30 chambres** – *Boulevard de l'Almandin – 04 68 21 01 02*

L'Almandin - Voir la sélection des restaurants

SAINT-CYR-AU-MONT-D'OR

✉ 69450 – Rhône

L'ERMITAGE

ÉPURÉ • ÉLÉGANT Cet hôtel ne manque pas d'atouts : vue extraordinaire sur Lyon et les Monts-d'Or, cadre design et épuré pour une sérénité à son zénith. Et la terrasse suspendue est superbe.

– **26 chambres** – *Chemin de l'Ermitage - Mont Cindre – 04 72 19 69 69*

SAINT-CYR-SUR-MER

✉ 83270 – Var – Carte régionale n° **29**–A3

ES/PACÌO

CUISINE MODERNE • CONVIVIAL Des légumes et des fruits de saison locaux, des poissons sauvages tout frétillants, une fringante équipe (dont l'ancien second de la Chassagnette), une petite carte des vins naturels du coin judicieusement pensée : la formule ouvre l'appétit. Dans l'assiette, tout a du goût et il n'y a que ça qui compte : thon rouge, harissa framboise et coriandre ; pagre de ligne, haricots borlotti, tomate, pilpil et combava ; canette, caillette, cima di rapa et jus de mûre. Dans ce bistrot sobre, les grandes baies vitrées donnent sur la terrasse et, au-delà, sur le port de plaisance.

– **€€** – *201 nouveau port des Lecques – 06 88 46 33 37 – Fermé mardi et mercredi, et dimanche soir*

SAINT-DENIS-D'OLÉRON - Charente-Maritime (17) → Voir Île d'Oléron

SAINT-DENIS-LE-VÊTU

✉ 50210 - Manche - Carte régionale n° **2**-A2

LA BARATTE

CUISINE TRADITIONNELLE • AUBERGE Une cuisine simple faite de produits locaux de bonne qualité à prix doux : voilà la promesse - tenue - par le couple Lefèvre qui possède cette auberge à la belle devanture, une maison en pierre du pays, qui fut aussi un ancien bar-épicerie. Le cadre est contemporain et lumineux, avec une agréable terrasse pour les beaux jours, et une rôtissoire dans l'entrée d'où sortent des plats du jour appétissants tel le suprême de volaille aux épices colombo.

- € - *Le Bourg - 02 33 45 45 49 - www.restaurant-labaratte.fr - Fermé mardi et mercredi, et dimanche soir*

SAINT-DENIS-LÈS-BOURG

✉ 01000 - Ain - Carte régionale n° **21**-B1

RACINES

CUISINE MODERNE • COSY Dans la maison familiale, dotée aujourd'hui d'un cadre contemporain ouvert sur un parc reposant, le chef David Lachavannes poursuit son chemin en délivrant une cuisine goûteuse et lisible, attachée aux producteurs locaux. La semaine, le menu du marché est une aubaine, tandis que les menus du week-end se veulent plus ambitieux. Un coup de cœur.

P - €€ - *1981 avenue de Trévoux - 04 74 52 40 63 - www.domainedulac-racines.fr - Fermé du mardi au jeudi, et lundi et dimanche soir*

SAINT-DIDIER-AU-MONT-D'OR

✉ 69370 - Rhône - Carte régionale n° **21**-A2

L'ÉCLAT DE PIERRE N

CUISINE TRADITIONNELLE • BRASSERIE À Saint-Didier-au-Mont-d'Or, cette brasserie campée au cœur du village joue les annexes gourmandes des halles toutes proches. Dans l'assiette, la tradition ne boude pas son plaisir et les fondamentaux sont scrupuleusement respectés. Concocté avec les produits de saison et disponible midi et soir, le menu change chaque semaine, tandis que l'ardoise de suggestions fait saliver : terrine de cochon et volaille aux baies roses ; pavé de lieu, pommes de terre persillées et sauce parmesan ; flan à la vanille de Madagascar "1er prix du meilleur flan pâtissier de France"...

- €€ - *2 place André-Michel - 04 37 46 88 85 - www.leclatdepierre.com - Fermé, lundi et dimanche soir*

SAINT-DIDIER-DE-LA-TOUR

✉ 38110 - Isère - Carte régionale n° **21**-B2

AMBROISIE

Chef : André Taormina

CUISINE MODERNE • CONTEMPORAIN Avec sa vue sur un lac paisible, ce restaurant séduit par le talent du chef André Taormina, qui propose une cuisine fine, généreuse et créative. Dès l'entrée, "le tourteau" enchante avec sa chair délicate, espuma de riz basmati et éclats acidulés de kalamansi. Le pithiviers au pigeon, truffe et foie gras impressionne par son feuilletage doré, son suprême juteux et son jus puissant, accompagnés de garnitures savoureuses. Enfin, l'orange sanguine se décline en dessert léger et parfumé, mêlant textures et fraîcheur avec brio. Entre plats signature et menu truffe disponible toute l'année, cette adresse au cadre contemporain, baignée de lumière grâce à ses larges baies vitrées, est un incontournable pour les amateurs de gastronomie.

- €€€€ - 64 route du Lac - 04 74 97 25 53 - www.restaurant-ambroisie.fr - Fermé lundi, mardi, mercredi midi et dimanche soir

SAINT-DONAT-SUR-L'HERBASSE

26260 – Drôme – Carte régionale n° **24**–B1

CHARTRON

CUISINE MODERNE • ÉLÉGANT Entre la Drôme et l'Ardèche, une institution locale et familiale depuis 1946 quand Paulette Chartron et son frère René ont acheté cette auberge située au sein d'un village célèbre pour son festival Jean-Sébastien-Bach (en juillet). La clé du succès ? La cuisine, basée sur de bons produits, révèle un savoir-faire certain : foie gras de canard, dorade royale, filet de sandre, agneau de Provence... On profite notamment de préparations de truffes en saison. Quelques chambres coquettes pour l'étape.

- €€€ - 1 avenue Gambetta - 04 75 45 11 82 - www.restaurant-chartron.com - Fermé mardi et mercredi, et lundi soir

SAINT-ÉMILION

33330 – Gironde – Carte régionale n° **22**–C2

LA TABLE DE PAVIE

CUISINE CRÉATIVE • LUXE Au cœur du village mondialement connu de Saint-Émilion, Yannick Alléno supervise avec exigence la table de cet hôtel luxueux, ancien couvent où des nonnes offraient protection aux pèlerins et aux voyageurs. Le chef Sébastien Faramond et son équipe peaufinent une partition culinaire tournée vers le terroir aquitain, sublimée par des sauces et réductions d'une intensité rare : risotto de koji cuisiné au vin de Graves, râpée de vieille mimolette et coques au naturel ; pigeon soufflé et rôti "au feu d'enfer", bec façon ortolan, filet au jus de presse en amertume d'oseille ; tarte chaude au chocolat, sauce maury et glace texturée à la vanille de Tahiti... Bien évidemment, ces délices s'accompagnent de superbes vins de Saint-Émilion.

- €€€€ - 5 place du Clocher - 05 57 55 07 55 - www.hoteldepavie.com - Fermé lundi, dimanche, et mercredi et jeudi à midi

LES BELLES PERDRIX DE TROPLONG MONDOT

Chef : David Charrier

CUISINE MODERNE • CONTEMPORAIN Situé en haut d'une petite butte, point culminant de Saint-Émilion, ce château prestigieux est à la hauteur des espérances. Dans ce lieu à part, la salle épurée s'ouvre sur le magnifique vignoble. Ici, la préservation de la biodiversité est une priorité et tout est mis en œuvre pour respecter le milieu naturel. Le chef David Charrier élabore une cuisine dans la même philosophie, saine et précise dans les préparations, s'appuyant sur des techniques parfaitement maîtrisées et privilégiant des produits rigoureusement sélectionnés, dont ceux du domaine : tarte de canard condimentée aux graines de moutarde, jus bigarade ; lieu jaune de ligne poudré à l'anis du jardin, gâteau d'aubergine au jus... Le service cultive une certaine joie de vivre, et la carte des vins est fastueuse.

L'engagement du chef : Nous nous sommes engagés depuis plusieurs années en faveur d'une cuisine plus responsable. Nos potagers et notre verger sont cultivés selon les principes de la permaculture ; la gestion des énergies et de l'eau est une préoccupation constante ; nos fournisseurs s'engagent à privilégier les contenants réutilisables ; et le poulailler et l'enclos à cochons permettent une élimination des biodéchets.

- €€€€ - *Château Troplong Mondot* - *05 57 55 38 28* - *www.troplong-mondot.com/restaurant* - *Fermé lundi, dimanche et mardi midi*

LOGIS DE LA CADÈNE

CUISINE MODERNE • ÉLÉGANT L'un des plus anciens restaurants de St-Émilion, dans un logis datant de 1848, en plein cœur de la cité. Salles à manger cosy et feutrées, dans l'esprit des chambres élégantes et douillettes qui prolongent l'étape. Le chef Thibaut Gamba propose des assiettes subtiles et délicates, privilégiant au maximum les produits du terroir aquitain. Une partie des fruits et légumes provient de la ferme du domaine, tout comme le miel. Belle carte des vins, notamment en bordeaux rouges, à marier avec les nombreux trésors de la cave à fromages.

- €€€€ - *3 place du Marché-au-Bois* - *05 57 24 71 40* - *www.logisdelacadene.fr* - *Fermé samedi et dimanche*

CHÂTEAU GRAND BARRAIL

CUISINE MODERNE • ÉLÉGANT Au cœur du vignoble de Saint-Émilion, ce château édifié en 1902, d'allure si néo-romantique, mêle l'ancien avec le design contemporain. Les convives s'attablent soit dans les salons d'inspiration Art Nouveau, soit sur la belle terrasse tournée vers le parc et une mer de vignes. Au déjeuner, recettes bistronomiques comme ce croustillant de canard, fine purée de patates douces, noisettes torréfiées. Et plus ambitieuses au dîner (ris de veau rôti au beurre de Bordeaux, carotte fane en déclinaison, jus à la cardamome).

- €€€ - *Route de Libourne D243* - *05 57 55 37 00* - *www.grand-barrail.com*

L'ENVERS DU DÉCOR

CUISINE TRADITIONNELLE • BISTRO En plein cœur du village mythique, à quelques pas du clocher, cette jolie façade rouge de bistrot attire l'œil. À l'intérieur, un décor rétro raffiné (du comptoir en zinc aux banquettes en cuir). Et à la carte, on retrouve avec plaisir tous les classiques, du foie de veau au soufflé au Grand Marnier. Belle carte des vins à des tarifs raisonnables.

- €€ - *5 rue du Clocher* - *05 57 74 48 31* - *www.envers-dudecor.com*

L'HUITRIER PIE

CUISINE MODERNE • COSY Dans ce célèbre village de vignerons, l'enthousiasme et le talent des jeunes propriétaires Camille et Soufiane nous emportent au gré de jolies assiettes, à l'image cette lotte nacrée, petit-pois, romaine et jus condimenté aux foies. Les produits, locaux au maximum, sont sélectionnés avec rigueur : tomates anciennes d'un maraîcher voisin, porc noir bio de Dordogne, verveine du jardin, etc. Aux beaux jours, on s'attable dans l'aimable courette.

- €€€ - *11 rue de la Porte-Bouqueyre* - *05 57 24 69 71* - *www.lhuitrier-pie.com* - *Fermé lundi et mardi*

LE TERTRE

CUISINE MODERNE • TRADITIONNEL Dans une petite ruelle pavée du village, ce restaurant est tenu par un couple de professionnels accomplis : Catherine en salle, souriante et chaleureuse, et Julien en cuisine, qui réalise des assiettes créatives inspirées et harmonieuses. Les produits de la région sont à l'honneur : canard des Landes, truite du Pays basque, retour de pêche des ports aquitains. Dans le prolongement de la salle, la cave à vin creusée dans la pierre monolithe abrite une table de 4 personnes fort prisée le soir.

- €€ - *5 rue du Tertre-de-la-Tente - 05 57 74 46 33 - www.restaurantletertre.com - Fermé mercredi et jeudi*

LES CLEFS DE TROPLONG MONDOT

BOURGEOIS • CHARME Du haut de sa colline, le Château Troplong Mondot offre une vue imprenable sur Saint-Émilion. Les noms des chambres d'hôtes du château du 18e s. résument le mode de vie paisible de la région : la maison du vignoble, l'atelier, le clocher. L'accueil prévenant est à la hauteur de toutes les prestations du domaine.

- **4 chambres** - *Château Troplong Mondot - 05 57 55 38 28*

Les Belles Perdrix de Troplong Mondot - Voir la sélection des restaurants

HOTEL DE PAVIE

TRADITIONNEL • CONVIVIAL Cet hôtel de luxe est réparti sur trois sites : la maison principale, autrefois couvent, une annexe au bout du jardin et, à quelques km, le domaine viticole du Château Pavie. Les intérieurs sont frais et modernes, avec des meubles aux couleurs vives. Certaines chambres disposent d'un balcon et la plupart offrent une vue sur la vallée de la Dordogne ou sur les toits du village médiéval. Bar à vin avec cheminée, petit déjeuner copieux.

- **21 chambres** - *Place du Clocher - 05 57 55 07 55*

La Table de Pavie - Voir la sélection des restaurants

LOGIS DE LA CADÈNE

TRADITIONNEL • CHARME Sur une place du centre du village, impossible de ne pas succomber au charme de ces deux bâtisses anciennes (le logis et la maison), typiques de Saint-Émilion. Les chambres y ont du caractère (mobilier chiné, vieux plancher) et l'on profite d'un restaurant (partie logis) et d'un espace "remise en forme" avec sauna et hammam (partie maison).

- **9 chambres** - *3 place du Marché au Bois - 05 57 24 71 40*

Logis de la Cadène - Voir la sélection des restaurants

LE RELAIS DE FRANC MAYNE

MODERNE • CHALEUREUX Installé dans un château du 16e s., ce domaine viticole est fier de ses caves où le cabernet franc vieillit en fûts de chêne. Si l'extérieur est très simple, l'intérieur multiplie les ambiances : murs jaune canari dans la chambre Pop Art, imprimés zébrés dans l'African Lodge, bois sculpté dans l'Indian Fusion, éclairage sophistiqué, soieries aux teintes audacieuses, billard luxueux, salle à manger ancienne...

- **9 chambres** - *1313 route de Libourne - 05 57 24 62 61*

SAINT-ESTÈPHE

33180 - Gironde

LA MAISON D'ESTOURNEL *Plus*

CLASSIQUE • ÉLÉGANT Au sein d'un joli parc entouré par les vignes, l'ex-Château Pomys (qui fut aussi l'habitation de Louis Gaspard d'Estournel) est devenu un hôtel charmant. L'élégance et le classicisme dominent dans les chambres : la garantie d'un séjour délicieux.

- **14 chambres** - *Route de Poumeys - 05 56 59 30 25*

SAINT-ÉTIENNE

✉ 42000 - Loire - Carte régionale n° **20**-C2

LA TABLE DES MATRUS

CUISINE MODERNE • CONVIVIAL Jeunesse, fougue et une créativité certaine : le jeune chef Matéo Ravel, une petite vingtaine, déborde d'énergie. Dans son bistrot tendance, avec cuisine ouverte et tuyauteries apparentes, il soigne son réseau de petits producteurs et de vignerons nature de la Loire. Il consacre également une partie de sa passion à des préparations maison : boissons fermentées à base de levures indigènes (bières, kéfir, limonades), pain au levain, lard salé maturé façon lard de Colonnata avec du porc du Cantal... Il signe enfin des recettes pleines de saveurs : tarte tatin d'aubergine, moules-frites et mayonnaise revisitées... Une vraie table de matrus culottés ("gamins" en patois stéphanois).

- **€€** - *26 rue du Grand-Gonnet - ✆ 09 78 80 27 54 - www.la-table-des-matrus-restaurant-saint-etienne.fr - Fermé lundi, dimanche, et mardi, mercredi et samedi midi*

À LA TABLE DES LYS

CUISINE MODERNE • ÉLÉGANT Dans une bâtisse ultra contemporaine et lumineuse avec vue sur le green, le chef Marc Lecroisey garde son attachement à une cuisine éprise de fraîcheur, de légèreté et de finesse, attentive aux saisons et au choix des producteurs. Des Lys en délices.

- **€€€** - *58 rue Saint-Simon - ✆ 04 77 25 48 55 - www.latabledeslys.fr - Fermé samedi et dimanche*

SAINT-ÉTIENNE-DE-BAÏGORRY

✉ 64430 - Pyrénées-Atlantiques - Carte régionale n° **25**-A3

RESTAURANT ARCÉ

CUISINE TRADITIONNELLE • ÉLÉGANT Le Restaurant Arcé : une halte verdoyante et gourmande au pied du col d'Ispéguy. Cette authentique maison basque abrite une jolie salle tout en longueur, dont la blancheur éclatante rappelle la tenue des joueurs de trinquet - la pelote basque - qui paradent sur les murs. La cuisine de marché varie au gré des saisons et fait la part belle aux produits du terroir. Ne manquez pas la truite au bleu, à la fraîcheur ultime, pêchée dans le... vivier du restaurant. L'été, on s'installe sur la terrasse bordée de platanes, puis on flâne sur la passerelle métallique parée de lierre, suspendue au-dessus de la Nive.

P - **€€** - *630 Mixeleneko Bidea - ✆ 05 59 37 40 14 - www.hotel-arce.com - Fermé, mercredi et jeudi à midi*

SAINT-ÉTIENNE-DU-VAUVRAY

✉ 27430 - Eure - Carte régionale n° **3**-B2

LA FERME DE LA HAUTE CRÉMONVILLE

CUISINE TRADITIONNELLE • RÉGIONAL Revoir la verte Normandie, admirer les chevaux du haras voisin, rêver d'une vie à la campagne : cette authentique ferme à colombages est si jolie qu'elle donne des envies de retraite provinciale au Parisien le plus irréductible. Bonjour veaux, vaches, cochons et... gourmandises traditionnelles : ravioles de cèpes à la crème de girolles, millefeuille croquant à la vanille ; sans oublier les pièces de bœuf cuites au feu de bois. À peine parti, on a déjà hâte de retrouver tous ces beaux plats mijotés à la sauce bucolique.

AC P - **€€** - *Route de Crémonville - ✆ 02 32 59 14 22 - www.lafermedelahautecremonville.com - Fermé dimanche, samedi midi et mercredi soir*

SAINT-FÉLIX-LAURAGAIS

✉ 31540 - Haute-Garonne - Carte régionale n° **26**-D2

AUBERGE DU POIDS PUBLIC

CUISINE TRADITIONNELLE • ÉLÉGANT À la suite de ses parents, Céline Taffarello continue de mettre en avant les bons produits du terroir, comme avec ce magret de canard de la montagne noire au poivre sarawak et pêche rôtie à la verveine, sapide et parfaitement assaisonnée. Sans oublier le cassoulet, plusieurs fois récompensé et particulièrement prisé. On profite de la terrasse panoramique, avec sa jolie vue sur la plaine du Lauragais. Chambres confortables.

€€ - *1 faubourg de la Fontasse - ✆ 05 62 18 85 00 - www.auberge-du-poids-public.fr - Fermé lundi et dimanche soir*

SAINT-FLORENT - Haute-Corse (22) ➜ Voir Corse

SAINT-FLOUR

✉ 15100 - Cantal - Carte régionale n° **23**-D1

FOLIE DES SENS

CUISINE MODERNE • CONTEMPORAIN Située au cœur de cette cité médiévale bâtie en pierres volcaniques, une adresse ouverte par un couple de locaux qui tombe à point nommé ! Le menu concis, avec ses trois options ne trompe pas : tout est cuisiné à cette table. La partition, simple et actuelle, privilégie les produits locaux (sans s'interdire de regarder ailleurs), comme la lentille blonde de Saint-Flour, ici travaillée façon chili avec œuf parfait et espuma de maïs. Le chef est d'ailleurs devenu un spécialiste de cette légumineuse !

€ - *36 rue de la Rollandie - ✆ 04 71 60 42 21 - Fermé mardi et mercredi, et dimanche soir*

SAINT-FORGEUX-LESPINASSE

✉ 42640 - Loire - Carte régionale n° **20**-C1

L'ASSIETTE ROANNAISE

CUISINE MODERNE • CONTEMPORAIN Voilà une table qui joue la carte de l'originalité ! À l'unisson de la déco, contemporaine, le chef est à l'affût des nouvelles tendances et techniques : ses assiettes se révèlent très esthétiques, privilégiant créativité et fraîcheur.

€€ - *97 place de Verdun - ✆ 04 77 65 65 99 - www.restaurant-assiette-roannaise.fr - Fermé lundi et mardi*

SAINT-FRONT-DE-PRADOUX

✉ 24400 - Dordogne

CHÂTEAU LA THUILIÈRE

CLASSIQUE • ÉLÉGANT Dans son parc arboré, cet élégant châtelet dévoile de belles ambiances : très 19e s. (boiseries, stucs) ou résolument contemporaines (lignes épurées, grand confort), tout en grâce et équilibre.

5 chambres - *La Thuilière - ✆ 06 45 35 36 82*

SAINT-GALMIER

✉ 42330 - Loire - Carte régionale n° **20**-C2

✿ LA SOURCE

CUISINE MODERNE • CONTEMPORAIN Originaire de Cuzieu, à... deux kilomètres de là, Antoine Bergeron est la définition même d'un enfant du pays. Ambitieux et passionné par son métier, il compose une balade gourmande surprise, délicate et créative en compagnie joyeuse, celle de ses producteurs. Bien installé dans une salle lumineuse et contemporaine, on profite de cette balade dans le terroir et les marchés locaux. Ce jour-là, ris de veau et chou-fleur, câpres et œuf de brochet ; filet de bœuf Wagyu-Aubrac, cèpes et oignons ; poire et noisette du Piémont, crème aux agrumes, dans l'esprit d'un paris-brest. Une Source de plaisir, rien de moins, avec une mention spéciale aux sauces. De la belle ouvrage...

- €€€€ - *8 allée de La Charpinière - 04 77 52 75 00 - www.lacharpiniere.com - Fermé lundi, mardi, mercredi midi et dimanche soir*

SAINT-GÉLY-DU-FESC

✉ 34980 - Hérault - Carte régionale n° **27**-D1

LE CLOS DES OLIVIERS

CUISINE MODERNE • CLASSIQUE Du goût, de la simplicité, des produits de qualité bien travaillés : on apprécie ici une bonne cuisine, sans complications inutiles, et on se fait plaisir ! À noter : la carte des vins est réalisée avec le caviste voisin. L'été, on profite de la terrasse à l'ombre des canisses.

- €€ - *53 rue de l'Aven - 06 31 99 96 13 - www.clos-des-oliviers.com - Fermé lundi et dimanche*

SAINT-GENIS-LAVAL

✉ 69230 - Rhône - Carte régionale n° **21**-A2

✿ L'ÉTAPE DORÉE

CUISINE MODERNE • COSY Le soleil brille sans aucun doute sur cette charmante maison proche de Lyon, entourée d'un paisible parc. Les propriétaires des lieux – le directeur de salle Constant Delouis et son compagnon, le sommelier japonais Hiroki Hashino –, se sont attachés les talents du chef Yo Miyazaki. Ce dernier réalise une cuisine élégante et précise, d'une grande sensibilité, émaillée çà et là de détails créatifs et de clins d'œil à la tradition. Les références au pays du Soleil Levant font aussi de discrètes apparitions dans certains plats, à l'image de cette truite de l'Isère marinée au miso blanc, jus façon beurre blanc et endive braisée. Atmosphère chaleureuse.

VOIR LYON PLAN I - A3 - 64 - €€€€ - *137 chemin de Moly - 06 52 69 85 77 - www.etapedoree.fr - Fermé lundi, dimanche et du mardi au jeudi à midi*

SAINT-GEORGES-D'OLÉRON - Charente-Maritime (17) → Voir Île d'Oléron

SAINT-GEORGES-DE-REINTEMBAULT

✉ 35420 - Ille-et-Vilaine - Carte régionale n° **9**-B1

AUBERGE LES FILLES EN BOTTES (N)

CUISINE MODERNE • RUSTIQUE À l'écart du village, cette belle table campagnarde s'est installée dans une bâtisse en pierre, à l'abri des regards. L'atmosphère, bucolique et raffinée, évoque une auberge d'antan où le temps s'est arrêté : poutres et pierres apparentes, argenterie ancienne, moules en cuivre, bouquets séchés. Aux commandes, Lénaïck Geffroy en cuisine et Louise

Lefebvre en salle célèbrent un art de vivre simple et vrai, inspiré par la nature et la sincérité des saisons. Leur menu unique, identique midi et soir et renouvelé régulièrement, laisse le choix entre animal et végétal. Dans l'assiette, une cuisine parfumée, nourrie notamment par les produits du potager : ricotta maison et betterave confite au beurre de hareng, cochon confit et jus corsé...

- €€ - 8 La Grande Tournicotière - 06 83 26 37 19 - www.lesfillesenbottes.com - Fermé du lundi au mercredi et jeudi midi

SAINT-GEORGES-SUR-CHER

41400 - Loir-et-Cher - Carte régionale n° **10**-C3

FLEUR DE SEL

CUISINE MODERNE • CONVIVIAL Au cœur d'un joli village de la vallée du Cher, tout près du château de Chenonceau, un bistrot contemporain et convivial régale ses convives. Dans l'assiette ? Une cuisine de saison et de fraîcheur, ciselée par un chef de talent, Mickaël Renard, formé notamment à l'Hostellerie de Levernois (du temps de Jean Crotet), à la Côte d'Or à Saulieu (aux côtés de Bernard Loiseau) et à l'Auberge des Templiers. Aujourd'hui : tataki de bonite, boulgour, purée d'avocat et sauce caesar au curcuma ; filet de bœuf sauce cajun, pommes de terre grenailles et champignons de Paris. Les habitués le savent : la carte change régulièrement, ils peuvent déguster le menu du jour le midi en semaine, et profiter des tarifs très doux !

- € - 15 place Pierre-Fidèle-Bretonneau - 02 54 93 32 26 - www.fleurdesel41.com - Fermé lundi, mardi midi et dimanche soir

SAINT-GEORGES-SUR-MOULON

18110 - Cher

CHÂTEAU DE SAINT-GEORGES

CLASSIQUE • CHARME A quelques minutes de Bourges, ce château du 18e s. a conservé tout son caractère, protégé par ses jardins. Les meubles de style s'harmonisent aux boiseries d'origine. La longue piscine et la table d'hôtes complètent les atouts de cette belle étape nature.

- **3 chambres** - *Le Château - 02 48 64 16 36*

SAINT-GERMAIN

07170 - Ardèche - Carte régionale n° **20**-C3

AUBERGE DE MONTFLEURY

CUISINE MODERNE • ÉLÉGANT À proximité d'Aubenas, cette discrète auberge offre un élégant cadre contemporain. Le chef mitonne une cuisine actuelle entre terroir et modernité, qui fait la part belle aux petits producteurs. Porc fermier élevé en plein air, escargots, safran, fromage de chèvre, herbes sauvages ramassées par un cueilleur : tout est produit aux alentours. Service à la fois efficace et chaleureux.

- €€€ - 200 route des Cépages - 04 75 94 74 13 - www.auberge-de-montfleury.fr - Fermé mardi et mercredi, et dimanche soir

SAINT-GERMAIN-DES-VAUX

✉ 50440 – Manche – Carte régionale n° **2**-A1

LE MOULIN À VENT

CUISINE MODERNE • TENDANCE Sur la route des Caps, on se réfugie avec plaisir dans cette ancienne auberge de pays : au menu, une carte courte, des produits locaux (pigeon, agneau, poisson, ormeaux) pour une cuisine inventive avec une attirance à peine dissimulée pour le Japon. A déguster dans une salle épurée, avec vue sur la mer face à l'Anse Saint-Martin.

– €€ – 10 route de Port-Racine – ✆ 02 33 52 75 20 – www.le-moulin-a-vent.fr

SAINT-GERMAIN-EN-LAYE

✉ 78100 – Yvelines – Carte régionale n° **11**-B1

AU FULCOSA

CUISINE TRADITIONNELLE • CONVIVIAL Fulcosa signifie "fougère" en latin : la plante, en effet, tapissait les forêts alentour... Les propriétaires ont le sens de l'histoire et du... goût ! Dans le décor chaleureux de leur "bistrot culinaire", ils nous régalent d'une bonne cuisine de saison, entre tradition et innovation, à l'image de la volaille au cajun, haricots verts, navet blanc, girolles et figues fraîches. Ne passez pas à côté du soufflé chaud au parfum du moment, un incontournable de la maison.

– €€ – 2 rue du Maréchal-Foch, à Fourqueux – ✆ 01 39 21 17 13 – www.aufulcosa.fr – Fermé lundi et dimanche

LE WAUTHIER BY CAGNA

CUISINE MODERNE • BISTRO Risotto moelleux aux girolles, crémeux de foie gras truffé, escalopes de ris de veau braisées, mousseline de céleri et sauce Albufera... Une cuisine bien dans l'air du temps, réalisée avec de bons produits du marché : voilà la promesse de cette sympathique maison saint-germanoise au joli intérieur de bistrot chic. Service attentionné.

– €€€ – 31 rue Wauthier – ✆ 06 37 67 08 22 – www.restaurant-wauthier-by-cagna.fr – Fermé lundi, dimanche et mercredi midi

SAINT-GERMAIN-LÈS-ARLAY

✉ 39210 – Jura – Carte régionale n° **13**-B3

LA TABLE DE MARC TURPIN - HOSTELLERIE SAINT-GERMAIN

CUISINE MODERNE • CONTEMPORAIN Face à l'église, ce sympathique relais de poste du 17e s. abrite une salle lumineuse au décor repensé. Le chef travaille des produits du terroir - souvent bio - et concocte une cuisine gourmande avec parfois une touche de créativité, à l'image de ces Saint-Jacques marinées au citron caviar et à l'huile de vanille, que l'on accompagne d'un bon vin du Jura. Pour l'étape, des chambres confortables, plus calmes côté terrasse.

– €€ – 635 Grande-Rue – ✆ 03 84 44 60 91 – www.hostelleriesaintgermain.com – Fermé lundi, mardi midi et dimanche soir

SAINT-GERVAIS-LES-BAINS

✉ 74170 - Haute-Savoie - Carte régionale n° **21**-D2

❀ LA TABLE D'ARMANTE

CUISINE MODERNE • CHIC À Saint-Nicolas-de-Véroce, au cœur d'un village typique dominé par les Dômes de Miage, cet ancien fournil devenu discret chalet de luxe abrite un restaurant au style montagnard chic mêlant bois, pierre, velours et cuisines ouvertes. Atmosphère feutrée, bar intimiste, caves vitrées, salon de thé... et une salle d'une quarantaine de couverts. Aux commandes, un chef qui célèbre les produits locaux - poissons du Léman, canard de Douvaine - et compose un menu unique selon l'inspiration du jour et les saisons. Cuisine précise, généreuse et soignée. Une belle adresse pour une étape gastronomique en altitude. L'été, dîner en terrasse avec vue.

- **€€€€** - *L'Armancette, 4088 route de Saint-Nicolas - ✆ 04 50 78 66 00 - www.armancette.com - Fermé mercredi, jeudi, et le midi*

LA FERME DE CUPELIN

CUISINE RÉGIONALE • MONTAGNARD Sur les hauteurs de la station, cette ancienne ferme du 19e s., véritable petit havre de paix, est tenue par Florian et Lauriane Langellier, un jeune couple au CV alléchant (Four Seasons et Flocons de Sel à Megève, L'Armancette et enfin l'Auberge du Père Bise avec Jean Sulpice, en pâtisserie pour lui et en salle pour elle). Le menu unique met en avant le terroir local entre lacs (omble chevalier), rivières (écrevisse) et forêts (gibier actuellement), sans s'interdire de passer la frontière italienne (gnocchis à la noisette du Piémont et au lard de Colonnata). Un très agréable moment, alliant une vue idéale sur le mont Blanc à une cuisine moderne et goûteuse.

- **€€€** - *198 route du Château - ✆ 04 50 93 47 30 - www.lafermedecupelin.com - Fermé mardi, mercredi, et lundi, jeudi et vendredi midi*

ROND DE CAROTTE

CUISINE MODERNE • SIMPLE Ce restaurant au cœur de la station propose un menu saisonnier qui met parfois en valeur des produits locaux, comme les escargots de Magland. Le chef réalise des plats joliment fignolés, comme cet œuf fermier poché escorté de ses châtaignes et d'un bon crémeux de potimarron, ou comme ce paleron de bœuf fondant qui aurait pu se déguster à la petite cuillère. Séparée en deux parties par une petite cuisine ouverte, la salle dégage une atmosphère charmante, notamment ses étagères où trônent des bouteilles (l'adresse est aussi une cave à vin). À noter : brunch tous les jours de 9h à 14h.

- **€€** - *50 rue de la Vignette - ✆ 04 50 47 76 39 - www.ronddecarotte.com - Fermé mardi et mercredi, et dimanche soir*

LE SÉRAC

CUISINE MODERNE • CONTEMPORAIN Au centre de la station thermale, ce restaurant à l'entrée discrète dispose d'une grande salle lumineuse et épurée avec vue sur la montagne. Revendiquant une inspiration saisonnière, le chef réalise une partition fraîche et colorée. Escargots de Magland, crème de petits pois et émulsion à l'ail noir ; épaule d'agneau confite en pastilla ; soufflé chaud de framboises au cœur pistache et biscuit amande... Une sympathique adresse.

- **€€€** - *22 rue de la Comtesse - ✆ 04 50 93 80 50 - www.3serac.fr - Fermé lundi, dimanche et mardi midi*

SOURCE

CUISINE TRADITIONNELLE • COSY Ce charmant restaurant, idéalement situé au cœur de la station, séduit par son cadre contemporain et sa cuisine ouverte où le chef, habile et talentueux, propose une cuisine traditionnelle et raffinée à base de produits de qualité. La carte alléchante est également accompagnée de deux menus. Cabillaud sauvage, sauge, risotto ; crème brûlée à la vanille, tuile aux amandes, sorbet aux fruits rouges : chaque assiette recèle son lot de saveurs franches et de belles associations. On recommande chaudement.

- **€€** - *43 avenue du Mont-d'Arbois - 04 57 44 41 35 - www.source-restaurant-saint-gervais.com - Fermé les midis*

L'ARMANCETTE *Plus*

MODERNE • FAMILIAL Un village charmant, une église baroque, un hôtel de montagne intimiste et luxueux aux matériaux choisis (pierre, bois, tissus précieux). Voilà pour la carte postale. On apprécie les chambres confortables, dont beaucoup sont adaptées à des familles (de 3 à 6 personnes), mais aussi le spa avec piscine intérieure et extérieure, le fitness dernier cri, ainsi que le bar à cocktails et le salon de thé.

- 19 chambres - *4088 route de Saint-Nicolas - 04 50 78 66 00*

La Table d'Armante - Voir la sélection des restaurants

LA FERME DE CUPELIN

MONTAGNARD • CHARME Sur les hauteurs de Saint-Gervais, avec vue sur le massif du Mont-Blanc, cette ferme datant de 1870 porte haut le flambeau de l'esprit montagnard : le feu crépite dans la cheminée, les tableaux de gibier et autres peaux de bêtes habillent l'espace... et l'accueil est charmant.

- 7 chambres - *198 route du Château - 04 50 93 47 30*

La Ferme de Cupelin - Voir la sélection des restaurants

LE SAINT GERVAIS HÔTEL & SPA

CLASSIQUE • ÉLÉGANT Si Saint-Gervais-les-Bains est une station de ski, elle doit son nom aux thermes qui firent sa réputation bien avant l'invention des sports d'hiver. C'est dans cette tradition que s'inscrit le Saint Gervais Hôtel & Spa, installé dans une ravissante bâtisse Art nouveau (classée) du début du 20e s. Tout en élégance contemporaine, il dispose de chambres et de suites réparties entre le bâtiment d'origine et l'annexe récente. Toutes allient une atmosphère rétro à un cadre et un confort modernes. Le spa est doté d'une piscine intérieure, d'un jacuzzi, d'un sauna et de quatre salles de soin, tandis que la petite piscine extérieure offre une belle vue sur le village et les montagnes.

- 75 chambres - *680 rue du Mont Lachat - 04 86 80 74 74*

SAINT-GERVAIS-SUR-MARE

34610 - Hérault - Carte régionale n° **27**-C1

L'ORTENSIA

CUISINE MODERNE • ÉLÉGANT Lui manque-t-il un "h" ? Non : c'est ainsi que l'on orthographie cette plante en occitan. Le restaurant est emmené par un duo sœur-frère, Lise et Mathieu, dans un beau village loin de tout. Ce chef expérimenté fait feu de tout bois puisqu'on retrouve à la carte des gnocchis au gorgonzola, du homard, du canard des Landes, du maigre de Corse, des abricots de Provence. Seuls les légumes et les herbes aromatiques poussent dans les environs, comme la celtuces de Pezènes-les-Mines façon mimosa et poutargue. La fraîcheur des produits et les associations de saveurs qui tombent juste font le reste, avec cette salle lumineuse sous verrière, dotée d'une terrasse panoramique. Cinq chambres spacieuses et confortables au grand calme, donnant sur la nature.

- €€ - *Domaine de la Pièce - 04 99 42 00 91 - www.lortensia.fr - Fermé lundi, mardi, mercredi midi et dimanche soir*

SAINT-GILLES-CROIX-DE-VIE

85800 - Vendée - Carte régionale n° **14**-A2

L'INATTENDU

CUISINE MODERNE • CONTEMPORAIN Cette table surgit de manière inattendue au milieu d'un quartier résidentiel. La surprise n'en est que meilleure : depuis les amuse-bouches jusqu'au dessert, on y déguste une cuisine créative et bien maîtrisée. Le chef Paul Bonneau met à l'honneur des produits frais et locaux savamment travaillés : légumes en direct des maraîchers, gels d'hibiscus, de safran ou de citron, glaces et mousses... Dans l'assiette : sardine, myrtilles et pomme de terre ; cabillaud parfaitement cuit à la nacre, concombre et tournesol ; suprême de pigeon, tomate et fraise. Enfin, l'accueil est chaleureux et l'enthousiasme de l'équipe palpable. Une adresse qui fait le bonheur des locaux comme des touristes.

- €€ - *18 avenue de la Plage - 02 51 26 98 49 - www.restaurant-l-inattendu.fr - Fermé lundi*

SAINT-GIRONS

09200 - Ariège - Carte régionale n° **26**-C3

L'AUBERGE D'ANTAN

CUISINE TRADITIONNELLE • RUSTIQUE Dans l'ancienne grange du château, cette salle en impose par sa hauteur sous charpente ; jambons suspendus, pierres et poutres dégagent une belle atmosphère campagnarde. On retrousse ses manches au moment de s'attabler face à l'immense cheminée, où sont préparés grillades, plats traditionnels et cochons de lait...

- €€ - *Avenue de la Résistance - 05 61 64 11 02 - www.chateaubeauregard.net - Fermé lundi, mardi et samedi à midi , et dimanche soir*

SAINT-GRÉGOIRE

35760 - Ille-et-Vilaine - Carte régionale n° **9**-B1

MAISON RONAN KERVARREC

Chef : Ronan Kervarrec

CUISINE MODERNE • ÉLÉGANT Un hommage vivant et gourmand à "sa" Bretagne ! Loin des modes, Ronan Kervarrec s'épanouit dans sa région natale pour raconter en cuisine son histoire, personnelle et professionnelle. Et elle vaut la peine d'être écoutée, pardon goûtée, cette histoire gourmande, ponctuée de sarrasin, lait ribot, poissons, coquillages, crustacés, beurre, algues, gavotte, chouchen et autre sablé breton... Rendant un bel hommage à son père qui fut saucier au George V, le chef réalise des jus et sauces d'une grande maîtrise, tantôt sur la puissance, tantôt sur la délicatesse. À savourer derrière les larges baies vitrées ouvertes sur la terrasse, face au charmant jardin. Accueil et service très professionnels par l'épouse du chef et son équipe. Chambres pour l'étape et petite boutique d'épicerie fine pour emporter un souvenir gourmand.

- €€€€ - *1 impasse du Vieux-Bourg - 02 99 68 79 35 - www.maisonkervarrec.com - Fermé lundi et dimanche*

SAINT-HILAIRE-D'OZILHAN

✉ 30210 – Gard – Carte régionale n° **28**–C2

✿ LA BELLE VIE (N)

Chef : Denis Martin

CUISINE MODERNE • ÉLÉGANT Dans un petit village pittoresque non loin du Pont du Gard, Denis Martin (ex-The Marcel) et son épouse Joana ont installé leur table dans une belle maison en pierre calcaire. En terrasse ou dans la salle à manger lumineuse, on déguste une cuisine précise et expressive, où l'agneau des Baux, le loup de Méditerranée et le riche terroir d'Occitanie tiennent la vedette. Attaché au terroir local, le chef cisèle des assiettes remarquables d'équilibre : c'est simple, tout est bon ! Excellent rapport qualité-prix au déjeuner en semaine. Et pour prolonger l'étape, quelques chambres agréables et une piscine. En deux mots : la belle vie.

- €€€ - *4 avenue Paul-Blisson – ✆ 04 66 37 29 15 – www.labellevie-hotel.com – Fermé mardi et mercredi*

SAINT-HILAIRE-DE-BRETHMAS

✉ 30560 – Gard – Carte régionale n° **28**–B2

✿ LE SAINT HILAIRE

Chef : Sébastien Rath

CUISINE MODERNE • CONTEMPORAIN Le chef Sébastien Rath (ex-restaurant Le Riche à Alès) et son épouse Gwladys se sont encore rapprochés des Cévennes (dont le chef utilise les herbes sauvages) en s'installant dans cette ancienne auberge avec sa terrasse jardin et sa belle salle lumineuse aux tons doux. La démarche locale et locavore du cuisinier s'exprime toujours à plein, qu'il s'agisse de ses produits (lotte de petite pêche du Grau-du-Roi, veau de l'Aveyron, fruits des vergers alentours), de ses couteaux de table, et même des jeans de son équipe fabriqués en Lozère. Ses deux menus à l'aveugle dévoilent une cuisine d'inspiration saisonnière où la sincérité et l'engagement du chef s'expriment à chaque plat, à l'image de la lotte, aubergine, condiment miso et sauce citron.

✿ **L'engagement du chef** : Au Saint Hilaire, pas de menu fixe, simplement un choix entre deux propositions surprise, qui mettent en valeur les meilleurs produits locaux, au rythme des saisons. Poissons du Grau-du-Roi, truite des Fumades, porc fermier des Cévennes, veau et agneau de Lozère, pigeon des Costières, herbes sauvages... En salle, vous trouverez des couteaux artisanaux et la vaisselle d'un potier d'Alès ; les jeans du personnel sont fabriqués à Florac.

- €€€ - *5 rue André-Schenk – ✆ 04 66 52 30 87 – www.lesainthilaire.com – Fermé du lundi au mercredi*

SAINT-JEAN-CAP-FERRAT

✉ 06230 – Alpes-Maritimes – Carte régionale n° **29**–E2

✿ LE CAP

CUISINE MODERNE • LUXE Mettez le cap sur ce palace mythique du début du 20e s. ! Situé tout au bout d'une péninsule magique face à la grande bleue, le Grand-Hôtel du Cap-Ferrat est caché au milieu de jardins luxuriants où les people du monde entier aiment à flâner. Pour vous attabler, vous aurez le choix entre la superbe salle à manger ou la terrasse rafraîchie par les immenses pins d'Alep... Aux fourneaux, on trouve le chef Yoric Tièche, natif d'Aix-en-Provence. Il puise son inspiration dans l'histoire de la Provence gourmande et met superbement en valeur les produits méditerranéens, à l'image de ce filet de rouget laqué d'une harissa douce, socca de pois chiches croustillante fleurie d'herbes fraîches. Quant au dessert du pâtissier, Pierre-Jean Quinonero, il est loin de démériter à l'image de sa tartelette mandarine citron.

- €€€€ - *Grand Hôtel du Cap-Ferrat, 71 boulevard du Général-de-Gaulle - 04 93 76 50 50 - www.fourseasons.com/fr/capferrat/dining/restaurants/le_cap - Fermé lundi, dimanche et le midi*

LA TABLE DU ROYAL

CUISINE MÉDITERRANÉENNE • ÉLÉGANT Situé à l'entrée de la presqu'île de Saint-Jean-Cap-Ferrat, face à la baie des Fourmis, le Royal Riviera cultive avec grâce l'élégance intemporelle de la Riviera. Sa terrasse raffinée, bordée de verdure, invite à un dîner paisible dans un cadre feutré. En cuisine, Geoffroy Szamburski compose une partition généreusement méditerranéenne en privilégiant les circuits courts : gamberoni de San Remo, légumes de Vintimille, poissons de la petite pêche locale... Un bel hommage aux produits de la région. En finale, Lucas Simoncini enchante avec un dessert aux agrumes tout en fraîcheur, escorté d'un blanc-manger aérien et d'une vinaigrette miellée.

- €€€€ - *Royal Riviera, 3 avenue Jean-Monnet - 04 93 76 31 00 - www.royal-riviera.com - Fermé mardi, mercredi, et le midi*

GRAND HÔTEL DU CAP-FERRAT, A FOUR SEASONS HOTEL

CLASSIQUE • RAFFINÉ Le parc avec ses majestueux pins parasols, la vue sublime sur la côte, la somptueuse piscine à débordement, les chambres luxueuses avec leur moblier ivoire ou les suites dotées d'une piscine privée... Ce grand hôtel mythique, né en 1908, est l'incarnation même du chic et du glamour de la Côte d'Azur. Tout ici invite à prendre le temps, comme le firent autrefois Winston Churchill, Elizabeth Taylor et d'autres illustres figures...

- **72 chambres** - *71 boulevard Général de Gaulle - 04 93 76 50 50*

Le Cap - Voir la sélection des restaurants

HOTEL ROYAL-RIVIERA

CONTEMPORAIN • MARITIME Une bâtisse construite en 1904, avec son beau jardin. La plupart des chambres donnent sur la Grande Bleue et, dans l'Orangerie, elles adoptent un style entre contemporain et provençal chic. Plage privée, belle piscine.

- **94 chambres** - *3 avenue Jean Monnet - 04 93 76 31 00*

La Table du Royal - Voir la sélection des restaurants

SAINT-JEAN-D'ARVEY

73230 - Savoie - Carte régionale n° **21**-C2

LE SAINT JEAN

CUISINE MODERNE • MONTAGNARD Sur la route sinueuse des Bauges, cette auberge au charme chaleureux offre un cadre enchanteur, récemment rénové avec des rondins de bois omniprésents qui rappellent la nature environnante. En cuisine, Romain Bonnier travaille les produits locaux avec une approche axée sur le végétal, sans oublier les viandes et poissons du lac. On se régale d'une délicate mousseline de silure accompagnée d'épinards ou d'une tartelette d'asperge blanche croquante et parfumée. Mention spéciale pour la déclinaison d'agneau de Chartreuse, un régal. Menus surprises et vue plongeante sur le bassin chambérien : ici, on lâche prise avec délice !

- €€€ - *2496 route des Bauges - 04 79 75 04 41 - www.lesaintjeanrestaurant.fr - Fermé lundi, dimanche et du mardi au jeudi à midi*

SAINT-JEAN-DE-BLAIGNAC

✉ 33420 – Gironde – Carte régionale n° **22**–C2

L'AUBERGE SAINT JEAN

Chef : Thomas L'Hérisson

CUISINE MODERNE • ÉLÉGANT Un couple de passionnés préside aux destinées de cette auberge au style contemporain nichée au bord de la Dordogne. Au programme : plusieurs menus où le chef Thomas L'Hérisson marie les ingrédients avec justesse, dans un style moderne et quelque peu créatif. La volaille effilochée aux épices douces et poireau, jus épicé, butternut et champignons acidulés, gâteau de foie ou la tranche de maigre maturé, siphon de pomme de terre fumée, sauce comme une hollandaise beurre noisette-Xérès, résument parfaitement la personnalité du chef. La carte des vins de plus de 500 références permet de trouver son bonheur à coup sûr. Manuela, la maîtresse de maison, déborde de délicates attentions pour ses hôtes.

*– **€€€** – 90 rue du Pont – 05 57 74 95 50 – www.aubergesaintjean.com – Fermé lundi et mardi, et dimanche soir*

SAINT-JEAN-DE-LUZ

✉ 64500 - Pyrénées-Atlantiques - Carte régionale n° 25-A2

LE KAÏKU

Chef : Nicolas Borombo

CUISINE MODERNE • COSY Au cœur de la station qui vit les épousailles de Louis XIV et de l'infante d'Espagne Marie-Thérèse d'Autriche, on se réfugie avec plaisir dans la maison qui serait la plus ancienne de la cité corsaire (16e s.). Derrière ces hauts murs et ces fenêtres à meneaux se cache un restaurant élégant emmené par Nicolas Borombo, un basque de Bayonne, fils et petit-fils de rugbymen, qui s'y est installé après une solide expérience parisienne, au Crillon avec Dominique Bouchet et Jean-François Piège, ainsi qu'au George V avec Philippe Legendre. Amoureux de son terroir, il signe une cuisine originale et raffinée, qui valorise le terroir tout en s'autorisant quelques touches créatives.

PLAN : B1-2 - €€€ - *17 rue de la République - ✆ 05 59 26 13 20 - www.kaiku.fr - Fermé dimanche et lundi midi*

ALCALDE

CUISINE TRADITIONNELLE • BISTRO Appelé d'Irun où il cuisine déjà dans un autre restaurant, un chef espagnol anime avec passion cette table consacrée aux tapas (avec comptoir dédié) et aux poissons, coquillages et viandes grillés à la braise. Les assiettes sont généreuses - comme cette entrée de carottes braisées, houmous et fromage de chèvre - et les cuissons au feu, parfaitement exécutées comme sur ce merlu à la braise, purée, ail et persil. Service proche du client et ambiance conviviale.

PLAN : B1-4 - 🏖 - €€ - *20 rue de la République - ✆ 05 59 26 89 44 - www.restaurant-alcalde.com - Fermé dimanche soir et lundi*

BRUT, TABLE DE SAISON (N)

CUISINE MODERNE • SIMPLE Située dans une ruelle piétonne qui coule doucement vers la plage, cette adresse discrète cache bien son jeu. En salle, elle, venue du Touquet ; en cuisine, lui, formé à Lille (Le Cerisier, La Laiterie). Ensemble, ils déroulent une carte courte mais vive, ancrée dans le terroir basque et ponctuée de clins d'œil terre-mer : cylindre croustillant de boudin et langoustine, tartare de bœuf et chipirons frits, rouget escorté d'une superbe cecina de León. On termine par une note sucrée tout aussi maîtrisée : mûres, biscuit dacquoise, crémeux citron et sorbet au fromage blanc.

PLAN : B1-3 - 🏖 - €€ - *16 rue Tourasse - ✆ 07 68 92 64 62 - www.brut-tabledesaison.fr - Fermé lundi et dimanche*

GG/Getty Images Plus

L'ESSENTIEL

CUISINE MODERNE • CONTEMPORAIN En retrait de l'agitation touristique, le chef Morgan Ortéga est allé à... l'essentiel : esprit loft industriel, avec cuisine ouverte, verrière, cave en transparence et banquettes en cuir. Et dans l'assiette : des produits du terroir métamorphosés grâce à une cuisine du marché où tous les fondamentaux répondent présents pour notre plus grand plaisir.

PLAN : B1-5 – ♿ 🄰 ☂ – **€€** – *3 rue Vincent-Barjonnet – ✆ 05 47 02 41 47 – www.lessentiel-saint-jean-de-luz.fr – Fermé lundi et dimanche*

ILURA

CUISINE MODERNE • CONTEMPORAIN Au sein de l'hôtel La Réserve situé sur les hauteurs de Saint-Jean-de-Luz, avec une superbe terrasse qui surplombe l'Océan, cette table élégante promet un joli moment de gastronomie avec des propositions créatives et modernes qui jouent sur les accords terre et mer : foie gras, algues et criste marine ; veau, noix, coques et vinaigre de mimosa ; lieu jaune, andouille et betterave... Le service est attentif, élégant et efficace.

HORS PLAN – ⋞ ♿ 🄰 ☂ **P** – **€€€** – *Pointe Sainte-Barbe, 1 rue Gaëtan-de-Bernoville – ✆ 05 59 51 32 00 – www.hotel-lareserve.com/restauration/restaurant-ilura*

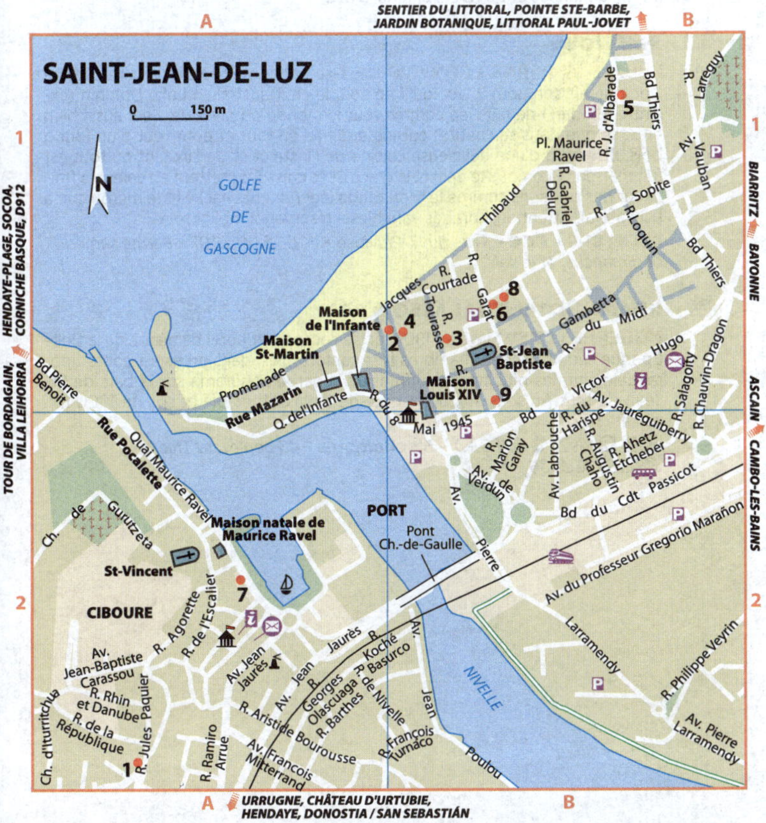

INSTINCTS

CUISINE MODERNE • TENDANCE Belle surprise que cette adresse, tenue par un couple dynamique qui s'en va revisiter la bonne gastronomie de bistrot, dans un lieu contemporain - briquette, bois, et cuisine ouverte. Saint-Jacques rôties, cresson et Ossau-Iraty ; aile de raie, racine de persil et grenobloise : on se régale ! Un coup de cœur.

PLAN : B1-6 – **€€** – *20 rue Joseph-Garat* – *✆ 05 59 24 66 98* – *www.restaurant-instincts.com – Fermé lundi et mardi*

PETIT GRILL BASQUE

CUISINE TRADITIONNELLE • RUSTIQUE Le Basque Inaki Aizpitarte insuffle une nouvelle vie à cette institution, au moins nonagénaire. L'établissement a conservé son âme rustique nichée dans un décor rénové avec subtilité. En témoignent les étagères en bois, les assiettes et pochoirs originaux de Louis Floutier, ainsi que les pankas, ventilateurs en bois, au plafond. Bilingue français-basque, la carte succincte fait la part belle à une cuisine paysanne traditionnelle, savoureuse et bien exécutée. On y retrouve des spécialités locales authentiques comme les tripes de morue et le thon à la biscayenne, côtoyant des classiques bistrotiers tels que le tartare de bœuf, le steak au poivre ou la mousse au chocolat.

PLAN : B1-8 – 🏵 – **€€** – *4 rue Saint-Jacques* – *✆ 05 59 22 87 95 – Fermé lundi, mardi, dimanche et mercredi et jeudi à midi*

PLUVIÔSE

CUISINE MODERNE • CONVIVIAL Est-ce une table révolutionnaire comme l'indiquerait son nom ? Quoiqu'il en soit, le chef australien Luke Dolphin (ex-Antre à Bidart) ne fait rien comme tout le monde ou presque. Seul aussi bien en salle que dans sa (petite) cuisine équipée en tout et pour tout d'un four à bois, il se fend d'une délicieuse cuisine de l'instinct et de l'instant où tout est fait maison (y compris le pain et la glace). Les cuissons mettent en valeur la fraîcheur des poissons comme le thon rouge légèrement snacké et le mérou cuit à l'unilatéral. Attention, horaires variables - réservation obligatoire.

PLAN : B1-9 – **€€€** – *3 rue du 17-Pluviôse* – *✆ 06 67 41 78 07 – Fermé samedi et dimanche, et le soir*

GRAND HÔTEL THALASSO & SPA

MODERNE • COSY Élevé en 1909 face à l'océan, cet hôtel balnéaire de la Belle Époque séduit par ses chambres très confortables, dans un esprit contemporain élégant, les plus prisées offrant un superbe panorama sur la baie de St-Jean-de-Luz. Au sous-sol, bel espace de thalassothérapie et spa de 1000 m², zen et cosy.

A/C P Spa – **52 chambres** – *43 boulevard Thiers* – *✆ 05 59 26 35 36*

SAINT-JEAN-DE-SIXT

✉ 74450 – Haute-Savoie – Carte régionale n° **21**–C1

LE CAIRN

CUISINE MODERNE • MONTAGNARD Sur la route des stations de la chaîne des Aravis, entre la Clusaz et le Grand Bornand, ce petit chalet d'alpage est à marquer d'une pierre blanche...tel un cairn ! Dans une petite salle chaleureuse d'esprit montagnard, Adrien aux fourneaux et Charline (tout sourire) savent indéniablement y faire pour réjouir leurs fidèles. Dans l'assiette, le chef crée des assiettes bluffantes, pleines de saveurs et de fraîcheur : soupe froide de laitue à la crème de lard paysan, goûteuse à souhait ; médaillons d'agneau de lait fermier aussi rosés que tendres...

♿ A/C – **€€** – *41 route de Thônes – ✆ 04 50 10 82 45 – www.lecairn-stjean.fr – Fermé lundi, dimanche et du mardi au vendredi à midi*

SAINT-JEAN-DE-TRÉZY

✉ 71490 – Saône-et-Loire – Carte régionale n° **17**–C2

DOMAINE DE RYMSKA

CUISINE MODERNE • COSY Au cœur de la campagne entre Beaune et Chalon-sur-Saône, cette table et son hôtel de charme trônent au milieu d'un vaste domaine comprenant des étangs, un haras et une ferme qui fournit un certain nombre de produits de belle qualité : bœuf Wagyu, œufs, volailles, fruits et légumes... Puisant aussi dans les produits nobles, la cuisine du chef trouve parfois des inspirations plus lointaines : ceviche de dorade au citron vert et lait de coco ; Saint-Jacques, gyozas de champignons et sauce Noilly Prat ; mandarine, orange et poivre de Timut. La belle salle à manger arbore murs en pierre, plafond avec poutres et une imposante cheminée où le feu crépite. Carte des vins extraordinaire.

P – **€€€** – *1 rue du Château-de-la-Fosse – ✆ 03 85 90 01 01 – www.domaine-rymska.com*

DOMAINE DE RYMSKA

CLASSIQUE • CHAMPÊTRE Sur la route des vins, au cœur d'un domaine agricole de 80 ha, ce bel établissement a trouvé l'équilibre du luxe (vastes chambres décorées avec goût, chacune portant le nom d'un cheval né sur l'exploitation) et du naturel. Service attentionné, piscine extérieure chauffée.

♿ A/C P – **14 chambres** – *1 rue du Château de la Fosse – ✆ 03 85 90 01 01*

Domaine de Rymska - Voir la sélection des restaurants

SAINT-JEAN-PIED-DE-PORT

✉ 64220 – Pyrénées-Atlantiques – Carte régionale n° **25**–A3

LES PYRÉNÉES

CUISINE MODERNE • ÉLÉGANT Une institution à Saint-Jean-Pied-de-Port, tenue depuis 1939 par la même famille, aujourd'hui la quatrième génération. Dans le décor comme dans l'assiette, ces Pyrénées cultivent le goût du Pays basque avec bonheur. Appuyées sur des produits de grande qualité, les assiettes sont pleines d'allure.

A/C – **€€** – *19 place Charles-de-Gaulle – ✆ 05 59 37 01 01 – www.hotel-les-pyrenees.com – Fermé lundi et mardi*

SAINT-JOACHIM

✉ 44720 - Loire-Atlantique - Carte régionale n° **9**-A3

LA MARE AUX OISEAUX

Chef : Eric Guérin

CUISINE CRÉATIVE • ÉLÉGANT Grand voyageur, amoureux des oiseaux (qui s'ébattent en liberté dans son jardin), Éric Guérin s'est créé un univers qui n'appartient qu'à lui. Sur une île ceinturée de canaux circulaires, au cœur du parc naturel régional de Brière, il s'est immergé dans son terroir pour le réinterpréter de superbe façon. Car le chef est un artiste dans l'âme, dont la première passion est de « créer ». C'est dans la cuisine qu'il a trouvé « son mode d'expression », et on lui en est reconnaissant : avec des ingrédients de premier choix, il compose une cuisine "nature" qui a de la personnalité, de l'allure, de la délicatesse, de la fraîcheur... et confine même à la poésie par instants. Le charme des lieux, et notamment les chambres "exotiques" pour prolonger le séjour, la gentillesse et l'efficacité de l'accueil d'une jeune équipe enthousiaste font le reste !

- **€€€€** - *223 rue du Chef-de-l'Île-Fedrun - ✆ 02 40 88 53 01 - www.mareauxoiseaux.fr - Fermé lundi, mardi et mercredi midi*

LA MARE AUX OISEAUX

CLASSIQUE • ROMANTIQUE Dans le parc naturel régional de Brière, paradis des oiseaux, un charmant village de chaumières cache une demeure typique. Dispersées en plusieurs endroits de la propriété (chaumière principale, maisons sur pilotis), les chambres sont douillettes et confortables - le mobilier provient des nombreux voyages d'Éric Guérin. Espace bien-être avec jacuzzi et sauna.

- 12 chambres - *223 rue du chef de l'Ile*

La Mare aux Oiseaux - Voir la sélection des restaurants

SAINT-JOUIN-BRUNEVAL

✉ 76280 - Seine-Maritime

LES PINS DE CÉSAR *Plus*

CLASSIQUE • FAMILIAL Proche d'Étretat et de ses célèbres falaises dont Arsène Lupin fit son refuge, au cœur d'un parc forestier de 20 ha, cette maison de famille et ses dépendances ont été transformées en un hôtel de charme. Au choix, les chambres, cosy et feutrées, ou le chalet, idéal pour les familles ; et pour tous, le très beau spa, assorti d'un insolite sauna nordique en pleine nature... Une adresse élégante, idéale pour se reposer, loin du bruit et de la pollution.

- 19 chambres - *1 chemin des Échos - ✆ 02 32 73 69 10*

SAINT-JULIEN-CHAPTEUIL

✉ 43260 - Haute-Loire - Carte régionale n° **20**-C2

MAISON VIDAL - LE BISTROT DE JUSTIN

CUISINE TRADITIONNELLE • BISTRO Le Bistrot de Justin rend hommage au grand-père du chef Aurélien Vidal (avec notamment son portrait sur une fresque murale), qui avait créé une buvette sur la place du village en 1954, devenu depuis un bistrot convivial et chaleureux. On se régale à prix doux d'une cuisine de tradition gourmande et généreuse, tournée vers les produits du terroir local. Que l'on se rassure : le pâté en croûte, que l'on retrouve également à la table gastronomique, fait toujours partie des incontournables !

- **€€** - *18 place du Marché - ✆ 04 71 08 70 50 - www.restaurant-vidal.com/fr/bistrot-de-justin.html - Fermé lundi, et mardi, mercredi et dimanche soir*

MAISON VIDAL - LA TABLE GASTRONOMIQUE N

CUISINE MODERNE • CONTEMPORAIN Dans un cadre élégant et moderne, Aurélien Vidal délivre une cuisine ambitieuse valorisant tour à tour le terroir local et les produits nobles : langoustine des côtes bretonnes, maigre de ligne, veau des Monts du Velay... Joli chariot de fromages du pays. Aurélie, également en charge de la partie sucrée, est une hôtesse agréable et attentive.

€€€ - 18 place du Marché - ✆ 04 71 08 70 50 - www.restaurant-vidal.com/fr/table-gastronomique.html - Fermé lundi, et mardi, mercredi et dimanche soir

SAINT-JULIEN-DE-CONCELLES

✉ 44450 - Loire-Atlantique - Carte régionale n° **9**-B3

LE CLÉMENCE N

CUISINE MODERNE • CONTEMPORAIN C'est dans cette auberge ligérienne, berceau du beurre blanc inventé par Clémence Lefeuvre vers 1890, que le jeune chef Philippe Maizières insuffle une nouvelle énergie, secondé par Adrien Bovière en salle. Passé chez Jean-François Piège, au Parc Les Crayères et au Clos des Sens, le cuisinier signe une carte courte et lisible, ancrée dans la Loire. Ce jour-là, un superbe filet de merlu, peau croustillante et chair nacrée, se mariait à une déclinaison de chou-fleur et à un beurre blanc, nappant, bien équilibré et relevé d'échalotes.

♿ 🅿 - €€ - 91 Levée-de-la-Divate - ✆ 02 28 00 99 21 - Fermé lundi et mardi, et mercredi et dimanche soir

SAINT-JULIEN-EN-VERCORS

✉ 26420 - Drôme - Carte régionale n° **24**-B1

CAFÉ BROCHIER

CUISINE MODERNE • VINTAGE Une institution dans ce village du Vercors que cette belle bâtisse de 1867 qui abrite un café historique, orné de fresques de 1912. On y propose un menu de produits essentiellement sourcés sur le plateau du Vercors, qui change régulièrement. Le respect des saisons va de pair avec celui des produits, des cuissons et des goûts, bref, c'est du tout bon, y compris les 3 chambres à l'étage.

- €€ - 4 place de la Fontaine - ✆ 04 75 48 20 84 - www.cafebrochier.com - Fermé mardi, mercredi et jeudi midi

SAINT-JUNIEN

✉ 87200 - Haute-Vienne - Carte régionale n° **19**-B2

LAURYVAN

CUISINE MODERNE • COSY Dans le cadre verdoyant d'un petit bois proche de la Vienne, installé sur la jolie terrasse dominant l'étang, on profite d'une cuisine soignée, fidèle aux saisons : ballotine de pintade aux champignons et mousseline de châtaigne ; ris de veau au sautoir, jus réduit au madère et palet de céleri-rave confit ; pavlova litchi-gingembre... À noter : on peut choisir le "côté restaurant" ou le "côté bistrot".

♿ 🅿 - €€ - 200 allée du Bois-au-Bœuf - ✆ 05 55 02 26 04 - www.lauryvan.fr - Fermé lundi et mardi, et dimanche soir

SAINT-JUSTIN

🖂 40240 - Landes - Carte régionale n° **25**-C1

LES ALLÉES

CUISINE MODERNE • CONTEMPORAIN Antoine et Coralie se sont rencontrés dans le restaurant doublement étoilé de Jean Cousseau (le Relais de la Poste à Magescq) après des postes sérieux en France et en Espagne. Cet ancien café-restaurant a été rénové dans un subtil mélange de vintage et de moderne (béton ciré au sol mais poutres apparentes). Côté cuisine, cette paire de pros a parié sur le goût en revisitant des recettes traditionnelles, souvent piquetées de banderilles ibériques : tête de veau en croquette ; poireaux vinaigrette ; ris de veau au sautoir ; poulpe grillé, etc. Deux terrasses, l'une sur le devant et l'autre dans la cour à l'abri de la rue.

- €€ - *17 allée Gaston-Phoebus - 06 65 18 49 69 - www.restaurantlesallees.com - Fermé lundi et mardi, et dimanche soir*

SAINT-JOSSE

🖂 62170 - Pas-de-Calais - Carte régionale n° **4**-A2

AUBERGE DU MOULINEL

CUISINE TRADITIONNELLE • AUBERGE Un petit air de campagne chic pour cette paisible auberge entre Le Touquet et Montreuil-sur-Mer. Le chef sélectionne ses produits avec soin pour réaliser une cuisine traditionnelle savoureuse et appliquée. Les spécialités de la maison : salade de homard, pigeon en deux cuissons, soufflé au Grand Marnier... Tout est fait maison, y compris le pain et les glaces !

- €€€ - *116 chaussée de l'Avant-Pays, Le Moulinel - 03 21 94 79 03 - www.aubergedumoulinel.com - Fermé lundi et mardi, et dimanche soir*

SAINT-LANGIS-LÈS-MORTAGNE

🖂 61400 - Orne - Carte régionale n° **2**-D3

LES PIEDS DANS L'EAU

CUISINE MODERNE • CONTEMPORAIN Construit au fond du bourg et au milieu des champs, cet ancien moulin se tient aussi près d'un étang : difficile de faire plus bucolique ! Un chef appliqué y envoie une cuisine de bistrot moderne à grand renfort de petits plats généreux (à l'instar de ce bœuf confit, navets et lentilles) et de desserts gourmands (pannacotta café, biscuits cuillère et mascarpone). Ambiance chaleureuse et décontractée, le regard perdu dans les prairies depuis l'agréable terrasse...

- €€ - *28 chemin de la Folle-Entreprise - 02 33 25 31 44 - www.restaurant-lespiedsdansleau.com - Fermé lundi et dimanche, et mercredi soir*

SAINT-LARY-SOULAN

🖂 65170 - Hautes-Pyrénées - Carte régionale n° **25**-D3

LA GRANGE

CUISINE TRADITIONNELLE • RUSTIQUE Cette ancienne grange est aujourd'hui un restaurant rustique et chaleureux, où règne une ambiance montagnarde. Dans l'assiette, une cuisine goûteuse et soignée, réalisée avec de beaux produits régionaux : truite saumonée du lac d'Oô marinée ; œuf confit, effiloché de canard confit et crémeux de maïs... Une belle adresse.

- €€ - *13 route d'Autun - 05 62 40 07 14 - www.restaurant-saint-lary.com - Fermé mardi et mercredi*

SAINT-LAURENT-DES-ARBRES

30126 - Gard

APRÈS LA SIESTE

CLASSIQUE • CONVIVIAL Imaginez les charmes d'une maison d'hôtes de 1850, logée dans un petit village médiéval classé, avec tout ce que cela implique d'oliviers, de vignes et de jolis murs en pierre, mariés à un design épuré et une philosophie du bien-être. Ici se rencontrent la Méditerranée et l'Asie, deux atmosphères, deux arts de vivre. Piscine, massages ayurvédiques et crêpes de coco à l'appui, avant, pendant ou après la sieste. Une bulle zen au cœur de la Provence.

- **6 chambres** - *358 rue Alexis Martin* - *04 66 50 33 94*

SAINT-LAURENT-SUR-SAÔNE

01750 - Ain - Carte régionale n° **21**-A1

LE SAINT-LAURENT

CUISINE TRADITIONNELLE • BRASSERIE Institution locale, cette brasserie Georges Blanc idéalement située sur les quais de Saône a su se réinventer après une rénovation d'ampleur. À la carte figurent toujours des classiques tels que les grenouilles en persillade ou l'osso-bucco et sa polenta crémeuse au safran, mais aussi des créations tournées vers la Méditerranée. Agréable véranda avec vue sur Mâcon et le pont médiéval.

- **€€** - *1 quai Bouchacourt* - *03 85 39 29 19* - *www.le-saint-laurent-macon.com*

SAINT-LAURENT-SUR-SÈVRE

85290 - Vendée - Carte régionale n° **14**-C1

L'ORANGERIE - CHÂTEAU DE LA BARBINIÈRE

CUISINE MODERNE • CONTEMPORAIN Tout est à sa place dans cette cuisine attrayante : les produits de qualité, les saveurs franches et les présentations appétissantes. Entrée autour du champignon en fines ravioles, ricotta, épinards et œuf de poule au plat ; plat de pintade, cèpes, gnocchis aux herbes, châtaignes et choux de Bruxelles. Le restaurant est installé dans un ancien château, devenu hôtel, au cœur d'un parc arboré. Située dans une verrière, la salle embrasse les jardins.

- **€€** - *La Barbinière* - *02 51 92 46 00* - *www.chateau-barbiniere.com* - *Fermé lundi et dimanche soir*

SAINT-LÉON-SUR-VÉZÈRE

24290 - Dordogne - Carte régionale n° **18**-D3

LE PETIT LÉON

Chef : Nick Honeyman

CUISINE MODERNE • COSY Sud-africain, élevé en Nouvelle-Zélande et en Australie où il apprend la cuisine, Nick Honeyman prend goût à la France et à ses produits grâce à l'Arpège et surtout l'Astrance. Pascal Barbot l'a d'ailleurs orienté vers ce bistrot que notre globe-trotter a transformé en restaurant gastronomique. Portée par de jolis dressages, sa cuisine d'auteur joue des émulsions et des contrastes de saveurs réussis, avec beaucoup d'intelligence. Ouverte dans un village pittoresque, cette table saisonnière s'apprécie en terrasse face à un jardin à la pelouse manucurée. En salle et en sommellerie, Sina, l'épouse allemande du chef, propose crus locaux, grands noms et quelques découvertes néo-zélandaises.

- **€€€** - *Le Bourg* - *05 53 51 18 04* - *www.restaurantlepetitleon.fr* - *Fermé lundi, dimanche, et mardi et mercredi à midi*

SAINT-LÉONARD

✉ 76400 - Seine-Maritime - Carte régionale n° **3**-A2

LA TABLE DE GABIN - MAISON DE LA SOURCE

CUISINE MODERNE • CONTEMPORAIN Une petite auberge de campagne cachée dans un lieu perdu : il n'en faut parfois pas plus pour exciter nos papilles. Curiosité vite récompensée par la prestation de l'ancien chef du Donjon à Étretat, Gabin Bouguet, qui a souhaité chez lui plus de simplicité, sans faire l'impasse sur la gourmandise. Houmous, haddock, légumes croquants ; poitrine de porc, mousseline de carotte, crumble aux herbes ; tarte au citron : on se régale du début à la fin. Après le repas, promenez-vous jusqu'aux falaises, à quelques centaines de mètres, pour y jouir d'une très belle vue sur Fécamp. Claude Monet y a peint une toile.

P - €€ - *2 chemin des Falaises - ✆ 02 35 28 77 18 - Fermé mercredi et jeudi, et dimanche soir*

SAINT-LIEUX-LÈS-LAVAUR

✉ 81500 - Tarn - Carte régionale n° **27**-A1

LE COLVERT

CUISINE MODERNE • ROMANTIQUE Du cachet, du croquant et du goût pour ce repaire gourmand qui s'approvisionne majoritairement chez les maraîchers et éleveurs du département. Au cœur du Lauragais, cette maison coquette à la belle terrasse sert avec le sourire et en rythme une cuisine maîtrisée à prix très raisonnable : pannacotta de légumes au parmesan ; onglet de bœuf et jus à l'ail confit ; pomme au miel, ganache chocolat au lait et coulis au thé noir. Le tout accompagné des vins de Gaillac et du Languedoc.

P - €€ - *8 rue d'en Boyer - ✆ 05 63 41 32 47 - www.restaurantlecolvert.com - Fermé lundi, samedi midi et dimanche soir*

SAINT-LIZIER

✉ 09190 - Ariège - Carte régionale n° **26**-C3

LE CARRÉ DE L'ANGE

CUISINE MODERNE • ÉLÉGANT À deux pas de Saint-Girons, à l'intérieur du palais épiscopal bâti sur la muraille romaine et classé monument historique, cheminez jusqu'à ce restaurant installé dans les caves voûtées. Pamela, cheffe brésilienne et pâtissière de formation, signe une cuisine personnelle qui valorise les produits locaux, complétés de quelques fruits et légumes du potager. Gianni, sommelier d'origine italienne, accompagne chaque plat de conseils avisés. On découvre des assiettes graphiques et travaillées comme "Noir et or", mariage de cacao, foie gras et mirabelles du jardin, et la croustade paysanne aux fruits de saison, dessert emblématique de la maison. Installez-vous en terrasse, avec une vue époustouflante sur la vallée verdoyante... vous serez aux anges !

P - €€ - *Chemin du Parc (Palais des Évêques) - ✆ 05 61 65 65 65 - www.lecarredelange.fr - Fermé, mardi, mercredi et dimanche soir*

SAINT-LÔ

✉ 50000 - Manche - Carte régionale n° **2**-B2

INTUITION

Chef : Mickaël Marion

CUISINE MODERNE • CONTEMPORAIN À l'étage de la Brasserie Les Capucines (où la cuisine est évidemment plus simple), il faut gravir quelques marches pour mériter cette table intime et feutrée, qui fait face au château.

Transfuge de Coutances où il régalait déjà ses fidèles, Mickaël Marion retrouve sa ville natale pour mieux laisser aller sa créativité. Défenseur depuis toujours des produits locaux, il aime herboriser dans la campagne et les marais pour cueillir des plantes et des herbes. De retour aux fourneaux, il en fait son miel à l'image de cette glace à la reine des prés, de ce pesto d'herbes sauvages et de livèche. Puis, dans ses assiettes, il parvient à marier avec subtilité d'excellents produits du terroir normand - Saint-Jacques, poissons de petits bateaux - et saveurs exotiques. Une table qui ne laisse pas indifférent.

€€€ - *1 rue Alsace-Lorraine - ✆ 02 33 05 14 91 - www.restaurant-intuition.fr - Fermé lundi, mardi, mercredi et dimanche*

SAINT-LOUIS

✉ 68300 - Haut-Rhin - Carte régionale n° **8**-B3

YAM

CUISINE THAÏLANDAISE • CONVIVIAL Le chef de L'Orchidée Chatchai Klanklong et son frère Kriangkai proposent ici une cuisine thaï pleine de saveurs, à l'image de cette soupe de gambas au lait de coco (Tom Yam), ou ce carré de cochon ibérique maturé 30 jours avec chou-fleur, jus aux épices et tamarin... On utilise de beaux produits, les saveurs sont franches et équilibrées, les cuissons maîtrisées et les dressages soignés.

♿ AC 🍴 P - **€€** - *4 rue d'Altkirch - ✆ 03 89 91 27 28 - www.restaurant-yam.com - Fermé lundi et dimanche*

SAINT-LUNAIRE

✉ 35800 - Ille-et-Vilaine - Carte régionale n° **9**-A1

COMÈTE

CUISINE MODERNE • BISTRO Au cœur de la station balnéaire et de la plage, le chef patron Victor Nicolas montre dans chaque assiette qu'il n'a rien oublié de son parcours étoilé parisien, et notamment de son passage chez Christophe Pelé : recettes plutôt créatives, qualité des ingrédients, préparations assez brutes jouant l'efficacité, sauces élégantes, condiments punchy : araignée de mer, fenouil et fraises ; barbue rôtie, pommes de terre, blette et jus meunière. La déco de cette petite salle bistrot rétro (vieux parquet en pin, mobilier chiné et dépareillé, luminaires au look vintage) fait le reste.

🍴 - **€€** - *35 rue de la Grève - ✆ 02 23 18 15 99 - www.cometesaintlunaire.com - Fermé du lundi au mercredi, jeudi et vendredi à midi , et dimanche soir*

SAINT-MALO

✉ 35400 – Ille-et-Vilaine – Carte régionale n° **9**-A1

LE SAINT PLACIDE

Chef : Luc Mobihan

CUISINE CRÉATIVE • CONTEMPORAIN En retrait de l'agitation touristique, dans ce quartier apprécié des Malouins, un bel écrin contemporain (courbes organiques, un peu de Fornasetti, suspensions Tom Dixon...). Il abrite le chef Luc Mobihan, grand spécialiste des produits iodés et des légumes du terroir, passé au Château de la Chenevière à Port-en-Bessin et à l'Amphitryon de Lorient, où il fut le second de Jean-Paul Abadie. Il concocte une jolie cuisine en prise avec son époque, à l'image de ces Saint-Jacques poêlées, chutney de navets confits et Noilly Prat. Quant à son épouse, Isabelle, elle donne libre cours à son goût pour les arts – ceux de la table – et à sa passion pour les bons vins (Champagne, Loire, Bourgogne...). Accueil prévenant.

PLAN : B3-1 – ♿ AC – **€€€€** – *6 place du Poncel, Saint-Servan-sur-Mer – ✆ 02 99 81 70 73 – www.st-placide.com – Fermé lundi, dimanche et mardi midi*

LE COMPTOIR BREIZH CAFÉ

CUISINE BRETONNE • CONTEMPORAIN Le Breizh Café est né d'une belle intuition : associer la tradition bretonne avec une mise en scène nippone. Chaleureux décor moderne dont un comptoir face à la cuisine ouverte comme au Japon. Produits locaux (blé noir 100% bio, huîtres de Cancale, beurre de chez Bordier) et quelques touches contemporaines, comme par exemple des galettes de sarrasin en "rolls" roulées façon maki. Bon choix de cidres.

PLAN : D3-6 – – **€€** – *6 rue de l'Orme – ✆ 02 99 56 96 08 – www.breizhcafe.com*

DOMA

CUISINE MODERNE • CONTEMPORAIN À l'intérieur de la cité malouine, quelques tables sur le trottoir, une petite salle contemporaine avec un pan de mur en tôle ondulée et du carrelage émaillé en guise d'ardoise : cette maison (doma en slave) accroche l'attention et ouvre l'appétit ! Sardine marinée, crispy rice et salsa verde, suivie d'une raviole ouverte crevette, bisque et émulsion curry d'algues, avant de finir avec un gâteau madeleine, compotée de nectarines et crème montée verveine : des assiettes colorées qui chantent la saison (au bon rapport qualité-prix en plus !).

PLAN : D3-4 – **€€** – *4 Grand Rue – ✆ 02 99 40 97 52 – www.doma.bzh – Fermé lundi, dimanche et mardi midi*

aetb/Getty Images Plus

FIDELIS

CUISINE MODERNE • CONTEMPORAIN Face aux remparts, un couple de pro séduit avec une généreuse cuisine de tradition exécutée avec honnêteté : tacos au tartare de saumon agrémentés de guacamole, pico de gallo et crème fraîche ; émincé de volaille, nouilles de riz, coriandre, gingembre, ail et sauce soja ; parfait cacahuète-chocolat, caramel au beurre salé et glace vanille. Cadre sympathique, service de bistrot souriant !

PLAN : D2-7 - **€€** - *10 rue Jacques-Cartier - 02 99 40 97 27 - www.fidelis.metro.rest - Fermé mercredi*

LA FOURCHETTE À DROITE

CUISINE ACTUELLE • COSY Caroline et Etienne Corson ont peut-être placé votre fourchette à droite, mais ils sont loin d'avoir deux mains gauches ! En témoignent l'accueil sympathique de la maîtresse de maison comme la cuisine du chef. Dans l'assiette, on apprécie une jolie leçon de choses qui met la Bretagne à l'honneur avec de beaux produits de saison : gravlax de bar, crémeux fenouil et confiture d'algues ; carrelet, écrasé de pomme de terre et sauce mikan ; pomme fondante, croustillant d'amande et caramel au cidre... N'oubliez pas de réserver, la petite salle à manger (chaleureuse) a un nombre de places limité.

PLAN : C3-13 - **€€** - *2 rue de la Pie-qui-Boit - 02 99 40 97 25 - www.restaurant-lafourchetteadroite.fr - Fermé mercredi et jeudi*

AR INIZ

CUISINE MODERNE • CONTEMPORAIN Ar Iniz, « les petites îles » en breton, se niche dans un hôtel face à la mer, au cœur d'un cadre moderne et lumineux avec une vue splendide sur la plage du Sillon. Cuissons maîtrisées, assiettes savoureuses et produits choisis avec soin : pâté en croûte de volaille, glace cornichon ; sole meunière, purée de pomme de terre au beurre Bordier ; profiteroles. Aux beaux jours, la terrasse devient incontournable pour profiter du spectacle.

PLAN : C1-2 - **€€** - *8 boulevard Hébert - 02 99 56 01 19 - www.ariniz.com - Fermé lundi et mardi*

LE BÉNÉTIN

CUISINE MODERNE • CONTEMPORAIN En entrée, un carpaccio de dorade moelleux et savoureux, revigoré par une sauce aux agrumes ; puis, un lieu jaune cuit avec précision et une sauce curry bien relevée ; enfin, au dessert, une tarte croustillante aux poires et aux pommes, escortée de sa glace à la vanille maison. Voilà, moussaillon, la goûteuse croisière qui t'attend dans cette belle salle lumineuse – façon hangar à bateaux – qui jouit d'une vue plongeante sur la côte escarpée et ses rochers.

HORS PLAN - **€€€** - *4 chemin des Rochers Sculptés - 02 99 56 97 64 - www.restaurant-lebenetin.com*

BETTON FILS

CUISINE MODERNE • CONVIVIAL Dans le centre-ville de Saint-Malo, un petit restaurant fait joliment l'angle, dans un bâtiment typique de pierre grise. Aux commandes, le chef Victor Betton, ancien champion d'escrime, dégaine une cuisine généreuse et maîtrisée. Adepte de la fente gustative, il tranche dans un rayon de 50 km pour dénicher les meilleurs produits. Au déjeuner, le menu à prix doux désarmerait n'importe quel adversaire : filet de lieu jaune doré, purée onctueuse, écume de crustacés savoureuse ; figues rôties, huile de romarin, shiso et granité herbacé. Le soir, la carte affûte des ingrédients plus nobles (coquille Saint-Jacques de plongée, saint-pierre de ligne).

PLAN : D3-5 - **€€** - *7 rue des Grands-Degrés - 02 99 40 57 44 - www.bettonfils.fr - Fermé lundi et dimanche*

SAINT-MALO
plan I
0 250 m
N
MANCHE
Fort national
Château
Tour Bidouane
Cathédrale St-Vincent
Q. St-Louis
R. de Toulouse
Bassin Vauban
voir plan II
Grande Plage
Chaussée du Sillon
Digue de Rochebonne
Bd
Q. Duguay-Trouin
Bassin Duguay-Trouin
Q. Surcouf
Av. Louis Martin
Chée des Corsaires
Bassin Jacques-Cartier
Bassin Bouvet
Cale de Dinan
MÔLE DES NOIRES
Condor Ferry Terminal
ANSE DES SABLONS
Corniche d'Aleth
Fort de la Cité
Pl. St-Pierre
R. de la Cité
Ch. de la Corderie
Anse St-Père
Tour Solidor
PHARE DES SABLONS
Pl. Monseigneur Duchesne
PARC DE CORBIÈRES
BASSIN DE LA RANCE
LA RANCE
Belvédère du Rosais
PHARE DE LA BALUE
PARC DE LA BRIANTAIS
PORTSMOUTH, SARK, GUERNSEY, JERSEY
WEYMOUTH, CORK, PLYMOUTH, POOLE
Musée des Terre-neuvas
HIPPODROME DE MARVILLE
R. Hippolyte de la Morvonnais
Bd de la République
R. Ernest Renan
Av. Jean Jaurès
Av. Aristide Briand
Av. Anita Conti
R. d'Alsace
R. d'Alger
Av. de Marville
Av. Pasteur
Av. Ch. Guernier
Av. de Villers
Av. de Moka
Av. Waldeck-
Av. de la Fne au
R. A. Thébault
Bd des Talards
R. Hochelaga
Q. de Trichet
R. G. Clemenceau
Q. du Val
R. Lecoufle
R. Pierre de Coubertin
R. de l'Etrier
R. Le Pomellec
R. Ville Pépin
R. Godard
R. du Val
Bd Henri Dunant
R. de la Pie
R. de la Marne
Bd Gouazon
R. Jean XXIII
R. de Dreux
Bd Tréhouart
R. Beauséjour
R. de la Motte
R. de la Tréherais
R. de Riancourt
Bd de l'Aurore
R. Jeanne Jugan
R. du Chapitre
Bd Douville
R. de la Clarisse
Bd de l'Espadon
R. du Revenant
R. Jean Hus
R. du Génie
R. P. Certain
Bd du Rosais
R. C. Tavet
R. de la Gentillerie
R. de la Chesnale
R. de la Balue
1
A
B
2
3

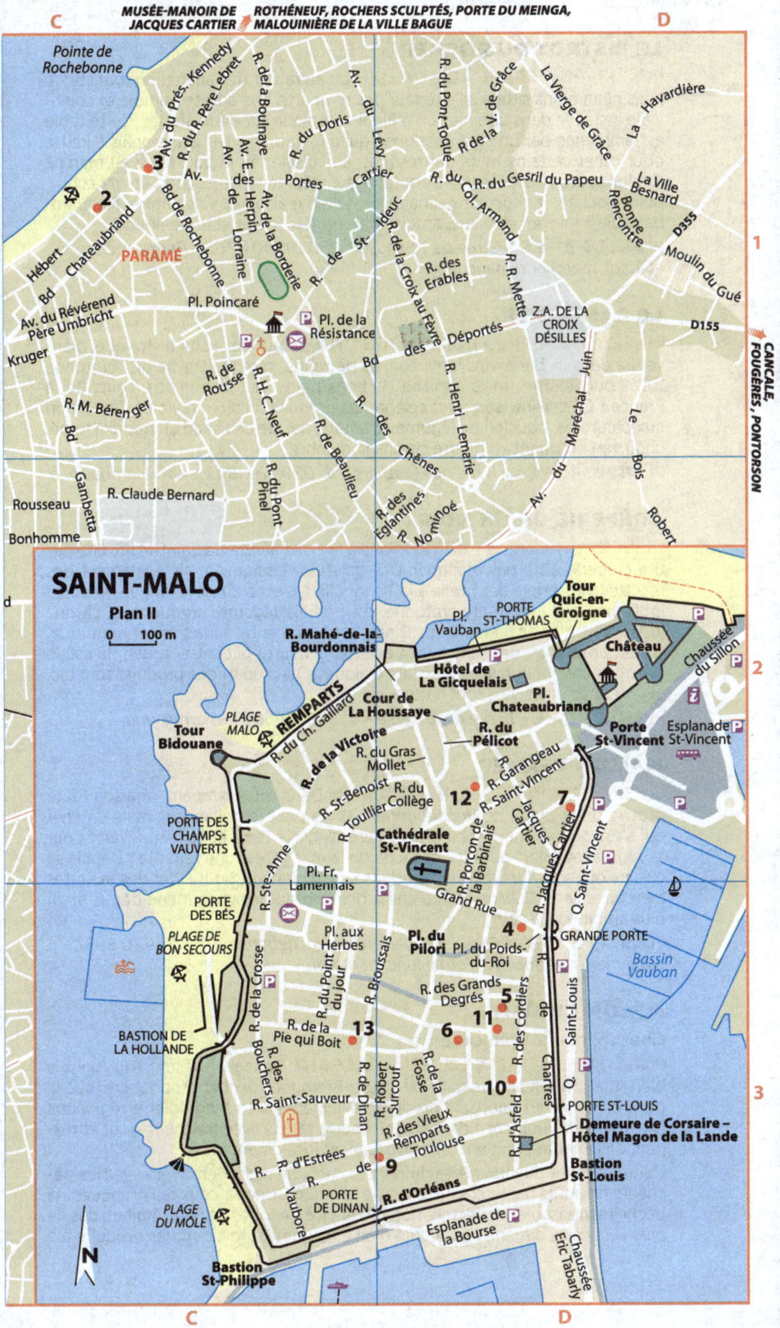
MUSÉE-MANOIR DE JACQUES CARTIER
ROTHÉNEUF, ROCHERS SCULPTÉS, PORTE DU MEINGA, MALOUINIÈRE DE LA VILLE BAGUE
CANCALE, FOUGÈRES, PONTORSON
C
D
1
2
3
Pointe de Rochebonne
PARAMÉ
Av. du Prés. Kennedy
R. du R. Père Lebret
R. de la Boulnaye
Av. E. Herpin
Av. des Portes
Av. de Lorraine
Av. de la Borderie
Bd de Rochebonne
Bd Hébert
Bd Chateaubriand
Av. du Révérend Père Umbricht
Kruger
Pl. Poincaré
Pl. de la Résistance
R. de Rousse
R. H. C. Neuf
R. M. Bérenger
Bd Rousseau
Bonhomme
Bd Gambetta
R. Claude Bernard
R. du Pont Pinel
R. de Beaulieu
R. du Doris
Av. du Lévy
Cartier
R. de St-Ideuc
R. de la Croix au Fèvre
R. des Erables
Bd des Déportés
R. des Chênes
R. Henri Lemarié
R. des Eglantines
R. Nominoé
R. du Pont Toqué
R. de la V. de Grâce
R. du Col. Armand
R. du Gesril du Papeu
R. R. Mette
Z.A. DE LA CROIX DÉSILLES
Av. du Maréchal Juin
Le Bois Robert
La Vierge de Grâce
La Havardière
La Ville Besnard
Bonne Rencontre
D355
Moulin du Gué
D155
SAINT-MALO
Plan II
0 100 m
R. Mahé-de-la-Bourdonnais
Pl. Vauban
PORTE ST-THOMAS
Tour Quic-en-Groigne
Château
Chaussée du Sillon
Hôtel de La Gicquelais
Pl. Chateaubriand
Cour de La Houssaye
REMPARTS
PLAGE MALO
Tour Bidouane
R. du Ch. Gaillard
R. de la Victoire
R. du Gras Mollet
R. du Pélicot
Porte St-Vincent
Esplanade St-Vincent
R. Garangeau
R. Saint-Vincent
R. St-Benoist
R. du Collège
R. Toullier
12
7
R. Jacques Cartier
PORTE DES CHAMPS-VAUVERTS
Cathédrale St-Vincent
R. Porcon de la Barbinais
R. Ste-Anne
Pl. Fr. Lamennais
Grand Rue
Q. Saint-Vincent
PORTE DES BÉS
PLAGE DE BON SECOURS
Pl. aux Herbes
Pl. du Pilori
Pl. du Poids-du-Roi
4
GRANDE PORTE
Bassin Vauban
R. de la Crosse
R. du Point du jour
R. Broussais
R. des Grands Degrés
5
11
R. des Cordiers
R. de Chartres
Q. Saint-Louis
BASTION DE LA HOLLANDE
R. de la Pie qui Boit
13
6
R. des Bouchers
R. de Dinan
R. Robert Surcouf
R. de la Fosse
10
R. Saint-Sauveur
PORTE ST-LOUIS
Demeure de Corsaire – Hôtel Magon de la Lande
R. d'Asfeld
R. des Vieux Remparts
R. Toulouse
R. d'Estrées
R. de Vaubore
9
Bastion St-Louis
PORTE DE DINAN
R. d'Orléans
Esplanade de la Bourse
PLAGE DU MÔLE
Chaussée Eric Tabarly
N
Bastion St-Philippe

LE BISTROT DU ROCHER

CUISINE DU MARCHÉ • BISTRO Un peu en retrait de l'animation touristique mais néanmoins située à l'intérieur des remparts, une adresse simple et conviviale installée dans une maison malouine typique sur deux étages. Cette table est emmenée par un chef passionné qui a fait appel à l'artiste rennais MioSHe pour orner certains murs de fresques. La cuisine fait la part belle au marché (araignée de mer au curry et betterave ; crépinette de cochon et gnocchis ; poire pochée et chocolat guanaja) avec pain maison et vins nature. Menu imbattable à midi en semaine, ardoise plus étoffée le soir et le week-end.

PLAN : D3-9 – **€€** – *19 rue de Toulouse – ✆ 02 99 40 82 05 – Fermé mercredi, et lundi, mardi et dimanche soir*

LE CAMBUSIER

CUISINE MODERNE • CONTEMPORAIN Au cœur de la cité historique, bienvenue dans ce bar à vins lumineux. La patronne, sommelière, se dit "Bretonne 100% pur beurre", mais déniche de bons petits vins des quatre coins de la France ! En cuisine, son mari célèbre les produits locaux : ravioles de cochon aux pleurotes, bouillon de légumes d'antan ; dos de cabillaud au paprika fumé, chou vert croquant au beurre citron-gingembre

PLAN : D3-10 – **€€** – *6 rue des Cordiers – ✆ 02 99 20 18 42 – www.cambusier.fr*

CRÊPERIE GRAIN NOIR

CUISINE BRETONNE • BISTRO Face à la Halle au Blé de Saint-Malo, une petite crêperie à ne pas manquer. Des galettes classiques mais également des recettes plus originales : celle à la "langouille", c'est à dire à la langue de porc ; la "Grain Noir" avec truite bretonne, chèvre frais, légumes croquants et citron ; la "Ty Nevez" avec andouille de Dinan, œuf, emmental au lait cru et moutarde. On propose aussi des "amuses gueulettes" : beurre piment et gruée de cacao cru ou encore beurre salé et tartare d'algues... La plupart des produits sont bio, et les cidres et les vins sont nature.

PLAN : D3-11 – **€** – *16 rue de la Herse – ✆ 02 23 17 56 79 – Fermé lundi*

MAISON VERMER

CUISINE MODERNE • CONTEMPORAIN Dans cette pimpante maison toute proche de la plage de Rochebonne, pas de peintre hollandais, mais un chef qui s'est donné pour ambition culinaire d'unir la terre et l'océan ("vert" pour le végétal et "mer" pour les produits de la mer). C'est une réussite ! Depuis sa cuisine ouverte, il travaille les produits en circuit court pour livrer des assiettes bien balancées. Cuisine du marché à bon prix au déjeuner, menu dégustation plus ambitieux le soir.

PLAN : C1-3 – 🍽 – **€€€** – *79 boulevard de Rochebonne – ✆ 02 99 20 85 52 – www.maisonvermer.fr – Fermé lundi et mardi*

MÉSON CHALUT

Chef : Vincent Prémorvan

POISSONS ET FRUITS DE MER • ÉLÉGANT Dans sa "méson" (qui signifie bien "maison" en langue gallo de Haute-Bretagne), le chef propriétaire joue la carte bretonne en valorisant produits de la mer et autres ingrédients régionaux (sarrasin, lait ribot, coco de Paimpol, beurre salé...) avec fraîcheur, goût et respect de la nature, tout en s'approvisionnant localement.

L'engagement du chef : Près du port, le choix de passer en direct avec les pêcheurs de petits bateaux s'imposait de lui-même. Choisir ceux qui pratiquent la pêche responsable, respectant notamment les périodes de fraie, était un pas de plus vers cette dynamique. À côté d'un engagement fort pour les produits bio et les circuits courts, nous nous efforçons de réduire au maximum les déchets, en proposant systématiquement un "doggy bag" et en récupérant les eaux de refroidissement de la cuisine pour le nettoyage.

PLAN : D2-12 – A/C – **€€€** – *8 rue de la Corne-de-Cerf – 02 99 56 71 58 – www.meson-chalut.bzh – Fermé lundi et le midi*

LE ROCHER

CUISINE MODERNE • BISTRO Le chef Romain Roullier est tombé en pâmoison pour ce restaurant du quartier de Rothéneuf. Sur l'agréable terrasse ou dans la salle fraîchement rénovée, on profite du coup de main expérimenté de ce cuisinier qui sait faire plaisir aux papilles, sans fioritures inutiles : œuf poché et girolles persillées, lait fumé et croûtons ; cuisse de canard laquée, caviar d'aubergine et curry... Bon rapport qualité-prix.

HORS PLAN – **€€** – *24 place du Canada – 02 23 18 28 52 – www.lerocher-rotheneuf.fr – Fermé mardi, et lundi et dimanche soir*

LES CHARMETTES

MODERNE • CHALEUREUX Cette ancienne pension pour jeunes filles a plutôt bien tourné. Métamorphosée en hôtel de charme ou "maison de famille" chaleureuse, elle propose des chambres à la décoration simple et colorée. Toutes différentes, elles puisent leurs motifs dans les thématiques marine ou végétale, selon que vous aurez choisi la villa côté jardin ou la villa côté mer.

P – **16 chambres** – *64 boulevard Hébert – 02 99 56 07 31*

GRAND HÔTEL DES THERMES

CLASSIQUE • COSY Sur le front de mer, le palace de Saint-Malo a le charme rétro des villégiatures bourgeoises du 19e s. Ses chambres et suites sont très douillettes (classiques ou contemporaines). Quant à son centre de thalasso (six piscines à l'eau de mer, soins de qualité), il est superbe !

A/C P Spa – **174 chambres** – *100 boulevard Hébert – 02 99 40 75 00*

SAINT-MARTIAL-DE-NABIRAT

24250 – Dordogne – Carte régionale n° **18**–D3

LE SAINT-MARTIAL

CUISINE MODERNE • COSY Valérie et Jean-Marc Réal dirigent ce charmant restaurant depuis plus de vingt ans dans un petit village paisible du Périgord noir. Le chef sublime habilement les produits de saison en alliant tradition et modernité, avec notamment de bons jus et des associations équilibrées, pour des assiettes goûteuses. À l'image de cette fricassée d'escargots et tête de veau en habit vert, accompagnée d'une crème de cèpe au cresson. L'accueil chaleureux et la riche carte des vins contribuent à passer un agréable moment.

A/C – **€€** – *6 rue Grand-Rue – 05 53 29 18 34 – www.lesaintmartial.com – Fermé lundi, et mardi et mercredi à midi*

SAINT-MARTIN-DE-BELLEVILLE

✉ 73440 - Savoie - Carte régionale n° **21**-D2

✿✿ RENÉ ET MAXIME MEILLEUR

Chefs : Maxime et René Meilleur

CUISINE CRÉATIVE • MONTAGNARD René, le père, et Maxime, le fils : un duo qui exprime l'âme d'un terroir, en mêlant une attention scrupuleuse au produit et une inspiration de chaque instant pour revisiter les spécialités régionales. Le fromage, les poissons de lac, ainsi que les herbes et baies que René va cueillir au quotidien, sont la base d'une cuisine "intelligente mais compréhensible". Ici, tout est imaginé en famille, puisque mère, fille, belle-fille et gendre travaillent ensemble en salle et à l'intendance. Sachez enfin que l'on vous accueille aussi pour la nuit : dans un chalet mitoyen, chambres et suites du dernier chic montagnard vous tendent les bras.

- **€€€€** - *Hameau de Saint-Marcel - ✆ 04 79 08 96 77 - www.la-bouitte.com - Fermé mardi et mercredi midi*

SIMPLE ET MEILLEUR

CUISINE SAVOYARDE • RÉGIONAL Dans cette jolie salle habillée de bois clair, dont les grandes baies vitrées ouvrent sur les massifs, les produits savoyards, souvent à partager, sont mis à l'honneur avec gourmandise : truite au four, fondue de reblochon, charcuteries et fromages de la région, tarte aux myrtilles... ou encore ce chevreuil préparé en bourguignon avec sa polenta crémeuse. Une adresse chaleureuse imaginée par René et Maxime Meilleur, accessible directement skis aux pieds. Au rez-de-chaussée, l'épicerie fine propose des produits locaux pour prolonger la dégustation.

- **€€** - *121 rue Caseblanche - ✆ 04 86 80 02 91 - www.simple-meilleur.com - Fermé mercredi*

LA BOUITTE

MONTAGNARD • COSY Si vous avez fait la route pour profiter de l'excellence culinaire de la Bouitte, sachez que l'on vous y accueille aussi pour la nuit. Plusieurs chalets, huit chambres et sept suites du dernier chic montagnard vous attendent. Un véritable cocon !

- **15 chambres** - *Hameau de Saint-Marcel - ✆ 04 79 08 96 77*

✿✿ **René et Maxime Meilleur** • **Simple et Meilleur** - Voir la sélection des restaurants

SAINT-MARTIN-DE-LONDRES

✉ 34380 - Hérault - Carte régionale n° **27**-D1

L'ACCENT DU SOLEIL

CUISINE CLASSIQUE • ÉLÉGANT Ancien chef du Château de Mercuès, dans le Lot, Philippe Combet sert ici une bonne cuisine de saison, qui met en valeur les produits de la région. Menu truffe ou asperges, agneau du Quercy... le tout servi en salle par son épouse avec gentillesse et professionnalisme.

- **€€€** - *19 route des Cévennes - ✆ 04 67 55 23 10 - www.laccentdusoleil.fr - Fermé lundi et mardi, et dimanche soir*

SAINT-MARTIN-DE-RÉ - Charente-Maritime (17) ➜ Voir Île de Ré

SAINT-MARTIN-D'URIAGE

✉ 38410 - Isère - Carte régionale n° **21**-C3

AUBERGE DES SEIGLIÈRES

CUISINE MODERNE • AUBERGE Au sommet d'un col entre Uriage et Chamrousse, cette auberge en pierre à fière allure revit sous l'impulsion d'une jeune équipe pleine d'allant. On déguste à bon prix une cuisine de saison d'inspiration régionale. Terrasse avec vue sur la forêt.

- €€ - 6000 route de Chamrousse - ✆ 04 76 15 28 67 - www.auberge-seiglieres.fr - Fermé mercredi et jeudi, et dimanche soir

SAINT-MARTIN-DU-TERTRE

✉ 89100 - Yonne - Carte régionale n° **12**-A1

LE MARTIN BEL AIR

CUISINE MODERNE • CONVIVIAL Face à la mairie du village, ce bistrot de campagne entièrement rénové vous accueille dans un cadre contemporain et végétal (bois clair, décorations murales en liège, plafond noir). Le chef, passé par de bonnes maisons de la région, compose une cuisine de saison au bon rapport qualité-prix : velouté de cèpes, escalope de foie gras chaud et émulsion de poitrine fumée ; dos de cabillaud en basse température, mousseline de panais et crème Dubarry au curry ; parfait glacé à la noisette, praliné feuillantine et pain de Gênes noisette...

- €€ - 3 place du 19-Mars-1962 - ✆ 03 86 66 47 95 - www.lemartinbelair.com - Fermé lundi et mardi, mercredi soir et dimanche soir

SAINT-MARTIN-SUR-LA-CHAMBRE

✉ 73130 - Savoie - Carte régionale n° **21**-C2

LE CLOCHER DES PÈRES

Chef : Pierre Troccaz

CUISINE CRÉATIVE • CONVIVIAL Au cœur d'un hameau paisible, une ancienne maison forte du 15e s., perchée à 600 m. d'altitude, offre un cadre intimiste et chaleureux avec ses murs de pierre et ses grandes baies vitrées ouvrant sur la chaîne de Belledonne. Cinq tables rondes soigneusement dressées, dans une salle baignée de lumière, pour une rencontre entre la nature et la gourmandise. Pierre Troccaz compose une partition inventive et soignée, mêlant produits locaux, herbes de son jardin aromatique et touches exotiques maîtrisées à l'image du homard bleu accompagné d'un espuma aérien au Beaufort et de tomates confites parfumées. Le filet de caïon paré d'ail des ours et son farcement savoyard croustifondant révèlent toute la richesse d'une cuisine travaillée avec passion. Éloïse, la femme du chef, prodigue sans compter un accueil charmant proche du client. Jolies chambres pour la nuit.

- €€€€ - Le Mollard, 80 impasse du Four - ✆ 04 79 59 98 06 - www.chambres-d-hote-maurienne-le-clocher-des-peres.fr - Fermé lundi, mardi, mercredi et dimanche

SAINT-MAURICE

✉ 94410 - Val-de-Marne - Carte régionale n° **11**-F2

TANDEM SAVEURS NOMADES

CUISINE FUSION • CONTEMPORAIN Tout est dans le titre : un duo de chefs formé chez Thierry Marx et une cuisine fusion innovante où les influences sud-américaines et asiatiques embrassent des produits français. Aubergines boostées par une sauce miso ; lieu jaune et crémeux de petits pois, risotto de quinoa aux herbes thaï et quelques grains de sarrasin grillés pour la note torréfiée ; gyoza de bœuf sauce teriyaki : notre paire gourmande travaille ses associations avec justesse et intelligence. Ce bistrot coloré, chaleureux, très contemporain, est une aubaine pour le centre-ville de Saint-Maurice !

- €€ - 50 avenue du Maréchal-de-Lattre-de-Tassigny - 01 43 76 38 38 - www.tandemsaveursnomades.com - Fermé lundi et dimanche

SAINT-MAXIMIN

30700 - Gard - Carte régionale n° **28**-C2

OUSTA MAÏ

CUISINE MODERNE • COSY Courgette en fleur soufflée, truite, oseille du jardin et girolles ; homard bleu rôti dans ses sucs, polenta blanche au basilic ; abricots infusés à la verveine, petits fruits rouges et noirs : la cuisine de saison de Jean-Paul séduit par sa précision et sa générosité. L'accueil attentif de Sandrine, le service soigné, et l'atmosphère feutrée des deux salons cosy – comme à la maison – complètent le charme de cette adresse nichée dans un village paisible à quelques kilomètres d'Uzès. En prime, une cave à vin apparente avec une belle sélection locale.

- €€€ - 11 rue des Pins - 04 66 68 03 88 - Fermé lundi et mardi, et mercredi et jeudi midi

SAINT-MÉDARD

46150 - Lot - Carte régionale n° **23**-A2

LE GINDREAU

Chef : Pascal Bardet

CUISINE MODERNE • ÉLÉGANT Dans un petit village surplombant les coteaux, l'ancienne école s'est réinventée en restaurant. Bienvenue au Gindreau, à Saint-Médard. Le chef Pascal Bardet, natif du Lot et ancien d'Alain Ducasse pendant 18 ans – notamment au Louis XV –, s'épanouit derrière les pianos. "En cuisine, rien n'est figé", glisse ce timide plein d'assurance. De fait, il met bien en valeur les produits du terroir – comme la truffe, en saison, dont il est un spécialiste. Installez-vous en terrasse sous les marronniers, et profitez du coucher de soleil sur le Quercy.

- €€€€ - 146 rue du Gindreau - 05 65 36 22 27 - www.legindreau.com - Fermé lundi et mardi, et mercredi et dimanche soir

SAINT-MÉDARD-D'EYRANS

33650 - Gironde

DOMAINE DE LARCHEY

ÉLÉGANT • CALME Au cœur des vignobles de Pessac-Léognan, le Domaine de Larchey offre un contrepoint aux châteaux bordelais. L'hôtel familial propose trois catégories de chambres, toutes décorées différemment, dont deux adaptées à un accès de plain-pied, et un cadre qui bénéficie de tout le charme de la campagne environnante. Un base idéale pour explorer les domaines voisins, des productions confidentielles aux grands crus classés.

- **15 chambres** - *28 route de Larchey - 05 56 72 19 59*

SAINT-MÉLOIR-DES-ONDES

✉ 35350 - Ille-et-Vilaine - Carte régionale n° **9**-B1

✿✿✿ LE COQUILLAGE

Chef : Hugo Roellinger

CUISINE CRÉATIVE • ÉLÉGANT Un petit manoir romantique, une vue féerique sur la baie du Mont-Saint-Michel... et une véritable épopée culinaire. Après une première vie dans la marine marchande, Hugo Roellinger a peaufiné son art avec humilité, pour signer aujourd'hui ce poétique voyage "Au gré du Vent et de la Lune" qui tient en haleine de bout en bout et offre une vision très personnelle de la Bretagne. Les produits de la mer sont magnifiés avec une fluidité, une délicatesse et un naturel époustouflants, à l'image de ce homard en deux services, avec ses sauces d'une complexité rare. Loin de toute abstraction, cette cuisine parle immédiatement ; son apparente simplicité recèle une subtilité sans égale dans les harmonies de saveurs, avec un talent particulier dans le maniement des épices (bon sang ne saurait mentir), mais aussi des poivres, algues, fleurs et herbes du potager. Malicieux et parfois audacieux, des desserts peu sucrés prolongent cet univers marin avec éclat. Une cuisine sensible portée par une équipe acquise à la cause, qui sait trouver le ton juste.

L'engagement du chef : Notre cuisine est une ode consciente et responsable aux ressources marines : nous ne préparons que des poissons et des crustacés de petites pêches dont les stocks ne sont pas menacés et nous employons de nombreuses algues que nous ramassons nous-mêmes. Nous fabriquons notre propre pain et cultivons nos herbes aromatiques.

P - €€€€ - *Lieu-dit Le Buot - ✆ 02 99 89 64 76 - www.maisons-de-bricourt.com/fr/page/le-coquillage - Fermé lundi et dimanche*

BISTROT 1936 - DOMAINE DU LIMONAY

CUISINE MODERNE • CONTEMPORAIN Le bistrot du Domaine du Limonay arbore de jolis matériaux (bois clair et poutres apparentes) et des baies vitrées généreuses en lumière. La carte affiche des produits gourmands de qualité : poularde, foie gras, araignée de mer, et propose même un délicieux ramen breton à base de porc fermier et de nouilles de sarrasin.

♿ A/C P - €€ - *Lieu-dit Le Limonay - ✆ 02 99 89 10 46 - www.domaine-du-limonay.com/fr/restaurants/bistrot.html*

LA GOUESNIÈRE - DOMAINE DU LIMONAY

CUISINE MODERNE • ÉLÉGANT Dans cette hostellerie fondée en 1936, la table gastronomique dévoile de jolies recettes créatives appuyées sur les beaux produits du terroir breton : pêche de la baie de Saint-Malo, agneau de pré salé, sarrasin... La gourmandise n'est pas en reste, notamment sur la partie desserts.

♿ A/C P - €€€ - *Lieu-dit Le Limonay - ✆ 02 99 89 10 46 - www.domaine-du-limonay.com/fr/restaurants/la-gouesniere.html - Fermé lundi et mardi*

CHÂTEAU RICHEUX - LES MAISONS DE BRICOURT

CLASSIQUE • RAFFINÉ Le Château Richeux ne date que des années 1920, mais cette somptueuse résidence balnéaire ne manque pas de cachet. La vue sur la baie du Mont Saint-Michel contribue à son charme, mais le plus séduisant se trouve de l'autre côté des murs de la vieille bâtisse et du chalet voisin : une riche collection de meubles et d'éléments décoratifs anciens. L'ancienne grange abrite aujourd'hui un spa.

P Spa - **13 chambres** - *Lieu-dit Le Buot*

✿✿✿ **Le Coquillage** - Voir la sélection des restaurants

SAINT-MEXANT

✉ 19330 - Corrèze

CYPRÈS SI HAUT

MODERNE • CHAMPÊTRE On peut difficilement faire plus privé que cette maison d'hôtes à chambre unique. D'autant plus que celle-ci est conçue comme une cabane de luxe pour citadins en manque de chlorophylle. C'est dans une petite forêt de Corrèze que ce nid joue à cache-cache, perché à 4 m de haut, dans son manteau de pin et de mélèze. Il cache également bien son jeu : pas de meubles de fortune ici, mais une déco design, une cuisine équipée, une douche à l'italienne, avec terrasse, spa privé avec jacuzzi et sauna tropical en communion avec la végétation. L'exotisme est à son comble avec le choix de séjour sur-mesure : gourmand, romantique, culturel, cocooning, arrosé... Il faudra simplement prendre garde à ne pas tomber de votre perchoir.

A/C P Spa - **1 chambres** - *15 rue du Fond Bourg* - *05 55 29 41 21*

SAINT-MICHEL-CHEF-CHEF

✉ 44730 - Loire-Atlantique - Carte régionale n° **9**-A3

BEAU BOUCOT

CUISINE MODERNE • CONTEMPORAIN Face à la grande plage de Tharon, ce bistrot de la mer lumineux signé Mathieu Guibert (Anne de Bretagne) permet de savourer la mer dans l'assiette comme dans le paysage. La qualité irréprochable des mets profite du réseau de fournisseurs du chef : des crevettes grises frites en amuse-bouche au vitello tonnato revisité, en passant par la truite fumée, aucun bémol. À noter : on propose aussi des options végétariennes ou carnées, tandis que le menu découverte offre un excellent rapport qualité-prix. Le service, assuré par une équipe jeune et souriante, allie professionnalisme et convivialité. Du beau boulot !

€€ - *119 boulevard de l'Océan* - *02 28 53 10 75* - *www.beauboucot.com*

SAINT-MONT

✉ 32400 - Gers - Carte régionale n° **26**-A2

LA TABLE DE JEAN-PAUL TOSSENS - MONASTÈRE DE SAINT-MONT

CUISINE MODERNE • HISTORIQUE Dire que c'est un lieu chargé d'histoire est un euphémisme : ce monastère, plusieurs fois reconstruit depuis le Moyen-Age, se trouverait sur l'emplacement d'un ancien oppidum romain. Le chef élabore une cuisine de saison émaillée de produits nobles, que l'on déguste dans un cadre élégant. Il est possible de prolonger le séjour grâce aux chambres, à la piscine et au spa. Restauration plus simple au bistrot "Les Bérets Noirs".

P - **€€€** - *627 rue Bernard-Tumapaler* - *06 32 86 46 11* - *www.lemonasteredesaintmont.com/la-table-jeanpaultossens* - *Fermé lundi et dimanche soir*

SAINT-NAZAIRE

✉ 44600 - Loire-Atlantique - Carte régionale n° **9**-A3

TOPAZE

CUISINE MODERNE • COSY Dans le centre-ville, un couple de professionnels (qui s'est rencontré à Ze Kitchen Gallery de William Ledeuil à Paris), lui en cuisine, elle au service, a taillé ce bijou gourmand chaleureux et intime ! Dans l'assiette, le chef se révèle un orfèvre qui ne laisse rien au hasard : produits frais et locaux choisis selon l'arrivage, cuissons douces et précises, parfums et cou-

leurs. On s'est régalé d'un tartare de bœuf et de son crémeux glacé aux huîtres, ponctué de quelques salicornes ; d'un pavé de cabillaud nacré en croûte de sésame et de sarrasin torréfiés et nappé d'un succulent jus de coques safrané.
- €€ - 103 rue Aristide-Briand - 02 51 75 69 36 - www.topaze.restaurant - Fermé lundi, mardi et dimanche

GAMIN

CUISINE MODERNE • CONTEMPORAIN Après avoir beaucoup jonglé avec les fuseaux horaires (Alain Passard, la Corse, le restaurant Blue Hill de Dan Barber aux États-Unis), il était presque normal que Bastien et Charlotte Guillochon s'installent face à un... port. Leur « maison culinaire », comme ils l'ont baptisée, ouvre du petit-déjeuner au dîner, et multiplie les coins cosy. Sur la carte, chaque intitulé de plat commence par un nom de légume ou de fruit : concombre, ceviche de coquillage, huile de cameline ; courgette ronde, purée de carottes nouvelles, chimichurri, dorade sébaste. Une cuisine moderne, respectueuse de l'environnement et rudement bien troussée.
- €€ - 1 boulevard René Coty - 02 40 22 20 03 - www.gamin.fr - Fermé samedi et dimanche

SAINT-NEXANS

24520 - Dordogne

LA CHARTREUSE DU BIGNAC

CLASSIQUE • CHARME Ce magnifique manoir du 18e s., ancienne chartreuse, a été restauré avec beaucoup de soin, mariant le charme de l'authentique au confort le plus haut de gamme. Les chambres et suites, aux lits douillets et aux salles de bains à l'élégance moderne, se répartissent entre la maison principale et deux dépendances, sur 12 ha de terrain : impossible ici de se sentir à l'étroit ! Le must : la suite aménagée dans l'ancien moulin, dont le plancher vitré donne directement sur le ruisseau.
AC P - **12 chambres** - *1883 route du Bignac - 05 53 22 12 80*

SAINT-OMER

62500 - Pas-de-Calais - Carte régionale n° **4**-B2

BACÔVE

Chef : Camille Delcroix

CUISINE MODERNE • CONTEMPORAIN Le bacôve est une grande barque à fond plat qui était utilisée par les maraîchers du marais audomarois pour transporter leurs légumes. Voilà qui dit tout de l'inspiration de Camille Delcroix (vainqueur en 2018 de Top Chef) dans son restaurant à la déco nature et apaisante, où il signe des menus d'une belle précision technique, inspirés par les produits du terroir local et un fil conducteur associant terre et mer. Le souci esthétique du chef affleure à chaque instant, tant dans le choix de la vaisselle que dans les couleurs ou le graphisme de ses assiettes. Enfin, Carla et son équipe vous réservent un accueil et un service des plus souriants.
- €€€ - 8 rue Caventou - 03 21 95 21 33 - www.restaurant-bacove.com - Fermé lundi et mardi, et dimanche soir

BOUCAN

CUISINE MODERNE • CONTEMPORAIN Le chef Kevin Barata et sa compagne Lucile Prevost (déjà propriétaires d'Au Koning Van Peene) veillent désormais également sur la table du théâtre La Barcarolle. Le décor pop à souhait arbore néons et couleurs flashy. Dans l'assiette, une cuisine directe et généreuse (notamment les sauces !), ponctuée de produits identitaires des Hauts-de-France.

- €€ - Allée de Detmold - 03 21 88 60 75 - www.boucan-saint-omer.fr - Fermé lundi et dimanche, et mardi et mercredi soir

PLURIEL'

CUISINE MODERNE • CONTEMPORAIN En plein centre de Saint-Omer, Pluriel' joue la carte d'un cadre sobre et lumineux : parquet clair, murs blancs, suspensions contemporaines. Aux commandes, le chef Yohann Cornet, déploie une partition à la fois précise et expressive. Son cochon fermier du Sud-Ouest, confit à basse température, arrive moelleux à souhait, alangui sur un lit de maïs décliné en grains craquants, grillés et soufflés. La tuile croustillante se pique de compotée de myrtille fermentée et de fruits frais, nappée au dernier instant, d'un jus brillant. Le chef connaît ses classiques !

€€€ - 86 rue Carnot - 07 67 41 91 41 - www.plurielsaintomer.fr - Fermé mardi et mercredi, et lundi, jeudi et dimanche soir

SAINT-OMER-EN-CHAUSSÉE

60860 - Oise - Carte régionale n° **5**-A2

AUBERGE DE MONCEAUX

CUISINE MODERNE • AUBERGE Une belle table de campagne qui pousse au milieu des fleurs des champs, gardée dans son jus (tomettes, poutres, etc.) et dépoussiérée juste ce qu'il faut. Deux sœurs en salle et leurs compagnons en cuisine mettent toute leur passion dans cette affaire familiale qui donne le sourire. Tomate crispy, truite fumée, mayonnaise harissa et gelée ; bœuf maturé en deux cuissons, pomme dauphine et blette caponata ; oseille, fruits pochés, confiture et meringue : des assiettes léchées et colorées, où liberté et tradition vont de pair. Menu renouvelé régulièrement.

P - €€€ - 1 rue du Maréchal-Leclerc - 03 44 84 50 32 - www.aubergedemonceaux.fr - Fermé lundi et mardi, et mercredi, jeudi et dimanche soir

SAINT-OUEN

93400 - Seine-Saint-Denis

MOB HÔTEL PARIS LES PUCES

MODERNE • CONVIVIAL Les bureaux de General Electric ont laissé place à cet établissement, en forme de U dans l'esprit Mama Shelter, avec terrasse végétalisée et potager sur le toit. Chambres confortables et standardisées. Cinéma en plein air en été.

AC P - **92 chambres** - *4-6 rue Gambetta - 01 47 00 70 70*

MOB HOUSE

Plus

MODERNE • CONVIVIAL L'objectif de MOB House est de créer un nouveau type d'hôtel résidentiel. Les espaces sont donc un peu plus grands qu'au MOB Hotel voisin : la plus grande suite est un palace de trois chambres et trois salles de bains avec une terrasse généreuse. Même les plus petites (environ 20 m²) bénéficient d'un plan ouvert, fonctionnel et confortable. On profite aussi d'un grand jardin avec une vraie piscine.

AC P - **100 chambres** - *70 rue des Rosiers - 01 55 28 80 80*

SAINT-OUEN-LES-VIGNES

✉ 37530 - Indre-et-Loire - Carte régionale n° **15**-C1

L'AUBINIÈRE

CUISINE MODERNE • CONTEMPORAIN Une jolie salle à manger contemporaine et lumineuse s'ouvrant sur le parc arboré, une cuisine de saison qui ne triche pas sur la qualité des produits (asperges de Richelieu, escargots de Mouliherne, maigre de ligne, etc.) et une cave riche en vins régionaux : le restaurant de L'Aubinière a tout pour plaire. Et pour profiter pleinement des lieux, quelques chambres élégantes complétées d'un espace bien-être.

- €€ - *29 rue Jules-Gautier - ✆ 02 47 30 15 29 - www.aubiniere.com - Fermé lundi, mardi et mercredi à midi , et dimanche soir*

SAINT-PAIR-SUR-MER

✉ 50380 - Manche - Carte régionale n° **2**-A2

SÈME

CUISINE TRADITIONNELLE • BISTRO Au cœur du village, sur la place du marché, ce petit bistrot attachant et vivant offre une déco plutôt éclectique : affiches sur le vin, moulins à poivre, ouvrages régionaux... Originaire du nord Cotentin, la cheffe distille une cuisine savoureuse bien ancrée dans une tradition qu'elle remet au goût du jour, parfois en la bousculant avec habileté. Produits de saison mais aussi locaux et normands sont de mise, ainsi que de bons conseils sur les vins.

- €€ - *33 place Charles-de-Gaulle - ✆ 02 33 90 85 15 - www.semerestaurant.fr - Fermé lundi, mardi et dimanche*

SAINT-PALAIS-SUR-MER

✉ 17420 - Charente-Maritime

HÔTEL HEMEN

MODERNE • CONVIVIAL Dans cette charmante petite ville balnéaire de Charente-Maritime, l'Hôtel Hemen occupe l'une de ces villas de style basque qui font le charme de la station depuis les années 1920. L'intérieur, au confort haut de gamme et à la décoration raffinée, révèle un luxe insoupçonnable. En particulier un espace bien-être équipé d'un hammam et d'une cabine de soins. L'hôtel propose également la location de paddles et de vélos électriques.

- 3 chambres - *3 rue des bains - ✆ 05 86 58 04 05*

SAINT-PATERNE

✉ 72610 - Sarthe

CHÂTEAU DE SAINT-PATERNE

CLASSIQUE • ROMANTIQUE Le Château de Saint-Paterne est exactement ce à quoi il ressemble : un château Renaissance aux confins de la Normandie et des Pays de la Loire. La maison et son annexe du 18e s. proposent seulement cinq chambres et six suites, de la Chambre d'Henri IV à la Datcha, un cottage indépendant en mélèze avec sauna et jacuzzi privés.

- 11 chambres - *Rue de la Gaieté*

SAINT-PAUL-DE-VENCE

✉ 06570 - Alpes-Maritimes - Carte régionale n° **29**-E2

LA TABLE DE PIERRE

CUISINE MÉDITERRANÉENNE • ÉLÉGANT Le Mas de Pierre, luxueux hôtel dans un environnement préservé, bénéficie d'un grand jardin d'agrément, d'oliviers et d'un potager. Confortablement installé dans la véranda, entièrement découvrable et entourée de verdure, on profite d'une ambiance élégante et paisible... et d'une cuisine minceur contemporaine colorée, saine et légère. Parsemé de fleurs et plantes aromatiques du jardin, le menu unique reflète une jolie personnalité culinaire, nature et très végétale. Les dressages ne manquent pas de raffinement, et la progression du menu est fort bien pensée. Au bistrot Dolce Provenza, cuisine traditionnelle provençale et italienne dans une ambiance conviviale.

- **€€€€** - *Domaine du Mas de Pierre, 2320 route des Serres - ✆ 04 93 59 00 10 - www.lemasdepierre.com/restaurants/table-de-pierre - Fermé lundi, dimanche et le midi*

LE MOULIN DE SAINT-PAUL

CUISINE MÉDITERRANÉENNE • AUBERGE Le chef Alain Llorca a jeté son dévolu sur cette auberge à l'entrée du vieux village, lieu mythique où vécurent et travaillèrent Matisse, Braque, Chagall, mais aussi le romancier James Baldwin et le couple Montand-Signoret. Dans cet ancien moulin à huile du 17e s. qui arbore toujours sa meule et son pressoir, la cuisine célèbre les grands classiques de bistrot (blanquette de veau et riz pilaf, tartare de bœuf et frites maison, boudin noir aux pommes) et les spécialités niçoises comme le poulpe rôti ou le risotto à la courge de Nice.

- **€€** - *10 route de Vence - ✆ 04 28 70 20 03 - www.moulindesaintpaul.com*

LE DOMAINE DU MAS DE PIERRE

Plus

CLASSIQUE • CHAMPÊTRE Dans un parc de trois hectares, l'hôtel est un ensemble de fermes entourées de jardins et d'oliviers. Les chambres sont d'une beauté classique, alliant douces tonalités méridionales et mobilier d'époque, minutieusement collecté par les propriétaires de l'hôtel. Nombreuses possibilités de farniente : massages, traitements spa, sieste au bord de la piscine, bronzette sur balcon ou terrasse privée.

- **76 chambres** - *2320 route des Serres - ✆ 04 93 59 00 10*

La Table de Pierre - Voir la sélection des restaurants

ORION TREEHOUSES

ÉPURÉ • CHAMPÊTRE Difficile de faire son choix parmi les cabanes au charme épuré d'Orion. Niché dans un paisible bois, cet hôtel original compte quatre cabanes bâties dans les arbres, au-dessus d'un luxuriant jardin de roses et d'une piscine naturelle. Inondées de lumière et faites de bois naturel, elles disposent toutes d'une salle de bains privative et d'une grande terrasse. L'une abrite une magnifique baignoire en teck, une autre un romantique lit à baldaquin. Un somptueux petit-déjeuner est servi au bord de la piscine, ou bien dans votre cabane en cas de pluie. Il peut être tentant de rester profiter toute la journée de ce havre de tranquillité, à écouter le chant des oiseaux ou à se détendre dans le sauna "tonneau"...

- **4 chambres** - *Impasse des Peupliers, 2436 chemin du Malvan - ✆ 06 75 45 18 64*

LE SAINT-PAUL

CLASSIQUE • RAFFINÉ Belles pierres, fresques champêtres, fontaine, chambres au charme classique décorées de meubles de style, tissus précieux, boiseries... Voilà le décor élégant de cette demeure provençale du 16e s. perchée dans le village médiéval.

– 18 chambres – *86 rue Grande – 04 93 32 65 25*

TOILE BLANCHE

Plus

CONTEMPORAIN • ÉLÉGANT Toile Blanche n'est pas qu'un hôtel de luxe logé dans une ferme où sont exposées une vaste sélection d'œuvres : ici, chaque détail a été choisi avec le plus grand soin, dans une atmosphère à la fois chic et décontractée. Les suites mêlent architecture provençale rustique, mobilier moderne et design contemporain judicieusement articulé.

– 16 chambres – *826 chemin de la Pounchounière – 04 93 32 74 21*

LA VAGUE DE SAINT-PAUL

MODERNE • CALME Longtemps privée, cette propriété de cinquante chambres est paisible, moderne et soigneusement rénovée. La Vague joue la carte du 21e s. : mobilier avant-gardiste, fresques créatives, hammam et spa d'inspiration scandinave, bistro new look. A noter, le dimanche, de mai à septembre, un barbecue-brunch en terrasse avec des produits locaux de qualité. Dehors, des jardins millimétrés entourent le court de tennis, une grande piscine, et le centre fitness.

– 50 chambres – *Chemin des Salettes – 04 92 11 20 00*

SAINT-PAUL-EN-JAREZ

✉ 42740 – Loire – Carte régionale n° **20**–C2

ÉCLOSION

CUISINE CRÉATIVE • CONTEMPORAIN Ayant fait son nid dans ce château du début du 20e s. rénové dans une veine cosy et contemporaine, le jeune chef Pierre Carducci propose une cuisine créative, audacieuse et soignée. Les produits bio rayonnent particulièrement, à commencer par les excellents légumes de son père maraîcher. Détail qui montre le bel esprit des lieux : c'est dans la céramique réalisée par la mère du chef que les plats sont servis. On apprécie également la carte des vins éclectique, à dominante bio. Pour prolonger l'expérience, quelques chambres au décor épuré portant des noms de plantes poussant dans le parc.

– **€€€** – *40 avenue du Château – 04 77 61 99 09 – www.hotelrestauranteclosion.fr – Fermé lundi et mardi, et dimanche soir*

SAINT-PAUL-LÈS-DAX

✉ 40990 – Landes – Carte régionale n° **25**–B2

LE MOULIN DE POUSTAGNACQ

CUISINE CLASSIQUE • RUSTIQUE Envie de manger au bord de l'eau dans un cadre hors du temps ? Cet ancien moulin est l'endroit idéal pour échapper à la frénésie moderne : il semble que le temps s'y est arrêté ! Depuis plus de trente ans, le chef travaille les produits frais et livre une cuisine classique goûteuse, très copieuse et teintée d'un joli accent régional : sole meunière, cœur de ris de veau braisé et sa sauce aux morilles, filet de bœuf et frites à la graisse d'oie... Un menu végétarien est aussi présent. Aux beaux jours, installez-vous sur la terrasse face au lac.

– **€€€** – *Chemin de Poustagnacq – 05 58 91 31 03 – www.poustagnacq.fr – Fermé lundi et mardi, et dimanche soir*

SAINT-PAUL-TROIS-CHATEAUX

✉ 26130 – Drôme – Carte régionale n° **24**-A2

VILLA AUGUSTA (N)

CUISINE MODERNE • ÉPURÉ En Drôme provençale, cette maison abrite un restaurant spacieux, sobrement meublé. La partie sous rotonde s'ouvre par de larges baies vitrées sur une terrasse ravissante aux beaux jours. Aux fourneaux, le chef assure une transition en douceur avec des plats modernes mais qui marchent dans les pas des anciens. La carte repose sur les produits de saison et le terroir voisin : cochon du Ventoux, lard d'Ardèche, cabillaud gratiné à l'aïoli, savoureuse joue de bœuf confite au vin rouge et espuma de maïs... Le soir, les plats se déclinent à travers deux menus dont chaque proposition peut aussi se choisir à la carte. Desserts gourmands et chambres confortables complètent l'étape.

€€ – *14 rue de Serre-Blanc – ✆ 04 75 97 29 29 – www.villaaugusta.fr/restaurant-saint-paul-trois-chateaux – Fermé lundi, mardi midi et dimanche soir*

SAINT-PÉE-SUR-NIVELLE

✉ 64310 – Pyrénées-Atlantiques – Carte régionale n° **25**-A2

LA TABLE DE CÉDRIC BÉCHADE - L'AUBERGE BASQUE

Chef : Cédric Béchade

CUISINE CRÉATIVE • ÉLÉGANT Tout près de Saint-Jean-de-Luz et de la côte, cette ancienne ferme basque abrite une aile contemporaine élégante, ouverte sur la Rhune et la campagne. C'est ici, en plein cœur du Pays basque, que Cédric Béchade (formé à l'Hôtel du Palais de Biarritz, puis passé notamment par les cuisines du Plaza Athénée aux côtés de Jean-François Piège) vous reçoit en véritable aubergiste du 21e s. Ce chef créatif met en avant des produits de belle qualité, sourcés au plus près du terroir et travaillés avec tout le soin qu'ils méritent : chipiron, thon rouge, cochon Ibaïama, yuzu d'Ahyerre... La terrasse est très appréciée aux beaux jours, tout comme les chambres pour prolonger le séjour. À noter : une offre bistronomique est proposée au déjeuner au Café Basque.

€€€€ – *745 vieille route de Saint-Pée - quartier Helbarron – ✆ 05 59 51 70 00 – www.aubergebasque.com – Fermé les midis*

L'AUBERGE BASQUE

CLASSIQUE • COSY Non contente de réjouir nos papilles, L'Auberge Basque nous assure aussi des nuits douillettes : ses chambres se révèlent élégantes et décorées avec soin – lignées épurées, parquet ancien, etc. Petit-déjeuner locavore : brioche de St-Pée, gâteau basque maison...

12 chambres – *745 vieille route de Saint-Pée, D307 – ✆ 05 59 51 70 00*

La Table de Cédric Béchade - Voir la sélection des restaurants

SAINT-PÉRAY

✉ 07130 - Ardèche - Carte régionale n° **20**-D2

BARR AVEL (N)

CUISINE MODERNE • BISTRO Dans un esprit bar à vins, ce restaurant emmené par le chef breton Maxime Le Maux mérite le détour. Dans un cadre simple et chaleureux, il propose au déjeuner une formule abordable et quelques suggestions bien senties. Le soir, l'offre s'élargit avec un menu plus élaboré, ainsi que des tapas et planches à partager. Dans les deux cas, les produits sont locaux et de saison : truite d'Ardèche, légumes de la vallée du Rhône, fromage de brebis... Une cuisine moderne et parfois inventive, comme le montre cette belle variation autour de la carbonara, revisitée avec des asperges blanches et vertes : un plat aussi original que gourmand.

- €€ - *Rue Le Grand-Mail - 04 75 82 96 92 - www.barravel-restaurant.fr - Fermé samedi et dimanche, et lundi et mardi soir*

AUBERGE DE CRUSSOL

SPÉCIALITÉS DE GRILLADES • AUBERGE Sur les hauteurs de Saint-Péray, toute proche des ruines du château de Crussol, cette ancienne bergerie propose une cuisine du terroir ardéchois. Viandes, poissons et légumes sont cuits au feu de bois, ou dans la grande rôtissoire. Le chef met en avant les produits locaux, veau et cochon fermier d'Ardèche, œufs et légumes bio... Une adresse rustique et chaleureuse.

P - €€ - *Chemin de Beauregard - 04 75 40 47 65 - www.aubergedecrussol.com*

SAINT-PIERRE-D'OLÉRON - Charente-Maritime (17) ➜ Voir Île d'Oléron

SAINT-PIERRE-DE-JARDS

✉ 36260 - Indre - Carte régionale n° **15**-D2

LES SAISONS GOURMANDES

CUISINE TRADITIONNELLE • RUSTIQUE Quelle que soit la saison, la gourmandise est au rendez-vous, sous l'égide du chef qui puise son inspiration dans la tradition. Des assiettes simples mais goûteuses, à partir de beaux produits frais travaillés avec maîtrise... ainsi ce foie gras poché au Reuilly ou ce pigeon rôti et son bouillon truffe - sans oublier les incontournables profiteroles maison. Un décor dans son jus pour l'hiver, une agréable terrasse pour l'été !

- €€ - *2 place des Tilleuls - 02 54 49 37 67 - www.lessaisonsgourmandes.fr - Fermé lundi et mardi, et mercredi, jeudi et dimanche soir*

SAINT-PIERRE-QUIBERON

✉ 56510 - Morbihan - Carte régionale n° **1**-C3

RIVAGE

CUISINE MODERNE • BISTRO Catherine et Hervé Bourdon (ex-Petit Hôtel du Grand Large) ont confié les clefs de leur maison à Pauline et Thomas Le Morlec, leurs anciens collaborateurs. Le délicat emplacement sur le port de Portivy n'a pas changé, lui. La petite carte de saison travaille les produits locaux, souvent en circuit court (comme la pêche). Au programme : le goût, la simplicité et l'évidence d'une dorade grise ikejime, émulsion araignée de mer, piment doux et courgette grillée. 6 chambres à l'étage avec vue mer...

€€ - *11 quai Saint-Ivy - 02 97 30 91 61 - www.rivage-stpierrequiberon.fr - Fermé mardi et mercredi*

SAINT-POL-DE-LÉON

✉ 29250 - Finistère - Carte régionale n° **1**-B1

LA POMME D'API

Chef : Jérémie Le Calvez

CUISINE CRÉATIVE • ÉLÉGANT Au cœur du Clos Saint Yves, dans une jolie maison en pierre datant du 17e s. (atelier d'ébénisterie religieuse jusqu'à la fin du 19e s.), Jérémie Le Calvez et son épouse Jessica vous réservent un accueil des plus chaleureux. Dans l'assiette, la cuisine du chef se révèle fine et inventive, mettant à l'honneur le meilleur du terroir breton, avec des produits de première fraîcheur suivant le rythme des saisons. On s'attable dans la belle salle à manger aux pierres apparentes donnant sur un petit jardin pour savourer cette partition de haute volée. Et pour prolonger le séjour et partir à la découverte de la région, de charmantes chambres d'hôtes n'attendent que vous... Alors à quoi bon résister ? Croquez la pomme !

- **€€€€** - *5 rue Saint-Yves - ✆ 02 98 69 04 36 - www.lapommedapi.com - Fermé lundi et dimanche*

SAINT-PRIEST

✉ 69800 - Rhône - Carte régionale n° **21**-B2

LE RESTAURANT

CUISINE TRADITIONNELLE • DE QUARTIER À dix minutes du parc technologique de Lyon Saint-Priest, on s'attable au Restaurant sous les œuvres de jeunes artistes pour apprécier une cuisine traditionnelle bien ficelée, twistée de quelques inspirations exotiques. Le menu s'ancre dans le terroir avec cette fricassée de pleurotes, escargots petit gris, gésiers de volaille fermière et émulsion à l'ail ou ce dos de lapin, polenta, artichauts et sauce liée à la moutarde !

VOIR LYON PLAN I - D3 - 87 - AC - **€€** - *9 bis avenue de la Gare - ✆ 04 78 21 14 43 - www.le-restaurant-saintpriest.fr - Fermé samedi et dimanche, et du lundi au mercredi soir*

SAINT-QUENTIN-SUR-LE-HOMME

✉ 50220 - Manche - Carte régionale n° **2**-A3

LE GUÉ DU HOLME

CUISINE TRADITIONNELLE • ÉLÉGANT Juste en face de l'église, au centre du bourg, cette maison en pierre du pays est pour le moins engageante, notamment sa salle à manger de style contemporain. En bon professionnel, le chef met à profit le terroir et la saison : rosace d'andouille de Vire aux pommes et sauce camembert ; suprême de pintade, sauce vallée d'Auge ; crêpes Suzette flambées en salle. Agréables chambres pour l'étape.

- **€€** - *14 rue des Estuaires - ✆ 02 33 60 63 76 - www.le-gue-du-holme.com - Fermé lundi, samedi midi et dimanche soir*

SAINT-QUIRIN

✉ 57560 - Moselle - Carte régionale n° **7**-C2

HOSTELLERIE DU PRIEURÉ

CUISINE TRADITIONNELLE • FAMILIAL Dans cet ancien couvent du 18e s. en grès des Vosges, on propose une cuisine traditionnelle à base de produits régionaux (carré d'agneau des prairies de Moselle, filet de bœuf de Lorraine) et de produits de la mer (barbu, merlan de ligne, Saint-Jacques). Les portions sont généreuses, et les desserts fort savoureux. Accueil sympathique.

P - **€€** - *163 rue du Général-de-Gaulle - ✆ 03 87 08 66 52 - www.prieuresaintquirin.fr/le-restaurant - Fermé mercredi, samedi midi, lundi soir et mardi soir*

SAINT-RAPHAËL

✉ 83530 - Var - Carte régionale n° **29**-E2

LE BOUGAINVILLIER

CUISINE MODERNE • MÉDITERRANÉEN Quel cadre enchanteur que celui de La Villa Mauresque, dont la terrasse, ouverte sur un jardin exotique, contemple la mer... Un lieu rêvé pour savourer une cuisine d'inspiration méditerranéenne, franche en saveurs, aux cuissons précises, et mettant à l'honneur les produits locaux, notamment la pêche et la production maraîchère de la région.

- €€€ - *1792 route de la Corniche - 04 94 83 02 42 - www.villa-mauresque.com/restaurant*

LES ROCHES ROUGES, BEAUMIER HOTEL

MODERNE • ÉLÉGANT L'hôtel date des années 1950 — l'époque où le terme « jet set » est né — mais il a ôté son fard des années 80 pour retrouver son charme originel. On navigue aujourd'hui à bord d'un superbe bateau vintage à l'intérieur moderniste, doté de trois bars, d'un cinéma en plein air et d'une piscine d'eau salée. Dans les chambres et les suites, les matériaux font écho au paysage : rouge-roche, bleu-océan, blanc-nuage, ocre-sable. Une décoration subtile et rafraîchissante et des équipements de première qualité. Toutes les chambres disposent d'un jardin, d'un bar et d'une salle de bain en marbre. La plupart ont également un balcon ou une terrasse donnant sur la mer, et les suites offrent encore davantage d'espace et de luxe. Un restaurant panoramique, un autre en bord de plage.

AC Spa **- 67 chambres** - *90 boulevard de la 36e Division du Texas*

SAINT-RÉMY

✉ 71100 - Saône-et-Loire - Carte régionale n° **17**-C2

✿✿ CÉDRIC BURTIN

Chef : Cédric Burtin

CUISINE CRÉATIVE • ÉLÉGANT Bienvenue dans ce paisible moulin bordé par son bief et par un joli potager. Né dans les pâturages du Charolais, formé dans les plus grandes tables lyonnaises (Paul Bocuse, Pierre Orsi), le chef Cédric Burtin atteint aujourd'hui une maturité dans son exploration du terroir bourguignon. Empreinte d'une créativité parfaitement maîtrisée, sincère et délicate, sa cuisine sublime produits et recettes de la région avec finesse et malice. Au fil d'un menu surprise, faisons l'éloge de cette féra du lac Léman, confite et fumée avec charcuterie de féra, haricots verts et réduction d'arêtes au cumin et de cet artichaut en feuille à feuille confit, café maturé et émulsion à l'artichaut citronnée. Service impeccable et agréable terrasse.

AC **- €€€€** - *Chemin de Martorez - 03 85 48 12 98 - www.cedricburtin.com - Fermé lundi, mardi et dimanche*

SAINT-RÉMY-DE-PROVENCE

✉ 13210 – Bouches-du-Rhône – Carte régionale n° **28**-E1

L'AUBERGE DE SAINT-RÉMY - FANNY REY & JONATHAN WAHID

Chefs : Fanny Rey et Jonathan Wahid

CUISINE MODERNE • ÉLÉGANT La cheffe Fanny Rey est aux fourneaux de cette vénérable Auberge située sur le boulevard circulaire et les anciens remparts de cette jolie cité. Dans un décor contemporain (plafond blanc en forme ondulée, murs en pierre nue, œuvres de Francis Guerrier), elle décline avec talent une cuisine du marché poétique, sublimant avec ferveur les produits des Alpilles dans des menus parcourus par l'iode et le végétal. À ses côtés, son compagnon Jonathan Wahid, pâtissier émérite et ancien champion de France du dessert, sait mettre en valeur les bons produits du Sud gorgés de soleil, comme la figue ou la fraise.

PLAN : B1-1 – **€€€€** – *12 boulevard Mirabeau – 04 90 92 15 33 – www.aubergesaintremy.com – Fermé lundi et dimanche, et mardi et mercredi à midi*

LA TABLE DE TOURREL

CUISINE MODERNE • DESIGN Dans ce bel hôtel particulier du 17e s., Charles Gounod fit entendre les premières mesures de son opéra Mireille à Frédéric Mistral, auteur du poème qui inspira le livret. En un écho savoureux, le chef joue depuis sa cuisine ouverte une partition gastronomique qui pioche dans le garde-manger régional : pêche du Grau-du-Roi, truite de l'Isle-sur-la-Sorgue, cochon du mont Ventoux, agneau de la Crau... On découvre cette cuisine d'inspiration provençale installé à une belle table d'hôtes, dans une salle en pierres apparentes à l'atmosphère intimiste et conviviale. La terrasse en rooftop propose quant à elle une restauration plus simple, avec vue sur les toits du village.

PLAN : A1-2 – **€€€€** – *5 rue Carnot – 04 84 35 07 20 – www.detourrel.com/fr/restaurant – Fermé lundi, dimanche et le midi*

CHÂTEAU DES ALPILLES

CLASSIQUE • CHAMPÊTRE Au bout de l'allée de sycomores, un ensemble de bâtiments historiques - une ferme médiévale, un manoir du 19e s., une chapelle et un cottage – se cache dans un parc de cyprès centenaires. Chaque édifice exploite au mieux ses caractéristiques pour offrir un confort et un type d'hébergement spécifique, de la simple chambre à l'appartement ouvrant sur une terrasse. Le salon et le bar, Belle Époque, témoignent d'une grandeur d'antan.

– **21 chambres** – *1392 route du Rougadou – 04 90 92 03 33*

Sarsmis/Getty Images Plus

DOMAINE DE CHALAMON

Plus

CONTEMPORAIN • CHARME Cachée dans un parc de 15 ha, cette bastide du 16e s. a connu une rénovation attentive et soignée. Les chambres sont empreintes d'une simplicité contemporaine et d'une atmosphère classique, combinant la patine du temps avec le confort actuel. L'hôtel propose une piscine extérieure chauffée et un court de tennis, et le terrain invite aux promenades.

– 19 chambres – *291 chemin de Chalamon* – *04 87 83 10 10*

HÔTEL DE TOURREL

MODERNE • ÉLÉGANT Ce superbe hôtel particulier du 17e s., au confort raffiné, possède l'élégance d'un palace. Le luxe discret des chambres dissimule toujours un atout – ici, une charpente apparente, là, une vue sur les toits... Exceptionnel, tout simplement.

– 9 chambres – *5 rue Carnot* – *04 84 35 07 20*

La Table de Tourrel - Voir la sélection des restaurants

LE VALLON DE VALRUGUES HOTEL SPA & VILLAS

ÉLÉGANT • PROVENÇAL Ce manoir au cœur d'un parc boisé incarne le raffinement provençal. Ses élégantes chambres avec lits king-size, bureaux et salles de bains modernes ouvrent sur des terrasses privées, et les suites disposent de jacuzzis extérieurs ou de piscines à débordement. Une excellente base pour explorer les Alpilles ou profiter des activités du domaine : terrains de pétanque, piscine extérieure chauffée d'avril à octobre, piscine intérieure lumineuse, spa, bistrot pour des repas devant les jardins, bar avec musique live.

– 65 chambres – *9 chemin Canto Cigalo* – *04 90 92 04 40*

SAINT-ROBERT

✉ 19310 - Corrèze - Carte régionale n° **19**-B3

MONSIEUR ROBERT

CUISINE MODERNE • BISTRO Au cœur du joli village de Saint-Robert, un ancien café s'est mué en bistrot contemporain grâce au duo néerlandais formé par Tom Houdijk et Sarah van Baardewijk, qui assure le service avec chaleur. Atmosphère de bistrot (banquettes, tables en enfilade, petit bar) et cuisine dans le même esprit : tartare de bœuf, filet de bar ou crème brûlée, mais revisités avec fraîcheur et précision. Assiettes colorées, cuissons justes, détails soignés : une adresse pleine de charme et de convivialité.

- €€ - 23 place de la Prévoté - 09 61 13 22 60 - www.restaurantmrrobert.fr - Fermé du lundi au mercredi, jeudi midi et dimanche soir

SAINT-ROGATIEN

✉ 17220 - Charente-Maritime - Carte régionale n° **18**-A1

LA PIERREVUE

CUISINE MODERNE • MAISON DE CAMPAGNE "Il y a six saisons dans l'année" : forte de cet adage, la cheffe Cécile Richard adapte ses recettes au gré des temps, avec une volonté créative qui se lit dans sa cuisine fraîche, nette et précise. Poisson de la pêche locale, fruits et légumes des maraîchers bio, herbes aromatiques et fleurs du jardin se dégustent dans cette ancienne ferme rénovée dans un style rustique plaisant, et dotée d'une jolie cave vitrée. La carte change tous les deux mois.

A/C - €€ - 2 place de la Mairie - 05 46 31 67 08 - www.lapierrevue.com - Fermé lundi et dimanche, et mardi et mercredi soir

SAINT-ROMAIN

✉ 21190 - Côte-d'Or - Carte régionale n° **12**-D1

BISTROT DES FALAISES

CUISINE MODERNE • RUSTIQUE Un charmant village viticole de la côte de Beaune entouré de falaises, un restaurant au décor de bistrot de campagne avec ses bouquets de fleurs séchées et ses suspensions en osier et un chef de talent : comment résister à ce cocktail capiteux ? D'autant que l'assiette, qui puise dans les produits locaux, défend une partition moderne enlevée avec brio, avec autant de peps que de gourmandise comme cet œuf crémeux, truffes, crème de céleri, parmesan et lard paysan, voire d'audace avec cette émulsion de pois cassé aux algues qui escorte le cochon, chorizo, haricot coco. Ajoutez l'accueil et le service dynamique et souriant de la jeune équipe et une jolie sélection de vins (notamment l'ensemble des domaines de Saint-Romain).

- €€ - Place de la Mairie - 06 72 67 99 11 - www.bistrotdesfalaises.com - Fermé mardi, mercredi et jeudi midi

SAINT-SATURNIN

✉ 15190 – Cantal – Carte régionale n° **23**–C1

LE MOULIN DE LA SANTOIRE

CUISINE MODERNE • AUBERGE À l'écart d'un village, ce restaurant s'est installé dans un ancien moulin en pierres volcaniques coiffé d'un toit d'ardoises, face à un étang qui accueille la terrasse aux beaux jours. À l'intérieur, l'ambiance réconfortante mêle cheminée de pierre, comptoir et mobilier chiné. Le chef signe une cuisine actuelle nourrie de circuits courts – jusque dans le café et le cacao torréfiés en terres cantalouses – qu'il agrémente de saveurs voyageuses : truite relevée d'une sauce chimichurri, assiette de veau imaginée comme un couscous... Joli dressage, belle maîtrise. Plateau de fromages locaux.

– €€ – *La Plaine* – *04 71 73 47 25* – *www.lemoulindelasantoire.fr* – *Fermé lundi, mardi et mercredi*

SAINT-SATURNIN-LÈS-APT

✉ 84490 – Vaucluse

DOMAINE DES ANDEOLS

DESIGN • CHALEUREUX Ce domaine est bien plus qu'un hôtel : il s'agit de neuf maisons, transformées en suites de 1 à 3 chambres, où tout est pensé pour le bien-être et le confort, comme les piscines intérieures et extérieures, ou le hammam. Les maisons, spacieuses, disposent de kitchenettes et de salles à manger. Chacune est décorée de façon originale, avec des œuvres d'art et des meubles design et certaines donnent sur une terrasse dominant le Luberon.

– **19 chambres** – *Les Andéols*

SAINT-SAVIN

✉ 38300 – Isère – Carte régionale n° **21**–B2

LES 3 FAISANS

CUISINE MODERNE • COSY Mathilde Lerouge en cuisine, Franck en pâtisserie : ce couple talentueux propose une carte de saison qui navigue avec finesse entre tradition et modernité. À savourer sur une terrasse au calme, nichée sous une charpente apparente, ou dans les salles lumineuses du restaurant. Parmi les créations, un magret de canard au jus végétal parfumé au chorizo ou encore un vitello tonnato revisité avec haricots coco et coulis de cresson. Ne manquez pas les desserts raffinés de Franck, passé par de grandes maisons étoilées. Après le repas, une promenade sur les coteaux s'impose, en fredonnant peut-être la chanson de Brel...

– €€€ – *100 rue des Auberges* – *04 74 28 92 57* – *www.aux-3-faisans-saint-savin.fr* – *Fermé mardi et mercredi, et dimanche soir*

SAINT-SAVIN

✉ 65400 – Hautes-Pyrénées – Carte régionale n° **25**–C3

LE VISCOS

CUISINE TRADITIONNELLE • CLASSIQUE Bienvenue au cœur du village de Saint-Savin qui surplombe la vallée d'Argelès, dans cette maison familiale au cadre classique et élégant. Aux fourneaux, Alexis (la septième génération de chefs !) régale avec des plats à la gloire du terroir, parsemés de touches plus modernes. C'est fin, juste et toujours travaillé dans le respect du produit ; les desserts, en particulier, se révèlent très bons, à l'image de ce macaron et crème glacée à la nougatine. Chambres charmantes.

♿ AC 🏞 P – **€€** – *1 rue Lamarque – ✆ 05 62 97 02 28 – www.hotel-leviscos.com – Fermé lundi, mercredi et jeudi à midi, et dimanche soir*

SAINT-SIFFRET

✉ 30700 – Gard – Carte régionale n° **28**–C2

LE PT'IT MERCIER

CUISINE MODERNE • CONVIVIAL Le jeune chef Hugo Mercier, passé par la Table d'Uzès et la Table du Castellet (période Christophe Bacquié et Fabien Ferré), a donc appris son métier dans les belles maisons : pas si petit que ça le Mercier ! Ce cuisinier passionné et consciencieux est un mordu du fait maison et du respect des saisons. Fonds de sauces, glaces et autres préparations sont tous élaborés par ses soins. Le menu du midi, changeant chaque semaine selon le marché, est complété, au déjeuner et au dîner, par un menu plus ambitieux renouvelé chaque mois – et même une formule végétarienne suivant l'inspiration du chef. Quelques exemples de plats : quasi de veau rôti avec cèpes et crémeux de châtaigne ; poire confite vanille et cannelle, moelleux pistache et mousse à la verveine.

♿ AC 🏞 P – **€€** – *Route de Bagnols – ✆ 04 34 04 90 91 – www.leptitmercier.fr – Fermé mardi et mercredi*

SAINT-THÉOFFREY

✉ 38119 – Isère – Carte régionale n° **21**–C3

✿ MALTACINA (N)

Chefs : Kevin Mangione, Lunis Chaïb et Théo Doumecq

CUISINE MODERNE • TRADITIONNEL Lovée entre les lacs de Laffrey et de Petichet, sur le plateau matheysin, cette maison de village en pierre abrite un restaurant singulier. Après avoir traversé la grande cuisine ouverte, on découvre une salle à manger voûtée, éclairée par le sol, dotée d'une cave à vin vitrée et de quelques tables, dont une table d'hôte. Aux commandes, après une rencontre au restaurant Lamartine, trois chefs au parcours étoilé – Kevin Mangione, Lunis Chaïb et Théo Doumecq – unissent aujourd'hui leur talent pour proposer une cuisine moderne et créative. S'appuyant sur des produits locaux, ils valorisent avec justesse le terroir du sud de l'Isère. Le menu mystère met à l'honneur des préparations végétales épurées, portées par des techniques précises et des saveurs harmonieuses, dans une partition rustico-moderne pleine de caractère.

✿ **L'engagement du chef** : Les chefs travaillent uniquement avec des artisans et producteurs situés à moins de 100 km, vin compris, dont la plupart en agriculture bio. Cuisine majoritairement végétale, viandes traitées uniquement sur carcasse en valorisant chaque partie. Les restes sont compostés. La vaisselle est créée par une céramiste de Grenoble et le surplus alimentaire est offert aux plus démunis.

♿ AC 🏞 – **€€€** – *443 route du 45ème-Parallèle – ✆ 04 76 30 34 45 – www.maltacina.com – Fermé mardi et mercredi*

SAINT-TROPEZ

✉ 83990 - Var - Carte régionale n° **29**-C2

✿✿✿ LA VAGUE D'OR - CHEVAL BLANC ST-TROPEZ

CUISINE CRÉATIVE • LUXE Un hôtel de luxe sous les pins, comme posé sur le golfe de Saint-Tropez... un cadre enchanteur pour une cuisine qui ne l'est pas moins. Avec ardeur et exigence, Arnaud Donckele rend un hommage vibrant à ces contrées ensoleillées. Un travail de chef qui commence par l'étude passionnée des poissons, qui offriront selon qu'ils sont agiles ou flâneurs, grêles ou vigoureux, les nuances de texture idoines pour des compositions qui ne se répètent jamais. Pour la finition, outre des cuissons infaillibles, son point fort demeure ces sauces qualifiées d'"éphémères" ou de "velours", profondes et légères à la fois, dont les intitulés sont déjà une plongée dans la Méditerranée... La terre n'est pas en reste, avec une recherche de plus en plus pointue des variétés idéales de tomate, poivron ou courgette qui viendront sublimer pigeon, agneau ou ris de veau. Une Vague d'Or qui emporte tout sur son passage.

HORS PLAN - €€€€ - *Plage de la Bouillabaisse - ✆ 04 94 55 91 00 - www.chevalblanc.com/fr/maison/st-tropez - Fermé mercredi, jeudi, et le midi*

✿ ARNAUD DONCKELE & MAXIME FRÉDÉRIC AT LOUIS VUITTON

CUISINE MÉDITERRANÉENNE • CHIC Situé dans la cour de l'ancienne maison des médecins du village, devenue l'hôtel White 1921 Saint-Tropez, ce restaurant saisonnier, en plein air uniquement, prouve à nouveau le talent du tandem formé par Arnaud Donckele et Maxime Frédéric, ici associé à une marque de luxe qui imprime son monogramme jusque dans le taillage des légumes. Les produits sont choisis avec la même rigueur qu'à La Vague d'Or, présentés au travers d'assiettes fines et généreuses (rouget de roche, poutargue, rouille végétale au vin d'orange) rehaussées par des sauces et jus puissants. Les délicats desserts exhalent une belle fraîcheur, comme cette coupe glacée pêche et amande parfumée à la tagète.

PLAN : B2-4 - €€€€ - *Place des Lices - ✆ 04 94 45 50 50*

✿ COLETTE

CUISINE MODERNE • CONTEMPORAIN Tombée amoureuse de Saint-Tropez, Colette avait acheté une petite maison qui jouxte l'hôtel Sezz et son restaurant, baptisé en son honneur. Auteur à la technique sûre, le chef Philippe Colinet y signe une cuisine épurée et végétale, qui fait la part belle aux légumes et aux saveurs provençales, que l'on déguste (uniquement le soir) dans une salle lumineuse au décor minimaliste à l'unisson de l'hôtel, ou sur la grande terrasse avec vue sur la piscine.

HORS PLAN - €€€€ - *Hôtel Sezz, 151 route des Salins - ✆ 04 94 44 53 11 - www.colettesainttropez.com - Fermé lundi et le midi*

✿ LA TERRASSE - CHEVAL BLANC ST-TROPEZ

CUISINE MÉDITERRANÉENNE • LUXE La Terrasse est le restaurant du midi de l'hôtel Cheval Blanc. À l'ombre des pins parasols tournés vers la baie du golfe de Saint-Tropez, Arnaud Donckele et son équipe élaborent une cuisine méditerranéenne à forte influence provençale qui ne lésine pas sur la qualité des produits, traités avec finesse et rigueur : tarte fine aux cèpes ; queue de homard grillée en carapace, sabayon au corail de têtes ; tourte de lapin, ris de veau et foie gras. La sélection de vins, très complète, est remarquable. Une très belle expérience d'art de vivre à la française.

HORS PLAN - €€€€ - *Plage de la Bouillabaisse - ✆ 04 94 55 91 00 - www.chevalblanc.com/fr/maison/st-tropez - Fermé le soir*

BEEFBAR

SPÉCIALITÉS DE VIANDES • TENDANCE Voici la version tropézienne, pleine de charme, du concept "beef bar" qui fait florès partout dans le monde. Sur cette terrasse enchanteresse qui domine la piscine de l'hôtel, le carnivore et l'amateur de cuisines exotiques s'attablent face à des viandes d'exception (bœuf Wagyu ou Black Angus) et des plats sous influence sud-américaine et asiatique.

HORS PLAN - ♿ - **€€€€** - *Chemin du Pinet - ✆ 04 94 97 99 50 - www.loupinet.com - Fermé les midis*

IL GIARDINO (N)

CUISINE ITALIENNE • CHIC Derrière la place des Lices, le mythique Byblos abrite cet écrin italien posé face à la piscine, sous une pergola végétalisée. Le chef s'appuie sur le potager en permaculture du palace pour ciseler une élégante cuisine transalpine : antipasti savoureux, pâtes maison, grands classiques (cotoletta milanese, paccheri carbonara) et créations raffinées comme cette saltimbocca de rouget. Service impeccable grâce à une attention aux détails de tous les instants. Le dolce farniente tropézien a de beaux jours devant lui.

PLAN : B2-1 - ♿ AC - **€€€€** - *Hôtel Byblos, 20 avenue Paul-Signac - ✆ 04 94 56 68 00 - www.byblos.com - Fermé le midi*

LA PART DES ANGES (N)

CUISINE TRADITIONNELLE • COSY Derrière le port de Saint-Trop', bien caché dans une ruelle piétonne, ce bistrot est l'œuvre de deux figures locales, complices, fins connaisseurs des bonnes tables du golfe. Aux fourneaux, une toque sûre passée par Grimaud et aguerrie chez Frechon ; en salle, un pro de l'accueil tropézien, chaleureux et précis, le tout sur fond sonore vintage des années 70 à 90, variété française en tête. La petite salle cosy voit sa capacité largement augmenter grâce à une terrasse. À l'ardoise ? Une cuisine bistronomique généreuse et maligne. Plats changeants au gré des saisons, avec des propositions végé ou sans gluten pour combler toutes les envies. Les locaux sont aux anges, les autres aussi.

PLAN : B1-7 - AC - **€€€** - *7 rue de l'Église - ✆ 04 94 96 19 50 - www.lapartdesanges-sainttropez.fr - Fermé mercredi midi*

LE PATIO

CUISINE ITALIENNE • ÉLÉGANT Au sein de l'hôtel Yaca, refuge de charme des artistes et des célébrités (de Colette à BB) qui aiment ses tomettes et ses meubles anciens, le restaurant le Patio propose une cuisine italienne goûteuse et raffinée, qui doit beaucoup à d'excellents produits importés directement de la Botte. Un moment encore plus agréable lorsqu'on s'installe sur la terrasse ombragée, autour de la piscine...

PLAN : B1-2 - AC P - **€€€€** - *1 boulevard d'Aumale - ✆ 04 94 55 81 00 - www.hotel-le-yaca.fr*

LA PETITE PLAGE

CUISINE MÉDITERRANÉENNE • TENDANCE Dans ce restaurant du port du village, Eric Frechon signe la carte et la mer fait le reste. On se délecte d'une goûteuse cuisine méditerranéenne revisitée, les pieds dans le sable face aux yachts, objets de tous les commentaires. Le soir, en été, un DJ anime les lieux, Saint-Tropez oblige ! Et au milieu de tant d'agitation, le service attentionné tient le cap.

PLAN : B1-3 - **€€€€** - *9 quai Jean-Jaurès - ✆ 04 94 17 01 23 - www.restaurant-lapetiteplage-sainttropez.com*

LA PONCHE

CUISINE MODERNE • MÉDITERRANÉEN Dans cette maison emblématique de Saint-Tropez, située dans le quartier éponyme face à la mer, on déguste une cuisine méditerranéenne en mettant à l'honneur la pêche du jour et les légumes de la région, sans oublier des viandes de qualité. Ce jour-là, gaspacho de courgette verte, fleur farcie à la féta et mélisse ; quasi de veau rôti, haricots beurre fondants, jus à la provençale et en dessert une crème légère au citron et basilic, meringue craquante et crumble à la châtaigne.

PLAN : B1-6 – – **€€€** – *5 rue des Remparts – ✆ 04 94 97 02 53 – www.laponche.com – Fermé les midis*

LES TOITS - HÔTEL DE PARIS SAINT-TROPEZ

CUISINE MÉDITERRANÉENNE • BRANCHÉ Saint-Tropez demeure un mythe inoxydable et ce restaurant d'extérieur, juché sur le toit-terrasse de cet hôtel de légende, le confirme un peu plus. En contemplant la baie et les toits de tuiles du village, on déguste une cuisine d'inspiration méditerranéenne et provençale.

PLAN : A2-5 – – **€€€€** – *1 traverse de la Gendarmerie – ✆ 04 83 09 61 39 – www.hoteldeparis-sainttropez.com*

AIRELLES SAINT-TROPEZ CHÂTEAU DE LA MESSARDIÈRE

CONTEMPORAIN • ROMANTIQUE Sur sa colline au-dessus de Saint-Tropez, le Château semble sorti d'un conte de fées, avec ses tours fortifiées dominant les toits italiens en tuile rouge. Entouré de parcs et de forêts de pins, il livre une vue spectaculaire sur le golfe et la campagne. Les chambres, dans le château même ou dans les villas environnantes, montrent des décors pastels aérés, et de très confortables lits sous de jolies verrières. Les terrasses privées et les balcons

dominent les jardins ou les vignes, avec vue sur la mer pour les meilleures. La piscine, pourtant toute proche des plages et des boîtes de nuit, jouit d'un calme royal. Snacks en journée sur la terrasse de la piscine. Service de bus privé 24h/24.
- **86 chambres** - *2 route de Tahiti* - *04 94 56 76 00*

AREV ST. TROPEZ

CONTEMPORAIN • MARITIME Entre hôtel et maison d'hôtes par la taille, l'Arev Saint-Tropez est pourtant un lieu de villégiature tout à fait luxueux. Les intérieurs sont audacieux, dans les tons bleu marine, blanc et rouge, et la quête du confort poussée à l'extrême. La piscine est animée par des DJ invités, tandis que le spa offre une détente plus tranquille.
- **24 chambres** - *8 Chemin des Vendanges*

LA BASTIDE DE SAINT-TROPEZ

BOURGEOIS • CHARME Atmosphère chic et feutrée dans cette maison tropézienne et ses quatre mas : mobilier chiné, pointe de baroque et touches provençales relevées d'un luxuriant jardin méditerranéen. Un havre de paix et de charme à l'écart du centre-ville.
- **26 chambres** - *Route des Carles*

BYBLOS SAINT-TROPEZ

TRADITIONNEL • CONVIVIAL Le palace mythique de St-Tropez, véritable village dans le village – un ensemble de maisons colorées entrelacées de jardins et de patios. Les chambres regorgent d'œuvres d'art, le spa est superbe, la boîte de nuit incontournable... L'alliance du luxe et de la convivialité.
- **86 chambres** - *20 avenue Paul Signac* - *04 94 56 68 00*

Il Giardino - Voir la sélection des restaurants

CHEVAL BLANC ST-TROPEZ

MODERNE • MARITIME La villa qui accueille aujourd'hui le Cheval Blanc St-Tropez affiche près d'un siècle d'histoire et jouit d'un emplacement de choix. L'établissement reste à taille humaine, offrant un cadre calme et serein, à quelques minutes du front de mer et du centre-ville. Les nouveaux décors sont très provençaux, mais évitent les clichés ; habillés d'azur et de blanc, ils regorgent d'œuvres d'artistes locaux. Le spa est un atout de taille, tout comme la plage privée avec sa piscine chauffée.
- **32 chambres** - *Plage de la Bouillabaisse*

La Vague d'Or • **La Terrasse** - Voir la sélection des restaurants

HÔTEL DE PARIS SAINT-TROPEZ

DESIGN • RAFFINÉ Le dernier-né des grands hôtels tropéziens n'a rien à envier à ses aînés. Ici triomphe la "design attitude", avec, par exemple, le patio, surmonté d'une piscine, avec vue sur le port. Les chambres, spacieuses, dévoilent des thématiques différentes : Paris, les arts, St-Tropez... Culte !
- **90 chambres** - *1 traverse de la Gendarmerie* - *04 83 09 60 00*

Les Toits - Hôtel de Paris Saint-Tropez - Voir la sélection des restaurants

HÔTEL DES LICES

BOURGEOIS • CHALEUREUX Près de la place des Lices, cette adresse familiale distille une atmosphère chaleureuse et cossue, pleine de cachet et de vie. Nombreux sont les habitués à en avoir fait un lieu de villégiature privilégié !
- **41 chambres** - *10 avenue Grangeon*

HOTEL LOU PINET

MODERNE • CHALEUREUX Réinventant un classique de Saint-Tropez, l'hôtel Lou Pinet rassemble une belle palette de talents : la famille d'hôteliers Pariente, les architectes Charles Zana et François Vieillecroze, le paysagiste Jean Mus et le restaurateur Riccardo Giraudi. Les chambres et suites jouent parfaitement d'une partition méditerranéenne, dans un style éclectique mi-bohème mi-moderne. Piscine, spa, terrasse et deux bars garantissent un séjour vraiment haut de gamme.

- 34 chambres - *70 chemin du Pinet - 04 94 97 04 37*

Beefbar - Voir la sélection des restaurants

HOTEL LA PONCHE

CLASSIQUE • MARITIME Sans être encore centenaire, cet hôtel au charme glamour discret a accueilli tout le (beau) monde au milieu du siècle dernier. Proposant un choix de chambres, suites et appartements d'un chic classique, il s'autorise de subtils clins d'œil à la modernité. Les plus beaux logements donnent sur la mer, certains via de spacieuses terrasses. Espace forme complet. Le restaurant et le bar rendent hommage aux plus célèbres clients de l'hôtel, de Sartre à Bardot.

- 21 chambres - *5 rue des Remparts*

La Ponche - Voir la sélection des restaurants

HÔTEL SEZZ SAINT-TROPEZ

MODERNE • MARITIME Le Sezz à St-Tropez ? Un hôtel ultramoderne, design et ouvert au maximum sur l'extérieur pour profiter du climat... Dans chaque chambre, des matériaux naturels, une terrasse et une douche extérieure, voire une piscine privative. Un art de vivre très tendance !

- 37 chambres - *151 route des Salins - 04 94 55 31 55*

Colette - Voir la sélection des restaurants

PAN DEI PALAIS

CLASSIQUE • COSY Une demeure construite en 1835, présent d'un général napoléonien à son épouse indienne. Ici règne un élégant parfum d'exotisme : tissus chamarrés, bois précieux, hammam, nombreux tableaux et autres bibelots... Un lieu pétri de charme, que l'on quitte à regret !

- 12 chambres - *52 rue Gambetta - 04 94 17 71 71*

LA TARTANE SAINT-TROPEZ

Plus

CHIC • PROVENÇAL Inspiré d'un hameau provençal, cet ensemble de maisons traditionnelles abrite les chambres et suites au milieu de jardins méditerranéens, où paresse une piscine. Les chambres rustiques-chic disposent de poutres apparentes, de sols colorés, de miroirs vintage et de lits king-size, tandis que les plus grandes suites duplex offrent des salons et des salles de bains spacieuses. Presque toutes les chambres et suites disposent de patios ou terrasses privés ombragés par des oliviers.

- 27 chambres - *Chemin des Salins - 04 94 97 21 23*

VILLA COSY

Plus

CONTEMPORAIN • CALME Ne vous fiez pas à la modestie de son nom : il ne s'agit pas d'un bed and breakfast, mais d'un véritable hôtel de luxe, doté d'un spa et de trois villas, en plus de ses chambres et suites. Chacune dispose d'une terrasse privée et toutes combinent des textures naturelles, des tons neutres

apaisants et un design contemporain haut-de-gamme. On y trouve également une piscine extérieure, ainsi qu'un "espace zen" réservé aux adultes dans le jardin, où des lits de jour entourent un jacuzzi de dix places.
- **25 chambres** - *22 chemin de Belle Isnarde - 04 94 97 57 18*

SAINT-VAAST-LA-HOUGUE

50550 - Manche - Carte régionale n° **2**-A1

L'ESTRAN

CUISINE MODERNE • CONTEMPORAIN Dans ce charmant petit port du Cotentin, un couple de pros a pris dans ses filets cet ancien hangar de mareyage, devenu un délicieux bistrot aux notes marines. Poissons et coquillages d'un mareyeur du village, agneau de Tatihou ou légumes du Val de Saire dessinent les contours d'un menu "Marée haute" qui évolue toutes les 2 semaines. Dans chaque assiette, on goûte le plaisir du chef à cuisiner, et celui de sa compagne à prodiguer un service aux petits soins. Menu attractif au déjeuner.
- **€€€** - *15 quai Vauban - 02 33 44 86 09 - www.estranrestaurant.com - Fermé du lundi au mercredi, jeudi midi et dimanche soir*

SAINT-VALENTIN

36100 - Indre - Carte régionale n° **15**-D2

AU 14 FÉVRIER

CUISINE MODERNE • ÉLÉGANT Au Japon, deux musées célèbrent le talent de l'illustrateur Raymond Peynet, le créateur du fameux couple d'amoureux, immortalisé par un timbre. Des admirateurs japonais ont choisi le petit village de Saint-Valentin pour célébrer en cuisine la fête des amoureux. Dans un décor contemporain épuré, décoré d'affiches et lithographies de Peynet, une brigade 100% japonaise livre une jolie réinterprétation de la cuisine française contemporaine, en l'agrémentant parfois de touches nippones.
- **€€€€** - *2 rue du Portail - 02 54 03 04 96 - www.sv-au14fevrier.com - Fermé lundi, mardi, du mercredi au vendredi à midi, et dimanche soir*

SAINT-VALERY-SUR-SOMME

80230 - Somme - Carte régionale n° **4**-A2

SCHORRE

CUISINE MODERNE • CONTEMPORAIN Cet ancien grenier à sel du 18e s., entièrement réhabilité, abrite au dernier étage un restaurant contemporain et épuré, au cadre brut, offrant une vue panoramique sur la baie de Somme. Le schorre, selon le dictionnaire, désigne « la partie supérieure d'un marais littoral, constituée de vase solide, couverte d'herbe et submergée aux grandes marées ». Le chef François-Xavier Sailly propose des associations originales et renouvelle régulièrement son menu créatif et gourmand. Aujourd'hui : escargots à la moelle, célerisotto et beurre blanc au pot-au-feu ; médaillon de homard au beurre de verveine, risotto et petits pois ; rhubarbe confite, sabayon au géranium et neige lactique.
- **€€€** - *2 quai Lejoille - 09 77 75 42 03 - www.schorre.fr - Fermé lundi, mardi et dimanche soir*

SAINT-VINCENT-DE-TYROSSE

🖂 40230 - Landes - Carte régionale n° **25**-A2

LE HITTAU

Chef : Yannick Duc

CUISINE MODERNE • **RUSTIQUE** Sur la route des plages, on remarque à peine cette ancienne bergerie lovée dans son écrin de verdure, avec sa charpente apparente. Elle cache pourtant bien son jeu... Le chef Yannick Duc y régale ses convives d'une cuisine spontanée, pleine de vie, résolument moderne, qui privilégie les bons produits de saison et notamment la pêche du jour. Ce chef aime aussi manier les aromates, les épices et le moulin à poivre : carpaccio de truite de Banka, crème de raifort et citron noir, glace wasabi ; ravioles de homard au curry vert, bisque des carapaces au lait de coco. Aux beaux jours, on s'installe sur la terrasse qui contemple le jardin d'herbes aromatiques du chef.

- **€€€** - *1 rue du Nouaou - 05 58 77 11 85 - www.lehittau.fr - Fermé lundi, mardi et dimanche*

SAINT-VIT

🖂 25410 - Doubs - Carte régionale n° **13**-B2

PRÉLUDE

CUISINE MODERNE • **CONTEMPORAIN** Plus qu'un prélude, un véritable morceau de choix ! Dans cette belle demeure traditionnelle, Élodie Ouchelli et Thibault Étienne connaissent déjà bien la musique, qu'ils ont apprises dans les meilleures tables étoilées, et notamment celle de Romuald Fassenet. Ce chef au bon bagage technique sait faire chanter une assiette grâce à la note juste, entre produits locaux de première fraîcheur et respects des fondamentaux. Petite musique agréable, plusieurs tables donnent sur le... piano dans cette salle contemporaine.

A/C - **€€** - *5 place Simone-Veil - 03 81 40 53 50 - www.restaurantprelude.com - Fermé du lundi au mercredi et dimanche soir*

SAINT-VRAIN

🖂 91770 - Essonne - Carte régionale n° **11**-B2

LE DOYENNÉ

Chefs : Shaun Kelly et James Henry

CUISINE MODERNE • **CONTEMPORAIN** Mais que font deux chefs australiens (passés par Yard, Spring, Bones et Au Passage) au cœur du parc du château de Saint-Vrain, plus précisément dans les anciennes écuries rénovées avec goût ? Eh bien, ils nous offrent une cuisine pimpante directement tirée des fruits et des légumes du grand jardin du domaine, cueillis au top de leur maturité - le potager a même été créé avant le restaurant. On ne boude pas son plaisir à table, un plaisir bucolique et gourmand, face à la campagne qui s'invite à travers les grandes baies vitrées. Chambres confortables pour l'étape. Réservation obligatoire.

L'engagement du chef : Le projet lie profondément la gastronomie à l'agriculture : le potager, nourri avec du compost organique, est l'inspiration de la cuisine. Plus d'une centaine de variétés de plantes, fruits et légumes sont cultivés en utilisant des techniques qui visent à améliorer l'écosystème : une méthode appelée agriculture régénératrice. Les autres produits sont choisis avec la même rigueur, et l'ambition "zéro déchet" encourage leur utilisation dans la globalité (le peu de restes va aux animaux).

- **€€€** - *5 rue Saint-Antoine - 06 58 80 25 18 - www.ledoyennerestaurant.com - Fermé du lundi au mercredi et jeudi midi*

SAINT-YRIEIX-LA-PERCHE

✉ 87500 – Haute-Vienne – Carte régionale n° **19**–B2

L'ATTANUM

CUISINE MODERNE • CONTEMPORAIN Au rez-de-chaussée de cette ancienne sous-préfecture, un restaurant à la décoration contemporaine accueille les convives dans une atmosphère chaleureuse. En cuisine, Ludwik Crosnier, formé dans de belles maisons, signe une cuisine de saison où produits locaux, justesse des cuissons et équilibre des saveurs se conjuguent avec maîtrise. En salle, Claire veille avec attention et gaieté, apportant la touche finale à ce tableau gourmand.

– €€ – 64 place de la Nation – 05 55 09 52 27 – www.attanum.fr – Fermé lundi et le soir sauf vendredi et samedi

SAINTE-ANNE-D'AURAY

✉ 56400 – Morbihan – Carte régionale n° **1**–C3

L'AUBERGE - MAISONS GLENN ANNA

CUISINE MODERNE • TRADITIONNEL Sainte-Anne-d'Auray accueille une auberge familiale où le chef, attaché au circuit court et à ses racines auvergnates, sert une cuisine juste et actuelle : pounti croustillant à la prune ; lotte sauce vin rouge, artichaut et salsifis. Cette adresse soignée, à la salle claire et au service aimable, offre une jolie halte gourmande. Plaisant menu chasse en saison.

– €€€ – 56 rue de Vannes – 02 97 57 61 55 – www.maisons-glenn-anna.fr – Fermé lundi, et mardi et mercredi à midi

SAINTE-CÉCILE

✉ 71250 – Saône-et-Loire – Carte régionale n° **17**–C2

L'EMBELLIE

CUISINE TRADITIONNELLE • AUBERGE Dans une ancienne étable au cachet rustique — avec ses poutres, sa cheminée et ses murs de briques — le chef s'affaire en cuisine et prépare une généreuse cuisine traditionnelle : terrine de foie gras maison accompagnée de sa compotée du moment, rouget grondin poêlé servi avec un râpé de fenouil et un jus d'arêtes, ou encore ris de veau doré au beurre de Bresse. La cave présente une belle sélection, notamment de vins régionaux, tandis que la terrasse d'été, agréable, vient parfaire le charme des lieux.

– €€ – 245 route de Pont-sur-Grosne (Le Bourg) – 03 85 50 81 81 – www.restaurantlembellie.wixsite.com/cluny – Fermé dimanche soir, lundi soir, mardi et mercredi

SAINTE-CÉCILE-LES-VIGNES

✉ 84290 – Vaucluse – Carte régionale n° **28**–C2

CAMPAGNE, VIGNES ET GOURMANDISES

CUISINE PROVENÇALE • COSY Entre charme rustique (pierres apparentes, mobilier en bois peint) et modernité (tableaux contemporains), ce restaurant ne manque pas de cachet. Côté cuisine, Sylvain Fernandes travaille des produits frais et célèbre avec délicatesse les parfums du Sud. Et le service assuré par Sylvia, l'épouse du chef, est d'une grande gentillesse !

– €€ – 629 chemin des Terres – 04 90 63 40 11 – www.restaurant-cvg.com – Fermé lundi , mardi, mercredi, et dimanche soir

SAINTE-COLOMBE

✉ 33350 - Gironde

CHÂTEAU DU PALANQUEY & SPA

Plus

CLASSIQUE • RAFFINÉ Majestueuse demeure entourée de vignes de Saint-Émilion, cet hôtel a su conserver le caractère architectural de toutes ses chambres et suites. L'audace vient du mobilier radicalement moderne, mais les délices du séjour sont dus au spa, à la salle de sport, à la piscine intérieure...

- **6 chambres** - *2 lieu-dit Palanquey - ✆ 05 47 84 99 83*

SAINTE-FOY-LA-GRANDE

✉ 33220 - Gironde - Carte régionale n° **22**-C2

CÔTÉ BASTIDE

CUISINE MODERNE • CONVIVIAL Légèrement en retrait du centre-ville, voici le fief de Laurence et Cédric : elle, en cuisine, réalise des plats gourmands réglés sur les saisons ; lui, sommelier de formation, choisit les meilleurs vins – notamment de Bordeaux – pour accompagner les plats concoctés par sa compagne. Un duo qui fonctionne à merveille !

- **€** - *4 rue de l'Abattoir - ✆ 05 57 46 14 02 - www.cote-bastide.org - Fermé lundi et dimanche, et mardi soir*

SAINTE-GENEVIÈVE-DES-BOIS

✉ 91700 - Essonne - Carte régionale n° **11**-B2

LE PLONGEOIR D'EN FACE N

CUISINE MODERNE • SIMPLE Drôle d'endroit pour une rencontre gastronomique : une ancienne piscine municipale des années 1970, aux lignes de béton brut et aux néons vitaminés, reconvertie en ruche collaborative. C'est là qu'Enzo Scaramuzzino, ancien bras droit de Mathieu Pacaud, nage en solo après avoir connu les couloirs étoilés. Chaque semaine, une courte carte sur ardoise annonce l'épreuve gourmande : fricassée de seiche, risotto truffé, carré de cochon fermier... Des classiques revisités sans ostentation, des jus impeccables, une béarnaise de compétition sur le rumsteak, des desserts nets et fruités – à l'image de ce carpaccio d'ananas au condiment exotique. Une partition qui garde la tête hors de l'eau de bout en bout.

- **€€** - *14 rue Léo-Lagrange - ✆ 06 22 87 79 81 - www.plongeoirdenface.com - Fermé lundi et dimanche, et mardi et jeudi soir*

SAINTE-GENEVIÈVE-SUR-ARGENCE

✉ 12420 - Aveyron - Carte régionale n° **23**-C2

L'ARGENCE

CUISINE MODERNE • CONTEMPORAIN Au cœur de l'Aubrac, un couple de professionnels a repris la gérance d'une ancienne auberge du début 1900, entièrement rénovée dans un style contemporain épuré. Le chef Jonathan Riboulet, fort d'un parcours étoilé (Guérard, Pic, Lameloise et surtout 12 ans chez Bras à Laguiole), propose une cuisine où le terroir (truite des Monts d'Aubrac, escargots de l'Aveyron, entrecôte d'Aubrac) s'allie habilement aux herbes locales (reine-des-prés, ail des ours, pimprenelle). Le résultat est ludique, frais et coloré – et créatif, une veine rare dans le département. La salle lumineuse au design moderne s'ouvre sur une ravissante terrasse entourée d'un jardin fleuri en saison. 6 chambres et 2 appartements spacieux et confortables permettent de découvrir ce joli coin de France.

- **€€** - *Rue du Riols - ✆ 05 65 66 03 07 - www.largence.fr - Fermé lundi, et mardi et dimanche soir*

SAINTE LUCIE DE PORTO-VECCHIO - Corse-du-Sud (2A) ➔ Voir Corse

SAINTE-MARIE-DE-RÉ - Charente-Maritime (17) ➔ Voir Île de Ré

SAINTE-MARIE-DU-MONT

✉ 50480 - Manche

DOMAINE UTAH BEACH - LE GRAND HARD

CONTEMPORAIN • CLASSIQUE Bien que son nom fasse référence au site de débarquement du D-Day, le domaine lui-même remonte, en partie, au 17e s. Aujourd'hui, les bâtiments élégants et typiquement normands de cette ferme ont été modernisés pour accueillir 19 chambres et suites dans un style mêlant contemporain et classicisme. Spa intime et paisible.

- **19 chambres** - *14 La Rivière*

SAINTE-MAURE

✉ 10150 - Aube - Carte régionale n° **12**-B1

AUBERGE DE SAINTE-MAURE

CUISINE MODERNE • ÉLÉGANT Victor Martin et son chef Julien Drapier, natif de la région, forment un duo bien rodé. Les assiettes, intelligentes et harmonieuses, mettent joliment en scène les produits locaux, dans des mariages aux saveurs franches, souvent influencées par l'Asie à l'image de ces gyozas et leur bouillon soja gingembre ou bien du biscuit et crémeux au thé matcha. Ajoutons-y le service souriant, le bon rapport qualité-prix, et l'agréable terrasse au bord de l'eau...

- **€€€** - *99 route de Méry - ✆ 03 25 76 90 41 - www.auberge-saintemaure.ovh - Fermé lundi et mardi, et dimanche soir*

SAINTE-MAXIME

✉ 83120 - Var - Carte régionale n° **29**-C2

LA BADIANE

CUISINE MODERNE • ÉLÉGANT À deux pas du marché couvert, que de charme dans cette salle épurée où le bois et la pierre convolent en justes noces au-dessus de tables en bois brut, joliment apprêtées ! Le chef Geoffrey Poësson (formé chez Vergé au Moulin de Mougins) s'épanouit tranquillement en signant une cuisine moderne et fine, où légumes et poissons dominent la partition (même si le pigeon, son plat signature, côtoie l'agneau et le bœuf) : les tomates du moment condimentées d'anchois, velouté à la marjolaine ; dos de daurade rôti, ventre en vapeur safrané, bouillon des têtes façon bouillabaisse et légumes du moment... Formule plus simple au déjeuner sauf en été.

A/C - **€€€** - *6 rue Fernand-Bessy - ✆ 04 94 96 53 93 - www.restaurant-la-badiane.fr - Fermé dimanche, et lundi et mercredi à midi*

SAINTE-PREUVE

✉ 02350 - Aisne - Carte régionale n° **5**-D2

LES ÉPICURIENS

CUISINE MODERNE • ÉLÉGANT Restaurant au cœur d'un ancien corps de ferme, proposant une cuisine raffinée et moderne avec des assiettes qui raviront l'œil comme le palais des plus épicuriens... à l'image de ce croustillant de

turbot aux champignons et sauce champagne. Belle carte des vins, naturellement portée sur le champagne, et terrasse élégante donnant sur les jardins du domaine. Agréables chambres pour l'étape.
- €€€ - *Domaine de Barive - 03 23 22 15 15 - www.domainedebarive.com - Fermé lundi et mardi*

DOMAINE DE BARIVE
Plus

CLASSIQUE • CHAMPÊTRE Une superbe bâtisse du 19e s. dans un immense parc : calme champêtre... Les chambres sont cosy (mansardées au 2e étage) et décorées avec soin. De nombreux services (sauna, jacuzzi, tennis, salle de remise en forme) et un accueil prévenant font du domaine une étape extrêmement agréable.
- **22 chambres** - *Domaine de Barive - 03 23 22 15 15*

Les Épicuriens - Voir la sélection des restaurants

SAINTE-SABINE

21320 - Côte-d'Or - Carte régionale n° **12**-C3

RESTAURANT LASSEY - CHÂTEAU SAINTE-SABINE

CUISINE MODERNE • ÉLÉGANT Dans ce joli coin de Bourgogne qu'est l'Auxois, ce château Renaissance offre un cadre historique à cette table élégante et confortable. Menus gastronomiques le soir, formule plus simple au déjeuner, et brunch le samedi. Les chambres invitent à un repos bucolique face au parc, ses biches et son plan d'eau... Service attentionné.
- €€€€ - *8 route de Semur - 03 80 49 22 01 - www.saintesabine.com - Fermé mercredi midi*

CHÂTEAU SAINTE-SABINE

MODERNE • ROMANTIQUE Ce monument du 16e s. trône dans un parc à l'anglaise sur les rives du canal de Bourgogne. Le bâtiment lui-même a été soigneusement restauré, et bien que de nombreux éléments d'origine aient été préservés — grands escaliers, délicats vitraux, boiseries d'époque — les intérieurs élégants affichent un style original. Les chambres et suites voûtées regorgent de détails charmants : toile de Jouy, poutres et lits à baldaquin. Certaines disposent de terrasses privées et de baignoires. L'ancien pavillon de chasse du château, aujourd'hui transformé en bar, est idéal pour siroter un apéritif en regardant passer les cerfs.
- **23 chambres** - *8 route de Semur*

Restaurant Lassey - Voir la sélection des restaurants

SAINTES

17100 - Charente-Maritime - Carte régionale n° **18**-B2

L'IØDE

CUISINE MODERNE • CONTEMPORAIN Fils de boucher né sur l'île d'Oléron, le chef Benjamin Girard a choisi de privilégier les produits de la mer ! Dans cette longue salle moderne aux tons blanc et bleu, les recettes aux touches créatives s'enchaînent savoureusement : salade de poulpe, pesto ail des ours, petits pois, sauce huîtres ; esturgeon, maki poireau, beurre blanc, gel hibiscus ; fraises confites, sorbet olive, crème mascarpone vanille. Les prix restent sages, et l'on aime aussi la carte des vins d'obédience bio.
- €€ - *89 avenue Gambetta - 05 46 90 72 94 - www.restaurantliode.fr - Fermé mardi et mercredi*

LE PARVIS

CUISINE MODERNE • CONTEMPORAIN À deux pas de la Charente, une charmante maison en pierre abrite la table gourmande de Pascal Yenk. Sa cuisine délicate et savoureuse se caractérise par sa fraîcheur et ses touches d'aigre-doux. Œuf coque sans coque, fricassée d'asperges et morilles, ou encore canette basse température, pastilla parfumée et kumquat confit : chaque plat allie technique et générosité. Aux beaux jours, la terrasse jardin se dote d'une sympathique carte de tapas et cocktails, idéal pour profiter autrement de ce lieu et de son service souriant et soigné.

- €€ - *12 quai de l'Yser - 05 46 97 78 12 - www.restaurant-le-parvis.fr - Fermé lundi et dimanche*

SAVEURS DE L'ABBAYE

CUISINE MODERNE • CONVIVIAL À deux pas de l'abbaye aux Dames, devenue "cité musicale", ce restaurant au décor épuré propose une cuisine légère, fraîche et spontanée, privilégiant les beaux produits locaux du marché, arpenté tous les jours, panier en main, par le chef Vincent Coiquaud. Pour la nuit, des chambres sobres et agréables.

- €€ - *1 place Saint-Pallais - 05 46 94 17 91 - www.saveurs-abbaye.com - Fermé lundi et dimanche*

LE DALLAISON

CUISINE MODERNE • ÉLÉGANT Cette belle demeure du 18e s. lovée dans son parc cache bien son jeu : à l'intérieur, le 21e s. triomphe à travers les différentes petites salles à manger : mobilier design, luminaires originaux, murs blancs, armoires à vins. Un tel lieu ne peut qu'inspirer Jérôme Dallet, chef passé chez Emmanuel Renaut (Megève) et Anne-Sophie Pic (Valence). Les produits du terroir sont ici à l'honneur (mogettes, cagouilles, agneau de Confolens...) et le chef en tire de belles compositions gourmandes. Aux beaux jours, on profite de la terrasse baignée de verdure.

AC P - €€ - *30 rue du Bois-Taillis - 05 46 92 08 18 - www.ledallaison.com - Fermé lundi, mardi, mercredi midi et dimanche soir*

LA TABLE DU RELAIS DU BOIS SAINT-GEORGES

CUISINE MODERNE • COSY Coup de cœur pour ce restaurant installé dans une ancienne ferme, où le chef aime travailler les beaux produits de saison, qu'ils soient issus de producteurs locaux ou du jardin de plantes aromatiques situé dans le parc. Face aux baies vitrées ouvertes sur la terrasse, la fontaine et le petit étang, on se délecte par exemple d'un ris de veau en crapaudine laqué au vinaigre de sureau, à la chair moelleuse et juteuse à souhait... plaisir garanti !

P - €€ - *132 cours Genet - 05 46 93 50 99 - www.relaisdubois.com - Fermé lundi et dimanche*

SAINTES-MARIES-DE-LA-MER

13460 - Bouches-du-Rhône

LES BAINS GARDIANS

ÉPURÉ • CALME Bordé de roseaux, ce refuge camarguais apporte le luxe bohème à un paysage davantage connu pour ses chevaux sauvages et ses flamants. Les cabanes autrefois utilisés par les éleveurs de taureaux ont été magnifiquement restaurées et blanchies à la chaux. Un design à la fois rustique et soigné, dedans, des vues au ras des canaux, dehors, et plus loin un DJ au bord de la piscine, un centre équestre et des flamants à votre porte : repos.

AC P - **67 chambres** - *D570, route D'Arles - 04 90 97 88 88*

MAS DE LA FOUQUE *Plus*

MODERNE • CHAMPÊTRE À l'orée d'une réserve naturelle, le Mas de la Fouque est entouré de marais, de terres sauvages et d'une des nombreuses plages désertes de la Méditerranée. Ce petit hôtel de luxe — une "demeure d'exception" plus précisément — jouit pleinement de son cadre tranquille et idyllique. Les chambres donnent sur le parc ou sur le lac alors que les "caravanes" de luxe vous immergent dans la nature tout en confort. Aussi exceptionnelle que soit la demeure, c'est sa piscine, cernée par les pins, les tamaris et un mobilier design, qui s'impose comme la pièce maîtresse. Les autres espaces communs comptent une bibliothèque et un salon décorés de touches antiques, ainsi qu'un spa.
- **26 chambres** - *D38, route du Petit - ✆ 04 90 97 81 02*

SALEILLES

✉ 66280 - Pyrénées-Orientales - Carte régionale n° **27**-C3

L'ABSIX

CUISINE MODERNE • CONTEMPORAIN Dans cette grande bâtisse aux allures coloniales, un chef passé par de belles maisons et qui saura vous surprendre. Sur un menu unique changé chaque semaine, il réalise une cuisine moderne et créative, rythmée par les saisons : croustillant au parmesan, girolles marinées et crémeux d'ail doux ; filet de turbot en tempura, émulsion coco, citronnelle et gingembre...
- **€€** - *2 rue de la Cerdagne - ✆ 04 68 54 79 02 - www.restaurant-labsix.fr - Fermé lundi et dimanche*

SALLANCHES

✉ 74700 - Haute-Savoie

LE CERF AMOUREUX

MONTAGNARD • CHALEUREUX Un beau chalet - tout de pierre et de bois vêtu - raffiné et très cosy. Les chambres, délicieuses, avec balcon, donnent sur les Aravis ou le mont Blanc... On peut aussi profiter de l'espace bien-être et de la "cuisine familiale améliorée" proposée (dixit le propriétaire). Est-ce l'amour qui rend ce Cerf si charmant ?
- **12 chambres** - *118 route de Barthoud - ✆ 04 94 97 04 37*

LA SALLE-LES-ALPES

✉ 05240 - Hautes-Alpes

ROCK NOIR

ÉPURÉ • CHALEUREUX Cet hôtel situé au pied des pistes de "Serre-Che" devrait séduire les skieurs - et les autres ! - avec sa décoration épurée mêlant bois brut, velours et fourrures, influences montagnardes et touches design... Confortable et original !
- **32 chambres** - *Place de l'Aravet - ✆ 04 92 25 54 90*

LES SALLES

✉ 42440 - Loire - Carte régionale n° **20**-C1

COLETTE

CUISINE MODERNE • COSY Au cœur du Forez, cet ensemble de bâtisses de pierre et de bois, niché entre une sapinière et un étang, invite au farniente sur la terrasse en été ou au hygge en hiver, au pied de la grande cheminée dans une salle cosy. La cuisine du chef Thomas Laurier (Pic, Chabichou) se révèle aussi un régal réconfortant : excellent pâté en croûte (une spécialité déclinée différemment toute l'année) ou, en dessert, cette pêche pochée accompagnée de mélisse du jardin et de sarrasin, une petite perle gourmande. Dans une salle comble, la compagne du chef assure un service plein d'allant.

- €€ - 121 chemin de la Plagnette (lieu-dit La Plagnette) - 04 77 97 74 10 - www.restaurantcolette.fr - Fermé lundi et dimanche

SALLES-LA-SOURCE

✉ 12330 - Aveyron - Carte régionale n° **23**-C2

CASCADE

CUISINE MODERNE • CONVIVIAL Quel joli village accroché à sa falaise et fameux (évidemment) pour sa cascade rafraîchissante ! Quelle adresse sympathique et conviviale, à la déco chaleureuse de bistrot coloré, avec son vieux parquet, son comptoir et ses affiches arty aux murs (sans oublier la terrasse donnant sur la cour face à la mairie). En cuisine, la cheffe Marine Guichou régale avec des produits locaux soigneusement castés et travaillés habilement dans une veine bistronomique fraîche et authentique. Et, avec sa pannacotta aux amandes et sa mousse chocolat sur un crumble cacao, elle a réalisé la quintessence du dessert épicurien !

- €€ - 26 cour de la Filature - 05 65 67 29 08 - www.cascaderestaurant.fr - Fermé lundi et mardi, et mercredi et dimanche soir

SALON-DE-PROVENCE

✉ 13300 - Bouches-du-Rhône - Carte régionale n° **29**-C3

VILLA SALONE

Chef : Alexandre Lechêne

CUISINE MODERNE • ÉLÉGANT Alexandre Lechêne a investi cette jolie maison de maître en plein cœur de Salon-de-Provence. Il y régale avec une cuisine créative et étonnante, déclinée dans des menus surprise : un seul mot d'ordre, se laisser porter ! Les assiettes, joliment dressées, mettent en valeur la production maraîchère et fruitière locale, à l'image de ces pâtes imprimées, variation de courgettes, fleurs, amandes fraîches et tagète... c'est frais, goûteux et parfaitement assaisonné : un régal ! Les associations d'ingrédients sont parfois osées mais l'équilibre est toujours maîtrisé et l'ensemble fonctionne très bien. Côté décor, l'élégance est de mise pour cette villa aux allures de grande maison de famille : moulures, fresques au plafond, carrelage provençal... sans oublier le joli petit patio terrasse verdoyant pris d'assaut en été. Service attentionné et efficace.

- €€€ - 6 rue du Maréchal-Joffre - 04 90 56 28 01 - www.villa-salone.com - Fermé lundi, et mardi et dimanche soir

ATELIER SALONE

CUISINE MODERNE • CHIC Versant bistronomique de la Villa Salone, l'Atelier Salone bénéficie de toutes les attentions du chef Alexandre Lechêne, au parcours solide (Aux Lyonnais, Louis XV à Monaco) et ancien étoilé à Saint Véran, dans les Hautes Alpes. Au menu, ce jour-là, on trouve un œuf parfait bio à la courge et aux truffes, un délicieux vol-au-vent et un mont-blanc marron-cassis et glace au marron... Le style original de la maison du début du vingtième siècle s'agrémente d'une touche contemporaine.

- €€ - 6 rue du Maréchal-Joffre - 04 90 56 28 01 - www.villa-salone.com - Fermé lundi, et mardi et dimanche soir

LE SAMBUC

13200 - Bouches-du-Rhône - Carte régionale n° **29**-C3

LE MAS DE PEINT

CUISINE DU TERROIR • RÉGIONAL Avec de bons produits - légumes du potager, riz de la propriété et taureau de l'élevage -, le chef concocte une belle cuisine du marché. La terrasse sous la glycine est ravissante et ce Mas charmant... Cuisine à la plancha autour de la piscine en été. Une bonne adresse.

- €€€ - Le Mas de Peint, route de Salin de Giraud (D36) - 04 90 97 20 62 - www.masdepeint.com - Fermé lundi, du mardi au vendredi à midi, et dimanche soir

HÔTEL MAS DE PEINT

MODERNE • CALME Dans un vaste domaine, ce superbe mas du 17e s. cultive la tradition camarguaise (promenades à cheval, élevage taurin, arènes privées). La décoration est inventive et réussie, les chambres raffinées, la table réputée... Beaucoup d'élégance !

- 15 chambres - *Route de Salin-de-Giraud - 04 90 97 20 62*

Le Mas de Peint - Voir la sélection des restaurants

SAMOËNS

74340 - Haute-Savoie - Carte régionale n° **21**-D1

LE LODGE

CUISINE TRADITIONNELLE • CONVIVIAL Dirigé par un jeune couple passionné, le chef Flavio Ricco et Lola Goudenove, ce restaurant est niché au cœur du village. Chaleureuse, la salle à manger invite à la détente, mêlant bois et pierre, façon... lodge, évidemment. Le chef mitonne au point de croix une cuisine traditionnelle avec une once de créativité, mettant en lumière les produits locaux dans un menu avec choix. Ce midi, le cuisinier revisitait tout en finesse la soupe châtrée - une spécialité de Samoëns plutôt roborative, à base de pain, de tomme de Savoie et de soupe à l'oignon. Suivaient un filet de bar, céleri, beurre blanc au génépi et, au dessert, une pomme confite, crémeux vanille et glace vanille. Accueil et service sont charmants : d'ailleurs, le chef sort de temps en temps de sa cuisine pour servir.

- €€ - 20 route de Sixt - 06 29 38 55 17 - Fermé lundi et mardi, et dimanche soir

SAMPANS

39100 - Jura - Carte régionale n° **13**-A2

CHÂTEAU DU MONT JOLY

Chef : Romuald Fassenet

CUISINE MODERNE • ÉLÉGANT Qu'elle est bien nommée, cette maison de maître du 18e s. qui domine la vallée de la Saône, avec sa façade rose et ses colonnes à l'italienne ! Avec son épouse, sommelière et fille de vignerons, Romuald Fassenet a transformé cette bâtisse classique en écrin design et épuré où quelques chambres permettent de faire une étape de charme à proximité de Dole. Sa cuisine, franche et gourmande, révèle une passion authentique pour le terroir jurassien (il fut d'ailleurs le second du chef Jean-Paul Jeunet), et repose sur une grande maîtrise technique. Il réalise de superbes sauces au vin jaune du Jura ; la poularde de Bresse, morilles, sauce Château-Chalon fait partie de ses classiques.

- **€€€€** - *6 rue du Mont-Joly - 03 84 82 43 43 - www.chateaumontjoly.com - Fermé lundi, mardi, et mercredi et jeudi à midi*

SANARY-SUR-MER

83110 - Var - Carte régionale n° **29**-A3

L.A RESTAURANT

CUISINE MODERNE • INTIME L.A., non pas la Cité des Anges, mais Lazzaro Anthony. Pas de blockbusters ici, juste une cuisine d'auteur en format ultra réduit. Dans une ruelle derrière le port, ce chef solitaire, fils de restaurateur, fait tout, absolument tout : le pain, les glaces, les jus… Trois jours de mise en place avant d'ouvrir, du jeudi au samedi, pour seulement quatorze convives. Pas un de plus. Dans la petite salle voûtée à la lumière tamisée, ou sous les glycines du patio, on savoure une carte courte, fraîche et inspirée : saint-pierre, fenouil et jus de bouillabaisse ; soufflé au chocolat, noisette et amaretto.

A/C - **€€€** - *6 rue Barthélémy-de-Don - 04 94 88 08 05 - www.restaurant-la.fr - Fermé lundi, mardi et mercredi*

SANCERRE

18300 - Cher - Carte régionale n° **16**-B1

LA POMME D'OR

Chef : Yann Tournier

CUISINE MODERNE • COSY Au cœur du célèbre village vigneron, un jeune couple d'origine bretonne a choisi de mettre à l'honneur les saveurs iodées. Dans ce menu unique aux intitulés évocateurs ("embruns marins de Saint-Jacques", "plénitude d'encornets" ou "langoustines vent des alizés"…), on rencontre des poissons d'une fraîcheur irréprochable, sublimés par des cuissons d'une belle maîtrise. Le chef connaît son métier et n'oublie jamais l'essentiel : le goût. La carte des vins donne en priorité la parole aux crus de Sancerre, et ce n'est pas pour nous déplaire. Service tout sourire dans un cadre sobre et élégant. Ce serait un péché de ne pas croquer cette Pomme d'Or !

- **€€€** - *1 rue de la Panneterie - 02 48 54 13 30 - www.lapommedorsancerre.fr - Fermé lundi et mardi, et dimanche soir*

LA CÔTE DES MONTS DAMNÉS

CUISINE TRADITIONNELLE • FAMILIAL Toujours en synergie avec les vins de la famille vigneronne Bourgeois, l'offre bistronomique valorise en particulier le terroir local : lentille verte du Berry et vaporeux de lard fumé, caille rôtie en feuille de châtaigner et réduction de jus de raisin du domaine, ou encore le croquet sancerrois avec nuage de vanille et sorbet framboise… Gourmand à se damner. Chambres confortables pour prolonger l'étape.

A/C - **€€** - *12 place de l'Orme, à Chavignol - 02 48 54 01 72 - www.hotel-restaurant-chavignol.fr/fr/famille-bourgeois-sancerre-france - Fermé lundi et dimanche*

LA TOUR

CUISINE MODERNE • COSY Au pied d'une tour du 14e s. érigée au cœur de ce célèbre village vigneron, cette maison de ville à l'architecture locale abrite une salle élégante et contemporaine, où subsistent quelques touches anciennes (poutres, plafond et moulures). Simplicité, authenticité et caractère : autant de traits qui distinguent cette cuisine de bons produits et pleine de saveurs qui évolue aux fils des saisons autour d'un menu déjeuner bien composé (et au bon rapport qualité/prix !) et d'un menu surprise en plusieurs déclinaisons le soir. Menu végétarien proposé également.

- €€€ - 31 Nouvelle-Place - 02 48 54 00 81 - www.latoursancerre.fr - Fermé lundi, dimanche et mardi midi

SAND

67230 - Bas-Rhin - Carte régionale n° **8**-B2

LA CHARRUE

CUISINE MODERNE • CONTEMPORAIN Au sein d'une vénérable bâtisse de deux siècles d'âge, Nicolas Laurent, formé à bonne école (du Chambard à l'Auberge de l'Ill, en passant par le Vieux Couvent) propose une cuisine moderne, en choyant à la fois la région (anguille du Rhin, chasse locale) et des produits nobles plus lointains (homard du Cotentin, turbot sauvage...). Et pour le plus grand plaisir des fidèles, les fameux filets de carpes, frites et crème au raifort d'Alsace figurent toujours à la carte.

- €€€ - 4 rue du 1er-Décembre - 03 88 74 42 66 - www.lacharrue.com - Fermé lundi, samedi midi et dimanche soir

SANTA-REPARATA-DI-BALAGNA

- Haute-Corse (22) ➔ Voir Corse

SANTENAY

21590 - Côte-d'Or - Carte régionale n° **12**-D1

L'OUILLETTE

CUISINE MODERNE • CONTEMPORAIN Quel plaisir de voir rayonner intelligemment la gastronomie régionale ! Ce pari est celui d'un jeune couple passionné établi dans une charmante auberge familiale, au cœur d'un village viticole. Simon y revisite avec talent les classiques : œuf cuit à 63° façon meurette au chardonnay, filet de truite bio de l'Yonne sublimé par une bisque d'écrevisses, ou encore joue de bœuf en cromesquis. Maude, en salle, offre un service chaleureux et attentif, sublimant l'expérience. La carte des vins, riche en pépites locales, propose des trésors à prix doux, notamment des bourgognes blancs.

- €€ - Place du Jet-d'Eau - 03 80 20 62 34 - www.ouillette.fr - Fermé mardi et mercredi

SARE

64310 - Pyrénées-Atlantiques - Carte régionale n° **25**-A2

BIZI ONA

CUISINE MODERNE • AUBERGE Romain Lorenzon, chef à la bonhomie immédiate, a choisi ce paisible village pour son auberge restée dans son jus, grâce à son comptoir patiné, ses pierres apparentes et sa... convivialité de bistrot. Fort d'un long parcours multi-étoilé qui l'a mené notamment à l'Hôtel de Tourrel, il met aujourd'hui cette expérience au service d'une cuisine plus libre, déliée des codes, fidèle à ce qui l'anime : l'authenticité, le plaisir simple, le partage. Lièvre à la royale, tourte de colvert et cuisses glacées dans un jus à l'estragon, palombe au capucin et jus noyé à l'Armagnac, soufflé au Grand Marnier : des plats réconfortants - notamment de gibiers en saison, l'une des passions du chef - à partager entre copains.

- €€ - Place du Village - 05 59 26 57 66 - www.bizi-ona.fr - Fermé du lundi au mercredi

HORDAGO

CUISINE MODERNE • AUBERGE Perchée sur le col de Lizarrieta, à la frontière franco-espagnole, au bout d'une route perdue, cette auberge typiquement basque a connu de nombreuses péripéties, jusqu'à devenir, dit-on, un repaire de contrebandiers. L'adresse file droit maintenant grâce au chef Rémy Le Charpentier (ex-Arraya à Sare) et sa compagne Mikela Luro. Les produits locaux, les herbes, les condiments et les champignons (cueillis par le chef) font une jolie sarabande goûteuse dans des assiettes vivifiées par de petites touches créatives : thon patudo de ligne, fregola sarda en salade, citron, gingembre et tomate confite. Enfin, la terrasse du restaurant embrasse une très jolie vue.

- **€€** - *9990 route du Col-de-Lizarrieta - 06 85 55 10 13 - www.chambresdhotes-hordago.com - Fermé mardi, mercredi, lundi midi et dimanche soir*

OLHABIDEA

CUISINE TRADITIONNELLE • FAMILIAL Une ferme basque du 16e s. où l'on propose une cuisine goûteuse, élaborée avec finesse et passion, qui s'appuie largement sur les fruits et légumes du potager du chef. Autour, on flâne dans un parc de quatre hectares planté d'érables, de conifères et de camélias... Quel charme !

- **€€** - *270 Olhako bidea - 05 59 54 21 85 - www.olhabidea.fr - Fermé lundi, mardi et du mercredi au vendredi à midi*

HOTEL ARRAYA

CLASSIQUE • CHALEUREUX Cet hôtel familial a bénéficié de toutes les améliorations nécessaires (ascenseur et salles de bains modernes) sans pour autant perdre son charme régional si chaleureux. Les chambres les plus anciennes se signalent par leurs poutres d'origine, et même les plus récentes restent fidèles à l'esprit du lieu. Petit déjeuner copieux.

A/C - **15 chambres** - *31 Plaza (bourg) - 05 59 54 20 46*

SARREGUEMINES

57200 - Moselle - Carte régionale n° **7**-C1

AUBERGE SAINT-WALFRID

Chef : Stephan Schneider

CUISINE CLASSIQUE • ÉLÉGANT Sur la route qui mène de Metz à Strasbourg, il était une fois une bien jolie auberge, ancienne dépendance agricole rattachée à l'église de Welferding. Stephan Schneider incarne aujourd'hui la cinquième génération d'une famille qui exerce ici depuis la fin du 19e s. Il a repris les rênes de cette maison que son père avait inscrite sur la carte régionale de la gastronomie. On s'attable dans une grande salle bourgeoise et chaleureuse au parquet ancien, parmi les vitrines où brille la faïence de Sarreguemines. Le chef est un ardent défenseur de la belle tradition ! Il aime travailler avec les maraîchers de la région (il possède lui-même un potager), et achète des bêtes sur carcasse pour les travailler entièrement. À la force du goût. Chambres spacieuses et confortables pour l'étape.

- €€€€ - 58 rue de Grosbliederstroff - 03 87 98 43 75 - www.stwalfrid.fr - Fermé lundi, mardi midi et dimanche soir

SARTÈNE - Corse-du-Sud (2A) → Voir Corse

SARZEAU

56370 - Morbihan - Carte régionale n° **1**-C3

LES JARDINS DE KERSTÉPHANIE

CUISINE MODERNE • CONTEMPORAIN Cette ancienne ferme en pierre, recouverte de vigne vierge et entourée d'un parc arboré, est le fief d'Emmanuel Kouri, que l'on connut aux Climats (Paris 7e). Attentif à la provenance des produits (pêche de ligne, maraîcher bio, crémerie de la presqu'île...), il réalise une cuisine tournée vers la mer, à l'image de cette lisette juste saisie à la flamme, réduction de carottes au verjus et feuilles de capucine ou de cette lotte à la nacre, caviar de courgettes, marinière de coquillages et salsa verde. À déguster, aux beaux jours, sur la terrasse ombragée.

- €€€ - Route du Roaliguen - 02 97 41 72 41 - www.lesjardinsdekerstephanie.com - Fermé mardi et mercredi

LE KERMER N

CUISINE TRADITIONNELLE • CONTEMPORAIN Sur la presqu'île de Rhuys, cette table, fruit d'une collaboration inspirée entre deux chefs de métier, est nichée dans une authentique bâtisse bretonne reconnaissable à sa façade de pierre et ses menuiseries bleues. À l'intérieur, le bistrot contemporain conjugue tradition et modernité, avec poutres apparentes, cheminée d'époque et cuisine ouverte. À la carte, des recettes généreuses et parfaitement exécutées rendent hommage au terroir breton, à l'image de cette tarte poireaux, andouille et moutarde, pleine de finesse et de gourmandise. Outre une séduisante formule déjeuner, le menu-carte se révèle particulièrement attractif.

- €€ - 5 rue Saint-Vincent - 02 97 44 05 77 - www.lekermer.com - Fermé lundi et dimanche

LESAGE N

CUISINE MODERNE • TRADITIONNEL À deux pas de l'église Saint-Saturnin, une belle demeure bretonne du 17e s. abrite cet hôtel-restaurant dont le nom rend hommage à Alain-René Lesage, enfant de Sarzeau et auteur de la picaresque Histoire de Gil Blas de Santillane. Derrière les murs de pierre, le charme opère : poutres apparentes, tomettes anciennes, cheminée, et quelques toiles d'artistes locaux pour la touche contemporaine. Aux fourneaux, un jeune chef propose de bonnes assiettes où textures et températures dialoguent avec justesse, produits de belle qualité à l'appui : comme ces lamelles d'encornet snackées et saupoudrées de piment d'Espelette, qui se frottent au maïs en crémeux, cru ou en pop-corn.

- €€ - 3 place de la Duchesse-Anne - 02 97 41 77 29 - www.hotelrestaurantlesage.com - Fermé lundi, jeudi midi et dimanche soir

LE MANOIR DE KERBOT

CUISINE TRADITIONNELLE • CONTEMPORAIN À l'écart du village, dans un grand domaine, ce manoir du 16e s. fut un orphelinat avant de devenir un repaire de gourmands. La table célèbre les saveurs locales : poissons de pêche bretonne, safran de Surzur, tomme de Rhuys, légumes des maraîchers alentour... À découvrir : salade de poulpe, vinaigrette au safran et petits pois ; pluma de cochon rôtie, fumée au romarin, sucrines snackées. Service attentionné, élégante véranda de style industriel ouverte sur un paisible étang, belles chambres.

P - **€€** - *Lieu-dit Kerbot - 02 97 26 40 38 - www.hotelrestaurantkerbot.com - Fermé lundi, mardi et mercredi midi*

LE MANOIR DE KERBOT

ÉPURÉ • RAFFINÉ Près de la côte boisée de la presqu'île du Rhuys, cet élégant manoir du 16e s. fut un orphelinat puis une école agricole. Quelques détails d'époque subsistent à l'intérieur de la longère, dont la cheminée, et les chapelles voisines ont été transformées en chambres et suites aux plafonds voûtés, murs de pierre et salles de bains modernes. L'ancienne cave en briques abrite désormais un spa, terrasse sur une pièce d'eau.

A/C P Spa - **9 chambres** - *Lieu-dit Kerbot*

Le Manoir de Kerbot - Voir la sélection des restaurants

SAUBION

40230 - Landes

LES ÉCHASSES

MODERNE • CHAMPÊTRE Ces Échasses consistent en plusieurs "lodges" installée autour d'un étang : des maisonnettes en bois, confortables et design, avec poêle à bois et grandes baies vitrées donnant sur une terrasse au-dessus de l'eau... Une expérience insolite et tout à fait délicieuse.

A/C P Spa - **8 chambres** - *701 route de la Bruyère - 06 51 96 55 54*

SAULIEU

21210 - Côte-d'Or - Carte régionale n° **12**-B3

LA CÔTE D'OR

CUISINE MODERNE • ÉLÉGANT Une page s'est tournée dans la célèbre institution du Morvan, qui aura vu passer tant de générations de cuisiniers et de gastronomes depuis les époques bénies d'Alexandre Dumaine, puis de Bernard Loiseau. Le chef Louis-Philippe Vigilant propose une cuisine de son époque mais solidement établie sur ses bases classiques. Il imprime désormais son style à des préparations plus personnelles, réalisées à partir de très beaux produits. Les nostalgiques peuvent encore se régaler de quelques grands incontournables de l'époque Bernard Loiseau. Parmi eux figurent les jambonnettes de grenouille, servies avec une purée d'ail et un jus de persil. Au dessert, on retrouve aussi la rose des sables à la glace pur chocolat ou le Saint-Honoré monté minute à la crème chiboust - des douceurs confectionnées par Lucile Vigilant, l'épouse du chef.

A/C - **€€€€** - *Le Relais Bernard Loiseau, 2 avenue Bernard-Loiseau - 03 80 90 53 53 - www.bernard-loiseau.com - Fermé mardi, mercredi et jeudi midi*

BISTROT LOISEAU DU MORVAN

CUISINE TRADITIONNELLE • CLASSIQUE Face à la Côte d'Or, maison mère de la famille Loiseau, cette belle bâtisse du 17e s. au style traditionnel est à la fois une confortable hostellerie de tradition et un bistrot, solution gourmande alternative au restaurant gastronomique. Ici le terroir, les producteurs et les recettes régionales sont à l'honneur à l'image de ces œufs en meurette ou de cette volaille façon Gaston Gérard. La salle à manger en rotonde ouverte sur la terrasse au cadre rustique soigné avec ses tomettes anciennes et sa charpente en bois apparente donnent un aperçu du pur style bourguignon.

- **€€** - *Hostellerie de la Tour d'Auxois, 5 avenue Bernard-Loiseau - 03 80 64 36 19 - www.bernard-loiseau.com - Fermé lundi*

LE RELAIS BERNARD LOISEAU

CLASSIQUE • CALME Un Relais dans la grande tradition française, qui fait honneur à l'hospitalité bourguignonne : murs du 18e s., poutres et colombages patinés par les ans, sols en terre cuite, mobilier ancien... auquel s'associe le luxe moderne d'un spa imposant et d'une piscine idyllique. Intemporel et furieusement chic !

- **33 chambres** - *2 rue d'Argentine - 03 80 90 53 53*

La Côte d'Or • Bistrot Loiseau du Morvan - Voir la sélection des restaurants

SAULTAIN

59990 - Nord - Carte régionale n° **4**-C2

SIGNATURE

CUISINE MODERNE • CONTEMPORAIN Derrière un portail imposant, cette table s'ouvre sur une ancienne grange métamorphosée en restaurant au cadre coloré et élégant. Sous de hautes poutres, la salle joue des contrastes : murs en brique rouge, touches de vert canard et de jaune, parquet clair et verrière dévoilant la cuisine. Le chef Damien Franco déroule une partition surprise et personnelle. Cuissons précises, assiettes soignées et saveurs franches sont au rendez-vous : paleron fondant, poisson nacré, dessert aux parfums d'Orient.

- **€€** - *77 avenue Henri-Barbusse - 06 20 96 34 91 - www.restaurant-signature.fr - Fermé lundi, dimanche, samedi midi et mercredi soir*

SAUMUR

49400 - Maine-et-Loire - Carte régionale n° **9**-D3

L'ESSENTIEL

CUISINE MODERNE • CONVIVIAL Blottie au pied du château, belle maison en tuffeau abritant de charmantes salles à manger (joli parquet, charpente apparente, murs en pierre) et de paisibles petites terrasses. Le chef Anthony Vaillant propose une bonne cuisine dans l'air du temps, ponctuée de quelques notes créatives bienvenues : déclinaison d'asperges et de petits pois, boostée par une vinaigrette aux agrumes ; cabillaud relevé par une sauce au curry, mousseline de pomme de terre. Service aux petits oignons. Carte des vins faisant la part belle aux vins de la région. Un agréable moment !

PLAN : B2-2 - **€€** - *11 rue Raspail - 02 41 67 71 10 - www.restaurant-lessentiel-saumur.fr - Fermé lundi et dimanche*

LA TABLE BY MI-K'L

CUISINE MODERNE • CONVIVIAL Mickaël Pihours (ex-chef du restaurant étoilé Le Gambetta) s'est taillé une table contemporaine où le bois est omniprésent. La salle est bâtie sur 2 niveaux, avec une table d'hôtes face à la cuisine ouverte. Sa « cantine plaisir », comme il l'appelle, témoigne de la patte d'un chef d'expérience : cette cuisine de partage va à l'essentiel, accompagnée de multiples garnitures rehaussées d'herbes aromatiques. C'est le cas de cette échine de cochon bio cuite au barbecue et son cortège de préparations goûteuses (salade bien assaisonnée ; champignons dans leur savoureux bouillon ; petit plat de légumes dans leur jus). Hors menu, quelques belles pièces à partager, souvent des abats. Menu changé chaque semaine.

PLAN : A2-1 – **€€** – *7 place Dupetit-Thouars – ✆ 02 41 52 96 52 – www.latable-saumur.fr – Fermé mardi et mercredi*

L'ALCHIMISTE

CUISINE MODERNE • DE QUARTIER Dans ce petit restaurant contemporain, pas de cuisine moléculaire ou alchimiste, mais de bons petits plats cuisinés avec savoir-faire. Le rapport saveurs-prix est bon ! Mieux vaut réserver car l'établissement, bien que discret, est souvent complet…

PLAN : A1-3 – 🏡 – **€€** – *6 rue de Lorraine – ✆ 02 41 67 65 18 – www.lalchimiste-saumur.fr – Fermé lundi et dimanche*

LE BOEUF NOISETTE

CUISINE TRADITIONNELLE • BISTRO On s'installe dans une salle de style bistro vintage, avec banquettes, tables en marbre et miroirs pour déguster une carte courte et soignée, centrée autour de produits régionaux (notamment le bœuf rouge des prés). Placement idéal au centre-ville, derrière le théâtre, et parallèle aux quais de la Loire, proche d'un grand parking public. Produits de qualité et circuits courts. Goûteux.

PLAN : B1-5 - - **€€** - *29 rue Molière - 09 81 73 73 10 - www.leboeufnoisette.fr - Fermé lundi et dimanche*

L'ESCARGOT

CUISINE TRADITIONNELLE • CONTEMPORAIN Agréable cadre contemporain pour une cuisine traditionnelle autour de plats phares comme les escargots farcis en coquilles à l'ail et au persil. Le chef-patron Dominique Dubert ponctue ses recettes traditionnelles de touches plus actuelles (combava, gingembre, curry...). Un joli petit Escargot où prendre le temps de se restaurer sur la jolie terrasse, en été.

PLAN : A2-6 - - **€€** - *30 rue du Maréchal-Leclerc - 02 41 51 20 88 - www.lescargot49.fr - Fermé lundi et dimanche*

MASAMA

CUISINE FUSION • CONVIVIAL Un petit coin d'Amérique du Sud au cœur de Saumur ! Derrière cette devanture vert pistache étincelante s'affaire le chef colombien Marlon Medina, qui a d'ailleurs fait la une de la presse locale en coachant l'équipe de son pays pour les Bocuse d'Or en 2023. Cette cuisine multiculturelle marque une nette préférence pour la cuisine sud-américaine, associée parfois à des produits locaux (comme l'asperge ou les champignons). Au dîner, notre coach propose une carte resserrée où la gourmandise est au rendez-vous, à l'image de cette excellente picanha agrémentée d'un irréprochable condiment chimichurri. Autre plat signature, le ceviche est cuisiné selon le poisson du marché. Au déjeuner, menu unique sans choix plus franco-français.

PLAN : B1-4 - **€€** - *5 place de la Bilange - 02 53 93 95 82 - www.masama.fr - Fermé mardi, mercredi et dimanche soir*

LA TABLE DU CHÂTEAU GRATIEN

CUISINE MODERNE • HISTORIQUE Dans le parc paysager des caves Gratien et Meyer, ce joli petit château de la fin du 19e s. séduit par son cachet - parquet en point de Hongrie, lustres à pampilles et cheminée. La cuisine met en valeur les beaux produits de la région - asperge blanche, truffe noire, pomme du Val de Loire - avec soin. Herbes du potager, bon pain maison, madeleines tièdes servies avec le café... Une bonne adresse.

HORS PLAN - - **€€€** - *94 route de Montsoreau - 07 87 08 29 05 - www.restaurant-saumur-gratien.fr - Fermé mardi, et lundi et mercredi à midi*

SAUSSIGNAC

✉ 24240 – Dordogne – Carte régionale n° **18**-C3

MÉLANGE

CUISINE CRÉATIVE • COSY Le petit village de Saussignac, situé à une vingtaine de kilomètres de Bergerac, abrite un charmant restaurant en pierre, typique de la région, juste à côté du château. Devancé par une terrasse en bois, l'intérieur qui marie murs en pierre apparente, sol en parquet et poutres peintes en blanc, est rafraîchi de quelques touches de déco contemporaines. En cuisine, le mélange des styles et des influences propulse des assiettes colorées et créatives à partir de produits de saison : jambonnette de dinde confite, pommes de terre écrasées, champignons, sauce au maïs et bacon.

♿ AC ⛱ - **€€** - *1 place du 8-mai-1945 - ✆ 05 53 24 72 30 - www.melange-restaurant-saussignac.com - Fermé mardi et mercredi*

SAUTERNES

✉ 33210 – Gironde – Carte régionale n° **22**-B2

LE CERCLE GUIRAUD

CUISINE MODERNE • CONTEMPORAIN Dans une charmante bâtisse de pierre au cœur du petit village viticole de Sauternes, le chef Yoann Amado, passé par les cuisines d'Éric Frechon au Bristol (Paris) et de la Maison Claude Darroze (Langon), compose une partition brillante, entre finesse, audace et parfaite maîtrise. À ses côtés, Juliette Bonnard, pâtissière inspirée, signe des desserts tout en fraîcheur et en équilibre. Bœuf et huître en tartare au couteau relevé au raifort et riz soufflé, suprême de pigeonneau grillé aux sarments de vigne et sauce diable, soufflé léger au chocolat Guanaja et sorbet au bas-armagnac : chaque plat célèbre le produit avec panache. Service aux petits soins, vins du château de haut vol, terrasse bucolique tournée vers le Château Guiraud : une table où l'on est assuré de passer un très bon moment.

♿ ⛱ P - **€€€** - *14 rue Principale - ✆ 05 56 76 60 87 - www.lecercleguiraud.com - Fermé lundi, mardi et dimanche soir*

LA CHAPELLE DE GUIRAUD N

CUISINE TRADITIONNELLE • COSY Le cadre de cette brasserie, située sur cette propriété viticole classée en premier grand cru, et emmenée par l'équipe du Cercle Guiraud, laisse sans voix : vaste salle avec charpente cathédrale, cuisine ouverte, salon confortable devant la cheminée... La carte joue quant à elle sur le goût et la gourmandise : œuf poché et sauce au sauternes, pâté en croûte hommage à la Mère Brazier, échine de cochon rôtie au piment fumé, ou encore poire Belle-Hélène. Autant d'assiettes gourmandes proposées à bon prix. La terrasse, délicieuse, est au grand calme.

♿ AC ⛱ P - **€** - *5 Château Guiraud - ✆ 06 29 47 92 76 - www.lachapelledeguiraud.com - Fermé mardi et mercredi, et dimanche soir*

SAUVETERRE-DE-COMMINGES

✉ 31510 – Haute-Garonne – Carte régionale n° **26**-B3

L'HIBISCUS BY JÉRÉMY LASSERRE

CUISINE MODERNE • ÉLÉGANT Au pied des Pyrénées, au sein de l'hôtel du Barry, voici un chef qui maîtrise son sujet : bien pensée, solide techniquement (cuissons basse température, espumas, bouillon dashi...), sa cuisine porte aussi la marque de ses quatorze ans passés en Asie. L'œuf parfait façon Onzen avec sa trilogie de haricots tarbais et champignons est une de ses grandes spécialités. Service attentionné et chambres confortables pour prolonger l'expérience.

AC P - **€€** - *Hameau de Gesset - ✆ 05 62 00 46 93 - www.hotel-dubarry.fr - Fermé lundi, mardi midi et dimanche soir*

SAUVETERRE-DE-ROUERGUE

✉ 12800 - Aveyron - Carte régionale n° **23**-C3

LE SÉNÉCHAL

CUISINE MODERNE • ÉLÉGANT Dans un petit village du Haut Ségala connu pour sa bastide du 13e s. et sa place aux arcades, la maison à pans de bois de Michel Truchon a été reprise par une famille d'origine normande qui perpétue le respect du beau produit dans un esprit d'auberge cossue et gourmande. En témoignent la raviole d'épinard au vieux Rodez – « le parmesan aveyronnais » – relevé d'un jus de viande réduit et coiffé d'une émulsion à la cazette, ou le rouget barbet cuit à la nacre souligné d'un jus de roche et posé sur une pulpe d'aubergine de belle finesse.

- €€€ - 12 boulevard du Sénéchal - 05 65 71 29 00 - www.hotel-senechal.fr - Fermé lundi, mardi midi et dimanche soir

SAUZON - Morbihan (56) ➜ Voir Belle-Île

SAVENNIÈRES

✉ 49170 - Maine-et-Loire - Carte régionale n° **9**-C3

LE CHENIN

CUISINE TRADITIONNELLE • BISTRO Face à l'église de Savennières, sur une jolie place pavée, une agréable terrasse devance une façade vitrée rouge. En cuisine, Arthur Favé propose avec Maïté Verriez une carte traditionnelle mettant à l'honneur des produits locaux, souvent issus de leur vaste potager ou sélectionnés en bio. Le menu reflète la saisonnalité, avec par exemple une délicieuse poêlée de girolles en entrée, suivie de plats généreux de légumes et champignons. Le cadre charmant, mêlant bistro ancien et modernité, invite à la détente. La sommelière offre un excellent choix de vins, principalement bio et nature, avec plus de 400 références.

- €€ - 1 place Simone-Veil - 02 44 01 84 51 - www.lechenin-savennieres.fr - Fermé du lundi au mercredi, jeudi midi et dimanche soir

SAVERNE

✉ 67700 - Bas-Rhin - Carte régionale n° **8**-A1

RESTAURANT MORILLON (N)

CUISINE MODERNE • CONTEMPORAIN Anciennement le Staeffele, cette institution de Saverne a été reprise par une petite équipe pleine d'envie. Une dizaine de tables et une ambiance feutrée, pour une carte et un menu dégustation aux ambitions gastronomiques. Morillon fait référence à la morille, toujours à la carte et travaillée de différentes façons selon les saisons : un beau moment de gourmandise. Le menu déjeuner offre un bon rapport qualité-prix.

- €€€ - 1 rue Poincaré - 03 88 91 63 94 - www.restaurantmorillon.fr - Fermé samedi et dimanche, et mercredi soir

SAVIGNY-LÈS-BEAUNE

✉ 21420 - Côte-d'Or - Carte régionale n° **12**-D1

LE 428

CUISINE MODERNE • CONTEMPORAIN Le 428 doit son nom à l'ouvrée, unité traditionnelle représentant 428 m² de vigne, soit la surface qu'un vigneron pouvait travailler en une journée. Le restaurant est installé dans l'hôtel L'Ouvrée, en hommage à ce riche patrimoine viticole. Aux fourneaux, Christophe Ledru, chef

au parcours solide, propose une cuisine soignée de bonne facture. Produits frais, belles assiettes signées Manufacture de Longchamp, sérieuse sélection de vins locaux : ce lieu contemporain allie héritage et modernité avec naturel.
- €€ - 54 rue de Bourgogne - 03 80 21 51 52 - www.le-428-restaurant-savigny-les-beaune.fr - Fermé mardi et mercredi

SAVONNIÈRES

37510 - Indre-et-Loire - Carte régionale n° **15**-B1

LA MAISON TOURANGELLE

CUISINE MODERNE • CONTEMPORAIN Le rustique marié au moderne, une délicieuse terrasse sur le Cher et une belle cuisine de produits, gourmande et précise : voilà les atouts - et non des moindres - qui font de cette maison tourangelle l'une des tables les plus courues du département.
- €€€ - 9 route des Grottes-Pétrifiantes - 02 47 50 30 05 - www.lamaisontourangelle.com - Fermé lundi et mardi, et dimanche soir

SCHERWILLER

67750 - Bas-Rhin - Carte régionale n° **8**-C1

AUBERGE RAMSTEIN

CUISINE TRADITIONNELLE • AUBERGE Les générations se succèdent dans cette maison familiale au cœur du vignoble. En cuisine, le fils, Lucas, passé par de belles maisons, propose une cuisine actuelle avec quelques clins d'œil au terroir alsacien : betteraves cuites au barbecue avec truite saumonée de Sparsbach ; ou dos de biche, céleri rave et grué de cacao, accompagné de spaetzle. Accueil et service prévenants, et chambres pour prolonger l'étape.
- €€ - 1 rue du Riesling - 03 88 82 17 00 - www.hotelramstein.fr - Fermé lundi, dimanche, et mardi, mercredi et samedi midi

SCHILTIGHEIM

67300 - Bas-Rhin - Carte régionale n° **8**-B1

GOURMAND N

CUISINE TRADITIONNELLE • COSY Dans son ancien restaurant, Guillaume Scheer a installé ce "Bistrot de plaisirs" qui porte bien son nom. Dans un cadre cosy et une atmosphère détendue, on découvre une alléchante cuisine traditionnelle : cuisses de grenouilles en persillade, foie gras de canard, bar sauce hollandaise, entrecôte sauce Choron... Des préparations savoureuses et généreuses, exécutées avec savoir-faire par son ancien second. Terrasse au calme sur l'arrière.
VOIR STRASBOURG PLAN I - B2 - 10 *- €€ - 35 route du Général-de-Gaulle - 03 88 97 57 28 - www.gourmand.alsace/le-bistrot - Fermé lundi et dimanche*

L'IMAGINAIRE

CUISINE MODERNE • CONTEMPORAIN Situé dans la rue principale, ce restaurant occupe une maison typique, modernisée d'une touche d'acier corten. Le décor intérieur s'inspire des années 1970, avec sa moquette épaisse et ses fauteuils pivotants. Pierre Irion, un chef au bon parcours passé notamment chez Lameloise et à l'Arnsbourg, propose une cuisine de saison, déclinée en formule surprise ou à la carte : tataki de thon rouge ; carré de veau sauce chimichurri. En salle, Elodie Dreher veille également sur une jolie carte des vins, qui inclut une sélection au verre.
VOIR STRASBOURG PLAN I - B2 - 3 *- €€€ - 42 rue Principale - 03 88 62 43 38 - www.limaginaire.fr - Fermé lundi et dimanche*

SEIGNOSSE

✉ 40510 - Landes - Carte régionale n° **25**-A2

VILLA DE L'ÉTANG BLANC

Chef : David Sulpice

CUISINE MODERNE • INTIME L'étang Blanc est un délicieux petit plan d'eau protégé, peuplé d'oiseaux que l'on a tout loisir d'observer depuis la terrasse ou la salle grande ouverte : c'est simple, toute la salle ou presque s'absorbe dans la contemplation ravie de ce spectacle. La cuisine inspirée et précise du chef David Sulpice ressemble à une balade en barque à travers le meilleur du terroir landais, mis en scène avec raffinement : la ferme Darrigade pour les asperges et le canard, la pêche des petits bateaux en direct de Capbreton, le véritable fromage de brebis des Pyrénées, les agrumes de Thierry Dupouy à Eugénie-les-Bains, sans compter les plantes et herbes aromatiques du jardin. Cuissons au cordeau, jus et sabayons savoureux achèvent d'emporter la mise. Tous les produits sont valorisés des pieds à la tête pour éviter le gaspillage. Enfin, on apprécie une carte des vins maligne, qui louvoie entre étiquettes prestigieuses et petits vignerons du Sud-Ouest.

€€€€ - *2265 route de l'Étang-Blanc (D432) - 05 58 72 80 15 - www.villaetangblanc.fr - Fermé du lundi au mercredi, du jeudi au samedi à midi, et dimanche soir*

70 HECTARES & L'OCÉAN

Plus

DESIGN • CHAMPÊTRE Sous ce nom inhabituel, un complexe situé sur un terrain de golf de... 70 ha, surplombant la mer. Le bâtiment abrite des chambres et des suites largement vitrées, au décor à la fois fantaisiste et sophistiqué, ponctué d'œuvres d'art. Certaines disposent d'un balcon ou d'un patio avec vue sur le golf, la forêt ou l'océan. Au rez-de-chaussée, vaste terrasse pour le petit déjeuner ou les cocktails, devant une piscine ombragée de grands arbres. Cours de surf, location de vélos, promenades en voilier.

32 chambres - *901 avenue du Belvédère*

SÉLESTAT

✉ 67600 - Bas-Rhin - Carte régionale n° **8**-C1

ACOLYTES (N)

CUISINE MODERNE • CONTEMPORAIN Cette jeune pousse du centre-ville est l'œuvre de Lucas Engel, jeune chef que l'on avait connu au restaurant Enfin à Barr. Dans un décor chic et feutré (bois, banquettes en velours et tons verts de bon goût), on découvre des menus sans choix aux intitulés un peu mystérieux, qui laissent découvrir une jolie cuisine moderne et parfois créative. Des acolytes qu'il fait bon fréquenter !

€€€ - *39 rue des Chevaliers - 03 88 02 59 99 - www.restaurant-acolytes.fr - Fermé lundi et dimanche*

AU BON PICHET

CUISINE TRADITIONNELLE • CONVIVIAL Il fait bon se restaurer dans cette maison tenue par la même famille depuis quatre générations ! Comme hier, le chef concocte de bonnes recettes traditionnelles : jarret de porc fumé en choucroute de pommes de terre, quenelles de sandre et sauce matelote... L'accueil convivial et le décor de winstub confirment que les règles du bien vivre sont indémodables !

€€ - *10 place du Marché-aux-Choux - 03 88 82 96 65 - www.aubonpichet.fr - Fermé lundi et dimanche, et jeudi soir*

SELLES-SAINT-DENIS

✉ 41300 - Loir-et-Cher

AUBERGE DU CHEVAL BLANC

CLASSIQUE • CONVIVIAL Le calme vous attend dans cet ancien relais, une étape au décor classique qui affiche sa quête de développement durable sans sacrifier le confort et le plaisir du séjour. Livres, jeux, jardin, sont à disposition, et le parking est équipé de bornes de recharge pour tous véhicules électriques.

- **7 chambres** - *5 place du Mail - ✆ 03 88 94 41 86*

SEMBLANÇAY

✉ 37360 - Indre-et-Loire - Carte régionale n° **15**-B1

LA MÈRE HAMARD

CUISINE MODERNE • COSY Une véritable institution que cette belle bâtisse en pierre née en 1903 ! Chaleureuse, elle se pare d'une coquette salle à manger, et d'une charmante terrasse sous les glycines. On y déguste des plats gourmands et délicats, teintés par endroits de notes exotiques. Accueil attentionné, quelques chambres pour prolonger l'expérience.

- **€€€** - *2 rue du Petit-Bercy - ✆ 02 47 56 62 04 - www.lamerehamard.com*

SEMUR-EN-AUXOIS

✉ 21140 - Côte-d'Or - Carte régionale n° **12**-B2

LA CUISINE DE LA FONTAIGNOTTE

CUISINE MODERNE • AUBERGE Dans cette petite cité médiévale, il est un emplacement peut-être encore plus beau que les autres : c'est celui de cet hôtel particulier du 17e s., dont la véranda et la grande terrasse offrent une vue imprenable sur les remparts et la rivière Armançon. Si la ville est historique, la cuisine fraîche et tonique du chef Martin, elle, n'a rien de poussiéreux, à l'image de cet omble de fontaine fumé aux sarments de vigne, betterave en croûte de sel. Le chef suit la saison à la lettre et travaille avec les producteurs fermiers de l'Auxois et de la Bourgogne.

- **€€€** - *4 rue de la Fontaignotte - ✆ 03 80 96 91 69 - www.lacuisinedelafontaignotte.com - Fermé lundi, mardi et dimanche*

SÉNAS

✉ 13560 - Bouches-du-Rhône - Carte régionale n° **28**-E1

LE BON TEMPS

CUISINE DU MARCHÉ • SIMPLE Au bord de l'ancienne nationale 7, cette petite adresse peut sembler anonyme, et pourtant ! On y mitonne en couple une cuisine du marché, gourmande et généreuse, à l'écoute des producteurs locaux. Gaspacho de tomates de Sénas, croûtons au beurre salé ; caille rôtie aux épices, sauce porto ; clafoutis aux nectarines de Sénas... Fraîcheur des produits (légumes, en particulier), amour du travail bien fait, prix imbattables : il n'y a pas de mal à prendre un peu de bon temps...

- **€€** - *2600 RD7N Est - ✆ 04 90 73 24 47 - Fermé samedi et dimanche*

SENILLÉ-SAINT-SAUVEUR

✉ 86100 - Vienne - Carte régionale n° **15**-B2

LA FOUCAUDIÈRE (N)

CUISINE MODERNE • TENDANCE Décor épuré dans les tons sable et beige pour cette adresse paisible aux portes de Châtellerault. En cuisine, Richard Robe fait parler son expérience dans des assiettes justes, qui révèlent une technique solide : grenouilles en tempura croustillante, ketchup maison et pesto d'herbes ; volaille fermière grillée à plat au barbecue yakitori, sauce diable ; millefeuille vanille et caramel au sarrasin. Une partition généreuse aux accents sincères.

- €€ - 2 place de la Foucaudière - ✆ 05 49 86 70 92 - www.la-foucaudiere.maison-robe.fr - Fermé mercredi et jeudi, et dimanche soir

SENLIS

✉ 60300 - Oise - Carte régionale n° **5**-B3

LE JULIANON

CUISINE CRÉATIVE • BISTRO Dans cette charmante maison du 17e s. au décor contemporain lumineux, le chef propose une cuisine inventive, jouant avec tact sur les textures et les harmonies de saveurs, comme avec ces couteaux de la Manche, chou-rave, laitue romaine et coppa, ou les framboises, polenta bio du Piémont et café de Colombie. Le menu change quotidiennement, avec le marché.

€€ - 5 place Gérard-de-Nerval - ✆ 03 44 32 12 05 - www.le-julianon.com - Fermé lundi, dimanche, samedi midi et mercredi soir

SENS

✉ 89100 - Yonne - Carte régionale n° **12**-A1

✿ LA MADELEINE

Chef : Patrick Gauthier

CUISINE MODERNE • CONTEMPORAIN Telle la proue d'un paquebot, la maison de Patrick Gauthier domine l'Yonne, posée sur la rivière à la pointe d'une petite île où l'on oublie la ville. Le design intérieur s'inspire de ses innombrables voyages en Scandinavie et en Asie. "Cuisinier avant tout", comme il se définit, ce chef passionné continue de présenter lui-même l'arrivage du jour et ses suggestions minute. Amoureux des marchés et des produits de la mer, il signe une cuisine authentique, enlevée et pleine de saveurs : asperges vertes de Mallemort, foie gras poêlé, jus de canard ; saint-pierre à la cuisson millimétrée, beurre blanc aux agrumes ; ris de veau de Corrèze, langues d'oiseau. Et il y a non pas un mais bien trois chariots de fromages, ainsi qu'une sympathique cave pour sublimer ce bon moment.

- €€€€ - 35 quai Boffrand - ✆ 03 86 65 09 31 - www.restaurant-lamadeleine.fr - Fermé lundi, mardi et dimanche

SEPTMONCEL-LES-MOLUNES

✉ 39310 - Jura - Carte régionale n° **13**-B3

LE PRÉ FILLET

CUISINE TRADITIONNELLE • RÉGIONAL Au beau milieu des champs et des bois à presque 1200 mètres d'altitude, la route sinueuse mène à une ancienne ferme, transformée en restaurant depuis trois générations. Simplicité et générosité sont à l'œuvre pour mettre en valeur les bons produits de la région. Derrière les fourneaux, le chef concocte des recettes copieuses, dans lesquelles le terroir se taille la part du lion : ris de veau flambés au marc de Jura et asperges en feuilleté, savoureuse souris d'agneau bien braisée avec un assortiment de garnitures. On déguste dans une salle ouverte sur la nature. Et l'accueil est aux petits oignons !

P - **€€** - *Route du Pré Fillet aux Molunes - 03 84 41 62 89 - www.hotel-leprefillet.com - Fermé lundi et mardi, et dimanche soir*

SERVIERS-ET-LABAUME

✉ 30700 - Gard - Carte régionale n° **28**-B2

VOLVER.

CUISINE MODERNE • CONTEMPORAIN Ancien sapeur-pompier arrivé à la cuisine sur le tard, le chef Krishna Léger régale avec une cuisine bistronomique, où les produits locaux sont twistés par des influences voyageuses : salade de bœuf façon thaï et guacamole ; agneau confit aux épices et mousseline de carotte. Produits ultra-frais, assiettes gourmandes, carte des vins à dominante bio raisonnable : ne pas hésiter à... revenir !

P - **€€** - *1 bis chemin de la Carcarie - 04 66 20 48 99 - www.volver-restaurant.fr - Fermé lundi et mardi, du mercredi au samedi à midi et dimanche soir*

SERVON

✉ 50170 - Manche - Carte régionale n° **2**-A3

AUBERGE SAUVAGE

Chef : Thomas Benady

CUISINE CRÉATIVE • ÉPURÉ Un ancien presbytère du 16e s., au cœur d'un village normand sur la route du Mont-Saint-Michel. Ce lieu paisible abrite un restaurant au charme rustique, doté d'un riche potager où le chef Thomas Benady puise la majorité des produits (légumes, fruits, herbes aromatiques, fleurs...) dont il s'inspire pour créer un menu unique et surprise, n'oubliant pas non plus les petits producteurs locaux et le poisson de petite pêche. Une cuisine végétale et iodée, moderne et épurée, au visuel précis et minimaliste, dont la personnalité et la singularité ne peuvent laisser indifférent - à l'image de son travail sur la betterave ou sur la saucisse végétale garnie d'une farce de céleri et d'herbes du jardin. Accueil charmant de sa compagne Jessica, et quelques chambres douillettes en complément. Attention, le nombre de places est limité.

L'engagement du chef : Nous privilégions les produits de la Baie du Mont-Saint-Michel. Nos menus sont imaginés à partir de la pêche du jour, de la récolte des maraîchers locaux et de notre potager, ainsi que de la cueillette sauvage. Tout est de saison et fait maison (vinaigres, fermentations, salaisons, confitures au petit-déjeuner...) et les vins sont nature.

P - **€€€€** - *3 place Saint-Martin - 02 33 60 17 92 - www.aubergesauvage.fr - Fermé mardi, mercredi, et le midi*

SESSENHEIM

✉ 67770 - Bas-Rhin - Carte régionale n° **8**-B1

AUBERGE AU BŒUF

CUISINE MODERNE • CHIC Cette auberge alsacienne ne manque pas de charme, avec ses bancs d'église, ses murs revêtus de boiseries et son mobilier régional. La cuisine s'inspire des saisons, oscillant entre tradition et modernité. Présence d'une Stammtisch, table d'hôte où l'on sert des plats du terroir, et de 4 chambres-suites haut de gamme.

- €€€€ - 1 rue de l'Église - ✆ 03 88 86 97 14 - www.auberge-au-boeuf.fr - Fermé lundi, mardi et mercredi midi

SÈTE

✉ 34200 - Hérault - Carte régionale n° **27**-D2

PARIS MÉDITERRANÉE

CUISINE MODERNE • BISTRO À l'image de Brassens, l'enfant du pays fier de ses origines, la cuisine méditerranéenne est ici mise à l'honneur et déclinée selon l'humeur du chef - pourtant parisien ! - et la pêche du jour. Dans une rue calme proche du canal, cette cuisine fait la part belle aux produits frais à dominante marine, avec des saveurs franches et sans chichis comme ce sashimi de muge et sa crème d'anchois fumée bien expressive. La criée du jour offre un merlu de belle fraîcheur assez épais et de bons gnocchis maison à l'ail des ours. La poêlée d'encornet à la soubressade, risotto et bouillon pimenté à la poutargue est un classique de la maison. En salle, la patronne, sétoise, accueille les clients avec le sourire dans une salle rustique à banquettes rouges.

- €€ - 47 rue Pierre-Semard - ✆ 04 67 74 97 73 - Fermé lundi, dimanche et samedi midi

QUAI 17

CUISINE MÉDITERRANÉENNE • CLASSIQUE N'hésitez pas à pousser la porte de cet établissement, niché à l'intérieur d'un hôtel de charme, idéalement situé sur le canal. On s'installe dans une salle bourgeoise, sous des lustres à pampilles, pour déguster une cuisine actuelle aux accents méditerranéens, où le poisson, venu de la halle de Sète, est roi. On peut citer par exemple ces moules et escargots d'étang ou de mer, crème froide à l'ail cuite au four ; dos de loup aux petits pois, sauce au vin rouge liée aux pieds de cochon... Quand la magie de Sète s'invite dans l'assiette.

- €€ - 17 quai Maréchal-de-Lattre-de-Tassigny - ✆ 04 67 74 71 91 - www.legrandhotelsete.com/quai-17-restaurant-gastronomique-sete - Fermé dimanche et samedi midi

LA COQUERIE

CUISINE MODERNE • CONTEMPORAIN À proximité du célèbre cimetière marin, une petite maison chic et contemporaine, avec la Méditerranée pour horizon et une terrasse panoramique pour les beaux jours. Cette table propose une cuisine de première fraîcheur, composée au gré du marché et des producteurs du département, à travers un menu unique en 6 temps, au déjeuner comme au dîner. Les recettes du chef Guilhem Blanc-Brude jonglent entre inspirations méditerranéennes et préparations plus inventives à l'instar du loup de mer cuit sur écailles, pommes de terre confites au safran, sauce hollandaise au fenouil sauvage et à l'aneth, pickles de girolles. Belle carte de vins nature.

- €€€ - 1 chemin du Cimetière-Marin - ✆ 06 47 06 71 38 - www.restaurantlacoquerie.com - Fermé samedi, dimanche et le midi

EMBRUN (N)

CUISINE MODERNE • CONVIVIAL Derrière le comptoir et son kamado japonais, un jeune chef montpelliérain, passé chez Michel Kayser, Gilles Goujon et les frères Pourcel, passe tout à la flamme : daurade à peine grillée servie avec purée de courge, pamplemousse rôti et crème de coco ; encornets de Méditerranée saisis au barbecue, carottes multicolores et émulsion d'ail noir ; poire pochée au miel et fève tonka pour clore en douceur. En salle, son épouse sourit, guide et conseille avec justesse une poignée de vins du Sud.

A/C - €€ - *11 rue André-Portes - ✆ 04 30 17 80 86 - Fermé lundi, mardi et dimanche*

SÉVRIER

✉ 74320 - Haute-Savoie

BLACK BASS

MODERNE • ÉLÉGANT Tout, dans cet hôtel, évoque le lac voisin : chambres bleutées, têtes de lits et placards en forme d'écaille de poisson... L'ensemble est élégant et confortable, et l'on profite aussi de beaux équipements : piscine, spa, fitness, service voiturier, etc.

- 25 chambres - *921 route d'Albertville - ✆ 04 50 52 40 36*

SEYCHALLES

✉ 63190 - Puy-de-Dôme - Carte régionale n° **20**-B1

CHANTE BISE

CUISINE TRADITIONNELLE • RUSTIQUE "La cigale, ayant chanté tout l'été, se trouva fort dépourvue quand la bise fut venue..." Contrairement à la fable de La Fontaine, ici, point de pénurie ! Toute l'année, les gourmands apprécient une agréable cuisine traditionnelle (en témoigne cette épaule d'agneau cuite pendant 7 heures, nappée de son jus de cuisson bien réduit et accompagnée d'un écrasé de pomme de terre aux olives et d'une ratatouille bien relevée), parfois teintée de touches plus actuelles. Ambiance conviviale et menu déjeuner au tarif imbattable.

- €€ - *Lieu-dit Courcourt - ✆ 04 73 62 91 41 - www.restaurant-chantebise63.com - Fermé lundi et mardi, et dimanche soir*

LA SEYNE-SUR-MER

✉ 83500 - Var

GRAND HÔTEL DES SABLETTES PLAGE

MODERNE • ÉLÉGANT Une bien jolie renaissance pour cet hôtel du début du 19e s., tout de blanc immaculé, face à la grande bleue. Les chambres, de grand confort, offrent (pour la plupart) une vue sur la mer. Agréable suite avec jacuzzi particulier en terrasse. Une invitation au voyage de grande élégance.

A/C **- 74 chambres** - *575 avenue Charles de Gaulle - ✆ 04 94 17 00 00*

SEYTROUX

✉ 74430 - Haute-Savoie - Carte régionale n° **21**-D1

KERN

Chef : Jean-Philippe Lemaire

CUISINE MODERNE • MONTAGNARD Dans ce petit village du Chablais, au cœur de la vallée d'Aulps qui relie Thonon à Morzine, quelle surprise de retrouver le chef breton Jean-Philippe Lemaire, qui a travaillé à l'étranger et (beaucoup) dans la région, notamment au Clos des Sens, au K2 et au Farçon. Familier du terroir alpin certes, mais aussi de l'Asie, il séduit avec sa cuisine libre tout en finesse. Si l'assiette fait la part belle à la nature des alentours, elle musarde aussi du côté des souvenirs de voyages du chef, ou adresse des clins d'œil à sa Bretagne natale (beurre de baratte au sarrasin, confiture de lait...). Biscuit de brochet, sauce aigrelette ; truite, courgette, marjolaine et soupe de poisson : l'épure domine des assiettes au graphisme impeccable et rehaussées de sauces corsées. Dans cette imposante bâtisse régionale où l'on s'attable sous un plafond cathédrale, trois chambres pour l'étape.

- €€€ - *393 route de la Tassonnière* - *04 50 84 70 89* - *www.restaurant-kern.fr* - *Fermé lundi et mardi*

SIERENTZ

68510 - Haut-Rhin - Carte régionale n° **8**-A3

AUBERGE SAINT-LAURENT

Chef : Laurent Arbeit

CUISINE MODERNE • ÉLÉGANT Ce relais de poste du 18e s. à la longue façade fleurie et avenante est une institution locale, authentique et élégante. Aux fourneaux, Laurent Arbeit, après avoir étrenné ses couteaux chez Haeberlin et Ducasse, perpétue la tradition familiale en travaillant les beaux produits d'Alsace : foie gras de canard, truite rose du Sundgau, côte de veau de lait, pigeonneau de nid fermier... En aubergiste des temps modernes, il compose une cuisine fine et harmonieuse, aux saveurs bien équilibrées. Pour l'étape, chambres décorées dans un esprit alsacien.

- €€€ - *1 rue de la Fontaine* - *03 89 81 52 81* - *www.auberge-saintlaurent.fr* - *Fermé du lundi au mercredi*

WINSTUB À CÔTÉ

CUISINE RÉGIONALE • CONVIVIAL Dans le prolongement de l'Auberge St-Laurent, cette winstub joue la carte alsacienne – tarte flambée au saumon d'Écosse mariné, spaetzle maison façon "grand-mère" – dans un décor contemporain (mobilier et luminaires design, comptoir en cuivre). Rapport qualité-prix imbattable et service aux petits oignons font le succès de l'établissement : attendez-vous à voir du monde à la table d'à côté !

- €€ - *2 rue Rogg-Haas* - *09 83 37 16 80* - *www.auberge-saintlaurent.fr* - *Fermé mardi et mercredi*

SILLERY

51500 - Marne - Carte régionale n° **6**-B2

LE RELAIS DE SILLERY

CUISINE TRADITIONNELLE • CLASSIQUE Une auberge élégante - un ancien relais de poste - dont la terrasse domine la Vesle. Le cadre est bucolique, la gastronomie classique : filet de bar meunière, artichauts poivrade et tomates confites ; soufflé Grand Marnier... La cave – aux prix étudiés – impressionne !

- €€ - *3 rue de la Gare* - *03 26 49 10 11* - *www.relaisdesillery.fr* - *Fermé lundi et mardi, et dimanche soir*

SOLESMES

✉ 72300 - Sarthe - Carte régionale n° **10**-A2

GRAND HÔTEL DE SOLESMES

CUISINE CLASSIQUE • ÉLÉGANT Asperges blanches, sauce hollandaise ; œuf parfait, émulsion d'artichaut ; selle d'agneau, purée de pois chiches et surtout l'excellent soufflé chaud au Cointreau... Une solide adresse de famille qui défie les ans et propose une délicate cuisine classique qui séduit d'emblée ; on ne triche pas sur la qualité des produits. De plus, l'accueil et le service sont charmants et font honneur à cet ancien relais de poste qui accueillit les moines de l'abbaye bénédictine voisine au 19e s.

- €€ - *16 place Dom-Guéranger - 02 43 95 45 10 - www.grandhotelsolesmes.com*

SOLIGNAC-SOUS-ROCHE

✉ 43130 - Haute-Loire - Carte régionale n° **20**-C2

LOU PINATOU

CUISINE MODERNE • CONTEMPORAIN Depuis la salle de cette auberge située sur une petite colline, entre Saint-Etienne et le Puy-en-Velay, les grandes baies vitrées offrent un joli panorama sur la vallée. Alexandre et Charlotte Roy, respectivement originaires du Puy et de Marseille, y livrent une cuisine à quatre mains soignée, inspirée par le superbe potager familial de 5000m², les vergers et les ruches, qui alimentent la majeure partie de leurs créations : salade de tomates et courgettes du jardin, mousseline de sardines fumées, confit d'ail ; croustillant de courge, mousse et moelleux cacahuète, sorbet potimarron. Belle carte des vins avec une riche sélection régionale « Loire volcanique et Ardèche ».

- €€€ - *242 rue de la Mairie, Le Bourg - 04 71 65 21 54 - www.auberge-loupinatou.fr - Fermé lundi, mardi et dimanche*

SOLUTRÉ-POUILLY

✉ 71960 - Saône-et-Loire - Carte régionale n° **17**-C2

LA COURTILLE DE SOLUTRÉ

CUISINE MODERNE • BISTRO Une jolie maison de pays, sa charmante terrasse à l'ombre d'un vieux marronnier... et ce chef basque dynamique, qui travaille avec passion de fort bons produits, à accompagner d'une belle sélection de pouilly-fuissé ! Quelques chambres pour l'étape.

- €€ - *296 route de la Roche - 03 85 35 80 73 - www.lacourtilledesolutre.fr - Fermé lundi et mardi, et dimanche soir*

SOMBERNON

✉ 21540 - Côte-d'Or - Carte régionale n° **12**-C3

SUMMUS N

CUISINE MODERNE • CONTEMPORAIN Dans l'Auxois, l'ancien hôtel-restaurant Spuller connaît une nouvelle vie sous un nom latin qui rappelle l'étymologie supposée de Sombernon. Derrière une façade crème aux volets verts, deux salles spacieuses de style brasserie contemporaine : côté rue, comptoir, parquet, banquettes en velours sous une verrière de style Art déco ; côté campagne, une salle plus intime. En cuisine, Nora et Dorian calligraphient des assiettes fraîches et expressives : gyoza aux derniers légumes d'été ; sandre, épinards, moules et "essence de poisson"...

- €€ - *42 rue Ferdinand-Mercusot - 03 80 35 72 53 - www.restaurant-summus.fr - Fermé lundi et mardi*

SOMMIÈRES

✉ 30250 - Gard - Carte régionale n° **28**-B2

LE PATIO BY LOU CALÉOU

CUISINE MODERNE • CONTEMPORAIN Cet ancien chai viticole, transformé en restaurant autour d'un charmant patio, est le fief de Guillaume Dercourt et Amandine Sabot, respectivement chef et cheffe pâtissière. Leur cuisine, résolument actuelle dans sa forme, puise avec malice dans le répertoire traditionnel : royale de foie de volaille au porto, crémeux de maïs et gel au poivron rouge ; duo de cochon avec filet mignon cuit à basse température et épaule confite. Et pour finir une fine tartelette bien croquante au sésame noir, yuzu et bavaroise à la vanille... Coup de cœur assuré (y compris pour le délicieux patio pavé de vieilles pierres avec son olivier) !

- €€ - *23 place de la Libération - ✆ 04 66 77 50 98 - www.le-patio-by-lou-caleou.com - Fermé lundi et dimanche*

SOORTS-HOSSEGOR

✉ 40150 - Landes

LES HORTENSIAS DU LAC

Plus

MODERNE • CHAMPÊTRE Trois belles maisons entourées d'une pinède, au bord du lac d'Hossegor : l'ensemble, moderne et épuré, s'efface devant le paysage marin. On profite d'un beau jardin planté de pins des Landes, et du spa de 450 m², bien aménagé. Un lieu plein de charme et de vitalité.

- **25 chambres** - *1578 avenue du Tour du Lac - ✆ 05 58 43 99 00*

LES SORINIÈRES

✉ 44840 - Loire-Atlantique - Carte régionale n° **9**-B3

LE 1201 - ABBAYE DE VILLENEUVE

CUISINE MODERNE • ÉLÉGANT La table gastronomique de cet hôtel de charme recèle deux salles à manger au cadre chic et feutré. On y déguste une élégante et savoureuse cuisine d'aujourd'hui, influencée par le terroir régional et qui révèle une belle maîtrise technique, en particulier dans les sauces et jus. La carte des vins affiche quant à elle des premiers prix très raisonnables et un joli choix d'appellations régionales. Service affable.

- €€€€ - *Lieu-dit Villeneuve - ✆ 02 55 59 05 91 - www.abbayedevilleneuve.com/restaurant - Fermé lundi et dimanche*

BRASSERIE CONSTANCE - ABBAYE DE VILLENEUVE

CUISINE TRADITIONNELLE • COSY Au sein de cet hôtel rénové de fond en comble avec goût, la brasserie est installée sous une belle verrière lumineuse ouverte sur la piscine et le parc. Le chef y présente une carte qui allie plats de tradition (pâté en croûte, œuf mayonnaise, raie au beurre blanc, quenelle de poisson de Loire à la bisque d'écrevisses...) et recettes plus modernes. Décor agréable et vins régionaux abordables.

- €€ - *Lieu-dit Villeneuve - ✆ 02 55 59 05 91 - www.abbayedevilleneuve.com*

L'ABBAYE DE VILLENEUVE

ÉPURÉ • CALME Les monastères cisterciens construits à travers l'Europe il y a mille ans étaient vastes et dépouillés, conçus pour la méditation : le point de départ idéal pour intégrer un hôtel de luxe. Les volumes de cette abbaye du 13e s. se prêtent parfaitement à cette reconversion, avec leurs lustres descendant des sobres arches. Un spectaculaire escalier en grès mène aux élégantes chambres nimbées de tons naturels apaisants. À cela s'ajoute un charmant bistrot sous serre surplombant une piscine circulaire ; des vélos sont mis à disposition pour explorer les environs.

- 19 chambres - *Lieu-dit Villeneuve*

Le 1201 - Abbaye de Villeneuve • Brasserie Constance - Voir la sélection des restaurants

SORRUS

✉ 62170 - Pas-de-Calais

LE PRÉ RAINETTE

CLASSIQUE • ROMANTIQUE Tel un joli trompe-l'œil, le Pré Rainette est une antiquité montée de toutes pièces. Pour donner à cette bâtisse contemporaine l'allure d'une maison de campagne au long vécu, ses propriétaires sont allés fouiller les brocantes et fabriques de la région à la recherche d'objets anciens et de matériaux de récupération. Escalier et parquets grinçants, tapisseries, cadres et cuisine de grand-mère agencés avec raffinement distillent un parfum doux et familier. Au milieu des pâturages, un joli plan d'eau, un potager et une roseraie avoisinent une piscine chauffée et un terrain de pétanque. Le Touquet ne se trouve pourtant qu'à dix minutes de là, où vous attend votre propre cabine de plage.

- 3 chambres - *1515 Grande-Rue - ✆ 06 48 18 90 83*

SOULTZ-SOUS-FORÊTS

✉ 67250 - Bas-Rhin - Carte régionale n° **8**-B1

AU SOLEIL

CUISINE MODERNE • CONTEMPORAIN Le chef Anthony Schauer, formé dans les belles maisons du nord de l'Alsace, accueille en compagnie de son épouse dans une maison au sobre cadre contemporain qui met bien en valeur sa cuisine bistronomique de saison, fraîche et goûteuse - à l'exemple de ce jambon persillé nappé d'une excellente sauce ravigote, ou de ce lieu jaune confit aux tomates, fenouil et basilic. Réjouissant !

- €€ - *34 rue des Barons-de-Fleckenstein - ✆ 03 88 86 41 80 - www.restaurantausoleil-soultz.eatbu.com - Fermé mercredi et dimanche, et lundi et mardi soir*

SOUSCEYRAC-EN-QUERCY

✉ 46190 - Lot - Carte régionale n° **23**-B2

AU DÉJEUNER DE SOUSCEYRAC

CUISINE CLASSIQUE • TRADITIONNEL En artisan sérieux, Patrick Lagnès réalise une cuisine appliquée, appuyée sur de solides bases classiques et des produits de belle qualité. Il ose même, au fil de son inspiration, quelques recettes plus actuelles ; quant aux desserts, ils sont assurés en cuisine par sa fille. Le tout se déguste dans le décor intimiste d'une petite salle à manger bourgeoise avec boiseries murales et mobilier classique.

€€€ - *2 allée Gaston-Monnerville - ✆ 05 65 33 00 56 - Fermé lundi et dimanche midi*

SPELONCATO - Haute-Corse (22) ➜ Voir Corse

STEIGE

✉ 67220 – Bas-Rhin – Carte régionale n° **8**–C1

✿ AUBERGE CHEZ GUTH

Chef : Yannick Guth

CUISINE CRÉATIVE • MONTAGNARD Dans la vallée de Villé, sur les hauteurs du village de Steige, cette ancienne ferme auberge est la toile sur laquelle le chef Yannick Guth déroule ses créations gastronomiques, à base de produits du terroir, de sa cueillette (herbes et fleurs), mais aussi de poissons de lac (brochet, sandre, lavaret). Des exemples ? Féra aux algues, sauce rouille aux pois chiches ; cromesquis de faisan, ache des montagnes, persil et champignons... Sa créativité est parfois surprenante, mais toujours audacieuse et maîtrisée. Profitez aussi de la belle terrasse (pour l'apéritif et le café) qui embrasse les massifs alentours.

⋞ ♿ P – €€€ – 5A rue du Bas-des-Monts – ✆ 03 88 58 12 05 – www.auberge-chez-guth.fr – Fermé lundi et mardi, et jeudi et dimanche soir

STIRING-WENDEL

✉ 57350 – Moselle – Carte régionale n° **7**–C1

LA BONNE AUBERGE

CUISINE CRÉATIVE • ÉLÉGANT À la sortie de Forbach, aux confins de la Lorraine, de l'Allemagne et du Luxembourg, une adresse incontournable du bassin houiller. C'est l'antre des sœurs Egloff : Lydia œuvre en cuisine tandis qu'Isabelle supervise le service - bref, une adresse profondément féminine qui cultive une proximité attachante avec le client. Sans oublier une serre en guise de jardin d'hiver, une salle lumineuse et originale, ainsi qu'une belle carte des vins.

✿ A/C ⛱ P – €€€€ – 15 rue Nationale – ✆ 03 87 87 52 78 – Fermé lundi, mardi, samedi midi et dimanche soir

STRASBOURG

✉ 67000 – Bas-Rhin –
Carte régionale n° **8**–B2

GMVozd/Getty Images Plus

AU CROCODILE

CUISINE MODERNE • ÉLÉGANT Trônant dans une vitrine, le Crocodile, rapporté par un grognard de retour d'Égypte, rappelle la dimension historique de cette fameuse maison strasbourgeoise, que le chef Émile Jung avait jadis couronnée de trois étoiles. Il brille aujourd'hui de mille feux, au terme d'une modernisation complète qui a su préserver l'état d'esprit des lieux. En cuisine, le chef Romain Brillat, ancien second de Gilles Goujon et lointain cousin du gastronome Brillat-Savarin, tient le juste milieu entre classicisme et sophistication. En témoignent un travail original et gourmand autour de la Saint-Jacques (noix, raviole et crème des bardes) et la courge violon, ou la sole avec main de bouddha, légumes-racines et coquillages.

PLAN : D2-12 – *♿ AC* – **€€€€** – *10 rue de l'Outre – ✆ 03 88 32 13 02 – www.au-crocodile.com/Restaurant – Fermé lundi, dimanche, et mardi et mercredi à midi*

DE:JA

Chefs : Jeanne Satori et David Degoursy

CUISINE CRÉATIVE • ÉPURÉ Le décor, très scandinave d'inspiration, laisse deviner la philosophie culinaire : créativité, extractions, fermentations, souci du bien-être animal, carte des vins nature et des haïkus à la place d'énoncés de produits. Dans l'assiette, une solide technique : cuissons précises, jus et sauces intenses, associations audacieuses qui font mouche... À noter : un menu entièrement végétal est disponible.

L'engagement du chef : Les producteurs, majoritairement locaux, pratiquent l'agriculture bio ou raisonnée. Un menu entièrement végétal est disponible ; pour les viandes, volailles et poissons, on porte une attention particulière aux conditions d'élevage et d'abattage. Les produits sont valorisés dans leur intégralité grâce à des techniques telles que salage et fermentation et ambition "zéro déchet".

PLAN : F2-24 – *AC* – **€€€€** – *1 rue Schimper – ✆ 03 88 61 14 57 – www.deja-restaurant.com – Fermé lundi, dimanche et du mardi au jeudi à midi*

LES FUNAMBULES

Chef : Guillaume Besson

CUISINE MODERNE • CONTEMPORAIN Le chef Guillaume Besson n'a pas son pareil pour jongler avec les assiettes ! En guise de piste aux étoiles, une salle sobre de style contemporain aux murs blancs décorés de tableaux et de photos, parquet au sol et objets en bois. Le "menu sur le fil" est une démonstration de dressages simples et nets, appuyé sur des produits impeccablement cuits. Un numéro bien dans l'air du temps, qui vaut pour sa limpidité et ses quelques audaces. Ces Funambules ont le sens de l'équilibre...

PLAN : F2-9 – AC – **€€€** – *17 rue Geiler – ✆ 03 88 61 65 41 – www.restaurantlesfunambules.com – Fermé samedi et dimanche, et mercredi soir*

GUILLAUME SCHEER - LES PLAISIRS GOURMANDS

Chef : Guillaume Scheer

CUISINE MODERNE • CONTEMPORAIN Au sein d'un quartier paisible bordé par l'Ill, Guillaume Scheer et sa compagne Charlotte s'épanouissent dans leur nouvelle adresse. Dans un cadre chic et intimiste, le chef affine sa cuisine et travaille avec art les meilleurs produits : homard bleu breton, filet de bœuf charolais, pigeonneau de nid... Sauces et jus profonds, maîtrise des cuissons, associations de saveurs pleines de finesse : un beau moment de gastronomie contemporaine. Service attentionné, charmante terrasse au calme.

PLAN : E1-7 – AC – **€€€€** – *21 quai Mullenheim – ✆ 03 88 83 55 55 – www.les-plaisirs-gourmands.com – Fermé lundi, mardi et dimanche*

1741

CUISINE MODERNE • ÉLÉGANT Face au majestueux palais Rohan, emblème du classicisme achevé en 1741, cette adresse déploie des trésors de séduction - entre des salons intimes au charme feutré et un comptoir ouvert sur les cuisines et la brigade du chef Jérémy Page. Cet ancien de Robuchon signe des assiettes fines et précises, riches en clins d'œil à l'Alsace. En particulier, son inspiration trouve pleinement sa mesure dans les sauces et les jus, à l'image de cette crème aux algues qui dorlote une aiguillette de saint-pierre juste snackée, ou de cette sauce grand veneur en retour de chasse sur le médaillon de sanglier. La belle sélection de vins d'Alsace (grands crus, bio, etc...) n'est pas en reste et permet de magnifier nombre de saveurs.

PLAN : D3-11 – AC – **€€€€** – *22 quai des Bateliers – ✆ 03 88 35 50 50 – www.1741.fr – Fermé lundi et dimanche*

UMAMI

Chef : René Fieger

CUISINE MODERNE • COSY Au cœur de la Petite France avec ses belles maisons à pans de bois, voici une adresse qui mêle l'ici et l'ailleurs comme son nom le suggère : l'umami est la cinquième saveur dans la gastronomie japonaise, aux côtés du sucré, du salé, de l'acide et de l'amer. Le chef René Fieger a beaucoup bourlingué avant de signer cette cuisine du marché aux produits frais sous influences, solidement adossée à des bases classiques. Le chef est seul en cuisine pour régaler ses convives. Un exemple ? Pavé de flétan, brunoise de courgettes jaune et verte, haricots verts émincés et vinaigrette dashi-kéfir, acidulée et légèrement crémée.

PLAN : C2-13 – AC – **€€€** – *8 rue des Dentelles – ✆ 03 88 32 80 53 – www.restaurant-umami.com – Fermé du mardi au jeudi, et lundi et vendredi à midi*

AU COIN DES PUCELLES N

CUISINE TRADITIONNELLE • WINSTUB Ouverte en 1947, cette winstub bien connue des Strasbourgeois est désormais sous la houlette d'Alexis Albrecht, chef du Vieux Couvent à Rhinau. Dans un esprit de bistrot alsacien plus que de winstub "pure et dure", la carte mêle classiques bistrotiers, plats de saison et tradition alsacienne : terrine de gibier du Ried, feuilleté d'asperges blanches d'Alsace aux morilles, sandre au beurre noisette, rognon de veau sauce charcutière, bouchée à la reine... Des réalisations généreuses et goûteuses, concoctées à base de bons produits. Ambiance conviviale et bons conseils sur les vins.

PLAN : D2-19 – AC – **€€** – *12 rue des Pucelles – ✆ 03 88 98 32 70 – www.aucoindespucelles.com – Fermé lundi et dimanche*

AU PONT CORBEAU

CUISINE ALSACIENNE • WINSTUB À côté du Musée alsacien dédié à l'art populaire, une savoureuse manière de passer à la pratique ! Tout séduit dans cette authentique winstub tenue en famille : le décor traditionnel (éléments Renaissance, affiches), le choix de vins et, bien sûr, la cuisine alsacienne, appuyée sur un réseau de producteurs locaux... Coup de cœur !

PLAN : D3-14 – *– €€ – 21 quai Saint-Nicolas – 03 88 35 60 68 – www.aupontcorbeau.fr – Fermé samedi et dimanche midi*

CHEZ YVONNE - S'BURJERSTUEWEL

CUISINE ALSACIENNE • WINSTUB Atmosphère animée dans cette winstub où l'on mange au coude à coude. La carte respecte la plus pure tradition alsacienne (coq au riesling, choucroute, jarret braisé) avec quelques suggestions créatives, comme ces makis alsaciens aux saveurs harmonieuses. Laissez-vous tenter également par les joues de porc confites fondantes à souhait avec une sauce au pinot noir des plus soyeuses. Une institution.

PLAN : D2-16 – *– €€ – 10 rue du Sanglier – 03 88 32 84 15 – www.restaurant-chez-yvonne.net – Fermé lundi et dimanche*

LE BANQUET DES SOPHISTES

CUISINE MODERNE • CONTEMPORAIN Difficile d'obtenir une table dans ce bistrot du quartier de la Krutenau. Succès mérité pour cette adresse qui propose un menu imbattable au déjeuner et une carte plus élaborée le soir à l'image de ce tempura de Saint-Jacques, gingembre, avocat, vinaigrette grenade-citron, ou bien ce carré de cochon de la ferme Abotia avec chou farci et polenta. Préparations travaillées, fraîches et parfumées, dans un esprit éclectique discrètement inventif, aux frontières de la cuisine fusion. Stimulant pour les papilles, et convivial. Qui dit mieux ?

PLAN : D3-21 – *– €€ – 5 rue d'Austerlitz – 03 88 68 59 67 – www.le-banquet.com – Fermé samedi et dimanche*

BISTROT COCO (N)

CUISINE MODERNE • COSY Au cœur du vieux Strasbourg, ce restaurant contemporain au décor industriel est emmené par le jeune chef Constant Meyer, passé notamment par le Crocodile et le Relais de la Poste de la Wantzenau. Il réalise une fine cuisine dans l'air du temps, sous forme d'un menu "carte blanche" déclinable en plusieurs séquences. Saveurs franches et ambiance conviviale sont au rendez-vous.

PLAN : D3-23 – *– €€€ – 8 rue de l'Écurie – 03 90 20 39 39 – www.bistrot-coco.fr – Fermé lundi et dimanche*

BLUE FLAMINGO

CUISINE MODERNE • CONTEMPORAIN A l'abordage ! Tout de bois, de verre, d'acier et d'aluminium, ce restaurant flottant au look de péniche moderne est amarré au bord de la presqu'île André-Malraux. Très lumineuse, la salle à manger à fleur d'eau regarde les cuisines ouvertes sur l'arrière. Quant au toit-terrasse, il y règne un esprit ginguette séduisant. Dans l'assiette, le chef Benoit Migeon, ancien sous-chef Au Crocodile, distille une cuisine teintée de saveurs du monde, toute en couleur et fraîcheur, à l'image de ce thon mi-cuit, pastèque, chimichurri et féta.

PLAN : E3-27 – *– €€ – Presqu'île André-Malraux – 03 55 40 03 71 – www.blue-flamingo.fr – Fermé dimanche et mardi soir*

STRASBOURG
plan I
0 1 km
A
B
1
2
3
BRUMATH
METZ, HAGUENAU
WASSELONNE
SAVERNE, METZ, NANCY
SAVERNE
MUTZIG
MOLSHEIM, ST-DIÉ-DES-VOSGES
ROSHEIM
COLMAR, SÉLESTAT
MARCKOLSHEIM
OFFENBOURG
KARLSRUHE, BÂLE, FREIBURG IM BREISGAU
RHEINAU
A 35
ECKWERSHEIM
VENDENHEIM
LAMPERTHEIM
PFULGRIESHEIM
MUNDOLSHEIM
REICHSTETT
SOUFFELWEYERSHEIM
NIEDERHAUSBERGEN
DINGSHEIM
MITTELHAUSBERGEN
BISCHEIM
HŒNHEIM
ESPACE EUROPÉEN DE L'ENTERPRISE
OBER-AUSBERGEN
CRONENBOURG
SCHILTIGHEIM
LA ROBERTSAU
FORÊT DE LA ROBERTSAU
PARC DE POURTALÈS
Canal de la Marne au Rhin
Rte. de Hoerdt
Rte. de Brumath
A 4 / E 25
R. Principale
Rte. de Strasbourg
ILL
R. du Marais
Rte. de La Wantzenau
N
PARC DES SPORTS
A 351
Palais des Droits de l'Homme
Parlement Européen
Palais de l'Europe
Pont J. Millot
Q. Jacoutot
CATHÉDRALE NOTRE-DAME
KRUTENAU
voir plan II
Port Autonome Nord
PARC DES POTERIES
KOENIGSHOFFEN
WOLFISHEIM
Rte. des Romains
Bruche
R. de Holtzheim
ECKBOLSHEIM
ROETHIG
HOLTZHEIM
N 4
Av. Jean Jaurès
NEUDORF
Pont de l'Europe
Jardin des Deux Rives
R. du Havre
LINGOLSHEIM
Gerig
PLAINE DES BOUCHERS
AÉRODROME DU POLYGONE
OSTWALD
A 35 / E 25
Av. de Strasbourg
Canal du Rhône au Rhin
NEUHOF
Port Autonome Sud
STOCKFELD
A 35
R. de Verdun
Rte. de Lyon
ILLKIRCH-GRAFFENSTADEN
PARC D'INNOVATION
FORÊT DE NEUHOF
R. de La Rochelle
GEISPOLSHEIM-GARE
Rte. du Fort Uhrich
ILE DU ROHRSCHOLLEN
R. de Lipsheim
Rhin Tortu
FEGERSHEIM
ESCHAU
49
491
50
51
10

STRASBOURG
plan II
0 100 m
C
D
1
2
3
R. du Marché Gare
A 35 E 25
Rte. de Brumath
CANAL DE DÉRIVATION
R. Fritz Kieffer
R. Jacques Kablé
R. Jacques Kablé
R. de Vendenheim
R. de Niederbronn
R. de Haguenau
R. de Bischwiller
R. Adèle Riton
Bd Clemenceau
R. de Bitche
R. Schwendi
R. Jean Frédéric Oberlin
R. Sellénick
Av. des Vosges
Parc du Contades
Bd du Président Poincaré
R. des Magasins
R. de Bouxwiller
R. des Bonnes Gens
R. du Fg de Pierre
R. du Fossé des Treize
R. Finkmatt
Tunnel Wodli
Sébastopol
Bd du Président Wilson
R. du Fg de Saverne
R. du Marais Vert
Pl. des Halles
R. des Mineurs
R. de la Toussaint
Q. Finkmatt
Saint-Pierre le Jeune
QUARTIER ALLEMAND
Pl. de la République
Palais du Rhin
Bibliothèque Nationale
Théâtre National de Strasbourg
Pont de la Fonderie
R. de la Fonderie
Pont du Théâtre
République
Q. Kléber
FOSSE DU FAUX-REMPART
Ancienne Synagogue Les Halles
R. Moll
Faubourg de Saverne
R. Thiergarten
Pont de Saverne
6
St-Pierre-le-Jeune (protestant)
Pl. St-Pierre-le-Jeune
Pl. Broglie
Broglie
R. de la Mésange
Hôtel de Klinglin
Hôtel des Deux-Ponts
Musée Tomi Ungerer
19
R. Brûlée
Homme de Fer
Pl. de l'Homme de Fer
R. du Jeu des Enfants
12
Pl. Kléber
Pl. du Temple Neuf
17
R. des Juifs
R. de la Course
Pont Kuss
Alt Winmärik
Saint-Pierre le Vieux
16
R. du Sanglier
Pl. du Marché-Gayot
Pl. du Marché-Neuf
22
CATHÉDRALE NOTRE-DAME
Q. Charles Altorffer
25
Grand'Rue
R. Sainte-Hélène
15
Langstross Grand 'Rue
Pl. Gutenberg
Musée de l'Œuvre N.-D.
Palais Rohan
Pont Ste-Madeleine
28
13
PETITE FRANCE
CITÉ ANCIENNE
R. de l'Epine
Musée Historique
20
23
Q. des Bateliers
11
R. des Bateliers
Ponts Couverts
Saint-Thomas
Ancienne douane
Pont du Corbeau
Barrage Vauban
R. Finkwiller
Pont St-Thomas
Q. Saint-Nicolas
14
Musée Alsacien
21
18
R. des Orphelins
Maison de Pasteur
Porte de l'Hôpital
Pl. d'Austerlitz
R. des Glacières
R. Kirschleger
R. Sainte-Elisabeth
Q. Mathiss
R. Humann
Hospices
R. Jacques Peirotes
R. Spielmann
Pont d'Austerlitz
Étoile Bourse
Q. Louis Pasteur
R. du Marksgarten
Parc de l'Etoile
Rte. de Vienne

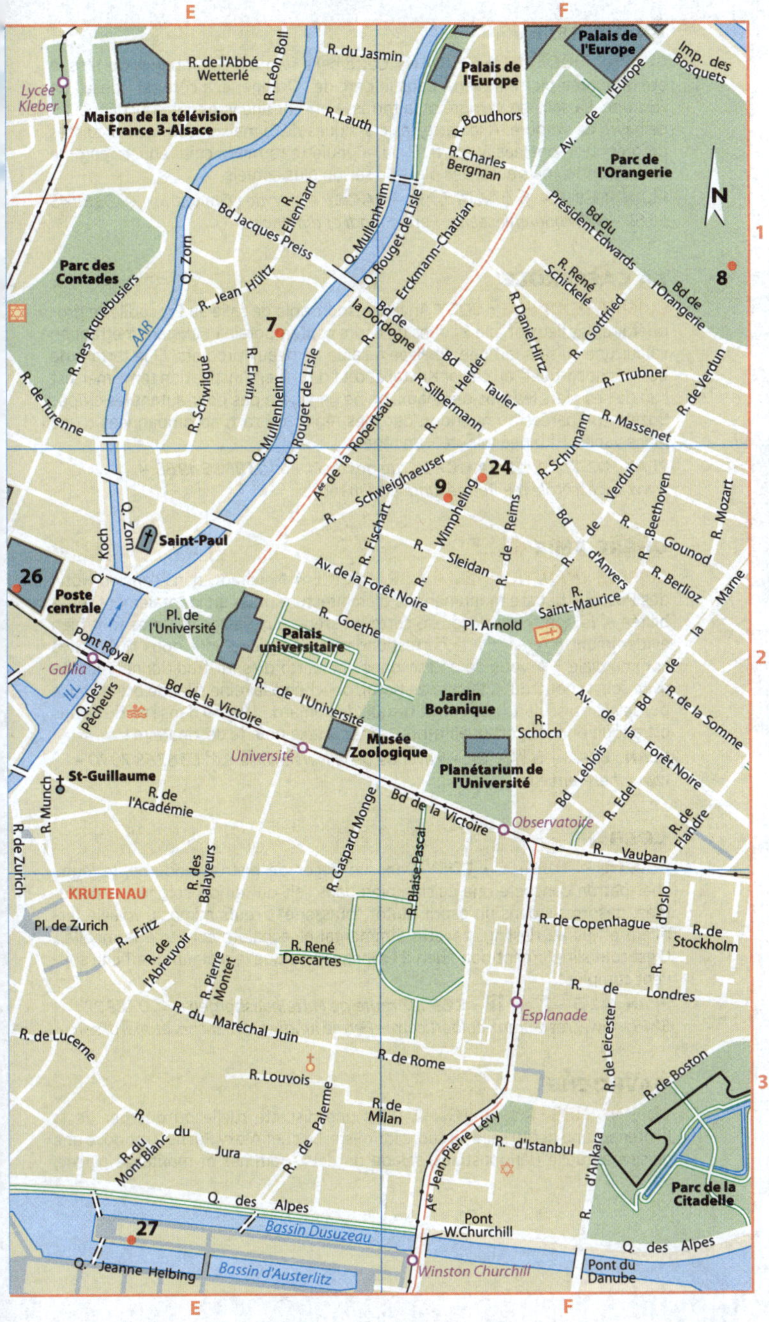
E
F
Palais de l'Europe
Imp. des Bosquets
R. du Jasmin
R. de l'Abbé Wetterlé
R. Léon Boll
Lycée Kleber
Maison de la télévision France 3-Alsace
R. Lauth
R. Boudhors
R. Charles Bergman
Av. de l'Europe
Parc de l'Orangerie
N
Bd Jacques Preiss
R. Ellenhard
Q. Mullenheim
Q. Rouget de Lisle
R. Erckmann-Chatrian
Bd du Président Edwards
Bd de l'Orangerie
1
8
Parc des Contades
Q. Zorn
R. Jean Hültz
R. des Arquebusiers
AAR
7
Bd de la Dordogne
R. René Schickelé
R. Gottfried
R. Daniel Hirtz
R. de Turenne
R. Schwilgué
R. Erwin
R. Herder
Bd Tauler
R. Silbermann
R. Trubner
R. de Verdun
A^{ée} de la Robertsau
R. Massenet
R. Schumann
24
9
R. Schweighaeuser
R. Wimpheling
R. Fischart
R. de Reims
Bd de Verdun
R. Beethoven
R. Mozart
R. Gounod
Saint-Paul
Q. Koch
R. Sleidan
Bd d'Anvers
R. Berlioz
26
Poste centrale
Av. de la Forêt Noire
R. Saint-Maurice
Bd de la Marne
Pl. de l'Université
R. Goethe
Pl. Arnold
Palais universitaire
Pont Royal
Gallia
ILL
2
Q. des Pêcheurs
Bd de la Victoire
R. de l'Université
Jardin Botanique
R. Schoch
Av. de la Forêt Noire
R. de la Somme
Université
Musée Zoologique
Planétarium de l'Université
St-Guillaume
R. de l'Académie
R. Munch
R. Gaspard Monge
R. Blaise Pascal
Bd Leblois
R. Edel
R. de Flandre
Observatoire
R. Vauban
R. de Zurich
KRUTENAU
R. des Balayeurs
R. de Copenhague
R. d'Oslo
R. de Stockholm
Pl. de Zurich
R. Fritz
R. de l'Abreuvoir
R. Pierre Montet
R. René Descartes
R. de Londres
Esplanade
R. du Maréchal Juin
R. de Lucerne
R. de Rome
R. Louvois
R. de Leicester
R. de Boston
3
R. de Milan
R. de Palerme
R. du Jura
R. du Mont Blanc
A^{ée} Jean-Pierre Lévy
R. d'Istanbul
R. d'Ankara
Parc de la Citadelle
Q. des Alpes
27
Pont W.Churchill
Bassin Dusuzeau
Q. des Alpes
Q. Jeanne Helbing
Bassin d'Austerlitz
Winston Churchill
Pont du Danube
E
F

BUEREHIESEL

CUISINE MODERNE • ÉLÉGANT Cette belle ferme à colombages du 17e s. a été remontée pierre à pierre dans le parc de l'Orangerie, à côté du Conseil de l'Europe. La salle en verrière et la terrasse offrent une vue toute bucolique sur ce havre de verdure. À la carte, les classiques de la maison comme les cuisses de grenouille poêlées au cerfeuil ou la poulette fermière cuite entière comme un backeoffe, mais aussi des plats de saison plus actuels.

PLAN : F1-8 - **€€€€** - *4 parc de l'Orangerie - 03 88 45 56 65 - www.buerehiesel.fr - Fermé lundi et dimanche*

LA CASSEROLE

CUISINE MODERNE • COSY Ancien responsable de salle au Crocodile, le propriétaire des lieux officie ici dans un cadre contemporain et élégant mettant en valeur une cuisine raffinée, réalisée à l'aide de beaux produits. Si le tartare de bœuf "choco-beef" au caviar Kristal et œuf de caille, d'inspiration terre-mer, est l'un de ses plats les plus originaux, on ne négligera pas pour autant les crêpes Suzette préparées au guéridon dans les règles de l'art, accompagnées d'une glace vanille turbinée minute - un régal.

PLAN : D2-17 - **€€€** - *24 rue des Juifs - 03 88 36 49 68 - www.la-casserole.fr - Fermé lundi et dimanche*

CHÈRE AMIE N

CUISINE TRADITIONNELLE • BRASSERIE À Neustadt, dans l'ancien Hôtel des Postes - bâtisse monumentale d'architecture prussienne totalement réhabilitée -, le nom et le décor de cette brasserie aux vastes volumes font bien évidemment référence à la correspondance épistolaire. Mot doux ou missive commerciale ? À vous de choisir dans une carte d'esprit traditionnel réalisée avec soin : choucroute, tartare de bœuf, bouchée à la reine, filet de bœuf sauce bordelaise, biscuit de poisson et bisque de homard... Un lieu dans l'air du temps offrant un bon rapport qualité-prix, sans surtaxe pour le destinataire !

PLAN : E2-26 - **€€** - *5 avenue de la Marseillaise - 03 67 68 70 70 - www.chere-amie.fr*

COLBERT

CUISINE MODERNE • COSY Dans un décor de bistrot moderne, le jeune chef-patron concocte une cuisine bien dans l'air du temps, soignée et parfumée, désormais dans un esprit plutôt "brasserie" : œufs mimosa, volaille fermière et jus au riesling, bavette Simmental et échalote confite à la moelle... C'est tout simplement bon : rien d'étonnant à ce que le restaurant affiche souvent complet !

PLAN : A2-5 - **€€** - *127 route de Mittelhausbergen - 03 88 22 52 16 - www.restaurant-colbert.com - Fermé lundi et dimanche, et mardi soir*

GAVROCHE

CUISINE MODERNE • INTIME Dans une discrète ruelle du quartier de la Krutenau, une petite salle au cadre intimiste. Le chef Alexy Fuchs y propose une cuisine actuelle (langoustines, salade de deux pommes et moutarde glacée, ou Saint-Jacques, patate douce, ravioles crispy et bisque émulsionnée) avec quelques clins d'œil au terroir alsacien, comme ce foie gras cuit au torchon, chutney de fruits et dampfnudel. Accueil tout sourire.

PLAN : D3-18 – AC – **€€€** – *4 rue Klein – ✆ 03 88 36 82 89 – www.restaurantgavroche.com – Fermé samedi, dimanche et mercredi midi*

IN VINO VERITAS

CUISINE ITALIENNE • BISTRO Situation superbe pour ce restaurant italien, au pied de la majestueuse cathédrale. Carte courte pour préparations gourmandes et généreuses, au service de sa majesté le produit : vitello tonnato, agnolotti al plin, osso buco, linguine à la poutargue ou affogato se bousculent sur l'ardoise... La terrasse est prisée aux beaux jours. Très belle carte des vins.

PLAN : D2-22 – AC – **€€** – *25 place de la Cathédrale – ✆ 03 88 32 75 85 – www.restaurant-invinoveritas.com – Fermé dimanche*

LÉONOR

CUISINE MODERNE • CONTEMPORAIN Derrière une façade du 19e s. et entre des murs du 18e s., cet hôtel contemporain signé Jean-Philippe Nuel possède son restaurant d'esprit lounge situé dans la continuité du bar. La carte s'inscrit dans l'air du temps gourmand : sashimi de thon, mangue, avocat et sauce au soja et sésame, ou ris de veau doré au sautoir, textures de céleri et livèche. Pour les tables d'amis, il y a de grosses pièces à partager (poisson entier, côte de bœuf...). Côté sucré, quelques desserts à l'assiette et de jolies pâtisseries à choisir dans la vitrine.

PLAN : D2-6 – AC – **€€€** – *11 rue de la Nuée-Bleue – ✆ 03 67 29 29 29 – www.leonor-hotel.com – Fermé lundi et dimanche*

ONDINE

CUISINE MODERNE • SIMPLE Dans les ruelles pittoresques de la Petite France, ce restaurant de poche attire les gourmands en quête d'expérience culinaire vivante et engagée. Noémie D'Hooge, diplômée en arts plastiques reconvertie en cheffe de cuisine, et son complice Marin Rémy, déroulent avec finesse une partition moderne, très végétale, autour de produits de saison rigoureusement sélectionnés auprès de petits producteurs locaux. On est agréablement frappé par la variété des préparations, qui ne se répètent jamais ! Le duo travaille devant vous dans une ambiance décontractée et sympathique. Côté boissons, on propose des vins souvent nature, mais aussi des kombuchas maison et autres décoctions sans alcool.

PLAN : C2-15 – AC – **€€€** – *10 petite rue des Dentelles – ✆ 03 88 52 02 91 – www.ondine-strasbourg.fr – Fermé lundi, mardi et dimanche et du mercredi au vendredi à midi*

RÉGENT PETITE FRANCE N

CUISINE MODERNE • ÉLÉGANT Au sein de ce très bel hôtel idéalement situé au cœur de la Petite France, le restaurant gastronomique est chapeauté par l'équipe de la Fourchette des Ducs. Le chef prépare des assiettes soignées et savoureuses aux visuels élégants, appuyées sur d'excellents produits régionaux : truite et omble chevalier de Sparsbach, pigeonneau de nid, légumes fermiers... Agréable terrasse sur les bords du canal de l'Ill.

PLAN : C2-28 – **€€€** – *5 rue des Moulins – ✆ 03 88 76 43 00 – www.regent-petite-france.com/restaurant-et-bar – Fermé lundi, dimanche et le midi*

LA VIEILLE ENSEIGNE

CUISINE ALSACIENNE • WINSTUB Vieille Enseigne mais... winstub récente ! Superbes boiseries traditionnelles réalisées par un ébéniste, lithographies de Tomi Ungerer aux murs, cuisine soignée et copieuse à base de produits locaux, plats traditionnels du terroir (presskopf, choucroute, gibier...) : l'Alsace est à la fête, y compris à travers une magnifique carte des vins essentiellement bio.

PLAN : D3-20 - **€€** - *9 rue des Tonneliers - 03 88 75 95 11 - www.lavieilleenseigne.com - Fermé mardi*

LA VIEILLE TOUR

CUISINE CLASSIQUE • VINTAGE Une vraie auberge comme on les aime, tenue avec sérieux par un couple de professionnels. Cette table souvent généreuse, toute proche de la Petite France, cultive le goût de la tradition (poitrine de volaille au jus, dos de cabillaud aux primeurs et champignons, lièvre à la royale...), au gré du marché. Décor simple, relevé d'affiches humoristiques sur l'Alsace signées par l'illustre Tomi Ungerer.

PLAN : C2-25 - **€€€** - *1 rue Adolphe-Seyboth - 03 88 32 54 30 - Fermé lundi et dimanche*

COUR DU CORBEAU - MGALLERY

CLASSIQUE • ROMANTIQUE Près du pont du Corbeau, cet hôtel s'épanouit dans plusieurs superbes maisons anciennes. Mais ce qui le distingue surtout, c'est sa cour intérieure Renaissance, avec ses coursives en bois héritées du temps jadis...

63 chambres - *6-8 rue des Couples - 03 90 00 26 26*

LE GRAFFALGAR

AVANT-GARDE • CONVIVIAL Certains hôtels se déclarent "arty" après avoir accroché quelques œuvres ici et là. Radical, le Graffalgar a fait appel à des experts en la matière, une trentaine d'artistes de Strasbourg, pour s'attaquer à la décoration de ses chambres. Le mot d'ordre ? Il n'y en a pas. En résulte des chambres uniques : impression photo, fresque animalière, graphisme seventies, street art et ambiance dessin animé se partagent les lieux. Pour creuser encore plus le sujet, l'espace "Rencontres, Détente et Vautrage !" accueille des expositions, événements et ateliers.

38 chambres - *17 rue Déserte - 03 88 24 98 40*

LES HARAS

ÉPURÉ • ÉLÉGANT Au cœur de Strasbourg, l'établissement, imaginé dans les anciens haras nationaux du 18e s., bénéficie d'un cadre exceptionnel, où le moindre détail est réfléchi. Les chambres, au décor épuré, sont spacieuses (17 à 35 m²). Un lieu rare.

115 chambres - *23 rue des Glacières - 03 90 20 50 00*

LÉONOR

MODERNE • ÉLÉGANT Logé dans un bâtiment du 18e s., l'hôtel Léonor est aussi néoclassique à l'extérieur que moderne à l'intérieur : mobilier design ultra-chic, couleurs soigneusement pondérées et œuvres d'art contemporaines vibrantes. Les chambres et suites sont plus douces mais non moins inspirées et disposent de baies ouvertes sur la ville. La salle à manger sert à la fois de bar, de pâtisserie et de restaurant, sous un toit impeccablement chic.

116 chambres - *11 rue de la Nuée-Bleue - 03 67 29 29 29*

Léonor - Voir la sélection des restaurants

MAISON ROUGE

ART DÉCO • HISTORIQUE La Maison Rouge se dresse au cœur de Strasbourg depuis près d'un siècle, célébrée pour son caractère Art Déco. Ses 131 chambres et suites perpétuent cet héritage avec des détails contemporains, certaines offrant une vue sur la flèche de la cathédrale tandis que d'autres donnent sur les rues historiques en contrebas. Les Salons Mistinguett évoquent le glamour des années 1920, contrastant avec l'atmosphère paisible du spa. Un hôtel à la fois intemporel et profondément lié à la capitale alsacienne.

131 chambres – *4 rue des Francs-Bourgeois*

RÉGENT PETITE FRANCE

CLASSIQUE • RAFFINÉ Dans le quartier de la Petite France, un moulin du 17e s. produisait autrefois de la glace pour toute la ville. Les roues en fonte et les machines ont été préservées, tandis que 75 chambres et suites possèdent chacune leur propre caractère, certaines avec des balcons sur les canaux ou offrant une vue sur les Ponts Couverts. Avec ses terrasses, son spa et ses intérieurs raffinés, le Régent plonge les hôtes dans une bulle hors du temps.

– **75 chambres** – *5 rue des Moulins*

Régent Petite France - Voir la sélection des restaurants

LE SUBDRAY

18570 – Cher – Carte régionale n° **16**–B2

LA FORGE

CUISINE MODERNE • CONVIVIAL À une quinzaine de kilomètres de Bourges, un couple aussi sincère qu'accueillant fait revivre un ancien corps de ferme avec leur table des plus recommandables. Tout est fait maison, les légumes viennent en grande partie du potager familial et la fraîcheur s'affirme dans chaque assiette. Menus déclinés en plusieurs temps, plus élaborés le soir et le week-end, à savourer sur la terrasse ombragée, bordée par le jardin.

– **€€** – *1 rue de la Brosse – 02 48 59 64 31 – Fermé lundi, mardi, samedi midi, et mercredi et dimanche soir*

SURESNES

92150 – Hauts-de-Seine – Carte régionale n° **11**–E2

ARIETIS N

CUISINE MODERNE • CONTEMPORAIN Le chef Romuald Scaramuzza, fort d'un parcours étoilé aux côtés de Michel Roth, Arnaud Faye ou encore Alain Ducasse, signe ici une cuisine maîtrisée et sincère dans un cadre agréable et animé. Il propose un menu déjeuner sans choix à prix doux, ainsi qu'une courte carte bien troussée. Les assiettes sont actuelles et pleines de saveurs : velouté de butternut au crumble de comté et chips de châtaigne, saucisse grillée au couteau avec purée façon Robuchon et sucrine croquante, sablé breton garni de crème citron et coulis de framboise...

€€ – *54 rue de la République – 01 42 70 55 14 – www.arietisbyrocca.com – Fermé samedi et dimanche, et du lundi au mercredi soir*

BISTRO LÀ-HAUT

CUISINE MODERNE • CHIC Situé sur le mont Valérien, ce "bistrot d'altitude" offre une superbe vue sur Paris depuis sa salle aux airs de loft. À la carte, une partition alléchante aux recettes actuelles, comme cette volaille fumée au foin, tian de légumes gratiné au vieux parmesan et jus réduit... Réservation fortement conseillée le soir.

- **€€** - *70 avenue Franklin-Roosevelt* - *01 45 06 22 66* - *www.bistrolahaut.fr*

ET TOQUE !

CUISINE MODERNE • CONTEMPORAIN Au cœur de Suresnes, le chef Maxime Salvi réalise une cuisine bistronomique, bien ficelée et au bon rapport qualité-prix. Les préparations soignées mettent en avant des produits de saison et de bonne qualité : churros à l'estragon, crème de panais au curry et espuma de mozzarella ; tagliatelles d'encornet, bacon croustillant, mousseline de pommes de terre et oignons frits.

- **€€** - *7 rue Émile-Duclaux* - *01 45 06 36 93* - *www.restaurantettoque.com* - *Fermé lundi et dimanche*

SURVILLE

27400 - Eure

MANOIR DE SURVILLE

CLASSIQUE • COSY Au cœur de la Normandie, un jeune couple passionné propose "d'être au manoir comme à la maison", et ça fonctionne ! Un ancien corps de ferme du 16e s., des chambres et suites luxueuses et cosy, un jardin pour flâner, un long bassin de nage, sans oublier l'espace bien-être... Cuisine du marché au restaurant.

- **11 chambres** - *82 rue Bernard Pétel*

TAGSDORF

68130 - Haut-Rhin - Carte régionale n° **8**-A3

LA COURONNE N

CUISINE TRADITIONNELLE • ÉLÉGANT Cette couronne est portée par deux Alsaciens passionnés : Benoît Ligabue, chef autodidacte, et Thiébaut Flory, en salle, attentif et de bon conseil pour les vins. Cette maison de terroir raffinée, complétée d'une épicerie et de chambres d'hôtes à Wittersdorf, propose une formule bistronomique (sauf le vendredi et samedi soir et dimanche) et un registre plus gastronomique où s'invitent des produits nobles comme la truffe blanche ou le canard de Barbarie. Les cuissons sont précises, les sauces goûteuses, les dressages appliqués. La bouillabaisse revisitée aux Saint-Jacques, lotte et homard séduit les habitués.

- **€€€** - *3 rue de Belfort* - *03 89 08 80 66* - *www.lacouronne-tagsdorf.fr* - *Fermé lundi et mardi*

TAILLADES

84300 - Vaucluse - Carte régionale n° **28**-E1

L'ATELIER L'ART DES METS

CUISINE DU MARCHÉ • CONTEMPORAIN Le chef propose une cuisine actuelle et personnelle, dont l'acteur principal est l'herbe sauvage, qu'il a appris à connaître auprès d'une cueilleuse de la région. Chénopode, mélisse sauvage, pourpier, armoise... il y a de la poésie dans ses préparations et du goût, à l'instar de ce cochon du Ventoux et poichichade à l'immortelle. On en redemande !

- €€ - 500 route de Robion - 04 90 72 37 55 - www.latelierlartdesmets.fr - Fermé mardi soir, mercredi et dimanche

TAIN-L'HERMITAGE

26600 - Drôme - Carte régionale n° **24**-A1

LA CAGE AUX FLEURS

CUISINE MODERNE • TENDANCE Des fleurs et des couleurs, il y en a partout dans ce pimpant bistrot ! Dans la déco (papier peint à motifs floraux, bibelots en porcelaine vernie), comme dans l'assiette : tartare de thon, graines de courges, condiment de butternut grillée, anchois au poivre vert ; filet de bar rôti, panisse de pois chiche, safran, fenouil. Mâtinée d'influences voyageuses, cette cuisine épouse savoureusement l'air du temps grâce à un couple de pros, enfants de restaurateurs, qui travaille à quatre mains et n'oublie pas les classiques appréciés des vignerons et des pièces à partager.

- €€ - 13 avenue Jean-Jaurès - 09 73 88 29 35 - www.restaurant-lacageauxfleurs.com - Fermé lundi et dimanche

LE MANGEVINS

CUISINE MODERNE • BISTRO Dans ce bistrot au charme discret, niché dans une ruelle de Tournon, un couple passionné orchestre une cuisine d'auteur aussi précise qu'inspirée. Chaque jour voit un plat remplacé sur un menu unique, reflet d'une belle liberté créative. Produits frais, légumes bio des îles Féray, cuissons impeccables : ici, on compose avec justesse, sensibilité et goût. L'adresse idéale pour un déjeuner serein, à l'abri des parasols, dans une ambiance complice et sincère.

- €€ - 7 rue des Herbes - 04 75 08 00 76 - www.lemangevins.fr - Fermé samedi et dimanche

LE QUAI

CUISINE TRADITIONNELLE • BRASSERIE On pourrait rester à quai pendant des heures, à admirer le Rhône et les vignobles... En terrasse ou dans la salle, très lumineuse, on se croirait presque sur un paquebot ! Et dans ce bistrot des temps modernes, les assiettes sont généreuses.

- €€ - 17 rue Joseph-Peala - 04 75 07 05 90 - www.chabran.com/pages/le-quai

TALLOIRES-MONTMIN

74290 - Haute-Savoie - Carte régionale n° **21**-C2

L'AUBERGE DE MONTMIN

Chef : Florian Favario

CUISINE CRÉATIVE • COSY Le col de la Forclaz (1147 m) n'est pas seulement le paradis des parapentistes, il est aussi celui des gourmets. Dans un cadre confortable et intimiste qui garde toutefois son atmosphère montagnarde, le chef Florian Favario donne un tour de plus en plus créatif à sa cuisine, qui repose sur le meilleur des produits locaux (agneaux et porcelets, légumes potagers, fruits de saison). Fleurs, plantes et herbes sauvages sont associées avec mesure et talent : c'est un festival de thym serpolet, sauge, origan, agastache, hysope, fleur de menthe... qui apportent des parfums extraordinaires à des assiettes déjà très élaborées et techniquement redoutables. Ce travail d'orfèvre, présenté dans des récipients en noyer imaginés par le chef lui-même, est porté en salle par une équipe de choc emmenée par une maîtresse de maison prévenante : Sandrine, l'épouse du chef. Pour l'apéritif, profitez de la terrasse avec vue sur les alpages.

L'engagement du chef : Tous nos produits sont achetés chez nos producteurs locaux et sur les marchés des villages environnants, à moins de 30 km, ou encore issus de notre propre cueillette. Nous n'avons aucune livraison, nous nous déplaçons - zéro emballage. Nous visons une cuisine « zéro déchet » : tout est produit en fonction du nombre de réservations et surtout en fonction des produits disponibles avec nos producteurs. C'est pourquoi nous proposons un menu unique. Nos déchets sont triés, réutilisés ou compostés.

- €€€€ - *1983 route de Talloires, Col de la Forclaz - 04 50 63 85 40 - www.aubergedemontmin.com - Fermé lundi et mardi*

JEAN SULPICE

Chef : Jean Sulpice

CUISINE CRÉATIVE • LUXE L'Auberge du Père Bise est plus que jamais vivante sous l'impulsion de Jean Sulpice et de son épouse Magali. En sportif affûté, le chef propose une cuisine fine, saine et légère à travers un menu unique. Les herbes, fleurs et plantes sauvages apportent contrastes et couleurs à des assiettes créatives et incisives, dessinant une promenade gourmande autour des poissons du lac. Servie dans une belle vaisselle artisanale en céramique, cette mise en scène poétique se déploie dans une salle contemporaine ouverte sur la terrasse et les rives argentées du lac d'Annecy - un spectacle hypnotique. Sous la douce férule de Coline Humbert, l'accueil et le service tout en élégance et sourire font merveille. Un écrin d'exception pour une gastronomie épurée et audacieuse.

L'engagement du chef : Faire déguster la Savoie, celle des lacs et de la montagne, est au cœur de notre ambition culinaire. Nous mettons ainsi en saveurs les produits issus de la pêche sur le lac d'Annecy, de notre jardin, de la cueillette sauvage ou du maraîchage et de l'élevage locaux. C'est ce lien intime à la nature savoyarde qui nous entoure que nous souhaitons exprimer.

- €€€€ - *303 route du Port - 04 50 60 72 01 - www.perebise.com - Fermé mardi, mercredi et jeudi midi*

LE 1903

CUISINE MODERNE • CONTEMPORAIN Au 1903 (année de création de l'Auberge du Père Bise), Jean Sulpice nous fait redécouvrir les plats emblématiques de la maison et les classiques régionaux revisités, dont le plus bel exemple est ce gratin de queues d'écrevisses "autrement". Le service, particulièrement attentionné, ne manquera pas de vous dévoiler les trésors de la cave à fromages. Superbe verrière en rotonde ouverte sur la mythique baie de Talloires.

- €€€ - *Auberge du Père Bise, 303 route du Port - 04 50 60 72 01 - www.perebise.com/restaurant-le-1903 - Fermé lundi et mardi*

LES TERRASSES - LE COTTAGE BISE

CUISINE MODERNE • ÉLÉGANT Un restaurant cossu et bourgeois, une belle terrasse sous les marronniers avec le lac pour horizon, une cuisine actuelle aux assaisonnements justes : on passe ici un agréable moment gastronomique. Le chef prépare ainsi un gravlax de truite aux asperges, une lotte laquée au jus de carottes et curcuma ou encore une picanha de bœuf Black Angus aux légumes croustillants.

- €€€ - *390 route du Port - 04 50 60 71 10 - www.cottagebise.com*

AUBERGE DU PÈRE BISE

CLASSIQUE • COSY Un environnement féerique, au pied du lac. L'âme de l'auberge est toujours présente, dans un cadre réaménagé avec goût. Tout y est feutré, et les chambres sont d'un luxe sobre, équipées pour la plupart de terrasses et balcons. Le tout bénéficiant de l'énergie d'un jeune couple à l'enthousiasme communicatif.

- 23 chambres - *303 route du Port - 04 50 60 72 01*

Jean Sulpice • Le 1903 - Voir la sélection des restaurants

L'ABBAYE DE TALLOIRES

TRADITIONNEL • RAFFINÉ Cette abbaye a traversé l'histoire, au point de fêter ses mille ans d'existence en 2018 ! Le calme et la vue sur le lac en sont les principaux atouts, sans oublier les chambres d'un classicisme raffiné, le jardin face aux flots avec ponton privé... Un dépaysement total.

- 33 chambres - *Chemin des Moines - 04 50 60 77 33*

BEAU SITE

TRADITIONNEL • CHALEUREUX En plus d'une situation idéale – au bord de l'eau, avec plage privée et parc –, cet hôtel a bénéficié d'une rénovation d'ampleur : on y loge dans des chambres chaleureuses et naturelles, décorées avec goût, dont certaines donnent sur le lac.

- 32 chambres - *118 rue André Theuriet - 04 50 27 00 65*

TALMONT-SAINT-HILAIRE

85440 - Vendée

DOMAINE LES CLAYÈRES

CONTEMPORAIN • CALME Au sud des Sables-d'Olonne, le Domaine Les Clayères est un refuge côtier avec sept chambres et suites surplombant les parcs à huîtres, les marais et la forêt. Chaque chambre est décorée différemment à partir d'une palette claire et de textures naturelles. Une piscine extérieure et un petit espace de détente offrent une pause entre les promenades le long de l'estuaire.

- 7 chambres - *226 rue des Parcs - 02 85 67 01 50*

TARBES

65000 - Hautes-Pyrénées - Carte régionale n° **25**-C3

L'EMPREINTE

CUISINE CRÉATIVE • CONTEMPORAIN Tables en chêne massif, vaisselle personnalisée, accueil chaleureux... Ce petit restaurant cosy est le repaire de Manuel Godet, un chef à la technique irréprochable qui propose une cuisine créative mettant en avant les produits du coin, dont il s'amuse à faire des associations plutôt surprenantes. En témoigne cette truite des Pyrénées en gravlax et crème fouettée au gin artisanal local, ou bien ce kiwi de l'Adour au cacao, sarrasin et truffe. Formule simple au déjeuner, plus ambitieuse au dîner.

- **€€** - *2 rue Gaston-Manent - 05 62 44 97 48 - www.restaurant-empreinte.com - Fermé lundi et mardi, et dimanche soir*

L'ARPÈGE

CUISINE CRÉATIVE • CONTEMPORAIN Ce couple de chefs japonais signe une jolie cuisine créative aux touches nippones, dans laquelle bouillons, algues et assaisonnements mettent en valeur des produits de bonne qualité. Le cadre est à l'image de l'assiette : élégant et contemporain.
- €€ - *22 place de Verdun - 05 62 51 15 76 - www.larpege-tarbes-65.eatbu.com - Fermé lundi, mardi midi et dimanche soir*

LE PETIT GOURMAND

CUISINE MODERNE • BISTRO Non loin du centre, dans un décor rétro, on déguste la cuisine de Mathieu Espagnacq qui, riche d'expériences parisiennes auprès de chefs connus, a pris la suite du restaurant ouvert par son père dans les années 1980. Une cuisine actuelle mettant en avant des recettes plutôt traditionnelles avec de beaux produits du terroir (joues de porc fermières cuites lentement au vin rouge, légumes confits au thym et gnocchis à la crème fumée). Petits et grands gourmands s'y pressent... pensez à réserver !
- €€ - *62 avenue Bertrand-Barère - 05 62 34 26 86 - www.lepetitgourmand.eatbu.com - Fermé lundi, dimanche et samedi midi*

POPÔTE

CUISINE MODERNE • CONTEMPORAIN Dans ce bistrot contemporain du quartier de l'Arsenal en pleine rénovation, le couple aux commandes associe un chef, fort d'expériences étoilées, et sa compagne reconvertie, responsable de salle et sommelière. La cuisine baigne dans l'air du temps gourmand : girelle farcie au lapin à l'estragon sur son jus de volaille, parsemée d'amandes torréfiées ; kefta d'agneau, pain pita nappé de fromage blanc, pousses de coriandre et de persil haché pour rafraîchir le tout. Le chef cuisine malin, et notamment ce déjeuner à prix plancher (renouvelé chaque semaine). Carte de vins de vignerons indépendants. Réservation indispensable.
- € - *112 rue de la Chaudronnerie - 05 62 91 77 23 - www.popote-tarbes.fr - Fermé lundi, dimanche, samedi midi et mardi et mercredi soir*

TAVEL

30126 - Gard - Carte régionale n° **28**-E1

LA COURTILLE

CUISINE RÉGIONALE • TRADITIONNEL Formée par Raquel Carena dans son institution parisienne, Le Baratin, Natalia Crozon propose une bonne cuisine canaille régionale dans cette ancienne magnanerie en pierre blanche. Cervelle de veau pochée, beurre citronné ; pavé de thon rouge poêlé, ragoût de tomates ; moelleux aux abricots... se dégustent avec bon appétit. Pour les accompagner la jolie carte des vins privilégie les vins nature, les Tavel et Lirac locaux. En été, on prend place sur la jolie terrasse abritée sous un cèdre ancien.
- €€ - *208 chemin de Cravailleux - 06 59 40 47 11 - Fermé lundi et dimanche, et mardi et mercredi soir*

LE TEICH - Gironde (33) ➔ Voir Bassin d'Arcachon

TENCIN

✉ 38570 – Isère – Carte régionale n° **21**-C2

LA TOUR DES SENS

CUISINE CRÉATIVE • CONTEMPORAIN Sur les hauteurs de Tencin, cette Tour saura combler vos cinq sens ! Jérémie Izarn (vainqueur Top Chef 2017) se fend d'une cuisine créative et inspirée, proche de la nature, qui s'épanouit sous forme de menus (Evasion, Tour d'Horizon, Diapason, Sensation). Et s'il fait beau, direction la terrasse avec sa vue superbe sur le massif de la Chartreuse…

- **€€€** – *Route de Theys – ✆ 04 76 04 79 67 – www.latourdessens.fr – Fermé du lundi au mercredi, jeudi midi et dimanche soir*

TERRASSON-LAVILLEDIEU

✉ 24120 – Dordogne – Carte régionale n° **18**-D2

LE MOULIN DE L'IMAGINAIRE

CUISINE TRADITIONNELLE • CONVIVIAL Authentique briviste, la cheffe défend avec gourmandise une cuisine de tradition généreuse où les produits du terroir local sont légion : œuf au plat, lard croustillant et galette de pomme de terre nouvelle ; tête de veau, sauce ravigote ; pintade fermière aux carottes ; gâteau moelleux aux noix, crème anglaise. Cet ancien moulin rénové des bords de la Vézère (on peut encore observer sous le sol vitré de l'entrée les anciens rouages) s'est mué en bistrot contemporain dont la terrasse suspendue au-dessus de la rivière est tournée vers le Pont Vieux du 12e s.

- **€€** – *1 avenue Charles-de-Gaulle – ✆ 05 53 07 70 84 – www.moulin-limaginaire.com – Fermé mercredi*

LA TESTE-DE-BUCH – Gironde (33) ➜ Voir Bassin d'Arcachon

THÉOULE-SUR-MER

✉ 06590 – Alpes-Maritimes – Carte régionale n° **29**-E2

✿ MARELUNA

CUISINE CRÉATIVE • ÉLÉGANT Cette ancienne savonnerie du 17e s. est désormais un hôtel de luxe dont la superbe terrasse embrasse une vue panoramique sur la baie de Cannes entre Théoule-sur-Mer, le Cap d'Antibes et les îles de Lérins. Dans un décor Art déco riviera chic et élégant officie le chef italien Francesco Fezza, formé au Restaurant Le Meurice Alain Ducasse et chez Pages aux côtés de Ryuji Teshima. Il apprête avec fougue et une créativité certaine des produits italiens et locaux. Si cette cuisine moderne relève délibérément du registre méditerranéen, les recettes sont parfois agrémentées de touches asiatiques : consommé thaï avec les pâtes à l'osso-buco ; tagliatelles de seiche, caviar de hareng, citron de Menton, wasabi et combava…

- **€€€€** – *55 avenue de Lérins – ✆ 04 81 09 50 99 – www.chateau-de-theoule.com/page/mareluna.29631.html – Fermé lundi, dimanche et le midi*

✿ L'OR BLEU

CUISINE MODERNE • ÉLÉGANT Le chef Alain Montigny (MOF 2004), passé par de solides maisons étoilées en Suisse et à Chantilly, cuisine désormais dans l'hôtel Tiara Miramar Beach Resort, perché au-dessus de la mer, face au massif de l'Estérel – la terrasse offrant une vue époustouflante. Ses savoureuses recettes, influencées par la Méditerranée, révèlent des plats équilibrés et subtilement parfumés grâce à des ingrédients irréprochables. Une grande maîtrise technique se manifeste dans cette langoustine rôtie, tartare de betterave et condiment framboise, ou encore ce turbot de ligne, courgette marinée au citron et brousse de brebis. Et pour clore en douceur, la cerise laquée au vinaigre balsamique, chiboust à la pistache et sorbet cerise.

- **€€€€** - *6 boulevard de l'Esquillon - 04 22 10 61 48 - www.tiara-miramar-beach-resort.com - Fermé lundi, dimanche et le midi*

LA MARÉA

POISSONS ET FRUITS DE MER • MÉDITERRANÉEN Situé face à la mer et aux rochers ocres de l'Estérel, au-dessus de la plage et du port de la Figueirette, ce restaurant, fondé dans les années 1950 par un pêcheur local, a été repris avec soin par Jérôme Cervera, un ancien poissonnier. Le chef propose à la carte des produits de la mer d'une grande fraîcheur et des assiettes bien préparées, comme ce rouget-barbet juste snacké, accompagné d'une huile d'olive fruitée et de légumes du moment. Le service, attentif et enjoué, contribue au plaisir du repas. Au déjeuner et au dîner, un menu attractif reprend les plats de la carte, à savourer en terrasse ou dans la salle coquette avec vue sur la grande bleue.

- **€€€** - *16 avenue du Trayas - 04 93 75 19 03 - www.lamarea.fr - Fermé lundi et le midi sauf dimanche*

CHÂTEAU DE THÉOULE

DESIGN • MARITIME Usine de savon au 17e s., château au tournant du 20e s., cet édifice majestueux se dresse juste au-dessus du port. Aujourd'hui, il est devenu un petit hôtel de luxe, dont les chambres ont investi la villa Art déco voisine. La piscine et le spa créent une atmosphère de station balnéaire ; le château et la villa sont animés par deux restaurants ainsi qu'un bar à cocktails avec terrasse.

- **44 chambres** - *55 avenue de Lérins*

Mareluna - Voir la sélection des restaurants

THIONVILLE

57100 - Moselle - Carte régionale n° **7**-B1

AUX POULBOTS GOURMETS

CUISINE CLASSIQUE • ÉLÉGANT On connaissait les poulbots de Montmartre, il faut désormais compter avec ceux de Thionville ! De grandes baies vitrées, des chaises Lloyd Loom et des lustres modernes participent à l'élégance intemporelle du lieu, où l'on dîne d'une salade de homard et légumes de saison, ou d'une poêlée de grenouilles...

- **€€€** - *9 place aux Fleurs - 03 82 88 10 91 - www.poulbotsgourmets.com - Fermé lundi, mardi et dimanche*

THOIRY

78770 - Yvelines - Carte régionale n° **11**-B1

À TABLE ! CHEZ ÉRIC LÉAUTEY

CUISINE MODERNE • CONTEMPORAIN On se sent bien chez Eric Léautey : le petit porche prépare à la dégustation, on s'aiguise les papilles devant la carte. Les suggestions, volontiers canailles, s'en vont taquiner les saisons et chatouiller le terroir, comme ce généreux pâté en croûte, vinaigrette jus de viande, pickles. Qu'attendez-vous donc ? À table !

- **€€€** - *28 rue Porte-Saint-Martin - 01 34 83 88 73 - www.ericleautey.com - Fermé mardi et mercredi, et lundi soir*

THONAC

✉ 24290 - Dordogne - Carte régionale n° **18**-D3

LE BOÏDICOU

CUISINE MODERNE • **COSY** Au cœur du Périgord noir, ce Boïdicou (panier pour faire le marché en occitan) incarne une cuisine authentique et de saison en toute simplicité. Dirigé par deux jeunes chefs passionnés, le restaurant privilégie les produits locaux, frais et de qualité, provenant en grande partie d'un rayon de moins de 50 km. Le menu du déjeuner change chaque semaine, en s'adaptant aux trouvailles des fournisseurs locaux. Le soir, place à un menu surprise plus élaboré. Ambiance décontractée et service efficace.

- €€ - *27 route des Eyzies - ✆ 05 53 51 07 91 - www.le-boidicou-restaurant.eatbu.com - Fermé dimanche et samedi midi*

LE THOU

✉ 17290 - Charente-Maritime - Carte régionale n° **18**-A1

L'INSTANT Z

CUISINE MODERNE • **CONVIVIAL** Z comme Zanchetta, le chef qui célèbre ici ses racines italiennes avec une cuisine ensoleillée et pleine de panache : Saint-Jacques sur risotto crémeux façon risi e bisi, spianata et jus à l'encre de seiche ; cabillaud nacré sur polenta à l'ail des ours ; pavlova fraise-chocolat, tout en légèreté et gourmandise. Pain maison et rillettes de merlu ouvrent le bal avec esprit dans ce bistrot chaleureux, au cœur du village, où générosité rime avec finesse.

♿ AC P - €€€ - *1 bis rue du Château-de-Cigogne - ✆ 05 46 68 58 87 - www.restaurant-linstantz.com - Fermé mardi et mercredi, et dimanche soir*

TIGNES

✉ 73320 - Savoie - Carte régionale n° **21**-D2

✿ URSUS

Chef : Clément Bouvier

CUISINE CRÉATIVE • **CHIC** Niché dans un bel hôtel de la station, ce restaurant aime la nature ! Déjà, son nom rend hommage à la dernière race d'ours de Savoie. Ensuite, la salle s'est muée en forêt avec ses troncs d'arbres séparant chaque table dans un bosquet, son plafond tendu d'une toile qui simule des feuillages, ses magnifiques tables en noyer... Ancien second de Jean-François Piège, le chef Clément Bouvier signe ici une cuisine alpestre créative, avec une pointe de rusticité qui associe poissons d'eau douce ou gibiers aux herbes et plantes aromatiques des montagnes. Le tout dans le respect scrupuleux des saisons et la recherche permanente des meilleurs produits du terroir. Chariot de fromages tout Savoie, assorti d'une belle carte des vins.

L'engagement du chef : Se connecter complètement avec la riche nature de la Haute-Tarentaise, c'est l'ambition que nous nous fixons. Cela passe par le choix des produits que nous cuisinons dont une grande partie provient de notre département, par le respect de la saisonnalité mais aussi par l'architecture de notre restaurant qui reproduit, grâce à 380 arbres, les sensations d'une promenade forestière.

♿ - €€€€ - *Maison Bouvier - Les Suites, 39 rue du Val-Claret, au Val-Claret - ✆ 04 79 01 11 43 - www.les-suites-du-nevada.com/restaurant-ursus - Fermé dimanche et le midi*

LE PANORAMIC

CUISINE TRADITIONNELLE • **MONTAGNARD** Accessible en funiculaire, ce restaurant d'altitude perché à 3 032 mètres offre une expérience unique. Les cuisines, dirigées avec passion et savoir-faire par Clément Bouvier (chef du restaurant étoilé Ursus), proposent une gastronomie chaleureuse et authentique au feu de bois. Dans un décor en bois élégant, une équipe en costume traditionnel

savoyard sert de belles pièces à partager : côte de bœuf, épaule de cochon, ris de veau, turbot entier... Le tout est accompagné par une carte des vins riche de plus de 1 000 références. Dépaysement assuré, avec une vue à couper le souffle.
- €€€€ - *Glacier de la Grande Motte - 04 79 06 47 21 - www.maison-bouvier.com/le-panoramic-restaurant-tignes - Fermé le soir*

LA TABLE DE JEANNE

CUISINE SAVOYARDE • MONTAGNARD Cette agréable table montagnarde imaginée par la famille Bouvier (Les Suites, Ursus, Le Panoramic) propose une cuisine généreuse, mettant en valeur les produits du terroir, le tout dans une ambiance chaleureuse. Jolis vins et prix raisonnables.
€€€ - *14 avenue de la Grande-Motte, au Val-Claret - 04 79 06 99 90 - www.maison-bouvier.com/table-de-jeanne - Fermé mardi, et le midi*

MAISON BOUVIER - LES SUITES

CLASSIQUE • ÉLÉGANT Original, cet hôtel donne à voir l'univers montagnard dans le plus pur style contemporain : tronçons de bois massif, blocs de pierre, béton, tons sombres, etc. Le luxe à l'état brut, pour amateurs avertis : chambres et suites de 25 à 75 m², bar élégant, spa... et même un salon de coiffure !
- **24 chambres** - *39 rue du Val Claret - 04 79 41 68 30*

Ursus - Voir la sélection des restaurants

TORCÉ

35370 - Ille-et-Vilaine - Carte régionale n° **9**-B2

RESTAURANT MOSAIC - CHÂTEAU DES TESNIÈRES (N)

CUISINE MODERNE • CLASSIQUE Dans le cadre somptueusement restauré du château des Tesnières, près de Torcé, la cheffe sud-africaine Chantel Dartnall signe un projet ambitieux mêlant gastronomie et hôtellerie de charme. Quelques chambres luxueuses à l'étage complètent la table. Son décor associe boiseries Art nouveau et œuvres venues d'Afrique du Sud pour délivrer une ambiance... mosaïque. Le menu Tabula Rasa, axé sur le végétal et les fleurs, séduit par sa poésie visuelle et la qualité de ses produits : amuse-bouche ciselés (tartelette végétale, mousse légère de légumes racines, ou encore bouillon clair), flan de courgette, velouté de petits pois, pigeon rosé. À noter, une cave remarquable d'environ 25 000 bouteilles, riche en vins sud-africains et étrangers.
- **€€€€** - *Lieu-dit Tesnières - 07 45 39 93 80 - www.chateau-des-tesnieres.com/restaurant-mosaic - Fermé lundi et mardi, mercredi midi, et dimanche soir*

TOULON

83000 - Var - Carte régionale n° **29**-B3

SHANAEL (N)

Chef : Anthony Denon

CUISINE MODERNE • CONTEMPORAIN Anthony Denon, que l'on connut au Jeu de Paume à Chantilly et au Baudelaire à Paris, enflamme la rade de Toulon avec sa nouvelle adresse du cœur de ville (anciennement le fameux restaurant de poissons Au Sourd). Shanael, c'est la contraction des prénoms des enfants d'Anthony et Laëtitia, son épouse, qui vous accueille avec le sourire dans un décor entièrement repensé. Le chef signe d'astucieux menus aux accents créatifs maîtrisés, guidé par un sourcing exigeant et toujours une belle appétence pour le végétal.
PLAN : B1-5 - **€€€** - *10 rue Molière - 04 94 36 07 47 - www.shanael.com - Fermé samedi et dimanche*

LE PASTEL

CUISINE MÉDITERRANÉENNE • TRADITIONNEL À deux pas du port, cette petite adresse discrète connaît un franc succès. Normal : le chef propose une cuisine méridionale goûteuse et fine. Fleurs de courgettes farcies d'une mousseline aux herbes ; sardines marinées au citron caviar ; petits farcis façon gribiche ; ravioles de moules de Tamaris au basilic et émulsion aïoli... Tout est fait maison, jusqu'au pain. Accueil tout sourire et service pro assuré par la patronne. Réservation impérative pour profiter de ce bon plan gourmand !

PLAN : A1-1 – ♿ AC – **€€** – *20 rue Victor-Micholet - Square Léon-Vérane – ✆ 04 94 64 73 95 – www.restaurant-lepastel.eatbu.com – Fermé du mardi au jeudi*

LE SAINT GABRIEL

CUISINE TRADITIONNELLE • BISTRO Au cœur de Toulon, face au Génie de la navigation et à l'ombre de « la Frontale du port » (les immeubles décriés et classés des années 1950 de Jean de Mailly), se niche le bistrot du chef

Romain Janin. La carte célèbre la gastronomie provençale, en faisant twister les produits frais et locaux : moules de Tamaris gratinées, ravioles de gambas sauvages, beignets de fleurs de courgette, langue de bœuf en texture... sans oublier le plat iconique de la maison : les tentacules de poulpe du "Saint Gab", servies en persillade avec un aïoli. Chaque assiette a de la générosité et du savoir-faire à revendre. Ambiance décontractée et conviviale, et service assuré par un personnel qui vogue entre les tables de bistrot en fonte et les chaises en rotin tressé. Un authentique bon plan épicurien.

PLAN : A1-2 – – **€€** – *334 avenue de la République – 06 27 05 79 15 – Fermé lundi et dimanche*

BEAM !

CUISINE MODERNE • TENDANCE Beam bam boum ! Ça déménage dans les cuisines du Télégraphe, haut-lieu de la vie culturelle toulonnaise... Dans un décor de bistro baroque et dépareillé où se mêlent bois, béton et pierre, avec une belle hauteur sous plafond et d'immenses fenêtres, on déguste un menu surprise plein de saveurs où le végétal domine. De petites assiettes servies façon tapas en entrée, des produits locaux métissés de quelques ingrédients d'ailleurs et des petits desserts gourmands et bien troussées, le tout agrémenté par un excellent choix de cocktails (présence d'un mixologue le soir). Une adresse décalée et animée, où l'on mange au rythme d'une musique actuelle.

PLAN : A1-4 – – **€€** – *2 rue Hippolyte-Duprat – 06 27 54 27 06 – www.restaurant.letelegraphe.org – Fermé lundi, dimanche, samedi midi, et mardi et mercredi soir*

CANOVA N

CUISINE MODERNE • BISTRO Dans le vieux Toulon, une ancienne boutique de chapelier s'est transformée en adresse de poche conviviale. Francesco, chef milanais installé en France de longue date, y propose une "gastronomie de rue" métissée de saveurs latines, orientales et asiatiques. Dans la petite salle aux nappes rouges ou sur les tables en ruelle piétonne, on savoure des assiettes colorées et fouettées par les épices : cabillaud, crème d'ail fumée, coques et chorizo ; consommé et carpaccio de bœuf, nouilles et herbes fraîches. Le rapport qualité-prix fidélise la clientèle. Réservation indispensable.

PLAN : A1-3 – **€€** – *19 rue Richard-Andrieu – 06 37 55 23 64 – Fermé lundi, dimanche et le midi*

RACINES

CUISINE TRADITIONNELLE • SIMPLE Dans une rue pavée du vieux Toulon, où la terrasse est sans tabac de mai à octobre, on prend volontiers racine dans cette goûteuse cuisine de producteurs comme la désigne son chef. Défenseur du local et du terroir, il mitonne une bonne cuisine de saison, volontiers légumière, arrosée de crus nature et bio : raviolis, burratina et jus de volaille aux girolles ; émincé de cochon de l'Aveyron, pommes de terre boulangères au safran du Beausset et légumes bio de Provence ; figues de Solliès rôties et son arlette...

PLAN : B1-7 – – **€€** – *9 rue Corneille – 04 22 80 27 39 – www.racines-restaurant-toulon.com – Fermé lundi, samedi et dimanche*

L'EAUTEL *Plus*

AVANT-GARDE • MARITIME Comme son nom l'indique, l'Eautel mise sur le thème aquatique. La palette marine et les motifs nautiques sont utilisés avec subtilité, conférant au lieu une atmosphère à la fois ludique et magique. Les chambres de l'hôtel sont claires et lumineuses, et la plupart sont des doubles. Les dortoirs "Équipage" peuvent accueillir jusqu'à huit personnes, avec tout le confort moderne indispensable. Belle verrière du 19e s. qui proviendrait des ateliers de Gustave Eiffel.

– **62 chambres** – *15 rue Victor Micholet – 04 89 51 90 90*

TOULOUGES

✉ 66350 – Pyrénées-Orientales – Carte régionale n° **27**–C3

LA TERRASSE DE LA GALINETTE N

CUISINE MODERNE • **DÉCONTRACTÉ** Dans le parc municipal de Clairfont, à Toulouges, "capitale de l'oignon rouge", le chef Christophe Comes a imaginé une guinguette champêtre entièrement ouverte sur l'extérieur : structure en bois, voiles et ombrières de coco, grand bar-comptoir. La cuisine, elle aussi ouverte sur la terrasse, s'organise autour d'un four à braise espagnol où poissons et viandes grillent à la flamme. On retrouve ici la même exigence qu'à La Galinette de Perpignan : légumes, herbes, huile et miel proviennent des potagers de la maison ; vins bio et nature. Un coup de cœur ! Réservation par SMS.

– €€ – Parc de Clairfont – 06 88 97 33 44 – Fermé lundi et mardi

TOULOUSE

✉ 31000 – Haute-Garonne – Carte régionale n° **26**–C2

✿✿ PY-R

Chef : Pierre Lambinon

CUISINE CRÉATIVE • **CONTEMPORAIN** Quelle fougue, ce Pierre Lambinon ! À deux pas du Pont-Neuf, sa cuisine est aussi bouillonnante que les eaux de la Garonne par gros temps. Le repas démarre par une salve d'amuse-bouches, véritable laboratoire des saveurs qui marqueront le repas. Le chef est au meilleur de son inspiration, avec des plats habiles conçus autour des herbes du jardin, des produits de la mer et des beaux légumes de saison : des assiettes qui marient avec bonheur les notes grillées, iodées et l'amertume végétale. C'est le cas, par exemple, du merlu de ligne de Saint-Jean-de-Luz ou de la truite des Pyrénées en gravlax, fève et ail des ours en pesto tonique et jus d'agrume au miel concentré. C'est original, et ça fonctionne ! Côté décor, une salle où le blanc domine, avec quelques tableaux d'artistes contemporains pour accrocher l'œil. Décidément, une table qui a de l'allure.

PLAN : E2-15 – ✿ AC – **€€€€** – *19 descente de la Halle-aux-Poissons – ✆ 05 61 25 51 52 – www.py-r.com – Fermé samedi, dimanche et du lundi au jeudi à midi*

✿ ACTE 2 YANNICK DELPECH

Chef : Yannick Delpech

CUISINE MODERNE • **CONTEMPORAIN** Yannick Delpech, l'ancien chef de l'Amphitryon, revient sur scène jouer un deuxième acte avec cette adresse singulière et attachante. Dans cette ancienne scierie, il fusionne la gastronomie et l'esprit bohème d'une table d'hôtes. Bercés par la musique et une projection vidéo, une quinzaine de convives profitent d'un menu dégustation surprise. Lisible et gourmande, cette authentique cuisine « cuisinée », émaillée de sauces et de jus riches en goût (la marque de ce chef), ne laisse pas indifférent : poulpe cuit au vin rouge comme une daube et associé à de l'épaule d'agneau confite ; rouget au beurre de poutargue ; joue de bœuf longuement mijotée avec des poireaux braisés... Vins bio et nature uniquement.

PLAN : C2-12 – AC – **€€€€** – *1 rue Paneboeuf – ✆ 06 79 92 77 30 – www.yannickdelpech-acte2.fr – Fermé lundi, dimanche et du mardi au jeudi à midi*

✿ AGAPES

Chef : Arnaud Darbas

CUISINE MODERNE • **BISTRO** Dans le quartier branché de Saint-Aubin, le petit bistrot d'Arnaud Darbas et Virginie Béziaud dévoile une cuisine pleine de fraîcheur et de relief. Formé chez les plus grands, le jeune chef impressionne par sa maîtrise et sa créativité : asperge verte de Lavernose et sabayon à l'huile

rudisill/Getty Images Plus

d'olive fumée ; merlu de ligne de la pêche de Saint-Jean-de-Luz, marinière de coquillages rafraîchie au yuzu et asperges blanches rôties ; cochon Ibaïama, légumes de saison en textures variées, émulsion à l'ail et jus corsé... Dans la salle au cadre simple mais chaleureux, Virginie assure un service irréprochable, partageant avec enthousiasme sa passion pour le vin.

PLAN : F2-9 – AC – **€€€** – *7 rue de l'Industrie – ✆ 05 61 99 30 31 – www.agapes-toulouse.fr – Fermé lundi, dimanche, et du mardi au vendredi à midi*

✿ L'ÉCORCE (N)

Chef : Bertrand Millar

CUISINE MODERNE • CONTEMPORAIN La sagesse populaire prétend qu'il ne faut pas juger un arbre à son écorce. C'est faux : celle du chef limousin Bertrand Millar (ex-En Marge) est aussi tendre que savoureuse. Dans un cadre intime d'une vingtaine de couverts face à la cuisine, la main du chef ne tremble jamais. Les assiettes sont toujours lisibles et équilibrées, portées notamment par des produits soigneusement sourcés et des sauces précises : tarte contemporaine aux légumes et aux algues ; saint-pierre aux champignons, sauce vierge passion et olive ; veau de l'Aveyron en deux cuissons... La carte des vins se concentre sur quelques références bien choisies – avec de beaux accords disponibles au verre.

PLAN : E1-26 – AC – **€€€** – *8 rue de l'Esquile – ✆ 05 34 30 47 99 – www.lecorce.com – Fermé lundi et dimanche*

✿ MICHEL SARRAN

Chef : Michel Sarran

CUISINE MODERNE • ÉLÉGANT Comme le dit Michel Sarran lui-même, "ici, c'est une maison plus qu'un restaurant" ! Avec ses deux salles, un rez-de-chaussée moderne et un étage plus feutré et bourgeois, c'est une maison où l'on aime recevoir pour manger et prendre le temps de vivre. D'origine gersoise, le chef a évolué entre Sud-Ouest et Méditerranée avant de s'installer à Toulouse, dont il est aujourd'hui l'un des ambassadeurs culinaires. Au gré de menus uniques qui valorisent les beaux produits de la région, il façonne une chaleureuse cuisine sudiste où les épices, marinades et confits se mêlent parfois à des influences plus lointaines (Maghreb, Asie, Caraïbes).

PLAN : C2-11 – ✿ AC – **€€€€** – *21 boulevard Armand-Duportal – ✆ 05 61 12 32 32 – www.michel-sarran.com – Fermé samedi, dimanche, et lundi et mercredi à midi*

✿ SEPT

Chef : Guillaume Momboisse

CUISINE MODERNE • ÉLÉGANT À deux pas du marché des Carmes, Guillaume Momboisse a ouvert une maison contemporaine élégante au cœur du quartier des Antiquaires. Le soir, dans ce cadre raffiné – plafond à la française, mobilier moderne, tables rondes habillées de cuir – se déploie un menu surprise en plusieurs bouchées, souvent inspirées de produits de la mer et ponctuées d'accents nippons. Présentations graphiques, vaisselle design, service attentionné et carte des vins accordée aux mets complètent cette expérience créative.

PLAN : F3-8 – ♿ AC – **€€€€** – *11 rue Théodore-Ozenne – ✆ 07 56 92 18 06 – www.restaurant-sept.fr – Fermé lundi, dimanche et du mardi au jeudi à midi*

✿ STÉPHANE TOURNIÉ - LES JARDINS DE L'OPÉRA

Chef : Stéphane Tournié

CUISINE MODERNE • ÉLÉGANT Une salle élégante et lumineuse (parquet, tables en bois clair, cave à vins) et une cour intérieure fleurie surplombée d'une verrière composent ce cadre enchanteur, si calme et serein, au cœur même de la place du Capitole. À cette adresse prestigieuse, Stéphane Tournié, ancien élève de

TOULOUSE
plan I
0
1 km
GRENADE
GRENADE
MONTAUBAN, AGEN
MONTAIGUT-SUR-SAVE
COLOMIERS, AUCH
LOMBEZ
ST-GAUDENS, TARBES
FOIX
A
B
1
2
3
Aeroscopia - musée aéronautique
Ailes anciennes
TOULOUSE-BLAGNAC
BLAGNAC
PARC DU RITOURET
Lac d'Odyssud
LA GLACIÈRE
LALANDE
FONDEYRE
GINESTOUS
LA SALADE
Lac de Sesquières
GARONNE
Canal Latéral à la Garonne
LES MINIMES
SEPT DENIERS
ANCELY
ST-MARTIN DU TOUCH
Maison Nougaro
Canal de Brienne
Espace EDF Bazacle
Jardin Raymond VI
Les Abattoirs (musée Frac - Occitanie Toulouse)
CASSELARDIT
FLEURANCE
MAUBEC
Patte d'Oie
MATOU
LARDENNE
TOEC
Arènes
LA CÉPIÈRE
Fontaine Lestang
Mermoz
LA CROIX DE PIERRE
PRATS
LE MIRAIL
Bagatelle
LA POINTE
Mirail-Université
Reynerie
Basso-Cambo
Bellefontaine
BELLEFONTAINE
LARRIEU
CENTRE DE GROS
Touch
A 624
A 620 - E 72
A 620 - E 9
A 620
A 64 - E 80
980.1
980.2
980.3
Rocade Arc-en-Ciel
Av. du Marquisat
Bd Vincent Auriol
R. Gasto Doumergue
Ch. de Larramet
Rte. de Saint-Simon
Ch. de Basso-Cambo
Ch. de Tucaut
Rte. d'Espagne
Rte. de Seysses
Av. de Reynerie
Ch. du Chapitre
Grande-Bretagne
Av. Raymond Badiou
Av. de Lardenne
Bd D. de Séverac
Pl. du Dr-Baylac
Rte. de Bayonne
Ch. de la Crabe
Rte. de Blagnac
Bd de l'Embouchure
Ch. Roques
Av. d'Elche
Bd S. Trentin
Av. du Parc
Av. Jean Monnet
Av. P.-Georges Latécoère
Rte. de Toulouse
Rte. de Cornebarrieu
Av. Claude Gonin
Voie Lactée
R. du Cassé
Rte. de Grenade
Vieux Ch. de Grenade
Ch. du Moulin de Naudin
Ch. des Clauzures
Ch. du Tiers-Etat
Ch. des Ramiers
Ch. de Fenouillet
Ch. de Ginestous
Av. des Etats-Unis
Av. J. Zay
R. des Bûches
Ch. de l'Armurie
Ch. de Tournefeuille
Ch. Salinié
Bd du Sud
Rte. d'Auch
N

SAINT-JEAN
C
D
ALBI GAILLAC
LAVAUR
MAZAMET, CASTRES
REVEL
VIEILLE-TOULOUSE
CASTANET-TOLOSAN
CARCASSONNE, MONTPELLIER
CORNAUDRIC
L'UNION
MONTREDON
LES IZARDS
CROIX-DAURADE
LES TROIS COCUS
Les Jardins du Muséum
GRAMONT
BORDEROUGE
BONNEFOY
NEGRENEYS
LA ROSERAIE
ST-VINCENT DE PAUL
LE RAISIN
BALMA
Parc de l'Observatoire
voir plan II
SOUPETARD
BASILIQUE ST-SERNIN
MARENGO
ST-AUBIN
MOSCOU
Pl. St-Pierre
Capitole
Dôme de la Grave
Hôtel-Dieu St-Jacques
Cathédrale St-Étienne
GUILHEMERY
Galerie Le Château d'Eau
CITÉ DE L'HERS
CÔTE PAVÉE
Musée Georges-Labit
LA LAFILAIRE
Prairie des Filtres
PONT DES DEMOISELLE
Cité de l'espace
Musée départemental de la Résistance et de la Déportation
Parc
STADIUM DE TOULOUSE
LA GRANDE PLAINE
Toulousain
ST-ROCH
ST-AGNE
La Piste des Géants
Casino Théâtre
MONTAUDRAN
CÔTES DE PECH DAVID
Université Paul-Sabatier
GARONNE
TÉLÉO
Canal du Midi
LA BOURDETTE
POUVOURVILLE
RAMONVILLE-ST-AGNE
A 62
A 68
A 61
A 620 / E 80
Rte. de Lavaur
Rte. de Gauré
Av. Gaston Doumergue
Rte. de Mons
Av. François Mitterrand
Av. Raymond Naves
Rte. de Castres
Av. de St-Exupéry
Rte. de Revel
Rte. de Labège
R. de la Lauragaise
Ch. de Rivalsupervic
Ch. des Étroits
1
2
5
7
11
12
13
14
37

Lucien Vanel, André Daguin, Philippe Legendre (Taillevent) et Christian Constant (Crillon), déploie tout son talent. Cet artisan appliqué privilégie l'essentiel, comme en témoignent ses Saint-Jacques, crème de riz à l'algue nori, ou ses raviolis de foie gras de canard et truffe noire. Les plats, souvent terminés au guéridon, apportent une touche théâtrale à la salle, à l'image de la crêpe Marie-Louise flambée façon Suzette. À noter, un menu truffe proposé durant la saison hivernale.

PLAN : E2-17 – – **€€€** – *1 place du Capitole – 05 61 23 07 76 – www.lesjardinsdelopera.fr – Fermé lundi, dimanche et mardi midi*

L'AIR DE FAMILLE

CUISINE TRADITIONNELLE • BISTRO L'Air de Famille est un lieu délicieux, avec sa déco d'époque (affiches publicitaires, vieux comptoir) et son atmosphère sans prétention. La tradition et les saisons y font la loi, avec une attention particulière portée aux mariages de saveurs et aux sauces. À l'ardoise ce jour-là : œufs en meurette ; tête de veau sauce ravigote ; quasi de veau et polenta crémeuse ; tarte Tatin... Sans oublier une carte des vins bien achalandée.

PLAN : E2-19 – – **€€** – *6 rue Jules-Chalande – 05 67 06 54 08 – www.airdefamilletoulouse.fr – Fermé lundi et dimanche, et mardi et mercredi soir*

CARTOUCHES

CUISINE DU MARCHÉ • TENDANCE Dans le pittoresque et vivant quartier Saint-Aubin, ce bistrot de poche ne désemplit pas ! Ici, les assiettes sont soignées et goûteuses, et servies dans la plus grande jovialité par Nicolas Brousse et son épouse. Et pour faire honneur à cet esprit de convivialité, pourquoi ne pas partager une belle pièce du boucher ? Vous pourrez l'accompagner d'un vin nature à choisir parmi une sélection étoffée. Menu renouvelé chaque semaine.

PLAN : F2-20 – – **€€** – *38 rue Pierre-Paul-Riquet – 05 61 25 07 07 – www.cartouches-restaurant.fr – Fermé samedi, dimanche et mercredi midi*

UNE TABLE À DEUX

CUISINE MODERNE • SIMPLE Formés à Toulouse, Morgane et Nicolas ont fait leurs valises, direction la Corée et la Malaisie, à la recherche de nouvelles saveurs. De retour au bercail, c'est aux Carmes qu'ils régalent avec une cuisine ludique, qui emprunte autant à la Méditerranée qu'à des contrées plus tropicales, avec une maîtrise et un équilibre remarquables. Rapport qualité-prix excellentissime, à midi surtout.

PLAN : F3-23 – – **€€** – *10 rue de la Pleau – 05 61 25 03 51 – www.unetableadeux.fr – Fermé samedi, dimanche et mercredi midi*

L'ALOUETTE

CUISINE DU MARCHÉ • BISTRO Face au réputé marché Victor Hugo, cette table conviviale rassemble amateurs de bonne chère et gourmets. La côte de bœuf maturée ou le merlu de ligne se partagent, tandis que les classiques bistrotiers (paupiette de volaille aux girolles ou rumsteak sauce échalote) côtoient les légumes primeurs des halles voisines, à l'instar des asperges blanches twistées au chorizo. Pour finir, la profiterole ou le riz au lait apportent une touche sucrée et généreuse. Une adresse canaille où l'on prolonge l'apéro en terrasse avec bonheur.

PLAN : F1-32 – – **€€** – *24 place Victor-Hugo – 05 62 89 13 96 – www.lalouette.metro.rest – Fermé lundi et mardi, et dimanche soir*

BISTROT AUGUST N

CUISINE TRADITIONNELLE • BISTRO À deux pas de la rue Gabriel Péri, deux jeunes cuisiniers ont transformé une ancienne cave à vin en bistrot intimiste. Formé au sein du groupe Ducasse, Léopold Gillen œuvre aux fourneaux, tandis que Maxime Renvaze assure un service chaleureux et attentif, fort d'une cave d'une

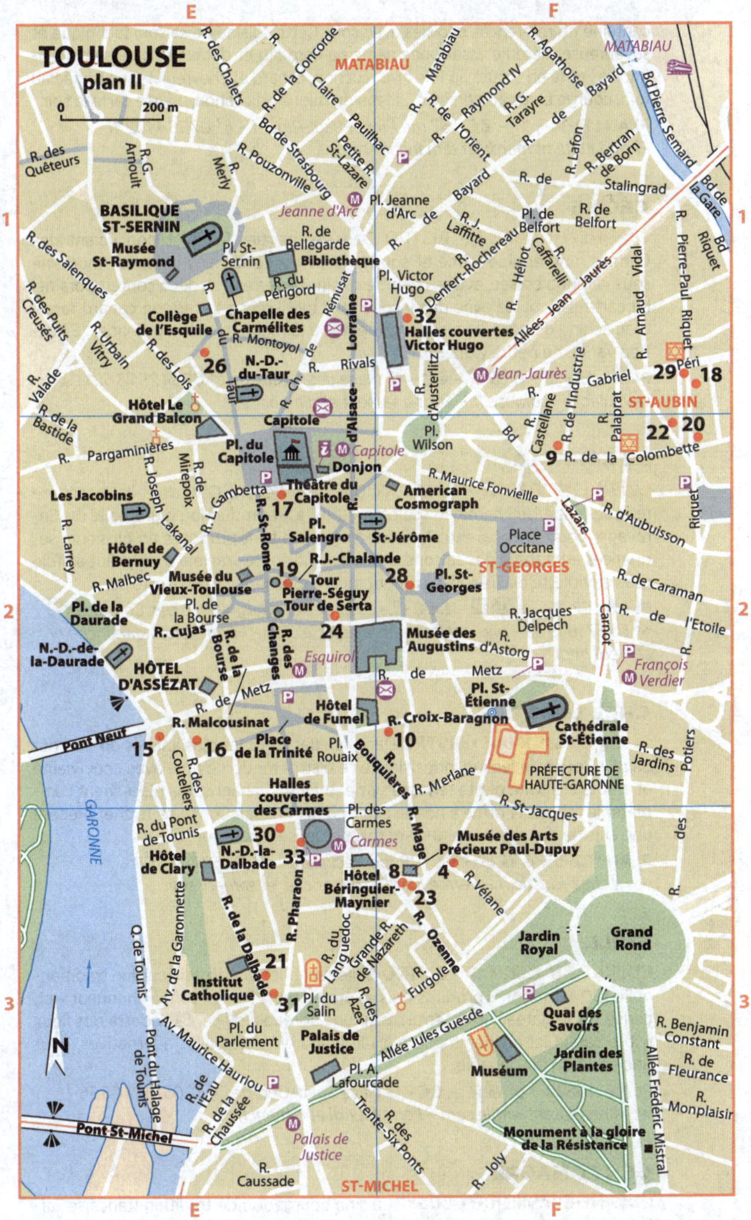
TOULOUSE
plan II
0
200 m
E
F
1
2
3
MATABIAU
ST-AUBIN
ST-GEORGES
ST-MICHEL
BASILIQUE ST-SERNIN
Musée St-Raymond
Pl. St-Sernin
Bibliothèque
Collège de l'Esquile
Chapelle des Carmélites
N.-D.-du-Taur
Hôtel Le Grand Balcon
Capitole
Pl. du Capitole
Donjon
Théâtre du Capitole
Les Jacobins
Hôtel de Bernuy
Musée du Vieux-Toulouse
Pl. de la Daurade
N.-D.-de-la-Daurade
HÔTEL D'ASSÉZAT
Pl. de la Bourse
Pl. Salengro
St-Jérôme
American Cosmograph
Tour Pierre-Séguy
Tour de Serta
Pl. St-Georges
Place Occitane
Musée des Augustins
Pl. St-Étienne
Cathédrale St-Étienne
PRÉFECTURE DE HAUTE-GARONNE
Hôtel de Fumel
Place de la Trinité
Pl. Rouaix
Halles couvertes des Carmes
Pl. des Carmes
N.-D.-la-Dalbade
Hôtel de Clary
Hôtel Béringuier-Maynier
Musée des Arts Précieux Paul-Dupuy
Jardin Royal
Grand Rond
Institut Catholique
Pl. du Salin
Pl. du Parlement
Palais de Justice
Pl. A. Lafourcade
Quai des Savoirs
Jardin des Plantes
Muséum
Monument à la gloire de la Résistance
Halles couvertes Victor Hugo
Pl. Victor Hugo
Pl. Jeanne d'Arc
Pl. de Belfort
Pl. Wilson
Jeanne d'Arc
Jean-Jaurès
Capitole
Esquirol
Carmes
Palais de Justice
François Verdier
Pont Neuf
Pont St-Michel
GARONNE
Allées Jean Jaurès
Allée Jules Guesde
Allée Frédéric Mistral
Bd de Strasbourg
Bd Pierre Semard
Bd de la Gare
R. d'Alsace-Lorraine
R. de Metz
R. Malcousinat
R. Pargaminières
R. Croix-Baragnon
R. Bouquières
R. Mage
R. Ozenne
R. de la Dalbade
R. Pharaon
R. du Languedoc
R. de Rémusat
R. St-Rome
R. des Changes
R. J.-Chalande
R. Maurice Fonvieille
R. d'Aubuisson
R. de Caraman
R. de l'Etoile
R. Jacques Delpech
R. d'Astorg
R. Merlane
R. St-Jacques
R. Vélane
R. de Bayard
R. de Stalingrad
R. Riquet
R. de la Colombette
R. Gabriel Péri
Av. Maurice Hauriou
Av. de la Garonnette
Q. de Tounis
R. du Pont de Tounis
R. des Couteliers
R. Cujas
R. Malbec
R. Larrey
R. Joseph Lakanal
R. L. Gambetta
R. de Mirepoix
R. du Taur
R. des Lois
R. Urbain Vitry
R. Valade
R. de la Bastide
R. des Salenques
R. des Puits Creusés
R. des Quêteurs
R. G. Arnoult
R. Merly
R. Pouzonville
R. des Chalets
R. de la Concorde
R. Claire Pauilhac
Petite R. St-Lazare
R. Matabiau
R. Raymond IV
R. de l'Orient
R. Agathoise
R. de Belfort
R. Bertran de Born
R. Pierre-Paul Riquet
R. Arnaud Vidal
R. de l'Industrie
R. Castellane
R. Palaprat
R. Benjamin Constant
R. de Fleurance
R. Monplaisir
R. Joly
R. des Trente-Six Ponts
R. Caussade
R. de la Chaussée
R. de l'Eau
Pont du Halage de Tounis
Grande R. de Nazareth
R. des Azes
R. Furgole
R. des Potiers
R. des Jardins
R. de la Bourse
R. Montoyol
R. Rivals
R. d'Austerlitz
R. Denfert-Rochereau
R. Héliot
R. Caffarelli
R. J. Laffitte
R. de Bellegarde
R. du Périgord
R. Lafon
R. G. Tarayre
N
1 4 8 9 10 15 16 17 18 19 20 21 22 23 24 26 28 29 30 31 32 33

centaine de références choisies avec soin. Cette cuisine de saison, technique et savoureuse, déroule assaisonnements au cordeau et détails soigneusement fignolés : pâté en croûte au foie gras, cochon, canard et chevreuil ; cane fumée au foin, courge et jus au genièvre... Menu du midi à prix canon, courte carte le soir.

PLAN : F1-18 – **€€** – *62 rue Pierre-Paul-Riquet – 07 56 44 12 41 – Fermé lundi et mardi, et dimanche soir*

CÉCILE

CUISINE MODERNE • BISTRO Dans le quartier festif et bon vivant des Carmes, une équipe jeune et soudée vous accueille dans ce bistro moderne sous véranda boisée, avec sa grande cuisine ouverte et sa déco contemporaine. La carte est courte avec des inspirations métissées : tartare de canard façon thaï, échine de porc fermier condimentée à la mangue et à la grenade... Sélection variée de petits vignerons.

PLAN : E3-33 – **€€** – *43 place des Carmes – 05 34 25 75 65 – www.cecile-toulouse.fr – Fermé samedi et dimanche*

LE CÉNACLE

CUISINE MODERNE • ÉLÉGANT Dans cet élégant Cénacle à l'atmosphère feutrée (superbe cheminée sculptée du 16e s., reproduction d'une toile du Caravage, poutres apparentes), différents menus sont proposés en plusieurs séquences au rythme des saisons, dans un style épuré : raviole d'artichaut au foie gras et violette de Toulouse ; rouget en escabèche, tuile de risotto...

PLAN : E2-16 – **€€€** – *La Cour des Consuls, 46 rue des Couteliers – 05 67 16 19 99 – www.restaurant-lecenacle.com – Fermé lundi, dimanche et samedi midi*

CHEZ LOUSTIC

CUISINE MODERNE • BISTRO Dans l'un des coins les plus animés du quartier Saint-Cyprien, le feeling industriel de ce bistrot moderne rime avec convivialité et ambiance ! Une petite terrasse sympathique donnant sur la place vient compléter le tableau. Formé à bonne école chez Christian Constant, le chef prépare une cuisine du marché soignée et respectueuse des saisons.

PLAN : C2-5 – **€€** – *19 rue Reclusane – 05 62 76 35 68 – www.chez-loustic.fr – Fermé lundi et dimanche, et samedi soir*

ÉMILE

CUISINE DU TERROIR • BISTRO Belle carte des vins, solide cuisine traditionnelle 100 % maison – produits frais et producteurs locaux sont à l'honneur – et, cerise sur le gâteau, jolie terrasse sur une agréable place. La vedette des lieux est le cassoulet, évidemment, mais le menu offre de belles alternatives, pour une addition raisonnable.

PLAN : F2-28 – **€€** – *13 place Saint-Georges – 05 61 21 05 56 – www.restaurant-emile.com – Fermé lundi et dimanche*

GENTY MAGRE

CUISINE CLASSIQUE • COSY "Cuisine bourgeoise de tradition française" affiche-t-on fièrement sur la carte de ce restaurant tenu par le chef Romain Brard depuis plus de 20 ans. Il a remporté le titre de meilleur cassoulet Toulousain en 2023 avec cette préparation gourmande de haricots lingots, saucisses de Toulouse et saucisses de couennes artisanales, poitrine, museau et oreilles de porc, canard confit, carottes, oignons, céleris, ail, tomate, épices... On peut même

acheter son bocal en partant pour en profiter chez soi ! Bon petit choix de vins du Sud-Ouest et service attentionné et agréable de Priscilla. Un restaurant familial attachant, au bon rapport qualité-prix : un régal à ne pas manquer !
PLAN : E2-24 – – **€€** – *3 rue Genty-Magre – 05 61 21 38 60 – www.legentymagre.com – Fermé lundi, mardi et dimanche*

L'HIPPI'CURIEN

CUISINE TRADITIONNELLE • SIMPLE Dans une ancienne maison en galets et briques, ce petit restaurant décline une offre en deux temps : excellent rapport qualité-prix à midi, cuisine plus élaborée le soir autour d'un menu unique. Le nouveau chef axe ses menus sur les meilleurs produits de saison et flatte le terroir du Sud-Ouest, pour le plus grand plaisir des épicuriens : asperges vertes grillées, filet de canette rôtie, thon rouge de Saint-Jean-de-Luz... Service attentionné.
PLAN : B2-6 – – **€€** – *62 chemin des Courses – 05 61 31 88 43 – www.lhippicurien.com – Fermé samedi et dimanche, et lundi soir*

HITO

CUISINE MODERNE • SIMPLE Le restaurant d'Hitoshi Araki est proche de la place des Salins. Seul aux fourneaux, le chef propose une cuisine française créative, bercée de clins d'œil au Japon. Précision d'exécution incontestable, cuissons remarquables et saveurs marquées, comme pour cette poitrine de porc fondante, confite dans son jus et légèrement caramélisée à l'extérieur... Un délice ! Le menu déjeuner est une aubaine.
PLAN : E3-21 – – **€€** – *26 rue de la Fonderie – 05 61 22 42 92 – www.restauranthito.fr – Fermé samedi, dimanche, et lundi et mercredi à midi*

HORTÙS

CUISINE MODERNE • COSY Hortùs, c'est le jardin en latin. Le végétal est donc au cœur de la cuisine du chef Clément Lessoud (ancien second de Ludovic Turac, restaurant Une Table, au Sud à Marseille). Cette cuisine créative, saine et responsable (produits bio et réduction des protéines animales), embrasse avec gourmandise le Sud au sens large, et plus particulièrement les saveurs méditerranéennes : pissaladière avec son crémeux de pomme de terre et câpres ; encornet comme une carbonara caccio et pepe au lard guanciale ; cornet glacé au café et sorbet mûre.
PLAN : F2-10 – – **€€€** – *17 rue Croix-Baragnon – 05 62 87 56 97 – www.hortus-toulouse.fr – Fermé samedi, dimanche et mercredi midi*

MANTESINO

CUISINE ITALIENNE • BISTRO Un ancien ingénieur, d'origine napolitaine, s'est reconverti avec passion dans la cuisine en ouvrant ce petit bistrot (baptisé "tablier") dans une rue proche de l'église Saint-Aubin. Il fait la part belle à ses racines en puisant dans la tradition gastronomique du Sud de l'Italie, de la Campanie aux Pouilles. Loin des adresses italiennes stéréotypées, sa cuisine bistrotière sans chichis file le sourire en travaillant uniquement des produits de saison goûteux et bien sélectionnés. Enthousiasmant.
PLAN : F2-22 – – **€** – *8 rue Maury – 05 31 54 13 29 – www.mantesino.fr – Fermé lundi, samedi et dimanche, et mardi soir*

MAS DE DARDAGNA

CUISINE TRADITIONNELLE • RUSTIQUE Voilà une cuisine respectueuse des produits (le chef se fournit au maximum en circuits courts), simple et bien faite, à l'image de cette charlotte de pintade et cochon noir gascon, crème d'artichauts, jus de viande corsé et champignons frais... Aucun doute, cette ferme typiquement toulousaine est un joli repaire gourmand ! Et aux beaux jours, on profite de la terrasse sous la glycine.
PLAN : C3-7 – – **€€** – *1 chemin de Dardagna, Rangueil – 05 61 14 09 80 – www.masdedardagna.com – Fermé samedi et dimanche, et lundi soir*

LES PLANEURS

CUISINE DU MARCHÉ • BISTRO Dans ce lieu atypique au décor volontiers bohème et décalé, on déguste une cuisine franco-japonaise précise, originale et parfumée. Bon rapport qualité-prix.

PLAN : C2-14 – *– €€ – 56 boulevard des Minimes – ✆ 09 86 51 56 95 – www.lesplaneurs.com – Fermé samedi, dimanche et le midi*

LES SALES GOSSES

CUISINE MODERNE • BISTRO Ces Sales Gosses déclinent sur de grandes ardoises des plats qui revisitent le bistrot avec une créativité réjouissante. On les doit au chef Bruno, qui a troqué le bonnet d'âne pour une toque de premier de la classe ! Bref, un vrai bon plan, en particulier à midi. Et si c'est complet, place au plan B : le Bistrot, rue de l'Industrie.

PLAN : F1-29 – A/C – **€€** – *81 rue Riquet – ✆ 09 67 15 31 64 – www.restaurant.lessalesgosses.fr – Fermé lundi, mardi, samedi et dimanche*

LE SERVANT (N)

CUISINE TRADITIONNELLE • CONVIVIAL Dans le quartier Saint-Cyprien, Nicolas Servant et sa compagne Katie tiennent table derrière une devanture verte et un décor mêlant béton et mobilier en bois. La cuisine, clairement orientée produit, va à l'essentiel : velouté de cèpes, œuf poché et croûtons dorés ; poitrine de porc croustillante, crémeux de potimarron et châtaigne ; ganache chocolat blanc, coing et tuile au ras-el-hanout. De vrais plats de bistrot, généreux et savoureux, servis avec des vins bien choisis.

HORS PLAN – ♿ A/C – **€€** – *34 rue des Teinturiers – ✆ 06 45 02 72 96 - Fermé samedi, dimanche, et lundi midi*

SOLIDES

CUISINE MODERNE • BISTRO Face au marché, cette adresse se distingue d'abord par la bonne cuisine de bistrot de son chef, lequel privilégie les circuits courts, mais aussi par son excellente (et pertinente) carte de vins "nature". Dans une ambiance bohème, on déguste la spécialité de la maison, le vol-au-vent au ris de veau, crêtes de coq et sauce poulette, et d'excellents fromages régionaux.

PLAN : E3-30 – A/C – **€€** – *38 rue des Polinaires – ✆ 05 61 53 34 88 – www.solides.fr – Fermé lundi, dimanche et mardi midi*

LES TÊTES D'AIL

CUISINE MODERNE • BRANCHÉ La bistronomie tendance Sud-Ouest, c'est ici que ça se passe ! Cuisine du marché soignée et goûteuse, réglée sur les saisons, produits locaux bien choisis, super rapport qualité-prix... le tout dans une rue commerçante et animée, près de la place des Carmes. L'adresse ne désemplit pas, et ce n'est pas un hasard.

PLAN : E3-31 – ♿ A/C – **€€** – *6 rue de la Fonderie – ✆ 05 61 13 40 41 – Fermé lundi, dimanche et samedi midi*

LES VOLETS ROUGES (N)

CUISINE MODERNE • BISTRO Une douce brise basque souffle dans cette maison aux volets rouges, qui rappelle les origines des deux frères propriétaires de ce bistrot. L'aîné, en cuisine, s'appuie sur un parcours parisien sérieux pour revisiter les saveurs du Sud-Ouest, tandis que le cadet orchestre la salle avec aisance et prodigue des conseils avisés sur une carte des vins bien ficelée. Les assiettes évoluent au fil des jours : ravioli de courge butternut et sauge nappé d'un beurre au curcuma, agneau du Pays basque confit accompagné de sucrine fumée et d'une sauce blanche au piment... Un esprit gourmand simple et franc, fidèle au terroir des patrons.

PLAN : F3-4 – A/C – **€€** – *1 rue Vélane – ✆ 05 34 35 86 30 – www.lesvoletsrouges.fr – Fermé lundi, dimanche, et mardi et samedi à midi*

LE GRAND BALCON

MODERNE • CONVIVIAL Ici firent escale les plus grandes légendes de l'Aéropostale. La déco – design et créative – leur rend hommage, et la chambre n° 32 reproduit fidèlement celle qu'occupait Saint-Exupéry dans les années 30. Une adresse mythique !

– **47 chambres** – *8-10 rue Romiguières* – *05 34 25 44 09*

HOTEL LES CAPITOULS TOULOUSE CENTRE - HANDWRITTEN COLLECTION

MODERNE • CONVIVIAL Au lieu de l'opéra longtemps associé à la ville, cet hôtel s'inspire du son du Manchester des années 1980. Des affiches de concerts décorent la réception, au milieu de cassettes empilées en installations artistiques. Le hall - briques, arcades, verrière et bar à cocktails -, ressemble davantage à un club qu'à un hôtel. Les chambres sont compactes et élégantes, avec leur parquet patiné, une décoration 50's et des peintures murales spectaculaires. Les salles de bains ont également un côté rock'n'roll, dû à leurs miroirs asymétriques et au papier peint vintage.

– **55 chambres** – *29 allée Jean Jaurès* – *05 34 41 31 21*

MAISON SOCLO

MODERNE • COSY Dans le quartier du Capitole, la Maison Soclo combine le charme du 18e s. et le style du 21e s. Les chambres donnent une interprétation française du "cosiness" britannique : une impression d'ordre, combinée à des textures rustiques et brutes - et des ours en peluche. Il y a beaucoup d'espace pour se détendre dans le jardin au bord de la piscine, et le bar sert des cocktails et des plats légers jusqu'à tard dans la soirée, ainsi que le petit-déjeuner.

– **16 chambres** – *34 bis rue Valade* – *05 36 09 99 99*

MAMA SHELTER TOULOUSE

AVANT-GARDE • CONVIVIAL La version toulousaine du Mama Shelter regorge de références à l'architecture de la ville, mais aussi au street art et à la culture "jeune", et enfin au rugby. L'ancien cinéma dissimule 120 chambres dont le confort se concentre là où sa clientèle l'attend : les lits, les films gratuits et les produits de bain bio. Cinéma de 20 places, grill argentin, bar, scène de musique live et... l'incontournable rooftop !

– **120 chambres** – *54 boulevard Lazare Carnot* – *05 31 50 50 05*

LE TOUQUET-PARIS-PLAGE

62520 – Pas-de-Calais – Carte régionale n° **4**-A2

LE PAVILLON - HÔTEL WESTMINSTER

CUISINE CRÉATIVE • ÉLÉGANT Le Pavillon du Westminster, beau palace des années 1930 et fleuron de la Côte d'Opale, offre une ambiance tamisée aux tons noir et ocre. On s'installe dans la salle à manger ornée de grandes tapisseries animalières pour savourer la cuisine créative de William Elliott, résolument tournée vers l'iode. Maîtrise et finesse président à des assiettes centrées sur de nobles produits de la mer (caviar, homard, langoustine...), comme ce homard d'Audresselles aux cerises et amandes, relevé d'un jus au vinaigre aceita di terga. Depuis la terrasse, la vue embrasse le phare de La Canche. La Table du West propose une cuisine plus simple.

- €€€€ - Avenue du Verger - 03 21 05 48 48 - www.hotelsbarriere.com/le-touquet-paris-plage/le-westminster/restaurants-et-bars/le-pavillon - Fermé du lundi au mercredi et le midi

LE MEZQUITÉ

CUISINE FUSION • CONVIVIAL Courgette, salicorne et salsa macha ; parfait d'avocat et chocolat... Dans ce restaurant tout feu tout flamme du Touquet, on déguste une cuisine fusion réussie. Le chef Julien Szyndler travaille les produits du Nord avec des méthodes, des sauces et des épices mexicaines, à l'instar du pibil sur le cochon (marinade et cuisson à la braise de... bois de mezquité) ou du mole poblano qui accompagne le canard. Une cuisine à l'image de ce couple, lui étant originaire de Valenciennes, et Laura Flores, son épouse, venant quant à elle du pays des Aztèques, plus précisément de Puebla (au sud-est de Mexico).

- €€€ - 70 rue de Paris - 03 21 05 89 27 - www.lemezquite.fr - Fermé lundi, et mardi et mercredi à midi

LE PARIS

CUISINE MODERNE • CONVIVIAL À quelques rues du bord de mer, une table en prise sur le marché et les saisons, très appréciée des gourmets de la station ! Les associations y sont heureuses et goûteuses. Une cuisine qui évolue entre recettes traditionnelles et d'autres plus modernes à l'image de ce foie gras, maïs et anguille fumée. Accueil charmant.

- €€ - 88 rue de Metz - 03 21 05 79 33 - www.restaurant-leparis.com - Fermé mardi et mercredi

TOURCOING

59200 - Nord - Carte régionale n° **4**-C2

LA BARATTE

CUISINE TRADITIONNELLE • CONTEMPORAIN Une petite maison en briques d'un quartier résidentiel abrite cette table familiale depuis quatre générations. A l'intérieur, une salle contemporaine et élégante, avec une agréable vue sur le jardin et sa terrasse en teck. On y déguste des préparations réalisées avec sérieux, comme cette poêlée d'escargots, son émulsion ail et persil et son cake au lard. Joli chariot de guimauves en guise de mignardises.

- €€ - 395 rue du Clinquet - 03 20 94 45 63 - www.la-baratte.com - Fermé lundi et mardi, et dimanche soir

TOURNEMIRE

15310 - Cantal - Carte régionale n° **23**-C1

LE PUY TILLEUL

CUISINE MODERNE • ÉLÉGANT Dominé par le château féodal d'Anjony (15e s.), le village de Tournemire a conservé ses maisons en pierre et ses toits en lauze typiques du Cantal. Ce splendide complexe en pierre et acier corten s'y intègre parfaitement, avec sa salle à manger contemporaine offrant une vue imprenable sur le coucher de soleil. Les menus déclinent une cuisine créative et raffinée, orientée vers le terroir et la mer : foie gras brûlé au sucre muscovado, bouillon d'algues kombu et shiitakés ; maigre de ligne de la Cotinière, haricots beurre et curcuma, sabayon aux fruits de la passion... Une maison élégante, conjuguant confort hôtelier et ambition gastronomique, qui a tout pour séduire.

- €€€ - La Borie d'Hélipse, 5 chemin du Moulin - 04 71 47 45 43 - www.laboriedhelipse.com/restaurant-hotel-cantal - Fermé du lundi au mercredi

LA PETITE GRANGE

CUISINE MODERNE • CONTEMPORAIN Cette ancienne grange aux pierres apparentes et à la charpente préservée accueille aujourd'hui un restaurant lumineux, offrant une salle contemporaine avec vue panoramique sur la vallée de la Doire. Dirigée par la même équipe que le Puy Tilleul, en contrebas du village, la maison met en valeur le terroir cantalou : produits sourcés au plus près, arts de la table façonnés par des artisans locaux, café torréfié à Aurillac... Courte et actuelle, la carte est ponctuée d'inspirations traditionnelles, comme la truffade ou le bœuf de Salers. Une halte sincère et savoureuse.

- €€ - 17 rue Edouard-Marty - 04 71 43 39 26 - www.lapetitegrange.fr - Fermé jeudi et vendredi, et dimanche soir

LA BORIE D'HÉLIPSE

ÉLÉGANT • CALME Répondant au style architectural de la région, l'hôtel est construit en pierre volcanique, ardoise et bois, et révèle de nombreux attraits : une salle à manger élégante, une terrasse donnant sur la forteresse médiévale du Château d'Anjony, des chambres avec terrasses privées surplombant la pittoresque vallée de la Doire. Certaines jouent la rusticité chic avec des planchers en bois et d'autres le romantisme avec du papier peint floral, mais toutes sont calmes et sophistiquées. La piscine intérieure et le hammam assurent leur part dans la détente des heureux résidents.

A/C P Spa - **12 chambres** - *5 chemin du Moulin*

Le Puy Tilleul - Voir la sélection des restaurants

TOURNON-SUR-RHÔNE

07300 - Ardèche - Carte régionale n° **20**-D2

LE CERISIER

CUISINE MODERNE • CONTEMPORAIN La carte de ce petit restaurant à la déco contemporaine est alléchante en diable, à l'image de ses plats canailles et de la spécialité maison, le pâté en croûte, dont la recette varie au fil des saisons. Derrière les fourneaux, un couple bichonne une partition gourmande à quatre mains et met en valeur les produits locaux comme la truite d'Ardèche ou le pigeonneau de la Drôme. Large plateau de fromages, et desserts particulièrement soignés. Très belle carte des vins de plus de 1000 références.

A/C - **€€** - *1 rue Saint-Joseph - 04 75 08 91 02 - www.lecerisier-restaurant.fr - Fermé lundi, dimanche et mercredi midi*

HÔTEL DE LA VILLEON

CLASSIQUE • ÉLÉGANT Au cœur du village, ce palais du 18e s. abrite un luxe sobre et discret, d'une élégance rare. On est particulièrement séduit par le jardin suspendu, sa glycine centenaire et ses terrasses avec vue sur le clocher de l'église de St-Julien et les collines de l'Hermitage... Superbe !

A/C P - **16 chambres** - *2 rue Davity - 04 75 06 97 50*

TOURNUS

71700 - Saône-et-Loire - Carte régionale n° **17**-C2

AUX TERRASSES

Chef : Jean-Michel Carrette

CUISINE CRÉATIVE • CONTEMPORAIN Après la visite de l'abbaye Saint-Philibert, une étape s'impose sur ces terrasses de charme ! De grandes baies vitrées inondent de lumière ce décor de matériaux bruts (pierre et bois), ces grandes tables en chêne massif sans nappage. Sans oublier le jardin paisible et l'accueil attentionné de l'épouse du chef... Son mari, Jean-Michel, est un passionné capable de changer ses propositions gourmandes d'une table à l'autre au cours d'un même service. Seul lui importe le moment présent et l'émotion. Et d'émotion, sa cuisine n'en manque pas, entretenant une délicieuse complicité avec le terroir, notamment végétal, ne cédant rien sur la qualité des produits et la précision des cuissons. À noter : le menu "la table du marché", proposé le midi en semaine, est une aubaine !

L'engagement du chef : Nous travaillons avec un réseau de maraîchers bio et de pêcheurs locaux, ainsi que notre potager. Les vins sur notre carte sont en majorité confectionnés selon les règles de la biodynamie. Nous adhérons à la réservation responsable, et nous soutenons l'association l'Ecole Comestible. Nos déchets organiques sont déshydratés et transformés en engrais et nous récupérons les eaux de la cuisine pour arroser les fleurs.

- **€€€** - *18 avenue du 23-Janvier - 03 85 51 01 74 - www.aux-terrasses.com - Fermé lundi, dimanche et jeudi midi*

L'ÉCRIN DE YOHANN CHAPUIS

Chef : Yohann Chapuis

CUISINE CRÉATIVE • CONTEMPORAIN Cet ancien orphelinat offre un écrin de choix pour la cuisine du chef Yohann Chapuis, formé notamment chez Lameloise. Il y façonne une cuisine "de goûts et d'émotions" avec une vraie personnalité, à partir de beaux produits de saison : Saint-Jacques, turbot de petite pêche, gibier, servis par des dressages de haute volée. Citons ainsi ce feuille à feuille d'ormeau de Bretagne, champignons, cresson et genièvre, ou cette volaille de Bresse pochée, rôtie, grillée, présentée en pressé, avec poire au vin rouge. Très belle carte des vins et sommelier de bon conseil.

- **€€€€** - *1 rue Albert-Thibaudet - 03 85 51 13 52 - www.restaurant-greuze.fr - Fermé mardi, mercredi et jeudi midi*

LE BOUCHON BOURGUIGNON

CUISINE RÉGIONALE • CONTEMPORAIN L'annexe du restaurant gastronomique de Yohann Chapuis propose une cuisine d'inspiration bourguignonne généreuse et soignée, dans un cadre contemporain. On y retrouve les classiques régionaux : pâté croûte "Maison Greuze", œufs façon meurette, grenouilles fraîches en persillade, volaille de Bresse aux morilles et vin jaune... mais aussi des créations comme cette féra du lac Léman avec risotto carnaroli à la chlorophylle, petits pois et beurre à l'absinthe. Le service des vins au verre, tous proposés en magnum, est aussi appréciable que rare.

- **€€** - *1 rue Albert-Thibaudet - 03 85 51 13 52 - www.restaurant-greuze.fr - Fermé lundi, dimanche, et mardi midi*

LE QUAI

CUISINE TRADITIONNELLE • RUSTIQUE Sur les quais de Saône, profitant d'une terrasse fort sympathique directement en bord de fleuve, cette brasserie est emmenée staccato par le chef Valéry Meulien. Ses assiettes font la part belle aux classiques de la région : pâté en croûte, jambon persillé, tête de veau, ris de veau et sa crème de morilles... La goûteuse sauce au vin rouge saupoudrée de persil ciselé qui vient couver les œufs en meurette montre qu'il n'a rien perdu de son coup de main. Pensez à réserver !

- **€€** - *20 quai de Verdun - 03 85 30 39 72 - www.lequaitournus.eatbu.com - Fermé lundi et dimanche*

LE TERMINUS

CUISINE TRADITIONNELLE • BRASSERIE À la carte de cet ancien buffet de gare 1900, une généreuse cuisine qui place la fraîcheur au-dessus de toutes les vertus ! On déjeune ou on dîne côté brasserie, dans une ambiance conviviale, pour se régaler de classiques régionaux qui font le succès de la maison (pâté en croûte, quenelle de brochet, grenouilles), ainsi que de quelques "nouveautés" (escargots confits à l'huile d'olive, badiane, clou de girofle et genièvre...).
- €€ - *21 avenue Gambetta - 03 85 51 05 54 - www.hotel-terminus-tournus.com - Fermé mercredi et dimanche*

AUX TERRASSES

CLASSIQUE • FAMILIAL Un hôtel familial aux chambres spacieuses, confortables, fort bien tenues, et aux tarifs raisonnables. Pour un confort supérieur, on peut dormir "sous les toits", dans de magnifiques chambres contemporaines.
- **20 chambres** - *18 avenue du 23 Janvier - 03 85 51 01 74*

Aux Terrasses - Voir la sélection des restaurants

TOURRETTES

83440 - Var - Carte régionale n° **29**-C2

FAVENTIA

CUISINE MODERNE • LUXE Au cœur du luxueux resort de Terre Blanche, le restaurant s'ouvre sur un cadre privilégié, presque hors du temps - sa terrasse tournée vers la nature et le soleil couchant est un véritable enchantement. Le chef Quentin André, ancien second de la maison, met à l'honneur le terroir varois à travers une cuisine raffinée et ciselée, portée par des produits d'exception : mini-légumes de Tourves, poissons de ligne de Saint-Raphaël, volaille de Vidauban, fromages du pays, sans oublier les herbes fraîches du potager. Tous les plats mettent les papilles en pâmoison, à l'image du pavé d'espadon fouetté par un jus vibrant de carotte, rhum et curcuma d'Hyères. Le menu végétarien relève du même niveau de talent.
- €€€€ - *Terre Blanche, 3100 route de Bagnols-en-Forêt - 04 94 39 90 00 - www.terre-blanche.com - Fermé lundi, dimanche et le midi*

TERRE BLANCHE

CLASSIQUE • RAFFINÉ Sentiment d'exclusivité sur les hauteurs de l'arrière-pays, entre St-Raphaël et Cannes... Tout semble idyllique dans ce domaine de 300 ha, dédié au repos des sens : luxe sans ostentation (beaux matériaux naturels), espace (vastes suites disséminées dans 45 villas), piscines, deux golfs 18 trous... Mention spéciale au spa, sommet du genre !
- **115 chambres** - *3100 route de Bagnols-en-Forêt - 04 94 39 90 00*

Faventia - Voir la sélection des restaurants

TOURRETTES-SUR-LOUP

✉ 06140 – Alpes-Maritimes – Carte régionale n° **29**–E2

CLOVIS

CUISINE MODERNE • BISTRO Au cœur du village médiéval, ce bistrot affiche une courte ardoise au concept original : plusieurs formules (entrée + plat) bâties autour d'un produit phare – végétal, poisson de Méditerranée ou viande, souvent du bœuf de race parthenaise, issu de l'élevage familial en Vendée. On démarre volontiers par un apéritif et quelques grignotages de charcuterie. Accueil chaleureux, belle carte des vins. Attenant, un bar à vins et ses planches gourmandes.

– €€€ – 21 Grande-Rue – ☎ 04 93 58 87 04 – www.clovisgourmand.fr – Fermé mardi, mercredi et samedi midi

SPELT

CUISINE MODERNE • CONVIVIAL Dans le cœur historique de la cité, Raphaël (côté salé) et Marion (côté sucré) régalent avec des créations bistronomiques franches et savoureuses. Au dîner, un menu dégustation propose le risotto d'épeautre au homard, plat signature de la maison, "spelt" signifiant épeautre en anglais. Ne manquez pas le dessert emblématique de la cheffe pâtissière : le chocolat Caraïbe en mousse chaude et sorbet cacao.

– €€€ – 6 Grand'Rue – ☎ 09 86 26 63 79 – www.spelt-restaurant.com – Fermé lundi, mardi et dimanche

TOURS

✉ 37200 - Indre-et-Loire - Carte régionale n° **15**-B1

LES BARTAVELLES

CUISINE MODERNE • COSY Une table plaisir ! Les produits sont bons et souvent locaux : truite fumée du Moulin des Couvent, asperges de Touraine. Les goûts sont préservés, à l'instar de ce superbe carré d'agneau rôti, condiment cacao, fenouil rôti, pommes de terre et champignons. Le chef Ghislain Damaye et sa sœur Véronique - qui gère avec beaucoup de bienveillance la salle - rendent un bel hommage à la verve de Marcel Pagnol en travaillant le bon et le beau dans un souci de partage, au sein de ce bistrot chic et gourmand du centre-ville.

PLAN : B1-5 - AC - **€€€** - *33 rue Colbert - ✆ 02 47 61 14 07 - www.bartavelles.fr - Fermé lundi, mercredi et dimanche*

CASE.

CUISINE MODERNE • BRANCHÉ Dans le Vieux Tours, un jeune couple insuffle une nouvelle vie à cette bâtisse du 15e s. La décoration intérieure mêle maintenant style contemporain et architecture d'origine : murs à la chaux et stuc marron, zelliges, chaises en métal grillagé blanc et tables en inox. Mélanie Cases, ex-chef de produit textile passionnée d'art, a créé elle-même la vaisselle en céramique et le linge de table. En cuisine, Rodolphe Boidron, fort d'expériences dans des établissements de bonne facture (au Lucé, à l'Auberge du Bon Laboureur, aux Hautes Roches) déroule avec maîtrise une cuisine de bistrot créative et goûteuse, qui prend appui sur les produits locaux au gré des arrivages, comme cette noix de veau, petits pois, fèves, jus à la sauge et fregola. Très agréable terrasse sur une petite place.

PLAN : A1-8 - 🏖 - **€€** - *37 rue Étienne-Marcel - ✆ 02 47 38 59 87 - Fermé lundi et mardi, et dimanche soir*

CASSE-CAILLOUX

CUISINE MODERNE • BISTRO Bistrot gourmand prisé (et souvent pris d'assaut ; réservation fortement conseillée !) dans ce quartier résidentiel proche du jardin des Prébendes, complété d'une petite terrasse d'été. Cuisine de saison sincère et gourmande proposée à l'ardoise, que l'on accompagne d'un joli vin de Loire.

PLAN : A3-6 - AC 🏖 - **€€** - *26 rue Jehan-Fouquet - ✆ 02 47 61 60 64 - www.restaurantcassecailloux.eatbu.com - Fermé samedi, dimanche et mercredi midi*

TOURS
LA CHARTRE-S-LE-LOIR
AMBOISE
SAUMUR
VILLANDRY
VIERZON
LOIRE
ÎLE SIMON
0 100 m
Bibliothèque
Pl. A. France
Av. André Malraux
Q. du Pont Neuf
Pont Wilson
Porte de Loire
Anatole France
Musée du Compagnonnage
St-Julien
Pl. Foire-le-Roi
CCCOD
JARDIN FRANÇOIS I
Maison de Tristan
Pl. des Carmes
Jardin St-Pierre-le-Puellier
R. Paul-Louis-Courier
Hôtel Goüin
Hôtel Beaune-Semblançay
Palais du Commerce
Grand Théâtre
Pl. Plumereau
Pl. de la Monnaie Tournois
Pl. de la Résistance
Anc.e église St-Denis
CIAP
Pl. de Châteauneuf
Pl. du Grand Marché
Tour Charlemagne
Basilique St-Martin
Tour de l'Horloge
Pl. des Halles
LES HALLES
Pl. du 14 Juillet
Nationale
Pl. Jean Meunier
Imp. de La Grandière
Pl. Jean Jaurès
Jean Jaurès
Jardin des Prébendes-d'Oé
A
B
1
2
3
5
6
7
8
9
11

LA DEUVALIÈRE

CUISINE MODERNE • **CONVIVIAL** Julien et Alexandra mettent toute leur énergie pour séduire les gourmands de passage... et ils y parviennent sans problème ! Leur cuisine, réglée sur les saisons, réserve de jolies surprises. Le cadre, qui mêle le cachet rustique d'une maison ancienne (poutres, tomettes et cheminée) à des notes plus actuelles, ne fait qu'ajouter à notre plaisir.

PLAN : A1-7 – ♿ AC – **€€** – *18 rue de la Monnaie – ✆ 02 47 64 01 57 – www.la-deuvaliere-restaurant.metro.rest/?lang=fr – Fermé samedi et dimanche*

NOBUKI

CUISINE JAPONAISE • **ÉPURÉ** Un cadre zen et épuré, tout de bois clair, et une cuisine japonaise traditionnelle de saison, qui marque par sa fraîcheur et son originalité : assortiment d'entrées froides et de tempuras du moment, chirashi (plat traditionnel de poissons crus), plat chaud du jour et soupe miso. Réservation impérative.

PLAN : B2-9 – AC – **€€** – *3 rue Buffon – ✆ 02 47 05 79 79 – www.nobuki.fr – Fermé samedi et dimanche, et le soir sauf vendredi*

LE PAVILLON (N)

CUISINE TRADITIONNELLE • **CONTEMPORAIN** Juste à côté des halles de Tours, Olivier Arlot ouvre une nouvelle page dans une élégante bâtisse blanche. Cuisine ouverte sur une table de chef, banquette centrale, armoire à vins monumentale, tables joliment dressées et, à l'étage, salons baignés de lumière. Fidèle à une cuisine traditionnelle d'aujourd'hui, le chef se fait plaisir (et nous avec) en célébrant des produits nobles avec talent et générosité : grenadin de veau frotté au poivre noir, crémeux de lard... La belle carte des vins n'est pas en reste, avec plus de 600 références.

PLAN : A2-1 – 🍇 ♿ AC 🚗 – **€€€** – *39 place Gaston-Paillhou – ✆ 02 47 60 18 26 – www.lepavillonolivierarlot.com – Fermé samedi et dimanche*

LA RISSOLE

CUISINE MODERNE • **CONTEMPORAIN** Le nom de ce bistrot rend hommage à un grand cuisinier du siècle passé, et célèbre les joies de la cuisson ! La courte carte met en valeur la saisonnalité et les produits de la région (asperges, escargots, poisson de rivière). Des assaisonnements maîtrisés pour une cuisine simple et goûteuse, à l'image de ces asperges blanches mimosa, brocoli, vadouvan. Il y a peu de tables, pensez à réserver !

PLAN : A2-11 – ♿ AC – **€€** – *51 place du Grand-Marché – ✆ 02 47 49 20 04 – www.larissole.fr – Fermé lundi et dimanche*

LA ROCHE LE ROY

CUISINE MODERNE • **ÉLÉGANT** À la sortie de la ville, ce joli petit manoir a été récemment repensé et modernisé, depuis la décoration jusqu'aux cuisines où œuvre le chef Maximilien Bridier. Il y travaille avec passion des produits de belle qualité et présente des assiettes soignées, précises et sans superflu. Une option végétale est proposée de manière systématique. Belle sélection de vins au verre et service attentionné. Aux beaux jours, installez-vous en terrasse.

HORS PLAN – 🍇 ⛱ 🚗 P – **€€€** – *55 route de Saint-Avertin – ✆ 02 47 27 22 00 – www.larocheleroy.com – Fermé lundi et dimanche*

TOURTOUR

✉ 83690 - Var - Carte régionale n° **29**-B2

LA TABLE

CUISINE MODERNE • MÉDITERRANÉEN Charmant petit restaurant contemporain installé à l'étage d'une maison en pierre au cœur du village historique. On y savoure une cuisine délicieuse qui met à l'honneur les produits du marché, en particulier les légumes, avec un excellent menu végétarien à prix doux. La belle terrasse ombragée, paisible et conviviale, devient le cœur du lieu tout l'été. L'accueil est aussi chaleureux que le service, attentif et dynamique.

- **€€** - *1 traverse de Jas, Les Ribas - ✆ 04 94 70 55 95 - www.latable.fr - Fermé mardi*

TRAENHEIM

✉ 67310 - Bas-Rhin - Carte régionale n° **8**-A2

ZUM LOEJELGUCKER

CUISINE TRADITIONNELLE • RUSTIQUE Dans un village viticole au pied des Vosges, cette ferme alsacienne du 18e s. ne manque pas de charme : bons plats régionaux avec quelques suggestions plus actuelles, boiseries sombres, fresques et cour fleurie l'été. Un style familial aussi chaleureux et convivial.

- **€€** - *17 rue Principale - ✆ 03 88 50 38 19 - www.aubergedetraenheim.com - Fermé mercredi, et lundi et mardi soir*

TRÈBES

✉ 11800 - Aude - Carte régionale n° **27**-B2

LE MOULIN DE TRÈBES

CUISINE MODERNE • MAISON DE CAMPAGNE Quel charme, cet ancien moulin ! Sa terrasse donne directement sur le canal du Midi. Quant à la cuisine, elle se révèle simple et moderne, avec comme spécialité le ris de veau caramélisé au sésame et compote d'endives... Un vrai plaisir, qui s'arrose d'une jolie sélection de vins de la région.

- **€€** - *2 rue du Moulin-de-Trèbes - ✆ 04 68 78 97 57 - www.lemoulindetrebes.com - Fermé lundi et dimanche soir*

TRÉBEURDEN

✉ 22560 - Côtes-d'Armor - Carte régionale n° **1**-B1

MANOIR DE LAN-KERELLEC

POISSONS ET FRUITS DE MER • ÉLÉGANT Dans un cadre enchanteur surplombant la Manche, cette belle demeure séduit par sa salle lumineuse, dominée par une majestueuse charpente en forme de carène de bateau renversée. Le chef Anthony Avoine, passionné par les produits bretons, propose une cuisine qui conjugue finesse et authenticité. On se laisse tenter par des langoustines associées au croustillant d'un pied de cochon et à la douceur du gwell, ou encore par un saint-pierre délicatement accompagné de coquillages, d'ail des ours et d'une écume marinière. Le service attentif et la vue spectaculaire participent activement au plaisir.

- **€€€€** - *11 allée centrale de Lan-Kerellec - ✆ 02 96 15 00 00 - www.lankerellec.com - Fermé lundi, mardi et mercredi midi*

VIVACE

CUISINE MODERNE • CONTEMPORAIN Dans ce restaurant lumineux (parquet, tables et chaises en bois clair) qui connaît un vif succès, Baptiste et Laura promeuvent une cuisine engagée où le vivant se taille la part du lion : épeautre crémeux, butternut, cacahuète épicée, citronnelle ; dorade, champignons, moutarde et fumet crémé. Dans les assiettes, légumes, herbes et épices s'harmonisent avec précision, parfois relevés de quelques touches pimentées qui viennent réveiller les papilles à point nommé... Ici, la gourmandise est aussi vivace que le végétal ! Tous les produits sont locaux et entièrement utilisés.

€€ - *Place de Crec'h-Héry - 02 96 47 15 52 - www.vivace.restaurant - Fermé lundi, mardi et dimanche, et jeudi et vendredi à midi*

MANOIR DE LAN KERELLEC

CLASSIQUE • ROMANTIQUE Dominant les îles de la Côte de Granit rose, ce noble manoir breton du début du 20e s. est plein de charme : vastes chambres avec balcon ou terrasse, jardin luxuriant et atmosphère familiale. Un lieu de plénitude, propice à l'écriture et aux rêveries des promeneurs solitaires.

P - **18 chambres** - *Allée centrale de Lan Kérellec - 02 96 15 00 00*

Manoir de Lan-Kerellec - Voir la sélection des restaurants

TRÉBOUL

29100 - Finistère - Carte régionale n° **1**-A2

TY MAD

POISSONS ET FRUITS DE MER • CONVIVIAL Sur les hauteurs de Tréboul, au calme dans un quartier paisible de villas, on se délecte d'une cuisine fraîche, où la loi du marché n'est pas un vain mot, ni l'amour du bio ! Dégustez une tartelette de blé noir, aubergine et fromage de brebis ou un cochon noir de Guengat aux saveurs de l'Arpente avant de profiter de la petite plage, en léger contrebas, accessible par le chemin côtier. Menu végan.

P - **€€** - *3 rue Saint-Jean - 02 98 74 00 53 - www.hoteltymad.com*

TRÉGASTEL

22730 - Côtes-d'Armor - Carte régionale n° **1**-C1

AUBERGE DE LA VIEILLE ÉGLISE N

CUISINE MODERNE • TRADITIONNEL Au pied de l'église, cette auberge bretonne marie le charme des poutres et pierres apparentes à une cuisine d'aujourd'hui. Aux commandes, Brieg Le Cam (ex-Les Hauts de Loire à Onzain) compose une partition inspirée par son terroir, à la fois précise et instinctive. Les amuse-bouches ouvrent le bal sur un ton vif et gourmand - cornet croustillant aux cocos de Paimpol, saucisse-purée au siphon - avant des assiettes ciselées comme le grondin et sa déclinaison de carottes, ou le blé noir façon riz au lait. Une adresse où l'on a plaisir à revenir.

♿ - **€€** - *9 place de l'Église - 02 96 23 88 31 - www.ave-restaurant.bzh - Fermé lundi et mardi*

TRÉGUIER

22220 - Côtes-d'Armor - Carte régionale n° **1**-C1

LA TABLE DU MARCHÉ

CUISINE TRADITIONNELLE • BISTRO Entre la rivière le Jaudy et la cathédrale Saint-Tugdual, une façade à la devanture bleu pétrole fait de l'œil au passant. À l'intérieur, une petite salle rustique avec poutres, vieilles pierres, murs de crépi blanc, et surtout une appétissante ardoise... du marché, bien sûr : foie gras marbré de vin rouge ; cabillaud rôti aux cocos de Paimpol ; financier aux abricots poêlés. Entre tradition et bistronomie, le chef au beau parcours mitonne des recettes inspirées par les produits régionaux. Grand choix de vins au verre. Prix doux.

- €€ - 30 rue Saint-André - 02 96 92 93 22 - Fermé lundi et dimanche

TREIS-SANTS-EN-OUCHE

27300 - Eure - Carte régionale n° **3**-A3

LE MOULIN FOURET

CUISINE MODERNE • COSY Dans un charmant coin de campagne en retrait de Bernay, on tombe en admiration devant cette belle et grande maison couverte de vigne vierge, avec sa terrasse sous les bouleaux au calme d'un cours d'eau... et son moulin historique, ayant conservé ses rouages. L'endroit est délicieux (notamment en hiver au coin du feu), et la cuisine du chef Cédric Auger en est le parfait corollaire : produits frais et de qualité, préparations soignées, cuissons au cordeau, le tout proposé sous la forme de menus qui évoluent au rythme des saisons... On se régale, et l'on profite même de chambres confortables pour l'étape.

P - €€ - *2 route du Moulin-Fouret - 02 32 43 19 95 - www.lemoulinfouret.fr*

TREMBLAY-EN-FRANCE

93290 - Seine-Saint-Denis

CITIZENM CHARLES-DE-GAULLE

MODERNE • CONVIVIAL Bonne surprise pour un hôtel d'aéroport : un design moderne et joyeux, des chambres ultra-fonctionnelles pour compenser leur taille, et un accès libre 24 heures sur 24 au salon et à la cantine (appellation revendiquée !). Une adresse à retenir, quitte à choisir un vol particulièrement tardif pour justifier une escale de nuit.

AC P - **230 chambres** - *7 rue de Rome - 01 78 90 26 53*

TRÉMOLAT

24510 - Dordogne - Carte régionale n° **18**-D3

LE VIEUX LOGIS

Chef : Vincent Arnould

CUISINE MODERNE • ÉLÉGANT Une valeur sûre que cette table de tradition, dont le cadre - un ancien séchoir à tabac, tout en pierre et bois peint - est tout à fait charmant. Comme le reste de ces bâtisses en pierre de pays, une ancienne propriété agricole, où l'on devine les vestiges d'un ancien prieuré. En gardien éclairé de la tradition, voici le chef Vincent Arnould, Meilleur Ouvrier de France. Vosgien tombé amoureux du Périgord, il sait choisir ses produits afin de proposer une belle carte actuelle, assise sur de solides bases classiques. À midi, la maison propose un menu dans un esprit tapas périgourdin, à un prix intéressant. De la gastronomie en mouvement.

P - €€€€ - *81 rue des Écoles - 05 53 22 80 06 - www.vieux-logis.com - Fermé mercredi et jeudi*

BISTROT DE LA PLACE

CUISINE RÉGIONALE • BISTRO Une adresse pour se restaurer dans le village où Claude Chabrol tourna le film Le Boucher (1970). Vieilles pierres, poutres et réjouissante cuisine régionale, avec notamment un menu-carte bien tourné où le canard a toute sa place (foie gras, confit, grillé...), ce qui ravira les amateurs du célèbre palmipède. Un moment très sympathique.

- € - *Le Bourg - 05 53 22 80 69 - www.vieux-logis.com/le-bistrot*

LE VIEUX LOGIS

TRADITIONNEL • CHALEUREUX Cet ancien prieuré est le vivant récit de l'histoire de la famille des propriétaires, remontant à presque cinq siècles ! Les chambres sont meublées avec goût et le jardin est superbe. Un logis extrêmement chaleureux.

- 25 chambres - *Le Bourg - 05 53 22 80 06*

Le Vieux Logis • Bistrot de la Place - Voir la sélection des restaurants

LE TRÉPORT

76470 - Seine-Maritime - Carte régionale n° **3**-B1

LE GOÛT DU LARGE

CUISINE MODERNE • BISTRO En léger retrait de l'agitation du port, dans un intérieur moderne et cosy, on goûte à la cuisine généreuse et actuelle du jeune chef Jonathan Selliez (aidé par sa mère en pâtisserie), qui joue sur les textures et les saveurs. Les poissons sont issus de la pêche durable, comme ce superbe filet de maquereau de la côte, accompagné d'un maki de poireau enroulé dans des feuilles d'algues nori et d'une déclinaison de carottes, gelée et en pickles. On n'est pas près de prendre le large !

€€ - *4 place Notre-Dame - 02 35 84 39 87 - www.le-gout-du-large.zensites.zenchef.com - Fermé mardi et mercredi*

TRESSERVE

73100 - Savoie - Carte régionale n° **21**-C2

LA TABLE DE L'INCOMPARABLE

CUISINE MODERNE • CONTEMPORAIN Dominant le lac du Bourget, cette demeure de caractère offre un cadre intimiste ouvert sur le paysage grâce à de vastes baies vitrées et une terrasse plongeant sur la côte sauvage et le mont du Chat. Le chef signe une cuisine moderne en menus uniques, ancrée dans le terroir savoyard et construite comme une promenade entre lac, forêt et montagne. Les assiettes, précises et raffinées, révèlent une belle maîtrise technique, avec de beaux produits issus de producteurs locaux et du potager maison. Parmi les plats marquants, l'escargot travaillé avec une mousse aérienne de livèche et un jus versé minute, ou l'omble chevalier confit, relevé d'une viennoise de noix et d'un beurre blanc monté à l'huile d'olive.

- €€€€ - *68 chemin de Belledonne - 04 58 01 74 23 - www.hotel-lincomparable.com - Fermé lundi et mardi*

LA TRINITÉ-SUR-MER

56470 - Morbihan - Carte régionale n° **1**-C3

L'AZIMUT

CUISINE MODERNE • COSY Ambiance maritime tous azimuts dans cette maison chaleureuse, véritable institution de La Trinité-sur-Mer depuis 1965. À la carte : ardoise de fruits de mer, poissons, et quelques suggestions préparées dans la grande cheminée. Les assiettes du chef Rudy Deniaud ont du relief, à l'image de ce lieu jaune accompagné de carottes crayon, petits pois, framboise et soja. Joli choix de vins et terrasse offrant une vue agréable sur le port.

- €€ - *1 rue du Men-Du - 02 97 55 71 88 - www.lazimut-latrinite.com - Fermé mardi et mercredi*

LES TROIS-SAINTS

✉ 19210 – Corrèze – Carte régionale n° **19**-B2

L'INATTENDU (N)

CUISINE MODERNE • TENDANCE Julien et Marion animent avec entrain ce restaurant, installé dans un ancien bâtiment communal rénové, qui frotte son mobilier contemporain aux vieilles pierres d'origine. En cuisine, Julien signe une partition appliquée, fidèle aux producteurs locaux, tandis que Marion veille en salle avec tact et bienveillance. Si le chef revisite le pâté en croûte ou le soufflé, il compose aussi des assiettes plus actuelles : ravioles croustillantes de boudin noir, compotée de pomme et huile de sauge-ananas, ou cochon Duroc grillé, sauce charcutière et polenta aux herbes.

♿ AC – **€€** – *20 route de Pompadour, lieu-dit Saint-Pardoux-Corbier – ☎ 05 55 73 37 15 – www.restaurant-linattendu.com – Fermé lundi et mardi*

LA TRONCHE

✉ 38700 – Isère – Carte régionale n° **21**-C3

LA PETITE CHARTREUSE (N)

CUISINE MODERNE • CONVIVIAL Dans ce village limitrophe de Grenoble, cette charmante petite salle marie murs blancs et pierres apparentes, parquet chaleureux et élégantes tables en bois clair. Le chef Joan Bois y déroule une cuisine bien ancrée dans sa saison, simple et ficelée sans chichis. Il n'hésite pas à y glisser, par moments, quelques notes exotiques inspirées de ses nombreux voyages (sa passion), à l'image de ce cabillaud relevé d'une sauce au curry vert et lait de coco, accompagné d'un riz bambou aux parfums herbacés. En salle, Aurélie Josserand réserve un accueil souriant et un service attentif.

AC – **€€** – *106 Grande-Rue – ☎ 04 76 44 62 23 – www.lapetitechartreuse.com – Fermé lundi et mardi, du mercredi au samedi le midi et dimanche soir*

LA MAISON BADINE

CUISINE MODERNE • CONTEMPORAIN Au centre du bourg, Florian Poyet installe sa table, dont le nom fait référence au patronyme de ses aïeux, dans une sobre bâtisse scandinave, bois clair et cuisines ouvertes. Sa cuisine moderne aux accents méditerranéens se déploie autour de cuissons à la braise sur barbecue japonais : courgettes en tian parfumées au romarin et fleur de beignet ; Wagyu grillé au thym avec aubergine et girolles. Tomates confites à la sarriette et crémeux de brebis complètent l'assortiment. Fraîcheur estivale, jus réduits savoureux, assiettes aux parfums de Bandol : cette adresse sincère et lumineuse est à retenir.

♿ AC – **€€€** – *2 rue du Pont-Prouiller – ☎ 04 76 01 03 33 – www.maison-badine.com – Fermé lundi, dimanche et samedi midi*

LE TRONCHET

✉ 35540 – Ille-et-Vilaine

L'ABBAYE

MODERNE • CHARME En pleine campagne, au bord d'un étang, cette ravissante abbaye du 12e s. a été rénovée avec beaucoup de goût. Belle cour encadrée de bâtisses en pierre, chambres confortables et résolument modernes, qui ne manquent pas d'élégance, et dont certaines disposent d'une terrasse privative... Tout simplement charmant !

♿ AC P – **45 chambres** – *7 rue de l'Abbatiale – ☎ 02 99 16 94 41*

TROSLY-LOIRE

✉ 02300 - Aisne - Carte régionale n° **5**-C2

AUBERGE DE LA GRIVE

Chef : Nicolas Gautier

CUISINE MODERNE • CONTEMPORAIN Cette grive-là semble bien être musicienne tant ses plats enchantent le palais : délicieux homard et sa laitue cuits au barbecue, piquantes feuilles de capucine, myrtilles et puissant jus de carapace ; volaille de Licques, champignons délicatement liés dans une vinaigrette à l'anchois, et jus de volaille twisté à l'ail noir ; baba aux framboises... Ne travaillant que des produits les plus « nature » possible, le chef Nicolas Gautier multiplie les prises de risque avec ses accords hors des sentiers battus et remporte la mise. Un peu dans l'esprit d'une table d'hôtes, le repas est préparé devant les convives, au sein d'une belle bâtisse en pierres de taille nichée au cœur d'un parc et d'une forêt.

- €€€ - 5 rue du Logis - ✆ 07 71 61 20 02 - www.aubergedelagrive.com - Fermé lundi, mardi et dimanche

TROUVILLE-SUR-MER

✉ 14360 - Calvados - Carte régionale n° **2**-C2

TURBULENT

CUISINE MODERNE • SIMPLE À deux pas de l'agitation touristique, une ancienne crêperie est devenue le nouveau QG du trublion Jarvis Scott, ex-candidat Top Chef et ancien des fourneaux de Liquide. Dans ce décor brut et sans chichis, une certaine ambiance rock'n'roll est de rigueur : première salle intimiste organisée autour de la cuisine ouverte, et à l'étage, une table d'hôtes qui accueille dix convives dans une atmosphère plus feutrée. Loin des codes convenus de la station balnéaire, le chef secoue les papilles avec des associations décomplexées qui détonnent : grenouilles flirtant avec la merguez, bulots en escapade sauce algérienne. Dans l'assiette, le message est clair : du goût, des saveurs franches, sans artifices inutiles. La carte des vins fait la part belle aux crus naturels et biologiques. Un conseil : réservez, sous peine de rester le nez collé à la vitrine ! Coup de cœur.

- €€ - 1 rue Durand-Couyère - ✆ 02 31 88 56 24 - www.turbulent-trouville.com - Fermé lundi, mardi et mercredi midi

CURES MARINES

CLASSIQUE • RAFFINÉ Cet hôtel, installé dans un imposant bâtiment de 1912, entre port et plage, en plein cœur de Trouville, signe le retour du balnéaire chic ! Tout y respire l'élégance et le confort, avec ce vaste hall superbement décoré, ces chambres lumineuses, et ce spa marin unique en son genre... Exceptionnel.

AC - **103 chambres** - *Boulevard de la Cahotte - ✆ 02 31 14 26 00*

LE FLAUBERT

TRADITIONNEL • ROMANTIQUE Il suffit de poser un pied dehors pour fouler les célèbres "planches" : cette villa à colombages très romantique (1936) est quasiment posée sur la plage ! Les chambres, plutôt classiques, sont coquettes et disposent pour la moitié d'une jolie vue sur la mer.

- 31 chambres - *Rue Gustave Flaubert - ✆ 02 31 88 37 23*

TROYES

✉ 10000 – Aube – Carte régionale n° **12**–B1

AUX CRIEURS DE VIN

CUISINE TRADITIONNELLE • BAR À VIN Briques nues, mobilier bistrot, concept branché : on choisit sa bouteille dans la cave, avant de l'accompagner d'un bon petit plat centré sur le produit (charcuterie artisanale, viande fermière, fromages de chez Bordier, etc.). Le patron s'adresse à chacun de ses clients, avec la jubilation non feinte du passionné de vin ! Un plaisir.

– €€ – 4 place Jean-Jaurès – ✆ 03 25 40 01 01 – www.auxcrieursdevin.fr – Fermé lundi et dimanche

CAFFÈ COSI - LA TRATTORIA DE BRUNO CAIRONI

CUISINE ITALIENNE • COLORÉ Une trattoria d'inspiration italienne et méditerranéenne installée dans une ancienne galerie d'art, ouverte sur une cour pavée. On aime les artichauts en barigoule, jus au pesto et parmesan, très gourmands, à déguster dans un cadre contemporain coloré. Avant de partir, faites donc une halte à l'épicerie fine qui propose une sélection de jolis produits italiens.

– €€ – 5 rue Marie-Pascale-Ragueneau – ✆ 03 25 76 61 34 – www.caffecosi-caironi.com – Fermé lundi et dimanche, et mardi et mercredi soir

CLAIRE ET HUGO

CUISINE DU MARCHÉ • TENDANCE Un jeune couple autodidacte et passionné est à la tête de ce restaurant doté d'un décor sobre en matériaux bruts, ouvert sur une plaisante terrasse et un jardin intérieur (dont une serre à agrumes). Le lieu est également une boulangerie-épicerie. Les produits, bio à 95%, inspirent des préparations saines, savoureuses et équilibrées.

– €€ – 77 avenue du Général-Gallièni, à Sainte-Savine – ✆ 09 73 14 18 69 – www.claireethugo.fr – Fermé du lundi au mercredi et le soir

LE PETIT BASSON

CUISINE MODERNE • CONVIVIAL Le chef Yann Caputo aime les légumes qu'il cultive dans son potager ou déniche chez les petits producteurs locaux. Dans son « bistrot de jardin », il se plaît également à travailler les poissons, principalement bretons, en hommage à sa région natale. Le menu déjeuner à prix doux est une aubaine. Le soir, carte avec produits plus nobles toujours accompagnés des légumes du jardin du chef : langoustines snackées à la cacahuète et au saté, tartare de pomme verte, menthe et estragon ; turbot et légumes du jardin, sabayon au beurre noisette, œuf de truite et citron caviar. Charmante déco boisée et nature (tresses d'ail, blé et fleurs séchés aux murs...) pour ce lieu où il fait bon se retrouver.

– €€€ – 4 rue de la Madeleine – ✆ 03 25 41 92 44 – Fermé lundi, mardi et dimanche

LE CHAMP DES OISEAUX

TRADITIONNEL • HISTORIQUE À deux pas de l'une des plus belles cathédrales gothiques de France, cette maison du 15ᵉ s. à colombages ouvre sur tout ce que l'on attend de cette architecture : pierre locale, carrelage orné, poutres, mobilier d'époque, arches de brique encadrant le bar, cheminée rustique dans la salle à manger. Les chambres sont disposées autour d'une cour tranquille, les plus simples sont cosy et baignées de lumière, avec un sol en pierre et des salles de bains rétro à baignoires. L'étage supérieur donne aux belles suites des plafonds à caissons et des lucarnes à l'ancienne donnant sur la cour. Piscine extérieure saisonnière, location de vélos et spa.

- **12 chambres** - *18 rue Linard Gonthier*

LA MAISON DE RHODES

MINIMALISTE • LUMINEUX Maison des Templiers, puis de l'Ordre de Malte, couvent, logis de chanoine : la bâtisse (partiellement 12e s.) respire la spiritualité. L'hôtel de onze chambres qui l'occupe désormais en a gardé la beauté sereine, empreinte d'une certaine rigueur monacale. Peu de décor, une chaise tendue de toile claire, une lampe qui éclaire la pierre naturelle, une salle de bain tout en tomettes rouges, l'essentiel est dans la légèreté des détails et la noblesse des matériaux - sols en pierre de Chassagne, tomettes et poutres - au service du confort. Les chambres lumineuses donnent sur le jardin médiéval où est servi le petit-déjeuner.

- **11 chambres** - *18 rue linard gonthier - ✆ 03 25 43 11 11*

TULLE

✉ 19000 - Corrèze - Carte régionale n° **19**-C3

LE BOUCHE À OREILLE

CUISINE TRADITIONNELLE • COSY On découvre ici le travail d'un chef aimable et discret, aussi modeste que bon cuisinier. Ses préparations font la part belle aux saisons ainsi qu'aux beaux produits, à l'image de ce filet de canette fermière, compotée de coings et pruneaux, jus aux épices. C'est goûteux et bien ficelé : on se régale. Aux beaux jours, on s'installe sur la jolie terrasse dans le jardin à l'arrière.

*- **€€** - 39 avenue Charles-de-Gaulle - ✆ 05 44 40 40 30 - www.leboucheaoreille-tulle.com - Fermé lundi et dimanche*

LES 7

CUISINE MODERNE • SIMPLE Cette petite adresse intimiste, dirigée depuis une décennie par le chef Cyril Auboiroux, propose une ardoise concise mais inspirée : trois entrées, trois plats et trois desserts. La cuisine fait honneur aux produits locaux (bœuf limousin, légumes de Corrèze, esturgeon et caviar de Dordogne), tout en s'autorisant des échappées gourmandes. Parmi les créations, une surprenante glace à la bière ambrée. Les assiettes, soigneusement dressées, mettent en valeur des saveurs complémentaires, servies avec un service attentif et charmant.

*- **€€** - 32 quai Baluze - ✆ 05 44 40 94 89 - www.restaurant-les7.fr - Fermé lundi et dimanche*

LA TURBALLE

✉ 44420 - Loire-Atlantique - Carte régionale n° **9**-A3

MAJU

CUISINE MODERNE • CONTEMPORAIN MAJU comme MArine et JUlien, qui tiennent cet élégant restaurant contemporain donnant sur le port. De sa cuisine ouverte, le chef envoie une cuisine moderne et ambitieuse, au détour d'un menu unique qui se décline en plusieurs temps. Des assiettes qui séduisent au

premier coup de fourchette grâce à un souci affirmé du détail visuel, et qui privilégient au maximum les produits du terroir local (poisson de la criée, algues et salicorne, pigeon de Mesquer...).
♿ - €€€ - *18 quai Saint-Paul - ✆ 02 40 23 30 29 - www.maju-restaurant.fr - Fermé lundi, mardi, et mercredi et samedi à midi*

LA TURBIE

✉ 06320 - Alpes-Maritimes - Carte régionale n° **29**-E2

CAFÉ DE LA FONTAINE

CUISINE TRADITIONNELLE • BISTRO Repris par un duo de jeunes professionnels, le Café de la Fontaine a retrouvé une nouvelle jeunesse tout en conservant le cachet patiné d'un café de village. La carte propose des classiques de bistrot bien ficelés : terrine de campagne maison aux cinq baies, chou farci, onglet de bœuf sauce marchand de vin, dos de cabillaud nacré et petits pois à la parisienne, clafoutis de saison.
AC - €€ - *4 avenue du Général-de-Gaulle - ✆ 04 93 28 52 79 - www.lecafedelafontainelaturbie.com - Fermé jeudi*

UCHAUX

✉ 84100 - Vaucluse - Carte régionale n° **28**-C2

CÔTÉ SUD

CUISINE MODERNE • COSY Vous passerez un moment plaisant dans cette maison en pierre, son jardin et son agréable terrasse. Le chef concocte des recettes bien ficelées aux inspirations régionales. On se régale ainsi d'un œuf parfait, champignons et royale de foie gras, ou d'un suprême de pintade mariné à la farigoule, patates douces et sauce vierge. La carte des vins fait la part belle au bio et à la biodynamie. Service charmant.
♿ P - €€ - *3395 route d'Orange - ✆ 04 90 40 66 08 - www.restaurantcotesud.com - Fermé mardi et mercredi*

LE M - CHÂTEAU DE MASSILLAN

CUISINE MODERNE • ÉLÉGANT Ce beau château du 16e s. est niché dans un vaste parc entouré de vignes. La cuisine met en valeur les produits du potager et du verger bio du domaine. À déguster avec un cru en biodynamie du Domaine de la Guicharde, qui produit aussi l'huile d'olive servie au restaurant. Service souriant et appliqué. En été, on s'installe dans la magnifique cour face au jardin, autour de la fontaine.
♿ AC P - €€€ - *730 chemin de Massillan - ✆ 04 90 40 64 51 - www.chateaudemassillan.fr - Fermé mardi et mercredi, et lundi soir*

LE TEMPS DE VIVRE

CUISINE PROVENÇALE • TRADITIONNEL Cette maison en pierre du 18e s. - mais au décor contemporain - invite à prendre le temps de vivre, en particulier sur sa terrasse ombragée. Le chef et son épouse connaissent par cœur les lois de l'hospitalité. Au menu : la générosité de la Provence, avec les légumes du beau-père en saison, aïoli le vendredi midi en été, mais aussi un menu dédié à la truffe en hiver.
♿ AC P - €€ - *322 route de Bollène - ✆ 04 90 40 66 00 - www.letempsdevivre-uchaux.com - Fermé mercredi et jeudi*

CHÂTEAU DE MASSILLAN

CONTEMPORAIN • CALME Ici, pas de surprise sur l'architecture (16e s.) et le paysage. L'étonnement survient à l'intérieur, avec ce décor chic et contemporain, imaginé par les propriétaires, décorateurs londoniens, qui ont exercé leur art libre et graphique dans la plupart des douze chambres du château.

- 13 chambres - *730 chemin de Massillan - 04 90 40 64 51*

Le M - Voir la sélection des restaurants

URIAGE-LES-BAINS

38410 - Isère - Carte régionale n° **21**-C3

MAISON ARIBERT

Chef : Christophe Aribert

CUISINE CRÉATIVE • CONTEMPORAIN Christophe Aribert s'épanouit dans une belle maison du 19e s. adossée à la colline, au cœur du parc d'Uriage. Cet amoureux de la nature a fait de l'éco-responsabilité l'alpha et l'omega de son établissement : traitement des déchets, chauffage à granulés, tissus en coton bio... Tout ici est pensé en fonction du respect de l'environnement. Le chef affirme plus que jamais son attachement aux herbes et racines des montagnes environnantes, qui accompagnent dans l'assiette les fruits, légumes et fleurs du potager maison. Sa cuisine compose également une véritable ode aux poissons de rivière. Enfin, n'oublions pas les confortables chambres, idéales pour prolonger le séjour.

L'engagement du chef : La Maison Aribert s'inscrit dans une volonté de soutenir un territoire en tissant des liens forts avec ses artisans, ses ressources et ses acteurs locaux. Nous voulons être une vitrine des savoir-faire isérois qui répondent à des engagements responsables. Notre cuisine est le reflet de la richesse de la nature qui nous entoure et fait notamment la part belle au végétal et herbes de montagne.

- €€€€ - *280 allée du Jeune-Bayard - 04 58 17 48 30 - www.maisonaribert.com - Fermé dimanche soir, mercredi midi, jeudi midi, lundi et mardi*

CAFÉ A

CUISINE TRADITIONNELLE • BISTRO Le café A, véritable lieu de vie de la maison Aribert, ouvert toute la semaine du petit-déjeuner au dîner, ne dort jamais. Fidèle à sa thématique "café de village", qui revisite les recettes inspirées des mères et grand-mères, le chef propose une belle cuisine bistronomique à prix doux, simple et réalisée à partir de produits sélectionnés avec soin. Souvenir gourmand d'une brioche perdue, glace et sauce caramel, simplement addictive. Une valeur sûre. Brunch le dimanche.

- €€ - *280 allée du Jeune-Bayard - 04 58 17 48 30 - www.maisonaribert.com*

MAISON ARIBERT

MODERNE • RAFFINÉ Véritable institution d'Uriage, ce bel hôtel Napoléon III, relié au cente thermal, invite à renouer avec la nature. Les chambres d'hôtes ont toutes été conçues de façon à se fondre dans leur environnement, celui des pins et des reliefs enneigés du parc naturel d'Uriage, dont on s'imprègne depuis leurs terrasses. Meubles chinés, pièces design et œuvres contemporaines se mêlent harmonieusement, pour un rendu doux et enveloppant, à l'image du cadre extérieur. Et l'on peut aussi se détendre à la bibliothèque ou à la tisanerie...

- 5 chambres - *280 allée du Jeune Bayard - 04 58 17 48 30*

Maison Aribert • **Café A** - Voir la sélection des restaurants

URMATT

✉ 67280 – Bas-Rhin – Carte régionale n° **8**–A2

LA POSTE

CUISINE TRADITIONNELLE • AUBERGE Les amateurs de tradition seront heureux de découvrir cette auberge familiale installée en face de l'ancienne mairie. Gibier en saison, truite au bleu, tournedos de bœuf Rossini, foie gras d'oie et autres terrines de campagne... La cuisine est généreuse et l'ambiance sympathique.

- **€€** - *74 rue du Général-de-Gaulle - ✆ 03 88 97 40 55 - www.hotel-rest-laposte.fr - Fermé lundi, mardi midi et dimanche soir*

URRUGNE

✉ 64700 – Pyrénées-Atlantiques – Carte régionale n° **25**–A2

LA FERME ILHARREGUI BAITA

CUISINE MODERNE • AUBERGE Cette ancienne ferme du 17e s. est désormais une auberge basque contemporaine rénovée avec goût, aussi bien à l'extérieur que dans la vaste et confortable salle. La mise en valeur du terroir basque est évidente à travers les trois menus proposés : le premier élaboré autour des légumes secs, le second autour des produits de la mer et le dernier à base de produits issus de la terre. Les assiettes sont goûteuses et colorées, à l'image de cette déclinaison d'agneau aux haricots tarbais et caviar d'aubergine fumé.

♿ - **€€** - *70 chemin de Apezerreka - ✆ 05 59 54 73 39 - www.ferme-ilharregui-baita.fr - Fermé lundi et dimanche*

FERME LIZARRAGA

CUISINE MODERNE • AUBERGE Dans un bel environnement naturel – lizarraga signifie « forêt de frênes » en basque –, Véronique et Stéphane Poulin tiennent table dans une ancienne ferme du 17e s. devenue auberge, au caractère préservé, mêlant avec goût le cachet rustique et champêtre des lieux à des notes plus contemporaines. Le chef propose une cuisine du marché aux goûts francs et marqués, à l'image de ce foie gras de canard des Landes mi-cuit, de ce merlu de ligne servi avec d'excellents gnocchis et espuma de sésame grillé, sans oublier ce biscuit moelleux aux amandes, fraises et glace au basilic. On profite d'une terrasse à l'ombre d'un noyer centenaire, offrant au loin une vue sur la Rhune. Service charmant. Un coup de cœur !

♿ - **€€** - *550 Chemin de Lizarraga - ✆ 05 59 47 03 76 - www.saint-jean-de-luz-restaurant.com - Fermé lundi et mardi*

GAUA

CUISINE MODERNE • TENDANCE Le chef Benoit Sarthou (ex-étoilé du Moulin d'Alotz) a choisi de célébrer la « nuit » (gaua en basque), le partage et la convivialité dans un ancien garage transformé en lounge branché dans un style industriel avec bar-comptoir central et grande cuisine ouverte. On y vient goûter des plats à partager dans une ambiance musicale savamment concertée. Dans l'assiette, une cuisine d'esprit comfort food et fusion où de nombreux produits sont maturés ou cuits à la flamme.

♿ - **€€** - *210 D810 - ✆ 05 59 43 37 41 - www.restaurantgaua.com - Fermé lundi, dimanche et le midi*

URT

🖂 64240 – Pyrénées-Atlantiques – Carte régionale n° **25**–A2

LA GALUPE

CUISINE MODERNE • RUSTIQUE Amarrée en bordure de l'Adour, cette ancienne auberge de mariniers aurait, dit-on, plus de trois siècles. Elle arbore toujours fièrement une pimpante façade blanche aux volets rouges et un intérieur dans son jus avec son dallage de pierre, ses poutres et sa cheminée. Même l'ancien banc de l'écailler et les crochets pour faire sécher les poissons sont encore visibles. Cette table, qui fut durant 30 ans le repaire du fameux chef basque Christian Parra, est aujourd'hui tenue par Stéphane Besse. Sa cuisine fraîche et colorée s'appuie sur des produits très locaux : pêcheurs, éleveurs de canard et d'agneau, boulanger et céramiste (qui a créé les assiettes) sont tous du village !
- €€ - 15 le Port - 05 59 20 30 70 - www.lagalupe.fr - Fermé lundi et mercredi, et mardi et dimanche soir

URVILLE-NACQUEVILLE

🖂 50460 – Manche – Carte régionale n° **2**–A1

LE LANDEMER

CUISINE MODERNE • COSY Dans cette belle maison en pierre au toit en schiste et au charme indéniable, le chef concocte une cuisine moderne et un brin créative, qu'il décline en plusieurs séquences selon ses envies. Les produits sont exclusivement normands – notamment poissons, légumes, herbes sauvages et fleurs. Des réalisations précises et maîtrisées, tout comme les accords mets et boissons (locales, elles aussi). La salle du restaurant offre une vue imprenable, entièrement tournée vers la mer et les côtes... au même titre que les belles chambres dont il serait dommage de ne pas profiter !
P - €€€ - 2 rue des Douanes - 02 33 04 05 10 - www.le-landemer.com - Fermé lundi, mardi et du mercredi au vendredi à midi

USCLADES-ET-RIEUTORD

🖂 07510 – Ardèche – Carte régionale n° **20**–C3

FERME DE LA BESSE

CUISINE TRADITIONNELLE • RUSTIQUE Les volailles, veaux et brebis de la ferme familiale sont la matière première d'un jeune chef sympathique et bosseur, qui ne ménage pas ses efforts. Des recettes pleines de fraîcheur et de peps, une ambiance naturelle et conviviale : un vrai plaisir.
P - €€ - La Besse - 04 75 38 80 64 - www.fermedelabesse.com - Fermé lundi et dimanche soir

USSEL

🖂 19200 – Corrèze – Carte régionale n° **19**–C2

LE TILLEUL - CHÂTEAU DU THEIL

CUISINE MODERNE • TENDANCE Du château en ruine, il ne subsiste rien, sinon l'esprit du lieu, métamorphosé grâce à deux amis d'enfance originaires de la ville. Désormais, chambres, bar et surtout restaurant s'épanouissent dans une élégante extension en bois. Le chef colombien y déploie une cuisine authentique, vive et savoureuse, ponctuée d'accents sud-américains (ceviche de poisson du moment, cuisson à la flamme). Fidèle à une démarche écoresponsable,

l'équipe privilégie les producteurs locaux et cultive une serre en aquaponie, d'où viennent certains légumes, herbes et poissons, comme cette truite cuite à l'unilatérale, servie avec beurre blanc et fenouil croquant.
- €€ - *1 rue du Château-du-Theil - 05 19 91 02 10 - www.chateaudutheil.com - Fermé lundi et mardi, et dimanche soir*

UZA

40170 - Landes - Carte régionale n° **25**-B1

LA TABLE DU MARENSIN

CUISINE MODERNE • CONTEMPORAIN Dans un hameau bucolique au bord de l'étang d'Uza, cette ancienne fonderie est une table bien agréable. La salle à manger arbore des fenêtres façon atelier, un carrelage couleur rouille, de petits fauteuils noir et corail, prolongée d'une terrasse tournée vers l'étang. Dans l'assiette, le jeune chef, fort d'une technique acquise à l'Auberge du Prieuré à Moirax, déploie des assiettes savoureuses dans un menu unique surprise déclinable en plusieurs temps : raviole ouverte de champignons bruns et girolles, écume de noisette ; filet de veau, jus de viande au vinaigre de framboise et harissa de piments doux des Landes à la rose.
- €€ - *115 rue de Castets - 09 70 22 90 21 - www.domaineduza.fr/la-table-du-marensin - Fermé mardi*

UZERCHE

19140 - Corrèze

JOYET DE MAUBEC

MODERNE • CHARME Cet ancien hôtel particulier, redécoré avec beaucoup de goût et de très beaux matériaux, n'a rien perdu de son caractère d'antan. Le charme y est niché dans tous les coins, depuis le sol pavé de l'accueil jusqu'aux chambres spacieuses et délicieusement rétro.
- **11 chambres** - *Place des Vignerons - 05 55 97 20 60*

UZÈS

30700 - Gard - Carte régionale n° **28**-B2

LA TABLE D'UZÈS

CUISINE MODERNE • ÉLÉGANT Sur une place du centre historique, le chef Christophe Ducros s'épanouit dans un nouveau cadre confortable. Il élabore une cuisine résolument méridionale, assemblage de saveurs franches et équilibrées : le fameux pigeon des Costières rôti sur coffre ; le suprême de volaille fermière, tartelette de maïs et sauce bigarade ; les fraises comme un vacherin, crème fouettée vanille et sorbet au verjus. La cohérence de l'ensemble est indéniable. Un vrai plaisir de gastronome, à savourer sur le toit-terrasse avec vue sur la cathédrale.
- €€€€ - *Place de l'Évêché - 04 11 71 94 00 - www.latableduzes.fr - Fermé lundi et mardi*

BOUTIQUE HÔTEL ENTRAIGUES

CONTEMPORAIN • CHARME Fondé par un couple de restaurateurs d'édifices historiques, l'Hôtel Entraigues est évidemment un bâtiment de plus de 500 ans, jouxtant la majestueuse cathédrale néo-romane. L'extérieur, méticuleusement préservé, abrite un intérieur contemporain, avec un mobilier minimaliste et de somptueuses salles de bains en mosaïque. La terrasse panoramique et la piscine ajoutent au charme de l'endroit.
- **19 chambres** - *Place de l'Évêché - 04 66 72 05 25*

LA MAISON D'UZÈS

CLASSIQUE • COSY Dans la vieille ville, cet hôtel particulier du 17e s. accueille les voyageurs dans une atmosphère cosy et feutrée. Les chambres, aux noms poétiques – L'Écrin, Les Trois Lucarnes, La Dérobée, etc. –, sont confortables. Une charmante étape !

– 12 chambres – *18 rue du Docteur Blanchard – 04 66 20 07 00*

La Table d'Uzès - Voir la sélection des restaurants

LA VACQUERIE-ET-SAINT-MARTIN-DE-CASTRIES

34520 – Hérault – Carte régionale n° **27**-C1

L'OGUSTIN

CUISINE MODERNE • COSY À deux pas du cirque de Navacelles, dans un petit village niché sur le rebord méridional du causse du Larzac, se trouve le restaurant de Pricillia Lebon, installé dans une ancienne bergerie. Sous les voûtes de pierre, le décor cosy et chaleureux reflète la personnalité attachante d'une cheffe venue cuisiner sur ces belles terres isolées. Le menu surprise célèbre le Larzac avec des produits issus en majorité des circuits courts (et notamment les maraîchers locaux) ainsi que des cueillettes de champignons et de plantes. Le végétal domine des assiettes intuitives, légères et aromatiques. Un hommage aux origines malgaches de la cheffe pointe le bout de ses papilles dans le dessert, avec cette crème de patate douce à la vanille. L'option végétarienne est également possible. Un lieu unique et authentique.

– €€ – *2 place de l'Ormeau – 04 67 95 16 88 – www.restaurantdularzac.com/l-ogustin – Fermé du lundi au mercredi*

VAGNAS

07150 – Ardèche – Carte régionale n° **28**-B2

L'UNISENS

CUISINE MODERNE • CONTEMPORAIN À la sortie du bourg de Vagnas, une demeure moderne d'allure provençale. Dans cette grande salle contemporaine avec cuisine ouverte, on déguste la cuisine de Tarik Mezri-Charmasson, qui coche toutes les bonnes cases en suivant la saison et le bon goût des produits.

– €€ – *250 route de Barjac – 04 75 94 01 04 – www.lunisens.fr*

VAGNEY

88120 – Vosges – Carte régionale n° **7**-C3

LES LILAS

CUISINE MODERNE • COSY Dans cette localité au pied des Vosges, impossible de manquer la grande bâtisse rose saumon sur le bord de la route ! Vous serez chaleureusement accueillis par Armelle, dans la salle aux belles verrières Art déco tandis que Lionel, en cuisine, réalise de bons plats actuels, augmentés parfois de quelques touches créatives. Agréable terrasse.

– €€ – *12 rue du Général-de-Gaulle – 03 29 23 69 47 – www.restaurantleslilas.fr – Fermé mardi et mercredi, et lundi soir*

VAILHAN

✉ 34320 - Hérault - Carte régionale n° **27**-C2

ÄPONEM - AUBERGE DU PRESBYTÈRE

CUISINE MODERNE • **ÉLÉGANT** Äponem signifie "bonheur" en langue Pataxo. Dans cette auberge d'un ancien presbytère du 17e s., on cultive en effet une certaine idée du bonheur, grâce notamment aux produits du marché et du potager (sept potagers en permaculture !). À déguster dans un cadre pimpant avec vue sur la campagne environnante ou sur la charmante terrasse, à l'ombre d'une glycine.

L'engagement du chef : Cultiver la terre, cuisiner les légumes de nos potagers en permaculture, proposer des vins biodynamiques et mettre l'humain au cœur de notre projet, c'est le défi que nous relevons au quotidien pour tendre vers une gastronomie plus responsable, en adéquation avec la nature qui nous entoure.

- **€€€€** - *4 rue de l'Église - 06 16 61 66 44 - www.aponem-aubergedupresbytere.fr - Fermé du lundi au mercredi et jeudi midi*

VAILLY

✉ 74470 - Haute-Savoie - Carte régionale n° **21**-D1

FRÉDÉRIC MOLINA À FORÊT IVRE

Chef : Frédéric Molina

CUISINE CRÉATIVE • **ÉPURÉ** Frédéric et Irene Molina ont transféré leur table gastronomique dans un nouveau lieu, à moins de 2 km du Moulin de Léré. Au cœur de la vallée du Brevon, face aux sommets des Trois Becs et à la mystérieuse Forêt Ivre aux sapins penchés, cette ancienne ferme à la charpente bicentenaire bénéficie d'un décor épuré et raffiné qui conjugue matériaux nobles, mobilier en bois blond sur mesure, luminaires contemporains et vaisselle en céramique locale. Située à l'étage, la spacieuse salle vitrée offre une vue sur la nature environnante, et sur la cuisine ouverte. Dans l'assiette, une cuisine poétique et enracinée, guidée par les « 52 saisons », qui magnifie plantes sauvages, fruits, légumes, poissons de lac, gibiers et volailles, avec un rare respect du terroir dans un rayon de 30 km. Cave en bio et biodynamie, chambres pour prolonger le plaisir.

L'engagement du chef : Soucieux de l'impact environnemental de notre cuisine, une grande majorité des produits que nous utilisons sont issus d'exploitations artisanales et biologiques qui se situent dans un rayon de 30 km. Nous nous efforçons également de réduire au maximum le gaspillage alimentaire en utilisant les produits dans leur intégralité.

- **€€€€** - *460 route des 3-Becs - 04 50 73 61 83 - www.foretivre.com - Fermé lundi, dimanche et du mardi au jeudi à midi*

AUBERGE DU MOULIN DE LÉRÉ (N)

CUISINE MODERNE • **RUSTIQUE** Dans un ancien moulin du 17e s., Frédéric et Irène Molina (Forêt Ivre) cultivent l'art du partage dans un cadre bucolique. Leur cuisine met à l'honneur les produits locaux : ceviche de poisson du lac, fromage blanc relevé d'eau de tomate et d'herbes du jardin, "diot du lac" et salsa verde, ou tarte aux myrtilles sauvages. Ambiance décontractée, vaisselle vintage et prix tout doux parachèvent ce tableau pastoral.

P - **€€** - *270 route de Léré, Sous la Côte - 04 50 73 61 83 - www.moulindelere.com - Fermé lundi, dimanche et du mardi au jeudi à midi*

VAISON-LA-ROMAINE

✉ 84110 - Vaucluse - Carte régionale n° **28**-C2

LE BATELEUR

CUISINE MODERNE • CONVIVIAL À un jet de lances du pont romain, aux pieds de la ville médiévale, le chef propose une cuisine du marché, attentive aux saisons, souvent provençale, parfois mâtinée d'influences italiennes et mexicaines. À déguster en terrasse, sous des cieux cléments. Une belle étape pour découvrir une cuisine riche en saveurs !

- €€ - 1 place Théodore-Aubanel - ✆ 04 90 36 28 04 - www.restaurant-lebateleur.com - Fermé lundi et dimanche

LES MAISONS DU'O - LE BISTRO PANORAMIQUE

CUISINE DU MARCHÉ • CONTEMPORAIN Tomates et fruits du pays, épeautre et cochon du Ventoux : le chef emporte la mise avec une cuisine dans le vent, d'esprit provençal, à l'image de ce maigre rôti accompagné de fenouil en aïoli et d'une bisque émulsionnée, ou de cette cassolette de gambas et calamar. Les menus offrent un excellent rapport qualité-prix. Vue superbe sur l'Ouvèze depuis la grande salle contemporaine.

- €€ - 16 rue Gaston-Gevaudan - ✆ 04 90 28 84 08 - www.maisonsduo.com - Fermé lundi et dimanche

VAL-CENIS

✉ 73500 - Savoie - Carte régionale n° **21**-D2

L'ARTÉMISIA N

CUISINE MODERNE • SIMPLE Au cœur de la Haute-Maurienne et de la Vanoise, cette table d'hôtel est l'occasion de délacer ses godillots de randonnée. La salle toute simple ne doit pas vous tromper : le chef Victor Heiries s'emploie à surprendre les palais, loin, très loin, de l'offre de la plupart des stations. La composition de son menu mystère d'une grande fraîcheur varie selon les produits reçus au quotidien : omble chevalier, bœuf Wagyu de l'Aubrac, lard de porc Duroc ou un bleu de Termignon... à se damner. Herbes aromatiques et plantes sauvages ponctuent l'ensemble des assiettes à dominante végétale. Chambres pour l'étape.

€€€ *- 20 rue de la Parrachée - ✆ 04 79 20 51 36 - www.hotel-laturra.com/restaurant-l-artemisia - Fermé lundi, dimanche et le midi*

VAL-D'ISÈRE

✉ 73150 - Savoie -
Carte régionale n° **21**-D2

LA TABLE DE L'OURS

CUISINE MODERNE • ÉLÉGANT Ce luxueux hôtel aux airs de chalet cossu, en lisière de la célèbre Face de Bellevarde, héberge une table gastronomique parée d'un écrin chic et élégant, entre bois, pierres et miroirs. Passionné et consciencieux, le chef Antoine Gras travaille dans le strict respect du produit, mis en avant dans des recettes savoureuses allant droit au but, où les accords de saveurs tombent juste : langoustine juste saisie, julienne en aquarelle, vinaigrette glacée de carottes râpées ; féra du Léman, courge, oseille, genévrier soyeux de cucurbitacées aux galbules ; dos de chevreuil et étouffée de carotte au sapin… En salle, une jeune équipe déploie un enthousiasme contagieux, notamment la sommelière, porte-parole des vins de Savoie. Le Coin Savoyard et La Rôtisserie proposent une partition plus décontractée.

- **€€€€** - *Les Barmes de l'Ours, 100 montée de Bellevarde - 04 79 41 37 00 - www.hotellesbarmes.com - Fermé lundi, dimanche et le midi*

AIRELLES VAL D'ISÈRE

CLASSIQUE • RAFFINÉ Un véritable hôtel de station "skis aux pieds", mais étonnamment raffiné, son architecture et son décor combinant la chaleur classique des lodges alpins avec des touches de style Renaissance. Chambres, suites et appartements bénéficient d'espace et d'une vue spectaculaire. Spa, piscine de 20 m.

- **41 chambres** - *145 rue de la Poste - 04 79 22 22 22*

L'ALTIPLANO

MODERNE • CONVIVIAL Les intérieurs du K2 Chogori sont élégants, mais aussi chaleureux et accueillants. Malgré toute son extravagance d'hôtel de luxe alpin (salles de bains habillées de pierre, tissus de créateurs), il garde une atmosphère familiale rare. Le spa offre une pause entre deux journées en montagne, tout comme le restaurant péruvien. Le thé de l'après-midi, les plats légers, apéritifs, cocktails et la musique live ont leur antre particulier.

- **21 chambres** - *143 avenue du Prariond - 04 79 04 20 20*

AVANCHER

MODERNE • FAMILIAL En course depuis 1949, l'hôtel Avancher connaît une nouvelle jeunesse : de grandes chambres et appartements fonctionnels à l'allure discrète, légère et dans l'air du temps. Ses équipements modernes bien pensés -

Esperanza33/Getty Images Plus

TV connectées, wifi très haut débit ou encore système d'insonorisation - ancrent l'hôtellerie alpine dans la modernité. Que les puristes se rassurent, l'esprit alpin est respecté : bois blond, matières douces et spa tout équipé avec vue sur les reliefs. Services de location de matériel et de forfaits. Un luxe à prix raisonnable.
– **37 chambres** – *Avenue du Prariond* – *04 79 06 02 00*

LES BARMES DE L'OURS

TRADITIONNEL • CONVIVIAL Différentes ambiances dans cet hôtel idéalement situé au pied des pistes... une véritable invitation au voyage. Les aménagements sont luxueux et le confort à son apogée, depuis le bar au coin du feu jusqu'à la rôtisserie. Hibernation en vue !
– **76 chambres** – *100 montée de Bellevarde* – *04 79 41 37 00*
La Table de l'Ours – Voir la sélection des restaurants

HÔTEL ORMELUNE

MODERNE • CHALEUREUX Voici un bel exemple d'hôtel-ski "fun et funky", qui prouve qu'un séjour à la montagne donne de vraies belles couleurs. Spacieuses et ludiques avec leur design vitaminé, mais parsemées de touches rustiques, les chambres respirent la simplicité et la joie de vivre. Salles de bains en béton vernis, exposition pistes ou village, le rapport entre le pratique et la fantaisie atteint son équilibre. Côté services : bar au coin du feu, table moderne, espace sauna et hammam, massage en chambre, tarif préférentiel sur le matériel de ski.
– **46 chambres** – *Rue Noël Machet* – *04 79 06 12 93*

LE REFUGE DE SOLAISE

MODERNE • INSOLITE L'hôtel le plus haut de France, perché à 2551 m d'altitude et accessible uniquement en télécabine l'hiver, a été construit en partie dans l'ancienne gare du téléphérique datant de 1941. Matériaux nobles (pierre, bois et chaux), piscine de 25 m avec baies vitrées et vue superbe sur la vallée et le lac de Tignes. Pour une nuit ou un séjour un peu plus près des étoiles.
– **16 chambres** – *Sommet de Solaise* – *04 58 83 00 90*

LE TSANTELEINA

CLASSIQUE • CHALEUREUX Du nom du plus haut sommet au-dessus de Val-d'Isère, un agréable hôtel, au cœur de l'animation de la mythique station. Les chambres sont spacieuses et chaleureuses, avec, côté sud, vue sur la piste olympique de Bellevarde ! Superbe espace bien-être.
– **54 chambres** – *Avenue Olympique* – *04 79 06 12 13*

VAL-REVERMONT

01370 – Ain – Carte régionale n° **21**–B1

VOYAGES DES SENS

CUISINE CRÉATIVE • AUBERGE Après avoir côtoyé plusieurs chefs renommés, Nicolas Morelle s'est installé au cœur de ce charmant village, dans une jolie bâtisse en pierre – à l'intérieur : plafond à la française, pierre apparente, cheminée avec insert. Il y élabore une cuisine volontairement créative, à base de produits locaux parfois associés à des touches exotiques issues de ses différents voyages, à travers un menu unique. Des préparations originales, comme ce soufflé de tourteau et sa sangria de betterave ou bien encore ce dessert autour de la carotte et de l'orange et notes de curry. Dans une ambiance familiale et chaleureuse, voyagez directement en cuisine en jetant un œil derrière la belle baie vitrée qui permet de voir le chef à l'œuvre !

- €€ - *33 rue Principale* - *04 74 51 39 94* - *www.voyagesdessens.com* - *Fermé lundi, mardi, mercredi midi et dimanche soir*

VAL-THORENS

73440 - Savoie - Carte régionale n° **21**-D2

LES EXPLORATEURS - HÔTEL PASHMINA

CUISINE MODERNE • **COSY** Au cœur d'un sublime hôtel posé à 2 345 m d'altitude, cette table de haute volée vaut l'ascension. Dans une étonnante salle qui invite à l'exploration sous toutes ses formes, on découvre des créations inspirées, basées sur des produits de haute qualité sourcés avec soin : Saint-Jacques associées aux champignons de La Motte-Servolex ; filet de chevreuil, clémentine, betterave ; poularde de Bresse en deux services... Jusqu'aux desserts, les assiettes révèlent une évidente maîtrise technique et la volonté forte de n'être pas qu'un restaurant d'hôtel de luxe parmi d'autres.

- €€€€ - *141 rue des Dalles* - *04 79 00 09 99* - *www.hotelpashmina.com* - *Fermé dimanche et le midi*

LE DIAMANT NOIR

CUISINE MODERNE • **ÉLÉGANT** Dans ce restaurant chic perché au sommet de la station (2 400m), le chef Eric Samson rend un hommage gastronomique à ses trois régions de prédilection : sa Bretagne natale, sa Savoie d'adoption et son Périgord de cœur. Bien pensé, son menu-carte allie avec finesse ces trois terroirs, avec comme point d'orgue le fameux diamant noir (la truffe) : brouillade d'œuf bio à la truffe noire ; ormeau maturé et émulsion de lait ribot ; oignon de Roscoff cuit au foin, royale de beaufort d'été...

- €€€€ - *Koh-I Nor, rue Gébroulaz* - *04 79 31 00 00* - *www.hotel-kohinor.com/fr/table/le-diamant-noir.html* - *Fermé samedi, dimanche et le midi*

ALTAPURA

MODERNE • **FAMILIAL** Voici un hôtel moderne, confortable sans basculer dans le kitsch, et qui n'exclut pas l'accueil des familles au profit du style. D'inspiration nordique, il dépasse le bois blond pour une recréation post-moderne du chalet, avec des meubles dessinés par Nicolas et Jean-Louis Sibuet, des étoffes italiennes et même les traditionnels trophées de cervidés, en version contreplaqué. Toutes modernes qu'elles soient, les chambres associent la sobriété, la douceur et le confort : couettes boule de neige, literies douillettes, douches spacieuses... Le spa, avec ses sept salles, sa piscine chauffée et son espace igloo, devient une alternative tentante au forfait pistes.

- **88 chambres** - *Rue du Bouchet* - *04 80 36 80 36*

LE FITZ ROY

MONTAGNARD • **CHALEUREUX** Cette paisible institution, installée à 2 300 m d'altitude, a bénéficié d'un lifting complet ! Décoration en pierre et chêne dans les parties communes, style montagnard contemporain dans les chambres ; certaines d'entre elles donnent directement sur les pistes.

- **72 chambres** - *Place de l'Église* - *04 79 00 04 78*

PASHMINA

CONTEMPORAIN • **CHALEUREUX** Le choix des hébergements commence par une double cosy avec balcon, jusqu'au chalet de trois chambres. Chacune offre tout le confort nécessaire, dans un décor joyeux et contemporain. Avec un spa et deux restaurants, vous atteignez les sommets de l'hospitalité, complétés par la boutique de ski et une longue liste d'activités en plein air. Un joli camp de base pour vos aventures alpines.

- **53 chambres** - *141 rue des Dalles*

Les Explorateurs - Voir la sélection des restaurants

LE VAL THORENS, BEAUMIER HOTEL

MONTAGNARD • COSY Lors de la dernière rénovation, le grand atrium central a été préservé et relie désormais des espaces aux tons contemporains. Bien sûr, le style montagnard est toujours d'actualité — poutres apparentes, cheminées, tables-troncs et autres fourrures —, tempéré par un mix d'art et de design. Les chambres sont des havres tamisés et cosy offrant des équipements modernes et des vues somptueuses. Pour la récupération : piscine chauffée, bains turcs et sauna flambant neuf. Deux restaurants et un bar immanquable dans son grand cube de béton poli.

- **83 chambres** - *2 place de l'Église - «Les Belleville»*

VALDEBLORE

06420 - Alpes-Maritimes - Carte régionale n° **29**-C1

AUBERGE DE LA ROCHE

Chef : Louis-Philippe Riel

CUISINE MODERNE • AUBERGE Une auberge de charme en plein cœur du parc national du Mercantour. En hiver, on dîne au coin du feu sous la belle charpente, tandis qu'en été la terrasse offre une vue imprenable sur les massifs environnants. Dans l'assiette, une cuisine créative et végétale axée sur les plus beaux produits locaux, y compris ceux du potager. Le chef Louis-Philippe Riel prépare tout maison (salaisons, pain, pâtes fraîches, glaces...) et sublime les produits bruts de manière pure, non sans une dose d'émotion. Son menu carte blanche est élaboré chaque jour en fonction du marché : petits pois frais et croquants aux copeaux d'artichaut, lait d'amande et jaune d'œuf confit ; ravioles aux épinards, beurre blanc safrané ; ris de veau et gambero rosso, pleurotes, sauce bonne-femme... Sélection pointue de vins nature, et service souriant. Pour prolonger le plaisir, cinq chambres coquettes et confortables disposant d'un spa haut de gamme.

- €€€€ - *La Roche - 04 93 05 19 07 - www.laubergedelaroche.com - Fermé du mardi au jeudi et le midi sauf dimanche*

VALENCE

26000 – Drôme – Carte régionale n° **24**–B1

PIC

Cheffe : Anne-Sophie Pic

CUISINE CRÉATIVE • LUXE La Maison Pic, dans la Drôme, c'est d'abord une atmosphère particulière. Salle tamisée, où la lumière n'éclaire que l'assiette ; créations florales ; moquette épaisse qui suspend le pas de la brigade de salle. Ici, on sert à l'ancienne, à l'assiette clochée en porcelaine... On retrouve dans l'assiette les sublimes obsessions – culte du Japon, souci de l'assemblage inédit – de celle que l'on a surnommé "la funambule des saveurs". Anne-Sophie Pic propose une invitation au voyage autour d'un menu unique en 7 (au déjeuner uniquement) ou en 10 haltes. Membre du club très fermé des femmes trois étoiles, très engagée, la célèbre cheffe dirige aujourd'hui la fondation "Donnons du goût à l'enfance". Au-delà de son talent débordant, un indispensable symbole.

– €€€€ – *285 avenue Victor-Hugo – 04 75 44 15 32 – www.anne-sophie-pic.com – Fermé lundi, dimanche et mardi midi*

LA CACHETTE

Chef : Masashi Ijichi

CUISINE CRÉATIVE • CONTEMPORAIN Dans la partie basse de Valence, cette Cachette très discrète est désormais encore mieux cachée depuis son déménagement dans l'impasse située derrière l'adresse d'origine. Le restaurant gagne toujours à être découvert ! Vous y ferez la connaissance d'un chef précis et inspiré, Masashi Ijichi, d'origine japonaise. Ses préparations fines et délicates organisent la rencontre irrésistible entre le terroir drômois et les fulgurances asiatiques dans un cadre moderne flambant neuf. Déclinaison de tomates et son mesclun de jeunes pousses ; thon rouge cuit sur le charbon, sauce piquillos, padron et aubergine. On passe un excellent moment, notamment grâce à un service efficace et une belle carte des vins (superbe sélection de côtes-du-rhône septentrionaux).

– €€€ – *20 rue Notre-Dame-de-Soyons – 04 75 55 24 13 – www.lacachette-valence.fr – Fermé lundi, dimanche, et mardi et mercredi à midi*

ÉPITHÈQUE

Chef : Baptiste Poinot

CUISINE MODERNE • INTIME Au cœur de la vieille ville de Valence, Flaveurs devient Épithèque. Dans sa belle table au décor coloré, avec sa moquette et ses tables en châtaignier, Baptiste Poinot a souhaité plus de proximité avec ses hôtes et évolue davantage en salle. Bercé par un grand-père traiteur, il a étudié à l'école hôtelière de Vienne, avant de recevoir les leçons de Michel Chabran,

andresr/Getty Images Plus

Anne-Sophie Pic ou encore Joël Robuchon. Ce cuisinier sensible, qui cherche avant tout à transmettre une émotion, délivre des assiettes qui attestent d'une réflexion mûrie, avec des produits excellents et une technique soignée.

- €€€ - 32 Grande-Rue - 04 75 56 08 40 - www.baptistepoinot.com - Fermé lundi, samedi et dimanche

LE BAC À TRAILLE

CUISINE MODERNE • DÉCONTRACTÉ Masashi Ljichi, chef japonais étoilé de la Cachette, a réalisé son rêve : ouvrir un bistrot généreux et goûteux qui possède une âme ; le nom rend d'ailleurs hommage à l'ancien bac qui franchissait le Rhône sur la « traille » juste à côté. En plus de maîtriser la gastronomie, le chef propose une bistronomie de qualité au goût et à la tenue impeccables. Cette cuisine du marché, fraîche et soignée, ne manque jamais de punch et de relief comme cette terrine de volaille, pickles de légumes et salade de lentilles ou cette poitrine de cochon laquée au poivre de Timut, mousseline de pomme de terre. Et pour finir, laissez-vous tenter par sa verrine de soupe de coco ananas au rhum, tapioca et (onctueux) sorbet ananas. Sélection de vins régionaux. Excellent rapport qualité-prix.

- €€ - 16 rue des Cévennes - 04 75 55 24 13 - www.lacachette-valence.fr - Fermé lundi, dimanche et mardi midi

ALMACITA

CUISINE LATINO-AMÉRICAINE • CONTEMPORAIN Il fait parfois chaud, très chaud à Valence ! Conçu par Louis Chabran, ce restaurant, qui sert une cuisine sud-américaine réalisée par d'authentiques "latinos", tombe à pic. La carte propose bien sûr des tapas pour se mettre en appétit (pimientos, tacos de pollo, croquetas de chorizo), avant d'enchaîner sur un ceviche de bar à l'abricot rôti, oignons rouges et aneth, puis un poulpe sauce chimichurri, caviar d'aubergine au lait de coco. Les épices et les parfums voyageurs s'imposent en douceur dans une ambiance décontractée, et non dénuée d'âme (qui se dit almacita en espagnol...).

- €€ - 51 Grande-Rue - 04 75 55 06 47 - www.chabran.com - Fermé lundi, dimanche et mardi midi

ANDRÉ

CUISINE TRADITIONNELLE • CONVIVIAL Ce bistrot chargé d'histoire célèbre dans l'assiette les recettes phares de chaque génération de la famille Pic. On retiendra la mosaïque de rouget et foie gras de Jacques, une alliance entre terre et mer aussi audacieuse qu'esthétique à laquelle sa fille Anne-Sophie ajouta la gelée de bouillabaisse, ou encore le pâté en croûte maison ou le soufflé glacé à l'orange.

- €€€ - Pic, 285 avenue Victor-Hugo - 04 75 44 15 32 - www.anne-sophie-pic.com

PIC

CONTEMPORAIN • RAFFINÉ L'une des grandes maisons nées avec la N7 et qui accueille aujourd'hui... une clientèle internationale, entre New York et Tokyo ! C'est le pouvoir d'attraction d'une cuisine d'exception et d'un art de l'accueil sans cesse renouvelé : les lieux sont d'un chic extrême, bréviaire complet des styles contemporains, tel le jardin, véritable îlot zen en ville...

- **16 chambres** - *285 avenue Victor Hugo - 04 75 44 15 32*

Pic • André - Voir la sélection des restaurants

VALENCIENNES

✉ 59300 - Nord - Carte régionale n° **4**-C2

LE MUSIGNY

CUISINE MODERNE • ÉLÉGANT Si le chef, passé par de grandes maisons, a choisi ce discret point de chute valenciennois, sa cuisine délicate a rapidement conquis la ville. Produits choisis et recettes joliment inspirées des saisons, le tout à déguster dans l'agréable salle à manger, ou sur la terrasse : la garantie d'un moment délicieux.

- €€€ - *90 avenue de Liège - ✆ 03 27 41 49 30 - www.lemusigny.fr - Fermé lundi, samedi midi, et mardi et dimanche soir*

LE GRAND DUC

BOURGEOIS • CONVIVIAL Cette maison bourgeoise a une âme d'artiste, comme son propriétaire. Non seulement elle mêle les styles avec goût (seventies, baroque...), mais elle accueille des soirées jazz et théâtre, sans oublier les cours de cuisine et la table d'hôte. Et le joli parc à l'anglaise se prête lui aussi à la fantaisie !

- 5 chambres - *104 avenue de Condé - ✆ 03 27 46 40 30*

ROYAL HAINAUT SPA & RESORT HOTEL *Plus*

TRADITIONNEL • RAFFINÉ Le Hainaut a son palace ! Édifié sous Louis XV, cet ancien hôpital ébahit par son architecture monumentale. Admirez cette cour d'honneur couverte d'une verrière, cette chapelle superbement restaurée, ce sous-sol majestueux qui abrite piscine et spa. Avec leur belle hauteur sous plafond et leur standing impeccable, les chambres sont au diapason du reste de l'établissement.

- 79 chambres - *6 place de l'Hôpital Général - ✆ 03 27 35 15 15*

VALLAURIS

✉ 06220 - Alpes-Maritimes - Carte régionale n° **29**-E2

LES DILETTANTS

CUISINE MODERNE • CONVIVIAL Ancien commercial pour une grande marque de boules de pétanque, Thomas Filiaggi régale aujourd'hui dans une charmante maisonnette au cœur de Vallauris, avec une cuisine lumineuse, inspirée de son potager. Asperges vertes croquantes, poulet moelleux et mayonnaise à la betterave au siphon ; oblade sauvage grillée, purée de carotte au gingembre et freekeh parfumé ; rhubarbe pochée, fraises juteuses et granola croustillant... Chaque assiette est une composition généreuse, colorée et joyeusement végétale. Une terrasse verdoyante, un service chaleureux, un vrai plaisir à partager !

- €€ - *1193 chemin de Saint-Bernard - ✆ 04 93 33 99 59 - Fermé lundi, mardi et dimanche*

VALLIÈRES-LES-GRANDES

✉ 41400 - Loir-et-Cher - Carte régionale n° **10**-C3

LES CLOSEAUX

CUISINE MODERNE • TRADITIONNEL Sous l'Ancien Régime, ces Closeaux - avec leur domaine de 10 hectares entouré de forêt - faisaient office de relais de chasse pour les rois de France. Aujourd'hui, cette auberge adopte un cadre chaleureux et contemporain, et une plaisante terrasse pour l'été. Le chef Christophe Lunais privilégie les producteurs locaux et les circuits courts, et réalise une goûteuse cuisine du marché, de saison, et à prix abordable. Accueil et service charmants.

- €€ - *Lieu-dit les Closeaux - ✆ 02 47 57 32 73 - www.lescloseaux.com - Fermé mardi et mercredi*

VALLON-PONT-D'ARC

✉ 07150 - Ardèche - Carte régionale n° **20**-C3

ARKADIA

CUISINE CRÉATIVE • CONTEMPORAIN Dans le centre ancien de ce bourg proche des gorges de l'Ardèche, le chef, d'origine bretonne, régale sans complexe avec les produits glanés dans les parages (légumes et fromages, notamment). Les assiettes sont gourmandes et généreuses, la carte est renouvelé tous les mois. On profite aussi de la joie de vivre de Philippine, qui assure le service en salle.

- €€ - 9 rue du Barry - ✆ 06 20 77 01 59

VALLOUX

✉ 89200 - Yonne - Carte régionale n° **12**-B2

AUBERGE DES CHENETS

CUISINE TRADITIONNELLE • AUBERGE On oublie vite la route toute proche, lorsque l'on s'attable près de la cheminée de cette agréable auberge ! Au menu, de bons petits plats d'inspiration bourguignonne, joliment tournés et parfumés : œuf parfait et escargots en meurette, suprême de pintade, purée de pomme de terre, endive braisée, tarte Bourdaloue, le tout à prix doux.

AC - €€ - 10 D606 - ✆ 03 86 34 23 34 - Fermé du lundi au mercredi et dimanche soir

VALMONT

✉ 76540 - Seine-Maritime - Carte régionale n° **3**-A2

MAISON CAILLET

Chef : Pierre Caillet

CUISINE CRÉATIVE • CONTEMPORAIN Meilleur Ouvrier de France 2011, Pierre Caillet n'est pas seulement un technicien talentueux : il dévoile aussi une vraie sensibilité, et une énergie communicative. Créations originales (ces fougueuses noix de Saint-Jacques en croûte de passion en sont l'exemple parfait), jeux sur les textures et les saveurs, beaux produits du terroir normand... sans oublier l'utilisation judicieuse des herbes et légumes de l'imposant potager : le compte est bon. Dernier atout, cette auberge du 19e s. propose aussi des chambres chaleureuses et cosy, avec terrasses privatives tournées vers l'étang.

L'engagement du chef : Une grande majorité des aliments végétaux que nous utilisons proviennent de notre potager. Nous compostons les déchets organiques et travaillons main dans la main avec nos fournisseurs pour limiter et recycler les emballages. Les poissons que nous servons sont issus de filières de pêche responsable et suivent les recommandations d'Ethic Ocean et de l'association Bon pour le climat.

- €€€€ - 22 rue André-Fiquet - ✆ 02 35 29 77 56 - www.maisoncaillet.com - Fermé mardi et mercredi, et dimanche soir

VALRAS-PLAGE

✉ 34350 - Hérault - Carte régionale n° **27**-C2

SÉPIA

CUISINE MODERNE • CONTEMPORAIN À deux pas de la plage, cette petite adresse vaut le détour le temps d'un déjeuner. Un couple de pros, madame en salle et son mari de chef passé par de belles maisons, accueille dans une salle à la déco marine fonctionnelle ou sur la belle terrasse en bois. L'assiette va droit au but. C'est une cuisine réjouissante et franche du collier, à l'exemple de ce tartare de daurade pêchée au large de Valras ; du lieu jaune, aïoli et riz noir ; crémeux coco et ananas mariné au gingembre.

- €€ - *28 rue Frédéric-Mistral* - *07 64 36 81 11* - *www.restaurant-sepia-valras.fr* - *Fermé lundi, dimanche et le midi*

LA VANCELLE

67730 - Bas-Rhin - Carte régionale n° **8**-C1

AUBERGE FRANKENBOURG

Chef : Sébastien Buecher

CUISINE MODERNE • **CONTEMPORAIN** Dans ce petit village perché sur les contreforts des Vosges, cet hôtel-restaurant retient les voyageurs depuis le début du siècle dernier. Les frères Buecher, qui ont repris les rênes de cette maison familiale des mains de leurs parents, y officient avec un allant réjouissant. La cuisine de produits goûteuse et élégante de l'aîné, Sébastien, parvient à exprimer le meilleur de son terroir à travers une carte toujours en mouvement, et à dépasser la tradition grâce à sa créativité, à l'instar du dos de biche rôti, laitue braisée et barbajuan d'épaule, ou canette laquée au miel, cerises aigres et fenouil... La plupart des fruits et légumes sont issus du jardin. En salle, le cadet, Guillaume, mène le jeu dans un décor mêlant boiseries et esprit zen. Quelques chambres pour prolonger l'étape.

L'engagement du chef : Cela fait maintenant plus de 20 ans que nous avons initié une démarche responsable. Nous travaillons avec des producteurs locaux ou du moins français, en fonction du produit. Si l'agneau vient du Quercy, le cochon vient de la vallée voisine, les cailles des Vosges, les pigeons d'Alsace, tout comme nos fruits et légumes qui sont exclusivement alsaciens, provenant soit de notre jardin, soit de notre maraîcher.

- €€€ - *13 rue du Général-de-Gaulle* - *03 88 57 93 90* - *www.frankenbourg.com* - *Fermé mercredi et jeudi, et mardi soir*

VANDENESSE-EN-AUXOIS

21320 - Côte-d'Or - Carte régionale n° **12**-C3

L'AUBERGE DE GUILLAUME

CUISINE MODERNE • **AUBERGE** Après avoir été le lieutenant de Christophe Bacquié au Castellet, MOF en 2015 puis étoilé à la Bussière, Guillaume Royer est chez lui dans cette auberge toute proche du paisible canal de Bourgogne. Il décline avec savoir-faire les produits de la région dans une veine bistronomique actuelle. Terrasse et jardin au calme sur l'arrière.

P - €€ - *4 place de la Mairie* - *03 80 49 22 36* - *www.laubergedeguillaume.com* - *Fermé lundi et mardi midi*

VANNES

✉ 56000 – Morbihan –
Carte régionale n° **1**-C3

LA TABLE - DOMAINE DU LIZIEC

CUISINE MODERNE • ÉLÉGANT Entre jardins fleuris et arbres centenaires, ce domaine breton du 16ᵉ s. entièrement restauré s'est enrichi d'une élégante extension contemporaine. C'est dans ce cadre raffiné que le chef Olivier Samson (qui officiait auparavant à La Gourmandière - La Table d'Olivier) déploie son talent. À travers ses menus dégustation, il propose une fine cuisine contemporaine ancrée dans son terroir. Les produits celtes y sont traités avec justesse et précision : ormeau de Bretagne, épinard et jus de cochon ; sole de petit bateau, asperges et kumquat ; pigeon rôti au cacao, la cuisse en bonbon. D'assiette en assiette, le sarrasin, la criste marine ou encore le lait ribot renforcent l'identité bretonne de cette partition gourmande.

HORS PLAN – **€€€€** – *20 route de Rennes – ✆ 02 22 07 50 15 – www.ledomaineduliziec.com – Fermé lundi, mardi, du mercredi au samedi à midi, et dimanche soir*

LA TÊTE EN L'AIR

Chef : Clément Raby

CUISINE CRÉATIVE • DESIGN Petit bijou au cœur de Vannes, ce restaurant, qui fête ses dix ans, séduit par sa cuisine libre et inventive, portée depuis une belle décennie par Clément Raby et Estelle Mercier. Chaque plat, surprise savoureuse, sublime produits marins et végétaux. Une infusion glacée de verveine citron et raisin rouge ouvre le bal, suivie de bouchées délicates : cromesquis au poulpe fondant, tartelette acidulée au topinambour ou cabillaud en gravlax à la Granny Smith. Saveurs franches et accords audacieux se poursuivent avec un lieu jaune au jus carotte-pamplemousse et un rouget accompagné de gnocchis au laurier et soupe de poisson corsée. Une table intime et chaleureuse à ne pas manquer (réservation conseillée) !

PLAN : B1-3 – **€€€** – *43 rue de la Fontaine – ✆ 02 97 67 31 13 – www.lateteenlair-vannes.com – Fermé lundi, mardi et dimanche*

BOMA

CUISINE MODERNE • CONTEMPORAIN Derrière l'Hôtel de Ville, ce petit restaurant offre une salle atypique en sous-sol : pierres apparentes et poutres métalliques, parois de verre et luminaires modernes. Le chef a de l'appétit à revendre : maiale tonnato, parmesan et câpres ; magret de canard, purée de pommes de terre à la moutarde à l'ancienne, légumes et coulis de piquillos... La générosité des assiettes n'a d'égal que leur goût. Et le menu déjeuner est un très bon plan ! Accueil et service souriants.

PLAN : A2-5 – **€€** – *15 place Maurice-Marchais – ✆ 02 97 47 69 82 – www.restaurant-boma-vannes.eatbu.com – Fermé lundi, dimanche et jeudi midi*

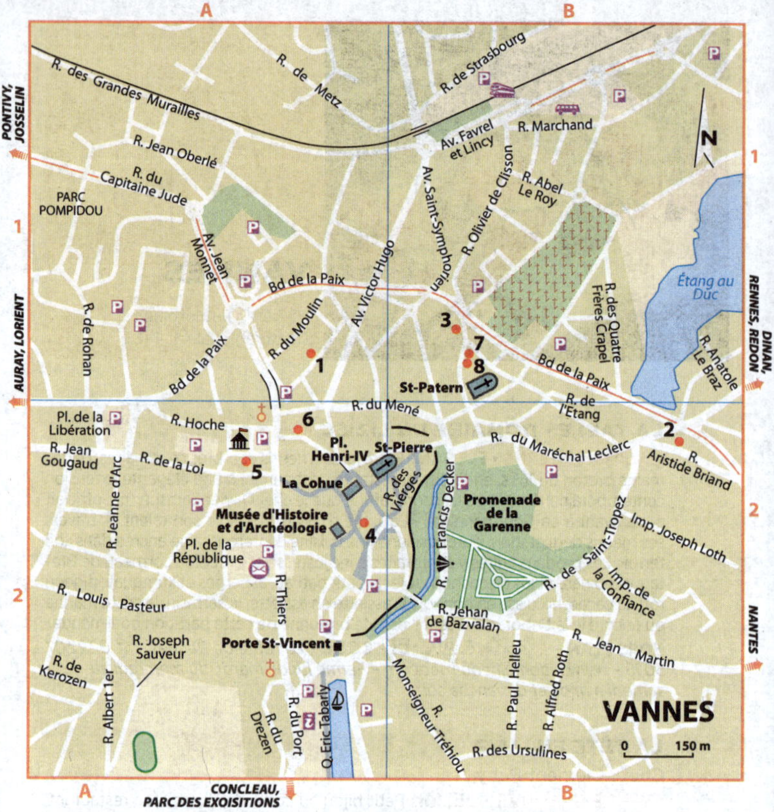

RYOKO - COMPTOIR À RAMEN

SPÉCIALITÉS DE RAMEN • TRADITIONNEL Les codes savoureux de la cuisine japonaise sont désormais tellement bien ancrés dans l'hexagone que l'on s'attable ici dans ce discret bistrot de poche à la façade noire, pour y déguster l'un des meilleurs ramens qui soit – à base de bouillon de porc (tonkotsu) ou de poulet (tori chintan), au choix ! Concoctés à base de produits locaux (comme ce porc élevé au lin ou le shiitaké du Loc'h à Plumergat), les préparations s'inscrivent avec brio dans la plus pure tradition japonaise. Ne manquez pas non plus le délicieux okonomiyaki et ses copeaux de bonite bretonne séchée sur le dessus en entrée ! Attention, l'adresse est souvent complète, et la réservation n'est pas possible.

PLAN : B1-8 - **€** - *14 rue de la Fontaine - ✆ 02 97 47 54 80 - www.ryoko.fr - Fermé lundi et dimanche*

AGORA (N)

CUISINE MODERNE • CONTEMPORAIN Guillaume Le Bozec, passé par les cuisines du Manoir de la Boulaie, du Pressoir et de la maison Troisgros, est aux commandes des fourneaux de cet établissement situé dans une rue discrète. À ses côtés, sa compagne Delphine Dugor dirige la salle avec attention. Le chef élabore une cuisine moderne, déclinée selon un menu imposé, essentiellement

composée de produits locaux, ponctuée çà et là de touches exotiques grâce à un usage subtil d'épices. La salle contemporaine est ornée de tableaux peints par le chef lui-même, offrant une ambiance chaleureuse et décontractée.
PLAN : A1-1 – *€€ – 19 rue de la Boucherie – 02 97 61 50 90 – www.agora-restaurant.fr – Fermé lundi, dimanche, et mardi et samedi à midi*

BRASSERIE DES JARDINS - DOMAINE DU LIZIEC N

CUISINE TRADITIONNELLE • CONTEMPORAIN La seconde table du Domaine du Liziec est une brasserie de caractère qui séduit par sa chaleur et son authenticité, grâce à une cuisine traditionnelle, sincère et généreuse. Pas de menu ici, mais une carte bien pensée où l'on retrouve des classiques indémodables : foie gras maison, navarin d'agneau, rognon à la moutarde, sole meunière... Les assiettes sont appliquées et goûteuses. Le convive profite d'un service dans une salle lumineuse, ouverte sur les jardins. Et s'il fallait ne choisir qu'un dessert : le kouign amann, croustillant, caramélisé et fondant, cuit à la commande, est un véritable moment de pure gourmandise.
HORS PLAN – *€€ – 20 route de Rennes – 02 22 07 50 15 – www.ledomaineduliziec.com*

EMPREINTE

Chef : Baptiste Fournier

CUISINE DU MARCHÉ • COSY Arrêtez-vous dans cette maison d'une petite place du centre-ville. À l'intérieur, une déco chaleureuse avec son parquet brut, ses tissus, sa porcelaine vintage... Baptiste et Marine Fournier travaillent avec le cœur pour servir une cuisine particulièrement léchée, réalisée grâce aux poissons des halles et aux légumes de producteurs. Menu-carte au déjeuner, menus surprise le soir. Vins naturels.

L'engagement du chef : Nous mettons en œuvre tout ce qui est utile, raisonnable et responsable pour valoriser notre territoire, ses producteurs et notre travail. Approvisionnements hyper locaux auprès de maraîchers engagés, avec une saisonnalité absolue sur les légumes et les fruits, majoritairement bio ; cueillette sauvage ; petite pêche côtière et responsable en direct ; tri sélectif ; valorisation des déchets organiques en compost ; épicerie achetée en vrac, sans emballage ; eau micro-filtrée.
PLAN : A2-4 – *€€ – 15 place Valencia – 02 97 46 06 42 – www.empreinte-restaurant.fr – Fermé lundi, dimanche, samedi midi et le soir sauf vendredi et samedi*

INSPIRATIONS

CUISINE MODERNE • CONTEMPORAIN Un jeune couple de professionnels est venu puiser son inspiration au cœur de la ville dans cet établissement au décor élégant et chaleureux pensé jusque dans ses moindres détails (mosaïques, tapisseries inspirées de dessins des plats du chef, mobilier sur mesure...). Seiche en raviole, Noilly Prat, ail des ours et morilles ; turbot, petits pois et étonnante sauce yaourt au koji : le chef Alexandre Juton s'inspire aussi de la saison pour concocter de jolies et savoureuses assiettes qui témoignent de son métier et de son parcours dans les maisons renommées.
PLAN : B1-7 – *€€ – 22 rue de la Fontaine – 02 97 47 57 52 – www.restaurant-inspirations.fr – Fermé lundi, dimanche et mercredi midi*

IODÉ

CUISINE CRÉATIVE • CONTEMPORAIN Iodé : une enseigne, mais aussi une identité culinaire ! Cette table est portée par la cheffe Sophie Reignier et le chef pâtissier Julien Noray, tous deux venus à la cuisine sur le tard. Leur rencontre chez Alan Geaam à Paris les a réunis grâce à une même sensibilité. Leur table raconte une Bretagne singulière, où les notes marines servent de fil d'Ariane. Produits d'exception choisis avec rigueur, assiettes lisibles, épurées, saveurs nettes. Autant de qualités qui n'empêchent pas le foisonnement de bonnes idées : mulet en gravelax, anguille laquée à la mélasse de grenade, lait ribot parfumé au kari gosse, chou-fleur en gelée... Quant à la langoustine, elle est poêlée au beurre mousseux, soulignée de criste marine, de gras de cochon et d'un jus profond – un bel exercice d'équilibre entre terre et mer.

PLAN : B2-2 – ♿ – **€€€** – *9 rue Aristide-Briand – ✆ 02 97 47 76 14 – www.restaurant-iode-vannes.com – Fermé lundi, mardi et dimanche soir*

NOMAD

CUISINE MODERNE • CONTEMPORAIN Le « nomade », c'est bien le chef Arnaud Tavares : il a travaillé dans le monde entier ou presque, de la Suisse jusqu'à la Thaïlande. Tempura de maquereau, velours de potimarron, gingembre frit et baie de kororima ; merlu rôti, écume façon bouillabaisse, aïoli, fenouil, soubressade et melba de pain ; pêche pochée à la verveine, granola, siphon amande et gel de pêche : notre globe-trotter vif-argent sait marier les saveurs et les goûts avec vivacité. Ce grand voyageur sait également tirer profit des produits locaux (légumes et fruits bio, poissons de la criée de Lorient...). Menu déjeuner à tarif doux.

PLAN : A2-6 – – **€€** – *18 rue Émile-Burgault – ✆ 02 97 42 58 85 – www.nomad-vannes.fr – Fermé lundi et dimanche*

DOMAINE DU LIZIEC - MGALLERY COLLECTION

MODERNE • VERDOYANT Dans ce château du 16e s., l'histoire rencontre la modernité. Les murs pluriséculaires côtoient désormais d'audacieuses structures noir-et-or, créant un dialogue entre les époques dans le respect de l'une et de l'autre. À l'intérieur, 71 chambres et suites s'ouvrent sur la forêt et les jardins, dont leur décoration s'inspire : bois, pierre et textures douces. Côté détente, un spa et un parc remarquable parsemé de vergers, de jardins de simples et de sentiers de promenade.

– **71 chambres** – *20 route de Rennes – ✆ 02 22 07 50 15*

✿ **La Table • Brasserie des Jardins** - Voir la sélection des restaurants

HÔTEL & SPA LE MAURY VANNES

MODERNE • RAFFINÉ À quelques pas des remparts du vieux Vannes, cet hôtel est le plus proche du centre historique. Il occupe un immeuble d'angle moderne avec quatre niveaux de chambres et suites baignées de soleil. La décoration est élégante et sobre, avec des parquets clairs, un éclairage chaleureux et une palette de blanc, beige et turquoise profond. Une suite au dernier étage, sous la pente du toit est particulièrement luxueuse, avec son jacuzzi pour deux, mais les chambres standard offrent aussi une vue sur la jolie place en contrebas.

– **45 chambres** – *31 rue du Lieutenant-Colonel Maury – ✆ 02 97 47 26 46*

LES VANS

✉ 07140 - Ardèche - Carte régionale n° **20**-C3

LIKOKÉ

Chef : Guido Alfredo Niño Torres

CUISINE CRÉATIVE • DESIGN Likoké, c'est la plus internationale des tables ardéchoises ! Le Belge Cyriel Huysentruyt, en charge de la salle et des vins, travaille main dans la main avec le chef colombien Guido Niño Torres, qui respecte l'ADN globe-trotteur de la maison : au fil d'un menu unique, il décline des assiettes ludiques et colorées, comme des invitations au voyage, parfois inspirées d'un souvenir, d'une rencontre, d'un événement passé... Parmi les incontournables, le ceviche de truite maturée, dont la composition varie au fil des saisons. Tout est basé sur la production locale - fromages, légumes, pigeon... Une table bien dans sa peau, qui n'en finit pas de surprendre.

L'engagement du chef : Tous les matériaux utilisés en salle proviennent des environs : pierre, fer, bois flotté... Aucun aliment n'est importé : alternatives locales au cacao (châtaigne torréfiée, petit lait de fromage de chèvre réduit), truite bio ikejime, viandes de petits élevages achetées sur carcasse pour limiter le gaspillage... Ce qui n'est pas utilisé est transformé (garum, samba), séché (charcuterie maison), ou fermenté (conserves, vinaigres).

*♿ AC - **€€€€** - 33 route de Païolive - ✆ 04 75 88 09 74 - www.likoke.fr - Fermé lundi, mardi, dimanche et mercredi midi*

VARADES

✉ 44370 - Loire-Atlantique - Carte régionale n° **9**-C3

LA CLOSERIE DES ROSES

CUISINE TRADITIONNELLE • CONTEMPORAIN Entouré de rosiers, ce restaurant ancré depuis 1938 en bord de Loire offre une jolie vue sur le fleuve et l'église abbatiale St-Florent-le-Vieil. Dans une agréable salle contemporaine, le chef sert une cuisine traditionnelle aux influences régionales (merlu, lieu jaune, agneau fermier, ris de veau) accompagnée de sauces au registre classique (beurre blanc, jus aux crustacés, sauce vineuse).

*♿ AC - **€€** - 455 rue de la Haute-Meilleraie - ✆ 02 40 98 33 30 - www.lacloseriedesroses.com - Fermé mardi, mercredi, et lundi et dimanche soir*

VARENGEVILLE-SUR-MER

✉ 76119 - Seine-Maritime - Carte régionale n° **3**-B1

LA TABLE D'ELKA (N)

CUISINE MODERNE • CONTEMPORAIN Le chef Laurent Kleczewski et son épouse Élodie ont installé leur restaurant à Varengeville-sur-Mer, dans une ancienne longère rénovée et prolongée d'une extension contemporaine. Autour, un terrain planté d'arbres fruitiers et un petit jardin d'herbes qu'ils cultivent eux-mêmes, visibles à travers les larges parois vitrées. Le chef met à l'honneur les richesses normandes, comme le turbot ou le bar des côtes toutes proches, pour composer une cuisine généreuse et gourmande. Solidement ancrée dans les classiques, la palette gourmande est rehaussée de touches exotiques : poisson du moment, sauce dashi beurrée et algues de Varengeville-sur-Mer ; filet de bœuf, sauce poivrade à l'olive et aux raisins secs.

*♿ P - **€€€** - 2 place des Canadiens - ✆ 02 35 40 29 88 - www.restaurant-elka.fr - Fermé mardi et mercredi, et dimanche soir*

VARENNES-VAUZELLES

✉ 58640 - Nièvre - Carte régionale n° **16**-C2

LE BENGY

CUISINE TRADITIONNELLE • CONVIVIAL Au nord de Nevers, cet ancien relais routier est entre les mains d'un jeune couple sympathique. Le chef propose une plaisante cuisine traditionnelle (lotte rôtie, fumet au curry et citronnelle, tatin de courgette et tomate ; suprême de volaille, farce aux foies de volaille et Porto) ainsi qu'un menu végétarien. Aux beaux jours, optez pour la terrasse au calme, à l'arrière.

- €€ - *25 route de Paris - ✆ 03 86 38 02 84 - www.le-bengy-restaurant.com - Fermé lundi et dimanche*

VAUDEVANT

✉ 07410 - Ardèche - Carte régionale n° **20**-D2

LA RÉCRÉ

CUISINE MODERNE • CONVIVIAL Installé dans l'ancienne école de garçons du village, dont il a conservé les vestiges - tableau noir, cartes de géographie -, ce restaurant ne pouvait mieux porter son nom. On y découvre des créations pétillantes, qui piochent allègrement dans les produits du terroir ; et c'est encore meilleur lorsqu'on est attablé dans la cour ombragée...

- €€ - *70 route de Satillieu - ✆ 04 75 06 08 99 - www.restaurant-la-recre.com - Fermé lundi et mardi, et le soir sauf samedi*

LE VAUDREUIL

✉ 27100 - Eure - Carte régionale n° **3**-B2

LA TABLE D'ALVA

CUISINE MODERNE • CONTEMPORAIN À quelques encablures de l'Eure, cette table moderne met en lumière les talents du chef Valentin Harou et de la pâtissière Alice Picard, tous deux formés dans de grandes maisons (Le Meurice, Le K2, L'Oiseau Blanc...). Foi de chef normand, leur cuisine suit le fil des saisons et valorise les productions locales, non sans quelques clins d'œil gourmands : gougère au camembert, trou normand au sorbet de pomme Cox et calvados...

- €€€ - *19 place du Général-de-Gaulle - ✆ 02 32 25 97 41 - www.latabledalva.com - Fermé mercredi, et lundi, mardi et dimanche soir*

VAUGINES

✉ 84160 - Vaucluse - Carte régionale n° **28**-E1

INSITIO

CUISINE MODERNE • SIMPLE Insitio signifie greffe... Une bouture qui est aussi une réussite pour ce chef italien originaire de la région milanaise ! Au sein d'un menu qui change chaque semaine, on se régale d'un œuf parfait aux mogettes, pecorino et chou-fleur, ou d'un filet de canette au cassis, chou rouge et poivre de Sichuan. Avec sa petite terrasse ombragée qui ouvre sur la place d'un charmant village face à une fontaine, le lieu achève de nous retenir, et, qui sait, de nous ramener aux origines du goût...

- €€ - *33 place de la Mairie - ✆ 04 90 77 11 08 - www.insitiorestaurant.com - Fermé lundi et dimanche*

VAULT-DE-LUGNY

✉ 89200 - Yonne - Carte régionale n° **12**-B2

LE VALUCIEN - CHÂTEAU DE VAULT-DE-LUGNY

CUISINE MODERNE • ÉPURÉ Dans l'un de ses romans, Michel Houellebecq met en scène la terrasse de ce château qui s'ouvre face à un vaste parc et un platane du 17e s. Le chef mauricien Franco Bowanee cisèle une fine cuisine actuelle qu'il émaille de petites touches d'exotisme. Ses assiettes franches et savoureuses mettent en valeur non seulement les produits nobles, mais aussi les légumes du potager du domaine. On s'attable dans une salle à manger entièrement vitrée qui s'intègre parfaitement à l'environnement naturel.

- **€€€€** - *11 rue du Château* - *03 86 34 07 86* - *www.lugny.fr* - *Fermé mercredi, jeudi, et le midi sauf samedi et dimanche*

CHÂTEAU DE VAULT-DE-LUGNY

TRADITIONNEL • RAFFINÉ En lisière de la réserve naturelle du Morvan, un parc d'une centaine d'hectares abrite le Château de Vault de Lugny, une résidence aristocratique du 17e s. qui a conservé son opulence en devenant un hôtel de luxe. Treize chambres - belles et parfaitement confortables, même mansardées - et trois suites, dont l'une était autrefois réservée au Roi. Parmi les activités : tennis, équitation, dégustations de vins et pêche au brochet dans les douves. Et bien sûr, un restaurant gastronomique, qui sert une cuisine française raffinée, aussi charmante que son cadre.

- **16 chambres** - *11 rue du Château* - *03 86 34 07 86*

Le Valucien - Voir la sélection des restaurants

VAUVENARGUES

✉ 13126 - Bouches-du-Rhône - Carte régionale n° **28**-D3

LA TABLE DE L'HÔTEL SAINTE-VICTOIRE

CUISINE CRÉATIVE • CONTEMPORAIN Le chef brésilien Mateus Marangoni propose une étonnante cuisine aux notes exotiques, fruit de sa culture sud-américaine et de ses expériences en Espagne. Les assiettes se révèlent équilibrées, pleines de fraîcheur ; aux beaux jours, elles se dégustent sur la terrasse, face à la Sainte-Victoire et au château de Vauvenargues.

- **€€€** - *33 avenue des Maquisards* - *04 42 54 01 01* - *www.hotelsaintevictoire.com*

HOTEL SAINTE VICTOIRE VAUVENARGUES *Plus*

MODERNE • CHALEUREUX Le nom de l'hôtel ne ment pas : les chambres, dont certaines ont une terrasse ou un balcon, offrent une vue imprenable sur la fameuse montagne Sainte-Victoire. On apprécie la déco design et chaleureuse, mais aussi une gamme de services assez complète : piscine exposée plein sud, espace de séminaire, parking privé fermé...

- **15 chambres** - *33 avenue des Maquisards* - *04 42 54 01 01*

La Table de l'Hôtel Sainte-Victoire - Voir la sélection des restaurants

VAUX-EN-BEAUJOLAIS

✉ 69460 - Rhône - Carte régionale n° **21**-A1

AUBERGE DE CLOCHEMERLE

Chef : Romain Barthe

CUISINE MODERNE • CONTEMPORAIN On se sent bien dans cette charmante auberge en pierres de Clochemerle, située au cœur d'un joli petit village viticole. Dans un cadre chic et cosy, le menu surprise (où seuls les ingrédients sont évoqués) fait la part belle aux produits de saison, mis en scène dans des assiettes soigneusement élaborées. Une jolie cuisine maîtrisée et goûteuse, d'apparence classique mais toujours ponctuée de touches originales (condiment au piment japonais, sauce maury-chocolat...). Quelques chambres confortables pour l'étape.

- €€€ - 173 rue Gabriel-Chevallier - 04 74 03 20 16 - www.aubergedeclochemerle.fr - Fermé du lundi au mercredi

VAUX-SUR-MER

17640 – Charente-Maritime – Carte régionale n° **18**–A2

LE SENS 7367

CUISINE MODERNE • COSY Dans ce petit village proche de Royan, ce restaurant contemporain est le repaire de Frédéric Loivel. C'est un artisan du genre créatif : sa cuisine moderne met en valeur des produits de saison, à travers des associations qui matchent bien et multiplient les clins d'œil au Japon (panko, yuzu, matcha, bœuf Kagoshima...). La salle à manger mélange avec goût des éléments de décor chinés ici et là.

- €€€ - 141 boulevard de la Côte-de-Beauté - 05 46 85 83 49 - www.le-7367-le-sens.com - Fermé du lundi au mercredi

VAYRES

33870 – Gironde – Carte régionale n° **22**–B2

FELICITÀ TRATTORIA N

CUISINE ITALIENNE • COSY Face à la petite gare du village, une élégante bâtisse en pierres bordelaises accueille désormais une trattoria raffinée. Le chef et propriétaire Pierre Rigothier a renoncé à la bistronomie de Lune pour faire place à l'Italie (une passion) dans un cadre cosy à l'esprit rétro : murs de pierres claires, table d'hôte en bois massif, sièges en cannage et velours. À l'assiette, simplicité apparente mais maîtrise rigoureuse des cuissons et assaisonnements, du vitello tonnato au risotto parfait. Reflet d'un vrai savoir-faire, la carte est assez variée et ne propose que du fait maison.

- €€ - 56 avenue de Libourne - 05 47 84 90 98 - www.felicita-vayres.com - Fermé lundi, dimanche, samedi midi et mardi soir

VELLUIRE

85770 – Vendée – Carte régionale n° **14**–C2

AUBERGE DE LA RIVIÈRE

CUISINE MODERNE • AUBERGE Le frémissement du cours d'eau tout proche, le lierre qui escalade la façade : dans cette auberge vendéenne, tout est charmant et bucolique, tout invite à la rêverie... et à la gourmandise ! De beaux produits, des herbes aromatiques, des assaisonnements subtils : on sent la patte d'un vrai passionné de gastronomie, et on ne résiste pas moins à la douceur des desserts, que l'on déguste dans la jolie salle à manger. Le menu change toutes les deux semaines. Quelques chambres pour des nuits au calme face à la rivière Vendée, et pour les esprits baladeurs, barques et VTT à la location. Le bonheur, quoi.

- €€€ - Rue du Port-de-la-Fouarne - 02 51 52 32 15 - www.hotel-riviere-vendee.com - Fermé lundi, mardi et jeudi à midi , et dimanche soir

VENCE

✉ 06140 - Alpes-Maritimes - Carte régionale n° **29**-E2

NACL

CUISINE MODERNE • SIMPLE Au cœur des remparts médiévaux de Vence, ce petit restaurant dont le nom fait référence au sel (rappelez-vous vos cours de chimie : "NaCl", la formule chimique du chlorure de sodium !) propose une cuisine de saison authentique qui va droit au but. La carte change selon le marché, et le menu déjeuner est une très bonne affaire. Service convivial.

- **€€** - *4 place Georges-Clemenceau - 04 93 58 50 64 - www.nacl-restaurant-vence.eatbu.com - Fermé mercredi, jeudi, lundi midi et dimanche soir*

LE SAINT-MARTIN

CUISINE MODERNE • LUXE Un ravissement pour les yeux : voici le cadre chic et raffiné de l'hôtel Saint-Martin, dont les chambres offrent une vue à couper le souffle sur les collines de Vence et la Méditerranée... Dans la salle à manger cossue, ou sur la superbe terrasse, on déguste des assiettes bien composées, grâce à des cuissons maîtrisées et à quelques jolies trouvailles dans les associations de produits.

- **€€€€** - *2490 avenue des Templiers - 04 93 58 02 02 - www.oetkercollection.com/hotels/chateau-saint-martin*

CHÂTEAU SAINT-MARTIN & SPA

CLASSIQUE • CHAMPÊTRE Cadre d'exception pour ce luxueux hôtel provençal dominant Vence et la mer depuis son vaste parc planté d'oliviers. Les villas, nichées dans la verdure, sont d'un parfait confort. Les chambres et suites mêlent le contemporain au provençal. La superbe piscine et le spa délicieux parachèvent ce luxe sans ostentation : l'élégance, en somme.

- **46 chambres** - *2490 avenue des Templiers - 04 93 58 02 02*

Le Saint-Martin - Voir la sélection des restaurants

VENDÔME

✉ 41100 - Loir-et-Cher - Carte régionale n° **10**-C2

LE MALU

CUISINE MODERNE • CONTEMPORAIN Cette ancienne caserne militaire sous Napoléon III a été reconvertie en lieu de bouche, et c'est le chef Ludovic Brethenoux qui fait parler la poudre. Originaire du Périgord, formé notamment à La Villa Madie à Cassis, il se plaît dans le Vendômois et sa cuisine actuelle, précise et soignée, en témoigne. On se régale.

- **€€** - *1 route de Tours (à Villerable) - 02 54 80 40 12 - www.lemalu2.wixsite.com/restaurantlemalu - Fermé lundi et mardi, et dimanche soir*

MORIS

CUISINE MODERNE • CONTEMPORAIN Au bord du Loir, ce bistrot jouxte le pont qui mène à la vieille ville. Le chef ne jure que par les circuits courts et met les saisons à l'honneur dans sa cuisine, qu'on accompagnera de vins nature judicieusement choisis. À déguster, aux beaux jours, sur deux terrasses, dont une au premier étage, en surplomb de la rivière... Délicieux.

- **€€** - *77 rue du Change - 09 83 48 30 13 - www.morislerestaurant.com - Fermé lundi, mardi et dimanche*

VENTABREN

✉ 13122 - Bouches-du-Rhône - Carte régionale n° **28**-D3

✿ DAN B.

Chef : Dan Bessoudo

CUISINE MODERNE • DESIGN Assurément l'un des restaurants les plus élégants de la région, au cœur de la charmante bourgade de Ventabren, pittoresque village perché. Le cadre frappe par sa modernité : mobilier scandinave, jeux de miroirs au plafond, sans oublier la superbe vue panoramique sur l'étang de Berre et la vallée de l'Arc. Dans l'assiette, le créativité est aussi au rendez-vous, sous la houlette du chef toulonnais Dan Bessoudo : cuisine colorée et fraîche, tout en contrastes, réalisée à base de produits locaux bien choisis.

- €€€€ - 1 rue Frédéric-Mistral - ✆ 04 42 28 79 33 - www.danb.fr - Fermé lundi, mardi et mercredi midi

VENTRON

✉ 88310 - Vosges - Carte régionale n° **7**-C3

✿ LE M - DOMAINE DE MONTAGNE (N)

CUISINE MODERNE • ÉLÉGANT Au cœur du massif vosgien, ce luxueux chalet hôtel avec spa invite à la déconnexion totale, entouré par une nature sauvage préservée. En haut de cette montagne règne une quiétude régénérante, voire une certaine ambiance monacale : le site fut l'ermitage du Père Joseph, avant de devenir une petite station de ski. Dans ce lieu à part, on s'adonne désormais aux joies de la table, grâce à Benoit Potdevin (Le K au Domaine de la Klauss, étoilé en Moselle), épaulé par un chef sur place. Inspirés du terroir régional, leurs menus (dont l'un entièrement végétal) font assaut de précision et de finesse gustative : truite en cuisson douce, girolles et velours de vin jaune ; pigeon des Vosges en deux services, navet et condiment cerise... Des délices portés par un service affable et efficace.

- €€€€ - 5001 route de Frère-Joseph - ✆ 03 29 28 20 01 - www.domainedemontagne.com - Fermé les midis

VERGONGHEON

✉ 43360 - Haute-Loire - Carte régionale n° **20**-B2

LA PETITE ÉCOLE

CUISINE MODERNE • CONVIVIAL Ce restaurant a remplacé l'ancienne école du village voilà quelques années. La cuisine, fine et savoureuse, mérite un A sans hésitation. Copie parfaite pour ces créations précises et savoureuses, que l'on doit à un chef amoureux du bon produit. Une cantine de choix, sans fausse note, doublée d'un excellent rapport qualité-prix.

- €€ - Rilhac - ✆ 04 71 76 97 43 - www.restaurant-lapetiteecole.com - Fermé du lundi au mercredi, du jeudi au samedi à midi, et dimanche soir

VERNEUIL-D'AVRE-ET-D'ITON

✉ 27130 - Eure - Carte régionale n° **3**-A3

LE MADELEINE PAR CYRIL COUTIN

CUISINE MODERNE • CONTEMPORAIN Charmant petit restaurant entièrement restauré sous la houlette de ses nouveaux propriétaires, le chef Cyril Coutin et son épouse. Derrière la devanture, on découvre une salle charmante où l'ancien - pierres, poutres apparentes - côtoie le contemporain (le camaïeu de vert sur les murs). Dans l'assiette, le chef met tout son métier au service des produits du moment (courgette, fenouil, pêche, verveine…) pour servir une cuisine qui fait envie à l'instar de ce beau tronçon de turbot, fenouil confit relevé d'un pesto de câpres, citron et échalotes. Service souriant et aimable.

♿ - **€€€** - *206 rue de la Madeleine - ✆ 09 73 37 51 86 - www.lemadeleineparcyrilcoutin.fr - Fermé mardi et mercredi, et dimanche soir*

VERNON

✉ 27200 - Eure - Carte régionale n° **3**-B2

BLOSSOM BISTROT

CUISINE MODERNE • BISTRO En bord de Seine, cette table regarde les falaises calcaires de Giverny et les péniches de passage. Le cadre est plaisant et l'atmosphère avenante : sol en béton ciré, murs à la chaux et mobilier ancien de bistrot. Gabin Rodes, jeune chef originaire de Vernon et formé à la Mare aux Oiseaux d'Éric Guérin, revisite les classiques bistrotiers sans les dénaturer, comme ces poireaux vinaigrette rehaussés d'herbes fraîches et de fromage bleu. Démarche locavore poussée, avec des produits issus d'un périmètre de 100 km. Menu plus simple au déjeuner.

- **€€** - *35 quai Anatole-Caméré - ✆ 02 32 54 46 09 - www.blossombistrot.fr - Fermé mercredi et jeudi, et mardi soir*

VERNOU-EN-SOLOGNE

✉ 41230 - Loir-et-Cher

LA BORDE EN SOLOGNE - CHÂTEAU & SPA

Plus

CLASSIQUE • RAFFINÉ Tous les châteaux de la Loire ne sont pas des musées : cet élégant domaine du 17e s. met ses jardins à la française et à l'anglaise, son lac, sa ferme, et bien sûr le château à la disposition de ses clients. Les deux piscines, le spa et les courts de tennis ajoutent encore à l'attrait de la propriété. Les chambres et les suites sont spacieuses et raffinées, mariant antiquités et de pièces de créateurs, ainsi que de grandes salles de bains modernes. La salle à manger palatiale accueille du petit déjeuner au dîner. Vélos à disposition.

♿ - **35 chambres** - *Château de Laborde*

VERRIÈRES-DE-JOUX

✉ 25300 - Doubs - Carte régionale n° **13**-C2

LA TABLE DU TILLAU

CUISINE MODERNE • MONTAGNARD À quelques mètres de la frontière suisse, cette ferme franc-comtoise en pierre et bois ancien respire la sérénité, tout comme ses chambres élégantes décorées à la manière d'un chalet de montagne. Une cuisine moderne fait honneur aux produits souvent régionaux.

♿ - **€€€** - *Le Mont des Verrières - ✆ 03 81 69 46 72 - www.letillau.com - Fermé lundi, mardi, du mercredi au vendredi à midi, et dimanche soir*

VERSAILLES

✉ 78000 – Yvelines – Carte régionale n° **11**–B1

✿ DUCASSE AU CHÂTEAU DE VERSAILLES - LE GRAND CONTRÔLE

CUISINE CLASSIQUE • HISTORIQUE Au sein de l'hôtel des Airelles, cet établissement luxueux, chargé d'histoire et intimement lié au château de Versailles, mélange mise en scène théâtrale (accueil par un valet et personnel en costume d'époque) et cuisine sur mesure. La carte, signée Alain Ducasse, est composée de préparations réalisées avec des produits de belle qualité, où l'ADN "naturalité" du maître des lieux n'est jamais loin. Sur place, le chef Stéphane Duchiron fait preuve d'une belle maîtrise technique, avec des cuissons et des assaisonnements maîtrisés, des sauces et des jus d'une belle qualité aux saveurs franches et marquées.

PLAN : A3-6 – **€€€€** – *12 rue de l'Indépendance-Américaine – ✆ 01 85 36 05 50 – www.airelles.com/fr/destination/chateau-de-versailles-hotel*

✿ GORDON RAMSAY AU TRIANON

CUISINE CRÉATIVE • ÉLÉGANT Inauguré en 1910 à la lisière du parc du château, l'hôtel Trianon Palace impose sa silhouette altière aux promeneurs qui s'en approchent. Un lieu tout indiqué pour accueillir le travail – et le caractère bien trempé ! – de Gordon Ramsay, déjà triplement étoilé à Londres. En poste sur place, le chef Gabriele Ravasio met en musique une partition qui célèbre le beau produit et joue principalement sur la simplicité et la pertinence des recettes. Une créativité bien maîtrisée, de jolies saveurs... on passe un très agréable moment en ces lieux, d'autant que le cadre n'est pas en reste : une élégante et lumineuse salle à manger baroque, dont les baies vitrées donnent directement sur le parc...

PLAN : A1-1 – **€€€€** – *1 boulevard de la Reine – ✆ 01 30 84 50 18 – www.waldorfastoriaversailles.fr – Fermé lundi, dimanche et le midi*

✿ LA TABLE DU 11

Chef : Jean-Baptiste Lavergne-Morazzani

CUISINE MODERNE • CONTEMPORAIN Étoilé depuis 2016, le chef Jean-Baptiste Lavergne-Morazzani continue de ravir les palais dans son restaurant, au cadre moderne et épuré, niché dans la Cour des Senteurs, à deux pas du Château de Versailles. Renouvelé régulièrement, son menu imposé en plusieurs séquences invite à une découverte minutieuse et gourmande de saveurs à l'image de cette langoustine marinée, posée sur un riz tiède légèrement vinaigré, feuilles d'agastache, accompagnée d'une délicieuse émulsion de langoustines. L'attention se porte sur les saisons, la qualité des produits : bio en général, issus de la pêche et de l'élevage durables, mais aussi du potager familial... Carte des vins riche et variée pour cette table qui mérite sa réputation.

PLAN : A2-2 – **€€€€** – *8 rue de la Chancellerie – ✆ 09 83 34 76 00 – www.latabledu11.com – Fermé lundi et dimanche*

LAFAYETTE

CUISINE MODERNE • TENDANCE Contiguë à son premier restaurant, Lafayette est la table branchée de Xavier Pincemin, avec salles en enfilade et cadre Art déco. Le chef s'amuse et nous régale avec une carte qui mixe des

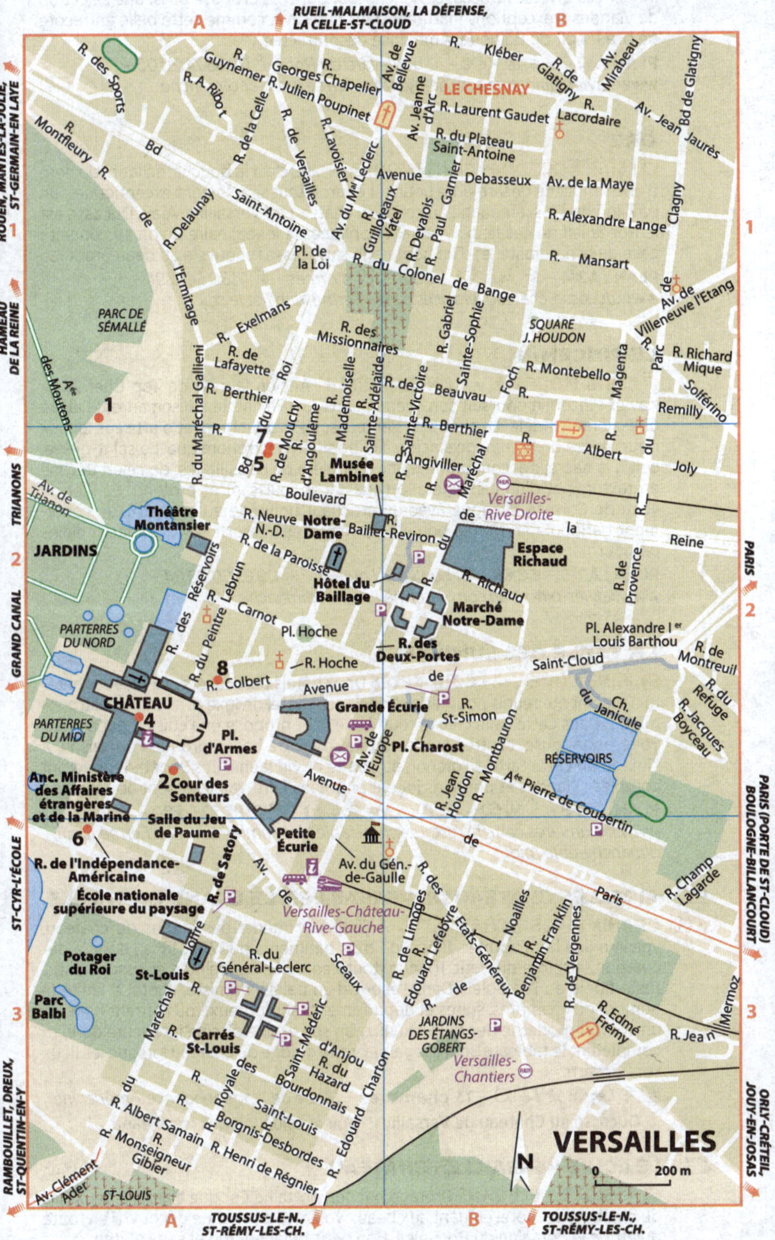
RUEIL-MALMAISON, LA DÉFENSE, LA CELLE-ST-CLOUD
A
B
1
2
3
ROUEN, MANTES-LA-JOLIE, ST-GERMAIN-EN-LAYE
HAMEAU DE LA REINE
TRIANONS
GRAND CANAL
ST-CYR-L'ÉCOLE
RAMBOUILLET, DREUX, ST-QUENTIN-EN-Y
PARIS
PARIS (PORTE DE ST-CLOUD) BOULOGNE-BILLANCOURT
ORLY-CRÉTEIL, JOUY-EN-JOSAS
TOUSSUS-LE-N., ST-RÉMY-LES-CH.
LE CHESNAY
PARC DE SÉMALLÉ
JARDINS
Théâtre Montansier
PARTERRES DU NORD
CHÂTEAU
PARTERRES DU MIDI
Anc. Ministère des Affaires étrangères et de la Marine
Salle du Jeu de Paume
Cour des Senteurs
Pl. d'Armes
Grande Écurie
Petite Écurie
Pl. Charost
Musée Lambinet
Notre-Dame
Hôtel du Baillage
Marché Notre-Dame
Espace Richaud
R. des Deux-Portes
Pl. Hoche
Versailles-Rive Droite
Versailles-Château-Rive-Gauche
Versailles-Chantiers
RÉSERVOIRS
SQUARE J. HOUDON
JARDINS DES ÉTANGS-GOBERT
R. de l'Indépendance-Américaine
École nationale supérieure du paysage
Potager du Roi
Parc Balbi
St-Louis
Carrés St-Louis
ST-LOUIS
Pl. Alexandre Ier Louis Barthou
Boulevard de la Reine
Avenue de Saint-Cloud
Avenue de Paris
Av. du Gén.-de-Gaulle
Av. de Sceaux
Bd Saint-Antoine
Av. de Trianon
Ch. du Janicule
Ae Pierre de Coubertin
Ae des Moutons
Av. Clément Ader
1
2
4
5
6
7
8
VERSAILLES
N
0 200 m

influences diverses (tacos, ceviche, bœuf tigre) et propose aussi une sélection de viandes d'exceptions maturées dans une cave, comme cette belle entrecôte de bœuf noir de Baltique. Ambiance décontractée.
PLAN : A2-7 - ♿ AC - **€€** - *10 boulevard du Roi - ✆ 09 83 74 20 05 - www.xavier-pincemin.com/lafayette - Fermé lundi et dimanche*

ORE

CUISINE MODERNE • CONTEMPORAIN Ore, c'est la bouche, en latin. Un nom d'une simplicité désarmante pour cet endroit tout simplement exceptionnel : un pavillon du 17ᵉ s. aménagé au cœur du château de Versailles. Alain Ducasse est le Roi-Soleil de ces lieux, y faisant appliquer la loi culinaire qu'on lui connaît : celle de la naturalité, et d'un hommage sans cesse renouvelé au beau produit.
PLAN : A2-4 - **€€** - *Place d'Armes - ✆ 01 30 84 12 96 - www.ducasse-chateauversailles.com - Fermé lundi, et le soir*

LE PINCEMIN

CUISINE MODERNE • CONTEMPORAIN Ancien lauréat de Top Chef 2016, Xavier Pincemin poursuit son chemin dans sa ville natale, où son adresse attire une clientèle fidèle. Le chef a su s'entourer de producteurs et d'artisans locaux pour rendre un hommage sincère à la tradition gastronomique. Le saint-pierre, cuit à la nacre, s'accompagne d'une marinière de coquillages, de céleri décliné en textures et d'un jus végétal à l'agastache, puissant et profond. Le filet de veau de Corrèze dialogue avec un artichaut poivrade au pastrami, un condiment barigoule et un très bon jus de veau. Les desserts sont eux aussi pleins de gourmandise.
PLAN : A2-5 - **€€€€** - *10 boulevard du Roi - ✆ 09 83 50 29 64 - www.xavier-pincemin.com - Fermé lundi et dimanche*

LA TABLE DES LUMIÈRES

CUISINE MODERNE • BOURGEOIS Deux hôtels particuliers aux façades hétéroclites ont été réunis pour faire étinceler cet hôtel de luxe et sa table gastronomique. Dans cette salle chic et feutrée, le chef propose une cuisine généreuse, voire partageuse, centrée sur le végétal, avec de beaux produits de saison, à l'image de cette tarte à l'oignon au comté et vin jaune. Les végétariens seront comblés : viandes et poissons jouent plutôt les faire-valoir, et sont optionnels.
PLAN : A2-8 - ♿ AC - **€€€** - *5 rue Colbert - ✆ 01 87 50 05 00 - www.leslumieres.com/fr/restaurant-la-table-des-lumieres.html - Fermé lundi, dimanche et le midi*

AIRELLES CHÂTEAU DE VERSAILLES, LE GRAND CONTRÔLE

GRAND STYLE • CHAMPÊTRE À l'intérieur même des jardins du château, voici un lieu hors normes. Il occupe trois bâtiments du 17ᵉ et 18ᵉ s., dont la décoration, inspirée du Petit Trianon, toute en boiseries peintes et tissus fleuris, reste fidèle au Roi Soleil. Dans l'esprit d'un palais intimiste, l'hôtel a limité le nombre de chambres, suites et appartements somptueux, tous offrant bien sûr un confort moderne des plus luxueux. Un spa et une piscine intérieure de 15 m complètent le tableau. Bonus royal : la visite guidée du château lorsque les lieux sont déserts.
AC - **13 chambres** - *12 rue de l'Indépendance Américaine*
Ducasse au Château de Versailles - Voir la sélection des restaurants

LE LOUIS VERSAILLES CHÂTEAU

Plus

CLASSIQUE • ÉLÉGANT Protégé par son portail d'époque classé, à deux pas du château, cet hôtel élégant aux beaux volumes permet de découvrir en toute quiétude le domaine du Roi Soleil. Bon petit-déjeuner bio et sans gluten.
♿ AC P - **157 chambres** - *2 bis avenue de Paris - ✆ 01 39 07 46 46*

LES LUMIÈRES VERSAILLES

GRAND SIÈCLE • MODERNE Littéralement voisin du Château de Louis XIV, cet hôtel installé dans deux pavillons minutieusement restaurés est pratiquement un musée en lui-même, dont les espaces communs évoquent l'élégance classique du Grand Siècle : des lustres en cristal, des miroirs infinis ou encore un escalier somptueux. Les chambres et suites, vastes et hautes sous plafond, affichent une touche plus moderne, jetée par des motifs audacieux et des éclats colorés turquoise ou marine. Certaines offrent une vue directe sur le Château, tout comme le magnifique café avec ses banquettes rose pâle et ses hautes fenêtres cintrées, le bar et la charmante pâtisserie.

31 chambres - *5 rue Colbert*

La Table des Lumières - Voir la sélection des restaurants

VESC

26220 - Drôme - Carte régionale n° **24**-B2

CHEZ MON JULES

CUISINE DU TERROIR • BISTRO Dans un décor de bois parsemé d'objets chinés, on se régale d'une savoureuse cuisine du terroir, à travers un menu qui fait la part belle aux saisons. La caillette maison au foie gras, ou encore cette poitrine de cochon de Dieulefit, laquée, légumes du coin, sauront ravir vos papilles. Aux beaux jours, profitez de la terrasse à l'ombre des canisses : le panorama vaut le coup d'œil...

- **€€€** - *5 rue Étienne-de-Vesc - 04 75 04 20 74 - www.chezmonjules.fr - Fermé lundi, mardi, du mercredi au samedi à midi et dimanche soir*

VEUIL

36600 - Indre - Carte régionale n° **15**-C2

AUBERGE SAINT FIACRE

CUISINE MODERNE • RUSTIQUE À la tête de cette auberge d'un petit village proche de Valençay, Katia et Arnaud Gauthier réalisent un travail admirable : en vrai artisan passionné, le chef privilégie les produits régionaux pour concocter des préparations fines et goûteuses. À l'image du filet mignon de porc, ballotine de choux farci et son excellent jus de viande, que l'on déguste dans un cadre rustique charmant, ou sur la délicieuse terrasse fleurie aux beaux jours. En raison du succès (et de l'excellent rapport qualité/prix), les réservations sont indispensables.

- **€€** - *5 rue de la Fontaine - 02 54 40 32 78 - www.aubergesaintfiacre.com - Fermé lundi et mardi, et dimanche soir*

VEUZAIN-SUR-LOIRE

41150 - Loir-et-Cher - Carte régionale n° **10**-C3

LA CROIX BLANCHE

CUISINE MODERNE • AUBERGE On ne porte pas sa croix dans cet ancien relais de poste sur les bords de Loire ! On y profite de la cuisine actuelle du chef Jean-François Beauduin, formé dans les tables étoilées. La saison et les produits locaux sont de rigueur dans sa carte alléchante qui multiplie les belles choses, avec une vraie gourmandise, tel le lieu jaune rôti, carottes fanes et gingembre confit. Ne faites surtout pas l'impasse sur le soufflé flambé au cognac et crème glacée à la vanille. À noter, quelques préparations plus traditionnelles comme la beuchelle tourangelle. Service charmant assuré par l'épouse du chef dans un cadre rustique et coquet à souhait, avec mention spéciale à l'agréable terrasse à l'ombre des mûriers.

- **€€** - *2 avenue de la Loire (à Veuves) - 02 54 70 23 80 - www.lacroixblanche41.com - Fermé lundi et mercredi, et dimanche soir*

BISTROT DES HAUTS DE LOIRE

CUISINE TRADITIONNELLE • BISTRO Dans les dépendances du domaine, une jolie bâtisse solognote avec sa charpente apparente et son parquet de chêne... Le décor est planté ! Sur la terrasse face au jardin potager, on se régale de petits plats bistrotiers (viande maturée, cuissons à la broche) et de créations plus imaginatives. Un régal.

- **€€** - *79 rue Gilbert-Navard - 02 54 20 72 57 - www.hautsdeloire.com - Fermé jeudi, et mercredi soir*

LES HAUTS DE LOIRE

CUISINE CLASSIQUE • ÉLÉGANT Le cadre de ce pavillon de chasse du 19e s. installé entre Amboise et Blois est tout simplement magnifique, notamment la salle à manger classique et la ravissante terrasse au calme. La carte s'appuie sur des produits de belle qualité – truffe de Touraine, caviar de Sologne, poissons de Loire – travaillés avec application. En saison, on retrouve également avec plaisir le gibier régional et les fruits et légumes du potager maison.

- **€€€€** - *79 rue Gilbert-Navard - 02 54 20 72 57 - www.hautsdeloire.com - Fermé lundi, mardi et du mercredi au vendredi à midi*

LES HAUTS DE LOIRE RELAIS & CHÂTEAUX

TRADITIONNEL • COSY Dans son parc forestier à mi-chemin entre Chenonceaux, Amboise et Blois, ce castel plus que centenaire (1860) exprime l'âme noble de la région. Objets anciens, imprimés chatoyants, beaux volumes, charpente apparente dans certaines chambres : le savoir-vivre à la ligérienne.

- **36 chambres** - *79 rue Gilbert Navard - 02 54 20 72 57*

Bistrot des Hauts de Loir • Les Hauts de Loire - Voir la sélection des restaurants

VEYNES

05400 – Hautes-Alpes – Carte régionale n° **24**-C2

LA SÉRAFINE

CUISINE MODERNE • TRADITIONNEL La cheffe, d'origine vietnamienne, réalise une cuisine inventive et instinctive sans cesse en évolution. Le menu unique en plusieurs services, associe produits locaux et touches exotiques ; dans l'assiette, les préparations sont soignées, colorées et parfumées. L'intérieur traditionnel, avec sa salle aux poutres apparentes et parquet, s'ouvre sur une véranda prolongée par une agréable terrasse, face à une imposante statue en métal d'un cheval cabré.

- **€€€** - *8 hameau Les Paroirs - 04 92 58 06 00 - www.restaurantserafine.com - Fermé du lundi au mercredi, dimanche soir et le midi sauf samedi et dimanche*

VEYRAS

07000 - Ardèche - Carte régionale n° **20**-C3

LA BÒRIA

Chef : Florian Descours

CUISINE CRÉATIVE • CONTEMPORAIN La vue sur la vallée et les collines ardéchoises environnantes, une bâtisse tout en lattes de bois, les tables en châtaignier, le potager intérieur d'herbes aromatiques, l'étymologie du nom bòria ("petite ferme cévenole" en patois ardéchois) : le ton est donné ! Entouré par une équipe de choc impliquée à fond dans la philosophie de la maison, le chef Florian Descours rend hommage à ses racines terriennes en travaillant avec finesse le meilleur du local : bœuf de Privas, cochon de Beaulieu, escargots de la vallée de l'Eyrieux, truite de Labatie-d'Andaure... On se régale du début à la fin, de la laitue sucrine grillée au pigeon de Villevocance à la pastèque et à l'oseille, jusqu'au millefeuille aux fruits du verger et sa crème légère à la verveine. Qui dit mieux ?

L'engagement du chef : Le produit d'ici, de saison, bien travaillé de la terre à l'assiette et à un prix raisonné : telle est la philosophie de La Bòria. La quasi-totalité des ingrédients est issue de cultures et d'élevages ardéchois, le pain au levain est fait sur place, tout comme les charcuteries. Le bâtiment produit sa propre électricité par panneaux solaires, on récupère l'eau de pluie, on privilégie les matériaux locaux pour la construction (charpente en châtaignier d'Ardèche), le mobilier et l'art de la table.

- **€€€** - *105 avenue du Ruissol - 04 75 66 84 04 - www.la-boria.com - Fermé lundi, mardi et dimanche*

VEYRIER-DU-LAC

74290 - Haute-Savoie - Carte régionale n° **21**-C2

LA TABLE DE YOANN CONTE

Chef : Yoann Conte

CUISINE CRÉATIVE • ÉLÉGANT C'est en mer que le Breton Yoann Conte a découvert le sens de la fraternité et l'importance du "manger". Il porte comme un étendard la volonté de mettre la gastronomie au service de recettes "brutes" et sincères. Adepte de randonnées extrêmes, il cultive son jardin au bord du lac en herboriste avisé. Sa cuisine lui ressemble : physique, terrienne, avec un soupçon d'aventure et un sourire en coin. Entouré de disciples passionnés, il affine sans relâche deux menus aux thématiques affirmées : "Lac et Montagne" qui sublime le terroir alpin, "L'effet Mer" qui convoque avec brio sa Bretagne natale. Les accords mets et vins, judicieusement choisis par le chef et son sommelier complice, attestent de la dynamique vertueuse de cette table, tandis que l'équipe de salle n'oublie pas l'humour pour rythmer un service plein d'allant. Pour prolonger l'expérience, 11 belles chambres tournées vers le lac.

L'engagement du chef : Bon sens paysan, curiosité et simplicité sont les maîtres mots de ma cuisine : à la montagne, assis sur un rocher, face à la nature, c'est cette simplicité que j'essaie d'insuffler à mes compositions, imaginées en fonction de ce que m'offre la nature au jour le jour et que je transmets ensuite à mon équipage.

- **€€€€** - *13 vieille route des Pensières - 04 50 09 97 49 - www.yoann-conte.com - Fermé lundi et mardi, mercredi à midi et dimanche soir*

LE ROC

CUISINE MODERNE • CHIC Menus dégustation, carte alléchante (perche du Léman à l'oseille et œufs de brochet, Saint-Jacques pochées à l'hélianthis, pithiviers de canard au foie gras...), belle carte des vins, salle contemporaine d'esprit chic montagnard et jeune équipe au taquet : le chef Yoann Conte ne laisse rien au hasard dans son deuxième restaurant, situé au sein même de la célèbre maison bleue. Et toujours la vue superbe sur le lac d'Annecy...

- **€€€€** - *13 vieille route des Pensières - 04 50 09 97 49 - www.restaurant-leroc.com - Fermé mercredi et jeudi*

LA MAISON BLEUE PAR YOANN CONTE

MONTAGNARD • ÉLÉGANT Cette superbe maison couleur lavande, accoudée à la montagne, se mire dans le lac d'Annecy. Les chambres et les suites, d'un style montagnard chic, possèdent toutes balcon et vue sur le lac. Terrasse somptueuse, sauna extérieur, bain norvégien, ponton avec transat, bateaux pour le ski nautique ou les navettes vers Annecy : l'élégance absolue, sans fausse note.

- 11 chambres - *13 vieille route des Pensières - 04 50 09 97 49*

✿✿ **La Table de Yoann Conte • Le Roc** - Voir la sélection des restaurants

VÉZELAY

89450 - Yonne - Carte régionale n° **12**-B2

L'ÉTERNEL

CUISINE MODERNE • CLASSIQUE Au pied de la colline qui mène à la basilique de Vézelay, haut lieu de pèlerinage spirituel, on sait aussi cultiver des nourritures bien terrestres. La modernité est de mise dans l'assiette avec quelques notes régionales (pressé de gambas au jambon du Morvan, mangue et céleri), le cadre est lumineux : parfait prélude avant de visiter, dans la foulée, l'étonnant musée Zervos. Chambres confortables pour l'étape.

- **€€€** - *Hôtel de la Poste et du Lion d'Or, 9 place du Champ-de-Foire - 03 73 53 03 20 - www.hplv-vezelay.com - Fermé lundi, mardi et du mercredi au vendredi à midi*

VICHY

03200 - Allier - Carte régionale n° **16**-C3

✿ MAISON DECORET

Chef : Jacques Decoret

CUISINE CRÉATIVE • CONTEMPORAIN Dans une élégante villa Napoléon III au cœur de Vichy, ville classée au patrimoine mondial de l'Unesco, Jacques Decoret déploie une cuisine inventive enracinée dans son terroir. Autour de lui, une véritable aventure familiale : son épouse Martine en salle, et ses deux fils en cuisine, Alexis au salé, Antoine à la pâtisserie. L'assiette trace un fil conducteur entre terre et mer : queue de langoustine en cubes, lentilles de la Ferme des 4 Vents, bouillon crémé et beurre rouge ; filet d'agneau rôti, moutarde de Charroux aux algues et condiment d'huître de Cancale. Final éclatant avec le dessert hommage à Vichy : « 200 ans de la Pastille ». Pour prolonger le séjour, quelques chambres style maison d'hôtes rappellent agréablement l'esprit contemporain du lieu.

- **€€€€** - *15 rue du Parc - 04 70 97 65 06 - www.maisondecoret.com - Fermé du lundi au mercredi*

LES CAUDALIES

CUISINE TRADITIONNELLE • CONTEMPORAIN Ces Caudalies vichyssoises ont tout pour plaire : une salle d'esprit Napoléon III rehaussée de notes plus contemporaines, une jolie carte des vins de plus de 900 références sélectionnées par Lucie, l'épouse du chef Emmanuel Basset... et dans l'assiette une cuisine goûteuse et généreuse, naviguant entre tradition et modernité. À noter, la présence d'une salle située entre cave et cuisine dans l'esprit d'une cabane de vigneron.

- **€€** - *7 rue Besse - 04 70 32 13 22 - www.les-caudalies-vichy.fr - Fermé lundi et mercredi, et dimanche soir*

L'HIPPOCAMPE

POISSONS ET FRUITS DE MER • CONTEMPORAIN Près du parc des Sources, le chef Gilles Ruyet, travaille les produits de la mer dans une veine traditionnelle : sole meunière, flétan snacké accompagné de son beurre nantais, sans oublier le soufflé à la pâte d'orange au Grand Marnier préparé par sa fille Marianne, présente également en salle. Joli décor contemporain avec vue directe sur les cuisines... et sur le vivier de homards !

AC – €€ – 3 boulevard de Russie – ✆ 04 70 97 68 37 – www.hippocampe-vichy.fr – Fermé lundi, mardi midi et dimanche soir

L'ÉCRIN DE MARLÈNE

CUISINE MODERNE • CONTEMPORAIN Nichée au cœur du quartier thermal, la galerie marchande du Fer à Cheval entoure le kiosque à musique et la Source de l'Hôpital, lui conférant un charme indéniable. La cheffe Marlène Chaussemy s'y est installée, en créant pour son restaurant un cadre contemporain séduisant. Optez pour la salle donnant sur le parc. En misant sur la fraîcheur et la saison, cette cuisine de bons produits tient haut la main ses promesses : tendre carré de cochon, panais savoureux, boudin roulé dans sa fine panure gourmande ; soufflé au chocolat acoquiné à une crème glacée et une banane flambée au rhum. Pour ceux qui désirent hausser d'un cran la partition, le menu supérieur offre des produits plus nobles (foie gras poêlé, noix de Saint-Jacques, filet d'agneau).

♿ – €€ – 6 square de la Source-de-l'Hôpital – ✆ 04 70 58 72 72 – www.marlene-vichy.com – Fermé mardi et mercredi

VIDAUBAN

✉ 83550 – Var – Carte régionale n° **29**-B2

LA BASTIDE DES MAGNANS

CUISINE MÉDITERRANÉENNE • AUBERGE Point de ver à soie dans cette ancienne magnanerie, mais de jolies assiettes qui changent chaque jour pour mettre en valeur les produits frais de la région. Le chef élabore une cuisine soignée et savoureuse : brouillade aux truffes ; filet de daurade, blettes, petits pois et émulsion de homard ; tarte aux agrumes et sa mousse vanille citron vert... Beau choix de vins régionaux à prix doux ; accueil et service aux petits soins, que ce soit à l'ombre des platanes de la terrasse ou bien dans l'une des deux salles à manger d'esprit provençal contemporain.

♿ P – €€ – 32 avenue du Général-Gallieni – ✆ 04 94 99 43 91 – www.bastidedesmagnans.com – Fermé lundi, et mercredi et dimanche soir

VIENNE

✉ 38200 – Isère – Carte régionale n° **21**-A2

✿✿ LA PYRAMIDE - MAISON HENRIROUX

Chef : Patrick Henriroux

CUISINE MODERNE • ÉLÉGANT Modeste auberge créée en 1822, puis rendue célèbre par les mythiques Mado et Fernand Point au début du 20e s., cette institution viennoise est depuis 1989 aux mains de Patrick Henriroux, qui n'a eu de cesse de la faire évoluer : salle à manger au décor design, création d'un second restaurant (PH3), hôtel de charme, bar à cocktails... Quant à la cuisine, elle marie recettes classiques et touches contemporaines avec précision et sobriété : artichauts et homard bleu, le camus et le poivrade en farçon de pinces et de coudes, la queue coraillée ; agneau allaiton, moussaka provençale, aubergine de Chine confite et fumée aux herbes du maquis ; piano au chocolat, crème anglaise au café grillé. Le livre de cave recèle de superbes côte-rôtie et condrieu qui s'accordent bien avec cette cuisine. À noter : un menu déjeuner à prix attractif, et un service aux petits oignons, qui perpétue la tradition des grandes maisons françaises.

- €€€€ - 14 boulevard Fernand-Point - 04 74 53 01 96 - www.lapyramide.com - Fermé lundi, mardi et mercredi

ALQUIMIA

CUISINE CRÉATIVE • CONVIVIAL Cette maison ancienne (en partie du 18e s.), élevée non loin des quais du Rhône, a tout pour plaire : de beaux volumes, des murs en pierre et en brique... et un jeune couple franco-paraguayen qui a de la personnalité à revendre. Le chef Horacio Zàrate Franco compose, avec un sens certain de la mise en scène, une cuisine créative parsemée de notes sud-américaines, déclinée le midi dans un menu à choix, le soir dans un menu carte blanche. Salle vivante, grâce à l'entregent de madame.

- €€€ - 6 rue de la Table-Ronde - 04 74 85 19 77 - www.alquimiavienne.com - Fermé lundi, dimanche et mardi midi

L'ESPACE PH3

CUISINE MODERNE • CONVIVIAL À deux pas de la Pyramide, l'Espace PH3 déploie un bistrot lumineux dans un esprit végétal, prolongé d'une véranda ouverte sur la terrasse. En cuisine, une carte courte mais variée avec des produits de belle qualité : terrine de volaille parfumée, condiment mirabelle ; tataki de thon au barbecue japonais, écrasé de pomme de terre, fenouil croquant et vinaigrette à la rhubarbe. Les assiettes végétariennes complètent l'offre. Ambiance conviviale et service attentif complètent cette expérience sympathique.

- €€€ - 14 boulevard Fernand-Point - 04 74 53 01 96 - www.lapyramide.com

VIEUX-BOUCAU-LES-BAINS

40480 – Landes – Carte régionale n° **25**-A2

LES TÊTES D'AIL

CUISINE MODERNE • BISTRO Dans cette petite station balnéaire landaise, voilà assurément le bon choix. Ce bistrot familial coquet et cosy, qui joue chaque service à guichets fermés, a été repris par un couple aussi motivé qu'attachant. Renouvelée fréquemment, la courte carte de Maud affiche une cuisine du marché gourmande et de saison, à l'image de ces légumes en gaspacho et burrata crémeuse, ou de cette tartelette aux fraises et son onctueux crémeux citron basilic. Côté salle, Yann vous recevra avec sourire et simplicité.

- €€ - 23 Grand-Rue - 05 58 91 44 89 - www.lestetesdail.com - Fermé lundi et mardi, et mercredi et dimanche soir

VILLARD-DE-LANS

38250 – Isère – Carte régionale n° **21**-B3

LES TRENTE PAS

CUISINE MODERNE • COLORÉ À une trentaine de pas de l'église de Villard, un restaurant de poche tenu par un couple sympathique. Dans une jolie salle à manger, l'œil s'attarde sur les tableaux d'un artiste local... Derrière ses fourneaux, le chef honore les produits (notamment du Vercors) au gré du marché et de son inspiration. Un travail soigné.

€€ *- 16 avenue des Francs-Tireurs - 04 76 94 06 75 - www.lestrentepas.fr*

VILLAROGER

✉ 73640 - Savoie

MINERAL LODGE

CONTEMPORAIN • CONVIVIAL À partir d'une ferme savoyarde, le Mineral Lodge a fait œuvre contemporaine, minimaliste, ouverte sur l'extérieur, aux plafonds hauts, au toit béton, aux baies immenses et aux perspectives étonnantes. Les espaces communs consistent en deux salles à manger et deux salons au design épuré — dont un panoramique avec cheminée —, et un sauna. Les chambres et la suite, toutes parfaitement silencieuses, mêlent l'élégance des lignes et des meubles anciens au confort moderne. Certaines disposent de terrasses privées. Pour les autres, la terrasse du lodge sera un excellent point de vue sur la vallée du Crôt, le glacier du Ruitor et la frontière italienne.

A/C P - **5 chambres** - *Le Pré-derrière - ✆ 06 72 24 57 79*

LE VILLARS

✉ 71700 - Saône-et-Loire - Carte régionale n° **17**-C2

L'AUBERGE DES GOURMETS

CUISINE MODERNE • AUBERGE Dans un charmant village sur les hauteurs de la Saône, une auberge au cadre traditionnel (pierres et poutres apparentes, grandes fresques colorées). Aux fourneaux, Guillaume Laublanc, enfant du pays, concocte une cuisine bistronomique et locavore, avec un enthousiasme contagieux. Cuite à basse température, la poulette de Bresse farcie aux morilles et sa crème au vin jaune vous fera fondre !

A/C - **€€** - *9 place de l'Église - ✆ 03 85 32 58 80 - www.laubergedesgourmets.com - Fermé mardi et mercredi, et dimanche soir*

VILLARS

✉ 84400 - Vaucluse - Carte régionale n° **28**-E1

LA TABLE DE PABLO

CUISINE DU MARCHÉ • CONTEMPORAIN Pour goûter une cuisine délicate et volontiers créative, à base de beaux produits régionaux, ce restaurant entre vignes et cerisiers est tout trouvé : en témoigne ce menu surprise composé au gré du marché et de ses petits producteurs locaux.... Le chef patron, qui travaille seul, assume toutes les fonctions, en salle et cuisine. Mention spéciale pour la paisible terrasse bercée par le chant des cigales.

P - **€€** - *1713 route de Rustrel, Hameau Les Petits-Clements - ✆ 04 90 75 45 18 - www.latabledepablo.com - Fermé mercredi, et jeudi et samedi à midi*

LA VILLE-AUX-CLERCS

✉ 41160 - Loir-et-Cher

REPÈRE SAUVAGE

CAMPAGNARD • RAFFINÉ Repère Sauvage a été imaginé par Caroline Costagliola Condy et Capucine Châtelier, pour réinventer l'hospitalité rurale sans abandonner les traditions. Leur projet a pris forme dans ce pavillon de chasse du 19e s. bâti sur un domaine de 42 hectares comprenant forêt, prairies et étangs, avec seize chambres qui rappellent la chaleur d'une maison de campagne.

P - **36 chambres** - *Le Fort Girard - ✆ 02 34 52 02 69*

VILLE-D'AVRAY

✉ 92410 - Hauts-de-Seine - Carte régionale n° **11**-E2

✿✿ LE COROT

CUISINE CRÉATIVE • ÉLÉGANT À la manière du peintre Corot – qui immortalisa les étangs voisins –, Rémi Chambard s'inspire de la nature et du terroir d'Ile-de-France pour élaborer son menu en forme de parcours culinaire régional, mettant en exergue les différents villages d'où viennent ses produits, de Montmorency à Crécy-la-Chapelle. Il va également lui-même faire sa "cueillette urbaine" au potager du Roi à Versailles. Cet excellent technicien prend toujours autant de plaisir à travailler le végétal, mais sans exclusive. Empreintes d'une certaine pureté, ses assiettes frappent par leur fraîcheur, leur légèreté et leur esthétique, sans oublier des sauces et émulsions d'une grande profondeur. Citons par exemple ce sandre sauvage des environs de Giverny, rehaussé d'un remarquable sabayon au safran et persil, ou encore ce ris de veau gratiné à la moutarde de Meaux et son jus réduit au cresson et à l'estragon. Le décor épuré et intimiste est à l'unisson de cette cuisine raffinée.

- €€€€ - *Les Étangs de Corot, 55 rue de Versailles - ✆ 01 41 15 37 00 - www.etangs-corot.com - Fermé lundi, mardi et dimanche et le midi sauf samedi*

LE CAFÉ DES ARTISTES

CUISINE MODERNE • BISTRO Dans ce bistrot qui vient compléter idéalement la table étoilée de ce lieu ô combien bucolique aux portes de Paris, on sert une cuisine contemporaine, goûteuse et inspirée, réalisée avec de beaux produits – à l'instar du filet de daurade à la plancha, légumes mijotés et sauce vierge. A déguster en terrasse, en contemplant le charmant jardin. Idyllique.

- €€ - *Les Étangs de Corot, 55 rue de Versailles - ✆ 01 41 15 37 00 - www.etangs-corot.com*

LES ÉTANGS DE COROT *Plus*

CLASSIQUE • CHARME Ce ravissant hameau bâti au bord des étangs de Ville-d'Avray inspira le peintre Camille Corot. Il abrite aujourd'hui un hôtel de charme (élégantes chambres au décor soigné) doté de plusieurs restaurants. Le spa est divin... vinothérapie oblige. Un charme bucolique unique aux portes de la capitale !

- 42 chambres - *55 rue de Versailles - ✆ 01 41 15 37 00*

✿✿ **Le Corot • Le Café des Artistes** - Voir la sélection des restaurants

VILLE-DU-PONT

✉ 25650 - Doubs - Carte régionale n° **13**-C2

L'ENTRE-ROCHES

CUISINE MODERNE • ÉLÉGANT Au cœur du Saugeais (cette amusante "République" autoproclamée à la frontière suisse), une maison que ses propriétaires soignent autant côté décor – contemporain – que côté assiette, où le chef propose une cuisine gourmande et savoureuse. À noter, accueil et service des plus charmants.

- €€€ - *1 rue Principale - ✆ 03 81 38 10 92 - www.restaurant-entreroches.fr - Fermé du lundi au mercredi*

VILLEBLEVIN

✉ 89340 - Yonne - Carte régionale n° **12**-A1

AUBERGE L'ESCALE 87

CUISINE TRADITIONNELLE • COSY Une bien chaleureuse auberge au bord de l'ancienne N6, dont l'intérieur coquet se pare de divers objets agrestes et de mobilier rustique. La tradition est de mise dans les assiettes, tête de veau campagnarde ; fricassée de rognon d'agneau ; tournedos aux morilles ; et servies avec le sourire par-dessus le marché : on passe un moment agréable. Plaisante terrasse sur l'arrière.

- **€€** - *Lieu-dit Le Petit-Villeblevin - 03 86 66 42 56 - www.lescale87.fr - Fermé lundi et mardi et le soir sauf vendredi et samedi*

VILLECRESNES

✉ 94440 - Val-de-Marne - Carte régionale n° **11**-B1

L'INATTENDU

CUISINE MODERNE • COSY De cette ancienne boucherie ne subsiste que le carrelage mural et quelques crochets pour suspendre les pièces de viande. Pour le reste, la déco contemporaine de charme associe des assises de velours coloré et de petites tables pimpantes. Une table d'hôte cachée (sur réservation) se trouve au milieu des bouteilles de la cave. Les deux menus surprise permettent au chef de travailler les meilleurs ingrédients du moment, qu'ils proviennent du marché de Rungis tout proche ou d'une petite ferme bio voisine pour certains légumes. Maquereau et betteraves ; volaille de Vendée et mijoté de pois chiches et de carottes ; financier aux amandes et noisettes, figue et glace au maïs : une cuisine saine et directe pour des assiettes hautes en couleur et pleine de goût.

- **€€€** - *36 rue du Général-Leclerc - 01 75 36 61 52 - www.restaurantlinattendu.com - Fermé samedi et dimanche, et lundi et mardi soir*

VILLEDIEU

✉ 84110 - Vaucluse - Carte régionale n° **28**-C2

LE BISTROT DE VILLEDIEU

CUISINE PROVENÇALE • BISTRO Laurent Azoulay mitonne ici une cuisine provençale dans un esprit de bistrot locavore : belle tomate farcie, riz de Camargue aux olives de Nyons ; pieds et paquets à la provençale, pomme écrasée à l'huile d'olive. Les recettes, parfumées et soignées, ne manquent pas de caractère, et certains plats sont cuits au feu de bois dans le four de la cuisine ouverte. Le tout est servi dans une salle façon bistrot contemporain ou, aux beaux jours, sur la terrasse ombragée de la place du village. Des chambres d'hôtes sont disponibles pour l'étape.

- **€€** - *21 place de la Libération - 04 90 28 97 02 - www.lebistrotdevilledieu.com - Fermé mardi*

VILLEFRANCHE-DE-ROUERGUE

✉ 12200 - Aveyron - Carte régionale n° **23**-B2

L'ATELIER DE DAMIEN

CUISINE MODERNE • CONTEMPORAIN À dix minutes à peine du centre-ville historique, ce restaurant offre un cadre contemporain tout aussi séduisant que la cuisine d'un jeune chef au bon parcours (Alain Ducasse à Paris et le restaurant

Py-R à Toulouse). Les trois menus proposés jouent une bonne partition conforme aux standards du moment : oignons rôtis et maquereau grillé ; poitrine de porc laquée, jus de viande, pomme de terre, poireaux et poivrons. Service aimable.

- €€ - 5 place Louis-Fontanges - 05 65 45 36 42 - www.l-atelier-restaurant.fr - Fermé lundi, mardi et mercredi à midi, et dimanche soir

VILLEFRANCHE-SUR-MER

06230 - Alpes-Maritimes - Carte régionale n° **29**-E2

LA MÈRE GERMAINE

POISSONS ET FRUITS DE MER • RUSTIQUE Poisson frais et fruits de mer depuis 1938 : la Mère Germaine est une institution locale, où Cocteau avait ses habitudes. En été, la jet-set presse ses yachts à l'abordage du restaurant ; attablé en terrasse face au port, on passe effectivement un agréable moment... si l'on n'est pas trop regardant sur le prix.

- €€€ - 7 quai de l'Amiral-Courbet - 04 93 01 71 39 - www.meregermaine.fr

VILLEFRANCHE-SUR-SAÔNE

69400 - Rhône - Carte régionale n° **21**-A1

L'ABBAYE CALADOISE

CUISINE TRADITIONNELLE • COSY Rénovée avec goût, cette ancienne abbaye du 15e s. tout en pierres dorées marie charme de l'ancien et confort contemporain. On y savoure une cuisine réjouissante célébrant les recettes locales et leurs classiques : pâté en croûte, quenelle de brochet, volaille de Bresse aux morilles, biscuit de Saint-Jacques, pigeon Rossini ou la tarte à la praline. Aux beaux jours, réservez une table sur l'agréable terrasse tournée vers la cour-jardin.

- €€ - 180 rue Georges-Mangin - 04 74 62 19 07 - www.labbayecaladoise.com - Fermé lundi et dimanche

LE BISTRONOME EN BEAUJOLAIS N

CUISINE MODERNE • COSY Au cœur de Villefranche-sur-Saône, capiteuse capitale du Beaujolais, cette table au nom bien mérité affiche un cadre contemporain : murs bleus, bois brut, cave vitrée. Les assiettes valorisent évidemment les produits de saison avec justesse. Parmi les plats aujourd'hui : un jaune d'œuf confit au soja, shiitakés et espuma d'asperge ; une pluma de cochon, artichaut en barigoule et jus corsé à la réglisse ; un duo chocolat-café en textures. Menu déjeuner renouvelé chaque semaine, menu supérieur changé à chaque saison. Service fluide, carte des vins qui met la région à l'honneur.

- €€ - 144 rue d'Anse - 04 74 03 65 10 - www.le-bistronome-en-beaujolais.com - Fermé lundi et dimanche

VILLEGENON

18260 - Cher - Carte régionale n° **16**-B1

LA RÉCRÉATION GOURMANDE

CUISINE TRADITIONNELLE • CONVIVIAL Dans cette ancienne école du début du 20e s., où trône un vieux poêle surmonté d'un bonnet d'âne, les mauvais élèves ne sont pas mis au pain sec et à l'eau ! Depuis une vingtaine d'années, cette table rustique et familiale propose une cuisine généreuse et goûteuse - plus simple le midi en semaine - à base de bons produits. Vivement l'heure de la Récréation...

- € - 3 rue de l'Ancienne-École - 02 48 73 45 36 - www.la-recreation-gourmande.com - Fermé mercredi, et le soir sauf vendredi et samedi

VILLELAURE

✉ 84530 - Vaucluse

DOMAINE LA FERME HI BRIDE

MODERNE • FAMILIAL Cette création de la designer Matali Crasset, dans le Luberon, renouvelle le thème des hôtels de campagne. Les intérieurs combinent librement les murs rustiques et les couleurs vives des années 70. Deux studios et deux maisons indépendantes, équipés chacun d'une cuisine, ainsi que huit chambres, composent l'hébergement. Petit-déjeuner raffiné à partir d'ingrédients locaux ultra-frais.

- 12 chambres - *Route d'Ansouis - ✆ 09 75 68 59 40*

VILLEMAGNE-L'ARGENTIÈRE

✉ 34600 - Hérault - Carte régionale n° **27**-C1

AUBERGE DE L'ABBAYE

CUISINE TRADITIONNELLE • RUSTIQUE Un petit village médiéval. Dans un recoin, une tour du 12e s. qui jette son ombre sur un mur en pierres. Et derrière ce mur, cette délicieuse auberge qui gagne à être connue. On y sert une bonne cuisine au goût du jour, qui privilégie les circuits courts. À déguster dans une atmosphère monastique.

- **€€** - *4 place de l'Abbaye - ✆ 04 67 95 34 84 - www.aubergeabbaye.com - Fermé lundi, mercredi, samedi midi, et mardi et dimanche soir*

VILLEMUR-SUR-TARN

✉ 31340 - Haute-Garonne - Carte régionale n° **26**-C2

L'ALTO

CUISINE MODERNE • ÉLÉGANT Dans ce joli château de brique rose niché en pleine campagne, on travaille avec rigueur de bons produits au service d'une vision renouvelée du terroir : des contrastes de saveurs bien marqués se retrouvent, ici le filet de bar et bouillon d'agrumes, là ces figues rôties, mousse légère au chèvre frais et glace huile d'olive vanillée... Une belle partition pour L'Alto et un décor tout aussi musical, avec cette sculpture de saxophone et la piscine en forme de violon !

- **€€** - *980 chemin de Pellausy - ✆ 05 62 22 35 50 - www.restaurantalto.com - Fermé lundi et mardi, et le soir sauf vendredi et samedi*

VILLENEUVE-D'ASCQ

✉ 59491 - Nord - Carte régionale n° **4**-C2

HARMONIE N

Chef : Mathieu Boutroy

CUISINE CRÉATIVE • CONTEMPORAIN Mathieu Boutroy, longtemps disciple de Marc Meurin avant d'être durant 6 ans le chef du Restaurant du Cerisier à Lille, a ouvert sa propre adresse : une salle à manger lumineuse, au cadre contemporain sobre et élégant. Ce décor épuré s'accorde parfaitement à sa cuisine moderne et créative, articulée autour de menu fixes sans choix. Une partition ambitieuse qui ne manque pas de personnalité, à l'image de ce tourteau associé à la carotte et rehaussé d'un velours herbacé de coriandre : une réussite ! La nouvelle table incontournable de la métropole lilloise.

- **€€€** - *98 avenue de Flandre - ✆ 03 62 27 80 50 - www.harmonie.restaurant - Fermé mardi midi, dimanche et lundi*

VILLENEUVE-DE-BERG

✉ 07170 - Ardèche - Carte régionale n° **20**-C3

LA TABLE DE LÉA

CUISINE DU MARCHÉ • CONVIVIAL Dans cette ancienne grange, la cheffe élabore une cuisine du marché assez personnelle. Pendant ce temps-là, on profite de la belle terrasse sous les marronniers...

- €€ - *823 route de Saint-Maurice-d'Ibie (Le Petit Tournon) - 04 75 94 70 36 - www.restaurant-table-lea.fr - Fermé mercredi, et lundi, mardi et jeudi midi*

VILLENEUVE-LE-COMTE

✉ 77174 - Seine-et-Marne - Carte régionale n° **11**-C1

LA VIEILLE AUBERGE

Chef : Nicolas Tissier

CUISINE MODERNE • CONTEMPORAIN Fondé au 13e s. par les comtes de Champagne, ce joli village, avec son église médiévale et son obélisque, a été restauré au 19e s. par Viollet-le-Duc, excusez du peu. Lieu idéal pour que le chef Nicolas Tissier (passé notamment chez Jean-François Piège et Christian Le Squer), aussi expérimenté que talentueux, reprenne les rênes de la maison familiale. Il lâche la bride à son inspiration avec des menus surprise truffés de beaux produits : langoustine, lotte, ris de veau, girolle, dont il sait tirer le meilleur grâce à des préparations équilibrées et harmonieuses. Mention spéciale pour le plateau de fromages d'une cinquantaine de variétés.

- €€€€ - *11 rue du Général-de-Gaulle - 01 60 43 00 35 - www.la-vieille-auberge-77.com - Fermé lundi, mardi et dimanche*

VILLENEUVE-LÈS-AVIGNON

✉ 30400 - Gard - Carte régionale n° **28**-E1

LE PRIEURÉ

CUISINE CRÉATIVE • ÉLÉGANT De l'autre côté du Rhône, face à Avignon et son Palais des Papes, la petite cité de Villeneuve-lès-Avignon collectionne elle aussi les monuments... et le Prieuré est l'un d'entre eux. Dans cet ancien cloître qui a du charme à revendre, on sert une cuisine créative, basée sur de beaux produits. Les associations terre-mer, parfois audacieuses, tombent juste, comme ces langoustines à la rhubarbe et au lard noir de Bigorre, tandis que les saveurs restent d'une grande intensité.

AC P - €€€€ - *7 place du Chapitre - 04 90 15 90 15 - www.leprieure.com - Fermé mardi, et le midi*

LE PRIEURÉ

CONTEMPORAIN • CALME Le palais des Papes n'est pas si loin... Au cœur de la cité médiévale de Villeneuve, ce prieuré du 14e s. distille un je-ne-sais-quoi d'exclusivité. Vieilles pierres, dernier chic contemporain, superbe jardin... à l'écart du monde.

AC P - **37 chambres** - *7 place du Chapître - 04 90 15 90 15*

Le Prieuré - Voir la sélection des restaurants

LA SUITE

MODERNE • CONVIVIAL Au cœur de la ville, ce petit hôtel de charme se niche dans une ancienne biscuiterie du 17e s. Les chambres et les suites ont chacune leur univers : ethnique, années pop, urbain... Bel espace détente et joli jardin. Une adresse à croquer !

AC P - **9 chambres** - *65-67 rue de la République - 04 90 21 51 07*

VILLENEUVE-LOUBET

✉ 06270 – Alpes-Maritimes – Carte régionale n° **29**–E2

✿ LA FLIBUSTE

CUISINE MODERNE • **ÉLÉGANT** Dans ce restaurant entièrement vitré qui trône en plein cœur de la Marina Baie des Anges, on déguste une cuisine provençale qui fait la part belle aux beaux produits issus de la pêche locale et des légumes des maraîchers voisins. À savourer dans un élégant cadre moderne, ou sur l'agréable terrasse qui permet de profiter de la vue sur le port.

– **€€€€** – *1001 avenue de la Batterie, Marina Baie des Anges – 04 93 20 59 02 – www.restaurantlaflibuste.fr – Fermé mardi, et lundi, mercredi et jeudi midi*

VILLERÉAL

✉ 47210 – Lot-et-Garonne – Carte régionale n° **22**–D2

LA TABLE DE L'EUROPE

CUISINE MODERNE • **COSY** Proche des halles classées de cette bastide, cette jolie maison de pays et son restaurant permettent de s'attabler confortablement, y compris sur la terrasse située à l'arrière. On y goûte la cuisine d'une cheffe expérimentée qui cisèle des assiettes bien tournées, et notamment des desserts qui témoignent de sa première formation de pâtissière (comme cette noisette de Castillonès, praliné, mousse noisette et caramel beurre salé).

– **€€** – *1 place Jean-Moulin – 05 53 36 00 35 – www.europe-villereal.com – Fermé lundi, mardi, mercredi midi et dimanche soir*

VILLEREST

✉ 42300 – Loire – Carte régionale n° **20**–C1

L'ESSENSIEL - DOMAINE DE CHAMPLONG

CUISINE MODERNE • **ÉLÉGANT** Moments aussi gourmands que charmants dans cette demeure du 18e s. nichée dans la verdure ; on dîne d'une cuisine actuelle dans la « salle des peintures », sous les tableaux d'époque ou dans la véranda donnant sur l'entrée du parc. Le chef source des beaux produits d'excellente fraîcheur tel le pigeon de Chérier, le bar maturé ou le homard bleu de belle qualité. Le service est chaleureux et efficace.

– **€€€** – *100 chemin de la Chapelle – 04 77 69 69 69 – www.domaine-de-champlong.com – Fermé lundi, et le midi sauf samedi et dimanche*

VILLERS-LE-LAC

✉ 25130 – Doubs – Carte régionale n° **13**–C2

LE FRANCE

CUISINE CRÉATIVE • **CONTEMPORAIN** Entre Morteau et la Chaux-de-Fonds, à quelques encablures de la frontière franco-suisse, ce restaurant accueille les voyageurs au cœur des montagnes du Haut-Doubs. Dans cette maison familiale, le chef Hugues Droz y pratique l'hospitalité franc-comtoise héritée de son père, qui lui-même la tenait de ses parents. Dans un nouveau décor, il célèbre les épousailles du terroir et de l'invention, en prônant une cuisine ludique qui "éveille les sens".

– **€€€** – *8 place Maxime-Cupillard – 03 81 68 00 06 – www.hotel-restaurant-lefrance.com – Fermé lundi, mardi midi et dimanche soir*

VILLEVIEILLE

✉ 30250 - Gard - Carte régionale n° **28**-B2

LA CANOPÉE

CUISINE MODERNE • HISTORIQUE Dans cette ancienne salle d'armes voûtée de style Renaissance (5m de haut, tout de même !), on découvre une cuisine à la gloire des terroirs cévenol et camarguais. Elle s'accompagne d'une jolie sélection de petits vins de la région.

- €€ - *2 allée du Pigeonnier - 04 66 35 97 20 - www.chateaudepondres.fr/le-restaurant - Fermé lundi, et mardi*

CHÂTEAU DE PONDRES

MODERNE • CHARME Tout proche du village médiéval de Sommières, un château d'aspect Renaissance entouré d'un joli parc de 15 ha et d'une rivière. Décoration "nature" et brute au restaurant (tommettes, luminaires en métal, bois), chambres dans l'esprit du lieu, avec vue sur le hameau ou les vignes et le pic Saint-Loup... un cachet indéniable.

- 11 chambres - *2 allée du Pigeonnier - 04 66 35 97 20*

La Canopée - Voir la sélection des restaurants

VINAY

✉ 51530 - Marne - Carte régionale n° **6**-A2

ALCÔVE

CUISINE MODERNE • ÉLÉGANT Au milieu des vignes, cet établissement luxueux porte beau grâce à ses chambres cossues, son jardin à la française, sa roseraie... et son restaurant, installé dans une salle moderne et lumineuse, avec son grand bow-window offrant une belle vue sur l'extérieur. La cheffe Nawal Rezagui réalise une cuisine ambitieuse et précise qui ne manque pas de caractère : flan iodé au thon fumé et caviar d'Aquitaine ; filet mignon de veau au curry breton, salsifis et condiment ail et olive ; parfait à la bergamote, pamplemousse, kombucha et huile d'aneth... Formule bistronomique au déjeuner.

- €€€€ - *Hostellerie Briqueterie Champagne, 4 route de Sézanne - 03 26 59 99 99 - www.briqueteriechampagne.com/gastronomie - Fermé lundi, mardi et le midi sauf dimanche*

HOSTELLERIE BRIQUETERIE CHAMPAGNE

CONTEMPORAIN • VERDOYANT Nichées dans une maison de campagne traditionnelle surplombant les vignobles de Champagne, les chambres contemporaines de l'hôtel s'inspirent des teintes douces des jardins environnants, sur lesquels donne une immense baie vitrée qui éclaire les espaces communs. Spa, salle de sport, hammam, jacuzzi et une piscine intérieure chauffée complètent les plaisirs du séjour.

- 40 chambres - *4 route de Sézanne - 03 26 59 99 99*

Alcôve - Voir la sélection des restaurants

VINCENNES

✉ 94300 - Val-de-Marne - Carte régionale n° **11**-F2

L'OURS

Chef : Jacky Ribault

CUISINE MODERNE • CONTEMPORAIN Jacky Ribault (Qui Plume La Lune, dans le 11e) n'en fait pas mystère : cet Ours, installé près du château de Vincennes, représente l'aboutissement de sa carrière. Il l'a conçu à son image,

jouant sur les espaces et les formes, dans un mariage réussi de bois, métal, pierre et cuir : un écrin formidable, en cohérence avec les créations culinaires dont il a le secret. Car dans l'assiette, on retrouve tout ce qu'on aime chez ce cuisinier d'expérience, volubile et passionné : le coup de patte instinctif, le visuel soigné, les inspirations brutes qui subliment des produits de premier choix. En bon Breton, Jacky Ribault est fier de ses origines et le montre dans sa carte, fidèle à ses racines tout en allant fureter plus loin pour distiller notamment de subtiles touches japonaises : sa queue de lotte est cuite meunière, cocos de Paimpol, émulsion de palourde et coulis de cresson ; et son bouillon dashi en gelée aux œufs de poisson est accompagné d'un sorbet de tomate green zebra...
- €€€€ - *12 rue de l'Église* - *01 46 81 50 34* - *www.loursrestaurant.com - Fermé lundi et dimanche*

VIRÉ

71260 - Saône-et-Loire - Carte régionale n° **17**-C2

FRÉDÉRIC CARRION CUISINE HÔTEL

CUISINE MODERNE • BOURGEOIS L'élégante salle à manger associe le cachet de cet ancien relais de poste (parquet, cheminée) à des notes plus cosy et feutrées. Le chef travaille les beaux produits régionaux dans des préparations volontiers créatives. On accompagne le tout d'une jolie sélection de vins, en particulier de Viré-Clessé bien sûr. Chambres confortables et espace bien-être pour agrémenter un séjour d'œnotourisme.
- €€€ - *Place André-Lagrange* - *03 85 33 10 72* - *www.hotel-restaurant-carrion.fr - Fermé lundi, mardi et le midi*

VIRE NORMANDIE

14500 - Calvados - Carte régionale n° **2**-B2

L'ATELIER DU GOÛT

CUISINE MODERNE • CONTEMPORAIN Sur les hauteurs de Vire, ce bistrot contemporain est né de l'amitié entre deux chefs, Jordan Lebascle (ancien second chez Ivan Vautier) et Clément Gosselet (ancien second au Manoir de la Pommeraie). De leur chaudron sort une cuisine de terroir moderne qui profite de la manne normande et des producteurs locaux - comme en témoigne ce cabillaud nacré au beurre demi-sel, accompagné de croustilles de pommes de terre et de pâte d'estragon.
- €€ - *20 rue Émile-Desvaux* - *02 31 09 24 25* - *www.latelierdugout14.fr - Fermé lundi, et mardi et dimanche soir*

MANOIR DE LA POMMERAIE

CUISINE MODERNE • CONTEMPORAIN Cette maison du 18e s., dont la véranda s'ouvre sur un parc verdoyant aux arbres centenaires, est tenue par un couple franco-japonais qui continue de ravir nos papilles d'année en année. Tandis que Masako se consacre aux pâtisseries, Julien peaufine des créations soignées et tout en harmonie - à l'image de cette lotte rôtie, girolle, moule et foin, ou du thon snacké aux épices, aubergine et concombre. Les produits de la région sont bien souvent à l'honneur (bœuf normand, volaille de Cahagnes, fromages de fermes voisines, légumes locaux) ; le chef vous parlera d'ailleurs volontiers de ses producteurs lors de ses fréquents passages en salle.
- €€ - *1770 route de Tinchebray, L'Auvère* - *02 31 68 07 71* - *www.restaurant-pommeraie-vire.com - Fermé du lundi au mercredi, jeudi et vendredi à midi , et dimanche soir*

VITRAC

✉ 24200 - Dordogne - Carte régionale n° **18**-D3

LE M - DOMAINE DE ROCHEBOIS (N)

CUISINE MODERNE • CHIC Dans une élégante bâtisse du 19e s. en pierres de taille, la terrasse perchée sur balcon s'ouvre sur la vallée de la Dordogne. À l'intérieur, parquet en chevrons, murs immaculés, moulures délicates et fauteuils de velours vert ou beige composent un salon bourgeois à la fois chic et douillet. Le chef, grand voyageur, propose une cuisine à deux rythmes : brasserie le midi, gastronomique le soir. Il ne travaille que des produits de belle qualité, qu'il traite avec des cuissons précises. Ses assiettes sont parfois infusées de discrètes notes asiatiques, comme cette bisque de gambas à la citronnelle.

- **€€€** - *Route du Château-Montfort - 05 53 29 36 88 - www.domaine-rochebois.com/restaurants-bar - Fermé mardi et mercredi*

VITRÉ

✉ 35500 - Ille-et-Vilaine - Carte régionale n° **9**-B1

ENTRE NOUS

CUISINE MODERNE • CONTEMPORAIN Restaurant aménagé dans un bâtiment du 16e s. dans une rue pavée du centre-ville. Le décor déborde de charme, avec sa grande cheminée, ses encadrements de fenêtres en pierre, ses poutres apparentes et de colossales branches de bois d'où tombent les luminaires. La maîtresse de maison (également pâtissière), tout en discrétion, et le chef, tout en concentration dans sa cuisine ouverte, accueillent leurs clients avec le sourire. L'assiette, véritable sans faute, déborde aussi d'enthousiasme : velouté de courgette, poivron et chorizo ; pressé de raie, poireau confit, fumet de poisson crémé au citron ; tartelette, cassis et figue (fraîche, en mousse, en sorbet et en coulis !). Excellent rapport qualité-prix du menu déjeuner.

€€ - *20 rue d'en Bas - 02 23 55 27 81 - www.restaurant-entre-nous.fr - Fermé lundi, dimanche et mardi midi*

VIUZ-EN-SALLAZ

✉ 74250 - Haute-Savoie - Carte régionale n° **21**-C1

LA TABLE D'ÉMILIE

CUISINE MODERNE • SIMPLE À la barre de ce sympathique restaurant, Émilie et Yoann mettent en valeur de beaux produits, à travers un menu du marché au bon rapport qualité-prix au déjeuner, plus ambitieux le soir. Le chef a un bon tour de main, notamment sur les desserts. Par beau temps, profitez de l'agréable jardin-terrasse.

- **€€** - *1069 avenue de Savoie - 04 50 36 67 84 - www.latabledemilie.fr - Fermé mardi et mercredi, et lundi et dimanche soir*

VOIRON

✉ 38500 - Isère - Carte régionale n° **21**-B2

BRASSERIE CHAVANT

CUISINE TRADITIONNELLE • HISTORIQUE Sise dans une belle maison de maître voisine des caves de Chartreuse et redécorée avec goût autour d'un bel escalier en bois, cette brasserie propose une bonne cuisine traditionnelle (velouté Dubarry, émulsion curry ; pâté en croûte des Mille Pas ; ravioles du Dauphiné entre autres) où les spécialités font honneur aux produits du Voironnais - ainsi la poitrine de cochon fermier confite, jus à la Chartreuse, ou le parfait glacé... à la Chartreuse verte. Accueil et service sympathiques.

- **€€** - *72 avenue Léon-et-Joanny-Tardy - 04 76 93 19 11 - www.brasserie-chavant-voiron.fr*

VOISINS-LE-BRETONNEUX

✉ 78960 - Yvelines - Carte régionale n° **11**-B1

LA FERME DE VOISINS

CUISINE MODERNE • AUBERGE On accède à ce joli corps de ferme du 19e s. par une cour fleurie, qui fait office de terrasse l'été venu. La carte, plutôt courte, met en valeur les incontournables de la maison – sucettes de gambas, tête de veau "irremplaçable", ou un dessert signature comme le baba bouchon maison et rhum arrangé à l'orange – et recèle des plats goûteux et créatifs. Une belle adresse à découvrir au plus vite.

- €€€ - *4 rue de Port-Royal - ✆ 01 30 44 18 18 - www.lafermedevoisins.fr - Fermé lundi et dimanche soir*

VOLMUNSTER

✉ 57720 - Moselle - Carte régionale n° **7**-D1

L'ARGOUSIER

CUISINE MODERNE • CONTEMPORAIN Dans ce restaurant à la jolie décoration contemporaine, la cuisine du chef Jonathan Birkenstock valorise les produits de saison et de la région à travers une cuisine actuelle d'une indéniable finesse. Les cuissons et assaisonnements sont très justes, et les présentations soignées, à l'instar de ce bœuf en deux cuissons au céleri, ail noir et passion. Quant au service, il est aux petits oignons ! Très beau choix de vieux rhums. Une maison attachante.

- €€€ - *1 rue de Sarreguemines - ✆ 03 87 96 28 99 - www.largousier.fr - Fermé mardi et mercredi, et lundi soir*

VOLNAY

✉ 21190 - Côte-d'Or - Carte régionale n° **12**-D1

L'AGASTACHE

CUISINE DU MARCHÉ • COLORÉ Le bouche-à-oreille a peu à peu imposé cette table dans la région, et c'est mérité ! Le chef est attentif à la qualité de ses produits, venus tout droit des producteurs locaux, et propose à travers ses menus uniques une cuisine créative et équilibrée où le végétal tient une place de choix. En témoignent le houmous de légumes d'hiver au curcuma et son œuf parfait, le maquereau de Saint-Jean-de-Luz à basse température, ou la purée de céleri et sa brunoise de granny smith. Prix doux le midi.

♿ AC - €€ - *1 rue de la Cave - ✆ 03 80 21 12 30 - www.lagastache-restaurant.com - Fermé lundi et dimanche*

VONNAS

✉ 01540 - Ain - Carte régionale n° **21**-B1

✿✿ GEORGES BLANC

Chef : Georges Blanc

CUISINE CLASSIQUE • ÉLÉGANT Dans son fief de Vonnas, Georges Blanc incarne depuis plusieurs décennies une certaine idée de la tradition. D'une demeure de 100 mètres carrés, il a bâti un domaine de plusieurs hectares : le soir, la mise en scène lumineuse des jardins et maisons du village est magique. À la tête d'un petit empire, il prend chaque jour le temps de rencontrer ses hôtes et signer ses menus avec un plaisir évident. Dans l'assiette, on retrouve l'emblématique poularde de Bresse, les fameuses crêpes vonnassiennes, et aussi des créations plus contemporaines... à associer avec l'un des crus présentés dans un très beau livre de cave.

AC P - €€€€ - *Place du Marché - ✆ 04 74 50 90 90 - www.georgesblanc.com - Fermé lundi, mardi, et mercredi et jeudi à midi*

L'ANCIENNE AUBERGE

CUISINE TRADITIONNELLE • AUBERGE Un décor rétro à la mémoire de l'auberge – ex-fabrique de limonade – ouverte par la famille Blanc à la fin du 19e s. Photos d'époque, affiches anciennes, etc. Ici, on cultive une certaine nostalgie... qui sied à merveille aux spécialités bressannes proposées par le chef à l'image de ce gâteau de foie blond selon Elisa Blanc ou bien encore de ce fameux chou bressan farci, morilles et vin jaune. Charmante terrasse aux beaux jours.

– €€€ – *Place du Marché – ✆ 04 74 50 90 50 – www.georgesblanc.com*

GEORGES BLANC

TRADITIONNEL • CALME D'une génération à l'autre, Vonnas est devenu... Blanc. Cette hôtellerie de grande tradition cultive l'art de recevoir à la bressane ! Luxe sans ostentation, bois, pierre, superbe parc : une image du terroir qui sait vivre avec son temps.

– **42 chambres** – *Place du Marché –*
✆ 04 74 50 90 90

Georges Blanc - Voir la sélection des restaurants

VOUVRAY

✉ 37210 – Indre-et-Loire – Carte régionale n° **15**–B1

LES GUEULES NOIRES

CUISINE TRADITIONNELLE • RUSTIQUE La salle à manger troglodytique, la cheminée crépitante en hiver, la terrasse sous la glycine aux beaux jours : on succombe tout de suite au charme discret de cette adresse. Au menu : une cuisine franche et goûteuse, basée sur les produits du terroir tourangeau et accompagnée de bons vins de Loire. Réservation conseillée.

– €€ – *66 rue de la Vallée-Coquette – ✆ 02 47 52 62 18 – www.gueulenoirevouvray.wixsite.com/les-gueules-noires – Fermé du lundi au mercredi et dimanche soir*

WALDERSBACH

✉ 67130 – Bas-Rhin – Carte régionale n° **8**–C1

HUNA LE RESTAURANT

Chef : Antoine Huguenin

CUISINE CRÉATIVE • MAISON DE CAMPAGNE Dans un hameau situé à quelques kilomètres de Fouday, un couple qui a travaillé à l'Auberge au Bœuf (Sessenheim) a rénové cette maison de village à la façade verte. Antoine Huguenin (en cuisine) et Nadège Monna (en salle) défendent, avec sincérité, passion et humilité, une cuisine au plus près des saisons et du grand potager qui s'étend derrière leur restaurant. Cette table profite donc de légumes ultra-frais, tandis que fermentation, déshydratation et salaison aident à passer l'hiver. On apprécie aussi la pédagogie et la clarté des explications prodiguées par la maîtresse de maison.

L'engagement du chef : Le potager en permaculture de 1 300 m², situé juste derrière la maison, garnit les assiettes des convives une bonne partie de l'année. Quand la saison le permet, plantes, fleurs et baies sauvages ramassées en cueillette viennent en complément. La part de protéines animales est d'ailleurs largement réduite. L'hiver, une place importante est laissée aux bocaux, salaisons et autres fermentations.

♿ – €€€ – *6 route du Champ-du-Feu – ✆ 06 80 92 86 61 – www.huna-le-restaurant.fr – Fermé du lundi au mercredi, jeudi midi et dimanche soir*

WAMBRECHIES

✉ 59118 – Nord – Carte régionale n° **4**-C2

BALSAMIQUE

CUISINE MODERNE • CONTEMPORAIN Le chef a plus d'un tour dans son sac : sa cuisine, à mi-chemin entre terroir et modernité, ne manque pas de gourmandise, à l'image de ce cappuccino de champignons, panais grillé et caramel au whisky de Wambrechies. Des plats audacieux appuyés sur de bons produits (pêche de Boulogne-sur-Mer notamment). Service efficace, et agréable petite terrasse au calme, parfaite pour les soirs d'été.

- €€ - 13 place du Général-de-Gaulle - ✆ 03 20 93 68 55 - www.balsamique-restaurant.com - Fermé lundi et dimanche, et mercredi soir

LA WANTZENAU

✉ 67610 – Bas-Rhin – Carte régionale n° **8**-B1

LE JARDIN SECRET

Chef : Gilles Leininger

CUISINE MODERNE • CONTEMPORAIN Face à la petite gare, un secret à partager ! Dans cet accueillant restaurant où s'active une jeune équipe, le chef Gilles Leininger témoigne de beaucoup d'ambition, d'expérience et de savoir-faire. Outre son "artichaut entre tradition et modernité", une assiette primée au Bocuse d'Or 2019, il réalise une délicate cuisine au gré du marché et de son inspiration : tourteau et betterave, vinaigrette tiède au caviar osciètre ; Saint-Jacques de plongée, poireau et truffe ; filet de bœuf et foie gras façon "Wellington"... L'autre secret de cette maison au cadre contemporain ? Son jardin-terrasse sur l'arrière de la maison !

- €€€€ - 32 rue de la Gare - ✆ 03 88 96 63 44 - www.restaurant-jardinsecret.fr - Fermé lundi, mardi, samedi midi et dimanche soir

LE RELAIS DE LA POSTE

CUISINE MODERNE • ÉLÉGANT Cette vénérable institution (depuis 1789) connaît une nouvelle jeunesse, à l'image de la salle à manger rénovée, aux touches contemporaines, tout en élégance avec sa véranda ouverte sur la terrasse. Loin d'être compassée, la cuisine qu'on y déguste est moderne en diable, gourmande, jouant la séduction : croustillant de Saint-Jacques et crevettes sauvages, déclinaison de chou-fleur et vinaigrette à l'orange ; pigeon de nid, la poitrine juste rôtie, la cuisse confite en fleischnacka... Service très professionnel et superbe carte des vins.

AC P - €€€€ - 21 rue du Général-de-Gaulle - ✆ 03 88 59 24 80 - www.relais-poste.com - Fermé lundi, dimanche et mardi midi

LES SEMAILLES

CUISINE MODERNE • COSY Jolie petite graine que cette maison alsacienne chatoyante, dressée dans une petite rue calme. Au menu : des produits de qualité, de justes cuissons, une association pertinente de saveurs et un art de la table qui maintient avec brio le service au guéridon (avec la découpe de la côte de veau ou la cuisson de la langoustine sur galet). Un plat qui nous a séduit ? Ces langoustines, justement, asperges, caviar, tout en finesse et gourmandise. L'été venu, profitez de la terrasse ombragée sous une glycine centenaire...

AC P - €€€ - 10 rue du Petit-Magmod - ✆ 03 88 96 38 38 - www.restaurant-semailles.fr - Fermé mardi et mercredi, et dimanche soir

WASQUEHAL

✉ 59290 - Nord - Carte régionale n° **4**-C2

BIENHEUREUX Ⓝ

CUISINE MODERNE • **CONTEMPORAIN** Dans un ancien manoir en brique rouge transformé en hub mêlant coworking, bureaux et jardin, Lucas Grabowski (ex-Gabo, et passé chez NESO à Paris) signe une cuisine de saison, précise et créative : ballotine de sole aux algues et sarrasin torréfié ; jaune d'œuf confit aux petits pois et bouillon d'herbes. Menu plus simple le midi, et menu dégustation le soir en plusieurs séquences.

- €€ - 35 avenue de la Marne - ✆ 03 10 45 11 41 - www.maison-des-bienheureux.com - Fermé lundi et dimanche

WESTHALTEN

✉ 68250 - Haut-Rhin - Carte régionale n° **8**-A2

AUBERGE DU CHEVAL BLANC

CUISINE MODERNE • **ÉLÉGANT** Une maison cossue, tenue par la même famille depuis 1785. Dans la jolie salle contemporaine, le repas s'accompagne de charmants vins d'Alsace, dont une intéressante sélection au verre. Le style culinaire s'affine, les produits sont beaux, souvent de petits producteurs locaux, les dressages élégants. La volonté de bien faire est communicative : on en sort ragaillardi. Chambres pour l'étape.

- €€€ - 20 rue de Rouffach - ✆ 03 89 47 01 16 - www.restaurant-koehler.com - Fermé lundi et mardi, et dimanche soir

WEYERSHEIM

✉ 67720 - Bas-Rhin - Carte régionale n° **8**-B1

AUBERGE DU PONT DE LA ZORN

CUISINE ALSACIENNE • **AUBERGE** Marqueteries d'art de l'Atelier Spindler, objets anciens, poutres éclaircies et tables en bois brut : la salle s'éclaire de couleurs alsaciennes ! Dans l'assiette, de savoureuses spécialités régionales et tartes flammées, mais aussi turbot de Bretagne, bisque de crevettes grises et risotto venere, et succulents desserts (comme cette rencontre entre la framboise et le géranium du jardin). Bucolique terrasse en bord de Zorn. Une adresse au succès mérité où la qualité de l'accueil et du service est irréprochable.

- €€ - 2 rue de la République - ✆ 03 88 51 36 87 - Fermé lundi et dimanche, et samedi midi

WIERRE-EFFROY

✉ 62720 - Pas-de-Calais - Carte régionale n° **4**-A2

LA FERME DU VERT

CUISINE MODERNE • **AUBERGE** Nichée en pleine campagne, dans un écrin verdoyant, cette ancienne ferme du 19e s. abrite une charmante table gourmande. La grande cour pavée dessert plusieurs bâtisses en pierre, chargées d'histoire, dont des dépendances aménagées en chambres confortables. Intimiste et lumineuse, la salle du restaurant séduit par sa façade vitrée et l'ambiance chaleureuse que lui confère sa cheminée aux bûches crépitantes. D'un bon rapport qualité-prix, la cuisine généreuse, simple et précise met à l'honneur les produits locaux avec justesse et authenticité.

- €€ - 555 rue du Vert - ✆ 03 21 87 67 00 - www.fermeduvert.com - Fermé lundi et dimanche

WIHR-AU-VAL

68230 - Haut-Rhin - Carte régionale n° **8**-C2

LA NOUVELLE AUBERGE

Chef : Bernard Leray

CUISINE MODERNE • AUBERGE À l'entrée de la vallée de Munster, cette "nouvelle auberge" est un ancien relais de poste entretenu avec soin. Au rez-de-chaussée, un bistrot alsacien régale le midi en semaine. À l'étage, on trouve un restaurant gastronomique dans une belle salle à manger coiffée de poutres. Un Breton de Rennes formé tout jeune chez Bernard Loiseau, Bernard Leray, y officie avec un beau savoir-faire : son exil en Alsace ressemble à une idylle. Revisitant avec finesse le terroir local, chacune de ses assiettes démontre travail et technique, comme ce médaillon de sandre et sa variation de salsifis et endives, bouillon crémé à la truffe noire.

- **€€€** - *9 route Nationale - 03 89 71 07 70 - www.nauberge.com - Fermé lundi et mardi, et mercredi et dimanche soir*

WINGEN-SUR-MODER

67290 - Bas-Rhin - Carte régionale n° **8**-A1

VILLA RENÉ LALIQUE

CUISINE CRÉATIVE • LUXE René Lalique fut le joaillier le plus en vue du tournant du siècle et du mouvement Art nouveau. Son héritage perdure à Wingen-sur-Moder avec un musée et un hôtel de grand standing dans cette Villa centenaire. Son extension contemporaine, signée Mario Botta, abrite la table emmenée par Paul Stradner, influencé par ses passages en Autriche et en Allemagne. Émulsion de pommes de terre à la truffe (un grand classique de la maison) ; homard bleu, radis, estragon et mousse épicéa ; poitrine de pigeon, carottes en couleur, kumquat et sauce cumin : finesse, intelligence, créativité... Ne passez pas à côté de la somptueuse cave à vin vitrée.

- **€€€€** - *18 rue Bellevue - 03 88 71 98 98 - www.villarenelalique.com - Fermé lundi, dimanche et mercredi midi*

CHÂTEAU HOCHBERG

CUISINE MODERNE • BOURGEOIS Au sein de cette majestueuse demeure du 19e s., dans un décor contemporain parsemé de créations du maître-verrier René Lalique (dont le musée est situé juste en face), le chef interprète une goûteuse cuisine de saison inspirée du terroir alsacien et vosgien : terrine de foie gras d'oie et chutney de griottes, omble de Sparsbach confit, pièce de bœuf sauce béarnaise et pommes macaire... Agréable terrasse sur l'arrière du château, face au parc.

- **€€** - *2 rue de Château-Teutsch - 03 88 00 67 67 - www.chateauhochberg.com - Fermé lundi et mardi, et dimanche soir*

VILLA RENÉ LALIQUE

ARTISTIQUE • CALME Avec seulement six suites, chacune faisant référence aux textures et aux formes des créations en verre de René Lalique, la villa est à la fois retraite et révélation. Les intérieurs sont soignés : photographies de famille, éclairages travaillés, et même un haut-parleur moulé dans du cristal, conçu avec Jean-Michel Jarre. Dehors, les forêts et les collines d'Alsace s'étendent dans toutes les directions ; à l'intérieur, l'équipe, attentive aux détails, veille à une parfaite harmonie. Ceci n'est pas simplement un lieu de séjour, mais une invitation dans une maison d'art.

- 6 chambres - *18 rue Bellevue*

Villa René Lalique - Voir la sélection des restaurants

WISSEMBOURG

✉ 67160 - Bas-Rhin - Carte régionale n° **8**-B1

AU PONT M

CUISINE MODERNE • CONTEMPORAIN Au cœur de la Petite Venise, l'ancienne boucherie du coin est devenue un point de rendez-vous pour profiter des trouvailles du chef, un véritable amoureux du produit, qui rend hommage à ses fournisseurs en affichant leurs noms. Le nec plus ultra ? Prendre son repas sur la terrasse au bord de la Lauter, ou dans la salle avec vue sur l'église St-Pierre-et-St-Paul...

- €€ - *3 rue de la République - 03 88 63 56 68 - www.aupontm.com - Fermé lundi et dimanche*

WŒLFLING-LÈS-SARREGUEMINES

✉ 57200 - Moselle - Carte régionale n° **7**-D1

RESTAURANT DIMOFSKI

CUISINE MODERNE • VINTAGE Il ne faut pas hésiter à faire une halte gourmande dans ce restaurant logé dans une imposante bâtisse des années 1950 située à une dizaine de kilomètres de Sarreguemines. Julien Dimofski est un chef motivé, et son enthousiasme se découvre au gré d'assiettes soignées, gourmandes et ambitieuses, à l'image de ces escargots en coque de pomme de terre, de ces langoustines raidies au beurre, ou de ce pigeonneau fermier rôti au jus de persil simple. Cadre rustique au charme assumé, accueil et service prévenants assurés par Véronique, la mère du chef.

P - €€ - *2 quartier de la Gare - 03 87 02 38 21 - Fermé lundi, mardi, samedi midi et dimanche soir*

YERRES

✉ 91330 - Essonne - Carte régionale n° **11**-B1

BIRD

CUISINE DU MARCHÉ • CONTEMPORAIN Au centre de cette charmante petite ville, sur une place piétonne à quelques mètres de l'église Saint-Honest, un restaurant de poche où un jeune chef passé par de belles maisons propose une cuisine du marché bien ficelée. Dans le cadre simple et épuré de la salle (plancher, tables en bois clair, chaises bistrot et banquettes) ou en terrasse face à la fontaine, les festivités commencent par 3 notes salées servies en même temps, continuent avec un poisson ou une viande au choix, et se terminent par 2 notes sucrées complémentaires - dont un dessert signature tout en gourmandise qui reste à la carte toute l'année, à base de chocolat, praliné et caramel... de quoi gazouiller de bonheur ! Excellent rapport qualité-prix.

- €€ - *38 rue Charles-de-Gaulle - 01 79 93 28 81 - www.bird-restaurant.com - Fermé samedi et dimanche, et le soir sauf jeudi et vendredi*

YVOIRE

✉ 74140 - Haute-Savoie - Carte régionale n° **21**-C1

LES JARDINS DU LÉMAN

CUISINE MODERNE • ÉLÉGANT Au cœur de la cité médiévale piétonne, cette belle maison sur plusieurs niveaux, agencée de manière contemporaine, propose une cuisine au goût du jour travaillée avec soin et gourmandise, arrosée des meilleurs vins de Savoie. Service et accueil prévenants. Pour profiter de la somptueuse terrasse panoramique sur le château et le lac Léman, pensez à réserver.

- €€€ - *30 Grande-Rue - 04 50 72 80 32 - www.lesjardinsduleman.com - Fermé mercredi*

LE PRÉ DE LA CURE

CUISINE TRADITIONNELLE • CONVIVIAL Une plongée dans le Léman ! Évidemment, il y a la vue, superbe, mais pas seulement... Le chef réalise une cuisine axée sur les produits de la pêche : selon l'arrivage, brochets, truites ou encore perches peuvent être de la fête. Pour l'étape, chambres spacieuses et grande piscine couverte.

- €€ - 1 place de la Mairie - 04 50 72 83 58 - www.hotel-restaurant-piscine-haute-savoie.com - Fermé jeudi

ZIMMERBACH

68230 - Haut-Rhin - Carte régionale n° **8**-C2

AU RAISIN D'OR

CUISINE ALSACIENNE • AUBERGE Dans un charmant village vigneron, cette auberge reprise par un jeune couple s'attache à faire vivre la tradition alsacienne en toute simplicité, en cuisinant de bons produits locaux : presskopf, escargots en persillade, omble chevalier du Heimbach, bœuf gros sel, jarret de porc braisé et sa choucroute... C'est généreux et savoureux ; les glaces sont maison.

- €€ - 1 rue de l'Église - 03 89 71 05 69 - www.raisindor.fr - Fermé mardi et mercredi

ZONZA - Corse-du-Sud (2A) ➜ Voir Corse

ZUYTPEENE

59670 - Nord - Carte régionale n° **4**-B2

AU KONING VAN PEENE

CUISINE MODERNE • CONVIVIAL Au cœur d'un petit village perdu des Flandres, une aubaine gourmande : le chef Kevin Barata et sa compagne Lucile Prevost accueillent le voyageur dans leur salle à manger conviviale de briques et de bois. En cuisinier sérieux qui connaît son affaire, le chef mitonne de bons petits plats, comme ce kefta d'agneau, houmous thym citron, sauce barbecue et kadaïf, ou cette côte de cochon fermière, chou-fleur, raifort, asperges et jus court. Déjeuner au très bon rapport qualité/prix.

- €€ - 8 contour de l'Église - 03 28 44 83 92 - www.aukoningvanpeene.fr - Fermé lundi et dimanche, et mardi et mercredi soir

CARNET GOURMET

CARNET GOURMET

Oleksandr Kavun/Shutterstock

Index généraux

INDEX DES LOCALITÉS PAR DÉPARTEMENT

AIN (01) — AUVERGNE-RHÔNE-ALPES

AISNE (02) — HAUTS-DE-FRANCE

ALPES-MARITIMES (06)
PROVENCE-ALPES-CÔTE D'AZUR

BOUCHES-DU-RHÔNE (13)

PROVENCE-ALPES-CÔTE D'AZUR

CALVADOS (14) NORMANDIE

CHER (18) — CENTRE-VAL DE LOIRE

CORRÈZE (19) — NOUVELLE-AQUITAINE

LOCALITÉS

CORSE-DU-SUD (2B)

CÔTE-D'OR (21) BOURGOGNE-FRANCHE-COMTÉ

CÔTES-D'ARMOR (22) — BRETAGNE

DOUBS (25) — BOURGOGNE-FRANCHE-COMTÉ

DRÔME (26) — AUVERGNE-RHÔNE-ALPES

LOCALITÉS

EURE (27) NORMANDIE

EURE-ET-LOIR (28) — CENTRE-VAL DE LOIRE

FINISTÈRE (29) — BRETAGNE

GARD (30) — OCCITANIE

HAUTE-GARONNE (31) OCCITANIE

GERS (32) — OCCITANIE

GIRONDE (33) — NOUVELLE-AQUITAINE

HÉRAULT (34) OCCITANIE

ILLE-ET-VILAINE (35) BRETAGNE

INDRE (36) CENTRE-VAL DE LOIRE

INDRE-ET-LOIRE (37) CENTRE-VAL DE LOIRE

ISÈRE (38) — AUVERGNE-RHÔNE-ALPES

JURA (39) — BOURGOGNE-FRANCHE-COMTÉ

LANDES (40) — NOUVELLE-AQUITAINE

LOIR-ET-CHER (41) CENTRE-VAL DE LOIRE

LOIRE (42) AUVERGNE-RHÔNE-ALPES

HAUTE-LOIRE (43) AUVERGNE-RHÔNE-ALPES

LOIRE-ATLANTIQUE (44) PAYS DE LA LOIRE

LOCALITÉS

LOIRET (45) — CENTRE-VAL DE LOIRE

LOT (46) — OCCITANIE

MARNE (51) — GRAND EST

HAUTE-MARNE (52) — GRAND EST

MAYENNE (53) — PAYS DE LA LOIRE

MEURTHE-ET-MOSELLE (54) — GRAND EST

MOSELLE (57) GRAND EST

NIÈVRE (58) — BOURGOGNE-FRANCHE-COMTÉ

NORD (59) — HAUTS-DE-FRANCE

PAS-DE-CALAIS (62) HAUTS-DE-FRANCE

Localité	Restaurant	Page
Ardres	Maison Akène	179
Attin	Au Bon Accueil	186
Audresselles	La Plage	188
Bermicourt	La Cour de Rémi	237
Béthune	Maison Renard	241
Boulogne-sur-Mer	L'Îlot Vert	280
Boulogne-sur-Mer	La Matelote	280
Boulogne-sur-Mer	Orizon	281
Brebières	Air Accueil	287
Busnes	Côté Jardin	297
Busnes	La Table de Christophe Dufossé	297
Calais	Aquar'aile	307
Calais	Le Grand Bleu	307
Calais	Histoire Ancienne	307
Étaples	Racines	453
Gouy-en-Artois	Origine	489
La Madelaine-sous-Montreuil	La Grenouillère	609
Montreuil-sur-Mer	Anecdote	684
Nœux-les-Mines	Le Cercle	728
Sailly-sur-la-Lys	La Conciergerie	979
Saint-Omer	Bacôve	1027
Saint-Omer	Boucan	1028
Saint-Omer	Pluriel'	1028
St-Josse	Auberge du Moulinel	1012
Le Touquet-Paris-Plage	Le Mezquité	1110
Le Touquet-Paris-Plage	Le Paris	1110
Le Touquet-Paris-Plage	Le Pavillon - Hôtel Westminster	1109
Wierre-Effroy	La Ferme du Vert	1176

PUY-DE-DÔME (63) AUVERGNE-RHÔNE-ALPES

Localité	Restaurant	Page
Ambert	Le M	156
Augerolles	Les Chênes	189
Boudes	Le Boudes La Vigne	278
Le Broc	Origines	295
Chamalières	Radio	339
Chamalières	Le Welcome	339
Châtel-Guyon	L'Impulsif	357
Clermont-Ferrand	Apicius	368
Clermont-Ferrand	Le Bistrot d'à Côté	369
Clermont-Ferrand	Le Chardonnay	369
Clermont-Ferrand	Le Duguesclin	372
Clermont-Ferrand	L'Écureuil	372
Clermont-Ferrand	L'En-but	373
Clermont-Ferrand	Il Visconti	369
Clermont-Ferrand	L'Instantané	373

PYRÉNÉES-ATLANTIQUES (64)

NOUVELLE-AQUITAINE

HAUTES-PYRÉNÉES (65) — OCCITANIE

PYRÉNÉES-ORIENTALES (66) — OCCITANIE

HAUT-RHIN (68) GRAND EST

RHÔNE (69) AUVERGNE-RHÔNE-ALPES

LOCALITÉS

HAUTE-SAÔNE (70) BOURGOGNE-FRANCHE-COMTÉ

SAÔNE-ET-LOIRE (71) BOURGOGNE-FRANCHE-COMTÉ

SARTHE (72) — PAYS DE LA LOIRE

SAVOIE (73) — AUVERGNE-RHÔNE-ALPES

HAUTE-SAVOIE (74) AUVERGNE-RHÔNE-ALPES

PARIS (75) — ÎLE-DE-FRANCE

Paris (7e)	Nakatani ★	799
Paris (15e)	Neige d'Été ★	859
Paris (9e)	NESO ★	827
Paris (8e)	Neva Cuisine	819
Paris (1er)	Nhome ★	760
Paris (1er)	Nodaïwa	763
Paris (1er)	Nolinski Le Restaurant	763
Paris (16e)	Nomicos ★	866
Paris (8e)	Nonos par Paul Pairet	819
Paris (13e)	Nosso	855
Paris (12e)	Nous 4	853
Paris (1er)	Odette	764
Paris (3e)	Ogata	776
Paris (16e)	L'Oiseau Blanc ★★	863
Paris (6e)	Oktobre	793
Paris (1er)	Omar Dhiab ★	760
Paris (2e)	OMASAKE N	771
Paris (8e)	Onor ★	815
Paris (8e)	L'Orangerie ★★	810
Paris (8e)	Origines Restaurant ★	815
Paris (16e)	Õrtensia ★	866
Paris (18e)	Ose ☺	881
Paris (16e)	Osmossi - Maison Mavrommatis	870
Paris (11e)	Osteria Ferrara	848
Paris (5e)	Otto	787
Paris (18e)	L'Ouzeri	884
Paris (17e)	Oxte ★	874
Paris (16e)	Pages ★	866
Paris (1er)	Pantagruel ★	761
Paris (9e)	Le Pantruche ☺	828
Paris (2e)	Panurge N	772
Paris (3e)	Parcelles	777
Paris (7e)	Les Parisiens	804
Paris (12e)	Passerini	853
Paris (9e)	Passionné	833
Paris (20e)	Paulownia	887
Paris (8e)	Pavyllon Paris ★	815
Paris (7e)	Penati al Baretto	804
Paris (9e)	Perception	833
Paris (7e)	Pertinence ★	799
Paris (17e)	Petit Boutary	878
Paris (8e)	Le Petit Lucas	819
Paris (14e)	Les Petits Parisiens	858
Paris (9e)	Pétrelle	834
Paris (7e)	Petrossian	804
Paris (17e)	Petrus	878
Paris (17e)	Phébé	878
Paris (13e)	Pho Tai	855
Paris (11e)	Pianovins	848
Paris (7e)	Piero TT	805
Paris (8e)	Pierre Gagnaire ★★★	809

LOCALITÉS

VAUCLUSE (84) PROVENCE-ALPES-CÔTE D'AZUR

VENDÉE (85) — PAYS DE LA LOIRE

VIENNE (86) NOUVELLE-AQUITAINE

HAUTE-VIENNE (87) NOUVELLE-AQUITAINE

VOSGES (88) GRAND EST

HAUTS-DE-SEINE (92) — ÎLE-DE-FRANCE

SEINE-SAINT-DENIS (93) — ÎLE-DE-FRANCE

VAL-DE-MARNE (94) — ÎLE-DE-FRANCE

VAL-D'OISE (95) ÎLE-DE-FRANCE

PRINCIPAUTÉ DE MONACO (98)

INDEX DES HÉBERGEMENTS PAR LOCALITÉ

Plus ! Avantages « Programme Plus »

A

HÉBERGEMENTS

C

D

E

F

G

H

I-J-K

L

M

N

HÉBERGEMENTS

Q-R

S

T

U

V

W-Z

GUIDE
MICHELIN
Réservez des séjours dans
les meilleurs hôtels du monde entier

Depuis plus de 120 ans, le Guide MICHELIN met tout en œuvre pour trouver les expériences gastronomiques les plus exceptionnelles. Désormais, cette passion et cette expertise, nous les consacrons également aux hôtels. Nos experts ont parcouru la planète à la recherche d'établissements qui se distinguent par leur style, leur qualité de service et leur personnalité, et ce pour tous les budgets.

Grâce au site internet et à l'appli du Guide MICHELIN, réservez vos séjours dans les meilleurs hôtels du monde entier.

Télécharger dans l'App Store

DISPONIBLE SUR Google Play

Hôtel Marinca & Spa | Olmeto, France

Ont contribué à ce guide :

Rédaction en chef : les équipes du Guide MICHELIN (inspection et rédaction) sous la direction de Gwendal Poullennec
Édition : Marie-Pierre Renier
Iconographie: Marion Capera, Marie Simonet
Cartographie : Ecaterina-Paula Cepraga, Theodor Cepraga
Composition : Bogdan Gheorghiu, Mihaita Constantin
Conception graphique : Benjamin Heuzé (couverture) ; Laurent Muller
Fabrication : Sandrine Combeau ; Renaud Leblanc
Pilotage : Dominique Auclair, Sandrine Tourari
Remerciements : Philippe Sablayrolles, Philippe Orain ; Daniel Renier, Rémi Lagniel

Régie publicitaire et partenariats

contact.clients@editions.michelin.com
Le contenu des pages de publicité insérées dans ce guide n'engage que la responsabilité des annonceurs.

MICHELIN Éditions

Société par actions simplifiée au capital de 487 500 €
57 rue Gaston Tessier - 75019 Paris (France)
R.C.S. Paris 882 639 354

Dépôt légal : janvier 2026
Imprimé en Italie - janvier 2026 sur du papier issu de forêts bien gérées

Compograveur : MICHELIN éditions, Voluntari (Roumanie)
Imprimeur-relieur : LEGO, Lavis (Italie)
Imprimé en Liris 60 grs produit par BURGO